CÓDIGO DE
PROCESSO PENAL COMENTADO

O GEN | Grupo Editorial Nacional – maior plataforma editorial brasileira no segmento científico, técnico e profissional – publica conteúdos nas áreas de concursos, ciências jurídicas, humanas, exatas, da saúde e sociais aplicadas, além de prover serviços direcionados à educação continuada.

As editoras que integram o GEN, das mais respeitadas no mercado editorial, construíram catálogos inigualáveis, com obras decisivas para a formação acadêmica e o aperfeiçoamento de várias gerações de profissionais e estudantes, tendo se tornado sinônimo de qualidade e seriedade.

A missão do GEN e dos núcleos de conteúdo que o compõem é prover a melhor informação científica e distribuí-la de maneira flexível e conveniente, a preços justos, gerando benefícios e servindo a autores, docentes, livreiros, funcionários, colaboradores e acionistas.

Nosso comportamento ético incondicional e nossa responsabilidade social e ambiental são reforçados pela natureza educacional de nossa atividade e dão sustentabilidade ao crescimento contínuo e à rentabilidade do grupo.

GUILHERME DE SOUZA NUCCI

CÓDIGO DE PROCESSO PENAL COMENTADO

24ª edição revista e atualizada

- O autor deste livro e a editora empenharam seus melhores esforços para assegurar que as informações e os procedimentos apresentados no texto estejam em acordo com os padrões aceitos à época da publicação, e todos os dados foram atualizados pelo autor até a data de fechamento do livro. Entretanto, tendo em conta a evolução das ciências, as atualizações legislativas, as mudanças regulamentares governamentais e o constante fluxo de novas informações sobre os temas que constam do livro, recomendamos enfaticamente que os leitores consultem sempre outras fontes fidedignas, de modo a se certificarem de que as informações contidas no texto estão corretas e de que não houve alterações nas recomendações ou na legislação regulamentadora.

- Fechamento desta edição: *16.01.2025*

- O autor e a editora se empenharam para citar adequadamente e dar o devido crédito a todos os detentores de direitos autorais de qualquer material utilizado neste livro, dispondo-se a possíveis acertos posteriores caso, inadvertida e involuntariamente, a identificação de algum deles tenha sido omitida.

- **Atendimento ao cliente: (11) 5080-0751 | faleconosco@grupogen.com.br**

- Direitos exclusivos para a língua portuguesa
  Copyright © 2025 by
  Editora Forense Ltda.
  Uma editora integrante do GEN | Grupo Editorial Nacional
  Travessa do Ouvidor, 11 – Térreo e 6º andar
  Rio de Janeiro – RJ – 20040-040
  www.grupogen.com.br

- Reservados todos os direitos. É proibida a duplicação ou reprodução deste volume, no todo ou em parte, em quaisquer formas ou por quaisquer meios (eletrônico, mecânico, gravação, fotocópia, distribuição pela Internet ou outros), sem permissão, por escrito, da Editora Forense Ltda.

- Capa: Fabricio Vale

CIP-BRASIL. CATALOGAÇÃO NA PUBLICAÇÃO
SINDICATO NACIONAL DOS EDITORES DE LIVROS, RJ

N876c
24. ed.

    Nucci, Guilherme de Souza, 1963-
      Código de processo penal comentado / Guilherme de Souza Nucci. - 24. ed., rev. e atual. - Rio de Janeiro : Forense, 2025.
      1360 p. ; 24 cm.

    Apêndice
    Inclui bibliografia e índice
    ISBN 978-85-3099-643-7

    1. Processo penal - Brasil. 2. Brasil. [Código de processo penal (1941)]. I. Título.

25-95712

                    CDU: 343.1(81)

Gabriela Faray Ferreira Lopes - Bibliotecária - CRB-7/6643

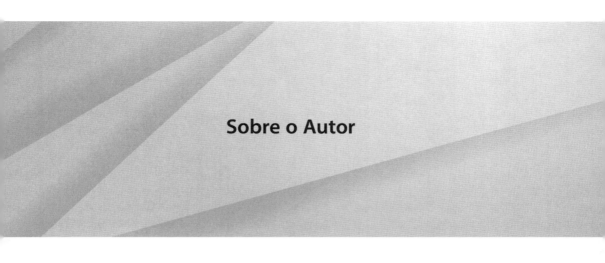

Sobre o Autor

Livre-docente em Direito Penal, Doutor e Mestre em Direito Processual Penal pela PUC-SP. Professor-Associado da PUC-SP, atuando nos cursos de Graduação e Pós-graduação (Mestrado e Doutorado). Desembargador na Seção Criminal do Tribunal de Justiça de São Paulo.

www.guilhermenucci.com.br

Índice Geral

Índice Sistemático do Código de Processo Penal IX

Tábua de Abreviaturas XV

Código de Processo Penal – Decreto-lei 3.689, de 3 de outubro de 1941 1

Bibliografia 1241

Apêndice – Súmulas 1265

Índice Alfabético-Remissivo 1281

Obras do Autor 1339

Índice Sistemático
do Código de Processo Penal

DECRETO-LEI 3.689,
DE 3 DE OUTUBRO DE 1941

LIVRO I
DO PROCESSO EM GERAL

TÍTULO I – DISPOSIÇÕES PRELIMINARES	23
Arts. 1º a 3º-F	23
TÍTULO II – DO INQUÉRITO POLICIAL	53
Arts. 4º a 23	56
TÍTULO III – DA AÇÃO PENAL	107
Arts. 24 a 62	109
TÍTULO IV – DA AÇÃO CIVIL	169
Arts. 63 a 68	170
TÍTULO V – DA COMPETÊNCIA	177
Art. 69	181
Capítulo I – Da competência pelo lugar da infração (arts. 70 e 71)	197
Capítulo II – Da competência pelo domicílio ou residência do réu (arts. 72 e 73)	205
Capítulo III – Da competência pela natureza da infração (art. 74)	207
Capítulo IV – Da competência por distribuição (art. 75)	217

Capítulo V	– Da competência por conexão ou continência (arts. 76 a 82)	219
Capítulo VI	– Da competência por prevenção (art. 83)	242
Capítulo VII	– Da competência pela prerrogativa de função (arts. 84 a 87)	244
Capítulo VIII	– Disposições especiais (arts. 88 a 91)	254

TÍTULO VI – DAS QUESTÕES E PROCESSOS INCIDENTES 267

Capítulo I	– Das questões prejudiciais (arts. 92 a 94)	267
Capítulo II	– Das exceções (arts. 95 a 111)	273
Capítulo III	– Das incompatibilidades e impedimentos (art. 112)	292
Capítulo IV	– Do conflito de jurisdição (arts. 113 a 117)	293
Capítulo V	– Da restituição das coisas apreendidas (arts. 118 a 124-A)	303
Capítulo VI	– Das medidas assecuratórias (arts. 125 a 144-A)	310
Capítulo VII	– Do incidente de falsidade (arts. 145 a 148)	327
Capítulo VIII	– Da insanidade mental do acusado (arts. 149 a 154)	331

TÍTULO VII – DA PROVA 341

Capítulo I	– Disposições gerais (arts. 155 a 157)	342
Capítulo II	– Do exame do corpo de delito, da cadeia de custódia e das perícias em geral (arts. 158 a 184)	369
Capítulo III	– Do interrogatório do acusado (arts. 185 a 196)	411
Capítulo IV	– Da confissão (arts. 197 a 200)	438
Capítulo V	– Do ofendido (art. 201)	448
Capítulo VI	– Das testemunhas (arts. 202 a 225)	457
Capítulo VII	– Do reconhecimento de pessoas e coisas (arts. 226 a 228)	506
Capítulo VIII	– Da acareação (arts. 229 e 230)	513
Capítulo IX	– Dos documentos (arts. 231 a 238)	516
Capítulo X	– Dos indícios (art. 239)	523
Capítulo XI	– Da busca e da apreensão (arts. 240 a 250)	526

TÍTULO VIII – DO JUIZ, DO MINISTÉRIO PÚBLICO, DO ACUSADO E DEFENSOR, DOS ASSISTENTES E AUXILIARES DA JUSTIÇA 563

Capítulo I	– Do juiz (arts. 251 a 256)	563
Capítulo II	– Do Ministério Público (arts. 257 e 258)	575
Capítulo III	– Do acusado e seu defensor (arts. 259 a 267)	579
Capítulo IV	– Dos assistentes (arts. 268 a 273)	591
Capítulo V	– Dos funcionários da justiça (art. 274)	599
Capítulo VI	– Dos peritos e intérpretes (arts. 275 a 281)	599

TÍTULO IX – DA PRISÃO, DAS MEDIDAS CAUTELARES E DA LIBERDADE PROVISÓRIA 603

Capítulo I	– Disposições gerais (arts. 282 a 300)	604
Capítulo II	– Da prisão em flagrante (arts. 301 a 310)	633
Capítulo III	– Da prisão preventiva (arts. 311 a 316)	661

Capítulo IV	– Da prisão domiciliar (arts. 317 a 318-B)	691
Capítulo V	– Das outras medidas cautelares (arts. 319 e 320)	698
Capítulo VI	– Da liberdade provisória, com ou sem fiança (arts. 321 a 350)	704

TÍTULO X – DAS CITAÇÕES E INTIMAÇÕES 725

| Capítulo I | – Das citações (arts. 351 a 369) | 725 |
| Capítulo II | – Das intimações (arts. 370 a 372) | 744 |

TÍTULO XI – DA APLICAÇÃO PROVISÓRIA DE INTERDIÇÕES DE DIREITOS E MEDIDAS DE SEGURANÇA 749

Arts. 373 a 380 749

TÍTULO XII – DA SENTENÇA 751

Arts. 381 a 393 752

Livro II
Dos Processos em Espécie

TÍTULO I – DO PROCESSO COMUM 783

Capítulo I	– Da instrução criminal (arts. 394 a 405)	783
Capítulo II	– Do procedimento relativo aos processos da competência do Tribunal do Júri (arts. 406 a 497)	818
Seção I	– Da acusação e da instrução preliminar (arts. 406 a 412)	823
Seção II	– Da pronúncia, da impronúncia e da absolvição sumária (arts. 413 a 421)	832
Seção III	– Da preparação do processo para julgamento em plenário (arts. 422 a 424)	851
Seção IV	– Do alistamento dos jurados (arts. 425 e 426)	856
Seção V	– Do desaforamento (arts. 427 e 428)	858
Seção VI	– Da organização da pauta (arts. 429 a 431)	865
Seção VII	– Do sorteio e da convocação dos jurados (arts. 432 a 435)	866
Seção VIII	– Da função do jurado (arts. 436 a 446)	870
Seção IX	– Da composição do Tribunal do Júri e da formação do Conselho de Sentença (arts. 447 a 452)	876
Seção X	– Da reunião e das sessões do Tribunal do Júri (arts. 453 a 472)	880
Seção XI	– Da instrução em Plenário (arts. 473 a 475)	896
Seção XII	– Dos debates (arts. 476 a 481)	901
Seção XIII	– Do questionário e sua votação (arts. 482 a 491)	918
Seção XIV	– Da sentença (arts. 492 e 493)	944
Seção XV	– Da ata dos trabalhos (arts. 494 a 496)	952
Seção XVI	– Das atribuições do presidente do Tribunal do Júri (art. 497)	954
Capítulo III	– Do processo e do julgamento dos crimes da competência do juiz singular (arts. 498 a 502) *(Revogados pela Lei 11.719/2008)*	968

TÍTULO II – DOS PROCESSOS ESPECIAIS 969

Capítulo I – Do processo e do julgamento dos crimes de falência (arts. 503 a 512) *(Revogados pela Lei 11.101/2005)*.. 969

Capítulo II – Do processo e do julgamento dos crimes de responsabilidade dos funcionários públicos (arts. 513 a 518) 979

Capítulo III – Do processo e do julgamento dos crimes de calúnia e injúria, de competência do juiz singular (arts. 519 a 523)... 985

Capítulo IV – Do processo e do julgamento dos crimes contra a propriedade imaterial (arts. 524 a 530-I).. 990

Capítulo V – Do proceso sumário (arts. 531 a 540)... 1000

Capítulo VI – Do processo de restauração de autos extraviados ou destruídos (arts. 541 a 548)... 1006

Capítulo VII – Do processo de aplicação de medida de segurança por fato não criminoso (arts. 549 a 555) 1011

TÍTULO III – DOS PROCESSOS DE COMPETÊNCIA DO SUPREMO TRIBUNAL FEDERAL E DOS TRIBUNAIS DE APELAÇÃO.. 1013

Capítulo I – Da instrução (arts. 556 a 560) *(Revogados pela Lei 8.658/1993)* 1013

Capítulo II – Do julgamento (arts. 561 e 562) *(Revogados pela Lei 8.658/1993)* 1013

LIVRO III
DAS NULIDADES E DOS RECURSOS EM GERAL

TÍTULO I – DAS NULIDADES 1017

Arts. 563 a 573 1018

TÍTULO II – DOS RECURSOS EM GERAL.. 1045

Capítulo I – Disposições gerais (arts. 574 a 580)... 1048

Capítulo II – Do recurso em sentido estrito (arts. 581 a 592).................................... 1057

Capítulo III – Da apelação (arts. 593 a 606).. 1078

Capítulo IV – Do protesto por novo júri (arts. 607 e 608) *(Revogados pela Lei 11.689/2008)*... 1094

Capítulo V – Do processo e do julgamento dos recursos em sentido estrito e das apelações, nos tribunais de apelação (arts. 609 a 618) 1095

Capítulo VI – Dos embargos (arts. 619 e 620).. 1108

Capítulo VII – Da revisão (arts. 621 a 631)... 1112

Capítulo VIII – Do recurso extraordinário (arts. 632 a 638)...................................... 1131

Capítulo IX – Da carta testemunhável (arts. 639 a 646)... 1141

Capítulo X – Do *habeas corpus* e seu processo (arts. 647 a 667).............................. 1145

LIVRO IV
DA EXECUÇÃO

TÍTULO I – DISPOSIÇÕES GERAIS 1193

Arts. 668 a 673 1193

TÍTULO II – DA EXECUÇÃO DAS PENAS EM ESPÉCIE 1195

Capítulo I   – Das penas privativas de liberdade (arts. 674 a 685)............................... 1195

Capítulo II   – Das penas pecuniárias (arts. 686 a 690).. 1196

Capítulo III   – Das penas acessórias (arts. 691 a 695).. 1198

TÍTULO III – DOS INCIDENTES DA EXECUÇÃO 1199

Capítulo I   – Da suspensão condicional da pena (arts. 696 a 709) 1199

Capítulo II   – Do livramento condicional (arts. 710 a 733) 1201

TÍTULO IV – DA GRAÇA, DO INDULTO, DA ANISTIA E DA REABILITAÇÃO 1205

Capítulo I   – Da graça, do indulto e da anistia (arts. 734 a 742)........................ 1205

Capítulo II   – Da reabilitação (arts. 743 a 750)... 1206

TÍTULO V – DA EXECUÇÃO DAS MEDIDAS DE SEGURANÇA 1211

Arts. 751 a 779 1211

LIVRO V
DAS RELAÇÕES JURISDICIONAIS
COM AUTORIDADE ESTRANGEIRA

TÍTULO ÚNICO 1217

Capítulo I   – Disposições gerais (arts. 780 a 782).. 1217

Capítulo II   – Das cartas rogatórias (arts. 783 a 786)... 1220

Capítulo III   – Da homologação das sentenças estrangeiras (arts. 787 a 790)...................... 1222

LIVRO VI
DISPOSIÇÕES GERAIS

Arts. 791 a 811 1227

Tábua de Abreviaturas

ADIn – Ação Direta de Inconstitucionalidade

Ag – Agravo

AgExec. – Agravo em Execução

AgRg – Agravo Regimental

AI – Agravo de Instrumento

Ajuris – *Revista da Associação dos Juízes do Rio Grande do Sul*

Ap. – Apelação Criminal

Ap. Cív. – Apelação Civil

Ap. Crim. – Apelação Criminal

BMJ – Boletim Mensal de Jurisprudência do Tribunal de Alçada Criminal de São Paulo

Bol. AASP – Boletim da Associação dos Advogados de São Paulo

Bol. IBCCrim – Boletim do Instituto Brasileiro de Ciências Criminais

Bol. TJSP – Boletim de Jurisprudência da Biblioteca do Tribunal de Justiça de São Paulo

C. – Câmara

CA – Conflito de Atribuições

CC – Código Civil

cit. – citado(a)

CJ – Conflito de Jurisdição

CLT – Consolidação das Leis do Trabalho

Cor. Parc. – Correição Parcial

CP – Código Penal

CPC – Código de Processo Civil

CPP – Código de Processo Penal

Crim. – Criminal

CT – Carta Testemunhável

CTN – Código Tributário Nacional

Den. – Denúncia

Des. – Desembargador

DJ – *Diário da Justiça*

DJU – *Diário da Justiça da União*

ECA – Estatuto da Criança e do Adolescente

ED – Embargos Declaratórios

EI – Embargos Infringentes

Emb. Div. – Embargos de Divergência

EV – Exceção da Verdade

Extr. – Extradição

HC – *Habeas Corpus*

Inq. – Inquérito Policial

IUF – Incidente de Uniformização de Jurisprudência

j. – Julgado em

JC – Jurisprudência Catarinense

JM – Jurisprudência Mineira

JSTF-Lex – Jurisprudência do Supremo Tribunal Federal

JSTJ – Jurisprudência do Superior Tribunal de Justiça

JTJ-Lex – Julgados do Tribunal de Justiça (antiga Revista de Jurisprudência do Tribunal de Justiça de São Paulo – RJTJESP)

JUBI – Departamento Técnico de Jurisprudência e Biblioteca do Tribunal de Justiça de São Paulo (boletim)

JUTACRIM-SP – Julgados do Tribunal de Alçada Criminal de São Paulo

JUTARS – Julgados do Tribunal de Alçada do Rio Grande do Sul

LCP – Lei das Contravenções Penais

LEP – Lei de Execução Penal

MI – Mandado de Injunção

Min. – Ministro

MS – Mandado de Segurança

m.v. – maioria de votos

ob. – obra

p. – página

PE – Pedido de Extradição

PT – Petição

QC – Queixa-crime

RA – Recurso de Agravo

RBCCrim. – *Revista Brasileira de Ciências Criminais*

RC – Reclamação

RDA – *Revista de Direito Administrativo*

RDP – *Revista de Direito Público*

RDTJRJ – *Revista de Direito do Tribunal de Justiça do Rio de Janeiro*

RE – Recurso Extraordinário

Rec. – Recurso Criminal

Rec. Adm. – Recurso Administrativo

rel. – Relator

REsp – Recurso Especial

Rev. – Revisão Criminal

RF – *Revista Forense*

RHC – Recurso de *Habeas Corpus*

RISTF – Regimento Interno do Supremo Tribunal Federal

RJDTACRIM – *Revista de Jurisprudência e Doutrina do Tribunal de Alçada Criminal de São Paulo*

RJTAMG – *Revista de Julgados do Tribunal de Alçada de Minas Gerais*

RJTJ – *Revista de Jurisprudência do Tribunal de Justiça (ex.: RJTJSP, RJTJRS)*

RJTJRJ – *Revista de Jurisprudência do Tribunal de Justiça do Rio de Janeiro*

RJTJRS – *Revista de Jurisprudência do Tribunal de Justiça do Rio Grande do Sul*

RJTJSP – *Revista de Jurisprudência do Tribunal de Justiça de São Paulo*

RMS – Recurso em Mandado de Segurança

RO – Recurso de Ofício

RSE – Recurso em Sentido Estrito

RSTJ – *Revista do Superior Tribunal de Justiça*

RT – *Revista dos Tribunais*

RTFR – *Revista do Tribunal Federal de Recursos*

RTJ – *Revista Trimestral de Jurisprudência (STF)*

RTJE – *Revista Trimestral de Jurisprudência dos Estados*

STF – Supremo Tribunal Federal

STJ – Superior Tribunal de Justiça

TA – Tribunal de Alçada

TACRIM-RJ – Tribunal de Alçada Criminal do Rio de Janeiro

TACRIM-SP – Tribunal de Alçada Criminal de São Paulo

TFR – Tribunal Federal de Recursos

TJ – Tribunal de Justiça

TP – Tribunal Pleno

TRF – Tribunal Regional Federal

VCP – Verificação de Cessação de Periculosidade

v.u. – votação unânime

CÓDIGO DE PROCESSO PENAL

DECRETO-LEI 3.689, DE 3 DE OUTUBRO DE 1941

O Presidente da República, usando da atribuição que lhe confere o art. 180 da Constituição, decreta a seguinte Lei:

Livro I
Do Processo em Geral[1-2]

1. Princípios do processo penal: *princípio*, etimologicamente, significa causa primária, momento em que algo tem origem, elemento predominante na constituição de um corpo orgânico, preceito, regra, fonte de uma ação. Em Direito, princípio jurídico quer dizer uma ordenação que se irradia e imanta os sistemas de normas, conforme ensina José Afonso da Silva (*Curso de direito constitucional positivo*, p. 85), servindo de base para a interpretação, integração, conhecimento e aplicação do direito positivo. Cada ramo do Direito possui princípios próprios, que informam todo o sistema, podendo estar expressamente previstos em lei ou ser implícitos, isto é, resultar da conjugação de vários dispositivos legais, de acordo com a cultura jurídica formada com o passar dos anos de estudo de determinada matéria. O processo penal não foge à regra, sendo regido, primordialmente, por princípios, que, por vezes, suplantam a própria literalidade da lei. Na Constituição Federal encontramos a maioria dos princípios que tutelam o processo penal brasileiro. Pretendemos classificá-los, para melhor estudo, em constitucionais processuais e meramente processuais, bem como em explícitos e implícitos. Entretanto, de início, convém registrar a existência de dois princípios regentes, governadores de todos os demais, seja no campo processual penal, seja no âmbito penal. O conjunto dos princípios constitucionais forma um sistema próprio, com lógica e autorregulação. Por isso, torna-se imperioso destacar dois aspectos: a) há integração entre os princípios constitucionais penais e os processuais penais; b) coordenam o sistema de princípios os mais relevantes para a garantia dos direitos humanos fundamentais: dignidade da pessoa humana e devido processo legal. Estabelece o art. 1.º, III, da Constituição Federal: "A República Federativa do Brasil, formada pela união indissolúvel dos Estados e Municípios e do Distrito Federal, constitui-se em Estado Democrático de Direito e tem como fundamentos: (...) III – a dignidade da pessoa humana". No art. 5.º, LIV, da Constituição Federal encontra-se: "Ninguém será privado da liberdade ou de seus bens sem o devido processo legal". Nada se pode tecer de justo e realisticamente isonômico que passe ao largo da dignidade humana, base sobre a qual todos os direitos e garantias individuais são erguidos e sustentados. Ademais, inexistiria razão de ser a tantos preceitos fundamentais não fosse o nítido suporte prestado à dignidade humana. Há dois prismas para o princípio constitucional regente da dignidade da pessoa humana: objetivo e subjetivo. Sob o aspecto objetivo, significa a garantia de um mínimo existencial ao ser humano, atendendo às suas necessidades básicas, como moradia, alimentação, educação, saúde, lazer, vestuário, higiene, transporte e previdência social, nos moldes fixados pelo art. 7.º, IV, da CF. Sob o aspecto subjetivo, trata-se do sentimento de respeitabilidade e autoestima, inerentes ao ser humano, desde o nascimento, em relação aos quais não cabe qualquer espécie de renúncia ou desistência. O Direito Penal, constituindo a mais drástica opção estatal para regular conflitos e aplicar sanções, deve amoldar-se ao princípio regente da dignidade humana, justamente pelo fato de se assegurar que o braço forte do Estado continue a ser democrático e de direito. O devido processo legal guarda suas raízes no princípio da legalidade, garantindo ao indivíduo que somente seja processado e punido se houver lei penal anterior definindo determinada conduta como crime, cominando-lhe pena. Além disso, modernamente, representa a união de todos os princípios penais e processuais penais, indicativo da regularidade ímpar do processo criminal. Associados, os princípios constitucionais da dignidade humana e do devido processo legal entabulam a regência dos demais, conferindo-lhes unidade e coerência. Consultar o nosso *Princípios constitucionais penais e processuais penais* para maiores esclarecimentos. Classificando os princípios processuais, temos: I – Princípios constitucionais explícitos do processo penal: 1. Concernentes ao indivíduo: 1.1) *princípio da presunção de inocência*: também conhecido como princípio do estado de inocência ou da não culpabilidade, significa que todo acusado é presumido inocente, até que seja declarado culpado por sentença condenatória, com trânsito em julgado. Encontra-se previsto no art. 5.º, LVII, da Constituição. O princípio tem por objetivo garantir que o ônus da prova cabe à acusação e não à defesa. As pessoas nascem inocentes, sendo esse o seu estado natural, razão pela qual, para quebrar tal regra, torna-se indispensável que o Estado-acusação evidencie, com provas suficientes, ao Estado-juiz a culpa do réu. Por outro lado, confirma a excepcionalidade e a necessariedade das medidas cautelares de prisão, já que indivíduos inocentes somente podem ser levados ao cárcere quando isso realmente for útil à instrução e à ordem pública. Entretanto, não serve para vedar a prisão cautelar, pois há outros princípios e regras em jogo, como o tema relativo à segurança pública. Em 2016, o STF, no Plenário, por 6 x 5, decidiu ser cabível a prisão do condenado, quando a decisão proferida em segundo grau ocorra (ADCs 43 e 44, Plenário, rel. Marco Aurélio, 05.12.2016, m.v.). Entretanto, em 2019, nas ADCs 43, 44 e 54 (Pleno, rel. Min. Marco Aurélio, m.v., 07.11.2019), retornou ao entendimento de 2009, ou seja, somente se prende o acusado, para cumprir pena, após o trânsito em julgado da decisão condenatória. Essa última postura não impede, no entanto, a decretação de prisão cautelar quando preencher os requisitos legais, como, por exemplo, a prisão preventiva (art. 312, CPP). Em nosso entendimento, o princípio da presunção de inocência, da forma como redigido na Carta Magna, foi violado pela decisão do STF de 2016. Não importa o que ocorre em outros países, pois essas legislações não possuem igual dispositivo em sua Constituição. Quando a CF foi promulgada, houve uma disposição política do legislador-constituinte, optando, com clareza, pelo princípio de ser considerado o réu inocente até o trânsito em julgado da condenação. Outra não pode ser a interpretação de *trânsito em julgado*, sob pena de se subverter uma série de conceitos doutrinários, reinantes há muito tempo. São princípios consequenciais da presunção de inocência: prevalência do interesse do réu (*in dubio pro reo, favor rei, favor inocentiae, favor libertatis*) e imunidade à autoacusação: o primeiro significa que, em caso de conflito entre a inocência do réu – e sua liberdade – e o poder-dever do Estado de punir, havendo dúvida razoável, deve o juiz decidir em favor do acusado. Aliás, pode-se dizer que, se todos os seres humanos nascem em *estado de inocência*, a exceção a essa regra é a culpa, razão pela qual o ônus da prova é do Estado-acusação. Por isso, quando houver dúvida no espírito do julgador, é imperativo prevalecer o interesse do indivíduo, em detrimento da sociedade ou do Estado. Exemplo: absolve-se quando não existir prova suficiente para a condenação (art. 386, VII, CPP). Há, ainda, a imunidade à autoacusação, sob o *princípio de que ninguém está obrigado a produzir prova contra si mesmo* (*nemo tenetur se detegere*): trata-se de decorrência natural da conjugação dos princípios constitucionais da presunção de inocência (art. 5.º, LVII) e ampla defesa (art. 5.º, LV) com o direito humano fundamental que permite ao réu manter-se calado (art. 5.º, LXIII). Se o indivíduo é inocente, até que seja provada sua culpa, possuindo o direito de produzir amplamente prova em seu favor, bem como se pode permanecer em silêncio sem qualquer tipo de prejuízo à sua situação processual, é mais do que óbvio não estar obrigado, em hipótese alguma, a produzir prova contra si mesmo. O Estado é a parte mais forte na persecução penal, possuindo agentes e instrumentos aptos a buscar e descobrir provas contra o agente da infração penal, prescindindo, pois, de sua colaboração. Seria a admissão de falência de seu aparato e fraqueza de suas autoridades se dependesse do suspeito para colher elementos suficientes a sustentar a ação penal. Nas palavras de Maria Elizabeth Queijo, "o *nemo tenetur se detegere* foi acolhido, expressamente, no direito brasileiro, com a incorporação ao direito interno do Pacto Internacional dos Direitos Civis e Políticos e da Convenção Americana sobre Direitos Humanos. Por força de tal incorporação, em consonância com o disposto no art. 5.º, § 2.º, da Constituição Federal, como direito fundamental, o *nemo tenetur se detegere* possui hierarquia constitucional, portanto, não poderá ser suprimido nem mesmo por emenda constitucional. Tal entendimento não foi modificado pelo art. 5.º, § 3.º, do texto constitucional, incluído pela Emenda Constitucional 45/2004, mas por ele corroborado" (*O direito de não produzir prova contra si mesmo*, p. 480); 1.2) *princípio da ampla defesa*: significa que ao réu é concedido o direito de se valer de amplos e extensos métodos para se defender da imputação feita pela acusação. Encontra fundamento constitucional no art. 5.º, LV. Considerado, no processo, parte hipossuficiente por natureza, uma vez que o Estado é sempre mais forte, agindo por órgãos constituídos e preparados, valendo-se de informações e dados de todas as fontes às quais tem acesso, merece o réu um tratamento diferenciado e justo, razão pela qual a *ampla* possibilidade de defesa se lhe afigura a compensação devida pela força estatal. Lembremos que há, no contexto do júri, o princípio da plenitude de defesa, a ser tratado em seguida, que apresenta diferença com o princípio em comento. A ampla defesa gera inúmeros direitos exclusivos do réu, como é o caso de ajuizamento de revisão criminal – o que é vedado à acusação –, bem como a oportunidade de ser verificada a eficiência da defesa pelo magistrado, que pode desconstituir o advogado escolhido pelo réu, fazendo-o eleger outro ou nomeando-lhe um dativo, entre outros. Sobre o controle do juiz sobre a eficiência da defesa, ver as notas 318 ao art. 497 e 18 ao art. 564. Outro ponto fundamental da ampla defesa é a possibilidade de autodefesa, ou seja, pode o réu, em narrativa direta ao juiz, no interrogatório, levantar as teses de defesa que entender cabíveis. Estas, por sua vez, por ocasião da sentença, devem ser levadas em conta pelo julgador. Sobre o direito à efetiva ampla defesa, consultar as notas 8 e 8-B ao art. 261; 1.3) *plenitude de defesa*: significa que, no Tribunal do Júri, busca-se garantir ao réu não somente uma defesa *ampla*, mas plena, completa, o mais próxima possível do perfeito (art. 5.º, XXXVIII, *a*, CF). Vale ressaltar que o texto constitucional mencionou, além da plenitude de defesa, o princípio da ampla defesa, voltado aos acusados em geral (art. 5.º, LV, CF), razão pela qual é preciso evidenciar a natural diversidade existente entre ambos. A lei, de um modo geral, não contém palavras inúteis, muito menos a Constituição Federal. Portanto, inexiste superfetação na dupla previsão dos referidos princípios, destinando-se cada qual a uma finalidade específica. Enquanto aos réus em processos criminais comuns assegura-se a *ampla defesa*, aos acusados e julgados pelo Tribunal do Júri garante-se a *plenitude de defesa*. Os vocábulos são diversos e, também, o seu sentido. *Amplo* quer dizer vasto, largo, muito grande, rico, abundante, copioso; *pleno* significa repleto, completo, absoluto, cabal, perfeito. O segundo é, evidentemente, mais forte que o primeiro. Assim, no processo criminal, perante o juiz togado, tem o acusado assegurada a ampla defesa, isto é, vasta possibilidade de se defender, propondo provas, questionando dados, contestando alegações, enfim, oferecendo os dados técnicos suficientes para que o magistrado possa considerar equilibrada a demanda, estando de um lado o órgão acusador e de outro uma defesa eficiente. Por outro lado, no Tribunal do Júri, onde as decisões são tomadas pela íntima convicção dos jurados, sem qualquer fundamentação, onde prevalece a oralidade dos atos e a concentração da produção de provas, bem como a identidade física do juiz, torna-se indispensável que a defesa atue de modo completo e perfeito – logicamente dentro das limitações impostas pela natureza humana. A intenção do constituinte foi aplicar ao Tribunal Popular um método que privilegie a defesa, em caso de confronto inafastável com a acusação, homenageando a sua plenitude. São vários os efeitos extraídos dessa diferença. Remetemos o leitor para a nota 3 do Capítulo II, Título I, Livro II ("Do procedimento relativo aos processos da competência do Tribunal do Júri"), onde cuidamos novamente do tema; 2. Concernentes à relação processual: 2.1) *princípio do contraditório*: quer dizer que a toda alegação fática ou apresentação de prova, feita no processo por uma das partes, tem a outra, adversária, o direito de se manifestar, havendo um perfeito equilíbrio na relação estabelecida pela pretensão punitiva do Estado em confronto com o direito à liberdade e à manutenção do estado de inocência do acusado (art. 5.º, LV, CF). Excepcionalmente, o contraditório deve ser exercitado quando houver alegação de direito. Nesse caso, deve-se verificar se a questão invocada pode colocar fim à demanda. Exemplo disso é a alegação de ter havido *abolitio criminis*, que deve provocar a oitiva da parte contrária, pois o processo pode findar em função da extinção da punibilidade. No mais, se uma parte invoca uma questão de direito, não há necessidade de ouvir a parte contrária, bastando que o juiz aplique a lei ao caso concreto. Aliás, é o que ocorre nas alegações finais: primeiro manifesta-se a acusação, depois, fala a defesa, não sendo necessário ouvir novamente o órgão acusatório, embora possam ter sido invocadas questões de direito, analisando a prova produzida. Sobre o contraditório, o novo CPC disciplina o seguinte: "Art. 9.º Não se proferirá decisão contra uma das partes sem que ela seja previamente ouvida. (...); Art. 10. O juiz não pode decidir, em grau algum de jurisdição, com base em fundamento a respeito do qual não se tenha dado às partes oportunidade de se manifestar, ainda que se trate de matéria sobre a qual deva decidir de ofício"; 3. Concernentes à atuação do Estado: 3.1) *princípio do juiz natural e imparcial e princípio consequencial da iniciativa das partes*: estabelece o direito do réu de ser julgado por um juiz previamente determinado por lei e pelas normas constitucionais, acarretando, por consequência, um julgamento imparcial. Encontra previsão no art. 5.º, LIII, da Constituição. Seu contraponto é a vedação ao juízo ou tribunal de exceção (art. 5.º, XXXVII, CF), ou seja, a nomeação de um juiz ou a constituição de um tribunal, após a prática do delito, especialmente para julgar o seu autor. Logicamente, havendo um juízo de exceção, não se pode considerá-lo *natural*, vale dizer, previamente constituído e previsto em lei para julgar toda e qualquer infração, seja quem for o seu autor. Esse juízo de exceção tem enorme possibilidade de não ser imparcial, justamente porque foi criado para analisar um caso concreto já ocorrido. Assim, pelas regras constitucionais, todos têm direito a um julgador desapaixonado e justo, previamente existente. Quando houver alteração na organização judiciária, criando-se uma Vara especializada em determinada matéria, os feitos pertinentes a tal assunto, objeto de processos criminais distribuídos e em andamento em outras Varas, serão redistribuídos e encaminhados à novel Vara específica. Nenhum atentado existe ao princípio do juiz natural, uma vez que este busca, em meta maior, o juiz imparcial. A mera criação de Vara especializada não faz nascer nenhuma espécie de parcialidade, até pelo fato de ser medida genérica e válida para todos os casos relativos à mesma matéria. Em suma, não se está idealizando e construindo um juízo de exceção, voltado especialmente a um réu. Sobre o tema: STF: "O princípio do juiz natural reveste-se, em sua projeção político-jurídica, de dupla função instrumental, pois, enquanto garantia indisponível, tem por titular qualquer pessoa exposta, em juízo criminal, à ação persecutória do Estado, e, enquanto limitação insuperável, incide sobre os órgãos do poder incumbidos de promover, judicialmente, a repressão criminal. Vê-se, desse modo, que o postulado da naturalidade do juízo, ao qualificar-se como prerrogativa individual (*ex parte subjecti*), tem por destinatário específico o réu, erigindo-se, em consequência, como direito público subjetivo inteiramente oponível ao próprio Estado. Esse mesmo princípio, contudo, se analisado em perspectiva diversa, *ex parte principis*, atua como fator de inquestionável restrição ao poder de persecução penal, submetendo, o Estado, a múltiplas limitações inibitórias de suas prerrogativas institucionais" (HC 79.865-9/RS, 2.ª T., rel. Celso de Mello, 14.03.2000, v.u. embora antigo, espelha importante visão do STF). Assegurando-se o juiz natural, em último grau, estabelece-se a regra do juiz imparcial. Entretanto, por mais cautela que se tenha na elaboração de leis, é possível que um determinado caso chegue às mãos de magistrado parcial. Essa falta de isenção pode decorrer de fatores variados: corrupção, amizade íntima ou inimizade capital com alguma das partes, ligação com o objeto do processo, conhecimento pessoal sobre o fato a ser julgado etc. Nota-se, portanto, que não basta ao processo penal o juiz natural. Demanda-se igualmente o juiz imparcial, motivo pelo qual o Código de Processo Penal coloca à disposição do interessado as exceções de suspeição e de impedimento, para buscar o afastamento do magistrado não isento. Esse princípio é constitucionalmente assegurado, embora de maneira implícita. Ingressa no sistema pela porta do art. 5.º, § 2.º, da Constituição ("Os direitos e garantias expressos nesta Constituição não excluem outros decorrentes do regime e dos princípios por ela adotados, ou dos tratados internacionais em que a República Federativa do Brasil seja parte"). Ora, não somente o princípio do juiz imparcial decorre do juiz natural – afinal, este sem aquele não tem finalidade útil –, como também é fruto do Pacto de San José da Costa Rica (Convenção Americana sobre Direitos Humanos), firmado pelo Brasil e em vigor desde 1992. Verifica-se no art. 8.º, item 1, o seguinte: "Toda pessoa terá o direito de ser ouvida, com as devidas garantias e dentro de um prazo razoável, por um juiz ou tribunal competente, independente e *imparcial*, estabelecido anteriormente por lei, na apuração de qualquer acusação penal formulada contra ela, ou na determinação de seus direitos ou obrigações de caráter civil, trabalhista, fiscal ou de qualquer outra natureza" (destaque nosso). Questão interessante sobre o juiz natural e imparcial surge com a edição da Lei 12.694/2012, que permite a instalação de colegiados de juízes, em primeira instância, deliberando acerca de importantes matérias no cenário de crimes cometidos por organizações criminosas. Em princípio, a referida lei não fere o princípio constitucional do juiz natural e imparcial, pois há expressa previsão em lei sobre seu funcionamento e quando é viável a sua convocação. Maiores considerações na nota 6-G ao art. 69. Para que possa o magistrado atuar, realmente, com imparcialidade, advém o *princípio da iniciativa das partes,* significando não dever o juiz agir de ofício para dar início à ação penal. Observe-se o disposto no art. 2.º do CPC: "o processo começa por iniciativa da parte e se desenvolve por impulso oficial, salvo as exceções previstas em lei". Em processo penal, tais regras são absolutas: o juiz não atua de ofício para inaugurar a ação penal e a conduz sob impulso oficial, mesmo diante do desdém de qualquer das partes. Cabe ao titular da ação penal, que é o Ministério Público (art. 129, I, CF), como regra, essa providência. Não propondo a ação penal, no prazo legal, pode o particular ofendido tomar a iniciativa (art. 5.º, LIX, CF). E mais: deve o magistrado julgar o pedido nos estritos limites em que foi feito, não podendo ampliar a acusação, piorando a situação do réu, sem aditamento à denúncia, promovido por quem de direito. Registre-se exceção ao princípio, mencionando que a execução penal pode ter início por atuação *de ofício* do magistrado: "O procedimento judicial iniciar-se-á de ofício, a requerimento do Ministério Público, do interessado, de quem o represente, de seu cônjuge, parente ou descendente, mediante proposta do Conselho Penitenciário, ou, ainda, da autoridade administrativa" (art. 195, Lei 7.210/1984). Porém, nenhuma lesão provoca na imparcialidade do juiz, por duas razões: a) as Varas de Execução Penal, como regra, são especializadas, onde atuam magistrados diferentes daqueles que condenaram os réus; b) a execução penal é consequência do poder-dever do Estado em punir o culpado. Logo, afirmada a culpa na sentença condenatória, com trânsito em julgado, deve-se executar a pena, razão pela qual o início do processo de execução é obrigatório; 3.2) *princípio da publicidade*, que encontra previsão constitucional nos arts. 5.º, XXXIII, LX, e 93, IX, da Constituição Federal. Quer dizer que os atos processuais devem ser realizados publicamente, à vista de quem queira acompanhá-los, sem segredos e sem sigilo. É justamente o que permite o controle social dos atos e decisões do Poder Judiciário. Ocorre que, em algumas situações excepcionais, a própria Constituição ressalva a possibilidade de se restringir a publicidade. Quando houver interesse público ou a intimidade o exigir, o juiz pode limitar o acesso à prática dos atos processuais, ou mesmo aos autos do processo, apenas às partes envolvidas. Conforme o caso, até mesmo o réu pode ser afastado da sala, permanecendo o seu advogado. Note-se, no entanto, que jamais haverá sigilo total, fazendo com que o magistrado conduza o processo sem o acesso dos órgãos de acusação e defesa, bem como jamais realizará um ato processual válido sem a presença do promotor e do defensor. A partir da Emenda 45/2004 (Reforma do Judiciário), modificou-se a redação do art. 93, IX, mencionando-se ser a publicidade a regra e o sigilo a exceção, neste caso quando houver interesse relacionado à intimidade de alguém, sem que haja prejuízo ao *interesse público à informação*. Aparentando contradição, a referida norma assegura a publicidade, garante o sigilo para preservar a intimidade, mas faz a ressalva de que, acima de tudo, estaria o direito à informação. Por outro lado, o art. 5.º, LX, enaltece a publicidade, mas fixa como exceções a preservação da intimidade e a exigência do interesse social. Para argumentar, afastando-se o aspecto da preservação da intimidade, pode o juiz decretar sigilo por conta exclusiva do interesse social? Afinal, isso poderia ocorrer na apuração de crime de enorme repercussão ou envolvendo o crime organizado. Cremos que sim. O conflito entre o disposto no art. 5.º, LX, e o art. 93, IX (com nova redação) é apenas aparente. Em primeiro lugar, continua em vigor a garantia fundamental da publicidade, com as exceções do art. 5.º, LX, que são a preservação da intimidade e o interesse da sociedade. Em segundo lugar, o art. 93, IX, passa a referir-se expressamente à preservação da intimidade (que antes não havia), ressalvado o interesse público à informação, entendendo-se apenas que não deve o juiz exagerar na dose de interpretação do que vem a ser *intimidade* para não prejudicar o direito da sociedade de acompanhar o que se passa no processo; 3.3) *princípio da vedação das provas ilícitas*, que significa não poder a parte produzir provas não autorizadas pelo ordenamento jurídico ou que não respeitem as formalidades previstas para a sua formação (art. 5.º, LVI, CF). Finalmente, vale destacar que não há princípio absoluto, prevalente sobre todos os outros, devendo haver harmonização e equilíbrio na aplicação de cada um deles. Este princípio será mais bem desenvolvido no Capítulo I, Título VII, Livro I ("Da Prova", notas 4 a 18); 3.4) *princípio da economia processual* e princípios correlatos e consequenciais da duração razoável do processo e da duração razoável da prisão cautelar: o primeiro significa que o Estado deve procurar desenvolver todos os atos processuais no menor tempo possível, dando resposta imediata à ação criminosa e poupando tempo e recursos das partes. A edição da EC 45/2004 (Reforma do Judiciário) tornou o princípio explícito, dentre as garantias individuais, passando a figurar no art. 5.º, LXXVIII: "A todos, no âmbito judicial e administrativo, são assegurados a razoável duração do processo e os meios que garantam a celeridade de sua tramitação". Nessa esteira, inseriram-se, no art. 93 da Constituição Federal, os seguintes incisos: "XII – a atividade jurisdicional será ininterrupta, sendo vedado férias coletivas nos juízos e tribunais de segundo grau, funcionando, nos dias em que não houver expediente forense normal, juízes em plantão permanente"; "XIII – o número de juízes na unidade jurisdicional será proporcional à efetiva demanda judicial e à respectiva população"; "XIV – os servidores receberão delegação para a prática de atos de administração e atos de mero expediente sem caráter decisório"; "XV – a distribuição de processos será imediata, em todos os graus de jurisdição". É nítida a preocupação do legislador com a celeridade da Justiça, tudo para fazer valer o direito individual, supramencionado, assegurando a "razoável duração do processo" e com "os meios que garantam a celeridade de sua tramitação". Aliás, até mesmo na avaliação da duração da prisão cautelar os tribunais têm alterado o seu entendimento e exigido dos magistrados de primeiro grau maior preocupação com o trâmite rápido dos feitos, pois, se assim não ocorrer, torna-se preferível determinar a libertação do acusado. Já dizia Borges da Rosa, há muito: "O primeiro requisito é a *celeridade* ou *brevidade*, que consiste em obter que a aplicação da sanção legal seja a mais próxima possível da violação da lei. Tal requisito é necessário para evitar as demandas de longa duração por contrárias à concórdia e ao sossego sociais, de vez que toda demanda é uma fonte de incômodos, incertezas, preocupações, enervamentos, surpresas, animosidades, inimizades, desperdício de tempo e de esforços etc." (*Nulidades do processo,* p. 37). Por outro lado, o princípio da economia processual é previsto, *expressamente*, na Lei 9.099/1995 (art. 62), lembrando-se, no entanto, que ele sempre foi, igualmente, uma meta utilizada no processo penal comum. Não pode implicar, no entanto, nenhuma hipótese, na restrição ao direito da parte de produzir prova e buscar a verdade real. Exemplos de utilização da economia processual: a) possibilita-se o uso da precatória itinerante (art. 355, § 1.º, CPP), isto é, quando o juízo deprecado constata que o réu se encontra em outra Comarca, em vez de devolver a precatória ao juízo deprecante, envia ao juízo competente para cumpri-la, diretamente; b) quando houver nulidade, por incompetência do juízo, somente os atos decisórios serão refeitos, mantendo-se os instrutórios (art. 567, CPP); c) o cabimento da suspensão do processo, quando houver questão prejudicial, somente deve ser deferido em caso de difícil solução, a fim de não procrastinar inutilmente o término da instrução (art. 93, CPP). Em decorrência de avançadas posições doutrinárias e jurisprudenciais, emerge outro princípio constitucional, embora implícito, dentre as garantias fundamentais: o *princípio da duração razoável da prisão cautelar*. Observa-se, como fruto natural dos princípios constitucionais explícitos da presunção de inocência, da economia processual e da estrita legalidade da prisão cautelar, ser época de se consagrar, com *status* constitucional, a meta de que ninguém poderá ficar preso, provisoriamente, por prazo mais extenso do que for absolutamente imprescindível para o escorreito desfecho do processo. Essa tem sido a tendência dos tribunais pátrios, em especial do Supremo Tribunal Federal. De fato, não se torna crível que, buscando-se respeitar o estado de inocência, conjugado com o direito ao processo célere, associando-se a todas as especificações para se realizar, legitimamente, uma prisão cautelar, possa o indiciado ou réu permanecer semanas, meses, quiçá anos, em regime de restrição de liberdade, *sem culpa formada*. O Código de Processo Penal, de 1941, já não apresenta solução concreta para o binômio, hoje realidade intrínseca do sistema judiciário brasileiro, *prisão cautelar necessária versus lentidão do trâmite processual.* Não é possível, igualmente, quedar inerte a doutrina; muito menos, nada fazer a jurisprudência. Por isso, extraindo-se uma interpretação lógico-sistemática de preceitos existentes na Constituição Federal, é medida transitável afirmar a indispensabilidade da *duração razoável* não somente do processo-crime, mas, sobretudo, da prisão cautelar. É realidade não se poder fixar em dias o número exato de duração de uma prisão preventiva, por exemplo. Porém, ingressa, nesse cenário, o critério da razoabilidade, devendo o magistrado avaliar, no caso concreto, o que ultrapassa a medida do bom senso. Somente para ilustrar, quem estiver sujeito a uma pena variável de 4 a 10 anos (roubo, art. 157, CP), não possuindo outras condenações, não poderia ficar detido, sem culpa formada, por mais de um ano. Fere a razoabilidade, uma vez que, ainda argumentando, se condenado, em primeiro grau, a seis anos de reclusão, já poderia conseguir, pela via da execução provisória da pena, outra realidade na jurisprudência brasileira, a progressão para o regime semiaberto. Ora, inviável, então, manter alguém no cárcere por mais de ano, sem que se consiga concluir a instrução do processo em primeira instância. A prática forense nos evidencia a ocorrência de prisões preventivas que chegam a atingir vários anos, o que não nos soa sensato, ainda que se possa agir em nome da segurança pública. Cabe ao Judiciário adiantar o andamento do feito, sem permitir a ruptura de direitos fundamentais (como a ampla defesa), mas proporcionando a duração razoável da prisão cautelar. O atual CPC cuida especificamente do assunto: "Art. 4.º As partes têm o direito de obter em prazo razoável a solução integral do mérito, incluída a atividade satisfativa"; A duração razoável do processo não pode gerar, de modo nítido, o cerceamento de defesa, ferindo os princípios da ampla defesa e do contraditório; 3.5) *princípios regentes do Tribunal do Júri*: 3.5.1) *sigilo das votações*: está previsto no art. 5.º, XXXVIII, *b*, da Constituição Federal, significando que os jurados devem proferir o veredicto em votação situada em sala especial, assegurando-lhes tranquilidade e possibilidade para reflexão, com eventual consulta ao processo e perguntas ao magistrado, contando apenas com a presença das partes (embora, no caso do réu, representado por seu defensor) e de funcionários da Justiça, sob a presidência do Juiz de Direito (ver a nota 4 ao Capítulo II, Título I, Livro II – "Do procedimento relativo aos processos da competência do Tribunal do Júri"); 3.5.2) *soberania dos veredictos*: conforme disposto no art. 5.º, XXXVIII, *c*, da Constituição Federal, proferida a decisão final pelo Tribunal do Júri, não há possibilidade de ser alterada pelo tribunal togado, quanto ao mérito. No máximo, compatibilizando-se os princípios regentes do processo penal, admite-se o duplo grau de jurisdição. Ainda assim, havendo apelação, se provida, o tribunal determina novo julgamento, porém, quem o fará, quanto ao mérito da imputação, será, novamente, o Tribunal Popular (consultar a nota 5 ao Capítulo II, Título I, Livro II); 3.5.3) *competência para o julgamento dos crimes dolosos contra a vida*: a previsão encontra-se no art. 5.º, XXXVIII, *d*, da Constituição Federal, assegurando a competência *mínima* para o Tribunal do Júri. Nada impede que o legislador ordinário promova a inserção, em normas processuais, de outros casos a serem julgados pelo Tribunal Popular. Aliás, lembremos que, atualmente, o Júri já julga outras infrações penais, desde que conexas com os delitos dolosos contra a vida (consultar a nota 6 do Capítulo II, Título I, Livro II); 3.6) *princípio da legalidade estrita da prisão cautelar*: refletindo-se, detalhadamente, sobre o sistema processual, constitucionalmente estabelecido, deve-se acrescentar e ressaltar que, no Brasil, a prisão de qualquer pessoa necessita cumprir requisitos formais estritos. Por isso, estabelece-se o seguinte: a) "ninguém será preso senão em flagrante delito ou por ordem escrita e fundamentada de autoridade judiciária competente, salvo nos casos de transgressão militar ou crime propriamente militar, definidos em lei" (art. 5.º, LXI, CF); b) "a prisão de qualquer pessoa e o local onde se encontre serão comunicados imediatamente ao juiz competente e à família do preso ou à pessoa por ele indicada" (art. 5.º, LXII, CF); c) "o preso será informado de seus direitos, entre os quais o de permanecer calado, sendo-lhe assegurada a assistência da família e de advogado" (art. 5.º, LXIII, CF); d) "o preso tem direito à identificação dos responsáveis por sua prisão ou por seu interrogatório policial" (art. 5.º, LXIV, CF); e) "a prisão ilegal será imediatamente relaxada pela autoridade judiciária" (art. 5.º, LXV, CF); f) "ninguém será levado à prisão ou nela mantido, quando a lei admitir a liberdade provisória, com ou sem fiança" (art. 5.º, LXVI, CF); g) "o civilmente identificado não será submetido a identificação criminal, salvo nas hipóteses previstas em lei" (art. 5.º, LVIII, CF). Conecta-se ao princípio da legalidade ou da reserva legal, previsto em Direito Penal. II – Princípios constitucionais implícitos do processo penal: 1. Concernentes à relação processual: 1.1) *princípio do duplo grau de jurisdição*: significa ter a parte o direito de buscar o reexame da causa por órgão jurisdicional superior. O princípio é consagrado na própria Constituição quando se tem em mira a estrutura do Poder Judiciário em instâncias, bem como a expressa menção, *v.g.*, feita no art. 102, II, referente ao Supremo Tribunal Federal, cabendo-lhe julgar, em *recurso ordinário*: "*a)* o *habeas corpus*, o mandado de segurança, o *habeas data* e o mandado de injunção decididos em única instância pelos Tribunais Superiores, se denegatória a decisão; *b)* o crime político". Ora, se uma pessoa, condenada na Justiça Federal de primeiro grau por delito político, tem o direito constitucional de recorrer *ordinariamente* ao STF, por que outros réus não teriam o mesmo direito? Assim, a garantia do duplo grau de jurisdição é, sem dúvida, princípio básico no processo penal. Por outro lado, há expressa disposição no Pacto de São José da Costa Rica (art. 8.º, item 2, *h*) a respeito do direito de recurso contra sentença a juiz ou tribunal superior. Os tratados internacionais, versando sobre direitos humanos, ingressam no ordenamento jurídico brasileiro com *status* de norma constitucional, como autoriza do art. 5.º, § 2.º, da Constituição Federal (ver a nota 9 ao art. 1.º). Admitindo, também, a garantia do duplo grau de jurisdição está a lição de Jaques de Camargo Penteado: "A Constituição da República, no capítulo dos direitos individuais, reconhece uma série de garantias da pessoa humana que, pela plenitude de sua abrangência e de sua imprescindibilidade à consecução do bem comum, abarcaria o duplo grau de jurisdição, até mesmo como forma adequada à efetividade dos direitos do homem. Todavia, mantendo a vocação de reconhecimento integral desses valores, dispõe que a previsão não exclui aqueles decorrentes do seu regime e principiologia, bem como dos tratados internacionais firmados (art. 5.º, § 2.º)" (*Duplo grau de jurisdição no processo penal*, p. 123-124). Entretanto, o mencionado autor faz uma crítica ao julgamento realizado pelas turmas recursais dos Juizados Especiais Criminais: "A Constituição da República, ao criar os juizados, permite o 'julgamento de recursos por turmas de juízes de primeiro grau' (art. 98, I), o que não atende ao princípio do duplo grau de jurisdição, principalmente se enfocarmos o texto constitucional integrado pelos diplomas protetivos dos direitos humanos que preveem o reexame por juízo superior" (ob. cit., p. 135). Nesse ponto, permitimo-nos discordar. Muito embora o duplo grau de jurisdição seja uma garantia constitucional, em nossa visão, não vemos afronta ao princípio em relação às turmas recursais dos Juizados Especiais Criminais. O acusado, especialmente o condenado, deve ter direito a uma reavaliação do seu caso, como regra. A referência a "juiz ou tribunal superior" depende da organização judiciária de cada país. Imagine-se que o réu pudesse recorrer de sentença condenatória, mas seu apelo fosse avaliado por um único desembargador (e não por um colegiado). Estaria atendido o duplo grau de jurisdição, porém, segundo nos parece, de maneira menos adequada do que se faz em um órgão colegiado, quando opiniões diversas sobre a mesma matéria podem chocar-se, provocando o saudável conflito de ideias. Na estrutura do Juizado Especial Criminal, a turma recursal é composta por, pelo menos, três magistrados, o que lhe confere, na estrutura do Judiciário, um caráter de "corte superior". Há quem sugira que os julgamentos criminais de autoridades, com foro privilegiado, em competência originária, sem possibilidade de recurso, significariam uma lesão ao *duplo grau de jurisdição*. Não concordamos com a assertiva, pois o foro por prerrogativa de função é um benefício a determinadas autoridades. Logo, ilustrando, quando um Senador é julgado diretamente pelo STF, por um crime qualquer, não tem para quem recorrer, uma vez que seu processo foi avaliado pelo Pretório Excelso (último grau de jurisdição). Os princípios constitucionais não são absolutos, mas relativos, devendo acomodar-se, uns com os outros, de maneira harmônica. Dito isso, o foro privilegiado constitui uma exceção, estabelecida pela própria CF, em geral, deslocando o julgamento para Tribunais superiores ao primeiro grau. Diante dessa *vantagem*, não se pode aplicar o *duplo grau*; 2. Concernentes à atuação do Estado: 2.1) *princípio do promotor natural e imparcial*: significa que o indivíduo deve ser acusado por órgão imparcial do Estado, previamente designado por lei, vedada a indicação de acusador para atuar em casos específicos. Não está esse princípio expressamente previsto na Constituição, embora se possam encontrar suas raízes na conjugação de normas constitucionais e infraconstitucionais. A inamovibilidade do promotor está prevista no art. 128, § 5.º, I, *b*, da Constituição, o que sustenta um acusador imparcial, visto não poder ser possível alterar o órgão acusatório, conforme interesses particulares. Ademais, a Lei Orgânica do Ministério Público (Lei 8.625/1993) prevê a admissibilidade de designação de promotores de justiça para casos expressamente previstos e não para satisfazer qualquer vontade específica do Procurador-Geral de Justiça (art. 10, IX). Fora disso, respeita-se a lei e o cargo para o qual o promotor foi nomeado. Atualmente, o STF não mais consagra, por unanimidade, o princípio do promotor natural, ora decidindo que sim, ora decidindo que não; 2.2) *princípio da obrigatoriedade da ação penal pública e princípio consequencial da indisponibilidade da ação penal*: significa não ter o órgão acusatório, tampouco o encarregado da investigação, a faculdade de investigar e buscar a punição do autor da infração penal, mas o dever de fazê-lo. Assim, ocorrida a infração penal, ensejadora de ação pública incondicionada, deve a autoridade policial investigá-la e, em seguida, havendo elementos, é obrigatório que o promotor apresente denúncia. Não há, como regra, no Brasil, o *princípio da oportunidade* no processo penal, que condicionaria o ajuizamento da ação penal ao critério discricionário do órgão acusatório – exceção seja feita à ação privada e à pública condicionada. Ressalte-se que, neste último caso, se trata da incidência de ambos os princípios, ou seja, oportunidade para o oferecimento da representação, obrigatoriedade quando o Ministério Público a obtém (ver nota 31 ao art. 5.º e nota 12 ao art. 24). Como decorrência desse princípio temos o da *indisponibilidade da ação penal*, significando que, uma vez ajuizada, não pode dela desistir o promotor de justiça. Logicamente, hoje, já existem exceções, abrandando o princípio da obrigatoriedade, tal como demonstra a suspensão condicional do processo, instituto criado pela Lei 9.099/1995, bem como a possibilidade de transação penal, autorizada pela própria Constituição (art. 98, I). Conectam-se ao princípio da legalidade ou da reserva legal, no âmbito penal; 2.3) *princípio da oficialidade*, que significa ser a persecução penal uma função primordial e obrigatória do Estado. As tarefas de investigar, processar e punir o agente do crime cabem aos órgãos constituídos do Estado, através da polícia judiciária, do Ministério Público e do Poder Judiciário. Igualmente, relaciona-se à legalidade, no âmbito penal; 2.4) *princípio da intranscendência*: significa não dever a ação penal transcender da pessoa a quem foi imputada a conduta criminosa. Para assegurar o princípio, existe, à disposição da parte, o incidente de ilegitimidade de parte (art. 110, vide notas 58 a 61). Vincula-se aos princípios da responsabilidade pessoal e da culpabilidade em Direito Penal; 2.5) *princípio da vedação do duplo processo pelo mesmo fato*, demonstrando que não se pode processar alguém duas vezes com base no mesmo fato, impingindo-lhe dupla punição (*ne bis in idem*). E mesmo que ocorra absolvição, preceitua o art. 8.º, item 4, da Convenção Americana sobre Direitos Humanos: "O acusado absolvido por sentença transitada em julgado não poderá ser submetido a novo processo pelos mesmos fatos". Conecta-se ao princípio da vedação à dupla punição pelo mesmo fato, oriundo do Direito Penal. III – Princípios do processo penal: 1. Concernentes à relação processual: 1.1) *princípio da busca da verdade real*: proporciona, no processo penal, inúmeras aplicações frutíferas, embora gere, também, expectativas impossíveis de serem atendidas. A começar pelo conceito de verdade, que é sempre relativa, até findar com a impossibilidade real de se extrair, nos autos, o fiel retrato da realidade da ocorrência criminosa. Ensina Malatesta que a verdade é a "conformidade da noção ideológica com a realidade" e que a certeza é a crença nessa conformidade, gerando um estado subjetivo do espírito ligado a um fato, sendo possível que essa crença não corresponda à verdade objetiva. Portanto, pode-se afirmar que "certeza e verdade nem sempre coincidem; por vezes, duvida-se do que objetivamente é verdadeiro; e a mesma verdade que parece certa a um, a outros parece por vezes duvidosa, quiçá até mesmo falsa a outros ainda" (*A lógica das provas em matéria criminal*, vol. 1, p. 22). Diante disso, jamais, no processo, pode assegurar o juiz ter alcançado a *verdade objetiva*, aquela que corresponde perfeitamente com o acontecido no plano real. Tem, isto sim, o magistrado uma crença segura na verdade que transparece através das provas colhidas e, por tal motivo, condena ou absolve. Logo, tratando do mesmo tema, já tivemos a oportunidade de escrever o seguinte: "Material ou real é a verdade que mais se aproxima da realidade. Aparentemente, trata-se de um paradoxo dizer que pode haver uma verdade mais próxima da realidade e outra menos. Entretanto, como vimos, o próprio conceito de verdade é relativo, de forma que é impossível falar em verdade absoluta ou ontológica, mormente no processo, julgado e conduzido por homens, perfeitamente falíveis em suas análises e cujos instrumentos de busca do que realmente aconteceu podem ser insuficientes. Ainda assim, falar em verdade real implica provocar no espírito do juiz um sentimento de busca, de inconformidade com o que lhe é apresentado pelas partes, enfim, um impulso contrário à passividade. Afinal, estando em jogo direitos fundamentais do homem, tais como liberdade, vida, integridade física e psicológica e até mesmo honra, que podem ser afetados seriamente por uma condenação criminal, deve o juiz sair em busca da verdade material, aquela que mais se aproxima do que realmente aconteceu" (*O valor da confissão como meio de prova no processo penal*, p. 65). Podemos completar com a lição de Rogério Lauria Tucci acerca de verdade material: "Trata-se, com efeito, de atividade concernente ao poder instrutório do magistrado, imprescindível à formação de sua convicção, de que, inequivocamente, se faz instrumento; e à qual se agrega, em múltiplas e variadas circunstâncias, aquela resultante do poder acautelatório, por ele desempenhado para garantir o desfecho do processo criminal" (*Do corpo de delito no direito processual penal brasileiro*, p. 88). O princípio da verdade real significa, pois, que o magistrado deve buscar provas, tanto quanto as partes, não se contentando com o que lhe é apresentado, simplesmente. Note-se o disposto nos arts. 209, *caput* ("o juiz, *quando julgar necessário*, poderá ouvir outras testemunhas, além das indicadas pelas partes" – grifamos), 234 ("se o juiz tiver notícia da existência de documento relativo a ponto relevante da acusação ou da defesa, providenciará, *independentemente de requerimento de qualquer das partes*, para sua juntada aos autos, se possível" – grifo nosso), 147 ("o juiz poderá, *de ofício*, proceder à verificação da falsidade" – grifamos), 566 ("não será declarada a nulidade de ato processual que não houver influído na apuração da *verdade substancial* ou na decisão da causa" – destaque nosso) do Código de Processo Penal, ilustrativos dessa colheita de ofício e da expressa referência à busca da verdade real. Contrariamente à verdade formal, inspiradora do processo civil, onde o juiz não está obrigado a buscar provas, mormente em ações de conteúdo exclusivamente patrimonial, que constitui interesse disponível, contentando-se com as trazidas pelas partes e extraindo sua conclusão com o que se descortina nos autos, a verdade real vai além: quer que o magistrado seja coautor na produção de provas. Esse princípio muitas vezes inspira o afastamento da aplicação literal de preceitos legais. Exemplo disso é o que ocorre quando a parte deseja ouvir mais testemunhas do que lhe permite a lei. Invocando a busca da verdade real, pode obter do magistrado a possibilidade de fazê-lo. Sabemos, no entanto, que a doutrina vem tornando relativo o princípio da busca da verdade formal no processo civil, mencionando vários dispositivos do Código de Processo Civil que imporiam ao magistrado o dever de buscar a prova da verdade tanto quanto as partes. Expõe Marco Antonio de Barros, cuidando do processo civil, que "todas essas regras processuais" – fazendo menção aos arts. 130, 342, 355 e 440 do CPC/1973 – vide arts. 370, 385, 396 e 481 do CPC/2015 – "constituem providências que melhor se encaixam à estrutura do princípio da verdade material, sobretudo pela previsão de diligências investigativas que podem ser ordenadas pelo juiz *ex officio*, isto é, independentemente da iniciativa ou vontade das partes. A lei confere ao julgador a faculdade de aplicá-las em qualquer processo. Isto revela, mais uma vez, a tendência publicista do direito processual moderno, que se destina a produzir a efetivação da justiça, em cujo contexto inclui-se a providencial intervenção do juiz durante a instrução do processo, realizada com o propósito de garantir a paz social" (*A busca da verdade no processo penal*, p. 33). A mostra realística de que o processo civil preza a verdade formal, em detrimento da verdade real, é o disposto no art. 344 do CPC/2015: "se o réu não contestar a ação, será considerado revel e presumir-se-ão verdadeiras as alegações de fato formuladas pelo autor". Ameniza-se a busca da verdade formal, por meio do art. 348 do CPC/2015: "se o réu não contestar a ação, o juiz, verificando a inocorrência do efeito da revelia previsto no art. 344, ordenará que o autor especifique as provas que pretenda produzir, se ainda não as tiver indicado". Contrariando, igualmente, a distinção entre verdade material e verdade formal, Gustavo Badaró afirma que não são verdades absolutas, logo essas expressões serviriam apenas para distinguir graus distintos de aproximação daquela "verdade absoluta e intangível". Ainda assim, o conceito de verdade seria uno e não comportaria adjetivações (*Ônus da prova no processo penal*, p. 31-36). Porém, esclarecem Ada Pellegrini Grinover, Antonio Carlos de Araújo Cintra e Cândido Rangel Dinamarco o seguinte: "No processo penal sempre predominou o sistema da livre investigação de provas. Mesmo quando, no processo civil, se confiava exclusivamente no interesse das partes para o descobrimento da verdade, tal critério não poderia ser seguido nos casos em que o interesse público limitasse ou excluísse a autonomia privada. Isso porque, enquanto no processo civil em princípio o juiz pode satisfazer-se com a verdade formal (ou seja, aquilo que resulta ser verdadeiro em face das provas carreadas aos autos), no processo penal o juiz deve atender à averiguação e ao descobrimento da verdade real (ou verdade material), como fundamento da sentença" (Teoria geral do processo, p. 71). Ademais, não questionamos que a verdade é una e sempre relativa (ver nota 3 ao Título VII, do Livro I), consistindo busca inviável, no processo, encontrar a *realidade* dos fatos tal como ocorreram. A verdade é apenas uma noção ideológica da realidade, motivo pelo qual o que é verdadeiro para uns, não o é para outros. O que a distinção almeja atingir é a demonstração de finalidades diversas existentes nos âmbitos civil e penal do processo. Enquanto na esfera cível o magistrado é mais um espectador da produção da prova, no contexto criminal deve atuar como autêntico copartícipe na busca dos elementos probatórios. Nem se diga que o juiz introduz no feito *meios* de prova, enquanto as partes buscam as *fontes* de prova, porque tal distinção (entre meios e fontes), sim, em nosso entender, cuida-se de mero eufemismo. Além disso, a realidade nos demonstra que o juiz, exercendo suas atividades em Vara Cível, tem nitidamente menor preocupação em produzir provas de ofício, especialmente quando cuida de interesses patrimoniais, aguardando a atitude positiva das partes nesse sentido. Por outro lado, na esfera criminal, ainda que o réu admita o teor da acusação, o juiz determinará a produção de provas, havendo um cuidado maior para não levar ao cárcere um inocente, visto que estão em jogo, sempre, interesses indisponíveis. Parece-nos, pois, presente a busca da verdade real muito mais no processo penal do que no civil. Na jurisprudência: STF: "A busca da verdade real não se subordina, aprioristicamente, a formas rígidas, por isso que a afirmação da reincidência independe de certidão na qual atestado cabalmente o trânsito em julgado de anterior condenação, sobretudo quando é possível provar, por outros meios, que o paciente está submetido a execução penal por crime praticado anteriormente à sentença condenatória que o teve por reincidente" (HC 116.301/MG, 1.ª T., rel. Luiz Fux, 03.12.2013, m.v.). STJ: "No caso concreto, a decisão que admitiu a ouvida das testemunhas ao final da instrução, dispensadas pelo órgão acusador no primeiro momento, tão somente traduz expressão da busca da verdade real, cuja inspiração norteia o funcionamento do processo penal pátrio, não representando, por si só, qualquer prejuízo à parte" (HC 451.745/RJ, 5.ª T., rel. Ribeiro Dantas, 23.10.2018, v.u.); 1.2) *princípio da oralidade* e princípios consequenciais da concentração, da imediatidade e da identidade física do juiz: significa que a palavra oral deve prevalecer, em algumas fases do processo, sobre a palavra escrita, buscando enaltecer os princípios da concentração, da imediatidade e da identidade física do juiz. Explica Demercian que a adoção desse princípio, como regra no processo penal, seria a "grande solução para a agilização dos procedimentos criminais e, até mesmo, a maneira mais viável para a apuração da verdade real – na qual há fulcrar-se todo o processo penal – e a forma de se prestar com maior equidade e justeza a tutela jurisdicional" (*A oralidade no processo penal brasileiro*, p. 50). O princípio somente estava consolidado no julgamento em plenário do Tribunal do Júri quando se dava o predomínio da palavra oral sobre a escrita, todos os atos eram realizados de forma concentrada e os jurados julgavam logo após terem acompanhado a colheita da prova. A partir da reforma trazida pelas Leis 11.689/2008, 11.690/2008 e 11.719/2008 buscou-se estender a oralidade e seus princípios consequenciais para outros procedimentos, tanto comuns quanto especiais. Os princípios que decorrem da oralidade são: a) *concentração* (toda a colheita da prova e o julgamento devem se dar em uma única audiência ou no menor número delas). Passa-se a adotar tal medida em várias situações, durante a colheita da prova (exemplos: arts. 400, § 1.º, 411, 473, 531, CPP); b) *imediatidade* (o magistrado deve ter contato direto com a prova produzida, formando mais facilmente sua convicção). A partir da adoção do sistema da audiência única, naturalmente, o juiz que a conduzir terá a oportunidade de ter contato direto com a prova produzida; c) *identidade física do juiz* (o magistrado que preside a instrução, colhendo as provas, deve ser o que julgará o feito, vinculando-se à causa). René Ariel Dotti ressalta que "o princípio da identidade física, portanto, assenta numa das magnas exigências do processo penal, situando-se em plano superior às condições da ação e muitos outros pressupostos de validade da relação processual" (*Bases e alternativas para o sistema de penas*, p. 418). Além do Tribunal do Júri, quando, em plenário, já era consagrada a identidade física do juiz, passa-se a tê-lo por princípio regente, também, nos procedimentos comuns, tal como previsto pelo art. 399, § 2.º, do CPP; 1.3) *princípio da indivisibilidade da ação penal privada*: quer dizer não poder o ofendido, ao valer-se da queixa-crime, eleger contra qual dos seus agressores – se houver mais de um – ingressará com ação penal. Esta é *indivisível*. Se o Estado lhe permitiu o exercício da ação – lembrando-se sempre que o direito de *punir* é monopólio estatal e não é transmitido ao particular nesse caso –, torna-se natural a exigência de que não *escolha* quem será acusado, evitando-se barganhas indevidas e vinganças mesquinhas contra um ou outro. Por isso, o art. 48 preceitua que a queixa contra um dos autores do crime obrigará ao processo de todos, zelando o Ministério Público para que o princípio da *indivisibilidade* seja respeitado. Este princípio somente ocorre com destaque na ação penal privada, regida pelo critério da *oportunidade*. Não há o menor sentido em se sustentar a prevalência da indivisibilidade também na ação penal pública, pois esta é norteada pela obrigatoriedade. Assim, quando o promotor toma conhecimento de quais são os autores do crime, *deve* ingressar com ação penal contra todos, não porque a ação penal pública é indivisível, mas porque é obrigatória. Nessa ótica, confira-se a lição de Afrânio Silva Jardim: "A indivisibilidade da ação penal pública é uma consequência lógica e necessária do princípio da obrigatoriedade, podendo-se dizer que este abrange aquele outro princípio" (*Ação penal pública*, p. 136); 1.4) *princípio da comunhão da prova*: significa que a prova, ainda que produzida por iniciativa de uma das partes, pertence ao processo e pode ser utilizada por todos os participantes da relação processual, destinando-se a apurar a verdade dos fatos alegados e contribuindo para o correto deslinde da causa pelo juiz. Realmente, não há *titular* de uma prova, mas mero proponente. As testemunhas de acusação, por exemplo, não são arroladas pelo promotor unicamente para prejudicar o réu; do mesmo modo, as testemunhas de defesa não estão obrigadas a prestar declarações integralmente favoráveis ao acusado. Inserida no processo, a prova tem a finalidade de buscar a verdade real, não mais servindo ao interesse de uma ou de outra parte; 2. Concernentes à atuação do Estado: 2.1) *princípio do impulso oficial*: significa que, uma vez iniciada a ação penal, por iniciativa do Ministério Público ou do ofendido, deve o juiz movimentá-la até o final, conforme o procedimento previsto em lei, proferindo decisão. Liga-se ao *princípio da indeclinabilidade* da ação penal, que prevê o exercício da função jurisdicional, até sentença final, sem que o magistrado possa furtar-se a decidir. Impede-se, com isso, a paralisação indevida e gratuita da ação penal, incompatível com o Estado Democrático de Direito, pois o processo fica em aberto, caso as partes não provoquem o seu andamento, havendo prejuízo para a sociedade, que deseja ver apurada a infração penal e seu autor, e, também, para o réu, contra quem existe processo criminal em andamento, configurando constrangimento natural. Registre-se o disposto no art. 251 do Código de Processo Penal: "Ao juiz incumbirá prover à *regularidade do processo* e manter a ordem no curso dos respectivos atos, podendo, para tal fim, requisitar a força pública" (grifamos); 2.2) *princípio da persuasão racional*: significa que o juiz forma o seu convencimento de maneira livre, embora deva apresentá-lo de modo fundamentado ao tomar decisões no processo. A exceção encontra-se no Tribunal do Júri, onde os jurados decidem a causa livremente, sem apresentar suas razões; 2.3) *princípio da colegialidade*: cuida-se de decorrência lógica do princípio constitucional implícito do *duplo grau de jurisdição*, significando que a parte tem o direito de, recorrendo a uma instância superior ao primeiro grau de jurisdição, obter um julgamento proferido por órgão colegiado. A ideia é promover a reavaliação por um grupo de magistrados, não mais se entregando a causa a um juiz único. Esta já foi a tarefa do magistrado de primeira instância, que, como regra, recebe a peça acusatória, instrui o feito, profere as decisões necessárias para a colheita da prova e determina as medidas cautelares de urgência. Após, prolatando sua sentença – condenatória ou absolutória – em função de sua persuasão racional, não teria sentido haver um recurso para que outro juiz, isoladamente, sem debater a causa, reavaliasse a decisão de seu colega. Não importaria, simplesmente, alegar que o recurso seguiria a um magistrado mais antigo e, em tese, mais experiente e erudito, pois o relevante consiste em proporcionar a discussão de teses, a contraposição de ideias, enfim, o nobre exercício do convencimento e da evolução da aplicação do Direito. Somente em um colegiado há debate. O juiz, em sua atividade individual, reflete e chega a um veredicto, porém, inexiste a troca de ideias e experiências. O foco do processo é um só, pois há somente um magistrado avaliando. Por mais que leia e se informe, captará a realidade processual por um ângulo exclusivo. A meta consistente em manter as principais e derradeiras decisões em órgãos jurisdicionais colegiados é salutar e positiva, constituindo um princípio processual dos mais proeminentes. É o que se pode verificar em julgamentos coletivos, quando um componente de determinada turma, câmara ou plenário altera seu voto ao ouvir a exposição de outro magistrado. Nada mais ilustrativo; nada mais criativo; nada mais do que a demonstração de respeito aos interesses colocados em litígio. Em especial, no contexto criminal, onde direitos fundamentais, como a liberdade, estão quase sempre em jogo. A legislação brasileira consagra esse sistema. A Constituição Federal, ao cuidar dos tribunais, sempre se refere a colegiados. Ilustrando: "O Supremo Tribunal Federal compõe-se de onze Ministros..." (art. 101, *caput*); "O Superior Tribunal de Justiça compõe-se de, no mínimo, trinta e três Ministros" (art. 104, *caput*). Ao mencionar a Justiça dos Estados, estabelece: "Os Estados organizarão sua Justiça, *observados os princípios estabelecidos nesta Constituição*" (art. 125, *caput* – grifamos). No art. 101 da Lei Complementar 35/1979 (Lei Orgânica da Magistratura Nacional) registra-se: "Os tribunais compor-se-ão de Câmaras ou Turmas, especializadas ou agrupadas em Seções especializadas. A composição e competência das Câmaras ou Turmas serão fixadas na lei e no Regimento Interno. § 1.º Salvo nos casos de embargos infringentes ou de divergência, do julgamento das Câmaras ou Turmas participarão apenas três dos seus membros, se maior o número de composição de umas ou outras". Em suma, julgamentos de mérito, mormente na área criminal, jamais devem ser produzidos por um só magistrado, quando pertencente a tribunal de segundo grau ou superior, respeitado o princípio da colegialidade.

1-A. Consagração da supremacia constitucional: observa-se, já pelo art. 1.º do atual CPC, a sua atualidade, em confronto com o art. 1.º do CPP, antiquado e demonstrativo da necessidade de renovação. O processo civil, corretamente, deve ser aplicado conforme a Constituição Federal – e jamais a lei ordinária pode ter primazia sobre o Texto Magno. De outra parte, utilizaram-se os termos *valores*, mais amplos que *princípios* – embora este último pareça-nos mais adequado, e *normas fundamentais*, apontando para os direitos e garantias humanas fundamentais (art. 5.º, CF), basicamente.

2. Fontes do processo penal: entendida *fonte* como o lugar de onde algo provém, são fontes do processo penal as que *criam* o direito (*fontes materiais*), cuja origem é a União (art. 22, I, CF) e, excepcionalmente, o Estado-membro (arts. 22, parágrafo único, 24, IV, X e XI, CF), bem como as que *tornam conhecido* o direito (*fontes formais*), constituídas das leis, dos tratados e das convenções internacionais (diretas), bem como dos costumes, da analogia e dos princípios gerais de direito (indiretas). Quanto às fontes materiais, convém ressaltar que, em algumas situações, não somente ao Legislativo cabe criar lei processual penal, mas a competência da União biparte-se entre o Executivo e o Legislativo. O Presidente da República tem a atribuição de celebrar tratados, convenções e atos internacionais, devendo haver o referendo do Congresso Nacional (art. 84, VIII, CF). A Convenção Americana dos Direitos Humanos criou pelo menos três regras (verdadeiras garantias humanas fundamentais) de processo penal: o direito ao julgamento por um juiz ou tribunal imparcial, o direito ao duplo grau de jurisdição e a vedação ao duplo processo pelo mesmo fato. Por outro lado, deve-se destacar o disposto no art. 24 da Constituição: "Compete à União, aos Estados e ao Distrito Federal legislar *concorrentemente* sobre: I – direito tributário, financeiro, *penitenciário*, econômico e urbanístico; (...) IV – custas dos *serviços forenses*; (...) X – criação, funcionamento *e processo* do juizado de pequenas causas; XI – *procedimentos em matéria processual*" (grifamos). Percebe-se, pois, que, por via reflexa, os Estados e o Distrito Federal têm competência concorrente com a União, isto é, nas lacunas da legislação federal, cabe-lhes editar leis que envolvam, de certo modo, processo penal, apontadas as seguintes matérias: direito penitenciário (organização e funcionamento de presídios, o que não significa execução penal, matéria pertinente tanto a penal quanto a processo penal); custas dos serviços forenses (envolvendo o gasto da parte para estar em juízo); processo do juizado especial criminal; procedimentos em matéria processual. Neste último caso, encontramos aplicação importante no contexto da correição parcial. Este recurso, criado por lei federal (Lei 1.533/1951 [hoje substituída pela Lei 12.016/2009] e Lei 5.010/1966), padecia da falta de procedimento para o seu processamento, o que foi conseguido pela edição do Código Judiciário do Estado de São Paulo (Lei de Organização Judiciária), indicando o mesmo rito do agravo de instrumento para tanto (atualmente, prevalece, entretanto, o rito do recurso em sentido estrito). Outros Estados podem ter atuado da mesma forma. Vale ressaltar, ainda, que a Constituição Federal autorizou os Estados a editar lei de organização judiciária própria (art. 125: "Os Estados organizarão sua Justiça, observados os princípios estabelecidos nesta Constituição. § 1.º A competência dos tribunais será definida na Constituição do Estado, sendo a lei de organização judiciária de iniciativa do Tribunal de Justiça"), o que termina por influir nas normas gerais acerca de competência. Exemplo: o Estado de São Paulo editou a Lei 3.947/1983, atribuindo ao juízo cível, onde foi decretada a falência, a competência para julgar crimes falimentares, o que já foi considerado constitucional pelo Supremo Tribunal Federal. Logo, embora o art. 512 do Código de Processo Penal (atualmente revogado pela Lei. 11.101/2005), juntamente com o art. 109, § 2.º, do Decreto-lei 7.661/1945 (também revogado pela Lei 11.101/2005), preceituem que, recebida a denúncia ou queixa, o processo deve prosseguir em Vara Criminal pelo rito comum, não se observa essa regra na esfera da Justiça Paulista. A Lei de Organização Judiciária do Estado pode criar Varas Especializadas em determinada matéria, o que reflete, sem dúvida, na competência do juízo, matéria típica de processo penal. Outro aspecto importante é destacar a força que os Regimentos Internos dos Tribunais possuem para cuidar de rito e processamento de recursos, por vezes com possibilidade de criar determinados tipos de recurso, de trâmite interno, como ocorre com o denominado *agravo regimental*. Exemplo de alteração do disposto em lei pelo Regimento Interno do STF: no procedimento de homologação de sentença estrangeira (atualmente, após a Emenda 45/2004 à CF, de competência do STJ), o CPP (art. 789, § 2.º) fixa o prazo de dez dias para o interessado, citado, residindo no Distrito Federal, se manifestar. Entretanto, o Regimento Interno (art. 220, *caput*) concede o prazo de quinze dias para isso. Nenhum prejuízo advém ao residente no DF – ao contrário, amplia-se a oportunidade de defesa, porém ao não residente o prazo tornou-se mais curto. As normas processuais penais – diversamente das normas penais, cujo âmbito de criação é limitado à União (Legislativo) e, excepcionalmente, ao Estado-membro, se autorizado por lei complementar – têm mais opções no campo das fontes materiais. Quanto às fontes formais, o Direito Processual Penal expressa-se, como regra, por lei ordinária, editada pela União. Excepcionalmente, podemos encontrar regras de processo penal em leis complementares e, em tese, até em emendas à Constituição. Afinal, essas fontes normativas, embora não sejam o palco ideal para cuidar de processo, estão hierarquicamente acima da lei ordinária e provêm do Congresso Nacional. Por isso, nada impediria que criassem alguma norma processual penal. Lembre-se que a Constituição Federal contém vários dispositivos tratando de matéria concernente a essa área, como a norma do art. 5.º, LVIII, cuidando da identificação criminal ("o civilmente identificado não será submetido a identificação criminal, salvo nas hipóteses previstas em lei") ou ainda tratando do direito ao silêncio (art. 5.º, LXIII), da liberdade provisória (art. 5.º, LXVI), dentre outros. Além das leis em geral, lembremos que os tratados e convenções, aprovados por decreto legislativo, servem de fonte de expressão do direito processual penal. Não estando a norma processual penal vinculada estreitamente ao princípio da legalidade penal (não há crime sem lei que o defina, nem pena sem lei que a comine), é viável admitir que outras fontes de expressão sejam incluídas nesse contexto, denominadas de fontes indiretas. Os costumes (regras habitualmente praticadas, que se incorporam ao ordenamento jurídico, tornando-se obrigatórias, embora não previstas em lei) podem servir de base para expressar normas processuais penais. Lembremos o uso tradicional das vestes talares, tradicionalmente utilizadas por magistrados em sessões de julgamento e por todos os operadores do direito (juiz, promotor e advogado) no plenário do Júri. A quebra do costume pode inviabilizar um julgamento ou cercear o exercício de um direito (ex.: um advogado não seria admitido a fazer sustentação oral no tribunal vestindo-se informalmente, como se estivesse em atividade esportiva). Outro exemplo pode ser encontrado no art. 793 do CPP, disciplinando o modo de agir das partes e dos presentes em audiências ou sessões do tribunal. Não há mais sentido em se obrigar que cada pessoa da sala de audiências somente se dirija ao juiz se estiver em pé, nem mesmo se levante a cada momento em que o magistrado se levantar. Novos tempos e outros hábitos, mais abertos e flexíveis, permeiam o comportamento em audiência. Os princípios gerais de direito (postulados éticos que inspiram a formação de normas e a aplicação da legislação ao caso concreto, sem expressa previsão legal) também podem contribuir para o cenário do processo penal. Exemplo: ninguém pode beneficiar-se da própria torpeza ou má-fé. Esse princípio geral de direito pode dar margem ao juiz para resolver situações de conflito geradas pela defesa que, interessada na prescrição, arrola pessoas em outros Estados da Federação, sem justificar a medida, somente para prorrogar indefinidamente a instrução, expedindo-se sistematicamente precatórias para ouvi-las, sem êxito imediato. Se o magistrado fixar prazo para o cumprimento das precatórias, não admitindo prorrogação, fundado nesse, atuará em homenagem à ética que deve reger os atos processuais. A analogia é um processo de integração da norma, por um método de semelhança, voltado ao suprimento de lacunas. Assim, inexistindo lei específica para regular determinada situação, podemos usar outra, análoga, para solucionar o impasse. Não deixa de ser fonte do direito. Registremos, ainda, que, após a Emenda Constitucional 45/2004, autorizou-se o STF a editar súmulas vinculantes, que passam a ter força de lei –, logo, temos novas fontes material e formal. O Pretório Excelso, como fonte material; a súmula vinculante, como fonte formal. Confira-se no art. 103-A da Constituição Federal: "O Supremo Tribunal Federal poderá, de ofício ou por provocação, mediante decisão de dois terços dos seus membros, após reiteradas decisões sobre matéria constitucional, aprovar súmula que, a partir de sua publicação na imprensa oficial, terá efeito vinculante em relação aos demais órgãos do Poder Judiciário e à administração pública direta e indireta, nas esferas federal, estadual e municipal, bem como proceder à sua revisão ou cancelamento, na forma estabelecida em lei. § 1.º A súmula terá por objetivo a validade, a interpretação e a eficácia de normas determinadas, acerca das quais haja controvérsia atual entre órgãos judiciários ou entre esses e a administração pública que acarrete grave insegurança jurídica e relevante multiplicação de processos sobre questão idêntica. § 2.º Sem prejuízo do que vier a ser estabelecido em lei, a aprovação, revisão ou cancelamento de súmula poderá ser provocada por aqueles que podem propor a ação direta de inconstitucionalidade. § 3.º Do ato administrativo ou decisão judicial que contrariar a súmula aplicável ou que indevidamente a aplicar, caberá reclamação ao Supremo Tribunal Federal que, julgando-a procedente, anulará o ato administrativo ou cassará a decisão judicial reclamada, e determinará que outra seja proferida com ou sem a aplicação da súmula, conforme o caso". Editou-se a Lei 11.417/2006, regulamentando o disposto no referido art. 103-A da CF.

Princípios do Processo Penal

I) Princípios regentes

1. Devido processo legal – art. 5.º, LIV, CF
2. Dignidade da pessoa humana – art. 1.º, III, CF

II) Constitucionais processuais (explícitos)

1. Concernentes ao indivíduo

1.1 Presunção de inocência – art. 5.º, LVII, CF (conectado à prevalência do interesse do réu e à imunidade à autoacusação)

1.2 Ampla defesa – art. 5.º, LV, CF

1.3 Plenitude de defesa – art. 5.º, XXXVIII, *a*, CF

2. Concernente à relação processual

2.1 Contraditório – art. 5.º, LV, CF

3. Concernentes à atuação do Estado

3.1 Juiz natural e imparcial – art. 5.º, LIII e XXXVII, CF (vedação ao juízo ou tribunal de exceção) (conectado à iniciativa das partes)

3.2 Publicidade – arts. 5.º, XXXIII, LX, e 93, IX, CF

3.3 Vedação das provas ilícitas – art. 5.º, LVI, CF

3.4 Economia processual – art. 5.º, LXXVIII, CF (conectado à duração razoável do processo e à duração razoável da prisão cautelar)

3.5 Regentes do Tribunal do Júri

3.5.1 Sigilo das votações – art. 5.º, XXXVIII, *b*

3.5.2 Soberania dos Veredictos – art. 5.º, XXXVIII, *c*

3.5.3 Competência para julgamento dos crimes dolosos contra vida – art. 5.º, XXXVIII, *d*

3.6 Legalidade estrita da prisão cautelar – art. 5.º, LXI, LXII, LXIII, LXIV, LXV, LXVI, LVIII, todos da CF

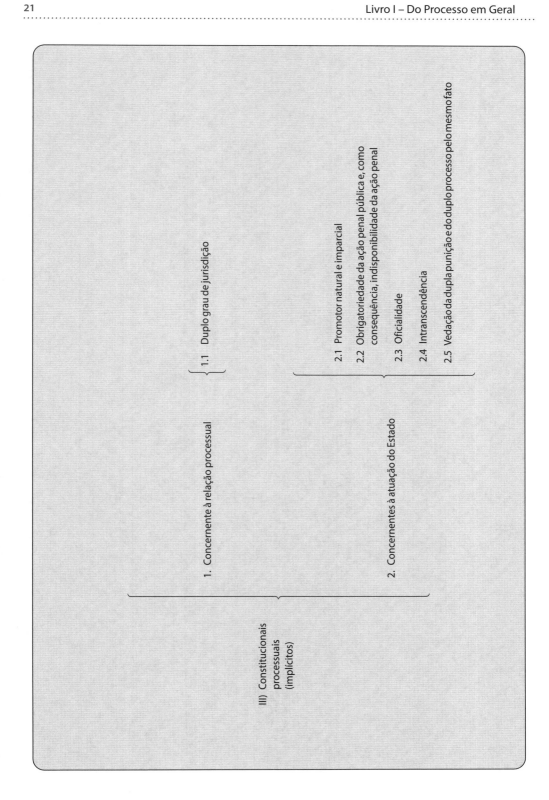

IV) Meramente processuais (explícitos ou implícitos, conforme o caso)

1. Concernentes à relação processual
   - 1.1 Busca da verdade real ou material
   - 1.2 Oralidade (conectado à concentração, imediatidade e identidade física do juiz)
   - 1.3 Indivisibilidade da ação penal privada
   - 1.4 Comunhão da prova

2. Concernentes à atuação do Estado
   - 2.1 Impulso oficial
   - 2.2 Persuasão racional
   - 2.3 Colegialidade

Título I
Disposições Preliminares

Art. 1.º O processo penal reger-se-á, em todo o território brasileiro,[3] por este Código, ressalvados:

I – os tratados,[4] as convenções[5] e regras[6] de direito internacional;[7-9]

II – as prerrogativas constitucionais do Presidente da República, dos ministros de Estado, nos crimes conexos com os do Presidente da República, e dos ministros do Supremo Tribunal Federal, nos crimes de responsabilidade (Constituição, arts. 86, 89, § 2.º, e 100);[10]

III – os processos da competência da Justiça Militar;[11]

IV – os processos da competência do tribunal especial (Constituição, art. 122, n. 17);[12]

V – os processos por crimes de imprensa.[13]

Parágrafo único. Aplicar-se-á, entretanto, este Código aos processos referidos nos ns. IV e V, quando as leis especiais que os regulam não dispuserem de modo diverso.[14-15]

3. Princípio da territorialidade: significa que se aplica a lei processual penal brasileira a todo delito ocorrido em território nacional, da mesma forma que o mesmo princípio é utilizado em Direito Penal (art. 5.º, CP). É regra que assegura a soberania nacional, tendo em vista que não teria sentido aplicar normas procedimentais estrangeiras para apurar e punir um delito ocorrido dentro do território brasileiro. O direito alienígena é composto pela vontade de outro povo, razão pela qual os magistrados, em nosso País, não cumprem e não devem, de fato, seguir legislação que não seja fruto do exclusivo desejo da nação brasileira. Convém ressaltar, no entanto, que o art. 5.º, § 4.º, da Constituição Federal (Emenda 45/2004) prevê que "o Brasil se submete à jurisdição de Tribunal Penal Internacional a cuja criação tenha manifestado adesão". Significa, pois, que, apesar de um delito ser cometido no território nacional, havendo interesse do Tribunal Penal Internacional, podemos entregar o agente à jurisdição estrangeira (exceto quando se tratar de brasileiro nato, pois o próprio art. 5.º, LI, o veda, constituindo norma específica em relação ao § 4.º).

4. Conceito de tratado: expõe a convenção sobre direito dos tratados, finalizada em Viena, em 1969, como ensina Celso D. de Albuquerque Mello, que "tratado significa um acordo internacional concluído entre Estados em forma escrita e regulado pelo Direito Internacional, consubstanciado em um único instrumento ou em dois ou mais instrumentos conexos qualquer que seja a sua designação específica" (*Curso de direito internacional público*, vol. 1, p. 133). Para Francisco Rezek, trata-se de "todo acordo formal concluído entre sujeitos de direito internacional público, e destinado a produzir efeitos jurídicos" (*Direito internacional público*, p. 14). Debate-se, outrossim, se tratado e convenção são termos correlatos ou diferenciados, até porque os textos legais, no Brasil, utilizam ambos, como é o caso deste inciso do art. 1.º do Código de Processo Penal. Para Rezek são termos correlatos, indevidamente utilizados no mesmo contexto – como ocorre na lei processual penal –, dando a ideia de que cuidam de coisas diversas (ob. cit., p. 15). Para Albuquerque Mello, no entanto, pode-se fazer a seguinte diferença entre ambos: "Tratado é utilizado para os acordos solenes, por exemplo, tratados de paz; convenção é o tratado que cria normas gerais, por exemplo, convenção sobre mar territorial" (ob. cit., p. 133). A tradição dos textos legislativos brasileiros tem, realmente, utilizado os dois termos, como se vê, também, no art. 5.º do Código Penal, razão pela qual nada impede que possamos nos valer do sentido exposto por Albuquerque Mello, embora cientes de que tratado é a essência do conceito.

5. Conceito de convenção: ver nota anterior.

6. Regras de direito internacional: regem, ainda, o direito internacional e, consequentemente, podem ser consideradas para a aplicação excepcional em território brasileiro, como prevê este inciso, as demais regras de direito internacional não abrangidas pelos tratados, como os costumes – vigentes em muitos aspectos referentes ao domínio do mar, relativos à guerra e a outros conflitos –, os princípios gerais de direito internacional, aceitos pela grande maioria das nações, na aplicação do seu direito interno, além de se poder incluir, ainda, as decisões tomadas pelas organizações internacionais. A respeito, ver Francisco Rezek, *Direito internacional público*, p. 122-146.

7. Exceção à regra da territorialidade: caso o Brasil firme um tratado, uma convenção ou participe de uma organização mundial qualquer, cujas regras internacionais a norteiem, deve a lei processual penal pátria ser afastada para que outra, proveniente dessas fontes supragentes, em seu lugar, seja aplicada. É o que ocorre com os diplomatas, que possuem imunidade em território nacional, quando estiverem a serviço de seu país de origem. Assinou o Brasil a Convenção de Viena, em 1961, referendada pelo Decreto 56.435/1965, concedendo imunidade de jurisdição aos diplomatas, razão pela qual, se qualquer deles cometer um crime em solo nacional, aqui não será punido, o que representa a inaplicabilidade do disposto no Código de Processo Penal. Dá-se o mesmo com o cônsul, também imune da jurisdição brasileira, desde que cometa infração pertinente ao exercício das suas funções e no território do seu consulado. É o disposto na Convenção de Viena, assinada em 1963, ratificada pelo Decreto 61.078/1967. Mencione-se, ainda, que, além de determinadas situações estarem previstas expressamente na Constituição Federal, estão disciplinadas também por tratados e convenções internacionais, fazendo com que um delito ocorrido fora do território nacional possa contar com a aplicação da lei brasileira, o que foge à regra da territorialidade. É o que se dá no tocante ao cumprimento de cartas rogatórias – embora dependentes do *exequatur* do Superior Tribunal de Justiça – provenientes de Justiça estrangeira, à homologação de sentença estrangeira, que pode implicar o cumprimento, no Brasil, de decisão de magistrado alienígena, e ao processo de extradição, que se instaura no Pretório Excelso, a pedido de Estado estrangeiro, para que o Brasil promova a entrega de pessoa acusada ou condenada por determinado delito, cometido no exterior, a fim de ser processada ou para que cumpra pena. São hipóteses em que as normas processuais penais brasileiras deixam de ser aplicadas para que tratados ou convenções – e mesmo o disposto na Constituição Federal e nos Regimentos Internos do Supremo Tribunal Federal e do Superior Tribunal de Justiça – sejam sobrepostos.

8. Conflito entre tratado e direito interno: a doutrina especializada em direito internacional expõe a dicotomia existente entre as teorias dualista e monista acerca das relações entre o direito internacional e o direito interno dos países. Pela teoria dualista, menos aplicada atualmente, há duas ordens jurídicas diversas: a internacional e a interna. Por isso, para que um tratado possa ser admitido, como lei interna, em determinado país, é preciso que ele seja "transformado" em direito interno. Pela teoria monista, não há duas ordens jurídicas, mas apenas uma. Os adeptos desta teoria, hoje majoritária, divergem quanto à primazia do direito internacional sobre o direito interno. Sustentam alguns que o tratado jamais pode contrariar a lei interna do país, especialmente a Constituição, em homenagem à soberania nacional. Outros, no entanto, concedem primazia absoluta à ordem jurídica internacional, inclusive, se for preciso, sobrepondo-se à própria Constituição. Explica Albuquerque Mello (*Curso de direito internacional público*) que há inúmeras teorias "conciliadoras", buscando ora a primazia do direito internacional, ora a sobreposição do direito interno. O Brasil, embora adote a teoria monista, deixou clara a sua preferência pelo direito interno sobre o direito internacional, especialmente pela posição do Supremo Tribunal Federal, adotada em caso pioneiro (*leading case*) de 1978, quando afirmou que lei federal posterior afasta a aplicação de tratado anterior. E, atualmente, é o que continua prevalecendo na jurisprudência dos tribunais. Em nosso País, o tratado jamais pode atentar contra a Constituição Federal, mas pode ser afastado por lei federal mais recente. Caso seja o tratado o mais novo, no entanto, afeta a aplicação de lei federal. Note-se, inclusive, que a Constituição prevê competência ao Supremo Tribunal Federal para julgar, em recurso extraordinário, as causas decididas em única ou última instância, quando a decisão "declarar a inconstitucionalidade de tratado ou lei federal" (art. 102, III, *b*), o que demonstra a equiparação de um e outro, ambos submetidos ao texto constitucional. Apoia essa tese Francisco Rezek, afirmando não haver, em direito internacional positivo, norma alguma assegurando a primazia do tratado sobre o direito interno – logo, somente leis anteriores podem ser afastadas pelo tratado mais recente (*Direito internacional público*, p. 103-104). Acompanham esse posicionamento Luiz Alberto David Araújo, Clèmerson Merlin Clève, Manoel Gonçalves Ferreira Filho (citações feitas por Sylvia Steiner, *A convenção americana sobre direitos humanos*, p. 74) e Luís Roberto Barroso (*Interpretação e aplicação da Constituição*, p. 31-32). Não faltam críticas a essa postura. Albuquerque Mello, defensor da primazia do tratado sobre a ordem jurídica interna, indaga: "Qual o valor de um tratado se um dos contratantes por meio de lei interna pode deixar de aplicá-lo?" E sobre a decisão do STF, de 1978, sustenta que, "sendo o Estado sujeito de Direito Interno e de Direito Internacional, é uma mesma pessoa, não se podendo conceber que ele esteja submetido a duas ordens jurídicas que se chocam. É o Direito na sua essência um só. A ordem internacional acarreta a responsabilidade do Estado quando ele viola um de seus preceitos e o Estado aceita essa responsabilidade, como não poderia deixar de ser. Da constatação deste simples fato podemos observar que o Estado sujeito de direito das duas ordens jurídicas dá primazia ao Direito Internacional" (*Curso de direito internacional público*, vol. 1, p. 75). O magistério de Gerson de Britto Mello Bóson não é diferente: "A validade da ordem jurídica estatal, no tempo, cai sob as normas internacionais que dispõem sobre o aparecimento do Estado, e que asseguram a continuidade deste quando acontecimentos revolucionários alteram a sua ordem constitucional, enquanto que, no espaço, o Direito interno é delimitado pelo Direito internacional, no sentido de que as suas normas só são aplicáveis no território do respectivo Estado, salvo as exceções previstas pelo Direito internacional" (*Direito internacional público*, p. 144-145). Finaliza, assegurando que "o monismo, com a supremacia do Direito internacional é a única doutrina que seria viável e necessária às condições atuais do mundo moderno" (ob. cit., p. 149). Vale citar, ainda, a importante lição de Sylvia Helena de Figueiredo Steiner: "Cumpre assinalar nossa adesão ao entendimento segundo o qual o direito brasileiro adota o sistema

Art. 1.º

Código de Processo Penal Comentado · **Nucci**

26

monista, ou seja, o tratado ingressa no ordenamento jurídico interno sem necessidade de lei no sentido formal. Em verdade, pelo nosso sistema, é de competência exclusiva do Executivo a celebração de tratados (art. 84, VIII, CF). Ao Congresso é enviada cópia do texto, a qual, se aprovada, gera a publicação de um decreto legislativo, cuja função é apenas a de dar ciência da aprovação do texto apreciado, das reservas eventualmente impostas, das cláusulas facultativas aceitas etc. Somente após a aprovação do texto é que o Executivo ratifica o tratado e, por via da promulgação, assinala o início de sua vigência e eficácia no País. Nem o decreto legislativo nem o decreto do Executivo de promulgação podem ser considerados 'lei' no sentido de norma de direito interno editada segundo a forma e procedimento previstos na Constituição" (*A convenção americana sobre direitos humanos*, p. 69-70). Em conclusão, conforme entendimento adotado pelo STF, o tratado somente é aplicado com primazia sobre leis federais, no Brasil, caso seja mais recente, jamais podendo entrar em conflito com a Constituição Federal.

9. Normas internacionais relativas aos direitos humanos fundamentais: quando normas de proteção aos direitos humanos constam de tratado assinado pelo Brasil devem ingressar, no direito interno, com *status* de norma constitucional, em face do disposto no art. 5.º, § 2.º, da Constituição Federal. Nessa ótica, diz Sylvia Steiner que, "no direito brasileiro, também não vemos espaço para controvérsias. O § 2.º do art. 5.º da CF nos parece claro na determinação da inserção, no rol de direitos e garantias previstos no seu próprio corpo, das normas internacionais de proteção aos direitos fundamentais. A incorporação pelo texto constitucional dessas normas internacionais é inequívoca" (*A convenção americana sobre direitos humanos*, p. 86). E conclui: "Exatamente em razão do fato de as normas de proteção e garantia de direitos fundamentais terem *status* constitucional, devem a doutrina e, principalmente, a jurisprudência cuidar de resolver eventuais conflitos ou antinomias que possam surgir entre normas decorrentes da incorporação dos tratados e dispositivos elencados no texto constitucional. Assim, relevando-se a fonte, deve a solução atender aos princípios da equidade, interpretando-se as normas em conflito de forma a prevalecer no caso concreto a que for mais favorável ao indivíduo, a que decorra de princípios, ou a que amplie os direitos, tudo para se preservar o próprio sistema de proteção aos seres humanos" (ob. cit., p. 91). Igualmente, ensina Pedro Dallari que "parece lógico, portanto, nos marcos de uma hermenêutica clássica, o entendimento de que, se a Constituição distinguiu os tratados de direitos humanos, o fez para assegurar-lhes uma condição mais relevante no quadro da hierarquia das normas jurídicas vigentes no Brasil do que aquela reconhecida para o restante das normas convencionais internacionais, sendo plenamente defensável, portanto, a tese da equiparação constitucional dos primeiros" (*Constituição e tratados internacionais*, p. 61). A introdução do § 3.º ao art. 5.º da Constituição Federal ("Os tratados e convenções internacionais sobre direitos humanos que forem aprovados, em cada Casa do Congresso Nacional, em dois turnos, por três quintos dos votos dos respectivos membros, serão equivalentes às emendas constitucionais") permite, a partir de agora, reforçar o entendimento supraexposto. Entretanto, embora defendamos que todo tratado ou convenção em vigor atualmente, cuidando de direitos humanos, deva ter *status* constitucional, é possível que o Supremo Tribunal Federal somente venha a reconhecê-los com tal amplitude se cumprido o disposto no referido § 3.º do art. 5.º. Em suma, os tratados e convenções sobre direitos humanos em vigor no Brasil continuam a fomentar o debate (têm ou não *status* constitucional?), mas certamente os próximos deverão ser submetidos à votação qualificada nas duas Casas do Congresso e terão, com certeza, força de norma constitucional.

10. Jurisdição política: trata-se de outra exceção ao princípio segundo o qual aos crimes cometidos no território nacional devem ser aplicadas as normas processuais penais brasileiras. A jurisdição, como regra, é o poder de aplicar a lei ao caso concreto conferida às autoridades judiciárias, embora exista, na própria Constituição Federal, exceção, consistente na jurisdição política. Assim, para julgar determinados crimes de responsabilidade, não se invoca o Poder Judiciário, mas sim órgãos do Poder Legislativo. É o que ocorre quando se atribui ao Senado Federal a competência para julgar o Presidente e o Vice-Presidente da República, bem como os Ministros de Estado e os Comandantes da Marinha, do Exército e da Aeronáutica, nos delitos da mesma natureza conexos àqueles (art. 52, I, CF), os Ministros do Supremo Tribunal Federal, os membros do Conselho Nacional de Justiça e do Conselho Nacional do Ministério Público, o Procurador-Geral da República e o Advogado-Geral da União, também nos crimes de responsabilidade (art. 52, II, CF, com redação alterada pela Emenda 45/2004). Outras exceções podem ser detectadas na legislação brasileira. Ver, para tanto, a nota 6 ao art. 69.

11. Justiça especial: a Justiça Militar integra o rol das jurisdições consideradas especiais, que cuidam de matéria específica, razão pela qual possui regras próprias, tanto no tocante ao direito material, quanto no que se refere ao direito processual. O Código Penal Militar define os crimes militares (Decreto-lei 1.001/1969) e o Código de Processo Penal Militar (Decreto-lei 1.002/1969) os procedimentos de um modo geral para apurá-los, punindo seus autores. Note--se que nem sempre uma justiça especial vale-se inteiramente de regras processuais próprias. A Justiça Eleitoral, na esfera criminal, atuará segundo o disposto no Código Eleitoral (Lei 4.737/1965, arts. 355 a 364), embora com a seguinte ressalva a respeito da aplicação subsidi-ária do Código de Processo Penal: "Art. 364. No processo e julgamento dos crimes eleitorais e dos comuns que lhes forem conexos, assim como nos recursos e na execução, que lhes digam respeito, aplicar-se-á, como lei subsidiária ou supletiva, o Código de Processo Penal".

12. Tribunal de Segurança Nacional: não mais existe em nosso ordenamento jurídico. Era previsto no art. 122, n. 17, da Constituição de 1937: "Os crimes que atentarem contra a existência, a segurança e a integridade do Estado, a guarda e o emprego da economia popu-lar serão submetidos a processo e julgamento perante tribunal especial, na forma que a lei instituir". Atualmente, os crimes políticos, previstos nos arts. 359-L a 359-R do Código Penal, devem ser julgados pela Justiça Federal comum (art. 109, IV, CF). Eventualmente, no entanto, o civil que cometa crime contra a segurança do Estado, voltado às instituições militares, poderá responder junto à Justiça Militar Federal. É o que dispõe o art. 82, § 1.º, do Código de Processo Penal Militar (Decreto-lei 1.002/1969). A competência, portanto, não pode ser firmada unicamente com base no art. 109, IV, da Constituição Federal, que remete o julgamento dos crimes políticos para a Justiça Federal, pois há determinados delitos dessa natureza que ofendem igualmente as instituições militares, deslocando-se para a justiça especial, prevalente sobre a comum, que é a Federal.

13. Justiça comum: os crimes de imprensa deveriam ser julgados pela justiça comum, respeitado o procedimento estabelecido na Lei de Imprensa (Lei 5.250/1967), embora fosse o Código de Processo Penal aplicado subsidiariamente, conforme previsto no art. 48 da referida legislação: "Em tudo o que não é regulado por norma especial desta Lei, o Código Penal e o Código de Processo Penal se aplicam à responsabilidade penal, à ação penal e ao processo e julgamento dos crimes de que trata esta Lei". Vale destacar ter o STF julgado inconstitucional a Lei 5.250/1967 (ADPF 130-7).

14. Desnecessidade da previsão: em face do já comentado nas notas acima, o disposto neste parágrafo perde a utilidade. O Tribunal de Segurança Nacional já não existe, aplicando-se o Código de Processo Penal, quando o processo por crime político estiver sendo julgado na Justiça Federal, e o Código de Processo Penal Militar, quando o processo estiver na alçada da Justiça Militar Federal.

Art. 2.º

15. Legislação especial: quando lei especial regular um procedimento diverso do previsto no Código de Processo Penal, pelo princípio da especialidade, aplica-se aquela e somente em caráter subsidiário este último. Ilustrando: Lei de Drogas (Lei 11.343/2006), Lei de Abuso de Autoridade (Lei 13.869/2019) etc.

> **Art. 2.º** A lei processual penal aplicar-se-á desde logo,[16] sem prejuízo da validade dos atos realizados sob a vigência da lei anterior.[17]

16. Aplicação da lei processual penal: a regra é que seja ela aplicada tão logo entre em vigor, e usualmente, quando é editada, nem mesmo *vacatio legis* possui, justamente por ser norma que não implica a criminalização de condutas, inexigindo período de conhecimento da sociedade. Passa, assim, a valer imediatamente (*tempus regit actum*), colhendo processos em pleno desenvolvimento, embora não afete atos já realizados sob a vigência de lei anterior. Exemplificando: se uma lei processual recém-criada fixa novas regras para a citação do réu ou para a intimação de seu defensor, o chamamento já realizado sob a égide da antiga norma é válido e não precisa ser refeito. As intimações futuras imediatamente passam a ser regidas pela lei mais recente. Na jurisprudência: STF: "1. O advento de nova lei que deslocou o interrogatório como último ato da instrução processual, a princípio, não interfere no legalidade do ato questionado, porquanto como bem pontuou o STJ, incide, *in casu*, o princípio *regis tempus actum*" (RHC 154.681 AgR, 2.ª T., rel. Edson Fachin, 17.02.2021, v.u.); "Até a edição da Lei 11.719/2008, a apresentação de defesa prévia era mera faculdade e, por consequência, a sua ausência não configurava nulidade. Portanto, o ato impugnado não apresenta ilegalidade, já que praticado à luz da legislação processual vigente à época, forte no princípio *tempus regit actum* (CPP, art. 2.º)" (HC 142.994 AgR, 1.ª T., rel. Alexandre de Moraes, 04.04.2018, maioria). No mesmo prisma, dispõe o atual CPC: "Art. 14. A norma processual não retroagirá e será aplicável imediatamente aos processos em curso, respeitados os atos processuais praticados e as situações jurídicas consolidadas sob a vigência da norma revogada".

17. Normas processuais penais materiais: são aquelas que, apesar de estarem no contexto do processo penal, regendo atos praticados pelas partes durante a investigação policial ou durante o trâmite processual, têm forte conteúdo de Direito Penal. E referido conteúdo é extraído da sua inter-relação com as normas de direito material, isto é, são normalmente institutos mistos, previstos no Código de Processo Penal, mas também no Código Penal, tal como ocorre com a perempção, o perdão, a renúncia, a decadência, entre outros. Uma vez que as regras sejam modificadas, quanto a um deles, podem existir reflexos incontestes no campo do Direito Penal. Imagine-se que uma lei crie causa de perempção. Apesar de dizer respeito a situações futuras, é possível que, em determinado caso concreto, o querelado seja beneficiado pela norma processual penal recém-criada. Deve ela ser retroativa para o fim de extinguir a punibilidade do acusado, pois é nítido o seu efeito no direito material (art. 107, IV, CP). Além dos institutos com dupla previsão (penal e processual penal), existem aqueles vinculados à prisão do réu, merecedores de ser considerados normas processuais penais materiais, uma vez que se referem à liberdade do indivíduo. Note-se que a finalidade precípua do processo penal é garantir a correta aplicação da lei penal, permitindo que a culpa seja apurada com amplas garantias para o acusado, de forma que não tem cabimento falar em *prisão cautelar* totalmente dissociada do contexto de direito material. A prisão cautelar somente tem razão de existir, a despeito do princípio da presunção de inocência, porque há pessoas, acusadas da prática de um crime, cuja liberdade poderá colocar em risco a sociedade, visando-se, com isso, dar sustentação a uma futura condenação. É o que se verifica pelo próprio sistema que autoriza – ou não – a decretação de prisões cautelares, cujo sentido se dá na medida em que têm à frente a hipótese de aplicação de penas privativas de liberdade e em regime fechado. Não teria o menor sentido decretar a prisão preventiva de um acusado por contravenção penal ou por delito cuja pena cominada é de multa, por exemplo. Assim, lidando-se com o tema da prisão, é indispensável que se considerem tais normas processuais de conteúdo material. Havendo qualquer mudança legal, benéfica ao réu, podem elas retroagir para abranger situações ocorridas antes da sua existência, desde que isso contribua para garantir a liberdade do réu. O art. 2.º da Lei de Introdução ao Código de Processo Penal determina que sejam aplicados os dispositivos mais favoráveis ao réu, no que concerne à prisão preventiva e à fiança, quando houver a edição de lei nova que colha situação processual em desenvolvimento. Concordamos com a lição de Mirabete ao comentar essa norma: "Tal dispositivo, segundo entendemos, continua em vigor, aplicando-se a todas as modificações introduzidas no Código de Processo Penal de 1941, relativamente a tais matérias. Embora o citado Decreto-lei visasse especialmente a transição da lei anterior para o Código de Processo Penal, não foi ele revogado, sendo aplicável às modificações desse estatuto. Essa sempre foi a orientação seguida pelo STF quanto à aplicação do art. 13 da LICPP" (*Código de Processo Penal interpretado*, p. 32). Contra o entendimento, está a posição de Tourinho Filho: "Se a lei nova instituir ou excluir fiança, instituir ou excluir prisão preventiva etc., tal norma terá incidência imediata, a menos que o legislador, expressamente, determine tenha a lei mais benigna ultra-atividade ou retroatividade" (*Código de Processo Penal comentado*, vol. 1, p. 22). A modificação legal nas normas processuais pode afetar, por exemplo, o instituto da prisão preventiva, estabelecendo nova hipótese para sua decretação. Imagine-se que um réu venha respondendo ao processo em liberdade, porque não existia razão para detê-lo cautelarmente; diante da nova hipótese – como ocorreu com a introdução, no art. 312 do CPP, da *garantia da ordem econômica* –, em que pese ter ele *causado* (no passado, portanto, antes da nova lei) abalo à ordem econômica, não deve o juiz decretar a sua prisão preventiva sem que surja fato novo. Se o fizer, a pretexto de a lei processual ter vigência imediata, estará, em verdade, tornando-a retroativa, para abranger situação ocorrida no passado. Entretanto, se, a partir da sua edição, o réu tornar a provocar algum abalo à ordem econômica, a prisão cautelar passa a ter sentido, podendo ser decretada. O mesmo se diga do réu que já se encontra preso por prisão preventiva em virtude de garantia da ordem pública. Havendo alteração da lei processual que extirpe tal causa, é preciso aplicar a norma retroativamente, a fim de colher o fato que gerou a prisão por motivo não mais existente, concedendo-se ao acusado imediata liberdade. Registre-se que a aplicação imediata da norma processual penal, ainda que mais rigorosa, é a regra, desde que não envolva questão de direito material ou o *status libertatis* do indivíduo. E mais: quando se verifica a retroatividade da lei processual penal material benigna ou a sua ultratividade, devem-se levar em conta os atos processuais ou relativos ao desenvolvimento do processo e não simplesmente a data do fato criminoso. Assim, o fato gerador da prisão preventiva muitas vezes ocorre depois de o crime já ter ocorrido. É sobre esse fato gerador que devemos analisar a retroatividade ou ultratividade da lei processual benéfica. O mesmo se pode dizer do fato gerador da perempção, que não diz respeito à data do delito, pois é bem posterior a isso. A retroatividade de lei processual penal material, que beneficie o acusado, leva em conta a ocorrência da perempção, segundo as novas regras instituídas, com imediata vigência. Desse modo procedendo, fornece-se ao processo penal o seu nítido e indispensável caráter garantista das liberdades individuais. Na jurisprudência: STF: "1. O art. 171, § 5.º, do Código Penal introduziu norma de conteúdo misto, penal e processual penal, o que afasta a regra do *tempus regit actum* prevista no art. 2.º do Código de Processo Penal. 2. Por ser mais favorável ao réu, a nova norma deve retroagir (CF, art. 5.º, XL) de modo a exigir-se a representação da vítima como condição de procedibilidade da ação penal que imputa ao acusado, ora paciente, o cometimento do crime de estelionato" (ARE 1.367.900 AgR-AgR, 2.ª T., rel. Nunes Marques, 22.02.2023, v.u.).

Art. 3.º

> **Art. 3.º** A lei processual penal admitirá interpretação extensiva e aplicação analógica,[18-18-A] bem como o suplemento dos princípios gerais de direito.[19]

18. Interpretação extensiva, interpretação analógica e analogia: o Código de Processo Penal admite, expressamente, que haja interpretação extensiva, pouco importando se para beneficiar ou prejudicar o réu, valendo o mesmo no tocante à analogia. Pode-se, pois, concluir que, admitido o mais – que é a analogia –, cabe também a aplicação da interpretação analógica, que é o menos. *Interpretação* é o processo lógico para estabelecer o sentido e a vontade da lei. A interpretação extensiva é a ampliação do conteúdo da lei, efetivada pelo aplicador do direito, quando a norma disse menos do que deveria. Tem por fim dar-lhe sentido razoável, conforme os motivos para os quais foi criada. Ex.: quando se cuida das causas de suspeição do juiz (art. 254, CPP), deve-se incluir também o *jurado*, que não deixa de ser um magistrado, embora leigo. Onde se menciona no Código de Processo Penal a palavra *réu*, para o fim de obter liberdade provisória, é natural incluir-se *indiciado*. Amplia-se o conteúdo do termo para alcançar o autêntico sentido da norma. A interpretação analógica é um processo de interpretação, usando a semelhança indicada pela própria lei. É o que se vê, por exemplo, no caso do art. 254 do Código de Processo Penal, cuidando das razões de suspeição do juiz, ao usar na lei a expressão "estiver respondendo a processo por fato análogo". Analogia, por sua vez, é um processo de integração do direito, utilizado para suprir lacunas. Aplica-se uma norma existente para uma determinada situação a um caso concreto semelhante, para o qual não há qualquer previsão legal. Ensina Carlos Maximiliano que a analogia, "no sentido primitivo, tradicional, oriundo da Matemática, é uma semelhança de relações. (...) Passar, por inferência, de um assunto a outro de espécie diversa é raciocinar por analogia. Esta se baseia na presunção de que duas coisas que têm entre si um certo número de pontos de semelhança possam consequentemente assemelhar-se quanto a um outro mais. Se entre a hipótese conhecida e a nova a semelhança se encontra em circunstância que se deve reconhecer como *essencial*, isto é, como aquela da qual dependem todas as consequências merecedoras de apreço na questão discutida; ou, por outra, se a circunstância comum aos dois casos, com as consequências que da mesma decorrem, é a causa *principal* de todos os efeitos; o argumento adquire a força de uma indução rigorosa" (*Hermenêutica e aplicação do direito*, p. 253). Exemplos: a) art. 265 do CPC/2015 – prevê a possibilidade de se transmitir por telefone uma carta de ordem ou precatória, dependendo somente da confirmação do emissor. Não havendo dispositivo semelhante no Código de Processo Penal, tem-se usado tal preceito para a transmissão de ordens de *habeas corpus*, para a soltura do paciente, justamente porque mais eficaz; b) não há um número especificado no Código de Processo Penal para ouvir testemunhas no caso de exceção de suspeição apresentada contra o juiz, razão pela qual se deve usar o disposto no art. 357, § 6.º, do CPC/2015, ou seja, três para cada fato. No processo penal, a analogia pode ser usada contra ou a favor do réu, pois não se trata de norma penal incriminadora, protegida pelo princípio da reserva legal, que exige nítida definição do tipo em prévia lei. Conferir: STF: "1. O princípio da identidade física do juiz, previsto no art. 399, § 2.º, do Código de Processo Penal, não é absoluto, comportando as exceções previstas no art. 132 do Código de Processo Civil (hoje revogado), aplicável ao processo penal pela via do art. 3.º do CPP. (...)" (Ap 971/RJ, 1.ª T., rel. Edson Fachin, 28.06.2016, m.v.). STJ: "1. Consoante entendimento antigo desta Corte, 'da decisão monocrática que rejeita o aditamento à denúncia cabe recurso em sentido estrito, por interpretação extensiva do art. 581, I, do Código de Processo Penal' (REsp n. 184.477/DF, relator Ministro Gilson Dipp, Quinta Turma, julgado em 19.02.2002, *DJ* 25.03.2002, p. 302). Precedente" (AgRg nos EDcl no REsp 1.706.412/SP, 6.ª T., rel. Antonio Saldanha Palheiro, 11.06.2019, v.u.).

18-A. Uso indevido da analogia: somente se utiliza do processo de integração da lei processual penal, valendo-se da lei processual civil, se realmente houver lacuna em determinado caso. Porém, quando há norma específica no processo penal, é indevida a utilização da analogia. Exemplo disso é o caso de impedimentos e suspeições de testemunhas para depor. O CPP tem o seu rol específico e não se pode utilizar, por analogia, o disposto, no mesmo tema, no CPC. Na jurisprudência: STF: "1. A analogia constitui meio de integração do direito, de modo que a aplicação, no processo penal, de regras contidas no Código de Processo Civil pressupõe a existência de lacuna normativa. 2. Inexistência de lacuna, tendo em vista que o art. 798 do Código de Processo Penal estabelece a continuidade da contagem de prazos processuais, afastando-se, inclusive pelo Princípio da Especialidade, a possibilidade de incidência analógica de regra processual civil que computa tão somente dias úteis para essa finalidade. 3. Questão de ordem resolvida, por maioria, no sentido de que a contagem de prazo no contexto de reclamações, na hipótese do ato impugnado ter sido produzido em processo ou procedimento de natureza penal, submete-se ao art. 798 do CPP, o que acarreta, por razões de intempestividade, a inviabilidade de admissão do pedido de reconsideração como agravo regimental" (Rcl 25.638 Rcon-QO, Tribunal Pleno, rel. Dias Toffoli, rel. p/ acórdão Edson Fachin, 09.05.2019, por maioria).

19. Comparação com o Código de Processo Penal Militar: o Decreto-lei 1.002/1969 prevê, no art. 2.º: "A lei de processo penal militar deve ser interpretada no sentido literal de suas expressões. Os termos técnicos hão de ser entendidos em sua acepção especial, salvo se evidentemente empregados com outra significação. § 1.º Admitir-se-á a interpretação extensiva ou a interpretação restritiva, quando for manifesto, no primeiro caso, que a expressão da lei é mais estrita e, no segundo, que é mais ampla, do que sua intenção. § 2.º Não é, porém, admissível qualquer dessas interpretações, quando: *a*) cercear a defesa pessoal do acusado; *b*) prejudicar ou alterar o curso normal do processo, ou lhe desvirtuar a natureza; *c*) desfigurar de plano os fundamentos da acusação que deram origem ao processo"; no art. 3.º: "Os casos omissos neste Código serão supridos: *a*) pela legislação de processo penal comum, quando aplicável ao caso concreto e sem prejuízo da índole do processo penal militar; *b*) pela jurisprudência; *c*) pelos usos e costumes militares; *d*) pelos princípios gerais de Direito; *e*) pela analogia".

Juiz das Garantias[20-20-A]

> **Art. 3.º-A.** O processo penal terá estrutura acusatória,[21] vedadas a iniciativa do juiz na fase de investigação e a substituição da atuação probatória do órgão de acusação.

20. Juiz das Garantias: criou-se, pela Lei 13.964/2019, a figura do juiz encarregado de fiscalizar as investigações criminais, além de se tornar responsável por tomar decisões de ordem jurisdicional, em nível cautelar. Não se trata de um juiz instrutor, como há em algumas legislações estrangeiras; adotou-se, no Brasil, o juiz fiscalizador, com limitado poder instrutório. Nas palavras do Ministro Dias Toffoli: "(...) conclui-se que a instituição do 'juiz das garantias' pela Lei n.º 13.964/2019 veio a reforçar o modelo de processo penal preconizado pela Constituição de 1988. Tal medida constitui um avanço sem precedentes em nosso processo penal, o qual tem, paulatinamente, caminhado para um reforço do modelo acusatório. (...) O juiz das garantias é instituto que corrobora os mais avançados parâmetros internacionais relativos às garantias do processo penal, tanto que diversos países já o adotam, não sendo uma novidade no cenário do direito comparado. (...) Ao instituir o juiz das garantias, a Lei n.º 13.964/2019 criou nova regra de competência funcional, delimitando a atuação do juiz em função da fase da persecução criminal e criando, a partir da rígida separação das fases de investigação e do

Art. 3.º-B

Código de Processo Penal Comentado · NUCCI

processo, uma regra de impedimento, para a fase da ação penal, ao magistrado que houver atuado como juiz das garantias na fase da investigação (art. 3.º-D do Código de Processo Penal, com a redação dada pela Lei n.º 13.964/19) (...)" (trechos extraídos da decisão do Ministro Dias Toffoli, apreciando medida liminar na ADI 6.299 MC, Plenário, plantão judicial, 15.01.2020).

20-A. Liminar e julgamento do Supremo Tribunal Federal: o relator das Ações Diretas de Inconstitucionalidade apresentadas contra vários dispositivos da Lei 13.964/2019, Ministro Luiz Fux, houve por bem, em 22 de janeiro de 2020, suspender a vigência dos arts. 3.º-A a 3.º-F, todos relacionados à nova figura do juiz das garantias. Assim sendo, embora a referida Lei 13.964/2019 tenha entrado em vigor em 23 de janeiro de 2020, os referidos artigos ficaram suspensos, por prazo indeterminado, até que o Plenário do Pretório Excelso avaliou o mérito da causa, findando o julgamento, com resultados diversos, analisados nas próximas notas (ADIs 6.298, 6.299, 6.300 e 6.305-DF, Plenário, rel. Luiz Fux, 24.08.2023).

21. Processo penal acusatório: eis um importante passo para a consolidação de um processo penal acusatório, consistente na sua expressa menção em lei. É bem verdade que os princípios do sistema acusatório já foram previstos na Constituição de 1988, há mais de três décadas. Ocorre que o Código de Processo Penal absorveu muito pouco desses princípios, levando o Judiciário a continuar a trabalhar com um processo de perfil misto, pois o juiz podia, durante a investigação, somente para ilustrar, determinar a produção de provas, sem requerimento de ninguém. Confira-se o art. 156, I, deste Código: "(...) facultado ao juiz de ofício: I – ordenar, mesmo antes de iniciada a ação penal, a produção antecipada de provas consideradas urgentes e relevantes, observando a necessidade, adequação e proporcionalidade da medida". Consultar, ainda, a nota 4 (sistemas de processo penal) no Título II. Poder-se-ia dizer que o Judiciário deveria respeitar os princípios constitucionais, antes de tudo; porém, não é possível que um juiz *crie regras*, para substituir as existentes, a pretexto de estar seguindo um princípio previsto na CF. Enfim, foi preciso modificar a lei ordinária para conferir instrumentos adequados de trabalho aos operadores do Direito da área criminal. O art. 3.º-A, ao mencionar que o processo penal terá estrutura acusatória, auxiliou a mudança de concepção, mas não promoveu ampla reforma, que consistiria em alterar vários artigos do CPP. Ademais, nada impede que tenhamos um sistema acusatório próprio, adaptado à realidade brasileira; aliás, há diversificados sistemas processuais penais, cada um buscando a mais adequada forma de investigar e processar o autor de crime, para perfilhar e compor o devido processo legal. Respeitados os princípios constitucionais, pode-se trabalhar com elementos variados, adaptados para a estrutura judiciária nacional. Parece-nos que o Supremo Tribunal Federal, julgando as ações diretas de inconstitucionalidade, deu a interpretação adequada ao quadro do juiz das garantias para o processo penal brasileiro.

Art. 3.º-B. O juiz das garantias[22] é responsável pelo controle da legalidade[23] da investigação criminal e pela salvaguarda dos direitos individuais[24] cuja franquia tenha sido reservada à autorização prévia do Poder Judiciário,[25] competindo-lhe especialmente:

I – receber a comunicação imediata da prisão, nos termos do inciso LXII do *caput* do art. 5.º da Constituição Federal;[26]

II – receber o auto da prisão em flagrante para o controle da legalidade da prisão, observado o disposto no art. 310 deste Código;[27]

III – zelar pela observância dos direitos do preso, podendo determinar que este seja conduzido à sua presença, a qualquer tempo;[28]

IV – ser informado sobre a instauração de qualquer investigação criminal;[29]

V – decidir sobre o requerimento de prisão provisória ou outra medida cautelar, observado o disposto no § 1.º deste artigo;[30]

VI – prorrogar a prisão provisória ou outra medida cautelar, bem como substituí-las ou revogá-las, assegurado, no primeiro caso, o exercício do contraditório em audiência pública e oral, na forma do disposto neste Código ou em legislação especial pertinente;[31]

VII – decidir sobre o requerimento de produção antecipada de provas consideradas urgentes e não repetíveis, assegurados o contraditório e a ampla defesa em audiência pública e oral;[32]

VIII – prorrogar o prazo de duração do inquérito, estando o investigado preso, em vista das razões apresentadas pela autoridade policial e observado o disposto no § 2.º deste artigo;[33]

IX – determinar o trancamento do inquérito policial quando não houver fundamento razoável para sua instauração ou prosseguimento;[34]

X – requisitar documentos, laudos e informações ao delegado de polícia sobre o andamento da investigação;[35]

XI – decidir sobre os requerimentos de:[36]

a) interceptação telefônica, do fluxo de comunicações em sistemas de informática e telemática ou de outras formas de comunicação;

b) afastamento dos sigilos fiscal, bancário, de dados e telefônico;

c) busca e apreensão domiciliar;

d) acesso a informações sigilosas;

e) outros meios de obtenção da prova que restrinjam direitos fundamentais do investigado;

XII – julgar o *habeas corpus* impetrado antes do oferecimento da denúncia;[37]

XIII – determinar a instauração de incidente de insanidade mental;[38]

XIV – decidir sobre o recebimento da denúncia ou queixa, nos termos do art. 399 deste Código;[39]

XV – assegurar prontamente, quando se fizer necessário, o direito outorgado ao investigado e ao seu defensor de acesso a todos os elementos informativos e provas produzidos no âmbito da investigação criminal, salvo no que concerne, estritamente, às diligências em andamento;[40]

XVI – deferir pedido de admissão de assistente técnico para acompanhar a produção da perícia;[41]

XVII – decidir sobre a homologação de acordo de não persecução penal ou os de colaboração premiada, quando formalizados durante a investigação;[42]

XVIII – outras matérias inerentes às atribuições definidas no *caput* deste artigo.[43]

§ 1.º O preso em flagrante ou por força de mandado de prisão provisória será encaminhado à presença do juiz de garantias no prazo de 24 (vinte e quatro) horas, momento em que se realizará audiência com a presença do Ministério Público e da Defensoria Pública ou de advogado constituído, vedado o emprego de videoconferência.[44]

§ 2.º Se o investigado estiver preso, o juiz das garantias poderá, mediante representação da autoridade policial e ouvido o Ministério Público, prorrogar, uma única vez, a duração do inquérito por até 15 (quinze) dias, após o que, se ainda assim a investigação não for concluída, a prisão será imediatamente relaxada.[45]

Art. 3.º-B

Código de Processo Penal Comentado · **Nucci**

22. Ingresso do juiz das garantias na organização judiciária: ao proclamar a constitucionalidade do *caput* do art. 3.º-B, em que consta a razão de existência desse perfil como órgão fiscalizador das investigações criminais, o STF encerrou a controvérsia em relação à sua implementação pelo Judiciário, em todos os níveis que lidam com a esfera penal. Evitando-se conturbar a sua concretização nos espaços forenses, concedeu-se o prazo de 12 meses, contado a partir da publicação da ata da decisão (31.08.2023). A sua implantação e funcionamento será conduzida sob supervisão do Conselho Nacional de Justiça e eventual prorrogação do referido prazo poderá acontecer apenas uma vez por até 12 meses, feita a justificativa devida.

23. Controle da legalidade: embora o princípio da legalidade esteja mais entranhado ao direito penal (não há crime sem prévia lei que o defina, nem pena sem prévia lei que a comine), é extremamente relevante relembrar que, no campo do processo legal, também vigora a mais estrita legalidade, afinal, ninguém é obrigado a fazer ou deixar de fazer alguma coisa senão em virtude de lei (art. 5.º, II, CF). Não somente isso, mas temos sustentado a existência do princípio da legalidade estrita da prisão cautelar, em face de inúmeros incisos do art. 5.º da Constituição Federal tutelando esse tema. O juiz das garantias deve zelar pela fiel aplicação da lei processual penal durante a investigação criminal e, mais do que isso, controlar a legalidade dos atos constritores aos direitos individuais do investigado.

24. Direitos e garantias individuais: o artigo em comento aponta apenas a salvaguarda dos *direitos individuais*, em terminologia mais conhecida. Porém, a maioria da doutrina estabelece a diferença entre os *direitos* e as *garantias* humanas fundamentais, tanto que o título deste capítulo é juiz *das garantias*. Pois bem. Os *direitos* são todos aqueles reconhecidos pelo Estado, mas que, na realidade, preexistem à própria lei. Eis a tutela constitucional ao direito à vida, à liberdade, à igualdade, à segurança, à propriedade etc. O Poder Público não cria a *vida humana*; porém compromete-se a protegê-la, como um direito *fundamental*. As *garantias* são os direitos criados por lei para proteger, com maior eficiência, os fundamentais. Exemplos: ampla defesa, contraditório, juiz natural, publicidade do processo etc. Em suma, direito se declara; garantia se constitui. Assim, o juiz das *garantias* deve tutelar os *direitos individuais*, tomando-se aqui a expressão como o gênero, porque o magistrado deve fiscalizar o fiel cumprimento dos *direitos e garantias humanas fundamentais*, durante a investigação criminal.

25. Reserva de jurisdição: é a expressão utilizada para demonstrar que determinados pedidos para restringir certos direitos somente podem ser decididos pelo Poder Judiciário. Constitui *reserva de jurisdição*, por exemplo, a decretação da prisão de qualquer pessoa, em virtude da prática de um crime.

26. Comunicação da prisão: consta do inciso LXII do art. 5.º da Constituição Federal: "a prisão de qualquer pessoa e o local onde se encontre serão comunicados imediatamente ao juiz competente e à família do preso ou à pessoa por ele indicada". Entende-se, pelo termo *imediatamente*, o prazo máximo de 24 horas. Trata-se da garantia de que ninguém será (ou ficará) ilegalmente detido. Para tanto, dentro da normalidade, refere-se essa comunicação à lavratura do auto de prisão em flagrante pelo delegado. Afinal, quando alguém é encontrado em plena prática do delito, pode ser preso por qualquer pessoa, mas, como regra, é preso pela polícia e levado à presença da autoridade policial, que, encontrando presentes os requisitos legais, determina a lavratura do auto de prisão em flagrante. Esse auto será comunicado ao juiz das garantias.

27. Legalidade da prisão: recebendo cópia do auto de prisão em flagrante, o juiz das garantias deve verificar se os requisitos da referida prisão em flagrante encontram-se presentes. Os elementos intrínsecos à prisão em flagrante estão previstos no art. 302 deste Código ("considera-se em flagrante delito quem: I – está cometendo a infração penal; II – acaba de

Art. 3.º-B

cometê-la; III – é perseguido, logo após, pela autoridade, pelo ofendido ou por qualquer pessoa, em situação que faça presumir ser autor da infração; IV – é encontrado, logo depois, com instrumentos, armas, objetos ou papéis que façam presumir ser ele autor da infração"). Porém, deve analisar, também, os requisitos extrínsecos ao flagrante, previstos no art. 304 deste Código ("apresentado o preso à autoridade competente, ouvirá esta o condutor e colherá, desde logo, sua assinatura, entregando a este cópia do termo e recibo de entrega do preso. Em seguida, procederá à oitiva das testemunhas que o acompanharem e ao interrogatório do acusado sobre a imputação que lhe é feita, colhendo, após cada oitiva, suas respectivas assinaturas, lavrando, a autoridade, afinal, o auto"). Se tudo estiver regular, o juiz não relaxará o flagrante (o que implicaria a soltura do investigado). Seguirá duas outras opções, expostas pelo art. 310 deste Código: a) pode converter a prisão em flagrante em preventiva, se presentes os elementos do art. 312 do CPP e se não forem suficientes as medidas cautelares do art. 319; b) pode conceder liberdade provisória, com ou sem fiança. Consultar as notas ao art. 310, em que se comenta a necessidade da audiência de custódia (em especial, conferir a nota 39-D).

28. Direitos do preso: eis alguns desses direitos, constitucionalmente previstos no art. 5.º da CF: "LVIII – o civilmente identificado não será submetido a identificação criminal, salvo nas hipóteses previstas em lei; LXII – a prisão de qualquer pessoa e o local onde se encontre serão comunicados imediatamente ao juiz competente e à família do preso ou à pessoa por ele indicada; LXIII – o preso será informado de seus direitos, entre os quais o de permanecer calado, sendo-lhe assegurada a assistência da família e de advogado; LXIV – o preso tem direito à identificação dos responsáveis por sua prisão ou por seu interrogatório policial". Deve o juiz das garantias verificar se todos os direitos do preso foram respeitados; por outro lado, a parte final deste inciso – *podendo determinar a condução do preso à sua presença a qualquer tempo* – deve ser avaliada sob o prisma ampliativo, vale dizer, além de haver a audiência de custódia, quando o juiz toma contato direto com quem foi preso, decidindo a respeito do seu encaminhamento, pode determinar a apresentação da pessoa detida se houver um motivo relevante para isso, como, por exemplo, chegar ao seu conhecimento a alegação da prática de tortura no cárcere. Assim, enquanto o preso estiver sob fiscalização do juiz das garantias, cabe-lhe promover as medidas indispensáveis ao respeito dos direitos fundamentais, dentre os quais se encontra o respeito à integridade física e moral de quem se encontra segregado.

29. Informe sobre qualquer investigação criminal: esta é uma das principais atribuições do juiz das garantias, refletindo em *direito do investigado*, vale dizer, não deve existir *investigação sigilosa*, de modo a impedir que o suspeito possa acompanhá-la por meio de seu defensor. O inquérito policial já tem as suas formalidades: registra-se e deve ser acompanhado pelo juiz e pelo promotor. Porém, as investigações criminais realizadas pelo Ministério Público, não regulamentadas em lei, não podem mais transcorrer sem a informação de sua existência ao juiz das garantias. Se isso for feito, tudo o que foi colhido pode ser considerado *prova ilícita*, de modo a ser rechaçado pelo juiz no momento da análise da denúncia, podendo rejeitá-la. Nesse prisma decidiu o STF, indicando que todas as investigações penais, conduzidas pelo Ministério Público, sob qualquer denominação (inclusive o PIC, procedimento investigatório criminal), devem ser encaminhadas em até 90 dias, contados da data da publicação da ata (31.08.2023), ao juiz das garantias; enquanto estes não estiverem implantados em alguma localidade, os encaminhamentos devem dar-se aos juízes cuja função é fiscalizar o andamento do inquérito policial. Caso a providência não seja tomada, as investigações produzidas serão inadmissíveis para gerar qualquer efeito (embora se tenha mencionado *sob pena de nulidade* na ata de julgamento do STF), ou seja, serão imprestáveis para servir de lastro ao oferecimento de denúncia ou queixa. Nota-se, portanto, que a provocação feita pelas ações diretas de

Art. 3.º-B

Código de Processo Penal Comentado · **Nucci**

inconstitucionalidade impulsionou o Pretório Excelso a decidir, antecipadamente, inúmeras matérias que seriam objeto de controvérsia assim que concretizado, na prática, o juízo das garantias. Por unanimidade, o Plenário considerou o inciso IV associado aos incisos VIII e IX do art. 3.º-B. Parece-nos, portanto, que as investigações do MP, em caso de investigado preso, precisam respeitar a mesma situação imposta à duração (e eventual prorrogação) do inquérito policial. Outro aspecto relevante diz respeito ao trancamento da investigação conduzida pelo Ministério Público, quando não houver fundamento razoável para a sua instauração ou prosseguimento: cabe ao juiz das garantias assim determinar. Logo, exclui-se a apreciação do Tribunal de Justiça – ou Tribunal Regional Federal – ao se tratar de membro do Ministério Público de primeiro grau. Quanto aos feitos de competência originária, foram excluídos do âmbito do juiz das garantias pelo STF, razão pela qual as investigações em curso nessa instância serão avaliadas pelo colegiado competente.

30. Decisão sobre prisão provisória ou outra medida cautelar: a primeira parte deste inciso remete ao que sempre foi praticado, ou seja, qualquer prisão provisória (temporária ou preventiva) e outras medidas cautelares (art. 319, CPP) somente são decretadas pelo Poder Judiciário. Ressalte-se, ainda, que a decretação de prisão ou outra medida cautelar depende de requerimento da parte legitimada a fazê-lo. A referência ao § 1.º tem por finalidade ratificar o entendimento de que, havendo a decretação da prisão e sendo esta efetivada, deve-se realizar a audiência de custódia, sendo oportuno registrar que, quando a prisão cautelar é imposta pelo próprio juiz das garantias, como regra, o encontro com o investigado na mencionada audiência funda-se, principalmente, na verificação de *como* foi efetivada a captura por parte dos agentes da autoridade, vale dizer, se houve algum abuso ou não. Naturalmente, pode emergir algum fato novo e, nesse ato, o MP solicitar a revogação da cautelar, o que termina por vincular o juízo a determinar a soltura, bem como a substituição dessa segregação provisória por medidas cautelares alternativas. No mesmo cenário, a defesa pode pleitear a revogação da medida detentiva, com ou sem substituição por outras cautelares, ouvindo-se o MP e decidindo o magistrado. Em síntese, embora existam situações mais comuns, nada impede que o inusitado possa, também, ocorrer.

31. Prorrogação da prisão provisória ou outra medida cautelar: este dispositivo nos parece de complexa aplicação, podendo causar diversos problemas. Decretada a prisão preventiva, até que seja revogada, está em vigor, logo, não se sujeita a prorrogações contínuas, nos mesmos termos da prisão temporária. Mas se está no cenário do juiz das garantias, razão pela qual, se a prisão preventiva for imposta na *fase investigatória*, é preciso findar o inquérito (ou similar) em até 10 dias; atualmente, o § 2.º desse artigo permite a prorrogação por até 15 dias, podendo gerar uma preventiva de cerca de 25 dias até o início da ação penal. Ocorre que o disposto neste inciso VI concerne à prisão provisória em si mesma e não à investigação; assim sendo, decretada a preventiva, caso haja prorrogação do inquérito por 15 dias a mais, não haveria, em tese, necessidade da realização da audiência, o que não seria lógico. Se a prisão temporária, para a prorrogação, demanda essa audiência, parece-nos linha consequencial que a preventiva em vigor, ocorrendo o pleito de adiamento do término da investigação, demande igualmente a mencionada audiência. No tocante à prisão temporária (5 dias ou 30 dias – esta última para delitos hediondos e equiparados), pode ser prorrogada (por mais 5 dias ou por mais 30 dias, respectivamente). Cabe ao juiz decidir pela prorrogação ou não. Porém, feito o pedido pelo órgão acusatório ou realizada a representação pela autoridade policial, o magistrado deve decidir a respeito. E rápido. Não há como marcar audiência para ouvir as razões das pessoas interessadas (órgão acusatório, autoridade policial e investigado, por seu defensor) em curto espaço de tempo, ou seja, *antes de vencer* o prazo – em particular, quando se tratar da prisão temporária por 5 dias. Note-se um exemplo prático: decretada a prisão temporária por cinco dias, chegando ao final, pede-se a prorrogação por outros cinco dias. Como regra, torna-se inviável marcar uma audiência para discutir se cabe ou não a prorrogação. Pode-se até admitir que a prorrogação de 30 dias comportaria uma audiência, mas a de cinco dias é tão breve quanto provocadora da inviabilidade da audiência. Diante disso, o STF decidiu que esse *contraditório*, para a prorrogação, será apresentado *preferencialmente* em audiência pública e oral, valendo dizer que é viável a prorrogação *sem* a realização do ato, sem prejuízo de o juiz das garantias intimar a defesa – se houver – a se manifestar quanto ao novo prazo da prisão cautelar. Temos algumas considerações quanto à inovação do inciso VI do art. 3.º-B, apontando para a audiência pública e oral cujo objetivo é colher o contraditório. Em relação à prisão preventiva, com expressos requisitos de que somente será decretada havendo prova da materialidade e indícios suficientes de autoria (art. 312, CPP) – os mesmos alicerces para o recebimento da denúncia ou queixa –, não nos parece crível impor essa modalidade de segregação cautelar e ainda ser indispensável mais tempo para arrumar prova suficiente a dar lastro a uma denúncia ou queixa. Há algo contraditório nesse quadro: se há prova da existência do delito e indícios suficientes de autoria, o caminho ideal é ofertar a peça acusatória e requerer a decretação da prisão preventiva; não havendo prova da materialidade ou ocorrendo insuficiência de indícios de autoria, torna-se inconcebível a imposição de prisão preventiva e, com isso, nem mesmo se deveria debater a sua prorrogação. Quanto à prisão temporária, a prática forense nos mostra a imensa dificuldade da defesa do investigado assim detido de impugnar tal decisão, em particular quando o prazo é de meros 5 dias. Teria que obter, em liminar de *habeas corpus*, por parte do relator, a imediata soltura; do contrário, até ser levada a ação constitucional a julgamento pelo colegiado, o prazo da temporária escoou e o investigado já se encontra em liberdade. Conforme o tribunal onde é apresentado o *habeas corpus*, o seu julgamento pode levar mais de 60 dias, significando que, mesmo a imposição de prisão temporária por 30 dias, prorrogáveis por outros 30, pode findar sem apreciação do mérito da ação constitucional. Por isso, cremos ter sido a inspiração legislativa impor a realização de audiência, pelo menos para a prorrogação da temporária, a fim de que a defesa possa levar ao juiz das garantias os argumentos para a soltura do investigado, de forma, em tese, mais eficiente – realizado o ato por meio da oralidade à vista do público. Na prática, no entanto, não vemos eficácia para esse procedimento.

32. Produção antecipada de provas: este dispositivo revoga, por incompatibilidade e por ser norma mais recente, o disposto pelo art. 156, I, deste Código, na parte em que prevê a atuação do juiz, de ofício, antes de iniciada a ação penal. Só cabe a produção antecipada de provas quando requerida (ou por meio de representação) pela parte interessada (órgão acusatório, autoridade policial ou investigado). Essa medida é salutar porque compatível com o disposto pelo art. 3.º-A, deixando o magistrado de tomar qualquer iniciativa probatória *antes de ajuizada a ação penal*, mantendo a sua distância da investigação. Assim, quem realiza a produção antecipada de provas, ao longo de investigação criminal, é o juiz das garantias. No tocante à produção antecipada de provas, durante a instrução, parece-nos possível que o magistrado, percebendo uma situação de urgência, como, por exemplo, a informação do oficial de justiça, que intimou certa testemunha-chave, acerca de seu precário estado de saúde, *antecipe* a realização da audiência, evitando-se a perda eventual da prova. Mas somente se denominaria de *medida cautelar* de produção antecipada de provas se o ato processual fosse inserido, de maneira urgente, em pauta dentro de poucos dias, para ouvir aquela testemunha específica, deixando a audiência integral para a inquirição geral para data futura. Neste tópico, o STF relativizou a realização da audiência, permitindo que não se concretize, quando houver *risco para o processo* ou pode diferi-la (adiar para outro momento) em *caso de necessidade*. Trata-se do que constou em ata, sem o atrelamento ao seu fundamento, motivo pelo qual se torna mais difícil detectar a base para a não realização da produção antecipada de provas, que

Art. 3.º-B

Código de Processo Penal Comentado · **Nucci**

38

permitiria maior segurança e confiabilidade no material constituído, porque poderia gerar *risco para o processo*. Neste ponto, durante investigação criminal, inexiste *processo*, mas simples procedimento, e a utilização da audiência, permitindo-se o exercício do contraditório e da ampla defesa, em ato público e oral, somente legitimaria essa prova, a ser usada posteriormente, inclusive para dar fundamento à condenação. Assim, também, o adiamento do ato, se existente um caso de *necessidade*. Cremos que a viabilidade de *não ser obrigatória* a audiência pública, para a produção antecipada da prova, pode vincular-se a situações peculiares, como a prática de crimes graves, cometidos por organizações criminosa. A cautela se concentraria na ausência de publicidade do ato, de modo a garantir a segurança de uma testemunha, por exemplo. Do contrário, a produção antecipada de prova precisa ser feita em audiência, ainda que em segredo de justiça, não aberta ao público, para assegurar, pelo menos, o contraditório e a ampla defesa. Caso a prova seja colhida em completo sigilo, sem a participação da defesa, terminará por representar o que já é feito comumente em inquérito (ou outra investigação), no formato inquisitivo. Não seria a medida cautelar típica de produção antecipada de prova para valer, depois, em juízo, podendo dar base a uma condenação, sem qualquer receio de infração a direitos fundamentais elementares.

33. Prorrogação do prazo de duração do inquérito: a previsão é feita apenas quanto ao prolongamento de investigação, cuidando de investigado preso. Se este estiver solto, pode-se prorrogar sem maiores formalidades. No entanto, caso haja prolongamento de investigação de pessoa presa, admite-se a referida prorrogação por, no máximo, 15 dias, em prazo fatal, nos termos do § 2.º deste artigo.

34. Trancamento do inquérito policial: se uma investigação criminal é instaurada contra alguém, sem justa causa, cabe ao investigado impetrar *habeas corpus*, que será julgado pelo juiz cuja competência se vincula a fiscalizar o andamento do inquérito. Porém, ficou registrado caber ao magistrado das garantias não somente apreciar o pedido de investigado, mas, também, agir de ofício para *trancar* (determinar a cessação) o inquérito policial sem mais apuração. Com isso, cumpre a sua função de zelar pelos direitos e garantias individuais. Não houve expressa previsão para o trancamento de investigação criminal instaurada pelo Ministério Público. Em princípio, considerando-se que a atuação abusiva de promotor de justiça ou procurador da república, em face de foro privilegiado dessas autoridades, deveria ser questionada diretamente no tribunal, o inciso não teria aplicação para esses procedimentos. No entanto, o STF incluiu o inciso IX junto ao IV, quando determinou a comunicação de todas as investigações do MP ao juiz das garantias, sob pena de nulidade. Ora, terminou por indicar caber ao juízo das garantias *trancar* procedimentos investigatórios criminais, conduzidos pelo membro do *Parquet*, quando instaurados *sem fundamento razoável*, que nos soa o mesmo que *sem justa causa*.

35. Poder de requisição: *requisitar* significa exigir legalmente alguma coisa. Não é uma ordem emanada de um ente superior ao inferior. Cuida-se de ordem com fundamento em lei. Portanto, como sempre ocorreu, cabe ao juiz fiscalizador do inquérito requisitar o que for preciso para instruir os autos: documentos, laudos e outras informações.

36. Requerimentos relativos à reserva de jurisdição: cabe exclusivamente ao Judiciário, em fase de investigação ou instrução processual, decidir acerca de interceptações telefônicas e de outras formas de comunicação (por meio da Internet, como regra), quebra dos sigilos fiscal, bancário, de dados e telefônico, busca e apreensão domiciliar, acesso e qualquer outro informe sigiloso. São direitos fundamentais de qualquer pessoa, cuja invasão somente pode dar-se dentro dos estritos limites impostos por lei (CPP ou legislação especial), por ordem judicial.

37. Competência para o *habeas corpus*: a utilização desta ação constitucional ajuizada para assegurar a liberdade de locomoção de algum modo afetada por ato abusivo e ilegal de autoridade, em primeira instância (feito o pedido ao juiz das garantias), é limitada. Afinal, a única autoridade competente para decretar medidas restritivas à liberdade é o juiz e, caso isso se dê durante a investigação, advém do próprio magistrado das garantias, razão pela qual a sua decisão deve ser questionada no Tribunal. Restam ao juízo das garantias outros atos, advindos de autoridades diversas, como, por exemplo, se um delegado pretende promover o indiciamento de alguém sem justa causa. Aliás, serve até mesmo para trancar o inquérito policial por meio da impetração de *habeas corpus* pelo investigado. Quanto à investigação instaurada diretamente pelo MP – em atuação junto ao primeiro grau de jurisdição –, resta a dúvida no tocante à avaliação feita pelo STF, como retratado na nota 34 *supra*, se cabe ao juiz das garantias promover o seu trancamento. Se competir a esse magistrado, parece-nos que, igualmente, cabe *habeas corpus* contra ato de promotor de justiça no mesmo grau de jurisdição, inclusive para trancar o inquérito policial instaurado por requisição do membro do Ministério Público. Sempre defendemos que o HC contra ato de membro do MP deveria ser avaliado pelo tribunal competente, em decorrência da prerrogativa de foro dos integrantes do *Parquet*. Entretanto, o sistema processual necessita de coerência e é crucial avaliar as alterações introduzidas pela figura do juiz das garantias, em confronto com outras situações advindas muito mais da jurisprudência do que pela edição de lei. Noutros termos, o poder investigatório direto do MP resultou, na prática, de decisão do STF; até então, cuidava-se de matéria polêmica e de resolução insegura, sendo que vários magistrados chegavam a rejeitar denúncias, quando instruídas por peças produzidas exclusivamente pelo Ministério Público. No entanto, até o presente, o CPP não incorporou esse poder de investigação autônomo de maneira expressa, inclusive porque seria relevante analisar qual órgão fiscalizaria esse procedimento investigatório, que não pode ser ilimitado e sigiloso. Ora, a partir da decisão do STF no sentido de que *todas as investigações*, com qualquer denominação que possuam, feitas pelo MP, precisam ser encaminhadas ao juiz das garantias, para controle judicial, há de se questionar o foro competente para considerá-las, quando for o caso, inconsistentes e lesivas ao direito individual da pessoa investigada. Se o procedimento investigatório deve ser fiscalizado pelo juiz das garantias, parece-nos decorrência lógica que, constada a sua irregularidade, impõe-se o seu trancamento feito justamente pela autoridade judicial que o acompanha. Seria uma exigência estranha que o magistrado de primeiro grau exercesse um controle sobre os procedimentos investigatórios autônomos do MP, mas, constatada a sua infundada instauração, nada pudesse fazer, vale dizer, haveria uma contradição entre controle judicial e ineficiência para resolver problemas relacionados a essa investigação. Ademais, sem o poder de trancar a mencionada investigação, mas constatada a sua inadequação evidente, o juiz das garantias ficaria aguardando a provocação do investigado junto ao tribunal para saber se aquele procedimento seria – ou não – interrompido; inexistindo atuação do investigado, o juízo das garantias permaneceria jungido ao controle e fiscalização de um procedimento ilegalmente instaurado (por exemplo, por fato atípico), o que o tornaria *conivente* com a situação, por conta da sua omissão. Em suma, tudo aponta para a modificação sistêmica desse cenário, permitindo que o juízo das garantias exerça efetivo controle em relação a todas as investigações, incluindo a do MP, podendo trancar qualquer delas, se infundadas; a partir disso, o HC contra ato do Promotor de Justiça ou Procurador da República, requisitando instauração de inquérito, estaria inserido exatamente no mesmo contexto e caberia essa apreciação não mais ao tribunal, mas ao juiz das garantias. Não haveria inconsistência nessa interpretação, pois o eventual crime de abuso de autoridade (Lei 13.869/2019: "Art. 27. Requisitar instauração ou instaurar procedimento investigatório de infração penal ou administrativa, em desfavor de alguém, à falta de qualquer indício da prática de crime, de ilícito funcional ou de infração

Art. 3.º-B

Código de Processo Penal Comentado · **Nucci**

administrativa: Pena – detenção, de 6 (seis) meses a 2 (dois) anos, e multa. Parágrafo único. Não há crime quando se tratar de sindicância ou investigação preliminar sumária, devidamente justificada") estaria desvinculado para fins de apuração e julgamento. Caso o juiz das garantias determine o trancamento de investigação criminal produzida de maneira autônoma pelo membro do Ministério Público, concluindo haver indícios do cometimento do delito de abuso de autoridade, poderia enviar as peças necessárias à Procuradoria-Geral de Justiça (ou Procuradoria-Geral da República) para as medidas cabíveis.

38. Instauração de incidente de insanidade mental: o que poderia ser compreendido como da atribuição do delegado (art. 6.º, VII, CPP), torna-se claro ser competência do juiz das garantias. Havendo suspeita de insanidade do investigado, o magistrado determina a instauração de incidente e, considerando-se a hipótese de um laudo afirmativo, comprovando a insanidade, pode caber a medida cautelar descrita no art. 319, VII: "internação provisória do acusado nas hipóteses de crimes praticados com violência ou grave ameaça, quando os peritos concluírem ser inimputável ou semi-imputável (art. 26 do Código Penal) e houver risco de reiteração", conforme a situação concreta e a atuação da autoridade policial ou do MP.

39. Recebimento da denúncia ou queixa: este inciso foi declarado inconstitucional pelo STF, de forma a permanecer o procedimento tal como ocorre atualmente, ou seja, o juiz da instrução é competente para o recebimento da denúncia ou queixa, deixando claro que a competência do juiz das garantias cessa com o oferecimento da peça acusatória. Resta aguardar os fundamentos do acórdão do Pretório Excelso, ainda não divulgado, embora já se deva implantar o juiz das garantias a partir da publicação da ata de julgamento. Houvesse aplicação literal da lei, o recebimento da peça acusatória precisaria ser realizado pelo juiz das garantias, pois somente ele teria acesso aos autos da investigação, contendo todas as provas ali produzidas. E isso se dava porque o art. 3.º-C, § 3.º, do CPP determinava que os autos do inquérito (ou outro procedimento investigatório) ficariam em cartório, sem acesso ao juiz da instrução, exceto no tocante às provas irrepetíveis (como laudos periciais); assim sendo, a avaliação da justa causa para o ajuizamento da ação penal deveria ficar a cargo do juiz das garantais, que teria integral conhecimento da investigação criminal produzida. O mencionado § 3.º do art. 3.º-C recebeu interpretação conforme por parte do STF e os autos do procedimento investigatório seguem para o juiz da instrução. Essa tendência do Pretório Excelso bem demonstra o que vimos sustentando há muito tempo, no sentido de que o sistema processual brasileiro possui princípios acusatórios, mas ainda tem conformação de natureza mista. Não se privou o juiz do conhecimento, que vai julgar o caso, do acesso às provas produzidas sob o prisma inquisitivo, simbolizando a efetividade do conteúdo do art. 155 do CPP: "O juiz formará sua convicção pela livre apreciação da prova produzida em contraditório judicial, não podendo fundamentar sua decisão *exclusivamente nos elementos informativos colhidos na investigação*, ressalvadas as provas cautelares, não repetíveis e antecipadas". Em singela análise, o juízo de avaliação do mérito da causa pode levar em conta os elementos constantes da investigação para formar o seu convencimento e condenar o acusado, desde que não o faça de maneira exclusiva, isto é, sem qualquer respaldo em outras provas produzidas em juízo, sob o crivo do contraditório e da ampla defesa. A decisão do STF produz reflexo em todos os graus de jurisdição, não privando os próprios Ministros do Pretório Excelso, caso recebam um recurso extraordinário, de conhecer todos os elementos inseridos na investigação preliminar ao recebimento da denúncia ou queixa. Afinal, se o juiz da instrução ficasse privado dos autos do inquérito, o tribunal de segunda instância também deveria ficar, pois não teria sentido um órgão judicial avaliar essas peças e outro não. Igualmente, haveria reflexo ao Superior Tribunal de Justiça, por mais que se garanta que os Tribunais Superiores só se ocupam de matéria de direito ou matéria constitucional, sem reanálise dos fatos. Em verdade, os assuntos são intrinsicamente vinculados e, até mesmo para constatar se houve justa causa para o ajuizamento de ação penal – o que, por meio do *habeas corpus*, pode chegar à análise do STJ e do STF –, é preciso ampla avaliação do conteúdo probatório, que abrange fatos e a correta (ou incorreta) aplicação do direito ao caso concreto.

40. Sigilo excepcionado: como regra, o inquérito policial – e outras investigações – costuma ser uma colheita sigilosa de provas; afinal, não existe contraditório e ampla defesa nessa fase. Entretanto, segundo este dispositivo, assegura-se ao investigado, por si mesmo e pelo seu defensor, acesso às provas colhidas durante a investigação criminal, exceto, por óbvio, às diligências em andamento. Não seria crível, por exemplo, que uma interceptação telefônica, judicialmente autorizada, tivesse publicidade ou acesso do advogado do investigado, pois redundaria em total fracasso. Portanto, o investigado ou seu defensor poderá acessar as provas já produzidas, mas não as que estão em andamento. Há alguns aspectos relevantes a observar. O primeiro deles diz respeito ao termo *investigado*, utilizado em lugar de *indiciado* (este último, a pessoa formalmente apontada pela autoridade policial como autor do crime), valendo concluir que a mera suspeita no tocante a alguém, entrando em foco na investigação, qualifica-o a acessar os autos do inquérito (ou outro procedimento investigatório). O segundo aspecto concerne aos direitos assegurados ao advogado, que pode consultar os autos de investigação criminal em andamento, mesmo sem procuração do investigado, além de assistir a seu cliente em todos os atos compatíveis (art. 7.º, incisos XIV e XXI, Lei 8.906/1994). Portanto, o disposto pelo inciso XV do art. 3.º-B consagra direito já existente, ao menos no tocante ao advogado. Há que se respeitar, entretanto, a decretação de sigilo da investigação pelo juiz, situação em que o advogado somente pode ter acesso aos autos quando possuir procuração da pessoa investigada. Justifica-se o sigilo imposto pelo magistrado, no contexto da investigação criminal, quando se basear na tutela à intimidade da vítima ou quando o exigir o interesse público, com fundamento nos arts. 5.º, LX, e 93, IX, da Constituição Federal, e no art. 792, § 1.º, do CPP, embora, como mencionado, jamais se prejudique o direito à ampla defesa.

41. Admissão de assistente técnico: a reforma processual penal da Lei 11.690/2008 admitiu, finalmente, a presença de assistentes técnicos das partes para a realização de exame pericial ("art. 159, § 3.º Serão facultadas ao Ministério Público, ao assistente de acusação, ao ofendido, ao querelante e ao acusado a formulação de quesitos e indicação de assistente técnico"), como regra, elaborado ainda na fase investigatória e não refeito em juízo. Inúmeras perícias são consideradas provas irrepetíveis, emergindo disso a viabilidade de se acompanhar, por meio de assistentes, a sua confecção. Torna-se clara a sua admissão pelo juiz das garantias. Resta o problema de desequilíbrio entre investigados hipossuficientes e aqueles que podem contar com defensor constituído desde a investigação, podendo arcar, também, com os custos de um assistente técnico. Verifica-se, na prática, a pouca incidência de perícias oficiais acompanhadas por assistentes técnicos, ao menos no cenário da maioria das apurações criminais, não somente porque grande parte das pessoas investigadas é incapaz de suportar gastos com sua defesa, mas, igualmente, porque o Estado-investigação, carente de recursos, não tem extensa rede de perícias para aproveitar em inquéritos, tal como o exame de DNA de material localizado no lugar do delito. Esse quadro poderá ser alterado, no futuro, quando o exame pericial alcançar prismas diversificados e abrangentes, elevando-se à categoria de prova fundamental para se firmar uma condenação ou absolvição.

42. Homologação do acordo de não persecução penal ou colaboração premiada: o dispositivo está correto e em sintonia com o propósito do juiz das garantias. O instituto do acordo de não persecução penal precisa ser decidido antes do advento de uma denúncia. Logo, cabe ao juiz das garantias. Por outro lado, a colaboração premiada também ocorre,

Art. 3.º-B

Código de Processo Penal Comentado · Nucci

majoritariamente, na fase da investigação criminal. Portanto, precisa ser conferida e aceita (ou não) pelo juiz das garantias. De fato, o juiz instrutor do feito não tem que se imiscuir nos acordos anteriores à instrução e nem mesmo no que se refere à delação premiada, garantindo a sua imparcialidade para julgar a causa.

43. Dispositivo residual: por cautela, deixou-se uma norma aberta, o que é razoável, para prever que cabe ao juiz das garantias qualquer outra decisão inerente a matéria jurisdicional, durante a fase investigatória de infrações penais. Para exemplificar, pode-se destacar a atuação do magistrado durante a *ação controlada*, prevista no art. 8.º da Lei 12.850/2013, que cuida da organização criminosa ("Consiste a ação controlada em retardar a intervenção policial ou administrativa relativa à ação praticada por organização criminosa ou a ela vinculada, desde que mantida sob observação e acompanhamento para que a medida legal se concretize no momento mais eficaz à formação de provas e obtenção de informações. § 1.º O retardamento da intervenção policial ou administrativa *será previamente comunicado ao juiz competente* que, se for o caso, estabelecerá os seus limites e comunicará ao Ministério Público" – grifamos). Na mesma lei, há as alternativas investigatórias consistentes em infiltração de agentes, no formato virtual ou de maneira presencial, como se pode constatar dos arts. 10-A ("Será admitida a ação de agentes de polícia infiltrados virtuais, obedecidos os requisitos do *caput* do art. 10, na internet, com o fim de investigar os crimes previstos nesta Lei e a eles conexos, praticados por organizações criminosas, desde que demonstrada sua necessidade e indicados o alcance das tarefas dos policiais, os nomes ou apelidos das pessoas investigadas e, quando possível, os dados de conexão ou cadastrais que permitam a identificação dessas pessoas. (...) § 2.º Na hipótese de representação do delegado de polícia, o *juiz competente*, antes de decidir, ouvirá o Ministério Público" – grifamos), 11 ("O requerimento do Ministério Público ou a representação do delegado de polícia para a infiltração de agentes conterão a demonstração da necessidade da medida, o alcance das tarefas dos agentes e, quando possível, os nomes ou apelidos das pessoas investigadas e o local da infiltração") e 12 ("O pedido de infiltração será sigilosamente distribuído, de forma a não conter informações que possam indicar a operação a ser efetivada ou identificar o agente que será infiltrado. § 1.º As informações quanto à necessidade da operação de infiltração serão dirigidas diretamente ao *juiz competente*, que decidirá no prazo de 24 (vinte e quatro) horas, após manifestação do Ministério Público na hipótese de representação do delegado de polícia, devendo-se adotar as medidas necessárias para o êxito das investigações e a segurança do agente infiltrado" – grifamos).

44. Audiência de custódia: dentre outros dispositivos, a Lei 13.964/2019 inseriu no CPP a audiência de custódia, configurando o ato solene, presidido pelo juiz das garantias, com a presença do membro do Ministério Público e de defensor público ou advogado constituído pelo investigado, quando se tratar de prisão em flagrante ou outra modalidade de prisão provisória, como a prisão preventiva. No entanto, convém mencionar que o STF decidiu pela compulsoriedade da audiência de custódia para *todas as espécies* de prisão (conferir a nota 39-D ao art. 310), incluindo as resultantes de decisão condenatória definitiva (prisão--pena), de modo que é viável a atuação do juiz das garantias para verificar o estado do preso – se sofreu algum constrangimento ilegal físico ou moral, evitando-se a dispersão desse ato judicial. Noutros termos, as decisões condenatórias, com trânsito em julgado, advêm de variados juízos, inclusive dos tribunais, sendo inadequada a pretensão de realizar a prisão e apresentar o detido ao juízo da condenação. Essa atividade deve ficar a cargo do magistra-do das garantias, preparado justamente para isso, que poderá atuar em regime de plantão judiciário. Convém registrar que a audiência de custódia passou a constar expressamente em lei como um procedimento indispensável para quem é preso em flagrante ou por força de mandado de prisão provisória (arts. 287 e 310, *caput*, CPP), havendo mais de uma razão para a sua introdução no sistema processual: a) controle direto da legalidade da prisão, pelo juiz, visualizando e ouvindo o acusado pessoalmente, com o fim de checar se houve alguma agressão ou coerção para a realização do ato de constrição; b) consagração dos princípios da oralidade e da imediatidade, permitindo que o juiz ouça as razões do órgão acusatório e da defesa, a fim de decidir se concede ao preso o direito de aguardar solto o seu julgamento, mesmo se tiver que impor alguma medida alternativa, nos termos do art. 319 do CPP (esta hipótese não se vincula, naturalmente, à prisão decorrente de decisão condenatória definitiva). Sob tais argumentos, a parte final do § 1.º *vedou o uso de videoconferência*, justamente para impulsionar o contato direto e pessoal entre magistrado e preso. No entanto, durante os anos de 2020 e 2021, em decorrência da pandemia da Covid-19, os juízos e tribunais laboraram com o emprego de videoconferência para a realização de audiências e julgamentos em geral, o que incrementou a utilização de instrumentos tecnológicos para a promoção desses atos à distância. Com o retorno à atividade presencial no Judiciário, passou-se à polêmica em relação à continuidade do emprego de videoconferência para a efetivação de alguns atos, em particular, a audiência de custódia. Outra controvérsia fixou-se no prazo de 24 horas, se absoluto ou relativo, pois as Comarcas no Brasil podem apresentar grande distância umas das outras e, consequentemente, entre o lugar da prisão e o local onde se encontra o juiz das garantias. Por isso, o STF, por unanimidade de seu plenário, atribuiu interpretação conforme ao § 1.º para as seguintes finalidades: a) realizada a prisão em flagrante ou provisória, a pessoa detida será encaminhada ao juiz das garantais, no prazo de 24 horas, *salvo impossibilidade fática*, demonstrando o caráter relativo do mencionado prazo, submetido a questões advindas da realidade, como o exemplo dado no tocante à considerável distância entre o lugar em que a prisão em flagrante for feita e o juízo das garantias. Há, no Brasil, diversas carências concentradas, muitas delas, na falta de magistrados, membros do MP ou defensores públicos, em certas Comarcas, obrigando a polícia a procurar pelo juízo das garantias, que pode situar-se em lugar muito distante, tornando inviável a apresentação em 24 horas; b) a vedação taxativa do emprego de videoconferência mais pode atrapalhar o controle judicial da prisão do que aprimorá-lo, pois nem todas as Comarcas possuem juiz, promotor ou defensor público, justificando o uso da videoconferência para acessar o magistrado das garantias, situado em local diverso, por vezes distante, respeitando-se o prazo de 24 horas. Portanto, em interpretação conforme, o STF deliberou que cabe, *excepcionalmente*, o uso de videoconferência, mediante decisão da autoridade judiciária competente, desde que se possa conferir a integridade do preso e a garantia de seus direitos. Note-se que o meio-termo pode substituir o ideal, sendo este a apresentação em ato presencial do preso ao juízo das garantias, em 24 horas, mas aquele o emprego de videoconferência ou a ultrapassagem do prazo de 24 horas, a depender do caso concreto. Parece-nos que a decisão tomada pelo Pretório Excelso tem fundamento na realidade brasileira, que deveria ser considerada pelo Legislativo para a elaboração da norma, embora nem sempre isso seja efetivado.

45. Duração máxima da investigação de pessoa presa: este dispositivo chega a ser mais maleável do que a legislação anterior. A prisão temporária tem prazo certo e tempo de prorrogação igualmente certo (5 dias ou 30 dias, prorrogáveis por igual prazo, sendo o último deles para delitos hediondos e equiparados). Logo, neste dispositivo está-se cuidando da prisão preventiva, decretada durante a investigação criminal, o que, por si só, representa um certo paradoxo, pois essa espécie de prisão demanda prova da materialidade e indícios suficientes de autoria – requisitos utilizados, igualmente, para o recebimento da denúncia ou queixa. Desse modo, impor prisão preventiva, durante investigação, deve ser alicerçado em caso excepcional, que não permita imediata propositura de ação penal. Uma vez decretada e preso o investigado, há 10 dias para concluir a investigação, como regra (art. 10, CPP). O § 2.º, introduzido pela Lei 13.964/2019, permite a prorrogação desse prazo, uma só vez, por

Art. 3.º-C

Código de Processo Penal Comentado · **Nucci**

44

até 15 dias, desde que haja *representação da autoridade policial*, ouvindo-se o MP. Algumas considerações preliminares: a) literalmente, somente o interesse da autoridade policial – ou similar – pode justificar essa prorrogação; não se admitiria requerimento do Ministério Público; b) o prazo de investigação, com pessoa presa, seria de até 25 dias, sem início da ação penal; c) ultrapassado esse período máximo, a prisão seria *relaxada* imediatamente. O termo *relaxamento*, como regra, é utilizado para prisões ilegais (art. 310, I, CPP), razão pela qual o correto seria a menção à pronta *revogação* da prisão cautelar, que fora legalmente imposta, mas superou o prazo previsto em lei. De todo modo, o STF deu interpretação conforme, dispondo que o juiz das garantias pode conceder *novas prorrogações* (mais de uma prorrogação, logo, muito mais que 15 dias), desde que o faça por decisão fundamentada, em face de elementos concretos e da complexidade da investigação. Decidiu, ainda, que a superação do prazo de 15 dias (já é uma prorrogação) não gera, automaticamente, a revogação da prisão preventiva, cabendo ao magistrado competente (nessa fase é o juiz das garantias) avaliar os motivos que a propiciaram, nos termos da ADI 6.581 (esta demanda debateu a verificação, a cada 90 dias, da prisão preventiva vigente em trâmite de processo, nos termos do art. 316, parágrafo único, não havendo revogação automática da prisão cautelar se o referido prazo não for cumprido, devendo o juiz ser instado a se manifestar a respeito). Essa conclusão do STF é preocupante porque se está em fase de *investigação criminal* – e não no estágio *processual* –, logo, sem nem mesmo haver ação penal ajuizada, tornando-se possível, em posição inédita, a prorrogação indeterminada da prisão preventiva. É preciso relembrar que a referência à ADI 6.581 concerne à prorrogação da prisão preventiva em juízo; conforme a interpretação dada pelo STF ao § 2.º do art. 3.º-B, a prisão provisória – por meio da preventiva –, durante *investigação*, pode, em tese, alcançar lapsos superiores, até mesmo, à prisão temporária para crimes hediondos e equiparados. Se a prisão temporária prolongada em seu limite de 60 dias é causa de preocupação, pois não há nem mesmo processo em juízo, a prisão preventiva passa a ter um perfil flexível no estágio investigatório, estendendo-se em várias prorrogações a um teto indeterminado. Se, ao final da investigação, a pessoa provisoriamente presa for desconsiderada como suspeita, terá sido detida por longo período para nem mesmo ser denunciada pela prática de um delito, o que se afigura inadequado ao contorno de um processo penal democrático.

> **Art. 3.º-C.** A competência do juiz das garantias abrange todas as infrações penais, exceto as de menor potencial ofensivo, e cessa com o recebimento da denúncia ou queixa na forma do art. 399 deste Código.[46-46-A]
>
> § 1.º Recebida a denúncia ou queixa, as questões pendentes serão decididas pelo juiz da instrução e julgamento.[47]
>
> § 2.º As decisões proferidas pelo juiz das garantias não vinculam o juiz da instrução e julgamento, que, após o recebimento da denúncia ou queixa, deverá reexaminar a necessidade das medidas cautelares em curso, no prazo máximo de 10 (dez) dias.[48]
>
> § 3.º Os autos que compõem as matérias de competência do juiz das garantias ficarão acautelados na secretaria desse juízo, à disposição do Ministério Público e da defesa, e não serão apensados aos autos do processo enviados ao juiz da instrução e julgamento, ressalvados os documentos relativos às provas irrepetíveis, medidas de obtenção de provas ou de antecipação de provas, que deverão ser remetidos para apensamento em apartado.[49]
>
> § 4.º Fica assegurado às partes o amplo acesso aos autos acautelados na secretaria do juízo das garantias.[50]

Título I – Disposições Preliminares **Art. 3.º-C**

46. Limite da competência: o conteúdo deste dispositivo é importante para distinguir claramente a atividade do juiz das garantias do magistrado responsável pelas infrações de menor potencial ofensivo, que continua a existir, nos precisos termos da Lei 9.099/1995. Nesta última hipótese, há dispositivos específicos, prevendo a viabilidade de composição dos danos e transação, com inadequação para as principais atividades do juízo das garantias, com aspecto voltado a fiscalizar a investigação, decretando medidas coercitivas (prisão cautelar, busca e apreensão, quebra de sigilo bancário etc.), incompatíveis com as infrações de menor potencial ofensivo, como regra. Aliás, para a causa chegar ao conhecimento do Juizado Especial Criminal, basta a lavratura do termo circunstanciado (art. 69, Lei 9.099/1995), sem necessidade de instauração de procedimento investigatório. Afora essa exceção, em princípio, todas as demais infrações penais entrariam no âmbito da competência do juízo das garantias. No entanto, o STF, em interpretação conforme, deliberou que estão fora desse cenário os processos de competência originária dos tribunais, regidos pela Lei 8.038/1990, os processos de competência do tribunal do júri, os casos de violência doméstica e familiar e as infrações de menor potencial ofensivo. Analisando a decisão, a exclusão das infrações de menor potencial ofensivo já consta do *caput* do art. 3.º-C. As infrações penais submetidas a julgamento originário dos tribunais – em casos de investigados com foro privilegiado – são regidas por legislação especial, não se aplicando, por isso, a disposição geral do Código de Processo Penal. Quanto aos casos de violência doméstica e familiar, do mesmo modo, há lei especial regendo a matéria (Lei 11.340/2006), com previsão da criação de Juizados de Violência Doméstica e Familiar, que concentram competência civil e penal, com ampliação de sua esfera de abrangência e especialização ("Art. 40-A. Esta Lei será aplicada a todas as situações previstas no seu art. 5.º, independentemente da causa ou da motivação dos atos de violência e da condição do ofensor ou da ofendida"). Entretanto, a exclusão dos crimes dolosos contra a vida de competência do Tribunal do Júri não nos parece acertada, pois o desenvolvimento da investigação de um delito de homicídio, por exemplo, acontece do mesmo modo que vários outros crimes igualmente graves. Há uma fase investigatória sem qualquer especificidade, seguida do juízo de formação da culpa, realizado em Vara comum ou especializada, mas com procedimento similar ao processo por qualquer outro delito de igual envergadura. Após a pronúncia, segue ao Tribunal Popular. Portanto, o juiz das garantias poderia exercer o seu papel fiscalizador, com a competência estabelecida pelo art. 3.º-B, sem qualquer obstáculo.

46-A. Inconstitucionalidade do recebimento da denúncia ou queixa pelo juiz das garantias: um dos principais objetivos desse juízo seria fiscalizar toda a fase investigatória e, ao final, analisando o material produzido (inquérito ou outro procedimento investigativo), receber a denúncia ou queixa, conferindo se há justa causa para o ajuizamento de ação penal. Após, o processo seria enviado ao juízo da instrução, que colheria as provas, sob o crivo do contraditório e da ampla defesa, emitindo sentença. Um ponto relevante para que o magistrado das garantias recebesse a peça acusatória concentrava-se no afastamento, previsto no § 3.º deste artigo, do procedimento investigatório do juízo que avaliará o mérito da causa, ressalvadas algumas provas irrepetíveis e as produzidas antecipadamente. Ocorre que o STF também reduziu o alcance desse parágrafo, decidindo que o procedimento investigatório segue integralmente para o juízo da instrução, de modo que passa a competir a este o recebimento da peça acusatória. Em suma, a competência do magistrado das garantias cessa com o *oferecimento* da denúncia ou queixa. Essa postura do Pretório Excelso apenas confirma o modelo acusatório escolhido para o sistema processual brasileiro, que continua misto, no sentido de mesclar provas coletadas na fase investigatória com as provas produzidas em juízo.

Art. 3.º-D

Código de Processo Penal Comentado · **Nucci**

47. Questões pendentes: sem especificar quais seriam as matérias pendentes de decisão, o dispositivo era claro ao mencionar que, após o recebimento da denúncia ou queixa pelo juízo das garantias, o feito seguiria ao juiz da instrução e julgamento e a este caberia avaliar qualquer situação em andamento, como, por exemplo, a necessidade de se manter uma prisão preventiva, que tivesse sido decretada pelo juízo anterior. O conteúdo do parágrafo continua vigente, embora o magistrado da instrução receba a peça acusatória e, a partir daí, avalie qualquer situação em progresso. O STF proclamou a inconstitucionalidade do termo "recebida", substituindo-o por "oferecida", em interpretação conforme.

48. Vinculação do juiz da instrução: o disposto neste parágrafo cria a expectativa de que o juiz da instrução pode rever qualquer medida constritiva a direitos individuais do acusado, desde que se faça necessário. Retomando o exemplo da prisão preventiva, ela poderia ser revista a qualquer tempo, seja para revogação ou mesmo para a sua substituição por medidas cautelares alternativas. Aliás, o dispositivo fixa o prazo de 10 dias para que essa revisão seja realizada. Seria um modo de pressionar o juiz da instrução para manter ou desfazer o que o juiz das garantias até então endossou. Registre-se que, neste ponto, igualmente, o STF declarou a inconstitucionalidade do termo "recebida", substituindo-o por "oferecimento".

49. Separação dos autos da investigação: o STF afastou essa separação, decidindo que os autos do procedimento investigatório serão integralmente enviados ao juízo da instrução e julgamento. Houve declaração de inconstitucionalidade, reduzindo o conteúdo dos §§ 3.º e 4.º. Era um dos principais pontos da reforma processual, introduzida pela Lei 13.964/2019, pois buscava um perfil de sistema acusatório que desvinculasse do juiz da instrução e julgamento o conteúdo da maioria das provas colhidas durante a investigação, sob o ritmo inquisitivo, sem a garantia da ampla defesa ou do contraditório. Mesmo assim, permanecia pendente a questão relativa às provas irrepetíveis, como várias das periciais, bem como as provas antecipadamente produzidas, que seguiriam para conhecimento do juiz da instrução. Novamente, insistimos em apontar que o Pretório Excelso optou por um sistema acusatório de índole mista, não permitindo que o magistrado responsável por julgar o mérito da causa ficasse sem acesso ao material integral do que foi colhido na fase investigatória. Cuida-se de matéria avaliada sob critério de política criminal, que poderia repercutir em outros cenários, como, por exemplo, nos juizados especiais criminais, nos juizados de violência doméstica e familiar e até mesmo nos processos de competência originária, em que não se teria o afastamento das provas coletadas na fase investigatória, resultando em um desequilíbrio entre magistrados de competências diversas, vale dizer, uma parcela do Judiciário conheceria o conteúdo do procedimento investigatório e outra parcela ficaria privada disso. Assim sendo, continua aplicável o disposto pelo art. 155 do CPP (o magistrado pode levar em conta o material colhido na fase investigatória, desde que não o faça de modo exclusivo).

50. Desnecessidade do dispositivo: com o julgamento do STF, exposto na nota anterior, perde o sentido o conteúdo deste parágrafo, pois os autos do procedimento investigatório estarão unidos aos autos do processo criminal principal, com acesso amplo das partes, inclusive do juiz.

> **Art. 3.º-D.** O juiz que, na fase de investigação, praticar qualquer ato incluído nas competências dos arts. 4.º e 5.º deste Código ficará impedido de funcionar no processo.[51]
>
> **Parágrafo único.** Nas comarcas em que funcionar apenas um juiz, os tribunais criarão um sistema de rodízio de magistrados, a fim de atender às disposições deste Capítulo.[52]

51. Iniciar qualquer investigação: o STF proclamou a inconstitucionalidade do *caput* do art. 3.º-D, consagrando a viabilidade de o magistrado praticar algum ato de natureza investigatória (atribuições da autoridade policial, contidas nos arts. 4.º e 5.º do CPP). Afinal, validá-lo geraria contradição com as investigações produzidas pelos tribunais em competência originária, que terminam por gerar processo e, ao final, possibilitam a condenação do autor do delito. Dentre outras, permanece a viabilidade de o juiz requisitar a instauração de inquérito para apurar a prática de infração penal, mesmo durante a instrução processual.

52. Viabilização do juiz das garantias: a ideia seria implementar a figura do magistrado das garantias, mesmo que na Comarca houvesse um só juiz (cidades pequenas). Cremos que bastaria a designação do juiz da Comarca contígua/vizinha para assumir a função de juiz das garantias (e vice-versa). O juiz da Comarca "A" poderia desempenhar a atividade do magistrado das garantias da Comarca "B" e este faria o mesmo no tocante à Comarca "A". Entretanto, o STF declarou a inconstitucionalidade desse parágrafo por invadir matéria pertinente à organização judiciária, cuja iniciativa caberia apenas ao Poder Judiciário. Ainda assim, permanece o problema mencionado pelo referido parágrafo único: como agir quando houver um só magistrado na Comarca para decidir todas as matérias. Parece-nos que o perfil conferido pelo STF ao juiz das garantias relativizou essa figura, permitindo-lhe realizar atos e tomar decisões que, *sem a interpretação conforme* a vários dispositivos do CPP, seriam inviáveis. Portanto, há alguns caminhos a seguir: a) por decisão peculiar a uma determinada região, pode-se realizar, por organização judiciária, a ideia imanente ao parágrafo único declarado inconstitucional, vale dizer, o juiz de uma certa Comarca pode servir de magistrado das garantias para o de Comarca vizinha, com reciprocidade; b) pode o tribunal determinar, por norma de organização judiciária, que certa Vara das Garantias, fixada na Comarca sede de uma circunscrição, atenda toda uma região formada por comarcas menores; c) em caráter excepcional, o juiz de Comarca com Vara única exerceria a função cabível ao magistrado das garantias, somente se podendo questionar alguma decisão sua, quando for tomada na fase de instrução, caso haja a demonstração de prejuízo (lembre-se de que o STF também considerou inconstitucional o art. 3.º-D, *caput*, do CPP). Em última análise, conforme a região do Brasil, onde inexistir juiz na Comarca ou quando a Comarca, distante de outras, tiver um só magistrado, torna-se preferível exercer a judicatura, fiscalizando a investigação e conduzindo a instrução para chegar ao julgamento de mérito, como sempre foi realizado, em vez de *negar* à população a indispensável distribuição de justiça.

> **Art. 3.º-E.** O juiz das garantias será designado conforme as normas de organização judiciária da União, dos Estados e do Distrito Federal, observando critérios objetivos a serem periodicamente divulgados pelo respectivo tribunal.[53]

53. Investidura do juiz das garantias: o STF atribuiu interpretação conforme a este artigo, com a finalidade de assentar que o magistrado das garantias será *investido* em seu cargo e não apenas *designado*, conforme as normas de organização judiciária da União, Estados e Distrito Federal, observando-se critérios objetivos a serem divulgados, com periodicidade, pelo tribunal respectivo. A alteração terminológica introduzida tem relevo, pois a mera designação se faria por ato discricionário da Presidência do Tribunal e, pelo mesmo ato, poderia haver a cessação da atividade de um juiz, com a designação de outro para ocupar a mesma função. Essa possibilidade existe para determinados postos de judicatura criados como meros departamentos na estrutura administrativa do tribunal; desse

Art. 3.º-F

Código de Processo Penal Comentado · **Nucci**

48

modo, inexiste cargo específico a ser provido, por investidura (promoção ou remoção), que poderia ficar protegido pela inamovibilidade, a não ser nos termos constitucionais e legais vigentes. A atuação do juiz das garantias na fase investigatória merece, de fato, a criação de Vara especializada, com magistrado certo (juiz natural), ao menos em cidades grandes, como as Comarcas classificadas como entrância especial. Em Comarcas menores, havendo mais de um juiz, cabe à organização judiciária especificar como será realizada a atuação dos magistrados no tocante ao juízo das garantias. De qualquer forma, é preciso superar a indesejável situação de um controle hierárquico em relação a esse magistrado, que, fiscalizando investigações e proferindo decisões jurisdicionais importantes, pode desagradar interesses e não pode ficar exposto a injunções de terceiros, que poderiam levar à sua substituição pela edição de um simples ato da Presidência da Corte. Em suma, até que o critério da investidura seja efetivamente implantado, por lei de organização judiciária, parece-nos essencial que cada tribunal, por seu órgão de cúpula, estabeleça resolução ou provimento para a *designação estável* de um magistrado das garantias nas Comarcas sob sua coordenação administrativa. Quanto à noção de *critérios objetivos* a serem divulgados pelo tribunal, parece-nos mais pertinente quando se cuida de mera designação, a fim de se compreender por que certo magistrado foi apontado para a função, vale dizer, diminuindo a discricionariedade da Presidência da Corte. Cuidando-se de cargo criado para tanto (Vara das Garantias, por exemplo), o preenchimento se dará da mesma maneira que se realiza com todas as Varas da estrutura judiciária estadual ou federal e não há nenhuma necessidade de expor, periodicamente, os tais critérios objetivos, uma vez que o juiz investido no cargo conta com inamovibilidade.

> **Art. 3.º-F.** O juiz das garantias deverá assegurar o cumprimento das regras para o tratamento dos presos, impedindo o acordo ou ajuste de qualquer autoridade com órgãos da imprensa para explorar a imagem da pessoa submetida à prisão, sob pena de responsabilidade civil, administrativa e penal.[54]
>
> **Parágrafo único.** Por meio de regulamento, as autoridades deverão disciplinar, em 180 (cento e oitenta) dias, o modo pelo qual as informações sobre a realização da prisão e a identidade do preso serão, de modo padronizado e respeitada a programação normativa aludida no *caput* deste artigo, transmitidas à imprensa, assegurados a efetividade da persecução penal, o direito à informação e a dignidade da pessoa submetida à prisão.[55-56-B]

54. Exploração da imagem dos presos: há muitos anos possibilita-se que a imprensa filme e divulgue a imagem das pessoas presas. Mesmo quando a Lei de Abuso de Autoridade anterior estava vigente, isto se fazia. Confira-se a Lei 4.898/1965: "art. 4.º (...) b) submeter pessoa sob sua guarda ou custódia a vexame ou a constrangimento não autorizado em lei". Agora, depois que a nova Lei de Abuso de Autoridade (Lei 13.869/2019) tornou-se *menos* rigorosa nesse prisma (pois exige violência ou grave ameaça ao preso), detecta-se uma retração da polícia nesse campo. Por um lado, ou por outro, o juiz das garantias deve cuidar disso, coibindo abusos. Se ele não o fizer, responderá pessoalmente civil, administrativa e penalmente. O disposto no *caput* deste artigo foi considerado constitucional pelo STF.

55. Prazo de 180 dias e especificação das autoridades: não vemos óbice algum para que as autoridades envolvidas nesta previsão, formulada pelo parágrafo único, promovam a sua implementação, com as regras pertinentes. É válido destacar que o STF conferiu interpretação conforme a este parágrafo para indicar que as autoridades são os delegados, os membros do Ministério Público e os magistrados. Nesse cenário, cremos ser adequado o

Art. 3.º-F

estabelecimento conjunto de um regulamento a reger as atividades dessas autoridades em regiões determinadas onde exerçam as suas funções. Considerando-se a viabilidade de uma regulamentação nacional, pode-se aventar a possibilidade de estabelecimento de resolução conjunta do Conselho Nacional de Justiça e do Conselho Nacional do Ministério Público. Se assim não for realizado, as cúpulas das instituições em determinado Estado da Federação, por exemplo, podem editar um regulamento comum.

56. Justiça Retributiva x Justiça Restaurativa: o Direito Penal sempre se pautou pelo critério da retribuição ao mal concreto do crime com o mal concreto da pena, segundo as palavras de Hungria. A evolução das ideias e o engajamento da ciência penal em outras trilhas, mais ligadas aos direitos e garantias fundamentais, vêm permitindo a construção de um sistema de normas penais e processuais penais, preocupado não somente com a punição, mas, sobretudo, com a proteção ao indivíduo em face de eventuais abusos do Estado. O cenário das punições tem, na essência, a finalidade de pacificação social, muito embora pareça, em princípio, uma contradição latente falar-se, ao mesmo tempo, em *punir* e *pacificar*. Mas é exatamente assim que ainda funciona o mecanismo humano de equilíbrio entre o bem e o mal. Se, por um lado, o crime jamais deixará de existir no atual estágio da Humanidade, em países ricos ou pobres, por outro, há formas humanizadas de garantir a eficiência do Estado para punir o infrator, corrigindo-o, sem humilhação, com a perspectiva de pacificação social. O Estado chamou a si o monopólio punitivo – medida representativa, a bem da verdade, de civilidade. A partir disso, não se pode permitir que alguns firam interesses de outros sem a devida reparação. E, mais, no cenário penal, é inviável que se tolerem determinadas condutas lesivas, ainda que a vítima permita (ex.: tentativa de homicídio). Há valores indisponíveis, cuja preservação interessa a todos e não somente a um ou outro indivíduo (ex.: meio ambiente). Portanto, se "A" destruir uma floresta nativa, existente na propriedade de "B", não cabe ao Estado perguntar a este último se deve ou não punir o agente infrator. O interesse é coletivo. A punição estatal, logo oficial, realizada por meio do devido processo legal, proporciona o necessário contexto de Estado Democrático de Direito, evitando-se a insatisfatória e cruel *vingança privada*. A *Justiça Retributiva* sempre foi o horizonte do Direito Penal e do Processo Penal. Em sua ótica, despreza-se, quase por completo, a avaliação da vítima do delito; obriga-se, quase sempre, a promoção da ação penal por órgãos estatais, buscando a punição do infrator; leva-se às últimas consequências a consideração de bens indisponíveis, a ponto de quase tudo significar ofensa a interesse coletivo; elimina-se, na órbita penal, a conciliação, a transação e, portanto, a mediação. Em suma, volta-se a meta do Direito Penal a uma formal punição do criminoso como se outros valores inexistissem. A denominada *Justiça Restaurativa*, aos poucos, instala-se no sistema jurídico-penal brasileiro, buscando a mudança do enfoque supramencionado. Começa-se a relativizar os interesses, transformando-os de *coletivos* em *individuais* típicos, logo, disponíveis. A partir disso, ouve-se mais a vítima. Transforma-se o embate entre agressor e agredido em um processo de conciliação, possivelmente, até, de perdão recíproco. Afinal, qual é o sentido de um pedido de desculpas? Responde Paul Bloom: "restabelecer o *status* da vítima. Se você me derrubar e não disser nada, você estará afrontando a minha dignidade. Um simples 'me desculpe' pode fazer maravilhas, porque você mostrará respeito pela minha pessoa; você estará admitindo para mim, e, possivelmente, para os outros, que é inaceitável me prejudicar sem justa causa. Se você não disser nada, estará enviando uma mensagem bem diferente. Sem um pedido de desculpas, eu poderia me sentir tentado a recuperar o meu *status* através da retaliação" (*O que nos faz bons ou maus*, p. 100). Essa retaliação pode ser realizada diretamente (exercício arbitrário das próprias razões), como pode ser um pleito e uma esperança dirigidos ao Estado, para que puna o agente, de maneira a satisfazer a vítima diante da aflição alheia. Entretanto, não se tem a punição do infrator como único objetivo do Estado. A ação penal passa a ser, igualmente, flexibilizada, vale dizer, nem sempre obrigatoriamente proposta. Restaura-se o estado de paz entre pessoas que convivem, embora tenha havido agressão de uma contra outra, sem necessidade do instrumento penal coercitivo e unilateralmente adotado pelo Poder Público.

56-A. A efetividade da Justiça Restaurativa no Brasil: a Resolução 225/2016 do Conselho Nacional de Justiça, levando em consideração as recomendações da ONU, no tocante à Justiça Restaurativa, os preceitos constitucionais relativos ao ideal de acesso à justiça e à composição dos litígios, bem como o disposto pela Lei 9.099/1995 e Lei 12.594/2012, aponta que a "Justiça Restaurativa constitui-se como um conjunto ordenado e sistêmico de princípios, métodos, técnicas e atividades próprias, que visa à conscientização sobre os fatores relacionais, institucionais e sociais motivadores de conflitos e violência, e por meio do qual os conflitos que geram dano, concreto ou abstrato, são solucionados de modo estruturado por variadas formas", dentre elas a participação do ofensor e da vítima, quando houver, além das famílias e outros envolvidos no fato danoso e representantes da comunidade, com a intermediação de facilitadores restaurativos em técnicas de autocomposição e consensuais de resolução de conflitos. O objetivo é autorizar o procedimento restaurativo em formato alternativo ou concorrente com o processo penal tradicional. Para tanto, é fundamental que as partes envolvidas, como agressor e vítima, concordem com a prática restaurativa, dando seu consentimento livre e prévio. Finalmente, deve haver um acordo decorrente de procedimento restaurativo a partir da vontade de todos os participantes. Afirma-se a atribuição para o Conselho Nacional de Justiça deliberar acerca da matéria, autorizando o procedimento mesmo sem a expressa previsão legal. São estipuladas várias regras para o referido procedimento restaurativo, sem qualquer limitação para a espécie de crime. Em aberto, a decisão final pode ser a absolvição ou mesmo a extinção da punibilidade. Na sequência, a Resolução 288/2019 do Conselho Nacional de Justiça, levando em consideração o estado de coisas inconstitucional, declarado pelo Supremo Tribunal Federal, quanto ao sistema carcerário nacional e buscando amenizar a superlotação dos presídios, além de fomentar o disposto em tratados internacionais de direitos humanos, adota a promoção da aplicação de alternativas penais, com enfoque restaurativo, substituindo a pena privativa de liberdade. Entretanto, indica como alternativas a aplicação de penas restritivas de direitos, transação penal, suspensão condicional do processo, sursis, conciliação, mediação e técnica de justiça restaurativa, medidas cautelares diversas da prisão e medidas protetivas de urgência. Na realidade, as alternativas apontadas têm somente um lado efetivo de justiça restaurativa, pois os outros fazem parte da justiça retributiva e, também, de medidas benéficas de natureza penal e processual penal. Por mais benéficas que possam ser as previsões formuladas pelo Conselho Nacional de Justiça, em nossa visão, é indispensável a edição de lei federal – no mínimo – para a adoção de medidas efetivamente despenalizadoras em relação aos autores de crimes no Brasil. Não pode ser matéria *recomendada* pelo CNJ, mas deveria ser disciplinada em lei para todo o Brasil. Ademais, em nível ideal, uma emenda constitucional, para a implantação de tão profunda reforma na legislação nacional, seria o ideal. Enquanto isto não for efetivado, a Justiça Restaurativa não tomará corpo e poderá ser sempre questionada por falta de alicerce legal.

56-B. Alternativas entre a Justiça Restaurativa e outros modelos para a Justiça Retributiva: avaliando uma decisão judicial relacionada à justiça restaurativa, encontra-se a sentença proferida pela juíza Danielle Nogueira Mota Comar da 9.ª Vara Criminal do Foro Central de Curitiba, julgando improcedente a ação penal para absolver o autor de um roubo (art. 157, § 2.º, II, do Código Penal), com fundamento no art. 386, III (não constituir o fato infração penal) e VI (existirem circunstâncias que excluam o crime ou isentem o réu de pena ou se houver fundada dúvida sobre a sua existência), indicando a *superveniente perda de justa causa, por ter sido atingida a pacificação entre os envolvidos e ser desnecessária a sanção penal.*

Art. 3.º-F

Constata-se, na denúncia, que, no dia 21 de abril de 2016, na cidade de Curitiba, os denunciados M.G.N. e C.V.S., de comum acordo, mediante grave ameaça, exercida com o emprego de simulacro de pistola, subtraíram dois aparelhos celulares, posteriormente recuperados pelas vítimas All.O.S. e A.O.S., além de a ameaça atingir a pessoa de R.O.H.S. O Ministério Público, ao final da instrução, pediu a submissão do caso ao Núcleo de Prática e Incentivo à Autocomposição (NUPIA), com a possibilidade de procedimento restaurativo. R.O.H.S. saía de casa com suas filhas quando foram abordadas pelos réus, que passavam de moto. Após a ameaça, os celulares foram entregues. Pouco depois, a polícia militar os prendeu. Informou que o acusado C.V.S. a procurou, posteriormente, para pedir desculpa, narrando ter mudado de vida e sofrido bastante. Esse pedido de perdão foi formulado um mês antes da audiência. Questionada pelo juízo se aceitava o referido perdão, disse: "quem sou eu para não perdoar?", além de afirmar que o acusado parecia sincero. Na audiência, voltou-se ao réu e lhe desejou sorte na vida. A vítima A.O.S. contou o que houve, assim como a ofendida Al.O.S. Afirmaram que o acusado foi à casa delas para pedir desculpa. Interrogado em juízo, C.V.S. relatou ter quatro filhos, com baixa renda, morando em casa alugada. Nunca foi preso e processado anteriormente. Confessou a prática do delito e disse não conseguir emprego registrado, além de ser visto como *vagabundo* e nesses termos, abordado pela polícia. Afirmou ter se convertido e, *sentindo Deus no coração*, resolveu pedir perdão às vítimas. Em sua sentença, a magistrada afirmou que não havia tido experiência com a justiça restaurativa antes, mas o Ministério Público, por meio de seu Núcleo de Prática e Incentivo à Autocomposição levou a efeito tratativas nesse sentido. Houve acordo e o acusado C.V.S. se comprometeu, durante três meses, a levar pessoalmente às vítimas duas pizzas grandes, duas vezes por mês, sem nada cobrar. Os sabores serão de escolha das ofendidas, assim como as datas. O réu deverá doar, mensalmente, durante seis meses, uma cesta básica (valor mínimo de R$ 100,00) a determinada igreja. Destacou-se ser a justiça restaurativa desconhecida de muitos operadores jurídicos, por falta de previsão legal, embora estimulada pelo Conselho Nacional de Justiça. Envolve uma cultura de pacificação, por meio do diálogo e do encontro entre o infrator e a vítima, bem como com outros membros da comunidade, buscando um modelo mais humanizado de distribuição de justiça. Avaliou-se positivamente a responsabilização do causador do dano e as necessidades e direitos das partes ofendidas. A justiça restaurativa pode ser um instrumento de transformação social, alterando os valores inseridos no conflito penal, mais distante do punitivismo. Afirmou-se não se estar diante do abolicionismo penal, mas frente a uma alternativa ao sistema criminal, para quem estiver disposto ao diálogo, reparando um conflito de forma diversa do comum. Em suma, seria um modelo diferente para uma realidade complexa. Independentemente de eventuais considerações críticas ao caso supra apresentado, pode-se argumentar que a situação jurídica caminhou para a absolvição porque o Ministério Público *adotou o sistema restaurativo*, requereu a remessa ao núcleo especializado para tanto e *homologou* o acordo de entrega de pizzas e cestas básicas. Assim sendo, não houve recurso em relação à decisão judicial absolutória, consolidando-se o *status* processual. No entanto, há diversos casos similares ao referido roubo, com restituição da coisa subtraída e pedido de desculpa à vítima, mas não contam com idêntica solução, até porque inexiste previsão legal para tanto, lesando-se o princípio da igualdade de todos perante a lei. Parece-nos ser indispensável a inserção, em lei, de preceitos restaurativos para que tenha alcance nacional e não isole, em *ilhas jurídicas*, alguns pontos flexíveis quanto à forma de punição. Tivemos a oportunidade de apreciar, em grau recursal, a situação de um roubo, cometido com o emprego de simulacro de arma de fogo, em cidade do interior paulista, quando o agente, desesperado pela miserabilidade, ingressou em uma loja e subtraiu, mediante grave ameaça, R$ 200,00 e um *short*. Arrependeu-se, entregou-se à polícia, devolveu tudo e confessou em juízo. Não houve nenhum procedimento restaurativo e ele terminou condenado à pena mínima de reclusão de

Art. 3.º-F

Código de Processo Penal Comentado · **Nucci**   52

quatro anos (e multa), em regime aberto. Note-se a semelhança entre os dois casos supra narrados. Enquanto um terminou condenado a uma pena privativa de liberdade e multa, o outro se desculpou, entregará pizzas e cestas básicas por um breve período. Sem lei disciplinando a justiça restaurativa, várias outras situações similares ocorrerão e isto não é democraticamente viável. Sob outro aspecto, enquanto essa inserção não se concretize, o que pode demorar, pois depende do Parlamento, como regra, conservador em matéria criminal, seria uma alternativa razoável a adoção de critérios benéficos a agentes que confessem, arrependam-se e devolvam à vítima o que for possível. O arrependimento posterior (art. 16, CP), por exemplo, não deve ficar circunscrito a delitos patrimoniais *não violentos*, pois o roubador pode se arrepender, restituir tudo à vítima e ainda pedir perdão, merecendo uma redução considerável da sua pena. Mas não é só. Outros delitos, mesmo violentos contra a pessoa, deveriam comportar, em lei, uma causa de diminuição de pena – como a tentativa – quando o agente se arrepender e colaborar com o Estado para o deslinde do processo-crime, confessando espontaneamente. A confissão consta como atenuante, circunstância legal (art. 65, III, *d*, CP) que não admite o rompimento do piso legal (Súmula 231, STJ), de forma que é de pouca valia quando envolver pessoa primária, sem antecedentes, cuja pena mínima já seria a imposta. Por certo, mereceria previsão legal até mesmo a extinção da punibilidade para determinados crimes, quando o autor se arrependa e busque reparar o que causou. Não se trata, apenas, de acordos de não persecução penal ou de suspensão condicional do processo ou da pena, mas de um ponto além disso, quando já houver processo-crime e houver o registro de efetivo arrependimento pelo autor, com a assimilação disso pela vítima. Essa proposta não significa a adoção integral da justiça restaurativa, mas de benefícios penais dentro do universo dogmático penal existente. Em conclusão, a justiça restaurativa pode ser um modelo positivo, mas necessita de lei disciplinando a sua utilização e as suas regras, válidas em caráter nacional. Não ocorrendo, alterações legislativas podem ser realizadas, de forma a garantir a individualização da pena, privilegiando os que se arrependem e buscam reparar o que fizeram, redundando em efetivas reduções da pena ou mesmo chegando à extinção da punibilidade.

Título II
Do Inquérito Policial[1-4]

1. Conceito de inquérito policial: trata-se de um procedimento preparatório da ação penal, de caráter administrativo, conduzido pela polícia judiciária e voltado à colheita preliminar de provas para apurar a prática de uma infração penal e sua autoria. Seu objetivo precípuo é a formação da convicção do representante do Ministério Público, mas também a colheita de provas urgentes, que podem desaparecer, após o cometimento do crime, bem como a composição das indispensáveis provas pré-constituídas que servem de base à vítima, em determinados casos, para a propositura da ação privada. Tornaghi fornece conceito ampliativo do inquérito policial, dizendo que "o processo, como procedimento, inclui também o inquérito. Não há erro, como por vezes se afirma, em chamar processo ao inquérito. Deve subtender-se que a palavra não está usada para significar relação processual, a qual, em regra, se inicia pela acusação" (*Compêndio de processo penal*, t. I, p. 39). Na jurisprudência: STJ: "O inquérito policial é procedimento administrativo de caráter inquisitório cuja finalidade é fornecer ao Ministério Público elementos de informação para a propositura de ação penal. Tais elementos, antes de tornarem-se prova apta a fundamentar eventual édito condenatório, devem submeter-se ao crivo do contraditório, sob estrito controle judicial. Assim, carece de fundamento razoável a arguição de suspeição da autoridade policial nos atos do inquérito" (RHC 105.078/SC, 5.ª T., rel. Felix Fischer, 12.02.2019, v.u.).

2. Origem e razão de ser do inquérito policial: a denominação *inquérito policial*, no Brasil, surgiu com a edição da Lei 2.033, de 20 de setembro de 1871, regulamentada pelo Decreto 4.824, de 22 de novembro de 1871, encontrando-se no art. 42 do citado decreto a seguinte definição: "O inquérito policial consiste em todas as diligências necessárias para o descobrimento dos fatos criminosos, de suas circunstâncias e de seus autores e cúmplices, devendo ser reduzido a instrumento escrito". Passou a ser função da polícia judiciária a sua elaboração. Apesar de seu nome ter sido mencionado pela primeira vez na referida Lei 2.033, suas funções, que são da natureza do processo criminal, existem de longa data e tornaram-se especializadas com a aplicação efetiva do princípio da separação da polícia e da judicatura. Portanto, já havia no Código de Processo de 1832 alguns dispositivos sobre o procedimento informativo, mas não havia o *nomen juris* de inquérito policial (Tourinho Filho, *Processo penal*, vol. 3, p. 175-176; Canuto Mendes de Almeida, *Princípios fundamentais do processo penal*, p. 62). Sua finalidade é a investigação do crime e a descoberta do seu autor, com o fito de fornecer elementos para o titular da ação penal promovê-la em juízo, seja ele o Ministério Público, seja o particular, conforme o caso. Esse objetivo de investigar e apontar o autor do delito sempre teve por base a segurança da ação da justiça e do próprio acusado, pois, fazendo-se uma instrução prévia, através do inquérito, reúne a polícia judiciária todas as provas preliminares que sejam suficientes para apontar, com relativa firmeza, a ocorrência de um delito e o seu autor. O simples ajuizamento da ação penal contra alguém provoca um fardo à pessoa de bem, não podendo, pois, ser ato leviano, desprovido de provas e sem um exame pré-constituído de legalidade. Esse mecanismo auxilia a Justiça Criminal a preservar inocentes de acusações injustas e temerárias, garantindo um juízo inaugural de delibação, inclusive para verificar se se trata de fato definido como crime. No mesmo sentido, consultar Antonio Scarance Fernandes, *Teoria geral do procedimento e o procedimento no processo penal*, p. 306 (item 9) e 307 (item 13, primeira parte). O inquérito é um meio de extirpar, logo de início, dúvidas frágeis, mentiras ardilosamente construídas para prejudicar alguém, evitando-se julgamentos indevidos de publicidade danosa. Por outro lado, além da segurança, fornece a oportunidade de colher provas que não podem esperar muito tempo, sob pena de perecimento ou deturpação irreversível (ex.: exame do cadáver ou do local do crime). Assim visualizado, o inquérito torna-se um procedimento preparatório e preventivo, sem a predominância de contorno judicial, utilizado para a proteção do indivíduo e para a colheita célere de provas perecíveis. E, pelo fato de ser apenas preparatório, possui características próprias, tais como o sigilo, a falta de contrariedade da defesa, a consideração do indiciado como objeto de investigação e não como um sujeito de direitos (ver a nota 41 ao art. 6.º), a impossibilidade de se arguir a suspeição da autoridade policial que o preside, a discricionariedade na colheita das provas, entre outras. Sem prejuízo, argumenta Ada Pellegrini Grinover que, surgindo, ao longo do inquérito policial, a necessidade de aplicar alguma medida de natureza cautelar – tal como a prisão preventiva –, deveria haver contraditório e direito de defesa, já que tais medidas revestem-se de processualidade, o que as remete à Constituição Federal e seus princípios fundamentais (*O processo em sua unidade – II*, p. 67). Na Exposição de Motivos do Código de Processo Penal, item IV, menciona Francisco Campos que o inquérito é um "processo preliminar ou preparatório da ação penal", que visa a evitar "apressados e errôneos juízos, formados quando ainda persiste a trepidação moral causada pelo crime ou antes que seja possível uma exata visão de conjunto dos fatos, nas suas circunstâncias objetivas e subjetivas".

3. **Validade das provas colhidas no inquérito policial para a condenação do réu:** se nítida é a sua função de garantir o indivíduo contra as acusações injustificadas, servindo à sociedade como meio célere de busca e colheita de provas perecíveis – em regra, as periciai –, torna-se preciso registrar que não se deve utilizá-lo como fonte legítima de produção de provas, passíveis de substituírem o efetivo contraditório, que somente em juízo será realizado. A Constituição Federal, através dos princípios do devido processo legal, do contraditório e da ampla defesa, seria maculada quando uma prova, possível de ser concretizada em juízo, fosse antecipada para a fase extrajudicial, valendo, posteriormente, como meio de prova contra o réu. Logo, cremos despropositada a corrente de pensamento que sustenta serem válidas *todas* as provas coletadas pela polícia judiciária, muito embora não sejam elas *realmente* renovadas diante do juiz. Confira-se a cautela do art. 297 do CPPM: "O juiz formará convicção pela livre apreciação do conjunto das provas *colhidas em juízo*. (..)" (grifamos). É verdade que muitos sustentam, em nosso País, ser a natureza do inquérito a de um procedimento meramente preparatório, formador da opinião do representante do Ministério Público, porém, na prática, terminam conferindo validade e confiabilidade àquilo que foi produzido pela polícia judiciária. Basta ver as referências que as sentenças condenatórias costumam fazer aos depoimentos colhidos na fase extrajudicial, muitas vezes dando maior credibilidade ao que teria dito a vítima, o réu – à época, indiciado – ou alguma testemunha à autoridade policial do que ao magistrado. Os argumentos são variados: ou pelo fato de que, na polícia, tudo é colhido mais rapidamente, logo, a memória das pessoas é mais confiável, ou porque, na polícia, os inquiridos ainda não

sofreram a influência da defesa ou do réu. Enfim, por uma causa ou outra, soaria melhor, em certos casos, o que foi apanhado pelo delegado. Trata-se de um sério erro, pois o que se apregoa na teoria não é seguido na prática, desacreditando no sistema processual e tornando letra morta as garantias fundamentais, previstas na Carta Magna. Portanto, se a prova merece ser colhida com rapidez, outras formas de desenvolvimento do inquérito, alheado às modificações e aos princípios que o regem, precisam ser empreendidas. Enquanto isso não se der, admite-se sejam válidas em juízo somente as provas periciais, impossíveis de ser postergadas, como ocorre com o exame de corpo de delito. E, mesmo assim, estão sujeitas ao crivo da defesa, que, em juízo, pode pedir o seu refazimento, quando necessário e demonstrado o prejuízo ao réu. Quanto às testemunhas, eventual confissão e outras declarações, plenamente possíveis de ser refeitas sob o crivo do contraditório, não podem ser elas as fontes de inspiração da condenação do réu. Enfim, a prova colhida, oralmente, no inquérito policial tem validade somente como indício, merecendo ser confirmada, *realmente*, em juízo, e não meramente infirmada sob o crivo do contraditório, como parece ser a tendência majoritária da jurisprudência pátria, apesar de existirem doutas opiniões em contrário (por todos, Antonio Magalhães Gomes Filho, *Direito à prova no processo penal*, p. 149).

4. Sistemas de processo penal: há, basicamente, três sistemas regentes do processo penal: a) *inquisitivo*, b) *acusatório*, c) *misto*. O sistema *inquisitivo* é caracterizado pela concentração de poder nas mãos do julgador, que exerce, também, a função de acusador; a confissão do réu é considerada a rainha das provas; não há debates orais, predominando procedimentos exclusivamente escritos; os julgadores não estão sujeitos à recusa; o procedimento é sigiloso; há ausência de contraditório e a defesa é meramente decorativa. O sistema *acusatório* possui nítida separação entre o órgão acusador e o julgador; há liberdade de acusação, reconhecido o direito ao ofendido e a qualquer cidadão; predomina a liberdade de defesa e a isonomia entre as partes no processo; vigora a publicidade do procedimento; o contraditório está presente; existe a possibilidade de recusa do julgador; há livre sistema de produção de provas; predomina maior participação popular na justiça penal e a liberdade do réu é a regra. O sistema *misto*, surgido após a Revolução Francesa, uniu as virtudes dos dois anteriores, caracterizando-se pela divisão do processo em duas grandes fases: a instrução preliminar, com os elementos do sistema inquisitivo, e a fase de julgamento, com a predominância do sistema acusatório. Num primeiro estágio, há procedimento secreto, escrito e sem contraditório, enquanto, no segundo, presentes se fazem a oralidade, a publicidade, o contraditório, a concentração dos atos processuais, a intervenção de juízes populares e a livre apreciação das provas. Nosso sistema, há muito, incorporou aspectos tanto do inquisitivo quanto do acusatório, assumindo a natureza mista. Defendem muitos processualistas pátrios que o nosso sistema sempre foi o acusatório, desde a CF de 1988, porque se baseiam, certamente, nos princípios constitucionais vigentes (contraditório, separação entre acusação e órgão julgador, publicidade, ampla defesa, presunção de inocência etc.). A Constituição Federal, de fato, prevê *princípios* norteadores do sistema acusatório, mas também traz regras pertinentes ao sistema inquisitivo, bastando mencionar a autorização constitucional para a decretação do sigilo da investigação e/ou do processo. Um *sistema* processual não se compõe de *princípios constitucionais*. O juiz não aplica, no seu cotidiano, a Constituição Federal, pois nem saberia como conduzir um processo criminal. Vigora o Código de Processo Penal. Diante disso, não se pode afirmar que o nosso sistema era ou é *puramente* acusatório. Além do mais, vários sistemas processuais de outros países adotam características próprias ao seu contexto, compondo matrizes diversas, formando um sistema acusatório individualizado. Em linhas gerais, a persecução penal, no Brasil, tem duas fases, a primeira inquisitiva, consistente no inquérito policial, como regra, para, depois, ingressar a ação penal em juízo. Porém, o mesmo juiz que acompanhava o inquérito e fiscalizava esses atos investigatórios tendia a ser o magistrado da instrução, que julgaria o mérito. Somente

Art. 4.º

por isso, já se via não ser um sistema acusatório puro. Com o advento da Lei 13.964/2019, criada a figura do juiz das garantias, o órgão judicial fiscalizador da investigação passa a se distinguir do juízo da instrução e julgamento. No entanto, o julgamento das ADIs 6.298, 6.299, 6.300 e 6.305-DF, pelo Plenário do STF, em 24 de agosto de 2023, validando algumas normas trazidas pela mencionada Lei 13.964/2019, considerando outras inconstitucionais e atribuindo interpretação conforme a diversos outros dispositivos, evidenciou o surgimento de um sistema acusatório moldado nos termos apropriados ao Brasil, que, evidentemente, não é puro. Consultar as notas aos arts. 3.º-A a 3.º-F. Um dos aspectos a persistir no sistema atual é a viabilidade de utilização das provas colhidas na fase investigatória para o julgamento de mérito – situação validada pelo STF. Por tudo isso, ensinava Rogério Lauria Tucci que "o moderno processo penal delineia-se inquisitório, substancialmente, na sua essencialidade; e, formalmente, no tocante ao procedimento desenrolado na segunda fase da persecução penal, acusatório" (*Direitos e garantais individuais no processo penal brasileiro*, p. 42; *Do corpo de delito no direito processual penal brasileiro*, p. 117 e 160; *Teoria do direito processual penal*, p. 38). Nosso sistema sempre foi "inquisitivo garantista", enfim, misto. Deveria começar uma mudança substancial, a partir da vigência da Lei 13.964/2019, não somente com a criação do juiz das garantias, mas todo o método implantado para a investigação e, após, para o prosseguimento no tocante à instrução judicial. Considerando o mencionado julgamento realizado pelo Supremo Tribunal Federal, o perfil sistêmico do processo penal em nosso país possui uma matriz acusatória, com adaptações pertinentes à nossa realidade, o que nos parece perfeitamente viável, pois a lei deve ser eficiente à sociedade para a qual ela é editada. Verifiquemos alguns tópicos: a) declara-se em lei que o sistema processual terá estrutura acusatória; b) estabelece-se o juiz das garantias, com inúmeras atribuições, para fiscalizar a atividade investigatória e proferir as decisões jurisdicionais necessárias (prisão cautelar, sequestro de bens, quebra de sigilo etc.), mas não mais receberá a peça acusatória, competência que continua com o juiz da instrução; c) não se veda a juntada dos autos da investigação no processo que se instaura contra o réu; logo, o juiz do mérito da causa tomará conhecimento do que foi produzido na fase inquisitiva, na sua integralidade, podendo utilizar para a formação do seu convencimento. Em suma, por mais que se questione o julgamento do STF, a esta Corte cabe estabelecer as bases e os contornos da estrutura acusatória do processo penal no Brasil, lembrando que a maior parte das decisões foi tomada por unanimidade. Como já mencionamos anteriormente, com a edição da Lei 13.964/2019, passamos a outro estágio na estrutura acusatória do sistema processual, mas ainda permanece mesclado com elementos inquisitivos. Permanece atual o seguinte julgado: STJ: "1. *O sistema processual pátrio não adota o sistema acusatório puro*, de modo que não há falar em nulidade quando, diversamente do quanto requerido pelo Ministério Público, em alegações finais, o magistrado, com fulcro no acervo fático-probatório constante dos autos, à luz do princípio da persuasão racional, reconhece a responsabilidade do réu, condenando-o nos termos da exordial acusatória. (..)" (HC 430.803/RJ, 6.ª T., rel. Maria Thereza de Assis Moura, 26.06.2018, v.u., grifamos).

> **Art. 4.º** A polícia judiciária[5-7] será exercida pelas autoridades policiais no território de suas respectivas circunscrições e terá por fim a apuração das infrações penais[8] e da sua autoria.[9-9-A]
>
> **Parágrafo único.** A competência definida neste artigo não excluirá a de autoridades administrativas, a quem por lei seja cometida a mesma função.[10-12]

5. Previsão constitucional da polícia judiciária: preceitua o art. 144 da CF ser a segurança pública um dever do Estado, valendo-se este da polícia para a preservação da ordem pública e da incolumidade das pessoas e do patrimônio. Os órgãos policiais são a polícia federal, a polícia rodoviária federal, a polícia ferroviária federal, a polícia civil, a polícia militar e o corpo de bombeiros militar. Além disso, cabe à polícia federal, órgão mantido pela União, "apurar infrações penais contra a ordem política e social ou em detrimento de bens, serviços e interesses da União ou de suas entidades autárquicas e empresas públicas, assim como outras infrações cuja prática tenha repercussão interestadual ou internacional e exija repressão uniforme, segundo se dispuser em lei" (art. 144, § 1.º, I, CF), e "exercer, com exclusividade, as funções de polícia judiciária da União" (art. 144, § 1.º, IV, CF). Quanto à polícia civil, menciona a Carta Magna o seguinte: "Às polícias civis, dirigidas por delegados de polícia de carreira, incumbem, ressalvada a competência da União, as funções de polícia judiciária e a apuração de infrações penais, exceto as militares" (art. 144, § 4.º, CF). Portanto, cabe aos órgãos constituídos das polícias federal e civil conduzir as investigações necessárias, colhendo provas pré-constituídas e formar o inquérito, que servirá de base de sustentação a uma futura ação penal.

6. Presidência do inquérito policial: cabe à autoridade policial, embora as diligências realizadas possam ser acompanhadas pelo representante do Ministério Público, que detém o controle *externo* da polícia. Preceitua o art. 2.º da Lei 12.830/2013 o seguinte: "as funções de polícia judiciária e a apuração de infrações penais exercidas pelo delegado de polícia são de natureza jurídica, essenciais e exclusivas de Estado. Ao delegado de polícia, na qualidade de autoridade policial, cabe a condução da investigação criminal por meio de inquérito policial ou outro procedimento previsto em lei, que tem como objetivo a apuração das circunstâncias, da materialidade e da autoria das infrações penais. Durante a investigação criminal, cabe ao delegado de polícia a requisição de perícia, informações, documentos e dados que interessem à apuração dos fatos". Na jurisprudência: STF: "II – Decorre, daí, a legitimidade da ação empreendida pelos agentes policiais, que devem atuar sob o comando e presidência de um delegado de polícia de carreira, o qual é a autoridade policial competente (art. 4.º do CPP) para tomar todas as providências necessárias à elucidação de um delito, resguardadas, evidentemente, todas as garantias legais e constitucionais dos envolvidos" (HC 190.873 AgR, 2.ª T., rel. Ricardo Lewandowski, 10.10.2020, v.u.).

7. Outras investigações criminais: podem ser presididas, conforme dispuser a lei, por outras autoridades. É o que se dá, por exemplo, quando um juiz é investigado. Segundo dispõe o art. 33, parágrafo único, da Lei Complementar 35/1979, "quando, no curso de investigação, houver indício da prática de crime por parte do magistrado, a autoridade policial, civil ou militar, remeterá os respectivos autos ao Tribunal ou Órgão Especial competente para o julgamento, a fim de que prossiga na investigação". E os Regimentos Internos dos Tribunais deverão especificar como se realizará a investigação. No caso do Estado de São Paulo, há previsão de que os autos serão encaminhados ao Presidente do Tribunal, para o prosseguimento das investigações, sorteando-se relator, integrante do Órgão Especial, que passará a presidir o inquérito, com ciência à Procuradoria-Geral de Justiça. Encerrada a investigação e feito o relatório, os autos seguem à Mesa. Caso o Órgão Especial entenda haver crime em tese, remeterá os autos ao Ministério Público, para o procedimento cabível – oferecimento de denúncia ou pedido de arquivamento, podendo, ainda, ser pleiteada a realização de outras diligências. Mas, se o Órgão Especial concluir que há inconsistência da imputação, determinará o arquivamento dos autos, com ciência à Procuradoria-Geral de Justiça e à autoridade policial que deu início aos trabalhos, para que prossiga o inquérito, se for o caso, contra os demais envolvidos. Desvios funcionais do magistrado, passíveis de aplicação de sanção administrativa, serão apurados pelo Corregedor Geral da Justiça. Outras instituições, como o Ministério Público, possuem forma análoga de apuração de crimes e infrações funcionais para os seus

Art. 4.º

integrantes. É curial destacar que o juiz das garantias não se aplica a órgãos superiores da Justiça, pois há o colegiado para avaliar uma situação de crime eventualmente cometido por juiz ou membro do Ministério Público; logo, já existe diversidade de magistrados, que não participaram da parte investigatória.

8. Classificação das infrações penais: deve a autoridade policial, justamente porque lhe compete a apuração da materialidade das infrações penais e da sua autoria, proceder à classificação dos crimes e contravenções que lhe chegarem ao conhecimento. Ensina Roberto Lyra Filho que a lei processual penal utiliza, indiferentemente, os termos *classificação das infrações penais* e *definição jurídica do fato*, quando se refere à tipificação de um fato, embora teoricamente haja diferença. Dar a definição jurídica do fato é adequar a conduta concreta ao modelo legal incriminador (tipo penal), enquanto a classificação é o resultado dessa análise. O fato sem classificação é o chamado *fato bruto*, enquanto o fato classificado é considerado o *fato-infração penal*. Assim, a autoridade policial, ao receber a *notitia criminis* ou a *delatio criminis*, constata a existência de um fato bruto. Investigando, deve, se for o caso, dar a sua definição jurídica, classificando-o (*A classificação das infrações penais pela autoridade policial*, p. 277-278). Naturalmente, a classificação feita pela autoridade policial não vincula o Ministério Público, tampouco o juiz, porém a imputação indiciária favorece o conhecimento dos procedimentos adotados pelo condutor do inquérito. Possui, ainda, reflexos na concessão ou não de fiança, no valor estabelecido para esta, no estabelecimento inicial da competência (se foro central ou regional, por exemplo) e até mesmo para a determinação de realização de exame complementar, em caso de lesão corporal grave. Na Lei de Drogas, há expressa previsão para que a classificação seja feita: "Findos os prazos a que se refere o art. 51 desta Lei, a autoridade de polícia judiciária, remetendo os autos do inquérito ao juízo: I – relatará sumariamente as circunstâncias do fato, justificando as razões que a levaram à classificação do delito, indicando a quantidade e natureza da substância ou do produto apreendido, o local e as condições em que se desenvolveu a ação criminosa, as circunstâncias da prisão, a conduta, a qualificação e os antecedentes do agente" (art. 52, I, Lei 11.343/2006).

9. Investigação preliminar ao inquérito: cremos ser indevida a instauração de qualquer tipo de procedimento escrito e oficial, procedendo-se a investigações preliminares ao inquérito policial. Caso a autoridade tenha dúvida acerca da existência de alguma infração penal ou mesmo da autoria, poderá, no máximo, verificar direta, pessoal e informalmente se há viabilidade para a instauração do inquérito. Essa verificação, no entanto, não significa a concretização de um novo procedimento não previsto em lei e, consequentemente, sem o necessário acompanhamento do representante do Ministério Público e do juiz.

9-A. Nulidade em inquérito ou outra investigação: não é passível de reconhecimento, pois se cuida de contexto de colheita de provas para o fim de informar a ação penal e formar a convicção do órgão acusatório. Essas provas não têm conteúdo definitivo, razão pela qual inexiste razão para anular qualquer ato. Se houver alguma falha, basta desprezar a prova, como regra. Entretanto, se alguma prova – como a pericial – for realizada com o caráter definitivo e utilizada no processo criminal, torna-se viável questioná-la, apontando algum vício, mas em juízo, durante a instrução.

10. Outras autoridades administrativas produtoras de investigação: o inquérito *policial* não é o único e exclusivo sustentáculo à ação penal. Admite-se que outros sejam seus alicerces, *desde que prevista em lei a função investigatória da autoridade*. Logo, não é qualquer pessoa habilitada a colher provas, produzindo elementos destinados à formação da *opinio delicti* do órgão acusatório, descartando-se, assim, os depoimentos colhidos por notários ou em documentos particulares, com firmas reconhecidas, as fotos ou filmes produzidos por particulares, sem submissão a uma perícia oficial para comprovação de sua autenticidade, entre outros mecanismos. Compreendendo-se o *inquérito* como um procedimento investigatório previsto em lei, pode ter outras denominações (ex.: sindicância, processo administrativo, procedimento investigatório etc.). São autoridades aptas a produzir provas pré-constituídas para fundamentar a ação penal os oficiais militares (inquérito militar), os chefes de repartições públicas ou corregedores permanentes (sindicâncias e processos administrativos), os promotores de justiça (inquérito civil, voltado a apurar lesões a interesses difusos e coletivos, além do procedimento investigatório criminal, que será comentado em item específico), os funcionários de órgão ambiental, designados para atividade de fiscalização (processo administrativo após auto de infração ambiental), os parlamentares, durante os trabalhos das Comissões Parlamentares de Inquérito, entre outras possibilidades legais. Uma destas possibilidades, que não se trata nem mesmo de procedimento meramente administrativo, mas autêntica atividade instrutória judicial, permissiva da formação de elementos para a denúncia do Ministério Público sem o inquérito policial, encontra-se no incidente de falsidade ou no incidente de ilicitude de prova. Reconhecida a falsidade de um documento ou da ilicitude de uma prova, conforme o caso, peças podem ser encaminhadas ao representante do Ministério Público para, querendo, oferecer diretamente denúncia. Na jurisprudência: STJ: "5. O Supremo Tribunal Federal, em reiterados julgados, já manifestou entendimento de que o art. 144 da Constituição Federal não estabelece o monopólio da função de investigação criminal à polícia. Destarte, a sua interpretação, vista em conjunto com o art. 4.º, parágrafo único, do Código de Processo Penal, legitima a atuação investigativa por outras autoridades" (AgRg no HC 621.586/SP, 6.ª T., rel. Rogerio Schietti Cruz, 21.09.2021, v.u.).

10-A. Comissão Parlamentar de Inquérito e poder de investigação: consultar a nota 4 ao Capítulo XI (Busca e Apreensão) do Título VII do Livro I.

10-B. Investigação produzida pela Polícia Militar: como regra, não é função da Polícia Militar investigar e solucionar crimes, pois a sua atividade constitucionalmente prevista se liga à polícia ostensiva. Entretanto, há situações excepcionais, que contam com a participação do *serviço de inteligência* da PM, utilizado, muitas vezes, para controlar a própria atuação de seus membros. Dessas investigações internas, podem emergir elementos probatórios relativos a civis. Não se pode simplesmente ignorá-los, mas transmiti-los à polícia civil e ao Ministério Público para continuidade da investigação. Assim sendo, em caráter excepcional, admite-se como prova pré-constituída para fundamentar a ação penal a colheita de elementos produzidos pela Polícia Militar. Na jurisprudência: STJ: "Nessa linha de raciocínio, vale a pena lembrar: o fato da quebra de sigilo telefônico ter sido requerida pela polícia militar, que cooperava em investigação do MP, não se constitui em nulidade, pois o art. 144 da Constituição Federal traz as atribuições de cada força policial, mas nem todas essas atribuições possuem caráter de exclusividade. Há distinção entre polícia judiciária, responsável pelo cumprimento de ordens judiciais, como a de prisão preventiva, e polícia investigativa, atinente a atos gerais de produção de prova quanto a materialidade e autoria delitivas. A primeira é que a Constituição Federal confere natureza de exclusividade, mas sua inobservância não macula automaticamente eventual feito criminal derivado (PGR). A Constituição da República diferencia as funções de polícia judiciária e de polícia investigativa, sendo que apenas a primeira foi conferida com exclusividade à polícia federal e à polícia civil, o que evidencia a legalidade de investigações realizadas pela polícia militar e da prisão em flagrante efetivada por aquela corporação (HC 332.459/SC, Rel. Ministra Maria Thereza de Assis Moura, Sexta Turma, *DJe* 30.11.2015). No mesmo diapasão: RHC 67.384/ES, Rel. Ministro Ribeiro Dantas, Quinta Turma, julgado em 27.02.2018, *DJe* 05.03.2018. De qualquer modo, a constitucional definição da atribuição de polícia judiciária às polícias civil e federal não torna nula a colheita de indícios probatórios por outras fontes de investigação criminal (HC 343.737/SC, Rel. Ministro Nefi Cordeiro, Sexta

Art. 4.º

Código de Processo Penal Comentado · **Nucci**   60

Turma, julgado em 18.08.2016, *DJe* 29.08.2016)" (RHC 78.743/RJ, 5.ª T., rel. Reynaldo Soares da Fonseca, 13.11.2018, v.u.).

11. O Ministério Público e a investigação criminal: embora seja tema polêmico, comportando várias visões a respeito, defendíamos a impossibilidade legal de o membro do Ministério Público conduzir, sozinho, sem fiscalização de outra instituição, como o Judiciário, a investigação criminal. Como argumentos principais, lembramos que a Constituição Federal foi clara ao estabelecer as funções da polícia – federal e civil – para investigar e servir de órgão auxiliar do Poder Judiciário – daí o nome *polícia judiciária* –, na atribuição de apurar a ocorrência e a autoria de crimes e contravenções penais (art. 144). Ao Ministério Público foi reservada a titularidade da ação penal, ou seja, a exclusividade no seu ajuizamento, salvo o excepcional caso reservado à vítima, quando a ação penal não for intentada no prazo legal (art. 5.º, LIX, CF). Note-se, ainda, que o art. 129, III, da Constituição Federal prevê a possibilidade de o promotor elaborar inquérito civil, mas não inquérito policial. Entretanto, para aparelhar convenientemente o órgão acusatório oficial do Estado, atribuiu-se ao Ministério Público o poder de expedir notificações nos procedimentos administrativos de sua competência, requisitando informações e documentos (o que ocorre no inquérito civil ou em algum processo administrativo que apure infração funcional de membro ou funcionário da instituição, por exemplo), a possibilidade de exercer o controle *externo* da atividade policial (o que não significa a substituição da presidência da investigação, conferida ao delegado de carreira), o poder de requisitar diligências investigatórias e a instauração de inquérito policial (o que demonstra não ter atribuição para instaurar o inquérito e, sim, para requisitar a sua formação pelo órgão competente). Outros detalhes a respeito foram acrescentados em artigo de nossa autoria, em agosto de 2013, intitulado "Ministério Público e investigação criminal: verdades e mitos", na Revista dos Tribunais, volume 934, onde expusemos minuciosamente os pensamentos favoráveis e contrários à investigação do *Parquet*, desfazendo mitos e confirmando verdades. Houve uma importante decisão do STF: "O Ministério Público dispõe de competência para promover, por autoridade própria, e por prazo razoável, investigações de natureza penal, desde que respeitados os direitos e garantias que assistem a qualquer indiciado ou a qualquer pessoa sob investigação do Estado, observadas, sempre, por seus agentes, as hipóteses de reserva constitucional de jurisdição e, também, as prerrogativas profissionais de que se acham investidos, em nosso país, os advogados (Lei 8.906/1994, art. 7.º, notadamente os incisos I, II, III, XI, XIII, XIV e XIX), sem prejuízo da possibilidade – sempre presente no Estado democrático de Direito – do permanente controle jurisdicional dos atos, necessariamente documentados (Enunciado 14 da Súmula Vinculante), praticados pelos membros dessa Instituição. Com base nessa orientação, o Plenário, em conclusão de julgamento e por maioria, negou provimento a recurso extraordinário em que discutida a constitucionalidade da realização de procedimento investigatório criminal pelo Ministério Público. No caso, o acórdão impugnado dispusera que, na fase de recebimento da denúncia, prevaleceria a máxima *in dubio pro societate*, oportunidade em que se possibilitaria ao titular da ação penal ampliar o conjunto probatório. Sustentava o recorrente que a investigação realizada pelo *parquet* ultrapassaria suas atribuições funcionais constitucionalmente previstas – v. *Informativos* 671, 672 e 693. O Tribunal asseverou que a questão em debate seria de grande importância, por envolver o exercício de poderes por parte do Ministério Público. A legitimidade do poder investigatório do órgão seria extraída da Constituição, a partir de cláusula que outorgaria o monopólio da ação penal pública e o controle externo sobre a atividade policial. O *parquet*, porém, não poderia presidir o inquérito policial, por ser função precípua da autoridade policial. Ademais, a função investigatória do Ministério Público não se converteria em atividade ordinária, mas excepcional, a legitimar a sua atuação em casos de abuso de autoridade, prática de delito por policiais, crimes contra a Administração Pública, inércia dos organismos policiais, ou procrastinação indevida no desempenho de investigação penal, situações que, exemplificativamente, justificariam a intervenção subsidiária do órgão ministerial. Haveria, no entanto, a necessidade de fiscalização da legalidade dos atos investigatórios, de estabelecimento de exigências de caráter procedimental e de se respeitar direitos e garantias que assistiriam a qualquer pessoa sob investigação – inclusive em matéria de preservação da integridade de prerrogativas profissionais dos advogados, tudo sob o controle e a fiscalização do Poder Judiciário. Vencidos os Ministros Cezar Peluso (relator), Ricardo Lewandowski (Presidente) e Dias Toffoli, que davam provimento ao recurso extraordinário e reconheciam, em menor extensão, o poder de investigação do Ministério Público, em situações pontuais e excepcionais; e o Ministro Marco Aurélio, que dava provimento ao recurso, proclamando a ilegitimidade absoluta do Ministério Público para, por meios próprios, realizar investigações criminais" (RE 593.727/MG, rel. orig. Min. Cezar Peluso, red. p/ o acórdão Min. Gilmar Mendes, 14.05.2015, *Informativo* 785, grifamos). Desde essa decisão até os dias atuais, tem o Ministério Público produzido investigações independentes, denominadas de Procedimento Investigatório Criminal (PIC), atingindo resultados positivos e negativos. Após a edição da Lei 13.964/2019, criando a figura do juiz das garantias, que deve acompanhar e fiscalizar, controlando a legalidade, toda e qualquer investigação criminal, parece-nos que a atividade investigatória do Ministério Público, autorizada pelo STF, passa a ter um sistema de freios e contrapesos mais eficiente. De qualquer modo, em relevante decisão, o Supremo Tribunal Federal, na ausência de lei que regule o poder investigatório autônomo do Ministério Público, chegou a importantes conclusões, que equiparam, na prática, essa investigação à realizada pela polícia judiciária, o que se nos afigura correto. Conferir: STF: "1. O Ministério Público dispõe de atribuição concorrente para promover, por autoridade própria, e por prazo razoável, investigações de natureza penal, desde que respeitados os direitos e garantias que assistem a qualquer indiciado ou a qualquer pessoa sob investigação do Estado. Devem ser observadas sempre, por seus agentes, as hipóteses de reserva constitucional de jurisdição e, também, as prerrogativas profissionais da advocacia, sem prejuízo da possibilidade do permanente controle jurisdicional dos atos, necessariamente documentados (Súmula Vinculante 14), praticados pelos membros dessa Instituição (tema 184). 2. A realização de investigações criminais pelo Ministério Público tem por exigência: (i) comunicação imediata ao juiz competente sobre a instauração e o encerramento de procedimento investigatório, com o devido registro e distribuição; (ii) observância dos mesmos prazos e regramentos previstos para conclusão de inquéritos policiais; (iii) se for necessário maior prazo para concluir a investigação, o Ministério Público somente poderá prosseguir com autorização do juiz, esteja o investigado preso ou em liberdade; (iv) distribuição por dependência ao Juízo que primeiro conhecer de PIC ou inquérito policial a fim de buscar evitar, tanto quanto possível, a duplicidade de investigações; (v) aplicação do artigo 18 do Código de Processo Penal ao PIC (Procedimento Investigatório Criminal) instaurado pelo Ministério Público. 2.1. Deve ser assegurado o cumprimento da determinação contida nos itens 18 e 189 da Sentença no Caso Honorato e Outros *versus* Brasil, de 27 de novembro de 2023, da Corte Interamericana de Direitos Humanos (CIDH), no sentido de reconhecer que o Estado deve garantir ao Ministério Público, para o fim de exercer a função de controle externo da polícia, recursos econômicos e humanos necessários para investigar as mortes de civis cometidas por policiais civis ou militares. 2.2. A instauração de procedimento investigatório pelo Ministério Público deverá ser motivada sempre que houver suspeita de envolvimento de agentes dos órgãos de segurança pública na prática de infrações penais ou sempre que mortes ou ferimentos graves ocorram em virtude da utilização de armas de fogo por esses mesmos agentes. Havendo representação ao Ministério Público, a não instauração do procedimento investigatório deverá ser sempre motivada. 3. Nas investigações de natureza penal, o Ministério Público pode requisitar a realização de perícias técnicas, cujos peritos

Art. 5.º

Código de Processo Penal Comentado · **Nucci**   62

deverão gozar de plena autonomia funcional, técnica e científica na realização dos laudos" (ADIs 2943, 3309 e 3318, rel. Edson Fachin/Gilmar Mendes [voto conjunto], 02.05.2024, v. u.).

11-A. Acesso do advogado à investigação criminal do Ministério Público: deve ser franqueada ao defensor do investigado, que, agora, conta com o suporte do juiz das garantias para reclamar se não obtiver sucesso diretamente junto ao Ministério Público. Nesse prisma: STF: "O sistema normativo brasileiro assegura, ao Advogado regularmente constituído pelo indiciado (ou por aquele submetido a atos de persecução estatal), o direito de pleno acesso aos autos de persecução penal, mesmo que sujeita, em juízo ou fora dele, a regime de sigilo (necessariamente excepcional), limitando-se, no entanto, tal prerrogativa jurídica, às provas já produzidas e formalmente incorporadas ao procedimento investigatório, excluídas, consequentemente, as informações e providências investigatórias ainda em curso de execução e, por isso mesmo, não documentadas no próprio inquérito ou processo judicial. Precedentes. (..)" (Rcl 17.649/DF, rel. Celso de Mello, 26.05.2014).

12. Guarda municipal: não tem função constitucional, nem legal, de produzir investigações criminais, razão pela qual não pode instaurar, nem presidir inquéritos policiais. Editada a Lei 13.022/2014, cresceram as atribuições da guarda municipal, que passa a ter um maior poder, equivalente ao da Polícia Militar, no âmbito municipal, na sua fiscalização ostensiva contra o crime. Vide o art. 5.º: "São competências específicas das guardas municipais, respeitadas as competências dos órgãos federais e estaduais: I – zelar pelos bens, equipamentos e prédios públicos do Município; II – prevenir e inibir, pela presença e vigilância, bem como coibir, infrações penais ou administrativas e atos infracionais que atentem contra os bens, serviços e instalações municipais; III – atuar, preventiva e permanentemente, no território do Município, para a proteção sistêmica da população que utiliza os bens, serviços e instalações municipais; IV – colaborar, de forma integrada com os órgãos de segurança pública, em ações conjuntas que contribuam com a paz social; V – colaborar com a pacificação de conflitos que seus integrantes presenciarem, atentando para o respeito aos direitos fundamentais das pessoas; (...) XIII – garantir o atendimento de ocorrências emergenciais, ou prestá-lo direta e imediatamente quando deparar-se com elas; XIV – encaminhar ao delegado de polícia, diante de flagrante delito, o autor da infração, preservando o local do crime, quando possível e sempre que necessário; (...) XVI – desenvolver ações de prevenção primária à violência, isoladamente ou em conjunto com os demais órgãos da própria municipalidade, de outros Municípios ou das esferas estadual e federal; (...) Parágrafo único. No exercício de suas competências, a guarda municipal poderá colaborar ou atuar conjuntamente com órgãos de segurança pública da União, dos Estados e do Distrito Federal ou de congêneres de Municípios vizinhos e, nas hipóteses previstas nos incisos XIII e XIV deste artigo, diante do comparecimento de órgão descrito nos incisos do *caput do art. 144 da Constituição Federal*, deverá a guarda municipal prestar todo o apoio à continuidade do atendimento". Embora o preceituado neste artigo ultrapasse os limites previstos no art. 144, § 8.º, da CF ("os Municípios poderão constituir guardas municipais destinadas à proteção de seus bens, serviços e instalações, conforme dispuser a lei"), entendemos constitucional o disposto pela Lei 13.022/2014. Afinal, tudo o que se relaciona com o munícipe não deixa de ter relação com a tutela dos bens, serviços e instalações do Município onde reside. Ademais, deixou-se cláusula aberta ao final do parágrafo: "conforme dispuser a lei".

Art. 5.º Nos crimes de ação pública[13] o inquérito policial será iniciado:

I – de ofício;[14-16]

II – mediante requisição[17-20] da autoridade judiciária ou do Ministério Público, ou a requerimento do ofendido[21] ou de quem tiver qualidade para representá-lo.[22]

§ 1.º O requerimento a que se refere o n. II conterá sempre que possível:[23]

a) a narração do fato, com todas as circunstâncias;[24]

b) a individualização do indiciado ou seus sinais característicos e as razões de convicção[25] ou de presunção de ser ele o autor da infração, ou os motivos de impossibilidade de o fazer;[26]

c) a nomeação das testemunhas, com indicação de sua profissão e residência.[27]

§ 2.º Do despacho que indeferir o requerimento de abertura de inquérito caberá recurso para o chefe de Polícia.[28]

§ 3.º Qualquer pessoa do povo que tiver conhecimento da existência de infração penal em que caiba ação pública poderá, verbalmente ou por escrito,[29] comunicá-la à autoridade policial, e esta, verificada a procedência das informações, mandará instaurar inquérito.[30]

§ 4.º O inquérito, nos crimes em que a ação pública depender de representação,[31] não poderá sem ela ser iniciado.[32]

§ 5.º Nos crimes de ação privada, a autoridade policial somente poderá proceder a inquérito a requerimento de quem tenha qualidade para intentá-la.[33]

13. Ação pública: é aquela cuja iniciativa cabe ao Ministério Público, dividindo-se em incondicionada e condicionada. Enquanto a primeira não exige a participação da vítima, solicitando expressamente a atuação do Estado, a segunda não prescinde da representação, que é a manifestação do ofendido para ver apurado o fato criminoso e punido seu autor. O *caput* deste artigo refere-se, naturalmente, à ação pública incondicionada, uma vez que, conforme estipula o § 4.º, a representação é indispensável para o início do inquérito nos casos em que a ação pública igualmente for condicionada a representação. Logo, não haverá instauração de ofício, nem por requisição do promotor ou do juiz, desprovida da iniciativa da vítima.

14. Instauração do inquérito de ofício: significa que o delegado de polícia, tomando conhecimento da prática de uma infração penal, determina, por sua conta e através de portaria, a instauração do inquérito. Tratando-se de crime de ação pública incondicionada, cuida-se de seu dever promover a investigação. Cuidando-se de crime de ação pública condicionada, precisa da representação da vítima ou requisição do Ministro da Justiça. Finalmente, em caso de crime de ação privada, é preciso requerimento do ofendido.

15. *Notitia criminis*: é a ciência da autoridade policial da ocorrência de um fato criminoso, podendo ser: a) direta, quando o próprio delegado, investigando, por qualquer meio, descobre o acontecimento; b) indireta, quando a vítima provoca a sua atuação, comunicando-lhe a ocorrência, bem como quando o promotor ou o juiz requisitar a sua atuação. Nesta última hipótese (indireta), cremos estar inserida a prisão em flagrante. Embora parte da doutrina denomine essa forma de *notitia criminis* de coercitiva, não deixa ela de ser uma maneira indireta de a autoridade policial tomar conhecimento da prática de uma infração penal. Na jurisprudência: STJ: "É possível que a investigação criminal seja perscrutada pautando-se pelas atividades diuturnas da autoridade policial, *verbi gratia*, o conhecimento da prática de determinada conduta delitiva a partir de veículo midiático, no caso, a imprensa. É o que se convencionou a denominar, em doutrina, de *notitia criminis* de cognição imediata (ou espontânea), terminologia obtida a partir da exegese do art. 5.º, inciso I, do CPP, do qual se extrai que 'nos crimes de ação pública o inquérito policial será iniciado de ofício'. 9. *In casu*, 'uma reportagem jornalística pode ter o condão de provocar a autoridade encarregada da investigação, a qual, no desempenho das funções inerentes a seu

Art. 5.º

Código de Processo Penal Comentado · **Nucci**   64

cargo, tendo notícia de crime de ação penal pública incondicionada, deve agir inclusive *ex officio* (a licitude das provas apresentadas na reportagem não é tema que possa, no escopo exíguo de cognição do *writ*, ser aferida com mínima segurança, não sendo ocioso lembrar o sigilo da fonte, constitucionalmente assegurado)', sem olvidar a 'farta documentação que foi acostada pela autoridade policial e pelo próprio *Parquet* Federal'" (RHC 98.056/CE, 6.ª T., rel. Antonio Saldanha Palheiro, 04.06.2019, v.u.).

16. Investigação policial contra Prefeito Municipal: pode ser iniciada pela polícia ou pelo Ministério Público, comunicando-se, de pronto, o órgão competente para o processo, ou seja, o Tribunal de Justiça (crimes estaduais) ou o Tribunal Regional Federal (crimes federais). É evidente que, determinada a instauração do inquérito, a polícia judiciária pode agir, mas controlada diretamente pelo Tribunal e pela Procuradoria de Justiça. Afinal, cabe à autoridade judiciária competente para eventual futura ação penal determinar medidas constritivas ou relativas a quebra de sigilos que possam ocorrer durante a investigação. Logo, cabe a essa autoridade controlar o desenvolvimento da investigação. Parece-nos que se deva utilizar a mesma regra para todas as autoridades com foro privilegiado; se um desembargador for investigado pela polícia, é preciso que um Ministro do Superior Tribunal de Justiça fiscalize a referida investigação. Não pode a polícia agir totalmente desprendida de controle pelo órgão jurisdicional competente para o julgamento do caso. Na jurisprudência: STJ: "1. É entendimento desta Corte Superior que, embora as autoridades com prerrogativa de foro devam ser processadas perante o Tribunal competente, a lei não excepciona a forma como devem ser investigadas, devendo ser aplicada, assim, a regra geral prevista no art. 5.º do Código de Processo Penal. 2. No caso dos autos, verifica-se que o Tribunal de origem concluiu pela nulidade das provas obtidas durante a fase extrajudicial, dada a instauração de inquérito policial sem qualquer supervisão do Tribunal de Justiça, rejeitando, com isso, a denúncia oferecida pelo Ministério Público estadual, o que contraria a jurisprudência desta Corte Superior. 3. Agravo regimental improvido" (AgRg no Recurso Especial 1.851.378-GO, 6.ª T., rel. Sebastião Reis Júnior, 16.06.2020, v.u.). Ver, também, a nota 65-B ao art. 10.

17. Requisição: é a exigência para a realização de algo, fundamentada em lei. Assim, não se deve confundir *requisição* com *ordem*, pois nem o representante do Ministério Público, tampouco o juiz, são superiores hierárquicos do delegado, motivo pelo qual não lhe podem dar ordens. Requisitar a instauração do inquérito é diferente, pois é um requerimento lastreado em lei, fazendo com que a autoridade policial cumpra a norma, e não a vontade particular do promotor ou do magistrado. Na jurisprudência: STJ: "3. No caso, concluiu o Tribunal de origem que a inicial acusatória pautou-se em elementos probatórios mínimos, porquanto o recorrente 'destruiu/danificou vegetação secundária, em estágio avançado de regeneração do Bioma Mata Atlântica, atingindo espécies ameaçadas de extinção, tais como imbuia, pinheiro, Miguel pintado, cedro, dentre outras espécies, consoante Inquérito Policial n.º 96240/2016 [...]'. 4. É possível que a investigação criminal seja perscrutada a partir de requisição ministerial pautada em *notitia criminis* veiculada em boletim de ocorrência. É o que se convencionou a denominar, em doutrina, de *notitia criminis* de cognição mediata (ou provocada), terminologia obtida a partir da exegese do art. 5.º, inciso II, do CPP, do qual se extrai que 'nos crimes de ação pública o inquérito policial será iniciado mediante requisição da autoridade judiciária ou do Ministério Público [...]'" (AgRg no RHC 113.620/PR, 6.ª T., rel. Antonio Saldanha Palheiro, 26.11.2019, v.u.).

17-A. Atribuição exclusiva dos juízes e membros do Ministério Público da área criminal: trata-se de atuação exclusiva dos magistrados e promotores ou procuradores da República criminais, uma vez que se trata de um desdobramento natural do controle e da fiscalização da polícia judiciária no que toca à obrigatoriedade de apuração de um delito de ação pública incondicionada. Tanto assim que caberá a esses órgãos, cada qual na sua função, posteriormente, a decisão de arquivamento da investigação ou de ajuizamento da ação penal. Logo, se autoridades judiciárias ou promotores atuantes na área cível tomarem conhecimento de crimes, deverão comunicá-los à autoridade policial, que instaurará inquérito como consequência do recebimento de uma *notitia criminis*, mas não haverá o caráter de *requisição* nessas informações. Querendo, poderão as autoridades em exercício na esfera extrapenal oficiar diretamente aos juízes e promotores criminais para que tomem as medidas cabíveis, agora, sim, requisitando inquérito. Nessa ótica, igualmente: Maurício Henrique Guimarães Pereira, Habeas corpus *e polícia judiciária*, p. 216 e 220. Na jurisprudência: STJ: "O art. 5.º, II, do CPP, que continua em vigor permite ao magistrado o encaminhamento de cópias para averiguação em inquérito policial" (AgRg nos EDcl no AREsp 1.205.005/SP, 5.ª T., rel. Joel Ilan Paciornik, 25.05.2021, v.u.).

17-B. Particularidade em competência originária por foro privilegiado: a instauração de inquérito para investigar autoridades com foro especial, por prerrogativa de função, depende de autorização do Tribunal competente para julgar a referida autoridade. Assim, tratando-se, por exemplo, de Senador da República, deve o Ministério Público ou a Polícia Federal, conforme o caso, solicitar autorização do STF para que a investigação tenha início; afinal, se autorizado, haverá um Ministro relator para fiscalizá-la. Por extensão lógica, o mesmo procedimento deve dar-se no contexto estadual, tratando-se de autoridade com prerrogativa de função. Ilustrando, para a investigação criminal de um juiz de direito cabe a supervisão direta de desembargador indicado relator pelo Regimento Interno do Tribunal de Justiça. Na jurisprudência: STF: "(...) 3. A jurisprudência deste Supremo Tribunal consolidou-se no sentido de que, tratando-se de autoridades com prerrogativa de foro neste Supremo Tribunal, 'a atividade de supervisão judicial deve ser constitucionalmente desempenhada durante toda a tramitação das investigações desde a abertura dos procedimentos investigatórios até o eventual oferecimento, ou não, de denúncia pelo dominus litis' (Inquérito n. 2411-QO, Relator o Ministro Gilmar Mendes, Plenário, julgado em 10.10.2007, *DJe* 25.4.2008). Precedentes. 4. A mesma interpretação tem sido aplicada pelo Supremo Tribunal Federal aos casos de investigações envolvendo autoridades com prerrogativa de foro nos Tribunais de segundo grau, afirmando-se a necessidade de supervisão das investigações pelo órgão judicial competente. Neste sentido: AP n. 933-QO, Relator o Ministro Dias Toffoli, Segunda Turma, *DJ* 6.10.2015, *DJe* 3.2.2016; AP n. 912, Relator o Ministro Luiz Fux, Primeira Turma, *DJ* 7.3.2017; e RE n. 1.322.854, Relator o Ministro Ricardo Lewandowski, Segunda Turma, *DJ* 3.8.2021. 5. Em interpretação sistemática da Constituição da República, a mesma razão jurídica apontada para justificar a necessidade de supervisão judicial dos atos investigatórios de autoridades com prerrogativa de foro neste Supremo Tribunal Federal aplica-se às autoridades com prerrogativa de foro em outros Tribunais. 6. Não se há cogitar de usurpação das funções institucionais conferidas constitucionalmente ao Ministério Público, pois o órgão mantém a titularidade da ação penal e as prerrogativas investigatórias, devendo apenas submeter suas atividades ao controle judicial" (ADI 7.083/AP, Tribunal Pleno, rel. Cármen Lúcia, 16.05.2022, v.u.); "Processo penal. Alegação de nulidade de relatórios de inteligência financeira (RIFs) e de procedimento investigativo. Produção de RIFs a pedido sem a prévia instauração de investigação. Realização de diligências pelo COAF junto a bancos. Violação às regras estabelecidas pelo STF no RE 1.055.941/SP (tema 990 da repercussão geral). Prática de *fishing expedition*. Instauração de investigação sem prévia autorização e supervisão pelo Tribunal competente. Ordem concedida para declarar a nulidade de relatórios de investigação financeira e a imprestabilidade, em relação ao paciente, dos elementos colhidos em procedimento investigativo" (HC 201.965/RJ, 2.ª T., rel. Gilmar Mendes, 30.11.2021, m.v.).

Art. 5.º

Código de Processo Penal Comentado · **Nucci**

66

17-C. Foro privilegiado e *mandatos cruzados*: uma questão a despertar debate emerge quando um parlamentar, findando seu mandato em certa Casa Legislativa, é eleito para outro cargo, embora em Parlamento diferente, onde também existe foro por prerrogativa de foro. Parece-nos uma decorrência lógica, embora não fosse o ideal, do foro especial que este seja mantido quando o parlamentar migra de um mandato a outro, desde que ambos tenham a mesma prerrogativa. Ilustrando, se o deputado estadual (foro competente é o Tribunal de Justiça de seu Estado) comete um delito, no exercício da função e, após, é eleito para a Câmara dos Deputados, não pode ser processado na justiça de primeiro grau. Deve prevalecer o foro estadual privilegiado. Noutros termos, o parlamentar saiu do âmbito estadual e seguiu para o federal; em ambos, há foro por prerrogativa de função. Como o crime foi cometido na época da legislatura estadual deve ser processado no Tribunal de Justiça. Na jurisprudência: STF: "1. O Plenário do Supremo Tribunal Federal, ao julgar Questão de Ordem suscitada nos autos da AP 937, de relatoria do eminente Ministro Luís Roberto Barroso, decidiu que a competência desta Corte para processar e julgar parlamentares, nos termos do art. 102, I, b, da Constituição Federal, restringe-se aos delitos praticados no exercício e em razão da função pública. 2. Vislumbrada a presença das balizas estabelecidas pelo Pleno do Supremo Tribunal Federal, o foro por prerrogativa de função alcança os casos denominados de 'mandatos cruzados' de parlamentar federal. 3. Questão de ordem resolvida para assentar a prorrogação da competência criminal originária do Supremo Tribunal Federal exclusivamente nos casos de mandatos cruzados de parlamentar federal, ou seja, quando investido em mandato em casa legislativa diversa daquela que deu causa à fixação da competência originária, nos termos do art. 102, I, "b", da Constituição Federal, sem solução de continuidade" (QO no Inq 4.342/PR, Tribunal Pleno, rel. Edson Fachin, 04.04.2022, por maioria).

18. Negativa em cumprir a requisição: cremos admissível que a autoridade policial refute a instauração de inquérito requisitado por membro do Ministério Público ou por juiz de direito, desde que se trate de exigência manifestamente ilegal. A requisição deve lastrear-se na lei; não tendo, pois, supedâneo legal, não deve o delegado agir, pois, se o fizesse, estaria cumprindo um desejo pessoal de outra autoridade, o que não se coaduna com a sistemática processual penal. Note-se, ainda, que a Constituição, ao prever a possibilidade de requisição de inquérito, pelo promotor, preceitua que ele indicará os fundamentos jurídicos de sua manifestação (art. 129, VIII). O mesmo se diga das decisões tomadas pelo magistrado, que necessitam ser fundamentadas (art. 93, IX, CF). Logo, quando for o caso de não cumprimento, por manifesta ilegalidade, não é caso de ser *indeferida* a requisição, mas simplesmente o delegado oficia, em retorno, comunicando as razões que impossibilitam o seu cumprimento. Confira-se a possibilidade de autoridade recusar o cumprimento de requisição, por considerá-la ilegal, em acórdão prolatado pelo STF, em caso de delegado da Receita Federal que não cumpriu requisição do Ministério Público por considerá-la incabível. O Procurador da República requisitou inquérito por desobediência ou prevaricação, mas o Tribunal Regional Federal da 5.ª Região não aceitou a argumentação – do mesmo modo que o fez o STJ, negando processamento a recurso especial –, determinando o trancamento da investigação. Houve interposição de recurso extraordinário, alegando ter sido ferido o disposto no art. 129, VIII, da Constituição Federal, o que foi negado pelo Pretório Excelso: RE 205.473/AL, 2.ª T., rel. Carlos Velloso, 15.12.1998, v.u., *RTJ* 173/640 (embora julgados antigo, continua a servir de ilustração ao tema).

19. Indicação detalhada da ocorrência e do objeto da investigação: requisições dirigidas à autoridade policial, exigindo a instauração de inquérito contra determinada pessoa, ainda que apontem o crime, em tese, necessitam conter dados suficientes que possibilitem ao delegado tomar providências e ter um rumo a seguir (ver o disposto no § 1.º deste artigo). Não é cabível um ofício genérico, requisitando a instauração de inquérito contra Fulano, pela prática de estelionato, por exemplo. Afinal, o que fez Fulano, exatamente? Quando e onde? Enfim, a requisição deve sustentar-se em fatos, ainda que possa ser desprovida de documentos comprobatórios. Caso o delegado, de posse de um ofício de requisição, contendo a descrição pormenorizada (ou instruído com peças suficientes para a constatação do ocorrido) de um fato criminoso, se recuse a instaurar inquérito, responderá funcional e, conforme o caso, criminalmente pelo desatendimento. Entretanto, instaurando, conforme legalmente exigido, não poderá ser considerado autoridade coatora, em caso de revolta do indiciado. Este necessita voltar-se contra a autoridade que encaminhou a requisição. Caso, no entanto, a autoridade policial instaure uma investigação totalmente descabida (ex.: inquérito para apurar o não pagamento de dívida civil), embora cumprindo requisição, poderá responder, juntamente com a autoridade que assim exigiu, por abuso de autoridade. Note-se que eventual *habeas corpus* para trancar o inquérito, indevidamente instaurado, por requisição de promotor, deve ser ajuizado no Tribunal, mas a responsabilidade pelo ato manifestamente ilegal será de ambos. Justifica-se essa postura pelo fato de o delegado não ser um leigo, mas um bacharel concursado, com conhecimento específico na área, não devendo seguir exigências ilegais, salvo se com elas compactuar, o que o torna coautor do eventual abuso.

19-A. Requisição de indiciamento: ver a nota 40-A ao art. 6.º.

19-B. Remessa do PIC à polícia judiciária com requisição de instauração de inquérito policial: há situações em que o membro do Ministério Público inicia a investigação criminal, sem a concomitante instauração de inquérito policial. Passado certo período, sem nada ter apurado, não deve o promotor requisitar inquérito para tratar do mesmo tema. Afinal, *frustrada* a referida investigação, o caminho é o pedido de arquivamento e não passar às mãos da polícia um produto indefinido e inoperante. A polícia judiciária não é subordinada ao Ministério Público; a requisição de instauração de inquérito precisa ter fundamento jurídico e *justa causa*, sob pena de não ser cumprida.

20. Autoridade coatora: se houver necessidade de trancamento do inquérito policial, porque indevidamente instaurado, constituindo constrangimento ilegal a alguém, deve-se levar em conta a autoridade que tomou a iniciativa de principiá-lo. Tratando-se do delegado, o *habeas corpus* será impetrado perante o juiz das garantias. Mas, se se tratou de requisição de representante do Ministério Público, o *habeas corpus,* como já exposto em nota anterior, será dirigido ao Tribunal competente para julgar a infração de que trata o inquérito. Afinal, a autoridade policial limitou-se a cumprir uma exigência legal de outra autoridade, razão pela qual esta é quem deve figurar como coatora, quando for o caso. Havia discussão acerca da possibilidade de o juiz de direito julgar *habeas corpus* interposto contra ato do promotor de justiça (como ocorre no caso da requisição para abertura de inquérito), mas o Supremo Tribunal Federal e o Superior Tribunal de Justiça mantêm, atualmente, a posição de que cabe ao Tribunal fazê-lo, pois o representante do Ministério Público detém, como o juiz, foro privilegiado. De fato, essa posição é correta. Imaginando-se que sua atitude possa constituir-se em abuso de autoridade, convém que o Tribunal avalie o ocorrido. Maiores detalhes sobre a possibilidade de trancamento do inquérito, ver nota 88 ao art. 17.

21. Requerimento: é um pedido ou uma solicitação, passível de indeferimento pelo destinatário. Diferente da requisição, que é uma exigência legal, não sujeita ao indeferimento, como regra, porque lastreada em lei e produzida por outra autoridade, o requerimento é um pedido feito por leigo, não necessariamente legal, por isso, analisado livremente pelo critério da autoridade policial. Naturalmente, não concordando com a decisão tomada pelo delegado, caso não instaure o inquérito solicitado, cumpre-se o disposto no § 2.º deste artigo. Ver a nota 28 a respeito.

Art. 5.º

Código de Processo Penal Comentado · **Nucci**

68

22. Representante legal: não é, necessariamente, o advogado, podendo ser qualquer pessoa apta a representar outra, por procuração ou por força de lei. Assim, o pai do menor vítima de um crime pode encaminhar o requerimento à polícia, bem como o mandatário em nome do mandante. O primeiro é representante do menor diretamente, por força de lei, enquanto o segundo detém um instrumento de procuração.

23. Conteúdo do requerimento e da requisição: embora a lei fale, unicamente, do requerimento, referindo-se ao ofendido ou seu representante legal (como visto na nota 22 *supra*), deve-se incluir, também, a requisição. Utilizando a analogia, onde se lê *requerimento* leia-se, igualmente, *requisição*. Afinal, a autoridade policial deve ter ciência do fato com todas as suas circunstâncias, a individualização do indiciado, as razões que possibilitem supor ser ele o autor, além de testemunhas que viabilizem o início da investigação, o que deve estar tanto no requerimento da vítima quanto na requisição do promotor ou do juiz. Eventualmente, substituem-se todos esses dados pela apresentação, junto com o requerimento ou requisição, de documentos que permitam ao delegado checar o fato, seu autor e por onde dará início à investigação.

24. Fato e circunstâncias: *fato* tem o sentido de espelhar o tipo básico, isto é, a figura fundamental prevista na lei penal incriminadora. *Circunstâncias* são os elementos que volteiam o tipo básico, permitindo ao delegado um maior domínio sobre o que tem a verificar (causas de aumento ou diminuição da pena, qualificadoras e privilégios). Assim, pode-se indicar a ocorrência de uma subtração de um veículo de propriedade da vítima, ocorrida no dia X, por volta de tantas horas, na Rua Y (fato), além das circunstâncias especiais (à noite, mediante arrombamento da porta da garagem, valendo-se o autor do concurso de outras pessoas etc.).

25. Convicção e presunção: são termos vagos em matéria de prova no processo penal, mas aptas para a instauração de uma investigação, que é apenas um procedimento preliminar à ação penal. *Convicção* significa uma persuasão íntima, uma crença em algo, por vezes totalmente desfalcada de provas concretas que a liguem à realidade; *presunção* é uma mera suspeita ou a opinião de alguém baseada nas aparências, o que também evidencia a possibilidade de estar dissociada do realmente ocorrido. Para a condenação, não bastam. O juiz formará sua convicção fundamentada com base em provas seguras, enquanto a presunção deve ser desprezada para a condenação do réu.

26. Impossibilidade de indicar o autor: é bem possível que a vítima não tenha condições de fornecer a *individualização* do indiciado, mesmo porque nem o conhece, além de não ter nenhuma suspeita quanto à autoria. Assim, apenas narra o fato e suas circunstâncias, cabendo ao delegado buscar o autor.

27. Testemunhas e sua qualificação: nem sempre é possível, mas, quando existirem, ainda que pertinentes somente ao fato e não ao autor, convém sejam incluídas no requerimento ou na requisição, possibilitando à autoridade policial uma ação mais eficaz.

28. Recurso ao chefe de Polícia: atualmente, considera-se o Delegado-Geral de Polícia, que é o superior máximo *exclusivo* da Polícia Judiciária. Há quem sustente, no entanto, cuidar-se do Secretário da Segurança Pública. Entretanto, de uma forma ou de outra, quando a vítima tiver seu requerimento indeferido, o melhor percurso a seguir é enviar seu inconformismo ao Ministério Público, que poderá requisitar a instauração do inquérito, o que dificilmente deixará de ser cumprido pela autoridade policial.

29. Denúncia anônima: é inadmissível aceitá-la como causa suficiente única para a instauração de inquérito, ao menos na modalidade da *delatio criminis*. Ao encaminhar a comunicação por escrito, deve a pessoa identificar-se. Se a forma escolhida for oral, a autoridade policial colherá, no ato, os dados identificadores do indivíduo. Lembra, com precisão, Tourinho Filho que a comunicação falsa de delito pode dar ensejo à configuração de um crime, motivo pelo qual não se deve aceitar a *delatio* anônima (*Código de Processo Penal comentado*, vol. 1, p. 35). Entretanto, somos levados a acreditar que as denúncias anônimas podem e devem produzir efeito. Não se esqueça que a autoridade policial pode investigar algo de ofício e, para tanto, caso receba uma comunicação não identificada, relatando a ocorrência de um delito de ação pública incondicionada, pode dar início à investigação e, com mínimos elementos em mãos, instaurar o inquérito. Embora não se tenha configurado uma autêntica *delatio criminis*, do mesmo modo o fato pode ser averiguado. Vale mencionar o ensinamento de Maurício Henrique Guimarães Pereira: "O nosso particular entendimento é de que, em sede de comunicação anônima ou apócrifa de crime, a própria lei concilia os interesses da administração da justiça e da honra objetiva do denunciado, que são os bens jurídicos tutelados no crime de denunciação caluniosa, com o princípio da obrigatoriedade, que é comum a ambas as fases da persecução penal, ao dispor que 'qualquer pessoa do povo que tiver conhecimento da existência de infração penal em que caiba ação pública poderá, verbalmente ou por escrito, comunicá-la à autoridade policial', mas, esta, somente após verificar 'a procedência das informações', por força da vedação constitucional, mandará instaurar inquérito (art. 5.º, § 3.º) [CPP]". Acrescenta o autor que a investigação de uma denúncia realizada anonimamente deve ser feita em absoluto sigilo, até que se descubram elementos de veracidade, o que permitirá, então, a instauração, de ofício, do inquérito policial, como se a comunicação apócrifa não tivesse ocorrido (*Habeas corpus e polícia judiciária,* p. 203-205). Admitindo o início da investigação criminal através de *notitia criminis* anônima, confira-se decisão proferida pelo STF: "Denúncia anônima: admissibilidade. Requisitos legitimadores do acolhimento: precedentes. Recurso ordinário desprovido. 1. O Supremo Tribunal Federal firmou jurisprudência de que 'nada impede a deflagração da persecução penal pela chamada 'denúncia anônima', desde que esta seja seguida de diligências realizadas para averiguar os fatos nela noticiados' (HC 99.490, Relator o Ministro Joaquim Barbosa, *DJ* 31.01.2011)" (RHC 125.392/RJ, 2.ª T., rel. Cármen Lúcia, 17.03.2015, v.u.); "1. A denúncia anônima é apta à deflagração da persecução penal quando seguida de diligências para averiguar os fatos nela noticiados antes da instauração de inquérito policial. (...) 2. *In casu*, a Polícia, a partir de denúncia anônima, deu início às investigações para apurar a eventual prática dos crimes de tráfico e de associação para o tráfico de entorpecentes, tipificados nos arts. 33 e 35 da Lei n. 11.343/2006. 3. Deveras, a denúncia anônima constituiu apenas o 'ponto de partida' para o início das investigações antes da instauração do inquérito policial e a interceptação telefônica e prorrogações foram deferidas somente após o surgimento de indícios apontando o envolvimento do paciente nos fatos investigados, a justificar a determinação judicial devidamente fundamentada, como exige o art. 93, IX, da Constituição Federal" (HC 120.234 AgR, 1.ª T., rel. Luiz Fux, 11.03.2014, v.u.). STJ: "1. A defesa considera serem nulas as provas que subsidiam a acusação, ao argumento de que as investigações tiveram início com denúncia anônima acompanhada de documentos obtidos de forma ilícita. Contudo, a Corte local refutou a alegação defensiva, esclarecendo que a denúncia anônima autoriza, sim, o início das investigações e que a alegada ilicitude dos documentos não ficou devidamente comprovada. O acórdão recorrido encontra-se em consonância com a atual jurisprudência desta Corte Superior, que é no sentido de que 'embora a denúncia anônima não seja idônea, por si só, a dar ensejo à instauração de inquérito policial, caso seja corroborada por outros elementos de prova legitima tanto o início do procedimento investigatório quanto as diligências nele realizadas' (AgRg no AgRg nos EDcl no RHC n. 125.265/MT, relator Ministro Jorge Mussi, Quinta Turma, julgado em 19/5/2020, *DJe* de 27/5/2020)" (AgRg nos EDcl no RHC n. 174.915/RS, 5.ª T., rel. Reynaldo Soares da Fonseca, 18.06.2024, v.u.).

30. Delatio criminis: trata-se da denúncia da ocorrência de uma infração penal e, se possível, do seu autor, à autoridade policial, feita por qualquer do povo. Assim, o delegado agirá não porque investigou e descobriu algum fato criminoso, nem porque a vítima o provocou ou algum outro órgão do Estado o fez, nem mesmo pela apresentação de alguém preso em flagrante, mas por conta da atuação de qualquer pessoa, tomando conhecimento do crime e demandando providências para a punição do responsável. Ex.: se alguém presenciar um homicídio pode comparecer ao distrito policial, comunicando o acontecimento, a fim de provocar a atuação estatal. É correta a previsão dessa possibilidade, pois se a ação é pública, de interesse da sociedade em última análise, qualquer do povo poderá buscar a realização de justiça. Ver, ainda, o disposto no art. 27.

31. Representação: trata-se da *delatio criminis* postulatória, em que a vítima comunica um crime e requer providência do Estado para punir o seu responsável. Deve ocorrer nas ações públicas condicionadas, dando autorização ao Ministério Público para agir. A indicação da exigência de representação consta do Código Penal, em artigo ou parágrafo referente ao tipo penal incriminador de ação pública condicionada. Exemplo: furto de coisa comum (art. 156, § 1.º, CP).

32. Indispensabilidade da representação: a ação penal pública, condicionada à representação da vítima, dá ensejo ao parágrafo em comento. Se a conveniência de instauração da ação penal, legitimando o Ministério Público a agir, pertence ao ofendido, é natural que também a investigação policial somente possa ter início com a provocação do interessado. Lembremos que a instauração de um inquérito, especialmente quando há indiciamento, significa um constrangimento ao indivíduo, motivo pelo qual deve ser precedido de representação. Esta manifestação de vontade, no entanto, não necessita ser solene e formal, podendo ser substituída pelo registro da ocorrência, feita pelo ofendido, seguido do colhimento de seu depoimento pelo delegado. Nas declarações que prestar pode manifestar, expressamente, o desejo de que a investigação seja realizada, apurando-se os responsáveis pelo crime.

33. Indispensabilidade do requerimento: quando se tratar de crime de ação privada, cuja iniciativa é do particular, não há representação, uma vez que o Ministério Público não é legitimado a agir. Assim, para que o inquérito seja instaurado, deve haver requerimento expresso do ofendido, que demonstra, então, o seu objetivo de, futuramente, ingressar com a ação penal.

Art. 6.º Logo que tiver conhecimento da prática da infração penal, a autoridade policial deverá:[34-35-A]

I – dirigir-se ao local, providenciando para que não se alterem o estado e conservação das coisas, até a chegada dos peritos criminais;[36]

II – apreender os objetos que tiverem relação com o fato, após liberados pelos peritos criminais;[37]

III – colher todas as provas que servirem para o esclarecimento do fato e suas circunstâncias;[38]

IV – ouvir o ofendido;[39]

V – ouvir o indiciado,[40-41] com observância, no que for aplicável, do disposto no Capítulo III do Título VII,[42] deste Livro, devendo o respectivo termo ser assinado por 2 (duas) testemunhas[43] que lhe tenham ouvido a leitura;

VI – proceder a reconhecimento de pessoas e coisas e a acareações;[44]

VII – determinar, se for caso, que se proceda a exame de corpo de delito e a quaisquer outras perícias;[45]

VIII – ordenar a identificação do indiciado pelo processo datiloscópico,[46-46-A] se possível,[47] e fazer juntar aos autos sua folha de antecedentes;[48]

IX – averiguar a vida pregressa[49] do indiciado, sob o ponto de vista individual, familiar e social, sua condição econômica, sua atitude e estado de ânimo antes e depois do crime e durante ele, e quaisquer outros elementos que contribuírem para a apreciação do seu temperamento e caráter.

X – colher informações sobre a existência de filhos, respectivas idades e se possuem alguma deficiência e o nome e o contato de eventual responsável pelos cuidados dos filhos, indicado pela pessoa presa.[49-A]

34. Procedimento da autoridade policial: quando a *notitia criminis* lhe chega ao conhecimento, deve o delegado proceder tal como disposto neste artigo, embora se compreenda que, diante do excesso de serviço, das inúmeras comunicações que chegam a todo momento à delegacia, bem como por conta da patente carência de recursos e de material humano, fique ao prudente critério da autoridade policial seguir as várias diligências aqui previstas, dando prioridade, naturalmente, àquelas que forem indispensáveis. Na jurisprudência: STJ: "5. É cediço que, nos termos do art. 6.º do Código de Processo Penal, assim que tomar conhecimento da prática de uma infração penal, a autoridade policial deverá realizar diversas diligências no sentido de identificar a sua autoria e resguardar o conjunto probatório, apreendendo, por exemplo, qualquer objeto que tenha relação com o fato investigado. Contudo, é defeso à autoridade policial o acesso, sem autorização judicial aos dados, em especial as conversas do aplicativo WhatsApp, de celular apreendido" (HC 588.135/SP, 5.ª T., rel. Reynaldo Soares da Fonseca, 08.09.2020, v.u.); "10. A polícia violou também o art. 6.º, II e III, do CPP quando inexplicavelmente deixou de preservar uma cópia do vídeo da câmera de segurança que registrou o momento do furto, mesmo estando a mídia à sua disposição. Em virtude dessa inércia, quando o Ministério Público tentou obter cópia das filmagens meses depois, o vídeo já havia sido perdido. Injustificável perda da chance probatória" (AREsp n. 2.123.334/MG, 3.ª Seção, rel. Ribeiro Dantas, 20.06.2024, v.u.).

35. Conflito de atribuição entre autoridade policial e juiz de direito: como regra, não há essa possibilidade, pois o juiz das garantias não pode ter atuação probatória na fase da investigação. Eventualmente, como exceção, pode existir conflito entre a autoridade policial e o juiz do JECRIM. Consultar os comentários ao art. 113.

35-A. Investigação pela Polícia Federal: dispõe o art. 1.º da Lei 10.446/2002 que, havendo "repercussão interestadual ou internacional que exija repressão uniforme, poderá o Departamento de Polícia Federal do Ministério da Justiça, sem prejuízo da responsabilidade dos órgãos de segurança pública arrolados no art. 144 da Constituição Federal, em especial das Polícias Militares e Civis dos Estados, proceder à investigação, dentre outras, das seguintes infrações penais: I – sequestro, cárcere privado e extorsão mediante sequestro (arts. 148 e 159 do Código Penal), se o agente foi impelido por motivação política ou quando praticado em razão da função pública exercida pela vítima; II – formação de cartel (incisos I e II do art. 4.º da Lei 8.137, de 27 de dezembro de 1990); III – relativas à violação a direitos humanos, que a República Federativa do Brasil se comprometeu a reprimir em decorrência de tratados internacionais de que seja parte; e IV – furto, roubo ou receptação de cargas, inclusive bens e valores, transportadas em operação interestadual ou internacional, quando houver indícios da atuação de quadrilha ou bando [atual associação criminosa, conforme Lei 12.850/2013] em mais de um Estado da Federação; V – falsificação, corrupção, adulteração ou alteração de produto destinado a fins terapêuticos ou medicinais e venda, inclusive pela internet, depósito ou distribuição do produto falsificado, corrompido, adulterado ou alterado (art. 273 do Decreto-lei n.º 2.848, de 7 de dezembro de 1940 – Código Penal); VI – furto, roubo ou dano contra instituições financeiras, incluindo agências bancárias ou caixas eletrônicos, quando houver indícios da atuação de associação criminosa em mais de um Estado da Federação; VII – quaisquer crimes praticados por meio da rede mundial de computadores que difundam conteúdo misógino, definidos como aqueles que propagam o ódio ou a aversão às mulheres". Acrescenta-se a tais situações a seguinte: "Atendidos os pressupostos do *caput*, o Departamento de Polícia Federal procederá à apuração de outros casos, desde que tal providência seja autorizada ou determinada pelo Ministro de Estado da Justiça" (art. 1.º, parágrafo único, Lei 10.446/2002). É preciso cautela para a aplicação do disposto nesta lei, sob pena de se asfixiar os órgãos policiais estaduais, conferindo atribuição "especial" aos organismos policiais federais, como se estes constituíssem a salvaguarda nacional, aptos a evitar a proliferação do crime e instalar a paz social. Lembremos que, como regra, a investigação da Polícia Federal deve guardar correspondência com a competência constitucional estabelecida para a Justiça Federal (art. 109, CF), sob pena de se instalar o *caos* em matéria de atribuições. Porém, melhor refletindo sobre o tema, afastamo-nos da anterior posição mais rigorosa e passamos a sustentar ser razoável haver a atuação da Polícia Federal quando o delito tiver repercussão interestadual ou internacional, necessitando de repressão uniforme e abrangente. Isso não significa que, finda a investigação, se transfira o julgamento do caso da esfera estadual para a federal. Mais detalhes podem ser encontrados em nossos comentários à Lei 10.446/2002, na obra *Leis penais e processuais penais comentadas* – vol. 1.

36. Presença no local dos fatos: seria extremamente útil que a autoridade policial pudesse comparecer, sempre e pessoalmente, ao lugar onde o crime ocorreu, mormente no caso daqueles que deixam nítidos vestígios, tais como homicídio, latrocínio, furto com arrombamento, incêndio, aborto etc. A não alteração do local é fundamental para que os peritos criminais possam elaborar laudos úteis ao esclarecimento da verdade real. Se alguém, por exemplo, mover o cadáver de lugar, comprometerá, seriamente, muitas das conclusões a respeito da ação criminosa e mesmo da busca de seu autor. Não podendo ir pessoalmente, deve, ao menos em delitos graves e violentos, enviar policiais que possam preservar o lugar até a chegada da equipe técnica.

37. Objetos relacionados com o fato (apreensão de celular): são todos aqueles que sejam úteis à busca da verdade real, podendo tratar-se de armas, mas também de coisas totalmente inofensivas e de uso comum, que, no caso concreto, podem contribuir para a formação da convicção dos peritos. Em primeiro lugar, destinam-se tais objetos à perícia, passando, em seguida, à esfera de guarda da autoridade policial, até que sejam liberados ao seu legítimo proprietário. Logicamente, conforme o caso, algumas coisas ficam apreendidas até o final do processo e podem até ser confiscadas pelo Estado, como ocorre com os objetos de uso, fabrico, alienação, porte ou detenção proibidos (art. 91, II, *a*, CP). Se houver *prisão em flagrante* ou cumprimento de *mandado de busca e apreensão*, cremos perfeitamente possível a apreensão de aparelho celular, visualizando o seu conteúdo. Tratando-se de prisão em flagrante, cuja legitimidade provém diretamente de texto constitucional, torna-se diligência lógica apreender tudo o que se encontra com a pessoa presa, tendo amplo acesso ao conteúdo do celular. Havendo ordem judicial de busca e apreensão, do mesmo modo, legitima-se a conferência do celular, pois o juiz já deu permissão para apreender o que fosse útil para a apuração do crime. Naturalmente, o conteúdo do celular que não disser respeito ao delito investigado será preservado e mantido em sigilo.

38. Colheita de provas: a investigação diretamente no lugar dos fatos, feita pela autoridade policial, propicia-lhe arrolar testemunhas, determinar a colheita de material para

Título II – Do Inquérito Policial   Art. 6.º

exame (sangue, urina, fios de cabelo, sêmen, documentos etc.) e outros elementos que auxiliem à formação de sua convicção acerca do autor da infração penal, bem como da própria existência desta.

39. Ouvida da vítima: é de praxe, e importância invulgar, ouvir a pessoa afetada diretamente pelo delito. Ela pode fornecer dados preciosos para a descoberta da autoria e mesmo para a formação da materialidade. Naturalmente, nem sempre a autoridade policial consegue ouvir a vítima *logo após* tomar conhecimento da prática do delito, pois, como já se disse, o excesso de serviço e a carência de recursos podem ser fatores de complicação. O ideal é procurar ouvir o ofendido no menor espaço de tempo possível, até para que sua memória não apresente falhas, impossibilitando, por vezes, o reconhecimento do autor da infração penal.

40. Indiciamento e constrangimento ilegal: *indiciado* é a pessoa eleita pelo Estado-investigação, dentro da sua convicção, como autora da infração penal. Ser indiciado, isto é, apontado como autor do crime pelos indícios colhidos no inquérito policial, implica um constrangimento natural, pois a folha de antecedentes receberá a informação, tornando-se permanente, ainda que o inquérito seja, posteriormente, arquivado. Assim, o indiciamento não é um ato discricionário da autoridade policial, devendo basear-se em provas suficientes para isso. Ensina Sérgio Marcos de Moraes Pitombo, sobre o indiciamento: "Não há de surgir qual ato arbitrário da autoridade, mas legítimo. Não se funda, também, no uso de poder discricionário, visto que *inexiste a possibilidade legal de escolher entre indiciar ou não. A questão situa-se na legalidade do ato.* O suspeito, sobre o qual se reuniu prova da autoria da infração, tem que ser indiciado. Já aquele que, contra si, possui frágeis indícios, ou outro meio de prova esgarçado, não pode ser indiciado. Mantém ele como é: suspeito. Em outras palavras, a *pessoa suspeita* da prática de infração penal *passa a figurar como indiciada*, a contar do instante em que, no inquérito policial instaurado, se lhe verificou a *probabilidade de ser o agente*" (*Inquérito policial: novas tendências*, citado no acórdão *supra* do TJ-SP, *RT* 702/363 – grifamos). É cabível o *habeas corpus*, dirigido ao juiz de direito da Comarca, caso alguém se sinta injustamente convocado à delegacia para ser indiciado. Nessa hipótese, o magistrado pode fazer cessar a coação, se ilegal, impedindo o indiciamento ou mesmo determinando o trancamento da investigação. É conduta excepcional, pois o Estado tem o dever de investigar toda e qualquer infração penal, razão pela qual somente em último caso obriga-se à cessação precoce do inquérito. Por isso, sustentamos que a autoridade policial deve ser clara ao convocar alguém a ir à delegacia para ser ouvido e indiciado, quando já sabe, de antemão, que tal conduta será adotada. Excepcionalmente, ouvindo várias pessoas no mesmo dia, pode a autoridade policial formar sua convicção no ato e resolver indiciar um dos sujeitos inquiridos. Nessa hipótese, resta ao indiciado recorrer ao juiz, através do *habeas corpus,* para fazer cessar os efeitos do indiciamento ou mesmo para trancar a investigação, se for o caso. Na jurisprudência: STJ: "O indiciamento, ato posterior ao estado de suspeito, reclama a existência de um 'feixe de indícios convergentes' e está baseado em um juízo de probabilidade, e não de mera possibilidade em relação à autoria delitiva. Dessarte, é de bom alvitre que sejam realizadas diligências iniciais buscando elementos de informação sobre o autor do delito, evitando-se o constrangimento ilegal, a estigmatização e o etiquetamento jurídico e social decorrentes de um indiciamento temerário, desprovido de lastro mínimo" (RHC 82.511/RS, 6.ª T., rel. Maria Thereza de Assis Moura, 03.10.2017, v.u.).

40-A. Requisição de indiciamento: cuida-se de procedimento equivocado, pois indiciamento é ato exclusivo da autoridade policial, que forma o seu convencimento sobre a autoria do crime, elegendo, formalmente, o suspeito de sua prática. No sentido que defendemos, estabelece o art. 2.º, § 6.º, da Lei 12.830/2013 o seguinte: "o indiciamento, privativo do delegado de polícia, dar-se-á por ato fundamentado, mediante análise técnico-jurídica do

Art. 6.º

Código de Processo Penal Comentado · **Nucci**

fato, que deverá indicar a autoria, materialidade e suas circunstâncias". Assim, não cabe ao promotor ou ao juiz exigir, através de requisição, que alguém seja indiciado pela autoridade policial, porque seria o mesmo que demandar à força que o presidente do inquérito conclua ser aquele o autor do delito. Ora, querendo, pode o promotor denunciar qualquer suspeito envolvido na investigação criminal, cabendo-lhe, apenas, requisitar do delegado a "qualificação formal, a identificação criminal e o relatório sobre sua vida pregressa" (Maurício Henrique Guimarães Pereira, *Habeas corpus* e polícia judiciária, p. 227). Na jurisprudência: STJ: "Indevida a determinação de indiciamento formal do paciente após o recebimento da denúncia, pois medida sem necessidade ou sentido processual. Recurso em *habeas corpus* parcialmente provido, apenas para cassar a decisão que determinou o indiciamento formal do recorrente, sem prejuízo do regular andamento da ação penal" (RHC 54.635/SP, 6.ª T., rel. Nefi Cordeiro, 09.08.2016, v.u.).

40-B. Motivação do indiciamento: a Lei 12.830/2013 (art. 2.º, § 6.º) passa a exigir que a autoridade policial, providenciando o indiciamento do suspeito, esclareça, nos autos do inquérito, as razões que a levaram àquela eleição. Afinal, como o indiciamento é ato constrangedor, deve tratar-se de ato motivado, permitindo à parte prejudicada (indiciado) questioná-lo, impetrando *habeas corpus*. No mesmo prisma, a Lei 11.343/2006 (art. 52, I) exige especifique a autoridade policial a justificação da classificação feita (se tráfico ou porte para uso, por exemplo). Nesse sentido, confira-se o posicionamento de Mário Sérgio Sobrinho: "A legislação brasileira deveria evoluir, adotando a regra da explicitação das razões para a classificação do fato em determinado tipo penal, principalmente nos casos que possam resultar na desclassificação de delitos punidos com penas mais elevadas para aqueles que cominem sanções mais brandas, tais como homicídio doloso tentado e lesão corporal de natureza grave, ao mesmo tempo em que a lei deveria fixar a obrigatoriedade da motivação do ato de indiciamento. É inegável que o ato de indiciamento exige juízo de valor, o qual, nos meandros do inquérito policial, é exercitado pela autoridade policial que preside a investigação. Por isso, dever-se-ia exigir desta a explicitação de suas razões, ao determinar o indiciamento, as quais deveriam ser apresentadas no inquérito policial para que fossem conhecidas pelo indiciado e seu defensor, pelo órgão do Ministério Público e, quando necessário, pelos juízes e tribunais" (*A identificação criminal*, p. 100). No mesmo sentido: Marta Saad, *O direito de defesa no inquérito policial*, p. 256.

41. O indiciado como objeto da investigação: era a posição natural ocupada pelo indiciado durante o desenvolvimento do inquérito policial. Não era ele, como no processo, sujeito de direitos, a ponto de poder requerer provas e, havendo indeferimento injustificado, apresentar recurso ao órgão jurisdicional superior. Embora não possa, no decorrer da investigação, exercitar o contraditório, nem a ampla defesa, inicia-se uma nova fase na avaliação dessa posição, em face da reforma trazida pela Lei 13.964/2019. Há dois fatores importantes a considerar: a) a criação da figura do juiz das garantias, voltado a assegurar os direitos individuais do investigado e controlar a legalidade da investigação criminal (art. 3.º-A); b) a viabilidade de "citação", com constituição de defensor, para os agentes policiais, quando figurarem como investigados por fatos relacionados ao uso de força letal contra alguém (art. 14-A). Visualiza-se, portanto, uma mudança razoável no sistema processual penal brasileiro. O investigado passa a ser visualizado muito mais como um sujeito de direitos do que como objeto da investigação.

42. Aplicação das regras do interrogatório judicial: utiliza o delegado o mesmo critério do juiz de direito, conforme previsão nos arts. 185 a 196 do Código de Processo Penal, com as adaptações naturais, uma vez que o indiciado não é ainda réu em ação penal. Lembremos, no entanto, que deve respeitar e aplicar o direito ao silêncio, constitucionalmente assegurado ao investigado (art. 5.º, LXIII, CF). Com a edição das Leis 10.792/2003 e 11.900/2009, os arts. 185 a 196 sofreram alterações, embora a maioria delas somente seja aplicável em juízo, pois concernente à ampla defesa, que não ocorre na fase inquisitiva. Assim, não é obrigatória a presença de defensor no interrogatório feito na polícia (art. 185), tampouco há o direito de interferência, a fim de obter esclarecimentos (art. 188).

43. Testemunhas instrumentárias: mais uma vez o Código de Processo Penal exige a participação de pessoas que tenham ouvido a leitura do auto de interrogatório realizado, a fim de lhe assegurar maior idoneidade. No caso do auto de prisão em flagrante, prevê o art. 304, § 3.º, que somente haverá a participação de testemunhas de leitura quando o acusado não quiser ou não puder, por qualquer razão, assinar. Nesta hipótese, no entanto, deve haver a participação das testemunhas que acompanham a leitura. Não se trata do curador, motivo pelo qual, se forem idôneas e imparciais (não se devem colocar, como testemunhas de leitura, outros acusados, tampouco policiais que participaram das investigações), podem ser ouvidas em juízo para confirmar como foram colhidas as declarações do indiciado, ou seja, se houve espontaneidade nas afirmações, se foi corretamente reduzida por escrito a manifestação do imputado etc.

44. Reconhecimento de pessoas ou coisas e acareação: deve a autoridade policial seguir os procedimentos previstos nos arts. 226 a 228 (reconhecimento) e 229 e 230 (acareação), para os quais remetemos o leitor.

45. Exame de corpo de delito e outras perícias: ver comentários aos arts. 158 e seguintes.

46. Identificação criminal: é a colheita de dados físicos (impressão dactiloscópica, fotografia e material genético) para a perfeita individualização do indiciado. O art. 6.º, VIII, do CPP, refere-se apenas à identificação dactiloscópica (colheita das impressões digitais do indiciado), pois era o método disponível à época de edição do Código. Hoje, há outros mecanismos para isso. De toda forma, a Constituição Federal, no art. 5.º, LVIII, preceituou que "o civilmente identificado não será submetido a identificação criminal, salvo nas hipóteses previstas em lei". Trata-se de norma de indevida inserção na Carta Magna, que, à época da sua elaboração, teve por finalidade corrigir a publicidade que se costumava dar ao fato de determinada pessoa – especialmente as conhecidas do grande público – ser criminalmente identificada, como se isso fosse desairoso e humilhante. A norma tem contorno de direito individual, unicamente porque o constituinte assim desejou (formalmente constitucional), mas não é matéria para constar em uma Constituição Federal. É certo que muitos policiais exorbitaram seus poderes e, em vez de garantir ao indiciado uma colheita corriqueira do material datiloscópico, transformaram delegacias em lugares de acesso da imprensa, com direito à filmagem e fotos daquele que seria publicamente indiciado, surpreendido na famosa situação de "tocar piano". Ora, por conta da má utilização do processo de identificação criminal, terminou-se inserindo na Constituição uma cláusula pétrea que somente problemas trouxe, especialmente ao deixar de dar garantia ao processo penal de que se está acusando a pessoa certa. Bastaria, se esse era o desejo, que uma lei fosse editada, punindo severamente aqueles que abusassem do poder de indiciamento, especialmente dando publicidade indevida ao ato, para que se resolvesse o problema. Ao contrário disso, preferiu-se o método mais fácil, porém inconveniente: quem já possuísse identificação civil não mais seria identificado criminalmente, gerando muitos erros judiciários, atualmente amplamente divulgados e comprovados, pois a subtração de documentos civis (RG) alheios tornou-se comum, e criminosos passaram a apresentar aos delegados falsificações perfeitas, colocando em seus lugares, inocentes. Enfim, embora a Constituição Federal tenha aberto a oportunidade de se prever a amplitude da identificação criminal, mencionando que isso se daria "nas hipóteses previstas em lei",

Art. 6.º

Código de Processo Penal Comentado · Nucci   76

houve um lapso de doze anos para que, finalmente, a lei fosse editada, inicialmente no ano de 2000. Atualmente, encontra-se em vigor a Lei 12.037, de 1.º de outubro de 2009, modificada pela Lei 12.654/2012. Vê-se que não seria necessário constar do texto constitucional tal dispositivo, bastando previsão do assunto em legislação infraconstitucional. Confiram-se os abusos praticados por conta do impedimento à identificação criminal cometidos ao longo da última década, em acórdão do Supremo Tribunal Federal, que concedeu a ordem para anular todo o processo de pessoa processada injustamente em lugar de outra, bem sintetizando a questão. Consta que um indivíduo preso por porte ilegal de entorpecente foi autuado em flagrante e forneceu o nome de pessoa diversa, cujo documento civil detinha em seu poder. Condenado o dono do referido documento, em lugar do verdadeiro criminoso, porque não compareceu à audiência admonitória do *sursis*, teve a sua prisão decretada. Foi indevidamente preso e impetrou *habeas corpus*, que somente o Pretório Excelso houve por bem conceder: "O caso é um *retrato espantoso* de como muitas vezes a Justiça Criminal – na expressão incluídos magistrados, agentes do Ministério Público e advogados – trata os processos de sua *clientela rotineira* feita de *pobres, anônimos e desprotegidos*. (...) a *nenhum dos 'operadores jurídicos'* envolvidos no procedimento – que sobre a prova dos autos dissertaram com desenvoltura – *ocorreu ler* neles a *prova pericial* de que o acusado e depois condenado não era quem declarava ser" (HC 75.561-5/SP, 1.ª T., rel. Sepúlveda Pertence, 12.05.1998, v.u. – grifos nossos - embora antigo, optamos por manter o julgamento pela sua importância em relação ao conteúdo). Situações idênticas sempre foram noticiadas e acompanhadas pela imprensa, demonstrando a impropriedade do dispositivo constitucional, que, pretensamente, busca proteger o cidadão. Ver o caso de F.M.L., que ficou 16 dias preso, acusado de roubar um carro. Estava detido em lugar de um ladrão que fugiu da cadeia de Cotia (SP) e usava a identidade do caminhoneiro – documento perdido em 1983. Desde então lutou para provar sua inocência. Levado até Cotia, nenhum dos carcereiros o reconheceu como o ladrão que de lá havia fugido. A vítima do assalto, que resultou na condenação de F., compareceu à delegacia e, também, não o reconheceu como a pessoa que o roubou. Ele foi preso quando esteve no Detran para licenciar um carro de sua propriedade. Pretende processar o Estado por danos morais (reportagem da *Folha de S.Paulo*, de 24.12.1999, Caderno São Paulo, p. 3). Atualmente, disciplina a identificação criminal a Lei 12.037/2009.

46-A. Sobre a diferença entre a identificação criminal e a qualificação: consultar a nota 14 ao art. 186.

47. Expressão "se possível": deve ser interpretada como a impossibilidade física de se realizar a identificação datiloscópica, pois à época de edição do Código de Processo Penal não havia qualquer proibição jurídica e constitucional para essa colheita. Assim, quando o indiciado estiver foragido, não será possível a coleta do material datiloscópico, procedendo-se, então, ao indiciamento indireto, contando a autoridade policial com os dados que possuía em seu poder.

48. Folha de antecedentes: é a ficha onde consta a vida pregressa criminal de todas as pessoas que já possuam identificação civil, hoje totalmente informatizada e acessada por esse meio. Os indiciamentos e os ajuizamentos de ações penais dão ensejo às anotações na folha de antecedentes (F.A.), que passa a constituir fonte de informação para o juiz e para as demais autoridades na esfera criminal. Registra-se, ainda, a solução dos inquéritos, quando houve indiciamento, bem como a solução das ações penais, havendo absolvição ou condenação. Essas anotações são permanentes, no que pertine ao Poder Judiciário, fazendo com que o juiz, ao requisitá-las, tenha conhecimento de tudo o que, criminalmente, se passou com o sujeito investigado. Por outro lado, para fins civis, ou seja, para conhecimento de outras pessoas, a folha de antecedentes somente exibe condenações com trânsito em julgado e ainda em fase de

Título II – Do Inquérito Policial **Art. 7.º**

cumprimento de pena, bem como inquéritos e processos em andamento, cautela fundamental para evitar sequestros (art. 125, CPP) indevidos. Quando o condenado termina sua pena, julgando-a extinta o juiz, desaparece o registro, o que possibilita ao sentenciado retornar à sua rotina em sociedade, sem mácula que o acompanhe eternamente (art. 202, Lei 7.210/1984).

49. Vida pregressa: ao interrogar e indiciar o sujeito investigado, deve a autoridade policial, além de levantar a sua folha de antecedentes (que cuida da vida pregressa criminal), obter dados relevantes acerca de seu passado no contexto individual (profissão, endereços residencial e comercial, entre outros), familiar (se casado, com ou sem filhos, se sustenta a família ou por ela é sustentado etc.), social (sua inserção na vida comunitária de um modo geral), econômico (condição de sustento, se proprietário de bens etc.), além de perscrutar seu estado de espírito antes, durante e depois do crime, a fim de detectar se houve premeditação, tratou-se de crime de ímpeto, bem como se houve arrependimento pelo cometido. Deve, ainda, colher outros dados que permitam compor a personalidade do indiciado, evidenciando-lhe aspectos do caráter e do temperamento. Se tal colheita for bem-feita, servirá, inclusive, no futuro, de norte para o juiz, ao fixar a pena e mesmo para decidir se concede ao réu algum benefício.

49-A. Informações sobre a existência de filhos: a Lei 13.257/2016 introduziu este inciso, dentre as diligências a ser realizadas pela autoridade policial, no sentido de saber se o preso (mas, especialmente a presa) tem filhos, suas idades e com quem vivem, porque a nova política infantojuvenil, adotada pelo Estatuto da Criança e do Adolescente, aponta para a mantença do(s) filho(s) da pessoa presa ou condenada, na mesma situação sociofamiliar, com direito à visita, inclusive, ou à amamentação (se for bebê), pois não se destitui o poder familiar com base *exclusiva* na prisão e/ou condenação. Diante disso, caso a mulher presa (repita-se, o homem, mesmo quando é pai, dificilmente, cuida sozinho dos filhos menores) tenha filhos pequenos, é preciso diligenciar para ver em que estado ficam essas crianças ou adolescentes. Se estiverem sozinhos, precisam seguir para acolhimento institucional. Se estiverem com familiares, comunica-se o juízo da infância e juventude da área para regularizar eventual guarda. É também necessário apurar se o(s) filho(s) já se encontra(m) em estado em abandono, porque o(s) genitor(es) segue(m) a vida criminosa; de qualquer modo, cabe o acolhimento institucional. A decisão posterior, se haverá ou não destituição do poder familiar, cabe ao juízo da infância e juventude. A autoridade policial passa a ter o dever de colher informes sobre a existência de filhos e onde eles se encontram, para maior tutela e proteção à criança e ao adolescente, evitando-se que fiquem em estado de abandono em face da prisão do pai ou da mãe (ou de ambos).

> **Art. 7.º** Para verificar a possibilidade de haver a infração sido praticada de determinado modo, a autoridade policial poderá proceder à reprodução simulada dos fatos,[50] desde que esta não contrarie a moralidade ou a ordem pública.[51]

50. Reconstituição do crime: em casos específicos, como ilustram os homicídios e suas modalidades tentadas, pode tornar-se importante fonte de prova, até mesmo para aclarar ao juiz e aos jurados, no Tribunal do Júri, como se deu a prática da infração penal. A simulação é feita utilizando o réu, a vítima e outras pessoas convidadas a participar, apresentando-se, em fotos e esquemas, a versão oferecida pelo acusado e a ofertada pelo ofendido ou outras testemunhas. Assim, visualizando o sítio dos acontecimentos, a autoridade judiciária, o representante do Ministério Público e o defensor poderão formar, com maior eficácia, suas convicções. Ressalte-se, no entanto, que o réu não está obrigado a participar da reconstituição

Art. 8.º

Código de Processo Penal Comentado · **Nucci**

do crime, pois ninguém é obrigado a produzir prova contra si. Somente o fará se houver interesse da defesa. Na jurisprudência: STJ: "2. A explicação trazida pelo impetrante nos presentes autos, no sentido de que não busca verdadeiramente uma reconstituição do crime, mas sim do trajeto percorrido no horário indicado na denúncia, não foi analisado pelo Magistrado de origem, que indeferiu o pedido, por considerar 'inapropriado, em razão da natureza do delito, submeter a vítima a uma situação embaraçosa'. Dessarte, reitero que não se verifica ilegalidade nas decisões das instâncias ordinárias, porquanto devidamente motivado o indeferimento do pedido realizado pelo agravante, na forma como realizado. Cuidando-se, em verdade, de pedido diverso, não é possível ao Superior Tribunal de Justiça analisá-lo de forma inaugural, sob pena de indevida supressão de instância. 3. Agravo regimental a que se nega provimento" (AgRg nos EDcl no HC 463.089/PR, 5.ª T., rel. Reynaldo Soares da Fonseca, 23.10.2018, v.u.); "Não há cerceamento de defesa quando, em decisão adequadamente fundamentada, o juiz indefere a reprodução da reconstituição do crime ou a realização de perícia em um dos corréus, por considerá-las inúteis ou protelatórias" (RHC 54.203/RJ, 6.ª T., rel. Rogerio Schietti Cruz, 10.05.2016, v.u.). Pode ser realizada, também, em outra fase qualquer, inclusive durante o curso do processo. Ver a nota 78 ao art. 423.

51. Contrariedade à moral e à ordem pública: veda-se a reconstituição do crime que ofenda a moralidade (regras éticas de conduta, espelhando o pudor social) e a ordem pública (segurança e paz sociais). Não se fará reconstituição de um crime sexual violento, usando vítima e réu, por exemplo, o que contraria a moralidade, tampouco a reconstituição de uma chacina, num lugar onde a população ainda está profundamente revoltada com o crime, podendo até buscar o linchamento do réu.

> **Art. 8.º** Havendo prisão em flagrante,[52] será observado o disposto no Capítulo II do Título IX deste Livro.

52. Investigação policial iniciada pela prisão em flagrante: é a maneira cogente de a autoridade policial dar início ao inquérito policial e à investigação criminal. Realizada a prisão, após flagrante delito, é apresentado o indivíduo detido para a lavratura do auto. Em vez de regular o procedimento neste Capítulo, preferiu o Código de Processo Penal dar-lhe destaque especial no Título IX, que cuida da Prisão, das Medidas Cautelares e da Liberdade Provisória, em capítulo especial, a partir do art. 301, para o qual remetemos o leitor.

> **Art. 9.º** Todas as peças do inquérito policial serão, num só processado, reduzidas a escrito ou datilografadas e, neste caso, rubricadas pela autoridade.[53]

53. Formalismo do inquérito policial: como se vê, o princípio da oralidade não é adotado nesta fase inicial de persecução penal, o que torna o inquérito policial um procedimento formal, completamente burocratizado, pois exige peças escritas ou datilografadas, todas rubricadas pela autoridade competente. É também por isso – ser ele um procedimento formal e documentado – que não perde o seu caráter de gerador de prova, em detrimento do sistema acusatório, consagrando, ao invés, o sistema misto. Após a colheita escrita de vários depoimentos, formando um só processado, como menciona a lei, é natural que o órgão de acusação deseje utilizá-lo para buscar o convencimento do magistrado no momento da decisão. O ideal seria coletar documentos e perícias urgentes, fazer oitivas informais e abreviadas, somente para formar, verdadeiramente, a convicção do representante do Ministério Público, encerrando-o, sem maiores delongas ou formalidades. O recebimento da denúncia, atualmente feito pela maioria dos juízes através da aposição de um simples carimbo ou despacho padronizado de cartório, demonstra que o conteúdo do inquérito não é tão relevante para dar início ao processo. Assim, com provas minimamente seguras, ainda que concisas e resumidas, sem que se tivesse produzido, à parte, um "processo paralelo", teria início o autêntico sistema acusatório. Ganharia a sociedade, pela rapidez; a polícia judiciária, que se livraria de tanta burocracia; o órgão de acusação, que teria maior amplitude de conduzir a produção da prova em juízo; e a defesa, diante do respeito ao contraditório e à ampla defesa.

> **Art. 10.** O inquérito deverá terminar no prazo de 10 (dez) dias,[54-58] se o indiciado tiver sido preso em flagrante, ou estiver preso preventivamente,[59] contado o prazo, nesta hipótese, a partir do dia em que se executar a ordem de prisão, ou no prazo de 30 (trinta) dias,[60] quando estiver solto, mediante fiança ou sem ela.
>
> § 1.º A autoridade fará minucioso relatório[61] do que tiver sido apurado e enviará os autos ao juiz competente.[62-63]
>
> § 2.º No relatório poderá a autoridade indicar testemunhas que não tiverem sido inquiridas, mencionando o lugar onde possam ser encontradas.[64]
>
> § 3.º Quando o fato for de difícil elucidação, e o indiciado estiver solto, a autoridade poderá requerer ao juiz a devolução dos autos, para ulteriores diligências, que serão realizadas no prazo marcado pelo juiz.[65-65-B]

54. Prazo de 10 dias para a conclusão do inquérito de pessoa presa: estabelecendo a lei um prazo determinado para findarem as investigações policiais, que se refiram a indivíduo preso em flagrante ou preventivamente, deve ser cumprido à risca, pois cuida de restrição ao direito fundamental à liberdade. Note-se que o decêndio é o mesmo tanto no caso de prisão em flagrante, quanto no momento em que, durante a fase de investigação, representar a autoridade policial pela preventiva, sendo esta deferida pelo magistrado. É importante destacar que eventuais diligências complementares, eventualmente necessárias para a acusação, não são suficientes para interromper esse prazo de dez dias – ou outro qualquer estipulado em lei especial (ver a nota 57 *infra*) –, devendo o juiz, se deferir a sua realização, determinando a remessa dos autos de volta à polícia, relaxar a prisão. Uma alternativa, contornando o relaxamento, é o oferecimento de denúncia pelo órgão acusatório, desde que haja elementos suficientes, com formação de autos suplementares do inquérito, retornando estes à delegacia para mais algumas diligências complementares. Assim é o rigor imposto nas Leis 8.038/1990 e 8.658/1993, que cuidam dos crimes de competência originária dos Tribunais Superiores, Tribunais de Justiça e Tribunais Regionais Federais, respectivamente. Conferir: art. 1.º da Lei 8.038/1990: "Nos crimes de ação penal pública, o Ministério Público terá o prazo de 15 (quinze) dias para oferecer denúncia ou pedir arquivamento do inquérito ou das peças informativas. § 1.º Diligências complementares poderão ser deferidas pelo relator, com interrupção do prazo deste artigo. § 2.º Se o *indiciado estiver preso*: *a*) o prazo para oferecimento da denúncia será de 5 (cinco) dias; *b*) as *diligências complementares não interromperão o prazo, salvo se o relator, ao deferi-las, determinar o relaxamento da prisão*" (grifo nosso). Consultar, também, o art. 3.º-B, § 2.º, deste Código, permitindo que o juiz das garantias, mediante representação da autoridade policial e ouvido o Ministério Público, possa prorrogar, uma única vez, por até 15 dias, havendo investigado preso, a finalização do inquérito. Na jurisprudência: STJ: "2. A despeito das peculiaridades do caso concreto apontadas pelas instâncias ordinárias (busca domiciliar, pluralidade de investigados e extração e análise dos dados dos celulares apreendidos), constata-se que há tempos restou superado o prazo parâmetro para a manutenção da prisão

Art. 10

preventiva, previsto no art. 10 do Código de Processo Penal. Consta dos autos que o Juízo de primeiro grau deferiu, por três vezes, a prorrogação do prazo para a conclusão do inquérito policial e, consoante informações prestadas, não há notícia acerca do cumprimento integral das diligências deferidas no feito, ou seja, nem mesmo há previsão de quando será oferecida a denúncia, sendo certo que, na data em que deferido o pedido liminar, o Paciente estava preso preventivamente há mais de 117 (cento e dezessete) dias, o que demonstra o excesso de prazo para a conclusão do inquérito policial. 3. Ordem de *habeas corpus* concedida para, confirmando a liminar, determinar a soltura do Paciente, se por outro motivo não estiver preso, com aplicação (em razão da gravidade concreta da conduta e do risco de reiteração delitiva) das medidas cautelares previstas nos incisos I (atendimento aos chamamentos judiciais); III (proibição de manter contato com qualquer pessoa envolvida nos fatos, especialmente os demais Investigados); IV (proibição de se ausentar da comarca sem prévia autorização judicial); e V (recolhimento domiciliar no período noturno e nos períodos de folga) do art. 319 do Código de Processo Penal" (HC 643.170/RN, 6.ª T., rel. Laurita Vaz, 16.03.2021, v.u.).

55. Contagem do prazo: trata-se de norma processual penal material, que lida com o direito à liberdade, logo, não deixa de ter cristalino fundo de direito material. Por isso, entendemos deva ser contado como se faz com qualquer prazo penal, nos termos do art. 10 do Código Penal, incluindo-se o primeiro dia (data da prisão) e excluindo-se o dia final. Assim, se alguém, por exemplo, for preso em flagrante no dia 10, tem a polícia judiciária até o dia 19, no final do expediente, para remeter o inquérito a juízo. Outra solução implicaria a dilação do prazo, como se fosse um simples prazo processual, situação inadmissível para quem se encontra cautelarmente detido. Não se usa, por óbvio, a contagem processual que prorroga o prazo vencendo em final de semana ou feriado para o dia útil subsequente, devendo a autoridade policial cuidar de antecipar a entrega dos autos à Vara competente, antes de adentrar data que prevê o fechamento do fórum, sob pena de configuração de constrangimento ilegal. Não se utiliza, tampouco, a prorrogação do início da contagem de um sábado, quando o sujeito foi preso em flagrante, para a segunda-feira, quando há expediente forense. O prazo, nesta hipótese, começa a contar no próprio sábado. Aliás, como bem ressalta Tourinho Filho, outro entendimento colocaria em choque a prisão em flagrante e a prisão preventiva, pois esta última prevê, claramente, que o prazo começa a ser contado a partir do dia em que se executar a prisão (*Código de Processo Penal comentado*, vol. 1, p. 52). Em contrário, confira-se: "Esse entendimento não convence também porque: a uma, todos os prazos procedimentais, quando o réu está preso, também incidem obliquamente sobre sua liberdade e nem por isso são contados pelo direito penal; a duas, pode levá-lo à redução de dois dias, restando, portanto, somente oito, repetimos, oito dias para elaboração do inquérito policial, como aconteceria quando: (a) a captura fosse efetuada nas últimas horas do dia, pelo que a lavratura do respectivo auto somente se iniciaria no dia imediato; (b) a cidade onde o inquérito policial fosse elaborado distasse razoavelmente da sede da comarca" (Maurício Henrique Guimarães Pereira, *Habeas corpus e polícia judiciária*, p. 236-237). Sobre tais argumentos, pode-se contrapor o seguinte: quanto ao fato de serem os prazos processuais contados, a teor do disposto no art. 798, § 1.º, do CPP, inclusive para o réu preso, nada mais correto, até porque cuida de prazo para que as partes se manifestem e que o juiz possa instruir o feito, logo, privilegia o contraditório e a ampla defesa, o que não ocorre com o prazo para o delegado, autoridade administrativa, terminar rapidamente investigação contra pessoa presa, sem que tenha havido ajuizamento de ação penal. A prisão decorrente de flagrante obriga ao término da investigação em dez dias, contado o dia em que ela se deu, uma vez que não se cuida de prazo *processual*, este sim possuidor de regra específica. Assim, a prisão deve ser restritivamente interpretada e não ampliada ao máximo sem que haja formal acusação. Quanto ao segundo fator – se a prisão for feita nas últimas horas do dia ou se a Comarca é distante –, trata-se de questão alheia ao interesse do preso, cuja liberdade foi privada pelo Estado. Este que encontre mecanismos ágeis e eficientes para dar conta de findar a investigação no prazo legal. Aliás, problemas administrativos da polícia judiciária não podem influenciar na liberdade de ir e vir de nenhum indivíduo.

56. Sobre o rigorismo da observância do decêndio: o prazo para a conclusão do inquérito deve ser rigorosamente observado, como regra, pois estipulado, com perfeita nitidez, em lei. Tem-se admitido, atualmente, no entanto, a compensação de prazo, quando evidenciado não ter havido prejuízo ao indivíduo preso. Se o delegado tem 10 dias para concluir o inquérito e o promotor 5 dias para oferecer a denúncia, há um percurso necessário de 15 dias para a ação penal ter início. Logo, caso a autoridade policial remeta o inquérito no 11.º dia ao fórum, mas, em compensação, o promotor denuncie no 12.º dia, encontra-se um ganho de 3 dias, não se justificando, pois, constrangimento ilegal. Parece-nos sensato o raciocínio, uma vez que o Estado-investigação e o Estado-acusação, juntos, possuem 15 dias para manter o réu preso, caso o juiz não o libere antes (através de liberdade provisória), até que a ação penal comece. Na jurisprudência: TRF4: "1. O excesso de prazo só pode ser reconhecido quando a demora for injustificada, impondo-se a adoção de critério de razoabilidade no exame da ocorrência de eventual constrangimento ilegal. Os prazos para conclusão do inquérito policial ou da instrução criminal não são fatais ou 'milimétricos', podendo ser dilatados dentro de limites razoáveis. 2. Caso em que não se verifica demora injustificada na conclusão do inquérito policial, estando a prorrogação do prazo para a conclusão do inquérito policial embasada na necessidade de conclusão das diligências pendentes. Ademais, tendo sido oferecida a denúncia, resta prejudicada a alegação. 3. Ordem de *habeas corpus* denegada" (HC 50420856320204040000, 7.ª T., rel. Luiz Carlos Canalli, 15.09.2020, v.u.).

56-A. Excepcionalidade diante de criminalidade organizada: não havia essa espécie de organização criminosa na época na qual este Código foi elaborado. Cuida-se de um fenômeno relativamente novo no Brasil. Por isso, os operadores do direito têm se encontrado em face de situações peculiares e inéditas. Se vários integrantes de uma perigosa organização criminosa são presos em flagrante, para a conclusão do inquérito, pode ser que o prazo de dez dias seja mesmo insuficiente. Então, já existem julgados abrindo exceções para tais cenários. A flexibilização dos prazos para encerramento da investigação pode dar-se, dilatando-se certos períodos, desde que plenamente justificado pelas circunstâncias particulares do caso. Na jurisprudência: STJ: "VI – O prazo para a conclusão do inquérito policial ou da instrução criminal não tem as características de fatalidade e de improrrogabilidade, fazendo-se necessário raciocinar com o juízo de razoabilidade a fim de caracterizar o excesso, não se ponderando a mera soma aritmética de tempo para os atos de investigação ou processuais. Precedentes. VII – *In casu*, não se mostra, por ora, desarrazoada a dilação do prazo para a conclusão das investigações, considerando as particularidades do caso concreto e a complexidade das apurações em que se investiga crimes de homicídio consumado e homicídio tentado, com suposta motivação política, já tendo sido ouvidas 26 (vinte e seis) testemunhas além de terem sido realizados diversos exames periciais. VIII – Por fim, a despeito da ausência de constrangimento ilegal apta a ensejar o relaxamento da prisão ou o trancamento do inquérito policial, afigura-se prudente fixar prazo para conclusão do inquérito policial, com o objetivo de evitar o perecimento de toda a investigação já realizada, pois o prazo transcorrido até aqui indica a iminência de que seja ultrapassada a fronteira da razoabilidade, que poderia caracterizar, de forma superveniente, constrangimento ilegal. Assim, impõe-se a limitação do prazo para o encerramento das diligências em curso, que devem ser concluídas no prazo máximo de 30 (trinta) dias" (AgRg no HC 491.639/MA, 5.ª T., rel. Felix Fischer, 30.05.2019, v.u.).

57. Outros prazos para a conclusão do inquérito: na hipótese de réu preso, tem a autoridade policial federal o prazo de 15 dias para concluir o inquérito (Lei 5.010/1966, que

Art. 10

Código de Processo Penal Comentado · **Nucci**

organiza a Justiça Federal de primeira instância), sujeito a prorrogação por outros 15 dias, se necessário. *In verbis*: "Art. 66. O prazo para conclusão do inquérito policial será de 15 (quinze) dias, quando o indiciado estiver preso, podendo ser prorrogado por mais 15 (quinze) dias, a pedido, devidamente fundamentado, da autoridade policial e deferido pelo Juiz a que competir o conhecimento do processo. Parágrafo único. Ao requerer a prorrogação do prazo para conclusão do inquérito, a autoridade policial deverá apresentar o preso ao Juiz". Há, ainda, o prazo previsto na Lei de Drogas (Lei 11.343/2006, art. 51): 30 (trinta) dias, se o indiciado estiver preso, e 90 (noventa) dias, caso esteja solto. Podem esses prazos ser duplicados pelo juiz, ouvido o Ministério Público, mediante pedido justificado da autoridade policial. Preceitua a Lei 1.521/1951 (crimes contra a economia popular) que o prazo de conclusão do inquérito é, sempre, de 10 dias, esteja o sujeito preso ou solto, possuindo o promotor apenas dois dias para oferecer denúncia ("Art. 10. Terá forma sumária, nos termos do Capítulo V, Título II, Livro II, do Código de Processo Penal, o processo das contravenções e dos crimes contra a economia popular, não submetidos ao julgamento pelo júri. § 1.º Os atos policiais (inquérito ou processo iniciado por portaria) deverão terminar no prazo de 10 (dez) dias. § 2.º O prazo para oferecimento da denúncia será de 2 (dois) dias, esteja ou não o réu preso"). Em se tratando de indivíduo preso, devem-se respeitar fielmente esses prazos, o mesmo não ocorrendo em caso de réu solto, quando, muitas vezes, prazos maiores são solicitados e concedidos pelo magistrado para a conclusão do inquérito. O inquérito militar tem, segundo o Código de Processo Penal Militar, o prazo de 20 dias para ser concluído, se o réu estiver preso, ou 40 dias, prorrogáveis por outros 20, se estiver solto (art. 20, *caput* e § 1.º, CPPM). Quando se tratar de crimes de competência originária dos Tribunais (foro especial por prerrogativa de função, conforme hipóteses expostas na nota 6 ao art. 69), cujo procedimento está previsto na Lei 8.038/1990, estando o réu preso, o Ministério Público tem o prazo de 5 dias para oferecer denúncia (art. 1.º, § 2.º, *a*); caso esteja solto, o prazo é de 15 dias (art. 1.º, *caput*). Lembremos, ainda, que a Lei 8.658/1993 prevê (art. 1.º) a aplicação dos arts. 1.º a 12 da Lei 8.038/1990 às ações penais de competência originária dos Tribunais de Justiça dos Estados e do Distrito Federal e dos Tribunais Regionais Federais.

58. Cômputo do prazo de prisão temporária: cremos que se inclui no montante estipulado neste artigo para a prisão preventiva (quando houver flagrante, não cabe falar em prisão temporária), pela própria natureza cautelar dessa modalidade de prisão. Note-se que a prisão temporária possui o prazo de 5 dias, prorrogáveis por outros 5, totalizando 10, exatamente o que é previsto para um indiciado ficar preventivamente preso durante o inquérito, antes da denúncia. E mais: a possibilidade de decretação da prisão preventiva durante a investigação foi inserida na lei, quando inexistia a temporária. Atualmente, dispondo a polícia judiciária desta última, cremos estar praticamente encerrada a possibilidade de se decretar a preventiva durante o inquérito, salvo raríssimas exceções (como, por exemplo, quando já houver elementos suficientes para a direta decretação da preventiva de pessoa solta para, em seguida, haver o oferecimento de denúncia, dispensando-se a temporária). Em se tratando de crime hediondo, no entanto, ela é de 30 dias, prorrogável por igual período, em caso de imperiosa necessidade. Ora, nessa situação, que é manifestamente excepcional, não tem cabimento incluir-se 30 dias (que se podem tornar 60) em 10 dias, logo, não há cabimento para a decretação da preventiva, ao final da temporária. Simplesmente, deve-se considerar inexistente a prisão preventiva decretada no inquérito de pessoa já detida por 30 ou 60 dias, em virtude de prisão temporária. Acrescente-se, também, ser incabível a decretação da prisão preventiva, logo após o decurso de prazo da temporária, praticamente dobrando o prazo para o investigado ficar preso, sem ser ajuizada ação penal. Fosse possível e o preso ficaria à disposição do Estado por 10 dias (prisão temporária) seguidos de outros 10 (prisão preventiva), totalizando 20, até a apresentação da denúncia ou da queixa. Pode-se considerar, entretanto, possível a seguinte situação:

Art. 10

Título II – Do Inquérito Policial

inicialmente, o suspeito fica temporariamente preso; libertado, continuam as investigações, para, ao final do inquérito, a autoridade policial representar pela decretação da preventiva; decretada esta, tem o Estado 10 dias para iniciar a ação penal.

59. Prisão preventiva decretada durante o inquérito policial: os requisitos para a decretação da preventiva estão previstos no art. 312 do Código de Processo Penal, abrangendo prova da materialidade e indícios suficientes de autoria, além de outros. Ora, esses dois são justamente os necessários para que uma denúncia seja recebida, motivo pelo qual, hoje, existindo a prisão temporária para garantir investigações policiais eficientes e dinâmicas, torna-se rara a oportunidade de decretação da prisão preventiva com retorno dos autos à delegacia para a conclusão do inquérito. Cremos que o juiz deve vedar excessos nesse campo, isto é, se o promotor detém elementos suficientes para denunciar, não há cabimento em pedir a preventiva – ou concordar com o solicitado pela autoridade policial – e, ao mesmo tempo, pedir o retorno do inquérito para prosseguimento da investigação. Deve denunciar e, sendo o caso, requisitar, em autos apartados, uma diligência a mais, que julgar imprescindível, ao delegado.

60. Prazo de 30 dias: é o prazo regular para o fim das investigações em caso de réu solto. Atualmente, é raríssimo que seja cumprido, diante do excessivo número de inquéritos em andamento, com flagrante carência de recursos materiais e humanos, tornando inviável o bom trabalho da polícia judiciária. Portanto, a praxe tem sido os constantes pedidos de prorrogação do inquérito policial, existindo magistrados que costumam permitir o retorno por 60 ou 90 dias, cientes de que o trintídio não será cumprido. De nada adianta a lei dispor um prazo, por mais rigoroso que seja, para a conclusão da investigação se não se obtém o principal, que é o correto aparelhamento da polícia judiciária. Enquanto tal não se der, inexistirá lei capaz de obrigar o delegado a concluir a investigação dentro de prazo certo, sob pena de inviabilizá-la por completo. Na jurisprudência: STJ: "3. Embora o prazo de 30 (trinta) dias para o término do inquérito com indiciado solto (art.10 - CPP) seja impróprio, sem consequências processuais (imediatas) se inobservado, isso não equivale a que a investigação se prolongue por tempo indeterminado, por anos a fio, mesmo porque, de toda forma, consta da folha corrida do investigado, produzindo consequências morais negativas. A duração da investigação, sem deixar de estar atenta ao interesse público, deve pautar-se pelo princípio da razoabilidade. 4. No caso, o inquérito se iniciou em 25/2/2014, ou seja, há mais de 7 anos, para apurar supostos crimes no âmbito de apenas um Convênio (!), não se tendo nenhum indicativo de conclusão, numa demonstração visível e qualificada da ineficiência estatal. Nessa linha de entendimento vem se sedimentando a jurisprudência desta Corte, a qual não admite que alguém seja objeto de investigação eterna, até mesmo por se tratar de situação que conduz a um evidente constrangimento moral, ou, até mesmo financeiro e econômico. 5. Afirma o Ministério Público Federal, a mais disso, que não conta, ainda, com subsídios aptos à apresentação de denúncia, ou com elementos concretos que permitam o indiciamento do paciente, restando configurado o constrangimento ilegal por excesso de prazo, ensejando, por consequência, o trancamento do inquérito. 6. *Habeas corpus* concedido para determinar o trancamento do inquérito policial n.º 0061/2014-4, em andamento na Delegacia de Polícia Federal da Circunscrição do Município de Juazeiro do Norte - CE" (HC 624.619/CE, 6.ª T., rel. Olindo Menezes, 17.08.2021, v.u.).

61. Relatório final: a autoridade policial deve, ao encerrar as investigações, relatar tudo o que foi feito na presidência do inquérito, de modo a apurar – ou não – a materialidade e a autoria da infração penal. Tal providência é sinônimo de transparência na atividade do Estado--investigação, comprobatória de que o princípio da obrigatoriedade da ação penal foi respeitado, esgotando-se tudo o que seria possível para colher provas destinadas ao Estado-acusação. Ainda assim, pode o representante do Ministério Público não se conformar, solicitando ao

Art. 10

juiz o retorno dos autos à delegacia, para a continuidade das investigações, devendo, nesse caso, indicar expressamente o que deseja. Se a autoridade policial declarou encerrados os seus trabalhos, relatando o inquérito, não é cabível que os autos retornem para o prosseguimento, sem que seja apontado o caminho desejado. Por outro lado, a falta do relatório constitui mera irregularidade, não tendo o promotor ou o juiz o poder de obrigar a autoridade policial a concretizá-lo. Trata-se de falta funcional, passível de correção disciplinar. É natural que, determinando a lei que o relatório seja feito, a autoridade policial deve prezar a sua função, concretizando-o, o que não impede, em absoluto, se o fizer de modo resumido e inadequado, o prosseguimento do feito. Aliás, é o mais adequado, pois não tem nenhuma utilidade probatória para a instrução do processo, destinando-se o relatório ao esclarecimento do promotor acerca do que foi feito pelo Estado-investigação. Cremos inadequado determinar o retorno dos autos do inquérito à polícia judiciária somente porque o delegado declarou encerrada a investigação sem empreender o relatório *minucioso* a respeito do caso. Prossegue-se, com ofício comunicativo à Corregedoria da Polícia, para as providências cabíveis. Processualmente, não deve ter maiores reflexos.

62. Juízo competente: é o juiz natural, constitucionalmente assegurado para julgar os casos que lhe forem encaminhados, segundo as regras constitucionais e de processo penal. Deve-se selecioná-lo, conforme os critérios estabelecidos no art. 69 e seguintes deste Código, para os quais remetemos o leitor.

63. Indeferimento de novas diligências requeridas pelo Ministério Público: cabe correição parcial. O juiz não deve indeferir o requerimento formulado pelo representante do Ministério Público, quando solicitar novas diligências para formar o seu convencimento. Afinal, sendo ele o titular da ação penal, pode necessitar de outras colheitas, antes de ofertar a denúncia ou pedir o arquivamento. Entretanto, cremos ser mais rápido, quando for possível, que o promotor, indeferido o retorno dos autos do inquérito à polícia judiciária, por intransigência do juiz, requisite diretamente à autoridade policial a diligência almejada. Nessa situação, a sociedade sai ganhando e o inquérito tem sua conclusão apressada, em vez de se interpor demorada correição parcial. Excepcionalmente, quando a diligência necessária não prescindir dos autos, que estão em cartório, outro remédio não cabe senão o recurso ao Tribunal. Se os indeferimentos forem sucessivos, por mero capricho do juiz, a questão desloca-se para a esfera correcional, cabendo representação do promotor junto à Corregedoria Geral da Justiça. O mais importante é assegurar à sociedade a conclusão célere da investigação, com início da ação penal, ultrapassando-se as fronteiras das suscetibilidades pessoais. Por outro lado, quando o magistrado notar que o promotor está apenas ganhando tempo, requerendo diligência inútil, deve oficiar ao Procurador-Geral da Justiça, comunicando a ocorrência para as providências funcionais pertinentes. Indeferir a solicitação, no entanto, buscando obrigar o promotor a denunciar, é o caminho menos indicado, pois mais arrastado.

64. Indicação de testemunhas não inquiridas: cremos que essa hipótese deve ser excepcional, partindo-se do pressuposto de que se trata de indiciado preso, cujo prazo de 10 dias para findar o inquérito é fatal, sob pena de restar configurado o constrangimento ilegal. Do contrário, sabendo-se que há possibilidade plena de dilação do prazo para a conclusão das investigações, quando se tratar de pessoa solta, não há por que o delegado concluir o inquérito, relatando-o e indicando outras testemunhas a serem ouvidas. Deve ouvi-las, antes de encerrar o seu mister. Entretanto, quando o investigado estiver preso, pode a autoridade policial remeter o inquérito a juízo, fazendo expressa menção, no seu relatório, de outras pessoas que possam ser ouvidas para elucidar o caso.

65. Dilação da investigação: tornou-se, infelizmente, uma regra, no Brasil. As delegacias não têm estrutura para conduzir rapidamente uma investigação e o prazo de 30 dias para o seu término é uma ilusão, atualmente. Assim, ainda que o fato não seja de difícil elucidação, tem sido requerida a dilação do prazo, como praxe, o que vem sendo deferido pelos juízes, em prazos variando de 30 a 120 dias, com a concordância do Ministério Público.

65-A. Trâmite direto entre Ministério Público e polícia judiciária: o disposto pelo art. 10, § 3.º, do CPP é claro no sentido de se exigir o deferimento do magistrado para a devolução dos autos do inquérito, com o objetivo de continuidade das diligências pela polícia judiciária, em prazo definido também pelo juiz. Entretanto, o Conselho da Justiça Federal aprovou resolução, em 24 de junho de 2009, determinando o trâmite direto entre o Ministério Público Federal e a Polícia Federal, quando houver pedido para a prorrogação de prazo para a conclusão do inquérito. A meta é a agilização dos trabalhos, uma vez que a participação do juiz, na maioria das vezes, é *proforma*, sem qualquer relevo prático. O ideal, entretanto, seria a modificação do disposto no Código de Processo Penal, uma vez que resoluções não são mecanismos hábeis para alterar a legislação. Há de se destacar, entretanto, que o art. 3.º-B, VIII, deste Código, introduzido pela Lei 13.964/2019, atribui ao juiz das garantias a competência para prorrogar o prazo de duração do inquérito, estando o investigado preso.

65-B. Abertura de investigação contra autoridade com foro privilegiado: é possível, mesmo sem autorização prévia do órgão julgador competente. Este, no entanto, assim como o Ministério Público, serão avisados para passar a controlar o âmbito da investigação policial, exatamente como faria o juiz de direito em casos comuns, bem como para proferir alguma decisão relevante, como quebra do sigilo bancário ou fiscal, decretação de busca e apreensão, entre outras medidas. Na jurisprudência: STJ: "Não há razão jurídica para condicionar a investigação de autoridade com foro por prerrogativa de função a prévia autorização judicial. Note-se que a remessa dos autos ao órgão competente para o julgamento do processo não tem relação com a necessidade de prévia autorização para investigar, mas antes diz respeito ao controle judicial exercido nos termos do art. 10, § 3.º, do Código de Processo Penal. De fato, o Código de Ritos prevê prazos para que a investigação se encerre, sendo possível sua prorrogação pelo Magistrado. Contudo, não se pode confundir referida formalidade com a autorização para se investigar, ainda que se cuide de pessoa com foro por prerrogativa de função. Com efeito, na hipótese, a única particularidade se deve ao fato de que o controle dos prazos do inquérito será exercido pelo foro por prerrogativa de função, e não pelo Magistrado *a quo*. 5. *Habeas corpus* não conhecido" (HC 421.315/PE, 5.ª T., rel. Reynaldo Soares da Fonseca, 21.08.2018, v.u.).

> **Art. 11.** Os instrumentos do crime,[66] bem como os objetos que interessarem à prova, acompanharão os autos do inquérito.[67]

66. Instrumentos do crime e objetos de prova: os instrumentos do crime são todos os objetos ou aparelhos usados pelo agente para cometer a infração penal (armas de fogo, documentos falsos, cheques adulterados, facas etc.) e os objetos de interesse da prova são todas as coisas que possuam utilidade para demonstrar ao juiz a realidade do ocorrido (livros contábeis, computadores, carro do indiciado ou da vítima contendo vestígios de violência etc.). Ao mencionar que os instrumentos e os objetos *acompanharão* os autos do inquérito, quer-se dizer que devem ser remetidos ao fórum, para que possam ser exibidos ao destinatário final da prova, que é o juiz ou os jurados, conforme o caso. Além disso, ficam eles à disposição das partes para uma contraprova, caso a realizada na fase extrajudicial seja contestada. Sobre a guarda desses instrumentos e objetos, ver item abaixo.

Art. 12

Código de Processo Penal Comentado · **Nucci**   86

67. Guarda dos instrumentos e objetos do delito: quanto aos instrumentos do delito, são eles encaminhados juntamente com os autos do inquérito, para serem armazenados em local apropriado no fórum.

> **Art. 12.** O inquérito policial acompanhará a denúncia ou queixa,[68] sempre que servir de base[69-70] a uma ou outra.[71]

68. Denúncia ou queixa: a *denúncia* é a peça acusatória inicial, apresentada pelo Ministério Público, quando a ação for pública; a *queixa* é a peça acusatória inicial, oferecida pela vítima, através de seu advogado, quando a ação for privada.

69. Inquérito como base da denúncia ou da queixa e sua dispensabilidade: a natureza do inquérito, como se viu em nota anterior, é dar segurança ao ajuizamento da ação penal, impedindo que levianas acusações tenham início, constrangendo pessoas e desestabilizando a justiça penal. Por isso, ao oferecer a denúncia, deve o representante do Ministério Público – o mesmo valendo para a vítima – ter como suporte o inquérito policial, produzido pela polícia judiciária, na sua função de Estado-investigação, órgão auxiliar do Poder Judiciário nessa tarefa. Eventualmente, é possível dispensar o inquérito, como deixa claro este artigo, ao mencionar que ele acompanhará a denúncia ou queixa sempre que *servir de base* a uma ou outra. Logo, quando o acusador possuir provas suficientes e idôneas para sustentar a denúncia ou a queixa, nada impede que se supere a fase do inquérito, embora seja isso muito raro. As hipóteses em que o inquérito policial deixa de ser feito são representadas pela realização de outros tipos de investigação oficial – como sindicâncias, processos administrativos, inquéritos militares, inquéritos parlamentares, incidentes processuais (vide nota 11 ao art. 145) etc. –, bem como pela possibilidade, não comum, de se conseguir ajuizar a demanda simplesmente tendo em mãos documentos legalmente constituídos. Entretanto, é preciso lembrar que, agora, cabe ao juiz das garantias receber a peça acusatória, tomando inteira ciência do inquérito policial ou outras investigações, mas os autos da referida investigação serão acautelados no cartório e não mais acompanham o processo-crime. O juiz da instrução, que será outro, não mais conhecerá o conteúdo integral do inquérito, apenas das provas periciais (art. 3.º-C, § 3.º, CPP, por ora com eficácia suspensa por liminar concedida pelo STF). Na jurisprudência: STJ: "1. O inquérito policial não é condição de procedibilidade da ação penal, mas acompanhará a denúncia sempre que servir de base a ela, como na hipótese, em que, por requisição do Ministério Público, foram investigados fatos relacionados a possíveis irregularidades em execução de obra pública no Município de Tupã. 2. Compete ao *Parquet*, titular da ação penal pública, avaliar a peça informativa e valer-se de outros elementos disponíveis para formar sua *opinio delicti*. Pode denunciar pessoa que não haja sido indiciada ou mesmo pedir o arquivamento do inquérito por falta de provas, sem nenhuma vinculação às conclusões das autoridades policiais. Constatadas evidências de que o recorrente, ouvido como testemunha durante as investigações, participou de infração penal, não há ilegalidade no oferecimento da denúncia ao órgão jurisdicional competente. (...)" (RHC 79.534/SP, 6.ª T., rel. Rogerio Schietti Cruz, 04.04.2017, v.u.).

70. Inviabilidade da prova produzida por particular não autorizado: essa espécie de prova é, para fins legais, inútil, visto que os cartórios extrajudiciais não têm atribuição para colher esse tipo de declaração. Cabe aos órgãos constituídos para essa finalidade, como o Delegado o faz no distrito policial ou o juiz, no fórum. Se alguma declaração, por escritura, for juntada aos autos do inquérito ou do processo, caso tenha conteúdo importante, deve ser novamente captada oficialmente (pela autoridade policial ou judicial, como regra).

71. Termo circunstanciado: é um substituto do inquérito policial, realizado pela polícia, nos casos de infrações de menor potencial ofensivo (contravenções penais e crimes a que a lei comine pena máxima não superior a dois anos, cumulada ou não com multa). Assim, tomando conhecimento de um fato criminoso, a autoridade policial elabora um termo contendo todos os dados necessários para identificar a ocorrência e sua autoria, encaminhando-o imediatamente ao Juizado Especial Criminal, sem necessidade de maior delonga ou investigações aprofundadas. É o que dispõe a Lei 9.099/1995, no art. 77, § 1.º: "Para o oferecimento da denúncia, que será elaborada com base no termo de ocorrência referido no art. 69 desta Lei, *com dispensa do inquérito policial*, prescindir-se-á do exame do corpo de delito quando a materialidade do crime estiver aferida por boletim médico ou prova equivalente" (grifamos).

> **Art. 13.** Incumbirá ainda à autoridade policial:[72-74]
>
> I – fornecer às autoridades judiciárias as informações necessárias à instrução e julgamento dos processos;[75-76]
>
> II – realizar as diligências requisitadas pelo juiz ou pelo Ministério Público;[77]
>
> III – cumprir os mandados de prisão expedidos pelas autoridades judiciárias;[78]
>
> IV – representar acerca da prisão preventiva.[79]

72. Polícia judiciária como órgão auxiliar da Justiça e o poder correcional do juiz: exerce o magistrado a atividade de corregedor da polícia judiciária, especialmente depois de criada a figura do juiz das garantias (art. 3º-B, caput, deste Código). À sua função, acresça-se a do membro do Ministério Público, que possui, constitucionalmente, o controle externo da polícia.

73. Controle externo da polícia judiciária: estabelece a Constituição Federal possuir o Ministério Público a função institucional de "exercer o controle externo da atividade policial" (art. 129, VII), o que significa fiscalizar a atuação da polícia judiciária, mas não presidir, em lugar da autoridade policial, o inquérito. Se fosse exercido o controle interno, todas as diligências feitas pelo delegado deveriam passar, anteriormente, pelo crivo do promotor de justiça. Entretanto, determinou o constituinte fosse feito o controle externo, ou seja, fiscalizatório, sem implicar cerceamento da atividade policial, tampouco em pedidos de autorização para agir, realizados, anteriormente, pelo presidente do inquérito ao Ministério Público. Assim, na prática, representa a possibilidade de o promotor requisitar diligências, acompanhar pessoalmente provas colhidas pela autoridade policial, ingressar em delegacias e cadeias a qualquer momento para proceder a verificações, bem como, através da corregedoria da polícia judiciária, exercida pelo magistrado, investigar desvios de função, cometidos ao longo da investigação, por policiais.

74. Outras atribuições: além das descritas neste artigo, a autoridade policial possui outras funções, mas todas elas ligadas, direta ou indiretamente, à instrução futura – ou presente – do processo, garantindo-se uma escorreita produção de provas necessárias à instrução e julgamento.

75. Fornecimento de informações complementares: naturalmente, ao concluir o inquérito, fará a autoridade policial minucioso relatório e exporá toda a prova colhida, dando por concluído seu trabalho. Entretanto, como menciona o artigo em comento, não se encerra totalmente a sua função, tendo em vista que o interesse conjunto do Estado (investigação, acusação e julgamento) é descobrir, sempre que possível, a verdade real. Logo, é possível que,

Art. 13-A

Código de Processo Penal Comentado · **Nucci**

88

após a conclusão do inquérito, outras provas sejam colhidas pelo delegado, motivo pelo qual devem ser encaminhadas às mãos da autoridade judiciária competente.

76. Autos suplementares: como já mencionamos na nota 73 *supra*, quando o representante do Ministério Público tiver pressa em oferecer a denúncia, ou porque o réu está preso em flagrante, ou porque a preventiva foi decretada e o decêndio está terminando, ou mesmo por conta do fim do prazo previsto para a prisão temporária, havendo elementos mínimos nos autos do inquérito, deve ser iniciada a ação penal, embora outras diligências possam ser requisitadas à autoridade policial, através de autos suplementares. Assim, enquanto o processo tem sua marcha garantida, a polícia judiciária vai colhendo outros elementos para posterior remessa ao fórum. Evitam-se, com isso, atrasos indevidos.

77. Requisição de diligências: como se disse anteriormente, *requisitar* tem o sentido de *exigir legalmente* e não simplesmente dar uma ordem. A autoridade policial está obrigada a cumprir as requisições tanto do juiz quanto do promotor, competentes – é óbvio – para fiscalizarem investigações criminais, porque, assim fazendo, em última análise, segue o determinado em lei, e não a vontade ou o capricho de uma autoridade qualquer. Entretanto, tendo em vista que a requisição há de ter um fundamento legal, não está obrigado o delegado a cumpri-la caso desrespeite o ordenamento vigente.

78. Cumprimento de mandados de prisão: segundo o art. 5.º, LXI, da Constituição Federal, somente a autoridade judiciária, de modo fundamentado e por escrito, pode determinar a prisão de alguém, razão pela qual cabe à polícia judiciária cumprir o mandado expedido. Atualmente, também a Polícia Militar, em seu policiamento ostensivo, tem atribuição para cumprir mandados de prisão, ao deparar-se com alguém procurado.

79. Representação para a prisão preventiva: o termo *representar*, fora do contexto da vítima em crimes de ação privada, tem, no processo penal, o significado de apresentar uma exposição de motivos, sustentando algum ponto de vista, a quem de direito. No caso da autoridade policial, não se fala em *requerer*, pois ela não é parte na relação processual, logo, nada tem a pleitear em nome próprio, embora possa *representar*, ou seja, dar suas razões para que alguém seja detido cautelarmente. Atualmente, inclui-se, também, na sua esfera de atribuições a possibilidade de representar para obtenção da prisão temporária. Confira-se: Lei 7.960/1989, art. 2.º: "A prisão temporária será decretada pelo Juiz, em face da *representação da autoridade policial* ou de requerimento do Ministério Público, e terá o prazo de 5 (cinco) dias, prorrogável por igual período em caso de extrema e comprovada necessidade" (grifamos). Note-se outro exemplo no desaforamento (arts. 427 e 428, CPP), que prevê a possibilidade de haver *representação* do juiz ao Tribunal, para que se viabilize a transferência de foro do júri, quando presentes os requisitos legais. Mais recentemente, outra ilustração: "Em qualquer fase do inquérito policial ou da instrução criminal, caberá a prisão preventiva do agressor, decretada pelo juiz, de ofício, a requerimento do Ministério Público ou mediante *representação* da autoridade policial" (Lei da Violência Doméstica, Lei 11.340/2006, art. 20, *caput*, com grifo nosso).

> **Art. 13-A.** Nos crimes previstos nos arts. 148, 149 e 149-A, no § 3.º do art. 158 e no art. 159 do Decreto-lei n.º 2.848, de 7 de dezembro de 1940 (Código Penal),[79-A] e no art. 239 da Lei n.º 8.069, de 13 de julho de 1990 (Estatuto da Criança e do Adolescente),[79-B] o membro do Ministério Público ou o delegado de polícia poderá requisitar, de quaisquer órgãos do poder público ou de empresas da iniciativa privada, dados e informações cadastrais da vítima ou de suspeitos.[79-C]

Art. 13-A

Parágrafo único. A requisição, que será atendida no prazo de 24 (vinte e quatro) horas, conterá:[79-D]

I – o nome da autoridade requisitante;

II – o número do inquérito policial; e

III – a identificação da unidade de polícia judiciária responsável pela investigação.

79-A. Delitos previstos no Código Penal: são os seguintes: a) *sequestro e cárcere privado:* "art. 148. Privar alguém de sua liberdade, mediante sequestro ou cárcere privado: Pena – reclusão, de um a três anos. § 1.º A pena é de reclusão, de dois a cinco anos: I – se a vítima é ascendente, descendente, cônjuge ou companheiro do agente ou maior de 60 (sessenta) anos; II – se o crime é praticado mediante internação da vítima em casa de saúde ou hospital; III – se a privação da liberdade dura mais de quinze dias; IV – se o crime é praticado contra menor de 18 (dezoito) anos; V – se o crime é praticado com fins libidinosos. § 2.º Se resulta à vítima, em razão de maus-tratos ou da natureza da detenção, grave sofrimento físico ou moral: Pena – reclusão, de dois a oito anos; b) *redução a condição análoga à de escravo:* "art. 149. Reduzir alguém a condição análoga à de escravo, quer submetendo-o a trabalhos forçados ou a jornada exaustiva, quer sujeitando-o a condições degradantes de trabalho, quer restringindo, por qualquer meio, sua locomoção em razão de dívida contraída com o empregador ou preposto: Pena – reclusão, de dois a oito anos, e multa, além da pena correspondente à violência. § 1.º Nas mesmas penas incorre quem: I – cerceia o uso de qualquer meio de transporte por parte do trabalhador, com o fim de retê-lo no local de trabalho; II – mantém vigilância ostensiva no local de trabalho ou se apodera de documentos ou objetos pessoais do trabalhador, com o fim de retê-lo no local de trabalho. § 2.º A pena é aumentada de metade, se o crime é cometido: I – contra criança ou adolescente; II – por motivo de preconceito de raça, cor, etnia, religião ou origem"; c) *tráfico de pessoas:* "art. 149-A. Agenciar, aliciar, recrutar, transportar, transferir, comprar, alojar ou acolher pessoa, mediante grave ameaça, violência, coação, fraude ou abuso, com a finalidade de: I – remover-lhe órgãos, tecidos ou partes do corpo; II – submetê-la a trabalho em condições análogas à de escravo; III – submetê-la a qualquer tipo de servidão; IV – adoção ilegal; ou V – exploração sexual: Pena – reclusão, de 4 (quatro) a 8 (oito) anos, e multa. § 1.º A pena é aumentada de um terço até a metade se: I – o crime for cometido por funcionário público no exercício de suas funções ou a pretexto de exercê-las; II – o crime for cometido contra criança, adolescente ou pessoa idosa ou com deficiência; III – o agente se prevalecer de relações de parentesco, domésticas, de coabitação, de hospitalidade, de dependência econômica, de autoridade ou de superioridade hierárquica inerente ao exercício de emprego, cargo ou função; ou IV – a vítima do tráfico de pessoas for retirada do território nacional. § 2.º A pena é reduzida de um a dois terços se o agente for primário e não integrar organização criminosa"; d) *extorsão com sequestro relâmpago:* "art. 158 e seu § 3.º constranger alguém, mediante violência ou grave ameaça, e com o intuito de obter para si ou para outrem indevida vantagem econômica, a fazer, tolerar que se faça ou deixar de fazer alguma coisa: (..) § 3.º Se o crime é cometido mediante a restrição da liberdade da vítima, e essa condição é necessária para a obtenção da vantagem econômica, a pena é de reclusão, de 6 (seis) a 12 (doze) anos, além da multa; se resulta lesão corporal grave ou morte, aplicam-se as penas previstas no art. 159, §§ 2.º e 3.º, respectivamente; e) *extorsão mediante sequestro:* art. 159. Sequestrar pessoa com o fim de obter, para si ou para outrem, qualquer vantagem, como condição ou preço do resgate: Pena – reclusão, de oito a quinze anos. § 1.º Se o sequestro dura mais de 24 (vinte e quatro) horas, se o sequestrado é menor de 18 (dezoito) ou maior de 60 (sessenta) anos, ou se o crime é cometido por bando

Art. 13-B

Código de Processo Penal Comentado · **Nucci**   90

ou quadrilha: Pena – reclusão, de doze a vinte anos. § 2.º Se do fato resulta lesão corporal de natureza grave: Pena – reclusão, de dezesseis a vinte e quatro anos. § 3.º Se resulta a morte: Pena – reclusão, de vinte e quatro a trinta anos. § 4.º Se o crime é cometido em concurso, o concorrente que o denunciar à autoridade, facilitando a libertação do sequestrado, terá sua pena reduzida de um a dois terços".

79-B. Delito previsto na Lei 8.069/1990: é o seguinte: "art. 239. Promover ou auxiliar a efetivação de ato destinado ao envio de criança ou adolescente para o exterior com inobservância das formalidades legais ou com o fito de obter lucro: Pena – reclusão de quatro a seis anos, e multa. Parágrafo único. Se há emprego de violência, grave ameaça ou fraude: Pena – reclusão, de 6 (seis) a 8 (oito) anos, além da pena correspondente à violência".

79-C. Requisição de dados e informes cadastrais pelo delegado ou membro do MP: norma similar foi introduzida, anteriormente, pela Lei 12.850/2013 (Lei da Organização Criminosa), consistente em procedimento célere para obter dados e informações de cadastro, vale dizer, nada que significa invasão de intimidade ou privacidade, pois de caráter público. O cadastro de uma empresa, contendo endereço da sua clientela, chega a ser negociado para transmissão a quem inicia um negócio e deseja enviar, por exemplo, convites ou alguma forma de propaganda a pessoas já cadastradas por outra empresa.

79-D. Prazo de 24 horas: trata-se de um período muito extenso quando envolve o sequestro de uma pessoa. A requisição deveria ser atendida *imediatamente*, sob pena de desobediência.

> **Art. 13-B.** Se necessário à prevenção e à repressão dos crimes relacionados ao tráfico de pessoas, o membro do Ministério Público ou o delegado de polícia poderão requisitar, mediante autorização judicial, às empresas prestadoras de serviço de telecomunicações e/ou telemática que disponibilizem imediatamente os meios técnicos adequados – como sinais, informações e outros – que permitam a localização da vítima ou dos suspeitos do delito em curso. [79-E]
>
> § 1.º Para os efeitos deste artigo, sinal significa posicionamento da estação de cobertura, setorização e intensidade de radiofrequência. [79-F]
>
> § 2.º Na hipótese de que trata o *caput*, o sinal:
>
> I – não permitirá acesso ao conteúdo da comunicação de qualquer natureza, que dependerá de autorização judicial, conforme disposto em lei; [79-G]
>
> II – deverá ser fornecido pela prestadora de telefonia móvel celular por período não superior a 30 (trinta) dias, renovável por uma única vez, por igual período; [79-H]
>
> III – para períodos superiores àquele de que trata o inciso II, será necessária a apresentação de ordem judicial. [79-I]
>
> § 3.º Na hipótese prevista neste artigo, o inquérito policial deverá ser instaurado no prazo máximo de 72 (setenta e duas) horas, contado do registro da respectiva ocorrência policial. [79-J]
>
> § 4.º Não havendo manifestação judicial no prazo de 12 (doze) horas, a autoridade competente requisitará às empresas prestadoras de serviço de telecomunicações e/ou telemática que disponibilizem imediatamente os meios técnicos adequados – como sinais, informações e outros – que permitam a localização da vítima ou dos suspeitos do delito em curso, com imediata comunicação ao juiz. [79-K]

79-E. Requisição mediante autorização judicial: eis um ponto bizarro da nova Lei, pois, se é o delegado ou membro do Ministério Público que requisita (exige o cumprimento por força de lei), tal medida independe de outra autoridade, no caso a judicial, autorizar. No entanto, cuidando-se de invasão da intimidade/privacidade, pois gera a localização da vítima ou dos suspeitos (hipóteses diversas de simples registro cadastral), depende-se de autorização judicial. Assim sendo, quem, na verdade, *requisita* o meio técnico adequado para a localização de vítima/suspeito é a autoridade judiciária.

79-F. Sinal: refere-se, como regra, ao celular e ao GPS.

79-G. Conteúdo da comunicação: outra insensatez do texto normativo, pois não permitir o conhecimento do conteúdo ("grampo") pode não servir à localização da vítima e à punição do autor do crime; por outro lado, se a requisição, como se viu na nota anterior, *deve* ser feita por juiz, não há nenhum sentido no previsto neste inciso (depender de autorização judicial). Em suma, feita a requisição *judicial*, deve envolver todos os fins necessários.

79-H. Período de 30 dias: a lei de interceptação telefônica menciona o prazo de quinze dias para a escuta, prorrogável por mais quinze. Atualmente, tem-se por jurisprudência dominante que esse prazo pode ser prorrogado várias vezes, caso a infração se perpetue no tempo. Logo, o disposto neste inciso já nasce com julgados contrários ao seu preciso texto. Sob outro prisma, quando houver requisição judicial (o que é preciso para os objetivos deste artigo), pouco importa o período superior a 60 dias. Diante disso, o inciso III é outra contradição.

79-I. Período superior a 60 dias: ver a nota anterior.

79-J. 72 horas para instaurar inquérito: a prática de crimes referentes à privação da liberdade da vítima não pode se sujeitar a prazos tão extensos. Algumas horas a mais podem representar o desaparecimento permanente da pessoa ofendida. Logo, não tem sentido algum o lapso de 72 horas para instaurar inquérito.

79-K. Contradição normativa: perpetua-se a ilogicidade do texto legal, pois, como já vimos, para a espécie de crime previsto neste artigo, com a violação da intimidade para a localização da vítima ou do suspeito, *tudo* deve ser feito com autorização judicial. Logo, é integralmente improcedente, pois inconstitucional, inserir na lei que, na ausência de manifestação judicial, outra autoridade tem acesso a dados sigilosos. Seria o mesmo que, feito um pedido de prisão por membro do MP, caso o juiz não decidisse em algumas horas, o próprio promotor pudesse decretar a custódia. Ora, se o juiz não segue a celeridade exigida pelo caso, descumpre os deveres de sua função pública e pode ser responsabilizado. Outro magistrado pode ser acionado para suprir a abstenção do colega, mas a ordem constitucional não será violada por conta disso.

> **Art. 14.** O ofendido, ou seu representante legal, e o indiciado poderão requerer qualquer diligência,[80] que será realizada, ou não, a juízo da autoridade.

80. Requerimento de diligências durante o inquérito: a vítima, pessoalmente ou através de seu representante legal, bem como o indiciado – a pessoa oficialmente apontada como suspeita pela prática do crime – podem requerer ao presidente do inquérito, que é a autoridade policial, a realização de alguma diligência que considerem útil à busca da verdade real (ouvida de alguma testemunha, realização de exame pericial etc.), podendo ser este pleito deferido ou indeferido, sem necessidade de qualquer fundamentação. O inquérito é um procedimento administrativo investigatório, não envolto pelo contraditório, nem abrangido

Art. 14-A

pela ampla defesa, motivo pelo qual o indiciado não tem o direito de se envolver na colheita da prova, valendo o mesmo para a vítima. Entretanto, se a prova requerida for muito importante, pode a parte, cujo requerimento foi indeferido, dirigi-lo novamente ao promotor ou ao juiz que acompanham, necessariamente, o andamento do inquérito. Julgando viável o solicitado, a diligência pode ser requisitada pela autoridade competente, obrigando, então, o delegado a atendê-la. Na jurisprudência: STJ: "O art. 14 do Código de Processo Penal não concede à parte interessada o direito de se envolver na colheita da prova, permitindo-lhe, tão somente, colaborar na sua produção. Portanto, a decisão sobre a realização, ou não, da diligência, fica a critério da Autoridade Policial. 3. No caso em apreço, verifica-se que, após realizadas as diligências que entendeu pertinentes, a Autoridade Policial emitiu o relatório final das investigações. Os Recorrentes pleitearam a realização de outras diligências, entre estas a quebra do sigilo fiscal da suposta autora do fato, o que, no entanto, não foi deferido. Portanto, se nem o Ministério Público, titular da ação penal pública incondicionada, nem o Magistrado não julgaram ser pertinente a realização das diligências requeridas, não é dado à parte intervir nesse cenário. 4. '[A] atipicidade da conduta e a inexistência de elementos mínimos para a *persecutio criminis* na visão Ministério Público Federal, titular da ação penal pública, impõem o arquivamento dos autos' (AgRg na NC 344/RJ, Corte Especial, Rel. Min. Arnaldo Esteves Lima, *DJe* de 08/03/2010). 5. Agravo regimental desprovido" (AgRg no RMS 30.005/SP, 5.ª T., rel. Laurita Vaz, 22.10.2013, v.u.).

> **Art. 14-A.** Nos casos em que servidores vinculados às instituições dispostas no art. 144 da Constituição Federal[80-A] figurarem como investigados em inquéritos policiais, inquéritos policiais militares e demais procedimentos extrajudiciais, cujo objeto for a investigação de fatos relacionados ao uso da força letal praticados no exercício profissional,[80-B] de forma consumada ou tentada, incluindo as situações dispostas no art. 23 do Decreto-Lei n.º 2.848, de 7 de dezembro de 1940 (Código Penal), o indiciado poderá constituir defensor.[80-C]
>
> § 1.º Para os casos previstos no *caput* deste artigo, o investigado deverá ser citado da instauração do procedimento investigatório, podendo constituir defensor no prazo de até 48 (quarenta e oito) horas a contar do recebimento da citação.[80-D]
>
> § 2.º Esgotado o prazo disposto no § 1.º deste artigo com ausência de nomeação de defensor pelo investigado, a autoridade responsável pela investigação deverá intimar a instituição a que estava vinculado o investigado à época da ocorrência dos fatos, para que essa, no prazo de 48 (quarenta e oito) horas, indique defensor para a representação do investigado.[80-E]
>
> § 3.º Havendo necessidade de indicação de defensor nos termos do § 2.º deste artigo, a defesa caberá preferencialmente à Defensoria Pública, e, nos locais em que ela não estiver instalada, a União ou a Unidade da Federação correspondente à respectiva competência territorial do procedimento instaurado deverá disponibilizar profissional para acompanhamento e realização de todos os atos relacionados à defesa administrativa do investigado.[80-F]
>
> § 4.º A indicação do profissional a que se refere o § 3.º deste artigo deverá ser precedida de manifestação de que não existe defensor público lotado na área territorial onde tramita o inquérito e com atribuição para nele atuar, hipótese em que poderá ser indicado profissional que não integre os quadros próprios da Administração.[80-G]

> § 5.º Na hipótese de não atuação da Defensoria Pública, os custos com o patrocínio dos interesses dos investigados nos procedimentos de que trata este artigo correrão por conta do orçamento próprio da instituição a que este esteja vinculado à época da ocorrência dos fatos investigados.[80-H]
>
> § 6.º As disposições constantes deste artigo se aplicam aos servidores militares vinculados às instituições dispostas no art. 142 da Constituição Federal, desde que os fatos investigados digam respeito a missões para a Garantia da Lei e da Ordem.[80-I]

80-A. Servidores do art. 144 da Constituição Federal: são os pertencentes às seguintes instituições: polícia federal, polícia rodoviária federal, polícia ferroviária federal, polícias civis, polícias militares e corpos de bombeiros militares, polícias penais federal, estaduais e distrital. Há uma previsão similar, prevista pela mesma Lei 13.964/2019, no art. 16-A do Código de Processo Penal Militar, aos agentes policiais militares e bombeiros.

80-B. Investigação de fatos ao uso de força letal: concede-se um especial privilégio aos agentes da segurança pública, quando figurarem como investigados em inquéritos de qualquer natureza pelo emprego de *força letal* (homicídio, em termos penais) no exercício da função. A lei ainda adverte: "de forma consumada ou tentada, incluindo as situações dispostas no art. 23 do Decreto-Lei n.º 2.848, de 7 de dezembro de 1940 (Código Penal)". Significa que o investigado deve acompanhar o inquérito, mesmo que se trate de apuração da hipótese de legítima defesa, estado de necessidade, exercício regular de direito ou estrito cumprimento do dever legal. Foi malfeita, sem dúvida, a redação do art. 14-A. Vale lembrar que não se pode usar força letal (mortal) no exercício de direito (não há o direito de matar) ou no estrito cumprimento do dever legal (não há o dever de matar). Quando se inclui o estado de necessidade, pode-se dizer, simplesmente, que agentes da segurança raramente encaixam-se nessa excludente; afinal, qualquer um pode matar em estado de necessidade, desde que sejam preenchidos os elementos do art. 24 do Código Penal. Diante disso, 99% das apurações consistem em ter havido legítima defesa, ou não. Esse privilégio significa o direito de ter, desde a fase inicial investigatória, um defensor. Valemo-nos do termo *privilégio* (vantagem, concessão especial) porque todos os demais investigados, por qualquer outro delito, não são "citados" para acompanhar os atos investigatórios, inclusive com uma defesa obrigatória. Embora se diga que os servidores *podem* constituir defensor, na verdade, *devem*, porque, se não o fizerem, a instituição à qual pertencem será alertada para que o faça.

80-C. Função do defensor: considerando tratar-se de um defensor constituído pelo servidor investigado ou indicado pela instituição à qual pertence, o seu trabalho, na verdade, será de acompanhamento das diligências investigatórias. Não deverá intervir, como se estivesse em juízo, pois isso descaracterizaria o próprio inquérito, transformando-o em "procedimento contraditório, com ampla defesa". Esse particular tratamento seria inconstitucional porque fere o princípio da igualdade de todos perante a lei. Pode, como qualquer outro defensor de investigado, propor provas, mas a autoridade que preside a investigação não está obrigada a aceitar (art. 14, deste Código).

80-D. Citação do investigado: o termo *citação*, em processo, é reservado para o ato procedimental que dá conhecimento ao réu acerca de um processo que lhe move o autor; na esfera criminal, o órgão acusatório ou a vítima. De todo modo, pretendendo *avisar* o investigado do inquérito em andamento, conclamando-o a constituir defensor, deveria ter sido usado o termo *intimação*. Foge à regra mencionar-se *citação* de alguém para *acompanhar* uma investigação, sem apresentar defesa e iniciar o contraditório.

Art. 14-A

Código de Processo Penal Comentado · **Nucci**   94

80-E. Indicação de defensor: observa-se que o critério de ter defensor acompanhando a investigação é um ato obrigatório, no cenário da Administração, pois, se o servidor não constituir advogado, a instituição à qual ele pertence deverá fazê-lo. Se, por acaso, ainda que intimada, não indicar o defensor, a investigação deve prosseguir normalmente. Afinal, se qualquer falha houver, não se proclama nulidade antes do ajuizamento de ação penal. Por isso, não se deve interromper, de qualquer maneira, o curso de inquérito. Se a instituição não indicar o defensor, no prazo fixado em lei, cuida-se de um problema a ser apurado no âmbito administrativo da responsabilidade funcional. Não há nada a se relacionar com o curso da investigação criminal. Se, porventura, a autoridade responsável pela presidência do inquérito o suspender somente porque a instituição não indicou defensor, deverá responsabilizar-se por isso, tendo em vista que poderá gerar a prescrição. Aliás, cabe ao Ministério Público, fiscalizando o inquérito policial, não permitir que isto se dê.

80-F. Houve veto aos §§ 3.º, 4.º e 5.º: as razões para os três vetos foram: "a propositura legislativa, ao prever que os agentes investigados em inquéritos policiais por fatos relacionados ao uso da força letal praticados no exercício profissional serão defendidos prioritariamente pela Defensoria Pública e, nos locais em que ela não tiver instalada, a União ou a Unidade da Federação correspondente deverá disponibilizar profissional, viola o disposto no art. 5.º, inciso LXXIV, combinado com o art. 134, bem como os arts. 131 e 132, todos da Constituição da República, que confere à Advocacia-Geral da União e às Procuradorias dos Estados e do Distrito Federal, também Função Essencial à Justiça, a representação judicial das respectivas unidades federadas, e destas competências constitucionais deriva a competência de representar judicialmente seus agentes públicos, em consonância com a jurisprudência do Supremo Tribunal (*v.g.* ADI 3.022, rel. Min. Joaquim Barbosa, j. 2-8-2004, P, *DJ* de 4-3-2005)". Por um lado, embora o veto tenha sido derrubado, em nossa visão, foi bem aplicado porque à Defensoria Pública cabe defender os necessitados, mormente quando criminalmente acusados, sejam eles quem forem, nos termos do art. 134 da Constituição Federal: "a Defensoria Pública é instituição permanente, essencial à função jurisdicional do Estado, incumbindo-lhe, como expressão e instrumento do regime democrático, fundamentalmente, a orientação jurídica, a promoção dos direitos humanos e a defesa, em todos os graus, judicial e extrajudicial, dos direitos individuais e coletivos, *de forma integral e gratuita, aos necessitados*, na forma do inciso LXXIV do art. 5.º desta Constituição Federal" (grifamos). Portanto, nesse prisma, foi corretamente citada a decisão do STF, com a seguinte ementa: "1. Norma estadual que atribui à Defensoria Pública do estado a defesa judicial de servidores públicos estaduais processados civil ou criminalmente em razão do regular exercício do cargo extrapola o modelo da Constituição Federal (art. 134), o qual restringe as atribuições da Defensoria Pública à assistência jurídica a que se refere o art. 5.º, LXXIV. 2. Declaração de inconstitucionalidade da expressão 'bem como assistir, judicialmente, aos servidores estaduais processados por ato praticado em razão do exercício de suas atribuições funcionais', contida na alínea a do Anexo II da Lei Complementar estadual 10.194/1994, também do estado do Rio Grande do Sul. Proposta acolhida, nos termos do art. 27 da Lei 9.868, para que declaração de inconstitucionalidade tenha efeitos a partir de 31 de dezembro de 2004. 3. Rejeitada a alegação de inconstitucionalidade do art. 45 da Constituição do Estado do Rio Grande do Sul. 4. Ação julgada parcialmente procedente" (ADI 3.022-RS, Pleno, rel. Joaquim Barbosa, 02.08.2004, com votação unânime para a declaração de inconstitucionalidade). Em suma, quando agentes da segurança pública forem acusados de crimes, cometidos no exercício profissional, com uso de força letal (como, por exemplo, homicídio), somente seriam defendidos pela Defensoria Pública se forem considerados pessoas economicamente necessitadas, impossibilitadas de contratar um advogado. Porém, não poderia constar de lei, como regra, o patrocínio dessa defesa pela instituição indicada. Sob outro aspecto, o veto dava a entender que o servidor público, atuando como agente de segurança, acusado de um crime, nos termos já explicitados, poderia ser defendido pela Advocacia da União, o que representa uma ilogicidade, visto que esta não se destina a defesas criminais. Registre-se o disposto pelo art. 131 da Constituição Federal: "a Advocacia-Geral da União é a instituição que, diretamente ou através de órgão vinculado, representa a União, judicial e extrajudicialmente, cabendo-lhe, nos termos da lei complementar que dispuser sobre sua organização e funcionamento, as atividades de consultoria e assessoramento jurídico do Poder Executivo". A responsabilidade criminal é pessoal, de modo que a Advocacia da União não representa pessoas físicas, que teriam cometido um delito, mas a União, em seus interesses, quando cobrados em juízo. Portanto, os agentes de segurança pública não devem ser defendidos, como regra, pela Defensoria Pública, motivo pelo qual o veto deveria ter sido mantido. Porém, também não serão defendidos por advogados da União e, por óbvio, muito menos por procuradores da Fazenda, cuja atribuição é cobrar dívidas tributárias.

80-G. O § 4.º foi vetado: o Parlamento derrubou o veto. Consultar os comentários ao item 80-F.

80-H. O § 5.º foi vetado: o Congresso Nacional derrubou o veto. Consultar os comentários ao item 80-F.

80-I. Servidores militares: incluem-se os pertencentes às "Forças Armadas, constituídas pela Marinha, pelo Exército e pela Aeronáutica". A menção às missões para a Garantia da Lei e da Ordem diz respeito à anomalia brasileira de se convocar os integrantes dessas forças para participar da segurança pública.

> **Art. 15.** Se o indiciado for menor, ser-lhe-á nomeado curador[81-84] pela autoridade policial.

81. Curador: era a pessoa que tinha por função proteger e orientar o menor de 21 anos, tanto no interrogatório da fase policial quanto no interrogatório prestado em juízo, suprindo-lhe as naturais deficiências trazidas pela imaturidade e zelando para que não houvesse qualquer arbítrio ou coação indevida contra a sua pessoa. Estava vinculado à defesa do menor e não poderia depor contra seus interesses, revelando dados sigilosos, protegidos por lei (ver nota 48 ao art. 207). As notas foram mantidas para conhecimento da função do curador, antes do advento do Código Civil de 2002.

81-A. Alteração trazida pelo Código Civil: preceitua a Lei 10.406, de 10.01.2002, no art. 5.º, que "a menoridade cessa aos 18 (dezoito) anos completos, quando a pessoa fica habilitada à prática de todos os atos da vida civil". Nota-se que a evolução da sociedade, dos seus hábitos e costumes está a evidenciar a desnecessidade de se tutelar o maior de 18 anos e menor de 21 anos com as cautelas antes exigidas pela sua pretensa inexperiência e ingenuidade. Sabe-se que a pessoa, ao atingir os 18 anos, atualmente, encontra-se perfeitamente habilitada para desempenhar todos os atos da vida civil e penal: pode celebrar, sozinha, um contrato de compra e venda de bens móveis ou imóveis, como pode, também, responder penalmente pelas infrações penais que praticar. Logo, inexiste qualquer fundamento lógico para se manter a figura do curador. Na jurisprudência: TJRS: "Consoante entendimento jurisprudencial consolidado, desde a vigência do novo Código Civil, não se faz mais necessária a nomeação de curador especial para indiciados/acusados com idade entre 18 e 21, lembrando que, quanto aos já réus em ação penal, foi revogado o art. 194 do CPP pela Lei 10.792, de 1.º.12.2003, que preceituava a necessidade de nomeação de curador,

Art. 16

o que, pelo espírito da lei, deve ser estendido também à exigência contida no art. 15 do CPP, aos indiciados" (HC 70084293455-RS, 8.ª C., rel. Fabianne Breton Baisch, 29.07.2020, v.u.).

82. Quem podia ser curador: deveria ser pessoa maior de 21 anos, no pleno gozo de sua capacidade civil, alfabetizado, leigo ou advogado, desde que não fosse pessoa subordinada administrativamente ao juiz, ao promotor ou à autoridade policial. Não poderia sê-lo, naturalmente, promotores, autoridades policiais e seus agentes.

83. Nomeação de policial para curador do menor: sempre acreditamos ser impossível compatibilizar a função de protetor dos interesses do menor com a de policial, exercendo suas atividades exatamente na delegacia onde o indiciado estaria sendo ouvido. Qual proteção poderia ele conferir ao menor contra atos eventualmente excessivos do seu superior hierárquico, autoridade policial presidente do inquérito? Portanto, a nomeação deveria recair, preferencialmente, em parentes ou amigos do menor, bem como em advogados que possuam capacidade postulatória.

84. Curador parente da vítima: considerávamos inadmissível. A função de proteção do curador estaria seriamente prejudicada caso fosse nomeado parente do ofendido para zelar pelos interesses do indiciado menor.

> **Art. 16.** O Ministério Público não poderá requerer a devolução do inquérito à autoridade policial, senão para novas diligências, imprescindíveis ao oferecimento da denúncia.[85]

85. Devolução do inquérito à polícia judiciária: trata-se de hipótese excepcional e indispensável ao oferecimento da denúncia, quando as investigações forem encerradas pela autoridade policial, que remete os autos ao fórum, acompanhado de seu relatório. Se o promotor ainda não formou a sua *opinio delicti*, porque entende faltar alguma diligência considerada fundamental, pode requerer o retorno para continuidade das investigações. O magistrado deve, como regra, deferir, pois nada poderá fazer se não houver denúncia do titular da ação penal. Entretanto, sendo meramente protelatória a diligência requerida, deve o juiz acionar a Procuradoria-Geral de Justiça para intervir e garantir o regular andamento da investigação ou do processo. Assim, para não haver inútil perda de tempo, defere a diligência, se possível a sua realização, remetendo cópias à chefia do Ministério Público para as providências disciplinares cabíveis. Ver nota 63 ao art. 10, que cuida das possibilidades do promotor ao enfrentar o indeferimento do juiz quanto ao retorno dos autos à delegacia. Ver, ainda, a nota 37 ao art. 29, sobre a interferência da vítima.

> **Art. 17.** A autoridade policial não poderá mandar arquivar autos de inquérito.[86-89]

86. Arquivamento do inquérito: somente o Ministério Público, titular da ação penal, órgão para o qual se destina o inquérito policial, pode se manifestar acerca do seu arquivamento, dando por encerradas as possibilidades de investigação. Não é atribuição da polícia judiciária dar por findo o seu trabalho, nem do juiz, como se pode ver na próxima nota, concluir pela inviabilidade do prosseguimento da colheita de provas. É possível, no entanto, que o representante do Ministério Público expresse o seu parecer pelo arquivamento, sem qualquer fundamento plausível. Ora, sendo a ação penal obrigatória, cabe a interferência do juiz, fazendo a remessa dos autos ao Procurador-Geral de Justiça para que, nos termos do art.

28 do Código de Processo Penal, possa dar a última palavra a respeito do caso, nos termos de decisão do STF. Pode, ainda, a vítima pleitear a remessa dos autos do inquérito à superior instância do MP. Por outro lado, caso as investigações sejam manifestamente infrutíferas e o promotor deseje prosseguir com o inquérito somente para prejudicar alguém, é possível a concessão de ordem de *habeas corpus* para trancar a investigação por falta de justa causa. Esta situação, no entanto, deve ser sempre excepcional.

87. Impossibilidade de ser arquivado inquérito sem manifestação do Ministério Público: nem mesmo a autoridade judiciária pode determinar o arquivamento de inquérito policial se não houver o expresso assentimento do titular da ação penal, que é o Ministério Público. Conferir: STF: "1. O sistema acusatório consagra constitucionalmente a titularidade privativa da ação penal ao Ministério Público (CF, art. 129, I), a quem compete decidir pelo oferecimento de denúncia ou solicitação de arquivamento do inquérito ou peças de informação, sendo dever do Poder Judiciário exercer a 'atividade de supervisão judicial' (STF, Pet. 3.825/MT, Rel. Min. Gilmar Mendes), fazendo cessar toda e qualquer ilegal coação por parte do Estado-acusador (HC 106.124, Rel. Min. Celso de Mello, Segunda Turma, julgado em 22.11.2011, *DJe* de 10.09.2013). 2. Flagrante inconstitucionalidade do artigo 379, parágrafo único, do Regimento Interno do Tribunal de Justiça da Bahia, que exclui a participação do Ministério Público na investigação e decisão sobre o arquivamento de investigação contra magistrados, dando ciência posterior da decisão. 3. Medida cautelar confirmada. Ação direta de inconstitucionalidade conhecida e julgada procedente" (ADI 4693, Tribunal Pleno, rel. Alexandre de Moraes, 11.10.2018, v.u.).

88. Trancamento do inquérito policial: admite-se que, por intermédio do *habeas corpus*, a pessoa eleita pela autoridade policial como suspeita possa recorrer ao Judiciário para fazer cessar o constrangimento a que está exposto, pela mera instauração de investigação infundada. O inquérito é um mecanismo de exercício de poder estatal, valendo-se de inúmeros instrumentos que certamente podem constranger quem não mereça ser investigado. O indiciamento, como já se viu, é mais grave ainda, pois faz anotar, definitivamente, na folha de antecedentes do sujeito a suspeita de ter ele cometido um delito. Por tal razão, quando se perceber nítido abuso na instauração de um inquérito (por exemplo, por fato atípico) ou a condução das investigações na direção de determinada pessoa sem a menor base de prova, é cabível o trancamento da atividade persecutória do Estado. Entretanto, é hipótese excepcional, uma vez que investigar não significa processar, não exigindo, pois, justa causa e provas suficientes para tanto. Coíbe-se o abuso e não a atividade regular da polícia judiciária. O Superior Tribunal de Justiça já tem posição pacífica a esse respeito, mencionando que somente pode ser trancado o inquérito policial quando ficar demonstrada, de pronto, a falta de "elementos mínimos" para caracterizar a existência do crime. Nos tribunais: STF: "O trancamento da ação penal na via do *habeas corpus* só se mostra cabível em casos excepcionalíssimos de manifestas (i) atipicidade da conduta, (ii) presença de causa extintiva de punibilidade ou (iii) ausência de suporte probatório mínimo de autoria e materialidade delitivas, o que não ocorre no presente caso" (HC 128691 AgR, 1.ª T., rel. Rosa Weber, 26.04.2016, v.u.). STJ: "1. Nos termos do entendimento consolidado desta Corte, o trancamento da ação penal, inquérito policial ou procedimento investigativo por meio do *habeas corpus* é medida excepcional. Por isso, será cabível somente quando houver inequívoca comprovação da atipicidade da conduta, da incidência de causa de extinção da punibilidade ou da ausência de indícios de autoria ou de prova sobre a materialidade do delito" (AgRg no RHC 170.531/RJ, 5.ª T., rel. Ribeiro Dantas, 23.03.2023, v.u.).

88-A. Trancamento com base na lentidão da investigação do crime: tendo em vista que o trancamento de inquérito ou ação penal é medida excepcional, aplicável quando não

Art. 18

Código de Processo Penal Comentado · Nucci   98

há nenhum suporte para a continuidade, tais como ausência da materialidade ou de indícios suficientes de autoria, além de casos evidentes de atipicidade, não há a alternativa de trancar a investigação em virtude da demora excessiva em realizá-la. Nesse quadro, somente pode ser interrompido o inquérito, se ocorrer a prescrição da pretensão punitiva da pena em abstrato. Na jurisprudência: STJ: "5. Embora o inquérito policial haja permanecido com o Ministério Público por mais de dois anos, sem nenhuma movimentação e, posteriormente, hajam sido solicitadas diligências complementares – circunstância que evidencia a ausência de oferecimento de denúncia ou de novo pleito de arquivamento do procedimento investigatório até o momento –, não se identificam elementos suficientes para determinar o trancamento do inquérito policial, sobretudo porque representaria um atestado de incapacidade do Estado brasileiro de apurar um crime de homicídio ocorrido em 2010. 6. Não se desconhecem as deficiências do Ministério Público, da Polícia, do Poder Judiciário. Embora se perceba a existência de um atraso (talvez) injustificável na espécie, que enseja a tomada de providências a respeito, não parece ser o encerramento da investigação a medida adequada. 7. As circunstâncias do caso, em especial o fato de que o prazo prescricional para o delito em exame é de 20 anos, período ainda não atingido desde a data do fato (26.02.2010), bem como por permanecer a recorrente em liberdade até o momento, recomendam o prosseguimento das investigações. 8. Recurso não provido" (RHC 79.424/PA, 6.ª T., rel. Sebastião Reis Júnior, rel. p/ Acórdão Rogerio Schietti Cruz, 26.02.2019).

89. Trancamento de inquérito requisitado pelo Ministério Público: existe essa possibilidade, desde que a requisição não forneça os dados mínimos de segurança para que a investigação seja instaurada, mormente quando faz referência a um sujeito determinado. Dessa forma, requisições que mencionem simples crimes em tese, mas sem descrever a conduta típica e sem apontar o dispositivo legal violado, constituem constrangimentos ilegais, sanáveis pelo *habeas corpus*.

> **Art. 18.** Depois de ordenado o arquivamento do inquérito pela autoridade judiciária, por falta de base para a denúncia, a autoridade policial poderá proceder a novas pesquisas, se de outras provas tiver notícia.[90-91-A]

90. Prosseguimento das investigações, após o encerramento do inquérito: a decisão que determina o arquivamento do inquérito não gera, em regra, coisa julgada material, podendo ser revista a qualquer tempo, inclusive porque novas provas podem surgir. Ocorre que a autoridade policial, segundo o preceituado em lei, independentemente da instauração de outro inquérito, pode proceder a *novas pesquisas*, o que significa sair em busca de provas que surjam e cheguem ao seu conhecimento. Para reavivar o inquérito policial, desarquivando-o, cremos ser necessário que as provas coletadas sejam substancialmente novas – aquelas realmente desconhecidas anteriormente por qualquer das autoridades –, sob pena de se configurar um constrangimento ilegal. Nesse sentido, a Súmula 524 do Supremo Tribunal Federal: "Arquivado o inquérito policial, por despacho do juiz, a requerimento do Promotor de Justiça, não pode a ação penal ser iniciada, sem novas provas". Na jurisprudência: STF: "Arquivamento de inquérito policial. 'Novas pesquisas'. Possibilidade de reabertura das investigações, se de outras provas houver notícia. *A contrario sensu*, a reabertura não pode decorrer da simples mudança de opinião ou reavaliação da situação. É indispensável que haja novas provas ou, ao menos, novas linhas de investigação em perspectiva. Impossibilidade de reabrir inquérito para aprofundar linhas de investigação que já estavam disponíveis para exploração anterior. O arquivamento da investigação, ainda que não faça coisa julgada, é ato sério que só pode ser revisto por motivos igualmente sérios e surgidos posteriormente. Reabertura das investigações que decorreu do puro e simples inconformismo com o arquivamento requerido pelo Procurador-Geral da República, sem que uma linha de investigação nova tenha surgido após o arquivamento. Empate nas votações. Matéria criminal. Adoção do entendimento mais favorável à defesa. Precedente. Dado provimento ao agravo regimental, para julgar procedente a reclamação e determinar o trancamento do Procedimento de Investigação Criminal 94.0003.0003465/2015-2, do MPSP" (Rcl 20132 AgR-segundo, 2.ª T., rel. Teori Zavascki, rel. (a) p/ Acórdão: Gilmar Mendes, 23.02.2016).

90-A. Arquivamento com fundamento na atipicidade da conduta: nesse caso, é possível gerar coisa julgada material. A conclusão extraída pelo Ministério Público (órgão que requer o arquivamento), encampada pelo Judiciário (órgão que determina o arquivamento), de se tratar de fato atípico (irrelevante penal) deve ser considerada definitiva. Não há sentido em sustentar que, posteriormente, alguém possa conseguir *novas provas* a respeito de fato já declarado penalmente irrisório. Nesse sentido: STF: "I – O arquivamento de inquérito policial não faz coisa julgada nem causa a preclusão. II – Contrariamente ao que ocorre quando o arquivamento se dá por atipicidade do fato, a superveniência de novas provas relativamente a alguma excludente de ilicitude admite o desencadeamento de novas investigações. III – Ordem denegada" (HC 87395, Tribunal Pleno, rel. Ricardo Lewandowski, 23.03.2017, maioria). STJ: "II – O acolhimento do pleito de arquivamento por atipicidade, por acarretar a ocorrência de coisa julgada material, depende de exame de mérito, somente sendo acolhido se estiverem presentes, de modo inequívoco, os requisitos necessários para sua configuração. Precedentes" (Pet 14.197/AM, Corte Especial, rel. Francisco Falcão, 16.06.2021, v.u.). Conferir o disposto na nota 24-A ao art. 28.

90-B. Arquivamento com base em excludente de ilicitude ou de culpabilidade: conforme a situação, em nosso entendimento, gera, igualmente, coisa julgada material. Se o representante do Ministério Público chega à conclusão de não haver crime, por ter o indiciado (ou mero investigado) agido sob alguma excludente de ilicitude (estado de necessidade, legítima defesa, estrito cumprimento do dever legal, exercício regular de direito ou consentimento do ofendido), bem como em situação de exclusão da culpabilidade (erro de proibição escusável, coação moral irresistível, obediência hierárquica ou inexigibilidade de conduta diversa), não há cabimento em se reabrir, futuramente, a investigação policial, a pretexto de terem surgido novas provas. A única exceção é a exclusão da culpabilidade por doença mental, tendo em vista a possibilidade de se aplicar medida de segurança. Conferir o disposto na nota 24-A ao art. 28.

90-C. Intervenção da vítima: a parte ofendida pelo eventual crime não pode interferir no pedido de arquivamento do Ministério Público, quando se tratar de ação pública, condicionada ou incondicionada, pois não detém legitimidade ativa para tanto. É preciso lembrar que a vítima pode ingressar com ação penal privada subsidiária da pública (art. 29, CPP), somente se o órgão ministerial não agir dentro do prazo legal. Propor o arquivamento significa atuar e constitui prerrogativa exclusiva do Parquet essa postulação. Entretanto, o ofendido pode recorrer da decisão de arquivamento, nos termos do art. 28, § 1.º, do CPP.

91. Reabertura do caso com classificação diversa: é inviável reinaugurar o inquérito e a ação penal, quando já houver arquivamento determinado, dando-se singela reclassificação do fato. É preciso que surjam novas provas e, consequentemente, novo fato-infração penal.

91-A. Prova emprestada: seja o inquérito policial arquivado ou não, há muitas provas nele contidas que podem ter resultado de quebra do sigilo bancário, fiscal ou telefônico de alguém indiciado. É comum autoridades do âmbito civil (Varas da Fazenda Pública ou de Família, como exemplos) desejarem esses dados sigilosos para instruírem seus processos

Art. 19

Código de Processo Penal Comentado · **Nucci**

100

(improbidade administrativa ou até uma separação litigiosa). Em nosso entendimento, é inviável essa transferência, pois a Constituição Federal é bem clara ao mencionar que as quebras de sigilo se destinam a *feitos criminais*. Entretanto, há precedente divergente: STF: "Direito processual penal. Inquérito. Prova emprestada. 1. É assente na jurisprudência desta Corte a admissibilidade, em procedimentos administrativos ou civis, de prova emprestada produzida em processo penal, mesmo que sigilosos os procedimentos criminais. 2. Agravo regimental provido, por maioria de votos" (Inq 3.305 AgR/RS, 1.ª T., rel. Marco Aurélio, rel. para o acórdão Roberto Barroso, 23.06.2016).

> **Art. 19.** Nos crimes em que não couber ação pública,[92] os autos do inquérito serão remetidos ao juízo competente, onde aguardarão a iniciativa do ofendido ou de seu representante legal, ou serão entregues ao requerente, se o pedir, mediante traslado.[93]

92. Crimes de ação privada e inquérito policial: nota-se, pelo disposto neste artigo, que também os delitos, cuja ação é exclusivamente privada, exigem o lastro do inquérito policial para dar justa causa à ação penal. Não é por conta de ser a iniciativa da ação conferida ao particular que o acusado da prática de infração penal (querelado) fica à mercê da vontade do pretenso ofendido. Por isso, exige-se a prévia constituição de prova para o ingresso em juízo.

93. Aguardo em cartório ou entrega ao ofendido: dispõe a lei que, concluído o inquérito, quando a ação for de natureza privada, deve ser remetido ao fórum, distribuído, mas ficar aguardando em cartório a provocação do interessado para o ajuizamento da queixa-crime. Outra possibilidade é a vítima levar o inquérito consigo, para melhor análise e estudo, deixando-se, no cartório, cópia integral do seu conteúdo (traslado).

> **Art. 20.** A autoridade assegurará no inquérito o sigilo necessário[94-94-A] à elucidação do fato ou exigido pelo interesse da sociedade.
>
> **Parágrafo único.** Nos atestados de antecedentes que lhe forem solicitados, a autoridade policial não poderá mencionar quaisquer anotações referentes a instauração de inquérito contra os requerentes.[95]

94. Sigilo das investigações e a posição do advogado: o inquérito policial, por ser peça de natureza administrativa, inquisitiva e preliminar à ação penal, deve ser sigiloso, não submetido, pois, à publicidade que rege o processo. Não cabe a incursão na delegacia, de qualquer do povo, desejando acesso aos autos do inquérito policial, a pretexto de fiscalizar e acompanhar o trabalho do Estado-investigação, como se poderia fazer quanto ao processo-crime em juízo. As investigações já são acompanhadas e fiscalizadas por órgãos estatais, dispensando-se, pois, a publicidade. Nem o indiciado, pessoalmente, aos autos tem acesso. É certo que, inexistindo inconveniente à "elucidação do fato" ou ao "interesse da sociedade", pode a autoridade policial, que o preside, permitir o acesso de qualquer interessado na consulta aos autos do inquérito. Tal situação é relativamente comum em se tratando de repórter desejoso de conhecer o andamento da investigação ou mesmo do ofendido ou seu procurador. Assim, também não é incomum que o delegado, pretendendo deixar claro que aquela específica investigação é confidencial, decrete o estado de sigilo. Quando o faz, afasta dos autos o acesso de qualquer pessoa. Entretanto, ao advogado não se pode negar acesso ao inquérito, pois o Estatuto da Advocacia é claro nesse sentido: Lei 8.906/1994, art.

7.º: "São direitos do advogado: (..) XIV – examinar, em qualquer instituição responsável por conduzir investigação, mesmo sem procuração, autos de flagrante e de investigações de qualquer natureza, findos ou em andamento, ainda que conclusos à autoridade, podendo copiar peças e tomar apontamentos, em meio físico ou digital". Portanto, em síntese, o sigilo não é, atualmente, de grande valia, pois, se alguma investigação em segredo precise ser feita ou esteja em andamento, pode o suspeito, por intermédio de seu advogado, acessar os autos e descobrir o rumo que o inquérito está tomando. No mesmo prisma, abrangendo qualquer investigação, inclusive a realizada pelo Ministério Público. Hoje, a questão está pacificada pela edição da Súmula Vinculante 14 do STF: "É direito do defensor, no interesse do representado, ter acesso amplo aos elementos de prova que, já documentados em procedimento investigatório realizado por órgão com competência de polícia judiciária, digam respeito ao exercício do direito de defesa". Embora no inquérito não prevaleçam o contraditório e a ampla defesa, visto não ser processo, mas mera investigação, é evidente o interesse do indiciado, por meio de seu advogado, em se resguardar, na medida do possível. As provas já produzidas constituem o quadro geral do Ministério Público para o oferecimento de eventual denúncia. Por isso, o conhecimento desses elementos, pela defesa, torna-se essencial para combater o início de ação penal, sem justa causa. Aliás, o mero indiciamento sem provas mínimas já é passível de contraposição por meio do *habeas corpus*. Enfim, a Súmula veio em boa hora. Na jurisprudência: STF: "1. O direito do investigado de ter acesso aos autos não compreende diligências em andamento, na exata dicção da Súmula Vinculante n.º 14 do Supremo Tribunal Federal. 2. Na espécie, o juízo reclamado em momento nenhum assentou que no procedimento sob sua jurisdição, no qual o agravante figura na condição de investigado, existiriam única e exclusivamente diligências em andamento que precisariam ser preservadas. 3. A decisão reclamada, de cunho genérico, não se lastreia em nenhuma peculiaridade do caso concreto para justificar a negativa de acesso aos autos pela defesa, limitando-se a invocar a regra legal do sigilo dos depoimentos prestados pelo colaborador (art. 7.º, § 3.º, da Lei n.º 12.850/13), cuja finalidade seria 'preservar a eficácia das diligências investigativas instauradas a partir do conteúdo dos depoimentos e documentos apresentados pelo colaborador'. 4. Limitou-se o juízo reclamado a aduzir que o agravante já teria obtido 'acesso aos depoimentos [dos colaboradores] publicizados perante o Supremo Tribunal Federal', e que não lhe cabia, 'sob prejuízo das investigações, acompanhar em tempo real as diligências pendentes e ainda a serem realizadas'. 5. Essa fundamentação é inidônea para obstar o acesso da defesa aos autos. 6. O Supremo Tribunal Federal assentou a essencialidade do acesso por parte do investigado aos elementos probatórios formalmente documentados no inquérito – ou procedimento investigativo similar – para o exercício do direito de defesa, ainda que o feito seja classificado como sigiloso. Precedentes. 7. Nesse contexto, independentemente das circunstâncias expostas pela autoridade reclamada, é legítimo o direito de o agravante ter acesso aos elementos de prova devidamente documentados nos autos do procedimento em que é investigado e que lhe digam respeito, ressalvadas apenas e tão somente as diligências em curso. 8. Agravo regimental provido para, admitida a reclamação, julgá-la procedente" (Rcl 28.903 AgR/PR, 2.ª T., rel. Edson Fachin, 23.03.2018, m.v.).

94-A. Participação do advogado durante a produção de prova no inquérito: trata-se de consequência natural da sua prerrogativa profissional de examinar os autos do inquérito, copiar peças e tomar apontamentos. Pode, pois, acompanhar a instrução, quando tenha sido constituído pelo indiciado, que tem direito de tomar conhecimento das provas levantadas contra sua pessoa, corolário natural do princípio constitucional da ampla defesa. Nem se diga que este princípio somente se concretiza na fase processual, uma vez que se sabe ser o inquérito o momento único para a produção de determinadas provas que não mais se repetem (vide o exemplo das periciais). Aliás, não há fundamento para a exclusão do advogado da produção da prova, embora no seu desenvolvimento não possa intervir – fazendo reperguntas às testemunhas, por exemplo –, mas somente acompanhar, porque os atos dos órgãos estatais devem ser pautados pela moralidade e pela transparência. Dir-se-á que o inquérito é sigiloso (ausente a publicidade a qualquer pessoa do povo) e não contestamos tal afirmativa, o que não pode significar a exclusão da participação do advogado como ouvinte e fiscal da regularidade da produção das provas, caso deseje estar presente. Torna-se nítida essa viabilidade quando se analisa o disposto no art. 3.º, § 2.º, da Lei 1.579/1952: "O depoente poderá fazer-se acompanhar de advogado, ainda que em *reunião secreta*" (grifo nosso). O dispositivo citado cuida da formação e atuação da Comissão Parlamentar de Inquérito, que poderá exercer suas atividades em sessão secreta, mas jamais excluindo o advogado. Registremos que a CPI tem poderes investigatórios típicos do juiz (art. 58, § 3.º, CF), logo, maiores que os da autoridade policial, motivo pelo qual, com maior razão, não poderá o delegado determinar o afastamento do defensor do acompanhamento da produção da prova na fase inquisitorial, a pretexto de manter o sigilo da investigação. Por outro lado, a ausência do advogado não tem o condão de gerar qualquer vício ou falha na condução do inquérito.

95. Atestado de antecedentes: é inútil, em nossa visão, o atestado de antecedentes policiais, na atualidade. Não pode a autoridade fazer constar inquérito em andamento, tampouco as condenações, com trânsito em julgado, cuja pena já foi cumprida. Assim, resta ao mencionado atestado servir de lastro ao criminoso malicioso que deseje provar a alguém menos precavido não ter nenhum antecedente, sabendo, por certo, que responde a vários processos, está indiciado em inúmeros inquéritos e já cumpriu várias penas. Seu atestado sairá limpo. Não se quer, com isso, defender que o andamento de inquéritos faça parte do atestado de antecedentes, mas sim que ele deixe de ser expedido pela autoridade policial, ficando a cargo do Judiciário o fornecimento de certidões de antecedentes, para fins civis. Inexiste razão plausível para que a polícia judiciária expeça um atestado de conteúdo completamente inútil, pois nada do que ali possa constar já não é objeto da certidão expedida pelos órgãos judiciários. Na jurisprudência: STJ: "1. O STJ firmou entendimento pela impossibilidade da exclusão dos registros constantes das 'folhas de antecedentes', com apoio no artigo 748 do Código de Processo Penal. Nesse sentido, dentre outros: AgRg no RMS 33.560/RJ, Rel. Ministro Jorge Mussi, Quinta Turma, *DJe* 18/09/2012; EDcl no RMS 34.919/SP, Rel. Ministro Humberto Martins, Segunda Turma, *DJe* 13/02/2012. 2. A folha de antecedentes contém informações secretas destinadas, restritivamente, a órgãos das Polícias Judiciárias, do Ministério Público e do Poder Judiciário (§ 2.º do art. 709 do CPP). O atestado de antecedentes é documento que pode ser solicitado por eventuais interessados, no qual, porém, 'a autoridade policial não poderá mencionar quaisquer anotações referentes a instauração de inquérito contra os requerentes' (art. 20 do CPP, com redação dada pela Lei n. 12.681/2012). 3. Ausência de direito líquido e certo de ver cancelado registro constante da folha de antecedentes. 4. Recurso ordinário não provido" (RMS 38.983/SP, 1.ª T., rel. Benedito Gonçalves, 18.12.2012, v.u. – embora antigo, o caso é raro).

> **Art. 21.** A incomunicabilidade do indiciado[96] dependerá sempre de despacho nos autos e somente será permitida quando o interesse da sociedade ou a conveniência da investigação o exigir.
>
> **Parágrafo único.** A incomunicabilidade, que não excederá de 3 (três) dias, será decretada[97] por despacho fundamentado do juiz, a requerimento da autoridade policial, ou do órgão do Ministério Público, respeitado, em qualquer hipótese, o disposto no art. 89, III, do Estatuto da Ordem dos Advogados do Brasil (Lei 4.215, de 27 de abril de 1963).[98]

96. Incomunicabilidade do indiciado: cremos estar revogada essa possibilidade pela Constituição Federal de 1988. Note-se que, durante a vigência do Estado de Defesa, quando inúmeras garantias individuais estão suspensas, não pode o preso ficar incomunicável (art. 136, § 3.º, IV, CF), razão pela qual, em estado de absoluta normalidade, quando todos os direitos e garantias devem ser fielmente respeitados, não há motivo plausível para se manter alguém incomunicável. Além disso, do advogado jamais se poderá isolar o preso (Lei 8.906/1994, art. 7.º, III). Logo, ainda que se pudesse, em tese, admitir a incomunicabilidade da pessoa detida, no máximo seria evitar o seu contato com outros presos ou com parentes e amigos. Há outra posição na doutrina, admitindo a vigência da incomunicabilidade e justificando que o art. 136, § 3.º, IV, da Constituição Federal voltou-se unicamente a presos políticos e não a criminosos comuns. Aliás, como é o caso da previsão feita pelo Código de Processo Penal. Preferimos a primeira posição – aliás, a incomunicabilidade somente teria sentido, para garantir efetivamente uma investigação sem qualquer contaminação exterior, se o detido pudesse ficar em completo isolamento. Ora, não sendo possível fazê-lo no que concerne ao advogado, fenece o interesse para outras pessoas, pois o contato será, de algum modo, mantido. Pela revogação da incomunicabilidade: Tourinho Filho (*Código de Processo Penal comentado*, vol. 1, p. 66), Mirabete (*Código de Processo Penal interpretado*, p. 62-63), Demercian e Maluly (*Curso de processo penal*, p. 74-75), Badaró (*Direito processual penal*, t. I, p. 57). Pela manutenção do dispositivo: Damásio (*Código de Processo Penal anotado*, p. 17), Vicente Greco Filho (*Manual de processo penal*, p. 86).

97. Decreto pelo juiz: para quem entende vigente a possibilidade de se colocar o preso incomunicável, deve haver decisão fundamentada do juiz, com prazo máximo de duração de 3 dias, respeitado o direito do advogado. Por isso, insistimos, parece-nos inútil a providência.

98. Modificação legislativa: atualmente, trata-se do art. 7.º, III, da Lei 8.906/1994 ("comunicar-se com seus clientes, pessoal e reservadamente, mesmo sem procuração, quando estes se acharem presos, detidos ou recolhidos em estabelecimentos civis ou militares, ainda que considerados incomunicáveis").

> **Art. 22.** No Distrito Federal e nas comarcas em que houver mais de uma circunscrição policial,[99] a autoridade com exercício em uma delas poderá, nos inquéritos a que esteja procedendo, ordenar diligências em circunscrição de outra, independentemente de precatórias ou requisições, e bem assim providenciará,[100] até que compareça a autoridade competente, sobre qualquer fato que ocorra em sua presença, noutra circunscrição.

99. Circunscrição policial: é a divisão territorial existente em determinadas cidades onde a autoridade policial exerce as suas funções investigatórias. Seria o equivalente à competência do juiz. Assim, há várias delegacias em grandes comarcas, cada qual cuidando das infrações penais que ocorrem em sua área de atuação, ou seja, na sua circunscrição. Entretanto, autoriza o artigo em comento o ingresso da autoridade que preside um inquérito ou de seus emissários na circunscrição de outra autoridade policial, para colher provas e empreender diligências, evitando-se, com isso, o inútil e lento processo de expedição de precatórias, ofícios, requisições, entre outros (todos destinados a solicitar a realização do ato desejado). A medida é para economizar tempo e evitar a burocracia, incompatível com a atividade policial. Note-se que, no mesmo prisma, dispõe o art. 290 do Código de Processo Penal que, sendo o réu perseguido, passando ao território de outro município ou comarca, o executor do mandado pode efetuar-lhe a prisão no lugar onde for encontrado, devendo ser apresentado à autoridade local.

Art. 23

Código de Processo Penal Comentado · **Nucci**   104

100. Providências emergenciais: autoriza a lei processual penal que a autoridade policial, em diligência noutra circunscrição, tendo conhecimento de fato relevante, ocorrido na sua presença, tomará todas as providências cabíveis, até a chegada do colega que efetivamente tem atribuição para o local. Exemplo disso pode ser a prisão em flagrante de alguém, cujo auto será, posteriormente, lavrado pela autoridade competente.

> **Art. 23.** Ao fazer a remessa dos autos do inquérito ao juiz competente, a autoridade policial oficiará ao Instituto de Identificação e Estatística,[101] ou repartição congênere, mencionando o juízo a que tiverem sido distribuídos, e os dados relativos à infração penal e à pessoa do indiciado.[102-102-A]

101. Instituto de Identificação e Estatística: trata-se, em São Paulo, do Instituto de Identificação Ricardo Gumbleton Daunt (em outros Estados, existem institutos semelhantes), que busca concentrar todas as informações criminais a respeito da vida de qualquer pessoa. Além dele, atualmente o sistema de informações criminais está integrado, em rede, a outros órgãos, como o Departamento de Capturas e Delegacias Especializadas (DECADE), a Coordenadoria dos Estabelecimentos Penitenciários do Estado (COESPE) e o Departamento de Apoio ao Serviço das Execuções Criminais (DECRIM). Assim, o informe que um órgão possua e outro não é compartilhado pela rede de integração estabelecida. Há, no entanto, um problema essencial a ser solucionado, que é a integração nacional dos dados criminais, uma vez que, como ainda ocorre hoje, somente há cadastro estadual. Tal situação beneficia o crime organizado e os delinquentes contumazes, que deixam determinados Estados para cometer infrações em outros, onde não há dados a seu respeito.

102. Comunicações feitas pelo delegado: quanto ao denominado *boletim individual*, que as delegacias costumavam enviar à Fundação SEADE, órgão do Estado de São Paulo encarregado de organizar os dados nele constantes, está ultrapassado pelo avanço da tecnologia. Não há mais necessidade de esses boletins serem remetidos à referida Fundação – lembremos que eles não se destinam ao Instituto de Identificação, que cuida de outros dados –, pois esta tem acesso direto à rede informatizada do Estado de São Paulo e obtém os dados diretamente. A questão já foi regulamentada pelas Normas de Serviço da Corregedoria-Geral da Justiça. Ver a nota 41 ao art. 809.

102-A. Anotações de caráter permanente para efeitos penais: os registros feitos na folha de antecedentes são permanentes. Qualquer juízo criminal, requisitando a F.A., receberá o panorama completo a respeito da vida pregressa do acusado. Na jurisprudência: STJ: "1. O registro de informações criminais sobre pessoa indiciada ou submetida a ação penal tem respaldo no Código de Processo Penal (arts. 6.º e 809, I, § 3.º) e na Lei 10.054/2000, não substanciando quebra da legalidade a existência de tal histórico nos assentamentos dos institutos de identificação, desde que respeitados os limites de utilização da informação, dirigidos ao juízo criminal (art. 748, CPP), na hipótese de extinção da pena ou do procedimento criminal investigatório. 2. 'As informações relativas a inquérito e processo criminal (em que houve absolvição ou extinção da punibilidade) não podem ser excluídas do banco de dados do Instituto de Identificação. Isso porque tais registros comprovam fatos e situações jurídicas e, por essa razão, não devem ser apagados ou excluídos, observando-se, evidentemente, que essas informações estão protegidas pelo sigilo'. Precedentes desta Corte (RMS 38.951/SP, Relator Ministro Og Fernandes, Segunda Turma, *DJe* 16/3/2015; AgRg no RMS 44.413/SP, Relator Ministro Humberto Martins, Segunda Turma, *DJe* 27/2/2014; e RMS 38.983/SP, Relator Ministro Benedito Gonçalves, Primeira Turma, *DJe* 4/2/2013.) 3. Recurso em mandado de segurança não provido" (RMS 32.447/SP, 1.ª T., rel. Olindo Menezes (desembargador convocado do TRF

1.ª Região), 16.02.2016, v.u.); "Trata-se, na origem, de Mandado de Segurança impetrado por Mário Sérgio Sobreira Santos, contra ato do Juiz de Direito do DIPO 5, Comarca da Capital, que indeferiu sua pretensão, no sentido de que fossem excluídos, dos bancos de dados mantidos pelo IIRGD e pelo Poder Judiciário, os seus registros referentes a inquéritos policiais arquivados e casos em que decretada a extinção da punibilidade. O acórdão recorrido está em consonância com a jurisprudência do STJ, que protege o direito do reabilitado ao sigilo das condenações criminais anteriores na folha de antecedentes, salvo para consulta restrita pelos agentes públicos, devendo ser mantidos no banco de dados dos institutos de identificação dados relativos aos inquéritos arquivados e aos processos em que tenha ocorrido a absolvição do acusado por sentença penal transitada em julgado, com o devido cuidado de preservar a intimidade do cidadão. RMS 38.951/SP, Rel. Ministro Og Fernandes, Segunda Turma, *DJe* 16.3.2015; AgRg no RMS 45.604/SP, Rel. Ministra Assusete Magalhães, Segunda Turma, *DJe* 3.6.2015; e RMS 47.812/SP, Rel. Ministro Herman Benjamin, Segunda Turma, *DJe* 5.8.2015" (AgRg no RMS 48.051/SP, 2.ª T., rel. Herman Benjamin, 06.10.2015, v.u.).

Título III
Da Ação Penal[1-6]

1. Fundamento constitucional: dispõe o art. 5.º, XXXV, da Constituição Federal, que "a lei não excluirá da apreciação do Poder Judiciário lesão ou ameaça a direito", o que assegura a todo indivíduo a possibilidade de reclamar do juiz a prestação jurisdicional toda vez que se sentir ofendido ou ameaçado. Por outro lado, o inciso LIX, do mesmo artigo constitucional, preceitua que "será admitida ação privada nos crimes de ação pública, se esta não for intentada no prazo legal", demonstrando que, a despeito de a ação penal, na esfera criminal, ser da titularidade de um órgão estatal (Ministério Público), uma vez que nenhuma lesão será excluída da apreciação do magistrado, é natural que, não agindo o Estado, quando lhe competir fazê-lo, resta ao particular-ofendido ingressar em juízo. Lembremos, ainda, que o monopólio de distribuição de justiça e o direito de punir cabe, como regra, ao Estado, vedadas a autodefesa e a autocomposição. Evita-se, com isso, que as pessoas passem a agredir umas as outras, a pretexto de estarem defendendo seus direitos. Entretanto, há exceções, pois os agentes do Estado não conseguem estar a todo momento em todos os lugares, razão pela qual, sendo indispensável valer-se o cidadão da legítima defesa, para a proteção de direito seu, autoriza-se a autodefesa. Diga-se o mesmo da autocomposição, hoje confirmada pela Lei 9.099/1995, que estabeleceu a forma e os casos de aplicação da transação penal e, quando possível, a composição civil para as infrações de menor potencial ofensivo.

2. Conceito de ação penal: é o direito do Estado-acusação ou da vítima de ingressar em juízo, solicitando a prestação jurisdicional, representada pela aplicação das normas de direito penal ao caso concreto. Através da ação, tendo em vista a existência de uma infração penal precedente, o Estado consegue realizar a sua pretensão de punir o infrator. Na ótica de Rogério Lauria Tucci, ação é a "atuação correspondente ao exercício de um direito abstrato (em linha de princípio, até porque, com ela, se concretiza), autônomo, público, genérico e subjetivo, qual seja o *direito à jurisdição*" (*Teoria do direito processual penal*, p. 79). Note-se que do crime nasce a pretensão punitiva e não o direito de ação, que preexiste à prática da infração penal. Essa é a ótica adotada por Frederico Marques (*Elementos de direito processual penal*, v. 1, p. 289). Não há possibilidade de haver punição, na órbita penal, sem o devido processo legal, isto é, sem que seja garantido o exercício do direito de ação, com sua consequência natural, que é o direito ao contraditório e à ampla defesa. Até mesmo quando a Constituição autoriza a possibilidade de transação, em matéria penal, para as infrações de menor potencial ofensivo, existe, em tal procedimento, o direito de ação, tendo em vista que o fato criminoso é levado ao conhecimento do Poder Judiciário, que necessita homologar eventual proposta de acordo feita pelo Ministério Público ao agente-infrator. Além disso, há a fiscalização do cumprimento do acordo, o que representa, também, a movimentação persecutória do Estado. Em última análise, nos casos encaminhados ao Juizado Especial Criminal, satisfaz o Estado, de todo modo, a sua pretensão punitiva, uma vez que o autor de crime ou contravenção termina respondendo pelo realizado indevidamente, causando lesão ou ameaça a direito de terceiro. Aliás, coube à doutrina estabelecer o conceito de ação penal, pois, como adverte Borges da Rosa, "nem o Código de Processo Penal, nem o Código Penal, deram uma definição da ação penal. O legislador, tendo provavelmente em memória que *omnis definitio periculosa est*, não quis seguir o exemplo de João Mendes, Pimenta Bueno e outros processualistas e preferiu, como Puglia, traçar a feição prática da ação penal, para não se expor a confundi-la com o processo; traçou-lhe apenas o fim direto e, seguindo este método, afigura-se-nos que bem procedeu" (*Comentários ao Código de Processo Penal*, p. 75).

3. Espécies de ação penal: o Código Penal cuida, no Título VII, a nosso ver indevidamente, pois matéria processual, da ação penal. Há, pois, duas espécies de ação penal, sob a ótica da legitimação ativa: a) *pública*, quando o autor há de ser o Ministério Público. Esta, por sua vez, subdivide-se em: a1) *pública incondicionada*, quando o Ministério Público age, de ofício, sem a requisição ou a representação de quem quer que seja; a2) *pública condicionada*, quando o Ministério Público somente está autorizado a agir, em caso de haver representação da vítima ou requisição do Ministro da Justiça; b) *privada*, quando o autor é a vítima ou seu representante legal. Esclareça-se que, conforme será visto em maiores detalhes em nota posterior, a ação privada pode ganhar a titulação de *subsidiária da pública*, isto é, seria o caso de haver uma ação pública, como regra, mas o direito de agir transfere-se ao particular, diante a inércia do órgão acusatório estatal. Não deixa, nesse caso, de iniciar-se por queixa e ser tratada como ação privada, embora com algumas regras especiais (art. 29, CPP).

4. Critério identificador da ação pública ou privada: é fornecido diretamente pelo Código Penal ou pela legislação especial (art. 100, CP: "A ação penal é pública, salvo quando a lei expressamente a declara privativa do ofendido. § 1.º A ação pública é promovida pelo Ministério Público, dependendo, quando a lei o exige, de representação do ofendido ou de requisição do Ministro da Justiça"). Assim, tratando-se de ação pública incondicionada, há silêncio na lei incriminadora. Presume-se ser esse o estado normal das ações. Quando o crime é de ação pública condicionada à representação da vítima ou à requisição do Ministro da Justiça, há expressa menção no seu texto: "(...) somente se procede mediante representação" ou "(...) procede-se mediante requisição do Ministro da Justiça..." (exemplos: arts. 145, parágrafo único, e 147, parágrafo único, do CP). Cuidando-se de ação penal privada o mesmo aviso se encontra expressamente: "Nos crimes previstos neste Capítulo somente se procede mediante queixa..." (ex.: arts. 145, *caput*, e 167, do CP). O ideal seria buscar-se um critério fixo e geral a constar do Código de Processo Penal e não em cada tipo penal incriminador, como se, na essência, o direito de ação fosse condicionado a dispositivos de direito material. A sistemática atual merece alteração.

4-A. Legitimidade ativa concorrente: a ação, como mencionado nas notas 3 e 4 *supra*, pode ser pública (incondicionada ou condicionada) ou privada. Como regra, eleita uma forma (pública ou privada), no texto legal, exclui-se a outra. Logicamente, há exceções: uma delas é a permissão legal (art. 29, CPP) para o ofendido ingressar com ação penal, ainda que originariamente seja esta de iniciativa do Ministério Público, quando este deixar de fazê-lo no prazo legal. Outra exceção, que não nos convence, no entanto, é a possibilidade de o funcionário público, ofendido em sua honra no exercício da função, que deveria *sempre*, quando desejasse ver processado o ofensor, representar ao Ministério Público, para que este promova a ação penal pública (art. 145, parágrafo único, do CP), valer-se de ação penal privada, ficando ao seu critério a escolha. Assim, tem entendido o Supremo Tribunal Federal que cabe ao funcionário optar entre provocar o Ministério Público para que a ação seja proposta ou contratar ele mesmo um advogado para ingressar com queixa. Em nosso *Código Penal comentado* (nota 73 ao art. 145), criticamos essa possibilidade e mencionamos julgados num e noutro sentido, pois não nos parece indicada essa eleição – e nítida exceção –, que não é admitida em outros casos. Entretanto, o Supremo Tribunal Federal, consolidando sua posição, editou a Súmula 714: "É concorrente a legitimidade do ofendido, mediante queixa, e do Ministério Público, condicionada à representação do ofendido, para a ação penal por crime contra a honra de servidor público em razão do exercício de suas funções".

5. Ação penal popular: revendo nosso posicionamento anterior, parece-nos que, no direito processual penal brasileiro, não há essa possibilidade, desde que se entenda *ação penal popular* como o direito de qualquer pessoa do povo de promover ação penal visando à condenação do autor da infração penal (aliás, como ocorre na esfera cível com a ação popular). Para tanto, no Brasil, somente o Ministério Público e o ofendido estão legitimados a fazê-lo. Logicamente, caso se conceda a conotação de ação penal a qualquer pedido de tutela jurisdicional feito a juízo criminal, podemos incluir nesse cenário o *habeas corpus*, pois qualquer pessoa do povo está legitimada a ingressar com essa ação constitucional voltada à preservação da liberdade de locomoção. Mas, historicamente, ação penal popular tem o significado de permitir a qualquer pessoa delatar crimes de terceiros, exigindo punição; logo, não há no direito brasileiro. Há posição doutrinária sustentando que a ação desencadeada para apurar crime de responsabilidade, nos termos do art. 14 da Lei 1.079/1950, que permite a qualquer cidadão denunciar o Presidente da República ou Ministros de Estado perante a Câmara dos Deputados, configura ação penal popular (Ada Pellegrini Grinover, Antonio Magalhães Gomes Filho e Antonio Scarance Fernandes, *As nulidades no processo penal*, p. 68). Esclarece, no entanto, Rogério Lauria Tucci que a *denúncia* de qualquer do povo contra agentes políticos não passa de uma *notitia criminis*, uma vez que a proposição acusatória depende de órgão fracionário do Poder Legislativo (*Teoria do direito processual penal*, p. 156). Realmente, se qualquer pessoa *denunciar* o Presidente da República, por crimes de responsabilidade, somente se órgãos internos da Câmara dos Deputados derem prosseguimento à delação feita instaurar-se-á processo para apurar o delito apontado. São inúmeros os casos de *denúncia* apresentada, que não são processados por questões políticas, razão pela qual não se pode deduzir a existência de ação penal popular. Aliás, no caso da ação civil popular, não há como deixar de apreciar o pedido do autor, o que inexiste no caso da Lei 1.079/1950. Na mesma ótica: Frederico Marques (*Elementos de direito processual penal*, v. 1, p. 332).

6. Conceito de processo: conforme ensina Hélio Tornaghi, o processo, "em seu aspecto externo, é uma sequência de atos, cada um dos quais é ligado aos anteriores e aos subsequentes, como elos de uma corrente, em determinada ordem e para alcançar um fim também determinado. É o procedimento que pode ser visto, filmado, descrito. No aspecto interno, o processo é uma relação de Direito Público entre cada uma das partes e o juiz" (*A relação processual penal*, p. 242). É, pois, o instrumento adequado para a realização da jurisdição, constituindo-se pela junção da substância (relação entre autor-Estado-réu) e da forma (procedimento).

> **Art. 24.** Nos crimes de ação pública, esta será promovida por denúncia[7-9] do Ministério Público, mas dependerá, quando a lei o exigir, de requisição do Ministro da Justiça,[10-11] ou de representação do ofendido[12-13-A] ou de quem tiver qualidade para representá-lo.[14]

Art. 24

> § 1.º No caso de morte do ofendido ou quando declarado ausente por decisão judicial,[15] o direito de representação passará ao cônjuge, ascendente, descendente ou irmão.[16]
>
> § 2.º Seja qual for o crime, quando praticado em detrimento do patrimônio ou interesse da União, Estado e Município, a ação penal será pública.[17]

7. Início da ação penal pública ou privada: dá-se pelo oferecimento da denúncia ou da queixa, independentemente do recebimento feito pelo juiz. Essa afirmativa decorre de vários aspectos, dentre os quais a própria redação do art. 24, ao dispor que a ação será *promovida* (promover: originar, dar impulso, dar causa a, gerar) por denúncia. E o texto constitucional, editado após o Código de Processo Penal, não foge à regra, mencionando que é função institucional do Ministério Público *promover* (dar causa), privativamente, a ação penal pública (art. 129, I, CF). Por vezes, há confusão entre o início da ação penal e seu regular exercício. Ao receber a denúncia ou queixa, o juiz – que não é titular do direito de ação, motivo pelo qual não poderia iniciá-la – nada mais faz do que reconhecer a regularidade do exercício desse direito, podendo-se, então, buscar, através da dilação probatória, a decisão de mérito. Ao rejeitar a denúncia ou queixa, de todo modo, o Judiciário respondeu à ação da parte, prestou satisfação e aplicou o direito ao caso concreto. Aliás, bem expôs Tornaghi que "o ato de rejeição faz surgir uma relação entre o juiz e o Ministério Público, mas não vincula o acusado. Não dá, pois, nascimento à *relação processual angular*" (*Curso de processo penal*, v. 1, p. 56, grifamos), o que significa uma relação de ordem jurisdicional entre juiz e promotor e não meramente administrativa, como seria de se supor não houvesse ainda ação penal (ou melhor, *direito à jurisdição*, cf. Rogério Lauria Tucci, *Teoria do direito processual penal*, p. 79-81). Há, então, possibilidade de recurso em sentido estrito, provocando o Tribunal a *dizer* o direito igualmente. Se não der provimento ao recurso, também aplicou o direito ao caso concreto, respondendo ao pleito da parte. Ademais, oferecida a denúncia, já não cabe retratação da representação da vítima (art. 25, CPP), tendo em vista ter sido iniciada a ação penal. Colha-se, aqui, a lição de Espínola Filho: "Não se admite qualquer pretensão do ofendido de, retratando a representação, interromper a ação penal, *iniciada* com o *oferecimento* da denúncia, ou pôr-lhe fim" (*Código de Processo Penal brasileiro anotado*, v. 1, p. 345, grifamos). Não poderia, ainda, o representante do Ministério Público oferecer a denúncia e, antes de ser a peça recebida pelo juiz, desistir, pois estaria ferindo o disposto no art. 42 do CPP, como consequência lógica do início da ação penal. Ainda trazendo à luz o ensinamento de Espínola Filho nesse contexto: "O pedido de arquivamento, depois de *apresentada* a denúncia, é impossível, traduzindo a desistência da ação penal, que se veda ao Ministério Público" (*Código de Processo Penal brasileiro anotado*, v. 1, p. 429). A doutrina é amplamente favorável a essa posição: Frederico Marques (*Elementos de direito processual penal*, v. 2, p. 186); Tourinho Filho (*Código de Processo Penal comentado*, v. 1, p. 74); Demercian e Maluly (*Curso de processo penal*, p. 108); Damásio de Jesus (*Código de Processo Penal anotado*, p. 19); Paulo Lúcio Nogueira (*Curso completo de processo penal*, p. 78); Xavier de Aquino e Nalini (*Manual de processo penal*, p. 93); Magalhães Noronha (*Curso de direito processual penal*, p. 27); Vicente Greco Filho (*Manual de processo penal*, p. 116); João Porto Silvério Júnior (*Opinio delicti*, p. 55). Outro ponto a destacar é que, no caso da queixa, o início da ação penal serve para interromper a decadência. Quando o magistrado recebe a denúncia ou a queixa, tem-se por *ajuizada* a ação penal, vale dizer, encontra-se em termos para estabelecer a relação processual completa, chamando-se o réu a juízo, como já mencionamos. Serve, nesta última hipótese, para interromper a prescrição.

7-A. Trancamento da ação penal: uma vez ajuizada a ação penal pública, não há como encerrá-la sem um julgamento de mérito, como regra (ver a nota 110 ao art. 42). Tratando-se da ação penal privada, após o ajuizamento, somente se detém o seu curso por via do perdão ofertado pelo ofendido (devendo ser aceito pelo agressor, ora querelado) ou pela perempção (art. 60, CPP). Do contrário, deve-se, igualmente, atingir o mérito da causa. Inexiste, no processo penal, a extinção do processo, sem julgamento de mérito, como há no processo civil. Em outras palavras, não poderá o juiz criminal extinguir processos sem julgamento de mérito diante de hipóteses, em tese, similares com as que permitem a emissão de tais decisões na esfera cível (como os casos do art. 485, IV e VI, do CPC/2015). Portanto, detectada alguma situação de carência de ação ou qualquer motivo para apontar a falta de justa causa, após o recebimento da peça acusatória, o caminho é a impetração de *habeas corpus*, visando ao trancamento da ação penal. Significa a cessação do trâmite de demanda considerada inadequada, cuja denúncia ou queixa já deveria ter sido rejeitada, nos termos do art. 395 do CPP, mas terminou recebida. O ajuizamento da ação não acarreta, necessariamente, o desenvolvimento de demanda incauta e temerária, visto que não deixa de representar um constrangimento ilegal ao acusado. Por isso, *trancar* a ação tem o mesmo conteúdo que julgar extinto o feito, sem julgamento de mérito. Tanto assim que, no futuro, havendo outras provas ou sanado o vício anterior, pode o órgão acusatório, se não tiver ocorrido a prescrição ou a decadência, conforme o caso, propor nova demanda. Porém, para o trancamento, é fundamental prova inequívoca de ausência das condições da ação, de pressuposto processual ou de comprovada inépcia. De qualquer modo, demonstração clara de falta de justa causa. Ver, também, a nota 21-A ao art. 648. Na jurisprudência: STJ: "1. O trancamento da ação penal na via estreita do *habeas corpus* somente é possível, em caráter excepcional, quando se comprovar, de plano, a inépcia da denúncia, a atipicidade da conduta, a incidência de causa de extinção da punibilidade ou a ausência de indícios de autoria ou de prova da materialidade do delito. 2. Os argumentos defensivos em favor do trancamento da ação penal não podem ser acolhidos sem prévio e aprofundado exame do conjunto probatório carreado aos autos, o que não é possível na via eleita, cujo estreito limite cognitivo desautoriza o exame verticalizado dos fatos e das provas. Presentes elementos suficientes de indicação da autoria e prova da materialidade, não há que se falar em trancamento da ação penal por falta de justa causa nem em inépcia da inicial acusatória que descreve adequadamente os fatos e suas circunstâncias. 3. Recurso ordinário improvido" (RHC 121.239-SP, 5.ª T., rel. Reynaldo Soares da Fonseca, 18.02.2020).

7-B. Decisão de juiz plantonista e coisa julgada: o plantão judicial tem a finalidade de assegurar direitos individuais, quando eventualmente lesados em época na qual o funcionamento normal do Judiciário se encontra prejudicado. Ilustrando: no domingo, inexiste expediente forense, razão pela qual, se alguém for preso em flagrante pela manhã, não precisa esperar até a abertura dos trabalhos na segunda, pode apresentar pedido de fixação de fiança ou de liberdade provisória sem fiança, a ser concedida no mesmo dia. Entretanto, os motivos afirmados nessa decisão de natureza cautelar, seja para soltar, seja para manter a prisão, não faz coisa julgada, visto que não tem qualquer relação com o mérito da causa, vale dizer, se houve ou não crime. Diante disso, se o juiz plantonista resolve soltar o preso em flagrante, afirmando que, em tese, pode ter ocorrido crime impossível, tal decisão não gera coisa julgada, de modo a impedir eventual denúncia a ser oferecida pelo Ministério Público e recebida pelo juiz natural da causa. Cuida-se de um *argumento* do qual se vale o plantonista para sinalizar o motivo pelo qual entende cabível a liberdade provisória, com ou sem fiança. O mesmo pode dar-se na situação inversa. O magistrado plantonista nega a liberdade, acreditando ter ocorrido delito grave; por ocasião do oferecimento da denúncia, o MP pode pedir arquivamento, deferido pelo juiz natural da causa, por entender inexistir delito. Na jurisprudência: STJ: "I – Consoante o art. 504, I, do CPC, não fazem coisa julgada 'os motivos, ainda que importantes, para determinar o alcance da parte dispositiva da sentença'. II – A decisão do Juiz Plantonista que concede liberdade à recorrente, embora assentada no reconhecimento da insignificância,

Art. 24

Código de Processo Penal Comentado · **Nucci**

não impede a persecução penal, porquanto os motivos de fato e de direito apresentados não fazem coisa julgada, sob pena de negativa de vigência ao art. 24 do CPP. Recurso desprovido" (RHC 59.000/SP, 5.ª T., rel. Felix Fischer, 19.09.2017, v.u.).

8. Fundamentação para o recebimento da denúncia ou queixa: como regra, é desnecessária. Trata-se de uma presunção consagrada pelos julgados de que os fatos narrados na peça do órgão acusatório foram devidamente verificados e confrontados com as provas constantes do inquérito policial ou com outros documentos que acompanhem a inicial, gerando no magistrado a mesma convicção de suficiência de autoria e materialidade que provocou na acusação. Se assim não fosse, caberia ao juiz, de acordo com o disposto no art. 43, deste Código [revogou-se o art. 43 e o seu conteúdo transferiu-se ao art. 395, CPP], rejeitar a denúncia ou queixa. Ver maiores detalhes na nota 106 ao art. 41.

9. Recebimento fundamentado da denúncia ou queixa: há exceções que exigem fundamentação do magistrado ou do tribunal para validar o recebimento de denúncia. É o que ocorre nos seguintes casos: a) crimes para os quais o procedimento prevê a apresentação de defesa preliminar, pelo denunciado, *antes* do recebimento da denúncia. Seria totalmente contraditório o denunciado expor várias razões para que o magistrado não receba a peça acusatória e esta ser, afinal, recebida em lacônica decisão ("recebo a denúncia"). É evidente dever o juiz *fundamentar* o recebimento, afastando as alegações preliminares feitas pelo réu (exemplos: art. 55, Lei 11.343/2006; art. 514, CPP); b) crimes de competência originária dos tribunais superiores e dos tribunais estaduais e regionais (Leis 8.038/1990 e 8.658/1993). Após um contraditório prévio, ouvindo-se o imputado e, também, o Ministério Público ou o querelante, "o relator pedirá dia para que o tribunal delibere sobre o recebimento, a rejeição da denúncia ou da queixa, ou a improcedência da acusação, se a decisão não depender de outras provas" (art. 6.º, Lei 8.038/1990). Tratando-se de acórdão é mais que natural seja ele fundamentado, pois abrange vários votos de diferentes magistrados; c) quanto ao crime falimentar, segundo dispunha o art. 109, § 2.º, do Decreto-lei 7.661/1945 e a Súmula 564, do Supremo Tribunal Federal: "A ausência de fundamentação do despacho de recebimento de denúncia por crime falimentar enseja nulidade processual, salvo se já houver sentença condenatória". Nota-se, no entanto, que a atual Lei de Falências (Lei 11.101/2005) prevê a aplicação das normas do Código de Processo Penal para a investigação do delito falimentar, bem como quanto ao oferecimento e recebimento da denúncia (arts. 187 e 188). Isto significa, portanto, não mais ser necessário o recebimento fundamentado da denúncia ou queixa quando aplicável o novo procedimento (ver a nota 1-C ao Capítulo I, do Título II, do Livro II).

10. Requisição do Ministro da Justiça: para alguns poucos casos, previu-se que haja a participação discricionária de órgão do Poder Executivo, dando legitimidade para a atuação do Ministério Público, diante da complexidade do tema e da conveniência política de se levar o caso à apreciação do Poder Judiciário. Portanto, a requisição é a *exigência legal* que o Ministro da Justiça encaminha ao Ministério Público de que seja apurada a prática de determinada infração penal e sua autoria. Não deixa de ser uma *delatio criminis* postulatória (Rogério Lauria Tucci, *Teoria do direito processual penal*, p. 124). Trata-se de uma condição para o exercício do direito de ação (art. 43, III, 2.ª parte, do CPP [atual conteúdo do art. 395, II]). É o que acontece, ilustrativamente, quando há crime contra a honra do Presidente da República ou chefe de governo estrangeiro (art. 145, parágrafo único, 1.ª parte, do CP). Observe-se que, feita a requisição, isso não significa que o Ministério Público agirá automaticamente. Havendo provas suficientes a fundamentar a ação penal, segundo o princípio da obrigatoriedade, deve o Ministério Público ofertar denúncia; porém, havendo falta de justa causa para o início da ação, deve ser requerido o arquivamento da requisição e das provas que a acompanharam ou do inquérito, caso este tenha sido instaurado por conveniência da formação da *opinio delicti* do órgão acusatório. Baseado na possibilidade que o Ministério Público tem de deixar de ingressar com a ação penal, caso não encontre elementos suficientes, embora tenha havido requisição do Ministro da Justiça, Jefferson Moreira de Carvalho sustenta que a palavra *requisição* não possui o sentido técnico neste contexto, ou seja, não significa *exigência legal*, mas um simples requerimento (*Curso básico de processo penal*, v. 1, p. 49). Assim não pensamos. O Ministro da Justiça faz uma exigência legal, fundamentado no princípio da obrigatoriedade da ação penal, legitimando o Ministério Público a agir, devendo este órgão realmente ingressar com a ação, *desde que possua elementos*. Logo, não é um simples requerimento que pode ser indeferido, como seria o pedido de abertura de inquérito feito pela vítima ao delegado. O fato de não haver justa causa para a ação penal, deixando o Ministério Público de propor a ação, não tem o condão de transformar a requisição em um mero requerimento.

11. Prazo para a realização da requisição: diante do silêncio da lei, a qualquer tempo, enquanto não estiver extinta a punibilidade do agente (como pode ocorrer com o advento da prescrição), pode o Ministro da Justiça encaminhar a requisição ao Ministério Público.

12. Representação do ofendido: como bem ensina Frederico Marques, trata-se de uma autêntica *delatio criminis* postulatória, pois quem formula a representação não somente informa a ocorrência de um crime à autoridade, mas também pede que seja instaurada a persecução penal (*Elementos de direito processual penal*, v. 1, p. 316). No mesmo sentido: Rogério Lauria Tucci (*Teoria do direito processual penal*, p. 125). É uma condição para o exercício do direito de ação.

12-A. Violência doméstica: cuida-se de ação pública incondicionada, quando se tratar de lesão corporal, pois os §§ 9.º e 13 do art. 129, do Código Penal, apontam para lesão qualificada. Além disso, por política criminal, o STF assim deliberou no Plenário. Confira--se: STF: "Direito penal. Agravo regimental em recurso extraordinário. Violência doméstica contra a mulher. Lesão corporal. Natureza da ação penal. Ação pública incondicionada. 1. A ação penal nos crimes de lesão corporal leve cometidos em detrimento da mulher, no âmbito doméstico e familiar, é pública incondicionada. Precedentes: ADC 19/DF e ADI 4.424/DF. 2. Agravo regimental a que se nega provimento" (RE 691.135 AgR/MG, 1.ª T., rel. Roberto Barroso, 14.04.2015, v.u.). Ainda, Súmula 542 do STJ, que dispõe: "A ação penal relativa ao crime de lesão corporal resultante de violência doméstica contra a mulher é pública incondicionada". Após o advento da Lei 14.994/2024, até mesmo algumas infrações menores dispensam representação da vítima em caso de violência doméstica, como ocorre com o crime de ameaça (art. 147, § 2.º, CP).

13. Forma da representação: não exige rigorismo formal, ou seja, um termo específico em que a vítima declare expressamente o desejo de representar contra o autor da infração penal. Basta que, das declarações prestadas no inquérito, por exemplo, fique bem claro o seu objetivo de dar início à ação penal, legitimando o Ministério Público a agir. Consultar a nota 81 ao art. 39 *infra*.

13-A. Amplitude da representação: uma vez que o ofendido manifestou à autoridade policial, ao promotor ou ao juiz a sua vontade de ver processar o seu agressor, narrando determinados fatos, não pode o órgão acusatório, posteriormente, descobrindo outros fatos criminosos relacionados ao primeiro, também de ação pública condicionada, *ampliar* a representação, legitimando-se a denunciar o agente por mais delitos do que originalmente constava na representação. Seria contornar o caráter da ação penal, que é *condicionado* à representação, dando-lhe aspecto de ação pública incondicionada. Assim também é a posição de Rogério Lauria Tucci (*Teoria do direito processual penal*, p. 132).

Art. 25

Código de Processo Penal Comentado · **Nucci**

114

14. Qualidade para representar o ofendido: são as pessoas que, legalmente, podem manifestar a vontade em lugar do ofendido, como ocorre com o pai, a mãe, o curador, o tutor etc. No tocante ao menor de 18 anos, vítima de crime de ação pública condicionada, é indispensável haver a representação oferecida pelo representante legal, pois não tem capacidade postulatória.

15. Morte ou ausência do ofendido: caso ocorra o falecimento de pessoa vítima de crime, pode o membro de sua família (cônjuge, ascendente, descendente ou irmão) assumir a posição de parte interessada, na ordem de preferência dada pela lei, para apurar o fato delituoso e sua autoria. O mesmo se diga com relação ao ofendido declarado ausente por decisão judicial, conforme dispositivos específicos do Código Civil. Desaparecendo uma pessoa de seu domicílio, sem que dela se tenha notícia, se não houver deixado procurador ou representante e visando à administração dos bens, o juiz, a requerimento de qualquer interessado ou do Ministério Público, declarando a ausência, pode nomear-lhe curador (art. 22, CC). Identicamente, quando o ausente deixar mandatário que não queira ou não possa exercer ou continuar no exercício do mandato, bem como se seus poderes forem insuficientes (art. 23, CC). Passado um ano da arrecadação dos bens do ausente, ou, caso tenha deixado representante ou procurador, 3 anos, sem que se saiba do seu paradeiro, podem os interessados requerer a declaração de ausência e a abertura provisória da sucessão (art. 26, CC). Dez anos depois de passar em julgado a sentença que concede a abertura da sucessão provisória, ainda sem notícia, podem os interessados requerer a transformação da sucessão provisória em definitiva (art. 37, CC), o que também ocorrerá se ficar demonstrado que o ausente tem 80 anos de idade e datam de 5 anos as últimas notícias suas (art. 38, CC). Preleciona, ainda, o art. 6.º do Código Civil que a existência da pessoa natural termina com a morte. Presume-se esta, no entanto, no caso da ausência e também quando for extremamente provável a morte de quem estava em perigo de vida (art. 7.º, I, CC), bem como quando alguém, desaparecido em campanha ou feito prisioneiro, não for encontrado até 2 anos após o término da guerra (art. 7.º, II, CC). Vide, ainda, a nota 194 ao art. 62.

16. Ordem de preferência para apresentar a representação: segue-se, exatamente, o disposto neste parágrafo. Entretanto, parece-nos razoável o entendimento de que, não desejando representar o cônjuge, por exemplo, possa fazê-lo o pai da vítima falecida. E assim sucessivamente. Em caso de discordância – se deve ou não haver a representação –, parece-nos deva prevalecer a vontade daquele que deseja a representação. Não teria sentido que a lei tivesse estipulado uma ordem de sucessão rígida, entregando ao cônjuge, em primeira e última análise, a conveniência da representação. Depois, aos pais; em seguida, aos filhos; finalmente, aos irmãos.

17. Regra geral da ação pública em se tratando de delito de interesse da União, do Estado e do Município: trata-se de norma de pouquíssima utilidade, pois os casos são raros. Normalmente, envolvendo interesse da União, do Estado e do Município, a ação é pública, mas o acréscimo formulado neste artigo, que data da edição da Lei 8.699/1993, só vem a confirmar tal situação. Cita Tourinho Filho um exemplo que poderia ocorrer: havendo fraude à execução contra o INSS, delito tipificado no art. 179 do Código Penal, que é de ação privada, passaria, nesse caso, a ser pública (*Código de Processo Penal comentado*, v. 1, p. 81). Por derradeiro, convém mencionar o teor da Súmula 609 do STF: "É pública incondicionada a ação penal por crime de sonegação fiscal".

Art. 25. A representação[18-20] será irretratável, depois de oferecida a denúncia.[21-21-A]

18. Retratabilidade da representação: a representação, que é a comunicação de um crime à autoridade competente, solicitando providências para apurá-lo e punir o seu autor, deve ser feita pela vítima, seu representante legal ou sucessor. Realizada, autoriza a instauração de inquérito policial para investigar o fato criminoso. Entretanto, ao dispor este artigo que ela será considerada irretratável, após o oferecimento da denúncia, está considerando, *mutatis mutandis*, que a representação é retratável, desde que a vítima ou quem de direito o faça até o promotor oferecer a denúncia, que é o início da ação penal. Na jurisprudência: STJ: "1. Nos termos da norma prevista no artigo 25 do Código de Processo Penal, o ato de retratação da representação possui limite temporal específico e bem definido, qual seja, o oferecimento da denúncia. Firmado acordo entre as vítimas e os autores do delito após esse marco, tem-se que a representação concedida anteriormente pelos ofendidos já era irretratável na ocasião do trato. Precedentes" (AgRg no HC n. 847.466/SP, 5.ª T., rel. Ribeiro Dantas, 16.10.2023, v.u.).

19. Retratação tácita: parece-nos possível admitir a hipótese de a vítima do crime, que havia representado contra o agressor, voltar atrás no seu intento, fazendo-o de modo tácito, do mesmo modo como pode ocorrer na renúncia ao direito de queixa. Assim, aquele que se reconcilia com o autor de uma lesão corporal leve, por exemplo, dando nítida mostra de amizade está, em verdade, retratando-se tacitamente da representação anteriormente formulada.

20. Retratação da retratação: trata-se de hipótese possível de ocorrer: imagine-se a vítima que ofereceu representação e depois se arrependeu. Comunicada à autoridade a sua retratação, debate-se, na doutrina e na jurisprudência, se poderia voltar atrás de novo, reapresentando a sua representação e dando continuidade ao inquérito, que estaria paralisado. Não há vedação legal para isso, razão pela qual, dentro dos limites do razoável, sem que se valha a vítima da lei para extorquir o autor da infração penal, enfim, dentro do que se afigura justo, é possível que haja a retratação da retratação. Deve-se, unicamente, observar se não está extinta a punibilidade, pela ocorrência, por exemplo, da decadência. Cremos, no entanto, que a retratação da retratação pode ser considerada inviável se ficar evidenciada a má-fé do ofendido, que vem ameaçando o agente e conseguindo vantagens, graças à possibilidade de "ir e vir" no seu desejo de representar. Nessa ótica: Mirabete (*Código de Processo Penal interpretado*, p. 69), Rogério Lauria Tucci (*Teoria do direito processual penal*, p. 131), Damásio (*Código de Processo Penal anotado*, p. 25, fazendo menção a decisão recente do Supremo Tribunal Federal nesse sentido). Contrariamente, Tourinho Filho, dizendo que a retratação da representação equivale a uma autêntica renúncia ou perdão, de modo que extinta estaria a punibilidade do ofendido, não se podendo voltar atrás (*Código de Processo Penal comentado*, v. 1, p. 85). No mesmo prisma: Demercian e Maluly (*Curso de processo penal*, p. 129).

21. Possibilidade de retratação da requisição do Ministro da Justiça: cremos ser admissível. É verdade que a lei menciona ser retratável, até a oferta de denúncia, apenas a representação, embora não vejamos qualquer óbice de se aplicar, por analogia, o mesmo dispositivo à requisição. Note-se que esta é apresentada em função de ato puramente discricionário e da conveniência política do Poder Executivo, razão pela qual, sob o mesmo argumento, poderia haver a retratação, desde que a denúncia não tenha sido oferecida e até que haja a extinção da punibilidade do agente. Se o particular pode retratar-se da representação já formulada, quais razões impediriam o Ministro da Justiça de fazê-lo? Seriedade é justamente evitar uma ação penal, que, por critérios de variadas origens, torna-se inconveniente, devendo não se manter a requisição pelo simples aforismo de que já foi formulada. Ademais, até o Ministro da Justiça pode ter deixado o cargo, razão pela qual a orientação também pode ser outra. Lembremos, ainda, que a realidade tem secundado esse entendimento, ou seja, já houve

Art. 26

Código de Processo Penal Comentado • **Nucci**

requisições do Ministro da Justiça, cuja retratação ocorreu e o Ministério Público deixou de atuar. Nesse sentido: Damásio (*Código de Processo Penal anotado*, p. 26), mencionando os magistérios de Fernando de Almeida Pedroso e Jorge Alberto Romeiro. Cite-se, ainda, a lição de Carlos Frederico Coelho Nogueira: "Com efeito, tratando-se a requisição do Ministro de um ato administrativo discricionário, não há motivos para se fixar sua irrevogabilidade ou sua irretratabilidade. Se o MJ não é obrigado a requisitar a ação penal ao Ministério Público não é obrigado a mantê-la depois de apresentada. Se tem o juízo de conveniência e oportunidade para requisitar a ação penal também o tem para retirar sua requisição" (*Comentários ao Código de Processo Penal*, p. 461-462). Contrariamente: Mirabete (*Código de Processo Penal interpretado*, p. 66); Frederico Marques (*Elementos de direito processual penal*, v. 1, p. 316), Rogério Lauria Tucci (*Tratado de direito processual penal*, p. 124), Demercian e Maluly (*Curso de processo penal*, p. 131) e Tourinho Filho, sustentando que "um ato administrativo, como é a requisição, partindo do Governo, através do Ministro da Justiça, há de ser, necessariamente, um ato que se revista de seriedade. Dispondo de larga margem de tempo para encaminhá-la ao Ministério Público, de certo terá oportunidade para julgar das suas vantagens ou desvantagens. Assim, sua revogação ou retratação demonstraria que a prematura requisição foi fruto de irreflexão, de leviana afoiteza, o que não se concebe nem se deve conceber..." (*Código de Processo Penal comentado*, v. 1, p. 86). E, ainda, Badaró: "Trata-se de ato político, que deve ser fruto de reflexão cuidadosa. Aliás, o CPP, no art. 24, *caput*, trata das duas espécies de ações condicionadas: a requisição do Ministro da Justiça e a representação do ofendido, e, no artigo seguinte (art. 25 do CPP), prevê a retratação apenas da representação. A interpretação sistemática deixa claro que a intenção do legislador foi de não permitir a retratação da representação" (*Direito processual penal*, t. I, p. 85).

21-A. Sobre a informalidade da representação: consultar a nota 81 ao art. 39.

> **Art. 26.** A ação penal, nas contravenções, será iniciada com o auto de prisão em flagrante ou por meio de portaria expedida pela autoridade judiciária ou policial.[22]

22. Norma revogada pela Constituição Federal de 1988: até o advento da nova Constituição, entendia o Supremo Tribunal Federal, a despeito de doutas opiniões em contrário da doutrina, que era viável o início da ação penal por portaria da autoridade judiciária ou policial, bem como pela lavratura do auto de prisão em flagrante. Foi preciso a expressa menção de que a titularidade da ação penal é do Ministério Público (art. 129, I, CF), para que não mais se permitisse o início da ação penal por portaria. Assim, está revogado, atualmente, este dispositivo.

> **Art. 27.** Qualquer pessoa do povo poderá provocar a iniciativa do Ministério Público,[23] nos casos em que caiba a ação pública,[24] fornecendo-lhe, por escrito, informações sobre o fato e a autoria e indicando o tempo, o lugar e os elementos de convicção.

23. *Delatio criminis* **ao Ministério Público:** da mesma forma que qualquer pessoa está autorizada a comunicar a ocorrência de um crime à autoridade policial, para que haja, em sendo o caso, a instauração de inquérito policial (art. 5.º, § 3.º, CPP), é natural que o mesmo se dê no tocante ao Ministério Público, titular da ação penal. Assim, pode qualquer pessoa encaminhar ao promotor de justiça uma petição, requerendo providências e fornecendo dados

Título III – Da Ação Penal   **Art. 28**

e documentos, para que as medidas legais sejam tomadas. Não possuindo os documentos necessários, deve indicar o lugar onde possam ser obtidos, bem como todos os elementos para formar o convencimento do Estado-acusação. A providência do representante do Ministério Público deve ser, como regra, requisitar a instauração de inquérito policial, embora possa ele denunciar diretamente, se a pessoa enviou documentos suficientes para instruir a ação penal. Eventualmente, é cabível o estudo do conteúdo das peças recebidas e, concluindo não haver crime a ser apurado, promover o seu arquivamento – como deixa claro o art. 28, ao mencionar o inquérito e outros elementos informativos da mesma natureza.

24. Espécie de ação pública: trata-se da ação pública incondicionada, embora a lei nada tenha falado a respeito. É natural que assim seja, pois a ação penal pública condicionada não prescinde da representação da vítima ou de requisição do Ministro da Justiça para ter início, motivo pelo qual não é possível a qualquer do povo provocar a atuação do Ministério Público.

Art. 28. Ordenado o arquivamento do inquérito policial ou de quaisquer elementos informativos da mesma natureza, o órgão do Ministério Público comunicará à vítima, ao investigado e à autoridade policial e encaminhará os autos para a instância de revisão ministerial para fins de homologação, na forma da lei.[24-A]

§ 1.º Se a vítima, ou seu representante legal, não concordar com o arquivamento do inquérito policial, poderá, no prazo de 30 (trinta) dias do recebimento da comunicação, submeter a matéria à revisão da instância competente do órgão ministerial, conforme dispuser a respectiva lei orgânica.[24-B-24-C]

§ 2.º Nas ações penais relativas a crimes praticados em detrimento da União, Estados e Municípios, a revisão do arquivamento do inquérito policial poderá ser provocada pela chefia do órgão a quem couber a sua representação judicial.[24-D-31]

24-A. Procedimento para o arquivamento do inquérito ou outras peças de informação: em primeiro lugar, destaque-se que o STF atribuiu interpretação conforme ao *caput* do art. 28 para o fim de estabelecer que o órgão do Ministério Público *se manifestará* pelo arquivamento – e não *ordenará* o arquivamento – para *submeter* essa manifestação ao juiz competente, no caso, o magistrado das garantias. Noutros termos, permanece o sistema como sempre foi. *Manifestar* significa expor, exteriorizar, dar conhecimento de algo; *submeter* quer dizer sujeitar, subordinar, depender de alguém. Portanto, o membro do MP expressa a sua conclusão, no sentido de arquivar o inquérito ou outras peças de investigação (registre-se que o procedimento investigatório criminal, conduzido pelo MP, será fiscalizado pelo juiz das garantias) e o apresenta ao magistrado para que este avalie, como sempre fez, a sua conveniência. Concordando, cabe ao juiz *determinar* o arquivamento – e não ao MP. Se não aquiescer, a autoridade judiciária submeterá aquela *manifestação* ao conhecimento e apreciação da instância superior do *Parquet*, que pode ser o Procurador-Geral de Justiça ou uma câmara de revisão, formada por membros do MP. Quando essa instância concordar com o membro inferior, homologará a manifestação para fins de arquivamento. Se essa instância não homologar, deve designar outro membro do MP para oferecer denúncia, postura natural para a instituição, que é una e indivisível. Assim, deve prevalecer o entendimento da instância superior. Quando o arquivamento efetivamente ocorrer, em primeira instância, o MP ou o juízo comunicará à vítima, ao investigado e à autoridade policial (quem o faria, antes da análise do STF, seria o MP, pois ele teria ordenado o arquivamento; após a interpretação do STF, a manifestação pelo arquivamento deve ser acolhida pelo juiz, podendo o próprio juízo determinar que essa comunicação seja feita). O arquivamento de

Art. 28

Código de Processo Penal Comentado • **Nucci**

118

qualquer procedimento investigatório tem a natureza jurídica de ato administrativo e perpetua--se o controle judicial, em função anômala, dessa situação. Mudam-se alguns termos, mas a essência continua idêntica. Observa-se que o STF privilegiou o princípio da obrigatoriedade da ação penal pública, não permitindo que o MP arquive investigações sem o conhecimento do Judiciário, além de permitir que o juiz possa encaminhar a manifestação pelo arquivamento, feita pelo Promotor (ou Procurador da República), para ser submetida ao órgão superior do *Parquet*. A simples comunicação à vítima não assegura que esta resolva questionar o arquivamento, em especial quando se tratar de pessoa hipossuficiente, de modo que a obrigatoriedade da ação penal fica mais bem avaliada se o juiz das garantias puder analisar a sua conveniência. Outro aspecto a ser destacado, conforme a decisão tomada pelo STF, alivia a carga de investigações criminais que seria remetida à instância superior do MP, em caráter *obrigatório*. Afinal, se o juiz acolher o parecer ministerial pelo arquivamento, não haverá o envio ao Procurador-Geral de Justiça ou órgão similar. Ademais, o Pretório Excelso deixou aberta a possibilidade de o promotor, querendo, encaminhar os autos à sua instância superior. Vislumbra-se, portanto, a *faculdade* de a própria instituição regulamentar os arquivamentos, no sentido de permitir que o próprio juízo determine o seu encerramento, sem remeter os autos à instância superior do MP ou obrigar o promotor a remeter todos os seus pedidos de arquivamento (ou alguns, conforme a matéria) ao Procurador-Geral de Justiça ou órgão similar. Mantém-se em vigor a Súmula 524 do STF ("Arquivado o inquérito policial por despacho do juiz, a requerimento do Promotor de Justiça, não pode a ação penal ser iniciada sem novas provas"), acrescentando-se a possibilidade de a instância superior do MP homologar o arquivamento. Se isso ocorrer, a ação penal não poderá ser iniciada sem novas provas – substancialmente novas (inéditas e até o arquivamento não conhecidas).

24-B. Atuação da vítima: se foi conferido à vítima o direito de tomar conhecimento do arquivamento e, mais que isso, recorrer à instância superior do Ministério Público, é preciso que seja disciplinado o uso desse direito. Noutros termos, quando o MP, atuando em primeira instância, manifestar-se pelo arquivamento ao juiz das garantias, caso este concorde e as peças sejam arquivadas, haverá comunicação à pessoa ofendida. Esta terá 30 dias para *submeter* a questão à superior instância do *Parquet*; parece-nos essencial que essa análise, homologando ou não o arquivamento, aguarde o decurso desse prazo para concluir o caso. Do contrário, o *direito* concedido à vítima para se dirigir ao órgão superior do MP pode ser frustrado pela avaliação da questão *antes* mesmo de lhe chegar às mãos as razões do ofendido.

24-C. Atuação do juiz: o STF, em interpretação conforme, assentou caber, também, ao juiz avaliar a manifestação de arquivamento e, detectando situação de patente ilegalidade ou teratológica, determinar a remessa dos autos da investigação ao órgão superior do Ministério Público. Continua, nesse aspecto, o mesmo sistema em vigor, sem qualquer alteração significativa. Parece-nos a adoção de uma posição de equilíbrio: não se obriga o conhecimento de todos os arquivamentos ocorridos em primeira instância, poupando o órgão superior do MP, mas, também, não se permite que o Promotor (ou Procurador da República) possa arquivar peças de um caso, sem que o juiz tome conhecimento e tenha a viabilidade de provocar a instância superior do MP.

24-D. Outra forma de revisão: considerando a relevância de se ter como vítima do crime a União, os Estados e os Municípios, cientificada a instituição correspondente da ordem de arquivamento, cabe à chefia do órgão provocar a instância superior do Ministério Público, resguardando o interesse da sociedade.

25. Utilização do art. 28 no caso da suspensão condicional do processo: estabelece a Lei 9.099/1995 (art. 89) a possibilidade de o representante do Ministério Público propor, para crimes cuja pena mínima cominada for igual ou inferior a um ano, a suspensão do processo, por dois a quatro anos, fixadas determinadas condições (§ 1º do referido art. 89), desde que haja merecimento do acusado. É o que se denomina *sursis* processual. Instalou-se, no entanto, polêmica a respeito de ser esta proposta de suspensão do processo uma faculdade do promotor ou um direito do réu. Adotamos a primeira posição, que predominou, e quando o Ministério Público recusar a oferta de suspensão condicional do processo deve o juiz ou o acusado submeter a sua postura à instância superior da instituição. Caso esta homologue a recusa, prossegue-se com o processo-crime. Se a superior instância do *Parquet* não concordar, designa promotor para fazer a oferta e o acordo. Verifique-se o disposto na Súmula 696 do Supremo Tribunal Federal: "Reunidos os pressupostos legais permissivos da suspensão condicional do processo, mas se recusando o Promotor de Justiça a propô-la, o juiz, dissentindo, remeterá a questão ao Procurador-Geral, aplicando-se por analogia o art. 28 do Código de Processo Penal". É preciso adaptar a súmula à nova redação do art. 28 do CPP, após a Lei 13.964/2019, juntamente com o julgamento da constitucionalidade realizado pelo STF. Em suma, embora o art. 28 não preveja expressamente a hipótese de não concordar a Procuradoria-Geral com o promotor, permanece a situação vigente anteriormente, ou seja, pode o órgão superior do MP propor o *sursis* processual.

25-A. Arquivamento de Procedimento Investigatório Criminal (PIC): esta é a denominação – salvo outras, criadas por órgãos diversos do Ministério Público estadual ou federal – das investigações autônomas instauradas pelo membro do *Parquet*. Elas serão oficialmente comunicadas ao juiz das garantias (art. 3.º-B, IV, deste Código). Logo, precisam ser formalmente arquivadas, seguindo-se o procedimento apontado nas notas anteriores.

26. Arquivamento em competência originária: quando o inquérito é controlado diretamente pelo Procurador-Geral de Justiça (ou da República, conforme o caso), por se tratar de feito de competência originária (crime cometido por juiz, por exemplo), o arquivamento é promovido pela autoridade máxima do MP, mas pode ser submetido à revisão pelo órgão colegiado do Ministério Público, especialmente quando a vítima não concordar. Na jurisprudência: STJ: "I – A jurisprudência desta Corte é pacífica no sentido de que o pedido de arquivamento de inquérito, peça de informação ou qualquer expediente revelador de notícia-crime formulado pelo Procurador-Geral da República, ou mesmo pelo Vice-Procurador-Geral da República, nos casos em que oficia por delegação daquele, vincula o Superior Tribunal de Justiça, sendo inaplicável a disposição contida no artigo 28 da lei adjetiva penal. Precedentes (STJ, Inq. 1.198/DF, Rel. Min. Maria Thereza de Assis Moura, Corte Especial, *DJe* de 09/11/2018; STJ, Inq. 1.112/DF, Rel. Min. Nancy Andrighi, Corte Especial, *DJe* 13/02/2019). II – Pedido de arquivamento deferido, para o fim de determinar o arquivamento da sindicância, observada a possibilidade de reabertura do procedimento, nos termos do art. 18 do CPP" (Pet 14.058/GO, Corte Especial, rel. Francisco Falcão, 22.04.2021, v.u.).

27. Arquivamento de inquérito de crime contra a economia popular: segue-se o disposto no art. 7.º da Lei 1.521/1951, submetendo o juiz a decisão ao segundo grau de jurisdição obrigatório, ou o que se denomina *recurso de ofício*: "Art. 7.º Os juízes recorrerão de ofício sempre que absolverem os acusados em processo por crime contra a economia popular ou contra a saúde pública, ou quando determinarem o arquivamento dos autos do respectivo inquérito policial". Dando provimento ao recurso, o Tribunal determina a remessa dos autos ao Procurador-Geral, que decidirá acerca do acerto ou desacerto do promotor. Não pode o Tribunal determinar que o promotor denuncie, pois isso fere a titularidade da ação penal, não pertencente ao Poder Judiciário. Entendeu o legislador, nesse caso, que deveria haver um controle a mais no tocante ao arquivamento de autos de inquérito e, também, no que toca às absolvições proferidas. Permanece o disposto em lei especial quanto

Art. 28

Código de Processo Penal Comentado · **Nucci**

120

às absolvições do juiz. Este recorre de ofício. Faz o mesmo no tocante aos arquivamentos de inquéritos, acolhendo proposta do MP.

28. Recurso institucional contra arquivamento promovido pelo Procurador-Geral: preceitua o art. 12, XI, da Lei 8.625/1993 (Lei Orgânica Nacional do Ministério Público) que cabe ao Colégio de Procuradores de Justiça "rever, mediante requerimento de legítimo interessado, nos termos da Lei Orgânica, decisão de arquivamento de inquérito policial ou peças de informação determinada pelo Procurador-Geral de Justiça, nos casos de sua atribuição originária".

29. Arquivamento implícito ou tácito: cuida-se do não oferecimento de denúncia em relação a um dos indiciados, fazendo-o no tocante a outros, sem que haja expressa manifestação de arquivamento do inquérito quanto a quem deixou de ser formalmente acusado pelo Ministério Público. Dessa situação, seria extraída a conclusão de ter havido arquivamento implícito com referência ao indiciado não denunciado. Não se pode acolher esse entendimento, que representa lesão ao princípio da obrigatoriedade da ação penal. Se há vários indiciados – formalmente apontados como suspeitos pela prática do crime pela autoridade policial –, cabe ao MP denunciá-los ou requerer expressamente o arquivamento do inquérito, fundamentando o seu entendimento. Não se pode presumir, em relação ao não denunciado, que inexista provas de sua participação no crime. O objetivo da manifestação expressa permite ao juiz discordar e remeter o caso à apreciação da instância superior do Ministério Público. Além disso, propicia à vítima, igualmente, que se insurja contra o arquivamento. Se este não se faz claramente, torna-se inviável comunicar a vítima, impedindo-a de se opor ao ato. A solução, caso algum indiciado não seja denunciado, nem exista pedido expresso de arquivamento, é o retorno dos autos ao membro do MP, determinado pelo juiz, para que se manifeste. Se não o fizer, o magistrado encaminha os autos ao Procurador Geral de Justiça (ou outro órgão superior), nos termos do art. 28 do CPP. Eventualmente, se o Ministério Público permanecer inerte, para que a situação do indiciado não permaneça em aberto, cabe ao juiz conceder *habeas corpus* de ofício para trancar essa investigação contra ele. Com isso, cessa formalmente a suspeita de ter o indiciado cometido o delito.

30. Arquivamento indireto: cuida-se da hipótese de o promotor deixar de oferecer denúncia por entender que o juízo é incompetente para a ação penal. Se há pessoa indiciada e a manifestação do Ministério Público se limitar a expressar que não haverá denúncia porque o juízo é incompetente para o caso, sem tomar outra providência, estaria ocorrendo uma espécie de *arquivamento implícito* (comentado na nota anterior). Cremos ser indispensável haver expresso requerimento para encaminhar o caso ao juízo considerado competente, desde que haja justa causa para a ação penal (materialidade e indícios suficientes de autoria). Caso o juiz, após o pedido de remessa, julgue-se competente, poderá invocar o preceituado no art. 28, para que o Procurador-Geral se manifeste. Entendendo este ser o juízo competente, designará outro promotor para oferecer denúncia. Do contrário, insistirá na remessa. Caso, ainda assim, o magistrado recuse-se a fazê-lo, cabe ao Ministério Público providenciar as cópias necessárias para provocar o juízo competente. Assim providenciando, haverá, certamente, a suscitação de conflito positivo de competência caso ambos os juízes se proclamem competentes para julgar o caso. Logo, a simples inércia da instituição, recusando-se a denunciar, mas sem tomar outra providência, não deve ser aceita como *arquivamento indireto*. O objetivo é não arquivar um inquérito policial, havendo indiciado, sem solução.

31. Ministério Público Federal: cabe a um órgão colegiado a análise da ordem de arquivamento feito pelo procurador da República. Dispõe a Lei Complementar 75/1993, cuidando da organização, das atribuições e do Estatuto do Ministério Público da União, que "as Câmaras de Coordenação e Revisão do Ministério Público Federal são os órgãos setoriais de coordenação, de integração e de revisão do exercício funcional na Instituição" (art. 58), sendo compostas "por três membros do Ministério Público Federal, sendo um indicado pelo Procurador-Geral da República e dois pelo Conselho Superior, juntamente com seus suplentes, para um mandato de dois anos, dentre integrantes do último grau da carreira, sempre que possível" (art. 60). Cabe-lhes, entre outras atribuições, "manifestar-se sobre o arquivamento de inquérito policial, inquérito parlamentar ou peças de informação, exceto nos casos de competência originária do Procurador-Geral" (art. 62, IV). A Resolução 6/1993, do Conselho Superior do Ministério Público Federal, modificada pela Resolução 20/1996, criou e organizou as Câmaras de Organização e Revisão, cabendo a uma delas a matéria criminal e o controle externo da polícia judiciária.

Art. 28-A. Não sendo caso de arquivamento e tendo o investigado confessado formal e circunstancialmente a prática de infração penal sem violência ou grave ameaça e com pena mínima inferior a 4 (quatro) anos, o Ministério Público poderá propor acordo de não persecução penal,[32-32-A] desde que necessário e suficiente para reprovação e prevenção do crime,[32-B] mediante as seguintes condições ajustadas cumulativa e alternativamente:

I – reparar o dano ou restituir a coisa à vítima, exceto na impossibilidade de fazê-lo;[32-C]

II – renunciar voluntariamente a bens e direitos indicados pelo Ministério Público como instrumentos, produto ou proveito do crime;[32-D]

III – prestar serviço à comunidade ou a entidades públicas por período correspondente à pena mínima cominada ao delito diminuída de um a dois terços, em local a ser indicado pelo juízo da execução, na forma do art. 46 do Decreto-Lei n.º 2.848, de 7 de dezembro de 1940 (Código Penal);[32-E]

IV – pagar prestação pecuniária, a ser estipulada nos termos do art. 45 do Decreto-Lei n.º 2.848, de 7 de dezembro de 1940 (Código Penal), a entidade pública ou de interesse social, a ser indicada pelo juízo da execução, que tenha, preferencialmente, como função proteger bens jurídicos iguais ou semelhantes aos aparentemente lesados pelo delito; ou[32-F]

V – cumprir, por prazo determinado, outra condição indicada pelo Ministério Público, desde que proporcional e compatível com a infração penal imputada.[32-G]

§ 1.º Para aferição da pena mínima[32-H-32-H-1] cominada ao delito a que se refere o *caput* deste artigo, serão consideradas as causas de aumento e diminuição aplicáveis ao caso concreto.

§ 2.º O disposto no *caput* deste artigo não se aplica nas seguintes hipóteses:[32-I]

I – se for cabível transação penal de competência dos Juizados Especiais Criminais, nos termos da lei;

II – se o investigado for reincidente ou se houver elementos probatórios que indiquem conduta criminal habitual, reiterada ou profissional, exceto se insignificantes as infrações penais pretéritas;

III – ter sido o agente beneficiado nos 5 (cinco) anos anteriores ao cometimento da infração, em acordo de não persecução penal, transação penal ou suspensão condicional do processo; e

IV – nos crimes praticados no âmbito de violência doméstica ou familiar, ou praticados contra a mulher por razões da condição de sexo feminino, em favor do agressor.

Art. 28-A

Código de Processo Penal Comentado • NUCCI

§ 3.º O acordo de não persecução penal será formalizado por escrito e será firmado pelo membro do Ministério Público, pelo investigado e por seu defensor.[32-J]

§ 4.º Para a homologação do acordo de não persecução penal, será realizada audiência[32-K] na qual o juiz deverá verificar a sua voluntariedade, por meio da oitiva do investigado na presença do seu defensor, e sua legalidade.

§ 5.º Se o juiz considerar inadequadas, insuficientes ou abusivas as condições dispostas no acordo de não persecução penal, devolverá os autos ao Ministério Público para que seja reformulada a proposta de acordo, com concordância do investigado e seu defensor.[32-L]

§ 6.º Homologado judicialmente o acordo de não persecução penal, o juiz devolverá os autos ao Ministério Público para que inicie sua execução perante o juízo de execução penal.[32-M]

§ 7.º O juiz poderá recusar homologação à proposta que não atender aos requisitos legais ou quando não for realizada a adequação a que se refere o § 5.º deste artigo.[32-N]

§ 8.º Recusada a homologação, o juiz devolverá os autos ao Ministério Público para a análise da necessidade de complementação das investigações ou o oferecimento da denúncia.[32-O]

§ 9.º A vítima será intimada da homologação do acordo de não persecução penal e de seu descumprimento.[32-P]

§ 10. Descumpridas quaisquer das condições estipuladas no acordo de não persecução penal, o Ministério Público deverá comunicar ao juízo, para fins de sua rescisão e posterior oferecimento de denúncia.[32-Q]

§ 11. O descumprimento do acordo de não persecução penal pelo investigado também poderá ser utilizado pelo Ministério Público como justificativa para o eventual não oferecimento de suspensão condicional do processo.[32-R]

§ 12. A celebração e o cumprimento do acordo de não persecução penal não constarão de certidão de antecedentes criminais, exceto para os fins previstos no inciso III do § 2.º deste artigo.[32-S]

§ 13. Cumprido integralmente o acordo de não persecução penal, o juízo competente decretará a extinção de punibilidade.[32-T]

§ 14. No caso de recusa, por parte do Ministério Público, em propor o acordo de não persecução penal, o investigado poderá requerer a remessa dos autos a órgão superior, na forma do art. 28 deste Código.[32-U-32-W]

32. Acordo de não persecução penal: trata-se de mais um benefício previsto para autores de crimes *menos relevantes*, não se confundindo com o *plea bargain* do direito norte-americano, pois este é mais amplo e desprovido de tantas restrições. O acordo previsto neste artigo reveste-se de diversos requisitos. Em primeiro lugar, somente tem aplicação para delitos cuja pena mínima seja inferior a 4 anos. Em segundo lugar, não abrange crimes cometidos com violência ou grave ameaça à pessoa. Somente esses elementos já são suficientes para marcar o novo dispositivo como uma das espécies de institutos cuja finalidade é evitar o processo criminal, debatendo-se culpa e levando-se o feito à condenação e posterior execução da pena, tais como a transação penal e a suspensão condicional do processo, ambos previstos na Lei 9.099/1995. Na jurisprudência: STF: "1. As condições descritas em lei são requisitos necessários para o oferecimento do Acordo de Não Persecução Penal (ANPP), importante instrumento de política criminal dentro da nova realidade do sistema acusatório brasileiro. Entretanto, não obriga o Ministério Público, nem tampouco garante ao acusado verdadeiro direito subjetivo em realizá-lo. Simplesmente, permite ao *Parquet* a opção, devidamente fundamentada, entre denunciar ou realizar o acordo, a partir da estratégia de política criminal adotada pela Instituição" (HC 232.334 AgR, 1.ª T., rel. Alexandre de Moraes, 02.10.2023, v.u.). STJ: "5. O acordo de não persecução penal não constitui direito subjetivo do investigado, podendo ser proposto pelo Ministério Público conforme as peculiaridades do caso concreto e quando considerado necessário e suficiente para a reprovação e a prevenção da infração penal. (...) A jurisprudência deste Tribunal Superior se consolidou no sentido de que o acordo de não persecução penal é cabível durante a fase inquisitiva da persecução penal, sendo limitada até o recebimento da denúncia, o que inviabiliza a retroação pretendida pela defesa, porquanto a denúncia foi oferecida em 28/8/2019 e recebida em 11/9/2019, antes da vigência da Lei n. 13.964/2019 (AgRg no REsp n. 2.002.178/SP, Ministro Jesuíno Rissato (Desembargador convocado do TJDFT), Quinta Turma, *DJe* de 24/6/2022)" (AgRg no REsp 2.002.447/AL, 6.ª T., rel. Sebastião Reis Júnior, 25.09.2023, v.u.).

32-A. Confissão formal e circunstanciada: demanda o dispositivo uma confissão do investigado, representando a admissão de culpa, de maneira expressa e detalhada, tomando-se por termo. Há que se colocar em foco essa condição, pois a confissão não é exigível de qualquer suspeito da prática de uma infração penal; ao contrário, a Constituição Federal assegura o direito ao silêncio, sem que disso se possa extrair qualquer consequência negativa para a defesa (art. 5.º, LXIII). Em princípio, poder-se-ia sustentar a inconstitucionalidade dessa exigência, pois até mesmo a transação (em casos de infrações de menor potencial ofensivo, nos termos do art. 76 da Lei 9.099/1995) realiza-se sem que o agente seja obrigado a admitir culpa. Igualmente, quando se tratar de suspensão condicional do processo (art. 89, Lei 9.099/1995), não se demanda a aceitação de ter cometido o crime, apesar de já existir denúncia ajuizada. O acordo de não persecução penal, como mais uma medida de política criminal, com a finalidade de resolver rapidamente a prática do delito, sem o custoso processo, servindo de benefício ao agente, visto não constar de sua folha de antecedentes (§ 12 do art. 4.º da Lei 12.850/2013), inova, ao impor a confissão como condição para tanto. Porém, lembrando-se que o acordo é um negócio jurídico de interesse das partes celebrantes, não haveria a inconstitucionalidade dessa obrigação de admitir a culpa para receber o benefício. Até este ponto, pode-se fazer a equiparação à delação premiada, na qual emerge a admissão de culpa e aponta comparsas; entretanto, nesta há o prêmio concedido ao delator e, se houver retratação da proposta, as provas autoincriminatórias produzidas pelo colaborador *não poderão ser utilizadas em seu prejuízo* (art. 4.º, § 10, Lei 12.850/2013). Portanto, para que a confissão do investigado produza efeito somente no âmbito do acordo, caso este não seja cumprido, havendo posterior denúncia, o termo de admissão de culpa deve ser excluído dos autos ou, pelo menos, não levado em conta pelo juiz. Afinal, a confissão realizada tem o propósito exclusivo de alicerçar o acordo de não persecução penal; afastado este acordo, a vantagem do acusado desaparece e ele não pode ser prejudicado por uma admissão de culpa baseada em instituto de política criminal cuja finalidade é impedir a persecução em juízo, logo, um benefício. Por outro lado, o momento de se colher a confissão é na etapa anterior à realização do acordo; se houver desclassificação do fato na sentença e posterior viabilidade ao ANPP, mesmo que o acusado não tenha confessado durante a instrução, pode fazê-lo quando da oferta do mencionado acordo. Na jurisprudência: STJ: "3. O direito à não autoincriminação, vocalizado pelo brocardo latino nemo tenetur se detegere, não pode ser interpretado em desfavor do réu, nos termos do que veicula a norma contida no inciso LXIII do art. 5.º da Constituição da República e no parágrafo único do art. 186 do Código de Processo Penal. Assim, a invocação do direito ao silêncio durante a persecução penal não pode impedir a incidência posterior do ANPP, caso a superveniência de sentença condenatória autorize objetiva e subjetivamente sua proposição. Lado outro, sequer a negativa

Art. 28-A

Código de Processo Penal Comentado • **NUCCI**

124

de autoria é capaz de impedir a incidência do mencionado instituto despenalizador, não se podendo olvidar, como afirmado em doutrina, que o ANPP é medida de natureza negocial, cuja prerrogativa para o oferecimento é do Ministério Público, cabendo ao Judiciário a homologação ou não dos termos ali contidos. Nessa esteira, trata-se de contribuição de grande valia a combater a nefasta cultura do encarceramento, ainda prevalecente no Judiciário brasileiro em larga escala, e conducente ao estado de coisas inconstitucional do sistema penitenciário brasileiro, reconhecido pelo Supremo Tribunal Federal no julgamento da MC na ADPF 347, Rel. Ministro Marco Aurelio, devendo ser estimulada como política pública, a fim de que as sanções sejam obtidas de modo alternativo ao cárcere. *A formalização da confissão para fins do ANPP diferido deve se dar no momento da assinatura do acordo. O Código de Processo Penal, em seu art. 28-A, não determinou quando a confissão deve ser colhida, apenas que ela deve ser formal e circunstanciada. Isso pode ser providenciado pelo próprio órgão ministerial*, se decidir propor o acordo, devendo o beneficiário, no momento de firmá-lo, se assim o quiser, confessar formal e circunstanciadamente, perante o Parquet, o cometimento do crime. (HC n. 837.239/RJ, relator Ministro Ribeiro Dantas, Quinta Turma, julgado em 26/9/2023, DJe de 3/10/2023.) No mesmo sentido: HC n. 657.165/RJ, relator Ministro Rogerio Schietti Cruz, Sexta Turma, julgado em 9/8/2022, *DJe* de 18/8/2022)" (AgRg no RHC n. 185.642/CE, 5.ª T., rel. Reynaldo Soares da Fonseca, 12.03.2024, v.u., grifamos).

32-B. Caráter retributivo-preventivo do acordo: a lei basicamente repete o que consta no art. 59 do Código Penal, no tocante à fixação da pena. Para haver o acordo de não persecução penal, aponta-se ser ele "necessário e suficiente para reprovação e prevenção do crime". Portanto, parece-nos não ter cabimento para o cenário dos crimes hediondos e equiparados, além de outros delitos considerados graves, como a prática de racismo. Ver a nota 32-N infra. Na jurisprudência: STJ: "(...) por se cuidar, em tese, de tráfico internacional de drogas, paradigma constitucional de gravidade para os demais crimes hediondos, para o qual a Constituição Federal impôs tratamento jurídico-penal severo (art. 5.º, inc. XLIII), a formulação do negócio jurídico processual jamais poderá se reputar necessária e suficiente para a reprovação e prevenção do crime. Nesse mesmo sentido, o Enunciado 22, PGJ/CGMP/ Lei 13.964/2019: 'O acordo de não persecução penal é incompatível com crimes hediondos ou equiparados, uma vez que não atende ao requisito previsto no *caput* do art. 28-A do Código de Processo Penal, que o restringe a situações em que se mostre necessário e suficiente para a reprovação e prevenção do crime'. Negado provimento ao recurso" (Recurso em *Habeas Corpus* 128.660-SP, rel. Reynaldo Soares da Fonseca, 03.08.2020, decisão monocrática).

32-C. Reparação do dano ou restituição da coisa à vítima: trata-se de uma das condições mais utilizadas em vários benefícios penais, concedidos antes ou depois da condenação. Porém, vislumbra-se que esse tópico passa ao largo de vários réus, pois geralmente é previsto para infrações penais sem violência ou grave ameaça, além do que muitos delitos patrimoniais são cometidos por pessoas pobres, sem recursos. Logo, não têm condições de reparar o dano; no máximo, restituir a coisa.

32-D. Renunciar a bens e direitos: a exigência feita neste inciso envolve, basicamente, a *voluntariedade* (atividade realizada livremente, sem qualquer coação) em *renunciar* (desistir da propriedade ou posse de algo) a bens e direitos, que consistam, conforme indicados pelo MP, em instrumentos (mecanismos usados para a prática do delito), produto (objeto ou direito resultante diretamente do cometimento do crime) ou proveito (tudo o que resulta de lucro advindo do delito, de maneira indireta) do crime. Como quem indica quais são os bens e direitos a serem renunciados é o Ministério Público, para a obtenção do acordo, pode ser que não haja acordo. Portanto, segundo cremos, antes de estabelecer qualquer confissão expressa e por escrito, é preciso que o *Parquet* aponte quais são os bens e direitos a serem perdidos. Não compensando ao agente, é melhor não confessar e não realizar o acordo de não persecução penal.

32-E. Prestação de serviços à comunidade: é certo que esta é a mais efetiva e útil penalidade restritiva de direitos, logo, alternativa à prisão. Utilizá-la como condição para obter um benefício seria excessivo, não fosse a redução proposta pela lei: diminui-se da pena mínima abstrata do crime de um a dois terços. Assim sendo, realmente, torna-se palatável o acordo de não persecução penal.

32-F. Prestação pecuniária: esta penalidade restritiva de direitos nem mesmo funciona, nos processos comuns, como alternativa à privação da liberdade, porque os magistrados fixam-na em patamares mínimos. E o fazem porque os réus são, majoritariamente, pobres. Essa é a realidade brasileira. Talvez, como condição do acordo de não persecução penal, para agentes criminosos mais ricos que a normalidade, possa ser útil.

32-G. Cláusula aberta: este inciso não atende o propósito do princípio da legalidade. Nunca deu certo uma condição aberta para se fixar qualquer coisa. Note-se o disposto no art. 79 do Código Penal: "a sentença poderá especificar outras condições a que fica subordinada a suspensão, desde que adequadas ao fato e à situação pessoal do condenado". O referido art. 79 refere-se à suspensão condicional da pena e sempre foi fonte de complicações, pois a autoridade judiciária, que dele faz uso, termina excedendo-se em sua criatividade e fixando termos inadequados ao caso, gerando situação de abuso. A mesma situação pode dar-se na elaboração de uma condição pelo Ministério Público; entretanto, cuidando-se de um acordo, basta que seja rejeitado pelo investigado. O ideal seria o estabelecimento de regras específicas, sem vagueza ou flexibilidade, para que não houvesse distorção do instituto. Normas de conteúdo detalhado favorecem o equilíbrio entre as partes envolvidas na composição, permitindo a aplicabilidade do acordo de não persecução penal.

32-H. Aferição da pena mínima: utiliza-se, no cômputo da pena mínima possível, as causas de aumento e diminuição, pois integram a tipicidade derivada. Porém, se uma causa de aumento é variável (de 1/6 a 2/3), deve-se lançar *qual montante* ao mínimo da pena em abstrato prevista no tipo básico? Se houver uma causa de diminuição, igualmente variável, *qual montante* a ser utilizado para o cálculo da pena mínima? Tratando-se de um benefício ao acusado, é preciso buscar a menor pena mínima possível, para que se atinja o critério previsto no *caput* do art. 28-A (inferior a quatro anos). Em princípio, deve-se enfocar a pena mínima em abstrato cominada ao crime na sua forma básica, lançando o aumento mínimo: se for inferior a quatro anos, o agente tem direito ao acordo. Sob outro lado, enfocando-se a pena mínima, havendo causa de diminuição, insere-se a diminuição máxima para checar se o resultado fica abaixo de quatro anos. Entretanto, há um ponto a despertar controvérsia, pois o § 1.º refere-se à consideração de causas de aumento e diminuição *aplicáveis ao caso concreto*. Resta a impressão de que, no caso de tentativa, por exemplo, para haver o acordo – ou não – o órgão acusatório e o juiz deveriam verificar qual seria a diminuição *real* (na variação de 1/3 a 2/3, exatamente qual seria cabível à situação concreta, conforme o *iter criminis* percorrido); entretanto, se o acordo é de *não persecução penal*, avaliar a diminuição em termos *reais* se torna alheio ao propósito do instituto. Estar-se-ia adentrando o exame, ao menos parcial, de mérito da questão criminal, algo inadequado nessa fase pré-processual. Portanto, a referência a *caso concreto* deve relacionar-se ao tipo penal adequado ao caso efetivamente ocorrido.

32-H-1. A pena mínima no crime de tráfico ilícito de drogas: em princípio, não seria impossível que houvesse o acordo de não persecução penal para o crime de tráfico ilícito de drogas, quando fosse praticado na forma prevista pelo art. 33, § 4.º, da Lei 11.343/2006. Mas, para isso, depende-se de critério a ser adotado pelo Ministério Público, vale dizer, se a

Art. 28-A

Código de Processo Penal Comentado • **Nucci**   126

instituição concordasse que se trata, no caso concreto, de um traficante primário, sem antecedentes e ligação com atividade criminosa ou crime organizado, com pouca quantidade de drogas, o que permitiria o redutor máximo, chegando à pena de 1 ano e 8 meses para justificar o referido acordo. Porém, não se tem essa visão do *Parquet*, ao contrário, denuncia-se, como regra, na forma simples, prevista no *caput* do art. 33, cuja pena mínima é de 5 anos, inviabilizando o acordo. Não bastasse, há, ainda, a posição ministerial de que o mencionado acordo não se destina a crimes hediondos e equiparados, panorama último onde está inserido o tráfico ilícito de drogas. Sob outro prisma, mesmo que houvesse aplicação do redutor máximo na sentença condenatória (ou no tribunal), o MP tem sustentado que não cabe o acordo quando for proferida decisão ao final de instrução, logo, não há retroatividade para tanto. E, finalmente, a jurisprudência firmada pelos Tribunais é que o acordo é faculdade do *Parquet*, decorrendo disso a inoperância do pacto. Na jurisprudência: STJ: "1. Segundo o § 1.º do art. 28-A do Código de Processo Penal, para aferição da pena mínima cominada ao delito a que se refere o *caput* deste artigo, serão consideradas as causas de aumento e diminuição aplicáveis ao caso concreto. 2. Para serem consideradas as causas de aumento e diminuição, para aplicação do Acordo de Não Persecução Penal (ANPP), essas devem estar descritas na denúncia, que, no presente caso, inocorreu, não sendo possível considerar, no cálculo da pena mínima cominada ao crime imputado ao acusado, a causa de diminuição reconhecida apenas quando do julgamento do recurso especial. No caso do delito de tráfico, far-se-á necessário o curso da ação penal, em regra, para aferir os requisitos previstos no art. 33, § 4.º, da Lei n.º 11.343/06, o que obsta a aplicação do benefício, que decorre, inclusive do tratamento constitucional e da lei que são rigorosos na repressão contra o tráfico de drogas, crime grave, que assola o país, merecendo um maior rigor estatal. 3. Mostra-se incompatível com o propósito do instituto do Acordo de Não Persecução Penal (ANPP) quando já recebida a denúncia e já encerrada a prestação jurisdicional na instância ordinária, com a condenação do acusado, cuja causa de diminuição do art. 33, § 4.º, da Lei de drogas fora reconhecida somente neste STJ, com a manutenção da condenação. 4. Embargos de declaração rejeitados" (EDcl no AgRg no AgRg no AREsp 1.635.787-SP, 5.ª T., rel. Reynaldo Soares da Fonseca, 04.08.2020, v.u.).

32-I. Vedações ao acordo: seguindo algumas disposições previstas em outras leis, o acordo não poderá ser realizado nas hipóteses descritas nos incisos I a IV do § 2.º do art. 28-A do CPP: a) sendo cabível transação, o caso deve seguir para o Juizado Especial Criminal (inciso I); cuida-se de competência estabelecida pela Constituição Federal, logo, indeclinável ("art. 98. A União, no Distrito Federal e nos Territórios, e os Estados criarão: I – juizados especiais, providos por juízes togados, ou togados e leigos, competentes para a conciliação, o julgamento e a execução de causas cíveis de menor complexidade e infrações penais de menor potencial ofensivo, mediante os procedimentos oral e sumaríssimo, permitidos, nas hipóteses previstas em lei, a transação e o julgamento de recursos por turmas de juízes de primeiro grau"); b) a constatação da reincidência (genérica ou específica) do investigado deve ser objetivamente demonstrada por documento (inciso II, primeira parte); c) a referência a elementos de prova que indiquem conduta criminal *habitual* (não se confunda com o delito habitual; cuida-se de delinquir com frequência), *reiterada* (mais uma vez, frequente ou repetida) ou *profissional* (similar à habitualidade delitiva, fazendo do crime o seu meio de vida) é um fator peculiar, pois constitui um item extremamente vago (inciso II). Excluída a hipótese de reincidência (já abordada no inciso II, primeira parte), poder-se-ia apontar essa *frequência* na atividade criminosa pela folha de antecedentes (seria a verificação de antecedentes criminais, que já não gerassem reincidência, nos termos do art. 64, I, CP). Entretanto, o texto legal foi insistente, de modo a fazer crer existirem três modalidades de *insistência* na atuação delituosa: habitual, reiterada e profissional. Retirando-se o panorama a ser oferecido pela folha de antecedentes, os elementos probatórios somente poderiam advir da investigação em andamento, por um crime que comportaria, em tese, nos termos do *caput* deste artigo, o acordo (uma infração penal sem violência ou grave ameaça, com pena mínima inferior a quatro anos). Mesmo assim, cuidando-se de faculdade do Ministério Público, a proposta de acordo, ficaria, igualmente, sob sua subjetiva avaliação se o investigado preenche o perfil retratado (delinquente habitual, reiterado ou profissional). Ainda no inciso II, parte final, atenua-se essa reiteração delitiva, incluindo-se a exceção: infrações penais pretéritas *insignificantes*. Parece simples, mas não é, tendo em vista que o termo *insignificante* tem sido utilizado para caracterizar o crime de bagatela, que, por sinal, tende a ser fato atípico. Seria mais uma condição de livre avaliação do órgão proponente do acordo; d) o beneficiário, nos cinco anos anteriores à prática do crime, de outro acordo de não persecução penal, transação penal ou suspensão condicional do processo será excluído (inciso III); segue-se a regra geral de *não cumulação de benefícios*, quando se constata a reiteração delitiva – o que, aliás, poderia ser incluído, igualmente, na vedação prevista no inciso II deste parágrafo; e) exclui-se os delitos cometidos no cenário da violência doméstica ou familiar, ou praticados contra a mulher, seguindo-se a tendência de não favorecer, de modo algum, o agressor; aliás, a Lei 11.340/2006 eliminou a aplicação da Lei 9.099/1995 (transação penal e suspensão condicional do processo). Unindo-se essas vedações do § 2.º do art. 28-A do CPP às condições dos incisos I a V do *caput* do mesmo dispositivo, estreita-se bastante o universo de aplicação do acordo, restando, entretanto, os crimes contra a Administração Pública e outros relativos ao colarinho branco (não violentos, com penas mínimas inferiores a quatro anos), embora causem muita repercussão social na atualidade.

32-J. Formalização do acordo: as partes envolvidas, indicadas pela lei, são apenas o membro do Ministério Público, o investigado e o seu defensor, constituído ou nomeado para a sua defesa. Mas isso não encerra o procedimento, havendo necessidade de homologação judicial.

32-K. Audiência para a homologação: esse dispositivo é relevante, desde que os juízes o levem a sério. Para haver a homologação do acordo de não persecução penal, é preciso que se realize uma audiência, na qual o magistrado poderá verificar a *voluntariedade* do investigado, inclusive a sua *confissão expressa e detalhada*. Ouve-se o investigado na presença de seu defensor. É indispensável que o magistrado se atrele ao princípio da legalidade para homologar apenas o que se encaixar perfeitamente à lei.

32-L. Consideração judicial: deve basear-se na expectativa de que o acordo de não persecução penal seja, de fato, favorável ao investigado e não possua nenhuma vedação legal à sua realização. Por outro lado, a cláusula aberta pode ser o empecilho para a homologação (art. 28-A, V, CPP). O magistrado pode *não homologar* o acordo por entender ser abusivo ou ilegal, conforme as regras estabelecidas neste artigo. Por exemplo, a fixação de uma reparação de dano de valor excessivamente elevado, incompatível com o crime cometido, é motivo impeditivo à homologação. Porém, a iniciativa do acordo é do Ministério Público e não cabe ao Judiciário obrigá-lo a oferecer o acordo, como não há viabilidade de se determinar que o órgão ministerial apresente denúncia contra alguém. Por ora, é a visão predominante nos tribunais.

32-M. Execução penal: ocorrendo a homologação, nada mais resta a não ser cumprir as condições fixadas que são, na maioria, penas restritivas de direito, logo, aplicáveis em sede de execução penal.

32-N. Recusa da homologação: nem precisaria constar este dispositivo na exata medida em que cabe ao juiz decidir pelo sim ou pelo não em matéria de homologação do acordo de não persecução penal. Entretanto, a lei exibe, claramente, que o magistrado pode recusar a homologação. Há dispositivo para recurso em sentido estrito contra essa recusa (art. 581, XXV, CPP). Na jurisprudência: STJ: "7. O Supremo Tribunal Federal, na apreciação da ADO n. 26, de relatoria do Ministro Celso de Mello, reconhecendo o estado de mora inconstitucional do

Art. 28-A

Congresso Nacional na implementação da prestação legislativa destinada a cumprir o mandado de incriminação a que se referem os incisos XLI e XLII do art. 5.º da CF, deu interpretação conforme à Constituição, para enquadrar a homofobia e a transfobia, expressões de racismo em sua dimensão social, nos diversos tipos penais definidos na Lei n. 7.716/1989, atribuindo a essas condutas, até que sobrevenha legislação autônoma, o tratamento legal conferido ao crime de racismo. 8. Na espécie, o Tribunal de origem, na apreciação do recurso ministerial, manteve afastada a pretensão de homologação do ANPP celebrado entre o Parquet e a ora recorrida, envolvendo a suposta prática de atos homofóbicos, conduta que se enquadra, em tese, na Lei n. 7.716/1989 ou no art. 140, § 3.º, do CP, com fundamento na insuficiência do ajuste proposto à reprovação e prevenção do crime, objeto de investigação, à luz do direito fundamental à não discriminação, entendimento que se coaduna com a jurisprudência do STF e deste Tribunal Superior" (AgRg no AREsp 2.607.962-GO, 5.ª T., rel. Reynaldo Soares da Fonseca, 13.08.2024, v.u.).

32-O. Devolução dos autos do MP: embora o juiz possa devolver os autos ao Ministério Público, é cabível recurso em sentido estrito contra a recusa em homologar.

32-P. Inclusão da vítima: há muito se reclama que a vítima do delito precisa participar ativamente do processo-crime, quando tiver interesse. Portanto, a ciência dada a ela é sempre bem-vinda.

32-Q. Rescisão do acordo: como já está estipulado no cenário da transação dos crimes de menor potencial ofensivo, aqui também o não cumprimento do acordo provoca a sua rescisão, com a viabilidade de apresentação da denúncia.

32-R. Sobre o oferecimento de *sursis* processual: este parágrafo abre uma possibilidade de, mesmo descumprido o acordo de não persecução penal, ser ofertada denúncia e, conforme o caso concreto, ainda poder o Ministério Público oferecer a proposta de suspensão condicional do processo. Menciona-se isto pela via inversa, preceituando que o descumprimento *poderá* ser usado pelo MP como *justificativa* para não propor o *sursis* processual. Em suma, poderá não propor, mas, por outro lado, tem a viabilidade de fazê-lo, pois inexiste um comando proibitivo expresso.

32-S. Ausência de registro: tanto quanto se faz na transação penal, neste campo, busca-se não registrar, para produzir efeitos extra-autos, o acordo de não persecução penal. Só se registra para não oferecer o mesmo benefício no prazo fixado em lei (5 anos).

32-T. Extinção da punibilidade: seguindo o curso natural do acordo, caso cumprido integralmente, nada mais deve o agente ao Estado, de forma que se julga extinta a sua punibilidade, quanto à pretensão punitiva estatal.

32-U. Não propositura do acordo: dentro na nova realidade processual penal, cabe ao Ministério Público decidir sobre o acordo. Se o membro de primeira instância não concordar, permite-se recurso do interessado (investigado) ao órgão superior do *Parquet*. No entanto, não envolve a magistratura enviar (ou não) a recusa ao acordo à avaliação superior do MP. Estabelece-se o mesmo critério utilizado na questão do arquivamento de inquérito; cabe ao Ministério Público decidir pelo arquivamento em última análise. O art. 28, *caput*, deste Código, impõe a necessária revisão dos arquivamentos de inquéritos policiais e outras investigações (como as realizadas pelo próprio *Parquet*) para instância de revisão ministerial para fins de homologação. Por outro lado, se a vítima não concordar com o arquivamento poderá, igualmente, submeter o caso à instância superior do MP. Na jurisprudência: STF: "*Habeas corpus*. 2. Consoante jurisprudência do Supremo Tribunal Federal, não cabe ao Poder Judiciário impor ao Ministério Público obrigação de ofertar acordo em âmbito penal.

3. Se o investigado assim o requerer, o Juízo deverá remeter o caso ao órgão superior do Ministério Público, quando houver recusa por parte do representante no primeiro grau em propor o acordo de não persecução penal, salvo manifesta inadmissibilidade. Interpretação do art. 28-A, § 14, CPP a partir do sistema acusatório e da lógica negocial no processo penal. 4. No caso concreto, em alegações finais, o MP posicionou-se favoravelmente à aplicação do redutor de tráfico privilegiado. Assim, alterou-se o quadro fático, tornando-se potencialmente cabível o instituto negocial. 5. Ordem parcialmente concedida para determinar sejam os autos remetidos à Câmara de Revisão do Ministério Público Federal, a fim de que aprecie o ato do procurador da República que negou à paciente a oferta de acordo de não persecução penal" (HC 194.677, 2.ª T., rel. Gilmar Mendes, j. 11.05.2021, v.u.). STJ: "4. Se, por um lado, cabe ao órgão ministerial justificar expressamente o não oferecimento do ANPP, postura passível de controle pela instância superior do Ministério Público, após provocação do investigado, nos termos do art. 28-A, § 14, do CPP, por outro, consoante pacífica jurisprudência desta Corte Superior, 'o acordo de não persecução penal (ANPP) não constitui direito subjetivo do investigado, podendo ser proposto pelo Ministério Público conforme as peculiaridades do caso concreto e quando considerado necessário e suficiente para a reprovação e a prevenção do delito' (AgRg no RHC n. 193.320/SC, Rel. Ministro Antonio Saldanha Palheiro, Sexta Turma, julgado em 13/5/2024, *DJe* 16/5/2024). Precedentes. 5. Na forma do art. 28-A, § 7.º, do CPP, o juiz poderá recusar homologação à proposta que não atender aos requisitos legais, o que inclui a necessidade e suficiência do ANPP e de suas condições à reprovação e prevenção do crime (art. 28-A, *caput*, do CPP)" (AgRg no AREsp 2.607.962-GO, 5.ª T., rel. Reynaldo Soares da Fonseca, 13.08.2024, v.u.).

32-V. Obrigatoriedade de enviar os autos a órgão superior do MP: cuidando-se de um acordo benéfico ao investigado, que pode redundar na extinção da sua punibilidade, havendo recusa, embora o Judiciário não possa interferir para a realização da avença, a remessa dos autos a órgão superior do MP é um direito que não pode ser afastado. O investigado requer a remessa e esta deve ser feita pelo juízo ou pelo órgão ministerial de primeira instância.

32-W. Norma processual penal material e retroatividade benéfica: trata-se de norma prevista no Código de Processo Penal, mas que representa uma medida de política criminal, com reflexo direto no campo penal. É um instrumento criado para evitar a persecução penal, mediante a imposição de determinadas condições, desde que preenchidos os requisitos legais; porém, cumprido o acordo, o juiz decreta a extinção da punibilidade (art. 28-A, § 13). Assim sendo, torna-se benéfico ao autor do delito *evitar* o processo criminal, para ter afastado o direito punitivo estatal, cumprindo as condições estabelecidas, desde que o referido acordo seja considerado suficiente para *reprovação* e *prevenção* do crime, o que reitera, mais uma vez, o seu conteúdo de direito material. Parece-nos deva ele ser aplicado aos processos em andamento, enquanto não tiver sido atingido o trânsito em julgado de decisão condenatória. Na jurisprudência: a) *pela retroatividade*: STF: "2. O recebimento da denúncia e a existência de sentença condenatória não devem impedir a aplicação retroativa da norma, de modo a então atingir processos em curso, desde que não ocorrido o trânsito em julgado quando do início da vigência do art. 28-A do Código de Processo Penal pela Lei nº 13.964, de 2019 (referencial)" (RE 1234226 ED-AgR, 2.ª T., rel. André Mendonça, 09.09.2024, v.u.); "1. O art. 28-A do Código de Processo Penal, acrescido pela Lei 13.964/2019, é norma de conteúdo processual-penal ou híbrido, porque consiste em medida despenalizadora, que atinge a própria pretensão punitiva estatal. Precedentes. 2. A Segunda Turma desta Suprema Corte firmou o entendimento no sentido de que o art. 28-A do CPP retroage às ações que estavam em curso quando a Lei 13.964/2019 entrou em vigor, ainda que recebida a denúncia ou prolatada a sentença penal condenatória. 3. A inovação legislativa por conter matéria penal, a exigir a retroatividade nos termos do comando constitucional, não admite a interpretação restritiva para reconhecer a existência de preclusão por ausência de requerimento para entabulação do ANPP, na primeira oportunidade em que o réu se manifestou nos autos. 4. No caso concreto, apesar de os fatos serem anteriores à alteração legislativa, o feito ainda aguardava a prolação do acórdão condenatório quando a Lei 13.964/2019 entrou em vigor, de modo que é imperativo o reconhecimento do efeito retroativo do art. 28-A do CPP para possibilitar ao Ministério Público a propositura do ANPP, se atendidos os requisitos legais" (HC 237204 AgR, 2.ª T., rel. Nunes Marques, 02.09.2024); "II – A Primeira Turma do Supremo Tribunal Federal – STF fixou entendimento no sentido de que, nas ações penais iniciadas antes da entrada em vigor da Lei 13.964/2019, é viável o Acordo de Não Persecução Penal – ANPP, desde que não exista sentença condenatória e o pedido tenha sido formulado na primeira oportunidade de manifestação nos autos após a data de vigência do art. 28-A do Código de Processo Penal – CPP (HC 233.147 AgR/SP, Rel. Min. Alexandre de Moraes, DJe 22/2/2024), o que não ocorreu nos presentes autos" (RE 1485636 AgR, 1.ª T., rel. Cristiano Zanin, 27.05.2024, v.u.); b) *pela irretroatividade*: STJ: "1. Conforme reiterada jurisprudência desta Corte Superior, a retroatividade do art. 28-A do CPP, introduzido pela Lei n. 13.964/2019, revela-se incompatível com o propósito do instituto quando já recebida a denúncia e encerrada a prestação jurisdicional nas instâncias ordinárias, como ocorreu no presente feito" (AgRg nos EDcl no AREsp n. 2.473.575/RJ, 5.ª T., rel. Ribeiro Dantas, 18.06.2024, v.u.); "3. No mais, consigno que inexiste flagrante ilegalidade que justifique a superação do óbice constatado, pois, como já registrei na decisão combatida, esta Egrégia Corte de Justiça possui o entendimento consolidado acerca da irretroatividade da aplicação da Lei n. 13.964/2019 quando já recebida a denúncia à época da entrada em vigor da mencionada lei, como ocorreu no caso presente" (AgRg no HC n. 907.518/RS, 6.ª T., rel. Sebastião Reis Júnior, 02.09.2024).

> **Art. 29.** Será admitida ação privada nos crimes de ação pública,[33-34] se esta não for intentada no prazo[35] legal,[36-38] cabendo ao Ministério Público[39] aditar a queixa, repudiá-la e oferecer denúncia substitutiva, intervir em todos os termos do processo, fornecer elementos de prova, interpor recurso e, a todo tempo, no caso de negligência do querelante, retomar a ação como parte principal.[40]

33. Ação penal privada subsidiária da pública: trata-se de autorização constitucional fornecida pelo art. 5.º, LIX, possibilitando que a vítima ou seu representante legal ingresse, diretamente, com ação penal, através do oferecimento de queixa, quando o Ministério Público, nos casos de ações públicas, deixe de fazê-lo no prazo legal. A hipótese prevista neste artigo – e, também, na Constituição – é de uso raríssimo no cotidiano forense. Não pelo fato de o Ministério Público nunca atrasar no oferecimento de denúncia, mas porque a vítima, dificilmente, acompanha o desenrolar do inquérito, através de seu advogado. Por outro lado, quando há interesse em oferecer queixa, porque o prazo está vencido, havendo pleito nesse sentido, solicitando a entrega do inquérito – que pode estar em poder do Ministério Público, já fora do prazo – acaba-se por provocar a atuação do órgão acusatório estatal. Logo, o ofendido tem um instrumento útil à disposição, para controlar abusos do Estado-acusação, quando houver demora excessiva para dar início à ação penal, embora não haja notícia de sua utilização frequente. A existência da ação penal privada subsidiária da pública não é pacífica. Há quem se coloque contrariamente à sua utilização e consequente previsão no ordenamento processual penal. Diz Dirceu de Mello que "quanto à ação penal privada subsidiária, sempre tive, de fato, como extravagante e mal inspirado expediente de indébita intervenção particular em assuntos da alçada pública. Sem se falar naquele outro inconveniente, igualmente sério, da incompatibilidade indefectivelmente estabelecida, nos processos assim iniciados, entre o ofendido e o acusador público a seguir interveniente (art. 29, segunda parte, do CPP vigente). O recurso à hierarquia, com a designação, diante da só evidência do atraso no oferecimento da denúncia, de outro membro do Ministério Público para oficiar, sobre se apresentar como lógica solução para problema manifestado em quadro funcional de estrutura organizada, ofereceria a vantagem de prevenir atritos como o retrodestacado. (...) É certo, outrossim, que, no plano hierárquico, comprovada a relapsia do representante do Ministério Público, ficaria o mesmo sujeito às sanções de direito, ordinariamente previstas nas bases institucionais da carreira. De minha parte, bem de ver, como meio eficaz de combate à desídia ministerial, advogo a man-tença da punição prevista no art. 801 do CPP. Verificado o atraso, injustificável, decretariam tais sanções os escalões hierárquicos" (*Ação penal privada subsidiária: origem, evolução e efeitos de sua extinção, em perspectiva, no campo da desídia funcional do Ministério Público no Direito Brasileiro*, p. 212-213). Na jurisprudência: STJ: "2. Não é admitida a ação privada subsidiária da pública se o Ministério Público promove o arquivamento do procedimento investigatório. Precedentes" (AgRg na Sd 811/MG, Corte Especial, rel. Laurita Vaz, 06.10.2021, v.u.).

34. Prazo para o ofendido ingressar com queixa: tem ele seis meses, a contar do es-gotamento do prazo para o Ministério Público oferecer denúncia (art. 38, *caput*, 2.ª parte, c/c art. 46, do CPP). Tal prazo não atinge o Estado-acusação, que mantém o dever de denunciar, até que ocorra a prescrição.

35. Prazo legal para oferecimento de denúncia: ver art. 46, CPP (5 dias, para in-diciado preso; 15 dias, para indiciado solto). Há outros prazos em leis especiais (ex.: na Lei 11.343/2006, que cuida dos crimes relacionados aos tóxicos, tem o representante do Ministério Público 10 dias, não importando se o indiciado está preso ou solto, conforme previsão feita no art. 54, *caput*).

36. Ação penal privada após o arquivamento pedido pelo Ministério Público: é inaceitável que o ofendido, porque o inquérito foi arquivado, a mando do Ministério Público, ingresse com ação penal privada subsidiária da pública. A titularidade da ação penal não é, nesse caso, da vítima e a ação privada, nos termos do art. 29, somente é admissível quando o órgão acusatório estatal deixa de intentar a ação penal, no prazo legal, mas não quando age, promovendo o arquivamento. Há, pois, diferença substancial entre não agir e manifestar-se pelo arquivamento, por crer inexistir fundamento para a ação penal. É a lição de Espínola Filho: "Muito razoável é que, firmado o sistema de preferência da iniciativa do Ministério Público, para movimentar, afastando a da parte ofendida, a ação penal referente a crimes, que toleram a denúncia, seja atribuída ao ofendido, ou a quem o represente, a função de vigilância e fiscalização do cumprimento da precípua missão da promotoria pública. E, pois, uma vez decorridos os prazos fixados em lei, *sem ser oferecida a denúncia, ou requerido o arquivamento*, a omissão da ação promovida pelo órgão público dá liberdade à parte privada para formular a sua queixa" (*Código de Processo Penal brasileiro anotado*, v. 1, p. 369, grifo nosso). Frederico Marques segue na mesma linha: "Nem se compreende que, depois da fiscalização do juiz e do chefe do Ministério Público, sobre o arquivamento requerido pelo promotor, pudesse o ofendido fazer *tabula rasa* de todos esses pronunciamentos, para propor a ação penal. Tal subversão de princípios, vindo dar ao ofendido uma posição privilegiada no exercício da ação penal, não poderia encontrar agasalho na lei penal" (*Elementos de direito processual penal*, v. 1, p. 325). Entende Mirabete caber ação privada, quando foi proposto pedido de arquivamento pelo Ministério Público, mas ainda não apreciado pelo juiz ou se houve pedido de arquiva-mento implícito quanto a determinado crime (*Código de Processo Penal interpretado*, p. 74), com o que não concordamos pelo fato de que, nessas hipóteses, há duas impropriedades, em nossa visão: em primeiro lugar, o promotor, ao ordenar o arquivamento, embora ainda não apreciado pelo órgão superior do MP, manifestou-se, não se quedando inerte. Logo, se

Art. 29

Código de Processo Penal Comentado · **Nucci**

não concordar com esse pedido, o inquérito deve ser remetido ao Procurador-Geral e não simplesmente aceita a ação privada em seu lugar. Em segundo lugar, não entendemos viável o pedido de arquivamento implícito, pois todas as decisões tomadas pelo Ministério Público devem ser fundamentadas, não se podendo falar em pedido tácito. Na jurisprudência: STJ: "2. Não é admitida a ação privada subsidiária da pública se o Ministério Público promove o arquivamento do procedimento investigatório. Precedentes" (AgRg na Sd 811/MG, Corte Especial, rel. Laurita Vaz, 06.10.2021, v.u.).

36-A. Propositura de ação penal privada antes de qualquer manifestação do Ministério Público: os mesmos argumentos utilizados na nota anterior servem para fundamentar a inviabilidade nesta questão. Tratando-se de crime cuja ação penal é pública incondicionada, somente tem cabimento a ação privada subsidiária da pública quando o membro do *Parquet* perde o prazo para oferecimento da demanda. Caso a vítima, por seu advogado, atue *antes* mesmo de ser aberta vista ao Ministério Público, para que tome conhecimento de determinada investigação, não tem cabimento legítimo a oferta da queixa-crime. O mesmo ocorre quando o MP já se manifestou pelo arquivamento.

37. Oferecimento de queixa, após pedido de novas diligências feito pelo Ministério Público: como regra, se o membro do Ministério Público ainda não formou sua convicção para dar início à ação penal, deve-se permitir que requeira o retorno dos autos do inquérito à delegacia para novas diligências. Não cabe, pois, ação privada subsidiária da pública. Ocorre que o art. 16, deste Código, estabelece que o Ministério Público não pode requerer a devolução do inquérito à autoridade policial para novas diligências, *salvo quando estas forem imprescindíveis* ao oferecimento da denúncia. Assim, quando o retorno à delegacia constituir pedido manifestamente protelatório, cuja finalidade é burlar o esgotamento do prazo para o oferecimento de denúncia, cremos ser viável que a vítima oferte a queixa, valendo-se do inquérito perfeitamente formado e com provas suficientes a sustentar a ação penal. O juiz deve permitir a assunção da vítima ao polo ativo, oficiando, ainda assim, ao Procurador-Geral para comunicar a desídia do promotor.

38. Intervenção de outras entidades no polo ativo: a Lei 8.078/1990 (Código de Proteção e Defesa do Consumidor) estabelece, no art. 80, que "no processo penal atinente aos crimes previstos neste Código, bem como a outros crimes e contravenções que envolvam relações de consumo, poderão intervir, como assistentes do Ministério Público, os legitimados indicados no art. 82, incisos III e IV, aos quais também é facultado propor ação penal subsidiária, se a denúncia não for oferecida no prazo legal". São legitimadas, segundo o art. 82, III e IV, as seguintes pessoas: "III – as entidades e órgãos da administração pública, direta ou indireta, ainda que sem personalidade jurídica, especificamente destinados à defesa dos interesses e direitos protegidos por este Código; IV – as associações legalmente constituídas há pelo menos um ano e que incluam entre seus fins institucionais a defesa dos interesses e direitos protegidos por este Código, dispensada a autorização assemblear". Outra ilustração se pode encontrar no art. 26 da Lei 7.492/1986: "A ação penal, nos crimes previstos nesta Lei, será promovida pelo Ministério Público Federal, perante a Justiça Federal. Parágrafo único. Sem prejuízo do disposto no art. 268 do Código de Processo Penal, aprovado pelo Dec.-lei 3.689, de 3 de outubro de 1941, será admitida a assistência da Comissão de Valores Mobiliários – CVM, quando o crime tiver sido praticado no âmbito de atividade sujeita à disciplina e à fiscalização dessa Autarquia, e do Banco Central do Brasil quando, fora daquela hipótese, houver sido cometido na órbita de atividade sujeita à sua disciplina e fiscalização".

39. Atribuições do Ministério Público havendo oferecimento de queixa: a) pode o órgão acusatório estatal aditar (complementar, adicionar algum elemento) a queixa, para incluir circunstância constante das provas do inquérito, componente da figura típica, mas não descrita na peça inaugural privada, bem como para incluir algum indiciado olvidado; b) pode repudiar a queixa, oferecendo *denúncia substitutiva*, quando verificar que a peça ofertada pela vítima é inepta e não preenche os requisitos legais. Nessa hipótese, não se trata de atitude discricionária do promotor, ou seja, não pode simplesmente repudiar a queixa, substituindo-a pela denúncia, por mero capricho. Nesse sentido, conferir a lição de Afrânio Silva Jardim: "Se a queixa se apresentar absolutamente imprestável, não podendo ser corrigida através de mero aditamento, deverá o Ministério Público apresentar 'denúncia substitutiva', repudiando a primitiva peça vestibular. (...) Entendemos, outrossim, não poder o Ministério Público repudiar a queixa e postular o arquivamento do inquérito ou peças de informação. Se entender incabível a ação penal deve opinar pela rejeição da queixa pelo Juiz, abrindo-se oportunidade para o querelante recorrer em sentido estrito se o Juiz não receber a sua queixa" (*Direito processual penal*, p. 126-127); c) pode, ainda, intervir em todos os termos do processo, aliás, deve, pois o direito de punir continua pertencendo ao Estado e somente a *iniciativa* da ação penal é que passou ao particular; d) pode fornecer elementos de prova; e) tem a possibilidade de interpor recurso; f) finalmente, é viável que retome a ação principal, figurando no polo ativo, se houver negligência do particular (ver art. 60, CPP). Em suma, é um autêntico assistente litisconsorcial.

40. Perdão como causa para a retomada da ação penal: o ofendido não pode, nas ações penais públicas na essência, perdoar o acusado. Cabe-lhe o instituto do perdão unicamente quando a iniciativa da ação penal for sua, com exclusividade (conforme art. 105, CP). Demonstrando que pretende desistir da ação penal privada subsidiária da pública e, graças a isso, tornando-se inativo na condução da demanda (art. 60, I ou III, CPP), deve o Ministério Público retomar a ação como parte principal.

> **Art. 30.** Ao ofendido ou a quem tenha qualidade para representá-lo caberá intentar a ação privada.[41-42-A]

41. Princípio da oportunidade: é o que rege a ação penal privada, conferindo o Estado ao particular, ofendido pela ação delituosa de alguém, a *faculdade* de ingressar com ação penal contra o agressor. Enquanto a ação penal pública regula-se pelo princípio da obrigatoriedade, devendo o Estado ajuizar ação penal contra infratores, a ação privada fica ao critério e disponibilidade da vítima.

42. Espécies de ação privada: divide-se, fundamentalmente, em duas: a) *autenticamente privada*, quando somente a vítima, seu representante legal ou as pessoas autorizadas em lei (art. 31, CPP) podem ingressar com a ação penal. Dentro dessa modalidade, há alguns casos em que a legitimidade ativa é exclusivamente da pessoa ofendida, não admitindo que sucessores assumam o polo ativo. É a ação personalíssima, como ocorre com o induzimento a erro essencial e ocultação de impedimento (art. 236, parágrafo único, CP); b) *ação privada subsidiária da pública*, quando o ofendido, porque o Ministério Público deixa escoar o prazo para o oferecimento da denúncia, age em seu lugar, apresentando queixa. Há quem sustente ainda, como Leone, que existe a ação penal privada adesiva, quando a vítima ingressa no feito como assistente do Ministério Público, participando da instrução e exigindo do Estado a condenação do réu (*apud* Frederico Marques, *Elementos de direito processual penal*, v. 1, p. 325). Preferimos entender que essa atuação do assistente o transforma em mero interveniente.

42-A. Legitimidade ativa concorrente: sobre o tema, consultar a nota 4-A ao Título III do Livro I.

Art. 31

Código de Processo Penal Comentado · **Nucci**   134

> **Art. 31.** No caso de morte do ofendido ou quando declarado ausente por decisão judicial, o direito de oferecer queixa ou prosseguir na ação passará ao cônjuge,[43-44] ascendente,[45] descendente ou irmão.[46-47]

43. Cônjuge: a lei processual penal admite analogia (art. 3.º, CPP), razão pela qual entendemos ser possível estender a legitimidade ativa para a companheira (ou companheiro), quando comprovada a união estável ou desde que esta não seja questionada pelo querelado. A proteção dos interesses da família pode justificar essa iniciativa da pessoa que viva com outra há muitos anos. Não teria sentido, em se tratando de mera legitimação ativa, excluir a companheira (ou companheiro) dessa possibilidade. Há posição em sentido contrário, admitindo unicamente o cônjuge: Tourinho Filho (*Código de Processo Penal comentado*, v. 1, p. 99), Mirabete (*Código de Processo Penal interpretado*, p. 78).

44. Cônjuge separado judicialmente: não distingue a lei processual penal a situação do cônjuge, se separado ou não. Portanto, valem ambas as situações.

45. Preferência entre ascendentes e descendentes: não deve haver. Qualquer um deles está legitimado à propositura da ação penal.

46. Irmão: o parentesco é natural ou civil.

47. Sucessores da vítima: caso o ofendido morra ou seja considerado ausente por decisão judicial, autoriza a lei que familiares (parentesco biológico ou civil) prossigam no intuito de ajuizar ação penal contra o agressor ou dar continuidade, caso ela já tenha sido proposta. O rol deste artigo é taxativo e segue exatamente a ordem dada: em primeiro lugar, o cônjuge, passando, em seguida, ao ascendente, descendente e irmão. Em caso de omissão de um ou recusa, o legitimado seguinte pode optar pela propositura da ação. Havendo discordância, prevalece o intuito daquele que pretende ingressar em juízo.

> **Art. 32.** Nos crimes de ação privada, o juiz, a requerimento da parte que comprovar a sua pobreza, nomeará advogado para promover a ação penal.[48]
>
> § 1.º Considerar-se-á pobre a pessoa que não puder prover às despesas do processo,[49] sem privar-se dos recursos indispensáveis[50] ao próprio sustento ou da família.
>
> § 2.º Será prova suficiente de pobreza o atestado da autoridade policial em cuja circunscrição residir o ofendido.[51]

48. Fundamento constitucional: preleciona o art. 5.º, LXXIV, da Constituição Federal, que "o Estado prestará assistência jurídica integral e gratuita aos que comprovarem insuficiência de recursos". Assim, tendo em vista que, para o ajuizamento da ação privada, é indispensável o concurso do advogado, é preciso que o Estado proporcione ao pobre a atuação desse profissional. É possível que exista órgão especializado para patrocinar os interesses das pessoas com insuficiência de recursos, mas, não havendo, o juiz deve nomear profissional de sua confiança para o ajuizamento da ação. A remuneração do profissional será feita pelo Estado. Em São Paulo, há um convênio entre a OAB e a Procuradoria Geral do Estado para que advogados possam auxiliar o trabalho de assistência jurídica gratuita à população carente, mediante o recebimento de remuneração previamente acertada, conforme os atos processuais praticados. Há, também, a estruturação, em todo o País, pouco a pouco, da Defensoria

Pública. No futuro, não será mais necessário existir o referido convênio, pois a pessoa carente de recursos poderá socorrer-se de órgão estatal apropriado.

49. Despesas do processo: são as custas, as despesas postais, as diligências do oficial de justiça, entre outros gastos. No Estado de São Paulo, havia completa isenção no caso dos processos criminais. Atualmente, está em vigor a Lei Estadual 11.608/2003, que prevê o pagamento de custas nos feitos criminais, como regra (art. 4.º, § 9.º).

50. Recursos indispensáveis ao sustento: não se exige miserabilidade, mas sim pobreza. Isto significa que a pessoa com parcos recursos, embora possa até possuir imóvel e carro, não deve privar-se do seu sustento cotidiano (alimentação, educação, vestuário etc.) para assumir a contratação de advogado. O Estado encarrega-se disso.

51. Aceitação de declaração de pobreza: há muito já não se exige o atestado de pobreza emitido por delegados de polícia, bastando uma simples declaração, de próprio punho do interessado, afirmando sua condição de pobreza, para o fim de sustentar a demanda – como se diz no jargão forense: "pobreza, na acepção jurídica do termo". Aliás, há determinados indivíduos que, pela própria condição e profissão, demonstram o estado de penúria por si só, nem mesmo necessitando exibir a referida *declaração de pobreza*.

> **Art. 33.** Se o ofendido[53] for menor de 18 (dezoito) anos, ou mentalmente enfermo, ou retardado mental, e não tiver representante legal, ou colidirem[54] os interesses deste com os daquele, o direito de queixa[55] poderá ser exercido por curador especial,[56] nomeado, de ofício ou a requerimento do Ministério Público, pelo juiz competente para o processo penal.

53. Vítima incapaz: há possibilidade de o ofendido ser menor de 18 anos – sem legitimação para agir no processo penal – ou mentalmente enfermo ou retardado, sem a devida representação legal. Nessa situação, para evitar que fique privado de seu direito de acionar criminalmente quem o ofendeu, deve o juiz, por ato de ofício ou mediante provocação do promotor, nomear à vítima um curador especial. Normalmente, essa nomeação termina recaindo, quando não conhecido nenhum parente próximo, em um advogado da confiança do juízo, para que este represente os interesses do incapaz.

54. Colisão de interesses: por vezes, o incapaz tem representante legal, mas este tem interesse conflitante com o do representado, podendo ser de variadas ordens. Pode ocorrer de o representante ser coautor ou partícipe do crime de ação privada cometido contra o incapaz ou até mesmo muito amigo ou intimamente relacionado com o autor. Imagine-se a mãe de um rapaz de 17 anos, vítima de difamação por parte de seu padrasto. Pode ela, para preservar a sua ligação amorosa, não se interessar em promover a queixa, motivo pelo qual o juiz, intervindo, nomeia um curador especial para zelar pelos interesses do incapaz.

55. Direito de queixa: leia-se, também, direito de representação, para o caso das ações públicas condicionadas. É a utilização da analogia, valendo-se da lógica do sistema processual. Se pode existir um incapaz impossibilitado de ingressar com ação penal, por falta ou inépcia de sua representação legal, é preciso suprir-lhe a falta também no caso da representação.

56. Curador especial: pode ser qualquer pessoa, maior de 18 anos, da confiança do juiz, normalmente recaindo a nomeação em advogados. O curador não está obrigado a agir, porque pode não haver prova suficiente para isso, embora deva usar todos os instrumentos à disposição para verificar o que seria melhor aos interesses do incapaz.

Art. 34

> **Art. 34.** Se o ofendido for menor de 21 (vinte e um) e maior de 18 (dezoito) anos, o direito de queixa[58] poderá ser exercido por ele ou por seu representante legal.[59-60]
>
> **Art. 35.** (*Revogado pela Lei 9.520/1997.*)

58. Direito de queixa: como já explicitamos em nota anterior, leia-se, também, direito de representação, para o caso das ações públicas condicionadas. É a utilização da analogia, valendo-se da lógica do sistema processual. Se pode existir um incapaz impossibilitado de ingressar com ação penal, por falta ou inépcia de sua representação legal, é preciso suprir-lhe a falta também no caso da representação.

59. Direito concorrente: acima de 18 anos, pode a pessoa representar ou contratar profissional (ou ter um nomeado pelo juiz) para promover ação penal privada. Entretanto, ainda estipula o Código de Processo Penal que o menor de 21 anos, que era considerado pela lei civil relativamente incapaz, teria representante legal para zelar pelos seus interesses. Atualmente, em face da edição da Lei 10.406/2002 (Código Civil), o maior de 18 anos é plenamente capaz para todos os atos da vida civil e não mais possui representante legal. Portanto, não existe mais sentido no disposto neste artigo. A legitimidade para propor queixa é exclusiva da pessoa maior de 18 anos. Vide nossos comentários na nota 81-A ao art. 15. Na mesma ótica, Carlos Frederico Coelho Nogueira (*Comentários ao Código de Processo Penal*, p. 567). Mas, provavelmente, a questão será polêmica nos juízos e tribunais, especialmente no tocante à figura do curador. Neste contexto, no entanto, não há o que discutir, pois o ofendido maior de 18 anos *não tem mais* representante legal.

60. Prazo iniciado quando o ofendido possuía menos de 18 anos: nessa situação é preciso cautela. Se o prazo de decadência iniciou-se e terminou quando a vítima tinha menos de 18 anos, não sendo legitimada a agir, mas somente o seu representante, que ficou inerte, há que se computar o seu prazo integral de 6 meses, a contar da data em que atingir a capacidade processual penal. Isto porque os prazos são independentes: um para o representante e outro para o menor ofendido. Assim, ao completar 18 anos, tem reavivado o prazo decadencial finalizado para o seu representante. E mais: se o ofendido completa 18 anos na vigência do prazo decadencial, já iniciado no tocante ao seu representante legal (tinha 17 anos e 9 meses na época do crime), recebe os 6 meses integrais, para poder representar ou ajuizar queixa contra o ofensor. Isso se dá – ressalte-se novamente – porque os prazos são independentes. Completando 18 anos na vigência do período decadencial é justo que possua os 6 meses completos, visto que, anteriormente, não podia agir. Nessa ótica: Mirabete, *Código de Processo Penal interpretado*, p. 87. Em sentido contrário, defendendo prazo único para os dois: Tourinho Filho, *Código de Processo Penal comentado*, v. 1, p. 104.

> **Art. 36.** Se comparecer mais de uma pessoa com direito de queixa,[61] terá preferência[62] o cônjuge, e, em seguida, o parente mais próximo na ordem de enumeração constante do art. 31, podendo, entretanto, qualquer delas prosseguir na ação,[63] caso o querelante desista da instância ou a abandone.

61. Direito de queixa ou de representação: onde se lê *direito de queixa*, acrescente-se, ainda, o direito de representação, existente para dar legitimidade ao Ministério Público para agir nos casos de ação pública condicionada.

62. Cônjuge, ascendente e descendente: ver notas 43 e 45 ao art. 31.

63. Direito de prosseguimento: tem o grupo de pessoas legitimadas a agir em nome do ofendido – cônjuge, ascendente, descendente e irmão – o direito de prosseguir no polo ativo da ação, caso o querelante desista de fazê-lo ou abandone a causa. Há um prazo de 60 dias, para que tal se dê (art. 60, II, CPP). Não há necessidade de intimação dos demais familiares para que se valham dessa possibilidade. Cabe-lhes, havendo real interesse na condução da causa, acompanhar o desenvolvimento do processo.

> **Art. 37.** As fundações, associações ou sociedades legalmente constituídas poderão exercer[64-65] a ação penal, devendo ser representadas por quem os respectivos contratos ou estatutos designarem[66] ou, no silêncio destes, pelos seus diretores ou sócios-gerentes.

64. Exercício da ação penal: significa que a pessoa jurídica pode figurar no polo ativo da ação penal, ajuizando queixa no caso de ação penal privada (ex.: pessoa jurídica como vítima de difamação – art. 139, CP) ou no caso de ação penal pública, quando ficar inerte o Ministério Público. É a hipótese da ação penal privada subsidiária da pública (ex.: pessoa jurídica é vítima de furto, não atuando a tempo o promotor).

65. Direito à representação: prevê este dispositivo que a ação penal pode ser ajuizada diretamente pela pessoa jurídica, através da queixa, mas nada dispõe a respeito da possibilidade da pessoa jurídica representar, legitimando o Ministério Público a agir. Nada impede que, aplicando-se a analogia, chegue-se a idêntica possibilidade (ex.: pessoa jurídica sofre furto de coisa comum – art. 156, CP).

66. Designação contratual ou estatutária: normalmente, as pessoas jurídicas, ao se constituírem, deixam claro no contrato social ou nos estatutos quem vai representá-las em juízo. Não havendo essa previsão, pode valer-se da ação penal, agindo em nome da empresa, qualquer diretor ou sócio-gerente, com poderes de administração.

> **Art. 38.** Salvo disposição em contrário, o ofendido, ou seu representante legal, decairá[67-68] do direito de queixa ou de representação, se não o exercer dentro do prazo de 6 (seis) meses, contado[69] do dia em que vier a saber quem é o autor do crime,[70] ou, no caso do art. 29, do dia em que se esgotar o prazo para o oferecimento da denúncia.[71-76]
>
> **Parágrafo único.** Verificar-se-á a decadência do direito de queixa ou representação, dentro do mesmo prazo, nos casos dos arts. 24, parágrafo único,[77] e 31.[78]

67. Decadência: é a perda do direito de agir, pelo decurso de determinado lapso temporal, estabelecido em lei, provocando a extinção da punibilidade do agente. Na realidade, a prescrição, quando ocorre, atinge diretamente o direito de punir do Estado, enquanto a decadência faz perecer o direito de ação, que, indiretamente, atinge o direito de punir do Estado, já que este não pode prescindir do *devido processo legal* para aplicar sanção penal a alguém. A decadência envolve todo tipo de ação penal privada (exclusiva ou subsidiária), abrangendo também o direito de representação, que ocorre na ação penal pública condicionada. No caso da ação privada subsidiária da pública, deve-se destacar que o particular ofendido pode decair do seu direito de apresentar queixa, tão logo decorra o prazo de seis meses, contado a partir da finalização do prazo legal para o Ministério Público oferecer denúncia, embora não afete o direito do Estado-acusação, ainda que a destempo, de oferecer denúncia. Somente a

Art. 38

Código de Processo Penal Comentado · **Nucci** 138

prescrição é capaz de afastar o direito de ação do Estado, porque lhe retirou o direito de punir. Na jurisprudência: STJ: "1. A previsão do art. 38 do CPP, segundo a qual, 'salvo disposição em contrário, o ofendido, ou seu representante legal, decairá do direito de queixa ou de representação, se não o exercer dentro do prazo de 6 (seis) meses, contado do dia em que vier a saber quem é o autor do crime', não cede espaço para analogias ou para interpretações extensivas, porquanto se reveste de direito de natureza material em favor do agente e contra o direito de persegui-lo e de puni-lo. 2. Na hipótese, embora tenha havido dúvida no início da investigação quanto à capitulação jurídica e ao tipo penal, isso não interfere no marco inicial da contagem da decadência, que continua sendo o dia em que o ofendido teve a certeza da autoria. 3. Assim, passados mais de 6 (seis) meses desde o momento em que foi conhecido o autor do crime pelo ofendido, restou operada a decadência do direito de queixa. 4. Extinta a punibilidade pelo crime de injúria real simples e arquivada a sindicância, com determinação de comunicação ao ofendido" (Sd 602/DF, Corte Especial, rel. Maria Thereza de Assis Moura, 21.06.2017, v.u.).

67-A. Requerimentos de medidas restritivas contra o agente do crime: somente podem ser formulados e, eventualmente, deferidos, *antes* de esgotado o prazo decadencial, sob pena de abuso de autoridade. Na jurisprudência: TJMG: "I – Ultrapassado o prazo decadencial do art. 38 do CPP, torna-se inviável a prisão preventiva do agente, principalmente diante da ausência de provas de que a segurança da vítima ainda se encontra comprometida, após o descumprimento das medidas protetivas" (RSE 1.0145.15.046475-1/001/MG, 1.ª Câmara Criminal, rel. Alberto Deodato Neto, 07.03.2017, v.u.).

67-B. Legitimidade ativa e representação processual: é certo que o ofendido é a parte ativa a quem é conferida a legitimidade para ingressar com a ação penal privada, dentro do prazo decadencial, embora ele não possa fazê-lo sem estar devidamente representado por advogado (a menos que seja advogado e atue em causa própria). Na jurisprudência: STJ: "3. Ainda que a legitimidade ativa para a ação penal de iniciativa privada pertença ao ofendido, não se dispensa a representação por advogado regularmente inscrito na OAB, único com capacidade postulatória para o ajuizamento da queixa-crime. 4. O ato processual praticado por pessoa que não possua capacidade postulatória é considerado inexistente inválido; incapaz, pois, de produzir efeitos em relação à pessoa em cujo nome foi praticado, já que se trata de pressuposto de existência e de validade do processo. 5. O oferecimento da queixa-crime praticado por pessoa sem capacidade postulatória – a exemplo da própria vítima, não inscrita na OAB – não é capaz de configurar o exercício do direito de dar início à ação penal privada dentro do prazo decadencial previsto para tanto. 6. A ausência de capacidade postulatória do signatário da peça inaugural deve ser corrigida antes do decurso do prazo decadencial de 6 (seis) meses, previsto nos arts. 103 do CP e 38 do CPP. 7. Ante a disponibilidade da ação penal privada, regida, ainda pelos princípios da conveniência e da oportunidade, não cabe ao juiz tutelar o regular exercício do direito de queixa, limitando-se, conforme o caso, a aplicar o direito cabível à espécie. 8. Na hipótese dos autos, passados mais de 6 (seis) meses da data do conhecimento do fato e da autoria, não houve a apresentação de regular queixa-crime subscrita por advogados com inscrição na OAB" (AgRg nos EDcl na APn 958/RJ, Corte Especial, rel. Nancy Andrighi, 18.11.2020, v.u.).

68. Regra geral e exceções quanto ao prazo: há expressa disposição legal permitindo que outro prazo, que não os seis meses (regra geral), contados da ciência da autoria da infração penal, seja fixado para o exercício do direito de ação. É o que acontece tanto na Parte Especial do Código Penal (seis meses, a partir do trânsito em julgado da sentença que, por motivo de erro ou impedimento, anule o casamento – art. 236, parágrafo único), como no próprio Código de Processo Penal (30 dias, a contar da homologação do laudo, é o prazo para a queixa no caso de crime contra a propriedade imaterial, embora incida também o prazo de seis meses, antes de nascer o de 30 dias – ver a nota 11 ao art. 529, CPP).

69. Contagem do prazo: trata-se de um prazo processual, que cuida do exercício do direito de ação, mas com nítidos reflexos no direito penal, uma vez que é capaz de gerar a extinção da punibilidade. Portanto, conta-se nos termos do art. 10 do Código Penal, incluindo-se o dia do começo e excluindo-se o dia final, valendo-se a contagem do calendário comum. Exemplificando, se alguém toma conhecimento da autoria do crime de calúnia, no dia 10 de março, vence o prazo para apresentar queixa no dia 9 de setembro. Não há interrupção por força de feriados, fins de semana, férias forenses ou qualquer outro motivo de força maior.

70. Marco inicial da decadência: é o dia em que a vítima souber quem é o autor do crime. O mesmo critério deve ser aplicado aos sucessores do ofendido, caso este morra ou seja considerado ausente. Havendo dúvida, resolve-se em favor do ajuizamento da ação. Note-se que, por vezes, a lei pode estabelecer outro critério especial, como ocorre no caso do crime de induzimento a erro essencial e ocultação de impedimento, previsto no art. 236 do Código Penal. Preceitua o parágrafo único que "a ação penal depende de queixa do contraente enganado e não pode ser intentada senão depois de transitar em julgado a sentença que, por motivo de erro ou impedimento, anule o casamento". Na jurisprudência: STJ: "Não se verifica a decadência do direito de oferecer representação se, como na espécie, as representantes, tão logo souberam dos fatos delituosos – que ocorreram ao longo de todo o ano de 2003 e até maio de 2004 –, providenciaram, a tempo, o preenchimento de requisito de procedibilidade da persecução penal. A alegação de que o ato formal se deu um ano após a ocorrência dos fatos não procede, dada a continuidade delitiva" (REsp 1.273.776/SP, 6.ª T., rel. Rogerio Schietti Cruz, 14.06.2016, v.u.).

71. Interrupção do prazo decadencial: ocorre quando há o oferecimento de queixa ao juízo. Prescinde-se de despacho judicial ou recebimento da queixa, bastando a distribuição no fórum. É a melhor solução, mormente nos dias de hoje, em que há excesso de serviço em todos os setores do Poder Judiciário. Ora, somente para a queixa ser encaminhada à Vara eleita pela distribuição, com registro, autuação e envio dos autos à decisão do magistrado, há tempo suficiente para completar o prazo decadencial, mormente quando a ação é protocolada nos dias finais.

71-A. Regularidade do ajuizamento da queixa: se a procuração, instrumento indispensável para acompanhar a peça inicial, não for ofertada dentro do prazo decadencial, pode dar-se a extinção da punibilidade do agente. Na jurisprudência: TJDF: "4 – Decadência. No caso em exame o fato ocorreu em 02/03/2019, a queixa foi apresentada em 01 de setembro do mesmo ano, porém a emenda, com a apresentação da procuração somente veio aos autos em 09/09/2019, quando já ultrapassado prazo decadencial de que trata o art. art. 107, inciso IV, do Código Penal. Correta, pois, a sentença que declarou extinta a punibilidade pela decadência. Sentença que se confirma pelos seus próprios fundamentos" (Apelação 7429690820198070016-DF, 1.ª T., rel. Aiston Henrique de Sousa, 18.05.2020, v.u.)

72. Demora na conclusão do inquérito: não é porque a ação é privada que prescinde de justa causa para ser ajuizada, razão pela qual se exige prova pré-constituída também para a queixa ser recebida. Nos moldes da denúncia, que demanda, como regra, a produção do inquérito policial para lhe dar sustentação, a queixa pode contar com a prévia investigação para atingir o mesmo objetivo. Havendo demora da polícia judiciária, sem qualquer responsabilidade do querelante, cremos razoável admitir-se que haja o oferecimento da queixa, com prova de que o inquérito está sendo realizado e, em breve, finalizado, para interromper o prazo decadencial. O juiz, então, passa a controlar o prazo do inquérito, exigindo a sua conclusão para que possa apreciar se recebe ou rejeita a queixa. Privar a vítima do direito de ação por conta da inépcia do próprio Estado é tão injusto quanto fazer o juiz receber, contra o querelado, queixa desprovida de fundamento.

Art. 39

Código de Processo Penal Comentado · **Nucci**   140

73. Ingresso em juízo incompetente: se a queixa for oferecida a juiz incompetente, em função do território (competência relativa) e não em razão da matéria ou do privilégio de foro (competência absoluta), cremos razoável ter força para interromper o prazo decadencial, desde que seja o próprio juiz a remeter os autos a outro magistrado, sem que o processo finde. Caso a parte desista da ação, propondo outra no foro correto, é preciso estar dentro dos seis meses, pois nova ação está sendo ajuizada e a interrupção perdeu efeito.

74. Crime continuado: deve-se contar o prazo decadencial individualmente, ou seja, com relação a cada um dos delitos cometidos, sem a visão do conjunto, do mesmo modo que se computa a prescrição, conforme estipula o art. 119 do Código Penal.

75. Crime permanente: o ideal é computar o prazo decadencial, nos moldes preceituados neste artigo, da data em que a vítima souber quem é o autor do crime – e não da data em que cessar a permanência, que é o critério usado para o cômputo do prazo prescricional (art. 111, III, CP). Se decorrerem os seis meses, extingue-se a punibilidade, mas se o delito persistir após esse prazo é natural que, sendo permanente, continua a viabilidade de a ação penal ser ajuizada, embora somente com relação aos fatos posteriores aos seis meses vencidos.

76. Crime habitual: tratando-se esse delito de uma reiteração de atos que, individualmente considerados, não têm relevância, configura-se somente quando, numa visão de conjunto, forma-se a habitualidade, demonstrativa do estilo de vida do agente (ex.: curandeirismo – art. 284, CP). Assim, torna-se difícil para a vítima saber quando o crime está consumado ou não, embora possa ele ter noção de quem é o seu autor. Assim, cabe-lhe, em seis meses, contados dessa ciência, ingressar com a ação penal. Para ter certeza de que há materialidade, deve requerer a instauração de inquérito policial para apurar a infração. Não há razão para computar os seis meses somente a partir do momento em que cessar a conduta reiterada e habitual do agente, se a autoria já era previamente conhecida.

77. Atual art. 24, § 1.º, do CPP: com o advento da Lei 8.699/1993, passou o parágrafo único a tratar-se do § 1.º que dispõe sobre os sucessores habilitados a ingressar com representação em lugar do ofendido. Têm eles como regra o prazo de seis meses, computado individualmente.

78. Sucessores no caso de queixa: cuida o art. 31 dos sucessores que podem ingressar com queixa ou prosseguir na ação, em caso de falecimento ou ausência do ofendido. Têm eles como regra o prazo de seis meses para ingressar, computado individualmente.

Art. 39. O direito de representação[79] poderá ser exercido, pessoalmente ou por procurador[80] com poderes especiais, mediante declaração,[81] escrita ou oral, feita ao juiz, ao órgão do Ministério Público, ou à autoridade policial.

§ 1.º A representação feita oralmente[82] ou por escrito,[83] sem assinatura devidamente autenticada do ofendido, de seu representante legal ou procurador, será reduzida a termo, perante o juiz ou autoridade policial, presente o órgão do Ministério Público, quando a este houver sido dirigida.

§ 2.º A representação conterá todas as informações[84] que possam servir à apuração do fato e da autoria.[85-86]

§ 3.º Oferecida ou reduzida a termo a representação, a autoridade policial procederá[87] a inquérito, ou, não sendo competente,[88] remetê-lo-á à autoridade que o for.

§ 4.º A representação, quando feita ao juiz ou perante este reduzida a termo, será remetida à autoridade policial para que esta proceda a inquérito.[89]

§ 5.º O órgão do Ministério Público dispensará o inquérito,[90] se com a representação forem oferecidos elementos que o habilitem[91] a promover a ação penal, e, neste caso, oferecerá a denúncia no prazo de 15 (quinze) dias.

79. Representação: *representar* significa tornar patente um intento, um objetivo ou um pedido. Tem o sentido de requerer, demonstrando aquiescência a algo, que, no processo penal, se reflete na autorização fornecida ao Ministério Público para a propositura da ação penal contra o infrator.

80. Procurador com poderes especiais: não é necessário ser advogado, bastando ser pessoa maior, nomeada com poderes específicos, isto é, com a clara autorização para que ofereça representação contra alguém. É preciso que a procuração seja apresentada dentro do prazo decadencial, sob pena de gerar a extinção da punibilidade.

81. Informalidade da declaração: a representação prescinde de qualquer formalidade. O ofendido pode comparecer à delegacia, registrar a ocorrência e manifestar expressamente, no próprio boletim, por exemplo, o seu desejo de ver o agressor processado. Pode, ainda, ser ouvido em declarações e, mesmo que não diga expressamente o termo *representação*, é cabível deduzir-se o seu intento no modo como se refere ao caso e ao ofensor. Assim, a vítima que deixe nítida a sua vontade de ser feita justiça ou de que o agente responda pelo que lhe causou está, na prática, exercendo seu direito de representação. O mesmo acontece em juízo, nos depoimentos prestados. Entretanto, para que dúvida não paire, o ideal é colher a expressa intenção do ofendido por termo, como deixa claro o § 1.º deve a representação conter todos os dados do fato delituoso e do seu autor para a autoridade – como regra, a policial, uma vez que as pessoas, de um modo geral, não têm acesso direto ao promotor e ao juiz no fórum, além do que, para a ação penal, o inquérito servirá de fundamento. Ver ainda nota 13 ao art. 24. Nesse caminho: STJ: "De acordo com entendimento já pacificado nesta Corte Superior de Justiça, a representação da vítima ou de seus representantes legais para a investigação ou deflagração de ação penal prescinde de qualquer rigor formal, bastando a demonstração inequívoca da parte interessada, o que ocorreu na hipótese quando a própria vítima dirigiu-se à autoridade policial para comunicar o ocorrido" (HC 301.717/PI, 6.ª T., rel. Nefi Cordeiro, 02.06.2016, v.u.). Ver, também, a nota 13 ao art. 24.

82. Representação oral: comparecendo na delegacia de polícia, pode o ofendido manifestar, verbalmente, à autoridade policial, seu desejo de ver processado determinado autor de fato criminoso do qual tenha sido vítima. É preciso, pois, que o delegado reduza esse intento por escrito, fazendo-o por termo, colhendo a assinatura do representante. Em juízo, pode o magistrado fazer o mesmo, o que, no entanto, é mais raro. Quando a representação é formulada em um depoimento prestado, já se está reduzindo a termo as declarações, sendo providência inútil elaborar outro termo somente para contê-la. Finalmente, se o representante dirigir-se diretamente ao Ministério Público, pode o próprio promotor colher as declarações, reduzindo-a a termo, sem necessidade de que isso seja feito pela autoridade policial ou judiciária, como está a indiciar esta norma processual penal.

83. Representação por escrito: admite-se seja feita por escrito, sem necessidade de redução a termo, quando contiver a assinatura do representante, com firma reconhecida, contendo, logicamente, todos os dados do fato e do seu autor.

84. Informações da representação: devem ser dadas de modo o mais completo possível, embora, por vezes, possa ser inatingível à vítima ter todos os elementos referentes à identificação ideal do autor ou mesmo todos os detalhes envolvendo o fato. Para isso, faz-se o inquérito, investigando-se.

85. Classificação jurídica do fato: é dispensável. O ofendido pode simplesmente narrar o fato e seu autor, cabendo ao titular da ação penal, ao oferecer denúncia, classificar o delito. Entretanto, nada impede que o faça, mormente quando a representação é oferecida por advogado, com poderes especiais.

86. Representação e concurso de pessoas: apresentando-a contra um dos coautores ou partícipes, serve de base contra todos, legitimando o Ministério Público a oferecer denúncia contra todos os agentes. Decorre tal situação da obrigatoriedade da ação penal pública, razão pela qual não deve o Ministério Público escolher qual dos vários coautores merece e qual não merece ser processado. Alguns autores invocam a indivisibilidade da ação penal, embora prefiramos invocar a obrigatoriedade. O promotor, dispondo de autorização para agir contra um, em crime da ação pública condicionada, está, automaticamente, legitimado a apurar os fatos e agir contra todos. Pensamos que indivisibilidade da ação penal é mais apropriada para o contexto da ação privada, quando a vítima pode optar, livremente, entre ajuizá-la ou não, prevalecendo o princípio da oportunidade. E, nesta situação, porque a eleição é feita pela parte ofendida, atendendo a critérios discricionários, impõe o Estado que, promovida contra um, seja também ajuizada contra os outros, para que não haja a indevida prevalência da vingança ou de acordos despropositados e desonestos. O promotor, por sua vez, que deve sempre agir contra todos os que cometem delitos de ação pública, legitimado a fazê-lo contra um, está obrigado a agir contra os demais. Na jurisprudência: STJ: "A eficácia objetiva da representação, interligada ao princípio da indivisibilidade que vige na ação penal pública, confere ao Ministério Público a possibilidade de atuar prontamente contra todos os envolvidos, ainda que a representação não tenha abrangido todos os autores da infração. Logo, admissível o aditamento à denúncia pelo *Parquet* para fins de inclusão de corréu não constante da representação do ofendido" (RHC 46.646/SP, 5.ª T., rel. Reynaldo Soares da Fonseca, 07.04.2016, v.u.).

87. Necessidade do inquérito: como já visto, o inquérito policial somente é fundamental para dar sustentação à denúncia quando outras provas pré-constituídas não tiverem sido produzidas. Havendo, por exemplo, um processo administrativo, pronto e acabado, de onde se pode extrair as provas a sustentar a denúncia, basta a representação do ofendido.

88. Competência para receber a representação: demonstra o Código de Processo Penal que a representação pode ser ofertada perante autoridade policial, promotor ou magistrado não competente para investigar, oferecer ou receber a denúncia, o que se afigura razoável, pois a manifestação de vontade da vítima é somente uma condição de procedibilidade e não a petição inicial que inaugura um processo. Logo, se está depondo, acerca de fato diverso, contra réu diferente do agressor, é possível oferecer sua representação contra outra pessoa. O juiz colhe os dados e oficia ao magistrado competente para apurar o caso. Este, por sua vez, deverá requisitar inquérito ou enviar o material recebido diretamente ao promotor para as providências cabíveis. O mesmo se dá com o delegado da Comarca onde mora a vítima, por exemplo. Ouvindo-a, remete as peças para a autoridade policial do lugar da infração, competente para instaurar o inquérito.

89. Necessidade do inquérito: ver nota 87 anterior.

90. Dispensabilidade do inquérito: como já mencionamos, o inquérito não é peça fundamental para instruir uma denúncia, desde que outros elementos existam, legalmente produzidos, para dar justa causa à ação penal.

91. Autorização e não obrigatoriedade para a ação penal: a representação confere ao promotor autorização para agir e não obrigatoriedade. Assim, caso inexistam provas suficientes para a propositura da ação penal, após esgotarem-se os meios investigatórios, pode o representante do Ministério Público requerer o arquivamento. Determinado este, não tem a vítima o direito de ingressar com ação privada subsidiária da pública, uma vez que o promotor cumpriu sua função a tempo.

> **Art. 40.** Quando, em autos ou papéis de que conhecerem, os juízes ou tribunais verificarem a existência de crime de ação pública,[92] remeterão ao Ministério Público as cópias e os documentos necessários ao oferecimento da denúncia.[93-93-B]

92. Crimes de ação pública: podem ser os de ação pública incondicionada ou condicionada. Neste último caso, como já mencionamos em nota anterior, é possível que um magistrado, ouvindo determinada pessoa em declarações, detecte seu intuito de ver processado o seu agressor. Havendo, pois, conhecimento do fato e da representação, extrai cópias dos autos e remete ao Ministério Público para as providências cabíveis. É possível, ainda, remeter tais cópias ao juízo da localidade onde o crime ocorreu, para que requisite inquérito ou mesmo diretamente à polícia, para a investigação, quando as provas não estiverem pré-constituídas. No caso de delitos de ação pública incondicionada, os juízes e tribunais adotarão tal conduta independentemente de contarem com a representação da vítima.

93. Ausência de remessa: pode configurar crime ou infração funcional, conforme o caso, especialmente quando se tratar de delito de ação pública incondicionada.

93-A. Remessa de peças e constrangimento ilegal: inexistência. Não se pode considerar a remessa de peças, feita por juízes ou tribunais, ao Ministério Público, em cumprimento ao disposto no art. 40 do CPP, como ato abusivo, configurando constrangimento ilegal, sanável por *habeas corpus*. Afinal, é ato de ofício, imposto por lei. E mais: a mera remessa de peças não causa, formalmente, nenhum prejuízo ao suposto autor de infração penal.

93-B. Ministério Público atuando como fiscal da lei: como regra, se o órgão ministerial participou da demanda, não há necessidade de enviar cópias do processo, pois isso deverá ter sido providenciado pelo próprio *Parquet*. Na jurisprudência: STJ: "1. 'A *mens legis* do art. 40 do CPP consiste em dar ciência ao Ministério Público da eventual existência de crime de ação pública. Logo, revela-se desnecessária a remessa de cópias dos autos ao Órgão Ministerial, que, atuando como *custos legis*, já teve conhecimento do crime' (REsp 1.317.676/RS, Rel. Ministro Arnaldo Esteves Lima, Primeira Turma, julgado em 25.02.2014, *DJe* 04.08.2014). 2. Agravo regimental desprovido" (AgInt no REsp 1.330.051/RS, 5.ª T., rel. Ribeiro Dantas, 26.06.2018, v.u.).

> **Art. 41.** A denúncia[94] ou queixa[95] conterá a exposição[96-98-A] do fato criminoso,[99] com todas as suas circunstâncias, a qualificação do acusado[100-100-A] ou esclarecimentos[101] pelos quais se possa identificá-lo, a classificação do crime[102-103] e, quando necessário, o rol[104] das testemunhas.[105-109]

94. Denúncia: é a petição inicial, contendo a acusação formulada pelo Ministério Público, contra o agente do fato criminoso, nas ações penais públicas. Embora a peça acusatória deva ser concisa (ver a nota 97 *infra*), todos os fatos devem ser bem descritos, em detalhes, sob pena de cerceamento de defesa. Nessa ótica: STF: "I – O art. 41 do Código de Processo Penal estabelece que a inicial acusatória deve conter 'a exposição do fato criminoso, com todas as suas circunstâncias'. Essa redação objetiva não apenas possibilitar o enquadramento legal da conduta tida como criminosa, como também ensejar a defesa do acusado, uma vez que este se defende dos fatos que lhe são imputados. II – Da leitura da peça acusatória, extrai-se que

Art. 41

Código de Processo Penal Comentado • NUCCI

144

estão presentes todos os requisitos previstos no dispositivo citado, de modo que é plenamente possível conhecer das imputações feitas ao paciente. A forma pela qual foram narrados os fatos, individualizando a conduta, permite o amplo exercício de sua defesa, o que torna improcedente a alegação de inépcia da denúncia. III – As alegações defensivas mostram o nítido propósito de discutir os fatos da causa e o julgamento antecipado da ação penal, o que, como se sabe, não é possível na estreita via do *habeas corpus*, cabendo ao juízo natural o exame aprofundado do conjunto fático-probatório. Precedentes. IV – Não há falar em nulidade da decisão que manteve o recebimento da denúncia por ausência de fundamentação (art. 93, IX, da Constituição Federal), uma vez que, na linha da jurisprudência desta Suprema Corte, fundamentação sucinta não se confunde com ausência de fundamentação. Precedentes. (...)" (HC 197.157 AgR, 2.ª T., rel. Ricardo Lewandowski, 24.02.2021, v.u.). STJ: "5. Nos termos do art. 41 do Código de Processo Penal, as denúncias são ineptas, pois não foram explicitadas todas as circunstâncias dos fatos criminosos, no caso, a prática de atos concretos em favor de ambas as partes, circunstância indispensável para a caracterização do delito de patrocínio simultâneo atribuído ao Recorrente" (RHC 136.998/PI, 6.ª T., rel. Laurita Vaz, 14.10.2021, v.u.).

95. Queixa: é a petição inicial, contendo a acusação formulada pela vítima, através de seu advogado, contra o agente do fato delituoso, nas ações penais privadas. É preciso ser completa para garantir o direito de defesa do querelado, mas, igualmente, para se verificar a data da ocorrência do fato e a ciência de quem seja o autor para o cálculo da decadência. Na jurisprudência: TJDFT: "I – Não havendo na queixa-crime oferecida em 18/9/2020 a indicação da data do cometimento do delito (dia e mês), mas somente afirmação vaga de que teria ocorrido no ano de 2019, verifica-se afronta ao art. 41 do CPP, bem como o transcurso do prazo decadencial. II – Se a inicial afirma que a querelada teria sido acusada de racismo não apenas pelo querelado, mas por outros 'ex-funcionários' de sua empresa, deveria ter identificado tais pessoas e as incluído no polo passivo, nos termos que determina o art. 48 do CPP. III – Conforme dispõe o art. 44 do CPP, ao advogado constituído pelo querelante devem ser outorgados poderes especiais para ajuizar a queixa-crime, devendo conter no instrumento de mandato a descrição do fato criminoso, ainda que de forma sucinta. IV – A emenda à inicial ou a retificação do instrumento de mandato poderão ser recebidos, desde que dentro do prazo decadencial previsto no art. 38 do CPP. Precedentes. V – Recurso conhecido e desprovido" (Acórdão 1336682, 07376797520208070016, 3.ª Turma Criminal, rel. Nilsoni de Freitas Custodio, 29.04.2021, v.u.).

96. Denúncia genérica no concurso de pessoas: tem-se admitido ofereça o promotor uma denúncia genérica, em relação aos coautores e partícipes, quando não se conseguir, por absoluta impossibilidade, identificar claramente a conduta de cada um no cometimento da infração penal, embora se tenha prova suficiente da concorrência de todos. Ilustrando, se vários indivíduos ingressam em um bar desferindo tiros contra os presentes, para matá-los, pode tornar-se tarefa impossível à acusação determinar exatamente o que cada um fez, isto é, quais e quantos tiros foram disparados por A e quem ele efetivamente atingiu. O mesmo em relação a B, C ou D. E mais: pode ser inviável apontar o autor do disparo e aquele que apenas recarregava a arma para outros tiros serem dados. O primeiro seria o autor e o segundo, o partícipe. Nessa hipótese, cabe o oferecimento de denúncia genérica, sem apontar, separadamente, a conduta atribuível a cada um dos acusados. Outra solução seria inadequada, pois tornaria impuníveis aqueles que soubessem camuflar seus atos criminosos, ainda que existam nítidas provas apontando-os, todos, como autores do crime. Entretanto, se as condutas estiverem bem definidas no inquérito, cabe ao promotor individualizá-las corretamente na denúncia, para que esta não se torne inepta. A jurisprudência acolhe a hipótese de denúncia genérica, desde que: a) seja impossível delinear, com precisão, a conduta de todos os autores e partícipes; b) seja devidamente provado o envolvimento de todos os denunciados no crime; c) não se impute conduta a quem somente se supõe ser autor ou partícipe. Por outro lado, quando há elementos suficientes na investigação, para individualizar as condutas, a denúncia genérica torna-se inadmissível. Na jurisprudência: STJ: "2. Especificamente sobre os crimes societários e de autoria coletiva, a orientação desta Corte Superior preleciona que, 'embora não possa ser de todo genérica, a denúncia é válida quando demonstra um liame entre o agir dos sócios ou administradores e a suposta prática delituosa, apesar de não individualizar pormenorizadamente as atuações de cada um deles, o que estabelece a plausibilidade da imputação e possibilita o exercício da ampla defesa, cumprindo o contido no artigo 41 do Código Penal' (AgRg no RHC n. 81.346/SP, rel. Min. Jorge Mussi, Quinta Turma, julgado em 12/2/2019, *DJe* 18/2/2019.) 3. Ausente constrangimento ilegal se a inicial acusatória preenche todos os requisitos do art. 41 do CPP, uma vez que se imputa claramente a conduta criminosa ao recorrente, descrevendo-se suficientemente os fatos e as circunstâncias que a envolveu, nos termos do art. 41 do CPP" (AgRg no RHC 167.526/SP, 6.ª T., rel. Jesuíno Rissato, 11.09.2023, v.u.); "2. Caso em que não se está diante de excepcionalidade a justificar a precoce extinção da ação penal. A denúncia preenche os requisitos do art. 41 do Código de Processo Penal, o que permite a compreensão dos fatos e possibilita o amplo exercício da defesa e do contraditório. Não há razão para impedir o Estado-Administração de demonstrar a eventual responsabilidade penal dos recorrentes, isso, diante do quadro apresentado, implicaria cercear o direito-dever do Poder Público em apurar a verdade sobre o que se passou. 3. Na espécie, a peça acusatória narra que os recorrentes, associados a terceiros, concorreram, moral e materialmente, para a tortura com resultado morte, ocultação de cadáver, sendo executada a vítima com choques elétricos e afogamentos, para a obtenção de informações, tendo, com as suas presenças e condutas, garantido o êxito da empreitada criminosa. 4. O fato de os recorrentes não terem praticado a conduta descrita pelo verbo núcleo do tipo não tem o condão de tornar atípica sua parcela de contribuição para a ação comum, independentemente se na forma de coautoria ou de participação, sendo suficiente a existência de consciente cooperação na realização do plano global. Houve a descrição do liame subjetivo entre as condutas, indicando que os recorrentes foram responsáveis por vigiar o lado de fora do estabelecimento onde os fatos ocorreram, a fim de evitar qualquer obstáculo ou imprevisto a regular a realização do tipo de injusto. 5. Recurso em *habeas corpus* parcialmente conhecido e, nessa parte, improvido" (RHC 112.309/GO, 6.ª T., rel. Sebastião Reis Júnior, 25.06.2019, v.u.). Contrariando a denúncia genérica por carência de elementos: STJ: "5. Pontue-se a necessária distinção conceitual entre denúncia geral e genérica, essencial para aferir a regularidade da peça acusatória no âmbito das infrações de autoria coletiva, em especial nos crimes societários (ou de gabinete), que são aqueles cometidos por representantes (administradores, diretores ou quaisquer outros membros integrantes de órgão diretivo, sejam sócios ou não) da pessoa jurídica, em concurso de pessoas. A denúncia genérica caracteriza-se pela imputação de vários fatos típicos, genericamente, a integrantes da pessoa jurídica, sem delimitar, minimamente, qual dos denunciados teria agido de tal ou qual maneira. 6. No caso em exame, a exordial acusatória não preenche os requisitos exigidos pelo art. 41 do CPP, porquanto olvida-se em descrever a conduta que, na condição de representantes legais da empresa, os recorrentes teriam tido na prática do comportamento ilícito. Não há, em verdade, a explicitação do liame entre os fatos descritos e o proceder dos sócios da empresa no comércio de substância tóxica, de modo a permitir-lhes rechaçar os fundamentos acusatórios. A exordial acusatória falha em demonstrar a atuação gerencial declinada ao comércio da substância proibida ou mesmo o consentimento com referida atitude. Nesse caso, a linha defensiva ficaria restrita à negativa dos fatos ou da autoria, tolhimento que o ordenamento jurídico não admite, em razão dos valores constitucionais que sobrelevam a dignidade da pessoa humana. (...) 8. Recurso em *habeas corpus* provido para

Art. 41

Código de Processo Penal Comentado · **Nucci**

146

determinar o trancamento da Ação Penal n. 0008294-09.2009.8.26.0428" (RHC 45.464/SP, 5.ª T., rel. Ribeiro Dantas, 27.02.2018, v.u.).

96-A. O particular enfoque para a denúncia de crime de lavagem de dinheiro: STJ: "2. A alegação de inépcia da denúncia deve ser analisada de acordo com os requisitos exigidos pelos arts. 41 do CPP e 5.º, LV, da CF/1988. Portanto, a peça acusatória deve conter a exposição do fato delituoso em toda a sua essência e com todas as suas circunstâncias, de maneira a individualizar o quanto possível a conduta imputada, bem como sua tipificação, com vistas a viabilizar a persecução penal e o contraditório pelo réu. Precedentes. 3. A denúncia de crimes de branqueamento de capitais, para ser apta, deve conter, ao menos formalmente, justa causa duplicada, que exige elementos informativos suficientes para alcançar lastro probatório mínimo da materialidade e indícios de autoria da lavagem de dinheiro, bem como indícios de materialidade do crime antecedente, nos termos do art. 2.º, § 1.º, da Lei 9.613/98. 4. Outrossim, por ocasião da elaboração da inicial com indícios suficientes da materialidade da infração antecedente, é despiciendo o conhecimento da autoria, a verificação de seu substrato da culpabilidade e sua punibilidade, sendo irrelevante haver condenação transitada em julgado ou até mesmo o trâmite processual persecutório, haja vista a autonomia relativa do processo penal do crime acessório da lavagem em relação ao seu antecedente, principal. Entrementes, necessário que se conste na peça acusatória não apenas o *modus operandi* do branqueamento, mas também em que consistiu a infração antecedente e quais bens, direitos ou valores, dela provenientes, foram objeto da lavagem, sem, contudo, a necessidade de descrição pormenorizada dessa conduta antecedente. 5. No presente caso, o *Parquet* não observou sequer a exigência da exposição formal da justa causa duplicada, porquanto, mais do que não demonstrar lastro probatório mínimo do crime antecedente, o que obstaria o prosseguimento da persecução penal por violação à justa causa, o *dominus litis* nem mesmo indicou a conduta penalmente relevante antecedente, o que leva à inépcia da denúncia. Verifica-se que não é possível à defesa realizar sua resposta à acusação de forma adequada, porquanto indefinidos elementos mínimos do que consistiu a infração antecedente e a origem ilícita dos valores que teriam sido objeto do branqueamento. A denúncia apenas aponta que os valores seriam oriundos do orçamento municipal e o *modus operandi* do branqueamento, consistente no depósito do cheque, cuja beneficiária é uma sociedade empresária, em conta bancária de terceiro, sem qualquer vínculo formal com a pessoa jurídica da empresa contratada beneficiária. 6. Recurso provido para que seja trancado o processo penal que apura o crime de lavagem de capitais em questão, haja vista a inépcia da denúncia, facultando-se a oferta de nova denúncia, com o devido preenchimento dos requisitos do art. 41 do CPP" (RHC 106.107/BA, 5.ª T., rel. Ribeiro Dantas, 25.06.2019, v.u.).

97. Concisão da denúncia ou da queixa: é medida que se impõe, para não tornar a peça inicial do processo penal em uma autêntica alegação final, avaliando provas e sugerindo jurisprudência a ser aplicada. Diferentemente da área cível, no processo criminal, a denúncia ou queixa deve primar pela concisão, limitando-se a apontar os fatos cometidos pelo autor (denunciado ou querelado), sem juízo de valoração ou apontamentos doutrinários e jurisprudenciais. A peça deve indicar o que o agente fez, para que ele possa se defender. Se envolver argumentos outros, tornará impossível o seu entendimento pelo réu, prejudicando a ampla defesa. Ensina Espínola Filho que "a peça inicial deve ser sucinta, limitando-se a apontar as circunstâncias que são necessárias à configuração do delito, com a referência apenas a fatos acessórios, que possam influir nessa caracterização. E não é na denúncia, nem na queixa, que se devem fazer as demonstrações da responsabilidade do réu, o que deve se reservar para a apreciação final da prova, quando se concretiza (ou não) o pedido de condenação" (*Código de Processo Penal Brasileiro anotado*, v. 1, p. 418). No mesmo sentido: Rogério Lauria Tucci (*Habeas corpus, ação e processo penal*, p. 188). Peças iniciais apresentando centenas de páginas, por exemplo, constituem um bom quadro de inépcia, na exata medida em que pode prejudicar a autodefesa, vale dizer, o réu não terá condições de ouvir toda a sua narrativa, feita pelo juiz, rebatendo todos os pontos. De outro lado, inexiste crime que não possa ser relatado com concisão. Tem-se observado o crescente mau vezo de órgãos acusatórios, propondo ações penais calcadas em denúncias tão extensas que permitiriam a formação de um livro. Cremos ser momento de repúdio da defesa quanto a essa peça, obtendo do Judiciário a tutela do princípio constitucional da ampla defesa *efetiva*, consistente tanto da defesa técnica, feita por advogado, quanto da autodefesa, conduzida pelo próprio acusado.

98. Denúncia ou queixa alternativa: entendemos ser inviável essa modalidade de denúncia ou queixa. Se o órgão acusatório está em dúvida quanto a determinado fato ou quanto à classificação que mereça, deve fazer sua opção antes do oferecimento, mas jamais apresentar ao juiz duas versões contra o mesmo réu, deixando que uma delas prevaleça ao final. Tal medida impossibilita a ideal e ampla defesa pelo acusado, que seria obrigado a apresentar argumentos em vários sentidos, sem saber, afinal, contra qual conduta efetivamente se volta o Estado-acusação. É, também, o magistério de José Henrique Rodrigues Torres: "O fato imputado deve ser certo e determinado, exatamente para que o acusado possa defender-se com segurança. Não se pode transformar a denúncia em uma metralhadora giratória, cujo gatilho é acionado pela álea do conjunto probatório" (Quesitação: a importância da narrativa do fato na imputação inicial, na pronúncia, no libelo e nos quesitos, p. 219). Em sentido oposto, convém mencionar o magistério de Afrânio Silva Jardim: "Não deve impressionar a circunstância de o titular da ação penal pública tornar explícita a sua dúvida em relação a que conduta efetivamente o acusado praticara (imputação alternativa objetiva) ou qual dos acusados que praticou a infração penal (alternatividade subjetiva). A dúvida a isto se resume, pois há firme convicção de que uma infração penal foi realmente praticada, determinável após a instrução criminal contraditória. Ademais, a petição inicial (denúncia) nada mais é do que uma proposta, uma probabilidade. É o ato processual hábil a trazer ao Poder Judiciário a apreciação de um ou mais fatos. No processo é que se trabalha com a certeza, ou na sua ausência, com o princípio do *in dubio pro reo*. (...) Não há que se falar em prejuízo para a defesa. Na imputação alternativa a acusação penal é determinada e os fatos são atribuídos aos réus de forma concreta, descritas todas as suas circunstâncias, como quer o art. 41 do Código de Processo Penal. Vale dizer, o réu sabe perfeitamente de que condutas está sendo acusado e delas pode amplamente se defender, apenas se amplia o *thema decidendum*, ao qual estará sempre vinculada a prestação jurisdicional, daí por que os limites da coisa julgada ficarão ampliados. A defesa poderá impugnar os fatos também de forma alternativa, atenta ao princípio da eventualidade, tirando, inclusive, proveito da dúvida já manifestada pelo órgão da acusação. (...) Destarte, não havendo qualquer obstáculo à imputação alternativa, a sua admissibilidade decorre do próprio sistema processual, informado pelo princípio da obrigatoriedade do exercício da ação penal pública" (*Direito processual penal*, p. 119-120). Permitimo-nos discordar, acrescentando alguns outros argumentos. O princípio da obrigatoriedade da ação penal pública não pode suplantar o princípio da ampla defesa, autêntica garantia humana fundamental. Se o órgão acusatório tem dúvida, após todo o desenrolar do inquérito, que é inquisitivo, conferindo-lhe vasta possibilidade de captar provas contra o indiciado, torna-se inviável que lance mão de uma imputação alternativa, deixando, em última análise, ao réu e seu defensor o ônus de apontar qual seria a versão mais apropriada para, depois, negá-la. Torna-se particularmente difícil defender-se de vários fatos imputados ao mesmo tempo, mas que são excludentes, ou seja, se o réu praticou um deles, automaticamente estará afastado o outro. A imputação alternativa facilita, sem dúvida, a tarefa do acusador, mas está longe de favorecer a do acusado. Dizer que a defesa pode valer-se igualmente da impugnação alternativa é transformar o processo em um jogo, contendo várias possibilidades e inúmeras soluções.

Art. 41

Código de Processo Penal Comentado • **Nucci**

148

Uma delas pode prevalecer ao final, sem que se saiba desde logo qual seria. O inquérito tem justamente a meta de apurar o fato previamente, materializando prova pré-constituída para conferir justa causa à ação penal. Logo, a precisão (e concisão) da denúncia ou queixa é uma exigência disso. Lembremos, ainda, que o acusado tem direito à autodefesa, manifestando-se no interrogatório diretamente ao juiz, dando-lhe a versão que entende cabível. Ora, se a denúncia ou queixa deve ser concisa (ver a nota 97 *supra*) justamente para propiciar o claro entendimento da imputação, imagine-se a leitura, ao réu, de uma peça contendo várias possibilidades, de modo a gerar perplexidade e má compreensão. O acusado, nessas circunstâncias, passa a ser convidado a indicar qual é a imputação correta, pois há mais de uma, o que, por si só, já pode confundi-lo. Em lugar de se defender, sofre a tentação de contribuir com o órgão acusatório para dar feição definida à denúncia ou queixa. E não é tarefa sua esse objetivo. Dizer que a imputação alternativa é determinada, com a devida vênia, não é convincente. *Determinado* é algo resoluto, definido. Se o promotor não sabe o que houve ao certo, imputando isto ou aquilo, é natural que subsista nessa situação uma indeterminação flagrante. *Alternativo* é o que possui mais de uma opção, motivo pelo qual não se pode disso deduzir tratar-se de acusação precisa, como se exige para que a ampla defesa (autodefesa e defesa técnica) realize-se a contento. Se alguns réus podem sair-se bem de uma imputação alternativa, outros tantos perder-se-iam ao tentar explicar o que fizeram, uma vez que nem ao menos conseguiram entender o que o órgão acusatório imagina que realmente praticaram. Em suma, dadas várias hipóteses na denúncia, transfere-se à defesa a árdua missão de negá-las todas ou indicar qual seria a correta e, se assim for feito, para a condenação será um passo. Ilustrando, imputa-se ao acusado a prática de furto ou receptação, na medida em que não se apurou se o agente subtraiu a coisa ou a adquiriu de alguém que o fez. Não há correção nessa denúncia, pois se transfere ao réu a obrigação de se defender de duas imputações, podendo, com isso, afastar uma e, indiretamente, assumir outra. Fere-se a ampla defesa.

98-A. Falsa denúncia alternativa: há determinadas imputações que se confundem com a indevida denúncia alternativa, tal como a atribuição de idêntico elemento subjetivo, embora sob diversas formas. Ilustrando, pode-se imputar a prática de um delito de homicídio, afirmando a peça acusatória ter o agente atuado com dolo direto ou eventual, tendo em vista tratar-se de situação fática complexa; o mesmo pode ocorrer se a denúncia descrever um fato praticado com culpa, havendo alternatividade entre imprudência ou imperícia, pois questão controversa. Nesse prisma: STJ: "1. A peculiaridade verificada na denúncia alternativa reside na pluralidade de imputações, embora no plano dos fatos se tenha verificado a prática de uma única conduta típica, apresentando o acusador verdadeiras opções acerca da prestação jurisdicional invocada. 2. Não há na doutrina consenso acerca da admissibilidade desta técnica de imputação no processo penal brasileiro. Entretanto, tal debate se mostra irrelevante para o deslinde da questão posta na impetração. 3. Não se revela inepta a denúncia que atribui ao acusado a prática do delito com dolo direto ou eventual, tendo em vista que o legislador ordinário equiparou as duas figuras para a caracterização do tipo de ação doloso. Doutrina. 4. A exordial acusatória atribui ao paciente a prática de uma única ação – desferir o tiro de revólver contra as vítimas em sua perseguição –, descrita com riqueza de detalhes, o que não se amolda ao conceito de denúncia alternativa" (HC 147.729/SP, 5.ª T., rel. Jorge Mussi, 05.06.2012, *DJe* 20.06.2012 – embora antigo, é julgado importante).

99. Defesa quanto aos fatos alegados e não em relação à classificação: o acusado terá a ampla defesa assegurada desde que os fatos, com todas as circunstâncias que os envolvem, estejam bem descritos na denúncia. O Estado-acusação afirma ter alguém cometido condutas, que geraram resultados. Ao final, declara o promotor os artigos nos quais vê inseridos tais fatos. O réu deve apresentar sua defesa quanto aos fatos e não quanto à tipificação feita, uma vez que, como leigo que é e estando assegurada a autodefesa, não tem obrigação de conhecer a lei penal. Por sua vez, a defesa técnica prescinde da classificação feita pelo promotor, pois deve conhecer o direito material o suficiente para ater-se aos fatos alegados, apresentando ao juiz a tipificação que entende mais correta. O mesmo se diga do magistrado, que não se atém ao resultado da definição jurídica feita pelo órgão acusatório, podendo alterá-la quando chegar o momento adequado (art. 383, CPP).

100. Qualificação do acusado: envolve todos os elementos capazes de identificar o autor da infração penal, para que se individualize a acusação. O importante é não haver processo indevido contra pessoa inocente, ferindo-se o princípio da intranscendência da ação penal. É possível que a qualificação seja incompleta, embora, a qualquer tempo, ela possa ser retificada e complementada. Na jurisprudência: STF: "I – O art. 41 do Código de Processo Penal determina que a denúncia ou queixa conterá a exposição do fato criminoso, com todas as suas circunstâncias, a qualificação do acusado ou esclarecimentos pelos quais se possa identificá-lo, a classificação do crime e, quando necessário, o rol das testemunhas. II – *O Código de Processo Penal permite o oferecimento da denúncia mesmo com elementos mínimos ou apenas esclarecimentos que possam identificar o denunciado. Dessa forma, uma denúncia não pode ser considerada inepta quando identifica e qualifica o denunciado pelo nome completo, nacionalidade, naturalidade, estado civil, data de nascimento, números da identidade e do Cadastro de Pessoa Física, filiação e endereço. Inteligência do art. 41 do CPP.* III – O trancamento da ação penal, em *habeas corpus*, constitui medida excepcional que só deve ser aplicada nos casos de manifesta atipicidade da conduta, de presença de causa de extinção da punibilidade do paciente ou de ausência de indícios mínimos de autoria e materialidade delitivas, o que não ocorre na situação sob exame. Precedentes. IV – Recurso Ordinário em *Habeas Corpus* ao qual se nega provimento" (RHC 135.300/DF, 2.ª T., rel. Ricardo Lewandowski, 06.12.2016, v.u., grifamos). Ver, também, a nota 13 ao art. 186.

100-A. Menção do nome do menor infrator na denúncia: é viável, pois o sigilo que guarnece a divulgação de qualquer dado do adolescente autor de ato infracional diz respeito ao cenário extrajudicial, particularmente à imprensa, escrita e falada. Assim sendo, para a correta apuração dos fatos concernentes à infração penal atribuída ao maior de 18, é razoável indicar, na peça inaugural, quem o acompanhava, mesmo sendo adolescente. Outro aspecto importante concerne à apuração do crime de corrupção de menor (art. 244-A, ECA); a indicação do nome do jovem que cometeu o ato juntamente com o acusado é fundamental para a tipificação do delito. E não se olvide a possibilidade de associação criminosa entre maior e menor de 18 anos, em determinadas situações, motivo pelo qual apontar o nome do menor é essencial para a verificação do número mínimo de associados para a configuração do crime do art. 288 do Código Penal (mínimo de três pessoas).

101. Esclarecimentos de identificação: o réu pode não ter o nome ou os demais elementos que o qualificam devidamente conhecidos e seguros. Há quem possua dados incompletos, não tenha nem mesmo certidão de nascimento, ou seja, alguém que, propositadamente, carregue vários nomes e qualificações. Contenta-se a ação penal com a determinação física do autor do fato, razão pela qual se torna imprescindível a sua identificação dactiloscópica, quando preenchidas as situações descritas na Lei 12.037/2009. Lembremos que o art. 259 do Código de Processo Penal, deixa claro que a "impossibilidade de identificação do acusado com o seu verdadeiro nome ou outros qualificativos não retardará a ação penal, quando certa a identidade física" (...).

102. Classificação do crime: é a tipicidade ou definição jurídica do fato. O promotor, autor da denúncia, após descrever pormenorizadamente o fato delituoso praticado pelo agente, finda a peça inicial oferecendo a classificação, isto é, a sua visão a respeito da tipicidade.

Art. 41

Código de Processo Penal Comentado · **Nucci**   150

Manifesta qual é a definição jurídica do ocorrido, base sobre a qual será proferida eventual decisão condenatória. Trata-se de um juízo do órgão acusatório, que não vincula nem o juiz, nem a defesa. Portanto, tendo em vista que o acusado se defende dos fatos alegados, pode o defensor solicitar ao magistrado o reconhecimento de outra tipicidade, o mesmo podendo fazer o juiz de ofício, ao término da instrução, nos termos do art. 383 do CPP.

103. Erro quanto à classificação: é irrelevante. Se o promotor denuncia um roubo quanto aos fatos narrados, mas o classifica, indevidamente, no art. 155 do Código Penal, que cuida do furto, a denúncia não é inválida, nem prejudica o correto desenvolvimento do processo. Corrige-se a definição jurídica por ocasião da sentença.

104. Rol das testemunhas: é facultativo. A obrigatoriedade, que vincula o órgão acusatório, é o oferecimento do rol na denúncia, razão pela qual, não o fazendo, preclui a oportunidade de requerer a produção de prova testemunhal. Na jurisprudência: TJCE: "A apresentação do rol testemunhal é ato meramente facultativo do órgão acusador, e não obrigatório, conforme se infere do teor do artigo 41 do Código de Processo Penal. 3. Dessa forma, ante a ocorrência da preclusão, não pode o magistrado, após a apresentação da resposta à acusação pelo réu, determinar o retorno do processo ao Ministério Público para que ofereça aditamento à denúncia, com o intuito de incorporar rol de testemunhas antes inexistente, mormente porque o aditamento não é vocacionado para tal fim" (HC 06326739120198060000-CE, 1.ª C., rel. Maria Edna Martins, 03.12.2019, v.u.).

105. Testemunhas e vítimas: devem ser arroladas separadamente, isto é, merece ser apontado no rol – embora se chame sempre "rol das testemunhas" – quais delas são efetivamente testemunhas e quais delas são vítimas (estas não possuem um número máximo). Permite-se, com isso, que o juiz exerça maior controle sobre o número máximo permitido para ser computado. A regra, para os crimes sujeitos ao procedimento ordinário (quando o processo tiver por objeto crime cuja sanção máxima cominada for igual ou superior a 4 anos de pena privativa de liberdade) é o número máximo de oito para cada parte. Para os crimes sujeitos ao procedimento sumário (quando o processo tiver por objeto crime cuja sanção máxima cominada for inferior a 4 anos de pena privativa de liberdade), o número máximo de testemunhas é de cinco para cada parte. Nos crimes de menor potencial ofensivo, aplica-se o procedimento sumaríssimo; o número máximo de testemunhas para cada parte é de três (arts. 394, I a III, 401 e 532, do CPP; art. 34 da Lei 9.099/1995). Nas leis especiais, esse número é variável. Porém, os tribunais têm aceitado um número superior ao fixado em lei, interpretando caber, no procedimento ordinário, oito testemunhas para cada fato, tanto para a acusação quanto para a defesa; no sumário, cinco para cada fato; no sumaríssimo, três para cada fato. Ver a nota 69 ao art. 401.

106. Motivação da decisão de recebimento da denúncia: é desnecessário fazê-lo de modo complexo e detalhado. O ideal seria até fazê-lo, por força do disposto no art. 93, IX, da Constituição Federal (serão fundamentadas todas as decisões do Poder Judiciário, sob pena de nulidade), embora, tornando o procedimento uma regra, poderia haver a indevida inserção no mérito da causa. Do mesmo modo que por vezes ocorre com as decisões que decretam medidas cautelares, como a prisão preventiva, seria mais um fator a possibilitar o prejulgamento da causa. Atualmente, pois, é posição pacífica na jurisprudência, ainda que sem a simpatia de grande parcela da doutrina, ser desnecessária a fundamentação do recebimento da denúncia. Aliás, essa decisão, a nosso ver, deve ser classificada como interlocutória simples e não como mero despacho. Instruída a denúncia com o inquérito, considera-se lógico e natural que o magistrado tenha verificado, concretamente, se existe justa causa para a ação penal. Assim ocorrendo, recebe a denúncia, sem necessidade de fundamentar. Presume-se ter o recebimento sido fundado nas provas do inquérito. Não olvidemos, entretanto, as exceções, em que se exige recebimento fundamentado, embora de maneira concisa: a) em todos os procedimentos onde se exigir defesa preliminar do denunciado, vale dizer, antes de haver o recebimento da peça acusatória, ocorre a manifestação do interessado, com a possibilidade, inclusive, de ofertar provas. Torna-se evidente o dever do magistrado de motivar a decisão, ainda que de modo objetivo e sintético; b) nas ações penais de competência originária dos tribunais, pois o recebimento da peça acusatória se dá pelo órgão colegiado, por meio de acórdão; c) no antigo procedimento da Lei de Falências (consultar as notas 8 e 9 do art. 24). Em posição contrária, por todos, Antonio Magalhães Gomes Filho: "Especialmente após a Constituição de 1988, não é possível continuar a entender-se que o provimento judicial que recebe a denúncia ou a queixa seja um mero despacho de expediente, sem carga decisória, que dispensaria a motivação reclamada pelo texto constitucional; trata-se, com efeito, de uma *decisão* que não pode deixar de ser fundamentada, o que, aliás, vem sendo ressaltado sem hesitações pela doutrina" (*A motivação das decisões penais*, p. 209). Na jurisprudência: STJ: "Conforme reiterada jurisprudência do Superior Tribunal de Justiça e na esteira do posicionamento adotado pelo Supremo Tribunal Federal, consagrou-se o entendimento de inexigibilidade de fundamentação complexa no recebimento da denúncia, em virtude de sua natureza interlocutória, não se equiparando à decisão judicial a que se refere o art. 93, IX, da Constituição Federal. Precedentes" (AgRg no RHC 103.910/MG, 5.ª T., rel. Ribeiro Dantas, 25.06.2019, v.u.).

107. Falta de assinatura na denúncia ou na queixa: quanto à denúncia, tendo em vista que o representante do Ministério Público é órgão oficial, conhecido – ou passível de sê-lo – dos serventuários, e, consequentemente, terá vista aberta para sua manifestação, a falta de assinatura é mera irregularidade, não impedindo o seu recebimento, especialmente se for imprescindível para evitar a prescrição. Quanto à queixa, temos que não pode prescindir da assinatura, pois é ato fundamental de manifestação da vontade da vítima, que dá início à ação penal dando entrada no distribuidor, como regra. Logo, cabe ao juiz, quando a recebe, analisar quem a faz, se realmente a fez e se tinha poderes ou capacidade para tanto. Não deve recebê-la sem a assinatura, ainda que isso possa acarretar a decadência. Na jurisprudência: TJMG: "(...) Em relação à nulidade por falta de assinatura da denúncia, a Turma Julgadora decidiu: 'Assim, não havendo qualquer dúvida quanto à autenticidade da denúncia, a falta de assinatura do il. Promotor de Justiça que a ofereceu deve ser tida como mera irregularidade (posteriormente sanada, frise-se), não acarretando, portanto, a eiva alegada.' (...)" (Res. 05104977720188130024-MG, rel. Mariangela Meyer, 13.03.2020).

108. Deficiências da denúncia ou da queixa: podem ser supridas a todo tempo, antes da sentença final de primeiro grau (art. 569, CPP), desde que a falha não prejudique a defesa a que tem direito o réu/querelado. No caso da queixa, eventuais deficiências que a comprometam devem ser sanadas antes dos seis meses que configuram o prazo decadencial. Do contrário, estar-se-ia criando um prazo bem maior do que o previsto em lei para que a ação penal privada se iniciasse validamente.

109. Aditamento da denúncia ou da queixa: estando ajuizada a ação penal, antes que o juiz receba eventual aditamento, em cumprimento à ampla defesa, deve ouvir o réu/querelado, sob pena de estar configurado indevido cerceamento, passível de ser sanado por meio de *habeas corpus*. Entretanto, se o aditamento se circunscreve à classificação do delito, não há necessidade de ouvir novamente o réu. Afinal, o acusado se defende dos fatos a ele imputados e não do tipo penal apontado na peça acusatória (ver a nota 99 *supra*).

Art. 42. O Ministério Público não poderá desistir da ação penal.[110-111]

Art. 43

110. Princípios da obrigatoriedade e da indisponibilidade da ação penal: rege a ação penal pública a obrigatoriedade da sua propositura, não ficando ao critério discricionário do Ministério Público a elaboração da denúncia. Justamente por isso, oferecida a denúncia já não cabe mais a desistência. Consagra-se o princípio da indisponibilidade da ação penal, corolário do primeiro. O dispositivo em comento, deixando clara a impossibilidade de desistência, é salutar e não supérfluo, porque torna nítido que o oferecimento da denúncia transfere, completamente, ao Poder Judiciário a decisão sobre a causa. Até que haja o início da ação penal, pode o promotor ordenar o arquivamento. E se a instância superior do Ministério Público insistir no arquivamento, nada mais há a fazer. Entretanto, oferecida a denúncia, iniciada a ação penal, não mais se pode subtrair da apreciação do juiz o caso. Haverá necessariamente um julgamento e a instrução será conduzida pelo impulso oficial. Na jurisprudência: STF: "A indisponibilidade da ação penal pública não proíbe que o Ministério Público possa opinar pela absolvição do réu, mas exclui a vinculação do juízo à manifestação do *Parquet*, tendo em vista a vedação inscrita nos artigos 42 e 576 do Código de Processo Penal, que impedem o Ministério Público de desistir da ação penal ou do recurso que haja interposto" (Ap. 1.006/AC, 1.ª T., rel. Luiz Fux, 12.06.2018, v.u.). STJ: "3. Logo, a retratação pela vítima não importaria na extinção da ação penal de lesão corporal em contexto de violência doméstica contra a mulher, sob pena de desrespeito ao princípio da indisponibilidade da ação penal pública e usurpação das atribuições do *Parquet*" (AgRg no HC 500.331/PE, 6.ª T., rel. Antonio Saldanha Palheiro, 06.08.2019, v.u.).

111. Suspensão condicional do processo: não alterou o princípio da indisponibilidade da ação penal, embora o tenha atenuado. O promotor, quando propõe a suspensão condicional do processo, nos casos previstos no art. 89 da Lei 9.099/1995 (crimes cuja pena mínima não ultrapasse um ano), não está desistindo da ação, tanto que, aceita a proposta, suspende-se o curso do processo, mantendo-se ajuizada a ação. Acompanha-se o comportamento do réu, a fim de saber se merece, ao final, a extinção da punibilidade, o que não deixa de ser uma apreciação de mérito, pois avalia o direito de punir do Estado.

> **Art. 43.** (*Revogado pela Lei 11.719/2008.*)[112]

112. Transferência para o art. 395: na realidade, todo o conteúdo, modificado pela reforma, existente no antigo art. 43 foi transferido para o atual art. 395 do CPP, para onde remetemos o leitor.

- As notas seguintes não foram renumeradas para não confundir o leitor. Afinal, há remissões já existentes valendo-se da numeração inserida no art. 44 e seguintes em outras partes desta obra e em outros livros, bem como no índice remissivo. O *Código de Processo Penal comentado* é uma obra constituída em estudo integrado com o *Código Penal comentado* e com o *Leis Penais e Processuais Penais comentadas*, volumes 1 e 2.

> **Art. 44.** A queixa poderá ser dada por procurador[135] com poderes especiais,[136-136-A] devendo constar do instrumento do mandato o nome do querelante[137] e a menção do fato criminoso,[138-138-A] salvo quando tais esclarecimentos dependerem de diligências[139] que devem ser previamente requeridas no juízo criminal.[140]

135. Procurador com poderes especiais: embora a maioria da doutrina interprete esse termo (*procurador*) como o advogado do querelante, exigindo, então, que a procuração seja outorgada com poderes específicos, cremos que se deve ampliar o sentido para abranger a nomeação, por mandato, de qualquer pessoa capaz que possa representar o querelante, contratando advogado, inclusive, para o ajuizamento da ação penal. O importante é que a vítima se responsabilize, sempre e claramente, pelos termos em que é oferecida a queixa, seja quando constitui pessoa para representar seus interesses, seja quando constitui diretamente advogado para fazê-lo. Caso o ofendido seja advogado, pode ingressar sozinho com a queixa.

136. Poderes especiais: é a clara menção, na procuração, de que o mandatário está autorizado a ingressar com queixa contra determinada pessoa, com base em certos fatos devidamente citados. Os poderes especiais, no entanto, podem ser substituídos pela assinatura aposta pela vítima diretamente na queixa, junto com seu advogado. E mais, há possibilidade de considerar sanado o vício em circunstâncias especiais, desde que não tenha sido ultrapassado o prazo da decadência. Na jurisprudência: STJ: "2. Para que reste atendido o comando contido no art. 44 do CPP, é indispensável que a procuração contenha uma descrição, ainda que sucinta, dos fatos a serem abordados na queixa-crime. Doutrina. Precedentes do STJ e do STF. 3. No caso dos autos, a procuração ofertada pela querelante não contém a descrição, ainda que sucinta, dos fatos a serem apurados com o oferecimento de queixa-crime, não estando atendida a exigência contida no artigo 44 da Lei Penal Adjetiva. 4. Eventual defeito na representação processual da querelante só pode ser sanado dentro do prazo decadencial previsto no art. 38 do CPP" (AgRg no REsp 1.673.988/SP, 5.ª T., rel. Jorge Mussi, 22.05.2018, v.u.). Acrescente-se, ainda, o disposto no art. 568: "A nulidade por ilegitimidade do representante da parte poderá ser a todo tempo sanada, mediante ratificação dos atos processuais". Entretanto, se nenhum poder especial foi estabelecido na procuração, nem há a assinatura da vítima, juntamente com o advogado, na inicial, o vício não mais é sanável, uma vez decorrido o prazo decadencial.

136-A. Poderes especiais e assistência judiciária: preceitua a Lei 1.060/1950 que o instrumento de mandato será dispensável, quando a parte for representada em juízo por "advogado integrante de entidade de direito público, incumbido, na forma da lei, de prestação de assistência judiciária gratuita" (art. 16, parágrafo único), embora excepcione expressamente "o requerimento de abertura de inquérito por crime de ação privada, a proposição de ação penal privada ou o oferecimento de representação por crime de ação pública condicionada" (art. 16, parágrafo único, *b*). Em síntese, pode-se deduzir que o procurador da assistência judiciária, integrante de entidade de direito público, prestando serviço de advocacia gratuita aos necessitados, não atua somente como defensor, mas também pode ser solicitado a agir no polo ativo, oferecendo queixa-crime, ou mesmo requerendo a abertura de inquérito por delito de ação privada e, ainda, apresentando representação. Aliás, é o que deixa claro o art. 32, *caput*, do CPP ("nos crimes de ação privada, o juiz, a requerimento da parte que comprovar a sua pobreza, nomeará advogado para promover a ação penal"). Portanto, havendo procuradoria de assistência judiciária na Comarca, dispensando-se então a nomeação de advogado pelo magistrado, pode o procurador do Estado intervir no polo ativo, mas deve possuir procuração com poderes especiais, nos termos preconizados pelo art. 44 em comento.

137. Querelante por querelado: há, na redação deste artigo, nítida falha, pois é natural que a referência é ao *querelado* e não ao querelante. É o nome do imputado que deve constar claramente do instrumento de procuração, na medida em que o nome do querelante, por óbvio, estará sempre presente. A ressalva foi feita com relação à pessoa a quem se acusa.

138. Desnecessidade de descrição pormenorizada do fato criminoso: basta a menção ao fato delituoso ao qual se refere, prescindindo de fiel e detalhada descrição da imputação.

Art. 45

Não é suficiente inserir na procuração, por exemplo, somente "para propor ação penal privada contra Fulano pela prática de calúnia". Mas é adequado referir-se, resumidamente, ao fato: "para propor ação penal privada contra Fulano, pela prática de calúnia, consistente em atribuir ao querelante o cometimento de sonegação fiscal, sabendo-o inocente, na data e local".

138-A. Irregularidades na procuração: podem ser sanadas até a sentença, como preceitua o art. 569. Ver, ainda, a nota 47-A ao referido art. 569.

139. Diligências indispensáveis à ação penal: do mesmo modo que o Estadoacusação deve pautar a denúncia no inquérito (ou similar), conseguindo prova pré-constituída dos fatos imputados, para dar justa causa à ação penal, também a vítima deve oferecer queixa fundada na mesma segurança. O inquérito pode ser imprescindível ao ingresso da ação penal privada. Logicamente, não tem o menor cabimento que o ofendido apresente queixa se nem mesmo sabe quem é o autor da infração penal ou o que ele fez. Assim, a ressalva feita pelo artigo pode dizer respeito ao instrumento de procuração outorgado a qualquer pessoa que pretende ingressar com a queixa, em lugar do ofendido, mas, antes, irá requerer a instauração de inquérito para apurar a materialidade e autoria da infração. Nessa hipótese, o indivíduo solicita a produção de diligências e, quando as tiver, poderá ingressar com a queixa. No caso do advogado, duas são as hipóteses: a) ele é contatado pela vítima logo que esta toma conhecimento do crime contra ela cometido e, ofertando procuração para em seu nome agir, o causídico requer a instauração de inquérito para apurar a materialidade e a autoria. Nesse caso, não há necessidade de poderes específicos, pois a menção acerca do autor e dos detalhes do fato ainda inexiste; b) ele é contatado pela vítima quando as provas pré-constituídas já estão formadas, razão pela qual o ingresso da queixa depende somente da outorga da procuração com poderes especiais. Nesse caso, é natural que o nome do querelado e os detalhes do fato já sejam conhecidos. Esse é o motivo pelo qual, para dar sentido ao artigo, necessita-se interpretar a expressão *juízo criminal* como qualquer esfera do Estado na persecução penal, inclusive a policial, levando-se em conta que, em regra, será a diligência de esclarecimento requerida no inquérito.

140. Reconvenção em ação penal privada: inexiste, no processo penal, a possibilidade de reconvenção.

> **Art. 45.** A queixa, ainda quando a ação penal for privativa do ofendido, poderá ser aditada[141] pelo Ministério Público, a quem caberá intervir em todos os termos subsequentes do processo.[142]

141. Aditamento da queixa pelo Ministério Público: serve para corrigir eventuais falhas formais da peça apresentada. A liberdade do Estado-acusação é ampla quando se tratar de queixa proveniente de ação privada subsidiária da pública, podendo até incluir coautores. Mas não pode o promotor substituir-se ao ofendido no desejo de processar este ou aquele agressor, quando a ação penal for exclusivamente privada. Assim, caso a vítima tenha oferecido queixa contra um coautor, deixando de fora outro, o Ministério Público, zelando pela indivisibilidade da ação penal, proporá ao querelante que faça o aditamento, sob pena de implicar renúncia do direito de queixa contra um deles, passível de extensão aos demais. Não há cabimento no aditamento feito pelo Estado-acusação para incluir coautor, a pretexto de zelar pela indivisibilidade, pois estará, isto sim, substituindo a vítima no interesse e na legitimidade de agir. Ver ainda os comentários ao art. 48. Em sentido contrário, crendo ser permitido que o Ministério Público adite a denúncia para incluir corréu, está o magistério de Tourinho Filho, justificando não estar sendo ferido o princípio da oportunidade: "Tal principio confere ao ofendido julgar da conveniência ou inconveniência quanto à propositura da ação penal. Se ele ofertou queixa, é sinal de que julgou conveniente fazê-lo. Mas, como o Estado não lhe confere o direito de vingança, cumpria-lhe oferecer queixa em relação a todos quantos participaram do crime. A oportunidade não significa direito de escolha do ofendido. Ou o faz em relação a todos, ou não faz em relação a nenhum deles. Se ofertar queixa apenas quanto a um, caberá ao Ministério Público, no prazo de três dias, aditar a acusação privada" (*Código de Processo Penal comentado*, v. 1, p. 123-124). Com esse entendimento não podemos concordar. É fato que o ofendido não pode escolher contra quem vai ingressar com a ação penal, sendo mais de um o ofensor, sob pena de se chancelar a vingança privada, mas também não é da esfera do Ministério Público escolher por ele. Há mera presunção de que, se ajuizou ação penal contra um, é porque quer fazê-lo contra todos. Imagine-se que a vítima queira processar somente Fulano, mas tenha perdoado Beltrano, coautores na ofensa. Se o promotor aditar a queixa, incluirá Beltrano *contra a vontade* do ofendido. Assim, o mais indicado é levar a vítima a promover o aditamento. Caso não o faça, sofrerá as consequências disso. No prisma que defendemos: Mirabete (*Código de Processo Penal interpretado*, p. 109). Demercian e Maluly sustentam posição intermediária: "Quanto à inclusão de corréu, no entanto, o critério é distinto. Se ficar demonstrado nos autos que a omissão do querelante foi intencional, velando pelo princípio da indivisibilidade (art. 48, CPP), deve o Promotor de Justiça requerer ao juízo o reconhecimento da renúncia tácita em relação ao querelado (art. 49, c/c art. 57, CPP). De outra parte, se a omissão decorreu de deficiente avaliação dos indícios de autoria ou, ainda, do desconhecimento da identidade do coautor ou partícipe, nesse caso terá inteira aplicação o disposto nos arts. 46, § 2.º, e 48, do CPP, e o aditamento será legítimo" (*Curso de processo penal*, p. 133). Concordamos com esse ponto de vista, embora nem sempre se possa apurar, apenas pela leitura do inquérito e da queixa, qual foi a intenção do ofendido ao não incluir determinada pessoa – coautora do crime – na queixa. Se, eventualmente, ficar nítida a ocorrência de renúncia tácita, opinará o Ministério Público pela extinção da punibilidade de todos. Se ficar clara a ocorrência de mero esquecimento de um dos coautores, porque a vítima avaliou, de modo deficiente, os indícios de autoria, certamente o promotor poderá aditar a queixa, mesmo porque estará somente corrigindo um vício formal. Entretanto, se nada disso ficar claro, o mais indicado é que requeira ao juiz a intimação do ofendido para, querendo, oferecer aditamento para incluir determinado coautor. A resposta da vítima será crucial para avaliar se houve renúncia tácita ou simples esquecimento.

142. Intervenção obrigatória ou facultativa: embora grande parte da doutrina sustente que o Ministério Público somente intervém, obrigatoriamente, na ação penal privada quando se tratar da subsidiária da pública, sendo facultativa a sua participação no caso de ação exclusivamente privada, ousamos discordar. Lembremos que a pretensão punitiva é *monopólio* do Estado, jamais sendo passada ao particular. Tanto é verdade que o Estado é sujeito passivo formal ou constante de todos os delitos, inclusive os de ação privada exclusiva. E mais: havendo condenação em ação privada, quem executa a pena é o Estado, pois é o titular absoluto do direito de punir. Portanto, vemos lógica na intervenção obrigatória do Ministério Público em todas as ações, públicas ou privadas. No caso da privada exclusiva, necessita funcionar como *custos legis*, zelando pelo seu correto desenvolvimento, uma vez que a pretensão punitiva pertence ao Estado. Embora o art. 564, III, *d*, do Código de Processo Penal, estabeleça como causa de nulidade somente a ausência do Ministério Público nas ações públicas, queremos crer que esta é hipótese de nulidade absoluta, enquanto no outro caso (das ações privadas), de nulidade relativa. Assim, se o juiz não conceder vista ao representante do Ministério Público na ação privada subsidiária ou exclusiva pode este arguir nulidade do feito, demonstrando o prejuízo havido.

Art. 46

Código de Processo Penal Comentado • **Nucci** 156

> **Art. 46.** O prazo para oferecimento da denúncia, estando o réu preso,[143-145] será de 5 (cinco) dias,[145-A-145-B] contado da data em que o órgão do Ministério Público receber os autos do inquérito policial, e de 15 (quinze) dias,[146-147] se o réu estiver solto ou afiançado. No último caso, se houver devolução do inquérito à autoridade policial (art. 16), contar-se-á o prazo da data em que o órgão do Ministério Público receber novamente os autos.[148]
>
> § 1.º Quando o Ministério Público dispensar o inquérito policial,[149] o prazo para o oferecimento da denúncia contar-se-á da data em que tiver recebido as peças de informações ou a representação.
>
> § 2.º O prazo para o aditamento da queixa será de 3 (três) dias,[150] contado da data em que o órgão do Ministério Público receber os autos, e, se este não se pronunciar dentro do tríduo, entender-se-á que não tem o que aditar, prosseguindo-se nos demais termos do processo.

143. Prazo penal ou processual penal: é certo que os cinco dias para oferecer denúncia constituem prazo processual, mas especial, não somente por lidar com a liberdade de alguém, como também porque há regra específica no artigo em comento. Concordamos com aqueles que dizem ser lógico computar-se, como primeiro dia do prazo, aquele em que foi aberta vista ao promotor. Não é esse o termo inicial, mas o primeiro dia. Nessa ótica, Tourinho Filho (*Código de Processo Penal comentado*, v. 1, p. 125). Ver, ainda, a lição de Espínola Filho, invocando a regra específica do art. 800, § 2.º, CPP (*Código de Processo Penal brasileiro anotado*, v. 1, p. 439). Contrariamente, está a posição de Mirabete, alegando que o dia do recebimento dos autos é o termo inicial dos cinco dias, que necessitam ser computados na forma do art. 798, § 1.º, do Código de Processo Penal (*Código de Processo Penal interpretado*, p. 111). Se o prazo findar em um feriado ou final de semana, prorroga-se para o dia útil imediato, seja qual for a forma de contagem (incluindo-se ou não o dia do recebimento dos autos do inquérito).

144. Força maior impedindo o fiel cumprimento do prazo: impondo-se o quinquídio para o oferecimento da denúncia de réu preso, evita-se o cerceamento prolongado à liberdade sem acusação formada. Assim, é possível que, não por culpa do órgão acusatório, mas por qualquer motivo de força maior, a denúncia não possa ser ofertada no prazo legal. Imagine-se o fechamento do fórum por conta de greve de funcionários ou por causa de algum acidente ou obra urgente. É natural que haja uma prorrogação na contagem, como prevê o art. 798, § 4.º, do Código de Processo Penal.

145. Corréus presos e soltos: havendo denunciado(s) preso(s) e outro(s) solto(s), conta-se o prazo como se presos todos estivessem, isto é, cinco dias.

145-A. Desrespeito aos cinco dias: configura constrangimento ilegal. Pode-se ajuizar *habeas corpus*, pretendendo colocar o acusado em liberdade; porém, ultrapassar esse prazo não afasta a possibilidade de apresentar a peça acusatória a qualquer tempo, antes que se dê a prescrição da pretensão punitiva da pena em abstrato.

145-B. Razoabilidade e proporcionalidade: hoje, são os princípios condutores do prazo processual, principalmente no tocante à prisão cautelar, tendo em vista a inexistência de um período fixo especificado em lei (exceto para a prisão temporária). Assim sendo, não é possível manter um indiciado segregado, à custa da prisão preventiva, sem o oferecimento de denúncia. Temos sustentado que, antes do recebimento da peça acusatória, para os delitos que estão enumerados na Lei 7.960/1989 (Lei da Prisão Temporária), deve-se utilizar a prisão temporária para colher provas urgentes, afastando-se o indiciado do lugar do crime. Para os crimes aos quais a temporária não é viável, cabe a preventiva, mas como exceção. Deste modo, há que se respeitar os 10 dias para a conclusão do inquérito (como se tivesse sido preso em flagrante) e os 5 dias para denunciar. Ultrapassar esses prazos, sem ação ajuizada, fere a razoabilidade, com reflexos da proporcionalidade, afinal, nem mesmo réu o indiciado é, não podendo ter sua custódia provisória estendida sem limite. Na jurisprudência: STJ: "1. Toda pessoa detida tem direito de ser julgada dentro de um prazo razoável (CADH, art. 7.º); a todos é assegurada a razoável duração do processo (CF, art. 5.º, LXXVIII). 2. No caso, a demora no oferecimento da denúncia, depois de mais de dois anos dos fatos, mesmo estando os recorrentes presos, ultrapassou os critérios da razoabilidade, sem que a dilação do prazo tenha tido contribuição da defesa. Decorreu, na verdade, da deficiência exclusiva do aparato estatal (demora do julgamento do conflito de competência, equivocada remessa do feito à comarca de João Monlevade, falta de inquérito policial instaurado pela Polícia Federal). 3. Recurso provido para determinar a expedição de alvará de soltura em favor dos recorrentes, se por outro motivo não estiverem presos, ficando ressalvada a possibilidade de imposição de outras medidas cautelares constantes do art. 319 do Código de Processo Penal, sujeitas à permanente avaliação do Juízo Federal quanto à adequação e necessidade, bem como de nova decretação da custódia cautelar, se efetivamente demonstrada sua necessidade" (RHC 71.064/MG, 6.ª T., rel. Sebastião Reis Júnior, 14.06.2016, v.u.).

146. Desrespeito aos quinze dias no caso de réu solto: a consequência é possibilitar à vítima o ingresso em juízo com ação penal privada subsidiária da pública (art. 29, CPP).

147. Prazo processual impróprio: não se impõe, pelo não cumprimento dos quinze dias, qualquer sanção processual à parte desidiosa, mas apenas disciplinar, se for o caso. Assim, mesmo depois dos quinze dias, o que vem ocorrendo com muita frequência, diante do acúmulo de serviço dos promotores, pode haver o oferecimento de denúncia, desde que o ofendido já não o tenha feito – o que, admita-se, é raríssimo.

148. Devolução dos autos à polícia para outras diligências: somente deve ocorrer quando o indiciado estiver solto, pois, do contrário, haverá nítido constrangimento ilegal, postergando o Estado-acusação, indevidamente, a prisão. A defesa, conforme o caso, pode valer-se do *habeas corpus* para colocar o investigado em liberdade. Caso retorne para diligências, conta-se o prazo de quinze dias somente quando os autos do inquérito voltarem às mãos do promotor.

149. Dispensabilidade do inquérito policial: como já mencionado anteriormente, o inquérito não é peça indispensável para o oferecimento de denúncia ou queixa, embora deva ser substituído por prova idônea pré-constituída, evitando-se o ajuizamento de ações penais temerárias e sem justa causa. Assim, existindo em mãos do promotor peças de informações ou a representação da vítima, acompanhada de elementos suficientes, o prazo de quinze dias, para o solto, ou cinco dias, para o preso, começa a ser computado da data em que tais peças forem recebidas.

150. Aditamento de queixa: em qualquer hipótese – ação privada subsidiária ou exclusiva – tem o Ministério Público a oportunidade de aditar a queixa, em regra para lhe corrigir erros. Não é ato processual obrigatório, promovendo-o o promotor quando julgar necessário. Entretanto, tem ele três dias para tanto. No caso de réu preso, ultrapassado esse prazo, sem a devolução dos autos, pode configurar constrangimento ilegal, possibilitando-se o relaxamento da prisão ou a revogação da preventiva, conforme o caso. Em se tratando de réu solto, determina-se a cobrança dos autos, simplesmente, e a ação prossegue.

Art. 47

Código de Processo Penal Comentado · **Nucci**

158

> **Art. 47.** Se o Ministério Público julgar necessários maiores esclarecimentos e documentos complementares ou novos elementos de convicção, deverá requisitá-los,[151] diretamente, de quaisquer autoridades ou funcionários que devam ou possam fornecê-los.

151. Poder de requisição do Ministério Público: quando legalmente possível, cabe ao representante do Ministério Público exigir a apresentação de documentos ou a realização de diligências complementares para auxiliar na formação da sua convicção. Essa possibilidade, segundo entendemos, deveria ser utilizada com maior frequência pelo promotor, que, ao invés de tudo requerer através do juiz, poderia requisitar diretamente a quem de direito. Assim, precisando inquirir alguma pessoa que ficou fora da investigação policial, pode requisitar ao delegado em autos suplementares, que serão formados. Necessitando de um documento, oficia diretamente à repartição encarregada de fornecê-lo. Poupa-se tempo e a ação penal está em pleno curso, sem necessidade de tudo ser realizado através do juízo. Entretanto, há situações para as quais o Ministério Público não está, constitucionalmente, autorizado a agir, como, por exemplo, nos casos em que somente o juiz pode requisitar determinado documento, porque resguardado pelo sigilo fiscal ou bancário. Nessa situação, somente pode fazê-lo por intermédio do magistrado, a quem deve requerer – e não requisitar – a obtenção da prova almejada. Na jurisprudência: STJ: "1. O Ministério Público é titular do poder de requisição de investigatórias necessárias ao cumprimento do seu papel institucional (arts. 129, VIII, da Constituição Federal; 7.º, II, da Lei Complementar n. 75/1993; e 47 do Código de Processo Penal). 2. Não haverá impedimento à solicitação de tais diligências ao Judiciário, uma vez demonstrada sua incapacidade em realizar, por meios próprios, determinada providência. Precedentes. 3. Na espécie dos autos, a diligência consistia na requisição de certidão de antecedentes criminais. Entretanto, o *Parquet* não demonstrou a incapacidade de praticar o ato. 4. Recurso ordinário em mandado de segurança a que se nega provimento" (RMS 37.223/ES, 5.ª T., rel. Ribeiro Dantas, 15.03.2016, v.u.).

> **Art. 48.** A queixa contra qualquer dos autores do crime obrigará ao processo de todos, e o Ministério Público velará pela sua indivisibilidade.[152-154]

152. Princípio da indivisibilidade: obriga o ofendido a ajuizar ação penal contra todos os agressores que tenham, juntos, cometido o delito. Tal disposição tem por fundamento evitar que a vítima *escolha* a pessoa a ser punida, passando a ocupar uma posição inadequada de vingador, além de poder conseguir vantagens com a opção feita (deixa de ajuizar ação contra um, que lhe pagou por isso, por exemplo). Alerta Noronha que "pode acontecer que um ou outro não sejam conhecidos. Isso, como na denúncia, não impedirá a ação contra os demais. Se, depois de oferecida a queixa, apurar-se quais os outros coautores, deverá o querelante *aditá-la* com referência a estes" (*Curso de direito processual penal*, p. 35). Se não o fizer, deve o Ministério Público, zelando pela indivisibilidade da ação penal, provocar o aditamento – o que não significa aditar em lugar ao querelante. Caso, ainda assim, o particular deixe de incluir na demanda um dos coautores, deve o promotor pedir que o juiz reconheça a ocorrência da renúncia com relação a todos, extinguindo-se a punibilidade.

153. Inclusão posterior de coautor ou partícipe: não fere o princípio da indivisibilidade da ação penal privada, nem a obrigatoriedade da ação penal pública, quando somente após ter-se iniciado o processo contra uns, outros autores são descobertos e contra eles há prova suficiente para proceder-se ao aditamento.

154. Arquivamento com relação a alguns, denunciando-se outros coautores: não ofende a obrigatoriedade da ação penal, fazendo parte do livre convencimento do representante do Ministério Público. Em caso de ação penal pública, vigora, como mencionado, o princípio da obrigatoriedade, devendo o MP denunciar quem for, efetivamente, o autor do crime, com provas suficientes para sustentar a denúncia. E não deve ofertar peça acusatória, sem provas suficientes, contra qualquer pessoa. Assim sendo, promover o arquivamento no tocante a alguns indiciados, denunciando-se outros é fruto da *opinio delicti* do promotor. Não se pode invocar a indivisibilidade da ação penal, pois este princípio aplica-se, com eficiência, apenas no cenário da ação penal privada. Nesta, sim, acionando-se uns e deixando-se outros de lado poderá haver o entendimento de que houve renúncia no tocante a todos.

> **Art. 49.** A renúncia[155-157] ao exercício do direito de queixa, em relação a um dos autores do crime, a todos se estenderá.[158-158-A]

155. Renúncia: *renunciar* significa desistir ou abdicar de algo. Neste contexto, demonstra que a vítima se recusa a tomar providência contra o seu agressor, em se tratando de crime de ação penal privada. A renúncia ocorre, *sempre*, antes do ajuizamento da ação (recebimento da queixa). Não nos parece que se deva obstar a renúncia pelo simples fato de ter o querelante distribuído a queixa, sem que o juiz a tenha recebido. Logo, em hipótese rara, seria viável imaginar que a desistência do ofendido (renúncia) se dê justamente nesse interregno (entre o oferecimento da queixa e o seu recebimento). Ilógico seria o magistrado, *antes* de receber a queixa, tomar conhecimento da renúncia e, ainda assim, ignorá-la, recebendo a inicial e mandando citar o querelado para, se for o caso, aceitar aquela desistência como se fosse perdão. Afinal, se a desistência vier depois, chama-se perdão (ver nota ao art. 51). Lembremos que a ação penal privada é regida pelo princípio da oportunidade, razão pela qual não deve haver rigorismo para mantê-la, mormente quando o ofendido não quer. Por variadas razões pode fazê-lo – ou porque julga inconveniente o processo ou porque perdoou a atitude do ofensor ou por qualquer outro motivo não deseja agir contra o autor da infração penal. Logicamente, pode simplesmente deixar escoar o prazo decadencial – em regra, 6 meses –, para viabilizar a extinção da punibilidade, embora possa, antes disso, de maneira expressa ou tácita, demonstrar nitidamente que nada fará contra o agressor. Assim, renunciando com relação a um, beneficiados estarão os outros eventuais coautores, em homenagem à indivisibilidade da ação penal privada. A punibilidade de todos se extingue. É o que Noronha chama de *extensibilidade da renúncia* (*Curso de direito processual penal*, p. 37). Trata-se de ato unilateral do ofendido, que não depende de aceitação do ofensor.

156. Renúncia expressa e tácita: pode o ofendido renunciar ao direito de queixa de maneira expressa, quando, por exemplo, ingressa com petição, ainda durante a fase do inquérito policial, deixando claro que desiste de agir contra o ofensor (art. 104, CP). Pode, ao invés disso, reconciliar-se com o agressor, deixando isso evidente através de atitudes e gestos, como convidar o agente para ser padrinho de seu casamento (art. 104, parágrafo único, CP). No primeiro caso, deixou nítida a intenção (renúncia expressa); no segundo, mostrou o intuito camufladamente, pois tomou atitude incompatível com o desejo de processar alguém (renúncia tácita). Deixa clara a lei não implicar renúncia o recebimento, pelo ofendido, da indenização do dano causado pelo crime (art. 104, parágrafo único, *in fine*, CP). Entretanto, no caso de infrações de menor potencial ofensivo, o acordo para a composição dos danos civis, implica renúncia (ver a nota 158 abaixo).

157. Renúncia tácita: admite, para sua demonstração, todos os meios de prova em direito admitidos. Normalmente, se há renúncia tácita – como na hipótese de a vítima convidar o agressor para ser seu padrinho de casamento – não haverá oferecimento de queixa. Mas, na eventualidade de, ainda assim, a queixa ser apresentada no prazo de 6 meses, pode o agente demonstrar ter havido renúncia tácita, contando com o depoimento das pessoas que compareceram à cerimônia, além de fotos, filmes etc. Na jurisprudência: STJ: "1. A renúncia tácita pressupõe que o querelante pratique ato incompatível com o desejo de processar o ofensor, que se consuma antes do oferecimento da queixa-crime. No caso, a queixa-crime foi oferecida e a conversa civilizada ocorreu em programa de rede nacional, um ato que, apenas por sua existência, não configura uma renúncia tácita" (RHC 48.216/RJ, 6.ª T., rel. Sebastião Reis Júnior, 15.05.2018, v.u.).

158. Extensão da renúncia aos casos de ação privada ou pública condicionada: admite-se, atualmente, no caso de infrações de menor potencial ofensivo, quando houver composição amigável dos danos civis, reduzida a escrito e homologada pelo juiz, que se considere presente a renúncia, nos termos do art. 74, parágrafo único, da Lei 9.099/1995: "Tratando-se de ação penal de iniciativa privada ou de ação penal pública condicionada à representação, o acordo homologado acarreta a renúncia ao direito de queixa ou representação".

158-A. Renúncia procedimental ou extraprocedimental: a renúncia pode ocorrer nos autos do inquérito policial, por petição, o que a torna expressa e procedimental, mas também tem aplicação se for concretizada por declaração assinada pelo interessado, fora dos autos, para depois repercutir na extinção da punibilidade. Neste último caso, será expressa, mas extraprocedimental.

> **Art. 50.** A renúncia expressa[159] constará de declaração assinada pelo ofendido, por seu representante legal ou procurador com poderes especiais.
>
> **Parágrafo único.** A renúncia do representante legal do menor que houver completado 18 (dezoito) anos não privará este do direito de queixa, nem a renúncia do último excluirá o direito do primeiro.[160]

159. Renúncia expressa: é a desistência explícita da vontade de processar o agressor, nos casos de ação penal exclusivamente privada. Exige a lei que o ofendido apresente declaração assinada por si ou por procurador com poderes especiais (não é necessário ser advogado). Havendo inquérito, o juiz cuidará de findar a investigação, julgando extinta a punibilidade do agente. Inexistindo inquérito, pode-se provocar o juiz apenas com o fito de julgar extinta a punibilidade, embora o mais comum seja simplesmente nada fazer, deixando-se de registrar a ocorrência do fato delituoso.

160. Legitimidade concorrente para a ação penal privada: este dispositivo não encontra mais aplicação, após a edição da Lei 10.406/2002 (Código Civil), pois o maior de 18 anos é considerado plenamente capaz para todos os atos da vida civil, não possuindo mais representante legal. Logo, a partir dos 18 anos, somente o ofendido pode renunciar.

> **Art. 51.** O perdão[161-164] concedido a um dos querelados aproveitará a todos, sem que produza, todavia, efeito em relação ao que o recusar.[165-168]

161. Perdão: *perdoar* significa desculpar ou absolver. No caso da ação penal privada exclusiva equivale à desistência da demanda, o que somente pode ocorrer quando a ação já está ajuizada. É ato bilateral, exigindo, pois, a concordância do agressor (querelado). Enquanto a queixa não for recebida, é caso de renúncia; após, fala-se em perdão. O art. 105 do Código Penal é expresso ao mencionar que o perdão *obsta o prosseguimento* da ação, subentendendo-se que deve ela estar ajuizada. Afinal, antes do recebimento, a relação processual não se aperfeiçoou, podendo-se acolher eventual renúncia. Cremos que o perdão deveria constituir ato unilateral, pois, perdendo o interesse em prosseguir na demanda, de nada adianta haver a continuidade forçada, caso o querelado recuse o perdão. Aliás, ressalte-se que o querelante (vítima) pode incorrer em perempção, razão pela qual, de um modo ou de outro, pode provocar a extinção da punibilidade do querelado.

162. Limite para a concessão do perdão: segue até o trânsito em julgado da sentença condenatória, como estipula o art. 106, § 2.º, do Código Penal.

163. Perdão processual ou extraprocessual: o perdão pode ser concedido dentro do processo, através de petição, assinada pelo ofendido ou por seu procurador, com poderes especiais, ou fora dele, quando o querelante firma um termo expresso, desistindo da ação, também pessoalmente ou por procurador com poderes especiais, ou pratica ato incompatível com seu desejo de prosseguir.

164. Perdão expresso ou tácito: assim como a renúncia, o perdão pode ser concedido expressamente, através de petição ou termo assinado pelo ofendido ou por procurador com poderes especiais, bem como através da prática de atos incompatíveis com o desejo de prosseguir na demanda, como tornar a conviver intimamente com o querelado, durante o trâmite do processo (art. 106, § 1.º, CP).

165. Indivisibilidade da ação penal: desejando perdoar um dos agressores, está o querelante abrindo a oportunidade para que todos os coautores dele se beneficiem. Entretanto, como o perdão é bilateral, exigindo aceitação do querelado, é possível que um coautor aceite e outro não, razão pela qual, em relação a este, não produz efeito (em igual sentido deste artigo, ver também art. 106, I e III, CP).

166. Incomunicabilidade do perdão em relação aos ofendidos: concedido por uma das vítimas, não retira de outra a possibilidade de processar o agressor (art. 106, II, CP).

167. Ação privada subsidiária da pública: não comporta perdão. Caso o querelante desista de prosseguir, faz retornar a condução da ação ao Ministério Público.

168. Concurso de crimes: havendo vários delitos de ação privada tramitando com as mesmas partes, o perdão concedido pelo querelante ao querelado em um só dos processos, não se estende aos demais, que podem prosseguir normalmente.

> **Art. 52.** Se o querelante for menor de 21 (vinte e um) e maior de 18 (dezoito) anos, o direito de perdão poderá ser exercido por ele ou por seu representante legal, mas o perdão concedido por um, havendo oposição do outro, não produzirá efeito.[169]

169. Legitimidade exclusiva do ofendido: como já visto, após a edição da Lei 10.406/2002 (Código Civil), o maior de 18 anos, plenamente capaz para todos os atos da vida civil, não tem mais representante legal. Portanto, somente o ofendido maior de 18 anos pode perdoar, não tendo mais aplicação este dispositivo.

Art. 53

> **Art. 53.** Se o querelado for mentalmente enfermo ou retardado mental[170] e não tiver representante legal, ou colidirem os interesses deste com os do querelado, a aceitação do perdão caberá ao curador que o juiz lhe nomear.

170. Querelado inimputável ou semi-imputável: durante o curso do processo, constatada tal situação, o juiz determina a instauração de incidente de insanidade mental. Se este estiver em curso ou já concluído, terá o querelado um curador. Cabe-lhe aceitar o perdão. Pode ocorrer que, mesmo antes do incidente, já se saiba ser o querelado doente mental ou retardado, estando na ação representado por alguém. Nesse caso, ao representante legal transfere-se a aceitação do perdão. Uma terceira hipótese pode ocorrer: o incidente não está instaurado, razão pela qual não há curador nomeado e os interesses do querelado colidem com os de seu representante legal, que pode ser ligado, por exemplo, ao querelante. Cumpre, então, ao juiz nomear curador para agir em lugar do querelado.

> **Art. 54.** Se o querelado for menor de 21 (vinte e um) anos, observar-se-á, quanto à aceitação do perdão, o disposto no art. 52.[171]

171. Legitimidade exclusiva do querelado: o maior de 18 anos, após a edição da Lei 10.406/2002 (Código Civil), é plenamente capaz para todos os atos da vida civil e não possui mais representante legal. Portanto, o disposto neste artigo já não tem mais aplicação.

> **Art. 55.** O perdão poderá ser aceito por procurador com poderes especiais.[172]

172. Procurador com poderes especiais: não há necessidade de ser o advogado do querelado, bastando que seja pessoa constituída procuradora, com poderes especiais para aceitar o perdão ofertado. O defensor dativo e o advogado, sem tais poderes específicos, não podem acolher o perdão do querelante.

> **Art. 56.** Aplicar-se-á ao perdão extraprocessual expresso o disposto no art. 50.[173]

173. Perdão concedido fora dos autos do processo: ver nota 163 ao art. 51.

> **Art. 57.** A renúncia tácita e o perdão tácito admitirão todos os meios de prova.[174]

174. Prova da renúncia e do perdão tácitos: se não são concedidos de maneira expressa, torna-se difícil, por vezes, acolhê-los sem a produção de algum tipo de prova. Assim, para demonstrar que ofendido e agressor reconciliaram-se, por exemplo, caso haja controvérsia nos autos, todo meio de prova admissível em Direito pode ser produzido.

> **Art. 58.** Concedido o perdão, mediante declaração expressa nos autos,[175] o querelado será intimado a dizer, dentro de 3 (três) dias, se o aceita, devendo, ao mesmo tempo, ser cientificado de que o seu silêncio importará aceitação.[176]
>
> **Parágrafo único.** Aceito o perdão, o juiz julgará extinta a punibilidade.[177]

175. Declaração expressa nos autos: pode ser feita por petição, assinada conjuntamente pelo querelante e seu advogado, ou por termo, quando o querelante, diante do juiz, registra o seu intento.

176. Intimação e silêncio do querelado: é preciso, para que o perdão tenha efeito, que o querelado seja intimado a, em três dias, manifestar-se a respeito. No mandado de intimação, deve o juiz fazer constar, expressamente, que o silêncio do querelado importará em aceitação. Sem essa menção, o silêncio não pode ser presumido como aceitação.

177. Consequência do perdão: é a extinção da punibilidade, como dispõe o art. 107, V, do Código Penal.

> **Art. 59.** A aceitação do perdão fora do processo[178] constará de declaração assinada pelo querelado, por seu representante legal ou procurador com poderes especiais.[179]

178. Aceitação extraprocessual do perdão: do mesmo modo que o perdão pode ser extraprocessual (ver nota 163 ao art. 51), é possível que a aceitação também ocorra fora dos autos do processo. Imagine-se que o querelante manifesta o perdão nos autos. Intimado o querelado, ao invés de oferecer resposta no processo, encaminha carta, assinada de próprio punho, diretamente ao querelante, aceitando o perdão. A juntada aos autos da referida carta do querelado, autoriza o juiz a julgar extinta a punibilidade.

179. Querelado, representante legal ou procurador: pode o querelado, diretamente, manifestar a sua aceitação. Para isso, basta que tenha mais de 18 anos. Após a edição da Lei 10.406/2002, o maior de 18 anos é plenamente capaz para todos os atos da vida civil e não possui mais representante legal. Pode, ainda, ocorrer de ser o querelado doente mental ou retardado, razão pela qual o seu representante legal pode aceitar o perdão. Há, ainda, a hipótese do querelado e/ou representante legal conferirem poderes especiais a um procurador para empreender a aceitação.

> **Art. 60.** Nos casos em que somente se procede mediante queixa, considerar-se-á perempta[180] a ação penal:
>
> I – quando, iniciada esta, o querelante[181] deixar de promover o andamento do processo durante 30 (trinta) dias seguidos;[182-184]
>
> II – quando, falecendo o querelante, ou sobrevindo sua incapacidade,[185] não comparecer em juízo, para prosseguir no processo, dentro do prazo de 60 (sessenta) dias, qualquer das pessoas a quem couber fazê-lo, ressalvado o disposto no art. 36;
>
> III – quando o querelante deixar de comparecer,[186] sem motivo justificado, a qualquer ato do processo a que deva estar presente,[187] ou deixar de formular o pedido de condenação nas alegações finais;[188]
>
> IV – quando, sendo o querelante pessoa jurídica, esta se extinguir sem deixar sucessor.[189]

180. Perempção: resulta perempção de *perimir*, que significa colocar um termo ou extinguir. Dá-se a extinção da punibilidade do querelado, nos casos de ação penal exclusivamente privada, quando o querelante, por desídia, demonstra desinteresse pelo prosseguimento da ação. Assim, o juiz, considerando as hipóteses retratadas neste artigo, reconhece a perempção

Art. 60

Código de Processo Penal Comentado • **Nucci**   164

e coloca fim ao processo. Funciona como autêntica penalidade imposta ao negligente querelante, incapaz de conduzir corretamente a ação penal, da qual é titular. Na jurisprudência: STJ: "6. Encontra-se em consonância com o entendimento esposado por essa Corte Superior de Justiça o acórdão *a quo*, na medida em que se revela inaplicável a perempção em ação penal de iniciativa pública. A aplicação do instituto é restrita às hipóteses de ação penal exclusivamente privada e de ação penal privada personalíssima, não abrangendo nem as hipóteses de ação penal subsidiária da pública – que poderá se proceder também mediante denúncia" (AgRg nos EDcl no REsp 1.492.636/SP, 5.ª T., rel. Ribeiro Dantas, 19.06.2018, v.u.).

181. Existência de mais de um querelante: a inércia de um não pode prejudicar os demais. Assim, caso um deles deixe perimir a ação penal, pode esta prosseguir em relação aos outros.

182. Paralisação do processo por mais de 30 dias: é preciso considerar que o querelante deve impulsionar o andamento processual, promovendo os atos processuais que lhe competem, pois, não o fazendo, está demonstrando negligência, passível de penalização. Exemplificando: deve o querelante indicar o paradeiro do querelado para citação. Intimado a fazê-lo, deixa transcorrer mais de 30 dias sem qualquer resposta. É caso de perempção. Entendemos que, na hipótese de paralisação do feito, não basta a intimação do advogado, devendo ser intimado pessoalmente o próprio querelante. Assim fazendo, não se estará penalizando o querelante por eventual inépcia do seu procurador. Na jurisprudência: STJ: "1. Nos termos do artigo 60, inciso I, do Código de Processo Penal, não há falar em perempção antes do recebimento da queixa-crime, devendo ser afastada sua ocorrência em razão do não comparecimento dos querelantes ou de seu advogado na sessão de julgamento em que foi recebida a inicial acusatória" (AgRg no REsp 1.670.607/SP, 6.ª T., rel. Maria Thereza de Assis Moura, 05.04.2018, v.u.).

183. Atraso justificado: se, porventura, a paralisação ocorrer por conta de motivo justificável, não se deve considerar perempta a ação penal. É possível que existam problemas de diversas ordens, impedindo que o querelante dê seguimento ao processo. Exemplos disso: greve dos funcionários do fórum, acidente grave que incapacita seu advogado, entre outros similares.

184. Soma de períodos de inatividade: é inadmissível. Caso o querelante deixe de dar andamento ao feito por várias vezes, embora em nenhuma delas, isoladamente, tenha ultrapassado os trinta dias, é incabível o reconhecimento da perempção. Assim a lição de Espínola Filho: "Os termos claros da lei, exigindo, para a perempção, o estacionamento da causa, durante 30 dias seguidos, significam que, em absoluto, não é lícito adicionar os lapsos de tempo inferiores a um mês, durante os quais esteve o processo parado, para, em vista da soma de tempo, embora infinitamente superior a 30 dias, pleitear a perempção da ação penal" (*Código de Processo Penal brasileiro anotado*, v. 1, p. 471).

185. Falecimento ou incapacidade do querelante: impossibilitado de continuar no polo ativo, seja porque faleceu, seja porque se tornou incapaz, é preciso ser substituído pelas pessoas que podem fazê-lo (art. 31, CPP). Não há necessidade de intimação, pois o prazo de 60 dias começa a correr tão logo ocorra a morte do querelante ou sua incapacidade seja reconhecida. Seria ilógico e, por vezes, impossível ao juiz buscar parentes do ofendido para dar prosseguimento à ação penal.

186. Não comparecimento a ato processual indispensável: somente se reconhece a perempção quando a presença do querelante não puder ser substituída pela do seu advogado.

Imagine-se que o juiz deseja ouvir, durante a instrução, o querelante. Intimado, ele não comparece, impossibilitando a realização da audiência. É caso de perempção.

187. Audiência de conciliação: prevista no art. 520 deste Código, exige-se que o juiz, antes de receber a queixa, promova a oportunidade – através de audiência – para as partes se reconciliarem, fazendo-as comparecer a juízo, quando deverá ouvi-las, separadamente, a fim de buscar a conciliação. Nesse caso, intimado o querelante e não havendo o seu comparecimento pessoal, pode ser caso de perempção, salvo se peticionar, por seu advogado – ou de outra forma deixar claro – que não deseja a reconciliação. Deve fazê-lo antecipadamente, isto é, antes da audiência realizar-se. Ainda assim a questão é polêmica (ver nota 6 ao art. 520).

188. Ausência de pedido de condenação: o querelante, ao final da instrução, produzidas as provas, deve formular pedido de condenação. Do contrário, constata-se que está sendo negligente ou que não mais crê na culpa do querelado. De uma forma ou de outra é caso de perempção. Logicamente, deve-se ter cuidado nessa avaliação, pois nem sempre as alegações finais trazem claramente o pedido de condenação, que, no entanto, pode ser nitidamente deduzido do modo pelo qual a parte expõe o seu raciocínio e analisa as provas dos autos. Se, expressamente, pedir a absolvição do querelado, outra não é a hipótese senão o reconhecimento da perempção. Note-se a diferença existente entre a ação penal privada, regida pelo princípio da oportunidade, e a ação penal pública, cujo princípio regente é o da obrigatoriedade, salientando que, neste último caso, ainda que o órgão acusatório peça a absolvição, o juiz está autorizado a condenar (art. 385, nota 36).

189. Extinção da pessoa jurídica: caso seja querelante a pessoa jurídica, é possível o reconhecimento da perempção quando, extinta, não deixar sucessor disposta a assumir o polo ativo da ação penal privada.

> **Art. 61.** Em qualquer fase do processo, o juiz, se reconhecer extinta a punibilidade,[190] deverá declará-lo de ofício.[191-192]
>
> **Parágrafo único.** No caso de requerimento do Ministério Público, do querelante ou do réu, o juiz mandará autuá-lo em apartado,[193] ouvirá a parte contrária e, se o julgar conveniente, concederá o prazo de 5 (cinco) dias para a prova, proferindo a decisão dentro de 5 (cinco) dias ou reservando-se para apreciar a matéria na sentença final.

190. Despunibilidade: é esse o termo usado por Tornaghi para definir a hipótese em que a ação penal é ajuizada, porque não se conhece, ou não se aceita, causa extintiva da punibilidade que precisa ser demonstrada ao longo da instrução. Assim, o processo tem início e, durante a instrução, fica claro não haver razão para prosseguir, fazendo com que o juiz profira decisão de extinção da punibilidade. Imagine-se a situação de réu com suspeita de estar morto, mas sem a prova do seu falecimento. A ação deve ter início. Se, durante o desenvolvimento dos atos processuais, juntar-se, nos autos, a certidão de óbito, decreta o magistrado a extinção da punibilidade, colocando fim à demanda (*Compêndio de processo penal*, t. I, p. 126).

191. Extinção da punibilidade como matéria de ordem pública: cabe ao magistrado reconhecer qualquer causa de extinção da punibilidade, ouvindo as partes previamente, mas agindo de ofício, porque o Estado não mais tem interesse de punir o acusado. Tal se dá em qualquer fase do processo. Logo, mesmo na ausência de requerimento específico, deve atuar o Estado-juiz. Conferir: STF: "A prescrição em direito penal, em qualquer de suas modalidades, é matéria de ordem pública e, por isso, pode ser arguida e reconhecida a qualquer tempo (art.

Art. 62

Código de Processo Penal Comentado · **Nucci**   166

61 do Código de Processo Penal)" (RE 634.610 AgR-ED/BA, 1.ª T., rel. Dias Toffoli, 13.03.2012, v.u.). STJ: "1. A prescrição da pretensão punitiva (matéria de ordem pública) pode ser declarada de ofício, em qualquer fase do processo (art. 61 do Código de Processo Penal – CPP). Isto é, a análise da questão cabe ao juízo ou tribunal no qual se encontra tramitando o feito. Todavia, ocorrendo o trânsito em julgado da condenação, a competência será do juízo da vara de execuções penais (art. 66, II, da Lei n. 7.210/84). Precedentes. Agravo regimental desprovido" (AgRg no RHC 67.696/SP, 5.ª T. rel. Joel Ilan Paciornik, 07.08.2018, v.u.).

192. Cessação da instância: é a denominação utilizada para caracterizar uma das hipóteses de crise da instância, isto é, a anormal paralisação do curso procedimental, de forma temporária (como ocorre nas questões prejudiciais) ou de forma definitiva, o que ocorre no caso de extinção da punibilidade (Frederico Marques, *Elementos de direito processual penal*, v. 2, p. 221).

193. Autos apartados: não mais se utiliza o juiz de autos apartados, podendo reconhecer a extinção da punibilidade diretamente nos autos principais.

> **Art. 62.** No caso de morte do acusado,[194] o juiz somente à vista da certidão de óbito,[195] e depois de ouvido o Ministério Público, declarará extinta a punibilidade.

194. Morte do réu: é motivo para julgar extinta a punibilidade, em face do preceito de que a "morte tudo resolve" (*mors omnia solvit*). Trata-se de hipótese prevista no art. 107, I, do Código Penal. Estipula o Código de Processo Penal que deve haver a exibição de certidão de óbito, razão pela qual não concordamos com a posição daqueles que admitem a extinção da punibilidade pela simples consideração de um juiz, na esfera cível, da morte presumida (art. 6.º do CC). Havendo ausência do réu, ainda que o magistrado transmita os bens aos herdeiros, inexistindo certeza do óbito, como exige este artigo, cremos que não pode haver a decretação da extinção da punibilidade. Aguarda-se, se for o caso, a prescrição. Exceção se faz à morte trágica, ocorrida em acidente, cujo procedimento de reconhecimento de sua existência, na Vara dos Registros Públicos, tem o condão de fazer expedir a certidão de óbito (art. 88 da Lei 6.015/1973). É certo que a Lei 10.406/2002 (Código Civil) acrescentou outras hipóteses de declaração de morte presumida, como ocorre no art. 7.º ("Pode ser declarada a morte presumida, sem decretação de ausência: I – se for extremamente provável a morte de quem estava em perigo de vida; II – se alguém, desaparecido em campanha ou feito prisioneiro, não for encontrado até 2 (dois) anos após o término da guerra. Parágrafo único. A declaração da morte presumida, nesses casos, somente poderá ser requerida depois de esgotadas as buscas e averiguações, devendo a sentença fixar a data provável do falecimento"). Nesses casos, diversamente da ausência, em que se presume a morte somente pelo fato de alguém desaparecer por certo tempo de seu domicílio, sem deixar notícia ou paradeiro, busca o juiz cível – como se faz, aliás, na Vara dos Registros Públicos em caso de morte trágica – o paradeiro de pessoas que estavam em perigo de vida, cuja morte é *extremamente* provável ou quando desapareceram em campanha ou foram feitas prisioneiras, sem que fossem encontradas até 2 anos após a guerra, fixando a sentença a provável data do falecimento. Parece-nos, pois, que, registrada a decisão, pode-se dar o mesmo efeito da certidão de óbito, declarando-se extinta a punibilidade.

195. Certidão de óbito falsa: pensamos inexistir qualquer possibilidade de reabertura do caso. Se o juiz reconheceu extinta a punibilidade, pela exibição de certidão de óbito falsa, nada mais pode ser feito, a não ser processar quem falsificou e utilizou o documento. Outra solução estaria impondo a revisão em favor da sociedade, o que é vedado em processo penal. Desejasse o legislador e poderia ter feito constar no Código de Processo Penal especial licença para reabrir o caso, quando a certidão de óbito utilizada for considerada falsa. Maiores detalhes são levados em nosso *Código Penal comentado*, nota 11 ao art. 107. Outra não é a posição da ampla maioria da doutrina brasileira. Por todos, confira-se a lição de Carlos Frederico Coelho Nogueira: "Assim sendo, se, depois de transitar em julgado a sentença que declarou extinta a punibilidade pela morte do acusado, se descobrir estar ele vivo, não será possível rescindir a *res judicata* com o prosseguimento do feito extinto e não será por igual possível o oferecimento de nova denúncia ou de nova queixa contra o mesmo sujeito pelo mesmo fato delituoso. Se vier a ser instaurado novo processo será absolutamente nulo, por ofensa à coisa julgada. (...) Quando muito, o acusado e – conforme o caso – seu defensor poderão ser processados pelo crime de *uso de documento falso* (art. 304 do Código Penal) e nada mais..." (*Comentários ao Código de Processo Penal*, v. 1, p. 760-761). Há, no entanto, posição em sentido contrário, sustentando a inviabilidade de produção de qualquer efeito jurídico, inclusive para gerar a extinção da punibilidade, do documento falso. Este não existiria para qualquer fim, motivo pelo qual a declaração de falsidade operaria efeito *ex tunc*, invalidando eventual decretação da extinção da punibilidade. Insistimos, entretanto, na posição defendida inicialmente, no prisma de que o documento falso pode, sem dúvida, gerar vários efeitos, merecedores de anulação, quando for possível. Não se pode desconsiderar a possibilidade de um depoimento ser igualmente falso e levar à absolvição do réu. Ainda que se apure o falso testemunho, não se pode reabrir a demanda sob tal pretexto. Idêntica situação ocorre com a certidão de óbito falsa, levando à extinção da punibilidade.

Título IV
Da Ação Civil[1-2]

1. Ação civil *ex delicto*: trata-se da ação ajuizada pelo ofendido, na esfera cível, para obter indenização pelo dano causado pelo crime, quando existente. Há delitos que não provocam prejuízos, passíveis de indenização – como ocorre com muitos crimes de perigo. O dano pode ser material ou moral, ambos passíveis de indenização, ainda que cumulativa. O Código Penal e o Código de Processo Penal cuidam, com particular zelo, embora não com a amplitude merecida, do ressarcimento da vítima, buscando incentivá-lo, sempre que possível. O primeiro estabelece como efeito da condenação a obrigação de reparar o dano (art. 91, I). Firma, ainda, uma causa de diminuição da pena, caso o agente repare o dano ou restitua a coisa ao ofendido (art. 16). Estabelece como atenuante genérica a reparação do dano (art. 65, III, b). Incentiva-a para a substituição das condições genéricas da suspensão condicional da pena por condições específicas (art. 78, § 2.º). Fixa como condição para a concessão do livramento condicional a reparação do dano, salvo impossibilidade efetiva de fazê-lo (art. 83, IV). Enaltece-a, como condição para a reabilitação (art. 94, III). Permite a extinção da punibilidade no caso de peculato culposo cujo dano é devidamente ressarcido (art. 312, § 3.º). E não olvidemos o conteúdo da Súmula 554 do Supremo Tribunal Federal, ainda em vigor, que estabelece o seguinte: "O pagamento de cheque emitido sem provisão de fundos, após o recebimento da denúncia, não obsta ao prosseguimento da ação penal", significando que o ressarcimento do dano até o recebimento da denúncia retira a justa causa para a ação penal. O Código de Processo Penal, por sua vez, neste Título, ao cuidar da ação civil, proporciona meios mais eficazes para a vítima buscar reparação. Além disso, garante a utilização do sequestro (art. 125), da busca e apreensão (art. 240), do arresto (art. 137) e da hipoteca legal (art. 134). Assim, também, dispõe a Lei de Lavagem de Dinheiro (Lei 9.613/1998), incrementando as medidas assecuratórias sobre bens, valores ou direitos oriundos dos crimes que deram origem à lavagem, ainda que a ordem de apreensão provenha do estrangeiro (art. 8.º). Além disso, a partir da reforma processual penal, introduzida em 2008, pode a vítima pleitear, na ação penal, como assistente de acusação, a condenação do réu a reparar o dano civil decorrente do delito (art. 387, IV, CPP). Na jurisprudência: STJ: "4. O entendimento firmado no Superior Tribunal de Justiça é no sentido de que, em se tratando de ação civil *ex delicto* objetivando reparação de danos morais, o início do prazo prescricional para ajuizamento da ação começa a fluir somente a partir do trânsito em julgado da ação penal. Precedentes" (AgInt no AgInt no AREsp 1.589.727/GO, 3.ª T., rel. Ricardo Villas Bôas Cueva, 25.10.2021, v.u.).

2. Separação da jurisdição: privilegia o nosso sistema a separação da jurisdição, fazendo com que a ação penal se destine à condenação do agente pela prática da infração penal e a ação civil tenha por finalidade a reparação do dano, quando houver. Conferir o art. 935 do Código Civil: "A responsabilidade civil é independente da criminal, não se podendo questionar mais sobre a existência do fato, ou sobre quem seja o seu autor, quando estas questões se acharem decididas no juízo criminal". Apesar da consagração da separação, prevalece a justiça penal sobre a civil, quando se tratar da indenização de crime e aquela julgar que inexistiu fato ou tiver afastado a autoria. Havíamos sugerido ser época para repensar esse sistema, permitindo-se que o juiz, na esfera penal, pudesse estabelecer, no mesmo processo em que há a condenação, a indenização necessária à vítima, além de tomar outras medidas de ordem civil, benéficas a quem de direito. A meta seria ganhar tempo, privilegiar a economia processual, proteger, com maior eficácia, o ofendido e evitar que este, cético com a lentidão e o alto custo da Justiça brasileira, preferisse o prejuízo à ação civil *ex delicto*. No Código de Trânsito Brasileiro, através de multa reparatória, deu-se início a essa nova fase, estabelecendo-se que o juiz criminal pode, na sentença condenatória, não somente impor a pena, mas também um ressarcimento à vítima. É o que dispõe o art. 297, *caput*: "A penalidade da multa reparatória consiste no pagamento, mediante depósito judicial em favor da vítima, ou seus sucessores, de quantia calculada com base no disposto no § 1.º do art. 49 do Código Penal, sempre que houver prejuízo material resultante do crime". Amplia-se, ainda, a possibilidade de indenização diretamente no juízo criminal, como se observa pela leitura dos arts. 74 e 75 da Lei 9.099/1995. Nas infrações de menor potencial ofensivo – contravenções penais ou crimes, cuja pena máxima em abstrato não ultrapasse dois anos, cumulada ou não com multa –, é possível haver a composição dos danos civis, homologada pelo juiz, valendo como título a ser executado no cível (art. 74 da referida Lei). Tratando-se de infrações sujeitas à representação da vítima ou de iniciativa privada, o acordo homologado provoca a renúncia à queixa ou ao direito de representação. Outro importante exemplo advém da Lei da Violência Doméstica (Lei 11.340/2006), que criou os Juizados de Violência Doméstica e Familiar contra a Mulher, com competência cível e criminal (art. 14, *caput*), podendo decidir, concomitantemente, a respeito do crime cometido pelo marido contra a esposa e quanto ao afastamento do varão do lar conjugal, fixando-se a prestação de alimentos provisionais ou provisórios, dentre outras medidas (art. 22). Finalmente, a reforma introduzida pela Lei 11.719/2008, acrescentando o parágrafo único ao art. 63, bem como modificando a redação do inciso IV do art. 387 do CPP, passou a permitir que o juiz criminal fixasse a indenização civil pelo dano causado pelo delito. No entanto, infelizmente, a alteração não se deu em bom termo, pois se mencionou somente a viabilidade de fixação do valor mínimo para a reparação dos danos, considerando-se os prejuízos sofridos pelo ofendido. Ora, se o objetivo é atingir a economia processual e satisfazer, de vez, a vítima, deve o magistrado criminal estabelecer o real valor da reparação dos danos provocados pela infração penal. A fixação do valor mínimo, como se vê no disposto pelo art. 63, parágrafo único, deste Código, ainda possibilita a continuidade do dilema, levando-se o caso à esfera cível para a discussão do quantum realmente devido. Aguarda-se, pois, que os juízes criminais se disponham a incentivar as partes a apresentar provas efetivas acerca do prejuízo sofrido pela vítima e, na sentença condenatória, seja estabelecido um valor real – e não um valor mínimo – para fazer cessar a discussão a respeito da reparação civil dos danos. Se tal não for feito, a reforma não terá atingido finalidade útil, pois o que ficar decidido na órbita criminal não será definitivo e a vítima ainda deverá percorrer os caminhos da esfera cível.

Art. 63. Transitada em julgado a sentença condenatória,[3] poderão promover-lhe a execução, no juízo cível, para o efeito da reparação[3-A] do dano,[4] o ofendido, seu representante legal ou seus herdeiros.[5-7]

> **Parágrafo único.** Transitada em julgado a sentença condenatória, a execução poderá ser efetuada pelo valor fixado nos termos do inciso IV do *caput* do art. 387 deste Código sem prejuízo da liquidação para a apuração do dano efetivamente sofrido.[7-A]

3. Sentença condenatória como título executivo: transitando em julgado e tornando-se, pois, definitiva, pode a sentença ser levada ao juízo cível para que a vítima obtenha a reparação do dano. Não mais se discutirá se esta é devida, mas tão somente o quanto é devido pelo réu. Facilita-se o processo, impedindo-se o reinício da discussão em torno da culpa, merecendo debate somente o valor da indenização. Na jurisprudência: STJ: "1. Ação indenizatória que versa sobre o pagamento de indenização por danos morais e materiais em decorrência de acidente de trânsito. 2. O termo inicial *a quo* para ajuizamento da ação civil *ex delicto*, com o objetivo de reparação de danos, somente começa a fluir a partir do trânsito em julgado da ação penal. Precedentes do STJ. 3. Agravo interno não provido" (AgInt no REsp 1.737.584/RJ, 3.ª T., rel. Nancy Andrighi, 21.08.2018, v.u.).

3-A. Extensão do debate do *quantum* da reparação civil: por certo, não mais se pode discutir a materialidade do crime (ato ilícito) e a autoria. No contexto da culpa, na órbita criminal, não se leva em conta o chamado *grau da culpa* (se leve, grave ou gravíssima), nem existe a *compensação de culpas* (avaliar se a vítima também agiu sem cautela). No entanto, no âmbito civil, esses elementos fazem parte natural do debate, mais até para saber o valor justo da reparação do dano. Podem-se, pois, debater o grau da culpa e a conduta da vítima, mas tão somente para a fixação do montante indenizatório. Na jurisprudência: STJ: "1. Ação civil *ex delicto*, promovida pelos familiares de vítima de homicídio culposo (em acidente de trânsito) pelo qual inclusive já foi sentenciado o réu na competente esfera penal. 2. Recurso especial em que se aponta a nulidade do acórdão impugnado pelo fato de o colegiado julgador ter se eximido do dever de aferir o grau de culpa do agente ou mesmo a suposta existência de reciprocidade de culpas pelo evento danoso (suscitada pelo demandado em sua contestação) para fins de arbitramento equitativo da indenização por danos morais a ser eventualmente fixada. 3. A partir do trânsito em julgado da sentença penal condenatória pela prática de homicídio culposo não se pode mais questionar, na esfera cível, a respeito da existência do fato ou sobre sua autoria. Inexiste óbice, porém, a que ali seja aferido o grau de culpabilidade do autor do delito ou mesmo a eventual coexistência de culpa concorrente da vítima, medida necessária, inclusive, para o correto arbitramento da indenização. 4. Se, por um lado, no âmbito da ação penal, a aferição do grau de culpa do agente ou da eventual concorrência culposa é medida irrelevante, na ação de reparação civil, ao revés, é ela imprescindível. Afinal, deve-se considerar que nesta o dever de indenizar pode resultar da culpa grave, leve ou levíssima e, ainda, que determinado fato pode advir da concorrência de culpas do autor, da vítima e, eventualmente, de terceiros. Tudo devendo ser considerado pelo julgador no momento de dimensionar a extensão da indenização. 5. Recurso especial provido" (REsp 1.474.452/SC, 3.ª T., rel. Ricardo Villas Bôas Cueva, 15.09.2015, v.u.).

4. Reparação do dano: uma vez que há sentença condenatória definitiva na esfera criminal, já não se discute culpa no juízo cível, restando, apenas, o debate em torno do *quantum debeatur*, ou seja, da quantia adequada à satisfação do dano sofrido pela vítima. Para quem já sofreu a lentidão da Justiça no processo criminal, trata-se da segunda via-crúcis enfrentada pelo ofendido ou por seus familiares, agora para receber reparação civil. Por isso, o ideal seria autorizar o juiz penal a proceder, sempre que possível e havendo prova nos autos, à condenação também pelo prejuízo sofrido na esfera civil.

Art. 64

5. Sentença concessiva de perdão judicial: entendemos que se trata de decisão de natureza condenatória, pois não se perdoa quem é inocente, mas sim aquele que é culpado, embora não mereça sofrer a imposição de pena. Essa é a posição adotada pelo Supremo Tribunal Federal, a despeito de reconhecermos, hoje, a vigência da Súmula 18 do Superior Tribunal de Justiça, considerando-a meramente declaratória, sem qualquer efeito condenatório. Pensamos, no entanto, como já expusemos na nota 30 ao art. 107 do nosso Código Penal comentado, que pode ela ser executada, como título, no cível.

6. Decisão de extinção da punibilidade pela prescrição ou outra causa: tratando-se de prescrição da pretensão punitiva, não subsiste efeito algum à eventual sentença condenatória. Assim, o reconhecimento de prescrição, cujo lapso completou-se antes do trânsito em julgado de sentença condenatória, afasta a criação de título executivo judicial. Quando, no entanto, se tratar de prescrição da pretensão executória, ou seja, o lapso temporal completou-se depois do trânsito em julgado da sentença condenatória, permanecem os efeitos secundários da sentença – como maus antecedentes, a possibilidade de gerar reincidência, além da formação do título executivo judicial. O mesmo se aplica a outras causas de extinção da punibilidade, levando-se em conta se ocorreram antes ou depois da sentença definitiva.

6-A. Anistia e *abolitio criminis*: segundo o art. 107, II e III, do Código Penal, constituem causas de extinção da punibilidade. Ocorre que, na essência, são situações que geram exclusão da tipicidade. A anistia é a clemência do Estado voltada a fatos, que se passa a presumir não tenham ocorrido. A abolição de um tipo penal incriminador faz com que uma conduta deixe de ser, abstratamente, considerada como infração penal. Em ambas as hipóteses, está-se, no fundo, eliminando a própria tipicidade. Por isso, quando o juiz as reconhecer, embora declare extinta a punibilidade, faz com que desapareça o título executivo judicial, seja antes da decisão condenatória, seja depois. Caso a execução do título, na esfera cível, já se tenha completado, a indenização paga não será revista. No entanto, se ainda não se tiver iniciado a execução, não mais há chance para tanto. Deve o interessado ingressar com ação de conhecimento, na órbita civil, para alcançar eventual indenização pelo fato que julga ilícito.

7. Revisão criminal: se procedente, quanto à imputação, implicando absolvição, tem o condão de eliminar o título executivo que é a sentença condenatória proferida anteriormente. Logo, se ainda não iniciada a execução, não mais pode ocorrer; caso tenha sido começada, deverá o juiz extingui-la por inexigibilidade do título. E, derradeiramente, se já tiver sido paga a indenização – uma vez que não houve processo de conhecimento para apurar a culpa na esfera cível – caberia ação de restituição, na qual se poderia então debater a culpa do pretenso autor de ato ilícito.

7-A. Valor mínimo da reparação dos danos: ver a nota 2 *supra* e as notas 56 e 56-A ao art. 387, com críticas ao sistema do valor mínimo da indenização.

> **Art. 64.** Sem prejuízo do disposto no artigo anterior, a ação para ressarcimento do dano[8] poderá ser proposta no juízo cível, contra o autor do crime[9] e, se for caso, contra o responsável civil.[10-11]
>
> **Parágrafo único.** Intentada a ação penal, o juiz da ação civil poderá suspender[12] o curso desta, até o julgamento definitivo daquela.

8. Ressarcimento do dano: tem um sentido amplo, implicando não somente restituição da coisa – quando for possível – mas também pagamento do prejuízo causado, abrangendo os lucros cessantes. Lembremos, ainda, que há prejuízos que não podem ser quantificados em dinheiro, pela falta de correspondência ao patrimônio, merecendo, então, que a indenização se dê pelo dano moral causado.

9. Autor de crime: abrange, ainda, o autor de contravenção penal, podendo-se fazer uma interpretação extensiva, para extrair o real conteúdo da norma, nesse caso.

10. Responsável civil: conforme dispõe o art. 932 do Código Civil: "São também responsáveis pela reparação civil: I – os pais, pelos filhos menores que estiverem sob sua autoridade e em sua companhia; II – o tutor e o curador, pelos pupilos e curatelados, que se acharem nas mesmas condições; III – o empregador ou comitente, por seus empregados, serviçais e prepostos, no exercício do trabalho que lhes competir, ou em razão dele; IV – os donos de hotéis, hospedarias, casas ou estabelecimentos onde se albergue por dinheiro, mesmo para fins de educação, pelos seus hóspedes, moradores e educandos; V – os que gratuitamente houverem participado nos produtos do crime, até a concorrente quantia".

11. Responsabilidade civil de terceiro e o devido processo legal: debate-se se a sentença condenatória penal definitiva pode servir de título executivo para cobrar do responsável civil, que não tomou parte no processo criminal, os danos provocados pela prática do delito. Há quem sustente que sim, uma vez que o art. 64 prevê exatamente a hipótese de se utilizar o título formado contra o autor do crime ou, sendo o caso, contra o responsável civil. Entretanto, pensamos ser melhor a outra posição, que homenageia o devido processo legal. Não pode responder, como fato incontroverso e definitivo, aquele que não participou da ação penal. Assim, caso o empregado de alguém cometa, no exercício da função, um ilícito penal qualquer, a vítima não pode valer-se da sentença condenatória para, formando o título executivo, exigir, no cível, indenização do seu patrão. Desejando, pode ingressar com ação de execução contra o próprio autor do delito, mas, caso queira – ou necessite – voltar-se contra o empregador, deve mover ação de conhecimento, permitindo a este a ampla defesa, assegurada a qualquer pessoa. Mais uma vez, este é o inconveniente da separação da jurisdição. Se o juiz penal pudesse decidir acerca da responsabilidade penal e, também, da civil, logo poderia ser chamado o patrão a integrar a ação penal, querendo, tornando possível a condenação a quem efetivamente possa indenizar o dano causado. Abrindo-se ampla possibilidade de prova e revolvendo-se a culpa do empregado, pode-se gerar a inconveniente disparidade de decisões. Neste sentido, está o magistério de Tourinho Filho (Código de Processo Penal comentado, v. 1, p. 156), que, aliás, acrescenta o seguinte: "Se fosse possível a reabertura dessa discussão, haveria possibilidade de decisões contrastantes, criando uma situação de contundente extravagância. Ademais, a balbúrdia seria inominável, uma vez que, por via oblíqua, poderia o juízo cível afrontar o decidido no criminal, tanto mais quanto o art. 935 do Código Civil veda discussão a respeito. Haveria, assim, uma revisão criminal sui generis, na primeira instância, e, o que é pior, no juízo cível... Desse modo, para que se evitassem situações desastrosas como esta, o legislador teria que optar por uma dessas soluções: a) aquela estampada no art. 935 do Código Civil; e b) permitir a intervenção do responsável civil no processo criminal, à semelhança do que se dá no Direito argentino, Direito italiano (CPP, de 1930 e de 1988), Direito francês, Direito português (CPP de 1988)" (Código de Processo Penal comentado, v. 1, p. 156-157). A segunda hipótese ventilada por Tourinho é a ideal, embora não seja a adotada, atualmente, pela jurisprudência. O correto seria evitar a discussão, no cível, a respeito da responsabilidade penal do autor da infração, já decidida com trânsito em julgado. Conforme menciona Rogério Marrone de Castro Sampaio "tem prevalecido, tanto na jurisprudência quanto na doutrina, que o título executivo formado com a sentença penal condenatória confere legitimidade passiva para a ação executiva apenas ao ofensor, ou seja, aquele que foi parte na ação penal. Quanto à apuração da responsabilidade civil indireta (patrão por ato do empregado, a título de exemplo), necessário nova ação civil de conhecimento". E ressalva o autor que, a despeito

Art. 65

Código de Processo Penal Comentado · Nucci

do ensinamento de Tourinho Filho, tem prevalecido na jurisprudência o entendimento de que, proposta a ação civil contra o terceiro responsável, tem ele direito de rediscutir todos os pontos de forma abrangente, sem qualquer vínculo, uma vez que a coisa julgada no crime não o atingiu (Responsabilidade civil, p. 75). Em igual prisma: Mirabete (Código de Processo Penal interpretado, p. 131).

12. Suspensão da ação civil: vigorando o sistema da separação das jurisdições, é natural que a vítima possa ingressar na esfera cível, antes mesmo que finde a ação penal pelo mesmo delito. Entretanto, ainda que neste dispositivo esteja prevista a faculdade do juízo de suspender o trâmite da ação civil, até que seja julgada a penal, cremos salutar que isso seja sempre feito. Evita-se, com isso, a inoportuna ocorrência de decisões contraditórias, que somente podem desacreditar a Justiça. O melhor é aguardar o deslinde da ação penal, para então julgar a civil, até porque esta será improcedente, quando a Justiça Penal negar a existência do fato ou de quem seja o seu autor.

> **Art. 65.** Faz coisa julgada no cível a sentença penal que reconhecer ter sido o ato praticado em estado de necessidade, em legítima defesa, em estrito cumprimento de dever legal ou no exercício regular de direito.[13-14]

13. Excludentes de ilicitude: as quatro mencionadas – estado de necessidade, legítima defesa, exercício regular de direito e estrito cumprimento do dever legal – são excludentes genéricas, previstas na Parte Geral do Código Penal, servindo para afastar, quando reconhecidas, a antijuridicidade do fato típico. Entretanto, a afirmação do artigo em comento, apesar de verdadeira, não provoca, como consequência, a impossibilidade de ajuizamento de ação civil, em algumas situações, como veremos em nota abaixo. É bem verdade que o juiz civil não pode tornar a discutir o caráter criminoso de determinado fato, pois já se excluiu essa possibilidade no juízo criminal, fazendo coisa julgada na esfera cível. Entretanto, pode conceder a indenização por outros motivos, afinal, nem tudo o que é lícito, penalmente, também o será civilmente.

14. Regras para a indenização civil nesse contexto: dispõe o art. 188 do Código Civil que, "não constituem atos ilícitos: I – os praticados em legítima defesa ou no exercício regular de um direito reconhecido; II – a deterioração ou destruição da coisa alheia, ou a lesão a pessoa, a fim de remover perigo iminente. Parágrafo único. No caso do inciso II, o ato será legítimo somente quando as circunstâncias o tornarem absolutamente necessário, não excedendo os limites do indispensável para a remoção do perigo". Logo, a princípio, reconhecida a legítima defesa, o exercício regular de direito e o estrito cumprimento do dever legal, não cabe mais ao juiz civil debater a respeito. E mais: quanto à pessoa contra quem se valeu alguém do exercício de direito ou do estrito cumprimento do dever legal, inexiste direito à reparação do dano. Assim, exemplificando: não constitui ato ilícito penal ou civil matar ou ferir aquele que desfere agressão injusta, atual ou iminente, contra a integridade física (legítima defesa); não constitui ato ilícito penal ou civil lesionar ou constranger alguém a sair de um lugar público, onde está nitidamente perturbando a ordem (exercício regular de direito); não constitui ato ilícito penal ou civil o policial prender alguém, sob a violência que for necessária, quando está com prisão legalmente decretada (estrito cumprimento do dever legal). No caso do estado de necessidade, há maiores restrições. Tratando-se do estado de necessidade defensivo, isto é, voltar-se contra animal ou coisa que gera o perigo atual, necessário de ser afastado, não cabe indenização alguma, desde que, para a remoção do perigo não se atinja inocente. Exemplo: matar o cão que escapou na via pública e ameaça morder pessoas. O dono do animal nada pode reclamar. Tratando-se do estado de necessidade agressivo, ou seja, voltar-se contra pessoa, animal ou coisa de onde não provém o perigo atual, mas cuja lesão torna-se indispensável para salvar o agente do fato necessário, é cabível falar em indenização. Exemplo: aquele que matar um animal, que está dentro do quintal da casa do seu proprietário, porque invadiu o domicílio para fugir de um assalto, penalmente não responde, mas civilmente deve indenizar ao dono do imóvel os prejuízos causados, inclusive a morte do cão. É justamente o que preceitua o inciso II do art. 188, em combinação com os arts. 929 e 930 do Código Civil. Confira-se: "Art. 929. Se a pessoa lesada, ou o dono da coisa, no caso do inciso II do art. 188, não forem culpados do perigo, assistir-lhes-á direito à indenização do prejuízo que sofreram. Art. 930. No caso do inciso II do art. 188, se o perigo ocorrer por culpa de terceiro, contra este terá o autor do dano ação regressiva para haver a importância que tiver ressarcido ao lesado. Parágrafo único. A mesma ação competirá contra aquele em defesa de quem se causou o dano (art. 188, inciso I)". Conforme o disposto no art. 930, usando o exemplo já mencionado, o matador do cão no quintal deve indenizar o seu proprietário e, depois, querendo, voltar-se contra o assaltante que o perseguia. Outra hipótese possível é haver aberratio ictus (erro na execução), no contexto da legítima defesa. Se o agredido, para defender-se de determinada pessoa, terminar ferindo terceiro inocente, também fica obrigado a indenizá-lo, voltando-se, depois, em ação regressiva, contra o agressor.

> **Art. 66.** Não obstante a sentença absolutória[15] no juízo criminal, a ação civil poderá ser proposta quando não tiver sido, categoricamente, reconhecida a inexistência material do fato.

15. Sentença absolutória penal: não é garantia de impedimento à indenização civil. Estipula o art. 386 do Código de Processo Penal várias causas aptas a gerar absolvições. Algumas delas tornam, por certo, inviável qualquer ação civil *ex delicto*, enquanto outras, não. Não produzem coisa julgada no cível, possibilitando a ação de conhecimento para apurar culpa: a) absolvição por não estar provada a existência do fato (art. 386, II, CPP); b) absolvição por não constituir infração penal o fato (art. 386, III, CPP); c) absolvição por não existir prova suficiente de ter o réu concorrido para a infração penal (art. 386, V, CPP); d) absolvição por insuficiência de provas (art. 386, VII, CPP); e) absolvição por excludentes de culpabilidade e algumas de ilicitude, estas últimas já vistas na nota 13 anterior (art. 386, VI, CPP); f) decisão de arquivamento de inquérito policial ou peças de informação (art. 67, I, CPP); g) decisão de extinção da punibilidade (art. 67, II, CPP). Em todas essas situações o juiz penal não fechou questão em torno de o fato existir ou não, nem afastou, por completo, a autoria em relação a determinada pessoa, assim como não considerou lícita a conduta. Apenas se limitou a dizer que não se provou a existência do fato – o que ainda pode ser feito no cível; disse que não é o fato infração penal – mas pode ser ilícito civil; declarou que não há provas do réu ter concorrido para a infração penal – o que se pode apresentar na esfera cível; disse haver insuficiência de provas para uma condenação, consagrando o princípio do *in dubio pro reo* – embora essas provas possam ser conseguidas e apresentadas no cível; absolveu por inexistir culpabilidade – o que não significa que o ato é lícito; arquivou inquérito ou peças de informação – podendo ser o fato um ilícito civil; julgou extinta a punibilidade – o que simplesmente afasta a pretensão punitiva do Estado, mas não o direito à indenização da vítima. Fazem coisa julgada no cível: a) declarar o juiz penal que está provada a inexistência do fato (art. 386, I, CPP); b) considerar o juiz penal, expressamente, que o réu não foi o autor da infração penal ou, efetivamente, não concorreu para a sua prática (art. 386, IV, CPP). Reabrir-se o debate dessas questões na esfera civil, possibilitando decisões contraditórias, é justamente o que quis a lei evitar (art. 935, CC, 2.ª parte).

Art. 67

Código de Processo Penal Comentado · **Nucci**

176

> **Art. 67.** Não impedirão igualmente a propositura da ação civil:[16]
>
> I – o despacho de arquivamento do inquérito ou das peças de informação;
>
> II – a decisão que julgar extinta a punibilidade;
>
> III – a sentença absolutória que decidir que o fato imputado não constitui crime.

16. Outras causas que possibilitam a ação civil indenizatória: ver nota 14 supra.

> **Art. 68.** Quando o titular do direito à reparação do dano for pobre[17] (art. 32, §§ 1.º e 2.º), a execução da sentença condenatória (art. 63) ou a ação civil (art. 64) será promovida,[18] a seu requerimento, pelo Ministério Público.[19]

17. Pobreza: segundo o art. 32, § 1.º, do Código de Processo Penal, considera-se pobre aquele que não pode prover as despesas do processo, sem privar-se dos recursos indispensáveis à sua manutenção ou de sua família. Prova-se a pobreza pela simples apresentação de declaração de próprio punho.

18. Legitimidade do Ministério Público: sempre no espírito de preservar os direitos dos hipossuficientes, o Estado busca garantir o acesso à justiça, ainda que seja, nesse caso, na esfera cível, da pessoa pobre, que não pode custear as despesas do processo e o patrocínio do advogado. Por isso, seja para ingressar com execução de título judicial, valendo-se de sentença condenatória definitiva, seja para ajuizar ação de conhecimento, buscando o ressarcimento, legitima-se o Ministério Público a fazê-lo. Pode o interessado, também, valer-se do serviço de assistência judiciária, proporcionado pelo próprio Estado através de convênios com a Ordem dos Advogados do Brasil. A legitimidade do representante do Ministério Público, no entanto, é sustentável até que a Defensoria Pública seja efetivamente organizada, para a defesa e orientação jurídica dos necessitados, em todos os graus e Estados do Brasil.

19. Revogação deste dispositivo pelo Estatuto da Advocacia: não ocorrência. Estipula o art. 1.º da Lei 8.906/1994 (Estatuto da Advocacia) que "são atividades privativas de advocacia: I – a postulação a órgão do Poder Judiciário e aos juizados especiais; II – as atividades de consultoria, assessoria e direção jurídicas (...)". Em tese, pois, não poderia o promotor agir em nome do ofendido pobre, que buscasse, no cível, indenização causada pelo crime praticado. Ocorre que a Constituição Federal assegurou ao Ministério Público o exercício de outras atividades, nesse caso de apoio ao hipossuficiente, que fossem compatíveis com suas finalidades (art. 129, IX, CF), ao menos enquanto a Defensoria Pública não é devidamente organizada. Busca-se, com isso, compatibilizar o exercício de atividade fundamental para o Estado, que é a assistência judiciária a quem necessita (art. 5.º, LXXIV, CF), com o livre exercício da advocacia, indispensável à administração da justiça (art. 133, CF). É o que tem garantido os Tribunais e sustentado a doutrina pátria. Organizada a Defensoria Pública em todo o País, cessará a competência para a atuação do Ministério Público. Porém, somente na esfera cível e, jamais, no âmbito criminal.

Título V
Da Competência[1-5]

1. Conceito de jurisdição: é o poder atribuído, constitucionalmente, ao Estado para aplicar a lei ao caso concreto, compondo litígios e resolvendo conflitos. Nas palavras de Rogério Lauria Tucci, jurisdição "é uma função estatal inerente ao poder-dever de realização de justiça, mediante atividade *substitutiva* de agentes do Poder Judiciário – juízes e tribunais –, concretizada na aplicação do direito objetivo a uma relação jurídica, com a respectiva declaração, e o consequente reconhecimento, satisfação ou asseguração do direito subjetivo material de um dos titulares das situações (ativa e passiva) que a compõem" (*Teoria do direito processual penal*, p. 21). Como regra, a atividade jurisdicional é exclusiva dos integrantes do Poder Judiciário, embora a própria Constituição Federal estabeleça exceção ao possibilitar ao Senado Federal que processe *e julgue* o Presidente da República, o Vice-Presidente, os Ministros do Supremo Tribunal Federal, o Procurador-Geral da República, o Advogado-Geral da União, os membros do Conselho Nacional da Justiça e do Conselho Nacional do Ministério Público, os Ministros de Estado e os Comandantes da Marinha, do Exército e da Aeronáutica nos crimes de responsabilidade (no caso dos Ministros de Estado e dos Comandantes, quando se tratar de crime conexo aos do Presidente ou do Vice-Presidente), conforme art. 52, I e II. Nessa esteira, as Constituições Estaduais têm estabelecido regras semelhantes, fixando a competência de tribunais especiais para julgar o Governador, o Vice-Governador, os Secretários de Estado, o Procurador-Geral de Justiça e o Procurador-Geral do Estado nos crimes de responsabilidade. Destaque-se, ainda, que os Prefeitos Municipais devem ser julgados, nos crimes de responsabilidade previstos no art. 4.º do Decreto-lei 201/1967, pela Câmara Municipal. Embora essa regra de competência tenha sido acoimada de inconstitucional, por alguns, os Tribunais Superiores já decidiram pela sua pertinência. Em suma: todo juiz, investido na sua função, possui jurisdição, que é a atribuição de compor os conflitos emergentes na sociedade, valendo-se da força estatal para fazer cumprir a decisão compulsoriamente. Detendo o Estado o monopólio da distribuição de justiça, evitando-se, com isso, os nefastos resultados da autotutela, que pode tender a excessos de toda ordem, gerando maior insegurança e revolta no seio social, exerce o Poder Judiciário a jurisdição em caráter substitutivo às partes. É preciso ressaltar, entretanto, que muitos conflitos não chegam às autoridades judiciárias porque foram resolvidos diretamente pelas partes, dentro de critérios de razoabilidade, permitidos pelo Direito. Se alguém, maior e capaz, por exemplo, concordar em pagar um valor indevido a outrem, o conflito deixa de existir, sem a interferência do Judiciário. Por outro lado, se houver um homicídio, ainda que a família da vítima perdoe o autor, deverá haver a interferência estatal, uma vez que o bem perdido é indisponível. Observe-se o disposto no art. 16 do CPC, acerca da jurisdição civil: "a jurisdição civil é exercida pelos juízes e pelos tribunais em todo o território nacional, conforme as disposições deste Código". A parte final, "conforme as disposições deste Código", significa, exatamente, os limites estabelecidos pela competência. Aliás, esse é o título adequado conferido ao Capítulo I do Título II do CPC: "dos limites da jurisdição nacional", quando começa a cuidar das regras de competência. E completa o art. 42: "as causas cíveis serão processadas e decididas pelo juiz nos limites de sua competência...". Sob o manto da velhice, o CPP nem toca no termo *jurisdição* no Título V, preferindo mencionar *competência*. Entretanto, quando regulamenta o conflito entre juízes em razão da *competência*, o Capítulo IV do Título VI, erroneamente, opta pela expressão *conflito de jurisdição*.

2. Princípios regentes da jurisdição: aponta a doutrina que a jurisdição é *indeclinável* (o juiz não pode abster-se de julgar os casos que lhe forem apresentados), *improrrogável* (as partes, mesmo que entrem em acordo, não podem subtrair ao juízo natural o conhecimento de determinada causa, na esfera criminal), *indelegável* (não pode o juiz transmitir o poder jurisdicional a quem não o possui; ver nota abaixo) e *una* (a jurisdição é única, pertencente ao Poder Judiciário, diferenciando-se apenas no tocante à sua aplicação e grau de especialização, podendo ser civil – federal ou estadual; penal – federal ou estadual; militar – federal ou estadual; eleitoral e trabalhista). Aliás, neste último prisma, porque se costuma dividir a jurisdição em vários níveis ou graus, apenas por razões de conveniência do Estado, facilitando a sua prática, pode-se falar, didaticamente, em *conflito de jurisdição*. Exemplo disso seria o juiz federal que se julgar competente para apreciar determinado caso, quando um magistrado estadual também chama a si essa atribuição. Pensamos ser mais acertado denominar a situação como um conflito de competência, pois ambos têm jurisdição. Entretanto, como há especialização, isto é, quanto ao órgão aplicador, pode a jurisdição ser federal ou estadual, há quem o considere um conflito de jurisdição. Registre-se, ademais, que a Constituição Federal, ao cuidar da competência do Supremo Tribunal Federal e do Superior Tribunal de Justiça, menciona existir a possibilidade de ocorrência de *conflitos de competência* e não de jurisdição entre diversos órgãos do Poder Judiciário (art. 102, I, *o*, e 105, I, *d*). Assim também faz, ao tratar da competência dos Tribunais Regionais Federais (art. 108, I, *e*). E anote-se a lição de Frederico Marques: "Na linguagem legislativa, surge muitas vezes o emprego de uma expressão por outra, não se distinguindo, assim, na sua terminologia, *jurisdição* e *competência*. (...) De acordo com o art. 113 do Código de Processo Penal, as questões de competência, em certos casos, resolver-se-ão pelo *conflito de jurisdição*. Ora, melhor se diria ao instituto se denominasse de conflito de competência, pois jurisdição todos têm, desde que sejam juízes ordinários regularmente investidos. O que gera o conflito é a apreciação sobre a extensão do poder de julgar, isto é, sobre a competência" (*Da competência em matéria penal*, p. 41-43). Ainda assim, o próprio autor admite que, em se tratando de diferentes juízes e tribunais, cuidando de matérias específicas – como a Justiça Militar, a Justiça Eleitoral etc. –, faltaria jurisdição ao magistrado pertencente a uma carreira, estando em exercício em específica, no que concerne à matéria de apreciação privativa de juiz de outra carreira. Dessa forma, o juiz militar não teria *jurisdição* para julgar casos criminais comuns, enquanto o magistrado estadual não teria *jurisdição* para apreciar delitos da órbita federal. E ensina, referindo-se à possibilidade de se falar em conflito de jurisdição: "Adotada essa distinção" – entre conflitos de jurisdição e de competência – "só existirá conflito de jurisdição quando a controvérsia, negativa ou positiva, surgir entre tribunais adstritos a diferentes setores jurisdicionais; quando, porém, dois ou mais tribunais de idêntica ordem jurisdicional pretendem conhecer de determinado litígio ou causa, ou, pelo contrário, abster-se de conhecê-lo, haverá conflito de competência" (*Da competência em matéria penal*, p. 41-43). É o que nos parece bastante sensato, com algum acréscimo. Partindo-se do princípio de que todo magistrado, investido na sua função regularmente, tem jurisdição, tudo se poderia reduzir a conflito de competência, embora tenha preferido a legislação processual penal pátria distinguir a jurisdição em setores, alcunhando-os de comum ou especial, superior ou inferior e assim sucessivamente. Por isso, cremos válida a possibilidade de diferençar o conflito de jurisdição – quando os magistrados pertencem a carreiras diversas e cuidam, cada qual, de matéria específica – do conflito de competência – quando os juízes são da mesma carreira, sem nenhuma especificidade.

3. Indelegabilidade da jurisdição: trata-se de característica polêmica da jurisdição. Pensamos que a jurisdição – entendida como o poder jurisdicional de aplicar o direito ao caso concreto – é indelegável, posto que todos os juízes a possuem e não podem repassá-la a quem não é magistrado. O que se pode delegar, em verdade, segundo as regras legais, é a competência, isto é, o limite para o exercício jurisdicional. Assim, para que um juiz ouça uma testemunha residente em outra Comarca, fora de sua competência, expede carta precatória, delegando a possibilidade de colher a prova a outro magistrado. Este, que possui jurisdição, passa a ser competente para a oitiva. Dá-se o mesmo com a carta de ordem. Note-se que são situações previstas expressamente em lei. Alguns processualistas preferem tratar o tema como "delegação de jurisdição" e, ainda assim, há divergência: Espínola Filho e Frederico Marques veem uma hipótese de delegação de jurisdição quando o magistrado expede uma precatória para a produção de uma prova qualquer (*Código de Processo Penal brasileiro anotado*, v. II, p. 52; *Elementos de direito processual penal*, v. I, p. 176), enquanto Tourinho Filho prefere crer que se trata de um simples ato de cooperação, uma vez que o juiz deprecante não pode transmitir um poder que não possui, já que não lhe era possível ouvir a pessoa em Comarca estranha à sua. Somente no caso de carta de ordem, entende Tourinho ser admissível a delegação, tendo em vista que a autoridade expedidora poderia ouvir pessoalmente a testemunha no local onde ela reside, mas prefere transmitir essa atribuição a outro magistrado (*Código de Processo Penal comentado*, v. 1, p. 167-168). Invocando as lições de Greco Filho e Tornaghi, Pedro Henrique Demercian e Jorge Assaf Maluly consideram não haver hipótese alguma para delegação – nem de jurisdição, nem de competência. Quando um juiz expede precatória a outro, nada mais faz do que transmitir uma solicitação para que o deprecado proceda a uma inquirição ou colha uma prova que está dentro da sua esfera de competência, visto que o deprecante não poderia fazê-lo (*Curso de processo penal*, p. 180-181). Mantemos nosso entendimento de que se trata de um aspecto da delegação de competência. A jurisdição não é delegável, nem transmissível. Somente o seria se um órgão jurisdicional pudesse delegá-la a quem não a possui, sendo ente estranho ao Poder Judiciário, o que não ocorre. Por isso, tanto na precatória quanto na carta de ordem transmite-se a possibilidade de realizar atos jurisdicionais que a autoridade deprecada *não poderia fazer sem a autorização do deprecante*. Essa transmissão é expressamente autorizada em lei, o que não lhe retira o caráter de delegável. Verifique-se que a testemunha residente em São Paulo, mas arrolada em um processo do Rio de Janeiro, somente pode ser ouvida pelo magistrado paulista, caso o juiz fluminense expeça uma carta precatória solicitando-lhe que o faça. A referida testemunha é meio de prova do processo do Rio de Janeiro e não de São Paulo, de modo que, em território paulista, ela não deve ser ouvida, não sendo da esfera de competência do juiz local fazê-lo. Somente está autorizado, caso lhe seja delegada a tarefa. Lembremos que *delegar* é transmitir poderes, atribuições ou meramente incumbir alguém de fazer algo, exatamente o que faz o deprecante: transmite o poder de convocar e ouvir uma testemunha, que diz respeito a processo seu, a outro juízo. Estende-se a competência do juiz em face de delegação autorizada em lei. Por outro lado, se um desembargador pode ir à Comarca do interior onde se encontra determinada testemunha para inquiri-la, mas prefere não o fazer, deprecando o ato (carta de ordem), está autorizando, por delegação de competência, que o juiz local o faça. Não é uma questão de *transmitir poder jurisdicional*, mas de conferir competência a magistrado que não a possui. Essa nos parece ser a questão central, que autoriza concluir ser delegável apenas a competência, de acordo com os ditames legais.

3-A. Jurisdição voluntária: entendemos não haver no processo penal, em nenhuma hipótese, tal situação. Define Afrânio Silva Jardim que "através da jurisdição voluntária, administração pública de interesses privados, o Estado não acolhe ou rejeita pretensões, mas tão somente atua conjuntamente com os interessados para a realização de negócios jurídicos, dando-lhes maior segurança e submetendo-os à maior fiscalização estatal. Na jurisdição voluntária – que não é jurisdição e nem voluntária – não há processo, mas simplesmente procedimento. Não há pretensão, mas interesses comuns ou paralelos. Não há pedido, mas requerimento. Não há partes, mas pessoas interessadas. Sob o aspecto ontológico, nada impede que tenhamos procedimentos de jurisdição voluntária no processo penal, sejam vinculados, de alguma forma, à ação penal condenatória, sejam vinculados às ações penais não condenatórias. Com inteira razão e propriedade, o ilustre prof. Sérgio Demoro Hamilton vislumbra a existência de jurisdição voluntária nos procedimentos regulados nos arts. 33, 35, parágrafo único, e 53 do Código de Processo Penal (...). Este também é o nosso entendimento" (*Direito processual penal*, p. 16). Extraída a hipótese do art. 35, já revogada pela Lei 9.520/1997, as outras duas menções (arts. 33 e 53, CPP) referem-se à nomeação de curador ao ofendido menor de 18 anos ou mentalmente enfermo, sem representante legal, ou quando os interesses deste colidirem com os daquele, para o exercício do direito de queixa (art. 33), o mesmo ocorrendo com relação ao querelado mentalmente enfermo ou retardado, sem representante legal, ou quando os interesses deste colidirem com os daquele, para o fim de aceitação do perdão (art. 53). Ora, nessas situações, sem dúvida, há um ato judicial de nomeação de curador, o que não significa a existência de *jurisdição voluntária*, uma vez que o magistrado não está atuando para administrar interesses privados, nem fiscalizando negócios jurídicos. Cumpre, apenas, a sua função de assegurar o andamento da instrução processual penal, regida pelo princípio do impulso oficial, nomeando curador (representante) a quem não tem condições de atuar sozinho (aliás, nem procedimento específico existe para tanto); não o fazendo, haveria a paralisação do feito, o que é inconcebível, uma vez que a ação penal é indeclinável quando ajuizada. Do mesmo modo que nomeia advogado ao réu que não o possui, a fim de assegurar o princípio da ampla defesa, deve nomear curador a quem necessita de representação.

4. Conceito de competência: trata-se da delimitação da jurisdição, ou seja, o espaço dentro do qual pode determinada autoridade judiciária aplicar o direito aos litígios que lhe forem apresentados, compondo-os. O Supremo Tribunal Federal tem competência para exercer sua jurisdição em todo o Brasil, embora, quanto à matéria, termine circunscrito a determinados assuntos. Não pode, pois, o Ministro do Pretório Excelso homologar uma separação consensual de casal proveniente de qualquer parte do País, embora possa apreciar um *habeas corpus* de pessoa presa em qualquer ponto do território brasileiro. O juiz de uma pequena cidade pode tanto homologar a separação consensual de um casal residente no mesmo local, quanto analisar uma prisão ilegal realizada por autoridade policial da sua Comarca. Não pode, no entanto, julgar casos pertinentes à Comarca vizinha. Enfim, jurisdição todo magistrado possui, embora a competência, devidamente fixada em normas constitucionais e através de leis, seja diferenciada. Assim, também, o pensamento de Athos Gusmão Carneiro (*Jurisdição e competência*, p. 45). Convenente mencionar a precisa lição de Hélio Tornaghi: "Jurisdição é um poder, enquanto a competência é a permissão legal para exercer uma fração dele com exclusão do resto, ou melhor, a possibilidade (não o poder, não a potencialidade) de exercitá-lo por haver a lei entendido que o exercício limitado do poder quadra em determinado esquema metódico. Todo ato de exercício do poder jurisdicional que não contrarie o plano da lei é permitido ao juiz. E isso é, exatamente, a simples possibilidade. Possível é tudo que não envolve absurdo, que não é inconsequente, que não acarreta contrassenso. (...) O conceito de jurisdição é ontológico, diz respeito ao poder em si, ao poder de julgar. O de competência é metodológico. Jurisdição é força, é virtude, é princípio criador, algo positivo. Competência é simples possibilidade, qualidade daquilo que não contradiz, que não ultrapassa os limites impostos por lei" (*Compêndio de processo penal*, t. I, p. 295-296). Aliás, confira-se a redação do art. 69, *caput*, do CPP, mencionando hipóteses de determinação da *competência* jurisdicional, isto é, a medida do exercício jurisdicional de cada juiz.

5. Competência absoluta e competência relativa: chama-se *absoluta* a hipótese de fixação de competência que não admite prorrogação, isto é, deve o processo ser remetido ao juiz natural determinado por normas constitucionais ou processuais penais, sob pena de nulidade do feito. Encaixam-se nesse perfil a competência em razão da matéria (ex.: federal ou estadual; cível ou criminal; matéria criminal geral ou especializada, como o júri etc.) e a competência em razão da prerrogativa de função (ex.: julgamento de juiz de direito deve ser feito pelo Tribunal de Justiça; julgamento de Governador deve ser feito pelo Superior Tribunal de Justiça etc.). Chama-se *relativa* a hipótese de fixação de competência que admite prorrogação, ou seja, não invocada a tempo a incompetência do foro, reputa-se competente o juízo que conduz o feito, não se admitindo qualquer alegação posterior de nulidade. É o caso da competência territorial, tanto pelo lugar da infração quanto pelo domicílio/residência do réu. A divisão entre competência absoluta e relativa – a primeira improrrogável, enquanto a segunda admitindo prorrogação – é dada pela doutrina e confirmada pela jurisprudência, embora não haja expressa disposição legal a respeito. Ver, ainda, o disposto na nota 8 ao art. 564.

> **Art. 69.** Determinará a competência jurisdicional:[6-11]
>
> I – o lugar da infração;[12]
>
> II – o domicílio ou residência do réu;[13]
>
> III – a natureza da infração;[14-14-A]
>
> IV – a distribuição;[15]
>
> V – a conexão ou continência;[16]
>
> VI – a prevenção;[17]
>
> VII – a prerrogativa de função.[18-19]

6. Divisão judiciária em matéria penal – competência originária para o julgamento (organizada da jurisdição superior à jurisdição inferior): *Supremo Tribunal Federal:* a) nas *infrações penais comuns*: Presidente da República, Vice-Presidente, membros do Congresso Nacional, seus próprios Ministros e o Procurador-Geral da República. Cabe ao Supremo Tribunal Federal processar e julgar, nas infrações penais comuns, o Advogado-Geral da União, conforme decisão proferida, por maioria de votos (contrários os Ministros Celso de Mello e Marco Aurélio), no Inquérito 1.660 – DF, cujo relator é o Ministro Sepúlveda Pertence, em 6 de setembro de 2000. Assim decidiu o Pretório Excelso, em face da edição da Medida Provisória 2.049-22, de 28 de agosto de 2000, transformando o cargo de Advogado-Geral da União, de natureza especial, em cargo de Ministro de Estado, atraindo a incidência do art. 102, I, *c*, da Constituição Federal; b) nas *infrações penais comuns e crimes de responsabilidade* em competência originária: Ministros de Estado, Comandantes da Marinha, do Exército e da Aeronáutica (salvo quando os crimes de responsabilidade por eles cometidos forem conexos com os mesmos cometidos pelo Presidente ou Vice-Presidente da República, sendo todos julgados pelo Senado Federal), membros dos Tribunais Superiores, integrantes do Tribunal de Contas

Art. 69

Código de Processo Penal Comentado • **NUCCI**

da União e os chefes de missão diplomática de caráter permanente; *Superior Tribunal de Justiça:* a) nas *infrações penais comuns:* Governadores dos Estados e do Distrito Federal; b) nas *infrações penais comuns e nos crimes de responsabilidade:* desembargadores dos Tribunais de Justiça dos Estados e do Distrito Federal, membros dos Tribunais de Contas dos Estados e do Distrito Federal, integrantes dos Tribunais Regionais Federais, dos Tribunais Regionais Eleitorais e do Trabalho, membros dos Conselhos ou Tribunais de Contas dos Municípios e do Ministério Público da União, oficiantes nesses tribunais; *Superior Tribunal Militar:* nos crimes militares: os oficiais generais das Forças Armadas e todos os demais casos afetos à sua jurisdição, como *habeas corpus*, mandado de segurança etc. Lembremos que tanto o *habeas corpus* como o mandado de segurança, quando o órgão coator for o Tribunal de Justiça Militar Estadual, que julga policiais e bombeiros militares, não são da sua competência, mas, sim, do STJ (STF, CC 7346, rel. Celso de Mello, 07.12.2006); *Tribunais Regionais Federais:* nas *infrações penais comuns e de responsabilidade:* juízes federais da área da sua jurisdição, incluídos os magistrados da Justiça Militar e da Justiça do Trabalho, bem como os membros do Ministério Público da União (exceto o que concerne à Justiça Eleitoral); *Tribunais Regionais Eleitorais:* nas *infrações eleitorais:* juízes e promotores eleitorais. Quanto a estes, ver nota 3 ao Capítulo II do Título VIII do Livro I; *Tribunais de Justiça dos Estados e do Distrito Federal:* nas *infrações penais comuns e de responsabilidade:* juízes de direito e membros do Ministério Público (exceto o que concerne à Justiça Eleitoral), conforme previsto na Constituição Federal (art. 96, III). Compete, ainda, ao Tribunal de Justiça, julgar, conforme disposto, por exemplo, na Constituição do Estado de São Paulo e de acordo com autorização dada pela Constituição Federal para dispor a esse respeito (art. 125, § 1.º): a) nas *infrações penais comuns:* o Vice-Governador, os Secretários de Estado, os Deputados Estaduais, o Procurador-Geral de Justiça, o Procurador-Geral do Estado, o Defensor Público Geral e os Prefeitos Municipais. Note-se que o Prefeito deve ser julgado pelo Tribunal de Justiça, de acordo com o art. 29, X, da Constituição Federal. Por isso, deveria ser competência do Pleno ou do Órgão Especial, como ocorre com os juízes e promotores. Entretanto, assim não tem ocorrido e os Prefeitos são julgados pelas Câmaras. Deve-se tal situação ao excessivo número de processos contra os chefes do Executivo Municipal que, se fossem julgados pelo Pleno, iriam congestionar a pauta. Assim já decidiu o Supremo Tribunal Federal (consultar a nota 4 ao art. 84); b) nas *infrações penais comuns e nos crimes de responsabilidade:* os Juízes do Tribunal de Justiça Militar, os Juízes de Direito e os Juízes auditores da Justiça Militar Estadual, os membros do Ministério Público, exceto o Procurador-Geral de Justiça, o Delegado Geral da Polícia Civil e o Comandante-Geral da Polícia Militar. Não mais se faz referência ao Juiz do Tribunal de Alçada, pois este foi extinto pelo art. 4.º da Emenda 45/2004; *Tribunal de Justiça Militar do Estado:* nos *crimes militares,* o Chefe da Casa Militar e o Comandante Geral da Polícia Militar; *Justiça Especial de primeiro grau: Conselhos de Justiça Militar Federal:* divididos em: *a) Conselho Especial de Justiça* (composto por Juiz-Auditor e quatro juízes militares, sob a presidência, dentre os magistrados da Corte, de um oficial-general ou superior de posto mais elevado do que o dos demais, ou o de maior antiguidade): nos crimes militares, os oficiais das Forças Armadas; *b) Conselho Permanente de Justiça* (composto por um Juiz-Auditor, um oficial superior, que é o presidente, mais três oficiais de posto até capitão-tenente ou capitão): nos crimes militares, todos os integrantes das Forças Armadas, que não sejam oficiais; *Conselhos de Justiça Militar Estadual,* permanente ou especial: nos crimes militares, os policiais militares. A Justiça Militar Estadual de São Paulo é regida pela Lei 5.048/1958. Os Conselhos de Justiça são divididos em: *a) especial,* órgão composto pelo juiz auditor e por quatro juízes militares de patente superior à do acusado, ou da mesma graduação, para o fim de processar e julgar oficiais; *b) permanente,* órgão composto pelo juiz auditor e por quatro juízes militares, um dos quais deve ser oficial superior, para processar e julgar inferiores e praças. Com a

Reforma do Judiciário, promovida pela Emenda 45/2004, introduziu-se o § 5.º ao art. 125 da Constituição, de forma a estipular que o juiz de direito passa a presidir os Conselhos de Justiça estaduais e não mais o militar. Por outro lado, quando o policial militar, não importando a patente, cometer crime contra civil será julgado pelo juiz auditor, singularmente, não mais pelo Conselho de Justiça (exceto no caso de delito doloso contra a vida, cuja competência é do Tribunal do Júri); *Juízes Eleitorais*: nos *crimes eleitorais*, qualquer pessoa. *Justiça Comum de primeiro grau*: *Juízes federais*: *a)* crimes (não abrange contravenções – Súmula 38, STJ –, nem delitos militares ou eleitorais) praticados em detrimento de bens, serviços e interesses da União, de suas entidades autárquicas ou empresas públicas. Note-se que não abrange delito cometido contra bem, serviço ou interesse de sociedade de economia mista (Súmula 42, STJ). Há que se ressaltar ainda o previsto na Súmula 147, STJ, no sentido de que é competente a Justiça Federal para processar e julgar crimes cometidos contra funcionário público federal, no exercício das funções. Mas, o contrário não se dá. O funcionário público federal, ainda que no exercício da função, cometendo crime da esfera da Justiça Estadual, por este juízo será julgado. Na jurisprudência: STF, no caso de oficial de justiça do Tribunal Regional do Trabalho da 3.ª Região, que foi cumprir mandado portando arma de fogo sem autorização legal, ser competente para apurar o fato a Justiça Estadual. Servidores federais não têm prerrogativa de foro. A única hipótese de ser o caso apurado pela Justiça Federal seria a existência de conexão com algum delito da esfera federal, o que não houve (HC 83.580/MG, 1.ª T., rel. Joaquim Barbosa, 08.06.2004, v.u., embora antigo, serve para ilustração). STJ: "A Seção, por maioria, entendeu que compete à Justiça Federal processar e julgar crime no qual empregado da Caixa Econômica Federal, em tese, teria, no exercício de suas funções, discriminado pessoa idosa que aguardava atendimento bancário, conduta que se subsume ao delito previsto no art. 96 da Lei 10.741/2003 (Estatuto do Idoso)" (CC 97.995/SP, 3.ª Seção, rel. Jorge Mussi, 10.06.2009, v.u.). Neste caso, o crime ocorreu nas dependências da autarquia federal, motivo pelo qual poderia ter despertado a competência federal. No mais, o simples fato de ser o autor do delito um funcionário da Caixa Federal não nos convence. Parece-nos correta a primeira posição. O funcionário público federal que cometa algum tipo de crime da esfera da Justiça Estadual não tem "foro privilegiado", motivo pelo qual o processo não deve ser remetido à Justiça Federal. Inexiste qualquer amparo constitucional para tanto. Não nos parece correto o argumento de que qualquer tipo de falha de funcionário federal faça nascer interesse da União em apurar o caso. O art. 109, IV, da CF, menciona ser da competência federal os "crimes políticos e as infrações penais praticadas *em detrimento de bens, serviços ou interesses* da União ou de suas entidades autárquicas ou empresas públicas (...)" (grifamos). Ora, o funcionário federal que comete alguma infração não faz nascer interesse da União para apreciar e julgar o caso, pois não se prejudicou bem, interesse ou serviço direto da sua alçada. Lembramos, ainda, que a Súmula 91 do Superior Tribunal de Justiça foi cancelada pela 3.ª Seção, no dia 08.11.2000. Essa Súmula dispunha que cabia à Justiça Federal julgar os crimes cometidos contra a fauna. Atualmente, deve-se verificar o local onde foi cometido o delito: se ocorrer em área de proteção ambiental da União, continua a ser da competência da Justiça Federal; entretanto, se acontecer em área de proteção do Estado, o delito é da competência da Justiça Estadual. Entretanto, se a infração penal ambiental ocorrer em propriedade particular, com restrição imposta por ato federal, a competência é da Justiça Federal; *b)* crimes políticos (previstos nos arts. 359-I a 359-T do Código Penal). Ressalte-se que o 2.º grau de jurisdição é o Supremo Tribunal Federal, em recurso ordinário (art. 102, II, *b*, CF.); *c)* crimes previstos em tratado ou convenção internacional, quando teve a execução iniciada no Brasil, consumando-se ou devendo consumar-se no exterior, ou vice-versa (são os chamados crimes à distância). Checar o disposto na Súmula 522, STF: "Salvo ocorrência de tráfico para o exterior, quando, então, a competência será da Justiça Federal, compete à Justiça dos Estados o

Art. 69 — Código de Processo Penal Comentado · Nucci — 184

processo e o julgamento dos crimes relativos a entorpecentes". Sobre crime praticado utilizando a internet, consultar a nota 6-C; *d)* crimes contra a organização do trabalho, quando envolver interesses coletivos dos trabalhadores. São da competência da Justiça Federal: arts. 201, 202, 204, 206 e 207 do Código Penal. É da competência da Justiça Estadual o delito previsto no art. 205 do Código Penal. Podem ser, conforme o caso, de uma ou outra Justiça: arts. 197, 198, 199, 200 e 203 do Código Penal. Vale destacar que, recentemente, o Supremo Tribunal Federal fixou como competente a Justiça Federal para apurar e julgar o crime previsto no art. 149 do Código Penal (redução a condição análoga à de escravo), delito cujo objeto jurídico tutelado, na essência, é a liberdade individual e não a organização do trabalho. Porém, o Pretório Excelso decidiu um *caso concreto* e deixou expresso que não se trata de um *leading case*, ou seja, uma posição permanente do STF, determinando ser da Justiça Federal a competência para todas as hipóteses de redução a condição análoga à de escravo. No fundo, vislumbrou-se na decisão tomada um forte conteúdo regional, que uniu uma situação de abuso contra a liberdade individual, direito humano fundamental, com o direito ao trabalho livre, envolvendo várias vítimas. Argumentou-se, inclusive, com o fato de se poder transferir à Justiça Federal qualquer delito que importe em grave violação dos direitos humanos (art. 109, § 5.º, CF). O precedente, no entanto, foi aberto. É possível haver crimes de redução a condição análoga à de escravo, unindo lesão à liberdade individual e direito ao livre trabalho, de interesse da União, logo, da Justiça Federal. Em suma, tudo a depender do caso concreto, embora, ordinariamente, a competência continue a ser da Justiça Estadual (RE 398.041/PA, Pleno, rel. Joaquim Barbosa, 30.11.2006, m.v., *Informativo* 450). Aliás, confirmando a necessidade de se empreender verificação específica, o STF manteve o julgamento proferido pela Justiça Federal, em caso de crime de redução à condição análoga a de escravo, envolvendo 180 pessoas, pois, nessa hipótese, já se estaria atingindo a organização coletiva do trabalho (HC 91.959, 2.ª T., rel. Eros Grau, 09.10.2007, v.u.); *e)* crimes contra o sistema financeiro e a ordem econômico-financeira, nos casos apontados por lei (como previsto no art. 26, *caput*, da Lei 7.492/1986). Em outros delitos, não previstos na referida Lei 7.492/1986, é viável a apuração de crimes econômicos na Justiça Estadual ou Federal, a depender do bem jurídico em jogo, vale dizer, se o interesse lesado atingir um único local (Justiça Estadual) ou vários Estados da Federação (Justiça Federal). Sobre o tema, consultar a nota 92 ao art. 4.º, da Lei 8.137/1990, do nosso livro *Leis penais e processuais penais comentadas* – vol. 1; *f)* crimes cometidos a bordo de navios, considerados estes as embarcações de grande cabotagem, e aeronaves (excetuados os da Justiça Militar). Ver as notas ao art. 89; *g)* crimes de ingresso, reingresso e permanência irregular de estrangeiro no Brasil: art. 338 do Código Penal; *h)* crimes cometidos contra comunidades indígenas. Cuidando-se de genocídio, o STF firmou posição de se tratar de competência da Justiça Federal singular, ainda que envolva a morte de membros do grupo, vale dizer, não deve seguir a Júri. Somente se pode encaminhar o caso ao Tribunal do Júri, se houver conexão com delitos dolosos contra a vida desconectados do genocídio (RE 351.487/RR, Pleno, rel. Cezar Peluso, 03.08.2006, m.v., *Informativo* 434). Temos posição diversa, conforme sustentamos nas notas 2 e 3 ao art. 1.º do Título "Genocídio", de nosso *Leis penais e processuais penais comentadas* – vol. 1. Note-se que delito cometido contra um só índio é da competência da Justiça Comum Estadual (Súmula 140, STJ). Pela importância do julgado, checar a nota 6-B *infra*; *i)* cumprimento de cartas rogatórias e sentenças estrangeiras homologadas pelo Superior Tribunal de Justiça; *j)* as causas relativas a direitos humanos a que se refere o § 5.º do art. 109. Estipula esse parágrafo: "Nas hipóteses de grave violação de direitos humanos, o Procurador-Geral da República, com a finalidade de assegurar o cumprimento de obrigações decorrentes de tratados internacionais de direitos humanos dos quais o Brasil seja parte, poderá suscitar, perante o Superior Tribunal de Justiça, em qualquer fase do inquérito ou processo, incidente de deslocamento de competência para a Justiça Federal".

A nova hipótese, estabelecida pela Emenda 45/2004 (Reforma do Judiciário), deve ser analisada com cuidado e critério, afinal, qualquer homicídio realizado no Brasil é uma questão a envolver direito humano fundamental, pois houve lesão ao bem jurídico *vida*, protegido pelo art. 5.º, *caput*, da Constituição. E outros delitos ingressariam no mesmo perfil. Portanto, o deslocamento de um crime para a Justiça Federal somente deve dar-se quando realmente houver *grave* violação de direitos humanos, de caráter coletivo (como, por exemplo, um massacre produzido por policiais contra vários indivíduos) causando repercussão internacional. Tal medida teria a finalidade de assegurar o desligamento do caso das questões locais, mais próprias da Justiça Estadual, levando-o para a esfera federal, buscando, inclusive, elevar a questão à órbita de interesse nacional e não somente regional; *Juízes estaduais*: detêm competência residual, isto é, todas as demais infrações não abrangidas pela Justiça Especial (Eleitoral e Militar) e pela Justiça Federal, que é especial em relação à Estadual. Ressalva deve ser feita à *Justiça Política*, composta pelos seguintes órgãos: a) *Senado Federal*: julga os crimes de responsabilidade do Presidente e Vice-Presidente da República, Ministros de Estado e Comandantes da Marinha, do Exército e da Aeronáutica (os Ministros e Comandantes, quando cometerem delitos conexos com os do Presidente ou Vice), dos Ministros do Supremo Tribunal Federal, os membros do Conselho Nacional de Justiça e do Conselho Nacional do Ministério Público, do Procurador-Geral da República e do Advogado-Geral da União; b) *Tribunal Especial* (constituído por 5 Deputados, escolhidos pela Assembleia, e 5 Desembargadores, sorteados pelo Presidente do Tribunal de Justiça, que também o presidirá, conforme previsto no art. 78, § 3.º, da Lei 1.079/1950): nos *crimes de responsabilidade*, o Governador, o Vice-Governador, e os Secretários de Estado, nos crimes da mesma natureza conexos com aqueles, bem como o Procurador-Geral de Justiça e o Procurador-Geral do Estado. Observe-se que a Constituição do Estado de São Paulo estabelece que o referido Tribunal Especial seja constituído por 7 Deputados e 7 Desembargadores, conduzido pelo Presidente do Tribunal de Justiça (art. 49, § 1.º), bem como fixa a definição dos delitos de responsabilidade. Ocorre que o Supremo Tribunal Federal deferiu medida cautelar proposta pelo Procurador-Geral da República, para suspender a eficácia deste e de outros dispositivos da Carta Estadual: arts. 10, § 2.º, item 1, 48 e seu parágrafo único, da expressão "ou, nos crimes de responsabilidade, perante o Tribunal Especial", contida no *caput* do art. 49, dos §§ 1.º, 2.º e 3.º, item 2, do mesmo artigo, bem como do art. 50. A justificativa é que somente à União cabe legislar acerca da definição e do processo dos crimes de responsabilidade (ADIn 2.220-2/SP, Pleno, rel. Ellen Gracie, 01.08.2000, v.u., exceto no tocante ao art. 10, § 2.º, item 1, que contou com maioria, cujo mérito ainda não foi julgado); c) *Câmara Municipal*: nos *crimes de responsabilidade*, os Prefeitos Municipais (art. 4.º do Dec.-lei 201/1967). Ver quadros esquemáticos 1 e 2.

6-A. Tribunal competente para julgar crimes comuns de Prefeitos: consultar o disposto na nota 4 ao art. 84.

6-B. Crimes cometidos por índios – interpretação caso a caso: decidiu o Plenário do Supremo Tribunal Federal o seguinte: "O Tribunal, por maioria, negou provimento a recurso extraordinário interposto contra acórdão do STJ que, resolvendo conflito de competência suscitado nos autos de inquérito policial instaurado com o objetivo de apurar a prática dos crimes de ameaça, lesão corporal, constrangimento ilegal e/ou tentativa de homicídio, atribuídos a índios, concluíra pela competência da Justiça Comum Estadual, aplicando o Enunciado da Súmula 140 daquela Corte. Prevaleceu o voto do Min. Cezar Peluso, primeiro na divergência, que afirmou sua inclinação no sentido de acompanhar os fundamentos do voto do Min. Maurício Corrêa, quanto ao alcance do art. 109, XI, da CF, no julgamento do HC 81827 – MT (*DJU* 23.08.2002), qual seja, de caber à Justiça Federal o processo quando nele veiculadas questões ligadas aos elementos da cultura indígena e aos direitos sobre terras, não

Art. 69

abarcando delitos isolados praticados sem nenhum envolvimento com a comunidade indígena (CF: 'Art. 109. Aos juízes federais compete processar e julgar: (...) XI – a disputa sobre direitos indígenas'). Para o Min. Cezar Peluso, a expressão 'disputa sobre direitos indígenas', contida no mencionado inciso XI do art. 109, significa: a existência de um conflito que, por definição, é intersubjetivo; que o objeto desse conflito sejam direitos indígenas; e que essa disputa envolva a demanda sobre a titularidade desses direitos. Asseverou, também, estar de acordo com a observação de que o art. 231 da CF se direciona mais para tutela de bens de caráter civil que de bens objeto de valoração estritamente penal (CF: 'Art. 231. São reconhecidos aos índios sua organização social, costumes, línguas, crenças e tradições, e os direitos originários sobre as terras que tradicionalmente ocupam, competindo à União demarcá-las, proteger e fazer respeitar todos os seus bens'). Esclareceu, no entanto, que a norma também inclui todo o crime que constitua um atentado contra a existência do grupo indígena, na área penal, ou crimes que tenham motivação por disputa de terras indígenas ou outros direitos indígenas. Acentuou, por fim, que essa norma, portanto, pressupõe a especificidade da questão indígena. Ou seja, o delito comum cometido por índio contra outro índio ou contra um terceiro que não envolva nada que diga singularmente respeito a sua condição de indígena, não guarda essa especificidade que reclama da Constituição a tutela peculiar prevista no art. 231, nem a competência do art. 109, XI. Afastou, assim, a possibilidade de se ter uma competência 'ratione personae' neste último dispositivo. Os Ministros Carlos Britto, Gilmar Mendes e Ricardo Lewandowski acompanharam o voto do relator no sentido de que a regra da competência contida no art. 109, XI, da CF está voltada à proteção dos direitos e interesses da comunidade indígena. O Min. Eros Grau acompanhou o relator quanto ao requisito da especificidade da questão indígena. Os Ministros convergiram quanto à necessidade de que a aludida norma seja interpretada em conjunto com o art. 231 da CF. Afastaram, também, a existência de uma competência 'ratione personae'. Acompanharam, ainda, a dissidência os Ministros Sepúlveda Pertence e Ellen Gracie. O Min. Sepúlveda Pertence afirmou que, apesar de não conferir ao conceito 'disputa sobre direitos indígenas' uma interpretação estrita, não admitia a existência de um foro ratione personae. Asseverou, entretanto, que a aplicação do art. 109, XI, deve ser casuística, ou seja, há de se indagar se a condição étnica do agente ou da vítima tem a ver com a ocasião ou a motivação do fato criminoso, o que não vislumbrou no caso. Vencidos os Ministros Marco Aurélio, relator, Cármen Lúcia e Joaquim Barbosa, que davam provimento ao recurso para assentar a competência da Justiça Federal, ressaltando a necessidade de se emprestar a maior eficácia possível à Constituição – no que enfatizou a proteção dos índios – e, tendo em conta inexistir restrição ao que contido no inciso XI do seu art. 109, interpretar o vocábulo 'disputa', dele constante, de forma a abranger qualquer conflito, em cujo âmbito se situam os crimes praticados pelos indígenas" (RE 419.528/PR, Pleno, rel. orig. Marco Aurélio, rel. p/ o acórdão Cezar Peluso, 03.08.2006, m.v., Informativo 434). STJ: "1. Em regra, a competência para processar e julgar crime que envolva índio, na condição de réu ou de vítima, é da Justiça estadual, conforme preceitua o Enunciado n. 140 da Súmula deste Superior Tribunal, segundo o qual: Compete à Justiça Comum estadual processar e julgar crime em que o indígena figure como autor ou vítima. 2. A competência será da Justiça Federal toda vez que a questão versar acerca de disputa sobre direitos indígenas, incluindo as matérias referentes à organização social dos índios, seus costumes, línguas, crenças e tradições, bem como os direitos sobre as terras que tradicionalmente ocupam, conforme dispõem os arts. 109, XI, e 231, ambos da Constituição da República de 1988 (...)" (AgRg no REsp 1.802.798-AL, 6.ª T., rel. Sebastião Reis Júnior, 10.03.2020, v.u.).

6-C. Crimes praticados pela internet: conforme a situação concreta, o delito pode consumar-se quando a informação é veiculada na rede mundial e pode ser acessada a qualquer momento por qualquer usuário, como também pode ter a sua consumação postergada.

Título V – Da Competência   **Art. 69**

Exemplo deste último caso, seria a prática de estelionato, em que o autor prepara a fraude, invade algum site, implanta um *software*, que somente produzirá efeito posterior, subtraindo ou desviando bens ou valores de alguém. Não se tratando de delito previsto em tratado internacional, ou de caráter transnacional, a competência é da Justiça Estadual, seguindo-se a regra geral do processo penal (lugar do crime – onde o resultado se deu; lugar do domicílio do réu). Porém, quando a conduta do agente implicar, automaticamente, o acesso imediato por outros usuários, pode-se considerar que a consumação é dúplice, vale dizer, dá-se em território nacional e, concomitantemente, em outros países. Assim ocorrendo, se a infração penal tiver previsão em tratado ou convenção subscrita pelo Brasil, a competência é federal. Ilustrando, pode-se mencionar o julgado do Supremo Tribunal Federal, fixando a competência da Justiça Federal, em relação ao delito previsto no art. 241 do Estatuto da Criança e do Adolescente ("Apresentar, produzir, vender, fornecer, divulgar ou publicar, por qualquer meio de comunicação, inclusive rede mundial de computadores ou internet, fotografias ou imagens com pornografia ou cenas de sexo explícito envolvendo criança ou adolescente") [o conteúdo mencionado passou a constar no art. 241-A, com a redação dada pela Lei 11.829/2008]. O agente divulgou na *internet* cenas de sexo explícito envolvendo criança ou adolescente. Mencionou o relator: "a consumação da conduta 'publicar' no ambiente virtual, na modalidade de disponibilização de imagens como é a hipótese dos autos, ocorre no momento em que a informação binária pode ser acessada pelo receptor e isso ocorre simultaneamente à transmissão de dados. Em outras palavras, o crime consuma-se imediatamente". E continuou, em relação à competência da Justiça Federal: "firmou-se com base no fato de que a consumação do ilícito ocorreu além das fronteiras nacionais, visto que as imagens foram comprovadamente captadas no exterior, afigurando-se, pois, ao meu juízo, irrelevante para esse efeito, pleno exaurimento do delito" (HC 86.289/GO, 1.ª T., rel. Ricardo Lewandowski, 06.06.2006, m.v., *DJ* 20.10.2006). O mesmo: STF: "O Tribunal, por maioria, vencido o Ministro Marco Aurélio, apreciando o tema 393 da repercussão geral, fixou tese nos seguintes termos: 'Compete à Justiça Federal processar e julgar os crimes consistentes em disponibilizar ou adquirir material pornográfico envolvendo criança ou adolescente (arts. 241, 241-A e 241-B da Lei n.º 8.069/1990) quando praticados por meio da rede mundial de computadores'". (Presidência do Ministro Ricardo Lewandowski. Plenário, RE 628624, relator para o acórdão: Edson Fachin, 29.10.2015). E também: STF: "A 2.ª Turma denegou *habeas corpus* e reconheceu a competência da justiça federal para processar e julgar crimes de estupro e atentado violento ao pudor conexos com crimes de pedofilia e pornografia infantil de caráter transnacional. Na espécie, houvera a quebra de sigilo de dados do paciente, identificado por meio do endereço "IP" (Internet Protocol) de seu computador, no curso de operação policial desencadeada na Espanha. Apurara-se que o investigado também teria supostamente cometido crimes de estupro e atentado violento ao pudor contra menores no Brasil. Entendeu-se que os crimes seriam conexos e, para perfeita investigação do caso, seria necessário examinar provas em ambos os processos e, por isso, impossível desmembrar os feitos" (HC 114.689/SP, 2.ª T., rel. Ricardo Lewandowski, 13.08.2013, v.u., *Informativo* 715). Sob outro aspecto, a atual posição do STJ a respeito da competência territorial para o processo-crime alterou-se. Antes, considerava-se o lugar onde se encontrava o provedor ou servidor que hospeda o *site. Leva-se em consideração, hoje, o lugar de alimentação da informação, que dará margem ao crime*: STJ: "1. Em recente decisão desta Terceira Seção ficou consolidado que é competente para julgamento de crimes cometidos pela internet o juízo do local onde as informações são alimentadas, sendo irrelevante o local do provedor. 'Esse local deve ser aquele de onde efetivamente partiu a publicação do conteúdo, o que ocorre no próprio local do domínio em que se encontra a *home page*, porquanto é ali que o titular do domínio alimenta o seu conteúdo, independentemente do local onde se hospeda o sítio eletrônico (provedor)' (CC 136.700/SP, Rel. Ministro Rogerio Schietti, Terceira

Art. 69

Código de Processo Penal Comentado · **Nucci**

Seção, *DJe* 1.º/10/2015). 2. A jurisprudência da Corte admite a declaração de competência de terceiro juízo, estranho ao conflito. A veiculação da reportagem supostamente caluniosa partiu de sítio eletrônico cujo domínio é de empresa sediada em Fortaleza/CE, o que afasta a competência dos juízos que figuram como suscitante e suscitado neste incidente. 3. Conflito conhecido para declarar competente uma das varas criminais da comarca de Fortaleza/CE, juízo estranho ao conflito" (CC 145.424/SP, 3.ª S., rel. Ribeiro Dantas, 13.04.2016, v.u.). Embora a anterior posição tivesse, igualmente, os seus fundamentos, o fato é que o delito cometido pela internet é algo novo, levando-se em conta a data de edição do CPP (1941). A conduta do agente aperfeiçoa o crime no momento de introdução no ambiente virtual, por qualquer meio possível (computador, celular, *tablet* etc.) ou quando chega ao provedor e, de lá, aí sim, realmente, será introduzida em rede? O tema é complexo, mas vale ressaltar que a atual posição do STJ favorece a apuração do crime, evitando-se que os servidores estrangeiros possam ser um empecilho à ação penal. Parece-nos acertada, por causa disso, a última posição acolhida.

6-C1. Número de crimes cometidos pela internet e foro competente: é importante delimitar essa questão, tendo em vista alguns programas de redes sociais (como exemplo, o Facebook), em que uma pessoa ofende outra (crime contra a honra) e, concordando com a afirmativa – e até ampliando a ofensa –, vários outros comentam. Não se trata de coautoria, nem de participação, mas de delitos autônomos, pela singela razão de que não se pode ingressar em crime já consumado, como coautor ou partícipe. Lançando a ofensa em rede mundial de computadores, o delito se consuma no exato lugar da alimentação. Quem vier depois, corroborando a afirmação lesiva à honra, comete seu próprio delito. Cada um deve responder no foro da alimentação (onde escreveu e lançou o comentário na internet). Na jurisprudência: STJ: "5. Quando várias pessoas denigrem a imagem de alguém, via internet, cada uma se utilizando de um comentário, não há coautoria ou participação, mas vários delitos autônomos, unidos no máximo por conexão probatória. Precedente" (APn 895/DF, Corte Especial, rel. Nancy Andrighi, 15.05.2019, v.u.).

6-C2. Crime cometido pelo *Facebook* previsto em tratado ou convenção internacional: a execução pode ter sido iniciada no Brasil e o resultado pode alcançar vários outros países, por meio da rede mundial de computadores. Assim sendo, cuidando-se de prática de racismo, o foro deve ser federal. Na jurisprudência: STJ: "1. O presente conflito de competência deve ser conhecido, por se tratar de incidente instaurado entre juízos vinculados a Tribunais distintos, nos termos do art. 105, inciso I, alínea *d* da Constituição Federal – CF. 2. Segundo o art. 109, V, da Constituição Federal – CF, compete aos juízes federais processar e julgar 'os crimes previstos em tratado ou convenção internacional, quando iniciada a execução no País, o resultado tenha ou devesse ter ocorrido no estrangeiro, ou reciprocamente'. 3. Na presente investigação é incontroverso que o conteúdo divulgado na rede social 'Facebook', na página 'Hitler Depressão – A Todo Gás', possui conteúdo discriminatório contra todo o povo judeu e não contra pessoa individualmente considerada. Também é incontroverso que a 'Convenção Internacional sobre a Eliminação de Todas as Formas de Discriminação Racial', promulgada pela Assembleia das Nações Unidas foi ratificada pelo Brasil em 27.03.1968. O núcleo da controvérsia diz respeito exclusivamente à configuração ou não da internacionalidade da conduta. 4. À época em que tiveram início as investigações, não havia sólido entendimento da Suprema Corte acerca da configuração da internacionalidade de imagens postadas no 'Facebook'. Todavia, o tema foi amplamente discutido em recurso extraordinário cuja repercussão geral foi reconhecida. 'A extração da potencial internacionalidade do resultado advém do nível de abrangência próprio de sítios virtuais de amplo acesso, bem como da reconhecida dispersão mundial preconizada no art. 2.º, I, da Lei 12.965/2014, que instituiu o Marco Civil da Internet no Brasil' (RE 628.624, Relator Min. Marco Aurélio, Relator p/ acórdão: Min.

Edson Fachin, Tribunal Pleno, *DJe* 6/4/2016). 5. Muito embora o paradigma da repercussão geral diga respeito à pornografia infantil, o mesmo raciocínio se aplica ao caso concreto, na medida em que o acórdão da Suprema Corte vem repisar o disposto na Constituição Federal, que reconhece a competência da Justiça Federal não apenas no caso de acesso da publicação por alguém no estrangeiro, mas também nas hipóteses em que a amplitude do meio de divulgação tenha o condão de possibilitar o acesso. No caso dos autos, diante da potencialidade de o material disponibilizado na internet ser acessado no exterior, está configurada a competência da Justiça Federal, ainda que o conteúdo não tenha sido efetivamente visualizado fora do território nacional. 6. Na singularidade do caso concreto diligências apontam que as postagens de cunho racista e discriminatório contra o povo judeu partiram de usuário localizado em Curitiba. Nos termos do art. 70 do Código de Processo Penal – CPP, 'a competência será, de regra, determinada pelo lugar em que se consumar a infração, ou, no caso de tentativa, pelo lugar em que for praticado o último ato de execução'. 7. 'A jurisprudência tem reconhecido a possibilidade de declaração da competência de um terceiro juízo que não figure no conflito de competência em julgamento, quer na qualidade de suscitante, quer na qualidade de suscitado' (CC 168.575/MS, Rel. Ministro Reynaldo Soares da Fonseca, Terceira Seção, *DJe* 14/10/2019). 8. Conflito conhecido para declarar a competência da Justiça Federal atuante em Curitiba – SJ/PR, a quem couber a distribuição do feito" (Conflito de Competência 163.420-PR, 3.ª S., rel. Joel Ilan Paciornik, 13.05.2020, v.u.).

6-D. Falsificação e uso de documento relativo à autarquia federal: a competência é da Justiça Federal, ainda que o referido documento seja utilizado em empresa ou instituição privada. Leva-se em conta qual a pessoa física ou jurídica que arcaria com o potencial do dano gerado pela falsidade. Nesse sentido, o Supremo Tribunal Federal fixou o seguinte entendimento: "No presente *writ* (*habeas corpus*), não resta dúvida a respeito da falsificação das certidões negativas de débitos expedidas pelo INSS. Assim, ainda que os documentos falsos tenham sido utilizados perante particular, no caso um banco privado, eu entendo que a falsificação, por si só, configura infração penal praticada contra interesse de órgão federal, no caso o INSS, a justificar a competência da Justiça Federal" (HC 85.773/SP, 2.ª T., rel. Joaquim Barbosa, 17.10.2006, v.u.). Confira-se ainda: STJ: "1. Hipótese em que advogado apresenta, em Juízo, procuração com assinatura falsa, concedendo-lhe poderes da cláusula *ad judicia*, para ajuizar ação, pleiteando a concessão de benefício previdenciário (auxílio-reclusão) em nome de terceiro. 2. A mera apresentação de procuração falsa, em ação previdenciária ajuizada contra o INSS, não chega a trazer prejuízo econômico para a autarquia federal, se o benefício previdenciário é devido, como aparentemente ocorria no caso concreto, mas apenas para o patrimônio particular do efetivo titular do benefício que dele se vê privado em decorrência da fraude de que foi vítima. 3. A jurisprudência desta Corte vem entendendo que o critério a ser utilizado para a definição da competência para julgamento do delito de falso 'define-se em razão da entidade, ou do órgão ao qual foi apresentada, porquanto são estes quem efetivamente sofrem os prejuízos em seus bens ou serviços' (STJ, CC 99.105/RS, Rel. Ministro Jorge Mussi, Terceira Seção, *DJe* de 27/2/2009). 4. Apresentada procuração falsa na Justiça estadual, no exercício da jurisdição federal delegada (art. 109, § 3.º, da CF/88) com o fito de dar início a ação previdenciária, exsurge também a intenção de ludibriar o Estado-Juiz, para que prolate sentença favorável a quem não a pleiteou. 5. Havendo clara intenção do indiciado de induzir em erro a Justiça Federal, é de se reconhecer a ofensa a interesse da União e a consequente competência da Justiça Federal. Precedentes desta Corte em situações idênticas: HC 123.751/MT, Rel. Ministro Arnaldo Esteves Lima, Quinta Turma, julgado em 15/06/2010, *DJe* 02/08/2010; e CC 13.054/MG, Rel. Ministro Vicente Leal, Terceira Seção, julgado em 19/10/1995, *DJ* 13/11/1995, p. 38631. 6. Precedentes da 3.ª Seção desta Corte em situações análogas, nas quais o documento falso é utilizado como meio de prova, em Juízo:

Art. 69

Código de Processo Penal Comentado · Nucci

190

CC 97.214/SP, Rel. Ministro Jorge Mussi, Terceira Seção, julgado em 22/9/2010, *DJe* 30/9/2010; CC 85.803/SP, Rel. Ministro Napoleão Nunes Maia Filho, Terceira Seção, julgado em 8/8/2007, *DJ* 27/8/2007, p. 188; e CC 61.273/RS, Rel. Ministro Arnaldo Esteves Lima, Terceira Seção, julgado em 27/6/2007, *DJ* 6/8/2007, p. 463. 7. Conflito conhecido para declarar competente o Juízo Federal da Subseção Judiciária de Passos/MG, o suscitante" (CC 134.517/MG, 3.ª S., rel. Reynaldo Soares da Fonseca, 14.10.2015, v.u.).

6-E. Falsificação e uso de arrais/mestre amador: a competência é da Justiça Federal, não importando que o documento (habilitação para conduzir embarcações) seja expedido pela Marinha do Brasil. Na jurisprudência: TRF4: "De outro lado, pode-se concluir que a falsificação não era grosseira, ou seja, poderia iludir um número indeterminado de pessoas. Em resumo, comprovadas a falsidade e a potencialidade lesiva da Carteira de Habilitação de Amador, não restam dúvidas acerca da materialidade do crime e da competência da Justiça Federal para julgar a ação (...)" (ACR 50019388820184047008-PR, 8.ª T., rel. João Pedro Gebran Neto, 27.05.2020, v.u.). Consultar, ainda, a Súmula Vinculante 36 do STF: "Compete à Justiça Federal comum processar e julgar civil denunciado pelos crimes de falsificação e de uso de documento falso quando se tratar de falsificação da Caderneta de Inscrição e Registro (CIR) ou de Carteira de Habilitação de Arrais-Amador (CHA), ainda que expedidas pela Marinha do Brasil".

6-F. Justiça do Trabalho e competência penal: incompatibilidade. Temos como correta a decisão recente do Supremo Tribunal Federal no sentido de que a Justiça do Trabalho não possui nenhum tipo de competência em matéria penal, não se podendo conferir ao art. 114 da Constituição Federal uma interpretação ampliativa do seu conteúdo. Conferir: "O Tribunal deferiu pedido de liminar formulado em ação direta de inconstitucionalidade ajuizada pelo Procurador-Geral da República para, com efeito *ex tunc*, dar interpretação conforme à Constituição Federal aos incisos I, IV e IX do seu art. 114 no sentido de que neles a Constituição não atribuiu, por si sós, competência criminal genérica à Justiça do Trabalho (CF: "*Art. 114. Compete à Justiça do Trabalho processar e julgar: (...) I – as ações oriundas da relação de trabalho, abrangidos os entes de direito público externo e da administração pública direta e indireta da União, dos Estados, do Distrito Federal e dos Municípios; (...) IV – os mandados de segurança, habeas corpus e habeas data, quando o ato questionado envolver matéria sujeita à sua jurisdição; (...) IX – outras controvérsias decorrentes da relação de trabalho, na forma da lei.*"). Entendeu-se que seria incompatível com as garantias constitucionais da legalidade e do juiz natural inferir-se, por meio de interpretação arbitrária e expansiva, competência criminal genérica da Justiça do Trabalho, aos termos do art. 114, I, IV e IX da CF. Quanto ao alegado vício formal do art. 114, I, da CF, reportou-se à decisão proferida pelo Plenário na ADI 3395 – DF (*DJU* 19.04.2006), na qual se concluiu que a supressão do texto acrescido pelo Senado em nada alterou o âmbito semântico do texto definitivo, tendo em conta a interpretação conforme que lhe deu" (ADI 3.684 MC/DF, rel. Cezar Peluso, 01.02.2007, *Informativo* 454).

6-G. Colegiado para decisões envolvendo crime organizado: a Lei 12.694/2012 instituiu a possibilidade de se formar um colegiado em primeira instância para decidir questões controversas no tocante a delitos cometidos por organizações criminosas. Os focos das decisões são os seguintes: a) decretação de prisão ou de medidas assecuratórias; b) concessão de liberdade provisória ou revogação de prisão; c) sentença; d) progressão ou regressão de regime de cumprimento de pena; e) concessão de liberdade condicional; f) transferência de preso para estabelecimento prisional de segurança máxima; g) inclusão do preso no regime disciplinar diferenciado. O magistrado inicialmente competente para supervisionar a investigação ou conduzir o processo pode instaurar o colegiado, quando reputar conveniente para a sua segurança física, declinando os motivos e as circunstâncias de risco, em decisão fundamentada, dando conhecimento ao órgão correcional. O colegiado será formado pelo juiz do feito e por dois outros de primeiro grau escolhidos por sorteio eletrônico dentre os que tiverem competência criminal. Esse colegiado limitar-se-á ao ato para o qual foi convocado. As suas reuniões podem ser sigilosas, mas as decisões, devidamente fundamentadas, serão publicadas, sem referência aos votos de seus integrantes (toma-se a decisão por maioria). Para os efeitos da Lei 12.694/2012, considera-se organização criminosa a associação de três ou mais pessoas [a Lei 12.850/2013 elevou o número: quatro ou mais pessoas], estruturalmente ordenada e caracterizada pela divisão de tarefas, mesmo informalmente, com a meta de obter, direta ou indiretamente, vantagem de qualquer natureza, mediante o cometimento de crimes cuja pena máxima seja igual ou superior a quatro anos ou tenham caráter transnacional. Levando-se em conta que um dos pilares do princípio do juiz natural é a sua prévia designação abstrata em lei, para que não surpreenda o investigado ou réu, pode-se considerar válido o colegiado. Afinal, há expressa disposição em lei acerca de sua formação, bem como as regras específicas para que tal medida seja tomada. Algumas cautelas, no entanto, precisam ser seguidas, dentre elas a fiel observância do princípio da identidade física do juiz (art. 399, § 2.º, do CPP). Desse modo, o colegiado não pode ser formado às vésperas da sentença, mas deve acompanhar a colheita da prova, quando se tratar de delito imputado a organização criminosa. Além disso, a instauração do colegiado não pode ser sigilosa. Para que o investigado ou réu possa apresentar exceção de suspeição contra algum dos componentes do grupo de magistrados, torna-se essencial o conhecimento de quem são eles. Portanto, *antes* de proferir qualquer decisão, os nomes dos juízes devem ser conhecidos, possibilitando-se o ingresso de eventual exceção de suspeição (ou impedimento). A Lei 13.964/2019 introduziu o art. 1.º-A, nos seguintes termos: "Os Tribunais de Justiça e os Tribunais Regionais Federais poderão instalar, nas comarcas sedes de Circunscrição ou Seção Judiciária, mediante resolução, Varas Criminais Colegiadas com competência para o processo e julgamento: I – de crimes de pertinência a organizações criminosas armadas ou que tenham armas à disposição; II – do crime do art. 288-A do Decreto-Lei 2.848, de 7 de dezembro de 1940 (Código Penal); e III – das infrações penais conexas aos crimes a que se referem os incisos I e II do *caput* deste artigo. (...)".

6-H. Falsificação de selos: como regra, a competência é da Justiça Estadual, a menos que a questão diga respeito, diretamente, a interesse da União, suas autarquias ou empresas públicas federais. Na jurisprudência: STJ: "1. A utilização de selos falsos do INMETRO em extintores de incêndio, para ludibriar os consumidores em relação à sua autenticidade, não acarreta, por si só, lesão a bens, serviços ou interesses da União, de suas autarquias ou empresas públicas. 2. A falsificação de selos, prevista no art. 296, § 1.º, do CP, que não tenha atingido diretamente bens ou interesses da União ou de suas entidades é de competência da Justiça Estadual. 3. Agravo improvido" (AgRg no CC 148.135/SC, 3.ª Seção, rel. Jorge Mussi, j. 13.02.2019, v.u.).

7. Justiça Militar Estadual e atos de natureza disciplinar: como regra, deve ocupar-se do julgamento de crimes. Entretanto, vale observar que o art. 125, §§ 4.º e 5.º, da CF (EC 45/2004) estabelece competir à Justiça Militar e, particularmente, ao juiz auditor processar e julgar as ações judiciais *contra* atos disciplinares militares. Portanto, se o militar punido desejar questionar a legalidade da medida, ingressará na esfera da Justiça Militar (antes da Reforma de 2004, deveria valer-se da Justiça comum).

7-A. Justiça Militar Federal não tem competência para julgar atos delituosos praticados por civil contra militar: outro destaque a fazer relaciona-se a atos de natureza civil que possa o particular praticar contra militar, ainda que esteja este no exercício da sua função. Não se caracteriza, nessa hipótese, crime militar, por ausência de conformação aos tipos penais previstos no Código Penal Militar, motivo pelo qual se cuida de processo da Justiça

Art. 69

Código de Processo Penal Comentado • **Nucci**   192

Federal comum, usando-se o disposto na Súmula 147 do STJ. Nesse sentido: STF: "Compete à justiça federal comum processar e julgar civil, em tempo de paz, por delitos alegadamente cometidos por estes em ambiente estranho ao da Administração castrense e praticados contra militar das Forças Armadas na função de policiamento ostensivo, que traduz típica atividade de segurança pública. Essa a conclusão da 2.ª Turma ao conceder *habeas corpus* para invalidar procedimento penal instaurado contra o paciente perante a justiça militar, desde a denúncia, inclusive, sem prejuízo da renovação da *persecutio criminis* perante órgão judiciário competente, contanto que ainda não consumada a prescrição da pretensão punitiva do Estado. Determinou-se, ainda, a remessa dos aludidos autos ao TRF da 2.ª Região para que, mediante regular distribuição, fossem encaminhados a uma das varas criminais competentes. Na espécie, atribuir-se-ia a civil a suposta prática de conduta tipificada como desacato a militar. Por sua vez, o membro do Exército estaria no contexto de atividade de policiamento, em virtude de 'processo de ocupação e pacificação' de comunidades cariocas. Sopesou-se que a mencionada atividade seria de índole eminentemente civil, porquanto envolveria típica natureza de segurança pública, a afastar o ilícito penal questionado da esfera da justiça castrense. Pontuou-se que instauraria – por se tratar de agente público da União – a competência da justiça federal comum (CF, art. 109, IV). Constatou-se que o Supremo, ao defrontar-se com situação assemelhada, não considerara a atividade de policiamento ostensivo função de natureza militar. A par disso, reconhecera a incompetência absoluta da justiça castrense para processar e julgar civis que, em tempo de paz, tivessem cometido fatos que, embora em tese delituosos, não se subsumiriam à descrição abstrata dos elementos componentes da estrutura jurídica dos tipos penais castrenses que definiriam crimes militares em sentido impróprio" (HC 112.936/RJ, 2.ª T., rel. Min. Celso de Mello, 05.02.2013, v.u., *Informativo* 694, mantido para ilustração do tema). O mesmo se aplica, naturalmente, ao civil que cometa crime contra policial militar no exercício da função: será julgado pela Justiça Estadual Comum, não somente porque o ato é de natureza civil e não constitui delito militar, mas também porque a Justiça Militar Estadual jamais julga civil (ver a nota 7-B *infra*).

7-B. Justiça Militar Estadual não tem competência para julgar crimes praticados por civil: lembremos, ainda, que a Justiça Militar Estadual jamais tem competência para julgar civil, ainda que este atente contra as instituições militares ou contra militares no exercício das suas funções. Tal conclusão se extrai da interpretação feita ao art. 125, § 4.º, da Constituição Federal: "Compete à Justiça Militar estadual processar e julgar os militares dos Estados, nos crimes militares definidos em lei e as ações judiciais contra atos disciplinares militares, ressalvada a competência do júri quando a vítima for civil, cabendo ao tribunal competente decidir sobre a perda do posto e da patente dos oficiais e da graduação das praças". Assim, ficou nítida a competência *exclusiva* da Justiça Militar Estadual para o julgamento de militares, mas jamais de civis. Estes devem ser julgados pela Justiça Estadual Comum, a teor da Súmula 53 do STJ (ver ainda a nota 31 ao art. 79).

7-C. Justiça Militar Federal somente julga civil quando houver intenção de lesar bem jurídico sob a tutela militar: a competência da Justiça Militar Federal para julgar civis é excepcional. Por isso, em qualquer situação, torna-se fundamental auscultar o dolo do agente, verificando-se se ele, realmente, tinha a intenção de agredir bem jurídico de natureza militar.

8. Possibilidade de haver exceção à regra da competência absoluta de foro: princípios e regras de processo penal – e mesmo constitucionais – não são ilimitados e supremos, merecendo ser harmonizados entre si, para que um não sobrepuje outro de igual relevância. É bem verdade que a competência em razão da matéria deve ser considerada absoluta, mas outras regras regem o processo penal, como a impossibilidade de revisão criminal contra o réu. Assim, já existe jurisprudência firmada de que não é possível anular um feito julgado por magistrado incompetente, se houve trânsito em julgado da decisão. *Habeas corpus* impetrado com tal finalidade teria função revisional, o que é inadmissível. A respeito, consulte-se o voto do Ministro Hamilton Carvalhido, relator: "Trata-se de crimes de roubo praticados contra agência da Caixa Econômica Federal, insubsistindo dúvida qualquer quanto à competência da Justiça Federal para o julgamento da causa penal. É o que resulta da letra do art. 109, IV, da Constituição da República, valendo, a propósito do tema, invocar precedente da 3.ª Seção deste Superior Tribunal da Justiça que, no Conflito de Competência 16.595/SP, em que foi relator o Ministro Leal, assim decidiu: 'Constitucional. Penal. Assalto em agência da CEF. Sentença proferida por juízo estadual. Anulação. Competência. Tribunal de Justiça. Súmula 55/STJ. Cabe ao Tribunal de Justiça decretar a nulidade de sentença penal condenatória proferida por Juiz de Direito contra *assaltante da agência da Caixa Econômica Federal – crime de competência da Justiça Federal –*, segundo a inteligência da Súmula 55 do Superior Tribunal de Justiça. Conflito conhecido. Competência do Tribunal de Justiça de São Paulo, o suscitado' (*DJ* 01.07.1996, p. 23.984, nossos os grifos). Ocorre que os pacientes responderam ao processo presos, em razão de flagrante delito (fl. 92) e foram condenados por sentença prolatada em 29 de novembro de 1995, visando o Ministério Público à desconstituição da coisa julgada, como se recolhe na própria inicial, porque: '(...) em paralelo procedimento criminal, os pacientes respondem presentemente a inquérito policial pelo mesmo fato perante a 3.ª Vara Criminal da Subseção Judiciária de São Paulo (n. 96.0105.428-6), já estando denunciados, embora ainda sem o recebimento da acusação por parte do Judiciário Federal (...)' (fl. 3). *Em se cuidando de* habeas corpus *com natureza de revisão criminal, negada pelo nosso sistema de direito positivo à Sociedade, faz-se manifesto o seu incabimento.* Pelo exposto, não conheço do pedido" (STJ, HC 8.991/SP, 6.ª T., 21.09.2000, v.u., *DJ* 25.09.2000, p. 138, com os últimos grifos nossos, embora antigo, o caso é peculiar e raro). O texto da Súmula 55, mencionada no acórdão, é o seguinte: "Tribunal Regional Federal não é competente para julgar recurso de decisão proferida por juiz estadual não investido de jurisdição federal".

9. Competência especial do juiz da execução penal: interpretando-se o disposto nos arts. 2.º, 65 e 66 da Lei 7.210/1984, conclui-se ser competente para conduzir o processo de execução do condenado o magistrado responsável pela Vara das Execuções Criminais do lugar onde ocorre o cumprimento da pena. A parte final do art. 65 tem aplicação restrita. Diz o referido artigo que "a execução penal competirá ao juiz indicado na lei local de organização judiciária e, *na sua ausência, ao da sentença*" (grifamos). Significa que o juiz competente é sempre, onde houver, o da execução penal. Caso, em situação excepcional, o sentenciado esteja na mesma cidade do juiz prolator da decisão que o condenou e, nesse lugar, não haja Vara privativa de execução penal é que se torna competente o juiz da sentença. Entretanto, se mudar de cidade, os autos de execução devem segui-lo, cabendo ao magistrado do local onde estiver promover a execução. Pensamos, no entanto, que o meio-termo é o mais adequado. Se o sentenciado se desloca em definitivo para outro lugar, os autos da execução devem acompanhá-lo, mas se vai provisoriamente para outro presídio ou local, pode-se continuar a execução na Vara inaugural. Ex.: o condenado é apenado em São Paulo, onde se encontra detido. O processo de execução encontra-se na Vara das Execuções Criminais da Capital. Se for transferido para Santos, somente para acompanhar a instrução de um processo, é natural que o processo permaneça em São Paulo, para onde deve voltar. Entretanto, se ficar em Santos, por tempo superior ao razoável, deve o magistrado de São Paulo para lá remeter a execução.

9-A. Competência para a execução penal em caso de foro privilegiado: as pessoas que possuem foro especial em razão da prerrogativa de função (ver nota 6 *supra*), uma vez condenadas, também terão a execução da sua pena providenciada no mesmo foro. Assim, exemplificando: caso um deputado federal seja condenado a cumprir pena pelo STF, cabe ao

Art. 69

Código de Processo Penal Comentado · **Nucci**

194

mesmo órgão do Judiciário cuidar da execução, na forma estabelecida pelo Regimento Interno do tribunal, concedendo os benefícios cabíveis, até que possa ser julgada extinta a punibilidade.

9-B. Competência do juiz da execução penal para aplicação da lei penal benéfica: cabe ao juiz da execução penal aplicar a nova lei penal considerada benéfica ao condenado, cumprindo o disposto no art. 5.º, XL, da Constituição Federal, e no art. 2.º, parágrafo único, do Código Penal, de ofício ou a requerimento da parte interessada. Não importa se a condenação anterior foi estabelecida pelo juízo de 1.º grau ou por qualquer Tribunal. É o teor da Súmula 611 do STF: "Transitada em julgado a sentença condenatória, compete ao Juízo das execuções a aplicação de lei mais benigna". No mesmo sentido, dispõe a Lei 7.210/1984 (Lei de Execução Penal), no art. 66, I. Ver ainda a nota 25 ao art. 2.º do nosso *Código Penal comentado.* Exemplificando, pode-se mencionar a modificação trazida pela Lei de Drogas (Lei 11.343/2006), que prevê penas não privativas de liberdade para o usuário de drogas (art. 28). Portanto, aquele que tenha sido condenado ao cumprimento de pena de prisão (variando de seis meses a dois anos e multa – antigo art. 16, Lei 6.368/1976), pode requerer ao juiz da execução penal a substituição da pena, embora com trânsito em julgado, por penas alternativas, previstas pelo referido art. 28, ou mesmo a extinção da punibilidade, conforme o caso concreto.

10. Competência especial do juiz da execução penal para dar início à execução provisória: entende-se, atualmente, que constitui direito do sentenciado, quando a decisão condenatória já transitou em julgado para o Ministério Público – ao menos no tocante à pena –, obter a progressão de regime, enquanto aguarda o deslinde de eventual recurso interposto pela defesa. Sobre o tema, ver o nosso *Código Penal comentado*, nota 49 ao art. 38. No Estado de São Paulo, no entanto, o Conselho Superior da Magistratura editou o Provimento 653/99, pioneiro nessa área, disciplinando que, havendo condenação, deve o magistrado, ingressando recurso de qualquer das partes, expedir a guia de recolhimento provisória, remetendo-a para a Vara das Execuções Criminais, que passou a ser o juízo competente para a execução provisória da pena. Esta última é a melhor posição, pois o juízo das execuções penais é o único verdadeiramente aparelhado para verificar a situação global do condenado, até pelo fato de ter acesso a todas as execuções que porventura possuir. Tem facilidade de determinar a elaboração dos laudos cabíveis para checar a possibilidade de progressão, bem como melhor conhecimento para decidir a respeito, diante do seu grau de especialização. Deixar que o juiz da condenação conduza a execução provisória poderia levar ao atraso do processamento dos casos em fase de conhecimento, além de obrigá-lo a produzir laudos e incidentes com os quais não está habituado a trabalhar. Por outro lado, se tiver notícia da existência de outras execuções contra o condenado, deverá solicitar peças ao juízo das execuções penais, para conferir se, contando-se com a soma de suas penas, pode, de fato, progredir. Enfim, parece-nos inadequado que a execução provisória seja feita no juízo da condenação. O correto é o juízo da execução penal. Consolidando esse entendimento, o Conselho Nacional de Justiça editou a Resolução 113, de 24 de abril de 2010, dispondo sobre o procedimento relativo à execução de pena privativa de liberdade e medida de segurança.

11. Competência para a execução de pena privativa de liberdade e da restritiva de direitos fixadas pelo JECRIM: conforme disposto no art. 86 da Lei 9.099/1995, cabe ao "órgão competente, nos termos da lei", que seria, até a criação e funcionamento dos Juizados Especiais Criminais, o juízo das execuções criminais. O recurso deve ser dirigido às Turmas Recursais Criminais.

12. Competência do foro: o lugar da infração é, como regra, o foro competente para ser julgada a causa, pois é o local onde a infração penal ocorreu, atingido o resultado, perturbando a tranquilidade social e abalando a paz e o sossego da comunidade (*ratione loci*). Conferir:

STJ: "1. Na linha do entendimento desta Corte, 'firma-se a competência, para o processo e julgamento do feito, do juízo em que consumada a receptação, ou seja, onde perpetrados os atos de aquisição, recebimento ou ocultação do bem – ocorridos com a efetiva tradição' (CC n. 17.834/SP, relator Ministro Gilson Dipp, Terceira Seção, julgado em 16.12.1998, *DJ* 17.02.1999, p. 112). 2. Assim, a receptação, tipo misto alternativo, se consuma com a execução de qualquer um dos núcleos previstos no art. 180 do Código Penal. Embora os agentes tenham sido denunciados pelo delito na modalidade 'adquirir' (art. 180 do CP), verifica-se que a exordial não foi precisa quanto ao local da aquisição ou da transferência de domínio, informando apenas onde foi apreendido o veículo receptado, local, portanto, que, no caso, deve definir a competência. 3. 'A jurisprudência tem reconhecido a possibilidade de declaração da competência de um terceiro juízo que não figure no conflito de competência em julgamento, quer na qualidade de suscitante, quer na qualidade de suscitado. Precedentes' (CC n. 161.339/MT, relator Ministro Reynaldo Soares da Fonseca, Terceira Seção, julgado em 28.11.2018, *DJe* 11.12.2018). 4. Conflito conhecido para se estabelecer a competência do Juízo de São Gonçalo do Amarante/RN" (CC 148.019/RN, 6.ª Seção, rel. Antonio Saldanha Palheiro, j. 10.04.2019, v.u.). Mais detalhes serão analisados no Capítulo I do Título V do Livro I.

13. Competência do foro supletivo: subsidiariamente, quando não se tem certeza do lugar onde a infração se consumou, utiliza-se a regra do domicílio ou residência do acusado (*ratione loci*). Por isso, é o chamado *foro supletivo* ou *foro subsidiário*. A matéria será mais bem analisada no Capítulo II do Título V do Livro I.

14. Competência em razão da matéria: por vezes, a lei deixa de considerar principal o critério do lugar da infração ou do domicílio do réu para eleger princípio diverso, que é o da natureza da infração penal. É a competência em razão da matéria (*ratione materiae*). Vários juízes de um local poderiam ser competentes, mas deixa de haver coincidência quando um deles desponta como apto a cuidar do processo em razão da natureza da infração. Exemplo disso é a existência da Justiça Militar. Quando um crime militar ocorre, segue diretamente o processo para essa Vara, nem havendo necessidade de se fazer outras verificações. Se, porventura, houver mais de uma Vara competente na Comarca ou Região, utiliza-se, então, o critério geral, que é o do lugar da infração ou do domicílio do réu. Melhor análise será feita no Capítulo III do Título V do Livro I.

14-A. Estupro de criança ou adolescente em ambiente doméstico ou familiar: dispõe o art. 23 da Lei 13.431/2017 que "os órgãos responsáveis pela organização judiciária poderão criar juizados ou varas especializadas em crimes contra a criança e o adolescente. Parágrafo único. Até a implementação do disposto no *caput* deste artigo, o julgamento e a execução das causas decorrentes das práticas de violência ficarão, preferencialmente, a cargo dos juizados ou varas especializadas em violência doméstica e temas afins". Há uma tendência do Parlamento em criar varas especializadas em torno de diversos temas na área criminal, portanto, competência em razão da matéria, logo, de natureza absoluta. A edição de leis específicas lidando com a violência doméstica e familiar contra a mulher (inicialmente, a Lei 11.340/2006 – Lei Maria da Penha, seguida de outras que a modificaram e trouxeram complementos) foi uma das pioneiras nesse cenário. Atualmente, existem inúmeras Varas de Violência Doméstica e Familiar, devendo-se salientar que o número elevado de delitos contra a mulher, especialmente em contexto doméstico e familiar, tem sido exposto cada vez mais, demonstrando a considerável incidência de infrações dessa natureza. Justifica-se a especialização porque há diversos tópicos a serem decididos no mesmo cenário, como medidas de natureza civil, além de suportes de índole psicológica e assistencial, sendo propício que o mesmo juiz possa apreciar todas as questões. Emergem leis especializadas – *v.g.* Leis 13.431/2017 e 14.344/2022 – estabelecendo medidas protetivas às crianças e adolescentes, bem como instituindo figuras delitivas e recomendando a instalação de varas especializadas nesse contexto. Portanto, uma vez criados os Juizados de Delitos Infantojuvenis, pelas normas de organização judiciária do Estado, passam a ter competência privativa para apurar e processar os crimes cometidos contra a criança ou adolescente. Reitere-se que é uma competência em razão da matéria (absoluta) e não simplesmente territorial (relativa). Por outro lado, é fundamental haver um índice razoável de infrações penais dessa espécie em determinada Comarca para justificar o deslocamento de um magistrado (assessorado por um cartório judicial) para assumir essa Vara. Enquanto não houver, recomenda a Lei 13.431/2017 que os delitos violentos contra crianças e adolescentes, no âmbito doméstico ou familiar, merecem ser avaliados no juízo especializado doméstico--familiar. No entanto, não fica claro se todas as infrações violentas seriam da competência dessa Vara ou apenas as cometidas contra a mulher criança ou adolescente, de modo que seria essencial a previsão em lei posterior ou na organização judiciária. Em suma, as Varas de Crimes Infantojuvenis julgarão todas as infrações contra a criança ou adolescente. Não havendo, as infrações violentas contra infantes ou jovens, no cenário doméstico-familiar, ao menos contra o gênero feminino, podem ser deslocadas para as Varas especializadas da violência doméstica e familiar contra a mulher. Inexistindo, igualmente, esta última, julgarão todos os delitos as Varas Criminais comuns. Na jurisprudência, a Terceira Seção do Superior Tribunal de Justiça entendeu ser competente a Vara de Violência Doméstica e Familiar para julgar crimes contra criança ou adolescente, enquanto não existir a vara especializada no âmbito infantojuvenil. O caso dizia respeito ao estupro cometido pelo pai em relação à filha, logo, em cenário típico da Lei 11.340/2006, sem se questionar a motivação do agente. Na modulação, entendeu-se que a distribuição para a vara especializada se dará após a publicação do acórdão (In: https://www.stj.jus.br/sites/portalp/Paginas/Comunicacao/Noticias/2022/27102022-Estupro-de--crianca-ou-adolescente-em-ambiente-domestico-deve-ser-julgado-em-vara-especializada.aspx, acesso em 12.11.2022).

15. Competência cumulativa supletiva: quando há mais de um juiz na Comarca, igualmente competente para julgar matéria criminal, sem haver qualquer distinção em razão da natureza da infração, atinge-se o critério da fixação da competência por distribuição. Assim, através de um processo seletivo casual, determinado pela sorte, escolhe-se o magistrado competente. Maiores detalhes serão vistos no Capítulo IV do Título V do Livro I.

16. Regras de alteração de competência: a conexão e a continência são institutos que visam à alteração da competência e não à sua fixação inicial. Abstraídas ambas, o feito poderia ser julgado por determinado juiz, escolhido pelas regras expostas nos incisos anteriores. Entretanto, por haver alguma razão particular, de forma a facilitar a colheita da prova e fomentar a economia processual, bem como para evitar decisões contraditórias, permite a lei que a competência seja modificada. Não é por isso que se fere o princípio constitucional do juiz natural, uma vez que as regras de alteração estão previstas claramente em lei e valem para todos os jurisdicionados e acusados, de modo que se torna um critério objetivo e não puramente casuístico. O tema será analisado no Capítulo V. Conforme nossa posição, sustentando que a conexão e a continência são regras de modificação de competência – e nunca de fixação –, encontra-se o art. 54 do atual CPC: "a competência relativa poderá *modificar-se* pela conexão ou pela continência, observado o disposto nesta Seção" (grifo nosso).

17. Critério residual de fixação de competência: não sendo possível utilizar os vários outros critérios para estabelecer a competência do juiz, porque há mais de um que, pela situação gerada, poderia conhecer do caso, deve-se aplicar o critério da *prevenção*, que significa conhecer em primeiro lugar de uma questão jurisdicional, proferindo qualquer decisão a seu respeito. Dessa forma, quando a infração espalhar-se por mais de um local, não se encontrando o domicílio do réu, inexistindo o critério da natureza do delito, ou condições de se distribuir o feito, visto que os magistrados estão em Comarcas diversas, além de não estar presente regra alguma de conexão ou continência, deve-se valer da regra residual: quem primeiro conhecer do feito, é competente para julgá-lo. Entretanto, convém mencionar a lição de Frederico Marques, diferenciando o critério da prevenção sob duas óticas: a) quando não se souber onde se deu a consumação do delito, bem como quando não se tiver ciência do local de domicílio ou residência do réu, a prevenção funciona como foro subsidiário (art. 72, § 2.º, CPP); b) quando houver incerteza entre os limites territoriais de duas ou mais Comarcas, bem como quando não se souber onde foi cometido exatamente o delito e, ainda, quando se tratar de infração continuada ou permanente, a prevenção serve como regra de fixação da competência (arts. 70, § 3.º, e 71, CPP) (*Da competência em matéria penal*, p. 206).

18. Regra especial de alteração de competência: assim como a conexão e a continência, quando houver prerrogativa de função, isto é, a existência da eleição legal de um foro privilegiado para julgar determinado réu, que cometeu a infração penal investido em função especial, relevam-se as demais regras naturais de fixação da competência, passando-se a respeitar o foro específico, que diz respeito à qualidade da pessoa em julgamento (*ratione personae*).

19. Quadro geral: quem nos fornece uma racional visão do quadro de competência do Código de Processo Penal é Espínola Filho. Diz que a competência de foro, como *regra geral*, fixa-se pelo lugar da infração penal (*ratione loci*), visto ser o local de abalo da comunidade diante do crime perpetrado. Exceções à regra são estabelecidas quando: a) houver matéria especial a ser cuidada (*ratione materiae*), levando-se em conta a natureza da infração (é o que ocorre com a Justiça Militar ou Eleitoral, para crimes militares ou eleitorais); b) houver privilégio especial em função da pessoa a ser julgada (*ratione personae*), como ocorre no julgamento de altas autoridades. Tendo em vista que, muitas vezes, desconhece-se o local da infração, elegeu-se uma segunda regra geral, embora *supletiva*, que é o lugar do domicílio ou residência do réu (este foro pode ser o da eleição do querelante nos crimes de ação privada, conforme art. 73, CPP). A partir do estabelecimento da competência inicial, em razão do lugar da infração penal ou do domicílio/residência do réu, passa-se ao critério da seleção sorteada do magistrado, usando-se a distribuição. Exceções se fixam com relação à escolha fortuita do juiz: a) em função da matéria debatida, o que se extrai através da natureza da infração penal. É o caso do delito contra a vida, que segue diretamente para a Vara privativa do Júri – quando existente; b) em função da conexão ou da continência, motivos que favorecem a colheita da prova, evitando decisões contraditórias; c) em razão da prevenção, isto é, quando, por situação pretérita, algum juiz já tomou conhecimento de matéria relevante do processo. Não havendo condições de determinar o lugar da infração ou do domicílio do réu, porque a infração penal desenvolveu-se em várias localidades, ou porque há incerteza quanto às divisas da Comarca, usa-se a regra subsidiária da prevenção, que é *residual* (*Código de Processo Penal brasileiro anotado*, v. 2, p. 70-71).

Capítulo I

**DA COMPETÊNCIA PELO LUGAR
DA INFRAÇÃO**[20]

20. Regra geral: utiliza o Código de Processo Penal o preceito de ser competente o foro do lugar onde se consumar a infração penal. Quando se tratar de tentativa, verifica-se o foro competente no local onde se deu o último ato executório. É natural que assim seja, pois o lugar do crime deve ser onde a sociedade sofreu o abalo, razão pela qual o agente aí deve ser

Art. 70

Código de Processo Penal Comentado • **Nucci**

198

punido. Trata-se de competência territorial, logo, relativa, vale dizer, passível de prorrogação, caso não seja arguida a tempo.

> **Art. 70.** A competência será, de regra, determinada pelo lugar em que se consumar a infração,[21-27] ou, no caso de tentativa,[28] pelo lugar em que for praticado o último ato de execução.[29-32]
>
> § 1.º Se, iniciada a execução no território nacional, a infração se consumar fora dele,[33] a competência será determinada pelo lugar[34] em que tiver sido praticado, no Brasil, o último ato de execução.
>
> § 2.º Quando o último ato de execução for praticado fora do território nacional, será competente o juiz do lugar[35] em que o crime, embora parcialmente, tenha produzido ou devia produzir seu resultado.
>
> § 3.º Quando incerto o limite territorial entre duas ou mais jurisdições,[36] ou quando incerta a jurisdição por ter sido a infração consumada ou tentada nas divisas de duas ou mais jurisdições, a competência firmar-se-á pela prevenção.[37]
>
> § 4.º Nos crimes previstos no art. 171 do Decreto-Lei n.º 2.848, de 7 de dezembro de 1940 (Código Penal), quando praticados mediante depósito, mediante emissão de cheques sem suficiente provisão de fundos em poder do sacado ou com o pagamento frustrado ou mediante transferência de valores, a competência será definida pelo local do domicílio da vítima, e, em caso de pluralidade de vítimas, a competência firmar-se-á pela prevenção.[37-A]

21. Teoria do resultado: adotou o processo penal brasileiro a teoria do resultado, vale dizer, é competente para apurar a infração penal, aplicando a medida cabível ao seu agente, o foro onde se deu a consumação do delito. Outras teorias, embora não acolhidas, existem a respeito: teoria da atividade, que leva em conta o lugar onde ocorreu a ação, pouco importando o local do resultado; teoria da ubiquidade, que considera como lugar do crime tanto o da ação quanto o do resultado, indiferentemente. Na jurisprudência: STJ: "3. A jurisprudência desta Corte Superior firmou-se no sentido de que a competência será, em regra, determinada pelo juízo do lugar no qual se consumar a infração, conforme disposto no art. 70, caput, do CPP. Tratando-se, contudo, de crime continuado ou permanente, praticado no território de duas ou mais jurisdições, a competência será fixada pela prevenção, nos termos dos arts. 71 e 83 do CPP. Precedentes. 4. Na espécie, a denúncia fundamentou-se exclusivamente na apreensão dos entorpecentes, da arma de fogo e das munições. Ausentes elementos que permitam concluir que a prática dos delitos se estendia pelo território de outras jurisdições, não há se falar em incompetência do juízo do local no qual se consumou a infração" (AgRg no RHC n. 185.622/SP, 5.ª T., rel. Reynaldo Soares da Fonseca, 12.03.2024, v.u.).

22. Conflito aparente com o art. 6.º do Código Penal: preceitua o mencionado artigo ser considerado o lugar do crime tanto o local onde se deu a ação ou omissão, no todo ou em parte, quanto ao ponto onde se verificou ou deveria ter-se verificado o resultado. Assim, alguns chegaram a sustentar que, por ser lei mais nova, o Código Penal (a última modificação da sua Parte Geral deu-se em 1984), teria revogado tacitamente o art. 70 do Código de Processo Penal, que acolhe a teoria do resultado. Não é essa a posição majoritária, que vê no referido art. 6.º apenas uma norma de aplicação da norma penal no espaço, quando o crime atingir mais de uma nação. Assim, reserva-se a teoria da ubiquidade, adotada pelo Código Penal, para a hipótese do delito que se iniciou em um país estrangeiro e findou no Brasil ou vice-versa. Com isso, resguarda-se a soberania brasileira para levar o agente a julgamento, desde que qualquer parte da infração penal tenha tocado solo nacional, constituindo um prestígio ao princípio da territorialidade. No mais, levando-se em consideração apenas delitos praticados, integralmente, dentro do território brasileiro, aplica-se o art. 70. O ideal seria que o legislador tivesse deixado bem clara essa posição, ao cuidar da redação do art. 6.º do Código Penal, ao invés de deixar ao intérprete a tarefa de conciliar as normas em conflito aparente. Na jurisprudência: STJ: "Nos termos do art. 70 do Código de Processo Penal – CPP, a competência é determinada pelo lugar em que se consuma a infração. Especificamente quanto ao delito de estelionato, a consumação se dá no momento da obtenção da vantagem, a qual, no caso concreto, ocorreu com a entrega da mercadoria na cidade de Curitiba/PR. Conflito conhecido para declarar a competência do Juízo de Direito da 2.ª Vara Criminal de Curitiba/PR, o suscitante" (CC 157.331/PR, 3.ª Seção, rel. Joel Ilan Paciornik, 08.08.2018, v.u.); "3. Nos termos do art. 70 do Código de Processo Penal, a competência será de regra determinada pelo lugar em que se consumou a infração. 4. No caso de estelionato, crime material tipificado no art. 171 do CP, a consumação se dá no momento e lugar em que o agente aufere proveito econômico em prejuízo da vítima" (CC 161.087/BA, 3.ª Seção, rel. Nefi Cordeiro, j. 24.10.2018, v.u.). Finalizando, deve-se destacar que há posição, no entanto, levando em conta o art. 6.º do Código Penal, para fixação da competência, embora seja minoritária. Nesse caso, adotando--se a teoria da ubiquidade, tanto faz o lugar da conduta ou o local do resultado; assim sendo, termina-se por estabelecer o juízo competente pela regra da *prevenção*.

23. Conflito aparente com o art. 4.º do Código Penal: outra possibilidade de aparência de conflito dá-se pelo confronto do art. 70 do Código de Processo Penal com o art. 4.º do Código Penal, estipulando este último que se considera praticado o crime no momento da ação ou omissão, pouco importando o instante do resultado. É a adoção da teoria da atividade. Nesse caso, no entanto, volta-se a lei ao *tempo* da infração penal, para efeito de fixar outros pontos relevantes, que não a competência, tais como a imputabilidade penal do agente, a incidência de qualificadoras, agravantes e outras circunstâncias etc. Ilustrando: o sujeito que tenha 17 anos e dispare um tiro de arma de fogo contra a vítima (ação), ainda que esta venha a falecer quando o autor já tenha completado 18 anos (resultado), é considerado inimputável, visto que o *tempo* do crime é o pertinente à ação e não ao resultado. Nada tem a relacionar-se, pois, com o foro competente.

24. Crimes plurilocais: são aqueles cuja ação ou omissão se dá num determinado lugar e o resultado termina ocorrendo em outro. Firma-se a competência, como já mencionado, pelo foro do local da consumação (resultado). Observe-se que tal regra somente tem pertinência aos crimes materiais, isto é, aqueles que possuem resultado naturalístico e pode haver clara dissociação entre ação ou omissão e resultado. Não teria sentido chamar de plurilocal a infração penal de mera atividade (crimes formais ou de mera conduta), visto que o resultado se dá justamente no instante da prática da ação ou omissão. É o que ocorre no tocante ao delito de falso testemunho, que é formal. Consuma-se no final do depoimento prestado pela testemunha, que falta com a verdade. Assim, quando o depoimento for colhido por precatória, consuma-se no juízo deprecado, onde efetivamente deu-se o falso, sendo este o foro competente para o trâmite da ação penal. Sobre o falso testemunho, consultar as notas 65 e 67 ao art. 342 do nosso *Código Penal comentado*. Sobre o falso testemunho cometido em videoconferência, consultar a nota 107-C ao art. 222, § 3.º.

25. Crimes qualificados pelo resultado: são os que possuem um fato-base definido como crime, acrescido de um evento superveniente que os qualifica, aumentando-lhes a pena em razão de sua gravidade objetiva, existindo entre eles um nexo de ordem física e subjetiva. Note-se que são formas possuidoras de duplo resultado (ex.: estupro seguido de morte, roubo seguido de morte etc.). Fixa-se a competência pelo lugar onde ocorreu o resultado qualificador.

Art. 70

Código de Processo Penal Comentado · NUCCI

200

Entretanto, baseado na mesma jurisprudência que estabelece, ao contrário do estipulado pelo art. 70 do Código de Processo Penal, como foro competente para apurar a infração penal aquele onde ocorreu a ação delituosa, lugar de maior facilidade de busca da prova, podemos admitir que, conforme o caso, o delito qualificado pelo resultado siga a mesma regra, isto é, caso a conduta desenvolva-se em uma cidade – como pode haver num roubo, onde há violência contra a vítima – mas o ofendido venha a morrer em outra localidade – para onde apenas foi levado, objetivando-se o tratamento dos ferimentos sofridos, o melhor é que o crime seja apurado no foro do desenvolvimento da conduta. Sobre o tema, ver nota 29 abaixo.

26. Crime de fraude no pagamento por meio de cheque e cheque falsificado: indicava-se que esse delito (art. 171, § 2.º, VI, CP) deveria ser apurado no local onde se materializasse o prejuízo, significando o lugar onde se dava a recusa ao pagamento (tratando-se de cheque sem fundos, no local onde se encontra a agência bancária que se nega a fazer o pagamento). Houve a inclusão do § 4.º pela Lei 14.155/2021, com a finalidade de proteger a vítima de maneira mais eficiente. Consultar a nota 37-A. Diante disso, deve prevalecer o texto legal em detrimento da Súmula 521 do Supremo Tribunal Federal: "O foro competente para o processo e julgamento dos crimes de estelionato, sob a modalidade da emissão dolosa de cheque sem provisão de fundos, é o do local onde se deu a recusa do pagamento pelo sacado". E a mesma solução no tocante à Súmula 244 do Superior Tribunal de Justiça: "Compete ao foro do local da recusa processar e julgar o crime de estelionato mediante cheque sem provisão de fundos". Precisa adaptar-se ao § 4.º do art. 171 a Súmula 48 do Superior Tribunal de Justiça que: "Compete ao juízo do local da obtenção da vantagem ilícita processar e julgar crime de estelionato cometido mediante falsificação de cheque".

26-A. Lei Maria da Penha: os crimes cometidos contra a mulher, passíveis de enquadramento na Lei 11.340/2006, devem seguir a regra geral deste artigo, vale dizer, é competente o foro do lugar da infração penal, não se aplicando o disposto no art. 15 da referida lei, que cuida de causas cíveis. Na jurisprudência: TJRS: "A regra do foro de eleição, prevista no artigo 15 da Lei Maria da Penha, não se aplica ao presente caso, pois das manifestações dos Juízos envolvidos e dos substratos colacionados é possível aferir a natureza eminentemente penal das medidas protetivas de urgência concedidas nos termos do artigo 22 da referida legislação, a despeito de inexistir inquérito policial ou ação penal em andamento em relação ao fato que as motivaram" (Conflito de Jurisdição 51040980920218217000, 2.ª Câmara Criminal, rel. Viviane de Faria Miranda, j. 23.08.2021, v.u.).

27. Estelionato cometido por meio de saque em conta bancária, mediante uso de senha e de cartão magnético: a competência é do local onde o dinheiro foi retirado e não do lugar onde a conta é mantida. Ali consumou-se o crime patrimonial.

28. Foro competente no caso de tentativa: trata-se do local onde o agente praticou o último ato executório. O *iter criminis*, percurso do agente para a prática do delito, que se inicia com a cogitação, passa pela preparação, adentra a execução e finda com a consumação, possui atos penalmente relevantes quando invade a esfera da execução, tendo em vista que o direito brasileiro não pune os atos preparatórios – salvo quando previstos como tipos autônomos. Assim, é natural que, ingressando na fase de execução, o lugar onde praticou o derradeiro desses atos deva firmar-se como foro competente para apreciar o todo. É, pois, o local onde o agente teve a trajetória interrompida por circunstâncias alheias à sua vontade (art. 14, II, CP).

29. Exceção à regra por conveniência da colheita da prova: estabeleceu grande parte da jurisprudência pátria que o foro competente para apurar os crimes contra a vida, dolosos ou culposos, deve ser o lugar onde foi praticado o último ato de execução, ainda que não seja o do resultado. Entende-se correto esse posicionamento, pois é justamente no local da ação que se encontram as melhores provas (testemunhas, perícia etc.), pouco interessando onde se dá a morte da vítima. Para efeito de condução de uma mais apurada fase probatória, não teria cabimento desprezar-se o foro do lugar onde a ação desenvolveu-se somente para acolher a teoria do resultado. Exemplo de ilogicidade seria o autor ter dado vários tiros ou produzido toda a série de atos executórios para ceifar a vida de alguém em determinada cidade, mas, unicamente pelo fato de a vítima ter-se tratado em hospital de Comarca diversa, onde faleceu, deslocar-se o foro competente para esta última. As provas teriam que ser coletadas por precatória, o que empobreceria a formação do convencimento do juiz. Essa tem sido a posição jurisprudencial majoritária. Em sentido contrário, alegando que tal posição fere frontalmente o disposto em lei, está a opinião de Mirabete (*Código de Processo Penal interpretado*, p. 142). Tourinho, por sua vez, afirma ser ilegal adotar essa postura, embora seja a mais lógica (*Comentários ao Código de Processo Penal*, v. 1, p. 181). Conferir: STJ: "Em hipóteses excepcionais se admite a fixação da competência do local de atos de execução para a facilitação de coleta de provas, a fim de se prestigiar a busca da verdade real. II – *In casu*, embora o resultado morte tenha ocorrido em São José do Rio Preto/SP, infere-se dos autos que os atos executórios tiveram início em Jales/SP, local onde a vítima nasceu, e onde supostamente lhe foi aplicado o medicamento que deu causa à sua morte. Os genitores da vítima e a maioria das testemunhas arroladas residem em Jales/SP. III – A prática dos atos executórios, e a facilidade na colheita das provas para a adequada apuração dos fatos, autoriza, no caso concreto, a flexibilização da teoria do resultado a fim de definir-se a competência para o julgamento do crime contra a vida na comarca de Jales/SP, com o objetivo da busca da verdade real" (RHC 103.972/SP, 5.ª T., rel. Felix Fischer, j. 27.11.2018, v.u.).

30. Foro competente previsto no Juizado Especial Criminal: menciona o art. 63 da Lei 9.099/1995, que "a competência do Juizado será determinada pelo lugar em que foi praticada a infração penal". Surgiu, então, a polêmica doutrinária acerca do foro competente para apurar a infração, tendo em vista a dubiedade do termo "praticada". Alguns preferem interpretá-lo como o lugar onde ocorreu a ação ou omissão (Ada Pellegrini Grinover, Antonio Magalhães Gomes Filho, Antonio Scarance Fernandes e Luiz Flávio Gomes, *Juizados Especiais Criminais – Comentários à Lei 9.099, de 26.09.1995*, p. 81). Outros veem como certo o local onde ocorreu o resultado, crendo que o termo "praticada" é sinônimo de "consumada" (Tourinho Filho, *Comentários ao Código de Processo Penal*, v. 1, p. 179; Roldão Oliveira de Carvalho e Algomiro Carvalho Neto, *Comentários à Lei 9.099, de 26 de setembro de 1995*, p. 127). Posicionamo-nos pela teoria da ubiquidade, podendo ser tanto o lugar da ação ou omissão quanto o lugar do resultado. O termo "praticar" quer dizer tanto "levar a efeito" ou "realizar" – que daria o sentido de *consumação* –, quanto "executar" – conferindo a impressão de ser *ação*, motivo pelo qual o melhor a fazer é acolher a teoria mista, aceitando como foro competente ambos os lugares, certamente quando a infração penal comportar essa divisão entre ação e resultado. Havendo conflito, dirime-se pela prevenção, ou seja, torna-se competente o primeiro juiz que conhecer do feito. No mesmo sentido que defendemos está a posição adotada por Pedro Henrique Demercian e Jorge Assaf Maluly (*Curso de processo penal*, p. 188); Marino Pazzaglini Filho, Alexandre de Moraes, Gianpaolo Poggio Smanio e Luiz Fernando Vaggione (*Juizado Especial Criminal – Aspectos práticos da Lei 9.099/95*, p. 28); Mirabete (*A competência dos juizados especiais criminais*, p. 145).

31. Foro competente para o tráfico de drogas: o delito em questão, previsto no art. 33 da Lei de Drogas, é de ação múltipla, composto o tipo penal por 18 verbos. Alguns são de caráter instantâneo (consumação imediata); outros são de natureza permanente (a consumação se arrasta no tempo), mas, como regra, terminam sendo apurados no local onde se dá a apreensão da droga, especialmente quando permanentes. Não importa a quantidade da

Art. 70

droga, a competência é da Justiça Estadual. No entanto, envolvendo a forma transnacional, quando ultrapassa as fronteiras do Brasil, a competência passa a ser da Justiça Federal. Havendo exportação da droga, fixa-se o foro no local de onde se fez a expedição. É o último ponto de toque no solo nacional. Por outro lado, quando ocorre a importação, fixa-se como foro competente o local onde se situa o destinatário da droga. Preceituava a Súmula 528 do STJ o seguinte: "compete ao juiz federal do local da apreensão da droga remetida do exterior pela via postal processar e julgar o crime de tráfico internacional". Em 23 de fevereiro de 2022, o Superior Tribunal de Justiça, por sua Terceira Seção, cancelou a Súmula 528, prevalecendo, como foro competente, o juízo federal do lugar de destino do entorpecente, promovendo maior eficiência na colheita das provas, bem como para o amplo exercício da defesa.

32. Foro competente para os delitos falimentares: é o referente ao lugar onde foi decretada a falência, concedida a recuperação judicial ou homologado o plano de recuperação judicial (art. 183, Lei 11.101/2005). Enquanto ainda for aplicável o Decreto-lei 7.661/1945 (processos que apuram falências decretadas antes de 9 de junho de 2005), permanece competente o juízo onde foi decretada a falência do mesmo modo (art. 108). Ver a nota 1-C, Livro II, Título II, Capítulo I.

33. Crime à distância: é aquele que tem a execução iniciada num determinado país e a consumação termina ocorrendo em outro, ou vice-versa. Não deixa de ser uma infração penal plurilocal, embora esse nome seja reservado aos crimes que ocorram dentro do Brasil, em mais de uma localidade. Quando se trata de infração abrangendo mais de uma nação, trata-se do delito à distância. Aplica-se, nessa hipótese, o disposto no art. 6.º do Código Penal, que adota a teoria da ubiquidade, sendo competente para apurar o delito tanto a nação onde a execução teve início, quanto aquela onde ocorreu o resultado.

34. Competência firmada pelo lugar do último ato executório: não se trata, nesse caso, de uma tentativa, mas de um delito cuja consumação dá-se fora do Brasil. Por isso, os atos executórios cometidos dentro do território nacional ganham importância, servindo para estabelecer o foro competente, que é o do lugar onde foi praticado o último desses atos. O parágrafo em comento é coerente com a já mencionada teoria da ubiquidade, visto ter o Brasil interesse em punir o delito cujo início deu-se em seu território, ainda que o resultado se tenha concretizado no exterior. Afetou a soberania nacional, de qualquer modo.

35. Competência firmada pelo lugar onde o resultado concretizou-se: em hipótese inversa à anterior, nota-se que os atos executórios têm início fora do Brasil, mas terminam alcançando a consumação – integral ou parcial – dentro do território nacional. Por isso, mais uma vez, nossa soberania é afetada, tornando-nos competentes para apurar o delito, segundo a regra estabelecida pelo art. 6.º do Código Penal. O foro competente é o do lugar onde o resultado se produz, embora possa haver mais de uma localidade afetada. Nessa situação, utiliza-se a regra da prevenção.

36. Incerteza de jurisdição: preferimos o termo *competência*, que é justamente o limite da jurisdição, pois, como mencionamos em nota anterior, o poder de aplicar a lei ao caso concreto todo magistrado, investido nas suas funções, possui, bastando analisar o limite em que pode atuar. Assim, quando houver incerteza quanto à competência, porque o crime foi praticado na divisa de duas localidades ou a execução alcançou mais de uma, deve-se utilizar a regra da prevenção – o primeiro juiz que conhecer do processo torna-se competente. Nesta hipótese, a prevenção funciona como critério fixador da competência (ver nota 17 *supra*). Na jurisprudência: STF: "I – O art. 70 do Código de Processo Penal, que considera como local do crime aquele em que o delito se consumou, permite o abrandamento da norma, ao enunciar que a competência será, de regra, a do local em que a infração se consumar, tendo-se em conta os fins pretendidos pelo processo penal, em especial a busca da verdade real. II – No caso, o Tribunal de Justiça de origem decidiu que, à luz do que contido nos autos, "o suposto delito foi cometido na divisa de Sergipe e Bahia, ficando incerta a competência com base no lugar da infração, razão pela qual se aplicam as regras de competência da prevenção, do art. 70, § 3.º, do CPP". III – A prorrogação da competência em favor de uma das comarcas possivelmente competentes não importa em violação do princípio do juiz natural. IV – Para se chegar à conclusão diversa da que chegaram as instâncias antecedentes, como pretende a defesa, haveria a necessidade de reexame do contexto fático-probatório, o que é inviável na via do *habeas corpus*. V – Agravo regimental a que se nega provimento" (HC 148.984 AgR, 2.ª T., rel. Ricardo Lewandowski, j. 09.03.2018, v.u.).

37. Perpetuação da jurisdição: significa que, uma vez iniciada a ação penal em determinado foro, mesmo que alterada a competência por regra de organização judiciária posterior, firma-se a competência do juiz prevento. Assim, caso o réu esteja sendo processado em determinada Comarca "Y", que abrange o Município "X", ainda que, futuramente, este Município torne-se Comarca autônoma, continua o processo a correr na Comarca "Y". É a aplicação analógica de regra contida no art. 43 do CPC/2015: "Determina-se a competência no momento do registro ou da distribuição da petição inicial, sendo irrelevantes as modificações do estado de fato ou de direito ocorridas posteriormente, salvo quando suprimirem órgão judiciário ou alterarem a competência absoluta". Verifica-se, no entanto, que a *perpetuatio jurisdictionis* não se aplica, quando houver alteração da matéria. Assim, imagine-se que o processo supramencionado está correndo na Comarca "Y", em Vara de competência cumulativa e não especializada. Caso a lei posterior de organização judiciária crie, na Comarca "X", uma Vara privativa, cuidando somente da matéria objeto do feito, deve-se proceder à imediata remessa do processo para a Vara criada. Tal se dá porque a competência territorial é prorrogável e relativa, o que não ocorre com a competência em razão da matéria. Portanto, criada em determinada Comarca, em outro exemplo semelhante, uma Vara privativa do júri, todos os feitos que correm nas demais Varas criminais comuns serão para a recém-criada Vara remetidos. Na jurisprudência: STF: "I – O art. 70 do Código de Processo Penal, que considera como local do crime aquele em que o delito se consumou, permite o abrandamento da norma, ao enunciar que a competência será, de regra, a do local em que a infração se consumar, tendo-se em conta os fins pretendidos pelo processo penal, em especial a busca da verdade real. II – No caso, o Tribunal de Justiça de origem decidiu que, à luz do que contido nos autos, 'o suposto delito foi cometido na divisa de Sergipe e Bahia, ficando incerta a competência com base no lugar da infração, razão pela qual se aplicam as regras de competência da prevenção, do art. 70, § 3.º, do CPP'. III – A prorrogação da competência em favor de uma das comarcas possivelmente competentes não importa em violação do princípio do juiz natural. IV – Para se chegar à conclusão diversa da que chegaram as instâncias antecedentes, como pretende a defesa, haveria a necessidade de reexame do contexto fático-probatório, o que é inviável na via do *habeas corpus*. V – Agravo regimental a que se nega provimento" (HC 148.984 AgR/SE, 2.ª T., rel. Ricardo Lewandowski, 09.03.2018, v.u.).

37-A. Competência no crime de estelionato: seguindo tendência jurisprudencial, a Lei 14.155/2021 consagrou, de maneira correta, a competência do juízo do local onde o dano se concretiza. Por isso, havendo depósito, por meio de cheque sem fundos, ou qualquer outro mecanismo frustrado de pagamento, é preciso apurar o delito no local do domicílio da vítima, de forma a tornar mais fácil a apuração da infração penal para quem foi lesado. O uso de cheque para pagamento de dívidas vem diminuindo dia após dia, pois ingressam os instrumentos informáticos, sendo viável pagar uma conta pelo aplicativo do celular. Há uma redução considerável do mecanismo calcado em papel (como o cheque), elevando-se o

Art. 71

valor de transações por meio da Internet e de aplicativos especialmente formulados para os celulares. Assim sendo, firma-se a competência, quando houver atividade do estelionatário, no domicílio da pessoa ofendida. Na jurisprudência: STJ: "1. Nos termos do § 4.º do art. 70 do Código de Processo Penal, acrescentado pela Lei n. 14.155/2021, 'Nos crimes previstos no art. 171 do Decreto-Lei n.º 2.848, de 7 de dezembro de 1940 (Código Penal), quando praticados mediante depósito, mediante emissão de cheques sem suficiente provisão de fundos em poder do sacado ou com o pagamento frustrado ou mediante transferência de valores, a competência será definida pelo local do domicílio da vítima, e, em caso de pluralidade de vítimas, a competência firmar-se-á pela prevenção' (sem grifos no original). 2. Tratando-se de norma processual, deve ser aplicada de imediato, ainda que os fatos tenham sido anteriores à nova lei, razão pela qual a competência no caso é do Juízo do domicílio da vítima. 3. Conflito conhecido para declarar competente o Juízo Suscitante" (CC 180.832/RJ, 3.ª Seção, rel. Laurita Vaz, 25.08.2021, v.u.).

> **Art. 71.** Tratando-se de infração continuada[38] ou permanente,[39] praticada em território de duas ou mais jurisdições, a competência firmar-se-á pela prevenção.

38. Conceito de crime continuado: trata-se de uma ficção jurídica, criada para beneficiar o agente que comete mais de uma ação ou omissão, com mais de um resultado, mas que, por circunstâncias objetivas fixadas em lei (art. 71, CP), faz com que as condutas subsequentes sejam consideradas uma continuação da primeira. No caso brasileiro, o cometimento de crimes da mesma espécie, em condições próximas de tempo e lugar, bem como com maneiras de execução semelhantes, torna as condutas sequenciais um desdobramento da primeira. Exemplo disso é o do indivíduo que furta todas as casas de um mesmo quarteirão, no prazo de uma semana, utilizando o mesmo método de execução. Evitando-se a aplicação de uma pena somada, que seria exorbitante, a lei permite que o juiz estabeleça uma só, aumentada de um sexto até dois terços. Maiores detalhes quanto ao conceito, à natureza jurídica e elementos, ver nosso *Código Penal comentado*, notas 112 a 118 ao art. 71. Como o crime continuado possui várias ações, desenvolvidas em lugares diferentes, é possível que o agente ultrapasse as fronteiras de um mesmo foro, atingindo a esfera de competência de outros magistrados. Nessa hipótese, como a execução abrangeu vários lugares, qualquer deles torna-se competente para apurar a infração penal, firmando-se a competência pela regra da prevenção. Na jurisprudência: STJ: "2. No caso, a atuação do grupo criminoso voltado ao tráfico de drogas – delito de natureza permanente – ocorreu em diversos municípios do estado de Minas Gerais, logo, tendo sido o juízo da comarca de Belo Horizonte/MG o primeiro a tomar conhecimento das infrações penais e a autorizar as interceptações telefônicas em desfavor dos investigados, de fato, ele é o juízo prevento e, portanto, o competente para o julgamento do feito" (AgRg no HC 627.044/MG, 5.ª T., rel. Ribeiro Dantas, j. 17.08.2021, v.u.).

39. Conceito de crime permanente: é aquele que se consuma através de uma única conduta, embora a situação antijurídica criada prolongue-se no tempo até quando queira o agente, significando, pois, a consumação estendida no tempo. Exemplo disso é o sequestro ou cárcere privado, que priva a liberdade da vítima até quando o agente a solte. Enquanto está em poder do sequestrador, encontra-se o delito em plena consumação. Por isso, é possível que se estenda por vários lugares, imaginando-se a hipótese do ofendido que é colocado em vários cativeiros, até lograr alcançar a sua liberdade. Qualquer dos lugares por onde passou, justamente por estar em franca consumação o delito, é foro competente para apurar o ocorrido. Assim, firma-se a competência pela prevenção. Na jurisprudência: STF: "Revelada prática de crimes permanentes em diversas Comarcas, é competente, considerada prevenção, o Juízo que primeiro praticou algum ato no processo ou de medida a ele relativa, ainda que anterior ao recebimento da denúncia ou da queixa – artigos 71 e 83 do Código de Processo Penal" (HC 179.422, 1.ª T., rel. Marco Aurélio, j. 24.05.2021, v.u.). STJ: "3. Na espécie, o Juízo competente para o processamento e julgamento da causa deve ser determinado pela regra da prevenção, uma vez que o delito de maior gravidade dentre os praticados pelo paciente, lavagem de capitais na modalidade 'ocultar', é de natureza permanente. 4. Por outro lado, como esclareceu o acórdão impugnado, os fatos imputados aos réus não ocorreram somente na cidade de Porto Alegre, e, sim, também na Comarca de Taquara, local da sede do escritório do excipiente e local de seu domicílio, bem como do corréu F. L. C. e sede de seu escritório, além de serem titulares das contas bancárias envolvidas, resolvendo-se a competência pela regra da prevenção, definida no art. 71 do CPP, *in verbis*: tratando-se de infração continuada ou permanente, praticada em território de duas ou mais jurisdições, a competência firmar-se-á pela prevenção" (RHC 103.684/RS, 5.ª T., rel. Reynaldo Soares da Fonseca, j. 16.05.2019, v.u.).

Capítulo II

DA COMPETÊNCIA PELO DOMICÍLIO
OU RESIDÊNCIA DO RÉU[1]

1. Foro supletivo: estabelecido como regra geral o foro do lugar da infração, cuida este capítulo do denominado *foro supletivo* ou *subsidiário*, utilizado na falta de conhecimento do local onde se consumou o delito.

> **Art. 72.** Não sendo conhecido o lugar da infração, a competência regular-se-á pelo domicílio[2] ou residência[3] do réu.
>
> § 1.º Se o réu tiver mais de uma residência, a competência firmar-se-á pela prevenção.[4]
>
> § 2.º Se o réu não tiver residência certa ou for ignorado o seu paradeiro, será competente o juiz que primeiro tomar conhecimento do fato.[5]

2. Domicílio do réu: é a residência com ânimo permanente e definitivo, portanto o lugar onde a pessoa mantém o seu centro principal de atividades, negócios e, principalmente, sua família. Dispõe o art. 70 do Código Civil que "o domicílio da pessoa natural é o lugar onde ela estabelece a sua residência com ânimo definitivo". Caso a pessoa tenha várias moradas, onde igualmente fixe seu centro de ocupações habituais, estabelece o art. 71 do Código Civil que qualquer delas pode ser considerada seu domicílio. Finalmente, quando não tiver a pessoa residência habitual, por ser um viajante solteiro, sem vínculo familiar, considera-se seu domicílio o lugar onde for encontrada (art. 73, CC). Como lembra Tornaghi, "a palavra domicílio, de *domicilium, ii,* e, esta de *domus, us,* casa, está a indicar não só o local, mas também a assistência permanente nele e, portanto, as relações de direito entre o sujeito e o lugar. O domicílio é o mais alto grau de vinculação da pessoa ao âmbito geográfico-humano em que vive". Adverte, ainda, o autor que o Código de Processo Penal deixou de prever a hipótese do réu que tenha mais de um domicílio, razão pela qual se aplica, por analogia, o constante no § 1.º, para a hipótese da residência, isto é, a competência firmar-se-á pela prevenção. Diga-se o mesmo com relação à situação do processo que tenha vários corréus, cada qual com um domicílio diferente. Deve-se aplicar a regra da prevenção (*Compêndio de processo penal,* t. I, p. 318).

Art. 72

3. Residência do réu: é o lugar onde a pessoa habita, embora com irregularidade e sem o caráter de permanência, justamente os aspectos que a diferenciam de domicílio. Concordamos com a crítica feita por Tornaghi de que o Código de Processo Penal terminou, implicitamente, equiparando os conceitos de *domicílio* e *residência* para fins de investigação criminal (*Compêndio de processo penal*, t. I, p. 318). Deveria, no entanto, ter deixado isso claro e não apenas usado, no *caput*, a fórmula genérica e alternativa: "a competência regular-se-á pelo domicílio *ou* residência do réu". Tanto é realidade a pouca importância do termo para essa finalidade que, no § 1.º, estabelece-se que a existência de mais de uma residência (esquecendo-se da hipótese de haver mais de um domicílio) fará com que se use a prevenção. Como não houve a expressa equiparação, o melhor é interpretar que fixa o foro o lugar do domicílio; na falta deste, leva-se em conta a residência. Havendo um ou mais domicílios (ou residências), resolve-se pela prevenção. Não é demais citar o oportuno quadro mencionado por Espínola Filho, da pessoa que mantém outra residência, além do seu domicílio: "Concebe-se que pode uma pessoa de recursos, desambientada, dado o seu temperamento, no meio social ruidoso, que represente a sua casa, procurar um refúgio inocente e cômodo, e não somente de cinco às sete, mas durante a maior parte do tempo. É o ricaço intelectual, em cuja residência, com a algazarra da sua numerosa prole, ruidosa na sã alegria da mocidade sem preocupações, e o gênio irascível da velha sogra rabugenta e despótica, não tem um momento de repouso, em que possa fazer uma leitura agradável, como é tanto do seu gosto, ou o melômano, vivendo com uma esposa e uma progenitora, que não toleram a música. Esses indivíduos resolvem a situação, instalando, um – a biblioteca, o outro – o seu piano, ou a sua vitrola com os discos, noutra casa, na praia de Icaraí, do vizinho Estado do Rio, por exemplo, e, diariamente, aí, para onde se transportam às primeiras horas, passa o primeiro todo o dia, com os seus livros, a ler, ao passo que o outro também sai, cada manhã, do Distrito Federal, e dedica todo o seu tempo a executar, ou ouvir música, na capital fluminense, donde só regressam ambos, à noite, para o lar doméstico. Abastados, grandes proprietários na Capital Federal, nem um nem o outro tira o menor proveito pecuniário dessa sua predileta atividade cotidiana; nem o primeiro é um escritor, nem o outro, um musicista ou músico profissional. Assim, o que se verifica é terem um e outro a sua única residência no Rio e aí é, também, o centro único de seus interesses e negócios; mas, vivem um, como o outro, em Icaraí, aí estabeleceram o centro da sua ocupação habitual, da sua atividade pessoal comum. Com relação a qualquer deles, o domicílio é o lugar da residência permanente, onde tem o lar doméstico, a sua família, onde se recolhe, todas as noites, donde sai todas as manhãs, mas onde habita de fato, com ânimo definitivo. Onde um lê, onde o outro faz música, está um centro de vida particular, que não é o domicílio, porque noutro lugar é que têm eles a residência permanente, com ânimo definitivo" (*Código de Processo Penal brasileiro anotado*, v. 2, p. 110. Ressalte-se que o texto é da década de 50, quando a Capital Federal situava-se no Rio de Janeiro).

4. Resolução do conflito pela regra residual da prevenção: havendo réu que possua mais de uma residência ou mesmo corréus, cada qual com o seu domicílio, resolve-se o conflito existente pela prevenção, ou seja, o primeiro juízo que tomar conhecimento do processo firma sua competência.

5. Resolução do conflito pela regra residual da prevenção: mais uma vez, invoca a lei a regra da prevenção para solucionar conflito surgido entre vários juízes, que poderiam conhecer do feito. Esta é a hipótese do acusado que não tem residência fixa – pode ser um andarilho, um sem-teto, um viajante ou um desocupado aventureiro –, razão pela qual se ignora onde possa ser encontrado. O Código Civil estabelece que, a pessoa sem residência habitual, andando de um lugar para outro, tem seu domicílio no local onde puder ser encontrada (art. 73). Ocorre que, para efeito de aplicação do § 2.º do art. 72 do Código de Processo Penal, o sentido da inexistência de residência certa se liga ao fato de não se poder localizá-lo, de modo que é inútil buscar a aplicação do referido art. 73 da lei civil. Por outro lado, há uma segunda situação de relevo, que é a ignorância do seu paradeiro. Assim, pode até possuir residência conhecida, mas estar há muito afastado dela, não mais sendo localizado. Por isso, aplica-se a regra da prevenção, que funciona como foro subsidiário ou supletivo (ver nota 17 ao art. 69).

> **Art. 73.** Nos casos de exclusiva ação privada, o querelante poderá preferir o foro de domicílio ou da residência do réu, ainda quando conhecido o lugar da infração.[6]

6. Regra excepcional para a ação penal privada: sabe-se que a regra geral para a fixação do foro competente é o do lugar da infração penal, justamente porque é o local onde maior abalo sofreu a comunidade, merecendo ser, aí, punido o delinquente. Essa regra, no entanto, pode ser afastada nos casos de ação exclusivamente privada, pois o interesse público, nesses casos, é secundário; tanto é verdade que a iniciativa da ação penal pertence ao particular. Logo, o abalo trazido pela infração penal não tem o mesmo diapasão do crime de ação pública, deixando-se ao critério do querelante a eleição do foro. Note-se que, para o querelado, não há qualquer prejuízo: ou se escolhe o foro do lugar da infração penal – que é, de fato, a regra geral – ou opta o particular pelo foro de domicílio/residência do agente, que somente lhe facilita a promoção da defesa. Trata-se, entretanto, de nítida exceção ao princípio geral da fixação da competência em matéria penal. Na jurisprudência: TJRS: "Manutenção da competência na Comarca de Sobradinho/RS. Inexistência de direito líquido e certo com base no art. 73 do Código de Processo Penal. Possibilidade de o querelante, nos casos de ação penal privada, preferir a Comarca do domicílio/residência do réu ao invés do local da infração. Ré moradora na Comarca de Sobradinho/RS. Juízo de origem que, em decisão fundamentada, indicou a presunção de que os fatos teriam ocorrido também na mencionada Comarca, tendo em vista terem sido praticados, em tese, por meio eletrônico. Competência da Comarca de Sobradinho/RS, em quaisquer das possibilidades de aplicação do artigo mencionado. Tanto a Comarca de domicílio/residência da ré, quanto a Comarca de cometimento da infração, é a de Sobradinho/RS. Impossibilidade de fixação de competência na Comarca de Porto Alegre/RS, domicílio do querelante. Decisão que determinou a redistribuição do processo suficientemente fundamentada. Parecer do Ministério Público pela manutenção da competência na Comarca de Sobradinho/RS" (MS 70084087832-RS, 3.ª C., rel. Diogenes Vicente Hassan Ribeiro, j. 24.04.2020, v.u.).

Capítulo III
DA COMPETÊNCIA PELA NATUREZA DA INFRAÇÃO[1]

1. Fixação da competência em razão da natureza da infração: trata-se de hipótese excepcional para a eleição do foro competente. Deve-se analisá-la sob dois ângulos diversos: a) primeiramente, serve a natureza da infração (*ratione materiae*) para afastar a incidência da regra geral, que é o foro do lugar da infração penal. Assim, havendo a prática de um crime militar, por exemplo, elege-se o foro independentemente de ferir, eventualmente, o local da infração, pois deve ele ser julgado na Justiça Militar, nem sempre existente na Comarca onde se deu a infração. O mesmo se diga do delito eleitoral, que pode ser julgado por um juízo diverso da sua Comarca de origem, por critérios de organização da Justiça Eleitoral. Somente para servir de ilustração: TSE – Resolução 15.394, de 1.º de agosto de 1989 (Consulta 10.016, Classe 10.ª, São Paulo): "Os eleitores de município transferido para outra Comarca não

Art. 74

Código de Processo Penal Comentado · Nucci

deverão ser, em consequência, transferidos de Zona Eleitoral, salvo na hipótese de criação de nova Zona ou transferência daquele para outra diversa da originária". Igualmente, o TRE-SP já teve oportunidade de decidir que a transferência do eleitorado de uma Junta Eleitoral para outra independe de ocorrer coincidência entre as jurisdições comum e especial. Assim, caso o Município vincule-se a uma Comarca, quanto à jurisdição comum, pode perfeitamente ligar-se a outra, no tocante à jurisdição especial. É o caso concreto do Município paulista de Caiuá, da Comarca de Presidente Epitácio, que continua vinculado, eleitoralmente, ao juízo eleitoral de Presidente Venceslau (Acórdão 134.539, Processo 12.271, Classe 7.ª, rel. Eduardo Bottallo, 03.02.2000, v.u.); b) secundariamente, quando se utiliza, antes, o critério do lugar da infração penal ou do domicílio do réu, passa-se a verificar a natureza da infração penal, a fim de, dentro da Comarca eleita, escolher o juízo competente. Um roubo praticado na Comarca de São Paulo deve ser julgado por uma das Varas Centrais, ainda que a região de seu cometimento seja da esfera de abrangência de um foro regional. A matéria é reservada ao foro central. Ressalva-se, ainda, a competência das Varas do Júri, que preferem, sempre, em confronto com as demais, quando se tratar de delitos dolosos contra a vida. Trata-se de competência absoluta, não sujeita à prorrogação.

> **Art. 74.** A competência pela natureza da infração[2] será regulada pelas leis de organização judiciária,[3-3-A] salvo a competência privativa do Tribunal do Júri.[4]
>
> § 1.º Compete ao Tribunal do Júri o julgamento dos crimes previstos nos arts. 121, §§ 1.º e 2.º [atualmente, inclui-se o art. 121-A], 122, parágrafo único [atualmente, 122, §§ 1.º a 7.º], 123, 124, 125, 126 e 127[5] do Código Penal, consumados ou tentados.[6-11]
>
> § 2.º Se, iniciado o processo perante um juiz, houver desclassificação para infração da competência de outro, a este será remetido o processo, salvo se mais graduada for a jurisdição do primeiro, que, em tal caso, terá sua competência prorrogada.[12]
>
> § 3.º Se o juiz da pronúncia desclassificar a infração para outra atribuída à competência de juiz singular, observar-se-á o disposto no art. 410 [atual art. 419];[13] mas, se a desclassificação for feita pelo próprio Tribunal do Júri, a seu presidente caberá proferir a sentença (art. 492, § 2.º [atual § 1.º]).[14]

2. Competência pela natureza da infração após a determinação do seu lugar: a regra geral, como já afirmado, é eleger o foro competente, conforme o lugar onde a infração ocorreu – ou subsidiariamente, no local onde o acusado possui domicílio/residência. Salvo as hipóteses excepcionais, também declinadas, que afastam o foro do delito (matérias especiais – eleitoral ou militar –, bem como funções privilegiadas – julgamento de autoridades), no mais, eleito o lugar da infração, passa-se a analisar as regras de organização judiciária que estabelecem qual é o juiz natural para cuidar do feito. É natural que assim seja, pois dentro de uma Comarca imensa, como é o caso das capitais de Estados, o juiz não é único, razão pela qual há de se ter um critério para indicar qual será o competente para processar e julgar o agente criminoso. Por isso, está livre o legislador para optar dentre vários pontos norteadores para a elaboração da organização judiciária (qualidade da pena: reclusão, detenção, prisão simples; tipo de infração penal: crime ou contravenção e, dentre os primeiros, aqueles que são de menor potencial ofensivo; tipos de crimes – dolosos ou culposos, contra a vida ou outro bem jurídico determinado etc.).

3. Organização judiciária: é disciplinada por leis específicas, conforme a jurisdição enfocada. Há normas regulando a organização, divisão e distribuição da Justiça Federal, da

Justiça Militar – federal e estadual (cada qual com a sua específica legislação) – da Justiça Eleitoral e da Justiça Estadual. Para esta, no Estado de São Paulo, ainda vige o Código Judiciário – Decreto-lei complementar 3, de 27 de agosto de 1969 –, embora já modificado por leis editadas após essa data.

3-A. Criação de vara especializada: essa alternativa, que tem sido adotada em diversos casos, mesmo sem expressa previsão em lei federal, obtém guarida justamente por meio das leis de organização judiciárias, que podem ser estaduais. Não há lesão ao princípio do juiz natural (e imparcial), porque se aplica a todos os agentes de determinado crime; logo, não se elege esta ou aquela pessoa para privilegiar, *escolhendo* um juízo apropriado somente para seu caso. Conferir: STJ: "4. O art. 96, I, 'a', da Constituição Federal confere aos Tribunais competência privativa de auto-organização, prerrogativa própria de iniciativa para dispor sobre funcionamento dos órgãos jurisdicionais e administrativos. 5. No âmbito infraconstitucional, o art. 74 do Código de Processo Penal dispõe que 'A competência pela natureza da infração será regulada pelas leis de organização judiciária, salvo a competência privativa do Tribunal do Júri. 6. A criação de vara especializada em crimes contra o Sistema Financeiro Nacional, por resolução do Tribunal Regional Federal da Segunda Região, não viola o princípio do juiz natural, considerando ser da alçada dos Tribunais dispor sobre a competência e o funcionamento dos seus órgãos jurisdicionais e administrativos, na forma do art. 96, I, 'a', da Constituição da República. 7. No caso em exame, a competência das Varas Especializadas em crimes contra o Sistema Financeiro Nacional e de lavagem ou ocultação de bens, direitos e valores, em razão da matéria e da natureza da infração, abrange toda a área territorial compreendida na Seção Judiciária do Rio de Janeiro, não se limitando à sede da Seção Judiciária do Rio de Janeiro, consoante consignado no acórdão recorrido" (RHC 46.881/RJ, 5.ª T., rel. Ribeiro Dantas, j. 04.09.2018, v.u.).

4. Competência privativa do júri: trata-se de competência constitucional, cuja lei de organização judiciária não pode alterar ou suprimir, devendo apenas regulamentar. Assim, de acordo com o disposto no art. 5.º, XXXVIII, *d*, da Constituição Federal, cabe ao Tribunal do Júri julgar os delitos dolosos contra a vida. Segue o mesmo espírito a Constituição de São Paulo, disciplinando, no art. 83, que "os Tribunais do Júri têm as competências e garantias previstas no art. 5.º, XXXVIII, da Constituição Federal. Sua organização obedecerá ao que dispuser a lei federal e, no que couber, a lei de organização judiciária". Assim, cabe a esta última indicar, em Comarcas com mais de uma Vara privativa do Júri, qual será a competente para julgar o crime doloso contra a vida.

5. Crimes dolosos contra a vida previstos no Código Penal: melhor teria ficado a redação desse parágrafo, se tivesse incluído o *caput* do art. 121, bem como o *caput* do art. 122, já que não são somente as formas privilegiadas ou qualificadas dos delitos que pertencem à competência do júri.

6. Competência exclusiva ou mínima: entendemos ser mínima a competência para os crimes dolosos contra a vida, nada impedindo que a lei ordinária aumente a possibilidade de o júri julgar outros delitos. Note-se que a Constituição (art. 5.º, XXXVIII) preleciona que é reconhecida a instituição do júri, com a organização que lhe der a lei, *assegurados*, dentre outros, a competência para o julgamento dos crimes dolosos contra a vida. Logo, não se trata de impor uma competência exclusiva, mas sim evitar que o legislador ordinário esvaziasse a atribuição do Tribunal do Júri, retirando-lhe, cada vez mais, sua atribuição. Escrevemos em nosso *Júri – Princípios constitucionais*, p. 174: "O motivo relevante para que o constituinte elegesse um gênero de crimes a ser julgado pelo Tribunal do Júri deveu-se ao fato de que, em outros países, quando não especificada na Constituição essa competência mínima, a tendência sempre foi reduzir, gradativamente, a participação do júri no sistema judiciário, de modo a

Art. 74

Código de Processo Penal Comentado · **Nucci**   210

conduzi-lo a um papel decorativo. Com a exceção dos Estados Unidos, único país do mundo onde a instituição ainda possui certa força, mesmo porque consta como garantia fundamental do homem na Constituição, os demais que preveem o tribunal popular vêm tornando menor a esfera de delitos de sua competência". Aliás, sendo o júri uma garantia fundamental, consistente no devido processo legal para a punição do homicida, portanto cláusula pétrea, não pode ser extirpado do nosso sistema judiciário, embora possa ter a sua competência ampliada, pois isso não afetaria o seu funcionamento, nem a sua existência. Nessa ótica, estão os magistérios de Luiz Alberto David Araújo e Vidal Serrano Nunes Júnior (*Curso de direito constitucional*, p. 125), Alexandre de Moraes, que também cita Celso Bastos e Pontes de Miranda (*Direito constitucional*, p. 104). Acrescente-se, por derradeiro, que fosse competência exclusiva para os delitos dolosos contra a vida e não teria cabimento o disposto no art. 78, I, do Código de Processo Penal, que prevê o julgamento de delitos conexos ou frutos da continência pelo Tribunal do Júri, ainda que não sejam originariamente da sua competência. Vemos, cotidianamente, jurados deliberando sobre outros delitos, que não os dolosos contra a vida, tais como roubo, furto, estupro, desacato, resistência, entre outros.

7. Natureza dos crimes dolosos contra a vida: são os tipos penais previstos no Capítulo I, do Título I, da Parte Especial do Código Penal, abrangendo as formas de homicídio simples, privilegiado e qualificado (art. 121, *caput*, §§ 1.º e 2.º), induzimento, instigação ou auxílio ao suicídio ou à prática de automutilação (art. 122), infanticídio (art. 123) e as modalidades de aborto (arts. 124 a 127). Por isso, outras variações de infrações penais que possam atentar, de qualquer modo, contra a vida, não são consideradas da competência do júri, como é o caso do latrocínio, do estupro seguido de morte, da lesão corporal seguida de morte, dentre outros. Assim também o disposto na Súmula 603 do Supremo Tribunal Federal: "A competência para o processo e julgamento de latrocínio é do Juiz singular e não do Tribunal do Júri". Maiores detalhes sobre o tema, expusemos em nosso *Júri – Princípios constitucionais*, p. 175-177, bem como na nossa obra *Tribunal do Júri*, item 1.1.5.

7-A. Competência para incentivo à automutilação: antes da alteração do art. 122 do Código Penal, promovida pela Lei n. 13.968/2019, modificando a redação, inserindo a figura da *automutilação*, prevendo novas figuras típicas e cominando penas diferenciadas, não havia dúvida: o delito era da competência do Tribunal do Júri, pois considerado um crime doloso contra a vida. Afinal, o suicídio é uma atitude considerada ilícita. Cuida-se de fato atípico a coação para impedir suicídio, demonstrando tratar-se de conduta lícita quem constranger outrem a não cometer o ato ilícito consistente no suicídio pelo ordenamento jurídico brasileiro (CP: "art. 146. Constranger alguém, mediante violência ou grave ameaça, ou depois de lhe haver reduzido, por qualquer outro meio, a capacidade de resistência, a não fazer o que a lei permite, ou a fazer o que ela não manda: Pena – detenção, de três meses a um ano, ou multa. (...) § 3.º Não se compreendem na disposição deste artigo: (...) II – a coação exercida para impedir suicídio"), embora se houver tentativa, com sobrevivência do suicida, não será ele punido por razões humanitárias. Para não haver punição, entretanto, é preciso que não exista agente indutor, instigador ou que promova alguma forma de auxílio ao suicida; caso se encontre esse autor, tipifica-se a figura do art. 122 e concretiza-se uma infração penal contra a vida, resultando em morte (reclusão, de dois a seis anos) ou lesão grave (reclusão, de um a três anos). A primeira modificação concentrou-se na criação da figura típica do *caput*, até então inexistente, em seu modelo formal, que não depende de nenhum resultado naturalístico: "induzir ou instigar alguém a suicidar-se ou a praticar automutilação ou prestar-lhe auxílio material para que o faça: Pena - reclusão, de 6 (seis) meses a 2 (dois) anos". Nas figuras de induzimento, instigação e auxílio ao suicídio concretiza-se um atentado contra a vida humana, constituindo caso de competência do Tribunal do Júri. Emerge a dúvida quando o induzimento, a instigação ou o auxílio se concentra na automutilação: permanece a competência do Tribunal Popular ou é da alçada do juiz togado? Antes de analisarmos, há outros dispositivos envolvidos no mesmo cenário. No § 1.º do art. 122, vê-se: "se da automutilação ou da tentativa de suicídio resulta lesão corporal de natureza grave ou gravíssima, nos termos dos §§ 1.º e 2.º do art. 129 deste Código: Pena – reclusão, de 1 (um) a 3 (três) anos". Seguindo o mesmo critério já utilizado, havendo tentativa de suicídio, com resultado lesão grave ou gravíssima, a competência é do júri; porém, e se houver automutilação, com o mesmo resultado? Seria um cenário de delito contra a vida ou apenas contra a integridade física, logo, da competência do juiz singular? Vamos adiante. No § 2.º desse artigo, encontra-se: "se o suicídio se consuma ou se da automutilação resulta morte: Pena – reclusão, de 2 (dois) a 6 (seis) anos". Havendo suicídio consumado, prevalece a regra conhecida: competência do júri. Se houver automutilação, com resultado morte, segue-se ao Tribunal Popular ou ao juiz togado? Pode-se sustentar que houve morte, logo, perda da vida, como bem jurídico tutelado, resultado de uma atitude dolosa do agente indutor, instigador ou auxiliador da vítima, razão pela qual deve ir ao júri. No entanto, é viável alegar que a automutilação é uma lesão corporal, com resultado morte, razão pela qual o dolo do agente se voltaria primordialmente à lesão, embora tivesse acarretado a morte e o caminho seria da alçada do juízo monocrático. No § 6.º, pode-se visualizar: "se o crime de que trata o § 1.º deste artigo resulta em lesão corporal de natureza gravíssima e é cometido contra menor de 14 (quatorze) anos ou contra quem, por enfermidade ou deficiência mental, não tem o necessário discernimento para a prática do ato, ou que, por qualquer outra causa, não pode oferecer resistência, responde o agente pelo crime descrito no § 2.º do art. 129 deste Código". Eis uma situação paradoxal. Antes da modificação legislativa de 2019, caso alguém investisse contra um menor de 14 anos, para que ele se suicidasse, mas do ato resultasse lesão grave, havia posição doutrinária apontando para uma tentativa de homicídio, pois o menor não tem discernimento suficiente para compreender a violência contra a sua própria vida (no mesmo prisma, caso a vítima esteja sem discernimento por conta de doença ou deficiência mental ou seja incapaz de ofertar resistência). Assim sendo, seguiria para o júri, sem dúvida. No entanto, com a reforma, o legislador deixou clara a sua posição pela aplicação da pena relativa à lesão gravíssima. Essa alternativa foi um equívoco, em nossa visão, mas consta de lei. Somente por causa da punição se concentrar no cenário da lesão corporal de natureza gravíssima não indica deva o crime ser julgado pelo juiz singular. Há dolo ao fomentar o suicídio de pessoa incapaz, razão pela qual a competência é do júri. Confira-se, ainda, o disposto no § 7.º: "se o crime de que trata o § 2.º deste artigo é cometido contra menor de 14 (quatorze) anos ou contra quem não tem o necessário discernimento para a prática do ato, ou que, por qualquer outra causa, não pode oferecer resistência, responde o agente pelo crime de homicídio, nos termos do art. 121 deste Código". Neste dispositivo, o legislador atuou de maneira acertada, pois quem induz, instiga ou auxilia o incapaz a se matar e isto ocorre, cuida-se de homicídio doloso. Leva-se o caso ao Tribunal do Júri. Porém, se da automutilação praticada pelo incapaz houver o resultado morte, a lei deixa clara a opção legislativa pela punição com fundamento em homicídio nos termos do art. 121 do CP – e obviamente, não se trata de homicídio culposo. Ilustrando, é completamente ilógica a ideia de um adulto incentivar uma criança de 5 anos a saltar pela janela de um apartamento em andar alto do prédio, para que se suicide e encontre os anjos com os quais ele tanto sonha, para, depois que isto se concretiza e o menor morre, responda por homicídio culposo. O dolo é evidente; ninguém o faz por imprudência, quiçá acreditando que o menor vai flutuar e não morrer espatifado no chão. O dolo é apurado no momento do induzimento, instigação ou auxílio à pessoa incapacitada de compreender o que faz ou de resistir, cujo objetivo é eliminar a sua vida, o que efetivamente ocorre. Portanto, um homicídio doloso, que segue ao Tribunal do Júri. Por ter a lei deixado nítido o tipo penal a ser aplicado tanto

Art. 74

Código de Processo Penal Comentado · **Nucci**

212

havendo automutilação como suicídio, há de se acolher o julgamento pelo Tribunal Popular. Retornando às questões que ficaram em aberto. Em todas as hipóteses de automutilação, sem envolver a morte da vítima, seria um crime contra a vida? Segundo nos parece, devemos responder afirmativamente. Havendo tipificação do caso na figura do art. 122 do Código Penal – um delito doloso contra a vida – deve ir a júri. Há dois critérios para eleger a competência do júri e avaliar o que consta do art. 5.º, inciso XXXVIII, *d*, da Constituição Federal. Pode-se optar pela análise fiel da intenção do agente, vinculando-a ao resultado atingido e concluir tratar-se de um delito doloso contra a vida. Outra via é avaliar a classificação feita em lei, indicativa da opção do Código Penal pela enumeração dos crimes contra a vida, especificamente, no Capítulo I, do Título I, da Parte Especial, abrangendo os artigos 121 a 126. Excetua-se, por força da norma constitucional, a figura da culpa. Portanto, todas as figuras incriminadoras dos artigos 121, 122, 123, 124, 125 e 126, com dolo, devem ser consideradas crimes dolosos contra a vida, logo, da competência do Tribunal do Júri. Aproveite-se para lembrar que o dispositivo constitucional não é exaustivo: ele assegura que, *pelo menos*, o júri deve apreciar crimes dolosos contra a vida, tanto que todas as infrações penais conexas seguem para apreciação do Tribunal Popular, mesmo não sendo delitos dolosos contra a vida humana. O critério enunciativo prevaleceu, após intenso debate doutrinário, encaminhando-se ao Tribunal do Júri os delitos fixados no Capítulo I, do Título I, da Parte Especial do Código Penal, permitindo-se o julgamento, também, dos conexos. Tanto é verdade que o Supremo Tribunal Federal editou a Súmula 603: "A competência para o processo e julgamento de latrocínio é do juiz singular e não do Tribunal do Júri". Por que o fez? Justamente pela controvérsia em torno de como eleger o crime doloso contra a vida. Se tivesse prevalecido o primeiro modelo, analisando-se exatamente a intenção do agente e contra qual bem jurídico ele se volta, o roubo seguido de morte, quando há dolo quanto ao roubo e dolo no tocante à morte da vítima deveria ser julgado pelo júri. Afinal, há inúmeros casos nos quais se pode constatar, com nitidez, pelas provas dos autos, que o roubador o fez com dolo (primeiro, vale-se de grave ameaça para subtrair a coisa alheia móvel); encontrando resistência da vítima, emprega violência bem dirigida não apenas a lesioná-la, mas a lhe provocar a morte. Ora, no cenário fático (e jurídico), visualiza-se dolo para matar uma pessoa. Por isso, havia o debate em torno disso. Entretanto, fechada a questão pelo STF, como se pode ver pela Súmula 603, *todos* os delitos dolosos inseridos no Capítulo I, do Título I, do Código Penal, são crimes dolosos contra a vida, não importando o formato concretizado em fatos. Portanto, segundo nos parece, o legislador, preocupado com o *jogo da baleia azul*, cuja finalidade é induzir e instigar muitas pessoas – especialmente adolescentes, pela Internet – a cometer atos violentos contra si mesmas, onde se inclui a automutilação – uma forma grave de lesão corporal, que gerou muitas mortes, entendeu haver um crime doloso contra a vida, em última análise. Provocar a automutilação seria atitude equivalente a instigar o suicídio, visto que é meio executório apto para isso. *Mutilar* não é uma simples ofensa à integridade física (note-se que uma lesão corporal, como se pode visualizar no art. 129 do Código Penal, nem usa o termo *mutilar*). A mutilação é um corte profundo, tirando uma parte ou membro do corpo, constituindo sinônimo de amputar ou decepar. Não é sinônimo de lesionar ou lesar. Por isso, levar alguém a se automutilar é grave conduta, similar a induzir a pessoa a se suicidar. Ambas as situações são perfeitamente aptas a gerar a morte da vítima e o agente atuou com dolo. Trata-se de delito doloso contra a vida em última análise sempre que se caracterizar qualquer fato típico do art. 122 do Código Penal, devendo-se encaminhar o caso à apreciação do Tribunal do Júri.

8. Júri Estadual e Federal: tipicamente, conhece-se o júri no âmbito da Justiça Estadual, tendo em vista que os crimes dolosos contra a vida dificilmente costumam envolver matéria afeita a magistrado federal. Entretanto, é possível que tal ocorra, como, por exemplo, o homicídio de delegado federal que investiga corrupção na polícia federal, bem como o assassinato de Procurador da República, por conta de medidas persecutórias dentro de sua atividade funcional. Nessas situações, há previsão legal para que o júri seja instalado na esfera federal, como dispõe o art. 4.º do Decreto-lei 253/1967: "Nos crimes de competência da Justiça Federal, que devem ser julgados pelo Tribunal do Júri, observar-se-á o disposto na legislação processual cabendo a sua presidência ao Juiz a que competir o processamento da respectiva ação penal". Lembremos que, na hipótese ventilada, estamos tratando de justiça comum, embora os bens jurídicos protegidos tenham esferas de competência diversas (estadual ou federal).

9. Júri e crime contra índios: preceitua a Constituição Federal ser de competência privativa da União legislar sobre populações indígenas (art. 22, XIV), bem como ser da competência da Justiça Federal resolver a "disputa sobre direitos indígenas" (art. 109, XI). Assim, caso alguém resolva dizimar um grupo de índios, especialmente se o fizer em reserva indígena, sob tutela da União, por conta de conflitos de terras, por exemplo, deve responder por homicídio na Justiça Federal. É assunto de interesse e tutela direta da União. Entretanto, não se pode levar tal interpretação ao extremo. Caso alguém mate um índio, sem nem ao menos conhecer a sua condição, até porque é integrado à civilização, já sem a tutela do órgão próprio instituído pela União, trata-se de crime comum, da esfera de competência do Júri estadual. Foi, aliás, o que ocorreu em Brasília com o caso do índio pataxó, Galdino Jesus dos Santos, incendiado por quatro rapazes no Distrito Federal, em 20 de abril de 1997, cujos autores terminaram sendo processados pela Justiça Estadual. Ver STJ, RE 192.049/DF, 5.ª T., rel. Felix Fischer, 09.02.1999, m.v. (o voto contrário deu-se com relação à pronúncia e não à competência), que reafirmou a competência do Tribunal do Júri estadual do Distrito Federal. Ver, ainda, a Súmula 140 do Superior Tribunal de Justiça: "Compete à Justiça Comum Estadual processar e julgar crime em que o indígena figure como autor ou vítima".

9-A. Júri e crime envolvendo interesses indígenas: há possibilidade de se considerar competente a Justiça Federal, quando o homicídio envolver disputas sobre direitos indígenas, mesmo não sendo índio a vítima. Trata-se de situação a ser julgada por Tribunal do Júri Federal. Na jurisprudência: STJ: "Trata-se de conflito de competência (CC) em que figura como suscitante o juízo estadual e como suscitado o TRF da 1.ª Região. *In casu*, ocorreu tentativa de homicídio contra um advogado, crime do qual seria mentor um silvícola. Nesta superior instância, ao apreciar o conflito, inicialmente ressaltou o Min. Relator ser verdade que a competência federal penal, principalmente nas causas que envolvam índios, é alvo de inúmeras dúvidas doutrinárias e jurisprudenciais, sempre havendo vozes dissonantes. Entretanto, é possível valer-se de um princípio para definir se determinada ação deve tramitar na Justiça Federal ou na Justiça estadual: trata-se do princípio da preponderância do interesse da União. Na hipótese, a motivação da tentativa de homicídio seria a penhora de um micro-ônibus pertencente à associação indígena para saldar dívidas. Assim, entendeu o Min. Relator que, interpretando em conjunto o art. 3.º da Lei 6.001/1973 e o art. 231 da CF/1988, não há como negar que, no caso, a motivação para o crime extrapolou o interesse privado (individual). É que, sendo vedada a implantação de garimpos particulares em reservas indígenas, criou-se uma maneira indireta de fazer a extração dos bens minerais escondidos em seu subsolo. Convenceu-se a comunidade indígena daquela região acerca da necessidade de aquisição de bens materiais modernos, sabendo-se que jamais seus membros teriam como quitar as dívidas contraídas. Desse modo, não se aplica à espécie o enunciado da Súmula 140-STJ, já que houve indubitavelmente disputa sobre direitos indígenas, o que atrai a competência da Justiça Federal. Diante dessas considerações, entre outras, a Seção conheceu do conflito e declarou competente a Justiça Federal, determinando a remessa dos autos ao TRF da 1.ª Região a fim de prosseguir o julgamento do recurso em sentido estrito interposto pela defesa contra pronúncia que submeteu os réus a julgamento pelo tribunal do júri. Precedentes citados: CC

Art. 74

93.000 – MS, *DJe* 14.11.2008, e HC 65.898 – MS, *DJ* 14.05.2007" (CC 99.406/RO, 3.ª Seção, rel. Jorge Mussi, 13.10.2010, v.u. – embora antigo, serve para ilustração).

10. Júri e Justiça Eleitoral: nesse contexto há duas posições: a) a primeira sustenta que a Justiça Eleitoral é especial, prevista na Constituição em seção à parte no capítulo que cuida do Poder Judiciário, razão pela qual, em função da matéria (*ratione materiae*), é prevalente quando em confronto com a justiça comum. O Tribunal do Júri também tem *status* constitucional, mas faz parte da justiça comum e não trata de matéria específica, de forma que cede espaço à Justiça Eleitoral. O exemplo seria de um integrante de junta eleitoral assassinado por ter descoberto fraudes na urna, no dia do pleito. Há o delito de homicídio conexo com crime eleitoral. Não caberia ao júri decidir o destino do homicida, por ser crime considerado de natureza eleitoral. É o ensinamento de Suzana de Camargo Gomes: "Havendo conexão entre crimes eleitorais e crimes dolosos contra a vida, o julgamento de todos eles está afeto à Justiça Eleitoral, e não ao Tribunal do Júri. E mais, nesses casos, nem sempre estará presente a competência da Justiça Eleitoral, pois poderá restar afastada se configurada a competência funcional ou por prerrogativa de função outorgada a outros órgãos jurisdicionais pela Constituição Federal. (...) Nesses casos, não há que se cogitar nem mesmo a hipótese da criação de um Tribunal do Júri de natureza eleitoral, posto que não previsto na lei que define a organização dessa instituição, nem tampouco na legislação eleitoral. É que não autoriza a lei a constituição de Tribunal do Júri no âmbito da Justiça Eleitoral, não havendo, destarte, que se falar possa o Juiz Eleitoral realizar a condução e presidência do processo afeto ao tribunal popular, pois, se assim fosse, estaria sendo desrespeitado o art. 5.º, XXXVIII, da CF, que determina tenha a instituição do júri a organização que a lei lhe conferir. Em suma, tratando-se de crimes eleitorais conexos a crimes dolosos contra a vida, o julgamento de todos eles há de ser realizado pela Justiça Eleitoral, a menos que caracterizada, em termos constitucionais, a competência funcional de outros órgãos jurisdicionais" (*Crimes eleitorais*, p. 58-59); b) a segunda defende que os crimes eleitorais devem ser julgados pela Justiça Eleitoral, que é especial, conforme constitucionalmente previsto. Entretanto, crimes dolosos contra a vida não são, jamais, crimes eleitorais (vide a relação dos mesmos no Código Eleitoral). Logo, tratando-se de crimes comuns, o correto é que sejam julgados pelo Tribunal do Júri, constitucionalmente assegurado (art. 5.º, XXXVIII, *d*). Não há que se argumentar com eventual conexão entre eles, deslocando o julgamento para a Justiça Eleitoral (matéria especial em relação à do júri), pela simples razão de que a conexão é prevista no Código de Processo Penal e não pode afastar a competência constitucional. Dessa forma, se houver uma fraude eleitoral e, em face disso, o membro da Junta Eleitoral for assassinado, deve haver separação dos julgamentos. O crime eleitoral seguirá para a Justiça Especial, enquanto o crime contra a vida – que eleitoral não é – deve ser julgado pelo Júri. Com isso, garante-se respeito à competência estabelecida pela Constituição Federal para ambas as situações. Não teria sentido invocar a conexão, prevista em lei ordinária, para subtrair do Júri um delito doloso contra a vida, tipicamente de sua competência. É a posição que atualmente defendemos. No mesmo prisma: Paulo Rangel (*Direito processual penal*, p. 332).

11. Júri e Justiça Militar: da mesma forma que ocorre com a Justiça Eleitoral, há previsão expressa e destacada na Seção VII do capítulo do Poder Judiciário, na Constituição Federal, a respeito da Justiça Militar, o que a torna especial em relação ao Tribunal do Júri, da Justiça comum. Diz o art. 124 da CF, que "à Justiça Militar compete processar e julgar os crimes militares definidos em lei". No parágrafo único, menciona que a lei deverá dispor sobre a organização, o funcionamento e a competência da Justiça Castrense. Na Constituição Estadual de São Paulo especifica-se que cabe aos Conselhos de Justiça Militar processar e julgar os policiais militares nos crimes militares definidos em lei. Portanto, qualquer militar – seja ele ligado às Forças Armadas, seja à Polícia Militar Estadual – deve ser julgado pela Justiça Militar. Os delitos militares estão previstos no art. 9.º do Código Penal Militar (Decreto-lei 1.001/1969), em tempo de paz. A mesma situação encontra-se no art. 125, § 4.º, parte final, da Constituição (redação dada pela Emenda 45/2004). Quanto aos delitos dolosos contra a vida, cometidos por militares contra civis, serão da competência do Tribunal do Júri (art. 9º, § 1º, CPM). Vale ressaltar que a Lei 14.688/2023 incluiu o § 2º do art. 9º do CPM, com o objetivo de excluir do júri, atribuindo competência à Justiça Militar da União, os crimes dolosos contra a vida, cometidos por militares das Forças Armadas contra civil, quando estiverem em cumprimento de atribuições dadas pelo Presidente da República ou pelo Ministro de Estado da Defesa ou ação envolvendo a segurança de instituição militar ou missão militar, ainda que não beligerante, bem como de atividade de natureza militar, de operação de paz, de garantia da lei e da ordem ou de atribuição subsidiária, em conformidade ao art. 142 da Constituição Federal. Para os crimes militares em tempo de guerra, remetemos o leitor ao art. 10 do Código Penal Militar. A isso, acrescente-se o disposto no art. 82 do Código de Processo Penal Militar (Decreto-lei 1.002/1969): "O foro militar é especial, e, exceto nos crimes dolosos contra a vida praticados contra civil, a ele estão sujeitos, em tempo de paz: I – nos crimes definidos em lei contra as instituições militares ou a segurança nacional: a) os militares em situação de atividade e os assemelhados na mesma situação; b) os militares da reserva, quando convocados para o serviço ativo; c) os reservistas, quando convocados e mobilizados, em manobras, ou no desempenho de funções militares; d) os oficiais e praças das Polícias e Corpos de Bombeiros, Militares, quando incorporados às Forças Armadas; II – nos crimes funcionais contra a administração militar ou contra a administração da Justiça Militar, os auditores, os membros do Ministério Público, os advogados de ofício e os funcionários da Justiça Militar. § 1.º O *foro militar se estenderá* aos militares da reserva, aos reformados e *aos civis*, nos *crimes contra a segurança nacional* ou *contra as instituições militares*, como tais definidos em lei. § 2.º Nos *crimes dolosos contra a vida, praticados contra civil*, a Justiça Militar encaminhará os autos do inquérito policial militar à *justiça comum*" (grifamos). Note-se, pois, que civis podem responder perante a Justiça Militar, desde que se trate de delito contra a segurança nacional e contra as instituições militares, cuja alçada é da Justiça Militar Federal. Assim, não há caso de civil respondendo perante a Justiça Militar Estadual, especificamente pelo fato de ter a Constituição Federal estreitado a sua esfera de atuação. Diz o art. 125, § 4.º, que "compete à Justiça Militar estadual processar e julgar os militares dos Estados nos crimes militares definidos em lei...". Caso civis cometam algum crime vinculado por conexão ou continência ao delito militar, responderão, quando for o caso, perante a Justiça Comum (art. 79, I, CPP; art. 102, CPPM). Nessa linha, veja-se o magistério de Jorge Alberto Romeiro: "Não são os civis processados e julgados pela Justiça Militar estadual pelos crimes militares que praticam contra as corporações da polícia militar e do corpo de bombeiros dos Estados. Nesses casos, são os civis processados e julgados na Justiça comum estadual pelos crimes correspondentes aos do CPM, que a rigor teriam praticado contra as ditas corporações militares estaduais" (*Curso de direito penal militar*, p. 83).

12. Perpetuação da jurisdição em caso de jurisdição mais graduada: entendemos inexistente em nosso atual quadro de organização judiciária que se dê tal hipótese. Preferimos seguir, nessa linha, o magistério de Demercian e Maluly, para os quais "a prorrogação de competência não tem aplicabilidade no Brasil, quando for fixada em razão da matéria. De fato, não existe em nossas Leis de Organização Judiciária determinação da competência em *razão da matéria* entre juízes de diferentes graus de jurisdição, ou seja, não há qualquer lei que diga, por exemplo, incumbir originariamente ao Tribunal de Justiça do Estado o julgamento de crimes contra a fé pública, patrimônio, administração etc. A competência *originária* dos juízes de maior graduação dá-se, sempre, em razão da pessoa, ou por *prerrogativa de função*" (*Curso de processo penal*, p. 191-192). Tourinho Filho nos dá um bom exemplo de como havia, no Brasil, essa possibilidade: "Esta regra era muito adotada nos Estados que possuíam

Art. 74

Juízes hierarquicamente inferiores aos Juízes de Direito, como na Bahia. Lá, nas Comarcas com Municípios de certa projeção, o Estado mantinha um Juiz de alçada, denominado Pretor, e que processava e julgava crimes de pouca monta e contravenções que ocorressem no território do seu Município. Faltava-lhe competência para processar crimes apenados com reclusão. Assim, se num desses Municípios em que houvesse Pretor, Mévio houvesse cometido um crime de lesão corporal grave, o inquérito seria remetido para a sede da Comarca e tramitaria ali, perante o Juiz de Direito" (*Código de Processo Penal comentado*, v. 1, p. 188-189). Embora essa ilustração seja válida, pois apresenta a dicotomia entre juiz e pretor (diversos graus de jurisdição), mais adiante o mesmo autor fornece um exemplo com o qual não podemos concordar. Menciona que o juiz do foro central da Capital de São Paulo, que detém competência para apurar crimes punidos com reclusão, ocorridos em toda a cidade, bem como crimes apenados com detenção, na área central, pode ser considerado de *jurisdição mais graduada* do que o magistrado em exercício no foro regional, que somente pode conhecer e julgar crimes apenados com detenção ocorridos na sua área. Portanto, extrai como conclusão que um juiz do foro central, possuindo jurisdição *mais graduada*, porque pode julgar delitos apenados com reclusão, o que o magistrado do foro regional não pode, embora ambos sejam de entrância especial, uma vez notando que a infração penal que vai julgar é apenada com detenção e seria da competência territorial do juiz do foro regional, pode ter prorrogada a sua competência, tornando-se apto para julgá-la (*Código de Processo Penal comentado*, v. 1, p. 189-190). O magistrado do foro regional, por sua vez, notando que vai julgar um delito apenado com reclusão, mesmo que seja de sua área, deve enviar o processo ao juiz do foro central. Segundo cremos, não se trata de um problema de jurisdição *superior* ou *inferior*, mas sim de organização judiciária da Capital de São Paulo, envolvendo matéria e território. Assim, o juiz do foro central pode julgar tanto crimes apenados com reclusão como aqueles apenados com detenção. Quanto a estes, é preciso que sejam da área central. Afinal, o foro central é bem mais amplo e possui muito mais Varas do que qualquer foro regional da cidade de São Paulo. Porém, ao julgar o crime que competia ao magistrado do foro regional, está se valendo das regras de competência territorial, que é prorrogável, caso ninguém excepcione. Findo o processo, percebendo tratar-se de delito ocorrido na área de um foro regional é natural que possa julgá-lo. É competente em razão da matéria e a competência territorial resta prorrogada. O juiz do foro regional somente pode julgar delitos apenados com detenção, de modo que, percebendo tratar-se de crime punido com reclusão, é incompetente em razão da matéria, devendo enviar os autos ao magistrado do foro central. Entretanto, se o juiz do foro regional notar, no final do processo, que o crime é punido com detenção, mas ocorreu na área central, pode julgá-lo, pois a competência territorial não é absoluta. Logo, não nos parece que seja uma questão de jurisdição mais graduada, mas sim uma análise conjunta da competência em razão da matéria e da competência territorial.

13. Desclassificação ocorrida na fase da pronúncia: quando o juiz de Vara privativa do júri verificar, por ocasião do julgamento da admissibilidade da acusação, que não se trata de crime doloso contra a vida, deverá alterar a classificação, deixando de ser competente para prosseguir no processamento do feito, enviando-o ao juiz singular. É justamente o que dispõe o art. 419, para o qual remetemos o leitor.

14. Desclassificação ocorrida no Plenário do Júri: quando o Tribunal do Júri concluir que a infração não é de sua competência, ao invés de o juiz presidente remeter o feito ao juízo singular, deve ele mesmo julgar, até por uma questão de economia processual, tendo em vista que houve uma longa trajetória para que o feito atingisse a fase de decisão em plenário. Pode, por exemplo, o júri decidir que não é crime doloso contra a vida e sim uma lesão corporal grave. Cabe ao magistrado presidente decidir o caso. Nesse sentido: TJSP: "Desclassificado o crime pelo corpo de jurados e a infração atribuída à competência do juiz singular, cabe ao

Presidente do Tribunal do Júri, desde logo, proferir a sentença" (CJ 91.422-0/7, São Paulo, Câmara Especial, rel. Luís de Macedo, 13.05.2002, v.u., *JUBI* 83/03). É o que dispõe o art. 492, § 1.º, cujas notas contêm maiores detalhes.

Capítulo IV
DA COMPETÊNCIA POR DISTRIBUIÇÃO[1-2]

1. Fixação da competência em razão da distribuição: é a situação ocorrida quando não há meios de se resolver eventual conflito entre juízes de igual competência, situados na mesma Comarca. Denota que não foram suficientes os critérios anteriores, isto é, o lugar da infração, o domicílio do réu ou a natureza da infração, pois ainda existem magistrados em igualdade de condições para julgar o caso. Portanto, a escolha do juiz natural faz-se fortuitamente, por distribuição. Esta consiste em processo aleatório de escolha, por meio de sorteio. O critério da sorte não pode ser substituído por qualquer outro que implique em juízo de valor, pois, se assim for, estará a parte interessada e parcial escolhendo o magistrado que vai decidir o caso, fazendo naufragar o princípio do juiz natural.

2. Fixação do juiz competente quando há mais de um por Vara: a preocupação com a escolha do juiz natural é de suma importância, não podendo ser descurada em hipótese alguma. Somente para ilustrar, o Conselho Superior da Magistratura de São Paulo, através do Provimento 281, de 11 de abril de 1986, determinou que, em face da existência do Juiz Auxiliar da Capital, designado para prestar serviços numa só Vara, deve haver igualdade de competência para ambos (Juiz Titular e Auxiliar), devendo o Auxiliar cuidar dos processos com finais 00 a 49. Posteriormente, por decisão de 4 de agosto de 1997, alterou-se a regra para fixar ao Juiz Titular os processos ímpares e, os pares, para o Auxiliar. Em qualquer situação, determina o Provimento que o Juiz Auxiliar será certo nos processos que lhe couberem, inadmitida a avocação pelo Titular. Qualquer outra sistemática de distribuição do serviço deve passar pelo crivo do Conselho Superior da Magistratura. Atualmente, ao menos no Estado de São Paulo, os Juízes Auxiliares da Capital possuem cargo fixo, razão pela qual não podem ser removidos, da mesma forma que os titulares. Por isso, a divisão de processos entre eles (titular e auxiliar) torna-se ainda mais absoluta, preservando-se o princípio do juiz natural.

> **Art. 75.** A precedência da distribuição fixará a competência quando, na mesma circunscrição judiciária, houver mais de um juiz igualmente competente.[3-4]
>
> **Parágrafo único.** A distribuição realizada para o efeito da concessão de fiança ou da decretação de prisão preventiva ou de qualquer diligência anterior à denúncia ou queixa prevenirá a da ação penal.[5]

3. Distribuição do inquérito fixando a competência: normalmente, quando o inquérito não finda no prazo legal, havendo necessidade de dilação, com retorno à polícia judiciária para continuidade das investigações, é preciso solicitar ao juiz a prorrogação, razão pela qual distribui-se o feito, prevenindo o juízo. Utiliza-se tal procedimento quando há, na Comarca, mais de um magistrado competente.

3-A. Critério auxiliar de fixação de competência: a distribuição somente se faz, entre juízes de igual competência, quando outro elemento, ligado às regras de estabelecimento de competência, não estiver presente. Convém registrar a Súmula 706 do STF: "é relativa a nulidade

Art. 75

Código de Processo Penal Comentado · **Nucci**

218

decorrente da inobservância da competência penal por prevenção". Na jurisprudência: STJ: "Como regra, a fixação da competência de foro ou territorial segue a teoria do resultado, sendo determinante o lugar da consumação da infração, ou do último ato da execução, nas hipóteses de tentativa (art. 70 do CPP), tendo como critério subsidiário o domicílio do réu (CPP, art. 72). A denominada competência por prevenção, que pressupõe distribuição (CPP, art. 75, parágrafo único), no geral, é utilizada como *critério subsidiário de fixação da competência territorial,* baseado na cronologia do exercício de atividade jurisdicional, mesmo que antes de oferecida denúncia ou queixa, necessariamente entre dois ou mais juízes igualmente competentes ou com competência cumulativa, consoante aponta o art. 83 do CPP. 3. A prevenção é igualmente eleita pela lei processual como *parâmetro subsidiário específico de determinação da competência de foro*, nas hipóteses de incerteza da competência territorial (CPP, art. 70, § 3.º); nos crimes continuado e permanente (CPP, art. 71); e nas infrações penais ocorridas a bordo de navios e aeronaves em território nacional, mesmo que ficto, nos casos em que não é possível determinar o local de embarque ou chegada imediatamente anterior ou posterior ao crime (CPP, art. 91). Ressalte-se que, quando da determinação do juízo prevalente nas causas conexas e continentes, se inservíveis os critérios do art. 78, II, 'a' e 'b', do CPP (CPP, art. 78, II, 'c'), atua como verdadeiro critério de concentração da competência relativa. (...)" (HC 222.707/ES, 5.ª T., rel. Ribeiro Dantas, 02.08.2016, v.u.).

4. Possibilidades excepcionais de alteração do critério da distribuição: realizam os tribunais e os juízos de 1.º grau uma alteração no critério de distribuição, deixando de sortear a Vara ou o relator para determinado caso, quando houver necessidade de se proceder a uma compensação. Por vezes, por falha anterior de distribuição, um magistrado recebe mais processos do que deveria. Corrige-se isso, encaminhando-se a outro juiz, na mesma Comarca, os processos futuros que derem entrada no cartório do distribuidor, sem sorteio. O mesmo ocorre no Tribunal, quando um relator recebe, por exemplo, um processo complexo demais, com inúmeros volumes, razão pela qual deixa de receber processos novos por algum tempo, o que, em si, significa uma alteração do critério de distribuição. Pode, ainda, ocorrer a distribuição por dependência, isto é, um juízo encontra-se prevento para conhecer determinado feito, havendo o ingresso de outra ação, conexa à primeira. Distribui-se, diretamente, ao juízo competente, sem necessidade de novo sorteio.

5. Da necessidade da distribuição do inquérito quando se exige decisão do magistrado: impõe a lei que o inquérito seja distribuído – e deixa bem claro que se trata de inquérito, e não de autos contendo denúncia ou queixa, ao usar os termos "qualquer diligência *anterior* à denúncia ou queixa" e "prevenirá a da ação penal" – para obter do juiz uma decisão de aspecto nitidamente jurisdicional, com reflexos na ação penal. Como diz Frederico Marques, "atos processuais jurisdicionais são todos aqueles emanados do poder jurisdicional do órgão judiciário, compreendendo, por isso, não só as decisões sobre o pedido e a lide, como ainda os atos que, provindos do juiz, servem para preparar a sentença ou para regular o andamento do processo" (*Elementos de direito processual penal*, v. 2, p. 88). E continua o mestre a explicar que "durante o processo penal, *ou em sua fase prévia de investigação policial*, providências podem ser tomadas que impliquem diminuição da liberdade do indiciado ou do réu: tais medidas têm caráter coativo e daí serem tidas como de *coação processual pessoal*" (*Elementos de direito processual penal*, v. 1, p. 159, grifamos). A preocupação da lei, que determina a distribuição do inquérito, é bastante razoável, pois nem todos os atos tomados ao longo da investigação policial – de caráter inquisitivo e preparatório da ação penal – são administrativos, mas, ao contrário, são cristalinamente jurisdicionais, implicando decisões importantes para todo o curso do futuro processo. Somente o juiz é competente para determinar a prisão, a busca e a apreensão, a quebra do sigilo telefônico, a concessão de fiança para delitos apenados com reclusão, dentre outras medidas cautelares, mas que podem, conforme o caso, servir para a formação de prova contra o indiciado e não deixam de tocar o mérito da ação penal. O juiz natural, então, é consagrado. Para que não se escolha o magistrado que irá decidir acerca da prisão preventiva, da concessão de fiança ou mesmo da produção de prova essencial (busca e apreensão, quebra de sigilo etc.), optando-se ora por um juiz liberal, ora por um magistrado rigoroso, conforme conveniências imponderáveis, deve-se distribuir o feito, prevenindo o juízo para a ação penal. Não há cabimento, pois, na existência de qualquer outro critério, que não o da distribuição, respeitando-se o juiz eleito, quando os anteriores não derem certo (lugar da infração, domicílio do réu e natureza da infração), para a escolha do juízo competente para decidir sobre tais assuntos jurisdicionais, embora proferidos durante a fase investigatória. Fere-se o princípio constitucional do juiz natural – "ninguém será processado, nem sentenciado senão pela autoridade competente" (art. 5.º, LIII, CF) – ao evitar a fixação do magistrado competente para deliberar a respeito de medidas tão importantes quanto a decretação de uma prisão preventiva – que exige prova da materialidade do delito e de indícios suficientes de autoria (art. 312, CPP) – fazendo parte do *processo*, ainda que de caráter antecipatório, e não de uma mera investigação administrativa. Enfim, exige o Código de Processo Penal que, havendo necessidade da tomada de decisão jurisdicional, durante a investigação policial, *seja distribuído o inquérito* a uma das Varas aptas a recebê-lo, tornando certo o juiz natural, de acordo com o estipulado na Constituição. Contrariar o disposto neste artigo somente poderia ser feito, caso houvesse a edição de outra lei, elegendo outros métodos para a escolha do juiz natural, o que, até o presente, desconhece-se a existência. Evitando-se a distribuição ou, fazendo-a, mas não respeitando a determinação do juízo para o qual foi remetido o inquérito e criando-se mecanismos para a eleição de magistrado diverso, está-se contrariando a lei processual penal e o espírito do juiz natural, uma vez que, de algum modo, o magistrado pode ser escolhido por mecanismos subjetivos e não objetivos, como é o da distribuição.

Capítulo V
DA COMPETÊNCIA POR CONEXÃO[1] OU CONTINÊNCIA[2-3]

1. Conceito de conexão: trata-se de ligação, nexo ou união, segundo o vernáculo. No processo penal, no entanto, ganha contornos especiais, querendo significar o liame existente entre infrações, cometidas em situações de tempo e lugar que as tornem indissociáveis, bem como a união entre delitos, uns cometidos para, de alguma forma, propiciar, fundamentar ou assegurar outros, além de poder ser o cometimento de atos criminosos de vários agentes reciprocamente. Enfim, o vínculo surge, também, quando a produção escorreita e econômica das provas assim exige. Diz Pimenta Bueno, citado por Espínola Filho, que a conexão "é o nexo, a dependência recíproca que as coisas ou os fatos têm entre si: a disjunção é a separação delas, separação forçada, por isso mesmo que o todo criminal deve ser indivisível. Com efeito, embora os crimes sejam diversos, desde que eles são entre si conexos, ou que procedem de diferentes delinquentes associados como autores ou cúmplices, formam uma espécie de unidade estreita que não deve ser rompida. Todos os meios de acusação, defesa e convicção estão em completa dependência. Separar será dificultar os esclarecimentos, enfraquecer as provas, e correr o risco de ter ao final sentenças dissonantes ou contraditórias. Sem o exame conjunto, e pelo contrário com investigações separadas, sem filiar todas as relações dos fatos, como reconhecer a verdade em sua integridade, ou como reproduzir tudo isso em cada processo? (...) Desde porém que os delitos são conexos, é necessário, ao menos quando possível, que um mesmo tribunal conheça de todos eles ou de todos os delinquentes, e que uma mesma sentença aplique a lei". E continua Espínola Filho, dizendo que "para haver conexão, é indispensável que a íntima e estreita relação entre os delitos não dê o efeito de eliminar a individualidade de cada um deles, que deve continuar distinto dos outros; é preciso se trate de fatos, ou grupos de fatos, que, a despeito de ligados entre si, conservem o seu caráter individual e distinto, pois, se isso não suceder, não há mais falar em conexidade. Se, portanto, a conexidade tem o efeito de eliminar a independência recíproca de delitos distintos, pelo que inexiste quando eles se conservam perfeitamente independentes, ocorre não confundir a conexidade com a indivisibilidade da infração, quando os diversos elementos apresentam os característicos de fatos componentes da mesma infração, e com a coautoria, quando pessoas diversas perpetram, unidas, combinadas, uma mesma infração da lei penal" (*Código de Processo Penal brasileiro anotado*, v. 2, p. 135-136). Embora a doutrina seja praticamente unânime em apoiar as causas de determinação da competência por conexão, buscando fundamentá-las da melhor forma possível, queremos crer que a única, sólida e viável razão para a junção de fatos num único processo, a fim de obterem uma apreciação unitária, é uma *produção de provas* mais eficaz. Assim, das cinco hipóteses aventadas no art. 76, entendemos devesse subsistir, verdadeiramente, somente uma delas, que está prevista no inciso III: "Quando a prova de uma infração ou de qualquer de suas circunstâncias elementares influir na prova de outra infração". Aliás, analisando-se as situações anteriores (incisos I e II), não vislumbramos hipótese em que as infrações sejam conexas e que a prova de uma deva influenciar direta e necessariamente na prova da outra ou de outras. Se as infrações são cometidas no mesmo lugar, ao mesmo tempo, por pessoas reunidas, como ocorre com um saque a um estabelecimento comercial, estabelece-se a conexão com base no inciso I, primeira parte, de acordo com a lei processual penal. Ocorre que, mais uma vez, o fundamento para isso ocorrer não é, em nosso entender, a existência de uma conexão ontológica entre os delitos, visto que um autor pode nunca ter visto o outro e as infrações, portanto, seguirem distintas em todo o seu percurso (exemplo disso seria o agente que entra pelo teto e o outro pelos fundos, cada qual subtraindo um setor da loja), mas, para a apuração e produção de laudos, colheita de depoimentos testemunhais, inclusive do representante da vítima, pode ser válido que se unam os processos. Assim, os ladrões *C* e *D*, que nunca se viram, nem no momento do delito, somente poderiam ser processados juntos por mera comodidade na produção probatória, quando for o caso. Se, eventualmente, a prova de uma infração ou de qualquer de suas circunstâncias não servir para influir na prova da outra infração, qual a vantagem da conexão? Caso *D* seja condenado e *C*, absolvido, embora tenham cometido duas infrações ao mesmo tempo, no mesmo lugar, sem se conhecerem e em andares diferentes de idêntica loja, qual o prejuízo para a credibilidade da Justiça? Suponhamos que, no setor onde *D* estava, havia câmeras de vigilância, que gravaram suas ações, enquanto na parte onde *C* agiu, não. Natural será que possa existir falta de provas para um e suficiência probatória para o outro. Assim, a conexão determinada pelo inciso I, primeira parte, sob o fundamento de evitar "julgamentos contraditórios" não teria trazido benefício algum ao processo. Por outro lado, caso *F* agrida *G*, que, em retorno, faz o mesmo, a produção da prova em conjunto é salutar, mas pode perfeitamente resolver-se pelo disposto no inciso III, afinal, a prova de uma infração termina influindo na prova da outra. A tentativa da doutrina de justificar a existência de todas as hipóteses do art. 76, por vezes, não é razoável. Exemplificando a situação prevista no inciso I, segunda parte (conexão intersubjetiva por concurso), ou seja, várias pessoas em concurso, embora diverso o tempo e o lugar, narra Tourinho Filho o seguinte: "Se duas ou mais pessoas planejam assaltar um banco na Capital paulista, ficando o agente *A* incumbindo de furtar um carro veloz para a fuga, o agente *B*, de conseguir as armas, o agente *C*, de ficar de sentinela e, finalmente, o agente *D*, de estourar o cofre se preciso, evidente que todos esses fatos reclamam unidade de processo e julgamento" (*Código de Processo Penal comentado*, v. 1, p. 194-195). Ora, quanto a *A* e *B*, que teriam praticado *furto de automóvel*, o primeiro, e *compra ilegal de arma*, o segundo, pode-se incluir tais fatos na apuração do delito de roubo contra a agência bancária, por conexão, mas, no tocante a *C* e *D*, não cometeram eles infrações conexas. Lembremos que *A*, *B*, *C* e *D* são coautores/partícipes no roubo, logo, existe continência e não conexão, razão pela qual os quatro serão processados juntos com base no art. 77, I, do CPP, e não por conta do art. 76, I. Mais uma vez, se existisse somente o inciso III do art. 76, seria a norma suficiente para determinar a apuração do furto do carro e da compra ilícita de armas juntamente com o roubo para facilitar a produção das provas das infrações penais – e caso fosse preciso. Em suma: parece-nos que o inciso III seria capaz de resolver todos os problemas de conexão, inexistindo razão substancial para a previsão feita nos incisos anteriores.

2. Conceito de continência: continência provém de *continente*, aquilo que contém ou tem capacidade para conter algo. No contexto processual penal, significa a hipótese de um fato criminoso conter outros, tornando todos uma unidade indivisível. Assim, pode ocorrer na situação do concurso de pessoas, quando vários agentes são acusados da prática de uma mesma infração penal e, também, quando houver concurso formal (art. 70, CP), com seus desdobramentos previstos nas hipóteses de *aberratio* (arts. 73 e 74, CP). Cremos que a continência, em razão do disposto no direito penal, é fundamental para a avaliação unificada dos fatos criminosos gerados por um ou mais autores. Não teria, de fato, cabimento julgar os coautores em processos distintos, visto que cometem o mesmo delito. O mesmo se diga do concurso formal, quando uma pessoa, através de uma única ação, atinge mais de um resultado criminoso.

3. Modificação de competência: a conexão e a continência são ordinariamente consideradas causas suficientes para a modificação da competência. Entretanto, objeta Vicente Greco Filho, dizendo: "É costume dizer-se que a conexão e a continência modificam a competência. Essa afirmação, porém, somente é válida no que concerne à competência em abstrato, ou seja, no caminho que se desenvolve antes da fixação definitiva, em concreto. O desaforamento, sim, modifica a competência em concreto, depois de definida. A conexão e a continência atuam antes dessa definição" (*Manual de processo penal*, p. 145). Com tal linha de pensamento concordam Demercian e Maluly (*Curso de processo penal*, p. 199). Segundo nos parece, a questão deve ser desdobrada em dois ângulos: lato e estrito senso. Em sentido amplo, é bem verdade que a conexão e a continência não modificam a competência, uma vez que elas estariam *inseridas* nas regras fixadoras da competência. É o que demonstra o art. 69, V, do CPP. Assim, caso um juiz remeta a outro um determinado processo porque descobre ser ele o juiz natural da causa, por conta da conexão, estaria livrando-se de feito que não lhe compete julgar. Mas, em sentido estrito, há, na realidade, uma alteração de competência, pois elege-se como regra o juiz natural pelos seguintes critérios: em razão da matéria, do território ou da função. Essa é a norma geral imposta pelo Código de Processo Penal e pela própria Constituição. Assim, quando um juiz está processando *A*, por ter ele cometido receptação na cidade *X*, é o competente para apurar o caso, segundo o território, a matéria e a função. Mas, quando se descobre que há um latrocínio sendo apurado na Comarca *Y*, dizendo respeito à receptação cometida por *A*, pode-se remeter o processo da Comarca *X* para a *Y* por razões de ordem prática, inspirados no inciso III do art. 76. Modifica-se, com isso, a competência, pois estritamente falando, retira-se o processo de um juiz passando-o a outro. O magistrado que apura o latrocínio não deveria cuidar da receptação, ocorrida em outra Comarca. Altera-se a regra geral, por conta da exceção estabelecida pela conexão ou pela continência. Em suma: *lato sensu*, a conexão e a continência fazem parte das regras de fixação de competência, embora, estrito senso, elas modifiquem as convencionais regras de escolha do juiz natural, por atenderem a critérios de ordem puramente instrumental, como vimos em nota anterior. Aliás, se a competência deixar de ser alterada em função da conexão ou da continência, a nulidade é

Art. 76

Código de Processo Penal Comentado · Nucci

222

apenas relativa, dependente, pois, da prova do prejuízo. Note-se que o próprio desaforamento também está previsto em lei, razão pela qual, *lato sensu*, não é modificação de competência, mas sim a transferência para o juiz imparcial, idealmente eleito pela Constituição para julgar o caso. Estrito senso, no entanto, está-se alterando a competência do juiz que já fora escolhido pelas regras convencionais para compor o litígio.

> **Art. 76.** A competência será determinada pela conexão:[4-6]
>
> I – se, ocorrendo duas ou mais infrações, houverem sido praticadas, ao mesmo tempo, por várias pessoas reunidas,[7] ou por várias pessoas em concurso, embora diverso o tempo e o lugar,[8] ou por várias pessoas, umas contra as outras;[9]
>
> II – se, no mesmo caso, houverem sido umas praticadas para facilitar ou ocultar as outras, ou para conseguir impunidade ou vantagem em relação a qualquer delas;[10]
>
> III – quando a prova de uma infração ou de qualquer de suas circunstâncias elementares influir na prova de outra infração.[11]

4. Conexão material e conexão processual: busca a doutrina distinguir a conexão material – inspirada em fundamentos encontrados no direito penal – da conexão instrumental – com base exclusiva em fundamentos de ordem processual. Ensina Tornaghi que é *substantiva* (ou material) quando "os próprios crimes são conexos" e é meramente *processual* (ou instrumental), quando não há nexo entre os delitos, mas a comprovação de uns termina refletindo na de outros (*Compêndio de processo penal*, t. I, p. 327). Assim não conseguimos visualizar. A conexão deve ser chamada de material ou substantiva, quando efetivamente tiver substrato penal, ou seja, quando, no caso concreto, puder provocar alguma consequência de ordem penal. No mais, ela será sempre instrumental – útil à colheita unificada da prova. Observamos o seguinte: se *A* mata *B* porque este viu o seu assalto, trata-se da hipótese do inciso III do art. 76, por exclusão. Afinal, os outros dois incisos exigem a prática de várias infrações por *vários autores* (nesta hipótese, existe somente um agente para o assalto e para o homicídio). E, ainda assim, embora esteja o caso situado no inciso III, cremos ser hipótese de conexão material, dentro do raciocínio supraexposto, porque o art. 121, § 2.º, V, do CP prevê uma qualificadora específica para quem comete o delito a fim de assegurar a ocultação ou impunidade de crime anterior. Por outro lado, quando várias pessoas cometem vários delitos num mesmo lugar, à mesma hora, parece-nos ser uma pura conexão processual, existente para facilitar a colheita da prova, pois não se visualiza nisso qualquer liame de direito material. Entretanto, esta última situação tem sido doutrinariamente considerada de natureza material. O que um furto tem a ver com outro, se ambos foram cometidos por pessoas diferentes, que nem ao menos se conheciam? Não há substrato suficiente para tachá-la de substantiva ou material. Em síntese: defendemos que a conexão é material (com substrato no direito penal) ou instrumental (com fundamento exclusivo no processo penal, para a utilidade da colheita de provas), quando se apure tal situação no caso concreto, sem haver uma prévia classificação dos incisos I, II e III do art. 76.

5. Inviabilidade da conexão quando um dos processos já foi julgado: não há razão para a reunião dos processos, quando um deles já conta com julgamento, uma vez que o objetivo maior, que era justamente evitar o julgamento conflituoso, não é mais possível de ser atingido. Segue-se a Súmula 235 do Superior Tribunal de Justiça: "A conexão não determina a reunião dos processos, se um deles já foi julgado".

6. Conexão e continência com infrações de menor potencial ofensivo: não deve haver junção de processos, tendo em vista que a competência do Juizado Especial Criminal é estabelecida na Constituição Federal, sendo especial em relação à Justiça Comum (art. 98, I). Por outro lado, poder-se-ia sustentar que o JECRIM deveria atrair as demais infrações, o que, no entanto, não é possível, pois a Constituição Federal não prevê a possibilidade de ampliação da competência. Aliás, seria inadmissível que o procedimento célere e específico das infrações de menor potencial ofensivo pudesse abrigar o julgamento de outros feitos, que demandam maior dilação instrutória e probatória, algo que poderia afetar a ampla defesa, constitucionalmente assegurada. Por isso, devendo-se respeitar a competência especial do JECRIM e não havendo possibilidade de junção dos processos, impõe-se a separação dos julgamentos. Anote-se o alerta feito por Demercian e Maluly nesse contexto: "A despeito disso, o concurso entre uma infração penal de menor potencial ofensivo e outra que não se insira nessa competência ensejará o *simultaneus processus* se o fato for praticado num mesmo contexto e pelo mesmo agente, em face da aplicação da regra do concurso material (art. 69, CP) que, no caso concreto, afasta a competência do JECRIM em face da pena máxima cominada em abstrato, resultante do concurso" (*Curso de processo penal*, p. 203). E vamos além: se, em virtude do concurso formal, houver também possibilidade de a pena máxima em abstrato ultrapassar dois anos, não há que se remeter o feito ao JECRIM. Entretanto, a Lei 11.313/2006 deu nova redação ao art. 60 da Lei 9.099/1995, sugerindo a possibilidade de prorrogação de competência em casos de conexão e continência de infrações de menor potencial ofensivo com outras, consideradas comuns. *In verbis*: "O Juizado Especial Criminal, provido por juízes togados ou togados e leigos, tem competência para a conciliação, o julgamento e a execução das infrações penais de menor potencial ofensivo, respeitadas as regras de conexão e continência. Parágrafo único. Na reunião de processos, perante o juízo comum ou o tribunal do júri, decorrentes da aplicação das regras de conexão e continência, observar-se-ão os institutos da transação penal e da composição dos danos civis". Portanto, em interpretação literal, quer-se dizer o seguinte: o JECRIM é competente para conhecer, julgar e executar todas as infrações de menor potencial ofensivo, exceto se houver conexão ou continência. Nessas duas hipóteses, a infração de menor potencial ofensivo seria julgada por Vara comum (inclusive no tribunal do júri), desde que o magistrado aplique a transação penal e a composição dos danos civis, quando cabíveis. Sustentamos a inconstitucionalidade dessa alteração legislativa em nosso *Leis penais e processuais penais comentadas* – vol. 2 (notas 16 e 17 ao art. 60 da Lei 9.099/1995). Afinal, não há sentido algum para tal modificação. A competência do JECRIM advém da Constituição Federal. Inexiste viabilidade jurídica para a legislação ordinária alterá-la. Portanto, se há ou não conexão ou continência com outra infração penal comum, pouco importa. O delito comum deve ser julgado pela Vara igualmente comum. A infração de menor potencial ofensivo segue ao seu juiz natural, o JECRIM. Nem se pense na hipótese de inserir na competência do JECRIM, por conexão ou continência, a infração penal comum. No mesmo sentido, não é possível ampliar a competência do Juizado por lei ordinária. Ademais, poderia ferir o princípio constitucional da ampla defesa, uma vez que o rito do JECRIM é sumaríssimo. Entretanto, o STF considerou constitucional o art. 60 da Lei 9.099/1995, com a nova redação (ADI 5264, Plenário, rel. Cármen Lúcia, 07.12.2020, v. u.). Ver, também, as notas 19-A ao art. 78 e 303 ao art. 492.

7. Conexão intersubjetiva por simultaneidade: cuida-se de hipótese de vários agentes cometerem infrações diversas, embora sejam estas praticadas ao mesmo tempo, no mesmo lugar. A simultaneidade dos fatos e da atuação dos autores faz com que seja conveniente uma apuração conjunta, por juiz único. Como já mencionamos, somente tem sentido esta situação de reunião, por conta da melhor apuração probatória do ocorrido, evitando que a mesma prova

Art. 76

Código de Processo Penal Comentado · **Nucci**

224

seja valorada diferentemente por magistrados diversos. Exemplo disso é o saque simultâneo a um mesmo estabelecimento comercial, cometido por várias pessoas, que nem se conhecem. Na jurisprudência: STJ: "Não se vislumbra conexão entre os crimes de dano ao patrimônio da União e receptação, na medida em que totalmente distintas e autônomas as condutas, sem relação de dependência probatória. Os delitos não foram praticados ao mesmo tempo (art. 76, inciso I), mas tão somente descobertos na mesma oportunidade, o que não significa que a prova de uma infração (dano) vai influenciar na prova da outra (receptação – já consumada em momento distinto) e vice-versa (art. 76, III, CPP)" (AgRg no CC 147.464/PR, 3.ª S., rel. Maria Thereza de Assis Moura, 10.08.2016, v.u.).

8. Conexão intersubjetiva por concurso: é a situação de vários agentes que cometem infrações penais em tempo e lugar diferentes, embora umas sejam destinadas, pelo liame subjetivo que liga os autores, a servir de suporte às seguintes. Trata-se de uma espécie de concurso de agentes dilatado no tempo, envolvendo infrações diversas. O autêntico concurso de pessoas, previsto no Código Penal, envolve o cometimento de um único delito por vários autores, enquanto, no caso em comento, cuida-se da hipótese de delinquentes conluiados, pretendendo cometer crimes seguidos. Imagine-se o exemplo de dois indivíduos que se unam para a prestação de auxílio mútuo; enquanto o primeiro furta um documento, o segundo o falsifica para, futuramente, tornar viável a prática de um estelionato por terceiro. Pensamos ser despicienda esta hipótese, pois poderia encaixar-se, com facilidade, na situação do inciso II ou do inciso III, do art. 76, e até do art. 77, I. Ainda que se diga que os agentes, conluiados, cometeram infrações diferentes, em épocas e lugares diversos, eles podem perfeitamente ser coautores/partícipes de todos os crimes. No exemplo que mencionamos, é possível existir um crime único, que é o estelionato, absorvendo os demais e considerando os três agentes coautores/partícipes do delito-fim. Se tomarmos outros exemplos proporcionados pela doutrina, como o da associação criminosa, que se organiza para que cada membro cometa um delito em época e lugar diversos, ainda assim, se estão todos ajustados em tudo o que vão desenvolver, para cada delito cometido, há concurso de pessoas. Cada infração, de per si, é continente, pois todos os autores podem ser acusados da prática de todas elas (art. 77, I). A apuração de todas no mesmo feito justifica-se pela continência, em última análise, combinada com a conexão. Na jurisprudência: STJ: "1. Encontra-se superada a matéria relativa à prisão cautelar, porque expedido alvará de soltura no processo de origem. 2. Justifica-se o direcionamento da nova investigação ao mesmo juízo, em razão da conexão intersubjetiva por concurso (art. 76, I, do CPP), reunindo os crimes praticados por única organização criminosa" (RHC 89.620/SP, 6.ª T., rel. Nefi Cordeiro, 06.11.2018, v.u.).

9. Conexão intersubjetiva por reciprocidade: trata-se da situação dos agentes que cometem crimes uns contra os outros. Estando imersos no mesmo cenário, é conveniente que haja a reunião dos processos para um só julgamento. Se *A* desfere um tiro em *B*, com finalidade de matá-lo, possuindo *B* a mesma intenção no revide, nenhum dos dois podendo falar em legítima defesa, são delinquentes, cujo veredicto merece ser proferido em conjunto. Afinal, as testemunhas e as demais provas devem ser as mesmas.

10. Conexão objetiva: chamada pela doutrina de consequencial, lógica ou teleológica, demonstra que há vários autores cometendo crimes para facilitar ou ocultar outros, bem como para garantir a impunidade ou a vantagem do que já foi feito. A diferença entre esta hipótese e a conexão por concurso do inciso I está no fato de que, no caso do inciso I, as infrações são previamente organizadas, pelo conluio dos agentes, a desenvolverem-se em tempo e lugares diversos, embora os beneficiando de alguma forma. No caso deste inciso, as infrações são ligadas por objetividade, isto é, os autores não estavam previamente conluiados, mas terminaram auxiliando-se em seguida. Pode acontecer de um assaltante levar dinheiro do banco e, notando que uma testemunha o viu, narre a situação ao seu irmão, que, por conta própria, para assegurar a impunidade do delito praticado pelo familiar, resolva matá-la. Assim, embora não tenha havido conluio prévio entre *A* (autor do roubo) e *B* (irmão-homicida), as infrações se ligaram objetivamente porque o resultado de uma terminou por servir à garantia de impunidade da outra. Pensamos que, nesta hipótese, também se exige a existência de várias pessoas, pois o inciso II menciona expressamente, "se, *no mesmo caso*, houverem sido praticadas...". *Mesmo caso* quer dizer a existência de várias pessoas cometendo delitos no mesmo lugar e ao mesmo tempo ou em lugares diversos e diferente tempo. Logo, quando uma só pessoa cometer o roubo e depois matar a vítima para não ser reconhecida, por exemplo, trata-se da conexão inspirada no inciso III e não neste inciso. Há posição em sentido contrário, admitindo a hipótese de haver um só autor, cometendo vários crimes, uns para assegurar os outros, devendo todos os fatos ser objeto de um único processo, não com base na conexão instrumental, mas fundado na objetiva (por todos, Tourinho Filho, *Código de Processo Penal comentado*, v. 1, p. 195). Na jurisprudência: STJ: "1. Nos termos do art. 76, II, do Código de Processo Penal, a conexão objetiva ocorre se, ocorrendo duas ou mais infrações, houverem sido umas praticadas para facilitar ou ocultar as outras, ou para conseguir impunidade ou vantagem em relação a qualquer delas. 2. A conexão objetiva que poderia dar-se do branqueamento com o antecedente – para obter vantagem ou impunidade no crime prévio – somente ocorre durante o andamento do processo, antes da sentença, sempre admitindo-se a facultativa separação dos processos. 3. Estando os processos relativos à prática do delito funcional contra a ordem tributária e do crime de lavagem de capitais ainda em curso, não havendo sentença, impõe-se a conexão dos feitos, tendo em vista que a eventual prática do delito de branqueamento resultou das investigações ocorridas no procedimento que ensejou a instauração da ação penal por crimes funcionais. 4. Agravo regimental provido para dar provimento ao recurso especial, fixando a competência da 2.ª Vara Criminal da Comarca de Sorocaba/SP" (AgRg no REsp 1.754.773/SP, 6.ª T., rel. Nefi Cordeiro, 05.02.2019, v.u.).

11. Conexão instrumental: é o nome dado à autêntica forma de conexão processual, a nosso ver. Denomina-se, também, conexão ocasional. Todos os feitos somente deveriam ser reunidos se a prova de uma infração servir, de algum modo, para a prova de outra, bem como se as circunstâncias elementares de uma terminarem influindo para a prova de outra. Assim, caso *A* cometa uma receptação, desconhecendo o autor do furto, mas certo da origem ilícita do bem, descoberto o ladrão, é conveniente unir-se o julgamento do autor do furto e do acusado pela receptação, pois a prova de um crime certamente servirá para influenciar a do outro. É também a hipótese que justifica haver um único processo para o autor do homicídio que, após, resolve ocultar o corpo da vítima, sendo julgado como incurso no art. 121 e, também, no art. 211. Na jurisprudência: STJ: "2. A competência para julgamento do feito é, em regra, determinada pelo lugar da infração, nos termos do que dispõe o art. 70 do CPP. Todavia, há hipóteses em que lei autoriza o deslocamento da competência territorial, como é o caso do art. 76, III, do CPP, o qual justifica a reunião, em um único feito, do julgamento de delitos, em razão da conexão probatória ou instrumental entre eles, tendo em vista que a prova de um interfere na elucidação do outro. 3. Na hipótese dos autos, o TJRJ concluiu que, embora os delitos tenham ocorrido em momentos diversos, o contexto das práticas criminosas foi um só, qual seja o de violência doméstica empregada contra a vítima durante o período do relacionamento afetivo, destacando, ainda, que a prova de um delito influenciará na prova dos demais, o que justifica a alteração da competência territorial, pela conexão probatória ou instrumental, para julgamento conjunto das imputações, na forma do art. 76, III, do CPP" (AgRg no AREsp 2.270.904/RJ, 5.ª T., rel. Joel Ilan Paciornik, j. 18.09.2023, v.u.).

Art. 77

Código de Processo Penal Comentado · NUCCI

226

> **Art. 77.** A competência será determinada pela continência quando:
>
> I – duas ou mais pessoas forem acusadas pela mesma infração;[12-13]
>
> II – no caso de infração cometida nas condições previstas nos arts. 51, § 1.º, 53, segunda parte, e 54 do Código Penal.[14-15]

12. Continência em razão do concurso de pessoas: justifica-se a junção de processos contra diferentes réus, desde que eles tenham cometido o crime em conluio, com unidade de propósitos, tornando único o fato a ser apurado. É o que a doutrina chama de continência por *cumulação subjetiva*, tendo em vista tratar-se de vários autores praticantes do mesmo fato delituoso. Não se trata somente de uma causa inspirada na economia processual, mas também na tentativa de evitar decisões contraditórias, que nada contribuem para a credibilidade da Justiça. Na jurisprudência: STJ: "1. Tratando-se de investigação voltada à prática de crimes permanentes – tráfico de drogas e associação para o tráfico –, caracteriza-se, em princípio, a continência em relação a todos os membros da suposta organização criminosa (CPP, artigo 77, I). 2. Se a organização criminosa atua em mais de uma localidade, a competência firma-se pela prevenção (CPP, artigo 71)" (RHC 73.637/SP, 6.ª T., rel. Maria Thereza de Assis Moura, 06.09.2016, v.u.).

13. Diferença da continência por concurso de pessoas e da conexão por concurso: esta última cuida de vários agentes cometendo vários fatos criminosos, sendo útil tanto para a produção da prova quanto para a avaliação do juiz, que os processos sejam reunidos, embora não se trate de fenômeno único. No caso da continência, como já se disse, o fato é um só e há vários agentes que o cometem, sendo extremamente útil e válido que a prova seja colhida por um único magistrado, que a avaliará de uma vez, tornando menos provável a hipótese de um erro judiciário.

14. Continência em razão do concurso formal de crimes: a hipótese liga-se aos atuais arts. 70, 73, segunda parte, e 74, segunda parte, do Código Penal, todos referindo-se ao concurso formal. O art. 70 é o concurso formal propriamente dito, que é a prática de uma única conduta (ação ou omissão) pelo agente, provocando a realização de dois ou mais crimes. O art. 73, segunda parte (*aberratio ictus*), determina a aplicação do concurso formal, quando o agente, por erro na execução, termina atingindo não somente a pessoa desejada, mas também outra não visada (trata-se de uma conduta com dois resultados). O art. 74, segunda parte (*aberratio criminis*), prevê a aplicação do concurso formal, quando o agente, por erro na execução, atinge não somente o resultado desejado, mas ainda outro, fora da sua expectativa inicial (ex.: pretendendo atingir um veículo estacionado com um tiro, termina atingindo também uma pessoa que passa ao lado). Em todos os casos, está-se diante de concurso formal, razão pela qual, na essência, o fato a ser apurado é um só, embora existam dois ou mais resultados. A conduta do agente é única, merecendo a apuração por um magistrado, evitando-se com isso qualquer tipo de erro judiciário, inclusive no tocante à aplicação da pena. Não teria, por certo, cabimento julgar o autor de um só tiro, que atingiu duas vítimas, em dois processos distintos, mesmo porque determina a lei que deve ser aplicada a pena do crime mais grave, aumentada de um sexto até a metade. Maiores detalhes sobre o concurso formal e sobre as situações de *aberratio*, ver o nosso *Código Penal comentado*, notas 107 a 110 ao art. 70 e notas 131 ao art. 73 e 135 ao art. 74. Neste caso, a união é fundamental. É o que a doutrina chama de continência por *cumulação objetiva*.

15. Diferença entre crime único, conexão e continência: ensina Tornaghi que, havendo *vários fatos*, mas a prática de *um só delito* (como ocorre nos casos de crime continuado, crime progressivo, crime plurissubsistente), temos a hipótese de *crime único*; existindo *vários fatos*, embora detecte-se o cometimento de *inúmeros delitos*, desde que haja, entre eles, elementos em comum, temos a *conexão*; havendo *fato único*, porém com a prática de *vários crimes*, aponta-se para a *continência*.

Art. 78. Na determinação da competência por conexão ou continência, serão observadas as seguintes regras:[16]

I – no concurso entre a competência do júri e a de outro órgão da jurisdição comum, prevalecerá a competência do júri;[17-19-A]

II – no concurso de jurisdições da mesma categoria:[20]

a) preponderará a do lugar da infração, à qual for cominada a pena mais grave;[21]

b) prevalecerá a do lugar em que houver ocorrido o maior número de infrações, se as respectivas penas forem de igual gravidade;[22]

c) firmar-se-á a competência pela prevenção, nos outros casos;[23]

III – no concurso de jurisdições de diversas categorias,[24] predominará a de maior graduação;[25]

IV – no concurso entre a jurisdição comum e a especial,[26-29-D] prevalecerá esta.

---

16. Eleição do foro prevalente: havendo conexão ou continência, impõe-se a junção dos processos (*simultaneus processus*) pelas várias razões já expostas. Cumpre, no entanto, saber qual é o foro que possui força de atração, isto é, o que deve prevalecer sobre os demais, atraindo o julgamento dos fatos delituosos para si. É a hipótese de *prorrogação de competência*, tornando-se competente o juízo que, originariamente, não seria, levando-se em conta o lugar da infração, o domicílio do réu, a natureza da infração e a distribuição. O efeito da prorrogação, como adverte Bento de Faria, é apenas sujeitar os acusados a um só juízo, a fim de serem julgados por uma só sentença, sem qualquer alteração da natureza das infrações penais cometidas (*Código de Processo Penal*, v. 1, p. 193).

17. Competência prevalente do júri: note-se, pela leitura do inciso I, que o Código de Processo Penal considera, nitidamente, o Tribunal do Júri como órgão do Poder Judiciário, pois menciona que, havendo concorrência entre a sua competência e a de *outro órgão da jurisdição comum*, prevalecerá a do júri. É mais um argumento para sustentar que o Tribunal Popular é órgão de primeiro grau do Poder Judiciário, embora especial, a despeito de algumas opiniões em sentido diverso (ver nota 9, do Livro II, Título I, Capítulo II, que cuida do Tribunal do Júri). Tal dispositivo é correto e está de acordo com o estipulado na Constituição Federal. Se o júri tem competência para o julgamento dos crimes dolosos contra a vida (art. 5.º, XXXVIII, *d*), constituindo o devido processo legal para levar à punição o homicida, havendo conexão ou continência é natural que atraia para si o julgamento de outras infrações penais. A lei processual, ao ampliar a competência do júri para julgar as infrações conexas e originárias da continência, não está ferindo dispositivo constitucional, que prevê somente a competência mínima do Tribunal Popular, nada impedindo que seja ela aumentada. Convém registrar, pela peculiaridade, recente caso noticiado pela imprensa de um lavrador julgado pelo Tribunal do Júri da Comarca de Itanhomi-MG, acusado da prática de homicídio e de ter matado um tatu (crime contra a fauna previsto no art. 29 da Lei 9.605/1998). Segundo narrou a denúncia, o lavrador carregava consigo um filhote de tatu, abatido poucas horas antes, quando matou desafeto seu. Por isso, ante a conexão, julgaram os jurados tanto o crime doloso contra a vida quanto o delito ambiental (*Folha de S. Paulo*, 24.06.2003).

18. Descoberta da conexão ou da continência após a prolação da sentença de pronúncia: utilizando o disposto no art. 421, § 1.º, do Código de Processo Penal, por analogia, o juiz deve providenciar a modificação da pronúncia, abrindo vista às partes para manifestação, levando em conta a possibilidade de aditamento da denúncia pelo Ministério Público que, segundo cremos, precisa acolher a nova infração conexa ou continente, pois é o titular da ação penal, bem como dando-se oportunidade à defesa para oferecer as provas e os argumentos que desejar. Após, nova pronúncia será oferecida para acolher, no mesmo contexto, as infrações conexas ou continentes. É a lição de Frederico Marques: "Entendemos que, nessa hipótese" – quando o juízo prevalente for o júri e já houver sentença de pronúncia – "o presidente do Júri deverá avocar o processo, para a unificação ulterior, dando nova sentença de pronúncia, se se tratar de continência de causa ou indivisibilidade de infração. É o que autoriza, por analogia, o art. 416 do Código [atual art. 421, § 1.º]. Em se tratando de conexão, haverá o motivo relevante a que alude o art. 80, para a separação dos processos, salvo se as infrações não tiverem sido cometidas em tempo e lugar diferentes, quando então se procederá como nos casos de continência" (*A instituição do júri*, p. 287).

19. Conexão e continência, prerrogativa de foro e júri: havendo conexão ou continência entre infrações penais, envolvendo a prerrogativa de foro e o Tribunal do Júri, a cada agente deverá ser destinado o seu juízo competente. Assim, caso um promotor e um cidadão comum matem alguém, embora haja nítida continência, não se aplicará a regra do foro prevalente, ou seja, o do júri. Quando houver foro privilegiado, assegurado na Constituição Federal, sendo também o do Tribunal do Júri um foro garantido pela Carta Magna, é preciso desmembrar o feito – ficando em segundo plano a regra da conexão/continência – para dar-se ao promotor o Tribunal de Justiça, que o julgará, e ao cidadão não privilegiado, o Tribunal Popular. Respeita-se, com isso, o foro constitucionalmente previsto, em prejuízo de uma regra fixada em legislação ordinária, que é a junção dos feitos pela conexão ou continência.

19-A. Conexão e continência, prerrogativa de foro e JECRIM: no mesmo sentido desenvolvido na nota anterior, se houver ligação entre infrações penais de menor potencial ofensivo com outras que não o são, neste caso praticadas por autoridade detentora de foro especial, o caminho é a separação dos processos. Ilustrando: um juiz de direito comete o delito de ameaça, juntamente com outra pessoa. Cuida-se de infração de menor potencial ofensivo, cometida em concurso de pessoas (continência). Ora, a pessoa não detentora da prerrogativa de foro deve ser encaminhada ao JECRIM do lugar onde a infração foi cometida, enquanto a autoridade judiciária responderá no Tribunal de Justiça. A competência do JECRIM é fixada constitucionalmente, logo, absoluta. No mesmo sentido, a competência do Tribunal de Justiça, para julgar juiz de direito, é estabelecida pela Constituição Federal, portanto, absoluta. Sobre a modificação ao art. 60 da Lei 9.099/1995, possibilitando a junção dos processos, consultar a nota 6 ao art. 76, onde refutamos essa novel situação. Ver, ainda, a nota 303 ao art. 492.

20. Jurisdição da mesma categoria: mencionou-se no início deste Título que jurisdição é um conceito único, significando a possibilidade que membros do Poder Judiciário possuem para aplicar o direito ao caso concreto, compondo litígios. Entretanto, por uma questão prática e até mesmo didática, separa a lei e a doutrina a jurisdição em categorias, chamando-a de superior e inferior, comum e especial, estadual ou federal, entre outras. No caso presente, considera-se *jurisdição da mesma categoria* aquela que une magistrados aptos a julgar o mesmo tipo de causa. Assim, por exemplo, juízes de primeiro grau (mesmo que sejam de entrâncias diversas) possuem idêntica jurisdição, diversificando-se a eleição do foro apenas pelas regras de competência, tais como lugar do crime ou domicílio do réu, natureza da infração e distribuição. Ocorre, porém, que pode haver um conflito real entre esses magistrados. Imagine-se que um furto e uma receptação foram apurados em diversas delegacias, razão pela qual terminaram sendo distribuídos para juízos diversos, numa mesma Comarca. Havendo entre eles conexão instrumental, torna-se viável que sejam julgados por um único juiz. Como ambos são de idêntica jurisdição, estabelecem-se regras para a escolha do foro prevalente.

21. Foro onde foi cometida a infração mais grave: tendo em vista que o primeiro critério de escolha é o referente ao lugar da infração, é possível que existam dois delitos sendo apurados em foros diferentes, tendo em vista que as infrações se originaram em locais diversos – como o exemplo mencionado na nota 20 (furto e receptação). Assim, elege-se qual é o mais grave deles para a escolha do foro prevalente: se for um furto qualificado e uma receptação simples, fixa-se o foro do furto (pena mais grave) como competente. Na jurisprudência: TJMG: "Dispõe artigo 78, inciso II, alínea *a*, do Código de Processo Penal, havendo conflito de jurisdição, nas hipóteses de conexão, prevalece aquele juízo competente para julgar o crime punido com a pena mais grave. Competência do Juízo da Comarca de Divinópolis" (CJ 10000191702737000-MG, 3.ª C., rel. Antônio Carlos Cruvinel, 30.06.2020, v.u.).

22. Foro onde foi cometido o maior número de infrações: imagine-se que três furtos simples estejam sendo apurados na Comarca *X*, enquanto uma receptação simples – referente aos três furtos – esteja tramitando na Comarca *Y*. Embora a pena do furto e da receptação sejam idênticas, o julgamento dos quatro crimes deve ser realizado na Comarca *X*, que possui o maior número de infrações. A regra é correta, pois o crime deve ser apurado no local onde foi cometido, que é onde causou o maior abalo à comunidade. Ora, é natural que a Comarca onde houve o maior número de delitos tenha sofrido maior perturbação, razão por que atrai o crime praticado em lugar vizinho. Na jurisprudência: STJ: "1. Constatada a existência de diversos crimes conexos de mesma natureza e gravidade e tratando-se de jurisdições de mesma categoria, a competência será fixada pelo local onde ocorreu o maior número de infrações, conforme estabelece o art. 78, II, *b*, do Código de Processo Penal. 2. No caso, há indícios de que o maior número de infrações teria ocorrido em Suzano – SJ/SP, sendo o Juízo daquela localidade competente para processar o inquérito policial. 3. Agravo regimental improvido" (AgRg no CC 152.663/SP, 3.ª S., rel. Sebastião Reis Júnior, 09.08.2017, v.u.). Convém registrar uma solução alternativa: STJ: "4. Constatada, portanto, conexão, com esteio no art. 76, I, do Código de Processo Penal – CPP. Considerando tratar-se de infrações da mesma categoria, ou seja, vários estelionatos de idêntica gravidade, prevalecerá a competência do local onde houver ocorrido o maior número de infrações, a teor do artigo 78, inciso II, alínea 'b', do CPP. 5. Diante disso, verifica-se a necessidade de fixação de competência de terceiro Juízo estranho ao conflito, onde maior parte do proveito do crime foi depositada e disponibilizada para os agentes delituosos. Precedentes. Assim, em razão de os depósitos terem sido realizados pelas vítimas, em sua maioria, em agências situadas no município de Fortaleza/CE, as investigações e apuração dos fatos delituosos devem prosseguir naquela Comarca" (CC 161.881/CE, 3.ª Seção, rel. Joel Ilan Paciornik, 13.03.2019, v.u.).

23. Foro residual estabelecido pela prevenção: como sempre, a prevenção visa à solução dos problemas de conflito de competência, cujas regras específicas são insuficientes. Neste caso, havendo magistrados de igual jurisdição em confronto e não sendo possível escolher pela regra da gravidade do crime (ex.: furto simples e receptação simples), nem pelo número de delitos (ambas as Comarcas possuem um só feito), elege-se o juiz pela prevenção, isto é, aquele que primeiro conhecer de um dos processos torna-se competente para julgar ambos, avocando da Comarca ou Vara vizinha o outro. Conferir: STJ: "Como regra, a fixação da competência de foro ou territorial segue a teoria do resultado, sendo determinante o lugar da consumação da infração, ou do último ato da execução, nas hipóteses de tentativa (art. 70 do CPP), tendo como critério subsidiário o domicílio do réu (CPP, art. 72). A denominada

Art. 78

Código de Processo Penal Comentado · **Nucci**

competência por prevenção, que pressupõe distribuição (CPP, art. 75, parágrafo único), no geral, é utilizada como critério subsidiário de fixação da competência territorial, baseado na cronologia do exercício de atividade jurisdicional, mesmo que antes de oferecida denúncia ou queixa, necessariamente entre dois ou mais juízes igualmente competentes ou com competência cumulativa, consoante aponta o art. 83 do CPP. A prevenção é igualmente eleita pela lei processual como parâmetro subsidiário específico de determinação da competência de foro, nas hipóteses de incerteza da competência territorial (CPP, art. 70, § 3.º)" (HC 222.707/ES, 5.ª T., rel. Ribeiro Dantas, 02.08.2016, v.u.).

24. Jurisdição de categoria diversa: envolve este item a clássica divisão legal entre *jurisdição superior* e *inferior*, visando à separação entre magistrados que têm poder recursal sobre outros, isto é, chama-se superior o poder jurisdicional reservado a tribunais que podem rever as decisões de outras cortes e, também, de juízes monocráticos (Supremo Tribunal Federal, Superior Tribunal de Justiça, Tribunal Superior Eleitoral, Superior Tribunal Militar e Tribunal Superior do Trabalho). Considera-se de jurisdição inferior os tribunais ou colegiados que não podem rever as decisões de outras cortes (Tribunal de Justiça, Tribunal Regional Federal e Turmas Recursais do JECRIM), embora, entre os órgãos de jurisdição inferior haja ainda a divisão entre grau superior e inferior, considerando de 2.º grau as cortes estaduais ou regionais e de 1.º grau os juízes de primeira instância. Assim, havendo concurso entre as jurisdições superior e inferior é natural que a superior – que possui poder revisional sobre as decisões da inferior – termine por avocar os feitos conexos ou continentes. Exemplificando: se determinado réu, por prerrogativa de função, deve ser julgado no Supremo Tribunal Federal, mas cometeu o delito em coautoria com outra pessoa, que não detém a mesma prerrogativa, ambos serão julgados no Pretório Excelso, em face da continência. Há polêmica, neste aspecto, levantada por parte da doutrina, com a qual não concordamos. Explica Tourinho Filho que a pessoa com foro privilegiado, cometendo o crime juntamente com outra que não o possua, deveria ser julgada em foro diferenciado (*Código de Processo Penal comentado*, v. 1, p. 199). Assim, caso seja da competência do Supremo Tribunal Federal o julgamento do réu que detém prerrogativa de foro, o coautor mereceria ser julgado na justiça de primeiro grau, pois a Constituição não prevê a extensão da competência do Supremo Tribunal Federal para analisar o caso daquele que não possui privilégio algum. Com essa posição demonstram concordar Demercian e Maluly (*Curso de processo penal*, p. 206), embora todos admitam que a posição jurisprudencial, inclusive do Supremo Tribunal Federal, era no sentido oposto. Atualmente, em razão de processos de grande repercussão nacional, com inúmeros indiciados, alguns com foro privilegiado e outros, não, o STF tem permitido a separação. Noutros termos, permanecem no Pretório Excelso somente os feitos da autoridade com prerrogativa de função; deve ser examinado pelo juízo de primeiro grau o caso relativo aos demais, sem esse privilégio. Na jurisprudência: STF: "A questão de ordem se resolve no sentido do desmembramento do feito, a fim de que a investigação prossiga perante a Suprema Corte somente em relação à autoridade com prerrogativa de foro, com a consequente remessa de cópia dos autos à Seção Judiciária do Estado de São Paulo, independentemente da publicação do acórdão, para livre distribuição, preservada a validade dos atos praticados na origem, inclusive medidas cautelares, dentre as quais a prisão preventiva de um dos investigados, tendo em vista a aplicação da teoria do juízo aparente (HC n.º 81.260/ES, Pleno, Relator o Ministro Sepúlveda Pertence, *DJ* de 19/4/02)" (Inq 4130 QO, Tribunal Pleno, rel. Dias Toffoli, 23.09.2015, public. 03.02.2016). No mesmo prisma: STJ: "'O Supremo Tribunal Federal assentou que o desmembramento do feito em relação a imputados que não possuam prerrogativa de foro deve ser a regra, diante da manifesta excepcionalidade do foro por prerrogativa de função. Precedentes. Apenas em situações excepcionais, é admissível a instauração do *simultaneus processus* perante o

Supremo Tribunal Federal, por força de conexão ou continência (STF, AP n. 956 ED, Segunda Turma, Rel. Min. Dias Toffoli, *DJe* de 27/5/2016)'. *In casu*, tendo sido o paciente denunciado, respondendo, portanto, a ação penal, e figurando o Prefeito de Itaperuçu/PR como mero investigado em procedimento de investigação criminal o qual, segundo afirma o impetrante, delineia fatos semelhantes aos que são objeto da denúncia do paciente, não há se falar, por ora, em reunião de feitos, sob pena de indesejável tumulto processual. *Habeas corpus* não conhecido" (HC 351.188/PR, 5.ª T., rel. Felix Fischer, 14.06.2016, v.u.). Parece-nos incabível que a Constituição Federal deva descer a tais detalhes, fixando regras de conexão, continência e prorrogação de competência, algo naturalmente atribuído à lei processual penal. Por isso, não vemos qualquer inconveniente em privilegiar o foro porque a função exercida por um dos réus assim determina, seguindo-se preceito constitucional, estendendo-se aos coautores o mesmo foro, por força, agora, do disposto no Código de Processo Penal. Respeitam-se, com tal regra, os dois textos normativos, sem qualquer perda. Dizer que o Supremo Tribunal Federal não tem competência para julgar a pessoa sem competência especial de foro não é verdade absoluta, uma vez que qualquer caso pode atingir o Pretório Excelso, em grau de recurso, justamente o que ocorre, cotidianamente, com o *habeas corpus*. Termina, pois, a Suprema Corte decidindo casos de crimes comuns, cometidos por pessoas sem prerrogativa de foro. Ademais, se a competência do Tribunal Superior é mais ampla, nada impede que julgue casos inicialmente pertinentes a outros juízos. O contrário é inadmissível, pois, se o juiz de primeiro grau não tem jamais competência para julgar, criminalmente, um deputado federal, por exemplo, ainda que houvesse conexão não poderia ele avocar os feitos, chamando a si o julgamento. O Supremo Tribunal Federal, consolidando sua jurisprudência no sentido que defendemos, editou a Súmula 704: "Não viola as garantias do juiz natural, da ampla defesa e do devido processo legal a atração por continência ou conexão do processo do corréu ao foro por prerrogativa de função de um dos denunciados". Na jurisprudência: STJ: "Na forma do art. 78, III, do Código de Processo Penal, no concurso de jurisdições de diversas categorias, deve prevalecer a de maior graduação. Na espécie, a competência para processar e julgar os fatos é do Tribunal de Justiça do Estado do Amapá, tendo em vista que um dos acusados possui mandato de Deputado Estadual" (HC 347.944/AP, 5.ª T., rel. Reynaldo Soares da Fonseca, 17.05.2016, v.u.).

25. Exceção à regra quando a competência for estabelecida pela Constituição: é possível que exista um conflito entre órgão de jurisdição superior e órgão de jurisdição inferior, mas ambas as esferas de competência estejam fixadas na Constituição Federal, razão pela qual deve-se respeitar o juiz natural de ambas as pessoas. Exemplo disso é o crime contra a vida cometido por um Governador de Estado juntamente com outra pessoa qualquer. O Chefe do Executivo deve ser julgado pelo Superior Tribunal de Justiça (art. 105, I, *a*, CF), enquanto a outra pessoa, embora tenha agido em coautoria, deve ser julgada pelo Tribunal do Júri (art. 5.º, XXXVIII, *d*, CF). Respeita-se, com isso, o estabelecido pela Carta Magna para os dois acusados.

26. Jurisdição comum e especial: *comum* é a jurisdição estabelecida como regra geral para todos os casos que não contiverem regras especiais, em razão da matéria tratada. É a esfera residual. *Especial* é a jurisdição que cuida de assuntos específicos, previamente estabelecidos na Constituição Federal. Assim, são especiais, em matéria criminal, a Justiça Eleitoral e a Justiça Militar. Quando houver conflito entre elas e a jurisdição comum, prevalecerá a força atrativa da especial (salvo o disposto no art. 79). Exemplificando, caso exista um crime eleitoral conexo com um crime comum, ambos serão julgados na Justiça Eleitoral. Na jurisprudência: STJ: "7. Dispõe o artigo 35, inciso II, do Código Eleitoral competir aos Juízes Eleitorais 'processar e julgar os crimes eleitorais e os comuns que lhe forem conexos,

Art. 78

ressalvada a competência originária do Tribunal Superior e dos Tribunais Regionais'. Estipulação em consonância com o artigo 78, inciso IV, do Código de Processo Penal, que dita que, 'no concurso entre a jurisdição comum e a especial, prevalecerá esta'" (AgRg na APn 865/DF, Corte Especial, rel. Herman Benjamin, 07.11.2018, v.u.).

27. Força atrativa da Justiça Federal em face da Justiça Estadual: cumpre ressaltar, a despeito de vozes em contrário (por todos, ver Demercian e Maluly, *Curso de processo penal*, p. 206-208), que, apesar da Justiça Federal ser considerada comum, ela é *especial* em relação à Justiça Estadual, esta sim residual. O art. 109 da Constituição Federal estabelece a competência dos juízes federais, razão pela qual o restante dos delitos fica a cargo dos magistrados estaduais. Assim, no conflito entre crime federal e delito estadual, havendo conexão ou continência, devem eles seguir para a Justiça Federal. Note-se que a competência desta última é estabelecida pela Carta Magna, razão pela qual não se pode afastá-la. E, em homenagem às regras fixadas pelo Código de Processo Penal, no campo da conexão e da continência, que visam à melhor colheita da prova e apreciação do seu conjunto pelo juiz, deve o processo deslocar-se para a esfera federal. É o conteúdo da Súmula 122 do Superior Tribunal de Justiça: "Compete à Justiça Federal o processo e julgamento unificado dos crimes conexos de competência federal e estadual, não se aplicando a regra do art. 78, II, *a*, do Código de Processo Penal". Nesse prisma: STF: "A 2.ª Turma denegou *habeas corpus* e reconheceu a competência da justiça federal para processar e julgar crimes de estupro e atentado violento ao pudor conexos com crimes de pedofilia e pornografia infantil de caráter transnacional. Na espécie, houvera a quebra de sigilo de dados do paciente, identificado por meio do endereço 'IP' (Internet Protocol) de seu computador, no curso de operação policial desencadeada na Espanha. Apurara-se que o investigado também teria supostamente cometido crimes de estupro e atentado violento ao pudor contra menores no Brasil. Entendeu-se que os crimes seriam conexos e, para perfeita investigação do caso, seria necessário examinar provas em ambos os processos e, por isso, impossível desmembrar os feitos" (HC 114.689/SP, 2.ª T., rel. Ricardo Lewandowski, 13.08.2013, v.u., *Informativo* 715). STJ: "5. O processo e julgamento do crime de lavagem de capitais é da competência da Justiça Federal quando o delito ocorrer em instituição bancária situada no estrangeiro. Precedente da Terceira Seção. 6. Havendo conexão e continência entre os crimes de corrupção ativa e passiva e os delitos de lavagem e evasão, o processo e julgamento unificado dos crimes caberá à Justiça Federal nos termos do enunciado da Súmula 122/STJ ('Compete a Justiça Federal o processo e julgamento unificado dos crimes conexos de competência Federal e Estadual, não se aplicando a regra do art. 78, II, 'a', do Código de Processo Penal')' (AgRg nos EDcl na APn 970/DF, Corte Especial, rel. Maria Isabel Gallotti, j. 06.10.2021, v.u.); "5. Havendo um mesmo documento falso em nome de segunda pessoa utilizado para a prática de golpes contra a Caixa Econômica Federal e outros bancos privados, está caracterizada, entre eles, conexão probatória a autorizar o julgamento de tais delitos pela Justiça Federal, com fulcro na Súmula n. 122 do STJ" (CC 161.534/SP, 3.ª Seção, rel. Joel Ilan Paciornik, Terceira Seção, 10.04.2019, v.u.).

28. Justiça Federal jamais julga contravenção penal: ainda que seja considerada Justiça especial em relação à Estadual, devendo deliberar sobre infrações penais de interesse da União, a Constituição Federal excepcionou-lhe a competência para o julgamento de contravenções penais (art. 109, IV). Nesse sentido está a Súmula 38, do Superior Tribunal de Justiça: "Compete à Justiça Estadual Comum, na vigência da Constituição de 1988, o processo por contravenção penal, ainda que praticada em detrimento de bens, serviços ou interesse da União ou de suas entidades".

29. Crime cometido contra Empresa Brasileira de Correios e Telégrafos: é da competência da Justiça Federal.

29-A. Crime de interceptação telefônica: cuida-se do delito previsto no art. 10 da Lei 9.296/1996 e a competência é da Justiça Estadual, pois não envolve interesse da União.

29-B. Crime de concussão contra paciente do SUS: é da competência da Justiça Estadual, pois a parte prejudicada não é o estabelecimento de saúde, nem o sistema, ainda que administrado pela União. O ofendido é o particular.

29-C. Homicídio e remoção de órgãos: a competência é da Justiça Estadual, considerando-se que o homicídio é o delito principal. A remoção dos órgãos foi mera consequência e não é apta a determinar o foro competente parar apurar as infrações penais conexas. De outra parte, nem toda remoção de órgãos, feita de maneira ilícita, afeta interesse da União, por conta do Sistema Nacional de Transplante, gerido pelo Ministério da Saúde. Cada caso deve ser analisado individualmente.

29-D. Uso de documento falso para requerimento de visto em passaporte: é competência da Justiça Estadual. A utilização deu-se no interior de seção consular da embaixada, representação estrangeira no Brasil, não havendo qualquer interesse ou prejuízo da União. Mesmo que, entre os documentos apresentados, exista declaração de renda falsificada, o objetivo era atingir o visto, sem afetar bens, serviços ou interesse da União.

> **Art. 79.** A conexão e a continência importarão[30] unidade de processo e julgamento, salvo:
>
> I – no concurso entre a jurisdição comum e a militar;[31]
>
> II – no concurso entre a jurisdição comum e a do juízo de menores.[32]
>
> § 1.º Cessará, em qualquer caso, a unidade do processo, se, em relação a algum corréu, sobrevier o caso previsto no art. 152.[33]
>
> § 2.º A unidade do processo não importará a do julgamento, se houver corréu foragido que não possa ser julgado à revelia,[34] ou ocorrer a hipótese do art. 461 [atual art. 469, §§ 1.º e 2.º].[35]

30. Determinação legal para a junção dos processos conexos ou continentes: justamente para evitar decisões contraditórias, que tanto enfraquecem a credibilidade da Justiça, bem como para a busca da verdade real, colhendo-se a prova num único conjunto e contexto, impõe-se a união dos processos, quando houver conexão ou continência. Entretanto, a despeito disso, o próprio Código de Processo Penal estabelece exceções, justamente porque a união pode trazer maiores problemas do que vantagens.

31. Jurisdição comum e jurisdição militar: haverá a separação dos processos, quando estiverem envolvidos, ainda que no mesmo contexto, crime comum e crime militar, ou quando houver coautoria entre militar e civil para a prática de um único delito, conforme o caso. Há, no entanto, regras especiais a serem observadas: a) lembremos que civis podem ser julgados pela Justiça Militar Federal quando cometerem crimes militares previstos no Código Penal Militar, desde que contra as instituições militares federais. A competência constitucional estabelecida para a Justiça Militar Federal não exclui civis, como já visto em nota anterior. Nessa hipótese, ambos (civil e militar) seriam julgados, quando forem coautores, na esfera militar. Por outro lado, se o civil comete crime comum e o militar, delito militar, embora conexos, haverá separação dos processos. E mais: caso o civil cometa crime militar (contra as instituições militares federais) e o militar, crime comum, embora conexos, também ocorrerá a separação dos processos, em hipótese rara, que leva o civil para a Justiça Militar Federal e o militar para a Justiça comum. Está revogado pela Constituição de 1988 o disposto no art. 102, parágrafo

Art. 79

Código de Processo Penal Comentado · **Nucci**   234

único, do Código de Processo Penal Militar, que previa o julgamento do militar pela Justiça Castrense, embora cometesse delito comum conexo a crime militar. Nesse prisma, a lição de Tourinho Filho (*Código de Processo Penal comentado*, v. 1, p. 204). Ressalve-se, no entanto, o cometimento de crime por civil contra as instituições militares estaduais: a competência será da Justiça Estadual (Súmula 53, STJ: "Compete à Justiça Comum Estadual processar e julgar civil acusado de prática de crime contra instituições militares estaduais"). Assim, conclui-se que a Justiça Militar Estadual jamais julga um civil, impondo-se a regra geral da separação dos processos. Vale, sempre, a Súmula 90 do Superior Tribunal de Justiça: "Compete à Justiça Estadual Militar processar e julgar policial militar pela prática de crime militar, e à Comum pela prática de crime comum simultâneo àquele"; b) todos os militares que cometam crimes dolosos contra vida de civil devem ser julgados pela Justiça Comum, leia-se, pelo Tribunal do Júri (redação dada pela Lei 13.491/2017); c) os militares, após a edição da Lei 13.491/2017, passam a ser julgados pela justiça castrense, mesmo se previstos em leis especiais (como a lei de abuso de autoridade); d) visando à concessão de foro militar aos integrantes das Forças Armadas, quando chamados a intervir em segurança pública, deliberou-se o seguinte, no art. 9.º do Código Penal Militar, modificado pela Lei 13.491/2017: "§ 2.º Os crimes de que trata este artigo, quando dolosos contra a vida e cometidos por militares das Forças Armadas contra civil, serão da competência da Justiça Militar da União, se praticados no contexto: I – do cumprimento de atribuições que lhes forem estabelecidas pelo Presidente da República ou pelo Ministro de Estado da Defesa; II – de ação que envolva a segurança de instituição militar ou de missão militar, mesmo que não beligerante; ou III – de atividade de natureza militar, de operação de paz, de garantia da lei e da ordem ou de atribuição subsidiária, realizadas em conformidade com o disposto no art. 142 da Constituição Federal e na forma dos seguintes diplomas legais: a) Lei n.º 7.565, de 19 de dezembro de 1986 – Código Brasileiro de Aeronáutica; b) Lei Complementar n.º 97, de 9 de junho de 1999; c) Decreto-lei n.º 1.002, de 21 de outubro de 1969 – Código de Processo Penal Militar; e d) Lei n.º 4.737, de 15 de julho de 1965 – Código Eleitoral. Mantêm-se as seguintes súmulas: Súmula 75, STJ: "Compete à Justiça Comum Estadual processar e julgar o policial militar por crime de promover ou facilitar a fuga de preso de estabelecimento penal"; Súmula 6, STJ: "Compete à Justiça Comum Estadual processar e julgar delito decorrente de acidente de trânsito, envolvendo viatura de Polícia Militar, salvo se autor e vítima forem policiais militares em situação de atividade"; Súmula 78, STJ: "Compete à Justiça Militar processar e julgar policial de corporação estadual, ainda que o delito tenha sido praticado em outra unidade federativa".

32. Justiça Comum e Justiça da Infância e da Juventude: estabelece o art. 228 da Constituição Federal, que os menores de dezoito anos são penalmente inimputáveis, sujeitos às normas da legislação especial. Esta legislação está consubstanciada no Estatuto da Criança e do Adolescente (Lei 8.069/1990), que preceitua, no art. 104: "São penalmente inimputáveis os menores de 18 (dezoito) anos, sujeitos às medidas previstas nesta Lei. Parágrafo único. Para os efeitos desta Lei, deve ser considerada a idade do adolescente à data do fato". A regra do Código de Processo Penal é salutar, tendo por fim evitar qualquer dúvida acerca da competência para deliberar a respeito de fatos criminosos envolvendo o concurso de agentes entre maiores e menores ou a conexão. Nem o maior poderá ser julgado pelo juízo da infância e da juventude, embora haja continência ou conexão, nem o menor seguirá para a esfera comum. Não é a inimputabilidade a causa exclusiva para a separação dos processos, pois, no caso do doente mental, também considerado inimputável, o julgamento é afeto ao juiz criminal comum. Embora ao imputável seja aplicada pena e ao inimputável, medida de segurança, há um só foro competente para ambos.

33. Separação dos processos em face da superveniência de doença mental: não se trata de hipótese de separação inicial dos processos, mas de uma providência que tem por fim evitar o tumulto processual e a inviabilidade de uma instrução livre de entraves. Se a conexão e a continência, como vimos sustentando, têm como finalidade precípua garantir que as decisões, referentes a processos conexos ou a réus envolvidos no mesmo fato, sejam uniformes, valendo-se da mesma prova, deve essa regra ceder quando não houver mais conveniência na união dos feitos. Assim ocorre quando um dos corréus vem a sofrer de doença mental, após a data do crime – portanto, não é caso de ser considerada a sua inimputabilidade –, implicando a suspensão do processo até que se recupere e possa acompanhar a instrução. A medida tem por fim acautelar a ampla defesa e a possibilidade efetiva do contraditório. Por isso, não tem cabimento a suspensão do processo atingir a todos os demais acusados que, por força da conexão ou da continência, estejam reunidos na mesma relação processual. Quando, por outro lado, a enfermidade mental estiver presente à data do fato criminoso para um dos corréus, um único processo pode prosseguir contra todos, instaurando-se, no tocante ao doente, o incidente de insanidade mental. Pode ocorrer, no entanto, que o juiz decida, assim mesmo, separar os processos, porque o incidente, que suspende a instrução, pode prejudicar o célere trâmite do feito, afetando, por exemplo, o corréu que estiver preso.

34. Impossibilidade de julgamento de réu ausente: havendo unidade de processo, mas um dos corréus esteja foragido, é preciso verificar se a lei autoriza o prosseguimento do feito. Há, basicamente, uma hipótese, em que o julgamento não é possível, paralisando-se o trâmite processual até que a pessoa seja encontrada: na fase da citação, nos termos do art. 366, sendo ela realizada por edital e não constituindo o réu advogado, que possa defendê-lo, é considerado ausente e o processo deve ser suspenso. Assim, havendo coacusado presente e regularmente citado, deve o juiz separar o curso do feito, dando prosseguimento somente quanto a quem está ciente da ação penal. Note-se que a ausência, por si só, não é suficiente para determinar a separação do processo. Caso o réu seja citado pessoalmente e não se apresente para interrogatório, nem contrate advogado, a ele será nomeado um defensor dativo, prosseguindo-se até final julgamento, havendo ou não corréus (art. 367). Logo, desnecessária será a separação.

35. Separação dos processos em face da recusa de jurados: estabelece o art. 469, *caput*, que "se forem 2 (dois) ou mais os acusados, as recusas poderão ser feitas por um só defensor". No § 1.º, dispõe-se que "a separação dos julgamentos somente ocorrerá se, em razão das recusas, não for obtido o número mínimo de 7 (sete) jurados para compor o Conselho de Sentença". No § 2.º, estabelece-se que "determinada a separação dos julgamentos, será julgado em primeiro lugar o acusado a quem foi atribuída a autoria do fato ou, em caso de coautoria, aplicar-se-á o critério de preferência disposto no art. 429 deste Código". Portanto, havendo no Tribunal do Júri a possibilidade de existirem as recusas peremptórias, dadas sem qualquer motivação, no procedimento de seleção dos jurados que irão compor o Conselho de Sentença, é preciso verificar se não haverá necessidade de separar o processo por conta da não obtenção do número mínimo para compor a Turma Julgadora. Consultar as notas ao art. 469.

> **Art. 80.** Será facultativa a separação dos processos[36] quando as infrações tiverem sido praticadas em circunstâncias de tempo ou de lugar diferentes,[37] ou, quando pelo excessivo número de acusados[38] e para não lhes prolongar a prisão provisória, ou por outro motivo relevante,[39] o juiz reputar conveniente a separação.[39-A]

Art. 80

Código de Processo Penal Comentado · **Nucci**

236

36. Separação facultativa dos processos: tendo em vista que a conexão e a continência, como já afirmado, têm por finalidade garantir a união dos processos para uma melhor apreciação da prova pelo juiz, evitando-se decisões conflituosas, pode ocorrer a inconveniência dessa junção, seja porque torna mais difícil a fase probatória, seja pelo fato de envolver muitos réus – uns presos e outros soltos – e até por razões outras que somente o caso concreto pode determinar. Conferir: STJ: "Desmembramento das ações penais amplamente justificado pela quantidade excessiva de acusados e pelas infrações terem ocorrido em tempo e lugar diferentes. Nenhuma ilegalidade ficou evidenciada quanto ao ponto, tendo o Magistrado atuado regularmente dentro do seu poder discricionário e com previsão no art. 80 do CPP: será facultativa a separação dos processos quando as infrações tiverem sido praticadas em circunstâncias de tempo ou de lugar diferentes, ou, quando pelo excessivo número de acusados e para não lhes prolongar a prisão provisória, ou por outro motivo relevante, o juiz reputar conveniente a separação" (RHC 70.213/RJ, 6.ª T., rel. Sebastião Reis Júnior, 16.08.2016, v.u.); "Se as condutas atribuídas ao agente são diversas ou os processos se encontram em fases distintas de instrução, é faculdade do juízo a separação dos processos, conforme disposição do art. 80 do CPP" (REsp 1.390.649/RS, 6.ª T., rel. Rogerio Schietti Cruz, 24.05.2016, v.u.).

37. Separação facultativa em caso de tempo ou lugar diferenciado: essa hipótese deve ser aplicada com cautela, pois incabível para determinadas situações. O art. 76 expõe as hipóteses de conexão. No inciso I, primeira parte, fala-se expressamente na ocorrência de duas ou mais infrações praticadas ao mesmo tempo, por várias pessoas reunidas, o que afastaria a possibilidade de se separar o processo (tempo e lugar idênticos). Na segunda parte do inciso I, quando se menciona apenas a prática das infrações em concurso, é possível haver tempo e lugar diferenciados, cabendo, pois, a separação. Na terceira parte, do mesmo inciso, cremos ser inviável a separação, pois é a prática de infrações por pessoas que agem umas contra as outras, pressupondo-se que estejam no mesmo lugar e ao mesmo tempo. Afinal, se não fosse assim, nem se falaria em conexão. Quanto ao inciso II do art. 76, nota-se a possibilidade de separação, pois os crimes praticados para facilitar, ocultar, garantir a impunidade ou a vantagem podem ser cometidos em lugares e em momentos diferentes. O inciso III do art. 76 evidencia a autêntica forma de conexão, a nosso ver, que é a instrumental. Quanto a esta, cabe separação facultativa, pois o tempo e lugar podem ser diversos. Na situação da continência, parece-nos inconveniente a separação, pois ainda que existam circunstâncias de tempo e lugar diferentes, estando presente a coautoria, torna-se imperioso o julgamento conjunto. Imagine-se o sujeito que paga outro para matar a vítima em lugar bem distante e muito tempo depois. Mandante e executor merecem ser julgados no mesmo processo para evitar decisões conflitantes. O mesmo se diga do caso referente ao concurso formal, pois trata-se do mesmo fato, logo, cometido em tempo e lugar idênticos.

38. Separação facultativa em virtude do excessivo número de acusados: trata-se de uma hipótese válida para todos os casos de conexão e continência. É preciso, no entanto, fazer uma observação quanto a esta opção legislativa. Determina a norma que possa haver a separação quando o número de réus for excessivo *e* houver prorrogação indevida da prisão cautelar de alguns deles ou de todos. Assim, é um binômio: o número elevado de réus faz com que a instrução seja lenta, pela própria natureza dos prazos e das provas a serem produzidas, o que pode tornar extensa a duração da prisão cautelar decretada contra uns ou contra todos. Resolve-se, então, pela separação. Quando o número excessivo prejudicar, por si só, o andamento do processo, embora todos estejam em liberdade, deve-se aplicar a terceira hipótese ("outro motivo relevante"). Imagine-se um feito com 100 réus, em que somente para a apresentação de alegações finais é possível levar mais de um ano, intimando-se cada um dos defensores e permitindo-se a retirada dos autos de cartório para estudo. Na jurisprudência: STJ: "6. A regra do art. 80 do Código de Processo Penal, a qual dispõe ser facultativa a separação dos processos quando diversas as circunstâncias fáticas, bem como quando for excessivo o número de acusados, diz respeito à não atração do processo por conexão, fundamento utilizado pelo Superior Tribunal de Justiça, bem como pelo Tribunal de Justiça do Distrito Federal e dos Territórios, para cindir a acusação. Não se trata de manter os fatos narrados concentrados na mesma denúncia e, por consequência, na mesma ação penal, mas sim de manter os processos conexos sob a competência do mesmo Juízo. 7. O recorrente não demonstrou em que medida os princípios do contraditório e da ampla defesa estariam violados pela apresentação de 17 (dezessete) denúncias. De fato, não havendo vinculação do MPDFT à denúncia apresentada pelo MPF, tem-se que a apresentação de denúncia única, contendo os mesmos fatos apresentados nas 17 (dezessete) denúncias, por certo não diminuiria o ônus da defesa, cuidando-se, ademais, de afirmação sem qualquer respaldo empírico. Outrossim, denúncia única contra 33 (trinta e três) acusados, por diversos fatos, acarretaria um único processo, com infindáveis volumes, tornando também difícil o manuseio dos autos. Note-se que o processo chegou ao primeiro grau contando já com 43 (quarenta e três) volumes, 324 (trezentos e vinte e quatro) apensos e 1 (um) HD interno (e-STJ fl. 420). Nesse contexto, entendo que o ônus da defesa não advém da fórmula acusatória, mas sim dos fatos em si, que apresentam complexidade ímpar. Em suma, embora compreensível a insatisfação da defesa, quanto à técnica de acusação, do ponto de vista operacional, não há, na hipótese vertente, constrangimento ilegal. Precedentes. 8. Recurso em *habeas corpus* improvido" (RHC 66.137/DF, 5.ª T., rel. Reynaldo Soares da Fonseca, 24.05.2016, v.u.).

39. Separação facultativa em face de motivo relevante: andou bem a lei ao preceituar que fica ao critério do juiz a separação dos processos, por qualquer *motivo relevante*, impossível de ser previsto prévia e expressamente em lei, mas que pode conturbar mais do que auxiliar na produção das provas. O exemplo que mencionamos na nota anterior é significativo: um processo, com inúmeros réus, pode arrastar-se por anos, sem vantagem alguma para o contexto probatório. Por outro lado, outras razões podem levar à separação dos feitos, como a necessidade de produção de determinada prova, que somente interessa a um dos réus. Ilustrando: um acusado pode ter arrolado uma testemunha de antecedentes, que considere de suma importância para sua defesa, embora os corréus não tenham o menor interesse em aguardar o extenso período para que ela seja ouvida. Há pessoas, acusadas da prática de crimes, que desejam um julgamento rápido, até mesmo para atingirem mais rapidamente a absolvição. Por outro lado, pode estar próximo da prescrição, de modo que a prova interessante somente para um réu, deferida pelo juiz, pode não ter a menor importância para os outros, razão pela qual se impõe, por motivo relevante, a separação. Lembremos que a decisão acerca da separação é *facultativa*. Pode concernir ao magistrado condutor do feito ou ao órgão colegiado, em caso de competência originária. Ilustrando, o juízo ou Tribunal tanto pode entender ser *conveniente* manter um processo-crime, onde constam inúmeros denunciados pelo Ministério Público, envolvendo alguns réus com foro privilegiado e, outros, não possuidores do benefício, por julgar mais prática a colheita conjunta da prova, como pode determinar a separação dos feitos, visando à mais célere tramitação dos processos. Na jurisprudência: STF: "(...) As instâncias precedentes, de forma acertada e motivada, demonstraram, irrefutavelmente, no caso, a justificada aplicação do contido no art. 80 do CPP, o qual prevê a separação facultativa dos feitos. Desmembramento em razão da complexidade e do excessivo número de pessoas envolvidas. Existência de acusados que possuem foro especial por prerrogativa de função não obriga que todos os demais sejam processados no Tribunal estadual, motivo pelo qual não há falar em violação aos princípios do juiz natural e do promotor natural. Precedentes. (...) O entendimento do Supremo Tribunal Federal é de que o desmembramento da persecução penal, quanto ao agente não detentor do foro por prerrogativa de função, em regra, é medida

Art. 81

Código de Processo Penal Comentado · Nucci   238

que se impõe. Precedentes. Agravo regimental a que se nega provimento" (RHC 126.423 AgR/ MG, 2.ª T., rel. Gilmar Mendes, 07.10.2016, v.u.). Ver, também, a próxima nota 39-A.

39-A. Separação dos processos e prerrogativa de foro: havendo necessidade de separação dos processos, em especial, por conveniência da instrução, preserva-se a prerrogativa de foro ao réu que dela faz jus, remetendo-se ao juízo comum os feitos de outros corréus sem o mencionado privilégio. Sabe-se que, por conexão ou continência, havendo foro privilegiado a um dos coautores, todos os demais serão julgados por Corte Superior. Porém, a regra da conexão ou continência é prevista no CPP e não na Constituição Federal, motivo pelo qual pode ceder às exceções enumeradas na própria legislação infraconstitucional, nos moldes do art. 80. Diante disso, é perfeitamente viável haver a separação dos processos, levando os réus com foro privilegiado a serem julgados em instâncias diversas dos outros, não possuidores de tal prerrogativa. Conferir: STF: "1. O presente caso conta com 10 (dez) denunciados e, na data de hoje, com 78 (setenta e oito) volumes e mais 15 (quinze) apensos, o que demonstra a inviabilidade do processo e julgamento de tantos acusados por essa Corte e constitui razão mais do que suficiente para autorizar o desmembramento do feito, pois apenas um dos acusados detém a prerrogativa de foro prevista no art. 102, I, *b*, da Constituição Federal. 2. A doutrina e a jurisprudência são uníssonas no sentido de aplicar o art. 80 do Código de Processo Penal nos processos criminais em que apenas um ou alguns dos acusados detêm a prerrogativa de foro. 3. Não há, no caso, qualquer excepcionalidade que impeça a aplicação do art. 80 do CPP. 4. Questão de ordem acolhida, para que sejam apurados nessa Corte somente os fatos imputados ao Deputado Federal envolvido, extraindo-se cópias dos elementos a ele relacionados para autuação de um novo inquérito. Baixa dos autos quanto aos demais acusados" (QO no Inq 2.443/SP, Pleno, rel. Joaquim Barbosa, 01.07.2008, v.u. – embora antigo, serve para ilustração). STJ: "O desmembramento da ação penal, principalmente quando apenas um dos denunciados possui foro por prerrogativa de função deve ser analisado de acordo com o princípio da duração razoável do processo. Artigo 80 do Código de Processo Penal e Artigo 5.º, LXXVIII da Constituição Federal. Possibilidade. Precedentes. Questão de ordem resolvida para desmembrar o processo em relação aos demais onze denunciados e dar vista ao MPF para rerratificar a denúncia" (APn 807/DF, Corte Especial, rel. Felix Fischer, 04.03.2015, v.u.).

Art. 81. Verificada a reunião dos processos por conexão ou continência, ainda que no processo da sua competência própria venha o juiz ou tribunal a proferir sentença absolutória ou que desclassifique a infração para outra que não se inclua na sua competência, continuará competente em relação aos demais processos.[40-43]

Parágrafo único. Reconhecida inicialmente ao júri a competência por conexão ou continência, o juiz, se vier a desclassificar a infração ou impronunciar ou absolver o acusado, de maneira que exclua a competência do júri, remeterá o processo ao juízo competente.[44]

---

40. Perpetuação da jurisdição em casos de conexão e continência: é possível que vários processos sejam reunidos em virtude de conexão ou continência, mas, ao julgar o feito, conclua-se pela incompetência do juízo que exerceu a força atrativa, seja porque houve absolvição no tocante à infração que atraiu a competência, seja porque ocorreu a desclassificação para outra, que não seria originariamente desse magistrado. A essa altura, colhida a prova toda, não tem mais cabimento devolver o conhecimento do processo a juízo diverso, impondo-se o julgamento pelo que conduziu a instrução. Ilustrando: no exemplo já fornecido na nota 22 do art. 78, II, *b*, é possível que o juízo da Comarca *X*, onde foram cometidos três furtos simples, atraia o julgamento da conexa receptação, cometida na Comarca Y. Ainda que o juiz da Comarca X absolva o réu A pela prática dos três furtos, pode condenar o acusado B pela receptação, não tendo a menor valia, inclusive por economia processual, determinar a remessa dos autos ao juízo originário da Comarca Y, que seria o competente para apurar e julgar o delito de receptação, ocorrido em seu território.

41. Combinação das regras previstas nos arts. 81, 82 e 492, § 1.º: o art. 81 determina que, reunidos os processos por conexão ou continência e havida a absolvição ou desclassificação da infração principal, que tornou o juízo competente para todos os feitos, devem ser os demais julgados pelo mesmo magistrado ou tribunal que conduziu a instrução. Entretanto, há duas exceções no contexto global do Código de Processo Penal, que precisam ser compatibilizadas, para que uma norma não predomine, gratuitamente, sobre outra. O art. 81, parágrafo único, é clara exceção à regra do *caput*, ao preceituar que o juiz singular, no procedimento do júri, quando impronunciar, absolver sumariamente ou desclassificar a infração da sua competência, deverá remeter as demais – conexas ou continentes – ao juízo competente. Surge, então, o art. 492, § 1.º, que prevê a hipótese do Conselho de Sentença, no julgamento em plenário do júri, desclassificar a infração principal (crime doloso contra a vida), que atraiu as demais, fazendo com que a competência permaneça com um dos integrantes do Tribunal do Júri, que é o juiz-presidente. Fica-se, nesta hipótese, no meio-termo: nem outro juiz, nem os jurados. O processo não é remetido ao juízo que seria competente para o delito conexo ou contido no crime doloso contra a vida não mais existente, tampouco é julgado pelos jurados, leigos que são, cuja competência é sempre estrita. Note-se que o mesmo não acontece quando o Conselho de Sentença absolve o réu da infração principal (crime doloso contra a vida), agora sim aplicando-se a regra do art. 81, permanecendo os jurados competentes para os crimes conexos ou continentes, até por que o referido art. 492, § 1.º, nenhuma referência faz à absolvição. Quis a lei fosse assim: desclassificando-se a infração da competência do júri na primeira fase, o processo referente aos crimes conexos ou continentes segue a sorte da infração desclassificada e vai ao juízo singular competente; desclassificando-se na segunda fase de julgamento pelo Tribunal Popular, os crimes conexos e o desclassificado serão julgados pelo juiz-presidente, que acompanhou toda a produção da prova, ao menos na derradeira fase; absolvendo-se sumariamente na primeira fase, seguem todos os delitos conexos ou continentes ao juízo competente; absolvendo-se o réu da prática do delito doloso contra a vida, usa-se a regra geral do art. 81, continuando o Tribunal Popular competente para o julgamento das demais infrações. Vemos como correta a orientação legal: na primeira fase, há um filtro feito pelo juiz togado. Se não há crime doloso contra a vida a ser apurado, inexiste razão de se acionar o Tribunal Popular. Na segunda fase, o júri já se encontra instalado, razão pela qual somente quando se considera incompetente para a infração dolosa contra a vida é que o feito segue para o juiz-presidente que, no entanto, não deixa de ser componente do Tribunal Popular, pois é quem o preside, embora seja togado, apto a deliberar sobre infrações outras que não as dolosas contra a vida. Havendo absolvição, no entanto, o júri ingressou no mérito e deu-se por competente para decidir a sorte do réu, de modo que continua competente (perpetuação da jurisdição) para as demais infrações conexas ou continentes. Defendem Tourinho Filho e Espínola Filho que o juiz-presidente, quando o júri desclassifica ou absolve o réu quanto à infração principal, deve julgar somente esta, ficando as demais para o Conselho de Sentença (*Código de Processo Penal comentado*, v. 1, p. 209-210; *Código de Processo Penal brasileiro anotado*, v. 2, p. 193). É, no entendimento de ambos, a aplicação integral do preceituado no art. 81. Parece-nos melhor a orientação majoritária na doutrina e na jurisprudência, como já exposto, reservando-se a aplicação do art. 81 ao julgamento feito pelo Tribunal Popular somente na hipótese de absolvição do réu quanto ao crime doloso contra a vida, mas fazendo prevalecer o art. 492, § 1.º, quando os jurados desclassificarem a infração principal, declarando-se incompetentes

Art. 81

para o julgamento e passando a decisão ao juiz-presidente togado. Note-se que o referido art. 492, § 1.º, fala na desclassificação da infração para outra da competência do juiz singular (clara menção ao delito doloso contra a vida), que levará, *em seguida* (termos contidos na lei), o juiz-presidente a proferir a *sentença*, logicamente, segundo pensamos, para este crime desclassificado e *todos os demais faltantes*. Na ótica que defendemos: Adriano Marrey (*Teoria e prática do júri*, p. 393-394); Hermínio Alberto Marques Porto (*Júri (procedimento e aspetos do julgamento – questionários)*, p. 138-139); Demercian e Maluly (*Curso de processo penal*, p. 211), Mirabete (*Código de Processo Penal interpretado*, p. 630); Damásio (*Código de Processo Penal anotado*, p. 356). Confira-se, ainda, Frederico Marques: "Não há, aí, alteração de competência externa: o Tribunal do Júri continua competente para decidir a espécie que foi objeto da instrução e julgamento em plenário. O que se altera, no caso, é a competência interna dos órgãos do Tribunal do Júri, pois que a este pertence o juiz togado que o preside. Modifica-se a competência interna por objeto do litígio, em virtude da desclassificação operada pela resposta dada aos quesitos. A mudança interna de competência só se dá, no entanto, se o Júri desclassificar o crime. Se o veredicto for absolutório e houver crime conexo a ser julgado logo em seguida, sobre os quesitos a essa infração pertinente, passarão os jurados a responder, ainda mesmo que o fato delituoso não seja de competência do Júri, *ratione materiae*, mas apenas *ratione connexitatis*. Nesse caso, impera a regra geral, sobre *perpetuatio jurisdictionis*, do art. 81, *caput*, do Código de Processo Penal" (*A instituição do júri*, p. 292-293).

42. Desclassificação própria e desclassificação imprópria no contexto da conexão: ver comentários ao art. 492, § 1.º.

43. Duas ou mais séries de homicídio e tentativa e os crimes conexos: havendo desclassificação somente na segunda série, que cuida de crime doloso contra a vida, mas tendo o júri firmado sua competência na primeira, deve continuar a julgar a segunda e as demais, pois passam a ser considerados crimes conexos.

44. Exceção à regra da perpetuação da jurisdição no cenário do júri: quando o juiz monocrático findar o juízo de formação da culpa, julgando a admissibilidade da acusação, pode concluir que é caso de impronúncia (não há provas suficientes da materialidade ou da autoria para ir a julgamento pelo júri), de absolvição sumária (há excludente de ilicitude ou de culpabilidade, de modo que inexiste crime) ou de desclassificação (altera a classificação para outro delito. Por exemplo, percebe que não se tratava de um homicídio seguido de furto, mas sim de um latrocínio). Assim fazendo, retirou da esfera de competência do júri o delito principal contra a vida, razão pela qual os crimes conexos não devem ser objeto de *pronúncia* (julgamento de admissibilidade da acusação), a fim de seguirem ao Tribunal Popular. Este, legalmente, só está apto a julgar crimes dolosos contra a vida e, existindo a filtragem da acusação, concluiu o juiz togado não ser caso de sua competência. Portanto, remete o processo ao juízo competente. Na jurisprudência: STJ: "1. As hipóteses previstas no parágrafo único do art. 81 do CPP – impronúncia, absolvição sumária e desclassificação – são circunstâncias que afastam a competência do Tribunal do Júri na primeira fase do julgamento (juízo de acusação), consubstanciando clara exceção ao princípio da *perpetuatio jurisdictionis*, de modo que, verificada quaisquer delas ainda na primeira fase do procedimento, tem-se por afastada a competência do Tribunal do Júri para o julgamento do crime conexo (comum). 2. Esse rol não pode ser tido como taxativo, pois se o corréu, a quem foi imputado a prática de crime contra a vítima, falece ainda na primeira fase do procedimento – como verificado no caso dos autos –, não há justificativa razoável para submeter o crime conexo comum (denunciação caluniosa) a julgamento perante o Tribunal popular, sendo certo que essa hipótese se assemelha àquelas previstas no dispositivo em comento, na medida em que afasta a competência do Tribunal do Júri ainda na fase do juízo de acusação" (REsp n. 2.131.258, RJ, 6.ª T., rel. Sebastião Reis Júnior, 23.04.2024, *DJe* de 29.04.2024).

> **Art. 82.** Se, não obstante a conexão ou continência, forem instaurados processos diferentes,[45] a autoridade de jurisdição prevalente[46] deverá avocar os processos que corram perante os outros juízes, salvo se já estiverem com sentença definitiva.[47] Neste caso, a unidade dos processos só se dará, ulteriormente, para o efeito de soma ou de unificação das penas.[48]

45. Conexão e continência no contexto das investigações policiais: a lei é clara ao disciplinar as duas hipóteses de unidade de processos, não fazendo qualquer referência ao inquérito policial. Por isso, é correta, como regra, a observação feita por Bento de Faria de que inquéritos, instaurados por diferentes autoridades policiais, ainda que vinculados pela conexidade, podem prosseguir normalmente o seu curso, sem necessidade de junção (*Código de Processo Penal*, v. 1, p. 194). Entretanto, sendo útil ao esclarecimento e busca da verdade real, pode-se providenciar a junção dos inquéritos.

46. Autoridade de jurisdição prevalente: trata-se do juiz que, segundo a lei, deve julgar os casos conexos ou continentes. Não se refere o artigo, naturalmente, a magistrado de jurisdição de maior valor, pois *jurisdição*, como possibilidade de aplicar o direito ao caso concreto, todos os juízes possuem. Cabe à lei disciplinar qual juízo deve avocar, isto é, chamar a si o julgamento dos processos que, por conexão ou continência, merecem ser avaliados em conjunto. Entretanto, a regra prevista neste artigo só é válida para o juízo prevalente, vale dizer, o efetivamente competente para julgar as demandas, inclusive pelo fato de ter tomado conhecimento de um dos crimes em primeiro lugar.

47. Sentença definitiva: é a decisão de mérito, que comporta apelação, pois encerrou, em primeiro grau, o litígio. Não se deve ver nessa expressão a sentença *com trânsito em julgado*. A finalidade é diferençar a sentença definitiva, que delibera sobre o mérito da pretensão punitiva estatal, daquela que decide somente uma fase do processo, como ocorre com a decisão de pronúncia. Na jurisprudência: STJ: "2. A decisão da Corte de origem encontra-se em consonância com a jurisprudência do STJ, porque o art. 82 do Código de Processo Penal preceitua que, 'se, não obstante a conexão ou a continência, forem instaurados processos diferentes, a autoridade com jurisdição prevalente deverá avocar os processos que corram perante outros juízes, salvo se já estiverem com sentença definitiva'. Importante salientar que esta Corte Superior entende que, ao se referir à 'sentença definitiva', a lei quer dizer 'sentença de mérito ou recorrível', e não 'sentença transitada em julgado', pois é o que se depreende do verbete 235 da Súmula do Superior Tribunal de Justiça, que dispõe que 'a conexão não determina a reunião dos processos, se um deles já foi julgado'" (AgRg no RHC n. 179.085/ES, 6.ª T., rel. Jesuíno Rissato, 11.09.2023, v.u.).

48. Soma ou unificação das penas: a soma decorre da aplicação do concurso material (art. 69, CP) e a unificação pode decorrer tanto do concurso formal (art. 70, CP) quanto do crime continuado (art. 71, CP). Cabe ao juiz da execução penal cuidar do processo de soma ou unificação das penas do condenado, o que é lógico, pois é o detentor de todas as execuções que correm contra a mesma pessoa, razão pela qual pode visualizar amplamente o quadro das suas condenações. Por vezes, há casos de crimes continuados ou mesmo de concurso formal não constatados antes do término das instruções dos processos individualmente instaurados e julgados. Cabe, pois, a unificação na fase executória. E mesmo no caso de simples concurso material de infrações, para efeito de progressão, livramento condicional e recebimento de

Art. 83

Código de Processo Penal Comentado · **Nucci**

242

outros benefícios, torna-se imperiosa a soma das penas para que o condenado possa obtê-los. É o que dispõe o art. 66, III, *a*, da Lei de Execução Penal. Na jurisprudência: STJ: "Nos termos do art. 82 do CPP, após ser proferida sentença definitiva, a unidade dos processos só se dará, ulteriormente, para o efeito de soma ou de unificação das penas. Compete ao juízo da Execução proceder à unificação de penas (art. 66, inciso III, 'a', da LEP) acaso constatada a configuração de continuidade delitiva entre delitos apurados em processos distintos (Precedentes desta Corte e do Pretório Excelso). Inviável tal exame na via eleita por demandar aprofundado exame de material fático-probatório" (HC 319.282/SP, 5.ª T., rel. Felix Fischer, 15.03.2016, v.u.).

Capítulo VI
DA COMPETÊNCIA POR PREVENÇÃO

> **Art. 83.** Verificar-se-á a competência por prevenção[1] toda vez que, concorrendo dois ou mais juízes igualmente competentes ou com jurisdição cumulativa,[2] um deles tiver antecedido aos outros na prática de algum ato do processo[3] ou de medida a este relativa, ainda que anterior[4] ao oferecimento da denúncia ou da queixa (arts. 70, § 3.º, 71, 72, § 2.º, e 78, II, c).[5-9]

1. Prevenção: como já expusemos na nota 17 ao art. 69, VI, *supra*, a *prevenção* é o conhecimento antecipado de determinada questão jurisdicional por um juiz, o que o torna competente para apreciar os processos conexos e continentes. A prevenção, como o próprio art. 83 demonstra no final, consta em vários outros dispositivos do Código de Processo Penal e é sempre um critério residual, vale dizer, não havendo condições de determinar o juízo pelas regras usuais, como o lugar da infração ou o domicílio do réu, pois sempre existe a possibilidade de haver mais de um magistrado competente exercendo suas funções no mesmo local, utiliza-se a prevenção como subsídio. Nos tribunais: STF: "Igualmente firme a orientação consolidada nesta Suprema Corte de que é relativa a incompetência resultante de infração às regras legais de prevenção. Precedentes" (HC 103.226/RS, 1.ª T., rel. Dias Toffoli, 10.04.2012, v.u.). STJ: "1. A jurisprudência desta Corte Superior é firme ao assinalar que, '[c]onforme disposto no art. 83 do CPP, verificar-se-á a competência por prevenção toda vez que, concorrendo dois ou mais juízes igualmente competentes ou com jurisdição cumulativa, um deles tiver antecedido aos outros na prática de algum ato do processo ou de medida a este relativa, ainda que anterior ao oferecimento da denúncia ou da queixa. A precedência constante do mencionado dispositivo processual penal refere-se à prática de medida, ainda que anterior à deflagração da ação penal, de cunho eminentemente jurisdicional, característica que, se ausente, não é apta a justificar a competência por prevenção' (RHC n. 91.432/SP, relator Ministro Rogerio Schietti, Sexta Turma, *DJe* de 23/4/2019.) 2. Entende, ainda, o Superior Tribunal de Justiça que '[a] denúncia anônima, isoladamente, não é hábil para ensejar a persecução penal, mas pode servir para diligências iniciais que gerarão ou não investigações e produção de elementos probatórios. No caso, verifica-se que a investigação contou com a colheita de dados preliminares para averiguar a lisura dos fatos informados' (AgRg nos EDcl no RHC n. 162.976/RN, relator Ministro Jesuíno Rissato (Desembargador Convocado do TJDFT), Sexta Turma, *DJe* de 10/3/2023)" (AgRg no RHC 119.835/SP, 6.ª T., rel. Rogerio Schietti Cruz, j. 24.04.2023, v.u.).

2. Diferença entre juízes igualmente competentes e juízes com jurisdição cumulativa: ensina Tourinho Filho, com precisão, que os magistrados *igualmente competentes* são os que possuem idêntica competência, tanto em razão da matéria quanto em razão do lugar (é o que ocorre quando há vários juízes criminais numa mesma Comarca, onde haveria necessidade de se distribuir o processo para descobrir o competente). São juízes com *jurisdição cumulativa* aqueles aptos a julgar a mesma matéria, mas que se localizam em foros diferentes (é o que se dá com o crime continuado, que transcorre em várias Comarcas próximas, pois qualquer dos magistrados poderia julgá-lo). Assim, o legislador não usou gratuitamente os dois termos (*Código de Processo Penal comentado*, v. 1, p. 212-213).

3. Ato do processo ou medida a este relativa: *ato do processo* é decisão jurisdicional pertinente à ação penal em andamento, como ocorre com o recebimento da denúncia ou da queixa. *Medida a este relativa* significa a possibilidade de não haver processo instaurado e, durante a fase de investigação, o magistrado ser chamado a proferir decisão de caráter jurisdicional, como a concessão de mandado de busca e apreensão, a decretação de uma prisão preventiva ou até a decretação de uma medida assecuratória. Nessas hipóteses, torna-se prevento para julgar o caso, bem como as infrações conexas ou continentes. Despachos proferidos no inquérito, de caráter meramente administrativo, como a concessão de prazo ou o deferimento de diligências requeridas pelo representante do Ministério Público não previnem o juízo. Na jurisprudência: STJ: "1. É firme o entendimento desta Corte superior que a descoberta fortuita dos atos praticados pelo agente em interceptação telefônica autorizada por outro juízo, que apurava fatos distintos dos imputados na ação penal em apreço, não o torna prevento nem acarreta conexão de provas. 2. 'A regra da prevenção estabelecida no art. 83 do Código de Processo Penal pressupõe a prática de um ato jurisdicional que importe em prévio conhecimento da causa, o que não ocorre quando autorizada apenas diligência no bojo do procedimento investigatório' (AgRg no REsp 1.492.472/PR, Rel. Ministro Reynaldo Soares da Fonseca, Quinta Turma, julgado em 04.10.2018, *DJe* 15.10.2018). 3. *In casu*, o mero ato do Juízo de Direito da 2.ª Vara Criminal de Assis/SP de deferir a extração de cópias da investigação, que apurava em outro feito fatos distintos dos imputados às recorrentes, não o torna prevento, ainda que tenha autorizado naqueles autos as interceptações telefônicas que revelaram ocasionalmente a prática delitiva pelas agentes. 4. Agravo regimental não provido" (AgRg no AREsp 690.440/SP, 5.ª T., rel. Ribeiro Dantas, 16.05.2019, v.u.).

4. Medida tomada anteriormente ao oferecimento da denúncia ou da queixa: aplica-se, como já vimos, somente ao caso de "medida a este relativa", ou seja, medida relativa ao processo, porém tomada antes que houvesse a instauração da relação processual, tais como a quebra de sigilo fiscal ou bancário; a expedição de mandado de busca e apreensão; a decretação de prisão temporária; a quebra do sigilo telefônico etc. Na jurisprudência: STJ: "2. Ao teor do art. 83 do Código de Processo Penal, 'verificar-se-á a competência por prevenção toda vez que, concorrendo dois ou mais juízes igualmente competentes ou com jurisdição cumulativa, um deles tiver antecedido aos outros na prática de algum ato do processo ou de medida a este relativa, ainda que anterior ao oferecimento da denúncia ou da queixa (arts. 70, § 3.º, 71, 72, § 2.º, e 78, II, 'c')'. 3. Prevenção do Juízo de Botucatu/SP, que expediu mandados de busca domiciliar e decretou a prisão temporária dos envolvidos nos crimes, antecedendo-se aos demais Juízos competentes" (HC 381.020/SP, 5.ª T., rel. Reynaldo Soares da Fonseca, 25.09.2018, v.u.).

5. Enumeração dos casos de aplicação da prevenção: a) crimes ocorridos na divisa de duas ou mais jurisdições, sendo o limite entre elas incerto ou, ainda que seja certo, não se saiba precisar exatamente o sítio do delito ou, também, quando a infração atingiu mais de uma jurisdição (art. 70, § 3.º); b) crimes continuados ou permanentes, cuja execução se prolonga no tempo, podem atingir o território de mais de uma jurisdição (art. 71); c) quando o réu não possui domicílio certo ou tiver mais de uma residência (art. 72, § 1.º) ou mesmo quando não for conhecido seu paradeiro (art. 72, § 2.º), não tendo sido a competência firmada pelo lugar da

Art. 83

Código de Processo Penal Comentado · Nucci

infração (art. 72, *caput*); d) havendo mais de um juiz competente, no concurso de jurisdições, sem possibilidade de aplicação dos critérios desempatadores do art. 78, II, *a* e *b* (art. 78, II, *c*). Na jurisprudência: STJ: "1. 'A prática do delito de receptação na modalidade conduzir, caso dos autos, é forma permanente do ilícito, o que atrai a aplicação do disposto nos arts. 71 e 83, ambos do Código de Processo Penal, segundo os quais, tratando-se de infração permanente, a competência se dará pela prevenção, devendo julgar o processo o Juízo que tiver antecedido os outros na prática de algum ato do processo ou de medida a este relativa, ainda que anterior ao oferecimento da denúncia ou da queixa' (CC 131.150/MG, Rel. Ministro Ericson Maranho (Desembargador convocado do TJ/SP), Terceira Seção, julgado em 25/03/2015, *DJe* 07/04/2015). 2. Situação em que o veículo fora furtado/roubado em São Paulo, teria sido ali vendido ao investigado, mas veio a ser encontrado, posteriormente, em patrulha policial na cidade de Goiânia/GO, de posse do indiciado que o conduzia. 3. Como o Juízo suscitado foi o primeiro que praticou atos no feito, pois apreciou o auto de prisão em flagrante do investigado, é de se reconhecer a sua competência para a condução do Inquérito Policial e julgamento de eventual ação penal daí decorrente. 4. Conflito conhecido, para declarar competente para a condução do Inquérito Policial, o Juízo de Direito da 7.ª Vara criminal de Goiânia/GO, o suscitado" (CC 147.548/SP, 3.ª S., rel. Reynaldo Soares da Fonseca, 10.08.2016, v.u.).

5-A. Violação às regras da prevenção: provoca nulidade relativa. Ver a nota 8-A ao art. 564.

6. Decisão em *habeas corpus*: não é suficiente para firmar a competência de um juiz, pois, segundo entende a jurisprudência dominante, trata-se de ação de natureza constitucional, que não se vincula, portanto, ao processo pelo qual responde ou irá responder o paciente. Assim, caso um juiz decida um *habeas corpus* impetrado contra delegado que estaria constrangendo ilegalmente algum suspeito, não se torna prevento para decidir o processo futuramente instaurado.

7. Plantão judiciário: não previne a jurisdição, tendo em vista a própria natureza do serviço emergencial prestado. O Tribunal designa juízes de diversas Varas e cidades para compor o plantão em determinado local, razão pela qual não se pode considerá-los preventos, uma vez que somente conturbaria o andamento dos processos, que poderiam parar em juízos que jamais os conheceriam não fosse o plantão realizado pelo magistrado. Assim, somente quando a medida é tomada por um juiz fora do plantão, havendo inquérito distribuído, pode-se garantir a prevenção.

8. Prevenção de Câmara do Tribunal: trata-se de competência relativa, razão pela qual, se não respeitada, deixando de ser alegada no momento próprio, não gera nulidade.

9. Prevenção de Câmara de Férias: não ocorre, pois hipótese excepcional, de órgão jurisdicional não permanente.

Capítulo VII
DA COMPETÊNCIA PELA PRERROGATIVA DE FUNÇÃO[1-1-A]

1. Prerrogativa de função: como vimos em nota anterior ao art. 69, VII, a prerrogativa de função do agente pode alterar fundamentalmente a eleição do foro competente para apurar a infração cometida. A regra geral é que o delinquente seja punido no local do crime, pois aí está o maior abalo à comunidade. Entretanto, conforme a situação específica em que se encontre, há alteração da regra geral. É o que ocorre com o agente investido em particular função. Assim, se um Prefeito de distante cidade do interior pratica um delito, será julgado no Tribunal de Justiça, na capital do Estado, e não no lugar onde o abalo gerado pelo crime emergiu. A doutrina, de maneira geral, justifica a existência do *foro privilegiado* como maneira de dar especial relevo ao cargo ocupado pelo agente do delito e jamais pensando em estabelecer desigualdades entre os cidadãos. Entretanto, não estamos convencidos disso. Se todos são iguais perante a lei, seria preciso uma particular e relevante razão para afastar o criminoso do seu juiz natural, entendido este como o competente para julgar todos os casos semelhantes ao que foi praticado. Não vemos motivo suficiente para que o Prefeito seja julgado na Capital do Estado, nem que o juiz somente possa sê-lo pelo Tribunal de Justiça ou o desembargador pelo Superior Tribunal de Justiça e assim por diante. Se à justiça cível todos prestam contas igualmente, sem qualquer distinção, natural seria que a regra valesse também para a justiça criminal. O fato de se dizer que não teria cabimento um juiz de primeiro grau julgar um Ministro de Estado que cometa um delito, pois seria uma "subversão de hierarquia" não é convincente, visto que os magistrados são todos independentes e, no exercício de suas funções jurisdicionais, não se submetem a ninguém, nem há hierarquia para controlar o mérito de suas decisões. Logo, julgar um Ministro de Estado ou um médico exige do juiz a mesma imparcialidade e dedicação, devendo-se clamar pelo mesmo foro, levando em conta o lugar do crime e não a função do réu. Explica Tourinho Filho que não se trata de "odioso privilégio", mas sim de "elementar cautela, para amparar, a um só tempo, o responsável e a Justiça, evitando, por exemplo, a subversão da hierarquia, e para cercar o seu processo e julgamento de especiais garantias, protegendo-os contra eventuais pressões que os supostos responsáveis pudessem exercer sobre os órgãos jurisdicionais inferiores" (*Código de Processo Penal comentado*, v. 1, p. 215). Quanto à subversão da hierarquia já comentamos que ela inexiste, quando o juiz profere, dentro do seu convencimento, fundado em lei, decisões jurisdicionais. Não está submetido a nenhuma autoridade superior. Quanto à pretensa proteção que se busca, não vemos base para tanto. O juiz de 2.º grau está tão exposto quanto o de 1.º grau em julgamentos dominados pela política ou pela mídia. Por outro lado, caso o magistrado de 1.º grau, julgando um Governador, por exemplo, sofresse algum tipo de pressão, poderia denunciar o caso, o que somente seria prejudicial a quem buscou influenciar o julgador. Por outro lado, caso se deixe levar pela pressão e decida erroneamente, existe o recurso para sanar qualquer injustiça. Enfim, a autoridade julgada pelo magistrado de 1.º grau sempre pode recorrer, havendo equívoco na decisão, motivo pelo qual é incompreensível que o foro privilegiado se mantenha no Brasil. Por que não haveria sentido, como muitos afirmam, que um juiz julgasse um Ministro do Supremo Tribunal Federal? Não está julgando o cargo, mas sim a pessoa que cometeu um delito. Garantir que haja o foro especial é conduzir justamente o julgamento para o contexto do cargo e não do autor da infração penal. Por acaso teria o Judiciário maior zelo para condenar um Presidente da República do que um brasileiro comum? Pensamos que jamais deveria agir com tal postura discriminatória, o que justifica deverem ser todos julgados pelo magistrado do lugar da infração ou do domicílio do réu, excetuados apenas os casos de matérias específicas. Em decisão histórica, o STF restringiu, aos políticos, o foro privilegiado quando o crime for cometido no exercício do cargo ou em razão dele: STF: "1. Como afirmado no parecer Ministerial, '[o] Supremo Tribunal Federal, ao analisar a Questão de Ordem na Ação Penal n.º 937, fixou a seguinte tese: '(i) O foro por prerrogativa de função aplica-se apenas aos crimes cometidos durante o exercício do cargo e relacionados às funções desempenhadas; e (ii) Após o final da instrução processual, com a publicação do despacho de intimação para apresentação de alegações finais, a competência para processar e julgar ações penais não será mais afetada em razão de o agente público vir a ocupar cargo ou deixar o cargo que ocupava, qualquer que seja o motivo'. (...). Por conseguinte, a pretensão recursal não prospera, tendo sido sedimentado, nessa Suprema Corte, o entendimento de que o foro por prerrogativa de função abrange apenas os crimes praticados durante o exercício do cargo e em razão dele. O julgado não faz distinção de cargos/funções, limitando a abrangência do foro privilegiado sob a perspectiva dos atos praticados no exercício de cargo que se busca proteger". 2. Precedentes: RE 1.185.838, Rel. Min. Alexandre de Moraes; RE 1.231.757-AgR, Rel. Min. Luiz Fux; ARE 1.397.807-AgR-ED, Rel.ª Min.ª Cármen Lúcia. 3. Agravo regimental a que se nega provimento" (RE 1.431.831 AgR, 1.ª T., rel. Roberto Barroso, 13.06.2023, v.u.). O STJ seguiu a mesma orientação no tocante ao Governador de Estado; somente se mantém o foro privilegiado nessa Corte, quando se tratar de crime cometido no exercício da função ou em razão dela, mas não em delito comum: STJ: "1. O fato de a regra de competência estar prevista em texto constitucional não pode representar óbice à análise, por esta Corte de Justiça, de sua própria competência, sob pena de se inviabilizar, nos casos como o dos autos, o exercício deste poder-dever básico de todo órgão julgador, impedindo o imprescindível exame deste importante pressuposto de admissibilidade do provimento jurisdicional. 2. Todo e qualquer magistrado deve aplicar o direito, de acordo com a incidência das normas jurídicas, sempre tendo em conta as regras e os princípios previstos na Constituição da República, sem o que restaria inviabilizada a própria interpretação sistemática do ordenamento jurídico. 3. O foro especial no âmbito penal é prerrogativa destinada a assegurar a independência e o livre exercício de determinados cargos e funções de especial importância, isto é, não se trata de privilégio pessoal. O princípio republicano é condição essencial de existência do Estado de Direito, razão pela qual o republicanismo caminha, pari passu, com a supressão dos privilégios, devendo ser afastados da interpretação constitucional os princípios e regras contrários ao elemento axiológico da igualdade. 4. O art. 105, I, 'a', CF consubstancia exceção à regra geral de competência, de modo que, partindo-se do pressuposto de que a Constituição é una, sem regras contraditórias, deve ser realizada a interpretação restritiva das exceções, com base na análise sistemática e teleológica da norma. 5. Desse modo, ao art. 105, I, 'a', da Constituição Federal deve ser conferida interpretação de forma a atender o princípio republicano, do qual é corolário a vedação de privilégios de qualquer espécie, com ênfase na interpretação restritiva das exceções, segundo a qual o foro por prerrogativa de função se aplica apenas aos crimes cometidos durante o exercício do cargo e relacionados às funções desempenhadas. 6. Somente com uma interpretação simétrica dos arts. 102, I, 'b' e 'c', e 105, I, 'a', da Lei Fundamental, conferindo a mesma solução jurídica a casos análogos, será possível afirmar que esta Corte Superior proferiu decisão consistente e aceitável racionalmente, duas condições indispensáveis à tarefa de julgar, para que se realize a função socialmente integradora da ordem jurídica e a pretensão de legitimidade do direito. 7. As mesmas razões fundamentais – a mesma *ratio decidendi* – que levaram o Excelso Pretório, ao interpretar o art. 102, I, 'b' e 'c', da CF, a restringir as hipóteses de foro por prerrogativa de função são, todas elas, aplicáveis ao caso em apreço, justificando, dessa forma, que seja atribuído ao art. 105, I, 'a', da Lei Fundamental, interpretação simétrica àquela conferida pelo Supremo Tribunal Federal às suas competências originárias. 8. Assim, é de se conferir ao enunciado normativo do art. 105, I, 'a', da CF o mesmo sentido e alcance atribuído pelo Supremo Tribunal Federal ao art. 102, I, 'b' e 'c', restringindo-se, desse modo, as hipóteses de foro por prerrogativa de função perante o STJ àquelas em que o crime for praticado em razão e durante o exercício do cargo ou função – no caso concreto, o de Governador de Estado –, porquanto 'onde existe a mesma razão fundamental, prevalece a mesma regra de direito'. 9. Destarte, reconhecida a incompetência do Superior Tribunal de Justiça, determina-se a remessa dos autos a uma das Varas Criminais da Capital do Estado da Paraíba, e posterior prosseguimento da presente ação penal perante o juízo competente. 10. Agravos regimentais a que se nega provimento" (AgRg na APn 866/DF, Corte Especial, rel. Luis Felipe Salomão, 20.06.2018, v.u.). Entretanto, cuidando-se de Desembargador, acusado do cometimento de delito comum, o STJ não seguiu o julgado do STF: "1. Hipóteses em que Desembargador do

Tribunal de Justiça do Estado do Paraná responde pela prática, em tese, de delito de lesão corporal ocorrido em Curitiba-PR. 2. O crime que é imputado ao réu não tem relação com o exercício do cargo de Desembargador, de modo que, a princípio, aplicando-se o precedente produzido pelo Supremo Tribunal Federal no julgamento da QO na AP 937, não teria o réu foro no Superior Tribunal de Justiça. 3. A interpretação do alcance das hipóteses de prerrogativa de foro previstas na Constituição da República, não obstante, responde não apenas à necessidade de que aquele que goza da prerrogativa tenha condições de exercer com liberdade e independência as funções inerentes ao cargo público que lhe confere a prerrogativa. 4. Para além disso, nos casos em que são membros da magistratura nacional tanto o acusado quanto o julgador, a prerrogativa de foro não se justifica apenas para que o acusado pudesse exercer suas atividades funcionais de forma livre e independente, pois é preciso também que o julgador possa reunir as condições necessárias ao desempenho de suas atividades judicantes de forma imparcial. 5 A necessidade de que o julgador possa reunir as condições para o desempenho de suas atividades judicantes de forma imparcial não se revela como um privilégio do julgador ou do acusado, mas como uma condição para que se realize justiça criminal de forma isonômica e republicana. 6. Questão de ordem resolvida no sentido de se reconhecer a competência do Superior Tribunal de Justiça nas hipóteses em que, não fosse a prerrogativa de foro (art. 105, I, da Constituição), o Desembargador acusado houvesse de responder à ação penal perante juiz de primeiro grau vinculado ao mesmo tribunal" (QO na APn 878/DF, Corte Especial, rel. Benedito Gonçalves, 21.11.2018, *DJe* 19.12.2018, maioria). Essa delicada matéria precisa ser resolvida por Emenda Constitucional editada pelo Congresso Nacional, valendo, então, para todas as autoridades.

1-A. Extensão da prerrogativa de foro por meio de Constituição Estadual ou lei: cabe exclusivamente à Constituição Federal estabelecer as hipóteses de autoridades com prerrogativa de foro em razão da função exercida. Outras fontes normativas não têm a possibilidade de ampliar o rol do foro privilegiado, justamente pelo fato de que essa exceção deve ser visualizada sob o prisma restritivo (ver a nota 1 supra). Na jurisprudência: STF: "Direito Constitucional e Processual. Ação Direta de Inconstitucionalidade. Constituição do Estado do Amazonas. Atribuição de foro por prerrogativa de função a procuradores e defensores públicos. 1. Ação direta de inconstitucionalidade contra o art. 72, I, a, da Constituição do Estado do Amazonas, na parte em que atribuiu foro por prerrogativa de função aos procuradores e defensores públicos do Estado. 2. A Constituição Federal estabelece, como regra geral, que todos devem ser processados e julgados pelos mesmos órgãos jurisdicionais. Excepcionalmente, em razão das funções de determinados cargos públicos, estabelece-se o foro por prerrogativa de função, cujas hipóteses devem ser interpretadas de maneira restritiva. 3. A jurisprudência do Supremo Tribunal Federal evoluiu no que diz respeito à possibilidade de concessão de foro por prerrogativa de função pelo constituinte estadual, passando a declarar a inconstitucionalidade de expressões de constituições estaduais que ampliam o foro por prerrogativa de função a autoridades diversas das estabelecidas pela Constituição Federal. Precedentes. 4. Tendo em vista que a norma impugnada se encontra em vigor há anos, razões de segurança jurídica recomendam a modulação de efeitos da decisão. Precedentes. 5. Pedido julgado procedente, para declarar a inconstitucionalidade da expressão 'da Procuradoria Geral do Estado e da Defensoria Pública', constante do art. 72, I, a, da Constituição do Estado do Amazonas, com efeitos *ex nunc*. Fixação da seguinte tese de julgamento: 'É inconstitucional norma de constituição estadual que estende o foro por prerrogativa de função a autoridades não contempladas pela Constituição Federal de forma expressa ou por simetria'" (ADI 6.515/AM, Tribunal Pleno, rel. Roberto Barroso, 23.08.2021, v.u.).

Art. 84

Código de Processo Penal Comentado · Nucci

> **Art. 84.** A competência pela prerrogativa de função[2] é do Supremo Tribunal Federal, do Superior Tribunal de Justiça, dos Tribunais Regionais Federais e Tribunais de Justiça dos Estados e do Distrito Federal, relativamente às pessoas que devam responder perante eles por crimes comuns e de responsabilidade.[3-5-A]
>
> § 1.º A competência especial por prerrogativa de função, relativa a atos administrativos do agente, prevalece ainda que o inquérito ou a ação judicial sejam iniciados após a cessação do exercício da função pública.[5-B]
>
> § 2.º A ação de improbidade, de que trata a Lei 8.429, de 2 de junho de 1992, será proposta perante o tribunal competente para processar e julgar criminalmente o funcionário ou autoridade na hipótese de prerrogativa de foro em razão do exercício de função pública, observado o disposto no § 1.º.[5-C-5-E]

2. Casos de competência por prerrogativa de função: consultar nota 6 ao art. 69, que está atualizada conforme a Constituição vigente. Saliente-se, ainda, que as autoridades em geral, que possuem o foro privilegiado, somente podem ser processadas, ainda que o delito seja cometido antes do início do exercício funcional, nas Cortes apontadas neste artigo. Assim, caso alguém esteja respondendo por um determinado delito em Vara comum de 1.º grau, uma vez que seja eleito, por exemplo, deputado federal, o feito será remetido, para continuidade, ao Supremo Tribunal Federal. Entretanto, se ele deixar o cargo, sem ter sido julgado, retornará à instância original, pois o crime foi praticado *antes* do exercício do mandato. Quanto a delitos cometidos durante o exercício funcional, ver a nota 5-B abaixo.

3. Crimes de responsabilidade: entendem-se as infrações penais político-administrativas. No caso dos Prefeitos, como veremos na nota 4 abaixo, são os previstos no art. 4.º do Decreto-lei 201/1967, com julgamento afeto à Câmara dos Vereadores. Quanto ao Presidente da República, menciona o art. 85 da Constituição Federal, que são aqueles que atentam contra a Constituição e contra a existência da União, o livre exercício do Poder Legislativo, do Poder Judiciário, do Ministério Público e dos Poderes constitucionais das unidades da Federação, bem como contra o exercício dos direitos políticos, individuais e sociais, a segurança interna do País, a probidade da administração, a lei orçamentária e o cumprimento das leis e das decisões judiciais. O parágrafo único do art. 85 fixa que lei especial definirá tais delitos. Entende-se recepcionada a Lei 1.079/1950, que além de dar a definição dos crimes de responsabilidade do Presidente, seguindo o parâmetro estabelecido pela Constituição, define também os delitos de outras autoridades. Abrange os Ministros do Supremo Tribunal Federal, os Presidentes e seus substitutos, quando no exercício da Presidência, dos Tribunais Superiores, dos Tribunais de Contas, dos Tribunais Regionais Federais, do Trabalho e Eleitorais, dos Tribunais de Justiça dos Estados e do Distrito Federal, os Juízes Diretores de Foro ou com função equivalente em primeiro grau, o Procurador-Geral da República, o Advogado-Geral da União, os Procuradores-Gerais do Trabalho, Eleitoral e Militar, os Procuradores-Gerais de Justiça dos Estados e do Distrito Federal, os membros do Ministério Público da União e dos Estados, da Advocacia-Geral da União, das Procuradorias do Estado e do Distrito Federal, quando no exercício de chefia das unidades regionais ou locais das respectivas instituições. Envolve, ainda, os Governadores e Secretários de Estado. Vale ressaltar o disposto na Súmula 722 do STF: "São da competência legislativa da União a definição dos crimes de responsabilidade e o estabelecimento das respectivas normas de processo e julgamento".

4. Prefeitos Municipais: respondem, segundo o art. 29, X, da Constituição, perante o Tribunal de Justiça. Reserva-se, no entanto, esse privilégio às questões concernentes aos crimes comuns, pois os delitos de responsabilidade, previstos no art. 4.º do Dec.-lei 201/1967, como já pacificado na jurisprudência pátria, constituem, em verdade, infrações político-funcionais e devem ser julgadas pela Câmara dos Vereadores (sobre a constitucionalidade desse julgamento ver nota 1, que abre este Título). Quando o Prefeito for julgado pelo Tribunal de Justiça, não se impõe que o seja pelo plenário, podendo ser o processo distribuído a uma de suas frações (Câmaras, Turmas ou Seções). Por outro lado, em se tratando de crime federal, ao invés de ser julgado no seu foro competente, constitucionalmente indicado, que é o Tribunal de Justiça do seu Estado, exatamente como ocorre com os juízes e membros do Ministério Público, é jurisprudência pacífica do Superior Tribunal de Justiça que deva responder perante o Tribunal Regional Federal. O mesmo ocorre quando o Prefeito comete crime eleitoral: será julgado pelo Tribunal Regional Eleitoral. Em se tratando de delito doloso contra a vida, no entanto, aplica-se a regra concernente aos demais beneficiários do foro privilegiado: será julgado pelo Tribunal de Justiça e não pelo Tribunal do Júri. A questão foi apreciada pelo Supremo Tribunal Federal, que editou a Súmula 702: "A competência do Tribunal de Justiça para julgar prefeitos restringe-se aos crimes de competência da Justiça comum estadual; nos demais casos, a competência originária caberá ao respectivo Tribunal de segundo grau". E ainda cuidando do tema, conferir a Súmula 703 do STF: "A extinção do mandato do prefeito não impede a instauração de processo pela prática dos crimes previstos no art. 1.º do Dec.-lei 201/67".

5. Magistrados e membros do Ministério Público: devem ser julgados pelo Tribunal ao qual estão vinculados, pouco importando a natureza do crime que cometam e o lugar da infração, seguindo-se a competência estabelecida na Constituição Federal. Assim, caso um juiz estadual cometa um delito de competência da justiça federal será julgado pelo Tribunal de Justiça do seu Estado. Dá-se o mesmo com o juiz federal que cometa um crime da esfera estadual: será julgado pelo Tribunal Regional Federal da sua área de atuação. Frise-se que pouco importa o lugar da infração penal. Se um juiz estadual de São Paulo cometer um delito no Estado do Amazonas, será julgado pelo Tribunal de Justiça de São Paulo. Se o magistrado se aposentar, não mais tem direito ao foro privilegiado. Na jurisprudência: STF: "4. O Plenário deste Tribunal consolidou o entendimento de que a aposentadoria do magistrado faz cessar a regra excepcional do foro por prerrogativa de função, transferindo a competência para processamento e julgamento de eventual ilícito penal para o primeiro grau de jurisdição: RE 549.560, Rel. Min. Ricardo Lewandowski, Tribunal Pleno, *DJe* 30.05.2014, Tema n.º 453 da Repercussão Geral. 5. Ação Direta de Inconstitucionalidade julgada procedente declarando-se a inconstitucionalidade das expressões 'membros do Conselho da Justiça Militar, inclusive os inativos e membros da Defensoria Pública', contidas no art. 123, I, a, da Constituição do Estado da Bahia" (ADI 6.513, Tribunal Pleno, rel. Edson Fachin, 21.12.2020, v.u.).

5-A. Prerrogativa de função e Tribunal do Júri: para o julgamento dos crimes dolosos contra a vida, a Constituição Federal estabeleceu, como regra, ser competente o Tribunal do Júri (art. 5.º, XXXVIII, *c*) Entretanto, constitui também previsão constitucional o foro privilegiado em virtude da prerrogativa de função. Assim, surgiria a questão: se um deputado federal cometesse um homicídio doloso deveria ser julgado no Supremo Tribunal Federal ou no Tribunal do Júri? A questão vem sendo respondida, de forma praticamente unânime, tanto pela doutrina quanto pela jurisprudência, que, se ambas as previsões de competência são estabelecidas na Constituição Federal, deve-se considerar especiais aquelas que dizem respeito à prerrogativa de foro, em detrimento, pois, ao Tribunal do Júri. O deputado deve

Art. 84

Código de Processo Penal Comentado · **Nucci**

ser julgado no Supremo Tribunal Federal. Essa postura, embora sejamos contrários ao foro por prerrogativa de função, está correta. O júri é o órgão competente para analisar os crimes dolosos contra a vida, como regra geral. Em caráter especial, algumas autoridades têm foro específico. Nesse prisma, confira-se a lição de Maria Lúcia Karam: "Inobstante a censura que se possa politicamente fazer ao entendimento e à opção do constituinte, não se apresenta possível uma construção jurídica destinada a fazer aqui prevalecer o direito individual. O afastamento da competência do júri, nos casos em que devem incidir as regras que estabelecem a competência originária de órgãos jurisdicionais superiores em razão do cargo público ocupado pela parte a quem se atribui a prática de infração penal, resulta de opção do constituinte, que a deixou expressa ao não fazer qualquer ressalva, naquelas regras, quanto às infrações penais incluídas na competência privativa do júri" (*Competência no processo penal*, p. 99). Consolidando a sua posição acerca do tema e dando novos subsídios importantes, o Supremo Tribunal Federal editou a Súmula 721, nos seguintes termos: "A competência constitucional do Tribunal do Júri prevalece sobre o foro por prerrogativa de função estabelecido exclusivamente pela Constituição estadual". Ratificou o Pretório Excelso, de maneira indireta, que a prerrogativa de foro, fixada na Constituição Federal, excepciona a competência genérica do júri, para os delitos dolosos contra a vida, também estabelecida na Carta Magna. Por outro lado, deixou claro que as autoridades, cujo foro privilegiado foi obtido por disposição da Constituição Estadual, devem ser processadas no Tribunal do Júri, caso cometam crimes dolosos contra a vida, uma vez que a regra constitucional estadual não pode prevalecer sobre norma constitucional federal, ainda que esta tenha o caráter genérico. É correta essa visão, merecendo, então, alguns exemplos: a) deputado federal, que possui foro privilegiado garantido na Constituição Federal, cometendo crime doloso contra a vida, continuará a ser julgado pelo Supremo Tribunal Federal; b) secretário de Estado, cujo foro privilegiado normalmente é previsto na Constituição Estadual (vide o caso de São Paulo, art. 74, I), caso cometa um delito doloso contra a vida, será julgado pelo Tribunal do Júri e não pelo Tribunal de Justiça. Quanto ao deputado estadual, num primeiro momento, pode--se imaginar que o foro privilegiado que possui está assegurado pela Constituição Federal, por conta do art. 27, § 1.º, o que não é realidade. Essa norma garante aos parlamentares estaduais as mesmas regras da Constituição Federal sobre "sistema eleitoral, inviolabilidade, imunidades, remuneração, perda de mandato, licença, impedimentos e incorporação às Forças Armadas", mas nada menciona quanto ao foro por prerrogativa de função. Este é, em última análise, concedido por normas previstas nas Constituições dos Estados (no caso de São Paulo, art. 74, I, e art. 14, § 1.º). Logo, caso cometa um crime doloso contra a vida, deve ser julgado pelo Tribunal do Júri.

5-B. Perpetuação da jurisdição em casos de foro privilegiado: quando a autoridade detentora da prerrogativa de foro cometia um crime, durante o exercício das suas funções, ainda que deixasse o cargo, continuava a ter o direito de ser julgada pela Corte Superior, conforme estabelecia o teor da Súmula 394 do STF: "Cometido o crime durante o exercício funcional, prevalece a competência especial por prerrogativa de função, ainda que o inquérito ou a ação penal sejam iniciados após a cessação daquele exercício". Essa Súmula, no entanto, foi cancelada por decisão do Pleno do STF em 25.08.1999. Assim, quando estava em vigor, exemplificando, se um senador cometesse um crime durante o exercício do mandato e seu processo tivesse início no STF, caso deixasse o cargo, continuaria a ser julgado pelo mesmo Tribunal. Revogada a Súmula, os processos das autoridades que ainda não tinham sido julgadas pela Instância Privilegiada passaram a ser remetidos às Varas comuns de 1.º grau. Inconformada com o afastamento do privilégio, a classe política providenciou a ressurreição da Súmula 394, através da Lei 10.628/2002, que acrescentou o § 1.º a este artigo. Entretanto, o Supremo Tribunal Federal considerou inconstitucionais os §§ 1.º e 2.º do art. 84, do CPP

(ADIn 2.797/DF e ADIn 2.860/DF, rel. Sepúlveda Pertence, 15.09.2005, *Informativo* 401). Após, o STF decidiu que a autoridade somente tem foro especial quando cometa o crime durante o exercício do cargo e em razão deste. Portanto, ilustrando, se o deputado federal comete crime antes de ser diplomado ou durante o mandato, mas totalmente alheio à sua função, deve ser julgado pelo foro comum. Do mesmo modo, se esse parlamentar cometer o crime durante o mandato, mas deixar o cargo por qualquer razão, igualmente, passa ao juízo comum. Conferir: (AP 937 QO/RJ, Tribunal Pleno, rel. Roberto Barroso, 03.05.2018, m.v.). Atualmente, a questão está sendo reavaliada pelo Pleno do STF, deliberando-se pelo retorno à tese da revogada Súmula 394, com a seguinte proposição: "a prerrogativa de foro para julgamento de crimes praticados no cargo e em razão das funções subsiste mesmo após o afastamento do cargo, ainda que o inquérito ou a ação penal sejam iniciados depois de cessado seu exercício" (HC 232.627, rel. Gilmar Mendes; há seis votos nesse sentido, mas o julgamento não foi concluído, setembro de 2024).

5-C. Extensão do foro privilegiado às ações de improbidade administrativa: a mesma Lei 10.628/2002, que estendeu as graças do foro por prerrogativa de função às autoridades que já tivessem deixado o cargo, desde que o delito tivesse sido cometido durante o exercício funcional, como expusemos na nota anterior, acrescentou, ainda, o § 2.º, ampliando o privilégio às ações civis, que analisam condutas de improbidade administrativa, visando à aplicação de medidas de reparação dos danos causados à Administração, bem como possibilitando a perda do cargo e o impedimento do exercício por determinado período, sem prejuízo das medidas penais. A norma, neste caso, é inconstitucional, pois cria-se o foro privilegiado, para ações civis, por meio de lei ordinária. Somente a Constituição pode estabelecer normas que excepcionem o direito à igualdade perante a lei, aplicável a todos os brasileiros. Em matéria penal, existem dispositivos constitucionais cuidando do tema, o que não ocorre na área cível. Portanto, a previsão feita pelo § 2º não pode ser acolhida. Ademais, torna-se insustentável dar à ação de improbidade administrativa o caráter penal, isto é, transformar "à força" o que é civil em matéria criminal, somente para justificar o foro privilegiado. Como mencionado na nota anterior, o Supremo Tribunal Federal considerou inconstitucional os §§ 1.º e 2.º, do art. 84, do CPP. Logo, as ações de improbidade administrativa devem continuar a ser propostas no juízo cível apropriado de primeira instância, sem qualquer foro privilegiado a qualquer autoridade.

5-D. Deputado Estadual e Tribunal do Júri: como afirmamos na nota 5-A *supra*, com a edição da Súmula 721 do STF, ficou nítida a competência do Tribunal Popular para julgar o deputado estadual acusado da prática de crime doloso contra a vida, uma vez que o benefício do foro privilegiado foi estabelecido ao parlamentar estadual na Constituição do Estado e não na Constituição Federal, cedendo, pois, à competência constitucional federal do júri. Hipótese interessante, ainda merecedora de abordagem, é a seguinte: o deputado estadual, acusado de crime doloso contra a vida, deve ser julgado pelo Tribunal do Júri (1.ª instância), mas o recurso que apresentar deve ser julgado por qual órgão? Sabe-se que a prerrogativa de foro, mormente quando se cuida de juiz e promotor, obriga o julgamento pelo Órgão Especial do Tribunal de Justiça (ou Tribunal Regional Federal), isto é, pelo Pleno, e não por Câmara ou Turma do Tribunal. Deve-se, pois, harmonizar o sistema, permitindo que o júri julgue, em primeiro grau, o deputado estadual, mas, em grau de recurso, o Órgão Especial – em face do foro privilegiado – deve julgar a apelação (ou mesmo *habeas corpus* ou revisão criminal). Em caso recente e de conhecimento nacional, um coronel da Polícia Militar, acusado de ter determinado a invasão da Casa de Detenção de São Paulo (Carandiru), em 1992, provocando a morte de 111 presos, foi julgado pelo 2.º Tribunal do Júri da Capital e condenado a 632 anos de reclusão. Recorreu e, durante o período em que se aguardava a distribuição do feito,

Art. 85

Código de Processo Penal Comentado · Nucci 252

o réu foi eleito deputado estadual. Por isso, deliberou a 2.ª Câmara Criminal do Tribunal de Justiça não ser o órgão competente para julgar o seu recurso contra a decisão proferida no júri: "Os dispositivos constitucionais com relação à prerrogativa de função, têm aplicação imediata, aplicando-se aos processos em curso, que devem ser remetidos ao órgão judiciário competente, de acordo com a norma constitucional, incluindo-se os crimes praticados antes do exercício funcional. Por estas razões, declino da competência desta Segunda Câmara Criminal, determinando a remessa dos autos ao Órgão Especial para a devida redistribuição do feito, órgão este competente para conhecer e julgar do presente recurso" (Ap. 388.975-3/0, São Paulo, rel. Egydio de Carvalho, 28.04.2003, v.u., embora antigo, o caso é particular, envolvendo o Massacre do Carandiru).

5-E. Deslocamento da competência e validade dos atos anteriores: na atual visão do STF, iniciado o processo-crime contra determinado réu, se este for eleito deputado federal, por exemplo, a competência não é alterada, porque o delito não foi cometido no exercício do cargo. Todavia, quanto aos magistrados, prevalece a competência para o julgamento em foro especial se o caso for apurado e julgado durante o exercício do cargo. Ilustrando, um desembargador será julgado pelo STJ, mesmo que o crime seja cometido antes de iniciar o exercício no cargo. Conferir: STF: "1. A conclusão tomada no julgamento da Questão de Ordem na Ação Penal nº 937/RJ, no sentido de que o foro por prerrogativa de função aplica-se apenas aos crimes cometidos durante o exercício do cargo e relacionados às funções desempenhadas, alcançou parlamentares federais, estendendo-se, em seguida, principalmente, aos demais ocupantes de mandato eletivo. 2. O posicionamento não foi alargado aos membros da Magistratura, já que a prerrogativa de foro nesses casos envolve outras questões, por se tratar de agentes públicos ocupantes de cargos vitalícios e detentores de outras garantias institucionais, que integram carreiras típicas de Estado. 3. Impõe-se aguardar o julgamento do RE nº 1.331.044-RG/DF (Tema RG nº 1.147), no âmbito do qual reconhecida a repercussão geral da discussão a respeito da competência do STJ para o processamento e julgamento de ação penal de desembargador a quem se imputa crime comum sem relação com o cargo ocupado. 4. Até que se resolva a discussão no âmbito da repercussão geral, deve prevalecer o que expressamente se dispõe na al. a do inc. I do art. 105 da Constituição da República" (HC n. 217842, 2.ª T., rel. André Mendonça, 04/03/2024, v.u.).

> **Art. 85.** Nos processos por crime contra a honra, em que forem querelantes[6] as pessoas que a Constituição sujeita à jurisdição[7] do Supremo Tribunal Federal e dos Tribunais de Apelação, àquele ou a estes caberá o julgamento, quando oposta e admitida a exceção da verdade.[8-9]

6. Alcance do termo querelante: entenda-se como a vítima do crime contra a honra. Nem sempre, no entanto, o crime contra a honra terá, no polo ativo, o ofendido. Pode ocorrer de o Ministério Público assumir a titularidade da causa, nos casos em que haja representação da vítima, funcionário público ofendido no exercício de suas funções (art. 145, parágrafo único, do Código Penal).

7. Foro especial por prerrogativa de função: não é somente o Supremo Tribunal Federal ou o Tribunal de Justiça dos Estados, como leva a crer a leitura do art. 85. Atualmente, em face do disposto na Constituição Federal, há vários outros tribunais que possuem competência para julgar determinadas pessoas levando em conta a sua função. É o que ocorre com o Superior Tribunal de Justiça, o Tribunal Regional Federal, o Tribunal Regional Eleitoral, entre outros.

8. Exceção da verdade: é a aplicação do disposto nos arts. 138, § 3.º, e 139, parágrafo único, do Código Penal. Em se tratando de calúnia, pode o querelado pretender demonstrar a verdade do que falou, o mesmo ocorrendo quando houver hipótese de difamação e o ofendido é funcionário público, sendo a ofensa relativa ao exercício de suas funções.

9. Aplicação do art. 85 à hipótese da difamação: a respeito do cabimento ou não da exceção da verdade, quanto ao crime de difamação, em foro especial, somente porque o ofendido é parte privilegiada, preferimos a posição que restringe o alcance do art. 85. Assim, somente no tocante à calúnia é de se admitir que a exceção da verdade seja julgada pela Instância Superior, constituinte do foro privilegiado do querelante. Tal se dá porque admitida a exceção, deverá ser julgado o detentor do foro especial pelo crime cometido, o que somente poderá ocorrer de acordo com as normas constitucionais a respeito. Por outro lado, em se tratando de difamação, não há razão para deslocar-se a competência para foro privilegiado, uma vez que nenhum julgamento de delito se fará. Além disso, é preciso destacar que cabe ao juízo de origem julgar admissível a exceção e instruí-la, antes de remeter o processo à Instância Superior. Esclareça-se, ainda, que, no caso de contravenção penal imputada a alguém, não configuradora de calúnia, mas sim de difamação, cremos ser sustentável o deslocamento da competência para órgão jurisdicional superior, que representa o foro privilegiado, uma vez que se trata de infração penal. Não teria cabimento a exceção da verdade ser avaliada por magistrado incompetente para julgar o querelante em matéria de contravenção penal. Lembremos que a Constituição Federal menciona *infração penal* e não simplesmente *crime*, ao estabelecer o foro privilegiado. É posição pacífica, atualmente, no Supremo Tribunal Federal que o art. 85 somente é aplicável quando a exceção da verdade se referir à calúnia, mas não à difamação. A razão é que o foro privilegiado somente se estabelece para o julgamento de infrações penais, sendo inconstitucional fixar a lei ordinária (Código de Processo Penal) um foro especial não previsto na Carta Magna. Trata-se, ainda, de jurisprudência dominante do Pretório Excelso caber ao juiz de instância inferior, que conduz o processo de calúnia, quando oposta a exceção da verdade, decidir se esta é cabível ou não e em que limites, isto é, para apurar qual espécie de delito. E mais: cabe-lhe a instrução da exceção apresentada e admitida. Concluída a colheita das provas, desloca-se, então, a competência à Instância Superior para julgar admissível ou não a exceção da verdade, no que pertine à calúnia.

Art. 86. Ao Supremo Tribunal Federal competirá, privativamente, processar e julgar:

I – os seus ministros, nos crimes comuns;[10]

II – os ministros de Estado, salvo nos crimes conexos com os do Presidente da República;[11]

III – o procurador-geral da República, os desembargadores dos Tribunais de Apelação, os ministros do Tribunal de Contas e os embaixadores e ministros diplomáticos, nos crimes comuns e de responsabilidade.[12]

---

10. Constituição Federal de 1988: manteve a mesma regra (art. 102, I, *b*).

11. Constituição Federal de 1988: cabe ao Supremo Tribunal Federal processar e julgar, nos crimes comuns, o Presidente, o Vice e os Ministros de Estado, estes últimos independentemente de serem crimes conexos com os do Presidente da República (art. 102, I, *c*). Somente quanto aos crimes de responsabilidade, o Presidente e o Vice são julgados pelo Senado, enquanto os Ministros são julgados pelo Supremo Tribunal Federal, salvo quando seus crimes de responsabilidade forem conexos com os do Presidente ou do Vice (art. 52, I).

Art. 87 Código de Processo Penal Comentado · **Nucci** 254

12. Constituição Federal de 1988: continua o Supremo Tribunal Federal competente para julgar, nos crimes comuns, o Procurador-Geral da República (art. 102, I, *b*), os ministros do Tribunal de Contas da União e os chefes de missão diplomática de caráter permanente (art. 102, I, *c*). Nos crimes de responsabilidade, não mais julga o chefe do Ministério Público Federal, cujo julgamento compete ao Senado, juntamente com os membros do CNJ e do CNMP, bem como do Advogado-Geral da União. Os outros continuam, nos delitos de responsabilidade, ao seu crivo. Os desembargadores dos Tribunais dos Estados serão julgados, nos crimes comuns e de responsabilidade, pelo Superior Tribunal de Justiça (art. 105, I, *a*).

> **Art. 87.** Competirá, originariamente, aos Tribunais de Apelação[13] o julgamento dos governadores ou interventores nos Estados ou Territórios, e prefeito do Distrito Federal, seus respectivos secretários e chefes de Polícia, juízes de instância inferior e órgãos do Ministério Público.

13. Conceito de Tribunais de Apelação: lemos, atualmente, como os Tribunais de Justiça dos Estados, no que concerne aos Juízes de Direito, membros do Ministério Público, Prefeitos Municipais, bem como Secretários de Estado e Chefes de Polícia. Os Tribunais Regionais Federais julgam os Juízes Federais da Justiça comum e os da especial (militar, eleitoral e trabalhista), bem como os membros do Ministério Público da União. Os Governadores são julgados, nos crimes comuns, no Superior Tribunal de Justiça, incluindo-se o Governador do Distrito Federal (não mais chamado de Prefeito). Nos delitos de responsabilidade, são julgados por órgão misto constituído nos Estados, conforme já esclarecemos em nota anterior.

Capítulo VIII
DISPOSIÇÕES ESPECIAIS

> **Art. 88.** No processo por crimes praticados fora do território brasileiro,[1] será competente o juízo da Capital do Estado onde houver por último residido o acusado.[2] Se este nunca tiver residido no Brasil, será competente o juízo da Capital da República.[3]

1. Extraterritorialidade: é a aplicação da lei penal brasileira a crimes cometidos fora do território nacional. Os casos de interesse para tal aplicação estão enumerados no art. 7.º, do Código Penal.

2. Agente do crime residente no Brasil: a hipótese fixada como regra é que o delinquente tenha residido no Brasil antes de ter cometido o crime do qual é acusado, no exterior. Assim sendo, a ação penal será ajuizada na Capital do Estado onde por último tiver fixado sua residência. Trata-se da justiça estadual. Quanto ao deslocamento do julgamento para a esfera federal, ver nota abaixo.

3. Agente do crime que nunca residiu no Brasil: esta é a hipótese que envolve, como regra, os estrangeiros, que nunca moraram em território nacional. Assim, havendo interesse na aplicação da lei brasileira ao delito cometido no exterior, utiliza-se o foro da Capital da República. Trata-se de justiça estadual. Somente se desloca o julgamento para a justiça federal no caso de crimes previstos em tratados ou convenções, quando iniciada a execução no País e o resultado tenha ocorrido ou devesse ter ocorrido no estrangeiro e reciprocamente (art. 109, V, CF).

> **Art. 89.** Os crimes cometidos em qualquer embarcação nas águas territoriais da República, ou nos rios e lagos fronteiriços, bem como a bordo de embarcações nacionais, em alto-mar, serão processados e julgados pela justiça do primeiro porto brasileiro em que tocar a embarcação, após o crime, ou, quando se afastar do País, pela do último em que houver tocado.[4-5]

4. Crimes cometidos a bordo de embarcações: é preciso distinguir os seguintes tipos de embarcações: a) se forem brasileiras de natureza pública, onde quer que estejam, considera-se o seu interior território nacional. Portanto, crimes cometidos a bordo interessam ao Brasil punir, valendo-se do princípio da territorialidade (art. 5.º, § 1.º, CP); b) se forem estrangeiras de natureza pública, mesmo que estejam em território nacional, considera-se território estrangeiro o seu interior, razão pela qual somente haverá interesse do Brasil em punir o crime cometido a bordo nas hipóteses de extraterritorialidade enumeradas no art. 7.º, do Código Penal; c) se forem embarcações brasileiras privadas em território nacional, aplica-se o princípio da territorialidade (art. 5.º, CP), havendo sempre interesse para punir o crime cometido a bordo; d) se forem embarcações estrangeiras privadas em território nacional, aplica-se o disposto no art. 5.º, § 2.º, que é o princípio da territorialidade, ou seja, há interesse em punir a infração cometida a bordo; e) se forem embarcações privadas brasileiras, em alto-mar, considera-se o seu interior como extensão do território brasileiro, havendo interesse do Brasil em punir o crime cometido a bordo (art. 5.º, § 1.º, CP). De qualquer modo, interessa, como foro competente, o primeiro local de parada após o crime. Caso a embarcação siga viagem e termine em solo estrangeiro, havendo interesse do Brasil em punir o delinquente, o foro competente será do local de sua partida.

5. Justiça federal ou estadual, conforme o caso: disciplina a Constituição Federal que cabe ao juiz federal processar e julgar os crimes cometidos a bordo de navios (art. 109, IX). Entendem o Supremo Tribunal Federal e o Superior Tribunal de Justiça que *navios* são embarcações de grande cabotagem ou de grande capacidade de transporte de passageiros, aptas a realizar viagens internacionais. Logo, somente as embarcações de grande porte envolvem a justiça federal. As demais (lanchas, botes, iates etc.) ficam na esfera da justiça estadual. Ver nota 59 ao art. 5.º do nosso *Código Penal comentado*.

> **Art. 90.** Os crimes praticados a bordo de aeronave nacional, dentro do espaço aéreo correspondente ao território brasileiro, ou ao alto-mar, ou a bordo de aeronave estrangeira, dentro do espaço aéreo correspondente ao território nacional, serão processados e julgados pela justiça da comarca em cujo território se verificar o pouso após o crime, ou pela da comarca de onde houver partido a aeronave.[6-7]

6. Crimes cometidos a bordo de aeronaves: é preciso distinguir os seguintes tipos de aeronaves: a) se forem brasileiras de natureza pública, onde quer que estejam, considera-se o seu interior território nacional. Portanto, crimes cometidos a bordo interessam ao Brasil punir, valendo-se do princípio da territorialidade (art. 5.º, § 1.º, CP); b) se forem estrangeiras de natureza pública, mesmo que estejam em território nacional, considera-se território estrangeiro o seu interior, razão pela qual somente haverá interesse do Brasil em punir o crime cometido a bordo nas hipóteses de extraterritorialidade enumeradas no art. 7.º do Código Penal; c) se forem aeronaves brasileiras privadas em território nacional, aplica-se o princípio da territorialidade (art. 5.º, CP), havendo sempre interesse para punir o crime cometido a bordo; d) se forem aeronaves estrangeiras privadas em território nacional, aplica-se o disposto no art. 5.º,

Art. 91

§ 2.º, que é o princípio da territorialidade, ou seja, há interesse em punir a infração cometida a bordo; e) se forem aeronaves brasileiras privadas, sobrevoando alto-mar, considera-se o seu interior como extensão do território brasileiro, havendo interesse do Brasil em punir o crime cometido a bordo (art. 5.º, § 1.º, CP). De qualquer modo, interessa, como foro competente, o primeiro local de parada após o crime. Caso a aeronave siga viagem e termine em solo estrangeiro, havendo interesse do Brasil em punir o delinquente, o foro competente será o do local de sua partida.

7. Competência: nesse caso, será sempre da Justiça Federal, pois o art. 109, IX, da Constituição, mencionou os crimes cometidos a bordo de aeronaves e não de aviões de grande porte. Houve divergência no Supremo Tribunal Federal em caso de apreensão de drogas ilícitas, quando os agentes já estavam em solo, no aeroporto de Brasília, porém em conexão para um voo entre Cuiabá e São Paulo. Prevaleceu o entendimento de que a competência seria da Justiça Estadual, pois a referência feita pela Constituição, fixando a competência da Justiça Federal, ter-se-ia voltado à aeronave em voo pelo espaço aéreo brasileiro, uma vez que, nessa situação, não se saberia ao certo onde o crime se deu. Estando a aeronave em solo e os agentes, igualmente, fora dela, incompetente a Justiça Federal (RE 463.500/DF, 1.ª T., redator para o acórdão Marco Aurélio, 04.12.2007, m.v., embora antigo, é mantido para servir de ilustração).

> **Art. 91.** Quando incerta e não se determinar de acordo com as normas estabelecidas nos arts. 89 e 90, a competência se firmará pela prevenção.[8]

8. Regra residual de competência: como sempre ocorre, não havendo condições de firmar a competência pela regra usual e principal, prevista em lei, por falta de dados, estabelece-se o juízo pela prevenção, isto é, pelo primeiro magistrado que tomar conhecimento do caso, proferindo alguma decisão processual ou referente ao processo. Pode ocorrer que um avião caia em alto-mar, não se sabendo o local de sua partida no Brasil. Logo, não se tem o lugar da partida, nem o do pouso, fixando-se a competência pela prevenção. Na jurisprudência: STJ: "1. Evidenciado que as autoridades judiciárias se pronunciaram a respeito da controvérsia, ainda que acolhendo as manifestações ministeriais, configura-se o conflito de competência. Precedentes. 2. No caso, há dissenso acerca da competência territorial para processar inquérito policial, no qual se apurou a suposta prática do crime de homicídio culposo ocorrido em plataforma petrolífera ancorada em alto mar. 3. Os dados constantes do inquérito não fornecem elementos aptos a firmar a competência conforme a regra do art. 89 do Código de Processo Penal. É que, embora considerada embarcação (art. 2.º, V, c/c o XIV, da Lei n. 9.537/1997), não há notícia de que a plataforma, após o delito, tenha retornado ao continente, tampouco evidência de qual localidade saiu antes de partir rumo ao oceano. Nesse passo, incide a regra subsidiária do art. 91 do Código de Processo Penal (competência por prevenção). 4. Conflito de atribuição conhecido como de competência, para declarar competente o Juízo de Direito da 1.ª Vara Criminal da comarca de Angra dos Reis/RJ, o suscitado" (CAt 272/SP, 3.ª S., rel. Sebastião Reis Júnior, 12.11.2014, v.u.).

COMPETÊNCIA EM MATÉRIA PENAL

1. Competência originária por prerrogativa de função e em função da matéria

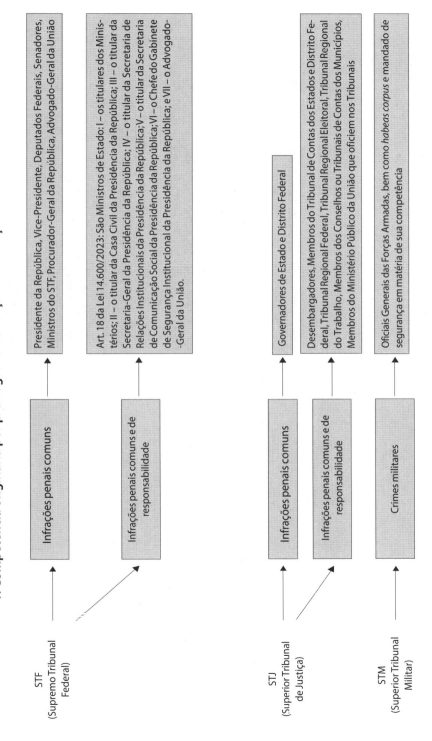

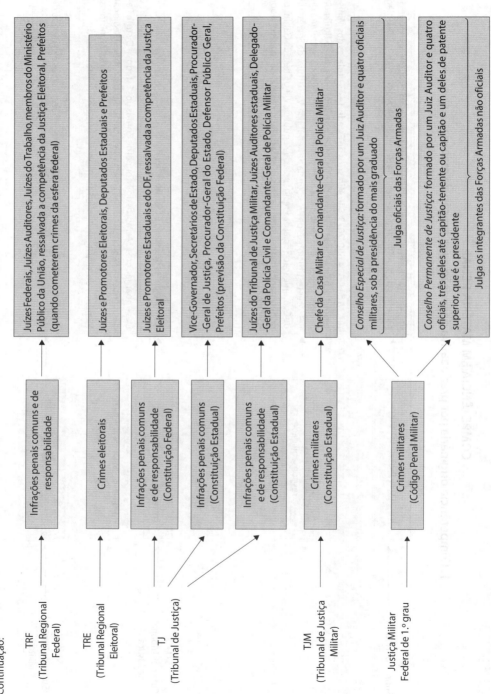

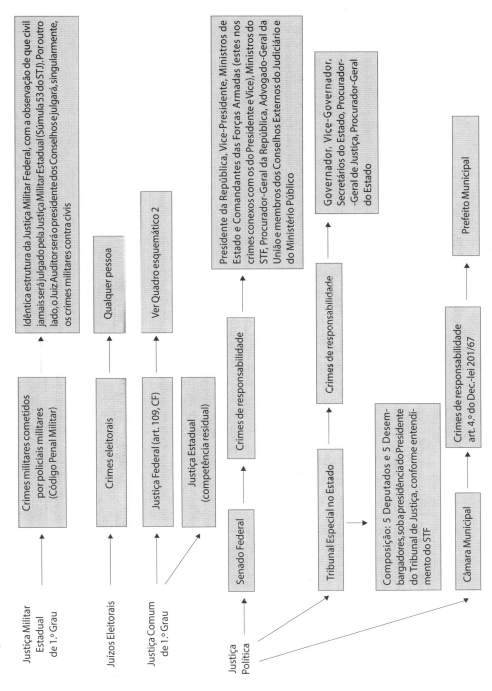

2. Competência da Justiça Federal (art. 109, CF)

1 – Crimes políticos: arts. 359-L a 359-T do Código Penal. O órgão de 2.º grau é o STF (art. 102, II, *b*, CF).
2 – Crimes praticados em detrimento de bens, serviços ou interesse da União, de suas autarquias ou empresas públicas, exceto contravenções penais e matéria militar e eleitoral. Nota: Súmula 147, STJ: Compete à Justiça Federal julgar delitos cometidos contra funcionário público federal, quando relacionados no exercício da função.
3 – Crimes previstos em tratados e convenções internacionais, quando iniciados no Brasil e finalizados no exterior (ou quando deveriam finalizar) ou reciprocamente. São os chamados crimes à distância.
4 – Crimes contra a organização do trabalho: apenas os delitos de interesse coletivo, ou seja, contra a organização geral do trabalho ou direito dos trabalhadores considerados coletivamente. Análise dos tipos penais do Código Penal: art. 197 (Estadual ou Federal), art. 198 (Estadual ou Federal), art. 199 (Estadual ou Federal), art. 200 (Estadual ou Federal), art. 201 (Federal), art. 202 (Federal), art. 203 (Estadual ou Federal), art. 204 (Federal), art. 205 (Estadual), art. 206 (Federal), art. 207 (Federal).
5 – Crimes contra o sistema financeiro e a ordem econômico-financeira, nos casos previstos em lei. Ver Lei 7.492/86.
6 – Crimes cometidos a bordo de aeronaves e navios, salvo competência da Justiça Militar. Nota: navio é, para esse fim, apenas embarcação de grande capacidade de transporte de mercadorias e pessoas.
7 – *Habeas corpus* em matéria criminal de sua competência e quando o constrangimento tiver origem em ato de autoridade não sujeita a outra jurisdição (competência residual).
8 – Crimes de ingresso, reingresso e permanência irregular de estrangeiro no Brasil: art. 338, Código Penal; art. 109 da Lei 13.445/2017.
9 – Crimes contra comunidades indígenas. Nota: quando o crime for praticado contra um índio é da competência estadual (Súm. 140, STJ).
10 – Cumprir cartas rogatórias (após *exequatur* do STJ) e sentença estrangeira (após homologação do STJ).
11 – Crimes contra os direitos humanos com a finalidade de assegurar o cumprimento das obrigações decorrentes de tratados internacionais de direitos humanos dos quais o Brasil seja parte, desde que autorizado pelo STJ, mediante provocação do Procurador-Geral da República.

3. Fixação da competência

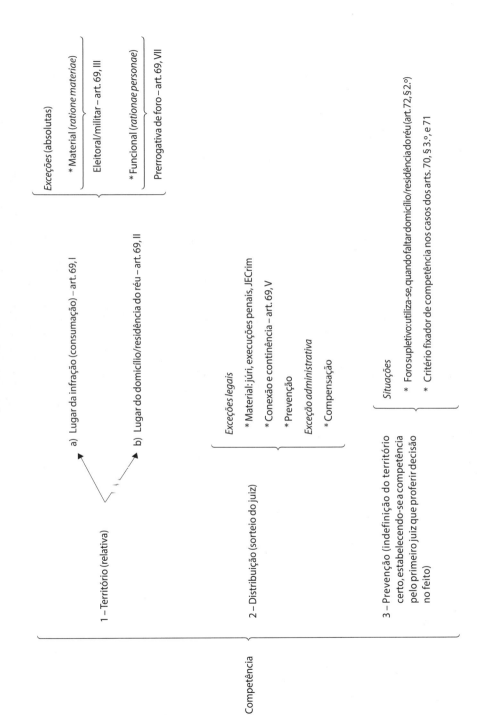

4. Regras de prorrogação de foro

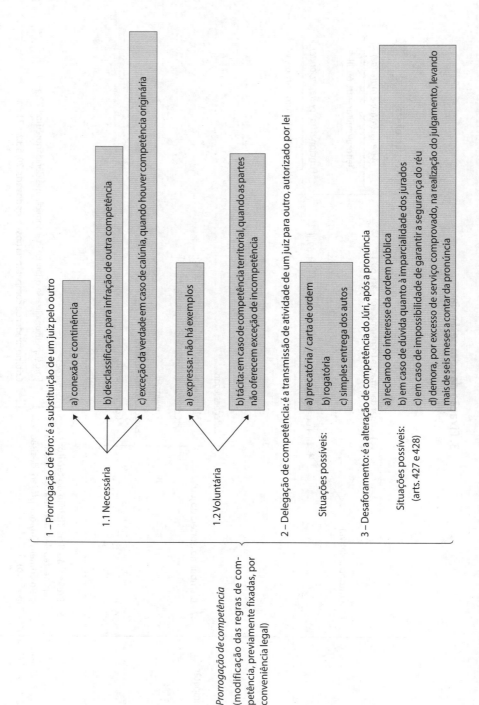

5. Fixação ou alteração de competência em virtude de conexão

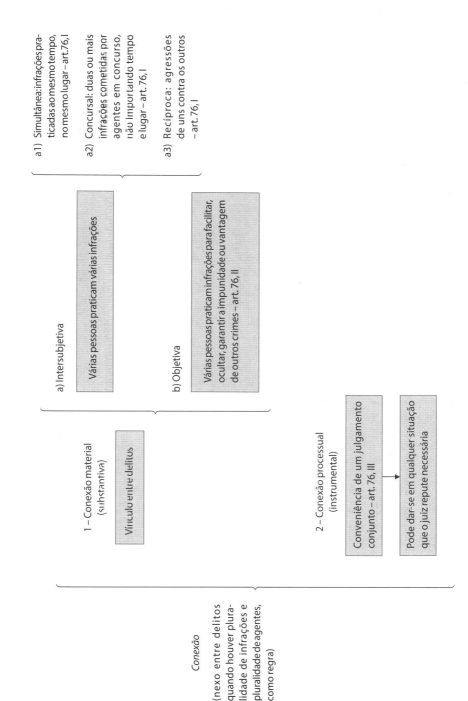

6. Fixação ou alteração de competência em virtude de continência

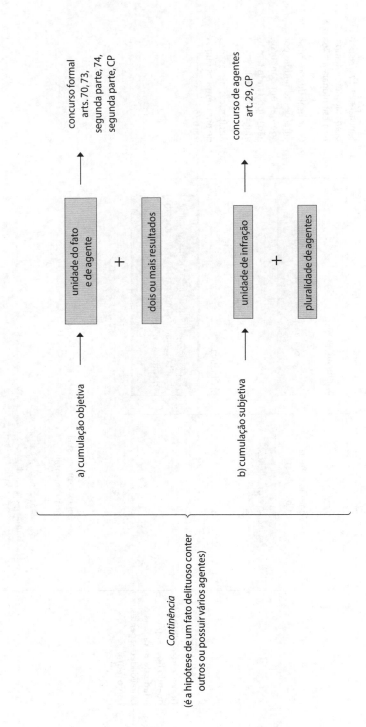

7. Regras para eleição de foro prevalente em caso de conexão ou continência

1 – Júri x outro órgão da Justiça comum = Júri – art. 78, I

2 – Juízes de igual categoria – art. 78, II

    Opções em ordem de preferência:

    a) juízo que apura a infração mais grave

    b) juízo que apura o maior número de infrações

    c) prevenção

3 – Juiz Federal x Juiz Estadual = Juiz Federal (Súmula 122, STJ)

4 – Juízo superior x Juízo inferior = Juízo superior – art. 78, III

5 – Justiça comum x Justiça especial = Justiça especial – art. 78, IV

Exceções

a) Júri e prerrogativa de foro: separação dos processos, se for o caso. Ver nota 5-A ao art. 84

b) Júri e Justiça Eleitoral: separação dos processos

c) Júri e Justiça Militar: separação dos processos

8. Regras de separação dos processos

Separação obrigatória

1 – Justiça Militar x Justiça Comum – art. 79, I

2 – Justiça da Infância e da Juventude x Justiça Comum – art. 79, II

3 – Ocorrência de superveniente doença mental – art. 79, § 1.º c/c o art. 152

4 – Caso de réu foragido, quando não se permitir julgamento à revelia

    art. 79, § 2.º ⟶ c/c o art. 366

5 – Recusas no Júri – art. 79, § 2º c/c o art. 469

Separação facultativa – art. 80

1 – Caso de crimes ocorridos em tempo e lugar diferentes

2 – Quando houver número excessivo de réus presos

3 – Por qualquer outro motivo relevante

Título VI
Das Questões
e Processos Incidentes[1]

1. Incidentes processuais: são as questões e os procedimentos secundários, que incidem sobre o procedimento principal, merecendo solução antes da decisão da causa ser proferida. Dividem-se em *questões prejudiciais* e *processos incidentes* (melhor seria a utilização de *procedimentos incidentes*, pois o processo continua o mesmo, propiciando-se, apenas, o surgimento de procedimentos novos e secundários, voltados a resolver matérias igualmente secundárias). As questões prejudiciais são os pontos fundamentais, vinculados ao direito material, que necessitam ser decididos antes do mérito da causa, porque a este se ligam. Em verdade, são impedimentos ao desenvolvimento regular do processo. Ex.: se se discute um esbulho possessório (art. 161, § 1.º, II, CP), mas a matéria relativa à legítima posse encontra-se em discussão na esfera cível, melhor que o juiz criminal aguarde o deslinde desta, para então julgar o mérito da causa. Os procedimentos incidentes são os interpostos ao longo da causa principal, que demandam solução pelo próprio juiz criminal, antes que o mérito seja conhecido e decidido. Correm ao largo do procedimento principal para não o tumultuar, embora com ele tenham íntima ligação. Ex.: se se argui o impedimento ou a suspeição do promotor, deve-se decidir essa questão antes do mérito ser julgado. Os procedimentos incidentes são: exceções, incompatibilidades e impedimentos, conflitos de jurisdição, restituição de coisas apreendidas, medidas assecuratórias, incidente de falsidade e incidente de insanidade mental. Há, igualmente, procedimentos incidentes previstos em leis especiais. Exemplificando: a discussão sobre a destruição do material coletado durante o procedimento de interceptação telefônica, conforme previsto no art. 9.º da Lei 9.296/1996. Ver a nota 37 ao referido art. 9.º em nosso *Leis penais e processuais penais comentadas* – vol. 1.

Capítulo I
DAS QUESTÕES PREJUDICIAIS[2-5]

2. Diferença entre questão prejudicial e questão preliminar: enquanto a primeira constitui matéria intimamente ligada ao mérito da causa, necessitando ser julgada antes, a segunda diz respeito ao próprio processo e seu regular desenvolvimento. Exemplos das preliminares: decisão acerca de uma alegação de cerceamento de defesa, formulada pelo réu, ou mesmo a alegação de suspeição do magistrado. Embora as preliminares também necessitem ser conhecidas antes do mérito, elas não possuem valor próprio. Como ensina Bento de

Art. 92

Faria "não se confundem as *prejudiciais* com as *questões prévias* ou *preliminares*, que não têm valor próprio, nem existência independente; são estranhas ao delito e respeitam unicamente a admissibilidade da ação" (*Código de Processo Penal*, v. 1, p. 207). Cuidando da preliminar, diz Borges da Rosa que "em todo o processo, o reconhecimento da nulidade constitui uma *preliminar*, tanto que, arguida a nulidade, por via de regra, e de acordo com a melhor orientação, o juiz, antes da prática de qualquer outro ato processual posterior à arguição, deve se pronunciar sobre a mesma, reconhecendo ou não a nulidade. (...) De sorte que, como já ficou dito, a apreciação da nulidade constitui, sempre, uma *decisão preliminar*, que não pode, em absoluto, compreender a *decisão de mérito*, atingir o mérito da causa" (*Nulidades do processo*, p. 163). Note-se que há questões prévias, passíveis de gerar um processo incidente (exceções, impedimentos etc.) e as que podem ser decididas no próprio processo principal (cerceamento de defesa ou acusação, nulidades etc.).

3. Prejudiciais homogêneas e heterogêneas: as homogêneas (próprias ou perfeitas) dizem respeito à matéria da causa principal, que é penal (ex.: decisão sobre a exceção da verdade no crime de calúnia). Outro exemplo de questão prejudicial homogênea, em nosso entender, é a suspensão do curso do processo que apura o crime de falso testemunho até o julgamento definitivo do feito onde o falso foi cometido. As heterogêneas (impróprias ou imperfeitas) vinculam-se a outras áreas do direito, devendo ser decididas por outro juízo (ex.: decisão sobre a posse, na esfera cível, antes de decidir a respeito do esbulho, previsto no art. 161, § 1.º, II, CP). Outros exemplos de questão prejudicial heterogênea: (a) o art. 205 da Lei 9.279/1996 prevê a possibilidade de se alegar, como defesa na ação penal por crime contra a propriedade imaterial, a nulidade da patente ou do registro em que se fundar a referida demanda. Assim fazendo, o juiz pode paralisar o processo criminal até que a questão seja solucionada na ação própria, na esfera cível; (b) no crime de peculato, para ter certeza de que o funcionário se apropriou ou desviou bens ou valores da Administração, pode ser indispensável uma verificação técnica, nem sempre possível de se fazer no juízo penal. Do mesmo modo, suspende-se a instrução criminal para que a prova seja produzida na esfera cível, no contexto, *v.g.*, da ação de improbidade administrativa.

4. Prejudiciais obrigatórias e facultativas: são obrigatórias as que impõem a suspensão do processo criminal, enquanto se aguarda a decisão a ser proferida por juízo cível (art. 92, CPP). São facultativas aquelas que permitem ao juiz criminal, segundo seu prudente critério, suspender o feito, aguardando solução em outra esfera (art. 93, CPP).

5. Prejudiciais devolutivas e não devolutivas: classifica Tourinho Filho as prejudiciais em devolutivas absolutas, aquelas que, obrigatoriamente, serão dirimidas pelo juízo cível, bem como em devolutivas relativas, as que podem ser julgadas no juízo cível ou no criminal. Menciona, ainda, as prejudiciais que são não devolutivas, ou seja, devem ser apreciadas pelo próprio juiz criminal, citando, como exemplo, a apreciação do furto, como prejudicial da avaliação da receptação (*Código de Processo Penal comentado*, v. 1, p. 247).

> **Art. 92.** Se a decisão sobre a existência da infração depender da solução de controvérsia, que o juiz repute[6] séria e fundada,[7-8] sobre o estado civil das pessoas,[9] o curso da ação penal[10] ficará suspenso[11-14] até que no juízo cível seja a controvérsia dirimida por sentença passada em julgado,[15] sem prejuízo, entretanto, da inquirição das testemunhas e de outras provas de natureza urgente.
>
> **Parágrafo único.** Se for o crime de ação pública, o Ministério Público, quando necessário, promoverá a ação civil[16-17] ou prosseguirá na que tiver sido iniciada, com a citação dos interessados.

Art. 92

Título VI – Das Questões e Processos Incidentes

6. Avaliação do juiz criminal: preceitua o artigo que a análise acerca da seriedade e do fundamento da questão controversa é do magistrado que preside o feito, razão pela qual, ainda que se trate de matéria atinente ao estado das pessoas, é possível ignorar a controvérsia, desde que ela não seja essencial para o conhecimento do mérito da causa principal. Exemplo disso pode ser a discussão acerca da filiação, para o único fim de constituir uma agravante (crime praticado contra ascendente ou descendente). Note-se que este artigo menciona controvérsia pertinente à *existência* da infração e não a circunstâncias do crime, influenciadoras, apenas, na fixação da pena.

7. Juízo de prelibação: deve o magistrado checar, através de um juízo prelibatório (análise por antecipação), se a controvérsia, a ser dirimida pelo juízo cível, é realmente relevante para o processo penal. Assim sendo, suspende o curso da ação penal; do contrário, determina o seu prosseguimento. Somente há recurso se houver a suspensão. Na lição de Tornaghi: "Não basta seja suscitada a controvérsia para que o juiz penal fique obrigado a sobrestar o processo e a louvar-se na decisão do juiz civil. É preciso que a dúvida surgida seja ponderável, não seja apenas um meio chicanista para dilatar o processo ou provocar tumulto. Por isso o juiz criminal tem de *prelibar* a relevância da arguição, tem de verificar se ela é séria e fundada, se há razões para a controvérsia" (*Compêndio de processo penal*, t. I, p. 290). Outro exemplo de prelibação é dado por Tourinho Filho, ao ver, na exceção de suspeição, o juízo de relevância da arguição, feito pelo relator, como sendo de verificação antecipatória da questão principal, conforme disposto no art. 100, § 1.º, do Código de Processo Penal (*Código de Processo Penal comentado*, v. 1, p. 265).

8. Diferença entre juízo prelibatório e juízo delibatório: o primeiro é uma avaliação antecipatória de uma controvérsia, a ser futuramente decidida, extraindo-se seu grau de relevância para o processo penal, mas sem proferir qualquer tipo de decisão quanto ao mérito da mencionada controvérsia. Quanto ao segundo, é uma análise mais detalhada de determinada matéria, verificando-se se uma situação fática preenche os requisitos legais, para que seja proferida uma decisão jurisdicional a seu respeito, autorizadora de futura análise de mérito. É o que ocorre na extradição. O Supremo Tribunal Federal, nesse caso, faz uma análise dos requisitos legais de determinada situação, para concedê-la, permitindo que alguém seja, então, julgado pelo crime cometido em outro país – ou para lá seja enviado para cumprir pena. Fornece outro exemplo de delibação, Tourinho Filho, visualizando na hipótese do conhecimento da exceção de suspeição de magistrado pelo Tribunal um juízo detalhado de determinada matéria, verificando se preenche ou não os requisitos legais para que seja decidida quanto ao mérito pelo magistrado, determinada causa (*Código de Processo Penal comentado*, v. 1, p. 265).

9. Estado civil das pessoas: como explica Mirabete, o "estado civil das pessoas é o complexo de suas qualidades referentes à ordem pública, à ordem privada e à ordem física do ser humano. Refere-se, assim, à cidadania, à família, e à capacidade civil" (*Código de Processo Penal interpretado*, p. 179). Exemplo tradicional é o da bigamia, quando se discute a validade do casamento na esfera cível. É natural que essa seja uma questão prejudicial séria e fundada, portanto, que determina a suspensão obrigatória do processo criminal, uma vez que não teria sentido condenar-se alguém por bigamia, caso o juízo civil anule um dos casamentos. A cidadania diz respeito à esfera política, a família, à esfera propriamente civil e à capacidade, à maturidade ou à sanidade, embora, neste último, não se inclua a sanidade mental no momento da prática da infração penal, pois que apurada por incidente à parte (incidente de insanidade mental). Fora desse âmbito, a suspensão é facultativa.

10. Suspensão somente do curso da ação penal: não se refere a lei ao inquérito policial, razão pela qual este pode prosseguir até o seu término, propiciando ao promotor o

Art. 93

Código de Processo Penal Comentado · **Nucci**   270

oferecimento da denúncia, com o recebimento pelo juiz. Somente após é que se pode debater a suspensão do processo. É preciso lembrar que a referida suspensão, na hipótese do art. 92, é obrigatória.

11. Prazo da suspensão: é indefinido, aguardando-se o término da solução da controvérsia na esfera cível, com o trânsito em julgado da decisão. Existindo necessidade e urgência, pode o juiz criminal ouvir testemunhas (pessoas de muita idade, por exemplo) e determinar outras provas que não podem aguardar (como exames periciais).

12. Crise da instância: é o nome atribuído à suspensão provisória do andamento da causa, estancando-se o curso procedimental. Um dos casos é justamente o relativo à existência de questões prejudiciais (Frederico Marques, *Elementos de direito processual penal*, v. 2, p. 219).

13. Suspensão da prescrição: dispõe o art. 116, I, do Código Penal, que o curso da prescrição ficará suspenso até que o processo principal retome o seu curso. Lembremos que suspender a prescrição não é o mesmo que interrompê-la. Neste último caso, o lapso prescricional, já decorrido, volta ao zero, enquanto na hipótese de suspensão o período já computado é mantido, tornando a correr desse patamar, quando o processo voltar a andar.

14. Suspensão do processo: a decisão que determinar a suspensão comporta recurso em sentido estrito (art. 581, XVI, CPP). Quando houver o indeferimento da suspensão, não cabe recurso, embora possa estar o juiz gerando uma nulidade insanável, passível de reconhecimento posteriormente.

15. Decisão definitiva proferida no juízo cível: faz coisa julgada na esfera criminal e não mais pode ser discutida a questão dirimida. Assim, no exemplo da bigamia, caso um dos casamentos seja anulado, não mais se verifica a tipicidade do delito do art. 235 do Código Penal, sendo impossível prova nesse sentido no processo-crime. Note-se, inclusive, o cuidado da lei penal com tal questão ao prever no § 2.º, do referido art. 235, que "anulado por qualquer motivo o primeiro casamento, ou o outro por motivo que não a bigamia, considera-se inexistente o crime".

16. Legitimidade do Ministério Público para propor a ação civil: trata-se de um corolário do princípio da obrigatoriedade da ação penal. Se esta há de ser ajuizada e merece chegar ao seu final, por estar em jogo o interesse público em fazê-lo, é natural que o órgão acusatório não fique adstrito a quem quer que seja para promover a indispensável ação civil, a fim de resolver, o mais breve possível, a questão prejudicial obrigatória que impede o curso da ação penal.

17. Legitimidade do querelante para propor a ação civil: do mesmo modo, caso seja necessário, pode o querelante ajuizar ação civil para discutir, o mais breve possível, a questão prejudicial obrigatória, que, de algum modo, suspende o curso da ação penal.

> **Art. 93.** Se o reconhecimento da existência da infração penal depender de decisão sobre questão diversa[18] da prevista no artigo anterior, da competência do juízo cível, e se neste houver sido proposta ação[19] para resolvê-la, o juiz criminal poderá,[20] desde que essa questão seja de difícil solução[21] e não verse sobre direito cuja prova a lei civil limite,[22] suspender[23-24] o curso do processo,[25] após a inquirição das testemunhas e realização das outras provas de natureza urgente.[26-27]
>
> § 1.º O juiz marcará o prazo da suspensão,[28] que poderá ser razoavelmente prorrogado,[29] se a demora não for imputável à parte. Expirado o prazo, sem

que o juiz cível tenha proferido decisão, o juiz criminal fará prosseguir o processo, retomando sua competência para resolver, de fato e de direito, toda a matéria da acusação ou da defesa.[30]

§ 2.º Do despacho que denegar a suspensão não caberá recurso.

§ 3.º Suspenso o processo, e tratando-se de crime de ação pública, incumbirá ao Ministério Público intervir imediatamente na causa cível,[31-32] para o fim de promover-lhe o rápido andamento.

18. Questões diversas do estado das pessoas: todas as demais matérias que digam respeito ao julgamento da causa principal (criminal), mas que não se conectem ao estado das pessoas, devem ser encaixadas neste dispositivo legal. Assim, a discussão acerca de propriedade, posse, relações contratuais ou empregatícias, entre outros temas.

19. Condição para a suspensão: deve já ter sido proposta a ação civil. Diferentemente do caso anterior, cuja suspensão é obrigatória, podendo o juiz suspender o feito, aguardando que o Ministério Público ingresse, por exemplo, com a ação civil; nesta hipótese, é preciso que a controvérsia esteja sendo dirimida no cível para dar margem à suspensão.

20. Faculdade da suspensão: embora deva sempre o juiz criminal ter sensibilidade para suspender o curso do processo, evitando, com isso, a prolação de decisões contraditórias, não é obrigado a fazê-lo. Eventualmente, acreditando dispor de provas suficientes para julgar o caso, pode determinar o prosseguimento da ação penal, alcançando uma decisão de mérito. Se, no entanto, decidir suspender o curso do processo, precisa tomar tal decisão fundamentado em questão controversa da qual dependa a prova da *existência* da infração penal e não simplesmente algo que envolva circunstância do crime, muito mais ligada à aplicação da pena do que à constatação da tipicidade. Na jurisprudência: STJ: "A suspensão prevista no art. 93 do Código de Processo Penal constituiu faculdade do Juízo singular, estando afeta ao seu poder discricionário" (REsp 1.500.961/SP, 6.ª T., rel. Sebastião Reis Júnior, 13.09.2016, v.u.).

21. Questão de difícil solução: não bastasse ser facultativa a suspensão do processo--crime, impõe a lei, ainda, a atenção do magistrado para o grau de dificuldade envolvendo a questão prejudicial. Tratando-se de algo simples, possível de ser constatado durante a instrução probatória do processo principal (criminal), torna-se indevida a suspensão, até em homenagem ao princípio da economia processual. Entretanto, se o ponto debatido for complexo, como a apuração de uma demarcação de área, que legitimaria ou não a prática do esbulho, é conveniente que o magistrado penal suspenda o curso da ação. Na jurisprudência: STJ: "2. Não há ilegalidade na decisão que deixa de apreciar o pedido de absolvição sumária em razão de ter sido suspenso o processo penal, com fundamento no art. 93 do CPP, pois a ação penal contra a paciente, neste caso, depende da decisão em esfera cível acerca da sua responsabilidade tributária, em feito ainda não transitado em julgado, sem prejuízo de análise da defesa em momento oportuno" (AgRg no HC 536.022-PE 2019/0290307-3, 6.ª T., rel. Nefi Cordeiro, 28.04.2020, v.u.).

22. Limitação da prova no Direito Civil: há questões sobre as quais não se pode produzir prova na esfera cível, a não ser por meios especificamente determinados. Não se prova, por exemplo, um casamento por testemunhas – mas sim, por certidão –, razão pela qual é indevida a suspensão do feito criminal, caso seja esse o intuito do proponente ao ajuizar a ação civil.

Art. 94

23. Suspensão do processo: cabe recurso em sentido estrito (art. 581, XVI, CPP). O indeferimento da suspensão não comporta recurso, embora, em algumas situações, possa gerar nulidade insanável, a ser decidida posteriormente.

24. Suspensão da prescrição: ver nota 13 ao artigo anterior.

25. Suspensão do curso do inquérito: não se suspende a investigação policial, que deve terminar, propiciando ao órgão acusatório oferecer a denúncia ou queixa, havendo o seu recebimento, para, depois, discutir-se a proposta de suspensão do feito.

26. Outra condição para a suspensão: em se tratando de suspensão facultativa, impõe a lei outra condição, além da ação civil já ter sido ajuizada, que é a produção da prova oral, ouvindo-se todas as testemunhas arroladas pelas partes, bem como a realização de provas urgentes, como as periciais. A cautela é salutar, pois há um prazo para o processo ficar suspenso; ultrapassado este, o processo-crime torna a andar e o juiz haverá de julgá-lo, motivo pelo qual a produção de provas não ficará prejudicada.

27. Decisão definitiva proferida no juízo cível: tem força de coisa julgada na esfera criminal. Ainda que se trate de questão facultativa, uma vez que o juiz penal determinou a suspensão, a decisão proferida no cível vincula a análise do mérito da ação penal.

28. Prazo da suspensão do processo: deve ser fixado pelo juiz, dentro do seu prudente critério. Atualmente, tendo em vista a lentidão da Justiça em vários de seus órgãos, é preciso particular atenção para o prazo de suspensão, a fim de não se frustrar a intenção legal de manter o processo paralisado, até que o juízo cível decida o caso, evitando-se decisões contraditórias.

29. Prorrogação do prazo de suspensão: admite-se, desde que impere a razoabilidade, tanto no aguardo de soluções no cível, quanto no tocante ao período a ser prorrogado. A condição, no entanto, para a prorrogação é que o atraso não seja imputável à parte interessada.

30. Ampla possibilidade de decisão: caso o feito cível não haja terminado, havendo atraso injustificável, imputado à parte, por exemplo, pode o juiz criminal prosseguir no desenvolvimento do processo, julgando o mérito, de forma ampla, abrangendo as questões de direito e de fato. Embora não seja o ideal, pois o juízo civil pode, ainda, proferir a decisão e ser esta contraditória com a anteriormente prolatada na esfera criminal, em se tratando de questão prejudicial facultativa, é melhor que o processo-crime termine, do que se aguardar por longo período a solução do órgão jurisdicional civil.

31. Intervenção do Ministério Público: deve ocorrer na causa cível, tendo em vista que, se a causa criminal for de ação pública, vige o princípio da obrigatoriedade, razão por que deve o processo-crime, o mais breve possível, ser concluído, analisando-se o mérito.

32. Intervenção do querelante: cremos estar assegurada, pois é de seu interesse que o processo cível seja rapidamente concluído, para que o criminal torne a ter andamento.

> **Art. 94.** A suspensão do curso da ação penal, nos casos dos artigos anteriores, será decretada pelo juiz, de ofício ou a requerimento das partes.[33]

33. Suspensão decretada de ofício ou a requerimento: outra vez mais, em cumprimento ao princípio do impulso oficial, pode o juiz, sem qualquer provocação, determinar a suspensão do processo – obrigatória ou facultativa – desde que entenda indispensável. Legitima a lei, também, que as partes assim requeiram.

Capítulo II
DAS EXCEÇÕES[1-2]

1. Exceção: é a defesa indireta apresentada por qualquer das partes, com o intuito de prolongar o trâmite processual, até que uma questão processual relevante seja resolvida, ou com a finalidade de estancar, definitivamente, o seu curso, porque processualmente incabível o prosseguimento da ação. Exemplos: exceção de suspeição ou de impedimento, exceção da verdade, exceção de litispendência, entre outras. Explicando a origem do termo *exceção*, diz Tornaghi que "regularmente, o juiz defere o pedido do autor quando ele tem *razão*, isto é, quando realmente tem o direito que diz ter. *Excepcionalmente*, entretanto, certas circunstâncias podem levar o julgador a repelir a demanda, embora fundada em direito do autor. Tais circunstâncias chamam-se, por isso, exceções" (*Compêndio de processo penal*, t. I, p. 47). Quando reconhecida a exceção de ofício pelo juiz, cremos tratar-se simplesmente de um incidente processual, ou seja, uma questão que merece ser decidida antes de se analisar o mérito da causa. Justamente porque exceção seria apenas uma defesa interposta pela parte contra o processo, para que seja regularizado ou extinto; quando a exceção admite que o magistrado dela tome conhecimento de ofício, parte da doutrina costuma chamá-la de objeção, como ocorre com a exceção de impedimento, de coisa julgada, de incompetência etc.

2. Exceções dilatórias e peremptórias: as primeiras são as que prorrogam a decisão de mérito da causa, até que seja resolvida uma questão processual (ex.: exceção de suspeição ou de incompetência). As segundas são as que põem fim ao processo (ex.: exceção de coisa julgada ou de litispendência), justamente porque falta alguma condição à ação ou pressuposto processual.

Art. 95. Poderão ser opostas as exceções de:

I – suspeição;

II – incompetência de juízo;

III – litispendência;

IV – ilegitimidade de parte;

V – coisa julgada.

Art. 96. A arguição de suspeição[3] precederá a qualquer outra,[4] salvo quando fundada em motivo superveniente.[5]

---

3. Exceções de suspeição e de impedimento: trata-se da defesa aposta por qualquer das partes contra a parcialidade do juiz. Divide-se essa modalidade de defesa em *exceção de suspeição* propriamente dita, quando há um vínculo do julgador com alguma das partes (amizade íntima, inimizade capital, sustentação de demanda por si ou por parente, conselhos emitidos, relação de crédito ou débito, tutela ou curatela, sociedade) ou um vínculo com o assunto debatido no feito (por si ou por parente seu que responda por fato análogo), e *exceção de impedimento*, não mencionada expressamente no Código de Processo Penal com essa desinência, representando um vínculo, direto ou indireto, com o processo em julgamento (tenha por si ou parente seu atuado no feito, embora em outra função, tenha servido como testemunha, tenha funcionado como juiz em outra instância, tenha por si ou por parente interesse no deslinde da causa). As causas de suspeição estão elencadas no art. 254, enquanto as de impedimentos estão nos arts. 252 e 253 deste Código.

Art. 97

4. Garantias constitucionais do juiz natural e do juiz imparcial: os princípios estampados no art. 5.º, LIII, da Constituição Federal, bem como no art. 8.º, 1, da Convenção Americana sobre Direitos Humanos, não têm por fim assegurar somente um juiz previamente designado em lei para julgar a demanda, mas também – e sobretudo – garantir que as partes contem com um julgador imparcial. Esta é a razão pela qual a exceção de suspeição ou de impedimento precede toda e qualquer outra defesa indireta contra o processo. Afinal, um juiz parcial não seria legalmente aceitável para decidir qualquer outro obstáculo ao correto desenvolvimento processual. Eventualmente, pode a exceção de suspeição ou de impedimento ser arguida após outra, porque o fato que gerou a suspeição do magistrado foi conhecido posteriormente, como, aliás, ressalva a parte final deste artigo. Note-se que é dever da parte, sob pena de preclusão, levantar a suspeição tão logo tome conhecimento de sua existência. Não o fazendo, está aceitando a imparcialidade do julgador. Quanto ao impedimento, vai-se além, pois o Código estabelece que o juiz não possui, para o caso, poder jurisdicional. Logo, merece ser afastado de toda forma.

5. Rol de causas de suspeição e impedimento: há quem sustente ser uma enumeração taxativa (arts. 252 a 254, CPP), embora, em homenagem ao princípio da imparcialidade do julgador, constitucionalmente assegurada, cremos que se possa ampliá-lo quando ficar evidente o comprometimento do magistrado para apreciar a causa. Exemplo disso seria o juiz traumatizado por ter sido vítima de um crime qualquer que insista em julgar caso criminal similar.

> **Art. 97.** O juiz que espontaneamente afirmar suspeição deverá fazê-lo por escrito, declarando o motivo legal,[6-7] e remeterá imediatamente o processo ao seu substituto,[8] intimadas as partes.[9-10-A]

6. Afirmação da suspeição de ofício: deve o juiz, quando constatar que alguma das circunstâncias legais está presente, declarar-se suspeito ou impedido de julgar a causa, remetendo o processo ao seu substituto legal, conforme dispõe a organização judiciária. Necessita fazê-lo por escrito, nos autos e com fundamentos, para que não se burle o princípio constitucional do juiz natural. Ver nota abaixo, que cuida do substituto legal. É o que se denomina de incompatibilidade.

7. Suspeição por razões de foro íntimo: deve ser comunicado o motivo ao Conselho Superior da Magistratura, reservadamente, para que o órgão disciplinar aprove ou não a razão invocada. Evita-se, com isso, que o magistrado abuse desse direito, passando processos complexos ou que não lhe são agradáveis de julgar, ao seu substituto legal. Pode, pois, o Conselho Superior da Magistratura não aprovar o fundamento invocado, determinando que o juiz julgue a causa. Ver nota abaixo, cuidando do substituto legal.

8. Substituto legal: regula-se a eleição do juiz substituto ao suspeito ou impedido pela lei de organização judiciária local. Havendo lacuna por parte desta, deve o tribunal, por provimento, disciplinar a matéria. No Estado de São Paulo, como exemplo, confira-se o teor do Provimento 1.870/2011, da Presidência do Tribunal de Justiça, prevendo duas situações distintas: (a) suspeição ou impedimento: o juiz, feita a declaração nos autos, conforme determina a lei, oficiará à Presidência, solicitando a designação de um substituto. Logo, não se dá automaticamente essa transferência, devendo sempre passar pelo crivo do Tribunal de Justiça. Quando a suspeição se der por motivo não declarado, o magistrado deve inserir essa declaração nos autos, comunicando, reservadamente, ao Conselho Superior da Magistratura as razões que o levam ao afastamento do processo. Acolhendo os motivos, a Presidência designará substituto. Caso não acolha, o processo pode retornar ao juiz natural; (b) impedimento ocasional: a substituição pode dar-se em qualquer dos juízes da mesma Comarca ou do mesmo Foro. De qualquer modo, comunica-se à Presidência para que a designação do substituto fique regularizada.

9. Cabimento de recurso: não existe recurso previsto para essa hipótese, embora possa a parte representar o magistrado, caso o motivo invocado seja evidentemente infundado, demonstrando a sua falta de vontade de cumprir com sua função jurisdicional.

10. Possibilidade de conflito: pode haver, devendo o magistrado que receber os autos do processo suscitá-lo, quando perceber inexistir fundamento legal para o primeiro juiz afirmar suspeição ou impedimento inexistente. Como já mencionado, podem as partes representar disciplinarmente o magistrado que age sem razão legal.

10-A. Exceção interposta durante a fase do inquérito policial: parece-nos que o juiz, valendo o mesmo para o promotor, impedido ou suspeito deve afastar-se da investigação, uma vez que exerce valiosíssima fiscalização sobre a atividade policial. Não seria viável ter à frente de um inquérito, podendo decretar medidas cautelares fundamentais, como a prisão preventiva, a quebra de sigilo bancário ou fiscal, bem como a busca e apreensão, um juiz parcial. Aliás, o art. 107 do CPP preceitua que até mesmo a autoridade policial suspeita deve afastar-se do inquérito, embora contra ela não caiba a oposição de suspeição. Assim, a pessoa investigada, sentindo-se prejudicada, deve apresentar exceção de suspeição ou impedimento contra o magistrado ou contra o promotor que atuar na fase do inquérito, caso não haja o afastamento espontâneo do caso.

> **Art. 98.** Quando qualquer das partes pretender recusar o juiz,[11] deverá fazê-lo em petição assinada por ela própria ou por procurador com poderes especiais,[12] aduzindo as suas razões acompanhadas de prova documental ou do rol de testemunhas.[13-16]

11. Momento da recusa: se o motivo é conhecido da parte, antes mesmo da ação penal ter início, deve o promotor/querelante fazê-lo por ocasião do oferecimento da denúncia/queixa e o réu, quando for interrogado, no prazo para a defesa prévia, sob pena de preclusão. Se o fundamento da recusa for desvendado posteriormente, deve a parte interessada alegá-lo na primeira oportunidade em que se manifestar nos autos. Fora daí, deve a exceção ser considerada intempestiva, não merecendo ser conhecida. Na jurisprudência: STF: "Agravo regimental em recurso extraordinário com agravo. 2. Penal e processo penal. 3. Momento para oposição de exceção de suspeição em matéria penal. *Primeira oportunidade de se manifestar nos autos. Inaplicabilidade do Código de Processo Civil.* 4. Acórdão que reproduz fundamentos da sentença, no âmbito dos juizados especiais. Possibilidade. 5. Inexistência de ofensa à Constituição Federal. 6. Negativa de provimento ao agravo regimental" (ARE 1092104 AgR, 2.ª T., rel. Gilmar Mendes, 26.10.2018, v.u., grifamos).

12. Propositura da exceção de suspeição: deve ser feita, como determina a lei, em petição específica para essa finalidade, das seguintes maneiras: (a) quando se tratar do promotor de justiça, sendo ele a parte diretamente interessada, basta a sua assinatura; (b) quando se cuidar do querelante, do querelado ou do réu, deve assinar a petição juntamente com seu advogado ou permitir que este assine sozinho a exceção, desde que possua procuração com poderes específicos para tanto; (c) quando se tratar de procurador do querelante, que tenha ingressado com queixa em seu nome, deve ele ter poderes específicos para interpor a exceção. Na procuração, não há necessidade de constar um resumo dos fatos envolvendo o excepto, mas sim os poderes para apresentar a peça contra o magistrado. A suspeição, em regra, envolve

Art. 99

Código de Processo Penal Comentado · **Nucci**   276

acusação grave, imputando ao juiz, quando este não se deu por suspeito ou impedido de ofício, uma conduta parcial qualquer. Por tal razão, vincula o seu autor às alegações formuladas, de caráter pessoal, à autoridade judiciária, podendo representar crime contra a honra. Pensamos ser sempre cauteloso que o advogado, em vez de procuração com poderes especiais, colha a assinatura do patrocinado na petição de exceção, evitando futura alegação de excessos não consentidos. O advogado nomeado pelo Estado para patrocinar interesse de qualquer das partes (querelante – vide art. 32, *caput* – ou querelado – arts. 261 e 263), por não possuir procuração, deve colher a assinatura do patrocinado. Na jurisprudência: STJ: "1. O artigo 98 do Código de Processo Penal exige manifestação da vontade da parte interessada na recusa do magistrado por suspeição por meio da subscrição da petição pela própria parte interessada ou, quando representada em juízo, por meio de procuração com poderes especiais. 2. O defensor público atua na qualidade de representante processual e ainda que independa de mandato para o foro em geral (ex vi art. 128, inc. XI, da LC n.º 80/94), deve juntar procuração sempre que a lei exigir poderes especiais. 3. Recurso especial improvido" (REsp 1.431.043/MG, 6.ª T., rel. Maria Thereza de Assis Moura, 16.04.2015, v.u.).

13. Prova documental ou testemunhal: deve a parte oferecer a prova que pretende produzir ou que já se encontra pronta. Portanto, documentos já obtidos devem ser juntados à exceção e os que precisarem ser requisitados necessitam ser apontados. As testemunhas constarão do rol. Trata-se de um incidente processual, portanto, cabível a produção de prova. Aliás, justamente por isso, não se discute suspeição ou impedimento em *habeas corpus*.

14. Número de testemunhas: não é especificado no Código de Processo Penal, podendo-se usar, por analogia, o número de três para cada fato que se pretende provar (art. 357, § 6.º, do CPC/2015).

15. Parte passiva da exceção: é o juiz e não a Vara. A exceção é pessoal, atingindo diretamente a pessoa do julgador.

16. Assistente de acusação: entendemos poder propor a exceção de suspeição ou impedimento, desde que a vítima assine a petição em conjunto com o procurador ou este possua poderes especiais. Apesar de o art. 271 do Código de Processo Penal não estipular, expressamente, essa possibilidade, partilhamos do entendimento daqueles que sustentam dever o ofendido ser verdadeiramente admitido, no processo penal, como parte interessada no deslinde da causa, não somente para assegurar uma mera indenização civil dos danos causados, mas para ver realizada justiça ao caso concreto. Assim, é natural poder a vítima propor a exceção, uma vez que, sendo o juiz parcial, a ninguém interessa mantê-lo.

> **Art. 99.** Se reconhecer a suspeição,[17] o juiz sustará a marcha do processo, mandará juntar aos autos a petição do recusante com os documentos que a instruam, e por despacho se declarará suspeito, ordenando a remessa dos autos ao substituto.

17. Reconhecimento de pronto pelo juiz: pode o magistrado, tão logo receba a exceção aposta pela parte interessada, declarar-se suspeito ou impedido, admitindo o conteúdo da petição apresentada. Melhor que o faça desde logo, evitando-se a dilação probatória, especialmente nos casos em que os motivos alegados são verdadeiros. Enviará, então, os autos ao seu substituto legal. Determina este artigo que a marcha do processo seja sustada, o que é natural, uma vez que não mais funcionará nos autos o juiz excepcionado. Assim, até que o outro magistrado receba a incumbência de dirigir o feito, estará este paralisado. Entretanto, tal reconhecimento não significa que a parte contrária deva aceitar os argumentos invocados

Títu o VI – Das Questões e Processos Incidentes

Art. 100

e a decisão prolatada. Embora não haja recurso contra essa decisão, pode haver representação contra o juiz que, indevidamente, deu-se por suspeito ou impedido. Anote-se, ainda, que o magistrado receptor do processo pode suscitar conflito.

> **Art. 100.** Não aceitando a suspeição, o juiz mandará autuar em apartado a petição, dará sua resposta dentro em 3 (três) dias, podendo instruí-la e oferecer testemunhas [18] e, em seguida, determinará sejam os autos da exceção remetidos, dentro em 24 (vinte e quatro) horas, ao juiz[19] ou tribunal a quem competir o julgamento.[20]
>
> § 1.º Reconhecida, preliminarmente, a relevância da arguição,[21] o juiz ou tribunal, com citação das partes, marcará dia e hora para a inquirição das testemunhas,[22] seguindo-se o julgamento, independentemente de mais alegações.
>
> § 2.º Se a suspeição for de manifesta improcedência, o juiz ou relator a rejeitará liminarmente.[23]

18. Instrução do incidente processual: quando o juiz não acolhe, de pronto, os argumentos da parte, invocando sua suspeição ou impedimento, deve defender-se, determinando a autuação da petição em apenso, fornecendo a sua versão acerca dos fatos alegados, bem como, se for o caso, oferecendo rol de testemunhas e juntando documentos. Após, os autos seguem ao Tribunal de Justiça. Em São Paulo, serão julgados na Câmara Especial. Na jurisprudência: STJ: "1. A nulidade de atos processuais em virtude da suspeição do Magistrado demanda rito processual próprio a ser inaugurado por meio da exceção de suspeição. Com efeito, nos termos do art. 100 do CPP, a oposição de exceção de suspeição possibilita ao Magistrado excepto responder à exceção, instruindo os autos com as provas que entenda necessárias para demonstrar sua imparcialidade, autorizando, ainda, a oitiva de testemunhas. Portanto, não há equívoco no acórdão recorrido, no que concerne à necessidade de se utilizar do instrumento processual correto para impugnar a parcialidade do Magistrado, haja vista não ser possível aferir, de plano, nenhuma das hipóteses do art. 254 do Código de Processo Penal. Precedentes. (...)" (RHC 68.893/DF, 5.ª T., rel. Reynaldo Soares da Fonseca, 06.12.2016, v.u.).

19. Impossibilidade de juiz julgar a exceção: esclarece Tourinho Filho que "quando o CPP entrou em vigor, nos idos de 1942, havia entre nós órgãos jurisdicionais hierarquicamente inferiores aos Juízes de Direito. Eram os Pretores, os Juízes municipais e os Juízes preparadores. Quando se arguia a suspeição de um desses órgãos, o julgamento competia ao Juiz de Direito. Isto explica, também, as regras dos arts. 582, 591 e 592, todos do CPP" (*Código de Processo Penal comentado*, v. 1, p. 264). Por isso, atualmente, somente o Tribunal julga a exceção e, como já visto, no Estado de São Paulo, para ilustrar, cabe à Câmara Especial do Tribunal de Justiça, órgão composto pelo Vice-Presidente e demais Presidentes das Seções da Corte. O Vice-Presidente é o presidente da Câmara, integrada, ainda, pelos Presidentes da Seção Criminal, das Seções de Direito Privado e de Direito Público, bem como pelo Decano do Tribunal (desembargador mais antigo em exercício).

20. Suspensão do trâmite processual: somente pode ocorrer se a parte contrária, tomando conhecimento da arguição, reconhecer a procedência do alegado. Nessa situação, o tribunal *pode* (faculdade) suspender o curso do processo, porque grandes são as chances de anulação dos atos praticados por magistrado suspeito ou impedido (art. 102, CPP).

21. Relevância da arguição: trata-se da adequação entre o alegado pela parte e os requisitos expostos em lei para o reconhecimento da suspeição ou do impedimento. Por vezes, a parte argui a suspeição do magistrado, sem qualquer base legal, demonstrando ser irrelevante o

Art. 101

Código de Processo Penal Comentado · Nucci   278

seu reclamo. Portanto, o Tribunal somente determinará a citação das partes, com a consequente produção de provas, caso realmente seja adequada a alegação à pretensão de afastamento do magistrado. Não é raro acontecer de determinada parte insurgir-se contra o juiz, porque este é extremamente liberal ou muito rigoroso (o que acontece quando o magistrado determina a soltura ou a prisão do réu), o que é manifestamente inadequado e, portanto, irrelevante.

22. Produção de provas: pode o relator conduzir pessoalmente a instrução do incidente processual, embora, com maior frequência, termine valendo-se da carta de ordem, determinando que algum magistrado de primeiro grau, normalmente da área onde se encontram as testemunhas, proceda à inquirição. Finda a colheita da prova, como preceitua este artigo, segue-se o julgamento, sem alegações finais.

23. Rejeição liminar: pode o relator rejeitar liminarmente a exceção, embora, na maioria das vezes, prefira levar o caso à Câmara, sem qualquer dilação probatória, para que haja o afastamento da exceção. É que, se rejeitada desde logo pelo desembargador relator, cabe agravo regimental para a Câmara, motivo pelo qual é mais seguro levar o caso ao conhecimento desta.

> **Art. 101.** Julgada procedente a suspeição, ficarão nulos os atos do processo principal,[24] pagando o juiz as custas,[25] no caso de erro inescusável;[26] rejeitada, evidenciando-se a malícia do excipiente,[27] a este será imposta a multa de duzentos mil-réis a dois contos de réis.

24. Nulidade dos atos praticados: impõe-se, de acordo com o disposto no art. 564, I, deste Código, que, em caso de suspeição, sejam os atos praticados no processo principal considerados nulos. É verdade que, para tanto, torna-se necessário não ter ficado paralisado o feito. Qualquer decisão ou despacho proferido por juiz suspeito, a partir do instante em que nasceu a causa de suspeição ou impedimento, é de ser renovado por seu substituto legal. Note-se que a nulidade não surge quando foi revelada durante a instrução, mas no instante em que ela foi gerada. Ilustrando: se o juiz é amigo íntimo do réu, refaz-se o processo desde o princípio. Se o magistrado, no entanto, aconselhou uma das partes durante a instrução, ocorre a partir desse momento.

25. Custas: inexistiam custas no processo criminal no Estado de São Paulo, o que foi alterado pela edição da Lei 11.608/2003 (art. 4.º, § 9.º).

26. Inescusabilidade do erro: significa que o juiz tinha condições de detectar a causa da suspeição ou impedimento invocado pela parte, devendo tê-la reconhecido, logo de início. Não o fazendo incidiu em erro inescusável, razão pela qual merece ser condenado a pagar as custas como autêntica penalidade. Cremos que, tendo havido nítida má-fé, pode haver medida disciplinar contra o magistrado.

27. Malícia do excipiente: não se trata, nesse caso, de mero erro, mas sim de nítida manifestação de má-fé. Deve, pois, a parte que provocou a paralisação do feito ou, ainda que tenha andamento, levantou falsa arguição contra o magistrado – lembremos que a exceção é voltada contra a pessoa do julgador – ser multada, como penalidade. Atualmente, no entanto, por falta de atualização monetária, é impossível impor e cobrar a multa prevista. Subsiste, entretanto, a possibilidade de haver a configuração de delito contra a honra.

> **Art. 102.** Quando a parte contrária reconhecer a procedência da arguição,[28] poderá[29] ser sustado, a seu requerimento, o processo principal, até que se julgue o incidente da suspeição.

28. Reconhecimento da procedência da suspeição: é preciso que a parte contrária, ingressando a exceção de suspeição ou impedimento, tome conhecimento da sua existência. Assim, embora nada se disponha a esse respeito no Código, é conveniente que o juiz dê ciência do seu trâmite a quem não a arguiu.

29. Suspensão facultativa: como já mencionado na nota 20 ao art. 100, *caput*, trata-se de faculdade do tribunal suspender o curso do processo, embora seja cauteloso que assim faça, uma vez que ambas as partes estão, em última análise, invocando suspeição ou impedimento do julgador.

> **Art. 103.** No Supremo Tribunal Federal[30] e nos Tribunais de Apelação,[31] o juiz que se julgar suspeito deverá declará-lo nos autos[32] e, se for revisor, passar o feito ao seu substituto na ordem da precedência,[33] ou, se for relator, apresentar os autos em mesa para nova distribuição.[34]
>
> § 1.º Se não for relator nem revisor, o juiz que houver de dar-se por suspeito,[35] deverá fazê-lo verbalmente, na sessão de julgamento, registrando-se na ata a declaração.
>
> § 2.º Se o presidente do tribunal se der por suspeito, competirá ao seu substituto designar dia para o julgamento e presidi-lo.[36]
>
> § 3.º Observar-se-á, quanto à arguição de suspeição pela parte,[37] o disposto nos arts. 98 a 101, no que lhe for aplicável, atendido, se o juiz a reconhecer, o que estabelece este artigo.
>
> § 4.º A suspeição, não sendo reconhecida, será julgada pelo tribunal pleno, funcionando como relator o presidente.
>
> § 5.º Se o recusado for o presidente do tribunal, o relator será o vice-presidente.

30. Abrangência dos demais Tribunais Superiores: embora à época de edição do Código de Processo Penal não existissem, atualmente a norma em comento estende-se aos demais Tribunais Superiores: Superior Tribunal de Justiça, Tribunal Superior Eleitoral e Superior Tribunal Militar, na esfera criminal.

31. Abrangência dos demais Tribunais Estaduais ou Regionais: atualmente, não mais se chamam Tribunais de Apelação as Cortes Regionais ou Estaduais, razão pela qual se estende esta regra aos Tribunais de Justiça, Tribunais Regionais Federais, Tribunais Regionais Eleitorais e Tribunais de Justiça Militar.

32. Declaração nos autos: da mesma forma que faz o magistrado de 1.º grau, deve o Ministro, Desembargador ou Juiz de instância superior declarar as razões de sua suspeição ou impedimento, para gerar um afastamento transparente e confiável, prestigiando, pois, o princípio constitucional do juiz imparcial. A afirmação, no entanto, de suspeição por motivo de foro íntimo, termina não passando por crivo de órgão superior, como ocorre com o juiz de 1.º grau.

33. Ordem de precedência: o Regimento Interno dos Tribunais disciplina qual é o magistrado substituto de quem se declara suspeito ou impedido. Quando o fato se dá na Turma ou Câmara, normalmente, há mais juízes que a compõem, embora não participem de determinado julgamento. Será um deles que receberá o feito, na ordem estabelecida regimentalmente. No Estado de São Paulo, é o juiz mais antigo componente da turma.

Art. 104

Código de Processo Penal Comentado · **Nucci**   280

34. Necessidade de nova distribuição: em se tratando do magistrado relator, para o qual foi sorteado o feito, necessária se faz nova distribuição, impondo-se, por isso, que ele retorne os autos para a modificação da competência. Há, sempre, nos tribunais o magistrado encarregado da distribuição, conforme prevê o Regimento Interno.

35. Outros magistrados componentes do órgão julgador: conforme o caso, além do relator e do revisor, há o denominado *terceiro juiz* ou *vogal*, que irá votar, embora não relate o feito, nem dele tenha vista, como ocorre com o revisor. Esse magistrado, na sessão pública de julgamento, dar-se-á por suspeito ou impedido, registrando-se na ata a declaração que fizer. Em julgamentos envolvendo órgãos colegiados maiores, como o Órgão Especial do Tribunal de Justiça, não se chama esse magistrado de *terceiro juiz*, embora também não seja ele nem relator, nem revisor, mas apenas um dos vários que irão apreciar o feito. Procede-se, no entanto, do mesmo modo.

36. Suspeição ou impedimento do Presidente do Tribunal: cabe ao Vice-Presidente, nos termos do Regimento Interno, assumir a condução do feito, designando dia e hora para julgamento, bem como presidi-lo. Aliás, é o que se observa do disposto no § 5.º deste artigo.

37. Exceção de suspeição ou impedimento interposta pela parte: o processamento se dá nos termos previstos para o magistrado de primeiro grau, com as modificações previstas pelo Regimento Interno de cada Tribunal.

> **Art. 104.** Se for arguida a suspeição do órgão do Ministério Público,[38] o juiz, depois de ouvi-lo,[39] decidirá, sem recurso, podendo antes admitir a produção de provas no prazo de 3 (três) dias.

38. Suspeição ou impedimento de membro do Ministério Público: admite-se a exceção, tendo em vista que o órgão do Ministério Público, atuando como parte ou como fiscal da lei, deve agir com imparcialidade. Defende, afinal, interesse que não lhe é próprio ou particular, mas de toda a sociedade, razão pela qual a vinculação de suas atitudes à correta aplicação da lei ao caso concreto é não somente desejável, como exigível. Por isso, a parte interessada pode buscar o afastamento do promotor, valendo-se, para tanto, das mesmas razões que a lei prevê para o magistrado (art. 258 c/c arts. 252 e 254, CPP).

39. Processamento: interposta a exceção, deve o juiz encaminhá-la ao promotor, para que responda. Se afirmar a causa de impedimento ou suspeição, os autos devem ser encaminhados ao seu substituto legal. Caso recuse as razões oferecidas, julgará o juiz, que pode, querendo, produzir provas. A decisão tomada pelo magistrado, afastando o promotor ou mantendo-o nos autos não se submete a recurso, embora possa, no futuro, ser alegada nulidade, quando do julgamento de eventual apelação, caso fique demonstrada a ocorrência de prejuízo à parte. Outra solução, isto é, a inadmissibilidade de questionamento posterior da afirmação – ou rejeição – da suspeição ou do impedimento do órgão do Ministério Público, tornaria letra morta o disposto neste artigo, além de sujeitar a parte a uma acusação parcial – ou retirar-lhe acusador imparcial, conforme o caso – o que é incompatível com os princípios que regem o devido processo legal. Por outro lado, caso o promotor se dê por suspeito ou impedido, os autos seguem ao seu substituto legal, mas o juiz pode, discordando do ocorrido, comunicar o fato ao Procurador-Geral de Justiça para as providências cabíveis. Os atos praticados pelo promotor considerado suspeito ou impedido não são anulados, nem o processo tem o curso suspenso, enquanto se decide a exceção. Na jurisprudência: STF: "À luz do art. 104 do CPP, é do juiz de primeira instância a competência para processar e julgar exceção de impedimento ou suspeição de promotor de justiça, a quem cabe, inclusive, decidir sobre a realização ou não de diligências solicitadas nesse incidente processual, podendo indeferir as que entender irrelevantes, impertinentes ou protelatórias (CPP, art. 400, § 1.º), sem que tanto configure cerceamento de defesa" (HC 85.011/RS, 1.ª T., rel. Luiz Fux, 26.05.2015, m.v.).

> **Art. 105.** As partes poderão também arguir de suspeitos os peritos,[40] os intérpretes[41] e os serventuários ou funcionários de justiça,[42] decidindo o juiz de plano e sem recurso, à vista da matéria alegada e prova imediata.

40. Suspeição ou impedimento de peritos: como especialistas em determinados assuntos, auxiliando o magistrado a decidir a causa, é natural que lhes seja exigida imparcialidade no desempenho de suas funções. Não são poucas as vezes em que a decisão do juiz é baseada, fundamentalmente, no laudo pericial apresentado, até porque outra não pode ser a fonte de conhecimento do julgador, diante da especialização do tema. Por isso, embora a lei não estipule expressamente, convém ao perito, considerando-se impedido ou suspeito, declinar da nomeação, devendo o juiz aceitar a recusa, tendo em vista o interesse maior da produção isenta da prova. Quando não o fizer, pode alguma das partes recusá-lo, ingressando com a exceção pertinente. Embora diga a lei que o magistrado decidirá de plano, em face da matéria ventilada e da prova oferecida, nada impede que ouça o experto e, se for o caso, produza alguma outra prova, como a testemunhal. O processo não se paralisa, enquanto o incidente se desenvolve. Do decidido pelo juiz, não cabe recurso. Entretanto, se o perito for mantido, sendo ele suspeito ou impedido, poderá provocar, no futuro, a arguição de nulidade, demonstrando o prejuízo sofrido pela parte, em apelação ou outro recurso cabível. Aos peritos, segundo dispõe o art. 280 do Código de Processo Penal, aplicam-se as causas de suspeição dos juízes, às quais acrescentamos, quando pertinentes, as de impedimento (arts. 252 e 254, CPP).

41. Suspeição ou impedimento de intérpretes: são eles equiparados, para todos os efeitos, aos peritos (art. 281, CPP), razão pela qual também devem agir com imparcialidade no seu trabalho. Podem afirmar, assim que nomeados, a suspeição ou o impedimento, devendo o juiz substituí-los. Caso não o façam, podem ser recusados por qualquer das partes, nos mesmos moldes avençados na nota anterior.

42. Funcionários e serventuários da justiça: embora disponha o art. 274 deste Código, que o aplicável sobre a suspeição de juízes deve ser estendido aos serventuários e funcionários da justiça, no que for compatível, parece-nos exagerada tal disciplina. Não tomam eles nenhuma providência decisória nem são auxiliares do juiz para decidir a causa. Não promovem a ação penal, nem fiscalizam. Logo, ainda que um escrevente seja amigo íntimo ou inimigo capital do réu, por exemplo, qual prejuízo poderia disso advir? É certo que os funcionários lavram certidões, expedem ofícios e executam atos determinados pelo juiz, mas isso é apenas a formalização de decisões previamente tomadas. Se as certidões forem falsas, os ofícios forem atrasados ou os fatos do processo forem revelados a terceiros, pode o funcionário ser punido administrativa e criminalmente, embora pouca influência tenha na causa. Mesmo o oficial de justiça, que deve lavrar certidões gozando de fé pública, ainda que vinculado a uma das partes, por relações de amizade, por exemplo, pode ser afastado por simples ato administrativo do juiz corregedor do ofício, não merecendo haver questionamento jurisdicional nos autos, quanto à sua atuação. Assim, parece-nos exagerada a possibilidade de interposição de exceção para afastar funcionários ou serventuários. Mas como a lei prevê essa alternativa, segue-se o mesmo procedimento já descrito para o perito, em nota anterior.

Art. 106

Código de Processo Penal Comentado • **Nucci**

282

> **Art. 106.** A suspeição dos jurados deverá ser arguida oralmente,[43-44] decidindo de plano o presidente do Tribunal do Júri, que a rejeitará se, negada pelo recusado, não for imediatamente comprovada, o que tudo constará da ata.[45]

43. Suspeição ou impedimento de jurados: estipula a lei, corretamente, que a exceção deve ser apresentada oralmente, porque o momento para fazê-lo é por ocasião do sorteio, em plenário. As partes sabem, de antemão, quais são os jurados convocados para a sessão, razão pela qual, se algum deles for suspeito ou impedido, deve o interessado colher prova disso e levar para o plenário. Instalada a sessão, o juiz, quando começar o sorteio e a escolha do Conselho de Sentença, retirando o nome do jurado da urna, deverá fazer a leitura em voz alta. Nesse momento, a parte interessada pede a palavra e argui a suspeição ou o impedimento. O juiz ouve, de imediato, o jurado. Se este recusar o motivo alegado, deve a parte oferecer ao magistrado as provas que detiver. Em se tratando de documentos, deles terá vista a parte contrária, que poderá tecer considerações, em homenagem ao contraditório. Quando for necessário ouvir testemunhas, o arguente já as deve ter no plenário, passando-se a essa inquirição. Se as testemunhas não forem apresentadas, afasta-se essa prova. Comprovada a suspeição ou o impedimento, em recusa motivada, o jurado será afastado, constando-se o ocorrido em ata. Não comprovada, será ele admitido no Conselho de Sentença, embora possa a parte preferir recusá-lo imotivadamente (recusa peremptória). Aliás, é mais prudente que o faça dessa forma. Imagine-se a parte que esgota as recusas imotivadas (em número de três) e, depois, resolve fazer uma recusa motivada contra algum jurado. Se não conseguir afastar o juiz leigo, deverá ter no Conselho de Sentença uma pessoa que, provavelmente, não será completamente imparcial para julgar o caso, já que a recusa pode ferir suscetibilidades, mormente quando o jurado não reconhece sua suspeição ou impedimento. As causas de suspeição e de impedimento são as mesmas dos juízes de direito. Da decisão tomada pelo juiz presidente, não cabe recurso. Em eventual apelação, no entanto, pode a parte que recusou o jurado, mas não conseguiu afastá-lo, disso reclamar, pleiteando o reconhecimento da nulidade, consistente na parcialidade do julgador.

44. Reconhecimento da suspeição ou do impedimento pelo jurado: é possível. Quando for sorteado, ciente dos motivos de suspeição e impedimento, que foram lidos pelo juiz antes da formação do Conselho de Sentença, pode o jurado considerar-se inserido em uma das hipóteses legais, afirmando-se suspeito ou impedido. Deve o magistrado sortear outro, desde que os motivos apresentados forem plausíveis e as partes assim admitirem. Fosse uma mera alegação o suficiente para o afastamento e todos os jurados que não desejassem participar da sessão – o que é obrigatório – poderiam considerar-se suspeitos ou impedidos.

45. Outras arguições possíveis no Tribunal do Júri: pode ocorrer do juiz presidente e do promotor não fazerem parte do processo até o julgamento em plenário. Assim, caso sejam designados especificamente para a sessão de julgamento, podem ser recusados, pela parte interessada, no momento da abertura dos trabalhos. Segue-se, então, oralmente, o mesmo procedimento previsto para os jurados. O exceto deve aceitar ou não a causa de suspeição que lhe foi imputada. Afastando-se do feito, o julgamento será adiado, solicitando-se substituto legal. Recusando a arguição, a parte requerente deve apresentar, de pronto, as provas, para que o juiz decida de plano. Se houver afastamento da suspeição levantada, o julgamento ocorrerá, pois não há recurso nesse momento, embora possa a parte voltar ao assunto na apelação, aventando a ocorrência de nulidade e demonstrando o prejuízo.

Art. 107

Art. 107. Não se poderá opor suspeição às autoridades policiais nos atos do inquérito, mas deverão elas declarar-se suspeitas, quando ocorrer motivo legal.[46]

46. Suspeição ou impedimento das autoridades policiais: expressamente, a lei menciona não ser cabível a exceção contra as autoridades policiais, quando presidem o inquérito. Entretanto, em aparente contradição, prevê que elas devem declarar-se suspeitas, ocorrendo motivo legal. Ora, se a parte interessada não pode reclamar da presidência do inquérito policial ser feita por autoridade suspeita, por que haveria a lei de recomendar que esta assim o declare? Pensamos que, sendo o inquérito peça de investigação, mas onde se produzem importantíssimas provas – como as periciais, não renovadas ao longo da instrução em juízo – deveria ser admitida a exceção de suspeição ou de impedimento. Diz-se que o inquérito é meramente informativo ao promotor, embora se constate, na prática, muitos juízes levando em consideração o que lá foi produzido. Há casos em que o magistrado, baseando-se no princípio da livre convicção, na avaliação das provas, acredita muito mais na versão oferecida por uma testemunha na fase policial, do que o alegado pela mesma testemunha em juízo. E mais: uma autoridade suspeita pode fraquejar na investigação, para que nada seja descoberto contra determinado indiciado ou pode buscar provas exclusivamente contra certo indiciado, abandonando outros suspeitos cujos nomes lhe chegam ao conhecimento, somente para prejudicar o desafeto. Enfim, não vemos sentido para uma autoridade policial suspeita não poder ser afastada pelo juiz, fiscal da investigação, quando alguém se sentir prejudicado. Mais correta é a afirmação de que a autoridade *deve* declarar-se suspeita, havendo motivo legal. Entretanto, não é suficiente deixar-se ao critério da autoridade policial fazê-lo. Cremos, pois, que, havendo motivação para a consideração da suspeição do delegado, não podendo o magistrado afastá-lo, por falta de previsão legal, deve a parte interessada solicitar o afastamento da autoridade policial ao Delegado Geral de Polícia ou, sendo o pleito recusado, ao Secretário da Segurança Pública. A questão torna-se, então, administrativa, pois existe recomendação legal para que o afastamento ocorra. Por ordem superior, tal pode ocorrer. Igualmente a posição de Badaró: "no campo administrativo, poderão ser tomadas providências contra a autoridade policial que, sendo suspeita, não tenha assim se declarado, cabendo, inclusive, recurso ao seu superior hierárquico" (*Direito processual penal*, p. 183). Na jurisprudência: STJ: "1. No acórdão objeto desta revisão criminal, o recorrente foi condenado pelo crime do art. 218-B, § 2.º, I, do CP, por 7 vezes, em razão de ter mantido relações sexuais com adolescentes aliciadas por rede de prostituição. 2. Após o trânsito em julgado da condenação, a defesa descobriu prova da suspeição de um dos delegados que atuou junto ao GAECO na investigação preliminar, dirigida pelo próprio MP/RO. Isso porque um dos possíveis clientes da mesma rede de prostituição, conforme indícios descobertos em interceptação telefônica, era pai do referido delegado, mas não chegou a ser indiciado ou mesmo investigado. O delegado, outrossim, não se afastou da investigação contra o recorrente. 3. O art. 107 do CPP não permite a oposição de exceção de suspeição contra autoridades policiais, cabendo à parte que se julgue prejudicada buscar a resolução da questão na esfera administrativa. Ademais, eventual irregularidade do inquérito não eiva de nulidade a ação penal dele decorrente. Precedentes. 4. Ao contrário do que afirma a defesa, o delegado não presidiu a investigação criminal, função que coube ao Promotor de Justiça. 5. Dentre as provas que fundamentaram a condenação do recorrente, apenas a interceptação telefônica foi realizada com a participação do delegado suspeito. A defesa, contudo, não se insurge contra o conteúdo material das conversas gravadas, tampouco indica serem falsas em alguma medida. 6. Ausente a indicação do prejuízo causado pela suspeição, é inviável a pronúncia de nulidade da condenação. 7. Recurso especial desprovido, com determinação

Art. 108

de envio de cópias dos autos aos órgãos de controle, para que tomem ciência das condutas adotadas pelo MP/RO e pelo delegado na investigação" (REsp 1.942.942/RO, 5.ª T., rel. Ribeiro Dantas, 10.08.2021, v.u.).

> **Art. 108.** A exceção de incompetência[47] do juízo poderá ser oposta, verbalmente ou por escrito,[48] no prazo de defesa.[49-49-A]
>
> § 1.º Se, ouvido o Ministério Público,[50] for aceita a declinatória,[51] o feito será remetido ao juízo competente, onde, ratificados os atos anteriores, o processo prosseguirá.[52-52-A]
>
> § 2.º Recusada a incompetência, o juiz continuará no feito, fazendo tomar por termo a declinatória, se formulada verbalmente.

47. Exceção de incompetência: é a defesa indireta que a parte pode interpor contra o juízo, alegando sua incompetência para julgar o feito, fundamentada no princípio constitucional do juiz natural. Embora todo magistrado possua jurisdição, a delimitação do seu exercício é dada pelas regras de competência, que devem ser respeitadas. Não fosse assim qualquer juiz decidiria qualquer matéria, infringindo-se o espírito da Constituição, que garantiu expressamente a divisão dos órgãos judiciários, cada qual atuando na sua esfera de competência. É preciso ressaltar ser cabível a exceção de incompetência apenas no caso de ser esta relativa; quando absoluta, nem é preciso interpor a exceção, pois é alegável a qualquer tempo, mesmo por simples petição nos autos.

48. Formalidade e prazo para a interposição: embora mencione a lei que a exceção de incompetência pode ser oposta verbalmente ou por escrito, o comum é que se faça por petição escrita, juntada aos autos, pelo interessado. O momento para argui-la é a primeira oportunidade que a parte possui para manifestar-se nos autos. Logo, na maioria dos casos será no instante da defesa prévia. Cumpre ao réu fazê-lo em peça separada da defesa prévia, pois a exceção correrá em apenso aos autos principais. A não apresentação da declinatória no prazo implica aceitação do juízo, prorrogando-se a competência quando se tratar de competência territorial, que é relativa. No caso de competência absoluta, em razão da matéria ou da prerrogativa de função, não há preclusão. A qualquer momento a questão pode ser novamente ventilada. Quanto ao promotor, sendo ele o titular da ação penal, é natural que ofereça a denúncia no foro que considera competente para conhecer da causa. O mesmo se diga do querelante, no tocante à queixa-crime. Portanto, não lhes cabe ingressar com exceção de incompetência. Aliás, se a matéria tiver que ser ventilada, por ocasião da distribuição do inquérito, que pode acabar por prevenir o juiz (art. 75, parágrafo único, CPP), deve o representante do Ministério Público questionar a incompetência do juízo diretamente a este. Pode fazê-lo, ainda, por ocasião do oferecimento da denúncia. Aceita a argumentação, remeter-se--ão os autos ao juízo natural. Recusada, não cabe recurso, embora posteriormente possa ser questionada a decisão, pois fonte de nulidade (art. 564, I, CPP). É possível, no entanto, que o Ministério Público provoque o outro juiz a se manifestar – aquele que entende competente para conhecer do feito –, instaurando-se um conflito positivo de competência, que será visto oportunamente. Essa provocação pode ocorrer, instaurando-se igualmente inquérito na outra Comarca, o que poderá redundar em outro processo, razão por que criado estará o conflito positivo de competência. Na jurisprudência: STJ: "De toda sorte, a inobservância da regra de competência territorial gera nulidade meramente relativa, devendo ser arguida na primeira oportunidade que a parte possui para se manifestar nos autos, sob pena de preclusão" (RHC 73.637/SP, 6.ª T., rel. Maria Thereza de Assis Moura, 06.09.2016, v.u.).

49. Conhecimento de ofício pelo juiz: pode ser feito. Na fase do recebimento da denúncia ou queixa, o magistrado é o primeiro juiz de sua própria competência. Entendendo não ser o indicado pela lei para julgar o feito, deve remeter os autos a quem considerar competente. Eventualmente, feita a remessa e não aceita a competência pelo juízo receptor, instala-se assim um conflito negativo de competência, que será visto posteriormente. Caso o juízo receptor aceite a competência, ainda assim a parte interessada pode ingressar com a exceção de incompetência, se entender que o primeiro magistrado era o competente para decidir a causa.

49-A. Formalidade da interposição: o ideal é que se faça em petição à parte, não se confundindo com a *resposta à acusação*. No entanto, deve respeitar o prazo concedido para o oferecimento desta última.

50. Oitiva do Ministério Público: deve ser ouvido, previamente, seja na condição de titular da ação penal, seja na de fiscal da lei – quando a ação tiver sido proposta pelo ofendido. Há interesse de recorrer, caso o magistrado acolha a exceção, contra a opinião do promotor, enviando os autos a outro juízo (art. 581, II, CPP). Ver notas aos arts. 581, II, e 583, deste Código.

51. Aceitação e recusa da exceção: a aceitação da exceção, considerando-se incompetente o juiz, propicia a qualquer das partes, a utilização de recurso em sentido estrito (art. 581, II, CPP). A não aceitação faz com que o juiz seja mantido no processo, embora possa o interessado impetrar *habeas corpus*, pois configura constrangimento ilegal ao réu ser julgado por magistrado incompetente.

52. Aceitação da exceção e remessa ao foro competente: caso o juiz acolha os argumentos do excipiente, remeterá os autos ao juízo considerado competente. Se este não acolher os motivos do magistrado, que lhe encaminhou os autos, suscitará conflito negativo de competência. Caso aceite, deverá renovar os atos decisórios, porventura praticados, ratificando os demais e determinando o prosseguimento do feito. Logicamente, querendo, pode o juiz que recebeu os autos renovar todos os atos praticados anteriormente no juízo incompetente. Ver a nota 44 ao art. 567.

52-A. Ratificação dos atos anteriores pelo juiz e não pelo Ministério Público: quando o feito é encaminhado a juízo diverso, em decorrência de incompetência territorial (relativa), cabe ao magistrado a ratificação dos atos instrutórios e a renovação dos decisórios. Não há necessidade de se adotar o mesmo procedimento quanto ao Ministério Público (ex.: oferecida denúncia em juízo incompetente, quanto ao território, remetido o feito ao magistrado competente, cabe a este renovar o recebimento da denúncia, não havendo necessidade de ser ratificado o oferecimento da peça acusatória pelo representante do MP).

> **Art. 109.** Se em qualquer fase do processo o juiz reconhecer motivo que o torne incompetente,[53] declará-lo-á nos autos, haja ou não alegação da parte, prosseguindo-se na forma do artigo anterior.

53. Reconhecimento posterior da incompetência: trata-se de possibilidade aberta pela lei ao juiz, que é o primeiro a julgar sua própria competência. Por isso, se durante o processo alguma nova questão lhe permitir avaliar sua incompetência para julgar a causa, deve reconhecer a situação, enviando os autos ao juízo cabível. Contra a decisão que reconhece a incompetência, cabe recurso em sentido estrito (art. 581, II, CPP). O mesmo raciocínio vale para órgãos colegiados de qualquer instância. Contra decisões de tribunais pode caber agravo regimental ou, se for em prejuízo do réu, até mesmo *habeas corpus*.

Art. 110

Código de Processo Penal Comentado · **Nucci**

286

> **Art. 110.** Nas exceções de litispendência,[54-57] ilegitimidade de parte[58-61] e coisa julgada,[62-71] será observado, no que lhes for aplicável, o disposto sobre a exceção de incompetência do juízo.
>
> § 1.º Se a parte houver de opor mais de uma dessas exceções, deverá fazê-lo numa só petição ou articulado.[72]
>
> § 2.º A exceção de coisa julgada somente poderá ser oposta em relação ao fato principal, que tiver sido objeto da sentença.[73-77]

54. Exceção de litispendência: é a defesa indireta, apresentada por qualquer das partes, demonstrando a determinado juízo que há causa idêntica em andamento, em outro foro, ainda pendente de julgamento, razão pela qual o processo deve ser extinto. Não é cabível que o Estado deduza a pretensão punitiva contra o réu em duas ações penais de igual objeto, fundadas no mesmo fato criminoso. Leva-se em consideração, para verificar a hipótese de litispendência, se o acusado nas duas ou mais ações é o mesmo e se a imputação coincide, pouco importando quem incorpore a acusação. Tendo em vista que a *exceção* é medida com finalidade de obstaculizar o andamento de determinado processo, não é possível valer-se dela para impedir o trâmite de um inquérito, que tenha por base exatamente o mesmo fato e idêntico réu, já denunciado. Para tanto, utiliza-se o *habeas corpus*, trancando-se a investigação policial repetitiva. Segundo cremos, a litispendência está caracterizada a partir do ajuizamento da segunda demanda, sendo prescindível a citação do réu, pois o Código de Processo Penal silenciou a esse respeito, sendo admissível supor que, havendo dois processos em trâmite, contra o mesmo réu, um deles deve ser extinto – com ou sem citação válida. Na jurisprudência: STF: "1. A orientação jurisprudencial do Supremo Tribunal Federal é no sentido de que 'não há falar em litispendência se os fatos imputados nas duas ações penais são diversos' (HC 89.788, Rel. Min. Eros Grau). Desse modo, o acolhimento da pretensão defensiva passa, necessariamente, pelo revolvimento de matéria fática, o que não é possível na via processualmente restrita do *habeas corpus*. 2. O entendimento do Supremo Tribunal Federal é de que a superveniência de novo título prisional prejudica a análise da impugnação dirigida contra a ordem de prisão anterior (HC 77.079, Rel. Min. Néri da Silveira; HC 129.787, Redator para o acórdão o Ministro Edson Fachin; HC 83.290, Rel. Min. Carlos Velloso). 3. A Primeira Turma do STF já decidiu que a superveniência da sentença condenatória prejudica a análise da impugnação dirigida contra a ordem de prisão anterior (HC 121.042, de minha Relatoria; RHC 120.600, Rel. Min. Dias Toffoli; HC 117.385-AgR, Rel. Min. Luiz Fux; HC 115.661, Redatora para o acórdão a Ministra Rosa Weber). 4. Agravo regimental desprovido" (HC 164530 AgR, 1.ª T., rel. Roberto Barroso, j. 29.04.2019, v.u.). STJ: "II – A litispendência guarda relação com a ideia de que ninguém pode ser processado quando está pendente de julgamento um litígio com as mesmas partes, sobre os mesmos fatos e com a mesma pretensão. Em tal contexto, conclui-se pela ofensa ao princípio da vedação ao *bis in idem*, não havendo justa causa para o prosseguimento das ações subsequentes" (RHC 90.950/MG, 5.ª T., rel. Felix Fischer, j. 03.05.2018, v.u.).

55. Prazo para interposição de exceção de litispendência: podem as partes fazê-lo a qualquer tempo. Como no caso de incompetência absoluta, a matéria não preclui, diante do interesse público envolvido.

56. Declaração de ofício pelo juiz: possibilidade. Há interesse público em evitar que duas ações penais contra o mesmo réu, cuidando de idêntica imputação, tenham andamento concomitante, logo, o magistrado, detectando a situação, deve extinguir um dos processos. Para a escolha, levam-se em consideração os critérios da prevenção ou da distribuição. Assim,

Art. 110

Título VI – Das Questões e Processos Incidentes

se um juiz se tornou prevento em primeiro lugar, porque decretou uma preventiva ainda na fase do inquérito, ele é o competente para processar o réu. Caso não tenha havido motivo para a prevenção, utiliza-se o critério da distribuição, prevalecendo o juízo que preceder o outro. Quando o magistrado, sem o ingresso da exceção, termina um processo, o recurso cabível é a apelação (art. 593, II, CPP).

57. Procedimento: usa-se o mesmo da exceção de incompetência. Em petição à parte, argui-se a exceção, podendo fazê-lo qualquer das partes, sempre determinando o juiz a oitiva da outra. Admite-se a suscitação verbalmente, também, embora seja raro. Cabe recurso em sentido estrito, quando o juiz a acolher (art. 581, III, CPP), mas não quando julgá-la improcedente. Entretanto, por configurar nítido constrangimento ilegal o andamento concomitante de duas ações penais, pode ser impetrado *habeas corpus* para o trancamento de uma delas.

58. Exceção de ilegitimidade de parte: é a defesa indireta contra o processo, pretendendo extingui-lo ou retardar o seu andamento, até que um defeito na legitimidade de parte seja corrigido. Assim, quando faltar legitimidade *ad causam*, ou seja, para que a ação penal seja proposta, tanto por quem a inicia (legitimidade ativa), como contra quem ela é iniciada (legitimidade passiva), pode a parte interessada propor exceção de ilegitimidade de parte. Agirá desse modo, por certo, se o juiz não percebeu o equívoco e recebeu a denúncia, uma vez que o ideal seria a rejeição (art. 395, II, CPP). Também quando faltar legitimidade *ad processum*, isto é, não estiver presente um pressuposto de validez do processo, que é a capacidade para estar em juízo, pode-se falar em exceção de ilegitimidade de parte. Ex.: se o Ministério Público move ação contra o pai, por crime cometido por seu filho, é natural que, recebida a denúncia, possa o réu propor a exceção de ilegitimidade de parte passiva (*ad causam*). Ilustrando com outra ilegitimidade *ad causam*, nesse caso, ativa, valendo-se de Borges da Rosa: "A queixa por crime de ação privada, apresentada ao juiz pelo filho do ofendido, estando dito ofendido vivo e no pleno gozo de sua capacidade jurídica, de vez que contenha todos os requisitos indicados no Código de Processo Penal, reveste a forma legal. Mas, nem por isso é válida. Não obstante a referida queixa revestir a forma prescrita em lei, é nula, por ser apresentada por autor ilegítimo" (*Nulidades do processo,* p. 95). Caso o menor de 18 anos, sem assistência de representante legal, ingresse com queixa-crime contra alguém em crime de ação privada, falta capacidade para estar em juízo, admitindo-se a exceção de ilegitimidade de parte ativa (*ad processum*).

59. Prazo para interposição de exceção de ilegitimidade de parte: podem as partes fazê-lo a qualquer tempo. A matéria não preclui, diante do interesse público envolvido.

60. Declaração de ofício pelo juiz: possibilidade. Há interesse público em evitar que parte ilegítima seja mantida em qualquer dos polos da relação processual. Conforme o caso, pode o juiz anular o processo desde o início – quando reconhecer ilegitimidade de parte *ad causam*, pode determinar a correção do erro – quando reconhecer alguma modalidade de ilegitimidade de parte *ad processum*. Nessa hipótese, o processo pode ou não ser anulado desde o princípio, conforme seja possível a retificação do equívoco ou não. Pode, ainda, determinar a exclusão de determinado réu, prosseguindo contra os demais. Em todos esses casos, se anulado o processo desde o início, com relação a um ou mais réus, cabe recurso em sentido estrito, pois é o equivalente a ter rejeitado a denúncia ou queixa, conforme lição de Tourinho Filho (*Código de Processo Penal comentado,* v. 1, p. 285). No mais, caso não seja o processo anulado desde o início, a decisão é irrecorrível. Havendo nítido tumulto no trâmite processual, pode-se usar a correição parcial.

61. Procedimento: usa-se o mesmo da exceção de incompetência. Em petição à parte, argui-se a exceção, podendo fazê-lo qualquer das partes, sempre determinando o juiz a oitiva

Art. 110

Código de Processo Penal Comentado · **Nucci**   288

da outra. Admite-se a suscitação verbalmente, também, embora seja raro. Cabe recurso em sentido estrito, quando o juiz a acolher (art. 581, III, CPP), mas não quando julgá-la improcedente. Entretanto, por configurar nítido constrangimento ilegal o andamento de ação penal, com parte ilegítima, pode ser impetrado *habeas corpus* para fazer cessar o abuso.

62. Exceção de coisa julgada: é a defesa indireta contra o processo, visando a sua extinção, tendo em vista que idêntica causa já foi definitivamente julgada em outro foro. Ninguém pode ser punido duas vezes pelo mesmo fato, razão pela qual, havendo nova ação, tendo por base idêntica imputação de anterior, já decidida, cabe a arguição de exceção de coisa julgada.

63. Coisa julgada material e coisa julgada formal: cuida-se da coisa julgada *material*, quando o mérito da causa foi decidido, reconhecendo ou afastando a pretensão punitiva do Estado, não havendo mais a possibilidade de interposição de qualquer recurso, razão pela qual se torna imutável. Exemplificando: se o réu é absolvido da prática de um estelionato, transitada esta decisão em julgado, pelo mesmo fato não pode ser novamente processado. No CPC/2015: "Art. 502. Denomina-se coisa julgada material a autoridade que torna imutável e indiscutível a decisão de mérito não mais sujeita a recurso". Diferente é a coisa julgada *formal*, que é somente a imutabilidade da decisão final de um processo, embora se possa ajuizar outra ação, conforme previsão legal. Ex.: se o réu é impronunciado pela prática de um homicídio, havendo novas provas, pode ser novamente processado, ajuizando-se ação distinta contra ele. Note-se que a parte da decisão a se tornar imutável é o dispositivo da sentença, isto é, o comando emanado do Estado-juiz, julgando procedente ou improcedente a ação, mas não a sua fundamentação, que envolve unicamente o raciocínio utilizado pelo magistrado. Por vezes, no entanto, é preciso levar em conta a motivação da sentença para se compreender o sentido e o alcance do dispositivo, razão pela qual esses motivos podem fazer parte da coisa julgada. Exemplo disso seria a absolvição do réu pela ocorrência de legítima defesa. É preciso examinar a fundamentação para saber exatamente quais fatos foram considerados absorvidos pela excludente. Leva-se em conta, para a análise da exceção de coisa julgada, como se faz na litispendência, se o fato criminoso imputado (não a classificação feita) e o réu são os mesmos de ação anterior.

63-A. Coisa julgada material e arquivamento de inquérito: consultar a nota 90-A ao art. 18.

63-B. Flexibilidade da coisa julgada: na esfera criminal, não se pode sustentar o caráter absoluto da coisa julgada. Em relação ao sentenciado, sempre há a possibilidade de ingressar com revisão criminal, para rever a condenação, a qualquer tempo. No tocante ao natural curso da execução penal, igualmente, não se mantém a pena e o regime aplicados na sentença de maneira imutável. Conforme o progresso obtido pelo condenado, no processo de individualização executória da pena, altera-se o regime e é viável a diminuição da sanção penal. Para isso, existem os benefícios aplicáveis em execução: progressão de regime, livramento condicional, indulto, comutação, remição, dentre outros. Aliás, da mesma forma que o sentenciado pode ser beneficiado pela progressão de regime (por ex., do fechado para o semiaberto), caso descumpra qualquer das condições estabelecidas pelo juiz, torna-se viável a regressão, com o retorno ao regime mais gravoso. Cuida-se da flexibilidade da coisa julgada em sede criminal. Na jurisprudência: STF: "A adoção, pelo Poder Judiciário, dessas medidas de caráter regressivo não ofende a coisa julgada, não atinge o direito adquirido nem afeta o ato jurídico perfeito, pois a exigência de satisfatório comportamento prisional do sentenciado – que revele a participação ativa do próprio condenado em seu processo de reeducação – constitui pressuposto essencial e necessário à execução progressiva da pena privativa de liberdade" (HC 93.554/SP, 2.ª T., rel. Celso de Mello, 14.04.2009, v.u., para ilustrar).

Título VI – Das Questões e Processos Incidentes

Art. 110

64. Coisa julgada e coisa soberanamente julgada: os termos são utilizados para demonstrar que a *coisa julgada*, no processo penal, cuidando-se de sentença condenatória ainda pode ser alterada pela ação rescisória, que se chama *revisão criminal*. Entretanto, a *coisa soberanamente julgada*, no caso de sentença absolutória, jamais pode ser alterada, por qualquer tipo de ação ou recurso. É a nomenclatura utilizada por Pimenta Bueno e adotada, também, por Frederico Marques (*Elementos de direito processual penal*, v. 3, p. 82).

65. Fundamento de coisa julgada: como bem alerta Tornaghi, o fundamento da coisa julgada "não é a presunção ou a ficção de acerto do juiz, mas uma razão de pura conveniência" (*Compêndio de processo penal*, t. I, p. 107). Assim, reconhece-se a imutabilidade de uma decisão para que a insegurança na solução de determinado conflito não se perpetue. O mal de uma injustiça imutável pode ser menor do que a busca incessante de uma justiça, no fundo, igualmente impalpável e sempre discutível. É bem verdade que, no processo penal, se abre a possibilidade de revisão da coisa julgada, quando se tratar de erro judiciário, em favor do réu. Isso em virtude dos valores que estão em confronto: segurança do julgado e direito à liberdade, prevalecendo este último. Trata-se a coisa julgada, pois, de matéria de ordem pública, podendo ser reconhecida de ofício pelo juiz.

66. Diferença entre coisa julgada e preclusão: esta última é a imutabilidade de matéria secundária do processo, enquanto a primeira diz respeito à matéria principal, provocando o encerramento do processo. Pode gerar coisa julgada material ou formal. Assemelha-se a preclusão à coisa julgada formal, em certos aspectos. Exemplificando: se contra a decisão de impronúncia nenhum recurso for interposto, diz-se que ocorreu preclusão consumativa ou máxima, justamente a coisa julgada formal. O mérito não foi julgado, podendo ser reaberta a discussão, se surgirem novas provas. Caso a questão seja renovada, outra denúncia deve ser apresentada, instaurando-se novo processo. Por outro lado, se a parte deixa de impugnar a incompetência em razão do território, diz-se que houve apenas preclusão, prorrogando-se a competência do juízo. Não se fala em coisa julgada formal, pois o processo não se encerrou. Rigorosamente falando, portanto, a autêntica coisa julgada é a material, pois a chamada coisa julgada formal não passa de uma modalidade de preclusão. Como assinala Frederico Marques, a preclusão "é um fato impeditivo destinado a garantir o avanço progressivo da relação processual e a obstar o seu recuo para fases anteriores do procedimento", sendo também "a perda de uma faculdade ou de um direito processual que, por se haver esgotado ou por não ter sido exercido em tempo oportuno, fica praticamente extinto" (*Elementos de direito processual penal*, v. 3, p. 88). Na ótica de Borges da Rosa, "com as *preclusões* processuais, o poder público manifesta a sua vontade de ordenar e dominar, no interesse público, o desenvolvimento do processo, segundo o critério do mínimo dispêndio suficiente de atividade funcional e da maior celeridade possível. As *preclusões* consistem, essencialmente, em limitações legais postas à livre disponibilidade, concedida às partes, do conteúdo formal do processo. São proibições impostas ao exercício de determinadas atividades processuais, desde um certo momento, ou em certas condições, motivadas: a) pela inatividade anterior das partes, ou b) pela irregularidade da sua ação ou da sua conduta" (*Nulidades do processo*, p. 81).

67. Limites subjetivos da coisa julgada: como regra, a coisa julgada somente pode produzir efeito em relação às partes envolvidas no processo. O Estado, como titular único do direito de punir, é sempre envolvido pela coisa julgada. Quanto ao polo passivo, havendo mais de um réu, é possível que a coisa julgada estenda ou não os seus efeitos aos demais, conforme o caso. Assim, decidida a causa em relação a um corréu, inocentando-o por falta de provas, por exemplo, isto não significa que outro concorrente do delito não possa ser julgado, pelo mesmo fato, posteriormente, sendo condenado. O fato criminoso é o mesmo, mas as provas foram produzidas em processos distintos, tendo repercussão diversa em cada um deles. Mas,

Art. 110

Código de Processo Penal Comentado · **Nucci**

290

conforme a situação, a decisão proferida em relação a um corréu pode abranger pessoa que não faz parte do processo. Exemplificando: *A* e *B* cometem, em concurso de agentes, o crime de sedução (art. 217, CP), no ano de 2002. *A* é identificado e processado. *B*, partícipe, está foragido. Posteriormente, com o advento da Lei 11.106/2005, aboliu-se a figura incriminadora do art. 217. Extingue-se a punibilidade de *A* (art. 107, III, CP). Essa decisão, entretanto, faz coisa julgada também no tocante a *B*, ainda que, somente muito tempo depois, seja ele encontrado e identificado.

68. Prazo para interposição de exceção de coisa julgada: podem as partes fazê-lo a qualquer tempo. Como no caso de incompetência absoluta, a matéria não preclui, diante do interesse público envolvido.

69. Absolvição da instância: é a denominação utilizada para caracterizar uma das hipóteses de crise da instância, isto é, a anormal paralisação do curso procedimental, de forma temporária (como ocorre nas questões prejudiciais) ou de forma definitiva, o que ocorre no caso de exceção de coisa julgada (Frederico Marques, *Elementos de direito processual penal*, v. 2, p. 220).

70. Declaração de ofício pelo juiz: possibilidade. Como já visto anteriormente, há evidente interesse público em evitar que uma segunda ação penal contra o mesmo réu, cuidando de idêntica imputação, tenha andamento, uma vez que a primeira já conta com decisão de mérito, com trânsito em julgado. Quando o magistrado, sem o ingresso da exceção, termina um processo, o recurso cabível é a apelação (art. 593, II, CPP).

71. Procedimento: usa-se o mesmo da exceção de incompetência. Em petição à parte, argui-se a exceção, podendo fazê-lo qualquer das partes, sempre determinando o juiz a oitiva da outra. Admite-se a suscitação verbal, o que não é comum. Cabe recurso em sentido estrito, quando o juiz a acolher (art. 581, III, CPP), mas não quando julgá-la improcedente. Entretanto, por configurar nítido constrangimento ilegal o andamento de nova ação penal, após a matéria já ter sido decidida anteriormente, pode ser impetrado *habeas corpus* para o seu trancamento.

72. Petição única contendo mais de uma exceção: se a parte desejar invocar várias causas de defesa indireta contra o processo, segundo dispõe este artigo, deve fazê-lo em uma única peça à parte, articulando, separadamente, cada uma delas. O juiz, então, terá uma visão de conjunto de todas as exceções, podendo tomar o melhor caminho para solucionar as questões, ou seja, remete o processo para outro foro, extingue o feito ou mantém-se no caso, rejeitando todas elas.

73. Limites objetivos da coisa julgada: é natural que possam existir outros fatos, julgados por diversos magistrados, que envolvam questões incidentais no processo, mas não a imputação principal. Não são essas decisões que proporcionam a formação da coisa julgada, impondo a lei que a exceção diga respeito ao fato principal, em outra causa avaliado. Assim, em matéria de questões prejudiciais, apreciadas por diferentes juízos, não se pode invocar a coisa julgada, para evitar que a decisão seja proferida em determinado processo-crime em andamento. É esse o denominado limite objetivo da coisa julgada. Acrescente-se, ainda, que o fato principal deve ser avaliado concretamente, segundo a imputação feita, não se levando em conta a classificação apresentada pelo órgão acusatório, até mesmo porque o juiz pode alterá-la (art. 383, CPP, a chamada *emendatio libelli*).

74. Coisa julgada e conflito aparente de normas: denomina-se *conflito aparente de normas* a hipótese de incidência sobre um determinado fato de duas ou mais normas penais, aparentemente gerando um conflito, mas que, com a utilização de certos critérios, vê-se aplicável somente uma delas. Se a mãe mata seu filho, temos, em tese, um homicídio, que, no entanto, pode também se configurar em infanticídio, pela aplicação do critério da especialidade. Logo, valendo-se do art. 123 do Código Penal (infanticídio) está, logicamente, afastada a incidência do art. 121 (homicídio). Se a mulher for absolvida pelo infanticídio, jamais poderá ser novamente processada pelo mesmo fato, ainda que seja por homicídio, outra figura típica. O mesmo se dá na aplicação dos critérios da subsidiariedade e da absorção. No caso da subsidiariedade, se houver processo pelo crime mais grave (uma tentativa de homicídio, por exemplo), absolvido ou condenado o réu por isso, não poderá ser novamente acusado da prática de exposição a perigo de vida (delito subsidiário, previsto no art. 132 do CP), quando se tratar do mesmo fato. Na hipótese de absorção, se o acusado é processado por homicídio e absolvido, não poderá ser novamente acusado da prática de porte ilegal de arma, referentemente ao idêntico fato, já que este crime foi absorvido pelo primeiro.

75. Coisa julgada e crime continuado: o delito continuado é uma ficção, voltada a beneficiar o acusado, considerando-se várias infrações penais da mesma espécie, que sejam praticadas em circunstâncias de tempo, lugar e modo de execução semelhantes, um único crime em continuidade delitiva. Com tal reconhecimento, as penas dos vários delitos serão drasticamente reduzidas, pois prevê o art. 71 do Código Penal que o magistrado aplique somente a pena do crime mais grave ou, se idênticos, apenas uma delas, acrescida de um sexto até dois terços. Logo, se houver, por exemplo, processo criminal pela prática de três furtos, olvidando-se um quarto ainda não descoberto, mas na mesma continuidade delitiva dos primeiros, após a condenação, pode ser iniciado novo processo pela prática do quarto furto, aplicando-se a pena isoladamente. Note-se que o fato é novo e diverso daqueles que foram antes julgados, mas, por ficção jurídica, voltada à aplicação da pena, deverá ser incluído dentre os demais. Faz-se, então, na execução penal, a unificação das penas, embora a coisa julgada do primeiro processo (onde se julgou os três furtos) não possa afastar a instauração de ação penal contra o réu pelo quarto furto.

76. Coisa julgada e crime permanente: a hipótese de crime permanente cuida de uma só infração penal, embora com o prolongamento da consumação no tempo. Assim, cuida-se, em verdade, de fato único. Julgado este, não se pode instaurar processo criminal contra o réu por qualquer questão a ele relativa. Imagine-se um sequestro que se arraste por várias cidades, já que os agentes mudam a vítima de cativeiro toda semana, até serem descobertos. Processados em uma Comarca, não podem, posteriormente, ser novamente processados em Comarca diversa, a pretexto de que o sequestro lá também ocorreu. Há coisa julgada material impedindo a instauração da ação penal.

77. Coisa julgada e crime habitual: sendo este delito a criminalização de um estilo de vida inaceitável do agente, é composto por várias ações que, isoladamente, não possuem relevância penal, por serem fatos atípicos, mas, vistos no conjunto, permitem a constituição da tipicidade de um crime habitual, como é o caso do curandeirismo, previsto no art. 284 do Código Penal. Assim, até que seja oferecida denúncia, caso o agente perpetue na prática do delito, há apenas um fato a ser apurado. Quando a acusação propuser a ação penal, pode o agente continuar a exercer a mesma conduta, dando início, pois, a uma nova fase de formação de delito habitual. Por esse novo fato nascente, pode ser processado no futuro. Seria o crime habitual continuado, cujas penas poderiam ser unificadas durante a execução penal. Mas, por ação anterior, embora não incluída na denúncia do primeiro processo, não pode ser processado, pois faz parte do todo que compõe a infração penal habitual.

Art. 111. As exceções serão processadas em autos apartados e não suspenderão, em regra, o andamento da ação penal.[78]

Art. 111

Código de Processo Penal Comentado · **Nucci**   292

78. Caracterização do procedimento incidente: as exceções não fazem parte da imputação principal, não constituindo o mérito da causa, tampouco questões procedimentais diretamente ligadas ao andamento do feito. São procedimentos incidentes, que podem alterar a competência do juízo ou terminar a ação penal, razão pela qual merecem ser processadas à parte, em autos separados, sem a suspensão do curso do processo principal. Na jurisprudência: STJ: "2. No caso dos autos, além de, à época do julgamento da apelação, já haver sido julgada a exceção de suspeição, incide o art. 111 do Código de Processo Penal, o qual dispõe que, em regra, não será suspenso o andamento da ação penal. 3. O Tribunal estadual afirmou não existir, ao tempo da oposição da aludida exceção, motivo para suspender o curso do processo criminal, e, para se alcançar conclusão contrária, necessário seria o aprofundado reexame de fatos e provas, o que é vedado pela Súmula n. 7 do STJ. 4. Agravo regimental não provido" (AgRg no REsp 1.633.074/RN, 6.ª T., rel. Rogerio Schietti Cruz, 27.06.2017, v.u.).

Capítulo III
DAS INCOMPATIBILIDADES[1]
E IMPEDIMENTOS[2]

1. Incompatibilidades: *incompatibilidade* é falta de harmonização ou qualidade do que é inconciliável. Utiliza-se o termo, no Código de Processo Penal, para designar a situação de suspeição, uma vez que o juiz, o promotor, o serventuário ou funcionário, o perito ou o intérprete suspeito torna-se *incompatível* com o processo, no qual funciona, baseado no princípio de imparcialidade e igualdade de tratamento, que deve reger o *devido processo legal*, mecanismo seguro de distribuição de justiça às partes. Assim, o art. 112, ao cuidar da incompatibilidade, nada mais faz do que ressaltar o dever do juiz, do órgão do Ministério Público e de outros envolvidos com o processo de se retirarem do mesmo, tão logo constatem uma das situações de suspeição (art. 254, CPP). No sentido, por nós afirmado, de que *incompatibilidade* se vincula às causas de suspeição: Tornaghi (*Compêndio de processo penal*, t. I, p. 72). Contra, argumentando que incompatibilidade e impedimento têm o mesmo significado e é despicienda a sua distinção: Tourinho Filho (*Código de Processo Penal comentado*, v. 1, p. 299). Incompatibilidade, pois, é a afirmação, sem provocação da parte interessada, da suspeição. Quando o juiz, por exemplo, se declara suspeito, retirando-se dos autos, está reconhecendo uma incompatibilidade. Se a parte o considera suspeito e pretende afastá-lo da decisão da causa, ingressa com uma exceção de suspeição. Tratando da mesma situação – suspeição – em capítulos diferenciados, o Código de Processo Penal fornece ao termo *incompatibilidade* a força de declaração de ofício, bem como ao de *exceção de suspeição*, a significação de defesa, proposta pela parte interessada. Assim, não há "exceção de incompatibilidade" – mas apenas afirmação de ofício de incompatibilidade, fundada na suspeição –, tampouco "exceção de suspeição afirmada de ofício" – mas, sim, arguição apresentada pela parte interessada para afastar o órgão suspeito.

2. Impedimentos: *impedimento* é obstáculo ou embaraço ao exercício da função no processo. Não deixa de ser, em última análise, uma incompatibilidade, que torna o juiz, o promotor, o serventuário ou funcionário, o perito ou o intérprete suspeito de exercer sua atividade em determinado feito. Entretanto, trata-se de uma incompatibilidade mais grave, impeditiva do exercício da função, levando à inexistência do ato praticado. Enquanto a suspeição pode ser vencida, caso as partes aceitem o juiz, por exemplo, ainda que seja ele amigo íntimo do réu, o impedimento não provoca o mesmo efeito. A qualquer tempo, verificada a situação de impedimento, o processo pode ser integralmente refeito, a partir do momento em que a pessoa impedida funcionou. O impedimento pode – e deve – ser proclamado de ofício pelo impedido. Não sendo, prevê o art. 112 a possibilidade de a parte interessada arguir a *exceção de impedimento*, cujo procedimento é idêntico ao da *exceção de suspeição*. Ver, ainda, notas 10 ao art. 564, I, e 6 ao art. 252, deste Código.

> **Art. 112.** O juiz, o órgão do Ministério Público, os serventuários ou funcionários de justiça e os peritos ou intérpretes abster-se-ão de servir no processo, quando houver incompatibilidade ou impedimento legal,[3] que declararão nos autos.[4] Se não se der a abstenção, a incompatibilidade ou impedimento poderá ser arguido pelas partes, seguindo-se o processo estabelecido para a exceção de suspeição.

3. Impedimento e inexistência do ato: ensina a doutrina que o impedimento é causa séria de vício do ato praticado, maculando-o por completo, o que leva à constatação de sua inexistência. Tomando como exemplo o magistrado, diz Frederico Marques que "o impedimento priva o juiz da *jurisdictio* e torna inexistentes os atos que praticar; e isso, 'ainda que não haja oposição ou recusação da parte'. Daí o motivo de ter o Código de Processo Penal feito menção ao juiz suspeito no citado art. 564, I, e nada ter dito do juiz impedido" (*Elementos de direito processual penal*, v. 2, p. 373). E mais adiante continua: "De um modo geral, a lei não diz quando o ato se considera inexistente. O intérprete é que, diante de uma situação concreta, verificará, com os conceitos doutrinários, se ocorre o fenômeno. Sob o aspecto ontológico, explica Vincenzo Cavallo, 'a nulidade absoluta encontra seu reconhecimento na lei; a inexistência, no conceito negativo dos requisitos que ela exige para a existência do ato'" (*Elementos de direito processual penal*, v. 2, p. 382). E, na mesma linha, Tornaghi explica que "o impedimento não gera somente a incompetência do juiz, não lhe limita o exercício da jurisdição, mas, como o nome está dizendo, impede-o completamente, tolhe-o por inteiro: 'o juiz não poderá exercer jurisdição' diz o artigo 252. Os atos praticados por ele não são apenas nulos, como seriam se fosse incompetente (CPP, art. 564, I), mas são juridicamente inexistentes" (*Compêndio de processo penal*, t. I, p. 73).

4. Declaração nos autos: deve o juiz, o órgão do Ministério Público, o serventuário ou funcionário, o perito ou intérprete afirmar, nos autos, qual o motivo da incompatibilidade (suspeição) ou do impedimento, que o faz retirar-se do processo. A parte tem o direito de saber a razão do afastamento de determinada pessoa das suas funções, até para que se possa constatar possíveis condutas ilegais, desvios funcionais e até o crime de prevaricação. Ressalva-se a possibilidade de o juiz manifestar-se suspeito por motivo de foro íntimo, cujas razões serão esclarecidas ao Conselho Superior da Magistratura, em caráter reservado. Entretanto, nos autos, deve afirmar que o motivo é "de foro íntimo".

Capítulo IV

DO CONFLITO DE JURISDIÇÃO[1]

1. Conflito de competência e não de jurisdição: segundo afirmamos em nota anterior, jurisdição todo magistrado, investido nas suas funções, possui. A medida do exercício jurisdicional é dada pela competência, razão pela qual, quando dois juízes conflitam, afirmando ou negando a possibilidade de exercer a jurisdição em determinado processo, o que temos é um conflito de competência. Parte da doutrina prefere visualizar no *conflito de jurisdição*, aquele que se estabelece entre juízes de diferentes órgãos, como ocorreria entre o juiz federal e o juiz estadual, deixando a expressão *conflito de competência*, aquele que se fundamenta entre magistrados do mesmo órgão, como ocorreria entre juízes estaduais de determinada Comarca (Tourinho Filho, *Código de Processo Penal comentado*, v. 1, p. 301). Não pensamos desse modo, pois a própria Constituição Federal utilizou unicamente o termo *conflito de competência*, inclusive para determinar o conflito existente entre magistrados vinculados a diferentes Tribunais. É o que se vê nos arts. 102, I, *o*, 105, I, *d*, e 108, I, *e*. No sentido que sustentamos: Vicente Greco Filho (*Manual de processo penal*, p. 159), Demercian e Maluly (*Curso de processo penal*, p. 214-215). Em posição intermediária, afirmando que o Código de Processo Penal equiparou a expressão *conflito de jurisdição* a *conflito de competência*, está o magistério de Frederico Marques: "Na terminologia da legislação pátria, a expressão usada para se resolverem conflitos de competência é também a de conflito de jurisdição. O nosso legislador distinguiu do conflito de jurisdição tão somente o conflito de atribuições, para designar, com este nome, aquele surgido entre autoridades judiciárias e autoridades administrativas" (*Da competência em matéria penal*, p. 395).

> **Art. 113.** As questões atinentes à competência resolver-se-ão não só pela exceção própria, como também pelo conflito positivo ou negativo[2] de jurisdição.[3-7]

2. Conflito positivo ou negativo de competência: o conflito positivo ocorre quando duas ou mais autoridades judiciárias afirmam sua competência para julgar determinado caso. O conflito negativo ocorre quando duas ou mais autoridades judiciárias negam sua competência para julgar o caso. Trata-se de um procedimento incidente, resolvido à parte do feito principal, sendo desnecessária a intimação das partes, pois envolve apenas os juízos em conflito. Na jurisprudência: STJ: "1. Constitui requisito essencial ao manejo do conflito de competência a existência de pelo menos duas decisões conflitantes entre magistrados que se reputem, ao mesmo tempo, competentes ou incompetentes para o julgamento do mesmo feito (arts. 115 do CPC e 114, I, do CPP). Precedentes da 3.ª Seção do STJ" (AgRg no CC 174.788/AP, 3.ª S., rel. Reynaldo Soares da Fonseca, j. 14.10.2020, v.u.).

3. Conflito de atribuições: é o conflito existente entre autoridades administrativas ou entre estas e autoridades judiciárias. Quando se trata de autoridades do mesmo Estado, envolvendo juízes, cabe ao Tribunal de Justiça dirimi-los (ex.: entre delegado de polícia e juiz de direito), conforme está previsto na Constituição Estadual de São Paulo, no art. 74, IX. Não havendo magistrado, cabe à própria instituição à qual pertencem as autoridades que conflitam resolver a controvérsia (ex.: entre promotores de justiça). Quando disser respeito a autoridades administrativas diversas (ex.: entre delegado de polícia e promotor de justiça), espera-se que haja provocação do Judiciário, quando então será dirimido, por força de decisão jurisdicional (ex.: delegado instaura inquérito policial e promotor instaura procedimento investigatório sobre o mesmo fato; aguarda-se que o investigado ingresse com *habeas corpus* para buscar o trancamento de um deles, quando houver constrangimento ilegal, por abuso na atividade investigatória do Estado). Entretanto, quando envolver autoridades administrativas e judiciárias da União (ex.: delegado federal e juiz federal), ou autoridades judiciárias de um Estado e administrativas de outro (ex.: juiz estadual e delegado federal) ou do Distrito Federal, ou entre as deste e a da União, cabe ao Superior Tribunal de Justiça resolvê-los (art. 105, I, *g*, CF).

4. Conflito de atribuições entre autoridade policial e juiz de direito: não mais subsiste essa possibilidade, pois o juiz das garantias, que fiscaliza a fase do inquérito policial, não pode mais tomar qualquer iniciativa instrutória. O magistrado controla a legalidade dos atos do delegado, mas com este não concorre. Eventualmente, como exceção, pode-se anotar o campo da Lei 9.099/1995. Realizado o Termo Circunstanciado, deve a autoridade policial remeter o mesmo ao fórum, cabendo, então, ao juiz, como determina a Lei, designar audiência para, eventualmente, haver oferta de transação. Não ocorrendo esta, bem como necessitando-se de outras diligências para haver denúncia, pode o promotor solicitar o retorno do Termo à polícia, continuando-se, por meio do inquérito, na investigação imprescindível. Entretanto, imagine-se que o juiz, recebendo o Termo Circunstanciado, em vez de designar a audiência que lhe compete, determina o retorno para novas diligências. Ao descumprir a lei, provoca um conflito de atribuições negativo, uma vez que a autoridade policial não se vê na obrigação de proceder a novas investigações, mais complexas, antes da audiência acontecer. Dessa maneira, o juiz entende não dever marcar a referida audiência até que as diligências sejam feitas, enquanto a autoridade policial crê não ser obrigada a empreendê-las até que o procedimento da Lei 9.099/1995 seja fielmente cumprido. Em nossa visão, somente nesse setor há um conflito e deve ser resolvido em favor da autoridade policial. O Termo Circunstanciado encaminhado ao fórum deve ser sucedido de audiência. É o cumprimento do disposto nos arts. 69 a 76 da Lei 9.099/1995 e o delegado não tem atribuição para investigar antes da audiência prevista no art. 70.

5. Falso conflito de atribuições: é o denominado conflito entre membros do Ministério Público que, durante uma investigação policial, entendem que não são competentes para denunciar o indiciado. Haveria, aí, um conflito negativo de atribuições, mas que simboliza um *falso conflito*, pois há sempre um juiz responsável por cada um dos inquéritos, razão pela qual, se encamparem os entendimentos dos promotores ou procuradores com os quais oficiam, estará instaurado verdadeiro conflito de competência, a ser dirimido pelo Tribunal Superior. Com precisão, exemplifica Tourinho Filho: "A nosso ver, deverá ser assim. Inclusive por economia processual. Suponha-se, de acordo com a tese contrária, devessem os autos ser remetidos à Procuradoria-Geral, e esta, 'solucionando' a controvérsia, nos moldes do art. 28 deste diploma, afirmasse que a competência é do juízo onde o membro do Ministério Público suscitante oficia. Chegando os autos à Comarca e oferecida denúncia, o juiz, coerente com o seu posicionamento anterior, dê-se por incompetente, remetendo o feito àquele que, no seu entender, era o competente. Este, por seu turno, insista na sua manifestação ao acolher o anterior pronunciamento do promotor de justiça. Em face disso, suscita-se o conflito, mesmo porque o parecer da Procuradoria, exceto nos casos de pedido de arquivamento, não vincula o magistrado" (*Código de Processo Penal comentado*, v. 1, p. 303). Aliás, acrescente-se, sempre que o juiz acolhe pedido ou parecer do Ministério Público, para qualquer finalidade, está, em última análise, decidindo – seja na esfera administrativa ou jurisdicional, conforme o caso – tornando-se responsável pelo ato praticado. É impossível outra análise, sob pena de se dizer que o magistrado funciona como mero cumpridor de decisões do órgão do Ministério Público, o que é inadmissível.

6. Conflito entre promotores de justiça: quando for autêntico, não necessitando da participação do juiz – o que transforma o conflito de atribuições em conflito de competência – cabe ao Procurador-Geral de Justiça dirimi-lo. Porém, se forem de diferentes Estados, parece-nos que a solução se concentra na provocação do juízo de cada unidade federativa, para que se transforme em conflito de competência, sujeito ao crivo do STJ. Não nos parece adequado que esse tipo de conflito entre promotores de Estados diversos seja resolvido pelo Procurador-Geral da República, autoridade federal no âmbito do Ministério Público. Na jurisprudência: STJ: "1. Para a configuração de conflito de competência é indispensável a judicialização bilateral da controvérsia, porquanto, nos termos do artigo 114 do Código de Processo Penal, dá-se conflito de competência, quando duas ou mais autoridades judiciárias se considerarem competentes, ou incompetentes, para conhecer do mesmo fato criminoso ou

Art. 113

Código de Processo Penal Comentado · **Nucci**

quando entre elas surgir controvérsia sobre unidade de juízo, junção ou separação de processos. Precedentes. 2. No caso dos autos, o Ministério Público do Estado de Santa Catarina opinou pelo declínio de competência em favor da Justiça do Estado do Paraná. Todavia o Juízo de Direito do Estado de Santa Catarina, sem se pronunciar acerca da competência, entendeu que a questão deveria ser resolvida no âmbito do Ministério Público. Diante disso, os autos foram encaminhados para o Estado do Paraná, onde o Parquet daquela unidade federativa suscitou conflito negativo de atribuição e pleiteou o envio do feito à Procuradoria-Geral da República. Entretanto, a despeito do pedido ministerial, o Juízo de Direito o Estado do Paraná determinou o encaminhamento do feito ao Superior Tribunal de Justiça suscitando conflito de competência. 3. Nesse contexto em que não houve manifestação de uma das autoridades judiciais acerca da competência, não se identifica conflito a ser dirimido pelo Superior Tribunal de Justiça. 4. Conflito de competência não conhecido" (CC 171.100/PR, 3.ª S., rel. Joel Ilan Paciornik, j. 14.10.2020, v.u.).

7. Conflito entre promotor e procurador da República: em nosso entendimento, não existe. Deve ser dirimido pelo Poder Judiciário quando os respectivos juízes forem provocados. Assim, caso o promotor ingresse com ação perante o juiz estadual e o procurador, perante o federal, instaura-se conflito de competência, a ser solucionado pelo Superior Tribunal de Justiça. Além disso, se dois inquéritos forem instaurados, um na esfera estadual, outro, na federal, para apurar o mesmo fato, cabe, de idêntico modo, a provocação dos juízes que fiscalizam os procedimentos investigatórios, para saber qual deles é o competente. Assim ocorrendo, torna-se viável nascer o conflito positivo ou o conflito negativo de competência. Sabemos que durante a fase investigatória, ainda não há processo, logo, os magistrados exercem função anômala, que não é propriamente jurisdicional, mas apenas judicial. No entanto, esse é o sistema adotado pela nossa legislação: enquanto um inquérito se desenvolve, na órbita estadual ou federal, há sempre um juiz acompanhando, inclusive para proferir, a qualquer momento, medidas de caráter nitidamente jurisdicional, como expedir mandados de busca e apreensão, decretar a quebra de sigilo fiscal ou bancário, permitir a interceptação telefônica, quando possível, bem como decretar a prisão do investigado. Em suma, inquéritos não tramitam somente sob supervisão do Ministério Público, mas, sim, sob fiscalização direta de um juiz. Por isso, não nos parece razoável que membros do Ministério Público ingressem em conflito de atribuições, cuja competência para dirimi-los seja do Poder Judiciário. Em sentido contrário, está a posição de Hugo Nigro Mazzilli, para quem deve ser chamado a resolver o conflito o Supremo Tribunal Federal: "A solução que já vimos sustentando *de lege lata* é a de que o conflito de atribuições entre Ministérios Públicos de Estados diversos configura um conflito *entre os próprios Estados*, à vista da teoria da organicidade. De fato, quando o Ministério Público de um Estado entende que a atribuição é da instituição congênere de outra unidade da Federação, há o conflito entre dois órgãos originários de dois Estados diferentes. Ou, se o conflito é entre um promotor estadual e um procurador da República, o conflito ocorre entre órgãos do Estado e da União. Assim, a solução cabe ao Supremo Tribunal Federal" (*Regime jurídico do Ministério Público*, p. 388). Essa visão foi alterada: "o Plenário do Supremo Tribunal Federal decidiu nesta quinta-feira (19.5.2016) que não cabe à Corte julgar conflitos de atribuição entre o Ministério Público Federal e os Ministérios Públicos dos estados. Por maioria, os ministros não conheceram das Ações Cíveis Originárias (ACO) 924 e 1394 e das Petições (Pet) 4706 e 4863, com o entendimento de que a questão não é jurisdicional, e sim administrativa, e deve ser remetida ao procurador-geral da República. Até então, a jurisprudência do STF era no sentido de conhecer e dirimir os conflitos caso a caso (Disponível em: http://www.stf.jus.br/portal/cms/verNoticiaDetalhe.asp?idConteudo=317013)". Igualmente: STF: "1. O Supremo Tribunal Federal não possui competência para dirimir conflito de atribuições entre Ministérios Públicos Estaduais ou entre Ministério Público Federal e Ministério Público

Estadual. Orientação firmada pelo Plenário no julgamento das Ações Cíveis Originárias 924, de relatoria do Min. Luiz Fux, e 1.394, de relatoria do Min. Marco Aurélio e das Petições 4.706 e 4.863, ambas de relatoria do Min. Marco Aurélio. 2. Conflito de atribuições não conhecido, determinando-se a remessa dos autos ao Procurador-Geral da República" (Pet 6132, 1.ª T., rel. Marco Aurélio, rel. p. acórdão Min. Edson Fachin, j. 16.08.2016, maioria).

> **Art. 114.** Haverá conflito de jurisdição:[7-A]
>
> I – quando duas ou mais autoridades judiciárias[8-8-B] se considerarem competentes, ou incompetentes, para conhecer do mesmo fato criminoso;[9-11-A]
>
> II – quando entre elas surgir controvérsia sobre unidade de juízo, junção ou separação de processos.[12-13]

7-A. Definição do conflito de competência: o correto é apontar a competência (limite da jurisdição) para expor o conflito entre magistrados (positivo ou negativo). Conferir: STJ: "1. Nos termos do art. 114 do Código de Processo Penal, a configuração do conflito de competência, positivo ou negativo, reclama a manifestação de duas ou mais autoridades judiciárias declarando-se competentes ou incompetentes para o julgamento do feito, situação que não ocorre na espécie. 2. Além disso, quando suscitado, pela parte, o conflito, em uma das ações já havia sido proferida sentença, o que atrai a aplicação da Súmula n. 235/STJ: 'A conexão não determina a reunião dos processos, se um deles já foi julgado'. 3. Agravo regimental desprovido" (AgRg no CC 123.567/RJ, 3.ª Seção, rel. Antonio Saldanha Palheiro, 11.04.2018, v.u.).

8. Diferença entre autoridade judiciária e autoridade judicial: a primeira é o juiz exercendo atividade jurisdicional; a segunda, o juiz em atividade administrativa.

8-A. Conflito positivo de competência: quando duas ou mais autoridades judiciais se apresentam como competentes para julgar um caso. Conferir: STJ: "1. Infere-se do art. 114 do Código de Processo Penal que a instauração do conflito de competência é viável quando duas ou mais autoridades judiciárias se considerarem competentes ou incompetentes para o processo e o julgamento da mesma demanda ou divergirem a respeito da reunião ou da separação de processos. 2. Inexiste conflito de competência quando há o declínio da competência por uma das autoridades e a aceitação da competência pela outra. 3. Agravo regimental não provido" (AgRg no CC 134.188/PE, 3.ª S., rel. Rogerio Schietti Cruz, 27.05.2015, v.u.).

8-B. Conflito negativo de competência: ocorre quando dois ou mais juízes se negam a conduzir uma demanda, afirmando-se incompetentes, por qualquer motivo. Conferir: STJ: "Consoante os termos do art. 114 do Código de Processo Penal – CPP, se instaura o conflito de competência quando dois Juízos se declararem competentes ou incompetentes para processamento e julgamento de uma mesma demanda ou quando, por regra de conexão, houver controvérsia entre eles acerca da reunião ou separação dos processos. O caso em apreço não se subsume à nenhuma das hipóteses previstas no art. 114 do CPP, sendo, portanto, incabível o conhecimento do conflito de competência" (AgRg no CC 145.651/SP, 3.ª S., rel. Joel Ilan Paciornik, 24.08.2016, v.u.).

9. Conflito negativo de competência entre o juiz que desclassifica a infração penal da competência do júri e o juiz destinatário do processo: ver notas 64 a 66 ao art. 419.

10. Conflito de jurisdição entre juiz criminal e juiz corregedor do distribuidor: inexistência. Não se pode sustentar a existência de conflito de competência entre juiz que exerce atividade jurisdicional e outro, na função de juiz corregedor do distribuidor do fórum, agindo

Art. 114

em atividade administrativa. Assim, se uma ação penal é distribuída a determinada Vara, não deve o magistrado, ao despachar nos autos, suscitar conflito, porque a ordem de distribuição partiu do corregedor do distribuidor. Basta que ele, entendendo não ser o competente, encaminhe os autos ao juízo correto. Passados os autos novamente pelo distribuidor e feitas as anotações cabíveis, caso o juízo para onde a ação foi encaminhada julgue-se incompetente, cabe-se suscitar o conflito negativo de competência. É, também, consolidada a visão da doutrina no sentido de ser impossível o conflito entre autoridade exercendo jurisdição e outra, exercendo atividade administrativa. Assim: Frederico Marques (*Da competência em matéria penal*, p. 395) e Bento de Faria (*Código de Processo Penal*, p. 225).

10-A. Conflito entre Justiça Militar Estadual e Justiça Militar Federal: quando o crime for cometido por agente integrante da polícia militar estadual contra integrante de membro das Forças Armadas, cabe à Justiça Militar Federal o julgamento do caso, com o fim de guarnecer o seu poder investigatório em suas próprias dependências. Nesse sentido: STJ: "Trata-se de conflito negativo de competência entre o juízo de Direito da 1.ª Auditoria da Justiça Militar estadual, suscitante, e o juízo auditor da 1.ª Auditoria da 2.ª Circunscrição Judiciária Militar da União do mesmo estado, suscitado, em autos de ação penal em que o denunciado, sargento da polícia militar do Estado, à época, teria disparado, culposamente, arma de fogo, causando lesões corporais na vítima, capitão do exército brasileiro. Realizada a instrução criminal, o juízo ora suscitado declinou da competência, invocando o art. 125, § 4.º, da CF/1988, por entender que o crime teria sido praticado por policial militar; sendo, pois, a competência da Justiça Militar estadual. O juízo ora suscitante, por sua vez, entendeu ser a competência da Justiça Militar federal, pois os fatos atentam contra interesses da União, já que ocorreram dentro de unidade militar federal e contra capitão do Exército. Além disso, salientou que o Superior Tribunal Militar, ao julgar prejudicado *habeas corpus* impetrado em favor do acusado no qual se buscava o trancamento do inquérito, consignou fundamentos acerca da competência em favor da Justiça Militar federal. Neste Superior Tribunal, inicialmente, entendeu-se ser a hipótese de crime militar impróprio, pois se trata de lesão corporal praticada por um sargento da polícia militar estadual contra um capitão do exército nas dependências de um quartel, uma unidade militar da União. Assim, reconheceu-se ter havido, ainda que de forma indireta, lesão a interesses da União, não só pela vítima, mas também, especialmente, pelo local onde tudo ocorreu. Observou-se que entender de modo contrário importaria conceber, por exemplo, a entrada de policiais militares no batalhão, para proceder a perícias, avaliações e pesquisas, atuação que seria, por óbvio, imprópria e impertinente, notadamente em face do que as Forças Armadas, como instituições destinadas à garantia dos poderes constitucionais, da lei e da ordem, estão, em *ultima ratio*, em posição de supremacia quanto às polícias militares dos estados (art. 142 da CF/1988). Diante desses fundamentos, entre outros, a Seção conheceu do conflito e declarou competente para julgar o feito o juízo auditor da 1ª Auditoria da 2.ª Circunscrição Judiciária Militar da União, o suscitado. Precedentes citados: CC 85.607 – SP, *DJe* 08.09.2008, e CC 14.755 – DF, *DJ* 13.05.1996" (CC 107.148/SP, 3.ª Seção, rel. Maria Thereza de Assis Moura, 13.10.2010, v.u. – mantido para ilustração).

11. Competência para a realização de atos pertinentes à execução criminal: cabe à Vara privativa das Execuções Criminais da Comarca, se houver. Assim, por exemplo, ocorre com o cumprimento de uma precatória para a realização de exame criminológico, que deve ser concretizado pela Vara das Execuções Criminais, para onde será encaminhada a deprecada.

11-A. Conflito entre juiz estadual e juiz federal na execução penal: a decisão a respeito da inserção de presos, considerados perigosos, em estabelecimento penal federal – sob fiscalização da justiça federal – cabe ao magistrado que assim determinou. Portanto, não compete ao juízo federal decidir a respeito, quando a decisão partiu da justiça estadual. Na jurisprudência: STJ: "3. A Terceira Seção desta Corte Superior de Justiça tem firme entendimento de que 'não cabe ao Juízo Federal discutir as razões do Juízo Estadual, quando solicita a transferência de preso para estabelecimento prisional de segurança máxima, assim quando pede a renovação do prazo de permanência, porquanto este é o único habilitado a declarar a excepcionalidade da medida (AgRg no CC n. 153.692/RJ, Relator Ministro Ribeiro Dantas, Terceira Seção, *DJe* 1.º/3/2018). 4. Na hipótese em debate, na esteira da fundamentação do Juízo de Direito suscitante, persiste a necessidade de manutenção do apenado no presídio federal por motivo de interesse da segurança pública. Observe-se que o Juízo de Direito suscitante, com esteio nas motivações apresentadas pela Secretária de Polícia Civil do Estado do Rio de Janeiro, fundamentou que a permanência do apenado, conhecido como 'Chuca', no sistema prisional daquele Estado da Federação 'poderia gerar uma facilidade de acordos com outras organizações, responsáveis pelo tráfico de drogas e armas, acarretando na aceleração do abastecimento desses produtos ilícitos em Comunidades dominadas pela sigla criminosa, o que poderia acarretar em um aumento de confrontos, tanto com organizações rivais, como contra membros das forças de segurança, e domínio bélico por parte de membros pertencentes a organizações criminosas, aumentando exponencialmente o risco de moradores de localidades dominadas por Organizações Criminosas'" (AgRg no CC 181.087/RJ, 3 S., rel. Joel Ilan Paciornik, 22.09.2021, v.u.).

12. Conflito em decorrência de conexão e continência: havendo conexão, o juiz prevento deve avocar o outro processo, que tramita em Vara diversa. Caso o juiz desta discorde, suscitará conflito de competência, alegando que não há conexão alguma ou que ele é o juízo competente para julgar ambos. Dá-se o mesmo se houver continência (concurso formal ou concurso de pessoas). Imagine-se que dois coautores estão sendo processados em diferentes juízos. Cabe a unidade do feito, embora, se os juízes não se entenderem quanto à necessidade de junção ou apresentarem divergência, quanto ao juízo competente para o julgamento conjunto, o conflito estará instaurado. O inciso em comento menciona, ainda, a separação dos processos, podendo tal ocorrer se um magistrado, verificando não ter havido conexão ou continência, determina a separação do feito, encaminhando-se um deles para conhecimento de outro juízo. Caso este entenda não ser competente, pois o correto seria a manutenção da união, suscitará conflito.

13. Conflito entre processo em andamento e outro, findo: impossibilidade. Não existe conflito de competência quando um processo está em andamento e outro, com o qual se ligaria, por conexão ou continência, já foi julgado. Afinal, a finalidade da conexão ou da continência é provocar a junção dos feitos, o que é impossível nessa hipótese, pois um deles já foi extinto. Nessa ótica: Espínola Filho (*Código de Processo Penal brasileiro anotado*, v. 3, p. 338) e Bento de Faria (*Código de Processo Penal*, v. 1, p. 225).

> **Art. 115.** O conflito poderá ser suscitado:
>
> I – pela parte interessada;[14]
>
> II – pelos órgãos do Ministério Público junto a qualquer dos juízos em dissídio;[15]
>
> III – por qualquer dos juízes ou tribunais em causa.[16]

14. Parte interessada: qualquer das partes envolvidas no litígio tem interesse em provocar a instauração de um conflito de competência, até porque, havendo dois processos que merecem ser unidos por conexão, por exemplo, sem interesse dos magistrados em fazê-lo,

Art. 116

é preciso provocar o conflito para ser resolvido pelo Tribunal. Como ensina Espínola Filho, "é do maior interesse, tanto particular das partes na causa, quanto público, que a apuração dos fatos se faça perante autoridade judiciária competente, a qual efetive a sua subsunção à norma jurídica que os disciplina" (*Código de Processo Penal brasileiro anotado*, v. 3, p. 348). Inclui-se, nesse campo, também o assistente de acusação, cujo interesse é evidente, embora haja omissão do art. 271 do Código de Processo Penal. Como vimos defendendo, é preciso ampliar as possibilidades de atuação da vítima no processo penal e não as restringir.

15. Ministério Público: atuando como fiscal da lei, pode, igualmente, provocar o conflito, até porque sua função é indicativa de que a vontade da lei deve ser fielmente seguida.

16. Provocação pelos órgãos jurisdicionais: poderá qualquer magistrado ou tribunal, na trilha do interesse público que domina o tema, suscitar o conflito, para que seja dirimido pelo órgão competente. Quando se tratar do Tribunal, conforme o caso, pode ser o Presidente, inexistindo distribuição, ou pela Câmara ou Turma, julgando o caso em concreto.

> **Art. 116.** Os juízes e tribunais, sob a forma de representação,[17] e a parte interessada, sob a de requerimento,[18] darão parte escrita e circunstanciada do conflito, perante o tribunal competente,[19-22] expondo os fundamentos e juntando os documentos comprobatórios.[23]
>
> § 1.º Quando negativo o conflito, os juízes e tribunais poderão suscitá-lo nos próprios autos do processo.[24]
>
> § 2.º Distribuído o feito, se o conflito for positivo, o relator poderá determinar imediatamente que se suspenda o andamento do processo.[25]
>
> § 3.º Expedida ou não a ordem de suspensão, o relator requisitará informações às autoridades em conflito, remetendo-lhes cópia do requerimento ou representação.[26]
>
> § 4.º As informações serão prestadas no prazo marcado pelo relator.
>
> § 5.º Recebidas as informações, e depois de ouvido o procurador-geral, o conflito será decidido na primeira sessão,[27] salvo se a instrução do feito depender de diligência.
>
> § 6.º Proferida a decisão, as cópias necessárias serão remetidas, para a sua execução, às autoridades contra as quais tiver sido levantado o conflito ou que o houverem suscitado.

17. Representação: é a forma de a autoridade expor um ponto de vista, solicitando resolução por quem de direito. Assim, juízes não propõem o conflito na forma de requerimento, como se parte interessada fossem, mas sim representam, explicando os motivos que os levam a suspeitar haver o conflito, aguardando a solução cabível.

18. Requerimento da parte interessada: através de um pedido à parte, que será devidamente autuado, o interessado suscita o conflito, seja ele negativo ou positivo. Formula o pleito ao Presidente do Tribunal de Justiça. Ambas as formas devem ser deduzidas fora dos autos principais, instruídas com documentos e com os fundamentos, sustentando o ponto de vista do juízo que entende o suscitante ser competente para julgar o caso. Embora no caso do conflito negativo de competência haja a necessária paralisação do feito, pois os juízes nele não querem atuar, deve o pedido ser apresentado para autuação em apartado.

19. Tribunal competente: é, primeiramente, o previsto na Constituição Federal para dirimir conflitos de competência. Em seguida, obedece-se à lei, normalmente de organização judiciária, que prevê o órgão competente para julgar os conflitos de competência, quando não estão ao alcance das normas constitucionais. STF: cabe-lhe dirimir os conflitos de competência entre o Superior Tribunal de Justiça e quaisquer tribunais, entre Tribunais Superiores, ou entre estes e outro tribunal qualquer (art. 102, I, *o*, CF). STJ: cabe-lhe resolver os conflitos de competência entre quaisquer tribunais, não abrangidos, naturalmente, pela competência do Supremo Tribunal Federal bem como os conflitos entre tribunal e juiz a ele não vinculado e entre juízes vinculados a diferentes tribunais (art. 105, I, *d*, CF). TRF: cabe-lhe julgar os conflitos de competência entre juízes federais a ele vinculados (art. 108, I, *e*, CF). Tribunal de Justiça: cabe-lhe dirimir conflitos de competência entre os juízes estaduais a ele vinculados. No Estado de São Paulo, a competência é da Câmara Especial, composta pelo Vice-Presidente, que a preside, e pelos Presidentes das Seções Criminal, de Direito Privado e de Direito Público, bem como pelo Desembargador Decano (mais antigo do Tribunal).

19-A. Conflito de competência e decisão singular de relator em Tribunal: admissibilidade. Vale-se o processo penal de analogia com o processo civil, particularmente, em relação ao disposto no art. 955, parágrafo único, do CPC/2015: "O relator poderá julgar de plano o conflito de competência quando sua decisão se fundar em: I – súmula do Supremo Tribunal Federal, do Superior Tribunal de Justiça ou do próprio tribunal; II – tese firmada em julgamento de casos repetitivos ou em incidente de assunção de competência".

20. Conflito entre Tribunal de Justiça e Colégio Recursal: sendo ambos do mesmo Estado-membro, inexiste conflito, pois cabe ao Tribunal de Justiça, considerado funcionalmente superior, resolver a quem cabe julgar o feito. Se forem de Estados diferentes, desloca-se a competência ao Superior Tribunal de Justiça (art. 105, I, *d*, CF). Pode-se aplicar, por analogia, o disposto na antiga Súmula 22 do STJ ("Não há conflito de competência entre o Tribunal de Justiça e o Tribunal de Alçada do mesmo Estado-membro"), cuidando do conflito entre o Tribunal de Justiça e o Tribunal de Alçada, este último, órgão considerado, funcionalmente, inferior. Essa questão foi superada pela edição da Emenda Constitucional 45/2004, que extinguiu os Tribunais de Alçada do País. Quanto à resolução do conflito, porventura existente, entre uma Câmara (ou Turma) do Tribunal de Justiça (ou Tribunal Regional Federal) e uma Turma Recursal (componente de um Colégio Recursal), deve ser sanado pelo Tribunal de Justiça, conforme dispuser seu Regimento Interno. Em São Paulo, ilustrando, a competência é do Órgão Especial. Por outro lado, tem-se entendido que a competência recursal se vincula ao juízo do qual emanou a decisão. Se a sentença advém do JECRIM, cabe o julgamento do recurso à Turma Recursal. Se provém de juiz de direito, atuando em Vara comum, pouco importando ser a infração de menor potencial ofensivo, cabe a uma das Câmaras do Tribunal de Justiça.

20-A. Conflito entre Juizado Especial Federal e Juízo Federal: nos termos da Súmula 428 do STJ: "Compete ao Tribunal Regional Federal decidir os conflitos de competência entre juizado especial federal e juízo federal da mesma seção judiciária".

21. Conflito entre órgãos colegiados do Tribunal: cabe ao Regimento Interno do Tribunal indicar o órgão responsável para o julgamento.

22. Conflito entre juiz de direito e juiz auditor: considerando-se que ambos são magistrados da Justiça Estadual, podem-se ter duas situações: a) caso haja Tribunal de Justiça Militar no Estado, como é o caso de São Paulo, por exemplo, o juiz auditor é considerado magistrado vinculado à Corte diversa da que pertence o juiz de direito. Portanto, quem dirime o conflito é o Superior Tribunal de Justiça; b) caso inexista Tribunal de Justiça Militar, ambos os magistrados se ligam à mesma Corte, que é o Tribunal de Justiça, órgão que deve resolver o conflito.

Art. 116

Código de Processo Penal Comentado · **Nucci**

302

23. Desaparecimento do conflito antes do julgamento pelo Tribunal: impossibilidade. Quando o conflito está instaurado e é levado ao Tribunal, caso um dos juízes nele envolvido reconheça a sua competência ou incompetência, fazendo cessar as razões que os fizeram conflitar, não parece ajustada a hipótese de sua extinção, com o não conhecimento pelo órgão *ad quem*. Defende a tese do desaparecimento do conflito, Bento de Faria, afirmando que "pode desaparecer se antes desse julgamento um dos juízes reconhecer, conforme o caso, a sua competência ou incompetência. 'Prima della risoluzioni del conflito, escrevem Marconi--Marongiu, uno dei giudici può ricredersi sulla pronunciata dichiarazione di competenza od incompetenza: allora il conflitto viene a cessare per mancanza di decisioni contrastanti fra loro'" (*Código de Processo Penal*, v. 3, p. 226). Contrário a esse entendimento, com o que concordamos, está a lição de Espínola Filho: "Animamo-nos a dissentir de tão grande autoridade, ante a não reprodução, no nosso Código, de dispositivo análogo ao do italiano. Se a verdadeira finalidade do conflito de jurisdição é a determinação do juízo realmente competente, e não, apenas, decidir o choque de opiniões entre duas autoridades judiciárias, e, por isso mesmo, o magistrado brasileiro ensinou, com grande rigor de observação, poder 'suceder que nenhuma das autoridades judiciárias em conflito seja realmente competente, mas sim outra, que não interveio; neste caso, a economia do processo justifica seja declarada a sua competência, ainda quando não figure entre os juízes suscitados'; não vemos razão alguma a aconselhar se retire, porque chegaram a acordo os juízes antes em divergência, a possibilidade de vir o tribunal, apto a solucionar de vez, a questão de competência, a dizer qual é o juiz competente, não estando excluída a hipótese de ser um terceiro e não um dos que, a princípio em divergência, uniformizaram os seus pontos de vista. É certo, poderá invocar-se a lógica, para repelir a subsistência de um conflito, após estabelecido o acordo. Mas, não será por amor às coerências puramente teóricas, que se deverá desatender às realidades práticas. O incidente existiu, determinando uma provocação do poder competente, que é de toda conveniência se efetive. Diferente é o caso, se a divergência desapareceu antes de suscitado o conflito, pois, então, este não chegou a tomar corpo, tecnicamente" (*Código de Processo Penal brasileiro anotado*, v. 2, p. 339-340).

24. Conflito negativo suscitado por juiz ou tribunal: desnecessário se torna, nessa hipótese, a formação de autos apartados, pois o processo está mesmo paralisado. Assim, os magistrados devem suscitar o conflito negativo de competência nos autos principais. Deve ser evitado o procedimento do juiz que, entendendo não ser competente, querer primeiro ouvir o outro, de Vara distinta. Ora, se lhe parece ser incompetente, o ideal é colocar suas razões nos autos, enviando-os ao que entende ser o juízo natural para a causa. Este, por sua vez, terá oportunidade de reter o feito ou suscitar o conflito, encaminhando-o ao tribunal para julgamento.

25. Conflito positivo de competência: quando provocado por juiz ou pela parte interessada, é de se ressaltar que o processo continua em andamento, conduzido pelo magistrado que se considerou competente a tanto. Logo, conforme o caso, pode o relator, para evitar prejuízo maior e até por economia processual, determinar a suspensão do andamento. Nada impede que haja expresso pedido da parte interessada para essa providência. Entende a doutrina que, assim fazendo, estará procedendo ao denominado juízo de prelibação. Sobre o tema, ver nota 7 ao art. 92. Entretanto, verificando que o pedido parece ser procrastinatório, poderá permitir que o processo continue tramitando.

26. Requisição de informações: cabe ao relator fazer vir aos autos do conflito as informações das autoridades envolvidas, salvo quando elas já tiverem sido apresentadas. É o que ocorre quando há conflito negativo de competência, em que ambos os juízes oferecem seus pontos de vista a respeito. No caso de conflito positivo, se foi suscitado pela parte, deve-se ouvir os juízos envolvidos. Caso tenha sido suscitado pelo juiz, ouve-se o outro.

27. Urgência de solução do conflito: impõe-se seja logo dirimido para que o processo retome seu curso, que, na maioria das vezes, é interrompido. O Regimento Interno dos Tribunais costuma prever a distribuição preferencial para o conflito de competência.

> **Art. 117.** O Supremo Tribunal Federal,[28]mediante avocatória,[29] restabelecerá a sua jurisdição, sempre que exercida por qualquer dos juízes ou tribunais inferiores.

28. Ampliação do órgão jurisdicional: tanto o Supremo Tribunal Federal quanto o Superior Tribunal de Justiça podem constitucionalmente dirimir conflitos de competência, razão pela qual podem avocar processos de sua competência originária.

29. Avocatória: o poder de *avocar* significa a possibilidade de chamar a si o julgamento de uma causa. Portanto, se algum Tribunal Superior constatar que um processo está tramitando indevidamente em uma Vara de primeira instância ou mesmo em tribunal estadual ou regional, pode avocá-lo, isto é, já que podem dirimir conflitos entre tribunais de qualquer região do País, naturalmente, tanto o STF quanto o STJ têm poder para trazer a seu contexto uma causa indevidamente ajuizada em outro grau de jurisdição. Não houve revogação do art. 117, uma vez que a avocatória, antes constante da Constituição Federal – e hoje não mais existente – era outro instituto, que não dizia respeito exclusivo à matéria de competência.

Capítulo V
DA RESTITUIÇÃO DAS COISAS APREENDIDAS[1][2]

1. Restituição de coisas apreendidas: é o procedimento legal de devolução a quem de direito de objeto apreendido, durante diligência policial ou judiciária, não mais interessante ao processo criminal. Pode constituir-se em procedimento incidente quando houver litígio ou dúvida sobre a propriedade da coisa.

2. Quadro geral: consultar, ao final do próximo capítulo, a nota 43 ao art. 144, para fecho do tema.

> **Art. 118.** Antes de transitar em julgado a sentença final, as coisas apreendidas[3] não poderão ser restituídas enquanto interessarem ao processo.[4-4-A]

3. Coisas apreendidas: são aquelas que, de algum modo, interessam à elucidação do crime e de sua autoria, podendo configurar tanto elementos de prova, quanto elementos sujeitos a futuro confisco, pois coisas de fabrico, alienação, uso, porte ou detenção ilícita, bem como as obtidas pela prática do delito. Menciona o art. 6.º, II e III, do Código de Processo Penal, que a autoridade deverá, tão logo tenha conhecimento da prática da infração penal, dirigir-se ao local e providenciar a apreensão dos objetos relacionados com o fato, além de colher as provas que servirem para o esclarecimento do fato e de suas circunstâncias. O art. 11 do mesmo Código prevê que, findo o inquérito, acompanharão os autos, quando encaminhados ao fórum, os instrumentos do crime e os objetos que interessarem à prova. No campo das provas, a medida cautelar de busca e apreensão (art. 240, CPP), deferida pelo juiz, autoriza a apreensão de coisas achadas ou obtidas criminosamente, além de armas e instrumentos para o cometimento de infrações penais, bem como objetos indispensáveis à prova de fatos referentes ao processo. Nesse procedimento de recolhimento de coisas em geral, é possível que terceiros de boa-fé sejam prejudicados, e mesmo o acusado, quando objeto de pouco ou nenhum interesse para a causa seja apreendido. Por isso, instaura-se o incidente processual denominado de restituição de coisas apreendidas para a liberação do que foi recolhido pelo Estado. Na jurisprudência: STJ: "1. A jurisprudência desta Corte Superior é firme no sentido de que 'a restituição das coisas apreendidas, mesmo após o trânsito em julgado da ação penal, está condicionada tanto à ausência de dúvida de que o requerente é seu legítimo proprietário, quanto à licitude de sua origem e à demonstração de que não foi usado como instrumento do crime, conforme as exigências postas nos arts. 120, 121 e 124 do Código de Processo Penal c/c o art. 91, II, do Código Penal' (RMS n. 61.879/RS, relator Ministro Reynaldo Soares da Fonseca, Quinta Turma, julgado em 17/12/2019, *DJe* 19/12/2019). 2. *In casu*, o agravante está sendo investigado pela prática de suposto crime de furto de uma novilha, avaliada em R$ 60.000,00 (sessenta mil reais), tendo sido encontrado vestígios de sangue animal na carroceria do referido veículo apreendido. 3. Com efeito, existindo 'fundadas suspeitas de que o veículo apreendido marca/modelo Ford F250 tenha sido utilizado para transportar o produto do furto' (fl. 194), consignadas pelo Tribunal de origem, o debate ora posto demandaria dilação probatória, inviável no âmbito da presente impetração" (AgRg no RMS 69.461/SP, 6.ª T., rel. Jesuíno Rissato, j. 26.06.2023, v.u.); "III – A restituição de coisas apreendidas a quem de direito, conforme o art. 118 do CPP, é admitida somente quando já não interessarem à persecução penal, isto é, quando já não interessarem à prova da infração ou à defesa do acusado" (AgRg na ReCoAp 145/DF, Corte Especial, rel. Felix Fischer, 11.05.2021, v.u.).

4. Interesse ao processo: é o fator limitativo da restituição das coisas apreendidas. Enquanto for útil ao processo, não se devolve a coisa recolhida, até porque, fazendo-o, pode-se não mais obtê-la de volta. Imagine-se a arma do crime, que necessitaria ser exibida aos jurados, num processo que apure crime doloso contra a vida. Não há cabimento na sua devolução, antes do trânsito em julgado da sentença final, pois é elemento indispensável ao feito, ainda que pertença a terceiro de boa-fé e não seja coisa de posse ilícita. Porém, inexistindo interesse ao processo, cabe a restituição imediatamente após a apreensão ou realização de perícia. Conferir: STJ: "Se, por um lado, o art. 118 do Código de Processo Penal veda a restituição de coisas apreendidas em ações/inquéritos penais antes do trânsito em julgado da sentença, por outro lado, ele também ressalva que tais coisas devem ser mantidas em poder do Juízo 'enquanto interessarem ao processo'. Precedente. Não havendo provas contundentes de que os bens apreendidos tenham sido adquiridos com produto do crime, nem dúvidas da propriedade do bem, a ausência de provas de que o veículo de propriedade da impetrante tivesse sido utilizado em ocasião anterior para a prática do tráfico de drogas, ou de que tivesse sido especialmente preparado para tal finalidade autoriza a liberação do veículo apreendido" (RMS 50.630/RS, 5.ª T., rel. Reynaldo Soares da Fonseca, 28.06.2016, v.u.).

4-A. Possibilidade de depósito: não mais interessando o bem ao processo, não constituindo coisa ilícita, até que se decida a sua autêntica origem, pode-se deferir o depósito em mãos do proprietário legítimo, até para evitar perdas irreparáveis no futuro.

> **Art. 119.** As coisas a que se referem os arts. 74 e 100[5] do Código Penal não poderão ser restituídas, mesmo depois de transitar em julgado a sentença final, salvo se pertencerem ao lesado ou a terceiro de boa-fé.[6]

5. Modificação legislativa: após a Reforma Penal de 1984, perdeu efeito a menção ao art. 100 e o art. 74 transformou-se no art. 91, II, do Código Penal, que estipula: "São efeitos da condenação: (...) II – a perda em favor da União, ressalvado o direito do lesado ou de terceiro de boa-fé: *a*) dos instrumentos do crime, desde que consistam em coisas cujo fabrico, alienação, uso, porte ou detenção constitua fato ilícito; *b*) do produto do crime ou de qualquer bem ou valor que constitua proveito auferido pelo agente com a prática do fato criminoso". Assim, instrumentos do crime cuja utilização é proibida, como ocorre com as armas de uso privativo do Exército, por exemplo, não retornarão jamais ao acusado, mesmo que seja ele absolvido. Ocorre o confisco. Ressalva-se a posição do lesado ou terceiro de boa-fé, como pode acontecer com o sujeito que tem a arma proibida retirada de sua coleção autorizada, para utilização em um roubo. Pode pleitear a devolução, pois, no seu caso, a posse é lícita. Quanto ao produto do crime, o mesmo pode dar-se. Se joias são furtadas, é natural que não mais sejam restituídas ao agente do crime, caso seja ele condenado. Eventualmente, elas podem ser devolvidas ao lesado ou terceiro de boa-fé, desde que a propriedade seja comprovada. Não surgindo ninguém para reclamá-las, serão confiscadas pela União. Ressalte-se que a expressão *crime*, constando do art. 91, II, *a* do Código Penal, admite interpretação extensiva, abrangendo *contravenção penal*, como tem interpretado majoritariamente a jurisprudência. Sobre o tema, ver o nosso *Código Penal comentado*, nota 4 ao art. 91. Por fim, convém mencionar que, no tocante ao produto do crime, caso seja diretamente a coisa subtraída ou conseguida pela prática do delito, pode ser apreendida; porém tratando-se de bens ou valores auferidos pela transformação do produto direto do crime devem ser objeto de sequestro. Assim, a quantia em dinheiro retirada da vítima pode ser objeto de apreensão, mas o veículo comprado com esse montante será objeto de sequestro (art. 132, CPP). Na jurisprudência: STJ: "3. Não há violação da norma legal se a restituição do imóvel ao embargante, ora agravado, foi devidamente fundamentada, nos termos dos arts. 90, II, *b*, do CP; 119; e 120 do CPP, que ressalvam o direito do terceiro em relação ao perdimento de bens, considerando, para tanto, que o embargante comprovou a propriedade do imóvel por meio de contrato de alienação fiduciária com garantia real, e a sua boa-fé, apresentando as certidões negativas de ações reais e pessoais reipersecutórias e ônus reais do imóvel exigidas, na época, para a celebração do pacto contratual" (AgRg no REsp n. 2.014.164/MS, 6.ª T., rel. Jesuíno Rissato, 22.04.2024, v.u.).

6. Impossibilidade de restituição, no caso de arquivamento ou absolvição: as coisas apreendidas, que forem de fabrico, alienação, uso, porte ou detenção proibida, serão igualmente confiscadas pela União, pois não teria cabimento restituir objetos ilícitos a quem quer que seja, como seriam os casos de entorpecentes ou armas de uso vedado ao particular. Assim, ainda que o juiz nada mencione na decisão de arquivamento do inquérito ou na sentença absolutória, as coisas apreendidas ilícitas ficam confiscadas.

> **Art. 120.** A restituição, quando cabível, poderá ser ordenada pela autoridade policial[7] ou juiz, mediante termo nos autos, desde que não exista dúvida quanto ao direito do reclamante.[8]
>
> § 1.º Se duvidoso esse direito, o pedido de restituição atuar-se-á em apartado,[9] assinando-se ao requerente o prazo de 5 (cinco) dias para a prova. Em tal caso, só o juiz criminal[10] poderá decidir o incidente.[10-A]
>
> § 2.º O incidente autuar-se-á também em apartado e só a autoridade judicial o resolverá, se as coisas forem apreendidas em poder de terceiro de boa-fé, que será intimado para alegar e provar o seu direito, em prazo igual e sucessivo ao do reclamante, tendo um e outro 2 (dois) dias[11] para arrazoar.[12]
>
> § 3.º Sobre o pedido de restituição será sempre ouvido o Ministério Público.[13]
>
> § 4.º Em caso de dúvida sobre quem seja o verdadeiro dono,[14] o juiz remeterá as partes para o juízo cível,[14-A] ordenando o depósito das coisas em mãos de depositário ou do próprio terceiro que as detinha, se for pessoa idônea.

Art. 120

§ 5.º Tratando-se de coisas facilmente deterioráveis,[15] serão avaliadas e levadas a leilão público, depositando-se o dinheiro apurado, ou entregues ao terceiro que as detinha, se este for pessoa idônea e assinar termo de responsabilidade.

7. Autoridade policial determinando a restituição: tal pode dar-se, caso não haja dúvida alguma sobre a propriedade da coisa apreendida e não seja ela de fabrico, alienação, uso, porte ou detenção proibida. Envolvendo, no entanto, o interesse de terceiro de boa-fé, estranho ao processo criminal, a autoridade policial deve abster-se de efetuar a devolução, remetendo o caso à apreciação do juiz, conforme dispõe o § 2.º.

8. Inaplicabilidade do procedimento incidente: quando é certa a propriedade da coisa apreendida, não sendo ela mais útil ao processo, deve ser devolvida a quem de direito, não existindo, nesse procedimento, a instauração de um incidente processual. Na jurisprudência: STJ: "1. A restituição das coisas apreendidas, mesmo após o trânsito em julgado da ação penal, está condicionada tanto à ausência de dúvida de que o requerente é seu legítimo proprietário, quanto à licitude de sua origem, conforme as exigências postas nos arts. 120 e 121 do Código de Processo Penal, independentemente de ser a sentença extintiva da pretensão punitiva ou mesmo absolutória (AgRg no AREsp n. 1.772.720/MT, Ministro Ribeiro Dantas, Quinta Turma, *DJe* 29/03/2021). 2. No caso, a moldura fática delineada no acórdão atacado indica que há diversas circunstâncias fáticas que colocam em dúvida a licitude dos recursos que subsidiaram a aquisição dos veículos que se almeja a restituição, de modo que a providência almejada no recurso (restituição dos bens) demandaria a revisão dos elementos que subsidiaram a conclusão do julgador ordinário, ou seja, dependeria da análise de matéria fática, providência inviável em sede especial (Súmula 7/STJ)" (AgRg no AREsp n. 2.352.977/RS, 6.ª T., rel. Sebastião Reis Júnior, 06.08.2024, v.u.).

9. Incidente processual: tem início, em autuação à parte, para não tumultuar o curso do processo principal, quando duvidosa for a propriedade da coisa apreendida. Pode ser autor do pedido o próprio réu, a vítima ou terceiro não interessado no deslinde do feito, mas unicamente na devolução do que julga pertencer-lhe. Entretanto, a norma em comento estabelece uma diferença entre o reclamante e o terceiro de boa-fé, demonstrando, pelo § 1.º, que o requerente da restituição é o indiciado/acusado ou ofendido, pessoa envolvida no feito, enquanto, pelo § 2.º, que o requerente é terceiro de boa-fé, alheio ao processo criminal. Deve o reclamante, seja quem for, demonstrar a propriedade, apresentando os documentos que possuir ou requerer a produção de outro tipo de prova em juízo. Assim, o prazo assinalado de cinco dias significa a apresentação da prova ou o requerimento para que seja produzida, mas não quer dizer tenha o magistrado que encerrar o incidente no quinquídio.

10. Juízo criminal: determina a lei que, num primeiro momento, seja sempre o magistrado condutor do feito criminal a autoridade a liberar ou não a coisa apreendida. Somente havendo dúvida intransponível pode-se remeter a questão à esfera cível, conforme determina o § 4.º. Evita-se, com isso, a apresentação de medidas cautelares ao juiz cível, desnecessariamente, desde que se possa, através de um simples incidente no processo-crime, concluir de quem seja a propriedade do que foi apreendido e não possui mais utilidade ao processo.

10-A. Recurso cabível: a decisão tomada no incidente de restituição de coisas apreendidas pode ser impugnada por apelação (art. 593, II, CPP). Em casos teratológicos, admite-se, ainda, a interposição de mandado de segurança, que admite a apreciação liminar da devolução pleiteada.

11. Prazo das alegações finais: não se confunde esse prazo de dois dias com o anterior de cinco. Este tem o destino de permitir às partes envolvidas na questão conflituosa apresentarem as provas que dispõem, ou requererem a produção de alguma outra. Aquele é voltado ao oferecimento de alegações finais, partindo-se do pressuposto de que as provas já foram produzidas. Ouve-se, mais uma vez, o representante do Ministério Público. Aliás, o promotor deve, se for o caso, propor a produção de provas e, ao final, oferecer seu parecer sobre a questão, inclusive levantando a impossibilidade de se decidir a restituição na esfera criminal e pleiteando a transferência do litígio ao juízo cível. A norma dá a entender ser o prazo de alegações finais comum, embora nada impeça que o juiz conceda sucessivamente às partes a possibilidade de se manifestar em dois dias, assegurando plenamente o contraditório e a ampla defesa.

12. Litigiosidade do incidente: pode dar-se o conflito de interesses na devolução de coisas apreendidas, justamente quando envolve o terceiro de boa-fé. Dessa maneira, o reclamante, indiciado/acusado ou ofendido, bem como seus familiares, pode pleitear a restituição, entrando em disputa com o terceiro de boa-fé, adquirente da coisa, de fabrico, alienação, uso, porte ou detenção lícita. É o que se dá, muitas vezes, no caso de coisas furtadas, passadas a terceiros, que não teriam condições de avaliar a origem do bem. A vítima pode pretender a devolução, entrando em litígio com o terceiro de boa-fé.

13. Ouvida obrigatória do Ministério Público: sempre que alguém ingressar com pedido de restituição de coisa apreendida, seja duvidosa ou não a propriedade, deve-se colher o parecer do Ministério Público, até porque é importante saber se o objeto é útil ao processo. O titular da ação penal é a parte mais indicada a pronunciar-se a esse respeito. Portanto, havendo inquérito, remete o delegado os autos a juízo, para que seja ouvido o promotor. No caso de processo, abre-se imediatamente vista ao representante do Ministério Público. Somente após, um ou outro (delegado ou juiz) determina a devolução ou a indefere.

14. Dúvida intransponível: havendo necessidade de ampla dilação probatória, o que é nitidamente incompatível com o procedimento incidental instaurado, até para não turbar, mais do que o necessário, o processo criminal principal, remete-se a questão ao juízo cível. O magistrado determina o depósito em mãos de alguém confiável, podendo ser até uma das partes em litígio, até que a propriedade do bem seja definida.

14-A. Competência do juízo cível: deve-se buscar o juízo correto para o ingresso da demanda discutindo a quem pertence o bem apreendido em caso de dúvida intransponível. Há duas hipóteses possíveis: (a) juízo cível comum: quando o conflito se estabelece entre particulares, ambos pleiteando a coisa e dizendo-se proprietários; (b) juízo da Fazenda Pública: quando o conflito se der entre o pretenso proprietário, particular, e a Fazenda, que não reconhece a propriedade, crendo que o bem deva permanecer apreendido para assegurar o confisco, revertendo aos cofres públicos o resultado de sua venda. Na jurisprudência: STJ: "1. Conquanto não mais interesse à persecução criminal, a existência de dúvida acerca da propriedade dos bens objeto de constrição judicial não autoriza, na forma incidental, sua imediata restituição ao requerente, devendo tal celeuma ser discutida entre as partes interessadas perante o Juízo Cível, conforme dicção do art. 120, § 4.º, conjugada à redação do art. 118, ambos do CPP" (AgRg no AREsp 1.441.637/SP, 5.ª T., rel. Laurita Vaz, j. 25.06.2019, v.u.).

15. Coisas facilmente deterioráveis: o procedimento para a sua restituição é o mesmo descrito no *caput* e nos parágrafos anteriores. Entretanto, abre-se a possibilidade do juiz determinar a avaliação dos bens, bem como a sua venda em leilão público, depositando-se o dinheiro auferido à disposição do juízo, evitando-se, com isso, a sua perda irreparável.

Art. 121

Não seria cabível disputar-se a propriedade de algo que já não existe mais, justamente pela lentidão na decisão. Uma alternativa – aliás, a mesma que se adota quando a questão for complexa e remetida ao cível – é entregar as coisas em mãos do terceiro que as detinha, lavrando-se o respectivo termo.

> **Art. 121.** No caso de apreensão de coisa adquirida com os proventos da infração,[16] aplica-se o disposto no art. 133 e seu parágrafo.

16. Apreensão de coisa adquirida com os proventos da infração: como regra, tudo o que for pelo agente adquirido com o resultado lucrativo da prática criminosa deve ser objeto de sequestro e não de simples apreensão. Se o ladrão, após retirar grande quantia de dinheiro de um banco, por exemplo, compra um automóvel, em loja especializada, em negócio lícito, não pode este veículo ser objeto de apreensão, mas sim de sequestro. Porém, se o agente utiliza o dinheiro conseguido para comprar algum objeto que seja interessante para a prova do processo criminal, pode a coisa ser apreendida. É o que o art. 240, § 1.º, *b*, do CPP, denomina de *coisa achada*. Ex.: alega o agente não ser traficante, mas com o produto da venda de entorpecentes, pelo que responde, compra um equipamento para refinar droga. Torna-se importante a apreensão, a fim de se demonstrar a sua ligação com o tráfico. Pode-se, depois, aplicar o disposto no art. 133, §§ 1.º e 2.º, do CPP, que é a venda pública do bem, entregando-se o montante arrecadado à União, no caso exemplificado, se não se tratar de coisa proibida. Quando é objeto ilícito, após servir de prova, destrói-se. Porventura, pode-se apreender bens que estejam na residência do agente criminoso, supondo-se pertencerem à vítima, isto é, serem as coisas subtraídas. Verifica-se, depois, que as joias apreendidas, por exemplo, constituíam o proveito do delito e não a *res furtiva*. Fez-se a apreensão, em vez do sequestro, pois não se sabia exatamente a quem pertenceriam as referidas joias. Como a vítima não é obrigada a ficar com o proveito da infração, merecendo receber de volta o dinheiro que lhe foi tomado, pode o Estado determinar a venda, em leilão público, visando à futura satisfação da parte lesada. Nesse prisma está a lição de Espínola Filho (*Código de Processo Penal brasileiro anotado*, v. 2, p. 370). Ver, ainda, a nota 5 ao art. 125. Outro importante aspecto consiste em não se permitir a devolução do bem apreendido, nessas circunstâncias, ao acusado, durante o processo, nem mesmo em depósito.

> **Art. 122.** Sem prejuízo do disposto no art. 120, as coisas apreendidas serão alienadas nos termos do disposto no art. 133 deste Código.[17]
>
> **Parágrafo único.** (Revogado).[18]

17. Simplificação do procedimento: não há mais esse prazo de 90 dias para alguém se interessar pelo bem apreendido. Portanto, excetuando-se o disposto no art. 120, que é justamente o procedimento para a restituição de coisa apreendida, segue-se agora o art. 133. Dá-se nova destinação ao valor resultante do leilão.

18. Modificação legislativa: agora revogado, apontava que as coisas apreendidas já deviam ter sido confiscadas pelo Estado, nos termos do art. 91, II, *a* e *b*, do Código Penal. No entanto, essa previsão era desnecessária, pois o confisco ali mencionado é automático, nem depende da decisão judicial para a sua perda. Basta haver condenação. E mais um ponto: se houver absolvição, somente os bens lícitos são passíveis de restituição (ex.: droga, substância ilícita, será sempre apreendida e incinerada, mesmo que o réu seja absolvido por qualquer razão).

> **Art. 123.** Fora dos casos previstos nos artigos anteriores, se dentro no prazo de 90 (noventa) dias, a contar da data em que transitar em julgado a sentença final, condenatória ou absolutória, os objetos apreendidos[19] não forem reclamados ou não pertencerem ao réu, serão vendidos em leilão, depositando-se o saldo à disposição do juízo de ausentes.

19. Objetos apreendidos lícitos: há possibilidade de haver a apreensão de coisas de fabrico, alienação, uso, porte ou detenção permitida, pertencentes não ao reu, mas a terceiros, que não as reclama. É também viável que os bens pertençam ao acusado, que também não as pede de volta. Nessa hipótese, não havendo possibilidade de confiscar os bens, passando-os à União, deve o juiz determinar a sua venda em leilão, depositando-se o saldo em conta de ausentes, seguindo-se o disposto nos arts. 744 e seguintes do CPC/2015. Para esse procedimento, pouco importa que a sentença seja condenatória ou absolutória, bem como se houver extinção da punibilidade ou arquivamento do inquérito.

> **Art. 124.** Os instrumentos do crime, cuja perda em favor da União for decretada, e as coisas confiscadas, de acordo com o disposto no art. 100 do Código Penal,[20] serão inutilizados ou recolhidos a museu criminal, se houver interesse na sua conservação.[21]

20. Antiga redação do art. 100 do Código Penal: "O juiz, embora não apurada a autoria, deve ordenar o confisco dos instrumentos e produtos do crime, desde que consistam em coisas cujo fabrico, alienação, uso, porte ou detenção constitui fato ilícito". A correspondência hoje se faz com o art. 91, II, *a* e *b*, CP.

21. Confisco ainda existente: como já se disse anteriormente as coisas apreendidas serão confiscadas sempre que o seu fabrico, alienação, uso, porte ou detenção constitua fato ilícito, exista ou não sentença condenatória. Portanto, para as mãos do réu ou de outra pessoa não voltam, exceto em hipóteses excepcionais, como já narrado com o caso de um leilão de armas proibidas ao particular, mas cujos interessados são colecionadores autorizados a possuí--las. Do contrário, não existindo a venda em leilão, o ideal é que sejam destruídas, para não sobrecarregar o depósito dos fóruns. Caso haja interesse na sua manutenção, pode-se enviá-las a museu criminal, devidamente autorizado a funcionar.

> **Art. 124-A.** Na hipótese de decretação de perdimento de obras de arte ou de outros bens de relevante valor cultural ou artístico, se o crime não tiver vítima determinada, poderá haver destinação dos bens a museus públicos.[22]

22. Destinação relevante: é possível que o produto ou o proveito do crime seja formado por obras de arte ou outros bens de valor cultural ou artístico. Não havendo vítima determinada, que prove a propriedade dessas coisas, a solução é destinar os bens a museus públicos. A nova norma foi bem-feita, pois há muitos criminosos que investem o produto do crime em obras de arte – coisas fáceis de esconder – para aumentar seu patrimônio. Geralmente, nota-se que esse tipo de investimento é mais comum no universo dos crimes do colarinho branco. Imagine-se o corrupto funcionário público, que não tem quase nada registrado em seu nome, nem guardado em estabelecimentos bancários, mas possui vários quadros de alto valor; quando precisa de dinheiro, coloca o quadro à venda e guarda o dinheiro em casa. Mais relevante do que leiloar esses bens e destinar o dinheiro aos cofres públicos, que nunca investem bem o recebido, a obra de arte poderá enriquecer um museu público e, com isso, toda a sociedade.

Art. 125

Código de Processo Penal Comentado • **Nucci**

310

Capítulo VI
DAS MEDIDAS ASSECURATÓRIAS[1-2]

1. Medidas assecuratórias: são as providências tomadas, no processo criminal, para garantir futura indenização ou reparação à vítima da infração penal, pagamento das despesas processuais ou penas pecuniárias ao Estado ou mesmo evitar que o acusado obtenha lucro com a prática criminosa. Constituem-se em sequestro, arresto e especialização de hipoteca legal. Fazem parte dos procedimentos incidentes, merecedores de decisão em separado, na pendência do processo principal, onde se apura a responsabilidade do réu pela infração penal. Lembremos, no entanto, que se trata de medidas excepcionais, pois afetam o direito de propriedade, constitucionalmente assegurado.

2. Quadro geral: consultar, ao final deste capítulo, a nota 43 ao art. 144, para fecho do tema.

> **Art. 125.** Caberá o sequestro[3] dos bens imóveis,[4] adquiridos pelo indiciado com os proventos da infração,[5] ainda que já tenham sido transferidos a terceiro.[6-7]

3. Sequestro: é a medida assecuratória consistente em reter os bens imóveis e móveis do indiciado ou acusado, ainda que em poder de terceiros, inclusive pessoa jurídica, quando adquiridos com o proveito da infração penal, para que deles não se desfaça, durante o curso da ação penal, a fim de se viabilizar a indenização da vítima ou impossibilitar ao agente que tenha lucro com a atividade criminosa. Não utiliza o Código de Processo Penal o termo *sequestro* no seu sentido mais técnico, como aponta a doutrina, que seria a retenção de coisa litigiosa, até que se eleja o seu autêntico dono. Vale o sequestro, no processo penal, para recolher os proventos do crime – tudo aquilo que o agente adquiriu, valendo-se do produto do delito (ex.: carros, joias, apartamentos, terrenos, comprados com o dinheiro subtraído da vítima) –, visando-se à indenização à parte lesada, mas também tendo por finalidade impedir que alguém aufira lucro com a prática de uma infração penal. Logo, se não houver ofendido a requerer a indenização, são os proventos do delito confiscados pela União, como impõe o art. 91, II, *b*, do Código Penal. Na jurisprudência: STJ: "3. O sequestro ostenta natureza distinta das outras medidas assecuratórias penais (arresto e hipoteca legal), ante o interesse público verificado a partir da natureza dos bens objetos dessa constrição – adquiridos com os proventos da infração – e do procedimento para expropriação desses bens, que transcorre na seara penal (art. 133 do CPP)" (CC 175.033/GO, 3.ª S., rel. Sebastião Reis Júnior, 26.05.2021, v.u.); "1. São admissíveis o sequestro e o bloqueio de bens e ativos financeiros dos investigados diante de ilícitos penais que podem causar prejuízo à Fazenda Pública, bem como para assegurar eventuais confisco, tutelas indenizatórias (individual e coletiva) e o pagamento das despesas processuais e penas pecuniárias. 2. Havendo indícios de que foram utilizadas para a prática de crimes, é lícito o bloqueio de bens de pessoas jurídicas. 3. Não são genéricos o pedido e a decisão que apontam satisfatoriamente sobre quais bens incidirão as medidas constritivas, mesmo que, diante do vultoso proveito do suposto crime, sejam indicados bens de diversas naturezas. 4. O requisito da contemporaneidade refere-se às medidas cautelares previstas no art. 319 do CPP, sendo inexigível para a decretação de medida probatória de busca e apreensão. 5. É lícita a incidência de juros e correção monetária sobre valores bloqueados para assegurar tutelas de natureza civil, independentemente de requerimento expresso do Ministério Público, aplicando-se, nesse particular, o regime jurídico previsto nas leis civis" (AgRg na CauInomCrim n. 99/DF, Corte Especial, rel. Ricardo Villas Bôas Cueva, 07.02.2024, v.u.).

Art. 126

Título VI – Das Questões e Processos Incidentes

4. Bens imóveis: são eles, de acordo com o disposto nos arts. 79 e 80 do Código Civil: (a) o solo e tudo quanto se lhe incorporar natural ou artificialmente; (b) os direitos reais sobre imóveis e as ações que os asseguram; (c) o direito à sucessão aberta. Acrescenta o art. 81 que "não perdem o caráter de imóveis: I – as edificações que, separadas do solo, mas conservando a sua unidade, forem removidas para outro local; II – os materiais provisoriamente separados de um prédio, para nele se reempregarem".

5. Proventos da infração: é o lucro auferido pelo produto do crime, podendo constituir--se de bens móveis ou imóveis. Destaca Sérgio Marcos de Moraes Pitombo que o produto da infração pode ser direto, quando for o "resultado útil imediato da operação delinquencial: bens, ou bem, produzidos pela indústria do infrator" e indireto, quando for o "resultado útil mediato da operação delinquencial: o ganho, o lucro, o benefício que ao delinquente adveio da utilização econômica do produto direto do crime" (*Do sequestro no processo penal brasileiro*, p. 9). E completa que são sequestráveis todos os bens adquiridos pelo indiciado com o produto indireto do crime (*Do sequestro no processo penal brasileiro*, p. 10). Em síntese, pois, conclui que os bens móveis, quando constituírem o produto do crime, são objeto de apreensão, o que já foi visto nas notas à restituição de coisas apreendidas. Quanto aos bens imóveis, quando forem produto do crime, diante do silêncio do Código de Processo Penal, utiliza-se, por analogia, o sequestro (*Do sequestro no processo penal brasileiro*, p. 10-11).

6. Terceiro que retenha o bem: pode ser tanto o de má-fé, quanto o de boa-fé, embora, neste último caso, exista possibilidade de reaver o bem, através da interposição dos embargos (art. 130, II, CPP).

7. Decretação de medidas assecuratórias por CPI: inadmissibilidade. Os parlamentares, em exercício em Comissão Parlamentar de Inquérito, possuem poderes investigatórios típicos do juiz, embora não se possa considerar como parte da investigação da decretação da indisponibilidade de bens de alguém. Esta é medida jurisdicional, não possuindo a CPI competência para fazê-lo. Assim já decidiu o Supremo Tribunal Federal: "As Comissões Parlamentares de Inquérito – CPI têm poderes de investigação vinculados à produção de elementos probatórios para apurar fatos certos e, portanto, não podem decretar medidas assecuratórias para garantir a eficácia de eventual sentença condenatória (CPP, art. 125), uma vez que o poder geral de cautela de sentenças judiciais só pode ser exercido por juízes. Com esse entendimento, o Tribunal deferiu mandado de segurança para tornar sem efeito ato do Presidente da chamada CPI dos Bancos que decretara a indisponibilidade dos bens dos impetrantes. Precedente citado: MS 23.452 – DF (*DJU* 08.06.1999)" (MS 23.446/DF, rel. Ilmar Galvão, 18.08.1999, *Informativo STF* 158, agosto de 1999, embora antiga, ainda é a posição do STF).

> **Art. 126.** Para a decretação do sequestro, bastará a existência de indícios veementes da proveniência ilícita dos bens.[8]

8. Requisito para o sequestro: deve estar demonstrada, nos autos, a existência de indícios veementes da procedência ilícita dos bens. Indícios são meios indiretos de prova, através dos quais se chega, por indução, ao conhecimento de um fato (ver nota ao art. 239, CPP). Além de prova indiciária, torna-se indispensável que seja ela *veemente*, ou seja, forte, intensa, cristalina. Não são quaisquer indícios que servem para sustentar o sequestro, privação incidente sobre o direito de propriedade, constitucionalmente assegurado, mas somente aqueles que forem vigorosos. Em outros cenários, a lei exige indícios *suficientes* de autoria, algo, por contraposição, mais leve (arts. 312 e 414, CPP). No caso presente, os indícios veementes devem apontar para a origem ilícita dos bens, e não para a responsabilidade do autor da infração

Art. 127

Código de Processo Penal Comentado · **Nucci**   312

penal. A norma fala em *indícios veementes* buscando uma quase certeza da proveniência ilícita do bem sequestrável, não se referindo à certeza, pois esta, por óbvio que seja, propicia, ainda mais, a decretação da medida assecuratória.

> **Art. 127.** O juiz, de ofício, a requerimento do Ministério Público ou do ofendido, ou mediante representação da autoridade policial,[9] poderá ordenar o sequestro,[10] em qualquer fase do processo ou ainda antes de oferecida a denúncia ou queixa.

9. Iniciativa para o sequestro: há ampla possibilidade de provocação, uma vez que a lei conferiu a iniciativa ao representante do Ministério Público, ao ofendido, seu representante legal ou seus herdeiros, à autoridade policial condutora das investigações e ao próprio magistrado. Enfim, a viabilidade da medida assecuratória aumenta consideravelmente, não se restringindo ao interesse indenizatório da vítima, até porque o Estado pode pretender garantir o confisco do proveito auferido pelo delito.

10. Recurso cabível contra o sequestro: é a apelação (art. 593, II, CPP). Aliás, quando o juiz indeferir a medida requerida também é cabível apelação.

> **Art. 128.** Realizado o sequestro, o juiz ordenará a sua inscrição no Registro de Imóveis.[11]

11. Inscrição do sequestro no Registro de Imóveis: decretado o sequestro nos autos do procedimento incidente, é suficiente que determine o juiz a expedição de mandado para a sua inscrição no Registro de Imóveis, nos termos do disposto no art. 239 da Lei 6.015/1973 (Registros Públicos): "As penhoras, arrestos e sequestros de imóveis serão registrados depois de pagas as custas do registro pela parte interessada, em cumprimento de mandado ou à vista de certidão do escrivão, de que constem, além dos requisitos exigidos para o registro, os nomes do juiz, do depositário, das partes e a natureza do processo. Parágrafo único. A certidão será lavrada pelo escrivão do feito, com a declaração do fim especial a que se destina, após a entrega, em cartório, do mandado devidamente cumprido". Assim fazendo, não é possível que o imóvel seja vendido a terceiros de boa-fé, uma vez que qualquer certidão extraída do Registro de Imóveis, o que é essencial para a garantia da boa transação, acusará a indisponibilidade do bem. Caso seja o imóvel objeto de compra e venda, a despeito do sequestro, o terceiro que o detiver, perderá o bem, que será vendido em hasta pública, encaminhando-se o apurado para a vítima ou para a União, ao término do processo criminal.

> **Art. 129.** O sequestro autuar-se-á em apartado[12] e admitirá embargos de terceiro.[13-13-A]

12. Autuação em separado: tratando-se de procedimento incidente, sobre o qual pode haver litígio, é preciso que seja autuado à parte. Logo, ainda que seja o juiz a autoridade provocadora, deve fazê-lo em separado, contendo os motivos que o levam a decretar o sequestro e permitindo a ciência das partes, inclusive das que forem interessadas em contrariar a decisão tomada.

13. Embargos de terceiro: é a defesa apresentada pelo terceiro de boa-fé, completamente alheio à prática da infração penal, conforme disposição feita pelo art. 674 do Código de

Processo Civil: "Quem, não sendo parte no processo, sofrer constrição ou ameaça de constrição sobre bens que possua ou sobre os quais tenha direito incompatível com o ato constritivo, poderá requerer seu desfazimento ou sua inibição por meio de embargos de terceiro. § 1.º Os embargos podem ser de terceiro proprietário, inclusive fiduciário, ou possuidor. § 2.º Considera-se terceiro, para ajuizamento dos embargos: I – o cônjuge ou companheiro, quando defende a posse de bens próprios ou de sua meação, ressalvado o disposto no art. 843; II – o adquirente de bens cuja constrição decorreu de decisão que declara a ineficácia da alienação realizada em fraude à execução; III – quem sofre constrição judicial de seus bens por força de desconsideração da personalidade jurídica, de cujo incidente não fez parte; IV – o credor com garantia real para obstar expropriação judicial do objeto de direito real de garantia, caso não tenha sido intimado, nos termos legais dos atos expropriatórios respectivos". Estes embargos devem ser julgados tão logo termine a instrução do procedimento incidente, não havendo necessidade de se aplicar o disposto no art. 130, parágrafo único, CPP, que prevê a prolação de decisão somente após o trânsito em julgado da sentença condenatória do processo-crime. Na hipótese tratada neste artigo, não há razão de se reter o bem imóvel de terceiro inocente, que relação alguma tem com o crime, por tempo demasiado. A diferença existente entre este terceiro de boa-fé, estranho ao processo criminal, e o terceiro de boa-fé do art. 130, II, CPP, é a seguinte: o primeiro não adquiriu o bem imóvel sobre o qual recaiu o sequestro diretamente do indiciado ou acusado, podendo ter havido uma mera confusão a respeito da ordem de constrição judicial. Manda o juiz sequestrar a casa 1-A do condomínio, mas o sequestro é lavrado no tocante à casa 1-B. O proprietário deste imóvel interpõe embargos de terceiro, conforme art. 129, CPP, merecendo julgamento imediato. No tocante ao terceiro adquirente, a título oneroso, do imóvel, cabe a previsão feita no parágrafo único do art. 130, CPP, ou seja, os embargos por ele interpostos serão apreciados somente após o término definitivo do processo criminal. Em ambas as situações, no entanto, a competência para apreciar os embargos é do juiz criminal. Nesse sentido: STJ: "1. À hipótese prevista no art. 129 do CPP, que cuida da defesa apresentada por terceiro de boa-fé alheio à prática da infração penal, não se aplica o parágrafo único do art. 130, do referido Código, em que há, de algum modo, vínculo do embargante com o autor da infração penal ou com a prática do delito. Precedentes. (...)" (AgRg no REsp 1.569.321/MS, 5.ª T., rel. Reynaldo Soares da Fonseca, 02.06.2016, v.u.).

13-A. Recurso cabível: a decisão proferida no incidente instaurado (embargos de terceiro) é terminativa e definitiva para a questão. Portanto, em nosso entendimento, pode ser contestada por meio de apelação (art. 593, II, CPP).

> **Art. 130.** O sequestro poderá ainda ser embargado:[14]
>
> I – pelo acusado, sob o fundamento de não terem os bens sido adquiridos com os proventos da infração;[15]
>
> II – pelo terceiro, a quem houverem os bens sido transferidos a título oneroso, sob o fundamento de tê-los adquirido de boa-fé.[16]
>
> **Parágrafo único.** Não poderá ser pronunciada decisão nesses embargos antes de passar em julgado a sentença condenatória.

14. Embargos da parte interessada: na essência, trata-se de mera contestação ou impugnação ao ato de constrição. Nessa hipótese, há, de algum modo, vínculo do embargante com o autor da infração penal – no caso do terceiro de boa-fé que houver dele adquirido o bem sequestrado – ou com a própria imputação – no caso do acusado, que tentará provar a ausência de ligação da coisa sequestrada com a infração penal. Diferentemente, como já se

Art. 131

Código de Processo Penal Comentado · **Nucci** 314

expôs, do terceiro estranho à prática da infração penal e ao seu autor, que se vale dos *embargos de terceiro* (art. 129, *supra*).

15. Defesa do réu: limita-se, neste incidente, a demonstrar que o bem sequestrado não tem qualquer relação com a infração penal, que lhe é imputada. Não se discute a existência do crime, nem sua autoria. Na jurisprudência: STJ: "1. O sequestro é medida assecuratória cujo deferimento acarreta a indisponibilidade dos bens móveis ou imóveis adquiridos pelo agente como proveito da infração penal ou produto indireto (*fructus sceleris*). Em interpretação *contrario sensu* do art. 132 do CPP, no caso de imóveis, igualmente possível o sequestro do produto direto da infração (*producta sceleris*), porquanto incabível apreensão (CPP, art. 240, § 1.º, *b*), somente aplicável ao produto direto de bens móveis. A finalidade precípua do sequestro é garantir a reparação do dano causado pelo delito e a perda do produto ou proveito auferido pelo agente com a prática do crime, evitando-se, pois, benefício decorrente da própria torpeza. 2. Como cediço, o sequestro é apurado em processo incidente ao processo criminal principal, com objetos estanques. O investigado ou réu possui legitimidade para impugnar o sequestro, por meio de embargos, nos termos do art. 130, I, do CPP, que constitui instrumento processual defensivo dentro do procedimento incidental, corolário do contraditório. Considerando que os embargos não possuem natureza de recurso, mas de defesa, a jurisprudência pacificou-se no sentido de que a decisão acerca do sequestro de bens admite apelação. Precedentes" (RMS 49.540/RS, 5.ª T., rel. Ribeiro Dantas, 12.09.2017, v.u.).

16. Defesa do terceiro de boa-fé: quem houver adquirido coisa, considerada provento da prática de infração penal há de provar a sua boa-fé, consistente no fato de não ter sabido, nem lhe ter sido possível saber, que se tratava de bem dessa natureza. A norma é clara ao exigir que a transação tenha sido a título oneroso. Aquilo que sem ônus recebeu, perderá, caso seja o réu considerado culpado pela prática da infração penal. Haverá confisco. A decisão proferida neste incidente é passível de impugnação pela via da apelação (art. 593, II, CPP). Ver, ainda, a nota 13-A *supra*.

> **Art. 131.** O sequestro será levantado:[17]
>
> I – se a ação penal não for intentada no prazo de 60 (sessenta) dias, contado da data em que ficar concluída a diligência;
>
> II – se o terceiro, a quem tiverem sido transferidos os bens, prestar caução que assegure a aplicação do disposto no art. 74, II, *b*,[18] segunda parte, do Código Penal;
>
> III – se for julgada extinta a punibilidade ou absolvido o réu, por sentença transitada em julgado.

17. Levantamento do sequestro: tratando-se de medida constritiva e excepcional, pode ser revista, desde que ocorra uma das três hipóteses enumeradas neste artigo. Quando decretado durante a fase investigatória, há um prazo máximo de 60 dias para que seja a ação penal intentada, o que é bastante razoável para apurar a materialidade e indícios suficientes de autoria. Quando decretado em qualquer fase, o terceiro de boa-fé pode oferecer garantia para assegurar eventual indenização à vítima, além do que o bem não voltará ao acusado. Logo, se este for condenado, não terá lucro algum. Provada a boa-fé, o terceiro levanta a caução. Quando for julgada extinta a punibilidade do réu ou for este absolvido, por decisão definitiva, é natural que a origem ilícita do bem não foi evidenciada, merecendo cessar a constrição.

18. Alteração legislativa: atualmente, trata-se do art. 91, II, *b*, segunda parte, do Código Penal.

> **Art. 132.** Proceder-se-á ao sequestro[19] dos bens móveis[20] se, verificadas as condições previstas no art. 126, não for cabível a medida regulada no Capítulo XI do Título VII deste Livro.

19. Sequestro de bens móveis: quando esses bens forem passíveis de apreensão (art. 240, CPP), porque constituem coisas interessantes à prova do processo criminal ou foram obtidas por meio criminoso (produto do crime), bem como representam coisas de fabrico, alienação, posse, uso ou detenção ilícita, não cabe falar em sequestro. Por outro lado, tratando-se de provento do crime, isto é, de coisas adquiridas pelo rendimento que a prática da infração penal provocou, porque não são objeto de apreensão, aplica-se este artigo. A condição essencial é a existência de indícios veementes da proveniência ilícita dos bens. O procedimento utilizado é o mesmo já comentado para os imóveis.

20. Bens móveis: são eles, de acordo com os arts. 82 a 84 do Código Civil: a) os bens suscetíveis de movimento próprio, ou de remoção por força alheia, sem alteração da substância ou da destinação econômico-social; b) as energias que tenham valor econômico; c) os direitos reais sobre objetos móveis e as ações correspondentes; d) os direitos pessoais de caráter patrimonial e respectivas ações; e) os materiais destinados a alguma construção, enquanto não forem empregados, bem como aqueles que readquirirem essa qualidade em virtude da demolição de algum prédio. Na jurisprudência: TRF1: "(...) o sequestro de bens móveis é expressamente previsto no art. 132 c/c 125 e 126 do Código de Processo Penal, quando existentes indícios veementes da proveniência ilícita do bem e não for cabível a sua simples busca e apreensão, sendo entendimento doutrinário comezinho o de que bens semoventes nada mais são que bens móveis com movimento próprio, não se podendo falar, portanto, em ausência de previsão legal *in abstrato*, no âmbito do Processo Penal, para o sequestro de semoventes (no caso, rebanhos de gado bovino). Note-se que, conforme previsto no art. 127 do CPP, tal medida pode ser ordenada pelo Juiz em qualquer fase do processo ou ainda antes de oferecida a denúncia" (MS 10412852420194010000, rel. Cândido Ribeiro, 10.12.2019, v.u.).

> **Art. 133.** Transitada em julgado a sentença condenatória, o juiz, de ofício ou a requerimento do interessado ou do Ministério Público, determinará a avaliação e a venda dos bens em leilão público cujo perdimento tenha sido decretado.[21]
>
> § 1.º Do dinheiro apurado, será recolhido aos cofres públicos o que não couber ao lesado ou a terceiro de boa-fé.[21-A]
>
> § 2.º O valor apurado deverá ser recolhido ao Fundo Penitenciário Nacional, exceto se houver previsão diversa em lei especial.[21-B]

21. Finalização da medida assecuratória: realizado o sequestro tornando indisponível o bem imóvel ou móvel, uma vez que a condenação se dê, com trânsito em julgado, é preciso finalizar a constrição, promovendo-se a venda pública do que foi recolhido, destinando-se o dinheiro aos cofres públicos. Porventura, poderá ser encaminhado à vítima ou ao terceiro de boa-fé. Trata-se de diligência a ser empreendida pelo juiz da condenação, aquele que decretou o sequestro, pois é a sequência lógica adotada pela lei processual penal. O juiz da esfera cível nada tem a ver com a constrição, não lhe sendo cabível interferir na disposição dos bens. Note-se, ademais, que, quando o Código quer se referir ao juízo cível, torna isso bem claro, como ocorreu com o art. 143. Assim, o produto do crime e os proventos da infração penal irão à venda pública, ao final, caso deferida pelo juiz criminal. Somente o que for arrestado – móveis

Art. 133-A

Código de Processo Penal Comentado · **Nucci**

316

e imóveis – caberá ao juiz cível dispor, quando houver ação civil de reparação do dano. O juiz pode agir de ofício, determinando a venda em leilão, a requerimento de interessado (lesado ou terceiro de boa-fé) ou do Ministério Público.

21-A. Dupla previsão de destino do dinheiro: este parágrafo prevê que o dinheiro apurado com o leilão será recolhido aos cofres público e somente no § 2.º é que indica quais são exatamente esses *cofres* (Fundo Penitenciário Nacional). Aproveita para ressalvar o usual: somente se não houver vítima ou terceiro de boa-fé.

21-B. Fundo Penitenciário Nacional: de fato, é o destino mais adequado ao dinheiro apurado e originário de crime; afinal é desse Fundo que sai (ou deveria sair) o montante necessário para construir e manter presídios. Respeita-se a regra geral: salvo o disposto em lei especial. Considerando-se que o CPP é lei geral, se alguma lei especial destinar o valor a outro ente, assim será feito.

> **Art. 133-A.** O juiz poderá autorizar, constatado o interesse público, a utilização de bem sequestrado, apreendido ou sujeito a qualquer medida assecuratória pelos órgãos de segurança pública previstos no art. 144 da Constituição Federal, do sistema prisional, do sistema socioeducativo, da Força Nacional de Segurança Pública e do Instituto Geral de Perícia, para o desempenho de suas atividades.[21-C]
>
> § 1.º O órgão de segurança pública participante das ações de investigação ou repressão da infração penal que ensejou a constrição do bem terá prioridade na sua utilização.[21-D]
>
> § 2.º Fora das hipóteses anteriores, demonstrado o interesse público, o juiz poderá autorizar o uso do bem pelos demais órgãos públicos.[21-E]
>
> § 3.º Se o bem a que se refere o *caput* deste artigo for veículo, embarcação ou aeronave, o juiz ordenará à autoridade de trânsito ou ao órgão de registro e controle a expedição de certificado provisório de registro e licenciamento em favor do órgão público beneficiário, o qual estará isento do pagamento de multas, encargos e tributos anteriores à disponibilização do bem para a sua utilização, que deverão ser cobrados de seu responsável.[21-F]
>
> § 4.º Transitada em julgado a sentença penal condenatória com a decretação de perdimento dos bens, ressalvado o direito do lesado ou terceiro de boa-fé, o juiz poderá determinar a transferência definitiva da propriedade ao órgão público beneficiário ao qual foi custodiado o bem.[21-G]

21-C. Utilização de bens apreendidos por agentes de segurança pública: no combate à criminalidade, costuma-se apreender várias coisas, muitas das quais têm valor para os próprios agentes policiais, como armas sofisticadas, carros blindados, balanças de precisão, munição, entre outras. No passado, havia dispositivo administrativo regulamentando essa situação. Colocava-se o bem (por exemplo, um revólver), em carga, sob a responsabilidade do juiz, que poderia usá-lo em razão da sua atividade profissional. Depois, o Tribunal entendeu que não mais seria viável disciplinar assunto por normas internas e suspendeu todas as cargas existentes. Agora, inserida a autorização em lei, muito do que é apreendido pode realmente ser útil aos agentes de segurança pública.

21-D. Órgão preferencial: é natural que a instituição à qual pertence os agentes de segurança tenha preferência para usar o material apreendido. Se a delegacia X, por seus agentes, apreende armas, torna-se justo que seus policiais recebam em carga o que foi apreendido ou parte dele. Mas, por vezes, apreende-se um farto material de uso em laboratório de drogas, que, pela sofisticação, pode interessar ao Instituto de Criminalística. Logo, nem sempre o bem será destinado a quem o apreendeu.

21-E. Destino a outros órgãos públicos: como explicitamos na nota anterior, por vezes o bem apreendido não interessa aos agentes que o recolheram, sendo mais útil em outros órgãos públicos. Nada impede, agora, o seu encaminhamento a quem necessita.

21-F. Carga de veículo, embarcação ou aeronave: corretamente dispõe este parágrafo a respeito da viabilidade de se depositar em mãos de agentes de segurança pública inclusive os bens de grande porte. Para evitar *confusão*, que poderia gerar desconfiança no uso, expede-se um documento provisório da aeronave, embarcação ou veículo para a instituição a usá-la. É importante que haja relação causal entre o agente e a coisa a ser usada. Enquanto se pode perfeitamente admitir a carga de uma pistola apreendida com munição a um policial, não tem sentido algum permitir que o magistrado, por exemplo, receba, em carga, um carro de luxo apreendido de um receptador. Outra providência relevante foi a separação do campo de multas, sem isentar a instituição que ficará com o depósito da coisa de respeitar as regras de tráfego, responsabilizando-se pelas multas geradas durante a carga do bem. Naturalmente, o ente público paga e se volta contra o agente causador da infração.

21-G. Exceção ao leilão público: não se pode objetar uma solução inteligente da lei. Em lugar de vender em leilão uma arma ou uma balança de precisão, que podem render pouco e, por vezes, nem são aptas a ser leiloadas porque ilícito o seu uso por qualquer pessoa do povo, vale destinar, de vez, aquele bem à instituição que o recebeu em carga.

> **Art. 134.** A hipoteca legal[22] sobre os imóveis do indiciado[23] poderá ser requerida[24] pelo ofendido[25] em qualquer fase do processo, desde que haja certeza da infração e indícios suficientes da autoria.[26]

22. Hipoteca legal: ensina Pitombo que "hipoteca legal é instrumento protetivo. Emerge como favor legal, outorgado a certas pessoas, em dada situação jurídica, merecedoras do amparo. Na lei, pois, lhes nasce o direito real de garantia" (*Do sequestro no processo penal brasileiro*, p. 42). Destina-se a assegurar a indenização do ofendido pela prática do crime, bem como ao pagamento das custas e das despesas processuais. Não é confisco, nem se destina o apurado pela eventual venda do imóvel à União. É uma medida cautelar, prevista em lei, não dependente de requerimento para existir, cujo procedimento para sua utilização depende da especialização, logo, sujeita ao pedido da parte interessada, podendo ser o imóvel *sequestrado* – arrestado ou tornado indisponível, seriam termos preferíveis – desde logo, para garantir que a própria especialização tenha sucesso. Preceitua o Código Civil, no art. 1.489, III, que "a lei confere hipoteca: (...) III – ao ofendido, ou aos seus herdeiros, sobre os imóveis do delinquente, para satisfação do dano causado pelo delito e pagamento das despesas judiciais (...)".

23. O termo indiciado: em princípio, pareceu-nos equivocada a utilização do termo *indiciado* neste artigo, pois, logo em seguida, fala-se em "fase do *processo*". Ora, se há processo, o ideal seria falar réu. Ocorre que, melhor analisando o tema, deve-se salientar que é possível a decretação do sequestro, voltado à hipoteca legal, ainda na fase do inquérito, logo, quando há indiciado. A incorreção deve-se à palavra *processo*, que não pode ter um sentido estrito neste caso, sob pena de invalidar importante medida assecuratória. Logo, onde se lê *processo*, deve-se ler *procedimento*, mais amplo e válido tanto para a fase extrajudicial, quanto para a judicial. Por outro lado, quando houver certeza da infração e indícios suficientes de autoria, não somente é caso de sequestro, mas também do oferecimento de denúncia, o que

Art. 135

Código de Processo Penal Comentado · **Nucci**   318

representa o início da ação penal, logo, do processo. Ver a nota 32 a seguir, que cuida da especialização da hipoteca legal.

24. Requerimento de hipoteca legal: convém mencionar a lição de Sérgio Marcos de Moraes Pitombo, contrário à utilização do termo *requerimento*: "A hipoteca legal, porque nascente na lei, existe em potência e desde o cometimento da infração penal, em ato. No crime cometido incide diretamente a norma e os bens imóveis do infrator já se lhe sujeitam (art. 1.518, CC [cuida-se atualmente do art. 942]). Ao ofendido, ao mesmo tempo, cabe o direito de nela procurar a garantia do justo e total ressarcimento. Desnecessário, por conseguinte, requerimento a lhe dar vivência jurídica. Pede-se, requer-se, isto sim, a especialização da hipoteca e a inscrição, que se lhe segue (arts. 828, 838, 842, 845 e 848, CC [são, na essência, atualmente, os arts. 1.492, parágrafo único, 1.497, e seus parágrafos, e 1.498] e art. 135, CPP)" (*Do sequestro no processo penal brasileiro*, p. 45-46).

25. Parte legítima para requerer a hipoteca legal: menciona a lei ser o ofendido, mas pode-se incluir, ainda, seu representante legal ou seus herdeiros. Excepcionalmente, na forma autorizada pelo art. 142, poderá provocar o procedimento de especialização da hipoteca legal o Ministério Público, quando a vítima for pobre, ou quando houver interesse da Fazenda Pública (recebimento de multa ou custas).

26. Requisitos para a hipoteca legal consolidar-se: é preciso existir *certeza* da infração penal, o que não deixa, a nosso ver, de ser um termo infeliz. Levando-se em conta que ainda não existe condenação com trânsito em julgado, razão pela qual o mérito não foi apreciado, não se pode dizer que há *certeza* da infração penal. O melhor seria apenas mencionar, como se fez no art. 312, que cuida da preventiva, ser suficiente prova da existência do crime, o que é mais genérico e menos taxativo. E mais, torna-se indispensável a prova de indícios suficientes de autoria, o que é dado elementar para se autorizar uma constrição sobre imóveis de origem lícita do acusado.

Art. 135. Pedida a especialização[27] mediante requerimento, em que a parte estimará o valor da responsabilidade civil, e designará e estimará o imóvel ou imóveis que terão de ficar especialmente hipotecados, o juiz mandará logo proceder ao arbitramento do valor da responsabilidade e à avaliação do imóvel ou imóveis.

§ 1.º A petição será instruída com as provas ou indicação das provas[28] em que se fundar a estimação da responsabilidade, com a relação dos imóveis que o responsável possuir, se outros tiver, além dos indicados no requerimento, e com os documentos comprobatórios do domínio.

§ 2.º O arbitramento do valor da responsabilidade e a avaliação dos imóveis designados far-se-ão por perito nomeado pelo juiz, onde não houver avaliador judicial, sendo-lhe facultada a consulta dos autos do processo respectivo.

§ 3.º O juiz, ouvidas as partes no prazo de 2 (dois) dias, que correrá em cartório, poderá corrigir o arbitramento do valor da responsabilidade, se lhe parecer excessivo ou deficiente.[29]

§ 4.º O juiz autorizará somente a inscrição da hipoteca do imóvel ou imóveis necessários à garantia da responsabilidade.

§ 5.º O valor da responsabilidade será liquidado definitivamente após a condenação,[30] podendo ser requerido novo arbitramento se qualquer das partes não se conformar com o arbitramento anterior à sentença condenatória.

§ 6.º Se o réu oferecer caução suficiente, em dinheiro ou em títulos de dívida pública, pelo valor de sua cotação em Bolsa, o juiz poderá deixar de mandar proceder à inscrição da hipoteca legal.

27. Especialização da hipoteca: é o procedimento adotado para individualizar o imóvel – ou imóveis – sobre o qual deve incidir a garantia à futura indenização da parte ofendida, tornando-o indisponível. Para isso, urge estabelecer, aproximadamente, o valor da responsabilidade civil, na forma descrita neste artigo. Pode-se utilizar o valor apurado pela venda do imóvel especializado, inclusive para garantir o pagamento das custas e da pena pecuniária, estas do interesse da Fazenda Pública.

28. Juntada de provas ou indicação das provas: o interessado deve apresentar, desde logo, as provas que tiver, normalmente documentais, bem como solicitar a produção de provas no procedimento incidente, que se instaura com o pedido de especialização da hipoteca legal. Nesse caso, qualquer diligência pertinente pode ser requerida ao magistrado.

29. Avaliação preliminar do valor da responsabilidade: pode o juiz, tomando conhecimento do laudo pericial, envolvendo tanto o montante que seria cabível a título de indenização civil, quanto o valor do patrimônio imobiliário do acusado, fixar, conforme seu prudente critério, o valor de um e de outro, caso entenda excessivo ou distorcido os apresentados pelo experto. O ideal é não submeter os bens imóveis do réu a constrição injusta e desmedida, pois o acusado poderá necessitar de parte deles para constituir um fundo de sustentação de sua própria defesa, enquanto durar a demanda. Somente serão inscritos no Registro de Imóveis os bens necessários à garantia da indenização, deixando livres os demais. Caso o réu ofereça caução, na forma do previsto no § 6.º, nem mesmo a inscrição da hipoteca será realizada. Registre-se que, ao tratar-se de indenização civil, é natural supor que a vítima possa pleitear, além dos danos materiais sofridos, a reparação pelos danos morais. Ocorre que esta espécie de dano é de fixação extremamente variável, inexistindo lei específica para determinar o seu valor em cada caso, motivo pelo qual, segundo nos parece, deve o juiz ater-se, para a especialização da hipoteca – sob pena de fazer incidir a constrição exageradamente sobre o patrimônio do acusado – à indenização por danos materiais, de mais adequada ponderação.

30. Estimativa provisória feita no juízo criminal: o arbitramento do valor da responsabilidade, bem como a avaliação do imóvel especializado é provisória, destinando-se a dar relativa garantia à parte lesada. Entretanto, quando a liquidação definitiva for realizada, no juízo cível, pode-se rediscutir tais valores.

> **Art. 136.** O arresto[31] do imóvel poderá ser decretado de início, revogando-se, porém, se no prazo de 15 (quinze) dias não for promovido o processo de inscrição da hipoteca legal.[32]

31. Arresto do imóvel: a terminologia eleita pelo Código de Processo Penal era inadequada, ao se referir a *sequestro*, quando, na realidade, cuidava de bens de origem lícita, tornados indisponíveis, como providência cautelar, apenas para a garantia de futura indenização à vítima ou ao Estado. A Lei 11.435/2006 corrigiu essa distorção e incluiu no art. 136 o termo correto, vale dizer, *arresto*, substituindo o anterior *sequestro*. Afinal, como já frisamos, não se trata de coisa litigiosa, tampouco adquirida com os proventos do crime, para se falar em sequestro, mas sim de patrimônio lícito do acusado, sujeito ao arresto, para que dele não se desfaça, fornecendo garantia ao ofendido ou à Fazenda Pública de que não estará insolvente ao final do processo criminal. A medida cautelar é salutar, uma vez que o procedimento de especialização de hipoteca legal pode demorar, razão pela qual se torna, de antemão, indisponível o bem (ou os bens imóveis), até que seja feita a inscrição do que for cabível no Registro de Imóveis.

Art. 137

32. Prazo para dar início à especialização: o procedimento de especialização somente ocorrerá após o início da ação penal. O arresto de imóvel (ou imóveis) do réu pode dar-se antes ou depois de se instaurar o processo, tão logo o interessado perceba que os bens estão sujeitos à dissipação. Mas, fica a medida constritiva, de todo modo, sujeita ao prazo de quinze dias para que a especialização seja requerida. É providência de cautela, para que não haja abuso na decretação da indisponibilidade do patrimônio do acusado.

> **Art. 137.** Se o responsável não possuir bens imóveis ou os possuir de valor insuficiente, poderão ser arrestados[33] bens móveis suscetíveis de penhora,[34] nos termos em que é facultada a hipoteca legal dos imóveis.[35]
>
> § 1.º Se esses bens forem coisas fungíveis e facilmente deterioráveis, proceder-se-á na forma do § 5.º do art. 120.
>
> § 2.º Das rendas dos bens móveis poderão ser fornecidos recursos arbitrados pelo juiz, para a manutenção do indiciado e de sua família.

33. Hipótese de arresto de bens móveis de origem lícita: quando o réu não possuir patrimônio imobiliário suficiente para ser feita a especialização da hipoteca legal ou quando nenhum imóvel possuir, sujeito à indisponibilidade, deve o interessado requerer o arresto dos bens móveis penhoráveis. Na jurisprudência: STJ: "4. A ordem contida no art. 137 do CPP se refere apenas ao arresto, o qual, repita-se, recai apenas sobre bens obtidos licitamente, com a finalidade de assegurar eventual necessidade de reparação civil pelo dano causado. Na hipótese, observa-se que os bens não foram apenas alvo de arresto, mas também de sequestro relativamente àqueles em tese obtidos ilicitamente, razão pela qual não há que se falar em ordem de preferência, máxime se levado em consideração que a origem dos bens constritos (se lícitos ou ilícitos) ainda é objeto de controvérsia" (REsp 1.929.671/PR, 6.ª T., rel. Olindo Menezes (Desembargador convocado do TRF 1.ª Região), rel. p/ acórdão Rogerio Schietti Cruz, 13.09.2022, m.v.).

34. Penhora: no ensinamento de Pitombo é "ato de constrição judicial, pelo qual se inicia a expropriação de bens do devedor executado, na execução por quantia certa, para satisfação do direito do credor exequente. Bens, portanto, são apartados do patrimônio do executado e seguros. Perde ele, assim, o poder de dispor dos mesmos, com eficácia para o exequente, sem, contudo, se ver privado, ainda da propriedade" (*Do sequestro no processo penal brasileiro*, p. 50). Lembremos que a medida constritiva, nesta hipótese, só pode ser decretada sobre bens penhoráveis, segundo a lei processual civil. Preceitua o art. 833 do Código de Processo Civil: "São impenhoráveis: I – os bens inalienáveis e os declarados, por ato voluntário, não sujeitos à execução; II – os móveis, os pertences e as utilidades domésticas que guarnecem a residência do executado, salvo os de elevado valor ou os que ultrapassem as necessidades comuns correspondentes a um médio padrão de vida; III – os vestuários, bem como os pertences de uso pessoal do executado, salvo se de elevado valor; IV – os vencimentos, os subsídios, os soldos, os salários, as remunerações, os proventos de aposentadoria, as pensões, os pecúlios e os montepios, bem como as quantias recebidas por liberalidade de terceiro e destinadas ao sustento do devedor e de sua família, os ganhos de trabalhador autônomo e os honorários de profissional liberal, ressalvado o § 2.º; V – os livros, as máquinas, as ferramentas, os utensílios, os instrumentos ou outros bens móveis necessários ou úteis ao exercício da profissão do executado; VI – o seguro de vida; VII – os materiais necessários para obras em andamento, salvo se essas forem penhoradas; VIII – a pequena propriedade rural, assim definida em lei, desde que trabalhada pela família; IX – os recursos públicos recebidos por instituições privadas para aplicação compulsória em educação, saúde ou assistência social; X – a quantia depositada em caderneta de poupança, até o limite de 40 (quarenta) salários mínimos; XI – os recursos públicos do fundo partidário recebidos por partido político, nos termos da lei; XII – os créditos oriundos de alienação de unidades imobiliárias, sob regime de incorporação imobiliária, vinculados à execução da obra". Além desses, outros podem ser considerados impenhoráveis, como ocorre, por exemplo, com o disposto na Lei 8.009/1990: "Art. 1.º O imóvel residencial próprio do casal, ou da entidade familiar, é impenhorável e não responderá por qualquer tipo de dívida civil, comercial, fiscal, previdenciária ou de outra natureza, contraída pelos cônjuges ou pelos pais ou filhos que sejam seus proprietários e nele residam, salvo nas hipóteses previstas nesta Lei. Parágrafo único. A impenhorabilidade compreende o imóvel sobre o qual se assentam a construção, as plantações, as benfeitorias de qualquer natureza e todos os equipamentos, inclusive os de uso profissional, ou móveis que guarnecem a casa, desde que quitados".

35. Corrigido o anterior erro de redação: ao referir-se à "hipoteca legal dos *móveis*", naturalmente queria o legislador mencionar a hipoteca legal dos imóveis, que são os bens sujeitos a esse tipo de garantia, conforme descrito nos artigos anteriores. Tal situação foi retificada pela edição da Lei 11.435/2006, para constar o termo correto, ou seja, "hipoteca legal dos *imóveis*".

> **Art. 138.** O processo de especialização da hipoteca e do arresto correrão em auto apartado.[36]

36. Auto apartado: é a regra geral imposta a todo processo incidente, ou seja, deve o juiz determinar a formação de auto distinto do processo principal, a fim de que este não se conturbe com o andamento dos atos processuais da especialização da hipoteca ou do arresto.

> **Art. 139.** O depósito e a administração dos bens arrestados ficarão sujeitos ao regime do processo civil.[37]

37. Processo civil: consultar os seguintes artigos do Código de Processo Civil de 2015: "Art. 159. A guarda e a conservação de bens penhorados, arrestados, sequestrados ou arrecadados serão confiadas a depositário ou a administrador, não dispondo a lei de outro modo. Art. 160. Por seu trabalho o depositário ou o administrador perceberá remuneração que o juiz fixará levando em conta a situação dos bens, ao tempo do serviço e às dificuldades de sua execução. Parágrafo único. O juiz poderá nomear um ou mais prepostos por indicação do depositário ou do administrador. Art. 161. O depositário ou o administrador responde pelos prejuízos que, por dolo ou culpa, causar à parte, perdendo a remuneração que lhe foi arbitrada, mas tem o direito a haver o que legitimamente despendeu no exercício do encargo. Parágrafo único. O depositário infiel responde civilmente pelos prejuízos causados, sem prejuízo de sua responsabilidade penal e da imposição de sanção por ato atentatório à dignidade da justiça".

> **Art. 140.** As garantias do ressarcimento do dano alcançarão também as despesas processuais e as penas pecuniárias, tendo preferência sobre estas a reparação do dano ao ofendido.[38]

38. Abrangência da garantia e preferência: estabelece o Código de Processo Penal que as garantias obtidas pelo arresto ou especialização de hipoteca legal envolvem a indenização

Art. 141

da parte lesada, mas também têm por finalidade assegurar o pagamento das despesas processuais, quando existentes, bem como as penas pecuniárias fixadas. Neste último caso, credora é a Fazenda Pública, embora tenha preferência, sempre, o pagamento à vítima ou ao terceiro de boa-fé.

> **Art. 141.** O arresto será levantado ou cancelada a hipoteca, se, por sentença irrecorrível, o réu for absolvido ou julgada extinta a punibilidade.[39]

39. Insustentabilidade do arresto e da hipoteca: torna-se incabível manter os bens do réu indisponíveis, caso seja ele absolvido ou tenha extinta a sua punibilidade, por sentença com trânsito em julgado. É verdade que, conforme o motivo da absolvição, pode o ofendido pleitear, no juízo cível, indenização pelo ato ilícito. Nesse caso, entretanto, não permanecem arrestados, tampouco sob garantia da hipoteca, os bens do réu. Outras medidas assecuratórias, no entanto, se for o caso, devem ser tomadas na esfera civil.

> **Art. 142.** Caberá ao Ministério Público promover as medidas estabelecidas nos arts. 134 e 137, se houver interesse da Fazenda Pública, ou se o ofendido for pobre e o requerer.[40]

40. Legitimação do Ministério Público: pode o representante do Ministério Público promover a especialização da hipoteca legal, quanto aos bens imóveis do réu, ou requerer o arresto, quanto aos móveis (e imóveis, antes do procedimento de especialização da hipoteca), caso o ofendido seja pobre e, pretendendo receber indenização, assim pedir, bem como para assegurar o pagamento das despesas processuais ou da multa para a Fazenda Pública. O ideal, no entanto, seria que o ofendido pobre fosse representado por assistência jurídica prestada pelo Estado, sem necessidade de intervenção ativa do promotor de justiça. Verificamos, no entanto, que, aos poucos, instalando-se e estruturando-se a Defensoria Pública na maioria dos Estados-membros, essa providência poderá ser tomada por tal órgão. Na jurisprudência: STJ: "1. A medida assecuratória do arresto possui a finalidade de assegurar a reparação de dano *ex delicto*, além da efetividade do pagamento da multa pecuniária e das custas processuais. 2. Conforme entendimento desta Corte, o art. 142 do Código de Processo Penal confere legitimidade ao Ministério Público para requerer a medida assecuratória do arresto, nos casos em que há interesse da Fazenda Pública, assim como pela própria titularidade da ação penal. Precedente" (AgRg no REsp 1.965.779/DF, 5.ª T., rel. Joel Ilan Paciornik, 14.12.2021, v.u.).

> **Art. 143.** Passando em julgado a sentença condenatória, serão os autos de hipoteca ou arresto remetidos ao juiz do cível (art. 63).[41]

41. Remessa dos autos do processo incidente ao cível: findo o processo criminal, transitando em julgado a sentença condenatória, forma-se o título executivo judicial, nos termos do art. 91, I, do Código Penal, razão pela qual pode o ofendido valer-se dele para dar início à ação civil *ex delicto*, discutindo apenas o montante da indenização e não mais a culpa, nos termos do art. 63, *caput*, do Código de Processo Penal. A essa altura, já não há cabimento em se manter na esfera criminal os autos onde a medida constritiva foi decretada. Tudo passa, então, a concernir ao juízo cível.

> **Art. 144.** Os interessados ou, nos casos do art. 142, o Ministério Público poderão requerer no juízo cível, contra o responsável civil, as medidas previstas nos arts. 134, 136 e 137.[42-43]

42. Responsabilidade civil solidária: nem sempre será o réu do processo criminal o único responsável pelo pagamento da indenização. É possível que, conforme previsto na legislação civil, outras pessoas sejam solidariamente responsáveis, de modo que as medidas constritivas, ainda durante o processo-crime, podem ser tomadas contra elas. Estipula o art. 942 do Código Civil que "os bens do responsável pela ofensa ou violação do direito de outrem ficam sujeitos à reparação do dano causado; e, se a ofensa tiver mais de um autor, todos responderão solidariamente pela reparação". E, no parágrafo único: "São solidariamente responsáveis com os autores os coautores e as pessoas designadas no art. 932". Consultando-se este artigo, vê-se: "São também responsáveis pela reparação civil: I – os pais, pelos filhos menores que estiverem sob sua autoridade e em sua companhia; II – o tutor e o curador, pelos pupilos e curatelados, que se acharem nas mesmas condições; III – o empregador ou comitente, por seus empregados, serviçais e prepostos, no exercício do trabalho que lhes competir, ou em razão dele; IV – os donos de hotéis, hospedarias, casas ou estabelecimentos, onde se albergue por dinheiro, mesmo para fins de educação, pelos seus hóspedes, moradores e educandos; V – os que gratuitamente houverem participado nos produtos do crime, até a concorrente quantia". E arrematam os arts. 933, que "as pessoas indicadas nos incisos I a V do artigo antecedente, ainda que não haja culpa de sua parte, responderão pelos atos praticados pelos terceiros ali referidos" (é a consagração da responsabilidade civil objetiva), e 935, que "a responsabilidade civil é independente da criminal, não se podendo questionar mais sobre a existência do fato, ou sobre quem seja o seu autor, quando estas questões se acharem decididas no juízo criminal".

43. Quadro geral coisas podem ser, de um modo geral, apreendidas, sequestradas ou arrestadas. *Apreende-se* tudo o que é produto direto do crime ou é interessante para a prova da infração penal, desde que seja móvel. Possibilita-se a restituição da coisa apreendida ao lesado ou ao terceiro de boa-fé, salvo se forem confiscadas pelo Estado, na forma do disposto no art. 91, II, *a* e *b*, primeira parte, do Código Penal. Exceção: *sequestra-se* o imóvel que seja produto do crime, por não caber apreensão e pelo fato de que o Código de Processo Penal nada dispôs a respeito. *Sequestra-se* tudo o que for obtido com o lucro auferido pelo crime, sejam móveis ou imóveis. A finalidade é garantir a indenização ao lesado, ao terceiro de boa-fé ou não permitir que o condenado obtenha ganho com a prática da infração penal. Nesta última hipótese, aplica-se, ainda, o art. 91, II, *b*, segunda parte, do Código Penal. Exceção: pode-se *apreender* coisa que seja proveito do crime, desde que seja útil para fazer prova no processo criminal. *Arresta-se* tudo aquilo que pertencer ao agente da infração penal, de origem lícita, constituindo seu patrimônio, para o fim de garantir futura indenização à vítima ou ao Estado. *Especializa-se a hipoteca legal* dos bens imóveis, de origem lícita, pertencentes ao patrimônio do acusado, igualmente para garantir futura indenização ao ofendido ou ao Estado.

> **Art. 144-A.** O juiz determinará a alienação antecipada para preservação do valor dos bens sempre que estiverem sujeitos a qualquer grau de deterioração ou depreciação, ou quando houver dificuldade para sua manutenção.[44]
>
> § 1.º O leilão far-se-á preferencialmente por meio eletrônico.
>
> § 2.º Os bens deverão ser vendidos pelo valor fixado na avaliação judicial ou por valor maior. Não alcançado o valor estipulado pela administração judi-

Art. 144-A

Código de Processo Penal Comentado · Nucci

cial, será realizado novo leilão, em até 10 (dez) dias contados da realização do primeiro, podendo os bens ser alienados por valor não inferior a 80% (oitenta por cento) do estipulado na avaliação judicial.

§ 3.º O produto da alienação ficará depositado em conta vinculada ao juízo até a decisão final do processo, procedendo-se à sua conversão em renda para a União, Estado ou Distrito Federal, no caso de condenação, ou, no caso de absolvição, à sua devolução ao acusado.

§ 4.º Quando a indisponibilidade recair sobre dinheiro, inclusive moeda estrangeira, títulos, valores mobiliários ou cheques emitidos como ordem de pagamento, o juízo determinará a conversão do numerário apreendido em moeda nacional corrente e o depósito das correspondentes quantias em conta judicial.

§ 5.º No caso da alienação de veículos, embarcações ou aeronaves, o juiz ordenará à autoridade de trânsito ou ao equivalente órgão de registro e controle a expedição de certificado de registro e licenciamento em favor do arrematante, ficando este livre do pagamento de multas, encargos e tributos anteriores, sem prejuízo de execução fiscal em relação ao antigo proprietário.

§ 6.º O valor dos títulos da dívida pública, das ações das sociedades e dos títulos de crédito negociáveis em bolsa será o da cotação oficial do dia, provada por certidão ou publicação no órgão oficial.

§ 7.º (*Vetado.*)

44. Alienação antecipada de bens captados pelo Estado: as medidas assecuratórias destinam-se a recolher, no curso da investigação ou do processo criminal, bens ou valores, pertencentes ao agente do crime ou transferidos a terceiros, como forma de garantir eventual perda dos bens ou indenização à vítima, bem como o pagamento de outras verbas. Há viabilidade para o sequestro de bens móveis e imóveis, quando produtos ou proveitos do delito; serve-se também o Estado do arresto de móveis e da especialização de hipoteca legal para captar os bens lícitos do autor da infração penal, tornando-os indisponíveis. O art. 91, § 1.º, do Código Penal, autoriza, ainda, a perda de bens ou valores equivalentes ao produto ou proveito do crime quando estes não forem localizados para a indisponibilidade. Em suma, busca-se, pelas variadas medidas assecuratórias, a tomada de bens e valores do agente do crime, enquanto perdura a investigação e o processo. Muitos desses bens podem ser perecíveis, por variadas razões, motivo pelo qual a Lei 12.694/2012 introduziu o art. 144-A no Código de Processo Penal, permitindo a alienação antecipada dos bens recolhidos, assegurando o seu valor. Os fundamentos para a alienação, seja qual for a causa da apreensão ou indisponibilidade, são: a) deterioração (dissipar-se ou arruinar-se); b) depreciação (perder ou reduzir o seu valor); c) difícil manutenção (tornar-se complexo o sustento do bem ou sua conservação). Quando mais cresce o interesse estatal em captar os bens e valores advindos do crime ou mesmo do patrimônio do autor do delito, mais se eleva, igualmente, o propósito de bem guardar o montante recolhido. Por isso, justifica-se, plenamente, a alienação antecipada dos bens para garantir o seu valor real, sem representar perda para o proprietário ou mesmo para a futura indenização da vítima. Na jurisprudência: STJ: "1. O sequestro é medida assecuratória cujo deferimento acarreta a indisponibilidade dos bens móveis ou imóveis adquiridos pelo agente como proveito da infração penal ou produto indireto (*fructus sceleris*), cuja finalidade precípua é garantir a reparação do dano causado pelo delito e a perda do produto ou proveito auferido pelo agente com a prática do crime, evitando-se, pois, benefício decorrente da própria

Art. 144-A

torpeza. 2. No contexto da implementação de medidas assecuratórias reais (CPP, arts. 125-144) ou de apreensão (CPP, art. 240, § 1.º, *b*), os bens diretos ou valores constritos podem ser alienados antecipadamente, nos termos do art. 144-A do Código de Processo Penal, caso o bem esteja sujeito a qualquer grau de deterioração ou depreciação ou houver dificuldade para a sua manutenção. Perceba-se que as medidas cautelares reais têm a finalidade de assegurar o confisco como efeito da condenação, a garantir indenização à vítima da infração penal, pagamento de despesas processuais e penas pecuniárias ao Estado e, paralelamente, obstar o locupletamento indevido do réu com a prática da infração penal. Por sua vez, a alienação antecipada é uma cautela da efetividade da medida assecuratória real decretada, com fim de manter a incolumidade do valor do bem constrito, e não o bem em si. Portanto, não se trata de garantia dos interesses do réu, mas sim dos bens jurídicos protegidos pela norma processual em questão, que são os interesses patrimoniais das eventuais vítimas, o patrimônio público, relativamente aos dispêndios estatais na persecução penal, e a idoneidade do sistema penal, desestimulando o criminoso a cometer crimes, tendo em vista a ausência de vantagem patrimonial decorrente (prevenção especial negativa). 3. No caso, a decisão que determinou a alienação antecipada do veículo sequestrado, um Land Rover Discovery 4, demonstrou inequivocamente desvalorização acentuada do bem, tendo chegado à época da decisão a uma redução de 7,5% (sete e meio por cento) do valor do momento da decretação do sequestro, em um período um pouco superior a seis meses. Diante da evidente depreciação progressiva que sofria o bem, em conformidade com os requisitos do art. 144-A do Código de Processo Penal, de rigor a alienação antecipada, sob pena de inviabilizar os fins do sequestro. 4. Não se sustenta igualmente a alegação de ilegalidade da alienação antecipada do bem, tendo em vista que os resultados da venda seriam destinados à satisfação de créditos tributários, e não aos fins do sequestro. Primeiramente, não há qualquer indicação nos autos de que parte do valor obtido com a alienação judicial do veículo será designada para satisfação de créditos fiscais. A decisão que determina a alienação antecipada determina expressamente que o valor obtido com a arrematação do veículo deverá ser apenas depositado em conta vinculada do juízo penal, sem qualquer menção à destinação específica desse valor. Malgrado tenha o juízo federal responsável pela execução dos créditos tributários pleiteado a reserva/preferência dos valores para pagamento dos tributos devidos, o juízo criminal não exarou qualquer decisão acerca desse ponto, tendo simplesmente determinado que os valores permanecerão depositados em juízo. Assim, não se observa qualquer ilegalidade decorrente da preferência dos créditos tributários, porquanto inexiste qualquer decisão nesse sentido" (RMS 52.537/RS, 5.ª T., rel. Ribeiro Dantas, 12.09.2017, v.u.).

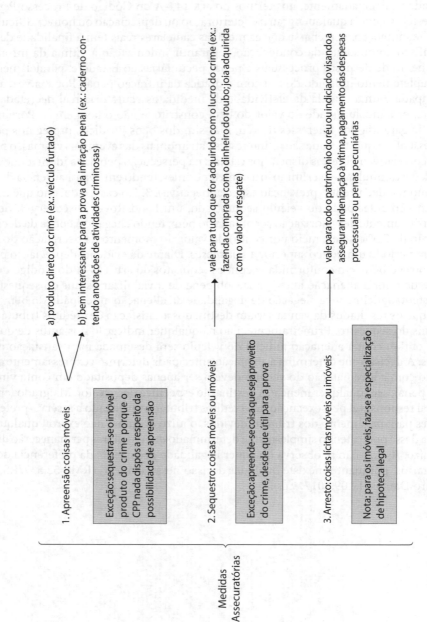

Capítulo VII
DO INCIDENTE DE FALSIDADE[1]

1. Incidente de falsidade: trata-se de um procedimento incidente, voltado à constatação da autenticidade de um documento, inclusive os produzidos eletronicamente (art. 11, *caput*, e § 2.º, Lei 11.419/2006), inserido nos autos do processo criminal principal, sobre o qual há controvérsia. A importância desse procedimento é nítida, pois visa à garantia da formação legítima das provas produzidas no processo penal, onde prevalece o princípio da verdade real, impedindo, pois, que esta seja obnubilada pela falsidade trazida por uma das partes. A despeito disso, apurando-se o falso e, se possível, o seu autor, pode-se determinar a instauração de investigação criminal para a futura responsabilização do agente da infração penal contra a fé pública. O procedimento incidente produz frutos desde logo, já que o magistrado, ao longo da instrução e antes da sentença, pode tomar medidas drásticas contra alguém – prisão ou indisponibilidade de bens – não se permitindo que essas providências de força baseiem-se em documento falso, até porque a prova documental costuma trazer mais segurança ao juiz do que outras, produzidas sempre sob a ótica subjetiva de quem narra algum fato, como ocorre com a prova testemunhal, ou de quem relata um ponto de vista técnico, como a prova pericial. Não há um prazo definido para ingressar com esse pedido, porém entende-se que isso deve ser feito assim que a parte interessada tomar conhecimento do documento reputado falso. Na jurisprudência: STJ: "A instauração do referido incidente durante a fase recursal não espelha a melhor técnica. Isso porque a utilização da prova obtida por meio do incidente de falsidade pela Corte recursal acarretará em supressão de instância, uma vez que o juízo a *ad quem* levará em consideração dado não disponível à cognição do juízo a *quo*. 4. Na hipótese em apreço, o incidente de falsidade documental (n. 054/20800008127) foi instaurado em 30/05/2008 e a decisão condenatória do Tribunal do Júri é datada de 02/03/2007, cerca de 01 (um) ano e 03 (três) meses após a condenação do réu. 5. Além disso, a Corte local afirmou que o documento supostamente inquinado, o qual aponta ser o ora paciente o proprietário da motocicleta, foi juntado aos atos em março de 1996. Ou seja, a nulidade só foi arguida em 30/05/2008, mais de 12 (doze) anos após a juntada do indigitado documento aos autos. 6. A trilhar caminho semelhante, o seguinte julgado desta Egrégia Quinta Turma: 'As instâncias ordinárias concluíram, acertadamente, que o requerimento de instauração de incidente de falsidade seria manifestamente intempestivo, notadamente porque o documento a ser periciado constava dos autos há mais de dez anos, e o pedido foi apresentado após a prolação da sentença, tratando-se de questão preclusa. [...] Embora não exista prazo definido em lei para que se possa requerer a instauração de incidente de falsidade documental previsto no artigo 145 e seguintes do Código de Processo Penal, os recorrentes permaneceram inertes por longo período, mesmo tendo amplo acesso às informações necessárias para instruir o incidente de falsidade, deixando para impugnar o documento somente após encerrada a instrução processual. Permitir o comportamento em análise, representaria violação aos princípios da segurança jurídica, da razoabilidade, da lealdade processual e da boa-fé objetiva, diante da reabertura da fase de produção de provas mesmo diante da inércia dos recorrentes' (RHC 79.834/RJ, Rel. Ministro Felix Fischer, Quinta Turma, julgado em 07/11/2017, *DJe* 10/11/2017) 7. A jurisprudência dos Tribunais Superiores não tolera a chamada 'nulidade de algibeira' - aquela que, podendo ser sanada pela insurgência imediata da defesa após ciência do vício, não é alegada, como estratégia, numa perspectiva de melhor conveniência futura. Observe-se que tal atitude não encontra ressonância no sistema jurídico vigente, pautado no princípio da boa-fé processual, que exige lealdade de todos os agentes processuais. Precedentes. 8. A marcha processual avança rumo à conclusão da prestação jurisdicional, sendo inconciliável com o processo penal moderno a prática de atos processuais que repristinem

Art. 145

fases já superadas. Em foco, afigura-se presente a preclusão lógica, uma vez que o acusado manifestou-se pela desnecessidade da produção de prova e, agora, requer o reavivamento do incidente de falsidade documental, alegando a necessidade de se realizar diligências para provar a suposta falsidade. 9. Alegações de que o documento é evidentemente falso e de que o paciente jamais foi proprietário da motocicleta não podem ser acolhidas, pois, além de não terem sido enfrentadas pela instância a quo, demandaria, para tanto, o reexame de provas, medida inviável na via estreita do remédio heroico. 10. *Habeas corpus* não conhecido" (HC n. 200.558/RS, 5.ª T., rel. Ribeiro Dantas, 04.04.2019, v.u.).

> **Art. 145.** Arguida, por escrito, a falsidade[2] de documento[3-4] constante dos autos, o juiz observará o seguinte processo:[5]
>
> I – mandará autuar em apartado[6] a impugnação, e em seguida ouvirá a parte contrária, que, no prazo de 48 (quarenta e oito) horas, oferecerá resposta;
>
> II – assinará o prazo de 3 (três) dias, sucessivamente, a cada uma das partes, para prova de suas alegações;[7]
>
> III – conclusos os autos, poderá ordenar[8] as diligências que entender necessárias;
>
> IV – se reconhecida a falsidade por decisão irrecorrível,[9] mandará desentranhar[10] o documento e remetê-lo, com os autos do processo incidente, ao Ministério Público.[11]

2. Falsidade: pode ser tanto a material, que é a ausência de autenticidade quanto à forma do documento, pois alterado por alguém, tornando-se algo diverso do original verdadeiro, bem como a ideológica, que é a alteração de conteúdo, possuindo uma aparência de autenticidade. Enquanto na falsidade material pode-se perceber a alteração produzida no corpo do documento, na falsidade ideológica a forma é verdadeira, enquanto o conteúdo é mentiroso.

3. Documento: na nota 1 ao Capítulo IX do Título VII, definimos documento como sendo a base materialmente disposta a concentrar e expressar um pensamento, uma ideia ou qualquer manifestação de vontade do ser humano, que sirva para expressar e provar um fato juridicamente relevante. São documentos, portanto: escritos, fotos, fitas de vídeo e som, desenhos, esquemas, gravuras, disquetes, CDs, *e-mails*, entre outros. Entretanto, não podemos olvidar que, em sentido estrito, documento é apenas o escrito em papel. Para o fim deste Capítulo, cremos que qualquer documento, cuja base material seja expressão de uma ideia ou manifestação de vontade, cujo autor seja passível de identificação, comporte o incidente de falsidade. Embora existam posições em sentido contrário, sustentando que somente o escrito comporta o referido incidente, não vemos como afastar, atualmente, o procedimento especial para apurar a autenticidade de uma fita de áudio ou vídeo, cujo conteúdo pode ser essencial para a busca da verdade real. Aliás, cremos que aquela posição, defensora apenas do *papel*, como base documental, deve ser considerada superada, a partir da edição da Lei 11.419/2006, que cuida da informatização do processo judicial, permitindo a prática de inúmeros atos por via eletrônica, inclusive a produção de documentos.

4. Incidente de falsidade documental contra laudo pericial: é incabível, quando se pretende questionar a conclusão extraída pelos peritos, que faz parte do seu convencimento, em nível técnico, não sujeito, pois, ao plano da falsidade, mas tão somente do erro. Pode--se impugnar um laudo, demonstrando ao juiz os equívocos das opiniões emitidas pelos experts, diante de outras provas ou elementos coletados, embora não se possam considerar falsas as conclusões expostas. Aliás, sustentar que um convencimento é falso seria o mesmo

Art. 145

Título VI – Das Questões e Processos Incidentes

que dizer que é um "não convencimento", algo ilógico por natureza. Do mesmo modo que não se levanta a falsidade da sentença do juiz, pode-se impugná-la, demonstrando o seu eventual erro. É possível, no entanto, que o laudo padeça de falsidade material, ou seja, foi emitido de um certo modo pelos peritos e modificado por alguém, posteriormente, que o retalhou, inserindo ou retirando trechos importantes. Quanto à falsidade ideológica, somente se admitiria, quando dados objetivos – por exemplo, em relação à pessoa examinada ou no tocante ao objeto analisado – fossem alterados. Nessa situação, não se estaria questionando o valor das conclusões dos peritos, mas os dados sobre os quais se basearam. Por outro lado, é preciso distinguir o laudo pericial, com seu conteúdo valorativo, como meio de prova (arts. 158 e ss., CPP), auxiliando ao convencimento do juiz, dos documentos (arts. 231 e ss., CPP), outro meio de prova, distinto do primeiro, que também auxiliam a formação da convicção do magistrado. Logo, o laudo não pode ser considerado *documento propriamente dito*, não se prestando ao incidente de falsidade, exceto quando houver determinados tipos de falsidade, como acima exposto, não relacionados às opiniões dos técnicos.

5. Procedimento facultativo: o incidente de falsidade pode ser dispensável, como procedimento à parte, desde que nenhuma das partes o tenha arguido, por petição escrita em separado, fazendo qualquer delas, ao contrário, nos autos principais. Para tanto, é preciso que a demonstração do falso se torne simplificada e até entrelaçada com a prova a ser produzida ao longo da instrução. Assim, uma falsificação material evidente nem mesmo comportaria o incidente, cabendo ao magistrado reconhecê-la desde logo.

6. Autuação em apartado: é a regra para os processos incidentes, a fim de não conturbar o regular andamento do feito principal. Cuidando-se de documento eletrônico, preceitua o art. 11, § 2.º, da Lei 11.419/2006, que "a arguição de falsidade do documento original será processada eletronicamente na forma da lei processual em vigor". Como regra, o procedimento corre sem prejuízo do andamento do processo-crime; excepcionalmente, o juiz pode suspender o seu curso, caso o documento seja considerado fundamental para a decisão da causa. Conferir: STJ: "O Código de Processo Penal, quanto ao incidente de falsidade documental, não impõe a necessidade de sobrestamento do processo principal até a sua resolução. 2. O incidente de falsidade documental atende à efetividade do processo penal na busca pela verdade dos fatos, e o sobrestamento do feito principal deve considerar a imprescindibilidade do documento para tal finalidade" (HC 104.781/PE, 6.ª T., rel. Rogerio Schietti Cruz, 21.06.2016 v.u.).

7. Tríduo para a apresentação de provas: os três dias, após as alegações iniciais – impugnação e resposta –, devem ser computados como o prazo necessário para cada uma das partes disponibilizar as provas que já detêm, apresentando-as para juntada aos autos, como ocorre com os documentos, mas também podem referir-se ao momento para requerer a produção de outras, como a testemunhal ou pericial. Logo, não será em parcos três dias que as partes produzirão, efetivamente, toda a prova indispensável à apreciação do incidente.

8. Diligências indispensáveis: o magistrado não é obrigado a acolher os argumentos das partes, que podem ser unívocos no sentido de ser falso o documento impugnado, passivamente. Cabe-lhe, assim entendendo, determinar a produção da prova pertinente, normalmente a pericial, caso tenha alguma dúvida. O importante é formar no espírito do julgador a convicção de que lida com uma prova autêntica ou falsa, razão pela qual tal persuasão íntima não se alcança unicamente com argumentos das partes.

9. Decisão e recurso: contra a decisão que defere ou indefere o incidente de falsidade, cabe recurso em sentido estrito (art. 581, XVIII, CPP). Somente após o trânsito em julgado, caso seja o documento considerado falso, haverá o desentranhamento.

Art. 146

Código de Processo Penal Comentado · **Nucci**   330

10. Procedimento para o desentranhamento: estipula o art. 15 da Lei de Introdução ao Código de Processo Penal, que "no caso do art. 145, IV, do Código de Processo Penal, o documento reconhecido como falso será, antes do desentranhamento dos autos, rubricado pelo juiz e pelo escrivão em cada uma de suas folhas". A medida tem por fim garantir que o documento retirado do processo principal corresponderá àquele que será enviado ao Ministério Público para as providências cabíveis, impedindo-se – ou dificultando-se – a sua substituição.

11. Providências do Ministério Público: tendo sido reconhecida a falsidade do documento, é preciso apurar o crime a ela pertinente. Pode tratar-se de qualquer das modalidades de falsidade previstas nos arts. 297 a 302 do Código Penal, bem como do simples uso de documento falso, do art. 304. Os autos do incidente seguem, juntamente com o documento desentranhado, às mãos do representante do Ministério Público, que poderá requisitar a instauração de inquérito ou, tendo provas suficientes, denunciar diretamente o autor da falsidade ou do uso do documento falso. Poderá, ainda, se entender que a falsidade praticada não constitui crime (ex.: falsidade grosseira) ou que não há provas suficientes da autoria ou mesmo da materialidade, requerer o arquivamento. Enfim, a decisão que se extrai no incidente não vincula o membro do Ministério Público que analisar o eventual crime ocorrido. Sobre a competência: Súm. 546 do STJ, que dispõe: "A competência para processar e julgar o crime de uso de documento falso é firmada em razão da entidade ou órgão ao qual foi apresentado o documento público, não importando a qualificação do órgão expedidor".

> **Art. 146.** A arguição de falsidade, feita por procurador, exige poderes especiais.[12]

12. Poderes especiais do procurador: tratando-se de arguição de falso, que envolve a prática de crime, é salutar que a norma exija a procuração com poderes especiais, para que o requerente fique vinculado exatamente ao que está afirmando. Eventuais delitos contra a honra ou mesmo de denunciação caluniosa podem ser objeto de apuração posterior. Aceita-se, em lugar da procuração com especiais poderes, a petição de impugnação assinada em conjunto pelo procurador e pela parte interessada.

> **Art. 147.** O juiz poderá, de ofício, proceder à verificação da falsidade.[13]

13. Instauração do incidente de ofício: nada impede, seguindo-se o princípio da verdade real, bem como o da livre persuasão racional do magistrado, que haja a instauração do incidente de falsidade de ofício, sem a provocação das partes. Segue-se o mesmo procedimento previsto no art. 145.

> **Art. 148.** Qualquer que seja a decisão, não fará coisa julgada em prejuízo de ulterior processo penal ou civil.[14]

14. Efeitos limitados da decisão do incidente: corretamente, a norma processual penal estabelece que a decisão tomada nos autos do incidente de falsidade, crendo ser o documento não autêntico, por exemplo, é limitada às estreitas fronteiras do procedimento incidente, que justifica a sua existência apenas para haver a deliberação sobre a legitimidade de uma prova, formadora do convencimento do magistrado, sem envolver ampla dilação probatória, típica de uma instrução de conhecimento. Assim, reconhecida a falta de autenticidade da prova, desentranha-se esta e determina-se a apuração do falso, em processo principal. É possível que, ao final, seja na esfera criminal, seja na cível, verifique-se a inadequação da primeira decisão, entendendo-se ser verdadeiro o que antes foi acoimado de falso. Se tal ocorrer, nada impede futura revisão criminal, caso tenha havido prejuízo para o réu. Entretanto, se o prejuízo tiver sido da acusação, tendo havido o trânsito em julgado da decisão proferida no processo de onde se extraiu o documento, nada mais se pode fazer, pois não há revisão em favor da sociedade. Dificilmente, no entanto, tomando-se todas as cautelas na produção das provas no incidente, especialmente, quando possível, a pericial, tal situação acontecerá. Especialmente por isso, é necessário que o juiz tenha particular empenho em verificar se o falso realmente ocorreu, não se contentando com as simples alegações das partes.

Capítulo VIII
DA INSANIDADE MENTAL DO ACUSADO[1-2]

1. Incidente de insanidade mental: é o procedimento incidente instaurado para apurar a inimputabilidade ou semi-imputabilidade do acusado, levando-se em conta a sua capacidade de compreensão do ilícito ou de determinação de acordo com esse entendimento à época da infração penal. Tal medida justifica-se, uma vez que não é possível a condenação, com a consequente aplicação de pena, ao inimputável (art. 26, CP). Este, assim reconhecido à época do crime, deve ser absolvido, recebendo medida de segurança, que é uma espécie de sanção penal, embora nitidamente voltada ao tratamento e cura do enfermo. Quanto ao semi-imputável, apurado o estado de perturbação da saúde mental, que lhe retira parcialmente o entendimento do ilícito ou da determinação de agir, de acordo com esse entendimento, poderá haver condenação, devendo, no entanto, o juiz reduzir a pena, nos termos do art. 26, parágrafo único, do Código Penal. Eventualmente, também ao semi-imputável, pode ser aplicada medida de segurança, se for o melhor caminho para tratá-lo (art. 98, CP). Há posição de Tribunais Superiores no sentido de ser esse exame de interesse da defesa apenas. Sem sua concordância, não poderia ser realizado. Com a devida vênia, discordamos. Saber se o acusado é mentalmente são ou incapaz é interesse de ordem pública, visto que a aplicação de pena ou medida de segurança depende disso. Então, não se trata de um interesse privativo da defesa, em nosso entendimento. Sobre o tema: STJ: "1. Sobre o incidente de insanidade mental decidiu o STF ser 'prova pericial constituída em favor da defesa', daí não ser possível determinar a sua realização compulsoriamente. 2. O princípio *nemo tenetur se detegere* protege os acusados ou suspeitos de possíveis violências físicas e morais empregadas pelo agente estatal na coação em cooperar com a investigação criminal. Precedente do STJ. 3. *Habeas corpus* concedido para o Paciente não ser obrigado a se submeter ao incidente de insanidade mental" (HC 488.029/SC, 6.ª T., rel. Laurita Vaz, 26.03.2019, v.u.). E ainda: STJ: "Nos termos do artigo 149 do Código de Processo Penal, quando houver dúvida sobre a integridade mental do acusado, o juiz ordenará, *de ofício ou a requerimento do Ministério Público*, do defensor, do curador, do ascendente, descendente, irmão ou cônjuge do acusado, seja este submetido a exame médico-legal. Dessa leitura depreende-se que o exame não é automático ou obrigatório, dependendo da existência de dúvida plausível acerca da higidez mental do acusado" (AgRg no REsp 1.503.533/SC, 5.ª T., rel. Min. Reynaldo Soares da Fonseca, 15.05.2018, *DJe* 25.05.2018, grifamos).

2. Requisito da culpabilidade: segundo entendimento majoritário da doutrina, a culpabilidade é um dos elementos do crime, composto analiticamente de tipicidade, antijuridicidade e culpabilidade. Assim, para que se reconheça a existência de uma infração penal, torna-se indispensável que, além da tipicidade e da ilicitude, verifique-se a culpabilidade, um juízo de

Art. 149

reprovação social, incidente sobre o fato e seu autor, pessoa imputável, com conhecimento potencial da ilicitude e possibilidade e exigibilidade de ter atuado conforme o Direito. Para maiores detalhes, consultar o conceito de crime, em nosso *Código Penal comentado*, nota 1 ao Título II, bem como o de medida de segurança, na nota 1 ao Título VI. O inimputável é capaz de cometer um injusto penal, isto é, algo não permitido pelo ordenamento (fato típico e antijurídico), mas não merece ser socialmente reprovado, por ausência de capacidade de entendimento do ilícito ou de determinação de agir conforme esse entendimento. Cabe-lhe, ao invés da pena, típica sanção penal aplicável aos criminosos, a medida de segurança, espécie de sanção voltada à cura e ao tratamento. O semi-imputável, por sua vez, por ter entendimento parcial do injusto cometido, preenche os requisitos para sofrer juízo de culpabilidade, merecendo, pois, ser condenado e receber pena, apesar de reduzida. Excepcionalmente, pode também, como já afirmado, receber medida de segurança, se for melhor para a sua recuperação.

> **Art. 149.** Quando houver dúvida[3] sobre a integridade mental do acusado, o juiz ordenará,[3-A] de ofício ou a requerimento do Ministério Público, do defensor, do curador, do ascendente, descendente, irmão ou cônjuge do acusado,[4] seja este submetido a exame médico-legal.
>
> § 1.º O exame poderá ser ordenado ainda na fase do inquérito, mediante representação da autoridade policial ao juiz competente.[5-7]
>
> § 2.º O juiz nomeará curador ao acusado,[8] quando determinar o exame, ficando suspenso o processo,[9-10] se já iniciada a ação penal, salvo quanto às diligências[11] que possam ser prejudicadas pelo adiamento.

3. Dúvida razoável: é preciso que a dúvida a respeito da sanidade mental do acusado ou indiciado seja razoável, demonstrativa de efetivo comprometimento da capacidade de entender o ilícito ou determinar-se conforme esse entendimento. Crimes graves, réus reincidentes ou com antecedentes, ausência de motivo para o cometimento da infração, narrativas genéricas de testemunhas sobre a insanidade do réu, entre outras situações correlatas, não são motivos suficientes para a instauração do incidente. Na jurisprudência: STJ: "1. Com lastro na prova dos autos, a Corte de origem entendeu desnecessária a produção da prova pericial para a constatação da imputabilidade do agravante, pois, à época dos fatos, não havia qualquer comprovação ou mesmo dúvida acerca da sanidade mental do acusado. O próprio acusado, em seu interrogatório, informou que passou a fazer tratamento psiquiátrico somente após um acidente automotivo em 2012. Desse modo, vislumbra-se que o indeferimento da a instauração do incidente de sanidade mental restou devidamente justificado. 2. Sendo o magistrado o destinatário final das provas a serem produzidas para a formação de seu convencimento, a ele cabe indeferir, de modo fundamentado, as que se mostrarem desnecessárias ou meramente protelatórias, como na hipótese em epígrafe. Precedentes" (AgRg no AREsp 2.164.306/SP, 5.ª T., rel. Joel Ilan Paciornik, 27.04.2023, v.u.); 1. O art. 149 do CPP não contempla hipótese de prova legal ou tarifada, mas a interpretação sistemática das normais processuais penais que regem a matéria indica que o reconhecimento da inimputabilidade ou semi-imputabilidade do réu (art. 26, *caput* e parágrafo único do CP) depende da prévia instauração de incidente de insanidade mental e do respectivo exame médico-legal nele previsto, sendo possível, ao Juízo, discordar das conclusões do laudo, desde que por meio de decisão devidamente fundamentada. 2. Recurso especial provido para cassar, em parte, o acórdão exarado no julgamento da Apelação Criminal n. 70073399487 – especificamente na parte que aplicou o redutor do art. 26, parágrafo único, do CP – a fim de que, verificada a dúvida acerca da sanidade mental do recorrido à época do crime, seja determinada a baixa dos autos ao Juízo de origem para realização de exame médico-legal nos termos do art. 149 do CPP" (REsp 1.802.845/RS, 6.ª T., rel. Sebastião Reis Júnior, 23.06.2020, v.u.).

3-A. Facultatividade: cabe ao magistrado decidir se o incidente de insanidade mental é cabível, tendo em vista que, por vezes, o pedido da parte (acusação ou defesa) é completamente infundado. A dúvida acerca da insanidade mental do acusado precisa passar pelo crivo do julgador, a quem as provas se destinam. Na jurisprudência: STJ: "Cabe ao Magistrado processante analisar a necessidade da instauração de incidente de insanidade mental, considerando que a sua realização só se justifica diante da existência de dúvida razoável quanto à higidez mental do réu. Precedentes. Se as instâncias de origem, a partir da análise do conjunto fático-probatório, concluíram pela ausência de dúvida acerca da capacidade do réu de entender o caráter ilícito da conduta, não há que se falar em necessidade de instauração de incidente de insanidade mental. Demais a mais, tal premissa somente poderia ser desconstituída mediante revolvimento de prova, o que não é viável em sede de *writ*" (HC 239.039/RO, 5.ª T., rel. Ribeiro Dantas, 23.08.2016, v.u.); "1. Nos termos do disposto no art. 149 do Código de Processo Penal, o juiz determinará a realização do exame de insanidade no acusado quando houver dúvida sobre a sua integridade mental. 2. Na hipótese dos autos, o indeferimento do incidente de insanidade mental se deu de forma fundamentada pelas instâncias ordinárias, no exercício do livre convencimento motivado, não havendo falar em cerceamento de defesa. Precedentes" (AgRg no AREsp 859.289/MG, 6.ª T., rel. Sebastião Reis Júnior, 16.06.2016, v.u.).

4. Legitimidade para requerer o incidente: cabe ao juiz, de ofício, ao representante do Ministério Público, seja como parte parcial ou como fiscal da lei (ações privadas), ao acusado, através do seu defensor ou curador, bem como ao ascendente, descendente, irmão ou cônjuge do réu, o que demonstra o caráter defensivo da instauração do processo incidente.

5. Realização do exame na fase do inquérito: pode o exame ser determinado pelo juiz, ainda na fase investigatória, desde que haja representação da autoridade policial. A autoridade policial não pode determinar esse tipo de exame, o que constitui uma nítida exceção. Lembremos que a instauração do incidente não serve para interromper a prescrição, nem na fase do inquérito, tampouco durante a instrução.

6. Denúncia com pedido de absolvição: pode ocorrer. Se o exame de insanidade mental for realizado durante o inquérito policial, comprovando a inimputabilidade do indiciado, quando o representante do Ministério Público oferecer denúncia, já ciente do resultado do referido exame, pode requerer, desde logo, a aplicação de medida de segurança ao denunciado, implicando, pois, absolvição. Tal situação se dá, porque o insano tem direito ao devido processo legal, justamente pelo fato de a medida de segurança constituir uma espécie de sanção penal, que restringe direitos. Assim, para que seja aplicada, é preciso demonstrar ter o agente praticado o injusto penal (fato típico e antijurídico), o que se dá após a produção das provas, com a assistência do advogado.

7. Elaboração de quesitos: cremos ser indispensável conceder-se essa possibilidade, tanto para a acusação, como para a defesa. Neste caso, serve para assegurar a ampla defesa, a despeito do exame a realizar-se durante o inquérito policial, que é a fase inquisitiva, onde normalmente não cabe contraditório ou ampla defesa.

8. Curador do acusado: pode ser o próprio defensor, o que normalmente acontece quando o exame se realiza durante a instrução. Se ocorrer na fase investigatória, é preciso nomear um curador, que pode não ser advogado.

9. Suspensão do processo: não implica suspensão da prescrição, razão pela qual deve o exame ser feito com brevidade, caso o prazo prescricional esteja em vias de acontecer.

Art. 150

Código de Processo Penal Comentado · **Nucci**   334

9-A. Controle da demora na realização da perícia: havendo acusado preso, é preciso ter a cautela de preservar o andamento processual. Quer isso dizer que o juiz deve cobrar o laudo, sem permitir que a instrução se prejudique. Do contrário, pode gerar constrangimento ilegal. Na jurisprudência: STJ: "1. De acordo com reiteradas decisões da Sexta Turma deste Tribunal, as prisões cautelares são medidas de índole excepcional, somente podendo ser decretadas ou mantidas caso demonstrada, com base em elementos concretos dos autos, a efetiva imprescindibilidade de restrição ao direito constitucional à liberdade de locomoção. 2. No caso, a demora de quase dois anos para a conclusão de incidente de insanidade mental, aliada à expedição de cartas precatórias para a localização da vítima, extrapola o limite da razoabilidade, uma vez que, desde a efetiva prisão do acusado, o excesso de prazo não pode ser atribuído à defesa. 3. Evidenciado que o acusado permaneceu foragido no início da ação penal, devem ser aplicadas medidas alternativas à prisão, a fim de se evitar nova tentativa de o acusado se furtar à aplicação da lei penal. 4. Recurso provido para substituir a prisão preventiva imposta ao recorrente por medidas alternativas à prisão, previstas no art. 319, I e IV, do Código de Processo Penal" (RHC 67.182/RJ, 6.ª T., rel. Sebastião Reis Júnior, 02.06.2016, v.u.).

10. Crise da instância: é a denominação dada à suspensão temporária do curso procedimental, sem que a instância cesse. Um dos casos é justamente o retratado neste parágrafo (Frederico Marques, *Elementos de direito processual penal*, v. 2, p. 219).

11. Diligências urgentes: podem ser realizadas, embora esteja suspenso o processo. Para isso, o juiz deve ter a cautela de intimar para o ato tanto a defesa, quanto o curador. Se o defensor for também o curador – o que normalmente ocorre – basta a presença do advogado, além, obviamente, do promotor. Não tem cabimento, por exemplo, deixar de ouvir uma testemunha presencial do fato, que está gravemente enferma ou vai deixar o País, somente porque o processo está suspenso para a realização do exame.

> **Art. 150.** Para o efeito do exame, o acusado, se estiver preso, será internado em manicômio judiciário,[12-13] onde houver, ou, se estiver solto,[14] e o requererem os peritos, em estabelecimento adequado que o juiz designar.[15]
>
> § 1.º O exame não durará mais de 45 (quarenta e cinco) dias, salvo se os peritos demonstrarem a necessidade de maior prazo.[16]
>
> § 2.º Se não houver prejuízo para a marcha do processo, o juiz poderá autorizar sejam os autos entregues aos peritos, para facilitar o exame.[17]

12. Internação em manicômio judiciário: utiliza o Código Penal, atualmente, a terminologia "hospital de custódia e tratamento", embora saibamos ser o local anteriormente conhecido como manicômio judiciário. Trata-se de um lugar equivalente ao regime fechado das penas privativas de liberdade, onde o internado não tem liberdade para ir e vir e é constantemente vigiado. Ainda assim, é o melhor local para se colocar o sujeito preso, pois há condições para, desde logo, iniciar seu tratamento, além de ter condições para a realização do exame. Aliás, é no hospital de custódia e tratamento que deve permanecer internado o preso, ainda durante a instrução. Trata-se de constrangimento ilegal manter um doente mental, mesmo que detido cautelarmente, em presídio comum, conforme dispõe o art. 99 do Código Penal.

13. Prisão preventiva: é a medida adequada para assegurar que o acusado, doente mental, fique segregado, quando os requisitos do art. 312 do Código de Processo Penal, estiverem presentes. Não há mais cabimento em se decretar medida de segurança provisória ou preventiva, algo que foi extirpado pela Reforma Penal de 1984, razão pela qual deve o juiz valer-se dos mecanismos atuais para a prisão de qualquer pessoa. No mesmo prisma, está o magistério de Carlos Frederico Coelho Nogueira (Efeitos da condenação, reabilitação e medidas de segurança, p. 143). Ainda, sustentando a revogação da medida de segurança provisória, por ocasião da Reforma Penal de 1984, estão José Renato Nalini e Ricardo Dip (notas feitas na obra *Da competência em matéria criminal*, de Frederico Marques, p. 273). Em contrário, verifique-se a posição de Antonio Carlos da Ponte, que, fundamentado no ensinamento de Hélio Tornaghi, crê existente, ainda, em nosso sistema processual penal, a medida de segurança provisória: "Se é certo que a expedição de uma guia de internamento só pode ocorrer depois do trânsito em julgado da sentença absolutória imprópria (inimputáveis) ou condenatória (semi-imputáveis), não é menos correto que quem, visivelmente, sofra das faculdades mentais não poderá permanecer nas dependências de uma carceragem, dividindo espaço com presos que apresentam higidez mental completa e que nada contribuirão para sua melhora, muito ao contrário" (*Inimputabilidade e processo penal*, p. 57). É compreensível a preocupação do autor com a mantença do acusado, doente mental, preso provisoriamente, em cela comum. Necessitando de tratamento urgente, não teria, de fato, cabimento mantê-lo em presídio ou distrito policial, sem a transferência ao hospital de custódia e tratamento. Mas isso não significa dizer que a medida de segurança provisória continua existindo. Para esse réu, decreta-se a prisão preventiva, transferindo-o ao hospital, onde permanecerá até o deslinde do processo. Ninguém ingressará em nosocômio, para cumprir *medida de segurança, sem a guia* de internação (art. 172 da Lei 7.210/1984). Logo, a lei é cristalina, ao afirmar que não há possibilidade de existência de medida de segurança provisória, já que a guia somente é expedida com o trânsito em julgado da decisão que aplica a medida de segurança (art. 171 da Lei 7.210/1984). Não há vedação, no entanto, para a internação, por motivo de prisão cautelar, *sem guia de internação*, porque não houve, ainda, aplicação definitiva de medida de segurança. Aliás, o art. 41 do Código Penal prevê a transferência do condenado, padecendo de doença mental, para hospital de custódia e tratamento, ainda que sua pena não seja convertida em medida de segurança, o que somente ocorrerá quando a doença for duradoura. E o disposto no art. 150 do Código de Processo Penal também é demonstrativo de que se pode internar alguém, para examiná-lo, sem que seja aplicada medida de segurança. Na jurisprudência: STJ: "4. Houve sucessivas tentativas de realização do exame de insanidade mental, nos termos do art. 149 e seguintes do CPP. Contudo, o paciente optou por permanecer foragido e não comparecer para a realização do único exame apto a comprovar a incompatibilidade do cárcere com a condição psiquiátrica alegada pela defesa. 5. Não se verifica a identidade das situações apontadas, notadamente diante do prejuízo trazido pelo paciente para a devida instrução criminal, furtando-se, inclusive, da realização do próprio exame de insanidade mental, razão pela qual se torna inviável a extensão com base no art. 580 do CPP. 6. Demonstrados os pressupostos e motivos autorizadores da custódia cautelar, elencados no art. 312 do CPP, não se vislumbra constrangimento ilegal a ser reparado de ofício por este Superior Tribunal de Justiça. 7. *Habeas corpus* não conhecido" (HC 439.091/SE, 5.ª T., rel. Reynaldo Soares da Fonseca, 07.02.2019, v.u.).

14. Exame em réu solto: deve ser realizado no local indicado pelos peritos, podendo ser qualquer lugar adequado, inclusive o hospital de custódia e tratamento. Nesse caso, o réu não permanecerá detido.

15. Utilização de laudos produzidos em outros processos: é inadmissível. Deve-se apurar a inimputabilidade penal em cada caso, razão pela qual não é cabível a utilização de laudos produzidos em outros processos do mesmo acusado.

Art. 151

Código de Processo Penal Comentado · **Nucci**

16. Prazo para a conclusão do exame: não é prazo fatal. Se houver necessidade, pode ser prorrogado, o que vem acontecendo, em muitas situações, por falta de estrutura do Estado para a pronta realização dos exames.

17. Entrega dos autos ao perito: estando o processo suspenso, nada impede sejam os autos entregues ao perito. Afinal, a apuração e constatação da doença mental ou da perturbação da saúde mental é tarefa árdua, que pode exigir o confronto das alegações do réu com o conteúdo das declarações de outras pessoas, já ouvidas durante o inquérito ou instrução. Lembremos que, atualmente, basta um perito oficial para realizar a avaliação. Caso sejam peritos não oficiais, continua a exigência do número de dois.

> **Art. 151.** Se os peritos concluírem que o acusado era, ao tempo da infração, irresponsável nos termos do art. 22 do Código Penal,[18] o processo prosseguirá, com a presença do curador.[19]

18. Modificação legislativa: trata-se do atual art. 26 do Código Penal.

19. Prosseguimento do processo: concluída a perícia, pode o experto concluir que o acusado era, ao tempo da infração, imputável. Nesse caso, o processo segue o seu curso normalmente, sem a participação do curador. Pode, ainda, concluir que ele era inimputável à época do cometimento do injusto penal, razão pela qual o processo prossegue com a assistência do curador – normalmente o advogado. Se, no entanto, concluir que o acusado, à época do fato, era imputável, mas atualmente padece de doença mental, o feito será paralisado, nos termos do art. 152.

> **Art. 152.** Se se verificar que a doença mental sobreveio à infração o processo continuará suspenso até que o acusado se restabeleça, observado o § 2.º do art. 149.[20-21]
>
> § 1.º O juiz poderá, nesse caso, ordenar a internação do acusado em manicômio judiciário ou em outro estabelecimento adequado.[22]
>
> § 2.º O processo retomará o seu curso, desde que se restabeleça o acusado, ficando-lhe assegurada a faculdade de reinquirir as testemunhas[23] que houverem prestado depoimento sem a sua presença.

20. Superveniência de doença mental, após a infração penal: é motivo de paralisação da instrução, suspendendo-se o processo. Aguarda-se que o réu obtenha melhora para que possa defender-se com eficácia. Trata-se da aplicação do princípio da ampla defesa. Quando as provas forem urgentes, podem ser realizadas, com a presença do curador. Após, suspende-se o andamento processual.

21. Crise da instância: é a denominação dada à suspensão temporária do curso procedimental, sem que a instância cesse. Um dos casos é justamente o retratado neste artigo (Frederico Marques, *Elementos de direito processual penal*, v. 2, p. 219).

22. Possibilidade de internação, antes da conclusão da culpa: quando a doença mental ficar evidenciada, mas tiver ocorrido após o cometimento do injusto penal, preceitua a lei poder o juiz determinar a internação do acusado, aguardando-se a sua cura, a fim de haver prosseguimento do feito. Logicamente, só se fala na possibilidade de internação, quando houver periculosidade. Há duas posições nesse sentido: (a) é medida inconstitucional, pois fere a presunção de inocência. Estaria o magistrado determinando a internação (medida coercitiva), sem a formação da culpa. Assim, o correto seria prosseguir o feito, até a sua conclusão, a despeito do previsto neste artigo; b) é constitucional, pois a internação assegura a proteção devida ao doente mental, considerado perigoso, não somente à sociedade, mas também a si mesmo, se não tiver tratamento adequado e continuar solto. Por outro lado, ainda que a internação dure tempo razoável, não há ofensa à presunção de inocência, pois o fim visado é garantir justamente a ampla defesa e o contraditório. Afinal, um réu não consegue defender-se a contento se for considerado doente mental. É a posição que preferimos. Além disso, a constitucionalidade é sustentável, pois a Carta Magna assegura que não haverá prisão senão por ordem legal da autoridade judiciária. Ora, nessa hipótese, o juiz fundamenta e decreta uma internação, fruto de expressa previsão do Código de Processo Penal. Note-se, inclusive, que o art. 152, § 2.º, prevê a possibilidade de reinquirição das testemunhas, quando elas tiverem prestado declarações longe da presença do acusado, o que demonstra a nítida preocupação legislativa com a proteção à ampla defesa. Lembremos, entretanto, que a prescrição não está suspensa (ver a nota 9 ao art. 149). Logo, se decorrer o prazo prescricional previsto para a pena em abstrato do delito em questão, o juiz deve julgar extinta a punibilidade, transferindo a questão da internação para o juízo cível. Conforme o caso, o Ministério Público poderá propor a interdição do réu e ele continuará seu tratamento.

23. Reinquirição das testemunhas: é a consagração dos princípios da ampla defesa e do contraditório, pois o réu, quando considerado insano, não teve a oportunidade efetiva de acompanhar a produção das provas contra sua pessoa. Merece, assim, rever o que já foi produzido.

> **Art. 153.** O incidente da insanidade mental processar-se-á em auto apartado,[24] que só depois da apresentação do laudo será apenso ao processo principal.[25-27]

24. Auto apartado: como regra de todo processo incidente, deve ser autuado à parte, não se mesclando com o processo principal.

25. Indeferimento da instauração do incidente: não há recurso. Eventualmente, tratando-se de hipótese teratológica (ex.: acusado nitidamente doente), pode ser impetrado *habeas corpus*.

26. Incidente instaurado indevidamente: cuida-se de tumulto processual, cabendo correição parcial.

27. Decisão homologatória do laudo: cabe apelação, pois decisão com força de definitiva.

> **Art. 154.** Se a insanidade mental sobrevier no curso da execução da pena, observar-se-á o disposto no art. 682.[28]

28. Doença ocorrida durante a execução da pena: há duas possibilidades: (a) doença transitória: aplica-se o art. 41 do Código Penal, ou seja, transfere-se o condenado para o hospital penitenciário, sem se alterar a pena; (b) doença de caráter duradouro ou permanente: converte-se a pena em medida de segurança, conforme disposto no art. 183 da Lei 7.210/1984.

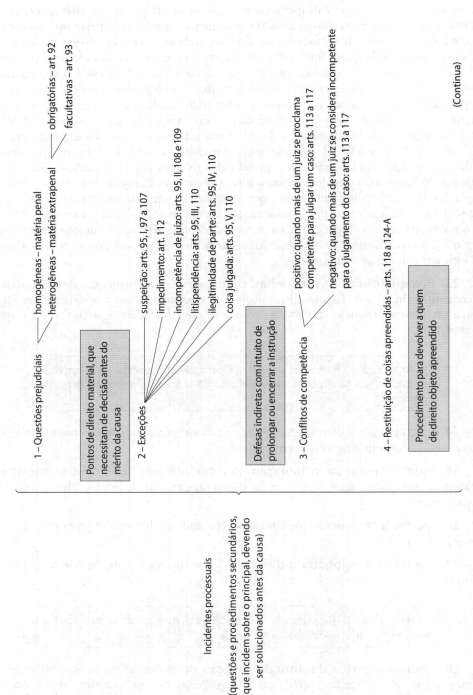

Título VI – Das Questões e Processos Incidentes

Continuação:

Incidentes processuais

(questões e procedimentos secundários, que incidem sobre o principal, devendo ser solucionados antes da causa)

5 – Medidas assecuratórias

Providências tomadas, no processo criminal, para garantir futura indenização ao ofendido ou pagamento de custas e despesas ao Estado, bem como evitar que o criminoso lucre com a prática da infração penal.

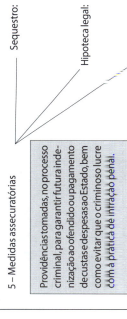

Sequestro: medida para reter bens imóveis e móveis, quando adquiridos com o produto ou proveito do crime – arts.125 a 133-A

Hipoteca legal: instituto de proteção ao ofendido, assegurado em lei, para tornar indisponíveis os bens imóveis do acusado, visando futura indenização – arts.134 a 137

Arresto: instituto de proteção ao ofendido, assegurado em lei, para tornar indisponíveis os bens móveis do acusado, tendo por fim garantir futura reparação do dano – art. 137

6 – Incidente de falsidade: arts. 145 a 148

Providência destinada à constatação da autenticidade de um documento inserido nos autos.

7 – Incidente de insanidade mental: arts. 149 a 154

Providência destinada a apurar a inimputabilidade ou semi-imputabilidade do réu à data da prática da infração penal.

Título VII
Da Prova[1-3-A]

1. Conceito de prova: o termo *prova* origina-se do latim – *probatio* –, que significa ensaio, verificação, inspeção, exame, argumento, razão, aprovação ou confirmação. Dele deriva o verbo *provar* – *probare* –, significando ensaiar, verificar, examinar, reconhecer por experiência, aprovar, estar satisfeito com algo, persuadir alguém a alguma coisa ou demonstrar.

2. Sentidos da prova: há, fundamentalmente, três sentidos para o termo *prova*: a) ato de provar: é o processo pelo qual se verifica a exatidão ou a verdade do fato alegado pela parte no processo (ex.: fase probatória); b) meio: trata-se do instrumento pelo qual se demonstra a verdade de algo (ex.: prova testemunhal); c) resultado da ação de provar: é o produto extraído da análise dos instrumentos de prova oferecidos, demonstrando a verdade de um fato. Neste último senso, pode dizer o juiz, ao chegar à sentença: "Fez-se prova de que o réu é autor do crime". Portanto, é o clímax do processo. Segundo Antonio Magalhães Gomes Filho, os dois primeiros sentidos dizem respeito à ótica objetiva, enquanto o terceiro refere-se à ótica subjetiva, decorrente da atividade probatória desenvolvida (*Direito à prova no processo penal*, p. 33-34).

3. Significados de verdade e certeza: valemo-nos da lição de Malatesta, para quem *verdade* é a conformidade da noção ideológica com a realidade, enquanto *certeza* é a crença nessa conformidade, provocando um estado subjetivo do espírito ligado a um fato, ainda que essa crença não corresponda à verdade objetiva (*A lógica das provas em matéria criminal*, v. 1, p. 22). Como ensina Carrara, "a certeza está em nós; a verdade está nos fatos" (*Programa del curso de derecho criminal dictado en la Real Universidad de Pisa*, v. 2, p. 291). É preciso destacar que a descoberta da verdade é sempre relativa, pois o que é verdadeiro para uns, pode ser falso para outros. A meta da parte, no processo, portanto, é convencer o magistrado, através do raciocínio, de que a *sua* noção da realidade é a correta, isto é, de que os fatos se deram no plano real exatamente como está descrito em sua petição. Convencendo-se disso, o magistrado, ainda que possa estar equivocado, alcança a certeza necessária para proferir a decisão. Quando forma sua convicção, ela pode ser verdadeira (correspondente à realidade) ou errônea (não correspondente à realidade), mas jamais *falsa*, que é um "juízo não verdadeiro". Sustentar que o juiz atingiu uma convicção falsa seria o mesmo que dizer que o julgador atingiu uma "certeza incerta", o que é um contrassenso. Para haver condenação, exige-se que o magistrado tenha chegado ao estado de certeza, não valendo a mera probabilidade (juízo que enumera motivos convergentes e divergentes acerca da ocorrência de um fato, prevalecendo os primeiros). Abordagem mais detalhada sobre o tema e quanto à análise do valor das provas, ver o nosso *O valor da confissão como meio de prova no processo penal*, p. 43-50.

Art. 155

Código de Processo Penal Comentado · **Nucci** 342

3-A. Denúncia anônima: a indicação da materialidade e/ou da autoria de crimes, quando feita de forma não identificada, por meio de telefone ou pelo caminho da informática, é válida para um propósito: dar início às investigações formais. Não se deve indiciar alguém com base em denúncia anônima, mas é natural que a autoridade policial possa começar uma investigação preliminar para, depois, instaurar o inquérito. Enfim, qualquer indicação pode provocar a atividade investigatória, o que não significa *prova*, para efeito de dar base à denúncia ou à condenação.

Capítulo I
DISPOSIÇÕES GERAIS

> **Art. 155.** O juiz formará sua convicção[4] pela livre[5-7] apreciação da prova[8-10] produzida em contraditório judicial,[11] não podendo fundamentar sua decisão exclusivamente[12] nos elementos informativos colhidos na investigação, ressalvadas[13] as provas cautelares, não repetíveis e antecipadas.[14-14-A]
>
> **Parágrafo único.** Somente quanto ao estado das pessoas serão observadas as restrições[15] estabelecidas na lei civil.[16-18]

4. Sistemas de avaliação da prova: são basicamente três sistemas: a) livre convicção: é o método concernente à valoração livre ou à íntima convicção do magistrado, significando não haver necessidade de motivação para suas decisões. É o sistema que prevalece no Tribunal do Júri, visto que os jurados não motivam o voto; b) prova legal: é o método ligado à valoração taxada ou tarifada da prova, significando o preestabelecimento de um determinado valor para cada prova produzida no processo, fazendo com que o juiz fique adstrito ao critério fixado pelo legislador, bem como restringido na sua atividade de julgar. Era a época em que se considerava nula a força probatória de um único testemunho (*unus testis, nullus testis* ou *testis unius, testis nullius*). Há resquícios desse sistema, como ocorre quando a lei exigir determinada forma para a produção de alguma prova, *v.g.*, art. 158, CPP, demandando o exame de corpo de delito para a formação da materialidade da infração penal, que deixar vestígios, vedando a sua produção através da confissão; c) persuasão racional: é o método misto, também chamado de convencimento racional, livre convencimento motivado, apreciação fundamentada ou prova fundamentada. Trata-se do sistema adotado, majoritariamente, pelo processo penal brasileiro, que encontra, inclusive, fundamento na Constituição Federal (art. 93, IX), significando a permissão dada ao juiz para decidir a causa de acordo com seu livre convencimento, devendo, no entanto, cuidar de fundamentá-lo, nos autos, buscando persuadir as partes e a comunidade em abstrato. Na jurisprudência: STF: "I – Não há que falar em nulidade do acórdão do Tribunal de Justiça do Estado de São Paulo – TJSP por ausência de manifestação quanto à suposta inobservância do art. 155 do CPP, já que a análise do conjunto indiciário foi ampla. Se a Corte estadual entendeu que os indícios de autoria estavam demonstrados também pela prova oral produzida em juízo, o fez em observância à referida regra processual, segundo a qual o 'juiz formará sua convicção pela livre apreciação da prova produzida em contraditório judicial, não podendo fundamentar sua decisão exclusivamente nos elementos informativos colhidos na investigação' (art. 155, CPP). II – O Tribunal de Justiça bandeirante examinou, de forma exaustiva, a alegada ausência de indícios suficientes de autoria, destacando que os elementos indiciários foram corroborados pela prova oral produzida sob o crivo do contraditório, na linha do entendimento consolidado por esta Suprema Corte, de que 'os elementos do inquérito podem influir na formação do livre convencimento do juiz para a decisão da causa quando complementam outros indícios e provas que passam pelo crivo do contraditório em juízo (RE 425.734-AgR/MG, Rel. Min. Ellen Gracie, Segunda Turma). III – As alegações dos recorrentes, tais como postas, mostram o nítido propósito de discutir os fatos da causa para modificar a sentença de pronúncia, o que não é possível na via estreita do *habeas corpus*, cabendo ao juízo natural o exame aprofundado do conjunto fático-probatório, como ocorreu. Precedentes IV – Agravo regimental a que se nega provimento" (RHC 192.283 AgR, 2.ª T., rel. Ricardo Lewandowski, 11.11.2020, v.u). STJ: "3. O art. 155 do CPP dispõe que a condenação não pode se fundamentar 'exclusivamente nos elementos informativos colhidos na investigação, ressalvadas as provas cautelares, não repetíveis e antecipadas'. Na hipótese, tem-se que os documentos carreados aos autos por ocasião das investigações foram submetidos ao devido contraditório, porquanto permaneceram nos autos durante toda a instrução processual, a autorizar o contraditório e ampla defesa. Inclusive, o celular de uma das vítimas foi apreendido com o irmão do paciente. 4. Ademais, a legislação brasileira, conquanto proíba a condenação sem prova judicializada (exceção à prova não repetível), não prevê um escalonamento do acervo probatório, cabendo ao julgador ordinário (primeiro e segundo grau), dentro do seu livre convencimento motivado, sopesar os elementos colhidos nos autos para, fundamentadamente, formar sua convicção" (AgRg no HC 687.655/SC, 5.ª T., rel. Reynaldo Soares da Fonseca, 14.09.2021, v.u.).

5. Limite à liberdade de apreciação da prova: o magistrado não pode fazer a sua opinião pessoal ou vivência acerca de algo integrar o conjunto probatório, tornando-se, pois, prova. O juiz extrai a sua convicção das provas produzidas legalmente no processo, mas não presta depoimento pessoal, nem expõe suas ideias como se fossem fatos incontroversos. Imagine-se o magistrado que, julgando um delito de trânsito, declare, nos autos, que o local do acidente é, de fato, perigoso, pois ele mesmo já foi vítima de uma colisão naquele sítio, razão pela qual entende estar certa a posição desta ou daquela parte. Trata-se de um depoimento prestado sem o devido contraditório e distante da ampla defesa, uma vez que não contrariado pelas partes. É natural que possa o julgador extrair da sua vivência a experiência e o discernimento necessários para decidir um caso, embora deva estar fundamentado, exclusivamente, nas provas constantes dos autos. No exemplo supramencionado, se ele sabe que o local é realmente perigoso, deve determinar a produção de prova nesse sentido, valendo-se de outros elementos, diversos da situação fática por ele vivida.

6. Liberdade de determinar a realização da prova: o conjunto probatório destina-se ao órgão julgador, seja ele monocrático ou colegiado; durante a instrução, o magistrado detém o poder discricionário de determinar a realização das provas que entender cabíveis e necessárias ao seu convencimento. Portanto, embora a parte tenha o direito de propor a realização de qualquer espécie de prova, possui o juiz o poder-dever de filtrá-las, determinando a produção das que forem pertinentes. Não sendo o caso, pode indeferir as provas requeridas, desde que o faça motivadamente, aliás, como toda decisão judicial. Essa possibilidade não foi afetada pela reforma da Lei 13.964/2019.

7. Preconceito e parcialidade do magistrado: o julgador que emprega, usualmente, em sua atividade de composição de conflitos, opiniões e conceitos formados de antemão, sem maior preocupação com os fatos alegados pelas partes, tampouco atentando para o mau vezo de cultivar ideias preconcebidas sobre determinados assuntos, é um juiz preconceituoso e, consequentemente, parcial. Não está preparado a desempenhar sua atividade com isenção, devendo buscar consertar o seu procedimento, sob pena de se dever afastar da área criminal. Conforme o caso, se for extremado o seu modo de agir com parcialidade em qualquer área que escolha judicial, é caso de se afastar – ou ser afastado – da magistratura. Por isso, não concordamos com a opinião exposta por Tourinho Filho, ao mencionar que o juiz que

Art. 155

Código de Processo Penal Comentado • **Nucci**

344

detesta os ladrões, abomina os estupradores ou tem aversão por esta ou aquela pessoa, ou pela raça humana, deve dar-se por suspeito por motivo de foro íntimo, tal como permite o Código de Processo Civil, afastando-se do feito e comunicando, sinceramente, seus motivos ao seu órgão censor (*Código de Processo Penal comentado*, v. 1, p. 357). Um magistrado deve ter discernimento suficiente para não se entregar ao ódio a determinados agentes criminosos, nem deve ser racista, pois não são atributos que se aguarda do juiz de direito. É certo que, por vezes, pode ele declarar-se suspeito para julgar determinado crime, em certa época, por ter um fundado motivo, como ter sido assaltado com violência em data recente. Mas não pode tornar tal situação excepcional numa permanente idiossincrasia. Imagine-se o magistrado que se considere suspeito de julgar toda e qualquer ação que envolva bancos, pois contraiu um empréstimo num estabelecimento bancário e não está conseguindo pagar, sofrendo as consequências de sua atitude. O Tribunal haveria de designar substituto para uma infinidade de processos da sua Vara, o que somente iria conturbar o serviço forense, sobrecarregando um outro colega. Pense-se, também, no juiz que se declare racista, deixando de julgar todo caso criminal envolvendo determinada raça. Não é o caso de se declarar suspeito e passar o processo adiante, mas sim de se corrigir, buscar um tratamento ou até ser afastado, pois não se espera de uma pessoa equilibrada tal postura. Ora, todo juiz é, antes de tudo, um ser humano comum, carregando consigo suas boas e más tendências, o que, entretanto, deve situar-se na normalidade, vale dizer, precisa ter controle suficiente para não deixar que isso interfira no seu trabalho, bem como deve vincular-se exclusivamente à prova produzida, abstraindo-se de avaliar o caso, segundo sua inclinação pessoal. É o que a sociedade espera do magistrado. Não o fazendo e insistindo em ser nitidamente parcial nas suas decisões, passa a se concentrar o problema na esfera disciplinar.

8. Princípio da comunhão da prova: significa que a prova, ainda que produzida por iniciativa de uma das partes, pertence ao processo e pode ser utilizada por todos os participantes da relação processual, destinando-se a apurar a verdade dos fatos alegados e contribuindo para o correto deslinde da causa pelo juiz.

9. Encontro fortuito de provas: é admissível a prova coletada por meio indireto, desde que lícita a sua fonte. Ilustrando, a partir de uma interceptação telefônica, judicialmente autorizada, para apurar um delito de tráfico de drogas, captam-se dados referentes a um homicídio. Essas provas são válidas. Sob outro aspecto, cumprindo um mandado de busca e apreensão para um crime de receptação, termina-se por descobrir provas relativas a um estupro de vulnerável. Legitimam-se essas provas. Afinal, a fonte é lícita. Esse encontro fortuito de provas denomina-se *serendipidade*. Na jurisprudência: STF: "A prova encontrada, fortuitamente, durante a investigação criminal é válida, salvo se comprovado vício ensejador de sua nulidade" (Inq 3732, 2.ª T., rel. Cármen Lúcia, j. 08.03.2016, v.u.). STJ: "A jurisprudência consolidou o entendimento pela possibilidade da utilização de prova obtida a partir da interceptação telefônica judicialmente autorizada para pessoas ou crimes diversos daquele originalmente perseguido, de modo que não existe ilicitude na respectiva apuração" (AgRg no REsp 1.174.858/SP, 6.ª T., rel. Rogerio Schietti Cruz, 10.03.2016, v.u.).

10. Direito irrestrito à prova: inviabilidade. Há obstáculos, como por exemplo: a) provas ilícitas ou ilegítimas, cuja admissão no processo é vedada. Aliás, nesse sentido, conferir a nova redação do art. 157 do CPP; b) exames caros, como o DNA.

11. Produção da prova sob o contraditório judicial: a disciplina do controle de apreciação da prova integra o sistema da persuasão racional, pois permite ao magistrado que forme a sua convicção livremente, analisando o conjunto probatório, desde que o faça motivadamente e calcado nos parâmetros constitucionais acerca dos limites ideais para a produção da prova. Esses limites são traçados pelo princípio do contraditório e da ampla defesa, num primeiro momento, vale dizer, as partes têm o direito de participar da colheita da prova, influindo na sua formação, dentro de critérios regrados, e o réu tem o direito de se defender da maneira mais ampla possível, tomando ciência, por seu advogado, das provas coletadas e podendo influir para a produção de outras em seu benefício. Além disso, veda-se a produção de provas ilícitas, hoje preceito expressamente contemplado pela nova redação dada ao art. 157 do CPP pela Lei 11.690/2008. Por isso, estabelece-se, como regra, dever o julgador basear a formação da sua convicção apreciando livremente a prova produzida em juízo, sob o crivo do contraditório. Na jurisprudência: TJRS: "2. Prova dos autos que, todavia, se mostra extremamente frágil, sendo a sentença embasada em depoimento prestado na fase policial, que não pôde ser renovado na fase judicial pela desistência por parte do Ministério Público em face da não localização da testemunha. 3. Proibição da utilização isolada de elementos de informativos para embasar decreto condenatório art. 155, do CPP" (APR 70082516469-RS, 4.ª C., rel. Julio Cesar Finger, j. 14.05.2020, v.u.).

12. Limitação *moderada* em relação à investigação inquisitiva (sobre o termo *exclusivamente*): o inquérito, embora sirva para fundamentar a denúncia ou queixa, continua lastreando qualquer condenação, desde que possam ser confirmadas por provas produzidas em juízo. É preciso destacar que o STF conferiu interpretação específica ao art. 3.º-C, § 3.º, deste Código, no sentido de que os autos da investigação devem acompanhar a denúncia ou queixa e serão conhecidos pelo juiz. Além disso, as provas periciais, consideradas irrepetíveis, possuem a viabilidade de contar com a participação das partes interessadas. Para tanto, a parte interessada pode solicitar a participação de assistente técnico, seja na fase pré-processual ou durante a instrução em juízo. Na jurisprudência: STJ: "A confissão extrajudicial admissível pode servir apenas como meio de obtenção de provas, indicando à polícia ou ao Ministério Público possíveis fontes de provas na investigação, mas não pode embasar a sentença condenatória" (AREsp 2.123.334/MG, 3.ª Seção, rel. Ribeiro Dantas, 20.06.2024, v.u.); "3. Não há falar em violação do art. 155 do CPP, pois a prova utilizada para a condenação não deriva exclusivamente dos elementos colhidos na fase extrajudicial, mas também das provas que foram ratificadas em juízo sob o crivo do contraditório. 4. Esta Corte entende que documentos produzidos na fase inquisitorial, por se sujeitarem ao contraditório diferido, podem ser utilizados como fundamento para a prolação de sentença condenatória, sem que tal procedimento implique ofensa ao disposto no artigo 155 do Código de Processo Penal" (AgRg no AREsp 2.270.139/GO, 5.ª T., rel. Joel Ilan Paciornik, 03.10.2023, v.u.).

13. Ressalva das provas cautelares: as provas urgentes, por cautela, são produzidas de imediato, sob pena de se perderem. Há aquelas que não serão repetidas, como vários tipos de exames periciais (ex.: laudo necroscópico), como regra, bem como as que são simplesmente antecipadas (ex.: o depoimento de testemunha muito idosa), mas que admite, se possível, a repetição. Em suma, não houve inovação profunda nesse tópico, prevalecendo o entendimento já tradicional nos tribunais brasileiros.

14. Meios de prova: são todos os recursos, diretos ou indiretos, utilizados para alcançar a verdade dos fatos no processo. Na lição de Clariá Olmedo, é o método ou procedimento pelo qual chegam ao espírito do julgador os elementos probatórios, que geram um conhecimento certo ou provável a respeito de um objeto do fato criminoso (*Tratado de derecho procesal penal*, v. 1, p. 448). Os meios de prova podem ser lícitos – que são admitidos pelo ordenamento jurídico – ou ilícitos – contrários ao ordenamento. Somente os primeiros devem ser levados em conta pelo juiz. Em relação aos meios lícitos, é preciso destacar que eles abrangem não somente os que forem expressamente proibidos por lei, mas também os imorais, antiéticos, atentatórios à dignidade e à liberdade da pessoa humana e aos bons costumes, bem como os

Art. 155

Código de Processo Penal Comentado · Nucci

346

contrários aos princípios gerais de direito. Nesse sentido: Ada Pellegrini Grinover, *Liberdades públicas e processo penal*, p. 98.

14-A. Meios de obtenção da prova: o art. 3.º da Lei 12.850/2013 (Organização criminosa) estabelece serem meios de *obtenção* da prova os seguintes: a) colaboração premiada; b) captação ambiental de sinais eletromagnéticos, ópticos ou acústicos; c) ação controlada; d) acesso a registros de ligações telefônicas e telemáticas e dados cadastrais constantes de bancos de dados públicos ou privados e a informações eleitorais ou comerciais; e) interceptação de comunicações telefônicas e telemáticas, nos termos da legislação específica; f) afastamento dos sigilos financeiro, bancário e fiscal, nos termos da legislação específica; g) infiltração, por policiais, em atividades de investigação, na forma do art. 11; h) cooperação entre instituições e órgãos federais, distritais, estaduais e municipais na busca de provas e informações de interesse da investigação ou de instrução criminal. Nota-se, pois, existir diferença entre *meios de prova* e *meios de obtenção da prova*. A testemunha é um meio de prova, porque, por seu intermédio, prova-se algum fato relevante para o processo. Entretanto, a ação controlada (retardamento da prisão em flagrante) é apenas um mecanismo para obter provas; quando a autoridade policial atrasa a prisão de alguém, busca encontrar, por exemplo, agente mais importante para a organização criminosa. Em suma, a ação controlada procura provas mais eficazes, mas não é um meio de provar nada. Diga-se o mesmo da infiltração policial, como um meio de obter provas: quem, na realidade, tornar-se-á prova, nos autos, é o policial infiltrado, atuando como testemunha.

15. Restrições à prova: todas as provas que não contrariem o ordenamento jurídico podem ser produzidas no processo penal, salvo as que disserem respeito, por expressa vedação deste artigo, ao estado das pessoas (casamento, menoridade, filiação, cidadania, entre outros). Nesta hipótese, deve-se acatar o disposto na lei civil. Exemplo disso é a prova do estado de casado, que somente se faz pela apresentação da certidão do registro civil, de nada valendo outro meio probatório. No mais, as restrições fixadas na lei civil não valem no processo penal. Ilustrando, podemos lembrar que a lei processual civil autoriza que o juiz indefira a produção de prova testemunhal, quando versar sobre fatos "já provados por documento ou confissão da parte" ou quando "só por documento ou por exame pericial puderem ser provados" (art. 443, I e II, CPC/2015). Tal restrição não vige em processo penal, pois, não dizendo respeito ao estado das pessoas – única limitação admitida – pode a parte pretender ouvir testemunhas, ainda que seja para contrariar algo constante em qualquer tipo de documento ou mesmo para confirmar ou afastar a credibilidade da confissão, cujo valor é relativo na esfera criminal. De outra parte, como o magistrado não está atrelado ao laudo pericial (art. 182, CPP), também podem ser ouvidas testemunhas para derrotar a conclusão do perito. No mais, verifique-se o disposto pelo art. 369 do CPC: "as partes têm o direito de empregar todos os meios legais, bem como os moralmente legítimos, ainda que não especificados neste Código, para provar a verdade dos fatos em que se funda o pedido ou a defesa e influir eficazmente na convicção do juiz".

16. Prova da menoridade do réu: trata-se de uma prova ligada ao estado da pessoa, de modo que somente pode ser feita por documento. Preceitua a Súmula 74 do Superior Tribunal de Justiça que "para efeitos penais, o reconhecimento da menoridade do réu requer prova por documento hábil".

17. Prova emprestada: é aquela produzida em outro processo e, através da reprodução documental, juntada no processo criminal pendente de decisão. O juiz pode levá-la em consideração, embora deva ter a especial cautela de verificar como foi formada no outro feito, de onde foi importada, para saber se houve o indispensável devido processo legal. Essa verificação inclui, naturalmente, o direito indeclinável ao contraditório, razão pela qual abrange o fato de ser constatado se as mesmas partes estavam envolvidas no processo onde a prova foi efetivamente produzida. Ex.: o depoimento de uma testemunha pode ser extraído de um feito e juntado em outro, mas se torna indispensável saber se eram as mesmas partes envolvidas, pois, do contrário, deve a testemunha ser novamente inquirida, permitindo-se que a parte ausente promova as suas reperguntas. Solução diversa iria ferir o devido processo legal. Confira-se, por efeito analógico, o disposto pelo art. 372 do novo CPC: "o juiz poderá admitir a utilização de prova produzida em outro processo, atribuindo-lhe o valor que considerar adequado, observado o contraditório". Na jurisprudência: STJ: "4. É admissível a utilização de prova emprestada, desde que tenha havido a correlata observância ao contraditório e à ampla defesa, como no caso, mesmo que não tenha havido a efetiva participação do agente em sua produção" (AgRg nos EDcl no REsp 1.465.485/PR, 6.ª T., rel. Antonio Saldanha Palheiro, 28.05.2019, v.u.). As provas relativas a quebras de sigilo fiscal, bancário ou telefônicos destinam-se apenas a feitos criminais, segundo o disposto pela própria Constituição Federal. Portanto, o empréstimo pode dar-se quando se tratar de outro processo-crime relativo às mesmas partes. Não nos parece viável o encaminhamento da prova colhida criminalmente para processos cíveis de qualquer natureza. Entretanto, há quem sustente que, uma vez quebrado o sigilo no feito criminal, a prova pode ser utilizada em outro processo extrapenal (civil ou administrativo).

18. Controvérsia sobre questão fundada no estado da pessoa: é o que se chama de *questão prejudicial*, prevista no art. 92 do Código de Processo Penal, para o qual remetemos o leitor. Deve ser decidida na esfera cível, suspendendo-se o curso da ação penal.

> **Art. 156.** A prova[19-20] da alegação[21] incumbirá[22-24] a quem a fizer,[25] sendo, porém, facultado[26] ao juiz de ofício:[27]
>
> I – ordenar,[28] mesmo antes de iniciada a ação penal, a produção antecipada de provas[29-29-A] consideradas urgentes e relevantes,[30] observando a necessidade, adequação e proporcionalidade da medida;[31]
>
> II – determinar, no curso da instrução, ou antes de proferir sentença, a realização de diligências[32-32-A] para dirimir dúvida sobre ponto[33] relevante.

19. Finalidade e objeto da prova: a finalidade da prova é convencer o juiz a respeito da verdade de um fato litigioso. Busca-se a *verdade processual*, ou seja, a verdade *atingível* ou *possível* (*probable truth*, do direito anglo-americano). A verdade processual emerge durante a lide, podendo corresponder à realidade ou não, embora seja com base nela que o magistrado deve proferir sua decisão (sobre o tema, ver Amaral Santos, *Prova judiciária no cível e comercial*, v. 1, p. 11). O objeto da prova, primordialmente, são os fatos, que as partes pretendem demonstrar. Excepcionalmente, a parte deve fazer prova quanto à existência e conteúdo de um preceito legal, desde que se trate de norma internacional, estadual ou municipal (nestes últimos dois casos, caso se trate de unidade da Federação diversa daquela onde está o magistrado), bem como no que toca a estatutos e regras internas de pessoas ou personalidades jurídicas. Provam-se, ainda, regras de experiência, porque, na essência, são fatos reiterados.

20. Fatos que independem de prova: são os seguintes: a) fatos notórios, que envolvem os evidentes e intuitivos; b) fatos que contêm uma presunção legal absoluta; c) fatos impossíveis; d) fatos irrelevantes ou impertinentes. Os fatos notórios são os nacionalmente conhecidos, não se podendo considerar os relativos a uma comunidade específica, bem como os atuais, uma vez que o tempo faz com que a notoriedade esmaeça, levando a parte à produção da prova. Dentre os notórios, situam-se ainda, os *evidentes* – extraídos das diversas ciências

Art. 156

Código de Processo Penal Comentado · Nucci

348

(ex.: lei da gravidade) – e os *intuitivos* – decorrentes da experiência e da lógica (ex.: o fogo queima). Os fatos que contêm presunção legal absoluta são os que não comportam prova em sentido contrário (ex.: o menor de 18 anos é penalmente inimputável). Os fatos impossíveis são aqueles que causam aversão ao espírito de uma pessoa informada (ex.: dizer o réu que estava na Lua no momento do crime). Por derradeiro, os fatos irrelevantes ou impertinentes são os que não dizem respeito à solução da causa (ex.: verificação do passatempo preferido da vítima, se não guarda correspondência com o fato imputado ao réu). Na legislação processual civil: "Art. 374. Não dependem de prova os fatos: I – notórios; II – afirmados por uma parte e confessados pela parte contrária; III – admitidos no processo como incontroversos; IV – em cujo favor milita presunção legal de existência ou de veracidade". Não se aplica, no processo penal, por óbvio, o inciso II, pois a confissão do réu não exime o órgão acusatório de produzir a prova da culpa.

21. Conceito de alegação: *alegação* é o resultado de *alegar*, que significa afirmar algo, citar um fato em defesa de um ponto de vista ou expor um argumento para sustentar uma razão.

22. Ônus da prova: o termo *ônus* provém do latim – *onus* – e significa carga, fardo ou peso. Assim, ônus da prova quer dizer encargo de provar. Ônus não é dever, em sentido específico, pois este é uma obrigação, cujo não cumprimento acarreta uma sanção. Quanto ao ônus de provar, trata-se do interesse que a parte que alega o fato possui de produzir prova ao juiz, visando fazê-lo crer na sua argumentação. Como ensinam Paulo Heber de Morais e João Batista Lopes, o ônus é a "subordinação de um interesse próprio a outro interesse próprio", enquanto a obrigação significa a "subordinação de um interesse próprio a outro, alheio" (*Da prova penal*, p. 33). Ônus da prova, em outro enfoque, é uma "posição jurídica na qual o ordenamento jurídico estabelece determinada conduta para que o sujeito possa obter um resultado favorável. Em outros termos, para que o sujeito onerado obtenha o resultado favorável, deverá praticar o ato previsto no ordenamento jurídico, sendo que a não realização da conduta implica a exclusão de tal benefício, sem, contudo, configurar um ato ilícito" (Gustavo Badaró, *Ônus da prova no processo penal*, p. 173). Como regra, no processo penal, o ônus da prova é da acusação, que apresenta a imputação em juízo através da denúncia ou da queixa-crime. Entretanto, o réu pode chamar a si o interesse de produzir prova, o que ocorre quando alega, em seu benefício, algum fato que propiciará a exclusão da ilicitude ou da culpabilidade. Imagine-se que afirme ter matado a vítima, em situação de inexigibilidade de conduta diversa. O órgão acusatório não pode adivinhar de onde vem essa "conduta inexigível", motivo pelo qual cabe ao réu demonstrar. Na jurisprudência: STF: "1. A presunção de inocência exige, para ser afastada, um mínimo necessário de provas produzidas por meio de um devido processo legal. No sistema acusatório brasileiro, o ônus da prova é do Ministério Público, sendo imprescindíveis provas efetivas do alegado, produzidas sob o manto do contraditório e da ampla defesa, para a atribuição definitiva ao réu, de qualquer prática de conduta delitiva, sob pena de simulada e inconstitucional inversão do ônus da prova. 2. Inexistência de provas produzidas pelo Ministério Público na instrução processual ou de confirmação em juízo de elemento seguro obtido na fase inquisitorial e apto a afastar dúvida razoável no tocante à culpabilidade do réu. 3. Improcedência da ação penal" (AP 883/DF, 1.ª T., rel. Alexandre de Moraes, 20.03.2018, v.u.). STJ: "O ônus da prova, na ação penal condenatória, é todo da acusação, decorrência natural do princípio do *favor rei*, bem assim da presunção de inocência, sob a vertente da regra probatória, de maneira que o juiz deverá absolver quando não tenha prova suficiente de que o acusado cometeu o fato atribuído na exordial acusatória, bem como quando faltarem provas suficientes para afastar as excludentes de ilicitude e de culpabilidade. A regra do *onus probandi*, prevista no art. 156 do Código de Processo Penal, serve apenas para permitir ao juiz que, mantida a dúvida, depois de esgotadas as possibilidades de descobrimento da verdade real, decida a causa de acordo com a orientação expressa na regra em apreço' (REsp 1.501.842/PR, 6.ª T., rel. Rogerio Schietti Cruz, 05.04.2016, v.u.). Saliente-se, no entanto, que esse ônus de prova da defesa não deve ser levado a extremos, em virtude do princípio constitucional da presunção de inocência e consequentemente, do *in dubio pro reo*. Com isso, alegada alguma excludente, feita prova razoável pela defesa e existindo dúvida, deve o réu ser absolvido e não condenado. Assim, embora a acusação tenha comprovado o fato principal – materialidade e autoria –, a dúvida gerada pelas provas produzidas pelo acusado, a respeito da existência da justificativa, deve beneficiar a defesa.

22-A. Inversão indevida do ônus da prova: em direito processual penal, considera-se, como regra, inadmissível inverter totalmente o ônus de provar os fatos alegados. Cabe, sempre, ao órgão acusatório provar os fatos imputados na denúncia ou queixa. Não importa que o agente seja surpreendido dirigindo veículo fruto de roubo ou furto. É preciso demonstrar ser o motorista o furtador ou roubador, também não se podendo presumir, *de imediato*, tratar-se de receptação. Tudo comporta prova para a acusação, jamais se invertendo tal ônus. Ademais, a prova goza de uma lógica intrínseca, não se podendo induzir ou deduzir algo contra a sua própria essência. Em relação à mais comum das situações – pessoa surpreendida dirigindo veículo subtraído anteriormente –, indicando cuidar-se de receptação (dá-se o mesmo quando alguém possui objetos produto de crime anterior), não se deve afirmar que, automaticamente, trata-se de receptador e o ônus da prova de que não preenche o tipo do art. 180 do CPP é do réu. Cuida-se de particular contexto probatório, formado por diversos elementos, o que envolve a conduta da pessoa na direção do automóvel subtraído – se possui documento, se parou o veículo ou fugiu à abordagem policial, além da alegação feita, demonstrativa da razão de estar conduzindo aquele veículo. Ademais, há, também, a verificação do fator temporal para saber quando o automóvel foi subtraído em relação ao momento em que foi abordado pela polícia; torna-se relevante apurar o grau de proximidade – se existente – entre o motorista e quem furtou o carro, dentre vários outros pontos. Esse quadro probatório forma o ônus da prova da acusação. Isso não significa que o acusado deixe de ter interesse em produzir prova em seu benefício para desconstruir a versão de que conduzia um automóvel furtado, tendo pleno conhecimento disso. O processo é um meio dialético de produção de prova, cada parte expondo a *sua verdade* para convencer o Judiciário do acerto da sua posição, exigindo de cada lado uma versão convincente. Por isso, embora o réu não tenha o fardo de *demonstrar* a sua inocência, presumida por norma constitucional, é evidente que ele tem *interesse* em apresentar a sua visão dos fatos em discussão. Diante disso, lidar com o ônus da prova significa exigir do órgão acusatório a sua versão, acompanhada de provas, diretas ou indiretas, permitindo ao réu que demonstre a sua. Contudo, é preciso destacar que a invocação de álibi pelo acusado chama a ele o dever de provar (vide nota 25 abaixo), pois o órgão acusatório não pode fazer prova negativa. Ex.: diz o acusado que não estava no local do crime, mas a quilômetros dali. Cabe-lhe demonstrar esse álibi. Tornar-se-ia impossível à acusação esse tipo de prova. Conferir a jurisprudência, em variados enfoques: STJ: "1. A conclusão das instâncias ordinárias está em sintonia com a jurisprudência consolidada desta Corte, segundo a qual, no crime de receptação, se o bem for apreendido em poder do acusado, cabe à defesa apresentar prova de sua origem lícita ou de sua conduta culposa, nos termos do art. 156 do Código de Processo Penal, sem que se possa falar em inversão do ônus da prova (HC n. 433.679/RS, de minha Relatoria, Quinta Turma, julgado em 6/3/2018, REPDJe de 17/04/2018, DJe de 12/3/2018)" (AgRg no AREsp 2.523.781/TO, 5.ª T., rel. Ribeiro Dantas, 06.08.2024, v.u.); "III – A jurisprudência desta Corte é firme no sentido de que, no crime de receptação, se o bem tiver sido apreendido em poder do agente, caberia à defesa apresentar prova acerca da origem lícita do bem ou de sua conduta culposa, nos termos do disposto no art. 156 do Código de Processo

Art. 156

Penal, sem que se possa falar em inversão do ônus da prova" (AgRg no HC 745.259/SC, 5.ª T., rel. Messod Azulay Neto, 24.04.2023, v.u.).

23. Aspectos objetivo e subjetivo do ônus da prova: objetivamente, o ônus da prova diz respeito ao juiz, na formação do seu convencimento para decidir o feito, buscando atingir a certeza da materialidade e da autoria, de acordo com as provas produzidas. Caso permaneça em dúvida, o caminho, segundo a lei processual penal e as garantias constitucionais do processo, é a absolvição. Subjetivamente, o ônus da prova liga-se ao encargo atribuído às partes para demonstrar a veracidade do que alegam, buscando convencer o julgador. Cabe a elas procurar e introduzir no processo as provas encontradas. Como ensina Gustavo Badaró, "o ônus da prova funciona como um estímulo para as partes, visando à produção das provas que possam levar ao conhecimento do juiz a verdade sobre os fatos" (*Ônus da prova no processo penal*, p. 178-182).

24. Autoincriminação: não é exigível no processo penal, significando que o réu não está obrigado a fornecer prova contra si. Assim, qualquer prova que lhe for demandada pelo juiz, implicando prejuízo para sua defesa, pode ser negada. Ex.: não está o réu obrigado a participar da reconstituição do crime, caso entenda lhe ser prejudicial tal prova. O princípio que protege o réu contra a autoincriminação é consagrado na doutrina e na jurisprudência, especialmente do Supremo Tribunal Federal.

25. Álibi: é a alegação feita pelo réu, como meio de provar a sua inocência, de que estava em local diverso de onde ocorreu o delito, razão pela qual não poderia tê-lo cometido. É, como regra, ônus seu provar o álibi. Entretanto, essa regra não pode levar a acusação à isenção de demonstrar o que lhe compete, isto é, ainda que o réu afirme ter estado, na época do crime, em outra cidade, por exemplo, tendo interesse em produzir a prova cabível, tal situação jamais afastará o encargo da parte acusatória de demonstrar ao juiz a materialidade e a autoria da infração penal. Por outro lado, sabe-se ser impossível fazer *prova negativa*, ou seja, demonstrar que nunca se esteve em um determinado local, razão pela qual é preciso cuidado para não levar o acusado a ter o ônus de fazer prova irrealizável.

26. Verdade formal e verdade real: a verdade formal é a que emerge no processo, conforme os argumentos e as provas trazidas pelas partes. Contenta-se o juiz com a realidade espelhada pelas provas apresentadas, sem que seja obrigado, ele mesmo, a buscar a verdade (o que efetivamente ocorreu no plano fático). Exemplo maior disso é o que ocorre no processo civil, quando o réu não contesta a ação, da qual foi devidamente cientificado: pode o magistrado julgar antecipadamente a lide, dando ganho de causa ao autor, por reputar verdadeiros, porque não controversos, os fatos alegados na inicial (arts. 344 e 355, II, do CPC/2015). Tal situação jamais ocorre no processo penal, onde prevalece a verdade real, que se situa o mais próximo possível da realidade. Não se deve contentar o juiz com as provas trazidas pelas partes, mormente se detectar outras fontes possíveis de buscá-las. Imagine-se que o réu narre, em seu interrogatório, ter viajado no dia do crime para o exterior. Ainda que a defesa, por esquecimento ou falha, não produza prova nesse sentido, é preciso que o magistrado, em busca da verdade real, requisite informação, por ofício, à companhia aérea a fim de verificar a veracidade do afirmado pelo acusado. A solução desse ponto poderá beneficiar tanto a defesa, quanto a acusação, confirmando ou desmontando o álibi oferecido. A adoção do princípio da verdade real no processo penal tem por fim fomentar no juiz um sentimento de busca, contrário à passividade, pois estão em jogo os direitos fundamentais da pessoa humana, de um lado, e a segurança da sociedade, de outro. Entretanto, é preciso frisar que, embora acolhida a verdade real, isto não significa que se obtenha, nos feitos criminais, a plena correspondência do apurado no processo com a realidade, visto que o sistema probatório sempre tem um valor relativo. Finalmente, deve-se destacar que a busca da verdade material não quer dizer a ilimitada possibilidade de produção de provas, pois há vedações legais que necessitam ser respeitadas, como, por exemplo, a proibição da escuta telefônica, sem autorização judicial.

27. Atuação de ofício pelo juiz: trata-se de decorrência natural dos princípios da verdade real e do impulso oficial. Em homenagem à *verdade real*, que necessita prevalecer no processo penal, deve o magistrado determinar a produção das provas que entender pertinentes e razoáveis para apurar o fato criminoso. Não deve ter a preocupação de beneficiar, com isso, a acusação ou a defesa, mas única e tão somente atingir a verdade. O impulso oficial também é princípio presente no processo, fazendo com que o juiz provoque o andamento do feito, até final decisão, queiram as partes ou não. O procedimento legal deve ser seguido à risca, designando-se as audiências previstas em lei e atingindo o momento culminante do processo, que é a prolação da sentença.

28. Momentos cabíveis para a produção de provas determinadas pelo juiz: a reforma trazida pela Lei 11.690/2008 ampliou a faculdade do juiz de determinar a formação de provas, possibilitando-lhe atuar, *antes mesmo de iniciada a ação penal* (inciso I do art. 156). Esta parte está revogada pelo advento da Lei 13.964/2019, que instituiu o juiz das garantias e vedou-lhe qualquer iniciativa probatória (art. 3.º-A, deste Código).

29. Produção antecipada de provas: é um procedimento incidente, de natureza cautelar, determinado pelo juiz, a requerimento das partes envolvidas (art. 3.º-B VII, deste Código), quando for indispensável a produção de provas, consideradas urgentes e relevantes, antes de iniciada a ação penal, pautando-se pelos critérios de necessidade, adequação e proporcionalidade, assegurados a ampla defesa e o contraditório, em audiência pública e oral. Dispõe o art. 381 do CPC/2015: "a produção antecipada da prova será admitida nos casos em que: I – haja fundado receio de que venha a tornar-se impossível ou muito difícil a verificação de certos fatos na pendência da ação; II – a prova a ser produzida seja suscetível de viabilizar a autocomposição ou outro meio adequado de solução de conflito; III – o prévio conhecimento dos fatos possa justificar ou evitar o ajuizamento de ação". Atua-se à parte o procedimento de colheita antecipada de provas, intimando-se as partes interessadas (Ministério Público, querelante, assistente, indiciado e defensor, se for o caso) para acompanhar o seu trâmite. Não tendo sido iniciada a ação penal, pode até mesmo não ter ocorrido, ainda, o formal indiciamento. Por isso, parece-nos fundamental que o juiz indique um defensor público para acompanhar a produção da prova. Se houver alguém indiciado, deve ser intimado para a produção cautelar da prova, devendo comparecer acompanhado de advogado. Se não o fizer, um defensor dativo (ou público) deve ser indicado pelo magistrado. Havendo querelante e/ou assistente serão, também, cientificados. O Ministério Público estará sempre presente (como titular da futura ação penal pública ou como fiscal da lei, em caso de ação privada). Trata-se de uma prova determinada pelo juiz e, como já se frisou, de natureza cautelar, razão pela qual as partes podem participar ativamente. Tratando-se da oitiva de testemunhas, têm elas o direito de fazer reperguntas. Cuidando-se de prova pericial, é viável o oferecimento de quesitos e a indicação de assistentes técnicos. Na jurisprudência: STJ: "3. Revela-se idôneo o fundamento apresentado para a produção antecipada de provas. No caso, em razão do risco irreparável das testemunhas se olvidarem de detalhes relevante do fato em virtude do decurso temporal. 4. Frise-se que a oitiva antecipada da vítima e do agente policial arrolado como testemunha foi realizada na presença da advogada nomeada para patrocinar a defesa do recorrente, respeitando-se o contraditório e a ampla defesa" (AgRg no AREsp 1.823.407/PR, 5.ª T., rel. Reynaldo Soares da Fonseca, 22.06.2021, v.u.); "2. A Terceira Seção já entendeu possível a produção antecipada de provas quando se trata de testemunha policial, dada a quantidade de ocorrências que essa autoridade presencia todos os dias, sob pena de 'se perderem detalhes

Art. 156

relevantes ao deslinde da causa e a não comprometer um dos objetivos da persecução penal, qual seja, a busca da verdade, atividade que, conquanto não tenha a pretensão de alcançar a plenitude da compreensão sobre o que ocorreu no passado, deve ser voltada, teleologicamente, à reconstrução dos fatos em caráter aproximativo'. (RHC n. 64.086/DF, Rel. Ministro Rogerio Schietti Cruz, 3.ª S., *DJe* 9/12/2016)" (AgRg no HC 629.508/SP, 6.ª T., rel. Sebastião Reis Júnior, rel. p/ acórdão Rogerio Schietti Cruz, 08.06.2021, por maioria).

29-A. Produção antecipada de provas em caso de depoimento especial: a Lei 13.431/2017 regulamentou a colheita do depoimento especial, que, nos termos do art. 8.º, da referida lei, significa "o procedimento de oitiva de criança ou adolescente vítima ou testemunha de violência perante autoridade policial ou judiciária". Para a colheita desse depoimento, quando o depoente tiver menos de 7 anos ou em caso de violência sexual, é obrigatório o uso desse rito cautelar (art. 11, Lei 13.431/2017). Nada impede que o magistrado determine a produção antecipada de provas para ouvir outros menores de 18 anos, em hipóteses diversas, mas compatíveis com a Lei 13.431/2017, ou seja, vítimas ou testemunhas de qualquer violência, sempre a requerimento das partes envolvidas. Para acompanhar o depoimento especial, deve haver profissionais especializados, orientando a criança ou adolescente, informando-lhe os seus direitos e quais são os procedimentos adotados; devem zelar pelo menor, inclusive quanto ao seu direito ao silêncio (art. 5.º, VI, Lei 13.431/2017). É imperativo que o depoente possa apresentar uma narrativa livre, sendo vedada a leitura da denúncia ou de outras peças dos autos de inquérito ou processo. As partes (MP e defensor do réu) podem fazer perguntas, assim como o juiz, após a referida narrativa. Essas indagações serão realizadas em bloco de uma só vez. O depoimento será gravado em áudio e vídeo. Segue-se o procedimento do art. 12 da Lei 13.431/2017. Se o procedimento especial não for observado, gera nulidade relativa, comprometendo a sua credibilidade.

30. Provas urgentes e relevantes: trata-se de um binômio a ser composto em conjunto e não alternativamente. *Urgentes* são as provas que necessitam ser produzidas de imediato sob pena de perda total ou parcial. *Relevantes* são as que possuem grande valor para a apuração da verdade real no processo penal. Portanto, somente deve ser instaurado o procedimento de produção antecipada de provas, caso estas sejam consideradas indispensáveis para o momento e de extrema importância para a causa investigada.

31. Critérios da necessidade, adequação e proporcionalidade: pode-se afirmar que, como regra, provas urgentes e relevantes são necessárias, adequadas e proporcionais à medida tomada antecipadamente pelo magistrado em relação à sua produção. Afinal, *necessário* é algo indispensável; *adequado*, algo apropriado a certo aspecto ou estágio da investigação; *proporcional* significa situação equilibrada, diante da antecipação e gravidade de produção de uma prova antes de iniciada a ação penal. Porém, há exceções. Algumas provas, embora possam ser consideradas urgentes e relevantes, em virtude do adiantado estado do inquérito, praticamente concluído, podem aguardar o eventual início da demanda para que sejam colhidas. Portanto, elas são urgentes e relevantes, mas não adequadas ao momento da persecução penal. Deve o juiz agir com cautela nesse cenário, analisando caso a caso. Ademais, vale ressaltar que qualquer interessado pode requerer ao magistrado a produção antecipada de provas, situação compatível com a busca da verdade real, preceito maior tanto da investigação criminal como da instrução em juízo.

32. Determinação de provas pelo juiz: prevalece, no processo penal, a busca da verdade real, significando exatamente a atividade do juiz de determinar a produção de provas tanto quanto as partes, durante a instrução (e não ao longo da investigação, pois nesta fase o magistrado das garantias apenas zela pela correção dos atos). Não se trata de defender atividade probatória judicial como substituta do órgão acusatório ou da defesa; a cada parte compete a produção das provas que lhes interesse. O magistrado precisa formar o seu convencimento para bem decidir a causa e, portanto, pode determinar a produção de alguma prova complementar, a fim de auxiliar o conjunto formado por todas as demais provas indicadas pelas partes. Um julgador com dúvida em relação a alguma questão relevante pode encaminhar a sua decisão para um erro, seja para condenar ou para absolver. Não é possível afirmar que toda dúvida existente na mente do juiz deve ser resolvida em favor do acusado, pois seria uma falsa presunção de que essa incerteza necessariamente o conduz a um resultado favorável à defesa. Por vezes, a hesitação no tocante a um assunto debatido nos autos pode levá-lo a acolher a tese da parte que melhor exponha a sua visão, podendo ser o acusador. Muito mais sensato permitir ao órgão judiciário produzir uma prova (como, por exemplo, a requisição de um documento ou a oitiva de testemunha referida) do que arriscar a formação íntima do seu convencimento em prejuízo da justa definição do mérito da causa. Na jurisprudência: STJ: "1. No curso do processo penal, admite-se que o juiz, de modo subsidiário, possa – com respeito ao contraditório e à garantia de motivação das decisões judiciais – determinar a produção de provas que entender pertinentes e razoáveis, a fim de dirimir dúvidas sobre pontos relevantes, seja por força do princípio da busca da verdade, seja pela adoção do sistema do livre convencimento motivado. 2. Nos termos do art. 156, II, do CPP é facultado ao magistrado, de ofício determinar, no curso da instrução, ou antes de proferir sentença, a realização de diligências para dirimir dúvida sobre ponto relevante. 3. *In casu*, o juiz, após as alegações finais, por se tratar de infração penal que deixou vestígios (obtenção, mediante fraude, de financiamento em instituição financeira), converteu o julgamento em diligência e determinou, com fundamento no art. 156, II, do CPP, a realização de perícia grafotécnica em alguns documentos, com a finalidade de dirimir dúvida sobre ponto relevante para o deslinde da causa (autoria do fato), facultando às partes, ainda, o exercício dos direitos previstos no art. 159 do CPP (possibilidade de o acusado formular quesitos e indicar assistente técnico), o que não configura qualquer ilegalidade. 4. Recurso a que se nega provimento" (RHC 59.475/SP, 6.ª T., rel. Maria Thereza de Assis Moura, 09.06.2015, v.u.).

32-A. Inspeção judicial: preceitua o Código de Processo Civil que "o juiz, de ofício ou a requerimento da parte pode, em qualquer fase do processo, inspecionar pessoas ou coisas, a fim de se esclarecer sobre fato, que interesse à decisão da causa" (art. 481), podendo ser assistido por peritos (art. 482). Tal medida, por analogia, pode ser usada no processo penal, constituindo, aliás, importante ferramenta para a busca da verdade real. Por isso, nada impede que o magistrado queira ver o local onde se deu um acidente de trânsito, por exemplo, se lhe pairam dúvidas acerca dos detalhes trazidos aos autos pelas partes em alegações antagônicas. Nem sempre o perito consegue ilustrar satisfatoriamente determinados pontos controversos, que somente a inspeção teria o condão de aclarar. As partes podem acompanhar o magistrado, fazendo observações que julguem pertinentes (art. 483, parágrafo único, do CPC/2015), o que demonstra o respeito ao contraditório e à ampla defesa. No final da diligência, lavra-se auto do ocorrido (art. 484 do CPC/2015). Pela aplicação da inspeção judicial, quando for o caso, no processo penal, está a posição de Marcos Alexandre Coelho Zilli: "Ora, se no processo civil, onde a atuação dos sujeitos parciais é mais vigorosa, não esteve o legislador permeável a temores infundados, maiores serão os fundamentos para estendê-la ao processo penal, em que um bom acertamento fático é condição mais do que essencial para aplicação do direito material desenhado para a proteção de interesses notoriamente públicos" (*Iniciativa instrutória do juiz no processo penal*, p. 207).

33. Ponto relevante: *ponto* é o assunto ou a matéria discutida no processo. Deve ser *relevante*, isto é, conveniente e importante para o deslinde da causa. Não se deve prolongar

Art. 157

Código de Processo Penal Comentado · Nucci

a instrução, de ofício, quando se tratar de matéria impertinente ou irrisória para formar o convencimento do magistrado.

> **Art. 157.** São inadmissíveis, devendo ser desentranhadas do processo, as provas ilícitas,[34] assim entendidas as obtidas em violação a normas constitucionais ou legais.[35-35-A]
>
> § 1.º São também inadmissíveis as provas derivadas das ilícitas,[36-36-A] salvo quando não evidenciado o nexo de causalidade entre umas e outras, ou quando as derivadas puderem ser obtidas por uma fonte independente das primeiras.[37-39]
>
> § 2.º Considera-se fonte independente[40] aquela que por si só, seguindo os trâmites típicos e de praxe, próprios da investigação ou instrução criminal, seria capaz de conduzir ao fato objeto da prova.[41-47-A]
>
> § 3.º Preclusa a decisão de desentranhamento da prova declarada inadmissível, esta será inutilizada por decisão judicial, facultado às partes acompanhar o incidente.[48-48-A]
>
> § 4.º (*Vetado.*)
>
> § 5.º O juiz que conhecer do conteúdo da prova declarada inadmissível não poderá proferir a sentença ou acórdão.[48-B]

34. (*Antiga nota 4 das Disposições Gerais*) Provas ilícitas: dispõe o art. 5.º, LVI, da Constituição Federal que "são inadmissíveis, no processo, as provas obtidas por meios ilícitos". No Código de Processo Penal, encontra-se o disposto no art. 155, parágrafo único, preceituando que "somente quanto ao estado das pessoas serão observadas as restrições estabelecidas na lei civil". Por outro lado, no Código de Processo Civil, encontramos que "as partes têm o direito de empregar todos os meios *legais*, bem como os *moralmente legítimos*, ainda que não especificados neste Código, para provar a verdade dos fatos, em que se funda o pedido ou a defesa e influir eficazmente na convicção do juiz" (com grifo nosso, art. 369 do CPC/2015). A partir da reforma trazida pela Lei 11.690/2008, passou-se a prever, explicitamente, no Código de Processo Penal, serem ilícitas as provas obtidas em violação a normas constitucionais ou legais, além de se fixar o entendimento de que também não merecem aceitação as provas derivadas das ilícitas, como regra. Por isso, o disposto na lei processual civil era mais rigoroso do que o estabelecido pela processual penal. Parece-nos que, agora, todas as normas devam ser interpretadas em consonância com o texto constitucional, valendo-se, também, o operador do Direito da analogia e da aplicação dos princípios gerais de direito (cf. art. 3.º, CPP). Em síntese, portanto, pode-se concluir que o processo penal deve formar-se em torno da produção de provas legais e legítimas, inadmitindo-se qualquer prova obtida por meio ilícito. Cumpre destacar quais são as provas permitidas e as vedadas no estudo preliminar deste capítulo. O conceito de ilícito advém do latim (*illicitus = il + licitus*), possuindo dois sentidos: a) sob o significado restrito, quer dizer o proibido por lei; b) sob o prisma amplo, tem o sentido de ser contrário à moral, aos bons costumes e aos princípios gerais de direito. Constitucionalmente, preferimos o entendimento amplo do termo *ilícito*, vedando-se a prova ilegal e a ilegítima. Nesse contexto, abrem-se duas óticas, envolvendo o que é materialmente ilícito (a forma de obtenção da prova é proibida por lei) e o que é formalmente ilícito (a forma de introdução da prova no processo é vedada por lei). Este último enfoque (formalmente ilícito), como defendemos, é o ilegítimo. Assim: Luiz Alberto David Araújo e Vidal Nunes Serrano Júnior (*Curso de direito constitucional*, p. 123). Em outro sentido, baseado nas lições de Nuvolone, citado por Ada Pellegrini Grinover, Antonio Magalhães Gomes Filho e Antonio

Scarance Fernandes (*As ilicidades no processo penal*, p. 113; *Processo penal constitucional*, p. 78, somente do último autor), está o magistério de Alexandre de Moraes, para quem "as provas ilícitas não se confundem com as provas ilegais e as ilegítimas. Enquanto, conforme já analisado, as *provas ilícitas* são aquelas obtidas com infringência ao direito material, as *provas ilegítimas* são as obtidas com desrespeito ao direito processual. Por sua vez, as *provas ilegais* seriam o gênero do qual as espécies são as provas ilícitas e as ilegítimas, pois se configuram pela obtenção com violação de natureza material ou processual ao ordenamento jurídico" (*Direito constitucional*, p. 117). Há, também, os que defendem haver o gênero, denominado de *provas vedadas*, do qual brotam as espécies *ilícitas* (ofensivas a normas ou princípios de direito material – constitucional ou penal) e as *ilegítimas* (ofensivas às demais normas) (Luiz Francisco Torquato Avolio, *Provas ilícitas – Interceptações telefônicas, ambientais e gravações clandestinas*, p. 42). Sustentamos, todavia, que o gênero é a *ilicitude* – assim em Direito Penal, quanto nas demais disciplinas, inclusive porque foi o termo utilizado na Constituição Federal – significando o que é *contrário ao ordenamento jurídico*, contrário ao Direito de um modo geral, que envolve tanto o ilegal quanto o ilegítimo, isto é, tanto a infringência às normas legalmente produzidas, de direito material e processual, quanto aos princípios gerais de direito, aos bons costumes e à moral. Observamos a tendência de considerar gênero o termo *ilicitude* no próprio acórdão citado por Moraes linhas após, relatado pelo Ministro Celso de Mello: "A prova ilícita é prova inidônea. Mais do que isso, prova ilícita é prova imprestável. Não se reveste, por essa explícita razão, de qualquer aptidão jurídico-material. Prova ilícita, sendo providência instrutória eivada de inconstitucionalidade, apresenta-se destituída de qualquer grau, *por mínimo que seja* de eficácia jurídica". Ao final, menciona o ilustre Ministro que o banimento processual de prova ilicitamente colhida destina-se a proteger os réus contra a *ilegítima produção* ou a *ilegal colheita* de prova incriminadora (ob. cit., p. 118), dando a entender que o ilícito abrange o ilegal e o ilegítimo. Em conclusão: conforme cremos, o ilícito envolve o ilegalmente colhido (captação da prova ofendendo o direito material, *v.g.*, a escuta telefônica não autorizada) e o ilegitimamente produzido (fornecimento indevido de prova no processo, *v.g.*, a prova da morte da vítima através de simples confissão do réu). Se houver a inversão dos conceitos, aceitando-se que ilicitude é espécie de ilegalidade, então a Constituição estaria vedando somente a prova produzida com infringência às normas de natureza material e não cuidando, por força da natural exclusão, das provas ilegítimas, proibidas por normas processuais, o que se nos afigura incompatível com o espírito desenvolvido em todo o capítulo dos direitos e garantias individuais. A partir da nova redação conferida ao art. 157, *caput*, do CPP, soa-nos nítida a inclusão, no termo maior *provas ilícitas*, daquelas que forem produzidas ao arrepio das normas constitucionais ou legais. Logo, infringir a norma constitucional ou *qualquer* lei infraconstitucional (direito material ou processual), pois não fez o referido art. 157 nenhuma distinção, torna a prova *ilícita*. Este é, pois, o gênero e não a espécie. Acolhendo o entendimento ora exposto, no sentido de que as provas produzidas ao arrepio da lei processual penal também devem ser consideradas ilícitas, conferir a nota 8-A ao art. 159. Na jurisprudência: STF: "1. O Superior Tribunal de Justiça declarou a nulidade das provas obtidas no interior da residência da paciente, sob o fundamento de que 'o ingresso forçado na casa da Recorrente não possui fundadas razões, pois está apoiado apenas em denúncia anônima e no prévio conhecimento policial de que a residência apontada era 'ponto de venda de entorpecente' e de que 'a traficante seria uma mulher de nome'. Contudo, a Corte Superior manteve o curso da ação penal quanto às drogas apreendidas pela polícia em terreno vizinho ao da Acusada (...), localidade que, consoante afirmado pela Corte a quo, 'não é o domicílio da paciente ou de outrem'. 2. Ausência de situação de teratologia, ilegalidade flagrante ou abuso de poder que autorize o acolhimento da pretensão defensiva, especialmente porque não tendo a droga sido apreendida na residência da paciente, não há que se falar

Art. 157

em nulidade da prova em razão da 'invasão domiciliar'. 3. Eventual acolhimento da tese defensiva no sentido de que a apreensão da droga em terreno vizinho ocorreu somente em razão da entrada forçada dos policiais na residência da paciente demandaria o revolvimento do conjunto fático-probatório, inviável em *habeas corpus*. Precedente. 4. Agravo regimental a que se nega provimento" (HC 202.421 AgR, 1.ª T., rel. Roberto Barroso, 30.08.2021, v.u. "3. Reclamante submetido a 'entrevista' durante o cumprimento de mandado de busca e apreensão. Direito ao silêncio e à não autoincriminação. Há a violação do direito ao silêncio e à não autoincriminação, estabelecidos nas decisões proferidas nas ADPFs 395 e 444, com a realização de interrogatório forçado, travestido de 'entrevista', formalmente documentado durante o cumprimento de mandado de busca e apreensão, no qual não se oportunizou ao sujeito da diligência o direito à prévia consulta a seu advogado e nem se certificou, no referido auto, o direito ao silêncio e a não produzir provas contra si mesmo, nos termos da legislação e dos precedentes transcritos 4. A realização de interrogatório em ambiente intimidatório representa uma diminuição da garantia contra a autoincriminação. O fato de o interrogado responder a determinadas perguntas não significa que ele abriu mão do seu direito. As provas obtidas através de busca e apreensão realizada com violação à Constituição não devem ser admitidas. Precedentes dos casos Miranda v. Arizona e Mapp v. Ohio, julgados pela Suprema Corte dos Estados Unidos. Necessidade de consolidação de uma jurisprudência brasileira em favor das pessoas investigadas. 5. Reclamação julgada procedente para declarar a nulidade da 'entrevista' realizada e das provas derivadas, nos termos do art. 5.º, LVI, da CF/88 e do art. 157, § 1.º, do CPP, determinando ao juízo de origem que proceda ao desentranhamento das peças" (Rcl 33.711, 2.ª T., rel. Gilmar Mendes, 11.06.2019, maioria). STJ: ""1. Considera-se ilícita a busca pessoal, domiciliar e veicular executadas por guardas municipais sem a existência de elementos reais e necessários para a efetivação da medida invasiva, nos termos do art. § 2.º do art. 240 do CPP. 2. A busca pessoal e veicular ocorridas apenas com base em denúncia anônima, sem a indicação de dado concreto sobre a existência de justa causa para autorizar a medida invasiva, impõe o reconhecimento da ilicitude das provas" (AgRg no HC 679.430/SP, 5.ª T., rel. Reynaldo Soares da Fonseca, 21.09.2021, v.u.).

35. (*Antiga nota 5-I das Disposições Gerais*) A ilicitude da utilização da psicografia como prova no processo penal: tivemos a oportunidade de publicar no jornal (e *site*) *Carta Forense* um artigo inédito sobre a ilegitimidade da psicografia como meio de prova no processo penal brasileiro. Permitimo-nos reproduzi-lo: "A República Federativa do Brasil é um Estado Democrático de Direito, porém laico (art. 1.º, *caput*, CF). Dentre os direitos humanos fundamentais, prevê-se a inviolabilidade da liberdade de consciência e de crença, assegurando-se o livre exercício dos cultos religiosos e garantida, ainda, conforme disposição legal, a proteção aos locais de culto e suas liturgias (art. 5.º, VI). Em primeiro plano, pois, pode-se afirmar que religião não se confunde com os negócios de Estado, nem com a Administração Pública e seus interesses. Cada brasileiro pode ter qualquer crença e seguir os ditames de inúmeras formas de manifestação de cultos e liturgias. Pode, ainda, não ter crença alguma. Todos são iguais perante a lei e o Direito assim deve tratá-los. No contexto das provas, dividimos as que são lícitas, com plena possibilidade de utilização no processo, das ilícitas, inadmissíveis como meio de prova. Temos sustentado que o conceito de ilícito, proveniente do latim (*illicitus = il + licitus*) tem dois sentidos: a) em sentido estrito, significa o que é proibido por lei; b) em sentido amplo, quer dizer o que é vedado moralmente, pelos bons costumes e pelos princípios gerais de direito. Consideramos que a prova *ilícita* é, pois, o gênero das seguintes espécies: a) *ilegal*, a que é produzida com infração às normas penais, constituindo, por vezes, autênticos crimes (ex.: tortura-se alguém para obter a confissão); b) *ilegítima*, a que ofende preceitos gerais de processo (ex.: busca-se produzir a materialidade de um crime exclusivamente calcado na confissão do indiciado). A Constituição Federal veda a admissão, no processo, das provas obtidas por meios ilícitos (art. 5.º, LVI). Entendemos, em consequência, não ser possível o ingresso no processo das provas ilegalmente produzidas, tampouco das ilegitimamente colhidas. A partir de tais pressupostos, levando-se em conta que as provas produzidas, no processo em geral, devem basear-se na moral, nos bons costumes e nos princípios gerais de direito, o mais precisa ser considerado ilegítimo. Logo, inadmissível no processo, por violação constitucional. A psicografia é um fenômeno particular da religião espírita kardecista, significando a transmissão de mensagens escritas, ditadas por espíritos, aos seres humanos, denominados médiuns. Cuida-se, por evidente, de um desdobramento natural da fé e da crença daqueles que exercem as funções de médiuns, como também dos que acolhem tais mensagens como verdadeiras e se sentem em plena comunicação com o mundo dos desencarnados. Não temos dúvida em afirmar tratar-se de direito humano fundamental o respeito a essa crença e a tal atividade, consequência de uma das formas em que o espiritismo é exercitado. Aliás, como outras religiões também possuem variados modos de se expressar, postulados e dogmas transmitidos a seus seguidores e todos os fiéis, igualmente, merecem o respeito e a tutela do Estado. Entretanto, ingressamos no campo do Direito, que possui regras próprias e técnicas, buscando viabilizar o correto funcionamento do Estado Democrático de Direito *laico*. O juiz católico pode julgar o réu espírita, defendido pelo adepto do judaísmo, acusado pelo promotor budista, com testemunhas evangélicas e escrivão protestante. Em outras palavras, o que cada operador do Direito professa no seu íntimo, assim como as pessoas chamadas a colaborar com o processo penal, é irrelevante. Veda-se, contudo, que se valham de suas convicções íntimas para produzir prova. Registremos, desde logo, o disposto no art. 213 do Código de Processo Penal: 'O juiz não permitirá que a testemunha manifeste suas apreciações pessoais, salvo quando inseparáveis da narrativa do fato'. Imaginando-se a psicografia como meio de prova, devemos indagar: que tipo de prova é? Seria uma prova documental, fundando-se no escrito extraído das mãos do médium? Ou poderia ser uma prova testemunhal, levando-se em conta a pessoa do médium, que a produziu? Não é demais repetir que o *devido processo legal* (art 5.º, LIV, CF) se forma validamente com o absoluto respeito ao contraditório e à ampla defesa (art. 5.º, LV, CF). Se a psicografia for considerada um documento (art. 232, *caput*, CPP), deve submeter-se à verificação de sua autenticidade (art. 235, CPP), havendo, inclusive incidente processual próprio a tanto (art. 145 e seguintes, CPP). Imaginemos que o defensor junta aos autos uma carta psicografada pelo médium X, com mensagem da vítima de homicídio Y, narrando a inocência do réu Z. Como se pode submeter tal documento à prova da autenticidade? O que fará o promotor de justiça para exercer, validamente, o contraditório? Seria viável o perito judicial examiná-lo? Com quais critérios? Invadiremos o âmago das convicções religiosas das partes do processo penal para analisar a força probatória de um documento, o que é, no mínimo, contrário aos princípios gerais de direito. Contradição evidente apresenta esta situação ao Estado Democrático de Direito, que respeita todas as crenças e cultos, mas não impõe nenhuma delas, nem demanda nenhum tipo de liturgia. Portanto, os operadores do Direito devem dar o exemplo, abstendo-se de misturar crença com profissão; culto com direito; liturgia com processo. Poder-se-ia até mesmo dizer que a psicografia seria um documento anônimo e, como tal, seria juntado aos autos, servindo apenas para auxiliar o magistrado na formação do seu convencimento. Porém, assim não é. Cuida-se de autêntica carta emitida pela vítima e endereçada ao réu ou ao juiz, por meio do médium, para relatar um fato processualmente relevante. Sabe-se, inclusive dentro dos parâmetros da religião espírita, que existem falsos médiuns, como também é de conhecimento público e notório que há, para quem acredite, médiuns conscientes (enquanto a mensagem é transmitida, podem acompanhar o seu teor) e os inconscientes (não tem conhecimento do que está sendo passado). Ora, o consciente pode influenciar na redação da mensagem e alterá-la, para absolver o réu – ou prejudicá-lo.

Art. 157

Seria o médium, então, uma testemunha? Sabe de fatos e deve depor sobre os mesmos em juízo, sob o compromisso de dizer a verdade, respondendo por falso testemunho, conforme o caso. Outra situação absurda para os padrões processuais, pois o médium nada viu diretamente e não pode ser questionado sobre pretensa mensagem (equivalente a *ouvir dizer*), proveniente de um morto. Há vida após a morte? Com qual grau de comunicação com os vivos? Depende-se de fé para essa resposta e o Estado prometeu abster-se de invadir a seara da individualidade humana para que todos acreditassem ou deixassem de acreditar na espiritualidade e em todos os dogmas postos pelas variadas religiões. O perigo na utilização da psicografia no processo penal é imenso. Fere-se preceito constitucional de proteção à crença de cada brasileiro; lesa-se o princípio do contraditório; coloca-se em risco a credibilidade das provas produzidas; invade-se a seara da ilicitude das provas; pode-se, inclusive, romper o princípio da ampla defesa. Ilustremos situação contrária: o promotor de justiça junta aos autos uma psicografia da vítima morta, transmitida por um determinado médium, pedindo justiça e a condenação do réu Z, pois foi ele mesmo o autor do homicídio. Até então nenhuma prova da autoria existia. Aceita-se a prova? E a ampla defesa? Como será exercida? Conseguiria o defensor uma outra psicografia desautorizando a primeira? Enfim, religiões existem para dar conforto espiritual aos seres humanos, mas jamais para transpor os julgamentos dos tribunais de justiça para os centros espíritas". Entretanto, convém ressaltar que uma carta psicografada já ajudou a inocentar ré por homicídio no Rio Grande do Sul. Segundo Léo Gerchmann (Agência Folha, Porto Alegre, 30.05.2006), "duas cartas psicografadas foram usadas como argumento de defesa no julgamento em que I. M. B. foi inocentada, por 5 votos a 2, da acusação de mandante do homicídio. Os textos são atribuídos à vítima do crime, ocorrido em Viamão (região metropolitana de Porto Alegre)".

35-A. Prova advinda do aplicativo WhatsApp: como regra, é válida a extração de conversas e imagens de dispositivo informático, seja por fotografia da tela ou espelhamento. Deve-se verificar a licitude dessa captação nos termos gerais das provas. Caso bloqueado o aparelho, torna-se necessária a autorização judicial para invadi-lo. Se aberto, a captação pode dar-se como qualquer outro objeto, contendo aparente prova interessante à investigação ou processo. O espelhamento depende de autorização do juiz, pois termina ingressando na esfera de interceptação de comunicações, em que se prevalece o direito à privacidade e intimidade. Na jurisprudência: STJ: "11. A ação controlada e a infiltração, que se configuram como técnica especial de investigação voltada ao combate da criminalidade moderna, deve ser admitida quando a prova não puder ser produzida por outros meios disponíveis, desde que comprovada sua necessidade. É o que se dá na hipótese dos autos, com o autorizado espelhamento via *software* WhatsApp Web, como meio de infiltração investigativa, na medida em que a interceptação de dados direta, feita no próprio aplicativo original do WhattApp, se denota, por vezes, despicienda, em face da conhecida criptografia ponta a ponta que vigora no aplicativo original, impossibilitando o acesso ao teor das conversas ali entabuladas. Concebe-se plausível, portanto, que o espelhamento autorizado via software Whatsapp Web, pelos órgãos de persecução, se denote equivalente à modalidade de infiltração do agente, que consiste, como já asseverado, em meio extraordinário, mas válido, de obtenção de prova" (AgRg no AREsp 2.318.334/MG, 5.ª T., rel. Reynaldo Soares da Fonseca, 16.04.2024, v.u.); "3. Embora a argumentação defensiva orbite em torno da alegação de que as reproduções fotográficas de imagens capturadas de telas de celular carecem de prova de sua higidez, insinuando a imprestabilidade de tais elementos para comprovar a materialidade dos crimes imputados, não há qualquer elemento concreto que indique adulteração no iter probatório. 4. Assim, não se verifica a alegada 'quebra da cadeia de custódia', pois nenhum elemento veio aos autos a demonstrar que houve adulteração da prova, alteração na ordem cronológica dos diálogos ou mesmo interferência de quem quer que seja, a ponto de invalidar a prova (HC 574.131/RS,

Rel. Ministro Nefi Cordeiro, Sexta Turma, julgado em 25/8/2020, DJe 4/9/2020)" (AgRg no HC n. 891.665/SC, 5.ª T., Rel. Reynaldo Soares da Fonseca, 08.04.2024, v.u.).

36. (*Antiga nota 5 das Disposições Gerais*) Aceitabilidade da prova ilícita: havemos de promover melhor esclarecimento neste tópico, quanto à utilização das teorias da proporcionalidade e da prova ilícita por derivação. Em verdade, não se tratam, necessariamente, de teses contrapostas, embora se possa observar que o adepto da teoria da proporcionalidade tem a tendência de não acatar a ilicitude por derivação, assim como quem sustenta a ilicitude por derivação busca o afastamento da teoria da proporcionalidade. Pensamos que a prova obtida por meio ilícito deve ser considerada, sempre, inaceitável, ao menos para amparar a condenação do réu. O Estado não deve promover, em hipótese alguma, a violação da lei para garantir a efetividade da punição em matéria criminal. Chega a ser um contrassenso permitir a prática de um crime (como, por exemplo, a realização de grampo, sem ordem judicial) para apurar outro delito qualquer. Infração penal por infração penal, a sociedade não se tornará mais justa porque uma foi punida e a outra, cometida sob amparo estatal, serviu de base para a condenação da primeira. A denominada *teoria da proporcionalidade* ("teoria da razoabilidade" ou "teoria do interesse predominante") tem por finalidade equilibrar os direitos individuais com os interesses da sociedade, não se admitindo, pois, a rejeição contumaz das provas obtidas por meios ilícitos. Sustentam os defensores dessa posição que é preciso ponderar os interesses em jogo, quando se viola uma garantia qualquer. Assim, para a descoberta de um sequestro, libertando-se a vítima do cativeiro, prendendo-se e processando-se criminosos perigosos, por exemplo, seria admissível a violação do sigilo das comunicações, como a escuta clandestina. Essa teoria vem ganhando muitos adeptos atualmente, sendo originária da Alemanha. Sob nosso ponto de vista, não é momento para o sistema processual penal brasileiro, imaturo ainda em assegurar, efetivamente, os direitos e garantias individuais, adotar a teoria da proporcionalidade. Necessitamos manter o critério da proibição *plena* da prova ilícita, salvo nos casos em que o preceito constitucional se choca com outro de igual relevância. Sabemos que "nenhum direito reconhecido na Constituição pode revestir-se de um caráter absoluto" (Celso Bastos, *Curso de direito constitucional*, p. 228), razão pela qual, se o texto constitucional rejeita o erro judiciário, é natural que não seja possível sustentar a proibição da prova ilícita contra os interesses do réu inocente. Dessa forma, se uma prova for obtida por mecanismo ilícito, destinando-se a absolver o acusado, é de ser admitida, tendo em vista que o erro judiciário precisa ser, a todo custo, evitado. Ada Pellegrini Grinover, Antonio Magalhães Gomes Filho e Antonio Scarance Fernandes sustentam que, quando o próprio réu colhe a prova ilícita para sua absolvição está, na realidade, agindo em legítima defesa, mas não deixam de destacar que essa aceitação é fruto da proporcionalidade (*As nulidades no processo penal*, p. 116). Nesse caminho, encontra-se, ainda, a lição de Luiz Francisco Torquato Avolio: "A aplicação do princípio da proporcionalidade sob a ótica do direito de defesa, também garantido constitucionalmente, e de forma prioritária no processo penal, onde impera o princípio do *favor rei* é de aceitação praticamente unânime pela doutrina e pela jurisprudência. Até mesmo quando se trata de prova ilícita colhida pelo próprio acusado, tem-se entendido que a ilicitude é eliminada por causas de justificação legais da antijuridicidade, como a legítima defesa" (*Provas ilícitas – Interceptações telefônicas, ambientais e gravações clandestinas*, p. 67). Tal posição é, de fato, justa, fazendo-nos crer ser caso até de inexigibilidade de conduta diversa por parte de quem está sendo injustamente acusado, quando não for possível reconhecer a legítima defesa. No exemplo supracitado do sequestro, é até possível argumentar-se com outra excludente, que é o estado de necessidade, para absolver quem faz uma escuta clandestina, destinada a localizar o cativeiro da vítima, proporcionando a sua libertação, embora não se possa utilizar tal prova para incriminar os autores da infração penal. Logo, são situações diversas e o próprio Direito Penal, em nossa visão, fornece instrumentos para resolvê-los, sendo desnecessário

Art. 157

Código de Processo Penal Comentado · **Nucci**

360

agir contrariamente à lei. E mais: basta que o direito processual penal crie mecanismos mais flexíveis de investigação policial, sempre sob a tutela de um magistrado, controlando a legalidade do que vem sendo produzido, para que o Estado se torne mais atuante e protetor, sem renunciar aos direitos e garantias fundamentais. Não conseguimos, com a devida vênia dos que pensam em sentido contrário, admitir uma liberdade maior para a atuação policial, desgarrada das proteções constitucionais, em nome da segurança pública, pois ainda não possuímos um Estado-investigação preparado e equilibrado. Não se pode conceder *carta branca* a quem não se educou, sob a era da democrática Constituição de 1988, razão pela qual somos favoráveis à manutenção dos critérios da proibição da prova ilícita integralmente. Encerramos, no entanto, argumentando que pouco se discute tal prova no direito brasileiro, visto que são raros os casos em que se apura, efetivamente, o abuso policial. Preferem os operadores do direito ignorar muitas alegações de violações dos direitos individuais a perder uma boa prova, que possa produzir a condenação de alguém, considerado perigoso à sociedade. Pouco se apura, por exemplo, a tortura na investigação policial, quando se sabe que ela é uma realidade inexorável e constante. Se o réu alega ter sido violentado e agredido na fase policial, muitas vezes, produz-se uma investigação superficial, muito tempo depois, que realmente nada levanta de concreto – seja porque a prova desfez-se pelo passar do tempo, seja porque o Estado não tem interesse efetivo em detectar suas falhas –, razão pela qual a prova termina sendo aceita e o acusado condenado, na prática, com base em prova obtida por meio ilícito. Conferir: STJ: "3. A teoria dos frutos da árvore envenenada, com previsão constitucional no art. 5.º, LVI, da CF/1988, determina que as provas, ainda que lícitas, mas decorrentes de outras ilegais, assim consideradas pela obtenção em desacordo com as normas que asseguram a sua higidez, são consideradas maculadas e devem ser extirpadas do processo. 4. Hipótese em que eventuais provas obtidas nas medidas de busca e apreensão oriundas das interceptações telefônicas reconhecidas como ilegais pelos julgados desta Corte estão contaminadas por força do art. 157, § 1.º, do CPP, nos termos da jurisprudência desta Corte e do Supremo Tribunal Federal" (AgRg na Rcl 29.876/PB, 3.ª Seção, rel. Joel Ilan Paciornik, rel. p/ Acórdão Ribeiro Dantas, 27.02.2019, m.v.).

36-A. A prova ilícita por derivação: além de apoiarmos o sistema de exclusão, por completo, da prova considerada ilícita, devemos atentar para a prova advinda da ilícita. É o que se denomina de "frutos da árvore envenenada" ou "efeito a distância", originário do preceito bíblico de que a "árvore envenenada não pode dar bons frutos". Assim, quando uma prova for produzida por mecanismos ilícitos, tal como a escuta ilegalmente realizada, não se pode aceitar as provas que daí advenham. Imagine-se que, graças à escuta ilegal efetivada, a polícia consiga obter dados para a localização da coisa furtada. Conseguindo um mandado, invade o lugar e apreende o material. A apreensão está eivada do *veneno* gerado pela prova primária, isto é, a escuta indevidamente operada. Se for aceita como lícita a segunda prova, somente porque houve a expedição de mandado de busca por juiz de direito, em última análise, estar--se-ia compactuando com o ilícito, pois se termina por validar a conduta ilegal da autoridade policial. De nada adianta, pois, a Constituição proibir a prova obtida por meios ilícitos, uma vez que a prova secundária serviu para condenar o réu, ignorando-se a sua origem em prova imprestável. Comentando a teoria da prova ilícita por derivação, majoritariamente aceita nos Estados Unidos, Manuel da Costa Andrade explica que a maneira encontrada pela justiça americana para dar fim aos abusos cometidos por policiais foi tornando ineficaz e inútil a prova produzida por mecanismos ilícitos, sejam elas primárias ou secundárias (*Sobre as proibições da prova em processo penal*, p. 144). "É tradicional, contudo, a doutrina cunhada pela Suprema Corte norte-americana dos 'frutos da árvore envenenada' – *fruits of the poisonous tree* –, segundo a qual o vício da planta se transmite a todos os seus frutos. Assim, a partir da decisão proferida no caso 'Silverthorne Lumber Co. v. United States' (251 US 385; 40 S.

Ct. 182; 64 L. Ed. 319), de 920, as cortes passaram a excluir a prova derivadamente obtida a partir de práticas ilegais" (Luiz Francisco Torquato Avolio, *Provas ilícitas – Interceptações telefônicas, ambientais e gravações clandestinas*, p. 68). Na jurisprudência: STF: "4. Havendo nexo de causalidade entre o vício reconhecido pelas instâncias antecedentes e a prova introduzida ao processo, concluindo-se pela sua ilicitude, deve ser realizado seu desentranhamento e avaliada a existência de fonte independente de prova, conforme dispõe o art. 157, *caput* e § 1.º, do CPP" (HC 218265, 2.ª T., rel. André Mendonça, 21.02.2024, v.u.); "Indício de envolvimento de autoridade detentora de foro por prerrogativa de função. Validade da persecução penal. Invalidação das provas originárias a partir do momento em que não mais se poderia ignorar a qualificação da autoridade detentora de foro por prerrogativa. Invalidação também das provas delas derivadas. Desentranhamento dos autos de tais provas, remanescendo ao Tribunal de Justiça a avaliação da permanência de justa causa para o prosseguimento do feito, a partir de eventual constatação de outras provas autônomas suficientes para o embasamento da acusação. Agravo a que se nega provimento" (RHC 171.572 AgR, 1.ª T., rel. Alexandre de Moraes, 13.09.2019, maioria).

37. Prova ilícita por derivação e critério da prova separada: a reforma introduzida pela Lei 11.690/2008 optou pelo sistema da prova ilícita por derivação, que sempre nos pareceu o ideal para o atual estágio da persecução penal no Brasil, como expusemos na nota anterior. Por outro lado, era, também, a tendência majoritária da jurisprudência dos nossos tribunais. Adotou, ainda, o critério da prova separada, já consagrado em vários sistemas legislativos estrangeiros. Portanto, a prova derivada da ilícita deve ser expurgada do processo, pois é inadmissível para a formação da convicção judicial. Há duas exceções: a) inexistência de nexo causal entre a prova ilícita e a prova acoimada de derivada da primeira. É possível que determinada prova seja apontada por qualquer das partes como derivada de outra, considerada ilícita. Entretanto, feita uma verificação detalhada, observa-se que não existe nexo de causa e efeito entre elas. Por isso, não se pode desentranhar a denominada prova derivada. Ex.: afirma-se que a apreensão do objeto furtado somente se deu em razão da confissão do indiciado, extraída sob tortura. Seria a referida apreensão uma prova ilícita por derivação. Ocorre que, pela data do auto de apreensão, constata-se originar-se antes da medida assecuratória e, somente depois, o indiciado confessou a prática da infração. Logo, inexiste nexo causal entre ambas; b) prova separada (ou fonte independente): significa que a prova obtida *aparenta* ser derivada de outra, reputada ilícita, porém, em melhor e mais detida análise, deduz-se que ela seria conseguida de qualquer jeito, independentemente da produção da referida prova ilícita. Deve ser validada. Exemplificando: o indiciado confessa, sob tortura e indica onde estão guardados os bens furtados. Enquanto determinada equipe policial parte para o local, de modo a realizar a apreensão, ao chegar, depara-se com outro time da polícia, de posse de mandado de busca, expedido por juiz de direito, checando e apreendendo o mesmo material. Ora, não se pode negar que o indiciado foi torturado e, por isso, confessou e apontou o lugar onde estavam os bens subtraídos. Porém, não se pode, também, olvidar que o Estado-investigação, por *fonte independente,* já havia conseguido o dado faltante para encontrar a *res furtiva*. Em suma, não se pode desprezar o auto de apreensão, uma vez que se trata de prova separada. Ilícita será apenas a confissão, mas não a apreensão realizada. Na jurisprudência: STF: "3. Tráfico de drogas e associação para o tráfico (arts. 33 e 35 da Lei 11.343/2006). 4. Interceptação telefônica declarada nula. Autonomia das provas que lastrearam a condenação. Provas anteriores mantidas por não estarem contaminadas. Precedentes. 5. Ausência de argumentos capazes de infirmar a decisão agravada" (RHC 144.610 AgR, 2.ª T., rel. Gilmar Mendes, 06.12.2019, v.u.). STJ: "1. Os elementos de informação (e eventualmente de prova) que subsidiam o presente Inquérito foram obtidos de modo fortuito, a partir do cumprimento de busca e apreensão determinada pelo juízo de primeiro grau, a pedido do MPGO. Em outras palavras, a fonte dos elementos

Art. 157

Código de Processo Penal Comentado · **Nucci**

362

colhidos neste Inquérito afigura-se como independente de alegados hackeamento e extorsão. Trata-se do chamado 'encontro fortuito de provas', previsto no art. 157, § 1.º, do Código de Processo Penal: 'São também inadmissíveis as provas derivadas das ilícitas, salvo quando não evidenciado o nexo de causalidade entre umas e outras, ou quando as derivadas puderem ser obtidas por uma fonte independente das primeiras', que é amplamente admitido no STJ e no STF. 2. O juízo competente à época deferiu a busca e apreensão, a pedido do Ministério Público com atribuições naquela jurisdição, em decisão fundamentada, por entender presentes fundadas razões para tanto, nos termos do art. 240, § 1.º, do Código de Processo. 3. 'A jurisprudência desta Corte é firme no sentido da adoção da teoria do encontro fortuito ou casual de provas (serendipidade). Segundo essa teoria, independentemente da ocorrência da identidade de investigados ou réus, consideram-se válidas as provas encontradas casualmente pelos agentes da persecução penal, relativas à infração penal até então desconhecida, por ocasião do cumprimento de medidas de obtenção de prova de outro delito regularmente autorizadas, ainda que inexista conexão ou continência com o crime supervenientemente encontrado e este não cumpra os requisitos autorizadores da medida probatória, desde que não haja desvio de finalidade na execução do meio de obtenção de prova' (AgRg no REsp 1.752.564/SP, Rel. Ministro Ribeiro Dantas, Quinta Turma, julgado em 17/11/2020, *DJe* 23/11/2020)" (AgRg no Inq 1.462/DF, Corte Especial, rel. Benedito Gonçalves, 01.12.2021, v.u.); "4. 'A jurisprudência das duas Turmas da Terceira Seção deste Tribunal Superior firmou-se no sentido de ser ilícita a prova obtida diretamente dos dados constantes de aparelho celular, decorrentes de mensagens de textos SMS, conversas por meio de programa ou aplicativos ('WhatsApp'), mensagens enviadas ou recebidas por meio de correio eletrônico, obtidos diretamente pela polícia no momento do flagrante, sem prévia autorização judicial para análise dos dados armazenados no telefone móvel' (HC n. 372.762/MG, Rel. Ministro Felix Fischer, Quinta Turma, julgado em 3/10/2017, *DJe* 16/10/2017). 5. É cediço que, nos termos do art. 6.º do Código de Processo Penal, assim que tomar conhecimento da prática de uma infração penal, a autoridade policial deverá realizar diversas diligências no sentido de identificar a sua autoria e resguardar o conjunto probatório, apreendendo, por exemplo, qualquer objeto que tenha relação com o fato investigado. Contudo, é defeso à autoridade policial o acesso, sem autorização judicial aos dados, em especial as conversas do aplicativo *WhatsApp*, de celular apreendido. 6. Diante da existência de outros elementos de prova, acerca da autoria do delito, não é possível declarar a ilicitude de todo o conjunto probatório, devendo o magistrado de origem analisar o nexo de causalidade e eventual existência de fonte independente, nos termos do art. 157, § 1.º, do Código de Processo Penal. 7. Ordem concedida, de ofício, apenas para reconhecer a ilegalidade das provas obtidas no celular do paciente e determinar o seu desentranhamento dos autos, bem como as delas derivadas, a cargo do magistrado de primeiro grau" (HC 588.135-SP, 5.ª T., rel. Reynaldo Soares da Fonseca, j. 08.09.2020, v.u.).

38. Critério da proporcionalidade: restou prejudicado pelas claras opções legislativas, apontadas pela Lei 11.690/2008. Entretanto, somente no que tange à prova obtida para a condenação. Continuam a valer os mesmos fatores para validar a prova obtida por meio ilícito – e suas eventuais derivações – quando o objetivo for a absolvição do réu. Os motivos já foram expostos em nota anterior.

39. (*Antiga nota 5-A das Disposições Gerais*) Filmagem produzida pelo ofendido: pode servir de prova no processo penal, uma vez que ingressa nos autos como prova documental. Poderia ser considerada prova ilícita se o produtor do filme invadisse, sem mandado judicial, por exemplo, a residência do suspeito, instalando no local uma câmera para captação de imagens de maneira camuflada. A invasão da intimidade e a violação do domicílio seriam nítidos fatores para macular a licitude da prova. Porém, se a vítima instala o aparelho em sua própria casa ou em lugar de acesso estritamente seu, captando ação criminosa de outrem, nada impede que a fita seja utilizada no processo penal. Logicamente, como se trata de documento, pode-se submetê-la à avaliação pericial para confirmar sua autenticidade. Para ilustrar, há precedente do Supremo Tribunal Federal considerando lícita prova de filmagem de vídeo em que a vítima surpreendeu o autor de crime de dano contra seu veículo ao instalar o aparelho na vaga da sua garagem em edifício residencial situado na cidade de Porto Alegre (HC 84.203, 2.ª T., rel. Celso de Mello, 5.10.2004).

40. Fonte independente: também denominado de *critério da prova separada*, estabelece que a prova produzida com base em fator dissociado da ilicitude de prova anteriormente auferida deve ser validada. O importante em relação à prova advinda de fonte independente é a consideração de que, mesmo conectada, de algum modo, à prova ilícita, ela poderia ter sido conseguida de qualquer modo, fundada em bases lícitas.

41. (*Antiga nota 5-B das Disposições Gerais*) Interceptação, escuta e gravação de conversa: denomina-se *interceptação*, no sentido jurídico, o ato de imiscuir-se em conversação alheia, seja por meio telefônico (interceptação telefônica), seja por qualquer outra forma de captação (interceptação ambiental). A Constituição Federal, expressamente, cuida da inviolabilidade da comunicação telefônica, como regra, autorizando, por exceção, que, por ordem judicial, para fins de investigação criminal ou instrução processual penal, ocorra a interceptação, com a consequente gravação, para utilização como meio de prova (art. 5.º, XII). A Lei 9.296/1996 disciplina a forma legal para a ocorrência da interceptação telefônica. Entretanto, a Lei 13.869/2019 incluiu no art. 10 da referida Lei 9.296/1996 o seguinte: "constitui crime realizar interceptações de comunicações telefônicas, de informática ou telemática, promover escuta ambiental ou quebrar segredo da Justiça, sem autorização judicial ou com objetivos não autorizados em lei: pena, reclusão de 2 (dois) a 4 (quatro) anos, e multa. Parágrafo único. Incorre na mesma pena a autoridade judicial que determina a execução de conduta prevista no caput deste artigo com objetivo não autorizado em lei". Inclui-se, como delito, a escuta ambiental, nos termos do art. 10-A da Lei 9.296/1996. Embora exista o direito à intimidade (art. 5.º, X, CF), não se pode negar a possibilidade de alguém ouvir uma conversa alheia, em local público, prestando, depois, o seu testemunho aos órgãos investigatórios ou judiciais do Estado. Dessa forma, se uma gravação for realizada, captando-se a conversa entre duas pessoas, desde que ocorra em lugar público, deve ser aceita como prova lícita. Quem deseja desenvolver assunto sigiloso, livre de interferência exterior, deve fazê-lo em lugar apropriado e privativo. Porém, se houver uma conversação realizada em domicílio, cuja inviolabilidade é constitucionalmente assegurada (art. 5.º, XI, CF), somente autorizada a entrada no local por ordem judicial, durante o dia, salvo as hipóteses emergenciais (como a ocorrência de flagrante), não pode um terceiro interceptá-la, ouvindo-a ou gravando-a. Cuidar-se-á de prova ilícita e constitui delito (art. 10-A Lei 9.296/1996). Denomina-se escuta telefônica a interceptação realizada com a ciência de um dos interlocutores da conversa. Não se pode considerá-la, pois, autêntica interceptação telefônica, passível de tipificação no art. 10 da Lei 9.296/1996. Logo, deve-se resolver a questão admitindo-se ou negando-se a gravação porventura realizada como meio lícito de prova, no âmbito das regras gerais de direito. Tratando-se de conversa sigilosa, dentro de critérios contratuais ou expressos, não pode ser aceita a gravação sem o conhecimento de ambas as partes, pois constituiria violação da intimidade e dos segredos ali divulgados. Exceção seria esta se um dos interlocutores fosse vítima de crime, valendo-se da escuta telefônica – realizada pela polícia, por exemplo, a seu pedido – para evitar uma extorsão ou livrar-se de uma ameaça. Caso a conversa se desenvolva em lugar público, captada por terceiro (e gravada), com conhecimento de um dos interlocutores, denomina-se de escuta ambiental. Nos mesmos termos supradescritos para a interceptação ambiental, parece-nos

Art. 157

Código de Processo Penal Comentado · **Nucci**

lícita a captação. No entanto, realizada em lugar privativo, ainda que com conhecimento de um dos interlocutores, pode constituir-se prova ilícita. Por derradeiro, quando o próprio interlocutor grava a conversa que mantém com outra pessoa ao telefone, sem a ciência desta, pode-se falar em gravação clandestina. Cuidando-se de conversa sigilosa, desde que em termos expressos e até mesmo contratuais, a divulgação é vedada, sob pena de violação da intimidade de quem não tinha ciência da gravação realizada. Mas, se a conversa não contiver a troca de segredos, é viável a sua utilização como meio de prova. Mais uma vez, exceção seja feita, no caso do segredo, se a parte que grava utilizar a prova em seu benefício, caso seja vítima de um delito. No mais, quando a gravação clandestina não se der por meio telefônico, chama-se de ambiental. Se um dos interlocutores grava a conversa mantida com outro, não havendo segredos entre eles, é lícita sua utilização. Caso estejam mantendo, expressamente, conversa sigilosa, a gravação e posterior divulgação é violação da intimidade, logo, prova obtida por meio ilícito. STF: "Gravação clandestina (Gravação de conversa telefônica por um interlocutor sem o conhecimento do outro). Licitude da prova. Por mais relevantes e graves que sejam os fatos apurados, provas obtidas sem a observância das garantias previstas na ordem constitucional ou em contrariedade ao disposto em normas de procedimento não podem ser admitidas no processo; uma vez juntadas, devem ser excluídas. O presente caso versa sobre a gravação de conversa telefônica por um interlocutor sem o conhecimento de outro, isto é, a denominada 'gravação telefônica' ou 'gravação clandestina'. Entendimento do STF no sentido da licitude da prova, desde que não haja causa legal específica de sigilo nem reserva de conversação. Repercussão geral da matéria (RE 583.397 – RJ)" (HC 91.613/MG, 2.ª T., rel. Gilmar Mendes, 15.05.2012, v.u.). STJ: "É lícita a prova consistente em gravação ambiental realizada por um dos interlocutores sem conhecimento do outro (RE 583937 QO-RG, Relator(a): Cezar Peluso, julgado em 19/11/2009, Repercussão Geral – Mérito *DJe* 237 divulg. 17/12/2009, public. 18/12/2009)" (RHC 48.397/RJ, 6.ª T., rel. Nefi Cordeiro, 06.09.2016, v.u.).

42. (*Antiga nota 5-C das Disposições Gerais*) **Tempo de interceptação:** embora o art. 5.º da Lei 9.296/1996 estabeleça o prazo máximo de quinze dias (prorrogável por outros quinze, se for indispensável) para a interceptação telefônica, com autorização judicial, realizar-se, não tem o menor sentido esse limite. Constituindo meio de prova lícito, pois autorizado por magistrado, no âmbito de investigação criminal ou processo-crime, é mais do que lógico não poder haver limitação em dias, sob pena de se frustrar a busca da verdade real, além de se frear a atividade persecutória lícita por uma mera questão temporal.

43. (*Antiga nota 5-D das Disposições Gerais*) **Prova emprestada para a esfera extrapenal:** viabilidade. Se a interceptação telefônica se realizou com autorização judicial, *para fins de investigação ou processo criminal*, violou-se a intimidade dos interlocutores de maneira lícita. Ora, tornando-se de conhecimento de terceiros o teor da conversa e podendo produzir efeito concreto na órbita penal, é natural que possa haver o empréstimo da prova para fins civis ou administrativos. Aliás, não teria sentido admitir-se a prova no âmbito criminal, daí advindo uma sentença condenatória, que é pública, aplicando-se sanção e, como efeito da condenação, por exemplo, a perda de cargo, função ou mandato (art. 92, I, CP), mas não se poder utilizar a referida gravação de conversa para pleitear uma indenização civil ou no contexto da ação de improbidade administrativa. Se o funcionário, no exemplo dado, pode perder o cargo em virtude de sentença criminal, fundada em interceptação telefônica, é consequência natural que possa ser a mesma prova usada para garantir que devolva aos cofres públicos o que deles retirou. Assim, a utilização da prova, no juízo civil, é viável. Confira-se o posicionamento de Antonio Scarance Fernandes: "Mais discutível é o uso da prova emprestada em processo cível, pois a Constituição não permite a interceptação para se obter prova fora do âmbito criminal. O transplante da prova representaria forma de se contornar a vedação constitucional quanto à interceptação para fins não criminais. Há, contudo, razoável entendimento no sentido de que a prova poderia ser aceita porque a intimidade, valor constitucionalmente protegido pela vedação das interceptações telefônicas, já teria sido violada de forma lícita. Não haveria razão, então, para se impedir a produção da prova, sob o argumento de que, por via oblíqua, seria desrespeitado o texto constitucional" (*Processo penal constitucional*, 4. ed., p. 110-111). Com relação às outras formas de captação de conversas (interceptação ambiental, escuta telefônica, gravação clandestina), pode-se *emprestar* a prova à esfera cível ou administrativa, desde que respeitadas as condições já expostas em nota anterior. Em contrário, está a posição de Vicente Greco Filho: "Poderá a prova obtida com a interceptação legalmente realizada para fins de investigação criminal servir em processo civil como prova emprestada? Cremos que não, porque, no caso, os parâmetros constitucionais são limitativos. A finalidade da interceptação, investigação criminal e instrução processual penal, é, também, a finalidade da prova, e somente nessa sede pode ser utilizada" (*Interceptação telefônica – Considerações sobre a Lei 9.296/96, de 24 de julho de 1996*, p. 23-24).

44. (*Antiga nota 5-E das Disposições Gerais*) Utilização da interceptação telefônica contra terceiro: viabilidade. É possível que, durante uma interceptação telefônica, captando-se a conversa entre *A* e *B*, com autorização judicial, surja prova do cometimento de crime por *C*, terceira pessoa. Pensamos ser lícito utilizar a gravação realizada para investigar o agente criminoso que surgiu de onde menos se esperava. Mais uma vez, é fundamental destacar que o Estado, por seus órgãos investigatórios, violou a intimidade de duas pessoas, com respaldo constitucional e legal, motivo pelo qual a prova se consolidou lícita. Descoberto outro crime, ainda que não haja conexão entre este e a infração que se está investigando, é preciso apurá-lo, mormente se de ação pública incondicionada.

45. (*Antiga nota 5-F das Disposições Gerais*) Perícia na gravação originária de interceptação telefônica: como regra, é desnecessária. As fitas ou outra base de armazenamento (como CD ou DVD) são suficientes para formação da prova, constituindo perda de tempo a degravação e, consequentemente, a produção de prova pericial para averiguar sua autenticidade, mormente quando não contestada pelas partes no processo criminal. Eventualmente, caso haja expressa negativa de ser a voz captada do réu, por exemplo, torna-se indispensável, em função da ampla defesa a todos assegurada, a realização de perícia para o fim de identificação da voz.

46. (*Antiga nota 5-G das Disposições Gerais*) Crimes apenados com detenção: podem ser investigados, se conexos aos delitos cuja pena é de reclusão. A Lei 9.296/1996 estabeleceu vedação para a interceptação telefônica, quando se cuidar de infração penal apenada com detenção (art. 2.º, III), o que constitui um retrocesso. Em primeiro lugar, porque perdeu o sentido dividir os delitos, conforme a natureza da pena privativa de liberdade aplicada. Em segundo lugar, pelo fato de muitos delitos apenados com detenção, como a ameaça (art. 147, CP), serem tipicamente praticados por telefone. A jurisprudência, no entanto, vem abrandando a regra, para permitir que essas infrações sejam apuradas, desde que haja conexão com a punida com reclusão.

47. (*Antiga nota 5-H das Disposições Gerais*) Gravação de conversa informal com acusado: ver a nota 15-A ao art. 186.

47-A. Interceptação e gravação feita por órgão estranho à polícia: possibilidade. O art. 7.º, da Lei 9.296/1996, possibilita à polícia requisitar serviços e técnicos especializados às concessionárias de serviço público. Logo, nada impede que haja a colaboração de terceiros, estranhos aos quadros policiais, desde que a supervisão esteja a cargo da autoridade policial, com ciência do Ministério Público.

Art. 157

Código de Processo Penal Comentado · **Nucci**   366

48. Incidente de ilicitude da prova: a lei menciona a possibilidade de ocorrer preclusão no tocante à decisão de desentranhamento da prova declarada inadmissível, portanto, claramente sinaliza com a existência de recurso. Tratando-se de uma decisão com força de definitiva, que põe fim a uma controvérsia, o recurso indicado é a apelação (art. 593, II, CPP). Embora o recurso não tenha efeito suspensivo, o art. 157, § 3.º, do CPP, evidencia ser possível a destruição somente após a preclusão, ou seja, quando nenhum recurso for interposto ou quando nenhum outro for cabível. Deve-se aguardar, pois, o julgamento da apelação, quando oferecida por qualquer das partes. Convém seja instaurado um incidente à parte, onde se poderá melhor discutir o caráter da prova – se lícita ou ilícita, sem prejudicar o trâmite da ação principal. Pode-se utilizar, por analogia, o disposto nos arts. 145 a 148 do Código de Processo Penal (incidente de falsidade documental).

48-A. Realização de perícia em gravações de conversas: não há dispositivo legal prevendo tal obrigatoriedade. A gravação realizada em qualquer meio disponível é, presumidamente, legítima, salvo se alguma das partes a contesta, acoimando-a de adulterada ou não autêntica. Nessa hipótese, determina-se a realização de perícia, como se faz no tocante ao incidente de falsidade documental. Por isso, apresentada qualquer gravação em juízo, a perícia é condicionada à impugnação da prova. Na jurisprudência: STJ: "Inexiste dispositivo em lei que determine a realização de perícia em gravações telefônicas para se atestar a veracidade dos diálogos" (REsp 1.235.181/RO, 6.ª T., rel. Sebastião Reis Júnior, 27.03.2012, v.u.).

48-B. Afastamento do juiz: esse parágrafo estava com a eficácia suspensa por força da liminar proferida pelo Ministro Luiz Fux na Medida Cautelar nas ADI 6.298, 6.299, 6.300, 6.305-DF. Houve julgamento pelo STF, em 24.08.2023, declarando *inconstitucional* esse dispositivo. Mantemos os nossos comentários para expor os motivos de ter sido acertada a posição do STF, em nossa visão. Inicialmente, havíamos sustentado constituir norma correta, pois seria um fundamento para garantir a imparcialidade do magistrado. Repensamos a questão e passamos a observar que um juiz deve ser, por vocação, imparcial e precisa ter o discernimento necessário para separar entre o que é uma prova lícita e o que é uma ilícita, até mesmo para formar o seu convencimento e julgar com sabedoria. Os tribunais têm jurisprudência consagrada no sentido de que as causas de suspeição e impedimento dos magistrados são taxativas, não admitindo ampliação. Em nossa visão, até pelo fato de que determinadas vivências experimentadas pelo juiz podem afetá-lo e, com isso, o seu julgamento imparcial, o ideal seria que essas listas fossem apenas exemplificativas, possibilitando ao magistrado responsável afastar-se de um caso para o qual não se sente insuspeito (exemplo: ter sido vítima de um crime grave e ficar traumatizado; por isso, não estar pronto a julgar casos similares, sendo ele juiz com competência criminal). Porém, essa causa não se encontra no rol do art. 254 (suspeição) do CPP, mas deveria e, mesmo não constando, poderia o magistrado dar-se por suspeito nessa hipótese. Tudo para manter a sua imparcialidade (preceito constitucional). No entanto, muda o quadro quando houver o mero contato com uma prova ilícita, que não poderia, automaticamente, transformar o magistrado num julgador parcial e, por isso, impedido ("não poderá proferir sentença ou acórdão", nos termos legais). Pretendemos destacar: sofrer um crime, como vítima, pode tornar o juiz muito mais parcial para julgar casos semelhantes (o que não está previsto em lei, como motivo para suspeição ou impedimento) do que tomar contato com prova ilícita, porque esta última não envolve o lado emocional do magistrado, mas apenas movimenta o seu raciocínio e a sua habilidade técnica para lidar com a prova ilícita. Ora, o maior interessado na colheita de uma prova idônea, honesta, legítima e ética deve ser o juiz. Assim sendo, quando uma parte levanta o incidente de ilicitude da prova, em primeira instância, instaurando-se o contraditório a respeito da sua obtenção, é de interesse máximo do Judiciário verificar se realmente a prova é ilícita. Constatando-se a sua ilicitude, antes de contaminar o juiz, livra-o desse encargo de avaliar uma prova completamente írrita aos parâmetros constitucionais. Ao longo da nossa carreira de mais de trinta anos na magistratura, visualizamos a produção de provas ilícitas, como, por exemplo, confissões extraídas por meio de tortura na fase policial. Sempre fomos os primeiros interessados em apurar, determinar a extração de peças para a verificação da responsabilidade criminal e jamais utilizá-las em nossas decisões. Um magistrado que toma contato com a prova criminosamente obtida, por exemplo, achando que deve utilizá-la contra o réu, não é um autêntico juiz, pois desconhece o preceito básico para a sua atividade, que é a imparcial dade. Logo, quando o legislador aponta esse laço, impedindo o contato do juiz com a prova ilícita significa desconfiar da sua imparcialidade e até mesmo, da sua idoneidade. Há um incidente em que provas são produzidas para demonstrar a ilicitude da obtenção de certa prova; portanto, há evidências suficientes de que aquela prova é desprezível. Muito pior são os magistrados preconceituosos e carregados de elementos pessoais, ligados à sua personalidade, indicadores da sua discriminatória atuação, camuflada pela toga. Quando a prova se torna *claramente* ilícita, será desentranhada e não poderá ser utilizada na decisão. Qual contorcionismo fará o julgador para "usá-la, sem utilizá-la"? É inviável e irreal que consiga proferir uma sentença bem fundamentada, olvidando prova ilícita – da qual tomou conhecimento, mas mandou desentranhar –, fazendo esforço para chegar a um veredicto baseado naquela prova podre. Se a prova *desapareceu* dos autos, não se como o julgador a utilizar. Guilherme Madeira Dezem aprova essa novidade do § 5.º do art. 157 do CPP, argumentando tratar-se da figura do "juiz contaminado". Afirma ser o magistrado humano como todos e, por isso, "o ser humano não consegue ignorar determinados fatos que integram seu conhecimento. É claro que o juiz não poderá usar a condenação baseado em prova ilícita. No entanto, isto não impede o juiz de fundamentar sua condenação baseado em outros elementos. (...) Não é possível que se exija do magistrado o que ele não pode dar, ou seja, isenção. Não se imagina como seja possível ao magistrado retirar de sua mente o conhecimento da prova ilícita para que julgue de maneira isenta o acusado sem levar essa prova em consideração" (*Comentários ao pacote anticrime, Lei 13.964/2019*. São Paulo: RT, 2020, p. 116). Louvável a sua preocupação, mas estamos convencidos, hoje, de ser irreal. Chegamos a mencionar, em nosso livro *Pacote anticrime comentado*, a seguinte frase "a prova ilícita pode ficar na memória de um juiz, mas não na mente do julgador do mérito da causa" (p. 70). Esse é o julgador que se espera; ele pode se lembrar que houve uma prova ilícita, mas não a tem na mente quando decidir a causa. Vamos além, não são poucas as vezes nas quais tribunais afastam uma prova, porque ilícita. Mas nesse cenário, Dezem diz "essa regra somente não terá incidência em uma situação: quando o feito for julgado pelo Plenário do STF, do STJ ou pelos órgãos especiais dos respectivos tribunais. Nessa hipótese, não haverá como se convocar novos julgadores para proferir o novo julgamento, então deve ser afastada a incidência da regra" (ob. cit., p. 117). Pergunta-se, afinal, se todos esses Ministros, que tiveram contato com a prova ilícita, depois afastada, não estão igualmente "contaminados"? E se estão, a imparcialidade do colegiado nos Tribunais Superiores ficará comprometida. Entretanto, como não há mecanismo de substituição, a parte contra a qual a prova ilícita pode exercer influência sofre as consequências, devendo ficar silente. Pode ser prejudicada e o sistema processual penal não lhe dá qualquer chance de um *julgamento justo*. Na ótica de que o juiz, ao tomar contato com prova ilícita, "contamina-se", um Plenário inteiro pode assim ser afetado e o seu julgamento não será imparcial. Ora, o princípio da imparcialidade não é restrito apenas a instâncias inferiores da magistratura; em nenhum ponto da Constituição Federal deduz-se que o juiz natural e imparcial é um princípio de graus menores da magistratura brasileira. Não aceitamos essa tese da *contaminação*, pois acreditamos que os magistrados têm plena convicção da sua função e da sua imparcialidade, razão pela qual se uma prova ilícita é descartada, outras provas devem ser usadas para decidir a

Art. 157

causa – todas as que forem lícitas. E isto se dá em qualquer grau de jurisdição. Outro argumento para afastar o juiz que tome contato com a prova ilícita deve-se à possibilidade de uma parte introduzir, propositalmente, essa prova indevida nos autos somente para retirar do caso um julgador rigoroso ou liberal, enfim, inconveniente aos seus interesses. Dizem os defensores do afastamento do juiz que tomar contato com a prova ilícita, dentre os quais Guilherme Dezem, que a parte não terá êxito, sob a assertiva de que quem provoca a suspeição (ou impedimento) dela não pode valer-se (ob. cit., p. 117). Mas provocar a suspeição ou o impedimento, na linha dos arts. 252 e 254 do CPP, não tem absolutamente nada a ver com o contato com prova, que possa demonstrar a culpa ou a inocência de alguém (sendo esta ilícita). Quem provoca a suspeição de um juiz, tornando-se seu inimigo capital (art. 254, I, CPP), deve arcar com isso. Mas ser inimigo do magistrado é uma situação que se desdobra em nível emocional – raiva, cólera, ódio, vingança etc. – e não diz respeito à prova colhida para comprovar culpa ou inocência de alguém. Noutros termos, quando uma parte, de má-fé, introduz prova ilícita nos autos, mas que descortina a culpa do acusado (por exemplo), mesmo que ela seja retirada do processo e o *juiz seja mantido* baseado no preceito que o segura na condução da causa porque houve falta de ética de quem assim agiu não elimina *em nada* o fato de o magistrado tomar contato com a prova ilícita. Então, ele deverá ter o discernimento suficiente para não usar o que soube acerca daquela prova. Mas, se ele é *ser humano falível*, como alguns dizem, não conseguirá fazer isso e terminará ficando nos autos e, em tese, poderá levar em consideração essa prova. Enfim, com boa-fé ou com má-fé, introduzindo prova ilícita nos autos, o juiz toma conhecimento dela. Se houve boa-fé da parte (o que é estranho, pois introduz prova ilicitamente obtida), o juiz deve sair; se houve má-fé, o juiz permanece, quase como um "castigo" a quem assim agiu. Entretanto, o contato com a prova *podre* aconteceu do mesmo jeito em qualquer das situações. Refletindo em relação a inúmeros julgados que afastaram provas ilícitas e absolveram réus, chegamos à conclusão de que o novel § 5.º do art. 157 é impertinente. São muitas as decisões que consideram, por ilustração, a invasão de domicílio ilegal, sem qualquer investigação prévia, sob a alegação de se tratar de crime permanente, quando agentes policiais apreendem alguma droga ali dentro; os tribunais afastam a prova ilicitamente colhida, porque a invasão foi abusiva e absolvem os réus. Enfim, os magistrados tomaram conhecimento da prova ilícita e nem por isso deixaram de absolver o traficante (por vezes, com grandes quantidades de drogas). E não são apenas os magistrados de 2.º Grau ou de tribunais superiores a agir desse modo; juízes de primeiro grau também o fazem. Enfim, tomar conhecimento de prova ilícita não conduz o julgador a levá-la em consideração e julgar justamente em sentido prejudicial ao réu. Sejamos realistas. Se um juiz tomar conhecimento de prova ilícita, que foi desentranhada, não puder usá-la em sua sentença e, mesmo assim, *inventar* argumentos para condenar o réu, há de se considerar que é um mau juiz e, ademais, a sua decisão não subsistirá em grau superior, por carência de provas lícitas. Portanto, criar uma causa de impedimento de exercício jurisdicional por um fato que ocorre sempre – contato com provas ilícitas – é desconhecer a realidade atual do Judiciário brasileiro de todas as instâncias. Finalmente, se a prova ilícita, conhecida por um ou mais magistrados, é capaz de "contaminar" o julgador, isso deve ser aplicado *a todas as instâncias*, até porque a letra da lei (§ 5.º do art. 157) menciona, expressamente, "sentença ou acórdão". Mas, como acreditamos que o juiz natural e imparcial é a maioria dos que compõem o Judiciário brasileiro, temos convicção de que o referido § 5.º é inconstitucional, porque *presume* parcialidade. A presunção é um instituto delicado, que somente deve ser usado em situações especialíssimas, tais como a presunção de inocência em favor dos réus em processos criminais; mas, ao contrário do disposto naquele § 5.º, a presunção de imparcialidade é que vigora para os magistrados – e não a presunção de parcialidade. Cremos, ainda, ser preciso destacar que os mesmos seres humanos – juízes – que poderiam se "contaminar" pelo simples conhecimento do conteúdo de uma prova ilícita, decretada inadmissível acompanham noticiários em todos os meios de comunicação existentes e devem muito mais do que o processo pode oferecer em relação a casos de grande repercussão. Se isso tudo os "contaminar" (por vezes, muito mais informes do que a prova ilícita pode oferecer), não haveria juízes para julgar caso algum, quando a mídia e as redes sociais resolverem pré-julgar alguém, por se tratar de um acusado famoso ou de um crime particularmente chamativo. É preciso confiar no Judiciário, abstraindo-se as situações excepcionais, que maculam qualquer instituição. Os juízes são imparciais, como regra, e sabem, perfeitamente, distinguir entre uma prova lícita e outra ilícita. Aliás, é do seu interesse zelar para que todas as provas com as quais vai lidar na ocasião de formar o seu convencimento para proferir a sentença sejam idôneas e honestas. Esse é o panorama no qual acreditamos estar calcado o Judiciário brasileiro.

Capítulo II
DO EXAME DO CORPO DE DELITO, DA CADEIA DE CUSTÓDIA
E DAS PERÍCIAS EM GERAL

> **Art. 158.** Quando a infração deixar vestígios,[1-1-A] será indispensável o exame[2-3] de corpo de delito direto ou indireto,[4] não podendo supri-lo a confissão[5] do acusado.[6-7-E]
>
> **Parágrafo único.** Dar-se-á prioridade à realização do exame de corpo de delito quando se tratar de crime que envolva: [7-F]
>
> I – violência doméstica e familiar contra mulher;
>
> II – violência contra criança, adolescente, idoso ou pessoa com deficiência.

1. Conceito de vestígio: é o rastro, a pista ou o indício deixado por algo ou alguém. Há delitos que deixam sinais aparentes da sua prática, como ocorre com o homicídio, uma vez que se pode visualizar o cadáver. Outros delitos não os deixam, tal como ocorre com o crime de ameaça, quando feita oralmente. Preocupa-se a lei com os crimes que deixam rastros passíveis de constatação e registro, obrigando-se, no campo das provas, à realização do exame de corpo de delito. Trata-se de uma prova imposta por lei (prova tarifada), de modo que não obedece à regra da ampla liberdade na produção das provas no processo criminal. Assim, não se realizando o exame determinado, pode ocorrer nulidade, nos termos do disposto no art. 564, III, *b*, do Código de Processo Penal

2. Exame de corpo de delito: é a verificação da prova da existência do crime, feita por peritos, diretamente, ou por intermédio de outras evidências, quando os vestígios, ainda que materiais, desapareceram. O corpo de delito é a materialidade do crime, isto é, a prova da sua existência. Como ensina Rogério Lauria Tucci, "corresponde ao conjunto de elementos físicos, materiais, contidos, explicitamente, na definição do crime, isto é, no modelo legal" (*Do corpo de delito no direito processual penal brasileiro*, p. 14). A inspeção ou a observação rigorosa feita por técnicos é o exame de corpo de delito, analisando-se os vestígios materiais deixados pela infração penal. Materiais são os vestígios que os sentidos acusam (ex.: a constatação do aborto pela visualização do feto expulso e morto). Há, ainda, os vestígios imateriais, ou seja, o rastro do crime que se perdetão logo a conduta criminosa finde, pois não mais captáveis, nem passíveis de registro pelos sentidos humanos (ex.: a injúria verbal proferida). Explica Tucci que há fatos permanentes (*facti permanentis*), ou seja, "aqueles de que sobram marcas indeléveis, temporária ou permanentemente, como os de lesões corporais leves ou graves, estupro etc." e

Art. 158

Código de Processo Penal Comentado · **Nucci**

370

fatos transitórios (*facti transeuntis*), isto é, que possuem "vida efêmera, embora determinados, momentaneamente que seja, ao tempo do evento delitivo, de elementos físicos, próprios e inconfundíveis, *e.g.*, a injúria verbal". Por isso, corpo de delito não passa da "necessidade de cognoscer e documentar, procedimentalmente, mediante a observância de regras específicas, a prática criminosa" (ob. cit., p. 15-16). É próprio afirmar que toda infração penal possui corpo de delito, isto é, prova da sua existência, pois se exige materialidade para condenar qualquer pessoa, embora nem todas fixem o corpo de delito por vestígios materiais. Em relação a estes últimos é que se preocupou o artigo em questão, exigindo que se faça a inspeção pericial, com a emissão de um laudo, para comprovar a materialidade. Portanto, em crimes que deixam vestígios materiais deve haver, sempre, exame de corpo de delito. Preferencialmente, os peritos devem analisar o rastro deixado pessoalmente. Em caráter excepcional, no entanto, admite-se que o façam por outros meios de prova em direito admitidos, tais como o exame da ficha clínica do hospital que atendeu a vítima, fotografias, filmes, atestados de outros médicos, entre outros. É o que se chama de exame de corpo de delito indireto. Essa situação pode ser necessária quando, por exemplo, o cadáver desaparece, mas foi fotografado ou filmado por alguém, exigindo-se, ainda, o registro do atendimento feito por outros médicos. Ilustrando o afirmado, constata-se, em caso de aborto, que a materialidade pode ser formada pela leitura da ficha hospitalar da ré, onde se vê que ela deu entrada no pronto-socorro do hospital, no dia seguinte ao crime, "com febre e dor abdominal. Apresentava colo uterino pérvio (aberto, dilatado), escoriações na parede vaginal e no colo uterino. Laparotomia exploradora revelou abdômen agudo perfurativo (perfuração do útero e da bexiga) e *abortamento incompleto*, que obrigou curetagem. A existência de restos placentários impondo curetagem, as lesões na vagina e colo uterino, a perfuração do útero e da bexiga, revelando a introdução de objeto para provocar o descolamento da membrana, constituem os chamados 'sinais de certeza' de aborto provocado (C. Simonin, *Medicina Legal Judicial*, p. 461, ed. JIMS, 1962, A. Almeida Júnior, *Lições de Medicina Legal*, 2. ed., p. 369-370, e Odon Ramos Maranhão, *Curso Básico de Medicina Legal*, 4. ed., p. 192, 1989) e convenceram o juiz da pronúncia e o Conselho de Sentença da materialidade do crime.

2-A. Dados históricos do corpo de delito: a primeira referência, no direito brasileiro, ao *corpo de delito* teve lugar nas *Instruções de 4 de novembro de 1825*, que continham as atribuições dos Comissários de Polícia (art. 10): "Os comissários devem apresentar-se logo no lugar em que aparecer, por crime ou desastre, algum cadáver humano, ou pessoa gravemente ferida; e posto que lhes não compete formarem o *corpo de delito* legal, contudo, enquanto não chegar o juiz criminal tomarão com testemunhas todas as declarações, armas e mais objetos ou circunstâncias, que servirem para ilustração do juiz e do procedimento legal a que houver de proceder-se" (grifo no original – Rogério Lauria Tucci, *Do corpo de delito no direito processual penal brasileiro,* p. 47). Segundo o autor, repetiu-se a fórmula no Código de Processo Criminal, de 29 de novembro de 1832 (art. 134), apresentando-se ele em três especificações: a) *corpus criminis*: "pessoa ou coisa sobre a qual praticado o ato criminoso"; b) *corpus instrumentorum*: "objetos ou instrumentos utilizados na atividade delituosa, pelo autor ou autores da mesma"; c) *corpus probatorium*: "vestígios por estes deixados, e hábeis à reconstrução do crime cometido" (ob. cit., p. 85).

2-B. Materialidade nos crimes de perigo: em tese, crimes de perigo podem não apresentar elementos concretos para a realização do exame pericial, como, por exemplo, porte ilegal de arma. Mas é perfeitamente viável no caso do tráfico de drogas (crime de perigo abstrato), bastando a apreensão da droga. Portanto, depende do caso concreto.

2-C. Indispensabilidade do exame pericial: nos delitos que deixam vestígios (rastros materiais), o exame pericial (direto ou indireto) é inafastável. Sem o referido exame, inexiste possibilidade de prova da existência do crime. Há previsão no art. 167 do CPP para a formação indireta do corpo de delito quando o próprio agente do delito faz desaparecer os rastros do que fez. Nessa situação, pode-se utilizar a testemunha, desde que esta tenha conhecimento direto do fato. Na jurisprudência: STJ: "1. Nos casos em que a infração deixa vestígio, por imperativo legal (art. 158 do CPP), é necessária a realização do exame de corpo de delito direto ou indireto. Todavia, excepcionalmente, quando presentes nos autos elementos aptos a comprovar a presença das qualificadoras de forma inconteste, pode-se reconhecer o suprimento da prova pericial. 2. No caso dos autos, além da existência de situação excepcional a justificar a perícia indireta – inexistência de unidade regional de perícia na localidade, estão presentes outros elementos de prova que demonstram, de forma cabal, a ocorrência das qualificadoras de rompimento de obstáculo e de escalada – registros fotográficos, testemunhos apresentados, e a própria confissão do paciente –, motivo pelo qual estas se mantêm nos outros dois crimes de furto" (AgRg no HC 809.377/MS, 5.ª T., rel. Reynaldo Soares da Fonseca, 05.06.2023, v.u.); "II – A jurisprudência desta Corte Superior é assente no sentido de que o exame de corpo de delito, por expressa determinação legal, é indispensável nas infrações que deixam vestígios, podendo apenas ser suprido pela prova testemunhal quando os vestígios tenham desaparecido. III – Na hipótese, o Tribunal de origem apresentou fundamentação idônea a justificar a ausência do exame pericial, no sentido de que os vestígios já haviam desaparecidos, pois àquela altura os danos já haviam sido consertados. Ainda, insta consignar que 'a ausência de laudo pericial no local do delito não impede o reconhecimento da qualificadora do rompimento de obstáculo quando realizada perícia indireta, além do mais as fotografias e filmagens juntadas aos autos comprovam o modus operandi da ação' (AgRg no REsp n. 1.715.910/RS, Quinta Turma, Rel. Min. Ribeiro Dantas, DJe de 25/6/2018). IV – *In casu*, inexiste constrangimento legal a ser sanado, uma vez que a Corte a quo, em consonância com o entendimento jurisprudencial, consignou que o rompimento de obstáculo tenha sido comprovado por fotos e por depoimentos testemunhais" (AgRg no HC 677.529/SC, 5.ª T., rel. Jesuíno Rissato, 05.10.2021, v.u.).

3. Perícia: é o exame de algo ou alguém realizado por técnicos ou especialistas em determinados assuntos, podendo fazer afirmações ou extrair conclusões pertinentes ao processo penal. Trata-se de um *meio de prova*. Quando ocorre uma infração penal que deixa vestígios materiais, deve a autoridade policial, tão logo tenha conhecimento da sua prática, determinar a realização do exame de corpo de delito (art. 6.º, VII, CPP). Não sendo feito, por qualquer razão, nessa fase, pode ser ordenado pelo juiz (art. 156, CPP).

4. Diferença entre exame de corpo de delito e corpo de delito: já deixamos claro que o *corpo de delito* é a prova da existência do crime. Essa prova pode ser feita de modo direto ou indireto, isto é, pela verificação de peritos do rastro deixado nitidamente pelo delito, como o exame necroscópico, bem como pela narrativa de testemunhas, que viram, por exemplo, o réu matando a vítima, sem, no entanto, manter-se o cadáver para exame. Como ensina Rogério Lauria Tucci, a respeito de exame do corpo de delito, "o vocábulo *exame* parece-nos corretamente empregado, por isso que não há confundir *corpus delicti* – conjunto dos elementos físicos ou materiais, principais ou acessórios, permanentes ou temporários, que corporificam a prática criminosa – com sua verificação existencial, mediante atividade judicial de natureza probatória e cautelar, numa persecução penal em desenvolvimento. Configura ele, com efeito, uma das espécies de *prova pericial*, consistente na colheita, por pessoa especializada, de elementos instrutórios sobre fato cuja percepção dependa de conhecimento de ordem técnica ou científica (...). É o *exame do corpo de delito*, em nosso processo penal, uma espécie de *prova pericial* constatadora da materialidade do crime investigado, realizada, em regra, por *peritos oficiais*, [atualmente, basta um perito oficial] ou *técnicos*, auxiliares dos agentes estatais da *persecutio criminis*..." (*Do corpo de delito no direito processual penal brasileiro*, p.

Art. 158

180-181). No artigo em comento exige-se, para a infração que deixa vestígios, a realização do exame de corpo de delito, direto ou indireto, isto é, a emissão de um laudo pericial atestando a materialidade do delito. Esse laudo pode ser produzido de maneira direta – pela verificação pessoal do perito – ou de modo indireto – quando o profissional se serve de outros meios de provas. Note-se que, de regra, a infração que deixa vestígio precisa ter o exame de corpo de delito direto ou indireto (que vai constituir o corpo de delito direto, isto é, a prova da existência do crime atestada por peritos). Somente quando não é possível, aceita-se a prova da existência do crime de maneira indireta, isto é, sem o exame e apenas por testemunhas. Não nos parece, pois, correta a lição daqueles que, como Tourinho Filho e Magalhães Noronha, dizem que o *exame de corpo de delito indireto* é o composto pelos depoimentos das testemunhas (*Código de Processo Penal comentado*, v. 1, p. 361; *Curso de direito processual penal*, p. 104-105). O exame de corpo de delito é sempre produzido por peritos, de maneira direta ou indireta, como já abordado. O corpo de delito, no entanto, pode resultar de forma direta ou indireta. Quando o perito vê o cadáver, analisa-o e atesta ao juiz que houve a morte e como esta se deu, prova-se a materialidade de maneira direta. Quando o cadáver se perde, contando-se com a mera narrativa de leigos que, de longe, viram o réu desferindo tiros na vítima, por exemplo, caindo o corpo no mar e perdendo-se, há a prova indireta da ocorrência da morte. É o corpo de delito indireto. Se o Código de Processo Penal considerasse *exame de corpo de delito* também os depoimentos testemunhais não teria colocado no art. 167 que, não sendo possível realizá-lo, a *prova testemunhal poderá suprir-lhe a falta*. Na ótica que sustentamos, estão os ensinamentos de Hélio Tornaghi, para quem o "exame indireto não se confunde com o mero depoimento de testemunhas, o qual pode suprir o exame de corpo de delito (art. 167)" (*Curso de processo penal*, v. 1, p. 319), Borges da Rosa, que diz obter-se o corpo de delito indireto, inquirindo-se as testemunhas (*Comentários ao Código de Processo Penal*, p. 283) e Demercian e Maluly (*Curso de processo penal*, p. 264). Anote-se, ainda, a lição de Sérgio Marcos de Moraes Pitombo: "O corpo de delito indireto produz-se mediante a prova pessoal, quer dizer, interrogatório ao réu, perguntas ao ofendido e depoimento de testemunhas" (*Do sequestro no processo penal brasileiro*, p. 77). Leciona, ainda, Tourinho Filho que, não havendo o exame, direto ou indireto, a "nulidade é tão grande que fulmina todo o processo, nos termos do art. 564, III, *b*, do Código de Processo Penal" (ob. cit., p. 361). Novamente, não nos parece que tal seja o disposto no capítulo referente às nulidades. Diz o art. 564, III, *b*, que ocorrerá nulidade se não for realizado o *exame* de corpo de delito nos crimes que deixam vestígios, *ressalvado o disposto no art. 167*, isto é, quando não for possível fazer o exame, direto ou indireto, aceita-se a prova de existência do crime por intermédio de testemunhas. Por isso, pode não estar presente o *exame* de corpo de delito, sem que isso signifique nulidade absoluta, uma vez que a materialidade é provada por outras fontes. Há que se destacar, ainda, a posição assumida por alguns processualistas tratando, indistintamente, *exame de corpo de delito* e *corpo de delito* como expressões sinônimas, o que não nos parece adequado. Eduardo Espínola Filho, a título de exemplo, ora chama de exame de corpo de delito indireto, ora de corpo de delito indireto a prova da materialidade do crime constituída por intermédio de testemunhas (*Código de Processo Penal brasileiro anotado*, v. 2, p. 464-496). Admitindo a nossa conceituação, na jurisprudência: STJ: "I – Nos crimes que deixam vestígios é imprescindível a realização de corpo de delito, por expressa determinação legal prevista no art. 158 do Código Penal. II – É pacífica jurisprudência desta Corte Superior no sentido de que o exame de corpo de delito direto, por expressa determinação legal, é indispensável nas infrações que deixam vestígios, podendo apenas supletivamente ser suprido pela prova testemunhal quando os vestígios tenham desaparecido, hipótese não demonstrada na instância de origem. Agravo regimental desprovido" (AgRg no REsp 1.785.868/RS, 5.ª T., rel. Felix Fischer, 14.05.2019, v.u.).

5. Confissão e corpo de delito: a lei é clara ao mencionar que a confissão do réu não pode suprir o exame de corpo de delito, direto ou indireto. A única fórmula legal válida para preencher a sua falta é a colheita de depoimentos de testemunhas, nos termos do art. 167, *in verbis*: "Não sendo possível o exame de corpo de delito, por haverem desaparecido os vestígios, a prova testemunhal poderá suprir-lhe a falta". Como já se mencionou, trata-se de um tema desenvolvido com especial cuidado pelo legislador, tendo em vista as inúmeras razões que podem conduzir uma pessoa a confessar falsa ou erroneamente, colocando em grave risco a segurança exigida pelo processo penal. Assim, se o cadáver, no caso do homicídio, desapareceu, ainda que o réu confesse ter matado a vítima, não havendo exame de corpo de delito, tampouco prova testemunhal, não se pode punir o autor. A confissão isolada não presta para comprovar a existência das infrações que deixam vestígios materiais. Compatíveis com o texto legal estão os magistérios de Malatesta e Carrara (*A lógica das provas em matéria criminal*, v. 2, p. 153; *Programa del curso de derecho criminal dictado em la Real Universidad de Pisa*, v. 2, p. 320). Ainda assim, proferiu Luiz Vicente Cernicchiaro uma decisão no Superior Tribunal de Justiça, afirmando que o art. 158 do Código de Processo Penal foi afetado pela Constituição Federal: "O corpo de delito, na clássica definição de João Mendes, é o conjunto dos elementos sensíveis do fato criminoso. Diz-se direto quando reúne elementos materiais do fato imputado. Indireto, se, por qualquer meio, evidencia a existência do acontecimento delituoso. A Constituição da República resguarda serem admitidas as provas que não forem proibidas por lei. Restou, assim, afetada a cláusula final do art. 158 do Código de Processo Penal, ou seja, a confissão não ser idônea para concorrer para o exame de corpo de delito. No processo moderno, não há hierarquia de provas, nem provas específicas para determinado caso. Tudo que lícito for, idôneo será para projetar a verdade real" (ver o nosso *O valor da confissão como meio de prova no processo penal*, p. 222-223). Em igual prisma: Mirabete, *Código de Processo Penal interpretado*, p. 245. Há, nessa análise, segundo pensamos, um nítido desvio de interpretação. É evidente que a confissão não é meio de prova ilícito, mas nem por isso deixa de ter pertinência o disposto no art. 153. A Constituição veda a utilização, no processo, de provas obtidas por meios ilícitos, atribuindo à lei a disciplina do que é lícito e do que não o é, visto não ter feito no art. 5.º, LVI, um rol exaustivo sobre o assunto. Logo, cabe ao Código de Processo Penal, dentre outras normas, disciplinar como se produz, *licitamente*, uma prova. Ora, no caso presente, exige a lei que, nas infrações penais com vestígios, seja feito o exame de corpo de delito, direto ou indireto, isto é, com a pessoal verificação dos peritos ou com a inspeção por outros meios, como o exame da ficha clínica. No máximo, quando esse exame torna-se inviável, pode-se supri-lo por testemunhas. Esta é a maneira legalmente admitida para se demonstrar a materialidade do crime que deixa vestígios. Como se pode dizer que a Constituição revogou o art. 158, parte final? Se assim fosse, poder-se-ia dizer que o revogou por completo, pois a exigência do exame de corpo de delito delimita a produção de outras provas, o que, na visão de Cernicchiaro, seria estabelecer a "indevida" hierarquia de provas. O lícito e o ilícito referem-se não somente à prova em si, mas à sua produção e à sua finalidade. Portanto, cabe ao legislador conferir legitimidade a uma determinada prova para atingir o seu fim, que é servir de esteio para estruturar a decisão do juiz no processo penal. A confissão, não somente porque é uma prova falha, relativa e frágil, continua sem possibilidade de formar, sozinha, o corpo de delito da infração penal que deixa vestígio. No sentido que sustentamos: Tourinho Filho, *Código de Processo Penal comentado*, v. 1, p. 361.

6. Recebimento de denúncia sem o exame de corpo de delito: possibilidade. A indispensabilidade do exame diz respeito ao julgamento da ação penal e não ao mero recebimento da denúncia, que pode ocorrer antes da remessa do laudo a juízo. No caso do início da ação penal, devem existir no inquérito provas suficientes para demonstrar a materialidade,

Art. 158

Código de Processo Penal Comentado · **Nucci**

374

ainda que não sejam definitivas, o que somente será alcançado pela apresentação do exame de corpo de delito ou, na sua falta, pela produção das provas em direito admitidas.

7. Perícia em crimes contra as relações de consumo: especificamente no tocante ao delito do art. 7.º, IX, da Lei 8.137/1990, cuidando da matéria-prima ou mercadoria em condições impróprias ao consumo, a jurisprudência é dividida quanto à necessidade de realização do exame pericial. Cremos ter razão a posição do Superior Tribunal de Justiça, no sentido de ser desnecessário o laudo, afinal, o crime é de perigo abstrato, não sendo apto a deixar vestígios.

7-A. Formação do corpo de delito nos crimes de abuso de autoridade: esta nota perde o sentido, porque a antiga Lei 4.898/1965 foi revogada pela Lei 13.869/2019, que nada dispõe a respeito de corpo de delito. Portanto, esse tema passa a ser regido pelas regras gerais do Código de Processo Penal.

7-B. Formação do corpo de delito nos crimes sexuais: não há necessidade de exame de corpo de delito (perícia), pois muitos desses delitos não deixam vestígios materiais. Exemplo: um estupro cometido com grave ameaça, pode não deixar rastro visível da sua ocorrência. Nem por isso deixará de ser punido o autor, desde que, por outras fontes (ex.: prova testemunhal), seja possível comprovar a existência do crime. Convém registrar a edição da Lei 12.015/2009, alterando as figuras típicas concernentes aos delitos sexuais. Apesar da introdução de novos tipos penais e da modificação de redação de outros, nenhuma alteração houve no tocante ao exame de corpo de delito: somente se faz o exame quando for viável, embora não seja elemento determinante para a prova do crime.

7-C. Formação do corpo de delito nos crimes de falsidade documental: consultar a nota 39-A ao art. 167.

7-D. Formação do corpo de delito nos crimes contra a propriedade imaterial: a violação de direito autoral (art. 184, CP) é crime que deixa vestígios materiais, pois acarreta a reprodução de música, filme, texto ou similar, em material não autorizado. Logo, é fundamental comprovar, por perícia, a existência da falsificação. Do contrário, não se forma a materialidade do delito.

7-E. Abrangência da perícia quanto às circunstâncias do crime: como regra, o disposto pelo art. 158 do Código de Processo Penal destina-se à composição da prova da existência do delito, entendido este como o tipo básico. Portanto, para demonstrar ter ocorrido um homicídio, exige-se o exame pericial, pois é infração que deixa vestígios. Para evidenciar as qualificadoras do homicídio (art. 121, § 2.º, CP), não se demanda, como regra, o mesmo compromisso com a perícia. Salvo expressas disposições legais, como se vê do art. 171 deste Código, no tocante ao delito de furto, os demais crimes podem contar – ou não – com a prova pericial para a formação do quadro probatório de suas circunstâncias. Quanto ao roubo (art. 157, CP), quando cometido com o emprego de arma, tem entendido a jurisprudência majoritária, com a qual concordamos, ser dispensável a apreensão da arma e a perícia. Basta a prova testemunhal para se ter conhecimento e demonstração de ter havido intimidação exercido pelo emprego de arma, inclusive de fogo. Porém, se a arma for apreendida, torna-se fundamental seja periciada, mormente quando a defesa alegar ser a mesma inútil aos seus propósitos. Adotando-se a teoria objetiva (perigo real que a arma apresenta para a vítima), uma arma quebrada ou imprestável não pode ser considerada apta para gerar a causa de aumento do art. 157, § 2.º-A, I, do Código Penal. Se o próprio agente fizer a arma desaparecer, para depois alegar algum defeito, sem que se possa realizar a perícia, mantém-se o aumento da pena, desde que haja prova testemunhal convincente. Mas se a arma se encontra apreendida, diante da afirmação de imprestabilidade, deve-se providenciar a perícia.

7-F. Celeridade em certos exames de corpo de delito: impõe a previsão formulada pelo parágrafo único, incisos I e II, incluída pela Lei 13.721/2018, que tenha o Estado o dever de providenciar, antes de quaisquer outros exames, os que forem relativos à violência doméstica e familiar contra a mulher, bem como os relativos a criança, adolescente, idoso ou pessoa com deficiência. São vítimas, normalmente, consideradas hipossuficientes, que esperam uma rápida resposta punitiva por parte do Estado em relação aos seus agressores. Por óbvio, sem a prova da materialidade que se faz em grande parte das vezes por meio do exame de corpo de delito, nada se pode fazer de maneira efetiva. Por isso, acelerando a elaboração dos exames, torna-se mais fácil aplicar a devida medida cautelar ou até mesmo a sanção definitiva. A prioridade, conferida a essas espécies de exame, também tem por finalidade evitar que as vítimas deixem de comparecer no Instituto Médico Legal, por razões variadas (medo, esquecimento, vontade de se manter afastada do problema etc.). Havendo a rápida realização do exame, nem bem ocorre a lesão, já estará a vítima em contato com o perito. Se a norma for cumprida – esse é o grande problema brasileiro –, haverá um avanço no combate à impunidade nessa espécie de crime. Na jurisprudência: "I – Segundo a jurisprudência deste Tribunal, a palavra da vítima detém especial importância nos crimes praticados no âmbito de violência doméstica, devido ao contexto de clandestinidade em que normalmente ocorrem. Todavia, a aludida tese não deve ser vulgarizada a ponto de esvaziar o conteúdo normativo do art. 158 do Código de Processo Penal. II – Por um lado, incumbe ao Poder Judiciário responder adequadamente aos que perpetram atos de violência doméstica, a fim de assegurar a proteção de pessoas vulneráveis, conforme preconiza a Constituição. Por outro, é um consectário do Estado de Direito preservar os direitos e garantias que visam a mitigar a assimetria entre os cidadãos e o Estado no âmbito do processo penal. III – O exame de corpo de delito poderá, em determinadas situações, ser dispensado para a configuração de lesão corporal ocorrida em âmbito doméstico, na hipótese de subsistirem outras provas idôneas da materialidade do crime acostadas aos autos. Precedentes. IV – Todavia, especificamente no caso em análise, o exame de corpo de delito deixou de ser realizado e os elementos de prova restantes – fotografia não periciada, depoimento da vítima e relato de informante que não presenciou os fatos – se mostraram insuficientes para a manutenção do édito condenatório. Súmula 83 afastada. V – A absolvição é medida que se impõe diante da falta de prova técnica exigida por lei, e cuja ausência não foi adequadamente suprida, nem devidamente justificada" (AgRg no AREsp 2.078.054/DF, 5.ª T., rel. Jessod Azulay Neto, 23.05.2023, v.u.).

> **Art. 158-A.** Considera-se cadeia de custódia o conjunto de todos os procedimentos utilizados para manter e documentar a história cronológica do vestígio coletado em locais ou em vítimas de crimes, para rastrear sua posse e manuseio a partir de seu reconhecimento até o descarte.[7-G]
>
> § 1.º O início da cadeia de custódia dá-se com a preservação do local de crime ou com procedimentos policiais ou periciais nos quais seja detectada a existência de vestígio.[7-H]
>
> § 2.º O agente público que reconhecer um elemento como de potencial interesse para a produção da prova pericial fica responsável por sua preservação.[7-I]
>
> § 3.º Vestígio é todo objeto ou material bruto, visível ou latente, constatado ou recolhido, que se relaciona à infração penal.[7-J]

7-G. Cadeia de custódia: uma aproximação da nossa legislação à dos países de Primeiro Mundo, demonstrando a preocupação com a realização e preservação da prova pericial.

Art. 158-B

A própria norma define a cadeia de custódia: "o conjunto de todos os procedimentos utilizados para manter e documentar a história cronológica do vestígio coletado em locais ou em vítimas de crimes, para rastrear sua posse e manuseio a partir de seu reconhecimento até o descarte". Enfim, a lei procura um caminho didático por fazer definições de variados temas. Vê-se o cuidado com a captação do objeto ou material, relacionado ao delito. Depois, pauta-se em lei, de maneira expressa, ponto a ponto, até chegar ao final descarte da prova. Na jurisprudência: STJ: "2. Nos termos do artigo 158-A do Código de Processo Penal, considera-se cadeia de custódia o conjunto de todos os procedimentos utilizados para manter e documentar a história cronológica do vestígio coletado em locais ou em vítimas de crimes, para rastrear sua posse e manuseio a partir de seu reconhecimento até o descarte. Consequentemente, a quebra da cadeia seria a inobservância dos referidos procedimentos, afastando a confiabilidade da prova produzida, tornando-a eventualmente nula. 3. Consoante jurisprudência desse Superior Tribunal de Justiça, 'as irregularidades constantes da cadeia de custódia devem ser sopesadas pelo magistrado com todos os elementos produzidos na instrução, a fim de aferir se a prova é confiável' (HC n. 653.515/RJ, relator Ministro Rogerio Schietti Cruz, Sexta Turma, julgado em 23/11/2021, *DJe* de 1/2/2022)" (AgRg no RHC 182.668/RS, 5.ª T., rel. Ribeiro Dantas, 28.08.2023, v.u.); "7. Mostra-se mais adequada a posição que sustenta que as irregularidades constantes da cadeia de custódia devem ser sopesadas pelo magistrado com todos os elementos produzidos na instrução, a fim de aferir se a prova é confiável. Assim, à míngua de outras provas capazes de dar sustentação à acusação, deve a pretensão ser julgada improcedente, por insuficiência probatória, e o réu ser absolvido" (HC 653.515/RJ, 6.ª T., rel. Laurita Vaz, rel. p/ acórdão Rogerio Schietti Cruz, 23.11.2021, por maioria, grifamos).

7-H. Preservação do local do crime: essa preservação já se encontra prevista em lei, como demonstra o art. 6.º, I, deste Código: "logo que tiver conhecimento da prática da infração penal, a autoridade policial deverá: I – dirigir-se ao local, providenciando para que não se alterem o estado e conservação das coisas, até a chegada dos peritos criminais".

7-I. Vinculação entre agente e prova: esta norma não é fácil de ser cumprida, visto determinar que o agente público (como regra, o policial), ao reconhecer um elemento de prova para a futura perícia, fica responsável por sua preservação. Dá-se a entender que uma falha sua ao preservar a prova, no mínimo, transforma-se em infração administrativa.

7-J. Conceito de vestígio: este constitui o rastro deixado pelo crime, que, como regra, estabelece-se no campo material, visível pelos interessados na formação da prova. A definição proposta por este parágrafo está correta. Porém, não se pode esquecer da existência dos vestígios imateriais, que ficam guardados na memória de uma testemunha, por exemplo, a fim de gerar a prova da existência de um crime contra a honra, quando verbalizado. Efetuada a ofensa, oralmente, quem a suporta e guarda é a vítima; mas esse rastro imaterial também é memorizado por quem estiver por perto, atuando como testemunha. É por tal motivo que o art. 167 deste Código aceita, em casos excepcionais, a formação da materialidade do crime por testemunhas.

> **Art. 158-B.** A cadeia de custódia compreende o rastreamento do vestígio nas seguintes etapas:[7-K-7-L]
>
> I – reconhecimento: ato de distinguir um elemento como de potencial interesse para a produção da prova pericial;
>
> II – isolamento: ato de evitar que se altere o estado das coisas, devendo isolar e preservar o ambiente imediato, mediato e relacionado aos vestígios e local de crime;

III – fixação: descrição detalhada do vestígio conforme se encontra no local de crime ou no corpo de delito, e a sua posição na área de exames, podendo ser ilustrada por fotografias, filmagens ou croqui, sendo indispensável a sua descrição no laudo pericial produzido pelo perito responsável pelo atendimento;

IV – coleta: ato de recolher o vestígio que será submetido à análise pericial, respeitando suas características e natureza;

V – acondicionamento: procedimento por meio do qual cada vestígio coletado é embalado de forma individualizada, de acordo com suas características físicas, químicas e biológicas, para posterior análise, com anotação da data, hora e nome de quem realizou a coleta e o acondicionamento;

VI – transporte: ato de transferir o vestígio de um local para o outro, utilizando as condições adequadas (embalagens, veículos, temperatura, entre outras), de modo a garantir a manutenção de suas características originais, bem como o controle de sua posse;

VII – recebimento: ato formal de transferência da posse do vestígio, que deve ser documentado com, no mínimo, informações referentes ao número de procedimento e unidade de polícia judiciária relacionada, local de origem, nome de quem transportou o vestígio, código de rastreamento, natureza do exame, tipo do vestígio, protocolo, assinatura e identificação de quem o recebeu;

VIII – processamento: exame pericial em si, manipulação do vestígio de acordo com a metodologia adequada às suas características biológicas, físicas e químicas, a fim de se obter o resultado desejado, que deverá ser formalizado em laudo produzido por perito;

IX – armazenamento: procedimento referente à guarda, em condições adequadas, do material a ser processado, guardado para realização de contraperícia, descartado ou transportado, com vinculação ao número do laudo correspondente;

X – descarte: procedimento referente à liberação do vestígio, respeitando a legislação vigente e, quando pertinente, mediante autorização judicial.

7-K. Rastreamento do vestígio: *rastrear* significa seguir a pista de algo e é exatamente isso que se reconhece nesse dispositivo, passando por todas as fases (reconhecimento, isolamento, fixação, coleta, acondicionamento, transporte, recebimento, processamento, armazenamento e descarte). Algo importante a ser destacado é a definição de cada uma dessas fases, feitas pelo próprio legislador, em interpretação autêntica. Muitas dessas atividades constam como obrigações impostas à autoridade policial (art. 6.º, I a III e VII, CPP).

7-L. Nulidade relativa: embora mereça aplauso a inserção da *cadeia de custódia* em lei, é preciso ponderar que o Brasil dispõe de regiões bem diferentes, em matéria de concentração populacional e de renda. Há lugares em que a cadeia de custódia será desrespeitada por falta absoluta de condições materiais. Diante disso, não cabe adotar um formalismo radical nesse campo. Cremos tratar-se de nulidade relativa (dependente da prova de prejuízo para a parte que a alegar) no tocante à referida cadeia de custódia. Pode-se dizer que não há nulidades em investigação criminal, mas acontece um fato diferenciado no âmbito da prova pericial: ela vale para a instrução e para o julgamento de mérito. Logo, uma vez que avança para dentro da instrução, pode, sim, ser questionada quanto às formalidades legais desde a sua captação e até o seu descarte. Não fosse assim, estar-se-ia produzindo uma prova de caráter absoluto e intocável, o que é incompatível com os princípios regentes da instrução acusatória. Portanto,

Art. 158-C

Código de Processo Penal Comentado • Nucci

evidenciado o prejuízo, deve-se anular a prova. Na jurisprudência: TJSP: "1. Alegação de nulidade em razão da quebra da cadeia de custódia. Situação não configurada. Não se pode emprestar às normas relativas à cadeia de custódia uma interpretação que prestigie o excesso de formalismo: prepondera o elemento teleológico (artigo 5.º, da Lei de Introdução às Normas do Direito Brasileiro). O que significa dizer, a inobservância de determinada regra no procedimento da cadeia de custódia não enseja, por si só, a nulidade da prova. A irregularidade há de envolver aspecto relevante para a causa, da qual se possa extrair uma suspeita de falta de credibilidade da prova, ou seja, de não correspondência entre a prova valorada e a prova colhida" (Apelação Criminal 1502219-09.2020.8.26.0228, 14.ª C., rel. Laerte Marrone, 21.09.2020, v.u.).

> **Art. 158-C.** A coleta dos vestígios deverá ser realizada preferencialmente por perito oficial, que dará o encaminhamento necessário para a central de custódia, mesmo quando for necessária a realização de exames complementares.[7-M]
>
> § 1.º Todos vestígios coletados no decurso do inquérito ou processo devem ser tratados como descrito nesta Lei, ficando órgão central de perícia oficial de natureza criminal responsável por detalhar a forma do seu cumprimento.[7-N]
>
> § 2.º É proibida a entrada em locais isolados bem como a remoção de quaisquer vestígios de locais de crime antes da liberação por parte do perito responsável, sendo tipificada como fraude processual a sua realização.[7-O]

7-M. Perito oficial: no passado, exigia-se a análise do vestígio por dois peritos oficiais; passou-se na reforma processual penal de 2008, com bom senso, a demandar apenas um perito oficial. Porém, à falta deste, continuariam dois peritos não oficiais, nomeados pelo juiz. Há lugares em que não se tem perito oficial; assim sendo, deve prevalecer a regra do art. 159, § 1.º, deste Código (utilização de duas pessoas idôneas, portadoras de diploma de curso superior, preferencialmente da área da perícia).

7-N. Vestígios coletados na fase de investigação ou do processo: note-se a importância de se respeitar a cadeia de custódia, vez que este parágrafo demonstra a possibilidade de haver coleta durante a instrução. Por isso, na nota 7-L *supra*, defendemos ser possível a ocorrência de falha no respeito à referida cadeia; esse vício, embora acontecendo na fase extrajudicial, pode gerar nulidade, *quando a prova for questionada em juízo*; porém, não se deve considerar a nulidade como absoluta, mas relativa, dependente da prova do prejuízo para a parte que a alegar. Entretanto, é viável debater o conteúdo da prova pericial, sob o cenário das nulidades, vez que o vestígio (prova da materialidade e por vezes da autoria do crime) pode surgir na fase extrajudicial ou durante o curso do processo-crime. E será esse vestígio a influenciar a decisão de mérito. Sob um prisma eminentemente acusatório, qualquer prova que possa auxiliar a formação do convencimento do juiz do mérito da causa comporta questionamento quanto à sua coleta, valor e destino.

7-O. Fraude processual: neste ponto é preciso ter cautela, pois a redação do parágrafo dá a entender que a simples entrada em locais isolados poderia dar ensejo à prática do crime de fraude processual, o que não é realidade. Relembremos o tipo penal em questão (art. 347 do CP): "inovar artificiosamente, na pendência de processo civil ou administrativo, o estado de lugar, de coisa ou de pessoa, com o fim de induzir a erro o juiz ou o perito: Pena – detenção, de três meses a dois anos, e multa. Parágrafo único. Se a inovação se destina a produzir efeito em processo penal, ainda que não iniciado, as penas aplicam-se em dobro". Exige-se *inovação* (renovação de algo, modificação) de lugar, coisa ou pessoa, com dolo e mais o elemento subjetivo específico: "com o fim de induzir a erro juiz ou o perito". A singela entrada não fornece elementos para a criminalização; é preciso que o agente remova o vestígio ou o altere de alguma forma.

Art. 158-D. O recipiente para acondicionamento do vestígio será determinado pela natureza do material.[7-P]

§ 1.º Todos os recipientes deverão ser selados com lacres, com numeração individualizada, de forma a garantir a inviolabilidade e a idoneidade do vestígio durante o transporte.

§ 2.º O recipiente deverá individualizar o vestígio, preservar suas características, impedir contaminação e vazamento, ter grau de resistência adequado e espaço para registro de informações sobre seu conteúdo.

§ 3.º O recipiente só poderá ser aberto pelo perito que vai proceder à análise e, motivadamente, por pessoa autorizada.

§ 4.º Após cada rompimento de lacre, deve se fazer constar na ficha de acompanhamento de vestígio o nome e a matrícula do responsável, a data, o local, a finalidade bem como as informações referentes ao novo lacre utilizado.

§ 5.º O lacre rompido deverá ser acondicionado no interior do novo recipiente.

7-P. Recomendações para o acondicionamento do vestígio: a legislação processual penal brasileira não está *habituada* com tantos cuidados, inseridos em lei, a respeito de algo relativo à prova de um crime. Isso porque, durante várias décadas (e ainda vivemos essa fase em muitos lugares), convivíamos com um processo instruído precariamente. Por vezes, havia apenas testemunhas e *nenhuma prova pericial*; isso já chegou a acontecer em homicídio, gerando um imenso perigo de se produzir um erro judiciário. Portanto, tudo o que consta no art. 158-D e seus parágrafos, deste Código, deve ser exigido pelo juiz das garantias, na fase do inquérito, e pelo juiz da instrução na fase judicial, sob pena de nada ser cumprido e nunca haver mudança relevante na *prática forense*. Na jurisprudência: STJ: "6. Nessa conjuntura, não foi observada a norma disposta no art. 158-D, § 1.º, do Código de Processo Penal, segundo a qual '[t]odos os recipientes deverão ser selados com lacres, com numeração individualizada, de forma a garantir a inviolabilidade e a idoneidade do vestígio durante o transporte'. (...) 8. Não se está a dizer que a mera inobservância do procedimento descrito no art. 158-D, § 1.º, do Código de Processo Penal acarrete, automaticamente, a imprestabilidade das provas, mesmo porque, conforme orientação jurisprudencial desta Turma, a consequência processual concreta de eventual desconformidade com as regras previstas no Código de Processo Penal para as etapas de rastreamento dos vestígios (158-A a 158-F) dependerá do cotejo com os demais elementos de prova constantes dos autos. 9. Ocorre que, na hipótese, a quebra da cadeia de custódia resultou na impossibilidade de se distinguir, com segurança, se a reconhecida inconsistência de parte da perícia referia-se às substâncias apreendidas por ocasião da busca pessoal ou do ingresso domiciliar. (...) 11. Recurso especial provido para: a) declarar a nulidade das provas obtidas mediante a busca e apreensão domiciliar realizada ilegalmente, bem como as provas dela decorrentes; b) quanto às drogas remanescentes, apreendidas durante a busca pessoal inicial, reconhecer a quebra da cadeia de custódia e a consequente incerteza quanto à natureza entorpecente dessas substâncias; e c) por conseguinte, absolver o Réu da imputação delitiva, por falta de comprovação da materialidade delitiva, com amparo no art. 386, inciso II, do Código de Processo Penal. Agravo em recurso especial não conhecido" (REsp 2.024.992/SP, 6.ª T. Teodoro Silva Santos, 05.03.2024, v.u.).

Art. 158-E. Todos os Institutos de Criminalística deverão ter uma central de custódia destinada à guarda e controle dos vestígios, e sua gestão deve ser vinculada diretamente ao órgão central de perícia oficial de natureza criminal.[7-Q]

§ 1.º Toda central de custódia deve possuir os serviços de protocolo, com local para conferência, recepção, devolução de materiais e documentos, possibilitando a seleção, a classificação e a distribuição de materiais, devendo ser um espaço seguro e apresentar condições ambientais que não interfiram nas características do vestígio.

§ 2.º Na central de custódia, a entrada e a saída de vestígio deverão ser protocoladas, consignando-se informações sobre a ocorrência no inquérito que a eles se relacionam.

§ 3.º Todas as pessoas que tiverem acesso ao vestígio armazenado deverão ser identificadas e deverão ser registradas a data e a hora do acesso.

§ 4.º Por ocasião da tramitação do vestígio armazenado, todas as ações deverão ser registradas, consignando-se a identificação do responsável pela tramitação, a destinação, a data e horário da ação.

7-Q. Central de custódia: trata-se de uma boa solução para concentrar, num só local, os vestígios, conferindo a segurança devida e o acesso controlado ao lugar. O ponto a destacar não foge à regra: na maior parte das cidades brasileiras, será praticamente impossível cumprir as inovações contidas nesta Lei.

Art. 158-F. Após a realização da perícia, o material deverá ser devolvido à central de custódia, devendo nela permanecer.[7-R]

Parágrafo único. Caso a central de custódia não possua espaço ou condições de armazenar determinado material, deverá a autoridade policial ou judiciária determinar as condições de depósito do referido material em local diverso, mediante requerimento do diretor do órgão central de perícia oficial de natureza criminal.

7-R. Armazenamento final: todo material periciado deve ser encaminhado à central de custódia, onde permanecerá em definitivo. É possível que a maior parte das Comarcas não possua uma central de custódia e deverá armazenar o material, submetido à perícia, em lugares diversos, desde que seguros. O mesmo acontecerá quando a central existente ficar sem espaço para novos depósitos de material.

Art. 159. O exame de corpo de delito e outras perícias serão realizados por perito oficial,[8-8-A] portador de diploma de curso superior.[9]

§ 1.º Na falta de perito oficial, o exame será realizado por 2 (duas) pessoas[10] idôneas, portadoras de diploma de curso superior preferencialmente na área específica, dentre as que tiverem habilitação técnica relacionada com a natureza do exame.

§ 2.º Os peritos não oficiais prestarão o compromisso[11] de bem e fielmente desempenhar o encargo.

§ 3.º Serão facultadas ao Ministério Público, ao assistente de acusação, ao ofendido, ao querelante e ao acusado a formulação de quesitos e indicação de assistente técnico.[12]

§ 4.º O assistente técnico atuará a partir de sua admissão pelo juiz e após a conclusão dos exames e elaboração do laudo[12-A] pelos peritos oficiais,[12-B] sendo as partes intimadas desta decisão.

§ 5.º Durante o curso do processo judicial, é permitido às partes, quanto à perícia:

I – requerer a oitiva dos peritos para esclarecerem a prova ou para responderem a quesitos, desde que o mandado de intimação e os quesitos ou questões a serem esclarecidas sejam encaminhados com antecedência mínima[12-C] de 10 (dez) dias, podendo apresentar as respostas em laudo complementar;[12-D]

II – indicar assistentes técnicos que poderão apresentar pareceres em prazo a ser fixado pelo juiz ou ser inquiridos em audiência.[12-E]

§ 6.º Havendo requerimento das partes, o material probatório que serviu de base à perícia será disponibilizado no ambiente do órgão oficial, que manterá sempre sua guarda, e na presença de perito oficial, para exame pelos assistentes, salvo se for impossível a sua conservação.[12-F]

§ 7.º Tratando-se de perícia complexa que abranja mais de uma área de conhecimento especializado, poder-se-á designar a atuação de mais de um perito oficial, e a parte indicar mais de um assistente técnico. [2-G-12-H]

8. Perito oficial: *perito* é o especialista em determinado assunto. É considerado *oficial* quando investido na função por lei e não pela nomeação feita pelo juiz. Normalmente, é pessoa que exerce a atividade por profissão e pertence a órgão especial do Estado, destinado exclusivamente a produzir perícias. A anterior redação do art. 159 exigia a realização da perícia por *dois* profissionais, considerados, para todos os efeitos, *auxiliares da justiça* (art. 275, CPP), submetendo-se às mesmas causas de suspeição dos magistrados (art. 280, CPP). Destaque-se o teor da Súmula 361 do STF, que perde a razão de ser: "No processo penal, é nulo o exame realizado por um só perito, considerando-se impedido o que tiver funcionado, anteriormente, na diligência de apreensão". Passa-se a permitir que o exame seja feito por um só perito oficial, aliás, o que, na prática, sempre se deu. O segundo perito somente assinava o laudo que o primeiro elaborava. Afinal, a carência do número de profissionais em atividade e o excessivo volume de exames a realizar tornaram praxe essa conduta. A lei simplesmente reconheceu o óbvio. Na jurisprudência: STJ: "(...) Com o advento da Lei n. 11.690/2008, que deu nova redação ao art. 159 do CPP, o laudo definitivo agora pode ser subscrito por um só perito. Não há impedimento de o subscritor da perícia prévia (laudo de constatação) ser o mesmo do laudo definitivo (...)" (HC 347.572/RJ, 5.ª T., rel. Ribeiro Dantas, 16.02.2017, v.u.).

8-A. Prova tarifada: a prova pericial somente pode ser realizada nos moldes previstos neste art. 159. Outra forma, eleita pela parte, torna-se ilegal, logo, nos termos do art. 157, parte final, é prova ilícita, devendo ser desentranhada dos autos.

9. Perito oficial portador de diploma de curso superior: essa sempre foi a regra e nunca foi prevista expressamente no Código de Processo Penal. Aliás, nem seria necessário, pois, sendo o perito oficial significa, em grande parte, ter sido submetido a concurso público. Para tanto, no edital, prevê-se a necessidade do diploma de curso superior, normalmente ligado à área em que pretende atuar. No entanto, passando-se a demandar somente um perito oficial para os laudos em geral, torna-se regra de processo penal, que não pode ser afastada, sob pena de nulidade, ser portador de diploma de curso superior. Aliás, se era para atuar com o devido rigorismo, dever-se-ia ter exigido o diploma relativo à área do conhecimento da perícia a ser desenvolvida. De nada adianta um perito oficial, portador de diploma em ciências contábeis, por exemplo, para a realização de um exame necroscópico.

10. Substitutos dos peritos: admite a lei que pessoas idôneas (aquelas que sejam adequadas e tenham condições para realizar determinadas atividades) possam suprir a falta de perito oficial. Exige-se, no entanto, que tais indivíduos tenham diploma de curso superior – o que é um imperativo legal – e sejam escolhidos pelo juiz dentre aqueles que possuírem aptidão e conhecimentos específicos a respeito do assunto sobre o qual deverão emitir o laudo (ex.: nomear um químico para o laudo toxicológico). Na jurisprudência: STJ: "1. Nos termos da jurisprudência pacificada nesta Corte, é válida a perícia realizada por policiais civis, desde que esses sejam portadores de diploma de curso superior, nos termos do art. 159, § 1.º, do Código de Processo Penal, formalidade observada, porquanto o auto de constatação foi confeccionado por peritos com bacharelado e nomeados por autoridade competente e regularmente compromissados" (AgRg no REsp 1.963.511/RS, 5.ª T., rel. Ribeiro Dantas, 22.02.2022, v.u.).

10-A. Remuneração dos peritos: não se tratando de perícia realizada por perito oficial, remunerado pelos cofres públicos, porque exerce um cargo ou função, os peritos não oficiais precisam ser remunerados; a ninguém é dado trabalhar gratuitamente para o Estado. O Código de Processo Penal, diante da falta de reforma, não dispõe a respeito. É preciso servir-se do disposto pelo art. 3.º do CPP, utilizando o método da analogia feito, nesse caso, com o CPC. Preceitua o art. 91 dessa atual legislação o seguinte: "as despesas dos atos processuais praticados a requerimento da Fazenda Pública, do Ministério Público ou da Defensoria Pública serão pagas ao final pelo vencido. § 1.º As perícias requeridas pela Fazenda Pública, pelo Ministério Público ou pela Defensoria Pública poderão ser realizadas por entidade pública ou, havendo previsão orçamentária, ter os valores adiantados por aquele que requerer a prova. § 2.º Não havendo previsão orçamentária no exercício financeiro para adiantamento dos honorários periciais, eles serão pagos no exercício seguinte ou ao final, pelo vencido, caso o processo se encerre antes do adiantamento a ser feito pelo ente público". Se a perícia for requerida pelo Ministério Público ou pela Defensoria Pública, aplica-se o disposto no texto acima. Se for determinada de ofício pelo juiz, caberá ao Tribunal de Justiça efetuar o pagamento, conforme sua previsão orçamentária.

11. Compromisso dos peritos: deve ser lavrado pelo escrivão o termo de compromisso de desempenhar com isenção e correção o parecer, assinado pelos experts e, caso presente ao exame, também pela autoridade que os nomeou (art. 179). A sua ausência é considerada mera irregularidade, não implicando em nulidade. Sobre o tema, consultar ainda a nota 2-B ao art. 275.

12. Quesitos e assistentes técnicos: suprindo-se falha existente na legislação processual penal, passa a ser permitida a elaboração de quesitos – para submissão ao perito oficial – pelas partes. Além disso, aceita-se a indicação de assistente técnico por todos os envolvidos no processo criminal. Pode-se argumentar que somente réus economicamente favorecidos teriam condições de, além do patrocínio de bons advogados, custear também peritos assistentes. Num primeiro momento, sem dúvida. Porém, a lei tem por finalidade atingir a todos e, com o passar do tempo, certamente, o Ministério Público, como já ocorre na esfera cível, terá um corpo de assistentes próprio, além de poder o ofendido contratar um profissional e mesmo o acusado pobre terminar contando com assistentes vinculados à Defensoria Pública. Em suma, o processo de adaptação pode ser, de certo modo, longo, mas a abertura legal é positiva e promissora. O perito oficial nem sempre oferta a melhor versão para o caso em análise,

Título VII – Da Prova **Art. 159**

valendo ao seu laudo juntarem-se outras vozes, com opiniões concordantes ou díspares, tudo com o objetivo de melhor informar o magistrado, em busca da verdade real.

12-A. Atuação dos assistentes técnicos: dar-se-á após a conclusão do trabalho do perito oficial. Logo, admitidos pelo magistrado os assistentes indicados pelos interessados, devem aguardar o término do exame feito pelo perito oficial para, então, poderem atuar. Não haverá exame conjunto, nem tem o perito oficial a obrigação de marcar data específica para que todos acompanhem o seu trabalho. A medida é razoável, pois o perito oficial trabalha com dificuldade, na imensa maioria dos casos, possuindo excesso de serviço e uma agenda própria para desenvolver seus afazeres. Se tivesse que designar uma data qualquer, acertando com os demais interessado um dia e horário comuns, seu trabalho certamente iria atrasar e ficar mais arrastado. Por isso, os assistentes atuarão ao término dos trabalhos do perito oficial. Serão, para tanto, intimados. Se houver muitos, cabe ao juiz disciplinar a atuação de cada um, conferindo período razoável para a consulta ao laudo oficial e ao processo.

12-B. Peritos: a utilização do plural, em relação a *peritos oficiais* está equivocada, pois o laudo será elaborado por um só perito oficial, conforme prevê o *caput* do art. 159. Entretanto, se houver a nomeação de peritos não oficiais, serão dois.

12-C. Antecedência mínima: exige-se que o perito seja intimado da data da audiência e receba os quesitos ou dúvidas com a antecedência mínima de dez dias. Trata-se de prazo processual, contando-se, portanto, da data da audiência para trás. Logo, se a audiência está marcada para o dia 30, é preciso que a intimação e a remessa das perguntas se concretizem até o dia 20. Caso o decêndio não seja respeitado, desobriga-se o perito de comparecer. Porém, se ele o fizer, nenhuma nulidade poderá gerar, pois o prazo foi estabelecido em benefício do auxiliar do juízo. Por outro lado, é preciso lembrar que, em se tratando de perito oficial, torna-se indispensável, além da intimação, a requisição feita pelo juiz ao superior hierárquico do perito, como ocorre com todo funcionário público chamado a depor. Realizada a intimação e a requisição no tempo correto, o não comparecimento, sem justificativa plausível, pode implicar condução coercitiva, com as demais consequências legais.

12-D. Inquirição dos peritos em audiência: embora já fosse medida possível pela legislação anterior, passa a constituir direito específico das partes, de modo expressamente consagrado pelo art. 159, § 5.º, I. Entretanto, é preciso tomar algumas cautelas. O perito oficial (ou os peritos não oficiais) pode ser intimado para comparecer à audiência e prestar, oralmente, esclarecimentos sobre o laudo ou outros elementos de prova concernentes à sua especialidade, desde que seja, realmente, necessário. Cabe ao juiz verificar o grau de interesse da parte nessa oitiva. Não se deve tomar como regra a inquirição do perito em audiência, pois isso iria perturbar – e muito – o desenvolvimento do seu trabalho na elaboração de outros exames imprescindíveis. Por outro lado, quando a lei faz referência a "esclarecerem a prova", naturalmente, está voltada ao laudo realizado, que não deixa de constituir prova pericial. Ao mencionar, no entanto, "responderem a quesitos", deve-se compreender que sejam quesitos suplementares, diversos daqueles já enviados ao perito e respondidos por escrito. Não haveria o menor sentido em obrigar o perito a responder oralmente o que já o fez por escrito. Ademais, corretamente, faculta-se ao perito que forneça suas respostas às indagações ou aos novos quesitos formulados, conforme a complexidade exigida, por meio de laudo complementar. Assim fazendo, torna-se evidente não necessitar comparecer em audiência. Excepcionalmente, estando o laudo complementar ainda de difícil compreensão, poderá o magistrado designar data específica para ouvir o perito, a pedido das partes ou de ofício. Caso o laudo complementar seja oferecido em tempo hábil, ou seja, antes da audiência, é possível que o juiz mantenha a intimação para que ele compareça à data designada.

Art. 159

Código de Processo Penal Comentado · **Nucci**

384

12-E. Assistentes técnicos a qualquer tempo: admite-se que a parte, durante o curso do processo, ofereça assistentes técnicos, ainda que o prazo regulamentar tenha sido ultrapassado (art. 159, § 4.º). Portanto, o correto é, assim que o perito oficial começar a elaborar o seu exame, as partes apresentarem quesitos e indicarem assistentes. Admitidos estes, o juiz os intimará acerca da conclusão do laudo pericial, quando, então, eles poderão elaborar os seus exames. Porém, durante a instrução, mesmo que concluída a perícia oficial, as partes têm a faculdade de indicar assistentes, solicitando prazo ao juiz para os laudos serem ofertados ou para que sejam diretamente inquiridos em audiência (art. 159, § 5.º, II). Em princípio, a viabilidade de indicar assistentes técnicos se concretiza por meio da apresentação do laudo. No entanto, cuidando-se de matéria probatória, nada impede que, diante da complexidade dos fatos, a parte indique a necessidade de inquirição de seu assistente técnico em juízo. Vamos além, a busca da verdade real aponta a possibilidade de qualquer das partes pretender ouvir em juízo o perito judicial e o assistente técnico da parte adversa. Do mesmo modo, pode o juiz determinar a oitiva de qualquer dos peritos para seu esclarecimento. Noutros termos, é perfeitamente adequado e coerente apresentar o laudo e ser inquirido em audiência, ou somente ofertar o laudo. E, finalmente, apenas ser ouvido em audiência.

12-F. Material para contraprova: a perícia oficial deve guardar material suficiente para a realização de contraprova, isto é, para a eventual análise de outros técnicos, normalmente os assistentes indicados pelas partes. Sem o referido material, tornar-se-ia impossível criticar o laudo oficial, em determinadas situações. Assim, havendo possibilidade de ser guardado (o que não ocorre, por exemplo, com o cadáver, que precisa ser sepultado), deve-se fazê-lo. Os assistentes terão acesso ao material no ambiente do órgão oficial, significando que não podem retirá-lo de lá. Assistidos estarão por qualquer perito oficial (e não necessariamente pela pessoa que fez o exame).

12-G. Perícia complexa: nada mais natural que, em casos de exames complexos, possa o magistrado encaminhar o assunto a diversas áreas da perícia oficial. O mesmo ocorrerá com os assistentes envolvidos. Logo, a norma não traz nenhuma inovação fundamental.

12-H. Remuneração dos assistentes técnicos: até a reforma processual penal de 2008, o CPP nem mesmo previa a participação, no processo, de assistentes técnicos. Atualmente, encontra disposta pelo art. 159, mas sem mencionar a sua remuneração. É caso de aplicação analógica, valendo-se do novo CPC: "Art. 95. Cada parte adiantará a remuneração do assistente técnico que houver indicado, sendo a do perito adiantada pela parte que houver requerido a perícia ou rateada quando a perícia for determinada de ofício ou requerida por ambas as partes". Prossegue-se, no § 3.º: "quando o pagamento da perícia for de responsabilidade de beneficiário de gratuidade da justiça, ela poderá ser: I – custeada com recursos alocados no orçamento do ente público e realizada por servidor do Poder Judiciário ou por órgão público conveniado; II – paga com recursos alocados no orçamento da União, do Estado ou do Distrito Federal, no caso de ser realizada por particular, hipótese em que o valor será fixado conforme tabela do tribunal respectivo ou, em caso de sua omissão, do Conselho Nacional de Justiça. § 4.º Na hipótese do § 3.º, o juiz, após o trânsito em julgado da decisão final, oficiará a Fazenda Pública para que promova, contra quem tiver sido condenado ao pagamento das despesas processuais, a execução dos valores gastos com a perícia particular ou com a utilização de servidor público ou da estrutura de órgão público, observando-se, caso o responsável pelo pagamento das despesas seja beneficiário de gratuidade da justiça, o disposto no art. 98, § 2.º". O réu, no processo penal, pode ser beneficiário da justiça gratuita e ter interesse em possuir assistente técnico. De qualquer forma, o assistente não deve trabalhar sem a percepção dos justos honorários.

Art. 160. Os peritos elaborarão o laudo[13-14] pericial, onde descreverão minuciosamente[15] o que examinarem, e responderão aos quesitos[16] formulados.[17-18]

Parágrafo único. O laudo pericial será elaborado no prazo[19] máximo de 10 (dez) dias, podendo este prazo ser prorrogado, em casos excepcionais, a requerimento dos peritos.

13. Laudo pericial: é a conclusão a que chegaram os peritos, exposta na forma escrita, devidamente fundamentada, constando todas as observações pertinentes ao que foi verificado e contendo as respostas aos quesitos formulados pelas partes. Lembremos que, agora, basta um perito oficial para a realização do laudo, como regra (art. 159, *caput*).

14. Estrutura do laudo de exame de corpo de delito: compõe-se o laudo dos seguintes elementos: a) *tópico de identificação*, constando a dependência onde foi realizado, os números do boletim de ocorrência do inquérito policial e do distrito aos quais se referem, bem como o lugar para onde deve ser remetido; b) *titulação* (nome do exame a ser efetivado, como, por exemplo, *laudo de exame de corpo de delito* ou *exame necroscópico*); c) *nome da pessoa a ser analisada*; d) *elenco dos quesitos* a serem respondidos. Exemplo quanto ao exame *necroscópico*: 1.º) Houve morte?; 2.º) Qual a causa?; 3.º) Qual a natureza do agente, instrumento ou meio que a produziu?; 4.º) Foi produzida por meio de veneno, fogo, explosivo, asfixia ou tortura, ou outro meio insidioso ou cruel? (resposta especificada). Exemplo quanto ao laudo de *lesão corporal*: 1.º) Há ofensa à integridade corporal ou à saúde do examinado? 2.º) Qual a natureza do agente, instrumento ou meio que a produziu? 3.º) Foi produzida por meio de veneno, fogo, explosivo, asfixia, tortura ou por outro meio insidioso ou cruel? (resposta especificada); 4.º) Resultará incapacidade para as ocupações habituais por mais de trinta dias; ou perigo de vida; ou debilidade permanente de membro, sentido ou função; ou antecipação de parto? (resposta especificada); 5.º) Resultará incapacidade permanente para o trabalho, ou enfermidade incurável; ou perda ou inutilização de membro, sentido ou função; ou deformidade permanente ou abortamento? (resposta especificada). Exemplo quanto ao *aborto*: 1.º) Houve aborto?; 2.º) Foi ele provocado?; 3.º) Qual o meio de provocação?; 4.º) Em consequência do aborto ou do meio empregado para provocá-lo, sofreu a gestante: incapacidade para as ocupações habituais por mais de trinta dias, perigo de vida, debilidade permanente de membro, sentido ou função, incapacidade permanente para o trabalho, enfermidade incurável, perda ou inutilização de membro, sentido ou função ou deformidade permanente?; 5.º) Era a provocação do aborto o único meio de salvar a vida da gestante?; 6.º) A gestante é alienada ou débil mental?; e) *corpo do laudo*, que envolve a qualificação da vítima, o histórico do caso, as vestes (conforme o caso), a realidade da morte, os aspectos internos e externos do corpo; f) *discussão e conclusão*, onde consta a opinião dos peritos acerca do examinado; g) *respostas aos quesitos*.

15. Descrição minuciosa: há exigência legal para que os peritos não optem por descrições sucintas e resumidas ao retratarem uma inspeção, que é extremamente importante para a prova do corpo de delito, além de significar, muitas vezes, pontos cruciais para as partes na sustentação – ou afastamento – de uma qualificadora ou causa de aumento de pena. Assim, discorrer pormenorizadamente sobre o perigo de vida ou a gravidade e extensão do ferimento no contexto das lesões corporais constitui auxílio insuperável para o debate da causa em juízo. Logo, laudos concisos e pobres de detalhes podem significar nítida ofensa ao devido processo legal, por ofender o direito à prova e à própria ampla defesa. Podem, pois, as partes questionar o conteúdo do laudo solicitando ao juiz que determine aos peritos os esclarecimentos necessários à sua devida complementação.

Art. 161

Código de Processo Penal Comentado · **Nucci**

16. Quesitos: são questões formuladas sobre um assunto específico, que exigem, como respostas, opiniões ou pareceres. Os quesitos podem ser oferecidos pela autoridade e pelas partes até o ato da diligência (art. 176, CPP).

17. Prova pré-constituída e os princípios do contraditório e da ampla defesa: inúmeros laudos são realizados apenas na fase extrajudicial, em virtude de determinação da autoridade policial, razão pela qual não se submetem à participação das partes, oferecendo quesitos e acompanhando a sua feitura. Os exames do cadáver, dos instrumentos do crime, do local, de dosagem alcoólica, toxicológicos, entre outros, são realizados sem qualquer participação das partes. Isso não impede que, em virtude dos princípios constitucionais do contraditório e da ampla defesa, não possam ser questionados em juízo por qualquer das partes. O direito à escorreita produção da prova é inafastável, mesmo reconhecendo-se que aguardar seria pior, pois os sinais deixados pelo delito poderiam desaparecer. Para compor os interesses de efetivação do laudo em curto espaço de tempo e de participação dos interessados na discussão do seu conteúdo, pode haver complementação da perícia, sob o crivo do contraditório, respeitando-se o devido processo legal. Assim também a lição de Antonio Magalhães Gomes Filho (*Sobre o direito à prova no processo penal*, p. 161-162). Aliás, a própria lei abre essa possibilidade quando prevê, no caso de lesões corporais, que as partes podem requerer a complementação do exame realizado, caso entendam que está incompleto ou deficiente (art. 168).

18. Realização de nova perícia: deve ser decidido o pedido formulado por qualquer das partes, de acordo com o prudente critério do julgador.

19. Prazo máximo de dez dias: ultrapassar o prazo legal e mesmo a prorrogação fixada pelo juiz não constitui nulidade, mas mera irregularidade. Conferir: STF: "Alegação de nulidade no laudo pericial, pois teria sido elaborado após o decurso do prazo legal de dez dias. Suposta violação ao art. 160, parágrafo único, do Código de Processo Penal. Inexistente. 4. O prazo estabelecido pela lei é impróprio, caso seja ultrapassado não implica nenhuma sanção processual específica" (HC 125507, 2.ª T., rel. Gilmar Mendes, 10.05.2016, v.u.).

> **Art. 161.** O exame de corpo de delito poderá ser feito em qualquer dia e a qualquer hora.[20]

20. Liberalidade quanto ao momento de realização do exame: é razoável que assim seja, pois a necessidade da verificação feita pelos peritos é que deve impor os limites para a concretização do exame. É possível que uma necropsia precise ser feita durante um feriado ou na madrugada para que o cadáver possa ser logo liberado para as cerimônias funerais, incomodando o mínimo possível a família da vítima.

> **Art. 162.** A autópsia[21] será feita pelo menos 6 (seis) horas[22-23] depois do óbito, salvo[24] se os peritos, pela evidência dos sinais de morte,[25] julgarem que possa ser feita antes daquele prazo, o que declararão no auto.
>
> **Parágrafo único.** Nos casos de morte violenta,[26] bastará o simples exame externo do cadáver, quando não houver infração penal que apurar, ou quando as lesões externas permitirem precisar a causa da morte e não houver necessidade de exame interno para a verificação de alguma circunstância relevante.

21. Autópsia (necropsia): é o exame feito por perito em relação às partes de um cadáver. Tem por finalidade principal constatar a causa da morte, mas também serve para

Art. 162

Título VII – Da Prova

verificar outros aspectos, como a trajetória do projétil, que determinou a morte da vítima. Excepcionalmente, pode ser dispensável a autópsia, quando a morte for violenta e inexistindo qualquer dúvida quanto à sua causa (ex.: explodir o corpo). Nessa hipótese, faz-se somente o exame externo do cadáver, como determina o parágrafo único. Sobre o tema: STJ: "1. Apesar da impossibilidade de elaboração do laudo de necropsia, por não ter sido autorizado pela família da vítima, a Corte estadual concluiu pela suficiência das diversas provas contidas nos autos acerca da materialidade delitiva, não havendo que se falar em inexistência de comprovação hábil da materialidade do delito, eis que foram elencados no aresto a quo diversos elementos comprobatórios, em atendimento ao disposto no art. 167 do CPP. Precedentes. 2. Assim, amparado, não somente em testemunhos, mas em documentos médicos relativos às intercorrências do procedimento cirúrgico praticado pela recorrente que culminaram com o óbito da vítima, o Tribunal a quo firmou sua convicção sobre a suficiência de provas da materialidade do delito para submissão do caso à Corte Popular, sendo certo que a modificação de tal conclusão enseja reexame de provas, providência que encontra óbice, como citado alhures, na Súmula n. 7/STJ" (AgRg no REsp 1.468.085/PA, 5.ª T., rel. Jorge Mussi, 13.04.2020, v.u.).

22. Período de segurança: estabeleceu-se o tempo mínimo de seis horas, que é o necessário para o surgimento dos incontroversos sinais tanatológicos, demonstrativos da morte da vítima, evitando-se qualquer engano fatal.

23. Morte aparente: é a situação do indivíduo dado por morto pelo médico e assim tratado por familiares e amigos, mas que, em verdade, está vivo. Embora sejam casos raros, os livros registram tais ocorrências, normalmente originárias de inadequada verificação dos sinais tanatológicos. Estados como embriaguez, catalepsia, coma epilético, asfixia, anestesia, comoção cerebral, síncope, entre outros, podem levar a uma simulação da morte.

24. Exceção ao período de seis horas: conforme o tipo de morte sofrida pela vítima, é natural que os peritos possam realizar a autópsia mais cedo. Se a morte foi nitidamente violenta, de modo a não suscitar qualquer tipo de dúvida (ex.: nos casos de separação da cabeça do resto do corpo) e, havendo necessidade da abertura do corpo, é possível que seja feita antes das seis horas

25. Sinais de morte: há sinais comuns e especiais. Dentre os comuns, temos o aspecto do corpo (face cadavérica, imobilidade, relaxamento dos esfíncteres), a cessação da circulação (verificação da pulsação, auscultação do coração), a parada da respiração de modo prolongado (auscultação, prova do espelho – colocado perto das narinas ou da boca, não se embaçando se houver a parada respiratória –, prova da vela – colocada perto das narinas ou da boca para haver a checagem da vacilação da chama), morte cerebral, modificação dos olhos (insensibilidade, perda da tonicidade, alteração pupilar, depressão, formação da tela viscosa), resfriamento do corpo (leva aproximadamente 22 horas para completar-se o processo, em ambiente de temperatura de 24º C), formação dos livores (concentração do sangue em determinadas regiões do corpo pela ação da gravidade), rigidez cadavérica (leva cerca de 8 horas para completar-se e dura cerca de 1 ou 2 dias) e putrefação (destruição do cadáver pelos micróbios, o que se pode constatar pela chamada *mancha verde abdominal*, que surge 1 ou 2 dias após a morte). Dentre os sinais especiais, encontram-se a cardiopunctura (colocação de uma fina agulha no tórax até atingir o coração; se este estiver batendo a ponta da agulha vibrará), arteriotomia (abertura de artéria superficial para ver se está cheia de sangue ou vazia), prova da fluoresceína (injeção de solução na veia ou nos músculos para constatar se se arrasta para o sangue, corando de amarelo a superfície cutânea, o que somente ocorre se a pessoa está viva), prova do acetato de chumbo (colocação na narina de um papel com acetato de chumbo; havendo morte, desprende-se hidrogênio sulfurado da narina e o papel ficará enegrecido), prova do

Art. 163

Código de Processo Penal Comentado · **Nucci**

388

papel de tornassol (um papel de tornassol é colocado sobre os olhos e ficará vermelho se a pessoa estiver morta). Os sinais da morte, enfim, somente são seguros quando analisados em conjunto, em especial aqueles que surgem com o passar do tempo (Almeida Júnior e Costa Júnior, *Lições de medicina legal*, 140-245). Essa é a razão pela qual se aguarda um período de, pelo menos, 6 horas para dar início à autópsia.

26. Exceção à autópsia: como já visto, havendo morte violenta, cujas causas são evidentes, dispensa-se o exame cauteloso das partes internas do cadáver, bastando o exame externo. O mesmo procedimento será aplicado no caso de não existir infração penal a apurar. É o que ocorre nos casos de *morte natural*, que se divide em *patológica* (fruto de doença) e *teratológica* (originária de defeito congênito grave, que impossibilita a vida prolongada).

> **Art. 163.** Em caso de exumação[27-28] para exame cadavérico, a autoridade[28-A] providenciará para que, em dia e hora previamente marcados, se realize a diligência, da qual se lavrará auto[29] circunstanciado.
>
> **Parágrafo único.** O administrador de cemitério público ou particular indicará o lugar da sepultura, sob pena de desobediência.[30] No caso de recusa ou de falta de quem indique a sepultura, ou de encontrar-se o cadáver em lugar não destinado a inumações, a autoridade procederá às pesquisas necessárias, o que tudo constará do auto.

27. Exumação: significa desenterrar ou tirar o cadáver da sepultura. É um procedimento que necessita de autorização legal, não podendo ser feito sem causa. Havendo infração aos dispositivos legais que autorizam a exumação ou inumação ocorre contravenção penal (art. 67 da Lei das Contravenções Penais). A exumação pode ser necessária para realizar-se a autópsia, quando surge dúvida sobre a ocorrência da *causa mortis*, o que até o momento do sepultamento não havia. Pode servir, ainda, para o refazimento da perícia ou para a complementação dos dados que os experts já colheram. Aliás, pode ser fruto do inconformismo de qualquer das partes diante de um exame malfeito, determinando o magistrado a reparação pelos peritos das falhas encontradas.

28. Inumação: significa enterrar ou sepultar. O artigo em questão cuida somente da exumação, embora também possa existir infração penal quando um corpo é sepultado sem autorização (art. 67 da Lei das Contravenções Penais).

28-A. Autoridade: trata-se da autoridade policial, que é a encarregada de determinar a realização da autópsia (art. 6.º, VII, CPP), aliás, como vem exposto no parágrafo único do art. 163 do CPP, demonstrando que o delegado empreenderá a investigação necessária para descobrir o local onde está enterrado o corpo. Nada impede, no entanto, que o juiz determine a realização da exumação, que será conduzida pela autoridade policial de toda forma.

29. Auto circunstanciado: é o registro escrito e pormenorizado, preenchido com todas as peculiaridades envolvendo o fato.

30. Recusa do administrador do cemitério na indicação do local: constitui crime de desobediência: "Desobedecer a ordem legal de funcionário público: Pena – detenção, de 15 (quinze) dias a 6 (seis) meses, e multa" (art. 330, CP).

> **Art. 164.** Os cadáveres serão sempre fotografados[31] na posição em que forem encontrados, bem como, na medida do possível, todas as lesões externas e vestígios[32] deixados no local do crime.

31. Fotografia dos cadáveres: torna-se essencial para a verificação de uma série de fatores pertinentes à investigação instaurada, quando a morte é suspeita ou violenta. Pode-se, analisando as fotos, determinar se houve suicídio ou homicídio, bem como se constituiu um mero acidente. Embora não sejam as fotografias uma prova derradeira e suficiente, elas contribuem para a formação da convicção das autoridades que irão analisar o inquérito. Justamente porque as fotos são importantes, incumbe à autoridade policial dirigir-se ao local do crime, providenciando para que nada seja alterado até que os peritos cheguem para fotografar o corpo tal como encontrado (art. 6.º, I, CPP).

32. Demais objetos das fotografias: além do cadáver, da forma como for achado, os peritos devem fotografar as lesões externas, o que significa, depois de extrair as primeiras fotos, descobrir o corpo, promovendo a aproximação do foco para registrar as lesões, os orifícios de entrada e saída dos projéteis, os demais sinais havidos, como as poças de sangue, zonas de chamuscamento, objetos deixados no local, entre outros. Tudo irá constituir importante fonte de prova para as partes, desde a demonstração da própria materialidade, até para a comprovação da autoria.

> **Art. 165.** Para representar as lesões encontradas no cadáver, os peritos, quando possível juntarão ao laudo do exame provas[33] fotográficas, esquemas[34] ou desenhos,[35] devidamente rubricados.

33. Provas fotográficas: trata-se da juntada das fotografias tiradas especificamente das lesões encontradas no corpo tal como disposto no artigo antecedente. A particularidade é que devem ser realizadas fotos bem próximas aos ferimentos, de modo a facilitar a visualização pelas partes e, consequentemente, propiciar maior análise e debate durante a instrução, o que acontece, com maior relevo, no plenário do Tribunal do Júri. Nessas fotos, os peritos costumam colocar setas indicativas dos ferimentos que pretendem tornar relevantes.

34. Esquema: é a figura desenhada representativa do corpo humano, em que os peritos podem fazer os sinais necessários, indicando os orifícios de entrada e de saída dos projéteis, bem como outras particularidades de interesse para a análise do fato criminoso.

35. Desenho: é o traçado representativo de formas sobre uma determinada superfície, com finalidade científica e técnica, auxiliando as partes e o juiz, que não são especialistas, a compreender a trajetória de um projétil ou a forma e a intensidade de um golpe dado, por exemplo.

> **Art. 166.** Havendo dúvida[36] sobre a identidade do cadáver exumado, proceder-se-á ao reconhecimento pelo Instituto de Identificação e Estatística ou repartição congênere ou pela inquirição de testemunhas, lavrando-se auto[37] de reconhecimento e de identidade, no qual se descreverá o cadáver, com todos os sinais e indicações.
>
> **Parágrafo único.** Em qualquer caso, serão arrecadados[38] e autenticados todos os objetos encontrados, que possam ser úteis para a identificação do cadáver.

36. Dúvida quanto à identidade do cadáver: menciona o artigo a dúvida inerente ao cadáver exumado, isto é, aquele que fora sepultado e, pendendo pontos relevantes a serem esclarecidos quanto a sua correta identificação, foi desenterrado (exumado) para que o

Art. 167

Código de Processo Penal Comentado · **Nucci**

390

reconhecimento fosse providenciado. Há diversas maneiras de identificar o cadáver, podendo ser feito tanto pela colheita das impressões dactiloscópicas, quanto pela análise da arcada dentária, bem como pela simples observação de parentes e amigos. Assim, conforme o caso concreto – estar ou não em adiantado estado de decomposição – o cadáver terá um modo particular de ser reconhecido.

37. Auto de reconhecimento e de identidade: é o registro escrito e devidamente autenticado pelos funcionários do órgão encarregado de proceder à identificação a respeito de tudo quanto foi feito para a descoberta da correta identidade do cadáver, narrando-se o procedimento empregado, as provas realizadas, os confrontos feitos, os sinais encontrados e as pessoas que participaram do ato.

38. Arrecadação dos objetos encontrados: havendo dúvida quanto à identidade do cadáver enterrado, tudo o que for com ele encontrado deve ser recolhido e autenticado, isto é, reconhecido como verdadeiro e pertencente, de fato, àquele que morreu. Esses objetos arrecadados na sepultura ou no corpo podem ser extremamente úteis na identificação do corpo por familiares e amigos.

> **Art. 167.** Não sendo possível o exame de corpo de delito,[39-41-A] por haverem desaparecido os vestígios, a prova testemunhal poderá suprir-lhe a falta.

39. Alternativa do exame de corpo de delito: especificou o art. 158 antecedente que, nas infrações que deixarem vestígios materiais, será indispensável o exame de corpo de delito, direto ou indireto. Assim, é preciso que os peritos façam a análise da *causa mortis* ou dos rastros deixados pelo delito, podendo ser lesões corporais, sinais de arrombamento, causas de um incêndio, entre outros fatores, conforme a natureza do crime. Entretanto, pode ser que os vestígios tenham desaparecido, o que, geralmente, ocorre quando o delinquente faz o possível para ocultar sua ação. Nessas situações, quando o cadáver é perdido por qualquer causa, ou é destruído pelo agente, quando as lesões leves, uma vez curadas, desaparecem, quando a vítima troca a porta arrombada, desfazendo-se de vez da anterior, enfim, inexistindo possibilidade dos peritos terem acesso, ainda que indireto ao objeto a ser analisado, pode-se *suprir* o exame de corpo de delito por testemunhas. Pessoas podem narrar ao juiz que viram, *v.g.*, o momento em que o agente desferiu tiros na vítima e esta caiu de um despenhadeiro, desaparecendo nas águas do oceano. Baseado nisso, forma-se a materialidade do homicídio, permitindo, então, a punição do réu. Por outro lado, é inadmissível substituir o exame pericial, em crimes que deixam vestígios materiais, quando a desídia decorre do próprio Estado. Noutros termos, o laudo não se formou por culpa dos órgãos estatais, não advindo de qualquer atitude do acusado. Diante disso, deve-se considerar não provado o fato ou a circunstância. Na jurisprudência: STJ: "1. Nos termos do art. 167 do CPP, tem por certa a possibilidade de a prova testemunhal embasar o decreto condenatório, dispensando-se a prova pericial, nos crimes em que não haja ou tenham desaparecidos os vestígios do fato. No caso, as instâncias ordinárias constataram o desaparecimento dos vestígios do crime de estupro, o que afasta a aventada nulidade da condenação" (AgRg no HC n. 874.838/SC, 5.ª T., rel. Ribeiro Dantas, 15.04.2024, v.u.).

39-A. Hipóteses de impossibilidade de formação do corpo de delito indireto: em determinados crimes, que exigem prova técnica específica e, por vezes, complexa, não há viabilidade em se considerar formada a materialidade pela simples inquirição de testemunhas. É o que ocorre em grande parte dos casos de falsidade documental. Como poderia uma testemunha afirmar ter visto o documento e ser ele falso? Ela é leiga e não examinou satisfatoriamente o que viu. Caso desapareça o objeto material do delito, tornando impossível a perícia, deve-se considerar insubsistente a prova da sua existência. O mesmo ocorre no campo dos crimes envolvendo drogas. Na jurisprudência: STJ: "Esta Sexta Turma firmou majoritariamente a compreensão de que é imprescindível, para a condenação pelo crime de tráfico de drogas, a juntada do pertinente laudo toxicológico definitivo, prova legal imprescindível, sem a qual é caso de absolvição. Precedentes. A prova testemunhal não tem o condão de suprir a ausência do laudo definitivo, relevando-se sua importância na demonstração da autoria, e não da materialidade delitiva" (HC 304.090/SP, 6.ª T., rel. Nefi Cordeiro, 18.08.2016 v.u.).

39-B. Cautelas na formação do corpo de delito indireto: a autoridade policial, ao receber a *notitia criminis*, não mais sendo possível a realização do exame de corpo de delito, em face do desaparecimento dos vestígios, "deverá, então, certificar-se da existência de *testemunhas* do fato investigado, isto é, de pessoas que o tenham presenciado ou se tornado, por outro modo, habilitadas a evidenciar o *corpus criminis*" (Rogério Lauria Tucci, *Do corpo de delito no direito processual penal brasileiro,* p. 233). E prossegue o autor: "Daí a imprescindibilidade, também, para suprir-se, pela *prova testemunhal*, a falta de *exame de corpo de delito*, de que: a) versem os depoimentos das testemunhas sobre a materialidade da infração, a par das demais circunstâncias relacionadas com a prática criminosa; b) sejam eles prestados, sempre, ainda que como reiteração de narrativa feita à autoridade encarregada da investigação criminal perante agente do Poder Judiciário, preferentemente no decorrer da fase instrutória do processo penal; c) exigida a oralidade na sua efetuação, sejam, ainda, reduzidos a termo, para a devida documentação, cingindo-se o juiz, ao fazê-lo, às palavras e expressões usadas pelos depoentes, reproduzindo, pois, fielmente, as suas informações" (ob. cit., p. 234-235).

40. O caso dos irmãos Naves: ingressando para a história do direito brasileiro como um dos mais famosos erros judiciários já ocorridos, convém mencionar a síntese do processo, que tivemos a oportunidade de consultar diretamente, para ilustrar a falibilidade da confissão extrajudicial como meio de prova em processo penal e, sobretudo, a impossibilidade, como prevê o art. 158 do Código de Processo Penal, da sua utilização para suprir o exame de corpo de delito, quando a infração penal deixar vestígios. Sebastião José Naves, com 33 anos, e Joaquim Naves Rosa, com 25, foram processados, na Comarca de Araguari, Estado de Minas Gerais, com base na seguinte acusação, constante da denúncia: "Estava na cidade, há muitos dias, o jovem Benedito Pereira Caetano, hóspede de Sebastião à espera de concluir um vultoso negócio de arroz. Joaquim era sócio da vítima em um caminhão. Sebastião estava acostumado a trabalhar para a vítima. Em 26 de novembro de 1937, Benedito fechou negócio de seu arroz com Antonio Lemos e Filhos. Recebeu cheque de 90 contos e 48 mil e quinhentos réis. Quando descontou, os indiciados planejaram ficar com o dinheiro. Em 28 de novembro, após uma festa, foi convidado a ir com eles até Uberlândia. Na Ponte do Pau Furado, por volta de 3 da manhã, desceram do caminhão para beber água. Joaquim levava uma corda. Sebastião agarrou a vítima pelas costas e Joaquim enfiou o laço no pescoço. Ambos estrangularam a vítima. Tiraram o dinheiro, que estava dentro da cueca, amarrado com pano. Atiraram o cadáver no Rio das Velhas. Enterraram o dinheiro dentro de uma lata. Por volta das 7 horas, saíram à procura da vítima para despistar a polícia. Foram incursos no art. 359, c. c. art. 18, § 1.º, da Consolidação das Leis Penais e agravantes do § 1.º (lugar ermo), § 2.º (premeditação), § 3.º (asfixia), § 5.º (superioridade de forças), § 7.º (traição e surpresa), § 13 (ajuste de 2 pessoas)" (fls. 3-4). Foi pedida a prisão preventiva, pois Joaquim teria confessado a prática do delito na presença de testemunhas idôneas. O fundamento era de que eles iriam, certamente, tentar fugir, em face da gravidade do delito, dificultando, se soltos permanecessem, a ação da Justiça. O pedido datava de 15 de janeiro de 1938. O inquérito policial havia sido instaurado

Art. 167

em 30 de novembro de 1937, por conta do desaparecimento da pretensa vítima, Benedito Pereira Caetano, sem deixar qualquer rastro. Num primeiro momento, Sebastião foi ouvido e nada confessou. Disse, apenas, que a vítima foi levada para casa de seu irmão Joaquim e depois soube que Benedito não havia pousado em casa. Afirmou não saber maiores notícias de seu paradeiro (fls. 6-7). Joaquim, também, não confessou (fls. 7-8) e declarou que Benedito passara a noite fora de casa, não sabendo em que local, levando consigo o dinheiro. Uma das pessoas ouvidas na fase inquisitiva (fls. 17) declarou, falsamente, que os irmãos estavam em apuros pelo desaparecimento de Benedito. Aliás, eles lhe teriam prometido dinheiro para narrar que a vítima passara por Uberlândia. Outra testemunha (fls. 43) teria visto, por volta de 23h45, o caminhão de Joaquim na rua. A partir daí, surgiu, nos autos do inquérito, uma detalhada confissão de Joaquim Naves (fls. 25-26). Sem qualquer explicação para a sua origem, ela foi encartada pelo 1.º Tenente da Polícia Militar que apurava o caso, em 12 de janeiro de 1938. Pessoas teriam participado do ato procedimental que colheu a mencionada confissão extrajudicial. O auto de busca e apreensão providenciado nada apurou (fls. 32). Joaquim foi, então, ouvido de novo (fls. 33), ocasião em que teria dito que Sebastião ficara com o dinheiro, razão pela qual nada foi localizado. Recebida a denúncia, foi decretada a preventiva, em 17 de janeiro de 1938, pelo juiz de paz. Durante a instrução em juízo, ficou constando, no termo de audiência, que o 1.º Tenente, juntamente com policiais, acompanhavam o desenrolar dos atos processuais. Surgiram testemunhas que teriam "ouvido dizer" a respeito do crime e de sua autoria. Um depoimento importante foi o da esposa de Joaquim, confirmando a confissão do marido (fls. 86). Sebastião ficou em silêncio em seu interrogatório (fls. 122); Joaquim confessou, novamente, dizendo ter sido induzido por seu irmão Sebastião a cometer o crime (fls. 123). O auto de busca do cadáver foi negativo (fls. 139). Na pronúncia, sobre a confissão do réu, declarou o juiz (fls. 156-160): "O crime de que se ocupa este processo é da espécie daqueles que exigem do julgador uma inteligência aguda, uma atenção permanente, um cuidado extraordinário, no exame das provas, pois no juízo penal, onde estão em perigo a honra e a liberdade alheias, deve o julgador preocupar-se com a possibilidade tremenda de um erro judiciário" (fls. 157). Mencionou, especificamente, como fator de convencimento, ter havido confissão espontânea nos mínimos detalhes (fls. 157v.). Havendo recurso dos réus, foi mantida a pronúncia. O primeiro julgamento pelo Tribunal do Júri ocorreu em 25 de junho de 1938 e os acusados foram absolvidos por 6 votos a 1. Foi, no entanto, anulado, porque o Tribunal de Justiça entendeu que, tratando-se de autoria incerta, os quesitos haviam sido formulados de modo errôneo (fls. 73-74). O segundo julgamento aconteceu em 21 de março de 1939. Joaquim foi absolvido por 5 votos contra 2 e Sebastião por 6 votos contra 1 (fls. 106-107). A defesa, ao longo do julgamento, invocou a tortura policial que teria vitimado o réu confitente. Havendo apelo do Ministério Público e inexistindo, à época, a soberania dos veredictos do Tribunal do Júri, o Tribunal de Justiça de Minas Gerais houve por bem condená-los a cumprir 25 anos e 6 meses de reclusão. Ingressaram os condenados em liberdade vigiada no dia 1.º de setembro de 1946. Ficaram presos por 8 anos, 6 meses e 7 dias. Joaquim morreu em 28 de agosto de 1949. Através de revisão criminal ajuizada em 19 de agosto de 1949, a pena foi reduzida a 16 anos e 6 meses de reclusão. Benedito, a pretensa vítima, foi encontrado, vivo, em 1952. Tiraram sua foto, após Sebastião ter ouvido boatos sobre seu paradeiro. Foram à fazenda do pai de Benedito e lá o encontraram. O pretenso ofendido declarou que havia passado a noite com uma prostituta, naquela noite fatídica de seu desaparecimento, e, quando saiu, foi agredido e roubado por três homens, que teriam ficado com o dinheiro da safra vendida, pertencente ao seu genitor. Por vergonha, sumiu para o Mato Grosso e depois para a Bolívia. Afinal, estava devendo ao próprio pai. Por derradeiro, através da Revisão Criminal 1632, o Tribunal de Justiça de Minas, por suas Câmaras Reunidas, em 27 de outubro de 1953, absolveu-os. Deixemos consignado que a confissão de Joaquim, segundo posteriormente ficou demonstrado, teria sido conseguida sob tortura, o mesmo se deu com sua esposa, que teria sofrido tortura psicológica. As provas que os levaram à condenação limitavam-se à confissão do réu, a problemáticos testemunhos de "ouvir dizer", além de ter sido formada a materialidade do crime através de meros indícios, sem qualquer tipo de exame de corpo de delito e muito menos tendo havido qualquer testemunha presencial de eventual agressão desfechada pelos réus contra a falsa vítima.

41. Corpo de delito formado por indícios: entendemos não haver a possibilidade legal de se comprovar a materialidade de um crime, que deixa vestígios, por meros indícios, como regra. A lei foi clara ao estipular a necessidade de se formar o corpo de delito – prova da existência do crime – através de exame (art. 158), direto (peritos examinando o rastro) ou indireto (peritos examinando outras provas, que compõem o rastro deixado; nesta hipótese, até mesmo o exame de DNA, comprovando ser o sangue da vítima o material encontrado nas vestes do réu ou em seu carro/casa, pode auxiliar à formação da materialidade). Considerando-se o exame de corpo de delito indireto uma prova indiciária, pois realizada de maneira indireta, seria esta a única alternativa para se aceitar a formação da materialidade por indícios. Na falta do exame de corpo de delito – feito por peritos – porque os vestígios desapareceram, a única saída viável é a produção de prova testemunhal a respeito, como consta no artigo em comento. Ocorre que, a interpretação a ser dada à colheita de testemunhos não pode ser larga o suficiente, de modo a esvaziar a garantia de que a existência de um delito fique realmente demonstrada no processo penal. Assim, quando a lei autoriza que o exame seja suprido por prova testemunhal está a sinalizar que o crime tenha sido presenciado, integralmente ou parte dele, por pessoas idôneas. Estas, substituindo a atividade pericial, poderão narrar o evento. Exemplificando, se pessoas presenciam um aparente homicídio, observando que o réu atirou várias vezes contra a vítima e depois lançou seu corpo de uma enorme ribanceira, caindo num caudaloso rio e desaparecendo, poderão narrar tal fato ao magistrado. A prova do corpo de delito se constitui indiretamente, isto é, através de testemunhas idôneas que tenham visto a ação de matar e, em seguida, a de sumir com o corpo do ofendido, embora não possam, certamente, atestar a morte, com a mesma precisão pericial. As probabilidades, nesse caso, estão em favor da constituição da materialidade, pois a vítima não somente levou tiros, como caiu de um despenhadeiro, com pouquíssimas chances de sobrevivência. Não nos parece cabível, no entanto, que testemunhas possam suprir o exame de corpo de delito, declarando apenas que a vítima desapareceu, sem deixar notícia, bem como que determinada pessoa tinha motivos para matá-la. Essa foi a situação gerada pelo célebre caso dos irmãos Naves: o ofendido sumiu sem deixar rastro, ninguém viu o crime e os referidos irmãos, porque haviam discutido com a vítima, foram acusados do delito. Anos depois, reapareceu o pretenso ofendido (ver a nota anterior). A despeito de nosso pensamento, tomamos conhecimento de intrigante caso ocorrido na Comarca de Uberlândia, que se tornou um livro intitulado *Homicídio sem cadáver – O caso Denise Lafetá*, de lavra do Promotor de Justiça Tibúrcio Délbis. Narra o autor que Maria Denise Lafetá Saraiva passou a conviver maritalmente com um economista casado, relação essa que perdurou por cerca de dois anos. A partir de outubro de 1988, a moça desapareceu, deixando para trás uma filha pequena, com seis meses de vida, todas as suas roupas, sem qualquer notícia ou aviso aos seus familiares. O companheiro, ouvido a respeito, negou a prática do crime de homicídio e disse que ambos romperam, quando então deixou a moça na rodoviária da cidade, tomando ela rumo ignorado. No inquérito, colheram-se somente indícios: o desaparecimento da mulher sem qualquer aviso aos familiares; a existência de criança em tenra idade deixada para trás; a ausência de comunicação do companheiro à polícia ou à família da moça de sua ausência; os objetos e vestes pessoais da mulher apreendidos, porque não foram por ela carregados; as mentiras que o companheiro contava, dizendo a todos, na cidade, que a mulher estava visitando parentes; quando era

Art. 167

Código de Processo Penal Comentado · Nucci

procurado pela família ou por amigos da moça, procurava ser evasivo, evitando contato; o economista voltou a viver com a ex-esposa, de quem se separara de fato. Enfim, ninguém viu o crime, ninguém presenciou agressão do réu contra a pretensa vítima, ninguém o viu carregando seu corpo ou levando-a para qualquer lugar, ninguém pôde informar o que, verdadeiramente, ocorreu com a mulher. Ainda assim, foi o economista denunciado por homicídio, qualificado por motivo fútil, além de ocultação de cadáver. O corpo nunca foi encontrado, apesar de a polícia ter vasculhado a área. No final de 1993, o juiz da Comarca de Uberlândia impronunciou o réu, alegando inexistir prova da materialidade do crime. Recorrendo, o Ministério Público obteve a pronúncia do acusado pelo Tribunal de Justiça de Minas Gerais (RSE 26.111-5, Uberlândia, 1.ª C., rel. Rubens Lacerda, 26.09.1995, v.u.). Mencionou-se no corpo do acórdão que as evidências estavam a demonstrar que o réu teria matado a vítima e escondido o corpo e, havendo sérias dúvidas quanto à morte da ofendida, melhor seria deixar que o júri decidisse, em homenagem ao princípio *in dubio pro societate*. Impetrou-se *habeas corpus* no Supremo Tribunal Federal, que, entretanto, manteve a pronúncia, fundamentando--se no entendimento de que, para a admissibilidade de acusação, não é necessária a prova incontroversa do delito, bastando o convencimento do juiz a respeito de sua existência (HC 73.522/MG, 2.ª T., rel. Carlos Velloso, 19.03.1996, v.u.). O acusado foi levado a julgamento pelo Tribunal Popular e condenado por 5 votos contra 2, à pena de 13 anos de reclusão (homicídio qualificado e ocultação de cadáver). Recorreu e o Tribunal de Justiça de Minas Gerais manteve a decisão do júri, mencionando: "No seu aspecto fático, a questão é realmente complexa. Isso ocorre sempre que o corpo da vítima desaparece sem deixar vestígios. Fica sempre a dúvida: será que a vítima realmente morreu? Será que ela foi assassinada e o cadáver destruído ou oculto? Será que a vítima apenas escafedeu-se sem deixar e sem dar notícias? E se algum dia ela aparecer viva?! (...) Como é de costume, nesses casos a defesa sempre se aferra ao famoso caso dos irmãos Naves, de Araguari, o mais famoso erro judiciário do país. É um risco que todos nós, que lidamos com a área do direito, somos obrigados a correr. Toda atividade humana é falível como o próprio homem. Na aplicação da lei não é diferente, mesmo porque não há nunca Justiça humana absoluta, em face da notória e incontornável falibilidade do homem – *quia humanum errare est*. No caso concreto, entretanto, a única maneira possível de se constatar um possível erro judiciário seria o aparecimento da vítima, viva. Afora tal caso, há de prevalecer a decisão do Tribunal Popular. Se, entretanto, os ventos do destino soprarem para o rumo diverso, isto é, se algum dia Maria Denise reaparecer viva (talvez por pessimismo, creio que isto jamais acontecerá), duas situações novas surgirão, uma a compensar a outra. O erro judiciário ficará patenteado, mas, em compensação, uma vida humana (no caso de Maria Denise) ressurgirá das cinzas. Deus queira que isso aconteça... para o bem de todos. Do réu, porque se livrará de vez da pena imposta pelo Júri de Uberlândia e terá direito a indenização por parte do Estado. Dos familiares de Maria Denise, porque voltarão a vê-la entre eles. Dos jurados, porque o destino terá evitado persistir o erro coletivo por eles praticado. Dos juízes togados, porque o direito imperou, ainda que tardiamente. De qualquer sorte, no caso concreto, não há como cassar a decisão do júri. Ela não é manifestamente contrária à prova dos autos, pois se alicerça na maioria lógica do conjunto probatório" (TJMG, Ap. 116.258-5, Uberlândia, 1.ª C., rel. Gudesteu Biber, 26.05.1998, v.u., citação feita em *Homicídio sem cadáver*, p. 109-112). E mais: o condenado, em 2000, ingressou com revisão criminal, pleiteando a sua absolvição, por inexistir prova concreta da materialidade do delito, mas o Tribunal de Justiça de Minas Gerais indeferiu o pedido, fundamentando-se nas mesmas teses, isto é, de que é possível formar a *prova da existência do crime* por intermédio de indícios (mentiras contadas pelo réu, ausência de motivo para a vítima desaparecer deixando filha pequena e falta de comunicação às autoridades quanto ao sumiço da amásia) (TJMG, Rev. 168.765-6, Uberlândia, Grupo de Câmaras Criminais, rel. Odilon Ferreira,

11.09.2000, v.u.). Com a devida vênia, segundo nos parece, jamais a materialidade do crime de homicídio poderia ter sido formada com a união de vários indícios, todos frágeis, sem qualquer formação indutiva da existência de tão grave delito. Para a substituição do exame de corpo de delito, imposta por lei, necessitar-se-ia da prova testemunhal, que é meio de prova direto, como determina a lei. Não nos parece tenha sido obtido, no caso narrado pelo autor, depoimentos consistentes comprovando a ocorrência da morte da vítima. Por isso, cremos (sem a pretensão de analisar o caso concreto da Comarca de Uberlândia, utilizado apenas como referência ilustrativa) que a prova indiciária (meio de prova indireto) é, de todas, a mais frágil para a composição da materialidade do delito. A lei estipulou que a prova testemunhal pode suprir o exame de corpo de delito, querendo com isso dizer que o crime – ou fato relevante a ele relacionado, como alguém arrastando o corpo, no caso de homicídio – precisa ter sido visto por alguém, que, então, possa reproduzi-lo em juízo Afora essa possibilidade, outras provas carecem de consistência para a formação da materialidade, gerando dúvida intransponível, merecedora de gerar a absolvição de qualquer acusado, em homenagem ao mais forte dos princípios processuais penais: *in dubio pro reo*. Anote-se, ainda, a lição de Rogério Lauria Tucci: "Embora igualmente utilizáveis em processo penal, não se prestam, também, à comprovação do *corpo de delito*, os *indícios*, que *lato sensu* considerados, representam a probabilidade de convicção judicial, mesmo à falta de qualquer prova direta, inclusive a testemunhal" (*Do corpo de delito no direito processual penal brasileiro*, p. 190).

41-A. Outra hipótese de corpo de delito formado indevidamente: de um caso concreto, apreciado pelo Tribunal de Justiça de S. Paulo, verificou-se ter uma parturiente sofrido uma cesariana. O bebê foi retirado com vida e a mãe dirigiu-se ao quarto. Durante os dias que se seguiram, fortes dores a acometeram no abdômen. O médico indicado para o parto não tinha a responsabilidade de lhe fazer o acompanhamento, tratando-se de hospital público. Outros profissionais deveriam ter verificado de pronto de onde viriam tais dores anormais. Uma semana depois, a mulher falece. Descobre-se, no prontuário, que um objeto estranho fora esquecido no ventre da parturiente; houve infecção e, daí, a morte. Não se fez laudo de exame necroscópico, nem direto nem indireto. Testemunhas foram chamadas a depor e narraram o caso com suas opiniões e visões particulares, apontando para o médico, autor do parto, a culpa. Apenas com tais depoimentos, o órgão acusatório denunciou o médico por homicídio culposo. Várias indagações restaram em aberto: a) o homicídio (doloso ou culposo) é crime que deixa vestígios, sendo imprescindível a realização da perícia (art. 158); b) a mulher faleceu num hospital, razão mais que suficiente para a realização do laudo; c) como se estabelece exatamente o nexo de causalidade entre o objeto esquecido no ventre materno e sua morte *sem o laudo pericial*; d) as testemunhas, conforme dispõe o art. 167 do CPP somente podem suprir a perícia se os vestígios *desaparecerem*; não era o caso, pois a mulher foi enterrada e nunca se cogitou realizar a perícia nos termos do art. 159 do CPP. Em suma, a utilização de testemunhas para estabelecer o nexo causal entre conduta e resultado, nessa hipótese, é prova ilícita, pois em flagrante oposição ao texto legal do CPP. A obrigatoriedade da perícia constitui cenário da prova legal, vale dizer, imposta pelo legislador, não constituindo mera faculdade dos operadores do Direito.

> **Art. 168.** Em caso de lesões corporais, se o primeiro exame pericial tiver sido incompleto,[42] proceder-se-á a exame complementar por determinação da autoridade policial ou judiciária, de ofício,[43] ou a requerimento do Ministério Público, do ofendido ou do acusado,[44] ou de seu defensor.
>
> § 1.º No exame complementar os peritos terão presente o auto de corpo de delito, a fim de suprir-lhe a deficiência ou retificá-lo.[45]

Art. 168

Código de Processo Penal Comentado · **Nucci**   396

> **§ 2.º** Se o exame tiver por fim precisar a classificação do delito[46-47] no art. 129, § 1.º, I, do Código Penal, deverá ser feito logo que decorra o prazo de 30 (trinta) dias, contado da data do crime.[48]
>
> **§ 3.º** A falta de exame complementar poderá ser suprida[49] pela prova testemunhal.

42. Exame complementar incompleto: justamente pelo fato de muitas provas periciais serem pré-constituídas, vale dizer, elaboradas durante a fase extrajudicial, quando ainda não há contraditório, nem ampla defesa, é possível que as partes ou mesmo o juiz deseje maiores esclarecimentos por conta de alguma deficiência encontrada. Tivessem os envolvidos o direito de apresentar quesitos para serem respondidos pelos peritos e tal situação ocorreria raramente. Entretanto, como o exame é realizado sem a interferência dos interessados, é possível necessitar de complemento. Aliás, o artigo em questão é claro ao dizer que até mesmo a autoridade policial pode determinar a supressão de deficiências ou falhas. Na jurisprudência: STJ: "III – Em que pese a dicção do artigo 168 do Código de Processo Penal, o Superior Tribunal de Justiça já admitiu outros elementos de prova para os fins de comprovação da qualificadora do § 1.º do art. 129 do Código Penal, em deferência ao princípio do livre convencimento motivado do juiz (HC n. 285.175/SP, Sexta Turma, Rel. Min. Rogerio Schietti Cruz, *DJe* de 29/9/2014)" (AgRg no AREsp 2.015.959/SP, 5.ª T., rel. Messod Azulay Neto, 16.05.2023, v.u.).

43. Determinação de ofício pela autoridade judiciária: faz parte do impulso oficial que rege o processo penal, em sintonia com o princípio da busca da verdade real. Não deve o juiz ser mero espectador na produção de provas, devendo interferir para alcançar o melhor quadro probatório possível. Na jurisprudência: STJ: "2. Em caso de lesões corporais, se o primeiro exame pericial tiver sido incompleto, o art. 168 do Código de Processo Penal, expressamente, dispõe que se procederá a exame complementar por determinação da autoridade judiciária, de ofício. 3. Na hipótese dos autos, a determinação, no curso do processo penal, embora de ofício, da complementação de exame de corpo de delito já anexado aos autos, não se confunde com a hipótese na qual o magistrado substitui as partes no tocante à produção das provas" (AgRg no RHC 119.112-RJ 2019/0305213-3, 5.ª T., rel. Reynaldo Soares da Fonseca, 19.05.2020).

44. Requerimento do acusado ou do seu defensor: torna-se interessante observar a cautela do legislador ao inserir dupla legitimação para demandar a complementação do exame pericial. O esperado seria encontrar menção ao juiz ou delegado, ao representante do Ministério Público, ao ofendido – por seu advogado naturalmente, porque não tem capacidade postulatória – e, finalmente, ao acusado – compreendendo-se que seria feito o requerimento por meio do seu defensor. Entretanto, a lei fez constar que tanto o réu (autodefesa), quanto seu defensor (defesa técnica) têm o direito de requerer a complementação do exame pericial. Essa referência é mais um ponto a demonstrar que, no processo penal, torna-se indispensável que se ouça diretamente o reclamo do réu, as suas teses e o seu desejo de ver produzida determinada prova, a despeito de possuir defensor constituído. Assim, é plausível que, no interrogatório, momento peculiar de desenvolvimento da autodefesa, possa o acusado demonstrar ao juiz, por algum modo, que o exame pericial não está bem realizado, necessitando de complemento. O magistrado deve acolher esse pleito como válido para a realização do disposto neste artigo.

45. Supressão das deficiências: nada impede que, feito o requerimento por uma das partes, durante o desenrolar do processo, ouvida a parte contrária, em respeito ao contraditório, determine o juiz que os interessados apresentem quesitos para serem respondidos pelos peritos. Essa pode ser uma forma válida e eficaz de sanar deficiências ou falhas no laudo.

46. Lesão corporal grave: nos termos do art. 129, § 1.º, I, do Código Penal, considera-se lesão corporal grave a ofensa à integridade corporal ou à saúde de alguém, resultando incapacidade para as ocupações habituais por mais de 30 dias. Dessa forma, para a correta tipificação da infração penal – se leve ou grave – torna-se indispensável haver o exame complementar. Segundo o disposto neste artigo (§ 2.º), deve ser realizado *logo que* decorra o prazo de 30 dias, impondo-se, pois, uma *imediata* atuação dos peritos para que não se perca de vista o objetivo do tipo penal. É possível que o decurso do prazo de alguns dias depois do trintídio possa impedir a constatação de que o ofendido ficou, efetivamente, impedido de realizar suas ocupações naquele período, pois é encontrado pelos peritos em plena atividade. Na jurisprudência: STJ: "1. Consoante a jurisprudência desta Corte, é prescindível a realização de exame complementar pericial quando for possível a constatação da gravidade da lesão por outros meios. Precedentes. 1. Na hipótese dos autos a gravidade da lesão foi atestada por meio do boletim de ocorrência e do laudo de exame indireto de lesões corporais" (AgRg no AREsp 1.932.492/SP, 5.ª T., rel. Joel Ilan Paciornik, 05.04.2022, v.u.).

47. Outras situações de exame complementar: embora o artigo refira-se unicamente à classificação do crime previsto no art. 129, § 1.º, I, do Código Penal, é possível que outras hipóteses do mesmo tipo exijam a realização de um segundo laudo. Para constatar a debilidade permanente de membro, sentido ou função, a incapacidade permanente para o trabalho, enfermidade incurável, perda ou inutilização de membro, sentido ou função e deformidade permanente, pode ser necessária uma segunda verificação pelos peritos. Embora não seja, nesses casos, necessário respeitar o prazo de 30 dias, o exame complementar pode ser indicado de qualquer maneira.

48. Prazo penal: o prazo está inserido no tipo penal incriminador do art. 129, § 1.º, I, do Código Penal, razão pela qual deve ser computado nos termos do art. 10, do mesmo Código, isto é, inclui-se o dia do começo. Por outro lado, esse prazo deve ser considerado *fatal*, quando os vestígios desaparecerem após os 30 dias, ou seja, quando a vítima retomar suas atividades normais. Torna-se impossível realizar o exame meses depois do fato, pois nunca se terá certeza do período em que a pessoa ofendida ficou fora das atividades habituais. Suprir por testemunha é inviável, pois a culpa pela não realização do laudo deve-se à própria vítima, que não comparece para a perícia. Sob outro prisma, se a lesão for tão grave que a vítima ficou meses fora das ocupações habituais, é possível realizar o exame além do prazo de 30 dias. O perito pode atestar a incapacidade para 30 dias e mais tempo ainda. Na jurisprudência: STJ: "2. A jurisprudência desta Egrégia Corte e do Supremo Tribunal Federal, em consonância com o acórdão recorrido, firmou o entendimento de que o simples fato de o laudo ter sido realizado além dos trinta dias, por si só, não o descredencia, quando devidamente comprovada nos autos a incapacidade para o trabalho, mesmo porque o prazo estabelecido no § 2.º do art. 168 do Código de Processo Penal não é peremptório (HC 159.589/RJ, rel. Ministra Laurita Vaz, Quinta Turma, *DJe* 19/2/2011)" (AgRg no AgRg no AREsp 2.026.272/SP, 5.ª T., rel. Joel Ilan Paciornik, 05.04.2022, v.u.).

49. Suprimento pela prova testemunhal: mais uma vez, demonstra a lei a preocupação em formar a materialidade de crime que deixa vestígios, como é o caso das lesões corporais, quando o exame de corpo de delito não é possível de ser realizado. Assim, caso a vítima esteja em lugar de difícil acesso, impossibilitando que os peritos a alcancem, o exame complementar, para certificar a incapacitação do ofendido no trintídio, pode ser substituído pela prova testemunhal. Forma-se, então, o corpo de delito indireto.

Art. 169

Código de Processo Penal Comentado · **Nucci**   398

> **Art. 169.** Para o efeito de exame do local[50] onde houver sido praticada a infração, a autoridade providenciará imediatamente para que não se altere o estado das coisas até a chegada dos peritos, que poderão instruir seus laudos com fotografias,[51] desenhos ou esquemas elucidativos.[52-53]
>
> **Parágrafo único.** Os peritos registrarão, no laudo, as alterações[54] do estado das coisas e discutirão, no relatório, as consequências dessas alterações na dinâmica dos fatos.

50. Exame do local: trata-se do desdobramento natural do disposto no art. 6.º, I, do Código de Processo Penal (a autoridade policial deve dirigir-se ao local do crime, providenciando para que não sejam alterados o estado e a conservação das coisas até a chegada dos peritos criminais), revelando-se, em grande número de casos, importante fonte de prova para o processo. Lamentavelmente, sabe-se que nem sempre a autoridade policial cumpre o determinado na lei processual, razão pela qual o lugar do crime é alterado de tal maneira que a perícia se torna inviável. Por outro lado, se o disposto no art. 6.º não for cumprido, pode a perícia transformar-se em meio de desvirtuamento da verdade real, caso alguém tenha propositadamente alterado o local, induzindo em erro os experts. Tanto é importante o exame do lugar do delito que o Código de Trânsito Brasileiro – Lei 9.503/1997 – prevê como figura criminosa a conduta de quem inova artificiosamente, em caso de sinistro automobilístico com vítima, o estado do lugar, de coisa ou de pessoa para o fim de induzir a erro o agente policial, o perito ou o juiz (art. 312).

51. Fotografias, desenhos e esquemas: ver comentários ao art. 165.

52. Estrutura do laudo de exame de local: a) dados identificadores: a1) números do boletim de ocorrência, do inquérito policial, do processo, do ofício requisitório e do laudo; a2) natureza do exame; a3) local; a4) nomes da vítima e do indiciado; a5) nome da autoridade que requisitou o exame e seu local de trabalho; a6) nome do perito relator; b) introdução, contendo a data, a cidade, os peritos que o realizaram e a autoridade que o requisitou; c) corpo preliminar, composto do horário da visita, da data e do local, bem como da finalidade do laudo, retratando-se se o lugar estava ou não preservado por policiais (em caso positivo, trará a identificação do policial, podendo haver, ainda, o acompanhamento de advogado do indiciado ou interessado), se houve ou não prejuízo para a colheita de material idôneo, entre outros aspectos; d) descrição do local, contendo minucioso relato acerca do que se está vendo e constatando; e) fundamentação e conclusão: nessa parte, os peritos demonstram particularidades do local, em especial se houve alterações significativas, montagens, armações e outros dados demonstrativos do cometimento de um crime premeditado, do cenário típico de um suicídio, de um lugar apropriado para o quadro ali encontrado, além de outros dados; f) finalização, constando o número de laudas, o número de fotos ou esquemas que o instruem e as assinaturas dos peritos. Eventualmente, podem constar, ainda, os objetos e instrumentos arrecadados no local para proporcionar outra perícia (como ocorre quando se encontra arma de fogo).

53. Laudo de exame em veículo: possui a mesma estrutura do laudo de exame de local.

54. Ocorrência de alterações: as modificações do local, que forem perceptíveis pelo perito oficial (ou pelos peritos não oficiais), devem constar do relatório, trazendo, como determina a lei, a discussão e as conclusões a que chegou (ou chegaram) a respeito da força que essas alterações possam ter no modo de avaliação do desenvolvimento do fato criminoso. Isso significa que o(s) perito(s) deve(m) levantar hipóteses, demonstrando no laudo as várias situações delas decorrentes, para auxiliar o juiz a julgar a causa, quando colher outras provas.

> **Art. 170.** Nas perícias de laboratório,[55-56] os peritos guardarão material suficiente[57] para a eventualidade de nova perícia. Sempre que conveniente, os laudos serão ilustrados com provas fotográficas, ou microfotográficas,[58] desenhos ou esquemas.

55. Perícia de laboratório: é o exame especializado realizado em lugares próprios ao estudo experimental e científico. Assim, em muitos crimes, como ocorre com os delitos contra a saúde pública, é imprescindível que se faça o exame laboratorial, para que os peritos, contando com aparelhos adequados e elementos químicos próprios, possam apresentar suas conclusões. Ex.: exame toxicológico para detecção de substâncias entorpecentes proibidas; exame de dosagem alcoólica; exame de substância venenosa; exame de constatação de produto farmacêutico falsificado, dentre outros.

56. Uso do bafômetro: trata-se de um aparelho composto por dois conjuntos, o que se destina à purificação da amostra de ar e outro para a verificação da dosagem alcoólica. O método é baseado na premissa de que o álcool se distribui entre o sangue e o ar do alvéolo pulmonar. Seu uso não pode ser obrigatório, pois ninguém é obrigado a produzir prova contra si mesmo. Entretanto, o Estado não perde o poder de polícia por conta disso. Se um motorista for flagrado colocando em risco a segurança viária, sob a suspeita de estar dirigindo influenciado pelo álcool, pode ser detido e lavrado o flagrante como incurso no art. 306 do Código de Trânsito Brasileiro. A prova, entretanto, será feita por outra forma (exame clínico, testemunhas, vídeo e demais formas não invasivas).

57. Contraprova: determina a lei que os experts, ao findarem o exame, guardem material suficiente do produto analisado, para a realização, se for o caso, da contraprova, que significa uma nova perícia para confirmar a primeira, quando nesta se encontrarem falhas insuperáveis, ou para que alguma das partes possa questionar a conclusão obtida pelos peritos, através de uma segunda verificação. A cautela de guardar o material examinado não possui um prazo certo estabelecido em lei, mas deve respeitar o limite do razoável ou seja, no mínimo até que o juiz profira a sentença, embora o ideal seja aguardar o trânsito em julgado da decisão.

58. Provas microfotográficas: são as fotografias de dimensões reduzidas, que servem para ilustrar laudos. Sobre as provas fotográficas, esquemas e desenhos, ver notas ao art. 165.

> **Art. 171.** Nos crimes[59] cometidos com destruição[60] ou rompimento de obstáculo a subtração da coisa, ou por meio de escalada,[61] os peritos, além de descrever[62] os vestígios, indicarão com que instrumentos, por que meios e em que época presumem ter sido o fato praticado.

59. Furto qualificado: refere-se a lei especificamente ao furto qualificado, nada impedindo que outra figura típica qualquer, prevendo a mesma situação, possa valer-se do disposto neste artigo do Código de Processo Penal. É imperioso que, existindo rompimento ou destruição de obstáculo, possam os peritos atestar tal fato, pois facilmente perceptíveis. Eventualmente, a vítima pode substituir a fechadura arrombada, trocar uma porta ou consertar uma janela, não dando tempo para a perícia realizar o seu trabalho. Surge a viabilidade de se produzir a prova de existência da circunstância por outros meios. Diga-se o mesmo do furto cometido mediante escalada, ainda que, nesta hipótese, os rastros do crime possam ter desaparecido ou nem ter existido. Essa ocorrência não afasta, por si só, a realização da perícia, pois o lugar continua sendo propício para a verificação. Ex.: caso o agente ingresse em uma casa pelo telhado, retirando cuidadosamente as telhas, recolocando-as depois do crime; pode ser

Art. 171

Código de Processo Penal Comentado · NUCCI

que a perícia não encontre os vestígios da remoção, mas certamente conseguirá demonstrar que o local por onde ingressou o ladrão é alto e comporta a qualificadora da escalada. Sabe-se, por certo, que tal não se dá quando o agente salta um muro baixo, sem qualquer significância para impedir-lhe a entrada, algo que dispensa até mesmo a perícia. As testemunhas podem ser aceitas para suprir a prova pericial, no caso da escalada, quando puderem indicar o percurso utilizado pelo agente para ingressar na residência, constituindo um cenário incontroverso. Em caso de dúvida, a perícia se torna indispensável, a fim de não gerar prejuízo ao acusado. Em síntese, o exame pericial, como regra, é indispensável nesses dois casos (destruição ou rompimento de obstáculo e escalada), podendo ser suprido pela prova testemunhal somente quando os vestígios tiverem desaparecido por completo e o lugar se tenha tornado impróprio para a constatação dos peritos. Na jurisprudência: STJ: "II – A jurisprudência do STJ é no sentido de ser imprescindível, nos termos dos arts. 158 e 167 do CPP, a realização de exame pericial para o reconhecimento das qualificadoras de escalada e arrombamento no caso do delito de furto (art. 155, § 4.º, II, do CP), quando os vestígios não tiverem desaparecido e puderem ser constatados pelos peritos. Todavia, quando presentes nos autos elementos aptos a comprovar a escalada de forma inconteste, pode-se excepcionalmente suprir a prova pericial, como na hipótese, na qual a circunstância qualificadora foi comprovada pelo depoimento do funcionário da empresa detentora dos fios elétricos, dos agentes públicos, além da confissão do próprio réu, em ambas as fases da persecução penal. Precedentes" (AgRg no HC n. 895.457/SC, 5.ª T., rel. Messod Azulay Neto, 13.05.2024, v.u.); "1. É certo que esta Corte firmou entendimento no sentido da imprescindibilidade da realização de exame pericial para fins de reconhecimento das qualificadoras de escalada e arrombamento no crime de furto, quando os vestígios não tiverem desaparecido e puderem ser constatados pelos peritos. 2. Por outro lado, não se pode olvidar a orientação, também desta C. Corte, no sentido de que é, sim, possível reconhecer as referidas qualificadoras, excepcionalmente, quando outros elementos de prova sejam suficientes para a sua comprovação" (AgRg no AREsp 2.348.370/MS, 5.ª T., rel. Daniela Teixeira, 06.02.2024, v.u.).

60. Destruição e rompimento: *destruição* implica fazer desaparecer ou aniquilar, enquanto *rompimento* quer dizer partir, quebrar ou estragar. Assim, ao voltar-se contra um obstáculo, o agente poderá acabar com ele, fazendo-o sumir (destruição) ou simplesmente afastá-lo, danificando-o (rompimento). Em qualquer dos casos, a perícia tem condições de certificar-se disso. Excepcionalmente, como já se disse, a prova testemunhal pode suprir-lhe a falta. Muitas vezes, a própria vítima prejudica a cena do crime, consertando o lugar e invalidando qualquer possibilidade de exame pericial. Na jurisprudência: STJ: "2. Nos termos da jurisprudência desta Corte Superior de Justiça, o desaparecimento dos vestígios, em razão de reparos efetuados pela vítima no local, impossibilita a realização do exame pericial e autoriza a comprovação das qualificadoras do crime de furto por intermédio de outros elementos probatórios, nos termos do art. 167 do Código de Processo Penal" (AgRg no AREsp 2.256.515/DF, 6.ª T., rel. Teodoro Silva Santos, 20.02.2024, v.u.).

61. Escalada: significa, em sentido estrito, subir em algum lugar. Admite-se, no entanto, para fins penais, que o agente ingresse no local desejado por meio impróprio e anormal, como, por exemplo, por túnel. Tal situação pode ser comprovada pela perícia. Se o agente deixar vestígios, como telhas quebradas – caso tenha entrado pelo telhado – o exame pericial é suficiente. Do contrário, podem os experts certificar a altura da casa e a localização das telhas, para, depois, as testemunhas narrarem que foi por este local que o agente invadiu a morada.

62. Conteúdo do exame pericial: devem os peritos descrever os vestígios (rastros deixados pela concretização do delito, como, por exemplo, os estilhaços do vidro espalhados pelo chão da casa invadida), indicando os instrumentos utilizados (quando possível, naturalmente), os meios e a época do ingresso. Note-se que a lei utiliza o termo "presumem" neste último caso, deixando os peritos à vontade para exercerem um juízo de probabilidades, tecendo conjecturas. Pela experiência que detêm, podem estabelecer, aproximadamente, o momento da destruição ou do rompimento, que pode ser relevante para saber se ocorreu antes ou depois da subtração, o que irá provocar reflexo na aceitação ou não da qualificadora.

> **Art. 172.** Proceder-se-á, quando necessário, à avaliação[63] de coisas[64] destruídas, deterioradas ou que constituam produto do crime.
>
> **Parágrafo único.** Se impossível a avaliação direta,[65] os peritos procederão à avaliação por meio dos elementos existentes nos autos e dos que resultarem de diligências.

63. Laudo de avaliação: como regra, nos crimes patrimoniais, efetua-se a avaliação do bem, determinando-se o seu valor de mercado, para apurar qual foi o montante do prejuízo causado à vítima. A finalidade e a aplicação do laudo são variadas, servindo para constatar se cabe a aplicação do privilégio no furto ou na apropriação ("pequeno valor a coisa furtada", conforme arts. 155, § 2.º, e 170, CP) ou se cabe o estelionato privilegiado ("pequeno valor o prejuízo" para a vítima, conforme art. 171, § 1.º, do mesmo Código), bem como para constatar se foi totalmente reparado o dano, no caso de eventual aplicação do disposto no art. 16 do Código Penal (arrependimento posterior). Além disso, havendo o laudo de avaliação nos autos, torna-se mais fácil para o juiz, em oportunidade futura, determinar o valor da reparação, que é devida à vítima, como por exemplo, para a concessão do livramento condicional (art. 83, IV, CP). Com a reforma introduzida pela Lei 11.719/2008, torna-se viável ao juiz estabelecer, na sentença condenatória, o valor mínimo para reparação dos danos causados pela infração penal, considerando-se os prejuízos sofridos pela vítima (art. 387, IV, CPP). Assim sendo, o laudo de avaliação pode servir de parâmetro para a fixação da indenização civil na própria sentença condenatória penal. É preciso, entretanto, respeitar os limites impostos pela ampla defesa e pelo contraditório, razão pela qual pode o réu discordar da avaliação feita e pretender impugná-la de variadas formas, inclusive apresentando assistente técnico para discutir o laudo oficial. Vislumbra-se, ainda, outra situação para o emprego do laudo de avaliação, ao menos para fornecer subsídios ao juiz criminal, que haverá de fixar o montante do prejuízo: diz respeito à multa reparatória, sanção estabelecida na sentença condenatória advinda de crime de trânsito, que fixa o valor da indenização a ser paga pelo réu ao ofendido, levando em consideração o prejuízo causado pelo acidente (art. 297 da Lei 9.503/1997). Embora o valor da reparação, nessa hipótese, seja calculado em dias-multa, deve guardar correspondência com o prejuízo sofrido pela vítima, que precisa ter sido apurado ao longo da instrução do processo-crime.

64. Coisas destruídas, deterioradas ou produto de crime: *coisas destruídas* são bens ou valores aniquilados ou extintos; *deterioradas* são as coisas estragadas ou degeneradas; *produto de crime* é a coisa que foi obtida pelo agente em decorrência de sua atuação criminosa. Nota-se que o artigo está fazendo menção a coisas que possuem valor econômico, tornando clara a origem patrimonial dos delitos. No furto, por exemplo, avalia-se o produto do crime, ou seja, aquilo que foi levado da vítima, fazendo-o por referência, uma vez que não mais estão presentes para a verificação do perito. Em outras situações, como no crime de dano, é possível que a coisa tenha sido destruída e, também, não esteja ao alcance do perito, que utilizará a comparação para fazer o laudo. Enfim, somente no caso de coisa deteriorada, apreendida, é que poderá o experto checar diretamente.

65. Avaliação direta e indireta: a melhor forma de proceder ao estabelecimento do valor de um bem é checando-o pessoal e diretamente. É a avaliação direta. Entretanto, em grande parte dos casos, a coisa subtraída, danificada ou destruída desaparece das vistas do perito, razão pela qual, como já dissemos, pode haver a elaboração do laudo por simples referência, valendo-se o experto de dados que coletou nos autos – como o estado de conservação da coisa, sua origem, idade etc. – além dos elementos que conseguir amealhar em suas diligências – checagem dos preços no mercado, através de revistas especializadas e consultores de um modo geral.

> **Art. 173.** No caso de incêndio,[66] os peritos verificarão a causa e o lugar em que houver começado, o perigo que dele tiver resultado para a vida ou para o patrimônio alheio, a extensão do dano e o seu valor e as demais circunstâncias que interessarem à elucidação do fato.

66. Crime de incêndio: o delito é previsto no art. 250 do Código Penal, possuindo várias particularidades, que podem tornar a pena mais elevada ou mais leve. Algumas causas de aumento, como colocar fogo em casa habitada, em depósito de explosivo, em lavoura, dentre outras, precisam ser analisadas pelo experto. Aliás, o modo pelo qual o incêndio teve início, os instrumentos utilizados para causá-lo, bem como suas consequências, podem auxiliar na determinação se houve dolo ou culpa na conduta do agente. E mais: é possível determinar se a intenção do agente era causar um incêndio ou praticar um homicídio, conforme a maneira pela qual foi executado o ato criminoso. Por fim, é possível que se verifique tratar-se somente de um incêndio fortuito, portanto não criminoso. Diante do exposto, torna-se essencial a realização de perícia no local para formar a materialidade do delito. Na jurisprudência: STJ: "1. Ainda que a materialidade do crime de incêndio esteja em consonância com a prova testemunhal colhida nos autos ou com fotografias, mostra-se imprescindível a realização de perícia, nos termos dos arts. 158 e 173 do Código de Processo Penal. 2. Não tendo sido apontado nenhum fundamento capaz de justificar a não realização da perícia no local do crime, impõe-se a absolvição do paciente nos termos da jurisprudência desta Corte" (AgRg no HC n. 798.064/RS, 6.ª T., rel. Jesuíno Rissato, 11.12.2023, v.u.).

> **Art. 174.** No exame para o reconhecimento de escritos,[67] por comparação de letra, observar-se-á o seguinte:
>
> I – a pessoa a quem se atribua ou se possa atribuir o escrito será intimada[68-69] para o ato, se for encontrada;[70]
>
> II – para a comparação, poderão servir quaisquer documentos que a dita pessoa reconhecer ou já tiverem sido judicialmente reconhecidos[71] como de seu punho, ou sobre cuja autenticidade não houver dúvida;[72]
>
> III – a autoridade, quando necessário, requisitará, para o exame, os documentos que existirem em arquivos ou estabelecimentos públicos,[73] ou nestes realizará a diligência,[74] se daí não puderem ser retirados;
>
> IV – quando não houver escritos para a comparação ou forem insuficientes os exibidos, a autoridade mandará que a pessoa escreva o que lhe for ditado.[75] Se estiver ausente a pessoa, mas em lugar certo, esta última diligência poderá ser feita por precatória,[76] em que se consignarão as palavras que a pessoa será intimada a escrever.

67. Reconhecimento de escritos: é o denominado exame grafotécnico (ou caligráfico), que busca certificar, admitindo como certo, por comparação, que a letra, inserida em determinado escrito, pertence à pessoa investigada. Tal exame pode ser essencial para apurar um crime de estelionato ou de falsificação, determinando a autoria. Logicamente, da mesma maneira que a prova serve para incriminar alguém, também tem a finalidade de afastar a participação de pessoa cuja letra não for reconhecida. O procedimento acima pode ser utilizado, atualmente, como parâmetro para as perícias de escritos envolvendo datilografia ou impressão por computador. Nesse prisma: Mirabete, *Código de Processo Penal interpretado*, p. 257.

68. Intimação da pessoa interessada para o ato: a intimação tem por finalidade promover o comparecimento do pretenso autor do escrito a ser examinado para que possa reconhecer documentos diversos provenientes do seu punho, que servirão como padrão de comparação, ou para que forneça diretamente à autoridade material emanado de seu punho, conforme lhe for ditado. A autoridade policial, que normalmente conduz tal colheita, aproveitará frases e palavras semelhantes àquelas sobre as quais pende dúvida, mandando que o investigado as escreva várias vezes.

69. Proteção contra autoincriminação: ninguém é obrigado, segundo emana do sistema constitucional e é reconhecido pelo Supremo Tribunal Federal, a produzir prova contra si mesmo. Portanto, se o investigado é o suspeito ou indiciado, conforme orientação de sua defesa, pode preferir não fornecer o material para o exame ser realizado. Tal conduta jamais poderá ser considerada crime de desobediência, do contrário estar-se-ia subvertendo a ordem jurídica, obrigando o indivíduo a produzir prova contra seu próprio interesse. E se assim ocorresse nada impediria que alguém fosse, um dia, obrigado a confessar, sob pena de responder por falso testemunho, o que iria consagrar a ilogicidade no campo da autodefesa. A lei prevê hipóteses para contornar a falta de colaboração do interessado, propiciando à autoridade que se valha de outros documentos emanados do punho do investigado, cuja autenticidade já tiver sido evidenciada em juízo ou por qualquer outro meio de prova em direito admitido. Além disso, deverá requisitar documentos constantes de arquivos ou estabelecimentos públicos ou privados para proceder à comparação. Por outro lado, o indiciado ou suspeito poderá estar contribuindo para a formação de indício contra si mesmo. Embora não seja ele obrigado a formar prova contra sua pessoa, não possui, como ocorre com o direito ao silêncio, garantia expressa na Constituição, impedindo de ser levado em conta seu ato negando a colaboração. Enquanto no caso do direito ao silêncio, o texto constitucional assegura claramente a garantia, sem qualquer consequência negativa em retorno, a proibição da obrigação de se autoincriminar não é expressa, de modo que podem fluir consequências dessa atitude. Ninguém pode obrigar o suspeito a fornecer material grafotécnico, embora inexista proibição expressa para o juiz deixar de levar tal conduta em consideração, no conjunto geral de avaliação da prova. Aliás, antes do advento da Constituição de 1988 era o que se fazia, inclusive, com referência ao silêncio do réu ou indiciado, podendo o magistrado, à época, interpretar o fato em prejuízo da sua defesa.

70. Intimação da pessoa não encontrada: durante a fase extrajudicial, somente se intima o indiciado ou suspeito a acompanhar a diligência se for encontrado; durante a fase judicial, no entanto, em homenagem à ampla defesa e ao contraditório, caso seja revel, intimar-se-á seu defensor para, querendo, acompanhar a produção da prova. Neste último caso, preterindo-se a intimação, ocorrerá cerceamento de defesa, acarretando nulidade na produção da prova.

71. Documentos judicialmente reconhecidos: procedendo ao exame comparativo, a autoridade pode valer-se de documentos cuja procedência já tenha sido judicialmente

Art. 174

Código de Processo Penal Comentado • **Nucci**   404

atestada como sendo do punho da pessoa investigada. É natural que se trata de prova emprestada, pois não se exige seja feito o reconhecimento de um documento em juízo, em processo específico, para que ele possa ser usado. Extrai-se de outro feito qualquer escrito para ser utilizado. Ex.: o contrato preenchido de próprio punho pelo investigado, juntado numa ação cível qualquer, para a prova de um direito e, nessa demanda, reconhecido como sendo seu.

72. Ausência de dúvida quanto à autenticidade: trata-se de fórmula genérica, passível de ser alcançada por todos os meios lícitos de produção de prova. Logo, até mesmo testemunhas podem indicar, sem sombra de dúvida, que determinado documento, a servir de padrão comparativo, emanou do punho do investigado.

73. Estabelecimentos públicos ou privados: embora a lei faça menção, exclusivamente, aos estabelecimentos públicos, também aos privados pode ser requisitado documento de interesse da investigação criminal, pois ninguém se exime de colaborar com o Poder Judiciário.

74. Realização da diligência no local onde estão os documentos: trata-se de hipótese excepcional, mas que possui abrigo legal. A Lei 6.015/1973 (Registros Públicos) dispõe que "os livros de registro, bem como as fichas que os substituam, somente sairão do respectivo cartório mediante autorização judicial" (art. 22). Por outro lado, a Lei 8.935/1994 (Serviços Notariais) determina que "os livros, fichas, documentos, papéis, microfilmes e sistemas de computação deverão permanecer sempre sob a guarda e responsabilidade do titular de serviço notarial ou de registro, que zelará por sua ordem, segurança e conservação" e também que "se houver necessidade de serem periciados, o exame deverá ocorrer na própria sede do serviço, em dia e hora adrede designados, com ciência do titular e autorização do juízo competente" (art. 46 *caput* e parágrafo único). Portanto, diante do disposto nesses dois diplomas legais, os livros, fichas, documentos, papéis, microfilmes e sistemas de computação não serão retirados dos cartórios extrajudiciais para serem periciados, por qualquer razão. Devem os experts ir ao local onde se encontram os objetos do exame, devidamente autorizados pelo Juiz Corregedor Permanente e com ciência do notário. É viável que o magistrado, presidindo o feito, onde se apura um crime relacionado a tais documentos e livros, determine a apresentação dos mesmos para a sua direta inspeção na Vara onde se encontra, se considerar imprescindível, *desde* que conte com a autorização do corregedor do cartório, como determina a lei. Do contrário, não sendo autorizada a saída dos objetos, poderá ir pessoalmente ao lugar onde estão para proceder à vistoria.

75. Produção de escrito pelo próprio investigado: como já abordado, trata-se de uma faculdade, pois ninguém é obrigado a produzir prova contra si mesmo, embora a negativa possa constituir-se indício válido para compor o quadro probatório. O ditado da autoridade policial deve ser feito de modo a evitar que o investigado simplesmente copie o conteúdo do documento sob análise. É preciso que sejam ditadas palavras semelhantes àquelas que constam no mencionado documento, mas não exatamente as mesmas. Nessa ótica, é importante mencionar a lembrança feita por Tourinho Filho de que "há o mau vezo de se mostrar o escrito a quem se suspeita seja o autor, determinando-lhe procurar, tanto quanto possível, reproduzi--lo. Trata-se, repetimos, de um mau costume. Existem pessoas que sabem imitar muito bem e que podem, portanto, dependendo do perito, conduzi-lo a erro" (*Código de Processo Penal comentado*, v. 1, p. 375).

76. Diligência por precatória: caso a pessoa investigada, que deva reconhecer o documento ou fornecer o material necessário para a perícia, resida em outra cidade, fora da área de atribuição da autoridade policial ou da competência do juiz, deverá ser expedida carta precatória (documento pelo qual o órgão policial ou judiciário solicita a outro a realização de um ato nos limites de sua área de atribuição ou competência territorial) para que a diligência possa concretizar-se. Entretanto, deve ser lembrado o disposto no art. 22 do Código de Processo Penal, mencionando que, em lugares onde houver mais de uma circunscrição policial, a autoridade pode ordenar diligências em circunscrição de outra, independentemente de precatórias ou requisições.

> **Art. 175.** Serão sujeitos a exame os instrumentos[77] empregados para a prática da infração, a fim de se lhes verificar a natureza[78] e a eficiência.[79]

77. Instrumentos são os objetos que servem de agente mecânico para a realização do crime. Ex.: revólver, faca, pedaço de madeira, estilete, entre outros.

78. Natureza e eficiência: *natureza* significa estabelecer a espécie e a qualidade. Ex.: determinar que o revólver é de calibre 38. *Eficiência* quer dizer a verificação de sua força ou eficácia para produzir determinado resultado. Ex.: estabelecer se o revólver está apto a desferir tiros. É importante tal prova, pois a arma utilizada pelo agente pode ser inapta para o fim almejado, sendo tal conclusão capaz até de gerar a hipótese do crime impossível, por absoluta ineficácia do meio (art. 17, CP).

79. Alcance do exame dos instrumentos do crime: através dessa análise, que não é indispensável, pois o instrumento pode perder-se ou ser ocultado pelo próprio agente após a prática da infração penal, chega a perícia a conclusões valiosas para a futura avaliação do quadro probatório a ser feita pelo magistrado – ou mesmo pelo Promotor na conclusão do inquérito. Investigando-se a arma do crime, é possível detectar, inclusive, se há impressão digital passível de identificar quem a empunhou, auxiliando na descoberta do autor, como pode ser realizado exame no material sanguíneo encontrado em uma faca, por exemplo, atestando-se se pertence à vítima ou não. Ressalte-se, ainda, a valia existente no exame do instrumento do crime para o fim de se determinar o grau da reação, no contexto da legítima defesa, concluindo-se por moderação ou não. Enfim, há variada utilidade para esse exame, que, no entanto, caso esteja ausente dos autos, não conduz à nulidade. Nessa linha: Espínola Filho, *Código de Processo Penal brasileiro anotado*, v. 2, p. 558.

> **Art. 176.** A autoridade e as partes poderão formular quesitos até o ato da diligência.[80-A]

80. Oportunidade para o oferecimento de quesitos: como já abordado, o oferecimento de quesitos, por ocasião da realização da prova pericial, pode ser de fundamental importância para o esclarecimento da verdade real e para a garantia do devido processo legal, com seus corolários diretos: a ampla defesa e o contraditório. Por isso, quando a prova for determinada por juízo, não há dúvida de que as partes e o juiz podem encaminhar perguntas (quesitos) aos peritos até o momento em que a diligência se realize. Entretanto, costuma-se defender que, durante o inquérito, por ser este um procedimento inquisitivo, não se pode permitir que o indiciado os apresente. Tal posição não se coaduna com o devido processo legal. É evidente que durante a investigação policial o indiciado não é considerado parte, nem tem direito à produção de prova, pois o procedimento é inquisitivo. Mas, por outro lado, não se deve perder de vista que muitas provas são pré-constituídas, isto é, não serão novamente realizadas durante a instrução judicial, tornando-se definitivas. Nesse caso, como se poderia evitar que o indiciado participasse da sua produção, sem ferir o direito ao contraditório e à ampla defesa? Caso lhe seja retirada

Art. 177

Código de Processo Penal Comentado · Nucci

406

tal oportunidade, cremos que o exame pode ser refeito durante a instrução, a seu pedido. Entretanto, há determinadas perícias que não mais podem ser realizadas com sucesso, caso decorra muito tempo, de maneira que é preciso adaptar o processo penal à nova Constituição Federal, que deixou bem clara a existência dos princípios processuais mencionados. Defendemos, pois, que o indiciado, por seu defensor, pode apresentar quesitos, na fase extrajudicial, quando se tratar de prova pericial pré-constituída. Parece-nos que essa questão foi completada e suprida pela nova redação dada ao art. 159, permitindo-se a formulação de quesitos pelas partes e a indicação de assistentes técnicos, em qualquer fase (pré-processual ou processual).

80-A. Exame criminológico: realizado na fase da execução penal, para fins de análise do merecimento do condenado no tocante ao recebimento de benefícios, como a progressão de regime ou o livramento condicional, não comporta quesitos oferecidos pelos interessados, como, por exemplo, Ministério Público ou sentenciado. Inexiste previsão legal para tanto e o laudo não vincula o juízo. Cuida-se da avaliação subjetiva do psiquiatra forense. Na jurisprudência: STJ: "Não há falar em nulidade do exame criminológico porquanto não teriam sido respondidos os quesitos formulados pela defesa, não apenas porque é inaplicável, no âmbito da execução penal, a regra do art. 176 do CPP, cabendo ao juízo das execuções a elaboração dos quesitos que entender adequados para aferição do mérito subjetivo, mas também porque, consoante assentado pelas instâncias ordinárias, não foi demonstrado prejuízo decorrente. 5. Ademais, nos termos da jurisprudência desta Corte, o magistrado não está adstrito ao resultado do exame criminológico, podendo, conforme seu prudente juízo, dele valer-se como fundamento para deferir ou indeferir o benefício pleiteado. Precedentes. 6. *Habeas corpus* não conhecido" (HC 333.692/SP, 6.ª T., rel. Nefi Cordeiro, 17.05.2016, v.u.).

> **Art. 177.** No exame por precatória,[81] a nomeação dos peritos far-se-á no juízo deprecado. Havendo, porém, no caso de ação privada, acordo das partes, essa nomeação poderá ser feita pelo juiz deprecante.
>
> **Parágrafo único.** Os quesitos do juiz e das partes serão transcritos na precatória.[82]

81. Exame por precatória: não somente a colheita de material para o exame grafotécnico pode ser feita por precatória, como expressamente prevê o art. 174, IV, CPP, mas todo o exame pericial, cujo objeto ou material a ser analisado se encontre em Comarca diversa daquela onde se situa a autoridade policial ou o juiz. Como regra, nomeia o perito, sem qualquer intervenção das partes (art. 276, CPP), livremente, o juiz ou a autoridade policial do local onde a diligência vai realizar-se, ou seja, do lugar deprecado. Tal disposição é correta, uma vez que, sendo o experto órgão auxiliar da justiça, tanto faz que seja nomeado pela autoridade deprecante ou pela deprecada. Ademais, a nomeação no juízo deprecado evita o deslocamento inútil do perito para outra cidade. Entretanto, a norma processual penal abre uma exceção, no caso de ação penal privada, cujos interesses em jogo mais se aproximam das causas cíveis do que das criminais, diante da disputa havida, para que o perito seja nomeado no juízo deprecante, o que facilitaria o acompanhamento da prova e a apresentação de quesitos. Lembremos, ainda, da possibilidade de indicação de assistentes técnicos pelas partes (art. 159, § 3.º). Os assistentes podem ser escolhidos tanto no juízo deprecante como no deprecado, porém, de qualquer modo, eles somente exercerão suas atividades após a conclusão dos exames e elaboração do laudo oficial.

82. Referência somente à autoridade judiciária: cremos que se pode ampliar, sem qualquer tipo de restrição, a autoridade policial. E, como já salientamos, em se tratando de prova pré-constituída, mesmo sendo prova produzida no inquérito, devem constar os quesitos tanto do órgão do Ministério Público, quanto da defesa, havendo interesse. Os quesitos acompanharão a precatória para evitar que a autoridade do local deprecado, após a nomeação do experto, seja obrigada a determinar a intimação das partes para o seu oferecimento, o que seria medida procrastinatória.

> **Art. 178.** No caso do art. 159, o exame será requisitado pela autoridade ao diretor[83] da repartição, juntando-se ao processo o laudo assinado pelos peritos.

83. Órgão encarregado das perícias oficiais: pode haver, em cada Estado da Federação, um órgão especializado, cujo encargo é a realização de perícias oficiais. Ilustrando, no Estado de São Paulo, criou-se, pelo Decreto 42.847/1998, a Superintendência da Polícia Técnico-Científica, diretamente subordinada ao Secretário da Segurança Pública, mas desvinculada da Polícia Civil ou Militar. É órgão técnico-científico, auxiliar da atividade da polícia judiciária e do sistema judiciário, tornando-se responsável pelas perícias criminalísticas e médico-legais no Estado. Divide-se, fundamentalmente, em dois organismos: Instituto de Criminalística e Instituto Médico-Legal. O primeiro estrutura-se em: a) *centro de perícia*, voltado a acidentes de trânsito, crimes contábeis, crimes contra o patrimônio, crimes contra a pessoa, documentoscopia engenharia, perícias especiais, identificação criminal, perícias de informática; b) *centro de exames, análises e pesquisas*, voltado a análise instrumental, balística, biológica e bioquímica, física, química e toxicológica; c) *núcleo de apoio logístico*, objetivando a realização de fotografias, recursos audiovisuais, desenho e topografia. O segundo estrutura-se em: *centro de perícias*, voltado à clínica médica, tanatologia forense, radiologia, odontologia legal; b) *centro de exames, análises e pesquisas*, fundado em anatomia patológica, toxicologia forense e antropologia; c) *núcleo de apoio logístico*, com equipe de assistência familiar e equipe de fotografia e recursos audiovisuais. Dessa forma, enquanto o Instituto de Criminalística cuida dos exames de local, sistemas de segurança de tráfego, exames em livros ou documentos, marcas patentes e similares, instrumentos destinados à falsificação, objetos e instrumentos ligados aos crimes patrimoniais, contra a pessoa, economia popular, saúde pública, serviços públicos e dignidade humana, análises de locais de incêndio, desabamento, poluição, desmoronamento, meio ambiente, aparelhos de um modo geral, materiais gravados de som e imagem, aparelhos de computador e seus *softwares*, exames em armas e munição, materiais biológicos para identificação antropológica, dosagem alcoólica e tóxicos, bem como testes correlatos, o Instituto Médico-Legal cuida de exames de corpo de delito, envolvendo lesões, sexologia, sanidade física, verificação de idade, constatação de embriaguez, exames necroscópicos, exumações, exames de material biológico de vítimas, perícias no campo da odontologia e avaliações psicológicas. Garante-se, com a instituição da Polícia Técnico-Científica, um aprimoramento do sistema investigatório, pois a Polícia Judiciária não mais conta com qualquer tipo de ascendência direta sobre os peritos, evitando-se, com isso, que a prova pré-constituída, dificilmente renovada ao longo da instrução, sob o crivo do contraditório, possa ficar ao sabor do andamento do inquérito policial, este de natureza inquisitiva. É verdade que os Institutos realizam seus trabalhos sem assistência técnica de peritos indicados pelos investigados, mas, uma vez desligados da Polícia Judiciária, diminuem as influências que a autoridade investigatória poderia exercer na elaboração de um laudo técnico. Embora não seja o sistema perfeito ou ideal, é, sem dúvida, mais apurado e imparcial.

Art. 179

Código de Processo Penal Comentado · **Nucci**

408

> **Art. 179.** No caso do § 1.º do art. 159, o escrivão[84] lavrará o auto respectivo, que será assinado pelos peritos e, se presente ao exame, também pela autoridade.
>
> **Parágrafo único.** No caso do art. 160, parágrafo único,[85] o laudo, que poderá ser datilografado, será subscrito e rubricado em suas folhas por todos os peritos.

84. Auto de exame pericial realizado por peritos não oficiais: enquanto no primeiro caso – realização de laudo por perito oficial – a autoridade requisita a sua feitura ao órgão competente, recebendo-o pronto e devidamente assinado ao seu término, na hipótese de terem sido nomeados peritos não oficiais – duas pessoas idôneas, portadoras de diploma de curso superior, escolhidas, preferencialmente, dentre os que tiverem habilitação técnica relacionada à natureza do delito – é preciso que o escrivão do feito (extrajudicial ou judicial) lavre um auto (registro escrito e autenticado do ato), devidamente assinado pelos expertos e, quando for propício, também pela autoridade policial ou judiciária. A falta de assinatura dos peritos, como vem decidindo a jurisprudência, desde que comprovada a origem do laudo, não implica nulidade, mas mera irregularidade.

85. Formalidades do laudo: a redação do parágrafo único do art. 179 não é das mais apuradas, podendo levar a crer, erroneamente, que somente é datilografado, subscrito e rubricado em suas folhas por todos os peritos, o laudo que, nos termos do art. 160, parágrafo único, contar com um período de prorrogação para ser apresentado à autoridade. Na realidade, atualmente, na grande maioria dos casos, os laudos serão, sempre, datilografados ou impressos por computador, subscritos e rubricados em todas as folhas pelos peritos, restando prejudicada a observação de aplicação dessas formalidades somente aos casos do art. 160, parágrafo único. O objetivo de ter constado a expressa referência ao citado parágrafo único, do art. 160, é que muitos laudos podiam ser fornecidos verbalmente, o que se dava no momento da diligência, presidida diretamente pela autoridade policial ou judicial. Assim, fazendo uma inspeção, por exemplo, acompanhado de peritos, poderia o magistrado obter esclarecimentos verbais dos expertos, conforme o andamento da diligência. Tudo seria devidamente registrado no auto de inspeção, dispensando, pois, a apresentação do laudo escrito, assinado e rubricado pelos peritos. Como raramente se faz isso hoje em dia, os laudos periciais são sempre produzidos da maneira descrita no parágrafo único do art. 179.

> **Art. 180.** Se houver divergência[86] entre os peritos, serão consignadas no auto do exame as declarações e respostas de um e de outro, ou cada um redigirá separadamente o seu laudo, e a autoridade nomeará um terceiro; se este divergir de ambos, a autoridade poderá mandar proceder a novo exame por outros peritos.

86. Divergência entre peritos: tendo em vista que a lei exige a elaboração de exame pericial por dois peritos não oficiais, é possível que, entre eles, em tese, haja divergência. Assim ocorrendo, faculta-se que apresentem, no mesmo laudo, as suas opiniões em seções diferenciadas e com respostas separadas aos quesitos ou, caso prefiram, elabore cada qual o seu laudo. O magistrado *pode* – não sendo obrigatório – nomear um terceiro, chamado *perito desempatador*. Havendo nova divergência, o juiz *pode* determinar a realização de outra perícia, recomeçando o processo. Cremos haver as seguintes opções: a) os peritos não oficiais discordam entre si e o juiz, valendo-se do disposto no art. 182 (no sentido de que não está atrelado ao laudo, podendo aceitá-lo no todo ou parcialmente), opta por uma das versões ou rejeita ambas, calcando sua decisão nas demais provas produzidas nos autos; b) os peritos discordam e o juiz nomeia o desempatador. Ainda assim, havendo um resultado de dois contra um, o magistrado decidirá livremente qual corrente seguir (torna-se ao disposto no art. 182, CPP); c) os peritos discordam, o juiz nomeia o experto desempatador, que apresenta uma terceira versão, ficando o juiz livre para produzir nova perícia ou acreditar numa das três. Quanto ao perito oficial, autoriza-se agora, a elaboração do laudo por um só profissional (art. 159, *caput*).

> **Art. 181.** No caso de inobservância de formalidades,[87] ou no caso de omissões, obscuridades ou contradições, a autoridade judiciária mandará suprir a formalidade, complementar ou esclarecer o laudo.
>
> **Parágrafo único.** A autoridade poderá também ordenar que se proceda a novo exame, por outros peritos, se julgar conveniente.

87. Inobservância das formalidades: prevê a lei que, havendo ausência de cumprimento às formalidades legais (como a assinatura dos peritos no laudo e em todas as suas folhas), bem como sendo constatada omissão a respeito de esclarecimento imprescindível, obscuridade que transforme o laudo ou qualquer conclusão incompreensível ou mesmo contradição que o torne imprestável para a finalidade para a qual foi produzido, ao invés de se realizar outro exame, mandará o juiz – nesta hipótese, não pode ser determinado pelo delegado – que os peritos supram a falha, corrigindo o laudo. Naturalmente, como prevê o parágrafo único, se entender a autoridade não ser passível de suprimento a falta encontrada, ordenará a realização de nova perícia, pelos mesmos ou por outros peritos, conforme sua conveniência.

> **Art. 182.** O juiz não ficará adstrito ao laudo,[88] podendo aceitá-lo ou rejeitá-lo, no todo ou em parte.

88. Vinculação do juiz ao laudo pericial: é natural que, pelo sistema do livre convencimento motivado ou da persuasão racional, adotado pelo Código, possa o magistrado decidir a matéria que lhe é apresentada de acordo com sua convicção, analisando e avaliando a prova sem qualquer freio ou método previamente imposto pela lei. Seu dever é fundamentar a decisão, dando-lhe, pois, respaldo constitucional. Por tal motivo, preceitua o art. 182 que o juiz não está adstrito ao laudo, podendo acolher totalmente as conclusões dos expertos ou apenas parcialmente, além de poder rejeitar integralmente o laudo ou apenas parte dele. O conjunto probatório é o guia do magistrado e não unicamente o exame pericial. Ex.: é possível que o julgador despreze o laudo de exame do local, porque acreditou na versão oferecida por várias testemunhas ouvidas na instrução de que a posição original do corpo no momento do crime, por exemplo, não era a retratada pelo laudo. Assim, o juiz rejeitará o trabalho pericial e baseará sua decisão nos depoimentos coletados, que mais o convenceram da verdade real. Ocorre que não se pode dar ao art. 182 uma extensão indevida. Lembre-se que o Código de Processo Penal estabelece, em alguns casos, provas tarifadas, como é o caso do exame de corpo de delito para os crimes que deixam vestígios. Ora, em se tratando de um laudo toxicológico, comprovando que o material apreendido não é substância entorpecente, não pode o juiz rejeitá-lo, condenando o réu. Trata-se de prova indispensável para a materialidade da infração penal, de forma que, no máximo, pode o juiz, não concordando com a conclusão da perícia, determinar a realização de outra, mas não deve substituir-se ao experto. Por outro lado, equívoco comum encontramos naqueles que sustentam ser admissível, em um exame

Art. 183

Código de Processo Penal Comentado • **Nucci**　　410

de insanidade mental, que o juiz afaste o laudo decidindo em sentido contrário ao proposto pelo perito. Não pode fazê-lo, pois o Código Penal (art. 26) adota o sistema biopsicológico, exigindo que haja dupla avaliação para a situação de inimputabilidade, isto é, o perito atesta a parte biológica, demonstrando que o réu tem uma doença mental, enquanto o juiz avalia a parte psicológica, analisando se a doença se manifestava à época do crime, o que poderá fazer pela colheita das demais provas. Entretanto, caso o magistrado não concorde com a parte biológica, deve mandar fazer outro exame, mas não pode dizer que é saudável aquele que o perito disse ser doente ou vice-versa. É possível, no entanto, que afaste a conclusão do laudo relativa à manifestação da enfermidade no instante do cometimento do delito, mas sem ingressar no mérito da existência da doença. Portanto, embora o art. 182 seja explícito ao dar possibilidade ao juiz para avaliar o laudo, deve a norma ser interpretada em consonância com as demais regras do sistema penal e processual penal. De qualquer forma, ainda quando lhe seja possível distanciar-se do exame pericial, deve-se seguir o alerta feito por Espínola Filho de que "ao juiz não é lícito nunca enveredar pelo terreno do capricho e do arbitrário, e, obrigado sempre a motivar e fundamentar o que decide, terá de justificar, com razões mais fortes, a sua orientação, no sentido de desprezar as razões, com que se sustenta o parecer técnico dos peritos especializados" (*Código de Processo Penal brasileiro anotado*, v. 2, p. 571). Não é demais ressaltar, no entanto, que, a partir da edição da Lei 11.690/2008, admitindo a participação de assistentes técnicos, indicados pelas partes, o juiz terá maiores dados para, querendo, rejeitar o laudo oficial e acolher as ponderações de qualquer dos assistentes técnicos. Na jurisprudência: STJ: "2. Nos termos do art. 182 do Código de Processo Penal, o laudo pericial não vincula o magistrado, que poderá aceitá-lo ou rejeitá-lo, no todo ou em parte, desde que o faça em decisão validamente motivada" (AgRg no HC 670.010/SP, 6.ª T., rel. Rogerio Schietti Cruz, 15.05.2023, v.u.); "3. Consoante o disposto no art. 182 do Código de Processo Penal, o laudo pericial não vincula o magistrado, que poderá aceitá-lo ou rejeitá-lo, no todo ou em parte, desde que o faça em decisão validamente motivada, o que restou observado no caso em apreço" (AgRg no REsp 1.937.154/SP, 5.ª T., rel. Ribeiro Dantas, 24.08.2021, v.u.).

> **Art. 183.** Nos crimes em que não couber ação pública,[89] observar-se-á o disposto no art. 19.

89. Destino do laudo em crimes de ação privada: determina a lei que deve ser seguida a regra do art. 19 do Código de Processo Penal, vale dizer, será o laudo remetido ao juízo competente, após ter sido elaborado, aguardando a iniciativa do ofendido ou de seu representante legal, podendo ser retirado diretamente pelo interessado, mediante traslado. Assim como o inquérito que, uma vez concluído, pode ser entregue diretamente à parte para a propositura da ação penal, também o laudo terá o mesmo destino. Entretanto, vem a doutrina questionando essa formalidade, defendendo, com razão, seja sempre o laudo juntado aos autos, seja do inquérito, seja do processo-crime, aguardando-se a manifestação da parte (ou das partes) interessada. Não há motivo razoável para que seja o laudo colocado à parte do inquérito ou do processo, esperando requerimento do interessado para ser juntado aos autos.

> **Art. 184.** Salvo o caso de exame de corpo de delito, o juiz ou a autoridade policial negará[90] a perícia requerida pelas partes, quando não for necessária ao esclarecimento da verdade.

90. Indeferimento de realização de perícia: trata-se de uma providência natural, no quadro de produção de provas, que a autoridade policial ou judiciária indefira aquelas que forem impertinentes para a solução do caso. Entretanto, o artigo faz expressa ressalva ao exame de corpo de delito, que é determinado por lei para a prova da materialidade dos delitos que deixam vestígios materiais, a fim de evitar a supressão desse exame por autoridades mais afoitas. Não há recurso contra a decisão do delegado ou do juiz que indefira a realização de perícia. Pode a situação, entretanto, conforme o caso, determinar a interposição de recursos alternativos, isto é, não previstos especificamente para a hipótese. Se a autoridade policial recusar a feitura de um exame pericial considerado importante, resta ao interessado requerer ao representante do Ministério Público ou à autoridade judiciária que a requisite, fazendo com que o delegado a produza. Se o indeferimento provier de juiz, pode ser interposto mandado de segurança ou, eventualmente, ser novamente questionada a produção da prova em grau de recurso, como preliminar de apelação ou recurso em sentido estrito, conforme o caso. É importante destacar que o indeferimento precisa basear-se na *inutilidade* da produção da prova, não podendo representar, depois, um prejuízo nítido para a parte que a requereu na ocasião da sentença. Afinal, se isto acontecer, vê-se a materialização do cerceamento do direito à produção de prova. Na jurisprudência: STJ: "1. A jurisprudência desta Corte é orientada no sentido de que 'o indeferimento fundamentado de pedido de produção de prova não caracteriza constrangimento ilegal, pois cabe ao juiz, na esfera de sua discricionariedade, negar motivadamente a realização das diligências que considerar desnecessárias ou protelatórias' (HC 198.386/MG, Rel. Ministro Gurgel de Faria, Quinta Turma, *DJe* 2/2/2015). (...) 3. Na espécie, as instâncias ordinárias destacaram a gravidade concreta da conduta do recorrente, em especial a possibilidade de reiteração delitiva, pois o acusado, aproveitando-se da sua condição de professor, praticou os atos libidinosos diversos da conjunção carnal com suas alunas, todas com idades entre 8 e 9 anos, dentro da sala de aula, durante o horário escolar, obrigando-as a nele fazerem sexo oral, além de apalpar suas genitálias, ameaçando-as, caso contassem tais fatos para alguém, havendo risco concreto de continuidade no cometimento de infrações penais" (AgEg no RHC 127.796/PA, 5.ª T., rel. Ribeiro Dantas, 18.08.2020, v.u.).

Capítulo III
DO INTERROGATÓRIO DO ACUSADO[1-3]

1. Conceito de interrogatório judicial: trata-se do ato processual que confere oportunidade ao acusado de se dirigir diretamente ao juiz, apresentando a sua versão defensiva aos fatos que lhe foram imputados pela acusação, podendo inclusive indicar meios de prova, bem como confessar, se entender cabível, ou mesmo permanecer em silêncio, fornecendo apenas dados de qualificação. O interrogatório policial é o que se realiza durante o inquérito, quando a autoridade policial ouve o indiciado, acerca da imputação indiciária.

2. Razão de ser da reforma introduzida pela Lei 10.792/2003: o principal objetivo da nova lei foi a criação e regulamentação do denominado *regime disciplinar diferenciado* (RDD), destinado ao abrigo, em cela individual de presídio de segurança máxima, dos presos provisórios e condenados considerados de alto risco para a segurança do estabelecimento penal e da sociedade, sob regime particularmente gravoso (art. 52 da Lei 7.210/1984 – Lei de Execução Penal). Entretanto, uma das preocupações correlatas sempre foi o momento de realização do interrogatório desses presos, cujo transporte e escolta ao fórum representava perigo de resgate, além de alto custo para o Estado. Pretendendo minorar esses efeitos, debateu-se a possibilidade de realização do interrogatório por intermédio de videoconferência, o que foi rejeitado, à época, propiciando, então, a adoção de fórmula alternativa: buscando evitar que o réu preso fosse ao fórum para o interrogatório (ato processual individual, não muito prolongado, como regra), cercado de escolta e ainda com possibilidade de risco para a

Art. 185

Código de Processo Penal Comentado · Nucci

segurança do juiz, dos seus auxiliares e do público em geral, passou-se a exigir que o juiz se dirigisse ao presídio, para, em sala própria, quando tivesse a segurança indispensável, realizasse o interrogatório de um ou mais réus. Aproveitando, então, a modificação no capítulo do interrogatório, o legislador terminou aprovando o projeto, quase na íntegra, apresentado pela comissão presidida pela Professora Ada Pellegrini Grinover (Projeto 4.204/2001), aprimorando as normas processuais à luz da Constituição de 1988. Implementou-se a possibilidade de interrogatório do acusado no estabelecimento penal em que se encontrasse. Entretanto, as Leis 11.689/2008 e 11.719/2008 modificaram o rito procedimental e o interrogatório foi lançado como último ato da instrução, na audiência una para colher toda a prova oral. Dessa forma, inviabilizou-se o interrogatório no presídio, feito pelo juiz, como primeiro ato da instrução. Adveio a Lei 11.900/2009, ingressando com o sistema da videoconferência, conforme será analisado em nota própria.

3. Natureza jurídica do interrogatório: há quatro posições: a) é meio de prova, fundamentalmente (Camargo Aranha); b) é meio de defesa (Galdino Siqueira, Pimenta Bueno, Manzini, Clariá Olmedo, João Mendes Júnior, Ada Pellegrini Grinover, Tourinho Filho, Adriano Marrey, Alberto Silva Franco, Bento de Faria, Antonio Magalhães Gomes Filho, Jorge Alberto Romeiro. Alguns desses deixam entrever a possibilidade de considerá-lo, em segundo plano, como *fonte* de prova); c) é meio de prova e de defesa (Vicente de Azevedo, Frederico Marques, Hélio Tornaghi, Paulo Heber de Morais e João Batista Lopes, Fernando de Almeida Pedroso, Mirabete, Greco Filho, Carnelutti, Florian, David Teixeira de Azevedo, Borges da Rosa, Paulo Lúcio Nogueira, Ary Azevedo Franco, Guglielmo Sabatini, Carlos Henrique Borlido Haddad, Marcos Alexandre Coelho Zilli); d) é meio de defesa, primordialmente; em segundo plano, é meio de prova (Hernando Londoño Jiménez, Ottorino Vannini). Esta última é a posição que adotamos. Note-se que o interrogatório é, fundamentalmente, um meio de defesa, pois a Constituição assegura ao réu o direito ao silêncio. Logo, a primeira alternativa que se avizinha ao acusado é calar-se, daí não advindo consequência alguma. Defende-se apenas. Entretanto, caso opte por falar, abrindo mão do direito ao silêncio, seja lá o que disser, constitui *meio de prova* inequívoco, pois o magistrado poderá levar em consideração suas declarações para condená-lo ou absolvê-lo.

> **Art. 185.** O acusado que comparecer perante a autoridade judiciária, no curso do processo penal, será qualificado e interrogado na presença de seu defensor, constituído ou nomeado.[4-9-A]
>
> § 1.º O interrogatório do réu preso será realizado, em sala própria, no estabelecimento em que estiver recolhido, desde que estejam garantidas a segurança do juiz, do membro do Ministério Público e dos auxiliares bem como a presença do defensor e a publicidade do ato.[10-11-11A]
>
> § 2.º Excepcionalmente,[12] o juiz, por decisão fundamentada,[12-A-12-B] de ofício ou a requerimento das partes,[12-C] poderá realizar o interrogatório do réu preso[12-D] por sistema de videoconferência[12-E] ou outro recurso tecnológico de transmissão de sons e imagens em tempo real, desde que a medida seja necessária para atender a uma das seguintes finalidades:[12-F]
>
> I – prevenir risco à segurança pública, quando exista fundada suspeita de que o preso integre organização criminosa ou de que, por outra razão, possa fugir durante o deslocamento;[12-G]
>
> II – viabilizar a participação do réu no referido ato processual, quando haja relevante dificuldade para seu comparecimento em juízo, por enfermidade ou outra circunstância pessoal;[12-H]

III – impedir a influência do réu no ânimo de testemunha ou da vítima, desde que não seja possível colher o depoimento destas por videoconferência, nos termos do art. 217 deste Código;[12-I]

IV – responder à gravíssima questão de ordem pública.[12-J]

§ 3.º Da decisão que determinar a realização de interrogatório por videoconferência, as partes serão intimadas com 10 (dez) dias de antecedência.[12-K]

§ 4.º Antes do interrogatório por videoconferência, o preso poderá acompanhar, pelo mesmo sistema tecnológico, a realização de todos os atos da audiência única de instrução e julgamento de que tratam os arts. 400, 411 e 531 deste Código.[12-L-12-M]

§ 5.º Em qualquer modalidade de interrogatório, o juiz garantirá ao réu o direito de entrevista prévia e reservada com o seu defensor; se realizado por videoconferência, fica também garantido o acesso a canais telefônicos reservados para comunicação entre o defensor que esteja no presídio e o advogado presente na sala de audiência do Fórum, e entre este e o preso.[12-N]

§ 6.º A sala reservada no estabelecimento prisional para a realização de atos processuais por sistema de videoconferência será fiscalizada pelos corregedores e pelo juiz de cada causa, como também pelo Ministério Público e pela Ordem dos Advogados do Brasil.[12-O]

§ 7.º Será requisitada a apresentação do réu preso em juízo nas hipóteses em que o interrogatório não se realizar na forma prevista nos §§ 1.º e 2.º deste artigo.[12-P]

§ 8.º Aplica-se o disposto nos §§ 2.º, 3.º, 4.º e 5.º deste artigo, no que couber, à realização de outros atos processuais que dependam da participação de pessoa que esteja presa, como acareação, reconhecimento de pessoas e coisas, e inquirição de testemunha ou tomada de declarações do ofendido.[12-Q]

§ 9.º Na hipótese do § 8.º deste artigo, fica garantido o acompanhamento do ato processual pelo acusado e seu defensor.[12-R]

§ 10. Do interrogatório deverá constar a informação sobre a existência de filhos, respectivas idades e se possuem alguma deficiência e o nome e o contato de eventual responsável pelos cuidados dos filhos, indicado pela pessoa presa.[12-S]

4. Obrigatoriedade do interrogatório: durante o curso do processo penal, que segue até o trânsito em julgado da decisão condenatória ou absolutória, a autoridade judiciária de 1.º ou 2.º grau, a qualquer momento, fora do instante próprio, que é o da realização da audiência de instrução e julgamento, pode ouvir o réu. É possível que esteja foragido e seja preso, ou se torne ausente e, tomando conhecimento do processo, compareça espontaneamente, bem como que seja encontrado e intimado a tanto. Por isso, é imprescindível o oferecimento, pelo magistrado, da oportunidade de ser ouvido, qualificando-o e colhendo dados pessoais (interrogatório de qualificação), bem como lhe oferecendo a ocasião de apresentar a sua versão sobre a acusação (interrogatório de mérito). Ainda que possua o direito ao silêncio, este não abrange, como regra, a ser analisado em nota própria ao art. 187, o momento da sua qualificação, razão pela qual é sempre indispensável proporcionar ao acusado o instante do interrogatório. Naturalmente, se o processo já estiver em 2.º grau, aguardando para ser julgado, pode o Tribunal determinar seja o réu ouvido pelo juiz de 1.º grau ou, se houver preferência, pode ser ouvido pelo relator. A falta do interrogatório, quando o réu se torna presente após o momento próprio, é nulidade relativa, isto é, somente deve ser reconhecida se houver

Art. 185

Código de Processo Penal Comentado · **Nucci**

provocação da parte interessada, demonstrando ter sofrido prejuízo. Na jurisprudência: STJ: "1. O interrogatório é o ato processual por meio do qual o réu tem a faculdade de expor a sua versão dos fatos narrados na exordial acusatória, nos termos do art. 185 e seguintes do Código de Processo Penal. Todavia, não há que se falar em violação do contraditório e da ampla defesa, pela não realização do referido ato processual, se o próprio investigado – ciente da acusação – empreendeu fuga do distrito da culpa, estava foragido por ocasião do interrogatório e só apontou a ocorrência de nulidade nas alegações finais, logo após a sua captura, quando já encerrada a instrução criminal e apresentadas as razões finais do Ministério Público estadual. 2. Agravo regimental não provido" (AgRg no HC 428.036/SP, 6.ª T., rel. Rogerio Schietti Cruz, 18.09.2018, v.u.).

4-A. Momento processual adequado para a realização do interrogatório: debate-se, em doutrina, se o momento mais adequado para o juiz ouvir o réu deveria ser o início ou o final da instrução, vale dizer, a primeira inquirição a ser feita ou a última. Pelo sistema inicialmente adotado pelo Código de Processo Penal era realizado em primeiro plano. Vantagens: a) o réu tem a chance de ofertar a sua autodefesa, esclarecendo o que bem quiser ao magistrado, em primeiro lugar, antes mesmo da manifestação técnica de seu defensor. Consagra-se uma autêntica *contestação verbal*; b) pode o acusado optar pelo silêncio e nenhuma declaração fornecer, não se podendo levar em conta essa posição adotada para a formação do convencimento do julgador; c) ao dar sua versão acerca dos fatos que lhe foram imputados, *antes* da instrução, pode auxiliar o magistrado a fazer as perguntas certas às testemunhas, pois já possui as teses tanto da acusação como da defesa. Desvantagens: a) o réu, sem ouvir o que as testemunhas têm a dizer sobre os fatos, é levado a contrariar a acusação. Por isso, às vezes, exemplificando, admite a autoria, alegando qualquer excludente de ilicitude ou de culpabilidade, quando, na realidade, nenhuma prova contundente quanto à sua participação no delito se formará depois. Em suma, *admite* a prática do crime sem necessidade; b) a melhor defesa é sempre a última palavra, pois já se tem um quadro global do que foi produzido pela acusação. A Lei 9.099/1995 adotara procedimento diverso, prevendo a oitiva do réu, em interrogatório, ao final da colheita da prova (art. 81, *caput*). Nenhum sistema é perfeito, contando, como já demonstramos, com vantagens e desvantagens. Deve-se, pois, seguir o rito estabelecido em lei. A alteração trazida pelas Leis 11.689/2008 e 11.719/2008 passou o interrogatório para o último ato da instrução no procedimento comum (ordinário, sumário e sumaríssimo) e no procedimento do júri. A consequência dessa modificação tem sido sentida por vários magistrados, na prática: elevou-se o número de confissões. A razão é simples. O réu acompanha toda a audiência de instrução, ouvindo todos os depoimentos. Quando estes são francamente desfavoráveis, o que lhe resta fazer no interrogatório senão admitir ter sido ele o autor da infração penal? Cuida-se, afinal, de reação natural e lógica do ser humano buscar não ser tolo, negando o óbvio. Anteriormente, sendo ouvido, separadamente, em primeiro lugar, poderia falar qualquer coisa e não haveria confronto algum.

5. Condução coercitiva para interrogatório: é admissível, em termos, quando voltada a colher dados de identificação do acusado. Afinal, este não possui direito ao silêncio no tocante à sua qualificação. Por isso, o juiz pode determinar que o acusado seja levado à sua presença para ser qualificado e expressar, diretamente, o seu desejo de permanecer calado, se for o caso. Entretanto, se o acusado for conhecido e devidamente qualificado, pode optar por não comparecer, fazendo valer seu direito ao silêncio, sem a necessidade de qualquer medida coercitiva para obrigá-lo a ir a juízo. Neste último prisma, já decidiu o STF.

6. Cautela para a revogação da liberdade provisória: não configura motivo determinante para a revogação da liberdade provisória concedida ao réu a sua ausência ao interrogatório para o qual estava devidamente cientificado. O direito ao silêncio acarreta o direito de não comparecer, salvo se o magistrado deseje ouvi-lo acerca da sua qualificação. Ainda assim, a condução coercitiva é o meio próprio para fazê-lo comparecer, sendo desnecessária a imposição de sua prisão.

7. Crítica à sua obrigatoriedade: cremos ser viável que o interrogatório deixe de ser ato processual obrigatório, isto é, durante a instrução, em audiência, convocar-se o réu para ficar diante do juiz, mesmo sabendo que ele tem direito ao silêncio e pode não querer dizer nada. Por que gerar, então, a posição constrangedora de ficar face a face com o magistrado, invocando a pretensão de se manter calado? Consequência disso é que alguns juízes continuam extraindo conclusões negativas para a defesa do réu. O ideal seria o interrogatório como ato facultativo, a realizar-se a critério da defesa, quando o réu estivesse devidamente identificado e não necessitasse ser qualificado diante do juiz. No mesmo prisma, conferir a posição de João Cláudio Couceiro (*A garantia constitucional do direito ao silêncio*, p. 363). Nessa hipótese, renunciando ao direito ao silêncio, poderia oferecer os meios de prova e as teses que entendesse cabíveis, contando com o questionamento das partes, embora por intermédio do magistrado. Colocar-se-ia nessa posição porque quer e não por obrigação decorrente de lei.

8. Interrogatório e citação da pessoa jurídica: a partir da edição da Lei 9.605/1998, cuidando dos crimes contra o meio ambiente, tornou-se possível considerar a pessoa jurídica autora de infração penal, no Brasil. A referida Lei encontra respaldo constitucional no art. 225, § 3.º, causando, no entanto, imensa polêmica dentre penalistas e processualistas. Não sendo este o lugar apropriado para o debate acerca da conveniência da responsabilidade penal da pessoa jurídica, resta analisar o aspecto ligado à sua posição na relação processual. Como ré, tem o direito de ser interrogada, visto ser este momento do processo um meio primordialmente de defesa e, secundariamente, de prova. Naturalmente, o Código de Processo Penal não previu, em nenhum de seus dispositivos, a possibilidade de a pessoa jurídica ser interrogada, pois à época de sua edição esta possibilidade era inexistente em direito penal. Assim, é cabível e recomendável que sejam feitas adaptações, por analogia, à inquirição da pessoa jurídica. Tem sugerido a doutrina a utilização, em conjunto, das normas do processo civil e do processo trabalhista, fazendo com que a pessoa jurídica seja ouvida por representante que indicar, mas não necessariamente seu representante legal, pois este pode não ter conhecimento do fato. Lembrando lição de Ada Pellegrini Grinover, escreve a respeito Fernando Castelo Branco: "A solução para o interrogatório da pessoa jurídica estaria, segundo Grinover, na adoção, também por analogia, das regras da Consolidação das Leis do Trabalho, que facultam ao empregador 'fazer-se substituir pelo gerente, ou qualquer outro preposto que tenha conhecimento do fato'. Obviamente se a substituição é facultada no processo trabalhista, maior razão teria para sê-lo no âmbito do processo penal, no qual o interrogatório caracteriza a principal e, por vezes, única manifestação da autodefesa. Caberia, portanto, sob essa interpretação, à pessoa jurídica indicar a pessoa física que será interrogada. Não resta dúvida de que a integração normativa, por meio da analogia – quer ao Código de Processo Civil, quer à Consolidação das Leis do Trabalho –, é capaz de solucionar, emergencialmente, as lacunas verificadas na lei ambiental, relativas ao interrogatório da pessoa jurídica" (*A pessoa jurídica no processo penal*, p. 147-148). A citação, no entanto, será feita na pessoa do representante legal, conforme dispõe o art. 75 do Código de Processo Civil: "Serão representados em juízo, ativa e passivamente: (...) VIII – a pessoa jurídica, por quem os respectivos atos constitutivos designarem ou, não havendo essa designação, por seus diretores". Para a data do interrogatório a pessoa jurídica indica, por instrumento de preposição, quem será em seu lugar ouvido, estando sujeito, naturalmente, às mesmas regras que envolvem a pessoa física: pode utilizar o direito ao silêncio, se desejar, pode recusar-se a responder perguntas inconvenientes ou impertinentes bem como pode confessar e admitir a prática da infração penal ou fatos interessantes para o deslinde da causa, vinculando, no que disser, a ré.

Art. 185

Código de Processo Penal Comentado · **Nucci**

9. Presença do defensor: a partir das Leis 10.792/2003 e 11.719/2008, torna-se indispensável que o interrogatório seja acompanhado por defensor, constituído, dativo ou público. Ocorrerá o ato ao final da instrução, depois da oitiva da vítima e das testemunhas, razão pela qual é natural que o acusado tenha uma defesa técnica.

9-A. Interrogatório por precatória, rogatória e carta de ordem: quando o acusado se encontra em outra Comarca, preso ou solto, o ideal é realizar o interrogatório por meio de carta precatória. Assim fazendo, outro magistrado, pessoalmente, tem a oportunidade de ouvi-lo frente a frente. Pode-se, ainda, realizar o interrogatório por intermédio de carta rogatória, expedida para outro país, desde que ali se encontre o réu e haja acordo entre o Brasil e o Estado rogado. Admite-se, também, a expedição de carta de ordem, quando autoridade judiciária de Tribunal Superior determina a juízo inferior que proceda o interrogatório em seu nome. Exigir que o réu seja ouvido no juízo onde corre o seu processo criminal pode representar um gravame incomum, fazendo com que ele não compareça. Mesmo sendo, no procedimento ordinário deste Código, o último ato da instrução, conforme o caso, entendemos possível expedir precatória ou rogatória, de antemão, com a concordância da defesa, para ouvir o acusado, desde que seja essa a sua preferência. Por conta da pandemia da covid-19, muitas audiências foram realizadas por meio de videoconferência, o que pode ser um novo mecanismo para ouvir o acusado em outra Comarca, mesmo sem o envio de precatória. Na jurisprudência: STJ: "Embora não exista norma que obrigue a realização do interrogatório por carta rogatória, esta Corte já proclamou a possibilidade de tal procedimento. Faz-se necessário, portanto, justificar concretamente a negativa do benefício, o que não ocorreu na hipótese" (HC 132.102/SP, 6.ª T., rel. Maria Thereza de Assis Moura, 05.06.2012, empate).

10. Interrogatório de réu preso: passaria a ser realizado, como regra, no estabelecimento penal em que se encontrasse o acusado e não mais no fórum. Evitar-se-ia, como já exposto na nota 2 *supra*, o deslocamento do preso sob escolta e risco de fuga do prédio do Judiciário, constituindo um meio mais fácil a ida do magistrado ao presídio, desde que garantida a sua segurança e de seus auxiliares. É certo não ser este o meio ideal de se proceder, embora tenha sido a solução conciliatória diante da falta de segurança suficiente nos fóruns em geral, bem como de número considerável de policiais deslocados para a escolta, gerando ausência das atividades de patrulhamento, além de investimento de alta monta. Porém, esse procedimento somente tinha sentido quando o interrogatório era o primeiro ato da instrução. Atualmente, cuida-se do último, após a colheita de todos os depoimentos (vítima e testemunhas), razão pela qual o acusado já estará presente em audiência, acompanhando a instrução. Por outro lado, se houver aquiescência das partes, a audiência pode desenvolver-se com o réu, no presídio, seguindo tudo por videoconferência. Na jurisprudência: STJ: "1. Estabelece o art. 185, § 2.º, I, do Código de Processo Penal que a realização de audiências virtuais é legítima para 'prevenir risco à segurança pública, quando exista fundada suspeita de que o preso integre organização criminosa ou de que, por outra razão, possa fugir durante o deslocamento'. Com efeito, a Resolução n. 481/2022 do Conselho Nacional de Justiça disciplina a matéria de forma similar. 2. Na hipótese, o Juízo de origem fundamentou a necessidade de realização de audiência virtual com base no risco à segurança pública, notadamente porque, em ato anterior, foi necessária 'a presença da equipe de elite da Polícia Federal para resguardar a segurança dos presentes e evitar qualquer risco de fuga. Também foi necessário fechar parcialmente a via em frente à Justiça Federal. Assim, a audiência do processo conexo contou com diversos policiais judiciários, policiais do sistema prisional e grupo de atiradores de elite da Polícia Federal, não se justificando a mobilização de todo este aparato mais uma vez'" (AgRg no AgRg no RHC n. 186.810/MG, relator Ministro Rogerio Schietti Cruz, 6.ª T., 05.03.2024, *DJe* de 02.04.2024).

11. Interrogatório por videoconferência e ampla defesa: há, certamente, imensas dificuldades para a movimentação de réus presos entre os estabelecimentos onde se encontram e os fóruns onde devem ser ouvidos. Conferir o julgado citado na nota supra. À distância, pode-se baratear o custo de deslocamento e aparato de segurança do presídio ao fórum onde se encontra o magistrado e a audiência se realiza. Ademais, há situações nas quais a instrução integral se realiza por videoconferência, motivo pelo qual assim também se dá no tocante ao interrogatório. Desse modo, tem ocorrido a oitiva do acusado pelo meio eletrônico. Não se pode dizer que é o ideal, embora tenha se revelado um mecanismo útil. A maior preocupação, todavia, concerne ao ato de reconhecimento de pessoa, pois a visualização do acusado e pessoas colocadas ao seu lado pela testemunha ou vítima, por videoconferência, não é um mecanismo eficiente e seguro. Quando o sistema tecnológico permitir uma imagem perfeitamente nítida pode-se garantir esse formato; contudo, ainda não há essa apresentação, razão pela qual é preciso cautela. Um dos pontos peculiares, a demandar a presença física entre julgador e réu, encontra-se no Tribunal do Júri, pois os jurados, pessoas leigas, precisam desse contato para *sentir* a prova e *captar* os argumentos das partes. Não nos convencemos de um julgamento em plenário do Tribunal Popular realizado por videoconferência.

11-A. Interrogatório de réu foragido: a videoconferência intensificou-se após a pandemia da Covid-19, gerando inúmeras oportunidades para o seu uso no meio judiciário, realizando-se audiências de instrução, bem como sustentações orais em Tribunais. Uma questão surgiu nesse contexto, referente à possibilidade de se realizar o interrogatório de acusado foragido à distância. Não se encontra preso – o que poderia justificar a excepcionalidade da videoconferência –, embora também não esteja *livre* para comparecer diante do magistrado, promovendo a sua autodefesa, pois seria detido. Segundo nos parece, em princípio, inexistiria impedimento para que se pudesse realizar o interrogatório *online* e, portanto, à distância, de acusado foragido. Entretanto, quando se realiza um ato à distância, em especial com a importância do interrogatório, é essencial que se saiba onde está sendo realizado e quem está presente para assegurar a doneidade da situação, devendo o defensor se encontrar presente, junto ao interrogando (*vide* as cautelas do art. 185, § 5.º). Afinal, pode haver qualquer constrangimento ao réu, impedindo-lhe de prestar os esclarecimentos pretendidos. Desse modo, se está foragido, torna-se difícil que realize o interrogatório juntamente com seu advogado, até porque o ato se desenvolve ao final da audiência de instrução, em que se deve certificar a presença do acusado. Se ele não comparece à audiência, realizada no fórum, de modo presencial, abre mão da sua oportunidade de ser interrogado. Se a audiência se faz à distância, da mesma maneira, ele precisa se encontrar desde o início presente; para o interrogatório, demanda-se o acompanhamento de seu advogado. Nessa conjuntura de cautelas, para garantir a correção do ato processual, a viabilidade prática do interrogatório a distância é mínima. Por se tratar de questão recente, inexiste posição pacífica a esse respeito. Na jurisprudência: STJ: "1. A garantia fundamental da ampla defesa se desdobra no direito à defesa técnica, de caráter indisponível, e no direito à autodefesa, nas vertentes do direito de audiência e no direito de presença, ambos disponíveis. Com efeito, o direito de presença do réu é desdobramento do princípio da ampla defesa em sua vertente autodefesa, franqueando-se ao réu a possibilidade de presenciar e participar da instrução processual, auxiliando seu advogado, se for o caso, na condução, direcionamento dos questionamentos e diligências. Nada obstante, não se trata de direito absoluto, sendo pacífico nos Tribunais Superiores que a presença do réu na audiência de instrução, embora conveniente, não é indispensável para a validade do ato, e, consubstanciando-se em nulidade relativa, necessita para a sua decretação da comprovação de efetivo prejuízo para a defesa, o que não ficou demonstrado no caso dos autos (AgRg no HC n. 411.033/PE, Ministro Reynaldo Soares da Fonseca, Quinta Turma, *DJe* 20/10/2017). 2. Estando o réu solto, cabe ao Estado-acusador, a fim de garantir ao réu o exercício do seu

Art. 185

Código de Processo Penal Comentado · **Nucci** 418

direito, cientificá-lo da prática do ato para que o réu exerça ou não seu direito à autodefesa. 3. O princípio da ampla defesa não possui a extensão pretendida na presente impetração. Todo exercício de direito acarreta maior ou menor medida ônus por parte do réu. Sendo a audiência presencial, cumpre, ao réu solto e regularmente intimado, comparecer ao ato se quiser exercer o direito à autodefesa. 4. Constitui fundamento suficiente para negar participação telepresencial em audiência marcada presencialmente o fato de o réu estar foragido" (HC 809.710/MG, 6.ª T., rel. Sebastião Reis Júnior, 05.09.2023, v.u.).

12. A excepcionalidade do uso da videoconferência: temos sustentado inexistirem direitos absolutos e intocáveis, sejam eles constitucionais ou provenientes de legislação ordinária. A meta do sistema processual penal do Estado Democrático de Direito é compatibilizar os direitos individuais com a guarida à segurança coletiva. Por isso, a lei aponta a excepcionalidade da utilização da videoconferência. Demanda-se decisão fundamentada e alguma das hipóteses descritas nos incisos I a IV do § 2.º do art. 185 do Código de Processo Penal. Diante disso, é fundamental não se permitir a vulgarização da utilização da videoconferência por mero comodismo dos órgãos judiciários ou estatais em geral. Ser *mais fácil* não significa ser o *ideal*. Ser mais célere, por si só, não simboliza modernidade, nem preservação de direitos. Portanto, deferir-se a videoconferência, fora do contexto da excepcionalidade, fere a ampla defesa. Na jurisprudência: STJ: "3. Na situação dos autos, a opção pelo interrogatório do agravante por meio de videoconferência justifica-se em razão da emergência sanitária vivenciada não apenas pelo Brasil, mas pelo mundo todo, diante da pandemia causada pelo novo coronavírus. Com o objetivo de minimizar os agravos causados pela disseminação da doença, os governos locais adotaram diversas medidas restritivas. 4. Portanto, não há que se falar em nulidade, seja pela presença de amparo legal para a realização do interrogatório por meio de videoconferência, especialmente considerando a necessidade da adoção do procedimento tendo em vista a situação emergencial de saúde pública vivenciada pelo mundo neste momento" (AgRg no HC 648.336/MS, 5.ª T., rel. Reynaldo Soares da Fonseca, 25.05.2021, v.u.); "2. A decisão atacada tem respaldo no Regimento Interno do Tribunal a quo e no art. 185, § 2.º, do Código de Processo Penal, aplicável por analogia, que admite a realização do julgamento na modalidade virtual por meio recurso tecnológico de transmissão de sons e imagens. Vale destacar, ainda, que em função da pandemia de Covid-19 estavam suspensos por prazo indeterminado os julgamentos presenciais e sem previsão de quando iriam voltar a acontecer. 3. Além da devida previsão legal para o julgamento virtual, a decisão que indeferiu o pedido da defesa atendeu aos princípios constitucionais da celeridade processual e da razoável duração do processo, mantendo por outro lado as garantias do devido processo legal e da ampla defesa, uma vez que foi possibilitada a sustentação oral requerida por meio do envio de arquivo de áudio e vídeo pela defesa do acusado. Precedentes" (HC 610.521/RS, 5.ª T., rel. Joel Ilan Paciornik, 14.09.2021, v.u.).

12-A. Decisão judicial fundamentada: todas as decisões do Poder Judiciário devem ser fundamentadas (art. 93, IX, CF), mas nunca é demais relembrar, no texto da lei ordinária, ser esse parâmetro essencial a determinados cenários do processo penal. Por isso, simbolizando a utilização da videoconferência uma restrição ao direito de audiência, exercitado pessoalmente pelo réu, exige-se a motivação judicial para o ato. Aliás, por se tratar de decisão excepcional e vinculada aos pressupostos legais (como a decretação da prisão preventiva, por exemplo), é indispensável conhecer os parâmetros usados pelo magistrado para adotar a videoconferência, caso esse formato seja destinado apenas ao interrogatório. Na jurisprudência: STJ: "1. Com o advento da Lei 11.900/2009, passou-se a admitir a realização do interrogatório do acusado por sistema audiovisual, estando a mencionada forma de inquirição prevista no artigo 185 do Código de Processo Penal. 2. A realização do interrogatório por videoconferência é medida excepcional, a ser justificada com base em qualquer das hipóteses previstas no § 2.º do artigo 185 da Lei Processual Penal. 3. No caso dos autos, observa-se que foi apresentada motivação plausível para que o acusado não fosse ouvido presencialmente, estando a utilização do sistema de videoconferência justificada em razão da superveniente comunicação da sua prisão pela prática de outro crime. 4. Embora a realização da audiência por meio de videoconferência tenha sido justificada apenas por ocasião da assentada, razão pela qual também não houve a prévia intimação da defesa para se manifestar sobre a questão, foi apresentada fundamentação idônea para que o ato não fosse adiado a fim de que fosse renovado com a presença do réu. 5. O acusado acompanhou toda a audiência, teve a oportunidade de se entrevistar reservadamente com o seu advogado e apresentou sua versão dos fatos, negando a prática criminosa, o que revela a ausência de prejuízos à defesa e impede o reconhecimento da eiva arguida" (AgRg no RHC 129.957/CE, 5.ª T., rel. Jorge Mussi, 18.08.2020, v.u.).

12-B. Recurso cabível: deve-se utilizar o *habeas corpus*, caso o juiz opte pelo uso da videoconferência fora dos parâmetros legais. Constitui constrangimento ilegal ao réu tomar parte no processo, a distância, se o cenário não for excepcional.

12-C. Decretação de ofício ou por provocação: tratando-se de forma de produção de provas (no caso, o modo de realização do *direito de audiência* do réu), naturalmente, não depende de exclusiva provocação da parte interessada. O magistrado, como em vários outros pontos (prova testemunhal, documental, pericial etc.), pode determinar a sua realização, de ofício, se, no caso concreto, for viável a utilização da videoconferência. Conforme a situação, tão logo designe a audiência de instrução e julgamento, deve motivar a sua decisão pela opção da videoconferência.

12-D. Réu preso: evidencia-se a excepcionalidade da medida para o acusado detido, quando este se encontra no estabelecimento prisional e a audiência se realiza, de modo presencial, no fórum. No entanto, se a instrução integral se faz por videoconferência, torna-se natural que o interrogatório se faça por esse mecanismo.

12-E. Videoconferência ou outro recurso: a lei adotou, corretamente, uma fórmula aberta e genérica, tratando de videoconferência ou outro recurso tecnológico de transmissão de sons e imagens em tempo real. Enfim, qualquer modalidade de teleconferência é admissível, ainda que, no futuro, a denominação se altere em virtude de equipamentos mais modernos e avançados.

12-F. Requisitos alternativos: para o uso da videoconferência é necessário preencher apenas um dos quatro incisos do § 2.º do art. 185. Entretanto, alguns deles são genéricos e demandam melhor fundamentação por parte do magistrado, sob pena de se frustrar o caráter de excepcionalidade da medida e ferir a ampla defesa do acusado.

12-G. Segurança pública: o primeiro requisito diz respeito à *segurança pública*, desdobrando-se em duas hipóteses: a) quando exista fundada suspeita de que o preso integre organização criminosa; b) quando exista fundada suspeita de que possa o preso fugir durante o deslocamento. Para acautelar risco à segurança pública, torna-se essencial preencher uma das duas condições estipuladas pelo inciso I. Em ambas, por questão lógica, demanda-se *fundada suspeita*. Não é a mera desconfiança, baseada em presunções ou previsões incautas, feitas sem critérios e desvinculadas de provas constantes dos autos ou de dados documentais advindos de fontes diversas, o fundamento para se utilizar a videoconferência a fim de resguardar a segurança pública. A fundada suspeita de que o réu integre organização criminosa precisa ter substrato (exemplo disso seria a própria denúncia, onde se descreve o crime de associação criminosa), valendo o mesmo para a fundada suspeita de que pretende fugir no deslocamento

Art. 185

(exemplo: apreensão de um plano de fuga ou informações obtidas por outro preso em processo diverso). Argumentos vagos não podem ser aceitos, tais como "o crime é grave, o réu é reincidente, logo, pode pretender a fuga". Trata-se de uma ilação sem base probatória. STJ: "1. O fato de o Preso ser classificado como de altíssima periculosidade justifica a realização de seu interrogatório através de sistema integrado de videoconferência, de modo que não se evidencia a existência de constrangimento ilegal por cerceamento do alegado direito de presença física do Acusado no julgamento perante o Conselho de Sentença. 2. Friso que o § 2.º do art. 185 do Código de Processo Penal, sem qualquer ressalva aos procedimentos relativos ao Tribunal do Júri, admite que, excepcionalmente, por decisão fundamentada do Juízo, o interrogatório do réu preso por sistema de videoconferência ou outro recurso tecnológico de transmissão de sons e imagens em tempo real, desde que a medida seja necessária para prevenir risco à segurança pública. Não há, portanto, constrangimento ilegal a ser sanado, consoante jurisprudência pacífica de ambas as Turmas que compõem a Terceira Seção do Superior Tribunal de Justiça. 3. Registre-se, ainda, que, consoante assinalou o Tribunal de origem, será assegurada ao Réu e seu Defensor a comunicação em tempo real, preservada a privacidade, bem como acompanhamento de todo o julgamento, já que inclusive os jurados estarão presentes na sessão de julgamento virtual, garantindo assim a ampla defesa e o contraditório" (AgRg no RHC 181.653/RJ, 6.ª T., rel. Laurita Vaz, 14.08.2023, v.u.); "2. A oitiva do acusado por meio de videoconferência foi determinada em função do risco inerente ao transporte de pessoas presas. Esclarece a Corte estadual que o ato foi integralmente gravado e que o acusado esteve acompanhado por seu defensor, de modo que não houve qualquer prejuízo ao exercício das garantias constitucionais de ampla defesa e contraditório, não sendo, pois, viável a anulação do feito por esse motivo" (HC 514.309/SP, 5.ª T., rel. Reynaldo Soares da Fonseca, 13.08.2019, v.u.).

12-H. Relevante dificuldade para o comparecimento: esta é uma das situações em que a videoconferência realmente pode trazer resultados benéficos. Há casos em que o réu, baleado e internado, porém preso, sem condições de ir ao fórum, terminaria por não acompanhar a audiência de instrução, não fosse o recurso da teleconferência. Na jurisprudência: STJ: "3. Não há falar em violação do art. 185, § 2º, I e II, do CPP se o interrogatório foi realizado por videoconferência em razão da dificuldade de comparecimento do acusado em Juízo, haja vista a sua prisão em outra comarca, a grande distância necessária ao deslocamento e a impossibilidade de escolta. A nulidade do ato processual não foi deduzida em momento oportuno e não houve comprovação do prejuízo concreto à defesa, pois os agravantes, pessoalmente, tiveram a oportunidade de narrar sua própria versão dos fatos ao Juiz e foram assistidos por defensor" (AgRg no REsp 1.410.824/SP, 6.ª T., rel. Rogerio Schietti Cruz, 22.10.2019, v.u.).

12-I. Influência em testemunha ou vítima: essa hipótese é aberta e sem parâmetros precisos. Logo, é exigível cautela por parte do magistrado para acolhê-la. A influência no ânimo de testemunhas e vítimas é subjetiva e relativa. Normalmente, somente se tem condição de constatar no momento da audiência. *Supor* que o réu vá exercer tal influência negativa, em razão de simples presença na audiência – direito seu, aliás – é incabível. Por isso, parece-nos indispensável associar o disposto no inciso III à Lei de Proteção à Vítima e à Testemunha (Lei 9.807/1999). Se alguma dessas pessoas estiver no programa de proteção, em vinculação à atuação do réu, torna-se possível usar a videoconferência. No mais, deferir por antecipação o uso do acompanhamento à distância, por presunção, é excessivo e não preenche o caráter de excepcionalidade da medida. Ver, ainda, os comentários ao art. 217 do CPP.

12-J. Questão de ordem pública: trata-se de outra hipótese vaga, a demandar análise criteriosa e ponderada do magistrado. O mais indicado é o apego à inserção do superlativo *gravíssima* para dar equilíbrio à questão de ordem pública. Esta expressão é, também, de difícil avaliação (vide o caso do art. 312 do CPP), consistindo em resguardar a tranquilidade da comunidade, ao menos em relação a determinada região. A *ordem pública* equivale, sob certo aspecto, à segurança pública, pois se entende não haver tumulto, nem quebra da rotina na vida dos cidadãos, por conta da ocorrência de um crime. Ao contrário, quando um violento delito é cometido, mormente praticado por organização criminosa, há a geração de intranquilidade e quebra de confiança na força do Poder Pública para garantir a ordem e o cumprimento da lei. Nessas situações, a prisão cautelar pode ser imperativa, como também a inquirição do réu ou seu direito de audiência por videoconferência. Porém, é conveniente destacar a intensidade conferida nesse caso à gravidade. Na jurisprudência: STJ: "Na hipótese, a alta periculosidade do recorrente, fundamento utilizado pelo magistrado de origem para determinar a realização de interrogatório por videoconferência, encontra amparo em dados concretos extraídos dos autos, constituindo motivação suficiente e idônea para tal providência, com fulcro no inciso IV do § 2.º do art. 185 do CPP. Recurso ordinário desprovido" (RHC 80.358/RJ, 5.ª T., rel. Felix Fischer, 14.03.2017, v.u.).

12-K. Prévia intimação: a cautela de prévia intimação das partes, com 10 dias de antecedência, a respeito do uso da videoconferência, é correta, na medida em que se trata de opção excepcional. Logo, se a motivação invocada pelo magistrado for inconsistente, viabiliza-se à parte prejudicada, normalmente o réu, impetrar *habeas corpus*. Note-se, pois, que não se trata da intimação para a audiência de instrução e julgamento ou para a audiência de interrogatório, mas a norma se refere à intimação da *decisão* que deferir o uso da videoconferência. É evidente poder o magistrado, na mesma decisão, designar audiência e optar pela videoconferência, motivadamente. Nessa situação, a intimação será uma só, abrangendo a data da audiência e o mecanismo de realização.

12-L. Audiência por videoconferência: o disposto no art. 185, § 4.º, do CPP, inovação introduzida pela Lei 11.900/2009, era medida indispensável para dar suporte à previsão legal de interrogatório por videoconferência. Afinal, antes da reforma processual penal de 2008, o interrogatório era ato isolado, realizado em primeira audiência, podendo ser separado da audiência de instrução e julgamento. A partir da modificação do procedimento comum e do procedimento do júri, o interrogatório passou a ser realizado ao final da instrução, na mesma audiência em que são colhidos os demais depoimentos relativos à prova oral. Por isso, a única maneira de se poder interrogar o réu preso por videoconferência é permitir que ele acompanhe toda a audiência, igualmente, por esse mecanismo tecnológico. Assim, ao final, poderá ser ouvido pelo magistrado. Observe-se, entretanto, o objetivo da lei: permitir a realização da audiência *única* por meio de videoconferência *para* viabilizar a operacionalização do interrogatório pelo mesmo meio. Após a pandemia da covid-19, que permitiu o trabalho em *home office*, bem como a realização sistemática de audiências de instrução por videoconferência, permanece-se utilizando esse modelo a distância, não apenas como exceção, mas como regra.

12-M. Videoconferência e Tribunal do Júri: eram incompatíveis. A Lei 11.900/2009 autorizou o uso da videoconferência em interrogatórios realizados na fase de instrução perante juiz togado, tanto assim que indicou as modalidades de audiências que suportam a utilização dessa tecnologia (arts. 400, 411 e 531, CPP). Em caso algum, permitiu-se a operacionalização da instrução no plenário do Tribunal do Júri por meio de videoconferência. Como regra, os princípios da oralidade, da imediatidade e da identidade física do juiz aplicados fielmente no Tribunal Popular, não se compatibilizam com esse instrumento tecnológico. Os jurados são leigos e seria essencial ter um contato direto entre eles e todos os depoentes, inclusive o réu, se desejar ser interrogado. Tivemos a oportunidade de defender a inviabilidade dessa forma de interrogatório no plenário do júri, mas a realidade impõe novos rumos, o que aconteceu durante a pandemia da Covid-19, revelando a utilização da videoconferência para inúmeros propósitos. Dessa maneira, cremos ser viável indicar que o réu tem o direito de ser ouvido

Art. 185

Código de Processo Penal Comentado · Nucci

pessoalmente diante dos jurados; porém, se for da sua escolha o uso da oitiva à distância ou se houver uma situação de grave perigo à segurança pública, pode-se acolher o interrogatório *online*, mesmo no júri. Consultar a nota 12-G *supra*.

12-N. Comunicação entre defesa técnica e acusado: considerando-se a utilização do interrogatório por meio da videoconferência uma medida excepcional, era preciso regular, de maneira ampla e eficiente, o contato entre o defensor e o réu, uma vez que estarão em locais distantes. Parece-nos razoável o sistema encontrado. Em primeiro lugar, fixou-se, de maneira genérica, válida para *todos* os interrogatórios, a possibilidade de entrevista prévia e reservada entre defensor e acusado. Portanto, se o interrogatório fosse o primeiro ato da instrução, a entrevista se daria *antes* de qualquer qualificação ou indagação feita pelo magistrado. Se o interrogatório se realizar ao final da audiência de instrução, dependendo de requerimento do interessado dirigido ao juiz, concede-se um intervalo para que ocorra a entrevista reservada entre defensor e réu. Desse modo, finda a colheita dos depoimentos das testemunhas, havendo interesse, suspende-se a audiência para que ocorra o contato entre ambos. Inexistindo requerimento, prossegue-se a audiência com o interrogatório. Quando se tratar de videoconferência, deverá existir um canal telefônico privativo, servindo de veículo de comunicação entre o presídio e o fórum, bem como é assegurada a presença de um defensor (*ad hoc*) no estabelecimento prisional, dando suporte ao acusado, enquanto o advogado constituído (ou defensor público ou dativo) estará presente na audiência de instrução e julgamento. Todos podem se comunicar entre si, ou seja, o defensor ao lado do acusado no presídio e o defensor da sala de audiências, bem como entre o defensor da sala de audiências e o réu no presídio. Não é viável ocorrer o inverso, ou seja, o defensor constituído encontrar-se no presídio juntamente com o réu e o *ad hoc* na audiência, ao menos nos procedimentos em que exista a audiência única de instrução e julgamento. Tal situação não pode acontecer, pois, ao final do interrogatório, ocorrerão os debates orais e o julgamento. Inexiste autorização legal para que também essa fase se dê por videoconferência. A medida é excepcional e *não pode ser ampliada* sem autorização legal. Desse modo, é ofensivo à ampla defesa permitir que o defensor *ad hoc* (nomeado somente para o ato) promova os debates, sem ter o completo conhecimento do processo em questão. Na jurisprudência: STJ: "1. Inexistindo recinto específico no fórum, e em nome da segurança do local e das pessoas presentes, não há impedimento que a entrevista reservada prevista no § 5.º do artigo 185 do Código de Processo Penal, na espécie realizada no gabinete do magistrado, se dê com a presença da segurança policial responsável pela escolta do preso. 2. A inobservância do direito do acusado de entrevista com seu advogado, previamente constituído, antes do interrogatório, representa nulidade relativa, de sorte que depende de comprovação concreta do prejuízo sofrido" (AgRg no REsp 1.365.033/DF, 5.ª T., rel. Jorge Mussi, 19.10.2017, v.u.).

12-O. Fiscalização da sala reservada para videoconferência: a previsão do § 6.º é meramente programática, além de se destinar a *aquietar* os ânimos daqueles que são contrários ao sistema da videoconferência. A ideia é permitir o mais amplo acesso à sala onde se realiza a colheita do interrogatório por vídeo para se demonstrar a lisura do procedimento. Por isso, foram mencionadas várias autoridades: corregedores, juiz da causa, Ministério Público e OAB. Em primeiro lugar, os presídios já são, por determinação legal, fiscalizados pelo juiz e pelo Ministério Público. Em segundo lugar, a presença do defensor no momento do interrogatório no presídio, juntamente com o réu, representa a fiscalização da OAB. No mais, cuida-se, como já se disse, de norma de ratificação da legislação existente, com o fim de tentar apaziguar a oposição ao sistema da videoconferência. Porém, em verdade, *fiscalizar* a sala não significa absolutamente nada em matéria de idoneidade e imparcialidade do depoimento em si. Se houver qualquer pressão em relação ao réu será concretizada *antes* da declaração, fora da sala. Enfim, *visitar* o local, por si só, é ineficaz.

12-P. Requisição do réu preso: a previsão feita no § 7.º teve por finalidade corrigir a anterior redação equívoca do § 1.º Dizia o referido § 1.º, parte final (hoje revogado): "Inexistindo a segurança, o interrogatório será feito nos termos do Código de Processo Penal". Ora, nada mais duvidoso, pois a atual redação do art. 360 do CPP menciona somente dever o réu preso ser pessoalmente citado, sem qualquer menção à requisição para comparecer em juízo. Portanto, foi correta a inserção do § 7.º, deixando claro o seguinte: não sendo possível ouvir o réu no estabelecimento prisional em que se encontrar e não sendo possível realizar o interrogatório por videoconferência, deve-se utilizar o sistema tradicional, determinando o juiz (requisição) a apresentação do acusado ao fórum para a realização do ato processual necessário. A requisição será encaminhada à autoridade que mantiver o preso sob guarda, devendo providenciar o seu comparecimento, com a escolta indispensável.

12-Q. Outros atos processuais por videoconferência: a aplicação do disposto no § 8.º merece cautela e prudência. Existem atos processuais dependentes de pessoa presa. Esta pessoa pode estar a quilômetros de distância do fórum onde o ato deva realizar-se. Deslocar tal pessoa ao fórum para ser ouvida como testemunha, por exemplo, pode representar o mesmo risco gravíssimo à ordem pública (art. 185, § 2.º, IV, CPP) que ocorreria, caso fosse ouvida em interrogatório. Nessa situação, parece-nos possível utilizar, motivadamente, a videoconferência. Entretanto, o cuidado emerge quando tratarmos do reconhecimento de pessoa ou mesmo da acareação. São medidas exigentes de pessoalidade, de contato direto, para que se tornem eficientes e concretas. Uma acareação, colocando pessoas *face a face*, já é difícil de ter bons resultados; imagine-se a mesma acareação feita por meio de videoconferência. Seria difícil conseguir uma retratação por parte de um dos acareados. Como exposto em nota anterior, o reconhecimento de pessoa ou coisa, por videoconferência, torna-se complexo e inseguro. Afinal, a imagem transmitida não tem a mesma qualidade de um reconhecimento pessoal. É preciso ter a máxima cautela para evitar erro judiciário advindo de um reconhecimento enganoso.

12-R. Acompanhamento do réu e seu defensor: o dispositivo é outra ratificação em busca da efetividade da ampla defesa. Qualquer ato processual realizado por videoconferência *deve* ser acompanhado pelo réu e seu defensor, ainda que o acusado esteja solto e quem esteja preso seja a testemunha a ser ouvida, por exemplo.

12-S. Informação sobre a existência de filhos: a Lei 13.257/2016 introduziu este parágrafo, entre as providências a ser tomadas pelo magistrado, ao interrogar o(a) réu (ré) preso(a) para colher informes acerca da existência de filhos menores de 18 anos ou deficientes, incluindo onde se encontram, com quem e em qual situação. Fez o mesmo no art. 6.º, inciso X, no tocante às diligências da autoridade policial. O objetivo dessa alteração legislativa processual penal é a adoção de nova política infantojuvenil, acolhida pelo Estatuto da Criança e do Adolescente, apontando para a mantença do(s) filho(s) da pessoa presa ou condenada, na mesma situação sociofamiliar, antes da prisão ou condenação, com direito à visita, inclusive, ou à amamentação (se for bebê), pois não se destitui o poder familiar com base *exclusiva* na prisão e/ou condenação. Diante disso, caso a mulher presa (o homem, mesmo quando é pai, dificilmente, cuida sozinho dos filhos menores) tenha filhos pequenos, é preciso diligenciar para ver em que estado ficaram essas crianças ou adolescentes. Se estiverem sozinhos, precisam seguir para acolhimento institucional. Se estiverem com familiares, comunica-se o juízo da infância e juventude da área para regularizar eventual guarda. É também necessário apurar se o(s) filho(s) já se encontra(m) em estado em abandono, porque o(a) genitor(a) segue a vida criminosa; de qualquer modo, cabe o acolhimento institucional. A decisão posterior, se haverá ou não destituição do poder familiar, cabe ao juízo da infância e juventude. A autoridade judiciária passa a ter o dever de colher informes sobre a existência de filhos e onde eles se encontram, para maior tutela e proteção à criança e ao adolescente, evitando-se que

Art. 186

Código de Processo Penal Comentado · **Nucci**

fiquem em estado de abandono em face da prisão do pai ou da mãe (ou de ambos). Por óbvio, se o juiz verificar, pela leitura do inquérito ou auto de prisão em flagrante, já ter sido tomada a providência pelo delegado, fará constar esse dado no termo de interrogatório, mas, ainda assim, confirmará com o(a) interrogando(a) o determinado pelo § 10.

> **Art. 186.** Depois de devidamente qualificado[13-14] e cientificado do inteiro teor da acusação, o acusado será informado pelo juiz, antes de iniciar o interrogatório, do seu direito de permanecer calado e de não responder perguntas que lhe forem formuladas.[15-15-B]
>
> **Parágrafo único.** O silêncio, que não importará em confissão, não poderá ser interpretado em prejuízo da defesa.[16]

13. Interrogatório de qualificação: *qualificar-se* perante a autoridade significa fornecer seus dados identificadores, como o nome, a naturalidade, o estado civil, a idade, a filiação, a residência, a profissão ou o meio de vida, o lugar que a exerce e se sabe ler e escrever. Outros dados, como vida pregressa e inserção social fazem parte dos elementos de individualização do réu, como será visto em nota ao art. 187, *caput*. Em relação à qualificação, não cabe direito ao silêncio, nem o fornecimento de dados falsos, sem que haja consequência jurídica, impondo sanção. O direito ao silêncio não é ilimitado, nem pode ser exercido abusivamente. As implicações, nessa situação, podem ser graves, mormente quando o réu fornece, maldosamente, dados de terceiros, podendo responder pelo seu ato. Consultar ainda as notas 17 e 18 ao art. 307 do nosso *Código Penal comentado*.

14. Diferença entre qualificação e identificação: a qualificação é a colheita de dados pessoais do acusado ou indiciado, buscando individualizá-lo (nome, filiação, naturalidade etc.), enquanto a identificação criminal volta-se à colheita das impressões dactiloscópicas e da fotografia do imputado, tornando-o indivíduo certo. Esclarece, com pertinência, Mário Sérgio Sobrinho que "a qualificação não pode ser considerada como método de identificação humana, pois não atende ao requisito da imutabilidade, porque, em algumas situações, até o nome da pessoa, dado essencial anotado durante a tomada da qualificação, pode sofrer alterações, sem falar nos demais dados qualificativos, frequentemente alteráveis, como o local de residência e a profissão" (*A identificação criminal*, p. 105).

15. Direito do acusado ou indiciado ao silêncio: consagrado pela Constituição Federal de 1988, no art. 5.º, LXIII, o direito de permanecer calado, em qualquer fase procedimental (extrajudicial ou judicial), chocava-se com a antiga redação do art. 186, em sua parte final, que dizia: "O seu silêncio poderá ser interpretado em prejuízo da própria defesa". A doutrina majoritária posicionava-se pela não recepção desse trecho do referido art. 186 pelo texto constitucional de 1988, embora alguns magistrados continuassem a utilizar desse expediente para formar seu convencimento acerca da imputação. Com a modificação introduzida pela Lei 10.792/2003, torna-se claro o acolhimento, sem qualquer ressalva, do direito ao silêncio, como manifestação e realização da garantia da ampla defesa. Sempre sustentamos que a necessidade de permanecer calado, muitas vezes, é uma consequência natural para pessoas frágeis, emocionalmente perturbadas ou que não possuem a devida assistência jurídica. Não se nega que no espírito do magistrado o silêncio invocado pelo réu pode gerar a suspeita de ser ele realmente o autor do crime, embora, ainda que tal se dê, seja defeso ao magistrado externar o seu pensamento na sentença. Ora, como toda decisão deve ser fundamentada, o silêncio jamais deve compor o contexto de argumentos do julgador para sustentar a condenação do acusado. É preciso abstrair, por completo, o silêncio do réu, caso o exerça, porque

Art. 186

Título VII – Da Prova

o processo penal deve ter instrumentos suficientes para comprovar a culpa do acusado, sem a menor necessidade de se valer do próprio interessado para compor o quadro probatório da acusação. Nesse prisma estão as lições de Ada Pellegrini Grinover, Antonio Magalhães Gomes Filho, Antonio Scarance Fernandes, Vicente Greco Filho, Julio Fabbrini Mirabete, Paulo Heber de Morais, João Batista Lopes, Adriano Marrey, Alberto Silva Franco, Rui Stoco e David Teixeira de Azevedo. Na jurisprudência: STJ: "2. Nos termos dos artigos 5.º, inciso LXIII, da Constituição Federal, e 186 do Código de Processo Penal, o acusado tem direito ao silêncio ou à não autoincriminação sendo que por ocasião de seu interrogatório, seja ele extrajudicial ou realizado durante a instrução processual, pode se calar acerca dos fatos criminosos que lhe são imputados, ou ainda, e via de consequência do sistema de garantias constitucionais, negar a autoria delitiva, sem que isso enseje apenação criminal ou mesmo valoração negativa dessas declarações pelo togado singular, que poderá, no máximo, desconsiderá-las quando do cotejo com os demais elementos probatórios colacionados" (AgRg no HC 549.109/PR, 5.ª T., rel. Jorge Mussi, 17/12/2019, v.u.).

15-A. Gravação clandestina de conversa informal: imprestabilidade da prova. O indiciado ou réu, em qualquer fase, não pode ter as suas declarações informais, dadas a agente policial ou a qualquer autoridade, gravadas clandestinamente. O ponto fundamental de ilicitude, nesse caso, é a ofensa ao princípio de que ninguém é obrigado a produzir prova contra si mesmo e, em especial, há infringência ao direito ao silêncio, que pode ser invocado no momento do interrogatório oficial.

15-B. Direito ao silêncio e exposição dos fatos sob escolha exclusiva do acusado: é claro o entendimento de ter o réu (ou indiciado) o direito de se calar, não se incriminando em relação aos fatos que lhe são imputados. Portanto, apresentado para interrogatório, pode optar por silenciar e nada dizer, como pode escolher dar a sua versão acerca da acusação. Seguindo essa linha, a cada pergunta realizada pelo magistrado, pode responder ou, preferindo, calar-se. Diga-se o mesmo às indagações suplementares possíveis do Ministério Público e do defensor. Não está o interrogando obrigado a responder a alguma pergunta que considere inadequada ou inconveniente à sua linha defensiva. Contudo, não nos parece um autêntico interrogatório, caso o réu diga ao magistrado que pretende responder unicamente às questões formuladas por seu defensor, sem dar a sua versão dos fatos, nem responder a qualquer indagação do juiz. Assim fazendo, basta apresentar uma declaração por escrito – ou uma petição por seu defensor – contendo a sua narrativa acerca do conteúdo da peça acusatória (aliás, o que pode fazer em sua defesa prévia). O interrogatório é uma oportunidade de estar na presença de quem vai julgá-lo, podendo verbalizar, de modo enfático e convincente, a sua interpretação dos fatos alegados pela acusação. Se não pretende fazer isso, mas apenas *dialogar* com seu defensor, tendo por *ouvintes* o magistrado e o promotor, não se trata de interrogatório. Note-se o conteúdo do art. 188 ao preceituar que, *após o interrogatório* – conduzido pelo juiz, será aberta oportunidade para as partes fazerem alguma indagação que *complemente* a inquirição realizada. E mais: o magistrado defere apenas as perguntas *pertinentes* e *relevantes*. Por isso, não há uma fórmula de interrogatório em que o réu *converse* com seu defensor. Se pretende dar o seu *testemunho*, basta peticionar e expor o que deseja.

16. Reflexo no contexto da confissão: como exposto na nota 15 acima, o direito ao silêncio é constitucionalmente consagrado sem qualquer reserva, ou seja, sem nenhuma ressalva que possa levar à produção de consequência negativa ao acusado. Assim, é preciso considerar igualmente prejudicado, após a introdução do parágrafo único ao art. 186, o disposto na parte final do art. 198 "mas poderá constituir elemento para a formação do convencimento do juiz". Consultar a nota 9 ao art. 198. Na jurisprudência: STJ: "Nos termos do art. 186, parágrafo único, do CPP, bem como do art. 5.º, LXIII, da Constituição, o alerta sobre o direito

Art. 187

Código de Processo Penal Comentado · Nucci

ao silêncio é garantido ao preso e ao acusado de uma prática delitiva. A jurisprudência desta Corte Superior, no entanto, pacificou o entendimento de que a inobservância dessa regra gera apenas nulidade relativa, cuja declaração depende inexoravelmente da demonstração do prejuízo por quem o alega" (AgRg no REsp 1.503.533/SC, 5.ª T., rel. Reynaldo Soares da Fonseca, 15.05.2018, v.u.).

Art. 187. O interrogatório será constituído de duas partes: sobre a pessoa do acusado e sobre os fatos.[17-18]

§ 1.º Na primeira parte o interrogando será perguntado sobre a residência, meios de vida ou profissão,[19-20] oportunidades sociais,[21] lugar onde exerce a sua atividade, vida pregressa,[22] notadamente se foi preso ou processado alguma vez[23] e, em caso afirmativo, qual o juízo do processo, se houve suspensão condicional ou condenação,[24] qual a pena imposta, se a cumpriu[25] e outros dados familiares e sociais.[26-27]

§ 2.º Na segunda parte será perguntado sobre:

I – ser verdadeira a acusação que lhe é feita;[28]

II – não sendo verdadeira a acusação, se tem algum motivo particular a que atribuí-la,[29] se conhece a pessoa ou pessoas a quem deva ser imputada a prática do crime, e quais sejam, e se com elas esteve antes da prática da infração ou depois dela;[30]

III – onde estava ao tempo em que foi cometida a infração e se teve notícia desta;[31]

IV – as provas já apuradas;[32]

V – se conhece as vítimas e testemunhas já inquiridas ou por inquirir, e desde quando, e se tem o que alegar contra elas;[33]

VI – se conhece o instrumento com que foi praticada a infração, ou qualquer objeto que com esta se relacione e tenha sido apreendido;[34]

VII – todos os demais fatos e pormenores que conduzam à elucidação dos antecedentes e circunstâncias da infração;[35]

VIII – se tem algo mais a alegar em sua defesa.[36-37]

17. Interrogatório de qualificação, de individualização e de mérito: no art. 187, *caput*, pode-se perceber a introdução, na realidade, de três espécies de interrogatório, ou pelo menos de fases para a oitiva do acusado pela autoridade competente. A primeira etapa é denominada de interrogatório de qualificação, como expusemos na nota 13 ao art. 186, cuja finalidade é obter os dados de identificação do réu. Essa colheita deveria ser feita pelo juiz, embora, por prática forense, termine transferida ao funcionário da sala de audiências. De toda forma, nesse ato, o acusado não poderá valer-se do direito ao silêncio, nem poderá mentir sem consequência alguma. A segunda etapa, que se volta à obtenção de dados sobre a *pessoa* do acusado, cuida do estágio de individualização do ser humano em julgamento, garantindo a colheita de importantes elementos para a fixação da pena, se for o caso, na esteira do preceituado pelo art. 59 do Código Penal. Aliás, o caminho adotado pela Lei 10.792/2003, ao introduzir tal modificação, foi correto, pois o magistrado precisa valer-se de dados concretos para individualizar a pena, o que raramente possui, justamente por falha sua no interrogatório. Personalidade, antecedentes e conduta social são pontos cruciais para a aplicação da pena, embora fossem costumeiramente relegados a plano secundário no momento de se ouvir o acusado. Assim, cabe ao interrogante indagar do réu quais as oportunidades sociais que possui ou teve, bem como a respeito de sua vida pregressa, notadamente se já foi preso ou processado e, em caso afirmativo, qual foi o juízo do processo – a quem se dirigirá, depois, para obter as certidões devidas –, se houve suspensão condicional do processo ou da pena, qual foi a sanção imposta, se foi cumprida, além de outros dados familiares e sociais. Configura-se um perfil do réu. Nessa etapa, ele pode valer-se do direito ao silêncio e, se o desejar, mentir, sem qualquer possibilidade de ser por isso punido. Não é crível que, ouvido a respeito de seus dados familiares, sociais e passado criminal, seja ele obrigado a falar, sob pena de ser processado por desobediência, tampouco que seja obrigado a narrar a verdade, até porque esta, no caso, seria impossível de ser avaliada. O acusado, ainda que condenado, pode pretender omitir isso do juiz para proteger-se. Ele pode, ainda, mesmo que não seja bom pai e esposo, declarar-se como tal, visando à apresentação de melhor situação pessoal ao magistrado. Enfim, não se pode exigir que fale o que não deseja. A terceira etapa envolve o interrogatório de mérito, concernente à imputação propriamente dita, obtendo o magistrado dados sobre os fatos e demais detalhes constantes do § 2.º do art. 187. Nesse estágio, o réu pode calar-se ou mentir, sem por isso ser sancionado.

18. Procedimento do interrogante: deve ser neutro, absolutamente imparcial, equilibrado e sereno. Não pode o juiz provocar, no réu, sentimentos de medo, insegurança, revolta ou rancor. O momento é de autodefesa, primordialmente. Em segundo plano, forma-se prova, contra o réu ou em seu benefício, caso deseje falar. Como lembra Gorphe, interrogar é uma arte, que deve ser desempenhada com lealdade e habilidade, inspirando confiança ao acusado, bem como levando-se em consideração suas características pessoais e os aspectos que envolveram o crime (*L'appréciation des preuves en justice*, p. 220). Ver, ainda, a nota 8 ao art. 197, sobre o mesmo tema.

19. Diferença entre meios de vida e profissão: a profissão é uma atividade especializada, que demanda preparo, gerando certo reconhecimento social ou intelectual, como regra, regulamentada e fiscalizada pelo Estado. Os *meios de vida* são amplos e genéricos, significando a forma pela qual a pessoa se sustenta e aos seus familiares. Portanto, pode não demandar preparo, nem ser atividade regulamentada por lei. Exemplos: o exercício da advocacia é uma profissão, enquanto a atividade de carroceiro ou catador de papéis é um meio de vida. É importante para o magistrado conhecer o modo pelo qual o réu ganha seu sustento, pois isso implica até a avaliação de sua personalidade.

20. Grau de alfabetização do acusado: embora a modificação introduzida pela Lei 10.792/2003 no art. 187 tenha suprimido a indagação ao réu sobre o seu grau de alfabetização, deve o magistrado continuar a fazê-la, pois há reflexo nesse contexto. É curial saber se o réu sabe ler e escrever corretamente, se tem dificuldades para fazê-lo ou se nada sabe, pois muitas consequências daí podem advir, como, por exemplo, tomar conhecimento de ter o acusado assinado (muitos analfabetos sabem apenas assinar o próprio nome) o seu interrogatório na fase extrajudicial, onde teria confessado a prática do crime, sem possibilidade de saber o que estava fazendo e qual era o conteúdo real do depoimento, que não lhe tenha sido lido em voz alta. Estaria evidentemente enfraquecida a prova indireta produzida, dificultando-se até mesmo a sua consideração como indício. É certo que o art. 6.º, V, última parte, do CPP, determina deva ser o termo de interrogatório assinado por duas testemunhas *que lhe tenham ouvido a leitura*, o que raramente ocorre, em especial quando todos são alfabetizados e as testemunhas foram encontradas na própria delegacia de polícia. Aliás, o próprio art. 195, cuidando da assinatura do interrogando, demanda ciência acerca do seu grau de alfabetização.

21. Oportunidades sociais: trata-se de uma inovação proporcionada pela Lei 10.792/2003. Por estar no contexto da profissão, meios de vida e lugar onde exerce sua

Art. 187

Código de Processo Penal Comentado · **Nucci**

428

atividade, atrela-se ao conhecimento de sua situação pessoal para *ganhar a vida*, sobreviver e sustentar terceiros, enfim, de que tipo de família originou-se, quais chances na vida possuiu para desenvolver atividade honesta, bem como qual foi o grau de estudo atingido, podendo-se, pois, constatar ser o réu uma pessoa que não teve as oportunidades ideais para o seu bom desenvolvimento, inclusive da personalidade, ou chegar-se à conclusão de que tudo o que seria possível obter lhe foi concedido por sua família e seu *status* social, seguindo ao crime por razões outras que não a necessidade de sustento.

22. Vida pregressa: trata-se de um termo específico, significando os antecedentes criminais do acusado. Trata-se de tema tormentoso na doutrina e na jurisprudência saber o que são os *maus* antecedentes, pois alguns incluem no passado criminoso do acusado tudo o que possa constar registrado na sua folha de antecedentes (desde inquéritos arquivados, passando-se por feitos em andamento, até absolvições por insuficiência de provas), enquanto outros preferem vislumbrar somente as condenações definitivas. Preferimos considerar, para efeitos penais (como a majoração da pena), somente as condenações com trânsito em julgado, que não mais sejam aptas a gerar reincidência. Entretanto, para efeitos processuais, na decretação de medidas cautelares, como a prisão preventiva, levamos em conta todos os registros na folha de antecedentes. Afinal, as finalidades são diversas. Para a fixação da pena, é preciso certeza quanto ao antecedente, uma vez que vai gerar consequência de ordem material, elevando a pena. Para a decretação de uma medida cautelar, o magistrado deve levar em consideração quem é a pessoa que necessita – ou não – estar detida antes da condenação. Se possui o réu, respondendo por roubo, inúmeros outros inquéritos em andamento, pelos mesmos fatos, é natural que represente perigo para a ordem pública, justificando-se a medida preventiva. Maiores detalhes e jurisprudência sobre o tema, ver o nosso *Código Penal comentado*, nota 5 ao art. 59.

23. Processos advindos da Vara da Infância e Juventude: não devem ser objeto de indagação, nem de consideração pelo juiz. Por vezes, o próprio acusado, ingenuamente, admite já ter sido "processado" e "internado" por conta de atos infracionais praticados, quando penalmente irresponsável. Não é informe componente da sua vida pregressa, razão pela qual não deve ser levado em conta. Os arts. 143, *caput*, e 144 da Lei 8.069/1990 são expressos ao mencionar que "é vedada a divulgação de atos judiciais, policiais e administrativos que digam respeito a crianças e adolescentes a que se atribua autoria de ato infracional" e que "a expedição de cópia ou certidão de atos a que se refere o artigo anterior somente será deferida pela autoridade judiciária competente, se demonstrado o interesse e justificada a finalidade". Portanto, não se deve compor a *vida pregressa* de um réu com dados auferidos da Vara da Infância e da Juventude, visto não se tratar de antecedente *criminal*.

24. Suspensão condicional do processo e condenação: deve o magistrado indagar a respeito da suspensão condicional do processo, isto é, se houve, foi ou não cumprida e em qual juízo, além de, obviamente, consultar o réu sobre eventual condenação existente, inclusive com suspensão condicional da pena, cumprida devidamente ou não.

25. Reincidências real e ficta: saber se o réu já foi condenado, qual foi a pena imposta e se a cumpriu, auxilia o juiz a detectar a reincidência real (quando o acusado já foi condenado e *efetivamente* cumpriu sua pena) e a reincidência ficta (quando foi condenado, mas nunca cumpriu pena, isto é, não foi reeducado). Tal circunstância pode influir no momento de fixação da pena.

26. Dados familiares e sociais: outra inovação trazida pela Lei 10.792/2003, busca a obtenção de elementos relativos à personalidade e à conduta social do acusado, que serão muito úteis no futuro, em caso de condenação, conforme prevê o art. 59 do CP, para a fixação da pena. Dados familiares são representados por perguntas relativas ao estado civil, situação do cônjuge ou companheiro(a), número de filhos, grau de estabilidade do casamento ou união estável, se existem outras famílias, que sustente ou não, se o réu mantém todos seus dependentes, enfim, partes da sua vida pessoal. Dados sociais buscam detectar elementos ligados à sua vida comunitária, seu relacionamento no trabalho, na vizinhança, nas atividades de lazer, no centro de estudo, ou seja, colheita de pontos pertinentes à sua inserção na sociedade.

27. Interrogatórios lacônicos: são totalmente incompatíveis com a finalidade almejada pelo legislador, o que se pode verificar pela série de perguntas que devem ser feitas a quem se dispõe a falar. Salvo pela utilização do direito ao silêncio, colocando um fim ao interrogatório, no mais *deve* o juiz proceder com minúcia e cuidado ao obter as declarações do réu. Não o fazendo, pode contribuir para a má-formação da prova, prejudicando a ampla defesa e, também, o devido processo legal. O mesmo ocorre quando o interrogatório é realizado por carta precatória, devendo o juízo deprecado colher todos os dados indispensáveis, previstos no art. 187, para proporcionar bom contexto probatório ao juízo deprecante. Pensamos deva ser anulado o ato laconicamente produzido, se requerido por qualquer das partes, ou mesmo de ofício pelo julgador – quando não tenha sido a autoridade interrogante – para que outro se realize, nos exatos termos *legais*.

28. Sobre a veracidade da imputação: esta deve ser, de fato, a primeira pergunta a ser feita pelo juiz, caso o réu deseje manifestar-se sobre o conteúdo da denúncia ou da queixa. Admitida ou negada a verdade da imputação, as demais perguntas ganham um contorno diferenciado e mais objetivo. Torna-se, então, coerente indagar, na sequência, ao interrogado se ele estava no local do crime, se conhece as provas apuradas, se conhece a vítima e as testemunhas, se conhece o instrumento do crime, entre outros dados.

29. Busca da origem da imputação: se o acusado negar a imputação, o juiz cuida de lhe perguntar a que pode atribuí-la, isto é, qual seria o motivo fundamentador da investigação criminal, que legitimou o órgão acusatório a processá-lo, porque, às vezes, cuida-se de uma armação, concretizada por inimigo seu, proporcionando ao magistrado melhor visão do caso, preparando-se para a fase de colheita da prova testemunhal.

30. Instigação à acusação de terceiros: o sistema processual penal é ilógico. Convida o réu que nega a imputação a declinar a pessoa a quem deva ser imputada a prática do crime, embora não permita que o eventual denunciado possa arrolar quem o acusou para ser ouvido como testemunha. Ora, é natural que, havendo acusação a terceira pessoa, possa o imputado, através do seu defensor, futuramente, fazer reperguntas específicas ao acusador, mesmo em momento especialmente designado para essa finalidade, não se podendo afastar tal possibilidade, sob pena de se fomentar a produção de prova distante do crivo do contraditório e da ampla defesa, o que é inadequado. Ver a nota 11 ao art. 202.

31. Momento de invocação do álibi: se não deseja confessar, é o instante em que deve o acusado alegar o seu álibi, demonstrando ao juiz não ter cometido o crime, pois estava em local diverso no momento de sua ocorrência.

32. Provas já apuradas: esta indagação deve abranger todas as provas colhidas até então, seja na fase extrajudicial, seja na judicial. Pode o juiz, no entanto, demonstrar ao réu que há provas incriminando-o, como depoimentos contrários à sua versão. Apesar disso, deve facilitar-lhe a defesa, permitindo que contraponha o já produzido com sua argumentação, sem o indevido duelo, que, muitas vezes, estabelece-se entre interrogante e interrogado. Se o interrogatório for realizado ao final da instrução em juízo, não deve o magistrado confrontar, com veemência, o que foi colhido na fase judicial, com as alegações do réu, por mais pueris que estas lhe possam

Art. 187

Código de Processo Penal Comentado · **Nucci**   430

parecer. Manter o equilíbrio é dever do juiz, não se envolvendo, em momento impróprio, na avaliação da prova produzida. Caso o faça, isto é, se resolver contrapor, no ato, o afirmado pelo réu em seu interrogatório, por vezes qualificando-o de mentiroso, coibirá seu direito de defesa, ferindo a livre produção da prova e prejulgando o feito. Constitui caso de nulidade absoluta.

33. Conhecimento das testemunhas e vítima: a suspeição de qualquer testemunha ou alguma particular circunstância que envolva a atuação da vítima poderá ser levantada pelo próprio acusado, auxiliando a formação do convencimento do magistrado. Note-se que o art. 214 do CPP permite que, antes de iniciado o depoimento, as partes contraditem a testemunha ou levantem circunstâncias ou defeitos que a tornem suspeita, o que será consignado no termo, para futura avaliação do juiz. Assim, se desde o interrogatório o réu contribuir para essa *contradita*, a prova será melhor e mais adequadamente formada. Convém anotar o importante alerta feito por Eduardo Espínola Filho: "As referências do acusado sobre a indigitada vítima devem, outrossim, ser registradas com cuidado, pois não é possível, na investigação de um crime, desinteressar-se o julgador da personalidade de um dos participantes do fato, sem o risco de alhear-se, inteiramente, dos motivos e causas determinantes da infração, com a perspectiva de fazer injustiça séria. Ora, para saber-se quem é, realmente, o ofendido, qual a sua índole, o seu caráter, os seus antecedentes, o delinquente pode fornecer dados dos mais preciosos, com indicação de elementos, que será fácil verificar, visando a formar uma convicção sobre a pessoa, que sofreu, diretamente, a influência da ação ou omissão delituosas" (*Código de Processo Penal brasileiro anotado*, v. 3, p. 28-29).

34. Apresentação do instrumento do crime ou outro objeto relacionado: trata-se de medida raramente utilizada pelos magistrados, seja porque o instrumento do crime está bem guardado, não sendo levado à sala de audiências, no dia do interrogatório, seja porque não há interesse em fazê-lo. Entretanto, em alguns casos seria medida salutar, pois há instrumentos particularizados, concernentes diretamente ao réu, merecendo dele uma explicação razoável para ter sido utilizado para a prática do delito (ex.: um sabre antigo e raro de sua coleção particular). Assim, mesmo negando o cometimento da infração penal, poderá oferecer a sua versão para o uso de determinado instrumento apreendido. Pode haver, também, objeto relacionado ao instrumento usado para a prática do crime, sendo útil ouvir o acusado a respeito. Exemplo disso seria encontrar em sua casa a bainha da faca utilizada para a o cometimento de homicídio.

35. Antecedentes e circunstâncias da infração penal: *antecedentes* são os fatos anteriores, permitindo avaliar, com melhor precisão, os que lhe seguem, enquanto *circunstâncias* são as particularidades envolventes de uma situação qualquer. Portanto, quando o juiz busca verificar os detalhes, cercando o cometimento do crime, necessita voltar no tempo para conhecer a trilha percorrida pelo infrator, bem como compreender exatamente a maneira pela qual o delito foi praticado. Com tal procedimento, pode-se afastar ou incluir agravantes ou atenuantes, qualificadoras ou privilégios, causas de aumento ou diminuição da pena. Por vezes, simplesmente com a palavra do réu, admitindo de modo expresso o meio cruel como matou a vítima, por exemplo, pode levar o membro do Ministério Público a solicitar o aditamento da denúncia, para incluir uma qualificadora.

36. Indagação residual: finalizando o interrogatório de mérito, o juiz deve colocar-se à disposição do réu para ouvir qualquer outra explicação ou alegação que queira apresentar, nem sempre já envolvida nas questões anteriores. Trata-se de instrumento hábil a valorizar o caráter defensivo do interrogatório, permitindo ao acusado dizer o que bem entende. Por exemplo, o fato de estar arrependido, de nunca se ter imaginado envolvido em situação como aquela, de viver uma situação infernal – mormente quando está preso, entre outros argumentos que pretenda destacar ao magistrado, certamente úteis para o julgamento ou, pelo menos, para a fixação da pena.

37. Direito de mentir no interrogatório de mérito: sustentamos ter o réu o *direito* de mentir em seu interrogatório de mérito, pois constitui decorrência e parte integrante da sua ampla defesa, ícone de direito individual fundamental. Em primeiro lugar, porque ninguém é obrigado a se autoacusar. Se assim é, para evitar a admissão de culpa, há de afirmar o réu algo que sabe ser contrário à verdade. Em segundo lugar, o direito constitucional à ampla defesa não poderia excluir a possibilidade de narrar inverdades, no intuito cristalino de fugir à incriminação. Aliás, o que não é vedado pelo ordenamento jurídico é permitido. E se é permitido, torna-se direito. A despeito disso, há judiciosas opiniões em sentido contrário, inadmitindo o direito de mentir do acusado, v.g. Tornaghi, Camargo Aranha e Mirabete. Adotando esta última linha, Badaró menciona que "não há um *direito de mentir* para o acusado. Há uma irrelevância jurídica na mentira do acusado, posto que de tal ato não lhe poderão advir consequências negativas" (*Direito processual penal*, t. I, p. 233). Acrescemos, entretanto, cuidar-se de um eufemismo dizer que a mentira narrada pelo acusado é uma "irrelevância jurídica", a ponto de não lhe trazer nenhuma consequência negativa. Ora, somente para argumentar, o fato atípico também é, para o Direito Penal, uma irrelevância jurídica, porém, de suma importância, uma vez que sinaliza não ser o ato praticado um crime. Logo, parece-nos relevante aquilatar quais condutas são típicas (potencialmente delituosas) e as que não o são. Além disso, a prática de um fato atípico é algo irrelevante para o direito penal, mas pode ser um ilícito extrapenal, punido em outra seara do direito. Isso não acontece com a mentira contada pelo acusado em seu interrogatório. Inexiste qualquer sanção. No campo processual penal, quando o réu, para se defender, narra mentiras ao magistrado, sem incriminar outra pessoa, constitui seu *direito* de refutar a imputação. O contrário da *mentira* é a *verdade*. Por óbvio, o acusado está protegido pelo princípio de que não é obrigado a se autoincriminar, razão pela qual pode declarar o que bem entender ao juiz. É, pois, um direito. Por derradeiro, nem mesmo se poderia considerar imoral ou antiético uma mentira, quando narrado com o nítido caráter defensivo, em virtude da natural e lógica atitude protetiva que todo ser humano sente para se colocar diante de acusações que o prejudiquem. Na jurisprudência: TJMS: "O direito constitucional de permanecer calado, protegido pelo artigo art. 5.º, LXIII, da Constituição Federal, *abarca o direito de mentir ou omitir sobre os fatos imputados*, mas não compreende o direito de mentir a respeito de sua identidade perante a autoridade policial, sob pena de incorrer no crime de uso de documento falso ou de falsa identidade" (APR 0009791562019812021-MS, 3.ª C., rel. Zaloar Murat Martins de Souza, j. 23.04.2020, v.u., grifamos).

> **Art. 188.** Após proceder ao interrogatório, o juiz indagará das partes se restou algum fato para ser esclarecido, formulando as perguntas correspondentes se o entender pertinente e relevante.[38-39]

38. Colaboração das partes no interrogatório: esta é outra das alterações introduzidas pela Lei 10.792/2003. Sempre tivemos receio de que, algum dia, uma modificação legislativa pudesse inserir a possibilidade de reperguntas das partes ao acusado. Se assim ocorresse, a ampla defesa sofreria, sem dúvida, um choque incontestável, pois o acusador iria tentar, ao máximo, com suas indagações, levar o réu a confissão, o que retiraria desta o seu caráter de *ato voluntário* do agente. Por outro lado, até mesmo perguntas malfeitas do defensor poderiam redundar na produção de prova contra o interesse do réu. A alteração, no entanto, não foi nesse nível. Permite-se às partes que, ao final do interrogatório, possam colaborar com o juiz, lembrando-o de que alguma indagação importante deixou de ser feita, dentre tantas previstas

Art. 189

no art. 187. Ou mesmo alguma outra questão, ali não relacionada, mas fundamental para o esclarecimento da verdade. Entretanto, não dispõem elas de direito *absoluto* à obtenção de respostas a tais questões, cabendo ao magistrado, dentro do seu poder discricionário, sem dúvida fundamentado, deliberar se são pertinentes e relevantes. Logo, deve coibir as perguntas tendentes a constranger o réu ou provocá-lo a confessar, bem como as que forem inadequadas ao caso, como as gratuitamente invasoras de sua intimidade. Ainda assim, dado o direito às partes para colaborar com o juiz, não deixa de ser posição arriscada, pois nada impede que o magistrado, menos interessado em filtrar tais questões, proporcione verdadeira situação de *reperguntas*, como se faz com qualquer testemunha, gerando prejuízo à ampla defesa. Lembre-se das palavras de Beling, dizendo que o juiz deve perguntar ao réu *se ele quer* contestar a imputação que lhe é feita e não *o que* quer contestar (*Derecho procesal penal*, p. 135). Porém, na contramão do direito à ampla defesa, a Lei 11.689/2008 introduziu a possibilidade de as partes dirigirem, em plenário do Tribunal do Júri, perguntas diretas ao acusado (art. 474, § 1.º, CPP). A solução, diante dessa situação, que viabilizou questões da acusação ao réu, é invocar o direito ao silêncio. Portanto, não está o acusado obrigado a responder nenhuma indagação do órgão acusatório (ver a nota 209 ao art. 474). De qualquer forma, quem inicia o interrogatório é sempre o magistrado, sem qualquer prejuízo para o acusado. Na jurisprudência: STJ: "1. O fato de o juiz conduzir o interrogatório não significa que o réu está impossibilitado de responder apenas a algumas perguntas, em especial às da defesa, fazendo uso assim do silêncio seletivo. De fato, é cediço que quem pode o mais pode o menos. Assim, se é possível não responder a nenhuma pergunta, é possível também responder apenas a algumas perguntas. Anote-se que o direito ao silêncio é consectário do princípio *nemo tenetur se detegere*, tratando-se, portanto, de garantia à não autoincriminação. Ademais, é assente que o interrogatório não é apenas meio de prova, mas especial instrumento de autodefesa, competindo, dessa forma, à defesa escolher a melhor estratégia defensiva" (AgRg no HC 833.704/SC, 5.ª T., rel. Reynaldo Soares da Fonseca, 08.08.2023, *DJe* 14.08.2023). Conferir, ainda, a nota 15-A ao art. 186.

39. Reperguntas ao corréu delator: conforme analisamos na nota 6 ao art. 197, referente à delação, é possível que um corréu, quando ouvido, além de admitir sua culpa, envolva outro coacusado. Nessa hipótese, ganha o seu interrogatório o contorno de um autêntico testemunho e deve merecer atenção especial do magistrado, permitindo-se ao defensor do delatado a realização de reperguntas ao interrogado, exclusivamente no tocante à delação realizada. Afastando tal possibilidade, é natural que haja cerceamento de defesa, pois a palavra do delator será, inequivocamente, levada em conta para compor o quadro probatório contra o delatado e este não terá a oportunidade de produzir contraprova em cima disso. Não se deve dar ampla liberdade de reperguntas, mas somente no que se refere à acusação feita a outro corréu ou mesmo a terceiro, ainda não incluído na relação processual. Ademais, qualquer indagação considerada impertinente deixará de ser respondida pelo corréu interrogado, detentor do direito ao silêncio, que o protege contra a autoincriminação. É também a posição de Tourinho Filho, que menciona lição de Ada Pellegrini Grinover (*Código de Processo Penal comentado*, v. 1, p. 385). Na jurisprudência: STJ: "1. O art. 188 do Código de Processo Penal, com a redação dada pela Lei n.º 10.792, de 1.º.12.2003, dispõe que o magistrado, após proceder ao interrogatório, deve indagar de todas as partes, sem exceção, se restam eventuais fatos a serem esclarecidos. A propósito, o Supremo Tribunal Federal tem firmado entendimento no sentido da legitimidade da participação dos corréus nos interrogatórios de outros réus, em reverência ao princípio do contraditório" (HC 447.883/SP, 6.ª T., rel. Laurita Vaz, 21.05.2019, v.u.).

Art. 189. Se o interrogando negar a acusação, no todo ou em parte,[40] poderá prestar esclarecimentos e indicar provas.[41]

40. Negativa parcial ou total: admite-se seja a confissão divisível (ver a nota 13 ao art. 200), razão pela qual este artigo prevê a possibilidade de o acusado admitir parte da imputação e negar outra (negativa parcial da acusação). Caberá, posteriormente, ao juiz avaliar o seu conteúdo livremente.

41. Convite à indicação de provas: sendo o interrogatório, primordialmente, um *meio de defesa*, torna-se fundamental que o juiz possa convidar o réu a oferecer as provas que deseja produzir. É a autodefesa manifestando-se nitidamente, o que se dá, igualmente, no sistema italiano (*invita il giudice quindi l'imputato a discolparsi e a indicare le prove in suo favore*, art. 367, CPP italiano). Por isso, a nossa posição, no sentido de que o juiz, no Tribunal do Júri, precisaria promover quesitos específicos sobre a tese levantada pelo réu em seu interrogatório, mesmo divergente da sustentada pela defesa técnica, sob pena de cerceamento, terminou incorporada pela reforma trazida pela Lei 11.689/2008 (art. 482, parágrafo único). De outra parte, deve-se produzir as provas indicadas, diretamente, pelo acusado, ainda que sua defesa técnica não as requeira.

> **Art. 190.** Se confessar a autoria, será perguntado sobre os motivos e circunstâncias do fato[42] e se outras pessoas concorreram para a infração, e quais sejam.[43]

42. Motivos e circunstâncias da ação: são importantes componentes do perfil do acusado, permitindo ao juiz, em caso de condenação ou mesmo para detectar uma excludente qualquer de ilicitude ou culpabilidade, julgá-lo melhor. É natural que, somente admitindo a prática do crime, poderá o magistrado dirigir-lhe tais indagações. Além disso, é o momento ideal do interrogante para checar a idoneidade da confissão, buscando-se evitar a falsidade da admissão de culpa, fonte maior do erro judiciário. Embora poucos, os casos de autoacusação falsa existem e, justamente por isso não se deve considerar a confissão como prova única para a condenação do réu.

43. Convite à delação: admitida a culpa, o juiz indagará se existem outras pessoas envolvidas e quais seriam elas. Indicando algum comparsa, está o réu produzindo a delação. Assim fazendo, possivelmente, o órgão acusatório promoverá o aditamento à denúncia para incluir corréu, sendo natural que este tenha interesse em desfazer a indicação de seu nome. Logo, é preciso regulamentar o direito do delatado de fazer reperguntas ao delator (independente de se tratar de delação premiada), pois, se assim não ocorrer, está-se criando prova absoluta, sem o crivo do contraditório, com ares de incontestabilidade, algo nitidamente prejudicial à ampla defesa. Ver a nota 11 ao art. 202.

> **Art. 191.** Havendo mais de um acusado, serão interrogados separadamente.[44]

44. Interrogatório em separado: é a forma correta de se evitar a influência de um corréu sobre outro, levando-o, muitas vezes, a confissão ou acusação falsas. Entretanto, aqueles que já foram ouvidos, podem permanecer na sala, ouvindo as declarações do seguinte, exceto se houver algum tipo de pressão psicológica, quando, então, será retirado da sala de audiência quem prejudicar os trabalhos. Caso compareça apenas um dos corréus, acompanhando a audiência de instrução e julgamento, é natural poder o juiz realizar o interrogatório, pois ouvirá separadamente o interrogado. O outro poderá ser ouvido em data posterior, comprovando não ter comparecido por motivo de força maior, e pode até tomar conhecimento do já

Art. 192

Código de Processo Penal Comentado · Nucci

434

declarado pelos demais, muitas vezes por intermédio do seu advogado, o que é perfeitamente natural e configura a publicidade existente no processo. Ademais, fosse de outro modo, o processo haveria de ser sigiloso, sem acesso às partes, como única forma de garantir que um não tomará jamais conhecimento do que o outro disse. O objetivo maior, entretanto, é evitar que, no mesmo instante em que um corréu está sendo ouvido, o outro absorva a narrativa, podendo ser influenciado emocional ou psicologicamente pelas declarações, alterando as suas, por sua conta e risco, podendo representar, para a sua defesa técnica, a pior opção. Por isso, não se tem por meta fazer com que o interrogatório seja uma peça imparcial e genuinamente idônea, porque não faz parte da sua natureza, mas sim que não existam influências momentâneas, prejudiciais à defesa daquele que altera a sua versão, somente porque ouviu o interrogatório precedente do corréu. Em caso de realização do interrogatório por videoconferência, envolvendo vários corréus, a mesma medida deve ser adotada, ou seja, quem ainda não foi ouvido não deve acompanhar o interrogatório daquele que se encontra prestando suas declarações. Na jurisprudência: STJ: "2. A jurisprudência desta Corte não reconhece nulidade por não ter o recorrente participado do interrogatório de corréu, na medida em que não há obrigatoriedade da sua presença nesse ato já que, nos termos do art. 191 do CPP, 'havendo mais de um acusado, serão interrogados separadamente'. Precedentes: AgRg no HC 589.057/AM, Rel. Ministro Nefi Cordeiro, Sexta Turma, julgado em 09/03/2021, *DJe* 12/03/2021; RHC 104.462/SP, Rel. Ministro Joel Ilan Paciornik, Quinta Turma, julgado em 21/05/2019, *DJe* 03/06/2019; AgRg no AgRg no AREsp 546.448/PE, Rel. Ministro Felix Fischer, Quinta Turma, julgado em 20/02/2018, *DJe* 28/02/2018; HC 162.926/PB, Rel. Ministro Ribeiro Dantas, Quinta Turma, julgado em 13/10/2015, *DJe* 21/10/2015)" (AgRg no RHC 137.159/PR, 5.ª T., rel. Reynaldo Soares da Fonseca, 25.05.2021, v.u.).

> **Art. 192.** O interrogatório do mudo, do surdo ou do surdo-mudo será feito pela forma seguinte:[45]
>
> I – ao surdo serão apresentadas por escrito as perguntas, que ele responderá oralmente;
>
> II – ao mudo as perguntas serão feitas oralmente, respondendo-as por escrito;
>
> III – ao surdo-mudo as perguntas serão formuladas por escrito e do mesmo modo dará as respostas.
>
> **Parágrafo único.** Caso o interrogando não saiba ler ou escrever, intervirá no ato, como intérprete[46] e sob compromisso, pessoa habilitada a entendê-lo.[47]

45. Redução a termo: fugindo à forma oral, o interrogatório, em casos excepcionais como os apresentados pelo art. 192, pode ser feito pela modalidade escrita ou através desta, associada à oralidade. Entretanto, as perguntas escritas pelo juiz ao surdo serão consignadas no termo, normalmente, em conjunto com as respostas dadas, sem necessidade de se juntar o papel específico, em que elas foram inicialmente colocadas. O mesmo se dá com as respostas escritas dadas pelo mudo e com relação às perguntas e respostas feitas e realizadas, no tocante ao surdo-mudo. Todos assinarão, depois, o termo de interrogatório, que será a peça válida para a formação da prova.

46. Intérprete: é, para todos os fins, equiparado ao perito (art. 281, CPP), razão pela qual será nomeado pelo magistrado, devidamente compromissado e estará sujeito às regras da suspeição aplicáveis aos juízes. Por isso, segundo cremos, não deve ser nomeado parente do depoente, que dificilmente terá imparcialidade suficiente para proceder à tradução do que lhe for dito.

47. Utilização de mímica: quando o surdo, o mudo ou o surdo-mudo for alfabetizado é vedada qualquer forma de utilização de mímica, sob pena de se ofender o método de colheita do depoimento, expressamente previsto em lei. Caso seja ele analfabeto, o interrogatório feito por intermédio do intérprete será, logicamente, realizado através de mímica, entendida esta não como gestos teatrais, para buscar "adivinhar" o que pensa e o que diz o réu, mas sim através de uma linguagem estabelecida na forma de gesticulações precisas e adequadas à expressão de uma ideia ou sentimento. Não se trata de um jogo, mas de uma linguagem concretizada por gestos, não deixando de ser uma mímica.

> **Art. 193.** Quando o interrogando não falar a língua nacional, o interrogatório será feito por meio de intérprete.[48]

48. Réu que não fala a língua nacional: deve ser ouvido por intermédio do intérprete, não podendo o magistrado, ainda que conheça o idioma falado pelo interrogado, dispensar a sua participação. Há várias razões para isso. A primeira delas é que as partes têm o direito de assistir o interrogatório e devem obter os dados do réu no vernáculo, fiscalizando a atividade do juiz. Se este mesmo ouvir e fizer a tradução, não se conseguirá controlar o seu grau de imparcialidade. Por outro lado, o juiz não é perito e não pode dar sua avaliação "técnica" sobre qualquer assunto ventilado nos autos. Faz a apreciação jurídica do que lhe for apresentado pelos expertos, mas não se imiscui nessa atividade, da mesma forma que, quando testemunhar algum fato, não será o julgador do caso. Lembre-se que traduções também implicam interpretação e valoração do que é dito, podendo resultar numa disputa das partes pela inteligência de uma frase qualquer proferida pelo réu, de modo que caberá ao juiz dirimir a controvérsia. Se tiver sido ele o intérprete não terá condições de julgar o ponto polêmico. Ademais, pode-se supor entendam a língua estrangeira o julgador e as partes, embora o intérprete continue a ser figura indispensável. Afinal, pode haver recurso e os autos subirem a instância superior, devendo haver tradução fiel do narrado pelo acusado para apreciação de outros magistrados. Na jurisprudência: STJ: "2. Inviável reconhecer o descumprimento do art. 193 do CPP se o interrogando fala a língua nacional, uma vez que o direito à tradução nos procedimentos penais não decorre da origem estrangeira, por si só, mas da incompreensão do português, pois objetiva a essencial e plena ciência dos fatos e dos questionamentos pelo investigado ou acusado, de modo a evitar com isso uma situação de vulnerabilidade perante os órgãos de persecução penal. 3. Inexiste a comprovação de prejuízo se, conquanto a nacionalidade espanhola, o agravante domina o idioma do Brasil, compreendeu as perguntas do delegado e se fez entender quando foi ouvido durante o inquérito policial, na presença de advogado que não solicitou o acompanhamento de um tradutor. 4. Ademais, não há que se falar em contaminação do processo penal se ocorreu novo interrogatório em Juízo, na presença de intérprete, no qual o réu demonstrou não necessitar de tradução e se retratou da confissão extrajudicial, irrelevante para a condenação, porquanto a sentença está lastreada em abundante material probatório, inclusive derivado de interceptações telefônicas e de quebras de sigilo fiscal" (AgRg no RHC 45.250/RJ, 6.ª T., rel. Rogerio Schietti Cruz, 26.03.2019, v.u.).

> **Art. 194.** (Revogado pela Lei 10.792/2003.)[49-52]

49. Extinção da figura do curador ao réu menor de 21 anos: a norma revogada trazia a seguinte redação: "Se o acusado for menor, proceder-se-á ao interrogatório na presença de curador". Vínhamos defendendo, assim que a Lei 10.406/2002 (atual Código Civil) entrou em vigor, a inaplicabilidade desse dispositivo, uma vez que o maior de 18 anos, sendo apto para

Art. 195

Código de Processo Penal Comentado · **Nucci**

436

todos os atos da vida civil, não mais necessitava de assistência de curador. Com a edição da Lei 10.792/2003, eliminando este artigo, cada vez mais se consolida essa tendência, faltando, ainda, reparos nos arts. 15, 262 e 564, III, *c*, parte final, do CPP.

50. Demais incapazes: outras pessoas, que forem consideradas incapazes para compreender o significado do ato processual que se realiza, devem ser assistidas por curador especial, como é o caso dos índios não completamente integrados à civilização e dos doentes mentais, cuja enfermidade já seja conhecida no momento de realização do interrogatório. Nesta última hipótese, entretanto, quando o magistrado ouve o réu e nota, somente nesse instante, ser ele mentalmente enfermo, deve instaurar incidente de insanidade mental, mas não se anula o ato processual concretizado.

51. Curador: é a pessoa que tem por função proteger e orientar o incapaz, tanto no interrogatório da fase policial, quanto no interrogatório prestado em juízo, suprindo-lhe as naturais deficiências trazidas pela sua situação de hipossuficiente, zelando para não haver qualquer arbítrio ou coação indevida contra sua pessoa. Está vinculado à sua defesa e não pode depor contra seus interesses, revelando dados sigilosos, protegidos por lei (ver nota 48 ao art. 207). Pode ser curador toda pessoa maior de 18 anos, no pleno gozo de sua capacidade civil, alfabetizado, leigo ou advogado, desde que não seja pessoa subordinada administrativamente ao juiz, ao promotor ou à autoridade policial. Não podem sê-lo, naturalmente, promotores, autoridades policiais e seus agentes.

52. Função do curador: o incapaz deve ser protegido por alguém capaz, ainda que leigo, que lhe servirá de curador, ou seja, protetor de seus interesses, como se vê no próprio conceito de *curador*. Quando, no entanto, estiver presente o advogado constituído ou dativo, pode ele exercer as funções de curador – o que é o mais racional e correto, pois é técnico no assunto. Nesse sentido a Súmula 352 do STF: "Não é nulo o processo penal por falta de nomeação de curador ao réu menor que teve a assistência de defensor dativo". Embora não mais se aplicando ao menor de 21 anos, pode-se utilizar a Súmula para outros casos de incapacidade.

> **Art. 195.** Se o interrogado não souber escrever, não puder ou não quiser assinar, tal fato será consignado no termo.[53-56]

53. Redução a termo: trata-se do antigo método de anotação, por intermédio da datilografia, das declarações do réu. Assim, o juiz faz a pergunta, ouve a resposta e dita, tanto uma quanto outra, para o escrevente presente na sala de audiência, que os reduz a termo. Vínhamos sustentando ser viável a aplicação analógica do disposto no art. 210 do Código de Processo Civil de 2015, autorizando o uso da taquigrafia, da estenotipia, bem como de outro método qualquer, como as gravações, no processo penal ("É lícito o uso da taquigrafia, da estenotipia ou de outro método idôneo em qualquer juízo ou tribunal"). O mesmo se encontra no art. 460 do CPC/2015. A partir da edição das Leis 11.689/2008 e 11.719/2008, encontra-se expressamente autorizada a utilização de mecanismos modernos de registro das declarações e depoimentos, como gravações em geral (áudio e vídeo). A redução a termo, portanto, perderá com o tempo qualquer utilidade.

54. Leitura do termo de interrogatório: não é mais necessária, em face da nova redação dada ao art. 195 pela Lei 10.792/2003. Entretanto, devemos lembrar que, em se tratando de réu analfabeto, cremos ser viável a leitura do termo em voz alta para que ele tenha certeza de ter sido consignado exatamente o que disse. A despeito de estar presente obrigatoriamente o seu advogado na sala, a autodefesa é parte da ampla defesa, motivo pelo qual se impõe a leitura em voz alta. Quando se tratar de estenotipia, cuja linguagem é codificada, todos assinam, como regra, sem ler. Mas havendo algum ponto importante ou sendo requerida a leitura por qualquer das partes presentes, deve o estenotipista realizar a leitura em voz alta. Cuidando-se de gravação de voz e/ou imagem não há necessidade alguma de repassar a fita.

55. Assinaturas no termo de interrogatório: todos os presentes devem assiná-lo: réu, juiz, promotor (se presente), defensor (obrigatoriamente presente) e curador (conforme o caso). No caso da estenotipia, assina-se a fita codificada, mas a transcrição é rubricada somente pela pessoa que a traduziu e pelo magistrado. Problemas havidos com essa transcrição devem ser resolvidos indicando-se outro funcionário do Tribunal, devidamente habilitado, para solver. Caso persista algum ponto obscuro, é mais indicado que se realize outro interrogatório, do que simplesmente deixá-lo de lado, pois tal medida cercearia o direito de qualquer das partes de questionar o narrado pelo acusado, que teria sido irregularmente transcrito pelo funcionário encarregado. No caso de gravação, assina-se apenas o termo de audiência, onde constará ter sido feito o registro por essa forma de captação.

56. Impossibilidade de obter a assinatura do réu: não influi na constituição da prova. É possível que o acusado não saiba escrever, por ser analfabeto, não possa, por estar com a mão quebrada, por exemplo, ou não queira, por desconfiar do conteúdo do que foi consignado. Deve unicamente o magistrado determinar a menção de tal fato no termo. Por isso, justifica-se a obrigatória presença do defensor nesse momento processual. Quando registrado o interrogatório por gravação, a assinatura do acusado será aposta somente no termo de audiência, ainda assim quando for viável

> **Art. 196.** A todo tempo o juiz poderá proceder a novo interrogatório de ofício ou a pedido fundamentado de qualquer das partes.[57]

57. Renovação do interrogatório: há variadas razões passíveis de levar à realização de outro interrogatório ao longo da instrução: a) o juiz sentenciante não é o mesmo que realizou o ato, necessitando ouvi-lo e vê-lo diretamente, para formar o seu convencimento. Embora esteja consagrado o princípio da identidade física do juiz (art. 399, § 2.º), pode haver mudança em razão de promoção, aposentadoria do julgador ou outro motivo de força maior; b) o juiz sentenciante ou o que preside a instrução constata a pobreza do interrogatório, realizado em poucas linhas, sem nenhum conteúdo. Deve determinar o seu refazimento; c) o juiz interrogante entra em confronto com o réu, havendo nítida parcialidade na colheita do depoimento. Outro magistrado deve ser indicado para proceder ao interrogatório, caso o primeiro seja anulado ou haja a intenção de evitar a concretização de uma nulidade insanável; d) o Tribunal entende deva ouvir diretamente o réu, a despeito de o interrogatório já ter sido feito pelo juiz (art. 616, CPP); e) o acusado, que confessou no primeiro interrogatório, resolve retratar-se, situação expressamente admitida (art. 200, CPP); f) surge uma prova nova, como uma testemunha, desejando o réu manifestar-se sobre o seu depoimento, desconhecido até então; g) há corréu envolvido que teria proferido uma delação, envolvendo outro corréu já interrogado. Este pode pretender dar sua versão sobre o que foi falado a seu respeito. Enfim, se antes da Lei 10.792/2003, mencionava o art. 196 que o interrogatório poderia ser realizado de novo a qualquer tempo, com a nova redação estipula-se poder essa renovação ser feita de ofício ou a requerimento *fundamentado* de qualquer das partes, facilitando, pois, a sua concretização. Porém, a simples ausência injustificada do acusado, devidamente cientificado da data de seu interrogatório, não lhe dá direito de pleitear nova oportunidade de ser ouvido. Na jurisprudência: STJ: "3. Além disso, a 'realização de novo interrogatório não é direito subjetivo do réu,

Art. 196

Código de Processo Penal Comentado · **Nucci**   438

mas sim faculdade conferida ao julgador, não havendo nulidade por cerceamento de defesa decorrente do ato que indefere pedido nesse sentido' (RHC n. 74.386/RJ, relatora Ministra Maria Thereza de Assis Moura, Sexta Turma, julgado em 06/09/2016, *DJe* 19/09/2016). 4. Na espécie, esclareceu o magistrado que 'os fundamentos externados absolutamente em nada acrescentam ao tipo penal relevante, bem como todos os fatos e documentos levantados pelo Parquet como prova encontram-se juntados aos autos desde a realização do interrogatório do acusado, assim, não existem nenhum fato novo a exigir a realização de novo interrogatório. Lembro ainda que os documentos juntados pela defesa já estavam sob seu poder antes do interrogatório, assim, fatos já cientes da Defesa e novos a Acusação. Sendo o interrogatório portanto desnecessário' (e-STJ fl. 2.158). Ausência de violação do art. 196 do Código de Processo Penal" (AgRg no REsp 1.799.181/GO, 6.ª T., rel. Antonio Saldanha Palheiro, 08.06.2021, v.u.).

Capítulo IV
DA CONFISSÃO[1-3]

1. Conceito de confissão: "confessar, no âmbito do processo penal, é admitir contra si, por quem seja suspeito ou acusado de um crime, tendo pleno discernimento, voluntária, expressa e pessoalmente, diante da autoridade competente, em ato solene e público, reduzido a termo, a prática de algum fato criminoso" (definição que adotamos em nosso *O valor da confissão como meio de prova no processo penal*, p. 80). Deve-se considerar confissão apenas o ato voluntário (produzido livremente pelo agente, sem qualquer coação), expresso (manifestado, sem sombra de dúvida, nos autos) e pessoal (inexiste confissão, no processo penal, feita por preposto ou mandatário, o que atentaria contra a segurança do princípio da presunção de inocência). Além disso, é incorreto dizer que alguém, não suspeito, nem acusado pelo Estado, ao admitir a prática de um fato considerado criminoso, está *confessando*. Na realidade, nessa hipótese, trata-se da autodenúncia ou autoacusação. Considera-se, também, como requisito essencial para caracterizá-la o discernimento, que é a faculdade de julgar as coisas com clareza e equilíbrio, pois um indivíduo insano não pode admitir sua culpa validamente. Exigir-se a sua produção diante da autoridade competente implica afastar do cenário da confissão os peculiares *depoimentos* feitos a policiais fora da delegacia, como, por exemplo, durante o trajeto do local do crime para o distrito policial. Esta situação deve ser considerada um testemunho e não confissão. O ato precisa ser solene, público e reduzido a termo, justamente porque o interrogatório é o momento ideal para a sua ocorrência, respeitando-se as formalidades legais. Finalmente, a confissão pressupõe a admissão de fato criminoso e não de qualquer fato prejudicial ao réu. O afastamento de qualquer desses requisitos pode acarretar a indevida aceitação e valoração de atos inconciliáveis com o devido processo legal.

2. Natureza jurídica e objeto da confissão: trata-se de um meio de prova, isto é, um dos instrumentos disponíveis para que o juiz atinja a verdade dos fatos. Seu objeto são os fatos, inadmitindo-se questões relativas ao direito e às regras de experiência.

3. Espécies de confissão: há, fundamentalmente, duas espécies: a) *quanto ao local*, ela pode ser judicial ou extrajudicial. Se produzida diante da autoridade judicial competente para julgar o caso, trata-se da confissão judicial própria. Se for produzida perante qualquer outra autoridade judicial, incompetente para o deslinde do processo criminal, trata-se da confissão judicial imprópria. No mais, quando a admissão de culpa é formulada diante de autoridades policiais, parlamentares ou administrativas, competentes para ouvir o depoente em declarações, trata-se da *confissão extrajudicial*; b) *quanto aos efeitos gerados*, a confissão pode ser simples ou qualificada. A primeira ocorre quando o confitente admite a prática do crime sem qualquer outra alegação que possa beneficiá-lo. A segunda liga-se à admissão da culpa, quanto ao fato principal, levantando o réu outras circunstâncias, de modo a excluir sua responsabilidade ou atenuar sua pena. Exemplo desta última: quando o réu admite ter furtado o bem, invocando, entretanto, o estado de necessidade.

> **Art. 197.** O valor da confissão[4-6-8] se aferirá pelos critérios[7] adotados para os outros elementos de prova, e para a sua apreciação o juiz[8] deverá confrontá-la com as demais provas do processo, verificando se entre ela e estas existe compatibilidade ou concordância.

4. Valor e fundamentos da confissão: a melhor e mais útil maneira de se avaliar o valor da confissão é conhecer o fundamento que levou o réu a empreendê-la. Sendo ato antinatural, porque a natureza humana não é dada ao reconhecimento de erros ou falhas, é preciso desvendar os motivos a sustentar a admissão da culpa. Alguns fundamentos provocam a manifesta ilegalidade da confissão, que não poderá ter qualquer valor judicial. Outros, no entanto, servem para confirmá-la, dando-lhe segurança e veracidade. São os seguintes fundamentos: 1.º) *remorso*: confessa o réu ou indiciado, colhido pelo sentimento de culpa, remordendo-o por dentro, sem lhe dar trégua ou paz. A perturbação perenemente instalada em seu espírito leva-o a admitir sua culpa. É o constante "instinto de veracidade" sempre presente no espírito humano, como lembra Malatesta (*A lógica das provas em matéria criminal*, v. 2, p. 176); 2.º) *arrependimento*: é a situação do agente que, compreendendo o aspecto negativo do que realizou, passa a admitir como possível o seu castigo, estando insatisfeito pela violação da lei. Difere do remorso, porque o arrependimento é um estado de tristeza, enquanto o outro é doloroso e aflitivo; 3.º) *alívio interior*: é a sensação de libertação provocada pela admissão da culpa. Ocorre quando o indivíduo já está sendo acusado e, tendo por finalidade não mais se digladiar com o Estado, rende-se, confessando. É uma necessidade imposta pela aversão ao duelo judiciário; 4.º) *necessidade de se explicar*: afora o remorso e o arrependimento, existe, ainda, preenchendo o fundamento de muitas confissões, a necessidade do agente de justificar, perante a comunidade onde vive, o ato criminoso praticado. Por isso, confessa, dando suas razões e aguardando aceitação e legitimação para o que fez. É o exemplo de quem mata o traficante do seu bairro e termina admitindo sua culpa para obter a aprovação social; 5.º) *interesse*: qualquer vantagem ou proveito pode justificar uma confissão. Desde o recebimento de uma quantia em dinheiro, para assumir o crime em lugar de outro, até a necessidade de se impor dentro de um presídio, ganhando notoriedade, pode levar o acusado à confissão. Não são poucos os casos de pessoas movidas unicamente pelo interesse, admitindo a prática de fatos, que não lhe dizem respeito. O interesse pode provocar confissões verdadeiras, embora, na maior parte dos casos, sejam falsas; 6.º) *lógica*: o agente racional e inteligente não aprecia negar o óbvio, de modo que, percebendo serem suficientes as provas contra si, termina admitindo os fatos. Há muitos casos retratando situações de admissões de culpa originárias da aversão do agente em prosseguir negando o óbvio. Aliás, essa é uma das razões motivadoras para a confissão do acusado, quando ouvido em interrogatório, ao final de audiência de instrução. Ele acompanhou toda a produção da prova oral e percebeu ter sido indicado por todos como o autor do delito, motivo pelo qual, por questão de lógica, admite a prática da infração penal ao ser inquirido; 7.º) *orgulho ou vaidade*: o demasiado amor-próprio e o desejo imoderado de atrair a atenção e a admiração alheias fazem com que alguns agentes confessem os delitos cometidos. Há aqueles que se promovem à custa do crime, adquirindo, na comunidade, os títulos de *justiceiros* ou *vigilantes*, motivos de glória e promoção pessoal, supondo-se paladinos da justiça; 8.º) *esperança ou medo*: a expectativa de obter algum

Art. 197

Código de Processo Penal Comentado · **Nucci**

benefício, ou o receio de ser mais severamente apenado, pode levar o indivíduo à admissão da culpa. Justamente por isso, não deve o magistrado instigar o réu a confessar, "prometendo-lhe" atenuantes ou benefícios processuais. A confissão pode ser, nesse caso, falsa; 9.°) *expiação ou masoquismo*: ignorar a existência de pessoas possuidoras do desejo interior de causar mal a si mesmas é desconhecer a natureza humana. Por isso, deve o magistrado ser sensível ao fato de que réus podem ter a necessidade – porventura patológica – de confessar um crime por eles não cometido; 10.°) *altruísmo*: o desprendimento e a abnegação de alguns podem levá-los a assumir seus crimes, para que terceiros, injustamente acusados, não paguem pelo que não devem. Essas confissões são, geralmente, verdadeiras; 11.°) *forte poder de sugestão de terceiros*: há pessoas facilmente sugestionadas por outras, demonstrando possuir autêntica falta de força de vontade para resistir ao poder de convencimento alheio. As personalidades fracas, de mente estreita, com nítida tendência à covardia, podem assumir crimes que não cometeram. Tal ocorre quando o interrogante é sagaz, inteligente e constrói raciocínios lógicos irrefutáveis para tais pessoas mentalmente frágeis, que terminam convencendo-se – ou não mais tendo justificativas para negar – de serem autoras de ilícitos alheios. Por vezes, como explica Gisli Gudjonsson, ocorre a "síndrome da desconfiança da memória", quando o confitente, acreditando ser culpado, porque sua memória falha no instante do interrogatório – mormente prolongado e cansativo –, não mais consegue contestar as evidências que lhe são apresentadas, admitindo algo que não realizou (*False confessions, psychological effects of interrogation*, p. 7, *in* Thornton, *Report of the Independent Civil Liberty Panel on Criminal Justice*); 12.°) *erro*: a confissão pode ocorrer porque o acusado tem uma visão incorreta de como os fatos realmente se deram e termina convencendo-se de que cometeu o delito, embora não o tenha feito. Exemplo: "Tício, visando a matar Caio, atira contra ele, mas não o acerta. Terceira pessoa, entretanto, atirando no mesmo momento, atinge a vítima desejada. Tício pode confessar ter matado Caio, porque assim lhe pareceu, embora tenha somente ficado na esfera da tentativa. Trata-se de uma confissão causada pelo erro" (de nossa autoria, *O valor da confissão como meio de prova no processo penal*, p. 106). Réus suscetíveis de incidir nesse tipo de confissão, como regra falsa, são pessoas de baixo Q.I., depressivas ou emocionalmente perturbadas, não possuidoras de condições perfeitas para entender o contexto onde estão inseridas, nem as perguntas exatas que lhes são formuladas; 13.°) *loucura ou outro desequilíbrio mental*: em razão de estados patológicos, sofrendo de delírios de variadas ordens, o acusado pode obedecer a estímulos mórbidos, sem capacidade de distinguir entre o certo e o errado, muitas vezes crendo desempenhar "missão magnífica" na sua existência. Assim, termina confessando seus feitos, nem sempre de modo verdadeiro. São casos, muitas vezes, detectáveis pelo exame de insanidade mental. Aliás, essa é uma das razões pelas quais, quando a pessoa insana confessa, é preciso que o juiz determine a produção de provas para comprovar o injusto, sendo possível, então, aplicar medida de segurança; 14.°) *coação psicológica*: é o constrangimento psíquico exercido contra o réu, através de ameaças e chantagens, levando-o a desesperar-se, confessando a prática do crime. Por vezes, a admissão de culpa é verdadeira, noutras, é falsa, embora seja sempre um meio inadmissível, porque ilegal. Exemplo disso é o sequestro, pela polícia, de um parente do interrogando, ameaçado de algum modo. Para evitar a situação, o suspeito ou indiciado termina confessando o que não deve; 15.°) *tortura psicológica*: é o constrangimento psíquico exercido de maneira insistente contra o acusado, tendo por fim minar-lhe qualquer capacidade de resistência. Difere da coação psicológica, porque esta tem por estrutura uma ação isolada, enquanto a tortura baseia-se em diversas condutas seguidas e perseverantes, tal como se dá em interrogatórios prolongados e repetitivos, sem possibilidade de se alimentar ou descansar. É meio de extração da confissão nitidamente ilegal; 16.°) *coação física*: é a agressão contra a incolumidade física do suspeito ou indiciado, levando-o a admitir sua culpa, de modo verdadeiro ou falso, mas para evitar, de imediato, o prosseguimento da violência. Um único tapa no rosto de um homem honrado, não acostumado a agressões, pode levá-lo, em desespero, a confessar; 17.º) *tortura física*: é o constrangimento físico exercido contra o suspeito ou indiciado de modo sistemático, repetitivo e prolongado. Tem por finalidade reduzir-lhe completamente a capacidade de resistência. Usa-se violência física, como o emprego de choques elétricos, palmatórias, surras, bem como a submissão a jejum prolongado e colocação em lugares úmidos, escuros e insalubres. É considerado, hoje, crime equiparado ao hediondo, regido tanto pela Lei 8.072/1990, como pela Lei 9.455/1997; 18.º) *insensibilidade*: existem agentes sob *anestesia afetiva*, significando não serem sensíveis aos atos violentos praticados. Assim, são capazes de falar sobre seus feitos de maneira natural e fria. Como regra, são confissões verdadeiras, fruto de personalidades antissociais; 19.º) *instinto de proteção ou afeto a terceiros*: há pessoas que, em virtude de estreitos laços de afetividade com suspeitos da prática de crimes e tendo por fim preservar seus entes queridos, terminam confessando falsamente a prática do fato delituoso. Exemplo disso é o do pai idoso, assumindo o delito cometido pelo filho, para livrá-lo da cadeia. 20.º) *ódio a terceiros*: é a hipótese de a pessoa confessar, exclusivamente, para poder delatar alguém que odeie, prejudicando-o e envolvendo-o num delito que pode – ou não – ter cometido. É preciso muita cautela com esse método de envolvimento de alguém em um crime, pois a consistência da confissão não é segura (a respeito, ver Malatesta, *A lógica das provas em matéria criminal*, v. 2, p. 142); 21.º) *questões religiosas*: é o caso das pessoas que se convertem a alguma religião e, seguindo mandamentos da crença ou do *líder espiritual*, admitem a prática de crimes para *aliviar* a alma, expiando sua culpa. Portanto, conhecidas as razões que levaram o suspeito, indiciado ou réu a confessar, pode o magistrado, corretamente, avaliar se a admissão de culpa é verdadeira ou falsa.

5. Valor das confissões extrajudicial e judicial: a confissão extrajudicial, não contando com as garantias constitucionais inerentes ao processo, especialmente o contraditório e a ampla defesa, é apenas um meio de prova indireto, isto é, um indício. Deve ser reputada totalmente inconsistente para condenar uma pessoa, caso venha isolada no bojo dos autos. Necessita ser firmemente confrontada com outras provas e nitidamente confirmada pelas provas produzidas em juízo, não bastando mera *fumaça* de veracidade. Os riscos de aceitação da confissão extrajudicial, como meio de prova direto, são inúmeros e capazes de gerar o malfadado erro judiciário inaceitável no Estado Democrático de Direito. A confissão judicial, por sua vez, porque produzida diante de magistrado, após a citação, sob o manto protetor da ampla defesa – que deve, efetivamente ser assegurada ao réu *antes do interrogatório* – é meio de prova direto. Ainda assim, precisa ser confrontada com outras provas e por elas confirmada, embora possua maior força do que a confissão-indício feita, como regra, na polícia. Na jurisprudência, fixando relevantes teses a respeito da confissão: STJ: "11. Teses fixadas: 11.1: A confissão extrajudicial somente será admissível no processo judicial se feita formalmente e de maneira documentada, dentro de um estabelecimento estatal público e oficial. Tais garantias não podem ser renunciadas pelo interrogado e, se alguma delas não for cumprida, a prova será inadmissível. A inadmissibilidade permanece mesmo que a acusação tente introduzir a confissão extrajudicial no processo por outros meios de prova (como, por exemplo, o testemunho do policial que a colheu). 11.2: A confissão extrajudicial admissível pode servir apenas como meio de obtenção de provas, indicando à polícia ou ao Ministério Público possíveis fontes de provas na investigação, mas não pode embasar a sentença condenatória. 11.3: A confissão judicial, em princípio, é, obviamente, lícita. Todavia, para a condenação, apenas será considerada a confissão que encontre algum sustento nas demais provas, tudo à luz do art. 197 do CPP. 12. A aplicação dessas teses fica restrita aos fatos ocorridos a partir do dia seguinte à publicação deste acórdão no *DJe*. Modulação temporal necessária para preservar a segurança jurídica (art. 927, § 3º, do CPC). 13. Ainda que sejam eventualmente descumpridos

Art. 197

Código de Processo Penal Comentado · Nucci

442

seus requisitos de validade ou admissibilidade, qualquer tipo de confissão (judicial ou extra-judicial, retratada ou não) confere ao réu o direito à atenuante respectiva (art. 65, III, 'd', do CP) em caso de condenação, mesmo que o juízo sentenciante não utilize a confissão como um dos fundamentos da sentença. Orientação adotada pela Quinta Turma no julgamento do REsp 1.972.098/SC, de minha relatoria, em 14/6/2022, e seguida nos dois colegiados desde então" (AREsp 2.123.334/MG, 3.ª S., rel. Ribeiro Dantas, 20.06.2024, v.u.).

6. Conceito de delação: *delatar* significa acusar, denunciar ou revelar. Processualmente, somente tem sentido falarmos em *delação*, quando alguém, admitindo a prática criminosa, revela que outra pessoa também o ajudou de qualquer forma. Esse é um testemunho qualificado, feito pelo indiciado ou acusado. Naturalmente, tem valor probatório, especialmente porque houve admissão de culpa pelo delator. Nunca, entretanto, deve o magistrado deixar de atentar para os aspectos negativos da personalidade humana, pois não é impossível que alguém, odiando outrem, confesse um crime somente para envolver seu desafeto, na realidade, inocente. Essa situação pode ser encontrada quando o confitente já está condenado a vários anos de cadeia, razão pela qual a delação não lhe produzirá maiores consequências, o mesmo não se podendo dizer quanto ao delatado. No mais, quando o réu nega a prática do crime ou a autoria e indica ter sido outro o autor, está, em verdade, prestando um autêntico testemunho, mas não se trata de delação. Pode estar agindo dessa forma para se proteger, indicando qualquer outro para figurar como autor do crime, como pode também estar narrando um fato verdadeiro, ou seja, que o verdadeiro agente foi outra pessoa. De qualquer modo, envolvendo outrem e para garantir o direito à ampla defesa do denunciado, é preciso que o juiz permita, caso seja requerido, a realização de reperguntas pelo defensor do delatado no interrogatório do delator. Essas reperguntas terão conteúdo e amplitude limitados, devendo haver rígido controle do juiz. Assim, somente serão admitidas questões envolvendo o delatado e não a situação do delator, tudo para preservar a este último o direito de não ser obrigado a se autoacusar. Quanto ao valor da delação, em boa hora, fixou o art. 4.º, § 16, da Lei 12.850/2013: "nenhuma sentença condenatória será proferida com fundamento apenas nas declarações de agente colaborador".

6-A. A questão da delação premiada: estabelecemos, na nota anterior, que, embora delatar signifique acusar ou denunciar alguém, no sentido processual, devemos utilizar o termo quando um acusado, admitindo a prática criminosa, revela que outra pessoa também o ajudou de qualquer forma. O valor da delação, como meio de prova, é difícil de ser apurado com precisão. Por outro lado, há, atualmente, várias normas (ver a nota 6-B abaixo) dispondo sobre a *delação premiada*, isto é, a denúncia cujo objeto é narrar às autoridades o cometimento do delito e, quando existente, os coautores e partícipes, com ou sem resultado concreto, conforme o caso, recebendo, em troca, do Estado, um benefício qualquer, consistente em diminuição de pena ou, até mesmo, em perdão judicial. Seria válida essa forma de incentivo legal à prática da delação? Existem inúmeros aspectos a considerar. São pontos negativos da delação premiada: a) oficializa-se, por lei, a traição, forma antiética de comportamento social; b) pode ferir a proporcionalidade da aplicação da pena, pois o delator receberia pena menor do que os delatados, seus cúmplices, cuja culpabilidade pode até ser mais branda; c) a traição, como regra, serve para agravar ou qualificar a prática de crimes, motivo pelo qual não deveria ser útil para reduzir a pena; d) não se pode trabalhar com a ideia de que os fins justificam os meios, na medida em que estes podem ser imorais ou antiéticos; e) a existente delação premiada não serviu até o momento para incentivar a criminalidade organizada a quebrar a *lei do silêncio*, que, no universo do delito, fala mais alto; f) o Estado não pode aquiescer em barganhar com a criminalidade; g) há um estímulo a delações falsas e um incremento a vinganças pessoais. São pontos positivos da delação premiada: a) no universo criminoso, não se pode falar em ética ou em valores moralmente elevados, dada a própria natureza da prática de condutas que rompem com as normas vigentes, ferindo bens jurídicos protegidos pelo Estado; b) não há lesão à proporcionalidade na aplicação da pena, pois esta é regida, basicamente, pela culpabilidade (juízo de reprovação social), por natureza flexível. Réus mais culpáveis devem receber pena mais severa. O delator, ao colaborar com o Estado, demonstra menor culpabilidade, portanto, pode receber sanção menos grave; c) o crime praticado por traição é grave, justamente porque o objetivo almejado é a lesão a um bem jurídico protegido; a delação seria a *traição de bons propósitos*, agindo *contra* o delito e em favor do Estado Democrático de Direito; d) os fins podem ser justificados pelos meios, quando estes forem legalizados e inseridos, portanto, no universo jurídico; e) a ineficiência atual da delação premiada condiz com o elevado índice de impunidade reinante no mundo do crime, bem como ocorre em face da falta de agilidade do Estado em dar efetiva proteção ao réu colaborador; f) o Estado já está barganhando com o autor de infração penal, como se pode constatar pela transação, prevista na Lei 9.099/1995. A delação premiada é, apenas, outro nível de transação; g) o benefício instituído por lei para que um criminoso delate o esquema no qual está inserido, bem como os cúmplices, pode servir de incentivo ao arrependimento sincero, com forte tendência à regeneração interior, o que seria um dos fundamentos da própria aplicação da pena; h) a falsa delação, embora possa existir, deve ser severamente punida; i) a ética é juízo de valor variável, conforme a época e os bens em conflito, razão pela qual não pode ser empecilho para a delação premiada, cujo fim é combater, em primeiro plano, a criminalidade organizada. Do exposto, parece-nos que a delação premiada é um mal necessário, pois o bem maior a ser tutelado é o Estado Democrático de Direito. Não é preciso ressaltar ter o crime organizado ampla penetração nas entranhas estatais e possuir condições de desestabilizar qualquer democracia, sem que se possa combatê-lo, com eficiência, desprezando-se a colaboração daqueles que conhecem o esquema e dispõem-se a denunciar coautores e partícipes. No universo dos seres humanos de bem, sem dúvida, a traição é desventurada, mas não cremos que se possa dizer o mesmo ao transferirmos nossa análise para o âmbito do crime, por si só, desregrado, avesso à legalidade, contrário ao monopólio estatal de resolução de conflitos, regido por *leis* esdrúxulas e extremamente severas, totalmente distante dos valores regentes dos direitos humanos fundamentais. A rejeição à ideia da delação premiada constituiria um autêntico *prêmio* ao crime organizado e aos delinquentes em geral, que, sem a menor ética, ofendem bens jurídicos alheios, mas o Estado não lhes poderia semear a cizânia ou a desunião, pois não seria *moralmente* aceitável. Se os criminosos atuam com as próprias, pouco ligando para a ética, parece-nos viável provocar-lhes a cisão, fomentando a delação premiada. A *lei do silêncio*, no universo criminoso, ainda é mais forte, pois o Estado não cumpriu sua parte, que é diminuir a impunidade, atuando, ainda, para impedir que seus colaboradores pereçam em mãos dos delatados. Ademais, como exposto nos fatores positivos da delação, o arrependimento pode surgir, dando margem à confissão espontânea e, consequentemente, à delação. O prêmio deve emergir em lugar da pena, afinal, a regeneração do ser humano torna-se elemento fundamental, antes mesmo de se pensar no *castigo* merecido pela prática da infração penal. Cenas teatrais, barganhas misteriosas, delações falsas e todos os atos de vingança, sem nenhuma utilidade efetiva, devem ser banidos e punidos. Em suma, pensamos ser a delação premiada um instrumento útil, aliás, como tantos outros já utilizados, legalmente, pelo Estado, como a interceptação telefônica, que fere a intimidade, em nome do combate ao crime.

6-B. A delação premiada e suas fontes legais: no Código Penal, encontramos a delação premiada no art. 159, § 4.º ("Se o crime é cometido em concurso, o concorrente que o denunciar à autoridade, facilitando a libertação do sequestrado, terá sua pena reduzida de um a dois terços"). Porém, de maneira desregrada e assistemática, podemos detectar a sua

Art. 197

existência, ainda, nas seguintes normas: a) Lei 9.807/1999: art. 13 ("Poderá o juiz, de ofício ou a requerimento das partes, conceder o perdão judicial e a consequente extinção da punibilidade ao acusado que, sendo primário, tenha colaborado efetiva e voluntariamente com a investigação e o processo criminal, desde que dessa colaboração tenha resultado: I – a identificação dos demais coautores ou partícipes da ação criminosa; II – a localização da vítima com a sua integridade física preservada; III – a recuperação total ou parcial do produto do crime. Parágrafo único. A concessão do perdão judicial levará em conta a personalidade do beneficiado e a natureza, circunstâncias, gravidade e repercussão social do fato criminoso) e art. 14 ("O indiciado ou acusado que colaborar voluntariamente com a investigação policial e o processo criminal na identificação dos demais coautores ou partícipes do crime, na localização da vítima com vida e na recuperação total ou parcial do produto do crime, no caso de condenação, terá pena reduzida de 1/3 (um terço) a 2/3 (dois terços)"); b) Lei 7.492/1986: art. 25, § 2.º ("Nos crimes previstos nesta Lei, cometidos em quadrilha ou coautoria, o coautor ou partícipe que através de confissão espontânea revelar à autoridade policial ou judicial toda a trama delituosa terá a sua pena reduzida de um a dois terços"); c) Lei 8.072/1990: art. 8.º, parágrafo único ("O participante e o associado que denunciar à autoridade o bando ou quadrilha, possibilitando seu desmantelamento, terá a pena reduzida de 1 (um) a 2/3 (dois terços)"); d) Lei 8.137/1990: art. 16, parágrafo único ("Nos crimes previstos nesta Lei, cometidos em quadrilha ou coautoria, o coautor ou partícipe que através de confissão espontânea revelar à autoridade policial ou judicial toda a trama delituosa terá a sua pena reduzida de 1 (um) a 2/3 (dois terços)"); e) Lei 12.850/2013: art. 4.º ("O juiz poderá, a requerimento das partes, conceder o perdão judicial, reduzir em até 2/3 (dois terços) a pena privativa de liberdade ou substituí-la por restritiva de direitos daquele que tenha colaborado efetiva e voluntariamente com a investigação e com o processo criminal, desde que dessa colaboração advenha um ou mais dos seguintes resultados: I – a identificação dos demais coautores e partícipes da organização criminosa e das infrações penais por eles praticadas; II – a revelação da estrutura hierárquica e da divisão de tarefas da organização criminosa; III – a prevenção de infrações penais decorrentes das atividades da organização criminosa; IV – a recuperação total ou parcial do produto ou do proveito das infrações penais praticadas pela organização criminosa; V – a localização de eventual vítima com a sua integridade física preservada); f) Lei 9.613/1998: art. 1.º, § 5.º ("A pena poderá ser reduzida de um a dois terços e ser cumprida em regime aberto ou semiaberto, facultando-se ao juiz deixar de aplicá-la ou substituí-la, a qualquer tempo, por pena restritiva de direitos, se o autor, coautor ou partícipe colaborar espontaneamente com as autoridades, prestando esclarecimentos que conduzam à apuração das infrações penais, à identificação dos autores, coautores e partícipes, ou à localização dos bens, direitos ou valores objeto do crime"); g) Lei 11.343/2006: art. 41 ("O indiciado ou acusado que colaborar voluntariamente com a investigação policial e o processo criminal na identificação dos demais coautores ou partícipes do crime e na recuperação total ou parcial do produto do crime, no caso de condenação, terá pena reduzida de 1/3 (um terço) a 2/3 (dois terços)"). Não temos o objetivo de analisar todas as normas referentes à delação premiada, ingressando no debate de qual estaria em vigor e qual não seria aplicável, pois não é tema pertinente a esta obra, embora devamos apontar a importância da delação, em especial da denominada *premiada*, no contexto dos meios de prova existentes em processo penal. Sobre o tema, confrontando as variadas formas de delação premiada, consultar a nota 35 ao art. 14 da Lei 9.807/1999 do nosso *Leis penais e processuais penais comentadas* – vol. 1.

7. Critérios de avaliação da confissão e confronto com outras provas: a admissão de culpa, por ser ato contrário à essência do ser humano, deve ser avaliada com equilíbrio e prudência. Não pode mais ser considerada, como no passado, a *rainha das provas*, visto ser inconsistente e impura em muitos casos. O Estado não se deve conformar em mandar para o cárcere a pessoa inocente que, envolvida por uma série de erros e constrangimentos, termina admitindo a prática de algo que não fez. É meta indispensável de o juiz confrontar a confissão com as outras provas existentes nos autos, jamais aceitando que ela, isoladamente, possa significar a condenação do réu. Por isso, consta deste artigo, claramente, a advertência para que haja confronto e a extração da conclusão de existir *compatibilidade* e *concordância* com o quadro probatório. Sem isso, deve-se desprezar a admissão da culpa produzida nos autos. Na jurisprudência: STJ: "Furto simples. Autoria delitiva embasada na confissão informal extrajudicial e em reconhecimento fotográfico. Descabimento. Inadmissibilidade da confissão colhida informalmente e fora de um estabelecimento estatal. Inteligência dos arts. 5.º, III, da CR/1988 e 157, 199 e 400, § 1.º, do CPP. Inviabilidade, ademais, de a confissão demonstrar, por si só, qualquer elemento do crime. Necessidade de corroboração da hipótese acusatória por outras provas. Interpretação dos arts. 155, 156, 158, 197 e 200 do CPP. Mitigação do risco de falsas confissões e condenações de inocentes. Agravo conhecido para dar provimento ao recurso especial, a fim de absolver o réu. (...) 11.3: A confissão judicial, em princípio, é, obviamente, lícita. Todavia, para a condenação, apenas será considerada a confissão que encontre algum sustento nas demais provas, tudo à luz do art. 197 do CPP" (AREsp 2.123.334/MG, 3.ª S., rel. Ribeiro Dantas, 20.06.2024, v.u.).

8. Procedimento do interrogante: a autoridade que interroga deve agir com cautela, prudência e equilíbrio, estando cônscia de que sua tarefa não é conseguir, a qualquer custo, a admissão de culpa do indiciado ou acusado. Não é esse o meio de prova único, nem primordial, no processo penal moderno, razão pela qual o interrogante precisa permitir ao interrogado ampla possibilidade de declarar o que bem entende, visto ser um dos momentos em que exerce o seu direito de defesa. Lembremos que a Constituição Federal lhe possibilita calar-se, sem que isso possa trazer-lhe qualquer consequência negativa, como veremos abaixo. Assim, resolvendo prestar esclarecimentos, não deve ser coagido, de qualquer modo, a responder o que não pretende. Tom Williamson menciona os erros mais comuns no procedimento do interrogante, que podem macular eventual confissão daí advinda: a) inaptidão do interrogante para inquirir, demonstrando nervosismo fora do comum e ânsia de buscar rapidamente a confissão, b) presunção de culpa, assumindo desde logo o inquiridor que o interrogado é culpado, c) método empobrecido de interrogar, mal sabendo o que perguntar, interrompendo a todo momento o raciocínio do indiciado ou réu e truncando a inteligência da sua exposição, d) falta de profissionalismo para inquirir, assumindo postura agressiva, fazendo promessas indevidas e sugestionando o interrogado (*Reflections on current police practice*, p. 110-111, *in* Morgan, *Suspicion & silence*).

> **Art. 198.** O silêncio[9-9-A] do acusado não importará confissão, mas poderá constituir elemento[10] para a formação do convencimento do juiz.[11]

9. Direito ao silêncio: o princípio de que *ninguém será obrigado a testemunhar contra si próprio num processo criminal* advém da Inglaterra do final do século XVI, como protesto aos métodos inquisitoriais desenvolvidos pelos tribunais eclesiásticos. Atualmente, a Constituição Federal de 1988 expressamente o consagra ao preceituar que "o preso será informado de seus direitos, entre os quais o de permanecer calado, sendo-lhe assegurada a assistência da família e de advogado" (art. 5.º, LXIII). É preciso dar ao termo "preso" uma interpretação extensiva, para abranger toda pessoa indiciada ou acusada da prática de um crime, pois se o preso possui o direito, é evidente que o réu também o tenha. O direito ao silêncio é formulado, constitucionalmente, sem qualquer condição ou exceção, de modo que não pode o legislador limitá-lo de qualquer maneira. Assim, como consequência, deve-se reputar *não recepcionada*

Art. 198

a parte final deste artigo, mencionando poder o silêncio do réu "constituir elemento para a formação do convencimento do juiz". Ora, se a pessoa pode se calar, torna-se de manifesta inconstitucionalidade extrair desse ato alguma consequência negativa. É lógico que o magistrado deve decidir a causa de acordo com seu livre convencimento, embora seja este fundamentado e limitado à legalidade das provas, conforme estipulem a Constituição e a legislação ordinária. Não é porque uma escuta telefônica ilícita foi realizada que o juiz pode nela fiar-se para dar uma sentença, simplesmente alegando valer-se do seu livre convencimento. Destarte, para o caso do silêncio dá-se o mesmo: assegurado pela Carta Magna o direito, nenhum prejuízo pode trazer ao acusado. Não fosse assim, não teria o menor sentido dar ao réu o *direito* de se calar, ao mesmo tempo em que se usa tal ato contra sua própria defesa. Ninguém, em sã consciência, permaneceria em silêncio, sabendo que, somente por isso, o juiz poderia crer na sua culpa. Esse entendimento é, hoje, posição predominante na doutrina processual brasileira. Além disso, com a modificação introduzida pela Lei 10.792/2003, ao art. 186, deixou-se bem claro, no parágrafo único, que "o silêncio, que não importará em confissão, não poderá ser interpretado em prejuízo da defesa". Trata-se de mais um argumento para encerrar, de vez, a consideração de que o direito de permanecer calado pode, de algum modo, ser utilizado pelo magistrado para produzir consequências negativas ao acusado.

9-A. Momento de garantia do direito ao silêncio: não obstante seja evidente a indispensabilidade de se assegurar ao indiciado ou acusado, quando ocorrer o interrogatório extrajudicial (perante a autoridade policial) ou judicial (perante o magistrado), o direito de permanecer calado, sem qualquer consequência negativa, há de se estender esse efeito ao instante da prisão em flagrante – ou de qualquer prisão cautelar – para que o preso não seja levado a proferir qualquer declaração ingenuamente, vale dizer, sem saber de seu constitucional direito de permanecer em silêncio. Por certo, em outros sistemas estrangeiros, essa providência já vigora e o policial deve avisar a pessoa detida, no instante em que lhe dá *voz de prisão*, situação adequada e propícia a evitar a denominada *confissão informal*, que consiste na admissão de culpa para quem o prendeu. Afinal, são vários casos nos quais se constata o prejuízo nítido para o preso, ao ser induzido a *contar o que houve* ao policial, de modo que lhe garantir o *silêncio* diante do delegado é *tarde demais*. Essa narrativa feita no momento da prisão ao policial civil ou militar transforma-se, mais à frente, em prova testemunhal; ouve-se o depoimento do policial, que afirmará ter ouvido a *confissão* do preso. Cuida-se de situação incongruente, pois o texto constitucional aponta que "o *preso será informado* de seus direitos, entre os quais o de permanecer calado, sendo-lhe assegurada a assistência da família e de advogado" (art. 5.º, LXIII, grifamos), significando, em interpretação sistemática, que a garantia de *silenciar* precisa efetivar-se a partir do momento em que se acha sob tutela estatal, ou seja, no instante da prisão – e não na frente do delegado, muito depois. É preciso assegurar o direito constitucionalmente previsto de modo amplo e eficiente; do contrário, as tais *confissões informais* continuarão a prosperar, mesmo se transformando, posteriormente, em *testemunhos* de policiais. Na jurisprudência: STF: "3. A Constituição Federal impõe ao Estado a obrigação de informar ao preso seu direito ao silêncio não apenas no interrogatório formal, mas logo no momento da abordagem, quando recebe voz de prisão por policial, em situação de flagrante delito. 4. Recurso ordinário provido para declarar ilícita a prova por violação ao direito ao silêncio e todas as demais derivadas e, com isso, determinar a absolvição da recorrente" (RHC 207.459, 2.ª T., rel. Gilmar Mendes, 25.04.2023, v.u.).

10. Silêncio como elemento para o convencimento do juiz: a parte final do art. 198 não foi recepcionada pela Constituição Federal de 1988, que, expressamente, conferiu ao réu a possibilidade de manter-se calado (art. 5.º, LXIII), sem estabelecer qualquer consequência dessa opção, razão pela qual não pode a lei ordinária fixar conteúdo diverso. Se o acusado for advertido de que se pode calar, mas o juiz pode levar tal silêncio em consideração, é natural que não há direito algum, pois existe a alternativa real de se prejudicar com tal prerrogativa. Maiores detalhes sobre o tema, ver a nota 15 ao art. 186.

11. Silêncio e qualificação do réu: o direito de se manter calado não envolve o momento da qualificação, quando o réu deve identificar-se, corretamente, à autoridade que o ouve. Afinal, nesse caso, não está envolvida a sua defesa, mas, ao contrário, está em jogo a segurança processual e do sistema judiciário, que não deseja levar ao cárcere pessoa errada. A Constituição Federal posiciona-se contrariamente ao erro judiciário, tanto que admite de modo expresso que o Estado indenizará o condenado pelo erro cometido (art. 5.º, LXXV). Logo, é preciso obter a autêntica qualificação do acusado ou indiciado, para que não se processe um inocente no lugar do culpado. Ver nota 13 ao art. 186.

> **Art. 199.** A confissão, quando feita fora do interrogatório, será tomada por termo[12] nos autos, observado o disposto no art. 195.

12. Confissão como ato solene, reduzido a termo, diante da autoridade competente: confirmando nossa definição de *confissão*, que prevê tais elementos como inerentes à sua própria conceituação, a lei estabelece que, extraída a admissão de culpa fora do interrogatório – reduzido sempre por escrito –, é preciso que seja tomada por termo, nos autos, logicamente diante da autoridade competente. Eis por que é um erro considerar-se *confissão* a admissão de culpa feita a policiais fora da delegacia. Nesse caso, trata-se de mero depoimento, que irá fazer o policial como parte da prova testemunhal, consolidada pela colheita das declarações dos agentes da autoridade. Na jurisprudência: STF: do voto vencedor do relator Ministro Gilmar Mendes: "O direito ao silêncio, que assegura a não produção de prova contra si mesmo, constitui pedra angular do sistema de proteção dos direitos individuais e materializa uma das expressões do princípio da dignidade da pessoa humana. Como se sabe, na sua acepção originária conferida por nossa prática institucional, este princípio proíbe a utilização ou a transformação do homem em objeto dos processos e ações estatais. O Estado está vinculado ao dever de respeito e proteção do indivíduo contra exposição a ofensas ou humilhações. (...) Dito isto, é evidente a obrigação do Estado, por meio da Polícia, de informar ao preso seu direito ao silêncio não apenas no interrogatório formal, mas logo no momento de sua prisão efetuada por policial militar, o que não aconteceu no presente caso e de cujo ato emanou a condenação. (...) Observe-se que, na tal entrevista, o reclamante daqueles autos apôs sua assinatura no termo lavrado pela Polícia Federal, enquanto, nestes autos, sequer formalizaram o interrogatório, a evidenciar ilegalidade ainda mais acentuada, de modo a caracterizar verdadeira confissão informal. Frise-se, ainda, que, para que uma confissão judicial seja legítima, é necessário que haja lavratura de ata, com aposição da assinatura do réu e de seu defensor. Da forma como foi implementada a condenação do paciente, basta que um magistrado qualquer afirme que o réu lhe confessou o crime informalmente, sendo totalmente desnecessário o registro de tal confissão em ata, já que o magistrado é agente do Estado e, por isso, suas declarações gozam de presunção de veracidade. Penso que qualquer suposta confissão firmada pelo réu, no momento da abordagem, sem observação ao direito ao silêncio, é inteiramente imprestável para fins de condenação e, ainda, invalida demais provas obtidas através de tal interrogatório" (Ag. Reg. em ROHC 170.843-SP, 2.ª T., rel. Gilmar Mendes, 04.05.2021, m. v.).

> **Art. 200.** A confissão será divisível[13-14] e retratável,[15] sem prejuízo do livre convencimento do juiz, fundado no exame das provas em conjunto.

Art. 201

Código de Processo Penal Comentado · **Nucci**

13. Divisibilidade da confissão: admite, claramente, a lei ser permitida a divisibilidade da confissão, isto é, pode o juiz aproveitá-la por partes, acreditando num trecho e não tendo a mesma impressão quanto a outro. É muito comum o réu admitir a prática do fato criminoso para levantar, em seu benefício, alguma causa de exclusão de ilicitude ou da culpabilidade. Nesse caso, é permitido ao juiz dividi-la em partes, aceitando a admissão da culpa no tocante à autoria e à materialidade, mas rejeitando-a no que pertine à excludente. Entretanto, é defeso ao magistrado repartir a confissão em porções estanques, sem sentido e com quebra de contexto. Assim, não se podem dividir frases ou mesmo uma narrativa que possui um contexto único, pois, nesse caso, deturpa-se por completo a ideia exposta pelo interrogado. Nesse sentido: Manzini, *Istituzioni di diritto processuale penale*, p. 159, e *Trattato di diritto processuale penale italiano*, v. 3, p. 421; Girolamo Bellavista, *Studi sul processo penale*, v. 3, p. 225.

14. Confissão qualificada: chama-se *qualificada* a confissão que apresenta a admissão de culpa, acompanhada de uma justificativa qualquer benéfica ao acusado. É a hipótese de admitir a prática do fato, invocando alguma excludente de ilicitude ou culpabilidade. Embora creiamos ser perfeitamente admissível a divisibilidade dessa confissão, há posição em sentido contrário: Galdino Siqueira (*Curso de processo criminal*, p. 198) e Camargo Aranha (*Da prova no processo penal*, p. 91).

15. Retratabilidade da confissão: a lei expressamente admite a possibilidade de o réu retratar-se, a qualquer momento, narrando a versão correta dos fatos, na sua visão. Nem poderia ser de outra forma, pois a admissão de culpa envolve direitos fundamentais, em que se inserem o devido processo legal, a ampla defesa e, até mesmo, o direito à liberdade. Entretanto, admitida a possibilidade de o réu retratar-se, não quer isso dizer seja o magistrado obrigado a crer na sua nova versão. O livre convencimento do juiz deve ser preservado e fundado no exame global das provas colhidas durante a instrução. Portanto, a retratação pode dar-se ainda na fase extrajudicial, como pode ocorrer somente em juízo. Excepcionalmente, pode ocorrer, ainda, em grau de recurso, a contar com o deferimento do relator. A confissão pode ser retratada integral ou parcialmente, significando que o indiciado ou acusado pode renovar, inteiramente, o seu depoimento anterior ou somente parte dele. Como já visto, não é adequado dar o mesmo valor às confissões extrajudicial e judicial. A primeira é somente um indício de culpa, necessitando ser confirmada em juízo por outras provas, enquanto a segunda é meio de prova direto, mas também confirmada pelas demais provas.

Capítulo V
DO OFENDIDO[1-2]

> **Art. 201.** Sempre que possível,[3] o ofendido será qualificado[4-5-A] e perguntado sobre as circunstâncias da infração,[6] quem seja ou presuma ser o seu autor,[7] as provas que possa indicar, tomando-se por termo as suas declarações.[8-13]
>
> § 1.º Se, intimado para esse fim, deixar de comparecer sem motivo justo, o ofendido poderá ser conduzido à presença da autoridade.[14-15]
>
> § 2.º O ofendido será comunicado dos atos processuais relativos ao ingresso e à saída do acusado da prisão,[16] à designação de data para audiência[17-17-A] e à sentença e respectivos acórdãos que a mantenham ou modifiquem.[18]
>
> § 3.º As comunicações ao ofendido deverão ser feitas no endereço por ele indicado, admitindo-se, por opção do ofendido, o uso de meio eletrônico.[19]

§ 4.º Antes do início da audiência e durante a sua realização, será reservado espaço separado para o ofendido.[20]

§ 5.º Se o juiz entender necessário, poderá encaminhar o ofendido para atendimento multidisciplinar, especialmente nas áreas psicossocial, de assistência jurídica e de saúde, a expensas do ofensor ou do Estado.[2-21-B]

§ 6.º O juiz tomará as providências necessárias à preservação da intimidade, vida privada, honra e imagem do ofendido, podendo, inclusive, determinar o segredo de justiça em relação aos dados, depoimentos e outras informações constantes dos autos a seu respeito para evitar sua exposição aos meios de comunicação.[22]

1. Conceito de ofendido: é o sujeito passivo do crime – a vítima –, ou seja, a pessoa que teve *diretamente* o seu interesse ou bem jurídico violado pela prática da infração penal. É certo que o Estado é considerado o sujeito passivo constante ou formal, sempre presente em todos os delitos, pois detém o direito de punir, com exclusividade. Entretanto, leva-se em conta, para os fins processuais deste capítulo, o sujeito passivo eventual ou material, isto é, a pessoa diretamente lesada. Nas palavras de Scarance Fernandes, ofendido é a *vítima em sentido processual* (*A vítima no processo penal brasileiro*, p. 123). Entretanto, há quem faça diferença entre vítima, ofendido e prejudicado pelo crime. Rodríguez Manzanera, citado por Raúl Tavolari Oliveros, ensina que vítima é o gênero, do qual são espécies o sujeito passivo, que é o titular do bem jurídico protegido pelo tipo penal, o *ofendido*, aquele que sofre um prejuízo por causa do cometimento do crime, tendo direito à reparação do dano, e o *prejudicado*, que é todo aquele que sofre um prejuízo diante do cometimento do delito, ainda que não tenha direito à reparação do dano. Seriam, pois, no caso do homicídio, vítimas as seguintes pessoas: o sujeito passivo (morto), ofendido (familiares do morto) e prejudicado (familiares do criminoso, caso este seja preso, privados do seu convívio e sustento) (*La situación de la víctima del delito en el proceso penal chileno*, p. 167). Sob outro aspecto, no entanto, há posição generalizadora: "Vítimas são, além do sujeito passivo da infração, todas as pessoas físicas e jurídicas que direta ou indiretamente sofrem um dano considerável como consequência imediata ou mediata da infração, e que, na realidade, são credoras de importantes novos direitos que muitas legislações atuais, todavia, ignoram ou lhe negam" (Antonio Beristain, *Victimología*, p. 459).

2. Diversidade entre ofendido e testemunha: por certo que a vítima não pode ser considerada testemunha. As razões são várias: a) a vítima está situada propositadamente, em capítulo destacado daquele que é destinado às testemunhas; b) ela não presta compromisso de dizer a verdade, como se nota pela simples leitura do *caput* do art. 201; c) o texto legal menciona que a vítima é ouvida em "declarações", não prestando, pois, depoimento (testemunho); d) o ofendido é perguntado sobre quem seja o autor do crime ou quem "presuma ser" (uma suposição e não uma certeza), o que é incompatível com um relato objetivo de pessoa que, efetivamente, *sabe* dos fatos e de sua autoria, como ocorre com a testemunha (art. 203, CPP); e) deve-se destacar que a vítima é perguntada sobre *as provas que possa indicar*, isto é, toma a postura de autêntica parte no processo, auxiliando o juiz e a acusação a conseguir mais dados contra o acusado; f) a vítima tem interesse na condenação do réu, na medida em que pode, com isso, obter mais facilmente a reparação civil do dano (art. 63, CPP). Da testemunha, exige-se, diversamente, fatos dos quais tenha ciência e as *razões do seu conhecimento*, tudo para aferir a sua credibilidade. Enfim, vítima não é testemunha, de modo que não compõe o rol das testemunhas, nem é computada a sua inclusão no número legal fixado para cada parte. Aliás, já o dizia o direito romano: "ninguém é considerado testemunha idônea em causa própria" – *nullus idoneus testis in re sua intelligitur*. Além disso, àquela época, como nos mostra

Art. 201

Código de Processo Penal Comentado · **Nucci**

Hélio Tornaghi, nem mesmo as testemunhas indicadas pelo ofendido deveriam ser ouvidas pelo juiz, pois seriam suspeitas. Era a vítima considerada parte, cabendo-lhe provar a culpa do réu (*Compêndio de processo penal*, t. III, p. 854-855). Tal situação evidentemente mudou, o que não significa podermos equiparar a vítima à testemunha.

3. Obrigatoriedade da sua inquirição: o art. 201, expressamente, menciona que ela será ouvida *sempre que possível* (não esteja morta ou desaparecida), além de, no processo penal, como se sabe, viger o princípio da verdade real, isto é, dever o juiz buscar todos os meios lícitos e plausíveis para atingir o estado de certeza subjetivo, dando-lhe condições para proferir o veredicto. Assim, caso as partes não arrolem a parte ofendida, deve o magistrado determinar, de ofício, a sua inquirição, sob pena de se enfraquecer a colheita da prova. Deixando de fazê-lo, não se trata de nulidade absoluta, mas relativa, podendo uma das partes apontar o prejuízo sofrido e invocar a anulação do feito. No mesmo prisma, de ser obrigatória a inquirição da vítima, está o magistério de René Ariel Dotti (*Bases e alternativas para o sistema de penas*, p. 417). No mesmo sentido, a reforma processual, trazida pelas Leis 11.689/2008 e 11.719/2008, passou a considerar relevante a inquirição do ofendido em audiência (arts. 400, 411, *caput*, 473, *caput*, 531, CPP).

4. Qualificação: é a extração de todos os dados identificadores do ofendido, tais como nome, naturalidade, estado, idade, filiação, residência, profissão ou meios de vida, endereço profissional e grau de alfabetização.

5. Ocultação da qualificação da vítima dos autos: cremos tratar-se de hipótese perfeitamente admissível. A partir da edição da Lei 11.690/2008, consolida-se esse entendimento, como se pode observar no § 6.º deste artigo. Se o Estado não tem condições de garantir, totalmente, a segurança da vítima e das testemunhas, é preciso que o magistrado tome tais providências, valendo-se dos princípios gerais de direito e do ânimo estatal vigente de proteger as partes envolvidas num processo criminal (como nos demonstra a edição da Lei 9.807/1999: "Art. 1.º As medidas de proteção requeridas por *vítimas ou por testemunhas* de crimes que estejam coagidas ou expostas a grave ameaça em razão de colaborarem com a investigação ou processo criminal serão prestadas pela União, pelos Estados e pelo Distrito Federal, no âmbito das respectivas competências, na forma de programas especiais organizados com base nas disposições desta Lei. (...) Art. 2.º A proteção concedida pelos programas e as medidas dela decorrentes levarão em conta a *gravidade da coação* ou da *ameaça à integridade física ou psicológica*, a dificuldade de preveni-las ou reprimi-las pelos meios convencionais e a sua importância para a produção da prova. § 1.º A proteção poderá ser *dirigida ou estendida ao cônjuge ou companheiro, ascendentes, descendentes e dependentes* que tenham convivência habitual com a vítima ou testemunha, conforme o especificamente necessário em cada caso"; com grifos nossos). Dessa forma, a omissão do endereço e outros dados de qualificação de vítimas e testemunhas dos autos, arquivados sigilosamente em cartório, pode ser feita. Não se quer, com isso, prejudicar a ampla defesa e o direito do advogado de ter acesso a tais dados, a fim de poder, em sendo o caso, exercer o seu direito de contradita. Entretanto, somente o profissional terá esse direito, restringindo – e muito – a possibilidade de acesso de qualquer pessoa estranha, caso os autos sejam consultados no balcão do cartório. É o que também sustenta Scarance Fernandes (*A vítima no processo penal brasileiro*, p. 153). Aliás, nesse sentido, a Corregedoria-Geral da Justiça de São Paulo editou o Provimento 32/2000, publicado no *DJE,* no dia 31 de outubro de 2000, garantindo o sigilo dos dados de qualificação das vítimas e testemunhas, conforme se pode ver, com mais detalhes, na nota 15 ao art. 203. Outros comentários serão feitos ao § 6.º *infra*.

5-A. Vítima menor de 18 anos: quando houver violência (física, psicológica, sexual ou institucional, conforme dispõe o art. 4.º da Lei 13.431/2017), a criança ou adolescente tem direito a prestar o depoimento especial, nos termos do art. 12 da referida Lei 13.431/2017. Se a pessoa ofendida for menor de 7 anos ou em caso de violência sexual, impõe-se a produção antecipada de provas (art. 11).

6. Circunstâncias da infração: são todos os dados informadores da configuração do fato criminoso, desde a materialidade (prova da sua existência) até atingir as circunstâncias que o cercam (motivos, modo de execução, lugar, postura do agressor, entre outros).

7. Autoria: é a identificação do agente da infração penal. O ofendido pode indicar, diretamente, quem seja o agressor, como pode aventar possibilidades, já que a lei faculta-lhe *presumir* quem seja o autor.

8. Valor probatório da palavra da vítima: trata-se de ponto extremamente controverso e delicado na avaliação da prova. Primeiramente, convém mencionar que as declarações do ofendido constituem *meio de prova*, tanto quanto o é o interrogatório do réu, quando este resolve falar ao juiz. Entretanto, não se pode dar o mesmo valor à palavra da vítima, que se costuma conferir ao depoimento de uma testemunha, esta, presumidamente, imparcial. Por outro lado, a prática forense nos mostra haver vítimas muito mais desprendidas e imparciais do que as próprias testemunhas, de forma que suas declarações podem se tornar fontes valorosas de prova. Assim, cumpre apenas destacar alguns pontos de cautela para o juiz analisar a fala do ofendido. Lembra-nos, inicialmente, Altavilla ser a vítima pessoa diretamente envolvida pela prática do crime, pois algum bem ou interesse seu foi violado, razão pela qual pode estar coberta por emoções perturbadoras do seu processo psíquico, levando-a à ira, ao medo, à mentira, ao erro, às ilusões de percepção, ao desejo de vingança, à esperança de obter vantagens econômicas e à vontade expressa de se desculpar – neste último caso, quando termina contribuindo para a prática do crime (*Psicologia judiciária*, v. 2, p. 155-157). Por outro lado, há aspectos ligados ao sofrimento pelo qual passou a vítima, quando da prática do delito, podendo, então, haver distorções naturais em suas declarações. A pessoa sequestrada, por exemplo, diante da dor e da aflição suportadas, pode elevar sobremaneira o período em que ficou sob poder do sequestrador, justamente porque perde a noção real de tempo, estando com a liberdade privada. Outro aspecto a ser considerado são as exposições pormenorizadas do fato criminoso, nem sempre frutos da verdade, pois o ofendido tem a capacidade de inventar muitas circunstâncias, até, como já se frisou, para atenuar a sua responsabilidade na ocorrência do delito. O sujeito agressivo, sempre provocando terceiros, em outro exemplo, ao ser fisicamente atacado, poderá construir na sua mente um universo de escusas para a sua atitude inicial, que o leva a omitir tal afronta, criando, em seu lugar, outros dados inexistentes. Outro elemento curioso da psicologia humana é a tendência natural de pessoas violentadas ou agredidas por entes queridos de amenizar ou desculpar, totalmente, o ataque sofrido. A ânsia de permanecer com os seres amados, mormente porque dá como certo e acabado o crime ocorrido, faz com que se voltem ao futuro, querendo, de todo modo, absolver o culpado. É a situação enfrentada muitas vezes, por mulheres agredidas por seus maridos, por filhos violentados por seus pais e, mesmo, por genitores idosos atacados ou enganados por seus descendentes. Ao magistrado só resta exercitar ao máximo a sua capacidade de observação, a sua sensibilidade para captar verdades e inverdades, a sua particular tendência de ler nas entrelinhas e perceber a realidade na linguagem figurada ou propositadamente distorcida. Acima de tudo, não deve o juiz permitir qualquer forma de preconceito em sua avaliação sobre a palavra da vítima, nem deve ser rigoroso demais, desacreditando-a por completo. O ofendido nada mais é do que o *réu visto ao contrário*, vale dizer, a pessoa que foi agredida querendo justiça, enquanto o outro, a ser julgado, pretendendo mostrar a sua inocência, almeja despertar as razões para que não lhe seja feita injustiça com uma condenação. Em conclusão, pois, sustentamos poder a palavra isolada da vítima dar margem à condenação do réu, desde

Art. 201

Código de Processo Penal Comentado · **Nucci**

que resistente e firme, além de harmônica com as demais circunstâncias colhidas ao longo da instrução. Em sentido contrário, afirmando ser impossível aceitar a palavra isolada da vítima para escorar um decreto condenatório: Paulo Heber de Moraes e João Batista Lopes (*Da prova penal*, p. 118). Na jurisprudência: STJ: "A palavra da vítima, como espécie probatória positivada no art. 201 do Código de Processo Penal, nos crimes praticados – à clandestinidade – no âmbito das relações domésticas ou nos crimes contra a dignidade sexual, goza de destacado valor probatório, sobretudo quando evidencia, com riqueza de detalhes, de forma coerente e em confronto com os demais elementos probatórios colhidos na instrução processual, as circunstâncias em que realizada a empreitada criminosa (AgRg no AREsp n. 1.275.084/TO, Rel. Ministra Laurita Vaz, Sexta Turma, julgado em 28/5/2019, *DJe* 5/6/2019)" (AgRg no HC 655.918/SP, 5.ª T., rel. Reynaldo Soares da Fonseca, 11.05.2021, v.u.).

9. A vítima nos crimes sexuais: ao longo dos anos, estudando o comportamento da pessoa ofendida nos delitos contra a dignidade sexual, além de termos ouvido incontáveis declarações em processos nos quais atuamos como magistrado, pode-se afirmar que a imensa maioria das narrativas feitas são verídicas e sólidas. Raramente – embora não seja impossível – constata-se uma declaração falsa, com o intuito de incriminar o acusado, levando-o a uma pena elevada, geralmente cumprida em regime fechado. Há de se dar valor à palavra da vítima, pois o delito de natureza sexual é comumente praticado às ocultas, motivo pelo qual há um confronto de versões: a negativa do réu contra a acusação da pessoa ofendida. Todavia, analisar com cautela a declaração feita pela vítima, decompondo os seus detalhes e confrontando-os com todas as demais provas colhidas, avaliando se há contradição ou coerência, bem como versões diferentes, conforme a fase da persecução penal, é possível chegar a uma certeza jurídica em torno da materialidade e da autoria. Quando o depoimento se torna claudicante, contendo contradições, formando um quadro repleto de lacunas, detecta-se a inconsistência e a dúvida deve ser resolvida em favor do réu.

10. A vítima e a mídia: encontramos importante lição, nesse contexto, nas palavras de Antonio Scarance Fernandes: "Práticas correntes, principalmente na fase de investigação, de serem noticiados pela imprensa e televisão fatos criminosos, com narrações minuciosas sobre o comportamento de autor e vítima, devem ser evitadas e, se ocorrerem, não convém ir além do imprescindível para que o público tenha conhecimento do fato, sem demasiadas alusões à vida particular do ofendido, exceto se por ele autorizadas. A liberdade de imprensa, ainda que assegurada constitucionalmente, encontra limites em outros direitos também constitucionais, principalmente o da privacidade, da intimidade e do sigilo" (*A vítima no processo penal brasileiro*, p. 152). Sobre o tema, já tivemos oportunidade de nos pronunciar, chamando a atenção para a influência da opinião pública nos julgamentos pelo Tribunal do Júri, em especial quando amplamente noticiados pela imprensa: "Pode, evidentemente, formar-se falsamente a 'opinião pública', tornando-a viciada e desvinculada da real convicção popular. Para isso, basta que os meios de comunicação de massa forneçam informações tendenciosas, distorçam fatos, omitam provas e distraiam o estado de espírito do povo para alterar e corromper a opinião pública. (...) Eis por que é maléfica a atuação da imprensa na divulgação de casos *sub judice*, especialmente na esfera criminal e, pior ainda, quando relacionados ao Tribunal do Júri. Afinal, quando o jurado dirige-se ao fórum, convocado para participar do julgamento de alguém, tomando ciência de se tratar de 'Fulano de Tal', conhecido artista que matou a esposa e que já foi 'condenado' pela imprensa, e, consequentemente, pela 'opinião pública', qual isenção terá para apreciar as provas e dar o seu voto com liberdade e fidelidade às provas?" (*Júri – Princípios constitucionais*, p. 133-134, conteúdo hoje inserido em nossa obra *Tribunal do Júri*). Acreditamos, pois, que a imprensa deve restringir-se a noticiar fatos, abstendo-se de ingressar na vida pessoal e íntima de réu e vítima, bem como de tecer comentários pró ou contra, feitos a uma parte ou outra do processo, tudo para que seja mantida a liberdade de veicular a informação, mas também o direito à intimidade e a um julgamento justo, mormente quando realizado pelo Tribunal Popular. Nesse prisma, o § 6.º deste artigo, acrescentado pela Lei 11.690/2008, permite a decretação do segredo de justiça, buscando-se, justamente, preservar a intimidade, a vida privada, a honra e a imagem do ofendido, evitando-se a sua exposição aos meios de comunicação.

11. Averiguação da vida da vítima: torna-se comum no processo penal que o acusado tenha interesse em esmiuçar aspectos da vida privada ou pública da vítima, porque sabe que, desmerecendo-a, pode conseguir influenciar o juiz a não dar valor à sua palavra. Essa situação ganha especial relevo, quando o feito é da competência do Tribunal do Júri, a ser apreciado, pois, pelos jurados, pessoas leigas que muito prezam a idoneidade e a lisura de comportamento tanto de réus quanto de testemunhas e vítimas. Em nome da busca da verdade real e porque inexiste norma proibitiva no Código de Processo Penal, cremos perfeitamente admissível tal averiguação, desde que o juiz controle, com seu prudente arbítrio, os excessos e as indevidas invasões de intimidade, mormente as irrelevantes para o deslinde do processo. Em um crime passional, é fundamental conhecer aspectos da vida amorosa da parte ofendida, a fim de poder o réu sustentar, por exemplo, ter agido sob o *domínio de violenta emoção logo após injusta provocação da vítima.* O mesmo se dá nos crimes de natureza sexual, como visto em nota anterior. Entretanto, nenhuma pertinência existe, por exemplo, como regra, em saber se a vítima traiu sua esposa, num processo em que se apura um crime de roubo. Perguntas dessa natureza, portanto, devem ser indeferidas pelo magistrado.

12. Reperguntas ao ofendido: devem ser franqueadas às partes. Há entendimento isolado, atualmente, no sentido de que as declarações da vítima constituem ato privativo do juiz, nos moldes do interrogatório. Essa era a posição sustentada, a título de ilustração, por Bento de Faria: "O interrogatório do ofendido é ato exclusivamente pessoal, mas pode ser assistido e esclarecido pelo advogado, se o tiver, desde que as suas respostas só tenham por objetivo esclarecer a verdade, orientando o Juiz com referências às provas da infração e de quem seja o seu autor" (*Código de Processo Penal*, v. 1, p. 301). Entretanto, é de se rechaçar tal postura, uma vez que o contraditório é princípio constitucional e a produção e formação de uma prova passa, invariavelmente, por ele. Não havendo qualquer proibição expressa, deve-se dar à prova, na sua formação, a ampla possibilidade da participação dos envolvidos, inclusive porque se lida com uma narrativa de pessoa naturalmente parcial, como vimos, em suas colocações, seja para absolver, seja para condenar o agressor, merecendo o crivo das reperguntas das partes para aclarar a verdade.

13. Vítima não comete falso testemunho: embora já abordado anteriormente, parece-nos fundamental deixar bem clara a posição do ofendido nesse contexto. Não sendo ele testemunha, não estando sujeito ao compromisso de dizer a verdade, sendo figura naturalmente parcial na disputa travada no processo, inexiste possibilidade lógico-sistemática de se submeter o ofendido a processo por falso testemunho, o que constitui, hoje, posição majoritária na doutrina e na jurisprudência. Nesse prisma, ver Antonio Scarance Fernandes, *A vítima no processo penal brasileiro*, p. 145-146; Marco Antonio de Barros, *A busca da verdade no processo penal*, p. 185. O juiz deve avaliar as suas declarações da mesma forma que o faz com o interrogatório do réu. Eventualmente, pode a vítima responder por denunciação caluniosa (art. 339, CP), caso tenha, deliberadamente, dado causa à instauração de ação penal contra pessoa que sabia inocente. Aliás, do mesmo modo que não está obrigada a falar a verdade, pode também se calar. Muitas vezes, o ofendido quer permanecer em silêncio não por afronta à Justiça, mas por real e fundado temor de sofrer represálias, mormente num País que não consegue assegurar proteção efetiva às testemunhas, nem às autoridades que investigam crimes graves. Deve ser

Art. 201

respeitada sua vontade, pois já sofreu com o crime e não pode novamente ser vitimada pelo próprio Poder Judiciário ou pela polícia. É certo que tanto o magistrado quanto o delegado devem exercer seu poder de influência, buscando saber qual a motivação do ofendido para se calar, o que também poderá constituir-se em fonte útil de prova.

14. Condução coercitiva e processo por desobediência: sem dúvida, pode a vítima ser conduzida coercitivamente à presença do juiz para dar suas declarações, não somente porque a sua oitiva, como já afirmado, é essencial para a busca da verdade real, como, também, pelo fato de que ninguém se exime de colaborar com o Poder Judiciário. Entretanto, discordamos daqueles que veem para a vítima a possibilidade de ser processada por desobediência. Esta hipótese só é aceitável quando a lei expressamente admite, como ocorre no caso da testemunha faltosa (art. 219, CPP). Tanto é realidade que, nos processos civis, a testemunha, desatendendo a intimação, somente pode ser conduzida coercitivamente, mas não se lhe cabe a punição por desobediência, tendo em vista ser a única sanção, prevista pelo Código de Processo Civil, a condução coercitiva. O mesmo se dá com a vítima, no processo penal. Sua sanção é ser conduzida à força ao juízo para prestar suas declarações, embora sem possibilidade de ser processada por desobediência. É o que já sustentamos em nosso *Código Penal comentado*, nota 30 ao art. 330. Em sentido contrário, admitindo a possibilidade de ser a vítima processada por desobediência, caso não compareça à audiência para a qual foi intimada: Scarance Fernandes, *A vítima no processo penal brasileiro*, p. 148; Mirabete, *Código de Processo Penal interpretado*, p. 279; Tourinho, *Comentários ao Código de Processo Penal*, v. 1, p. 401. Na jurisprudência: STJ: "1. É cabível a condução coercitiva da vítima para depor em juízo, ainda que esta alegue não ter mais interesse em processar seu companheiro na esfera criminal, pois, além de a ação penal ser pública incondicionada, no caso de lesão corporal por violência doméstica e familiar, o próprio Código de Processo Penal prevê a possibilidade de condução coercitiva da ofendida para depor" (AgRg no HC 506.814/SP, 6.ª T., rel. Rogerio Schietti Cruz, 06.08.2019, v.u.).

14-A. Condução coercitiva sem prévia designação de audiência com intimação e não comparecimento da testemunha: realizar a condução coercitiva, diretamente, sem que a testemunha tenha sido previamente intimada para uma audiência – não tendo comparecido – é uma evidente ilegalidade. Inexiste argumento mais absurdo do que sustentar o seguinte: se o juiz poderia decretar a prisão temporária ou preventiva, obrigar o sujeito "apenas" à condução coercitiva seria medida proporcional e adequada. A ficção estabelecida é ilógica, pois as testemunhas de um processo-crime *não são suspeitas do cometimento do delito* e não é cabível prisão cautelar. Por outro lado, quem for suspeito não pode ser conduzido coercitivamente, sob o pretexto de ser testemunha, para, no fim, produzir prova contra si mesmo – o que é renegado pelo princípio da presunção de inocência. Enfim, *não existe* condução coercitiva de testemunha, sem que esta deixe de comparecer a um ato processual para o qual foi devidamente intimada. Se houver, é abuso de autoridade. *Não há* condução coercitiva de suspeitos para prestarem declarações, pois existe o direito ao silêncio, bem como a ausência de obrigação de produzir prova contra si mesmo.

15. Vítima que se recusa a fazer o exame de corpo de delito: pode ser processada por crime de desobediência e, persistindo a sua recusa, ser conduzida coercitivamente para a realização de perícias externas de fácil visualização, embora não possa ser obrigada a proceder a exames invasivos, consistentes na ofensa à sua integridade corporal ou à sua intimidade (cf. Antonio Scarance Fernandes, *A vítima no processo penal brasileiro*, p. 126). Nessa hipótese, aceitamos a possibilidade de o ofendido ser processado por desobediência, caso se recuse a comparecer para o exame de corpo de delito, visto que a lei não prevê expressamente nenhuma outra sanção para tanto. Afinal, para a configuração do crime de desobediência, é fundamental não haver sanção paralela para a pessoa que deixa de acatar ordem de funcionário público.

16. Intimação acerca do ingresso e saída da prisão: cientificar a vítima a respeito da prisão do réu (ingresso e saída) pode ter um significado de mera proteção, vale dizer, manter o ofendido informado da trajetória daquele que o agrediu, mas também pode representar a possibilidade de o incentivar a contratar um assistente de acusação, em busca da realização do que considera justo. A primeira hipótese depende muito da espécie de delito cometido, pois nem todos deixam sequelas, a justificar o alerta à vítima em relação ao ingresso ou saída do acusado do cárcere (ex.: estelionato, falsificação de documento, dentre outros). Na realidade, somente os crimes violentos poderiam justificar tal medida (ex.: estupro, tentativa de homicídio etc.). Por outro lado, ainda remanesce a posição majoritária (doutrina e jurisprudência) no sentido de que o assistente de acusação é parte ilegítima para recorrer contra a decisão de soltura do réu (vide a nota 31 ao art. 581). Ora, alterando-se a visão que se tem acerca da vítima no processo penal, conferindo-lhe tantas informações e medidas protetoras, parece-nos óbvio deva haver, concomitantemente, a mudança de mentalidade em relação à inatividade do ofendido nesse campo. É preciso permitir que a vítima, tomando ciência da soltura indevida do réu, na sua visão, apresente recurso em sentido estrito ao Tribunal. Afinal, cientificar da libertação do acusado sem permitir que, processualmente, algo possa ser feito, soa-nos inócuo e quase uma instigação à realização de *justiça pelas próprias mãos*, conforme o caso.

17. Designação de data para audiência: parece-nos que a lei esteja fazendo referência a toda e qualquer audiência relacionada ao processo de interesse do ofendido, mas não somente à audiência em que este deve ser ouvido. Afinal, para ser inquirido, é mais que natural – e assim sempre ocorreu – seja a vítima intimada a comparecer. Portanto, a inovação trazida pela Lei 11.690/2008 somente pode relacionar-se com a ciência ao ofendido em relação a todas as audiências ligadas ao processo a que responde o réu. A finalidade seria o melhor acompanhamento no tocante ao desenvolvimento da instrução e, consequentemente, do seu deslinde.

17-A. Ciência para fins de reparação do dano: sustentamos ser necessária a participação do ofendido na ação penal, pleiteando a reparação civil do dano causado pelo crime, sob pena de ofensa a princípios fundamentais do processo penal (ver as notas 56 e 56-A ao art. 387). Para tanto, a intimação da vítima, em relação à audiência de instrução e julgamento, serve para o seu comparecimento em juízo, mas igualmente para que possa contratar assistente de acusação, ingressando no feito, com o objetivo de apresentar seu pedido de indenização civil. Tal medida viabilizará a ciência e impugnação do réu, dando guarida aos princípios constitucionais da ampla defesa e do contraditório.

18. Ciência da sentença e de outras decisões: a comunicação à vítima em relação à sentença proferida é razoável, pois é viável o recurso, inclusive para a formação do título executivo, buscando-se, quando for o caso, a condenação. O mesmo se diga no tocante à ciência de acórdãos que a mantenham ou modifiquem, pois implicará a formação ou desconstituição do título executivo (decisão condenatória).

19. Comunicações ao ofendido: são as relativas ao disposto no § 2.º (ingresso e saída do acusado da prisão, designação de data para audiência, sentença e respectivos acórdãos), não se podendo considerar a intimação formal para que seja ouvido pela primeira vez, em audiência. Afinal, recebida a intimação pessoalmente e faltando sem justificativa pode ser conduzido coercitivamente. Por isso, não se admite formas de comunicação de checagem duvidosa, como o *e-mail*. Mas, ouvido o ofendido, ele pode indicar ao juiz que as próximas transmissões de mensagens poderão ocorrer de maneira menos formal, logo, inclui-se o meio eletrônico, tendência moderna e relacionada ao processo judicial informatizado.

Art. 201

Código de Processo Penal Comentado · **Nucci**   456

20. Sala separada: buscando-se preservar a tranquilidade da vítima, por vezes abalada, em especial nos casos em que ocorreu violência contra a pessoa, determina-se a reserva de um espaço, no fórum (extensível às delegacias de polícia, por analogia), onde não tenha contato com o réu ou seus parentes, bem como com testemunhas eventualmente hostis (ex.: testemunhas de defesa, amigas do acusado). Esta, entretanto, não pode ser uma regra cogente e generalizada. Reserva-se esse espaço privativo em casos que assim demandem, mormente quando a própria vítima faz questão. Os processos envolvendo crimes praticados sem violência ou grave ameaça podem não exigir tal providência. Logo, a norma há de ser interpretada sistematicamente e não de maneira literal.

21. Programa de assistência à vítima: não deixa de significar uma boa ideia, embora de difícil e demorada implementação real e efetiva na maioria das Comarcas brasileiras. De nada adianta o Poder Judiciário determinar o encaminhamento do ofendido – imagina-se, logicamente, daquele que foi vítima de crime grave e violento – a atendimento multidisciplinar (psicológico, jurídico, saúde, assistência social etc.), a expensas do agressor ou do Estado, caso ambos não estejam preparados a assumi-la. O ofensor pode não ter condição econômica suficiente, o que deverá ocorrer na grande maioria dos casos. O Estado, por sua vez, deverá alegar escassez de recursos ou ausência de locais apropriados para tanto. Por isso, em mais apurada reflexão, parece-nos que a criação de normas, prevendo direitos, sem qualquer contrapartida viabilizando programas e verbas, gera falsa expectativa e descrédito ainda maior do sistema judiciário. Logo, a previsão feita no § 5.º do art. 201, em verdade, é inútil e não deveria ter sido inserido no Código de Processo Penal.

21-A. Custeio de atendimento à vítima e presunção de inocência: qualquer atendimento ao ofendido deve dar-se, no caso previsto pelo art. 201, § 5.º, em virtude da prática do delito. Por isso, pode-se imaginar que a vítima necessite de acompanhamento médico ou terapêutico imediatamente após o cometimento da infração penal. O mesmo se diga da mencionada assistência jurídica. Ora, se o réu ou indiciado é presumidamente inocente, até o trânsito em julgado de sentença condenatória, não estará obrigado a arcar com qualquer montante durante o curso da investigação e do processo. Seria ilógica a determinação de *tutela antecipada* na esfera criminal, fazendo com que o acusado, inocente por presunção constitucional, despenda quantia em dinheiro para amparar a pretensa vítima. Por outro lado, se o atendimento multidisciplinar for determinado pelo magistrado anos após o cometimento do crime, quando houver o trânsito em julgado da decisão condenatória, possivelmente, será inócuo ao ofendido. Se a intenção do legislador era permitir que o Estado *adiantasse* o atendimento para depois *cobrar* do ofensor, a redação do § 5.º foi insuficiente. Não se trataria de fórmula alternativa ("ou"), mas de imposição: "a expensas do ofensor", com a ressalva de que, inexistente pessoa específica, poderia arcar apenas o Estado. E com outra ressalva: enquanto perdurasse a instrução, o Estado sustentaria o custo do atendimento, podendo voltar-se contra o condenado oportunamente, se fosse possível.

21-B. Fundo de assistência ao ofendido: a única fórmula viável para dar suporte à vítima, como apregoado por várias outras legislações estrangeiras, de maneira eficiente e imediata, seria a criação de um fundo de assistência ao ofendido, por lei, com captação de recursos em variadas fontes, administrado pelo Estado. Desse modo, ocorrida a infração penal, o atendimento multidisciplinar estaria disponível de pronto à pessoa ofendida. Sob determinadas regras, o agressor poderia arcar, oportunamente, perante o fundo, pelos valores despendidos. O vago dispositivo criado (§ 5.º) não soluciona problema algum e somente lança ao magistrado mais um dever de encaminhamento do ofendido para atendimento variado sem especificação de local.

22. Segredo de justiça: a medida é correta, já vinha sendo executada pelo Judiciário e está em sintonia com preceito constitucional ("a lei só poderá restringir a publicidade dos atos processuais quando a defesa da intimidade ou o interesse social o exigirem", conforme art. 5.º, LX, CF). A vítima, muitas vezes, é exposta ao ridículo, tendo a vida privada devassada por terceiros, em especial pela mídia, mormente quando se trata de crime passional. Imagine--se, ainda, o processo-crime envolvendo violência sexual contra crianças e adolescentes. São justificativas plausíveis para que o magistrado decrete o segredo de justiça, permitindo o acesso aos autos somente às partes. Lembremos, ademais, que o sigilo pode – e deve – ser considerado desde a fase investigatória. Aliás, a preservação da intimidade, vida privada, honra e imagem do réu também pode merecer atenção por parte do juiz, afinal, a execração pública não deve se tornar uma regra no processo penal e, muito menos, a pretexto de se sustentar o princípio da publicidade. Na jurisprudência: STJ: "1. O art. 201, § 6.º, do Código de Processo Penal trata da preservação da intimidade e vida privada da vítima, e não do suposto autor do delito em apuração. Desse modo, mostra-se inadequado o fundamento jurídico indicado pelo magistrado singular e corroborado pelo eg. Tribunal de origem para justificar a necessidade de decretação de sigilo, uma vez que o segredo alcançou a qualificação dos acusados pela prática de supostos delitos contra a Administração Pública, e não eventuais vítimas. 2. Embora seja possível restringir a divulgação e o acesso de dados relativos a processos em andamento, tal limitação deve ficar adstrita a hipóteses em que a preservação da intimidade e da vida privada se sobrepõe ao interesse público. 3. A previsão contida na Resolução n. 212/2010, do Conselho Nacional de Justiça – que regulamenta a publicidade de atos processuais na internet e ressalva os casos de sigilo ou segredo de justiça –, assim como as referidas disposições do art. 201, § 6.º, do Código de Processo Penal, não têm o condão de afastar o princípio constitucional da publicidade dos atos processuais. 4. O sigilo dos dados de um processo judicial não é direito subjetivo absoluto dos envolvidos. Ao contrário, interpretando-se a norma inserta no art. 792 do Código de Processo Penal, chega-se à conclusão de que a regra, para os processos regidos por esse diploma, é a da publicidade dos atos, que só será restringida nas hipóteses em que o acesso irrestrito puder resultar em escândalo, inconveniente grave ou perigo de perturbação da ordem. 5. Recurso ordinário em mandado de segurança provido, para determinar-se o levantamento do sigilo nos autos de origem" (RMS 55.420/SP, 5.ª T., rel. Jorge Mussi, 02.08.2018, v.u.).

Capítulo VI
DAS TESTEMUNHAS[1-5]

1. Conceito de testemunha: é a pessoa que toma conhecimento de algo juridicamente relevante, podendo, pois, confirmar a veracidade do ocorrido, agindo sob o compromisso de estar sendo imparcial e dizendo a verdade.

2. Natureza jurídica: no processo penal, é meio de prova, tanto quanto a confissão, os documentos, a perícia e outros elementos.

3. Classificação das testemunhas: entendemos não ser cabível classificar as testemunhas, como sustentam alguns, em diretas (aquelas que viram fatos) e indiretas (aquelas que souberam dos fatos por intermédio de outras pessoas), próprias (as que depõem sobre fatos relativos ao objeto do processo) e impróprias (as que depõem sobre fatos apenas ligados ao objeto do processo), numerárias (que prestam compromisso), informantes (que não prestam o compromisso de dizer a verdade) e referidas (aquelas que são indicadas por outras testemunhas). Testemunhas são pessoas que depõem sobre fatos, sejam eles quais forem. Se viram ou ouviram dizer, não deixam de ser testemunhas, dando declarações sobre a ocorrência de

Art. 202

alguma coisa. A pessoa que presencia um acidente automobilístico, por exemplo, narra ao juiz os fatos, tais como se deram na sua visão. Qualquer depoimento implica uma dose de interpretação indissociável da avaliação de quem o faz, significando, pois, que, apesar de ter visto, não significa que irá contar, exatamente, *como* tudo ocorreu. Por outro lado, quando a testemunha depõe sobre o que ouviu dizer de outra pessoa, continua a declarar um fato, isto é, está narrando aquilo que lhe contou um terceiro, não deixando de ser isso uma ocorrência. Entre uma situação e outra a mudança se dá no contexto da avaliação da prova, ou seja, o instrumento para demonstrar ao juiz a veracidade de algo. O depoimento de uma pode ser mais valioso que o de outra, embora a testemunha esteja sempre depondo sobre fatos dos quais *diretamente* tomou conhecimento. Quanto às denominadas próprias e impróprias, todas depõem sobre fatos dos quais tiveram notícia, sejam tais ocorrências objetos principais do processo, sejam objetos secundários. Logo, não merecem ser chamadas de próprias (adequadas, exatas, convenientes ou autênticas) e impróprias (inadequadas, inexatas, inconvenientes ou não autênticas). No mais, informantes não são testemunhas, como veremos na nota seguinte. *Numerária* é somente uma adjetivação indevida para a testemunha, quando arrolada pela parte. Afinal, dentro da *classificação* proposta, a testemunha, cuja inquirição foi determinada de ofício pelo juiz, seria numerária (aquela que presta compromisso) ou informante (a pessoa que não está compromissada)? Se ela prestar compromisso, tornar-se-ia *numerária*, embora não houvesse qualquer *número* ao qual estivesse vinculada, pois o magistrado pode ouvir tantas pessoas quanto achar necessário para o seu convencimento (art. 209, CPP). Quanto à testemunha *referida*, trata-se somente de uma adjetivação, mas não uma classificação. Por isso, preferimos considerar como testemunha, genericamente, a pessoa que dá o seu depoimento imparcial sobre um fato.

4. Informante ou declarante: é a pessoa que informa ou fornece um parecer acerca de algo, sem qualquer vínculo com a imparcialidade e com a obrigação de dizer a verdade. Por isso, o informante não presta compromisso, razão pela qual não deve ser considerado uma testemunha, ainda que a disciplina sobre a sua inquirição esteja sendo tratada no capítulo pertinente às testemunhas. Aliás, se alguém merece a qualificação de *testemunha imprópria* é o informante.

5. Testemunha instrumentária ou fedatária: é a denominação dada à pessoa que testemunha a leitura do auto de prisão em flagrante na presença do acusado, assinando o referido auto em lugar do indiciado, que não quer, não sabe ou não pode fazê-lo (art. 304, § 3.º, CPP). Dispensa-se a utilização da testemunha instrumentária, quando o réu, em juízo, recusa-se ou não pode assinar o seu interrogatório, consignando-se no termo tal circunstância (art. 195, CPP).

> **Art. 202.** Toda pessoa[6-7] poderá ser testemunha.[8-12]

6. Pessoa: trata o artigo da pessoa natural, isto é, o ser humano, homem ou mulher, capaz de direitos e obrigações. Dispensa-se, neste caso, a pessoa jurídica, pois, ao prestar depoimento, compromissa-se a testemunha a dizer a verdade, sob pena de responder pelo crime de falso testemunho (art. 342, CP). Tendo em vista que a responsabilidade penal, salvo expressa disposição em contrário, concerne somente à pessoa humana, não há possibilidade de se considerar a pessoa jurídica testemunha de qualquer coisa. Aliás, o próprio ato de dar uma declaração implica a viabilização através de uma pessoa natural. Na jurisprudência: STJ: "1. O artigo 202 do Código de Processo Penal prevê que 'toda pessoa poderá ser testemunha', sendo que o artigo 208 do mesmo diploma normativo ressalva que 'não se deferirá o compromisso a que alude o art. 203 aos doentes e deficientes mentais e aos menores de 14 (quatorze) anos, nem às pessoas a que se refere o art. 206'. 2. Inexiste qualquer óbice à colheita do depoimento da mãe da vítima, que também atuou como assistente de acusação, cabendo ao magistrado aferir o valor probatório das declarações por ela prestadas. Doutrina. Precedentes" (AgRg no RHC 118.384/MG, 5.ª T., rel. Jorge Mussi, 18.08.2020, v.u.); "3. É pacífica a jurisprudência dos Tribunais Superiores no sentido de que qualquer pessoa pode ser ouvida como testemunha (art. 202 do CPP), salvo as exceções constantes no Código de Processo Penal, valendo lembrar que a pessoa que for chamada para depor, nos termos dos arts. 203 e 206, primeira parte, do Código de Processo Penal, presta o compromisso e a obrigação de dizer a verdade" (RHC 123.341/DF, 6.ª T., rel. Sebastião Reis Júnior, 09.06.2020, v.u.).

7. Animais levados a juízo para produzir prova: não podem ser considerados testemunhas, embora contribuam para a formação, em alguns casos, do conjunto probatório. Lembra-nos Tornaghi que "um animal pode ser levado a juízo, por exemplo, para reconhecer pelo faro um ladrão, para repetir o que ouviu (papagaio), para provar que um cavaleiro poderia ter saltado a cavalo uma determinada distância etc. Mas não serão testemunhas e sim instrumentos capazes de ministrar indícios". Na Idade Média, continua o autor, eles eram considerados testemunhas, quando apresentados diante do juiz, o que não deve causar estranheza, visto que tinham até capacidade penal, podendo ser considerados delinquentes (*Compêndio de processo penal*, t. III, p. 874-875).

8. Diversidade das pessoas que podem ser testemunhas: a norma processual é bastante clara ao estipular que *toda* pessoa pode ser testemunha, não se podendo excluir senão os sujeitos que o próprio Código permite seja feito (arts. 206 a 208, CPP). Assim, as pessoas consideradas de má reputação (prostitutas, drogados, travestis, marginais, entre outras), imaturas (adolescentes maiores de 14 anos), interessadas no deslinde do processo (amigos ou inimigos do réu, policiais que fizeram a prisão em flagrante, autoridades policiais que concluíram o inquérito, indiciando o acusado, entre outras), mitômanas, emotivas ou de qualquer outro modo afetadas, podem ser testemunhas, devidamente compromissadas, embora o juiz tenha plena liberdade para avaliar a prova produzida. Uma prostituta pode não ser a testemunha ideal para um caso de rufianismo, tornando-se suspeita, embora possa narrar, com imparcialidade, um homicídio presenciado. Diga-se o mesmo dos policiais que efetuaram a prisão do réu. Enfim, não se pode colocar impedimento gratuito a qualquer pessoa para atuar como testemunha, salvo quando a própria lei assim o determine.

9. Depoimentos de policiais: a autoridade policial que presidiu o inquérito, indiciando o acusado e colocando no relatório final as suas conclusões sobre o crime e seu autor, pode ser arrolada como testemunha, embora seu depoimento tenha valor limitado. O ideal seria prestar declarações acerca de fatos relevantes da investigação, algo que tenha, diretamente, diligenciado ou presenciado, provas colhidas com peculiar interesse, a fim de não se tornar a sua inquirição uma enfadonha repetição do constante no inquérito e, pior, uma simples releitura do relatório conclusivo da investigação. É de bom senso e cautela que o magistrado dê valor relativo ao depoimento, pois a autoridade policial, naturalmente, vincula-se ao que produziu investigando o delito, podendo não ter a isenção indispensável para narrar os fatos, sem uma forte dose de interpretação. Outros policiais também podem ser arrolados como testemunhas, o que, como regra, ocorre com os realizadores da prisão em flagrante. Nesse caso, podem narrar importantes fatos, embora não deva o juiz olvidar poderem eles estar emocionalmente vinculados à prisão efetivada, pretendendo validá-la e consolidar o efeito de suas atividades. Cabe, pois, especial atenção para a avaliação da prova e sua força como meio de prova totalmente isento. Sobre a possibilidade de se arrolar *somente* policiais para depor, em lugar de outras testemunhas, está a crítica arguta de Espínola Filho: "Amanhã, a polícia é

Art. 202

Código de Processo Penal Comentado · Nucci

chamada ao lugar onde um crime foi ou está sendo cometido. Vão três ou quatro funcionários, encontram pessoas dando notícias detalhadas dos fatos, com minúcias e históricos completos; ouvem-nas, e delas abstraem inteiramente, daí a seguir; pois resolvem constituir-se em testemunhas, reportando à autoridade policial, na delegacia, o que lhes foi contado por toda aquela gente, que não foi incomodada, nem o nome lhe sendo tomado" (*Código de Processo Penal brasileiro anotado*, v. 3, p. 90). Em suma, a jurisprudência tem admitido o depoimento de policiais sem qualquer limitação. Na jurisprudência: STJ: "4. Nesse sentido, a leitura para ratificação de depoimento prestado em solo policial não configura nulidade, mormente quando utilizada para confirmar seu inteiro teor e pressupondo a falibilidade da memória humana pelo decurso do tempo, a fim de evitar prejuízo à instrução processual" (AgRg no HC n. 858.214/MG, 5.ª T., rel. Ribeiro Dantas, 17.06.2024, v.u.).

10. Depoimento do menor inimputável comparsa do réu: é admissível. O menor de 18 anos, penalmente irresponsável (art. 27, CP), pode tomar parte ativa no cometimento de uma infração penal, associando-se ao maior. É o que se chama de concurso impropriamente dito ou pseudoconcurso de agentes. Nessa hipótese, deve ele ser arrolado, normalmente, como testemunha, porque, na esfera penal, não pode ser considerado parte na relação processual estabelecida. Tem, pois, o dever de dizer a verdade. No entanto, a Lei 13.431/2017 concedeu à testemunha de ato violento, quando menor de 18 anos, o direito ao silêncio (art. 5.º, VI). Além disso, há também as formalidades a cumprir, conforme dispõe o art. 12 da mencionada Lei. Noutros termos, se resolver prestar o depoimento, deve narrar a verdade, ao menos o maior de 14 anos, conforme preceitua o art. 208 do CPP (o menor de 14 é ouvido como declarante apenas).

11. Corréu: como já vimos, não pode ser testemunha, pois não presta compromisso, nem tem o dever de dizer a verdade. Entretanto, quando há delação (assume o acusado a sua culpa e imputa também parte dela a outro corréu), sustentamos poder haver reperguntas do defensor do corréu delatado, unicamente para aclarar pontos pertinentes à sua defesa. Nesse caso, haverá, durante o interrogatório, um momento propício a isso ou, então, marcará o juiz uma audiência para que o corréu seja ouvido em declarações, voltadas, frise-se, a garantir a ampla defesa do delatado e não para incriminar de qualquer modo o delator. Sobre a impossibilidade de se arrolar como testemunha o corréu: STJ: "Operação Caixa de Pandora. Oitiva de Corréus, como testemunha. Inviabilidade. Precedentes do STJ e do STF. 3. As regras que norteiam o processo e o procedimento de apuração de ato de improbidade administrativa não se confundem, diante de sua natureza civil/administrava, com as normas e princípios do processo penal. Assim, a possibilidade, no procedimento que apura ato de improbidade, de indicação de codenunciado no rol de testemunhas, não se estende ao processo penal. 4. Recurso ordinário em *habeas corpus* improvido" (RHC 65.835, 5.ª T., rel. Reynaldo Soares da Fonseca, 24.04.2016, v.u.)

11-A. Depoimento em cartório extrajudicial: em processo penal, tal medida é inadmissível, pois o contato entre o juiz e a testemunha é fundamental, até para apurar eventual delito de falso testemunho e prestigiar o princípio da busca da verdade real. Além disso, o capítulo referente às testemunhas não prevê essa viabilidade. O atual CPC estipula, no art. 384, que "a existência e o modo de existir de algum fato podem ser atestados ou documentados, a requerimento do interessado, mediante ata lavrada por tabelião. Parágrafo único. Dados representados por imagem ou som gravados em arquivos eletrônicos poderão constar da ata notarial". Em nosso entendimento, somente se usa a analogia quando há lacuna no CPP, o que não é o caso. Eis outro ponto a demonstrar que o processo civil se contenta com a verdade formal, vale dizer, a produção de provas orais, reduzidas a termo por pessoa estranha aos quadros do Judiciário.

12. Testemunho único: pode dar margem à condenação. Não prevalece mais, em nosso ordenamento, o princípio segundo o qual um único testemunho é considerado de nenhuma validade (*testis unus testis nullus*). Tudo depende, portanto, da credibilidade que ele transmitir ao juiz, dentro do seu livre convencimento fundamentado.

> **Art. 203.** A testemunha fará, sob palavra de honra,[13-14] a promessa de dizer a verdade do que souber e lhe for perguntado, devendo declarar seu nome, sua idade, seu estado e sua residência, sua profissão, lugar onde exerce sua atividade,[15] e é parente, e em que grau, de alguma das partes, ou quais suas relações com qualquer delas,[16-18] e relatar o que souber,[19-21-A] explicando sempre as razões de sua ciência ou as circunstâncias pelas quais possa avaliar-se de sua credibilidade.[22-25]

13. Compromisso: a norma processual penal menciona que a testemunha fará a *promessa* de dizer a verdade, sob *palavra de honra*, isto é, compromete-se-á a narrar, sinceramente, o que sabe sobre os fatos relevantes indagados pelo juiz. Trata-se do *compromisso* de dizer a verdade ou do *juramento*. O magistrado, antes do depoimento, deve *compromissar* a testemunha, tornando claro o seu dever de dizer somente a verdade, sob pena de ser processada por falso testemunho. Trata-se de formalidade legal, demonstrando à pessoa a ser ouvida o dever jurídico imposto: dizer a verdade a qualquer custo. A importância do compromisso é vital para o depoente responder, eventualmente, pelo crime previsto no art. 342 do Código Penal. Embora a matéria não seja pacífica, ao contrário é extremamente polêmica – alguns defendendo que somente com compromisso pode a testemunha responder pelo delito de falso testemunho e outros sustentando que o compromisso é *pro forma*, respondendo sempre pelo crime aquele que faltar com a verdade – cremos que o Código de Processo Penal foi bem claro ao estipular haver pessoas – denominadas testemunhas –, prestando o compromisso e com o dever de narrar tudo o que sabem. Por outro lado, fixou o entendimento de que há outros indivíduos, ouvidos como meros informantes ou declarantes, sem o compromisso, por fatores variados: a) podem ser parentes ou pessoas intimamente ligadas ao réu (art. 206 c/c art. 208, CPP), buscando protegê-lo; b) podem não ser naturalmente confiáveis, como os menores de 14 anos, com a possibilidade de fantasiar o que viram e sabem (art. 208), ou os deficientes e doentes mentais, que não têm o discernimento exigido para a validade exigida pelo compromisso (art. 208). Por outro lado, não se compromissa a dizer a verdade a vítima, como já analisamos na nota 13 ao art. 201, pois é parte interessada no deslinde do feito criminal. Outras pessoas, mesmo suspeitas, serão compromissadas, visto que, no processo penal, busca-se a verdade real acima de tudo (art. 214, CPP). Enfim, há testemunhas e informantes. Somente aquelas devem responder por falso *testemunho* (art. 342, CP). É nítida a redação do referido art. 342, ao mencionar ser crime "fazer afirmação falsa ou negar ou calar a verdade, como *testemunha*, perito, contador, tradutor ou intérprete..." (grifamos). Não há referência à vítima, tampouco aos informantes. Defender o contrário significa dizer ser a vítima testemunha e todos os informantes também, algo incompatível com a sistemática do processo penal brasileiro. Maiores detalhes sobre o tema, ver a nota 62 ao art. 342 do nosso *Código Penal comentado*. Em idêntica posição: Tourinho Filho (*Comentários ao Código de Processo Penal*, v. 1, p. 415) e Demercian e Maluly (*Curso de processo penal*, p. 279). Ver também a nota 33 ao art. 206. A única hipótese admitida como viável para que pessoas não compromissadas, expressamente, respondam pelo delito de falso testemunho é o mero esquecimento do juiz de lhes colher o juramento, tratando-se de irregularidade processual. Assim, a pessoa que é, legalmente, considerada como testemunha tem o dever de dizer a verdade, não sendo o simples fato de o magistrado alertá-la para isso que a torna penalmente responsável pelas

Art. 203

Código de Processo Penal Comentado · **Nucci**

mentiras narradas. Contra, afirmando ser o compromisso indispensável e componente da essência do ato, sendo que sua falta *invalida o ato*: Espínola Filho, *Código de Processo Penal brasileiro anotado*, v. 3, p. 99. Complementando o exposto, no sentido de o compromisso ser pré-requisito para a pessoa tornar-se testemunha, com o dever de dizer a verdade, note-se o disposto no Código de Processo Civil: "Art. 447. Podem depor como testemunhas todas as pessoas, exceto as incapazes, impedidas ou suspeitas. § 1.º São incapazes: I – o interdito por enfermidade ou deficiência mental; II – o que, acometido por enfermidade ou retardamento mental, ao tempo em que ocorreram os fatos, não podia discerni-los, ou, ao tempo em que deve depor, não está habilitado a transmitir as percepções; III – o que tiver menos de 16 (dezesseis) anos; IV – o cego e o surdo, quando a ciência do fato depender dos sentidos que lhes faltam. § 2.º São impedidos: I – o cônjuge, o companheiro, o ascendente e o descendente em qualquer grau e o colateral, até o terceiro grau, de alguma das partes, por consanguinidade ou afinidade, salvo se o exigir o interesse público ou, tratando-se de causa relativa ao estado da pessoa, não se puder obter de outro modo a prova que o juiz repute necessária ao julgamento do mérito; II – o que é parte na causa; III – o que intervém em nome de uma parte, como o tutor, o representante legal da pessoa jurídica, o juiz, o advogado e outros que assistam ou tenham assistido as partes. § 3.º São suspeitos: I – o inimigo da parte ou o seu amigo íntimo; II – o que tiver interesse no litígio. § 4.º Sendo necessário, pode o juiz admitir o depoimento das testemunhas menores, impedidas ou suspeitas. § 5.º Os depoimentos referidos no § 4.º serão prestados *independentemente de compromisso*, e o juiz lhes atribuirá o valor que possam merecer" (grifamos). Em posição contrária, sustentando ser possível processar por falso testemunho quem não presta compromisso: Mirabete (*Código de Processo Penal interpretado*, p. 285); Tornaghi, (*Compêndio de processo penal*, t. III, p. 890); Paulo Heber de Morais e João Batista Lopes, (*Da prova penal*, p. 111).

13-A. Renovação do compromisso durante o depoimento: possibilidade. Se a testemunha, apesar de devidamente advertida no início, principia a mentir em seu depoimento, nada impede que o juiz, de ofício, ou a requerimento de qualquer das partes, novamente a relembre do seu dever de dizer a verdade, sob pena de ser processada por falso testemunho. Não se trata de coerção à testemunha, desde que feita de maneira polida e livre de exaltação.

14. Condutor do flagrante e compromisso: entendemos deva ser o condutor do flagrante compromissado, porque não se enquadra nas hipóteses legais de ausência do compromisso de dizer a verdade (art. 208, CPP).

15. Proteção à testemunha: está em vigor a Lei 9.807/1999, cuja finalidade é proteger a integridade física e psicológica das testemunhas e vítimas coagidas ou ameaçadas, no curso do processo ou da investigação criminal, possibilitando-lhes ingressar em programa especial de proteção e até mesmo, em último caso, alterar a própria identidade, tudo extensível aos seus familiares íntimos. Além disso, dispõe o art. 792, § 1.º, do Código de Processo Penal o seguinte: "Se da publicidade da audiência, da sessão ou do *ato processual*, puder resultar escândalo, *inconveniente grave ou perigo de perturbação da ordem*, o juiz, ou o tribunal, câmara, ou turma, poderá, de ofício, ou a requerimento da parte ou do Ministério Público, determinar que o *ato seja realizado a portas fechadas...*" (grifamos). Por isso, era preciso tomar uma providência efetiva, como reclamavam, há muito tempo, as autoridades investidas da função investigatória e acusatória do Estado, de modo que a Corregedoria-Geral da Justiça do Estado de São Paulo, pelo Provimento 32/2000 (publicado no *Diário Oficial do Estado* de 31 de outubro de 2000), de lavra do Desembargador Luís de Macedo, autorizou que os delegados de polícia e os juízes de direito mantenham em sigilo os dados de qualificação e os endereços de testemunhas ameaçadas ou coagidas, durante o inquérito ou o processo criminal, mantendo-se os registros em pasta própria, em poder do escrivão, com acesso reservado ao juiz, promotor ou defensor constituído ou nomeado nos autos. Com isso, afastou-se a possibilidade de qualquer pessoa tomar os autos no balcão do Ofício Judicial ou na delegacia, para anotar o nome e a localização de testemunha-chave para a apuração de crime grave, colocando sua integridade em risco. O pedido de sigilo deve partir da própria testemunha, sendo deferido pela autoridade policial ou judiciária, justificando-se, somente, em determinados delitos. Utilizou-se, como base para a edição do Provimento, a Lei 7.960/1989 (art. 1.º, III, *a* a *p*), que autoriza a prisão temporária nos seguintes casos: homicídio doloso (art. 121, *caput*, e seu § 2.º), sequestro ou cárcere privado (art. 148, *caput*, e seus §§ 1.º e 2.º), roubo (art. 157, *caput*, e seus §§ 1.º, 2.º, 2.º-A, 2.º-B e 3.º), extorsão (art. 158, *caput*, e seus §§ 1.º e 2.º), extorsão mediante sequestro (art. 159, *caput*, e seus §§ 1.º, 2.º e 3.º), estupro (art. 213, *caput*, e sua combinação com o art. 223, *caput*, e parágrafo único), atentado violento ao pudor (art. 214, *caput*, e sua combinação com o art. 223, *caput*, e parágrafo único) [após a edição da Lei 12.015/2009, o art. 213 incorporou o conteúdo do art. 214, surgindo, ainda, o estupro de vulnerável, no art. 217-A; foram revogados os arts. 223 e 224], rapto violento (art. 219, e sua combinação com o art. 223, *caput*, e parágrafo único) [foi revogada a figura típica do rapto pela Lei 11.106/2005, embora se possa aplicar o disposto ao art. 148, § 1.º, V, CP, para a mesma situação fática], epidemia com resultado de morte (art. 267, § 1.º), envenenamento de água potável ou substância alimentícia ou medicinal qualificado pela morte (art. 270, *caput*, combinado com o art. 285), quadrilha ou bando (art. 288) [atual associação criminosa, conforme Lei 12.850/2013], todos do Código Penal; genocídio (arts. 1.º, 2.º, e 3.º da Lei 2.889, de 01.10.1956), em qualquer de suas formas típicas; tráfico de drogas (art. 12 da Lei 6.368, de 21.10.1976) [A Lei 6.368/1976 foi revogada pela Lei 11.343/2006, que traz a figura do tráfico de drogas em seu art. 33]; crimes contra o sistema financeiro (Lei 7.492, de 16.06.1986) crimes previstos na Lei de Terrorismo. Não se agride o princípio do contraditório, nem da ampla defesa, pois as partes do processo terão acesso aos dados para eventual utilização por ocasião da contradita ou da arguição de impedimento para depor. Cumpre ressaltar que não pode ser omitido do defensor o nome da pessoa a ser inquirida, pois, do contrário, tornar-se-ia prova secreta, ofensiva ao devido processo legal. O fato de não se estampar nos autos a qualificação e a localização da testemunha já é o suficiente para garantir a sua melhor proteção. Por outro lado, é evidente que tal medida não evitará, por completo, a atuação de quadrilhas organizadas, cuja ciência dos nomes das testemunhas se dará por intermédio do próprio réu ou por meio do seu defensor nos autos. Mas serve para impedir a ação de pessoas próximas ao acusado (familiares e amigos), que não mais encontrarão os nomes e endereços das testemunhas nas folhas do processo. Há muitos casos de réus, bem orientados por seus defensores, de inconteste atuação ética, que não revelam os nomes de testemunhas importantes a terceiros, justamente pelo temor de que alguma ação agressiva contra estas possa ser desencadeada, prejudicando ainda mais sua defesa. Além do mais, há que se considerar o fator psicológico, envolvendo o fato de a testemunha saber que seus dados serão mantidos, na medida do possível, em sigilo. Todas as atitudes tomadas pelo Estado para tranquilizar a já abalada comunidade diante da ação penetrante do crime organizado e violento, devem ser bem-vindas, desde que não afetem, sobremaneira, direitos individuais. Considerando legal o referido Provimento 32/2000: STJ: "O fato de não terem sido qualificadas duas das testemunhas arroladas na exordial não evidencia obstrução, nem dificuldade ao exercício da ampla defesa e do contraditório, máxime por elas estarem protegidas nos termos do Provimento 32/2000 – CGJ" (HC 218.684/SP, 5.ª T., rel. Gilson Dipp, 22.05.2012, v.u., embora antigo, representa a posição dos tribunais até hoje).

16. Parentesco e relação com as partes: entendam-se os liames de sangue ou de afetividade que possui com o réu ou com a vítima, partes interessadas no deslinde do feito. Servem tais informes para a contradita, conforme se verá no art. 214.

Art. 203

Código de Processo Penal Comentado · **Nucci**

17. Recusa da testemunha em fornecer dados qualificadores ou grau de parentesco ou afinidade: entendemos tratar-se de crime de desobediência (art. 330, CP), se houver dolo e, portanto, a nítida vontade de desatender e desprestigiar a autoridade do funcionário do Estado, que colhe tais dados, fundamentado em lei. Reserva-se a figura típica da contravenção penal do art. 68 do Decreto-lei 3.688/1941 para recusas meramente voluntárias, embora sem o ânimo de afrontar a administração, isto é, sem a clara intenção de *desobedecer* a ordem legal de funcionário público. As contravenções, segundo o disposto no art. 3.º, do mesmo decreto-lei, são punidas pela mera ação ou omissão voluntária, salvo quando o dolo ou a culpa expressamente integrar o tipo penal. Não é o caso presente. Assim, a pessoa que negar ao policial, na via pública, por exemplo, seus dados para evitar ser arrolada como testemunha de um acidente qualquer, pode responder pela contravenção. A testemunha que, em juízo ou na polícia, é alertada, claramente, da sua obrigação de se qualificar, para a segurança da administração da justiça, recusando-se a fazê-lo e ciente das consequências, deve responder por crime e não por mera contravenção penal. Sustentando configurar a recusa em fornecer dados qualificadores o crime de falso testemunho, está a lição de Tornaghi: "A obrigação de dizer a verdade se refere não só ao fato sobre o qual a testemunha depõe, como também à qualificação dela, testemunha. A lei brasileira pune a ação de fazer afirmação falsa, negar ou calar a verdade, sem distinguir" (*Compêndio de processo penal*, t. III, p. 889).

18. Fornecimento de dados qualificadores falsos: configura o crime do art. 307 do Código Penal, caso o dado seja relevante e a intenção seja de obter algum tipo de vantagem ou causar dano a outrem. Não havendo intenção específica, pode configurar-se, ainda, a contravenção do art. 68 da Lei de Contravenções Penais. Há quem sustente, no entanto, que a mentira envolvendo os dados de qualificação da testemunha configura o crime de falso testemunho (art. 342, CP): José Carlos G. Xavier de Aquino (*A prova testemunhal no processo penal brasileiro*, p. 82).

19. Narrativa de fatos relevantes pretéritos: a testemunha depõe sobre fatos importantes ao processo – não necessariamente vinculados ao fato criminoso –, narrando-os com objetividade, sem apelar para a sua opinião, salvo quando esta for indispensável para a avaliação de especiais e determinadas circunstâncias. Exemplo disso é o depoimento do filho que, por conhecer muito bem o comportamento de seu genitor, pode opinar, dizendo se, no momento da agressão à vítima, ele estava irado ou não, equilibrado ou fora de controle. Retirando-se a possibilidade dessa avaliação subjetiva, impossibilita-se a averiguação de determinados detalhes, que podem enriquecer a análise da prova. Fora de casos especiais, a testemunha não opina, tampouco faz prognósticos, vale dizer, emite seu parecer sobre o que vai ocorrer.

20. Testemunha de *ouvir dizer*: como se analisou em nota anterior, trata-se de autêntico testemunho. Cabe ao juiz analisar a narrativa, conferindo-lhe a credibilidade merecida, pois a testemunha está contando um fato que, com relação ao delito, é conseguido por intermédio de outra pessoa. Por vezes, pode ser de maior valor um depoimento dado por testemunha que ouviu algo, preciso e relevante, de outra pessoa, do que a declaração de quem tomou conhecimento direto do fato delituoso, embora de maneira desatenta, dando margem a um depoimento pobre de elementos e inútil. O mais importante, nesse tipo de depoimento, é buscar a fonte do *ouvir dizer*, impedindo-se que a testemunha se baseie em meros e infiéis boatos, sem causa, sem origem e sem possibilidade de comprovação. O direito não pode dar crédito a fofocas e rumores, muito embora tenha pleno cabimento a narrativa do sujeito que esteve com uma testemunha presencial do crime, por exemplo, momentos antes de ela ser brutalmente assassinada, tomando conhecimento de tudo. Exemplo da relevância de certos depoimentos de *ouvir dizer* encontra-se em julgamento do qual participamos do Tribunal de Justiça de São Paulo, referente a caso de esposa que ateou fogo ao marido, quando ambos estavam sozinhos.

Entretanto, o ofendido ficou internado por um mês, em tratamento, quando contou a outras pessoas o ocorrido, antes de falecer. Outro ponto relevante concerne a casos graves, como homicídio cometido por pessoas integrantes de grupo de extermínio – situação que pudemos acompanhar quando juiz do Tribunal do Júri da Capital de São Paulo –, em que testemunhas temem pela vida e não apreciam prestar declarações a respeito. Nesses crimes, muitas vezes, surgem as testemunhas de ouvir dizer, razão pela qual o conjunto de depoimentos pode levar à formação do convencimento do juízo. Na jurisprudência: STJ: "1. A alegação referente à impossibilidade de a pronúncia estar embasada apenas em testemunhos de 'ouvir dizer' não foi decidida no acórdão ora impugnado. Com efeito, a ausência de debate da ilegalidade aventada na Corte de origem, sob o enfoque suscitado, indica supressão de instância, circunstância que, por si só, obsta a análise da presente insurgência nesta Corte. 2. Das informações prestadas pelo Juízo singular, verifica-se que já houve sessão plenária do Júri, ocasião em que o paciente foi condenado à pena de 72 anos e 8 meses de reclusão. Ora, *a jurisprudência deste eg. Tribunal Superior é firme no sentido de que 'O recurso contra a decisão que pronunciou o acusado encontra-se prejudicado, na linha da jurisprudência dominante acerca do tema, quando o recorrente já foi posteriormente condenado pelo Conselho de Sentença'* (AgRg no AREsp n. 1.412.819/SP, Quinta Turma, Rel. Min. Ribeiro Dantas, *DJe* 17/8/2021) – (AgRg no HC n. 693.382/PE, Ministro Jesuíno Rissato, Desembargador convocado do TJDFT, Quinta Turma, *DJe* 28/10/2021). 3. Adentrando ao mérito, verifica-se que apesar de nenhuma testemunha ocular ter sido ouvida perante o juízo, diante das peculiaridades do caso, entendo não assistir razão à defesa, isso porque, extrai-se dos autos que todas as pessoas da comunidade tinham medo ou pavor dos denunciados, que integravam um grupo extremamente temido pela comunidade, visto que agiam, habitualmente, como grupo de extermínio, matando 'sem medo nenhum de represália por parte da polícia', de 'cara limpa'. 4. Ademais, consta dos autos, que uma testemunha, atuando como policial civil, esteve no local dos fatos no dia seguinte aos assassinatos e que escutou de diversas pessoas que os acusados foram os autores do delito, o que se confirmou no decorrer das investigações, porém, em razão do medo generalizado na comunidade do referido grupo de extermínio, nenhuma das testemunhas oculares prestou depoimento na delegacia. Ressalta que várias pessoas sabiam da autoria delitiva, mas que todas tinham medo ou pavor dos acusados, razão pela qual se negaram a prestar depoimento. 5. Apesar da jurisprudência desta Corte entender pela insuficiência do testemunho indireto para consubstanciar a decisão de pronúncia, entendo, excepcionalmente, que o presente caso, em razão de sua especificidade, merece um *distinguishing*, pois extrai-se dos autos que a comunidade tem pavor dos denunciados, tendo em vista que eles constituem um grupo de extermínio com atuação habitual no local, razão pela qual não se prestaram a depor perante as autoridades policial e judicial" (AgRg HC 810.692 – RJ, 6.ª T., rel. Sebastião Reis Júnior, 12.09.2023, v.u.).

21. Ratificação de anterior depoimento: é causa de nulidade relativa. Caso o juiz limite-se a indagar da testemunha se confirma o seu depoimento anterior, prestado na polícia, por exemplo, é preciso que alguma das partes presentes apresente sua objeção, inscrita no termo. Assim fazendo, futuramente, poderá ser reconhecida a nulidade do ato processual, pela prova do evidente prejuízo, consistente em não ter havido depoimento algum, sob o crivo do contraditório, mas mera *confirmação* de declarações prestadas em fase inquisitiva. Entretanto, sem o protesto de qualquer das partes, não há que se considerar nulo o ato, pois o prejuízo não pode ser presumido. Aliás, tendo havido a oportunidade de reperguntar, amplamente concedida às partes, também não há que se falar em nulidade, mesmo que o juiz se tenha limitado a indagar da testemunha se ela confirma o já declarado anteriormente. Inexistiu, nessa hipótese, prejuízo ao contraditório e à ampla defesa. Na jurisprudência: STF: "A ratificação em juízo dos depoimentos colhidos na fase inquisitorial não configura a ilegalidade pretendida,

Art. 203

na medida em que se franqueou à defesa a plena intervenção no ato, mediante realização de perguntas e reperguntas, com isso prestigiando-se a ampla defesa e o contraditório" (RHC 123.894, 2.ª T., rel. Gilmar Mendes, 17.03.2015, v.u.). STJ: "3. No que diz respeito à alegada violação dos arts. 201, 203, 204 e 212, todos do CPP, constata-se que nenhum dos dispositivos indicados proíbe a leitura dos depoimentos realizados em sede policial. Ademais, 'as pessoas ouvidas não se limitaram a confirmar a versão apresentada perante a autoridade policial', sendo 'oportunizado à defesa a participação efetiva com formulação de perguntas assim como a solicitação de esclarecimentos à vítima, testemunhas e réu'. Nesse contexto, a alegação no sentido de que a leitura induziu as respostas denota mera ilação da defesa. 4. Além de não ter ficado demonstrada violação de dispositivo legal e, por conseguinte, eventual nulidade, tem-se que também não se demonstrou efetivo prejuízo ao recorrente. Com efeito, a defesa não se descurou de demonstração que a ausência da leitura dos depoimentos teria ensejado respostas substancialmente diferentes, a ponto de repercutirem de forma positiva na situação processual do recorrente. Como é de conhecimento, não se proclama uma nulidade sem que se tenha verificado prejuízo concreto à parte, sob pena de a forma superar a essência. Vigora, portanto, o princípio pas de nullité sans grief, a teor do que dispõe o art. 563 do CPP" (AgRg no AREsp 1.473.317/GO, 5.ª T., rel. Reynaldo Soares da Fonseca, 18.08.2020, v.u.).

21-A. Inquirição de testemunhas e presença das partes: a audiência de instrução, para a colheita do depoimento das testemunhas arroladas pelas partes, exige a presença do membro do Ministério Público (ação pública) ou do querelante, por seu advogado (ação privada), bem como do defensor do acusado. Este é o único que *pode* estar presente, pois é seu direito – e não obrigação. O magistrado não pode conduzir sozinho a prova testemunhal.

22. Credibilidade do testemunho: analisando o fator *testemunhabilidade*, isto é, o interesse despertado na comunidade diante do testemunho da ocorrência de um fato, Altavilla demonstra terminar esse interesse gerando fenômenos correlatos e consequenciais, tais como a *memoriabilidade* (capacidade que o fato possui de se fazer recordar com precisão), a *fidelidade* (situação subjetiva gerada no espírito da testemunha, consistente na capacidade de reproduzir com exatidão o que soube) e a *sinceridade* (situação subjetiva da testemunha, que se expressa sem a intenção de enganar). Sob tais prismas, por vezes, "um depoimento sem lógica, contraditório, é considerado pouco fiel, porque se julga que a testemunha não se recorda bem, ou então insincero, ao passo que os testemunhos correntes dão uma impressão de fidelidade e de veracidade; e pode ser o contrário, provindo o primeiro de uma dificulda-de em se exprimir, ou de um fenômeno de timidez, ao passo que a naturalidade do segundo pode derivar de uma hábil preparação" (*Psicologia judiciária*, v. 2, p. 251-252). Diante disso, é essencial deva o magistrado tomar as cautelas devidas para interpretar e valorar um depoi-mento, conferindo-lhe ou não credibilidade, crendo tratar-se de uma narração verdadeira ou falsa, enfim, analisando-o com precisão. Pode dar-se a situação do fato-objeto do testemunho não ser memorável, razão pela qual a pessoa que o presenciou, no contexto da memória naturalmente seletiva que possui o ser humano, afaste-o, relegando-o a segundo plano. Por isso, nem sempre a testemunha vacilante ao responder às indagações feitas pelo juiz, omitindo situações relevantes, está agindo de má-fé. Por outro lado, em se tratando de fato digno de registro na memória, é possível estar a testemunha sendo fiel e sincera ao narrá-lo, embora entre em contradição e ofereça respostas desconexas. Não está mentindo, mas realmente não se recorda, por variadas razões, do que houve. Argumente-se, ainda, que o fato memorável pode ser contado de modo infiel e insincero, mas de maneira perfeita e lógica, fruto, como se viu na lição de Altavilla, do mais arguto preparo. Está mentindo e o magistrado nem percebe. Em conclusão, pois, é curial ter o julgador a sensibilidade para compreender que as pessoas são diferentes na sua forma de agir, captar situações, armazená-las na memória e,

Título VII – Da Prova

Art. 203

finalmente, reproduzi-las. Descortinar e separar o depoimento verdadeiro e crível do falso e infiel é meta das mais árduas no processo, mas imprescindível para chegar ao justo veredicto. Na jurisprudência: STJ: "1. As testemunhas se manifestam nos autos com o compromisso de dizer a verdade, nos termos do art. 203 do CPP. Outrossim, como é cediço, fazer afirmação falsa, ou negar ou calar a verdade, tipifica o crime de falso testemunho, previsto no art. 342 do CP. Portanto, não tendo o impetrante se desincumbido de demonstrar que a testemunha fez afirmação falsa, tem-se que o fato de seu testemunho ir ao encontro da tese da acusação não revela, por si só, nenhum tipo de irregularidade. Ademais, consta do acórdão impugnado que a 'própria defesa, ao iniciar a inquirição, referiu a larga experiência profissional da testemunha e disse que já conhecia a perita, o que ressoa natural, diante da constante atuação dos agentes no júri'. Dessa forma, não há se falar em ilegalidade, irregularidade, imparcialidade ou mesmo suspeição, como alega o impetrante" (HC 342.390/RS, 5.ª T., rel. Reynaldo Soares da Fonseca, 04.05.2017, v.u.).

23. O fator curiosidade na avaliação dos depoimentos: curiosidade é o ávido desejo de tomar conhecimento de algo, sabendo, informando-se e aprendendo sobre matéria de peculiar interesse. O ser humano é naturalmente curioso, embora cada qual tenha assunto ou objeto de sua preferência. Enquanto os homens apreciam acompanhar fatos violentos e cruéis, as mulheres voltam-se mais a aspectos minuciosos e detalhistas do comportamento ou da aparência das pessoas. As crianças, por sua vez, dentro da sua ignorância, são vorazes observadoras de tudo e de todos, encontrando novidade nos fatos mais comezinhos (Enrico Altavilla, *Psicologia judiciária*, v. 2, p. 256-257). Por isso, deve o magistrado levar em consideração poder um crime violento escapar à percepção e à memorização de uma testemunha do sexo feminino, que busca evitar armazenar tais dados em sua mente, procurando até desviar os olhos de situações cruentas, enquanto testemunhas do sexo masculino, em grande parte dos casos, deixam de reter detalhes da cena criminosa, como vestuário do agente, gestos específicos e cenário, guardando somente o principal. Crianças, porque tudo colhem, são, a princípio, excelentes narradoras de cenas e detalhes, mas podem fantasiar, dentro da sua natural fase de desenvolvimento e autoafirmação. Leve-se, pois, em conta a curiosidade das pessoas para avaliar a credibilidade dos seus testemunhos.

24. A credibilidade do depoimento de crianças e adolescentes: não são poucos os relatos encontrados, versando sobre erros judiciários originados justamente dos depoimentos prestados por crianças ou adolescentes. Justifica-se essa situação pela fragilidade tanto da criança quanto do adolescente para elaborar uma narrativa fiel dos fatos porventura assistidos, sem lançar qualquer fantasia ou mentira, fruto da inexperiência e da instabilidade psicológica e emocional dos seres em desenvolvimento. Altavilla nos fornece interessante quadro dos depoimentos de pessoas nessa faixa etária, ressalvando alguns tópicos merecedores de reprodução no momento. Afirma possuir a criança defeitos inatos inabilitando-a para o papel de testemunha confiável. Em primeiro plano, pode-se destacar a sua percepção sincrética, em oposição à percepção analítica dos adultos, significando dizer que a criança "tem uma visão de conjunto, em virtude da qual lhe escapam os detalhes, 'de modo que, se ouve uma frase, não lhe analisa os termos, mas faz do seu conjunto uma ideia global e confusa, fundada sobre uma impressão. E termina, assim, por ligar as imagens mais heterogêneas e por fazer as aproximações mais inexatas e, até, por vezes, contraditórias'. Mas o que é mais grave é esta sua visão de conjunto não se centralizar na parte mais importante de uma coisa, de uma pessoa, de um acontecimento, de maneira a tornar menos perigoso o completamento *a posteriori* e a só ser possível o erro de pormenor" (*Psicologia judiciária*, v. 1, p. 61). Nota-se que as crianças, por ficarem sempre na superfície das coisas, quer por preguiça de espírito, quer por ignorância ou falta de hábito, terminam guardando na memória poucos dados

Art. 203

interessantes sobre determinado fato. Segundo Altavilla, o que é velho na sua memória sempre prejudica o novo. Assim, seu processo de associação de ideias é sensivelmente diminuído. Quando colocada para reconhecer algum suspeito, pode trazer à sua memória a imagem de pessoas conhecidas e não exatamente do agente do crime, prejudicando o reconhecimento ou terminando por reconhecer quem efetivamente não cometeu a infração penal. Tendo em vista ser a memória das crianças frágil, muitas são as situações em que, forçadas a se lembrar de algo importante, terminam completando a sua falta de informação com dados extraídos da fantasia e da imaginação. O infante tem dificuldade de lidar com a noção de espaço e tempo, razão pela qual, desejando o juiz captar exatamente o que lhe significou determinado período, deve lançar mão de comparações. Assim, ao invés de falar em horário de adulto (19 horas, 23 horas etc.), precisa fazer referência ao horário da própria criança, como o momento em que almoça, janta, brinca, vai para a cama etc. Dado muito importante a ser destacado é a sua extremada capacidade de ser sugestionável. "A criança – ensina Altavilla – tem grande intuição e descobre com facilidade a opinião de quem a interroga, e isso perturba tudo o que ela sabe" (ob. cit., p. 69). Por isso, jamais deve o magistrado completar-lhe frases, pedindo que confirme com um "sim" ou um "não". A criança, para agradar quem a ouve, certamente terminará concordando com o almejado pelo interrogante. Regras para que o depoimento tenha mais chance de sucesso: a) reduzir as perguntas ao mínimo possível, devendo a criança falar mais do que o juiz; b) as perguntas devem ser feitas de maneira a não conter sugestões, ocultada, sempre, a opinião do interrogante; c) não se podem aceitar respostas lacônicas – como "sim" e "não"; d) caso seja a narração segmentada, sem estar completa, jamais se deve compelir a criança a complementar com detalhes o que antes não falou, pois nesse momento poderá introduzir elementos da sua imaginação (ob. cit., p. 71). A turbulência da puberdade/ adolescência apresenta apenas algumas diferenças com a fase infantil. Deve-se continuar a ter cautela com determinados depoimentos, agora, especialmente, no contexto sexual, pois o desenvolvimento do ser humano, nessa fase, é marcado pelo descobrimento da sua sexualidade. Tal situação pode acarretar perturbações sensoriais, emotivas e psicológicas, razão pela qual a fantasia ingressa nas suas narrativas, também como forma de suprir determinadas frustrações e incompreensões. Segundo estudos realizados, somente a partir dos quatorze anos começa a pessoa a se tornar mais confiável nos seus relatos. O Código de Processo Penal está em sintonia com essa idade, pois estabeleceu que toda pessoa pode ser testemunha (art. 202), mas não se defere compromisso de dizer a verdade – logo, são simples informantes – àqueles que possuem menos de quatorze anos (art. 208). A jurisprudência tem sido sensível à dificultosa aceitação dos depoimentos de crianças e adolescentes. Entretanto, a Lei 13.431/2017 introduziu novas normas para colher o depoimento de crianças e adolescentes, conforme nota 24-A abaixo.

24-A. Depoimento especial: "é o procedimento de oitiva de criança ou adolescente vítima ou testemunha de violência perante autoridade policial ou judiciária" (art. 8º, Lei 13.431/2017). Cuidando-se de vítima ou testemunha de qualquer espécie de violência, deve-se adotar o procedimento previsto no art. 12 da mencionada Lei. Isso abrange o acompanhamento de uma equipe de apoio, composta por assistência jurídica e psicossocial, nomeando-se um advogado e um psicólogo ou assistente social para tanto. Significa, também, que o menor pode contar livremente o que sabe e as perguntas do juiz, promotor e defensor devem ser feitas em bloco, ao final da narrativa. Além disso, o art. 5.º, VI, da Lei 13.431/2017 garante ao menor o direito ao silêncio; logo, nenhuma criança ou adolescente pode ser obrigado a depor.

25. O decurso do tempo: ensina Philippe que "a imagem tende a desaparecer por duas maneiras: ou os pormenores se vão atenuando sucessivamente ou se eliminam uns após outros, ou a imagem se desfaz, tornando-se tão confusa que deixa de ser representativa, de maneira que o sujeito não é capaz de descrevê-la e nem mesmo de voltar a encontrar o seu simples símbolo verbal" (*L'image mentale*, apud Enrico Altavilla, *Psicologia judiciária*, v. 2, p. 263). Outro fator, portanto, a ser levado em consideração pelo juiz ou por outra autoridade apta a colher um depoimento, e o decurso do tempo entre a data do fato e a do momento em que a testemunha é convidada a reproduzi-lo. As primeiras declarações são mais ricas e detalhadas, embora carregadas do estado emotivo e perturbador, que as envolve. Normalmente, os depoimentos prestados na fase investigatória (inquérito) tendem a se desenvolver dessa forma. Caso a instrução, em juízo, somente ocorra após muito tempo, as declarações empobrecem-se e chegam a comprometer o valor do depoimento, valendo, pois, a atuação do magistrado, confrontando o já declarado com o que lhe está sendo narrado. Não se deve ver na utilização do depoimento prestado na fase policial, muito tempo antes, fator atentatório aos princípios da ampla defesa e do contraditório, pois, no processo penal, busca-se, em última análise, a verdade real. O importante é permitir à testemunha a confirmação dos detalhes antes captados e corretamente reproduzidos, mas que foram esquecidos pela ação do tempo ou mesmo a negativa do conteúdo das anteriores declarações, possivelmente frutos de um momento perturbador, no qual estava psicologicamente abalada, bem como podem não corresponder à realidade, por ter sido a prova colhida longe do crivo do contraditório, sob pressão ou ameaça. Outra vez mais, torna-se importante frisar a inexistência de regras rígidas para a colheita da prova testemunhal, sendo útil a comparação das narrativas (nas fases policial e judicial) para se atestar o real conteúdo do depoimento prestado.

26. Recusa em depor: é crime de falso testemunho e não desobediência, como sustenta parte da doutrina. O tipo penal do art. 342 do Código Penal é claro ao preceituar que, comete o delito a testemunha ao *calar a verdade*. Assim, sabendo o que houve em relação ao fato delituoso e negando-se a prestar depoimento está, na prática, calando (emudecendo, ficando em silêncio) e deixando de narrar a verdade. Expusemos em detalhes o nosso ponto de vista em nosso *Código Penal comentado*, nota 55 ao art. 342. Seria muito fácil à testemunha escapar de uma pena mínima de um ano de reclusão (art. 342, CP), optando por outra de 15 dias de detenção (infração de menor potencial ofensivo), que é a desobediência, se se considerar a recusa em depor inserida no tipo penal do art. 330 do Código Penal. Simples seria a quem quer prejudicar a administração da justiça, calando o que sabe: bastaria a recusa em fazê-lo. O despropósito é evidente, pois o que fala e mente responde por falso e o que permanece em silêncio, trazendo idêntico prejuízo à descoberta da verdade real, responderia por desobediência, levando-se, ainda, em conta ser o objeto jurídico protegido, no caso do falso testemunho, justamente a administração da justiça, lesionada pela mudez da testemunha. E vamos além. Imagine-se dê o juiz voz de prisão a testemunha que se cala, recusando-se a depor, por desobediência, como Mirabete sugere seja feito (*Código de Processo Penal interpretado*, p. 283). O crime estaria consumado, mas, no momento da lavratura do auto de prisão em flagrante, arrependida, a testemunha resolve narrar tudo o que sabe, sendo novamente apresentada ao magistrado. Presta o depoimento, retratando-se, nos termos do art. 342, § 2.º do Código Penal ("o fato deixa de ser punível se, antes da sentença no processo em que ocorreu o ilícito, o agente se retrata ou *declara a verdade*", grifamos), e, ainda assim, seria punida por desobediência, que não admite retratação alguma. Por isso, a testemunha que se cala, pode ser processada por falso testemunho, mas, querendo, há tempo para retratar-se, tornando impunível o fato e não ferindo a administração da justiça, bem maior protegido neste caso.

> **Art. 204.** O depoimento será prestado oralmente,[27] não sendo permitido à testemunha trazê-lo por escrito.[28]
>
> **Parágrafo único.** Não será vedada à testemunha, entretanto, breve consulta a apontamentos.[28-A]

Art. 205

27. Depoimento oral: é a única forma de avaliar a sinceridade da testemunha, apurando-se se fala a verdade. O depoimento por escrito tem a impessoalidade como marca, impossibilitando ao magistrado averiguar a sua fidelidade aos fatos, bem como impossibilitaria as reperguntas, ferindo o princípio do contraditório, e, do ponto de vista do réu, também a ampla defesa. Há exceção prevista na lei: o art. 221, § 1.º, do Código de Processo Penal, autoriza que o Presidente, o Vice-Presidente da República, os presidentes do Senado Federal, da Câmara dos Deputados e do Supremo Tribunal Federal optem por prestar o depoimento, na qualidade de testemunhas, por escrito. Nesse caso, buscar-se-ia preservar o contraditório, enviando-se as perguntas formuladas pelo juiz e pelas partes por ofício. Nada impede que, vindo as respostas, sejam remetidas outras reperguntas, para o esclarecimento da verdade real. São as autoridades mencionadas devidamente compromissadas a dizer a verdade, consistindo o privilégio apenas em fazê-lo por escrito. Entendemos indevida tal prerrogativa, pois o Estado Democrático de Direito deve estruturar-se em termos de plena igualdade, inexistindo razão para que essas autoridades, por mais importantes na organização do Estado, algo inegável, não possam dispor de seu tempo, ainda que o magistrado possa ir até elas para ouvi-las, acompanhado das partes, para depor oralmente. Outra não pode ser a razão (falta de tempo de se deslocarem até o fórum) para a concessão da regalia, pois é incompreensível supor que haveria desprestígio no ato de colaborar com a Justiça, sendo ouvido por magistrado. A outra exceção elencada como depoimento escrito é o prestado por surdo, mudo ou surdo-mudo (art. 192, CPP), que, no entanto, é apenas relativa. A pessoa com tal deficiência nada leva por escrito, nem envia ofício ou carta ao juiz. Apresenta-se à sua frente e, recebendo por escrito (ou oralmente, conforme o caso) as perguntas, responde-as, na hora, por escrito. Terão as partes a oportunidade de presenciar o ocorrido e fazer suas reperguntas. Logo, até mesmo expressões de inverdade, evidenciadas pelo nervosismo e outros gestos específicos, podem ser captadas pelo juiz quando da colheita do depoimento.

28. Consulta a notas e outros escritos: é admissível. A proibição do artigo tem por meta apenas evitar que a testemunha leve tudo por escrito, adredemente preparado, sem sinceridade ou veracidade. Consultar alguns dados, no entanto, é perfeitamente razoável, como agendas, documentos e outras fontes, desde que tudo se faça à frente do juiz e das partes, como estipula o parágrafo único.

28-A. Consulta a apontamentos: é permitida, desde que nos exatos termos legais. Na jurisprudência: STJ: "O art. 204, parágrafo único, do Código de Processo Penal autoriza a breve consulta a apontamentos até mesmo durante a oitiva, inexistindo ilegalidade no fato de que as testemunhas, policiais civis, que participaram da investigação e conheciam o inquérito policial, tenham consultado a peça da qual já tinham conhecimento, ou até a seu depoimento anterior, antes de serem ouvidos pelo Magistrado" (HC 145.474/RJ, 6.ª T., rel. Maria Thereza de Assis Moura, rel. para acórdão: Sebastião Reis Júnior, 06.04.2017, m.v.).

> **Art. 205.** Se ocorrer dúvida sobre a identidade[29] da testemunha, o juiz procederá à verificação pelos meios ao seu alcance,[30] podendo, entretanto, tomar-lhe o depoimento desde logo.[31]

29. Identidade da testemunha: trata-se das características exclusivas do ser humano, que servem para torná-lo único, tais como o nome, a idade, o estado, o sexo, a filiação e a profissão. Além disso, pode-se falar, ainda, no conjunto de elementos físicos, extraídos em contato direto com o seu corpo, mencionando-se a impressão dactiloscópica, a fotografia, defeitos físicos, entre outros. O art. 203 exige a qualificação da testemunha justamente para poder identificá-la, o que será feito não somente pelos dados passados oralmente ao juiz, mas, sobretudo, pela apresentação de documentos próprios, como a carteira de identidade, a carteira de trabalho, a carteira funcional, entre outros.

30. Dúvida e solução: é possível que a testemunha – o mesmo se diga da vítima e do informante – compareça sem carregar consigo qualquer tipo de documento hábil a demonstrar sua autêntica identidade (nome, estado, idade etc.). Essa, por si só, já é situação suficiente para gerar dúvida no espírito do magistrado, que não se deve conformar em aceitar a qualificação pura e simples, fornecida pela pessoa a ser ouvida. Cumpre-lhe cercar-se de cuidados para evitar qualquer equívoco lamentável na inquirição de pessoa errada. Poderá colher de testemunhas dados identificadores, como também, em sendo possível, determinar seja trazido documento hábil à sua presença. Em cidades pequenas é viável supor que a testemunha possa ser identificada por inúmeras pessoas, até mesmo por funcionários do fórum, algo incomum em grandes metrópoles. Nesta situação, o magistrado, segundo autoriza a norma em comento, pode – e deve – colher o depoimento da testemunha, cuidando de identificá-la, com precisão, após o ato processual praticado. Posteriormente, todos os meios em direito admissíveis devem ser usados para coletar a real identidade da pessoa ouvida, caso persista a dúvida.

31. Verificação do crime de falsa identidade ou de falso testemunho: é possível que o juiz descubra, ao averiguar a identidade real da testemunha, ter ela fornecido dados inverídicos, atribuindo-se identidade falsa, tendo por finalidade não ficar sujeita à contradita da parte contrária, descobrindo-se ser ela, por exemplo, amiga íntima do réu. Pode haver prisão em flagrante caso seja desvendada a falsidade no ato, pois está configurado o crime do art. 307 do Código Penal. Trata-se de delito formal, ou seja, basta a conduta de falsear a identidade para que se puna o agente, independentemente de conseguir obter êxito de manter o juízo em erro. Do contrário, detectando-se depois o falso, extraem-se peças para o sujeito ser processado. Ressalte-se, no entanto, ser esse crime subsidiário, somente se configurando quando outro, mais grave, inexista. Suponha-se que a testemunha forneça dados identificadores falsos para não ser obrigada a narrar a verdade do que sabe. Está, em realidade, valendo-se de falsa identidade para cometer o delito de falso testemunho (art. 342, CP), mais grave, pelo qual deverá responder. Fica absolvido o delito subsidiário, que é o previsto no art. 307

> **Art. 206.** A testemunha não poderá eximir-se da obrigação de depor.[32] Poderão, entretanto, recusar-se[33-34] a fazê-lo o ascendente ou descendente, o afim em linha reta, o cônjuge,[35] ainda que desquitado,[36] o irmão e o pai, a mãe, ou o filho adotivo[37] do acusado, salvo quando não for possível, por outro modo, obter-se ou integrar-se a prova do fato e de suas circunstâncias.[38]

32. Obrigação de depor: a própria lei impõe à testemunha – pessoa que tomou conhecimento de fato relevante para o processo – o *dever* de testemunhar. Não se trata de um direito, mas de uma obrigação, passível de punição em caso de negativa. Como já analisamos em nota anterior, a recusa implica calar-se diante do juiz, omitindo a verdade que sabe sobre um fato, configurando, então, o crime de falso testemunho. Aliás, esse é um dos motivos pelos quais não se deve processar a pessoa, que se recusa a depor, por desobediência, visto partir a ordem para depor diretamente da lei e não do juiz. Logo, se algo foi desobedecido, é a lei e não o funcionário público. Na jurisprudência: STJ: "3. Pelo teor do que dispõe o art. 206 do Código de Processo Penal quando se trata de testemunho de pessoa com grau de parentesco muito próximo das partes há sempre um juízo de avaliação, a critério do juiz, quanto à necessidade da produção dessa prova. Afinal, quando for possível, por outro motivo, obter-se

Art. 206

Código de Processo Penal Comentado · **Nucci**

ou integrar-se a prova do fato e de sua circunstância – como *in casu* – não se lhes impõe o dever legal de depor, e, como tal, também não lhes é exigida a obrigação a dizer a verdade. 4. Não bastasse, o indeferimento da oitiva de filho(a) do réu como testemunha não tem o condão de, por si só, macular o feito, se não restar comprovado o efetivo prejuízo às partes" (REsp 1.437.794/SP, 6.ª T., rel. Rogerio Schietti Cruz, 01.03.2018, v.u.).

33. Recusa legal a depor: autoriza a lei escapem determinadas pessoas da obrigação de depor e, consequentemente, de falar a verdade do que sabem a respeito de fatos relevantes do processo. São indivíduos vinculados intimamente ao réu, dos quais não se pode exigir o esforço sobre-humano de ferirem a quem amam. Concordamos, plenamente, com o ensinamento de Espínola Filho: "Compreende-se que, pelo interesse evidente na sorte de quem é acusado num processo criminal, o seu cônjuge, os seus ascendentes e descendentes, consanguíneos ou afins, os seus pais, ou filhos adotivos, os seus irmãos, não podem, sem contrassenso e desumanidade (além de uma exigência estulta e ineficiente), ser forçados a um compromisso de dizer a verdade, mesmo contra aquele, podendo levá-lo à condenação, e, pois, quando se não dispensem, totalmente, do comparecimento essas pessoas, por ocorrer a hipótese encarada no final do art. 206, são ouvidas como elementos, que apenas se consideram capazes de prestar informações úteis à justiça, mas prevenido, de antemão, o juiz sobre a impossibilidade de contar com uma completa isenção de ânimo de tais informantes, por isso mesmo isentas do compromisso" (*Código de Processo Penal brasileiro anotado*, v. 3, p. 96-97). No máximo, como se verá em nota seguinte, podem ser ouvidos como informantes, sem o compromisso. E, nessa hipótese, não estão sujeitos ao crime de falso testemunho. Lembremos que os laços de parentesco e afinidade devem ser constatados no momento do depoimento e não na data do fato criminoso. Na jurisprudência: STJ: "1. Na espécie, observa-se que o magistrado processante além de ter indagado à mãe do acusado acerca de seu interesse em depor, tomou seu depoimento como informante, não havendo se falar em ocorrência de constrangimento ilegal quanto ao ponto. 2. As pessoas elencadas no art. 206 do CPP podem recusar-se a depor, mas, caso pretendam prestar depoimento, não há óbice a fazê-lo" (AgRg no HC n. 823.596/SC, 5.ª T., rel. Ribeiro Dantas, 30.10.2023, v.u.).

33-A. Natureza do rol: é taxativo e uma das principais razões para isso é o princípio da verdade real. No processo penal, reduz-se ao mínimo possível a lista de pessoas que não prestam o compromisso de dizer a verdade. Além dos parentes do acusado, os menores de 14 anos e os enfermos mentais. Ninguém mais se isenta desse dever. Na jurisprudência: STJ: "2. Os arts. 202 e 206 do CPP dispõem que 'toda pessoa poderá ser testemunha' e que 'a testemunha não poderá eximir-se da obrigação de depor. Poderão, entretanto, recusar-se a fazê-lo o ascendente ou descendente, o afim em linha reta, o cônjuge, ainda que desquitado, o irmão e o pai, a mãe, ou o filho adotivo do acusado'. Já o art. 447, § 2.º, I, do CPC enumera que são impedidos 'o cônjuge, o companheiro, o ascendente e o descendente em qualquer grau e o colateral, até o terceiro grau, de alguma das partes, por consanguinidade ou afinidade'. (...) 4. Conforme leciona a doutrina, o rol do art. 206 do CPP 'é taxativo e uma das principais razões para isso é o princípio da verdade real. No processo penal, reduz-se ao mínimo possível a lista de pessoas que não prestam o compromisso de dizer a verdade. Além dos parentes do acusado, os menores de 14 anos e os enfermos mentais. Ninguém mais se isenta desse dever'. (NUCCI, Guilherme de Souza. Código de Processo Penal comentado. 18. ed. Rio de Janeiro: Forense, 2019. p. 576). Nesse contexto, conforme consignado pelo Ministro Nefi Cordeiro, no AREsp n. 1.021.166/DF, julgado em 1.º/8/2017, 'não se encaixa no rol das testemunhas descompromissadas, consoante art. 206 c/c art. 208, ambos do CPP, colateral em terceiro grau'" (AgRg no RHC 108.823/SP, 5.ª T., rel. Reynaldo Soares da Fonseca, 15.08.2019, v.u.).

34. Alerta do juiz: o magistrado, antes de iniciada a colheita das declarações das pessoas enumeradas no art. 206, deve advertir o parente ou cônjuge do réu de que não está ele obrigado a depor. Abrindo mão desse direito, poderá favorecer ou prejudicar o acusado. Caso não haja tal alerta, mera irregularidade, pode a parte interessada intervir, solicitando que tal advertência seja feita e o direito da pessoa a ser ouvida, respeitado. Se as partes não interferirem, nem o juiz fizer o alerta e as declarações forem colhidas, deve-se considerá-las meras informações, sem o caráter de um depoimento. Na jurisprudência: STJ: "1. O art. 206 do Código de Processo Penal autoriza certas pessoas a se eximirem da obrigação de depor, entre eles o irmão e a ex-esposa, salvo quando não for possível, por outro modo, obter-se ou integrar-se a prova do fato e de suas circunstâncias'. 2. No caso, o recorrente arrolou, além do irmão e da ex-esposa, outras testemunhas. Tem-se que o crime contra a ordem tributária, por certo, não se trata de delito que só possa ser desvendado por meio da oitiva das testemunhas que se negaram a depor. Outrossim, não parece crível que pessoas da sua relação íntima tenham se negado a testemunhar em seu favor, mostrando-se mais coerente que tenham se abstido de depor exatamente para não prejudicá-lo, objetivando, assim, a manutenção da harmonia familiar. Nesse contexto não se verifica ilegalidade na decisão que dispensou referidas testemunhas. 3. Recurso em *habeas corpus* improvido" (RHC 36.026/MG, 5.ª T., rel. Reynaldo Soares da Fonseca, 23.02.2016, v.u.).

35. Cônjuge ou companheiro(a): abrigada a união estável entre o homem e a mulher como *entidade familiar* (art. 226, § 3.º, CF), é preciso estender esse direito também ao companheiro ou companheira da pessoa acusada, por uma questão de lógica e justiça. No caso presente, busca-se evitar o constrangimento de uma pessoa, vinculada intimamente ao réu, em especial pelos laços de família, ser obrigada a prestar depoimento contra quem ama e com quem divide a vida. Não se trata de norma penal, prevendo uma figura típica incriminadora, tampouco escusas, imunidades ou proteções à prática de crimes, quando o termo "cônjuge" ganha relevo especial, não se admitindo qualquer emprego de analogia, sob pena de se colocar em risco a segurança gerada pelo princípio da legalidade. Ao contrário, em processo penal, admite-se a aplicação analógica e a aplicação dos princípios gerais de direito, como garante expressamente o art. 3.º do Código de Processo Penal, inexistindo prejuízo. No mesmo caminho: Mirabete (*Código de Processo Penal interpretado*, p. 285). Havendo dúvida quanto à existência da união estável, para justificar a recusa de alguém a depor, faz-se prova, pelos meios admissíveis, antes do início do depoimento. Poderá, pois, a parte interessada levar testemunhas para a prova do alegado, que serão ouvidas no termo, somente para apontar a união existente entre a pessoa arrolada e o réu ou ré.

36. Desquitado: cuida-se, a pessoa *separada judicialmente*.

37. Adoção: vale a interpretação extensiva nessa hipótese, isto é, qualquer modalidade de adoção enseja vínculo suficiente para a recusa a prestar depoimento. Assim, havendo adoção civil ou pelo Estatuto da Criança e do Adolescente, o núcleo familiar formado precisa ser respeitado para efeito de não vincular os seus membros a depor uns contra os outros.

38. Impossibilidade de obtenção ou integração da prova do fato e de suas circunstâncias: a norma processual faz uma expressa ressalva ao direito de recusa das pessoas intimamente vinculadas ao réu, que é a impossibilidade (situação irrealizável, sem outra opção) de se obter (alcançar ou conseguir) ou de se integrar (completar ou inteirar) a prova do fato (entenda-se este como a imputação principal feita ao acusado – tipo básico) e de suas circunstâncias (tipo derivado e outras circunstâncias, como agravantes e atenuantes) de outro modo, senão ouvindo tais indivíduos. Nota-se, pois, como sempre afirma a doutrina, inexistir direito absoluto, sendo indispensável a existência de harmonia entre direitos e

Art. 207

deveres. Assim, é possível que um crime tenha sido cometido no seio familiar, como ocorre com várias modalidades de delitos passionais, tendo sido presenciado pelo filho do réu, que matou sua esposa. A única pessoa a conhecer detalhes do ocorrido é o descendente, razão pela qual o juiz não lhe permitirá a escusa de ser inquirido. Tal pessoa, no entanto, não será ouvida sob o compromisso de dizer a verdade, mas como mero informante (art. 208). Se insistir em calar-se, deve ser processado por desobediência. Não cabe o falso testemunho, pois o filho do réu é informante e não testemunha. Deve o magistrado cercar-se de cautela nessa avaliação, deixando de exigir de parentes do acusado declarações indevidas, simplesmente porque considerou indispensável o que, efetivamente, não é. Assim, caso o marido mate a mulher no meio da rua, existindo várias outras testemunhas, não é cabível que se exija do filho de ambos (acusado e vítima) as declarações. Para tranquilizar a pessoa, emocionalmente vinculada à causa, mas cuja oitiva é necessária, o juiz deve alertá-la de que a sua inquirição é fundamental para o processo, podendo o declarante falar livremente. Nem o obriga a prestar juramento de dizer a verdade, que é ilegal, nem o alerta de que pode mentir, algo antiético. Deixa-o à vontade para contar o que sabe.

> **Art. 207.** São proibidas[39] de depor as pessoas que, em razão de função,[40] ministério,[41] ofício[42] ou profissão,[43] devam guardar segredo, salvo se, desobrigadas pela parte interessada,[44-47-A] quiserem dar o seu testemunho.[48-49]

39. Proibição de depor: não se trata, neste caso, de mera faculdade ou direito, mas de imposição legal a determinadas pessoas, que, em razão da sua qualidade, não podem prestar depoimento, nem declarações. O sigilo lhes é exigência, em nome de interesses maiores, igualmente protegidos pela norma processual penal. Nessa circunstância, ressalte-se, trata-se de outra exceção ao princípio da verdade real, pois não se vai extrair qualquer prova de pessoas de quem se espera segredo e jamais divulgação. A obrigação de guardar sigilo advém de normas específicas, regulamentos, costumes, estatutos etc. Na jurisprudência: STJ: "6. Quanto à alegada afronta ao art. 207 do CPP e ao art. 154 do CP, por entender ser imprestável o depoimento testemunhal de ex-advogado do réu, a Corte local assentou não ter ficado demonstrado que 'os fatos relatados pela testemunha em seu depoimento correspondessem a fatos sabidos em razão, exclusiva, de atuação como advogado do réu ou de seu pai'. Dessa forma, não tendo o recorrente demonstrado que as informações se referiam a segredos sabidos apenas em razão de sua função, não há se falar em proibição de depor nem se tipifica o crime em tela. Desconstituir referidas conclusões demandaria indevido revolvimento de fatos e provas, o que encontra óbice no enunciado n. 7/STJ" (AgRg no REsp 1.675.663/RS, 5.ª T., rel. Reynaldo Soares da Fonseca, 03.12.2019, v.u.).

40. Função: trata-se do conjunto de atividades inerentes a determinado cargo, emprego ou serviço, demandando objetivos determinados, bem como um certo preparo. Ex.: o programador de computação autônomo, que presta serviços a escritórios de advocacia, deve guardar sigilo sobre o encontrado no banco de dados do computador, de quem lhe contrata o serviço, justamente porque o profissional interessado também possui idêntica obrigação. Não pode, pois, prestar depoimento, como testemunha, sobre documentos dos quais tomou conhecimento por ocasião do desempenho do seu contrato de trabalho. Diga-se o mesmo do escrevente que acompanhou uma audiência em segredo de justiça ou que manipula os autos de um processo qualquer.

41. Ministério: é o exercício de uma atividade religiosa, com regularidade, implicando o contato sigiloso com pessoas que, em função da fé, narram seus problemas, crédulas no segredo do ato. Ex.: padres, pastores, bispos, rabinos, entre outros.

42. Ofício: é o desempenho de uma ocupação manual ou mecânica, que exige habilidade, constituindo ou não atividade profissional. Ex.: a secretária, o auxiliar de escritório ou o arquivista do escritório de advocacia, tomando conta com provas sigilosas do causídico, tem o dever de guardar sigilo sobre elas, não lhe sendo possível depor a esse respeito.

43. Profissão: é a atividade especializada, que demanda preparo e habilitação técnica, de onde se extrai a subsistência. Ex.: advogado ou médico, que devem guardar segredo sobre os assuntos ouvidos de seus clientes ou pacientes.

44. Liberação do dever de guardar sigilo: a norma prevê a possibilidade de a parte interessada na mantença do segredo desobrigar o seu detentor para prestar o depoimento, sendo, nessa hipótese, devidamente compromissado. Aliás, a parte final do artigo estipula que a pessoa dará o seu *testemunho*, caso seja possível. Assim, o empregado do escritório de advocacia pode ser liberado pelo profissional e pelo cliente interessado, para que narre algum fato relevante a respeito do que viu e ouviu, na sua função ou ofício. Dá-se o mesmo com o psicólogo, liberado pelo paciente, a contar, em juízo, os detalhes da terapia aplicada ao interessado.

45. Caso peculiar do advogado: estipula o Estatuto da Advocacia ser direito do advogado "recusar-se a depor como testemunha em processo no qual funcionou ou deva funcionar, ou sobre fato relacionado com pessoa de quem seja ou foi advogado, *mesmo quando autorizado ou solicitado pelo constituinte*, bem como sobre fato que constitua sigilo profissional" (art. 7.º, XIX, com grifo nosso). Portanto, o advogado tem o direito de não depor como testemunha, ainda que seu cliente o libere do dever de sigilo e mesmo que seu depoimento produza algum interesse para o constituinte. Trata-se de medida salutar, pois o causídico deve ser o único censor da sua possibilidade de prestar declarações. Afinal, muitas vezes, a liberação do dever de guardar segredo é *pro forma*: isto é, provocada por alguém – inclusive por autoridade policial ou judiciária – interessado em formar prova contra o cliente que, com temor de parecer culpado pela negativa de desobrigação, termina concordando com o depoimento de seu ex--defensor, por exemplo.

46. Impossibilidade de liberação: há casos em que a desobrigação pela *parte interessada* não pode produzir efeito, porque o dever de guardar sigilo interessa à sociedade e não a alguém determinado. É o caso, por exemplo, do juiz que ouve a confissão de um réu no interrogatório que preside. Não pode, ainda que desobrigado pelo acusado, depor em outro processo, afirmando ter sentido ser verdadeira ou falsa a confissão prestada. O interesse é público de que o magistrado preserve o sigilo funcional.

47. Irrelevância da liberação para compor o delito do art. 154 do Código Penal: lembra-nos, com pertinência, Hélio Tornaghi, que "a vontade do interessado é, entretanto, irrelevante se o fato é notório, se se trata de mera futilidade ou se a publicidade é obrigatória por lei. Seria sem importância jurídica a vontade de um generalote que, tendo traído a pátria *coram populo*, pedisse a alguém para guardar segredo. Tampouco teria qualquer valor a vontade de uma senhora de que seu cabeleireiro não revelasse o fato de ela pintar os cabelos. E, finalmente, nada importaria que alguém pretendesse pedir segredo sobre uma citação constante de edital. Com respeito à notoriedade, todavia, é certo que desaparece a ilicitude penal do ato praticado por quem veicula o fato antes oculto, uma vez que já não há mais segredo; *permanece, entretanto, a proibição de depor*". Realmente, para a tipificação do delito, se o fato é notório, não há mais relevância a tanto, embora não possam essas pessoas, do mesmo modo, prestar depoimento, salvo se desobrigadas pelo interessado. Não teria cabimento um padre, que ouviu alguém em confissão, sob a assertiva de ser o fato de conhecimento público, apresentar-se para depor, narrando todos os detalhes do que ocorreu no interior do confessionário.

Art. 207

Código de Processo Penal Comentado • **Nucci**

47-A. Formação da materialidade do crime por meio de depoimentos ou documentos, em tese protegidos pelo sigilo: tivemos oportunidade de sustentar em nosso *Código Penal comentado* (nota 33 ao art. 330), constituir crime de desobediência o médico recusar-se a enviar o prontuário do paciente que atendeu, vítima de lesões corporais ou mesmo de tentativa de homicídio, a pretexto de estar preservando o sigilo médico. Ora, este direito diz respeito à intimidade e, no máximo, pode guardar correlação com fatos da vida particular do cliente, mas não pode servir de obstáculo à investigação de um crime de ação pública. Afinal, as lesões sofridas pela vítima não dizem respeito à intimidade do agente do crime, pois guardam relação com o interesse público. Por isso, para a formação do corpo de delito, deve o médico ou qualquer outra pessoa arrolada no art. 207 do Código de Processo Penal colaborar, sob pena de responder por desobediência. Acrescente-se a precisa lição de Rogério Lauria Tucci: "Do mesmo modo, o *testemunho* de qualquer das pessoas elencadas nos art. 207 e 355 das Codificações nacionais estudadas, ou seja, das *proibidas de depor* sobre fatos de que, 'em razão de função, ministério, ofício ou profissão, *devam guardar segredo*' (grifado), apresenta-se eficaz, a nosso ver, à constatação e documentação do *corpus criminis* – inoperante a cláusula derradeira contida no enunciado dos textos legais em referência, implicativa do condicionamento de suas declarações à autorização do interessado: '(...) salvo se, desobrigadas pela parte interessada, quiserem dar o seu testemunho'. E isto, não só porque, relativamente, até, à autoria da infração penal, tal se torna possível; como, também, e precipuamente, em virtude de não se conceber o sigilo profissional da prática criminosa, na forma adiante esclarecida" (*Do corpo de delito no direito processual penal brasileiro*, p. 238). E finda dizendo: "Parece-nos inadmissível a ocultação, a que título seja, pelas pessoas indicadas nos mencionados arts. 207 e 355, de seu conhecimento sobre a materialidade do fato investigado" (ob. cit., p. 239). Na jurisprudência: STJ: "7. Na hipótese, a princípio, a conduta do médico em informar à autoridade policial acerca da prática de fato, que até o presente momento configura crime capitulado nos delitos contra a vida, não violou o sigilo profissional, pois amparado em causa excepcional de justa causa, motivo pela qual não se vislumbra, de pronto, ilicitude das provas presentes nos autos, como sustenta a defesa" (HC 514.617/SP, 5.ª T., rel. Ribeiro Dantas, 10.09.2019, v.u.).

48. Curador do réu incapaz: já expusemos o nosso entendimento no sentido de que não mais há necessidade de nomeação de curador ao maior de 18 anos e menor de 21 anos (ver as notas 81-A ao art. 15; e 9 ao art. 262). Porém, para certos casos estará presente, como para réus deficientes mentais, durante o devido processo legal para a aplicação eventual de medida de segurança. Assim sendo, ele está proibido de depor em virtude de sua função. Etimologicamente, *curador* significa a pessoa que tem por incumbência a função de zelar pelos interesses de alguém, protegendo-o acima de tudo. Não é possível, portanto, que o incapaz (índio ou deficiente mental), quando tenha ao seu lado, na delegacia ou em juízo, o curador, para lhe ser útil e, se for preciso, para ouvi-lo em segredo sobre qualquer assunto, orientando-o, seja convocado para depor contra os interesses de quem visava proteger.

49. Juízes e promotores: dispõe o art. 252, II, e 258 do CPP, não poder oficiar no processo o juiz ou o promotor que tiver sido ouvido como testemunha, estando impedido. Logo, não são eles proibidos de depor, mas sim de funcionar no feito *após* terem prestado seu depoimento, o que é muito diferente. Se, porventura, o juiz, que preside uma instrução qualquer, tomar conhecimento, pessoalmente, de um fato relativo a esse processo, deve declarar-se impedido de continuar na presidência dos trabalhos, nada impedindo que se torne, a partir daí, testemunha. Por óbvio, no entanto, se o fato não for de origem extra-autos, isto é, se o juiz, que presidiu uma determinada instrução, for chamado a depor em outro processo para narrar sua vivência ou suas impressões, como magistrado, naquele primeiro feito, deve ser considerado impedido de testemunhar. O mesmo se diga do promotor e do juiz que, na função de corregedores, apurarem algum fato importante para o processo administrativo contra um membro da sua instituição ou contra um funcionário: não podem ser arrolados como testemunhas, caso haja um desdobramento criminal. Em síntese: se o juiz ou promotor souber de fatos importantes para o processo no qual funciona, informações essas que provêm de fontes externas ao feito, passa da condição de julgador ou acusador para a de testemunha (ex.: o juiz ouve o réu, que o procura informalmente, longe do fórum, para dizer que realmente cometeu o delito). No mais, tudo aquilo que for colhido nos autos, não autoriza o magistrado ou o promotor a depor em outro processo qualquer. Trata-se de atividade funcional, que os impede de prestar depoimento.

> **Art. 208.** Não se deferirá o compromisso[50-50-C] a que alude o art. 203 aos doentes e deficientes mentais e aos menores de 14 (quatorze) anos, nem às pessoas a que se refere o art. 206.[51]

50. Impedimento legal para o compromisso: o juramento de dizer a verdade, formador do perfil de testemunha, *não será realizado* no tocante aos doentes e deficientes mentais, aos menores de 14 anos e às pessoas referidas no art. 206 (o ascendente ou descendente, o afim em linha reta, o cônjuge, mesmo que separado, o irmão e o pai, a mãe, ou o filho adotivo do acusado). Se for indispensável ouvir qualquer um deles, será inquirido como mero informante.

50-A. Valoração das declarações: quem presta declarações em juízo, sem o compromisso de dizer a verdade, é considerado *informante*. Entretanto, a avaliação da veracidade e da credibilidade do conteúdo das informações prestadas cabe ao julgador, dentro do princípio da persuasão racional (livre convencimento motivado).

50-B. Inviabilidade de uso da analogia com o CPC: ver a nota 18-A ao art. 3.º.

50-C. Depoimento especial para menores de 18 anos: a partir da Lei 13.431/2017, não se pode mais compromissar o maior de 14 e menor de 18 a dizer a verdade. Ele pode apresentar uma narrativa livre, se quiser depor, além de ter o direito ao silêncio (art. 5.º, VI, da referida Lei).

51. Deferimento do compromisso feito pelo juiz: trata-se de mera irregularidade, não sendo motivo capaz de gerar nulidade. Entretanto, como já visto, é preciso que as partes, estando presentes, impugnem eventual compromisso que o magistrado queira impor a tais pessoas. Não o fazendo, não poderão alegar, mais tarde, que o pai do réu, por exemplo, foi obrigado pelo juiz a depor *sob compromisso* de dizer a verdade, prejudicando seu filho.

> **Art. 209.** O juiz, quando julgar necessário,[52-53] poderá ouvir outras testemunhas, além das indicadas pelas partes.[54-56]
>
> § 1.º Se ao juiz parecer conveniente, serão ouvidas as pessoas a que as testemunhas se referirem.[57]
>
> § 2.º Não será computada[58] como testemunha a pessoa que nada souber que interesse à decisão da causa.

52. Produção de prova testemunhal de ofício: trata-se de decorrência do princípio da busca da verdade real, vigente no processo penal, além de ser, ainda, consequência do princípio do impulso oficial. Ademais, vigora o princípio da persuasão racional (livre convencimento

Art. 209

Código de Processo Penal Comentado · Nucci

motivado), devendo o magistrado buscar as provas para formar a sua convicção sobre o caso; em nada prejudica a sua imparcialidade, pois essa busca deve ser fundamentada e, por óbvio, será feita às claras, com o acompanhamento das partes. Fere a imparcialidade o juiz que tudo defere a pedido do Ministério Público, sem nada objetar; dá-se o mesmo no tocante ao magistrado que tudo aceita proveniente da defesa, sem nem motivar. Quando o juiz segue atrás de provas, porque algo, nos autos, o motivou a tanto, nada mais fácil que a sua obrigação. Por outro lado, uma prática relativamente comum, devendo ser evitada, é a burla ao número legal imposto às partes, produzindo-se, por intermédio do juiz, sem qualquer fundamento ou necessidade real, a inquirição de maior número de testemunhas do que o fixado em lei. Assim, por vezes, o representante do Ministério Público arrola suas oito testemunhas na denúncia e, na mesma peça, "indica" ao magistrado as testemunhas que deverão ser ouvidas como "do juízo". Sem qualquer análise mais detida, o juiz defere o rol agigantado e inclui na audiência a inquirição das referidas testemunhas, extrapolando o número legal. Tomando ciência, a defesa, inconformada, arrola, também, mais testemunhas do que o permitido, quando, então, pode acabar sendo surpreendida por decisão do juiz, indeferindo sua oitiva, a pretexto de que a avaliação da necessidade é exclusivamente sua. Em síntese: o magistrado somente pode saber se a inquirição de determinadas pessoas, além daquelas arroladas pelas partes, é importante, depois de produzir a prova testemunhal padrão. Ademais, deferir de imediato a oitiva de testemunhas do juízo, somente porque arroladas pela acusação, termina por fornecer razões para a defesa exigir o mesmo tratamento. Assim, o disposto neste artigo não se deve tornar instrumento de desigualdade no processo, mas sim de autêntica busca da verdade real. Merece o magistrado avaliar a prova que detém, *após* a sua produção, como regra, para decidir quantas pessoas mais vai ouvir e quais são as verdadeiramente relevantes, indicadas pelas partes. Reservar-se para decidir acerca das testemunhas do juízo, após o início da instrução, é a solução mais adequada e prudente. Nesse caso, se a audiência de instrução e julgamento for uma (ex.: art. 400, CPP), deve-se designar outra data, em continuação, para ouvir mais testemunhas, tudo em nome da boa formação do convencimento do magistrado e da busca da verdade real. Na jurisprudência: STF: "Decidiu o STF que, 'encerrada a instrução criminal, decorrido o prazo de diligências e já oferecidas pelas partes alegações finais, é lícito ao juiz ouvir em diligências testemunhas, usando a faculdade do art. 209 do CPP. Tal audiência se destina a proporcionar ao magistrado esclarecimento especialíssimo, não ocorrendo nulidade por falta de contradita, de contestação e de reinquirição delas pelas partes interessadas' (*RTJ* 53/578). (...) As razões do recurso apresentado pelo agravante não se voltam contra os fundamentos da decisão agravada, estando limitadas à assertiva de que teria havido violação ao princípio da ampla defesa e do contraditório ante o fato de o Juiz Criminal, em face da faculdade prevista no artigo 209 do Código de Processo Penal, ter colhido depoimento de testemunhas, fazendo-o na busca da verdade real e como testemunhas do Juízo. Na espécie, tem-se recurso deficiente de fundamentação" (ARE 666.424 AgR, 1.ª T., rel. Luiz Fux, *DJ* 12.03.2013). STJ: "3. Por fim, 'Consoante disposto no artigo 209 do CPP, ocorrendo a preclusão no tocante ao arrolamento de testemunhas, é permitido ao Magistrado, uma vez entendendo ser imprescindível à busca da verdade real, proceder à oitiva como testemunhas do Juízo, contudo, tal providência não constitui direito subjetivo da parte' (AgRg no AREsp n. 1.937.337/DF, relator Ministro Reynaldo Soares da Fonseca, Quinta Turma, julgado em 23/11/2021, *DJe* de 29/11/2021)" (AgRg no HC 790.402/PR, 5.ª T., rel. Min. Reynaldo Soares da Fonseca, 20.03.2023, v.u.).

52-A. Produção de prova testemunhal no gabinete do Ministério Público: inadmissibilidade, sob pena de grave ofensa aos princípios do contraditório e da ampla defesa. É certo que o órgão acusatório pode – e deve – buscar demonstrar a veracidade da imputação feita na denúncia, motivo pelo qual é sua atribuição arrolar testemunhas, bem como procurar outras provas, para tanto. Ocorre que, iniciado o processo-crime, cabe ao juiz a colheita da prova, uma vez que se está formatando o *devido processo legal*. Do mesmo modo que o advogado não pode tomar o depoimento de uma testemunha em seu escritório, juntando-o, depois, aos autos, como se prova testemunhal fosse, não há cabimento algum em admitir-se idêntico procedimento por parte do Ministério Público. Aliás, até mesmo o magistrado, quando entender cabível colher algum depoimento de ofício, como autoriza o *caput* deste artigo, deve fazê-lo em audiência previamente designada, com a ciência e participação da acusação e da defesa. Se, porventura, quiser o representante do Ministério Público demonstrar ao juiz a relevância da inquirição de uma pessoa que anteriormente não foi arrolada, pode ouvi-la em seu gabinete, juntando o termo de declarações nos autos, apenas para requerer ao juiz que ela seja ouvida em audiência.

53. Conveniência da oitiva: envolve somente as testemunhas fora do número legal permitido à parte, de modo que o magistrado não pode indeferir a inquirição de quem quer que seja, tempestivamente arrolado pela acusação ou pela defesa, a pretexto de ser depoimento irrelevante. Somente poderá fazê-lo, em se tratando de pessoa impedida de depor (art. 207, CPP). Caso a intenção da parte seja unicamente procrastinar o término da instrução, arrolando pessoa que nada sabe sobre os fatos, o juiz tem instrumentos suficientes para contornar o problema. Lembre-se que inquirições por precatória devem ser deferidas com prazo certo. Ultrapassado este, pode o juiz julgar o feito, independentemente do retorno da deprecata. Quando se tratar de pessoa a ser intimada dentro da própria Comarca, cumpre ao magistrado providenciar celeridade para sua inquirição. Indeferir, no entanto, está fora de seu poder instrutório. Em igual posição, sugerindo o recurso da correição parcial, para corrigir tal procedimento indevido do juiz, está Mirabete: *Código de Processo Penal interpretado*, p. 289. Na jurisprudência: STJ: "A possibilidade conferida ao juiz de determinar a oitiva de ofício de testemunhas é discricionária, não constituindo um direito garantido as partes que deixaram de qualificá-las corretamente no momento oportuno" (REsp 1.610.139/SC, 6.ª T., rel. Maria Thereza de Assis Moura, 09.08.2016, v.u.).

54. Momento para ouvir as testemunhas do juízo: cremos deva ser realizada a inquirição, como regra, após o término da produção da prova requerida pelas partes. Antes do julgamento, pois, é o instante adequado para avaliar a conveniência de ouvir outras pessoas, além daquelas arroladas pela acusação e pela defesa. Entretanto, não pensamos seja essa uma regra absoluta. Pode o juiz, vislumbrando a necessidade de ouvir determinada pessoa, que fornecerá subsídios para a demonstração da autoria, por exemplo, fazê-lo diretamente na audiência de instrução, após as testemunhas de acusação e de defesa. Outra possibilidade é ouvir as testemunhas do juízo ao término da instrução, convertendo-se o julgamento em diligência, designando-se audiência específica para tanto. Tanto é verdade não haver norma absoluta nesse cenário, que o julgamento em plenário do júri, cuja instrução se dá regida pelo princípio da concentração, não comporta a avaliação da necessidade de ouvir uma testemunha do juízo somente ao término da instrução. Se o Conselho de Sentença sentir a necessidade de ouvir alguém, que já poderia ter sido inquirido por ordem do juiz, como testemunha do juízo, inviabilizado estará o julgamento. Caso tal situação ocorra, será preciso dissolver o Conselho, marcar nova data e determinar o juiz a intimação da pessoa a ser ouvida, como se do juízo fosse, renovando-se a longa instrução em plenário. Mais uma vez, deve prevalecer o bom senso do magistrado que, vislumbrando a importância da prova, determina a sua oitiva, a ser feita no plenário, diante dos jurados, mesmo antes de findar a instrução. Sustentando seja feita a inquirição apenas ao término da instrução e antes do julgamento, está o posicionamento de Tourinho Filho: *Comentários ao Código de Processo Penal*, v. 1, p. 415-416.

Art. 209 Código de Processo Penal Comentado • Nucci 480

55. Perda do prazo oportuno para a parte arrolar a testemunha: pode ser suprido pelo juiz, sem dúvida. Embora a parte não tenha mais o *direito* de exigir a oitiva de determinada pessoa, não arrolada no momento propício, é importante não olvidar que, no processo penal, vigora a busca da verdade real, passível de realização com eficácia, caso o magistrado participe ativamente da colheita das provas realmente interessantes ao deslinde da causa. Assim, se a testemunha não foi arrolada pela acusação (na denúncia) ou pela defesa (na defesa prévia), pode haver a sugestão ao juiz para ouvi-la, ficando ao seu prudente critério deferir ou não.

56. Reinquirição de testemunha já ouvida: é possível, conforme o critério judicial. Se ao magistrado cabe o poder de determinar a inquirição de pessoa não arrolada pelas partes, é natural poder ouvir, novamente, qualquer testemunha já inquirida, para formar o seu convencimento. Entretanto, resguardados devem ser os princípios do contraditório e da ampla defesa, razão pela qual é preciso designar audiência específica para tal propósito, intimando-se as partes e permitindo-se reperguntas dos interessados. Não se trata de ato privativo do juiz, pois não se está em procedimento inquisitório.

57. Inquirição das testemunhas referidas: trata-se de outra hipótese de oitiva de testemunhas do juízo, pois o critério de deferimento é, exclusivamente, do magistrado. Entretanto, quando alguma testemunha arrolada pela parte fizer expressa referência a pessoa não constante no rol das partes, tampouco nos autos do inquérito, é preciso que o magistrado tenha sensibilidade suficiente para avaliar a conveniência e a necessidade de ouvi-la. A inquirição descontrolada de várias pessoas, somente porque foram citadas por outras, produz *excesso de prova*, conturbando a instrução e provocando o inconveniente de obrigar o julgador ou o tribunal a ler volumes inteiramente inúteis para o desfecho da causa. Tal situação não contribui para a descoberta da verdade real, podendo, isto sim, ocultá-la diante da complexidade inútil atingida pela instrução. Por outro lado, o mero indeferimento, a pretexto de estar o magistrado satisfeito com a prova produzida até então, poderá privar futura avaliação de importante prova por tribunal superior ou por outro juiz, caso o feito seja anulado e submetido a novo julgamento, sob a competência de julgador diverso. Insista-se, pois, que a prudência do juiz na colheita da prova é fundamental para o *devido processo legal*. Na jurisprudência: STF: "3. De acordo com o entendimento desta SUPREMA CORTE, 'Nos termos do art. 209 do Código de Processo Penal, não configura nulidade a oitiva de testemunha indicada extemporaneamente pela acusação, como testemunha do Juízo', assim como 'Não prevê a legislação processual momento próprio para inquirição das testemunhas indicada pelo Juízo na forma dos arts. 156 e 209 do CPP' (HC 95319, Relator(a): Min. Dias Toffoli, Primeira Turma, *DJ* de 21.02.2011)" (HC 243717 AgR, 1.ª T., rel. Alexandre de Moraes, 26.08.2024, v.u.); "19. A possibilidade de o magistrado realizar atividade probatória é excepcional, complementar e específica, vinculada ao aprofundamento vertical de tema determinado, desde que a linha argumentativa tenha sido apresentada por uma das partes, para o fim de 'dirimir dúvida sobre ponto relevante'. Ao magistrado é vedada a ampliação horizontal do conjunto de provas, isto é, exercer atividade probatória ampliativa ou inovadora, para além dos limites cognitivos estabelecidos pelas partes. Do contrário, adota postura incompatível com a Constituição Federal. É que, por definição, no processo penal de estrutura acusatória, além da distinção entre acusação e defesa, a gestão da prova é atividade atribuída às partes. 20. Em termos práticos, nada impede que, no curso da instrução criminal, o magistrado admita, de modo excepcional, a possibilidade de oitiva de uma testemunha de acusação, ou de um informante, que justificadamente não foi arrolado na denúncia, especialmente em se tratando de testemunhas referidas, na forma do art. 209, § 1.º, do CPP" (RE 1310109-PR, 2.ª T., rel. Edson Fachin, 12.03.2024, v.u.). STJ: "5. A oitiva de testemunhas referidas é disciplinada pelo art.

209, § 1.º, do CPP, segundo o qual o julgador poderá ouvir testemunhas *ex officio*, além das indicadas pelas partes, se lhe parecer conveniente. Assim, ouvir testemunha não é um direito das partes na hipótese de omissão em propor a prova nos momentos previstos no processo penal, que bem define situações de admissão, produção e avaliação da prova. Nesse caso, se a defesa deixa de exercer seu direito de indicar a prova que deseja produzir no prazo que o Código estabelece, ela não mais tem direito a ouvir as testemunhas e passa a ter interesse em ouvir essas pessoas; mas essa avaliação é do juiz, baseada em sua conveniência, nos termos do art. 209, § 1.º, do Código de Processo Penal" (AgRg no AREsp 1.477.936/DF, 6.ª T., rel. Rogerio Schietti Cruz, 18.04.2023, v.u.).

58. Cômputo de testemunha: refere-se, naturalmente, ao rol oferecido pelas partes, que possuem um número preestabelecido pela lei. Não se pode considerar que o § 2.º diga respeito ao juiz e às testemunhas do juízo, pois estas não podem ser limitadas, como menciona o *caput* ("poderá ouvir *outras* testemunhas") do art. 209 em comento, sem especificar número. Como regra, pois, as partes somente podem substituir suas testemunhas, caso elas não sejam encontradas, mas é preciso destacar que, havendo a inquirição de pessoas que nada sabem sobre os fatos, frustrando a parte que a arrolou, deve o magistrado permitir a substituição. Mais uma vez a cautela se impõe, para não haver burla ao espírito da lei. Se o órgão acusatório arrola para depor uma pessoa já ouvida no inquérito, nada dizendo de relevante, não pode pretender substituí-la, após sua inquirição em juízo, valendo-se do disposto no § 2.º deste artigo. Sabendo do conteúdo do depoimento, previamente arrolou-a porque quis e não houve surpresa alguma. Entretanto, pode a acusação fiar-se no depoimento de pessoa inserida no Boletim de Ocorrência que, no entanto, não foi ouvida ao longo do inquérito. Nessa hipótese, desconhecendo totalmente o conteúdo da narrativa da testemunha, verificando-se que absolutamente nada sabe sobre os fatos interessantes à decisão da causa, pode o acusador pedir a substituição ao juiz, visto ser a letra da lei clara: *não será computada como testemunha* a pessoa que nada souber, permitindo-se, assim, o complemento do rol, dentro do número máximo permitido. Quanto à defesa, diga-se o mesmo. Arrolando pessoa desconhecida, inserida num documento qualquer, por exemplo, mas que decepciona ao ser ouvida, pode a parte pedir a substituição. Situação diversa ocorrerá, caso arrole pessoa indicada pelo próprio réu, que nada saiba. Agiu desse modo por sua própria conta e risco, não lhe sendo permitido exigir a substituição.

> **Art. 210.** As testemunhas serão inquiridas cada uma de per si, de modo que umas não sabam nem ouçam os depoimentos das outras,[59] devendo o juiz adverti-las das penas cominadas ao falso testemunho.[60]
>
> **Parágrafo único.** Antes do início da audiência e durante a sua realização, serão reservados espaços separados para a garantia da incomunicabilidade das testemunhas.[60-A]

59. Depoimentos prestados em separado: é a correta regra processual adotada. A imparcialidade do depoimento da testemunha vincula-se, especialmente, ao fato de uma não saber o que outra está dizendo ou já declarou. O interesse maior na formação de depoimentos desapaixonados e justos é do próprio magistrado, que há de buscar a verdade real (Xavier de Aquino, *A prova testemunhal no processo penal brasileiro*, p. 61). Por isso, os prédios dos fóruns buscam manter salas específicas para as testemunhas ficarem, antes dos seus depoimentos — e, excepcionalmente, depois, quando houver necessidade de uma acareação, por exemplo. Dentro desse espírito, complementa Bento de Faria, com o que

Art. 210

Código de Processo Penal Comentado · **Nucci**

482

concordamos, que "para maior segurança, as testemunhas deveriam ser ouvidas imediatamente e no mesmo dia, o que, realmente, possa, talvez, ser difícil. Daí a impossibilidade de evitar que, *fora do Juízo*, umas comuniquem as outras o teor dos seus depoimentos. Mas, se tal se provar, não caberá, a meu ver, ser aceita a deposição de quem assim procurou pautá-la pelas declarações de outrem" (*Código de Processo Penal*, v. 1, p. 313). Porém, se a regra da incomunicabilidade for, de algum modo, maculada, é preciso anotar, de imediato, pela parte interessada, nos autos, o protesto, arguindo, depois, a nulidade, que é de caráter relativo. Não se anula a instrução somente porque uma testemunha conversou com outra, sem ter havido qualquer dano à imparcialidade do depoimento. Na jurisprudência: STJ: "2. Conforme a jurisprudência desta Corte Superior, o reconhecimento de nulidade pela não observância da incomunicabilidade das testemunhas, nos termos do art. 210 do CPP, requer a indicação de efetivo prejuízo à defesa, com a demonstração de que essa circunstância tenha influenciado na cognição do julgador. No caso concreto, não havendo a demonstração de que o contato das vítimas tenha comprometido a cognição do julgador, causando prejuízo à defesa, não se evidencia a ocorrência de nulidade" (AgRg no AREsp 2.603.174/SP, 5.ª T., rel. Reynaldo Soares da Fonseca, 06.08.2024, v.u.).

60. Advertência feita pelo juiz: vislumbra-se, mais uma vez, como já se disse na nota 13 ao art. 203, ser indispensável, para a exigência do dever de dizer a verdade, característica própria da *testemunha* e não do mero informante ou declarante, que o magistrado colha o juramento ou compromisso, alertando a pessoa de que pode ser processada por falso testemunho, caso minta ou se omita na declaração da verdade. Essa advertência deve ser feita antes de se iniciar o depoimento, nada impedindo, no entanto, que durante o seu desenrolar o magistrado novamente lembre a testemunha de que está sob o *dever* de dizer exatamente a verdade do conhecido, podendo ser processada se agir em sentido contrário. A falta da advertência, segundo nos parece, constitui mera irregularidade, não servindo para anular o ato processual. Ademais, as partes presentes devem lembrar o juiz de que o compromisso não foi colhido no momento do depoimento; não o fazendo, validam o ato tal como ocorrer. Se fizerem o requerimento e o juiz indeferir o pleito, alegando não ser o caso de colher o compromisso, pode a parte registrar seu protesto para, futuramente, ser analisado, no contexto de avaliação do depoimento. Causando prejuízo a falta da advertência, porque liberou a testemunha do seu dever de dizer a verdade, provocando falhas na construção da verdade real, é cabível a anulação do feito a partir desse ato, renovando-se a instrução. A hipótese, no entanto, é excepcional. Na jurisprudência: STF: "A intervenção reiterada da Juíza Presidente durante a colheita da prova oral – tendente a advertir testemunha sobre discrepância de seu depoimento com versão anterior e sobre a possibilidade de sua incidência em crime de perjúrio, o que acabou por levá-la a se retratar –, bem como a realização de comentário dirigido aos jurados de que a ausência de testemunhas à sessão de julgamento decorreria de orientação da defesa, importaram em efetivo prejuízo ao réu, com nulidade do veredicto condenatório. Determinação de submissão do paciente a novo julgamento. Ordem concedida" (HC 102.412, 1.ª T., rel. Luiz Fux, 30.08.2011, v.u.).

60-A. Salas separadas para as testemunhas: a inovação trazida pela Lei 11.690/2008 não é inédita. Na maior parte das Comarcas, os fóruns dispõem de salas separadas para as testemunhas de acusação e para as testemunhas de defesa. Por isso, as testemunhas, ao se apresentarem ao oficial de justiça ou ao porteiro da sala de audiências, assim que chegam, são encaminhadas a esses espaços próprios e não participam da colheita dos depoimentos. Logo, há a incomunicabilidade desejada. Se, porventura, em alguma Comarca ainda não houver tais salas, devem ser providenciadas, sob pena de nulidade da instrução.

Art. 211. Se o juiz, ao pronunciar sentença final,[61] reconhecer[62] que alguma testemunha fez afirmação falsa, calou ou negou a verdade, remeterá cópia do depoimento à autoridade policial para a instauração de inquérito.[63-65]

Parágrafo único. Tendo o depoimento sido prestado em plenário de julgamento,[66] o juiz, no caso de proferir decisão na audiência (art. 538, § 2.º) [atualmente, 403, caput, e 534, caput], o tribunal (art. 561),[67] ou o conselho de sentença, após a votação dos quesitos, poderão fazer apresentar imediatamente a testemunha à autoridade policial.[68]

61. Sentença final: é a decisão definitiva e terminativa de mérito, proferida em 1.º grau, decidindo acerca do direito de punir do Estado. Logo, cabe ao magistrado, ao condenar ou absolver o réu, mencionar expressamente se entendeu que alguma testemunha mentiu, calou ou negou a verdade, providenciando peças e remetendo-as à autoridade policial, requisitando a instauração de inquérito para apurar o delito de falso testemunho. Termina nesse ato a possibilidade de haver a retratação por parte da testemunha criminosa (art. 342, § 2.º, CP). Maiores detalhes, ver nosso *Código Penal comentado*, nota 75 ao art. 342.

62. Reconhecimento pelo juiz do processo em que o falso foi proferido: não implica condenação, nem é julgamento de mérito desse delito. O magistrado, que cuidou do processo em que o falso foi cometido, apenas reconhece a sua existência, salientando o prejuízo causado para a administração da justiça, situação indispensável para a configuração do tipo penal do art. 342 do Código Penal. Assim, após tal declaração, cabe ao juiz competente, sob o crivo do contraditório e da ampla defesa, avaliar se o delito se aperfeiçoou – tipicidade, antijuridicidade e culpabilidade – condenando o réu (testemunha mentirosa).

63. Dispensabilidade do inquérito: é admissível. Caso o representante do Ministério Público obtenha todas as provas cabíveis para apresentar denúncia contra a testemunha mentirosa, dispensa-se a instauração do inquérito. Assim, pode o juiz, verificando a gravidade do fato e a farta prova já existente no processo, extrair cópias deste, enviando-as ao Promotor de Justiça, que poderá ingressar com a ação penal diretamente. Instaura-se o inquérito somente quando há necessidade de melhor averiguar a razão das contradições apresentadas pela testemunha no seu depoimento. Havendo dúvida quanto à configuração do tipo penal do art. 342, o melhor caminho é a investigação policial.

64. Condição para haver julgamento da ação penal: é preciso estar concluído o feito principal, em que o falso foi proferido, considerado este relevante para o deslinde da ação penal. Assim, pode haver o início do processo para apurar o crime de falso contra a testemunha, evitando-se a prescrição, mas deve-se aguardar o término do outro, para neste haver o julgamento.

65. Falso testemunho prestado em precatória: a competência para apurá-lo é do juízo deprecado, local onde o delito foi cometido. O reconhecimento do falso, no entanto, depende de pronunciamento do juízo deprecante.

66. Plenário de julgamento: é expressão que deve ser entendida como o local onde se reúnem o juiz e as partes, ou os juízes e as partes, para realizar um julgamento. Nota-se, nitidamente, tal sentido quando se confronta a expressão com os eventos citados em seguida: "decisão na audiência", "tribunal" ou "conselho de sentença". Assim, mencionando os atuais arts. 403, *caput*, e 534, *caput*, estão as normas fazendo referência ao momento em que o juiz, reunido com as partes, em audiência relativa a procedimento comum, após ter ouvido as testemunhas de defesa, colhe as alegações finais das partes e profere a decisão no ato. É, pois,

Art. 211

Código de Processo Penal Comentado · **Nucci**   484

para esse fim, o plenário do julgamento. Pode ocorrer, ainda, idêntica situação de imediatismo – oitiva da testemunha e término da instrução, com julgamento do feito – no Tribunal do Júri. Nesse caso, finda a inquirição das testemunhas, realizados os debates orais, reúne-se e julga o Conselho de Sentença. Tudo acontece no plenário de julgamento. Por fim, referindo-se ao revogado art. 561, tinha a norma por finalidade voltar-se ao antigo procedimento dos crimes de competência originária. Atualmente, em face do disposto nas Leis 8.038/1990 e 8.658/1993, esta última que expressamente revogou o Título III, do Livro II, do Código de Processo Penal (art. 3.º), não mais se encontra a instrução concentrada, que antes havia no julgamento de crimes afetos à competência originária dos tribunais. Preceituava o art. 561 que, finda a instrução em plenário, ouvidas as testemunhas e feitas as alegações finais orais das partes, o tribunal, em sessão secreta, passaria a deliberar. Era o plenário de julgamento. Atualmente, o tribunal colhe antes os depoimentos necessários e somente se reúne para deliberar em fase posterior, após a colheita, por escrito, das alegações finais (art. 11 da Lei 8.038/1990). Enfim, entende-se por plenário de julgamento não somente o plenário do júri, mas também o lugar que possa abrigar a colheita dos testemunhos, a alegação das partes e o julgamento do juiz (ou juízes) na sequência.

67. Julgamento em crimes de competência originária: não mais vige o art. 561 do Código de Processo Penal, substituído que foi pela aplicação da Lei 8.038/1990, determinado pela Lei 8.658/1993. Logo, inexiste, para os fins deste parágrafo único, plenário de julgamento.

68. Apresentação da testemunha à autoridade policial: como já tivemos oportunidade de sustentar, tanto em nosso *Tribunal do Júri*, item 3.5.3.1.1, quanto em nosso *Código Penal comentado*, nota 65 ao art. 342, no crime de falso testemunho existe uma condição especialíssima para compor a sua tipicidade, que é o efetivo prejuízo à administração da justiça, situação somente passível de verificação quando o processo em que o falso foi proferido finda em caráter definitivo. Vimos sustentando que a pessoa acusada de ter prestado falso testemunho não deve ser presa em flagrante, pela simples razão de que o crime comporta duas situações peculiares: a) pode haver retratação da testemunha até que o magistrado profira, no processo onde o falso teria sido praticado, sentença de mérito (o que afasta o flagrante durante a instrução, por exemplo); b) pode o tribunal, a quem foi dirigido um recurso contra a decisão prolatada pelo juiz, que reconheceu a existência de falso testemunho, mandando processar a testemunha, entender ser o depoimento verdadeiro e fundar-se nele para alterar a decisão do magistrado de 1.º grau. Nesse caso, não teria havido crime algum, mas apenas uma má interpretação do julgador que primeiro avaliou o processo. Trata-se, em verdade, de um autêntico crime condicionado. Somente se pode constatar ter havido dano à administração da justiça quando advém a sentença final. Entretanto, destaque-se, a retratação está limitada à sentença de 1.º grau, pois, caso o tribunal a confirme, o prejuízo à administração da justiça deu-se naquela ocasião e não no julgamento em 2.º grau. Quando o tribunal modifica a decisão e desintegra a natureza mentirosa do depoimento, nem se deve falar em retratação, pois o crime inexistiu. Diante disso, cremos que o Conselho de Sentença, reconhecendo ter havido falso, através da votação de quesito específico para esse fim permite que o juiz encaminhe a testemunha à polícia, para que o inquérito seja instaurado, quando, então, os dados qualificadores da pessoa serão colhidos e ela, dispensada. A lavratura de prisão em flagrante é violência que não se justifica pelas várias razões já expostas. No sentido da impossibilidade de lavratura da prisão em flagrante da testemunha, após o depoimento prestado em plenário, estão os magistérios de Adriano Marrey e Alberto Silva Franco, embora por fundamento diferente. Sustentam que há um interregno razoável entre o momento do depoimento e a ordem de prisão, que é suficiente para interromper a continuidade exigível para o flagrante (*Teoria e prática do júri*, 7. ed., p. 653). Contra, admitindo a prisão em flagrante da testemunha, nessas hipóteses: Mirabete, *Código de Processo Penal interpretado*, p. 293.

> **Art. 212.** As perguntas serão formuladas pelas partes diretamente à testemunha,[69-69-c] não admitindo o juiz aquelas que puderem induzir a resposta, não tiverem relação com a causa ou importarem na repetição de outra já respondida.[70-71]
>
> **Parágrafo único.** Sobre os pontos não esclarecidos, o juiz poderá complementar a inquirição.[72]

69. Reperguntas diretas às testemunhas: a Lei 11.690/2008 eliminou o sistema presidencialista de inquirição das testemunhas, vale dizer, todas as perguntas, formuladas pelas partes, deviam passar pelo juiz, que as dirigia a quem estivesse sendo ouvido. Em outros termos, antes da reforma processual, quando a parte desejasse fazer uma repergunta, dirigiria sua indagação ao magistrado que a transmitiria à testemunha, com suas próprias palavras. De fato, era um sistema vetusto e lento. Afinal, a testemunha havia entendido perfeitamente o que fora perguntado pela acusação ou pela defesa, bastando-lhe responder. Mesmo assim, era orientada a esperar que o magistrado repetisse a tal pergunta para que, então, pudesse dar sua resposta. Tratava-se de uma precaução para que as partes não induzissem as testemunhas ou não fizessem indagações despropositadas ou ofensivas. De todo modo, o sistema era anacrônico. Imaginemos a modernidade do processo informatizado, com os depoimentos colhidos em fita magnética e, atualmente, filmado. Para que ouvir duas vezes a mesma indagação? Desnecessário. Basta que a parte faça a repergunta diretamente à testemunha. Se houver alguma pergunta indevida, deve o juiz indeferi-la. Para isso está o magistrado presente, controlando os atos ocorridos em audiência, sob sua presidência. Tal inovação, entretanto, em nossa visão, não altera o sistema inicial de inquirição, vale dizer, quem começa a ouvir a testemunha é o juiz, como de praxe e agindo como presidente dos trabalhos e da colheita da prova. Nada se alterou nesse sentido. A nova redação dada ao art. 212 manteve o básico. Se, antes, dizia-se que "as perguntas das partes serão requeridas ao juiz, que as formulará à testemunha", agora se diz que "as perguntas serão formuladas pelas partes diretamente à testemunha (...)". Nota-se, pois, que absolutamente nenhuma modificação foi introduzida no tradicional método de inquirição, iniciado sempre pelo magistrado. Porém, quanto às perguntas das partes (denominadas *reperguntas* na prática forense), em lugar de passarem pela intermediação do juiz, serão dirigidas diretamente as testemunhas. Depois que o magistrado esgotar suas indagações, passa a palavra à parte que arrolou a pessoa depoente. Se se trata de testemunha da acusação, começa a elaborar as reperguntas o promotor, diretamente à testemunha. Tratando-se de testemunha da defesa, começa a reinquirição o defensor, diretamente à testemunha. Após, inverte-se. Finalizadas as perguntas do promotor à testemunha de acusação, passa-se a palavra ao defensor (se não houver assistente de acusação, que tem precedência). Faz-se o mesmo quando o defensor finaliza com a sua inquirição; passa-se a palavra ao promotor e, depois, ao assistente, se houver. Na jurisprudência: STF: "O art. 212 do Código de Processo Penal, com a redação dada pela Lei 11.590/2008, inaugurou nova sistemática para o exame das testemunhas, sendo a inquirição inaugurada pelas partes e complementada pelo juiz, franqueando-se ainda às partes a realização de perguntas diretamente. Do fato de o juiz ter perguntado primeiro e não ao final não decorre prejuízo às partes, ao contrário, da irregularidade, provém vantagem processual para a parte que pergunta por último, o que, em tese, lhe é mais favorável. Do fato de o juiz ter intermediado as perguntas das partes, decorre mero prejuízo à dinâmica da audiência. O prejuízo à celeridade não é suficiente para justificar a pronúncia de nulidade. O princípio maior que rege a matéria é de que não se decreta nulidade sem prejuízo, conforme o art. 563 do Código de Processo Penal. Não se prestigia a forma pela forma, com o que se, da irregularidade formal, não deflui prejuízo, o ato deve ser preservado" (HC 112.446/SP, 1.ª

Art. 212

Código de Processo Penal Comentado · **Nucci**   486

T., rel. Rosa Weber, 08.05.2012, v.u.). STJ: "Não há nulidade por ofensa ao art. 212 quando, a despeito de o Juiz haver formulado perguntas diretamente às testemunhas, a defesa, presente à audiência, deixa de manifestar qualquer inconformismo quanto ao sistema de inquirição adotado pelo Juiz. Ademais, por se tratar de nulidade relativa, para seu reconhecimento, há necessidade de demonstração de prejuízo, o que, *in casu*, não ocorreu" (HC 159.885/SP, 6.ª T., rel. Rogério Schietti Cruz, 21.06.2016, v.u.). De qualquer forma, mesmo para quem entenda ter havido modificação na ordem de inquirição, cuida-se de mera nulidade relativa, dependente da prova do prejuízo ocorrido à parte interessada. Conferir a nota a seguir.

69-A. Ordem de inquirição e nulidade relativa: na prática, observou-se a imensa polêmica surgida pela nova redação do art. 212. Vários operadores do direito, em inúmeros pontos do Brasil, ingressaram em litígio quanto à ordem de inquirição das testemunhas. Houve dois entendimentos antagônicos: a) a continuidade do anterior, como exposto na nota 69 *supra*, começando pelo juiz e findando com as reperguntas diretas das partes; b) a modificação total, iniciando a colheita pelas partes, diretamente às testemunhas, sem que o magistrado pudesse interferir; este, entretanto, somente poderia fazer perguntas ao final. É admissível, sem dúvida, o debate doutrinário a respeito de ambas as possibilidades, ainda que, para nós, a segunda posição constitua uma busca frustrada de atingir o sistema norte-americano de colheita de prova oral, com um juiz passivo, diante de partes atuantes por excelência. Desde logo, pode-se observar a inexistência de um magistrado inativo da produção de provas no sistema legal brasileiro. Em todos os pontos possíveis, inseriu-se norma autorizadora da atividade persecutória *de ofício* do juiz. Aliás, pode-se começar apontando o disposto no art. 209 deste Código: o magistrado está autorizado a ouvir quem bem quiser, independentemente de requerimento de qualquer parte interessada. Mas, no momento da inquirição, tornar-se-ia passivo e somente poderia fazer suas indagações ao final do depoimento, se adotado o segundo sistema. Ora, quando o juiz determinar o comparecimento de alguém, como testemunha *do juízo*, quem começará a arguição? Qual parte terá direito de iniciar? Possivelmente, nenhuma delas pode entender as razões que levaram o julgador a intimar a testemunha, o que demonstra ser ele (magistrado) o alvo máximo da prova, sempre. Pouco importa, entretanto, adotada a segunda posição, quem faria as perguntas em primeiro lugar. As considerações mais importantes são as seguintes, buscando solucionar o impasse das duas vertentes: a) *qualquer* dos sistemas escolhidos não autoriza, em hipótese alguma, considerar o outro como falha irreparável ao processo, logo, nulidade absoluta. Adotar essa visão significa um retrocesso inimaginável na estrutura do moderno processo penal brasileiro, que busca celeridade, economia processual e respeito aos direitos individuais. Pregar a nulidade de toda a instrução porque o juiz inquiriu em primeiro lugar e as partes, depois; ou porque as partes o fizeram em primeiro plano e o magistrado, na sequência, quer demonstrar ser o processo um fim em si mesmo. Não se trataria de um meio para se conseguir a aplicação da lei penal com justiça, respeitado o devido processo legal. Tratar-se-ia de privilegiar o rito, conferindo-lhe *vida própria*, a despeito de absolutamente *nenhum* prejuízo resultar às partes. Um depoimento colhido por todos os atuantes na audiência, constituído por conteúdo irreparável, detalhado e rico em elementos para apuração da verdade, jamais merecerá ser anulado e refeito porque houve pretensa "inversão" na ordem de inquirição, em particular quando essa disputa advém de texto de lei mal redigido, com dupla interpretação doutrinária e sem envolver dano algum à acusação ou à defesa; b) *se for adotado o segundo procedimento*, deve o magistrado ficar atento, acompanhar as perguntas e não permitir exageros e abusos. A sua atuação não depende de invocação da parte contrária, pois ele age em nome da busca da verdade real, zelando pela fiel colheita da prova. Ao final, deve exercer toda a amplitude das indagações que desejar. E mais, seguindo-se esse modelo, terminando o juiz, nenhuma outra parte poderá intervir e fazer qualquer outra repergunta. Entretanto, adotado o bom senso, seja qual for o modelo de inquirição acolhido, com juiz e partes racionais e inteligentes, a prova será sempre colhida satisfatoriamente, com ética e prudência. O ponto fulcral da colheita da prova testemunhal (incluindo-se, nesse contexto, as vítimas e os informantes ou declarantes) é a imparcialidade do magistrado. É disso que se trata, no fundo, o sistema acusatório e todas as garantias constitucionais em processo penal. Afinal, quebrando-se a imparcialidade, pouco importa se é o juiz que pergunta no início ou se é quem pergunta no final. Imagine-se o magistrado que permite às partes inquirir a testemunha, em primeiro lugar, mas, depois, faça inúmeras reperguntas, de forma intensa e abusiva, atuando como autêntico inquisidor. Adiantaria respeitar a tal ordem (primeiro, as partes; ao final, o juiz)? Parece-nos que seria inútil. O cerne da qualidade da inquirição concentra-se no modo de atuar do juiz presidente da audiência, seja para deferir ou indeferir perguntas abusivas das partes, seja para ele mesmo perguntar algo à pessoa ouvida. No mesmo ano (2008) em que o Parlamento modificou a redação do art. 212 do CPP não fez o mesmo ao alterar o procedimento de inquirição do júri. Verifique-se o disposto pelo art. 473, *caput*, do CPP: "Prestado o compromisso pelos jurados, será iniciada a instrução plenária quando o juiz presidente, o Ministério Público, o assistente, o querelante e o defensor do acusado tomarão, sucessiva e diretamente, as declarações do ofendido, se possível, e inquirirão as testemunhas arroladas pela acusação". Primeiro, cabe ao juiz perguntar e, depois, às partes. Mais uma vez, o importante é a imparcialidade do magistrado. Aliás, qualquer inversão procedimental, no processo penal, pode gerar uma falha, que pode ser classificada como absoluta ou relativa. Entretanto, o STF, nas duas Turmas, tem posição consolidada no sentido de que, qualquer delas, precisa gerar prejuízo para que seja reconhecida. Na jurisprudência: STF: "3. Ato apontado coator em consonância com a jurisprudência de ambas as Turmas deste Supremo Tribunal Federal, em relação à inobservância do rito previsto no art. 212 do Código de Processo Penal, consolidada no sentido da nulidade relativa. Precedentes. 4. A jurisprudência desta Suprema Corte entende ser imprescindível a arguição de nulidade a tempo e modo adequados, sob pena de preclusão. Precedentes" (HC 207.940 ED, 1.ª T., rel. Rosa Weber, 09.03.2022, v.u.); "1. A jurisprudência do Supremo Tribunal Federal consolidou o entendimento de que 'a inobservância da ordem de inquirição de testemunhas não constitui vício capaz de inquinar de nulidade o ato processual ou a ação penal, razão por que a demonstração do efetivo prejuízo se faz necessária para a invalidação do ato' (HC 114.787, Rel. Min. Luiz Fux). 2. Hipótese em que a nulidade foi arguida apenas em sede de apelação e não houve a devida demonstração de eventual prejuízo suportado pela acusada. Incidência da Súmula 523/STF ('No processo penal, a falta de defesa constitui nulidade absoluta, mas a sua deficiência só o anulará se houver prova de prejuízo para o réu'). 3. *Habeas corpus* extinto sem resolução de mérito por inadequação da via processual" (HC 114.789, 1.ª T., rel. Roberto Barroso, 30.09.2014, v.u.); "O entendimento assentado nos autos, no sentido de que a nulidade decorrente da não observância da ordem de inquirição prevista no art. 212 do CPP somente se reconhece diante da demonstração de evidente prejuízo à defesa, está em consonância com a jurisprudência da Corte. Precedentes" (RHC 117.665, 1.ª T., rel. Dias Toffoli, *DJ* 10.09.2013); "Audiência de instrução. Inobservância da regra sobre inquirição de testemunhas prevista no art. 212 do CPP. 3. Nulidade relativa. Prejuízo não comprovado. 4. Alegação que só interessa à parte contrária. 5. Recurso não provido" (RHC 111.414/RS, 2.ª T., rel. Gilmar Mendes, 14.08.2012, v.u.). STJ: "1. Este Superior Tribunal de Justiça pacificou o entendimento de que a inquirição diretamente das testemunhas pelo Juiz, após as mudanças no art. 212 do Código de Processo Penal, constitui nulidade relativa, que exige a demonstração do efetivo prejuízo, conforme o disposto no art. 563 do mesmo Estatuto" (AgRg no HC 852.457/RS, 5.ª T., rel. Reynaldo Soares da Fonseca, 26.09.2023, v.u.); "1. O atual entendimento do STJ é de que a atuação do magistrado na produção probatória é de natureza complementar e não de substituição aos sujeitos processuais. Precedentes.

Art. 212

Código de Processo Penal Comentado · **Nucci**

488

2. Na hipótese, o Magistrado, consignada a ausência do representante do Ministério Público, prosseguiu com a audiência e promoveu a oitiva de testemunhas e das vítimas, em substituição ao mister do *Parquet*, o que é contrário à orientação jurisprudencial predominante nesta Corte Superior. 3. A defesa se insurgiu contra a atuação judicial na própria audiência e a prova produzida embasou o édito condenatório, circunstâncias que justificam a declaração de nulidade do ato praticado" (AgRg no AREsp 2.348.111/RS, 6.ª T., rel. Rogerio Schietti Cruz, 05.09.2023, v.u.); "1. A jurisprudência desta Corte firmou-se no sentido de que a nulidade por inobservância ao art. 212 do Código de Processo Penal (inquirição do magistrado diretamente as testemunhas) é relativa e, portanto, sujeita-se à demonstração de efetivo prejuízo, o que não ocorreu no caso" (AgRg no AgRg no AREsp 1.830.776/SP, 5.ª T., rel. Ribeiro Dantas, 24.08.2021, v.u.).

69-B. Análise dos julgados do STF proferidos em 2021: houve a anulação de dois processos criminais, por conta da inversão da ordem de inquirição do art. 212 do CPP – um, pela 1.ª Turma; outro, pela 2.ª Turma. Em princípio, pode-se sustentar que o STF alterou seu entendimento anterior e estabeleceu dois alicerces: a) a ordem de inquirição do art. 212 do CPP é cogente, devendo as partes dar início e o juiz, se quiser, complementar; b) se assim não for realizado, configura-se nulidade absoluta e o feito deve ser anulado. Analisando ambos os julgados, observa-se divergência na 1.ª Turma e unanimidade na 2.ª Turma, apontando para a necessidade de se respeitar a ordem de inquirição do art. 212, no prisma de que as partes perguntam em primeiro lugar e, após, o magistrado pode complementar, esclarecendo suas dúvidas. Entretanto, esses veredictos não invalidaram a jurisprudência consolidada de que somente se anula um processo caso fique demonstrado o prejuízo, seja a nulidade absoluta, seja relativa. Os votos vencedores das duas Turmas avaliaram o conteúdo da inquirição conduzida pelo juiz e concluíram ter havido excesso e, portanto, abuso, quebrando a imparcialidade. Este, sim, é o verdadeiro objetivo do processo penal: garantir o justo equilíbrio entre as partes, evitando-se qualquer parcialidade do juízo. São os seguintes julgados: HC 187.035-SP, rel. Marco Aurélio, 06.04.2021, m. v.; HC 202.557-SP, rel. Edson Fachin, sessão virtual, 25 de junho a 2 de agosto de 2021, v.u.

69-C. Ausência de qualquer das partes: se ambas (acusação e defesa) foram devidamente intimadas para o ato, o não comparecimento injustificado leva o juiz, no caso do defensor, a nomear um *ad hoc*; quanto ao membro do Ministério Público, realiza-se o ato sem a sua presença. Cabe-lhe, depois, demonstrar o prejuízo, se houver; mesmo assim, na primeira oportunidade a se manifestar, pena de preclusão. Na jurisprudência: STJ: "Em 2008, por meio do art. 212 do Código de Processo Penal, foi introduzido, no modelo processual penal pátrio, o sistema denominado *cross examination*, ao se estabelecer que as perguntas das partes devem ser realizadas diretamente às testemunhas e ao acusado – sem a antiga imposição de 'reperguntas' do juiz –, cabendo ao magistrado indeferir questionamentos impertinentes e descabidos (Lei 11.690/2008). A suposta nulidade da audiência de instrução e julgamento – em razão da ausência do membro do Ministério Público (nulidade relativa) – deve ser arguida oportunamente, isto é, durante o ato processual. Caso contrário, verifica-se a ocorrência de preclusão temporal (art. 212 do CPP, alterado pela Lei 11.690/2008)" (REsp 1.305.986/RS, 6.ª T., rel. Sebastião Reis Júnior, 03.05.2012, v.u.).

70. Critério para o indeferimento das perguntas das partes: deve ser utilizado o máximo bom senso nessa situação. O magistrado não pode ser o senhor absoluto da inquirição, desejando filtrar tudo que se passa na mente das partes, envolvendo-se na estratégia da acusação ou da defesa. Muitas vezes, a parte tem um raciocínio próprio, visando envolver a testemunha de modo suficiente a descortinar as inverdades proferidas. Se o juiz quebrar esse método, exigindo saber, passo a passo, a razão do que está sendo perguntado, a prova será mal colhida. Por isso, somente deve indeferir questões francamente irrelevantes, impertinentes ao processo, resvalando na agressão à testemunha ou na violação de sua intimidade gratuitamente, bem como quando se tratar de matéria já respondida. A inovação, trazida pela Lei 11.690/2008, cuida da vedação às reperguntas indutivas. Sem dúvida, uma repergunta que tenha por finalidade levar a testemunha a responder sem liberdade merece ser indeferida. O acréscimo, pois, é positivo. Não é rara a existência de parte insistente, isto é, inconformada pela resposta anteriormente obtida, desejosa de refazer exatamente a mesma indagação, valendo-se de outra construção, em outras palavras, mas cujo significado e objetivo são idênticos, permitindo, então, ao juiz indeferir o indagado. É importante destacar que o juiz, no novo sistema, deve estar atento e, antes mesmo de haver impugnação da parte contrária – se é que ocorrerá – deve indeferir o que julgar indevido. A testemunha não pode ficar à mercê de uma inquirição tendenciosa ou mesmo agressiva.

71. Indeferimento da pergunta e registro no termo: havendo o indeferimento de qualquer repergunta, caso a parte deseje expressar o seu inconformismo, pode protestar, fazendo consignar no termo suas breves razões. O juiz, então, manterá o indeferimento colocando, também no termo, seus motivos. Não se deterá o curso da audiência por conta disso. Posteriormente, por ocasião de eventual recurso, pode a parte questionar o ocorrido, levantando eventual cerceamento de defesa ou de acusação. Logicamente, se indeferida a repergunta, a parte argumentar e o juiz ceder, resolvendo encaminhá-la à testemunha, é possível que a outra parte deseje que fique consignado o seu inconformismo, com suas razões, o que lhe será permitido fazer. Tratando-se de gravação magnética, o indeferimento e as razões ficarão automaticamente registrados, não havendo necessidade de se utilizar o termo.

72. Complemento da inquirição: pode o magistrado continuar a perguntar à testemunha, se ele primeiro iniciou, mesmo quando as partes finalizem suas questões, caso não esteja satisfeito com as respostas dadas, em especial no tocante aos pontos não esclarecidos pela pessoa depoente. Caso permita a inquirição inicial diretamente pelas partes, poderá (e, em caso de dúvida, deverá) perguntar o que deseje à testemunha.

> **Art. 213.** O juiz não permitirá que a testemunha manifeste suas apreciações pessoais,[73] salvo quando inseparáveis da narrativa do fato.

73. Apreciação pessoal da testemunha: é vedada, como regra. O conceito de testemunha é incompatível com a emissão de opinião pessoal acerca de um fato. Entretanto, há situações que não prescindem da avaliação subjetiva do depoente. O juiz deverá dar o crédito merecido à opinião emitida. Difícil saber se alguém está ou não nervoso ou emocionado, complexa é a prova da velocidade excessiva para o local onde ela se desenvolve, intrincada é a avaliação do estado de embriaguez de alguém, sem o exame médico ou de laboratório. Assim, em muitas situações, torna-se essencial ouvir a apreciação pessoal da testemunha. Se houvesse vedação total a esse tipo de depoimento, seria impossível ouvir as chamadas *testemunhas de antecedentes*, que prestam, em grande parte, a sua opinião a respeito do caráter do réu, de sua conduta social e de sua personalidade.

> **Art. 214.** Antes de iniciado o depoimento, as partes poderão contraditar[74-75] a testemunha ou arguir circunstâncias ou defeitos,[76] que a tornem suspeita de parcialidade,[77] ou indigna de fé. O juiz fará consignar a contradita ou arguição e a resposta da testemunha, mas só excluirá[78] a testemunha ou não lhe deferirá compromisso nos casos previstos nos arts. 207 e 208.

Art. 214

Código de Processo Penal Comentado · **Nucci**

490

74. Contradita: é a impugnação ou objeção apresentada pela parte, geralmente, em relação à testemunha arrolada pelo adversário. Diz respeito, especificamente, às pessoas que não podem depor (art. 207, CPP) ou às que não devem ser compromissadas (art. 208, CPP). Nada impede que, excepcionalmente, a parte que arrolou a testemunha apresente contradita ao juiz. Exemplo disso é a atuação do Promotor de Justiça, arrolando, na denúncia, para prestar depoimento, o médico que cuidou do réu, embora outro representante do Ministério Público compareça à audiência. Constatando a irregularidade do depoimento, que está em vias de se realizar, nada obstaculiza a apresentação da contradita ao magistrado para excluir a testemunha, dentro da independência funcional, regente da sua atuação e visando a não produção de prova ilícita, em face do sigilo imposto. As partes, tendo acesso aos dados de qualificação da testemunha, previamente passados no rol, ou então pelo que colhem quando a pessoa os fornece ao magistrado, podem arguir qualquer impedimento, falsa identidade ou outro motivo, de forma a tornar a testemunha impedida de depor ou de fazê-lo sob compromisso.

75. Procedimento para a contradita: após a qualificação da testemunha, a parte interessada solicitará a palavra, pela ordem, ao juiz para manifestar a sua impugnação, que será devidamente reduzida a termo. Em seguida, o magistrado, em homenagem ao contraditório, ouve a parte contrária. Passa, então, a indagar da testemunha, a respeito dos fundamentos da contradita realizada. Se a pessoa confirmar os dados que impugnam seu depoimento, o juiz a afastará (art. 207) ou colherá seu depoimento sem o compromisso (art. 208). Não confirmando, é possível que a parte impugnante deseje provar o alegado. Para tanto, pode apresentar, no ato, documentos a respeito ou levar à presença do juiz testemunhas que possam, em breve depoimento, confirmar o conteúdo da contradita. Sanado o incidente, o depoimento será ou não colhido, com ou sem o compromisso. Na jurisprudência: STJ: "2. Segundo o art. 214 do CPP, o momento oportuno para oferecer contradita é durante a audiência, antes de iniciado o depoimento da testemunha. 3. Na hipótese, não há falar em nulidade por cerceamento de defesa, pois não houve a realização de contradita da testemunha no momento oportuno, restando preclusa a matéria" (AgRg no HC 663.881/SP, 5.ª T., rel. Reynaldo Soares da Fonseca, 18.05.2021, v.u.).

76. Suspeição ou indignidade: não deixam tais hipóteses de configurar, também, uma contradita, isto é, uma impugnação à testemunha a ser ouvida. Entretanto, os elementos são diversos. Chamou o art. 214 de *arguição de defeitos* a contestação à imparcialidade ou confiabilidade da testemunha. Assim, circunstâncias (situações específicas ou particularidades) ou defeitos (deficiências ou vícios) podem cercar a testemunha, devendo ser esses aspectos devidamente ressaltados ao juiz. Não para que sejam impedidas de depor ou para que o façam sem o compromisso de dizer a verdade, mas para que o magistrado fique ciente do que cerca a pessoa a ser ouvida, dando ao seu depoimento valoração cuidadosa. Se a testemunha é amiga íntima do réu (circunstância que a envolve, comprometendo sua imparcialidade) ou já foi condenada por falso testemunho (defeito que a torna indigna de fé), é natural que a parte deseje que o julgador tome conhecimento de tais situações para não crer, integral e ingenuamente, na narrativa. Embora pareça, à primeira vista, que a lei foi contraditória, exigindo o compromisso de dizer a verdade de quem pode ser parcial ou não confiável, é preciso destacar que, no processo penal, vigendo a verdade real, deve-se buscá-la a todo custo, razão pela qual até mesmo o amigo íntimo do acusado ou a pessoa já condenada por falso tem o *dever* de dizer a verdade, sujeitando-se às penas do crime previsto no art. 342 do Código Penal se não o fizer. Entretanto, ainda assim, nada impede que o magistrado saiba com quem está lidando para a posterior avaliação da prova.

77. Diferença entre suspeição de parcialidade e indignidade de fé: ver nota anterior.

78. Exclusão limitada: como já abordado, a exclusão somente ocorre nos casos de impedimento (art. 207) e tomada do depoimento, sem o compromisso, nos casos expressos determinados pelo art. 208.

> **Art. 215.** Na redação do depoimento,[79] o juiz deverá cingir-se, tanto quanto possível, às expressões[80] usadas pelas testemunhas, reproduzindo fielmente as suas frases.

79. Redação do depoimento: trata-se de norma construída à época em que os depoimentos eram sempre reduzidos a termo através do ditado do magistrado, que servia de interlocutor entre a testemunha e o funcionário do Judiciário, encarregado de transcrevê-lo para o papel. Atualmente, em grande parte das Comarcas, já existe o serviço de estenotipia (é a escrita abreviada, através de códigos e sinais simplificados, permitindo a escrita com a mesma rapidez com que se fala, produzida através de uma máquina de teclas, trabalhada por profissional treinado), que reduz – e muito – o tempo gasto para a colheita de um depoimento, respeitando-se, naturalmente, as exatas palavras da testemunha, pois a transcrição será feita de modo literal. Por outro lado, as Leis 11.689/2008 e 11.719/2008 permitiram a introdução de outros sistemas de registro da prova oral, como a gravação magnética ou digital (arts. 405, § 1.º e 475, CPP). Esse sistema também respeita exatamente a narrativa da testemunha, sem qualquer interferência do juiz. A gravação tem vantagens incontestes: o juiz não terá que "traduzir" o que foi dito pela testemunha, as partes estarão protegidas de eventual abuso do magistrado na colheita da prova, pois tudo fica registrado na fita, e a testemunha não terá que repetir várias vezes a mesma coisa para que o magistrado possa ditar exatamente o que foi falado.

80. Expressões utilizadas pelas testemunhas: utilizando-se o método da datilografia, que exige o ditado do juiz, é preciso que este seja fiel ao que foi falado pela testemunha, abstendo-se de corrigir frases e trocar palavras, para dar ao depoimento uma linguagem perfeita e livre de erros. Essa situação, atualmente, é muito rara, tendo em vista a utilização de equipamento de imagem e som para gravar os depoimentos em audiência.

> **Art. 216.** O depoimento da testemunha será reduzido a termo,[81] assinado por ela, pelo juiz e pelas partes. Se a testemunha não souber assinar, ou não puder fazê-lo,[82-84] pedirá a alguém que o faça por ela, depois de lido[85] na presença de ambos.

81. Redução a termo: significa formalizar por escrito o depoimento ouvido da testemunha. Essa peça escrita será assinada pelo depoente, pelo magistrado e pelas partes. Não é mais necessariamente reduzido a termo o depoimento, diante das novas técnicas, como a gravação ou a estenotipia (consultar a nota 79 ao art. 215). Na jurisprudência: STJ: "4. No caso concreto, constatou-se que faltou transcrever no termo de depoimento parte final de uma resposta da testemunha, ponto que não trouxe prejuízo para compreensão do depoimento e vício para o qual a defesa concorreu ao assinar o termo sem verificar o que nele constava" (AgRg no AgRg no REsp 1.824.834/MG, 5.ª T., rel. Joel Ilan Paciornik, 08.09.2020, v.u.).

82. Impossibilidade de assinar: são duas as hipóteses aventadas pela lei: a) não sabe a testemunha assinar, por ser analfabeta; b) não tem condições físicas de fazê-lo, estando com a mão quebrada, por exemplo. Nesses casos, o juiz, a pedido da testemunha ("pedirá a alguém" refere-se à testemunha e não ao magistrado), determinará que alguém o faça por ela, após a leitura na presença de ambos (testemunha e quem vai por ela assinar).

Art. 217

Código de Processo Penal Comentado · **Nucci**

83. Recusa em assinar: se por algum motivo a testemunha recusar-se a assinar, não vemos razão para que o juiz interfira, determinando que alguém o faça por ela. Não há tal previsão legal, de forma que basta ao magistrado a consignação, no termo, da recusa da testemunha em fazê-lo, dando as suas razões. Houve caso de pessoa que se opôs a assinar a fita codificada da estenotipia, por não saber qual seria o seu conteúdo. Nessa hipótese, o juiz faz consignar, simplesmente, no termo a recusa e o motivo.

84. Esquecimento de assinar: configura mera irregularidade. Não infirma o depoimento a circunstância de a testemunha esquecer-se de assiná-lo, devendo o juiz determinar que o evento seja certificado pelo escrevente no termo. O mesmo ocorre se alguma outra parte esquecer de colocar sua assinatura (juiz, promotor, advogado, réu etc.).

85. Leitura do depoimento: pode ser feita diretamente pela testemunha, antes de apor sua assinatura. Caso esteja no formato da estenotipia, é direito da testemunha seja ele lido pela pessoa que o colheu antes de ser assinado. Tal providência se torna desnecessária, caso o depoimento tenha sido gravado, pois somente o termo de comparecimento será assinado.

> **Art. 217.** Se o juiz verificar que a presença do réu[86] poderá causar humilhação, temor, ou sério constrangimento à testemunha ou ao ofendido, de modo que prejudique a verdade do depoimento, fará a inquirição por videoconferência[87] e, somente na impossibilidade dessa forma, determinará a retirada do réu, prosseguindo na inquirição, com a presença do seu defensor.[88]
>
> **Parágrafo único.** A adoção de qualquer das medidas previstas no *caput* deste artigo deverá constar do termo, assim como os motivos que a determinaram.

86. Presença influenciadora do réu: buscando o processo penal a verdade real e firmando a lei que a testemunha deve ser o mais imparcial possível no seu relato, é natural e lógico que o distúrbio eventualmente causado pela presença do réu – com singelos gestos, olhares ameaçadores, constantes falas ao seu advogado, inquietude na cadeira – pode constranger o depoente a ponto de prejudicar sua narrativa. Nesse caso, o juiz pode determinar a retirada do acusado da sala de audiências, permanecendo, somente, o seu defensor. A reforma introduzida pela Lei 11.690/2008 não mais menciona a *atitude* do réu, passando a se referir à mera presença do acusado. Acrescenta-se a potencial causação de humilhação, temor ou sério constrangimento à testemunha. Outra inovação é o adendo referente à pessoa do ofendido (antes, mencionava-se somente a testemunha). É preciso cautela para analisar a questão referente à humilhação da testemunha ou da vítima diante da simples presença do réu. Segundo nos parece, a situação é nebulosa demais, pois envolve menosprezo e vexame, sem a exigência de qualquer conduta por parte do acusado. Não deve o juiz retirar o réu da sala a seu bel-prazer ou porque imagina que a testemunha deporá melhor na sua ausência, tampouco se deve aguardar que o acusado aja, claramente, no sentido de conturbar o momento processual, pois isso raramente ocorre com tamanha evidência. A sensibilidade do magistrado, agindo de ofício, associada ao pedido formulado por qualquer das partes – e, também, diretamente pela testemunha ou pela vítima –, pode determinar a saída do réu do recinto. É evidente que algumas ameaças podem ter sido proferidas muito antes da realização da audiência, razão pela qual a testemunha, somente por ver o acusado na sala, constrange-se e começa a titubear, vacilar, gaguejar e dar mostras de nítido incômodo. Sem nada perguntar à testemunha – o que somente aumenta o seu constrangimento – o juiz pode determinar a retirada do acusado da sala. Por outro lado, é defeso ao juiz ou aos funcionários do Judiciário e às partes, antes mesmo do depoimento ter início, perguntar se a pessoa a ser ouvida prefere fazê-lo com ou sem a presença do réu na sala. Ora, nessa hipótese, longe de se afigurar uma proteção, torna-se uma agressão gratuita contra o direito de acompanhar a instrução, que todo réu possui. A testemunha (ou o ofendido) pode optar pela ausência do réu do recinto por medida de cautela ou por pura ingenuidade, imaginando que, se a pergunta foi feita, é porque pode existir algum perigo. Não deve, pois, o magistrado imiscuir-se na atuação da testemunha, impingindo-lhe um temor inexistente, mas também não deve ignorar sua clara manifestação de inquietude diante da presença do acusado. Na jurisprudência: STJ: "1. Deve ser mantida a decisão hostilizada, pois não se verificou ilegalidade no caso, quando retira-do o ora agravante da audiência de instrução criminal, no momento da oitiva das vítimas, pois sua presença causava temor aos ofendidos (art. 217 do CPP). 2. Ademais, o fato de ter sido impossibilitado de auxiliar o seu advogado na oitiva das vítimas não é suficiente para demonstrar prejuízo, pois, segundo consta, a defesa do agravante participou efetivamente do ato processual" (AgRg no RHC 178.347/PE, 6.ª T., rel. Sebastião Reis Júnior, 29.05.2023, v.u.); "1.1. No caso em que a audiência para oitiva da vítima e da testemunha é realizada por meio de videoconferência, a interpretação mais consentânea com o objetivo do disposto no art. 217 do CPP é a de que o réu também pode ser impedido de acompanhar os depoimen-tos, pois busca-se a fidedignidade da prova colhida, bem como a preservação da dignidade e intimidade dos depoentes que seriam prejudicadas pela presença do réu, mesmo a distância. Ademais, o contraditório e a ampla defesa do acusado permanecem resguardados pela indis-pensável presença da defesa técnica no ato processual" (AREsp 1.961.441/MS, 5.ª T., rel. Joel Ilan Paciornik, 02.08.2022, v.u.).

87. Videoconferência: abriu-se a hipótese de retirar o acusado da sala, colocando-o em outro local, de onde pudesse acompanhar os trabalhos por meio da videoconferência. Ou mesmo deixar o acusado na sala e a testemunha prestar o seu depoimento de outro lugar, por videoconferência. Há dois pontos a considerar: a) na maior parte das Comarcas brasileiras, não há o sistema da videoconferência disponível, de modo que o usual será a retirada do réu da sala de audiências; b) havendo o sistema apropriado, será que a testemu-nha (ou vítima) atemorizada, sabendo que o réu a assiste de outro local, dará o depoimento imparcial aguardado? Parece-nos que não (deixamos de ponderar a hipótese de *mentir* à testemunha ou vítima, ocultando que o acusado assistirá). Por isso a previsão de que se utilizará a videoconferência pode ter sido em vão. O mais importante, por certo, é garantir que o depoente fale sem constrangimento e sem prejudicar a ampla defesa. Para tanto, es-tará presente, no recinto, o defensor do réu. Na jurisprudência: STJ: "1. No caso em que a audiência para oitiva da vítima e da testemunha é realizada por meio de videoconferência, a interpretação mais consentânea com o disposto no art. 217 do CPP é a de que o réu pode ser impedido de acompanhar os depoimentos. Busca-se, assim, a fidedignidade da prova colhida e a preservação da dignidade e intimidade dos depoentes, que seriam prejudicadas pela presença do réu, mesmo à distância" (AgRg no AREsp 2.492.577/RO, 5.ª T., rel. Ribeiro Dantas, 06.08.2024, v.u.)

88. Réu atuando em causa própria: pode haver a retirada da sala do mesmo modo, desde que o juiz providencie a participação, no ato, de um defensor dativo.

> **Art. 218.** Se regularmente intimada,[89] a testemunha deixar de compa-recer[90] sem motivo justificado, o juiz poderá requisitar à autoridade policial a sua apresentação ou determinar seja conduzida por oficial de justiça, que poderá solicitar o auxílio da força pública.

Art. 219

89. Regularidade da intimação: a testemunha deve ser intimada pessoalmente, como regra. Registremos que a Lei 11.419/2006, ao disciplinar a informatização do processo judicial, cuidou, basicamente, da intimação, por meio eletrônico, das partes. Dificilmente, conseguir-se-ia eficácia e segurança quanto à intimação de testemunhas, geralmente pessoas estranhas ao processo. Funcionários públicos serão também intimados pessoalmente, mas é providência fundamental que sejam, igualmente, requisitados a seus superiores (art. 221, § 3.º, CPP). Os militares devem ser requisitados diretamente à autoridade superior (art. 221, § 2.º, CPP), sendo vedado o ingresso de oficial de justiça no quartel. Assim, caso a testemunha não tenha sido intimada pessoalmente, torna-se irregular o ato para o fim de ser determinada a sua condução coercitiva e demais consequências previstas no art. 219. Por outro lado, o funcionário público, cujo superior não souber da audiência, não está obrigado a comparecer, ainda que tenha sido intimado pessoalmente. Trata-se de irregular intimação. Quanto ao militar, o não comparecimento pode até afigurar o crime de desobediência, mas não autoriza a condução coercitiva, visto não ter sido a testemunha intimada pessoalmente.

90. Não comparecimento após regular intimação: ninguém se exime de colaborar com o Poder Judiciário, razão pela qual, se foi a testemunha intimada a tempo e pessoalmente, não pode deixar de comparecer ao fórum para ser ouvida. Ausente, sem razão plausível – o que pode ser verificado ulteriormente e, em casos excepcionais, no mesmo ato, quando a testemunha faz chegar ao juiz, antes da data da audiência, os motivos da sua ausência –, pode o magistrado requisitar a sua apresentação à autoridade policial ou determinar que o oficial de justiça a conduza coercitivamente à sua presença, ainda que necessite se valer de força policial. Como regra, o juiz utiliza o oficial de justiça de plantão para buscar a testemunha em sua residência ou local de trabalho. Essa providência, no entanto, em cidades grandes, afeta a realização do ato, provocando o adiamento da audiência, pela inviabilidade de se aguardar a realização imediata da diligência. Na próxima vez, contudo, a testemunha será conduzida compulsoriamente à presença do magistrado.

> **Art. 219.** O juiz poderá aplicar[91] à testemunha faltosa a multa prevista no art. 453 [atual art. 458], sem prejuízo do processo penal por crime de desobediência,[92] e condená-la ao pagamento das custas da diligência.

91. Sanções cabíveis à testemunha faltosa: além da condução coercitiva, que é uma restrição à liberdade e um nítido constrangimento, pode o juiz, a seu critério e conforme o grau de resistência apresentado pela pessoa a ser ouvida, impor uma multa, hoje atualizada pela Lei 11.689/2008, no valor de 1 a 10 salários mínimos, conforme a sua condição econômica, bem como determinar a extração de peças do processo, requisitando-se inquérito por crime de desobediência. Além disso, pode determinar o pagamento das diligências do oficial de justiça, o que é lógico e justificado.

92. Crime de desobediência: há clara autorização legal para que a testemunha, além das demais sanções, seja processada por não ter atendido à ordem legal de funcionário público. Esse delito configurou-se na ocasião em que, intimada, resolveu não comparecer, afrontando o chamamento legalmente imposto. Se, no ato de condução coercitiva, reagir, pode ser processada pelo crime de resistência.

> **Art. 220.** As pessoas impossibilitadas,[93] por enfermidade ou por velhice, de comparecer para depor, serão inquiridas onde estiverem.

93. Testemunhas impossibilitadas de deslocamento: devem ser ouvidas pelo juiz, acompanhado das partes, no local onde se encontrarem. A enfermidade e a velhice podem contribuir para tornar uma pessoa incapaz de se locomover ao fórum, local onde se realizam os atos processuais formais. Dessa maneira, previu a lei a possibilidade de o magistrado deslocar-se até o lugar onde está a testemunha, ouvindo-a. É natural que deva intimar as partes da diligência, pois as presenças do órgão acusatório e da defesa são fundamentais para a validade do ato. Se, porventura, as partes recusarem-se a ir, tal será certificado pelo magistrado e o ato deve ser considerado válido, vez que inexistiu qualquer tipo de cerceamento. A mesma regra se aplica à vítima impossibilitada de se locomover. Idêntica regra se aplica à vítima, impossibilitada de se locomover. Essa regra não se aplica a réus foragidos, cuja pretensão é participar da audiência à distância, sem se apresentarem para o cumprimento da decisão de prisão cautelar. Na jurisprudência: STJ: "2. Não cabe a pretensão de realizar o interrogatório de forma virtual. Situação do paciente, foragido por considerável período, que não se amolda ao disposto no art. 220 do CPP" (HC 640.770/SP, 6.ª T., rel. Sebastião Reis Júnior, 15.06.2021, v.u.).

> **Art. 221.** O Presidente e o Vice-Presidente da República, os senadores e deputados federais, os ministros de Estado, os governadores de Estados e Territórios,[94] os secretários de Estado, os prefeitos[95] do Distrito Federal e dos Municípios, os deputados às Assembleias Legislativas Estaduais, os membros do Poder Judiciário,[96] os ministros e juízes dos Tribunais de Contas da União, dos Estados, do Distrito Federal, bem como os do Tribunal Marítimo[97] serão inquiridos em local, dia e hora previamente ajustados entre eles e o juiz.[98]
>
> § 1.º O Presidente e o Vice-Presidente da República, os presidentes do Senado Federal, da Câmara dos Deputados e do Supremo Tribunal Federal poderão optar pela prestação de depoimento por escrito,[99] caso em que as perguntas, formuladas pelas partes e deferidas pelo juiz, lhes serão transmitidas por ofício.[100]
>
> § 2.º Os militares deverão ser requisitados à autoridade superior.[101-102]
>
> § 3.º Aos funcionários públicos aplicar-se-á o disposto no art. 218, devendo, porém, a expedição do mandado ser imediatamente comunicada ao chefe da repartição em que servirem, com indicação do dia e da hora marcados.[103]

94. Territórios: não há mais na República Federativa do Brasil, apesar de formalmente previstos na Constituição Federal (art. 18, § 2.º). Podem, eventualmente, ser criados (art. 18, § 3.º).

95. Governador do Distrito Federal: não existe Prefeito no Distrito Federal, mas sim Governador (art. 32, § 2.º, CF), a quem se aplica o disposto neste artigo.

96. Membros do Ministério Público: têm a mesma prerrogativa, assegurada pela Lei 8.625/1993 ("art. 40. Constituem prerrogativas dos membros do Ministério Público, além de outras previstas na Lei Orgânica: I – ser ouvido, como testemunha ou ofendido, em qualquer processo ou inquérito, em dia, hora e local previamente ajustados com o Juiz ou a autoridade competente").

97. Tribunal Marítimo: trata-se de um órgão autônomo de natureza administrativa, vinculado ao Ministério da Marinha, agindo em todo território nacional e funcionando como auxiliar do Poder Judiciário, com atribuição para julgar os acidentes e os fatos relativos à navegação marítima, fluvial e lacustre, regido pela Lei 2.180/1954. Compõe-se de sete juízes, nomeados pelo Presidente da República, dentre militares da Marinha e civis, estes bacharéis

Art. 221

Código de Processo Penal Comentado · **Nucci**

que são submetidos a concurso público, organizado pelo próprio Tribunal Marítimo. Possui competência para julgar os acidentes e fatos da navegação, definindo-lhes a natureza e determinando-lhes as causas, circunstâncias e extensão, indicando os responsáveis e aplicando-lhes as penas estabelecidas na lei e propondo medidas preventivas e de segurança da navegação, bem como mantém o registro geral da propriedade naval, da hipoteca naval e demais ônus sobre embarcações brasileiras e dos armadores de navios brasileiros. Suas decisões, quanto à matéria técnica referente aos acidentes e fatos da navegação, têm valor probatório, presumindo-se certas, mas podem ser reexaminadas pelo Poder Judiciário. Cabe-lhe aplicar as seguintes penalidades: repreensão, suspensão de pessoal marítimo, interdição para o exercício de determinada função, cancelamento da matrícula profissional e da carteira de amador, proibição ou suspensão do tráfego da embarcação, cancelamento do registro de armador e multa, cumulativamente ou não, com qualquer das penas anteriores. Atua no Tribunal Marítimo, como órgão acusatório, a Procuradoria Especial da Marinha, subordinada ao Ministério da Marinha, conforme Lei 7.642/1987, possuindo em seus quadros procuradores e advogados de ofício. Os primeiros exercem a atividade acusatória e os segundos a defensoria pública, para os acusados, que não possuem ou não têm condições de constituir advogados. O patrocínio das causas nesse tribunal é privativo dos advogados e solicitadores provisionados, inscritos em qualquer seção da Ordem dos Advogados do Brasil.

98. Perda da prerrogativa: o direito de acertar dia e hora para ser ouvido não é ilimitado, devendo possuir um termo justo para tanto. Do contrário, a autoridade, que menospreza o convite formulado pelo Judiciário, pode perder essa prerrogativa, implicando o dever de comparecimento obrigatório onde for determinado. Ilustrando: STF: "Passados mais de trinta dias sem que a autoridade que goza da prerrogativa prevista no *caput* do art. 221 do Código de Processo Penal tenha indicado dia, hora e local para a sua inquirição ou, simplesmente, não tenha comparecido na data, hora e local por ela mesma indicados, como se dá na hipótese, impõe-se a perda dessa especial prerrogativa, sob pena de admitir-se que a autoridade arrolada como testemunha possa, na prática, frustrar a sua oitiva, indefinidamente e sem justa causa. Questão de ordem resolvida no sentido de declarar a perda da prerrogativa prevista no *caput* do art. 221 do Código de Processo Penal, em relação ao parlamentar arrolado como testemunha que, sem justa causa, não atendeu ao chamado da justiça, por mais de trinta dias" (AP 421 QO, Tribunal Pleno, rel. Joaquim Barbosa, *DJ* 22.10.2009).

99. Depoimento por escrito: cremos desaconselhável tal providência, como já mencionado em nota anterior, pois inviabiliza a ampla colheita da prova, com o contato direto entre o juiz e a testemunha, bem como coloca empecilhos às reperguntas das partes. Entretanto, em razão da alta função que exercem essas autoridades, houve por bem a lei conferir-lhes essa possibilidade, da qual, querendo, podem abrir mão. É preciso ressaltar, no entanto, que as perguntas formuladas pelo juiz e pelas partes serão transmitidas por ofício, proporcionando que, diante das respostas oferecidas, outras reperguntas possam – e devam – ser feitas, pois qualquer impedimento, nesse sentido, lesionaria o princípio do contraditório e a própria ampla defesa. Sobre depoimento por escrito, consultar também a nota 27 ao art. 204.

100. Diplomatas e agentes consulares: possuem regras especiais, não estando submetidos ao disposto no Código de Processo Penal, cuja exceção é fornecida no art. 1.º, I. A Convenção de Viena sobre Relações Diplomáticas (aprovada pelo Decreto 56.435/1965) dispõe, no art. 31, item 2, que "o agente diplomático não é obrigado a prestar depoimento como testemunha". Isto não significa que ele está *proibido* de depor, salvo no que se refere a fatos relacionados à sua função (art. 207, CPP). Entretanto, se testemunhar um homicídio na via pública, por exemplo, pode prestar o seu depoimento, contribuindo, pois, para a realização de justiça no Estado acreditado, onde exerce suas atividades representativas. No caso dos agentes do consulado, prevê a Convenção de Viena acerca das Relações Consulares (promulgada pelo Decreto 61.078/1967), no art. 44: "1. Os membros de uma repartição consular poderão ser chamados a depor como testemunhas no decorrer de um processo judiciário ou administrativo. Um empregado consular ou um membro do pessoal de serviço não poderá negar-se a depor como testemunha exceto nos casos mencionados no § 3.º do presente artigo. Se um funcionário consular se recusar a prestar depoimento, nenhuma medida coercitiva ou qualquer outra sanção ser-lhe-á aplicada. 2. A autoridade que solicitar o testemunho deverá evitar que o funcionário consular seja perturbado no exercício de suas funções. Poderá tomar o depoimento do funcionário consular em seu domicílio ou na repartição consular, ou aceitar sua declaração por escrito, sempre que for possível. 3. Os membros de uma repartição consular não serão obrigados a depor sobre fatos relacionados com o exercício de suas funções, nem a exibir correspondência e documentos oficiais que a elas se refiram. Poderão, igualmente, recusar-se a depor na qualidade de peritos sobre as leis do Estado que envia". Na prática, no entanto, eles têm idêntica prerrogativa dos agentes diplomáticos, uma vez que podem ser chamados a depor, mas, se não comparecerem, nenhuma sanção lhes pode ser aplicada. Por outro lado, querendo depor, poderá ser tomado o seu testemunho no lugar onde se encontre e, ainda, pode-se aceitar sua declaração por escrito. Evidentemente, não devem depor sobre fatos relacionados ao seu exercício funcional (previsão feita pelo próprio art. 207 do Código de Processo Penal).

101. Requisição de militar ao seu superior: para a regularidade da inquirição de militar, evitando-se que sejam perturbados no exercício de suas peculiares funções, dentro dos quartéis, onde não se admite a entrada de civis, é imprescindível que o juiz o requisite à autoridade superior. Se não comparecer, sem motivo justificado, torna-se a proceder à requisição, podendo o magistrado determinar a intimação pessoal do superior para que faça a apresentação, sob pena de desobediência.

102. Testemunha presa: em semelhante situação, nesse caso por estar sob tutela do Estado, descabe a intimação pessoal. Faz-se a requisição de sua presença à autoridade competente.

103. Intimação do funcionário público: faz-se pessoalmente, como no caso das demais testemunhas. Entretanto, para a regularidade do ato, é preciso que o juiz faça a comunicação ao seu superior, que irá providenciar a sua substituição, no dia da audiência. Assim, não basta a intimação do funcionário, sendo imprescindível a requisição ao superior. Se esta não for feita, está o intimado desobrigado de comparecer. Trata-se de interesse público, pois a ausência do funcionário, sem qualquer aviso, poderá inviabilizar algum serviço essencial prestado à população. O superior possui, portanto, tempo suficiente para providenciar a continuidade da atividade, quando lhe é comunicada a futura ausência do subordinado.

Art. 222. A testemunha que morar fora da jurisdição do juiz será inquirida pelo juiz do lugar de sua residência,[104] expedindo-se, para esse fim, carta precatória,[104-A-104-B] com prazo razoável,[105] intimadas[106] as partes.[107]

§ 1.º A expedição da precatória não suspenderá a instrução criminal.[107-A]

§ 2.º Findo o prazo marcado, poderá realizar-se o julgamento, mas, a todo tempo, a precatória, uma vez devolvida, será junta aos autos.[107-B]

§ 3.º Na hipótese prevista no *caput* deste artigo, a oitiva de testemunha poderá ser realizada por meio de videoconferência[107-C] ou outro recurso tecnológico de transmissão de sons e imagens em tempo real, permitida a presença do defensor e podendo ser realizada, inclusive, durante a realização da audiência de instrução e julgamento.[107-D]

Art. 222

Código de Processo Penal Comentado · Nucci

104. Depoimento por carta precatória, de ordem ou rogatória: quando a testemunha residir em Comarca diversa daquela onde deva ser ouvida, a fim de se evitar seu deslocamento, muitas vezes por longas distâncias e a elevados custos, determina a lei seja expedida carta precatória (solicitação feita a juiz de igual nível), carta de ordem (determinação feita por magistrado de instância superior a outro, de instância inferior, quando, na espécie, o ato poderia ser realizado diretamente pelo competente) e carta rogatória (pleito feito por um juiz nacional a magistrado estrangeiro, respeitadas as regras atinentes aos acordos internacionais firmados pelo Brasil). Sobre as peças a instruir a precatória: STJ: "1. A lei processual penal prevê a expedição da carta precatória para a oitiva da testemunha que reside fora do distrito da culpa (art. 222 do CPP). Embora a norma não defina quais os documentos que acompanham a precatória, devem ser juntados aqueles essenciais ao esclarecimento dos fatos imputados ao réu na denúncia. 2. No caso, foram expedidas cartas precatórias para oitiva de testemunhas (trabalhadores rurais que, em tese, exerciam suas atividades em condição análoga a de escravo) desacompanhas do Relatório de Fiscalização do Ministério do Trabalho. 3. Desse modo, diante da impossibilidade da defesa de formular perguntas às vítimas/testemunhas acerca dos fatos (fotos e locais onde o delito teria sido cometido), bem como das conclusões do apontado relatório, deve-se reconhecer o apontado cerceamento de defesa. 4. Recurso ordinário em *habeas corpus* provido para determinar que o Juízo de 1.º grau expeça novas cartas precatórias, devidamente instruídas com cópia do Relatório de Fiscalização do Ministério do Trabalho, a fim de possibilitar o exercício da ampla defesa" (RHC 71.982/PA, 5.ª T., rel. Reynaldo Soares da Fonseca, 22.11.2016, v.u.).

104-A. Falso testemunho cometido em carta precatória: o foro competente é o do juízo deprecado. Tal se dá porque o crime de falso testemunho é formal, ou seja, consuma-se ao final do depoimento, quando a testemunha o assinar, não dependendo da produção de qualquer efetivo resultado danoso – o que seria típico dos delitos materiais. Ver também a nota 24 ao art. 70. E, especificamente, sobre o crime de falso testemunho, consultar as notas 65 e 67 ao art. 342 do nosso *Código Penal comentado*.

104-B. Falso testemunho em videoconferência: o foro competente é o do juízo deprecante. Não há dúvida ser o delito formal, consumando-se ao final do depoimento, mas, no caso da videoconferência, há particularidades a ressaltar: a) a assinatura da testemunha se dará no termo da audiência do juízo deprecado; b) o registro e a captação do depoimento, porém, ocorrerão diretamente no juízo deprecante. Logo, a atividade realizada pela testemunha firmou-se no próprio juízo deprecante, onde terá a possibilidade de produzir dano à administração da justiça.

104-C. Convocação de desembargadores e juízes: a Lei 12.019/2009, inserindo o inciso III, ao art. 3.º da Lei 8.038/1990, permite a convocação de desembargadores e juízes pelo prazo de seis meses, prorrogável por igual período, até o máximo de dois anos, para a realização de interrogatórios e outros atos de instrução, na sede do tribunal ou no local onde se deva produzir o ato. Em verdade, tornou-se uma forma alternativa à carta de ordem. Neste caso, o Ministro expedia a carta de ordem para que determinada diligência fosse realizada (interrogatório, por exemplo). Agora, passa-se à possibilidade de convocação de magistrados para auxiliar, diretamente, à instrução dos processos de competência originária dos Tribunais Superiores.

105. Prazo para cumprimento: tendo em vista que a instrução não é interrompida pela expedição da carta precatória, tampouco o julgamento será adiado, indefinidamente, pelo não retorno da deprecada, deve o juiz fixar-lhe um prazo para cumprimento. Dependendo da situação e conforme seu prudente critério, o magistrado estabelece algo em torno de 30 a 90 dias para o retorno de carta precatória. Atualmente, fixar menos de 30 dias inviabiliza a produção da prova, enquanto um período superior a 90 dias pode obstaculizar o célere término da instrução, mormente quando se tratar de réu preso. Por outro lado, o juiz que receber a precatória para o cumprimento deve dar-lhe prioridade na pauta de julgamentos, pois está lidando com a produção de uma prova destinada a outro juízo, razão pela qual o pronto atendimento faz parte de sua colaboração, exigida por lei. A parte interessada na oitiva da testemunha, também, deve contribuir para o cumprimento da carta precatória, solicitando, no juízo deprecado, o seu ligeiro processamento. Cuidando-se da audiência única de instrução e julgamento, implementada pelas Leis 11.689/2008 e 11.719/2008, torna-se medida de cautela por parte do magistrado designá-la em prazo igualmente razoável para aguardar o retorno das precatórias expedidas.

106. Intimação das partes: firmou-se jurisprudência no sentido de que basta a intimação das partes da expedição da carta precatória, cabendo ao interessado diligenciar no juízo deprecado a data da realização do ato, a fim de que, desejando, possa estar presente. Cremos acertada essa providência, a despeito de posições em sentido contrário (por todos, Tourinho Filho, *Comentários ao Código de Processo Penal*, v. 1, p. 425-429). A complexidade dos serviços judiciários e a burocracia reinante recomendam que o juiz deprecante comunique formalmente às partes a remessa da precatória e nada mais. Incumbe-lhes, a partir daí, as diligências necessárias para obter os dados da audiência. Não nos parece providência insuperável, tampouco dificultosa. O Ministério Público, possuindo o seu representante em cada Comarca, pode estabelecer contato e passar dados específicos do caso, a fim de que as devidas reperguntas sejam feitas. O advogado tem ao seu dispor, também, os serviços prestados pela Ordem dos Advogados do Brasil, que poderia diligenciar no juízo deprecado, através da subseção respectiva ou de seção irmanada, a data da audiência, remetendo-a ao colega interessado. No mais, havendo a ausência do advogado interessado, sempre será nomeado um defensor *ad hoc* para acompanhar o ato e fazer as reperguntas cabíveis. Essas providências são muito mais viáveis e rápidas, do que exigir que o juízo deprecado designe uma audiência com celeridade e, ao mesmo tempo, providencie um ofício, comunicando ao deprecante a data da realização do ato. Este, por sua vez, recebendo o ofício semanas ou meses depois – o que vem ocorrendo diante das longas distâncias e lentos serviços cartorários no Brasil – para providenciar a intimação das partes, sai em busca da intimação almejada. Sem dúvida, após a edição da Lei 11.419/2006, tratando da informatização do processo judicial, essa situação tende a ser alterada. Poderá, pois, o juízo deprecado, por meio eletrônico, intimar os interessados acerca da data designada para a audiência (art. 4.º). Entretanto, como no processo criminal, o representante do Ministério Público e o defensor público ou dativo precisam ser intimados pessoalmente, entendemos deva, ainda, prevalecer a intimação feita dessa forma, no juízo deprecante, em relação à expedição da precatória. Após, o juízo deprecado, a título de mera complementação providenciaria a intimação por meio eletrônico, sem prejuízo das providências das partes para diligenciar a respeito da data marcada, como acima exposto. A publicação eletrônica também foi regulada: "A publicação eletrônica na forma deste artigo [art. 4.º, § 2.º, Lei 11.419, 2006] substitui qualquer outro meio e publicação oficial, para quaisquer efeitos legais, à exceção dos casos que, por lei, exigem intimação ou vista pessoal". Por isso, continuaria não bastando, quanto ao defensor público ou dativo e ao representante do Ministério Público, a intimação por meio eletrônico, providenciada pelo juízo deprecado. Assim, esta última modalidade (meio eletrônico) deve ser considerada, para fins de precatória, mera complementação. A propósito, veja-se o conteúdo da Súmula 155 do Supremo Tribunal Federal: "É relativa a nulidade do processo criminal por falta de intimação da expedição de precatória para inquirição de testemunha". Portanto, se até mesmo a intimação da expedição constitui nulidade somente reconhecível após a demonstração de efetivo prejuízo, o que dizer

Art. 222

da intimação da data designada para a realização do ato? Cremos ser, de fato, prescindível. Editou-se a Súmula 273 do Superior Tribunal de Justiça: "Intimada a defesa da expedição da carta precatória, torna-se desnecessária intimação da data da audiência no juízo deprecado". Cumprindo o disposto nessa Súmula, conferir: STJ: "7. Em se tratando de inquirição de testemunha realizada em foro diverso da tramitação do processo, não se exige que o réu preso seja intimado para acompanhar a audiência, bastando tão-somente que as partes sejam intimadas da expedição da carta precatória, nos termos do art. 222 do Código de Processo Penal. Incidência do Verbete Sumular n. 273: 'Intimada a defesa da expedição da carta precatória, torna-se desnecessária intimação da data da audiência no juízo deprecado'" (RHC 127.212/MA, 6.ª T., rel. Laurita Vaz, 15.06.2021, v.u.); "4. Ao interpretar a disposição normativa inserida no art. 222 do Código de Processo Penal, o Superior Tribunal de Justiça pacificou o entendimento, sintetizado no enunciado sumular 273/STJ, acerca da desnecessidade de intimação do acusado e do seu defensor da data da audiência realizada no juízo deprecado, sendo suficiente que sejam cientificados da expedição da carta precatória. Precedentes do Supremo Tribunal Federal. 5. Segundo entendimento pacífico desta Corte Superior, a vigência no campo das nulidades do princípio *pas de nullité sans grief* impõe a manutenção do ato impugnado que, embora praticado em desacordo com a formalidade legal, atinge a sua finalidade, restando à parte demonstrar a ocorrência de efetivo prejuízo. 6. No caso, atingida a finalidade do ato e inexistente qualquer prejuízo à ampla defesa, sequer comprovado pelo paciente, não há falar em nulidade processual por ausência de intimação da defesa da data da realização da audiência no juízo deprecado. 7. *Habeas corpus* não conhecido" (HC 294.160/SP, 5.ª T., rel. Ribeiro Dantas, 08.08.2017, v.u.). Quando a realização da oitiva da testemunha se der por videoconferência, consultar a nota 107-A em relação à intimação das partes.

107. Presença do réu no juízo deprecado para a inquirição das testemunhas: é dispensável, conforme o caso. Há duas posições a esse respeito: a) a jurisprudência, majoritariamente, vem reconhecendo que a presença do réu, no juízo deprecado, é dispensável, podendo ser colhido o depoimento somente com a participação da acusação e da defesa técnica; b) grande parte da doutrina insurge-se contra esse procedimento, argumentando que a ampla defesa e o contraditório ficam arranhados, inexistindo razão para haver dois métodos: garantir a presença do réu no juízo natural da causa e torná-la irrelevante no juízo deprecado. Afirma Antonio Magalhães Gomes Filho que tal situação de dispensa configura "inequívoca e grave violação do contraditório, pois a defesa ampla, assegurada pela Constituição, exige não somente que os atos instrutórios sejam praticados na presença e com a participação do defensor técnico, mas também que seja assegurado ao acusado o direito de participar pessoalmente dos mesmos; aliás, é ele, acusado, quem presumivelmente teve contacto direto com os fatos e possui melhores condições para fornecer ao advogado as informações necessárias para a definição da linha de perguntas e reperguntas à testemunha; se está custodiado, não pode ter esse direito cerceado e a irregularidade, no caso, diz respeito à infringência de normas constitucionais (garantias da ampla defesa e do contraditório) e da disposição da Convenção Americana sobre Direitos Humanos (art. 8, 2, letra *f*), que assegura o direito de inquirir as testemunhas, devendo dar lugar ao reconhecimento de nulidade *absoluta*" (*Direito à prova no processo penal*, p. 154-155). Em idêntico prisma, Antonio Scarance Fernandes (*Processo penal constitucional*, p. 71). Preferimos, nesse caso, sustentar posição intermediária. Nem sempre a presença do réu no juízo deprecado é indispensável. Devemos observar que o processo penal não pode ficar alheio à realidade do país continental como o Brasil. Além disso, temos seriíssimas deficiências em nosso sistema judiciário. Atualmente, para haver a simples transferência de um réu, preso, por exemplo, na Região Norte para a Região Sul, demora-se período impressionante, atingindo vários meses, quiçá anos. Logo, são muitos os casos de instruções paralisadas e de acusados detidos provisoriamente sem julgamento, por longos períodos, porque não se realiza a sua transferência para o distrito da culpa. Nada disso, por certo, justifica massacrar o direito à audiência, tampouco o direito à ampla defesa e ao contraditório, embora tenhamos que buscar soluções razoáveis para atender à nossa realidade, deixando de sustentar o inatingível. Por isso, quando o réu está respondendo a um processo em determinada localidade, é de todo conveniente que se providencie a sua transferência para essa Comarca, a fim de que possa acompanhar a instrução. No mínimo, precisa ser apresentado para tal finalidade, mesmo que continue preso em outro lugar. Entretanto, imagine-se o caso de alguém respondendo a processo em São Paulo e arrolando testemunhas em todo o Brasil, certo de que o Estado jamais conseguirá, a tempo, remeter precatórias para esses lugares, *garantindo* a sua presença para acompanhar a audiência. Plantará, propositadamente, uma nulidade no processo, com o que não se pode aquiescer. Para que estar presente durante o depoimento de testemunhas de antecedentes, por exemplo? Que grande auxílio poderá prestar, no local, ao seu advogado, que não possa ser feito de antemão? Cremos que, na maior parte dos casos, é dispensável ser o réu apresentado, no juízo deprecado, para ouvir uma ou outra pessoa, mormente quando não se refira diretamente a um depoimento essencial para o deslinde da causa. Fazemos, no entanto, ressalva a tal postura, quando estivermos diante de um depoimento a envolver o reconhecimento do réu. Se alguém for ouvido em outra Comarca e necessitar-se do reconhecimento, para que a autoria seja provada, parece-nos que o Estado deve garantir a presença do réu para tal finalidade, pois o reconhecimento por fotografia é extremamente claudicante e nem mesmo é previsto em lei. Em conclusão, nesses casos, deve prevalecer o bom senso, evitando-se que o impossível seja atingido, ou seja, *garantir* a presença do réu em todas as audiências deprecadas, em qualquer ponto do Brasil, bem como não se pode extrair do acusado o direito inexorável de estar, face a face, com a pessoa que pretende reconhecê-lo como autor de crime grave. A ausência do réu na audiência do juízo deprecado, pois, para nós, pode constituir-se nulidade relativa, que depende da demonstração efetiva do prejuízo e da provocação da parte interessada.

107-A. Precatória e continuidade da instrução: antes da reforma processual penal, introduzida pelas Leis 11.689/2008 e 11.719/2008, expedida precatória para a oitiva de testemunha, o juiz conduzia a instrução normalmente, interrogando o réu, ouvindo as testemunhas de acusação, depois as de defesa e, somente ao final, cobrava-se o retorno da carta precatória. Atualmente, recebida a defesa prévia do acusado, expedida a precatória, designa-se uma só audiência para instrução e julgamento. Neste ato, serão colhidos todos os depoimentos, realizados os debates e julgado o feito. Por isso, entre a expedição e a data da audiência é preciso tempo razoável para a precatória estar de volta. No entanto, qualquer outra intercorrência (incidente de falsidade, por exemplo), pode ser admitida e processada, uma vez que a instrução não se encontra suspensa diante da expedição de precatória. Um aspecto se torna relevante, nesse contexto, concernente à realização do interrogatório do acusado, que foi deslocado para o final da instrução, no intuito de lhe garantir a oportunidade de se defender de tudo o que alegado contra ele, durante a instrução. Portanto, não é viável interrogar o réu, enquanto se encontra pendente o cumprimento de carta precatória para ouvir as testemunhas de acusação ou a vítima. No máximo, pode-se admitir que sejam ouvidas, depois do interrogatório, das testemunhas de defesa, por meio de precatória. Na jurisprudência: STJ: "1. A defesa da apelante requereu que os interrogatórios dos denunciados fossem o último ato da instrução, ou seja, após as oitivas de todas testemunhas de acusação, o pedido foi indeferido pelo magistrado, de acordo com termo de audiência. 2. O interrogatório é, essencialmente, um ato de autodefesa, mas não foi dada a ré a possibilidade de se manifestar, ao final da instrução, sobre os fatos apontados pela testemunha ou sobre as provas da acusação – com o que poderia ter influenciado na formação do convencimento do juiz. 3. Assim, o disposto no art. 222, § 1.º, do Código de Processo Penal, aplica-se à oitiva de testemunha, não alcançando o interrogatório da acusada,

Art. 222

Código de Processo Penal Comentado · **Nucci**

502

que deve ser o último ato" (REsp 2.091.667/MG, 5.ª T., rel. Daniela Teixeira, 21.05.2024, v.u.); "1. Existem precedentes nesta Corte Superior, partindo da interpretação dos arts. 400 e 222 do Código de Processo Penal, que consideram válido o interrogatório do acusado quando pendente de cumprimento carta precatória expedida para oitiva de testemunhas e do ofendido. 2. Essa compreensão, no entanto, não está em harmonia com os princípios do contraditório e da ampla defesa, bem como com a jurisprudência consolidada na Suprema Corte, firme no sentido de que, com o advento da Lei n. 11.719/2008, que deu nova redação ao art. 400 do Código de Processo Penal, o interrogatório do réu deve ser o último ato de instrução. 3. Importante ressaltar a orientação fixada pelo Supremo Tribunal Federal no HC n. 127.900/AM, de que a norma inscrita no art. 400 do Código de Processo Penal comum aplica-se, a partir da publicação da ata do presente julgamento, aos processos penais militares, aos processos penais eleitorais e a todos os procedimentos penais regidos por legislação especial incidindo somente naquelas ações penais cuja instrução não se tenha encerrado. 4. Atualmente é assente o entendimento de que o interrogatório do acusado é instrumento de defesa, o que, em uma perspectiva garantista, pautada na observância dos direitos fundamentais, proporciona máxima efetividade se realizado ao final da instrução. De fato, a concretização do interrogatório antes da oitiva de testemunhas e da vítima priva o acusado de acesso pleno à informação, já que se manifestará antes da produção de parcela importante de provas. Além disso, reflete diretamente na eficácia de sua reação e na possibilidade de influenciar o julgamento, não lhe permitindo refutar, ao menos diretamente (autodefesa), questões apresentadas com a oitiva de testemunhas e do ofendido. A inversão do interrogatório, portanto, promove nítido enfraquecimento dos princípios constitucionais do contraditório e da ampla defesa, indevido, a meu ver, no âmbito da persecução penal. 5. Nessa perspectiva, ao dispor que a expedição da precatória não suspenderá a instrução criminal, o § 1.º do art. 222 do CPP não autorizou, no meu sentir, a realização de interrogatório do réu em momento diverso do disposto no art. 400 do CPP, vale dizer, ao final da instrução. Oportuno ressaltar que o art. 222 do CPP está inserido em capítulo do Código de Processo Penal voltado ao procedimento relacionado às testemunhas (Capítulo VI do Código de Processo Penal – Das Testemunhas), e não com o interrogatório do acusado. 6. Outrossim, a redação do art. 400 do CPP elenca, claramente, a ordem a ser observada na audiência de instrução e julgamento, de forma que a alusão expressa ao art. 222, em seu texto, apenas indica a possibilidade de inquirição de testemunhas, por carta precatória, fora da ordem estabelecida, não permitindo o interrogatório do acusado antes da inquirição de testemunhas. 7. Na hipótese dos autos, o acusado foi interrogado antes da oitiva de testemunhas, por carta precatória. No entanto, conforme informações prestadas pelo Magistrado singular, a defesa técnica do réu somente arguiu suposta nulidade em seu último pedido, protocolizado em 19/3/2020, ou seja, após a realização de todas as oitivas supracitadas, o que reverbera na nulidade de algibeira. Assim, em consonância com a jurisprudência desta Corte Superior, não se mostra viável acolher o pedido de nulidade, especialmente quando não aventado no momento oportuno. 8. Conquanto indevido o requerimento de nulidade, considerando o entendimento do Supremo Tribunal Federal, o fato de que a instrução ainda não encerrou, a necessidade de observar os princípios do contraditório e da ampla defesa, bem como o disposto no art. 196 do Código de Processo Penal, que autoriza a realização de novo interrogatório, entende-se que a ordem deve ser parcialmente concedida para determinar que se proceda a novo interrogatório do acusado ao final da instrução. 9. Quanto à alegação de excesso de prazo, não é o caso de ser reconhecido, pois, conforme informação do Juízo processante, a própria defesa contribuiu para o atraso na instrução, na medida em que não aventou a irregularidade do interrogatório no momento oportuno. Além disso, conforme exposto na decisão liminar, não houve desídia do Magistrado na condução do feito e eventual retardamento na conclusão da ação penal decorre de sua complexidade e da necessidade de expedição de diversas cartas precatórias. 10. Ordem parcialmente concedida para determinar a realização de novo interrogatório do acusado ao final da instrução" (HC 585.942/MT, 3.ª Seção, rel. Sebastião Reis Junior, 09.12.2020, v.u.).

107-B. Juntada da precatória a qualquer tempo: o retorno da precatória após o prazo fixado pelo juiz deprecante pode significar a inutilidade da prova para o julgamento naquela instância. Afinal, não se aguarda indefinidamente a produção da prova testemunhal no juízo deprecado. Se a sentença já tiver sido proferida, o depoimento colhido fora da Comarca poderá não ser útil. Entretanto, não se despreza o que foi produzido, juntando-se a precatória aos autos. Havendo recurso, ainda poderá ser viável a exploração da prova pelo tribunal. Na jurisprudência: STJ: "1. Nos termos do art. 222, § 2.º, do Código de Processo Penal, a ausência de devolução da carta precatória no prazo assinado pelo juízo deprecante não prejudica a evolução processual da ação penal, sendo possível a prática de outros atos de instrução e até mesmo a prolação de provimento jurisdicional resolutivo da demanda. Precedentes" (AgRg no REsp 1.686.521/CE, 5.ª T., rel. Jorge Mussi, 11.06.2019, v.u.).

107-C. Videoconferência: a utilização da videoconferência ou outro recurso similar para a oitiva de testemunha que não resida no âmbito da competência do juiz da causa tem a finalidade de substituir o uso da carta precatória. Tal medida somente se implantará, de fato, quando todas as Comarcas dispuserem da aparelhagem necessária para a videoconferência. Portanto, duas situações coexistirão: a) a expedição da tradicional precatória, nos termos do art. 222, *caput* e §§ 1.º e 2.º; b) a utilização da videoconferência, desde que o juiz da causa possua o aparato necessário, bem como o juízo do lugar onde a testemunha reside. Assim ocorrendo, expede-se uma precatória com o fim exclusivo de intimar a testemunha a comparecer ao fórum de sua Comarca em determinada data para que, em estúdio apropriado, seja conectada ao juiz deprecante. Este fará a inquirição, que poderá ocorrer em data *anterior* à da audiência de instrução e julgamento, por cautela; ou, se não for possível, tal inquirição pode dar-se durante a realização da audiência de instrução e julgamento. Não há cabimento para a testemunha ser ouvida, em videoconferência, pelo juízo deprecado, pois esse é o método antigo, quando a precatória só podia concretizar-se desse modo. Aliás, não teria sentido o juiz deprecante assistir o colega fazendo perguntas à testemunha se ele mesmo pode realizar a inquirição pelo sistema tecnológico avançado. Permite-se a presença do defensor. Em outros termos, não é obrigatória, mas facultativa. Mas, assim sendo, por uma questão de igualdade das partes no processo, deve-se permitir, também, a presença do órgão acusatório. Para tanto, no cenário da videoconferência, o magistrado determina a expedição da precatória para a designação de data pelo juízo deprecado, com o objetivo de ouvir a testemunha em estúdio. Dessa data, o juiz deprecante, autoridade a inquirir a testemunha, intimará as partes para que, querendo, possam acompanhar a oitiva. Desnecessária é a presença do réu. Aliás, podem as partes, inclusive, fazer perguntas à testemunha, conforme o sistema previsto pelo art. 212 do CPP. Se todos estiverem reunidos em audiência de instrução e julgamento, o mesmo procedimento se dará, com a diferença de que o juiz terá cientificado as partes a respeito da inquirição das testemunhas residentes em outras Comarcas na mesma data dessa audiência concentrada.

107-D. Ordem de inquirição: quando a prova é produzida por meio de carta precatória, inexiste ordem imperiosa para a oitiva de testemunhas; afinal, quem está inquirindo nem é o juiz do feito, mas um colega, na comarca deprecada. Pode-se ouvir a testemunha de defesa, antes da testemunha de acusação, por exemplo. Excepcionalmente, havendo necessidade de ouvir, antes, determinada testemunha de acusação, assim será pleiteado ao magistrado, fundamentando-se o pleito. Na jurisprudência: STJ: "Esta Corte Superior de Justiça firmou a compreensão no sentido de que a inversão da oitiva de testemunhas de acusação e defesa não

Art. 222-A

Código de Processo Penal Comentado · Nucci

504

configura nulidade quando a inquirição é feita por meio de carta precatória, cuja expedição não suspende a instrução criminal" (RHC 38.435/SP, 6.ª T., rel. Rogerio Schietti Cruz, *DJ* 06.05.2014). Ver, também, a nota 107-A *supra*.

> **Art. 222-A.** As cartas rogatórias só serão expedidas se demonstrada previamente a sua imprescindibilidade,[107-E-107-F] arcando a parte requerente com os custos de envio.[107-G]
>
> **Parágrafo único.** Aplica-se às cartas rogatórias o disposto nos §§ 1.º e 2.º do art. 222 deste Código.[107-H]

107-E. Imprescindibilidade da rogatória: a introdução do disposto no art. 222-A é correta, pois é sabido o uso indevido, em grande parte dos casos, da carta rogatória, com o simples objetivo de atrasar a instrução e, se possível, no futuro, semear a prescrição. Ademais, o custo para a expedição também é elevado. O binômio exigido (imprescindibilidade + custo) deverá limitar ao absolutamente indispensável, ao menos na esfera criminal, a utilização da rogatória. Deverá a parte interessada demonstrar ao juiz a imprescindibilidade, vale dizer, convencer o magistrado de que, sem aquela prova, torna-se inviável julgar o feito com imparcialidade e de acordo com a verdade real. Por isso, é ônus da parte antecipar o que a testemunha deverá falar ao ser ouvida, configurando o contorno necessário para aquilatar a sua indispensabilidade. Na jurisprudência: STF: "O Tribunal resolveu questão de ordem suscitada em ação penal – movida pelo Ministério Público Federal contra 40 pessoas acusadas da suposta prática de crimes ligados ao esquema denominado 'Mensalão' –, para, por maioria, deferir a expedição de carta rogatória para a oitiva de parte das testemunhas, residentes no exterior, arroladas por réus da citada ação penal, fixando, para o seu cumprimento, prazo de 6 meses a partir da data da expedição. Entendeu-se que somente em relação a alguns réus teria sido demonstrada a imprescindibilidade da prova oral requerida, conforme exigido pelo art. 222-A do CPP (...). Rejeitou-se, ainda, a alegação de inconstitucionalidade do referido preceito, examinando-a sob dois aspectos. Quanto à exigência da demonstração prévia da imprescindibilidade das cartas rogatórias, aduziu-se tratar-se de norma que, em última análise, teria explicitado diretriz já imposta ao juiz, consistente no dever que lhe incumbe de velar pela rápida solução do litígio, indeferindo as provas inúteis, impertinentes ou protelatórias, nos termos do que prescreve o art. 125, II, do CPC/1973, c/c o art. 3.º do CPP, e o art. 400 deste mesmo diploma legal. Asseverou-se que a aludida norma seria consentânea com o inciso LXXVIII do art. 5.º da CF, que assegura a todos, no âmbito judicial e administrativo, a razoável duração do processo e os meios que garantam a celeridade de sua tramitação" (AP 470 QO – MG, Pleno, rel. Joaquim Barbosa, 10.06.2009, m.v., embora antigo, cuida-se de caso de relevo).

107-F. Indeferimento da expedição de rogatória: como regra, não cabe recurso algum. O indeferimento de produção de prova não comporta recurso, de acordo com a legislação processual penal. Inexiste previsão no rol do art. 581 (recurso em sentido estrito), nem se trata de decisão definitiva ou com força de definitiva (apelação). Logo, em casos teratológicos, causando autêntica inversão tumultuária, pode-se ingressar com correição parcial. Eventualmente, se houver nítido constrangimento ao réu, é válido o uso do *habeas corpus*, conforme o caso concreto.

107-G. Custos de envio: o interessado deve arcar com os custos, que são elevados, inclusive pelo fato de exigir tradução de toda a documentação remetida. É natural, entretanto, tratando-se de réu pobre, não se poder exigir dispêndio algum. Conferir: STF: "No que se refere à parte final do art. 222-A do CPP, que impõe à parte requerente o pagamento dos custos de envio das rogatórias que pretende ver expedidas, observou-se que a regra deveria ser lida em harmonia com o disposto no art. 5.º, LXXIV, da CF o qual prevê que o Estado prestará assistência jurídica integral e gratuita aos que comprovarem insuficiência de recursos. Dessa forma, tratando-se de pessoa dotada de recursos financeiros, dever-se-ia cobrar os serviços de natureza extraordinária, que a seu pedido lhe seriam prestados, como no caso dos custos de expedição de carta rogatória. Caso contrário, tendo em conta o disposto no art. 2.º, parágrafo único, da Lei 1.060/50, conceder-se-ia o benefício da assistência judiciária, inclusive com o custeio, pelo Estado, das despesas relativas à expedição de cartas rogatórias. Considerou-se que esta seria a solução que melhor conciliaria os princípios constitucionais da inafastabilidade da prestação jurisdicional, da razoável duração do processo e da obrigatoriedade de isenção do pagamento de encargos processuais por aqueles que não disponham de recursos para tanto. Por fim, destacou-se que o art. 3.º, I, da Resolução 389/2009 do Supremo o qual estabelece a isenção de custas e do porte de remessa e retorno dos autos nos processos criminais, salvo os de natureza privada, também não constituiria óbice à aplicação do art. 222-A do CPP, haja vista que este dispositivo, além de estar previsto no próprio CPP, cuidaria especificamente da expedição de cartas rogatórias, devendo ser ele interpretado, portanto, em conformidade com o princípio da especialidade" (AP 470 QO--MG, Pleno, rel. Joaquim Barbosa, 10.06.2009, m.v., embora antigo, é mantido por se tratar de tema raro na jurisprudência).

107-H. Continuidade da instrução: a expedição da carta rogatória não suspende a instrução criminal e o juiz deve fixar um prazo razoável para o seu retorno. Ultrapassado tal prazo, poderá ocorrer o julgamento e, no futuro, apenas se junta a rogatória aos autos. Não é demais lembrar o longo período para o cumprimento de rogatórias, de modo que o juiz deve valer-se do disposto no *caput* do art. 222-A para evitar o deferimento de cartas inúteis. Se for imprescindível, precisa estabelecer um prazo razoável e, somente após, designar a audiência de instrução e julgamento. Tratando-se de réu preso, o cuidado do magistrado deve ser maior, limitando o prazo da rogatória ao mínimo possível para não prejudicar o andamento célere demandado pela instrução. Eventualmente, pode-se utilizar a videoconferência, nos termos do art. 222, § 3.º, do CPP, dependendo do país estrangeiro e das suas normas locais, além, obviamente, de possuir tecnológica para tanto.

> **Art. 223.** Quando a testemunha não conhecer a língua nacional, será nomeado intérprete[108] para traduzir as perguntas e respostas.
> **Parágrafo único.** Tratando-se de mudo, surdo ou surdo-mudo, proceder--se-á na conformidade do art. 192.[109]

108. Obrigatoriedade do intérprete: a testemunha, quando não falar o idioma nacional, necessita expressar-se por meio de um intérprete juramentado, que traduzirá, no ato, as perguntas e respostas. Não basta que o juiz e as partes conheçam o idioma estrangeiro, pois sempre haverá chance para complicações e desvios de interpretação. Evitando-se, pois, que haja dissídio na maneira ou quanto ao sentido da expressão utilizada pela testemunha, o melhor é que um intérprete seja encarregado de fazê-lo, sem qualquer envolvimento com o caso.

109. Depoimento de surdo-mudo: ver nota 45 ao art. 192.

> **Art. 224.** As testemunhas comunicarão[110] ao juiz, dentro de 1 (um) ano, qualquer mudança de residência, sujeitando-se, pela simples omissão, às penas do não comparecimento.

Art. 225

110. Comunicação de mudança de endereço: uma vez arrolada como testemunha, no inquérito ou no processo, deve a pessoa ser alertada para o seu vínculo com o processo, querendo isto significar que qualquer alteração de endereço precisa ser devidamente comunicada à autoridade judiciária competente. O prazo para fazer essa comunicação é o suficiente para se acomodar no novo lugar, com intuito de permanência, isto é, um ano. Ultrapassado esse período, pode responder por sua omissão, segundo recomenda a norma. As penas pelo não comparecimento, aplicáveis a esta hipótese, são o processo por crime de desobediência – se o alerta foi realmente feito na ocasião de sua primeira oitiva – além de ser submetida à condução coercitiva e dever pagar as diligências para sua localização.

> **Art. 225.** Se qualquer testemunha houver de ausentar-se,[111] ou, por enfermidade ou por velhice, inspirar receio de que ao tempo da instrução criminal já não exista, o juiz poderá, de ofício ou a requerimento de qualquer das partes, tomar-lhe antecipadamente o depoimento.

111. Ausência, enfermidade e velhice: a testemunha, considerada peça-chave para a instrução do processo penal, como se viu no artigo antecedente, está vinculada ao processo até o seu término. Caso mude de endereço é obrigada a comunicar, sob pena de responder pela sua omissão. Entretanto, podem ocorrer ausências necessárias para viagens longas ao exterior, por exemplo, razão pela qual de nada adianta comunicar ao juiz, sendo cabível a sua inquirição prévia (lembremos que há países que não cumprem carta rogatória do Brasil). De outra parte, pode estar a testemunha acometida de um mal incurável (câncer, por exemplo) ou possuir idade muito avançada, levando a crer que não sobreviverá por longo período, aguardando o momento adequado para ser ouvida. Antecipa-se, assim, a sua inquirição, intimando-se as partes e realizando-se a audiência a qualquer tempo, sem que se possa, com isso, alegar qualquer sublevação à ordem de instrução estabelecida em lei, pois se trata de exceção. Além disso, a Lei 11.690/2008 consagrou a possibilidade de se5 realizar a produção antecipada de provas até mesmo *antes de iniciada a ação penal* (art. 156, I, CPP). Na jurisprudência: STF: "Firme a jurisprudência deste Supremo Tribunal no sentido de que, '[s]e o acusado, citado por edital, não comparece nem constitui advogado, pode o juiz, suspenso o processo, determinar produção antecipada de prova testemunhal, apenas quando esta seja urgente nos termos do art. 225 do Código de Processo Penal'. Precedentes. Na espécie, o juízo de primeiro grau valeu-se de fórmulas de estilo, genéricas, aplicáveis a todo e qualquer caso, sem indicar os elementos fáticos concretos que pudessem autorizar a medida. Ausente a indicação de circunstância excepcional que justificasse a antecipação da produção da prova testemunhal, há que se reconhecer a ilegalidade da colheita antecipada da prova oral na hipótese em exame. Ordem concedida" (HC 130.038, 2.ª T., rel. Dias Toffoli, 14.12.2015, v.u.).

Capítulo VII
DO RECONHECIMENTO DE PESSOAS E COISAS[1-3-A]

1. Reconhecimento: é o ato pelo qual uma pessoa admite e afirma como certa a identidade de outra ou a qualidade de uma coisa. No ensinamento de Altavilla, o "reconhecimento é o resultado de um juízo de identidade entre uma percepção presente e uma passada. Reconhece-se uma pessoa ou uma coisa quando, vendo-a, se recorda havê-la visto anteriormente" (*Psicologia judiciária*, v. 1, p. 386). Na jurisprudência: STJ: "1. A Sexta Turma desta Corte Superior de Justiça, por ocasião do julgamento do HC n. 598.886/SC, realizado em

Art. 225

27/10/2020, propôs nova interpretação ao art. 226 do CPP, a fim de superar o entendimento, até então vigente, de que o disposto no referido artigo constituiria 'mera recomendação' e, como tal, não ensejaria nulidade da prova eventual descumprimento dos requisitos formais ali previstos. Na ocasião, foram apresentadas as seguintes conclusões: 1.1) O reconhecimento de pessoas deve observar o procedimento previsto no art. 226 do Código de Processo Penal, cujas formalidades constituem garantia mínima para quem se encontra na condição de suspeito da prática de um crime; 1.2) À vista dos efeitos e dos riscos de um reconhecimento falho, a inobservância do procedimento descrito na referida norma processual torna inválido o reconhecimento da pessoa suspeita e não poderá servir de lastro a eventual condenação, mesmo se confirmado o reconhecimento em juízo; 1.3) Pode o magistrado realizar, em juízo, o ato de reconhecimento formal, desde que observado o devido procedimento probatório, bem como pode ele se convencer da autoria delitiva a partir do exame de outras provas que não guardem relação de causa e efeito com o ato viciado de reconhecimento; 1.4) O reconhecimento do suspeito por simples exibição de fotografia(s) ao reconhecedor, a par de dever seguir o mesmo procedimento do reconhecimento pessoal, há de ser visto como etapa antecedente a eventual reconhecimento pessoal e, portanto, não pode servir como prova em ação penal, ainda que confirmado em juízo" (HC 668.385/SP, 6.ª T., rel. Rogerio Schietti Cruz, 24.08.2021, v.u.).

2. Natureza jurídica: é meio de prova. Através do processo de reconhecimento, que é formal, como se verá a seguir, a vítima ou a testemunha tem condições de *identificar* (tornar individualizada) uma pessoa ou uma coisa, sendo de valorosa importância para compor o conjunto probatório.

3. Reconhecimento fotográfico: tem sido admitido como prova, embora deva ser analisado com muito critério e cautela. A identificação de uma pessoa ou o reconhecimento de uma coisa por intermédio da visualização de uma fotografia pode não espelhar a realidade, dando margem a muitos equívocos e erros. Entretanto, se for essencial que assim se proceda, é preciso que a autoridade policial ou judicial busque seguir o disposto nos incisos I, II e IV, do art. 226. Torna-se mais confiável, sem nunca ser absoluta essa forma de reconhecimento. Em nossa avaliação, o reconhecimento fotográfico não pode ser considerado uma prova direta, mas sim indireta, ou seja, um mero indício. Com a cautela que lhe é natural, diz Frederico Marques, nesse contexto, que "tudo depende, em cada caso, das circunstâncias que rodearam o reconhecimento e dos dados que forem fornecidos pela vítima ou testemunha para fundamentar suas afirmativas" (Elementos de direito processual penal, v. 2, p. 308). Na jurisprudência: STF: "2. O reconhecimento fotográfico realizado sem observância das formalidades previstas no art. 226 do Código de Processo Penal pode ser admitido como prova e valorado desde que amparado em outros elementos capazes de sustentar a autoria do delito" (HC 228.809 AgR, 2.ª T., rel. Nunes Marques, 22.08.2023, v.u.); "Condenação fundamentada exclusivamente no reconhecimento fotográfico, embora renovado em Juízo, ambos em desacordo com o regime procedimental previsto no art. 226 do CPP. Superação da ideia de 'mera recomendação'. Tipicidade processual, sob pena de nulidade. 1. O reconhecimento de pessoas, presencial ou por fotografia, deve observar o procedimento previsto no art. 226 do Código de Processo Penal, cujas formalidades constituem garantia mínima para quem se encontra na condição de suspeito da prática de um crime e para uma verificação dos fatos mais justa e precisa. 2. A inobservância do procedimento descrito na referida norma processual torna inválido o reconhecimento da pessoa suspeita, de modo que tal elemento não poderá fundamentar eventual condenação ou decretação de prisão cautelar, mesmo se refeito e confirmado o reconhecimento em Juízo. Se declarada a irregularidade do ato, eventual condenação já proferida poderá ser mantida, se fundamentada em provas independentes e não contaminadas. 3. A realização do ato de reconhecimento pessoal carece de justificação em

Art. 226

Código de Processo Penal Comentado · **Nucci**

508

elementos que indiquem, ainda que em juízo de verossimilhança, a autoria do fato investigado, de modo a se vedarem medidas investigativas genéricas e arbitrárias, que potencializam erros na verificação dos fatos. Recurso em *habeas corpus* provido, para absolver o recorrente, ante o reconhecimento da nulidade do reconhecimento pessoal realizado e a ausência de provas independentes de autoria" (RHC 206.846/SP, 2.ª T., rel. Gilmar Mendes, 22.02.2022, m.v.). STJ: "2. Em julgados recentes, ambas as Turmas que compõem a Terceira Seção deste Superior Tribunal de Justiça alinharam a compreensão de que 'o reconhecimento de pessoa, presencialmente ou por fotografia, realizado na fase do inquérito policial, apenas é apto, para identificar o réu e fixar a autoria delitiva, quando observadas as formalidades previstas no art. 226 do Código de Processo Penal e quando corroborado por outras provas colhidas na fase judicial, sob o crivo do contraditório e da ampla defesa'. 3. Dos elementos probatórios que instruem o feito, verifica-se que a autoria delitiva dos crimes de roubo imputados ao agravado tem como únicos elementos de prova os reconhecimentos fotográficos feitos pelas vítimas na fase policial, confirmados em Juízo, mas sem observância das disposições do art. 226 do CPP. 4. Mesmo em juízo, não foi respeitado o regramento do art. 226 do CPP. Repita-se: como observado no HC n. 598.886/SC, '[à] vista dos efeitos e dos riscos de um reconhecimento falho, a inobservância do procedimento descrito na referida norma processual torna inválido o reconhecimento da pessoa suspeita e não poderá servir de lastro a eventual condenação, mesmo se confirmado o reconhecimento em juízo'. 5. Ademais, não foram apontadas outras circunstâncias suficientes para a confirmação da autoria, desconsiderando o reconhecimento ilícito. Não foram apreendidos bens das vítimas com o agravado e não há nenhuma filmagem do local do crime" (AgRg no REsp 2.052.633/RS, 5.ª T., rel. Ribeiro Dantas, 22.08.2023, v.u.); "3. No caso concreto, houve a ratificação do reconhecimento fotográfico realizado pelas vítimas durante o inquérito policial, o que afasta a alegação de nulidade, tendo em vista a existência de outras provas produzidas sob o contraditório, sobretudo o reconhecimento formal em juízo, conforme destacou a Corte de origem" (AgRg no HC 647.797/RJ, 5.ª T., rel. Joel Ilan Paciornik, 05.10.2021, v.u.).

3-A. Reconhecimento de imagens e vozes: não ingressa no contexto do art. 226 do CPP, pois inexiste a previsão de quais as formalidades a observar. Por isso, havendo necessidade de ser realizado o reconhecimento de alguma imagem ou de voz, existirão duas possibilidades: a) prova pericial (o exame será feito por especialista e transformar-se-á em laudo); b) prova testemunhal (a testemunha fornece a sua impressão à autoridade competente).

> **Art. 226.** Quando houver necessidade de fazer-se o reconhecimento de pessoa, proceder-se-á pela seguinte forma:[4-5-A]
>
> I – a pessoa que tiver de fazer o reconhecimento será convidada a descrever[6] a pessoa que deva ser reconhecida;
>
> II – a pessoa, cujo reconhecimento se pretender, será colocada,[7] se possível,[8] ao lado de outras que com ela tiverem qualquer semelhança, convidando-se quem tiver de fazer o reconhecimento a apontá-la;[9]
>
> III – se houver razão para recear[10] que a pessoa chamada para o reconhecimento, por efeito de intimidação ou outra influência, não diga a verdade em face da pessoa que deve ser reconhecida, a autoridade providenciará para que esta não veja aquela;[11]
>
> IV – do ato de reconhecimento lavrar-se-á auto pormenorizado,[12] subscrito pela autoridade, pela pessoa chamada para proceder ao reconhecimento e por duas testemunhas presenciais.[13]
>
> **Parágrafo único.** O disposto no n. III deste artigo não terá aplicação na fase da instrução criminal ou em plenário de julgamento.[14]

4. Reconhecimento informal: a lei impõe, como se observa nos incisos do artigo em comento, uma forma específica para a prova produzir-se, não se podendo afastar desse contexto. Assim, para que se possa invocar ter havido o reconhecimento de alguém ou de algo, é fundamental a preservação da forma legal. Não tendo sido possível, o ato não foi perdido por completo, nem deve ser desprezado. Apenas não receberá o cunho de *reconhecimento de pessoa ou coisa*, podendo constituir-se numa prova meramente testemunhal, de avaliação subjetiva, que contribuirá ou não para a formação do convencimento do magistrado. Logicamente, perde sua força, embora não seja desprezível. Ensina Tornaghi que "a forma se exige para a existência do *reconhecimento*; a inobservância da forma acarreta a inexistência *deste ato*, mas não a inexistência de todo e qualquer ato. E se o outro ato praticado convence o juiz, não é possível dizer que ele não está convencido. A lei prevê determinados meios de prova, mas não impede outros" (*Compêndio de processo penal*, t. III, p. 929). Em igual posição, está o magistério de Camargo Aranha (*Da prova no processo penal*, p. 170). É posição firme na jurisprudência que o reconhecimento feito de maneira informal não macula o ato probatório: STF: "I – Não há que falar em nulidade da condenação por ausência de observância do art. 226 do CPP, já que a análise do conjunto probatório foi ampla. Se as instâncias ordinárias entenderam que a autoria estava demonstrada também pela prova oral e de imagens reproduzidas em juízo, o fez em observância à regra processual, segundo a qual o '[...] juiz formará sua convicção pela livre apreciação da prova produzida em contraditório judicial, não podendo fundamentar sua decisão exclusivamente nos elementos informativos colhidos na investigação' (art. 155 do CPP)" (RHC 222259 AgR, 2.ª T., rel. Ricardo Lewandowski, 01.03.2023, v.u.). STJ: "É pacífico o entendimento do Superior Tribunal de Justiça no sentido de que é legítimo o reconhecimento pessoal ainda quando realizado de modo diverso do previsto no art. 226 do Código de Processo Penal, servindo o paradigma legal como mera recomendação" (HC 474.655/PR, 5.ª T., rel. Reynaldo Soares da Fonseca, 21.05.2019, v.u.). Em suma, os dispositivos deste artigo são praticamente ignorados. Iniciou-se pela falta de condições materiais nos fóruns das Comarcas brasileiras. Solidificou-se a partir do momento em que a jurisprudência chancelou essa deficiência, não considerando nulidade a prática do reconhecimento *informal*.

5. Reconhecimento feito em sala de audiência ou plenário do júri pela testemunha ou vítima: trata-se do *reconhecimento informal*, que configura um mero desdobramento do depoimento ou das declarações prestadas. Se o juiz preterir as formalidades exigidas neste artigo para empreender o reconhecimento – o que se faz cotidianamente em muitos fóruns – estaremos diante de prova testemunhal. Embora não se possa considerar um autêntico reconhecimento, os magistrados podem levá-lo em consideração para proferir os seus veredictos. Cremos, no entanto, que, havendo condições para a realização da prova tal como a lei requer, caso o juiz renuncie ao procedimento legal, em caso de gerar dúvida quanto à autoria, deve prevalecer a incerteza em favor do réu, jamais se podendo dizer que ele foi *reconhecido* pela vítima em audiência, por exemplo. Mas, excepcionalmente, não havendo profundas divergências entre acusação e defesa, quanto à autoria, a maneira informal de reconhecimento pode ser admitida como um complemento à prova gerada (exemplo disso ocorre quando o debate está em torno de ter havido ou não legítima defesa, mas não nega a defesa a autoria do fato).

5-A. Reconhecimento por videoconferência: embora autorizado pelo art. 185, § 8.º, do CPP, consideramos inadmissível, pois fere a ampla defesa e torna a prova extremamente informal. Lamentavelmente, tornou-se o reconhecimento de pessoa um cenário informal, feito em audiência, com a testemunha apontando para o réu e dizendo ter sido ele o autor de determinado crime. Pretende-se, agora, que a mesma testemunha aponte o acusado pela tela de um monitor qualquer, sem qualquer formalidade. Pensamos ser abusiva essa forma de reconhecimento, podendo gerar grave erro judiciário (ver, ainda, os comentários ao referido art. 185, § 8.º).

Art. 226

Código de Processo Penal Comentado · **Nucci**

6. Descrição inicial do reconhecendo: essa providência é importante para que o processo fragmentário da memória se torne conhecido, vale dizer, para que o juiz perceba se o reconhecedor tem a mínima fixidez (guarda o núcleo central da imagem da pessoa que pretende identificar) para proceder ao ato. Se descrever uma pessoa de dois metros de altura, não pode, em seguida, reconhecer como autor do crime um anão. É a lei da lógica aplicada ao processo de reconhecimento, sempre envolto em falhas naturais de percepção de todo ser humano.

7. Colocação ao lado de outras semelhantes: na esteira do declinado na nota anterior, o reconhecedor precisa se valer do processo de comparação para buscar no fundo da consciência a imagem efetiva daquele que viu cometer algo relevante para o processo. Seja ele testemunha, seja vítima, precisa estabelecer um padrão de confronto para extrair a identificação certa ou, então, colocar-se em profunda dúvida, sendo incapaz de proceder ao reconhecimento. O ideal, pois, é colocar pessoas semelhantes para serem apresentadas em conjunto ao reconhecedor. Na jurisprudência: STJ: "3. O posicionamento do réu sozinho para o reconhecimento pessoal viola o art. 226, II, do Código de Processo Penal, que determina que o agente será colocado, se possível, ao lado de outras pessoas que com ele tiverem semelhança. 4. A inexistência de outras provas que não guardem relação de causa e efeito com o ato viciado de reconhecimento impõe a absolvição do recorrente, por violação ao art. 226 do CPP. 5. Recurso especial provido para absolver o recorrente" (REsp 1.912.219/SP, 6.ª T., rel. Olindo Menezes (Desembargador convocado do TRF-1), 22.06.2021, v.u.).

8. Abrandamento da regra: aquiescemos, nesse prisma, com a lição de Tourinho Filho, quando menciona que a expressão "se possível" se refere "à exigência de serem colocadas pessoas que guardem certa semelhança com a que deve ser reconhecida" (*Comentários ao Código de Processo Penal*, v. 1, p. 432) e não com a obrigatoriedade de colocação de várias pessoas lado a lado. Realmente, o abrandamento da regra deve ser visto com relação ao aspecto visual de colaboradores do processo de reconhecimento, visto ser possível inexistir, no local, quem tenha parecença com o reconhecendo, razão pela qual outros serão eleitos para o ato. Não se deve proceder ao reconhecimento individualizado, ou seja, somente entre reconhecedor e reconhecendo. Se assim for feito, como já mencionado, não se trata de reconhecimento, mas de mero testemunho.

9. Processo fragmentário do reconhecimento: a imagem de algo ou alguém, que se pode guardar na memória, vai perdendo a intensidade (precisão dos seus contornos), a fixidez (núcleo central) e a regularidade (harmonia estrutural) com o passar do tempo, razão pela qual o processo de reconhecimento vale-se de elementos lógicos, auxiliares da natural deformação da imagem na consciência. Por isso, torna-se interessante a colocação de pessoas semelhantes lado a lado para o indivíduo, que pretende fazer o reconhecimento, ter elementos de comparação que, associados à lógica do seu raciocínio, permitam chegar à conclusão de ser determinada pessoa a procurada ou, então, de não ser nenhuma das que lhe foram apresentadas. A respeito, ver Altavilla, *Psicologia judiciária*, v. 1, p. 387-388.

10. Receio de intimidação ou influência: a cautela estabelecida pela norma processual penal é salutar e aplica-se, atualmente, na maioria dos casos. Crescendo o crime organizado e fortalecendo-se o delinquente diante da vítima e da testemunha, é preciso que o Estado garanta a fiel aplicação da lei penal, protegendo aqueles que colaboram com a descoberta da verdade real. Assim, havendo fundamento plausível, é preciso que a autoridade policial – trata-se do reconhecimento na fase extrajudicial neste caso – providencie o isolamento do reconhecedor. Cumpre mencionar que tal regra já se tornou habitual nos processos de reconhecimento, o que deflui natural, em nosso entender, pelo aumento da criminalidade e da violência com que agem os delinquentes.

11. Isolamento visual: procura-se evitar que o reconhecedor sofra a influência do reconhecendo e, por qualquer tipo de constrangimento ou mesmo sentimento de piedade, não diga a verdade. Por isso deve a autoridade providenciar o isolamento visual, para que o último não veja o primeiro, sempre que houver o temor da influência negativa de um sobre o outro.

12. Auto pormenorizado: é o registro, por escrito, de tudo quanto ocorrer no processo de reconhecimento. Devem ser anotadas as reações do reconhecedor e todas as suas manifestações, de modo a se poder analisar qual o processo mental utilizado para chegar à conclusão de que o reconhecendo é – ou não – a pessoa procurada. Há necessidade de duas testemunhas presenciais do reconhecimento, além da autoridade policial e do reconhecedor. Essas pessoas podem ser chamadas a depor em juízo para confirmar e narrar o constatado no momento do reconhecimento, ratificando-o como prova válida ou infirmando-o pela precariedade de elementos com que foi produzido. É fundamental que a autoridade policial não se utilize de subordinados seus para validar tão importante prova.

13. Valor do reconhecimento como meio de prova: quando produzido na polícia, torna-se uma prova longe do crivo do contraditório, embora possa ser confirmada em juízo não só por outro reconhecimento, mas também pela inquirição das testemunhas, que assinaram o auto pormenorizado na fase extrajudicial. Tem, como as demais provas colhidas no inquérito, valor relativo, necessitando de confirmação. Quanto ao reconhecimento feito em juízo, é prova direta, mas sempre subjetiva e merecedora de análise cautelosa. Se testemunhas são capazes de mentir em seus depoimentos, é natural que reconhecedores também podem fazê-lo, durante o reconhecimento de alguém. Além disso, é preciso contar com o fator de deturpação da memória, favorecendo o esquecimento e proporcionando identificações casuísticas e falsas. O juiz jamais deve condenar uma pessoa única e tão somente com base no reconhecimento feito pela vítima, por exemplo, salvo se essa identificação vier acompanhada de um depoimento seguro e convincente, prestado pelo próprio ofendido, não demovido por outras evidências. Na jurisprudência: STJ: "1. Para a jurisprudência desta Corte Superior, o reconhecimento de pessoa, presencialmente ou por fotografia, realizado na fase do inquérito policial, apenas é apto para identificar o réu e fixar a autoria delitiva quando observadas as formalidades previstas no art. 226 do Código de Processo Penal (HC n. 598.886/SC, Ministro Rogerio Schietti Cruz, Sexta Turma, *DJe* 18/12/2020). 2. O art. 226, antes de descrever o procedimento de reconhecimento de pessoa, diz em seu *caput* que o rito terá lugar 'quando houver necessidade', ou seja, o reconhecimento de pessoas deve seguir o procedimento previsto quando há dúvida sobre a identificação do suposto autor. A prova de autoria não é tarifada pelo Código de Processo Penal. 4. Antes, esta Corte dizia que o procedimento não era vinculante; agora, *evoluiu no sentido de exigir sua observância, o que não significa que a prova de autoria deverá sempre observar o procedimento do art. 226 do Código de Processo Penal.* O reconhecimento de pessoa continua tendo espaço quando há necessidade, ou seja, dúvida quanto à individualização do suposto autor do fato. Trata-se do método legalmente previsto para, juridicamente, sanar dúvida quanto à autoria. *Se a vítima é capaz de individualizar o agente, não é necessário instaurar a metodologia legal.* 5. A nova orientação buscou afastar a prática recorrente dos agentes de segurança pública de apresentar *fotografias às vítimas antes da realização do procedimento de reconhecimento de pessoas, induzindo determinada conclusão.* 6. A condenação não se amparou, exclusivamente, no reconhecimento pessoal realizado na fase do inquérito policial, destacando-se, sobretudo, que uma das vítimas reconheceu o agravante em Juízo, descrevendo a negociação e a abordagem. A identificação do perfil na rede social *facebook* foi apenas uma das circunstâncias do fato, tendo em conta que a negociação deu-se por essa rede social" (AgRg no HC 721.963/SP, 6.ª T., rel. Sebastião Reis Júnior, 19.04.2022, por maioria, grifamos); "2. Na hipótese, não há certeza sobre a autoria do delito, fundada

Art. 226

Código de Processo Penal Comentado · **Nucci**

512

unicamente em questionável reconhecimento fotográfico e pessoal feito pelas vítimas em sede policial, sem o cumprimento do rito processual previsto em lei. Dos elementos probatórios que instruem o feito, verifica-se que a autoria delitiva do crime de roubo cometido tem como único elemento de prova o reconhecimento em delegacia, sem observância das disposições do art. 226 do CPP, prova que não restou sequer confirmada em juízo, sob o crivo do contraditório e da ampla defesa. Em conclusão, o Juízo condenatório proferido pelo Tribunal a quo, fundado tão somente no reconhecimento fotográfico e pessoal que não observou o devido regramento legal – portanto, dissociado de outros elementos probatórios suficientes para lastrear idoneamente a condenação –, está em desconformidade com a jurisprudência do Superior Tribunal de Justiça" (AgRg no REsp 1.954.785/RS, 5.ª T., rel. Reynaldo Soares da Fonseca, 28.09.2021, v.u.).

14. Não aplicabilidade da preservação do reconhecedor frente ao reconhecido na fase judicial: é nítida a finalidade da lei em preservar a pessoa colocada na difícil situação de reconhecer outra, normalmente um criminoso – e perigoso –, submetendo-se a situações de constrangimentos de toda ordem e impedindo-a, até mesmo, de proceder à formação da prova com a isenção e idoneidade demandadas pela busca da verdade real no processo penal. Assim, é totalmente incompreensível a vedação estabelecida para a preservação da imagem do reconhecedor frente ao reconhecido em juízo. Como leciona, com pertinência, Tornaghi, a medida foi injustificável, demonstrando que a lei brasileira preferiu seguir "servilmente" a italiana (*Compêndio de processo penal*, t. III, p. 921). Em sentido oposto, estando de acordo com a vedação e alegando "razões óbvias", sem as enumerar, no entanto, está a posição de Tourinho Filho (*Comentários ao Código de Processo Penal*, v. 1, p. 432). Justifica sua existência, de modo ingênuo para a época atual, Espínola Filho: "E, apenas, quando o reconhecimento dever efetivar-se perante o julgador, quer na fase da instrução criminal, quer na do plenário de julgamento, não haverá motivo de providenciar desse modo, pois o ambiente em que se realiza o ato e a presença do juiz constituirão elementos de garantia suficientes, para nada temer o reconhecedor" (*Código de Processo Penal brasileiro anotado*, v. 3, p. 142). Somos levados a sustentar a evidente incompatibilidade do disposto neste parágrafo único com a realidade e, sobretudo, com os princípios processuais, entre os quais o da busca da verdade real. E frise-se: sem qualquer arrepio à ampla defesa e ao contraditório, pois não vislumbramos qual pode ser o interesse do réu em constranger a vítima ou a testemunha, ficando frente a frente com ela na fase do reconhecimento. Há muito se utiliza esse método de proteção, isolando reconhecedor e reconhecendo, nos fóruns brasileiros, até com a construção de salas especiais de reconhecimento nas novas unidades, à semelhança das existentes na polícia. Não há como se exigir de uma testemunha ou vítima ameaçada que fique frente a frente com o algoz, apontando-lhe o dedo a descoberto e procedendo ao reconhecimento como se fosse algo muito natural. Portanto, cremos que a norma em comento deve ser interpretada em sintonia com as demais existentes, hoje, no processo penal brasileiro, inclusive sob o espírito de proteção trazido pela Lei 9.807/1999, permitindo até mesmo a troca de identidade de pessoa ameaçada, para que seu depoimento seja isento e idôneo. Defendemos que a leitura deste dispositivo deve ser no sentido da possibilidade do reconhecimento em juízo ser feito, com ou sem o isolamento do reconhecedor, conforme as condições locais, enquanto, na polícia, o isolamento é obrigatório. Na fase extrajudicial, não havendo possibilidade de garantia de que o reconhecendo não verá o reconhecedor, não se produz a prova. Aguarda-se que o processo chegue a juízo. Assim, estaria incorporado o "*pode* não ter aplicação" – em lugar de "não terá aplicação" – no parágrafo único. Quem dessa forma não entender, ou seja, pretenda aplicar com rigorismo o disposto neste parágrafo, sem qualquer flexibilidade, jamais conseguirá de testemunha ou vítima ameaçada um reconhecimento válido. Portanto, se for para deixar o reconhecedor temeroso frente ao reconhecendo, é melhor não fazer o reconhecimento, isto é, não seguir a formalidade legal. Opinamos, então, como segunda opção, pelo abandono da forma prevista no parágrafo único para o *reconhecimento de pessoa ou coisa*, mantendo-se o *reconhecimento informal*, mas devidamente cercado das cautelas de proteção. Portanto, se alguém se mostrar constrangido por realizar o reconhecimento face a face, em juízo, deve o magistrado garantir a sua proteção, ocultando-o do reconhecendo e dando a essa prova o valor que ela possa merecer, como se fosse um testemunho. Exigir outra postura é contrariar a realidade e nunca andou bem a lei que o fez nem o intérprete que com isso compactuou.

> **Art. 227.** No reconhecimento de objeto,[15] proceder-se-á com as cautelas estabelecidas no artigo anterior, no que for aplicável.[16]

15. Objetos passíveis de reconhecimento: fornece-nos a relação Espínola Filho: a) coisas que, sob variada forma, relacionem-se com o fato delituoso; b) coisas sobre as quais recaiu a ação do criminoso; c) coisas com as quais levou-se a efeito a infração penal, tais como ocorre com os instrumentos do delito; d) coisas que, acidentalmente, foram alteradas, modificadas ou deslocadas pela ação criminosa, direta ou indiretamente; e) coisas que se constituíram no cenário da ocorrência do fato punível (*Código de Processo Penal brasileiro anotado*, v. 3, p. 146).

16. Aplicabilidade das normas do artigo antecedente: para o reconhecimento de coisas, pode-se seguir o disposto nos incisos I, II e IV do art. 226.

> **Art. 228.** Se várias[17] forem as pessoas chamadas a efetuar o reconhecimento de pessoa ou de objeto, cada uma fará a prova em separado, evitando-se qualquer comunicação entre elas.

17. Reconhecimento coletivo ou em grupo: é inadmissível. Não se pode aceitar que várias pessoas, ao mesmo tempo, umas influenciando as outras, o que seria natural diante da situação gerada, possam reconhecer pessoas ou coisas. O processo é individualizado, cada qual tendo a sua oportunidade de se manifestar livremente a respeito da pessoa ou da coisa a ser reconhecida. Torna-se importante, ainda, que a autoridade providencie a incomunicabilidade daquele que já participou da diligência com o que ainda vai empreendê-la, de modo a livrar a prova de qualquer mácula. A infringência ao disposto neste artigo torna inviável a aceitação da prova como *reconhecimento*, podendo-se dar a ela, no entanto, o valor que o juiz achar conveniente.

Capítulo VIII
DA ACAREAÇÃO[1-3]

1. Conceito de acareação: é o ato processual, presidido pelo juiz, que coloca frente a frente declarantes, confrontando e comparando manifestações contraditórias ou divergentes, no processo, visando à busca da verdade real. Registremos que a acareação, tal como prevista neste Capítulo, pode ser realizada igualmente na fase policial (art. 6.º, VI, CPP).

2. Natureza jurídica: trata-se de meio de prova, porque, por seu intermédio, o magistrado conseguiria eliminar do processo declarações e depoimentos divergentes, que constituem autênticos obstáculos à descoberta da verdade material.

Art. 229

3. Valor da acareação: teoricamente, é um meio de prova dos mais promissores, uma vez que serviria para contornar as mais intrincadas contradições entre testemunhas, entre estas e vítima, entre corréus, entre estes e o ofendido ou testemunhas, entre vítimas, enfim, possibilitaria o reequilíbrio das provas colhidas em autêntica desarmonia, permitindo o correto deslinde da causa. Na prática, no entanto, é inócua e sem utilidade, uma vez que, raramente, as pessoas confrontadas voltam atrás e narram, de fato, a verdade do que sabem.

> **Art. 229.** A acareação será admitida[4] entre acusados, entre acusado e testemunha, entre testemunhas, entre acusado ou testemunha e a pessoa ofendida, e entre as pessoas ofendidas, sempre que divergirem, em suas declarações, sobre fatos[5] ou circunstâncias relevantes.[6]
>
> **Parágrafo único.** Os acareados serão reperguntados,[7] para que expliquem os pontos de divergências, reduzindo-se a termo o ato de acareação.[7-A]

4. Admissão da acareação: pode dar-se, como prevê a norma, entre todos os sujeitos envolvidos no processo: a) entre corréus – respeitado, naturalmente o direito ao silêncio e a possibilidade que têm de não se autoacusar; b) entre réu e testemunha – respeitado, também nesse caso, o direito ao silêncio e o privilégio contra a autoacusação; c) entre testemunhas – nesta hipótese, é de se destacar dois pontos fundamentais: a possibilidade de retratação de uma delas, que estiver mentindo, eliminando a tipicidade do delito anteriormente cometido (art. 342, § 2.º, CP), bem como o privilégio contra autoacusação. Assim, as testemunhas podem evitar a retificação do que já disseram, antes, para não se envolverem em hipótese de autoincriminação. Por outro lado, na prática, terminam mantendo exatamente o declarado, para que, na sua visão, não piorem o já realizado. Seria extremamente conveniente que, feita acareação entre testemunhas, o magistrado explicasse, com detalhes, as duas alternativas referidas (retratação e proteção contra autoincriminação), além de, como é óbvio, tratando-se de testemunhas, repetir o dever de falar somente a verdade; d) entre vítima e acusado – hipótese de remoto sucesso, pois são partes antagônicas no processo e com relação ao fato delituoso, ambos prestando esclarecimentos sem o compromisso de dizer a verdade; e) entre vítima e testemunha – trata-se de alternativa envolvendo a ausência do dever de dizer a verdade, do lado do ofendido, com a possibilidade da testemunha se retratar ou proteger-se contra a autoincriminação; f) entre vítimas – situação que envolve duas partes sem o compromisso de narrar a verdade, logo, de difícil proveito.

5. Fatos e circunstâncias relevantes: o objeto da acareação há de ser fato (qualquer acontecimento) ou circunstância (particularidades ou peculiaridades, que acompanham o acontecimento) relevante (importante ou valoroso) para o deslinde da causa. Logo, não deve o juiz deferir acareação sobre fatos periféricos, irrelevantes para a apuração do crime e de suas circunstâncias, tampouco sobre fatos importantes, mas que não revelem contradições fundamentais, visto que pequenas divergências são naturais às narrativas das pessoas. Mereceriam, isto sim, uma acareação as testemunhas que oferecessem depoimentos extremamente precisos e detalhados, sem qualquer falha, indicadores de fraude ou inverdades programadas. Nessa linha, anote-se o ensinamento de Altavilla, que considera o testemunho absolutamente exato uma exceção, razão pela qual pode gerar a natural suspeita do juiz (*Psicologia judiciária*, v. 2, p. 325).

6. Requerimento das partes ou procedimento de ofício: pode a acareação ser requerida por qualquer das partes e, também, determinada de ofício pelo magistrado. A sua realização fica ao prudente critério do julgador, visto ser a ele que o conjunto probatório se destina. Portanto, nem sempre o indeferimento da produção da prova configura algum tipo de cerceamento.

7. Procedimento do magistrado na condução da acareação: após a colocação frente a frente, na presença das partes (acusação e defesa), das pessoas que devem aclarar as divergências apresentadas em suas declarações, deve o juiz destacar, ponto por ponto, as contradições existentes. Paulatinamente, obtém de ambos os esclarecimentos necessários, fazendo *reperguntas* – como diz a lei –, ou seja, reinquirindo exatamente a questão controversa. Conforme as reperguntas forem sendo respondidas pelos envolvidos, o juiz vai ditando as explicações, compondo o termo. Alerta, com pertinência, Bento de Faria que as testemunhas não "devem se limitar a manter o quanto já disseram, mas hão de dar as razões que justifiquem suficientemente os seus ditos, podendo, prestar, novos esclarecimentos ou retificar os anteriores" (*Código de Processo Penal*, v. 1, p. 327).

7-A. Acareação por videoconferência: cuida-se de hipótese prevista pelo art. 185, § 8.º, do CPP (redação dada pela Lei 11.900/2009). Entendemos ser raro o sucesso da acareação, quando normalmente realizada, colocando-se os envolvidos frente a frente; imagine-se a concretização da mesma diligência por vídeo, significando maior tendência ao fracasso. Checar os nossos comentários ao referido art. 185, § 8.º.

> **Art. 230.** Se ausente alguma testemunha,[8] cujas declarações divirjam das de outra, que esteja presente, a esta se darão a conhecer os pontos da divergência, consignando-se no auto o que explicar ou observar. Se subsistir a discordância, expedir-se-á precatória à autoridade do lugar onde resida a testemunha ausente,[9] transcrevendo-se as declarações desta e as da testemunha presente, nos pontos em que divergirem, bem como o texto do referido auto, a fim de que se complete a diligência, ouvindo-se a testemunha ausente, pela mesma forma estabelecida para a testemunha presente. Esta diligência só se realizará quando não importe demora prejudicial[10] ao processo e o juiz a entenda conveniente.

8. Acareação a distância: trata-se de uma providência criada, inovadoramente, pelo Código de Processo Penal de 1941, como bem demonstra a Exposição de Motivos. Torna-se possível promover a acareação entre pessoas que não estão face a face, fazendo com que os pontos divergentes sejam esclarecidos diretamente pela pessoa presente, através das reperguntas feitas pelo juiz. Segundo cremos, se algum valor pode haver na acareação é justamente a colocação de duas pessoas, cujos depoimentos são contraditórios, frente a frente, para que o magistrado tenha a oportunidade de perceber, inclusive através de pequenos gestos corporais e faciais, frases e estado de espírito, quem está mentindo e quem fala a verdade. Realizado o ato por precatória, a prova é esvaziada em grande parte, restando pouca chance de ter sucesso. Assim, inicialmente o magistrado colhe as respostas acerca das contradições da pessoa presente, para, depois, expedir precatória à autoridade judiciária, onde se encontra a pessoa ausente, que poderá esclarecer, na sua visão, as divergências existentes. É possível ocorrer duas situações: a) a pessoa presente está na Comarca do juiz do feito e a ausente em outra. Convoca o magistrado a residente na sua esfera de jurisdição, ouvindo-a sobre as contradições existentes. Se tudo ficar esclarecido devidamente, nenhuma outra providência é tomada; b) ouve o juiz a pessoa presente; persistindo as contradições, expede-se precatória para outro magistrado ouvir a pessoa ausente, porque reside em Comarca diversa.

9. Testemunha ausente: entende Espínola Filho que a pessoa ausente não necessariamente precisa residir em outra Comarca, mas pode ter falecido ou ter ficado insana. Dessa

Art. 230

Código de Processo Penal Comentado • **Nucci**

516

forma, os pontos de divergência serão confrontados pelo que a ausente tiver declarado com o que a presente puder esclarecer (*Código de Processo Penal brasileiro anotado*, v. 3, p. 154).

10. Princípio da economia processual: vigendo no processo penal, recomenda-se que a instrução seja o mais célere possível, especialmente no que concerne aos réus presos. Por isso, o juiz somente deferirá a acareação a distância, caso seja essencial para a busca da verdade real e com sérios fundamentos de que possa ter algum resultado.

Capítulo IX
DOS DOCUMENTOS[1-2-A]

1. Conceito de documento: é toda base materialmente disposta a concentrar e expressar um pensamento, uma ideia ou qualquer manifestação de vontade do ser humano, que sirva para expressar e provar um fato ou acontecimento juridicamente relevante. São documentos, portanto: escritos, fotos, fitas de vídeo e som, desenhos, esquemas, gravuras, disquetes, CDs, DVDs, *pen-drives*, *e-mails*, entre outros. Trata-se de uma visão amplificada do tradicional conceito de documento – simples escrito em papel – tendo em vista a evolução da tecnologia e, aos poucos, a substituição da estrutura material tradicional por outras inovadoras e que, igualmente, permitem a fixação de uma base de conhecimento. À sua época, já fixava Espínola Filho de maneira ampla o conceito de documento, mencionando o seguinte: "Pouco importa a forma, por que se objetive a manifestação da vontade ou do pensamento; pode tratar-se de uma declaração manuscrita, datilografada, impressa, desenhada, esculpida, gravada, por meio de letras, de cifras, de figuras, de notas musicais, de hieróglifos, de sinais telegráficos, esteno-gráficos etc. (...) Em suma, não é possível estabelecer limitações, devendo aceitar-se qualquer elemento material apto a receber e conservar uma declaração de vontade ou de pensamento, expresso por qualquer modo capaz de ser compreendido, traduzido, interpretado" (*Código de Processo Penal brasileiro anotado*, v. 3, p. 160). Sobre a consideração de ser prova documental a filmagem de vídeo, ver a nota 5-A no Capítulo I deste Título. Vale registrar, ainda, o disposto na Lei 11.419/2006, a respeito da informatização do processo judicial: "Os documentos produzidos eletronicamente e juntados aos processos eletrônicos com garantia de origem e de seu signatário, na forma estabelecida nesta Lei, serão considerados originais para todos os efeitos legais" (art. 11, *caput*). Os demais parágrafos do referido art. 11 disciplinam a validade de utilização do documento produzido eletronicamente e seu acesso pelas partes. Torna-se, pois, mais uma confirmação de que o antigo conceito de documento como singelo *papel* já não mais pode ser adotado. Avança-se na modernidade e, mesmo que o Código de Processo Penal, continue a visualizar somente o *papel* como forma documental, é preciso levar em conta as demais bases materiais dispostas a receber e registrar informes importantes para servir de prova.

2. *E-mail* deve ser considerado documento: baseado no critério ampliativo do conceito de documento, abrangendo outras bases suficientes para registrar pensamentos ou outras manifestações de vontade, é de ser considerado documento o *e-mail* armazenado dentro de um computador, no disco rígido.

2-A. Parecer de jurista: não se considera documento, pois não expressa nenhum fato juridicamente relevante ao processo. Cuida-se de mera opinião acerca de um tema ou de uma decisão. Aliás, do mesmo modo, a petição da parte também não pode ser considerada um documento. Desse modo, não existe necessidade de se submeter ao contraditório o parecer juntado aos autos, acompanhando razões ou contrarrazões de recurso. Conferir: STF: "Parecer da lavra de jurista renomado não constitui documento nos termos da legislação processual penal vigente" (RHC 94.350-SC, 1.ª T., rel. Cármen Lúcia, 14.10.2008, v.u.).

Art. 231. Salvo os casos expressos em lei,[3] as partes poderão apresentar documentos[4] em qualquer fase do processo.[4-A]

3. Regra para apresentação de documentos no processo: qualquer fase admite a juntada de documentos, sempre se providenciando a ciência das partes envolvidas, exceto quando a lei dispuser em sentido diverso. No procedimento do júri, por exemplo, não se admite que a parte apresente, no plenário, um documento não juntado aos autos, com ciência do adversário, pelo menos três dias antes do julgamento (art. 479, CPP). Na jurisprudência: STJ: "1. A teor da jurisprudência desta Corte Superior, o art. 231 do Código de Processo Penal, que prevê a possibilidade de as partes apresentarem documentos em qualquer fase do processo, pode ser relativizado em virtude do princípio do livre convencimento motivado. O mesmo dispositivo legal também não exige que o documento apresentado seja novo, bastando que sejam garantidos o contraditório e a ampla defesa nas hipóteses em que for deferida a juntada. Por outro lado, o indeferimento da medida requer fundamentação pelo julgador, com a indicação das razões pelas quais este concluiu pela existência de propósito protelatório ou tumultuário da parte (AgRg no AgRg no REsp n. 1.842.255/SC, Ministro Messod Azulay Neto, Quinta Turma, *DJe* 8/3/2024). No caso, houve manifestação da defesa, em contrarrazões, sobre o documento apresentado pelo Ministério Público em sede de recurso em sentido estrito, não havendo falar, pois, em cerceamento de defesa" (AgRg no AREsp 2.530.799/SP, 6.ª T., rel. Sebastião Reis Júnior, 21.05.2024, v.u.); "2. Não obstante os esforços argumentativos do agravante, não é possível extrair de que maneira a juntada tardia de documentos por parte do Ministério Público prejudicou a ampla defesa e o contraditório, considerando que o magistrado responsável pela condução do processo abriu prazo para que as defesas se manifestassem acerca do conteúdo dos documentos juntados, não se vislumbrando prejuízos ao exercício das garantias constitucionais inerentes ao processo penal" (AgRg no HC 761.213/SP, 5.ª T., rel. Reynaldo Soares da Fonseca, 13.09.2022, v.u.).

4. Laudo pericial como documento, propiciando a arguição de falsidade: ver nota 4 ao art. 145.

4-A. Juntada de declarações colhidas pelo Ministério Público: depende da legalidade ou legitimidade atribuída à coleta de provas diretamente pelo MP. Aceitando, podem-se juntar termos de depoimento colhidos pela instituição. Não aceitando, por entender tratar-se de investigação indevida, a juntada desses termos é incabível. Hoje, tem-se aceitado que o MP produza provas, no entanto, é preciso ter cuidado para não dar aos depoimentos colhidos o mesmo efeito de uma declaração coletada em juízo, sob o crivo do contraditório. Em face disso, considerar as referidas declarações captadas pelo MP como *documentos*, em nosso entendimento, é um erro. Deve-se permitir a juntada, mas como prova constituída extrajudicialmente. O documento prova algo (RG, CPF, escritura etc.); os depoimentos coletados pelo *Parquet* não perdem o seu caráter de uma declaração de pessoa acerca de algo ou alguém, embora não se possa colocá-la na categoria de prova efetiva. Noutros termos, não deixa de ser *prova testemunhal*, porém extrajudicial. Na jurisprudência: STJ: "1. O Ministério Público tem legitimidade para a colheita de elementos probatórios essenciais à formação de sua *opinio delicti*. Não havendo nulidade na prova colhida diretamente pelo órgão ministerial, nada impede sua juntada aos autos nos termos do art. 231 do Código de Processo Penal, que assegura às partes apresentar documentos em qualquer fase do processo. 2. Basta para assegurar o cumprimento dos postulados constitucionais da ampla defesa e do contraditório, que o julgador intime a parte contrária para se manifestar a respeito. 3. Recurso provido para determinar a juntada dos documentos" (RMS 31.878, 5.ª T., rel. Laurita Vaz, 16.11.2012, v.u.).

Art. 232

Código de Processo Penal Comentado · **Nucci**   518

> **Art. 232.** Consideram-se documentos[5] quaisquer escritos,[6] instrumentos[7] ou papéis,[8] públicos ou particulares.[9-10]
>
> **Parágrafo único.** À fotografia do documento,[11] devidamente autenticada, se dará o mesmo valor do original.[12]

5. Documento nominativo ou anônimo: o documento pode ser, segundo cremos, nominativo – que possui o nome de quem o produziu – ou anônimo – que não possui a indicação de quem o materializou. Há doutrina sustentando que o documento anônimo não pode ser assim considerado, como ocorre com os escritos anônimos (Bento de Faria, *Código de Processo Penal*, v. 1, p. 329), embora não seja essa a melhor opinião. Uma fotografia, por exemplo, retratando determinada situação importante para o desfecho de um processo pode ser juntada aos autos, mesmo que não se saiba quem a produziu. Ainda assim é um documento. Logicamente, um escrito anônimo terá de ser cuidadosamente avaliado pelo magistrado, visto não ter o mesmo valor do documento nominativo. Entretanto, o fato de não se saber quem o escreveu não o torna inútil, nem lhe retira o aspecto documental de uma ideia reduzida em base material. Imagine-se alguém que tenha presenciado um homicídio e, não desejando ser reconhecido, envia carta anônima à polícia; graças a isso, localiza-se o autor, que ampla e espontaneamente confessa seu ato. Torna-se importante fator de prova aquela carta, pois justifica o fato de o Estado-investigação ter chegado a desvendar a autoria da infração penal, legitimando-a de alguma forma. Não se quer absolutamente dar a esse documento anônimo o mesmo valor que possui o nominativo, passível de confirmação, mas não deixa de ser, no contexto probatório, um elemento a mais para a avaliação judicial. Somente não se deve excluí-lo do conjunto das provas, visto que ilícito não é.

6. Escrito: trata-se de um papel ou de outra base material contendo a representação de palavras ou ideias através de sinais. Pode ou não constituir um documento, conforme seja ou não destinado a conter fato juridicamente relevante (rabiscos de frases sem finalidade e sem nexo que se faça sobre um papel, por exemplo, não constituem fato relevante).

7. Instrumento: é o documento pré-constituído para a formação de prova. Entendemos ser algo mais do que um simples escrito (como recibos, procurações, termos etc.), tendo em vista que, atualmente, há várias bases materialmente dispostas para receber sinais, expressando pensamentos e ideias, tais como arquivos de computador, passíveis de serem abertos em equipamentos de informática, comprovando nitidamente situações e fatos relevantes.

8. Papel: o termo *papel* precisa ser interpretado residualmente, vale dizer, excluídos os elementos anteriores (escritos e instrumentos). Uma folha de papel em branco não significa nada, razão pela qual necessitamos estabelecer o conceito de *papel*, como sendo a base constituída de matéria fibrosa, de origem vegetal, tratada e destinada à formação de folhas aptas a receber gráficos, desenhos, ilustrações, entre outros. Logo, se escrito já foi abordado em termo anterior, resta ao *papel* o sentido de base para conter outras manifestações de pensamento, ideias ou fatos diversos da escrita, tal como ocorre com as fotografias, que são imagens registradas em papel, geralmente, sob processo especial.

9. Públicos ou particulares: conforme a origem, o documento pode ser público – quando produzido por funcionário público, no exercício das suas funções, possuindo maior credibilidade (certidões, atestados etc.) – ou privado, quando realizado por particular, sem qualquer intervenção do Estado.

10. Valoração do documento: para que seja considerado efetivo meio de prova, ensina a doutrina dever ser o documento apresentado, no processo, por inteiro – sem fragmentações que possam comprometer o seu sentido –, livre de defeitos ou vícios – sem rasuras, borrões ou emendas, tornando-o insuspeito e inteligível – compreensível por quem o visualiza. Se for obscuro ou apresentado em linguagem codificada, depende do parecer de um técnico, tornando-se prova pericial e não documental.

11. Fotografia do documento: é a fotocópia ("xerox"), hoje amplamente utilizada por todos para reproduzir um documento original. Almeja o Código de Processo Penal que ela seja autenticada, isto é, reconhecida como verdadeira por agentes do serviço público, conforme fórmula legalmente estabelecida. Não se veda, no entanto, a consideração de uma fotocópia como documento, embora preceitue a lei que ela não terá o mesmo valor probatório do original. Ao juiz cabe a avaliação da prova, tornando-se a fotocópia livre de controvérsias se, juntada por uma parte, não tiver sido impugnada pela outra. Nesse prisma: STJ: "1. Se a certidão, lavrada pelo escrevente da secretaria do Juízo, afirmava que estava sendo juntada aos autos cópia do laudo toxicológico definitivo, em razão de o original ter sido extraviado, estava implícito que a cópia juntada era autêntica e que, portanto, atendia ao disposto no art. 232, parágrafo único, do Código de Processo Penal. 2. A exigência de que constasse da certidão, explicitamente, que a cópia correspondia ao original constitui excesso de formalismo. Se o escrevente asseverou que juntava aos autos cópia do laudo definitivo, que se havia extraviado, é evidente que o fazia porque correspondia ela ao original. 3. A defesa quando teve vista para se manifestar acerca da juntada da cópia do laudo, ocorrida após as alegações finais, ou na apelação, em momento algum questionou a veracidade da cópia do laudo juntada, decorrendo a invalidação da cópia da atuação *ex officio* da Corte de origem" (REsp 1.200.498/MG, 6.ª T., rel. Sebastião Reis Júnior, DJ 20.02.2014).

12. Documento original: é o produzido em formato inicial ou inédito. Um desenho pode ser feito por uma pessoa sobre o papel pela primeira vez, constituindo um documento original. A partir daí, pode-se reproduzi-lo por fotocópias ou outros mecanismos tecnologicamente viáveis (como o *scanner* dos computadores).

> **Art. 233.** As cartas particulares,[13] interceptadas[14] ou obtidas por meios criminosos, não serão admitidas em juízo.[15]
>
> **Parágrafo único.** As cartas poderão ser exibidas em juízo pelo respectivo destinatário,[16] para a defesa de seu direito, ainda que não haja consentimento do signatário.[17]

13. Cartas particulares: são os escritos, produzidos por um particular, dirigidos a terceiros. Diferem das *cartas públicas*, normalmente denominados ofícios, que são comunicações formais estabelecidas entre funcionários públicos, não resguardadas pela privacidade.

14. Interceptação de correspondência particular: *interceptar* significa interromper o seu curso, demonstrando que alguém impediu a carta de chegar ao seu autêntico destinatário. Por si só é conduta ilícita, razão pela qual bastaria a norma ter-se referido à obtenção por *meio criminoso*. A proteção advém tanto da Constituição Federal (art. 5.º, XII), quanto do Código Penal (art. 151) e da Lei 6.538/1978, que regula os serviços postais (art. 40).

15. Inadmissibilidade da produção em juízo de prova ilícita: tal como já comentado no início do Capítulo I, deste Título, a Constituição Federal veda a produção, no processo, de provas obtidas por meios ilícitos, razão pela qual o disposto nesse artigo está em plena harmonia com o sistema constitucional adotado em 1988. Naturalmente, qualquer carta particular, cujo conhecimento do conteúdo é liberado pelas partes envolvidas (remetente e destinatário), pode ser juntado no processo e torna-se documento legítimo.

16. Diferença entre violação de correspondência e violação de segredo: há dois objetos jurídicos protegidos pelo Código Penal, com supedâneo na Constituição Federal: a inviolabilidade da correspondência (art. 151, CP, e art. 5.º, XII, CF) e a inviolabilidade de segredo (art. 153, CP, e art. 5.º, X, CF). Enquanto o *caput* deste artigo em comento evita a produção de uma modalidade de prova ilícita, como seria a interceptação de carta, violando-se a correspondência alheia, para a juntada nos autos do processo, o parágrafo único busca garantir que segredos não sejam violados, sem justa causa. Note-se que uma pessoa pode remeter a outra uma correspondência confidencial (art. 153, CP), não lhe dando autorização para divulgação, porque danos podem advir a alguém. Nesse caso, há proibição legal para que o conteúdo seja comunicado a terceiros, o que naturalmente aconteceria se a carta fosse exibida no processo. Entretanto, como nenhum direito é absoluto, estabelece o Código de Processo Penal, em franca sintonia com o disposto na Constituição, privilegiando a ampla defesa e almejando evitar, a qualquer custo, o erro judiciário, a possibilidade de se juntar a carta, no feito em trâmite, para a defesa de direito pertinente ao destinatário da carta, *ainda que não haja consentimento do signatário*, isto é, mesmo que prejudique alguém. Nesse caso, a correspondência não foi violada, porque já estava aberta por quem de direito – que é o destinatário –, mas somente houve autorização para que seu *conteúdo* fosse divulgado. Fornecemos, como exemplo, em nosso *Código Penal comentado*, nota 133 ao art. 153, a situação do destinatário, que apresenta à polícia carta enviada por alguém, confessando a prática de um crime. Essa divulgação não é feita *sem justa causa*, mas no interesse de se apurar o verdadeiro culpado, inclusive tendo em vista que essa descoberta poderá auxiliar na defesa de direito do destinatário, eventualmente considerado suspeito. Estabelecendo nítida diferença entre a violação de correspondência e a divulgação de conteúdo de carta já recebida, está a lição de Bento de Faria: "Durante essa condução, essa transmissão, essa comunicação, ou se efetue postal, ou particularmente, não pode a Justiça (como diz Milton) *interceptar* a correspondência, embora dirigida a pessoas indiciadas em delitos, ou deles suspeitas. Concluindo esse trajeto e consumado esse destino com a chegada e a abertura das cartas pelos seus legítimos donos, ultimada se acha a função peculiar à *correspondência*, a função que lhe dá o caráter, a que lhe constitui a missão, a que lhe resume a utilidade: pôr em contato, em relação, em conversa recíproca, indivíduos distantes um do outro. Feito isso as cartas decaíram da sua expressão, e ultimaram o seu papel de *correspondência*. São agora – *documentos* –, mais ou menos como os demais, registro de impressões, memórias escritas de fatos, títulos de compromissos, elementos de prova em direito, obrigações e contratos. A inviolabilidade constitucional já não as protege do mesmo modo contra a interferência averiguada ou repressiva da Justiça. Esta maneira de entender a nossa lei constitucional não diversifica da que se tem adotado em outros países, onde a linguagem das Constituições escritas se assemelha ou iguale a da nossa Constituição atual" (*Código de Processo Penal*, v. 1, p. 338).

17. Sigilo profissional: constitui uma exceção ao mencionado no parágrafo único deste artigo em comento. Se o profissional tem o dever de não prestar depoimento, quando possa revelar segredo auferido no exercício da sua função (art. 207, CPP), também não está autorizado a juntar no processo uma correspondência que tenha recebido em razão da profissão, expondo seu cliente/paciente a risco de processo. Assim, caso o advogado receba carta de seu cliente, preso, expondo aspectos relevantes da sua conduta criminosa, não está autorizado a exibi-la no processo.

Art. 234. Se o juiz tiver notícia da existência de documento relativo a ponto relevante da acusação ou da defesa, providenciará,[18] independentemente de requerimento de qualquer das partes, para sua juntada aos autos, se possível.[19]

18. Diligência de ofício: naturalmente pode – e deve – o juiz, em busca da verdade real, como já se afirmou anteriormente, coligir provas indispensáveis ao deslinde do feito. Sendo ele o destinatário da prova, nada mais justo do que colhê-la, diretamente, quando disso tomar conhecimento. Aliás, muitos documentos somente poderão ser conseguidos por intermédio de requisição judicial, como ocorre com a quebra do sigilo fiscal ou bancário, razão pela qual é plausível que o próprio magistrado os busque para a juntada nos autos.

19. Possibilidade jurídica e de fato: a ressalva feita pela norma, a respeito da *possibilidade* de juntada do documento aos autos, refere-se tanto à autorização legal para tanto, como a outras circunstâncias de fato. O juiz não pode determinar a apreensão de carta em trâmite pelo serviço postal, como também não pode providenciar a juntada de carta destruída pela parte interessada. Assim, respeitadas as hipóteses de direito e de fato, o mais pode ser conseguido pelo magistrado.

> **Art. 235.** A letra e firma dos documentos particulares serão submetidas a exame pericial, quando contestada a sua autenticidade.

20. Exame grafotécnico: trata-se de hipótese de prova pericial realizada sobre prova documental, ambas para a busca da verdade real, atestando-se se, efetivamente, determinado documento particular é autêntico ou falsificado. Ver comentários ao art. 174 retro. Como exemplo, pode-se citar a juntada aos autos de uma carta, devidamente assinada pelo remetente, apresentada pelo destinatário, nos termos do autorizado pelo art. 233, parágrafo único, mas cuja autenticidade é questionada pela pessoa a quem se imputa a sua escrita. Faz-se, então, o exame caligráfico. Esse artigo chega a ser desnecessário, pois qualquer escrito passível de questionamento pode ser submetido a exame pericial. Acrescente-se, apenas, a questão da autenticação da firma, isto é, o reconhecimento de assinatura manuscrita de alguém como verdadeiro, feita por funcionário público especialmente encarregado. Trata-se de crime (art. 300, CP) o reconhecimento falso de firma, razão pela qual torna-se lógica a hipótese de verificação da sua autenticidade, mormente quando questionada pela parte interessada.

> **Art. 236.** Os documentos em língua estrangeira,[21] sem prejuízo de sua juntada imediata, serão, se necessário, traduzidos por tradutor público,[22] ou, na falta, por pessoa idônea nomeada pela autoridade.[23]

21. Documentos em língua estrangeira: devem ser traduzidos, quando necessário. É natural que um documento produzido na Espanha seja considerado em língua estrangeira, mas pode ser considerado de entendimento amplo pelas partes, razão pela qual independe de tradução. A decisão ficará a critério do juiz que, entretanto, deve providenciá-la, sempre que qualquer dos envolvidos no processo assim deseje. Nos tribunais: STJ: "Devidamente justificada a desnecessidade de tradução de documentos estrangeiros, não há que se falar em ilegalidade, uma vez que, nos termos de precedente desta Corte Superior e na dicção do art. 236 do CPP, a tradução de documentos estrangeiros só deve ser feita em caso de absoluta necessidade" (AgRg no REsp 1.486.971/RJ, 5.ª T., rel. Jorge Mussi, 15.05.2018, v.u.).

22. Tradutor público ou nomeado: quando possível, deve o magistrado nomear tradutor público, isto é, a pessoa profissionalizada e reconhecida pelo próprio Poder Público, especialmente pelo Judiciário, como perito apto a fazer traduções. Lembremos que o tradutor e o intérprete devem ser equiparados aos experts (art. 281, CPP). Na sua falta, o magistrado nomeará pessoa de confiança e idônea para proceder à tradução, mediante compromisso.

Art. 237

23. Outros documentos passíveis de tradução: indica-nos Espínola Filho a possibilidade de submeter à tradução outros documentos, que não estejam propriamente em língua estrangeira, mas, sim, em linguagem cifrada ou estenografada (*Código de Processo Penal brasileiro anotado*, v. 3, p. 173). O juiz indicará pessoa habilitada a realizar a conversão em linguagem conhecida, sob pena de desentranhamento dos autos. Há, ainda, a hipótese dos documentos escritos em péssima letra, tornados ininteligíveis. Nesse caso, o melhor a fazer é convocar a juízo o autor do escrito, para que possa esclarecer o seu conteúdo. Poderá, ainda, o magistrado, tratando-se de funcionário público, determinar a produção de outra cópia do mesmo documento. Finalmente, quando a pessoa que o produziu estiver ausente, por qualquer razão (ex.: falecimento), pode o juiz empregar os conhecimentos de perito para "traduzir" o documento.

> **Art. 237.** As públicas-formas[24] só terão valor quando conferidas com o original, em presença da autoridade.

24. Pública-forma: trata-se da cópia autenticada por oficial público de papel avulso, servindo para substituir-se a este, na grande maioria das vezes. Estaria o artigo em comento referindo-se à certidão e ao traslado também? Cremos que não. Valemo-nos das definições expostas pelo magistrado Francisco Eduardo Loureiro, em parecer aprovado pela Corregedoria-Geral da Justiça de São Paulo (*DOE*, Poder Judiciário, Caderno 1, 14.02.1997, p. 34), definindo *pública-forma* como a cópia autenticada de documento, que difere da certidão (cópia extraída de livro de notas, em formato integral, parcial ou de breve relato, feita por oficial público, dentro das formalidades legais) e do traslado (cópia do original, constituindo a *2.ª via* ou a duplicata, extraída no momento de produção do documento nos livros do notário). Assim, as certidões e os traslados, para os fins deste artigo, não são consideradas *públicas-formas* e sim documentos originais (art. 232, *caput*, CPP). Por outro lado, já que o Código de Processo Penal admite, com o mesmo valor do original, a fotografia do documento, devidamente autenticada (pública-forma), conforme se observa no art. 232, parágrafo único, é desta fotocópia que se trata neste texto. Assim, quando a autoridade judiciária tiver alguma dúvida, quanto à autenticidade da fotocópia autenticada, poderá exigir a apresentação do original para sua conferência. Exemplificando: para a decretação da extinção da punibilidade por morte do agente, exige o art. 62 do Código de Processo Penal a apresentação da certidão de óbito. Juntando-se aos autos uma cópia autenticada, que teria o mesmo valor do original, pode o magistrado, considerando útil para sua apreciação, determinar a exibição da certidão original para conferência.

> **Art. 238.** Os documentos originais, juntos a processo findo,[25] quando não exista motivo relevante[26] que justifique a sua conservação nos autos, poderão, mediante requerimento,[27] e ouvido o Ministério Público, ser entregues à parte que os produziu, ficando traslado nos autos.[28-29]

25. Processo findo: entenda-se aquele que já contém decisão final terminativa, com trânsito em julgado.

26. Motivo relevante para a conservação nos autos: há várias situações que podem demonstrar a inconveniência de se devolver à parte interessada um documento juntado aos autos. Não se pode, como exemplos, devolver à parte: a) o documento falsificado, que foi objeto de consideração pelo juiz para fundamentar a sentença condenatória, visto constituir a materialidade do delito. Nesse prisma, Bento de Faria, que defende a não liberação de todo documento que compus o corpo de delito (*Código de Processo Penal*, v. 1, p. 346); b) qualquer documento, que tenha sido essencial para a sentença condenatória, desde que pendente o trâmite de uma revisão criminal; c) o documento, cujo porte ou divulgação seja vedado por lei, como aquele que contém segredo interessante à administração pública; d) a certidão de óbito, que deu causa à decisão de extinção da punibilidade do réu, entre outros. O importante é verificar, concretamente, se a devolução pode prejudicar o interesse público de mantê-lo nos autos. Por outro lado, como lembra Tornaghi, se houver controvérsia acerca da propriedade do documento, reclamada por várias pessoas, o melhor é mantê-lo entranhado nos autos do processo criminal, aguardando-se que se decida, na esfera cível, a questão (*Compêndio de processo penal*, t. III, p. 99).

27. Provocação do interessado: não se admite que o juiz, de ofício, delibere devolver qualquer documento a quem quer que seja. É preciso existir requerimento da parte interessada, ouvindo-se o representante do Ministério Público a respeito. Por outro lado, o requerente deve demonstrar o seu interesse na devolução do documento. Caso seja deferido pelo juiz, traslado (cópia) deve ficar nos autos.

28. Indeferimento do pedido: não há recurso previsto. Pode ser cabível, então, o mandado de segurança.

29. Restituição de coisas apreendidas: quando o documento pertencer a terceiro, não tendo sido produzido pela parte envolvida no processo, submete-se o processo de devolução ao previsto no Capítulo V do Título VI (arts. 118 e ss.), do Código de Processo Penal.

Capítulo X

DOS INDÍCIOS[1]

1. Conceito de indício: o indício é um fato secundário, conhecido e provado, que, tendo relação com o fato principal, autorize, por raciocínio indutivo-dedutivo, a conclusão da existência de outro fato secundário ou outra circunstância. É prova indireta, embora não tenha, por causa disso, menor valia. O único fator – e principal – a ser observado é que o indício, solitário nos autos, não tem força suficiente para levar a uma condenação, visto que esta não prescinde de segurança. Assim, valemo-nos, no contexto dos indícios, de um raciocínio indutivo, que é o conhecimento amplificado pela utilização da lógica para justificar a procedência da ação penal. A indução nos permite aumentar o campo do conhecimento, razão pela qual a existência de vários indícios torna possível formar um quadro de segurança compatível com o almejado pela verdade real, fundamentando uma condenação ou mesmo uma absolvição. Trataremos, em nota abaixo, do conceito de indução e de sua utilização no processo penal.

> **Art. 239.** Considera-se indício a circunstância conhecida e provada, que, tendo relação com o fato, autorize, por indução,[2-3] conclui-se a existência de outra ou outras circunstâncias.[4-6]

2. Indução: é o "raciocínio no qual de dados singulares ou parciais suficientemente enumerados se infere uma verdade universal", nas palavras de Jacques Maritain (A ordem dos conceitos – Lógica menor, p. 283). Tivemos oportunidade de escrever sobre o tema, anteriormente, razão pela qual somos da opinião de que o legislador empregou o termo

Art. 239

Código de Processo Penal Comentado · **Nucci**   524

exato neste artigo, vale dizer, o raciocínio utilizado pelo magistrado, utilizando os indícios para chegar a uma conclusão qualquer no processo, é realmente indutivo. Ressalvamos que há alguns doutrinadores sustentando ter havido um erro de redação, usando-se a palavra *indução* em lugar do que consideram correto, que seria *dedução* (por todos nessa crítica, veja-se Tornaghi, *Compêndio de processo penal*, t. III, p. 945). A objeção é incorreta, pois a dedução é um raciocínio mais simples, que não permite a ampliação do conhecimento, mas estabelece a conjunção do que já é conhecido, *afirmando,* pois, a noção que se tem de algo. A indução faz crescer o conhecimento do ser humano, unindo-se dados parciais para formar um quadro mais amplo. Ainda assim, é preciso ressaltar não produzir a indução *verdades absolutas*, mas nenhuma decisão judicial pode chamar a si tal qualidade. O juiz decide, ainda que fundamentado em provas diretas, como a confissão judicial ou a pericial, com uma grande probabilidade de acerto, mas jamais em caráter absoluto, visto que confissões podem ser falsas, assim como o perito pode ter-se equivocado. Anote-se o alerta de Fábio Ulhoa Coelho: "A comprovação processual de um acontecimento não significa a sua efetiva verificação. É claro que o homem desenvolveu várias técnicas de reprodução de fatos (perícias, depoimento de testemunhas oculares, documentação fotográfica, cinematográfica etc.), mas o julgador imparcial, obrigatoriamente ausente no momento da ocorrência, tem da realidade apenas a versão processualmente construída. E, para o direito, interessa apenas esta versão. Se uma parte não conseguir provar um determinado acontecimento, a decisão jurídica deve considerá-lo inocorrente. Portanto, para a aplicação de uma norma jurídica a um caso concreto, leva-se em conta simplesmente a versão processual desse caso" (*Lógica jurídica – Uma introdução*, p. 70). Dessa forma, ao pronunciar uma sentença, o julgador leva em conta tanto a indução, quanto a dedução, a intuição e o silogismo. Quanto ao processo indutivo, ele seleciona os dados singulares interessantes ao seu conceito de justo, conforme sua experiência de vida e seus valores, determinando a formação de um raciocínio próprio. Para condenar ou absolver o réu, julgando procedente ou improcedente uma causa, o magistrado pode trabalhar com a indução generalizadora de dois modos diversos, fazendo a conclusão caminhar para um lado (condenação ou procedência) ou para outro (absolvição ou improcedência). Ele pode usar, ainda, inicialmente a intuição (sentindo se o réu é ou não culpado), caminhar para a indução e findar com a dedução. Exemplo: no caso de furto, raciocinando o juiz: a) o réu confessou, na polícia, a prática do crime; b) ostenta antecedentes criminais; c) a apreensão da *res furtiva* foi feita em seu poder; d) instrumentos normalmente usados para a prática de furto foram encontrados no seu domicílio; e) o réu tem um nível de vida elevado, incompatível com sua renda declarada; f) foi visto nas imediações do local onde o furto foi cometido no dia do fato. Ninguém o viu furtando, nem ele, em juízo, admitiu essa prática. Mas esses indícios (prova indireta) fazem com que o juiz conclua, em processo indutivo, ter sido ele o autor do furto. Finaliza, então, com a dedução: o tipo penal do art. 155 prevê constituir furto a subtração de coisa alheia móvel para si; o réu foi o autor da subtração; logo, deve ser condenado (dedução). Ensina Miguel Reale que a indução envolve, concomitantemente, elementos obtidos *dedutiva-mente*, além de trabalhar nesse contexto a intuição, restando, pois, claro que "todo raciocínio até certo ponto implica em uma sucessão de 'evidências'" (*Filosofia do direito*, p. 145). E mais: "O certo é que, na indução amplificadora, realizamos sempre uma conquista, a conquista de algo novo, que se refere a objetos reais e a relações entre objetos reais, tendo como ponto de partida a observação dos fatos. Na base da indução está, portanto, a experiência, a observa-ção dos fatos que deve obedecer a determinados requisitos, cercada de rigorosas precauções críticas, tal como o exige o conhecimento indutivo de tipo científico, inconfundível com as meras generalizações empíricas" (ob. cit., p. 145). Por isso, a utilização de indícios, no processo penal, é autorizada não só pelo artigo em comento, mas também pelo processo de raciocínio lógico, que é a indução. A respeito, ver o nosso artigo A indução generalizadora nos trabalhos jurídicos, *Revista de Processo*, n. 84, p. 314-323. Note-se, a respeito, para finalizar, o disposto no art. 382 do Código de Processo Penal Militar: "Indício é a circunstância ou fato conhecido e provado, *de que se induz* a existência de outra circunstância ou fato, de que não se tem prova" (grifamos). E continua o art. 383 do mesmo Código: "Para que o indício constitua prova, é necessário: *a)* que a circunstância ou *fato indicante* tenha relação de causalidade, próxima ou remota, com a circunstância ou fato indicado; *b)* que a circunstância ou fato coincida com a prova resultante de outro ou outros indícios, ou com as provas diretas colhidas no processo" (grifo nosso). São elementos que comprovam o acerto do legislador ao colocar o raciocínio indutivo como fundamento do uso dos indícios.

3. Integração entre indução e dedução: não são compartimentos estanques do raciocínio lógico. Assim, devemos visualizar o fenômeno descrito no art. 239 do Código de Processo Penal, em forma de integração entre as duas formas de conhecimento. Dizemos que alguém, encontrado, por regra de experiência, com o objeto furtado, logo após a subtração, é o autor do crime (premissa maior). Depois, diz-se que o réu foi encontrado com a *res furtiva* em seu poder (premissa menor). Deduz-se, então, que ele é provavelmente o autor do delito. Em verdade, esse processo é uma dedução, mas é insuficiente para a condenação. Usamos, então, a indução que significa estabelecer várias deduções como esta até chegar a uma conclusão mais ampla, isto é, que o réu é, realmente, o autor da infração penal. O termo *indução*, insistimos, é o cerne do processo, na utilização dos indícios razão pela qual não se deve substituí-lo por *dedução*.

4. Valor probatório dos indícios: como já afirmamos em nota anterior, os indícios são perfeitos tanto para sustentar a condenação, quanto para a absolvição. Há autorização legal para a sua utilização e não se pode descurar que há muito preconceito contra essa espécie de prova, embora seja absolutamente imprescindível ao juiz utilizá-la. Nem tudo se prova diretamente, pois há crimes camuflados – a grande maioria – que exigem a captação de indícios para a busca da verdade real. Lucchini, mencionado por Espínola Filho, explica que a "eficácia do indício não é menor que a da prova direta, tal como não é inferior a certeza racional à histórica e física. O indício é somente subordinado à prova, porque não pode subsistir sem uma premissa, que é a circunstância indiciante, ou seja, uma circunstância provada; e o valor crítico do indício está em relação direta com o valor intrínseco da circunstância indiciante. Quando esteja esta bem estabelecida, pode o indício adquirir uma importância predominante e decisiva no juízo" (*Elementi di procedura penale*, n. 131, apud *Código de Processo Penal brasileiro anotado*, v. 3, p. 175). Assim também Bento de Faria, apoiado em Malatesta (*Código de Processo Penal*, v. 1, p. 347). Realmente, o indício *apoia-se* e *sustenta-se* numa outra prova. No exemplo citado na nota anterior, quando se afirma que a coisa objeto do furto foi encontrada em poder do réu não se está provando o fato principal, que consiste na subtração, mas tem-se efetiva demonstração de que a circunstância ocorreu, através do auto de apreensão e de testemunhas. Em síntese, o indício é um fato provado e secundário (circunstância) que somente se torna útil para a construção do conjunto probatório ao ser usado o processo lógico da indução. Na jurisprudência: STF: "A criminalidade dedicada ao tráfico de drogas organiza-se em sistema altamente complexo, motivo pelo qual a exigência de prova direta da dedicação a esse tipo de atividade, além de violar o sistema do livre convencimento motivado previsto no art. 155 do CPP e no art. 93, IX, da Carta Magna, praticamente impossibilita a efetividade da repressão a essa espécie delitiva" (HC 111.666/MG, 1.ª T., rel. Luiz Fux, 08.05.2012, v.u.). STJ: "9. Justa causa para a instauração da ação penal configurada, ante a existência de indícios (tanto entendidos como prova semiplena como entendidos, na forma do art. 239 do CPP, como prova indireta) suficientes de autoria e materialidade dos crimes imputados ao denunciado" (APn 976/DF, Corte Especial, rel. Benedito Gonçalves, 11.02.2021, v.u.).

Art. 239

5. Diferença entre indício e presunção: esta última não é um meio de prova válido, pois constitui uma mera opinião baseada numa suposição ou numa suspeita. É um simples processo dedutivo. Pode-se utilizar a presunção para fundamentar uma condenação unicamente quando a lei autorizar, como ocorre com a presunção de violência de quem mantém relação sexual com menor de 14 anos (nosso, *O valor da confissão como meio de prova no processo penal*, p. 60). Como afirma, com razão, Bento de Faria, os indícios possibilitam atingir o estado de certeza no espírito do julgador, mas as presunções apenas impregnam-no de singelas probabilidades e não podem dar margem à condenação (*Código de Processo Penal*, v. 1, p. 349-350).

6. Contraindícios: são as circunstâncias provadas, que servem para justificar ou fundamentar a invalidade dos indícios colhidos contra alguém. Assim, se a coisa furtada foi encontrada em poder do réu, este pode produzir a prova de um fato secundário, demonstrativo de que a adquiriu, através da emissão de nota fiscal e recibo, de uma loja. O indício é derrubado pelo contraindício. O álibi – justificativa apresentada pelo acusado para negar a autoria – é um contraindício ou indício negativo.

Capítulo XI
DA BUSCA E DA APREENSÃO[1-5]

1. Conceito de busca e apreensão: apesar de colocados juntos na titulação deste capítulo e, como regra, serem utilizados dessa maneira no processo, são termos diferenciados. *Busca* significa o movimento desencadeado pelos agentes do Estado para a investigação, descoberta e pesquisa de algo interessante para o processo penal, realizando-se em pessoas ou lugares. *Apreensão* é medida assecuratória que toma algo de alguém ou de algum lugar, com a finalidade de produzir prova ou preservar direitos. Para Tornaghi, no entanto, são medidas que sempre caminham juntas, vale dizer, a finalidade da busca é sempre a apreensão (*Compêndio de processo penal*, t. III, p. 1.006), com o que não aquiescemos, tendo em vista a possibilidade de se determinar uma busca, implicando colheita (algo diverso de apreensão) ou mesmo de simples libertação da vítima (não significando, também, apreensão, mas recolhê-la do local para a liberdade). Um mandado de busca pode significar, ainda, a mera tomada de fotografias do lugar, havendo utilidade para a prova, o que não quer dizer ter havido apreensão.

2. Natureza jurídica: são medidas de natureza mista. Conforme o caso, a busca pode significar um ato preliminar à apreensão de produto de crime, razão pela qual se destina à devolução à vítima. Pode significar, ainda, um meio de prova, quando a autorização é dada pelo juiz para se proceder a uma perícia em determinado domicílio. A apreensão tem os mesmos ângulos. Pode representar a tomada de um bem para acautelar o direito de indenização da parte ofendida, como pode representar a apreensão da arma do delito para fazer prova. Assim, tanto a busca, quanto a apreensão, podem ser vistos, individualmente, como meios assecuratórios ou como meios de prova, ou ambos.

3. Momentos para a sua realização: podem ocorrer tanto a busca quanto a apreensão, em fase preparatória a um procedimento policial ou judicial (como ocorre quando, por fundada suspeita, um policial aborda alguém, encontra uma arma proibida, detendo a pessoa e apreendendo o objeto), durante a investigação policial, com ou sem inquérito (por vezes, após o registro de uma ocorrência e, antes mesmo da instauração do inquérito, a autoridade policial realiza uma busca e apreensão), durante a instrução do processo judicial e ao longo da execução penal (estando o sentenciado em liberdade, nada impede que o juiz determine uma busca em seu domicílio, para constatar se ele se encontra lá recolhido no período estabelecido como condição para o livramento condicional ou para a prisão albergue domiciliar).

4. Busca e apreensão determinada por Comissão Parlamentar de Inquérito (CPI): a tendência atual da jurisprudência do STF é impedir a CPI de determinar busca e apreensão, baseado no princípio da reserva da jurisdição, vale dizer, quando a Constituição Federal mencionar que somente autoridade judicial pode determinar algo, nenhum outro órgão ou autoridade pode substituí-la. Confrontam-se o art. 58, § 3.º da CF ("As comissões parlamentares de inquérito, que terão poderes de investigação próprios das autoridades judiciais (...) para a apuração de fato determinado e por prazo certo, sendo suas conclusões, se for o caso, encaminhadas ao Ministério Público, para que promova a responsabilidade civil ou criminal dos infratores") e o art. 5.º, XI da CF ("a casa é asilo inviolável do indivíduo, ninguém nela podendo penetrar sem consentimento do morador, salvo em caso de flagrante delito ou desastre, ou para prestar socorro, ou, durante o dia, por determinação judicial"). A primeira impressão auferida é no sentido de possuírem as Comissões Parlamentares de Inquérito o poder de determinar a expedição de mandado de busca e, se for o caso, de apreensão, para concretizar investigações criminais, já que a Constituição Federal lhe conferiu poderes de investigação *próprios das autoridades judiciais*. Entretanto, a maioria da doutrina tem interpretado diferentemente, levando em consideração que há, no art. 5.º da Constituição Federal, determinados direitos e garantias fundamentais só passíveis de violação por *ordem judicial*, configurando atividade típica do Poder Judiciário (*reserva de jurisdição*). Em um primeiro momento, pareceu-nos que a CPI poderia determinar, exatamente, as mesmas medidas investigatórias prolatadas pelo juiz de direito. Ocorre que a reserva de jurisdição é, de fato, um preceito fundamental para o controle das garantias e direitos fundamentais do indivíduo, não sendo cabível, por exemplo, que a CPI determine a prisão de alguém, para facilitar a investigação de um crime. Não fosse assim, haveria uma ampliação indevida da finalidade do previsto no art. 58, § 3.º, da Constituição. À CPI outorgou o constituinte a possibilidade de investigar livremente, sem as amarras de um poder limitado, dependente do delegado, do promotor ou do magistrado a todo instante. Desse modo, pode determinar a intimação de pessoas para ouvir, bem como pode requisitar documentos e até mesmo a quebra do sigilo bancário ou fiscal, pois todas essas atividades não são mencionadas como sendo *tipicamente* da autoridade judicial, no art. 5.º. Nesse sentido tem sido, por ora, a orientação do Supremo Tribunal Federal: "A Constituição da República, ao outorgar às Comissões Parlamentares de Inquérito 'poderes de investigação próprios das autoridades judiciais' (art. 58, § 3.º), claramente delimitou a natureza de suas atribuições institucionais, restringindo-as, unicamente, ao campo da indagação probatória, com absoluta exclusão de quaisquer outras prerrogativas que se incluem, ordinariamente, na esfera de competência dos magistrados e Tribunais, inclusive aquelas que decorrem do poder geral de cautela conferido aos juízes como o poder de decretar a indisponibilidade dos bens pertencentes a pessoas sujeitas à investigação parlamentar. (...) Não há, no sistema constitucional brasileiro, direitos ou garantias que se revistam de caráter absoluto, mesmo porque razões de relevante interesse público ou exigências derivadas do princípio da convivência das liberdades legitimam, ainda que excepcionalmente a adoção, por parte dos órgãos estatais, de medidas restritivas das prerrogativas individuais ou coletivas, desde que respeitados os termos estabelecidos pela própria Constituição. (...) As Comissões Parlamentares de Inquérito, no entanto, para decretarem, legitimamente, por autoridade própria, a quebra do sigilo bancário, do sigilo fiscal e/ou do sigilo telefônico, relativamente a pessoas por elas investigadas, devem demonstrar, a partir de meros indícios, a existência concreta de causa provável que legitime a medida excepcional (...). As deliberações de qualquer Comissão Parlamentar de Inquérito, à semelhança do que também ocorre com as decisões judiciais (*RTJ* 140/514), quando destituídas de motivação, mostram-se írritas e despojadas de eficácia jurídica (...). O postulado da reserva constitucional de jurisdição importa em submeter, à esfera única de decisão dos magistrados, a prática de determinados atos cuja realização, por efeito de explícita determinação constante do próprio texto da Carta Política, somente pode emanar do juiz, e não de terceiros, inclusive daqueles a quem se haja eventualmente atribuído o exercício de 'poderes de investigação próprios das autoridades judiciais'. A cláusula constitucional da reserva da jurisdição – que incide sobre determinadas matérias, como a busca domiciliar (CF, art. 5.º, XI), a interceptação telefônica (CF, art. 5.º, XII) e a decretação da prisão de qualquer pessoa, ressalvada a hipótese de flagrância (CF, art. 5.º, LXI) – traduz a noção de que, nesses temas específicos, assiste ao Poder Judiciário, não apenas o direito de proferir a última palavra, mas, sobretudo, a prerrogativa de dizer, desde logo, a primeira palavra, excluindo-se, desse modo, por força e autoridade do que dispõe a própria Constituição, a possibilidade do exercício de iguais atribuições, por parte de quaisquer outros órgãos ou autoridades do Estado. O princípio constitucional da reserva da jurisdição, embora reconhecido por cinco Juízes do Supremo Tribunal Federal – Min. Celso de Mello (relator), Min. Marco Aurélio, Min. Sepúlveda Pertence, Min. Néri da Silveira e Min. Carlos Velloso (presidente) – não foi objeto de consideração por parte dos eminentes Ministros do Supremo Tribunal Federal, que entenderam suficiente, para efeito de concessão do *writ* mandamental, a falta de motivação do ato impugnado" (MS 23.452/RJ, Pleno, rel. Celso de Mello, v.u., *DJ* 12.05.2000, p. 20). Na doutrina, a maioria das posições tem sustentado a inviabilidade da determinação de busca e apreensão feita por CPI, justamente porque há reserva de jurisdição no tocante às medidas que podem violar direitos e garantias fundamentais. Diz Luís Roberto Barroso: "A doutrina, nacional e estrangeira, é praticamente unânime em chancelar o descabimento de busca e apreensão realizada diretamente por comissão parlamentar de inquérito, sem a intermediação do Judiciário. Além das referências já feitas ao direito italiano, espanhol e português, também na Alemanha se firmou essa linha de entendimento" (Comissões parlamentares de inquérito – Limite de sua competência – Sentido da expressão constitucional "poderes de investigação próprios das autoridades judiciais" – Inadmissibilidade de busca e apreensão sem mandado judicial, p. 170). Concordamos com a reserva de jurisdição e, por isso, fazemos uma ressalva: o que a Constituição Federal, expressamente, atribui ao Poder Judiciário deve ser por ele decidido (decretação de prisão, interceptação telefônica, busca e apreensão, entre outros), mas outras atividades investigatórias, que cabem ao juiz ordenar, como a quebra do sigilo bancário ou fiscal, não possuindo a referida reserva, podem ser determinadas pela CPI. No sentido que defendemos, reconhece Barroso ser a tendência atual do Supremo Tribunal Federal, desde que a decisão da CPI, para a quebra de sigilo, seja fundamentada (*Comissões parlamentares de inquérito e suas competências: política, direito e devido processo legal*, p. 103-104). E, também, Gustavo Henrique Righi Ivahy Badaró (*Limites aos poderes investigatórios das comissões parlamentares de inquérito*, p. 11).

5. Regras especiais de busca e apreensão: além do previsto neste Capítulo, impondo normas gerais para a busca e para a apreensão, há possibilidade de leis especiais fixarem disciplina diferenciada para tais medidas assecuratórias. Exemplo disso pode ser encontrado na Lei 9.279/1996, que cuida de marcas e patentes e dos crimes contra a propriedade imaterial, como se vê no art. 198: "Poderão ser apreendidos, de ofício ou a requerimento do interessado, pelas autoridades alfandegárias, no ato de conferência, os produtos assinalados com marcas falsificadas, alteradas ou imitadas ou que apresentem falsa indicação de procedência". É um permissivo legal, que dispensa a ordem judicial, até porque não há a invasão a domicílio. E o art. 200 menciona que as diligências preliminares de busca e apreensão, nos crimes contra a propriedade imaterial, são reguladas pelo Código de Processo Penal – neste Capítulo – embora com as modificações feitas pela Lei Especial. São as seguintes especificações: "Na diligência de busca e apreensão, em crime contra patente que tenha por objeto a invenção de processo, o oficial do juízo será acompanhado por perito, que verificará, preliminarmente, a existência do ilícito, podendo o juiz ordenar a apreensão de produtos obtidos pelo contrafator com o emprego do processo patenteado" (art. 201); "Além das diligências preliminares de busca e apreensão, o interessado poderá requerer: I – apreensão de marca falsificada, alterada ou imitada onde for preparada ou onde quer que seja encontrada antes de utilizada para fins criminosos; ou II – destruição de marca falsificada nos volumes ou produtos que a contiverem, antes de serem distribuídos, ainda que fiquem destruídos os envoltórios ou os próprios produtos" (art. 202); "Tratando-se de estabelecimentos industriais ou comerciais legalmente organizados e que estejam funcionando publicamente, as diligências preliminares limitar-se-ão à vistoria e apreensão dos produtos, quando ordenadas pelo juiz não podendo ser paralisada a sua atividade licitamente exercida" (art. 203).

Art. 240. A busca será domiciliar[6-8] ou pessoal.[9-11-A]

§ 1.º Proceder-se-á à busca domiciliar, quando fundadas razões[11-B] a autorizarem, para:[12-13]

a) prender criminosos;[14]

b) apreender coisas achadas[16] ou obtidas por meios criminosos;[17]

c) apreender instrumentos[18] de falsificação ou de contrafação e objetos falsificados ou contrafeitos;

d) apreender armas[19] e munições, instrumentos utilizados na prática de crime ou destinados a fim delituoso;

e) descobrir objetos[20] necessários à prova de infração ou à defesa do réu;

f) apreender cartas, abertas ou não,[21-21-A] destinadas ao acusado ou em seu poder, quando haja suspeita[22] de que o conhecimento do seu conteúdo possa ser útil à elucidação do fato;

g) apreender pessoas[23] vítimas de crimes;

h) colher[24] qualquer elemento de convicção.

§ 2.º Proceder-se-á à busca pessoal[25-26] quando houver fundada[27-28] suspeita de que alguém oculte consigo arma proibida ou objetos mencionados nas letras b a f e letra h do parágrafo anterior.[29]

---

6. Fundamento e proteção constitucional: preceitua o art. 5.º, XI, da Constituição Federal que "a casa é asilo inviolável do indivíduo, ninguém nela podendo penetrar sem consentimento do morador, salvo em caso de flagrante delito ou desastre, ou para prestar socorro, ou, durante o dia, por determinação judicial", razão pela qual buscas domiciliares, em se tratando de processo penal, somente poderão ser feitas nas seguintes situações: a) durante o dia, com autorização do morador, havendo ou não mandado judicial; b) durante o dia, sem autorização do morador, mas com mandado judicial; c) durante a noite, com ou sem mandado judicial, mas com autorização do morador; d) durante o dia ou a noite, por ocasião de flagrante delito, com ou sem autorização do morador. As outras hipóteses constitucionais não se destinam ao processo penal (desastre e prestação de socorro).

7. Conceito de domicílio: o termo deve ser interpretado com a maior amplitude possível e não como se faz, restritivamente, no Código Civil (art. 70, referindo-se à residência com ânimo definitivo). Equipara-se, pois, domicílio a casa ou habitação, isto é, o local onde a pessoa vive, ocupando-se de assuntos particulares ou profissionais. Serve para os cômodos de um prédio, abrangendo o quintal, bem como envolve o quarto de hotel, regularmente ocupado, o escritório do advogado ou de outro profissional, o consultório do médico, o quarto de pensão, entre outros lugares fechados destinados à morada de alguém. Na jurisprudência:

Art. 240

Código de Processo Penal Comentado · **Nucci**

STJ: "3. O quarto de hotel constitui espaço privado que, segundo entendimento do Supremo Tribunal Federal, é qualificado juridicamente como 'casa' (desde que ocupado) para fins de tutela constitucional da inviolabilidade domiciliar. 4. Previamente à prisão em flagrante, foram realizadas diligências investigativas para apurar a veracidade da informação recebida no sentido de que havia entorpecentes no quarto de hotel em que estava hospedado o réu. Vale dizer, a atuação policial foi precedida de mínima investigação acerca de tal informação de que, naquele quarto, realmente acontecia a traficância de drogas, tudo a demonstrar que estava presente o elemento 'fundadas razões', a autorizar o ingresso no referido local. 5. Embora o quarto de hotel regularmente ocupado seja, juridicamente, qualificado como 'casa' para fins de tutela constitucional da inviolabilidade domiciliar (art. 5.º, XI), a exigência, em termos de *standard* probatório, para que policiais ingressem em um quarto de hotel sem mandado judicial não pode ser igual às fundadas razões exigidas para o ingresso em uma residência propriamente dita, a não ser que se trate (o quarto de hotel) de um local de moradia permanente do suspeito. Isso porque é diferente invadir uma casa habitada permanentemente pelo suspeito e até por várias pessoas (crianças e idosos, inclusive) e um quarto de hotel que, como no caso, é aparentemente utilizado não como uma morada permanente, mas para outros fins, inclusive, ao que tudo indica, o comércio de drogas. 6. Presentes as fundadas razões que sinalizavam a ocorrência de crime e porque evidenciada, já de antemão, hipótese de flagrante delito, é regular o ingresso da polícia no quarto de hotel ocupado pelo acusado, sem autorização judicial e sem o consentimento do hóspede. Havia elementos objetivos e racionais que justificaram o ingresso no referido local, motivo pelo qual são lícitos todos os elementos de informação obtidos por meio dessa medida, bem como todos os que deles decorreram" (HC 659.527/SP, 6.ª T., rel. Rogerio Schietti Cruz, 19.10.2021, por maioria).

7-A. Inviolabilidade do escritório do advogado: a anterior redação do art. 7.º, II, da Lei 8.906/1994 (Estatuto da Advocacia) dizia: "II – ter respeitada, em nome da liberdade de defesa e do sigilo profissional, a inviolabilidade de seu escritório ou local de trabalho, de seus arquivos e dados, de sua correspondência e de suas comunicações, inclusive telefônicas ou afins, salvo caso de busca ou apreensão determinada por magistrado e acompanhada de representante da OAB". Com a edição da Lei 11.767/2008, introduziu-se a seguinte redação: "II – a inviolabilidade de seu escritório ou local de trabalho, bem como de seus instrumentos de trabalho, de sua correspondência escrita, eletrônica, telefônica e telemática, desde que relativas ao exercício da advocacia". Nota-se, pois, que nada se alterou substancialmente. Porém, a parte mais relevante adveio pela introdução do § 6.º ao art. 7.º: "Presentes indícios de autoria e materialidade da prática de crime por parte de advogado, a autoridade judiciária competente poderá decretar a quebra da inviolabilidade de que trata o inciso II do *caput* deste artigo, em decisão motivada, expedindo mandado de busca e apreensão, específico e pormenorizado, a ser cumprido na presença de representante da OAB, sendo, em qualquer hipótese, vedada a utilização dos documentos, das mídias e dos objetos pertencentes a clientes do advogado averiguado, bem como dos demais instrumentos de trabalho que contenham informações sobre clientes". Neste dispositivo, ressaltaram-se importantes pontos para o exercício livre da advocacia. Em primeiro lugar, para ocorrer a invasão, por agentes do Estado, em escritórios de advocacia ou locais de trabalho do advogado (pode ser em sua própria casa ou em uma empresa), torna-se imprescindível que o causídico esteja envolvido na prática de infração penal. Para tanto, é preciso provas mínimas de autoria e materialidade. Se tal ocorrer, somente a autoridade judiciária poderá expedir o mandado de busca e apreensão, em decisão *fundamentada*, bem como devendo ser o mandado *específico* e *pormenorizado*. Na realidade, como sói acontecer no Brasil, edita-se uma novel lei para fazer valer o conteúdo de leis anteriores, que não vêm sendo aplicadas na prática. Qualquer decisão judicial precisa ser fundamentada (art. 93, IX, CF), em particular, a gravosa expedição de mandado de busca e apreensão, que irá romper a inviolabilidade de algum lugar. Por outro lado, o art. 243 do CPP já estipula dever o mandado ser específico e detalhado, embora não o faça com tais palavras. Afinal, mencionar o motivo e a finalidade da diligência é torná-lo determinado e pormenorizado. Não se vem cumprindo tal preceito e o Judiciário, muitas vezes, silencia a respeito. Por isso, editou-se a Lei 11.767/2008 para reiterar, no âmbito das prerrogativas do advogado, o que deveria valer para todos os cidadãos. Especificando-se e detalhando-se o motivo e a finalidade da diligência, não se fará uma busca genérica, causando dissabor ao profissional que tiver o seu local de trabalho invadido. A polícia deverá dirigir-se exatamente à fonte da sua diligência, permanecendo o menor tempo possível no lugar, sob pena de se configurar abuso de autoridade. A parte final do § 6.º também é importante. Não se pode utilizar documentos, mídias, objetos e instrumentos variados pertencentes a clientes do advogado averiguado, o que é correto. Está-se buscando prova contra o causídico e não contra seus clientes. Seria, aliás, absurda a ideia de se colher provas contra um réu, procurando-a justamente no escritório do seu defensor. Ninguém é obrigado a produzir prova contra si mesmo, razão pela qual a confiança estabelecida entre réu e advogado faz com que o acusado confie determinados valores seus a quem vai defendê-lo. Por isso, não cabe ao Estado diligenciar nesse sentido em escritórios de advocacia. Se os clientes também forem averiguados, abre-se a possibilidade de de busca e apreensão de material, nos termos do § 7.º do art. 7.º. Finalmente, convém mencionar que todas as coisas guardadas pelos clientes nos escritórios de seus advogados devem ser de posse e uso lícito, ou seja, ilustrando, não teria o menor cabimento o traficante depositar a droga no escritório de seu defensor, o mesmo podendo fazer o receptador, no tocante aos objetos adquiridos criminosamente e, muito menos, por absurdo que possa parecer, ocultar um cadáver nesses lugares. Todo material capaz de formar o corpo de delito da infração penal não pode ser considerado inviolável, sob pena de se impedir o Estado de punir a prática de crime, vez que este nem mesmo seria descoberto. As coisas que não devem ser buscadas e apreendidas são as que digam respeito a clientes, passíveis de evidenciar a autoria de delitos variados. Esta atividade persecutória deve ser realizada pelos agentes estatais em outras fontes e não no escritório do advogado, que cuida da causa. O advento da Lei 14.365/2022 trouxe regras específicas para o ingresso em local de trabalho do advogado, justamente para enfrentar as situações abusivas quanto à retirada de documentos e outros materiais referentes ao sigilo profissional assegurado entre o causídico e seus clientes. Por certo, instrumentos e produtos do crime não estão abrangidos pela restrição implementada, como a localização de objetos ilícitos no escritório (drogas, armas, documentos falsificados etc.). Além disso, estabelece-se que a medida cautelar de busca e apreensão tenha o caráter de excepcionalidade, bem como seja evitada a invasão quando baseada exclusivamente na palavra de delator. Esta última hipótese advém dos inúmeros excessos cometidos durante a atuação de certos grupos investigativos cuja atuação se concentrava em declarações prestadas por colaboradores, geralmente depoimentos isolados e prestados mediante a contraprestação de não serem detidos. Noutros termos, havia a viabilidade de se tratar de uma prova ilegítima, dando ensejo ao ingresso em lugar de trabalho do advogado de algum suspeito, devassando material ali arquivado e não concernente à materialidade de delito, mas a questões pertinentes à prova da autoria ou do elemento subjetivo – elementos que estão fora da previsão legal para a busca em escritório advocatício. São os seguintes acréscimos ao art. 7.º do Estatuto da Advocacia: "§ 6.º-A. A medida judicial cautelar que importe na violação do escritório ou do local de trabalho do advogado será determinada em hipótese excepcional, desde que exista fundamento em indício, pelo órgão acusatório. § 6.º-B. É vedada a determinação da medida cautelar prevista no § 6.º-A deste artigo se fundada exclusivamente em elementos produzidos em declarações do colaborador sem confirmação por outros meios de prova. § 6.º-C. O representante da OAB referido no § 6.º deste artigo tem o direito a ser respeitado pelos agentes

Art. 240

Código de Processo Penal Comentado · **Nucci**

responsáveis pelo cumprimento do mandado de busca e apreensão, sob pena de abuso de autoridade, e o dever de zelar pelo fiel cumprimento do objeto da investigação, bem como de impedir que documentos, mídias e objetos não relacionados à investigação, especialmente de outros processos do mesmo cliente ou de outros clientes que não sejam pertinentes à persecução penal, sejam analisados, fotografados, filmados, retirados ou apreendidos do escritório de advocacia. § 6.º-D. No caso de inviabilidade técnica quanto à segregação da documentação, da mídia ou dos objetos não relacionados à investigação, em razão da sua natureza ou volume, no momento da execução da decisão judicial de apreensão ou de retirada do material, a cadeia de custódia preservará o sigilo do seu conteúdo, assegurada a presença do representante da OAB, nos termos dos §§ 6.º-F e 6.º-G deste artigo. § 6.º-E. Na hipótese de inobservância do § 6.º-D deste artigo pelo agente público responsável pelo cumprimento do mandado de busca e apreensão, o representante da OAB fará o relatório do fato ocorrido, com a inclusão dos nomes dos servidores, dará conhecimento à autoridade judiciária e o encaminhará à OAB para a elaboração de notícia-crime. § 6.º-F. É garantido o direito de acompanhamento por representante da OAB e pelo profissional investigado durante a análise dos documentos e dos dispositivos de armazenamento de informação pertencentes a advogado, apreendidos ou interceptados, em todos os atos, para assegurar o cumprimento do disposto no inciso II do *caput* deste artigo. § 6.º-G. A autoridade responsável informará, com antecedência mínima de 24 (vinte e quatro) horas, à seccional da OAB a data, o horário e o local em que serão analisados os documentos e os equipamentos apreendidos, garantido o direito de acompanhamento, em todos os atos, pelo representante da OAB e pelo profissional investigado para assegurar o disposto no § 6.º-C deste artigo. § 6.º-H. Em casos de urgência devidamente fundamentada pelo juiz, a análise dos documentos e dos equipamentos apreendidos poderá acontecer em prazo inferior a 24 (vinte e quatro) horas, garantido o direito de acompanhamento, em todos os atos, pelo representante da OAB e pelo profissional investigado para assegurar o disposto no § 6.º-C deste artigo. § 6.º-I. É vedado ao advogado efetuar colaboração premiada contra quem seja ou tenha sido seu cliente, e a inobservância disso importará em processo disciplinar, que poderá culminar com a aplicação do disposto no inciso III do *caput* do art. 35 desta Lei, sem prejuízo das penas previstas no art. 154 do Decreto-Lei n.º 2.848, de 7 de dezembro de 1940 (Código Penal)". Na jurisprudência: STJ: "1. Determinou-se a expedição do mandado de busca e apreensão em atenção aos requisitos legais, reportando o magistrado ao relatório policial e às declarações de agente colaborador que apontou estar o advogado do investigado escondendo o produto do crime em seu escritório, constando do mandado o endereço do cumprimento da constrição, menção à pessoa e delimitação do espectro da diligência, qual seja, busca e apreensão de 'documentos, papéis, computadores e outros dispositivos quaisquer que possam servir à elucidação dos fatos objeto da investigação criminal'. 2. Embora se sustente que a constrição ocorreu em escritório de advocacia, o advogado se colocou como alvo da medida de constrição porque teria ajudado o agente investigado a ocultar o produto do crime e impedir que fosse ele flagrado com os mesmos. 3. Ademais, determinou-se que o cumprimento da ordem judicial fosse supervisionado por representante da OAB. 4. A pretensão de trancamento da ação penal demanda o exame de matéria fático-probatória, não condizente com a via angusta do recurso ordinário, devendo, pois, ser avaliada no decorrer da persecução penal pelo Juízo da causa. 5. Recurso ordinário desprovido" (RHC 92.684/MT, 6.ª T., rel. Maria Thereza de Assis Moura, 02.08.2018, v.u.).

7-B. Consentimento do morador: naturalmente, quem vive na casa pode autorizar a entrada de quem quiser; isto significa a viabilidade de permitir o ingresso, também, de agentes policiais. Entretanto, muitas vezes, observa-se que policiais invadem domicílios, sem mandado judicial, afirmando, depois, que o morador deu consentimento. Essa prova é difícil e complexa, pois os policiais podem dizer que a autorização foi dada, enquanto o habitante do local pode mencionar não ter concordado com o ingresso. Enfim, torna-se ilógico supor que um morador dê o seu consentimento para que a polícia invada a sua casa, sem ordem judicial, para desvendar um crime já ocorrido (ou que esteja acontecendo, como o delito permanente de manter drogas ilícitas no local). Por isso, tem-se exigido uma fundada suspeita – calcada em prévia campana, testemunhas ouvidas, fotos ou filmes produzidos – a fim de se suprir a ausência de mandado judicial, quando houver crime permanente, cuja consumação se prolonga no tempo. Fora do cenário do delito permanente, nem mesmo com fundada suspeita pode a polícia invadir um domicílio sem mandado do juiz ou consentimento do morador. Por isso, tem-se exigido maior cautela para se acolher a singela alegação, por parte das autoridades, de que invadiram uma casa porque houve autorização do habitante. Na jurisprudência: STJ: "1. Embora o artigo 5.º, inciso XI, da Constituição Federal garanta ao indivíduo a inviolabilidade de seu domicílio, tal direito não é absoluto, uma vez que, sendo o delito de natureza permanente, assim compreendido aquele em que a consumação se prostrai no tempo, não se exige a apresentação de mandado de busca e apreensão para o ingresso dos policiais na residência do acusado, quando se tem por objetivo fazer cessar a atividade criminosa, dada a situação de flagrância. Sobre o tema, o Supremo Tribunal Federal, apreciando o Tema n. 280 da sistemática da repercussão geral, à oportunidade do julgamento do RE n. 603.616/RO, reafirmou tal entendimento, com o alerta de que, para a adoção da medida de busca e apreensão sem mandado judicial, faz-se necessária a presença da caracterização de justa causa, consubstanciada em razões as quais indiquem a situação de flagrante delito. 2. Nessa linha de raciocínio, *o ingresso em moradia alheia depende, para sua validade e sua regularidade, da existência de fundadas razões (justa causa) que sinalizem para a possibilidade de mitigação do direito fundamental em questão. É dizer, somente quando o contexto fático anterior à invasão permitir a conclusão acerca da ocorrência de crime no interior da residência é que se mostra possível sacrificar o direito à inviolabilidade do domicílio.* (...) 4. *No presente caso, a atuação dos policiais responsáveis pela diligência se deu por meio de uma 'atitude suspeita' do réu, afirmada de forma genérica, sem o amparo de mandado de busca e apreensão que os autorizasse adentrar no domicílio do acusado, sem investigações prévias que permitissem concluir que naquele local estava sendo praticado algum delito,* de natureza permanente ou não, e tendo em vista, ainda, que, na esteira dos recentes precedentes desta Corte Superior acima mencionados, deve ser considerada inválida eventual autorização de morador da residência vistoriada, nas hipóteses em que o consentimento não tenha sido registrado em gravação audiovisual e/ou por escrito, evidencia-se, no caso concreto, a patente ilegalidade da entrada dos policiais no domicílio do envolvido, devendo ser reconhecidas como ilícitas as provas da materialidade do delito previsto no art. 33, § 4.º, da Lei n. 11.343/2006. 5. Diante das informações contidas nos autos, notadamente o acórdão ora impugnado, verifica-se que *não houve qualquer referência a prévia investigação, monitoramento ou campanas no local, havendo, apenas, a 'atitude suspeita' do ora apenado, o que, conforme pacífica jurisprudência do Superior Tribunal de Justiça, não configura o elemento 'fundadas razões' a autorizar o ingresso no domicílio, o que torna ilícita a busca realizada no interior da residência.* (...) 7. No caso concreto, *as regras de experiência e o senso comum, somadas às peculiaridades do caso concreto, não conferem verossimilhança à afirmação dos agentes castrenses de que o acusado teria autorizado, livre e voluntariamente, o ingresso em seu próprio domicílio, franqueando àqueles a apreensão de drogas e, consequentemente, a formação de prova incriminatória em seu desfavor. 8. A descoberta, a posteriori, de droga no interior do domicílio (7,21g de cocaína) não ilide a prévia ilegalidade da invasão forçada ao domicílio. 9. Devem ser consideradas ilícitas as provas, anulando-se a condenação decorrente e declarando-se a absolvição da acusada, nos termos do art. 386, inciso II, do CPP"* (AgRg no REsp n. 1.987.717/MG, 5.ª T., rel. Reynaldo Soares da Fonseca, 07.06.2022, v.u., grifamos).

Art. 240

Código de Processo Penal Comentado · **Nucci**

534

7-C. Invasão domiciliar sem mandado judicial em caso de flagrante delito: advém a autorização para tanto diretamente da Constituição Federal (art. 5.º, XI), mas há vários aspectos relevantes a considerar. Verificar as notas 31 a 32-C ao art. 241.

8. Busca ilegal: tratando-se de busca domiciliar, pune-se o agente com base no art. 150 do Código Penal (violação de domicílio) ou com fundamento no art. 22 da Lei 13.869/2019, conforme o caso concreto.

9. Fundamento e proteção constitucional: a busca pessoal tem como escudo protetor o art. 5.º, X, da Constituição Federal, ao preceituar que "são invioláveis a intimidade, a vida privada, a honra e a imagem das pessoas, assegurado o direito à indenização pelo dano material ou moral decorrente de sua violação". Entretanto, não se vislumbra específica proteção no Código Penal, salvo, genericamente, tratando-se dos crimes de constrangimento ilegal ou de sequestro ou cárcere privado, conforme a situação concreta.

10. Conceito de pessoal: é o que se refere ou pertence à pessoa humana. Pode-se falar em busca com contato direto ao corpo humano ou a pertences íntimos ou exclusivos do indivíduo, como a bolsa ou o carro. Conferir, ainda, a nota 27. Na jurisprudência: STJ: "2. Discute-se nos autos a validade da revista pessoal realizada por agente de segurança privada da Companhia Paulista de Trens Metropolitanos – CPTM. 3. Segundo a Constituição Federal – CF e o Código de Processo Penal – CPP, somente as autoridades judiciais, policiais ou seus agentes estão autorizados a realizar a busca domiciliar ou pessoal. 4. *Habeas corpus* não conhecido. Todavia, concedida a ordem, de ofício, para absolver o paciente, com fulcro no art. 386, inciso II, do CPP" (HC 470.937/SP, 5.ª T., rel. Joel Ilan Paciornik, 04.06.2019, v.u.).

10-A. Busca pessoal feita por guarda municipal: conferir as notas 3-A e 3-B ao art. 301. Porém, ratifique-se não possuir a guarda municipal o poder de polícia atribuído à polícia militar (policiamento ostensivo) ou à polícia civil (atividade investigatória). Apesar disso, o STF proferiu decisão ratificando o entendimento de que a guarda municipal integra o sistema de segurança pública, de modo que devem os seus agentes policiar a cidade, cuidando dos bens da municipalidade e, por óbvio, como qualquer pessoa, podem efetuar prisão em flagrante. Conferir: "Arguição de Descumprimento de Preceito Fundamental conhecida e julgada procedente para, nos termos do artigo 144, § 8.º da CF, conceder interpretação conforme à Constituição ao artigo 4.º da Lei 13.022/14 e artigo 9.º. da 13.675/18 declarando inconstitucional todas as interpretações judiciais que excluam as Guardas Municipais, devidamente criadas e instituídas, como integrantes do Sistema de Segurança Pública" (ADPF 995, Pleno, rel. Alexandre de Moraes, *DJe* 06.10.2023). Acrescente-se a este cenário a edição do Decreto Federal n. 11.841, de 21 de dezembro de 2023, que regulamenta a Lei 13.022/2014 (Estatuto Geral das Guardas Municipais) e deixa claro a atividade meramente preventiva da guarda municipal, sem interferir em atividade policial ostensiva ou investigatória. Estabelece que as guardas municipais podem atender ocorrências emergenciais, realizando os procedimentos iniciais, para acionar, em seguida, os órgãos de segurança pública cuja atuação seja necessária. Menciona, ainda, que os guardas municipais podem realizar prisões em flagrante, como qualquer cidadão, nos termos do art. 301 do CPP. Desse modo, fica clara a atribuição das guardas municipais, como órgão de segurança preventivo e supletivo, mas não substituto da polícia militar ou da polícia civil (ou federal). Na jurisprudência: STJ: "A Constituição Federal de 1988 não atribui à guarda municipal atividades ostensivas típicas de polícia militar ou investigativas de polícia civil, como se fossem verdadeiras 'polícias municipais', mas tão somente de proteção do patrimônio municipal, nele incluídos os seus bens, serviços e instalações. A exclusão das guardas municipais do rol de órgãos encarregados de promover a segurança pública (incisos do art. 144 da Constituição) decorreu de opção expressa do legislador constituinte – apesar das investidas em contrário – por não incluir no texto constitucional nenhuma forma de polícia municipal. 2. Tanto a Polícia Militar quanto a Polícia Civil – em contrapartida à possibilidade de exercerem a força pública e o monopólio estatal da violência – estão sujeitas a rígido controle correcional externo do Ministério Público (art. 129, VII, CF) e do Poder Judiciário (respectivamente da Justiça Militar e da Justiça Estadual). Já as guardas municipais – apesar da sua relevância – não estão sujeitas a nenhum controle correcional externo do Ministério Público nem do Poder Judiciário. É de ser ver com espanto, em um Estado Democrático de Direito, uma força pública imune a tais formas de fiscalização, a corroborar, mais uma vez, a decisão conscientemente tomada pelo Poder Constituinte originário quando restringiu as balizas de atuação das guardas municipais à vigilância do patrimônio municipal. (...) 5. A adequada interpretação do art. 244 do CPP é a de que a fundada suspeita de posse de corpo de delito é um requisito necessário, mas não suficiente, por si só, para autorizar a realização de busca pessoal, porque não é a qualquer cidadão que é dada a possibilidade de avaliar a presença dele; isto é, não é a todo indivíduo que cabe definir se, naquela oportunidade, a suspeita era fundada ou não e, por consequência, proceder a uma abordagem seguida de revista. Em outras palavras, mesmo se houver elementos concretos indicativos de fundada suspeita da posse de corpo de delito, a busca pessoal só será válida se realizada pelos agentes públicos com atribuição para tanto, a quem compete avaliar a presença de tais indícios e proceder à abordagem do suspeito. (...) 8. É possível e recomendável, dessa forma, que exerçam a vigilância, por exemplo, de creches, escolas e postos de saúde municipais, de modo a garantir que não tenham sua estrutura física danificada ou subtraída por vândalos ou furtadores e, assim, permitir a continuidade da prestação do serviço público municipal correlato a tais instalações. Nessa esteira, podem realizar patrulhamento preventivo na cidade, mas sempre vinculados à finalidade específica de tutelar os bens, serviços e instalações municipais, e não de reprimir a criminalidade urbana ordinária, função esta cabível apenas às polícias, tal como ocorre, na maioria das vezes, com o tráfico de drogas. 9. Não é das guardas municipais, mas sim das polícias, como regra, a competência para patrulhar supostos pontos de tráfico de drogas, realizar abordagens e revistas em indivíduos suspeitos da prática de tal crime ou ainda investigar denúncias anônimas relacionadas ao tráfico e outros delitos cuja prática não atinja de maneira clara, direta e imediata os bens, serviços e instalações municipais. Poderão, todavia, realizar busca pessoal em situações absolutamente excepcionais – e por isso interpretadas restritivamente – nas quais se demonstre concretamente haver clara, direta e imediata relação de pertinência com a finalidade da corporação, isto é, quando se tratar de instrumento imprescindível para a tutela dos bens, serviços e instalações municipais. Vale dizer, só é possível que as guardas municipais realizem excepcionalmente busca pessoal se houver, além de justa causa para a medida (fundada suspeita de posse de corpo de delito), relação clara, direta e imediata com a necessidade de proteger a integridade dos bens e instalações ou assegurar a adequada execução dos serviços municipais, o que não se confunde com permissão para realizarem atividades ostensivas ou investigativas típicas das polícias militar e civil para combate da criminalidade urbana ordinária. (...) 11. Ainda que eventualmente se considerasse provável que a sacola ocultada pelo réu contivesse objetos ilícitos, não estavam os guardas municipais autorizados, naquela situação, a avaliar a presença da fundada suspeita e efetuar a busca pessoal no acusado. Caberia aos agentes municipais, apenas, naquele contexto totalmente alheio às suas atribuições, acionar os órgãos policiais para que realizassem a abordagem e revista do suspeito, o que, por não haver sido feito, macula a validade da diligência por violação do art. 244 do CPP e, por conseguinte, das provas colhidas em decorrência dela, nos termos do art. 157 do CPP, também contrariado na hipótese" (REsp .977.119/SP, 6.ª T., rel. Rogério Schietti Cruz, 16.08.2022, v.u.).

Art. 240

Código de Processo Penal Comentado · **Nucci**

10-B. Busca pessoal por razões discriminatórias: é inegável haver, no Brasil, critérios inadequados para selecionar pessoas, na via pública, como suspeitas e, com isso, justificar uma busca pessoal (revista), sem mandado judicial. Por óbvio, não se deve generalizar essa conduta, embora se constate existir por parte de alguns policiais. Com isso, a fundada suspeita, fator legitimador para a referida busca sem mandado, termina baseada em elementos indevidos, como cor da pele, *status* social, aparência, dentre outros. Quando esta situação ocorre, não se admite, com clareza, o critério utilizado, camuflando-o com o manto de suspeita decorrente de *instinto* ou *experiência* policial, inválido para justificar essa violação à intimidade. Por isso, o STF, avaliando um caso concreto, fixou a tese de ser inadmissível a busca pessoal com base na raça, sexo, orientação sexual, cor da pele ou aparência física, ainda que não tenha concedido a ordem de *habeas corpus*, por maioria de votos, por não vislumbrar a discriminação na situação apresentada para julgamento. STF: "6. O Tribunal, por unanimidade, aprovou a seguinte tese de julgamento: 'A busca pessoal independente de mandado judicial deve estar fundada em elementos indiciários objetivos de que a pessoa esteja na posse de arma proibida ou de objetos ou papéis que constituam corpo de delito, não sendo lícita a realização da medida com base na raça, sexo, orientação sexual, cor da pele ou aparência física'. 7. No caso concreto, o Tribunal, por maioria, concluiu que a revista pessoal do paciente não ocorreu em razão de perfilamento racial. Ordem de *habeas corpus* denegada. Vencidos o relator, ministro Edson Fachin, e os ministros Luiz Fux e Roberto Barroso, que concediam a ordem" (HC 208240, Tribunal Pleno, rel. Edson Fachin, 11.04.2024, m.v.).

11. Busca em veículo: o automóvel (motocicleta, navio, avião etc.) é coisa pertencente à pessoa, razão pela qual deve ser equiparada à busca pessoal, sem necessitar de mandado judicial. A única exceção fica por conta do veículo destinado à habitação do indivíduo, como ocorre com os *trailers*, cabines de caminhão, barcos, entre outros. Nesta situação, demandam-se os mesmos requisitos da busca domiciliar. Na jurisprudência: STJ: "IV – Sobre a busca pessoal as instâncias ordinárias consignaram a existência de fundadas suspeitas a permitir a busca veicular, destacando que no momento da abordagem a tornozeleira eletrônica estava embalada em papel alumínio para impedir os sinais de rastreamento. Tal situação configura fundadas razões aptas a autorizarem que se procedesse com a abordagem e inspeção do veículo, nos termos do art. 240, § 2.º, do CPP" (AgRg no HC n. 914.038/SP, 5.ª T., rel. Messod Azulay Neto, 06.08.2024, v.u.).

11-A. Busca em veículo feita por policiais: como mencionado na nota anterior, exige-se *fundada suspeita* para abordar, parar e revistar um automóvel, devendo-se levar em consideração a atividade policial de fiscalização do trânsito. Portanto, quando a polícia militar para um veículo, em blitz de trânsito, solicitando a documentação do motorista e do carro, encontra-se em seu regular poder de polícia estatal. A revista interior ao automóvel e a pessoal ao motorista *exige* a fundada suspeita, exatamente como se faz em todas as demais ocorrências (nervosismo excessivo, fuga com o carro, arrancada súbita etc.). Na jurisprudência: STF: "I – É de considerar-se legítima a atuação dos policiais rodoviários que executaram a prisão em flagrante do acusado, especialmente porque os referidos agentes públicos agiram depois de perceberem que ele apresentava nervosismo incomum diante da abordagem de rotina realizada por agentes da Polícia Rodoviária Federal (PRF). II – Essa circunstância é elemento mínimo a caracterizar fundadas razões (justa causa) para os policiais fazerem uma revista mais minuciosa e aparelhada no caminhão, momento em que lograram encontrar quase 360 kg de cocaína. De resto, a vistoria realizada pelos agentes decorre da própria função de patrulhamento e policiamento ostensivo atribuídos à PRF, não havendo falar-se, portanto, em conduta desprovida de previsão legal e em desacordo com a Constituição de 1988. III – Considerando que o art. 240, do Código de Processo Penal, abarca tanto a busca domiciliar quanto a busca pessoal, nele elencando as hipóteses de sua incidência, é possível aplicar-se, na espécie, o mesmo entendimento sedimentado pelo Plenário deste Supremo Tribunal Federal no RE 603.616/RO, de relatoria do Ministro Gilmar Mendes, julgado sob a sistemática da Repercussão Geral (Tema 280). Precedentes" (Ag.reg. no HC 231.111-SP, 1.ª T., rel. Christiano Zanin 09.10.2023, v.u.).

11-B. Fundadas razões: a busca e, principalmente, a apreensão constituem medidas nitidamente invasivas, motivo pelo qual somente devem ser decretadas pelo juiz quando houver *razão* suficiente para tanto. Isso significa a existência de indícios razoáveis de materialidade e autoria. A busca e/ou apreensão não deve ser a primeira medida da investigação, mas a que estiver lastreada em prova pré-constituída. Na jurisprudência: STF: "1. Não há que se falar em inobservância do disposto nos arts. 240, § 2.º, e 244 do CPP, pois as buscas realizadas pelos agentes policiais se deram em vista de fundadas suspeitas de prática delitiva, sobretudo pelos elementos que envolviam a própria conduta do corréu, que buscou, ativamente, esquivar-se da equipe policial, acelerando o veículo, ignorando ordem de parada, em clara tentativa de fuga. 2. Verificada justa causa para a realização da abordagem policial, tomando-se como base o quadro fático delineado pelas instâncias antecedentes, alcançar conclusão em sentido diverso demandaria o reexame do conjunto fático-probatório, incabível na via do *habeas corpus*" (HC 230232 AgR, 2.ª T., rel. André Mendonça, 02.10.2023, v.u.). STJ: "4. No caso, os policiais abordaram os pacientes em atividade suspeita, ocasião em que traziam consigo uma guitarra elétrica importada, produto oriundo de furto realizado dois dias antes, e dez munições de arma de fogo, de uso permitido, sem autorização legal, ocasião em que a situação de flagrância estava caracterizada. Dando continuidade às diligências, na residência de um dos pacientes, foram encontradas três granadas e mais dois produtos oriundos do crime realizado dias atrás, o que afasta o apontado constrangimento ilegal" (HC 474.370/SP, 5.ª T., rel. Reynaldo Soares da Fonseca, 26.02.2019, v.u.).

12. Rol exemplificativo ou exaustivo: trata-se de rol exemplificativo, nada impedindo que outras hipóteses semelhantes às apresentadas sejam vislumbradas, podendo o juiz expedir mandado de busca (e apreensão, se for o caso) para tanto. Deve-se ter em vista a natureza da busca, que serve para a obtenção de provas, inclusive formação do corpo de delito, bem como para, cautelarmente, apreender coisas. Bento de Faria, cuja lição é aceita por Espínola Filho, também admite que o rol não é taxativo, embora estipule que a sua ampliação deva ser feita por outros preceitos legais e não por analogia (*Código de Processo Penal*, v. 1, p. 355). Defendemos, no entanto, a utilização da analogia, se for preciso, para ampliar o rol mencionado, o que é expressamente autorizado pelo art. 3.º deste Código, salientando, no entanto, que a relação já é extensa o suficiente para prescindir do processo analógico.

13. Mandado judicial certo e determinado: tratando-se de decorrência natural dos princípios constitucionais que protegem tanto o domicílio, quanto a vida privada e a intimidade do indivíduo, torna-se indispensável que o magistrado expeça mandados de busca e apreensão com objetivo certo e contra pessoa determinada. Não é possível admitir-se ordem judicial genérica, conferindo ao agente da autoridade liberdade de escolha e de opções a respeito dos locais a serem invadidos e vasculhados. Trata-se de abuso de autoridade de quem assim concede a ordem e de quem a executa, indiscriminadamente. Note-se que a lei exige *fundadas* razões para que o domicílio de alguém seja violado e para que a revista pessoal seja feita, não se podendo acolher o mandado genérico, franqueando amplo acesso a qualquer lugar. Excepcionalmente, pode-se expedir um mandado de busca indeterminado, mas cujo objeto ou local é determinável. Exemplo disso seria a denúncia, baseada em elementos previamente colhidos, de que provas do crime estão guardadas em uma casa situada na Rua X, número Y, desconhecendo-se o morador. A polícia poderia seguir ao lugar, sem conhecer os

Art. 240

Código de Processo Penal Comentado · **Nucci**

habitantes, embora tendo por determinado o local. E vice-versa: conhece-se a pessoa, mas não exatamente onde fica o seu domicílio. Na jurisprudência: STJ: "1. O mandado de busca deve ser preciso e determinado, indicando o mais precisamente possível a casa a ser diligenciada, o nome do proprietário (ou morador), não sendo admissível o mandado genérico, sob pena de tornar inviável o controle sobre os atos do Estado contra o direito individual. Em se tratando de medida invasiva, somente deve ser decretada quando houver fundada razão – existência de indícios razoáveis de autoria e materialidade delitiva – lastreada em prova pré-constituída. 2. No caso, foram observadas as formalidades necessárias, especificado o endereço do local em que estava sendo praticado o ilícito, com base em fiscalizações anteriores da Anatel. Não há, portanto, que se falar em ilegalidade do mandado de busca e apreensão, tampouco, em prova obtida por meio ilícito" (AgRg no AREsp 1.712.852-SP, 5.ª T., rel. Reynaldo Soares da Fonseca, 08.09.2020, v.u.).

14. Prisão de criminosos: esta hipótese deve ser utilizada tanto para o caso de prisão em flagrante, quando a busca é autorizada, em domicílio, sem mandado judicial, diretamente pela Constituição Federal (art. 5.º, XI), em diligência diurna ou noturna, como para a hipótese de existência de mandado de prisão expedido por autoridade judiciária (art. 5.º, XI, parte final, e LXI), situação que exige a observância da diligência diurna, não havendo consentimento do morador (ver as notas 55 a 57 ao art. 293). O termo *criminosos* comporta interpretação extensiva, envolvendo igualmente os contraventores. Note-se que, neste caso, a busca tem a finalidade de garantir a aplicação da lei penal, a ordem pública ou econômica, ou por conveniência da instrução, o que não deixa de ser, em qualquer situação, uma medida cautelar. Destaquemos que a busca, como regra, realiza-se, em domicílio, se houver expedição de mandado judicial. Entretanto, havendo necessidade de prisão em flagrante ou prisão em decorrência de mandado judicial, não há necessidade de outro mandado para a busca. Pode ocorrer, no entanto, dúvida por parte da polícia a respeito do destino do procurado. Se apenas indícios derem conta de estar ele escondido na residência de alguém, não existindo certeza, é importante conseguir do juiz um mandado de busca domiciliar, a fim de não constituir abuso de autoridade a invasão, sem o encontro do indivíduo a ser preso. Na jurisprudência: STJ: "1. Nos termos do disposto no art. 293 do CPP, o mandado de prisão expedido por autoridade competente é suficiente para autorizar o ingresso dos policiais no domicílio da ré, durante o dia, independentemente de permissão específica para a entrada na residência ou do consentimento do morador. 2. Todavia, o recolhimento de elementos de convicção ou de possíveis instrumentos utilizados na prática do crime – ao tempo do cumprimento da ordem de prisão no domicílio da ré – exige autorização judicial prévia, mediante a expedição do respectivo mandado de busca e de apreensão, ressalvados os objetos encontrados em busca pessoal, nos termos do art. 240 do CPP. 3. Não há como acolher o pedido de nulidade dos atos processuais posteriores ao oferecimento da denúncia, pois há fonte independente de prova para subsidiar a persecução penal, ou seja, que não possuem nexo de causalidade com os elementos recolhidos no domicílio da ré, sem autorização judicial. 4. 'Eventual reconhecimento da ilicitude das provas obtidas pela busca e apreensão não teria o poder de tornar imprestáveis todas as provas do processo, pois, aparentemente, existem outros elementos no inquérito policial os quais não guardam nenhuma relação com essa diligência' (RHC 57.427/SP, Rel. Ministro Sebastião Reis Júnior, Sexta Turma, julgado em 23/05/2017, *DJe* 30/05/2017). 5. *Habeas corpus* não conhecido. Ordem concedida, de ofício, para que sejam desentranhadas dos autos as provas obtidas ilicitamente no domicílio da ré, conforme fundamentação no voto" (HC 559.652/MA, 5.ª T., rel. Ribeiro Dantas, 23.06.2020, v.u.).

15. Coisas insusceptíveis de apreensão: dividem-se, segundo Cleunice A. Valentim Bastos Pitombo, em três ramos: a) coisas que, normalmente, não são passíveis de apropriação por ninguém (ex.: sangue saliva, esperma, cabelo, impressão digital, pelo, unha), embora possam ser coletados para exame, interessando ao processo; b) palavras faladas, que podem ser registradas em base material, esta sim passível de apreensão (ex.: fita de gravador); c) coisas móveis intransportáveis, visto que a apreensão implica retirar algo de alguém. Tal não se dá, por absoluta impossibilidade material, no caso de uma imensa plantação de maconha, por exemplo (*Da busca e apreensão no processo penal*, p. 207-210).

16. Coisas achadas: são as que guardam algum interesse para a produção de prova no processo. Nesse sentido, a apreensão é um meio de prova.

17. Coisas obtidas por meios criminosos: são as coisas apreendidas não somente para servir de prova, mas também para resguardar a indenização ou restituição futura à vítima ou o confisco do Estado (art. 91, II, *b*, CP). Nesse prisma, a apreensão é meio de prova e, também, assecuratório.

18. Instrumentos do crime: a apreensão dos instrumentos usados para a falsificação (construção de algo novo) ou para a contrafação (imitação de algo verdadeiro), bem como dos objetos falsificados ou contrafeitos é consequência natural do disposto no art. 91, II, *a*, do Código Penal, que prevê a perda, em favor da União, ressalvado o direito do lesado ou do terceiro de boa-fé, dos instrumentos ilícitos utilizados para a prática do delito.

19. Armas, munições e outros instrumentos: *armas* são os engenhos especialmente feitos para ataque ou defesa (armas próprias), não abrangendo, naturalmente, os objetos eventualmente usados para o cometimento de uma infração penal, como ocorre com um machado ou com um martelo (armas impróprias). Ocorre que esta alínea *d* do § 1.º do art. 240 do CPP permite que se apreenda, também, o instrumento usado para a prática do crime, ao menos para que se proceda à perícia (meio de prova), razão pela qual poder-se-ia recolher o machado ou o martelo com o qual o agente matou a vítima, por exemplo. Futuramente, ele pode ser restituído a quem de direito. *Munição* é o material destinado a abastecer armas, como projéteis, pólvoras e outros artefatos explosivos. Logicamente, deve ser apreendida para servir de prova (note-se que é crime manter, em desacordo com autorização legal, artefatos explosivos, como indica o art. 12 da Lei 10.826/2003) ou como medida assecuratória (imagine-se o furto de grande quantidade de projéteis de uma loja especializada em venda de munição), para futura devolução ao Estado ou ainda para confisco (art. 91, II, *a*, CP). Não sendo arma ou munição, como já mencionado, pode tratar-se de qualquer outro instrumento usado para a prática de infrações penais (como o martelo, para a prática de homicídio).

20. Objetos necessários à prova: trata-se de item genérico, somente vindo a comprovar a natureza mista da busca e da apreensão (meio de prova e assecuratório). Qualquer material que possa fornecer ao julgador uma avaliação correta do fato delituoso, abrangendo materialidade e autoria, pode ser apreendido (como roupas com sangue ou esperma, material pornográfico, diários e anotações, com conteúdo vinculado ao fato, entre outros). Observe-se que a busca e apreensão deve voltar-se à descoberta da *verdade real*, podendo ser de interesse tanto da acusação, quanto da defesa. Na jurisprudência: STJ: "3. Tratando-se de crimes envolvendo a divulgação de material pornográfico de menor, não caracteriza constrangimento ilegal a apreensão de notebook e celular na posse do investigado, sobretudo porque a ordem judicial direcionou-se justamente para os equipamentos de informática encontrados na residência do suspeito ou em sua posse" (AgRg no RHC 124.876/RJ, 5.ª T., rel. Ribeiro Dantas, 06.10.2020, v.u.).

21. Apreensão de cartas e violação do seu conteúdo: a matéria, após a edição da Constituição Federal de 1988, tornou-se polêmica e confusa. Analisando-se a letra da lei, o

Art. 240

Código de Processo Penal reconhece, nesta alínea *f* do § 1.º do art. 240, o direito de apreender cartas destinadas ao acusado ou em seu poder, quando houver suspeita de que seu conteúdo pode favorecer o conhecimento útil de fato criminoso. As cartas podem já estar abertas ou não. De outra parte, analisando-se, literalmente, o art. 5.º, XII, da Constituição, tem-se que "é inviolável o sigilo da correspondência e das comunicações telegráficas, de dados e das comunicações telefônicas, *salvo, no último caso*, por ordem judicial, nas hipóteses e na forma que a lei estabelecer para fins de investigação criminal ou instrução processual penal" (grifamos). Assim, parte da doutrina encaminhou-se no sentido de ter por revogado, tacitamente, o art. 240, § 1.º, *f*, do Código de Processo Penal, alegando que a Constituição tornou inviolável, sem exceções, qualquer correspondência, destinada ou não a pessoas acusadas da prática de crimes. Aliás, a única possibilidade de violação estaria relacionada às comunicações telefônicas, como expressamente prevê o texto constitucional. Outra parte, no entanto, sustenta que o texto constitucional não deve ser analisado de modo irrestrito, havendo até a postura dos que sustentam a inconstitucionalidade formal, por problemas concernentes ao processo legislativo de elaboração desta norma: "O certo é que a Assembleia Nacional Constituinte aprovou texto diverso do que veio afinal a ser promulgado. A redação aprovada em segundo turno, no plenário, foi a seguinte: 'É inviolável o sigilo da correspondência e das comunicações de dados, telegráficas e telefônicas, salvo por ordem judicial, nas hipóteses e na forma que a lei estabelecer, para fins de investigação criminal ou instrução processual'. Foi a Comissão de Redação que, exorbitando de seus poderes, acrescentou ao texto as palavras 'comunicações', 'no último caso' e 'penal', limitando consideravelmente o alcance da norma constitucional legitimamente aprovada em plenário. (...) No meu sentir, a redação restritiva do inc. XII do art. 5.º da CF é formalmente inconstitucional, por vício de competência e afronta ao processo legislativo" (Ada Pellegrini Grinover, *O regime brasileiro das interceptações telefônicas*, p. 113). Além disso, é preciso ponderar que os direitos e garantias individuais não são absolutos, nem foram idealizados ou estabelecidos para proteger criminosos. Seu sentido é a proteção contra os abusos *indevidos* do Estado e não criar um escudo para dignificar o delito e seus praticantes. Daí por que a inviolabilidade de correspondência cederia espaço ao interesse maior, que é a garantia à segurança pública (art. 5.º, *caput*, CF) e ao acerto das decisões do Poder Judiciário, evitando-se, a qualquer custo, o erro (art. 5.º, LXXV, CF). Entretanto, são partidários da corrente da absoluta inviolabilidade da correspondência: Mirabete (*Processo penal*, p. 319-320); Cleunice A. Valentim Bastos Pitombo (*Da busca e da apreensão no processo penal*, p. 218); Rogério Lauria Tucci (citado por Cleunice A. Valentim Bastos Pitombo, ob. cit., p. 216); Tourinho (*Comentários ao Código de Processo Penal*, v. 1, p. 445); Demercian e Maluly (*Curso de processo penal*, p. 288); Paulo Heber de Morais e João Batista Lopes (*Da prova penal*, p. 141-143); Antonio Magalhães Gomes Filho (*Direito à prova no processo penal*, p. 123); Celso Ribeiro Bastos e Ives Gandra Martins (*Comentários à Constituição do Brasil*, v. 2, p. 72). Em posição diversa, defendem a possibilidade de violação da correspondência, caso tenha por finalidade evitar ou apurar o cometimento de crimes: Alexandre de Moraes (*Direito constitucional*, p. 77); Scarance Fernandes (*Processo penal constitucional*, p. 82, alegando que, para tanto, deve ser usado o princípio da proporcionalidade e cita o exemplo da violação da correspondência dos presos para impedir fuga de presídio ou evitar o sequestro de um juiz); César Dario Mariano da Silva (*Das provas obtidas por meios ilícitos e seus reflexos no âmbito do direito processual penal*, p. 69-71). Ensina Alexandre de Moraes, em relação à inviolabilidade de correspondência, prevista na Constituição Federal: "A interpretação do presente inciso deve ser feita de modo a entender que a lei ou a decisão judicial poderão, excepcionalmente, estabelecer hipóteses de quebra das inviolabilidades da correspondência, das comunicações telegráficas e de dados, sempre visando salvaguardar o interesse público e impedir que a consagração de certas liberdades públicas possa servir de incentivo à prática de atividades ilícitas" (*Direitos humanos fundamentais*, p. 145). E, ainda, que "os direitos humanos fundamentais não podem ser utilizados como um *verdadeiro escudo protetivo* da prática de atividades ilícitas, nem tampouco como argumento para afastamento ou diminuição da responsabilidade civil ou penal por atos criminosos, sob pena de total consagração do desrespeito a um verdadeiro Estado de Direito. (...) Desta forma, quando houver conflito entre dois ou mais direitos ou garantias fundamentais, o intérprete deve utilizar-se do *princípio da concordância prática ou da harmonização*, de forma a coordenar e combinar os bens jurídicos em conflito, evitando o sacrifício total de uns em relação aos outros, realizando uma redução proporcional do âmbito de alcance de cada qual (*contradição de princípios*), sempre em busca do verdadeiro significado da norma e da harmonia do texto constitucional com sua finalidade precípua" (*Provas ilícitas e proteção aos direitos humanos fundamentais*, p. 13). Convém citar, também, Marco Antonio de Barros: "Não concordo com a mantença da inviolabilidade quando se trate de apurar a ocorrência de um crime, notadamente se a revelação do conteúdo da correspondência ou da comunicação telegráfica for imprescindível para a revelação da verdade. Negar a realização de diligências investigatórias nesse sentido, com apoio no que afirma o dispositivo constitucional, por certo não traduz nenhum absurdo jurídico. Tal decisão certamente seria a mais cômoda, mas nem sempre a mais justa. Parece cristalino que a norma em comento tem por objetivo proteger a pessoa de bem, o cidadão comum, ou a intimidade deste retratada na correspondência ou na comunicação telegráfica. Por outra versão, não pode ser destinatário de tão acentuado direito quem tenha cometido ou seja suspeito de haver cometido um crime. Nenhuma lógica seria capaz de explicar o argumento de que inviolabilidade impede a legítima repressão estatal. A tanto ela não chega" (*A busca da verdade no processo penal*, p. 226). Segundo pensamos, nenhum direito ou garantia fundamental é absoluto. Fosse assim e haveríamos de impedir, terminantemente, que o diretor de um presídio violasse a correspondência dirigida a um preso, ainda que se tratasse de ardiloso plano de fuga, pois a "inviolabilidade de correspondência" seria taxativa e não comportaria exceção alguma na Constituição Federal. Nem mesmo poderia devassar a correspondência para saber se, no seu interior, há drogas, o que configura um despropósito. Há quem defenda que a violação da correspondência é o conhecimento da carta escrita em seu interior, mas não é essa a melhor exegese. O simples fato de alguém abrir um envelope fechado, dirigido a outrem, tomando conhecimento do que há em seu interior faz incidir na figura do art. 151 do Código Penal, ou art. 40 da Lei 6.538/1978, conforme o caso. Conhece-se a intimidade de uma pessoa lendo-se uma carta ou vendo-se uma foto enviada ao destinatário, por exemplo. Por isso, para saber se a correspondência contém algo ilícito, é preciso abri-la, devassá-la. E mais: mesmo que se tivessem seriíssimas suspeitas de que determinada carta, recebida por pessoa acusada de crime, contivesse a solução para a apuração da autoria do delito, podendo até inocentar terceiros, não se poderia, ainda que com mandado judicial, devassar o seu conteúdo. Cremos injustificável tal postura, pois até o direito à vida – principal bem jurídico protegido do ser humano – comporta violação, garantida em lei ordinária (como o aborto, fruto de gestação produzida por estupro ou a morte do agressor na legítima defesa, entre outros exemplos). O Supremo Tribunal Federal já teve oportunidade de decidir que cartas de presidiários podem ser violadas pela administração penitenciária, respeitando-se o disposto no art. 41, parágrafo único, da Lei 7.210/1984 (lei ordinária), visto que o sigilo epistolar não pode servir de instrumento para a salvaguarda de práticas ilícitas (HC 70.814/SP, 1.ª T., rel. Celso de Mello, 01.03.1994, v.u., *DJ* 24.06.1994, *RT* 709/418, embora antigo, o julgado é de particular relevância para o tema e continua sendo paradigma pelo STF). Aliás, a respeito, confira-se o disposto no Decreto Federal 6.049/2007, disciplinando o funcionamento dos presídios federais "Art. 100. A correspondência escrita entre o preso e seus familiares, e afins, será efetuada pelas vias regulamentares. § 1.º É livre a correspondência, *condicionada*

Art. 240

a sua expedição e recepção às normas de segurança e disciplina do estabelecimento penal federal. § 2.º A troca de correspondência não poderá ser restringida ou suspensa a título de sanção disciplinar" (grifamos). De fato, se alguém é acusado ou indiciado, qualquer prova que o juiz mande apreender é lícita, pois o sentido maior da norma é apurar o verdadeiro culpado, garantindo-se tanto a segurança pública, quanto o acerto judiciário, que não permitirá leve-se ao cárcere um inocente. Deixar de abrir a correspondência de um suspeito de crime, somente porque se está seguindo, cegamente, o disposto na Constituição Federal, seria privilegiar uma norma constitucional em detrimento a outras. Descobrir o verdadeiro culpado de um crime elimina a possibilidade de se punir um inocente, algo que, muitas vezes, ocorre no sistema penal brasileiro, situação com a qual devemos demonstrar séria preocupação. Pode-se aplicar a teoria da proporcionalidade, como sustentam alguns, mas cremos que nem é preciso que dela se use mão. Não se trata de ponderar qual bem jurídico é mais importante – se a intimidade, a inviolabilidade da correspondência e da vida privada ou a segurança pública e o interesse em punir criminosos – mas sim de garantir a perfeita *harmonia* entre os princípios, direitos e garantias constitucionais. Um direito não deve sobrepujar outro em hipótese alguma, pois inexiste hierarquia entre eles, mormente quando todos estão previstos na Constituição Federal. Deve o aplicador da lei ajustar um ao outro, compreendendo o exato espírito da norma e seu alcance. Se dentre os direitos e garantias individuais aparentemente houver uma antinomia, deve o intérprete, necessariamente, buscar a conciliação, conforme o caso concreto, pois não há qualquer prevalência de um sobre outro. Se algo for permitido por um princípio e vedado por outro, um dos princípios deve recuar, o que não significa ter sido considerado nulo ou revogado. Assim, quando a proteção constitucional da inviolabilidade de correspondência foi construída, jamais teve por fim proteger a pessoa que comete crimes, mas sim o cidadão honesto, que não merece ter sua intimidade violada pelo Estado, gratuitamente. Nem mesmo a presunção de inocência pode aqui ser aplicada, pois esta garante, primordialmente, que o ônus da prova é da acusação e não do acusado, não impedindo nem mesmo a prisão cautelar, como, cotidianamente, decidem os tribunais pátrios. Portanto, ao investigar um crime, com fundadas suspeitas e baseando-se a prova, sobretudo, na correspondência legalmente apreendida, parece-nos lógico deva o juiz autorizar a sua abertura e juntada aos autos para a descoberta da verdade real, imprimindo-se um autêntico conteúdo de razoabilidade ao devido processo legal. É evidente que, nada encontrando de relevante ou pertinente na carta aberta, deve a autoridade resguardar a intimidade do réu ou investigado, devolvendo-a ao destinatário. Diante disso, sustentamos a constitucionalidade do disposto nesta alínea do art. 240 do Código de Processo Penal. Defendendo que a inviolabilidade da correspondência não é absoluta: STF: "O Supremo Tribunal, em julgamento paradigmático, reconheceu, já sob a égide do ordenamento constitucional vigente, que o sigilo de correspondência não é absoluto, tendo esta Corte conferido validade à interceptação da correspondência remetida pelos sentenciados, 'eis que a cláusula tutelar da inviolabilidade do sigilo epistolar não pode constituir instrumento de salvaguarda de praticas ilícitas' (HC n.º 70.814/SP, Primeira Turma, Relator o Ministro Celso de Mello, *DJ* de 24/6/94). 11. Em face da concepção constitucional moderna de que inexistem garantias individuais de ordem absoluta, mormente com escopo de salvaguardar práticas ilícitas (v.g. HC n.º 70.814/SP), a exceção constitucional ao sigilo alcança as comunicações de dados telemáticos, não havendo que se cogitar de incompatibilidade do parágrafo único do art. 1.º da Lei n.º 9.296/96 com o art. 5.º, inciso XII, da Constituição Federal. Precedente e doutrina. 12. Recurso ordinário ao qual se nega provimento" (RHC 132.115, 2.ª T., rel. Dias Toffoli, 06.02.2018, v.u.).

21-A. Violação de correspondência feita por agente do correio: inadmissibilidade, pois não se trata de abertura realizada por ordem judicial, nem tampouco resultante de controle de segurança pública, prevista em lei, como é o caso da fiscalização de correspondência de presos. Estes, ao perderem a liberdade, por consequência, têm limitados outros direitos decorrentes disso, como, por exemplo, a comunicação livre por qualquer meio. Não podem usar celular, nem podem utilizar a internet e, por consequência, trocar correspondência lacrada com quem está fora do estabelecimento penitenciário. Ver a nota 21 *supra*. Fora desse cenário, a violação da correspondência pode gerar prova ilícita. Na jurisprudência STF: "Constitucional e penal. Recurso extraordinário com repercussão geral. Prova obtida por meio de abertura de encomenda postada nos correios. Direito ao sigilo de correspondência. Inadmissibilidade. Reserva de lei e de jurisdição. Recurso extraordinário que se julga procedente. 1. Além da reserva de jurisdição, é possível ao legislador definir as hipóteses fáticas em que a atuação das autoridades públicas não seriam equiparáveis à violação do sigilo a fim de assegurar o funcionamento regular dos correios. 2. Tese fixada: 'sem autorização judicial ou fora das hipóteses legais, é ilícita a prova obtida mediante abertura de carta, telegrama, pacote ou meio análogo.' 3. Recurso extraordinário julgado procedente" (RE 1.116.949, Tribunal Pleno, rel. Marco Aurélio, rel. para acórdão Edson Fachin, 18.08.2020, m.v.).

22. Suspeita e utilidade na violação: é preciso que se respeitem os requisitos indispensáveis para a violação ter lugar: *suspeita* de que o conhecimento do conteúdo da correspondência possa ser *útil* à elucidação do fato. Assim, somente pode autorizar o juiz a apreensão da carta, com sua consequente abertura (caso esteja fechada, pois aberta não haveria violação alguma), caso exista a fundada suposição de que contribua de modo vantajoso à apuração da infração penal. Pode o magistrado, por exemplo, determinar a apreensão e abertura de carta enviada por um banco estrangeiro ao acusado da prática de remessa ilegal de moeda ao exterior, pois é componente indispensável à apuração do fato. Aliás, se pode o juiz determinar a quebra do sigilo fiscal e do sigilo bancário, não teria o menor sentido lógico ser impedido de tomar conhecimento de um mero extrato, contido dentro de um envelope. Se for para se manter inviolável a intimidade, as duas outras atitudes (violações dos sigilos fiscal e bancário) são muito mais graves do que a simples abertura da correspondência bancária. Isso não significa, no entanto, autorizar a abertura de cartas pessoais, contendo assuntos estritamente familiares, juntando-as ao processo ou no inquérito. Por vezes, poderá haver necessidade de apreender e abrir a correspondência para saber se o seu conteúdo interessa à apuração do crime. Entretanto, cientificando-se de que o conteúdo é irrelevante ao feito, deve-se devolver a missiva ao destinatário, sem manter o seu recolhimento.

23. Apreensão de vítimas: é medida que não visa, obviamente, à prisão ou recolhimento da pessoa ofendida pela prática criminosa, mas trata-se de uma medida de libertação ou salvamento de pessoa vítima de maus-tratos (crianças ou idosos), privada da liberdade (sequestro ou extorsão mediante sequestro), entre outras situações análogas. Narra Pontes de Miranda que será utilizada a busca e apreensão para retirar da ilegal detenção o paciente beneficiado por ordem de *habeas corpus* não cumprida de pronto pelo detentor ou carcereiro, estando ele em casa particular qualquer. Além disso, no caso específico do *habeas corpus*, tendo em vista que a sentença que o concede tem o caráter *mandamental*, desnecessária será a expedição de mandado de busca e apreensão (*História e prática do* habeas corpus, p. 389-390).

24. Colheita de elemento de convicção: trata-se de autorização genérica e residual, isto é, não se encaixando a hipótese às alíneas anteriores, mas voltando-se à produção de provas, é permitida a colheita de material ou instrumento, que sirva para formar a convicção do juiz. Exemplo disso é a colheita de sangue ou pelos para submissão a exame pericial.

25. Busca pessoal e dispensa de mandado judicial: não teria mesmo cabimento exigir, para a realização de uma busca pessoal, ordem judicial, visto que a urgência que a situação requer não comporta esse tipo de providência. Se uma pessoa suspeita de trazer consigo a

Art. 240

Código de Processo Penal Comentado • Nucci

544

arma utilizada para a prática de um crime está passando diante de um policial, seria impossível que ele conseguisse, a tempo, um mandado para efetivar a diligência e a revista. Logo, dispensa-se o mandado, embora deva o agente da autoridade ter a máxima cautela para não realizar atos invasivos e impróprios, escolhendo aleatoriamente pessoas para a busca, que é sempre ato humilhante e constrangedor. Consultar, ainda, as notas 10 a 10-B, supra, e 40, *infra*.

26. Abrangência da busca pessoal: envolve as roupas, o veículo (como já sustentado acima), os pertences móveis que esteja carregando (bolsas, mochilas, carteiras etc.), bem como o próprio corpo. Esta última hipótese deve ser tratada com especial zelo e cuidado, pois significa ato extremamente invasivo. Pode, no entanto, ser necessária a diligência, como tem ocorrido nos casos de tráfico de entorpecentes, quando os suspeitos carregam, entre as nádegas ou os seios, pequenos pacotes contendo drogas.

27. Fundada suspeita: é requisito essencial e indispensável para a realização da busca pessoal, consistente na revista do indivíduo. *Suspeita* é uma desconfiança ou suposição, algo intuitivo e frágil, por natureza, razão pela qual a norma exige *fundada* suspeita, que é mais concreto e seguro. Assim, quando um policial desconfiar de alguém, não poderá valer-se, unicamente, de sua experiência ou pressentimento, algo muito subjetivo, necessitando, ainda, de algo mais palpável, como a denúncia feita por terceiro de que a pessoa porta o instrumento usado para o cometimento do delito, bem como pode ele mesmo visualizar uma saliência sob a blusa do sujeito, dando nítida impressão de se tratar de um revólver. Enfim, torna-se impossível e impróprio enumerar todas as possibilidades autorizadoras de uma busca, mas continua sendo curial destacar que a autoridade encarregada da investigação ou seus agentes podem – e devem – revistar pessoas em busca de armas, instrumentos do crime, objetos necessários à prova do fato delituoso, elementos de convicção, entre outros, agindo escrupulosa e fundamentadamente. Debate-se, nos tribunais, a questão referente à fuga de alguém, quando agentes policiais se aproximarem. Naturalmente, depende do caso concreto, embora não seja conduta normal sair correndo quando a viatura chega a um lugar, em especial quando se trata de área específica onde o tráfico de drogas, por exemplo, é amplamente praticado. Parece-nos que a fuga e o ato de jogar longe uma bolsa ou mochila podem dar ensejo à revista pessoal. Diversamente, o puro subjetivismo de *achar que alguém está nervoso* configura situação muito vaga e pode ferir direito individual à privacidade ou intimidade, sem justa causa e sem ordem judicial. Na prática, é fundamental analisar o caso concreto, tendo em vista que teorias acerca de *fundada suspeita* não são suficientes. Na jurisprudência: STF: "I – Nos 'termos dos arts. 240, § 2.º e 244 do CPP, cabe a busca pessoal, independente de autorização judicial, quando houver fundada suspeita de ocultação pelo investigado de elementos de convicção' (HC 212.682 AgR/SP, Rel. Min. Rosa Weber, Primeira Turma, 18.04.2022). II – No caso, 'os policiais militares somente se deslocaram ao local do flagrante, onde apreenderam na posse do Paciente aproximadamente 2kg de maconha e uma balança de precisão, em plena via pública, porque, durante o serviço, receberam notícia específica de que o denunciado estaria com entorpecentes na região'" (RHC 235408 AgR, 1.ª T., rel. Cristiano Zanin, 22.04.2024, v.u.); "2. Agravante, reincidente, preso com drogas, arma e balança. 3. A Constituição que assegura o direito à intimidade, à ampla defesa, ao contraditório e à inviolabilidade do domicílio é a mesma que determina punição a criminosos e o dever do Estado de zelar pela segurança pública. O policiamento preventivo e ostensivo, próprio das Polícias Militares, a fim de salvaguardar a segurança pública, é dever constitucional. 4. Fugir ao avistar viatura, pulando muros, gesticular como quem segura algo na cintura e reagir de modo próprio e conhecido pela ciência aplicada à atividade policial, objetivamente, justifica a busca pessoal em via pública. 5. Alegação de violação a domicílio. Caso concreto. Inocorrência. 6. Agravo improvido" (Ag.Reg. no ROHC 229.514-PE, 2.ª T., rel. Gilmar Mendes, sessão virtual de 22 a 29.9.2023, v.u.). STJ: "16. Assim, à luz de todas essas ponderações, conclui-se que fugir correndo repentinamente ao avistar uma guarnição policial configura motivo idôneo para autorizar uma busca pessoal em via pública, mas a prova desse motivo, cujo ônus é do Estado, por ser usualmente amparada apenas na palavra dos policiais, deve ser submetida a especial escrutínio, o que implica rechaçar narrativas inverossímeis, incoerentes ou infirmadas por outros elementos dos autos. 17. O exame destes autos indica que o réu, ao avistar uma viatura policial que fazia patrulhamento de rotina na região dos fatos, correu, em fuga, para um terreno baldio, o que motivou a revista pessoal, na qual foram encontradas drogas. Diante das premissas estabelecidas neste voto e da ausência de elementos suficientes para infirmar ou desacreditar a versão policial, mostra-se configurada a fundada suspeita de posse de corpo de delito a autorizar a busca pessoal, nos termos do art. 244 do CPP. 18. Ordem denegada" (HC n. 877.943/MS, 3.ª Seção, rel. Rogerio Schietti Cruz, 18.04.2024, v.u.).

28. Abuso de autoridade: não agindo como determina a norma processual penal e procedendo à busca pessoal de alguém sem qualquer razão, pode o policial incidir em duas infrações: funcional, quando não houver elemento subjetivo específico (dolo específico, na doutrina tradicional), merecendo punição administrativa, ou penal, quando manifestar, nitidamente, seu intuito de abusar de sua condição de autoridade, merecendo ser processado e condenado por isso.

29. Agentes autorizados a realizar busca pessoal: são os que possuem a função constitucional de garantir a segurança pública, preservando a ordem e a incolumidade das pessoas e do patrimônio, bem como investigar ou impedir a prática de crimes: polícia federal, polícia rodoviária federal, polícia ferroviária federal, polícias civis, polícias militares e corpos de bombeiros militares (art. 144, CF). Não possuem tal função os agentes das guardas municipais, logo, não estão autorizados a fazer busca pessoal. Naturalmente, se um flagrante ocorrer, podem prender e apreender pessoa e coisa objeto de crime, como seria permitido a qualquer do povo que o fizesse, apresentando o infrator à autoridade policial competente.

> **Art. 241.** Quando a própria autoridade policial[30] ou judiciária não a realizar pessoalmente, a busca domiciliar deverá ser precedida da expedição de mandado.[3-3-C]

30. Exigência do mandado judicial para a polícia: não mais vige a possibilidade da autoridade policial, pessoalmente e sem mandado, invadir um domicílio visto que a Constituição Federal garantiu a necessidade de determinação judicial. O juiz, obviamente, quando acompanha a diligência faz prescindir do mandado, pois não teria cabimento ele autorizar a si mesmo ao procedimento da busca. Na jurisprudência: STJ: "1. De acordo com o disposto no art. 241 do Código de Processo Penal, admite-se a realização de busca domiciliar pessoalmente pela autoridade judiciária. Logo, não há como acolher a tese da defesa de impedimento do julgador, para o julgamento do feito, por ter ele acompanhado a referida diligência. Ademais, as hipóteses de impedimento do juiz estão previstas, taxativamente, no art. 252 do Código de Processo Penal, e nenhuma delas corresponde à hipótese dos autos. 2. Agravo regimental não provido" (AgRg no REsp 1.243.891/MG, 5.ª T., rel. Ribeiro Dantas, 13.12.2018, v.u.).

31. Desnecessidade de mandado em caso de flagrante: é indiscutível que a ocorrência de um delito no interior do domicílio autoriza a sua invasão, a qualquer hora do dia ou da noite, mesmo sem o mandado, o que, aliás, não teria mesmo sentido exigir fosse expedido. Ademais, a autorização para tanto origina-se no texto constitucional (art. 5.º, XI, CF). Assim, a polícia pode ingressar em casa alheia para intervir num flagrante delito, prendendo o agente

Art. 241

Código de Processo Penal Comentado · **Nucci**

546

e buscando salvar, quando for o caso, a vítima. Em caso de crimes permanentes (aqueles cuja consumação se prolonga no tempo), como é o caso do tráfico de entorpecentes, na modalidade "ter em depósito" ou "trazer consigo", pode o policial penetrar no domicílio efetuando a prisão cabível. Mesmo assim, tem sido tendência nos julgados de Tribunais Superiores a exigência de *justa causa* para o surgimento de *fundada suspeita* de que, em certo domicílio, ocorre um flagrante de delito. Não se admite a *validação* de uma invasão em domicílio, sem mandado judicial, que ocorreu sem qualquer lastro investigatório prévio, especialmente durante a noite (nesta hipótese, nem com mandado judicial se invade, aguardando-se o amanhecer). Enfim, a permissão constitucional de ingresso em domicílio, sem mandado judicial, para atender situação de flagrante delito demanda algum alicerce prévio, indicando haver, com efetividade, um crime em desenvolvimento, ainda que se trate de infração penal de natureza permanente. Ver, ainda, a nota 32 abaixo e a nota 58 ao art. 294. Um específico julgado do STF fixou as balizas para essa situação: "Recurso extraordinário representativo da controvérsia. Repercussão geral. 2. Inviolabilidade de domicílio – art. 5.º, XI, da CF. Busca e apreensão domiciliar sem mandado judicial em caso de crime permanente. Possibilidade. A Constituição dispensa o mandado judicial para ingresso forçado em residência em caso de flagrante delito. No crime permanente, a situação de flagrância se protrai no tempo. 3. Período noturno. A cláusula que limita o ingresso ao período do dia é aplicável apenas aos casos em que a busca é determinada por ordem judicial. Nos demais casos – flagrante delito, desastre ou para prestar socorro – a Constituição não faz exigência quanto ao período do dia. 4. Controle judicial *a posteriori*. Necessidade de preservação da inviolabilidade domiciliar. Interpretação da Constituição. Proteção contra ingerências arbitrárias no domicílio. Muito embora o flagrante delito legitime o ingresso forçado em casa sem determinação judicial, a medida deve ser controlada judicialmente. A *inexistência de controle judicial, ainda que posterior à execução da medida, esvaziaria o núcleo fundamental da garantia contra a inviolabilidade da casa* (art. 5.º, XI, da CF) e deixaria de proteger contra ingerências arbitrárias no domicílio (Pacto de São José da Costa Rica, artigo 11, 2, e Pacto Internacional sobre Direitos Civis e Políticos, artigo 17, 1). O controle judicial *a posteriori* decorre tanto da interpretação da Constituição, quanto da aplicação da proteção consagrada em tratados internacionais sobre direitos humanos incorporados ao ordenamento jurídico. Normas internacionais de caráter judicial que se incorporam à cláusula do devido processo legal. 5. Justa causa. *A entrada forçada em domicílio, sem uma justificativa prévia conforme o direito, é arbitrária. Não será a constatação de situação de flagrância, posterior ao ingresso, que justificará a medida.* Os agentes estatais devem demonstrar que havia elementos mínimos a caracterizar fundadas razões (justa causa) para a medida. 6. Fixada a interpretação de que *a entrada forçada em domicílio sem mandado judicial só é lícita, mesmo em período noturno, quando amparada em fundadas razões, devidamente justificadas a posteriori, que indiquem que dentro da casa ocorre situação de flagrante delito, sob pena de responsabilidade disciplinar, civil e penal do agente ou da autoridade e de nulidade dos atos praticados.* 7. Caso concreto. Existência de fundadas razões para suspeitar de flagrante de tráfico de drogas. Negativa de provimento ao recurso" (RE 603.616 -RO, Plenário, rel. Gilmar Mendes, 05.11.2015, m.v., grifamos).

32. Ingresso abusivo e constatação posterior de crime permanente: questão controversa, tanto na doutrina quanto na jurisprudência, é saber se a invasão injustificada a um domicílio, sem mandado e sem qualquer denúncia de flagrante, poderia consolidar e legitimar a descoberta da prática de um crime no seu interior, como é o caso, justamente, da guarda de substância entorpecente. Cremos que o caso concreto é o melhor fator de discernimento para a solução do aparente impasse. Se a polícia tem algum tipo de denúncia ou suspeita fundada ou determinada razão advinda de investigação prévia (como a campana montada para acompanhar o movimento de certo domicílio) para ingressar no domicílio, preferindo fazê-lo por sua conta e risco, sem mandado – porque às vezes a situação requer urgência – pode ingressar no domicílio, mas a legitimidade de sua ação depende da efetiva descoberta do crime. E, nesta hipótese, ao menos houve lastro investigatório mínimo para justificar a ação. Nesse contexto, a denúncia anônima exclusiva, dissociada de investigação e colheita de algum elemento concreto, não presta para validar a denominada *fundada suspeita*. Do contrário, pode ficar caracterizado o crime de abuso de autoridade ou mesmo infração funcional. Se o agente policial agir em gritante desrespeito à inviolabilidade de domicílio de pessoa, que nem sequer provoca suspeita, está cometendo, logo de início, um crime, razão pela qual deve ser por isso punido. Parecia-nos que a prova colhida (drogas ou armas ilícitas, por exemplo) deveria ser considerada lícita, visto se tratar de crime permanente, cuja consumação já estava em andamento antes da invasão abusiva. Mas se assim for feito, termina--se cortando o efeito do princípio da vedação da produção de provas por meio ilícito. Das duas, uma: ou a invasão é lícita ou ilícita. Se cometida com abuso policial, o mero acaso de descobrir drogas ali dentro não pode ser validado, inclusive para evitar que se possa *plantar* a prova justamente para evitar qualquer punição pelo excesso indevido gerador da invasão. O preceito constitucional é taxativo: "são inadmissíveis, no processo, as provas obtidas por meios ilícitos" (art. 5.º, LVI, CF). A invasão domiciliar de modo abusivo é ilícita; o que vem depois, a partir disso, precisa ser considerado ilícito, promovendo o reparo indispensável ao modo de atuar do Estado-investigação na busca do crime. A classificação do crime como permanente tem a finalidade de evidenciar que a consumação se protrai na linha do tempo, permitindo um método diferenciado de cálculo prescricional e termina refletindo no campo do processo penal, justificando a prisão em flagrante delito. No entanto, essa classificação não existe para legitimar abuso estatal, nem para desfigurar o princípio de inadmissibilidade de provas *obtidas* por meios ilícitos. Uma invasão em domicílio, fruto de abuso de autoridade, não pode validar qualquer prova ali dentro encontrada por *pura sorte* – e se menciona o mero acaso visto inexistir investigação prévia ou justa causa para a referida invasão. Não se espera que o agente de segurança pública aja com mau propósito e termine, sem querer, resolvendo um delito, processando validamente o agressor. A reflexão nos remete à questão penal relativa à exigência do elemento subjetivo no cenário das excludentes de ilicitude, que nos parece indispensável. Noutros termos, se um policial resolve prender alguém abusando de sua autoridade – esse é o dolo evidenciado – mas, depois, descobre-se que havia um mandado de prisão contra o detido não pode o agente de segurança alegar *estrito cumprimento do dever legal*. Inexiste a excludente em sua mente ou em sua finalidade, de modo que o pretendido era cometer um crime e por este deve ser punido. Ora, se a invasão domiciliar é fruto do abuso de autoridade, um ilícito penal, torna-se inviável resultar em apreensão válida de qualquer coisa ilícita na residência, sob a assertiva de que se tratava de delito permanente. Descobriu--se a infração penal por meio ilícito, seja qual delito for, razão pela qual pouco importa se instantâneo ou permanente, pois a prova advinda do mecanismo ilegal é imprestável. Nada impede que se promova uma investigação à parte e se produza outras provas relativas ao crime descoberto naquele domicílio para, eventualmente, gerar processo legítimo e punição válida. Entretanto, o que for apurado por conta da invasão ilícita precisa ser desconsiderado. É preciso considerar, por derradeiro, haver juiz plantonista nas 24 horas do dia, que pode expedir mandado para invasão domiciliar, desde que receba um lastro probatório mínimo para isso; não há argumento para abuso policial na invasão, sob a justificativa de urgência. Na jurisprudência: STJ: "... Segundo a pacífica orientação desta Corte, a denúncia anônima, desacompanhada de outros elementos indicativos da ocorrência de crime, não legitima o ingresso de policiais no domicílio indicado, inexistindo, nessas situações, justa causa para a medida (REsp n. 1.871.856/SE, Ministro Nefi Cordeiro, Sexta Turma, *DJe* de 30/6/2020). O mesmo entendimento aplica-se às hipóteses de busca pessoal, uma vez que o art. 240, § 2.º,

Art. 241

Código de Processo Penal Comentado · **Nucci**

também exige a ocorrência de fundada suspeita para que o procedimento persecutório seja autorizado e, portanto, válido. 2. Na hipótese, não há qualquer referência a investigação preliminar, ou menção a situações outras que poderiam caracterizar a justa causa para a revista pessoal, como campanas no local, monitoramento do suspeito, ou, ao menos, movimentação de pessoas a indicar a traficância. Há apenas menção à delação anônima como suporte para a violação ao direito do réu à preservação de sua intimidade (art. 5.º, X, da CF). 3. Não se pode admitir que a posterior situação de flagrância, por se tratar o tráfico de delito que se protrai no tempo, justifique a revista pessoal realizada ilegalmente, pois amparada em mera suspeita, conjectura. 4. *Habeas corpus* não conhecido. Ordem concedida de ofício, para, reconhecendo a nulidade das provas obtidas por meio da revista pessoal do réu, bem como as dela derivadas, absolver o paciente com fundamento no art. 386, II, do Código de Processo Penal" (HC 638.591/SP, 6.ª T., rel. Sebastião Reis Júnior, 04.05.2021, v.u.).

32-A. Destaque acerca da denúncia anônima: a questão relativa a uma informação sem qualquer origem definida não pode servir de prova em processo penal; todavia, pode amparar o início de uma investigação estatal, em decorrência de seu poder de polícia e do dever de assegurar a ordem pública. Desse modo, como já explanamos no capítulo referente ao inquérito, a denúncia anônima – aliás, incentivada pelo Estado, por meio do "disque--denúncia" – ampara a atuação da polícia para colher dados efetivos e concretos em relação à materialidade do crime e de sua autoria. Descobertas provas a respeito da infração penal e de quem a cometeu, instaura-se o inquérito e pode-se indiciar o suspeito. Nessa linha, a denúncia anônima, igualmente, pode dar ensejo à busca de elementos para abordar alguém para fazer uma revista pessoal; encontrando os referidos elementos, procede-se à busca. Diga-se o mesmo no tocante à invasão de domicílio, sem mandado judicial, quando se recebe notícia de haver, por exemplo, depósito de drogas ilícitas no local. A partir da denúncia anônima, a polícia pode obter mais dados e, com isso, invadir e prender as pessoas ali presentes em flagrante. Na jurisprudência: STF: "Com efeito, o ingresso dos agentes públicos em domicílio, sem mandado judicial, baseou-se não apenas em denúncia anônima ou em diligências no local, mas, também, no comportamento do acusado em se mostrar nervoso e os policiais, ao abordá-lo, efetuaram a revista, encontrando substâncias entorpecentes dentro do micro-ondas e na caixa do ar-condicionado (49 trouxinhas de maconha). (...) Além disso, o ingresso no domicílio realizado por denúncia anônima, para ser legítimo, deve ser amparado por outros elementos verificados durante a abordagem, a exemplo do comportamento suspeito do acusado ou tentativa de fuga. (...) Logo, no caso dos, não visualizo que houve abusos do poder do Estado, aptos a tornar ilícita as provas colhidas e posterior condenação do recorrido. Ante o exposto, *dou provimento ao recurso extraordinário* para, nos termos da fundamentação, reconhecer a licitude das provas e restabelecer a sentença condenatória do recorrido" (Rec. Extraordinário 1.509.401 – AM, rel. Dias Toffoli, 28.8.2024, decisão monocrática).

32-B. Invasão domiciliar feita por guarda municipal: conferir a nota 3-B ao art. 301. Na jurisprudência: STJ: "1. Considera-se ilícita a busca pessoal, domiciliar e veicular executadas por guardas municipais sem a existência de elementos reais e necessários para a efetivação da medida invasiva, nos termos do § 2.º do art. 240 do CPP. 2. A busca pessoal e veicular ocorridas apenas com base em denúncia anônima, sem a indicação de dado concreto sobre a existência de justa causa para autorizar a medida invasiva, impõe o reconhecimento da ilicitude das provas" (AgRg no HC 679.430/SP, 5.ª T., rel. Reynaldo Soares da Fonseca, 21.09.2021, v.u.).

32-C. Invasão em imóvel desabitado: qualquer domicílio é asilo inviolável do morador, mesmo que este esteja ausente momentaneamente ou viajando (art. 5.º, XI, CF). Assim, também, dispõe o art. 150, § 4.º, inciso I, do Código Penal: "a expressão 'casa' compreende:

I – qualquer compartimento habitado". Porém, há imóveis desocupados e, pior, destinados especificamente à prática de crimes, como o tráfico ilícito de drogas (armazenamento ou depósito de entorpecentes), lavagem de dinheiro (depósito de dinheiro até que se dê um destino), receptação (armazenamento de bens objeto de crime), dentre outros fins. Em grande parte dos casos, o delito ali cometido é de natureza permanente, autorizando o ingresso de agentes policiais a qualquer momento, mesmo sem mandado judicial. O relevante é, sempre, haver uma investigação prévia para ter segurança quanto à prática do crime e à ausência de morador. Na jurisprudência: STJ: "4 – Sem desconsiderar a proteção constitucional de que goza a propriedade privada, ainda que desabitada, não se verifica nulidade na busca e apreensão efetuada por policiais, sem prévio mandado judicial, em apartamento que não revela sinais de habitação, nem mesmo de forma transitória ou eventual, se a aparente ausência de residentes no local se alia à fundada suspeita de que tal imóvel é utilizado para a prática de crime permanente (armazenamento de drogas e armas), o que afastaria a proteção constitucional concedida à residência/domicílio. Situação em que, após denúncia anônima detalhada de armazenamento de drogas e de armas, seguida de informações dos vizinhos de que não haveria residente no imóvel, de vistoria externa na qual não foram identificados indícios de ocupação da quitinete (imóvel contendo apenas um colchão, algumas malas, um fogão e janela quebrada, apenas encostada), mas foi visualizada parte do material ilícito, policiais adentraram o local e encontraram grande quantidade de drogas (7 kg de maconha prensada, fracionada em 34 porções; 2.097,8 kg de cocaína em pó, fracionada em 10 tabletes e 51 gramas de cocaína petrificada, vulgarmente conhecida como crack) e de armas (uma submetralhadora com carregador, armamento de uso proibido; 226 munições calibre .45; 16 munições calibre 12; 102 munições calibre 9 mm; 53 munições calibre .22; 04 carregadores, 01 silenciador, 02 canos de arma curta, 03 coldres). 5. A transposição de portão em muro externo que cerca prédio de apartamentos, por si só, não implica, necessariamente, afronta à garantia de inviolabilidade do domicílio. Para tanto, seria necessário demonstrar que dito portão estava trancado, ou que havia interfone ou qualquer outro tipo de aparelho/mecanismo de segurança destinado a limitar a entrada de indivíduos que quisessem ter acesso ao prédio já no muro externo, o que não ocorre no caso concreto em que há, inclusive, depoimento de policial afirmando que o portão estaria aberto. 6. Demais a mais, havendo depoimento de policial, asseverando que teria sido visualizada, pela janela, parte do material ilícito ali existente, é de se concluir que a entrada dos policiais na cuitinete em questão se deu em razão da suspeita concreta de flagrância do crime de armazenamento de drogas, que é permanente. 7. Modificar as premissas tidas como válidas pela instância ordinária demandaria o revolvimento de todo o material fático/probatório dos autos, o que inviável na sede mandamental. E *Habeas corpus* de que não se conhece" (HC 588.445/SC, 5.ª T., rel. Reynaldo Soares da Fonseca, 25.08.2020, v.u.).

> **Art. 242.** A busca poderá ser determinada de ofício[33] ou a requerimento de qualquer das partes.[34]

33. Busca determinada de ofício pelo juiz: tal providência faz parte da busca da verdade real, princípio que rege a atuação do magistrado no processo penal, bem como ao impulso oficial, que comporta o procedimento. Não deve, no entanto, o juiz exceder-se na avaliação da prova, antecipando julgamentos e buscando culpados a qualquer custo. Somente se a diligência se mostrar imprescindível à formação do seu convencimento, não tendo havido requerimento das partes, pode o julgador intervir, determinando seja feita a busca, fazendo-o de modo fundamentado.

Art. 243

34. Requerimento das partes sob o crivo judicial: não basta a parte interessada solicitar a diligência, sendo indispensável que a justifique ao magistrado, dando-lhe seus fundados motivos e procurando convencê-lo da sua necessidade. Alerta, com razão, Espínola Filho que "é à autoridade que cumpre, cônscia da gravidade da diligência, em ordem a acarretar ofensa à liberdade individual ou à inviolabilidade do domicílio, julgar da seriedade e da consistência das suspeitas, em forma a, mesmo quando a parte, ou, até, o Ministério Público, haja requerido a medida, deferi-la, ou não, usando de todo o critério, que o poder discricionário não elimina nunca, no aferir se há fundadas razões. Para isso, é óbvio, deve o requerente, nas suas petições, que têm de ser escritas, oferecer os elementos capazes de, como argumento ou prova, focalizarem o bem fundado das suas suspeitas, ficando livre ao juiz exigir, se não bastarem, para convencê-lo, os apresentados, um complemento de elementos de convicção, que podem consistir em prova documental ou testemunhal" (*Código de Processo Penal brasileiro anotado*, v. 3, p. 210).

Art. 243. O mandado de busca deverá:

I – indicar, o mais precisamente possível,[35] a casa em que será realizada a diligência e o nome do respectivo proprietário ou morador; ou, no caso de busca pessoal, o nome da pessoa que terá de sofrê-la ou os sinais que a identifiquem;

II – mencionar o motivo e os fins da diligência;[36]

III – ser subscrito pelo escrivão e assinado pela autoridade[37] que o fizer expedir.

§ 1.º Se houver ordem de prisão, constará do próprio texto do mandado de busca.[38]

§ 2.º Não será permitida a apreensão de documento em poder do defensor do acusado, salvo quando constituir elemento do corpo de delito.[39]

---

35. Busca domiciliar precisa e determinada: como já se mencionou na nota 6 ao art. 240, o mandado de busca, por importar em violação de domicílio, deve ser preciso e determinado, indicando, *o mais precisamente possível* a casa onde a diligência será efetuada, bem como o nome do proprietário ou morador (neste caso, podendo ser o locatário ou comodatário). Admitir-se o mandado genérico torna impossível o controle sobre os atos de força do Estado contra direito individual, razão pela qual é indispensável haver fundada suspeita e especificação. A busca pessoal, em regra, é feita sem a necessidade de mandado, embora neste caso, inexistindo prisão em flagrante ou suspeita de carregar consigo arma ou outro objeto criminoso, possa o magistrado expedir autorização para que a revista corporal seja realizada em determinada pessoa, cujo nome e os sinais característicos precisam identificar, para a busca de outras provas. Imagine-se o caso da suspeita da prática de um crime sexual recair sobre alguém que possua uma tatuagem, situada em ponto do corpo encoberto pelas vestes, podendo haver a busca pessoal, a fim de se descobrir tal elemento. Na jurisprudência: STJ: "2. O mandado de busca e apreensão atentou aos requisitos do art. 243 do CPP e está adequado às hipóteses do art. 240, § 1.º, 'd' e 'e', do CPP. O fato de o nome do proprietário ou morador e o endereço exato não terem sido previamente identificados não enseja nulidade, haja vista que o diploma processual penal exige apenas que o mandado o identifique o mais precisamente possível, e não exatamente, o que evidencia a dificuldade de acesso e localização do local indicado para se proceder à medida constritiva. No caso, houve mero equívoco material na indicação do número da casa vizinha, que de pronto, no local, foi identificada como sendo do recorrente" (AgRg no RHC 170.476/RS, 5.ª T., rel. Ribeiro Dantas, v.u.).

36. Motivação e finalidade da diligência: outra característica fundamental do mandado de busca, decorrente da necessidade de ser preciso e determinado é indicar o motivo gerador da diligência, bem como o objetivo a ser alcançado. Sem essa menção, pode a busca tornar-se genérica e insegura. Se algum lugar necessita ser revistado ou se alguém precisa ser investigado diretamente é curial que a pessoa, cujo interesse vai ser violado, saiba a razão e o fim. Buscas indeterminadas somente demonstram ser a diligência inútil, pois o Estado-investigação ou o Estado-acusação nem mesmo sabe o que procurar ou apreender. Ao contrário, quando o mandado é específico em todos os seus termos, o inconformismo do padecente torna-se menor, evidenciando o estrito cumprimento do dever por parte da autoridade que o cumpre. Aliás, como lembra Espínola Filho, "apresentando-se quaisquer agentes policiais, oficiais ou serventuários da justiça, com o propósito de realizarem uma busca, é autorizada a recusa, mesmo violenta, desde que não estejam munidos do mandado em ordem, com as formalidades extrínsecas e os requisitos substanciais, que o tornam legal. Contra os invasores, estará o morador defendido, legitimamente, o seu domicílio inviolável." (*Código de Processo Penal brasileiro anotado*, v. 3, p. 212).

37. Autoridade judiciária: a autoridade que o expede, de acordo com o disposto no art. 5.º, XI, da Constituição Federal, é sempre a judiciária. Logo, o escrivão, também, é serventuário da justiça.

38. Separação dos mandados: apesar do preceituado neste § 1.º, urge separar os mandados de busca dos de prisão, pois estes, segundo o disposto nas Normas de Serviço da Corregedoria-Geral da Justiça de São Paulo, devem ser expedidos em três vias, além do que necessitam obedecer ao modelo padronizado, aprovado pelo Conselho Superior da Magistratura. Não existe prejuízo algum na separação, embora a autoridade que for cumpri-los faça a exibição conjunta à pessoa, que será presa e cujo domicílio será violado. Em outros Estados da Federação, é possível que inexista idêntica disposição, mas, ainda assim, o melhor é a separação, visto que eles seguirão destinos diferenciados.

39. Preservação do sigilo profissional do advogado: em sintonia com as prerrogativas do defensor, caso este acompanhe a diligência, não poderá ter qualquer documento em seu poder, ainda que referente ao investigado ou réu – e mesmo que sirva de prova ao processo – apreendido. A única exceção aberta pela norma processual penal diz respeito a documento que constitua o corpo de delito do crime, como é o caso do documento falsificado. Logicamente, caso seja o advogado coautor do padecente, poderá ter algum documento relevante recolhido pelo agente da autoridade que efetua a diligência. Consultar, também, a nota 7-A ao art. 240.

> **Art. 244.** A busca pessoal[39-A] independerá de mandado[40] no caso de prisão ou quando houver fundada suspeita de que a pessoa esteja na posse de arma proibida ou de objetos ou papéis que constituam corpo de delito, ou quando a medida for determinada no curso de busca domiciliar.

39-A. Busca pessoal: ver a nota 10-A *supra*.

40. Dispensa do mandado judicial de busca pessoal: há três situações que autorizam a dispensa do mandado de busca pessoal: a) havendo prisão do revistado. É natural que a detenção do acusado ou indiciado faça cessar a sua inviolabilidade pessoal, independente de

Art. 244

Código de Processo Penal Comentado · **Nucci**

552

ordem judicial, pois será recolhido ao cárcere e necessita estar livre de armas ou objetos perigosos à segurança do presídio. Além disso, os objetos ou instrumentos, que possua consigo, servirão para a formação do conjunto probatório. Se o bem maior – liberdade – está sendo violado legalmente, não teria sentido exigir-se mandado de busca pessoal, que protege a intimidade; b) fundada suspeita de estar carregando arma proibida, objetos ou papéis que formem a materialidade do delito (consultar a nota 27 ao art. 240, § 2.º). Esta situação é comum nas situações de drogas ilícitas e armas de fogo, tendo em vista que a prova da existência do crime se caracteriza justamente pela apreensão do produto carregado pelo suspeito ou por ele guardado. Surgem, então, as diversas hipóteses caracterizadoras da suspeição de alguém, dando ensejo à busca pessoal. Como temos apontado, é inválida a percepção subjetiva do agente policial, calcada em elementos vagos e pertinentes à pura experiência; contudo, atitudes do suspeito podem evidenciar a razão suficiente para essa abordagem (nervosismo exagerado, com fuga; sair correndo ou acelerando o veículo ao se deparar com viatura policial; atirar mochila ou pacote para longe assim que se encontra com a polícia, dentre outras similares); c) existência de mandado de busca domiciliar. Se a medida mais grave, que é a violação do domicílio, conta com a ordem judicial, seria ilógico não poder o exequente revistar as pessoas encontradas no local, mormente porque as provas buscadas poderiam ser colocadas nos bolsos ou pertences pessoais, inviabilizando o sucesso da diligência. Na jurisprudência: STJ: "I – Ao interpretar o art. 244 do Código de Processo Penal, o Superior Tribunal de Justiça firmou o entendimento de que a justa causa para a busca pessoal deve ser aferida objetivamente, cabendo às autoridades apontar, de forma concreta e fundamentada, os elementos considerados para se chegar ao juízo de probabilidade de que determinada pessoa esteja na posse de drogas, armas, objetos ou papéis que constituam corpo de delito. II – O ordenamento jurídico não ampara diligências arbitrárias, deflagradas a partir de impressões subjetivas ou justificadas de forma genérica, como é o caso dos autos, em que nenhum dos documentos produzidos pelas instituições de persecução penal descreve com precisão qual seria a atitude suspeita ostentada pelo réu no momento da busca pessoal, o que prejudica, inclusive, a aferição da validade do ato realizado. III – Na hipótese dos autos, o agravante foi alvo de busca pessoal por estar olhando lojas em um shopping em atitude descrita como suspeita, foi preso em flagrante por portar comprimidos contendo substância lícita e, em seguida, teve seu domicílio revistado sem expedição de mandado judicial. IV – Da análise dos autos, não ficou claro o motivo pelo qual a atitude do agravante foi considerada suspeita em primeiro lugar, nem porque os policiais acataram a percepção subjetiva do segurança do shopping para, com base nela, efetuar busca pessoal e, não satisfeitos com a prisão realizada, entenderam pela licitude de uma busca domiciliar empreendida em outro município, a mais de vinte e dois quilômetros do local onde ocorrera a primeira abordagem, sem requerer para tanto a expedição de mandado judicial. V – Em sendo o ato de circular e observar lojas perfeitamente esperado no contexto de um shopping center, deveriam as autoridades públicas justificar o motivo da abordagem realizada, não sendo suficiente a mera alegação genérica de que o réu estava 'em atitude suspeita'. VI – As circunstâncias do caso apontam para o perverso fenômeno da criminalização da pobreza, em que a ação dos agentes de segurança pública é dirigida a cidadãos vulneráveis, não porque tenham efetivamente externalizado determinada conduta, mas porque apresentam características que despertam toda sorte de preconceitos. VII – Conquanto tenham sido encontrados entorpecentes da residência do agravante, os fatos que antecederam a busca domiciliar são eivados de flagrante ilegalidade e, portanto, não podem ser utilizados para justificar as diligências posteriores, consoante preconiza o art. 157, § 1.º, do Código de Processo Penal. VIII – Em reiteradas ocasiões, o Superior Tribunal de Justiça assentou a impossibilidade de convalidação de diligências ilegais, ainda que tenham resultado na elucidação de crimes. Trata-se da reprovação de um raciocínio puramente consequencialista e que, se generalizado, representa grave risco para as liberdades e para os direitos fundamentais constitucionalmente assegurados. IX – Conforme reiteradamente afirmado por esta Corte, o testemunho dos policiais é dotado de credibilidade e de fé pública. Nada obstante, a discussão acerca da liberalidade do consentimento fornecido pela avó do agravante ao permitir o ingresso dos policiais em sua residência, além de ser inviável diante do óbice da Súmula n.º 7, STJ, mostra-se irrelevante para o deslinde da controvérsia na medida em que, àquela altura dos acontecimentos, a diligência já havia sido contaminada pela ilicitude da busca pessoal ocorrida no shopping. X – Diante do reconhecimento do caráter ilícito da busca pessoal e de todas as diligências posteriores, a absolvição do agravante por insuficiência de provas, é medida que se impõe. (...) Agravo regimental conhecido em parte e, na parte conhecida, provido para reconhecer a nulidade da busca pessoal e das diligências dela derivadas, com a consequente absolvição do agravante, nos termos do art. 386, inciso VII, do CPP. Sem prejuízo, determinada a expedição de ofício, com cópia dos autos, ao Ministério Público do Estado de Minas Gerais e à Secretaria de Segurança Pública do Estado de Minas Gerais para ciência dos fatos e adoção das medidas que entenderem pertinentes, em especial no que diz respeito à apuração de eventual responsabilidade dos agentes públicos que realizaram as diligências" (AgRg no REsp 2 011 289/MG, 5.ª T., rel. Messod Azulay Neto, 06 6.2023, v.u.).

Art. 245. As buscas domiciliares serão executadas de dia,[4] salvo se o morador consentir[42] que se realizem à noite, e, antes de penetrarem na casa, os executores[43] mostrarão e lerão[45] o mandado ao morador ou a quem o represente, intimando-o,[46] em seguida, a abrir a porta.

§ 1.º Se a própria autoridade[47] der a busca, declarará previamente sua qualidade e o objeto da diligência.

§ 2.º Em caso de desobediência,[48] será arrombada a porta e forçada a entrada.

§ 3.º Recalcitrando o morador,[49] será permitido o emprego de força[50] contra coisas existentes no interior da casa, para o descobrimento do que se procura.

§ 4.º Observar-se-á o disposto nos §§ 2.º e 3.º,[51] quando ausentes os moradores,[52] devendo, neste caso, ser intimado a assistir à diligência qualquer vizinho, se houver e estiver presente.

§ 5.º Se é determinada a pessoa ou coisa[53] que se vai procurar, o morador será intimado a mostrá-la.

§ 6.º Descoberta a pessoa ou coisa que se procura,[54-55] será imediatamente apreendida e posta sob custódia[56] da autoridade ou de seus agentes.

§ 7.º Finda a diligência, os executores lavrarão auto[57] circunstanciado, assinando-o com duas testemunhas presenciais,[58] sem prejuízo do disposto no § 4.º.

---

41. Busca domiciliar durante o dia: é a regra estabelecida não somente pelo Código de Processo Penal, mas pela Constituição Federal (art. 5.º, XI). Entretanto, pode o morador admitir que a polícia ingresse em seu domicílio, durante a noite, para realizar qualquer tipo de busca, embora, como já analisado anteriormente, o consentimento deva ser expresso e efetivo. Configura o abuso de autoridade, caso a concordância seja extraída mediante ameaça ou qualquer tipo de logro, como, por exemplo, ocorreria se houvesse a promessa de retornar no dia seguinte com um mandado de busca e outro de prisão por desobediência. Havia controvérsia a respeito do período em relação ao qual se poderia considerar *dia*, autorizando, então, a diligência. A doutrina apresentava sugestões, tanto no sentido de apontar um horário

Art. 245

Código de Processo Penal Comentado · **Nucci**

fixo, como no aspecto referente à existência de luz solar. A questão pode ser considerada superada pela edição da Lei 13.869/2019, considerando abuso de autoridade o cumprimento de mandado de busca e apreensão domiciliar após as 21 horas e antes das 5 horas (art. 22, § 1.º, III). Portanto, está estipulado que o período lícito se dá após as 5 da manhã e antes das 21 horas. Na jurisprudência: STJ: "2. A busca realizada na residência do investigado, segundo o magistrado singular, ocorreu à luz do dia, isto é, em conformidade com o preceituado no art. 245 do Código de Processo Penal. Embora a Corte a quo tenha registrado que a diligência teve início às 6h da manhã, o impetrante sustenta que teria ocorrido antes desse horário, por volta de 5h50. Seja como for, é certo que não se verificou abuso, tendo o acórdão inclusive chamado a atenção para a luz solar nas imagens obtidas no sistema de câmeras do local. 3. O termo 'dia', presente no art. 5.º, inciso XI, da CF/88, nunca foi objeto de consenso na doutrina, havendo quem trabalhe com o critério físico (entre a aurora e o crepúsculo), outros que preferiram o critério cronológico (entre 6h e 18h), além daqueles que acolhem um critério misto (entre 6h e 18h, desde que haja luminosidade). Por fim, registre-se que a Lei n. 13.869/2019, que dispõe sobre os crimes de abuso de autoridade, em seu art. 22, inciso III, estipulou o período entre as 5h e as 21h para cumprimento de mandado de busca e apreensão domiciliar. 4. Embora não se pretenda afastar a importância de um critério para tanto, é necessário registrar a necessidade de adoção de uma visão mais parcimoniosa e temperada acerca do tema, notadamente no caso dos autos, em que se discute uma suposta diferença de apenas 10 minutos no horário de início das diligências, ponto ainda controvertido nos autos" (AgRg nos EDcl no HC 685.379/SP, 5.ª T., rel. Ribeiro Dantas, 07.06.2022, v.u.).

42. Consentimento do morador e cessação da autorização: sem mandado judicial, ausente o flagrante, ou com mandado judicial, ausente o flagrante, mas à noite, somente pode ingressar a polícia no domicílio, se houver consentimento do morador. Essa autorização deve ser, como já mencionado, expressa e comprovável, inadmitindo-se a forma tácita ou presumida. Por outro lado, já que o executor está sem mandado judicial ou, possuindo-o, procede à diligência durante a noite, a qualquer momento pode o morador interromper o consentimento dado, expulsando os agentes da autoridade de seu domicílio. Consultar, ainda, a nota 7-B supra.

43. Número de executores: há quem sustente, somente porque a lei fez uso da palavra no plural – executores – dever haver mais de um (Tourinho Filho, *Comentários ao Código de Processo Penal*, v. 1, p. 450). Assim não entendemos. Trata-se de um modo particular de expressar uma situação. Tendo em vista que a regra é o cumprimento do mandado de busca por mais de um agente da autoridade, inclusive para resguardar a sua incolumidade física e proporcionar as medidas de força descritas nos parágrafos, utilizou a lei o vocábulo no plural. Nada impede, no entanto, sendo ilógico considerar *ilícita* a busca, quando a atuação for desenvolvida por um só *executor*. Apegar-se desse modo à *letra* da lei poderia levar a crer que a casa somente poderia ter um morador, pois não se fala em *moradores*, no *caput*, embora mude o termo para *moradores* no § 4.º, estando a demonstrar que a forma singular/plural é indiferente. Além disso, imagine-se a hipótese de somente haver um oficial de justiça disponível para a realização de diligência urgente. Parece-nos óbvio que ele seja designado a cumpri-la, ainda que sozinho.

44. Policiais civis ou militares: a função investigatória precípua, de acordo com a Constituição, de fato, cabe à Polícia Civil, embora não descartemos a possibilidade excepcional, no interesse da justiça e da busca da verdade real, de os policiais militares atuarem nesse sentido. Lógica não haveria em cercear a colheita da prova somente porque, em determinado momento, não há agentes da polícia civil disponíveis para a realização da busca, enquanto os militares estão presentes, propiciando a sua efetivação. Não deve, naturalmente, ser a regra, mas trata-se de uma exceção viável e legal. Do mesmo modo que à Polícia Militar cabe o policiamento ostensivo (art. 144, § 5.º, CF), não se desconhece que policiais civis e delegados de polícia também o fazem, quando necessário. Enfim, a separação das polícias é o principal problema enfrentado, mas tal situação, que é, sobretudo, política, não pode resvalar no direito da população de obter efetiva segurança, tampouco nas atividades judiciárias de fiel e escorreita colheita da prova. Do mesmo modo, embora seja função do oficial de justiça proceder às buscas determinadas pelo juiz, ao longo da instrução, nada impede que a polícia realize a diligência, especialmente se for em lugar particularmente perigoso, exigindo experiência policial para a consumação do ato.

45. Exibição e leitura do mandado: esta é a vital importância do mandado de busca e/ou apreensão ser detalhado, com finalidade específica e objeto definido. O morador não fica entregue à própria sorte, nem ao inteiro arbítrio do agente da autoridade, tendo como evitar determinadas invasões abusivas, ou, pelo menos, acautelar-se, produzindo prova de que elas existiram. Se o mandado for expedido de forma genérica, não há ato da autoridade que consiga ser legitimamente barrado.

46. Intimação para abrir a porta: a *intimação*, nesse caso, não tem o sentido de dar ciência, mas sim de ordem, determinar que a porta e o acesso ao lugar sejam franqueados. Trata-se de ordem legal de funcionário público, cuja recusa pode implicar desobediência (art. 330, CP).

47. Autoridade presente na diligência: como já anotado, trata-se da autoridade judiciária, não mais se admitindo que o delegado de polícia ou outra autoridade faça as suas vezes. Estando, eventualmente, o magistrado presente deve declinar ao morador a sua qualidade, exibindo sua carteira funcional e mencionando, expressamente, o motivo da diligência, bem como a finalidade.

48. Consequência da desobediência: autoriza-se o arrombamento da porta e a entrada forçada no interior do domicílio. Não se trata de sanção civil ou administrativa, que afasta o crime de desobediência, em nosso entender, razão pela qual, conforme o caso concreto, pode haver a prisão em flagrante do recalcitrante. Poder-se-ia argumentar que o morador, quando for o próprio suspeito, indiciado ou acusado, estaria no seu direito de não se autoacusar, como faria ao recusar-se a fornecer material para a realização de exame de sangue ou grafotécnico, ou mesmo calando-se. Ocorre que a situação é diferenciada: justamente porque o Estado não pode obrigar o indiciado/acusado a produzir prova contra si mesmo, tem a obrigação – e o poder para isso – de buscar os elementos de formação da culpa por sua conta. Dessa forma, ainda que o sujeito investigado não queira colaborar, não tem o direito de impedir a entrada no seu domicílio, quando a ordem foi regularmente expedida por juiz de direito. Além disso, a entrada forçada não é sanção ao recalcitrante, mas somente a consequência natural da sua resistência. Por isso, parece-nos possível a prisão por desobediência. Aliás, havendo resistência violenta ou ameaçadora do morador contra os policiais, pode configurar-se o crime previsto no art. 329 do Código Penal.

49. Recalcitrância do morador: é preciso estabelecer a diferença existente entre a recalcitrância ativa e a passiva. A primeira dá margem à utilização de força por parte dos executores, que cumprem o mandado, mesmo porque, não o fazendo, será impossível cumprir, com sucesso, o determinado pelo juiz. Entretanto, passiva é a rebelião natural da pessoa que se sente invadida em seu domicílio, tendo sua intimidade devassada, o que termina sendo um mal necessário, podendo gritar, esbravejar, mostrar sua contrariedade e ter reações nervosas de toda ordem. Esta atitude não autoriza o emprego de força, tampouco a prisão do morador por desobediência, resistência ou desacato. Observa, com argúcia, Bento de Faria que "os

Art. 245

Código de Processo Penal Comentado • **Nucci**

556

executores da busca devem ser pacientes, para relevar qualquer exaltação, de momento, por parte do morador, levando em conta as excitações nervosas que quase sempre produzem tais situações, e se manifestam sem intenção ofensiva, mas como manifestação natural de independência e de liberdade" (*Código de Processo Penal*, v. 1, p. 360).

50. Emprego de força contra coisas: apesar de a lei mencionar que será permitido o emprego de força contra coisas, como o arrombamento de armários, cofres ou mesmo portas no interior do domicílio, quando outra opção não houver, é natural que a violência contra o morador pode terminar sendo indispensável. Nessa hipótese, no entanto, é preciso que o padecente esteja incontrolável, investindo contra os executores e perturbando a diligência. Dá-se voz de prisão pelo crime cabível e termina-se a busca, já tendo o morador sob domínio.

51. Emprego de força quando o morador está ausente: é expressamente autorizado o arrombamento de portas e outros tipos de violência contra coisas, quando o morador está ausente e os executores necessitam cumprir o mandado de busca e/ou apreensão. Por precaução, determina a norma que um vizinho qualquer, se possível, seja intimado (trata-se de uma ordem legal) a acompanhar a diligência, justamente para atestar a sua idoneidade e lisura. Ressalte-se que, não havendo vizinho por perto, os executores podem agir sozinhos. Porém, havendo possibilidade, deve-se garantir o acompanhamento da diligência pelo morador e outras testemunhas.

52. Menores ou qualquer outro incapaz: se no domicílio somente estiverem menores ou pessoas incapazes de entender ou consentir, utiliza-se o mesmo critério da ausência de morador, isto é, convoca-se um vizinho e testemunhas idôneas para acompanhar o ato.

53. Pessoa ou coisa determinada: embora o mandado de busca e/ou apreensão deva ser sempre preciso e determinado, com objetivo específico, é preciso ressaltar que essa finalidade pode ser, ainda assim, genérica (ex.: buscar e apreender documentos falsificados, sem especificar exatamente quais são). Porém, é possível que haja uma pessoa certa a ser encontrada ou uma coisa conhecida a ser procurada. Nessa hipótese, evitando-se que o morador seja constrangido a ter sua casa revirada pelos executores, será intimado (ordem legal) a indicar onde se encontra o que está sendo buscado. Não querendo fazê-lo, cumpre-se, na íntegra, o mandado de busca, usando todos os meios necessários para localizar o procurado. Havendo o expresso desejo de conturbar a diligência, pode o morador, que souber exatamente onde está o que se quer encontrar, ser preso por desobediência, visto que a lei confere ao executor a possibilidade legal de *intimar* o padecente a mostrá-la.

54. Objetivo específico da busca e o desvio de finalidade: a regra é que o mandado deve conter, como já mencionado anteriormente, o que se procura e qual a motivação. Evita-se, com isso, abusos porventura praticados pela polícia ou outros agentes. Logo, é ilícita a atitude dos executores do mandado vasculhando, tomando conhecimento, fazendo troça ou divulgando objetos e pertences do morador, totalmente incompatíveis com a finalidade da diligência. Quem busca documentos falsificados não deve devassar o guarda-roupa do padecente, expondo ou apreendendo peças íntimas, por exemplo. Diz Rogério Lauria Tucci ser imprescindível que a autoridade aja "criteriosamente e com a necessária discrição, de sorte que a medida, realmente violenta, não se degenere, transfundindo-se o ato constritivo num insuportável constrangimento à liberdade de quem deva sofrer os respectivos efeitos" (Habeas corpus, *ação e processo penal*, p. 223).

55. Localização de outros objetos ilícitos e a descoberta de crime desconhecido: questão controversa e de difícil solução é a localização de outros objetos, desvendando a polícia delito até então ignorado ou cujo autor é desconhecido. Pode apreender a nova prova localizada validamente ou, se o fizer, torna-se ilícita por ter sido obtida em desacordo com o contido no mandado de busca? Segundo nos parece, deve-se buscar o meio-termo. Caso a polícia esteja procurando por documentos falsificados e localizar uma arma que faz crer, por suas peculiares características (um punhal manchado de sangue e devidamente escondido, por exemplo), ser o instrumento usado para o cometimento de outro delito ou, então, localiza várias fotos do morador na companhia de menores de idade, em atividade sexual, não deve simplesmente ignorar o que está vendo, mas deve preservar o local e as coisas encontradas, solicitando, de imediato, ao juiz de plantão uma autorização legal para proceder à apreensão. Assim, não se despreza a nova prova, mas também não se apreende algo que não é objeto do mandado de busca e apreensão. Destaque-se que esse procedimento somente é razoável, caso os objetos encontrados digam respeito ao morador, contra quem se autorizou a busca. Em se tratando de pertences de terceiros, ainda não indiciados ou acusados, não deve a polícia efetuar qualquer tipo de apreensão, nem o magistrado autorizar. A lei britânica é ainda mais severa: qualquer objeto não constante do mandado de busca e apreensão, portanto, alheio à autorização judicial não pode ser apreendido de modo algum. A polícia deve deixar o local e obter nova audiência com o juiz para, se for o caso, novo mandado específico ser expedido (Carr, *Criminal procedure in magistrates' courts*, p. 26-27).

56. Custódia da autoridade ou de seus agentes: *custódia* significa guarda ou proteção. Em se tratando de pessoa procurada, será encaminhada ao presídio; quando for coisa, será enviada à autoridade policial ou judiciária, conforme o caso.

57. Auto circunstanciado: *auto* é o registro escrito e solene de uma ocorrência. No caso da busca, haverá um registro detalhado de tudo o que se passou ao longo da diligência, bem como de tudo o que foi efetivamente apreendido, para assegurar a sua licitude e idoneidade, evitando-se futura alegação de abuso de autoridade ou questionamentos sobre a origem da prova. É uma garantia tanto para o executor, quanto para o morador.

58. Exigência de duas testemunhas presenciais: é a regra, embora possa ser afastada, se o domicílio estiver em lugar ermo e não puderem ser localizadas pessoas para testemunhar o ato. Aliás, é o que ressalva a parte final do § 7.º, referindo-se ao anterior § 4.º ("se houver e estiver presente"). Nessa hipótese, assinam o auto apenas os executores, que tomaram parte na busca, não tendo cabimento que os agentes da autoridade assinem como testemunhas.

> **Art. 246.** Aplicar-se-á também o disposto no artigo anterior,[59] quando se tiver de proceder a busca em compartimento habitado ou em aposento ocupado de habitação coletiva ou em compartimento não aberto ao público, onde alguém exercer profissão ou atividade.[60-61-A]

59. Locais equiparados a domicílio: segue-se o parâmetro já estabelecido pelo Código Penal (art. 150, § 4.º) que considera *casa* o compartimento habitado (lugar sujeito à ocupação do ser humano, normalmente sujeito à divisão, como, *v.g.*, o barraco da favela), o aposento ocupado de habitação coletiva (são os compartimentos públicos, tais como quartos de hotéis, motéis, pensões, entre outros) e compartimento fechado ao público, onde se exerce profissão ou atividade (é o lugar onde uma pessoa exerce suas atividades profissionais, como o escritório de advocacia, o consultório médico, entre outros).

60. Escritório de advocacia: permite-se a busca, embora com a cautela de o executor se fazer acompanhar de um representante da Ordem dos Advogados do Brasil (art. 7.º, II, da

Art. 247

Código de Processo Penal Comentado · **Nucci**   558

Lei 8.906/1994 – Estatuto da Advocacia, com a redação dada pela Lei 11.767/2008). Pendia de julgamento no STF a ADIn 1.127-8, referente à parte final, cuja liminar fora concedida para a suspensão da expressão "e acompanhada de representante da OAB". Entretanto, o Plenário, por unanimidade, rejeitou essa parte, de modo que se faz necessária a presença de representante da OAB para a busca (decisão de 17.05.2006, *DJ* 26.05.2006).

61. Repartição pública: pode ser local onde se faz busca e apreensão, embora deva haver requisição à autoridade que controla a repartição, para a entrega do objeto procurado. A procura em local aberto ao público, de uso comum (ruas, praças, estradas, entre outros), dispensa autorização do juiz. Em locais públicos resguardados ou restritos ao público exige-se a autorização judicial. Preferimos crer que a requisição continua necessária. Caso não seja cumprida, procede-se, então, à busca. Deve-se, inclusive, respeitar as relações existentes entre os vários órgãos do Estado. Pode o juiz requisitar do delegado que lhe entregue determinado bem; não o fazendo, justifica-se a busca e apreensão na delegacia. Entretanto, se o juiz precisar autorizar uma busca em uma Vara ou ofício judicial, cujo controle é de outro magistrado, deve a este solicitar que se busque e entregue o necessário. Havendo recusa, cremos que o mandado de busca deve ser expedido por órgão superior, como a Corregedoria-Geral da Justiça. Na prática, tem-se observado o cumprimento de mandado de busca e apreensão em locais administrados por entes públicos, sem haver prévia requisição ao chefe ou coordenador da seção. E, quanto a isso, os tribunais não têm considerado ilícita a diligência.

61-A. Estabelecimento comercial: as áreas que forem abertas ao público podem ser objeto de busca e, porventura, de apreensão de algo interessante à investigação. Entretanto, os locais não expostos ou abertos ao público estão protegidos, neles somente se pode ingressar com mandado judicial ou em flagrante delito, como o escritório, de onde o empresário administra seu negócio.

> **Art. 247.** Não sendo encontrada a pessoa ou coisa procurada, os motivos[62] da diligência serão comunicados a quem tiver sofrido a busca, se o requerer.

62. Motivação da diligência: segundo o defendido na nota 36 ao art. 243, cremos que o motivo da busca deve ser mencionado já no mandado, para que o morador tenha noção da legalidade do ato e das finalidades da diligência. Portanto, havendo ou não o encontro da pessoa ou da coisa, o fundamento já seria do conhecimento do morador. Entretanto, se este desejar maiores esclarecimentos do motivo pelo qual seu domicílio foi invadido, pode requerer esse esclarecimento ao juiz que expediu a ordem. Defende Tourinho Filho seja a explicação dada pelos executores por escrito (*Comentários ao Código de Processo Penal*, v. 1, p. 452), embora creiamos deva tal esclarecimento ser prestado por quem autorizou a busca.

> **Art. 248.** Em casa habitada, a busca será feita de modo que não moleste os moradores mais do que o indispensável para o êxito da diligência.[63]

63. Molestamento mínimo: como já se comentou em nota anterior, tendo em vista que qualquer busca é sempre invasiva e atentatória à intimidade do indivíduo, deve o executor agir com redobrada cautela e causar o menor distúrbio possível. Entenda-se tal procedimento não somente no tocante ao tempo de duração da diligência, mas também com relação à conduta a ser tomada dentro do domicílio. Na jurisprudência: STJ: "3. Por se tratar de medida invasiva e que restringe sobremaneira o direito fundamental à intimidade, o ingresso em morada alheia deve se circunscrever apenas ao estritamente necessário para cumprir a finalidade da diligência, conforme se extrai da exegese do art. 248 do CPP, segundo o qual, 'Em casa habitada, a busca será feita de modo que não moleste os moradores mais do que o indispensável para o êxito da diligência'. 4. É ilícita a prova colhida em caso de desvio de finalidade após o ingresso em domicílio, seja no cumprimento de mandado de prisão ou de busca e apreensão expedido pelo Poder Judiciário, seja na hipótese de ingresso sem prévia autorização judicial, como ocorre em situação de flagrante delito. O agente responsável pela diligência deve sempre se ater aos limites do escopo – vinculado à justa causa – para o qual excepcionalmente se restringiu o direito fundamental à intimidade, ressalvada a possibilidade de encontro fortuito de provas. 5. Admitir a entrada na residência especificamente para efetuar uma prisão não significa conceder um salvo-conduto para que todo o seu interior seja vasculhado indistintamente, em verdadeira pescaria probatória (*fishing expedition*), sob pena de nulidade das provas colhidas por desvio de finalidade" (RHC 165.982/PR, 6.ª T., rel. Rogerio Schietti Cruz, 20.09.2022, v.u.).

> **Art. 249.** A busca em mulher será feita por outra mulher,[64] se não importar retardamento ou prejuízo da diligência.

64. Busca em mulher: refere-se a norma, naturalmente, à busca pessoal. Espelha-se, nesse caso, o preconceito existente de que a mulher é sempre objeto de molestamento sexual por parte do homem, até porque não se previu o contrário, isto é, que a busca em homem seja sempre feita por homem. Seria dispensável tal dispositivo, caso o agente da autoridade atuasse com extremo profissionalismo e mantendo-se no absoluto respeito à intimidade alheia. Entretanto, a norma destaca que, se houver impossibilidade de achar uma mulher para revistar a suspeita ou acusada, a diligência pode ser feita por homem, a fim de não haver retardamento ou prejuízo. De todo modo, se essa regra não for cumprida, não gera nulidade, caso se encontre objeto ilícito em posse da pessoa revistada. Deve-se apurar a irregularidade e, sendo o caso, aplicar a sanção disciplinar correspondente ao agente policial que não seguiu o preceito legal.

> **Art. 250.** A autoridade ou seus agentes poderão penetrar no território de jurisdição alheia,[65] ainda que de outro Estado, quando, para o fim de apreensão,[66] forem no seguimento de pessoa ou coisa,[67] devendo apresentar-se à competente autoridade local, antes da diligência ou após, conforme a urgência desta.
>
> § 1.º Entender-se-á que a autoridade ou seus agentes vão em seguimento da pessoa ou coisa, quando:
>
> a) tendo conhecimento direto de sua remoção ou transporte, a seguirem sem interrupção, embora depois a percam de vista;[68]
>
> b) ainda que não a tenham avistado,[69] mas sabendo, por informações fidedignas ou circunstâncias indiciárias, que está sendo removida ou transportada em determinada direção, forem ao seu encalço.
>
> § 2.º Se as autoridades locais tiverem fundadas razões[70] para duvidar da legitimidade das pessoas que, nas referidas diligências, entrarem pelos seus distritos, ou da legalidade dos mandados que apresentarem, poderão exigir as provas dessa legitimidade, mas de modo que não se frustre a diligência.

65. Busca em território alheio: nenhum impedimento vemos para que a norma processual penal, editada pela União, preveja e estabeleça autorização para que a autoridade judiciária ou os agentes por ela designados, de uma unidade federativa ou de determinada Comarca, possam penetrar no território de outra para proceder à apreensão de pessoa ou coisa. A cautela, no entanto, é exigir que se apresentem à autoridade local, antes ou depois, dando ciência do que houve. Se houver urgência no ato, a apresentação se faz posteriormente. Não havendo, devem os executores apresentar-se antes. Respeita-se, ainda, o disposto no § 1.º, que estabelece um rol de situações autorizadoras desse avanço. Na jurisprudência: STJ: "1. A medida de busca e apreensão tem natureza de ato administrativo e, dessa forma, a ausência de comunicação, nos termos do que preceitua o art. 250 do CPP, não enseja, por si só, ilegalidade do ato, não passando de mera irregularidade, de forma a afastar a pretensão de trancamento da ação penal" (AgRg no RHC 162.568/SC, 5.ª T., rel. Reynaldo Soares da Fonseca, 16.08.2022, v.u.).

66. Autorização exclusiva para a apreensão: havendo busca, seguida de apreensão, a lei autoriza a ação. Porém, se for somente para a realização de busca, não deve haver a invasão.

67. Seguimento de pessoa ou coisa: implica atividade contínua da polícia, buscando, para fazer a apreensão, por exemplo, de vítimas de sequestro ou do produto do furto de carga de caminhão. Assim, estando na pista dos criminosos, de posse de um mandado, é natural que a simples limitação territorial de atribuições funcionais não seja empecilho para a concretização do mais importante, que é a diligência.

68. Seguimento de pessoa ou coisa, perdendo-a de vista: a expressa menção ao fato de os agentes da autoridade terem perdido de vista o que buscam, para efetuar a apreensão, está a demonstrar não se tratar da perseguição autorizada pela prisão em flagrante (art. 302, III, CPP), mas, sim, em decorrência de um mandado para localizar a vítima de um sequestro ou a carga do caminhão. Perseguem a pessoa ou a coisa até que perdem o seu paradeiro, mas, logo depois, obtêm informações para chegar ao desejado. Usando o mandado, seguem para o território de outra Comarca ou Estado para realizar a diligência.

69. Ausência de seguimento, mas com informações seguras: outra hipótese autorizadora da busca e apreensão, em local diverso da sua área de atribuição, é a obtenção de notícia segura ou de indícios de que o cativeiro, por exemplo, encontra-se em outra cidade. Para lá seguem os executores, invadindo o domicílio e apreendendo o sequestrado. Não houve seguimento, mas, sim, fundamento justo para a diligência ultrapassar as fronteiras originais.

70. Cautela das autoridades locais: tomando conhecimento da diligência previamente, seja porque os executores se apresentaram às autoridades locais, seja porque a notícia lhes chegou ao conhecimento por outros meios, pode-se exigir melhor identificação dos envolvidos (ou da origem da ordem), tudo a justificar e não permitir que pessoas desautorizadas – até mesmo criminosos – consigam se passar por autoridades de outro Estado ou Comarca, para obter vantagem com a apreensão. Assim, sem impedir a diligência, devem procurar meios idôneos para certificarem-se da legitimidade da busca e apreensão a ser realizada. O mesmo pode dar-se se essa constatação for feita após já ter sido realizada a apreensão.

Título VII – Da Prova

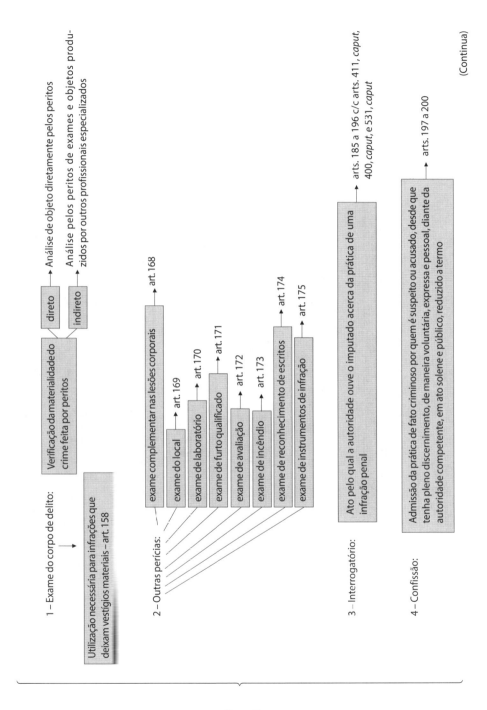

(Continua)

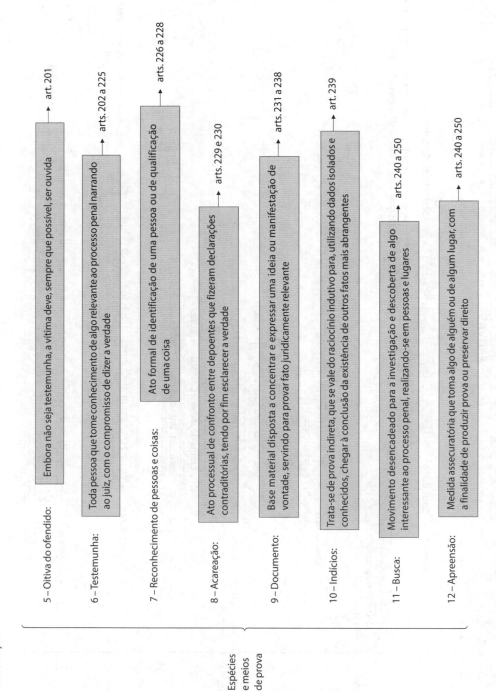

Título VIII
Do Juiz, do Ministério Público, do Acusado e Defensor, dos Assistentes e Auxiliares da Justiça

Capítulo I
DO JUIZ[1-2]

1. Juiz como sujeito da relação processual: desempenha o magistrado a função de aplicar o direito ao caso concreto, provido que é do poder jurisdicional, razão pela qual, na relação processual, é sujeito, mas não parte. Atua como órgão imparcial, à parte do binômio formado pelo Ministério Público ou vítima (na *acusação) em oposição ao acusado* (*na defesa*), fazendo atuar a lei e compondo os interesses do acusador e do acusado, os outros dois sujeitos da tríplice – e principal – relação processual, até decisão final. É esta a visão predominante atualmente na doutrina: Frederico Marques (*Elementos de direito processual penal*, v. 1, p. 358); Tourinho Filho (*Código de Processo Penal comentado*, v. 1, p. 455); Mirabete (*Código de Processo Penal interpretado*, p. 323); Paulo Lúcio Nogueira (*Curso completo de processo penal*, p. 232); Magalhães Noronha (*Curso de direito processual penal*, p. 136). Como sujeito na relação processual, o juiz é uma figura *suprapartes*, pois deve estar acima dos interesses em disputa, dirigindo sua imparcialidade à atuação da vontade da lei. É nesse sentido que a sua posição não pode ser a de parte. Não tem ele interesse algum no feito; ao menos, não deve ter e é, em tese, nesse prisma, que a questão deve ser colocada. Confirmando essa postura, relembremos o disposto nos arts. 252, IV, e 258, do CPP. O primeiro menciona que o juiz está impedido de exercer jurisdição no processo em que "ele próprio (...) *for parte*". O segundo especifica que o órgão do Ministério Público não funcionará no processo em que o juiz *ou* qualquer *das partes* for parente seu. Ora, nas duas hipóteses nota-se que o magistrado não é e não deve ser considerado *parte* na relação processual.

2. Sujeitos e partes secundárias na relação processual e terceiros: acentua Frederico Marques (*Elementos de direito processual penal*, v. 1, p. 361), com propriedade, que, na relação processual, atuam outros sujeitos e partes secundários ou acessórios, que podem intervir no feito e deduzir pretensões. São os casos do ofendido, quando ingressa como assistente da acusação (art. 268, CPP), do terceiro prejudicado, que pode ingressar com pedido de restituição de coisas apreendidas (art. 120, § 2.º, CPP), bem como embargar o sequestro (art.

Art. 251

130, II, CPP), além do fiador do réu, nos incidentes relativos à fiança (arts. 329, parágrafo único, 335, 347, CPP). Terceiros, no processo penal, segundo o mestre, "são todas as pessoas que nele intervém e cooperam para o desenvolvimento da relação jurídico-processual sem se converterem em sujeitos ou partes, ou em órgãos auxiliares deles. Não lhes interessa a relação processual, que se desenvolve independentemente de seu concurso, tanto principal como acessório. De algum modo podem estar interessados na relação de direito material ou não serem estranhos a ela. Em regra, trazem ao processo elementos probatórios" (*Elementos de direito processual penal*, v. 1, p. 362). Enumera os órgãos auxiliares dos sujeitos do processo, como peritos, tradutores, intérpretes, funcionários da justiça, bem como o ofendido, quando não ingressa como assistente, seus parentes, a pessoa que efetuou a denúncia da ocorrência do crime, dentre outras. Os advogados ocupam posição especial, tanto quando representam o querelante, como quando atuam em nome do réu, visto serem representantes de interesse de outrem, por deterem capacidade postulatória exclusiva perante o Poder Judiciário (art. 133, CF). Não são, pessoalmente, sujeitos da relação processual, tampouco parte.

> **Art. 251.** Ao juiz incumbirá prover à regularidade do processo[3-3-A] e manter a ordem no curso dos respectivos atos, podendo, para tal fim, requisitar a força pública.[4]

3. Regularidade do processo e princípio do impulso oficial: deve o magistrado, uma vez iniciada a ação penal, conduzir o desenvolvimento dos atos processuais, conforme o procedimento previsto em lei, até o final da instrução, quando, então, será proferida sentença. Não se admite, no processo penal, a extinção do feito, sem julgamento de mérito, por inépcia de qualquer das partes, cabendo ao juiz prover à regularidade do processo. Note-se que, até mesmo nos crimes de ação privada, quando há desídia na condução da causa, o juiz julga perempta a ação penal, extinguindo a punibilidade do querelado, o que não deixa de ser um julgamento final e de mérito, em sentido amplo (art. 60, CPP). Na jurisprudência: STJ: "1. O art. 251 do Código de Processo Penal indica a necessidade de observância ao postulado do impulso oficial, ao estabelecer que 'ao juiz incumbirá prover à regularidade do processo e manter a ordem no curso dos respectivos atos, podendo, para tal fim, requisitar a força pública'. Cabe ao juiz, portanto, velar pela observância da marcha procedimental, em fiel observância à garantia da razoável duração do processo. 2. A designação de dia para a audiência de instrução e julgamento poderia afastar a alegação de excesso de prazo. Contudo, ao se consultar o andamento da ação penal na origem, constata-se que não há previsão ou definição de data para a solenidade de colheita de provas. O cenário é, portanto, de indefinição e paralisação da ação penal desde a apresentação da resposta à acusação. 3. Não se ignora que o excesso de trabalho que assoberba o Poder Judiciário é digno de flexibilizar, em alguma medida, o princípio constitucional da razoável duração do processo. Também o cenário pandêmico deve ser considerado quando se analisa o excesso de prazo na tramitação processual. Porém, no caso em questão, há inércia intolerável por parte do Estado-Juiz. 4. Extrapola os limites da razoabilidade, caracterizando injustificada demora, se a custódia cautelar perdura por mais de quatro anos e a instrução criminal sequer se iniciou, o que não pode ser atribuído à Defesa. Precedentes 5. Agravo regimental conhecido e provido para substituir a prisão cautelar imposta ao Agravante por medidas alternativas à prisão a serem estabelecidas e fiscalizadas pelo Magistrado de primeiro grau" (AgRg no RHC 139.571/BA, 6.ª T., rel. Laurita Vaz, 21.09.2021, v.u.).

3-A. Posição das partes na sala de audiência ou no plenário do júri: a organização dos móveis na sala de audiência ou no plenário do júri é montada pelo Tribunal de Justiça em caráter uniforme e geral para todas as Comarcas. De fato, a disposição dos lugares das partes poderia ser mais adequada à presunção de inocência, isto é, o réu poderia sentar-se ao lado de seu defensor – e não na ponta da mesa. Poderia sentar-se ao lado de seu advogado no plenário do júri e não atrás dele. Assim sendo, embora a posição das partes possa não ser a ideal, não chega a ponto de gerar nulidade.

4. Poder de polícia: possui o magistrado, na condução do processo, poder de polícia, mantendo a ordem e a regularidade dos atos processuais, utilizando, quando for o caso, do emprego de força pública que, nas dependências do Poder Judiciário, é-lhe subordinada. Não se concebe, durante o transcurso de uma audiência, por exemplo, existam mais pessoas a quem a polícia, ou a segurança local, deva prestar obediência, uma vez que a lei atribuiu ao juiz a presidência dos trabalhos. Se exagerar, abusando da sua autoridade, responderá pelo mal causado, o que não lhe retira o poder de conduzir e policiar as atividades.

Art. 252. O juiz não poderá exercer jurisdição[5] no processo em que:[6-7]

I – tiver funcionado seu cônjuge ou parente, consanguíneo ou afim, em linha reta ou colateral até o terceiro grau, inclusive, como defensor ou advogado, órgão do Ministério Público, autoridade policial, auxiliar da justiça ou perito;[8]

II – ele próprio houver desempenhado qualquer dessas funções ou servido como testemunha;[9]

III – tiver funcionado como juiz de outra instância, pronunciando-se, de fato ou de direito, sobre a questão;[10-10-A]

IV – ele próprio ou seu cônjuge ou parente, consanguíneo ou afim em linha reta ou colateral até o terceiro grau, inclusive, for parte ou diretamente interessado no feito.[11]

---

5. Jurisdição como atributo fundamental da sua função: a possibilidade constitucional e legal de compor conflitos, aplicando a lei ao caso concreto, é denominada jurisdição. Adquiri-la, significa a presença de investidura, capacidade e imparcialidade. Como ensina Greco Filho, essas são as qualidades exigidas pela lei para o magistrado atuar: um procedimento prévio, através de concurso público, que atribui a alguém o cargo de juiz, seguido de capacidade técnica, física e mental, para julgar, o que é presumido pela investidura, além de agir com imparcialidade, sem chamar a si o interesse de qualquer das partes (*Manual de processo penal*, p. 214-215).

6. Impedimento do juiz: considera-se *impedido* de atuar o juiz que é parcial, situação presumida pela lei, em casos específicos. Logo, as hipóteses previstas neste artigo, de caráter objetivo, indicam a impossibilidade de exercício jurisdicional em determinado processo. A sua infração implica inexistência dos atos praticados (ver nota 10 ao art. 564, I, e nota 2 ao Capítulo III, Título VI, do Livro I, deste *Código*).

6-A. Impedimento apurado após decretação da preventiva: não afasta a validade da prisão cautelar.

7. Característica do rol: é taxativo, não podendo ser ampliado. Outras situações, no entanto, a nosso ver, demonstrativas da parcialidade do juiz na apreciação da causa, devem ser

Art. 252

incluídas no contexto da suspeição. Conferir as notas ao art. 254. Na jurisprudência: STJ: "IV – Nesse contexto, assente neste STJ que 'as hipóteses causadoras de impedimento/suspeição, constantes nos arts. 252, 253 e 258 do Código de Processo Penal, são taxativas, não sendo viável interpretação extensiva e analógica, sob pena de se criar judicialmente nova causa de impedimento não prevista em lei, o que vulneraria a separação dos poderes e, por consequência, cercearia inconstitucionalmente a atuação válida do magistrado ou mesmo do promotor' (HC n. 478.645/RJ, Quinta Turma, Rel. Min. Ribeiro Dantas, *DJe* de 4/6/2019)" (AgRg no HC 651.515/SP, 5.ª T., rel. Messod Azulay Neto, 08.08.2023, v.u.); "1. Segundo a jurisprudência desta Corte Superior, o rol previsto no art. 252 do Código de Processo Penal possui natureza taxativa, não podendo ser interpretado extensivamente" (AgRg no HC 345.871/MG, 6.ª T., rel. Rogerio Schietti Cruz, 01.12.2020, v.u.).

8. Participação, na causa, de cônjuge ou parente: faz nascer a vinculação e a indevida relação de interesse entre o juiz e o objeto do litígio, tornando-o parcial, o que ofende o princípio constitucional do juiz imparcial, razão pela qual lhe falece jurisdição para atuar. Atualmente, diante da consistência constitucional da união estável (art. 226, § 3.º, CF), parece-nos aplicável esta hipótese de impedimento, quando tomar parte no processo a companheira do juiz (ou companheiro da juíza), atuando como defensor, promotor, autoridade policial, auxiliar da justiça ou perito.

9. Juiz atuante em função diversa da jurisdicional: se o magistrado, por alguma razão, tiver atuado, anteriormente à investidura, como advogado, promotor, delegado, auxiliar da justiça ou perito, bem como tiver servido como testemunha, no processo, deve dar-se por impedido. Aliás, essa é uma das hipóteses mais flagrantes de parcialidade, pois é ilógico exigir-se de alguém que atue diferentemente de posição anterior assumida. Estas situações não servem para ofender apenas o princípio do juiz natural e imparcial, mas também os do contraditório e da ampla defesa. Afinal, se o juiz foi testemunha, como contraditá-la, questioná-la e impugná-la, já que se transformou em órgão julgador? Se foi perito e deu seu parecer, como tornar controversas suas conclusões, se o experto será também órgão decisório? Enfim, não se pode admitir tal situação, em respeito ao devido processo legal. Na jurisprudência: "3. A jurisprudência desta Corte tem se orientado no sentido de que o art. 252, II, do CPP, não veda o testemunho do juiz, mas apenas que ele exerça jurisdição no processo em que ele tenha servido como testemunha, de modo a preservar uma apreciação desvinculada e imparcial das provas e dos fatos probandos. Precedentes" (HC 607.564/PR, 5.ª T., rel. Reynaldo Soares da Fonseca, 24.11.2020, v.u.).

10. Atuação como juiz de instância diversa: qualquer participação do magistrado em instância diversa, no processo ao qual é chamado a julgar, faz nascer o impedimento. Assim, se tiver decidido qualquer tipo de questão – excetuando-se despachos de mero expediente, pois a lei fala em matéria de *fato* ou *direito* – em primeiro grau, não poderá integrar colegiado de grau superior, para julgar recurso contra decisão proferida no feito. Caso tenha sido convocado a integrar colegiado, sendo ainda juiz de primeira instância, tornando à Vara, deve abster-se de decidir questão envolvendo o processo do qual participou, enquanto estava em segundo grau. Nesse prisma: STJ: "III – Inafastável a conclusão de que a mens legis do art. 252, inciso III, do CPP, se revela na intenção normativa de impedir que o mesmo julgador, seja em razão do deslocamento do próprio magistrado ou da ação penal, prolate uma decisão e, posteriormente, em sede recursal, a reexamine. IV – Homenagem ao princípio do duplo grau de jurisdição, o que privilegia, igualmente, a imparcialidade dos julgadores e o devido processo legal" (AgRg no REsp 1.924.166/SC, 5.ª T., rel. Messod Azulay Neto, 20.08.2024, v.u.); "2. As hipóteses causadoras de impedimento ou suspeição, elencadas nos arts. 252, 253 e 258 do Código de Processo Penal, são taxativas, razão pela qual não se pode dar interpretação extensiva e analógica, sob pena de se criar judicialmente nova causa de impedimento não prevista em lei, o que vulneraria a separação dos poderes e, por consequência, cercearia inconstitucionalmente a atuação válida do magistrado ou mesmo do promotor" (AgRg no AREsp 1.896.218/SP, 6.ª T., rel. Rogerio Schietti Cruz, 19.03.2024, v.u.).

10-A. Atuação em outro processo do mesmo réu: não é causa de impedimento. A lei processual penal veda o exercício da jurisdição quando o magistrado tenha atuado, *no mesmo processo*, contra o réu, devendo julgar novamente o caso (ex.: era juiz de primeiro grau quando julgou o caso; promovido ao Tribunal, tornou a receber, como relator, o mesmo processo: há impedimento). Entretanto, o fato de já ter o juiz conhecido e julgado feito contra um determinado réu, tornando a deparar-se com ele em outro processo não é causa de impedimento.

11. Juiz, cônjuge ou parente como parte: é mais do que natural não possa o magistrado atuar no processo em que é parte ou pessoa interessada no deslinde da causa (ex.: julgar um roubo, cuja vítima é ele mesmo), abrangendo, ainda, o interesse de seu cônjuge (companheiro/a) ou parente próximo, nos termos deste dispositivo. Na jurisprudência: STJ: "1. Não há se falar em ofensa aos dispositivos que tratam do impedimento e da suspeição, porquanto os arts. 252, 253 e 254, todos do Código de Processo Penal, se referem apenas ao parentesco até o terceiro grau. Na hipótese, contudo, trata-se de parentesco em quinto grau, motivo pelo qual não há se falar em ofensa à norma infraconstitucional" (AgRg no REsp 1.857.774/RS, 5.ª T., rel. Reynaldo Soares da Fonseca, 23.06.2020, v.u.).

> **Art. 253.** Nos juízos coletivos, não poderão servir no mesmo processo os juízes que forem entre si parentes, consanguíneos ou afins, em linha reta ou colateral até o terceiro grau, inclusive.[12]

12. Impedimento nos colegiados: o exercício jurisdicional, em instância superior, dá-se regularmente por colegiados, compostos por turmas, câmaras ou grupos. Havendo parentes na magistratura, há presunção absoluta de parcialidade, caso integrem o mesmo órgão encarregado de julgar um processo. Por interpretação analógica, usando como base o disposto no artigo anterior, deve-se incluir também o cônjuge (companheiro/a).

> **Art. 254.** O juiz dar-se-á por suspeito,[13] e, se não o fizer, poderá ser recusado por qualquer das partes:[14-15-A]
>
> I – se for amigo íntimo ou inimigo capital de qualquer deles;[16]
>
> II – se ele, seu cônjuge, ascendente ou descendente, estiver respondendo a processo por fato análogo, sobre cujo caráter criminoso haja controvérsia;[17]
>
> III – se ele, seu cônjuge, ou parente, consanguíneo, ou afim, até o terceiro grau,[18] inclusive, sustentar demanda ou responder a processo que tenha de ser julgado por qualquer das partes;[19]
>
> IV – se tiver aconselhado qualquer das partes;[20]
>
> V – se for credor ou devedor, tutor ou curador, de qualquer das partes;[21]
>
> VI – se for sócio, acionista ou administrador de sociedade interessada no processo.[22]

Art. 254

13. Suspeição: conforme já sustentamos (ver nota 3 ao art. 96), a suspeição é causa de parcialidade do juiz, viciando o processo, caso haja sua atuação. Ofende, primordialmente, o princípio constitucional do juiz natural e imparcial. Pode dar-se a suspeição pelo vínculo estabelecido entre o juiz e a parte ou entre o juiz e a questão discutida no feito. Note-se que não se trata de vínculo entre o magistrado e o objeto do litígio – o que é causa de impedimento – mas de mero interesse entre o julgador e a matéria em debate. De qualquer forma, cuida-se de nulidade relativa o fato de existir, na condução da causa, um juiz suspeito. Cabe à parte interessada reclamar, a tempo, ingressando com a exceção de suspeição, o afastamento do magistrado. Se não o fizer, mantém-se o juiz na causa.

14. Característica do rol: embora muitos sustentem ser taxativo, preferimos considerá-lo exemplificativo. Afinal, este rol não cuida dos motivos de impedimento, que vedam o exercício jurisdicional, como ocorre com o disposto no art. 252, mas, sim, da enumeração de hipóteses que tornam o juiz não isento. Outras situações podem surgir que retirem do julgador o que ele tem de mais caro às partes: sua imparcialidade. Assim, é de se admitir que possa haver outra razão qualquer, não expressamente enumerada neste artigo, fundamentando causa de suspeição. Imagine-se o juiz que tenha sido vítima recente de um crime de extorsão mediante sequestro. Pode não se apresentar em condições psicológicas adequadas para o julgamento naquela fase de recuperação, motivo pelo qual é caso de se afastar do feito onde tenha que julgar algum caso similar. Se não o fizer, cabe à parte ingressar com exceção de suspeição. Note-se que o afirmado nesta nota não significa agir o magistrado com preconceito, mas, ao contrário, quer dizer estar ele enfrentando uma *fase específica* de sua vida, quando não consegue manter sua imparcialidade. Não olvidemos, ainda, o fato de que a garantia do juiz imparcial, expressamente afirmada pelo art. 8.º, item 1, da Convenção Americana sobre Direitos Humanos, está em pleno vigor no Brasil. No sentido que defendemos: STJ: "1. *As hipóteses de suspeição do Magistrado preconizadas no art. 254 do Código de Processo Penal, constituem rol meramente exemplificativo*, de modo que é possível cogitar de declaração de suspeição, ainda que calcada em hipótese diversa daquelas previstas na norma processual, desde que o excipiente logre demonstrar, com elementos concretos e objetivos, o comportamento parcial do juiz na condução do processo. Precedentes desta Corte Superior. 2. A imparcialidade do Magistrado é uma garantia processual prevista na Convenção Americana Sobre Direitos Humanos (art. 8.1) e condição *sine qua non* do devido processo legal, de modo que a melhor interpretação acerca do standard probatório necessário para o reconhecimento da imparcialidade do Juiz, é no sentido de que a existência de elementos concretos aptos a incutir dúvida razoável acerca da imparcialidade do Magistrado é suficiente para a declaração de suspeição almejada" (REsp 1.921.761/RS, 6.ª T., rel. Sebastião Reis Júnior, 28.02.2023, v.u.); "Ademais, ainda que a jurisprudência desta Corte entenda que o rol do art. 254 do Código de Processo Penal – CPP seria meramente exemplificativo, isso não altera o resultado de julgamento, pois o fato do Magistrado ter julgado a ação de improbidade administrativa não é justificativa idônea para torná-lo suspeito para resolver a ação penal" (AgRg no HC n. 845.194/SP, 5.ª T., rel. Joel Ilan Paciornik, 08.04.2024, v.u.). Note-se o disposto pelo novo CPC: "Art. 145. Há suspeição do juiz: (...) IV – interessado no julgamento do processo em favor de qualquer das partes". Essa cláusula aberta pode envolver qualquer situação fática importante e é desejável, pois a Constituição Federal exige o juiz natural e imparcial.

14-A. Razões de suspeição, consistente em fato específico: observe-se exemplo de situação concreta, assim considerada pelo Superior Tribunal de Justiça, não constante do rol do art. 254 do CPP: "1. Em julgamento de apelação da defesa contra condenação pelo crime

Art. 254

Título VIII – Juiz, Partes e Auxiliares da Justiça

do art. 217-A, *caput*, do Código Penal, o revisor, e relator para o acordão, diante do voto do relator que dera pela absolvição por insuficiência de provas, afirmou, oralmente: '(...) Declarações da vítima, da criança, eu fiquei horrorizado, eu não vi nada em que a vítima pudesse inventar! Uma criança, que foi num período entre seis anos a onze anos, que ela sofreu esses abusos, que ela inventasse qualquer coisa pra denegrir a imagem de um suposto pai, porque nem pai podia ser... Uma pessoa dessas é um animal! Um animal! Um cara desse (...) E eu fico lembrando da minha neta, Desembargador Eugênio! Fico lembrando da minha neta! Uma criança de terra idade, na mão de um porco desse! Não me conformo! Não me conformo! Uma criança desse tipo (...) Então, pra abreviar, em razão do tempo, até, eu estou divergindo – me perdoe Desembargador Gamaliel – mas eu 'tô' divergindo, mas eu não tenho como sair daqui... Absolver um animal desse! Esse cara foi um animal! Pra mim, um animal!'. 2. Mesmo que nenhum juiz seja axiologicamente neutro, não se pode negar que o envolvimento emocional (subjetivo) do juiz com as partes do processo e com o fato apurado pode interferir na sua imparcialidade, atributo que faz parte do 'devido processo legal', de base constitucional (art. 5.º, LIV). Não pode haver o devido processo legal sem a imparcialidade do julgador, cuja falta, se objetivamente positivada, implica nulidade por suspeição (arts. 254, I e 564, I – CPP). 3. Lei Complementar n.º 35/1979, a Lei Orgânica da Magistratura Nacional, arrola como dever do magistrado 'tratar com urbanidade as partes, os membros do Ministério Público, os advogados, as testemunhas, os funcionários e auxiliares da Justiça, e atender aos que o procurarem, a qualquer momento, quanto se trate de providência que reclame e possibilite solução de urgência' (art. 35, IV). 4. Na hipótese – e aqui não está em discussão o fato criminoso imputado ao recorrente, em termos de procedência, de improcedência ou de indigência probatória – e com toda a vênia quer se impõe, as desrespeitosas expressões que lhe foram dirigidas oralmente na sessão de julgamento da apelação exorbitam claramente de uma mera questão de falta de urbanidade, para configurar visível falta de imparcialidade e, portanto, caso de nulidade por suspeição (arts. 564, I e 254, I – CPP). 5. A Convenção Americana sobre Direitos Humanos (Pacto São José) celebrado em São José da Costa Rica, em 22 de novembro de 1969, por ocasião da Conferência especializada Interamericana sobre Direitos Humanos, aprovada pelo Decreto Legislativo n. 27/1992, no art. 5.1 estipula que 'toda pessoa tem o direito de que se respeite sua integridade física, psíquica e moral', e no art. 5.2 estabelece que 'ninguém deve ser submetido a torturas, nem a penas ou tratos cruéis, desumanos ou degradantes. Toda pessoa privada da liberdade deve ser tratada com o respeito devido à dignidade inerente ao ser humano'. 6. Na parte em que trata das garantias judiciais, a Convenção Americana sobre Direitos Humanos estabelece que 'toda pessoa tem direito a ser ouvida, com as devidas garantias e dentro de um prazo razoável, por um juiz ou tribunal competente, independente e imparcial, estabelecido anteriormente por lei, na apuração de qualquer acusação penal formulada contra ela, ou para que se determinem seus direitos ou obrigações de natureza civil, trabalhista, fiscal ou de qualquer outra natureza' (art. 8.1). 7. Não consta no voto escrito condutor do acórdão do Tribunal de origem nenhuma ofensa ao réu e, em nenhum momento o revisor utilizou termos pejorativos para denegrir a sua honra. Mas o fato é que ofensa informadas pelo impetrante teriam ocorrido durante a sessão de julgamento, por meio da manifestação oral do revisor que proferiu o voto divergente, já que o relator optara pela absolvição por insuficiência de provas. 8. Não há nos autos a degravação da manifestação oral do revisor do Tribunal de origem e nem foram juntadas as notas taquigráficas, mas nas informações foi indicado um link eletrônico para o acesso ao arquivo digital da sessão de julgamento. Em diligência junto à Seção da Coordenadoria de Processamento de Feitos de Direito Penal desta Corte Superior foi possível acessar a mídia digital e assistir

Art. 254

Código de Processo Penal Comentado · Nucci

o vídeo referente ao julgamento do recurso de apelação no Tribunal de origem, realizado na sessão do dia 21/3/2019. 9. As expressões ofensivas, desrespeitosas e pejorativas do eminente revisor do Tribunal de origem, e Relator para o acórdão, na sessão de julgamento do recurso de apelação, contra a honra o acusado que estava sendo julgado, ainda que não tenham sido registradas em seu voto escrito, senão em manifestação oral, mas induvidosas como fato processual documentado, constituem causa de nulidade absoluta, haja vista que ofendem a garantia constitucional da 'imparcialidade', que deve, como componente do devido processo legal, ser observada em todo e qualquer julgamento em um sistema acusatório. 10. Concessão do *habeas corpus*. Declaração de nulidade do julgamento do recurso de apelação pelo Tribunal na origem. Realização de novo julgamento, a tempo e modo, sem a participação do revisor do julgamento de 21/03/2019, cuja imparcialidade fica reconhecida" (HC 718.525/PR, 6.ª T., rel. Olindo Menezes (Desembargador convocado do TRF 1.ª Região), 26.04.2022, v.u.).

15. Inexistência de razão específica para tornar suspeito o juiz: impossibilidade de se aceitar a exceção de suspeição, pois este instrumento encontra-se atrelado ao princípio constitucional do juiz natural e imparcial. Diante disso, o afastamento do *juiz natural* deve possuir *causa específica*, ainda que esta se desdobre em vários atos judiciais prejudiciais a determinada parte, ou seja, uma sequência de decisões demonstrativas da parcialidade pelo seu conjunto. Porém, a recusa sem lastro sólido é inadmissível. Equipara-se à falta de alicerce toda alegação de postura mais rigorosa na condução da causa, afinal, os magistrados possuem diferenciados modos de atuação; por vezes, questiona-se a imparcialidade do juiz por conta de uma prisão cautelar decretada ou mesmo de perguntas mais incisivas feitas em relação a uma testemunha. Ademais, quando a conduta do juiz se exceder em algum ponto, há a viabilidade de representação nos órgãos específicos para a aplicação de eventual sanção. O afastamento do magistrado da causa deve basear-se em fato específico e concreto, preferencialmente com fundamento nas indicações do art. 254 do CPP. Na jurisprudência: STJ: "1. Hipótese na qual as indagações do Juiz Presidente do Tribunal do Júri ao inquirir a irmã da Vítima durante a sessão plenária guardam absoluta relação com a causa, formuladas para que se esclarecesse quem em regra iniciava as constantes agressões mútuas (se a Ofendida, que foi morta, ou seu companheiro, o Réu, ora Paciente). Ainda que se possa conjecturar que o Juiz de Direito tenha sido incisivo em seus questionamentos, não há como concluir que atuou na condução do feito de forma parcial. (...) 3. A alegada suspeição do Juiz Togado parece até ser, *in casu*, desinfluente para a solução da controvérsia, porque o Magistrado Presidente não tem competência constitucional para julgar os crimes dolosos contra a vida. Em outras palavras, também não há como reconhecer o alegado vício porque o mérito da causa não foi analisado pelo Juiz de Direito, mas pelos Jurados. 4. Na espécie presume-se ainda que a Defesa nem sequer cogitou de eventual influência negativa do Magistrado Togado, sobre os jurados, ao inquirir testemunhas, pois essa conjuntura não foi alegada na inicial. Assim, incide a regra prevista no art. 563, do Código de Processo Penal – a positivação do dogma fundamental da disciplina das nulidades –, de que o reconhecimento de vício que enseja a anulação de ato processual exige a efetiva demonstração de prejuízo (*pas de nullité sans grief*). 5. E, ainda que assim não fosse, cabe referir que a doutrina ressalta que o *munus* de julgar confere ao leigo responsabilidade, além de provocar-lhe o sentimento de civismo (*v.g.*, NUCCI, Guilherme de Souza. *Tribunal do Júri*: 9.ª ed. Rio de Janeiro, Forense, 2022. p. 22). É por isso que não se pode compreender que tão somente uma postura mais firme (ou até mesmo dura) do Magistrado Presidente influencie negativamente os Jurados – a quem a Constituição da República pressupôs a plena capacidade de discernimento, ao conceber o direito fundamental do Tribunal do Júri (art. 5.º, inciso XXXVIII). 6. Sem a demonstração de configuração de quais quer das hipóteses legais que configurem a suspeição do juiz, referidas no art. 254 do Código de Processo Penal, não há nulidade a ser reconhecida. Por todos esses fundamentos, e em homenagem ao princípio da soberania dos veredictos do Tribunal do Júri (art. 5.º, inciso XXXVIII, alínea c, do Texto Constitucional), a hipótese não é de afastamento da conclusão do Conselho de Sentença, possível somente em circunstâncias excepcionais" (HC n. 682.181/RJ, 6.ª T., rel. Laurita Vaz, 15.05.2023, v.u.); "3. No caso, a defesa fundamenta seu pedido de reconhecimento de suspeição em razão de o Magistrado, durante a realização de audiências, ter feito considerações genéricas sobre a corrupção no país e a responsabilidade dos agentes políticos. Além disso, teria se manifestado, de forma precipitada, sobre a suficiência probatória de um ponto específico da acusação, a demonstrar que já teria, àquela altura, o juízo formado. Contudo, a despeito das críticas que possam ser elaboradas em relação à postura do Julgador, ao tecer considerações genéricas sobre a política nacional, não estão evidenciadas nenhuma das hipóteses descritas nos arts. 252 e 254 do Código de Processo Penal. Ademais, referido Juiz não irá julgar o caso, tendo vista o reconhecimento de sua incompetência por esta Corte (RHC n. 115.054/RN). Portanto, alegações de que já teria firmado a sua convicção e que o agravante estaria previamente condenado não possuem mais relevância" (AgRg no AgRg no AREsp 1.538.704/RN, 6.ª T. rel. Antonio Saldanha Palheiro, 15.03.2022, v.u.).

15-A. Momento para arguir a suspeição do juiz: assim que a parte tomar conhecimento do motivo que o torna suspeito para julgar a causa. Passando esse instante processual, já não se poderá reclamar do magistrado, pelo advento da preclusão. Na jurisprudência: STJ: "A suspeição deve ser suscitada na primeira oportunidade em que houver de falar nos autos, sob pena de preclusão. No caso, durante a audiência de instrução, a defesa não mostrou nenhuma objeção quanto ao comportamento do Juiz processante" (HC 451.528/SC, 5.ª T., rel. Reynaldo Soares da Fonseca, 07.08.2018, v.u.).

16. Amigo íntimo ou inimigo capital das partes: *amizade íntima* é o forte e seguro vínculo de fidelidade e afeição nascido entre pessoas, implicando convívio amiúde. Logo, não se consideram laços superficiais, coleguismo profissional ou escolar, contatos sociais em clubes, associações ou outros lugares típicos de convívio, cordialidade no trato, tampouco pura afeição, simpatia ou ternura. Fosse assim e os motivos de suspeição cresceriam em medidas desproporcionais à intenção da lei, que é a de evitar a atuação de magistrados efetivamente parciais na apreciação do caso. *Inimizade capital* é a aversão contundente e inequívoca entre duas pessoas, implicando conhecimento geral ou, ao menos, em notoriedade parcial, que transcenda a terceiros. Não se concebe que dois indivíduos sejam inimigos capitais sem que ninguém saiba disso. Por outro prisma, não se incluem nessas situações meras rusgas, discussões calorosas, desentendimentos no ambiente profissional ou escolar, disputas ou competições esportivas ou em outros setores, tampouco antipatia gratuita. É fundamental base solidificada de atritos e mútuas agressões, físicas ou verbais, para que a aversão seja considerada profunda, logo, capital. As decisões jurisdicionais que o magistrado tome contra o interesse das partes – decretando a prisão cautelar do réu ou indeferindo pedido nesse sentido feito pelo promotor, por exemplo, ainda que com fundamentação entusiasmada – não dá margem à inimizade, mormente capital. Relata Espínola Filho a decisão do Min. Mário Guimarães sobre o tema: "O procedimento acaso enérgico do juiz não justifica seja averbado de suspeito" (*Código de Processo Penal brasileiro anotado*, v. 2, p. 259 E mais: tanto amizade íntima, quanto inimizade capital, são sentimentos recíprocos, sendo ilógico supor que alguém se torne *amigo íntimo* de outra pessoa, que não a considera como tal, nem sequer *inimigo capital* pode ser unilateral e platônico. Costuma-se sustentar que esses especiais vínculos

Art. 254

devem ser mantidos com a parte e não com seu representante. Não abrangeria, pois, o representante do Ministério Público, nem o advogado, mas unicamente o réu e a vítima. Discordamos, com a devida vênia. Em primeiro lugar, porque, no processo penal, a parte que ocupa o polo ativo é, como regra, o Ministério Público, agindo em nome da sociedade. Contra esta é que o juiz não nutrirá particular vínculo de afeição ou ódio – e se o fizer, é caso patológico. Voltar-se-á, se for o caso, contra o seu representante. Por outro lado, o ofendido, quando não integra a relação processual, através do assistente de acusação, não pode ser considerado parte. Restaria apenas o réu, sabendo-se, ainda, que inúmeros casos de perda da parcialidade decorrem da aversão existente, ou extrema afeição, entre juiz e defensor. Por isso, se o objetivo maior é garantir a imparcialidade do magistrado, conforme preceito constitucional, é de ser aceita a possibilidade de arguição de exceção de suspeição, em caso de amizade íntima ou inimizade capital, entre juiz e promotor, bem como entre juiz e advogado. É o que resta sobejamente concretizado nas relações processuais existentes, não sendo possível ignorar o fato de o magistrado ser falível como todos, não conseguindo manter sua neutralidade se estima por demasia o promotor ou o odeia com todas as forças. Diga-se o mesmo do defensor. Dessa forma, se o juiz iniciou sua atuação em primeiro lugar, não cabe a alegação de que o réu contratou para sua defesa um inimigo capital do magistrado para que este seja afastado. Se o fez, sendo alertado para o fato, assume o risco da perda da parcialidade do julgador, até porque a exceção de suspeição não é obrigatória. Entretanto, se o advogado já atuava no feito, trocando-se o juiz, é preciso que este se afaste ou poderá ser interposta a devida exceção. Sobre o assunto, mencionou Espínola Filho a lição de Herotides da Silva Lima, na linha que assumimos: "É preciso atentar para a realidade da vida. O magistrado pode ter motivos para ser agradável ao advogado e, favorecendo-o, favorecer diretamente a parte; e é sabido mesmo que certos indivíduos por esperteza ou por má-fé contratam determinados advogados por saberem de suas ligações com os julgadores. Tem havido, infelizmente, casos que ferem a sensibilidade da opinião pública; advogados que deixam certos cargos públicos são logo constituídos procuradores em questões de vulto e retumbantes, porque exerceram influência sobre juízes, nomeando-os e promovendo-os, despertando-lhes sentimentos de gratidão. Às vezes, subitamente, certos escritórios se movimentam com a notícia de novos rumos na vida política. E depois é preciso assinalar que o advogado tem *interesse* direto no êxito da questão submetida ao seu patrocínio, e pela vitória faz todo o esforço. Pode não recorrer aos fatores desonestos, mas não os repele, quando se apresentam em favor de sua pretensão. Para cortar toda a dúvida, é preferível a suspeição porque, perdida a causa, o adversário da parte favorecida com o advogado influente terá sempre argumentos para atacar a isenção dos juízes. O advogado põe em certas causas todo o seu desvelo, arrisca seu crédito profissional, o seu nome, o seu futuro e de sua família, o seu bem-estar, o êxito financeiro de sua vida, a tranquilidade nos dias futuros. Há causas que significam a fama, a glória para o advogado. Como afirmar-se que ele não tem interesse em que a decisão seja neste ou naquele sentido, e interesse fundamental? As leis antigas foram sábias e vedavam a advocacia aos poderosos, justamente pela influência que podiam exercer no ânimo dos juízes timoratos, covardes, interesseiros, acomodatícios, com parentes para empregar e promover, dependendo da boa vontade dos poderosos. Essa suspeição é um dever de moralidade" (*Código de Processo Penal brasileiro anotado*, v. 2, p. 261). Com essa posição, muito embora, Espínola Filho, a despeito de considerá-la psicologicamente relevante, não concorda. Prefere acreditar na elevação de caráter, que se exige de todo julgador, e, quando for o caso, certamente, o próprio juiz iria invocar razões de ordem íntima para não continuar no feito (*Código de Processo Penal brasileiro anotado*, v. 2, p. 261-262). Tudo o que foi mencionado no tocante ao advogado, certamente vale para o promotor. Insistimos, no entanto, em nossa posição, afirmando que não se pode deixar a credibilidade da Justiça nas mãos da "elevação de caráter" do julgador, que, realmente, segundo cremos, a maioria possui, mas não todos. Não é correto permitir-se que uma das partes assista, inerte e vencida de antemão, o juiz amicíssimo do representante da parte contrária conduzir a causa ou, em caso de inimizade capital, veja-se obrigada a lançar mão de toda a sorte de recursos para combater os atos decisórios do magistrado, eivados, no seu entender, de parcialidade. Garantir um juiz isento é dever do Estado e, nessa linha, a exceção de suspeição é o mecanismo mais abalizado a ser utilizado. A interpretação extensiva do conceito de parte, pois, é o remédio mais palatável, envolvendo a de seu representante. Isso não significa, como já dissemos, estar o juiz entregue ao inescrupuloso réu, que contrata o inimigo capital do magistrado somente para afastá-lo. Arca com sua má-fé, mantendo-se o julgador no feito. O bom-senso e o caso concreto devem ditar a melhor solução à situação. Na jurisprudência: STF: "I. A causa de suspeição atinente à inimizade capital em relação a uma das partes (art. 254 I, c/c 258, ambos do CPP) não se perfaz com mera alegação de animosidade, exigindo-se indicação da plausibilidade de que o agente atua movido por razões de ódio, rancor ou vingança. Esse quadro não se verifica se o agente público cinge-se a funcionar nos limites de suas atribuições constitucionais, mantida, por óbvio, a possibilidade de controle judicial, a tempo e modo, do conteúdo dos atos praticados" (AS 89 AgR, Tribunal Pleno, rel. Edson Fachin, 13.09.2017, v.u.). STJ: "II – A amizade íntima destacada no art. 254, inciso I, do Código de Processo Penal é a intensa convivência, familiaricade e intimidade, a estreita proximidade, o profundo vínculo de bem-querença. Desse modo, a mera simpatia ou admiração e respeito profissional e intelectual, indicados em dedicatórias de obras acadêmicas, existentes entre o Desembargador Federal J.P.G.N., autoridade excepta, e o ex-Juiz S.F.M., não preenchem a hipótese de suspeição apontada" (AgRg no HC 533.831/PR, 5.ª T., rel. Felix Fischer, 01.09.2020, v.u.).

17. Interesse na matéria em debate: como já afirmado, quando o juiz tem interesse direto no objeto do litígio (é vítima do crime a ser julgado), está impedido de exercer jurisdição no processo. Esta hipótese, no entanto, contempla a ligação do magistrado com a matéria em discussão, na medida em que possui interesse em outro feito, onde ele mesmo, seu cônjuge (companheiro/a), ascendente ou descendente esteja respondendo por fato semelhante. É possível que, ao julgar um caso de sonegação fiscal, por exemplo, sendo seu filho réu em processo análogo, resolva decidir pelo reconhecimento do princípio da insignificância, considerando atípica a conduta do acusado, visando à formação de jurisprudência positiva ao seu interesse, influenciando o feito de seu descendente.

18. Parentesco consanguíneo e por afinidade: estabelece o Código Civil serem parentes, em linha reta, "as pessoas que estão umas para com as outras na relação de ascendentes e descendentes" (pai e filho, mãe e filho, avô e neta, bisavó e bisneta etc.), conforme art. 1.591. "São parentes em linha colateral ou transversal, até o quarto grau, as pessoas provenientes de um só tronco, sem descenderem uma da outra" (primos, tio e sobrinho etc.), conforme art. 1.592. Consideram-se afins os parentes de um cônjuge em relação ao outro, em linha reta (sogro e nora, sogra e genro etc.) ou colateral (cunhados, marido da tia etc.), conforme art. 1.595, *caput*. O Código de Processo Penal fixa o grau de parentesco, para efeito de suspeição, até o terceiro grau, o que envolve tio e sobrinho, mas não abrange primos. Por outro lado, deixa de mencionar o parentesco civil, decorrente de adoção, embora, para o fim preconizado neste dispositivo, seja correto inclui-lo, através de interpretação extensiva. Ressalte-se o disposto no art. 41, *caput*, da Lei 8.069/90 – Estatuto da Criança e do Adolescente: "A adoção atribui

Art. 255

a condição de filho ao adotado, com os mesmos direitos e deveres, inclusive sucessórios, desligando-o de qualquer vínculo com pais e parentes, salvo os impedimentos matrimoniais".

19. Interesse em causa diversa: o juiz não deve ser considerado imparcial, caso possua ele mesmo, seu cônjuge (companheiro/a) ou parente demanda, na condição de autor ou réu, que será julgado por uma das partes. Imagine-se que a vítima de um estelionato, igualmente magistrado, seja o juiz do processo de separação judicial do filho do julgador do caso criminal. Não haverá isenção suficiente para absolver, se for preciso, o réu, sabendo que, posteriormente, seu descendente terá importante questão da vida decidida por aquele que ficou inconformado com a sentença proferida.

20. Aconselhamento: caso o juiz tenha, anteriormente, dado conselhos referentes a determinado caso criminal a réu ou vítima, tão logo tomasse conhecimento do ocorrido, é considerado suspeito para decidir o feito, quando lhe chegue às mãos. Ex.: após uma prisão em flagrante, o indiciado, conhecido de certo magistrado, aconselha-se com o mesmo, buscando livrar-se, de algum modo, da imputação. Posteriormente, o processo é distribuído justamente ao conselheiro, que forneceu importantes subsídios para o acusado. Não deve permanecer no caso. Na jurisprudência: STF: "2. Por sua vez, a hipótese de suspeição associada ao aconselhamento de alguma das partes (art. 254, IV, c/c 258, ambos do CPP), além de pressupor que o agente público revele sua posição acerca do objeto de eventual demanda, desafia a participação pessoal daquele que se aponta como suspeito, o que, no caso concreto, não se verifica. 3. Agravo regimental desprovido" (AS 89 AgR, Tribunal Pleno, rel. Edson Fachin, 13.09.2017, v.u.).

21. Interesse movido pelos laços existentes: embora não conectados aos aspectos sentimentais, como amizade íntima ou inimizade capital, é natural que o magistrado, credor ou devedor de uma das partes, não está isento na apreciação do caso. Sua decisão pode influenciar seu próprio futuro, o que lhe retira a isenção de ânimo aguardada. O mesmo ocorre se agir como tutor ou curador dos envolvidos no feito criminal.

22. Interesse financeiro: o vínculo de associação mantido entre o magistrado e qualquer sociedade interessada no processo é motivo bastante para fazer nascer a suspeição. Ex.: o juiz é sócio da empresa acusada da prática de crime ambiental. Torna-se bastante provável a hipótese de buscar absolvê-la, até para não onerar seus próprios ganhos, caso seja a pessoa jurídica condenada criminalmente, envolvendo o pagamento de multa ou outra prestação alternativa.

> **Art. 255.** O impedimento ou suspeição decorrente de parentesco por afinidade cessará pela dissolução do casamento que lhe tiver dado causa, salvo sobrevindo descendentes; mas, ainda que dissolvido o casamento sem descendentes, não funcionará como juiz o sogro, o padrasto, o cunhado, o genro ou enteado de quem for parte no processo.[23]

23. Cessação e manutenção do impedimento ou suspeição: a hipótese de impedimento ou suspeição cessa entre afins, quando o casamento é dissolvido (nas situações de divórcio, anulação ou morte, não se incluindo a separação judicial, pois, neste caso, o vínculo não se extingue, continuando a haver os laços de parentesco), salvo se da relação houver descendentes (ex.: o marido e o sobrinho da sua esposa – seu sobrinho por afinidade – se o casal tiver filhos). Não havendo descendência, permanece, com a dissolução do casamento, somente o obstáculo do impedimento ou da suspeição nas hipóteses expressamente indicadas na lei processual penal, ou seja, sogro/sogra em relação ao genro/nora e vice-versa, padrasto/

madrasta em relação ao enteado/enteada e vice-versa e cunhados entre si. Exemplo dessa última situação: o juiz é cunhado da parte, em relação de afinidade, mantendo-se o vínculo para efeito de impedimento ou suspeição, ainda que o seu casamento com a irmã da parte dissolva-se.

> **Art. 256.** A suspeição não poderá ser declarada nem reconhecida, quando a parte injuriar o juiz ou de propósito der motivo para criá-la.[24]

24. Criação de animosidade por má-fé: não dá margem à posterior arguição de suspeição do juiz. É absolutamente correto o dispositivo, pois não se pode privilegiar a malícia e a má-fé, como causas de afastamento do juiz natural. Se a parte ofende o magistrado, nos autos ou fora dele, somente para, em seguida, acoimá-lo de inimigo capital, deve arcar com sua viperina atitude. Não fosse assim e seria muito fácil afastar de determinado processo, ainda que sofra consequências – como um processo-crime por injúria –, um juiz considerado extremamente rigoroso, na visão do réu, ou muito liberal, na ótica do ofendido. Na jurisprudência: STF: "Impossibilidade de suspeição quando as razões decorrem de ato da própria parte. Proibição ao comportamento contraditório – princípio de que ninguém pode valer-se da própria torpeza. Inteligência dos arts. 256 e 565 do CPP; e do 243 do CPC" (RHC 119.892/ RR, 2.ª T., rel. Gilmar Mendes, 25.08.2015, v.u.). STJ: "1. O próprio juízo excepto e o Tribunal local, em diversas ocasiões entre os anos de 2005 e 2021, reconheceram a suspeição do magistrado para julgar causas em que o advogado do recorrente atua. Apesar disso, em outros processos, a mesmíssima suspeição foi rejeitada pelas instâncias ordinárias, em incoerência violadora do art. 926 do CPC. 2. A quebra da imparcialidade do julgador é evidente e não foi negada neste feito pela Corte de origem, que se utilizou de outros fundamentos processuais para julgar improcedente a exceção. Logo, tomo por incontroversa a existência da suspeição em si. 3. A hipótese excepcional do art. 256 do CPP somente pode ser reconhecida se o magistrado (ou o Tribunal), atendendo a elevado ônus argumentativo, demonstrar de maneira inequívoca que o excipiente provocou dolosamente a suspeição. Não cabem, aqui, intuições, conjecturas ou palpites, sendo imprescindível a comprovação do artifício ilícito, devidamente fundamentada na decisão ou acórdão. 4. A simples habilitação do advogado nos autos de processo conduzido por juiz que é seu inimigo não se enquadra, por si só, na situação do art. 256 do CPP. Afinal, é o magistrado (e não o advogado) quem se afasta do processo em casos de suspeição, consoante o art. 99 do CPP. Caso contrário, o causídico somente poderia laborar em processos fora da competência do juízo excepto, o que viola a prerrogativa contida no art. 7.º, I, da Lei n. 8.906/1994 5. O processo penal admite a constituição de defensor apud acta, mesmo sem instrumento formal de procuração. Inteligência do art. 266 do CPP. 6. Agravo conhecido para dar provimento ao recurso especial, a fim de julgar procedente a exceção de suspeição" (AREsp 2.026.528/MG, 5.ª T., rel. Ribeiro Dantas, 07.06.2022, v.u.).

Capítulo II
DO MINISTÉRIO PÚBLICO[1-3]

1. Ministério Público como sujeito e parte na relação processual: preceitua a Constituição Federal, no Capítulo IV (Das Funções Essenciais à Justiça), do Título IV (Da Organização dos Poderes) ser o Ministério Público uma "instituição permanente, essencial à função jurisdicional do Estado, incumbindo-lhe a defesa da ordem jurídica, do regime democrático e dos interesses sociais e individuais indisponíveis" (art. 127, *caput*), regendo-se pelos princípios da unidade (podem os seus representantes substituírem-se uns aos outros na prática de determinado ato), da indivisibilidade (atuam seus representantes em nome da instituição) e da independência funcional (cada um dos seus representantes possui convicção própria, que deve ser respeitada). Sobre a unidade e indivisibilidade da instituição, como exemplo, consultar a nota 44-A ao art. 567. No art. 129, I, CF, está prevista, como função institucional, a promoção, em caráter privativo, da ação penal pública, na forma legal. Por isso, ocupa, no processo penal, o Ministério Público a posição de sujeito da relação processual, ao lado do juiz e do acusado, além de ser também parte, pois defende interesse do Estado, que é a efetivação de seu direito de punir o criminoso. Embora, atualmente, não lhe seja mais possível negar o caráter de parte *imparcial*, visto não estar obrigado a pleitear a condenação de quem julga inocente, nem mesmo de propor ação penal contra quem não existem provas suficientes, não deixa de estar vinculado ao polo ativo da demanda, possuindo pretensões contrapostas, na maior parte das vezes, ao interesse da parte contrária, que é o réu, figurando no polo passivo. Negando a denominação de *parte imparcial* ao representante do Ministério Público, Gustavo Badaró esclarece que, não tivesse o Ministério Público um interesse pessoal e antagônico ao do acusado, não teria sentido afirmar que ele tem o ônus da prova, pois este é decorrência do próprio interesse. Parte desinteressada não deveria ter ônus algum. Assim, ontologicamente, é o Ministério Público parte parcial. Sua caracterização como *imparcial* não tem outra finalidade senão "agregar uma maior credibilidade à tese acusatória – porque a acusação, de forma imparcial e desinteressada, concluiu pela culpa do acusado – em relação à posição defensiva – que postula a absolvição, porque sempre deverá defender o acusado, bradando por sua inocência, ainda que ele seja culpado" (*Ônus da prova no processo penal*, p. 207-221). Ainda que em muitas situações haja a utilização desse discurso no processo, especialmente no Tribunal do Júri, quando as partes se dirigem a juízes leigos, não é irrazoável destacar que, pelas regras processuais penais, o Ministério Público pode, na realidade, pedir não somente a absolvição do réu como outros benefícios que julgue cabíveis, o que, efetivamente, a defesa não pode, em sentido contrário, propor. Vincula-se esta à defesa parcial do réu, ainda que seja culpado – e não há dúvida disso. Por tal motivo, não nos parece inadequada a denominação feita ao membro do Ministério Público como parte *imparcial*. Nas ações penais privadas, o Ministério Público atua como fiscal da lei, sendo considerado, de qualquer modo, parte, pois continua a encarnar a pretensão punitiva do Estado – lembremos que o monopólio de aplicação da lei penal é sempre estatal e nunca é transferido ao particular. Tanto isso é certo que, procedente a ação penal privada, o órgão principal encarregado de provocar a execução da sanção penal aplicada é o Ministério Público e não o particular. Assim, quando o ofendido promove a ação penal, porque a lei lhe conferiu essa iniciativa, age como substituto processual do Estado, no sentido formal, mas, materialmente, quem acompanha a ação, para zelar pela pretensão punitiva, é o Ministério Público. Na excepcional situação de ação pública movida pelo ofendido – ação penal privada subsidiária da pública – o querelante atua como substituto processual do Estado, havendo, do mesmo modo, a participação do Ministério Público, único órgão verdadeiramente legitimado a representar o Estado na sua função punitiva. Na jurisprudência: STJ: "1. Não há se falar em preclusão lógica nem em violação ao princípio da unidade do Ministério Público, uma vez que, apesar de ser uno e indivisível, seus membros possuem autonomia funcional, motivo pelo qual não há subordinação intelectual entre eles, o que permite que cada um atue dentro de sua convicção e dos limites impostos pela lei. Como decorrência lógica, a atuação dos membros do Ministério Público é independente, sendo perfeitamente admissível que um de seus membros emita parecer em sentido oposto àquele defendido por outro representante ministerial em recurso interposto em momento processual posterior, sem que tal divergência de posicionamento de membros do *Parquet* configure esvaziamento de interesse recursal ou violação aos princípios da unidade e da independência funcional (art. 127, § 1.º, da CF)" (AgRg no REsp 1.712.934/SP, 5.ª T., rel. Reynaldo Soares da Fonseca, 21.02.2019, v.u.).

2. Estrutura do Ministério Público: dispõe o art. 128 da Constituição Federal, que a instituição envolve o Ministério Público da União (Ministério Público Federal, Ministério Público do Trabalho, Ministério Público Militar, Ministério Público do Distrito Federal) e o Ministério Público dos Estados. O primeiro é chefiado pelo Procurador-Geral da República, nomeado pelo Presidente da República, dentre integrantes da carreira, maiores de trinta e cinco anos, após aprovação do nome pelo Senado Federal, por maioria absoluta, com mandato de dois anos, permitida a recondução (art. 128, § 1.º, CF). O segundo (incluído neste o Ministério Público do Distrito Federal) é chefiado pelo Procurador-Geral de Justiça, cujo nome emergirá de lista tríplice, dentre integrantes da carreira, escolhido pelo Governador, para mandato de dois anos, permitida uma recondução (art. 128, § 3.º, CF).

3. Promotores eleitorais: compete ao Ministério Público Federal exercer as funções do Ministério Público junto à Justiça Eleitoral. O Procurador-Geral da República é o Procurador-Geral Eleitoral, oficiando junto ao Tribunal Superior Eleitoral. Cabe-lhe, ainda, designar o Procurador Regional Eleitoral em cada Estado e no Distrito Federal, que exercerá suas funções junto ao Tribunal Regional Eleitoral. Prevê, ainda, a Lei Complementar 75/93 (Lei Orgânica do Ministério Público) que "as funções eleitorais do Ministério Público Federal perante os Juízes e Juntas Eleitorais serão exercidas pelo Promotor Eleitoral" (art. 78). Este, por sua vez, será o "membro do Ministério Público local que oficie junto ao Juízo incumbido do serviço eleitoral de cada Zona" (art. 79). Trata-se da aplicação do princípio da delegação, como ensina Joel José Cândido (*Direito eleitoral brasileiro*, p. 58).

> **Art. 257.** Ao Ministério Público cabe:
>
> I – promover, privativamente, a ação penal pública, na forma estabelecida neste Código;[4] e
>
> II – fiscalizar a execução da lei.[4-A]

4. Promoção privativa da ação penal pública: a alteração introduzida pela Lei 11.719/2008 neste artigo, subdividindo-o em dois incisos, aparentemente, teria sido supérflua. Porém, há elementos interessantes a abordar. Em primeiro lugar, deu-se uma redação consoante ao texto constitucional (CF: "Art. 129. São funções institucionais do Ministério Público: I – promover, privativamente, a ação penal pública, na forma da lei"). Por outro lado, especificou de qual lei se trata: o Código de Processo Penal. Cabe ao Ministério Público promover a ação penal pública na forma prevista no Código de Processo Penal. Não tem mais aplicação qualquer preceito que com este conflite venha de onde vier, pois a Lei 11.719/2008 é mais recente. Pensamos, inclusive, que tal atual preceito sedimenta mais um dado em prol da ilegitimidade investigatória criminal autônoma do Ministério Público. Afinal, toca a estrutura do Código de Processo Penal consagra a investigação policial, conduzida, pois, pela autoridade policial, para a colheita de provas pré-constituídas, a fim de instruir e formar a *opinio delicti*. Somente após, ingressa a denúncia do Ministério Público, exercendo a sua legitimidade privativa para a propositura da demanda. Afora a regra (inquérito policial), outras formas de investigação podem ocorrer, fornecendo material para o Ministério Público agir (ex.: CPI – Comissão

Art. 258

Parlamentar de Inquérito). Porém, não se deve esperar que a instituição, por sua própria conta, constitua organismos independentes de investigação criminal, não controlados pela autoridade judiciária e alheios aos quadros policiais, pois não é a estrutura idealizada pelo Código de Processo Penal.

4-A. Fiscalização da execução da lei: quando a ação for ajuizada pelo ofendido – pouco importando seja ela de iniciativa exclusivamente privada ou privada subsidiária da pública – deve o Ministério Público exercer suas funções de fiscal da correta execução da lei. Portanto, no processo penal, o promotor deve promover a ação ou acompanhar o desenvolvimento do processo, como fiscal da lei, até porque está em jogo o interesse punitivo do Estado. Na jurisprudência: STJ: "1. Constatando-se que um único membro do Ministério Público, numa mesma peça processual, apresentou contrarrazões ao recurso de apelação e ofertou parecer sobre o caso, configura-se a ofensa ao disposto nos artigos 127 da Constituição Federal e 257 do Código de Processo Penal. 2. Em razão da diversidade de funções exercidas pelos representantes do Ministério Público, afigura-se inviável, por parte de qualquer agente público ou político, o exercício de uma fiscalização isenta após este mesmo agente ter atuado na defesa de interesse controvertido no seio de uma relação processual instituída em juízo. 3. Embora seja certo que a atuação do órgão Ministério Público no segundo grau de jurisdição não tenha nenhuma carga vinculativa para o julgamento da insurgência, já que exprime o que a instituição reputa por correto no caso concreto, trata-se de verdadeira instância de controle, essencial para a manutenção ou reparação da ordem jurídica, cuja defesa lhe é inerente. 4. A função fiscalizatória exercida pelo *parquet* também deve ser marcada pela imparcialidade, sob pena de se inviabilizar o alcance das suas incumbências constitucionais (artigo 127, *caput*, da Constituição Federal). 5. Ordem concedida para anular o julgamento da apelação, determinando-se a remessa dos autos ao Ministério Público Federal de primeira instância para que ofereça contrarrazões ao recurso, devendo o órgão ministerial em segundo grau, oportunamente, emitir parecer sobre o caso" (HC 242.352/SP, 5.ª T., rel. Jorge Mussi, 08.04.2014, v.u.).

> **Art. 258.** Os órgãos do Ministério Público não funcionarão nos processos em que o juiz ou qualquer das partes for seu cônjuge, ou parente, consanguíneo ou afim, em linha reta ou colateral, até o terceiro grau,[5] inclusive, e a eles se estendem, no que lhes for aplicável, as prescrições relativas à suspeição e aos impedimentos dos juízes.[6]

5. Impedimento do representante do Ministério Público: é a hipótese semelhante ao disposto no art. 252, I, que regula o impedimento do juiz. É verdade que naquele dispositivo já se impede a atuação do magistrado, quando o órgão do Ministério Público tiver funcionado, anteriormente, sendo ele seu cônjuge ou parente. Neste dispositivo, inverte-se: o promotor não deve atuar quando já tiver funcionado – ou esteja presidindo a instrução – juiz que seja seu cônjuge ou parente. Acrescenta-se, ainda: não atuará, quando seu cônjuge ou parente for parte (acusado ou ofendido). Além disso, finaliza o artigo, as demais hipóteses previstas para o juiz, em relação às causas de impedimento e suspeição, também se aplicam ao representante do Ministério Público. Não se menciona a incompatibilidade, porque, como já dissemos, trata-se unicamente da suspeição afirmada de ofício. É o que mais ressalta a sua posição de parte imparcial.

6. Promotor que participa da investigação policial: não se torna impedido, nem suspeito para oferecer denúncia. Nesse sentido, ver Súmula 234 do Superior Tribunal de

Justiça: "A participação de membro do Ministério Público na fase investigatória criminal não acarreta o seu impedimento ou suspeição para o oferecimento da denúncia". No entanto, se o membro do Ministério Público investigar alguém, isoladamente, sem a instauração de inquérito policial, colhendo provas em seu gabinete, torna-se mais difícil atuar com imparcialidade na propositura da ação penal. O ideal, como já deixamos expresso na nota 11 ao art. 4.º, tal situação não deveria ocorrer. Note-se que o teor da Súmula 234 do STJ tem sentido mais amplo, pois o representante do Ministério Público *participou* da investigação criminal, o que é seu dever fazer, até pelo fato de exercer o controle externo da polícia judiciária, mas não a conduziu, nem presidiu. Na jurisprudência: STJ: "2. Quanto ao mérito recursal propriamente dito, a defesa afirma que a promotora é impedida, por ser diretamente interessada no feito, uma vez que colheu depoimento no qual se afirmou que o recorrente pretendia atentar contra sua vida. No entanto, diversamente do precedente indicado pela defesa, 'inexiste qualquer relato de investigação ou procedimento para apurar questão relativa a atentado contra a vida da Promotora'. Não figurando a promotora como vítima da apuração em curso, que deu ensejo à ação penal por tentativa de homicídio qualificado contra terceiro, não há se falar que se trata de parte diretamente interessada, razão pela qual não se configura a hipótese do art. 252, inciso IV, do Código de Processo Penal, inexistindo, dessa forma, o alegado impedimento" (AgRg no RHC 180.413/RJ, 5.ª T., rel. Reynaldo Soares da Fonseca, 11.09.2023, v.u.).

Capítulo III
DO ACUSADO[1] E SEU DEFENSOR[2]

1. Acusado: é o sujeito passivo – e, também, parte – da relação processual. Enquanto transcorre a investigação deve-se denominá-lo de indiciado, se, formalmente, apontado como suspeito pelo Estado. No momento do oferecimento da denúncia, a terminologia correta é chamá-lo de *denunciado* ou *imputado*. Após o recebimento da denúncia, torna-se acusado ou réu. Tratando-se de queixa, denomina-se querelado. Pode ser tanto a pessoa física, desde que maior de dezoito anos, quanto a pessoa jurídica. Neste último caso, atualmente, há a previsão expressa no art. 3.º da Lei 9.605/1998, permitindo que figure como autora de crimes contra o meio ambiente a pessoa jurídica, o que é expressamente autorizado pela Constituição Federal (art. 225, § 3.º). Em face do princípio da intranscendência, a acusação não deve voltar-se senão contra o imputado – aquele a quem se atribui a prática da infração penal –, deixando de abranger qualquer outra pessoa, por mais próxima que lhe seja, como o cônjuge ou parente. Jamais figuram, no polo passivo da ação penal, os animais e as coisas – algo que, no direito penal antigo, já foi permitido.

2. Defensor: deve ser sempre advogado, que, segundo o disposto no art. 133 da Constituição Federal, é "indispensável à administração da justiça" e, segundo a Lei 8.906/1994 (Estatuto da Advocacia), é atividade privativa da advocacia "a postulação a qualquer órgão do Poder Judiciário e aos juizados especiais" (art. 1.º, I – neste último caso, pendia de julgamento a ADIn 1.127-8 no STF, a respeito da constitucionalidade da inclusão dos "juizados especiais". Chegou o Plenário à conclusão seguinte: por unanimidade, em relação ao inciso I do art. 1.º da Lei 8.906/94, julgou prejudicada a alegação de inconstitucionalidade relativamente à expressão "juizados especiais", e, por maioria, quanto à expressão "qualquer", julgou procedente a ação direta, vencidos os Ministros Relator e Carlos Britto. Assim, é possível postular em alguns juízos, sem a participação do advogado, como ocorre nos Juizados Especiais Cíveis), além

Art. 259

Código de Processo Penal Comentado · **NUCCI**   580

de dispor que "no seu ministério privado, o advogado presta serviço público e exerce função social" (art. 2.º, § 1.º). Deve, sempre, como representante que é do acusado – este sim, parte passiva na relação processual –, buscar decisão favorável ao seu constituinte (art. 2.º, § 2.º). Note-se que o defensor não é parte, nem consorte necessário com o réu (cf. Rogério Lauria Tucci, Habeas corpus, *ação e processo penal*, 180). Para o fiel exercício de seu mandato, fazendo--o com liberdade, "é inviolável por seus atos e manifestações, nos limites desta lei" (art. 2.º, § 3.º), nos limites legais. Excepcionalmente, mas em homenagem à ampla defesa, o réu pode produzir, em seu interrogatório, a autodefesa – que precisa ser levada em conta pelo juiz – bem como pode recorrer de decisões contrárias ao seu interesse, além de impetrar *habeas corpus*, sem auxílio do advogado. O defensor não deve agir com a mesma imparcialidade exigida do representante do Ministério Público, pois está vinculado ao interesse do acusado, que não é órgão público e tem legítimo interesse em manter o seu direito indisponível à liberdade. Deve pleitear, invariavelmente, em seu benefício, embora possa até pedir a condenação, quando outra alternativa viável e técnica não lhe resta (em caso de réu confesso, por exemplo), mas visando à atenuação de sua pena ou algum benefício legal para o cumprimento da sanção penal (como penas alternativas ou *sursis*). Isso não significa que deve requerer ou agir contra a lei, burlando normas e agindo sem ética, durante o processo penal. Seus desvios, na atuação defensiva, podem tornar-se infrações penais ou funcionais.

> **Art. 259.** A impossibilidade de identificação do acusado com o seu verdadeiro nome ou outros qualificativos não retardará a ação penal,[3] quando certa a identidade física. A qualquer tempo, no curso do processo, do julgamento ou da execução da sentença, se for descoberta a sua qualificação, far-se-á a retificação, por termo, nos autos, sem prejuízo da validade dos atos precedentes.[4]

3. Identificação do acusado: deve-se salientar que a ação penal somente pode ser promovida contra pessoa individualizada e devidamente identificada, conforme preceituado no art. 41 deste Código. Entretanto, o que se permite é o ajuizamento de ação penal contra determinado sujeito, cujos dados qualificativos são desconhecidos, mas sua identidade, como pessoa, é inequívoca. É o que ocorre com o indiciado, que não possui documentos, nem fornece elementos à autoridade policial para obter seu verdadeiro nome, filiação, profissão, entre outros (o que acontece com mendigos, sem endereço ou família, por exemplo), mas é suficiente que a identificação seja feita pelo método dactiloscópico. Não haverá, pois, equívoco no tocante ao autor da infração penal, ainda que se tenha dúvida quanto à sua qualificação. Na jurisprudência: STJ: "2. O art. 259 do Código de Processo Penal estabelece a imprescindibilidade da correta e inequívoca identificação do agente. Todavia, o referido dispositivo enuncia que no curso do processo poderá em qualquer momento ser retificada a qualificação do réu. Assim, em sendo certa a identidade física do acusado, a incerteza quanto ao seu verdadeiro nome não é óbice ao prosseguimento da ação penal ou para a imposição de medidas cautelares, de modo que a retificação devida pode ser levada a cabo a qualquer tempo, até mesmo na fase de execução de sentença (HC n. 17.621/PA, Rel. Ministro Hamilton Carvalhido, Sexta Turma, julgado em 13/11/2001, *DJe* 25/02/2002, p. 450). 3. O equívoco quanto à identificação do Paciente decorreu de ato que somente a ele pode ser imputado. Como consequência, nos termos do art. 565 do Código de Processo Penal, a parte não pode arguir nulidade a que haja dado causa, ou para que tenha concorrido. Precedentes. 4. Em consonância com o disposto no art. 259 do Código de Processo Penal, o acórdão ressaltou a necessidade de retificação da qualificação do Réu. Após essa providência, com base na correta identificação do agente apontado como autor do fato, analisou a necessidade da prisão preventiva" (AgRg no HC 765.898/MG, 6.ª T., rel. Laurita Vaz, 25.10.2022, v.u.); "1. A teor do disposto no art. 259 do Código de Processo Penal – CPP, é imprescindível a correta e inequívoca identificação física do agente, sendo que no curso do processo poderá em qualquer momento ser retificada a qualificação do réu nos autos. No caso, o acórdão ressaltou que não se trata de pessoa indeterminada, mas que é certa a identidade física da pessoa processada" (AgRg no AREsp 1.523.390/SP, 5.ª T., rel. Joel Ilan Paciornik, 03.12.2019, v.u.).

4. Correção da qualificação do acusado a qualquer tempo: se a ação penal é sempre movida contra pessoa certa, ainda que duvidosos os seus dados de qualificação (nome, filiação, profissão, endereço etc.), pode-se retificar ou incluir tais elementos, em qualquer momento processual, inclusive se já tiver havido condenação e estiver o feito em plena execução da pena. Por outro lado, é possível que o réu apresente documentos de outra pessoa, passando--se por quem efetivamente não é. Tal conduta não é suficiente para anular a instrução ou a condenação, bastando que o juiz, descoberta a verdadeira qualificação, determine a correção nos autos e no distribuidor, comunicando-se ao Instituto de Identificação.

> **Art. 260.** Se o acusado não atender à intimação para o interrogatório, reconhecimento ou qualquer outro ato que, sem ele, não possa ser realizado, a autoridade[5] poderá mandar conduzi-lo à sua presença.[6-6-A]
>
> **Parágrafo único.** O mandado conterá, além da ordem de condução, os requisitos mencionados no art. 352, no que lhe for aplicável.[7]

5. Autoridade competente para determinar a condução coercitiva: atualmente, somente o juiz pode determinar a condução coercitiva, visto ser esta uma modalidade de prisão processual, embora de curta duração. E a Constituição é taxativa ao preceituar caber, exclusivamente, à autoridade judiciária a prisão de alguém, por ordem escrita e fundamentada (art. 5.º, LXI). O delegado, quando necessitar, deve pleitear ao magistrado que determine a condução coercitiva do indiciado/suspeito ou de qualquer outra pessoa à sua presença. Lembremos que nem mesmo a edição da Lei 11.419/2006 (informatização do processo judicial) alterou tal situação, vale dizer, é imprescindível a intimação pessoal, no processo criminal, ao menos de réus e testemunhas, visto poder gerar, caso não atendida, a condução coercitiva.

6. Proteção contra a autoincriminação: seguindo-se, estritamente, o disposto neste artigo, observa-se que a postura do Código de Processo Penal é voltada a obrigar o réu a produzir, de algum modo, prova contra si mesmo. Em razão da consagração do direito ao silêncio (art. 5.º, LXIII, CF), não se pode mais seguir tal prisma. Por outro lado, obrigar o réu a participar de sessões de reconhecimento, bem como de outros atos que podem levá-lo a produzir prova contra si, seria produto da mesma tendência. Enfim, é preciso alterar a interpretação deste artigo. Continua vigendo, certamente, a possibilidade de o juiz determinar a condução coercitiva do réu para comparecer ao interrogatório, mas somente assim fará, caso necessite, por alguma razão, identificá-lo e qualificá-lo. Quanto ao interrogatório de qualificação, não tem o réu o direito ao silêncio. Mas, inexistindo qualquer dúvida quanto à sua identidade, torna-se um constrangimento ilegal e abusivo determinar a sua condução compulsória. Na mesma linha, conferir a posição de Roberto Delmanto Junior: "Tampouco existe embasamento legal, a nosso ver, para a sua condução coercitiva com fins de interrogatório, prevista no art.

Art. 260

Código de Processo Penal Comentado · Nucci

582

260 do CPP, já que de nada adianta o acusado ser apresentado sob vara e, depois de todo esse desgaste, silenciar. Se ele não atende ao chamamento judicial, é porque deseja, ao menos no início do processo, calar. Ademais, a condução coercitiva 'para interrogatório', daquele que deseja silenciar, consistiria inadmissível coação, ainda que indireta" (*Inatividade no processo penal brasileiro*, p. 192-193). No tocante ao reconhecimento de pessoa, pode-se determinar o comparecimento do réu para que o juiz obtenha dele, pessoalmente, a recusa em participar do meio de prova descrito no art. 226. É que, nesta hipótese, forma-se indício negativo à sua defesa. Não está obrigado a se colocar lado a lado com terceiros para ser identificado, mas o juiz pode levar tal recusa em consideração para a formação do seu convencimento. Qual a diferença entre essa situação e o direito ao silêncio, que não gera tal indício de culpa? Este último direito-garantia foi consagrado na Constituição Federal de 1988, expressamente, sem qualquer tipo de condição: "o preso será informado de seus direitos, entre os quais *o de permanecer calado*, sendo-lhe assegurada a assistência da família e de advogado" (art. 5.º, LXIII, CF – grifamos). Não se inseriu no texto constitucional qualquer ressalva, como, por exemplo, "o de permanecer calado, na forma da lei". Diante disso, é garantia individual sem restrições. Quanto às demais provas, para as quais for convocado a auxiliar na produção, certamente não é obrigado a colaborar, pois ninguém é obrigado a se autoincriminar, o que decorre da garantia constitucional da ampla defesa. Entretanto, nada impede que o juiz leve em consideração a recusa, considerando-a um indício. Não será prova definitiva a negativa do réu em participar do reconhecimento. Tal gesto não poderá ser prova direta de culpa, embora sirva para formar elemento de auxílio ao convencimento do magistrado. Seria o mesmo no caso do silêncio, não fosse, como já dissemos, a expressa garantia constitucional, que não pode ser contrariada. Enfim, excetuando o direito de permanecer calado, que é absoluto, pensamos que o direito de não se autoincriminar, implícito que está na Constituição, deve ser igualmente respeitado, mas não de maneira absoluta, impedindo-se o juiz de levar em conta a omissão do réu em colaborar na formação da prova, no momento de sentenciar. Note-se que a negativa do acusado, por exemplo, em participar do reconhecimento, não sendo prova definitiva, mantém o dever do Estado-acusação de provar o alegado na denúncia, que é o respeito ao direito do réu a não produzir prova contra si, embora termine por fortalecer outras provas indiciárias apresentadas pelo órgão acusatório.

6-A. Condução coercitiva para interrogatório: o STF, na ADPF 395, em julgamento no Plenário, decidiu não ter sido recepcionada pela CF de 1988 a expressão "para o interrogatório", constante do art. 260 (rel. Gilmar Mendes, 14.06.2018, m. v.). Agiu corretamente o Pretório Excelso, pois ser conduzido à força à presença do juiz somente para se manifestar sobre o interrogatório é inadequado na exata medida em que o réu tem o direito de permanecer silente. Logo, vai ao magistrado, para interrogatório, se quiser. Para outros atos considerados essenciais, é possível a condução coercitiva do réu.

7. Mandado de condução coercitiva: é fundamental, para que a ordem legal seja reconhecida e respeitada pelo acusado. Mesmo em caso de recusa ao comparecimento em juízo, não será o réu processado por crime de desobediência, justamente porque a sanção já está prevista em lei, que é a sua condução coercitiva, sem a exceção fixada para as testemunhas, que podem ser, além da condução forçada, processadas pelo referido delito (art. 219, CPP). É o que tem prevalecido na jurisprudência pátria (ver o nosso *Código Penal comentado*, nota 29 ao art. 330). Porém, o juiz somente pode determinar a condução coercitiva do acusado, caso seja realmente necessário (por exemplo: para identificá-lo corretamente) e *depois* que ele deixar de comparecer, quando intimado, a uma audiência.

> **Art. 261.** Nenhum acusado, ainda que ausente ou foragido, será processado ou julgado sem defensor.[8-8-B]
>
> **Parágrafo único.** A defesa técnica, quando realizada por defensor público ou dativo, será sempre exercida através de manifestação fundamentada.[8-C]

8. Indisponibilidade do direito de defesa: trata-se de uma decorrência da indisponibilidade do direito à liberdade, razão pela qual o réu, ainda que não queira, terá nomeado um defensor, habilitado para a função, para o patrocínio de sua defesa. E tal medida ainda não é o bastante. Torna-se fundamental que o magistrado zele pela qualidade da defesa técnica, declarando, se for preciso indefeso o acusado e nomeando outro advogado para desempenhar a função. Note-se que nem mesmo o defensor constituído pelo réu escapa a esse controle de eficiência. Não correspondendo ao mínimo aguardado para uma efetiva ampla defesa, pode o juiz desconstituí-lo, nomeando um substituto dativo, embora deva dar prazo ao acusado para a indicação de outro profissional de sua confiança. Anota a doutrina, por fim, que a ausência de profissional habilitado ao patrocínio da causa, na Comarca – o que é situação rara nos dias de hoje –, não é empecilho para que o juiz nomeie um leigo, com mínima capacitação (como, por exemplo, tendo curso superior) a fim de ser garantida a ampla defesa. Na jurisprudência: STJ: "1. O princípio da ampla defesa (CF, art. 5.º, LV) contempla também a autodefesa, daí o valor ao direito do acusado de indicar o profissional que vai patrociná-lo nos autos. Consoante o entendimento sufragado por esta Corte, em caso de inércia ou renúncia de advogado constituído, configura cerceamento de defesa a nomeação direta de defensor público ou dativo ao réu, sem que seja concedida a ele a oportunidade prévia de escolher outra pessoa para tal mister" (RHC 122.348/PA, 6.ª T., rel. Rogerio Schietti Cruz, 07.02.2023, v.u.).

8-A. Excesso de prazo provocado pela defesa: o desenvolvimento dos atos processuais exige uma atuação ética das partes, razão pela qual o defensor, ainda que atue com firmeza e determinação em nome do réu, não pode requerer diligências protelatórias com a finalidade exclusiva de provocar excesso de prazo, fundamentador do pedido de relaxamento ou revogação da prisão cautelar. Nesse sentido dispõe a Súmula 64 do Superior Tribunal de Justiça: "Não constitui constrangimento ilegal o excesso de prazo na instrução, provocado pela defesa".

8-B. Presença do acusado na audiência: é um direito constitucional a ampla defesa, subdividida em defesa técnica e autodefesa. O direito à audiência faz parte da autodefesa, mas não é inafastável, vale dizer, caso o réu não compareça à audiência, estando preso, cuida-se de nulidade relativa, dependente da prova do prejuízo. Se não comparecer à audiência, estando solto, é uma decisão livre sua. Na jurisprudência: STJ: "O fato de o ora agravante preso ter sido requisitado pela autoridade judicial, mas não ter sido apresentado para a audiência de inquirição de testemunha, por si só, não invalida o ato. Portanto, mesmo que o patrono tenha se insurgido com a realização do ato, exige-se a efetiva demonstração do prejuízo sofrido, o que não ocorreu no caso concreto, mormente porque o Magistrado garantiu a participação do advogado no ato" (AgRg no RHC 121.698-SP, 6.ª T., rel. Sebastião Reis Junior, 08.09.2020, v.u.).

8-C. Efetividade da defesa: preocupou-se o legislador, ao editar a Lei 10.792/2003, acrescentando o parágrafo único ao art. 261, com a efetividade da defesa, especialmente no que concerne ao defensor público ou dativo. E agiu corretamente. Salientamos, em primeiro plano, que a exigência de manifestação fundamentada não envolve o defensor constituído pela simples razão de ser esse profissional da confiança do acusado, motivo pelo qual o juiz deve exercitar controle menos rígido sobre sua atuação. Embora exista a fiscalização, com

Art. 261

Código de Processo Penal Comentado · **Nucci** — 584

possibilidade de considerar o réu indefeso, em casos teratológicos de defesas contraditórias e absolutamente ineficientes, no geral, deve ser respeitada a vontade do réu ao eleger seu defensor e, com isso, cabe a este profissional optar pelos melhores caminhos e estratégias a seguir. Dessa maneira, manifestações suas, consideradas sintéticas, ainda que possam parecer desmotivadas, como ocorre, por exemplo – e não raro – nas alegações finais orais do procedimento do júri pedindo a pronúncia, mas destacando que a efetiva defesa será desenvolvida em plenário, diante dos jurados, necessita ser respeitada. Trata-se de estratégia de duplo efeito: em primeiro lugar, quando assim agem, os defensores constituídos tarimbados não desejam que o magistrado, ao pronunciar o réu – o que sabem ser inexorável pela prova produzida e uma vez que se cuida de mero juízo de admissibilidade da acusação – ingresse em considerações mais aprofundadas sobre a prova, o que poderia enfraquecer a tese defensiva em plenário. Em segundo lugar, muitos deles não pretendem adiantar ao órgão acusatório – e não precisam, de fato, fazê-lo – qual será a linha defensiva, que reservam para o momento crucial e decisivo do julgamento, em face do juiz natural da causa, que é o Conselho de Sentença. Assim, com essa ilustração, verifica-se que o defensor constituído está fora da exigência feita pelo novo parágrafo único do art. 261, não significando que toda e qualquer de suas manifestações possa ser desmotivada e sem fundamentação, dependendo, pois, do caso concreto. Por outro lado, o defensor público e o dativo são profissionais patrocinados pelo Estado para a defesa do acusado hipossuficiente. Não podendo pagar advogado, vale-se o réu do disposto no art. 5.º, LXXIV, da Constituição Federal: "O Estado prestará assistência jurídica integral e gratuita aos que comprovarem insuficiência de recursos". Ora, para tanto, o mínimo que se espera é um desempenho positivo e confiável, já que não foi o profissional eleito pelo réu. Para que sua eficiência possa ser mais bem analisada e fiscalizada nada mais indicado do que exigir que todas as suas manifestações nos autos sejam fundamentadas. Logo, o defensor público e o dativo não podem, pretendendo desenvolver "estratégias", ter a mesma liberdade do constituído, devendo expor suas ideias, concordando com pedidos ou rejeitando requerimentos da parte contrária, ou ainda respondendo a despachos do juiz, através de esclarecimentos motivados. Nada mais justo, por se tratar de profissional nomeado pelo magistrado para atuar em defesa de pessoa que não o escolheu diretamente. Aliás, ainda sobre o tema, consultar a nota 11 ao art. 263. A manifestação de defensor público ou dativo sem a devida fundamentação, como passa a exigir este artigo, é causa de nulidade relativa, isto é, depende da prova de haver prejuízo para o réu. Lembremos que a falta de defesa gera nulidade absoluta, enquanto a deficiência, nulidade relativa (consultar a nota 18 ao art. 564). Na jurisprudência: STJ: "2. A alegação de deficiência da defesa deve vir acompanhada de prova de inércia ou desídia do defensor, causadora de prejuízo concreto à regular defesa do réu. 3. Não há falar em carência de defesa quando o patrocínio da causa não foi precário a ponto de considerar a parte desassistida, pois, na espécie, a advogada regularmente nomeada apresentou resposta à acusação, acompanhou as audiências de instrução, ofereceu alegações finais e interpôs o competente recurso de apelação. 4. Seguramente, o não acolhimento das teses defensivas não se enquadra no conceito de ausência de defesa técnica. Precedentes" (AgRg no REsp 1.814.263/RS, 6.ª T., rel. Sebastião Reis Júnior, 03.03.2020, v.u.); "4. Ao se limitar a reiterar os memoriais da acusação, com pedido de condenação, a defesa não apresentou alegações finais em benefício do paciente, o que, como é de conhecimento, é causa de nulidade no processo penal. Com efeito, 'as alegações finais consubstanciam-se em termo essencial do processo penal, razão pela qual, a sua ausência implica em vício insanável que requer a sua declaração de nulidade, por ofensa aos princípios constitucionais da ampla defesa e do contraditório' (HC 107.317/ES, Rel. Ministra Jane Silva (Desembargadora Convocada do TJ/MG), Sexta Turma, julgado em 01/07/2008, *DJe* 25/03/2008). 5. A ausência de alegações finais não revela mera deficiência, mas verdadeira ausência de defesa, ensejando a nulidade do processo, nos termos do enunciado n. 523 da Súmula do Supremo Tribunal Federal. De fato, 'a ausência de alegações finais defensivas leva à nulidade do processo desde a fase em que deveriam ter sido oferecidas' (REsp 1.512.879/MA, Rel. Ministro Sebastião Reis Júnior, Sexta Turma, julgado em 20/09/2016, *DJe* 06/10/2016). 6. *Habeas-corpus* não conhecido. Ordem concedida de ofício para anular a ação penal desde a fase das alegações finais" (HC 659.188/SP, 5.ª T., rel. Reynaldo Soares da Fonseca, 11.05.2021, v.u.).

> **Art. 262.** Ao acusado menor dar-se-á curador.[9]

9. Curador do acusado: o dispositivo, em face do disposto no art. 5.º do Código Civil (Lei 10.406/2002), já tinha perdido, segundo nosso entendimento, sua aplicação. O acusado, maior de 18 anos, é plenamente capaz para todos os atos da vida civil, não possuindo mais representante legal, nem sendo, obviamente, necessária a nomeação de curador para acompanhá-lo em qualquer ato do processo. Ver a nota 81-A ao art. 15. Confirmando essa orientação, o advento da Lei 10.792/2003, ao revogar o art. 194 do CPP, que previa a exigência de se proceder a interrogatório do réu menor na presença do curador, trouxe mais um importantíssimo elemento para afastar qualquer dúvida.

> **Art. 263.** Se o acusado não o tiver, ser-lhe-á nomeado defensor pelo juiz,[10] ressalvado o seu direito de, a todo tempo, nomear outro de sua confiança,[11] ou a si mesmo defender-se, caso tenha habilitação.[12]
>
> **Parágrafo único.** O acusado, que não for pobre, será obrigado a pagar os honorários do defensor dativo, arbitrados pelo juiz.[13]

10. Nomeação de defensor como ato exclusivo do magistrado: é da livre escolha do juiz o defensor apto a promover a defesa do acusado. O processo penal é regido pelo princípio da prevalência do interesse do réu, bem como pelo devido processo legal, que envolve a ampla defesa como seu corolário obrigatório. Por isso, o juiz deve zelar pelo fiel exercício da ampla e eficaz defesa, cuidando de garantir ao acusado todos os meios possíveis e legítimos para tanto. Não tem o menor cabimento que outros órgãos interfiram na nomeação, obrigando o juiz a acolher um defensor qualquer ao réu. A submissão a tal proposta poderia levar à anulação do feito, a partir do instante em que o magistrado detectasse ser o advogado indicado pela OAB ou pela Procuradoria do Estado inábil para a função, declarando o réu indefeso e nomeando-lhe outro defensor, o que é incompatível com a economia processual. Assim, caso confie nos critérios de indicação de profissional habilitado à defesa dos réus de sua Vara, pode o juiz oficiar ao órgão de classe pertinente solicitando a indicação de um advogado, que será, então, nomeado. Mas, verificando que as indicações não têm atendido ao interesse público, que é garantir uma defesa eficiente, pode escolher qualquer profissional da lista que possuir em mãos. A única consequência que pode haver, caso não cumpra a ordem da listagem remetida pela OAB ou pela Procuradoria do Estado, é a não percepção imediata de remuneração pelo profissional, por ter havido infringência dos critérios do convênio de prestação de assistência judiciária. Pode, então, o defensor nomeado acionar o Estado para receber o que lhe é devido. Vale registrar que, atualmente, a Defensoria Pública está sendo estruturada e provida por todo o Brasil, significando que há defensores concursados para

Art. 263

promover o patrocínio da causa de réus carentes de recursos. Entretanto, isso não retira, insista-se, o poder do juiz de fiscalizar os trabalhos da defesa, assegurando-lhe qualidade e consistência. Logo, pode declarar indefeso um acusado patrocinado por determinado defensor público, solicitando aos órgãos dirigentes da Defensoria Pública que indique outro profissional. O órgão de classe do defensor público tomará, se for o caso, as providências disciplinares cabíveis. Porém, acima de tudo, encontram-se os princípios constitucionais da ampla defesa e da prevalência do interesse do réu.

11. Escolha de defensor de sua confiança: é direito inafastável do acusado, fazendo parte da ampla defesa. Deve haver uma estreita relação de confiança entre o réu e o profissional destacado para ouvir seus segredos e usar todos os recursos cabíveis para garantir o seu indisponível direito à liberdade. Assim, é natural que, não possuindo defensor, a princípio, cumprindo-se o estabelecido no art. 261, deve o juiz nomear-lhe um, o que não impede, a qualquer tempo, o ingresso no feito de advogado escolhido pelo próprio réu. Por outro lado, isso não quer dizer que o acusado possa selecionar, a seu bel-prazer, o defensor dativo nomeado pelo magistrado. Confira-se a lição de Rogério Lauria Tucci: "O fato de poder o acusado, a quem tenha sido dado defensor *ex officio*, nomear outro de sua confiança, 'a todo tempo', não significa tenha ele direito à substituição do anteriormente designado, por novo defensor também nomeado pelo órgão jurisdicional: restringe-se, obviamente, o seu direito, à constituição de outro de sua confiança, em prol do aperfeiçoamento de sua defesa" (Habeas corpus, *ação e processo penal*, p. 179). Na jurisprudência: STJ: "1. Conforme literalidade do art. 263 do Código de Processo Penal – CPP: 'Se o acusado não o tiver, ser-lhe-á nomeado defensor pelo juiz, ressalvado o seu direito de, a todo tempo, nomear outro de sua confiança, ou a si mesmo defender-se, caso tenha habilitação'. No entanto, a ausência de manifestação da parte, nesse sentido, não causa nulidade, por aplicação do disposto no art. 565 do Código de Processo Penal – CPP. (...) 3. Esta Corte Superior Tribunal de Justiça tem se posicionado no sentido de que a alegação de deficiência da defesa deve vir acompanhada de prova de inércia ou desídia do defensor, causadora de prejuízo concreto à defesa do réu, o que não ocorreu no caso dos autos" (AgRg no REsp 1.828.671/SC, 5.ª T., rel. Joel Ilan Paciornik, 20.02.2020, v.u.).

12. Autodefesa técnica: além da possibilidade que todo réu possui de apresentar ao juiz sua autodefesa, devendo ser ouvido e ter seus argumentos comentados na sentença, existe, ainda, a oportunidade de o réu prescindir da defesa técnica, caso seja ele advogado. Não é o mais recomendável, pois sempre há o envolvimento emocional do acusado com sua própria defesa, embora seja permitido. Cremos, no entanto, que, no Tribunal do Júri, deve ser vedada essa possibilidade. Diante dos jurados, onde impera a *plenitude de defesa*, princípio mais forte do que a ampla defesa – feita perante o juiz togado – é preciso que haja uma dissociação entre a figura do acusado e a de seu defensor. Afinal, no Tribunal Popular, os mínimos gestos de um e de outro são observados atentamente pelos jurados, além de se privilegiar o princípio da oralidade, com seus corolários – imediatidade, identidade física do juiz e concentração – exigindo que todo o julgamento se dê sem interrupção, a não ser para descanso dos envolvidos na sessão. Imagine-se a situação vexatória e impossível de ser conciliada com a plenitude de defesa, caso o réu, preso, sendo advogado, deseje defender-se e falar aos jurados, mormente quando o juiz presidente não autorize a retirada das algemas (consultar o art. 474, § 3.º). E não somente isso, mas o momento dos debates entre acusação e defesa não prescinde do lado emocional e vibrante, algo que se tornaria inviável, não gerando credibilidade, caso o defensor faça referência a si mesmo, ressaltando suas qualidades aos jurados, enquanto o promotor, promovendo a acusação, critica o acusado com veemência, na verdade também o defensor. Enfim, deve ser coibida essa hipótese, em seguimento à plenitude de defesa e para a proteção do próprio réu. O juiz togado pode até dissociar, em seu julgamento, a figura do réu dos argumentos tecidos pela sua defesa, no caso de o acusado atuar em sua causa própria, mas os juízes leigos, no Tribunal do Júri, dificilmente conseguirão evitar a identificação entre um e outro, o que poderá ferir, seriamente, a plenitude de defesa.

13. Custeio da defesa: dispõe a Constituição Federal que "o Estado prestará assistência jurídica integral e gratuita aos que comprovarem insuficiência de recursos" (art. 5.º, LXXIV), significando que o encargo não é geral, mas específico. Réus pobres têm o direito fundamental de obter defesa técnica gratuita nos processos criminais, mas aqueles que, favorecidos economicamente não desejando contratar advogado, por razões variadas, obrigarem o juiz a nomear um defensor dativo ou mesmo um membro da Defensoria Pública, devem ser responsabilizados pelos honorários do profissional. Pode o Estado antecipar o pagamento do dativo, mas o ressarcimento há de ser exigido diretamente do acusado, em ação à parte. Quanto aos defensores públicos, do mesmo modo, estão eles obrigados a atuar em defesa daquele que não quer ser defendido, pois o direito é indisponível, mas o Estado cobrará os honorários devidos, igualmente.

> **Art. 264.** Salvo motivo relevante, os advogados e solicitadores serão obrigados,[14-15] sob pena de multa de cem a quinhentos mil-réis,[6] a prestar seu patrocínio aos acusados, quando nomeados pelo juiz.

14. Obrigatoriedade de patrocínio: dispõe o Estatuto da Advocacia (Lei 8.906/1994) que constitui infração disciplinar: "Art. 34. (...) XII – recusar-se a prestar, sem justo motivo, assistência jurídica, quando nomeado em virtude de impossibilidade da Defensoria Pública". E preceitua, ainda, que "o advogado, quando indicado para patrocinar causa de juridicamente necessitado, no caso de impossibilidade da Defensoria Pública no local da prestação de serviço, tem direito aos honorários fixados pelo juiz, segundo tabela organizada pelo Conselho Seccional da OAB, e pago pelo Estado" (art. 22, § 1.º). Logo, em primeiro lugar, deve-se observar que a nomeação de defensor, para o patrocínio de qualquer causa, somente ocorrerá quando, na Comarca, não houver órgão da Defensoria Pública (ou Procuradoria do Estado, com serviço de assistência judiciária). Nesse caso, deve o advogado aceitar a incumbência, a menos que demonstre a total impossibilidade, aduzindo motivos plausíveis. E, se atuar, deve ser remunerado pelos seus serviços, seja pelo próprio réu – quando tiver condições econômicas – seja pelo Estado, conforme tabela organizada pela OAB. Na prática, os juízes evitam nomear advogados conceituados, que possuem grande clientela, pois isso iria sobrecarregá-los ainda mais, dando preferência para os que estão disponíveis, por livre iniciativa, a atender aos réus carentes. Por outro lado, há um convênio entre a OAB e a Procuradoria-Geral do Estado, estabelecendo uma lista de profissionais dispostos a aceitar a nomeação conforme a área de atuação, bem como existe uma tabela que serve de baliza para a fixação dos honorários a ser feita pelo magistrado.

15. Impossibilidade de nomeação de estagiários: não havendo mais a figura do solicitador, substituído pelo estagiário, torna-se inviável a sua nomeação para patrocinar causas criminais, pois é vedado pelo Estatuto da Advocacia (Lei 8.906/94) que ele atue sem o acompanhamento de um advogado (art. 3.º, § 2.º).

Art. 265

16. Inexistência da multa: não mais subsiste a possibilidade de aplicar multa, pois o valor é inexistente como moeda corrente na atualidade. Deveria ter sido atualizado por força de lei, o que não ocorreu.

> **Art. 265.** O defensor não poderá abandonar o processo sem justo motivo,[16-A] previamente comunicado ao juiz,[17] sob pena de responder por infração disciplinar perante o órgão correicional competente.[17-A]
>
> § 1.º A audiência poderá ser adiada se, por motivo justificado, o defensor não puder comparecer.[18]
>
> § 2.º Incumbe ao defensor provar o impedimento até a abertura da audiência. Não o fazendo, o juiz não determinará o adiamento de ato algum do processo, devendo nomear defensor substituto, ainda que provisoriamente ou só para o efeito do ato.[19]
>
> § 3.º Em caso de abandono do processo pelo defensor, o acusado será intimado para constituir novo defensor, se assim o quiser, e, na hipótese de não ser localizado, deverá ser nomeado defensor público ou advogado dativo para a sua defesa.[19-A]

16-A. Desistência da causa: por algum motivo, significa que o defensor já não se entende com seu patrocinado, tendo o direito de sair do processo, pelos meios legais. Não representa abandono do processo, conforme exposto na próxima nota.

17. Abandono do patrocínio da causa: trata-se de direito do advogado deixar de patrocinar a defesa do réu, por motivos variados, inclusive de foro íntimo, desde que cumpra o disposto na Lei 8.906/1994 (Estatuto da Advocacia): "O advogado que renunciar ao mandato continuará, durante os dez dias seguintes à notificação da renúncia, a representar o mandante, salvo se for substituído antes do término desse prazo" (art. 5.º, § 3.º). Embora a menção seja feita à renúncia ao mandato, é natural que possa, também, o dativo se recusar a continuar na causa, desde que comunique tal fato ao juiz e aguarde a nomeação de outro defensor. Deve dar os motivos, que serão avaliados, não pelo magistrado, mas pela OAB, no campo ético. Quando se tratar de advogado vinculado ao convênio da assistência judiciária, pode até ser desligado de seus quadros. Tratando-se de defensor público, cuida-se de situação a ser analisada pela instituição à qual pertence. Por isso, a partir da edição da Lei 14.752/2023, o defensor pode abandonar o processo por motivo justo (razoável, ajustado, legítimo), *comunicando previamente o juiz*. Se a comunicação não for feita de antemão, fica sujeito a responder por infração disciplinar perante a Comissão de Ética da Ordem dos Advogados do Brasil (órgão correcional competente). Logicamente, se a comunicação prévia for realizada, mas não se tratar de motivo *justo*, está-se burlando, do mesmo modo, a lei, podendo o magistrado aplicar a multa supramencionada e dar continuidade aos trabalhos, nomeando substituto. Há uma distinção nítida, feita em lei, pela punição no âmbito administrativo, que se encontra devidamente tutelada pelo Estatuto da Advocacia, além de sanções aos causídicos em nível penal (como o crime de patrocínio infiel, previsto no Código Penal). Enfim, os advogados não estão imunes a sanções aplicáveis por outros órgãos diversos da OAB. O que se pune é o *abandono* – largar a causa sem dar a menor satisfação – e não condutas consideradas inadequadas, como não defender combativamente o seu patrocinado, mormente quando atuar como dativo.

17-A. Abandono indireto: o causídico pode abandonar a causa por meio indireto, vale dizer, sem expressa menção a respeito, mas deixando de cumprir atos indispensáveis da sua alçada. Em procedimento compatível, imagine-se seja o defensor intimado a apresentar as alegações finais. Deixa escoar o prazo e não as oferece. Novamente intimado, inclusive pessoalmente, não se manifesta. Eis o abandono indireto da causa. Pode o magistrado nomear substituto e oficiar à OAB para as providências cabíveis. Somente se admite recurso no âmbito jurisdicional criminal (correição parcial ou *habeas corpus*) se o afastamento do defensor for *prejudicial ao réu* e injustificado, configurando abuso por parte do juiz.

18. Adiamento da audiência e ampla defesa: a Lei 11.719/2008 possibilitou o adiamento da audiência, caso o defensor do réu não possa comparecer, por motivo justo, comunicando previamente ao juiz. Antes, o ato realizar-se-ia com a presença de um defensor nomeado para o momento (defensor *ad hoc*). Agora, respeita-se o direito do réu à ampla defesa, não mais impedindo que tenha, ao seu lado, o advogado em quem confia, já que o seu não comparecimento deu-se por motivo de força maior.

19. Nomeação de defensor *ad hoc*: a ausência do defensor, constituído ou dativo, regularmente intimado para o ato processual, especialmente audiências de instrução, não impedirá a realização dele, desde que inexista motivo justificado para a falta ou não tenha sido feita a comunicação até a abertura da audiência. Nesse caso, nomeia-se, para funcionar na ocasião, um defensor, denominado *ad hoc* ("para o ato"). Persistindo a falta em julgamento posterior, pode o magistrado declarar o acusado indefeso, nomeando-lhe substituto, após dar-lhe prazo para escolher outro profissional para defendê-lo. Acrescente-se, ainda, que, se a falta imotivada for de defensor dativo, pode o magistrado substituí-lo definitivamente. Cuidando-se de defensor público, deve oficiar à direção da instituição, solicitando providências. Esse procedimento é válido se tratarmos de audiência singular, realizada unicamente para a colheita de alguns depoimentos menos relevantes. Porém, focando-se a audiência de instrução e julgamento única, prevista na maioria dos procedimentos, não é possível que se nomeie defensor *ad hoc* para acompanhar *toda* a colheita da prova e, pior, realizar os debates que precedem o julgamento. O réu estará, evidentemente, indefeso. Seu advogado, por alguma razão, faltou. Não é problema do acusado, que merece ter respeitada a ampla defesa. O defensor *ad hoc* não é apto, em certas situações (crime complexo, muitos autos a consultar, ausência de conhecimento específico etc.) a conduzir todos os atos necessários à garantia de uma defesa eficiente. Cuidar-se-ia de arremedo de defesa em homenagem à celeridade, o que se evidencia hipótese absurda. Ademais, se o defensor constituído, público ou dativo não comparecer à audiência e não provar o impedimento até a abertura dos trabalhos, deve o magistrado, conforme a situação concreta, redesignar o ato, promover a intimação do réu para constituir outro defensor (quando constituído), ou oficiar à Defensoria Pública para apresentar outro defensor de seus quadros, ou, ainda, nomear outro dativo. De todo modo, não pode realizar, sempre, o ato com a presença de defensor *ad hoc*. Aliás, seria outra hipótese insensata realizar a colheita de vários depoimentos, promover os debates e realizar o julgamento, com acompanhamento de *ad hoc*, para, depois, tomar conhecimento de motivo relevante e justo para a ausência do advogado constituído naquela data. Anular-se-á tudo para refazimento. Ora, as pautas das Varas não são elásticas a ponto de suportar tamanho risco. O disposto no art. 265, § 2.º, do CPP, para as audiências de instrução e julgamento, é inócuo e não pode ser aplicado. No entanto, se for implementado, é preciso comprovar o prejuízo ocorrido, no caso concreto, para o réu (trata-se de nulidade relativa). Acolhendo a nomeação de dativo para funcionar *ad hoc*: STF: "*Habeas corpus*. 2. Apropriação indébita qualificada. Condenação. 3. Audiência de oitiva das testemunhas de defesa. Dispensa de testemunha por parte do defensor dativo. Homologação da desistência. Pedido de nulidade de tal decisão e de

Art. 266

Código de Processo Penal Comentado · Nucci 590

todos os atos subsequentes. 4. Testemunha que não comparece à audiência, embora intimada. Nomeação regular de defensor *ad hoc* nos termos do art. 265, § 2.º, do CPP, em razão do não comparecimento do advogado constituído. Réu (advogado), embora presente, nada arguiu a respeito. 5. Ausência de prejuízo. 6. Ordem denegada" (HC 113.307, 2.ª T., rel. Gilmar Mendes, 14.05.2013, v.u.). STJ: "2. Esta Corte tem entendido que 'A falta do comparecimento do defensor constituído, ainda que motivada, não determinará o adiamento ou a nulidade de ato algum do processo, desde que o juiz nomeie substituto, ainda que provisoriamente ou para tão somente o efeito do ato' (HC 207.153/ES, Rel. Ministro Gurgel de Faria, Quinta Turma, julgado em 07/05/2015, *DJe* 26/05/2015). 3. 'A nomeação de defensor *ad hoc* para atuar em audiência na qual o advogado do réu, devidamente intimado, não comparece, não ofende o direito conferido ao acusado de escolher patrono de sua confiança. Inteligência dos artigos 263 e 265 do Código de Processo Penal' (AgRg no AREsp 1.072.292/BA, Rel. Ministro Jorge Mussi, Quinta Turma, julgado em 18/9/2018, *DJe* 26/9/2018). 4. Não existe nulidade na decisão que indefere pedido de redesignação de data para audiência destinada a ouvir de testemunhas no juízo deprecado, se, a par de haver tempo suficiente para substabelecimento de poderes pelo causídico constituído, o réu a ela compareceu e atuou como advogado em causa própria durante a oitiva de testemunhas de defesa, sendo-lhe nomeado patrono *ad hoc*, dentre os advogados dos demais réus que conheciam o caso, para a oitiva das testemunhas de defesa, que haviam manifestado o desejo de não prestar depoimento na presença dos réus. 5. Justifica-se, ademais, a manutenção da data de audiência de oitiva de testemunhas no Juízo deprecado em virtude da conveniência da instrução de feito complexo com 12 (doze) corréus, dentre os quais vários presos, o que tornaria muito difícil encontrar nova data e hora em que todos os envolvidos estariam disponíveis, tanto mais que a magistrada estava prestes a sair de licença maternidade, sem perspectiva de que fosse indicado outro juiz para substituí-la. 6. 'A inversão da oitiva de testemunhas de acusação e defesa não configura nulidade quando a inquirição é feita por meio de carta precatória, cuja expedição não suspende a instrução criminal, a teor do que dispõe o art. 222 do Código de Processo Penal. Precedentes' (AgRg no RHC 105.154/SP, Rel. Ministro Sebastião Reis Júnior, Sexta Turma, julgado em 13/12/2018, *DJe* 4/2/2019)" (AgRg no HC 525.411/PR, 5.ª T., rel. Reynaldo Soares da Fonseca, 05.05.2020, v.u.).

19-A. Intimação do acusado e garantia à ampla defesa: embora essa situação seja a mais indicada (muito antes da inserção do § 3.º ao art. 265 pela Lei 14.752/2023), porque é a única alternativa a permitir que o réu possa apontar defensor de sua confiança, nem sempre era observada. Portanto, o § 3.º consolida o entendimento de que, quando o defensor do acusado desistir de prosseguir na causa (ou quando for afastado pelo juiz, por considerar o réu indefeso), é essencial intimá-lo para indicar outro advogado da sua confiança. Somente se isto não for feito, incumbe ao Estado providenciar-lhe defensor dativo ou público.

> **Art. 266.** A constituição de defensor independerá de instrumento de mandato, se o acusado o indicar por ocasião do interrogatório.[20]

20. Constituição de defensor por mandato ou no termo: é possível que o réu indique seu defensor por meio do instrumento de mandato ou prefira fazê-lo no termo de interrogatório, quando for ouvido pelo magistrado, que, como regra, pergunta-lhe se tem defensor e quais são seus dados identificadores. A nomeação diretamente no termo chama-se *apud acta*. Se não comparecer ao interrogatório, certamente deve nomear o defensor por mandato, salvo se for nomeado diretamente pelo juiz (defensor dativo). Porém, para recursos a Tribunais

Superiores, é fundamental a constituição do advogado, por instrumento de mandato, visto aplicar-se, por analogia ao processo penal, o disposto no art. 104 do CPC. Conferir: STJ: "2. Ao contrário do que aduz a defesa, as alegações finais foram apresentadas, sim, por advogado constituído pelo réu, na forma do art. 266 do CPP" (AgRg no HC 644.455/MA, 5.ª T., rel. Ribeiro Dantas, 05/10/2021, v.u.).

> **Art. 267.** Nos termos do art. 252, não funcionarão como defensores os parentes do juiz.[21]

21. Impedimento do defensor: na esteira do que já se viu, quanto ao parentesco entre juiz e defensor (art. 252, I, CPP), não pode funcionar no processo, como advogado do réu, o familiar do magistrado. A diferença daquele artigo (252, I) para este, é que, naquela hipótese, o juiz torna-se impedido, pois o seu parente já atuou ou está atuando como defensor. Neste caso, é o advogado que não pode ingressar, uma vez que o magistrado já se encontra, anteriormente, atuando no processo.

Capítulo IV
DOS ASSISTENTES[1-1-A]

1. Assistente de acusação: é a posição ocupada pelo ofendido, quando ingressa no feito, atuando, ao lado do Ministério Público, no polo ativo. Trata-se, ao mesmo tempo, de sujeito e parte secundária na relação processual. Não intervém obrigatoriamente, mas, fazendo-o, exerce nitidamente o direito de agir, manifestando pretensão contraposta à do acusado. A posição da vítima, no processo penal, atuando como assistente de acusação, não mais pode ser analisada como o mero intuito de conseguir a sentença condenatória, para que sirva de título executivo judicial a ser deduzido no cível, em ação civil *ex delicto*, tendo por objetivo a reparação do dano. Como explica Berto de Faria, "não é, portanto, mero auxiliar da acusação, pois atua com o direito de agir, desde que lhe é assegurado o de recorrer (...) até então deferido unicamente ao Promotor Público. A circunstância de não haver se antecipado no oferecimento da queixa não importa na desistência do direito de também *pedir a pena no interesse público*. Cooperar assim na repressão do crime, não transforma a posição do assistente em oponente, nem expressa a consagração do direito de vingança. O *interesse social* que orienta a sua atividade havia de repelir semelhante conceituação, tanto mais quando esse direito não é assegurado a *qualquer*, mas tão somente deferido à *vítima da ofensa*" (*Código de Processo Penal*, v. 2, p. 21). E, na mesma ótica, confira-se a lição de Ada Pellegrini Grinover, Antonio Magalhães Gomes Filho e Antonio Scarance Fernandes: "Pensamos, porém, que o assistente também intervém no processo com a finalidade de cooperar com a justiça, figurando como assistente do MP *ad coadjuvandum*. Assim, com relação à condenação, o ofendido tem o mesmo interesse-utilidade da parte principal na justa aplicação da pena. Já com relação à revogação de benefícios penais, como o *sursis*, a atividade de colaboração do ofendido com a justiça esgota-se, no nosso sistema processual, com a condenação (art. 598, CPP), não se podendo vislumbrar seu interesse na modificação de benefícios inerentes à execução da pena" (*Recursos no processo penal*, p. 88).

1-A. *Amicus curiae* no processo penal: é perfeitamente viável em certos e específicos casos, tratando de questão de interesse geral, embora na área penal. Ilustrando, houve o caso do julgamento, no STF a respeito do feto anencéfalo; se constitui vida ou não, a ponto de

Art. 268

permitir ou vedar o aborto. Admite-se, nessa situação, o *amicus curiae*, como a Confederação Nacional dos Bispos do Brasil para defender a vedação, assim como a Associação Nacional pela Legalidade do Aborto. Note-se o disposto pelo art. 138 do atual CPC: "o juiz ou o relator, considerando a relevância da matéria, a especificidade do tema objeto da demanda ou a repercussão social da controvérsia, poderá, por decisão irrecorrível, de ofício ou a requerimento das partes ou de quem pretenda manifestar-se, solicitar ou admitir a participação de pessoa natural ou jurídica, órgão ou entidade especializada, com representatividade adequada, no prazo de 15 (quinze) dias de sua intimação".

> **Art. 268.** Em todos os termos da ação pública, poderá intervir, como assistente do Ministério Público, o ofendido ou seu representante legal,[2] ou, na falta, qualquer das pessoas mencionadas no art. 31.[3-4]

2. Intervenção do ofendido: é o principal interessado a pleitear sua inclusão como assistente de acusação, embora o dispositivo preveja, ainda, como legitimados, os seus sucessores, em caso de morte: cônjuge (incluindo-se companheiro/a), ascendente, descendente e irmão. Assim, embora o direito de punir seja unicamente do Estado e legitimado, para a ação penal, seja o Ministério Público, como seu representante, nos casos de ação pública, é cabível a formação de litisconsórcio ativo, integrando o polo ativo a vítima do crime. Quando se trata de ação penal privada exclusiva ou subsidiária da pública, estando o ofendido no polo ativo, exercendo o direito de ação, o Ministério Público ingressa, obrigatoriamente, no feito como fiscal da lei, atuando, também, como parte, embora não seja assistente do querelante. Anote-se a desnecessidade de ter sido mencionada a figura do representante legal do ofendido, pois este somente ingressa, nos autos, como assistente, em nome da vítima incapacitada de defender seu direito sozinha. Logo, não agindo em nome próprio, bastaria a menção à pessoa do ofendido. A omissão deste Código em relação à definição de litisconsórcio bem espelha a sua defasagem, podendo-se utilizar o conceito esposado pelo CPC a respeito: "Art. 113. Duas ou mais pessoas podem litigar, no mesmo processo, em conjunto, ativa ou passivamente, quando: (...) III – ocorrer afinidade de questões por ponto comum de fato ou de direito". É exatamente a posição assumida pelo assistente de acusação (vítima do crime) em relação ao Ministério Público, nas ações públicas. Sobre a legitimidade: STJ: "2. Para que pessoa física ou jurídica possa ingressar no feito como assistente de acusação, deve demonstrar, nos termos do disposto no art. 268 do Diploma Processual Penal, ser titular do bem jurídico lesado ou posto em perigo pela conduta típica, o que, *in casu*, não ocorre" (AgRg no RMS 62.157/RS, 5.ª T., rel. Reynaldo Soares da Fonseca, 28.04.2020, v.u.); "2. Deve ser observado o número legal, bem como a tempestividade. Dessarte, 'somente quando o Ministério Público não esgota o número legal, que lhe é reservado, pode o assistente suprir o rol, acrescentando outras testemunhas. E deve fazê-lo até que ocorra a defesa preliminar do réu, uma vez que, nesse ato processual, nasce o direito da defesa de arrolar testemunhas, e não mais da acusação' (NUCCI, Guilherme de Souza. *Código de Processo Penal comentado*. 18. ed. Rio de Janeiro: Forense, 2019. p. 732)" (RHC 112.147/SE, 5.ª T., rel. Reynaldo Soares da Fonseca, 06.06.2019, v.u.).

3. Intervenção de outras pessoas como assistente de acusação: cremos admissível o ingresso de pessoas jurídicas, de direito público, como assistentes de acusação, diante do interesse público que, por trás delas, está presente. Afinal, utiliza-se a aplicação analógica, ao disposto no art. 2.º, § 1.º, do Decreto-lei 201/1967, que prevê: "Os órgãos federais, estaduais ou municipais, interessados na apuração da responsabilidade do Prefeito, podem requerer a abertura de inquérito policial ou a instauração da ação penal pelo Ministério Público, bem como intervir, em qualquer fase do processo, como assistente da acusação". Logo, outras hipóteses podem surgir dando ensejo a que algum órgão federal, estadual ou municipal tenha interesse em acompanhar o feito, contra determinado réu, como assistente de acusação. Pouco importa seja o Ministério Público também um órgão do Estado, já que é considerado uma instituição permanente essencial à Justiça, mas que não integra os quadros de nenhum dos Poderes de Estado. Ademais, dispõe o art. 81, *caput*, do Código de Proteção e Defesa do Consumidor (Lei 8.078, 1990), que "a defesa dos interesses e direitos dos consumidores e das vítimas poderá ser exercida em juízo individualmente, ou a título coletivo". E, no art. 82, que "para os fins do art. 81, parágrafo único, são legitimados concorrentemente: I – o Ministério Público; II – a União, os Estados, os Municípios e o Distrito Federal; III – as entidades e órgãos da administração pública, direta ou indireta, ainda que sem personalidade jurídica, especificamente destinados à defesa dos interesses e direitos protegidos por este Código; IV – as associações legalmente constituídas há pelo menos um ano e que incluam entre seus fins institucionais a defesa dos interesses e direitos protegidos por este Código, dispensada a autorização assemblear. Estão legitimados outros entes, que não o Ministério Público, para a proteção do consumidor em juízo, inclusive na esfera criminal. Outra ilustração se pode encontrar no art. 26 da Lei 7.492/1986: "A ação penal, nos crimes previstos nesta Lei, será promovida pelo Ministério Público Federal, perante a Justiça Federal. Parágrafo único. Sem prejuízo do disposto no art. 268 do Código de Processo Penal, aprovado pelo Dec.-lei 3.689, de 3 de outubro de 1941, será admitida a assistência da Comissão de Valores Mobiliários – CVM, quando o crime tiver sido praticado no âmbito de atividade sujeita à disciplina e à fiscalização dessa Autarquia, e do Banco Central do Brasil quando, fora daquela hipótese, houver sido cometido na órbita de atividade sujeita à sua disciplina e fiscalização". Outras situações podem surgir, como já mencionamos, ainda que por aplicação da analogia. Contrariamente à intervenção de órgãos do Poder Público como assistentes de acusação Tourinho Filho (*Código de Processo Penal comentado*, v. 1, p. 486); Mirabete (*Código de Processo Penal interpretado*, p. 352). Adotando a possibilidade do ingresso: Paulo Lúcio Nogueira (*Curso completo de processo penal*, p. 261-262), Vicente Greco Filho (*Manual de processo penal*, p. 225).

3-A. Intervenção da Ordem dos Advogados do Brasil em processos criminais: trata-se de hipótese atualmente prevista no Estatuto da Advocacia (Lei 8.906/1994), no art. 49: "Os Presidentes dos Conselhos e das Subseções da OAB têm legitimidade para agir, judicial e extrajudicialmente, contra qualquer pessoa que infringir as disposições ou os fins desta Lei. Parágrafo único. As autoridades mencionadas no *caput* deste artigo têm, ainda, legitimidade para intervir, inclusive como assistentes, nos inquéritos e processos em que sejam indiciados, acusados ou ofendidos os inscritos na OAB". O dispositivo deve ser adaptado ao contexto do processo penal, tornando possível que a OAB atue como assistente de acusação em caso envolvendo advogado como réu, cuja demanda desperte o interesse de toda a classe dos advogados. Entretanto, é preciso salientar que a Lei 8.906/1994 autoriza, expressamente, a assistência, também, do advogado que seja réu ou querelado, pois se refere à intervenção em inquéritos e processos em que sejam indiciados (nítida hipótese criminal), acusados ou ofendidos (em igual prisma) os inscritos na Ordem dos Advogados do Brasil. Dessa forma, nos moldes propostos pelo Código de Processo Civil, aplicado por analogia neste caso de lacuna do Processo Penal, a OAB pode atuar como assistente da defesa, quando possui interesse de que a sentença seja favorável ao réu-advogado, nos termos do art. 119 do CPC: "pendendo causa entre 2 (duas) ou mais pessoas, o terceiro juridicamente interessado em que a sentença seja favorável a uma delas poderá intervir no processo para assisti-la".

Art. 269

Código de Processo Penal Comentado · Nucci

594

4. Existência de mais de um sucessor habilitado: ingressam todos, desde que respeitada a ordem prevista no art. 31 do Código de Processo Penal. Imagine-se um casal separado, cujo filho tenha sido assassinado. Não acordando a respeito de quem ingressará no polo ativo, como assistente de acusação, nada impede que o juiz admita tanto o pai, quanto a mãe, cada qual representado por um advogado diferente.

> **Art. 269.** O assistente será admitido enquanto não passar em julgado a sentença e receberá a causa no estado em que se achar.[5-7]

5. Recebimento da causa no estado em que estiver: é a regra do ingresso do assistente de acusação, evitando-se tumultos indevidos e a propositura de novas provas ou outras diligências, que somente fariam o procedimento inverter o seu curso, o que é inadmissível. Assim, a partir do recebimento da denúncia, até o trânsito em julgado da decisão, pode haver o ingresso do assistente, mas sem qualquer tipo de regressão no desenvolvimento regular da instrução. Na jurisprudência: STF: "*In casu*, reconhecendo a existência de violação ao princípio constitucional que consagra a soberania dos veredictos do Tribunal Popular (art. 5.º, XXXVIII, *c*, da Constituição Federal), foi dado provimento ao presente Recurso Extraordinário para cassar o acórdão do Tribunal de Justiça que determinara a realização de novo júri, restabelecendo, com isso, o veredicto condenatório anteriormente prolatado. A reconsideração, em juízo de retratação, para dar provimento ao agravo regimental do assistente de acusação, interposto contra decisão do Relator que julgara prejudicados os recursos extraordinários interpostos pelo Ministério Público e pelo assistente, não é nula: art. 317, § 2.º, do RISTF. O assistente de acusação possui legitimidade para intervir no curso da ação penal pública, enquanto não passar em julgado a sentença (artigos 268 e 269 do Código de Processo Penal), alcançando a fase recursal extraordinária. Precedentes. Agravo regimental desprovido" (RE 594104 AgR-AgR-ED-EDv-AgR, T. P., rel. Luiz Fux, 24.08.2015, v.u.).

5-A. Nomeação de assistente de acusação de ofício pelo juiz: inadmissibilidade. Cabe, exclusivamente, à vítima e seus parentes, na forma prevista pelo art. 31 do CPP, requerer o ingresso em juízo, no polo ativo, para atuar contra o acusado. Não há cabimento algum para o magistrado, atuando *de ofício*, sem nenhum pedido, determinar o ingresso de pessoa ofendida para funcionar como assistente de acusação.

6. Ingresso de assistente durante o inquérito policial: impossibilidade. Não há interesse algum do ofendido em participar das investigações preliminares ao eventual processo, afinal, o inquérito é inquisitivo e dele nem mesmo toma parte ativa o indiciado. Logo, deve aguardar o início da ação penal para manifestar o seu interesse em dela participar. Na jurisprudência: STJ: "1. O agravante pretende sua habilitação nos autos como parte interessada, invocando para tanto o art. 119, parágrafo único, do CPC c/c art. 3.º do CPP. Ocorre que o art. 268 do CPP não prevê a referida figura, mas apenas a do assistente de acusação, que por sua vez, só pode intervir após o recebimento da denúncia. Havendo disposição específica sobre o tema no CPP não há que se falar em aplicação subsidiária do CPC" (AgRg na PET no AREsp 2.080.848/SP, 5.ª T., rel. Reynaldo Soares da Fonseca, 06.09.2022, v.u.).

7. Assistente de acusação na ação privada exclusiva: é incabível, pois o ofendido já ocupa a posição de *dominus litis*, ou seja, é a parte legitimada a ajuizar a ação penal, não tendo cabimento ser assistido por si mesmo.

> **Art. 270.** O corréu no mesmo processo não poderá intervir como assistente do Ministério Público.[8-9]

8. Corréu como assistente: é hipótese indevida e, por isso, vedada pela lei. Não tem o menor cabimento o corréu pretender a condenação de quem agiu justamente com ele para a prática da infração penal. O espírito poderia ser de pura emulação ou vingança. Imagine-se, no caso de separação dos processos, que um corréu já tenha sido julgado e condenado. Para buscar a condenação de companheiro seu, que inclusive delatou, pleiteia a intervenção como assistente de acusação. Nota-se, pois, flagrante abuso, visto que seu interesse não é justificado, como ocorre com o ofendido pela prática da infração penal. Vale o mesmo para a situação em que os corréus ocupam as posições de autores e vítimas da infração penal, como ocorre no caso de lesões recíprocas. Andou bem o legislador ao vedar-lhe tal possibilidade. Na jurisprudência: STJ: "3. Há explícito óbice no art. 270 do CPP, segundo o qual o 'corréu, no mesmo processo, não poderá intervir como assistente do Ministério Público'. 4. O réu colaborador, apesar de adotar estratégia de defesa distinta dos corréus, continua sujeito aos efeitos de eventual condenação criminal, pois contra ele continua recaindo uma pretensão acusatória estatal" (AgRg na PET na APn 940/DF, Corte Especial, rel. Og Fernandes, 01.09.2021, v.u.).

8-A. Intervenção do corréu em gozo de suspensão condicional do processo: é inadmissível, pois ele ainda é acusado na ação penal, prevalecendo o disposto pelo art. 270 do CPP. Somente eliminará essa situação quando, vencido o período de prova da suspensão condicional do processo, for julgada extinta a sua punibilidade.

9. Recurso de corréu contra a absolvição de outro: é admissível, desde que o Ministério Público não tenha recorrido. Imagine-se a hipótese de um corréu ser condenado e o outro absolvido. Se tiver o promotor apresentado apelação contra a absolvição, nada tem o corréu condenado a fazer (nem mesmo vai arrazoar o recurso, pois isso seria o equivalente a admiti-lo como assistente, o que é legalmente vedado), mas nada o impede de interpor recurso, pleiteando a condenação do outro, que foi absolvido, se o representante do Ministério Público deixou de fazê-lo. Concordamos com a lição de Tourinho Filho, que menciona, ainda, as posições de Frederico Marques e Espínola Filho: "Uma vez que o Juiz proferiu sentença e o Promotor com ela concordou, qual a razão que poderá impedir o corréu condenado de se insurgir contra a absolvição do outro? Nenhuma. (...) E vamos mais longe: se ambos forem absolvidos sem recurso do Ministério Público, nada impede possam interpor apelo, porquanto já não subsistem as razões que os impediam de intervir como assistentes de acusação" (*Código de Processo Penal comentado*, v. 1, p. 490).

> **Art. 271.** Ao assistente será permitido propor meios de prova,[10-10-A] requerer perguntas às testemunhas,[11] aditar o libelo[12] e os articulados,[13] participar do debate oral[14] e arrazoar os recursos interpostos pelo Ministério Público,[15] ou por ele próprio, nos casos dos arts. 584, § 1.º, e 598.[15-A]
>
> § 1.º O juiz, ouvido o Ministério Público, decidirá acerca da realização das provas propostas pelo assistente.[16]
>
> § 2.º O processo prosseguirá independentemente de nova intimação do assistente, quando este, intimado, deixar de comparecer a qualquer dos atos da instrução ou do julgamento, sem motivo de força maior devidamente comprovado.[17]

Art. 271

10. Direito de arrolar testemunhas: em nosso entender, tratando-se de um meio de prova (Capítulo VI, do Título VII, do Código de Processo Penal), logicamente, pode o assistente de acusação arrolar testemunhas. O único obstáculo que encontra é o número legal, fixado de modo equânime, tanto para a acusação, quanto para a defesa, bem como a tempestividade. Logo, somente quando o Ministério Público não esgota o número legal, que lhe é reservado, pode o assistente suprir o rol, acrescentando outras testemunhas. E deve fazê-lo até que ocorra a defesa preliminar do réu, uma vez que, nesse ato processual, nasce o direito da defesa de arrolar testemunhas e não mais da acusação. É o que defende Espínola Filho (*Código de Processo Penal brasileiro anotado*, v. 3, p. 274). Eventual intempestividade ou esgotamento do número legal não afasta a possibilidade do assistente de acusação de pleitear ao juiz que ouça alguém como testemunha do juízo, expediente que tanto o Ministério Público quanto a defesa utilizam. Como sustentamos: STJ: "2. Segundo o art. 271 do CPP, como auxiliar do Ministério Público, o assistente de acusação tem o direito de produzir provas, inclusive de arrolar testemunhas, pois, caso contrário, não teria como exercer o seu papel na ação penal pública" (AgRg no AREsp 1.849.946/AM, 5.ª T., rel. Reynaldo Soares da Fonseca, 25.05.2021, v.u.). Contrária é a posição de Greco Filho, para quem "não pode, portanto, arrolar testemunhas, nem para completar o número legal, não só porque a oportunidade da acusação já está ultrapassada (foi na denúncia), mas também porque propor prova é diferente da faculdade das partes de arrolar testemunhas, que gera a presunção da pertinência da prova" (*Manual de processo penal*, p. 225). E, também, Tourinho Filho (*Código de Processo Penal comentado*, v. 1, p. 491).

10-A. Rol taxativo: por ora, tem-se entendido ser taxativo o rol do art. 271, não podendo o assistente de acusação ir além dessas hipóteses. Porém, é mais que necessário conferir à vítima o direito de interpor recurso sob qualquer aspecto do processo; afinal, o intuito da pessoa ofendida não é mais a obtenção de simples indenização civil, mas atingir o seu ideal de justiça. Na jurisprudência: STJ: "3. Por fim, na jurisprudência do Superior Tribunal de Justiça 'o papel do assistente de acusação no processo penal comum, aplica interpretação sistemática ao art. 271 do Código de Processo Penal – CPP, não se restringindo à literalidade do dispositivo'. No ponto, é firme a jurisprudência no sentido de que 'o assistente de acusação tem legitimidade para, quando já iniciada a persecução penal pelo seu órgão titular, atuar em seu auxilio e também supletivamente, na busca pela justa sanção, podendo apelar, opor embargos declaratórios e até interpor recurso extraordinário ou especial' (REsp 1.675.874/MS, Voto do Min. Rogério Schietti Cruz) (AgRg nos EDcl no AREsp n. 1.565.652/RJ, relator Ministro Nefi Cordeiro, Sexta Turma, *DJe* 23/6/2020)" (AgRg no AREsp 2.278.594/SP, 6.ª T., rel. Jesuíno Rissato, 25.04.2023, v.u.); "1. O art. 271 do Código de Processo Penal arrola de forma taxativa os atos que o assistente de acusação tem legitimidade para praticar. Precedentes. 2. No caso dos autos, o assistente de acusação opôs embargos de declaração contra o acórdão que rejeitara os embargos infringentes opostos pelo Ministério Público, hipótese não contemplada no rol taxativo do art. 271 do Código de Processo Penal. Desse modo, nulo é o seu recebimento" (HC 499.052/SP, 5.ª T., rel. Reynaldo Soares da Fonseca, 21.05.2019, v.u.).

11. Direito de reperguntar: tem o assistente o direito de propor reperguntas não somente às testemunhas, mas também às pessoas que forem ouvidas como simples declarantes.

12. Direito de aditar o libelo: a reforma introduzida pela Lei 11.689/2008 extinguiu o libelo. Logo, perdeu o sentido o disposto nesta parte do art. 271. Remanesce, entretanto, a possibilidade de o assistente completar o número legal das testemunhas quando o Ministério Público não atingir o máximo de cinco (checar o disposto no art. 422).

13. Direito de aditar os articulados: na verdade, é o direito que possui de apresentar o seu próprio articulado, entendido esse como as alegações finais, produzidas pela acusação.

14. Direito de debater oralmente: quando a parte for convocada a manifestar-se oralmente perante o juiz, o assistente de acusação tem o direito de fazê-lo, como ocorre, por exemplo, no procedimento comum (arts. 403, § 2.º, e 534, § 2.º). E, no Tribunal do Júri, deve dividir o tempo com o promotor. Caso haja divergência quanto a isso, quem deve decidir é o juiz presidente, mas sem retirar a possibilidade de o assistente manifestar-se oralmente.

15. Direito de arrazoar os recursos do Ministério Público: se atua como auxiliar da acusação, é natural que possa manifestar-se em todos os recursos interpostos pelo representante do Ministério Público.

15-A. Direito de recorrer autonomamente: para poder recorrer, autonomamente, apenas nos casos expressos neste dispositivo: a) decisão de impronúncia (art. 584, § 1.º); b) julgamento de extinção da punibilidade (art. 584, § 1.º); c) sentença absolutória (art. 598); d) sentença condenatória visando ao aumento de pena (ver nota 48 ao art. 598). Sobre o prazo para recorrer e a amplitude do recurso, ver notas 49 e 48 ao art. 598. Como decorrência lógica da possibilidade de interpor alguns recursos, é possível, ainda, conferir-se ao assistente legitimidade para ingressar com carta testemunhável, embargos de declaração e recursos especial e extraordinário. Sobre o tema, confira-se o disposto nas seguintes Súmulas do Supremo Tribunal Federal: 208 – "O assistente do Ministério Público não pode recorrer extraordinariamente de decisão concessiva de *habeas corpus*" e 210 – "O assistente do Ministério Público pode recorrer, inclusive extraordinariamente, na ação penal nos casos dos arts. 584, § 1.º, e 598, do Código de Processo Penal". Na jurisprudência: "1. A assistente de acusação tem legitimidade para recorrer da decisão que absolve o réu nos casos em que o Ministério Público não interpõe recurso. 2. Aplicação da Súmula 210 do Supremo Tribunal Federal: 'O assistente do Ministério Público pode recorrer, inclusive extraordinariamente, na ação penal, nos casos dos arts. 584, § 1.º, e 598 do Código de Processo Penal'. 3. A manifestação do promotor de justiça, em alegações finais, pela absolvição da Paciente e, em seu parecer, pelo não conhecimento do recurso não altera nem anula o direito da assistente de acusação recorrer da sentença absolutória" (HC 102.085/RS, T.P., rel. Cármen Lúcia, 10.06.2010, v.u., importante para ilustrar). Na jurisprudência: STJ: "5. O Assistente à Acusação possui legitimidade para recorrer da sentença de primeiro grau, pois a jurisprudência do Superior Tribunal de Justiça 'tem-se posicionado no sentido de flexibilizar o rigor da regra contida no art. 271 do Código de Processo Penal, de modo a, conferindo-lhe caráter mais abrangente, reconhecer a legitimidade recursal do assistente de acusação quando interpõe recurso contra decisão de desclassificação de crime de competência do tribunal do júri' (AgRg no HC n. 539.346/PE, relator Ministro João Otávio de Noronha, Quinta Turma, julgado em 13/09/2022, *DJe* 16/09/2022)" (AgRg no HC n. 730.158/CE, 6.ª T., rel. Laurita Vaz, 12.09.2023, v.u.).

16. Direito de propor provas: tem o assistente o direito de propor a realização de qualquer meio de prova pertinente – perícias, juntada ou requisição de documentos, testemunhas, entre outros – o que resulta da legitimidade de sua posição de órgão de acusação auxiliar. Não se pode verdadeiramente assistir alguém, sem que haja instrumentos a tanto. Ouve-se o Ministério Público, antes da decisão, a fim de se evitar tumulto causado pelo assistente, ao propor provas, por exemplo, indevidas ou prejudiciais à posição acusatória.

17. Intimação para os atos processuais: uma vez admitido no processo, deve o assistente, através do seu advogado, ser intimado para todos os atos que devam se realizar

Art. 272

Código de Processo Penal Comentado · **Nucci**

598

no feito, como é o caso das audiências de instrução. Entretanto, se deixar de comparecer a qualquer deles, para os quais tenha sido regularmente cientificado, sem fornecer a devida justificativa, não mais será intimado. Sua função de auxiliar da acusação não é indispensável, sendo razoável que ele zele pela sua participação, não abandonando a causa sem justa razão. Se o fizer, não é desabilitado, mas não será mais intimado.

> **Art. 272.** O Ministério Público será ouvido previamente sobre a admissão do assistente.[18]

18. Oposição do Ministério Público: somente deve dar-se em caso de falta de legitimação. Assim, quando o promotor se insurgir contra a intervenção do assistente, por outras causas, deve o juiz admiti-lo. Não nos parece correto o entendimento daqueles que sustentam ser um juízo discricionário do representante do Ministério Público o ingresso, no feito, do assistente de acusação, baseado na conveniência e oportunidade do acompanhamento. Narra Magalhães Noronha o seguinte: "O Ministério Público será sempre ouvido sobre o pedido de assistência, o que é natural, pois trata-se de auxílio à acusação, de reforço ao *dominus litis*, não podendo este deixar de opinar sobre a conveniência dele. Pessoalmente, quando Promotor Público, tivemos ocasião de impugnar o pedido de assistência do marido de meretriz assassinada, não se compreendendo tal presença no processo, em face da absoluta falta de idoneidade moral. Sua participação nos debates do plenário seria, realmente, magnífico reforço... à defesa" (*Curso de direito processual penal*, p. 145). Ficamos com a posição de Espínola Filho, mais consentânea, em nosso sentir, com a finalidade da previsão legal feita pelo Código de Processo Penal, admitindo o ingresso do ofendido no feito. Defende que a avaliação do promotor deve fundar-se, exclusivamente, no aspecto da legitimidade: "Parece-nos que é o único motivo, pelo qual pode ser recusado o assistente, e, se o órgão do Ministério Público se manifestar contrário, invocando a desnecessidade de auxílio, ou outro motivo desta ordem, o juiz, a quem cabe solucionar em caráter definitivo (sem possibilidade de qualquer recurso), o incidente, não deixará de apoiar a pretensão da parte privada, que se apresenta com qualidade legal para tomar tal posição" (*Código de Processo Penal brasileiro anotado*, v. 3, p. 272). Note-se que foi conferida legitimidade para o ofendido ingressar com a ação penal, ainda que seja ela pública, quando o Ministério Público não o faz no prazo legal (art. 29, CPP), pouco interessando a idoneidade moral da vítima ou qualquer outro fator que não seja o seu interesse em ser aplicada justiça ao criminoso, razão pela qual, se foi o promotor o autor da ação, é justo que possa o ofendido auxiliá-lo nesse objetivo, aprecie ou não o *dominus litis*. No mesmo sentido defende Mirabete, afirmando, ainda, que, se no curso do processo, o assistente trair o "sentido teleológico da assistência, que é o de reforçar a acusação", pode o Ministério Público solicitar a sua exclusão (*Código de Processo Penal interpretado*, p. 361).

> **Art. 273.** Do despacho que admitir, ou não, o assistente, não caberá recurso, devendo, entretanto, constar dos autos o pedido e a decisão.[19]

19. Cabimento de mandado de segurança: embora o artigo em comento seja taxativo ao afirmar que da decisão do juiz a respeito da admissibilidade ou não do assistente não cabe recurso, cremos ser admissível a interposição de mandado de segurança. É direito líquido e certo do ofendido, quando demonstre a sua condição documentalmente – ou de seus sucessores – ingressar no polo ativo, auxiliando a acusação. Não se compreende seja o juiz o árbitro único e último do exercício desse direito, podendo dar margem a abusos de toda ordem. Logo, o caminho possível a contornar esse dispositivo, que, aliás, é remédio constitucional, é o mandado de segurança. Como defendemos: Vicente Greco Filho (*Manual de processo penal*, p. 224).

Capítulo V
DOS FUNCIONÁRIOS DA JUSTIÇA

> **Art. 274.** As prescrições sobre suspeição dos juízes estendem-se aos serventuários e funcionários da justiça,[1] no que lhes for aplicável.[2]

1. Serventuários e funcionários da justiça: atualmente, são termos correlatos, que designam os funcionários públicos, ocupando cargos criados por lei, percebendo vencimentos pagos pelo Estado, a serviço do Poder Judiciário. São os escrivães-diretores, escreventes, oficiais de justiça, auxiliares judiciários, dentre outros.

2. Regras de suspeição: segundo entendemos, não há sentido neste dispositivo, tendo em vista que os funcionários da justiça não exercem qualquer ato decisório, de repercussão para a parte, no processo. Limitam-se a cumprir as ordens do juiz, sem qualquer poder de deliberação próprio. Embora possam lançar, nos autos, certidões que gozam de fé pública, é preciso ressaltar que estão sujeitos à corregedoria permanente do magistrado titular da Vara, razão pela qual qualquer desvio nessa função representará a instauração de processo administrativo. Logo, inexiste razão para o escrevente, que trabalha na sala de audiências, por exemplo, não poder fazê-lo somente porque é amigo ou inimigo do réu. O ditado dos depoimentos será feito pelo magistrado, não havendo nada mais a fazer a não ser reduzir a termo. Atualmente, a fiscalização que as partes exercem sobre o juiz e seus auxiliares é tão intensa que nem mesmo as afirmações feitas pelo magistrado, nos autos, escapa de uma impugnação ou de um questionamento. Não há presunção absoluta para os atos e certidões insertos no processo, todos passíveis de prova em contrário. Aliás, se o funcionário pode responder por corrupção ou prevaricação, quando colocar seus interesses particulares acima dos interesses públicos, no exercício da sua atividade, além de poder ser demitido por isso, não vemos razão para sujeitá-los às mesmas proibições feitas para o magistrado, pessoa encarregada de decidir a lide, que goza de vitaliciedade e, realmente, necessita atuar com imparcialidade absoluta.

Capítulo VI
DOS PERITOS[1] E INTÉRPRETES[2-2-A]

1. Perito: é o especialista em determinada matéria, encarregado de servir como auxiliar da justiça, esclarecendo pontos específicos distantes do conhecimento jurídico do magistrado. O perito pode ser oficial – quando funcionário do Estado – sendo-lhe dispensado o compromisso, pois investido na função por lei, ou nomeado pelo juiz quando deverá ser compromissado a bem desempenhar a sua função.

2. Intérprete: é a pessoa conhecedora de determinados idiomas estrangeiros ou linguagens específicas, que serve de intermediário entre pessoa a ser ouvida em juízo e o magistrado e as partes. Atua como perito, devidamente compromissado a bem desempenhar a sua função.

Art. 275

Código de Processo Penal Comentado · Nucci   600

2-A. Juiz atuando como intérprete: impossibilidade. O magistrado não pode perder a sua imparcialidade, participando ativamente da produção da prova, razão pela qual, ainda que conheça o idioma estrangeiro, deve nomear intérprete.

> **Art. 275.** O perito, ainda quando não oficial, estará sujeito à disciplina judiciária.[2-B]

2-B. Disciplina judiciária: refere-se o artigo em comento à obrigação que possui o perito, seja ele oficial (funcionário público) ou não oficial (de livre escolha do magistrado, porém nos termos disciplinados no art. 159, §§ 1.º e 2.º, do CPP), de cumprir fielmente seu encargo, servindo de auxiliar do juiz na verificação e análise de fatos para os quais se exige conhecimento específico. A disciplina judiciária o coloca em pé de igualdade com os demais funcionários públicos, ainda que se trate de perito não oficial, podendo responder pelos crimes previstos no Capítulo I do Título XI da Parte Especial do Código Penal (ver a nota 211 ao art. 327 do nosso *Código Penal comentado*). Note-se, ainda, porque pertinente, o disposto no art. 158 do CPC: "O perito que, por dolo ou culpa, prestar informações inverídicas responderá pelos prejuízos que causar à parte e ficará inabilitado para atuar em outras perícias no prazo de 2 (dois) a 5 (cinco) anos, independentemente das demais sanções previstas em lei, devendo o juiz comunicar o fato ao respectivo órgão de classe para adoção das medidas que entender cabíveis". Aliás, quanto ao perito não oficial, o que é praticamente regra no processo civil, inovou o art. 466 do CPC: "O perito cumprirá escrupulosamente o encargo que lhe foi cometido, *independentemente de termo de compromisso. § 1.º* Os assistentes técnicos são de confiança da parte e não estão sujeitos a impedimento ou suspeição. § 2.º O perito deve assegurar aos assistentes das partes o acesso e o acompanhamento das diligências e dos exames que realizar, com prévia comunicação, comprovada nos autos, com antecedência mínima de 5 (cinco) dias" (grifamos). O perito nomeado pelo magistrado exerça seu encargo independentemente do termo de compromisso, lavrado em cartório. Isso não quer dizer que não é compromissado a bem desempenhar sua função, mas sim que é dispensável o termo, uma vez que o compromisso advém da lei. Assim, o despacho de nomeação é suficiente para gerá-lo. No processo penal, entretanto, permanece a exigência do termo de compromisso, em face do disposto no art. 159, § 2.º, do CPP.

> **Art. 276.** As partes não intervirão na nomeação do perito.[3]

3. Não intervenção das partes na nomeação do perito: é o princípio regente em processo penal, desvestindo as partes do direito de sugerir nomes para a função de perito, até mesmo porque, atualmente, a grande maioria dos expertos é oficial, independendo de qualquer tipo de nomeação ou compromisso. São funcionários do Estado, embora considerados auxiliares da justiça, quando atuam no processo. Já existe, entretanto, a possibilidade de indicação de assistentes técnicos. Lembremos, também, que muitos laudos – senão todos – são produzidos na fase policial, sem repetição em juízo, motivo pelo qual descabe a intervenção das partes na nomeação feita pelo delegado ou pelo juiz. Como já mencionamos e analisamos em notas ao Capítulo II, do Título VII, relativo às perícias em geral, há, no Estado de São Paulo, a Polícia Técnico-Científica, desvinculada da Polícia Civil, encarregada de providenciar tais laudos, com imparcialidade. Na jurisprudência: TJSC: "Correição parcial criminal. Decisão judicial que designou a realização de laudo pericial e incumbiu ao réu a escolha do médico perito.

Insurgência ministerial. Afronta ao artigo 276 do Código de Processo Penal. Pertinência. Impossibilidade da intervenção das partes na nomeação do perito. Cassação das decisões singulares quanto ao tópico citado. Pedido ministerial para a realização de laudo pericial por perito oficial. Impertinência. Designação pelo juízo a quo de perito judicial, cadastrado em sistema próprio, após o deferimento da medida liminar. Laudo pericial acostado aos autos e que inclusive foi utilizado pelo Ministério Público como argumento para o requerimento de pronúncia do acusado em alegações finais. Não demonstração de prejuízo. Artigo 563 do Código de Processo Penal. Medida liminar confirmada. Recurso conhecido e parcialmente provido" (Correição Parcial Criminal 5024446-70.2022 8.24.0000, 5.ª Câm. Criminal, rel. Cinthia Beatriz da Silva Bitencourt Schaefer, 07.07.2022 v.u.).

> **Art. 277.** O perito nomeado pela autoridade será obrigado a aceitar o encargo, sob pena de multa de cem a quinhentos mil-réis, salvo escusa atendível.[4]
>
> **Parágrafo único.** Incorrerá na mesma multa[3] o perito que, sem justa causa, provada imediatamente:
>
> a) deixar de acudir à intimação ou ao chamado da autoridade;
>
> b) não comparecer no dia e local designados para o exame;
>
> c) não der o laudo, ou concorrer para que a perícia não seja feita, nos prazos estabelecidos.

4. Obrigação de aceitação do encargo: trata-se de preceito a ser utilizado com a máxima prudência, pois o juiz não deve obrigar determinados profissionais a aceitar encargos, que lhes retirarão tempo útil, sem a devida remuneração, o que raramente acontece no processo criminal – diversamente do cível, quando as partes podem suportar os salários periciais. Por outro lado, a multa prevista neste artigo, por não ter sido atualizado, é inaplicável. E mais uma vez, frise-se: a maioria das perícias feitas, nos dias de hoje, é oficial, de modo que seria impossível a recusa do funcionário público de cumprir com o seu dever, sob pena de responsabilização funcional.

5. Multa inexistente: já ressaltamos que a multa, por falta de atualização legal, não é mais aplicável. Não havendo peritos oficiais na Comarca, o magistrado deve contar com a colaboração dos profissionais existentes, que se sujeitam, uma vez nomeados, à disciplina jurídica do funcionário público, ou seja, podem ser processados por falsa perícia, por prevaricação ou corrupção enfim, caso atuem sem idoneidade ou com lentidão injustificada.

> **Art. 278.** No caso de não comparecimento do perito, sem justa causa, a autoridade poderá determinar a sua condução.[6]

6. Condução coercitiva para a realização de perícia: imaginando-se tratar de peritos não oficiais, uma vez que os oficiais, como já dissemos, devem cumprir com zelo os seus deveres, sob pena de responderem funcionalmente, sujeitos que estão às mais diversas penalidades administrativas, é preciso cautela na utilização da condução coercitiva. De que adianta obrigar um profissional qualquer a realizar um laudo a contragosto, se é ele justamente o encarregado de auxiliar o juiz no seu esclarecimento sobre matéria que lhe é desconhecida? Mais eficaz é nomear outro profissional, menos renitente para o desempenho da função, em nome do interesse da justiça e das partes.

Art. 279

> **Art. 279.** Não poderão ser peritos:
>
> I – os que estiverem sujeitos à interdição de direito mencionada nos ns. I e IV do art. 69 do Código Penal;[7]
>
> II – os que tiverem prestado depoimento no processo ou opinado anteriormente sobre o objeto da perícia;[8]
>
> III – os analfabetos e os menores de 21 (vinte e um) anos.[9]

7. Atualização legislativa: o dispositivo refere-se, após a Reforma Penal de 1984, ao art. 47, I e II, do Código Penal, que permite a imposição de penas restritivas de direitos a determinados condenados, impedindo-os de exercer cargo, função ou atividade pública, bem como profissão, atividade ou ofício que dependa de habilitação especial, de licença ou autorização do poder público.

8. Impedimento: trata-se de uma modalidade de impedimento, visto que já depuseram no processo, como testemunhas, ou mesmo já pronunciaram sua opinião sobre o caso em oportunidade anterior (art. 112 c/c art. 252, II e III, e art. 254, IV, CPP). Na jurisprudência: STJ: "1. Caso em que o médico assinou o laudo médico que deu causa à instauração de incidente de insanidade mental, bem como subscreveu o laudo pericial, atestando a mesma doença e concluindo pela inimputabilidade. 2. A identidade entre o objeto da manifestação anterior e o da perícia, apta a gerar a incompatibilidade prevista no art. 279, II, do CPP, é a fática, sendo irrelevante a repercussão jurídica da questão examinada. 3. Recurso especial provido" (REsp 1.840.025/MG, 5.ª T., rel. Ribeiro Dantas, 09.03.2021, v.u.).

9. Analfabetos e menores de 21 anos: a disposição, atualmente, é praticamente vazia de conteúdo e aplicabilidade. Os peritos oficiais são concursados e obviamente preenchem os requisitos legais para o exercício de sua função. Os não oficiais devem, no mínimo, possuir curso superior (art. 159, § 1.º, CPP). Logo, analfabetos não podem ser e, com raridade exemplar, terão menos de 21 anos. Aliás, com a edição do novo Código Civil, considerando o maior de 18 anos plenamente capaz para todos os atos da vida civil, não teria sentido proibir alguém de exercer a função de perito somente porque contaria, por exemplo, com 20 anos de idade.

> **Art. 280.** É extensivo aos peritos, no que lhes for aplicável, o disposto sobre suspeição dos juízes.[10]

10. Suspeição dos peritos: estão os técnicos habilitados a auxiliar o juiz na compreensão e conhecimento de determinadas matérias específicas, sujeitos às mesmas regras de suspeição dos juízes (art. 254, CPP), o que é razoável. Eles detêm enorme influência no poder decisório do magistrado, na esfera criminal, influindo consideravelmente na solução da causa, razão pela qual devem agir com total imparcialidade, o que poderia não ocorrer, estando presente alguma das causas de suspeição previstas em lei.

> **Art. 281.** Os intérpretes são, para todos os efeitos, equiparados aos peritos.[11]

11. Equiparação dos intérpretes aos peritos: toda a disciplina dos peritos é aplicável aos intérpretes, também auxiliares do juiz, na compreensão de idiomas e linguagens estranhas, merecendo, pois, atuar com imparcialidade e ter conhecimento suficiente a tanto.

Título IX
Da Prisão,[1-4] das Medidas Cautelares[5] e da Liberdade Provisória[6-7]

1. Conceito de prisão: é a privação da liberdade, tolhendo-se o direito de ir e vir, através do recolhimento da pessoa humana ao cárcere. Não se distingue, nesse conceito, a prisão provisória, enquanto se aguarda o deslinde da instrução criminal, daquela que resulta de cumprimento de pena. Enquanto o Código Penal regula a prisão proveniente de condenação, estabelecendo as suas espécies, forma de cumprimento e regimes de abrigo do condenado, o Código de Processo Penal cuida da prisão cautelar e provisória, destinada unicamente a vigorar, quando necessário, até o trânsito em julgado da decisão condenatória. Quanto às prisões administrativas, ver as notas 1 a 3 do Capítulo V do Título IX do Livro I.

2. Fundamento constitucional da prisão: preceitua o art. 5.º, LXI, que "ninguém será preso senão em flagrante delito ou por ordem escrita e fundamentada de autoridade judiciária competente, salvo nos casos de transgressão militar ou crime propriamente militar, definidos em lei". A regra, pois, é que a prisão, no Brasil, deve basear-se em decisão de magistrado competente, devidamente motivada e reduzida a escrito, ou necessita decorrer de flagrante delito, neste caso cabendo a qualquer do povo a sua concretização. Os incisos LXII, LXIII, LXIV e LXV, do mesmo artigo, regulam a maneira pela qual a prisão deve ser formalizada.

3. Espécies de prisão processual cautelar, quanto ao momento de decretação: a) prisão temporária; b) prisão em flagrante; c) prisão preventiva; d) prisão em decorrência de pronúncia; e) prisão em decorrência de sentença condenatória recorrível; f) condução coercitiva de réu, vítima, testemunha, perito ou de outra pessoa que se recuse, injustificadamente, a comparecer em juízo ou na polícia. Neste último caso, por se tratar de modalidade de prisão (quem é conduzido *coercitivamente* pode ser algemado e colocado em cela até que seja ouvido pela autoridade competente), somente o juiz pode decretá-la. Aliás, nessa ótica, cumpre ressaltar o disposto no art. 3.º da Lei 1.579/1952 (modificada pela Lei 13.367/2016): "Indiciados e testemunhas serão intimados de acordo com as prescrições estabelecidas na legislação penal. § 1.º Em caso de não comparecimento da testemunha sem motivo justificado, a sua intimação será solicitada ao juiz criminal da localidade em que resida ou se encontre, nos termos dos arts. 218 e 219 do Decreto-lei n.º 3.689, de 3 de outubro de 1941 – Código de Processo Penal". Demonstra-se, pois, que as Comissões Parlamentares de Inquérito, cujo poder investigatório, segundo a Constituição Federal (art. 58, § 3.º), é próprio das autoridades judiciais, não devem ter outro procedimento senão o de requerer ao magistrado a intimação e condução coercitiva da testemunha para prestar depoimento. Logo, nenhuma outra autoridade pode *prender* a testemunha para conduzi-la à sua presença sem expressa, escrita e fundamentada ordem do juiz competente (art. 5.º, LXI, CF).

Art. 282

4. Controle da legalidade da prisão: é impositivo constitucional que toda prisão seja fielmente fiscalizada por juiz de direito. Estipula o art. 5.º, LXV, que "a prisão ilegal será imediatamente relaxada pela autoridade judiciária". Além disso, não se pode olvidar que mesmo a prisão decretada por magistrado fica sob o crivo de autoridade judiciária superior, através da utilização dos instrumentos cabíveis, entre eles o *habeas corpus*: "conceder-se-á *habeas corpus* sempre que alguém sofrer ou se achar ameaçado de sofrer violência ou coação em sua liberdade de locomoção, por ilegalidade ou abuso de poder" (art. 5.º, LXVIII, CF). Constitui abuso de autoridade efetuar prisão ilegal, deixar de relaxar – nesse caso, como regra, válido apenas para o juiz – prisão ilegalmente realizada, bem como deixar de comunicar ao magistrado a prisão efetivada, ainda que legal. Quando a prisão for indevidamente concretizada, por pessoa não considerada autoridade, trata-se de crime comum (constrangimento ilegal e/ou sequestro ou cárcere privado).

5. Conceito de medida cautelar: trata-se de um instrumento restritivo da liberdade, de caráter provisório e urgente, diverso da prisão, como forma de controle e acompanhamento do acusado, durante a persecução penal, desde que necessária e adequada ao caso concreto.

6. Conceito de liberdade provisória: quando preso em flagrante, não sendo a prisão convertida em preventiva, nem relaxada por ilegalidade, cabe ao magistrado conceder ao indiciado/acusado o benefício da *liberdade provisória*, assim denominada a soltura de quem estava detido em flagrante, para que possa responder ao processo fora do cárcere, desde que preencha e cumpra certas condições. A terminologia utilizada não deixa de ser estranha, pois o estado de inocência é o prevalente, assim como a liberdade é a regra. Logo, não teria sentido denominar esse favor legal como *provisório*. Em realidade, retoma a pessoa o seu *status* natural – a liberdade – até que, posteriormente, se for o caso, passe a cumprir pena. Mais adequado seria mencionar a hipótese de *liberdade fiscalizada*. Pode-se conceder a liberdade provisória, instituindo fiança ou sem a sua imposição, como veremos em tópicos à parte.

7. Fundamento constitucional da liberdade provisória: estabelece o art. 5.º, LXVI, que "ninguém será levado à prisão ou nela mantido, quando a lei admitir a liberdade provisória, com ou sem fiança". Quer o preceito indicar que a prisão, no Brasil, é a exceção e a liberdade, enquanto o processo não atinge o seu ápice, com a condenação com trânsito em julgado, a regra. Na jurisprudência: STJ: "As prisões cautelares materializam-se como exceção às regras constitucionais e, como tal, sua incidência em cada caso deve vir fulcrada em elementos que demonstrem a sua efetiva necessidade no contexto fático-probatório apreciado, sendo inadmissível sem a existência de razão sólida e individualizada a motivá-la, especialmente com a edição e entrada em vigor da Lei n. 12.403/11, em que a prisão deve ser empregada como última medida para garantir a ordem pública, a conveniência da instrução criminal e a aplicação da lei penal" (HC 436.464/SP, 5.ª T., rel. Jorge Mussi, 16.08.2018, v.u.).

Capítulo I
DISPOSIÇÕES GERAIS

> **Art. 282.** As medidas cautelares previstas neste Título deverão ser aplicadas observando-se a:[8]
>
> I – necessidade para aplicação da lei penal, para a investigação ou a instrução criminal e, nos casos expressamente previstos, para evitar a prática de infrações penais;[9]

Art. 282

II – adequação da medida à gravidade do crime, circunstâncias do fato e condições pessoais do indiciado ou acusado.[10-11]

§ 1.º As medidas cautelares poderão ser aplicadas isolada ou cumulativamente.[12-13]

§ 2.º As medidas cautelares serão decretadas pelo juiz a requerimento das partes ou, quando no curso da investigação criminal, por representação da autoridade policial ou mediante requerimento do Ministério Público.[14]

§ 3.º Ressalvados os casos de urgência ou de perigo de ineficácia da medida, o juiz, ao receber o pedido de medida cautelar, determinará a intimação da parte contrária, para se manifestar no prazo de 5 (cinco) dias, acompanhada de cópia do requerimento e das peças necessárias, permanecendo os autos em juízo, e os casos de urgência ou de perigo deverão ser justificados e fundamentados em decisão que contenha elementos do caso concreto que justifiquem essa medida excepcional.[15]

§ 4.º No caso de descumprimento de qualquer das obrigações impostas, o juiz, mediante requerimento do Ministério Público, de seu assistente ou do querelante, poderá substituir a medida, impor outra em cumulação, ou, em último caso, decretar a prisão preventiva, nos termos do parágrafo único do art. 312 deste Código.[16-16-A]

§ 5.º O juiz poderá, de ofício ou a pedido das partes, revogar a medida cautelar ou substituí-la quando verificar a falta de motivo para que subsista, bem como voltar a decretá-la, se sobrevierem razões que a justifiquem.[17]

§ 6.º A prisão preventiva somente será determinada quando não for cabível a sua substituição por outra medida cautelar, observado o art. 319 deste Código, e o não cabimento da substituição por outra medida cautelar deverá ser justificado de forma fundamentada nos elementos presentes do caso concreto, de forma individualizada.[18]

8. Requisitos para a decretação de medida cautelar: embora constitua instrumento mais favorável ao acusado, se comparada com a prisão provisória, não deixa de representar um constrangimento à liberdade individual. Por isso, não pode ser aplicada automaticamente; depende do preenchimento de dois requisitos genéricos: necessariedade e adequabilidade. O primeiro deles diz respeito à indispensabilidade da medida, sob pena de gerar prejuízo à sociedade, direta ou indiretamente. O segundo guarda harmonia com a justaposição entre o fato criminoso e seu autor em confronto com a exigência restritiva a ser feita. Ilustrando, se o acusado é reincidente e pratica delito concretamente grave, não sendo o caso de preventiva, cabe a aplicação de medida cautelar, por ser necessária e adequada à hipótese. Na jurisprudência: STF: "As medidas cautelares criminais diversas da prisão são onerosas ao implicado e podem ser convertidas em prisão se descumpridas. É cabível a ação de habeas corpus contra coação ilegal decorrente da aplicação ou da execução de tais medidas" HC 147.426, 2.ª T., rel. Gilmar Mendes, 18.12.2017, v.u.). STJ: "1. Para se impor as medidas cautelares no Processo Penal, a lei adjetiva estabelece que a cláusula da necessidade é de observância indeclinável pelo órgão julgador. Assim, nos termos do art. 282, incisos I e II, do Código de Processo Penal, a providência destinada a assegurar a utilidade do processo deve ser imposta com observância da inevitabilidade e adequação ao fim almejado. 2. Não se ignora o risco concreto de reiteração delitiva consubstanciado no fato de que a Agravada cometeu o crime de embriaguez ao volante no período em que cumpria pena alternativa pela prática do crime de tráfico de entorpecentes. Contudo, conferiu-se relevo à circunstância de que, tanto o crime pelo qual a Agravada foi condenada, como aquele que ensejou a segregação cautelar substituída, foram

Art. 282

Código de Processo Penal Comentado · **Nucci**

praticados sem violência ou grave ameaça à pessoa, de modo que as medidas cautelares diversas da prisão se revelam suficientes para impedir a prática de outros crimes. 3. O fato de responder a ações penais não conduz à prisão automática. Nesses casos, há fundamento apto a fortalecer a necessidade da prisão cautelar no intuito de resguardar a ordem pública, porém, esse elemento deve vir acompanhado de sólidas evidências do real perigo que causaria à sociedade a liberdade do indivíduo" (AgRg no RHC 139.018/MG, 6.ª T., rel. Laurita Vaz, 21.09.2021, v.u.).

9. Requisitos da necessariedade: são alternativos: a) para aplicação da lei penal (ou); b) para a investigação ou instrução criminal (ou); c) para evitar a prática de infrações penais, quando previsto expressamente em lei. Os dois primeiros possuem paralelo com os elementos da preventiva (*assegurar a aplicação da lei penal e por conveniência da instrução criminal*). Por óbvio, há uma gradação. Enfocando a *aplicação da lei penal*, quer-se assegurar a eficácia da punição em caso de condenação. Por isso, o principal obstáculo é a fuga do acusado. Havendo provas, nos autos, de que essa situação é concreta, deve-se decretar a preventiva; entretanto, surgindo indícios razoáveis de que pode haver fuga, o juiz deve impor medida cautelar alternativa. Quanto à *conveniência da instrução criminal*, caso o réu possa, efetivamente, ameaçar testemunhas ou destruir provas, deve-se impor a prisão preventiva; porém, havendo suspeita fundada de que a sua liberdade irrestrita pode ser meio condutor de problemas para a instrução, aplica-se a medida cautelar alternativa. Finalmente, a terceira hipótese é específica deste cenário: quando houver previsão legal explícita, evitando-se o cometimento de novos crimes, decreta-se medida cautelar especial. No caso, a situação que nos soa cabível é a internação provisória (art. 319, VII, CPP), em que há expressa menção ao *risco de reiteração* da infração penal. Na jurisprudência: STJ: "1. Os requisitos cautelares indicados no art. 282, I, do CPP se aplicam a quaisquer medidas previstas em todo o Título IX do CPP, sendo imprescindível ao aplicador do direito indicar o *periculum libertatis* – que também justifica uma prisão preventiva – para decretar medidas cautelares referidas no art. 319 do CPP, com o fim de resguardar a aplicação da lei penal, a investigação ou a instrução criminal, ou evitar a prática de infrações penais. 2. As medidas alternativas à prisão não pressupõem a inexistência de requisitos ou do cabimento da prisão preventiva, mas sim a existência de uma providência igualmente eficaz para o fim colimado com a medida cautelar extrema, porém com menor grau de lesividade à esfera de liberdade do indivíduo. (...)" (RHC 78.136/MG, 6.ª T., rel. Rogerio Schietti Cruz, 16.03.2017, v.u.).

10. Requisitos da adequabilidade: são alternativos: a) gravidade do crime (ou); b) circunstâncias do fato (ou); c) condições pessoais do indiciado ou acusado. Os três fatores guardam relação com os requisitos da prisão preventiva, embora de maneira indireta. Quando se fala em *garantia da ordem pública ou garantia da ordem econômica* (art. 312, CPP), invoca-se a *gravidade do delito*, as *circunstâncias do fato* ou as condições do autor para evidenciar isso. Tratando-se da gravidade do crime, em qualquer situação deve-se ponderar a sua concretude. Pode-se dizer que o roubo é um delito grave, mas, para a decretação da prisão preventiva ou de medida cautelar alternativa, depende-se de avaliação dos fatos concretos. Faz-se em gradação: quando muito grave, associado a outros elementos, opta-se pela prisão cautelar; quando de média gravidade, pode-se impor medida cautelar. As circunstâncias do fato refletem indiretamente na gravidade do crime, abrangendo as qualificadoras e causas de aumento do delito. O homicídio simples preenche apenas o tipo básico, enquanto o qualificado perfaz as hipóteses do § 2.º do art. 121. Diante disso, para impor medidas restritivas à liberdade, mais adequada seja o crime qualificado ou com causa de aumento. Finalmente, tratando-se das condições pessoais do indiciado ou acusado, deve-se analisar se primário/reincidente, com bons/maus antecedentes. Esse é o demonstrativo mais apropriado de sua periculosidade e da

607 Título IX – Da Prisão, das Medidas Cautelares e da Liberdade Provisória **Art. 282**

adequação de medida cautelar, podendo ser a prisão, para casos mais sérios, ou outro instrumento previsto no art. 319 deste Código. Adequação implica proporcionalidade, conforme mencionado nos requisitos anteriormente apontados. Na jurisprudência: STF: "5. Na hipótese, as medidas cautelares decretadas estão lastreadas em circunstâncias objetivas do caso concreto, forte na gravidade das condutas imputadas, no risco de reiteração delitiva, restando claro, ainda, a impossibilidade de retorno da paciente ao cargo público do qual supostamente se valia para a suposta prática de diversos crimes. 6. Revela-se idônea e proporcional a decisão que determinou o afastamento cautelar de cargo público cumulado com a proibição de acesso às dependências do órgão que se encontra vinculada, de contato com servidores e de utilização de serviços, para garantia da ordem pública e para fazer cessar as atividades da suposta organização criminosa quando a atividade pública teria sido o meio utilizado para a prática de graves delitos. Precedentes. 7. Persiste a necessidade e proporcionalidade na imposição das medidas cautelares, em especial o afastamento da função pública tendo em vista fundadas suspeitas sobre o papel de destaque desempenhado na suposta organização criminosa, depreendido no exercício de cargo público, com suposta violação de sigilo funcional e na interferência em investigações" (HC 215.241 AgR, 2.ª T., rel. Edson Fachin, 28.11.2022, v.u.). STJ: "É desproporcional, no caso em análise, a imposição de medida cautelar de monitoração eletrônica ao Recorrente. Se para o Corréu, suposto executor do crime de homicídio qualificado e que também possuiria dois inquéritos em andamento e uma ação penal, não foi imposta a monitoração eletrônica, essa medida também não pode ser aplicada ao Recorrente, que, em tese, seria o cúmplice do delito, possuiria bons antecedentes e colaborou para a localização da arma utilizada no crime. 5. Recurso ordinário parcialmente provido para determinar a revogação da medida cautelar consistente em monitoração eletrônica" (RHC 105.528/GO, 6.ª T., rel. Laurita Vaz, 02.05.2019, v.u.).

11. Individualização das medidas cautelares: adota a lei processual penal um cenário muito similar à individualização da pena, calcada no art. 68 do Código Penal. Afinal, exige-se que o juiz leve em conta características pessoais do indiciado ou acusado para estabelecer medidas restritivas à sua liberdade. A providência é salutar, considerando-se que, desde o início da persecução penal, começa o magistrado a colher dados úteis para conhecer a pessoa a ser julgada.

12. Materialidade e autoria: a imposição de medida cautelar não depende da prova certa da materialidade, nem de indícios suficientes de autoria. Esses são requisitos para a prisão preventiva e para o oferecimento da denúncia ou queixa. Porém, a prisão temporária, maior gravame, pode ser aplicada com provas mínimas da materialidade e da autoria, motivo pelo qual o mesmo pode se dar com as medidas cautelares alternativas.

13. Aplicação isolada ou cumulativa: a ideia trazida pela norma em comento é o resguardo da eficiência da medida cautelar, como instrumento substitutivo da prisão preventiva. Por isso, nem sempre bastará a decretação de uma medida isolada. Embora se admita a cumulatividade, é preciso cautela do juiz para evitar o exagero. A cada caso concreto deve-se ponderar qual o cenário mais adequado para uma ou mais medidas alternativas ao cárcere.

14. Oportunidade para decretação das medidas cautelares e escolha pelo juiz: durante a instrução, o juiz somente pode agir se provocado por requerimento das partes (acusação e defesa); durante a investigação criminal, o magistrado precisa ser provocado por requerimento do Ministério Público ou representação da autoridade policial. Nesse contexto, há um ponto que merece ser visitado. Por vezes, o investigado está preso em flagrante, depois convertida a prisão em preventiva. Ingressando *habeas corpus*, o tribunal entende conceder parcialmente a ordem para o fim de afastar a preventiva, impondo em seu lugar medidas

Art. 282

Código de Processo Penal Comentado · Nucci

608

alternativas. Não pudesse o tribunal assim agir, seria 8 ou 80: ou concederia liberdade provisória, sem fiança, ou manteria a prisão cautelar. Na medida em que foi provocado pelo *habeas corpus*, pode o colegiado decidir como quiser, sem que se possa defender tratar-se de *atuação de ofício*. Outro ponto refere-se a ter o juízo revogado a medida cautelar alternativa, mas visualizar ser indispensável o seu retorno, pois há razões para isso, nos termos do § 5.º deste artigo. Não se pode manietar completamente o magistrado a tomar medidas preventivas, mormente quando já foram decretadas, revogadas e, por motivos supervenientes, necessitam ser renovadas. Aliás, nessa linha, o STF registra importante precedente, indicando que não se trata de atuação de ofício, caso o Ministério Público requeira medidas cautelares diversas da prisão, mas o magistrado entenda cabível a prisão cautelar. Afinal, houve pleito de restrição à liberdade do indiciado ou acusado, de modo que cabe ao juízo definir qual a mais adequada, mesmo que se trate da mais grave. Conferir: STF: "6. No caso, apesar da discordância de entendimento entre o Promotor de Justiça e o Magistrado de primeiro grau sobre a espécie de medida cautelar a ser adotada, houve pronunciamento do órgão de acusação para que outras cautelares alternativas fossem fixadas, situação bem distinta de quando o julgador, nesses casos, age por vontade própria, o que não se admite. Assim, após ouvir o Ministério e a defesa, o Juízo da Vara Única de Bastos/SP homologou a prisão em flagrante e entendeu que a medida mais adequada seria a conversão do flagrante em prisão preventiva" (Ag. Reg. HC 248.148-SP, 1ª. T., rel. Cristiano Zanin, 15.11.2024 a 26.11.2024, v. u.).

15. Inserção da urgência ou perigo: a novidade trazida pela reforma da Lei 13.964/2019 é a parte final deste parágrafo: "os casos de urgência ou de perigo deverão ser justificados e fundamentados em decisão que contenha elementos do caso concreto que justifiquem essa medida excepcional". Na prática, significa o seguinte: não havendo urgência ou perigo, o magistrado, recebendo o pedido de decretação de medida cautelar contra alguém, deve determinar a intimação da parte interessada para proporcionar o contraditório. Contudo, se houver urgência ou perigo, o juiz pode decretar a medida cautelar sem providenciar o contraditório. Eis uma reiteração de termos sinônimos, que pode significar uma novidade: nesta hipótese, o magistrado deve *justificar* e *fundamentar* em decisão que contenha elementos do caso concreto, justificando a medida excepcional. Pode-se evidenciar uma diferença – que será utilizada mais tarde, também na prisão preventiva – entre *justificar* e *fundamentar*. A *justificação* significa demonstrar que algo tem cabimento com base em argumentos lógicos; a *fundamentação* representa a demonstração de que algo é necessário fundado em provas concretas extraídas dos autos. Essa dicotomia cria um cenário para o juiz: justificar e fundamentar. Evita-se, com isso, as ilações abstratas, como, por exemplo, decretar a prisão cautelar, visto que, em tese, o roubo é crime grave. Pode estar justificado, mas não fundamentado em provas concretas constantes dos autos do processo.

16. Análise da atuação do magistrado: o juiz não pode agir de ofício, sem provocação das partes, calcando-se o sistema de medidas restritivas à liberdade, diversas da prisão, na eficácia e concretude. Se o indiciado ou réu deixar de cumprir a cautelar alternativa, termina por desafiar a autoridade estatal, permitindo que outra medida, mais drástica, possa ser adotada. Assim ocorrendo, o juiz, a requerimento do Ministério, do assistente de acusação ou do querelante, pode substituir a medida por outra mais severa, ou aplicar mais uma medida em cumulação, ou, ainda, decretar a prisão preventiva. Sustentamos que, para qualquer situação em que haja o descumprimento de medida cautelar, o magistrado pode impor a preventiva, mesmo nos casos dos delitos que fujam ao regramento do art. 313, I, do CPP. Noutros termos, para a decretação originária da preventiva, o magistrado precisa focar crimes dolosos punidos com pena privativa de liberdade máxima superior a quatro anos; porém, para a *conversão* de medida cautelar, prevista no art. 319 do CPP, em prisão preventiva, inexiste restrição. Afinal,

609 Título IX – Da Prisão, das Medidas Cautelares e da Liberdade Provisória

Art. 282

todo o mecanismo das medidas cautelares se baseia em eficiência; do contrário, volta-se à *estaca zero*, quando a preventiva era a única medida cabível para aplicação a casos urgentes da investigação ou do processo.

16-A. Prisão como última alternativa: o preceito em questão aponta para a prisão preventiva como uma hipótese derradeira, caso não seja viável impor nenhuma outra medida alternativa. É o objetivo da reforma no cenário das medidas cautelares, vale dizer, tentar a aplicação de todas as que não representarem encarceramento provisório antes da medida mais drástica. Na jurisprudência: STJ: "1. Em vista da natureza excepcional da prisão preventiva, somente se verifica a possibilidade da sua imposição quando evidenciado, de forma fundamentada e com base em dados concretos, o preenchimento dos pressupostos e requisitos previstos no art. 312 do Código de Processo Penal – CPP. Deve, ainda, ser mantida a prisão antecipada apenas quando não for possível a aplicação de medida cautelar diversa, nos termos previstos no art. 319 do CPP. No caso dos autos, verifica-se que a prisão preventiva tem fundamento legal, diante do incontroverso descumprimento de medida cautelar alternativa anteriormente imposta, tendo em vista que o agravante cometeu 22 violações, quais sejam, fim de bateria da tornozeleira eletrônica (no período de 8/1/2020 a 4/2/2020), interrompendo a comunicação com a Central de Monitoração por 27 dias, 4 horas e 49 minutos. Destacou-se ainda que no dia 3/3/2020, o recorrente reincidiu na infração gravíssima (fim de bateria), interrompendo permanentemente a comunicação, encontrando-se, portanto, foragido. 2. A jurisprudência desta Corte Superior sedimentou-se no sentido de que o descumprimento de medida cautelar imposta como condição para a liberdade provisória, demonstra, por si só, a adequação da prisão preventiva para conveniência da instrução criminal, não havendo falar, portanto, em existência de evidente flagrante ilegalidade capaz de justificar a sua revogação" (AgRg no RHC 134.683 BA, 5.ª T., rel. Joel Ilan Paciornik, 05.10.2021, v.u.).

17. Revogação ou substituição da medida cautelar: torna-se expresso que o magistrado pode agir *de ofício* quando for para revogar a medida cautelar ou substituí-la por outra. Pode dar-se a qualquer tempo, desde que se verifique a carência de motivação para a sua subsistência. *A contrario sensu*, pode-se decretá-la novamente, se novas razões a justificarem. É o caráter bilateral da cautelaridade: utiliza-se, quando indispensável; afasta-se, assim que dispensável. Além disso, o magistrado deve levar em consideração a medida cautelar aplicada, a fim de conferir se está sendo devidamente cumprida e se está adequada ao caso. A imposição de mais de uma medida precisa ser igualmente considerada para não resultar em excesso desnecessário; no mesmo prisma, algumas medidas cautelares podem representar um fardo semelhante ao de uma prisão cautelar, como, por exemplo, determinar o afastamento do acusado tanto do trabalho como de sua residência original. Se isso ocorrer, nota-se a criação de um *verdadeiro muro* em torno do réu, impossibilitando-o de exercer a sua profissão e, também, de estar em sua casa. Para que uma situação composta por variadas restrições seja reputada legítima, todas elas precisam ter ligação direta com a imputação feita ao acusado ou investigado. Na jurisprudência: STJ: "1. Para a aplicação das medidas cautelares diversas da prisão, exige-se fundamentação específica que demonstre a necessidade e a adequação de cada medida imposta no caso concreto, vetores que devem manter atualidade (art. 282, § 5.º, do CPP). 2. No caso, o acórdão recorrido, ao determinar a manutenção do monitoramento eletrônico, não expôs fundamentação concreta e específica acerca da prática de eventuais fatos novos e contemporâneos praticados pelo réu, ora recorrente, que configurassem violência ou grave ameaça contra a vítima e justificassem a sua continuidade. Além disso, desde que foi fixado o monitoramento eletrônico, não houve notícia de descumprimento de medida protetiva ou de prática de atos aptos a revelar situação de violência doméstica. 3. Consideradas as peculiaridades do caso concreto e a ausência de motivação que justifique a manutenção da

Art. 283

Código de Processo Penal Comentado · **Nucci**

610

medida de monitoramento eletrônico, necessária se faz a sua suspensão, restabelecendo-se as medidas cautelares anteriormente impostas, que se afiguram suficientes" (AgRg no RHC 179.161/MG, 6.ª T., rel. Jesuíno Rissato, 28.08.2023).

18. Prisão preventiva e a justificação e fundamentação: a alteração introduzida pela Lei 13.964/2019 teve por finalidade impor a justificação e fundamentação caso o juiz opte pela decretação da prisão preventiva. As medidas cautelares (art. 319) são *alternativas* à prisão provisória, mas, como já mencionado, precisam demonstrar concretude e eficiência, sob pena de desnortear o sistema punitivo e deixar o Judiciário desguarnecido de instrumentos úteis para a proteção do processo e da sociedade. Por isso, *sempre* que inviável a medida cautelar, por qualquer razão, havendo os requisitos do art. 312 do CPP, impõe-se a prisão preventiva. Lembrar a diferença entre *justificar* e *fundamentar* na nota 15 *supra*. Na jurisprudência: STF: "3. Havendo cautelaridade, na forma do art. 282, inc. I, e art. 312, ambos do CPP, e não demonstrada circunstância excepcional, o *periculum libertatis* pode ser resguardado mediante a imposição de medidas cautelares diversas da prisão" (HC 219.537 AgR, 2.ª T., rel. André Mendonça, 15.05.2023, v.u.). STJ: "2. Além disso, a custódia cautelar é providência extrema que, como tal, somente deve ser ordenada em caráter excepcional, conforme disciplina expressamente o art. 282, § 6.º, do Diploma Processual Penal, segundo o qual a prisão preventiva será determinada quando não for cabível a sua substituição por outra medida cautelar (art. 319). 3. Salienta-se ainda, que, com o advento da Lei n. 12.403/2011, a custódia cautelar passou a ser, mais ainda, a mais excepcional das medidas, devendo ser aplicada somente quando comprovada a inequívoca necessidade. A autoridade judicial há sempre de verificar se existem medidas alternativas à prisão adequadas ao caso concreto, ainda mais no contexto atual de pandemia e considerando que o Conselho Nacional de Justiça, na Recomendação n. 62/2020, salientou a necessidade de utilização da prisão preventiva com máxima excepcionalidade. 4. Ordem concedida, confirmando-se a liminar, para substituir a prisão preventiva imposta ao paciente por medidas cautelares a serem fixadas pelo Juízo de origem, sem prejuízo de nova decretação de prisão preventiva em caso de descumprimento de quaisquer das obrigações impostas por força das cautelares ou de superveniência de motivos concretos para tanto" (HC 684.793/SP, 6.ª T., rel. Sebastião Reis Júnior, 28.09.2021, v.u.).

> **Art. 283.** Ninguém poderá ser preso senão em flagrante delito ou por ordem escrita e fundamentada da autoridade judiciária competente, em decorrência de prisão cautelar ou em virtude de condenação criminal transitada em julgado.[19-21]
>
> § 1.º As medidas cautelares previstas neste Título não se aplicam à infração a que não for isolada, cumulativa ou alternativamente cominada pena privativa de liberdade.[22]
>
> § 2.º A prisão poderá ser efetuada em qualquer dia e a qualquer hora, respeitadas as restrições relativas à inviolabilidade do domicílio.[23-27]

19. Fundamento constitucional com ampliação: a norma em comento reproduz o disposto pelo art. 5.º, LXI, da Constituição Federal, acrescentando dados. Desde a edição da Constituição de 1988, terminou-se com a prática da denominada prisão para averiguação, efetivada pela autoridade policial, sem mandado judicial. Por isso, logo após, editou-se a Lei 7.960/1989, autorizando o uso da prisão temporária, um substituto necessário à antiga prisão para averiguação. Pelo menos, com o novo sistema, o juiz decreta e controla todo e qualquer tipo de prisão legal no Brasil. Diante disso, salvo a hipótese da prisão em flagrante, que deve ser

611 Título IX – Da Prisão, das Medidas Cautelares e da Liberdade Provisória **Art. 283**

submetida, de todo modo, ao magistrado, após a sua formalização, a prisão cautelar deve ser decretada por juiz competente, mediante ordem escrita e fundamentada. Elimina-se a prisão *verbal*, sem lastro probatório e ausente do campo formal. Especifica a lei processual penal, além do mencionado pelo texto constitucional, ser cabível a prisão temporária, regida pela Lei 7.960/1989, e a prisão preventiva, tutelada pelo art. 312 do CPP. A outra parte refere-se à possibilidade de cumprir pena somente após o trânsito em julgado da decisão condenatória (esgotamento de todos os recursos previstos em lei). O STF, em 2009, confirmou essa regra. Em 2016, alterou-a, sob o principal fundamento de combater a impunidade, evitando-se recursos protelatórios, permitindo, então, o cumprimento da pena após decisão de segundo grau. Em 2019, nas ADCs 43, 44 e 54, retornou ao entendimento de 2009, ou seja, somente se prende o acusado, para cumprir pena, após o trânsito em julgado da decisão condenatória. Essa última postura não impede, no entanto, a decretação de prisão cautelar, quando preencher os requisitos legais, como, por exemplo, a prisão preventiva (art. 312, CPP). Na jurisprudência: STF: "1. O Supremo Tribunal Federal, no julgamento do mérito das ADCs 43, 44 e 54, Rel. Min. Marco Aurélio, declarou a constitucionalidade do art. 283 do Código de Processo Penal (quanto à exigência de trânsito em julgado da condenação para o início do cumprimento da pena). 2. Na oportunidade, contudo, prevaleceu o entendimento de que a referida decisão não significaria a automática expedição do alvará de soltura dos réus presos em segunda instância. Isso porque a prisão antes do exaurimento dos recursos cabíveis permanece possível quando presentes os requisitos autorizadores da prisão preventiva, constantes do art. 312 do Código de Processo Penal. 3. No caso, o paciente foi preso em flagrante delito, por tráfico de drogas, sendo certo que o flagrante foi convertido em prisão preventiva, nos termos do art. 312 do CPP. Inexiste teratologia, ilegalidade flagrante ou abuso de poder que autorize a concessão do pedido. A hipótese é de paciente duplamente reincidente e portador de maus antecedentes. 4. Agravo regimental desprovido" (HC 173.004 AgR, 1. T., rel. Roberto Barroso, 29.05.2020, v.u.). STJ: "1. O Pretório Excelso decidiu pela constitucionalidade do art. 283 do Código de Processo Penal, dispositivo esse que admite a prisão em flagrante, ou por ordem escrita e fundamentada, em decorrência de sentença condenatória transitada em julgado ou, no curso do processo ou investigação, em virtude de prisão provisória ou temporária. Por conseguinte, considerou-se inconstitucional e ilegal a execução provisória da pena pelo mero esgotamento da jurisdição ordinária. 2. *In casu*, verifica-se que ainda não houve trânsito em julgado da condenação, razão pela qual não há falar em expedição de mandado de prisão sem que sejam elencados fundamentos que justifiquem a prisão preventiva. 3. A Corte local não logrou indicar elementos concretos que justificassem a manutenção da custódia. Deixou também de analisar os requisitos do art. 312 do Código de Processo Penal, a fim de justificar a prisão cautelar, por isso a soltura do paciente é medida que se impõe. 4. Ordem concedida para permitir que o paciente aguarde em liberdade o trânsito em julgado da condenação, determinando-se o recolhimento imediato do mandado de prisão expedido contra ele nos autos de n. 0045564-27.2015.8.26.0050, salvo prisão por outro motivo, fundamentadamente" (HC 547.863-SP, 6.ª T., rel. Sebastião Reis Júnior, 04.08.2020, v.u.).

19-A. Prisão e trânsito em julgado: a solidificação da pena, após a sentença condenatória, perpetua-se em face do trânsito em julgado. Esta *situação processual* sempre obteve, doutrinária e jurisprudencialmente, uma única definição: forma-se a coisa julgada material (trânsito em julgado), quando se esgotam *todos* os recursos possíveis contra determinada decisão. Entretanto, o STF em duas ocasiões recentes (HC 126.292 e ADC 43, no Plenário, este último caso por 6 votos contra 5, rel. Marco Aurélio, que ficou vencido, 05.10.2016), decidiu, por maioria de votos, ser prescindível o trânsito em julgado para o início do cumprimento da pena (alguns Ministros chegaram até a questionar o *conceito* de trânsito em julgado). Voltou-se à opção existente antes de 2009, quando se interpretava que esta situação era viável, uma vez

Art. 283

Código de Processo Penal Comentado · **Nucci**

612

que os recursos especial e extraordinário não tinham efeito suspensivo. Logo, não era questão de transitar em julgado, mas de respeitar os ditames processuais. Após a decisão de 2.º grau, não mais existe o efeito suspensivo, motivo pelo qual o STF passou a admitir a prisão. Entendemos equivocada essa postura, mas compreendemos os motivos de política criminal daí advindos. O principal é a frequente utilização dos recursos especial e extraordinário apenas e tão somente para atrasar o trânsito em julgado, pois, quando o dano era realmente grave, a defesa jamais deixou de apresentar o *habeas corpus*. O órgão a utilizar os recursos especial e extraordinário era (e continuará sendo) o Ministério Público; raramente a defesa precisava disso. Quem movimentava, do ponto de vista defensivo, tais recursos tinha por fim prolongar, sem fundamento lógico-jurídico, o trânsito em jugado. Contra isso, insurgiu-se a maioria dos Ministros do STF, em 2016. Entretanto, em 2019, nas ADCs 43, 44 e 54 (Pleno, rel. Min. Marco Aurélio, m.v., 07.11.2019), retornou ao entendimento de 2009, ou seja, somente se prende o acusado, para cumprir pena, após o trânsito em julgado da decisão condenatória. Essa última postura não impede, no entanto, a decretação de prisão cautelar quando preencher os requisitos legais, como, por exemplo, a prisão preventiva (art. 312, CPP).

19-B. Exceção quanto à condenação no Tribunal do Júri: o Supremo Tribunal Federal chegou à conclusão de que a decisão do Tribunal Popular é prestigiada pela *soberania dos veredictos*, conforme art. 5.º, XXXVIII, c, da Constituição Federal. Por conta disso, quando os jurados apontam para a culpa do acusado, esse veredicto não pode ser alterado, quanto ao mérito, por um tribunal togado, tornando-se prevalente. Assim, fixou-se a seguinte tese: "A soberania dos veredictos do Tribunal do Júri autoriza a imediata execução de condenação imposta pelo corpo de jurados, independentemente do total da pena aplicada" (RE 1.235.340, Plenário, rel. Roberto Barroso, 12.9.2024, m.v.). Portanto, independentemente do trânsito em julgado, assim que proferida decisão condenatória no plenário do júri, o juiz deve determinar o imediato cumprimento. Parece-nos que a soberania dos veredictos, de nítido relevo constitucional, pode conviver com o princípio da presunção de inocência, também de paradigma constitucional, permitindo deduzir que a condenação proferida pelo Tribunal do Júri – órgão de primeira instância – poderia aguardar o trânsito em julgado para ser executada. Por certo, nada impede que a prisão cautelar seja decretada durante a investigação ou processo, quando se apure o crime de homicídio – o mais grave dos delitos dolosos contra a vida, motivo pelo qual já estaria o réu detido quando se apresentasse para julgamento pelo júri. Sendo condenado, permaneceria segregado. No entanto, se aguardou a investigação e a instrução criminal solto, inexistindo os requisitos do art. 312 do CPP, deveria assim permanecer até a condenação se tornar definitiva. É compreensível afirmar que o tribunal togado, em caso de provimento a uma apelação interposta pelo réu, contra decisão condenatória do júri, não pode absolver, mesmo considerando injusto o veredicto; justamente em função da soberania, é essencial determinar que o próprio tribunal popular (com outros jurados) deve reavaliar o caso. Se entender correta a manutenção do veredicto condenatório, não haverá outra apelação com o mesmo fundamento. Transitando em julgado, executa-se a pena. Todavia, possível é que o segundo julgamento absolva o acusado e ele não teria cumprido pena *antes da hora*. A posição atual do STF optou por dar prevalência ao princípio constitucional da soberania dos veredictos, que inspira e alicerça a instituição do júri.

20. Prisão para averiguação: tratava-se de um procedimento policial desgastado pelo tempo, em particular diante do incremento dos direitos e garantias individuais e, sobretudo, sepultado pela Constituição Federal de 1988, que, em seu art. 5.º, LXI, preceitua dever ocorrer a prisão somente em decorrência de flagrante e por ordem escrita e fundamentada da autoridade judiciária. Assim, não mais tem cabimento admitir-se que a polícia civil ou militar detenha pessoas na via pública, para "averiguá-las", levando-as presas ao distrito policial, onde, como

613 Título IX – Da Prisão, das Medidas Cautelares e da Liberdade Provisória

Art. 283

regra, verifica-se se são procuradas ou não. Trata-se de instrumento de arbítrio, que, uma vez fosse admitido, ampliaria os poderes da polícia em demasia, a ponto de o cidadão algum ter a garantia de evitar a humilhação do recolhimento ao cárcere. É lógico que o Estado mantém o seu poder de polícia, investigando e cuidando de obter dados de pessoas suspeitas, em atitudes estranhas à normalidade, sob pena de se tornar inviável prender qualquer sujeito procurado, pois nem mesmo os documentos um policial poderia exigir de alguém. O que se deve evitar é a privação da liberdade de uma pessoa, a pretexto de investigar sua vida pregressa. A prisão somente pode ser realizada diante de flagrante delito ou porque um juiz expediu ordem nesse sentido. No mais, deve a polícia cumprir seu mister, abordando, se preciso for, pessoas em lugares públicos, solicitando identificação e procedendo à verificação necessária no mesmo lugar onde houve a abordagem, sem delongas e exageros, que possam configurar atentado à liberdade de locomoção.

21. Possibilidade de prisão para averiguação: somente pode ocorrer nas transgressões militares e quando houver suspensão momentânea das garantias constitucionais, por força do estado de defesa ou de sítio. Esta é a posição de Celso de Mello e de Celso Bastos, citada por este último (*Comentários à Constituição do Brasil*, v. 2, p. 292).

22. Restrição às medidas cautelares: não são cabíveis a infrações de mínima ofensividade, quando não possuem, no preceito sancionador, a previsão de pena privativa de liberdade. Geralmente, são as contravenções penais. Entretanto, vale ressaltar a abrangência dessa restrição ao crime de posse de drogas para consumo pessoal (art. 28, Lei 11.343/2006), que não admite pena privativa de liberdade em hipótese alguma.

23. Momento para a realização da prisão: inexiste fixação de dia e hora para prender alguém, quando há ordem judicial para tanto. Se a prisão é cautelar e indispensável, não é cabível determinar momentos especiais para a sua realização. Assim, onde quer que seja encontrado o procurado, deve ser regularmente preso. A exceção fica por conta de preceito constitucional. Ver nota 24 abaixo.

24. Inviolabilidade de domicílio: preceitua o art. 5.º, XI, da Constituição Federal, que "a casa é asilo inviolável do indivíduo, ninguém nela podendo penetrar sem consentimento do morador, salvo em caso de flagrante delito ou desastre, ou para prestar socorro, ou, durante o dia, por determinação judicial". Assim, havendo a situação de flagrância, pode qualquer um invadir o domicílio, de dia ou de noite, para efetuar uma prisão. Cuida-se do flagrante próprio (art. 302, I e II, CPP) e não do impróprio (inciso III), nem do presumido (inciso IV). A proteção ao domicílio, sendo garantia constitucional, não merece ser alargada indevidamente. Muito fácil seria a invasão de um domicílio pela polícia, a pretexto de verificar se o procurado, lá encontrado, não estaria com a arma do crime, situação que faça presumir ser ele o autor do delito (inciso IV do art. 302). Aliás, ressalve-se que o flagrante verdadeiro (próprio), uma vez ocorrendo, possibilita, ainda, que a vítima seja socorrida, adaptando-se, com perfeição, à autorização constitucional para ingressar no domicílio, durante a noite ("para prestar socorro"). Na ótica que sustentamos: Tales Castelo Branco (*Da prisão em flagrante*, p. 148), Demercian e Maluly (*Curso de processo penal*, p. 155). Contra, afastando qualquer hipótese de flagrante: Tourinho Filho (*Comentários ao Código de Processo Penal*, v. 1, p. 506). No mais, ainda que a polícia possua mandado de prisão, expedido por autoridade judiciária, deve invadir o domicílio do morador recalcitrante apenas durante o dia. Entretanto, caso alguém, procurado, esconda-se na residência de pessoa que permita a entrada da autoridade policial, durante a noite, a prisão pode regularmente ser efetivada. Caso contrário, mesmo que a casa seja do próprio procurado, se este não concordar com a entrada dos policiais para a prisão, resta cercar o local, impedindo a fuga, para, quando houver o alvorecer, cumprir-se a ordem.

Art. 284

Código de Processo Penal Comentado · Nucci   614

25. Conceito de dia: entendemos ser do alvorecer ao anoitecer, sem a especificação de um horário, devendo variar conforme a situação natural. Portanto, não interessa se é *horário de verão*; o relevante é o advento da luz solar.

26. Conceito de delito: o termo *delito*, utilizado na Constituição Federal, comporta interpretação extensiva, para abranger, igualmente, contravenção penal. A posição está em harmonia com o mesmo sentido empregado quanto ao princípio da legalidade ou da reserva legal, onde se preceitua não existir *crime* (e, também, contravenção penal), sem prévia definição legal (art. 5.º, XXXIX, CF).

27. Impedimento da entrada da polícia à noite, em domicílio, não é crime: não constitui favorecimento pessoal (art. 348, CP) o fato de alguém não permitir o ingresso, durante a noite, em seu domicílio, para cumprir um mandado de prisão, ainda que o procurado esteja no seu interior. Trata-se de exercício regular de direito, logo, fato lícito, porque garantido pela Constituição Federal.

> **Art. 284.** Não será permitido o emprego de força,[28] salvo a indispensável no caso de resistência ou de tentativa de fuga do preso.[29-30]

28. Regra de atuação para a prisão: impõe o Código de Processo Penal deva a prisão ser feita sem violência gratuita e desnecessária, especialmente quando há aquiescência do procurado. Entretanto, especifica, expressamente, que a força pode ser utilizada, no caso de haver resistência ou tentativa de fuga. Trata-se de causa garantidora de um dever legal, com reflexos no contexto penal, significando a possibilidade de, havendo lesões ou outro tipo de dano ao preso, alegue, em seu favor, a autoridade policial, o estrito cumprimento do dever legal. Não se autoriza, em hipótese alguma, a violência extrema, consistente na morte do procurado. Logo, se esta ocorrer, não há viabilidade em alegar o estrito cumprimento do dever legal. Eventualmente, resistindo ativamente o preso e investindo contra os policiais, podem estes alegar legítima defesa e, nessa hipótese, se houver necessidade, dentro dos critérios de moderação regentes da excludente (art. 25, CP), até matar o agressor.

29. Uso de algemas: dispõe o art. 199 da Lei 7.210/1984 (Lei de Execução Penal): "o emprego de algemas será disciplinado por decreto federal". Ao menos à luz da Constituição Federal de 1988, que buscou valorizar os direitos e garantias individuais, é preciso seguir, à risca, o disciplinado neste artigo. A ordem legislativa é: "não será permitido o emprego de força". A exceção: "salvo a indispensável *no caso de resistência ou de tentativa de fuga do preso*" (grifamos). Ora, parece cristalina a meta da norma processual penal: a prisão deve realizar-se *sem* violência, exceto quando o preso resistir ou tentar fugir. Logo, parece-nos injustificável, ilegal e inconstitucional (art. 5.º, XLIX, CF) o uso indiscriminado de algemas, mormente quando se tratar de presos cuja periculosidade é mínima ou inexistente. Tem-se assistido a autênticos espetáculos de violência (no mínimo, imoral), por ocasião da realização de prisões de pessoas em geral, disseminando-se o uso das algemas como se esta fosse a regra – e não a exceção. Algemar alguém configura nítido emprego de força, o que o art. 284 do CPP veda, como regra, para a efetivação da prisão. Enquanto não houver uma nova e específica disciplina legal a respeito do uso de algemas, deve-se seguir o disposto no Código de Processo Penal, valendo-se dos grilhões quando o réu, realmente, apresentar periculosidade. Pessoas idosas, agentes de delitos não violentos, enfermos, enfim, muitos réus estão sendo algemados somente para dar uma satisfação à opinião pública, com a deprimente sessão de fotos e filmagens do ato. Aproveitando-se da nova redação dada ao art. 474, § 3.º, do CPP, pela Lei 11.689/2008, o Pretório Excelso resolveu editar súmula vinculante a respeito, de modo a não mais gerar dúvida, quanto ao tema, na sua aplicação. A decisão do Plenário do STF espelha exatamente o que vimos defendendo acerca do uso indiscriminado de algemas no Brasil. A saber, Súmula Vinculante 11: "Só é lícito o uso de algemas em casos de resistência e de fundado receio de fuga ou de perigo à integridade física própria ou alheia, por parte do preso ou de terceiros, justificada a excepcionalidade por escrito, sob pena de responsabilidade disciplinar, civil e penal do agente ou da autoridade e de nulidade da prisão ou do ato processual a que se refere, sem prejuízo da responsabilidade civil do Estado". Vale mencionar, ainda, o Decreto 8.858/2016: "Art. 1.º O emprego de algemas observará o disposto neste Decreto e terá como diretrizes: I – o inciso III do *caput* do art. 1.º e o inciso III do *caput* do art. 5.º da Constituição, que dispõem sobre a proteção e a promoção da dignidade da pessoa humana e sobre a proibição de submissão ao tratamento desumano e degradante; II – a Resolução n.º 2010/16, de 22 de julho de 2010, das Nações Unidas sobre o tratamento de mulheres presas e medidas não privativas de liberdade para mulheres infratoras (Regras de Bangkok); e III – o Pacto de San José da Costa Rica, que determina o tratamento humanitário dos presos e, em especial, das mulheres em condição de vulnerabilidade. Art. 2.º É permitido o emprego de algemas apenas em casos de resistência e de fundado receio de fuga ou de perigo à integridade física própria ou alheia, causado pelo preso ou por terceiros, justificada a sua excepcionalidade por escrito. Art. 3.º É vedado emprego de algemas em mulheres presas em qualquer unidade do sistema penitenciário nacional durante o trabalho de parto, no trajeto da parturiente entre a unidade prisional e a unidade hospitalar e após o parto durante o período em que se encontrar hospitalizada". Na jurisprudência: STJ: "III – No que se refere à alegação de violação à Súmula Vinculante n.º 11, cumpre ressaltar que, de acordo com o entendimento desta Corte, não existe ofensa ao verbete, quando evidenciados os requisitos para a utilização de algemas, sobretudo, quando houver receio de fuga, bem como diante da necessidade de se preservar a integridade própria e de terceiros. Precedentes" (AgRg no HC 787.225/PR, 5.ª T., rel. Messod Azulay Neto, 20.06.2023, v.u.); "2. Verifica-se a indicação de legítima justificativa para o uso de algemas quando há superioridade numérica dos réus em relação aos agentes, com a necessidade de apoio de outra equipe e realização de vistoria em veículo, além da necessidade de assegurar a integridade física da vítima no procedimento de reconhecimento pessoal" (AgRg no HC 769.004/PR, 6.ª T., rel. Jesuíno Rissato, 21.03.2023, v.u.).

30. Conceito de preso: naturalmente, deve-se proporcionar ao termo uma interpretação extensiva, pois, do contrário, ficaria sem sentido a norma. Não é somente contra a pessoa que já foi presa que pode ser usada força, mas também – e sobretudo – contra aquela que está sendo capturada e resiste ou busca fugir.

Art. 285. A autoridade que ordenar a prisão fará expedir o respectivo mandado.[31]

Parágrafo único. O mandado de prisão:[32]

a) será lavrado pelo escrivão e assinado pela autoridade;

b) designará a pessoa, que tiver de ser presa, por seu nome, alcunha ou sinais característicos;

c) mencionará a infração penal que motivar a prisão;

d) declarará o valor da fiança arbitrada, quando afiançável a infração;

e) será dirigido a quem tiver qualidade para dar-lhe execução.[33]

---

31. Exigência de expedição do mandado de prisão: a Constituição Federal é explícita ao determinar que "ninguém será preso senão em flagrante delito ou por ordem

Art. 286

escrita e fundamentada de autoridade judiciária competente" (art. 5.º, LXI), o que significa ser exigível que a ordem *escrita* e *fundamentada*, embora produzida nos autos do processo ou do inquérito, materialize-se em mandado, para que o preso possa dela tomar ciência. Na jurisprudência: STF: "2. A apresentação de mandado de prisão contra o acusado justifica a entrada forçada em sua residência" (HC 222.748 AgR, 2.ª T., rel. Nunes Marques, 18.04.2023, v.u.).

32. Requisitos formais do mandado de prisão: estipula a lei serem cinco os requisitos para constar no mandado de prisão a ser exibido no momento da detenção: a) lavratura por escrivão ou escrevente, com assinatura do juiz, cuja autenticidade é certificada pelo escrivão-diretor; b) designação da pessoa a ser presa, com seus dados qualificadores (RG, nomes do pai e da mãe, alcunha, sexo, cor da pele, data do nascimento, naturalidade, endereço residencial e endereço comercial); c) menção da infração penal por ele praticada; d) declaração do valor da fiança, se tiver sido arbitrada, quando possível; e) emissão à autoridade policial, seus agentes ou oficial de justiça, competentes para cumpri-lo. Outros dados a estes se acrescentam, como praxe e seguindo as normas administrativas, que são: f) colocação da Comarca, Vara e Ofício de onde é originário; g) número do processo e/ou do inquérito, onde foi proferida a decisão decretando a prisão; h) nome da vítima do crime; i) teor da decisão que deu origem à ordem de prisão (preventiva, temporária, pronúncia, sentença condenatória etc.); j) data da decisão; k) data do trânsito em julgado (quando for o caso); l) pena aplicada (quando for o caso); m) prazo de validade do mandado, que equivale ao lapso prescricional.

33. Pessoas com qualidade para dar-lhe execução: é somente o oficial de justiça, a autoridade policial ou seus agentes. Particulares ou outros funcionários públicos não estão autorizados a cumprir ordens de prisão.

> **Art. 286.** O mandado será passado em duplicata,[34] e o executor entregará ao preso, logo depois da prisão, um dos exemplares com declaração do dia, hora e lugar da diligência.[35] Da entrega deverá o preso passar recibo no outro exemplar;[36] se recusar, não souber ou não puder escrever, o fato será mencionado em declaração, assinada por duas testemunhas.

34. Duplicidade do original do mandado: é fundamental existirem duas cópias originais do mandado, ambas assinadas pela autoridade judiciária, não se executando mandado de prisão expedido em fotocópia. Lembremos que a Constituição Federal se preocupou com a identificação dos responsáveis pela sua prisão (art. 5.º, LXIV), o que, naturalmente, abrange a autoridade judiciária autora do decreto de segregação. Trata-se de garantia fundamental para aquele que, injustamente detido, pretende apurar a responsabilidade penal dos mandantes da prisão.

35. Especificação do dia, hora e lugar da diligência: é outra providência essencial, pois demonstra exatamente o momento em que se deu a prisão, possibilitando um controle rígido do prazo de permanência do preso no cárcere. Essa medida ganha relevância nos casos de prisão temporária, cujo período é, como regra, de cinco dias, prorrogáveis por mais cinco, apenas (art. 2.º, *caput*, da Lei 7.960/1989).

36. Recibo do preso em uma das cópias: a cópia do mandado cumprido, que retornará aos autos, de onde foi expedido, deve trazer a assinatura do preso, na forma de recibo. Se houver recusa ou impossibilidade de assinar, deve-se valer do auxílio de testemunhas instrumentárias, que certificarão a entrega. Em caso de dúvida, podem essas pessoas ser ouvidas em juízo, comprovando ou não os dados relativos ao dia, hora e local mencionados.

Art. 287. Se a infração for inafiançável, a falta de exibição do mandado não obstará a prisão, e o preso, em tal caso, será imediatamente apresentado ao juiz que tiver expedido o mandado, para a realização de audiência de custódia.[37-37-A]

37. Impossibilidade de exibição do mandado: as infrações inafiançáveis são as mais graves, razão pela qual é possível encontrar um procurado perigoso, devidamente reconhecido pelos agentes policiais, que sabem, ainda, da existência de mandado de prisão contra ele expedido, podendo fazer valer, nessa hipótese, o interesse público de ser recolhida tal pessoa ao cárcere, dando-lhe voz de prisão. Nesse caso, à ausência do mandado, encaminharão, imediatamente, ao juiz expedidor do mandado – ou também ao juiz corregedor da polícia judiciária ou plantonista– o preso, sendo facilitada, então, a busca do original do mandado e constatação da legalidade da prisão. Deve ser evitada, no entanto, a prática tortuosa e dissociada da legalidade, de prisões sem mandado expedido, embora de pessoas tidas por perigosas, cuja expedição de mandado é feita pelo juiz *após* a detenção já ter sido realizada, representando abuso de autoridade.

37-A. Audiência de custódia: introduzida no cenário processual penal por força de decisão administrativa do Conselho Nacional de Justiça, depois ratificada pelo STF, agora ingressa na lei. Portanto, a única modificação desse artigo foi a introdução, na parte final, da *realização de audiência de custódia*. Na jurisprudência: STF: "Audiência de custódia. Direito fundamental do preso a ser apresentado sem demora a uma autoridade judicial que possa controlar eventuais abusos e analisar a legitimidade da restrição à liberdade (art. 7.5, CADH). A superveniência da realização da audiência de instrução e julgamento não torna superada a alegação de ausência de audiência de custódia. Necessidade em qualquer espécie de prisão. Ordem parcialmente concedida" (AgRg no HC 202.579/ES, 2.ª T., rel. Gilmar Mendes, 26.10.2021, m.v.). STJ: "1. 'A decisão proferida durante a audiência de custódia, ao relaxar a prisão em flagrante da recorrente, independentemente dos motivos que determinaram a concessão da liberdade, não vincula o titular da ação penal, e, portanto, não obsta o posterior oferecimento de denúncia, sob pena de negativa de vigência ao art. 24 do Código de Processo Penal' (RHC 85.970/SP, Rel. Ministro Felix Fischer, Quinta Turma, julgado em 10/4/2018, *DJe* 16/4/2018). 2. A audiência de custódia não se presta à incursão no mérito de futura ação penal, por isso, magistrado designado para a sua realização, exceto para fins relacionados única e exclusivamente à prisão, não possui competência para emitir juízo de valor sobre validade ou não de provas" (AgRg no RHC 127.436-RN, 5.ª T., rel. Ribeiro Dantas, 18.08.2020, v.u.).

Art. 288. Ninguém será recolhido à prisão, sem que seja exibido o mandado ao respectivo diretor ou carcereiro,[38] a quem será entregue cópia assinada pelo executor ou apresentada a guia expedida pela autoridade competente, devendo ser passado recibo da entrega do preso, com declaração de dia e hora.

Parágrafo único. O recibo poderá ser passado no próprio exemplar do mandado, se esse for o documento exibido.

38. Exigência de exibição do mandado ao diretor ou carcereiro: não há conflito algum com o artigo antecedente. Este cuida da situação de prisão, propriamente dita, enquanto o art. 288 trata do recolhimento efetivo ao cárcere. Assim, encontrando alguém procurado na via pública, a voz de prisão é emitida e o detido será encaminhado, não à cadeia, mas ao juiz para regularização da situação. Encontrado o mandado, assinado recibo, entregue a cópia,

Art. 289

segue, então, para o presídio, quando então o diretor pode recebê-lo, sem qualquer receio de estar prendendo pessoa sem ordem judicial.

> **Art. 289.** Quando o acusado estiver no território nacional, fora da jurisdição do juiz processante, será deprecada a sua prisão[39] devendo constar da precatória o inteiro teor do mandado.
>
> § 1.º Havendo urgência, o juiz poderá requisitar a prisão por qualquer meio de comunicação, do qual deverá constar o motivo da prisão, bem como o valor da fiança se arbitrada.[40]
>
> § 2.º A autoridade a quem se fizer a requisição tomará as precauções necessárias para averiguar a autenticidade da comunicação.[41]
>
> § 3.º O juiz processante deverá providenciar a remoção do preso no prazo máximo de 30 (trinta) dias, contados da efetivação da medida.[42]

39. Prisão por precatória: estando a pessoa procurada em Comarca diversa daquela onde a autoridade judiciária emitiu a ordem de prisão, por uma questão de respeito à competência, expede-se precatória, solicitando que o juiz local aponha o "cumpra-se", tornando legal a prisão. O conteúdo da precatória deve ser completo, isto é, expedida no original, constará o inteiro teor do mandado de prisão, com todos os seus requisitos, inclusive com duas cópias, para possibilitar o cumprimento do disposto no art. 286. Preferindo, pode o juiz deprecante solicitar a prisão e enviar, juntamente com a precatória, duas vias originais do mandado de prisão, para que seja, uma delas, entregue à pessoa presa. Ver, ainda, o art. 354, que traz os requisitos formais da precatória.

40. Requisição por qualquer meio: a urgência pode impor qualquer meio idôneo de transmissão do mandado, pois a via normal pode ser burocrática e lenta, que é a expedição da precatória. É viável utilizar, inclusive, os meios eletrônicos, hoje disponíveis, como o e-mail. Entretanto, ao receber a comunicação, deve o juiz, que determinará o cumprimento, providenciar a reprodução do mesmo em duas vias, para que uma seja entregue ao detido. Atualmente, tem-se utilizado o fax, desde que a autoridade judiciária, receptora do mandado, certifique a sua origem e coloque o "cumpra-se" em duas vias dele extraídas. Nesses casos, há posição jurisprudencial validando o procedimento.

41. Verificação da autenticidade: como já mencionado na nota anterior, torna-se fundamental checar a autenticidade da ordem de prisão expedida, por outro meio que não a precatória (e-mail, telegrama, telefone, mensagem eletrônica etc.). Vale ressaltar deva esse cuidado ser tomado inclusive no caso de precatória, pois não são inéditos os casos de falsificação da assinatura do magistrado.

42. Prazo para a remoção: trata-se de norma introduzida pela Lei 12.403/2011, buscando resolver dois problemas básicos: a) competência da autoridade responsável pela transferência do preso; b) tempo para que se dê tal transferência. Durante vários anos de nossa atuação à frente do Tribunal do Júri de São Paulo, acompanhamos casos de réus presos em outras Comarcas, muitas das quais bem distantes do Estado de São Paulo, que ali ficavam por meses aguardando a sua transferência para a Capital, onde seria julgado. Naquela época, discutia-se qual era o juízo competente para determinar a remoção: se o juiz da Comarca onde estava detido o preso ou se o magistrado da Comarca de onde partiu a ordem de prisão. Essa foi a primeira solução trazida pela nova redação ao art. 289, § 3.º. Cabe ao juiz processante providenciar a transferência do preso. Sabe-se, no entanto, não possuir o Judiciário os recursos

Título IX – Da Prisão, das Medidas Cautelares e da Liberdade Provisória
Art. 289-A

suficientes para isso. Logo depende-se do Executivo, que, inclusive, deve proporcionar a escolha necessária. Outra via-crúcis é percorrida pelos juízes, em busca de rápida solução para o caso, quando o Executivo, muitas vezes, nega capacidade econômica momentânea. Arrastam-se processos e réus presos por conta disso. Certa vez, um preso vinculado ao Tribunal do Júri de São Paulo encontrava-se preso numa cidade do Nordeste. Em face da demora para a transferência, recebemos uma carta do Prefeito dessa cidade, garantindo que, se o soltássemos, ele (prefeito) asseguraria a sua apresentação em São Paulo. Muito tempo havia transcorrido, tratando-se de acusado primário e homicídio simples. Revogamos a preventiva, marcamos a data do julgamento pelo júri e enviamos o alvará de soltura, com a intimação para o comparecimento, para a cidade onde o preso estava. Outra não foi a surpresa, quando, no dia marcado, ali compareceu o réu para se submeter a julgamento pelo Tribunal do Júri. Casos raros, por certo. Entretanto, espelham a incapacidade do Judiciário de promover, diretamente, a remoção. Nesse cenário, ingressa a outra modificação introduzida pela novel lei. Há um prazo de trinta dias para a transferência. Não se menciona qual seria a medida cabível se o período for ultrapassado, mas se pode deduzir tratar-se de constrangimento ilegal, sanável por *habeas corpus*. Entretanto, como os prazos para a duração da prisão cautelar não existem, imperando o princípio da razoabilidade, espera-se comedimento dos juízes para aplicar tal preceito. Não será no trigésimo primeiro dia, sem se consumar a remoção, que se vai soltar o acusado, mormente se perigoso. Tudo deve ser sanado na exata medida do proporcional e razoável, porém, sem perder de vista o novo prazo fixado em lei.

> **Art. 289-A.** O juiz competente providenciará o imediato registro do mandado de prisão em banco de dados mantido pelo Conselho Nacional de Justiça para essa finalidade.[42-A]
>
> § 1.º Qualquer agente policial poderá efetuar a prisão determinada no mandado de prisão registrado no Conselho Nacional de Justiça, ainda que fora da competência territorial do juiz que o expediu.
>
> § 2.º Qualquer agente policial poderá efetuar a prisão decretada, ainda que sem registro no Conselho Nacional de Justiça, adotando as precauções necessárias para averiguar a autenticidade do mandado e comunicando ao juiz que a decretou, devendo este providenciar, em seguida, o registro do mandado na forma do *caput* deste artigo.
>
> § 3.º A prisão será imediatamente comunicada ao juiz do local de cumprimento da medida o qual providenciará a certidão extraída do registro do Conselho Nacional de Justiça e informará ao juízo que a decretou.
>
> § 4.º O preso será informado de seus direitos, nos termos do inciso LXIII do art. 5.º da Constituição Federal e, caso o autuado não informe o nome de seu advogado, será comunicado à Defensoria Pública.
>
> § 5.º Havendo dúvidas das autoridades locais sobre a legitimidade da pessoa do executor ou sobre a identidade do preso, aplica-se o disposto no § 2.º do art. 290 deste Código.
>
> § 6.º O Conselho Nacional de Justiça regulamentará o registro do mandado de prisão a que se refere o *caput* deste artigo.

42-A. Controle do mandado de prisão: há muito se aguardava a unificação do banco de dados criminais ao menos no tocante aos mandados de prisão. Caberá ao Conselho Nacional de Justiça manter os arquivos centralizados, motivo pelo qual deve o juiz expedidor da ordem de prisão encaminhar o mandado a tal órgão. Assim fazendo, como

Art. 290

Código de Processo Penal Comentado · **Nucci**   620

preceituam os §§ 1.º e 2.º, qualquer agente policial, no Brasil, poderá efetuar a prisão, sem maiores entraves ou burocracia.

> **Art. 290.** Se o réu,[43] sendo perseguido, passar ao território de outro município ou comarca, o executor poderá efetuar-lhe a prisão no lugar onde o alcançar,[44] apresentando-o imediatamente à autoridade local, que, depois de lavrado, se for o caso, o auto de flagrante,[45] providenciará para a remoção do preso.
>
> § 1.º Entender-se-á que o executor vai em perseguição do réu, quando:
>
> a) tendo-o avistado, for perseguindo-o sem interrupção, embora depois o tenha perdido de vista;
>
> b) sabendo, por indícios ou informações fidedignas, que o réu tenha passado, há pouco tempo, em tal ou qual direção, pelo lugar em que o procure, for no seu encalço.
>
> § 2.º Quando as autoridades locais tiverem fundadas razões para duvidar da legitimidade da pessoa do executor ou da legalidade do mandado[46] que apresentar, poderão pôr em custódia[47] o réu, até que fique esclarecida a dúvida.

43. Conceito de pessoa perseguida: não é exclusivamente o réu – aquele contra quem já existe ação penal proposta –, mas também o indiciado ou suspeito. Faz-se, nesse ponto, uma interpretação extensiva.

44. Possibilidade de ultrapassar a fronteira do local originário da ordem de prisão: autoriza o Código de Processo Penal, com plena razoabilidade, que, havendo perseguição, esta não se interrompa por fatores exclusivamente formais, consistentes, por exemplo, na competência da autoridade judiciária expedidora do mandado. Assim, policiais de uma Comarca (ou Estado) podem invadir área de outra Comarca (ou Estado) para prender o procurado, desde que haja uma situação de flagrância (perseguição do autor da infração penal) ou mesmo quando a pessoa a ser detida for identificada e, vislumbrando a aproximação da polícia, colocar-se em fuga, adentrando Comarca (ou Estado) vizinha. A perseguição é autorizada nas hipóteses previstas no § 1.º (perseguição sem interrupção, embora com lapsos de localização e recebimento de informações confiáveis sobre o paradeiro recente do procurado). A cautela a seguir, quando alcançado e preso o procurado, é apresentá-lo à autoridade local, pois, bem ou mal, não é a área de atuação da autoridade, que efetuou a prisão. Se houver mandado de prisão, vale a apresentação à polícia do lugar. Mas, não havendo, cremos ser indispensável apresentar o detido ao juiz, como dispõe o art. 287. Esta norma menciona o "juiz que tiver expedido o mandado", mas não é menos certo que, em outra Comarca, o ideal seria a expedição de precatória, para que a autoridade judiciária local apusesse o "cumpra-se". Portanto, cabe a exibição do detido, quando sem mandado, ao juiz do lugar, para que este providencie a certificação da origem da ordem, conseguindo de seu colega cópia do mandado e atestando a legalidade da prisão. Se for hipótese de flagrante, este é lavrado pela autoridade policial do lugar onde ocorreu a detenção e enviado ao juiz local, para verificar a legalidade da prisão. Posteriormente, seguem os autos ao lugar onde se situa o juízo competente para a instauração do processo. Se cuidar de mandado de prisão, a autoridade policial local, constatando a regularidade da detenção, liberará o preso para a transferência à Comarca (ou Estado) de origem da ordem. Finalmente, quando houver prisão sem mandado, o juiz local, certificando-se da legalidade, mandará que o preso seja transferido ao lugar de origem da ordem.

45. Lavratura do auto de prisão em flagrante no lugar da prisão: trata-se de hipótese viável, que não fere qualquer regra de competência, pois se refere a um ato administrativo e não jurisdicional.

46. Dúvida quanto à identidade do executor da prisão ou quanto à legalidade do mandado: é salutar que as autoridades locais, desconfiando não ser o executor policial, por exemplo, ou que o mandado apresentado é falso, certifiquem-se da legalidade da prisão, antes de liberar o preso. Afinal, seria um autêntico abuso entregar alguém detido a pessoa que não possui autorização legal para prendê-lo.

47. Custódia: trata-se da manutenção de alguém detido, com a finalidade de lhe assegurar proteção. É o que ocorre na hipótese mencionada neste parágrafo, pois há dúvida quanto à identidade do executor da prisão ou mesmo quanto à legitimidade do mandado apresentado. Assim, retira-se o preso da esfera do executor da detenção, mantendo-o em lugar seguro, até a verificação da correção dos dados supramencionados.

> **Art. 291.** A prisão em virtude de mandado entender-se-á feita desde que o executor,[48] fazendo-se conhecer do réu,[49] lhe apresente o mandado e o intime a acompanhá-lo.

48. Executor do mandado de prisão: há de ser funcionário ou agente do Estado, pois o particular somente pode realizar prisão em flagrante.

49. Identificação do responsável pela prisão: é preceito constitucional, como se vê do art. 5.º, LXIV, CF ("o preso tem direito à identificação dos responsáveis por sua prisão ou por seu interrogatório policial").

> **Art. 292.** Se houver, ainda que por parte de terceiros,[50] resistência[51] à prisão em flagrante ou à determinada por autoridade competente,[52] o executor e as pessoas que o auxiliarem poderão usar dos meios necessários para defender-se ou para vencer a resistência, do que tudo se lavrará auto subscrito também por duas testemunhas.[53-54]
>
> **Parágrafo único.** É vedado o uso de algemas em mulheres grávidas durante os atos médico-hospitalares preparatórios para a realização do parto e durante o trabalho de parto, bem como em mulheres durante o período de puerpério imediato. (*Redação dada pela Lei n.º 13.434, de 2017*)[54-A]

50. Terceiros que resistem: é possível que, além da pessoa a ser detida, terceiros invistam contra o executor, buscando impedir a concretização da prisão. Nesse caso, autoriza-se o uso de força até mesmo contra aqueles que colocam obstáculos à realização do ato. Conforme o caso, podem ser também presos em flagrante pelos crimes que cometerem contra o executor da ordem.

51. Resistência à prisão: pode dar-se de forma ativa ou passiva. No primeiro caso, o preso investe contra o executor da ordem de prisão, autorizando que este não somente use a força necessária para vencer a resistência, como também se defenda. Há, nessa situação, autêntica legítima defesa. Se a agressão do sujeito a ser detido ameaçar a vida do executor, pode este, se indispensável, tirar a vida do primeiro. É o que ocorre quando marginais trocam tiros com a polícia e são mortalmente atingidos. Por outro lado, a resistência pode ser passiva, com o preso debatendo-se, para não colocar algemas, não ingressar na viatura ou não ir ao

Art. 293

distrito policial. Nessa hipótese, a violência necessária para dobrar sua resistência caracteriza, por parte do executor, o estrito cumprimento do dever legal. Qualquer abuso no emprego da legítima defesa ou do estrito cumprimento do dever legal caracteriza o excesso, pelo qual é responsável o executor da prisão. Note-se, por derradeiro, que o delito previsto no art. 329 do Código Penal (resistência) somente se perfaz na modalidade de resistência ativa.

52. Autoridade competente para determinar a prisão: atualmente, após a Constituição de 1988, é somente a autoridade judiciária competente, que deve fazê-lo por escrito e fundamentadamente (art. 5.º, LXI).

53. Auto circunstanciado: determina a lei que, havendo resistência, consequentemente o emprego de violência contra terceiros ou contra o próprio detido, para justificar os danos ocorridos – em pessoas ou coisas – lavra-se um termo, contendo todas as circunstâncias do evento, subscrito por duas testemunhas que tenham assistido ao ato, evitando-se, com isso, qualquer responsabilização do executor da prisão – ou pelo menos, documentando o que houve, para futura utilização.

54. Auto de resistência seguido de morte: trata-se de peça inadequada, sem amparo técnico-processual. Lavra-se o auto de resistência quando o preso está vivo, a fim de se demonstrar o ocorrido, registrar as lesões e narrar os fatos, para posterior apuração de eventual responsabilidade da autoridade. Entretanto, se o procurado resiste, agride os policiais e termina morto, embora em legítima defesa, deve-se lavrar o auto de prisão em flagrante em relação ao autor do homicídio, fato típico consolidado. Não existe *auto de resistência com morte*, visto espelhar autêntico subterfúgio para evitar o flagrante de homicídio. Compreende-se a ideia de não se querer dar voz de prisão ao policial, que, cumprindo seu dever, foi levado a matar o suspeito ou procurado. Mas esse é o caminho legal, para que, na sequência, o juiz conceda liberdade provisória sem fiança, nos exatos termos do art. 310 do CPP. Portanto, o policial eventualmente *preso em flagrante*, nem mesmo detido ficaria, pois qualquer juiz de plantão teria condições de lhe conceder imediatamente o benefício legal, suplantando-se o incômodo do recolhimento ao cárcere.

54-A. Uso de algemas em mulheres gestantes: a utilização de algemas é mal regulamentada no Brasil, pois se depende mais da jurisprudência do que de legislação específica. A introdução deste parágrafo, portanto, é uma exceção. Menciona-se a indevida colocação de algemas em mulheres pré, durante e pós-parto, o que, em verdade, nem precisaria constar de lei, bastando a polícia valer-se de bom senso. Afinal, a mulher, na situação retratada neste parágrafo, não oferece risco à fuga, como regra. Por fim, é preciso destacar o relevante problema do estado puerperal, quando as dores físicas e a instabilidade emocional da parturiente tornam-se mais graves, podendo levá-la, inclusive, a matar o seu filho, recém-nascido. Desse modo, se for algemada, justamente nesse delicado momento, pode piorar – e muito – o puerpério.

> **Art. 293.** Se o executor do mandado verificar, com segurança, que o réu entrou ou se encontra em alguma casa, o morador será intimado a entregá-lo, à vista da ordem de prisão.[55] Se não for obedecido imediatamente, o executor convocará duas testemunhas e, sendo dia, entrará à força na casa, arrombando as portas, se preciso; sendo noite, o executor, depois da intimação ao morador, se não for atendido, fará guardar todas as saídas, tornando a casa incomunicável, e, logo que amanheça, arrombará as portas e efetuará a prisão.[56]
>
> **Parágrafo único.** O morador que se recusar a entregar o réu oculto em sua casa será levado à presença da autoridade, para que se proceda contra ele como for de direito.[57]

55. Intimação do morador que acolhe o procurado: em virtude da inviolabilidade de domicílio, que é a regra, não deve o executor, tão logo constate o ingresso da pessoa buscada em morada alheia, invadi-la, sem qualquer vacilo. Necessita-se intimar o morador a entregar o procurado, mostrando-lhe o mandado de prisão. Não havendo obediência, poderá ocorrer a invasão, desde que seja à luz do dia e acompanhado o ato por duas testemunhas. Se inexistirem testemunhas o ingresso forçado poderá ocorrer do mesmo modo, embora, nesse caso, possa haver maior problema para o executor da ordem, em caso de acusação de abuso, por parte do morador. Não há necessidade de autorização judicial (mandado de busca) para o arrombamento das portas e ingresso forçado no ambiente, que guarda o procurado, pois o mandado de prisão e a própria lei dão legitimidade a tal atitude. Na jurisprudência: STJ: "3. Não se verifica ilegalidade na conduta perpetrada pelos policiais, notadamente diante do prévio mandado judicial de prisão preventiva expedido contra o agravante. 4. 'Nos termos do disposto no art. 293 do CPP, o mandado de prisão expedido por autoridade competente é suficiente para autorizar o ingresso dos policiais no domicílio da ré, durante o dia, independentemente de permissão específica para a entrada na residência ou do consentimento do morador' (HC n. 559.652/MA, relator Ministro Ribeiro Dantas, Quinta Turma, julgado em 23/6/2020, *DJe* de 26/6/2020.) – (AgRg no HC n. 876.898/SC, Ministro Ribeiro Dantas, Quinta Turma, *DJe* 20/5/2024)" (AgRg no AREsp 2.010.603/TO, 6ª T., rel. Sebastião Reis Júnior, 04.06.2024, v.u.); "1. De acordo com o disposto no art. 293 do CPP, para ingressar em domicílio a fim de dar cumprimento a mandado de prisão, o executor primeiro deve intimar o morador a entregar o foragido e, depois, em caso de desobediência, se durante o dia, a autoridade – com duas testemunhas – poderá adentrar o imóvel. 2. No caso dos autos, além de não haver sido observado o procedimento legal previsto no referido dispositivo, nem sequer se sabia, com segurança, se o réu estava ou não dentro da casa, haja vista que o mandado de prisão foi cumprido a partir de informações anônimas de que o investigado estava em determinada residência. Não havia fundadas razões de que o alvo estaria, de fato, no interior daquela casa. 3. Ainda que seguido o procedimento legal descrito no art. 293 do CPP e ainda que admitida a possibilidade de ingresso no domicílio para a captura do recorrente a fim de dar cumprimento ao mandado de prisão, isso não bastaria para validar a apreensão de diversos bens – aparelhos celulares, computadores etc. – dentro do referido local. Quando o cumprimento do mandado de prisão ocorrer no domicílio do investigado, é permitido apenas o seu recolhimento e o dos bens que estejam na sua posse direta, como resultado de uma busca pessoal (art. 240 do CPP), mas não de todos os objetos guarnecidos no imóvel que possam, aparentemente, ter ligação com alguma prática criminosa" (RHC 153.988/SP, 6.ª T., rel. Rogério Schietti Cruz, 11.04.2023, v.u.).

56. Invasão em domicílio durante a noite: não somente o Código veda, como também o faz a Constituição Federal (art. 5.º, XI). Assim, aguarda-se o amanhecer – note-se que o conceito de dia e noite equivale à natureza, isto é, ao surgimento da luz solar, quando amanhece, e ao seu desaparecimento, quando anoitece – para que ocorra a invasão, cercando-se o lugar para impedir a fuga do procurado.

57. Flagrante de favorecimento pessoal: deve-se dar voz de prisão em flagrante, por favorecimento pessoal, àquele que dá guarida a pessoa procurada, legalmente, pela polícia. A única hipótese em que isso não deve ocorrer é no caso de impedimento da entrada dos policiais durante a noite, pois se trata de exercício regular de direito.

> **Art. 294.** No caso de prisão em flagrante, observar-se-á o disposto no artigo anterior no que for aplicável.[58]

Art. 295

58. Prisão em flagrante e crime permanente: autoriza a detenção do autor da infração penal, por qualquer pessoa e por agente da autoridade, ainda que sem mandado de prisão. Nesse caso, permite-se a invasão do domicílio, onde se encontra o agente, mesmo durante a noite, por expressa autorização constitucional. No mais, age-se como preceituado no artigo anterior. Especial atenção deve ser dada aos crimes permanentes, cuja consumação se arrasta no tempo, motivo pelo qual é autorizada a invasão domiciliar, com a consequente prisão do agente, a qualquer hora do dia ou da noite, sem mandado judicial (de busca ou de prisão). Porém, para a invasão ser considerada legítima – e não fruto do abuso de agentes de segurança pública – é indispensável haver alicerce mínimo para justificar a fundada suspeita em relação ao cometimento de crime permanente naquele domicílio. Sem isso, a invasão é abusiva, logo, ilícita, tornando igualmente ilícita a prova ali colhida. Conferir a nota 32 ao art. 241. Na jurisprudência: STF: "A Constituição dispensa o mandado judicial para ingresso forçado em residência em caso de flagrante delito. No crime permanente, a situação de flagrância se protrai no tempo. Período noturno. A cláusula que limita o ingresso ao período do dia é aplicável apenas aos casos em que a busca é determinada por ordem judicial. Nos demais casos – flagrante delito, desastre ou para prestar socorro – a Constituição não faz exigência quanto ao período do dia. (...) A entrada forçada em domicílio, *sem uma justificativa prévia conforme o direito, é arbitrária. Não será a constatação de situação de flagrância, posterior ao ingresso, que justificará a medida.* Os agentes estatais devem demonstrar que havia elementos mínimos a caracterizar fundadas razões (justa causa) para a medida. Fixada a interpretação de que a entrada forçada em domicílio sem mandado judicial só é lícita, mesmo em período noturno, quando amparada em fundadas razões, devidamente justificadas *a posteriori*, que indiquem que dentro da casa ocorre situação de flagrante delito, sob pena de responsabilidade disciplinar, civil e penal do agente ou da autoridade e de nulidade dos atos praticados. Caso concreto. Existência de fundadas razões para suspeitar de flagrante de tráfico de drogas. Negativa de provimento ao recurso" (RE 603.616, T.P., rel. Gilmar Mendes, 10.05.2016, m.v., grifamos).

> **Art. 295.** Serão recolhidos a quartéis[59] ou a prisão especial,[60-62] à disposição da autoridade competente, quando sujeitos a prisão antes de condenação definitiva:[63-66]
>
> I – os ministros de Estado;
>
> II – os governadores[67] ou interventores[68] de Estados ou Territórios, o prefeito[69] do Distrito Federal, seus respectivos secretários, os prefeitos municipais, os vereadores e os chefes de Polícia;[70]
>
> III – os membros do Parlamento Nacional,[71] do Conselho de Economia Nacional[72] e das Assembleias Legislativas dos Estados;
>
> IV – os cidadãos inscritos no "Livro de Mérito";[73]
>
> V – os oficiais das Forças Armadas e os militares dos Estados, do Distrito Federal e dos Territórios;[74]
>
> VI – os magistrados;[75]
>
> VII – os diplomados por qualquer das faculdades superiores da República;
>
> VIII – os ministros de confissão religiosa;
>
> IX – os ministros do Tribunal de Contas;
>
> X – os cidadãos que já tiverem exercido efetivamente a função de jurado, salvo quando excluídos da lista por motivo de incapacidade para o exercício daquela função;[76]

XI – os delegados de polícia e os guardas-civis dos Estados e Territórios, ativos e inativos.

§ 1.º A prisão especial, prevista neste Código ou em outras leis consiste exclusivamente no recolhimento em local distinto da prisão comum.[77]

§ 2.º Não havendo estabelecimento específico para o preso especial, este será recolhido em cela distinta do mesmo estabelecimento.[78]

§ 3.º A cela especial poderá consistir em alojamento coletivo, atendidos os requisitos de salubridade do ambiente, pela concorrência dos fatores de aeração, insolação e condicionamento térmico adequados à existência humana.[79]

§ 4.º O preso especial não será transportado juntamente com o preso comum.[80]

§ 5.º Os demais direitos e deveres do preso especial serão os mesmos do preso comum.

59. Prisão em quartéis: trata-se de uma modalidade de prisão especial, cumprida em salas de Estado-Maior das Forças Armadas, que se distinguem dos presídios e das cadeias públicas. Ver a nota seguinte, cuidando da prisão especial.

60. Prisão especial: mais uma vez, associando-se aos casos de foro privilegiado, cria-se uma categoria diferenciada de brasileiros, aqueles que, presos, devem dispor de um tratamento especial, ao menos até o trânsito em julgado da sentença condenatória. Menciona-se, na doutrina, para justificar a distinção, levar a lei em consideração não a pessoa, mas o cargo ou a função por ela exercida. Não vemos, com a devida vênia, o menor sentido nisso. Quem vai preso é o indivíduo e não seu cargo ou sua função. Quem sofre os males do cárcere antecipado e cautelar é o ser humano e não o seu título. Em matéria de liberdade individual, devemos voltar os olhos à pessoa e não aos seus padrões sociais ou econômicos, que a transformem em alguém diferenciado. O correto seria garantir prisão especial – leia-se, um lugar separado dos condenados – a todo e qualquer brasileiro que, sem ter experimentado a condenação definitiva, não deve misturar-se aos criminosos, mormente os perigosos. Entretanto, faz a lei uma discriminação injusta e elitista. Por mais que se argumente que determinadas pessoas, por deterem diploma de curso superior ou qualquer outra titulação, muitas vezes não acessíveis ao brasileiro médio, merecem um tratamento condigno destacado, porque a detenção lhes é particularmente dolorosa, é fato que qualquer pessoa primária, sem antecedentes, encontra na prisão provisória igual trauma e idêntico sofrimento. Bastaria bom senso e boa vontade ao legislador e ao administrador dos estabelecimentos penitenciários para executar uma política humana de detenção, reservando-se celas e até mesmo pavilhões para os presos provisórios, separando-se, dentre esses, aqueles que são primários, sem qualquer antecedente, dos que já possuem condenações e, consequentemente, maior vivência no cárcere. A nova redação do art. 300 deste Código busca assegurar tal divisão entre provisórios e definitivamente condenados. Ainda assim, manteve-se a prisão especial, demonstrativo do desequilíbrio das relações políticas e sociais no Brasil. Além disso, o caminho ideal é assegurar-se a todos, indiscriminadamente, condições decentes de vida, sem equiparar seres humanos a animais, como se vivessem em jaulas, sem qualquer salubridade. Nenhum mal – além daquele que a prisão em si causa – pode haver para um engenheiro dividir o espaço com um marceneiro, por exemplo, se ambos são pessoas acusadas da prática de um delito pela primeira vez. Por que haveria o portador de diploma de curso superior de merecer melhor tratamento do que o outro? Somos da opinião que toda e qualquer forma de discriminação deveria ser abolida, inclusive a prisão especial. A Lei 10.258/2001 buscou amenizar o problema, acrescentando

Art. 295

Código de Processo Penal Comentado · Nucci

os §§ 1.º a 5.º neste artigo, mas não solucionou definitivamente a questão. O foco primordial deveria ser outro: a prisão é uma exceção e não a regra, razão pela qual, se for decretada, o tratamento dado aos detidos deveria pautar-se pela pessoa, seu caráter, sua personalidade, sua periculosidade e jamais por títulos que detenha. Não se vai construir uma sociedade justa separando-se brasileiros por castas, ainda que em presídios. O homem letrado e culto pode ser tão delinquente quanto o ignorante e analfabeto, por vezes até pior, diante do conhecimento que detém. Aos poucos, talvez, amenizando as regalias da prisão especial, possamos atingir o estado de igualdade exigido por um País que se pretende verdadeiramente democrático. Criticando, igualmente, a prisão especial e os argumentos demagógicos na sua manutenção, Maurício Zanoide de Moraes faz apenas uma ressalva importante, com a qual somos levados a concordar. Deve-se garantir a prisão especial unicamente às pessoas que, em virtude da função exercida, antes de serem levadas ao cárcere, possam ter sua integridade física ameaçada em convívio com outros presos. É o caso dos policiais, promotores, juízes, defensores, entre outros, que atuaram na justiça criminal. Fora daí, é manifesta confissão de inépcia do Estado de fornecer a todos os presos a mesma qualidade de vida dentro da prisão (*Leis penais especiais e sua interpretação jurisprudencial*, 7. ed., p. 2.826). A par dessas considerações, merece aplauso a decisão do STF, significativa do primeiro passo para estabelecer, de fato, a igualdade de todos perante a lei, ao julgar a prisão especial às pessoas diplomadas em curso superior (art. 295, VII, CPP) *incompatível* com a Constituição Federal e, portanto, inaplicável. Na jurisprudência: STF: "1. Todos os cidadãos têm o direito a tratamento idêntico pela lei, exceto quando presente uma correlação lógica entre a distinção que a norma opera e o fator de *discrímen*, em consonância com os critérios albergados pela Constituição Federal. 2. O princípio constitucional da igualdade opera em dois planos distintos. De uma parte, frente ao legislador ou ao Executivo, na edição de leis e atos normativos, impedindo que possam criar tratamentos abusivamente diferenciados a pessoas que se encontram em situações idênticas. Em outro plano, na obrigação direcionada ao intérprete de aplicar a lei e atos normativos de maneira igualitária, sem estabelecimento de diferenciações em razão de sexo, religião, convicções filosóficas ou políticas, de raça ou classe social. 3. A prisão especial constitui o recolhimento provisório em local distinto, cuja concessão se admite, à luz da Constituição, quando a segregação do ambiente prisional comum visa a atender a determinadas circunstâncias pessoais que colocam seus beneficiários em situação de maior e mais gravosa exposição ao convívio geral no cárcere. Expô-los ao contato com a população carcerária frustraria a tutela desses interesses constitucionalmente protegidos. 4. Não há amparo constitucional, contudo, para a segregação de presos provisórios com apoio no grau de instrução acadêmica, tratando-se de mera qualificação de ordem estritamente pessoal que contribui para a perpetuação de uma inaceitável seletividade socioeconômica do sistema de justiça criminal, incompatível com o princípio da igualdade e com o Estado democrático de Direito. 5. Ausente qualquer justificativa que empregue sentido válido ao fator de *discrímen* indicado na norma impugnada, a conclusão é a de que a prisão especial, em relação aos portadores de diploma de nível superior, é inconciliável com o preceito fundamental da isonomia (art. 3.º, IV, e art. 5.º, *caput*, CF). 6. Arguição de descumprimento de preceito fundamental conhecida e julgada procedente" (ADPF 334, Pleno, rel. Alexandre de Moraes, 03.04.2023, v.u.).

61. Prisão do advogado e outros profissionais: quando houver expressa referência à sala de Estado-Maior das Forças Armadas, em leis específicas para reger a carreira de servidor ou profissão, como é o caso dos advogados, afastando-se a prisão especial, porque criada outra modalidade, mais especial ainda, há de se respeitar essa modalidade. A modificação legislativa, trazida pela Lei 10.258/2001, alterou somente a parte referente à prisão especial e não outras espécies, previstas em leis especiais, que já não tinham essa denominação. Eis o disposto na Lei 8.906/1994 (Estatuto da Advocacia), no art. 7.º: "São direitos do advogado: (...) V – não

Art. 295

ser recolhido preso, antes de sentença transitada em julgado, senão em sala de Estado-Maior, com instalações e comodidades condignas, assim reconhecidas pela OAB, e, na sua falta, em prisão domiciliar". O Supremo Tribunal Federal concedeu liminar, em 6 de outubro de 1994, em ação direta de inconstitucionalidade (ADIn 1.127-8), suspendendo a eficácia da expressão "assim reconhecidas pela OAB", o que foi o mínimo, para tamanha regalia. Em 17 de maio de 2006, por maioria de votos, o STF manteve, no mérito, a inconstitucionalidade da referida expressão "assim reconhecidas pela OAB". Não bastasse o advogado possuir uma prisão mais que especial – que é sala de Estado-Maior ou prisão domiciliar – ainda seria ela submetida ao crivo da própria instituição de classe. Se tal norma estivesse plenamente em vigor, terminariam todos os advogados presos em suas casas, pois dificilmente a OAB consideraria condigna uma instalação militar qualquer. Mantém-se, assim, o privilégio de uma prisão em quartel, completamente afastada dos presos comuns e dos presos especiais. O mesmo ocorre com magistrados, promotores e outras privilegiadas categorias. Na jurisprudência: STJ: "1. O Supremo Tribunal Federal estabelece 'que sala de Estado-Maior é o compartimento de qualquer unidade militar que, ainda que potencialmente, possa por eles ser utilizado para exercer suas funções' (Rc 4.535, Rel. Ministro Sepúlveda Pertence, Tribunal Pleno, julgado em 07/05/2007, *DJe* 15/06/2007). 2. Não se verifica a ilegalidade apontada pela Parte Impetrante, tendo em vista que, em razão da ausência de Sala de Estado-Maior na unidade prisional, o Agravante encontra-se alojado em cela especial, localizada no Quartel da Polícia Militar. A propósito, nos termos da jurisprudência desta Corte, '[n]ão caracteriza constrangimento ilegal quando, ante a inexistência de sala de Estado-Maior, é possibilitado o cumprimento da medida cautelar em cela que cumpre a mesma função (...)' (RHC 95.991/SP, Rel. Ministro Rogerio Schietti Cruz, Sexta Turma, julgado em 05/02/2019, *DJe* 18/02/2019). 3. Os fundamentos do acórdão impugnado e as imagens que instruem a impetração revelam que o local apresenta condições condignas e salubres. Nesse sentido, verifica-se que há chuveiro elétrico, cama individual, banheiro individual, cozinha e um aparelho de televisão. 4. A segregação cautelar em sala de Estado-Maior não se reveste de privilégio ou exclusividade. Dessa forma, o fato de o custodiado compartilhar o recinto com pessoas que não estão inscritas nos quadros da Ordem dos Advogados do Brasil, mas, por algum motivo possuem a prerrogativa legal da prisão especial, não representa ilegalidade. 5. Agravo regimental desprovido" (AgRg no HC 776.493/ES, 6.ª T., rel. Laurita Vaz, 19.12.2022, v.u.).

61-A. Recurso cabível contra a prisão cautelar do advogado: cuida-se de avaliação urgente, a ser feita por intermédio da ação constitucional de *habeas corpus*. No entanto, o impetrante deve instruir com documentos (fotos, depoimentos, laudo etc.), o pedido, pois não se produz prova nesse *writ*. Por outro lado, é incabível propor reclamação diretamente ao STF, afirmando descumprimento de decisão dessa Corte, referente à ADIn 1.127-8. Esta ação apenas julgou inconstitucional a expressão: "assim reconhecidas pela OAB", porém mantida a prisão em sala de Estado-Maior. Na jurisprudência: STF: "Reclamação constitucional. Advogado. Recolhimento em sala de estado-maior, cujo desuso retira a consistência do ato normativo previsto no Estatuto dos Advogados. Contrariedade ao que decidido na ADI n.º 1.127/DF. Não ocorrência. Decisão reclamada que não se amparou na inconstitucionalidade do art. 7.º, inciso V, da Lei n.º 8.096/94. Impropriedade da ação para averiguar se as instalações onde o reclamante se encontra custodiado preencheriam os requisitos aptos a qualificá-la como sala de estado-maior. Precedentes. Improcedência. 1. A reclamação é instrumento destinado a preservar a competência do Supremo Tribunal Federal, garantir a autoridade dos seus julgados e infirmar decisões que desrespeitem súmula vinculante editada pela Corte. 2. A decisão reclamada ao tratar das condições físicas do local onde o reclamante se encontra custodiado e se esse se enquadra no conceito de sala de estado-maior não se amparou na inconstitucionalidade do art. 7.º, inciso V, do Estatuto dos Advogados, não havendo, portanto,

Art. 295

Código de Processo Penal Comentado · Nucci

que se falar em descumprimento do que foi decidido no julgamento da ADI n.º 1.127/DF. 3. Impropriedade da ação para averiguar situação de fato. 4. Reclamação improcedente" (RCL 5.826, 2.ª T., rel. Cármen Lúcia, 03.08.2015, v.u.).

62. Imprescindibilidade do exercício da advocacia: para gozar do benefício da prisão especial, em particular em sala de Estado Maior das Forças Armadas, exige-se o efetivo exercício da profissão, na ocasião da prática do crime. Na jurisprudência: STJ: "Trata-se de recorrente denunciado pela suposta prática de atentado violento ao pudor (nove vezes, em continuidade delitiva). Na condição de professor, ele teria praticado atos libidinosos com suas alunas. Há notícia de que a sentença o condenou à pena de 15 anos, 5 meses e 12 dias de reclusão, a ser cumprida inicialmente no regime fechado, sendo mantida a segregação cautelar. Houve apelação, à qual se deu parcial provimento apenas para reduzir a reprimenda para 12 anos, 11 meses e 18 dias de reclusão. Neste recurso, sustenta que, por ser advogado legalmente habilitado, possui direito a ser recolhido em sala de Estado Maior ou, na ausência desta, em prisão domiciliar, conforme estabelecido no inciso I [atual inciso V] do art. 7.º da Lei 8.906/1994. Para o Ministro Relator, o acórdão impugnado não merece reparos, pois afastou a pretensão do recorrente ao argumento de que, à época dos fatos, não havia a comprovação de que o acusado efetivamente exercesse a advocacia, condição necessária para o deferimento do benefício, decisão que está de acordo com precedente deste Superior Tribunal. Ressalta, ainda, que, ao contrário, consta dos autos que, ao tempo do crime, o recorrente estava à frente de escola de sua propriedade, exercendo, ainda, a função de professor de informática. Com esse entendimento, a Turma negou provimento ao RHC. Precedente citado: HC 76.974 – RJ, *DJ* 19.12.2007" (RHC 27.152/GO, 6.ª T., rel. Og Fernandes, 18.11.2010, v.u. – embora antigo, permanece para ilustração).

63. Prisão domiciliar: estabelece a Lei 5.256/1967 que "nas localidades em que não houver estabelecimento adequado ao recolhimento dos que tenham direito a prisão especial, o juiz, considerando a gravidade das circunstâncias do crime, ouvido o representante do Ministério Público, poderá autorizar a prisão do réu ou indiciado na própria residência, de onde ele não poderá afastar-se sem prévio consentimento judicial" (art. 1.º). Como regra, não é necessária a utilização da prisão domiciliar, pois, na maioria das cidades e regiões, há possibilidade de garantir a existência da prisão especial, mormente após a edição da Lei 10.258/2001, que permitiu a inserção desse tipo de preso em cela separada dos demais, embora em presídio comum. Excepcionalmente, defere-se o benefício. Violando-se a condição de permanecer recolhido em seu domicílio e comparecer ao fórum ou à polícia, quando chamado a fazê-lo, perde o réu ou indiciado o direito e pode ser colocado em estabelecimento penal comum, desde que separado dos demais presos – o que, atualmente, como já mencionado, foi previsto pela referida Lei 10.258/2001. Entretanto, convém destacar já haver precedente do Supremo Tribunal Federal, utilizando, por comparação e fundado no princípio da dignidade da pessoa humana, o disposto no art. 117 da Lei de Execução Penal, para aplicar a prisão domiciliar a presos cautelares.

64. Duração da prisão especial: como regra, ela deve ser garantida até o trânsito em julgado da sentença condenatória, após o que será o condenado encaminhado para presídio comum, em convívio com outros sentenciados. Há exceções, estabelecidas em leis especiais, como é o caso dos policiais, que jamais serão misturados aos demais presos, mesmo após o trânsito em julgado da sentença condenatória, para que não sejam vítimas de vinganças.

65. Possibilidade de progressão de regime durante prisão especial: esta modalidade de prisão, como já comentamos, é autêntica regalia legal a uma categoria privilegiada de brasileiros, quando deveria valer para todos, ou seja, a separação dos presos mereceria um critério único, sem distinção por grau universitário ou outro título qualquer. A despeito disso, os réus

Art. 295

sujeitos à prisão especial contam com mais um benefício – e dos mais importantes – que é a possibilidade de auferir a progressão de regime, quando ainda estão confinados nessas celas privativas. É o teor da Súmula 717 do STF: "Não impede a progressão de regime de execução da pena, fixada em sentença não transitada em julgado, o fato de o réu se encontrar em prisão especial". Com a devida vênia, com isso não podemos concordar. O acusado colocado em prisão especial não conta com o mesmo tratamento dos demais presos provisórios. Estes, quando almejam a progressão de regime, são transferidos para o sistema penitenciário, para que possam ser avaliados pela Comissão Técnica de Classificação (merecimento para a progressão – art. 33, § 2.º, CP – ver nota 21 ao referido artigo em nosso *Código Penal comentado*), quando necessário, bem como para que possam trabalhar regularmente (obrigação de todo preso para poder pleitear a progressão de regime – arts. 31 e 39, V, da Lei 7.210/1984 – Lei de Execução Penal). É certo que o art. 31, parágrafo único, da Lei de Execução Penal, abre exceção para o preso provisório, ou seja, preceitua ser facultativo o trabalho para essa categoria de presos (registre-se que essa norma foi elaborada quando não se imaginava possível a progressão de regime em plena custódia cautelar). Ocorre que, nos demais casos, quando o custodiado pretende a progressão, ele é levado ao sistema penitenciário justamente para que possa trabalhar, como qualquer outro, na medida em que pleiteia benefício típico de quem já se encontra cumprindo pena. Em verdade, permitir a progressão de regime ao preso sujeito à prisão especial representará, no Brasil, cujo sistema processual é lento e repleto de recursos procrastinatórios, praticamente o impedimento do cumprimento da pena em regime carcerário severo. Como exemplo: determinada autoridade condenada a 6 anos de reclusão, em regime fechado inicial, por ter cometido variados delitos, encontra-se presa preventivamente, recolhida em prisão especial. Enquanto aguarda o arrastado trâmite processual, seu tempo de "cumprimento de pena" encontra-se em decurso. Assim, antes mesmo de transitar em julgado a decisão condenatória, quase certamente já atingiu o regime aberto (cumprido um ano – um sexto – pode pedir o semiaberto; depois, outro sexto cumprido, tem direito ao aberto). Sai da prisão especial diretamente para a liberdade (lembremos que, em muitas Comarcas, não há Casa do Albergado, como ocorre em São Paulo, que concentra o maior número de condenados do país), recolhido no sistema denominado de *prisão-albergue domiciliar* (ver as notas 42 e 43 ao art. 36 do nosso *Código Penal comentado*).

66. Rol exemplificativo: a lista das pessoas beneficiadas pela prisão especial, neste artigo, é exemplificativa e não exaustiva. Há outros casos, previstos em leis especiais, como o dos pilotos de aeronaves mercantes nacionais (Lei 3.983/1961), o dos dirigentes de entidades sindicais de todos os graus e representativas de empregados, empregadores, profissionais liberais, agentes e trabalhadores autônomos (Lei 2.860/1956), dentre outros.

67. Governador de Estado: o substrato da prisão especial para o Governador é a preservação da figura do chefe do Poder Executivo Estadual.

68. Interventores: a figura do interventor está mantida, conforme se vê do art. 36, § 1.º, da Constituição Federal, onde consta: "O decreto de intervenção, que especificará a amplitude, o prazo e as condições de execução e que, se couber, nomeará o interventor, será submetido à apreciação do Congresso Nacional ou da Assembleia Legislativa do Estado, no prazo de vinte e quatro horas".

69. Governador do Distrito Federal: é a correta denominação do Chefe do Poder Executivo do Distrito Federal.

70. Chefe de Polícia: entendendo-se ser o Secretário da Segurança Pública, já está abrangido pela referência aos secretários do Governador, neste inciso; entendendo-se ser o Delegado Geral de Polícia, já está, também, envolvo pelo inciso XI.

Art. 295

Código de Processo Penal Comentado · Nucci   630

71. Parlamento Nacional: é o Congresso Nacional, portanto, deputados e senadores.

72. Conselho de Economia Nacional: não mais existe na atual estrutura constitucional.

73. Livro de Mérito: foi criado pelo Decreto-lei 1.706/1939, destinando-se a receber a "inscrição dos nomes das pessoas que, por doações valiosas ou pela prestação desinteressada de serviços relevantes, hajam notoriamente cooperado para o enriquecimento do patrimônio material ou espiritual da Nação e merecido o testemunho público do seu reconhecimento" (art. 1.º). "A inscrição será ordenada por decreto, mediante parecer de uma comissão permanente de cinco membros, nomeados pelo Presidente da República" (art. 2.º). Regulamentou-se o procedimento de concessão da regalia e as atribuições da Comissão Permanente pelo Decreto 5.244/1940. Demonstra, nitidamente, a intenção de conceder o privilégio da prisão especial não somente em função de cargos importantes, mas também a pessoas que tenham merecido uma particular distinção, o que, frise-se, não se coaduna com a igualdade que deve reinar entre brasileiros perante o sistema criminal. Está em vigor. Exemplo de pessoa que foi inscrita no Livro do Mérito, por decreto do Presidente da República, datado de 21 de abril de 1985, foi Risoleta Guimarães Tolentino Neves, considerando que "encarna em sua vida exemplar e em hora extrema de sofrimento e adversidade" – referindo-se à enfermidade do Presidente eleito Tancredo Neves – "os valores de abnegação, coragem e fortaleza moral que exaltam e enobrecem a mulher brasileira", bem como pelo exemplo que inspirou a toda a Nação, acompanhando o marido em todos os momentos da doença.

74. Militares dos Estados, do Distrito Federal e dos Territórios: foi outra modificação trazida pela Lei 10.258/2001, que substituiu a anterior previsão relativa ao "Corpo de Bombeiros". Assim, abrange os oficiais da Polícia Militar, em todos os seus desdobramentos, incluído os pertencentes ao Corpo de Bombeiros. Quanto aos militares das Forças Armadas ou da Polícia Militar, que não são oficiais, consulte-se o art. 296.

75. Prisão especial dos magistrados: dispõe o art. 33 da Lei Complementar 35/1979 (Lei Orgânica da Magistratura Nacional) que constituem prerrogativas do magistrado: "(...) II – não ser preso senão por ordem escrita do Tribunal ou do Órgão Especial competente para o julgamento, salvo em flagrante de crime inafiançável, caso em que a autoridade fará imediata comunicação e apresentação do magistrado ao Presidente do Tribunal a que esteja vinculado (*vetado*); III – ser recolhido a prisão especial ou a sala especial de Estado-Maior, por ordem e à disposição do Tribunal ou do Órgão Especial competente, quando sujeito a prisão antes do julgamento final; (...)". Em complemento a essa disposição legal, há possibilidade de o Regimento Interno do Tribunal, ao qual se vincula o magistrado, especificar exatamente onde deva ser recolhido o juiz que tiver a prisão decretada. No Estado de São Paulo, o Regimento Interno do Tribunal de Justiça dispõe que será recolhido em sala especial do Estado-Maior da Polícia Militar do Estado.

76. Exercício efetivo da função de jurado: significa ter sido, ao menos uma vez, sorteado para participar do Conselho de Sentença, julgando algum caso. Mantém o benefício, em reconhecimento ao relevante serviço prestado, mesmo depois de excluído da lista de jurados. Entretanto, se a exclusão se deu por incapacidade moral ou intelectual para o exercício da função, o que deve ficar expresso na decisão do juiz, deixa de haver o benefício. Interessante observar o seguinte: a Lei 12.403/2011 tentou extirpar a prisão especial do sistema processual, tanto que eliminou do art. 439 deste Código o direito a tal modalidade de prisão ao jurado. Mas, infelizmente, prevaleceu o elitismo, tendo em vista a votação do Parlamento pela mantença do art. 295, razão pela qual a modificação introduzida no art. 439 nenhum efeito trouxe. Jurados continuam com direito a prisão especial.

631 Título IX – Da Prisão, das Medidas Cautelares e da Liberdade Provisória **Art. 295**

77. Modificação legislativa: o acréscimo deste parágrafo teve por finalidade abarcar e resolver a antiga discussão do lugar ideal para a colocação do sujeito com direito à prisão especial. Muitos desses presos rejeitavam a ideia de ficar em uma cadeia, onde estivessem outros presos *comuns*, ainda que afastados deles, em cela ou sala distinta. Por isso, evitando-se problemas, em alguns Estados, como ocorre em São Paulo, distritos policiais foram integralmente destinados a abrigar presos especiais, sem qualquer contato com os brasileiros *comuns*. Atualmente, com a redação deste dispositivo, pode-se manter, no mesmo estabelecimento penitenciário, embora em cela diferente, o preso especial, sem necessidade de se alegar constrangimento ilegal. É o que vem, aliás, expressamente disposto no § 2.º. Na jurisprudência: STJ: "3. Decisão indeferitória de liminar que se alinha, ademais, a precedente desta Corte no qual se reconheceu que 'o fato de o recorrente ser policial militar não impede sua transferência ao Sistema Penitenciário Federal, uma vez que a reiterada jurisprudência desta Corte possui entendimento de que a prisão especial assegurada ao militar, custodiado provisoriamente, 'consiste exclusivamente no recolhimento em local distinto da prisão comum (art. 295, § 1.º, do CPP)'. (HC 51.324/ES, Rel. Ministro Arnaldo Esteves Lima, Quinta Turma, julgado em 4/2/2010, *DJe* 8/3/2010; HC 44.014/RJ, Rel. Ministra Maria Thereza de Assis Moura, Sexta Turma, julgado em 4/09/2014, *DJe* 15/9/2014)' (RHC 115.918/RJ, Rel. Ministro Ribeiro Dantas, Quinta Turma, julgado em 06/08/2019, *DJe* 13/08/2019)" (AgRg no HC 666.434/BA, 5.ª T., rel. Reynaldo Soares da Fonseca, 01.06.2021, v.u.).

78. Estabelecimento especial: se houver possibilidade, é o ideal. Não sendo viável, como ocorre em muitas Comarcas, destina-se ao preso provisório especial uma cela diferenciada de outras onde há presos comuns, cumprindo-se a lei. Na jurisprudência: STF: Penal. *Habeas corpus* substitutivo de recurso ordinário. Extorsão mediante sequestro com resultado morte e furto qualificado – arts. 159, § 3.º, e 155, § 4.º do Código Penal. Prisão especial. Lei n. 5.256/67. Falta de estabelecimento específico. Recolhimento em local distinto da prisão comum, garantida a salubridade do ambiente (art. 295, §§ 1.º, 2.º e 3.º, do CPP, com a redação dada pela Lei n. 10.258/2001). Inexistência de constrangimento ilegal. 1. 'À reforma introduzida no Código de Processo Penal pela Lei n.º 10.258/2001 visou a eliminar privilégios injustificáveis em uma democracia e estabeleceu de maneira clara que a prisão especial, prevista neste Código ou em outras leis, consiste exclusivamente no recolhimento do preso em local distinto da prisão comum (art. 295, § 1.º). À falta de estabelecimento específico para o preso especial, este será recolhido em cela distinta do mesmo estabelecimento (art. 295, § 2.º). 3. Inobstante ainda aplicável a Lei n.º 5.256/1967, que prevê a prisão domiciliar na ausência de estabelecimento próprio para a prisão especial, devem ser considerados os contornos da prisão especial introduzidos pela Lei n.º 10.258/2001' (HC n.º 116.233 AgR/SP, rel. Min. Rosa Weber, *DJ* de 26.08.2013). 2. *In casu*, o acórdão impugnado asseverou, com base nas informações prestadas pela Juíza de Direito da Primeira Vara das Execuções Criminais de Taubaté/SP, que '... desde 17 de agosto de 2009, o sentenciado encontra-se recolhido na Penitenciária 'Dr. José Augusto César Salgado' de Tremembé/SP, unidade destinada a abrigar presos provisórios e definitivos diferenciados' (fl. 168), em sua predominância policiais e ex-policiais civis, militares ou federais, além de agentes de segurança penitenciária. Por sua vez, o douto Diretor do Estabelecimento Prisional onde se encontra recolhido o Paciente informa que o preso provisório divide 'cela com outros três presos, sendo: um com nível superior, um policial civil e um funcionário público do Fórum de Guaratinguetá' (fl. 176). Desse modo, não se me afigura presente o alegado constrangimento ilegal, porquanto, a teor do art. 295, §§ 1.º, 2.º e 3.º, do Código de Processo Penal com a redação dada pela Lei n.º 10.258/2001, a garantia reservada para aqueles que têm direito à prisão especial está adstrita ao recolhimento em local distinto da prisão comum ou, inexistindo estabelecimento específico, em cela distinta, garantida a salubridade do ambiente. Assim, não havendo vagas ou inexistindo na localidade unidades

Art. 296

Código de Processo Penal Comentado · Nucci

prisionais que se prestam exclusivamente para a guarda de presos especiais, a manutenção do acautelamento em acomodações que atendem esses requisitos cumpre as exigências legais, sendo descabido deferir a prisão domiciliar. 3. Deveras, tendo a Juíza da Execução afirmado que o paciente se encontra em unidade destinada a abrigar presos provisórios e definitivos, qualquer outra versão instala controvérsia insuscetível de exame em sede de *habeas corpus*, que, como é sabido, não comporta dilação probatória. 4. O *habeas corpus* não pode ser utilizado como substitutivo do recurso cabível, consoante recente entendimento da Primeira Turma do Supremo Tribunal Federal. 5. *Habeas corpus* extinto, sem julgamento da matéria de fundo" (HC 117.959, 1.ª T., rel. Luiz Fux, 10.04.2014, v.u.).

79. Cela especial e seus característicos: não é novidade, pois a Lei 7.210/1984 (Lei de Execução Penal) já preceitua no sentido de que toda e qualquer cela deve contar com condições de salubridade mínimas ao abrigo de seres humanos. Assim, a lei processual tornou-se, nesse aspecto repetitiva, embora tenha feito expressa menção à possibilidade de consistir em *alojamento coletivo*, o que muitos presos especiais recusavam. Acrescenta Maurício Zanoide de Moraes, que "nunca é demais lembrar, aos intérpretes torquemadescos, que a garantia à cela especial daquelas condições mínimas à existência humana não exclui que às celas comuns exija-se o mesmo, tudo em respeito à dignidade da pessoa do preso, o qual, apesar de condenado – e exatamente pela circunstância de ter sido colocado na condição de preso pelo próprio Estado – merece do ente público um respeito a sua pessoa" (*Leis penais especiais e sua interpretação jurisprudencial*, p. 2.824).

80. Transporte conjunto: é vedado que o preso especial transite, numa viatura, ao lado do preso comum. Questionamos, novamente, a racionalidade desse dispositivo, pois o correto seria separar, no transporte de presos, os perigosos dos iniciantes, e não simplesmente os letrados dos incultos.

81. Direitos e deveres: são idênticos os do preso especial e do preso comum, exceto no tocante às regalias supramencionadas. Seria mesmo a consagração da insensatez que houvesse mais diferenças.

> **Art. 296.** Os inferiores e praças de pré, onde for possível, serão recolhidos à prisão, em estabelecimentos militares, de acordo com os respectivos regulamentos.[82]

82. Militares das Forças Armadas ou da Polícia Militar: os que não forem oficiais (estes já abrangidos pelo inciso V do art. 295) encaixam-se neste artigo. Devem ser colocados, em caso de prisão provisória, em estabelecimentos militares, embora não fale a lei em prisão especial – o que, na essência, termina sendo –, possibilitando, em tese, que fiquem misturados a outros militares já condenados.

> **Art. 297.** Para o cumprimento de mandado expedido pela autoridade judiciária, a autoridade policial poderá expedir tantos outros quantos necessários às diligências, devendo neles ser fielmente reproduzido o teor do mandado original.[83]

83. Reprodução do mandado de prisão: expede-se o mandado em, pelo menos, duas vias (art. 286, primeira parte, CPP), mas nada impede que seja reproduzido em tantas outras quantas forem necessárias para que a polícia cumpra, com presteza, o seu trabalho, que é prender o procurado.

633 Título IX – Da Prisão, das Medidas Cautelares e da Liberdade Provisória

Art. 300

> **Art. 298.** Revogado pela Lei 12.403/2011.)
>
> **Art. 299.** A captura poderá ser requisitada, à vista de mandado judicial, por qualquer meio de comunicação, tomadas pela autoridade, a quem se fizer a requisição, as precauções necessárias para averiguar a autenticidade desta.[84]

84. Captura facilitada: uma vez obtido o mandado judicial, pode-se transmitir a ordem de captura por qualquer meio eficiente e idôneo (e-mail, fax, telefone, telegrama etc.), desde que se tome a precaução de confirmar a autenticidade da requisição. Antes da modificação introduzida pela Lei 12.403/2011, somente se poderia transmitir a ordem de captura por meio diverso da precatória, quando se tratasse de delito inafiançável.

> **Art. 300.** As pessoas presas provisoriamente ficarão separadas das que já estiverem definitivamente condenadas, nos termos da lei de execução penal.[85]
>
> **Parágrafo único.** O militar preso em flagrante delito, após a lavratura dos procedimentos legais, será recolhido a quartel da instituição a que pertencer, onde ficará preso à disposição das autoridades competentes.[86]

85. Separação dos presos provisórios dos condenados em definitivo: trata-se de uma obrigação do Estado, evitando-se a promiscuidade nefasta dos presídios e amenizando-se o trauma daquele que, não sendo ainda considerado culpado, merece ser afastado dos presos já sentenciados com trânsito em julgado. A Lei 7.210/1984 (Lei de Execução Penal), sensível a esse drama, há muito tempo, determina que o preso provisório fique separado do condenado definitivamente (art. 84, *caput*). E vai além, com razão: determina outras separações (art. 84, § 1.º). A Lei 12.403/2011, alterando a redação do art. 300, transformou a facultatividade anteriormente vigente em obrigatoriedade de separação dos presos. Resta saber até quando a realidade ficará distante da norma e as autoridades continuarão complacentes, aguardando que o Executivo tome as providências cabíveis para cumprir a lei.

86. Cautela especial com militares: acrescentou-se o parágrafo único ao art. 300, para que os militares obtenham tratamento compatível com as regras da caserna. Se for preso em flagrante, não ficará misturado a presos civis, devendo seguir para quartel da instituição. Não se trata de privilégio, mas de medida de cautela. Quanto aos policiais militares, encarregados da polícia ostensiva, não se pode inseri-los em presídio comum, sob pena de sofrerem represálias dos presos. Tratando-se de militares das Forças Armadas, é conveniente que aguardem em quartel o destino do processo, pois até mesmo a competência para julgá-los será debatida.

Capítulo II
DA PRISÃO EM FLAGRANTE[1-2]

1. Conceito de prisão em flagrante: *flagrante* significa o manifesto ou evidente; o ato que se pode observar no exato momento de sua ocorrência. Nesse sentido, pois, prisão em flagrante, autorizada pela Constituição Federal (art. 5.º, LXI), é uma modalidade de medida cautelar de segregação provisória do autor de fato criminoso, de natureza constitucional, podendo ser realizada por qualquer pessoa do povo ou por agentes policiais. Autoriza-se essa modalidade de prisão, inclusive na Constituição Federal (art. 5.º, LXI), sem a expedição de mandado de prisão pela autoridade judiciária, demonstrando o seu caráter administrativo, pois

Art. 301

Código de Processo Penal Comentado · NUCCI

634

seria incompreensível e ilógico que qualquer pessoa – autoridade policial ou não – visse um crime desenvolvendo-se à sua frente e não pudesse deter o autor de imediato. O fundamento da prisão em flagrante é justamente poder ser constatada a ocorrência do delito de maneira manifesta e evidente, sendo desnecessária, para a finalidade cautelar e provisória da prisão, a análise de um juiz de direito. Por outro lado, assegura-se, prontamente, a colheita de provas da materialidade e da autoria, o que também é salutar para a verdade real, almejada pelo processo penal. Certamente, o realizador da prisão fica por ela responsável, podendo responder pelo abuso porventura cometido. De outra parte, essa prisão, realizada sem mandado, está sujeita à avaliação imediata do magistrado, que poderá relaxá-la, quando vislumbrar ilegalidade (art. 5.º, LXV, CF). Ressalte-se, no entanto, que, analisada e mantida pelo juiz, por meio da conversão em preventiva, passa a ter conteúdo jurisdicional. Seu responsável (e autoridade coatora) é o magistrado – e não mais o delegado, que lavrou o auto de prisão em flagrante.

2. Natureza jurídica da prisão em flagrante: é medida cautelar de segregação provisória, com caráter administrativo e base constitucional, do autor da infração penal. Assim, exige apenas a aparência da tipicidade, não se demandando nenhuma valoração sobre a ilicitude e a culpabilidade, outros requisitos para a configuração do crime. É o *fumus boni juris* (fumaça do bom direito), que, na terminologia processual penal, trata-se do *fumus comissi delicti* (fumaça da prática do delito). Tem, inicialmente, natureza administrativa, pois o auto de prisão em flagrante, formalizador da detenção, é realizado pela Polícia Judiciária, mas se torna jurisdicional, quando o juiz, tomando conhecimento dela, ao invés de relaxá--la, prefere mantê-la, pois considerada legal, convertendo-a em preventiva. Tanto assim que, havendo a prisão em flagrante, sem a formalização do auto pela polícia, que recebe o preso em suas dependências, cabe a impetração de *habeas corpus* contra a autoridade policial, perante o juiz de direito. Se o magistrado a confirmar, no entanto, sendo ela ilegal, torna-se a autoridade coatora e o *habeas corpus* deve ser impetrado no Tribunal. Quanto ao *periculum in mora* (perigo na demora), típico das medidas cautelares, que, em processo penal, cuida-se de periculum libertatis (perigo na liberdade do suspeito), é presumido quando se tratar de infração penal em pleno desenvolvimento, pois ferida estão sendo a ordem pública e as leis. Entretanto, cabe ao juiz, após a consolidação do auto de prisão em flagrante, decidir, efetivamente, se o *periculum* existe, permitindo, ou não, que o indiciado fique em liberdade. Há casos em que, apesar de a prisão ser realizada, o auto não precisa ser formalizado, como ocorre nas infrações de menor potencial ofensivo, desde que o detido comprometa-se a comparecer ao juízo, conforme preceitua a Lei 9.099/1995 (art. 69, parágrafo único). Embora a referida lei fale que não se imporá "prisão em flagrante", deve-se entender que esta não será formalizada através do auto. Afinal, qualquer pessoa do povo pode prender e encaminhar à delegacia o autor de uma infração de menor potencial ofensivo, até pelo fato de que tipicidade existe e não é o leigo obrigado a conhecer qual infração está sujeita às medidas despenalizadoras da Lei 9.099/1995 e qual não está.

> **Art. 301.** Qualquer do povo poderá e as autoridades policiais e seus agentes deverão prender quem quer que seja encontrado em flagrante delito.[3-5-A]

3. Flagrante facultativo e flagrante obrigatório: conferiu a lei a possibilidade de que qualquer pessoa do povo – inclusive a vítima do crime – prenda aquele que for encontrado em flagrante delito (conceituando-o no art. 302), num autêntico exercício de cidadania, em nome do cumprimento das leis do País. Quanto às autoridades policiais e seus agentes (Polícia Militar ou Civil), impôs o dever de efetivá-la, sob pena de responder criminal e funcionalmente pelo seu descaso. E deve fazê-lo durante as 24 horas do dia, quando possível. Quando

635   Título IX – Da Prisão, das Medidas Cautelares e da Liberdade Provisória   **Art. 301**

qualquer pessoa do povo prende alguém em flagrante, está agindo sob a excludente de ilicitude denominada *exercício regular de direito* (art. 23, III, CP); quando a prisão for realizada por policial, trata-se de *estrito cumprimento de dever legal* (art. 23, III, CP).

3-A. Guarda municipal: para efeito de prisão em flagrante, se qualquer pessoa pode, é evidente que os guardas municipais também estão autorizados, pelo art. 301 do CPP, a dar *voz de prisão em flagrante*, encaminhando o suspeito ao delegado. Com a edição da Lei Federal 13.022/2014, a guarda municipal, no seu território, pode exercer a posição de auxiliar das forças estaduais e federais na segurança pública. Particularmente, no âmbito do flagrante, dispõe o art. 5.º, XIV, da referida lei: "encaminhar ao delegado de polícia, diante de flagrante delito, o autor da infração, preservando o local do crime, quando possível e sempre que necessário". Conferir a nota 10-A ao art. 240. Além disso, o STF proclamou que a guarda municipal integra o sistema de segurança pública: "Arguição de Descumprimento de Preceito Fundamental conhecida e julgada procedente para, nos termos do art. 144, § 8.º da CF, conceder interpretação conforme a Constituição ao art. 4.º da Lei 13.022/2014 e art. 9.º da 13.675/2018 declarando inconstitucional todas as interpretações judiciais que excluam as Guardas Municipais, devidamente criadas e instituídas, como integrantes do Sistema de Segurança Pública" (ADPF 995, Pleno, rel. Alexandre de Moraes, *DJe* 06.10.2023). Acrescente-se a esse cenário a edição do Decreto Federal n. 11.841, de 21 de dezembro de 2023, que regulamenta a Lei 13.022/2014 (Estatuto Geral das Guardas Municipais) e deixa claro a atividade meramente preventiva da guarda municipal, sem interferir em atividade policial ostensiva ou investigatória. Estabelece que as guardas municipais podem atender ocorrências emergenciais, realizando os procedimentos iniciais, para acionar, em seguida, os órgãos de segurança pública cuja atuação seja necessária. Menciona, ainda, que os guardas municipais podem realizar prisões em flagrante, como qualquer cidadão, nos termos do art. 301 do CPP. Desse modo, fica clara a atribuição das guardas municipais, como órgão de segurança preventivo e supletivo, mas não substituto da polícia militar ou da polícia civil (ou federal). Na jurisprudência: STJ: "1. 'Conforme jurisprudência consolidada desta Corte Superior, não há falar em ilegalidade na prisão em flagrante realizada por guardas civis municipais. Consoante disposto no art. 301 do CPP, 'qualquer do povo poderá e as autoridades policiais e seus agentes deverão prender quem quer que seja encontrado em flagrante delito' (AgRg no HC n. 748.019/SP, relator Ministro Ribeiro Dantas, Quinta Turma julgado em 16/8/2022, *DJe* de 22/8/2022)", como ocorreu na espécie. 2. No caso, a atuação da guarda municipal não decorreu de mera constatação subjetiva, denúncia anônima ou atitude suspeita. Não se observa a alegada ilicitude do flagrante, pois os autos evidenciam que, em tese, os encarregados da diligência estavam em patrulhamento e presenciaram o agravante dar um 'cavalo-de-pau' com o veículo, saindo em alta velocidade, assim que avistou a viatura. Abordado, com ele foi localizada pedra de crack e, na sacola por ele dispensada, um tijolo de maconha, estando evidenciada situação de flagrante delito apta a autorizar a pronta atuação da Guarda Municipal" (AgRg no RHC n. 195.748/SP, 6.ª T., rel. Jesuíno Rissato, 12.08.2024, v.u.).

3-B. Guarda municipal e invasão de domicílio em atividade investigatória: a viabilidade de ser uma força policial auxiliar da polícia militar (atuação ostensiva) e da polícia civil ou federal (atuação investigativa) não a torna protagonista da segurança pública no município onde exerce sua função. Como se mencionou na nota anterior, prender alguém em flagrante delito constitui atividade legitimada pelo próprio texto constitucional e pelo art. 301 deste Código (aliás, a qualquer pessoa); entretanto, investigar a ocorrência de um crime, valer-se de *denúncia anônima* (algo que nem mesmo a polícia militar ou civil deve seguir, sem prévia investigação) e, sem mandado judicial, invadir domicílio são situações que fogem completamente à sua atribuição. Se assim for feito, a prova colhida deve ser considerada ilícita,

Art. 301

Código de Processo Penal Comentado · **Nucci**

podendo-se, inclusive, avaliar eventual abuso de autoridade. Na jurisprudência: STJ: "1. Consoante o disposto no art. 301 do CPP, não há ilegalidade na prisão em flagrante realizada por guardas civis municipais, uma vez que 'qualquer do povo poderá e as autoridades policiais e seus agentes deverão prender quem quer que seja encontrado em flagrante delito'. 2. O Superior Tribunal de Justiça tem entendimento de que a guarda municipal não pode ultrapassar os limites próprios da prisão em flagrante, autuando de forma preventiva e investigativa, em clara, usurpação da função própria dos policiais militares. O art. 144, § 8.º, da Constituição da República estabelece que aos guardas civis municipais cabe a proteção dos bens, serviços e instalações do município. 3. No caso, observa-se que o paciente não foi visto na prática da traficância ou trazendo objeto ilícito ou produto de crime no momento da abordagem. A atuação da guarda municipal estaria justificada tão somente no fato de terem recebido informações anônimas no sentido que o automóvel do paciente, o veículo VW Gol, placa (...) estaria sendo utilizado para distribuição de drogas pela cidade, tendo então abordado o automóvel. Agiram, portanto, de forma investigativa, o que está vedado pela jurisprudência dos Tribunais Superiores. 4. Agravo regimental desprovido" (AgRg no HC 813.301/GO, 5.ª T., rel. Ribeiro Dantas, 28.08.2023, v.u.).

4. Exceções constitucionais e legais: há pessoas que, em razão do cargo ou da função exercida, não podem ser presas em flagrante ou somente dentro de limitadas opções. É o que ocorre com os diplomatas, não submetidos à prisão em flagrante, por força de convenção internacional, assegurando-lhes imunidade. Há, ainda, o caso dos parlamentares federais e estaduais, que somente podem ser detidos em flagrante de crime inafiançável, e ainda assim devem, logo após a lavratura do auto, ser imediatamente encaminhados à sua respectiva Casa Legislativa. Os magistrados e membros do Ministério Público, igualmente, somente podem ser presos em flagrante de crime inafiançável, sendo que, após a lavratura do auto, devem ser apresentados, respectivamente, ao Presidente do Tribunal ou ao Procurador Geral de Justiça ou da República, conforme o caso. Quanto ao Presidente da República, estabelece o art. 86, § 3.º, da Constituição Federal, que "enquanto não sobrevier sentença condenatória, nas infrações comuns, o Presidente da República não estará sujeito a prisão". O mesmo foi disposto no art. 49, § 5.º, da Constituição Estadual de São Paulo, no tocante ao Governador, entretanto, o Supremo Tribunal Federal proclamou a inconstitucionalidade desse dispositivo, sustentando que qualquer imunidade somente pode ser concedida pela União.

5. Prisão em flagrante em caso de crimes sujeitos à ação pública condicionada e à ação privada: pode haver a prisão em flagrante, desde que haja, no ato de formalização do auto, se a vítima estiver presente, autorização desta. Não há cabimento, no entanto, em se realizar a medida constritiva, se o ofendido não conferir legitimidade à realização da prisão, até porque não será possível, em seguida, lavrar o auto. Mas, a solução, nesse caso, não deve ser rígida. Caso a vítima não esteja presente – ou seja incapaz de dar o seu consentimento – lavra-se a prisão e busca-se colher a manifestação do ofendido para efeito de lavratura do auto de prisão em flagrante. Ensina Tales Castelo Branco que a solução oferecida por Basileu Garcia é a mais adequada, ou seja, realiza-se a prisão do autor do delito, tomando-se o cuidado de provocar a manifestação da vítima ou de seu representante legal, antes da lavratura do auto. Não havendo concordância o preso será restituído à liberdade. E completa: "Seria muito iníquo não admitir, por simples amor ao formalismo, que o estuprador de uma criança não pudesse ser capturado sem a presença de seu representante legal. Justifica-se a captura, porém, a lavratura do auto de prisão em flagrante só ocorrerá se a vítima ou seu representante legal demonstrar o seu interesse nesse sentido, dentro do prazo improrrogável de vinte e quatro horas, que é aquele destinado para o encerramento da peça coativa, uma vez que, nesse lapso temporal, o autuado já deverá ter recebido a Nota de Culpa. Para a autuação basta a manifestação inequívoca da vítima ou de seu representante legal, não sendo necessária, ainda, a representação ou a queixa. Entretanto, se no prazo de vinte e quatro horas (prazo estabelecido para a entrega da Nota de Culpa) o flagrante não estiver lavrado, impõe-se a soltura do preso. Essa soltura não impede, pelo contrário, aconselha, que a autoridade competente elabore minucioso Boletim de Ocorrência, ou, mesmo, ouça, cautelosamente e com a discrição recomendável, as partes envolvidas, documentando o acontecimento, na expectativa da manifestação dos interessados. Se houver manifestação positiva, e lavrando-se o auto respectivo, o processo (com a denúncia, após a representação, ou a queixa) deverá ser instaurado no prazo de cinco dias, sob pena de não se justificar a manutenção do confinamento, pois não seria cabível admitir que a prisão pudesse ser mantida durante os seis meses que a vítima tem para iniciar a ação penal" (*Da prisão em flagrante*, p. 64-65; o caso narrado, hoje, pela redação do art. 217-A do CP – estupro de vulnerável – seria de ação pública incondicionada, logo, prescinde de provocação da vítima ou de seu representante legal).

5-A. Desnecessidade de formalidade para a autorização da vítima à lavratura do flagrante: não se exige que o ofendido, em crime de ação privada, manifeste seu intento de maneira expressa e formal para que a prisão em flagrante seja devidamente realizada.

> **Art. 302.** Considera-se em flagrante delito quem:
>
> I – está cometendo a infração penal;[6]
>
> II – acaba de cometê-la;[7]
>
> III – é perseguido, logo após, pela autoridade, pelo ofendido ou por qualquer pessoa, em situação que faça presumir ser autor da infração[8-10]
>
> IV – é encontrado, logo depois, com instrumentos, armas, objetos ou papéis que façam presumir ser ele autor da infração.[11-18]

6. Flagrante próprio ou perfeito (inciso I): ocorre quando o agente está em pleno desenvolvimento dos atos executórios da infração penal. A lei utiliza o termo genérico (infração penal), logo, envolve crime e contravenção penal. Nessa situação, normalmente havendo a intervenção de alguém, impedindo, pois, o prosseguimento da execução, pode redundar em tentativa. Mas, não é raro que, no caso de crime permanente, cuja consumação se prolonga no tempo, a efetivação da prisão ocorra para impedir, apenas, o prosseguimento do delito já consumado. É preciso particular atenção, atualmente, no tocante à invasão de domicílio, sem mandado judicial, mesmo em caso de delito permanente. Afinal, muitas dessas invasões decorrem sob a alegação de ter havido alguma *denúncia anônima*. Ora, isto significa que o delito não está realmente visível (um autêntico flagrante) e o ingresso forçado decorre de um *palpite* ou *suposição*, que pode redundar em apreensão – ou não – de drogas ou armas ilícitas. Acolher essa postura por parte de agentes policiais é perigoso, pois, caso nada seja encontrado, pode-se *plantar* uma prova para dar suporte à invasão. Conferir as notas 58 ao art. 294 e 32 ao art. 241. Na jurisprudência: STJ: "1. Tendo como referência o recente entendimento firmado por esta Corte, nos autos do HC n. 598.051/SP, o ingresso policial forçado em domicílio, resultando na apreensão de material apto a configurar o crime de tráfico de drogas – 234g (duzentos e trinta de quatro gramas) de maconha, 70g (setenta gramas) de crack e 151g (cento e cinquenta e um gramas) de cocaína, além de arma de fogo –, quando apoiado em mera denúncia anônima, não traz contexto fático que justifique a dispensa de investigações prévias ou do mandado judicial para a entrada dos agentes públicos na residência, acarretando a nulidade da diligência policial, como no caso dos autos. 2. Ordem concedida para anular as provas decorrentes do ingresso forçado no domicílio" (HC 528.729/SP, 6.ª T., rel. Antonio Saldanha Palheiro, 10.08.2021, v.u.).

7. Flagrante próprio ou perfeito (inciso II): ocorre quando o agente terminou de concluir a prática da infração penal, em situação de ficar evidente a prática do crime e da autoria. Embora consumado o delito, não se desligou o agente da cena do crime, podendo, por isso, ser preso. A esta hipótese não se subsume o autor que consegue afastar-se da vítima e do lugar do delito, sem que tenha sido detido.

8. Flagrante impróprio ou imperfeito (inciso III): ocorre quando o agente conclui a infração penal – ou é interrompido pela chegada de terceiros – mas sem ser preso no local do delito, pois consegue fugir, fazendo com que haja perseguição por parte da polícia, da vítima ou de qualquer pessoa do povo. Note-se que a lei faz uso da expressão "em situação que faça presumir ser autor da infração", demonstrando, com isso, a impropriedade do flagrante, já que não foi surpreendido em plena cena do crime. Mas, é razoável a autorização legal para a realização da prisão, pois a evidência da autoria e da materialidade mantém-se, fazendo com que não se tenha dúvida a seu respeito. Exemplo disso é o do agente que, dando vários tiros na vítima, sai da casa desta com a arma na mão, sendo perseguido por vizinhos do ofendido. Não foi detido no exato instante em que terminou de dar os disparos, mas a situação é tão clara que autoriza a perseguição e prisão do autor. A hipótese é denominada pela doutrina de *quase flagrante*.

9. Análise da expressão "logo após": evitando-se conferir larga extensão à situação imprópria de flagrante, para que não se autorize a perseguição de pessoas simplesmente suspeitas, mas contra as quais não há certeza alguma da autoria, utilizou a lei a expressão *logo após*, querendo demonstrar que a perseguição deve iniciar-se em ato contínuo à execução do delito, sem intervalos longos, demonstrativos da falta de pistas. Nas palavras de Roberto Delmanto Junior, "a perseguição há que ser *imediata* e *ininterrupta*, não restando ao indigitado autor do delito qualquer momento de tranquilidade" (*As modalidades de prisão provisória e seu prazo de duração*, p. 101). Eis porque é ilegal a prisão de alguém que consegue ficar escondido, sem que sua identidade seja conhecida, por horas seguidas, até que a polícia, investigando, consegue chegar a ele. Utiliza-se, como norma de apoio, para a interpretação desta, o disposto no art. 290, § 1.º, *a e b*, do Código de Processo Penal (ser o agente avistado e perseguido em seguida à prática do delito, sem interrupção, ainda que se possa perdê-lo de vista por momentos, bem como ficar-se sabendo, por indícios ou informações confiáveis, que o autor passou, há pouco tempo, em determinado local, dirigindo-se a outro, sendo, então, perseguido). No mais, cabe ao bom senso de cada magistrado, ao tomar conhecimento da prisão em flagrante impróprio, no caso concreto, avaliar se, realmente, seguiu-se o contido na expressão "logo após".

10. Perseguição duradoura: pode demorar horas ou dias, desde que tenha tido início *logo após* a prática do crime, como se expôs na nota anterior.

11. Flagrante presumido ou ficto (inciso IV): não deixa de ser igualmente impróprio ou imperfeito. Constitui-se na situação do agente que, logo depois da prática do crime, embora não tenha sido perseguido, é encontrado portando instrumentos, armas, objetos ou papéis que demonstrem, por presunção, ser ele o autor da infração penal. É o que comumente ocorre nos crimes patrimoniais, quando a vítima comunica à polícia a ocorrência de um roubo e a viatura sai pelas ruas do bairro à procura do carro subtraído, por exemplo. Visualiza o autor do crime algumas horas depois, em poder do veículo, dando-lhe voz de prisão. Na jurisprudência: STJ: "1. O paciente foi preso em quarto de hotel, logo após a prática da conduta delituosa, em razão de a vítima ter acionado os agentes policiais comunicando o ocorrido, sendo efetuada a prisão ainda na posse de parte da *res furtiva,* o que configura a hipótese de flagrante presumido ou ficto, nos termos do art. 302, IV, do CPP, não se verificando a ocorrência de ilegalidade por invasão de domicílio" (AgRg no HC 780.985/SC, 6.ª T., rel. Jesuíno Rissato, 28.08.2023, v.u.).

12. Abrangência da expressão "logo depois": também neste contexto não se pode conferir à expressão uma larga extensão, sob pena de se frustrar o conteúdo da prisão *em flagrante*. Trata-se de uma situação de imediatidade, que não comporta mais do que algumas horas para findar-se. O bom senso da autoridade – policial e judiciária –, em suma, terminará por determinar se é caso de prisão em flagrante. Convém registrar a posição de Roberto Delmanto Júnior, conferindo a este caso uma interpretação ainda mais restrita que a do inciso anterior: "É que, devido à maior fragilidade probatória, a expressão 'logo depois' do inciso IV deve ser interpretada, ao contrário do que foi acima afirmado, de forma ainda mais restritiva do que a expressão 'logo após' do inciso III. Em outras palavras, se o indigitado autor está sendo ininterruptamente perseguido, desde o momento da suposta prática do delito, aí sim admitir-se-ia elastério temporal maior" (*As modalidades de prisão provisória e seu prazo de duração*, p. 105).

13. Diligências fortuitas feitas pela polícia: não podem ser consideradas para efeito de consolidar a prisão em flagrante. Muitas vezes, sem ter havido perseguição alguma, após a ocorrência de um delito, a polícia começa uma investigação e, por acaso, chega à residência de alguém que, de fato, tomou parte no crime. Não cabe, nessa hipótese, a prisão em flagrante, ainda que se argumente ser o caso do flagrante presumido, pois encontrada a pessoa com instrumentos ou armas usadas no cometimento da infração penal. Válido citar a lembrança trazida por Tales Castelo Branco, a respeito de voto consagrado do Desembargador Costa Manso, a respeito: "Não se pode encampar, sob o nome de flagrante, diligências policiais mais ou menos felizes, que venham, porventura, a descobrir e prender, com alguma presteza, indigitados autores de crimes. É preciso não confundir os efeitos probatórios que possam resultar de tais diligências, quanto ao mérito da ação, e as consequências processuais, rigorosíssimas, decorrentes da flagrância em si mesma considerada. Pois que esta, nos crimes inafiançáveis, sujeita o acusado à prisão, contemporaneamente ao delito. (...) A flagrância, em qualquer de suas formas, por isso mesmo que se apoia na imediata sucessão dos fatos, não comporta, dentro da relatividade dos juízos humanos, dúvidas sérias quanto à autoria. Daí a grande prudência com que se deve haver a justiça, em não confundi-la com diligências policiais, *post delictum*, cujo valor probante, por mais forte que pareça não se encadeie em elos objetivos, que entrelacem, indissoluvelmente, no tempo e no espaço, a prisão e a 'atualidade ainda palpitante do crime'" (*Da prisão em flagrante*, p. 54).

13-A. Bloqueio feito em via pública ou estrada por policiais em atividade fiscalizatória: certamente, no exercício do poder de polícia do Estado, é possível que os agentes da autoridade encontrem alguém em procedimento de fuga ou trazendo consigo objeto ou instrumento do crime, recém-praticado, cabendo, então, a prisão em flagrante. Confira-se exemplo dado por Maurício Henrique Guimarães Pereira sobre bloqueio feito em estrada, onde se encontra pessoa autora recente de crime: "A situação de quem é bloqueado em estrada não é de perseguição em relação a quem executa o bloqueio, mas em relação a quem o vem efetivamente perseguindo e o alcança pelo atraso provocado pelo bloqueio, o que não impede que possa estar em estado de flagrante delito ficto – hipótese do inc. IV – para quem executa o bloqueio" (*Habeas corpus e polícia judiciária*, p. 228). Logo, poderá ser preso em flagrante tanto na hipótese do inciso III como na do inciso IV do art. 302, respeitada a relação de imediatidade entre a ocorrência da infração e a prisão efetivada.

14. Flagrante preparado ou provocado: trata-se de um arremedo de flagrante, ocorrendo quando um agente provocador induz ou instiga alguém a cometer uma infração penal, somente para assim poder prendê-la. Trata-se de crime impossível (art. 17, CP), pois inviável a sua consumação. Ao mesmo tempo em que o provocador leva o provocado ao cometimento do delito, age em sentido oposto para evitar o resultado. Estando totalmente

Art. 302

Código de Processo Penal Comentado · **Nucci**

na mão do provocador, não há viabilidade para a constituição do crime. Disciplina o tema a Súmula 145, do Supremo Tribunal Federal: "Não há crime quando a preparação do flagrante pela polícia torna impossível a sua consumação". É certo que esse preceito menciona apenas a polícia, mas nada impede que o particular também provoque a ocorrência de um flagrante somente para prender alguém. A armadilha é a mesma, de modo que o delito não tem possibilidade de se consumar. Ex.: policial disfarçado, com inúmeros outros igualmente camuflados, exibe relógio de alto valor na via pública, aguardando alguém para assaltá-lo. Apontada a arma para a pessoa atuando como isca, os demais policiais prendem o agente. Inexiste crime, pois impossível sua consumação. Na jurisprudência: STJ: "1. No flagrante preparado, a polícia provoca o agente a praticar o delito e, ao mesmo tempo, impede a sua consumação, cuidando-se, assim, de crime impossível, ao passo que no flagrante forjado a conduta do agente é criada pela polícia, tratando-se de fato atípico. 2. No caso dos autos, embora os policiais tenham simulado a compra dos entorpecentes e a transação não ter se concluído em razão da prisão em flagrante dos acusados, o certo é que, antes mesmo do referido fato, o crime de tráfico já havia se consumado em razão de os sentenciados, tanto o corréu quanto o agravante, terem guardado em depósito e trazido consigo as drogas apreendidas, condutas que, a toda evidência não foram instigadas ou induzidas pelos agentes, o que afasta a mácula suscitada na impetração. Precedentes do STJ e do STF" (AgRg no AREsp 1.579.303/SP, 5.ª T., rel. Jorge Mussi, 06.02.2020, v.u.).

15. Exceções válidas ao flagrante provocado considerado crime impossível: há casos em que a polícia se vale do agente provocador, induzindo ou instigando o autor a praticar um determinado delito, mas somente para descobrir a real autoria e materialidade de outro. Assim sendo, não se dá voz de prisão por conta do delito preparado, e sim pelo outro, descoberto em razão deste. Era o que ocorria nos casos de tráfico ilícito de entorpecentes. O art. 33, *caput*, da Lei 11.343/2006, possui dezoito formas alternativas de conduta. Assim, caso o policial se passasse por viciado, desejoso de comprar drogas, o traficante ao ser detido, no ato da venda, não era autuado por *vender*, mas porque trazia consigo ou tinha em depósito substância entorpecente. Afinal, as condutas anteriores configuravam crime permanente. Acrescente-se interessante colocação de Maurício Henrique Guimarães Pereira: "Na gíria policial, a conduta do policial que se faz passar por viciado, perante traficante, para seduzi-lo a exibir o entorpecente que guarda, é conhecida por 'descolar entorpecente', o que deixa certo que a substância preexiste à ação policial, mas em lugar incerto, pelo que o estado flagrancial revelado por essa conduta, para extremá-lo do flagrante provocado, pode ser nominado de 'flagrante comprovado'" (*Habeas corpus* e polícia judiciária, p. 230). Com a reforma introduzida pela Lei 13.964/2019, inseriu-se o inciso IV ao § 1.º do art. 33 da Lei de Drogas, permitindo a prisão em flagrante também em caso de venda a policial disfarçado. *In verbis*: "IV – vende ou entrega drogas ou matéria-prima, insumo ou produto químico destinado à preparação de drogas, sem autorização ou em desacordo com a determinação legal ou regulamentar, a agente policial disfarçado, quando presentes elementos probatórios razoáveis de conduta criminal preexistente".

16. Flagrante forjado: trata-se de um flagrante totalmente artificial, pois integralmente composto por terceiros. É fato atípico, tendo em vista que a pessoa presa jamais pensou ou agiu para compor qualquer trecho da infração penal. Imagine-se a hipótese de alguém colocar no veículo de outrem certa porção de entorpecente, para, abordando-o depois, dar-lhe voz de prisão em flagrante por transportar ou trazer consigo a droga.

17. Flagrante esperado: essa é uma hipótese viável de autorizar a prisão em flagrante e a constituição válida do crime. Não há agente provocador, mas simplesmente chega à polícia a notícia de que um crime será, em breve, cometido. Deslocando agentes para o local,

641 Título IX – Da Prisão, das Medidas Cautelares e da Liberdade Provisória

Art. 303

aguarda-se a sua ocorrência, que pode ou não se dar da forma como a notícia foi transmitida. Logo, é viável a sua consumação, pois a polícia não detém certeza absoluta quanto ao local, tampouco controla a ação do agente criminoso. Enfim, poderá haver delito consumado ou tentado, conforme o caso, sendo válida a prisão em flagrante, se efetivamente o fato ocorrer. Cabe mencionar, no entanto, como já afirmamos na nota 59-A ao art. 17 do nosso *Código Penal comentado*, ser possível uma hipótese de flagrante esperado transformar-se em crime impossível. Caso a polícia obtenha a notícia de que um delito vai ser cometido em algum lugar e consiga armar um esquema tático infalível de proteção ao bem jurídico, de modo a não permitir a consumação da infração de modo nenhum, trata-se de tentativa inútil e não punível, tal como prevista no art. 17 do Código Penal.

18. Flagrante diferido ou retardado: é a possibilidade que a polícia possui de retardar a realização da prisão em flagrante, para obter maiores dados e informações a respeito do funcionamento, componentes e atuação de uma organização criminosa. Veja-se o disposto nos arts. 3.º e 8.º da Lei 12.850/2013: "Art. 3.º Em qualquer fase da persecução penal, serão permitidos, sem prejuízo de outros já previstos em lei, os seguintes meios de obtenção da prova: (...) II – ação controlada (...). Art. 8.º Consiste a ação controlada em retardar a intervenção policial ou administrativa relativa à ação praticada por organização criminosa ou a ela vinculada, desde que mantida sob observação e acompanhamento para que a medida legal se concretize no momento mais eficaz à formação de provas e obtenção de informações. (...)".

> **Art. 303.** Nas infrações permanentes, entende-se o agente em flagrante delito enquanto não cessar a permanência.[19-20]

19. Crimes permanentes e fundada suspeita: são aqueles que se consumam com uma única conduta, mas o resultado tem a potencialidade de se arrastar por largo período, continuando o processo de consumação/execução da infração penal. Assim, sequestrar determinada pessoa, enquanto o agente a deter em seu poder, cerceando sua liberdade, está em franca execução do crime. O delito consumou-se no momento da privação da liberdade, arrastando esse estado, pois continua a ferir o bem jurídico protegido. Logicamente, por uma questão de bom senso, cabe prisão em flagrante a qualquer momento. Nem precisaria existir o art. 303, pois o art. 302, I, resolve o problema. Entretanto, tem-se constatado, no Brasil, um excessivo número de prisões em flagrante com fase na alegação de ocorrer *crime permanente* no interior de uma residência ou para abordar alguém em revista pessoal. É preciso avaliar que essa análise advém de *denúncias anônimas* ou *comportamentos suspeitos*, sem qualquer elemento objetivo a ser detectado nos autos do processo. Diante disso, tem havido um estreitamento das hipóteses admissíveis para a prisão em flagrante, justamente para não acolher a ampla discricionariedade – e possível abuso – por parte de agentes da autoridade. Assim sendo, para invadir um domicílio sem mandado judicial ou para realizar uma revista pessoal, torna-se indispensável a demonstração de uma *fundada suspeita*, calcada em termos concretos, advindos de provas constantes dos autos. A mera afirmação de ter havido uma *denúncia anônima* é desprovida de sustentação, assim como a simples alegação de que alguém se tornou suspeito por um comportamento *subjetivamente* considerado *suspeito*. Em decorrência disso, não se pode admitir a legitimidade da prova colhida, concluindo-se pela sua nulidade. Na jurisprudência: STJ: "2. A Sexta Turma desta Corte entende ser necessária a existência de justa causa, isto é, fundada suspeita de que o indivíduo esteja na posse de drogas, armas ou de outros objetos ou papéis que constituam corpo de delito, evidenciando-se a urgência de se executar a diligência. 3. No caso dos autos, a *busca pessoal efetivada decorreu exclusivamente em razão*

Art. 304

Código de Processo Penal Comentado · Nucci

de denúncia anônima de que o recorrente estaria traficando – as provas indiciárias apontam que, em tese, já havia informações de que o autuado estava traficando na região de Aragarças/GO – Barra do Garças/MT e ao realizarem patrulhamento os policiais o avistaram, fizeram sua abordagem e encontraram substâncias entorpecentes em sua posse, havendo surgido, então fundadas razões para que realizassem averiguações em sua residência –, não apresentando justificativa concreta, além de suposta 'informações sobre o tráfico', algo insuficiente para tal medida invasiva, conforme a jurisprudência deste Superior Tribunal, do Supremo Tribunal Federal e da Corte Interamericana de Direitos Humanos (RHC n. 158.580/BA, Ministro Rogerio Schietti Cruz, Sexta Turma, *DJe* 25/4/2022)" (AgRg no RHC n. 163.840/GO, 6.ª T., rel. Sebastião Reis Júnior, Sexta Turma, 21.06.2022, v.u.); "15. Na espécie, a guarnição policial 'deparou com um indivíduo desconhecido em atitude suspeita' e, ao abordá-lo e revistar sua mochila, encontrou porções de maconha e cocaína em seu interior, do que resultou a prisão em flagrante do recorrente. Não foi apresentada nenhuma justificativa concreta para a revista no recorrente além da vaga menção a uma suposta 'atitude suspeita', algo insuficiente para tal medida invasiva, conforme a jurisprudência deste Superior Tribunal, do Supremo Tribunal Federal e da Corte Interamericana de Direitos Humanos. 16. Recurso provido para determinar o trancamento do processo" (RHC 158.580/BA, 6.ª T., rel. Rogerio Schietti Cruz, 19.04.2022, v.u.).

20. Crimes habituais: não admitem prisão em flagrante. O delito habitual é aquele cuja consumação se dá através da prática de várias condutas, em sequência, de modo a evidenciar um comportamento, um estilo de vida do agente, indesejável pela sociedade, motivo pelo qual foi objeto de previsão legal. Uma única ação é irrelevante para o Direito Penal. Somente o conjunto se torna figura típica, o que é fruto da avaliação subjetiva do juiz, dependente das provas colhidas, para haver condenação. Logo, inexiste precisão para determinar ou justificar o momento do flagrante. Diversamente, o crime permanente, com o qual é frequentemente confundido – a ponto de alguns sustentarem que exista crime habitual permanente –, consuma-se em uma única conduta, capaz de determinar o resultado, sendo que este se arrasta sozinho, sem a interferência do agente, que se omite. Note-se o ocorrido com a pessoa possuidora de depósito de substância entorpecente: primeiramente, o agente coloca a droga em sua casa (ação). A partir daí, o resultado (ter em depósito) arrasta-se por si mesmo, sem novas ações do autor. Essa situação fática é completamente distinta daquela configuradora do delito habitual. Este, diferentemente do permanente, não é capaz de gerar estado de flagrância, até porque a reiteração de atos é justamente a construtora da sua tipicidade, não se tratando de prolongamento da consumação. Tratamos do tema, minuciosamente, em nosso *Código Penal comentado*, no contexto da classificação dos crimes (nota 5, *i*, ao Título II da Parte Geral) e cuidando, especificamente, do delito previsto no art. 229 (nota 37), referente à casa de exploração sexual. Embora seja matéria controvertida na doutrina e na jurisprudência, preferimos acompanhar os magistérios de Frederico Marques (*Elementos de direito processual penal*, v. IV, p. 89), Tourinho Filho (*Comentários ao Código de Processo Penal*, v. 1, p. 530) e Tales Castelo Branco (*Da prisão em flagrante*, p. 71), não admitindo a hipótese de prisão em flagrante, sob pena de aceitarmos a ocorrência de detenções injustificadas e indevidas.

> **Art. 304.** Apresentado o preso à autoridade competente,[21-22] ouvirá esta o condutor[23] e colherá, desde logo, sua assinatura, entregando a este cópia do termo e recibo de entrega do preso. Em seguida, procederá à oitiva das testemunhas[24] que o acompanharem e ao interrogatório[25-27] do acusado[28-29-A] sobre a imputação que lhe é feita, colhendo, após cada oitiva suas respectivas assinaturas, lavrando, a autoridade, afinal, o auto.[30-31]

Art. 304

§ 1.º Resultando das respostas fundada a suspeita contra o conduzido, a autoridade mandará recolhê-lo à prisão,[32] exceto no caso de livrar-se solto ou de prestar fiança,[33] e prosseguirá nos atos do inquérito ou processo,[34] se para isso for competente; se não o for, enviará os autos à autoridade que o seja.[35]

§ 2.º A falta de testemunhas da infração não impedirá o auto de prisão em flagrante; mas, nesse caso, com o condutor, deverão assiná-lo pelo menos duas pessoas que hajam testemunhado a apresentação do preso à autoridade.[36]

§ 3.º Quando o acusado se recusar a assinar, não souber ou não puder fazê-lo, o auto de prisão em flagrante será assinado por duas testemunhas, que tenham ouvido sua leitura na presença deste.[37]

§ 4.º Da lavratura do auto de prisão em flagrante deverá constar a informação sobre a existência de filhos, respectivas idades e se possuem alguma deficiência e o nome e o contato de eventual responsável pelos cuidados dos filhos, indicado pela pessoa presa.[37-A]

21. Autoridade competente: é, como regra, a autoridade policial. Pode ser, também, o juiz de direito (art. 307, parte final). Acrescente-se, ainda, a possibilidade de o auto ser lavrado por deputado ou senador. A respeito, consulte-se a Súmula 397 do Supremo Tribunal Federal: "O poder de polícia da Câmara dos Deputados e do Senado Federal, em caso de crime cometido nas suas dependências, compreende, consoante o regimento, a prisão em flagrante do acusado e a realização do inquérito".

22. Apresentação espontânea à autoridade policial: pode não haver possibilidade de lavratura da prisão em flagrante, por ausência dos requisitos do art. 302, bem como pelo fato de o agente ter manifestado a nítida intenção de colaborar com a apuração do fato e sua autoria, o que afastaria o *periculum in mora*. Por outro lado, não se pode utilizar o artifício da apresentação espontânea unicamente para afastar o dever da autoridade policial de dar voz de prisão em flagrante, com a lavratura do auto, a quem efetivamente merece. Imagine-se o indivíduo que mata, cruelmente, várias pessoas e, logo em seguida, com a roupa manchada de sangue e o revólver na mão, adentra uma delegacia, apresentando-se. Por que não poderia a autoridade dar voz de prisão em flagrante, se o crime acaba de ocorrer e o agente está com a arma utilizada em plena evidência de ser o autor? Além disso, há o clamor popular, instaurando-se o *periculum in mora*. Certamente que, depois, poderá o juiz conceder-lhe liberdade provisória, se entender cabível, levando até em consideração o fato de ter havido apresentação espontânea.

23. Condutor: é a pessoa (autoridade ou não) que deu voz de prisão ao agente do fato criminoso.

24. Testemunhas: utiliza a lei o termo no plural, dando indicações de ser preciso mais do que uma para que o flagrante seja formalizado no auto respectivo. Entretanto, atualmente, tem-se admitido que o condutor – tendo ele também acompanhado o fato – possa ser admitido no contexto como testemunha. Assim, é preciso haver, pelo menos, o condutor e mais uma testemunha. Por outro lado, embora o ideal seja que as testemunhas se refiram ao fato criminoso, é possível a admissão de pessoas que tenham apenas presenciado o momento da detenção. Um crime ocorrido no interior de uma residência, onde estavam somente agente e vítima, sem testemunhas, pode comportar flagrante. Nessa hipótese, as testemunhas ouvidas dirão respeito ao momento da prisão, confirmando a apresentação do detido à autoridade que lavrar o auto de prisão em flagrante. Na jurisprudência: STJ: "12. 'Muito embora o artigo 304 do Código de Processo Penal se refira à oitiva das testemunhas do flagrante, o certo é

Art. 304

Código de Processo Penal Comentado · **Nucci**

que se tem entendido que os próprios policiais responsáveis pela custódia do acusado sejam inquiridos nessa condição, o que revela a desnecessidade de condução de terceiros para relatar como teriam ocorrido os fatos' (HC 188.403/ES, Rel. Ministro Jorge Mussi, Quinta Turma, julgado em 02/10/2012, *DJe* 09/10/2012). Ademais, além de não se verificar nulidade, não se observa eventual prejuízo, uma vez que as testemunhas da prisão 'foram ouvidas em Juízo, oportunidade em que a defesa pôde elaborar perguntas sobre os fatos imputados ao réu, exercendo de forma plena o direito ao contraditório e à ampla defesa'" (AgRg no AREsp 1.811.691/RJ, 5.ª T., rel. Reynaldo Soares da Fonseca, 03.08.2021, v.u.).

25. Interrogatório do indiciado: a lei se vale do termo *acusado*, mas o correto é considerar o preso apenas *indiciado*, afinal, se o representante do Ministério Público não o denunciar, inexistirá ação penal e, consequentemente, não terá formalmente se tornado réu ou acusado. O interrogatório não é obrigatório, já que a Constituição Federal admite, expressamente, o direito do preso de permanecer calado (art. 5.º, LXIII). Entretanto, querendo prestar declarações, elas serão colhidas nos termos preceituados pelos arts. 185 a 196 do Código de Processo Penal, com as adaptações necessárias (por exemplo: tratando-se de flagrante, fase do inquérito policial, que é inquisitivo, não há sentido em seguir o disposto no art. 188 do CPP, permitindo perguntas às partes – promotor e defensor). É assegurada, ainda, a assistência da família e de advogado, assim desejando o preso, bem como será comunicada a sua prisão à pessoa por ele indicada.

26. Impossibilidade de interrogatório: por vezes, não é só a invocação do direito ao silêncio a obstaculizar a realização do interrogatório. Podem ocorrer outras situações impeditivas, sendo a mais comum o fato de o indiciado estar hospitalizado, porque, por exemplo, trocou tiros com a polícia e não está em condições de depor. Essa menção será feita no auto, que será considerado válido.

27. Ônus do indiciado em demonstrar o não cumprimento dos preceitos constitucionais: se for feita a menção, no auto de prisão em flagrante, de que as normas constitucionais foram devidamente cumpridas, tais como a comunicação da prisão aos familiares ou à pessoa indicada pelo preso e, também, garantida a assistência de advogado, cabe ao indiciado demonstrar que tal não se deu.

28. Indiciado menor de 21 anos: não há mais necessidade de ser ouvido na presença de um curador, tendo em vista dar-se a maioridade civil, para todos os fins, aos 18 anos. Ver, ainda, a respeito do curador, as notas 49 e 52 ao art. 194.

29. Exceção ao relaxamento do flagrante de menor sem curador: ainda que se entenda necessária a presença do curador ao menor de 21 anos, quando este invocar o direito ao silêncio e nenhum prejuízo advier da falta do curador, a formalidade é considerada de valor relativo, isto é, dependente da prova do prejuízo.

29-A. Nomeação de policial como curador no auto de prisão em flagrante: impossibilidade, provocando o relaxamento da prisão, por total incompatibilidade com a função protetora do curador. Ver a nota 83 ao art. 15, inclusive com menção jurisprudencial.

30. Formalidade do auto de prisão em flagrante: sendo a prisão em flagrante uma exceção à regra da necessidade de existência de ordem escrita e fundamentada de autoridade judiciária, é preciso respeitar, fielmente, os requisitos formais para a lavratura do auto, que substitui o mandado de prisão expedido pelo juiz. Assim, a ordem de inquirição deve ser exatamente a exposta no artigo: condutor, em primeiro lugar, testemunhas, em seguida, e, por último, o indiciado. A inversão dessa ordem deve acarretar o relaxamento da prisão, apurando-se a responsabilidade funcional da autoridade.

645 Título IX – Da Prisão, das Medidas Cautelares e da Liberdade Provisória

Art. 304

30-A. Modificação introduzida pela Lei 11.113/2005: a nova redação do *caput* do art. 304 teve uma finalidade prática: liberar o condutor (como regra, trata-se de um policial), para cuidar de seus afazeres, assim que terminar de prestar o seu depoimento. Antes, era preciso aguardar o término do auto de prisão em flagrante (que pode levar muitas horas) para a dispensa do condutor; atualmente, terminadas suas declarações, assinado o termo e com o recibo de entrega do preso em mãos, o condutor pode ir embora. O mesmo ocorrerá no tocante às testemunhas. Cada uma, assim que for ouvida, assina o termo e é dispensada.

31. Superação dos vícios do auto de prisão em flagrante: estando o feito sentenciado, não há mais cabimento em se pretender o relaxamento da prisão, em virtude de flagrante viciado.

32. Relaxamento do flagrante pela autoridade policial: a norma processual penal não está bem redigida, a nosso ver. Não é crível que a autoridade policial comece, formalmente, a lavratura do auto de prisão em flagrante, sem se certificar, antes, pela narrativa oral do condutor, das testemunhas presentes e até mesmo do preso, de que houve, realmente, flagrante em decorrência de um fato típico. Assim, quando se inteira do que houve, ao ser apresentada uma pessoa presa, inicia a lavratura do auto. Afinal, se a prisão foi nitidamente ilegal, deve dar voz de prisão em flagrante ao condutor e lavrar contra este o auto. Mas, excepcionalmente, pode ocorrer o descrito neste § 1.º, isto é, conforme o auto de prisão em flagrante desenvolver-se com a colheita formal dos depoimentos, observa a autoridade policial que a pessoa presa não é culpada. Afastada a autoria, tendo constatado o erro, não recolhe o sujeito, determinando sua soltura. É a excepcional hipótese de se admitir que a autoridade policial relaxe a prisão. Ao proceder desse modo, pode deixar de dar voz de prisão ao condutor, porque este também pode ter-se equivocado, sem a intenção de realizar prisão ilegal. Instaura-se, apenas, inquérito para apurar, com maiores minúcias, todas as circunstâncias da prisão. Note-se que isso se dá no tocante à avaliação da autoria, mas não quando a autoridade policial percebe ter havido alguma excludente de ilicitude ou de culpabilidade, pois cabe ao juiz proceder a essa análise. Maurício Henrique Guimarães Pereira explica que "o Delegado de Polícia pode e deve relaxar a prisão em flagrante, com fulcro no art. 304, § 1.º, interpretado *a contrario sensu*, correspondente ao primeiro contraste de legalidade obrigatório" quando não estiverem presentes algumas condições somente passíveis de verificação ao final da formalização do auto, como, por exemplo, o convencimento, pela prova testemunhal colhida, de que o preso não é o autor do delito; ou, ainda, quando chega à conclusão de que o fato é atípico (Habeas corpus *e polícia judiciária*, p. 233-234). No mesmo prisma, Roberto Delmanto Júnior, citando Câmara Leal, menciona que "se as provas forem falhas, não justificando fundada suspeita de culpabilidade, a autoridade, depois da lavratura do auto de prisão em flagrante, fará pôr o preso em liberdade" (*As modalidades de prisão provisória e seu prazo de duração*, p. 121).

33. Hipóteses de fiança: ver arts. 322, 323 e 324.

34. Prosseguimento nos atos do inquérito ou processo: evidencia-se, por essa menção, que o auto de prisão em flagrante é peça hábil a dar início ao inquérito policial, substituindo a portaria do delegado. Assim, terminada a sua lavratura, continuam as investigações. Se o indiciado for mantido preso pelo juiz, ao tomar conhecimento do auto, convertendo o flagrante em preventiva, deve ser o inquérito concluído em 10 dias; do contrário, sendo colocado em liberdade, o prazo aumenta para 30 dias, podendo ser prorrogado (art. 10, CPP). A referência feita a *processo* não está mais em vigor, pois representava a época em que a autoridade policial – nas contravenções penais, por exemplo – podia iniciar o processo diretamente na delegacia.

Art. 305

Código de Processo Penal Comentado · **Nucci**

646

35. Remessa dos autos à autoridade competente: é a mostra de que o auto de prisão em flagrante pode ser lavrado por autoridade distante do lugar onde o crime foi praticado. É ato administrativo, não se submetendo, rigidamente, a princípios que regem a competência. Pode, por exemplo, ter havido longa perseguição e o indiciado ter sido preso em Estado diverso de onde se originou o crime. A autoridade do lugar da prisão lavrará o auto, remetendo-o para a outra, competente para a investigação e apuração do fato.

36. Falta de testemunhas do fato criminoso: como já mencionamos, não impede a realização do auto de prisão em flagrante, devendo haver, em substituição, a inquirição das pessoas que acompanharam a prisão. A lei fala em testemunhas que tenham presenciado a apresentação do preso à autoridade, mas o ideal seria ouvir as pessoas que acompanharam a prisão, desde o início, assegurando-lhe maior confiabilidade.

37. Testemunhas de leitura: são pessoas distintas daquelas que acompanharam os fatos ou a apresentação do indiciado à autoridade policial, pois servem, unicamente, para atestar que as declarações ali colhidas foram, de fato, prestadas pelo preso. Dentre elas, não deve estar o curador do indiciado menor, se houver, pois a sua função é meramente protetora, não servindo para legitimar qualquer tipo de declaração do preso (sobre a existência do curador, consultar nota 49 ao art. 194). A redação do § 3.º foi modificada pela Lei 11.113/2005 para permitir que a leitura do auto de prisão em flagrante se faça somente na presença do indiciado e das testemunhas de leitura, não mais necessitando da presença do condutor e das outras testemunhas já ouvidas.

37-A. Informação sobre a existência de filhos: a Lei 13.257/2016 introduziu este § 4.º, entre as anotações obrigatórias, a constar do auto de prisão em flagrante, por conta da modificação do art. 6.º (diligências da autoridade policial), incluindo-se o inciso X, para que se descubra a existência de filhos menores de 18 anos do(a) preso(a). O objetivo dessas alterações é a nova política infantojuvenil, adotada pelo Estatuto da Criança e do Adolescente, apontando para a mantença do(s) filho(s) da pessoa presa ou condenada, na mesma situação sociofamiliar, com direito à visita, inclusive, ou à amamentação (se for bebê), pois não se destitui o poder familiar com base *exclusiva* na prisão e/ou condenação. A falta dessa informação não dá ensejo ao relaxamento da prisão em flagrante, pois não diz respeito a qualquer direito intrínseco do acusado no tocante ao delito praticado e à ampla defesa. Implica, somente, a responsabilidade funcional da autoridade policial, diante do descumprimento da lei.

> **Art. 305.** Na falta ou no impedimento do escrivão,[38] qualquer pessoa designada pela autoridade lavrará o auto, depois de prestado o compromisso legal.

38. Escrivão: é o funcionário do Estado encarregado de lavrar o auto, presidido pela autoridade. Na sua falta, será substituído por pessoa capaz, devidamente nomeada pela própria autoridade, prestando o compromisso legal de bem desempenhar a sua função.

> **Art. 306.** A prisão de qualquer pessoa e o local onde se encontre serão comunicados imediatamente ao juiz competente, ao Ministério Público e à família do preso ou à pessoa por ele indicada.[39-39-A]
>
> § 1.º Em até 24 (vinte e quatro) horas após a realização da prisão,[39-B] será encaminhado ao juiz competente o auto de prisão em flagrante e, caso o autuado não informe o nome de seu advogado, cópia integral para a Defensoria Pública.[39-C-39-D]

Art. 306

647 Título IX – Da Prisão, das Medidas Cautelares e da Liberdade Provisória

> § 2.º No mesmo prazo,[39-E] será entregue ao preso, mediante recibo,[40] a nota de culpa,[41] assinada pela autoridade, com o motivo da prisão, o nome do condutor e as das testemunhas.[42-42-A]

39. Fundamento constitucional: adaptou-se o texto do Código de Processo Penal à garantia prevista no art. 5.º, LXII, da Constituição Federal: "A prisão de qualquer pessoa e o local onde se encontre serão comunicados imediatamente ao juiz competente e à família do preso ou à pessoa por ele indicada". Valeu-se o legislador dos mesmos termos já adotados na Carta Magna. É preciso salientar que tal providência precisa ser efetiva e não meramente formal, vale dizer, a autoridade encarregada do auto de prisão em flagrante deve, com eficiência e de imediato, comunicar aos familiares indicados pelo preso ou a pessoa de sua confiança, inclusive, para, se for o caso, poder ser contratado advogado para acompanhar o ato de formalização da prisão. Lembremos que, quanto à comunicação ao magistrado competente, muito embora o texto constitucional, ora reproduzido no Código de Processo Penal, pareça indicar a comunicação imediata, ou seja, no exato momento da lavratura do auto de prisão em flagrante, tal não se dá. Observe-se o disposto no § 1.º deste artigo, fixando o prazo de 24 horas para que o auto de prisão chegue às mãos do juiz competente. Em suma, adaptando-se a nova redação do art. 306 à realidade, teremos: a) assim que chegar ao distrito policial ou outro lugar destinado à lavratura do auto de prisão em flagrante, deve a autoridade providenciar a comunicação à família ou à pessoa indicada pelo detido; b) finda a formalização da prisão, em 24 horas, enviará cópia ao juiz competente para análise da legalidade do ato; o mesmo fará em relação ao Ministério Público; c) se o preso tiver advogado – ou a família ou terceiro já lhe tenha providenciado um, assim que ciente do ocorrido – aguarda-se a manifestação do causídico em relação à prisão; d) se o preso não tiver advogado, nem for um causídico providenciado pela família ou terceiro, deve a autoridade remeter, igualmente, em 24 horas, cópia do auto de prisão em flagrante à Defensoria Pública.

39-A. Efetividade da comunicação: quanto à comunicação ao juiz competente, ao Ministério Público e, eventualmente, à Defensoria Pública, torna-se fácil a constatação. São órgãos do Estado se comunicando, o que se faz de maneira formal e registrada. Porém, como saber se a autoridade, realmente, permitiu ao preso acesso à sua família ou terceiro? Pode constar no auto de prisão em flagrante que o detido não quis indicar ninguém ou também que apontou certa pessoa, contatada sem sucesso. Até mesmo seria possível constar ter sido a família contatada, quando, em verdade, nada disso ocorreu. Enfim, o mais relevante é o preso – como, aliás, todo cidadão deveria ter conhecimento de seus direitos fundamentais – recusar-se a assinar o auto de prisão em flagrante e usar o seu direito ao silêncio, caso a comunicação não tenha sido providenciada pela autoridade de maneira eficiente. Lembremos que a recusa em assinar o auto implicará a utilização do mecanismo exposto pelo art. 304, § 3.º, do CPP, ou seja, será o auto assinado por duas testemunhas, que tenham ouvido sua leitura na presença do preso. Esse é o momento de o indivíduo detido reclamar e expor claramente não ter assinado o auto, pois a comunicação à sua família ou terceiro não foi realizada. As testemunhas de leitura poderão, posteriormente, prestando declarações ao juiz, demonstrar o não cumprimento do preceituado no art. 306, *caput*, do CPP. Assim ocorrendo, a prisão torna-se ilegal e deve haver o relaxamento do flagrante. Se, porventura, o preso, por ignorância, assinar o auto, mesmo sabendo que sua família ou a pessoa indicada não foi avisada, deverá narrar tal fato ao juiz, por ocasião do interrogatório. Pensamos deva o magistrado tomar providências, oficiando à Corregedoria da Polícia Judiciária (função exercida por outro magistrado), conforme expusemos na nota 72 ao art. 13, bem como à Corregedoria da Polícia Civil para as providências investigatórias cabíveis. Além disso, nada impede que o próprio

Art. 306

Código de Processo Penal Comentado · **Nucci**

juiz, condutor do processo-crime, determine a instauração de justificação em apenso, para avaliar, paralelamente à instrução, se houve ou não tal comunicação. Afinal, o resultado dessa averiguação pode redundar, como já mencionamos, em ilegalidade formal na lavratura do auto de prisão, implicando relaxamento e soltura do preso. Não se pretende, com isso, apregoar maior burocracia ao processo; ao contrário, é preciso fazer valer de uma vez por todas, no Brasil, os direitos e garantias fundamentais constitucionalmente previstos.

39-B. Prazo improrrogável: tratando-se de prisão, ato constritivo de cerceamento da liberdade, não se deve admitir concessões, razão pela qual a remessa da cópia do auto de prisão em flagrante ao magistrado competente, ao Ministério Público e, quando for o caso, à Defensoria Pública deve ocorrer, impreterivelmente, em 24 horas, contadas a partir do momento da prisão – e não do término da lavratura do auto de prisão em flagrante. Muito cômodo seria ao Estado prender alguém em um determinado dia, lavrar o auto, por exemplo, dois dias depois, contando, a partir daí, as 24 horas para remeter a cópia ao juiz.

39-C. Defensoria Pública e ampla defesa: o encaminhamento do auto de prisão a esse órgão estatal é salutar, pois privilegia a garantia constitucional da ampla defesa. Presos pobres, em muitos casos, encontram-se completamente desamparados e não têm advogado constituído. Por isso, a conveniência de sua prisão somente será analisada muito tempo depois, praticamente quando estiver diante do juiz, em interrogatório, ocasião em que deverá ter, ao menos, um defensor público ou dativo ao seu lado. Evitando-se essa disparidade entre o rico e o pobre, passa-se a remeter, tanto quanto se faz ao magistrado, o auto de prisão em flagrante à Defensoria Pública, que já poderá atuar em defesa da liberdade do detido, seja por meio do pedido de relaxamento, seja pelo requerimento de liberdade provisória, com ou sem fiança, conforme o caso. Nos lugares onde ainda não houver Defensoria Pública estruturada, deve a autoridade remeter o auto de prisão em flagrante, em *duas vias*, ao magistrado, para que este, nomeando, de imediato, um defensor dativo ao preso, providencie a remessa de uma das cópias do auto a este causídico. Na jurisprudência: STJ: "1. O art. 306, § 1.º do Código de Processo Penal prevê a obrigatoriedade de remessa de cópia do auto de prisão em flagrante à Defensoria Pública em até 24 (vinte e quatro) horas após a realização do ato. 2. Não há mais se falar em irregularidade da prisão em flagrante quando a questão encontra-se superada pela superveniência do decreto de prisão preventiva, que é o novo título judicial ensejador da custódia cautelar. 3. Em que pese o malferimento da regra contida no art. 306, § 1.º, do Código de Processo Penal, não há nulidade a proclamar, porquanto na hipótese, após converter a flagrância em preventiva, o magistrado *a quo* determinou a imediata comunicação dos fatos à Defensoria Pública, que a partir de então passou a acompanhar o feito, superando-se à mácula procedimental. 4. *Habeas corpus* não conhecido" (HC 325.958/AL, 6.ª T., rel. Maria Thereza de Assis Moura, 18.08.2015, v.u.).

39-D. Audiência de custódia: o auto de prisão em flagrante será encaminhado ao juiz e, também, a ele será apresentado o preso, em audiência de custódia, onde deverão estar o membro do Ministério Público, o advogado constituído do detido ou membro da Defensoria Pública. Nessa audiência, será cumprido o disposto pelo art. 310 deste Código. Conferir, ainda, a nota 46-A ao art. 310. O STF decidiu que a audiência de custódia deve ser realizada em todas as espécies de prisão, sob o fundamento de ser essencial verificar a persistência dos motivos da restrição à liberdade e, portanto, ainda ser necessária. Além disso, é válida para conferir o tratamento imposto ao preso pela autoridade que o deteve. Em verdade, parece-nos excessiva tal providência, tendo em vista que rever os fundamentos da prisão só pode se referir à prisão cautelar, visto que a prisão decorrente de cumprimento de pena, com trânsito em julgado da decisão condenatória, por exemplo, não comporta reavaliação na audiência de custódia. Sob outro prisma, se a prisão cautelar foi decretada (ex.: prisão preventiva, desvinculada da

649 Título IX – Da Prisão, da Medidas Cautelares e da Liberdade Provisória **Art. 306**

conversão do flagrante) ao ser preso o indiciado ou acusado, raramente os motivos podem ter sido alterados, afinal, o espaço de tempo entre a sua imposição e o efetivo cumprimento da ordem, como regra, não tem o condão de alterar os fatos precedentes à referida decretação. Quanto à ordem de prisão, em consequência da pena imposta, o máximo que a custódia pode fazer é conferir a integridade física de quem foi preso. Na jurisprudência: STF: "1. A indefinição sobre a obrigatoriedade da audiência de custódia em relação as demais modalidades de prisão, acarreta o prolongamento da sua não realização em extensão não limitada pelas normas internacionais às quais o Estado brasileiro aderiu e, principalmente, em descumprimento de recente determinação contida na legislação processual penal brasileira, com potencial de acarretar grave e irreversível inobservância de direitos e garantias fundamentais. 2. A temática acerca da audiência de custódia sofreu notória modificação fática e legislativa desde o julgamento proferido na ADPF 347 MC, tal como a regulamentação do tema pelo Conselho Nacional de Justiça (Resolução n. 213 de 15/12/2015) e, principalmente, o recente tratamento legal da matéria na legislação processual penal (arts. 287, 310, *caput* e §§ 3.º e 4.º do CPP, com redação dada pela Lei 13.964/2019 de 24/12/2019). 3. Não há dúvidas da imprescindibilidade da audiência de custódia, quer em razão de prisão em flagrante (como determinado expressamente no julgamento da ADPF 347), quer também nas demais modalidades de prisão por conta de previsão expressa na legislação processual penal (art. 287 do CPP, com redação dada pela Lei 13.964/2019 de 24/12/2019). 4. As próprias normas internacionais que asseguram a realização de audiência de apresentação, a propósito, não fazem distinção a partir da modalidade prisional, considerando o que dispõem a Convenção Americana sobre Direitos Humanos (Artigo 7.5) e o Pacto Internacional sobre Direitos Civis e Políticos (Artigo 9.3). Tais normas se agasalham na cláusula de abertura do § 2.º do art. 5.º da Constituição Federal. 5. A finalidade da realização da audiência de apresentação, independentemente, da espécie de prisão, não configura simples formalidade burocrática. Ao revés, trata-se de relevante ato processual instrumental à tutela de direitos fundamentais. 6. A audiência de custódia propicia, desde logo, que o Juiz responsável pela ordem prisional avalie a persistência dos fundamentos que motivaram a sempre excepcional restrição ao direito de locomoção, bem assim a ocorrência de eventual tratamento desumano ou degradante, inclusive, em relação aos possíveis excessos na exposição da imagem do custodiado (*perp walk*) durante o cumprimento da ordem prisional. 7. A audiência de apresentação ou de custódia, seja qual for a modalidade de prisão, configura instrumento relevante para a pronta aferição de circunstâncias pessoais do preso, as quais podem desbordar do fato tido como ilícito e produzir repercussão na imposição ou no modo de implementação da medida menos gravosa. 8. Reclamação julgada procedente, para determinar que se realize, no prazo de 24 horas, audiência de custódia em todas as modalidades prisionais, inclusive prisões temporárias, preventivas e definitivas" (Rcl 29.303, Pleno, rel. Edson Fachin, 06.03.2023, v.u.).

39-E. Prazo improrrogável: como já mencionamos na nota 39-B *supra*, cuidando-se de prisão, os prazos fixados em lei precisam ser fielmente respeitados, sob pena de se configurar constrangimento ilegal, com a consequente soltura do preso. Por isso, a nota de culpa precisa estar em mãos do indiciado até 24 horas depois da efetivação da sua detenção. Não se conta a partir do término da lavratura do auto, pois isso ampliaria muito o tempo para o indiciado ficar sabendo, formalmente, qual o teor da acusação que o mantém preso. Não o fazendo, além de poder configurar abuso de autoridade, implica a possibilidade de relaxamento do flagrante pelo juiz.

40. Recibo da nota de culpa: a modificação legislativa suprimiu o disposto no anterior art. 306, parágrafo único, no sentido de prever a possível recusa do preso em passar recibo da nota de culpa. O procedimento seria colher a assinatura de duas testemunhas, quando

Art. 307

Código de Processo Penal Comentado · **Nucci**

o detido não quisesse, não soubesse ou não pudesse assinar. Nada se falou a esse respeito no atual § 2.º. Pensamos deva permanecer a mesma situação, utilizando-se, por analogia, o disposto no art. 304, § 3.º, do CPP.

41. Nota de culpa: é o documento informativo oficial, dirigido ao indiciado, que lhe faz a comunicação do motivo de sua prisão (qual o crime pelo qual é acusado), demonstrando, também, a autoridade responsável pela lavratura do auto, o nome da pessoa que o prendeu (condutor) e os das testemunhas presenciais. Aliás, é direito constitucional tomar conhecimento dos responsáveis por sua prisão e por seu interrogatório (art. 5.º, LXIV, CF).

42. Sigilo dos dados de qualificação da vítima e das testemunhas ameaçadas: tratando-se de indiciado perigoso, é possível evitar a entrega dos dados de qualificação do ofendido e das testemunhas do flagrante *diretamente* ao preso, evitando-se represálias. Ver, a respeito, nota 5 ao art. 201, que trata, minuciosamente do tema. Embora se possa dizer que tal providência afetaria a ampla defesa, é preciso salientar, novamente, que nenhum princípio constitucional é absoluto, razão pela qual é preciso bom senso ao interpretá-los. A Lei de Proteção à Testemunha e à Vítima permite até mesmo a alteração de identidade para proteger pessoas ameaçadas da ação de delinquentes perigosos, normalmente pertencentes a organizações criminosas, sem o que a colheita da prova ficaria praticamente inviabilizada. Assim, é possível ao delegado apresentar ao indiciado a nota de culpa, omitindo os nomes das testemunhas ou da vítima, quando se sentirem ameaçadas; porém, jamais será ocultado do defensor. A medida visa a dar maior responsabilidade à divulgação de tais dados, limitando o acesso de qualquer um a essas pessoas.

42-A. Comprovante de entrega da nota de culpa: é fundamental juntá-lo aos autos do inquérito, pois é a prova de que o prazo de 24 horas foi respeitado.

> **Art. 307.** Quando o fato for praticado em presença da autoridade,[43] ou contra esta, no exercício de suas funções, constarão do auto a narração deste fato, a voz de prisão, as declarações que fizer o preso e os depoimentos das testemunhas, sendo tudo assinado pela autoridade, pelo preso e pelas testemunhas e remetido imediatamente ao juiz[44] a quem couber tomar conhecimento do fato delituoso, se não o for a autoridade que houver presidido o auto.

43. Inexistência do condutor: quando o crime é cometido na presença da autoridade competente para a lavratura do auto de prisão em flagrante – ou mesmo contra esta –, estando ela no exercício das suas funções, não há cabimento em se falar em *condutor*, ou seja, aquele que leva o preso até a autoridade encarregada da formalização da prisão. Por isso, dada a voz de prisão, o auto se faz com a menção a essa circunstância, ouvindo-se as testemunhas e o indiciado (é preciso manter essa ordem, ainda que, da leitura do artigo, possa-se crer que o indiciado fala antes das testemunhas). Em seguida, segue-se o procedimento normal, enviando-se o auto ao juiz. Se quem lavrou o auto foi o próprio magistrado – o que não é aconselhável fazer – logicamente ele mesmo já conferiu legalidade à prisão. Se houver algum questionamento, deve ser feito por *habeas corpus*, diretamente ao Tribunal. Por outro lado, se o juiz, que presencia a ocorrência do crime, resolve remeter o caso à apreciação do delegado, para que este presida o auto, na realidade, transmite à autoridade policial a decisão de lavrar o auto de prisão em flagrante, ou não.

44. Remessa à autoridade judiciária: trata-se de imposição constitucional, pois somente o juiz pode averiguar a legalidade da prisão, tendo o dever de relaxá-la, se for considerada ilegal (art. 5.º, LXV, CF). Ao avaliar a prisão em flagrante, deve o magistrado fundamentar a

651 Título IX – Da Prisão, das medidas Cautelares e da Liberdade Provisória

Art. 310

decisão de sua manutenção, convertendo-a em preventiva, e, igualmente, o faça se resolver colocar o indiciado em liberdade provisória, com ou sem fiança. Nessa ótica, está a lição de Antonio Magalhães Gomes Filho: "Daí a indispensável exigência de que essa decisão seja integralmente justificada: quanto à *legalidade*, devem ser explicitadas as razões pelas quais se entende válido o flagrante; quanto à *necessidade*, nos mesmos moldes em que tal dever é imposto em relação ao provimento em que se decreta uma prisão preventiva" (*A motivação das decisões penais*, p. 227).

> **Art. 308.** Não havendo autoridade no lugar em que se tiver efetuado a prisão, o preso será logo apresentado à do lugar mais próximo.[45]

45. Inexistência de autoridade no lugar da prisão: demonstrando, mais uma vez, que a prisão pode ocorrer em lugar distante, não somente do local do crime, mas também em área onde não há autoridade competente para lavrar o auto, permite-se a ocorrência da detenção, devendo o condutor encaminhar, imediatamente, à cidade mais próxima, onde há a autoridade, para que a prisão seja formalizada e expedida, no prazo de 24 horas, a nota de culpa (art. 306, § 2.º, CPP).

> **Art. 309.** Se o réu se livrar solto, deverá ser posto em liberdade, depois de lavrado o auto de prisão em flagrante.[46]

46. Livrar-se solto: era a expressão utilizada pela lei processual penal para denominar a modalidade de prisão que não tinha força para segurar o indiciado no cárcere, tendo por regra a menor importância da infração penal por ele cometida. Por isso, sendo a liberdade a regra e a prisão, a exceção cabia à autoridade policial findar a lavratura do auto e determinar a soltura do indiciado, sem necessidade de recorrer ao juiz. Com as modificações introduzidas pela Lei 12.403/2011, este artigo perdeu seu efeito.

> **Art. 310.** Após receber o auto de prisão em flagrante, no prazo máximo de até 24 (vinte e quatro) horas após a realização da prisão, o juiz deverá promover audiência de custódia [46-A-46-B] com a presença do acusado, seu advogado constituído ou membro da Defensoria Pública e o membro do Ministério Público e, nessa audiência, o juiz deverá, fundamentadamente:[47-47-B]
>
> I – relaxar a prisão ilegal; ou[48-48-A]
>
> II – converter a prisão em flagrante em preventiva, quando presentes os requisitos constantes do art. 312 deste Código, e se revelarem inadequadas ou insuficientes as medidas cautelares diversas da prisão; ou[49-49-A]
>
> III – conceder liberdade provisória, com ou sem fiança.[50-51-A]
>
> § 1.º Se o juiz verificar, pelo auto de prisão em flagrante, que o agente praticou o fato em qualquer das condições constantes dos incisos I, II ou III do *caput* do art. 23 do Decreto-Lei n.º 2.848, de 7 de dezembro de 1940 (Código Penal), poderá, fundamentadamente, conceder ao acusado liberdade provisória, mediante termo de comparecimento obrigatório a todos os atos processuais, sob pena de revogação.[52-54]
>
> § 2.º Se o juiz verificar que o agente é reincidente ou que integra organização criminosa armada ou milícia, ou que porta arma de fogo de uso restrito, deverá denegar a liberdade provisória, com ou sem medidas cautelares.[55]

Art. 310

Código de Processo Penal Comentado · **Nucci**

652

> § 3.º A autoridade que deu causa, sem motivação idônea, à não realização da audiência de custódia no prazo estabelecido no *caput* deste artigo responderá administrativa, civil e penalmente pela omissão.[56]
>
> § 4.º Transcorridas 24 (vinte e quatro) horas após o decurso do prazo estabelecido no *caput* deste artigo, a não realização de audiência de custódia sem motivação idônea ensejará também a ilegalidade da prisão, a ser relaxada pela autoridade competente, sem prejuízo da possibilidade de imediata decretação de prisão preventiva.[57-57-A]

46-A. Audiência de custódia: trata-se da audiência realizada, após a prisão em flagrante do agente, no prazo máximo de 24 horas, para que o juiz, pessoalmente, avalie a sua legalidade e promova as medidas cabíveis (manter a prisão, relaxar o flagrante ou conceder liberdade provisória). Nessa audiência, devem estar presentes, além do magistrado e do preso, o advogado constituído deste último ou membro da Defensoria Pública (deve-se admitir, onde não houver Defensoria Pública, o defensor *ad hoc* ou dativo) e o membro do Ministério Público. O juiz ouve o preso a respeito da regularidade – ou não – da sua prisão; manifestam-se o MP e a defesa para o fim de indicar as suas posições. Ilustrando, o promotor pode requerer a conversão do flagrante em preventiva, apontando os requisitos do art. 312 do CPP, enquanto a defesa deverá pleitear o relaxamento do flagrante ou a concessão de liberdade provisória. Havendo a audiência de custódia, parece-nos que deve cessar o debate em torno da possibilidade (ou não) de o juiz converter a prisão em flagrante em preventiva, de ofício, pois presente estará o representante do Ministério Público a requerer essa conversão. Se não o fizer, pleiteando o relaxamento do flagrante ou a concessão de liberdade provisória (o que pode fazer, pois é *parte imparcial* no processo penal), não é cabível que o magistrado converta o flagrante em preventiva, pois, aí sim, estaria atuando por sua própria iniciativa, o que está, atualmente, vedado em lei. Conferir a nota 49 sobre a conversão da prisão em flagrante sem audiência de custódia. Sobre a inserção desta audiência em lei, há o seguinte histórico: com a reforma introduzida pela Lei 13.964/2019, passa a figurar no Código de Processo Penal (arts. 287 e 310). Porém, no ano de 2015, emergiu como *direito fundamental*, que estava hibernando há vários anos. Esse é o tempo em que vigora, no País, a Convenção Americana dos Direitos Humanos (Pacto de San Jose da Costa Rica), de onde se extraiu a *obrigatoriedade da audiência de custódia*. Nem vem ao caso de onde, exatamente, partiu tal ideia, mas foi aplaudida por vários juristas. O ponto crucial é a interpretação dada ao art. 7.º (direito à liberdade pessoal), item 5: "toda pessoa presa, detida ou retida deve ser conduzida, sem demora, à presença de um juiz ou outra autoridade autorizada por lei a exercer funções judiciais e tem o direito de ser julgada em prazo razoável (...)". No Brasil (durante décadas foi assim que funcionou), o preso, em geral pela Polícia Militar (polícia ostensiva, segundo a CF) deve ser imediatamente apresentado ao Delegado de Polícia (polícia judiciária, segundo a CF). Este operador do Direito é um bacharel em ciências jurídicas, presta concurso de provas e títulos e assume o seu cargo, justamente para controlar as prisões feitas pela Polícia Militar, como regra. A primeira classificação do caso (tipificação) é feita pelo Delegado: se furto ou roubo, por exemplo. Ele analisa se cabe ou não o flagrante (art. 302, CPP); caso entenda não ser cabível recolher o preso, pode relaxar o flagrante e não o levar ao cárcere, soltando-o (art. 304, CPP). Formando a sua convicção no sentido de caber a prisão em flagrante, o Delegado ainda pode arbitrar fiança, que, uma vez paga pelo preso, o liberta de pronto (art. 322, CPP). Em nosso modesto entendimento, trata-se de uma autoridade com funções típicas do juiz (pode prender; pode soltar). Mesmo assim, segundo o disposto no art. 306, § 1.º, do CPP, o juiz terá em suas mãos o auto de prisão em flagrante, o qual deverá analisar e manter a prisão, convertendo-a em preventiva

653 Título IX – Da Prisão, das Medidas Cautelares e da Liberdade Provisória | **Art. 310**

ou relaxá-la se for ilegal (art. 310, CPP). Poderá, ainda, conceder liberdade provisória ao preso, impondo (ou não) as medidas alternativas previstas no art. 319 do CPP. O Ministério Público e a Defensoria Pública são igualmente cientificados da prisão. Até este momento da leitura, tudo parece absolutamente correto. Não se oculta o preso; não se decreta a prisão fora das hipóteses constitucionais (flagrante ou ordem judicial); não se pretende evitar que o juiz tome conhecimento do caso. Ainda assim, passou-se a sustentar que o referido art. 7.º, item 5, da mencionada Convenção, não vinha sendo cumprido; afinal, apresentar o preso ao Delegado de Polícia não seria o mesmo que apresentar ao Juiz de Direito. Então, foi idealizada a *audiência de custódia*, como instrumento por meio do qual o preso é visualizado pelo magistrado em até 24 horas após a sua prisão. Não nos parecia ser ela indispensável à realização, pelo Judiciário, da escorreita análise do auto de prisão em flagrante; porém, ingressou em lei e, agora, passa a integrar o conjunto de formalidades para validar a detenção de alguém, quando surpreendido nas hipóteses do art. 302 do Código de Processo Penal. *Antes da sua inserção em lei:* STF: "A ausência de audiência de custódia constitui irregularidade que não tem o efeito de afastar a prisão preventiva imposta" (HC 160.865, 1.ª T., rel. Marco Aurélio, 26.03.2019, v.u.). STJ: "1. Conforme orientação firmada no âmbito do Superior Tribunal de Justiça, 'a não realização de audiência de custódia não é suficiente, por si só, para ensejar a nulidade da prisão preventiva, quando evidenciada a observância das garantias processuais e constitucionais' (AgRg no HC n. 353.887/SP, relator Ministro Sebastião Reis Júnior, Sexta Turma, julgado em 19.05.2016, *DJe* 07.06.2016)" (RHC 113.464-MG, 6.ª T., rel. Antonio Saldanha Palheiro, 25.06.2019, v.u.). Conferir a nota *infra* e, também, a nota 47-A.

46-B. Audiência de custódia por videoconferência: essa hipótese não está prevista em lei e, como regra, deve o preso ser apresentado pessoalmente ao magistrado, contando com a presença do MP e da defesa. Uma das razões dadas para a criação dessa audiência é a possibilidade de o detido ser visto pela autoridade judiciária, verificando se foi agredido – ou não – além de ouvir as suas eventuais reclamações quanto à prisão realizada. Portanto, se tiver sido submetido a tortura por agentes de segurança pública, poderia narrar o fato diretamente ao magistrado com maior liberdade. Entretanto, apesar disso, parece-nos que, em situação excepcional, pode ser realizada por videoconferência, utilizando-se, por analogia, o disposto pelo art. 185, § 2.º, deste Código, ao tratar do interrogatório por meio eletrônico. Ilustrando, o juiz poderia ouvir o preso por videoconferência para "prevenir risco à segurança pública, quando exista fundada suspeita de que o preso integre organização criminosa ou de que, por outra razão, possa fugir durante o deslocamento" (art. 185, § 2.º, I, CPP). Há viabilidade de consideração do disposto nos incisos II e IV desse § 2.º do art. 185. Note-se que, em época de pandemia do novo *coronavírus*, o CNJ publicou a Recomendação 62/2020 para que não se realizasse a audiência de custódia. Por outro lado, Tribunais e juízos passaram a realizar sessões e audiência por videoconferência. Assim sendo, se a audiência de custódia fosse feita por meio eletrônico, em caráter excepcional, soa-nos viável e não geraria ilegalidade à prisão realizada. É fundamental mencionar que o STF, em interpretação conforme ao *caput* do art. 310 do CPP, assentou *ser possível* ao juiz, em caso de urgência, desde que por meio idôneo, realizar a audiência de custódia por *videoconferência* (ADI 6.298, 6.299, 6.300, 6.305-DF, Plenário, rel. Luiz Fux, 24.08.2023).

47. Decisão fundamentada: a anterior redação do art. 310 não fazia referência à obrigatoriedade de motivação da decisão judicial, que aprecia o auto de prisão em flagrante, adotando um encaminhamento favorável ou desfavorável ao acusado. Nem seria necessário, por dois motivos: a) a Constituição Federal faz expressa menção à indispensabilidade de fundamentação a *todas as decisões do Judiciário* (art. 93, IX); b) constitui o cerne da legitimação do magistrado, atuando no processo, fundamentar suas decisões, pois é órgão estatal

Art. 310

não eleito pelo povo, retirando da lei a sua autorização judicante. Entretanto, a maior parte dos magistrados insistia em analisar o auto de prisão em flagrante com um simples despacho lacônico: "flagrante em ordem; aguardem-se os autos principais". A afronta ao texto constitucional era evidente e poucas vezes se via algum Tribunal anulando a decisão, por ausência de motivação. Agora, com o advento da Lei 12.403/2011, passa-se a mencionar, claramente, deva ser a decisão *fundamentada*. Queremos crer haja uma modificação de mentalidade em relação aos juízes, para que motivem a opção tomada nas hipóteses do art. 310 do CPP. Do contrário, continuar-se-á na seara da ilegalidade e, pior, da inconstitucionalidade.

47-A. Audiência de custódia: implementada antes da sua inserção legal, ingressa, formalmente, no cenário do Código a audiência de custódia. Em até 24 horas, depois da lavratura do auto de prisão em flagrante, deve-se apresentar o detido ao juiz. Na audiência de custódia, haverá a presença do acusado, seu advogado constituído ou defensor público e o membro do Ministério Público. Na jurisprudência: STF: "A falta de audiência de custódia constitui irregularidade, não afastando a prisão preventiva, uma vez atendidos os requisitos autorizadores do artigo 312 do Código de Processo Penal e observados os direitos e garantias versados na Constituição Federal" (HC 176.766, 1.ª T., rel. Marco Aurélio, 04.05.2020, v.u.). Conferir a nota 46-B *supra*, indicando decisão do STF para realizar a audiência de custódia de qualquer modo (presencial ou virtual).

47-B. Opções do juiz ao receber o auto de prisão em flagrante: há quatro possibilidades, qualquer delas *devidamente fundamentada*: a) relaxar a prisão, pois ilegal, expedindo-se alvará de soltura, sem qualquer condição ao indiciado; b) converter a prisão em preventiva, demonstrando em qual dos requisitos do art. 312 do CPP se baseia, além de expor o não cabimento, para o caso, de medida cautelar alternativa; c) conceder liberdade provisória, fixando fiança; d) conceder liberdade provisória, sem estabelecer fiança, mas com termo de compromisso. A única alternativa *ilegal* e *abusiva* é *lavar as mãos*, sem nada decidir, apenas mantendo o flagrante e aguardando o final do inquérito. Se assim o fizer, comete abuso de autoridade, pois fere frontalmente a lei, prejudicando a liberdade individual.

48. Relaxamento da prisão em flagrante: é a medida cabível se detectada prisão ilegal. O flagrante deve ser perfeito em seus aspectos extrínsecos e intrínsecos. Quanto a estes, o magistrado deve avaliar se alguma das hipóteses autorizadoras da prisão em flagrante (art. 302, CPP) está presente, confrontando o fato com as provas colhidas até então. Quanto aos fatores extrínsecos, deve analisar a regularidade da lavratura, conforme preceituado pelos arts. 304 a 306 do CPP. Concluindo pela ilegalidade, relaxa a prisão e determina a imediata soltura do indiciado, expedindo-se o alvará. Nesse caso, não fixa qualquer condição.

48-A. Relaxamento seguido de prisão preventiva: possibilidade. Há muito se debate, na doutrina e na jurisprudência, se, constatada a ilegalidade da prisão em flagrante, por algum vício formal, pode o magistrado relaxá-la, decretando, na sequência, a prisão preventiva, quando presentes os requisitos do art. 312 do CPP. Somos da corrente a defender a viabilidade dessa medida, pois seria demasiado apego à forma relaxar a prisão, soltar o indiciado, para mandar prendê-lo, novamente, por conta da decisão decretando a preventiva. Por certo, adota-se esse mecanismo (relaxamento + preventiva = nem se chega a soltar o indiciado), quando o vício do flagrante é extrínseco, ou seja, meramente formal. Supre-se a falha, acusando o relaxamento, mas sem permitir que o agente do crime ganhe liberdade. Se o vício é intrínseco, torna-se mais difícil relaxar o flagrante e decretar a preventiva, mas não impossível. Ilustrando, sob os dois enfoques: a) constata o juiz não ser caso de flagrante, por se tratar de crime impossível (art. 17, CP); relaxa a prisão e nem cogita decretar a preventiva, por carência de materialidade; b) verifica o magistrado não ter ocorrido flagrante, pois o indiciado foi preso muito tempo

655 Título IX – Da Prisão, das Medidas Cautelares e da Liberdade Provisória

Art. 310

depois da prática criminosa; relaxa a prisão, mas pode decretar a preventiva, cuidando-se de indivíduo reincidente, autor de delito gravíssimo. O importante é manter a prisão cautelar sob tutela judicial rigorosa.

49. Conversão em prisão preventiva: inúmeras polêmicas advieram de uma modificação legislativa, promovida pela Lei 12.403/2011, que, entretanto somente refletiu, com maior amplitude, mais de oito anos depois, com a edição da Lei 13.964/2019. Em 2011, estabeleceu-se não poder o juiz decretar a prisão preventiva de ofício, durante a investigação, embora se tenha autorizado que ele, ao analisar a prisão em flagrante, pudesse convertê-la em prisão preventiva, desde que presentes os requisitos do art. 312 do CPP. Essa solução procurou resolver a antiga situação de recebimento, pelo magistrado, do auto de prisão em flagrante, analisando-o e, se entendesse legal, colocaria: "flagrante em ordem; aguarde-se a vinda dos autos principais" (referindo-se ao inquérito). A prisão cautelar advinda do flagrante costumava manter-se até o final do processo criminal, sem a formal decretação da prisão preventiva. Diante disso, exigir do magistrado que analisasse o flagrante e somente mantivesse a prisão se os requisitos da preventiva estivessem presentes, *promovendo a conversão*, foi um avanço. Não houve maiores questionamentos a respeito naquela época. Entretanto, editada a Lei 13.964/2019, vedando, também, a decretação da prisão preventiva, pelo juiz, de ofício, durante a instrução, assim como de medidas cautelares alternativas, houve o despertamento a respeito da atuação do magistrado sem provocação específica do órgão acusatório no cenário da conversão do flagrante em preventiva. Defendemos a viabilidade dessa conversão desde a edição da Lei 12.403/2011, porque representou maior garantia ao preso, explicitando-se claramente o motivo da segregação cautelar, em decorrência da obrigatória conversão do flagrante em preventiva, respeitados os requisitos do art. 312 do CPP. Essa foi a posição de parcela considerável de abalizada doutrina, embora houvesse vozes em sentido contrário, afirmando ser vedada a conversão do flagrante em preventiva, sem a provocação do Ministério Público (Renato Marcão, *Curso de processo penal*, 2.ª ed., p. 685; Aury Lopes Jr., *Direito processual penal*, 10.ª ed., p. 807). No sentido de acolher a conversão de ofício, Gustavo Badaró mencionava: "não sendo o caso de concessão de liberdade provisória, poderá aplicar medidas cautelares alternativas à prisão, incluindo a fiança (CPP, art. 310, *caput*, II, 2.ª parte), isolada ou cumulativamente (CPP, 282, § 2.º). Por fim, poderá decretar a medida mais gravosa, isto é, a prisão preventiva (CPP, art. 310, *caput*, II, 1.ª parte). (...) Assim, ante as alterações promovidas pela Lei 12.403/2011, não basta mais que o juiz conclua que 'o flagrante está formalmente em ordem, aguarde-se a vinda dos autos principais'. Se assim o fizer, sem indicar concretamente o motivo pelo qual a prisão em flagrante deverá ser convertida em prisão preventiva (art. 310, *caput*, II, primeira parte), a manutenção do acusado preso caracterizará constrangimento ilegal, por ausência de motivação para a prisão. No entanto, isto ainda não basta. Para converter a prisão em flagrante em prisão preventiva será necessário justificar, concretamente, serem 'inadequadas ou insuficientes as medidas cautelares diversas da prisão' (art. 310, *caput*, II), bem como não ser o caso de concessão de 'liberdade provisória, com ou sem fiança' (art. 310, *caput*, III)" (*Processo penal*, 4.ª ed., p. 1021. No mesmo prisma: Renato Brasileiro de Lima, *Código de Processo Penal comentado*, p. 848-849; Demercian e Maluly, *Curso de processo penal*, p. 196; Guilherme Madeira Dezem, *Curso de processo penal*, 2.ª ed., p. 747. Essas posições foram colhidas após a edição da Lei 12.403/2011 e antes da Lei 13.964/2019). Ainda sobre o tema, explicava Paulo Rangel: "o entendimento de que a manifestação judicial sem a intervenção do MP é inconstitucional é desarrazoada. Não há essa exigência na lei e não se pode extrair do art. 127 da CR tal conclusão, porque senão o MP deveria falar em todos os processos e ninguém, de bom senso até hoje, sustentou isso. Destarte, o juiz ao converter a prisão em flagrante em prisão preventiva o faz sem que haja, obrigatoriamente, manifestação do MP sobre, especificamente, a conversão porque já há

Art. 310

Código de Processo Penal Comentado · Nucci

denúncia, ou seja, provocada está a jurisdição. (...) Todavia, sustentar que a falta de manifestação do MP é inconstitucional é jogar a barra da interpretação longe demais. (...) O que se veda é a decretação da prisão preventiva autônoma, ou seja, como primeira razão de ser (art. 313) com o escopo de evitar perseguições políticas, em especial em cidades do interior onde a relação do juiz com a classe política acaba sendo um pouco mais próxima quebrando, às vezes, sua imparcialidade" (*Direito processual penal*, 24.ª ed., p. 912-913. Deixando bem clara a possibilidade de atuação de ofício do juiz para a conversão do flagrante em preventiva, desde que não fundamentado em conveniência da investigação ou da instrução criminal: Eugenio Pacelli, *Curso de processo penal*, 20.ª ed., p. 575. Essas posições foram colhidas após a edição da Lei 12.403/2011 e antes da Lei 13.964/2019). Esse entendimento tornou-se pacífico no Superior Tribunal de Justiça. Pareceu-nos adequado, pois, havendo a prisão em flagrante, *por força de mandamento constitucional*, o que não se deve simplesmente olvidar ou menoscabar, cabia ao magistrado, de pronto, se fosse o caso, validar essa prisão cautelar, em bases mais concretas, convertendo-a em preventiva, obrigado a fundamentar com alicerce nos requisitos do art. 312 do CPP. *Converter* a prisão realizada por meio de flagrante em preventiva não é o mesmo que decretar a prisão cautelar de quem está solto, razão pela qual argumentar que o juiz age de ofício nas duas hipóteses, de igual modo, é um equívoco. Por outro lado, na reforma introduzida pela Lei 13.964/2019, a audiência de custódia ingressou no Código de Processo Penal. Nesta audiência, o preso em flagrante precisa ser apresentado para o juiz decidir acerca da sua situação jurídica. Ali, estarão o órgão do Ministério Público e a defesa. Por certo, há uma mudança de cenário, visto que a conversão da prisão em flagrante em preventiva demandará uma posição formal do *Parquet*. Logo, perde o sentido, segundo nos parece, falar em conversão do flagrante em preventiva de ofício, tendo em vista que o MP assim requereu na referida audiência de custódia. Naturalmente, se o órgão acusatório pleitear o relaxamento da prisão em flagrante ou a concessão de liberdade provisória, não vemos cabimento para o juiz decretar a preventiva. Acrescente-se, ainda, a edição, pelo STJ, da Súmula 676: "Em razão da Lei 13.964/2019, não é mais possível ao juiz, de ofício, decretar ou converter prisão em flagrante em prisão preventiva". Por fim, disciplinou-se no § 4º do art. 310 do CPP (por meio da Lei 13.964/2019) que: "transcorridas 24 (vinte e quatro) horas após o decurso do prazo estabelecido no *caput* deste artigo, a não realização da audiência de custódia sem motivação idônea ensejará também a ilegalidade da prisão, a ser relaxada pela autoridade competente, sem prejuízo da possibilidade de imediata decretação de prisão preventiva". Na jurisprudência: STF: "I – Ao julgar o HC 188.888/MG, de relatoria do Ministro Celso de Mello, a Segunda Turma deste Supremo Tribunal entendeu pela ilegalidade da conversão, de ofício, da prisão em flagrante em custódia preventiva, sem que haja prévio requerimento do Ministério Público, do querelante ou do assistente, ou por representação da autoridade policial, conforme dispõem os arts. 282, § 2º e § 4º, e 311 do Código de Processo Penal, com as alterações introduzidas pela Lei 13.964/2019. II – A conversão do flagrante em prisão preventiva não traduz, por si, a superação da audiência de custódia, na medida em que se trata de vício que alcança a formação e legitimação do ato constritivo. Precedentes. III – *Habeas corpus* não conhecido, mas ordem concedida, de ofício, para julgar ilegal a conversão do flagrante em prisão preventiva, com determinação da imediata soltura do paciente, sem prejuízo de imposição, pelo Magistrado de primeiro grau, de cautelares alternativas previstas no art. 319 do Código de Processo Penal. IV – Agravo regimental a que se nega provimento" (HC 197743 AgR, 2.ª T., rel. Ricardo Lewandowski, 13.04.2021, v.u.); "2. A Lei n. 13.964/2019, ao suprimir a expressão 'de ofício' constante na redação anterior dos arts. 282, §§ 2.º e 4.º, e 311, ambos do Código de Processo Penal, veda, de forma expressa, a imposição de medidas cautelares restritivas de liberdade pelo magistrado sem que haja anterior representação da autoridade policial ou requerimento das partes. 3. O art. 310 do Código de Processo Penal deve ser interpretado à luz do sistema acusatório e em conjunto com os demais dispositivos legais que regem a aplicação das medidas cautelares penais (arts. 282, §§ 2.º e 4.º, 311 e seguintes do CPP). Disso decorre a ilicitude da conversão, de ofício, da prisão em flagrante em prisão preventiva pela autoridade judicial" (HC 198.774, 2.ª T., rel. Edson Fachin, 28.06.2021, v.u.). STJ: "2. Assim, 'A interpretação do art. 310, II, do CPP deve ser realizada à luz dos arts. 282, §§ 2.º e 4.º, e 311, do mesmo estatuto processual penal, a significar que se tornou inviável, mesmo no contexto da audiência de custódia, a conversão, de ofício, da prisão em flagrante de qualquer pessoa em prisão preventiva, sendo necessária, por isso mesmo, para tal efeito, anterior e formal provocação do Ministério Público, da autoridade policial ou, quando for o caso, do querelante ou do assistente do MP. Magistério doutrinário. Jurisprudência (STF, HC 186.490, Relator(a): Celso de Mello, Segunda Turma, julgado em 10/10/2020, processo eletrônico *DJe*-255 divulg. 21-10-2020 public. 22-10-2020). 3. Tratando-se de requerimento do Ministério Público limitado à aplicação de medidas cautelares ao preso em flagrante, é vedado ao juiz decretar a medida mais gravosa, a prisão preventiva, por configurar uma atuação de ofício. 'A competência é de acolher ou negar, não lhe cabe exceder o pedido do *Parquet*. Para além disso, a decisão figura-se como de ofício, que, de forma clara, tem sido vedada por esta Corte' (STF, HC 217.196/DF, Relator o Ministro Gilmar Mendes). 4. Na hipótese em exame, na audiência de custódia, 'o Ministério Público pugnou pela concessão da liberdade provisória mediante a aplicação de cautelares diversas da prisão, dentre elas o recolhimento domiciliar'. Contudo, a Magistrada singular concluiu pela decretação da prisão preventiva, por entender que estariam presentes os requisitos legais que autorizam a medida extrema, configurando uma atuação de ofício e em contrariedade ao que dispõe a nova regra processual penal" (AgRg no HC 754.506/MG, 5.ª T., rel. Reynaldo Soares da Fonseca, 16.08.2022, v.u.).

49-A. Medidas cautelares alternativas: a lei é expressa ao demandar do juiz a fundamentação necessária para converter a prisão em flagrante em preventiva, se presentes os requisitos do art. 312 do CPP, e se *inadequadas* ou *insuficientes* as medidas previstas pelo art. 319 deste Código. Há coerência nessa previsão, pois, como já sustentamos, as medidas cautelares alternativas possuem requisitos subsidiários à preventiva. O art. 282 bem expõe seus elementos. O caminho do magistrado, ao receber o auto de prisão em flagrante, entendendo por bem *manter* algum tipo de restrição à liberdade do indiciado, pode optar pela preventiva (casos mais graves) ou pela medida alternativa (outros casos).

50. Concessão de liberdade provisória, com fiança: para os delitos afiançáveis (consulte-se, a contrário senso, a lista dos inafiançáveis, prevista nos arts. 323 e 324), o juiz opta pela medida cautelar do art. 319, VIII. Verificaremos seus componentes em notas específicas.

51. Concessão de liberdade provisória, sem fiança: os delitos infiançáveis podem comportar liberdade provisória, sem o estabelecimento de fiança. Há várias razões para tanto. Uma delas é a incapacidade econômica do indiciado para suportar o seu valor, algo razoável, visando a não discriminação das pessoas pobres. Entretanto, outro dos motivos é a vedação constitucional expressa para certos delitos, como, por exemplo, o racismo. Analisaremos essa proibição em outro tópico.

51-A. Liberdade provisória como direito do indiciado ou réu: confirmando o fato de a autoridade policial dever lavrar, sempre, o auto de prisão em flagrante tão logo tome conhecimento da detenção ocorrida, realizando apenas o juízo de tipicidade, sem adentrar as demais excludentes do crime, cabe ao magistrado, recebendo a cópia do flagrante, deliberar sobre a liberdade provisória, um direito do indiciado, desde que preencha os requisitos legais. O Supremo Tribunal Federal tem afastado, como fez em relação ao Estatuto do Desarmamento, a vedação legal, pura e simples, à liberdade provisória. Não há cabimento em se proibir esse direito, sem bases e elementos fáticos compatíveis. Ver a nota abaixo.

Art. 310

Código de Processo Penal Comentado · **Nucci**

52. Excludentes de crime: vislumbrando o juiz a forte probabilidade de ter o indiciado cometido o fato típico guarnecido por uma das excludentes de ilicitude, previstas no art. 23 do Código Penal (estado de necessidade, legítima defesa, exercício regular de direito e estrito cumprimento do dever legal), deve conceder-lhe liberdade provisória, sem fixar fiança, mediante termo de comparecimento aos atos processuais necessários, sob pena de revogação. Noutros termos, a hipótese de não ser crime deve favorecer a libertação do sujeito, que merece responder ao processo em liberdade. Cremos válido aplicar o mesmo dispositivo quando o magistrado verificar a elevada probabilidade de se reconhecer excludente de culpabilidade, ao menos as que eliminam qualquer sanção penal, como coação moral irresistível, obediência hierárquica, erro de proibição escusável, inexigibilidade de conduta diversa e embriaguez fortuita. O disposto neste artigo deve ser utilizado, ainda, para os agentes policiais que, no exercício da função, matam criminosos em legítima defesa e são detidos em flagrante.

52-A. Oitiva prévia do Ministério Público: é dispensável. A lei não mais exige, bastando dar ciência da decisão judicial tomada. Lembremos que o flagrante passa a ser comunicado diretamente ao Ministério Público que, desejando, poderá interferir junto ao magistrado, pleiteando algo, *antes* da decisão. Nada impede, entretanto, que o juiz ouça o representante do *Parquet* previamente. Trata-se de faculdade judicial.

52-B. Termo de comparecimento: o réu ou indiciado, ao receber o benefício da liberdade provisória, deve assinar um termo de compromisso de que irá comparecer, sempre que chamado, a todos os atos processuais. Terá ciência de que a sua falta implicará revogação da liberdade, restaurando-se a força prisional do flagrante, até que, em seguida, o juiz o converta em prisão preventiva, quando for o caso. De um modo geral, os magistrados têm permitido que o réu não compareça à instrução – como ocorre em audiências para ouvir testemunhas de antecedentes –, deixando de revogar o benefício, em face da desnecessidade da presença do acusado. Aliás, se este tem o direito ao silêncio, também não é obrigado a acompanhar todos os atos processuais, mormente se inútil a sua presença.

52-C. Aplicabilidade da liberdade provisória em função da pena abstratamente cominada: há variadas situações, cuja possibilidade de conceder a liberdade provisória, ocorrendo prisão em flagrante, concentra-se na análise de futura eventual sanção penal. Há penas, abstratamente cominadas, que admitem vários benefícios, como suspensão condicional da pena, penas alternativas etc. Portanto, evitando-se os males antecipados do cárcere, deve-se conceder a liberdade provisória desde logo.

53. Hipóteses que não autorizam a liberdade provisória e inconstitucionalidade: atualmente, após a edição de várias leis mais severas, especialmente no combate à criminalidade violenta e à organizada, buscou o legislador criar situações que não admitiriam a concessão, pelo juiz, de liberdade provisória (exemplos: Lei de Drogas, antiga Lei do Crime Organizado etc.). Porém, nenhuma delas vingou. Afinal, houve alteração na própria Lei dos Crimes Hediondos, afetando o cenário do tráfico, pois se passou a permitir a liberdade provisória, sem fiança, a tais delitos. Lei posterior especial afasta lei posterior igualmente especial. A vedação do art. 44 da Lei 11.343/2006 foi afetada pelo advento da Lei 11.464/2007. Nesse cenário, há fortes incoerências. O art. 5.º, LXVI, da CF estipula que "ninguém será levado à prisão ou nela mantido, *quando a lei admitir* a liberdade provisória, com ou sem fiança" (grifo nosso), demonstrando ser o legislador o primeiro a decidir quais são os critérios para que indiciados ou acusados mereçam, e quais não, o benefício da liberdade provisória, um instituto típico dos casos de prisão em flagrante. Destarte, quando não houver flagrante, descabe falar, como regra, em liberdade provisória. O juiz está autorizado a decretar a prisão temporária (durante a investigação policial) ou a preventiva (durante a instrução processual, principalmente), que são medidas cautelares, cujos efeitos, quando cessam, não comportam liberdade provisória, mas simples revogação da medida constritiva. Por isso, remanesce certa ilogicidade no sistema processual penal sempre que o legislador tenta impor a vedação da liberdade provisória. Exemplificando, se o indivíduo é preso em flagrante, não poderia receber o benefício da liberdade provisória, mesmo sendo primário, de bons antecedentes e não oferecendo maiores riscos à sociedade. Contudo, se conseguir fugir do local do crime, apresentando-se depois à polícia, sem a lavratura do flagrante, poderia ficar em liberdade durante todo o processo, pelo mesmo crime, pois o juiz não estaria obrigado a decretar a prisão preventiva. Parece-nos incompreensível essa desigualdade de tratamento. Assim, o ideal é exigir do magistrado, nos crimes considerados mais graves, sempre uma decisão *fundamentada* para manter o acusado preso ou solto. Em homenagem aos princípios da presunção de inocência e da legalidade estrita da prisão cautelar não se pode mais aceitar que o legislador promova a vulgarização da proibição à liberdade provisória. Repita-se: o dispositivo constitucional do art. 5.º, LXVI, menciona que "ninguém será levado à prisão ou nela mantido, quando a lei admitir a liberdade provisória, com ou sem fiança". Ora, a situação é nítida: a prisão cautelar é exceção; a liberdade, regra. Dessa forma, é completamente incoerente – e inconstitucional – vedar, sem qualquer justificativa plausível e sem o estabelecimento de requisitos a serem preenchidos na situação concreta, a liberdade de quem está aguardando o deslinde do seu processo criminal. Valemo-nos do mesmo argumento já utilizado em nossa tese *Individualização da pena*: se a Constituição Federal menciona que a lei *regulará* a individualização da pena (art. 5.º, XLVI), é natural que *exista* a referida individualização. Os critérios para a concessão (ou negação) são legislativos, mas não se pode *fazer desaparecer* o direito.

53-A. Relaxamento de prisão e proibição de liberdade provisória: a Lei 8.072/1990 proíbe a concessão de liberdade provisória, com fiança, para autores de crimes hediondos e assemelhados, mas isso não implica afastar a possibilidade de relaxamento da prisão ilegal, tampouco da liberdade provisória, sem fiança. Assim, se o flagrante lavrado não preenche os requisitos legais ou se a prisão perdura por mais tempo do que o permitido em lei, é possível haver o relaxamento. Nesse sentido, confira-se a Súmula 697 do STF: "A proibição de liberdade provisória nos processos por crimes hediondos não veda o relaxamento da prisão processual por excesso de prazo".

54. Definição jurídica do fato e liberdade provisória: embora o juiz, por ocasião do recebimento da denúncia ou queixa, não deva alterar a definição jurídica do fato – o que só está autorizado a fazer na fase do art. 383 do Código de Processo Penal –, pode e deve analisar o tema, sob o prisma exclusivo da possibilidade de concessão de liberdade provisória ao acusado. Como vimos em nota anterior, há delitos, qualificados como frutos do crime organizado, que não admitem a concessão de liberdade provisória, com ou sem fiança. Assim, apresentando denúncia contra réu preso em flagrante por homicídio qualificado, cometido por organização criminosa, impossibilitada estaria a concessão de liberdade provisória. Entretanto, é possível que o juiz vislumbre, desde logo, a possível desclassificação do delito para a forma simples ou até mesmo para a espécie culposa, sem visualizar a atuação de organização criminosa. Se tal ocorrer, não sendo o caso de rejeitar a denúncia, pois a qualificadora imputada e o delito de associação criminosa encontram respaldo nas provas do inquérito, sendo polêmica, no caso, a definição jurídica do fato, pode o magistrado, fundamentando, conceder a liberdade provisória. Exemplo disso seria uma denúncia acoimando de fútil um homicídio praticado por ciúme, bem como imputando ao autor a participação em crime organizado, quando se tratava de mero crime passional. Sendo hipótese polêmica a aceitação dessa motivação do crime como fútil, embora o fato esteja constando no inquérito – o delito

Art. 310

foi mesmo causado pelo ciúme do réu –, a definição jurídica é que se pode alterar. Não teria sentido manter o acusado preso durante toda a longa instrução do processo do júri para depois ser desclassificada a infração penal. Teria ele direito a aguardar em liberdade o seu julgamento definitivo. É o que deve corrigir o juiz, na ocasião de deliberar sobre o direito à liberdade provisória. Assim pensava Frederico Marques, ao comentar a extinta hipótese da prisão preventiva obrigatória: "A qualificação do fato delituoso, na denúncia, só por si não basta para autorizar a prisão obrigatória. Se o juiz entender que esse fato se enquadra em norma penal que não autoriza a prisão preventiva compulsória, só será decretada a custódia cautelar se presente também algum dos pressupostos do art. 312" (*Elementos de direito processual penal*, v. 4, p. 64). Em igual sentido: Tourinho Filho (*Comentários ao Código de Processo Penal*, v. 1, p. 630).

55. Elementos de perigo: insere-se este parágrafo por força da Lei 13.964/2019, para vedar a liberdade provisória, ou seja, a soltura do investigado, com ou sem medidas cautelares, desde que o agente seja reincidente ou integre organização criminosa armada ou milícia, ou porte arma de fogo de uso restrito. Em nosso entendimento, a mera comprovação da reincidência não deveria seguir de norte para a vedação à liberdade provisória, pois dependeria de analisar de que espécie de reincidência se trata. O reincidente em homicídio, por exemplo, deve ficar preso, mas nem sempre se pode aplicar o mesmo quadro ao reincidente em furto. Fora disso, o envolvimento em organização criminosa armada ou milícia parece justificar a cautela. Quanto ao porte de arma de fogo de uso restrito, trata-se de crime equiparado a hediondo, logo, conforme a situação concreta, pode-se conceder ou não a liberdade provisória.

56. Responsabilidade pela não realização da audiência de custódia: desde que esta audiência foi inserida no panorama processual penal brasileiro, por via administrativa (CNJ), depois validado pelo STF, fez com que alguns juízes não a promovessem, alegando falta de previsão legal. Dessa forma, agora a lei está posta e demanda a realização da referida audiência, sob pena de responsabilizar a autoridade – especialmente a judiciária – pela não realização do ato. O nível de responsabilidade divide-se entre as áreas administrativa, civil e penal. Resta saber em qual tipo penal se pretende enquadrar o magistrado que não promova a audiência de custódia, mas atue avaliando o auto de prisão em flagrante e tomando medidas legalmente cabíveis. Parece-nos ausente o tipo penal.

57. Ilegalidade da prisão: esta parcela tem conteúdo normativo aplicável na prática. Não realizada a audiência de custódia, dentro de 24 horas a partir da prisão, ensejará a *ilegalidade da detenção*, passando a ser considerada passível de relaxamento. Por outro lado, o legislador fez uma ressalva importante: se a prisão tiver de ser relaxada, por falta de audiência de custódia, nada impede a decretação da prisão preventiva (art. 312, CPP). Na jurisprudência: STJ: "4. Quanto à alegação de ilegalidade pela não realização de audiência de custódia, não se ignora que a alteração promovida pela Lei n.º 13.964/2019 ao art. 310 do Código de Processo Penal fixou o prazo máximo de 24 horas da prisão para a realização da formalidade, sob pena de tornar a segregação ilegal. Entretanto, a nova redação do § 4.º do referido artigo ressalva a possibilidade de que, constatada a ilegalidade da custódia, seja imediatamente decretada nova prisão. 5. Mais uma vez a alegação se mostra superada pela superveniência de novo título, cujos fundamentos não foram impugnados no presente recurso. Assim, ainda que fosse o caso, outrora, de reconhecimento da ilegalidade da prisão pela não realização de audiência de custódia, sobreveio sentença condenatória na qual a prisão foi novamente decretada, sendo, agora, esse o título que ampara a custódia do agravante. 6. Agravo regimental desprovido" (AgRg no RHC 113.504-RS, 5.ª T., rel. Reynaldo Soares da Fonseca, j. 05.05.2020, v.u.).

Art. 310

661 Título IX – Da Prisão, das Medidas Cautelares e da Liberdade Provisória

57-A. Liminar e julgamento do STF: nos autos de Medida Cautelar em Ação Direta e Inconstitucionalidade, o Ministro Luiz Fux concedeu liminar para suspender a eficácia do art. 310, § 4.º, do CPP, sustentando que a imposição de um prazo exíguo de 24 horas para a realização da audiência de custódia poderia ser inviável para muitas Comarcas brasileiras, em face das distâncias e de diferentes realidades. Entretanto, o Plenário julgou as várias ações (ADIs 6.298, 6.299, 6.300 e 6.305-DF, Plenário, rel. Luiz Fux 24.08.2023) e atribuiu interpretação conforme ao § 4.º do art. 310, para assentar que o juiz deve avaliar os requisitos para a excepcional prorrogação do prazo de 24 horas ou para a realização da audiência de custódia por videoconferência, sem prejuízo da viabilidade de imediata decretação da prisão preventiva. De qualquer forma, do conjunto das leis editadas e das interpretações emitidas, em particular, pelo STF, constata-se certa peculiaridade. Havendo prisão em flagrante, será o detido apresentado, em 24 horas, na audiência de custódia; caso não seja, deve o juiz relaxar a prisão, *sem prejuízo da* imediata decretação da prisão preventiva. No entanto, o STF, igualmente, estabeleceu que, em qualquer prisão realizada, deve-se apresentar o preso, de imediato, em audiência de custódia. Em síntese, pode haver uma sequencial necessidade de efetivação de audiências de custódia, sendo mais adequado o uso de videoconferência, com o objetivo de superar entraves ligados à distância.

Capítulo III

DA PRISÃO PREVENTIVA[1-5]

1. Conceito de prisão preventiva: é uma medida cautelar de constrição à liberdade do indiciado ou réu, por razões de necessidade, respeitados os requisitos estabelecidos em lei. No ensinamento de Frederico Marques, possui quatro pressupostos: a) natureza da infração (alguns delitos não a admitem, como ocorre com os delitos culposos), b) probabilidade de condenação (*fumus boni juris*), c) perigo na demora (*periculum in mora*) e d) controle jurisdicional prévio (*Elementos de direito processual penal*, v. IV, p. 58).

2. Prisão temporária: é uma modalidade de prisão cautelar, cuja finalidade é assegurar uma eficaz investigação policial, quando se tratar de apuração de infração penal de natureza grave. Está prevista na Lei 7.960/1989 e foi idealizada para substituir, legalmente, a antiga prisão para averiguação, que a polícia judiciária estava habituada a realizar, justamente para auxiliar nas investigações. A partir da edição da Constituição de 1988, quando se mencionou, expressamente, que somente a autoridade judiciária, por ordem escrita e fundamentada, está autorizada a expedir decreto de prisão contra alguém, não mais se viu livre para fazê-lo a autoridade policial, devendo solicitar a segregação cautelar de um suspeito ao juiz.

3. Hipóteses para a decretação da prisão temporária: tendo por fim não banalizar a decretação da prisão temporária, torna-se necessário interpretar, em conjunto, o disposto no art. 1.º, incisos I e II com o III, da Lei 7.960/1989. Assim, o correto é associar os incisos I e II ao inciso III, viabilizando hipóteses razoáveis para a custódia cautelar de alguém. Portanto, há duas situações que autorizam a temporária: 1.ª) "quando imprescindível para as investigações do inquérito policial" (inciso I), associando-se ao fato de haver "fundadas razões, de acordo com qualquer prova admitida na legislação penal, de autoria ou participação do indiciado nos seguintes crimes: a) homicídio doloso (art. 121, *caput*, e seu § 2.º; b) sequestro ou cárcere privado (art. 148, *caput*, e seus §§ 1.º e 2.º); c) roubo (art. 157, *caput*, e seus §§ 1.º, 2.º, 2.º-A, 2.º-B e 3.º); d) extorsão (art. 158, *caput*, e seus §§ 1.º e 2.º); e) extorsão mediante sequestro (art. 159, *caput*, e seus §§ 1.º, 2.º, e 3.º); f) estupro (art. 213, *caput* e sua combinação com o art. 223, *caput*, e parágrafo único) [a Lei 12.015/09 revogou o art. 223 e criou as mesmas

Código de Processo Penal Comentado · Nucci   662

hipóteses nos §§ 1.º e 2.º do art. 213]; g) atentado violento ao pudor (art. 214, *caput*, e sua combinação com o art. 223, *caput*, e parágrafo único) [a Lei 12.015/2009 revogou o art. 214, mas incorporou o seu conteúdo ao art. 213; logo, continua viável a decretação da temporária nesse caso de violência sexual]; h) rapto violento (art. 219 [revogado pela Lei 11.106/2005], c/c o art. 223, *caput*, e parágrafo único [revogado pela Lei 12.015/2009]). Embora ainda conste da relação do art. 1.º, III, *h*, da Lei 7.960/1989, não mais existe esse delito, pois revogado pela Lei 11.106/2005; i) epidemia com resultado morte (art. 267, § 1.º); j) envenenamento de água potável ou substância alimentícia ou medicinal qualificado pela morte (art. 270, *caput*, combinado com o art. 285); l) quadrilha ou bando (art. 288) [atual associação criminosa, conforme Lei 12.850/2013], todos do Código Penal; m) genocídio (arts. 1.º, 2.º e 3.º da Lei 2.889, de 01.10.1956), em qualquer de suas formas típicas; n) tráfico de drogas (art. 12 da Lei 6.368, de 21.10.1976 [atual art. 33 da Lei 11.343/2006]); o) crimes contra o sistema financeiro (Lei 7.492, de 16.06.1986)" (inciso III); p) crimes previstos na Lei de Terrorismo. Cabe uma observação neste ponto. Algumas figuras típicas, como o roubo, ganharam novos parágrafos; cuidando-se de lei processual penal, torna-se admissível acrescê-los por meio da interpretação extensiva; 2.ª) "quando o indiciado não tiver residência fixa ou não fornecer elementos necessários ao esclarecimento de sua identidade" (inciso II) em combinação com os crimes descritos no referido inciso III. Acrescente-se, ainda, que o art. 2.º, § 4.º, da Lei 8.072/1990, possibilitou a decretação da temporária a todos os delitos hediondos, logo, os previstos no art. 1.º da referida lei. Aos já mencionados, adicionam-se a falsificação, a corrupção, a adulteração de produto destinado a fins terapêuticos ou medicinais (art. 273, *caput* e § 1.º, § 1.º-A e § 1.º-B, com a redação dada pela Lei 9.677, de 2 de julho de 1998), a tortura, o terrorismo e o estupro de vulnerável (art. 217-A, CP, com a redação dada pela Lei 12.015/2009). Enfim, não se pode decretar a temporária somente porque o inciso I foi preenchido, pois isso implicaria viabilizar a prisão para qualquer delito, inclusive os de menor potencial ofensivo, desde que fosse imprescindível para a investigação policial, o que soa despropositado. Não parece lógico, ainda, decretar a temporária unicamente porque o agente não tem residência fixa ou não é corretamente identificado, em qualquer delito. Logo, o mais acertado é combinar essas duas situações com os crimes enumerados no inciso III, e outras leis especiais, de natureza grave, o que justifica a segregação cautelar do indiciado. No mesmo sentido, Maurício Zanoide de Moraes, *Leis penais especiais e sua interpretação jurisprudencial*, p. 2.869; Antonio Magalhães Gomes Filho, *A motivação das decisões penais*, p. 230.

4. Prazo da prisão temporária: será decretada pelo juiz, após representação da autoridade policial ou requerimento do Ministério Público, com o prazo de cinco dias, prorrogáveis por outros cinco, em caso de extrema e comprovada necessidade (art. 2.º, *caput*, da Lei 7.960/1989). Quando se tratar de crimes hediondos e equiparados, o prazo sobe para 30 dias, prorrogáveis por outros 30 (art. 2.º, § 4.º, da Lei 8.072/1990). Não há decretação de ofício pela autoridade judiciária, ao contrário do que pode ocorrer com a preventiva, ao menos em fase de instrução.

5. Finalização da temporária: terminando o prazo estipulado pelo juiz (com ou sem prorrogação), deve o indiciado ser de pronto libertado, pela própria autoridade policial, independentemente da expedição de alvará de soltura pelo juiz. Note-se que a lei concede autorização para a libertação do indiciado, sendo dispensável a ordem judicial. Deixar de soltar o sujeito implica abuso de autoridade. A única ressalva para manter a prisão fica por conta da decretação de prisão preventiva, que passaria a viger após o término da temporária. Tem-se admitido que, durante o prazo de prisão temporária, a autoridade policial, constatando ter prendido a pessoa errada ou não havendo mais necessidade na custódia cautelar, liberte o indiciado, sem autorização judicial.

663 Título IX – Da Prisão, das Medidas Cautelares e da Liberdade Provisória | **Art. 311**

> **Art. 311.** Em qualquer fase da investigação policial[6] ou do processo penal,[7-7-A] caberá a prisão preventiva decretada pelo juiz,[8] a requerimento do Ministério Público, do querelante ou do assistente,[9] ou por representação da autoridade policial.[10]

6. Decretação durante o inquérito policial: já tivemos oportunidade de expor em nota anterior ser, atualmente, raríssima a decretação da prisão preventiva durante a fase da investigação policial, sendo por vezes incompreensível que o juiz o faça. Aliás, com a nova redação do art. 311, não cabe mais decretação de prisão preventiva por parte do magistrado *de ofício*, ou seja, sem requerimento das partes. Existe, como medida cautelar mais adequada, a prisão temporária, indicada justamente para os crimes mais graves, a demandar a segregação cautelar do investigado. Se não cabe, por exemplo, prisão temporária para o caso de furto, porque a Lei 7.960/1989 não o arrola dentre os delitos que comportam a medida (art. 1.º, III), teria sentido decretar a prisão preventiva? Somente em caráter excepcional, como poderia ocorrer em se tratando de indiciado com inúmeros antecedentes e imputação da prática de vários furtos, não merecedor da liberdade, pois coloca em risco a ordem pública. Mas, essa situação, repita-se, é rara, de modo que a preventiva se tornou escassa durante a fase do inquérito. Antes da Lei da Prisão Temporária, era mais comum, pois havia necessidade de se recolher ao cárcere homicidas, extorsionários, estupradores, assaltantes, dentre outros, e a medida adequada, quando flagrante não havia, era a preventiva. Na jurisprudência: STF: "6. Conversão, de ofício, da prisão em flagrante em preventiva. Violação ao sistema acusatório no processo penal brasileiro. Sistemática de decretação de prisão preventiva e as alterações aportadas pela Lei 13.964/2019. A recente Lei 13.964/2019 avançou em tal consolidação da separação entre as funções de acusar, julgar e defender. Para tanto, modificou-se a redação do art. 311 do CPP, que regula a prisão preventiva, suprimindo do texto a possibilidade de decretação da medida de ofício pelo juiz. 7. Inexistência de argumentos capazes de infirmar a decisão agravada" (HC 192.532 AgR, 2.ª T., rel. Gilmar Mendes, 24.02.2021, v.u.). STJ: "1. A Lei n. 13.964/2019 promoveu diversas alterações processuais, deixando clara a intenção do legislador de retirar do Magistrado qualquer possibilidade de decretação *ex officio* da prisão preventiva 2. A partir das inovações trazidas pelo Pacote Anticrime, a prisão preventiva somente poderá ser decretada mediante requerimento do Ministério Público, do assistente ou querelante, ou da autoridade policial (art. 311 do CPP). Orientação atual da Terceira Seção deste STJ. 3. Mesmo nas hipóteses de descumprimento de medidas cautelares anteriormente impostas, o artigo 282, § 4.º do CPP é claro ao disciplinar que eventual decretação da prisão preventiva deve ser precedida de requerimento, sendo ilegal a atuação de ofício do magistrado. Precedentes" (AgRg no HC 668.536/AM, 5.ª T., rel. Ribeiro Dantas, 10.08.2021, v.u.).

7. Processo penal: entenda-se o período que segue do ajuizamento da ação penal, com o recebimento da denúncia ou da queixa, até o trânsito em julgado da decisão.

7-A. Duração da prisão preventiva e princípio da razoabilidade: inexiste um prazo determinado, como ocorre com a prisão temporária, para a duração dessa modalidade de prisão cautelar. A regra é perdurar até quando seja necessária, durante o curso do processo, não podendo, é lógico, ultrapassar eventual decisão absolutória – que faz cessar os motivos determinantes de sua decretação – bem como o trânsito em julgado de decisão condenatória, pois, a partir desse ponto, está-se diante de prisão-pena. A prisão preventiva tem a finalidade de assegurar o bom andamento da instrução criminal, não podendo esta prolongar-se indefinidamente, por culpa do juiz ou por provocação do órgão acusatório. Se assim acontecer, configura constrangimento ilegal. Por outro lado, dentro da *razoabilidade*,

Art. 311

Código de Processo Penal Comentado · **Nucci**

havendo necessidade, não se deve estipular um prazo fixo para o término da instrução, como ocorria no passado, mencionando-se como parâmetro o cômputo de 81 dias, que era a simples somatória dos prazos previstos no Código de Processo Penal para que a colheita da prova se encerrasse. Igualmente, agora, com os novos prazos estipulados pela Lei 11.689/2008 para o procedimento do júri, quanto à fase de formação da culpa (90 dias, conforme art. 412) e pela Lei 11.719/2008 para o procedimento comum ordinário (60 dias, conforme art. 400, *caput*) e para o comum sumário (30 dias, conforme art. 531), deve-se ter a mesma tolerância da razoabilidade, embora com maior cautela, pois tais prazos constam no texto legal. Em tese, portanto, os prazos estabelecidos devem ser respeitados, salvo motivo de força maior. Alguns critérios formaram-se, na jurisprudência, para apontar a maior extensão do procedimento instrutório, sem gerar excesso de prazo, tais como: a) elevado número de corréus, especialmente, quando há diversos defensores; b) provas produzidas por carta precatória; c) provas periciais variadas; d) diligências solicitadas pela defesa do acusado. Na jurisprudência: STJ: "1. A questão do excesso de prazo na formação da culpa não se esgota na simples verificação aritmética dos prazos previstos na lei processual, devendo ser analisada à luz do princípio da razoabilidade, segundo as circunstâncias detalhadas de cada caso concreto. 2. Na hipótese, muito embora o recorrente esteja preso desde setembro de 2014 (há 11 meses), o feito reveste-se de certa complexidade, com dois acusados e necessidade de expedição de carta precatória. Ademais, como ressaltado pelo Tribunal *a quo*, a defesa não apresentou resposta à acusação no prazo legal, o que contribuiu para uma maior delonga. Tal contexto justifica o andamento do processo, que é compatível com as particularidades da causa, não se tributando, pois, aos órgãos estatais indevida letargia. 3. Recurso a que se nega provimento" (RHC 62.274/BA, 6.ª T., rel. Maria Thereza de Assis Moura, 18.08.2015, v.u). Ver a nota 22 ao art. 648, com menção à jurisprudência dominante.

8. Decretação da prisão preventiva de ofício: a partir da reforma introduzida pela Lei 13.964/2019, não mais pode haver a decretação de preventiva por iniciativa exclusiva do juiz.

9. Requerimento do Ministério Público, do querelante ou do assistente: é o órgão acusatório a parte legítima por excelência para, verificando a inviabilidade de se manter o réu solto, requerer ao magistrado a decretação da sua prisão provisória. Indeferido o pedido da acusação, cabe a interposição de recurso em sentido estrito (art. 581, V, CPP). Torna-se cabível o pedido por parte do assistente de acusação, a partir da edição da Lei 12.403/2011. Amplia-se, com isso, a participação da vítima no processo penal, situação bem-vinda, pois é seu direito acompanhar a realização de justiça, pleiteando, dentro dos limites legais, o que considera razoável. Outro ponto relevante diz respeito ao requerimento formulado: se há pleito para decretação de medidas cautelares diversas da prisão (art. 319, CPP), abre-se a oportunidade para o juiz decretar *qualquer* medida de cautela, inclusive a prisão preventiva. Conferir a nota 14 ao art. 282.

10. Representação da autoridade policial: é o modo pelo qual essa autoridade faz ver ao juiz a necessidade de realização de alguma diligência ou de decretação de alguma medida indispensável, no interesse da investigação criminal, sem que, com isso, adquira o direito de questionar, depois, a decisão tomada pela autoridade judiciária. Assim, caso seja desacolhida a proposta, nada resta ao delegado fazer. Por vezes, quando o representante do Ministério Público, ouvido previamente, recomenda, também, a decretação da preventiva, não acolhida a proposta pelo juiz, pode haver recurso do órgão acusatório. Entende-se, nessa hipótese, que o parecer favorável do Ministério Público implica autêntico requerimento pela decretação da prisão, legitimando-o a recorrer.

665 Título IX – Da Prisão, das Medidas Cautelares e da Liberdade Provisória **Art. 312**

> **Art. 312.** A prisão preventiva[10-A-10-B] poderá ser decretada como garantia da ordem pública,[11-16-A] da ordem econômica,[17] por conveniência da instrução criminal[18-22] ou para assegurar a aplicação da lei penal,[23-24-B] quando houver prova da existência do crime[25] e indício suficiente de autoria[26-31-A] e de perigo gerado pelo estado de liberdade do imputado.[31-B]
>
> § 1.º A prisão preventiva também poderá ser decretada em caso de descumprimento de qualquer das obrigações impostas por força de outras medidas cautelares (art. 282, § 4.º).[31-C]
>
> § 2.º A decisão que decretar a prisão preventiva deve ser motivada e fundamentada[31-D] em receio de perigo e existência concreta de fatos novos ou contemporâneos que justifiquem a aplicação da medida adotada.[31-F]

10-A. Requisitos da prisão preventiva: em primeiro plano, convém destacar que a prisão preventiva é, atualmente, a base para todas as prisões cautelares em processo penal. Não há mais, como antigamente, a prisão provisória decretada apenas com fundamento nos maus antecedentes ou na reincidência do acusado. Há, pelo menos, três requisitos para a sua existência legal: (a) prova da existência do crime (materialidade) + (b) prova de indícios suficientes de autoria + (c) alternativamente, garantia da ordem pública ou garantia da ordem econômica ou conveniência da instrução ou garantia da aplicação da lei penal. Dois requisitos são fixos (a + b) e o terceiro é alternativo (c). A segregação de alguém, provisoriamente, somente encontra respaldo nos elementos do art. 312, seja na fase investigatória, processual instrutória ou processual recursal. Sobre o requisito novo referente a "perigo gerado pelo estado de liberdade do imputado", ver a nota 31-B.

10-B. Tempo de prisão preventiva: como já abordado em outros tópicos, optou o legislador por não estabelecer um prazo fixo para a duração da prisão preventiva. Não quer isto significar a ausência de limite para o período de prisão cautelar, uma vez que se deve obedecer aos princípios da razoabilidade e da proporcionalidade. O primeiro diz respeito à célere duração do processo como direito individual, vinculado ao princípio processual da economia processual. Essa rapidez, quanto ao andamento da instrução, não pode prejudicar o inquestionável direito de defesa. Concretamente, deve-se seguir os prazos estabelecidos em lei para cada fase do processo. Situações excepcionais podem acontecer, prejudicando a celeridade, tais como o número considerável de réus; obstáculos colocados pela defesa, por meio de reiterados pedidos de diligências; complexidade do feito, quando se apura um conjunto de fatos criminosos de difícil compreensão; excessivo número de testemunhas indicadas pelas partes, dentre outros fatores. De outra parte, há de se respeitar a proporcionalidade, promovendo-se um cálculo entre o tempo de prisão cautelar e a eventual futura pena a ser aplicada ao réu (ou réus). De nada adianta manter segregado o acusado, quando a pena à qual poderá sujeitar-se é pequena e, pela detração (art. 42 do CP), será inteiramente sorvida pela prisão cautelar. Ex.: prisão provisória há seis meses decretada, quando a pena máxima para o crime (ameaça, art. 147 do CP) é de seis meses. Computando-se os dois princípios (razoabilidade e proporcionalidade), consegue-se extrair a mais indicada duração para a prisão cautelar. Na jurisprudência: STF: "2. A jurisprudência do Supremo Tribunal Federal é no sentido de que a razoável duração do processo deve ser aferida à luz da complexidade da causa, da atuação das partes e do Estado-Juiz. Inexistência de mora processual atribuível ao Poder Judiciário" (AgR no HC 169419, 1.ª T., rel. Alexandre de Moraes, 17.05.2019, m.v.). STJ: "4. À luz dos princípios constitucionais da proporcionalidade e da razoável duração do processo, não se reputa configurado, na espécie, excesso de prazo hábil a permitir a revogação da prisão preventiva do recorrente Considera-se regular o prazo de tramitação do processo (9 meses).

Art. 312

Código de Processo Penal Comentado · **Nucci**

Trata-se de ação penal relativamente complexa devido, dentre outros, à (i) pluralidade de réus (dois), representados por advogados distintos; (ii) acusados da suposta prática dos delitos de tráfico de drogas e associação para o tráfico. Ademais (iii) a ação penal originária não ficou paralisada e (iv) o processo teve escorreito impulso judicial. Por fim, a instrução processual encontra-se encerrada. Incidência do enunciado da Súmula n. 52 do Superior Tribunal de Justiça. 5. Ausente a alegada desídia da autoridade judiciária na condução da ação penal, não há falar em constrangimento ilegal hábil a ser reparado por este Superior Tribunal de Justiça (Precedentes)" (RHC 116.275/SE, 5.ª T., rel. Reynaldo Soares da Fonseca, 20.08.2019, v.u.).

11. Garantia da ordem pública: trata-se da hipótese de interpretação mais extensa na avaliação da necessidade da prisão preventiva. Na visão de Rogerio Schietti Cruz, "inafastável, cremos, a conclusão de que o legislador pátrio foi muito infeliz ao escolher essa vaga expressão 'garantia da ordem pública' para autorizar a prisão preventiva do investigado ou do acusado no processo penal. Mais infeliz ainda foi o reformador de 2011 ao nada inovar quanto a isso, mantendo a mesma redação dada ao artigo 312 do CPP pelo Código de 1941" (*Prisão cautelar*, p. 261-262). Entende-se pela expressão a necessidade de se manter a ordem na sociedade, que, como regra, é abalada pela prática de um delito. Se este for grave, de particular repercussão, com reflexos negativos e traumáticos na vida de muitos, propiciando àqueles que tomam conhecimento da sua realização um forte sentimento de impunidade e de insegurança, cabe ao Judiciário determinar o recolhimento do agente. Um furto simples não justifica histeria, nem abalo à ordem, mas um latrocínio repercute, negativamente, no seio social, demonstrando que as pessoas honestas podem ser atingidas, a qualquer tempo, pela perda da vida, diante de um agente interessado no seu patrimônio, gerando, em muitos casos, intranquilidade. Uma das causas de afetação da ordem pública é a própria credibilidade do Judiciário, como vêm decidindo os tribunais. Apura-se o abalo à ordem pública também, mas não somente, pela divulgação que o delito alcança nos meios de comunicação – escrito ou falado. Não se trata de dar crédito ao sensacionalismo de certos órgãos da imprensa, interessados em vender jornais, revistas ou chamar audiência para seus programas, mas não é menos correto afirmar que o juiz, como outra pessoa qualquer, toma conhecimento dos fatos do dia a dia acompanhando as notícias veiculadas pelos órgãos de comunicação. Por isso, é preciso apenas bom senso para distinguir quando há estardalhaço indevido sobre um determinado crime, inexistindo abalo real à ordem pública, da situação de mera divulgação real da intranquilidade da população, após o cometimento de grave infração penal (ver a nota 11-A abaixo). Nas palavras de Eugênio Pacelli de Oliveira, "a barbárie, como se sabe e se deve saber, não é privativa do Estado. Há violência por todos os lados, sobretudo em um mundo de grandes e intransponíveis desigualdades sociais. Daí não se poder afirmar seriamente que a violência ou o terror sejam *criações* da mídia, nelas interessada pelo baixo custo da produção de seus programas. A mensagem do pânico, por certo, pode ser e é ali frequentemente superdimensionada, em prejuízo até da apreciação judicial do caso (o que é mais grave), o que não significa que a coletividade (incluindo o Judiciário) não esteja preparada ou não saiba reduzi-la, pelo menos aos limites de seu conhecimento pessoal. Seria rematada ingenuidade, por exemplo, supor que *organizações criminosas* efetivamente organizadas e com liderança e atuação amplamente comprovadas (vide caso PCC) formaram-se apenas para a reivindicação de melhores condições carcerárias. Obviamente, qualquer pretensão nesse sentido é absolutamente legítima. Não obstante, não se esgota aí, à evidência, o respectivo campo de atuação. Com ou sem manipulação da mídia" (*Regimes constitucionais da liberdade provisória*, p. 67). Outro fator responsável pela repercussão social que a prática de um crime adquire é a periculosidade (probabilidade de tornar a cometer delitos) demonstrada pelo réu e apurada pela análise de seus antecedentes e pela maneira de execução do crime. Assim, é indiscutível poder ser decretada a prisão preventiva daquele que ostenta, por exemplo, péssimos antecedentes, associando-se a isso a crueldade

667 Título IX – Da Prisão, das Medidas Cautelares e da Liberdade Provisória | Art. 312

particular com que executou o crime. Na jurisprudência: STF: "Prisão preventiva. Necessidade de garantia da ordem pública. Gravidade demonstrada pelo *modus operandi*. Periculosidade do acusado. Concreta probabilidade de reiteração delitiva. Fundamentação idônea que recomenda a medida constritiva" (HC 112.547, 2.ª T., rel. Gilmar Mendes, 27.08.2013, v.u.); "3. Quanto aos requisitos previstos no art. 312, CPP, a jurisprudência desta Suprema Corte consolidou-se no sentido de que a finalidade de evitar o prosseguimento ou a prática de novos delitos insere-se no escopo da ameaça à ordem pública, receio que pode ser extraído, fundadamente, entre outros, de particularidades afetas à execução criminosa ou da gravidade concreta da conduta, desde que revelem, sob uma óptica prospectiva, *a especial periculosidade do agente*. 4. A prisão processual imposta com base no fundamento do acautelamento da ordem pública não se associa necessariamente à tutela de interesses endoprocessuais. Vale dizer, não se trata simplesmente de aferir a probabilidade de persistência de um modelo criminoso determinado, mas, sobretudo, de dissuadir práticas criminosas que desbordem do fato individualmente considerado. Em outras palavras, trata-se de examinar o risco concreto de reiteração de infrações penais, ainda que não insertas no exato contexto em que os fatos pretéritos teriam se desenrolado, de modo que a cessação do exercício de função pública não atua como causa necessária do esvaziamento dos requisitos da custódia preventiva. Precedentes" (AgR no HC 141146, 2.ª T., rel. Edson Fachin, 15.03.2019, m.v., grifamos). STJ: "4. Caso em que a prisão preventiva foi mantida pelo Tribunal para garantia da ordem pública em razão da periculosidade social do agravante, evidenciada pela gravidade concreta da conduta aferida a partir do *modus operandi*, porquanto o réu é apontado como chefe de organização criminosa, estruturada e com divisão de tarefas, voltada para a prática de inúmeros delitos de estelionatos praticados em diversas cidades de vários Estados da Federação, sendo identificados, na cidade de Pelotas, ao menos, dois fatos delituosos. Relata-se que o grupo criminoso adquiriu na internet um programa que fornece dados pessoais e bancários de, aproximadamente, 10.000 clientes de bancos. De posse desses dados, os réus entravam em contato com as vítimas, de preferência idosas, fazendo-se passar por funcionários das instituições financeira, e se apossavam de seus cartões, com os quais obtinham vantagens ilícitas, com saques e pagamentos de despesas. 5. Soma-se a isso, o fato de o paciente encontrar-se em local incerto e não sabido. 6. Mostra-se indevida a aplicação de medidas cautelares diversas da prisão, quando evidenciada a sua insuficiência para acautelar a ordem pública" (AgRg no HC 797.921/RS, 5.ª T., rel. Reynaldo Soares da Fonseca, 19.06.2023, v.u.). Em suma, extrai-se da jurisprudência o seguinte conjunto de causas viáveis para autorizar a prisão preventiva, com base na garantia da ordem pública: a) gravidade concreta do crime; b) envolvimento com o crime organizado; c) reincidência ou maus antecedentes do agente e periculosidade; d) particular e anormal modo de execução do delito; e) repercussão efetiva em sociedade, gerando real clamor público. O ideal é a associação de, pelo menos, dois desses fatores.

11-A. Clamor público: torna-se questão controversa e de difícil análise o ponto denominado *clamor público*. Crimes que ganham destaque na mídia podem comover multidões e provocar, de certo modo, abalo à credibilidade da Justiça e do sistema penal. Não se pode, naturalmente, considerar que publicações feitas pela imprensa sirvam de base exclusiva para a decretação da prisão preventiva. Entretanto, não menos verdadeiro é o fato de que o abalo emocional pode dissipar-se pela sociedade, quando o agente ou a vítima é pessoa conhecida, fazendo com que os olhos se voltem ao destino dado ao autor do crime. Nesse aspecto, a decretação da prisão preventiva pode ser uma necessidade para a garantia de ordem pública, pois se aguarda uma providência do Judiciário como resposta a um delito que espelhe gravidade concreta, envolvendo pessoa conhecida (autor ou vítima). Se a prisão não for decretada, o recado à sociedade poderá ser o de que a lei penal é falha e vacilante, funcionando apenas contra réus e vítimas anônimas. O clamor público não é o fator determinante para a decretação da preventiva, embora não

Art. 312

Código de Processo Penal Comentado · **Nucci**

possa ser, singelamente, desprezado, como se não existisse. Associado a outros fatores (maus antecedentes do agente, gravidade do delito, fuga etc.) deve servir de base para a custódia cautelar. Na jurisprudência: STJ: "4. No caso, da leitura das decisões que ordenaram e mantiveram a segregação cautelar do paciente, constata-se que não foi apresentado qualquer fundamento idôneo para tanto, limitando-se o Juiz singular a fazer referência à gravidade em abstrato do delito que lhe foi imputado, ao clamor público e à credibilidade da justiça, o que, por si só, não justifica a segregação antecipada" (HC 497.006/MS, 5.ª T., rel. Jorge Mussi, 07.05.2019, v.u.).

12. Antecedentes ou reincidência do indiciado/réu como demonstrativo da periculosidade: é possível considerar a necessidade de garantir a ordem pública, por meio da constatação dos maus antecedentes do indiciado ou réu, incluindo-se esse fator na repercussão social causada pelo delito, cometido por pessoa perigosa. O termo *periculosidade* é utilizado neste campo de maneira a expor a maior antissociabilidade do acusado, logo, o potencial risco de ferir semelhantes. Não se usa o termo no mesmo sentido da periculosidade dos doentes mentais, cujas reações são imprevisíveis e, também, podem ferir a sociedade. Há, pois, a periculosidade decorrente de manifestação da personalidade e aquela advinda de enfermidades mentais. Para a decretação da prisão preventiva, para a garantia da ordem pública, é importante conferir os registros criminais do acusado. É importante ressaltar que nem sempre a existência de antecedentes criminais pode justificar a decretação de custódia cautelar. Na realidade, cada caso é um caso, a depender a concretude da periculosidade do acusado. Na jurisprudência: STF: "Tráfico e associação para o tráfico de drogas (arts. 33, *caput*, e 35, *caput*, todos da Lei n. 11.343/2006). 3. Prisão preventiva. Necessidade da custódia cautelar para garantir a ordem pública. 3.1. Gravidade concreta do delito: considerável quantidade de droga apreendida e envolvimento de adolescentes. 3.2. *Um dos acusados responde a outras ações penais, também por crimes de tráfico e associação para o tráfico de drogas (real possibilidade de reiteração delitiva).* 3.3. Fundamentação idônea que recomenda a medida constritiva. 4. Ausência de constrangimento ilegal. Ordem denegada" (HC 135.418, 2.ª T., rel. Gilmar Mendes, 27.09.2016, v.u., grifamos). STJ: "2. O Magistrado singular embasou sua decisão em elementos concretos e idôneos – indicação de reiteração delitiva, uma vez que o réu responde por delito de mesma natureza e praticou o crime aqui descrito quando em gozo de liberdade provisória, além do registro de uma condenação –, mas não demonstrou, satisfatoriamente, a insuficiência de outras medidas menos gravosas que a preventiva. Isso porque, embora haja referência de reiteração, não constitui quantidade exacerbada das drogas apreendidas (40 g de maconha e 12 cartelas de Rohypnol), além de não haver indicação de participação em organização criminosa de forma permanente ou destacada 3. Os elementos apresentados, por si só, não servem para denotar a periculosidade exacerbada do investigado na traficância, a ponto de justificar o emprego da cautela máxima. Assim, as circunstâncias apresentadas, por si sós, não poderiam ensejar a imposição da prisão preventiva, se outras medidas menos invasivas se mostram suficientes e idôneas para os fins cautelares, especialmente a fim de evitar a prática de novas infrações penais (art. 282, I, CPP)" (AgRg no HC 679.418/AL, 6.ª T., rel. Rogerio Schietti Cruz, 14.10.2021, v.u.); "No caso, a despeito de o agente ser reincidente, ele foi flagrado em posse de pequena quantidade de maconha, somado ao fato de suas anotações pretéritas não envolverem violência ou grave ameaça, a saber, de furto, circunstâncias que justificam, tão somente, a imposição de medidas cautelares alternativas, revelando-se a prisão, *in casu*, medida desproporcional. Ordem concedida para substituir a prisão preventiva por medidas cautelares diversas a serem fixadas pelo Juiz singular" (HC 679.459/AL, 6.ª T., rel. Antonio Saldanha Palheiro, 28.09.2021, v.u.).

12-A. Outros fatores demonstrativos de periculosidade: ainda no contexto da garantia da ordem pública, outros elementos podem ser apontados, em variados julgados, analisando casos concretos, para dar base à periculosidade do agente. São eles: o modo de execução do delito, que pode evidenciar extrema crueldade; a quantidade de coautores e partícipes, mesmo não figurando associação criminosa; o número e a potencialidade lesiva das armas, especialmente quando se trata de arma de fogo; a quantidade exorbitante de drogas ou a sua manifesta variedade; a lida com explosivos e outros meios capazes de gerar perigo comum; a minuciosa premeditação para diminuir, consideravelmente, as chances de defesa da vítima, a visível disparidade de forças entre o agente e a fraqueza da vítima, dentre outros. Na jurisprudência: STF: "I – É idônea a segregação cautelar fundada na garantia da ordem pública, quando demonstrada a periculosidade social do agente a partir do modo em que desenvolveu a sua conduta criminosa. II – É válida a prisão cautelar decretada com o fim de assegurar a aplicação da lei penal, quando há, no caso, risco concreto de fuga" (HC 195818 AgR, 2.ª T., rel. Nunes Marques, 12.05.2021, v.u.); "1. A decisão que determinou a prisão preventiva está apoiada em elementos concretos para resguardar a ordem pública, tendo em vista a periculosidade social do paciente, evidenciada sobretudo pela gravidade concreta da conduta, pois, 'com extrema frieza, desferiu golpes de punhal na mãe de sua ex-companheira (idosa de 61 anos), evadindo-se após a prática delitiva'. 2. O fato de o paciente permanecer fora do âmbito da Justiça reforça, ainda mais, a legitimidade da imposição da prisão preventiva não só para garantia da ordem pública, mas também para assegurar a aplicação da lei penal. Precedentes. 3. Agravo regimental a que se nega provimento" (AgR no HC 168029, 1.ª T., rel. Alexandre de Moraes, 12.04.2019, v.u.). STJ: "4. O Superior Tribunal de Justiça possui entendimento consolidado no sentido de que não há constrangimento ilegal quando a prisão preventiva é decretada em razão da gravidade concreta da conduta delituosa, evidenciada pelo *modus operandi* com que o crime fora praticado, como ocorreu nos presentes autos, em que o recorrente teria cometido o delito mediante o uso de arma de fogo" (RHC 94.113/MG, 5.ª T., rel. Ribeiro Dantas, 01.03.2018, v.u.).

12-B. Amplitude dos maus antecedentes: para efeito penal de aplicação da pena, prevalece o conteúdo da Súmula 444 do STJ, ratificado pelo STF, ou seja, somente condenações com trânsito em julgado. Vale ressaltar que o STF, por ora, também afastou a caducidade dos maus antecedentes no mesmo prazo em que perece, para fins de aplicação da pena, a agravante da reincidência (após 5 anos do término da pena; vide art. 64, I, CP). Portanto, os antecedentes não caducam. De outra parte, lembre-se que, para fins processuais, vale dizer, imposição de medidas cautelares, o magistrado deve enfocar os antecedentes de modo global, como já vimos defendendo em outras notas. Quem possui vários processos em andamento, por delitos graves, por exemplo, não pode ficar em liberdade; cabe prisão preventiva para a garantia da ordem pública.

12-C. Atos infracionais como antecedentes para a prisão preventiva: dispõe o art. 228 da Constituição Federal que "são penalmente inimputáveis os menores de dezoito anos, sujeitos às normas da legislação especial". Isto significa a integral irresponsabilidade no campo penal, reservando-se a eles a avaliação da Justiça da Infância e Juventude, para a imposição de medidas socioeducativas. Segundo nos parece, por conta dessa *imunidade* no campo criminal, nem mesmo para fins processuais penais se pode levar em consideração a prática de atos infracionais. Por isso, quando se decreta uma prisão preventiva, deve-se enfocar todos os registros existentes na folha de antecedentes do acusado, após completar os 18 anos, mesmo quando se refiram a processos e inquéritos em andamento ou até mesmo inquéritos arquivados por falta de provas. Entretanto, os atos infracionais não constituem infrações penais, de modo que não podem ser considerados antecedentes, aptos a indicar a periculosidade do acusado. Se assim for feito, a irresponsabilidade determinada pelo art. 228 da Constituição Federal estaria sendo contornada para fins de utilização na esfera da justiça

Art. 312

criminal, algo incompatível com o passado do réu quando era inimputável. Lembre-se que a prisão preventiva, embora não seja antecipação de pena, mescla-se com o direito penal, visto que o tempo em que estiver detido cautelarmente será considerado se e quando for aplicada uma pena privativa de liberdade, por meio da detração (art. 42, CP). Por isso, atos infracionais deveriam ficar alheios ao cenário criminal, mesmo em relação a medida segregatória cautelar. Entretanto, o STJ tem posição em sentido contrário: STJ: "4. A existência de maus antecedentes e a reincidência justificam a imposição de prisão preventiva como forma de evitar a reiteração delitiva e, assim, garantir a ordem pública. 5. O registro de ato infracional praticado pelo agente, inclusive com a notícia de aplicação de medida socioeducativa, constitui fundamento idôneo para a manutenção da custódia cautelar para garantia da ordem pública, com o objetivo de conter a reiteração delitiva" (AgRg no HC 679.865/SP, 5.ª T., rel. João Otávio de Noronha, 14.09.2021, v.u.); "Embora os registros de atos infracionais não possam ser utilizados para fins de reincidência ou maus antecedentes, por não serem considerados crimes, podem ser sopesados na análise da personalidade do recorrente, reforçando os elementos já suficientes dos autos que o apontam como pessoa perigosa e cuja segregação é necessária. Precedentes (RHC 123.836/AL, 5.ª T., rel. Reynaldo Soares da Fonseca, 10/03/2020, v.u.).

13. Gravidade concreta do delito: é imperioso levar em consideração esse aspecto, desde que se possa verificar, em situação real, a seriedade do fato criminoso. O relevante é fugir à abstrata avaliação do delito, pois, do contrário, a prisão preventiva tornar-se-ia obrigatória para inúmeras infrações penais, como, por exemplo, as classificadas como hediondas. Por certo, um homicídio qualificado é crime grave e hediondo, mas nem sempre, levando-se em conta as condições pessoais do agente, torna-se imprescindível a preventiva. De outra parte, o homicídio qualificado pode vitimar uma criança, em comunidade pequena, tendo como autor uma pessoa de confiança da família, além de se detectar crueldade na execução. Abala-se a ordem pública, merecendo o decreto de prisão preventiva. Na jurisprudência: STF: "3. A mera alusão à *gravidade abstrata do delito* e à quantidade da droga apreendida não é suficiente para demonstrar a periculosidade do agente e, consequentemente, não importa em risco à ordem pública que justifique a segregação cautelar" (HC 222.083 AgR, 2.ª T., rel. Edson Fachin, 01.03.2023, v.u., grifamos). STJ: "1. Hipótese em que a custódia cautelar está suficientemente fundamentada na garantia da ordem pública, nos termos do art. 312 do CPP, haja vista a gravidade concreta da conduta delitiva, uma vez que foram apreendidos com o ora agravante e o corréu 162.737 kg de maconha e 17.690kg de cocaína" (AgRg no HC n. 909.978/SP, 5.ª T., rel. Ribeiro Dantas, 12.08.2024, v.u.); "5. No caso em tela, ao considerar que a gravidade do crime impediria o réu de responder à ação penal em liberdade, a segunda instância parece haver se divorciado da orientação constante em incontáveis precedentes desta Corte, para os quais a prisão cautelar é invariavelmente excepcional, subordinando-se à demonstração de sua criteriosa imprescindibilidade, à luz dos fatos concretos da causa, e não em relação à percepção do julgador a respeito da gravidade abstrata do tipo penal" (AgRg no HC 852.117/MS, 5.ª T., rel. Reynaldo Soares da Fonseca, 26.09.2023, v.u.). Em igual prisma, admitindo que se leve em conta a gravidade do delito para a decretação da prisão preventiva, está o magistério de Antonio Magalhães Gomes Filho, ressaltando, inclusive, que a gravidade é constatada pela natureza da pena abstratamente cominada e permite que, quanto a esse ponto da decisão, a motivação do juiz seja *implícita* (*A motivação das decisões penais*, p. 221).

13-A. Organização criminosa: este aspecto da criminalidade atual tem preocupado não somente a sociedade em geral, mas, sobretudo, os tribunais. Passa a ser um dos importantes dados a se verificar, para a decretação da custódia cautelar, o fato de estar o réu ligado a uma organização criminosa ou responder pelo delito de associação criminosa. Maiores detalhes podem ser encontrados em nossa obra *Organização criminosa – comentários à Lei 12.850/2013*.

Não há dúvida de vir o crime organizado causando sérios abalos à ordem pública, chegando a ponto de conseguir instalar o caos, por dias ou horas, em cidades grandes, como São Paulo e Rio de Janeiro, constatando-se que a ramificação delituosa integra-se entre o ambiente prisional e as pessoas em liberdade. Na jurisprudência: STF: "1. Esta Suprema Corte já assinalou que 'a necessidade de interromper a atuação de organização criminosa e o risco concreto de reiteração delitiva justificam a decretação da custódia cautelar para a garantia da ordem pública' (HC 138.552 AgR, Rel. Min. Roberto Barroso, Primeira Turma, DJe de 19/6/2017). 2. Sobressaem, no decreto prisional, as circunstâncias concretas do caso em tela, bem como a gravidade diferenciada das práticas ilícitas em questão, 'extraída da apreensão de diversas armas de fogo e de grande quantidade de entorpecentes', sem mencionar que o paciente 'integra organização criminosa armada'. Esses fatores, somados ao registro de que o acusado 'possuía mandado de prisão temporária em seu desfavor, bem como ostentava condenação criminal anterior', evidenciam a periculosidade social do agente e a imprescindibilidade da sua segregação cautelar. 3. Pelos mesmos motivos, não merece reparos o entendimento firmado quanto à inaplicabilidade das medidas cautelares diversas da prisão, cuja incidência não se mostraria adequada e suficiente para acautelar a ordem pública, ante as particularidades do caso" (HC 228.262 AgR, 1.ª T., rel. Alexandre de Moraes, 19.06.2023, v.u.); "2. Não há ilegalidade na segregação cautelar se evidenciados o envolvimento do agente em organização criminosa e a necessidade de se interromper sua atuação, em face do risco concreto de reiteração delitiva. 3. A participação em organização criminosa, crime de natureza permanente, cuja consumação se prolonga no tempo, revela a atualidade da prisão preventiva" (HC 213.460 AgR, 2.ª T., rel. Nunes Marques, 30.05.2022, v.u.). STJ: "3. Conquanto os tribunais superiores admitam a prisão preventiva para interrupção da atuação de integrantes de organização criminosa, a mera circunstância de o agente ter sido denunciado em razão dos delitos descritos na Lei n. 12.850/2013 não justifica a imposição automática da custódia, devendo-se avaliar a presença de elementos concretos, previstos no art. 312 do CPP, como o risco de reiteração delituosa ou indícios de que o grupo criminoso continua em atividade. 4. As condições pessoais favoráveis do agente, ainda que não garantam eventual direito à soltura, merecem ser devidamente valoradas quando não for demonstrada a real indispensabilidade da medida constritiva. 5. É desproporcional a imposição de prisão preventiva quando é possível assegurar o meio social e a instrução criminal por medidas cautelares alternativas previstas no art. 319 do CPP" (AgRg no HC 708.148/SP, 5.ª T., rel. Joel Ilan Paciornik, 05.04.2022, por maioria).

13-B. Decurso do tempo afetando a garantia da ordem pública: torna-se inconciliável, como regra, a garantia da ordem pública com o extenso decurso do tempo, a contar da data do crime. Se o agente não foi preso em flagrante ou em curto espaço de tempo após a prática do delito, enfraquece-se o fator ligado à *ordem pública*, afinal, quem passa longo período em liberdade, sem cometer outras infrações penais e não perturba a instrução, por óbvio, pode permanecer solto até decisão final, com trânsito em julgado.

14. Proteção ao réu ou indiciado: não autoriza a decretação da prisão preventiva a alegação de que o agente estará melhor sob a custódia do Estado do que solto nas ruas, onde pode ser objeto da vingança de terceiros, inclusive de parentes da vítima. Cabe ao indiciado ou réu procurar a melhor maneira de se proteger, se for o caso, mas não se pode utilizar a custódia cautelar para esse mister.

15. Crimes hediondos e equiparados: não pode ser motivo exclusivo para a decretação da prisão preventiva, mesmo se considerando, em abstrato, grave a infração penal. Portanto, para a decretação da custódia cautelar contra o autor de crime hediondo ou equiparado exige-se, ainda, a congregação de outros fatores, como, por exemplo, a repercussão social atingida e a gravidade concreta do delito. Na jurisprudência: STJ: "3. Na espécie, a prisão preventiva encontra-se fundamentada na garantia da ordem pública, em razão da gravidade concreta do delito e da *periculosidade social do agente*, evidenciada pelo *modus operandi perpetrado* – na presença de diversas testemunhas, matou seu colega de trabalho, em razão de desavença por motivo fútil, mediante o uso de uma faca. Precedentes" (HC 498.801/RS, 5.ª T., rel. Reynaldo Soares da Fonseca, 13.08.2019, v.u., grifamos).

16. Reiteração na prática criminosa: é motivo suficiente para constituir gravame à ordem pública, justificador da decretação da prisão preventiva. Somos da opinião de ser imprescindível barrar a reiteração de delitos, verificando-se, pela análise da folha de antecedentes, possuir o indiciado ou acusado vários outros processos em andamento, todos por infrações penais graves. Não se trata de colocar em risco o princípio da presunção de inocência, mas de conferir segurança à sociedade. O prisma da prisão cautelar é diverso do universo da fixação da pena. Neste último caso, não deve o julgador levar em conta processos em andamento, por exemplo, para agravar a pena do réu; porém, para analisar a necessidade de prisão provisória, por certo, tais fatores auxiliam a formação do convencimento do magistrado. Conferir: STF: "2. Na linha da jurisprudência desta Corte, o prognóstico de recidiva criminosa justifica a manutenção da prisão preventiva para garantia da ordem pública" (HC 214.877 AgR, 1.ª T., rel. Alexandre de Moraes, 30.05.2022, v.u.). STJ: "5. No caso, verifica-se que a prisão foi devidamente justificada, tendo em vista os indícios de periculosidade dos acusados. Com efeito, foi-lhes imputada a suposta prática de dois delitos de homicídio tentado, supostamente motivado por disputas entre facções criminosas. O magistrado destacou não se tratar, aparentemente, de ato isolado, tendo em vista que eles *respondem a outros processos criminais*, pelo que a prisão seria necessária para a preservação da ordem pública" (AgRg no HC n. 904.015/PE, 5.ª T., rel. Reynaldo Soares da Fonseca, 27.05.2024, v.u.); "2. No caso, a custódia cautelar fundou-se no risco concreto de reiteração delitiva, uma vez que, embora tecnicamente primário, o agravante 'responde a diversos procedimentos criminais, alguns envolvendo posse, tráfico de drogas e organização criminosa' e voltou a ser preso em flagrante com 40 unidades de ecstasy, 2g de maconha, 32g de crack e 6 unidade de loló" (AgRg no HC 819.103/CE, 5.ª T., rel. Ribeiro Dantas, 26.06.2023, v.u.).

16-A. Reiteração criminosa no cenário dos crimes de colarinho-branco: não é somente no quadro dos delitos violentos, geralmente cometidos por pessoas de menor poder aquisitivo, que hoje se tem decretado a prisão preventiva no Brasil. Atinge-se, igualmente, a camada mais bem aquinhoada financeiramente, desde que existam provas da materialidade, indícios suficientes de autoria e gravidade concreta da infração penal ou perspectiva fundada de fuga, subtraindo-se à aplicação da lei penal. Na jurisprudência: STJ: "VII – A prática rotineira de fraudes para acobertamento de crimes evidenciada no *modus operandi* da organização criminosa indica, de modo concreto, o real risco à instrução processual, tendo em vista haver a probabilidade significativa de que novos documentos sejam fraudados para justificar relações contratuais ilícitas. (...) IX – A disponibilidade de recursos financeiros no exterior, a existência de relações com *trading companies* internacionais e a titularidade de cidadania sueca apontam, em seu conjunto, a relevante possibilidade de o recorrente se furtar à aplicação da lei penal" (AgRg no HC 502.311/PR, 5.ª T., rel. Felix Fischer, 30.05.2019, v.u.).

17. Garantia da ordem econômica: trata-se de uma espécie do gênero anterior, que é a garantia da ordem pública. Na mesma ótica, Rodrigo Capez (*Prisão e medidas cautelares diversas*, p. 461). Nesse caso, visa-se, com a decretação da prisão preventiva, a impedir possa o agente, causador de seríssimo abalo à situação econômico-financeira de uma instituição financeira ou mesmo de órgão do Estado, permanecer em liberdade, demonstrando à sociedade a impunidade reinante nessa área. Equipara-se o criminoso do colarinho branco aos demais delinquentes comuns, na medida em que o desfalque em uma instituição financeira pode gerar

673 Título IX – Da Prisão, das Medidas Cautelares e da Liberdade Provisória

Art. 312

maior repercussão na vida das pessoas, do que um simples roubo contra um indivíduo qualquer. Busca-se manter o Judiciário atento à chamada *criminalidade invisível* dos empresários e administradores de valores, especialmente os do setor público. Não é possível permitir a liberdade de quem retirou e desviou enorme quantia dos cofres públicos, para a satisfação de suas necessidades pessoais, em detrimento de muitos, pois o abalo à credibilidade da Justiça é evidente. Se a sociedade teme o assaltante ou o estuprador, igualmente tem apresentado temor em relação ao criminoso do colarinho branco. Na jurisprudência: STF: "2. De acordo com o art. 312 do Código de Processo Penal, a prisão preventiva poderá ser decretada quando houver prova da existência do crime (materialidade) e indício suficiente de autoria. Além disso, é preciso demonstrar, concretamente, a existência de um dos fundamentos que a autorizam: (a) garantia da ordem pública; (b) garantia da ordem econômica; (c) conveniência da instrução criminal; ou, ainda, (d) para assegurar a aplicação da lei penal. 3. As razões apresentadas pelas instâncias antecedentes revelam ser imperiosa a necessidade de se garantir a ordem pública, evidenciada sobretudo diante de fatos concretos aos quais se atribuiu extrema gravidade e que revestem a conduta de remarcada reprovabilidade. 4. Sobressai dos autos que o paciente aparenta ser peça importante de uma ação criminosa organizada, com influência no âmbito da Administração Pública, que *movimentou significativa quantia de dinheiro*, supostamente gerando prejuízo estimado em R$ 11.464.405,77 ao erário. *Mesmo após notificação do Tribunal de Contas a respeito da ilegalidade dos pagamentos questionados, o paciente ainda teria ordenado novo empenho no valor de R$ 1.000.000,00*. O quadro delineado se agrava ainda mais com a constatação das instâncias antecedentes de que as ações do paciente sucederam a notificação da Corte de Contas, ou seja, o paciente permaneceu em operação mesmo depois de apontada a suposta ilegalidade do procedimento" (AgR no HC 166801, 1.ª T., rel. Alexandre de Moraes, 15.03.2019, m.v., grifamos). Neste último caso, embora o STF tenha mencionado a garantia da ordem pública, somos da opinião de que os fatos narrados espelham a garantia da ordem econômica. Note-se o disposto no art. 30 da Lei 7.492/1986: "Sem prejuízo do disposto no art. 312 do Código de Processo Penal, aprovado pelo Decreto-lei 3.689, de 3 de outubro de 1941, a prisão preventiva do acusado da prática de crime previsto nesta Lei poderá ser decretada em razão da *magnitude da lesão causada* (*vetado*)" (grifamos), demonstrando que, em delitos contra a ordem econômico-financeira, torna-se relevante o dano provocado pelo criminoso, causando repugnância ao resto da população. A ganância despudorada, a ambição desmedida, o egoísmo abusivo, dentre outros elementos da personalidade humana, podem provocar danos graves ao sistema financeiro e à ordem econômica. Para esse fim serve a prisão cautelar: retira-se de circulação o sujeito fadado a esgotar as suas forças no enxugamento dos recursos de instituições financeiras ou cofres públicos. Outras causas que permitem aferir a garantia da ordem econômica podem ser extraídas do art. 36 da Lei 12.529/2011: "Constituem infração da ordem econômica, independentemente de culpa, os atos sob qualquer forma manifestados, que tenham por objeto ou possam produzir os seguintes efeitos, ainda que não sejam alcançados: I – limitar, falsear ou de qualquer forma prejudicar a livre concorrência ou a livre-iniciativa; II – dominar mercado relevante de bens ou serviços; III – aumentar arbitrariamente os lucros; e IV – exercer de forma abusiva posição dominante".

18. Conveniência da instrução criminal: trata-se do motivo resultante da garantia de existência do devido processo legal, no seu aspecto procedimental. A conveniência de todo processo é realização da instrução criminal de maneira lisa, equilibrada e imparcial, na busca da verdade real, interesse maior não somente da acusação, mas, sobretudo, do réu. Diante disso, abalos provocados pela atuação do acusado, visando à perturbação do desenvolvimento da instrução criminal, que compreende a colheita de provas de um modo geral, é motivo a ensejar a prisão preventiva. Configuram condutas inaceitáveis a ameaça a testemunhas (ver a nota 19 *infra*), a investida contra as provas buscando desaparecer com evidências, ameaças ao

Art. 312

Código de Processo Penal Comentado · **Nucci**

órgão acusatório, à vítima ou ao juiz do feito, a fuga deliberada do local do crime, mudando de residência ou de cidade, para não ser reconhecido, nem fornecer sua qualificação (ver a nota 23 abaixo), dentre outras. Por outro lado, a banalização da prisão preventiva, por *conveniência da instrução*, advindo o fundamento não da realidade, mas da suposição feita pelo órgão acusatório e/ou judicial, é um abuso de direito. A maciça doutrina e a mansa jurisprudência afirmam que a prisão cautelar é uma *exceção* – jamais a regra; vê-se, entretanto, no cotidiano da prática forense, o oposto disso. São vários os casos de decretação da preventiva com base em simples hipóteses de que o acusado *possa* destruir provas. Não é motivo idôneo. Exige-se a demonstração de um *fato*, extraído do processo, para calcar a decretação da custódia cautelar. Na jurisprudência: STJ: "2. A prisão preventiva é compatível com a presunção de não culpabilidade do acusado desde que não assuma natureza de antecipação da pena e não decorra, automaticamente, do caráter abstrato do crime ou do ato processual praticado (art. 313, § 2.º, CPP). Além disso, a decisão judicial deve apoiar-se em motivos e fundamentos concretos, relativos a fatos novos ou contemporâneos, dos quais se possa extrair o perigo que a liberdade plena do investigado ou réu representa para os meios ou os fins do processo penal (arts. 312 e 315 do CPP). 3. No caso, há motivos concretos e idôneos para embasar a ordem de prisão do acusado, porquanto o decreto de custódia preventiva salientou a sua suposta participação em organização criminosa, bem estruturada e em pleno funcionamento, dedicada especialmente ao tráfico transnacional de drogas e para lavagem de dinheiro, na qual é um dos responsáveis pela logística de transporte das drogas. Há, também, indícios de que ele oculta valores provenientes das operações ilícitas e notícias de que destruiu provas. Tais circunstâncias demonstram que a constrição cautelar se mostra medida adequada e necessária para fragilizar a própria estrutura organizacional da qual, em tese, o paciente fazia parte e, dessa forma, cessar a prática de novas infrações penais. 4. Embora o investigado não esteja obrigado a produzir prova contra si, a destruição deliberada de elemento probatório prejudica a instrução criminal e enseja a segregação preventiva, nos termos do art. 312 do Código de Processo Penal" (RHC 142.046/MT, 6.ª T., rel. Rogerio Schietti Cruz, 14.09.2021, v.u.).

19. Ameaça a testemunhas: é indiscutível constituir tal ameaça formulada pelo réu ou por pessoas a ele ligadas um dos principais fatores a autorizar a decretação da prisão preventiva, tendo em vista que a instrução criminal pode ser seriamente abalada pela coerção. Se as testemunhas não tiverem ampla liberdade de depor, narrando o que efetivamente sabem e compondo o quadro da verdade real, não se está assegurando a *conveniente instrução criminal*, motivo pelo qual a prisão preventiva tem cabimento. Acrescente-se que qualquer agressão a vítima(s) ou testemunha(s), com muito maior razão, comporta a decretação da medida de segregação cautelar. Nesse sentido: STF: "A ameaça a testemunhas constitui base fática que se ajusta à necessidade da prisão cautelar por conveniência da instrução criminal. Precedentes: HC 105614 – RJ, 2.ª T., rel. Min. Ayres Britto, 2.ª Turma, *DJ* 10.06.2011; AgR no HC 106236 – RJ, 2.ª T., rel. Min. Ayres Britto, *DJ* 06.04.2011; HC 101934 – RS, rel. Min. Joaquim Barbosa, *DJ* 14.09.2010; e HC 101309 – PE, 1.ª T., rel. Min. Ayres Britto, *DJ* 07.05.2010" (HC 108.201/SP, 1.ª T., rel. Luiz Fux, 08.05.2012, v.u.). STJ: "4. A notícia de ameaças contra a testemunha-chave consubstancia-se em fundamento idônea para a decretação e manutenção da prisão preventiva para garantir a ordem pública e por conveniência da instrução criminal (precedentes)" (HC 514.602/ES, 6.ª T., rel. Antonio Saldanha Palheiro, 20.08.2019, v.u.); "3. Ademais, foi consignado no decreto prisional a existência de efetivo risco à instrução criminal, decorrente do fato de terem *duas testemunhas também sido alvejadas por disparos de arma de fogo logo após terem realizado o reconhecimento do paciente e do corréu como executores do homicídio* praticado contra a vítima, vindo uma delas a falecer em virtude dos ferimentos causados. Dessa forma, constatado o risco concreto às testemunhas, tal como no caso em questão, é

675 Título IX – Da Prisão, das Medidas Cautelares e da Liberdade Provisória **Art. 312**

necessária a imposição da medida extrema para a garantia do devido andamento processual da ação penal" (HC 503.155/RS, 6.ª T., rel. Antonio Saldanha Palheiro, 04.06.2019, grifamos).

20. Autoridades e agentes policiais como autores do crime: pode constituir causa determinante para a decretação da preventiva, sob o fundamento de conveniência da instrução criminal, tendo em vista que a pessoa, designada pelo Estado para a proteção da sociedade, termina por cometer crimes, causando natural temor às testemunhas, a serem ouvidas durante a instrução. Na jurisprudência: STF: "A decisão que manteve a segregação cautelar do agravante apresenta fundamentação jurídica idônea, já que lastreada nas circunstâncias do caso para resguardar a ordem pública. Sobressai dos autos que o agravante, Policial Militar, de quem se espera a proteção da sociedade e o acirrado combate à criminalidade, é 'acusado de matar por motivo torpe uma pessoa e tentar matar outras três, sem dar nenhuma oportunidade de defesa às vítimas, apenas cessando os disparos de arma de fogo quando imobilizado por seguranças do local'. 2. A prisão preventiva também se justifica por conveniência da instrução criminal, em razão do fundado receio de que possa constranger pessoas relevantes para a apuração dos fatos. Precedentes" (AgR no HC 171714, 1.ª T., rel. Alexandre de Moraes, 24.06.2019, m.v.). STJ: "A prisão preventiva foi adequadamente motivada, tendo sido demonstrada pelas instâncias ordinárias, com base em elementos extraídos dos autos, a gravidade concreta das condutas e a alta periculosidade do paciente, evidenciadas pelo *modus operandi* das condutas delituosas – mediante esquema com participação de várias pessoas, valendo-se do cargo de policial civil, juntamente com outro companheiro de ofício, ante o acesso a armas e a facilidades inerentes ao cargo ocupado, o paciente teria extorquido membros de outra organização criminosa, bem como prestado serviços de proteção a outros partícipes de possíveis investidas da Polícia. Segundo consignado, teria, ainda, após a colocação em liberdade provisória, interferido na obtenção de provas. Nesse contexto, forçoso concluir que a prisão processual está devidamente fundamentada na garantia da ordem pública e para a conveniência da instrução criminal, não havendo falar, portanto, em existência de evidente flagrante ilegalidade capaz de justificar a sua revogação" (HC 425.260/SP, 5.ª T., rel. Joel Ilan Paciornik, 14.08.2018, v.u.).

21. Prisão cautelar que perde o fundamento por ausência das testemunhas no rol da acusação: se a prisão preventiva foi decretada com base na ameaça ou coação exercida pelo acusado – ou seus emissários – sobre testemunhas do processo, é curial esperar serem tais pessoas arroladas em todas as fases da instrução. Não tem o menor cabimento manter-se preso o réu, quando as testemunhas, que teriam sido por ele ameaçadas durante a primeira fase da colheita da prova (*judicium accusationis*), deixam de constar no rol da acusação por ocasião da preparação ao plenário. Se não mais serão ouvidas em julgamento pelo júri, deixa de ser sustentável a prisão cautelar, já que, por princípio constitucional processual, a prisão é a exceção e a liberdade, a regra.

22. Cessação dos motivos que ensejaram a decretação da prisão cautelar: impõe-se a revogação, uma vez que a prisão, repita-se, é sempre a exceção, enquanto a liberdade, a regra. Se a prisão preventiva foi decretada porque havia o fundado temor de que o réu ameaçasse ou influísse no ânimo das testemunhas de acusação, finda a colheita desses depoimentos, conforme a situação, pode-se revogar a medida, salvo no caso do júri, quando as mesmas pessoas serão novamente ouvidas na fase do plenário.

23. Asseguração da aplicação da lei penal: significa garantir a finalidade útil do processo penal, que é proporcionar ao Estado o exercício do seu direito de punir, aplicando a sanção devida a quem é considerado autor de infração penal. Não tem sentido o ajuizamento da ação penal, buscando respeitar o devido processo legal para a aplicação da lei penal ao caso concreto, se o réu age contra esse propósito, tendo, nitidamente, a intenção de frustrar

Art. 312

Código de Processo Penal Comentado · **Nucci**

o respeito ao ordenamento jurídico. Não bastasse já ter ele cometido o delito, que abala a sociedade, volta-se, agora, contra o processo, tendo por finalidade evitar a consolidação do direito de punir estatal. Exemplo maior disso é a fuga deliberada da cidade ou do País, demonstrando não estar nem um pouco interessado em colaborar com a justa aplicação da lei. É certo que a fuga pode ser motivo também, como já exposto na nota 18 *supra*, de decretação da preventiva por conveniência da instrução. Depende, pois, do móvel da escapada. Se o acusado tem por fim não comparecer aos atos do processo, apenas para não ser reconhecido, reflete na conveniência da instrução. Se pretende fugir do País para não ser alcançado pela lei penal, insere-se neste contexto. Entretanto, pode ser dúplice o motivo, ou seja, tanto a fuga prejudica a instrução criminal, quanto a aplicação da lei penal. É o que fundamenta a decretação da prisão preventiva para o processo de extradição, instaurado no Supremo Tribunal Federal – garantia de aplicação da lei penal. Na jurisprudência: STF: "Tentativa de homicídio qualificado e falsa comunicação de crime. Alegação de ausência dos requisitos autorizadores da custódia cautelar (art. 312 do CPP). Paciente que se evadiu do distrito de culpa. Posterior apresentação espontânea. Demonstrada a necessidade da prisão para garantia da ordem pública, conveniência da instrução criminal e aplicação da lei penal. 6. Jurisprudência do Supremo Tribunal Federal sedimentada em que primariedade, bons antecedentes, residência fixa e ocupação lícita, por si sós, não afastam a possibilidade da preventiva. Ordem denegada" (HC 131.442, 2.ª T., rel. Gilmar Mendes, 21.09.2016, v.u.).

23-A. Não localização do acusado e ausência do distrito da culpa: se não é localizado pelo juízo o réu e não reside no lugar onde praticou a infração penal, torna-se motivo mais que suficiente para a decretação da prisão preventiva, tendo em vista a finalidade de assegurar a aplicação da lei penal.

23-B. Mudança de endereço: a simples alteração de endereço não significa que o indiciado/acusado pretenda fugir, subtraindo-se à aplicação da lei penal.

24. Fuga do agente após o fato: é motivo para a decretação da prisão preventiva. Havendo fundamentos razoáveis de que o indiciado ou réu praticou fato grave e evadiu-se, torna-se viável a custódia cautelar, por estar nitidamente preenchido o requisito do "asseguramento da aplicação da lei penal". Na jurisprudência: STF: "I – Na linha da jurisprudência de ambas as Turmas desta Suprema Corte, a circunstância de o paciente encontrar-se foragido desde a prática do crime (razões do recurso em sentido estrito do MP), em nítido intuito de furtar-se à aplicação da lei penal, mostra-se apta a justificar o decreto de prisão preventiva. Precedentes. II – No que concerne à alegação da falta de contemporaneidade do decreto preventivo, lembrar que a atualidade de sua necessidade não se verifica a partir de um episódio específico, como acredita a defesa. Sobretudo a partir da concreta constatação de que somente a prisão obstará a possibilidade de o acusado furtar-se à aplicação da lei penal, como no caso, em que o paciente fugiu logo depois de praticar o crime, e assim permaneceu mesmo quando foi beneficiado com outras cautelares alternativas. Precedentes. III – Prisão preventiva que se encontra devidamente lastreada em requisitos autorizadores descritos no art. 312 do Código de Processual Penal, qual seja, para garantir aplicação da lei penal, não sendo adequado, por conseguinte, fixar outras cautelares alternativas previstas no art. 319 do mesmo Diploma Processual" (HC 231.023 AgR, 1.ª T., rel. Cristiano Zanin, 12.09.2023, v.u.). STJ: "3. No caso dos autos, a prisão preventiva foi devidamente fundamentada na necessidade de se resguardar a ordem pública, em face da periculosidade do recorrente, pois inserido na senda criminosa, evidência que se denota pelos registros em seu histórico criminal, estando foragido do sistema prisional, de modo que a medida se destina a evitar a reiteração delitiva" (RHC 102.093/PB, 5.ª T., rel. Ribeiro Dantas, 20.08.2019, v.u.).

24-A. Fuga justificada: em princípio, como se expôs na nota anterior, a fuga do agente do crime é motivo suficiente para decretar a sua prisão preventiva, tanto para assegurar a aplicação da lei penal, como, em outros casos, por conveniência da instrução. Entretanto, nunca é demais ressaltar que, em certas situações excepcionais, a fuga do autor da infração penal é justificável. Uma das escusas razoáveis é o temor de ser agredido – ou até linchado – por terceiros. Portanto foge do local para se proteger, em típica reação configuradora de legítima defesa. Pode ocorrer, ainda, um chamamento de urgência, para atender um parente gravemente enfermo, o que faria surgir o estado de necessidade. Nesses casos, não caberia a prisão preventiva. Se tiver sido decretada num primeiro momento, deve ser revista e revogada, seguindo-se o estabelecido pelo art. 316 do CPP.

24-B. Simples ausência: se o réu é citado pessoalmente, não comparecendo à audiência, ou é citado por edital e, também, não se apresenta em juízo, tais circunstâncias não são suficientes para justificar a decretação da prisão preventiva. Não significa que o acusado está foragido, de propósito, para evitar a aplicação da lei penal. Por isso, é preciso cautela, verificando a situação caso a caso.

25. Prova da existência do crime: é a materialidade, isto é, a certeza de que ocorreu uma infração penal, não se determinando o recolhimento cautelar de uma pessoa, presumidamente inocente, quando há séria dúvida quanto à própria existência de evento típico. Essa prova, no entanto, não precisa ser feita, mormente na fase probatória, de modo definitivo e fundada em laudos periciais. Admite-se haver a certeza da morte de alguém (no caso do homicídio, por exemplo) porque as testemunhas ouvidas no inquérito assim afirmaram, bem como houve a juntada da certidão de óbito nos autos. O laudo necroscópico, posteriormente, pode ser apresentado.

26. Indício suficiente de autoria: trata-se da suspeita fundada de que o indiciado ou réu é o autor da infração penal. Não é exigida prova plena da culpa, pois isso é inviável num juízo meramente cautelar, muito antes do julgamento de mérito. Cuida-se de assegurar que a pessoa mandada ao cárcere, prematuramente, sem a condenação definitiva, apresente boas razões para ser considerada agente do delito. Indício é prova indireta, como se pode ver do disposto no art. 239, permitindo que, através do conhecimento de um fato, o juiz atinja, por indução, o conhecimento de outro de maior amplitude. Portanto, quando surge uma prova de que o suspeito foi encontrado com a arma do crime, sem apresentar versão razoável para isso, trata-se de um indício – não de uma prova plena – de que é o autor da infração penal. A lei utiliza a qualificação *suficiente* para demonstrar não ser qualquer indício demonstrador da autoria, mas aquele que se apresenta convincente, sólido. Sobre o tema, pronuncia-se Antonio Magalhães Gomes Filho, afirmando que o indício *suficiente* é aquele que autoriza "um *prognóstico* de um julgamento positivo sobre a autoria ou a participação" (*A motivação das decisões penais*, p. 223).

27. Primariedade, bons antecedentes e residência fixa não são obstáculos para a decretação da preventiva: as causas enumeradas no art. 312 são suficientes para a decretação da custódia cautelar de indiciado ou réu. O fato de o agente ser primário, não ostentar antecedentes e ter residência fixa não o levam a conseguir um alvará permanente de impunidade, livrando-se da prisão cautelar, visto ter esta outros fundamentos. A garantia da ordem pública e da ordem econômica, bem como a conveniência da instrução criminal e do asseguramento da aplicação da lei penal fazem com que o juiz tenha base para segregar de imediato o autor da infração penal grave. Nessa linha: STF: "3. A circunstância de o Agravante ostentar primariedade e bons antecedentes não constitui óbice à decretação ou manutenção da prisão preventiva, desde que preenchidos os pressupostos e requisitos do art.

Art. 312

312 do Código de Processo Penal" (HC 178.254 AgR, 1.ª T., rel. Rosa Weber, 03.08.2021, por maioria). STJ: "A existência de condições pessoais favoráveis, tais como primariedade, bons antecedentes, ocupação lícita e residência fixa, não tem o condão de, por si só, desconstituir a custódia antecipada, caso estejam presentes outros requisitos de ordem objetiva e subjetiva que autorizem a decretação da medida extrema" (RHC 112.720/SC, 6.ª T., rel. Laurita Vaz, 25.06.2019, v.u.); "5. A presença de condições pessoais favoráveis do agente, como primariedade, domicílio certo e emprego lícito, não representa óbice, por si só, à decretação da prisão preventiva, quando identificados os requisitos legais da cautela" (HC 407.415/CE, 5.ª T., rel. Joel Ilan Paciornik, 19.03.2019, v.u.).

28. Fundamentação da prisão preventiva: exige a Constituição Federal que toda decisão judicial seja fundamentada (art. 93, IX), razão pela qual, para a decretação da prisão preventiva, é indispensável que o magistrado apresente as suas razões para privar alguém de sua liberdade. Tais razões não se limitam a enumerar os requisitos legais (ex.: "Para garantia da ordem pública, decreto a prisão preventiva..."). Exige-se a explicitação fática dos fundamentos da prisão cautelar (ex.: Tendo em vista [fatos], para garantia da ordem pública, decreto a prisão preventiva...). Nesse sentido: STF: "O decreto de prisão preventiva há que fundamentar-se em elementos fáticos concretos, que demonstrem a necessidade da medida constritiva" (HC 101.244/MG, 1.ª T., rel. Ricardo Lewandowski, 16.03.2010, v.u.). STJ: "3. No caso dos autos, a custódia provisória foi decretada com base no fato de o paciente viver em situação de rua, ser desempregado e usuário de substância ilícita, sem a observância do disposto no art. 312 do CPP, relacionando o caso concreto aos requisitos legais" (HC 520.427/SC, 5.ª T., rel. Ribeiro Dantas, 15.08.2019, v.u.). Ver, ainda, a nota 42 *infra* e a nota 21-C ao art. 648.

29. Mera repetição dos termos legais: trata-se de constrangimento ilegal a decretação da prisão preventiva, quando o juiz se limita a repetir os termos genéricos do art. 312 do Código de Processo Penal, dizendo, por exemplo, que decreta a prisão preventiva para "garantia da ordem pública", sem demonstrar, efetivamente, conforme os fatos do processo ou procedimento, de onde se origina esse abalo.

30. Fundamentos baseados no parecer do Ministério Público: admissibilidade. Se o parecer do representante do Ministério Público estiver bem estruturado, apontando e esgotando toda a análise das provas, que estão a demonstrar a necessidade da prisão preventiva, nada impede o seu acolhimento pelo juiz de forma integral. Seria inútil exigir do magistrado a mera reprodução, em suas próprias palavras, novamente, dos mesmos motivos. Em contrário, está a lição de Antonio Magalhães Gomes Filho: "Nessa situação, incumbe ao juiz efetivamente *decidir* sobre esse ponto, até porque sua função é indelegável, não cabendo remissão ao que entenderam a autoridade policial ou o órgão da acusação, sendo imprescindível, portanto, a fundamentação expressa" (*A motivação das decisões penais*, p. 221).

31. Incomunicabilidade das condições: havendo coautoria ou participação, deve o magistrado analisar, individualmente, os requisitos para a decretação da prisão preventiva. Pode ocorrer de um corréu ameaçar uma testemunha sem a ciência dos demais, sendo injusta a decretação da custódia cautelar de todos. Diga-se o mesmo quanto à revogação. Se o motivo deixou de existir quanto a um corréu, deve ele – e somente ele – ser beneficiado pela liberdade. Assim também a lição de Fernando de Almeida Pedroso (*Processo penal – o direito de defesa: repercussão, amplitude e limites*, p. 114).

31-A. Prisão cautelar e fixação do regime semiaberto: ver a nota 58-G ao art. 387.

31-B. Perigo gerado pelo estado de liberdade do imputado: esta inserção nos parece indevida, a par dos requisitos da preventiva já colocados de maneira aberta no art. 312. O que

679 Título IX – Da Prisão, das Medidas Cautelares e da Liberdade Provisória   **Art. 312**

pode gerar *perigo pelo estado de liberdade do imputado*? Segundo entendemos, esse perigo há de ser concreto, calcado em provas constantes dos autos, de modo que poderia muito bem ser inserido na garantia da ordem pública, por exemplo. Não vislumbramos uma particular situação que, desprezando os demais elementos da prisão preventiva, fosse autônoma e diferente.

31-C. Descumprimento de medidas cautelares: o sistema implantado pela Lei 12.403/2011, privilegiando a aplicação de medidas cautelares *alternativas* à prisão cautelar gera o ônus de fiel seguimento de suas regras. Não se pode abalar a credibilidade da Justiça, impondo-se medida cautelar diversa da prisão, por necessidade de crime grave, para que o réu não a cumpra, nem dê qualquer justificativa plausível a tanto. Por isso, preceitua o § 1.º do art. 312 do CPP, como uma causa a mais para a decretação da preventiva, o descumprimento dessas medidas cautelares. Na jurisprudência: STF: "1. De acordo com as instâncias anteriores, a prisão preventiva foi decretada forte no descumprimento dos compromissos assumidos quando do recolhimento domiciliar no período noturno e, integral, aos finais de semana e dias não úteis. 2. A quebra dos compromissos assumidos é fundamento suficiente para a decretação da prisão preventiva. Precedentes. 3. Diante das circunstâncias do ato praticado e dos elementos apresentados nas instâncias anteriores, idônea a fundamentação para a decretação e manutenção da prisão preventiva e não a aplicação ou substituição de medida cautelar diversa, tampouco a imposição de outra medida em cumulação (art. 282, §§ 4.º e 6.º, do CPP)" (HC 213.418 AgR, 1.ª T., rel. Rosa Weber, 09.05.2022, v.u.). STJ: "2. O Juiz de primeira instância apontou, de forma idônea, a presença dos vetores contidos no art. 312 do Código de Processo Penal, indicando motivação suficiente para decretar a prisão preventiva, ao salientar a necessidade de preservar a integridade física e psíquica da suposta vítima, pois 'o requerido é indiferente às medidas cautelares aplicadas, culminando na reprodução de práticas que subjugam e ameaçam a vida da requerente', bem como 'continuou a perseguir e ameaçar a requerente, consoante relatório da Ronda Maria da Penha'" (HC 500.537/BA, 6.ª T., rel. Rogerio Schietti Cruz, 06.06.2019, v.u.).

31-D. Motivação e fundamentação: como já salientamos em nota anterior, ao art. 282, expusemos a intenção legislativa de conferir muita importância à justificativa a ser dada à decretação da prisão preventiva; por isso, valeu-se de dois verbos, que podem ser considerados sinônimos, embora se possa disso extrair a dupla fase pela qual passa o alicerce utilizado pelo julgador. Pode-se diferençar *motivação* e *fundamentação. Motivar* representaria a exposição do raciocínio lógico do juiz para chegar à conclusão de que a prisão cautelar é necessária. Exemplo: trata-se de crime hediondo de particular gravidade, no caso concreto, como o roubo seguido de morte, cometido por acusado reincidente (são os elementos teóricos). *Fundamentar* é a exposição dos elementos de prova contidos nos autos da investigação ou do processo, demonstrando em quais fatores se apoia a gravidade concreta e indicando o documento comprobatório da reincidência (são os elementos concretos-probatórios). Mesmo que se considerem apenas sinônimos os termos usados (motivada e fundamentada), de todo modo é indispensável a dupla justificação: os elementos teóricos associados às provas constantes dos autos. Evita-se, com isso, uma argumentação baseada unicamente em elementos teóricos, desprovidos de apontamentos concretos, extraídos das provas dos autos.

31-E. Fatos novos ou contemporâneos: a reforma da Lei 13.964/2019 introduziu a indispensabilidade de que a prisão preventiva seja calcada em receio de perigo e existência concreta de fatos *novos ou contemporâneos*. O fato novo é o que surge depois da prática do crime e emerge como surpresa, como ocorre quando uma testemunha importante para a apuração da infração penal é ameaçada caso preste depoimento; torna-se motivo relevante para a decretação da prisão preventiva. Espera-se que, tão logo o fato novo surja, a medida restritiva seja imposta. O fato contemporâneo é o existente ao tempo da prisão, que pode originar-se em

Art. 312

Código de Processo Penal Comentado · **Nucci**

época anterior, por ocasião do cometimento do delito e se mantém até o momento no qual o juiz impõe a prisão preventiva, como, por exemplo, a gravidade concreta do fato, associada aos antecedentes criminais do réu. O ponto a se evitar é alicerçar a prisão cautelar em fato pretérito muito antigo, mesmo que se trate da prática de delito grave. Se uma infração penal é concretamente séria, o que se espera é a decretação da segregação cautelar de pronto; não há cabimento em se esperar vários meses, investigando o delito, com o suspeito solto, para, depois, somente quando a denúncia for recebida, a prisão seja deferida. Na jurisprudência: STF: "4. A contemporaneidade diz com os motivos ensejadores da prisão preventiva e não com o momento da prática supostamente criminosa em si, ou seja, é desimportante que o fato ilícito tenha sido praticado há lapso temporal longínquo, sendo necessária, no entanto, a efetiva demonstração de que, mesmo com o transcurso de tal período, continuam presentes os requisitos (i) do risco à ordem pública ou (ii) à ordem econômica, (iii) da conveniência da instrução ou, ainda, (iv) da necessidade de assegurar a aplicação da lei penal" (HC 212.250 AgR, 1.ª T., rel. Rosa Weber, 04.04.2022, v.u.). STJ: "A orientação deste Superior Tribunal é de que a análise da contemporaneidade leva em consideração não apenas o tempo transcorrido entre o fato investigado e a decretação da custódia mas também a permanência da situação de risco aos vetores do art. 312 do CPP" (AgRg no AREsp 2.597.165/GO, 6.ª T., rel. Rogerio Schietti Cruz, 06.08.2024, v.u.).

31-F. Prisão preventiva e regime inicial de cumprimento da pena: em primeiro plano, há de se ressaltar que prisão preventiva se desenvolve em local fechado, vale dizer, por constituir uma exceção à regra da liberdade, a determinação de recolhimento cautelar significa que a periculosidade do acusado, porque presente algum dos elementos do art. 312 do CPP (garantia da ordem pública, da ordem econômica, conveniência da instrução ou assegurar a aplicação da lei penal), demanda a sua segregação do convívio social. Desse modo, não há sentido a condenação, com imposição do regime semiaberto (ou mesmo aberto), mantendo--se a prisão cautelar (em local fechado). Se o julgador entende comportar a pena regime mais brando que o fechado, por óbvio, deve permitir que o réu recorra em liberdade. No máximo, conforme a situação concreta, deve impor medidas alternativas à prisão (art. 319, CPP). Na jurisprudência: STF: "1. A jurisprudência deste Supremo Tribunal Federal é firme ao estabelecer como regra a incompatibilidade da imposição ou da manutenção de prisão preventiva no caso de réu condenado a pena a ser cumprida em regime diverso do fechado, o que implicaria, de forma cautelar, punição mais severa do que a decorrente do título condenatório. Precedentes. 2. Diante da fixação de regime inicial diverso do fechado, para além daqueles pressupostos e requisitos previstos no art. 312 do CPP que se relacionam com a presença da cautelaridade, exige-se, adicionalmente, para segregação provisória, condição excepcional, sob pena de violação ao princípio da proporcionalidade. 3. Havendo cautelaridade, na forma do art. 282, inc. I, e art. 312, ambos do CPP, e não demonstrada circunstância excepcional, o *periculum libertatis* pode ser resguardado mediante a imposição de medidas cautelares diversas da prisão. 4. Os fundamentos adotados para fixação do regime inicial de cumprimento de pena diverso do fechado devem ser coerentes com as especificidades da conduta delituosa que justificaram a manutenção da prisão preventiva. 5. Os contornos do delito, aptos a respaldar regime de cumprimento de pena mais gravoso, quando não são considerados na aplicação da pena, escopo principal do processo-crime, mas, apenas, no âmbito cautelar (de natureza acessória, instrumental e provisória), denotam incoerência e inversão dos propósitos das tutelas satisfativa e cautelar. 6. A tentativa de compatibilizar a prisão cautelar ao regime de cumprimento da pena imposta na condenação, mesmo havendo hipótese excepcional para sua manutenção, além de não estar prevista em lei, implica chancelar o cumprimento antecipado da pena, em desrespeito ao que decidido pelo Supremo Tribunal Federal. Precedentes. 7. Agravo regimental ao qual se nega provimento" (HC 219.537 AgR, 2.ª T., rel. André Mendonça, 15.05.2023, v.u.);

681 Título IX – Da Prisão, das Medidas Cautelares e da Liberdade Provisória

Art. 313

"1. Na espécie, não obstante a imposição de regime intermediário, o juízo processante negou ao paciente o direito de recorrer em liberdade. 2. Malgrado os fundamentos invocados para a custódia, o fato é que sua manutenção traduz verdadeiro constrangimento ilegal, na medida em que se impõe ao paciente cautelarmente, regime mais gravoso a sua liberdade do que aquele estabelecido no próprio título penal condenatório para desconto da pena corporal, vale dizer, o regime semiaberto. 3. Verifica-se, portanto, clara afronta ao princípio da proporcionalidade, de modo a justificar a atuação do Supremo Tribunal Federal. 4. Agravo provido para afastar a prisão preventiva do paciente, ficando o juízo processante autorizado, desde logo, a analisar eventual necessidade de aplicação de outras medidas cautelares (CPP, art. 319)" (HC 214.070 AgR, 2.ª T., rel. Dias Toffoli, 20.06.2023, maioria).

> **Art. 313.** Nos termos do art. 312 deste Código, será admitida a decretação da prisão preventiva:[32-32-A]
>
> I – nos crimes dolosos punidos com pena privativa de liberdade máxima superior a 4 (quatro) anos;[33]
>
> II – se tiver sido condenado por outro crime doloso, em sentença transitada em julgado, ressalvado o disposto no inciso I do caput do art. 64 do Decreto-lei 2.848, de 7 de dezembro de 1940 – Código Penal;[34]
>
> III – se o crime envolver violência doméstica e familiar contra a mulher, criança, adolescente, idoso, enfermo ou pessoa com deficiência, para garantir a execução das medidas protetivas de urgência;[35-35-A]
>
> IV – (Revogado.)
>
> § 1.º Também será admitida a prisão preventiva quando houver dúvida sobre a identidade civil da pessoa ou quando esta não fornecer elementos suficientes para esclarecê-la, devendo o preso ser colocado imediatamente em liberdade após a identificação, salvo se outra hipótese recomendar a manutenção da medida.[36]
>
> § 2.º Não será admitida a decretação da prisão preventiva com a finalidade de antecipação de cumprimento de pena ou como decorrência imediata de investigação criminal ou da apresentação ou recebimento de denúncia.[36-A]

32. Admissibilidade da prisão preventiva: em primeiro lugar, deve-se respeitar o disposto pelo art. 312 do CPP. Preenchidos os requisitos mínimos previstos neste artigo, há as condições estabelecidas pelo art. 313. Em nosso entendimento, esses elementos destinam-se à decretação da prisão cautelar como medida originária; quando o indiciado ou acusado submeter-se à aplicação de medida cautelar alternativa, descumprindo-a, cabe a imposição da preventiva como instrumento de garantia da eficácia da autoridade estatal, sob pena de completo descrédito das novas providências previstas pelo art. 319.

32-A. Requisitos alternativos: as previsões formuladas pelo art. 313, nos três incisos, são alternativas – e não cumulativas. Ilustrando: em caso de reincidência em delito doloso, pode-se decretar a preventiva, diretamente, mesmo para crimes cuja pena máxima não seja superior a quatro anos.

33. Crimes dolosos com pena máxima superior a quatro anos: quer-se evitar a vulgarização da prisão preventiva, quando voltada a delitos de menor gravidade. Por isso, impõe-se o parâmetro voltado aos delitos dolosos, com pena máxima em abstrato superior a quatro anos. Excluem-se, por exemplo, do âmbito da preventiva, o furto simples, a receptação simples, o autoaborto, entre outros. Parece-nos razoável, afinal, para tais infrações penais,

Art. 313

Código de Processo Penal Comentado · **Nucci**

682

quando necessário, pode-se impor medida cautelar alternativa. E, em caso de descumprimento, ingressa-se no cenário da preventiva, como instrumento de força estatal para fazer valer a sua autoridade. Não nos parece viável supor a inviabilidade integral da prisão preventiva para certos crimes, tendo em vista o grave descrédito gerado ao Estado. Somente para argumentar, imagine-se o furtador contumaz, com inúmeros delitos cometidos, porém, sem condenação com trânsito em julgado. Não se pode assisti-lo cometendo um crime após outro sem qualquer possibilidade de encarceramento provisório, para preservação da ordem pública. Esse mesmo agente poderia ameaçar testemunhas e destruir provas, sem que o Estado pudesse agir. Por isso, como primeira providência, decreta o juiz a medida cautelar alternativa; se não o contiver, passa-se à prisão preventiva. Na jurisprudência: STJ: "3. Nos termos do art. 313 do CPP, não há previsão legal para a prisão preventiva nos delitos praticados na modalidade culposa (art. 302, § 3.º, do Código de Trânsito Brasileiro)" (AgRg no HC 505.044/SP, 6.ª T., rel. Neri Cordeiro, 06.08.2019, v.u.); "2. O art. 313, inciso I, do Código de Processo Penal dispõe que será admitida a decretação da prisão preventiva nos crimes dolosos punidos com pena máxima superior a 4 (quatro) anos, devendo ser considerado, ainda, nos casos de concurso de crimes, o somatório das reprimendas. (...) (HC 314.123/SC, Rel. Ministro Felix Fischer, Quinta Turma, julgado em 06.08.2015, *DJe* 25.08.2015). Precedentes. 3. No caso, a medida extrema foi mantida pelo Tribunal estadual em razão da periculosidade social do recorrente, evidenciada pelo risco de reiteração em ações criminosas, porquanto teria cometido quatro crimes de furto, no mesmo dia, contra estabelecimentos comerciais, sendo que não reside no município e não teria sido essa a primeira vez que teria cometido crimes. Precedentes" (RHC 106.034/PA, 5.ª T., rel. Reynaldo Soares da Fonseca, 05.02.2019, v.u.); "3. No caso, o paciente teve a prisão preventiva decretada pela suposta prática do delito tipificado no art. 14 da Lei n. 10.826/2003, cuja pena máxima não é superior a 4 (quatro) anos. O delito não envolve violência doméstica e familiar e não há informação acerca da reincidência em crime doloso, não tendo sido observado, portanto, o disposto no art. 313 do CPP. 4. *Habeas corpus* não conhecido. Ordem concedida, de ofício, para revogar a prisão preventiva imposta ao paciente" (HC 461.161/SP, 5.ª T., rel. Ribeiro Dantas, 16.10.2018, v.u.).

34. Reincidência: tornar a cometer delito doloso, quando já condenado, com trânsito em julgado, por crime *doloso*, permite a decretação direta da prisão preventiva, desde que não se atinja o período de depuração, vale dizer, a condenação anterior, quando cumprida ou extinta a punibilidade, não deve ter período superior a cinco anos (art. 64, I, CP). Observa-se a clara opção do legislador somente pela reincidência, desprezando os maus antecedentes para esse fim. Na jurisprudência: STJ: "1. O Paciente, apesar de se declarar motorista profissional, não possui habilitação para dirigir, é reincidente específico no crime de embriaguez ao volante e respondia a outras duas ações penais em liberdade pelo mesmo crime, uma delas com sentença condenatória. (...) 4. Em que pese os crimes previstos nos arts. 306 e 309 do Código de Trânsito Brasileiro terem penas máximas cominadas em abstrato inferiores a quatro anos, a prisão preventiva é admitida em face da reincidência do flagrado, nos termos do art. 313, inciso II, do Código de Processo Penal. 5. Ordem de *habeas corpus* denegada" (HC 504.735/PR, 6.ª T., rel. Laurita Vaz, 13.08.2019, v.u.).

35. Violência doméstica e familiar: na anterior redação do art. 313, previa-se apenas a violência contra a mulher; agora, ampliou-se, com justiça, para outras potenciais vítimas: criança, adolescente, idoso, enfermo e pessoa com deficiência. Entretanto, é curial destacar o objetivo dessa prisão preventiva: *garantir a execução* das medidas protetivas de urgência. Não se deve decretar a preventiva enfocando todo o trâmite processual, pois muitos delitos de violência doméstica e familiar possuem penas de pouca monta, incompatíveis com a extensa duração da segregação cautelar. Ilustrando, a lesão corporal simples atinge o máximo de um ano de detenção, o que é inconciliável com a prisão preventiva perdurando até o trânsito em julgado de decisão condenatória, sob pena de cumprir o réu mais que o devido em regime fechado. Diante disso, a proposta de decretação da prisão preventiva tem por finalidade assegurar o cumprimento de qualquer medida urgente decretada pelo magistrado, como, por exemplo, a separação de corpos. Finda esta, revoga-se a prisão cautelar. Tem havido nítido abuso neste campo, pois há prisões preventivas decretadas, com base no descumprimento de medida cautelar anteriormente fixada (ex.: não se aproximar da vítima); observar-se, no entanto, consistir a acusação em um único delito de ameaça (ilustrando), cuja pena máxima é de seis meses de detenção (ou multa). Como se pode segurar alguém preso provisoriamente por prazo igual ou superior à máxima pena cominada ao crime? Trata-se de evidente abuso e nítida desproporcionalidade. Na jurisprudência: STF: "1. O art. 313, III, do Código de Processo Penal estabelece que, presentes os requisitos do art. 312 do CPP, será admitida a decretação da prisão preventiva se o crime envolver violência doméstica e familiar contra a mulher, criança, adolescente, idoso, enfermo ou pessoa com deficiência, para garantir a execução das medidas protetivas de urgência. 2. No particular, 'o paciente teria agredido sua ex-companheira com socos e chutes, momento em que teria se dirigido ao veículo para pegar um cabo de aço, afirmando que iria matá-la por enforcamento'. Ou seja, 'não houve apenas o descumprimento formal das medidas protetivas de urgência, houve também notícia de novos delitos'. 3. Na linha da jurisprudência desta Suprema Corte, o prognóstico de recidiva criminosa e a necessidade de resguardar a integridade física da vítima justificam a manutenção da prisão preventiva" (HC 213.627 AgR, 1.ª T., rel. Alexandre de Moraes, 27.04.2022, v.u.). STJ: "3. No caso, o agravado, encontrando-se bêbado e, após discutir com a vítima, a teria ofendido verbalmente e a agredido com uma mordida no nariz. 4. Todavia, embora indiciado por lesão corporal em contexto de violência doméstica e injúria, o agravado foi denunciado tão somente pelo primeiro crime, cuja pena abstratamente prevista é de reclusão de 1 a 4 anos. 5. Sendo a pena privativa de liberdade máxima não superior a 4 anos, resta desatendido o inciso I do art. 313 do CPP. Ademais, em exame da sua folha de antecedentes, não se constata a existência de condenação pretérita por outro crime doloso, o que afasta o enquadramento no inciso II do mesmo artigo. Por fim, não há registro de imposição anterior de medidas protetivas de urgência em desfavor do agravado. Tampouco há dúvidas sobre sua identidade civil (art. 313, § 1.º, do CPP). 6. Ausentes, portanto, as hipóteses de cabimento da segregação cautelar, sua manutenção configura constrangimento ilegal" (AgRg no HC 822.075/RJ, 5.ª T., rel. Reynaldo Soares da Fonseca, 06.06.2023, v.u.).

35-A. Tipo penal incriminador específico: vínhamos criticando o excessivo uso da prisão preventiva para os casos nos quais se verificava o descumprimento de medida de proteção por parte do agente (vide a nota 35 *supra*), embora houvesse tal tendência pela jurisprudência. Agora, segundo nos parece, a decretação de preventiva deve ocorrer apenas em casos peculiares. A Lei 13.641/2018 criou o tipo penal incriminador específico para o caso. *In verbis*: "Art. 24-A. Descumprir decisão judicial que defere medidas protetivas de urgência previstas nesta Lei: Pena – detenção, de 3 (três) meses a 2 (dois) anos. § 1.º A configuração do crime independe da competência civil ou criminal do juiz que deferiu as medidas. § 2.º Na hipótese de prisão em flagrante, apenas a autoridade judicial poderá conceder fiança. § 3.º O disposto neste artigo não exclui a aplicação de outras sanções cabíveis".

36. Prisão utilitária: uma das razões invocadas para a decretação da prisão preventiva, lastreada na necessidade de assegurar a aplicação da lei penal, diz respeito à falta de identificação do acusado ou quando há dúvida em relação à sua identidade civil. Por isso, de maneira útil, criou-se a prisão preventiva voltada, exclusivamente, ao esclarecimento do impasse relativo à identificação do indiciado ou acusado. Ultrapassada e resolvida a dúvida, revoga-se a preventiva, salvo se presentes os requisitos do art. 312.

Art. 314

Código de Processo Penal Comentado • **Nucci**

36-A. Vedações à decretação da prisão preventiva: doutrinariamente, essa hipótese é inviável. Não há quem defenda a decretação da prisão preventiva para início do cumprimento da pena (exceto hoje, com a polêmica diante do julgamento em 2.º grau) ou como decorrência automática da investigação criminal (porque alguém é investigado, necessita ser preso) ou, ainda, para a época da denúncia (recebida a peça acusatória, decreta-se automaticamente a preventiva). O § 2.º do art. 313 fez valer preceitos doutrinários há muito conhecidos e até pacificados. Reconhece-se, no entanto, que, na prática, isso pode não ser aplicado como se esperava. Enfim, o parágrafo vem de encontro ao entendimento majoritário da doutrina pátria.

> **Art. 314.** A prisão preventiva em nenhum caso será decretada[37] se o juiz verificar pelas provas constantes dos autos ter o agente praticado o fato nas condições previstas nos incisos I, II e III do *caput* do art. 23 do Decreto-lei 2.848, de 7 de dezembro de 1940 – Código Penal.[38]

37. Vedação taxativa: não será decretada, em caso algum, a preventiva de quem agiu sob a proteção de alguma excludente de ilicitude. Logicamente, não se exige, nesse caso, a perfeita constatação de que a excludente estava presente, mas indícios fortes da sua existência. A decisão final somente será proferida ao término da instrução, devendo o réu ser mantido fora do cárcere nesse período. Entretanto, se ele conturbar a instrução, ameaçando testemunhas ou destruindo provas, a presunção de ter agido sob o manto protetor de excludente de ilicitude pode inverter-se, cabendo, então, a decretação da preventiva. Afinal, quem agiu licitamente não perturbaria a coleta de provas nesse sentido. No mais, fica imune à prisão cautelar.

38. Excludentes de culpabilidade: cremos ser possível incluir as excludentes de culpabilidade, por analogia, pois também são causas de exclusão do crime, não se justificando a decretação da prisão preventiva contra quem agiu, por exemplo, sob coação moral irresistível ou em patente erro de proibição. Excetua-se disso o caso do inimputável, doente mental, cuja condição de periculosidade pode ensejar a decretação da sua internação provisória (art. 319, VII, CPP).

> **Art. 315.** A decisão que decretar, substituir ou denegar a prisão preventiva será sempre motivada e fundamentada.[39-40]
>
> § 1.º Na motivação da decretação da prisão preventiva ou de qualquer outra cautelar, o juiz deverá indicar concretamente a existência de fatos novos ou contemporâneos que justifiquem a aplicação da medida adotada.[40-A]
>
> § 2.º Não se considera fundamentada qualquer decisão judicial, seja ela interlocutória, sentença ou acórdão, que:[40-B]
>
> I – limitar-se à indicação, à reprodução ou à paráfrase de ato normativo, sem explicar sua relação com a causa ou a questão decidida;[40-C]
>
> II – empregar conceitos jurídicos indeterminados, sem explicar o motivo concreto de sua incidência no caso;[40-D]
>
> III – invocar motivos que se prestariam a justificar qualquer outra decisão;[40-E]
>
> IV – não enfrentar todos os argumentos deduzidos no processo capazes de, em tese, infirmar a conclusão adotada pelo julgador;[40-F]
>
> V – limitar-se a invocar precedente ou enunciado de súmula, sem identificar seus fundamentos determinantes nem demonstrar que o caso sob julgamento se ajusta àqueles fundamentos;[40-G]

> VI – deixar de seguir enunciado de súmula, jurisprudência ou precedente invocado pela parte, sem demonstrar a existência de distinção no caso em julgamento ou a superação do entendimento.[40-H]

39. Nova sistemática: exige-se do magistrado, ao decretar a prisão cautelar do investigado ou réu, a motivação (justificação) e a fundamentação. A primeira é apresentar o seu raciocínio lógico para atingir essa decisão; a segunda é alicerçar o seu raciocínio (motivação) aos elementos concretos existentes nos autos. Noutros termos, o sujeito não será preso porque praticou roubo e, em tese, é um crime grave. É preciso que tenha sido grave no plano concreto, demonstrando-se com base nas provas dos autos.

39-A. Fundamentação *per relationem*: as decisões judiciais necessitam ser devidamente motivadas, como determina não apenas o art. 93, IX, da Constituição Federal, mas, também, diversas leis ordinárias (como o art. 315, *caput*, do CPP). Portanto, o mais indicado é a argumentação própria do magistrado, tecendo considerações lógicas por meio das quais impõe determinada solução. Os tribunais têm permitido a denominada fundamentação *per relationem*, significando a referência a pareceres ou argumentos alheios, sem a construção de discurso próprio (exemplo disso, quando o juiz se baseia no pleito do Ministério Público para decretar a prisão preventiva "acolho o pedido do MP, assim como as razões expostas, para impor a prisão preventiva ao acusado"), embora essa situação possa enfraquecer bastante o comando legal exigido do Judiciário. O ideal é a referência a razões expostas em outro documento constante do processo, mas sempre acrescentando a própria fundamentação, afinal, sempre há algo a mais a ser ponderado, justamente o que caracteriza a visão judicial acerca da medida decretada. Permitir essa modalidade de motivação, como uma regra constante, pode levar o Judiciário a se eximir da obrigação de fundamentar suas decisões, bastando apontar critérios alheios para tomar certa atitude no processo. O esvaziamento do dever de motivar a decisão, alicerçando-se sempre em visão de qualquer das partes, é um modo de contornar a indispensável fundamentação, como preceito constitucional a legitimar a atuação do Poder Judiciário. Em suma, a simples referência a peça processual pertencente a outrem, sem qualquer outra consideração, pode gerar nulidade insanável. Na jurisprudência: STJ: "2. Nesse contexto, a jurisprudência dominante do Superior Tribunal de Justiça admite a chamada fundamentação *per relationem*, quando a decisão judicial utiliza como razões de decidir fundamentos declinados em outros documentos do processo (Precedente). 3. Exige-se que os documentos referidos sejam reproduzidos na decisão e que sejam acrescidos fundamentos próprios da autoridade prolatora da decisão. Só assim estará adimplida a obrigação constitucional do art. 93, IX, da Constituição Federal" (HC 806.066/RJ, 6.ª T., rel. Sebastião Reis Júnior, 05.09.2023, v.u.).

40. Fundamentação extensa do decreto de prisão preventiva: é desnecessário, desde que sejam compreensíveis os motivos alegados pelo juiz e encontrem respaldo na prova coletada no inquérito ou no processo.

40-A. Elementos concretos: quando surge alguma inovação, o legislador faz questão de repeti-lo várias vezes para ser captado pelos operadores do Direito. Repete-se, aqui, o formato da *fundamentação* que precisa calcar-se em elementos sólidos, provados e constantes dos autos do inquérito ou do processo. Sobre a necessidade de existência de fatos novos ou contemporâneos, conferir a nota 31-E ao art. 312, § 2.º.

40-B. Cautelas legais para a motivação de decisões judiciais: cuida-se de norma proveitosa para indicar ao magistrado, pela via daquilo que não se deve fazer, como elaborar uma decisão interlocutória, sentença ou acórdão de maneira correta e completa; afinal, a

Art. 315

maior garantia de imparcialidade do julgador concentra-se na fundamentação de seus atos decisórios. Portanto, o disposto pelo § 2.º deste art. 315 não limita a decretação da prisão preventiva, pois se trata de uma norma geral, abrangendo todas as decisões judiciais em relação à motivação adequada.

40-C. Limitação à indicação, reprodução ou paráfrase de ato normativo, sem justificativa: a decisão não se considera fundamentada quando o magistrado: a) indicar o ato normativo, sem maiores detalhes com a causa em análise (ex.: "decreto a preventiva, com fundamento no art. 312 do CPP"); b) reproduzir o ato normativo, sem maior ligação com a questão dos autos ("decreto a preventiva, para garantia da ordem pública"); c) parafrasear ato normativo, sem maior esclarecimento ("decreto a preventiva, porque a sociedade carece de segurança e ordem"). Observa-se que, nessas hipóteses, o magistrado nada mais faz do que reproduzir texto legal ou interpretá-lo, com o emprego de outras palavras, mas atingindo o mesmo significado, sem apontar qual a relação existente entre o conteúdo da norma e o caso concreto, além de indicar o alicerce da decisão na prova colhida nos autos. Essas situações podem ocorrer em qualquer decisão judicial: interlocutória, sentença ou acórdão (voto do relator ou de outros componentes do colegiado).

40-D. Emprego de conceitos jurídicos indeterminados, sem justificativa: o conceito jurídico indeterminado constitui uma teoria, que pode até mesmo ser correta, mas não se aplica necessariamente ao caso concreto, em julgamento. Demanda-se que o magistrado saiba trabalhar com os conceitos jurídicos, especificando-os para a sua aplicação à questão decidida. Ilustrando, ainda no campo da decretação da prisão preventiva, a decisão é inadequada se o juiz disser que impõe a preventiva porque o réu cometeu roubo e este é um crime grave, gerando insegurança pública. Sabe-se que o roubo é grave, teoricamente, bastando checar a pena cominada no art. 157 do Código Penal; entretanto, seria *aquele* roubo em análise *grave o suficiente*, no campo concreto, para demandar a segregação cautelar? É essa avaliação que se aguarda do juiz de qualquer instância. Na jurisprudência: TJSP: "Imposição da segregação cautelar mediante fundamentação genérica, sem qualquer apontamento concreto acerca dos fatos e das circunstâncias pessoais do agente. Ilegalidade manifesta, a teor do art. 315, § 2.º, do Código de Processo Penal. Constrangimento ilegal existente. Ordem concedida para convalidar a liminar e substituir a prisão preventiva por medidas cautelares alternativas" (HC 2198049-55.2020.8.26.0000, 12.ª C. Crim., rel. Amable Lopez Soto, j. 15.10.2020, v.u.).

40-E. Colocação de motivos genéricos: por vezes, estrutura-se uma motivação padronizada, que pode ser utilizada para vários casos similares, não se podendo, em princípio, afirmar que a simples inserção de motivos aptos a justificar outras decisões gera, automaticamente, uma fundamentação inadequada. Exemplificando, um motivo que se presta a justificar decisões semelhantes seria aquele a indicar a desnecessidade de apreensão da arma de fogo, submetendo-a a perícia, para servir de causa de aumento ao crime de roubo. Pode-se utilizar os mesmos argumentos para todas as situações concretas similares. O que se pretende vedar é a justificativa *genérica*, válida para qualquer decisão, independentemente de se encontrar similitude. Ilustrando, a decisão menciona que "cabe ao Poder Judiciário zelar pelo devido processo legal, garantindo a ampla defesa e o contraditório a todo acusado" (apenas um curto trecho para servir de exemplo), podendo conter muito mais argumentos genéricos como esses, que podem ocupar longos trechos da decisão, sentença ou acórdão, embora possam ser aplicados a qualquer caso criminal, pois não têm nenhuma especificidade com a hipótese concreta. Por óbvio, citações genéricas podem servir ao juiz para *compor* a sua decisão, como forma de expor um pensamento seu, uma posição particular ou mesmo um argumento de autoridade, com base em citação de doutrina ou jurisprudência, mas quando a decisão se serve desse tipo de justificativa para sustentar um veredicto, tem-se por esvaziada a motivação exigida para a situação em julgamento. Na jurisprudência: STJ: "2. De acordo com o art. 315, § 2.º, do CPP, não se considera fundamentado o ato judicial que invocar motivos que se prestariam a justificar qualquer outra decisão. 3. O Magistrado singular, sem narrar as circunstâncias dos fatos atribuídos ao réu, assinalou 'a prática de condutas perigosas, como porte e disparo de arma de fogo', para decretar a medida extrema. O argumento é relacionado à gravidade abstrata dos delitos e não revela a necessidade de garantir a ordem pública" (HC 807.439/SP, 6.ª T., rel. Rogerio Schietti Cruz, 06.06.2023, v.u.).

40-F. Ausência de enfrentamento acerca dos argumentos levantados no processo: sabe-se que a verdade é uma noção ideológica da realidade e o que prevalece, na decisão de uma causa (ou de uma questão interlocutória), refere-se ao convencimento do julgador acerca do que ele captou e entende por verdadeiro: se a imputação feita pela acusação ou se a argumentação defensiva. Portanto, o processo é um instrumento por meio do qual as partes procuram *convencer* o magistrado de que a *verdade* dos fatos se espelha conforme as suas afirmações. Sob outro aspecto, também cabe às partes levantar as teses jurídicas capazes de confirmar ou infirmar a imputação acusatória. Em suma, os argumentos deduzidos no processo pelas partes *precisam* ser avaliados e acolhidos ou refutados pelo magistrado, de maneira explícita e fundamentada, pois, somente assim, ter-se-á segurança de que o Estado-juiz conheceu tudo o que lhe cabia captar em matéria de argumentos e provas colhidas ao longo da instrução. Não enfrentar *todos* os argumentos ou todas as teses jurídicas expostas pelas partes não significa automaticamente, ausência ou carência de motivação. A meta é enfrentar aqueles argumentos indispensáveis para conferir lógica à decisão, vale dizer, acolher ou afastar as teses aptas a contrariar o seu veredicto. Inúmeras argumentações são lançadas num processo e o juiz não necessita comentar uma por uma, visto que algumas são totalmente inúteis para a solução da causa, enquanto outras podem ser afastadas por logicidade, ou seja, o acolhimento de uma tese implica o afastamento de outra por natural consequência. Se a defesa invoca uma preliminar de cerceamento de defesa, é crucial obter do julgador o afastamento dessa argumentação, *antes* de ingressar no mérito da causa, por exemplo. Mas, sob outro aspecto, a defesa invoca a legítima defesa e o juiz a afasta, não interessa debater se houve excesso nesse excludente. Enfim, os argumentos capazes de, se acolhidos, mudar o rumo do julgamento são imperiosos e devem ser enfrentados.

40-G. Invocação de jurisprudência genérica: seja um precedente jurisprudencial, seja uma súmula de Tribunal Superior, a sua mera citação, como argumento de autoridade, pode não representar nada em matéria de fundamentação idônea para uma decisão judicial. Aliás, com a facilidade trazida pela tecnologia, pode-se aumentar o número de páginas de qualquer sentença ou acórdão com várias citações (reproduções automáticas), sem que, na realidade, haja autêntico liame entre o precedente mencionado e o caso decidido. Para servir de real motivação para uma decisão, torna-se essencial que o precedente citado ou o enunciado da súmula se ligue diretamente à questão em análise. Por vezes, a citação da jurisprudência tem vínculo evidente com a decisão tomada; porém, se o julgado tem vários pontos e somente um deles é o fator relevante, cabe ao magistrado indicar qual é o argumento válido. Enfim, quer-se evitar a decisão judicial de volumosas páginas vazias de conteúdo, pois o que foi mencionado não se liga ao caso concreto. Não é o montante de folhas de uma decisão o que a torna legitimamente fundamentada; por vezes, poucas páginas são aptas a decidir, com precisão, um caso complexo, desde que todos os argumentos sejam direcionados à causa posta em discussão no processo. Aliás, petições volumosas, repletas de citações jurisprudenciais ou doutrinárias, assim como decisões desse nível, não representam necessariamente sabedoria ou erudição. Quem realmente sabe o que está alegando e quem tem exata noção do que decide pode fazê-lo em linhas mais enxutas, sem tergiversar ou exagerar em argumentos, por vezes repetitivos e inócuos.

Art. 316

Código de Processo Penal Comentado · **Nucci**

40-H. Não seguir súmula ou jurisprudência alegada pela parte sem razão plausível: de todas as razões para demonstrar a carência de fundamentação idônea, esta é, sem dúvida, a mais controversa. Em primeiro plano, súmulas vinculantes do STF *devem* ser seguidas, com força de lei. Logo, não há motivo para o juiz ignorá-las no caso concreto. Em segundo lugar, outras súmulas e precedentes jurisprudenciais *não vinculam* outros órgãos do Poder Judiciário. São linhas de posicionamento dos Tribunais Superiores ou mesmo dos Tribunais estaduais e regionais. O juiz não é obrigado a seguir jurisprudência, mas o que se pretende demonstrar, neste inciso, em verdade, é que o magistrado deve ter uma boa razão para evitar a aplicação de precedentes majoritários ou súmulas de tranquila aplicação, sob pena de evidenciar uma forma de tergiversar na fundamentação ou mesmo demonstrar parcialidade no seu julgamento. Pode-se argumentar que o posicionamento jurisprudencial citado pela parte está superado ou, no mínimo, deveria ser superado, indicando, claramente, as razões para tanto. Segundo cremos, as posições adotadas pelo Plenário do STF, em matéria criminal, especialmente quando favoráveis ao réu, *devem* ser seguidas por instâncias inferiores, pois o órgão judiciário competente para analisar o confronto de uma norma em face da Constituição é do Pretório Excelso. É preciso seguir esse entendimento. Sob outro prisma, cabe ao Superior Tribunal de Justiça dar a mais adequada interpretação da lei federal. Se houver decisão das duas Turmas, por meio de decisão da 3.ª Seção, mormente quando favorável ao réu, também *deve* ser seguida. É preciso lembrar que muitos acusados não têm como chegar aos Tribunais Superiores, mesmo pelo emprego do *habeas corpus*, por carência quanto à defesa técnica. Em suma, seguir jurisprudência dominante favorece a segurança jurídica; não é obrigatório, mas pode ser uma maneira sensata de decidir uma causa. No entanto, mesmo a jurisprudência dos tribunais, de qualquer instância, pode ser alterada e muito disso se deve a argumentos novos das partes e decisões inéditas de juízes de primeiro grau ou de tribunais estaduais ou regionais. Parece-nos que o mais importante é *fundamentar* o motivo de não cumprimento de súmula ou de jurisprudência aplicável ao caso concreto em julgamento.

> **Art. 316.** O juiz poderá, de ofício ou a pedido das partes, revogar a prisão preventiva se, no correr da investigação ou do processo, verificar a falta de motivo para que ela subsista, bem como novamente decretá-la, se sobrevierem razões que a justifiquem.[41-41-A]
>
> **Parágrafo único.** Decretada a prisão preventiva, deverá o órgão emissor da decisão revisar a necessidade de sua manutenção a cada 90 (noventa) dias, mediante decisão fundamentada, de ofício, sob pena de tornar a prisão ilegal.[42]

41. Modificações fáticas da situação determinante da prisão ou da soltura do réu: é possível que o juiz tenha indeferido o pedido do Ministério Público de decretação da prisão preventiva do réu, por não ter constatado causa válida para isso, espelhando-se nas provas do processo, naquele momento. Entretanto, surgindo nova prova, é natural possa a situação fática alterar-se, justificando outro pedido e, consequentemente, a decretação da medida cautelar. O mesmo raciocínio deve ser aplicado em via inversa. Se o acusado foi preso, logo no início da instrução, porque se dizia que ele ameaçava testemunhas, é possível, em seguida aos depoimentos destas, negando ao juiz as pretensas ameaças, caiba a revisão da medida, colocando-se o acusado em liberdade. Ver, ainda, a nota 24-A ao art. 312. A reforma trazida pela Lei 13.964/2019 apenas acrescentou que o magistrado pode rever a necessidade de manter a prisão cautelar de ofício (sem requerimento das partes). Na jurisprudência: STF: "1. A prisão processual desafia a presença de algum dos requisitos previstos no art. 312 do CPP. 2. Inexiste relação necessária entre a celebração e/ou descumprimento de acordo de colaboração premiada e o juízo de adequação de medidas cautelares gravosas. 3. A teor do art. 316, CPP, a imposição de nova prisão preventiva desafia a indicação de base empírica idônea e superveniente à realidade ponderada no momento da anterior revogação da medida prisional. 4. Ordem parcialmente concedida, com confirmação da liminar deferida" (HC 138.207/PR, 2.ª T., rel. Edson Fachin, 25.04.2017, v.u.).

41-A. Revisão durante a instrução: a decretação, substituição ou revogação da preventiva deve dar-se, primordialmente, durante a instrução processual, que se inicia com o ajuizamento da ação penal e finda com a inquirição da última testemunha. Depois de terminada, não cabe rever a custódia cautelar, mas sim julgar o feito. Na sentença, certamente poderá rever o ato, seja para decretar ou para revogar a preventiva.

42. Revisão da necessidade da prisão: a partir de 2020, inclui-se na legislação processual penal a indispensabilidade de reavaliar, a cada 90 dias, a necessidade da prisão cautelar. Impõe-se a reanálise de ofício (sem requerimento das partes), com fundamentação (baseado nas provas concretas) a mantença da prisão preventiva. Lembre-se: se isso não for realizado, a prisão se torna ilegal e é caso de soltura do preso, como regra. Entretanto, há fatores relevantes a considerar. Em primeiro lugar, o prazo de 90 dias não é peremptório, a ser analisado de modo absoluto, vale dizer, quando ultrapassado gera a imediata soltura do preso. Se o prazo total da prisão preventiva não é estabelecido em lei para a maioria dos casos criminais, pois inexiste previsão no Código de Processo Penal, baseando-se na análise dos critérios da razoabilidade e da proporcionalidade, não é possível que um singelo prazo para *reavaliar* a necessidade da custódia cautelar seja terminativo. Há de existir flexibilidade, inclusive para se saber qual a razão pela qual o magistrado, que emitiu a decisão de prisão, não fez a revisão no prazo fixado no art. 316, parágrafo único. Por outro lado, é preciso verificar, no caso concreto, se a validade da prisão cautelar se mantém, quanto ao seu mérito, independentemente da formalidade de revisão pelo órgão emissor. Assim sendo, quando o tribunal receber um pedido de *habeas corpus*, lastreado na ausência de avaliação do juiz em relação à manutenção da prisão preventiva em 90 dias, deve preocupar-se tanto quanto à carência dessa revisão quanto no tocante à prisão em si e sua razão de ser. O direito não é e nunca foi mera *formalidade*; por certo, faz parte da garantia dos direitos individuais o respeito às formas do processo, mas elas não podem ser fins em si mesmas. Foi-se o tempo – para quem se lembra dessa fase – em que, ultrapassados os 81 dias (criados pela jurisprudência), para o término da instrução de réu preso, soltava-se o detido imediatamente. A previsão formulada neste parágrafo único do art. 316 é importante, pois há casos de réus presos preventivamente *esquecidos* na cadeia, sem que os seus processos cheguem ao término em tempo razoável. Essa exceção não pode transformar-se em regra, a ponto de justificar a soltura *automática* de presos perigosos somente porque o órgão emissor da decretação da cautelar não se pronunciou em 90 dias. O ideal é que o juiz, prolator da decisão de segregação, seja imediatamente cobrado, quando o *habeas corpus* chegar ao tribunal. Se não houver motivo plausível nem para a sua falta de revisão nem mesmo para a continuidade da prisão, torna-se essencial que o tribunal conceda a ordem de HC para soltar o preso. Por outro lado, o objetivo principal desse parágrafo se liga ao juízo de primeiro grau, buscando-se garantir que o processo, com réu preso, tenha uma rápida instrução para um término breve. Fora disso, pode-se transferir esse dever de rever a prisão a cada 90 dias, quando se tratar de segregação cautelar decretada em tribunal, nos casos de competência originária: cabe ao relator do processo fazê-lo. Entretanto, quando a prisão preventiva é decretada em primeiro grau, ocorre a sentença condenatória e há recurso dirigido ao tribunal estadual ou regional, o magistrado prolator da decisão cessou a sua atividade jurisdicional. Não lhe cabe mais emitir juízos no processo, que, ademais, nem mais acompanha. Exigir que ele faça a tal revisão da prisão cautelar a cada 90 dias,

Art. 316

Código de Processo Penal Comentado · **Nucci**   690

quando nem mais o processo está na Vara, mas no Tribunal, cuida-se de pura formalidade. Ele poderá repetir automaticamente a decisão, sem ter novos elementos em suas mãos. Caberia ao relator do processo em grau de recurso rever essa prisão a cada 90 dias? É uma hipótese, mas ele também não terá elementos novos, pois o processo está aguardando apenas a revisão do julgamento de primeiro grau, não se voltando diretamente à prisão cautelar. De qualquer forma, mais adequado seria o relator rever a prisão do que o juiz de primeiro grau. Se o feito se transferir a Tribunais Superiores, por força dos recursos especial e extraordinário, caberia, então, ao relator desses feitos proceder a essa revisão. Cabe ao STF modular o alcance dessa novel norma. Segundo nos parece, a previsão feita no parágrafo único do art. 316 do CPP destina-se apenas ao órgão emissor da decisão de prisão cautelar, enquanto o feito estiver sob sua competência. Sendo o juiz de primeiro grau, deve fazer isso até a sentença condenatória. Sendo o feito de competência originária, ao relator. Fora disso, não tem nenhuma aplicação o disposto nessa norma, pois seria exigir uma formalidade inócua. Demandar do magistrado de primeira instância, que impôs a preventiva, ratificá-la, por *pura formalidade*, a cada 90 dias, *depois* que o processo saiu de sua jurisdição, já estando em grau recursal, é privilegiar a *forma* em detrimento da *essência*. Note-se o seguinte: se o tribunal estadual demorar muito tempo para resolver um caso de réu preso, a defesa, como regra, impetra HC em tribunal superior, alegando excesso no prazo e falta de razoabilidade. Aliás, até mesmo quando o STJ demorar para julgar um caso de réu preso, a defesa impetra HC junto ao STF. Logo, o que se acompanha, na prática, é o correto: quando o feito está em grau recursal, o responsável pela demora (em qualquer prazo) é o *juiz do feito*, seja ele o colegiado de 2.º grau, seja o Superior Tribunal de Justiça, seja o próprio Supremo Tribunal Federal. Quem tem o processo em sua competência é o responsável por justificar a prisão processual a cada 90 dias, *se o entendimento se conduzir à sua indispensabilidade* em qualquer estágio do processo. Em nosso entendimento, *o objetivo da norma é destinado à primeira instância*: a cada 90 dias, o juiz que decretou a prisão preventiva deve justificá-la, até o final da instrução e a prolação da decisão condenatória. A partir daí, não há mais aplicação ao disposto no parágrafo único do art. 316 do CPP. E, se houver, não cabe ao juiz de primeira instância, que não mais tem o processo sob sua competência. Na jurisprudência: STF: "3. O entendimento do Plenário desta Suprema Corte, do qual o Superior Tribunal de Justiça não se distanciou, é no sentido de que 'A inobservância do prazo nonagesimal do artigo 316, do Código de Processo Penal não implica automática revogação da prisão preventiva, devendo o juízo competente ser instado a reavaliar a legalidade e a atualidade de seus fundamentos' (SL 1395 MC-Ref, Relator(a): Luiz Fux (Presidente), Tribunal Pleno, *DJe* de 4/2/2021)" (RHC 222.686 ED, 1.ª T., rel. Alexandre de Moraes, 07.02.2023, v.u.); "3. A inobservância da reavaliação prevista no dispositivo impugnado, após decorrido o prazo legal de 90 (noventa) dias, não implica a revogação automática da prisão preventiva, devendo o juízo competente ser instado a reavaliar a legalidade e a atualidade de seus fundamentos. Precedente. 4. O art. 316, parágrafo único, do Código de Processo Penal aplica-se até o final dos processos de conhecimento, onde há o encerramento da cognição plena pelo Tribunal de segundo grau, não se aplicando às prisões cautelares decorrentes de sentença condenatória de segunda instância ainda não transitada em julgado. 5. O artigo 316, parágrafo único, do Código de Processo Penal aplica-se, igualmente, nos processos em que houver previsão de prerrogativa de foro. 6. Parcial procedência dos pedidos deduzidos nas Ações Diretas" (ADI 6.581/DF e ADI 6.582/DF, Tribunal Pleno, rel. Edson Fachin, 09.03.2022, m.v.); "III – A prisão preventiva deve ser reavaliada a cada 90 dias (CPP, art. 316, parágrafo único). A inobservância desse prazo não implica revogação automática dessa modalidade de custódia cautelar" (RHC 197.730 AgR, 2.ª T., rel. Nunes Marques, 27.04.2021, v.u.). STJ: "2. O posicionamento uníssono desta Corte é no sentido de que 'o prazo de 90 dias para reavaliação dos fundamentos da prisão (conforme disposto no art.

691 Título IX – Da Prisão, das Medidas Cautelares e da Liberdade Provisória **Art. 317**

316, parágrafo único, do CPP) não é peremptório, isto é, eventual atraso na execução deste ato não implica automático reconhecimento da ilegalidade da prisão, tampouco a imediata colocação do custodiado cautelar em liberdade' (HC n. 621.416/RS, relator Ministro Sebastião Reis Júnior, Sexta Turma, julgado em 13/4/2021, *DJe* 16/4/2021)" (AgRg no HC n. 863.685/SP, 5.ª T., rel. Ribeiro Dantas, 17.06.2024, v.u.); "1. Dispõe o art. 316, parágrafo único, do CPP, que 'decretada a prisão preventiva, deverá o órgão emissor da decisão revisar a necessidade de sua manutenção a cada 90 (noventa) dias, mediante decisão fundamentada, de ofício, sob pena de tornar a prisão ilegal'. 2. No caso dos presentes autos, não há o dever de revisão, *ex officio*, periodicamente, da prisão preventiva, pois o acusado encontra-se foragido 2. Mediante interpretação teleológica de viés objetivo – a qual busca aferir o fim da lei, e não a suposta vontade do legislador, visto que aquela pode ser mais sábia do que este –, a finalidade da norma que impõe o dever de reexame *ex officio* buscar evitar o gravíssimo constrangimento experimentado por quem, estando preso, sofre efetiva restrição à sua liberdade, isto é, passa pelo constrangimento da efetiva prisão, que é muito maior do que aquele que advém da simples ameaça de prisão. Não poder a ser diferente, pois somente gravíssimo constrangimento, como o sofrido pela efetiva prisão, justifica o elevado custo despendido pela máquina pública com a promoção desses numerosos reexames impostos pela lei. 3. Não seria razoável ou proporcional obrigar todos os Juízos criminais do país a revisar, de ofício, a cada 90 dias, todas as prisões preventivas decretadas e não cumpridas, tendo em vista que, na prática, há réus que permanecem foragidos por anos. 4. Mesmo que se adote interpretação teleológica de viés subjetivo – relacionada ao fim da lei, tendo em vista suposta vontade ou motivação do legislador –, a finalidade da norma aqui discutida continuará a se referir apenas a evitar o constrangimento da efetiva prisão, e não a que decorre de mera ameaça de prisão. Isso porque, consoante ensinamento do Exmo. Ministro João Otávio de Noronha (AgRg no RHC 153.541/RS), citando Guilherme de Souza Nucci 'o objetivo principal desse parágrafo [do art. 316 do CPP] se liga ao juízo de primeiro grau, buscando-se garantir que o processo, com réu preso, tenha uma rápida instrução para um término breve'. 5. Assim, se o acusado – que tem ciência da investigação ou processo e contra quem foi decretada a prisão preventiva – encontra-se foragido, já se vislumbram, antes mesmo de qualquer reexame da prisão, fundamentos para mantê-la – quais sejam, a necessidade de assegurar a aplicação da lei penal e a garantia da instrução criminal –, os quais, aliás, conservar-se-ão enquanto perdurar a condição de foragido do acusado. Assim, pragmaticamente, parece pouco efetivo para a proteção do acusado, obrigar o Juízo processante a reexaminar a prisão, de ofício, a cada 90 dias, nada impedindo, contudo, que a defesa protocole pedidos de revogação ou relaxamento da custódia, quando entender necessário" (RHC 153.528/SP, 5.ª T., rel. Ribeiro Dantas, 29.03.2022, v.u.).

Capítulo IV

DA PRISÃO DOMICILIAR

> **Art. 317.** A prisão domiciliar consiste no recolhimento do indiciado ou acusado em sua residência, só podendo dela ausentar-se com autorização judicial.[43]

43. Prisão domiciliar: introduziu-se, pela Lei 12.403/2011, uma particular e excepcional situação para o cumprimento da prisão preventiva, recolhendo-se o indiciado ou acusado em seu próprio domicílio. A entrada e saída de casa devem dar-se mediante autorização judicial prévia. O novel instituto não causa surpresa, pois até mesmo a pena, em regime aberto, tem

Art. 318

Código de Processo Penal Comentado · **Nucci**

692

sido cumprida em domicílio, em face da prisão-albergue domiciliar. Entretanto, não se deve vulgarizar a prisão cautelar, a ponto de estender a todos os acusados, mesmo fora das hipóteses deste artigo, a prisão em domicílio, sob pena de se desacreditar, por completo, o sistema penal repressivo. Note-se ser da essência da prisão cautelar a eficiente segregação do indiciado ou réu do convívio social, afinal, estaria ele perturbando a ordem pública ou econômica, prejudicando a instrução ou pretendendo fugir. São hipóteses graves, merecedoras da pronta tutela do Estado, incompatíveis com a prisão domiciliar, salvo para os casos particulares descritos pelo art. 318. Na jurisprudência: STJ: "6. Conforme a dicção do art. 317 do CPP, 'a prisão domiciliar consiste no recolhimento do indiciado ou acusado em sua residência, só podendo dela ausentar-se com autorização judicial'. Por consectário, importa reconhecer que o tempo de custódia domiciliar, por caracterizar comprometimento ao *status libertatis* da pessoa humana, deve será computado para fins de determinação do regime inicial de pena privativa de liberdade" (HC 552.105/SP, 5.ª T., rel. Ribeiro Dantas, 05.03.2020, v.u.).

Art. 318. Poderá o juiz substituir a prisão preventiva pela domiciliar quando o agente for:[44-44-A]

I – maior de 80 (oitenta) anos;[45]

II – extremamente debilitado por motivo de doença grave;[46]

III – imprescindível aos cuidados especiais de pessoa menor de 6 (seis) anos de idade ou com deficiência;[47]

IV – gestante;[48]

V – mulher com filho de até 12 (doze) anos de idade incompletos;[48-A]

VI – homem, caso seja o único responsável pelos cuidados do filho de até 12 (doze) anos de idade incompletos.[48-B]

Parágrafo único. Para a substituição, o juiz exigirá prova idônea dos requisitos estabelecidos neste artigo.[49]

---

44. Faculdade judicial: a prisão domiciliar constitui faculdade do juiz – e não direito subjetivo do acusado. Por óbvio, não significa que a sua concessão se submete ao *capricho* do magistrado, algo afrontoso à legalidade. Se o sujeito, cuja preventiva é decretada, preenche alguma das hipóteses do art. 318 do CPP, havendo oportunidade, merecimento e conveniência, o juiz pode inseri-lo em prisão domiciliar. Não haveria sentido, por exemplo, em ser o magistrado obrigado a colocar em domicílio o perigoso chefe de uma organização criminosa somente porque completou 80 anos. Na jurisprudência: STF: "1. A reiteração delitiva caracteriza excepcionalidade apta a justificar o indeferimento da prisão domiciliar requerida com fundamento nos arts. 318 e 318-A do Código de Processo Penal" (HC 221.442 AgR, 2.ª T., rel. Nunes Marques, 01.03.2023, v.u.); "1. Ainda que não se trate de crimes com violência ou contra os próprios filhos, a paciente não atende aos requisitos para a substituição da prisão nos termos do art. 318 do Código de Processo Penal. 2. Os crimes foram praticados no exercício da advocacia, são objetos de mais de sessenta ações penais ajuizadas em diversas comarcas. 3. A paciente se evadiu do distrito da culpa. 4. Não há ilegalidade no decreto prisional. 5. Agravo provido para denegar a ordem e tornar sem efeito a liminar deferida" (HC 191.956 AgR, 2.ª T., rel. Ricardo Lewandowski, rel. p/ acórdão Edson Fachin, 20.10.2020, por maioria).

44-A. Indevida utilização do termo *substituição* da preventiva: menciona o texto legal, por patente equívoco, deva a preventiva ser *substituída* pela prisão domiciliar, nas hipóteses dos incisos I a IV do art. 318. Não se trata de substituição, pois o que realmente impera é a preventiva, respeitados os requisitos do art. 312 do CPP. A prisão domiciliar não possui condições e elementos próprios; ela é apenas uma forma de cumprimento da prisão preventiva. Noutros termos, o magistrado, verificando a necessidade de decretar a segregação cautelar do indiciado ou réu, vislumbrando as hipóteses do art. 312, impõe a preventiva e, quando o caso, determina seja cumprida em prisão domiciliar. Ao invés de seguir para o sistema fechado, o preso fica em sua casa. Em suma, não se troca uma pela outra; mantém-se a preventiva, em domicílio. Na jurisprudência: STF: "1. A concessão de prisão domiciliar prevista no artigo 318 do CPP é aplicável às hipóteses de prisão preventiva, sendo incabível sua aplicação ao condenado definitivo quando não demonstrada a existência de especificidades que justifiquem a concessão do benefício no caso concreto. Precedentes: RHC 218.447-AgR, Rel. Min. André Mendonça, *DJe* de 15/05/2023; RHC 181.891, Primeira Turma, Rel. Min. Marco Aurélio, *DJe* de 29/05/2020" (HC 231.175 AgR, 1.ª T., rel. Luiz Fux, 18.09.2023, v.u.) STJ: "6. Como se sabe, a prisão domiciliar, no âmbito da persecução penal, consiste em medida substitutiva à prisão preventiva e não em medida alternativa à prisão. Dessa forma, para que seja possível a prisão cautelar, o julgador deve analisar os pressupostos autorizadores da prisão preventiva dispostos nos arts. 311 e 312 do Código de Processo Penal e, caso presentes, poderá determinar seu cumprimento em domicílio, desde que configurada uma das hipóteses previstas no art. 318 do Código de Processo Penal. 7. *In casu*, o Tribunal mineiro considerou que os requisitos da preventiva não estavam preenchidos, porém, mesmo assim, determinou a prisão cautelar, o que não encontra guarida legal, já que, como se disse, a prisão domiciliar é medida substitutiva à prisão. 8. Ordem concedida parcialmente, apenas para afastar a prisão cautelar, ficando mantidas as demais cautelares fixadas pela instância ordinária" (HC 564.485-MG, 6.ª T., rel. Sebastião Reis Júnior, 25.08.2020, v.u.).

45. Maior de 80 anos: foge-se à regra do Estatuto do Idoso, tutelando o maior de 60, bem como à idade-padrão do Código Penal e da Lei de Execução Penal para benefícios (70 anos). Melhor assim, pois a prisão preventiva é instituto rigoroso, particular e excepcional, razão pela qual não deve ser vulgarizado; muito menos a prisão domiciliar. Portanto, quem atinge 80 anos, em tese, já não representa tanto perigo à sociedade, mesmo quando ligado ao crime. Estabelecida a idade cronológica, deve-se fazer prova por meio documental. Além disso, como os requisitos do art. 318 são alternativos, desnecessário evidenciar-se qualquer problema de saúde no idoso. Repita-se, por cautela, o exposto em item anterior: a transferência do maior de 80 anos à prisão domiciliar não é automática, dependendo de verificação judicial. Por experiência própria, presidimos um feito, cujo réu tinha mais de 80 anos, mas era multirreincidente, possuindo folha de antecedentes repleta de crimes gravíssimos (homicídios, latrocínios, estupros, roubos etc.). Respondia, na Vara do Júri, por mais um homicídio, cometido por motivo fútil; preso em flagrante, não recebeu o benefício da liberdade provisória. Hoje, não teria condições de permanecer em prisão domiciliar, pois perigoso em extremo.

46. Doença grave: não se trata de ser enfermo, mesmo gravemente; a lei é enfática ao demandar debilidade *extrema* em função dessa doença. Por isso, cabe a avaliação judicial para cada caso, sem que se possa automatizar a concessão da prisão domiciliar. Ilustrando, o portador do vírus da AIDS, mesmo com manifestações de enfermidades oportunistas, não faz jus à prisão em domicílio, salvo se estiver em situação limite, debilitado a ponto de não representar qualquer perigo à sociedade. Na jurisprudência: STF: "2. Não demonstrada a extrema debilidade do estado de saúde nem a impossibilidade de tratamento médico na unidade prisional, é inviável a substituição da prisão preventiva pela domiciliar, na forma do art. 318, inc. II, do Código de Processo Penal" (HC 210.607 AgR, 2.ª T., rel. André Mendonça, 05.12.2022, v.u.). STJ: "A prisão domiciliar consiste no recolhimento do indiciado ou acusado em sua residência, só podendo dela ausentar-se com autorização judicial (art. 317, CPP). No particular, em que pese as fotos do paciente indicarem indícios de saúde debilitada, a defesa

Art. 318

Código de Processo Penal Comentado · **Nucci**   694

não trouxe aos autos a documentação comprobatória das suas enfermidades, tampouco o seu comprovante de residência. Inexiste constrangimento ilegal a ser reparado, de ofício, por este Superior Tribunal de Justiça. *Habeas corpus* não conhecido" (HC 349.040/SP, 5.ª T., rel. Reynaldo Soares da Fonseca, 31.05.2016, v.u.).

47. Tutela de criança e deficiente: busca-se uma bilateralidade na hipótese descrita pelo inciso III; quer-se garantir o eficiente cuidado à criança menor de seis anos ou portadora de deficiência, ao mesmo tempo em que se considera razoável manter o acusado em domicílio, pois estaria muito ocupado para a tutela requerida. Na maior parte dos casos, destina-se a norma à acusada-mulher, pois é encargo seu cuidar dos filhos em tenra idade ou portadores de deficiência. Os réus que pretendam o benefício, haverão de demonstrar, claramente, o seu vínculo com a criança e, em particular, os cuidados *especiais* e *imprescindíveis* a ela destinados. Não basta juntar aos autos a certidão de nascimento, provando a paternidade ou maternidade; há que se demonstrar a tutela existente. Além disso, consultar o art. 318-A. Na jurisprudência: STF: "1. Ordem concedida para substituir a prisão preventiva imposta à paciente por domiciliar, nos termos do art. 318-A do CPP e do entendimento firmado no julgamento do *Habeas Corpus* coletivo 143.641/SP, tendo em vista que a paciente possui filha de sete anos de idade e o crime imputado não foi praticado com violência ou grave ameaça, nem contra a criança. 2. A mera existência de outra ação penal em curso, isoladamente, não constitui óbice ao deferimento da prisão domiciliar. Precedentes" (HC 221.853 AgR, 2.ª T., rel. Edson Fachin, 29.05.2023, v.u.). STJ: "1. Com o advento da Lei n. 13.257/2016, o artigo 318 do CPP passou a permitir ao juiz a substituição da prisão cautelar pela domiciliar quando o agente for 'mulher com filho de até 12 (doze) anos de idade incompletos'. 2. Em 20/02/2018, nos autos do HC 143.641/SP (Rel. Ministro Ricardo Lewandowski, pendente de publicação), a 2.ª Turma do Supremo Tribunal Federal concedeu *habeas corpus* coletivo para determinar a substituição da prisão preventiva pela domiciliar de todas as mulheres presas, gestantes, puérperas, ou mães de crianças e deficientes, excetuados os casos de: a) crimes praticados por elas mediante violência ou grave ameaça, b) crimes praticados contra seus descendentes ou c) situações excepcionalíssimas, devidamente fundamentadas. 3. Na espécie, é adequada a substituição da custódia preventiva pela prisão domiciliar, dada a necessidade de observância à doutrina da proteção integral à criança e ao adolescente, tendo em vista que a recorrente foi denunciada por delito praticado sem violência ou grave ameaça, é primária e mãe de uma criança, nascida em 1.º/11/2012, hoje com 5 (cinco) anos de idade (e-STJ, fl. 19), cujo pai encontra-se encarcerado. 4. Recurso provido para substituir a segregação cautelar da recorrente por prisão domiciliar" (RHC 90.370/MG, 5.ª T., rel. Ribeiro Dantas, 02.08.2018, v.u.).

48. Gestante: a Lei 13.257/2016 alterou vários dispositivos deste Código (arts. 6.º, 185 e 304), incluindo alguns incisos ao art. 318, com o propósito de buscar a implementação de sua política infantojuvenil, no sentido de manter os filhos sob o poder familiar do pai (preso) ou da mãe (presa). Por isso, permitiu-se a prisão domiciliar em lugar da prisão preventiva executada em presídio fechado. Em 20 de fevereiro de 2018, a 2.ª Turma do STF, em decisão inédita, concedeu ordem coletiva para determinar a substituição da prisão preventiva das mulheres presas, quando gestantes, puérperas ou mães de crianças e deficientes, abrangendo adolescentes sujeitas a medidas socioeducativas em idêntica situação. Foram excetuados os casos de crimes cometidos por elas mediante violência ou grave ameaça, bem como contra seus descendentes e, ainda, em situações excepcionalíssimas, sempre com a devida fundamentação feita pelos juízes ao negarem o benefício da prisão domiciliar. Possibilitou-se, também, a cumulação desta modalidade de prisão com as medidas cautelares previstas pelo art. 319 do CPP. Para cumprir a ordem coletiva, determinou-se a sua comunicação aos Presidentes dos Tribunais Estaduais e Federais, incluindo a Justiça Militar Estadual e Federal. Apontou-se que o objetivo da decisão era justamente alcançar todas as pessoas presas com dificuldade de acesso à justiça, o que não impediria, por certo, a provocação por meio de advogado. Indicou-se que o descumprimento da ordem coletiva deveria ser impugnado por meio de recurso e não de reclamação (HC 143.641-SP, 2.ª T., rel. Ricardo Lewandowski, j. 20.02.2018, v. u.).

48-A. Mulher com filho de até 12 (doze) anos de idade incompletos: em função do superior interesse da criança, busca-se resguardar a sua proteção, permitindo que seja criada por sua mãe, mesmo quando presa preventivamente. É preciso ter cautela na substituição da segregação da mulher, em presídio, passando-a para prisão domiciliar, fazendo-o em casos imprescindíveis. Na jurisprudência: STF: "3. O regime instituído no art. 318-A do CPP nada mais reflete senão a projeção, no plano legal, do princípio constitucional que estabelece a garantia de tutela especial e prioritária à criança, assegurando-lhe, com absoluta primazia, o direito à convivência familiar (CF, art. 227), bem como exprime manifestação de fidelidade do Estado brasileiro a compromissos por ele assumidos na arena internacional. 4. A circunstância de a Agravada ostentar a condição de reincidente, por si só, não constitui óbice ao deferimento da prisão domiciliar. Precedentes. 5. Presume-se a imprescindibilidade da mãe para com os cuidados de filho na idade e condições apontadas no presente caso, notadamente quando em cena criança com apenas 13 anos de idade. Desconstituir essa presunção, para efeitos processuais penais, passa pelas balizas do artigo 318-A do CPP, que, no caso, não se concretizam. Precedentes" (HC 169.496 AgR, 1.ª T., rel. Rosa Weber, 19.04.2021, v.u.); "2. A regra prevista no art. 318, inciso V, do Código de Processo Penal não implica reconhecer que a prisão domiciliar tem aplicação irrestrita ou automática. Na espécie, os graves fatos imputados à agravante não revelam quadro apto a justificar a substituição da prisão preventiva pela domiciliar" (AgR no HC 153528, 1.ª T., rel. Alexandre de Moraes, 29.06.2018, m.v.); "O entendimento fixado no HC 143.641/SP é inaplicável às mulheres presas, gestantes, puérperas, ou mães de crianças e deficientes sob sua guarda, nos casos de crimes praticados por elas mediante violência ou grave ameaça, contra seus descendentes ou, ainda, em situações excepcionalíssimas, as quais deverão ser devidamente fundamentadas pelos juízes que denegarem o benefício. 3. Agravo regimental a que se nega provimento" (AgR no HC 156026. 2.ª T., rel. Edson Fachin, 04.06.2018, v.u.). STJ: "No caso em apreço a situação excepcionalíssima a garantir a medida diferente da segregação cautelar está caracterizada pela necessidade de garantir-se os cuidados e os interesses da criança durante o trâmite do processo, eis que em se tratando de uma bebê de apenas 5 meses, presume-se a necessidade dos cuidados maternos em tenra idade, em situação de calamidade pública enfrentada pelo Rio Grande do Sul. Indeferido o pedido de extensão dos efeitos da decisão a todas as presas do estado que se encontrem na mesma situação. A extensão extraprocessual pretendida extrapola a competência da Turma, uma vez que pleiteada em habeas corpus individual, inexistindo a possibilidade de exame da similaridade exigida na norma processual" (RHC n. 191.995/RS, 5.ª T., rel. Daniela Teixeira, 14.05.2024, *DJe* de 23.05.2024); "1. Por razões humanitárias e para proteção integral da criança, é cabível a concessão de prisão domiciliar a genitoras de menores de até 12 anos incompletos, nos termos do art. 318, V, do CPP, desde que (a) não se trate de crime cometido com violência ou grave ameaça, (b) não tenha sido praticado contra os próprios filhos e (c) não esteja presente situação excepcional a contraindicar a medida. 2. Conforme art. 318, V, do CPP, a concessão de prisão domiciliar às genitoras de menores de até 12 anos incompletos não está condicionada à comprovação da imprescindibilidade dos cuidados maternos, que é legalmente presumida. 3. É possível a extensão do benefício de prisão-albergue domiciliar às sentenciadas gestantes e mães de menores de até 12 anos, ainda que em regime semiaberto ou fechado, nos termos dos arts. 318, V, do CPP e 117, III, da LEP, desde que presentes os requisitos legais" (AgRg no HC n. 731.648/SC, 5.ª T., rel. Joel Ilan Paciornik, rel. para acórdão: João Otávio de Noronha, 07.06.2022, por maioria) Consultar, também, a nota 47 *supra*.

Art. 318-A

48-B. Homem, caso seja o único responsável pelos cuidados do filho de até 12 anos de idade incompletos: para atender ao superior interesse da criança, a Lei 13.257/2016 introduziu a viabilidade de prisão domiciliar também para o preso, quando seja o responsável direto pelos cuidados de filho com idade de até 11 anos completos (ou 12 anos incompletos). Em razão disso, a 2.ª Turma do STF concedeu *habeas corpus* coletivo nesse cenário: "A Turma, por votação unânime, conheceu e concedeu a ordem de *habeas corpus* coletivo, para determinar a substituição da prisão cautelar dos pais e responsáveis por crianças menores e pessoas com deficiência, desde que observadas as seguintes condicionantes: (i) presença de prova dos requisitos do art. 318 do CPP, o que poderá ser realizado inclusive através de audiência em caso de dúvida sobre a prova documental carreada aos autos; (ii) em caso de concessão da ordem para pais, que haja a demonstração de que se trata do único responsável pelos cuidados do menor de 12 (doze) anos ou de pessoa com deficiência, nos termos acima descritos; (iii) em caso de concessão para outros responsáveis que não sejam a mãe ou o pai, a comprovação de que se trata de pessoa imprescindível aos cuidados especiais de pessoa menor de 6 (seis) anos de idade ou com deficiência; (iv) a submissão aos mesmos condicionamentos enunciados no julgamento do HC n.º 143.641/SP, especialmente no que se refere à vedação da substituição da prisão preventiva pela segregação domiciliar em casos de crimes praticados mediante violência ou grave ameaça, ou contra os próprios filhos ou dependentes; (v) a concessão da ordem, em caráter emergencial, nos casos elencados na Recomendação n.º 62/2020 do CNJ, para substituição da prisão preventiva por domiciliar ou concessão de saída antecipada do regime fechado ou semiaberto, nos termos da Súmula Vinculante 56 desta Corte; (vi) a comunicação da ordem ao DMF para acompanhamento da execução; (vii) a expedição de ofício a todos os Tribunais de Justiça e Tribunais Regionais Federais, com cópia desta decisão, para que comuniquem a esta Corte os casos de concessão de *habeas corpus* com base neste julgamento, no prazo de 45 (quarenta e cinco) dias. Prosseguindo, a Turma determinou que com a chegada das informações, haja a reavaliação das medidas de fiscalização e monitoramento necessárias ao cumprimento do acórdão, na forma acima descrita, nos termos do voto do Relator" (HC 165.704-DF, 2.ª T., rel. Gilmar Mendes, 21.10.2020, v. u.).

49. Prova idônea dos requisitos: a prisão domiciliar, em situação de preventiva, não pode ser vulgarizada, sob pena de descrédito do instituto da cautelaridade. Se o(a) acusado(a), por qualquer das razões expostas nos incisos I a IV do art. 318, não espelha perigo à sociedade, mais adequado não se decretar a prisão preventiva – e muito menos a prisão domiciliar. Porém, quando indispensável a segregação cautelar, o ideal é o cárcere fechado; excepcionalmente, defere-se a prisão domiciliar, que será, por óbvio, no Brasil, sem qualquer vigilância. A pretensa *fiscalização* ocorrerá por mera casualidade. Se – e somente se – o acusado for encontrado pela polícia fora de seu domicílio, informada a situação ao juiz, perderá o benefício. No mais, como já ocorre com a prisão-albergue domiciliar, absolutamente nenhuma tutela existe para controlar, com eficiência, a prisão em regime aberto. Na jurisprudência: STF: "A ausência de demonstração de ser o paciente o único responsável pelos cuidados do menor inviabiliza a substituição da prisão preventiva, gênero, pela domiciliar – artigo 318, inciso VI, do Código de Processo Penal" (HC 183.270, 1.ª T., rel. Marco Aurélio, 16.06.2020, v.u.).

> **Art. 318-A.** A prisão preventiva imposta à mulher gestante ou que for mãe ou responsável por crianças ou pessoas com deficiência será substituída por prisão domiciliar, desde que:[50]
>
> I – não tenha cometido crime com violência ou grave ameaça a pessoa;
>
> II – não tenha cometido o crime contra seu filho ou dependente.

50. Prisão preventiva em domicílio: a Lei 13.769/2018, que inseriu este artigo no Código de Processo Penal, tornou a falhar quanto à técnica legislativa. Não existe *prisão domiciliar* diversa da *prisão preventiva*. Após a reforma havida em 2011, toda prisão cautelar é fruto dos requisitos estampados no art. 312 do CPP, vale dizer, da prisão preventiva. Logo, havendo necessidade, o magistrado impõe a prisão provisória, com fulcro nos fundamentos do mencionado art. 312. A partir disso, nas hipóteses previstas no anterior art. 318, pode o juiz determinar que a prisão preventiva seja cumprida em domicílio. Surge o art. 318-A que, em verdade, decorre da decisão tomada pelo STF, em julgamento de *habeas corpus* coletivo, permitindo que gestantes e mães de filhos pequenos pudessem ser transferidas para prisão domiciliar, desde que não tivessem cometido crime violento ou com grave ameaça contra seus descendentes, além de inexistir situação excepcional a impedir a referida transferência. O legislador, então, buscando clareza, insere, no art. 318-A, os empecilhos para a prisão preventiva ser cumprida em domicílio – hipóteses não descritas no art. 318 – conforme se vê nos dois incisos. Mesmo sendo gestante ou mãe (ou responsável) de criança (pessoa com até 12 anos incompletos ou 11 anos completos) ou pessoa deficiente (pode ser adulto, adolescente ou criança) não poderá sair do presídio para cumprir a segregação em domicílio se tiver tomado parte de qualquer crime com violência ou grave ameaça à pessoa. Note-se: não é preciso ser violência ou ameaça a filho, mas a qualquer um. Sob outro aspecto, restringe-se, ainda, a prisão domiciliar da gestante ou mãe, quando o delito pelo qual responde tenha por vítima seu filho ou dependente (onde se pode incluir o deficiente). É preciso considerar as vantagens e desvantagens do atual art. 318-A. Como *vantagem*, detecta-se o caráter impositivo da retirada da mulher do presídio para o domicílio: "a prisão preventiva *será substituída* por prisão domiciliar". Antes, com base no art. 318, havia a faculdade de substituição, conforme prudente critério do magistrado. Como *desvantagem*, nota-se a inclusão de obstáculos à substituição expressamente previstos em lei – o que antes não existia. Na jurisprudência: STF: "5. A ausência de demonstração da imprescindibilidade aos cuidados de criança e o cometimento de crime com violência contra pessoa afastam a viabilidade de recolhimento domiciliar, observado o inc. I do art. 318-A do Código de Processo Penal" (RHC 214.566 AgR, 2.ª T., rel. André Mendonça, 15.05.2023, v.u.); "II – A paciente preenche os requisitos estabelecidos no art. 318-A do CPP. Com efeito, trata-se de paciente mãe de duas crianças, H. J. P. S (documento eletrônico 4), hoje com quase aproximadamente 3 (três) anos e 7 (sete) meses de idade, e de B. R. P. S. (documento eletrônico 9), com cerca de 10 (dez) meses de idade, circunstâncias que se enquadram nas hipóteses autorizadoras de prisão domiciliar delineadas no mencionado julgamento" (HC 190.923 AgR, 2.ª T., rel. Ricardo Lewandowski, 11.11.2020, v.u.). STJ: "1 A prisão preventiva imposta à mulher gestante ou que for mãe ou responsável por crianças ou pessoas com deficiência será substituída por prisão domiciliar, desde que não tenha cometido crime com violência ou grave ameaça a pessoa (art. 318-A, I, do CPP). 2. Situação em que a paciente seria mãe de uma criança menor de seis anos e estaria gestante, tendo sido beneficiada com prisão domiciliar pelo Juízo de primeiro grau, que logrou demonstrar, inclusive por meio de relatório do Conselho Tutelar, da imprescindibilidade dela aos cuidados do menor. 3. Prisão domiciliar cassada pelo Tribunal de Justiça, mesmo após a sentença, novo título judicial que assegurou à acusada o direito de aguardar o trânsito em julgado da condenação em liberdade. 4. Não obstante tenha sido atribuída a prática de crime cometido, em tese, com grave ameaça à pessoa, à paciente foi imputada a conduta de hospedar os demais autores em sua residência, além de fornecer alimentação e avisá-los acerca da movimentação policial durante a execução do crime. Ou seja, apesar de ter concorrido para a empreitada criminosa, a acusada não praticou efetivamente nenhum ato de violência ou grave ameaça contra as vítimas, tendo sido, inclusive, beneficiada com a minorante da participação de menor importância. 5. Após a concessão da prisão domiciliar

Art. 318-B   Código de Processo Penal Comentado · **Nucci**   698

pelo Juízo de primeiro grau, não sobreveio fato novo capaz de justificar o restabelecimento da custódia, circunstância indispensável de verificação, principalmente após o advento da Lei n. 13.964/2019, denominada 'Pacote Anticrime', que acrescentou ao art. 316 do Código de Processo Penal o dever de o Magistrado verificar a persistência dos fundamentos que ensejaram a decretação da prisão preventiva. 6. Hipótese excepcional em que, cotejando os elementos dos autos com as normas e precedentes aplicáveis, deve prevalecer o direito decorrente das diretrizes do Estatuto da Primeira Infância. 7. Ordem concedida, confirmando-se a medida liminar, para restabelecer a prisão domiciliar concedida à paciente pelo Juízo de primeiro grau até o trânsito em julgado da condenação" (HC 561.417-MG, 6.ª T., rel. Sebastião Reis Junior, 01.09.2020, v.u.).

> **Art. 318-B.** A substituição de que tratam os arts. 318 e 318-A poderá ser efetuada sem prejuízo da aplicação concomitante das medidas alternativas previstas no art. 319.[51]

51. Cumulação com as medidas alternativas à prisão: quem está preso preventivamente, por consequência lógica, não está sujeito às medidas previstas no art. 319 do CPP. Afinal, essas medidas são *alternativas* ao cárcere. Em vez de prender, deixa-se o réu em situação diversa, sob outras formas de cautela. No entanto, fez bem o legislador ao incluir o art. 318-B deixando bem nítido que, cumprindo a prisão preventiva em domicílio, sem a fiscalização estatal adequada, torna-se imperiosa a fixação de medidas de vigilância, como monitoração eletrônica, por exemplo, dentre outras.

Capítulo V
DAS OUTRAS MEDIDAS CAUTELARES[1]

1. Medidas cautelares alternativas: trata-se do cerne da reforma processual introduzida pela Lei 12.403/2011, buscando evitar os males da segregação provisória, por meio do encarceramento de acusados, que, ao final da instrução, podem ser absolvidos ou condenados a penas ínfimas. Porém, como já mencionamos nas notas ao art. 282, não se cuida de medida automática, a ser padronizada e aplicada aos réus em geral. Elas dependem dos requisitos de *necessariedade* e *adequabilidade*. Além disso, se não forem cumpridas, pode o magistrado decretar a prisão preventiva como *ultima ratio*. A mudança, em princípio, é bem-vinda, restando ao Estado implementá-la na prática. Na jurisprudência: STJ: "1. O Superior Tribunal de Justiça – STJ sedimentou entendimento segundo o qual a imposição de qualquer das medidas cautelares alternativas ao cárcere, previstas no art. 319 do Código de Processo Penal – CPP, deve ser devidamente fundamentada, tendo em vista a imposição de restrição à liberdade do indivíduo. 2. No caso dos autos, verifica-se que a medida foi adequadamente motivada, tendo sido demonstradas pelas instâncias ordinárias, com base em elementos extraídos dos autos, o concreto risco de evasão do agravante, o qual adquiriu passagem para Portugal pouco antes da prolatação da sentença de pronúncia, sem indicar onde se hospedaria ou mesmo a imprescindibilidade de sua saída do país" (AgRg no HC 513.053/PA, 5.ª T., rel. Joel Ilan Paciornik, 01.09.2020, v.u.).

> **Art. 319.** São medidas cautelares diversas da prisão:
>
> I – comparecimento periódico em juízo, no prazo e nas condições fixadas pelo juiz, para informar e justificar atividades;[2]

II – proibição de acesso ou frequência a determinados lugares quando, por circunstâncias relacionadas ao fato, deva o indiciado ou acusado permanecer distante desses locais para evitar o risco de novas infrações;[3]

III – proibição de manter contato com pessoa determinada quando, por circunstâncias relacionadas ao fato, deva o indiciado ou acusado dela permanecer distante;[4]

IV – proibição de ausentar-se da Comarca quando a permanência seja conveniente ou necessária para a investigação ou instrução;[5]

V – recolhimento domiciliar no período noturno e nos dias de folga quando o investigado ou acusado tenha residência e trabalho fixos;[6-5-A]

VI – suspensão do exercício de função pública ou de atividade de natureza econômica ou financeira quando houver justo receio de sua utilização para a prática de infrações penais;[7]

VII – internação provisória do acusado nas hipóteses de crimes praticados com violência ou grave ameaça, quando os peritos concluírem ser inimputável ou semi-imputável (art. 26 do Código Penal) e houver risco de reiteração;[8]

VIII – fiança, nas infrações que a admitem, para assegurar o comparecimento a atos do processo, evitar a obstrução do seu andamento ou em caso de resistência injustificada à ordem judicial;[9]

IX – monitoração eletrônica.[10]

§ 1.º (Revogado.)

§ 2.º (Revogado.)

§ 3.º (Revogado.)

§ 4.º A fiança será aplicada de acordo com as disposições do Capítulo VI deste Título, podendo ser cumulada com outras medidas cautelares.[11-11-A]

2. Comparecimento periódico em juízo: a condição é conhecida de outros institutos penais, como a suspensão condicional da pena, do regime aberto, do livramento condicional, entre outros. Parece-nos uma das mais adequadas medidas para se decretar durante a instrução, assegurando, em tese, um controle sobre o comportamento do acusado. O prazo e as condições, estabelecidos pelo juiz, devem circunscrever-se dentro do razoável, sem extrapolar os limites naturais da condição de inocência do réu, vale dizer, não podem ser mais rigorosos do que o imposto em razão do cumprimento de pena.

3. Proibição de acesso ou frequência a certos lugares: essa medida cautelar figura como condição de outros benefícios penais (livramento condicional, *sursis* etc.) e, em particular, como pena alternativa. Esta última representa um autêntico desastre em matéria de política criminal, pois denota consagrada inutilidade e ausência de compromisso com o sistema penal eficiente. Quase impossível de ser fiscalizada, como pena, deve ser evitada – como, aliás, vem ocorrendo – pelos julgadores. Entretanto, na seara da cautelaridade pode apresentar-se viável. O acusado sempre terá maior cuidado em cumprir o determinado pelo juiz, para permanecer em liberdade, temendo a prisão preventiva. Outro fator a impulsionar a sua eficácia é a possibilidade de auxílio da vítima do crime, atuando ou não como assistente de acusação, embora apontando ao magistrado as eventuais falhas do réu. A vedação ao acesso ou frequência a certos lugares precisa guardar correspondência com o fato praticado, tudo para evitar a reiteração criminosa ou o cometimento de outros delitos. Muito comum, portanto, impedir a presença em bares, botecos e outros lugares onde se possa servir bebida alcoólica, em particular quando se tratar de pessoa agressiva, cuja prática delituosa refere-se à embriaguez.

Art. 319

Código de Processo Penal Comentado · **Nucci**   700

4. Proibição de contato com determinada pessoa: como regra, o foco é a vítima do delito, quando o cenário envolve crimes típicos de violência ou grave ameaça à pessoa, como tentativa de homicídio, lesão corporal, ameaça, constrangimento ilegal etc. Outro campo fértil para essa medida diz respeito aos delitos contra a honra, pois deles podem resultar infrações mais sérias. Essa medida foi inaugurada na Lei de Violência Doméstica, que, por ser lei especial, continua a valer por seus próprios preceitos. O instrumento é útil, contando com o fato de ser interessada a pessoa em relação à qual deva o acusado distanciar-se; ela mesma pode comunicar ao magistrado do processo a infringência da medida cautelar.

5. Proibição de se ausentar da Comarca: procura-se evitar a fuga e, com isso, a necessidade da prisão preventiva. Fixa a lei, como condição a esta medida cautelar, a conveniência ou necessidade para a investigação ou instrução. Ora, como regra, tal situação inexiste, constituindo *direito* de o réu acompanhar a instrução – e não obrigação. Por isso, a mais adequada interpretação diz respeito a eventual suspeita de ausência definitiva do distrito da culpa; em lugar da preventiva, decreta-se a medida cautelar alternativa. Na jurisprudência: STJ: "Em relação ao pedido alternativo de que seja possibilitada a realização de viagens pela recorrente mediante autorização do Juízo processante, cumpre esclarecer que o inciso IV do art. 319 do CPP, ao prever a proibição do réu de se ausentar da Comarca, não constitui vedação absoluta de viagem. Com efeito, caso haja necessidade de se afastar do domicílio, será possível a sua ausência, desde que previamente autorizado pelo Juízo processante, que avaliará o pleito de acordo com a conveniência e necessidade de permanência da recorrente na comarca para instrução criminal" (RHC 74.452/AM, 5.ª T., rel. Reynaldo Soares da Fonseca, 24.04.2018, v.u.).

6. Recolhimento domiciliar: tivemos a oportunidade de criticar o atual regime aberto, em vigor por diversas Comarcas brasileiras, onde, em lugar da Casa do Albergado, determina-se o recolhimento do sentenciado em seu próprio domicílio, criando-se a *prisão-albergue domiciliar*. Como medida punitiva, sem a devida fiscalização, torna-se fator de descrédito para o Judiciário e para o sistema penal como um todo. Entretanto, como medida cautelar, soa-nos razoável. Não deixa de figurar como constrangimento à liberdade individual, em especial ao acusado, presumidamente inocente até a decisão condenatória definitiva. Cremos deva o réu ter maior cuidado em cumprir a medida imposta, justamente para evitar os males da prisão preventiva. Por outro lado, justamente por se assemelhar ao regime aberto, tem-se admitido a detração em pena definitiva, advinda do processo em que se impôs, anteriormente, o recolhimento domiciliar como medida cautelar. Parece-nos, todavia, deva haver similitude entre elas, vale dizer, se durante a instrução houve recolhimento domiciliar, cremos viável abater esse período em pena privativa de liberdade a ser cumprida no regime aberto. Se a condenação impõe regime fechado, inexiste correlação entre elas, pois o recolhimento domiciliar não possui um sistema equivalente à prisão no fechado; caso descontado deste último o tempo de cautelar em domicílio durante a noite estar-se-ia aplicando uma detração anômala, afinal, o propósito legislativo do art. 42 do Código Penal, que cuida da detração, sempre foi compensar a prisão preventiva (em sistema fechado) na pena aplicada (em qualquer regime). Do mais (prisão efetiva como cautela) extrai-se o equivalente (regime fechado) ou o menos (regimes semiaberto ou aberto); porém, do menos (recolhimento domiciliar) não há sentido em se subtrair o mais (regime fechado ou semiaberto).

6-A. Diferença da prisão domiciliar: a prisão prevista pelo art. 318 é fruto do cumprimento da preventiva, destinando-se a réus em situações excepcionais. Ademais, a prisão domiciliar abrange as 24 horas do dia, somente podendo o sujeito deixar a casa com autorização expressa e prévia do magistrado. O recolhimento domiciliar envolve apenas o período noturno e os dias de folga, voltando-se ao acusado que tenha residência e trabalho fixos. Quem é inserido em prisão domiciliar tem a preventiva decretada; quem se encontra em recolhimento

Título IX – Da Prisão, das Medidas Cautelares e da Liberdade Provisória

Art. 319

domiciliar tem medida cautelar diversa da prisão imposta. O não cumprimento da prisão domiciliar importa em mera transferência do réu para o cárcere fechado; o não seguimento do recolhimento domiciliar implica, como última solução, a decretação da preventiva.

7. Suspensão de função ou atividade: correlaciona-se à pena restritiva de direitos de igual matiz. Esta, porém, é pesarosa e inútil, pois proíbe o condenado de exercer trabalho honesto. A medida cautelar, entretanto, parece-nos correta, evitando-se a preventiva, em particular nos casos de crimes econômico-financeiros. A função pública liga-se ao funcionalismo em geral, enquanto a atividade de natureza econômica ou financeira ao particular, em empresas privadas. A medida não é automática, dependendo da prova do *justo receio* do cometimento de novas infrações penais. Aliás, se tal receio for deveras evidente, dependendo do crime já praticado, é caso de decretação da prisão preventiva, para a garantia da ordem econômica. Na jurisprudência: STJ: "No caso, a manutenção da cautelar de afastamento do cargo de vereador não é adequada, pois o prolongamento excessivo da medida se transmuda em um ataque infundado aos direitos fundamentais do réu, criando-se uma presunção de culpa que tenciona com os princípios da presunção de inocência e da soberania popular. A cautelar também não é mais necessária, pois o interesse público para o qual foi instituída já se encontra suficientemente resguardado, seja pelo término da instrução penal e da instrução da ação de improbidade administrativa, seja pela elisão ou redução drástica do risco concreto de reiteração delitiva, devido a adoção de providências preventivas pela Câmara Municipal. Ademais, a cautelar não se mostra proporcional em sentido estrito, haja vista que o ônus imposto sobrepõe-se ao benefício auferido, pondo em xeque o exercício de cargo público para o qual o réu fora legitimamente eleito, sendo que já transcorrido um ano e meio de legislatura, sem qualquer previsão de encerramento dos processos. 4. Nada obstante, e pelas mesmas razões, destacando-se, especialmente, o encerramento da instrução processual, o decurso do tempo, e a colaboração do réu com a realização dos atos processuais, não vislumbro, ao menos por ora, a necessidade de manutenção também das demais medidas cautelares estipuladas, ressalvada a discricionariedade do magistrado *a quo* caso tenha conhecimento de fato relevante e superveniente que justifique a imposição de alguma das medidas dos arts. 319 e 320 do CPP. 5. Ordem concedida a fim afastar as medidas cautelares diversas da prisão, determinando o retorno imediato do paciente ao exercício de suas funções, sem prejuízo da fixação de novas medidas em razão de fatos relevantes e supervenientes, a juízo do magistrado *a quo*" (HC 419.660/PR. 6.ª T., rel. Maria Thereza de Assis Moura, 02.08.2018, v.u.).

8. Internação provisória: esta medida supre necessidade existente na legislação, desde que se revogou a medida de segurança provisória, em face da edição da Lei de Execução Penal, em 1984. Os inimputáveis e semi-imputáveis, quando cometem delitos violentos, precisam de recolhimento provisório e imediato, não sendo cabível aguardar o término do processo, para que se possa instituir a medida de segurança pertinente. Os hospitais de custódia e tratamento, como regra, recusavam-se a receber réus sem o laudo médico e a aplicação da medida de segurança adequada; muitos dos réus, doentes mentais, permaneciam em cárcere comum, evidenciando flagrante prejuízo à sua saúde e à tranquilidade dos demais detentos. A nova medida cautelar deve ser o suprimento para tal lacuna. Diante disso, assim que detectada a enfermidade mental, ainda na fase investigatória, se preciso, realiza-se o exame de insanidade mental, fixando-se a indispensabilidade da internação provisória, a ser decretada pelo juiz. A lei menciona a existência do *risco de reiteração*, o que representa a quase totalidade das hipóteses de inimputáveis ou semi-imputáveis, que praticam fatos violentos. Esse risco, em verdade, advém da periculosidade do agente, algo inerente à doença mental. Na jurisprudência: STJ: "3. Há idoneidade da fundamentação utilizada na origem para a aplicação da medida cautelar de internação provisória, tendo em vista a presença de elementos concretos extraídos

Art. 319

Código de Processo Penal Comentado · Nucci

dos autos, que indicam que, em razão de uma discussão, o paciente foi até o carro, pegou uma arma de fogo e apontou na direção do ofendido (seu enteado) realizando o disparo, somente não se consumando o delito pela pronta atuação da genitora da vítima, que segurou a mão do agressor desviando o trajeto da munição. 4. Noticiada nos autos a existência de condições da unidade de acautelamento para acompanhamento do tratamento do internado, inviável a desconstituição dessa conclusão na estreita via do *habeas corpus*, notadamente por se tratar de providência própria do Juízo de origem. 5. A transferência do investigado para clínica particular, segundo a Corte *a quo*, seria providência cabível somente em caso de indisponibilidade de local adequado fornecido pelo Estado. E, no caso, havendo informação de que o paciente recebe atendimento no estabelecimento em que está internado, com acompanhamento por médico especialista que administra a medicação e avalia se ele responde adequadamente ao tratamento, não há falar em ilegalidade no não acolhimento do pedido da defesa. 6. Embora ainda não finalizado o incidente de sanidade mental, houve pronta atuação do Juiz da causa ao determinar a instauração do procedimento no primeiro contato que teve com o processo. Assim, há de ser mantida a medida cautelar fixada, especialmente porque, neste momento, não se evidencia violação à duração razoável da internação provisória determinada em 11/10/2022. 7. Ordem denegada. Prejudicada a apreciação dos pedidos de reconsideração formulados às fls. 117/118 e 122/123. Determinada a remessa de cópia de documentos, às fls. 181/184, ao Juízo de origem para as providências que entender cabíveis" (HC 801.614/SP, 6.ª T., rel. Sebastião Reis Júnior, 21.03.2023, v.u.).

9. Fiança: em notas específicas, comentaremos a respeito da fiança. Destina-se, precipuamente, a garantir o comparecimento do réu aos atos do processo, evitando-se a sua fuga. Porém, parece-nos incompreensível fixar-se fiança para quem *obstrui* o andamento processual ou resiste, sem motivo, a ordem judicial. Essas duas hipóteses permitem a decretação da prisão preventiva. Outro ponto importante diz respeito à fixação da fiança quando o acusado, realmente, puder pagá-la, sob pena de se tornar um instrumento para inviabilizar a liberdade provisória. Na jurisprudência: STJ: "1. Na dicção do art. 319, VIII, do CPP, a fiança visa permitir que o acusado responda ao processo em liberdade e tem a finalidade de garantir o bom andamento da causa e de tornar efetivos os comandos jurisdicionais, situação congruente com o instituto da liberdade provisória em razão da ausência de pressupostos da prisão preventiva. 2. Assim, o fato de não estarem presentes os requisitos do art. 312 do CPP, por si só, não retira a possibilidade da fixação da fiança, que somente tem lugar quando não se fizer necessária a custódia cautelar (art. 324, IV, do CPP). 3. A prisão domiciliar prevista no art. 318 do CPP é espécie do gênero da prisão cautelar e, portanto, não tem aplicação conjunta com a liberdade provisória mediante fiança ou com a fiança de natureza cautelar diversa. 6. Recurso provido em parte para afastar a prisão domiciliar, mantidas as demais medidas cautelares alternativas estabelecidas no acórdão recorrido e a fiança estabelecida no julgamento do HC n.º 377.402/RO" (RHC 79.203/RO, 6.ª T., rel. Maria Thereza de Assis Moura, 28.11.2017, v.u.).

10. Monitoração eletrônica: surgiu em nossa legislação para saídas temporárias, durante o cumprimento da pena, bem como para o regime aberto. Estende-se, agora, para a fase processual, o que nos parece lógico e razoável. Tudo depende, naturalmente, dos recursos do Estado. Quando eficiente, a monitoração pode dar bons resultados; se ineficaz ou inexistente, por certo, a medida cautelar tende ao absoluto fracasso. Em face da lacuna legal, deve-se estabelecer, paralelamente, à monitoração eletrônica o recolhimento domiciliar, a proibição de acesso ou frequência a certos lugares ou medida similar. Afinal, sozinha, a monitoração não serve para nada. Deve-se monitorar o afastamento do domicílio; a aproximação da vítima; a frequência a lugar vedado, entre outros. Na jurisprudência: STJ: "3. Inviável a subsistência da cautelar de monitoramento eletrônico, que já perdura por aproximadamente dois anos, pois

703 Título IX – Da Prisão, das Medidas Cautelares e da Liberdade Provisória

Art. 320

assim como a segregação cautelar, a manutenção das cautelares alternativas não pode ocorrer de forma indefinida, de modo a transmudar-se em sanção penal sem sentença condenatória, razão pela qual o momento se mostra adequado para realizar a flexibilização de tal medida, pois, não só em se tratando de prisão preventiva, mas de qualquer medida cautelar, deve ser observado o princípio da provisoriedade" (AgRg no HC 651.342/PB, 6.ª T., rel. Sebastião Reis Júnior, 22.03.2022, v.u.).

11. Cumulação da fiança: esta medida cautelar implica recolhimento de certo valor ao Estado; nada impede, ao contrário, recomenda, seja fixada outra medida em acompanhamento. Garante-se, ainda mais, o cumprimento fiel dos requisitos da fiança.

11-A. Detração e medidas cautelares alternativas à prisão: como mencionamos na nota 6 supra, instituídas pela Lei 12.403/2011, as medidas cautelares previstas no art. 319 do CPP têm por fim evitar a decretação da prisão provisória e, conforme a situação, pode admitir a detração. Essas medidas de cautela podem implicar restrição antecipada à liberdade individual. Algumas possuem maiores limitações que outras e, sob tal enfoque, entendemos deva ser apreciada a viabilidade de detração no caso concreto. Não se pode *compensar* com a pena privativa de liberdade, aplicada na sentença, toda e qualquer medida cautelar alternativa, pois seria desproposita do. Imagine-se a imposição de *não se ausentar da Comarca sem autorização judicial*, perdurando por dois anos (durante o trâmite do processo), a ser descontada na pena de dois anos de reclusão: o acusado nada cumpriria e o objetivo punitivo perderia toda a essência. Note-se que a condenação a dois anos de privação de liberdade é totalmente diversa da restrição de ir e vir aplicada como cautelar. Por outro lado, se a medida consistir em *não frequentar determinados lugares* e, após, a condenação se baseie em idêntica penalidade (art. 47, IV, CP), parece-nos justo aplicar a detração, valendo-se de analogia *in bonam partem*.

> **Art. 320.** A proibição de ausentar-se do País será comunicada pelo juiz às autoridades encarregadas de fiscalizar as saídas do território nacional, intimando-se o indiciado ou acusado para entregar o passaporte no prazo de 24 (vinte e quatro) horas.[12]

12. Proibição de se ausentar do país: esta medida já vinha sendo aplicada por alguns juízes, dentro do poder geral de cautela. Agora, torna-se medida formal e razoável. A entrega do passaporte, como regra, impede a saída do Brasil, a menos que se trate de pessoa muito rica ou extremamente ousada, cuja fuga pode ser assegurada por outros meios, valendo-se, por exemplo, de avião particular com documentação falsa. Parece-nos deva esta medida ser conjugada com a vedação de ausência da Comarca (inciso IV), naqueles mesmos termos: conveniência ou necessidade da investigação ou processo, interpretado à luz da probabilidade de fuga do indiciado ou acusado. Como regra, destina-se aos crimes econômicos e financeiros, onde está presente o poderio do acusado para a fuga ao exterior; roubadores e ladrões comuns, dentre outros, não têm cacife para essa espécie de estratégia. Na jurisprudência: STF: "1. A Lei 12.403, de 4 de maio de 2011, elencou algumas medidas cautelares pessoais suscetíveis de imposição pelo juiz processante, entre as quais, a proibição de ausentar-se do País, com a retenção do passaporte. 2. Medida cautelar diversa da prisão aplicada mediante fundamentação jurídica idônea. Sobressai, no ato decisório, a necessidade de assegurar a aplicação da lei penal, ante o fundado receio de fuga do agravante. 3. Agravo regimental a que se nega provimento" (HC 156945 AgR, 1.ª T., rel. Alexandre de Moraes, 17.08.2018, maioria). STJ "2. A flexibilização da medida cautelar prevista no art. 320 do CPP encontra cabimento quando se trata de viagem ao exterior por necessidade de trabalho ou para tratamento de saúde. Descabimento da pretensão em caso de viagem a lazer" (AgRg na Pet n. 15.802/DF, Corte Especial, rel. Nancy Andrighi,

Art. 321

09.11.2023, v.u.); "Não obstante estarem, em tese, presentes fundamentos suficientes, inclusive, para decretação da prisão preventiva – crime com pena máxima superior a 4 anos de reclusão, indícios suficientes de autoria e materialidade, necessidade de garantir a aplicação da lei penal –, a Magistrada singular, de forma prudente, determinou medida menos restritiva dos direitos da acusada, mas suficiente para garantir sua permanência sob o alcance da lei brasileira, isto é, a retenção do passaporte e proibição de ausentar-se da Comarca" (HC 477.489/DF, 5.ª T., rel. Reynaldo Soares da Fonseca, 05.02.2019, v.u.).

Capítulo VI

DA LIBERDADE PROVISÓRIA,[1-2-A]
COM OU SEM FIANÇA

1. Conceito de liberdade provisória: é a liberdade concedida ao indiciado ou réu, preso em flagrante, que, por não necessitar ficar segregado, em homenagem ao princípio da presunção de inocência, deve ser liberado, sob determinadas condições, para responder ao processo. O fundamento constitucional é encontrado no art. 5.º, LXVI.

2. Cabimento restrito: a liberdade provisória, com ou sem fiança, é um instituto compatível com a prisão em flagrante, mas não com a prisão preventiva ou temporária. Nessas duas últimas hipóteses, vislumbrando não mais estarem presentes os requisitos que as determinaram, o melhor a fazer é revogar a custódia cautelar, mas não colocar o réu em liberdade provisória, que implica sempre o respeito a determinadas condições.

2-A. Sobre a inconstitucionalidade da vedação de liberdade provisória por lei ordinária: consultar a nota 53 ao art. 310.

> **Art. 321.** Ausentes os requisitos que autorizam a decretação da prisão preventiva,[3] o juiz deverá conceder liberdade provisória, impondo, se for o caso, as medidas cautelares previstas no art. 319 deste Código[4] e observados os critérios constantes do art. 282 deste Código.[5]
>
> I – (*Revogado.*)
>
> II – (*Revogado.*)

3. Na contramão da preventiva: havendo prisão em flagrante, verificada a sua legalidade, o magistrado possui, basicamente, duas opções: a) constatando os requisitos do art. 312 do CPP, converte o flagrante em preventiva, mantendo o indiciado preso (ou fixa medida cautelar alternativa); b) concluindo pela inexistência dos mesmos requisitos, defere a liberdade provisória, com ou sem a imposição de fiança.

4. Caráter subsidiário da prisão: afirma-se, pelo sistema implantado pela Lei 12.403/2011, a ideia de ser a prisão provisória a *ultima ratio*, vale dizer, a derradeira opção do juiz para cuidar de indiciados e réus, ao longo do processo criminal. Na jurisprudência: STJ: "1. Nos termos do art. 321 do Código de Processo Penal, ausentes os requisitos que autorizam a decretação da prisão preventiva, o juiz deverá conceder liberdade provisória, impondo, se for o caso, as medidas cautelares previstas no art. 319 deste Código e observados os critérios constantes do art. 282 deste Código. 3. Na espécie, o Tribunal estadual apontou fundamentação válida, com base nas premissas legais de necessidade e adequação, notadamente porque o paciente foi abordado com pouca droga (*ecstasy* e cocaína), após denúncia anônima, dados insuficientes para justificar a prisão preventiva, mas que recomendam, à luz do princípio da

705 Título IX – Da Prisão, das Medidas Cautelares e da Liberdade Provisória

Art. 322

proporcionalidade, a aplicação de outras medidas mais brandas. Precedentes" (RHC 93.499/RS, 5.ª T., rel. Reynaldo Soares da Fonseca, 03.04.2018, v.u.).

5. Medidas cautelares alternativas: não são aplicáveis automaticamente; dependem do preenchimento dos requisitos previstos pelo art. 282: necessariedade e adequabilidade.

> **Art. 322.** A autoridade policial somente poderá conceder fiança[6-8] nos casos de infração cuja pena privativa de liberdade máxima não seja superior a 4 (quatro) anos.[9]
>
> **Parágrafo único.** Nos demais casos, a fiança será requerida ao juiz, que decidirá em 48 (quarenta e oito) horas.[10]

6. Conceito de fiança: trata-se de uma garantia real, consistente no pagamento em dinheiro ou na entrega de valores ao Estado, para assegurar o direito de permanecer em liberdade, no transcurso do processo criminal. Considera-se a fiança uma espécie do gênero *caução*, que significa garantia ou segurança. Diz-se ser a caução fidejussória, quando a garantia dada é pessoal, isto é, assegurada pelo empenho da palavra de pessoa idônea, de que o réu vai acompanhar a instrução e apresentar-se, em caso de condenação. Esta seria a autêntica fiança. Com o passar dos anos, foi substituída pela denominada caução real, implicando o depósito ou a entrega de valores, desfigurando a fiança. Ainda assim, e a caução real a feição da atual fiança, conforme se vê no Código de Processo Penal (cf. Luiz Otavio de Oliveira Rocha e Marco Antonio Garcia Baz, *Fiança criminal e liberdade provisória*, p. 109; Espínola Filho, *Código de Processo Penal brasileiro anotado*, v. 3, p. 487; Tourinho Filho, *Comentários ao Código de Processo Penal*, v. 1, p. 557; Mirabete, *Código de Processo Penal interpretado*, p. 431). Na jurisprudência: STJ: "A fixação da fiança, como contracautela à prisão provisória, não detém o objetivo de atribuir punição ao agente que, em tese, praticou uma conduta típica, uma vez que a segregação preventiva não se confunde com a prisão-pena (*carcer ad poenam*). Ademais, a fiança não há de ter o condão de garantir a futura reparação civil decorrente de uma condenação criminal. Para a garantia de uma futura reparação civil, decorrente de uma eventual condenação penal, há uma série de outros institutos, tal qual o sequestro de bens móveis e a hipoteca de bens imóveis (art. 130 e segs. do Código de Processo Penal)" (HC 276.103/MG, 5.ª T., rel. Reynaldo Soares da Fonseca, 22.09.2015, v.u.).

7. Objetivo da fiança: tem por fim, primordialmente, assegurar a liberdade provisória do indiciado ou réu, enquanto decorre o processo criminal, desde que preenchidas determinadas condições. Entregando valores seus ao Estado, estaria vinculado ao acompanhamento da instrução e interessado em se apresentar, em caso de condenação, para obter, de volta, o que depositou. Além disso, a fiança teria a finalidade de garantir o pagamento das custas e também da multa (se for aplicada). Atualmente, no entanto, o instituto da fiança ainda se encontra desmoralizado. Embora seus valores tenham sido revistos pela Lei 12.403/2011, por culpa exclusiva do constituinte, inseriu-se na Constituição Federal a proibição de fiança para determinados casos graves, como os crimes hediondos e assemelhados, dentre outros. Ora, tais delitos comportam liberdade provisória, sem fiança, gerando uma contradição sistêmica. Para o acusado por homicídio qualificado (delito hediondo), o juiz pode conceder liberdade provisória, sem arbitrar fiança; para o réu de homicídio simples (não hediondo), caberia liberdade provisória com fixação de fiança. Diante disso, o autor de infração penal mais grave não precisa recolher valor algum ao Estado para obter a liberdade provisória; o agente de crime mais leve fica condicionado a fazê-lo. Infelizmente, tal erro somente se pode corrigir com uma revisão constitucional.

Art. 323

Código de Processo Penal Comentado · Nucci

8. Aperfeiçoamento do instituto da fiança: segundo cremos, todos os delitos deveriam ser afiançáveis. Os mais leves, como já ocorre atualmente, comportariam a fixação da fiança pela própria autoridade policial, enquanto os mais graves, somente pelo juiz. Mas, desde o homicídio qualificado até um mero furto simples deveriam ser objeto de fixação de fiança. Por ora, enquanto não se altera o texto constitucional, devem os juízes arbitrar fiança, sempre que possível, gerando essa cultura na sistemática processual penal, pois útil e razoável.

9. Fixação pela autoridade policial: somente pode ocorrer em infrações penais consideradas mais leves, como as punidas com penas privativas de liberdade máxima não superior a quatro anos. Aboliu-se, pela edição da Lei 12.403/2011, a distinção entre reclusão e detenção, para efeito de fiança, algo correto e proveitoso. Lembremos que o cálculo do máximo em abstrato previsto para o caso concreto (prisão em flagrante) deve envolver o concurso de crimes. Portanto, se o indiciado for detido por furto simples e receptação simples, em concurso material, não cabe a aplicação de fiança pela autoridade policial, pois o máximo abstrato da pena atinge oito anos de reclusão. Da mesma forma, insere-se eventual causa de diminuição da pena – utilizando a menor redução possível – para prever o máximo possível. No estelionato, a pena máxima é de cinco anos. O delegado não poderia arbitrar fiança. Porém, cuidando-se de tentativa de estelionato, diminuído um terço (mínimo possível) desse montante, passa-se a um valor abaixo de quatro anos, permitindo à autoridade policial fixar a fiança. Ainda assim, a autoridade policial deve conceder a fiança na fase do inquérito, pois, em juízo, é sempre atribuição do magistrado fixá-la (pode ser o tribunal, quando o processo estiver em grau de recurso, ou mesmo o relator, nos crimes de competência originária). Nos demais casos, o pedido deve ser dirigido ao juiz, como prevê o parágrafo único deste artigo.

10. Arbitramento pelo magistrado: requerida a fixação da fiança, por pleito do indiciado/réu ou do Ministério Público, o juiz tem o prazo de 48 horas para decidir. Ultrapassado tal período, configura-se constrangimento ilegal, passível de impetração de *habeas corpus*. Cuidando-se de direito à liberdade, o prazo deve ser fielmente respeitado. Por óbvio, se o magistrado indeferir a fiança, igualmente, cabe o questionamento pela via do *habeas corpus*.

> **Art. 323.** Não será concedida fiança:[11]
>
> I – nos crimes de racismo;[12]
>
> II – nos crimes de tortura,[13] tráfico ilícito de entorpecentes e drogas afins,[14] terrorismo[15] e nos definidos como crimes hediondos;[16]
>
> III – nos crimes cometidos por grupos armados, civis ou militares, contra a ordem constitucional e o Estado Democrático;[17-18]
>
> IV – (*Revogado*);
>
> V – (*Revogado*).

11. Crimes inafiançáveis: há substancial diferença entre *crimes* inafiançáveis e *situações* que não comportam a concessão de fiança. A relação do art. 323 constitui a primeira hipótese. Não importando a pena, a necessariedade, a adequabilidade, a proporcionalidade, a razoabilidade, enfim, sem atenção a qualquer situação concreta, veda-se a fixação de fiança para os *delitos* de racismo, tortura, tráfico ilícito de drogas em geral, terrorismo, hediondos, bem como nos que forem cometidos por grupos armados, civis ou militares, contra a ordem constitucional e o Estado Democrático. A relação do art. 324, por outro lado, não espelha um rol de infrações penais inafiançáveis, mas um quadro referente a *situações* incompatíveis

707 Título IX – Da Prisão, das Medidas Cautelares e da Liberdade Provisória

Art. 323

com o instituto da fiança, pouco importando qual seja o crime. Diante disso, proíbe-se a concessão da fiança aos que a tiverem quebrado ou infringido as obrigações dos arts. 327 e 328 do CPP, anteriormente, sem motivo justificável, no mesmo processo, bem como nos casos de prisão civil ou militar. Finalmente, por óbvio, não cabe fiança, que é decorrência da liberdade provisória, quando presentes os requisitos para a decretação da prisão preventiva. Em suma, existem apenas seis especificações de *crimes* inafiançáveis (art. 323, CPP) e cinco *situações* de incompatibilidade com a fiança (art. 324, CPP). Leia-se, portanto, o seguinte, para ilustrar: o roubo é *crime* afiançável e jamais se tornará, como tipo penal incriminador, inafiançável, por força de uma situação peculiar; somente a lei pode torná-lo *inafiançável*. Por outro lado, havendo um caso concreto de roubo, visualizando-se os motivos autorizadores da prisão preventiva, torna-se uma *situação* incompatível com a fiança. Cuida-se, pois, de equívoco aventar a hipótese de um delito transformar-se em inafiançável por conta de um cenário fático adverso.

11-A. Vedação constitucional: as proibições reproduzidas neste artigo constituem frutos do texto do art. 5.º, incisos XLII, XLIII e XLIV, da Constituição Federal. Cuidou-se, na época da Assembleia Nacional Constituinte, de um equívoco nítido do legislador. Pretendendo mostrar-se rigoroso em face de tais crimes, proibiu a fiança. De nada adiantou, pois sempre foi concedida a liberdade provisória, sem fiança, mais benéfica ao acusado. Enfim, nada se pode fazer, a não ser aguardar futura reforma na Carta Magna, com prudência e bom-senso.

12. Racismo: são os delitos previstos na Lei 7.716/1989.

13. Tortura: são os crimes previstos na Lei 9.455/1997.

14. Tráfico ilícito de drogas: estão previstos na Lei 11.343/2006. Há, também, referência a eles na Lei 8.072/1990, considerando-os infrações penais equiparadas às hediondas.

15. Terrorismo: conferir o disposto pela Lei 13.260/2016.

16. Crimes hediondos: estão definidos no art. 1.º da Lei 8.072/1990.

17. Crimes cometidos por grupos armados, civis ou militares, contra a ordem constitucional e o Estado Democrático: estão previstos nos artigos 359-I a 359-T do Código Penal.

18. Proibição da fiança em leis especiais: assim o disposto pelo art. 31 da Lei 7.492/1986, cuidando dos crimes contra o sistema financeiro, desde que punidos com reclusão: veda-se a concessão de fiança. O mesmo se tentou fazer por meio do art. 44 da Lei 11.343/2006, para o tráfico ilícito de drogas. E, no mesmo prisma, vedou-se a liberdade provisória, com e sem fiança, no art. 21 da Lei 10.826/2003 (Estatuto do Desarmamento). Em suma, de tempos em tempos, o legislador procura saciar-se na fonte da demagogia, pretendendo proibir a liberdade provisória, por meio de lei especial. O absurdo é evidente por dois motivos principais: a) a CF prevê o cabimento de liberdade provisória, nos termos da lei, significando devam existir tais requisitos – e não pura vedação padronizada; b) proibir a liberdade provisória para quem for preso em flagrante é consagrar o casuísmo. Considerando-se inexistir prisão preventiva obrigatória, quem desse o azar de ser preso em flagrante, ficaria preso, sem liberdade provisória; quem tivesse sorte, não sendo preso em flagrante, mesmo processado por idêntico crime, poderia ficar solto, durante a instrução. A tendência do STF é considerar inconstitucional a lei que proíba, simplesmente, a liberdade provisória, como fez com o art. 21 da Lei 10.826/2003 (e, também, os arts. 14 e 15, parágrafos únicos). O mesmo entendimento já atingiu a Lei de Drogas. A jurisprudência, em geral, busca exigir do magistrado *fundamentação* idônea para negar o benefício da liberdade provisória, em qualquer situação, o que nos parece correto.

Art. 324

Art. 324. Não será, igualmente, concedida fiança:

I – aos que, no mesmo processo, tiverem quebrado fiança anteriormente concedida ou infringido, sem motivo justo, qualquer das obrigações a que se referem os arts. 327 e 328 deste Código;[19-20]

II – em caso de prisão civil ou militar;[21]

III – (*Revogado*);

IV – quando presentes os motivos que autorizam a decretação da prisão preventiva (art. 312).[22]

19. Situações incompatíveis com a fiança: ver a nota 11 ao art. 323.

19-A. Quebra da fiança: significa que o beneficiário da fiança deixou de respeitar as condições fixadas pelo juiz para aguardar em liberdade o seu julgamento. Por tal razão, teve a fiança considerada *quebrada*. Confira-se o disposto nos arts. 327 (obrigação de comparecimento, perante a autoridade, todas as vezes que for convocado), 328 (proibição de mudança de residência, sem prévia permissão da autoridade, ou ausência por mais de oito dias do local da residência, sem comunicação), 341 (motivos de quebra, como, por exemplo, praticar outra infração penal dolosa, na vigência da fiança) e 350 (réu pobre, em gozo de liberdade provisória, sem fiança, deve seguir o disposto nos arts. 327 e 328). Eventualmente, pode demonstrar ter infringido qualquer das condições por motivo justificado, deixando o juiz de decretar a quebra da fiança.

20. Consequência da quebra: não pode ser obtida nova fiança, no mesmo processo. O acusado perde metade de seu valor, devendo o magistrado decidir se aplica *outra* medida cautelar (ou outras) ou, se presentes os requisitos do art. 312 do CPP, converte a prisão em flagrante em preventiva.

21. Modalidades de prisão incompatíveis com a fiança: a prisão civil, e a militar têm caráter totalmente diverso da prisão cautelar, justificadora da concessão de fiança. São medidas voltadas a pressionar alguém a cumprir uma obrigação (pagamento de alimentos, por exemplo) ou possuem o perfil de sanções imediatas e necessárias para impor a ordem, como é o caso das custódias militares. Enfim, a concessão da fiança frustraria, integralmente, esse caráter de coerção, que elas envolvem.

22. Presença dos requisitos da preventiva: trata-se de situação lógica e plenamente compreensível. As hipóteses enumeradas no art. 312 do Código de Processo Penal devem nortear toda prisão cautelar, pois asseguram a ordem pública, a ordem econômica, a conveniência da instrução criminal e a aplicação da lei penal. Não teria sentido colocar alguém em liberdade, ainda que preste fiança, se a prisão preventiva deve ser decretada.

Art. 325. O valor da fiança será fixado pela autoridade que a conceder nos seguintes limites:[23]

a) (*Revogada*);

b) (*Revogada*);

c) (*Revogada*).

I – de 1 (um) a 100 (cem) salários mínimos, quando se tratar de infração cuja pena privativa de liberdade, no grau máximo, não for superior a 4 (quatro) anos;[24]

> II – de 10 (dez) a 200 (duzentos) salários mínimos, quando o máximo da pena privativa de liberdade cominada for superior a 4 (quatro) anos.[25]
>
> § 1.º Se assim recomendar a situação econômica do preso, a fiança poderá ser:[26]
>
> I – dispensada, na forma do art. 350 deste Código;[27]
>
> II – reduzida até o máximo de 2/3 (dois terços); ou[28]
>
> III – aumentada em até 1.000 (mil) vezes.[29]
>
> § 2.º (Revogado.):
>
> I – (Revogado;
>
> II – (Revogado);
>
> III – (Revogado).

23. Valores atualizados: a Lei 12.403/2011 cuidou de rever os valores previstos para a fiança, antes fixados em valores de referência já ultrapassados. A eleição do salário-mínimo (piso nacional – e não estadual) mantém os montantes em dia, não contribuindo para a sensível perda do poder aquisitivo da moeda, em especial, nos períodos de inflação. É fundamental a utilização dos novos padrões pelos magistrados, como forma de demonstrar a utilidade e viabilidade da fiança no sistema processual penal brasileiro.

24. Primeira faixa: para crimes cuja pena máxima cominada não for superior a quatro anos, logo, infrações consideradas mais leves (como furto simples, por exemplo), os valores partem de um salário mínimo até atingir o montante de cem salários mínimos. São quantias consideráveis e razoáveis, contando com o prudente critério do juiz para o arbitramento.

25. Segunda faixa: para delitos cuja pena máxima cominada for superior a quatro anos, portanto, infrações mais graves (como o homicídio simples, ilustrando), os valores partem de 10 salários mínimos até atingir o montante de 200 salários mínimos. A proposta é estabelecer quantias mais elevadas para delitos mais sérios justamente para que o acusado desembolse maiores valores e chegue a comprometer o seu patrimônio, para auferir o benefício da liberdade provisória, de modo a se vincular ao processo, evitando-se a fuga. Não se trata de punir o réu ou indiciado em face de tais montantes, pois a fiança será devolvida, devidamente atualizada, desde que o interessado não se furte a cumprir a pena. Se for absolvido, a fiança retorna do mesmo modo.

26. Situação econômica do réu: é o principal critério – dentre outros, previstos pelo art. 326 – permitindo ao juiz (ou à autoridade policial, conforme o caso) fixar, corretamente, o valor devido da fiança. Assim, além de levar em consideração a gravidade da infração penal, cujos dados colherá nos incisos I e II deste artigo, no mais, precisa ponderar se o acusado é incapaz de pagar aqueles valores, mesmo quando fixados no mínimo. Desse modo, pode reduzir ainda mais, atingindo o máximo de dois terços – o que pode ser feito tanto pela autoridade policial, quanto pelo juiz. Se persistir a impossibilidade de pagamento, pode-se considerar o réu pobre, concedendo-lhe a liberdade provisória, sem fiança, o que somente fará o juiz. Por outro lado, acusados, financeiramente abonados, devem ter a fiança aumentada. Toma-se o valor máximo estabelecido para o crime, conforme os incisos I e II deste artigo, elevando-se até mil vezes mais. Tal medida deve ser tomada pelo magistrado, em razão das implicações decorrentes do não cumprimento. Trata-se de uma cautela, submetendo-se a questão ao devido processo legal. Na jurisprudência: STJ: "3. O STJ consolidou o posicionamento de que, não havendo demonstração da presença dos requisitos previstos no art. 312

do CPP, configura-se constrangimento ilegal a manutenção da prisão com base unicamente no inadimplemento da fiança arbitrada" (AgRg no AgRg no HC 761.403/PR, 5.ª T., rel. Joel Ilan Paciornik, 14.11.2022, v.u.); "6. Constatada a não observância dos parâmetros legais para o arbitramento da cautelar, impõem-se sua substituição ou redução. 7. A presunção de inocência implica a observância do critério do menor sacrifício necessário, segundo o qual a restrição a direitos do denunciado deve estar contida nos limites indispensáveis a satisfazer as exigências cautelares do caso concreto. 8. Na denúncia, consta a narrativa de suposta evasão e lavagem de ativos em valor muito inferior àquele mencionado pelo Juiz. A defesa juntou documentos para evidenciar a incapacidade financeira do réu em arcar com o pagamento de valor elevado (aproximadamente R$ 49,6 milhões) e, uma vez que ele é suspeito de atuar como doleiro, não se pode presumir que todo o valor que supostamente movimentou teria sido incorporado ao seu patrimônio. 9. Ordem concedida para, ratificada a liminar, substituir a fiança por medida cautelar diversa, nos termos do voto" (HC 476.465/RJ, 6.ª T., rel. Rogerio Schietti Cruz, 12.02.2019, v.u.).

27. Dispensa da fiança: o acusado pobre não deixará de obter a liberdade provisória, em razão dos elevados valores estabelecidos, em lei, para a fiança. Poderá receber o benefício do mesmo modo, sob outros compromissos e deveres, conforme previsto no art. 350. Por isso, não se deve criticar o instituto da fiança, sob o argumento de ser ele elitista, no trato com os réus em geral. Na jurisprudência: STJ: "3. A teor do art. 350 do Código de Processo Penal, nos casos em que couber fiança, o Magistrado, verificando ser impossível ao réu prestá-la, poderá conceder-lhe a liberdade provisória, sujeitando-o às obrigações constantes dos arts. 327 e 328 do mesmo diploma legal. 4. Na espécie, a imposição da fiança, quando afastada pelo Magistrado os requisitos/pressupostos da prisão preventiva, não tem o condão de justificar a manutenção da prisão cautelar, em especial quando o réu declarou-se pobre e permaneceu segregado ante o inadimplemento do valor estipulado. A ordem foi concedida de ofício para garantir a liberdade provisória ao paciente, independentemente do recolhimento da fiança, e mediante a imposição de medidas cautelares, a critério do Juízo processante. Decisão monocrática de acordo com a jurisprudência dominante nesta Corte Superior. Ausência de ilegalidade" (AgRg no HC 561.310/PR, 5.ª T., rel. Reynaldo Soares da Fonseca, 20.02.2020, v.u.).

28. Redução do valor da fiança: pode a autoridade policial ou judiciária reduzir o *quantum* da fiança, em cada faixa, em até dois terços, não sendo necessário atingir tal montante.

29. Elevação do valor da fiança: em tese, o aumento da fiança, em até mil vezes, poderia ser graduado tanto pela autoridade policial quanto pela judiciária, mas entendemos deva ser atribuição exclusiva do juiz, em face das graves consequências advindas do não recolhimento. Por isso, mais adequado elaborar-se tal elevação sob o crivo do devido processo legal. Na jurisprudência: STJ: "III – *In casu*, a fiança foi arbitrada em R$ 10.000.000,00, tomando por critérios: a) a situação econômica do recorrente; b) o somatório dos valores em tese objetos de lavagem, os quais, para um dos núcleos da atuação criminosa, alcançaram, em tese, as cifras de R$ 48.439.315,11; c) os valores bloqueados em R$ 14.000.000,00. IV – Sopesando a condição econômica do recorrente, as quantias em tese objeto da conduta criminosa e a elevada monta dos valores já bloqueados, tem-se que o arbitramento da fiança em R$ 10.000.000,00 não se afigura desproporcional, sobretudo porque o art. 325, II, e § 1.º, III, do CPP, aplicável ao caso, permite que a fiança seja arbitrada em até 200.000 vezes o salário-mínimo vigente no país. V – Não se verificando ilegalidade flagrante ou teratologia no v. acórdão recorrido, que apresentou devida fundamentação para a medida contracautelar, rever o valor fixado a título de fiança não apenas exigiria revolvimento fático-probatório dos elementos acostados aos autos, inviável em habeas corpus, como, também, resultaria em violação da discricionariedade

711 Título IX – Da Prisão, das Medidas Cautelares e da Liberdade Provisória **Art. 328**

motivada do órgão julgador por esta Corte Superior. VI - Agravo regimental que não infirma todos os fundamentos da decisão agravada não pode ser conhecido (Súmula n. 182 do STJ)" (AgRg no RHC 116.626/PR, 5.ª T., rel. Leopoldo de Arruda Raposo, 19.11.2019, v.u.).

> **Art. 326.** Para determinar o valor da fiança,[30] a autoridade terá em consideração a natureza da infração, as condições pessoais de fortuna e vida pregressa do acusado, as circunstâncias indicativas de sua periculosidade, bem como a importância provável das custas do processo, até final julgamento.

30. Critérios de determinação do valor da fiança: estabelece a lei cinco parâmetros: a) natureza da infração. O art. 325 encarregou-se, nos incisos I e II, de prever faixas de fixação da fiança, conforme a gravidade da infração penal, razão pela qual é desnecessário voltar a esse critério. Deve-se levar em consideração, para a subsunção da infração penal ao valor da fiança cabível, todas as circunstâncias legais de aumento ou diminuição da pena. Quanto às causas de diminuição, aplica-se o mínimo, sobre o máximo em abstrato previsto para o delito. Tratando-se de causas de aumento, coloca-se o máximo sobre o máximo em abstrato previsto para a infração penal; b) condições pessoais de fortuna. Trata-se do principal elemento, sob pena de tornar a fiança inútil ou despropositada. Deve-se analisar a situação econômica do beneficiário, para, então, estabelecer o valor justo a ser pago ou entregue; c) vida pregressa do acusado: são os seus antecedentes criminais. Assim, aquele que for reincidente ou tiver maus antecedentes deve ter um valor mais elevado de fiança a pagar, diante da reiteração na vida criminosa; d) periculosidade: trata-se de um elemento imponderável por si mesmo, constituindo a união da vida pregressa com a gravidade do crime, associado à personalidade do agente. Se for considerado perigoso, o valor da fiança deve ser mais elevado, dificultando-se a sua soltura; e) provável importância das custas. Como a lei mencionou somente custas, não se pode pensar na indenização pelo crime, nem na multa.

> **Art. 327.** A fiança tomada por termo obrigará o afiançado a comparecer perante a autoridade, todas as vezes que for intimado para atos do inquérito e da instrução criminal e para o julgamento. Quando o réu não comparecer, a fiança será havida como quebrada.[31]

31. Termo de compromisso: a fiança importará na tomada de um termo de compromisso, quando o afiançado assume a obrigação de comparecer em juízo ou na polícia todas as vezes que for intimado a tanto, colaborando, então, para o correto desenvolvimento da instrução. Logicamente, caso não tenha ciência da prática do ato processual, não se pode considerar como injustificada a sua ausência. O mesmo se diga quando o ato processual a ser praticado prescinde da sua presença, como seria o caso da audiência para inquirição de testemunhas de antecedentes, arroladas pela própria defesa.

> **Art. 328.** O réu afiançado não poderá, sob pena de quebramento da fiança, mudar de residência, sem prévia permissão da autoridade processante, ou ausentar-se por mais de 8 (oito) dias de sua residência, sem comunicar àquela autoridade o lugar onde será encontrado.[32]

32. Fácil localização: o afiançado deve manter-se em lugar de pronta e rápida localização pela autoridade. Assim, para que um ato processual ou procedimental se realize

Art. 329

Código de Processo Penal Comentado · Nucci

torna-se imperiosa a sua intimação, contando com a necessidade de uma eficaz localização. Se ele alterar sua residência, sem comunicar onde será encontrado, não haverá condições de se proceder à intimação, podendo prejudicar o andamento processual ou do inquérito. A ausência prolongada pode sinalizar uma possibilidade de fuga, o que é incompatível com o benefício auferido. Entretanto, cremos exageradas as condições deste artigo. O importante é saber onde encontrá-lo, sem necessidade de que obtenha permissão *prévia* para mudar de endereço ou, então, não poder ausentar-se para uma viagem qualquer, por mais de 8 dias, se nem procurado foi nesse período. Na jurisprudência: TJSP: "Pleito objetivando deferimento de viagem de fim de ano (26.12.2020 e 02.01.2021). Viabilidade. Viagem pelo prazo de 8 dias, conforme prevê o art. 328 do Código de Processo Penal. Inexistência de indícios de fuga. Paciente com vínculo na Comarca de origem, além de ter recolhido elevado valor de fiança e estar colaborando com o processo. Ordem concedida para confirmar a liminar" (*Habeas Corpus* Criminal 2296631-90.2020.8.26.0000, 16.ª Câm. Criminal, rel. Guilherme de Souza Nucci, 05/02/2021, v.u.). TJRS: "2. A alteração do endereço sem prévia autorização do juízo, embora configure hipótese prevista no art. *328* do Código de Processo *Penal*, não torna automática a decretação da prisão preventiva. Exige-se demonstração concreta de que o acusado pretende frustrar a aplicação da lei *penal*. 3. No caso, o réu tem se manifestado em todos os atos processuais e comparecido às audiências virtuais designadas nos processos a que responde, bem como naqueles em que atua como advogado. Atualmente, no entanto, o presente processo aguarda a melhora da situação de pandemia para designação de audiência. 4. Em que pese o recorrido tenha se mudado para o exterior, não há indicativo concreto de que pretenda frustrar a aplicação da lei *penal*, de modo que não estão preenchidos os requisitos do artigo 312 do CPP. Recurso desprovido" (Recurso em Sentido Estrito 50164551420208210027, 1.ª Câm. Criminal, rel. Jayme Weingartner Neto, 29.04.2021, v.u.).

> **Art. 329.** Nos juízos criminais e delegacias de polícia, haverá um livro especial, com termos de abertura e de encerramento, numerado e rubricado em todas as suas folhas pela autoridade, destinado especialmente aos termos de fiança. O termo será lavrado pelo escrivão e assinado pela autoridade e por quem prestar a fiança, e dele extrair-se-á certidão para juntar-se aos autos.[33]
>
> **Parágrafo único.** O réu e quem prestar a fiança serão pelo escrivão notificados das obrigações e da sanção previstas nos arts. 327 e 328, o que constará dos autos.[33-A]

33. Existência de livros obrigatórios: trata-se de providência burocrática, nos dias de hoje. Bastaria a lavratura do termo, diretamente nos autos do inquérito ou do processo, sem maiores formalidades. Aliás, esses livros de registro de fiança são, costumeiramente, encontrados vazios, passando anos sem qualquer anotação, justamente pelo descrédito alcançado pela fiança, em virtude da concessão de liberdade provisória, independentemente de pagamento. Com a atualização proporcionada pela Lei 12.403/2011, quanto aos valores da fiança, é possível o incremento do instituto.

33-A. Exigência de termo explícito: as condições fixadas no termo, para o gozo da liberdade sob fiança, previstas nos arts. 327 e 328, devem ser explícitas e claras, especialmente no tocante à possibilidade de quebra da fiança e encarceramento do réu. Do contrário, redundaria em surpresa para o acusado o fato de, não comparecendo, por exemplo, à audiência, embora tenha sido intimado, ser preso, deixando de aguardar o julgamento em liberdade.

Art. 330. A fiança, que será sempre definitiva,[34] consistirá em depósito de dinheiro,[35] pedras, objetos ou metais preciosos,[36] títulos da dívida pública, federal, estadual ou municipal, ou em hipoteca[37] inscrita em primeiro lugar.[38]

§ 1.º A avaliação de imóvel, ou de pedras, objetos ou metais preciosos será feita imediatamente por perito nomeado pela autoridade.

§ 2.º Quando a fiança consistir em caução de títulos da dívida pública, o valor será determinado pela sua cotação em Bolsa, e, sendo nominativos, exigir-se-á prova de que se acham livres de ônus.

34. Fiança definitiva: significa que, quando prestada, para assegurar a liberdade provisória do indiciado ou do réu, não está mais sujeita ao procedimento verificatório, que se instaurava no passado. Houve época em que a fiança era provisória, isto é, para apressar o procedimento de soltura, depositava o interessado determinado valor, que poderia ser metal precioso, por exemplo, estando sujeito à verificação posterior sobre o seu real preço de mercado, além de se passar à análise das condições pessoais do beneficiário. Atualmente, a fiança é considerada definitiva, porque tudo isso é checado antecipadamente, concedendo-se a liberdade provisória sem verificação posterior. Mas, em determinados casos, o legislador permitiu o *reforço* de fiança, conforme se verá no art. 340. Na jurisprudência: STJ: "III – Configura constrangimento ilegal o condicionamento da liberdade provisória ao pagamento de fiança arbitrada em pecúnia cumulada com outra garantia, já que segundo interpretação do artigo 330 do Código de Processo Penal basta uma garantia para a concessão de referida medida cautelar. *Habeas corpus* não conhecido, mas com ordem concedida de ofício para, mantendo as demais medidas cautelares impostas, substituir a fiança na forma como foi fixada pelo Juízo processante, pela hipoteca sobre o bem imóvel indicado nesta impetração" (HC 324.500/PR, 5.ª T., rel. Felix Fischer, 27.06.2017, v.u.).

35. Depósito em dinheiro: trata-se de qualquer moeda. Se for apresentada moeda estrangeira, faz-se a conversão, conforme o câmbio do dia, depositando-se o valor devido. Em contrário, sustentando que a lei quer referir-se à moeda nacional, razão pela qual, se for apresentada a estrangeira, deve ser equiparada a metal precioso, estão as posições de Luiz Otavio de Oliveira Rocha e Marco Antonio Garcia Baz (*Fiança criminal e liberdade provisória*, p. 110).

36. Pedras, objetos e metais preciosos: objetos dessa espécie (pedras preciosas, objetos de arte, metais como ouro, prata etc.) dependem de um exame mais acurado, pois, diferentemente do dinheiro, cujo valor é nítido, podem apresentar distorções. Apresentar ouro, como garantia, pode significar ser um metal de 14 quilates, cujo valor de mercado é bem diferente daquele que possui 18 quilates, por exemplo. Essa é a razão de se impor, nesse caso, a avaliação do perito, que pode ser um único, nomeado pela autoridade policial ou judiciária, conforme a situação.

37. Hipoteca: quaisquer dos bens hipotecáveis, relacionados pela legislação, podem ser oferecidos. Segundo dispõe o art. 1.473 do Código Civil, "podem ser objeto de hipoteca: I – os imóveis e os acessórios dos imóveis conjuntamente com eles; II – o domínio direto; III – o domínio útil; IV – as estradas de ferro; V – os recursos naturais a que se refere o art. 1.230, independentemente do solo onde se acham; VI – os navios; VII – as aeronaves; VIII – o direito de uso especial para fins de moradia; IX – o direito real de uso e X – a propriedade superficiária".

38. Inscrição em primeiro lugar: dispõe o art. 1.476 do Código Civil, que "o dono do imóvel hipotecado pode constituir outra hipoteca sobre ele, mediante novo título, em favor

Art. 331

Código de Processo Penal Comentado · Nucci   714

do mesmo ou de outro credor". Na sequência, estipula o art. 1.477 que "salvo o caso de insolvência do devedor, o credor da segunda hipoteca, embora vencida, não poderá executar o imóvel antes de vencida a primeira. Parágrafo único. Não se considera insolvente o devedor por faltar ao pagamento das obrigações garantidas por hipotecas posteriores à primeira". Por isso, a lei processual penal exige que a fiança se baseie na primeira hipoteca. Uma vez indicado o imóvel, será ele avaliado por um perito, nomeado pela autoridade policial ou judiciária. Aceito, proceder-se-á à sua especialização no Registro de Imóveis.

> **Art. 331.** O valor em que consistir a fiança será recolhido à repartição arrecadadora federal ou estadual,[39] ou entregue ao depositário público,[40] juntando-se aos autos os respectivos conhecimentos.
>
> **Parágrafo único.** Nos lugares em que o depósito não se puder fazer de pronto,[41] o valor será entregue ao escrivão ou pessoa abonada, a critério da autoridade, e dentro de 3 (três) dias dar-se-á ao valor o destino que lhe assina este artigo, o que tudo constará do termo de fiança.[42]

39. Depósito em instituição financeira estadual ou federal: o valor correspondente à fiança deve ser recolhido em qualquer instituição bancária indicada pela unidade judiciária local. Se arbitrada pelo juiz, o cartório expede guia própria de recolhimento. Uma das vias será anexada aos autos, comprovando o pagamento, enquanto outra segue para a instituição financeira. Lança-se, imediatamente, o valor recolhido no Livro de Fiança, cuja existência no cartório e na delegacia é obrigatória, anotando-se o número da conta judicial ao qual está vinculado, para efeito de futuro levantamento.

40. Depositário público: é o destino das pedras, objetos e metais preciosos.

41. Impossibilidade de pronto depósito: é o que pode ocorrer nos finais de semana ou feriados, não se devendo prolongar a prisão do beneficiário da fiança por conta disso. Entrega-se, então, o valor ao escrivão da polícia ou do fórum – neste caso, como regra, quando a fiança é fixada em plantão judiciário – para que o depósito, em conta judicial, seja feito posteriormente. A menção a pessoa abonada tem por fim evitar que o encarregado de guardar o dinheiro, na falta do escrivão, por necessidade, termine por consumi-lo.

42. Inserção do valor da fiança na guia de recolhimento: tendo por fim facilitar a sua devolução e assegurar o conhecimento, pelas autoridades encarregadas da execução penal, registra-se na guia de recolhimento (peça inicial que abre o processo de execução criminal) o depósito judicial feito, no caso de pagamento de fiança. Há muitos casos em que se acolhe a compensação do valor depositado, como fiança, que deveria ter sido devolvido ao condenado, com o valor devido da multa.

> **Art. 332.** Em caso de prisão em flagrante, será competente para conceder a fiança a autoridade que presidir ao respectivo auto,[43] e, em caso de prisão por mandado, o juiz que o houver expedido, ou a autoridade judiciária ou policial a quem tiver sido requisitada a prisão.[44]

43. Autoridade que presidiu o auto de prisão em flagrante: é a responsável pela concessão da fiança, desde que seja legalmente possível. A autoridade policial somente não pode fazê-lo, quando se tratar de crime com pena privativa de liberdade máxima superior a quatro anos. Entretanto, se quem presidir o auto for o juiz, certamente poderá ele cuidar

715 Título IX – Da Prisão, das Medidas Cautelares e da Liberdade Provisória

Art. 334

disso, sempre que julgar apropriada a fixação de fiança. Tratando-se de parlamentar, havendo autorização legal para que lavre o auto de prisão em flagrante, quando nas dependências do Congresso, parece-nos viável que arbitre a fiança, quando possível.

44. Fixação da fiança quando há mandado de prisão expedido: determina o art. 285, parágrafo único, *d*, do Código de Processo Penal, que a autoridade judiciária, ao expedir o mandado de prisão, deve fazer inserir o "valor da fiança arbitrada, quando afiançável a infração". Tal providência se deve para facilitar a soltura do indiciado ou réu. Assim, tão logo seja detido, pode providenciar o recolhimento da fiança, a fim de ser colocado em liberdade provisória. Entretanto, se houve omissão, sendo afiançável a infração, cabe estabelecer o seu valor o juiz ou a autoridade policial – esta, quando não se tratar de crimes como pena máxima superior a quatro anos – que houver de cumprir a ordem.

> **Art. 333.** Depois de prestada a fiança, que será concedida independentemente de audiência do Ministério Público, este terá vista do processo a fim de requerer o que julgar conveniente.[45]

45. Fiança sem oitiva prévia do Ministério Público: para agilizar o procedimento de soltura, quando a infração é afiançável, descabe ouvir previamente o representante do Ministério Público, o que seria mesmo inviável, quando é a autoridade policial a estabelecer o valor da fiança. Assim ainda que seja o valor fixado pelo juiz, não se ouve o promotor antecipadamente, por expressa determinação legal. Em seguida, abre-se vista para sua ciência, requerendo o membro da instituição o que julgar devido, como o reforço da garantia (art. 340), ou mesmo recorrendo contra a sua concessão (art. 581, V). Aceitando que a vista seja posterior à concessão: Mirabete (*Código de Processo Penal interpretado*, p. 443); Frederico Marques, citando Basileu Garcia (*Elementos de direito processual penal*, v. 4, p. 159); Tourinho Filho (*Comentários ao Código de Processo Penal*, v. 1, p. 575). Defendendo que o Ministério Público deve ser sempre ouvido antes: Luiz Otavio de Oliveira Rocha e Marco Antonio Garcia Baz (*Fiança criminal e liberdade provisória*, p. 107-108).

> **Art. 334.** A fiança poderá ser prestada, enquanto não transitar em julgado a sentença condenatória.[46]

46. Possibilidade de prestação a qualquer tempo: desde a prisão em flagrante, comportando a fixação da fiança ainda na fase investigatória, até o trânsito em julgado da sentença condenatória, que pode dar-se em primeiro ou segundo grau, admite-se que o acusado a preste, ou seja, deposite o valor fixado pelo magistrado. Por outro lado, defendíamos que o arbitramento da fiança somente poderia ser feito na ocasião em que o magistrado analisasse o auto de prisão em flagrante, nos termos do art. 310 deste Código, fazendo-o, quando concedesse liberdade provisória *com fiança*. Entretanto, é preciso considerar que a fiança foi incluída, expressamente, no rol das medidas cautelares alternativas à prisão cautelar, como se pode conferir no art. 319: "são medidas cautelares diversas da prisão: (...) VIII – fiança, nas infrações que a admitem, para assegurar o comparecimento a atos do processo, evitar a obstrução do seu andamento ou em caso de resistência injustificada à ordem judicial". É sabido que as medidas cautelares do referido art. 319 estão sempre disponíveis para aplicação, a qualquer momento, para substituir a prisão preventiva. Portanto, a fiança pode ser não somente prestada (depositada) a qualquer tempo, como também estabelecida pelo juiz (ou tribunal) para substituir a segregação cautelar.

Art. 335

> **Art. 335.** Recusando ou retardando a autoridade policial a concessão da fiança, o preso, ou alguém por ele, poderá prestá-la, mediante simples petição, perante o juiz competente, que decidirá em 48 (quarenta e oito) horas.[47-47-A]

47. Recusa ou demora da autoridade policial: o caminho indicado pela lei é apresentar uma petição ao juiz, que poderá conceder o benefício. Parece, segundo a redação do artigo, que o preso "pode prestá-la, por simples petição", ou seja, independentemente da decisão judicial, ele apresentaria o valor da fiança e obteria a liberdade, o que não corresponde à realidade. Quer-se dizer que o preso não precisa aguardar, indefinidamente, a autoridade policial decidir a respeito, encaminhando seu desejo de prestar fiança, para obter a liberdade provisória, ao juiz. Não é preciso impetrar *habeas corpus* contra o delegado, bastando singelo pedido ao magistrado. Se este negar, agora sim, cabe a impetração de *habeas corpus* junto ao tribunal. A autoridade judiciária competente é a prevista na organização judiciária local. Havendo mais de uma, o correto é efetuar-se a distribuição imediata do inquérito, fruto do flagrante, justificador do pedido de fiança, para selecionar o magistrado competente.

47-A. Prazo de 48 horas: cuidando-se da liberdade individual, o juiz deve respeitar tal prazo para decidir, assim que receber os autos pertinentes. Ultrapassado o período, sem se pronunciar, configura-se constrangimento ilegal, dando ensejo à impetração de *habeas corpus*. Logicamente, caso decida indeferir o pleito, igualmente, cabe *habeas corpus*.

> **Art. 336.** O dinheiro ou objetos dados como fiança servirão ao pagamento das custas, da indenização do dano, da prestação pecuniária e da multa, se o réu for condenado.[48]
>
> **Parágrafo único.** Este dispositivo terá aplicação ainda no caso da prescrição depois da sentença condenatória (art. 110 do Código Penal).[49]

48. Asseguramento do pagamento das custas, da indenização, da prestação pecuniária e da multa: pode-se utilizar o valor depositado da fiança – em dinheiro ou objetos de valor – para abater o montante das custas, da indenização do dano causado à vítima (se existente) e da multa (quando for fixada). Quanto à referida indenização, para que tal se dê, é preciso haja condenação formalizada pelo Judiciário, seja na própria demanda criminal (art. 387, IV, CPP), seja por meio da ação civil *ex delicto*. Não se admite, sem ter havido o devido processo legal em relação à reparação civil do dano, pretenda-se reservar parte da fiança para uma potencial indenização futura. Na jurisprudência: STJ: "4. Admite-se a utilização da fiança prestada nos autos para o pagamento da prestação pecuniária, descontados os demais encargos a que se refere o art. 336, do CPP (custas, indenização do dano e multa). Precedentes" (AgRg no AREsp 2.384.177/SC, 5.ª T., rel. Reynaldo Soares da Fonseca, 26/9/2023, v.u.); "Nesse contexto, nos termos do art. 336 do Código de Processo Penal – CPP, a quantia remanescente, depositada a título de fiança, poderia ainda ser utilizada apenas para indenização da vítima, no caso a União. 5. Tendo o Juízo Federal determinado à instituição financeira a efetiva dedução de quantia referente às custas processuais dos valores depositados em conta judicial a título de fiança e não havendo pena pecuniária a ser executada cumulativamente com a pena privativa de liberdade, não há razões para se vincular a conta judicial, com o saldo remanescente da fiança, ao Juízo de Direito das Execuções Criminais. Em outras palavras, já pagas as custas processuais e diante da inexistência de multa a ser executada, compete ao Juízo Federal

717 Título IX – Da Prisão, das Medidas Cautelares e da Liberdade Provisória　　**Art. 338**

exaurir sua prestação jurisdicional decidindo o destino a ser dado ao saldo remanescente dos valores depositados a título de fiança por ele fixada no curso de ação penal" (AgRg no CC 156.488/PR, 3.ª Seção, rel. Joel Ilan Paciornik, 23.10.2019, v.u.).

49. Ocorrência de prescrição da pretensão executória: extingue essa modalidade de prescrição apenas o direito do Estado de executar a sanção principal, imposta na sentença, pelo decurso de determinado lapso de tempo, mas não afeta os efeitos secundários da condenação. Dentre esses, a obtenção do valor das custas e o pagamento da indenização à vítima. Não se incluem, naturalmente, as penas de prestação pecuniária e multa, porque são sanções consideradas principais.

> **Art. 337.** Se a fiança for declarada sem efeito[50] ou passar em julgado sentença que houver absolvido[51] o acusado ou declarada extinta a ação penal,[52] o valor que a constituir, atualizado,[52-A] será restituído sem desconto, salvo o disposto no parágrafo único do art. 336 deste Código.

50. Fiança sem efeito: é o resultado da negativa ou omissão do indiciado ou réu em complementar o valor da fiança, reforçando-a, quando necessário. Torna-se a concessão sem efeito e o sujeito deve retornar ao cárcere. Para tanto, o juiz deve converter o flagrante em preventiva ou aplicar outras medidas cautelares alternativas. O valor que ele recolheu, no entanto, será integralmente restituído.

51. Sentença absolutória: é consequência natural da absolvição, com trânsito em julgado, a cessação dos motivos autorizadores da prisão provisória, razão pela qual a fiança não mais precisa subsistir. Devolve-se, sem qualquer desconto ao réu. Na jurisprudência: STJ: "A teor dos arts. 319, § 4.º, e 337, ambos do Código de Processo Penal, a previsão legal de restituição da fiança é para as hipóteses de absolvição ou extinção da ação, após decisão definitiva, ou para quando for declarada sem efeito a fiança. Tais situações não ocorrem *in casu*. Não há falar em restituição da fiança em decorrência do encerramento da instrução criminal" (RHC 67.793/RS, 6.ª T., rel. Maria Thereza de Assis Moura, 12.09.2016, v.u.).

52. Extinção da punibilidade: se, por qualquer motivo, for extinta a punibilidade do acusado, atingindo a pretensão punitiva do Estado, não mais subsiste razão para a fiança, cujo valor será integralmente devolvido. Caso se trate da extinção da punibilidade envolvendo a pretensão executória, como já analisamos, as custas e a indenização podem ser retidas (ver a nota 49 ao art. 336, parágrafo único).

52-A. Atualização do valor: o valor da fiança, antes da edição da Lei 12.043/2011, poderia ser devolvido sem a atualização monetária, o que, em época inflacionária, representaria um autêntico confisco por parte do Estado, visto implicar montante ínfimo. Entretanto, em vários Estados, como ocorreu no caso de São Paulo, depositava-se o *quantum* da fiança em conta remunerada, tal como acontece com os depósitos judiciais em geral, motivo pelo qual o réu recebia tudo de volta atualizado. Agora, passa a ser norma válida para todos, independentemente da *boa vontade* do juiz da Comarca.

> **Art. 338.** A fiança[53] que se reconheça não ser cabível na espécie será cassada em qualquer fase do processo.[54]

53. Fiança inidônea: é a denominação da fiança que não poderia ter sido concedida, seja porque a lei proíbe, seja porque os requisitos legais não foram corretamente preenchidos.

Art. 339

Código de Processo Penal Comentado · Nucci

54. Cassação da fiança: ocorre quando a autoridade judiciária percebe ter sido incabível a sua fixação, seja porque o crime não comporta, seja porque a lei expressamente veda (como ocorre nos crimes hediondos), seja, ainda, porque o réu é reincidente em crime doloso (a certidão chegou atrasada, por exemplo) ou qualquer outro motivo a demonstrar ter sido indevida a concessão. Pode haver a cassação de ofício ou a requerimento do Ministério Público, não podendo a autoridade policial fazê-lo sozinha. Nessa hipótese, devolve-se o valor recolhido a quem a prestou, expedindo-se a ordem de prisão. A cassação pode ser feita, inclusive, em segundo grau, quando houver recurso do Ministério Público contra a sua irregular concessão. Lembremos que, cassada a fiança, para a mantença da prisão cautelar, deve o magistrado converter o flagrante em preventiva.

> **Art. 339.** Será também cassada a fiança quando reconhecida a existência de delito inafiançável, no caso de inovação na classificação do delito.[55]

55. Inovação na classificação do delito: como já exposto na nota 54 ao artigo anterior, qualquer equívoco na concessão pode justificar a cassação. Este artigo cuida da hipótese de ter sido fixada a fiança, porque se acreditava (na polícia ou em juízo) tratar-se de infração afiançável, quando, depois de oferecida a denúncia ou mesmo um aditamento, nota-se que não era o caso. Exemplo disso: a autoridade policial, crendo tratar-se de assédio sexual (art. 216-A, CP) fixa fiança para quem foi preso em flagrante. Entretanto, o promotor o denuncia por estupro (art. 213, CP), recebendo o juiz a denúncia e entendendo ser, realmente, a classificação ideal: cabe a cassação da fiança, que foi indevidamente concedida, mesmo porque é vedada para esse tipo de delito, considerado hediondo. O valor será restituído a quem o recolheu.

> **Art. 340.** Será exigido o reforço da fiança:[56]
> I – quando a autoridade tomar, por engano, fiança insuficiente;
> II – quando houver depreciação material ou perecimento dos bens hipotecados ou caucionados, ou depreciação dos metais ou pedras preciosas;
> III – quando for inovada a classificação do delito.
> **Parágrafo único.** A fiança ficará sem efeito e o réu será recolhido à prisão, quando, na conformidade deste artigo, não for reforçada.[56-A]

56. Reforço de fiança: o valor recolhido pode ser insuficiente, algo que somente se constata em verificação posterior à obtenção, pelo preso, da liberdade provisória. São as seguintes situações: a) quando o valor tomado for insuficiente, por ter havido engano da autoridade policial ou judiciária. Ex.: oferece-se um metal precioso, cujo valor de mercado está distante daquele apontado pela primeira avaliação. Outro exemplo: quando se enganar na faixa de fixação dos valores da fiança, cobrando a menos do que deveria (art. 325, I e II, CPP); b) depreciação material ou perecimento dos bens. Essa situação pode ocorrer de diversas formas. Se o preso forneceu metal precioso, mas seu valor, no mercado, despencou, por conta da existência de uma mutação econômico-financeira qualquer, deve haver o reforço. Pode existir, ainda, o perecimento de uma aeronave, que fora dada em hipoteca, devendo o réu repor a garantia; c) inovação da classificação do delito. É a situação que, embora alterada a classificação do crime, continua a ser permitida a fiança, só que em valor mais elevado (art. 325, I e II, CPP). Deve, então, o réu cuidar de repor o seu valor. Não o fazendo, será ela tornada sem efeito, restituindo-se o valor e expedindo-se o mandado de prisão.

719 Título IX – Da Prisão, das Medidas Cautelares e da Liberdade Provisória

Art. 341

56-A. Conversão em preventiva ou outra cautelar: a fiança estabelecida tinha por base a prisão em flagrante; tornada sem efeito, retorna-se à situação anterior, mas o flagrante precisa ser convertido em prisão preventiva, caso os requisitos do art. 312 do CPP estejam presentes. Outra hipótese é o estabelecimento de medida cautelar alternativa (art. 319, CPP), não sendo, por óbvio, a fiança.

> **Art. 341.** Julgar-se-á quebrada a fiança quando o acusado:[57]
>
> I – regularmente intimado para ato do processo, deixar de comparecer, sem motivo justo;[58]
>
> II – deliberadamente praticar ato de obstrução ao andamento do processo;[59]
>
> III – descumprir medida cautelar imposta cumulativamente com a fiança;[60]
>
> IV – resistir injustificadamente a ordem judicial;[61]
>
> V – praticar nova infração penal dolosa.[62]

57. Quebra da fiança: considera-se quebrada a fiança quando o beneficiário não cumpre as condições impostas para gozar da liberdade provisória. Além disso, há as hipóteses descritas nos incisos I a V deste artigo. Somem-se a estas as condições fixadas pelo art. 328 (mudança de endereço sem prévia autorização, ausência por mais de oito dias da residência, sem comunicação do paradeiro). O quebramento da fiança é, sempre, determinado pelo juiz, nunca pela autoridade policial. Outro aspecto merece destaque: a lei menciona que se *julgará* quebrada a fiança nos casos apontados pelos incisos I a V, dando a impressão de ser uma decisão judicial obrigatória e, praticamente, automática. Seria equívoco pensar desse modo, pois muitas dessas hipóteses dependem da análise e da interpretação do magistrado. Note-se o conteúdo das expressões *motivo justo* (inciso I); *deliberadamente* (inciso II); *injustificadamente* (inciso IV), todas vagas. Além disso, no tocante ao inciso III, o descumprimento da medida cautelar permite outras alternativas diversas da prisão. E a própria expressão *infração penal* (inciso V) é controversa (ver comentários na nota 62 *infra*). Trata-se, em nossa visão, de faculdade do juiz, conforme o caso concreto, julgar quebrada a fiança.

58. Não comparecimento quando intimado: o acompanhamento dos atos processuais constitui, basicamente, um direito do réu – e não um dever. Por isso, para que se possa intimá-lo a comparecer em juízo, torna-se preciso um bom motivo, como, por exemplo, para a realização de reconhecimento, em face de dúvida quanto à identidade do autor da infração penal. Pode-se exigir, igualmente, a sua presença para a qualificação ou identificação criminal. No mais, é mais adequado dar-lhe ciência dos atos do processo, sem demandar que compareça. Por outro lado, mesmo cientificado, pode haver justo motivo para não ir ao fórum, devendo o magistrado, antes de tomar qualquer medida restritiva, ouvir o acusado. Na jurisprudência: STJ: "Na hipótese, o quebramento da fiança pelo paciente, em razão da falta de comunicação ao juízo de seu novo endereço, autoriza a decretação da prisão cautelar, com o fim de assegurar o regular trâmite da ação penal, bem como eventual aplicação da lei penal, consoante o disposto nos arts. 327, 341, II, e 343 do CPP. Precedentes" (HC 166.585/MS, 5.ª T., rel. Ribeiro Dantas, 03.08.2016, v.u.).

59. Ato de obstrução ao andamento do processo: a prática de ato deliberado para obstruir o trâmite processual, como regra, deve impulsionar à decretação da preventiva, por conveniência da instrução. Logo, é natural implique quebra da fiança e sua revogação. Algo contraditório surge em face da motivação para a fixação da fiança, como se vê do art. 319, VIII: evitar a obstrução do andamento do processo. Portanto, o juiz deve agir como visionário,

Art. 342

Código de Processo Penal Comentado · **Nucci**

imaginando arbitrar fiança para futura potencial obstrução ao andamento do feito, enquanto, ao mesmo tempo, se tal situação ocorrer, ele julga quebrada a fiança e determina a prisão do acusado. Parece-nos ilógico. Em suma, se o réu obstruir o processo, trata-se de situação autorizadora da preventiva. Se não o fizer, pouco interessa para o arbitramento de fiança.

60. Descumprimento de medida cautelar cumulativa: quando preso em flagrante, o juiz pode conceder liberdade provisória, com fiança, além de impor, cumulativamente, outra medida cautelar, dentre as previstas pelo art. 319 do CPP. Descumprir qualquer medida alternativa pode acarretar a decretação da preventiva (282, § 4.º, última parte, CPP). Eis o motivo pelo qual, como consequência natural, impõe-se a quebra da fiança. Entretanto, outra opção, para quem não cumpre medida cautelar, é a imposição de outra, mais severa, em substituição, ou a determinação de mais uma cautelar (art. 282, § 4.º, primeira parte, CPP). Ora, se o juiz optar pela substituição da medida cautelar, ou pela cumulação com outra, não nos parece deva julgar quebrada a fiança. Há a chance de cumprir o réu qualquer medida alternativa à prisão.

61. Resistência injustificada a ordem judicial: essa causa é das mais estranhas. Ela tem duplo sentido: serve de base para a fixação da fiança (art. 319, VIII, CPP) e, também, para julgá-la quebrada. Qual situação deve prevalecer se são idênticas? Reputemos a outro equívoco legislativo. De toda forma, torna-se difícil imaginar uma situação, durante o curso do processo, na qual se vislumbre uma ordem judicial dada ao réu e injustificadamente não cumprida. Com muito custo, pode-se pensar na cumulação da fiança com a medida cautelar de proibição de contato com determinada pessoa (seria uma ordem judicial?); se o réu descumprir a medida imposta, revoga-se a fiança. Mas se assim for, encaixa-se na alternativa do inciso III deste artigo. Enfim, outra lucubração desnecessária do legislador.

62. Prática de nova infração penal dolosa: em primeiro lugar, vale dar o devido sentido à expressão *infração penal*, que, tecnicamente, envolve tanto *crime* quanto *contravenção penal*. Não nos parece tenha o sentido de abranger a simples contravenção, afinal, se o delito culposo (mais grave) não se encaixa no perfil apto a provocar a quebra da fiança, muito menos poderia a infração de menor potencial ofensivo consistente em contravenção penal. Ademais, mencionou-se deva o crime (preferimos restringir o alcance) ser doloso tanto antes (o que deu origem à fiança) quanto depois (o cometido durante a vigência da fiança). Sob outro aspecto, o mero cometimento do delito tem potencial para a quebra da fiança, não se devendo aguardar decisão condenatória, com trânsito em julgado, pois seria demorado e inutilizaria o fundamento da fiança (permitir aguarde o acusado o julgamento em liberdade sem perturbar a ordem pública).

> **Art. 342.** Se vier a ser reformado o julgamento em que se declarou quebrada a fiança, esta subsistirá em todos os seus efeitos.[63]

63. Restauração da fiança: uma vez quebrada, autoriza-se o recurso em sentido estrito (art. 581, V, CPP), podendo, naturalmente, o Tribunal dar-lhe provimento, restaurando-se, então, exatamente a fiança que fora suprimida. Pode o juiz, no juízo de retratação desse recurso, rever a decisão e restaurar a fiança. Lembre-se que não há efeito suspensivo ao recurso em sentido estrito, de modo que, tendo sido a cassação um nítido constrangimento ilegal, cabe a impetração de *habeas corpus*.

> **Art. 343.** O quebramento injustificado da fiança[64] importará na perda de metade do seu valor, cabendo ao juiz decidir sobre a imposição de outras medidas cautelares ou, se for o caso, a decretação da prisão preventiva.[65-66]

64. Quebramento injustificado: a reforma introduzida pela Lei 12.403/2011 inseriu o termo *injustificado* para qualificar a quebra da fiança. Entretanto, parece-nos despropositado, pois *todo* quebramento – para valer como tal – precisa calcar-se na *ausência de motivo justo*. Aliás, as hipóteses descritas nos incisos I a V do art. 341 demonstram a imprescindibilidade de se julgar quebrada a fiança em casos óbvios de *necessidade*.

65. Consequências da quebra da fiança: o acusado perde metade de seu valor, que será destinado aos cofres públicos, devendo o magistrado decidir se aplica *outra* medida cautelar (ou outras) ou, se presentes os requisitos do art. 312 do CPP, converte a prisão em flagrante em preventiva.

66. Decretação da preventiva: essa terminologia é equivocada. Após a prisão em flagrante, o juiz tem as seguintes opções: a) relaxá-la, pois ilegal; b) convertê-la em preventiva, pois presentes os requisitos do art. 312 do CPP; c) conceder liberdade provisória sem fiança; d) conceder liberdade provisória com fiança. Optando por esta última solução, suspende-se a força prisional do flagrante. Se houver a quebra da fiança, restaura-se este último, até que o magistrado decida pela fixação de medida cautelar alternativa ao cárcere ou pela preventiva. Entendendo cabível a prisão cautelar, converte o flagrante em preventiva. O termo *decretação* deve ser reservado a quem está em liberdade (não provisória) e terá a segregação cautelar aplicada.

> **Art. 344.** Entender-se-á perdido, na totalidade, o valor da fiança, se, condenado, o acusado não se apresentar para o início do cumprimento da pena definitivamente imposta.[67]

67. Perda da fiança: ocorre a perda total do valor recolhido, a título de fiança, caso o réu seja condenado, definitivamente, não se apresentando para cumprir a pena. É a sanção por não ter respeitado o compromisso, sustentado pela fiança, de se mostrar toda vez que for regularmente intimado. Quando é condenado a qualquer pena, deve mostrar-se disposto a cumpri-la, apresentando-se, seja para a prisão (pena privativa de liberdade), seja para restritiva de direitos (prestação de serviços à comunidade, por exemplo). Anteriormente à edição da Lei 12.403/2011, a perda ocorria apenas quando deixasse de se mostrar para o cumprimento da pena privativa de liberdade; ampliou-se o cenário para as restritivas de direitos. Não envolve a multa, que é considerada simples dívida de valor, executável em Vara Cível, conforme jurisprudência dominante. Outra modificação diz respeito à introdução do termo *definitivamente*, significando o trânsito em julgado da decisão condenatória. Na jurisprudência: STJ: "1. Nos termos do art. 344 do Código de Processo Penal, se o réu se apresentar para cumprir a pena imposta em sentença transitada em julgado, o valor dado em garantia será a ele devolvido após as deduções previstas no art. 336 do CPP (custas, indenização do dano, da prestação pecuniária e da multa). 2. Considerando que a destinação da fiança somente pode ser decidida após o efetivo início do cumprimento da pena, o qual ocorre no curso da execução penal, impõe-se reconhecer a competência do Juízo da Execução para avaliar se não será o caso de perda da fiança, bem como para apreciar o pedido de devolução de eventual saldo remanescente após o abatimento dos encargos a que o acusado estiver obrigado" (CC 151.436/PR, 3.ª Seção, rel. Antonio Saldanha Palheiro, 28.08.2019, v.u.).

> **Art. 345** No caso de perda da fiança, o seu valor, deduzidas as custas e mais encargos a que o acusado estiver obrigado, será recolhido ao fundo penitenciário, na forma da lei.[68]

Art. 346

68. Descontos quando há perda total: abatem-se do valor da fiança as custas, a indenização do dano (quando existente e se houver decisão judicial fixando-a), a prestação pecuniária (se cabível) e a multa (se foi fixada). O restando segue para o Fundo Penitenciário. Se o Estado-membro tiver criado o Fundo Penitenciário Estadual, como acontece com São Paulo, somente para ilustrar, o montante segue ao cofre estadual, o que é justo, pois as prisões, em maioria, são estaduais. Não havendo, o valor será recolhido ao Fundo Penitenciário Nacional.

> **Art. 346.** No caso de quebramento de fiança, feitas as deduções previstas no art. 345 deste Código, o valor restante será recolhido ao fundo penitenciário, na forma da lei.[69]

69. Encaminhamento do valor referente à quebra: quando houver quebramento da fiança, perdendo o preso metade do valor recolhido, deve esse montante ser encaminhado ao Fundo Penitenciário Nacional, conforme exposto na nota 68 ao artigo anterior.

> **Art. 347.** Não ocorrendo a hipótese do art. 345, o saldo será entregue a quem houver prestado a fiança, depois de deduzidos os encargos a que o réu estiver obrigado.[70]

70. Restituição da fiança: quando o réu não infringir as condições – inexistindo quebra da fiança –, caso seja condenado, apresentando-se para cumprimento da pena, poderá levantar o valor recolhido, com a única ressalva de serem pagas as custas, a indenização à vítima (se fixada), a prestação pecuniária (se houver) e a multa (caso existente), da forma como já expusemos em notas anteriores. Na jurisprudência: TJDFT: "Nos termos do art. 347 do Código de Processo Penal, 'Não ocorrendo a hipótese do art. 345, o saldo será entregue a quem houver prestado a fiança, depois de deduzidos os encargos a que o réu estiver obrigado'. O pagamento da fiança estabelece uma relação obrigacional, com vínculo entre as partes, com efeitos jurídicos dela decorrentes. Paga a fiança por terceira pessoa, em favor do preso, este é mero beneficiário, o que não lhe dá o direito de receber a restituição do valor pago, sem prova da transmissão ou cessão do crédito" (Ag. 07496804320208070000, 1.ª T., rel. Mario Machado, 18.02.2021, v.u.).

> **Art. 348.** Nos casos em que a fiança tiver sido prestada por meio de hipoteca, a execução será promovida no juízo cível pelo órgão do Ministério Público.[71]

71. Execução de hipoteca: não se faz no juízo criminal. Se a fiança for perdida ou quebrada, caso tenha sido a garantia oferecida na forma de hipoteca, cabe ao Ministério Público requerer a venda, em hasta pública, do bem ofertado, para garantir o ressarcimento das custas, da indenização da vítima, da prestação pecuniária, da multa, caso existam, bem como dos valores que serão destinados ao Fundo Penitenciário Nacional.

> **Art. 349.** Se a fiança consistir em pedras, objetos ou metais preciosos, o juiz determinará a venda por leiloeiro ou corretor.[72]

72. Fiança em valores diversos do dinheiro: devem ser vendidos através de leiloeiros ou corretores, para assegurar o melhor valor de mercado aos bens, ressarcindo-se o Estado, quando houver custas e multa, bem como a vítima, em caso de indenização judicialmente estabelecida. No mais, aplicam-se as regras referentes à quebra ou perda da fiança.

> **Art. 350.** Nos casos em que couber fiança, o juiz, verificando a situação econômica do preso,[73] poderá conceder-lhe liberdade provisória, sujeitando-o às obrigações constantes dos arts. 327 e 328 deste Código e a outras medidas cautelares, se for o caso.
>
> **Parágrafo único.** Se o beneficiado descumprir, sem motivo justo, qualquer das obrigações ou medidas impostas, aplicar-se-á o disposto no § 4.º do art. 282 deste Código.

73. Liberdade provisória, sem fiança: buscando não transformar a fiança num impedimento à liberdade individual, por conta exclusiva da capacidade econômica do acusado, estabelece-se a viabilidade da liberdade provisória sem fiança. Esta situação é a do indiciado ou réu pobre, que não pode arcar com o valor fixado sem prejuízo à sua manutenção ou de sua família. Não seria mesmo justo o rico ser beneficiado pela liberdade provisória e o pobre ficasse preso, unicamente por não dispor de recursos para custear a fiança. Estarão, nesse caso, sempre presentes as condições fixadas nos arts. 327 (comparecimento a todos os atos e termos do processo ou inquérito) e 328 (mudança de residência, sem prévia autorização ou ausência da residência por mais de oito dias, sem fornecer o paradeiro). O magistrado pode estabelecer medidas cautelares alternativas à prisão, algo razoável para o caso. Na jurisprudência: STJ: "I – No ponto, cumpre consignar que esta Corte se posicionou no sentido de não ser possível a manutenção da custódia cautelar tão somente em razão do não pagamento do valor arbitrado a título de fiança, máxime quando se tratar de réu pobre, *ex vi* do art. 350 do CPP. (...) III – Nesse sentido; conquanto não se possa atribuir exatidão acerca da real capacidade econômica do Agravante, para o fim de afastar a aventada vulnerabilidade financeira; o que se tem dos autos, sem descer ao arcabouço probatório, é que o ora Agravante se encontra com a liberdade restringida por não ter pago o valor fixado a título de fiança. Outrossim, não se trata de elidir o caráter coercitivo da fiança, mas, sim, de reconhecer no caso concreto que, a par da incapacidade financeira, o Agravante se encontra com a liberdade de locomoção restringida diante do valor fixado" (AgRg no HC n. 822.033/PR, 5.ª T., rel. Messod Azulay Neto, 26.2.2024, v.u.); "1. É cediço nesta Casa que o inadimplemento da fiança imposta, por si só, não é capaz de fundamentar a manutenção da custódia cautelar, nos termos do art. 350 do Código de Processo Penal. 2. No caso dos autos, pelo desembargador do Tribunal *a quo*, em plantão judicial de 9/3/2022, foi concedida a liberdade provisória mediante condições ao agravado, o qual permaneceu custodiado apenas por incapacidade econômica de arcar com a fiança arbitrada, que foi afastada em decisão de 16/3/2022. 3. É de se notar que a concessão da ordem de ofício buscou cessar constrangimento ilegal aplicando jurisprudência consolidada por esta Corte. Dessa forma, não há se falar em inobservância aos princípios do devido processo legal, do contraditório e da ampla defesa, como sustenta o *Parquet*, haja vista o reconhecimento de manifesta ilegalidade na manutenção do cárcere pelo não recolhimento de fiança" (AgRg no HC 728.240/PR, 6.ª T., rel. Antonio Saldanha Palheiro, 03.05.2022, v.u.).

Título X
Das Citações e Intimações

Capítulo I
DAS CITAÇÕES[1-1-A]

1. Conceito de citação: é o chamamento do réu a juízo, dando-lhe ciência do ajuizamento da ação, imputando-lhe a prática de uma infração penal, bem como lhe oferecendo a oportunidade de se defender pessoalmente e através de defesa técnica. Trata-se de um corolário natural do devido processo legal, funcionalmente desenvolvido através do contraditório e da ampla defesa (art. 5.º, LIV e LV, CF). Embora tenha sido editada a Lei 11.419/2006 (informatização do processo judicial), para efeito de citação, no processo penal, nada se altera. Preceitua o art. 6.º da referida Lei: "Observadas as formas e as cautelas do art. 5.º desta Lei, as citações, inclusive da Fazenda Pública, *excetuadas as dos Direitos Processuais Criminal e Infracional*, poderão ser feitas por meio eletrônico, desde que a íntegra dos autos seja acessível ao citando" (grifamos). Ausente neste Código, o art. 238 do CPC define a *citação*: "é o ato pelo qual são convocados o réu, o executado ou o interessado para integrar a relação processual". A diferença, no âmbito processual penal, é a desnecessidade de citação para o executado; havendo condenação, o interesse público somente se realiza quando é viabilizada a execução, pressuposto natural do processo de conhecimento. Sob outro aspecto, não há citação de nenhum interessado, além do próprio réu. Na jurisprudência: STJ: "2. A citação é o chamamento do réu para tomar conhecimento dos fatos que lhe são imputados na ação penal, franqueando-lhe a defesa pessoal e técnica. Cuida-se, portanto, de corolário dos princípios constitucionais da ampla defesa e do contraditório, razão pela qual a regra é a citação pessoal, conforme disciplina o art. 351 do Código de Processo Penal. 3. Neste caso, o réu, embora foragido, constituiu defensor após o recebimento da denúncia, que passou a exercer sua defesa no processo, mediante juntada de procuração e apresentou resposta à acusação. Dessa maneira, não se constata prejuízo apto a autorizar o reconhecimento da nulidade indicada" (HC 661.754/SP, 5.ª T., rel. Reynaldo Soares da Fonseca, 22.06.2021, v.u.).

1-A. Inexistência da revelia ou contumácia em processo penal: consultar as notas 40 e 40-A ao art. 367.

> **Art. 351.** A citação inicial far-se-á por mandado,[2] quando o réu[3-3-A] estiver no território sujeito à jurisdição do juiz que a houver ordenado.[4]

Art. 352

2. Citação por mandado: é a forma usual e formal de citação, valendo-se o juiz do oficial de justiça, que busca o acusado, dando-lhe ciência, pessoalmente, do conteúdo da acusação, bem como colhendo o seu *ciente*. Chama-se, ainda, citação pessoal. Não se pode utilizar qualquer forma de citação na esfera processual penal, prejudicando a ampla defesa, em particular, é inválido o chamamento realizado por meio de carta registrada, método concernente ao processo civil. Na jurisprudência: STJ: "A citação, no processo penal, é ato estritamente pessoal, inadmitida sua realização em nome de representante ou de defensor constituído nos autos, nos termos do art. 351 e seguintes do CPP. Não se deve confundir o comparecimento pessoal do sujeito passivo da pretensão punitiva com o exercício de defesa mediante a constituição de patrono devidamente habilitado" (RHC 101.401/SP, 5.ª T., rel. Joel Ilan Paciornik, 21.02.2019, v.u.); "5. No caso em exame, a citação editalícia ocorreu logo no primeiro momento, de modo que demonstrado o prejuízo, tanto que suspenso o prazo prescricional. Assim, a finalidade do ato não restou atingida, pois inquinado de vício insanável o processo, devendo, portanto, ser reconhecida a sua nulidade. 6. Recurso provido para anular o processo desde a citação por edital, determinando a aplicação escorreita dos arts. 351 e ss. do CPP" (RHC 54.082/AM, 5.ª T., rel. Ribeiro Dantas, 02.08.2018, v.u.).

3. Comunicação diretamente ao réu: deve-se realizar a citação pessoalmente ao acusado, não se admitindo a citação através de procurador, mas aceitando-se uma exceção quando o réu é inimputável, circunstância já conhecida, o que leva a citação à pessoa do seu curador.

3-A. Citação da pessoa jurídica: ver a nota 8 ao art. 185.

4. Território sujeito à jurisdição de outro magistrado: assim sendo, é preciso expedir a carta precatória – quando o réu estiver em outra Comarca ou Estado da Federação – ou a carta rogatória, quando estiver o acusado em outro País ou em sede de embaixada ou consulado. Nessa última hipótese, o juiz deve encaminhar ao Ministério da Justiça a rogatória, buscando a sua remessa, pelo Ministério das Relações Exteriores, à sede diplomática ou ao Estado estrangeiro.

> **Art. 352.** O mandado de citação indicará:[5]
>
> I – o nome do juiz;
>
> II – o nome do querelante nas ações iniciadas por queixa;
>
> III – o nome do réu, ou, se for desconhecido, os seus sinais característicos;
>
> IV – a residência do réu, se for conhecida;
>
> V – o fim para que é feita a citação;[5-A]
>
> VI – o juízo e o lugar, o dia e a hora em que o réu deverá comparecer;[5-B]
>
> VII – a subscrição do escrivão e a rubrica do juiz.

5. Requisitos do mandado de citação: deve conter todos os elementos descritos nos incisos, dentre os quais o nome do juiz, o nome do querelante (quando se tratar de queixa), o nome do acusado (conforme o caso, seus sinais identificadores), a sua residência, a finalidade da citação (resumo da acusação, embora, normalmente, faça-se o mandado ser acompanhado da cópia da denúncia ou queixa), bem como as assinaturas do juiz e do escrivão. São os requisitos intrínsecos do mandado de citação. Na jurisprudência: STJ: "4. Não há falar em nulidade, porquanto a descrição do fato narrado na denúncia não constitui requisito do mandado de citação, consoante o art. 352 do CPP" (AgRg no AgRg no AREsp 1.057.508/BA, 6.ª T, rel. Nefi Cordeiro, 05.09.2019, v.u.).

5-A. Finalidade da citação: após as alterações trazidas pelas Leis 11.689/2008 e 11.719/2008, torna-se fundamental incluir no mandado de citação, além do resumo da acusação (ou cópia da denúncia ou queixa), o disposto no art. 396-A (procedimento comum) ou art. 406, § 3.º (procedimento do júri), do CPP, para alertar o réu acerca da amplitude de seu direito de defesa, embora seja este exercido, neste caso, por intermédio da defesa técnica.

5-B. Inviabilidade de aplicação: o inciso VI do art. 352 perdeu o interesse no tocante à maioria dos procedimentos previstos no Código de Processo Penal, após a reforma introduzida pelas Leis 11.689/2008 e 11.719/2008. Na realidade, anteriormente, inseria-se no mandado de citação o lugar, o dia e a hora em que o acusado deveria comparecer para ser interrogado, pois o interrogatório era o primeiro ato da instrução. Após a sua realização, apresentava o réu a defesa prévia e seguia-se a instrução. Atualmente, o interrogatório será realizado ao final da instrução, antes dos debates, na audiência única para a colheita de toda a prova. Por isso, no mandado de citação, constarão somente os demais requisitos previstos no art. 352, exceto o lugar, dia e hora para comparecimento para interrogatório. Oportunamente, o réu será cientificado da data da audiência de instrução e julgamento, podendo exercer o seu direito de estar presente e ser interrogado.

> **Art. 353.** Quando o réu estiver fora do território da jurisdição do juiz processante, será citado mediante precatória.[6-7]

6. Citação por precatória e por rogatória: estando o réu no território de outra Comarca ou mesmo em outro País, cabe a citação por precatória, no primeiro caso, e da rogatória, no segundo (ver, também, a nota 41 ao art. 368). Antes da alteração do procedimento, em 2008, era viável citar e solicitar o interrogatório por precatória; afinal, o primeiro ato da instrução era o interrogatório do acusado. Passando o réu a ser ouvido ao final da instrução, cita-se o acusado por precatória, mas não se pode empreender o interrogatório em seguida.

6-A. Citação e outros atos por meio de carta de ordem: constitui o instrumento adequado para que um Tribunal Superior determine a juízo inferior o cumprimento de algum ato processual, em seu nome. Portanto, se o réu residir em Comarca diversa daquela onde está o Tribunal processante (imagine-se um caso de competência originária), serve-se o Ministro relator ou o Desembargador relator da carta de ordem para determinar ao juízo da Comarca onde se encontra o acusado para citá-lo e interrogá-lo. Outros atos podem ser determinados pelo mesmo instrumento, tal como a colheita de prova testemunhal.

7. Exceção à utilização da precatória para citação de réus em outras Comarcas: de acordo com a Resolução 742/2016, do Tribunal de Justiça de São Paulo, adotou-se a possibilidade de realização da citação em comarcas consideradas contíguas, para agilização do serviço (art. 1.º): "Nas Comarcas agrupadas, nos termos do art. 23 da Lei Estadual 3.396/82 e desta Resolução, a jurisdição de cada Vara é extensiva ao território da outra do mesmo grupo para a prática de atos e diligências processuais cíveis, criminais, de execuções fiscais e relativas à Infância e Juventude". Exemplo disso ocorrerá se o oficial de justiça da cidade de São Bernardo do Campo tiver que citar algum morador do bairro do Ipiranga, em São Paulo.

> **Art. 354.** A precatória indicará:[8]
> I – o juiz deprecado e o juiz deprecante;
> II – a sede da jurisdição de um e de outro;
> III – o fim para que é feita a citação, com todas as especificações;
> IV – o juízo do lugar, o dia e a hora em que o réu deverá comparecer.

Art. 355

Código de Processo Penal Comentado · **Nucci**

8. Conteúdo da carta precatória: quando a solicitação para a citação – e interrogatório – partir de um juiz brasileiro dirigida a outro juiz, dentro do País, usa-se a carta precatória, que deve conter os requisitos elencados neste artigo: (a) indicação dos juízes, deprecante e deprecado; (b) lugar onde cada um se situa; (c) finalidade da citação, fazendo-se acompanhar de cópia da denúncia ou da queixa; (d) dia, hora e lugar onde o réu deve comparecer. Esta última parte fica afastada, quando o acusado deve ser ouvido por último durante a instrução. Portanto, o conteúdo atual deve ser a citação para apresentar a sua defesa prévia, no prazo de 10 dias (art. 396, CPP).

> **Art. 355.** A precatória será devolvida ao juiz deprecante, independentemente de traslado, depois de lançado o "cumpra-se"[9] e de feita a citação por mandado do juiz deprecado.
>
> § 1.º Verificado que o réu se encontra em território sujeito à jurisdição de outro juiz, a este remeterá o juiz deprecado os autos para efetivação da diligência, desde que haja tempo para fazer-se a citação.[10]
>
> § 2.º Certificado pelo oficial de justiça que o réu se oculta para não ser citado, a precatória será imediatamente devolvida, para o fim previsto no art. 362.[11]

9. Forma de cumprimento: ao receber a carta precatória, o juiz deprecado coloca o "cumpra-se", sua ordem para que a citação seja realizada na sua Comarca. Após a realização do ato processual, feita pelo oficial de justiça, lançada a certidão deste, retorna a precatória à origem, sem maior formalidade.

10. Precatória itinerante: é o nome que se dá à precatória enviada pelo juízo deprecado diretamente a outro juízo, onde provavelmente encontra-se o réu. Assim, quando o juiz deprecante, crendo estar o acusado na Comarca X, envia-lhe a precatória, para a citação e interrogatório, pode ocorrer do juiz desta última Comarca verificar que o acusado está, de fato, na Comarca Y, para onde enviará, diretamente, os autos da precatória, sem haver necessidade desta voltar à origem para nova emissão. Trata-se de medida que privilegia o princípio da economia processual.

11. Réu que se oculta no juízo deprecado: este dispositivo serve de exemplo para demonstrar que reformas pontuais, sem uma completa revisão do Código, podem redundar em várias contradições. Modificado o art. 362 (antes, previa a citação por edital, caso o réu se ocultasse) e introduzida a modalidade de citação por hora certa, é mais que evidente não ter sentido o conteúdo do § 2.º do art. 355. Se o réu se ocultar, no juízo deprecado, o oficial deve providenciar a citação por hora certa. Logo, não se pode devolver a carta precatória para que seja realizada a citação por edital. Inexiste esta espécie, após o advento da Lei 11.719/2008, quando o acusado se ocultar.

> **Art. 356.** Se houver urgência, a precatória, que conterá em resumo os requisitos enumerados no art. 354, poderá ser expedida por via telegráfica, depois de reconhecida a firma do juiz, o que a estação expedidora mencionará.[12]

12. Precatória expedida com urgência: pode-se valer o juízo deprecante do meio telegráfico, embora, atualmente, seja mais fácil expedi-la por fax, desde que o juízo deprecado se encarregue de certificar a sua origem, ou por qualquer outro meio idôneo, inclusive por telefone. Estabelece o art. 265 do CPC/2015 ser possível a transmissão da precatória por telefone, desde que, conforme prevê: "§ 1.º O escrivão ou o chefe de secretaria, no mesmo dia ou no dia útil imediato, telefonará ou enviará mensagem eletrônica ao secretário do tribunal, ao escrivão ou ao chefe de secretaria do juízo deprecante, lendo-lhe os termos da carta e solicitando-lhe que os confirme". Em caso de confirmação, "o escrivão ou o chefe de secretaria submeterá a carta a despacho" (§ 2.º). Podemos utilizar, inclusive, o disposto no art. 263 do CPC/2015: "As cartas deverão, preferencialmente, ser expedidas por meio eletrônico, caso em que a assinatura do juiz deverá ser eletrônica, na forma da lei". Nada impede se utilize, por analogia, o mesmo método no processo penal.

> **Art. 357.** São requisitos da citação por mandado:[13-15-A]
>
> I – leitura do mandado ao citando pelo oficial e entrega da contrafé, na qual se mencionarão dia e hora da citação;
>
> II – declaração do oficial, na certidão, da entrega da contrafé, e sua aceitação ou recusa.[16-17]

13. Outros requisitos do mandado de citação: além dos previstos no art. 352 (que são os intrínsecos), existem estes: (a) o oficial deve fazer a leitura do mandado ao citando, entregando-lhe a contrafé, onde será mencionado o dia e a hora da diligência; (b) o oficial necessita lançar a certidão, onde consta a sua declaração de que o réu foi citado, bem como houve a entrega da contrafé, ou mesmo recusa de seu recebimento. São os requisitos extrínsecos do mandado de citação. Na jurisprudência: STJ: "1. Tendo o serviço público cumprido todos os requisitos intrínsecos do mandado (art. 357 do CPP), e inexistindo previsão legal de nulidade por ausência de telefone de contato do réu no corpo do mandado, não há ilegalidade a ser sanada" (AgRg no RHC n. 170.271/ES, 6.ª T., rel. Jesuíno Rissato, 23.08.2023, v.u.); "1. Em se tratando de denunciado solto – quanto ao réu preso, há determinação legal de que a citação seja efetivada de forma pessoal (art. 360 do CPP) –, não há óbice objetivo a que Oficial de Justiça, no cumprimento do mandado de citação expedido pelo Juízo (art. 351 do CPP), dê ciência remota ao citando da imputação penal, inclusive por intermédio de diálogo mantido em aplicativo de mensagem, desde que o procedimento adotado pelo serventuário seja apto a atestar, com suficiente grau de certeza, a identidade do citando e que sejam observadas as diretrizes estabelecidas no art. 357 do CPP, de forma a afastar a existência de prejuízo concreto à defesa. 2. No caso, o contexto verificado recomenda a renovação da diligência, pois a citação por aplicativo de mensagem (WhatsApp) foi efetivada sem nenhuma cautela por parte do serventuário (Oficial de Justiça), apta a atestar, com o grau de certeza necessário, a identidade do citando, nem mesmo subsequentemente, sendo que, cumprida a diligência, o citando não subscreveu procuração ao defensor de sua confiança, circunstância essa que ensejou a nomeação de Defensor Público, que arguiu a nulidade do ato oportunamente. 3. O andamento processual, obtido em consulta ao portal eletrônico do Tribunal de Justiça do Distrito Federal e dos Territórios, indica que ainda não foi designada audiência de instrução em julgamento, ou seja, o réu ainda não compareceu pessoalmente ao Juízo, circunstância que, caso verificada, poderia ensejar a aplicação do art. 563 do CPP. 4. Ordem concedida para declarar a nulidade do ato de citação e aqueles subsequentes, devendo a diligência (citação por mandado) ser renovada mediante adoção de procedimentos aptos a atestar, com suficiente grau de certeza, a identidade do citando e com observância das diretrizes previstas no art. 357 do CPP" (HC 652.068/DF, 6.ª T., rel. Sebastião Reis Júnior, 24.08.2021, v.u.).

14. Horário e dia para fazer a citação: qualquer dia e hora são admissíveis no processo penal. Obviamente, não se realiza durante a noite, se o réu estiver em seu domicílio, por

Art. 358

Código de Processo Penal Comentado · **Nucci**

conta, inclusive, da inacessibilidade garantida, constitucionalmente, ao local (art. 5.º, XI, CF). Fora daí, pouco importa ser noite ou dia. A nosso ver, a citação criminal é sempre urgente, motivo pelo qual não previu o Código de Processo Penal obstáculos à sua efetivação, tal como fez o Código de Processo Civil de 2015, no art. 244: "Não se fará a citação, salvo para evitar o perecimento do direito: I – de quem estiver participando de ato de culto religioso; II – de cônjuge, de companheiro ou de qualquer parente do morto, consanguíneo ou afim, em linha reta ou na linha colateral em segundo grau, no dia do falecimento e nos 7 (sete) dias seguintes; III – de noivos, nos 3 (três) primeiros dias seguintes ao casamento; IV – de doente, enquanto grave o seu estado".

15. Citação feita por oficial de justiça: goza de presunção de regularidade, pois o funcionário que a realizou tem fé pública, especialmente naquilo que certifica.

15-A. Citação por outros meios: como regra, deve-se respeitar o disposto na lei processual penal, sem inovação insegura, pois se trata de ato essencial a dar conhecimento da ação penal ao acusado. Portanto, não cabe citação por telefone ou rede social, a menos que o réu se dê por citado e consiga se defender, por meio de advogado, em juízo. Outras hipóteses podem ser aventadas, pois os aparatos tecnológicos vão surgindo e aprimorando os meios de acesso às pessoas, como o WhatsApp, como mecanismo de comunicação. Entretanto, é fundamental haver segurança nesse contato e certeza de que o citado tenha sido comunicado. Na jurisprudência: STJ: "4. Esta Corte Superior de Justiça já se manifestou no sentido de que é válida a citação pelo aplicativo WhatsApp desde que contenha elementos indutivos da autenticidade do destinatário, como número do telefone, confirmação escrita e foto individual e só tem declarado a nulidade quando verificado prejuízo concreto ao réu. Precedentes. 5. O Tribunal de origem deixou bem registrado que, no caso concreto, foram observadas todas as diretrizes previstas para a prática do ato, sendo a lisura da citação do paciente pelo aplicativo WhatsApp demonstrada ao menos pelos seguintes elementos: número telefônico fornecido pelo concunhado; confirmação da sua identidade por telefone pelo oficial de justiça quando da citação e certificação realizada por ele; utilização do mesmo número de telefone para confirmação de sua identidade, com posterior comparecimento para interrogatório, pela autoridade policial; anuência quanto à realização do ato; informação de que o réu não possuía condições para contratação de profissional para patrocinar sua defesa, de modo que foi nomeada a Defensoria Pública. 6. Ora, fica cristalino que foi indicado com precisão todo o procedimento adotado para identificar o citando e atestar a sua identidade, o que garante a higidez das diretrizes previstas no artigo 357 do Código de Processo Penal. Destaque-se que, no mencionado dispositivo, não há exigência do encontro físico do citando com o oficial de justiça. Verificada a identidade e cumpridas as diretrizes previstas na norma procedimental, ainda que de forma remota, a citação é válida. 7. Ademais, o Código de Processo Penal, em seu art. 563, agasalha o princípio de que 'nenhum ato será declarado nulo, se da nulidade não resultar prejuízo para a acusação ou para a defesa'" (AgRg no HC 685.286/PR, 6.ª T., rel. Antonio Saldanha Palheiro, 22.02.2022, v.u.).

16. Deficiência da descrição feita pelo oficial de justiça: é causa de nulidade, devendo a diligência ser repetida, não se aceitando a citação por edital.

17. Ausência de assinatura do oficial de justiça na certidão: é causa de nulidade, especialmente se houver prejuízo para a defesa, assim devidamente demonstrado.

Art. 358. A citação do militar far-se-á por intermédio do chefe do respectivo serviço.[18]

18. Citação do militar: trata-se de providência que tem em vista resguardar a intangibilidade do quartel, bem como a hierarquia e a disciplina, características inerentes à conduta militar. Assim, evitando-se que o oficial de justiça ingresse em dependências militares, à procura do réu, encaminha-se a requisição do juiz, por ofício, ao superior, que a fará chegar ao destinatário, no momento propício. O referido ofício deve estar instruído com os mesmos requisitos do mandado (art. 352), para que não haja prejuízo à defesa. O militar, como regra, oficia de volta ao juiz, comunicando-lhe que autorizou o comparecimento do subordinado no dia e hora marcados. Excepcionalmente, pode solicitar nova data, caso o subalterno esteja em missão ou fora da Comarca, temporariamente. Quando a permanência for definitiva, faz-se a expedição do ofício por precatória. Na jurisprudência: STJ: "I – A inobservância da regra constante do art. 358 do Código de Processo Penal, segundo a qual 'A citação do militar far-se-á por intermédio do chefe do respectivo serviço', e as inconsistências na certidão de citação cumprida no endereço residencial, como a ausência de assinatura ou a 'ciência' do citado, representam cerceamento de defesa no caso concreto. II – Por considerar aperfeiçoada a citação, a d. Magistrada nomeou a Defensoria Pública para apresentar resposta à acusação, deixando de intimar previamente o acusado para que, se assim o desejasse, constituísse advogado para representá-lo em Juízo. III – Ao tomar conhecimento da acusação, em audiência para a qual foi intimado a comparecer na condição de testemunha, o recorrente constituiu advogado que se encontrava presente nas dependências do fórum, e que, posteriormente, peticionou nos autos arguindo nulidade decorrente do ato de citação e alegou que o prejuízo sofrido consistiu na apresentação de resposta à acusação sem o requerimento de produção de provas e diligências, aduzindo, ainda, violação ao direito do recorrente de escolher o profissional de sua confiança para defender seus interesses em Juízo. IV – Logo, patente o constrangimento ilegal decorrente da inobservância da regra procedimental atinente à citação do ora recorrente, porque causou prejuízo processual na espécie, que foi alegado oportunamente. Recurso ordinário em *habeas corpus* provido a fim de declarar a nulidade do ato de citação do recorrente, devendo ser restituído o prazo para a apresentação de resposta à acusação" (RHC 105.798/AM, 5.ª T., rel. Felix Fischer, 04.12.2018, v.u.).

> **Art. 359.** O dia designado para funcionário público comparecer em juízo, como acusado, será notificado assim a ele como ao chefe de sua repartição.[19]

19. Citação do funcionário público: parte-se, nesse caso, do pressuposto de que a ausência do funcionário público de seu posto, ainda que para comparecer a interrogatório criminal, pode trazer graves danos ao serviço público e, portanto, ao interesse geral da sociedade. Assim, quando se faz a citação do funcionário público, expede-se, concomitantemente, um ofício de requisição ao seu superior, para que tenha ciência da ausência e providencie substituto. Excepcionalmente, não sendo possível a substituição, tampouco a vacância do cargo, pode oficiar ao juiz, solicitando outra data para o interrogatório. Note-se que há dupla exigência: mandado e ofício requisitório. Faltando um dos dois, não está o funcionário obrigado a comparecer nem pode padecer das consequências de sua ausência. Se necessário, vale-se o juiz da precatória, no caso de pessoa citada fora de sua Comarca.

> **Art. 360.** Se o réu estiver preso, será pessoalmente citado.[20]

20. Citação de réu preso: nos moldes da citação do acusado solto, deve ser feita pessoalmente, por mandado, recebendo cópia da denúncia e podendo preparar-se, a tempo, para o interrogatório, que será sua primeira manifestação defensiva (autodefesa) perante o juiz.

Art. 361

Código de Processo Penal Comentado · **Nucci**   732

O mínimo que se espera para a consagração da ampla defesa e do contraditório, garantias constitucionais, é que a citação seja feita com tempo antecedente suficiente para o preparo da defesa e, sem dúvida, pessoalmente. A antiga redação do art. 360, prevendo que o réu preso deveria ser requisitado para apresentação em juízo, no dia e hora designados, dava a entender que era prescindível a citação do acusado por mandado. A requisição valeria como citação, o que era, em nosso entendimento, nítido cerceamento de defesa. Ora, verificando-se que o art. 360 está inserido no capítulo pertinente à citação, esta passa a ser realizada por mandado. O STF tem precedente no sentido de se tratar de nulidade relativa a citação feita por requisição, mesmo após a modificação do art. 360. Na jurisprudência: "Diante do comparecimento do preso em juízo, não é possível invocar nulidade por ausência de citação. Com base neste entendimento, a 2.ª Turma desproveu recurso ordinário em *habeas corpus* em que se alegava constrangimento ilegal decorrente de falta de citação pessoal do paciente para audiência de interrogatório. A impetração sustentava, ainda, nulidade absoluta da ação penal por suposta ofensa aos princípios constitucionais da legalidade, da ampla defesa e do contraditório – v. *Informativo* 644. Ressaltou-se que, conquanto preso, o réu teria sido regularmente requisitado à autoridade carcerária a fim de comparecer ao interrogatório. Na oportunidade, teria sido entrevistado e assistido por defensor dativo. No ponto, destacou-se o art. 570 do CPP ("A falta ou a nulidade da citação, da intimação ou notificação estará sanada, desde que o interessado compareça, antes de o ato consumar-se, embora declare que o faz para o único fim de argui-la. O juiz ordenará, todavia, a suspensão ou o adiamento do ato, quando reconhecer que a irregularidade poderá prejudicar direito da parte"). Frisou-se que a apresentação do denunciado ao juízo, a despeito de não cumprir a ortodoxia da novel redação do art. 360 do CPP, introduzida pela Lei 10.792/2003 ("Se o réu estiver preso, será pessoalmente citado"), supriria a eventual ocorrência de nulidade. Ademais, sublinhou-se que o mencionado vício não fora arguido oportunamente, em defesa preliminar ou nas alegações finais, mas só após o julgamento de apelação criminal, em sede de embargos de declaração, o que corroboraria a inexistência de prejuízo ao paciente" (RHC 106.461/DF, 2.ª T., rel. Min. Gilmar Mendes, 07.05.2013, v.u., *Informativo* 705). STJ: "1. Segundo entendimento firmado nesta Corte, o comparecimento do réu preso, devidamente requisitado para o seu interrogatório, sana eventual vício por ausência de citação, a despeito do disposto no art. 360 do Código de Processo Penal. 2. Agravo regimental a que se nega provimento" (AgRg no REsp 987.346/MG, 6.ª T., rel. Antonio Saldanha Palheiro, 12.06.2018, v.u.).

> **Art. 361.** Se o réu não for encontrado, será citado por edital, com o prazo de 15 (quinze) dias.[21-23]

21. Citação por edital: é a modalidade de citação denominada ficta, porque não é realizada pessoalmente, presumindo-se que o réu dela tomou conhecimento. Publica-se em jornal de grande circulação, na imprensa oficial ou afixa-se o edital no átrio do fórum, admitindo-se a possibilidade de que o acusado, ou pessoa a ele ligada, leia, permitindo a ciência da existência da ação penal. A nosso ver, é forma vetusta e inútil de se proceder à citação de alguém. Merece ser abolida, pois trabalhar com esse tipo de ficção em nada contribui para o aprimoramento do processo. Se o acusado forneceu um endereço, quando foi investigado e ouvido pela polícia, deve ser cientificado de que eventual mudança precisa ser comunicada. Não o fazendo, deve arcar com o ônus da alteração sem aviso à Justiça. Por outro lado, não sendo encontrado na fase policial, logo, não tendo endereço nos autos, deve ser procurado por todos os meios possíveis. A não localização faz com que o juiz determine a paralisação do feito, até que seja encontrado. O edital, enfim, é inútil. Evidenciando outra razão, Roberto Delmanto Junior diz que a citação por edital merece ser abolida "por ensejar a circunstância de o acusado, uma vez suspensa a persecução penal, nunca mais ser procurado por nenhum agente ou órgão estatal, a não ser que se envolva em outra persecução penal, comunicando-se o seu paradeiro ao juízo do processo suspenso, por exemplo" (*Inatividade no processo penal brasileiro*, p. 155). Na jurisprudência: STJ: "1. A comunicação de atos processuais por meio ficto somente pode ocorrer após o esgotamento dos meios de localização do acusado, como forma de assegurar o pleno exercício das garantias constitucionais inerentes ao processo penal. Neste caso, foram realizadas tentativas de intimar pessoalmente o agravante, que deixou de atualizar seu endereço e não forneceu meios para sua localização, justificando a adoção da citação editalícia para regularizar a relação jurídico-processual. 2. No sistema processual penal vigora o princípio da lealdade e da boa-fé objetiva, não sendo lícito à parte arguir vício com o qual tenha concorrido, sob pena de se violar o princípio do *nemo auditur propriam turpitudinem allegans*. 3. Neste caso, há elementos suficientes que permitam concluir que o agravante tinha conhecimento do desenrolar da tramitação da ação penal em seu desfavor, que, por isso, tinha o dever de informar ao juízo eventuais mudanças de endereço, considerando o princípio da boa-fé e da lealdade processual que deve reger as relações com o Poder Judiciário" (AgRg no HC 808.230/PE, 5.ª T., rel. Reynaldo Soares da Fonseca, 06.06.2023, v.u.).

22. Esgotamento dos meios de localização: é providência indispensável para validar a fictícia citação por edital. Se o acusado tiver vários endereços nos autos, incluindo os constantes no inquérito, deve ser procurado em todos eles, sem qualquer exceção. Caso haja alguma referência, feita por vizinho ou parente, de onde se encontra, também deve aí ser procurado. Se possível, os ofícios de localização devem ser expedidos, quando pertinentes (ex.: o réu é médico, podendo-se obter seu endereço no Conselho Regional de Medicina ou em algum hospital onde tenha trabalhado). No mais, esgotadas as vias de procura, cabe a citação por edital.

23. Réu preso no mesmo Estado, embora em Comarca diversa: não pode haver citação por edital. Cabe ao juiz procurar, ao menos no seu Estado, pelos meios de controle que possui, se o acusado está preso em algum estabelecimento penitenciário. Negativa a resposta, pode-se fazer a citação editalícia. O ideal seria possuir um cadastro nacional de prisões, evitando-se a procura desenfreada por réus, quando detidos em outra Unidade da Federação. É o teor da Súmula 351 do STF: "É nula a citação por edital de réu preso na mesma unidade da Federação em que o juiz exerce a sua jurisdição".

> **Art. 362** Verificando que o réu se oculta para não ser citado, o oficial de justiça certificará a ocorrência e procederá à citação com hora certa,[24] na forma estabelecida nos arts. 227 a 229 da Lei 5.869, de 11 de janeiro de 1973 – Código de Processo Civil.[24-A]
>
> **Parágrafo único.** Completada a citação com hora certa, se o acusado não comparecer, ser-lhe-á nomeado defensor dativo.[24-B-24-C]

24. Citação por hora certa: vínhamos defendendo, há muito tempo, a substituição da citação por edital ao réu que se oculta pela citação por hora certa, nos termos da lei processual civil. Finalmente, a Lei 11.719/2008 adotou essa posição. Vale ressaltar que o STF considera constitucional a citação por hora certa, prevista no art. 362 do CPP nos casos em que se verifique que um réu se oculta para não ser citado. Com repercussão geral reconhecida, os ministros entenderam que essa modalidade de citação não compromete o direito de ampla

Art. 362

Código de Processo Penal Comentado · **Nucci**   734

defesa, constitucionalmente assegurado a todos os acusados em processo criminal (ver RE 635145). Logicamente, o ideal é a citação pessoal, porém, de qualquer modo, uma vez que o acusado se oculta para não ser citado, melhor que se concretize o ato por hora certa, pelas mãos do oficial de justiça, do que por uma singela publicação de edital, que, em verdade, ninguém lê. Na jurisprudência: STF: "Notificação por hora certa. Lei 11.719/2008, que alterou o art. 362. Compatibilidade com o rito do procedimento penal originário. Denunciado que se oculta para não receber a notificação pessoal. Inexistência de nulidade" (Inq 3204, 2.ª T., rel. Gilmar Mendes, 03.08.2015, v.u.). STJ: "2. Na hipótese, a Corte de origem reconheceu a objetiva e justificada suspeita de ocultação, visto que, por pelo menos duas vezes, o oficial de justiça compareceu à residência do acusado, antes da mudança de seu endereço, e foi informado que o citando não se encontrava no local. Em comunicação realizada com a esposa do réu, o serventuário informou o propósito das diligências e deixou o número de seu telefone, para que o denunciado o contactasse para citação, o que não ocorreu. 3. De acordo com o princípio *pas de nullité sans grief*, positivado pelo art. 563 do CPP, não se justifica a declaração de invalidade de atos processuais que tenham alcançado sua finalidade. No ofício endereçado a esta Corte, o Juiz especifica que 'o paciente apresentou resposta a acusação por intermédio de defesa constituída' e infere-se que, em data anterior, advogados particulares requereram habeas corpus ao Tribunal de origem, dados que sinalizam a ciência da ação penal e a oportunidade de ampla defesa e do contraditório, principalmente porque o processo nem sequer havia ultrapassado a fase do art. 397 do CPP" (RHC 155.968/PR, 6.ª T., rel. Rogerio Schietti Cruz, 07.02.2023, v.u.).

24-A. Forma da citação por hora certa: conforme preceituam os artigos do Código de Processo Civil, "quando, por 2 (duas) vezes, o oficial de justiça houver procurado o citando em seu domicílio ou residência sem o encontrar, deverá, havendo suspeita de ocultação, intimar qualquer pessoa da família ou, em sua falta, qualquer vizinho de que, no dia útil imediato, voltará a fim de efetuar a citação, na hora que designar" (art. 252 do CPC/2015); "No dia e na hora designados, o oficial de justiça, independentemente de novo despacho, comparecerá ao domicílio ou à residência do citando a fim de realizar a diligência. § 1.º Se o citando não estiver presente, o oficial de justiça procurará informar-se das razões da ausência, dando por feita a citação, ainda que o citando se tenha ocultado em outra comarca, seção ou subseção judiciárias. § 2.º A citação com hora certa será efetivada mesmo que a pessoa da família ou o vizinho que houver sido intimado esteja ausente, ou se, embora presente, a pessoa da família ou o vizinho se recusar a receber o mandado. § 3.º Da certidão da ocorrência, o oficial de justiça deixará contrafé com qualquer pessoa da família ou vizinho, conforme o caso, declarando-lhe o nome. § 4.º O oficial de justiça fará constar do mandado a advertência de que será nomeado curador especial se houver revelia" (art. 253); "feita a citação com hora certa, o escrivão ou chefe de secretaria enviará ao réu, executado ou interessado, no prazo de 10 (dez) dias, contado da data da juntada do mandado aos autos, carta, telegrama ou correspondência eletrônica, dando-lhe de tudo ciência" (art. 254).

24-B. Nomeação de defensor ao acusado: citado por hora certa e não comparecendo, o juiz providenciará a nomeação de defensor dativo ou remeterá o caso para patrocínio da Defensoria Pública. De qualquer forma, não há nessa providência nenhuma novidade, pois até mesmo o réu presente, que não tenha defensor constituído, será de qualquer maneira patrocinado por advogado, nomeado pelo juiz ou da Defensoria Pública.

24-C. Suspensão do processo: a citação por hora certa é uma modalidade de citação ficta, tal como ocorre com o edital. Ora, se a finalidade do art. 366 é evitar a continuidade do processo, tendo em vista ter ocorrido uma forma de citação ficta (edital), dando ensejo a supor não ter o réu, verdadeiramente, conhecimento da demanda contra si ajuizada, o mesmo se deve fazer quanto à citação por hora certa. Note-se o disposto no art. 72, II, do CPC/2015: "O juiz nomeará curador especial ao: (...) II – réu preso revel, bem como ao réu revel citado por edital ou com hora certa, enquanto não for constituído advogado". Estão equiparados, para efeito de proteção especial, os que forem citados por edital e por hora certa. No processo penal, com maior razão, não se pode dar prosseguimento à instrução, valendo-se de uma espécie de citação ficta. Entretanto, por equívoco legislativo, que deveria ter previsto expressamente essa hipótese, há uma lacuna quanto à suspensão da prescrição. Inviável é a utilização de analogia *in malam partem*, razão pela qual a citação por hora certa pode valer-se da suspensão do processo, nos mesmos moldes da citação por edital, mas não haverá suspensão da prescrição.

> **Art. 363.** O processo terá completada a sua formação quando realizada a citação do acusado.[25]
>
> I – (Revogado.);
>
> II – (Revogado.).
>
> § 1.º Não sendo encontrado o acusado, será procedida a citação por edital.[26]
>
> § 2.º (Vetado.)
>
> § 3.º (Vetado.)
>
> § 4.º Comparecendo o acusado citado por edital, em qualquer tempo, o processo observará o disposto nos arts. 394 e seguintes deste Código.[26-A]

25. Formação completa da relação processual: iniciada a ação penal, pelo oferecimento da denúncia ou queixa, o primeiro passo para considerar a demanda ajuizada é o recebimento da peça acusatória. Em seguida, aguarda-se a citação para que o réu seja chamado a se defender, tomando ciência da imputação que lhe foi feita. Por isso, aperfeiçoa-se a relação processual.

26. Citação por edital: continua a existir, embora seja de natureza nitidamente ficta e, portanto, inócua em grande parte dos casos. Anteriormente, mencionavam-se as situações para a citação por edital (ocultação do réu, acusado em lugar inacessível, em virtude de epidemia, guerra ou outro motivo de força maior, quando incerta a pessoa a ser citada), passando-se, agora, a generalizar: basta que não seja encontrado. Parece mais lógico, desde que o juiz tome as cautelas naturais para verificar se o acusado foi procurado em todos os endereços disponíveis nos autos do inquérito e do processo, bem como se não estaria preso em algum lugar, ao menos do Estado da Federação onde se encontra a Vara que o processa.

26-A. Comparecimento do acusado citado por edital: a redação do § 4.º não foi adequada, pois dá a entender que, a qualquer tempo, quando comparecer, após citação por edital, o processo deverá respeitar o rito previsto nos arts. 394 e seguintes do CPP, desde o início. Não é realidade. Citado por edital, a qualquer tempo, pode o réu integrar a relação processual, inclusive substituindo o defensor público ou dativo por advogado de sua confiança, mas ingressará no estado em que se encontrar o feito, vale dizer, não se reinicia a instrução por sua causa. Tomará parte do processo, assumindo-o no estágio possível, conforme o rito adotado. Na jurisprudência: STF: "Citado o paciente por edital, despicienda posterior citação pessoal, nos termos do art. 363, § 4.º, do Código de Processo Penal. Nulidade não demonstrada. O princípio maior que rege a matéria é de que não se reconhece nulidade sem prejuízo, conforme o art. 563 do Código de Processo Penal. Recurso ordinário em *habeas corpus* não provido" (RHC 117804, 1.ª T., rel. Rosa Weber, 18.10.2013, v.u.).

Art. 364

> **Art. 364.** No caso do artigo anterior, n. I, o prazo será fixado pelo juiz entre 15 (quinze) e 90 (noventa) dias, de acordo com as circunstâncias, e, no caso de n. II, o prazo será de 30 (trinta) dias.[27]

27. Duração do prazo do edital: os incisos I e II do artigo anterior foram revogados, razão pela qual os prazos indicados não têm mais pertinência. Diante disso, parece-nos razoável fixar o prazo de 15 dias, pois se trata de algo puramente ficto, logo, na prática, inútil. Na jurisprudência: STJ: "O descumprimento do lapso de 15 (quinze) dias exigido entre a publicação do edital de citação e a data designada para o interrogatório caracteriza nulidade absoluta. Contudo, 'doutrina e jurisprudência têm exigido a comprovação de prejuízo efetivo para que a nulidade absoluta seja reconhecida' (RHC n.º 33.689/SC, Rel. Min. Jorge Mussi, Quinta Turma, *DJe* 6/11/2012). Na hipótese dos autos, a despeito da inobservância do prazo previsto no artigo 364 do CPP, não houve nenhum prejuízo para o réu, pois não foi realizado nenhum ato processual ou produção de provas, ante a suspensão do processo e do prazo prescricional nos termos do artigo 366 do CPP, bem como que, logo após o cumprimento do mandado de prisão quinze anos após a sua expedição, foi o réu citado e intimado para a apresentação de resposta à acusação e realização de seu interrogatório judicial, situação que demonstra a ausência de cerceamento de defesa" (RHC 44.111/DF, 5.ª T., rel. Reynaldo Soares da Fonseca, 07.03.2016, v.u.).

> **Art. 365.** O edital de citação indicará:[28]
>
> I – o nome do juiz que a determinar;
>
> II – o nome do réu, ou, se não for conhecido, os seus sinais característicos, bem como sua residência e profissão, se constarem do processo;
>
> III – o fim para que é feita a citação;[29]
>
> IV – o juízo e o dia, a hora e o lugar em que o réu deverá comparecer;
>
> V – o prazo, que será contado do dia da publicação do edital na imprensa, se houver, ou da sua afixação.
>
> **Parágrafo único.** O edital será afixado à porta do edifício onde funcionar o juízo e será publicado pela imprensa, onde houver, devendo a afixação ser certificada pelo oficial que a tiver feito e a publicação provada por exemplar do jornal ou certidão do escrivão, da qual conste a página do jornal com a data da publicação.

28. Requisitos do edital: deve o edital conter os elementos descritos neste artigo, que são seus requisitos intrínsecos. Afixa-se o edital no átrio do fórum, publicando-se pela imprensa oficial, onde houver. É o que basta, não sendo necessário, conforme orientação já firmada pelo Supremo Tribunal Federal, que seja publicado na imprensa comum. Aliás, nem verba para isso haveria. Na jurisprudência: STJ: "1. O art. 365, parágrafo único, do Código de Processo Penal dispõe que o edital de citação será afixado à porta do edifício onde funcionar o juízo e será publicado pela imprensa, onde houver, devendo a afixação ser certificada pelo oficial que a tiver feito e a publicação provada por exemplar do jornal ou certidão do escrivão, da qual conste a página do jornal com a data da publicação. Na hipótese de inexistência de órgão oficial ou privado no local, basta a fixação do edital no fórum (HC 479.957-PE, Quinta Turma, Relator Ministro Félix Fischer, *DJe* 06/03/2019)" (AgRg no RHC 112.655/PE, 5.ª T., rel. Ribeiro Dantas, 05.05.2020, v.u.).

29. Finalidade da citação: basta a menção do dispositivo da lei penal em que se encontra incurso o réu. Nesse sentido, conferir a Súmula 366 do Supremo Tribunal Federal: "Não é nula a citação por edital que indica o dispositivo da lei penal, embora não transcreva a denúncia ou queixa, ou não resuma os fatos em que se baseia".

> **Art. 366.** Se o acusado, citado por edital, não comparecer, nem constituir advogado, ficarão suspensos o processo[30-32] e o curso do prazo prescricional,[33] podendo o juiz determinar a produção antecipada das provas consideradas urgentes[34] e, se for o caso, decretar prisão preventiva,[35] nos termos do disposto no art. 312.[36-39]
>
> § 1.º (Revogado.).[39-A]
>
> § 2.º (Revogado.).[39-B]

30. Suspensão do processo: trata-se de antiga reivindicação da doutrina – atendida pela Lei 9.271/1996, modificando o art. 366 – que o réu não fosse processado até o final, quando citado fictamente, sendo julgado e condenado, possibilitando o trânsito em julgado da decisão. Assim acontecendo, muitos erros judiciários eram consagrados, pois a defesa efetiva não tinha ocorrido, podendo uma pessoa ser processada em lugar de outra (no caso de ter havido furto de documentos, por exemplo). Nessa hipótese, a decisão já estaria consolidada, quando o sujeito inocente (vítima do furto de seus documentos pessoais, usados pelo verdadeiro agente) fosse localizado e preso. O caminho seria a revisão criminal, o que não deixava de ser processo demorado para quem tinha sua liberdade cerceada. Além disso, não haveria possibilidade de se consagrar, com efetividade, a ampla defesa e o contraditório, já que um defensor, desconhecido do réu, seria incumbido da sua defesa. Por tudo isso, determina-se que o réu, citado por edital, não seja processado sem se ter a certeza de sua ciência a respeito da existência da ação penal. Suspende-se o curso do processo, até ser encontrado. O mal da prescrição poderia dar-se, mas o próprio artigo prevê a suspensão do lapso prescricional. Em tese, pois, dano algum há. Para evitar que o processo fique paralisado indefinidamente, normas administrativas vêm sendo editadas, obrigando a busca do paradeiro do réu dentro de determinado período (seis meses ou um ano, por exemplo), requisitando-se a sua folha de antecedentes atualizada – que pode conter outro processo, em Comarca diversa –, além de se manter os autos do processo em lugar próprio, no ofício judicial, mas não arquivado. Na jurisprudência: STF: "1. Afronta as garantias do devido processo legal, da ampla defesa e do contraditório (art. 5.º, incisos LIV e LV, da Constituição Federal) o prosseguimento do processo penal em caso de inatividade processual decorrente de citação ficta. Direito subjetivo à comunicação prévia e pormenorizada da acusação formulada contra si, assim como à autodefesa e à constituição de defensor. Precedente. 2. O conhecimento que autoriza a persecução penal é o efetivo, vale dizer, aquele que é possível afirmar que o acusado de fato teve informação sobre o processo a que responde. A presunção legal de conhecimento, como se dá no caso da citação por edital, não atende a esse rígido critério e não deve autorizar a continuidade da persecução penal" (HC 188.264 AgR, 2.ª T., rel. Edson Fachin, 14.02.2022, maioria). STJ: "2. A citação por edital, por sua vez, só ocorre caso o réu não seja encontrado, isto é, o fechamento da tríade processual, com a citação do réu, só pode ocorrer via editalícia, na hipótese de não se localizar o réu previamente. É a medida lançada pelo processo penal a fim de evitar a prescrição da pretensão punitiva, tanto que, após sua realização, é possível a aplicação do art. 366 do Código de Processo Penal, caso não haja o comparecimento do réu. 3. Estabelece o art. 564, III, alínea 'e', do CPP, que ocorrerá nulidade por ausência ou em desrespeito a forma de citação do réu para ver-se processar. 4. Segundo entendimento

Art. 366

Código de Processo Penal Comentado • Nucci   738

pacífico desta Corte Superior, a vigência no campo das nulidades do princípio *pas de nullité sans grief* impõe a manutenção do ato impugnado que, embora praticado em desacordo com a formalidade legal, atinge a sua finalidade, restando à parte demonstrar a ocorrência de efetivo prejuízo. 5. No caso em exame, as instâncias ordinárias não demonstraram o esgotamento das vias para citação pessoal do agravado, fazendo menção apenas à frustração dos mandados de prisão, de modo que demonstrado o prejuízo, tanto que suspenso o prazo prescricional. Assim, a finalidade do ato não restou atingida, pois inquinado de vício insanável o processo, devendo, portanto, ser reconhecida a sua nulidade. 6. Agravo regimental desprovido" (AgRg no AREsp 353.136/MT, 5.ª T., rel. Ribeiro Dantas, 02.04.2019, v.u.).

31. Requisitos para a suspensão: deve haver a citação por edital, associada ao fato do réu não comparecer para ser interrogado, nem contratar advogado para promover sua defesa. Não é só a citação ficta que detona a suspensão, sendo indispensável a ausência do réu.

32. Réu citado pessoalmente: não se aplica a suspensão. Se não comparecer ao interrogatório, nem contratar advogado, declara-se sua ausência, nomeia-se defensor dativo (ou remete-se o caso à Defensoria Pública) e o processo segue normalmente o seu curso.

33. Suspensão da prescrição: não pode ser, em nosso entendimento, suspensa indefinidamente, pois isso equivaleria a tornar o delito imprescritível, o que somente deve ocorrer por força de preceito constitucional, como acontece nos casos de racismo e de ação de grupos armados contra o Estado Democrático de Direito. Assim, por ausência de previsão legal, tem prevalecido o entendimento de que a prescrição fica suspensa pelo prazo máximo em abstrato previsto para o delito. Depois, começa a correr normalmente. Isso significa que, no caso de furto simples, cuja pena máxima é de quatro anos, a prescrição não corre por oito anos. Depois, retoma seu curso, finalizando com outros oito anos, ocasião em que o juiz pode julgar extinta a punibilidade do réu. Nesse prisma: Súmula 415 do STJ: "O período de suspensão do prazo prescricional é regulado pelo máximo da pena cominada". É, igualmente, o entendimento firmado pelo STF no RE n. 600.851/DF (tema 438); "Em caso de inatividade processual decorrente de citação por edital, ressalvados os crimes previstos na Constituição Federal como imprescritíveis, é constitucional limitar o período de suspensão do prazo prescricional ao tempo de prescrição da pena máxima em abstrato cominada ao crime, a despeito de o processo permanecer suspenso". "4. O art. 366 do Código de Processo Penal, ao não limitar o prazo de suspensão da prescrição no caso de inatividade processual oriunda de citação por edital, introduz hipótese de imprescritibilidade incompatível com a Constituição Federal. 5. Mostra-se em conformidade com a Constituição da República limitar o tempo de suspensão prescricional ao tempo máximo de prescrição da pena em abstrato prevista no art. 109 do Código Penal para o delito imputado. Enunciado sumular n. 415 do Superior Tribunal de Justiça" (RE 600.851, Pleno, rel. Edson Fachin, 07.12.2020, v.u.). Na jurisprudência: STJ: "1. Decorrido o prazo prescricional estabelecido no art. 109 do Código Penal, considerada a pena máxima fixada para o tipo penal imputado, o processo criminal, suspenso com base art. 366 do CPP, deve retomar o seu curso, independente da citação pessoal do acusado, assegurado o contraditório e a ampla defesa técnica. 2. Na hipótese, o processo foi suspenso em 17/7/1997, depois de efetuada a citação por edital do acusado. Em 18/3/2020, transcorrido prazo prescricional de referência, o feito retomou o seu curso" (AgRg no AgRg no RHC 128.915/RS, 6.ª T., rel. Rogerio Schietti Cruz, 04.05.2021, v.u.).

34. Necessidade da urgência da produção das provas: a modificação ocorrida no art. 366, pela Lei 9.271/1996, teve a finalidade de garantir a ampla defesa e o contraditório efetivos do acusado em processo penal. Citado por edital, de maneira fictícia, portanto, a grande probabilidade é que não tenha a menor ciência de que é réu, razão por que não se defenderá. Suspende-se então, o andamento do processo, não afetando seu direito de defesa. Mas, pode haver provas urgentes a produzir, cujo atraso implicaria a sua perda, fundamento pelo qual se abriu a exceção de, sem a certeza de ter sido o acusado cientificado da existência do processo-crime, determinar o juiz a realização de provas consideradas imprescindíveis e imediatas. Não se deve banalizar o disposto neste artigo, crendo ser regra o que vem a ser exceção. Somente as provas realmente perecíveis precisam ser efetivadas na ausência do réu, ainda que lhe seja nomeado defensor dativo ou indicado defensor público. Dentre as que demandam maior controvérsia, está, inequivocamente, a prova testemunhal. Alguns defendem que a testemunha deve ser ouvida, porque pode esquecer o que viu ou sabe com o passar do tempo – por isso, é sempre urgente. Outros, preservando a excepcionalidade estabelecida em lei, preferem crer que somente o prudente critério do juiz poderá decidir e discernir acerca da prova testemunhal urgente, de outra, que irrelevante se apresenta. Ouvir uma criança, que tenha visto um crime, é urgente, pois o próprio desenvolvimento físico e psicológico do informante pode alterar-se, comprometendo relevantes dados armazenados em sua memória. Entretanto, ouvir uma pessoa que, na fase policial, já declarou que apenas ouviu dizer a respeito de quem seria o autor do crime, sem fornecer nenhum outro dado relevante, é indevido. Assim, sustentamos que cabe ao prudente critério do magistrado decidir a respeito da urgência da prova, sem haver qualquer tipo de generalização. A reforma havia dado mais um passo para definir critérios em relação às provas consideradas urgentes, prevendo o seguinte: "o juiz, a requerimento do Ministério Público ou do querelante ou de ofício, determinará a produção antecipada de provas consideradas urgentes e relevantes, observando a necessidade, adequação e proporcionalidade da medida" (art. 363, § 2.º, II, CPP). Entretanto, tal dispositivo foi vetado, em razão do lapso ocorrido na redação do inciso I do mesmo parágrafo. Editou-se a Súmula 455 do STJ: "A decisão que determina a produção antecipada de provas com base no art. 366 do CPP deve ser concretamente fundamentada, não a justificando unicamente o mero decurso do tempo". Na jurisprudência: STF: "Ante o empate na votação, a 1.ª Turma deferiu *habeas corpus*, de ofício, para reconhecer a nulidade da prova produzida antecipadamente e determinar seu desentranhamento. De início, julgou-se extinta a impetração, porquanto manejada de acórdão de recurso ordinário em *habeas corpus*, julgado pelo STJ, em substituição ao recurso cabível, que, no caso, seria o extraordinário. O Min. Dias Toffoli, relator, concedeu a ordem de ofício, no que foi acompanhado pela Min. Rosa Weber. Consignou que o eventual esquecimento dos fatos pelas testemunhas, em razão da passagem do tempo, não seria fundamento idôneo para antecipar a oitiva delas. Além disso, avaliou que o magistrado teria considerado o fato de as testemunhas serem policiais militares, o que não corresponderia à realidade. Em divergência, os Ministros Marco Aurélio e Luiz Fux não concediam a ordem de ofício. Aquele ressaltava que o juiz poderia proceder à colheita antecipada de provas para evitar o esquecimento dos fatos, em virtude da passagem do tempo. Este afirmava que o perigo da demora seria para a formação da prova do processo e não para a liberdade de ir e vir" (HC 114.519/DF, 1.ª T., rel. Dias Toffoli, 26.02.2013, v.u., *Informativo* 696). STJ: "9. No caso dos autos, a decisão que autorizou a antecipação das provas se deu em razão da possibilidade de esquecimento dos fatos por parte das vítimas, testemunhas e dos policiais, uma vez que 'o cerne da prova', no caso dos autos, 'é testemunhal'. A postergação das ouvidas poderia prejudicar ou até mesmo impossibilitar a produção da prova, uma vez que o transcurso de longos períodos dificulta a lembrança dos fatos pelas testemunhas, que poderiam, inclusive, estar impossibilitadas de testemunhar à época da retomada do curso processual. 10. Nos termos da jurisprudência desta Corte, 'a realização antecipada de provas não traz prejuízo ínsito à defesa, visto que, a par de o ato ser realizado na presença de defensor nomeado, nada impede que, retomado eventualmente o curso do processo com o comparecimento do réu, sejam produzidas provas que se julgarem úteis à defesa, não sendo vedada a repetição, se indispensável, da prova produzida

Art. 366

Código de Processo Penal Comentado · Nucci

antecipadamente' (RHC n. 64.086/DF, relator Ministro Nefi Cordeiro, relator p/ acórdão Ministro Rogerio Schietti Cruz, Terceira Seção, julgado em 23/11/2016, *DJe* 9/12/2016). 11. Orientação adotada pelo juízo singular, que ressaltou que a colheita da prova se daria com a designação de defensor dativo, o qual poderia atuar de forma técnica na defesa dos interesses do acusado, em evidente preservação ao contraditório e à ampla defesa da parte. O denunciado, quando e se comparecer aos autos, poderá apresentar novos elementos probatórios e, eventualmente, postular que a prova seja refeita/retificada/ratificada, em juízo, sobre pontos de seu interesse. 12. Necessidade da colheita antecipada da prova em uma única assentada, em homenagem ao princípio da duração razoável do processo, bem como do princípio da economicidade, considerando se tratar de ação penal envolvendo sete denunciados. 13. Natureza das atividades policiais, que atuam com os mais diversos delitos em sua maioria semelhantes, o que implica no enfraquecimento de suas lembranças" (AgRg no RHC 177.436/DF, 5.ª T., rel. Ribeiro Dantas, 15.05.2023, v.u.); "2. A produção antecipada de provas é providência expressamente autorizada pelo art. 366 do Código de Processo Penal, em virtude da suspensão do processo. Porém, não é possível antecipar toda e qualquer produção probatória, mas apenas aquela considerada urgente, devendo a decisão ser concretamente fundamentada, nos termos do verbete n. 455/STJ. 3. No caso dos autos, há situação excepcional a lastrear a necessidade de oitiva das testemunhas, em razão do tempo decorrido desde a prática do fato delituoso (4 anos) aliado ao fato de que foram elas ameaçadas e poderiam não mais ser encontradas, o que configura motivação concreta para a produção antecipada de provas. Precedentes" (HC 627.538/SP, 5.ª T., rel. Reynaldo Soares da Fonseca, 02.02.2021, v.u.).

35. Prisão preventiva: não deve ser decretada automaticamente, sem o preenchimento dos requisitos demandados pelo art. 312. Na jurisprudência: STF: "A revelia do réu não constitui, por si só, fundamentação idônea para decretação da prisão preventiva com o fim de assegurar a aplicação da lei penal. Precedentes" (HC 127650, 1.ª T., rel. Rosa Weber, 17.11.2015, v.u.). STJ: "3. Assim, embora o art. 366 do CPP, de fato, não autorize a decretação da prisão preventiva de forma automática, como mera decorrência da citação por edital, ressalta-se não ser essa a hipótese dos autos, dada a presença de indícios concretos de que o paciente – ciente da ação penal que tramita contra si, posto que preso em flagrante – apresenta intenção de se furtar à aplicação da lei penal" (AgRg no HC 591.034/MG, 5.ª T., rel. Ribeiro Dantas, 27.10.2020, v.u.). Mas, notando o magistrado que a citação por edital ocorreu justamente porque o acusado fugiu do distrito da culpa, é natural que possa ser decretada a prisão cautelar. Por outro lado, deveria a lei conter um dispositivo específico para a decretação de uma prisão para busca, isto é, um mandado de procura, que pudesse constar no cadastro nacional da polícia. Assim, se o réu estiver em outra Comarca e for tirar documentos, seria localizado, cientificando-se que está sendo procurado para citação. A polícia, na realidade, é o órgão mais apto e adequado para localizar o acusado.

36. Aplicação da suspensão do processo prevista no art. 366 aos crimes previstos em lei especial: é cabível a aplicação da suspensão do processo, em face da citação por edital do réu e consequente ausência, a todos os procedimentos previstos em legislação especial, salvo quando houver expressa disposição em contrário, como ocorre com o disposto no art. 2.º, § 2.º, da Lei de Lavagem de Dinheiro (Lei 9.613/1998).

37. Retroatividade da Lei 9.271, de 17 de abril de 1996, modificadora do art. 366: impossibilidade. Tendo em vista que se trata de lei de conteúdo misto – penal (suspensão da prescrição) e processual penal (suspensão do processo) – tornou-se jurisprudência pacífica que não pode ela retroagir, levando-se em conta ser o aspecto penal da norma prejudicial ao réu, pois impede o curso da prescrição. Logo, somente deve ser aplicada, por inteiro, aos fatos criminosos cometidos após a sua entrada em vigor, sem possibilidade de se suspender o feito (parte processual), mas não a prescrição (parte penal), como alguns magistrados começaram a fazer à época.

38. Suspensão ou indeferimento da suspensão do processo: se por alguma razão o juiz determinar a suspensão do feito ou deixar de fazê-lo, quando for o caso, cabe, em nosso entendimento, a interposição de correição parcial, pois haverá tumulto ao deslinde do processo.

39. Exceção à aplicação do art. 366: *nos processos que apuram crimes de lavagem de dinheiro, a citação por edital não impede o curso procedimental, possibilitando o julgamento de mérito:* "No processo por crime previsto nesta Lei, não se aplica o disposto no art. 366 do Código de Processo Penal" (art. 2.º, § 2.º, Lei 9.613/1998). Tal se justifica em face da gravidade dos delitos em questão e da necessidade de se bloquear e confiscar os bens ilícitos, conseguidos através da lavagem do dinheiro.

39-A. Conteúdo do § 1.º revogado: era o seguinte: "As provas antecipadas serão produzidas na presença do Ministério Público e do defensor dativo". Embora tenha sido excluída a norma, em razão dos erros cometidos na redação do art. 363, §§ 2.º e 3.º, do CPP, que foram vetados e faziam referência ao conteúdo do § 1.º do art. 366, deve-se continuar a produzir a prova antecipada, quando necessário, com a presença das partes interessadas (Ministério Público e defensor dativo ou público), em homenagem ao contraditório e à ampla defesa.

39-B. Conteúdo do § 2.º revogado: era o seguinte: "Comparecendo o acusado, ter-se-á por citado pessoalmente, prosseguindo o processo em seus ulteriores atos". É o óbvio e nem haveria necessidade de norma disciplinando tal situação. Ainda assim, pode-se aplicar o disposto no art. 363, § 4.º, do CPP. Em suma, se o réu citado por edital, a qualquer momento, comparecer e integrar o processo, passará a acompanhar os atos no estágio em que se encontrarem.

> **Art. 367.** O processo seguirá sem a presença do acusado[40] que, citado ou intimado pessoalmente para qualquer ato, deixar de comparecer sem motivo justificado, ou, no caso de mudança de residência, não comunicar o novo endereço ao juízo.[40-A]

40. Prosseguimento do feito sem a presença do réu: as hipóteses previstas neste artigo são mais que razoáveis para o curso do processo, ainda que o réu dele não participe ativamente. A primeira delas diz respeito à citação (dando-lhe conhecimento da ação e chamando-o para o interrogatório) ou à intimação pessoal (comunicando-lhe e chamando-o para audiência ou outro ato), quando não houver comparecimento, sem apresentação de motivo justificado. Demonstra o seu desinteresse de acompanhar a instrução, não havendo razão para o juiz continuar insistindo para que compareça, afinal, é seu direito de audiência e não obrigação de estar presente – salvo motivo imperioso, como ocorre, por exemplo, quando há necessidade de reconhecimento ou para qualificação. Declara-se o seu estado de *ausente*. Aliás, modificando entendimento anterior, pensamos que, no processo penal, inexiste a figura da *revelia*, tal como ocorre no processo civil. Neste, conforme prevê o art. 344 do Código de Processo Civil de 2015, caso o réu não conteste a ação, quando devidamente citado, será considerado revel e presumir-se-ão verdadeiros os fatos afirmados pelo autor na inicial. É o *efeito* da revelia, isto é, o estado de quem, cientificado da existência de ação contra si proposta, desinteressa-se de proporcionar defesa. Tanto assim que o art. 345 do Código de Processo Civil de 2015 menciona que a revelia *não induz* esse efeito, quando, havendo pluralidade de réus, algum deles contestar, quando o litígio versar sobre direitos indisponíveis; se a petição inicial não estiver acompanhada de instrumento que a lei considere indispensável à prova do ato e quando as alegações de fato formuladas pelo autor forem inverossímeis ou estiverem em contradição com prova constante dos autos. Ora, totalmente diversa é a situação no processo penal. O réu, citado, que não comparece para ser interrogado, desinteressando-se por sua defesa, uma vez que os direitos são *sempre* indisponíveis nesse caso, terá defensor nomeado pelo juiz (art. 261, CPP), que deverá ter atuação eficiente, sob pena de ser afastado e substituído por outro pelo juiz. Ademais, não há a possibilidade de um réu "contestar" a ação pelo outro, como no cível, pois a ação penal é voltada individualmente a cada um dos autores da conduta criminosa. Enfim, o que ocorre na esfera penal é a simples ausência do processo, consequência natural do direito de audiência. O réu *pode* acompanhar a instrução pessoalmente, mas não é obrigado a tal. Estando presente seu defensor, o que é absolutamente indispensável, ainda que *ad hoc,* não pode ser considerado *revel* (aquele que não compareceu nem se fez representar). É preciso, pois, terminar com o hábito judicial de se *decretar* a revelia do réu ausente à instrução, como se fosse um ato constitutivo de algo. A outra hipótese é a mudança de endereço, entendendo-se que já foi citado pessoalmente, sem comunicação. É natural que o juiz, determinando a sua intimação para qualquer ato processual, não mais vai encontrá-lo. Reconhece-se, pois, a sua ausência. O processo segue seu rumo e a decisão de mérito pode ser proferida, arcando o acusado com o ônus dessa ausência, caso prejudique a sua ampla defesa. Note-se que, estando ele sob gozo de fiança, tal situação não pode ocorrer, sob pena de quebra do benefício. Ver outros detalhes na nota 40-A *infra*. Na jurisprudência: STF: "1. A pretendida nulidade da ação penal, em razão da realização de audiência de instrução e julgamento sem a presença do recorrente, não foi analisada pela Quinta Turma do Superior Tribunal de Justiça, pois ela entendeu configurada a supressão de instância. Entretanto, a interposição do recurso ordinário devolve à Corte para julgamento as questões suscitadas na impetração que o desafiou. 2. O recorrente, que foi intimado em 25.11.11, deixou de comparecer à audiência de instrução e julgamento realizada perante o Juízo da 2.ª Vara da Comarca de Barra Velha/SC em 28.11.11. 3. O acusado não deixou de atender ao chamamento da Justiça por mera liberalidade, mas por estar, naquela data, sob a custódia do Estado em presídio situado em outra comarca na qual não teria sido requisitado para ato solene. 4. A decretação de sua revelia pelo juízo na forma do art. 367 do Código de Processo Penal, em razão da circunstância, configurou patente ilegalidade, por cercear seu direito fundamental da plenitude de defesa (CF, art. 5.º, inciso LV), o que, por si só, justifica a anulação do processo desde a audiência de instrução e julgamento. 5. Recurso ordinário provido para conceder a ordem de *habeas corpus*, anulando-se a Ação Penal n.º 006.08.000879-3 a partir da audiência de instrução e julgamento realizada em 28.11.11" (RHC 127.507/DF, 2.ª T., rel. Dias Toffoli, 09.06.2015, v.u.). STJ: "2. Como é de conhecimento, o réu deve ser intimado para indicar novo patrono de sua confiança antes de proceder-se à nomeação da Defensoria Pública ou de defensor dativo para o exercício do contraditório. Contudo, conforme disciplina o art. 367 do Código de Processo Penal, constitui dever do acusado informar a mudança de endereço, de modo que não cabe ao Poder Judiciário realizar diligências para localizar o paradeiro do condenado quando frustradas as tentativas de intimação no endereço por ele fornecido. (...) 3. Nessa linha de intelecção, admitir que o descumprimento, pelo Réu, do seu dever processual de manter atualizado o endereço nos autos implicasse a decretação de nulidade dos atos processuais subsequentes significaria permitir que ele se beneficiasse de conduta irregular própria, o que é vedado pelo art. 565 do Código de Processo Penal (AgRg no AgRg no AREsp n. 2.079.875/PR, relatora Ministra Laurita Vaz, Sexta Turma, julgado em 2/8/2022, *DJe* de 12/8/2022)" (AgRg no HC n. 845.567/RN, 5.ª T., rel. Reynaldo Soares da Fonseca, 04.03.2024, v.u.); "1. Como reiteradamente destacado por esta Corte, 'conforme estabelece o artigo 367 do CPP, o processo seguirá sem a presença do acusado que, citado ou intimado pessoalmente para qualquer ato, deixar de comparecer sem motivo justificado, ou, no caso de mudança de residência, não comunicar o novo endereço ao juízo'. Isso, porque é 'dever do réu informar ao Juízo eventual mudança de endereço, descabendo 'ao Poder Judiciário realizar diligências para localizar o paradeiro do condenado quando frustradas as tentativas de intimação no endereço por ele fornecido'. (HC n. 266.318/MG, Rel. Min. Marco Aurélio Bellizze, Quinta Turma, *DJe* de 27/2/2014)' (HC n. 352.081/RS, relatora Ministra Maria Thereza de Assis Moura, Sexta Turma, julgado em 23/8/2016, *DJe* de 1.º/9/2016)" (AgRg no AREsp 2.309.326/SP, 6.ª T., rel. Antonio Saldanha Palheiro, 26.09.2023, v.u.).

40-A. Inexistência da revelia ou contumácia em processo penal: continuamos nesta nota os argumentos expostos na nota 40 anterior, aprimorando e detalhando outros pontos. Vale destacar, inicialmente os sentidos das palavras "revelia" e "contumácia". A primeira quer dizer "estado ou caráter de revel", isto é, aquele que "se revolta; insurgente, rebelde; teimoso, obstinado, contumaz" (verbete do Dicionário Aurélio). A segunda significa "grande teimosia; obstinação, aferro, afinco, pertinácia" (verbete do Dicionário Aurélio). Nada disso se aplica ao processo penal brasileiro, ao menos após a edição da Constituição Federal de 1988, que prevê e garante direitos fundamentais a toda pessoa acusada da prática de uma infração penal. Assim, presume-se a inocência do indivíduo até que se obtenha uma sentença condenatória com trânsito em julgado (art. 5.º, LVII, CF), bem como a ele é assegurada tanto a ampla defesa, quanto o contraditório (art. 5.º, LV, CF), tudo a constituir o devido processo legal (art. 5.º, LIV, CF). E mais: tem o inafastável direito ao silêncio (art. 5.º, LXIII, CF), não sendo obrigado a produzir prova contra si mesmo (*nemo tenetur se detegere*). Em suma, dentre outros direitos que se poderia enumerar para ratificar os anteriores, o réu, no processo penal, ocupa posição diferenciada do que ocorre no processo civil. Se neste, ainda se fala em revelia e seus efeitos, naquele, o termo é escuso, devendo ser evitado. O acusado não é "teimoso", "rebelde" ou "pertinaz" porque deixa de comparecer em juízo para ser interrogado, afinal, pode calar-se diante do juiz (art. 186, CPP). Que vantagem tem em comparecer para ficar silente? Quanto à sua condução coercitiva para ser qualificado ou identificado, consultar a nota 6 ao art. 260. Por outro lado, se revelia quer dizer recalcitrância em impugnar ou contestar o pedido do autor, na ótica civil, tanto que cabe o julgamento antecipado da lide (art. 355, II, do CPC/2015), o que nunca se dá em processo penal, bem como ocorre a presunção de veracidade do alegado pelo autor (art. 344 do CPC/2015), como já abordado na nota anterior, não se pode assim visualizar no processo penal, pois jamais haverá processo sem defesa técnica e eficiente. Consequentemente, o réu está sempre participando, ainda que por seu defensor, dos atos processuais. Ausenta-se fisicamente, se quiser, mas não o faz tecnicamente. Portanto, somente para ilustrar, nos arts. 79, § 2.º, 564, III, *g*, e 610, parágrafo único, onde se encontram os termos "revelia" ou "revel", deve-se passar a ler "ausência" ou "ausente". Destaque-se nesse sentido a lição de Roberto Delmanto Junior: "Com efeito, tendo em vista que o instituto processual a 'contumácia' ou 'revelia' tem conotação extremamente pejorativa, significando ultraje, desdém, ilícito, rebeldia etc., a sua aplicação afigura-se, por si só, totalmente incompatível com a concepção de que não há como dissociar a inatividade do acusado, de um lado, do exercício dos direitos a ele constitucionalmente assegurados da ampla defesa e do silêncio, de outro. Desse modo, não comporta censura jurídica – embora moralmente possam por vezes ser reprovadas – as condutas do acusado, v.g., de furtar-se à citação, não atender ao chamamento judicial uma vez citado, não colaborar com a realização de perícias fornecendo sangue etc. Ademais, o acusado estaria sempre representado por defensor, uma vez que a Constituição e a legislação processual penal brasileiras, a exemplo de todas as legislações de países democráticos, distinguem a autodefesa da defesa técnica, estabelecendo ser esta última indeclinável, posto ser o contraditório, na persecução penal e, também, na execução penal, real e indisponível" (*Inatividade no processo penal brasileiro*, p. 71 e conclusões, p. 372).

Art. 368

Art. 368. Estando o acusado no estrangeiro, em lugar sabido, será citado mediante carta rogatória, suspendendo-se o curso do prazo de prescrição até o seu cumprimento.[41]

41. Citação por rogatória: faz-se sempre a citação do réu por carta rogatória, dirigida a juiz estrangeiro, quando se souber onde se localiza o acusado. Não mais se usa o edital, como, antigamente, era permitido em certos casos. Mas, por outro lado, enquanto há o cumprimento da rogatória – o que sempre ocorre demoradamente – suspende-se a prescrição, o que é bastante razoável. Note-se que, em países que não cumprem rogatória, deve-se continuar citando o réu por edital. Lembremos do disposto no art. 7.º da Lei 11.419/2006: "As cartas precatórias, rogatórias, de ordem e, de um modo geral, todas as comunicações oficiais que transitem entre órgãos do Poder Judiciário, bem como entre os deste e os dos demais Poderes, serão feitas preferentemente por meio eletrônico". Na jurisprudência: STJ: "3. O art. 368, do CPP, embora seja claro ao estabelecer a suspensão do prazo prescricional pela expedição de carta rogatória para citação do acusado no exterior, não é preciso quanto ao termo final da referida suspensão, devendo ser interpretado de forma sistemática, com o art. 798, § 5.º, 'a', do CPP, bem como com a Súmula 710, do STF, voltando a correr o lapso prescricional da data da efetivação da comunicação processual no estrangeiro, ainda que haja demora para a juntada da carta rogatória cumprida aos autos" (REsp 1.882.330/PR, 5.ª T., rel. Ribeiro Dantas, 06.04.2021, v.u.).

Art. 369. As citações que houverem de ser feitas em legações estrangeiras serão efetuadas mediante carta rogatória.[42]

42. Utilização da rogatória para legações estrangeiras: embora os territórios das embaixadas e consulados não possam ser considerados território estrangeiro, são protegidos, segundo a Convenção de Viena, da qual é signatário o Brasil, pela inviolabilidade. Logo, não pode o oficial neles penetrar, razão pela qual o melhor e mais indicado a fazer é encaminhar o pedido de citação, também por rogatória, pela via diplomática. O juiz deve encaminhar diretamente ao Ministério da Justiça, que providencia a remessa ao Ministério das Relações Exteriores, seguindo, então, ao seu destinatário. Não se suspende a prescrição neste caso, pois o réu não se encontra no exterior.

Capítulo II
DAS INTIMAÇÕES[1]

1. Conceito de intimação: é o ato processual pelo qual se dá ciência à parte da prática de algum outro ato processual já realizado ou a realizar-se, importando ou não na obrigação de fazer ou não fazer alguma coisa. Não vemos diferença alguma entre os termos *intimação* e *notificação*, por vezes usado na lei processual penal. Aliás, se fôssemos adotar uma posição que os distinguisse, terminaríamos contrapondo normas do próprio Código de Processo Penal, que não respeitou um padrão único. Há quem aprecie dizer ser a intimação apenas a ciência de algo e a notificação a convocação a fazer algo, mas nota-se, em várias passagens, que o Código usa, indiscriminadamente, os termos. Logo, cremos correto unificá-los, considerando-os sinônimos. Nos termos o art. 269 do CPC, o conceito de intimação "é o ato pelo qual se dá ciência a alguém dos atos e dos termos do processo".

> **Art. 370.** Das intimações dos acusados, das testemunhas e demais pessoas que devam tomar conhecimento de qualquer ato, será observado, no que for aplicável, o disposto no Capítulo anterior.[2-2-B]
>
> § 1.º A intimação do defensor constituído, do advogado do querelante e do assistente far-se-á por publicação no órgão incumbido da publicidade dos atos judiciais da comarca, incluindo, sob pena de nulidade, o nome do acusado.[3]
>
> § 2.º Caso não haja órgão de publicação dos atos judiciais na comarca, a intimação far-se-á diretamente pelo escrivão, por mandado, ou via postal com comprovante de recebimento, ou por qualquer outro meio idôneo.[4-5]
>
> § 3.º A intimação pessoal, feita pelo escrivão, dispensará a aplicação a que alude o § 1.º.
>
> § 4.º A intimação do Ministério Público[6] e do defensor nomeado será pessoal.[7-7-A]

2. Procedimento das intimações: segue-se o mesmo modelo usado para a citação. A lei destaca "no que for aplicável", pois não teria mesmo cabimento intimar por edital uma testemunha ou um perito, para que compareça em juízo ou apresente o laudo.

2-A. Comunicação dos atos processuais por meio eletrônico: o anacrônico CPP não possui nenhuma previsão a respeito de atos processuais produzidos por meio eletrônico, razão pela qual se deve utilizar a analogia para chegar à modernidade. Nesse sentido, dispõe o art. 196 do atual CPC: "compete ao Conselho Nacional de Justiça e, supletivamente, aos tribunais, regulamentar a prática e a comunicação oficial de atos processuais por meio eletrônico e velar pela compatibilidade dos sistemas, disciplinando a incorporação progressiva de novos avanços tecnológicos e editando, para esse fim, os atos que forem necessários, respeitadas as normas fundamentais deste Código".

2-B. Contagem do prazo quando as intimações forem feitas por mandado ou precatória: consultar a nota 25 ao art. 798.

3. Intimação do defensor constituído: quando o advogado é contratado por parte interessada, seja esta o acusado, o querelante ou a vítima, funcionando como assistente, é natural que tenha a estrutura necessária para acompanhar as intimações pelo *Diário Oficial*, como, aliás, ocorre em qualquer processo na área cível. Por isso, a lei autoriza a intimação por essa forma. Há a ressalva, no entanto, de que o nome do causídico deve *necessariamente* constar da publicação, sob pena de nulidade, o que nos parece óbvio. Na jurisprudência: STF: "2. O pronunciamento impugnado está alinhado com a jurisprudência do Supremo Tribunal Federal no sentido da desnecessidade da intimação pessoal do réu solto, sendo suficiente a intimação do representante processual da sentença condenatória. Precedentes" (HC 219.766 AgR, 2.ª T., rel. André Mendonça, 13.12.2022, v.u.).

4. Inexistência de circulação do *Diário Oficial*: havendo tal hipótese, é preciso valer-se o escrivão dos mecanismos tradicionais: o mandado ou a intimação pessoal, no balcão do ofício judicial, quando o advogado lá comparece. Admite-se, ainda, a intimação por via postal, com aviso de recebimento, bem como por *outro meio idôneo*. Esta última hipótese abre um amplo leque de possibilidades, como pode ocorrer no caso da utilização do telefone ou mesmo do *e-mail*. Atualmente, verifique-se o conteúdo do art. 4.º, *caput*, da Lei 11.419/2006: "Os tribunais poderão criar *Diário da Justiça* eletrônico, disponibilizando em sítio da rede mundial de computadores [site da *internet*], para publicação de atos judiciais e administrativos próprios e dos órgãos a eles subordinados, bem como comunicações em geral". Confira-se,

Art. 370

Código de Processo Penal Comentado · **Nucci**

também, o disposto no art. 5.º da referida lei, particularmente o constante do *caput*: "As intimações serão feitas por meio eletrônico em portal próprio aos que se cadastrarem na forma do art. 2.º desta Lei, dispensando-se a publicação no órgão oficial, inclusive eletrônico". Aos advogados constituídos, portanto, é perfeitamente viável a aplicação da Lei 11.419/2006. Defensores públicos e representantes do Ministério Público serão intimados pessoalmente (art. 4.º, § 2.º, parte final, Lei 11.419/2006).

5. Intimação das testemunhas por via postal: é possível, em São Paulo, nos termos do art. 9.º da Lei Estadual 3.947/1983. Por meio eletrônico, torna-se praticamente inviável, pois não se conhece o *endereço eletrônico*, como regra, das testemunhas.

6. Intimação pessoal do representante do Ministério Público: faz-se pessoalmente, como prevê a lei orgânica, que rege a carreira. Não se tem aceitado que a intimação se transfira para funcionário da instituição, pois isso seria contornar a clara disposição legal. Entretanto, deve-se considerar que a falta de motivação do representante do Ministério Público para receber a intimação, delegando-a aos funcionários da instituição, não pode obstar o transcurso do prazo para a apresentação do recurso cabível.

7. Defensor dativo: é o defensor nomeado para patrocinar os interesses do acusado. Equipara-se ao defensor público, que, também por lei, deve ser intimado pessoalmente dos atos processuais. Na jurisprudência: STF: "O defensor dativo deve ser intimado pessoalmente de todos os atos do processo, sob pena de nulidade – CPP 370, § 4.º. Homenagem ao princípio constitucional da ampla defesa. Constitucionalidade do tratamento diferenciado em relação ao Ministério Público, à Defensoria Pública e ao defensor constituído, intimados pessoalmente. Jurisprudência reafirmada em decorrência do julgamento do Plenário, em 2.6.2016, da ADI 2.144/DF, rel. min. Teori Zavascki, *DJe* 14.6.2016. *Writ* não conhecido – decisão monocrática do STJ não impugnada por agravo regimental. Concessão da ordem, de ofício, para anular o trânsito em julgado da apelação criminal e determinar ao Tribunal de Justiça do Estado de São Paulo que intime, pessoalmente, o defensor dativo do acórdão ali proferido, dando-lhe oportunidade de manejar os recursos cabíveis" (HC 131198, 2.ª T., rel. Gilmar Mendes, 21.09.2016. v.u.). STJ: "1. A jurisprudência desta Corte Superior de Justiça possui entendimento de que se aplica ao advogado dativo o mesmo regramento que rege a Defensoria Pública quanto à necessidade de intimação pessoal, nos termos do art. 5.º, parágrafo 5.º, da Lei n. 1.060/50 e artigo 370, § 4.º, do Código de Processo Penal (AgRg no REsp 1.596.700/ RS, Rel. Ministro Ribeiro Dantas, Quinta Turma, julgado em 7/6/2018, *DJe* de 15/6/2018). 2. Na hipótese, contudo, advogado (dativo) subscritor do recurso de apelação, previamente, firmou termo de compromisso concordando em ser intimado dos atos e termos do processo, até o trânsito em julgado, por meio do Diário de Justiça Eletrônico, sendo ele intimado para eventual oposição ao julgamento virtual, bem como para ciência do resultado do julgamento realizado no dia 13/3/2020, não havendo que se falar em nulidade pela ausência de intimação pessoal do defensor dativo" (AgRg no HC 645.536/SP, 5.ª T., rel. Reynaldo Soares da Fonseca, 30.03.2021, v.u.).

7-A. Defensor público: deve ser intimado pessoalmente, nos moldes do representante do Ministério Público. Entretanto, não se exige seja a intimação dirigida exatamente à pessoa do defensor que atua no processo, podendo encaminhar-se, quando necessário e urgente, à chefia da instituição. Na jurisprudência: STF: "A Defensoria Pública possui prazo em dobro para recorrer e deve ser intimada pessoalmente de todos os atos do processo, sob pena de nulidade, a teor do art. 370, § 4.º, do Código de Processo Penal, do art. 5.º, § 5.º, da Lei 1.060/1950 e do art. 44, I, da Lei Complementar 80/1994. Homenagem ao princípio constitucional da ampla defesa. Constitucionalidade do tratamento diferenciado em relação ao Ministério Público e à Defensoria Pública, intimados pessoalmente. Jurisprudência reafirmada em decorrência do julgamento do Plenário desta Corte, em 2/6/2016, da ADI 2.144/DF, Rel. Min. Teori Zavascki, *DJe* 14/6/2016. *Writ* não conhecido (decisão monocrática do STJ não impugnada por agravo regimental). Concessão da ordem de ofício para determinar ao STJ que prossiga no julgamento do recurso defensivo, superada a questão da intempestividade" (HC 132336, 2.ª T., rel. Gilmar Mendes, 01.08.2016, v.u.); "1. Não há que se cogitar do apontado cerceamento de defesa no julgamento das apelações pelo Tribunal de Justiça estadual, pois a defensora constituída pelo recorrente foi intimada mediante publicação no Diário da Justiça Eletrônico com antecedência mínima de 48 (quarenta e oito) horas, o que não só atende ao regramento contido no art. 370, § 1.º, do Código de Processo Penal, como também reflete com exatidão o entendimento da Corte na matéria. 2. Consoante pacífica jurisprudência do Supremo Tribunal, ainda que resida em outro ente da Federação, 'o advogado constituído é intimado da sessão de julgamento pela imprensa oficial, sendo a intimação pessoal prerrogativa apenas do defensor público e do defensor dativo' (HC n.º 105.469/RJ, Primeira Turma, Relator o Ministro Ricardo Lewandowski, *DJe* de 3/3/11). 3. Recurso ordinário ao qual se nega provimento" (RHC 142.094/SP, 2.ª T., rel. Dias Toffoli, 16.05.2017, v.u.). STJ: "4. Na hipótese em exame, o juízo de primeiro grau, em desrespeito à prerrogativa de intimação pessoal com vista dos autos, determinou que a intimação da Defensoria Pública se aperfeiçoasse por WhatsApp. 5. Ao assim proceder, é inconteste que o juízo de primeiro grau violou as prerrogativas da Defensoria Pública: a intimação deveria haver ocorrido pelo sistema de processo eletrônico, de forma a possibilitar a análise dos autos e o controle dos prazos processuais" (EDcl no AgRg no AREsp 2.300.987/PR, 6.ª T., rel. Rogerio Schietti Cruz, 02.04.2024, v.u.); "1. Não se desconhece o entendimento de que o Defensor Público deve ser intimado pessoalmente de todos os atos do processo, em ambas as instâncias, de acordo com o artigo 370, § 4.º, do Código de Processo Penal, bem como o artigo 5.º, § 5.º, da Lei n.º 1.060/1950. 2. Esta Corte possui o entendimento de que, nos termos do art. 798, § 5.º, 'b', do CPP, nos processos de competência do Tribunal do Júri, publicada a sentença ao final da sessão de julgamento, ficam as partes intimadas pessoalmente nesse momento, oportunidade em que se inicia o prazo para eventual recurso, sendo desnecessária a remessa dos autos à Defensoria Pública. Precedentes. 3. A intimação do defensor, acerca da sentença condenatória, ocorreu no dia 11/1/2022, durante a sessão do Tribunal do Júri, iniciando-se o prazo para interposição do recurso de apelação em 12/1/2022 e término em 21/1/2022, contudo, o aludido recurso somente foi interposto em 27/1/2022, fora do prazo legal" (AgRg no HC 763.616/AL, 5.ª T., rel. Joel Ilan Paciornik, 25.09.2023, v.u.).

> **Art. 371.** Será admissível a intimação por despacho na petição em que for requerida, observado o disposto no art. 357.[8]

8. Intimação diretamente na petição: possibilidade. O advogado ou o promotor, ao despachar uma petição diretamente com o juiz, pode obter, desde logo, uma decisão – como, por exemplo, a designação ou adiamento para outra data de uma audiência –, razão pela qual se torna desnecessária a intimação formal. Se ele mesmo tomou conhecimento da decisão, vale a sua petição como ciência do ato praticado. Por cautela, deve o magistrado ou o escrivão, como for mais conveniente, colher o "ciente" da parte, tão logo finde o despacho, ou seja, a petição apresentada ao cartório.

> **Art. 372.** Adiada, por qualquer motivo, a instrução criminal, o juiz marcará desde logo, na presença das partes e testemunhas, dia e hora para seu prosseguimento, do que se lavrará termo nos autos.[9]

9. Adiamento de audiência: a hipótese retratada neste artigo figura a situação de comparecimento dos interessados para a realização de determinada audiência – ex.: ouvida das testemunhas de acusação. Se, por qualquer motivo, o ato deve ser adiado – ex.: nenhuma delas foi intimada ou algumas foram, mas não compareceram –, no termo aberto da audiência delibera o magistrado, anotando os requerimentos formulados pelas partes, bem como decidindo a seguir. Pode, pois, o promotor pedir a condução coercitiva daquelas que foram intimadas, deixando de atender à convocação, bem como a expedição de algum ofício para a localização das que não foram, deliberando o magistrado no ato, saindo todos intimados da nova data marcada.

Título XI
Da Aplicação Provisória de Interdições de Direitos e Medidas de Segurança

- Os artigos 373 a 380 do Título XI tornaram-se sem efeito em face do disposto nos arts. 147, 171 e 172 da Lei 7.210/1984 (Lei de Execução Penal).

- Conservamos os dispositivos originais desta parte, por mero interesse histórico.

Art. 373. A aplicação provisória de interdições de direitos poderá ser determinada pelo juiz, de ofício, ou a requerimento do Ministério Público, do querelante, do assistente, do ofendido, ou de seu representante legal, ainda que este não se tenha constituído como assistente:

I – durante a instrução criminal após a apresentação da defesa ou do prazo concedido para esse fim;

II – na sentença de pronúncia;

III – na decisão confirmatória da pronúncia ou na que, em grau de recurso, pronunciar o réu;

IV – na sentença condenatória recorrível.

§ 1.º No caso do n. I, havendo requerimento de aplicação da medida, o réu ou seu defensor será ouvido no prazo de 2 (dois) dias.

§ 2.º Decretada a medida, serão feitas as comunicações necessárias para a sua execução, na forma do disposto no Capítulo III do Título II do Livro IV.

Art. 374. Não caberá recurso do despacho ou da parte da sentença que decretar ou denegar a aplicação provisória de interdições de direitos, mas estas poderão ser substituídas ou revogadas:

I – se aplicadas no curso da instrução criminal, durante esta ou pelas sentenças a que se referem os ns. II, III e IV do artigo anterior;

II – se aplicadas na sentença de pronúncia, pela decisão que, em grau de recurso, a confirmar, total ou parcialmente, ou pela sentença condenatória recorrível;

II – se aplicadas na decisão a que se refere o n. III do artigo anterior, pela sentença condenatória recorrível.

Art. 375. O despacho que aplicar, provisoriamente, substituir ou revogar interdição de direito, será fundamentado.

Art. 376

Código de Processo Penal Comentado · **NUCCI**

Art. 376. A decisão que impronunciar ou absolver o réu fará cessar a aplicação provisória da interdição anteriormente determinada.

Art. 377. Transitando em julgado a sentença condenatória, serão executadas somente as interdições nela aplicadas ou que derivarem da imposição da pena principal.

Art. 378. A aplicação provisória de medida de segurança obedecerá ao disposto nos artigos anteriores, com as modificações seguintes:

I – o juiz poderá aplicar, provisoriamente, a medida de segurança, de ofício, ou a requerimento do Ministério Público;

II – a aplicação poderá ser determinada ainda no curso do inquérito, mediante representação da autoridade policial;

III – a aplicação provisória de medida de segurança, a substituição ou a revogação da anteriormente aplicada poderão ser determinadas, também, na sentença absolutória;

IV – decretada a medida, atender-se-á ao disposto no Título V do Livro IV, no que for aplicável.

Art. 379. Transitando em julgado a sentença, observar-se-á, quanto à execução das medidas de segurança definitivamente aplicadas, o disposto no Título V do Livro IV.

Art. 380. A aplicação provisória de medida de segurança obstará a concessão de fiança, e tornará sem efeito a anteriormente concedida.

Título XII
Da Sentença[1-5]

1. Conceito de sentença: é a decisão terminativa do processo e definitiva quanto ao mérito, abordando a questão relativa à pretensão punitiva do Estado, para julgar procedente ou improcedente a imputação. É a autêntica sentença, tal como consta do art. 381 do Código de Processo Penal, vale dizer, o conceito estrito de sentença. Pode ser condenatória, quando julga procedente a acusação, impondo pena, ou absolutória, quando a considera improcedente. Dentre as absolutórias, existem as denominadas impróprias, que, apesar de não considerarem o réu um criminoso, porque inimputável, impõem a ele medida de segurança, uma sanção penal constritiva à liberdade, mas no interesse da sua recuperação e cura. No Código de Processo Penal, no entanto, usa-se o termo *sentença*, em sentido amplo, para abranger, também, as decisões interlocutórias mistas e as definitivas, que não avaliam a imputação propriamente dita.

2. Outros atos jurisdicionais: além da sentença, que é o ápice da atividade jurisdicional, há outros atos que merecem destaque: a) *despachos*, que são decisões do magistrado, sem abordar questão controvertida, com a finalidade de dar andamento ao processo (ex.: designação de audiência, determinação da intimação das partes, determinação da juntada de documentos, entre outras); b) *decisões interlocutórias*, que são soluções dadas pelo juiz, acerca de qualquer questão controversa, envolvendo contraposição de interesses das partes, podendo ou não colocar fim ao processo. São chamadas *interlocutórias simples* as decisões que dirimem uma controvérsia, sem colocar fim ao processo ou a um estágio do procedimento (ex.: decretação da preventiva, quebra do sigilo telefônico ou fiscal, determinação de busca e apreensão, recebimento de denúncia ou queixa, entre outras). São denominadas *interlocutórias mistas* (ou decisões com força de definitiva) as decisões que resolvem uma controvérsia, colocando fim ao processo ou a uma fase dele (ex.: pronúncia, impronúncia, acolhimento de exceção de coisa julgada etc.); c) *decisões definitivas*, que são as tomadas pelo juiz, colocando fim ao processo, julgando o mérito em sentido lato, ou seja, decidindo acerca da pretensão punitiva do Estado, mas sem avaliar a procedência ou improcedência da imputação. Nessas hipóteses, somente chegam a afastar a pretensão punitiva estatal, por reconhecerem presente alguma causa extintiva da punibilidade (ex.: decisão que reconhece a existência da prescrição). Diferem das interlocutórias mistas, pois estas, embora coloquem fim ao processo ou a uma fase dele, não avaliam a pretensão punitiva do Estado.

3. Natureza jurídica da sentença: pode ser *condenatória*, quando julga procedente a pretensão punitiva do Estado, fixando exatamente a sanção penal devida, até então abstratamente prevista, a ser exigida do acusado. Pode, ainda, ser *declaratória*, quando absolver ou julgar extinta a punibilidade. No caso da absolvição, consagra o estado de inocência, inerente

Art. 381

Código de Processo Penal Comentado · **Nucci**

a todo ser humano, desde o nascimento. Portanto, nada constitui, nenhum direito gera ou cria, mas apenas declara o natural, ainda que fundamentado em diversas razões. Há, também, as sentenças *constitutivas*, mais raras no processo penal, mas possíveis, como ocorre com a concessão de reabilitação, quando o Estado revê a situação do condenado, restituindo-lhe direitos perdidos, pela força da condenação definitiva. Registremos, por fim, as sentenças *mandamentais*, que contêm uma ordem judicial, a ser imediatamente cumprida, sob pena de desobediência (ver a nota 3 ao Capítulo X do Título II do Livro III, referente ao *habeas corpus*). Julgamos possível haver sentenças de natureza mista, como ocorre com a concessiva de perdão judicial. Por um raciocínio condenatório, considerando o réu culpado por determinado delito, chega o magistrado a proferir uma decisão declaratória da extinção da punibilidade. Isto significa que o direito de punir nasceu, porque crime existiu e o autor é conhecido, mas cessou, tendo em vista razões de política criminal, inspiradoras das causas de perdão judicial. Logo, declara que não há direito de punir e não confere ao Estado direito algum. Em contrário, considerando ser a sentença concessiva do perdão meramente declaratória, em qualquer hipótese, está a posição de Tourinho Filho (*Comentários ao Código de Processo Penal*, v. 1, p. 624). No mesmo prisma, consultar a Súmula 18 do STJ. Além disso, analisando a sentença sob o prisma e efeito do recurso, seguimos orientação exposta por Ada Pellegrini Grinover, Antonio Magalhães Gomes Filho e Antonio Scarance Fernandes, no sentido de que "a sentença nasce com todos os requisitos necessários à sua existência, mas, de ordinário, privada de sua eficácia. A não superveniência de outro pronunciamento, na instância recursal, permite à decisão recorrida irradiar os efeitos próprios. Mas se o órgão *ad quem* emite nova decisão (confirmatória ou de reforma), a condição vem a faltar e a decisão da jurisdição superior substitui a de grau inferior" (*Recursos no processo penal*, p. 50).

4. Outras classificações: encontramos na doutrina outros modos de visualizar a sentença, que, para o estudo, podem ser úteis: a) sentenças materiais, aquelas que decidem o mérito da causa (ex.: condenação ou absolvição); sentenças formais, aquelas que decidem questões meramente processuais, podendo colocar fim ao processo ou à instância (ex.: impronúncia); b) sentenças simples, as proferidas por juízo singular; sentenças subjetivamente complexas, as que são proferidas por órgãos colegiados, como o júri ou tribunais.

5. Impossibilidade de aplicação da suspensão condicional do processo após sentença: é inviável conceder a suspensão condicional do processo, por ocasião da sentença, porque houve desclassificação para infração que comportaria o benefício. Afinal, cuida-se de suspensão *do processo*. Se este já tramitou, alcançando-se a fase da sentença, parece-nos incabível tornar ao início, como se nada tivesse ocorrido. A suspensão condicional do processo é uma medida de política criminal para evitar o curso processual. Ora, não tendo sido possível, profere-se a decisão e o julgador fixa os benefícios que forem cabíveis para o cumprimento da pena. Não vemos sentido em retornar à fase primeira, fazendo-se "desaparecer" tanto a sentença quanto a instrução. Entretanto, em posição contrária, encontra-se a Súmula 337 do Superior Tribunal de Justiça: "É cabível a suspensão condicional do processo na desclassificação do crime e na procedência parcial da pretensão punitiva".

> **Art. 381.** A sentença conterá:[6-6-A]
>
> I – os nomes das partes ou, quando não possível, as indicações necessárias para identificá-las;[7]
>
> II – a exposição sucinta da acusação e da defesa;[8]
>
> III – a indicação dos motivos de fato e de direito em que se fundar a decisão;[9-11]

> IV – a indicação dos artigos de lei aplicados;[12]
>
> V – o dispositivo;[13]
>
> VI – a data e a assinatura do juiz.[14]

6. Conteúdo obrigatório da sentença: estipula o Código de Processo Penal os requisitos intrínsecos da sentença – aplicando-se o mesmo aos acórdãos, que são decisões tomadas por órgãos colegiados de instância superior – sem os quais se pode considerar o julgado viciado, passível de anulação. Aplica-se o disposto no art. 564, IV, do Código de Processo Penal (nulidade por falta de formalidade que constitua elemento essencial do ato). Na jurisprudência: STJ: "6. Pela exegese do art. 381, incisos III e IV, do CPP, é assente por esta Corte Superior que inexiste nulidade na decisão que confirma, como razões de decidir, e desde que observados os postulados do contraditório e da ampla defesa, os argumentos expendidos na sentença condenatória ou, ainda, no parecer ministerial, sobretudo quando o Colegiado recorrido adiciona fundamentação própria, expondo, ainda que sucintamente, as razões de fato e de direito de sua decisão, o que se coaduna ao caso em tela" (AgRg no AREsp 1.419.473/RS, 6.ª T., rel. Laurita Vaz, 14.05.2019, v.u.); "No que toca à suposta ofensa ao art. 381 e 387 do CPP, a jurisprudência desta Corte Superior de Justiça é firme no sentido de que o órgão judicial, para expressar sua convicção, não está obrigado a aduzir comentários a respeito de todos os argumentos levantados pelas partes, quando decidir a causa com fundamentos capazes de sustentar sua conclusão" (AgRg no AgRg no REsp 1.515.946/PR, 5.ª T., rel. Felix Fischer, 23.08.2018, v.u.).

6-A. Estrutura do acórdão: deve seguir os mesmos requisitos da sentença, conforme preceitua o art. 381. É preciso cessar o entendimento de que o acórdão modifica a sentença, sem dar fundamento e sem se preocupar em dar a motivação jurídica para o ato.

7. Identificação das partes: da mesma forma que se exige na denúncia ou na queixa a qualificação do acusado ou dados que possam identificá-lo (art. 41, CPP), para que a ação penal seja movida contra pessoa certa, também na sentença demanda-se do magistrado que especifique quais são as partes envolvidas na relação processual.

8. Relatório: deve a sentença conter um relatório, que é descrição sucinta do alegado pela acusação, abrangendo desde a imputação inicial (denúncia ou queixa), até o exposto nas alegações finais, bem como o afirmado pela defesa, envolvendo a defesa prévia e as alegações finais. É um fator de segurança, demonstrativo de que o magistrado tomou conhecimento dos autos, além de representar, para quem lê a sentença, um parâmetro para saber do que se trata a decisão jurisdicional. Com a devida vênia, cremos ser componente excessivamente dispendioso para o tempo do magistrado brasileiro, hoje assoberbado de feitos, que não chega a servir de prova de que o processo foi lido na íntegra. O relatório pode ser feito por funcionário do cartório, estagiário ou qualquer outra pessoa; até mesmo o juiz pode elaborá-lo, sem prestar a menor atenção ao que está simplesmente relatando, como se fizesse mera cópia das peças constantes nos autos. A Lei 9.099/1995, que buscou desburocratizar a Justiça, garantindo a economia processual, dispensou o magistrado do relatório: "A sentença, dispensado o relatório, mencionará os elementos de convicção do juiz" (art. 81, § 3.º). Embora se possa dizer que essa decisão é proferida na audiência e, por isso, dispensa-se o relatório, nada impediria que toda sentença fosse contemplada com igual disposição. Sendo público por natureza o processo, nenhum obstáculo existe para o interessado tomar conhecimento das alegações das partes por si mesmo, lendo, em seguida, a decisão do magistrado, que abordaria diretamente a fundamentação e o dispositivo. O juiz cônscio de suas obrigações fará uma motivação bem-feita, repleta de detalhes e demonstrativa de que está, efetivamente, a par do que foi alegado

Art. 381

Código de Processo Penal Comentado · **Nucci**   754

pelas partes. Logo, o relatório, segundo nos parece, deveria ser considerado pela lei facultativo. Atualmente, no entanto, continua sendo componente obrigatório.

9. Fundamentação: é o cerne, a alma ou a parte essencial da sentença. Trata-se da motivação do juiz para aplicar o direito ao caso concreto da maneira como fez, acolhendo ou rejeitando a pretensão de punir do Estado. É preciso que constem os motivos de fato (advindos da prova colhida) e os motivos de direito (advindos da lei, interpretada pelo juiz), norteadores do dispositivo (conclusão). É a consagração, no processo penal, do princípio da persuasão racional ou livre convicção motivada. Como regra, o magistrado deve formar o seu convencimento por meio da livre interpretação da prova constante dos autos, aplicando seus conhecimentos jurídicos, a fim de extrair a justa solução para a questão. E, para tanto, as teses expostas pelas partes merecem apreciação, com o afastamento daquelas que o julgador considere indevidas e o acolhimento de outras, que comunguem com seu entendimento. Não é obrigado, entretanto, a analisar uma por uma das alegações formuladas pelas partes, rejeitando-as ou aceitando-as, individualmente. Por óbvio, o raciocínio adotado para condenar ou absolver o acusado pode trazer, implicitamente, a avaliação das teses das partes, sem que seja necessário conferir individualizada análise a cada uma delas. Na jurisprudência: STJ: "Portanto, não há que se falar em violação do art. 381, III, do Código de Processo Penal. Frise-se que a análise de fatos e provas de forma desfavorável à parte não se confunde com ausência de fundamentação" (AgRg no AgRg no AREsp 2.412.996/SP, 5.ª T., rel. Joel Ilan Paciornik, 19.03.2024, v.u.).

9-A. Fundamentação de acórdão: ver a nota 20-A ao art. 617.

9-B. Ausência de fundamentação: é causa de nulidade absoluta, pois a falha é insanável. Não é possível ao Tribunal substituir o juiz de primeiro grau, dando os motivos para sustentar uma condenação, pois haveria nítida supressão de instância. Na jurisprudência: TJSP: "Decisão desprovida de relatório e motivação. Redução a termo apenas da parte dispositiva. Impossibilidade de conhecer os fundamentos da solução destinada. Violação à forma estabelecida na legislação de regência. Descumprimento do disposto no artigo 381, incisos II e III, do CPP e artigo 93, inciso IX, da CF. Nulidade absoluta. Artigo 564, inciso III, alínea 'm', do CPP. Anulação *ex officio*" (Apelação Criminal 1500960-86.2020.8.26.0548, 16.ª C., rel. Otávio de Almeida Toledo, j. 13.10.2020, v. u.).

10. Fundamentação com base em argumentos de terceiros: pode tornar nula a sentença. Com propriedade, assinala Bento de Faria que "a sentença deve expressar a opinião própria do juiz e não a de outrem, ainda quando se trate de autoridade consagrada nas letras jurídicas. (...) Assim, não é tido por fundamentada a decisão que se reporte unicamente às razões das partes ou a pareceres ou opiniões doutrinárias" (*Código de Processo Penal*, v. II, p. 111). Não se quer com isso dizer não poder o magistrado referir-se a tais opiniões e pareceres, mas, sim, fazer dos mesmos as suas palavras, evitando o raciocínio e a exposição de suas razões pessoais de convicção. Por outro lado, nada impede que se baseie em jurisprudência, desde que demonstre a sua aderência expressa ao entendimento adotado nos tribunais, além de demonstrar a subsunção do caso em exame a referidos julgados. Em sentido diverso: STJ: "1. Não trazendo o agravante tese jurídica capaz de modificar o posicionamento anteriormente firmado, é de se manter a decisão agravada por seus próprios fundamentos. 2. É firme a jurisprudência desta Corte Superior, e do Supremo Tribunal Federal, no sentido de que não configura ofensa aos arts. 381 do Código de Processo Penal e 93, IX, da Constituição Federal, a decisão que adota como razão de decidir os fundamentos lançados no parecer do Ministério Público. 3. Na hipótese dos autos, não há falar em ausência de fundamentação, porquanto a manifestação ministerial adotada enfrentou, de maneira fundamentada, todas as alegações trazidas pelas partes em sua insurgência, expondo, ainda, os motivos de fato e de direito justificadores da decisão proferida. 4. Agravo regimental improvido" (AgInt no AREsp 980.349/RS, 6.ª T., rel. Sebastião Reis Júnior, 14.03.2017, m.v.).

11. Peculiaridade da sentença proferida pelo juiz no Tribunal do Júri: não há necessidade de relatório ou fundamentação, pois se trata de ato jurisdicional vinculado ao veredicto dado pelos jurados. Estes, por sua vez, em exceção constitucionalmente assimilada pelo princípio do sigilo das votações, decidem por livre convicção plena, sem fornecer qualquer motivação. Assim, descabe ao magistrado tecer comentários sobre a culpa ou inocência do acusado, bastando-lhe fixar a pena, que é justamente o dispositivo. Neste, entretanto, deve dar a fundamentação para a sanção penal escolhida e concretizada. Aliás, o relatório é despiciendo, visto que já foi feito na pronúncia. Por outro lado, a ata do julgamento espelha fielmente todas as ocorrências e alegações das partes no plenário.

12. Indicação dos artigos de lei aplicados: trata-se da referência legal dos fundamentos. O juiz, ao eleger as normas que lastreiam o seu julgamento, deve mencioná-las na decisão, aprimorando a visualização dos fundamentos eleitos para guiá-lo.

13. Dispositivo: é a conclusão alcançada pelo juiz, após ter elaborado raciocínio exposto e fundamentado, para julgar procedente ou improcedente a ação e, consequentemente, presente ou ausente o direito de punir do Estado. É no dispositivo (conclusão) que irá fixar a sanção ou, simplesmente, declarar a inocência do réu.

14. Data e assinatura do juiz: trata-se da individualização do órgão julgador, conferindo forma autêntica ao julgado, bem como estabelecendo o momento temporal em que foi proferida.

> **Art. 382.** Qualquer das partes poderá, no prazo de 2 (dois) dias, pedir ao juiz que declare a sentença,[15] sempre que nela houver obscuridade,[16] ambiguidade,[17] contradição[18] ou omissão.[19-20]

15. Embargos de declaração: sem utilizar formalmente esse nome, trata-se de autêntico recurso apresentado pela parte interessada em aclarar o conteúdo da sentença. Oferecidos os embargos de declaração, no prazo de dois dias, interrompe-se o curso do prazo de apelação, até que o magistrado possa decidi-lo, sem necessidade de ouvir a parte contrária. Utiliza-se, por analogia, uma vez que o Código de Processo Penal nada dispõe a respeito, o art. 1.026 do Código de Processo Civil: "Os embargos de declaração não possuem efeito suspensivo e interrompem o prazo para a interposição de recurso". Convém mencionar que, na Lei 9.099/1995, o art. 83, § 2.º, estipula que "os embargos de declaração interrompem o prazo para a interposição de recurso". Melhor, no entanto, manter a analogia com o processo civil, onde se fala em interrupção do prazo, e não em simples suspensão.

16. Obscuridade: é o estado daquilo que é difícil de entender, gerando confusão e ininteligência, no receptor da mensagem. No julgado, evidencia a utilização de frases e termos complexos e descontexos, impossibilitando ao leitor da decisão, leigo ou não, captar-lhe o sentido e o conteúdo.

17. Ambiguidade: é o estado daquilo que possui duplo sentido, gerando equivocidade e incerteza, capaz de comprometer a segurança do afirmado. Assim, no julgado, significa a utilização, pelo magistrado, de termos com duplo sentido, que ora apresentam uma determinada orientação, ora seguem em caminho oposto, fazendo com que o leitor, seja ele leigo ou não, termine não entendendo qual o seu real conteúdo.

Art. 383

Código de Processo Penal Comentado · **Nucci**

18. Contradição: trata-se de uma incoerência entre uma afirmação anterior e outra posterior, referentes ao mesmo tema e no mesmo contexto, gerando a impossibilidade de compreensão do julgado. Logo, inexiste contradição, quando a decisão – sentença ou acórdão – está em desalinho com opiniões doutrinárias, com outros acórdãos ou sentenças e mesmo com a prova dos autos. É preciso existir confronto entre afirmações interiores ao julgado.

19. Omissão: é a lacuna ou o esquecimento. No julgado, traduz-se pela falta de abordagem do magistrado acerca de alguma alegação ou requerimento formulado, expressamente, pela parte interessada, merecedor de apreciação.

20. Não caracterização da omissão: não se configura lacuna na decisão o fato do juiz deixar de comentar argumento por argumento levantado pela parte, pois, no contexto geral do julgado, pode estar nítida a sua intenção de rechaçar todos eles.

> **Art. 383.** O juiz, sem modificar a descrição do fato contida na denúncia ou queixa,[21-23] poderá atribuir-lhe definição jurídica[24] diversa, ainda que, em consequência, tenha de aplicar pena mais grave.[25-27-A]
>
> § 1.º Se, em consequência de definição jurídica diversa, houver possibilidade de proposta de suspensão condicional do processo, o juiz procederá de acordo com o disposto na lei.[27-B]
>
> § 2.º Tratando-se de infração da competência de outro juízo, a este serão encaminhados os autos.[27-C]

21. Correlação entre acusação e sentença: é a regra segundo a qual o fato imputado ao réu, na peça inicial acusatória, deve guardar perfeita correspondência com o fato reconhecido pelo juiz, na sentença, sob pena de grave violação aos princípios do contraditório e da ampla defesa, consequentemente, ao devido processo legal. Gustavo Henrique Righi Ivahy Badaró descreve, com precisão, tal princípio, fazendo diferença entre o fato processual – que é o concreto acontecimento na história – e o fato penal – um modelo abstrato de conduta, ou seja, o tipo penal. A violação incide justamente no campo do fato processual, que é o utilizado pelo réu para a sua defesa. E não se pode discorrer, abstratamente, sobre o tema. Torna-se impossível, segundo demonstra, debater o assunto em torno de exemplos irreais: "Inútil, portanto, discutir, por exemplo, se de uma imputação por receptação é possível passar a outra por furto, mas examinar, caso a caso, se o fato imputado, qualificado erroneamente como receptação, contém todos os elementos de fato para ser qualificado como furto. Pensar de outra forma é admitir que um mesmo fato concreto pode ser adequado, simultaneamente, ao tipo penal da receptação e do furto, o que é um verdadeiro absurdo (...) O tema da correlação entre acusação e sentença é pertinente ao fato processual, isto é, ao acontecimento histórico imputado ao réu. A importância está na relevância *processual* do fato. Por isso, concretamente, o que pode ser indiferente em relação a uma imputação pode ser relevante em relação à outra, ainda que se trate do mesmo tipo penal. Assim, o que é acidental em relação ao tipo penal – por exemplo, uma agravante – pode modificar o fato processual, isto é, o objeto do processo. Já a alteração do fato que se mostre relevante penalmente sempre o será para o processo penal, visto não ser possível condenar alguém sem que o fato concreto imputado apresente todos os elementos que abstratamente integram o tipo penal" (*Correlação entre acusação e sentença*, p. 129-130). Na jurisprudência: STJ: "1. Segundo o princípio da correlação o réu se defende dos fatos narrados na acusatória e não da capitulação penal nela inserida. Sendo assim, comprovando-se que a conduta descrita se subsume a tipo criminal diverso, caberá ao Juiz natural da causa, no momento da prolação da sentença e observando as provas colhidas, proceder à *emendatio libelli*, se for o caso, nos termos dos art. 383 do Código de Processo Penal (AgRg no HC n. 507.006/SP, Relator Ministro Ribeiro Dantas, Quinta Turma, julgado em 25/8/2020, *DJe* 3/9/2020). 2. Como visto, pela leitura da inicial acusatória, bem como do acórdão recorrido, verifica-se que a denúncia é suficientemente clara e concatenada, demonstrando a efetiva existência de justa causa, consistente na materialidade e nos indícios de autoria. Assim, atende aos requisitos do art. 41 do Código de Processo Penal, não revelando quaisquer vícios formais. Realmente, os fatos criminosos estão descritos com todas as circunstâncias necessárias a delimitar a imputação, encontrando-se devidamente assegurado o exercício da ampla defesa. 3. No tocante ao delito do art. 218-A do CP, como consignado pela Corte de origem, a exordial narrou que o apelante, aproveitando-se da confiança que a família da vítima nele depositava e com finalidade libidinosa, despiu-se na região do órgão genital. Ainda que o relato da vítima não tenha sido preciso quanto ao recorrente ter colocado a mão da ofendida em seu pênis, o delito de satisfação da lascívia mediante a presença de criança ou adolescente está devidamente descrito na exordial acusatória, sendo possível, portanto, a atribuição de nova definição aos fatos nos termos do art. 383 do Código de Processo Penal (e-STJ fls. 460). De fato, a denúncia descreve a efetiva atuação da recorrente, com os dados essenciais e usuais exigidos para a incoativa, o que configura o crime do art. 218-A do CP. Portanto, não pode ser acoimada de inepta a denúncia formulada em obediência aos requisitos traçados no artigo 41 do Código de Processo Penal, descrevendo perfeitamente as condutas típicas, cuja autoria é atribuída aos recorrentes devidamente qualificados, circunstâncias que permitem o exercício da ampla defesa no seio da persecução penal, na qual se observará o devido processo legal (AgRg no AREsp n. 341.792/CE, Relator Ministro Jorge Mussi, Quinta Turma, julgado em 13/3/2018, *DJe* 23/3/2018). 4. A conduta imputada ao recorrente se coaduna com a figura típica descrita no art. 217-A do Código Penal, estando a autoria e a materialidade delitiva evidenciadas nos autos. Na expressão 'ato libidinoso' estão contidos todos os atos de natureza sexual, diversos da conjunção carnal, que tenham a finalidade de satisfazer a libido do agente. 5. Acerca da matéria, como é cediço, prevalece na jurisprudência desta Corte Superior a impossibilidade de desclassificação da figura do estupro de vulnerável para a de importunação sexual, porquanto esta é praticada sem violência ou grave ameaça, ao passo que aquele inclui a presunção absoluta de violência ou grave ameaça, como na hipótese dos autos, que envolve vítima menor de 14 (quatorze) anos. 6. Nessa linha, a Terceira Seção desta Corte Superior, no julgamento dos REsp n. 1.959.697/SC, REsp n. 1.957.637/MG, REsp n. 1.958.862/MG e REsp n. 1.954.997/SC, Relator Ministro Ribeiro Dantas, ocorrido em 8/6/2022, *DJe* de 1.º/7/2022, sob a égide dos recursos repetitivos, firmou posicionamento no sentido de que, presente o dolo específico de satisfazer à lascívia, própria ou de terceiro, a prática de ato libidinoso com menor de 14 anos configura o crime de estupro de vulnerável (art. 217-A do CP), independentemente da ligeireza ou da superficialidade da conduta, não sendo possível a desclassificação para o delito de importunação sexual (art. 215-A do CP). Assim, não se pode falar na desclassificação pretendida" (AgRg no AREsp 2.227.283/SP, 5.ª T., rel. Reynaldo Soares da Fonseca, 27.04.2023, v.u.).

21-A. Defesa contra fatos e não contra o direito: trata-se de algo consolidado há tempos na majoritária doutrina e na jurisprudência, significando que o acusado, tendo direito à ampla defesa, volta-se a dois ângulos: autodefesa e defesa técnica. De qualquer forma, o réu se defende de fatos – e não do direito aplicável a eles. O fato-homicídio espelha-se em "matar alguém" e não em simplesmente narrar ao réu que ele é acusado de homicídio, art. 121 do CP. Qualquer um entende um fato, mas só os que têm formação jurídica são aptos a captar a tipificação cabível. Portanto, em autodefesa, o acusado precisa ouvir do juiz os fatos a respeito dos quais é (ou seria) o autor. A sua defesa técnica, além dos fatos, atém-se à tipificação. Na jurisprudência: STF: "I – Não viola o princípio da correlação ou da congruência a condenação por fato narrado na peça acusatória, eis que o acusado não se defende da classificação

Art. 383

Código de Processo Penal Comentado · **Nucci**   758

jurídica, mas dos fatos descritos na denúncia, nos termos do art. 383 do Código de Processo Penal. Precedentes" (RHC 169.145 AgR, 2.ª T., rel. Nunes Marques, 08.04.2021, v.u.). STJ: "1. Embora a causa especial de aumento prevista no art. 226, II, do Código Penal não tenha sido indicada de forma expressa na exordial acusatória, a denúncia descreve a circunstância e que a vítima era sobrinha do agravante. 2. O instituto da *emendatio libelli* previsto no art. 383 do Código de Processo Penal consiste na atribuição de definição jurídica diversa daquela descrita na inicial acusatória, ainda que isso implique agravamento da situação jurídica do réu, não implicando ofensa ao princípio da correlação fática entre a denúncia e a sentença, posto que o acusado se defende dos fatos descritos na peça acusatória" (AgRg no AgRg no HC n. 744.197/SC, 5.ª T., rel. Daniela Teixeira, 27.05.2024, v.u.); "1. Ao interpretar os arts. 383 e 384 do Código de Processo Penal, a jurisprudência dos Tribunais Superiores firmou-se no sentido de que a 'aplicação da *emendatio libelli* não demanda o aditamento da inicial acusatória ou a intimação da defesa quando há narração implícita da conduta delituosa no oferecimento da denúncia', pois 'o réu se defende dos fatos veiculados na denúncia e não de sua classificação jurídica' (HC n. 230.835-AgR, relator Ministro Edson Fachin, Segunda Turma, julgado em 19/12/2023, *DJe* de 2/2/2024)'" (AgRg no Inq n. 1.659/DF, Corte Especial, rel. Og Fernandes, 15.05.2024, v.u.).

22. Alterações inadmissíveis: a reforma trazida pela Lei 11.719/2008 tornou bem claro não poder o magistrado, ao promover a denominada *emendatio libelli*, modificar qualquer fato descrito na peça acusatória. Cabe-lhe atribuir nova definição jurídica ao fato, mas este é imutável, sob o prisma do julgador. São ofensivas à regra da correlação entre acusação e sentença as alterações pertinentes ao elemento subjetivo (transformação do crime de doloso para culposo ou vice-versa), as que disserem respeito ao momento consumativo (transformação de crime consumado para tentado ou vice-versa), bem como as que fizerem incluir fatos não conhecidos da defesa, ainda que possam parecer irrelevantes, como a mudança do endereço onde o delito ocorreu. Nessa ótica, a lição de Badaró: "Em síntese, o juiz não pode condenar o acusado, mudando as circunstâncias instrumentais, modais, temporais ou espaciais de execução do delito, sem dar-lhe a oportunidade de se defender da prática de um delito diverso daquele imputado inicialmente, toda vez que tal mudança seja relevante em face da tese defensiva, causando surpresa ao imputado" (*Correlação entre acusação e sentença*, p. 133-134). Muitas dessas situações devem ser resolvidas com base no disposto no art. 384.

23. Alteração admissível: é viável a modificação da classificação, sem necessidade de abertura de vista à defesa, de latrocínio para homicídio simples, pois todos os elementos deste tipo penal estão contidos naquele. Não há modificação fática.

24. Definição jurídica do fato: é a tipicidade, ou seja, o processo pelo qual o juiz subsume o fato ocorrido ao modelo legal abstrato de conduta proibida. Assim, dar a definição jurídica do fato significa transformar o fato ocorrido em juridicamente relevante. Quando *A* agride *B*, visando a matá-lo, sem conseguir o seu intento, dá-se a definição jurídica de "tentativa de homicídio". A partir disso, surge a classificação do crime, que é o resultado desse processo mental. No exemplo apresentado, temos o réu como incurso no art. 121, *caput*, c/c o art. 14, II, do Código Penal. O Código de Processo Penal, no entanto, utiliza os termos "definição jurídica do fato" e "classificação" como sinônimos, sem maior precisão. Aliás, na prática, o resultado é o mesmo. Portanto, neste artigo, o que o juiz pode fazer, na fase da sentença, é levar em consideração o fato narrado pela acusação na peça inicial (denúncia ou queixa), sem se preocupar com a definição jurídica dada, pois o réu se defendeu, ao longo da instrução, dos fatos a ele imputados e não da classificação feita. O juiz pode alterá-la, sem qualquer cerceamento de defesa, pois o que está em jogo é a sua visão de tipicidade, que pode variar conforme o seu livre convencimento. Se o promotor descreveu, por exemplo, um furto com fraude (pena de dois a oito anos de reclusão), mas terminou classificando como estelionato (pena de um a cinco anos de reclusão), nada impede que o magistrado corrija essa classificação, condenando o réu por furto qualificado – convenientemente descrito na denúncia – embora tenha que aplicar pena mais grave. É a chamada *emendatio libelli*. Na jurisprudência: STJ: "Não há ilegalidade na sentença condenatória em que o Magistrado confere nova definição jurídica aos fatos contidos na denúncia, nos termos do artigo 383 do Código de Processo Penal, eis que o réu se defende dos fatos descritos na peça acusatória, e não da definição jurídica ali apresentada" (HC 350.708/SC, 5.ª T., rel. Reynaldo Soares da Fonseca, 28.04.2016, v.u.).

25. Regra aplicável ao julgamento proferido pelo Tribunal: da mesma forma, pode o Tribunal, ao julgar um recurso do réu, aplicar pena mais grave, desde que o fato esteja devidamente descrito na denúncia ou queixa.

26. Violação da regra da correlação entre acusação e sentença: é causa de nulidade absoluta, pois ofende os princípios do contraditório e da ampla defesa, consequentemente, o devido processo legal.

27. Confronto entre a alteração da definição jurídica do fato e os princípios do contraditório e da ampla defesa: atualmente, não são poucos os processualistas que passaram a sustentar a obrigatoriedade de se dar vista às partes, quando houver a possibilidade de modificação da classificação do crime, pois a defesa também estaria pautando sua tese e sua atuação conforme o tipo penal envolvido na peça inaugural. Por todos, diz Badaró: "Desde que os fatos imputados permaneçam inalterados, pode o juiz dar-lhes definição jurídica diversa da constante da denúncia ou da queixa, mesmo sem aditamento dessas peças. Porém, antes de sentenciar, em respeito ao contraditório, deve o juiz convidar as partes a se manifestarem sobre a possibilidade de uma nova classificação jurídica dos fatos, evitando que sejam surpreendidas com a nova capitulação, sem que tenham tido oportunidade de debatê-la. Embora o réu se defenda dos fatos imputados e não da classificação legal dos fatos o certo é que o tipo penal exerce influência decisiva na condução da defesa, de forma que sua alteração poderia surpreendê-la" (*Da correlação entre acusação e defesa*, p. 162-163). A defesa – autodefesa e defesa técnica – volta-se aos fatos imputados e não à classificação feita. Não vemos praticidade na conduta do magistrado que, estando com o processo em seu gabinete para sentenciar, após verificar que não é o caso de condenar o réu por estelionato, mas sim por furto com fraude, por exemplo, paralisa seu processo de fundamentação, interrompe a prolação da sentença e determina a conversão do julgamento em diligência para o fim de ouvir as partes sobre a *possibilidade* – não poderá afirmar que assim fará, pois senão já estará julgando, em decisão nitidamente anômala – de aplicar ao fato definição jurídica diversa da constante nos autos. As partes, certamente, irão renovar suas alegações finais, produzindo um burocrático e emperrado procedimento, sob o prisma de uma Justiça já considerada extremamente lenta. De nada vale essa "ciência", se o órgão acusador se limita a expor o que vislumbra nos autos e pedir a condenação, em caráter genérico. Para a defesa técnica – a autodefesa dá-se somente no interrogatório e não torna a ocorrer, nessa hipótese – pode representar um prejulgamento indevido, mormente quando a pena puder ser aumentada, além de não trazer benefício de ordem prática, pois continuará insistindo na negativa de autoria, por exemplo, ou no reconhecimento de determinada excludente. Enfim, apesar de ser regra existente em alguns outros sistemas normativos, parece-nos superfetação do princípio do contraditório e inócuo para a ampla defesa. Note-se a conturbação processual que pode ocorrer, dando margem à perplexidade das partes e até gerando insegurança quanto à convicção do juiz: "Contudo, nessa hipótese, não estará o juiz obrigado a julgar segundo a nova capitulação jurídica dos fatos, em face da qual convidou as partes a se manifestarem. O juiz comunica às partes a possibilidade de os fatos virem a ser subsumidos a um tipo penal diverso. Nesse momento há

Art. 384

Código de Processo Penal Comentado · **Nucci**

apenas a possibilidade, mas não certeza, da nova qualificação jurídica dos fatos. Tal certeza só existirá com a sentença" (Badaró, *Correlação entre acusação e sentença*, p. 164). É preciso compreender o sentido da ampla defesa para que não haja apego demasiado a alguns formalismos desnecessários. A defesa técnica tem noção e conhecimento dos tipos penais, razão pela qual o que realmente importa é o quadro fático.

27-A. Definição jurídica do fato e liberdade provisória: ver nota 54 ao art. 310, parágrafo único.

27-B. Nova definição jurídica do fato e suspensão condicional do processo: a introdução do § 1.º ao art. 383 do CPP é consequência natural da alteração da tipicidade do fato e complementa o processo de *emendatio libelli*. Afinal, se a nova definição jurídica do fato é viável, inclusive para a aplicação de pena mais grave, naturalmente, o mesmo se dá para a aplicação de benefícios anteriormente não concedidos por falta de condições. Se o crime inicialmente imputado previa pena mínima superior a um ano, não se podia utilizar o instituto da suspensão condicional do processo (art. 89, Lei 9.099/1995). Porém, vislumbrando a possibilidade de que isto se concretize, cabe ao magistrado, em decisão fundamentada, determinar a abertura de vista ao Ministério Público, a fim de que possa oferecer proposta, se for o caso. É evidente que, para tanto, estará o magistrado, nessa situação, vinculado à nova definição jurídica do fato. Se o representante do Ministério Público recusar a proposta – tornando-se esta, realmente, inviável – a sentença deve ser proferida, se condenatória, com base na definição jurídica exposta anteriormente pelo juiz. Não teria sentido o retrocesso, pois houve uma medida processual extremamente relevante, que foi a possibilidade efetiva de se paralisar o feito, em função de eventual concessão da suspensão condicional do processo. Porém, convém conferir a Súm. 536 do STJ, que dispõe: "A suspensão condicional do processo e a transação penal não se aplicam na hipótese de delitos sujeitos ao rito da Lei Maria da Penha".

27-C. Desclassificação: a hipótese introduzida no § 2.º do art. 383 é outra consequência natural e lógica da nova definição jurídica dada ao fato. Aliás, caberia, realmente, ao magistrado assim agir se, no momento da sentença, verificasse a sua incompetência, mormente se absoluta, em relação ao processo. A norma inserida no § 2.º torna clara essa medida. Se o juiz, ao sentenciar, por exemplo, verificar que o fato descrito, em verdade, equivale a uma tentativa de homicídio e não a uma lesão corporal gravíssima, deve remeter o caso à Vara Privativa do Júri. O mesmo ocorrerá se observar tratar-se de crime da órbita federal, determinando a remessa dos autos à Vara da Seção Federal da sua Região. A hipótese, entretanto, não é comum, pois, ao longo da instrução, as partes podem detectar essa situação, requerendo a remessa dos autos, de pronto, à Vara competente, antes mesmo de se terminar os trabalhos de colheita de prova.

Art. 384. Encerrada a instrução probatória,[28] se entender cabível nova definição jurídica do fato,[29] em consequência de prova existente nos autos[30] de elemento[31] ou circunstância[32] da infração penal não contida na acusação, o Ministério Público deverá aditar a denúncia ou queixa,[33-34] no prazo de 5 (cinco) dias, se em virtude desta houver sido instaurado o processo em crime de ação pública,[35-35-A] reduzindo-se a termo o aditamento, quando feito oralmente.[35-B]

§ 1.º Não procedendo o órgão do Ministério Público ao aditamento, aplica-se o art. 28 deste Código.[35-C]

§ 2.º Ouvido o defensor do acusado[35-D] no prazo de 5 (cinco) dias e admitido o aditamento, o juiz, a requerimento de qualquer das partes,[35-E] designará dia e hora para continuação da audiência,[35-F] com inquirição de testemunhas, novo interrogatório[35-G] do acusado, realização de debates e julgamento.

	§ 3.º Aplicam-se as disposições dos §§ 1.º e 2.º do art. 383 ao *caput* deste artigo. § 4.º Havendo aditamento, cada parte poderá arrolar até 3 (três) testemunhas, no prazo de 5 (cinco) dias, ficando o juiz, na sentença, adstrito aos termos do aditamento.[35-H] § 5.º Não recebido o aditamento, o processo prosseguirá.[35-I]

28. Encerramento da instrução: a expressa menção ao *encerramento da instrução*, introduzida pela Lei 11.719/2008, é uma obviedade que pode até apresentar alguma utilidade. Está-se no contexto da sentença (Título XII), logo, é natural tenha havido a finalização da colheita de provas. Entretanto, nunca é demais ressaltar que ao magistrado somente é facultado interferir na definição jurídica dada pelo órgão acusatório quando estiver encerrada a instrução – logo, é vedado que o faça por ocasião do recebimento da denúncia ou queixa –, colhidas as provas e surgida alguma evidência nova, favorecendo o entendimento judicial.

29. Definição jurídica do fato: consultar a nota 24 ao art. 383. Na jurisprudência: STJ: "3. No caso em exame, tratando-se de modificação da descrição do fato contido na denúncia, com o acréscimo de um crime não imputado anteriormente ao réu, em face de vítima distinta, tem-se a incidência da *mutatio libelli*, sendo imprescindível a adoção do procedimento previsto no art. 384 do CPP, com aditamento da denúncia, possibilitando ao acusado se defender de todos os delitos a ele imputados. 4. *Writ* não conhecido. Ordem concedida, de ofício, para declarar a nulidade da sentença penal condenatória, com a possibilidade de aditamento da denúncia, de forma a garantir ao paciente que se defenda de todos os fatos a ele imputados, a serem devidamente apreciados pelo Juízo de 1.º grau" (HC 464.786/DF, 5.ª T., rel. Ribeiro Dantas, 28.05.2019, v.u.).

30. Existência de prova nos autos: cuida-se de cautela essencial atentar para o lastro probatório em relação à denominada *mutatio libelli*, ou seja, a possibilidade de se dar ao fato nova definição jurídica. Não se trata, pois, de mera opinião do julgador, calcada em subjetivismo pessoal. A alteração da imputação formulada pela acusação deve concentrar-se em base sólida, constante dos autos (ex.: depoimento de testemunha, exame pericial, documento).

31. Elementar: finalmente a reforma introduzida pela Lei 11.719/2008 corrigiu a imprecisão que apontávamos na anterior descrição deste artigo, de caráter misto: *circunstância elementar*. Na realidade, existem as elementares do crime e as suas circunstâncias. Passa-se, agora, a tratá-las separadamente. *Elementares* são os componentes objetivos e subjetivos do tipo básico, ou seja, fundamental. Ex.: "subtrair", "para si ou para outrem", "coisa", "alheia" e "móvel" são as elementares do delito de furto.

32. Circunstância: cuida-se da tipicidade derivada, ou seja, das particularidades que podem envolver o delito e encontram-se descritas nos §§ dos tipos penais incriminadores. Ilustrando, o constante nos §§ 1.º a 7.º do art. 155 do Código Penal são as circunstâncias do crime, constantes do tipo derivado. Podem ser qualificadoras ou causas de aumento de pena, ambas com o objetivo de elevar a pena.

33. Aditamento obrigatório pelo Ministério Público: corrige-se outro ponto interessante à ampla defesa envolvendo o antigo art. 384. Admitia-se, majoritariamente, que houvesse a *emendatio libelli* sem que o órgão acusatório *aditasse* a denúncia ou queixa, modificando, pois, o âmbito da acusação, caso não se desse hipótese de elevação da pena. Aliás, o aditamento somente seria indispensável, antes da alteração introduzida pela Lei 11.719/2008, em

Art. 384

Código de Processo Penal Comentado · **Nucci**

caso de possibilidade de nova definição jurídica do fato que implicasse aplicação de pena mais grave. Agora, uniformiza-se a situação. Qualquer alteração do conteúdo da acusação, não contida na denúncia ou queixa, depende de participação ativa do Ministério Público. Na jurisprudência: STJ: "1. Havendo alteração da situação fática descrita na inicial acusatória, o Ministério Público deverá proceder ao aditamento da denúncia, conforme preceitua o artigo 384 do CPP. 2. Agravo regimental improvido" (AgRg no REsp 1.628.367/RJ, 6.ª T., rel. Maria Thereza de Assis Moura, 09.03.2017, v.u.).

34. Conversão do julgamento em diligência: o magistrado deve baixar o processo em despacho prolatado em termos sóbrios, sem qualquer tipo de prejulgamento ou frases taxativas, que possam indicar o rumo a ser tomado quanto ao mérito. Ex.: "Vislumbrando a possibilidade de definir o fato narrado na denúncia não como roubo, mas como extorsão, segundo a prova produzida, abra-se vista ao Ministério Público para eventual aditamento". Aliás, como lembra Espínola Filho, ainda que haja o aditamento, o magistrado continua com a maior liberdade de apreciação do caso, quando os autos retornarem à conclusão para sentença, podendo, inclusive, absolver o réu (*Código de Processo Penal brasileiro anotado*, v. 4, p. 118).

35. Exclusividade dos crimes de ação pública: veda a lei que o juiz tome qualquer iniciativa para o aditamento de queixa, em ação exclusivamente privada, pois a iniciativa é sempre da parte ofendida, além de não viger, nesse caso, o princípio da obrigatoriedade da ação penal, cujo controle é de ser feito tanto pelo promotor, quanto pelo magistrado. Ao contrário, regendo a ação privada exclusiva o princípio da oportunidade, não cabe qualquer iniciativa nesse sentido pelo órgão julgador. Aliás, se o querelante, por sua própria ação, desejar aditar a queixa, em ação privada exclusiva, deve levar em conta o prazo decadencial de seis meses. Haveria tal possibilidade, em nosso entender, caso surgisse prova nova, durante a instrução, desconhecida das partes e que apontasse para o querelado, demonstrando haver infração diversa daquela, objeto da ação penal. Nessa hipótese, os seis meses devem ser computados a partir dessa ciência.

35-A. Referência feita ao termo queixa: cuida-se da possibilidade de existir a ação privada subsidiária da pública, ou seja, o ofendido ingressa com a queixa porque o Ministério Público deixou transcorrer o seu prazo, sem o oferecimento da denúncia (art. 29, CPP). Logo, na essência, a ação é pública. Por isso, caberia o aditamento à queixa feito pelo representante do Ministério Público, efetivo titular da ação penal.

35-B. Aditamento feito oralmente: inseriu-se essa possibilidade em razão do encerramento da instrução poder acontecer em audiência de instrução e julgamento. Logo, após os debates orais das partes, o magistrado, em lugar de sentenciar, abriria a possibilidade de haver o aditamento da denúncia ou queixa, pelo Ministério Público. Estando em audiência, nada mais lógico que o aditamento se fizesse oralmente, reduzido a termo.

35-C. Utilização do art. 28 do CPP: já se empregava, por analogia, o disposto no referido art. 28, quando o Ministério Público se recusasse a ofertar o aditamento, na antiga hipótese do art. 384, parágrafo único, ou seja, quando a *mutatio libelli* implicasse pena mais grave ao réu. A partir da reforma de 2008, se houver recusa ao aditamento, em qualquer situação, cabe a aplicação do art. 28 do Código de Processo Penal, enviando-se o processo ao Procurador-Geral de Justiça (no âmbito estadual) para verificar se a recusa é procedente ou não. Pode o chefe da instituição designar promotor para promover o aditamento ou insistir que a ação prossiga tal como proposta, sendo o juiz obrigado a acatar essa posição, julgando como bem lhe aprouver. Na órbita federal, a utilização do art. 28 do CPP remete o feito a uma Câmara Criminal, composta por Procuradores da República, que devem decidir do mesmo modo (manter a posição do representante do Ministério Público ou possibilitar a designação de outro para empreender o aditamento). Por outro lado, se houver inércia do Ministério Público para promover ao aditamento, nada impediria que, valendo-se do disposto no art. 29 do CPP, pudesse o ofendido fazê-lo.

35-D. Oitiva prévia da defesa: antes de receber o aditamento, deve o magistrado ouvir o defensor, no prazo de cinco dias, o que é medida correta, a privilegiar o princípio constitucional da ampla defesa. Apresentados os argumentos defensivos, o juiz decide pelo recebimento ou rejeição do aditamento. Rejeitando, cabe a interposição de recurso em sentido estrito (ver a nota 15 ao art. 581). Acolhendo, admite-se a interposição de *habeas corpus*, pois significaria um constrangimento ilegal (se for infundado o recebimento).

35-E. Requerimento das partes: parece-nos haver uma contradição nesse ponto. Havendo o recebimento do aditamento, o juiz *deve* designar audiência, no mínimo, para interrogar novamente o réu, dando-lhe a oportunidade de exercer a autodefesa. Portanto, *não depende* de requerimento da parte interessada. Cuida-se de medida cogente. Se a acusação e a defesa não ofertarem rol de testemunhas, ouve-se somente o réu. Este, no entanto, precisa ser interrogado.

35-F. Continuação da audiência: na verdade, quis-se dizer que, admitido o aditamento, *reabre-se* a instrução, que estava finda. Portanto, não se trata de continuidade da audiência anterior, mas de uma nova oportunidade para as partes justificarem a novel pretensão surgida, em face do recebimento do aditamento.

35-G. Novo interrogatório: como já mencionamos anteriormente, tratando-se de medida concernente à autodefesa, é obrigatória a designação de audiência, ao menos para possibilitar ao acusado nova oportunidade de ser interrogado.

35-H. Instrução em prosseguimento: as testemunhas (até o número de três) devem ser inéditas, ou seja, nunca ouvidas. Do contrário, repete-se a prova já constante dos autos, o que é desnecessário e impertinente, em oposição ao princípio constitucional da economia processual. Em caráter excepcional, justificando a parte, pode-se arrolar pessoa já inquirida, para que forneça diferente visão a respeito do caso.

35-I. Não recebimento do aditamento: a norma é inócua, pois preceitua o óbvio. Se o aditamento não for recebido, o processo deve prosseguir. Ora, o que se faria se o juiz não acolhesse a proposta da acusação? Extinção do feito com base em quê? Paralisação do processo até que o magistrado se deixasse convencer pelo órgão da acusação? Portanto, é mais que natural haver o prosseguimento dos atos processuais.

> **Art. 385** Nos crimes de ação pública, o juiz poderá proferir sentença condenatória, ainda que o Ministério Público tenha opinado pela absolvição,[36] bem como reconhecer agravantes, embora nenhuma tenha sido alegada.[37]

36. Independência do juiz para julgar: do mesmo modo que está o promotor livre para pedir a absolvição, demonstrando o seu convencimento, fruto da sua independência funcional, outra não poderia ser a postura do magistrado. Afinal, no processo penal, cuida-se da ação penal pública nos prismas da obrigatoriedade e da indisponibilidade, não podendo o órgão acusatório dela abrir mão, de modo que, também, não está fadado o juiz a absolver o réu, se as provas apontam em sentido diverso. Ademais, pelo princípio do impulso oficial, desde o recebimento da peça inicial acusatória, está o magistrado obrigado a conduzir o feito ao seu deslinde, proferindo-se decisão de mérito. E tudo isso a comprovar que o direito de punir do Estado não é regido pela oportunidade, mas pela necessidade de se produzir a

Art. 385

Código de Processo Penal Comentado · **Nucci**

acusação e, consequentemente, a condenação, desde que haja provas a sustentá-la. O Ministério Público, no Brasil, é o titular da ação penal e não o *senhor absoluto* da acusação, tanto que, não a promovendo no prazo, legitima a propositura da ação pelo ofendido. Além disso, recebida a denúncia, não cabe ao MP desistir da ação penal, tudo a demonstrar a indisponibilidade da apreciação do caso pelo Judiciário. Em outro sentido, confira-se o disposto no art. 60, III, do CPP, cuidando da perempção, com consequente extinção da punibilidade do réu, caso o querelante não requeira, nas alegações finais, a sua condenação. Neste caso, regida que é a ação penal privada pelo princípio da oportunidade, outra não é a conclusão a ser extraída diante do desinteresse do ofendido na condenação do agressor. Na jurisprudência: STJ: "III - A jurisprudência do Superior Tribunal de Justiça é no sentido de que o artigo 385 do Código de Processo Penal permite ao juiz proferir sentença condenatória, embora o Ministério Público tenha requerido a absolvição, não caracterizando ofensa ao sistema acusatório" (AgRg no HC n. 781.361/ES, 5.ª T., rel. Messod Azulay Neto, 18.06.2024, v.u.); "2. É pacífico o entendimento desta Corte Superior, no sentido de que o artigo 385 do CPP foi recepcionado pela Constituição Federal de 1988, não havendo falar em ilegalidade quanto ao posicionamento diverso da manifestação ministerial, diante do fato de o Magistrado gozar do princípio do livre convencimento motivado" (AgRg no REsp 1.850.925/SP, 5.ª T., rel. Ribeiro Dantas, 20.10.2020, v.u.).

37. Reconhecimento, de ofício, de agravantes: as agravantes são causas legais e genéricas de aumento da pena, não pertencentes ao tipo penal, razão pela qual não necessitam fazer parte da imputação. São de conhecimento das partes, que, desejando, podem, de antemão, sustentar a existência de alguma delas ou rechaçá-las todas. O fato é que o magistrado não está vinculado a um pedido da acusação para reconhecê-las. Em posição contrária, conferir o magistério de Antonio Scarance Fernandes: "Deve-se, assim, entender que o juiz não pode, sem pedido do promotor, aplicar as circunstâncias agravantes típicas, interpretando-se o art. 385, do Código de Processo Penal, de maneira condizente com as regras do devido processo legal. O juiz poderia, com base nesse dispositivo, aplicar as circunstâncias judiciais, não as legais, sem pedido do promotor. Com essa leitura do art. 385, seria necessário debate contraditório prévio sobre as circunstâncias agravantes para serem levadas em conta pelo juiz" (*Teoria geral do procedimento e o procedimento no processo penal*, p. 313). Preferimos manter o nosso entendimento de que o magistrado não está atrelado ao pedido de reconhecimento das agravantes, feito pela acusação, para poder aplicar uma ou mais das existentes no rol do art. 61 do Código Penal (além de outras que, porventura, surjam em leis especiais). Se o juiz pode o mais, que é aplicar as circunstâncias judiciais, em que existe um poder criativo de larga extensão (exemplos disso são os fatores relativos à *personalidade* e à *conduta social* do agente, elementos abertos constantes do art. 59 do Código Penal), é natural que possa o menos, isto é, aplicar expressas causas agravantes, bem descritas na lei penal. Não há, muitas vezes, contraditório acerca das agravantes e atenuantes, tanto quanto não se dá em relação às circunstâncias judiciais do art. 59 do Código Penal, em face da carência de provas produzidas pelas partes e pelo desinteresse destas e do próprio magistrado, no geral, pelo processo de aplicação da pena. Na jurisprudência: STJ: "Além disso, a jurisprudência do Superior Tribunal de Justiça firmou-se no sentido de que é possível, no édito condenatório, o reconhecimento de agravantes não descritas na denúncia ou não alegadas pelo *Parquet*" (AgRg no REsp 1.806.416-PR, 6.ª T., rel. Laurita Vaz, j. 02.06.2020, v.u.); "É possível o reconhecimento das agravantes pelo magistrado, ainda que não descritas na denúncia, porquanto, a recognição de agravante não envolve a questão da quebra de congruência entre a imputação e a sentença. Inteligência do art. 385 do CPP (precedentes). *Habeas corpus* não conhecido" (HC 335.413/SC, 5.ª T., rel. Felix Fischer, 30.08.2016, v.u.); "É pacífico o entendimento nesta Corte Superior de que o artigo 385 do CPP foi recepcionado pela Constituição Federal de 1988, não havendo falar em ilegalidade quanto ao posicionamento diverso da manifestação ministerial, diante do fato de o Magistrado gozar do princípio do livre convencimento motivado (precedentes)" (AgRg no AREsp 596.157/SP, 5.ª T., rel. Ribeiro Dantas, 29.06.2016, v.u.).

> **Art. 386**. O juiz absolverá o réu, mencionando a causa na parte dispositiva, desde que reconheça:
>
> I – estar provada a inexistência do fato;[38]
>
> II – não haver prova da existência do fato;[39]
>
> III – não constituir o fato infração penal;[40]
>
> IV – estar provado que o réu não concorreu para a infração penal;[41]
>
> V – não existir prova de ter o réu concorrido para a infração penal;[42]
>
> VI – existirem circunstâncias que excluam o crime ou isentem o réu de pena (arts. 20, 21, 22, 23, 26 e § 1.º do art. 28, todos do Código Penal), ou mesmo se houver fundada dúvida sobre sua existência;[43]
>
> VII – não existir prova suficiente para a condenação.[44]
>
> **Parágrafo único.** Na sentença absolutória, o juiz:
>
> I – mandará, se for o caso, pôr o réu em liberdade;[49]
>
> II – ordenará a cessação das medidas cautelares e provisoriamente aplicadas;[50]
>
> III – aplicará medida de segurança, se cabível.[51]

38. Inexistência do fato: é hipótese das mais seguras para a absolvição, pois a prova colhida está a demonstrar não ter ocorrido o fato sobre o qual se baseia a imputação feita pela acusação. Assim, desfaz-se o juízo de tipicidade, uma vez que o fato utilizado para a subsunção ao modelo legal de conduta proibida não existiu. Se a acusação é no sentido de ter havido, por exemplo, um constrangimento violento de mulher à conjunção carnal (estupro), provado não ter havido nem mesmo a relação sexual, está excluído o fato sobre o qual se construiu a tipicidade, promovendo-se a absolvição do réu. Exclui-se, nesse caso, igualmente, a responsabilidade civil.

39. Inexistência de prova da ocorrência do fato: não com a mesma intensidade e determinação do primeiro caso (estar provada a inexistência do fato), neste caso falecem provas suficientes e seguras de que o fato tenha, efetivamente, ocorrido. Segue o rumo do princípio da prevalência do interesse do réu – *in dubio pro reo*. Permite o ajuizamento de ação civil para, com novas provas, demonstrar a ocorrência do ilícito. Na jurisprudência: STF: "1. O crime de quadrilha ou bando [atual associação criminosa] compõe-se dos seguintes elementos: a) concurso necessário de, pelo menos, quatro pessoas; b) finalidade específica dos agentes de cometer crimes indeterminados (ainda que acabem não cometendo nenhum); c) estabilidade e permanência da associação criminosa. 2. A formação de quadrilha ou bando exige, para sua configuração, união estável e permanente de criminosos voltada para a prática indeterminada de vários crimes. Doutrina e jurisprudência. 3. *In casu*, as testemunhas de acusação apenas confirmaram a presença do réu em um evento onde se realizava rinha de galo, nada informando sobre sua possível associação com três ou mais pessoas para o fim de praticar indeterminadamente referido delito. 4. A presença das elementares típicas do crime de formação de quadrilha não restou demonstrada, à míngua de indício dos demais agentes com quem o réu se teria associado para prática de delitos, tampouco havendo indicação da existência de uma associação estável e permanente com fim de executar crimes. (...) 6.

Art. 386

Código de Processo Penal Comentado · **Nucci**

Absolvição da acusação de formação de quadrilha, por não haver prova da existência do fato, nos termos do art. 386, II, do Código de Processo Penal, e do parecer do Ministério Público" (AP 932, 1.ª T., rel. Luiz Fux, 23.06.2016, v.u.).

40. Inexistência de infração penal: nesta situação, o fato efetivamente ocorreu, mas não é típico. Assim, o juiz profere que há impossibilidade de condenação por ausência de uma das elementares do crime. Permite-se o ajuizamento de ação civil para debater-se o ilícito em outra esfera do direito.

41. Existência de prova da não concorrência do réu: esta era uma hipótese faltante, dentre as previstas no art. 386 do CPP. Da mesma forma que não se poderia ter prova suficiente da coautoria ou participação do acusado na infração penal, seria viável supor a existência de prova abundante apontando para a sua não participação no evento. Nesse caso, já havíamos sugerido a utilização do antigo inciso IV do art. 386 (atual inciso V), numa interpretação sistemática, para dar fim à discussão, fazendo coisa julgada também na esfera civil (ver a nota 15 ao art. 66).

42. Inexistência de prova da concorrência do réu: a hipótese retratada neste inciso evidencia a existência de um fato criminoso, embora não se tenha conseguido demonstrar que o réu dele tomou parte ativa. Pode haver coautores responsabilizados ou não. A realidade das provas colhidas no processo demonstra merecer o acusado a absolvição, por não se ter construído um universo sólido de provas contra sua pessoa. Pode-se ajuizar ação civil, para, depois, provar a participação do réu no ilícito civil.

43. Excludentes de ilicitude e de culpabilidade: os artigos do Código Penal, mencionados neste inciso, foram devidamente atualizados pela Lei 11.690/2008. Portanto, estão corretamente indicados os erros de tipo e de proibição, a coação moral irresistível e a obediência hierárquica, a legítima defesa, o estado de necessidade, o exercício regular de direito e o estrito cumprimento do dever legal, a inimputabilidade e a embriaguez acidental. Outro ponto inédito, que, embora fosse desnecessário, não deixa de ser bem-vindo, é a expressa menção quanto à dúvida: "se houver fundada dúvida sobre a sua existência" (parte final do inciso VI). Atendendo-se ao princípio da presunção de inocência, constitucionalmente previsto, outra não poderia ser a conclusão. Se estiver provada a excludente de ilicitude ou de culpabilidade, cabe a absolvição do réu. Por outro lado, caso esteja evidenciada a dúvida razoável, ela se resolve em benefício do acusado, impondo-se a absolvição (*in dubio pro reo*). Mas, a obviedade nem sempre é tão clara em institutos jurídicos, fomentando a discussão na jurisprudência. A ressalva introduzida, portanto, consagra o princípio do *favor rei*, deixando consignado que é causa de absolvição tanto a prova certa de que houve alguma das excludentes mencionadas no inciso VI, como também se alguma delas estiver apontada nas provas, mas de duvidosa assimilação. Resolve-se a dúvida em favor da absolvição do acusado.

44. Prova insuficiente para a condenação: é outra consagração do princípio da prevalência do interesse do réu – *in dubio pro reo*. Se o juiz não possui provas sólidas para a formação do seu convencimento, sem poder indicá-las na fundamentação da sua sentença, o melhor caminho é a absolvição. Logicamente, neste caso, há possibilidade de se propor ação indenizatória na esfera cível.

• As notas seguintes não foram renumeradas para não confundir o leitor. Afinal, há remissões já existentes valendo-se da numeração inserida no artigo em comento em outras partes desta obra e em outros livros, bem como no índice remissivo. O *Código de Processo Penal comentado* é uma obra constituída em estudo integrado com o *Código Penal comentado* e com o *Leis Penais e Processuais Penais comentadas*.

49. Liberdade do réu: é sempre uma providência necessária, em decorrência da sentença absolutória. Não mais vige qualquer hipótese de se segurar no cárcere o réu considerado inocente por sentença absolutória.

50. Cessação das medidas cautelares: é possível, durante a fase investigatória ou durante a instrução em juízo, que o magistrado promova medidas cautelares constritivas, atingindo o acusado. Exemplo disso são as medidas assecuratórias, como o sequestro, a especialização de hipoteca legal, dentre outras. Se houver absolvição, deve o juiz ordenar a cessação de todas as medidas cautelares provisoriamente aplicadas.

51. Aplicação da medida de segurança cabível: é a chamada sentença absolutória imprópria, quando o juiz reconhece não ter havido crime, por ausência de culpabilidade, mas, por ter o acusado praticado um injusto penal (fato típico e antijurídico) no estado de inimputabilidade, merece ser sancionado, com a finalidade de não tornar a perturbar a sociedade. Daí por que se sustenta que a medida de segurança é uma espécie de sanção penal, cuja finalidade não é castigar ou simplesmente reeducar o acusado, mas curá-lo, pois se trata de um doente mental. Por ser medida constritiva da liberdade, não deve ser aplicada senão após o devido processo legal. Justamente em virtude disso considera-se a sentença que a aplica como absolutória imprópria. Na jurisprudência: STJ: "1. Tratando-se de *habeas corpus* substitutivo de revisão criminal, inviável o seu conhecimento. 2. As sentenças de mérito, condenatórias ou absolutórias, fazem coisa julgada material no processo penal. Dentre estas, inclui-se a chamada 'sentença absolutória imprópria', fundada no inciso VI do artigo 386 do CPP, na qual o juiz impõe ao acusado uma medida de segurança. 3. Diferentemente do que ocorre em relação às sentenças condenatórias, no caso de sentença absolutória a imutabilidade é absoluta, não se admitindo, em hipótese alguma, a revisão criminal *pro societate*. 4. *Writ* não conhecido. Ordem concedida de ofício para declarar nula, em relação ao paciente, a sentença condenatória posteriormente proferida" (HC 339.635/ES, 6.ª T., rel. Maria Thereza de Assis Moura, 07.02.2017, v.u.).

Art. 387. O juiz, ao proferir sentença condenatória:

I – mencionará as circunstâncias agravantes ou atenuantes definidas no Código Penal, e cuja existência reconhecer;[52]

II – mencionará as outras circunstâncias apuradas e tudo o mais que deva ser levado em conta na aplicação da pena, de acordo com o disposto nos arts. 59[53] e 60[54] do Decreto-lei 2.848, de 7 de dezembro de 1940 – Código Penal;

III – aplicará as penas de acordo com essas conclusões;[55]

IV – fixará valor mínimo para reparação dos danos causados pela infração, considerando os prejuízos sofridos pelo ofendido;[56-56-B]

V – atenderá, quanto à aplicação provisória de interdições de direitos e medidas de segurança, ao disposto no Título XI deste Livro;[57]

VI – determinará se a sentença deverá ser publicada na íntegra ou em resumo e designará o jornal em que será feita a publicação (art. 73, § 1.º, do Código Penal).[58]

§ 1.º O juiz decidirá, fundamentadamente, sobre a manutenção ou, se for o caso, a imposição de prisão preventiva ou de outra medida cautelar, sem prejuízo do conhecimento de apelação que vier a ser interposta.[58-A-58-G]

§ 2.º O tempo de prisão provisória, de prisão administrativa ou de internação, no Brasil ou no estrangeiro, será computado para fins de determinação do regime inicial de pena privativa de liberdade.[58-H-58-I]

52. Menção às circunstâncias legais genéricas: as agravantes e atenuantes são circunstâncias legais (descritas especificamente em lei – arts. 61 a 66, CP), embora genéricas, porque previstas na Parte Geral do Código Penal. Dessa forma, não integram a tipicidade, podendo ser reconhecidas pelo juiz, mesmo que não alegadas ou solicitadas pelas partes. Nesse sentido, está o disposto no art. 385 do CPP, parte final. Entretanto, deve o magistrado mencioná-las, expressamente, na sentença condenatória, até porque fazem parte da segunda fase da fixação da pena (art. 68, *caput*, CP). A referência deve ser feita sob o ponto de vista fático, indicando quais provas a sustentam, bem como os artigos que as representam.

53. Circunstâncias judiciais: além das agravantes e atenuantes, previstas no inciso anterior, que compõem a segunda fase da fixação da pena, conforme está previsto no art. 68 do Código Penal, as circunstâncias judiciais do art. 59 fazem parte da primeira fase da individualização da pena. São denominadas circunstâncias judiciais pelo fato de não fazerem parte do tipo penal, mas servirem de fundamento para o estabelecimento da pena-base, isto é, a primeira opção do magistrado na transformação da pena abstrata em pena concreta, além de não encontrarem referência explícita na lei penal. É da concepção do juiz que elas brotam, por isso, circunstâncias *judiciais*. Não especifica a lei, ao elencá-las no art. 59 do Código Penal, o que são antecedentes, conduta social, motivos, circunstâncias do crime, entre outras, cabendo ao magistrado fixá-las, conforme seu critério, desde que o faça fundamentadamente.

53-A. Discordância da motivação: a parte, quando inconformada com os fundamentos eleitos pelo magistrado para interpretar e aplicar os elementos contidos no art. 59 do Código Penal, pode recorrer. Porém, não se trata de nulidade ou de ilegalidade. As circunstâncias judiciais são, pela própria natureza, subjetivas, comportando variáveis e distinções, dependendo de cada julgador.

54. Situação econômica do réu: a referência ao art. 60 do Código Penal volta-se à fixação da pena de multa. Esta, além dos naturais requisitos previstos no art. 59 do CP, deve focar a situação econômica do acusado, para que não se torne uma sanção inútil. Lembremos que a pena pecuniária, para ser efetiva, precisa guardar relação com a capacidade de suportar o pagamento apresentada pelo réu. Se este for pessoa muito rica, a multa necessita ser estabelecida em patamares compatíveis. Se for muito pobre, da mesma forma. Portanto, a culpabilidade e os outros elementos do art. 59 servem de baliza ao juiz em casos reputados *normais*. Quando o acusado estiver muito acima ou abaixo da média, deve-se levar em conta tal situação para fixar o valor da multa.

55. Adequação entre circunstâncias provadas e pena aplicada: enaltece o inciso a indispensabilidade de se ter perfeita adequação entre todas as circunstâncias judiciais e legais encontradas nos autos, tanto nas provas quanto nas alegações das partes, e a sanção fixada. É essencial essa coerência, evitando-se a mensuração da pena em decorrência de avaliação puramente subjetiva do julgador, sem qualquer apego ao contexto probatório.

56. Reparação civil dos danos: há muito, aguardava-se pudesse o juiz criminal decidir, de uma vez, não somente o cenário criminal em relação ao réu, mas também a sua dívida civil, no tocante à vítima, de modo a poupar outra demanda na esfera cível. A reforma introduzida em 2008 permitiu a fixação de um valor mínimo para a indenização do ofendido em razão dos danos causados pelo delito, mas não estabeleceu um procedimento para tanto, nem fixou regras para atingir esse objetivo. Assim, para o estabelecimento de um valor *mínimo*, o juiz deve proporcionar todos os meios de provas admissíveis, em benefício dos envolvidos, mormente do réu. Não pode este arcar com qualquer montante se não tiver tido a oportunidade de se defender, produzir prova e demonstrar o que, realmente, seria devido. Por outro lado, se o acusado produzir toda a prova desejada nesse campo, por que fixar apenas um valor *mínimo*? O caminho correto seria firmar o montante adequado para reparar o dano, evitando o ingresso de ação à parte na esfera civil. Diante disso, para garantir o contraditório e a ampla defesa para o acusado, não somente quanto à imputação criminal, mas, igualmente, no tocante ao montante pleiteado pela vítima como reparação de danos, é fundamental haver *pedido expresso* no início do processo criminal nesse sentido. Sem o pleito formulado pelo ofendido, não pode o magistrado estabelecer, de ofício, uma indenização devida pelo réu. Essa posição tem sido adotada pelos tribunais, não permitindo a reparação civil fixada sem o requerimento expresso da vítima e, portanto, sem o contraditório e a ampla defesa quanto ao acusado. Sob outro prisma, inexiste previsão legal expressa para que sucessores da pessoa ofendida ingressem na ação penal para pleitear a referida indenização. Porém, não nos parece seja inviável, tendo em vista o disposto pelo art. 268 deste Código ("em todos os termos da ação pública, poderá intervir, como assistente do Ministério Público, o ofendido ou seu representante legal, ou, *na falta, qualquer das pessoas mencionadas no art. 31*"; grifamos). Se o cônjuge, o ascendente, o descendente ou o irmão podem ingressar como assistente de acusação, não há impedimento para que possa, qualquer deles, pleitear a indenização civil no mesmo processo criminal. Na jurisprudência: STJ: "1. Sob análise mais acurada a respeito da alteração promovida pela Lei n. 11.719/2008 ao art. 387, IV, do Código de Processo Penal e dos julgados desta Corte, necessária a revisão do posicionamento até então adotado por esta Quinta Turma. 2. A nova redação do artigo 387, IV, do Código de Processo Penal tornou possível, desde a sentença condenatória, a fixação de um valor mínimo para reparação dos danos causados pela infração, afastando, assim, a necessidade da liquidação do título. O objetivo da norma foi o de dar maior efetividade aos direitos civis da vítima no processo penal e, desde logo, satisfazer certo grau de reparação ou compensação do dano, além de responder à tendência mundial de redução do número de processos. 2.2. A previsão legal é a de fixação de um valor mínimo, não exauriente, sendo possível a liquidação complementar de sentença para apurar o efetivo dano sofrido, nos termos dos artigos 509, II, do NCPC. Observe-se, nesse sentido, o artigo 63, parágrafo único, do Código de Processo Penal: transitada em julgado a sentença condenatória, a execução poderá ser efetuada pelo valor fixado nos termos do inciso IV do *caput* do artigo 387 deste Código 'sem prejuízo da liquidação para a apuração do dano efetivamente sofrido'. 2.3. A *mens legis*, taxativamente, não é a estipulação do valor integral da recomposição patrimonial, mas, isto sim, a restauração parcial do *status quo* por indenização mínima, na medida do prejuízo evidenciado na instrução da ação penal. Despiciendo o aprofundamento específico da instrução probatória acerca dos danos, característico do processo civil. A existência do dano moral *ipso facto* é satisfatoriamente debatida ao longo do processo, já que o réu se defende dos fatos imputados na denúncia, porventura ensejadores de manifesta indenização, justamente para que não acarrete postergação do processo criminal. Assim, é possível a fixação de um mínimo indenizatório a título de dano moral, sem a necessidade de instrução probatória específica para fins de sua constatação (existência do dano e sua dimensão). 3. Passa-se, assim, a adotar o posicionamento da Sexta Turma desta Corte, que não exige instrução probatória acerca do dano psíquico, do grau de sofrimento da vítima, nos termos do art. 387, IV, do CPP, bastando que conste o pedido expresso na inicial acusatória, garantia bastante ao exercício do contraditório e da ampla defesa. 4. Caso concreto: trata-se de um crime de roubo majorado pelo concurso de pessoas e uso de arma branca, em que o ofendido teve a faca posta em seu pescoço, tendo sido constatado pelas instâncias ordinárias o trauma psicológico sofrido, já que passou a ter dificuldades para dormir e medo de ser perseguido na rua pelos acusados. Foi fixada, a esse título, a quantia de R$ 3.000,00 (três mil reais). Destarte, em se tratando de dano moral decorrente de abalo emocional inequívoco, facilmente verificado pelas provas dos autos, com pedido expresso na inicial acusatória, deve ser mantida a condenação. 5. Agravo regimental provido para desprover o recurso especial"

Art. 387

Código de Processo Penal Comentado · **Nucci**

770

(AgRg no REsp 2.029.732/MS, 5.ª T., rel. Joel Ilan Paciornik, 22.08.2023, v.u.); "1. Sobre o tema, é certo que, 'nos termos do entendimento desta Corte Superior a reparação civil dos danos sofridos pela vítima do fato criminoso, prevista no art. 387, IV, do Código de Processo Penal, inclui também os danos de natureza moral, e para que haja a fixação na sentença do valor mínimo devido a título de indenização, é necessário pedido expresso, sob pena de afronta à ampla defesa' (AgRg no AREsp n. 720.055/RJ, relator Ministro Rogerio Schietti Cruz, Sexta Turma, julgado em 26/6/2018, *DJe* 2/8/2018). 2. Ademais, a fixação de valor mínimo a título de dano moral é devido à vítima, desde que haja pedido expresso do Ministério Público ou do ofendido, independentemente da indicação de valor e da instrução probatória específica. Precedentes. 3. Agravo regimental desprovido" (AgRg no AREsp 2.266.655/MS, 6.ª T., rel. Antonio Saldanha Palheiro, 15.08.2023, v.u.).

56-A. Procedimento para a fixação da indenização civil: admitindo-se que o magistrado possa fixar o valor *mínimo* para a reparação dos danos causados pela infração penal, materiais e morais, é fundamental haver, durante a instrução criminal, um pedido formal para que se apure o montante civilmente devido. Esse pedido deve partir do ofendido, por seu advogado (assistente de acusação), ou do Ministério Público. A parte que o fizer precisa indicar valores e provas suficientes a sustentá-los. A partir daí, deve-se proporcionar ao réu a possibilidade de se defender e produzir contraprova, de modo a indicar valor diverso ou mesmo a apontar que inexistiu prejuízo material ou moral a ser reparado. Se não houver formal pedido e instrução específica para apurar o valor *mínimo* para o dano, é defeso ao julgador optar por qualquer cifra, pois seria nítida infringência ao princípio da ampla defesa. Na jurisprudência: STF: "A jurisprudência firmada pelo Plenário da Corte é no sentido de que a fixação de valor mínimo para a reparação de danos decorrentes de crime não prescinde da observância dos princípios do contraditório e da ampla defesa (Vide: RvC n.º 5.437, Relator o Ministro Teori Zavascki, *DJe* de 18/3/2015; AP 470, Relator o Ministro Joaquim Barbosa, Tribunal Pleno, *DJe* de 19/04/2013). 3. Agravo regimental parcialmente provido, tão somente para afastar da condenação a fixação do valor mínimo de reparação dos danos (art. 387, IV, do Código de Processo Penal), sem prejuízo da persecução correspondente em procedimento autônomo, permanecendo íntegras as demais cominações condenatórias" (RE 1.107.923 AgR/RS, 2.ª T., rel. Dias Toffoli, 29.06.2018, v.u.). STJ: "1. A aplicação do instituto previsto no art. 387, IV, do CPP, referente à reparação de natureza cível, na prolação da sentença condenatória, requer a dedução de um pedido expresso do Ministério Público, em respeito às garantias do contraditório e da ampla defesa, o que foi verificado nos autos. 2. A lei processual penal não exige manifestação do ofendido em concordância com o pedido de reparação de danos formulado pelo *Parquet*" (AgRg no REsp 1.899.179/RJ, 6.ª T., rel. Rogerio Schietti Cruz, 27.04.2021, v.u.).

56-B. Dano moral: parece-nos perfeitamente cabível, no quadro da indenização civil pelo dano provocado pelo delito, tratar-se tanto do dano material quanto do moral. É o que sustentamos na nota anterior. No contexto da violência doméstica, o Superior Tribunal de Justiça tem permitido, expressamente, o estabelecimento de indenização por dano moral *presumido*, desde que haja pedido de reparação do dano, permitindo a defesa do réu. Na jurisprudência: STJ: "1. Entendia a Sexta Turma deste Colegiado que os requisitos de fixação do valor mínimo para a indenização prevista no art. 387, IV, do CPP exigiam, tão somente, pedido expresso na denúncia, pois prescindíveis a indicação de valor e a instrução probatória específica. A satisfação dos referidos requisitos não importaria em violação do princípio do devido processo legal e do contraditório, pois facultou-se à defesa, desde o início da ação penal, contrapor-se ao pleito ministerial, nos termos do art. 387, V, do CPP. 2. Recentemente, a Terceira Seção desta Corte, no julgamento do REsp n. 1.986.672/SC, Rel. Min. Ribeiro Dantas, *DJe* 21/11/2023, firmou a tese de que, 'em situações envolvendo dano moral presumido, a definição de um valor mínimo para a reparação de danos: (I) não exige prova para ser reconhecida, tornando desnecessária uma instrução específica com esse propósito, todavia, (II) requer um pedido expresso e (III) a indicação do valor pretendido pela acusação na denúncia. 3. No caso, muito embora a recorrente haja ingressado com pedido de habilitação como assistente de acusação, em que constou pleito expresso de reparação do dano no valor mínimo mencionado, o pleito não foi formulado na exordial acusatória" (AgRg nos EDcl no AREsp 1.797.301/SP, 6.ª T., rel. Rogerio Schietti Cruz, 12.03.2024, v.u.).

57. Aplicação provisória de interdição de direitos e medidas de segurança: não mais existem, pois essa modalidade foi revogada pela Reforma Penal de 1984.

58. Reforma penal: não mais existe essa possibilidade tratada no inciso VI, anteriormente prevista no art. 73, § 1.º, do Código Penal, de modo que a sentença condenatória não é publicada em jornal de grande circulação. Subsiste, ainda, a medida na Lei 8.078/1990 (Código de Defesa do Consumidor), no art. 78: "Além das penas privativas de liberdade e de multa, podem ser impostas, cumulativa ou alternadamente, observado o disposto nos arts. 44 a 47, do Código Penal: (...) II – a publicação em órgãos de comunicação de grande circulação ou audiência, às expensas do condenado, de notícia sobre os fatos e a condenação".

58-A. Prisão em face da condenação: a principal medida é certamente a determinação da prisão, que passa a ser regida, no âmbito geral do processo penal, pelo disposto no art. 312 do CPP. Havendo motivo justo, deve o réu ser recolhido ao cárcere, antes do trânsito em julgado da sentença condenatória. Inexistindo razão, ficará em liberdade, aguardando o resultado final. A decisão judicial será fundamentada e calcada, como mencionado, nos requisitos da prisão preventiva. Não mais se prende à reincidência e aos maus antecedentes, embora estes possam ser valores determinantes para a decretação da segregação provisória. Da mesma forma que o primário, com bons antecedentes, pode ser preso cautelarmente, o reincidente, com maus antecedentes pode permanecer em liberdade. Tudo depende do caso concreto. Na reforma trazida pela Lei 11.719/2008 revogou-se o art. 594 do CPP, que preceituava só poder recorrer em liberdade o réu primário e de bons antecedentes. Na jurisprudência: STF: "1. A inobservância do dever de reavaliação da manutenção da prisão preventiva, por ocasião da sentença condenatória, previsto no art. 387, § 1.º, do Código de Processo Penal, não implica revogação automática da prisão preventiva. 2. A superveniência de decisão mediante a qual fundamentada a necessidade de manutenção da prisão preventiva torna superado eventual desrespeito ao art. 387, § 1.º, do Código de Processo Penal" (HC 229.088 AgR, 2.ª T., rel. Nunes Marques, 12.09.2023, v.u.).

58-B. Necessidade de manutenção da prisão: assim como ocorre nos casos de decretação da prisão preventiva (ver nota 11 ao art. 312), a primariedade e os bons antecedentes do réu não são garantias absolutas de que permanecerá, durante toda a instrução do processo, em liberdade. Cuida-se hoje, de jurisprudência amplamente dominante o fato de primários e possuidores de bons antecedentes terem suas prisões cautelares decretadas porque outros motivos a justificam, tais como a garantia da ordem pública ou econômica, a conveniência da instrução criminal e a correta aplicação da lei penal. Por isso, vislumbrando, na ocasião da prolação da sentença condenatória, que a prisão cautelar é medida necessária, fundada nos mesmos motivos do art. 312, pode-se impedir que recorra em liberdade. Aliás, se o réu aguardou o deslinde da instrução criminal preso cautelarmente, sem haver qualquer alteração fática, inexiste motivo para soltá-lo justamente quando sentença condenatória é proferida. Por óbvio, essa é a regra, mas podem existir exceções, dependendo do *quantum* da pena fixada e do regime estabelecido. No cenário das regras concernentes à prisão cautelar não há fórmulas absolutas, devendo o magistrado analisar cada caso de per si. Na jurisprudência: STJ: "1. A

Art. 387

Código de Processo Penal Comentado · **Nucci**

validade da segregação cautelar está condicionada à observância, em decisão devidamente fundamentada, aos requisitos insertos no art. 312 do Código de Processo Penal, revelando-se indispensável a demonstração do que consiste o *periculum libertatis*. 2. Segundo o disposto no art. 387, § 1.º, do Código de Processo Penal, 'o juiz decidirá, fundamentadamente, sobre a manutenção ou, se for o caso, a imposição de prisão preventiva ou de outra medida cautelar, sem prejuízo do conhecimento de apelação que vier a ser interposta'. 3. No caso, a prisão preventiva está justificada, pois destacado no decreto já ter o agente uma condenação por porte de arma de uso permitido. Inequívoco, dessa forma, o risco de que, solto, perpetre novas condutas ilícitas. 4. A técnica de motivação *per relationem* revela-se legítima se a sentença condenatória faz remissão às circunstâncias ensejadoras da decretação de prisão preventiva no início do feito, tendo em vista que elas permanecem incólumes. 5. Recurso ordinário desprovido" (RHC 80.946/SC, 6.ª T., rel. Antonio Saldanha Palheiro, 28.03.2017, v.u.).

58-C. Conveniência da manutenção da prisão cautelar: embora deva o juiz seguir os parâmetros impostos neste artigo para analisar o direito do réu de recorrer em liberdade, permitindo que isso ocorra somente se for primário e tiver bons antecedentes ou prestar fiança, ou ainda se os requisitos da preventiva não estiverem presentes, é preciso considerar que há outras situações impondo a liberdade do acusado, por afirmar-se em outros princípios penais e processuais penais. Assim, caso o juiz imponha ao acusado o regime aberto, não importando em que situação ele se encontra, não há cabimento em mantê-lo no cárcere, pois, se confirmada a decisão, o cumprimento de sua pena se dará, praticamente, em liberdade. Por outro lado, caso a pena fixada pelo magistrado seja branda, levando-se em conta o tempo de prisão cautelar (sobre o qual incidirá a detração) e, também, o período que deverá aguardar para que seu recurso seja julgado, pode ser de flagrante injustiça mantê-lo preso. Afinal, a pena total aplicada pode ser inferior ao tempo de detenção cautelar, o que não é razoável. Enfim, torna-se imperiosa a utilização da proibição de recorrer em liberdade com cautela e prudência, conforme o caso concreto que cada réu apresente.

58-D. Imposição ou manutenção da prisão cautelar na sentença condenatória: havíamos sustentado a impossibilidade de revisão pelo mesmo juízo, pois ele teria esgotado a sua função jurisdicional ao prolatar decisão de mérito. Entretanto, permitimo-nos rever essa posição, em decorrência do advento da Lei 13.964/2019, que deu outra redação a alguns dispositivos. Em primeiro lugar, o objetivo da prisão cautelar é assegurar a ordem pública ou econômica, garantir a aplicação da lei penal ou permitir escorreita instrução, com base no art. 312 do CPP. Em segundo, na realidade, a decisão determinativa da prisão faz parte do juízo cautelar e não integra o mérito da sentença condenatória, razão pela qual se deve seguir a regra geral: pode-se revogar a prisão cautelar, inclusive de ofício, a qualquer tempo, verificando-se a cessação dos motivos que a determinaram (art. 282, § 5.º, e art. 316, CPP). Em terceiro, se o julgador equivocou-se em algum ponto *exclusivamente* voltado à prisão cautelar, permitindo a sua revogação, parece-nos mais justo que o faça desde logo. É desnecessário aguardar que o processo chegue ao tribunal, seja distribuído ao relator para, depois, a prisão cautelar ser revista. Evita-se, inclusive, o ajuizamento de *habeas corpus* para alcançar esse objetivo.

58-E. Recurso de apelação em crimes hediondos e equiparados: a leitura do art. 2.º, § 3.º, da Lei 8.072/1990 ("Em caso de sentença condenatória, o juiz decidirá fundamentadamente se o réu poderá apelar em liberdade") pode levar ao entendimento de que a regra seria recorrer preso e a exceção, em liberdade. Contudo, há muito, pacificou-se o entendimento de que, para qualquer condenação, deve o magistrado especificar, com clareza, as razões pelas quais determina a prisão cautelar do acusado, se houver condenação. Ou mantém a prisão já decretada anteriormente. E todas as prisões cautelares, durante o processo, devem calcar-se nos elementos do art. 312 do CPP. Em suma, inexiste prisão provisória de caráter obrigatório.

58-F. Prazo para o julgamento da apelação de réu preso e princípio da razoabilidade: da mesma forma que o juiz de primeira instância precisa assegurar um célere trâmite processual, quando se tratar de acusado detido cautelarmente, é fundamental que o recurso oferecido contra a sentença condenatória, igualmente, possa ser julgado em prazo razoável. Cada caso concreto deve merecer atenta análise por parte dos desembargadores ou ministros, concedendo-se, conforme o caso, de ofício, ordem de *habeas corpus*, para que o apelante seja colocado em liberdade se a sua apelação demorar prazo excessivo para ser apreciada.

58-G. Fixação do regime semiaberto ou aberto e incompatibilidade com a prisão cautelar: se o magistrado fixar o regime semiaberto para início do cumprimento da pena, torna-se incompatível a manutenção ou decretação da prisão cautelar para a fase recursal. Sabe-se, afinal, que a prisão cautelar é cumprida em regime fechado. Não há cabimento algum em se estipular regime mais brando para o início do cumprimento da pena (semiaberto ou mesmo o aberto) e manter o acusado no cárcere até que ocorra o trânsito em julgado. Portanto, se não for estabelecido o regime fechado para iniciar a execução da pena, deve o réu recorrer em liberdade. É preciso destacar a exceção atualmente acolhida pelos Tribunais Superiores (STF e STJ). Pode o julgador condenar o acusado, que se encontra cautelarmente preso, impondo regime semiaberto, ao mesmo tempo em que toma todas as providências para que ele seja imediatamente inserido nesse regime. Isso significa que o réu, embora cautelarmente detido, porque há razões calcadas no art. 312 do CPP, encontra-se incluído no regime em que deverá começar o início de cumprimento da sua pena. A referida exceção se dá no cenário do regime semiaberto. Caso seja estabelecido o regime inicial aberto, não há nenhuma justificativa para a mantença de prisão provisória. Na jurisprudência: STF: "Agravo regimental em *habeas corpus*. Prisão preventiva. Fundamentação idônea. Determinação de cumprimento em estabelecimento adequado ao regime semiaberto fixado na sentença condenatória. Precedentes. Ausência de comprovação de teratologia. Negado seguimento ao *habeas corpus*. Agravo regimental desprovido" (Ag.Reg.HC 238.211-SP, 1.ª T., rel. Cármen Lúcia, 04.4.2024, v.u.). STJ "4. A jurisprudência é no sentido da possibilidade de compatibilização entre a segregação cautelar e o regime menos gravoso estabelecido na sentença, desde que adequadas as condições da prisão provisória às regras do regime imposto. Destarte, estabelecido na sentença condenatória o regime semiaberto para o início do cumprimento da pena, deve o paciente aguardar o trânsito em julgado de sua condenação em tal regime, compatibilizando-se a prisão cautelar com o modo de execução da pena. 5. No caso, inexiste constrangimento ilegal a ser sanado, diante da determinação da compatibilização da prisão com o regime de cumprimento da pena, em conformidade com a jurisprudência desta Corte" (RCD no HC 905.527 – SE, 6.ª T., Rel. Jesuíno Rissato, 24.06.2024, v.u.).

58-H. Detração e regime de cumprimento da pena: estabelece o art. 42 do Código Penal que o tempo de prisão provisória, de qualquer espécie, deve ser computado como cumprimento de pena. Isso significa que, inaugurando-se o processo de execução, o juiz deve descontar aquele período (prisão cautelar) do total da pena. Feito o referido desconto, passa a verificar se cabe a concessão de algum benefício, como, por exemplo, a progressão de regime. A Lei 12.736/2012 inovou, nesse cenário, ao inserir o § 2.º no art. 387 do CPP. Permite que o julgador promova o desconto pertinente à detração *para escolher o regime inicial* apropriado ao réu, em caso de condenação. Não significa, de modo algum, transformar o juiz da condenação em juiz da execução penal; concede-se autorização legislativa para que o magistrado, ao condenar, *leve em consideração* o tempo de prisão cautelar. Ilustre-se: o acusado, preso há dois anos, cautelarmente, é condenado a nove anos de reclusão; antes do advento da Lei 12.736/2012, o regime inicial seria o fechado necessariamente (pena superior a oito anos, conforme o art. 33, § 2.º, CP); agora, o julgador pode descontar os dois anos de prisão provisória, chegando à pena de sete anos, que será o montante efetivo a cumprir. Para esse *quantum* (sete anos),

Art. 387

Código de Processo Penal Comentado · **Nucci**   774

são cabíveis dois potenciais regimes: fechado e semiaberto. Não está o julgador obrigado a conceder *sempre* o regime mais favorável; pode fixar o regime fechado inicial, se considerar o mais adequado, nos termos do art. 59 do Código Penal, indicado pelo art. 33, § 3.º. Afinal, somente o juiz da execução penal possui o quadro completo das condenações daquele réu, do seu comportamento carcerário e do seu merecimento. Em decorrência disso, somente o juiz da execução, ao receber o processo, com a pena de sete anos (em regime fechado ou semiaberto), decidirá o que fazer. Por outro lado, é possível que, estabelecida a pena de nove anos e já descontados os dois anos de prisão provisória, o julgador entenda pertinente fixar o regime inicial semiaberto, o que está autorizado legalmente a fazer. Não se deve padronizar o entendimento nesta hipótese, mas *individualizar* a pena, o que inclui o regime, de maneira concreta. Na jurisprudência: STF: "1. Nos termos do art. 387, § 2.º, do Código de Processo Penal, o tempo de prisão provisória será computado para fins de determinação do regime inicial de pena privativa de liberdade. 2. A paciente, condenada, definitivamente, por tráfico de drogas privilegiado, à pena de 2 (dois) anos e 6 (seis) meses de reclusão em regime semiaberto, permaneceu custodiada provisoriamente por mais de 1 (um) ano. 3. Diante de sua primariedade e do cumprimento de mais de 2/5 (dois quintos) da pena, a paciente fazia jus, desde logo, à progressão para o regime aberto (art. 2.º, § 2.º [hoje, revogado], da Lei n.º 8.072/90), o que deixou de ser reconhecido pela instância ordinária. 4. Considerando que esse direito foi reconhecido à corré no HC n.º 127.459/SP e sendo idênticas as situações processuais, devem ser estendidos à paciente, nos termos do art. 580 do Código de Processo Penal, os efeitos daquele *writ*, que não se fundou em motivos de caráter exclusivamente pessoal. 5. Pedido deferido" (HC 127.459 Extn/SP, 2.ª T., rel. Dias Toffoli, 25.08.2015, v.u.). STJ: "1. O preceito normativo inserido no art. 387, § 2.º, do CPP não se refere à verificação dos requisitos para a progressão de regime prisional, instituto próprio da execução penal, mas à possibilidade de o Juízo de primeiro grau, no momento oportuno da prolação da sentença, estabelecer regime inicial mais brando, em razão da detração, o que demanda análise objetiva sobre a eventual redução da pena para patamar menos gravoso, observadas as balizas previstas no art. 33, § 2.º, do CP. Precedentes. 2. Na espécie, todavia, para o acusado, cuja pena já se encontrava em patamar não superior a 4 anos de reclusão no momento da prolação da sentença condenatória, mostrava-se irrelevante o desconto do período em que permaneceu preso provisoriamente, nos termos do art. 387, § 2.º, do CPP, porquanto o meio mais severo de cumprimento da reprimenda (regime semiaberto, no caso) foi estabelecido em razão da presença de circunstância judicial negativa, e não apenas do quantum de pena da condenação. Precedentes" (AgRg no REsp 2.087.185/SP, 5.ª T., rel. Reynaldo Soares da Fonseca, 22.08.2023, v.u.).

58-I. Fundamentos diversos para recorrer e para contrariar a decretação de prisão cautelar: é preciso observar, até porque é dever do julgador, quais foram os motivos aventados para *manter* o réu preso, após a sentença condenatória, ou determinar a sua segregação (caso solto). Se os fundamentos são idênticos aos da anterior decretação da prisão preventiva, caso o réu tenha proposto *habeas corpus* junto ao Tribunal, este precisa se pronunciar, *mesmo após o advento da sentença*, pois os motivos da prisão provisória não mudaram. No entanto, se o juiz afirma na decisão condenatória fundamentos diversos da anterior prisão cautelar, o Tribunal pode dar por prejudicado o *habeas corpus* interposto com base na preventiva, pois os motivos não mais subsistem. O mesmo se pode dizer quando o Tribunal concede o *habeas corpus* para o réu responder ao processo em liberdade, mas, havendo sentença condenatória, o julgador *não permite* o recurso em liberdade, usando *outros fundamentos*, não apreciados pelo órgão superior. Nesta hipótese, não há *desobediência* ao julgado da Corte, mas elementos diferentes. Cabe a impetração de novo *habeas corpus*. Na jurisprudência: STJ: "Com a prolação de sentença condenatória, na qual foi negado o direito de o acusado recorrer em liberdade por motivos diversos dos utilizados para justificar a manutenção da sua custódia no curso do processo, constata-se a prejudicialidade do *mandamus* no ponto, uma vez que a prisão tem agora novos fundamentos, cuja legalidade sequer foi apreciada pelo Tribunal de origem" (HC 354.363, 5.ª T., rel. Jorge Mussi, 01.08.2016, v.u.).

> **Art. 388.** A sentença poderá ser datilografada[59] e neste caso o juiz a rubricará em todas as folhas.[60]

59. Possibilidade de datilografia: atualmente, não somente pode ser datilografada, como impressa por qualquer outro meio, em especial por computador.

60. Rubrica em todas as folhas: é a autenticação das páginas que compõem a sentença feita pelo próprio prolator, para garantir que o juiz as leu, aprovando o resultado final.

> **Art. 389.** A sentença será publicada em mão do escrivão,[61-63] que lavrará nos autos o respectivo termo, registrando-a em livro especialmente destinado a esse fim.[64-65]

61. Publicação em mão do escrivão: é a transformação do ato individual do juiz, sem valor jurídico, em ato processual, pois passa a ser do conhecimento geral o veredicto dado. Nos autos, será lavrado um termo, bem como há, em todo ofício, um livro específico para seu registro. Normalmente, é composto pelas cópias das decisões proferidas pelos juízes em exercício na Vara, com termo de abertura e encerramento feito pelo magistrado encarregado da corregedoria do cartório. Na jurisprudência: STJ: "No processo penal, a sentença condenatória é 'publicada em mão do escrivão', conforme disciplina o art. 389 do Código de Processo Penal. Portanto, considerando o prazo prescricional de 8 (oito) anos apontado pelo impetrante, tem-se que não transcorreu mencionado lapso entre o recebimento da denúncia, em 27/9/2004 e a publicação da sentença, nos termos do art. 389 do Código de Processo Penal, quer tenha se dado em 29/6/2011 ou em 12/7/2011, valendo esclarecer que a data da publicação no Diário de Justiça não repercute na presente contagem. 3. *Habeas corpus* não conhecido" (HC 335.444/SP, 5.ª T., rel. Reynaldo Soares da Fonseca, 04.11.2015, v.u.).

62. Sentenças públicas em audiência ou em plenário: é viável que o juiz profira a decisão em audiência, conforme o rito processual, bem como que o juiz presidente, ao término da sessão do júri, leia a decisão para conhecimento geral. Nesse caso, dispensa-se a certidão específica nos autos, pois ficará constando do termo da audiência ou na ata do plenário ter sido a sentença lida e publicada naquela data. Cópias delas, no entanto, serão colocadas no livro de registro do mesmo modo.

63. Correções e alterações após a publicação: somente há duas formas admissíveis para que a sentença, uma vez publicada, seja modificada pelo próprio juiz prolator: a) embargos de declaração acolhidos, nos termos do art. 382 do CPP; b) para a correção de erros materiais, sem qualquer alteração de mérito. Ex.: se o juiz errou o nome do réu ou o artigo no qual está incurso, pode corrigir a sentença, de ofício.

64. Cautela específica quando houver ordem de prisão: existindo a determinação para a expedição de mandado de prisão, em decorrência da sentença condenatória ou mesmo de pronúncia, por não ter sido reconhecido o direito do réu de permanecer em liberdade aguardando o trânsito em julgado, deve o escrivão, em primeiro lugar, ao invés de publicá-la, expedir o mandado, comunicando o fato à polícia, mesmo que por telefone. Após, certificará a expedição realizada, quando, então, ocorrerá a publicação da sentença. Não há autorização

Art. 390

Código de Processo Penal Comentado · **Nucci**

para que o escrivão dê conhecimento da sentença a terceiros ou mesmo às partes, antes da expedição da ordem de prisão.

65. Sentença homologatória de transação penal do JECRIM: deveria fazer coisa julgada formal e material. Se não cumprida, prosseguiria a execução no juízo competente. Entretanto, as falhas da Lei 9.099/1995, no tocante a penalidades não previstas para as hipóteses de não cumprimento do acordo, inviabilizando a aplicação de medidas mais severas, terminaram por gerar a jurisprudência hoje dominante no sentido de que a homologação da transação penal não faz coisa julgada material. Permite-se, com isso, corrigir a lacuna legal, autorizando a propositura de ação penal, caso descumprido o acordo. Esse é o teor da Súmula Vinculante 35 do STF: "A homologação da transação penal prevista no artigo 76 da Lei 9.099/1995 não faz coisa julgada material e, descumpridas suas cláusulas, retoma-se a situação anterior, possibilitando-se ao Ministério Público a continuidade da persecução penal mediante oferecimento de denúncia ou requisição de inquérito policial".

> **Art. 390.** O escrivão, dentro de 3 (três) dias após a publicação, e sob pena de suspensão de 5 (cinco) dias, dará conhecimento da sentença ao órgão do Ministério Público.[66]

66. Intimação do membro do Ministério Público: deve ser feita o mais breve possível, pessoalmente.

> **Art. 391.** O querelante ou o assistente será intimado da sentença, pessoalmente ou na pessoa de seu advogado.[67] Se nenhum deles for encontrado no lugar da sede do juízo, a intimação será feita mediante edital com o prazo de 10 (dez) dias, afixado no lugar de costume.

67. Intimação do querelante ou do assistente de acusação: em ambas as hipóteses, o advogado é constituído, razão pela qual a intimação pode dar-se pela imprensa oficial (art. 370, § 1.º, CPP). Nada impede, ainda, que o próprio querelante ou o ofendido, consultando os autos, tome ciência e seja intimado pelo escrivão pessoalmente. O mesmo ocorre com seu advogado, quando comparecer em cartório. Logo, inexiste razão para a expedição de edital. Saliente-se que pode ocorrer a hipótese de ter o querelante hipossuficiente um advogado indicado pelo Estado, razão pela qual cabe a regra da intimação pessoal.

> **Art. 392.** A intimação da sentença será feita:
>
> I – ao réu, pessoalmente, se estiver preso;[68-71]
>
> II – ao réu, pessoalmente, ou ao defensor por ele constituído, quando se livrar solto, ou, sendo afiançável a infração, tiver prestado fiança;[72-73]
>
> III – ao defensor constituído pelo réu, se este, afiançável, ou não, a infração, expedido o mandado de prisão, não tiver sido encontrado, e assim o certificar o oficial de justiça;[74]
>
> IV – mediante edital, nos casos do n. II, se o réu e o defensor que houver constituído não forem encontrados, e assim o certificar o oficial de justiça;[75]
>
> V – mediante edital, nos casos do n. III, se o defensor que o réu houver constituído também não for encontrado, e assim o certificar o oficial de justiça;[76]
>
> VI – mediante edital, se o réu, não tendo constituído defensor, não for encontrado, e assim o certificar o oficial de justiça.[77]

§ 1.º O prazo do edital será de 90 (noventa) dias, se tiver sido imposta pena privativa de liberdade por tempo igual ou superior a 1 (um) ano, e de 60 (sessenta) dias, nos outros casos.

§ 2.º O prazo para apelação correrá após o término do fixado no edital, salvo se, no curso deste, for feita a intimação por qualquer das outras formas estabelecidas neste artigo.[78]

68. Intimação pessoal do réu preso e seu defensor: é consequência natural do direito de autodefesa e da possibilidade que tem de recorrer diretamente, sem que seja por meio de sua defesa técnica. Por isso, quando estiver detido, o oficial de justiça costuma levar o termo de recurso e o apresenta ao acusado, juntamente com cópia da decisão. Ele pode, então, recorrer de pronto. Esse termo não é obrigatório, pois inexiste previsão legal para isso. Exige-se, no entanto, que também o defensor seja intimado, para assegurar a ampla defesa. Conforme o caso, será intimado pela imprensa, se constituído, ou pessoalmente, se nomeado. Segundo nos parece, há prazos distintos para a interposição do recurso: um para o réu e outro para o defensor, pois a legitimidade é concorrente. Na jurisprudência: STJ: "1. Consoante o art. 392 do CPP, a intimação pessoal somente é exigida para o réu preso e para ciência da sentença condenatória. Nos termos da jurisprudência desta Corte, o acusado com advogado constituído, devidamente citado a fim de responder à ação penal e condenado, depois de responder ao processo em liberdade, não detém a prerrogativa de ser intimado pessoalmente da sentença condenatória. 2. No caso, houve tentativas de intimar pessoalmente a ré solta, o que a lei dispensa. Além disso, o advogado da acusada foi devidamente intimado da sentença condenatória, mas se manteve inerte, o que não constitui ilegalidade, observado o princípio da voluntariedade. A comunicação de que o causídico estava em tratamento médico e, por isso, não pôde atuar no processo ocorreu tardiamente, somente depois de transitada em julgado a condenação. Ademais, ele não demonstrou que estava impossibilitado de exercer a representação e de substabelecer seus poderes. 3. Conforme jurisprudência desta Corte, 'a doença que acomete o advogado somente se caracteriza como justa causa, a ensejar a devolução do prazo, quando o impossibilita de exercer a profissão ou de substabelecer o mandato' (AgRg nos EDcl no REsp n. 2.079.102/MT, relator Ministro Ribeiro Dantas, Quinta Turma, julgado em 20/2/2024, *DJe* de 27/2/2024). 4. Não comprovado concretamente o dano à parte, aplica-se o princípio *pas de nulité sans grief*, previsto no art. 563 do Código de Processo Penal: 'Nenhum ato será declarado nulo, se da nulidade não resultar prejuízo para a acusação ou para a defesa'. Além disso, a irregularidade foi apontada em momento inoportuno, após o trânsito em julgado da sentença, o que torna a matéria preclusa" (AgRg no RHC n. 196.995/GO, 6.ª T., rel. Rogerio Schietti Cruz, 17.06.2024, v.u.); "1. 'Consoante o art. 392 do CPP, a intimação pessoal somente é exigida para o réu preso e para ciência da sentença condenatória e não se estende a decisões de segunda instância. Por conseguinte, nos termos da jurisprudência desta Corte, se considera desnecessária a intimação pessoal do acusado a respeito do acórdão proferido em apelação, mesmo quando ocorre a reforma de sentença absolutória e quando o réu for assistido pela Defensoria Pública ou defensor dativo' (AgRg no HC n. 663.502/SC, relator Ministro Rogerio Schietti Cruz, Sexta Turma, julgado em 15/6/2021, *DJe* de 23/6/2021)" (AgRg no HC n. 883.882/RS, 6.ª T., rel. Antonio Saldanha Palheiro, 10.06.2024, v.u.).

68-A. Regra geral de intimação da sentença: embora este artigo fixe várias regras para a intimação do réu e seu defensor, podendo haver a intimação somente de um deles, em alguns casos, o ideal é que, sempre, ambos sejam intimados da decisão condenatória, em homenagem ao princípio constitucional da ampla defesa. Na jurisprudência: STJ: "1. O Superior Tribunal de Justiça firmou entendimento de que a intimação pessoal do acusado, nos termos do artigo

392, incisos I e II, do Código de Processo Penal, é necessária apenas em relação à sentença condenatória proferida em primeira instância, ao passo em que, nas decisões proferidas pelos Tribunais, a intimação do acusado deve ser feita através da publicação em órgão oficial de imprensa (AgRg no HC 613.170/SC, Rel. Ministro Felix Fischer, Quinta Turma, julgado em 27/10/2020, *DJe* de 12/11/2020) 2. Na hipótese, a Defensoria Pública do Estado do Rio Grande do Sul, que assistia o acusado em segundo grau, foi intimada pessoalmente acerca do acórdão que confirmou a sentença penal condenatória, inexistindo a obrigatoriedade de intimação pessoal, também, do réu, uma vez que, consoante o art. 392, inciso I, do Código de Processo Penal, a intimação pessoal somente é exigida da sentença que condena o réu preso, não se aplicando aos demais julgados" (AgRg no HC 630.975/RS, 5.ª T., rel. Reynaldo Soares da Fonseca, 23.03.2021, v.u.).

68-B. Particularidade quanto ao defensor público: sempre que atuar no feito o defensor público, deve ser intimado pessoalmente para os diversos atos processuais. Além disso, quando a sentença for publicada na audiência ou no plenário do júri, mesmo assim há entendimentos de que a intimação pessoal é indispensável. Parece-nos, no entanto, um excesso. A prerrogativa de ser intimado pessoalmente existe e deve ser respeitada, mas se a sentença é publicada na presença do defensor público, é mais que lógico estar ele devidamente ciente, logo, intimado. Prerrogativa não pode ser confundida com privilégio. O art. 44, I, da LC 80/1994, preceitua: "receber, inclusive quando necessário, mediante entrega dos autos com vista, intimação pessoal em qualquer processo e grau de jurisdição ou instância administrativa, contando-se-lhes em dobro todos os prazos". O recebimento dos autos, com vista, somente será viável quando necessário, mas não sempre. Quando o defensor público está ouvindo a sentença em audiência e o juiz a publica, intimando-se os presentes, essa intimação é pessoal. Enfim, nada pode ser mais pessoal do que ouvir a sentença e assinar o termo onde ela foi proferida. Isso sem contar que o prazo para recurso se conta em dobro.

69. Intimação pessoal de réu solto: sistematicamente, observa-se que também o réu solto, tendo defensor dativo, deve ser intimado pessoalmente da sentença condenatória, em qualquer hipótese. O inciso VI deste artigo menciona ser expedido edital de intimação ao réu que, não tendo sido localizado, não possuir defesa constituída. Logo, é preciso ter sido procurado para a intimação ou não teria sentido o disposto no referido inciso VI. Além disso, as hipóteses em que se pode intimar a defesa constituída, sem intimar o acusado, dizem respeito a crimes dos quais se livra solto ou afiançáveis (inciso II). Outra situação peculiar é o caso do réu foragido, também com defensor constituído. Enfim, o réu com defensor dativo será sempre intimado pessoalmente. Com defensor constituído, deve sê-lo, se estiver preso, ou tratando-se de crime inafiançável.

70. Inaplicabilidade quanto à intimação de acórdão: o disposto neste artigo refere-se unicamente às decisões de 1.º grau, não envolvendo acórdãos, cuja intimação se dá pela imprensa oficial, ou mesmo pessoalmente, quando se tratar do Ministério Público e defensor dativo. Consultar a jurisprudência mencionada na nota 68 *supra*.

71. Contagem do prazo para recurso: estruturava-se na jurisprudência, acolhendo a tese vigorante no processo civil, a contagem do prazo a partir da juntada do mandado de intimação ou da precatória, conforme o caso. Segundo nos parece, seria, de fato, a posição mais segura e cautelosa. Entretanto, recentemente, o Supremo Tribunal Federal editou a Súmula 710 ("No processo penal, contam-se os prazos da data da intimação, e não da juntada aos autos do mandado ou da carta precatória ou de ordem"), alterando esse entendimento.

72. Intimação pessoal ou por meio do defensor: essa hipótese contempla o caso do réu que, estando solto, em decorrência de crime do qual se livra solto ou no caso de delito afiançável, com fiança prestada, pode ser intimado pessoalmente – caso compareça ao ofício, por exemplo – ou por intermédio de seu defensor. Se constituído, basta a intimação pela imprensa oficial. Se dativo, deve ser intimado pessoalmente. Nos tribunais: STF: "2. O Supremo Tribunal Federal já decidiu que: em 'se tratando de acusado que respondeu em liberdade à ação penal originária, é dispensável intimação pessoal quando da prolação de sentença condenatória, pois o art. 392, II, do CPP expressamente permite a intimação do réu ou de seu patrono constituído' (RHC 146.320-AgR, Rel. Min. Edson Fachin)" (HC 179.553 AgR, 1.ª T., rel. Roberto Barroso, 27.04.2020, maioria). STJ: "II – A jurisprudência desta Corte é firme no sentido de que a intimação pessoal somente é exigida para o réu preso e para ciência da sentença condenatória, não havendo previsão em caso para as decisões de segunda nos termos do art. 392 do CPP, e, mais, sendo o réu assistido por advogado constituído é suficiente a intimação por publicação no Diário Oficial, como ocorreu no presente caso. III – No caso, o acórdão foi publicado no Diário de Justiça na data de 14/10/2022 (fls. 735-736), assim o prazo recursal teve seu termo inicial em 17/10/2022, tendo findo no dia 31/10/2022, mas o recurso foi interposto no dia 17/11/2022, sendo manifesta a sua intempestividade" (AgRg no AREsp 2.347.538/MS, 5.ª T., rel. Messod Azulay Neto, 08.08.2023, v.u.).

73. Intimação do réu menor de 21 anos, em qualquer caso: não se prescindia da intimação pessoal de seu curador. Entretanto, como na grande maioria dos casos, o juiz nomeava curador o próprio defensor, acabava não tendo aplicação essa regra de intimação especial. Atualmente, com a edição do atual Código Civil, o maior de 18 anos é plenamente capaz para todos os atos da vida civil, motivo pelo qual não mais existe a figura do curador nessa hipótese.

74. Intimação ao defensor em caso de réu foragido: quando o acusado tiver contra si mandado de prisão expedido e não tiver sido encontrado para o devido cumprimento, intima-se da sentença somente o seu defensor. Permite-se que tal ocorra, somente no caso de defensor constituído, portanto da confiança do réu e, provavelmente, em contato com ele. A intimação dá-se pela imprensa oficial. Quando se tratar de dativo, aplica-se o disposto no inciso VI.

75. Intimação por edital em caso de infração do qual se livra solto ou afiançável: perde a razão prática este dispositivo, porque o inciso II deste artigo cuida da hipótese de réu ou defensor constituído, quando ambos não são encontrados. Publicar-se-ia edital. Ocorre que, por haver defensor constituído, pode ele ser intimado pela imprensa oficial. Se inexistente esta, recorre-se ao edital, o que é raro.

76. Intimação por edital no caso de réu foragido e defensor constituído: outro dispositivo que perdeu o efeito prático, uma vez que o inciso III deste artigo menciona a hipótese de defensor constituído, que pode ser intimado pela imprensa oficial. Logo, será sempre presumidamente localizado.

77. Intimação por edital do réu com defensor dativo: esta hipótese pode, ainda, ocorrer. Quando o acusado tiver defensor nomeado pelo juiz e não for encontrado, a despeito de ser intimada pessoalmente a defesa técnica, é preciso intimar o réu por edital.

78. Cômputo do prazo para apelação: checar notas ao art. 798 deste Código, destacando-se, ainda, o disposto na Súmula 310 do Supremo Tribunal Federal: "Quando a intimação tiver lugar na sexta-feira, ou a publicação com efeito de intimação for feita nesse dia, o prazo judicial terá início na segunda-feira imediata, salvo se não houver expediente, caso em que começará no primeiro dia útil que se seguir".

Art. 393. (*Revogado pela Lei 12.403/2011.*)

LIVRO II
DOS PROCESSOS EM ESPÉCIE[1-5]

1. Processo e procedimento: enquanto o processo é uma sequência de atos, vinculados entre si, tendentes a alcançar a finalidade de propiciar ao juiz a aplicação da lei ao caso concreto, o procedimento é o modo pelo qual se desenvolve o processo, no seu aspecto interno. Segundo Greco Filho, "não há processo sem procedimento e não há procedimento que não se refira a um processo. Mesmo nos casos de processo nulo ou procedimentos incidentais o procedimento não existe em si mesmo, mas para revelar um processo, ainda que falho" (*Manual de processo penal*, p. 345). Nas palavras de Borges da Rosa: "o Processo diz-se um conjunto de atos, porque é da sua reunião e ordenação metódica, procedendo em íntima harmonia, em seguimento uns aos outros, que se pode tê-lo mesmo, segundo a sua etimologia: *pro* = adiante, *cedere* = ir, marchar" (*Nulidades do processo*, p. 29).

2. Impropriedade da terminologia do Código de Processo Penal: segundo a diferença estabelecida na nota anterior, o correto seria intitular esta parte do Código como "Dos procedimentos em espécie", além de se fazer referência ao "procedimento comum", no Título I, bem como, em outras seções, referir-se a "procedimentos incidentes" ou "procedimentos especiais".

3. Importância da distinção entre processo e procedimento: salienta Gilson Delgado Miranda ser inevitável estabelecer a diferença entre processo e procedimento, pois a Constituição Federal fixa competência para legislar sobre processo, exclusivamente, à União (art. 22, I), mas autoriza aos Estados e ao Distrito Federal legislarem, concorrentemente, com a União, a respeito de procedimentos em matéria processual (art. 24, XI) (*Procedimento sumário*, p. 48). Assim, o que disser respeito ao processo penal, é da competência privativa da União – fonte material do direito. Porém, quando se tratar do encadeamento dos atos internos do processo, é possível que os Estados e o Distrito Federal possam estabelecer determinadas regras, peculiares às suas respectivas regiões, caso exista lacuna na legislação federal.

4. Procedimento e devido processo legal: quando a lei fixa um determinado procedimento para a instrução criminal, torna-se imprescindível que o magistrado o respeite, ainda que haja concordância das partes para sua inversão ou para sua supressão. Ensina Scarance Fernandes haver duas garantias vinculadas ao devido processo legal, nele realizando-se plenamente: a garantia ao procedimento integral e a garantia ao procedimento tipificado. "Estabelecidos esses procedimentos há para a parte a garantia de que o juiz irá observá-los integralmente e, ainda, de que levará em conta a coordenação e vinculação estabelecidas entre os atos da cadeia procedimental. (...) Em virtude da garantia ao procedimento tipificado, não se admite a inversão da ordem processual ou a adoção de um procedimento por outro. Resultando prejuízo, deve ser declarada a nulidade" (*Processo penal constitucional*, p. 104-105). O mesmo autor, complementando a importância do *procedimento* no processo penal, menciona que "o procedimento deixou de ser considerado instituto de menor relevância no direito processual e passou a ser visto como elemento essencial da noção de processo, sendo a expressão de sua unidade. Mais do que isso, o direito ao procedimento foi alçado a garantia fundamental, estabelecendo-se uma conexão entre direitos fundamentais, organização e procedimento, sendo estes apontados como meios essenciais para a eficácia das normas que asseguram os direitos fundamentais" (*Teoria geral do procedimento e o procedimento no processo penal*, p. 303).

5. Regionalização do processo penal: pensamos ser ponto específico e importante para se dar atenção na atualidade. O processo, unificado e com regras válidas para todo o Brasil, nos dias de hoje, não vem atendendo às peculiaridades regionais de um País continental como o nosso. Normas fundamentais de processo devem ser mantidas em caráter geral, sem dúvida. Todas, por exemplo, as que disserem respeito aos direitos e garantais fundamentais. Muitas outras, entretanto, precisariam ser regionalizadas. Ilustrando, não se pode empreender uma citação com a mesma facilidade que se faz em uma grande metrópole e em regiões interioranas de Estados com território imenso e dificuldade de comunicação entre as Comarcas. Um exame de corpo de delito, por outro lado, pode ser de simples realização em cidades aparelhadas; pode, no entanto, transformar-se em um grande problema em vilarejos sem o menor instrumental. Portanto, o disposto no art. 158 do CPP pode não ter nenhuma valia nesses locais. Na prática, no entanto, o criminoso não pode ficar impune. O que se faz? Em muitos casos concretos, improvisa-se, mas, com certeza, não se efetiva um exame de corpo de delito (perícia), ainda que a infração penal deixe vestígios materiais. Em suma, uma reforma processual penal mereceria contemplar, em vários aspectos, a regionalização das normas processuais. Não é suficiente o disposto no art. 22, parágrafo único, da Constituição Federal, tampouco o preceituado no art. 24, I, X e XI, também da Constituição Federal. Os Estados-membros não têm poder para legislar *contra* o disposto em lei federal, como é o caso do Código de Processo Penal, mas somente em caráter suplementar, se autorizados por Lei Complementar, ou nas poucas matérias especificadas no art. 24.

Título I
Do Processo Comum[6]

6. Procedimento comum e procedimento especial: seleciona o Código de Processo Penal uma forma padrão de procedimento, à qual denominou de *comum*, subdividido em ordinário, sumário ou sumaríssimo, e outras, especiais, que fogem às regras estabelecidas pelo CPP. O procedimento comum ordinário está previsto nos arts. 395 a 405. Corrigiu-se anterior distorção, quando se inseria o procedimento especial do júri no meio do procedimento comum. Atualmente, passa-se a considerar o procedimento do júri especial, iniciando-se no art. 406 e findando no art. 497. Prevê-se o procedimento comum sumário, situado nos arts. 531 a 538. O procedimento comum sumaríssimo é o estabelecido pela Lei 9.099/1995. Seguem-se, ainda, os outros procedimentos especiais, afora o relativo ao júri, já mencionado. São eles: procedimento dos crimes falimentares (arts. 503 a 512 – revogados pela Lei 11.101/2005), procedimento dos crimes de responsabilidade dos funcionários públicos (arts. 513 a 518), procedimento dos crimes contra a honra (arts. 519 a 523), procedimento dos crimes contra a propriedade imaterial (arts. 524 a 530-I) e procedimento de restauração de autos (arts. 541 a 548). Não mais estão em vigor o procedimento para a aplicação provisória de medida de segurança (arts. 549 a 555) e os procedimentos referentes a instâncias superiores (arts. 556 a 562), substituídos por outras leis, já comentadas no capítulo referente aos recursos. Não se olvide haver outros procedimentos especiais, previstos em leis identicamente especiais, como é o caso da Lei de Drogas (11.343/2006).

Capítulo I
DA INSTRUÇÃO CRIMINAL[7]

7. Instrução criminal: é o período do procedimento em que são colhidos elementos para a formação do convencimento do juiz, permitindo-lhe aplicar a lei ao caso concreto apresentado. Inicia-se após o recebimento da denúncia ou queixa, quando o juiz deve decidir acerca das diligências a empreender, além de outras decisões previstas em lei, designando audiência de instrução e julgamento, com a inquirição de testemunhas e o interrogatório do réu, realização de perícias, juntada de documentos, entre outras provas, até ser finalizada com os debates e julgamento.

Art. 394. O procedimento será comum ou especial.[8]

§ 1.º O procedimento comum será ordinário, sumário ou sumaríssimo:

Art. 394

I – ordinário, quando tiver por objeto crime cuja sanção máxima cominada for igual ou superior a 4 (quatro) anos de pena privativa de liberdade;

II – sumário, quando tiver por objeto crime cuja sanção máxima cominada seja inferior a 4 (quatro) anos de pena privativa de liberdade;

III – sumaríssimo, para as infrações penais de menor potencial ofensivo, na forma da lei.[9]

§ 2.º Aplica-se a todos os processos o procedimento comum, salvo disposições em contrário deste Código ou de lei especial.[10]

§ 3.º Nos processos de competência do Tribunal do Júri, o procedimento observará as disposições estabelecidas nos arts. 406 a 497 deste Código.[11]

§ 4.º As disposições dos arts. 395 a 398 deste Código aplicam-se a todos os procedimentos penais de primeiro grau, ainda que não regulados neste Código.[12]

§ 5.º Aplicam-se subsidiariamente aos procedimentos especial, sumário e sumaríssimo as disposições do procedimento ordinário.[13]

8. Procedimentos comum e especial: o comum é utilizado, como regra, para a maioria das infrações penais, subdividido, conforme o rito (mais ou menos célere), em ordinário, sumário e sumaríssimo. O especial é a exceção, encontrando-se previsto em leis especiais, mas também no Código de Processo Penal, em capítulos específicos.

9. Lei 9.099/1995: o sumaríssimo vem previsto na Lei 9.099/1995 (arts. 77 a 83).

10. Regra procedimental: como já mencionamos, o procedimento padrão é o comum, que pode seguir os ritos ordinário, sumário ou sumaríssimo. Porém, havendo disciplina específica, o rito se altera, tornando-se especial, como ocorre com o júri (arts. 406 a 497, CPP) ou com a Lei de Drogas (Lei 11.343/2006). O princípio da especialidade merece integral aplicação nessa hipótese (lei especial afasta a aplicação de lei geral). Entretanto, o STF abriu uma exceção, quanto ao momento de realização do interrogatório, mesmo nas leis especiais, com procedimento específico, vale dizer, deslocou-se o interrogatório para o último ato da instrução, em homenagem à ampla defesa e ao contraditório. Conferir: "A Lei n.º 11.719/08 adequou o sistema acusatório democrático, integrando-o de forma mais harmoniosa aos preceitos constitucionais da Carta de República de 1988, assegurando-se maior efetividade a seus princípios, notadamente, os do contraditório e da ampla defesa (art. 5.º, inciso LV). 5. Por ser mais benéfica (*lex mitior*) e harmoniosa com a Constituição Federal, há de preponderar, no processo penal militar (Decreto-Lei n.º 1.002/69), a regra do art. 400 do Código de Processo Penal. 6. De modo a não comprometer o princípio da segurança jurídica (CF, art. 5.º, XXXVI) nos feitos já sentenciados, essa orientação deve ser aplicada somente aos processos penais militares cuja instrução não se tenha encerrado, o que não é o caso dos autos, já que há sentença condenatória proferida em desfavor dos pacientes desde 29/7/14. 7. Ordem denegada, com a fixação da seguinte orientação: a norma inscrita no art. 400 do Código de Processo Penal comum aplica-se, a partir da publicação da ata do presente julgamento, aos processos penais militares, aos processos penais eleitorais e a todos os procedimentos penais regidos por legislação especial incidindo somente naquelas ações penais cuja instrução não se tenha encerrado" (HC 127.900 – AM, Pleno, rel. Dias Toffoli, 03.03.2016, m.v.). Não se tratando de Súmula Vinculante do STF, outros tribunais ainda julgam de maneira diversa, a nosso ver, com acerto, respeitando o preceito da especialidade, inclusive no próprio Pretório Excelso: STF: "Processo relacionado a crime versado na Lei n.º 11.343/2006 possui rito próprio. O artigo 57 prevê o interrogatório como ato inicial. Embora o procedimento comum seja cabível, o é subsidiariamente. O artigo 394, § 2.º, do Código de Processo Penal ressalva as disposições em sentido contrário, revelando o princípio da especialidade" (HC 177.220, 1.ª T., rel. Marco Aurélio, 17/03/2020, v.u.). Sustentando prevalecer o procedimento especial: TJSP: "Paciente denunciado pela prática, em tese, do delito tipificado no artigo 28, da Lei n.º 11.343/06. Pedido de reconhecimento da nulidade da decisão que recebeu a denúncia, com a consequente extinção da punibilidade pela prescrição da pretensão punitiva. Adoção, em primeiro grau, do rito comum sumário, previsto no artigo 394, inciso II, do Código de Processo Penal, em afronta ao artigo 55, da Lei de Drogas. Situação que causou prejuízo concreto ao acusado. Nulidade reconhecida, com declaração da extinção da punibilidade pela prescrição da pretensão punitiva. Recurso provido. (Recurso em Sentido Estrito 0016299-20.2020.8.26.0562, 16.ª Câm. Criminal, rel. Camargo Aranha Filho, 12.02.2021, v.u.).

11. Procedimento especial: há muito defendíamos ser o procedimento do júri especial e não comum, como constava do Código de Processo Penal, antes da modificação introduzida pela Lei 11.719/2008. Atualmente, torna-se claro ser ele um procedimento especial, previsto nos arts. 406 a 497 do CPP.

12. Conflito aparente de normas: o disposto no art. 395 do CPP pode ser aplicado a todas as situações de recebimento da peça acusatória, pois cuida das condições da ação penal. Entretanto, ainda assim, é preciso observar se, em lei especial, não existe mais alguma situação peculiar, dando ensejo a eventual rejeição da denúncia ou queixa. Quanto aos arts. 396 (recebimento da denúncia ou queixa e citação do réu), 396-A (resposta do acusado) e 397 (absolvição sumária) somente cabe a sua aplicação se a lei especial não contiver procedimento diverso e incompatível com o preceituado nesses três artigos. Afinal, sabe-se que lei especial afasta a aplicação de lei geral. Portanto, se a legislação especial prevê um procedimento prévio de defesa do denunciado, antes do recebimento da denúncia ou queixa, não nos parece tenha cabimento, após ter sido a peça acusatória recebida, reiniciar o procedimento de citação e oitiva das razões do réu para, se for o caso, absolvê-lo sumariamente. Ora, se as provas fossem tão evidentes assim, já não teria o magistrado recebido a denúncia ou queixa, pois houve defesa preliminar, com exibição de provas.

13. Procedimento padrão: embora não houvesse necessidade de se estabelecer, em norma, algo óbvio, preferiu o legislador deixar ainda mais claro que o procedimento utilizado, como regra, é o comum e, por lógica, o mais extenso (ordinário) deve ser o subsidiário a todos os demais. Portanto, em caso de lacuna, vale-se o magistrado do previsto para o procedimento comum ordinário.

> **Art. 394-A.** Os processos que apurem a prática de crime hediondo ou violência contra a mulher terão prioridade de tramitação em todas as instâncias.[13-A]
>
> § 1º Os processos que apurem violência contra a mulher independerão do pagamento de: custas, taxas ou despesas processuais, salvo em caso de má-fé.[13-B]
>
> § 2º As isenções de que trata o § 1.º deste artigo aplicam-se apenas à vítima e, em caso de morte, ao cônjuge, ascendente, descendente ou irmão, quando a estes couber o direito de representação ou de oferecer queixa ou prosseguir com a ação.[13-C]

13-A. Prioridade de tramitação: constitui típica *cláusula de recomendação*, pois inexiste sanção imposta em caso de morosidade. Conta-se, portanto, com o regimento interno

Art. 395

Código de Processo Penal Comentado · **Nucci**

786

dos tribunais para a criação de regras específicas para abreviar o trâmite dessas demandas, em particular quando estiverem em grau recursal. No tocante à instrução, por uma questão de lógica, devem ter trâmite absolutamente prioritário os processos de réus presos provisoriamente. Depois deles, os que envolvem os delitos mais graves – hediondos – bem como os que apurem violência doméstica. Essas infrações equiparam-se, em nível de relevo, às mais sérias, merecedoras de célere apuração e provimento judicial. Por outro lado, atualmente, em diversas comarcas, há Varas privativas para cuidar de violência doméstica contra a mulher, o que favorece a tramitação acelerada, em decorrência da exclusividade de feitos destinados ao juízo. Essa prioridade implica celeridade, mas todas as medidas judiciais para cumprir esse objetivo jamais devem perder de vista as garantias constitucionais ao acusado, como a ampla defesa e o contraditório.

13-B. Isenção de custas e despesas processuais: como regra, na esfera criminal, raramente se cobra custas de réus, em especial pelo estado de pobreza que os envolve. Entretanto, neste parágrafo, nem mesmo se enfoca o acusado da prática de delito violento contra a mulher, mas a própria vítima. Portanto, à frente do processo estará, como regra, o Ministério Público, que não arca com custas. Excepcionalmente, pode a vítima ingressar com ação penal privada, em crimes contra a honra (violência moral, nos termos do art. 7.º, V, da Lei 11.340/2006), situação em que terá aplicação o disposto neste parágrafo. Consultar os arts. 804 a 806 deste Código.

13-C. Isenção restrita à vítima: como mencionado na nota anterior, como regra, assume o polo ativo das demandas envolvendo violência doméstica o Ministério Público. Portanto, o disposto neste parágrafo tem a finalidade de ratificar o entendimento de que a isenção de custas e outras despesas não abrangem o réu, o que seria ilógico, mas a vítima, em relação à qual se pretende facilitar o uso do processo criminal para assegurar a punição devida ao infrator. Nesse diapasão, alcança a isenção os sucessores da pessoa ofendida, nos termos do art. 31 deste Código.

> **Art. 395.** A denúncia ou queixa será rejeitada quando:[14-19]
>
> I – for manifestamente inepta;[20]
>
> II – faltar pressuposto processual[21] ou condição para o exercício da ação penal;[22-33] ou
>
> III – faltar justa causa para o exercício da ação penal.[34-37]
>
> **Parágrafo único.** (*Revogado.*)

14. Rejeição da denúncia ou queixa: a modificação introduzida pela Lei 11.719/2008 pareceu-nos positiva, aprimorando o disposto no antigo art. 43 do CPP (hoje, revogado). Poderia ter sido feito mais, no entanto. O ideal seria ter reduzido o quadro da rejeição a um só parâmetro: falta de justa causa para a ação penal, que, certamente, abrangeria todas as situações relevantes. Se houvesse interesse, poderia o legislador abrir um parágrafo especificando quais seriam as hipóteses de ausência de justa causa, em rol meramente exemplificativo. Na jurisprudência: STJ: "2. A denúncia deve ser recebida se, atendido seu aspecto formal (art. 41, c/c o art. 395, I, do CPP) e identificada a presença tanto dos pressupostos de existência e validade da relação processual quanto das condições para o exercício da ação penal (art. 395, II, do CPP), a peça vier acompanhada de lastro probatório mínimo a amparar a acusação (art. 395, III, do CPP). 3. A peça acusatória é clara ao indicar o recorrente como integrante de associação criminosa em que foi intermediador, na condição de prestador de serviços de despachante, de negociação de compra de licença ambiental em favor da empresa do corréu, processo esse facilitado ilegalmente por servidor público da Superintendência do Meio Ambiente do Estado do Ceará, o qual também figura como réu" (AgRg no RHC n. 192.674/CE, 6.ª T., rel. Rogerio Schietti Cruz, 01.07.2024, v.u.).

15. Retificação da denúncia ou queixa no momento do seu recebimento: impossibilidade. Tratar-se-ia de um indevido prejulgamento, tornando parcial o juízo, além do que a titularidade da ação penal é exclusivamente do Ministério Público. Ademais, cabe o magistrado empreender qualquer modificação, de acordo com o preceituado nos artigos 383 e 384 do Código de Processo Penal, na fase da sentença. Lembre-se, ainda, que, após a edição da Lei 11.719/2008, especificou-se na nova redação do art. 384, que o juiz somente pode promover o procedimento para a modificação da definição jurídica do fato quando *encerrada a instrução*. Na jurisprudência: STF: "(...) Na espécie, o paciente fora denunciado pela suposta prática dos crimes de falsidade documental e ideológica e uso de documento falso (CP, artigos 297, 299 e 304). Buscava a concessão da ordem para corrigir a capitulação jurídica da denúncia – para tentativa de estelionato – a possibilitar o benefício da suspensão condicional do processo (Lei 9.099/1995, art. 89). Destacou-se jurisprudência da Corte no sentido de não ser possível, na via do *habeas corpus*, discutir-se a correta tipificação dos fatos imputados ao paciente na ação penal. Ponderou-se, ainda, não ser lícito ao magistrado, quando do recebimento da denúncia, em mero juízo de admissibilidade da acusação, conferir definição jurídica aos fatos narrados na peça acusatória. O momento adequado para fazê-lo seria na prolação da sentença, ocasião em que poderia haver a *emendatio libelli* ou a *mutatio libelli*, se a instrução criminal assim o indicar. Vencido o Min. Marco Aurélio, que concedia a ordem de ofício. Precedentes citados: HC 98.526 – RS (*DJe* de 20.8.2010) e HC 87.324 – SP (*DJe* de 18.5.2007)" (HC 111.445/PE, 1.ª T., rel. Dias Toffoli, 16.04.2013, v.u., *Informativo* 702).

16. Rejeição da denúncia ou queixa pelo juiz e recebimento pelo Tribunal: conforme o caso concreto, não pode ser recebida pelo Tribunal, sob pena de supressão de instância. Se, eventualmente, o magistrado se dá por incompetente, por exemplo, não recebendo a denúncia ou queixa, havendo recurso, não pode o Tribunal receber a denúncia, em lugar do juiz, uma vez que seria autêntica supressão de instância. Dá-se o mesmo se o Tribunal anular o recebimento da peça acusatória, por qualquer razão. Deve remeter os autos de volta ao juízo de primeiro grau para realizar, novamente, a avaliação acerca do ajuizamento da demanda. Entretanto, se o juiz rejeita a denúncia ou queixa, porque achou incabível o ajuizamento da ação penal, é perfeitamente viável que o Tribunal a receba (vide nota 19-A ao art. 581). É o disposto atualmente na Súmula 709 do Supremo Tribunal Federal: "Salvo quando nula a decisão de primeiro grau, o acórdão que provê o recurso contra a rejeição da denúncia vale, desde logo, pelo recebimento dela".

17. Rejeição ou recebimento parcial da denúncia ou queixa: cremos ser viável, desde que não implique um juízo indevido de antecipação do mérito. A hipótese não é legalmente rechaçada. É possível sustentar que o juiz tem a liberdade para acolher alguns dos fatos narrados pela acusação, com respaldo no inquérito, afastando outros, sem implicar prejulgamento. Não estaria o magistrado antecipando o veredicto, nem se substituindo ao acusador, pois não está classificando os fatos expostos, inserindo-o neste ou naquele tipo incriminador, mas somente permitindo o início da ação penal com base em acusação plausível. Contra isso, não nos insurgimos. Deve-se salientar, no entanto, que a denúncia ou queixa é uma peça técnica, visando à exposição de fatos, de modo a permitir a devida defesa ao acusado, não podendo ser recortada pelo juiz no momento do recebimento, se a providência retirar sentido aos fatos imputados pela acusação. Tornar-se-á peça ininteligível, merecendo ser rejeitada no seu todo. Necessita-se evitar, ainda e a todo custo, a antecipação de convicção do magistrado,

Art. 395

Código de Processo Penal Comentado · **Nucci**

que haverá de explicar, minuciosamente, a razão de estar aceitando determinado trecho da denúncia, mas não outro. Se existe o inquérito policial para dar fundamento à denúncia ou queixa, cabe a quem faz a imputação atrelar-se rigidamente a ele, não ampliando em demasia o conteúdo da peça inicial, inserindo crime inexistente, qualificadora ou causa de aumento não evidenciada ou outro elemento sem comprovação indiciária. Entretanto, se durante a instrução surgir prova nova, indicando a existência de novo delito ou circunstância agravante, pode haver aditamento da peça. E, por fim, a rejeição parcial da denúncia é viável, quando o órgão acusatório imputa ao réu vários fatos delituosos, verificando o juiz que alguns deles constituem meras repetições de outros, já descritos. Assim, evitando-se o inaceitável *bis in idem*, pode-se afastar a imputação, na parte repetida, acolhendo-se os demais fatos.

18. Rejeição parcial no caso de *aberratio ictus*: possibilidade. Caso o agente, desferindo tiros contra a vítima, para matá-la, termine executando seu propósito, mas também atingindo terceiro que passa pelo local, embora levemente, houve erro na execução (*aberratio ictus*), previsto no art. 73 do Código Penal. É verdade que a doutrina o considera crime único, regido pela regra do concurso formal, isto é, aplica-se a pena do crime mais grave – no exemplo dado, o homicídio consumado – associada a um aumento, que varia de um sexto até a metade. Entretanto, o fato de o homicídio consumado ser de ação pública incondicionada, não afasta a possibilidade de se exigir representação da vítima ferida, sobrevivente. É que, neste caso, suas lesões foram culposamente causadas, tratando-se de infração de ação pública condicionada à representação. Não nos esqueçamos de que a regra do concurso formal é normativa, ou seja, cria-se a ficção de se tratar de um só delito para efeito de aplicação da pena, mas não para se legitimar o Ministério Público a agir sem autorização do ofendido sobrevivente. Parece-nos, pois, que o fato é único para aplicar a pena, beneficiando o réu, mas não o é para dar início à ação penal. Exigir-se a representação é mais favorável ao acusado, não se podendo olvidar que o concurso formal – assim como o crime continuado – são alternativas benéficas ao concurso material, não podendo representar gravame ao réu.

19. Rol genérico: a anterior redação do art. 43 do CPP permitia supor haver um rol meramente exemplificativo de causas autorizadoras da rejeição da denúncia ou queixa. A partir da nova redação dada ao art. 395, considera-se ter havido a migração para um rol genérico, que pode abranger todas as situações concretas permissivas da rejeição da peça acusatória.

20. Inépcia da denúncia ou queixa: configura-se a inépcia da peça acusatória quando não se prestar aos fins aos quais se destina, vale dizer, não possuir a menor aptidão para concentrar, concatenadamente, em detalhes, o conteúdo da imputação, permitindo ao réu a exata compreensão da amplitude da acusação, garantindo-lhe, assim, a possibilidade de exercer o contraditório e a ampla defesa. Dentre outros fatores, são geradores de inépcia: a) a descrição de fatos de maneira truncada, lacunosa ou em desacordo com os dados constantes do inquérito; b) a inserção de coautores ou partícipes inexistentes na investigação policial; c) a narrativa tendente a firmar um determinado tipo penal, mas cuja conclusão aponta para outro (não se trata de mero erro de classificação); d) a menção a elemento subjetivo calcado em dolo, porém com descrição dos elementos componentes da culpa (e vice-versa); e) a introdução de jurisprudência ou referências doutrinárias (o réu se defende dos fatos alegados e não tem obrigação alguma de conhecer dados técnicos); f) a descrição muito extensa e detalhada do caso, de modo a tornar incompreensível o cerne da imputação; g) a descrição confusa e misturada de fatos típicos incriminadores diversos; h) qualquer citação feita com estrangeirismo (exceção feita às consagradas fórmulas em latim, mesmo assim com a devida tradução. Ex.: *iter criminis*, ou percurso criminoso). Na jurisprudência: STF: "3. O juízo de recebimento da denúncia é de mera delibação, nunca de cognição exauriente. Assim, há que se diferenciar os requisitos para o recebimento da exordial acusatória, delineados no art. 41

do Código de Processo Penal, com o juízo de procedência da imputação criminal. 4. No caso, a magistrada de primeiro grau, por meio de decisão suficientemente motivada e compatível com a fase processual na qual se insere, concluiu pela inocorrência de hipótese autorizadora de absolvição sumária e pelo preenchimento dos requisitos do art. 41 do CPP. As demais teses defensivas que demandam dilação probatória devem ser enfrentadas após a instrução processual" (RHC 171.188 AgR, 2.ª T., rel. Edson Fachin, 22.05.2020, v.u.); "É apta a denúncia que preenche os requisitos do art. 41 do Código de Processo Penal, individualiza as condutas do denunciado no contexto fático da fase pré-processual, expõe pormenorizadamente os elementos indispensáveis à ocorrência, em tese, dos crimes nela mencionados, permitido o pleno exercício do contraditório e da ampla defesa. Para o recebimento da denúncia, analisa-se a presença de indícios suficientes da materialidade e da autoria dos delitos imputados ao Denunciado" (Inq 4023, 2.ª T., rel. Cármen Lúcia, 01.09.2016, v.u.).

21. Pressupostos processuais: são os requisitos necessários para a existência e validade da relação processual, propiciando que o processo possa atingir o seu fim. Como pressuposto de existência, pode-se citar a presença de jurisdição, uma vez que apresentar a causa a uma pessoa não integrante do Poder Judiciário nada resolve em definitivo. Outro exemplo seria o julgamento empreendido por magistrado impedido (ver a nota 6 ao art. 252, CPP). Como pressuposto de validade, pode-se mencionar a inexistência de suspeição do magistrado (art. 254, CPP), bem como a sua competência para decidir a causa, além da ausência de litispendência e coisa julgada. Note-se que as exceções são instrumentos hábeis para questionar esse pressuposto processual de validade (consultar os arts. 108 a 110, CPP). Raramente, a denúncia ou queixa será rejeitada por ausência de pressuposto processual, uma vez que, antes, busca-se a correção do erro. Ademais, se for recebida, somente após, por exceção, conseguir-se-á regularizar a relação processual.

22. Condições da ação: são os requisitos exigidos pela lei para que o órgão acusatório, exercendo o direito de ação, consiga obter do Poder Judiciário uma análise quanto à existência da pretensão punitiva do Estado e a possibilidade de sua efetivação. Na lição de Frederico Marques "são os elementos e requisitos necessários para que o juiz decida do mérito da pretensão, aplicando o direito objetivo a uma situação contenciosa" (*Elementos de direito processual penal*, v. 1, p. 292). São elas genéricas e específicas. Dentre as genéricas, temos: a) *possibilidade jurídica do pedido*, identificada, majoritariamente, pela doutrina como o fato imputado a alguém ser considerado crime (tipicidade, ilicitude e culpabilidade). Logo, se, à primeira vista, lendo o inquérito que acompanha a denúncia ou queixa, não vislumbra o juiz qualquer desses elementos, deve rejeitar a peça acusatória. O pedido é juridicamente impossível, pois não se pode pedir a condenação de alguém por ter praticado conduta penalmente irrelevante. É verdade que há tendência doutrinária a não mais considerar útil esse entendimento, ou seja, a possibilidade jurídica do pedido – tal como utilizado o conceito no processo civil – deveria ser deixada de lado no processo penal. A justificativa, dentre outras, é que o direito de punir do Estado fundamenta-se, precipuamente, no princípio da legalidade (não há crime sem lei que o defina, não há pena sem prévia cominação legal), de modo que, nas palavras de Maria Thereza Rocha de Assis Moura, torna-se desnecessária "para o processo penal, a discussão acerca da possibilidade jurídica como condição da ação e sua identidade ou não com a tipicidade. Esta – não há como deixar de reconhecer – integra o juízo de legitimidade da acusação. E, uma vez ausente, possibilita o trancamento da ação penal por falta de justa causa" (*Justa causa para a ação penal – Doutrina e jurisprudência*, p. 188-189). Em síntese, seria mais um problema atinente à justa causa para a ação penal do que, propriamente, um tópico destacado e intitulado *possibilidade jurídica do pedido*. Parece-nos válida essa afirmativa, reduzindo-se no princípio da legalidade o cerne da acusação legítima, embora não se possa perder de

Art. 395

Código de Processo Penal Comentado · **Nucci**   790

vista o caráter prático da consideração de existência dessa condição da ação penal. Afinal, o pedido formulado pelo órgão acusatório é sempre genérico, baseando-se na condenação do réu, para que justa sanção penal lhe seja aplicada. Somente há possibilidade de se permitir o ajuizamento da ação penal, inicialmente, produzindo-se prova ao longo da instrução, caso o pedido seja juridicamente viável, significando dizer que o fato, em tese, é considerado crime. Havendo demonstração de que não é infração penal, logo, desrespeitado está o princípio da legalidade, sendo impossível o pedido feito. Pode-se, é certo, dizer que, nessa hipótese, estaria o juiz produzindo um autêntico julgamento de mérito, mas o importante é deduzir acerca da existência de estágios no processo penal – o que não há, no processo civil, razão pela qual os institutos precisam ser adaptados a um e outro. Para que haja ação penal, é fundamental existir, ao menos em tese e de acordo com uma demonstração prévia e provisória, uma infração penal. Logicamente, nada impede que, diante do mecanismo existente de produção de prova pré-constituída – para garantia do próprio indiciado – verifique o juiz não haver possibilidade para o pedido formulado, rejeitando desde logo a denúncia ou queixa. Invadiu o mérito, sem dúvida, porque o primeiro estágio da persecução penal (inquérito) trouxe provas suficientes a respeito da inviabilidade de realização do segundo estágio, isto é, do ajuizamento da ação, com todo o constrangimento que tal situação acarreta ao réu, a ficar, por vezes, anos a fio vinculado a um processo-crime. Poderíamos dizer que a possibilidade jurídica do pedido se liga apenas à ação penal *poder ser instaurada* e, ao final, produzido um juízo de mérito pelo magistrado, não significando que não possa haver, desde logo, a antecipação desse juízo de mérito, encerrando-se de vez a questão, quando as provas permitirem, no interesse do próprio indivíduo; b) *interesse de agir*, ou seja, deve haver necessidade, adequação e utilidade para a ação penal. A necessidade do *devido processo legal* para haver condenação e submissão de alguém à sanção penal é condição inerente a toda ação penal. Logo, pode-se dizer que é presumido esse aspecto do interesse de agir. Quanto à adequação, deve-se destacar que o órgão acusatório precisa submeter-se ao procedimento legal para que possa obter um julgamento de mérito, a respeito da pretensão punitiva do Estado. Se ocorrer o ingresso da ação penal, sem o acompanhamento de prova pré-constituída, embora a narrativa feita na denúncia ou na queixa possa ser considerada juridicamente possível, não haverá interesse de agir, tendo em vista ter sido desrespeitado o interesse-adequação. Não há justa causa para a ação penal. Quanto ao interesse-utilidade, significa que a ação penal precisa apresentar-se útil para a realização da pretensão punitiva do Estado. Quando se vislumbra a prescrição, de nada adianta ingressar com ação penal, pois inexiste objetivo concreto e eficaz para o Estado; c) *legitimidade para agir*, vale dizer, ser o autor o titular da ação penal, conforme previsão legal. Abrange essa condição a legitimidade passiva, devendo ser acusada a pessoa a quem se atribui a imputação. No contexto da legitimidade, há divisão entre legitimidade para a causa (legitimidade *ad causam*), que foi a situação narrada acima, bem como legitimidade para o processo (legitimidade *ad processum*), isto é, para figurar num dos polos da relação processual. Neste último caso, pode-se dar o exemplo do menor de 18 anos, que pode figurar no polo ativo de demanda, desde que acompanhado de seu representante legal. Sozinho, deve ser considerado para ilegítima *ad processum*. Consultar, também, a nota 4-A ao Título III do Livro I. Dentre as específicas, também conhecidas como *condições de procedibilidade*, há várias previsões legais, dependendo do caso concreto. Algumas delas: existência de representação da vítima ou requisição do Ministro da Justiça; ingresso do estrangeiro no território nacional, no caso de extraterritorialidade condicionada; efetivação da prisão, no caso do processo de extradição etc. Elas são, na realidade, condições da ação, merecedoras de inserção na possibilidade jurídica do pedido. Assim, quando não está presente uma condição de procedibilidade, significa que inexiste possibilidade jurídica para ser ajuizada ação penal. Nessa visão: Vicente Greco Filho, *Manual de processo penal*, p. 99; Ada P. Grinover, Antonio Magalhães Gomes Filho e Antonio

Scarance Fernandes, *As nulidades no processo penal*, p. 64 e 67. Esclarece Hélio Tornaghi, quanto ao significado da expressão *condições de procedibilidade*, que teria sido criada por autores que sustentam não fazerem elas parte do tipo, não constituindo elemento do crime, embora seja exigida para o início da ação penal (*A relação processual penal*, p. 246).

23. Hipóteses consideradas como condições de procedibilidade: a) homologação do laudo de exame de corpo de delito nos crimes contra a propriedade imaterial; b) realização da audiência de reconciliação, nos crimes contra a honra; c) representação da vítima na contravenção das vias de fato; d) arquivamento do inquérito antes da propositura da denunciação caluniosa; e) licença da Assembleia Legislativa para processar o Governador; f) quesito específico a respeito de falso testemunho ou falsa perícia, no procedimento do júri; g) finalização do procedimento administrativo para apuração de débito tributário, nos crimes contra a ordem tributária.

24. Hipóteses não consideradas como condições de procedibilidade: a) realização do laudo em crimes que deixam vestígio (desde que tenha sido providenciado ou, sendo inviável, haja suprimento por testemunhas); b) realização do exame pericial no crime de contrabando; c) pedido de explicações em crimes contra a honra. Na jurisprudência: STJ: "Conforme a jurisprudência desta Corte Superior, por falta de previsão legal, a ausência de oferecimento do acordo de não persecução penal não deve ser considerada como condição de procedibilidade da ação penal, não sendo, portanto, fundamento suficiente para justificar a rejeição da denúncia, nos termos do art. 395, II, do CPP" (AgRg no REsp 2.025.536/TO, 6.ª T., rel. Jesuíno Rissato, 14.08.2023, v.u.); "1. É descabida a rejeição da denúncia motivada no não oferecimento do Acordo de Não Persecução Penal pelo Ministério Público. 2. O instituto do ANPP não se consubstancia em um direito subjetivo do acusado, podendo o Ministério Público oferecê-lo, se presentes os requisitos legais, ou não, a partir de uma estratégia de política criminal adotada pela Instituição. Ademais, o oferecimento ou não do ANPP não é condição de procedibilidade da ação penal, motivo pelo qual a ausência de sua oferta pelo Parquet não é apta a ensejar a rejeição da peça acusatória, nos termos do art. 395, II, do Código de Processo Penal – CPP. Precedentes" (AgRg no REsp 2.025.524/TO, 5.ª T., rel. Joel Ilan Paciornik, 05.06.2023, v.u.).

25. Inexistência cabal de crime: trata-se da análise dos três elementos indispensáveis para a caracterização de um fato como delito: tipicidade, antijuridicidade e culpabilidade. Assim, descrevendo o órgão acusatório um fato que não se amolda no tipo penal incriminador (modelo de conduta proibida) – como, por exemplo, uma dívida civil qualquer – é caso de rejeição. Por outro lado, não sendo a conduta ilícita, a despeito de ser típica, também é oportunidade para não recebimento. Imagine-se alguém que tenha matado outrem em nítida legítima defesa. Deve-se, ainda, verificar a culpabilidade. Para os causalistas, nesta fase se verifica a existência de dolo ou culpa. Para os finalistas, tal verificação já foi feita na análise da tipicidade. Assim, para o juiz causalista, inexistindo dolo ou culpa, não há culpabilidade, de modo que cabe a rejeição. Ainda que seja finalista, o magistrado pode rejeitar uma denúncia por falta de culpabilidade, quando constata, por exemplo, um evidente erro de proibição. Há exceção: a constatação de inimputabilidade, em razão de doença mental, permite o recebimento da denúncia, uma vez que a sentença, ao final, comprovada a prática do injusto (fato típico e antijurídico) e sua autoria, será absolutória imprópria, impondo ao réu medida de segurança. Necessita-se, nessa hipótese, do *devido processo legal*.

26. Ausência de tipicidade: pode-se constatar não haver tipicidade em dois momentos distintos. Quando o fato não se encaixa em qualquer tipo penal abstrato, desde o princípio, trata-se de impossibilidade jurídica do pedido. Entretanto, quando, em tese, o fato se amolda

Art. 395

Código de Processo Penal Comentado · **Nucci**

à lei penal, possibilitando o início da ação penal, para, então, constatar-se, durante a instrução, que é atípico (por exemplo, por erro de tipo escusável), profere-se uma decisão de mérito, absolvendo-se o réu (art. 386, III, CPP).

27. Interesse de agir: subordina-se o início da ação penal à necessidade, à adequação e à utilidade que a ação penal possa representar ao Estado, encarregado de julgá-la. Como ensinam Ada Pellegrini Grinover, Antonio Magalhães Gomes Filho e Antonio Scarance Fernandes, trata-se essa condição de uma imposição "do princípio da economia processual, significando, na prática, que o Estado se nega a desempenhar a atividade jurisdicional quando o processo, no caso concreto, não é necessário e quando o provimento pedido não é adequado para atingir o escopo de atuação da vontade da lei" (*As nulidades no processo penal*, p. 65). Esclarece, com precisão, o requisito do interesse, subdividindo-o em três categorias – interesse--necessidade, interesse-adequação e interesse-utilidade – Maurício Zanoide de Moraes: "Há 'interesse-necessidade' quando o interessado não puder obter sua satisfação (resultado) senão pela tutela jurisdicional advinda de um processo regular", "haverá interesse-adequação desde que o demandante escolha dentre os vários tipos de tutela jurisdicional e de procedimentos existentes os mais apropriados, tanto ao pedido deduzido quanto à situação material discutida", há interesse-utilidade sempre que houver um benefício prático e jurídico ao autor da demanda, pois devem ser considerados "os altos custos sociais, econômicos e políticos de uma ação penal", percebendo-se "o grande prejuízo de se aceitar como legítimo, e portanto profícuo para o processo, um interesse inadequado por erro na indicação do procedimento pleiteado" (*Interesse e legitimação para recorrer no processo penal brasileiro*, p. 78, 84 e 86).

28. Falta de interesse de agir no contexto dos crimes tributários: é fundamental haver a finalização do procedimento administrativo para verificar se há, efetivamente, débito a pagar e, consequentemente, sonegação ou apropriação indevida, para que se possa dar início à ação penal. Não fosse assim, poderia ocorrer a paradoxal situação de concretização de um processo-crime ao mesmo tempo em que o setor administrativo declare a regularidade dos pagamentos de tributos. Nesse sentido, dispõe a Lei Complementar estadual de São Paulo 939/2003, com a redação dada pela Lei Complementar 970/2005, que não será encaminhada ao Ministério Público, por parte da administração tributária, representação para fins penais relativa aos crimes contra a ordem tributária enquanto não for proferida decisão final, na órbita administrativa, a respeito da exigência do crédito tributário correspondente (art. 5.º, IX). Essa é a posição dominante, atualmente, na jurisprudência pátria, inclusive com o aval do Supremo Tribunal Federal. Sobre o tema, com maiores detalhes, consultar a nota 6 ao art. 1.º da Lei 8.137/1990 em nosso *Leis penais e processuais penais comentadas* – vol. 1.

29. Extinção da punibilidade por qualquer causa: demonstra a ausência do interesse de agir. Embora tenha existido crime, não havendo possibilidade de o Estado aplicar, efetivamente, a sanção ao acusado, justamente porque um obstáculo se interpõe (causa extintiva da punibilidade), é de se afastar a justa causa para a ação penal (para nós, como já mencionamos, a ausência de qualquer condição da ação afasta a justa causa para o exercício da ação).

30. Ocorrência da prescrição: demonstra a falta de interesse de agir. Afinal, a prescrição afeta a pretensão punitiva do Estado; desaparecendo esta, pelo advento da prescrição, nada mais cabe ao Estado pleitear contra o acusado.

31. Interesse de agir e prescrição virtual: denomina-se prescrição *virtual*, antecipada ou em perspectiva, aquela que se baseia na pena *provavelmente* aplicada ao indiciado, caso haja processo e ocorra condenação. Levando-se em conta os requisitos pessoais do agente e, também, as circunstâncias componentes da infração penal, tem o juiz, por sua experiência e pelos inúmeros julgados semelhantes, a noção de que será produzida uma instrução inútil, visto que, mesmo sendo o acusado condenado, pela pena concretamente fixada, no futuro, terá ocorrido a prescrição retroativa. Assim, embora seja hipótese não prevista em lei, portanto rejeitada pela maioria da jurisprudência, na atualidade, há várias decisões judiciais que, a pedido do Ministério Público, determinam o arquivamento do inquérito policial, não se propondo ação penal, quando essa modalidade de prescrição se configura. Faltaria, nessa hipótese, interesse de agir. A Lei 12.234/2010 colocou fim à possibilidade de se configurar a prescrição retroativa para período anterior ao recebimento da denúncia ou queixa. Portanto, para crimes cometidos após o dia 5 de maio de 2010 (data da vigência da lei), não há mais viabilidade em se aplicar a prescrição antecipada ou virtual. Inexistindo a contagem prescricional entre a data do fato e a do recebimento da peça acusatória, sempre haverá interesse de agir do Ministério Público, salvo se houver a prescrição da pena em abstrato. Mas, para delitos cometidos *antes* de 5 de maio de 2010, continua valendo a prescrição retroativa entre o fato e o recebimento da denúncia ou queixa, logo, ainda se pode aplicar a prescrição antecipada ou virtual para avaliar a falta de interesse de agir da acusação.

32. Ilegitimidade de parte: verificando-se que a titularidade da ação penal não pertence a quem ingressa com a ação penal (ilegitimidade ativa) ou que o réu não é a pessoa a sofrer a imputação (ilegitimidade passiva), deve o juiz rejeitar a denúncia ou queixa. Quanto à legitimidade passiva, explica José Antonio Paganella Boschi: "A lei, em regra, não se refere ao sujeito ativo do crime, podendo os fatos puníveis, então, serem realizados por qualquer pessoa. Mas não é contra toda e qualquer pessoa, a despeito disso, todavia, que o autor pode desencadear a ação penal, eis que há algumas que, por condição ou qualidade, estão fora de seu alcance. Assim, por exemplo, os menores de 18 anos autores de crimes são penalmente inimputáveis e não se submetem a processo penal. Uma ação penal proposta contra menor de idade não pode ter seguimento e, se tiver, deve ser trancada de ofício ou mediante ordem de *habeas corpus*. Como todos sabem, os menores, pelos crimes cometidos, ficam sujeitos a um expediente de cunho pedagógico e educativo, impropriamente denominado de processo especial" (*Ação penal*, p. 77-78).

33. Verificação das condições da ação: podem ser analisadas a qualquer tempo, de ofício pelo juiz ou por provocação de qualquer das partes. O caminho a ser percorrido, constatada a patente inexistência de uma das principais condições da ação, deve o juiz proclamar a nulidade do recebimento da denúncia ou queixa e, com isso, anular a instrução.

34. A justa causa para a ação penal: embora grande parte da doutrina venha confundindo a justa causa com o interesse de agir, parece-nos correta a lição de Maria Thereza Rocha de Assis Moura, sustentando que a justa causa, em verdade, espelha uma síntese das condições da ação. Inexistindo uma delas, não há justa causa para a ação penal (*Justa causa para a ação penal – Doutrina e jurisprudência*, p. 221). Portanto, sob tal prisma, o inciso II (faltar condição para o exercício da ação penal) já abrange o inciso III (faltar justa causa para o exercício da ação penal). Poderia ter sido inserido, por outro lado, somente o disposto no inciso III, que abrangeria, sem dúvida, o disposto nos incisos I e II. Na jurisprudência: STF: "5. Presentes os requisitos do artigo 41 do Código de Processo Penal e a necessária justa causa para a ação penal (CPP, art. 395, III), analisada a partir dos seus três componentes: tipicidade, punibilidade e viabilidade, de maneira a garantir a presença de um suporte probatório mínimo a indicar a legitimidade da imputação, sendo traduzida na existência, no inquérito, de elementos sérios e idôneos que demonstrem a materialidade do crime e de indícios razoáveis de autoria" (Pet 10.822, Pleno, rel. Alexandre de Moraes, 21.08.2023, v.u.); "Tratando-se de crime eleitoral imputado a prefeito, a competência para supervisionar as investigações é do Tribunal Regional Eleitoral, nos termos da Súmula 702 do Supremo Tribunal Federal. Na espécie, no limiar das investigações, havia indícios de que o então Prefeito teria praticado crime eleitoral, por ter

Art. 396

Código de Processo Penal Comentado · **Nucci**

794

supostamente oferecido emprego a eleitores em troca de voto, valendo-se, para tanto, de sua condição de alcaide, por intermédio de uma empresa contratada pela municipalidade. Nesse contexto, não poderia o inquérito ter sido supervisionado por juízo eleitoral de primeiro grau nem, muito menos, poderia a autoridade policial direcionar as diligências apuratórias para investigar o Prefeito e tê-lo indiciado. A usurpação da competência do Tribunal Regional Eleitoral para supervisionar as investigações constitui vício que contamina de nulidade a investigação realizada em relação ao detentor de prerrogativa de foro, por violação do princípio do juiz natural (art. 5.º, LIII, CF). Precedentes. Questão de ordem que se resolve pela concessão de *habeas corpus*, de ofício, em favor do acusado, para extinguir a ação penal, por falta de justa causa (art. 395, III, CPP)" (AP 933 – Paraíba 0001951-18.2015.1.00.0000, 2.ª T., rel. Dias Toffoli, 03.02.2016, v.u.).

35. Trancamento de ação penal: trata-se de hipótese excepcionalmente admitida, justamente para não ocorrer um indevido cerceamento da atividade acusatória do Estado ou do ofendido. Entretanto, o acusado pode insurgir-se contra um recebimento indevido de denúncia ou queixa através de *habeas corpus* (art. 648, I, CPP), uma vez que não há recurso específico para tanto, podendo o Tribunal conceder a ordem para trancar a ação. Tal situação se dá unicamente quando a falta de justa causa é cristalina.

36. Absolvição da instância: é a denominação utilizada para caracterizar uma das hipóteses de crise da instância, isto é, a anormal paralisação do curso procedimental, de forma temporária (como ocorre nas questões prejudiciais) ou de forma definitiva, o que ocorre no caso de trancamento da ação penal (cf. Frederico Marques, *Elementos de direito processual penal*, v. 2, p. 220).

37. Reiteração da ação penal: corrigidas as falhas apresentadas pela denúncia ou queixa rejeitada, salvo quando o fato não constituir crime ou estiver extinta a punibilidade, pode o autor reiterar o pedido, ingressando novamente com a ação penal. Nada impede, por exemplo, que o promotor consiga a representação da vítima – desde que dentro do prazo decadencial – oferecendo outra vez a denúncia, no caso de ação pública condicionada, se esta foi a razão pela qual o juiz rejeitou a peça.

Art. 396. Nos procedimentos ordinário e sumário,[38] oferecida a denúncia ou queixa, o juiz, se não a rejeitar liminarmente,[39] recebê-la-á[40-41] e ordenará a citação do acusado para responder à acusação, por escrito, no prazo de 10 (dez) dias.[42]

Parágrafo único. No caso de citação por edital, o prazo para a defesa começará a fluir a partir do comparecimento pessoal do acusado ou do defensor constituído.[43]

---

38. Procedimento comum regido pelo CPP: o disposto nos artigos 396 a 405 do Código de Processo Penal disciplina os procedimentos ordinário e sumário. Na realidade, os que são objetos de atenção pelo CPP, uma vez que o sumaríssimo é regido pelo disposto na Lei 9.099/1995.

39. Rejeição liminar: é mais que óbvio, dispensando-se constar expressamente em lei, que, se o juiz não rejeitar liminarmente a peça acusatória, deve recebê-la. Ora, o magistrado rejeitará a denúncia ou queixa, nos casos retratados no art. 395 do CPP, motivo pelo qual não haveria necessidade de ser repetida a mesma situação neste artigo.

40. Recebimento da denúncia ou queixa: estando apta a peça acusatória, preenchidas as condições da ação penal, logo, havendo justa causa, deve o magistrado receber a denúncia ou queixa. Assim fazendo, determina-se a citação do réu para responder à demanda, nos mesmos moldes estabelecidos para o procedimento do júri (art. 406, *caput*, CPP). Na jurisprudência: STJ: "1. Após a reforma legislativa operada pela Lei 11.719/2008, o momento do recebimento da denúncia se dá, nos termos do artigo 396 do Código de Processo Penal, após o oferecimento da acusação e antes da apresentação de resposta à acusação, seguindo-se o juízo de absolvição sumária do acusado, tal como disposto no artigo 397 do aludido diploma legal" (RHC 54.363/PE, 5.ª T., rel. Jorge Mussi, 03.03.2015, v.u.). TJRS: "De acordo com entendimento jurisprudencial, após a reforma legislativa operada pela Lei 11.719/2008, o momento do recebimento da denúncia se dá, nos termos do artigo 396 do Código de Processo Penal, após o oferecimento da acusação e antes da apresentação de resposta à acusação, seguindo-se o juízo de absolvição sumária do acusado, tal como disposto no artigo 397 do aludido diploma legal" (HC 70083498287-RS, 4.ª C., rel. Julio Cesar Finger, j. 30.01.2020, v.u.).

41. Motivação para o recebimento da peça acusatória: desnecessidade. Continua-se a utilizar o mesmo procedimento, ou seja, a fundamentação para o recebimento da denúncia ou da queixa não é exigível. Presume-se que, acompanhada de provas pré-constituídas, o juiz delas tenha se valido para analisar a existência de justa causa para a ação penal. Ver as notas 8 e 9 ao art. 24 e 106 ao art. 41. Na jurisprudência: STJ: "4. 'A decisão que recebe a denúncia (CPP, art. 396) e aquela que rejeita o pedido de absolvição sumária (CPP, art. 397) não demandam motivação profunda ou exauriente, considerando a natureza interlocutória de tais manifestações judiciais, [...]'" (RHC 109.666/RS, relator Ministro Ribeiro Dantas, Quinta Turma, julgado em 15/8/2019, DJe de 20/8/2019). 5. No caso, embora sucinta, a decisão que recebeu a denúncia mostra-se adequada, mormente porque afirma que estão presentes os pressupostos legais autorizadores do exercício do direito de ação penal" (AgRg no RHC n. 195.808/RJ, 6.ª T., rel. Jesuíno Rissato, 12.08.2024, v.u.); "9. Forçoso destacar, ainda, que tanto a decisão que recebe a denúncia (CPP art. 396) quanto aquela que rejeita o pedido de absolvição sumária (CPP, art. 397) não demandam motivação profunda ou exauriente, considerando a natureza interlocutória de tais manifestações judiciais, sob pena de indevida antecipação do juízo de mérito, que somente poderá ser proferido após o desfecho da instrução criminal, com a devida observância das regras processuais e das garantias da ampla defesa e do contraditório" (AgRg no HC 813.083/SP, 5.ª T., rel. Ribeiro Dantas, 28.08.2023, *DJe* 30.08.2023).

42. Resposta por escrito: equivalente à anterior defesa prévia, o acusado deve apresentar os argumentos que tiver para contrariar a acusação. A vantagem dessa resposta, entretanto, quanto mais minuciosa for, é encaminhar o caso a eventual possibilidade de absolvição sumária (art. 397, CPP). Entretanto, atualmente, a resposta do acusado é obrigatória, diversamente do que ocorria antes da reforma processual penal de 2008. Em caso de corréus, conferir a nota 48-A *infra*.

43. Citação por edital e suspensão do processo: continua a prevalecer o disposto no art. 366 do CPP, ou seja, citado por edital, caso o réu não se apresente pessoalmente ou não constitua defensor, o processo será suspenso, até quando se possa localizá-lo. Por isso, o prazo de dez dias para a sua defesa escrita também não transcorre.

> **Art. 396-A.** Na resposta,[44] o acusado poderá arguir preliminares e alegar tudo o que interesse à sua defesa, oferecer documentos e justificações, especificar as provas pretendidas e arrolar testemunhas, qualificando-as[45] e requerendo sua intimação, quando necessário.[46-46-A]

Art. 396-A

Código de Processo Penal Comentado · **Nucci**

796

> § 1.º A exceção será processada em apartado, nos termos dos arts. 95 a 112 deste Código.[47]
>
> § 2.º Não apresentada a resposta no prazo legal, ou se o acusado, citado, não constituir defensor, o juiz nomeará defensor para oferecê-la, concedendo--lhe vista dos autos por 10 (dez) dias.[48-48-B]

44. Conteúdo da resposta do acusado: não se trata de uma defesa *preliminar* (denominação dada, como regra, àquela apresentada antes do recebimento) propriamente dita, motivo pelo qual se torna mais adequado continuar a denominar a resposta do réu como *defesa prévia*. É momento processual para que ele alegue matéria *preliminar*, vale dizer, levante todas as falhas que puder detectar até então, dentre as quais, por exemplo, a inépcia da denúncia ou queixa. A preliminar, como regra, tem conteúdo de natureza processual, cuidando de matérias a serem apreciadas pelo juiz antes de qualquer análise de mérito. Além disso, deve arrolar testemunhas (até o máximo de oito, conforme dispõe o art. 401 do CPP), oferecer documentos e requerer a produção de quaisquer outras provas. A menção feita à *justificação* tem o significado de indicação de excludentes de ilicitude, as denominadas *justificativas*. Na jurisprudência: STF: "III – No caso, o paciente apresentou resposta à acusação, nos termos dos arts. 396 e 396-A do Código de Processo Penal – CPP, oportunidade em que arguiu preliminares, num total de cinco, inclusive esta que é objeto deste *habeas corpus*, além de alegar inépcia da denúncia e requerer perícia audiovisual nos equipamentos utilizados nas investigações. IV – O Magistrado de primeiro grau manteve o recebimento da denúncia, rechaçando todos os argumentos defensivos e concluindo que 'não foi apresentado nenhum elemento probatório contundente capaz de afastar, *in limine*, a denúncia oferecida pelo MPF, sendo necessária a realização da colheita de provas em Juízo para que venha aos autos a verdade real'" (HC 191.613 AgR, 2.ª T., rel. Ricardo Lewandowski, 20.10.2020, v.u.).

45. Necessidade de qualificação das testemunhas arroladas: não se pode admitir a apresentação de rol de testemunhas composto por nomes vagos e indefinidos. Tal situação permitiria a burla ao momento processual adequado para o oferecimento do rol. Assim, arrolar "Fulano de Tal" para depor, sem fornecer seus dados individualizadores completos, para que, no futuro, possa substituir por quem bem quiser, não é de ser admitido pelo juiz. Logo, cabe à defesa (como também à acusação, que o faz na denúncia ou queixa) apresentar todos os dados de qualificação, que permitam identificar, perfeitamente, quem irá depor durante a instrução. Somente a testemunha que não for localizada por qualquer razão admite a substituição por outra. Na jurisprudência: TJRS: "O momento para apresentar o rol de testemunhas, por parte da defesa, é aquele do art. 396-A do CPP. Segundo entendimento doutrinário e jurisprudencial, trata-se de marco preclusivo. No caso dos autos, além do mais, verifica-se que a defesa deixou de mencionar as pessoas que poderiam ser ouvidas como testemunhas do juízo e tampouco alegou a existência da nulidade em momento oportuno. Preliminar afastada" (APR 70083765339-RS, 4.ª C., rel. Julio Cesar Finger, 30.07.2020, v.u.).

46. Requerimento de intimação: a testemunha pode ser arrolada para comparecimento em juízo, independentemente de intimação, o que significa que seu nome é juntado aos autos somente para ciência à parte contrária e ao magistrado. Mas, se não comparecer, inexiste a possibilidade de a parte insistir na sua inquirição. Porém, quando a testemunha for arrolada, solicitando a parte seja ela intimada, o seu não comparecimento pode implicar condução coercitiva e demais sanções legais.

46-A. Justificativa exigida da defesa em relação às testemunhas arroladas: não se exige, tendo em vista a ampla defesa e a paridade de armas no processo, afinal, essa demanda não é igualmente aplicável ao órgão acusatório. Essa questão se tornou recorrente, porque alguns magistrados, inconformados em ouvir, na audiência de instrução, as testemunhas de *conduta social* (atual referência às denominadas *testemunhas de antecedentes*), passaram a exigir que a defesa especifique se as testemunhas arroladas prestarão depoimento acerca dos fatos imputados ao acusado ou se apenas narrarão fatos relativos à conduta social do réu. E, nesta última hipótese, indeferem a oitiva e facultam ao defensor que apresente declarações dessas testemunhas, contendo a impressão a respeito do acusado. Esse procedimento não tem respaldo legal e termina por interferir, negativamente, no exercício da ampla defesa. Ademais, outro problema advindo dessa posição concerne ao menosprezo que se costuma dirigir a testemunhas de referência à pessoa do réu, olvidando-se que são elas o suporte probatório quanto à personalidade e à conduta social – fatores fundamentais para a fixação da pena-base em caso de condenação (art. 59, CP). A bem da verdade, deveria o órgão acusatório, na medida do possível e das investigações preliminares, localizar e arrolar, igualmente, testemunhas que pudessem demonstrar ao juízo a personalidade e a conduta social do acusado, em especial, se pretender evidenciar aspectos negativos, projetando, para o futuro, a aplicação da pena, em caso de condenação. Se as partes não arrolarem testemunhas sobre a *pessoa* acusada, torna-se difícil ao julgador ponderar certos elementos de análise subjetiva do art. 59 do Código Penal. Na jurisprudência: STJ: "1. A questão principal deste recurso especial gira em torno da necessidade, ou da sua inexistência, de fornecer uma justificação preliminar para a intimação de testemunhas de defesa, previsto no art. 396-A do CPP. 2. O indeferimento de intimação das testemunhas de defesa devido à ausência de justificação, acompanhado da substituição dos depoimentos orais por declarações escritas sem convocação para audiência – sob o entendimento de que são meramente abonatórias –, compromete o equilíbrio processual e viola o direito à ampla defesa. 3. Tais condutas configuram uma violação direta ao princípio da paridade de armas e acarretam a nulidade do ato processual, exigindo-se motivação adequada para o indeferimento de intimação judicial de testemunhas de defesa, com base no art. 396-A do CPP. 4. A autoridade judicial detém a prerrogativa de recusar diligências irrelevantes ou impertinentes; contudo, essa prerrogativa deve ser exercida com fundamentação clara, especialmente quando afeta o direito de defesa. 5. Teses fixadas: 5.1 É vedado ao juízo recusar a intimação judicial das testemunhas de defesa, nos termos do art. 396-A do CPP, por falta de justificação do pedido, substituindo a intimação por declarações escritas das testemunhas consideradas pelo juízo como meramente abonatórias configurando violação do princípio da paridade de armas e do direito de ampla defesa. 5.2 O indeferimento do pedido da intimação de testemunhas de defesa pelo juízo criminal baseada unicamente na ausência de justificativa para a intimação pessoal, previsto no art. 396-A do CPP, configura cerceamento de defesa e infringe os princípios do contraditório e da ampla defesa" (REsp 2.098.923/PR, 5.ª T., rel. Ribeiro Dantas, 21.05.2024, v.u.).

47. Exceções: são as defesas que a parte pode apresentar contra o processo. Denominam-se dilatórias as que provocam a paralisação do feito, momentaneamente, mas não a sua extinção (ex.: exceção de incompetência). Denominam-se peremptórias as que objetivam a extinção do feito, caso sejam acolhidas (ex.: exceção de coisa julgada).

48. Ampla defesa: se o acusado, citado pessoalmente, não apresentar a defesa prévia no prazo legal, há, na realidade, duas hipóteses: a) não possui defensor constituído, por qualquer razão. Nesse caso, o magistrado nomeará um defensor dativo ou enviará o feito para a Defensoria Pública, que assumiria o patrocínio da causa. Nesta situação, ao final, se o réu tiver condições de arcar com os honorários, deverá ressarcir os cofres do Estado; b) possui defensor constituído, que deixou escoar o prazo, sem oferecer a peça defensiva. O réu deve ser considerado indefeso, com a nomeação de outro advogado para assumir a causa ou a remessa

Art. 397

Código de Processo Penal Comentado · **Nucci**   798

dos autos à Defensoria Pública. Também nesta última situação, possuindo condições para arcar com os honorários, deverá ressarcir os cofres públicos ao final. Se não o fizer, cabe ação própria do Estado contra o réu para tanto, na esfera civil. Confira-se a importância de se garantir à defesa a efetiva oportunidade de se manifestar em defesa prévia, arrolando testemunhas: STJ: "1. Não se olvida que 'o momento processual legalmente definido para apresentação do rol de testemunhas é a resposta à acusação, sob pena de preclusão, nos termos do art. 396-A do Código de Processo Penal' (AgRg no RHC n. 178.052/RJ, relator Ministro Reynaldo Soares da Fonseca, Quinta Turma, julgado em 19/6/2023, *DJe* de 21/6/2023). 2. Contudo, 'consoante disposto no artigo 209 do CPP, ocorrendo a preclusão no tocante ao arrolamento de testemunhas, é permitido ao Magistrado, uma vez entendendo ser imprescindível à busca da verdade real, proceder à oitiva como testemunhas do Juízo, contudo, tal providência não constitui direito subjetivo da parte' (AgRg no AREsp n. 1.937.337/DF, relator Ministro Reynaldo Soares da Fonseca, Quinta Turma, julgado em 23/11/2021, *DJe* de 29/11/2021). Precedentes" (AgRg no REsp 2.044.646/RS, 6.ª T., rel. Antonio Saldanha Palheiro, 11.09.2023, v.u.).

48-A. Prazo comum para corréus: a lei silencia a respeito da possibilidade de haver codenunciados, todos submetidos a idêntico prazo de 10 dias, em relação à retirada dos autos de cartório. Logo, pressupõe-se que, havendo corréus, deva o prazo correr em cartório. Entretanto, em homenagem à ampla defesa, nada impede que o magistrado promova a divisão do prazo, permitindo que cada defensor distinto retire os autos por prazo razoável para cópias (24 ou 48 horas), sem qualquer prejuízo para o bom andamento do feito.

48-B. Manifestação do juiz sobre a defesa prévia: pode ser concisa, pois qualquer fundamentação minuciosa tende a antecipar o julgamento, implicando o indevido pré-julgamento da causa. *Concisão* não significa *ausência de motivação*, caso indefira alguma preliminar levantada ou prova requerida pela defesa. Deve proferir uma decisão resumida, sem ingressar o mérito, é o ideal. Porém, deixar de considerar as questões iniciais levantadas pela defesa gera prejuízo ao acusado e pode configurar nulidade. Na jurisprudência: STJ: "1. Na fase do art. 397 do Código de Processo Penal, nada impede que o juiz faça consignar fundamentação de forma não exauriente, sob pena de decidir o mérito da causa. Contudo, deve ao menos aludir o julgador aquilo que fora trazido na defesa preliminar. Incumbe-lhe enfrentar questões processuais relevantes e urgentes ao confirmar o aceite da exordial acusatória. 2. Hipótese em que o magistrado *a quo*, após a defesa preliminar, limitou-se a afirmar que as matérias alegadas seriam 'defesa de mérito' e a designar audiência. Não fez qualquer menção acerca das teses elencadas no cerne da peça processual, que seriam relevantes, inclusive pela alegação de absoluta falta de prova da materialidade do crime ambiental, decorrente do laudo pericial inconclusivo. 3. Recurso provido a fim de anular o processo, a partir da segunda decisão de recebimento da denúncia, devendo outra ser proferida, apreciando-se os termos da resposta preliminar" (RHC 46.127/MG, 6.ª T., rel. Maria Thereza de Assis Moura, 12.02.2015, v.u.).

Art. 397. Após o cumprimento do disposto no art. 396-A, e parágrafos, deste Código, o juiz deverá absolver sumariamente[49-49-B] o acusado quando verificar:

I – a existência manifesta de causa excludente da ilicitude do fato;[50]

II – a existência manifesta de causa excludente da culpabilidade do agente, salvo inimputabilidade;[51]

III – que o fato narrado evidentemente não constitui crime;[52] ou

IV – extinta a punibilidade do agente.[53]

49. Absolvição sumária: pretendeu o legislador estabelecer uma espécie de *julgamento antecipado do processo*, no contexto criminal. No Código de Processo Civil de 2015, a hipótese que mais se aproxima da atual norma inserida no Código de Processo Penal retrata o seguinte: "O juiz julgará antecipadamente o pedido, proferindo sentença com resolução de mérito, quando: I – não houver necessidade de produção de outras provas" (art. 355 do CPC/2015). Parece-nos que, como regra, nenhum interesse especial despertará e os processos continuarão a ter seguimento, colhendo-se prova durante a instrução. Lembremos que a *absolvição sumária*, prevista no procedimento do júri, tem, em seu favor, a produção de provas, sob o crivo do contraditório, na fase de formação da culpa, logo, *antes* de o magistrado avaliar o cabimento ou o descabimento da referida absolvição antecipada. Assim, o juiz, ao absolver o réu sumariamente, leia-se, sem remeter o caso à apreciação do Tribunal do Júri, tem, ao seu dispor, várias provas colhidas em procedimento contraditório. Não é o caso da absolvição sumária *precoce*, prevista pelo art. 397 do CPP. Nesta hipótese, o juiz recebeu a denúncia ou queixa, analisando o conteúdo do inquérito policial (ou peças similares). Detectou, portanto, justa causa para a ação penal. Ora, seria preciso que o réu oferecesse, em sua defesa prévia, documentos inéditos ou preliminares de conteúdo extremamente convincente para que o magistrado pudesse absolvê-lo sumariamente. Não nos soa plausível que o acusado requeira a produção de prova testemunhal, a título de *justificação* (como procedimento incidental), pois, como já mencionado, esta possibilidade somente se dá em situações anômalas, quando provas não podem ser mais produzidas. Não é o caso. Na defesa prévia, o réu pode arrolar até oito testemunhas para serem ouvidas durante a instrução, inexistindo qualquer sentido para que elas fossem ouvidas, por exemplo, de antemão, num procedimento incidental. Se tal ocorresse estaria havendo nítido distúrbio no procedimento, alterando-se a ordem da produção das provas, inquirindo-se, antes, as testemunhas de defesa e, somente se o juiz não se convencer da inocência do réu, partir-se-ia para as de acusação. Ademais, ainda argumentando, quando estas forem ouvidas, já que as de defesa teriam sido inquiridas previamente, nenhuma outra prova defensiva haveria. Estaria criada a inversão da produção de provas, ao contrário do preceituado pelo art. 400 do CPP. A ideia de absolvição sumária deveria ter sido idealizada para outras situações e não para o momento processual imediatamente após a defesa prévia do réu. Poder-se-ia autorizar o magistrado, quando, durante a instrução, formar-se prova sólida acerca da inocência do réu, encerrar o feito, absolvendo-o sumariamente. Não é o caso. O disposto pelo art. 397 do CPP não terá aplicação prática amiúde. Se o acusado ingressasse, antes mesmo da reforma, com exceção peremptória e obtivesse sucesso, o processo seria extinto. Se ficasse demonstrada, a qualquer tempo, a extinção da punibilidade, uma simples petição poderia apontar a situação e o juiz reconheceria. Em suma, não vislumbramos utilidade efetiva, salvo em casos excepcionais, para a absolvição sumária do procedimento comum. Na jurisprudência: STJ: "3. A absolvição sumária exige juízo de certeza por parte do julgador em relação às hipóteses elencadas no art. 397 do CPP, quais sejam, a existência de causas excludentes de ilicitude ou de culpabilidade, a extinção de punibilidade ou a atipicidade da conduta imputada" (REsp 2.000.169/PB, 6.ª T., rel. Jesuíno Rissato, 06.06.2023, v.u.); "3. O magistrado, ao examinar a resposta à acusação, está limitado à constatação da presença das hipóteses de absolvição sumária, não podendo ampliar demasiadamente o espectro de análise, sob pena de invadir a seara relativa ao próprio mérito da demanda, que depende de prévia instrução processual para que o julgador possa formar seu convencimento" (RHC 139.637/RR, 5.ª T., rel. Reynaldo Soares da Fonseca, 23.02.2021, v.u.).

49-A. Exigibilidade de contraditório: antes de tomar eventual decisão absolutória, deve o magistrado determinar a oitiva do órgão acusatório, garantindo-se a aplicação do princípio do contraditório. Afinal, entende-se que, para acolher o alegado pelo réu em sua defesa prévia, documentos ou fatos novos foram alegados, surgindo a necessidade de ouvir a

Art. 397

parte contrária. Aliás, esse é o disposto no art. 409, no âmbito do procedimento do júri, que pode ser aplicado por analogia.

49-B. Fundamentação da decisão: se o julgador acolher a proposta de absolvição sumária, como toda sentença, deve motivar a sua decisão de maneira detalhada e calcada nas provas até então existentes nos autos. Por outro lado, se optar por rejeitar a viabilidade de absolvição sumária, especialmente quando o acusado expressamente assim requerer, precisa motivar com maior cautela, pois o processo irá prosseguir. Assim sendo, é incabível um exame detalhado para que não empreenda um pré-julgamento da causa. A decisão precisa ser motivada, mas prolatada em termos sóbrios e breves, apenas se referindo à inexistência de provas *suficientes* para a absolvição sumária, *naquele momento processual*, o que poderá ocorrer depois de produzidas as provas ao longo da instrução. Na jurisprudência: STJ: "V – A decisão que recebeu a denúncia apontou a existência de indícios mínimos de materialidade e autoria, necessários para a persecução penal, mostrando-se, assim, devidamente fundamentada e apropriada à fase processual em questão, em consonância com o entendimento firmado nesta Corte, no sentido de que a decisão que recebe a denúncia (CPP, art. 396), bem assim aquela que rejeita o pedido de absolvição sumária (CPP, art. 397), não demandam motivação profunda ou exauriente, considerando a natureza interlocutória de tais manifestações judiciais, sob pena de indevida antecipação do juízo de mérito, que somente poderá ser proferido após o desfecho da instrução criminal, com a devida observância das regras processuais e das garantias da ampla defesa e do contraditório" (AgRg no RHC n. 191.595/SP, 5.ª T., rel. Messod Azulay Neto, 12.08.2024, v.u.); "1. Não gera nulidade fundamentação concisa sobre as teses apresentadas na resposta à acusação, já que na fase processual prevista nos artigos 396, 396-A e 397 do Código de Processo Penal, o provimento judicial é liminar, razão pela qual a fundamentação para rejeição das teses defensivas, poderá ser concisa, limitando-se a demonstrar, por via oblíqua, impossibilidade de rejeição imediata da acusação" (AgRg no HC 656.762/MG, 5.ª T., rel. Reynaldo Soares da Fonseca, 13.04.2021, v.u.).

50. Existência *manifesta de excludente de ilicitude*: o magistrado acabou de receber a denúncia ou queixa (art. 396, *caput*, CPP), analisando as provas pré-constituídas oferecidas pelo órgão acusatório (normalmente, o inquérito policial). Parece-nos quase impossível que consiga o réu, em meras alegações, em defesa prévia, apresentar uma argumentação e uma contraprova tão fortes de modo a tornar *manifesta* a licitude da sua conduta. Essa situação somente ficaria clara o suficiente, em tese, após a devida instrução do feito. Aliás, é justamente para isso que existe o devido processo legal. Mais uma vez, tornamos a ressaltar que não poderia o acusado pretender a produção de *justificação*, como procedimento incidental, ouvindo várias testemunhas, em autêntica instrução prévia, sem a possibilidade de o órgão acusatório produzir suas provas, também, para, depois, conseguir a absolvição sumária. Aliás, fosse assim, inútil e desnecessária seria a própria previsão de instrução. Na defesa prévia, o réu deve *arrolar* testemunhas e não as ouvir. As excludentes de ilicitude do fato são, basicamente, as previstas no art. 23 do Código Penal (estado de necessidade, legítima defesa, exercício regular de direito e estrito cumprimento do dever legal), além da excludente supralegal denominada consentimento do ofendido.

51. Existência *manifesta de excludentes de culpabilidade*: nos mesmos termos da nota anterior, não vemos possibilidade de, logo após o recebimento da denúncia ou queixa, o juiz vislumbrar uma causa *manifesta* de exclusão da culpabilidade, somente pelo fato de ter o réu oferecido sua defesa prévia. A novel absolvição sumária, portanto, não nos parece fadada ao sucesso em matéria de julgamento antecipado do processo. São excludentes de culpabilidade as previstas nos artigos 21 (erro de proibição), 22 (coação moral irresistível e obediência hierárquica) e 28, § 1.º (embriaguez acidental). Há, ainda, a excludente supralegal denominada inexigibilidade de conduta diversa. O inciso II do art. 397 excluiu a possibilidade de absolvição sumária em caso de inimputabilidade. Houve equívoco, por certo. Imagine-se que o exame de insanidade mental tenha sido feito na fase investigatória. Posteriormente, o órgão acusatório ingressou com a denúncia, objetivando a absolvição com aplicação de medida de segurança. Se, na defesa prévia, houver pedido expresso para que se reconheça a doença mental (art. 26, CP), aplicando-se a medida de segurança, parece-nos lógico poder o juiz absolver sumariamente o acusado, impondo a medida cabível. A instrução seria desnecessária, uma vez que acusação e defesa reconhecem o estado de inimputabilidade do réu, causa imediata da prática do fato típico e ilícito.

52. Fato narrado evidentemente não constitui crime: trata-se, pois, de atipicidade. Se o fato exposto pela acusação não é crime e a situação é, por demais, evidente, o juiz já deveria ter rejeitado a denúncia ou queixa. Não o fez, abrindo-se a possibilidade de haver defesa prévia. Há de existir um sólido argumento ou uma prova documental segura para convencer o magistrado a visualizar uma situação de atipicidade, antes não detectada. Na jurisprudência: STF: "1. No crime de descaminho, o Supremo Tribunal Federal tem considerado, para a avaliação da insignificância, o patamar de R$ 20.000,00, previsto no art. 20 da Lei n.º 10.522/2002 e atualizado pelas Portarias n.º 75 e n.º 130/2012 do Ministério da Fazenda. Precedentes. 2. Na espécie, como a soma dos tributos que deixaram de ser recolhidos perfaz a quantia de R$ 19.750,41 e o paciente, segundo os autos, não responde a outros procedimentos administrativos fiscais ou processos criminais, é de se afastar a tipicidade material do delito de descaminho com base no princípio da insignificância. 3. Ordem concedida para se restabelecer o acórdão de segundo grau, no qual se manteve a sentença absolutória proferida com base no art. 397, inciso III, do Código de Processo Penal" (HC 155.347/PR, 2.ª T., rel. Dias Toffoli, 17.04.2018, v.u.).

53. Extinção da punibilidade: não se compreende a inserção dessa hipótese como causa para a absolvição sumária. Afinal, foge, por completo, à sistemática do processo penal brasileiro. O art. 61 do CPP preceitua que "em qualquer fase do processo, o juiz, se reconhecer extinta a punibilidade, deverá declará-la de ofício". Logo, cuida-se de uma decisão declaratória da extinção da punibilidade e não uma hipótese de absolvição. Afinal, quando se trata de absolvição, a forma é vinculada a uma das situações descritas no art. 386 do CPP, onde não se inclui a extinção da punibilidade. Estranho soaria o seguinte: após a defesa prévia, visualizando situação autorizadora de extinção de punibilidade o magistrado *absolve* sumariamente o réu; ao final da instrução, em idêntica situação, o magistrado declara extinta a punibilidade, sem haver absolvição. Por isso, seguindo-se a lógica das decisões processuais, detectada qualquer hipótese de extinção da punibilidade, deve o juiz *absolver sumariamente* o réu (art. 397, IV), mas a natureza jurídica da decisão é declaratória de extinção da punibilidade. Significa dizer que não se adentrou o mérito propriamente dito, se culpado ou inocente o acusado, com as consequências civis que daí podem advir.

Art. 398. (*Revogado pela Lei 11.719/2008.*)

Art. 399. Recebida a denúncia ou queixa,[54] o juiz designará dia e hora para a audiência, ordenando a intimação do acusado, de seu defensor, do Ministério Público e, se for o caso, do querelante e do assistente.[54-A]

§ 1.º O acusado preso será requisitado para comparecer ao interrogatório, devendo o poder público providenciar sua apresentação.[55]

§ 2.º O juiz que presidiu a instrução deverá proferir a sentença.[56-57]

Art. 399

Código de Processo Penal Comentado · **Nucci**

54. Início da instrução e erro de redação: é inegável o equívoco legislativo na redação do art. 399 ("recebida a denúncia ou queixa"), dando a entender que seria a peça acusatória recebida duas vezes, pois já fora realizada essa atividade por ocasião do disposto no art. 396, *caput*. Tanto que este último artigo é bem claro, mencionando, até de maneira desnecessária, que a peça acusatória, *se não for liminarmente rejeitada*, será recebida, ocasião em que o magistrado *ordenará* a citação do réu para *responder* à acusação. Após essa resposta, preceitua o art. 397, caput, que o magistrado poderá absolver sumariamente o acusado, como já comentamos anteriormente. Em suma, para dar coerência ao procedimento, deve-se ignorar a expressão "recebida a denúncia ou queixa", prevista no início do art. 399. Quis-se dizer: "tendo sido recebida a denúncia ou queixa, nos moldes do art. 396, *caput*, e não tendo havido a absolvição sumária, nos termos do art. 397" deve o juiz continuar com a instrução. Nada mais que isso. Portanto, inexistem "dois recebimentos" da peça acusatória, nem é dado à parte (acusação ou defesa) escolher qual deles é o mais conveniente. Não deve o juiz, por outro lado, *receber* outra vez a peça acusatória, após ler os argumentos da defesa prévia. Ao contrário, deve mencionar que, lidos os referidos argumentos defensivos, inexiste motivo para a absolvição sumária, portanto, designa audiência de instrução e julgamento, intimando-se o réu. A prescrição será interrompida no recebimento válido da peça acusatória (art. 396, *caput*, CPP). Registre-se, ainda, que não há permissivo legal para o juiz retratar-se acerca do recebimento da peça acusatória, consumada nos termos do art. 396; se houver supedâneo nas provas ofertadas pelo réu, em sua defesa prévia, o único caminho é a absolvição sumária. Do contrário, o processo deve seguir o seu curso. Na jurisprudência: TJMG: "Eventual decisão proferida na fase do art. 399 do CPP, após a apresentação de resposta à acusação, não pode ser tida como recebimento da denúncia para fins de interrupção da prescrição, mas como mera ratificação do recebimento já necessariamente procedido" (APR 10051120033272001-MG, 7.ª C., rel. Marcílio Eustáquio Santos, 18.12.2019, v.u.).

54-A. Substituição de testemunhas: o anterior art. 397 preceituava: "se não for encontrada qualquer das testemunhas, o juiz poderá deferir o pedido de substituição, se esse pedido não tiver por fim frustrar o disposto nos arts. 41, *in fine*, e 395". Em outros termos, a possibilidade de se substituir testemunha não localizada era perfeitamente possível. A única cautela imposta consistia em evitar que a parte arrolasse, propositadamente, pessoa em local incerto para, no futuro, burlar o momento adequado de apresentar o rol das testemunhas, pretendendo a substituição. Entretanto, se a não localização ocorresse naturalmente, sem qualquer ação de má-fé da parte, o magistrado autorizava a substituição da testemunha. Suprimido o art. 397, emerge a lacuna no Código de Processo Penal, não se podendo aceitar ter sido extinta a viabilidade da substituição. Em primeiro lugar, lida-se com a busca da verdade real, em grande parte atingida pela colheita da prova testemunhal. Em segundo lugar, não se pode desconsiderar o disposto no art. 209, § 2.º, do CPP, mencionando não serem computadas como testemunhas as pessoas que nada souberem em relação à causa. Ora, é inequívoco o intuito legislativo de se produzir prova testemunhal idônea e suficiente, até pelo fato de poder o magistrado indicar, para inquirição, quem bem entenda (art. 209, *caput*, CPP). Portanto, é medida lógica a possibilidade de substituição da testemunha não localizada. O ideal é que se promova a referida substituição antes do advento da audiência de instrução e julgamento, quando todas deverão estar presentes para a colheita de seus depoimentos. Pode-se, também, utilizar o disposto no art. 451 do Código de Processo Civil de 2015, por analogia, autorizando-se a substituição da testemunha que falecer, que, por enfermidade, não estiver em condições de depor e que, mudando-se, não for localizada pelo oficial de justiça.

55. Requisição de réu preso: como regra, deve o poder público providenciar a apresentação do acusado em juízo para exercer o seu direito de audiência, ou seja, de acompanhar a instrução do processo. Porém, parece-nos justo que o acusado preso, nos mesmos moldes do solto, não queira participar dos trabalhos, nem deseje ser interrogado (direito ao silêncio). Ora, se solto estivesse, nem mesmo compareceria à audiência. Estando preso, parece-nos razoável a aplicação, por analogia, do disposto no art. 457, § 2.º, do CPP (válido para o julgamento em plenário do Tribunal do Júri): "Se o acusado preso não for conduzido, o julgamento será adiado para o primeiro dia desimpedido da mesma reunião, *salvo se houver pedido de dispensa de comparecimento subscrito por ele e seu defensor*" (grifamos). Entretanto, se, estando preso e querendo participar, não for apresentado pelo Estado, a audiência precisa ser adiada para outra data. Conforme o caso, se a prisão cautelar se estender em demasia, cabe a soltura do réu, afinal, o motivo do adiamento não lhe pode ser debitado. Na jurisprudência: STF: "O acusado, embora preso, tem o direito de comparecer, de assistir e de presenciar, sob pena de nulidade absoluta, os atos processuais, notadamente aqueles que se produzem na fase de instrução do processo penal. Ao reafirmar esse entendimento, a 2.ª Turma concedeu *habeas corpus* para restabelecer decisão do tribunal de justiça paulista, que declarara a nulidade do processo desde a audiência de oitiva da vítima e das testemunhas de acusação. Na situação dos autos, conquanto tivesse sido requisitado pelo juiz, os pacientes, acautelados em comarca diversa, não foram apresentados à referida audiência, sobrevindo condenação. No STJ, houvera a reforma da decisão que acolhera a nulidade – suscitada em apelação –, assim como a alusão de que o defensor teria aquiescido em continuar a audiência, mesmo sem a presença dos réus. No julgamento deste writ, prevaleceu o voto da Min. Cármen Lúcia, que pontuou a existência de nulidade absoluta e de direito constitucional à apresentação. Assinalou, ainda, que o direito de presença seria personalíssimo" (HC 111.728/SP, 2.ª T., rel. Cármen Lúcia, 19.02.2013, v.u., *Informativo* 695).

56. Identidade física do juiz: o magistrado que presidir a instrução (colheita das provas, em especial, em audiência) torna-se vinculado ao feito, devendo proferir a decisão. Há muito se reclamava que, justamente no processo penal, onde mais importante se dava a vinculação entre julgador e prova, houvesse a consagração legal da identidade física do juiz, o que somente ocorreu em 2008. Por ora, entretanto, está restrito ao procedimento comum (ordinário e sumário), não se podendo levá-lo à legislação especial, possuidora de regras específicas. O § 2.º do art. 399 não trouxe maiores detalhes acerca do assunto, razão pela qual nos parece possível a aplicação, por analogia, do preceituado pelo art. 132 do CPC/1973: "o juiz, titular ou substituto, que concluir a audiência julgará a lide, salvo se estiver convocado, licenciado, afastado por qualquer motivo, promovido ou aposentado, casos em que passará os autos ao seu sucessor. Parágrafo único. Em qualquer hipótese, o juiz que proferir a sentença, se entender necessário, poderá mandar repetir as provas já produzidas". A edição do novo Código de Processo Civil eliminou qualquer previsão similar ao art. 132 do antigo CPC. Entretanto, pode-se continuar utilizando, pois incorporado pelos princípios gerais de direito, além de amplamente consagrado na jurisprudência, o previsto nesse dispositivo do CPC de 1973. Na jurisprudência: STF: "1. O princípio da identidade física do juiz, positivado no § 2.º do art. 399 do CPP, não é absoluto e, por essa razão, comporta as exceções arroladas no art. 132 do CPC, aplicado analogicamente no processo penal por expressa autorização de seu art. 3.º (cf. a propósito o RHC 123.572, j. pela Primeira Turma desta Corte na Sessão de 7/10/2014, do qual fui relator). 2. *In casu*: (a) o paciente foi condenado, em mutirão de julgamento, à pena de 6 anos de reclusão, em regime inicial fechado, pela prática do crime de atentado violento ao pudor tipificado no art. 214 do CP (redação anterior à da Lei n. 12.015, de 7/8/2009); (b) o fato não foi presenciado e o único substrato probatório consistiu no depoimento da vítima, que revelou incoerências, conforme constatado no parecer ministerial, a implicar prejuízo; e (c) o Magistrado que presidiu a instrução encontrava-se no pleno exercício de sua função judicante e as peculiaridades do caso, consistentes no depoimento incoerente da vítima e na

Art. 400

Código de Processo Penal Comentado · **Nucci**   804

inexistência de outros elementos probatórios, não recomendavam o julgamento em mutirão. 3. O acórdão proferido em segundos embargos de declaração em agravo regimental em recurso especial é impugnável, em tese, pela via do recurso extraordinário, o que não impede a análise das razões da impetração para verificar a possibilidade da concessão de *habeas corpus* de ofício. 4. *Writ* extinto; ordem de *habeas corpus* concedida, de ofício, para anular a sentença penal condenatória a fim de que outra seja proferida pelo magistrado que presidiu a instrução criminal" (HC 123.873/MG, 1.ª T., rel. Luiz Fux, 18.12.2014, v.u.); "O princípio da identidade física do juiz previsto no art. 399, § 2.º, do Código de Processo Penal comporta flexibilização em situações excepcionais, como as descritas no art. 132 do Código de Processo Civil de 1973, aplicado analogicamente, nos termos do art. 3.º do Código de Processo Penal. Excepcionalidade na espécie vertente" (RHC 116.171, 2.ª T., rel. Cármen Lúcia, 03.09.2013, v.u.). STJ: "1. Há violação do princípio da identidade física do juiz, consagrado no art. 399, § 2.º, do Código de Processo Penal, na hipótese de prolação da sentença por magistrado diverso do que presidiu a instrução do feito em razão exclusivamente de sua anterior manifestação nos autos acerca do mérito, ao converter o julgamento em diligência nos termos do art. 384, *caput*, do CPP em vigor à época. 2. Recurso especial provido" (REsp 1.508.167/SP, 6.ª T., rel. Maria Thereza de Assis Moura, 23.06.2015, v.u.).

57. Viabilidade da utilização da precatória: nada impede que, apesar da existência do princípio da identidade física do juiz no cenário do processo penal, continue a existir a colaboração existente entre juízos, por meio da precatória. Isso significa a possibilidade de se ouvir testemunhas (ou realizar o interrogatório do réu) em outra Comarca, por magistrado diverso de quem vai julgar o caso. Na jurisprudência: STJ: "O princípio da identidade física do juiz, introduzido no Processo Penal pela Lei 11.719/2008 (art. 399, § 2.º, do CPP), não é absoluto e não impede a realização do interrogatório do réu por meio de carta precatória. Precedentes desta Corte. Isso porque a adoção de tal princípio 'não pode conduzir ao raciocínio simplista de dispensar totalmente e em todas as situações a colaboração de outro juízo na realização de atos judiciais, inclusive do interrogatório do acusado, sob pena de subverter a finalidade da reforma do processo penal, criando entraves à realização da Jurisdição Penal que somente interessam aos que pretendem se furtar à aplicação da Lei' (CC 99023 – PR, Rel. Ministro Napoleão Nunes Maia Filho, 3.ª Seção, 10.06.2009, *DJe* 28.08.2009). Conflito conhecido para declarar competente para efetuar o interrogatório solicitado em carta precatória o Juízo de Direito da Vara Criminal de Lajeado/RS, o suscitado" (CC 142.095/PR, 3.ª S., rel. Reynaldo Soares da Fonseca, 26.08.2015, v.u.).

Art. 400. Na audiência de instrução e julgamento, a ser realizada no prazo máximo de 60 (sessenta) dias,[58] proceder-se-á à tomada de declarações do ofendido,[59] à inquirição das testemunhas arroladas pela acusação e pela defesa, nesta ordem,[60] ressalvado o disposto no art. 222 deste Código,[61] bem como aos esclarecimentos dos peritos,[62] às acareações[63] e ao reconhecimento de pessoas e coisas,[64] interrogando-se, em seguida, o acusado.[65]

§ 1.º As provas serão produzidas numa só audiência,[66-66-A] podendo o juiz indeferir as consideradas irrelevantes, impertinentes ou protelatórias.[67]

§ 2.º Os esclarecimentos dos peritos dependerão de prévio requerimento das partes.[68]

---

58. Prazo impróprio: o ideal, em homenagem à celeridade dos processos criminais em geral, é a realização da audiência de instrução e julgamento, no máximo, após 60 dias da data em que o juiz, afastando a possibilidade de absolvição sumária, resolver prosseguir com a instrução. Porém, cuida-se de prazo impróprio, ou seja, se não for respeitado, inexiste qualquer sanção. Em caso de réu preso, tornar-se-á certamente à discussão a respeito de constrangimento ilegal, por excesso de prazo na formação da culpa, uma vez que o Estado não cumpriu o disposto em lei. Parece-nos admissível que se torne a esse prisma, pois a lei é recém-editada e deveria conter prazos verossímeis para serem alcançados. No mais, sempre se deve respeitar o motivo de força maior, como o excesso de serviço particular em determinada Vara ou a complexidade do feito, a demandar um maior número de diligências, dentre outros aspectos. Em suma, havendo a ultrapassagem dos 60 dias e a existência de acusado preso, deve-se analisar caso a caso, a fim de se verificar a concretude de eventual constrangimento ilegal.

59. Declarações do ofendido: dá-se cada vez maior valor à palavra da vítima no processo penal, o que é tendência correta. Por isso, nos moldes empreendidos na instrução do procedimento especial do júri, também no procedimento comum deve-se ouvir o ofendido, sempre que possível. Cabe ao magistrado zelar por tal colheita, determinando, de ofício, se for o caso, a intimação da vítima para comparecimento em audiência. Consultar, ainda, as notas ao art. 201 do CPP.

60. Ordem de inquirição: deve-se respeitar a ordem estabelecida pelo procedimento legal. Primeiramente, ouvem-se as testemunhas de acusação; após, as de defesa. Eventual inversão na ordem pode ocorrer, desde que haja concordância das partes. Se a inversão for determinada pelo juiz, havendo contrariedade de qualquer das partes, gera-se nulidade relativa, ou seja, depende de alegação futura, no momento propício (preliminar de recurso, por exemplo), demonstrando-se o prejuízo havido.

61. Inquirição por precatória: havendo testemunhas a serem ouvidas em outras Comarcas, não há que se respeitar a ordem estabelecida no art. 400, *caput*, CPP. Pode o magistrado, assim que designar audiência de instrução e julgamento, determinar a expedição de precatória para ouvir todas as testemunhas de fora da Comarca, sejam elas de acusação ou de defesa. Entretanto, não é possível colher depoimentos da vítima ou de testemunhas de acusação *depois* de interrogar o acusado, pois a reforma de 2008 lançou o interrogatório do réu como último ato da instrução, justamente para que ele tivesse amplo acesso às provas e pudesse se defender (autodefesa). Na jurisprudência: STJ: "4. Em 2016, no julgamento do HC n. 127.900/AM, a Suprema Corte fixou a orientação de que a norma inscrita no art. 400 do Código de Processo Penal comum aplica-se, a partir da publicação da ata do presente julgamento, aos processos penais militares, aos processos penais eleitorais e a todos os procedimentos penais regidos por legislação especial incidindo somente naquelas ações penais cuja instrução não se tenha encerrado. 5. 'Por outro lado, a redação do art. 400 do CPP elenca, nitidamente, a ordem a ser observada na audiência de instrução e julgamento, de forma que a alusão expressa ao art. 222, em seu texto, apenas indica a possibilidade de inquirição de testemunhas, por carta precatória, fora da ordem estabelecida. Neste caso, o Código viabiliza, em princípio, a oitiva de testemunha de acusação após a arrolada pela defesa, e não que se interrogue o acusado antes da inquirição das testemunhas' (HC n. 585.942/MT, relator Ministro Sebastião Reis Júnior, Terceira Seção, julgado em 9/12/2020, *DJe* de 14/12/2020)" (REsp 2.091.667/MG, 5.ª T., rel. Daniela Teixeira, 21.05.2024, v.u.); "VIII – Tese jurídica: 'O interrogatório do réu é o último ato da instrução criminal. A inversão da ordem prevista no art. 400 do CPP tangencia somente à oitiva das testemunhas e não ao interrogatório. O eventual reconhecimento da nulidade se sujeita à preclusão, na forma do art. 571, I e II, do CPP, e à demonstração do prejuízo para o réu'. Recurso parcialmente conhecido e nesta extensão provido para reconhecer a nulidade do interrogatório que, realizado antes da oitiva das testemunhas, violou a norma do art. 400 do CPP, razão pela qual os autos devem ser devolvidos para a realização de novo interrogatório.

Art. 400

Código de Processo Penal Comentado · Nucci

Prejudicados os demais pedidos recursais relativamente à ausência de prova da autoria delitiva" (REsp 1.933.759/PR, 3.ª Seção, rel. Messod Azulay Neto, 13.09.2023, v.u.).

62. Esclarecimentos dos peritos: consultar as notas ao art. 159, § 5.º, do CPP.

63. Acareação: consultar as notas aos arts. 229 e 230 do CPP.

64. Reconhecimento de pessoas e coisas: consultar as notas aos arts. 226 a 228 do CPP.

65. Interrogatório do acusado: como regra, tem-se adotado o procedimento de ouvir o réu ao final da instrução, possibilitando-se, pois, melhor defesa, já que o quadro probatório está praticamente concluído. É a consagração da autodefesa, como corolário da ampla defesa. Lembremos que as regras para a inquirição do acusado estão previstas nos artigos 185 e seguintes do CPP. O STF pretende a aplicação para todos os procedimentos, provocando a alteração de entendimento do STJ: "2. O Supremo Tribunal Federal, no julgamento do HC n. 127.900/AM, deu nova conformidade à norma contida no art. 400 do CPP (com redação dada pela Lei n. 11.719/08), à luz do sistema constitucional acusatório e dos princípios do contraditório e da ampla defesa. O interrogatório passa a ser sempre o último ato da instrução, mesmo nos procedimentos regidos por lei especial, caindo por terra a solução de antinomias com arrimo no princípio da especialidade. Ressalvou-se, contudo, a incidência da nova compreensão aos processos nos quais a instrução não tenha se encerrado até a publicação da ata daquele julgamento (11.03.2016). 3. *In casu*, a instrução processual não se iniciou, mas há determinação do magistrado *a quo* pela observância do rito especial da Lei n.º 8.666/90, em detrimento do art. 400 do Código de Processo Penal. De rigor, portanto, seja adequado o procedimento às novas diretrizes impostas pelo Pretório Excelso. 4. Ordem concedida" (HC 399.765/RJ, 6.ª T., rel. Maria Thereza de Assis Moura, 08.08.2017, v.u.).

66. Audiência única e princípio da concentração: como consequência do princípio-gênero da oralidade, estabeleceu-se a regra da concentração, vale dizer, impulsiona-se toda a colheita da prova e os debates das partes para um único ato processual. Entretanto, a ideia – positiva, certamente, em função da economia processual – da audiência única depende, sobremaneira, da estrutura do Poder Judiciário. De nada adianta a lei determinar a colheita de todas as provas em uma única audiência se não for possível, concretamente, por variadas razões (ausência de testemunhas ou peritos, falhas em relação a intimações, falta de promotor ou advogado etc.). Dessa forma, há uma meta a ser atingida pelo procedimento, que é a consagração da audiência única, mas não se pode acolhê-la como *fato consumado*. Leis não alteram a realidade, mas apenas auxiliam para que tal se dê, com o tempo, se o Estado fizer o seu papel, que é investir em pessoas e estrutura da máquina judiciária. Ver a nota 29 ao art. 411, sobre a crítica à audiência única.

66-A. Presença das partes: se houve regular intimação, o não comparecimento do membro do MP, sem justificativa plausível, em nosso entendimento, permite a realização da audiência. Inexiste lei ou princípio a sustentar falha intransponível em virtude da ausência do órgão acusatório. Por óbvio, não se permite o mesmo no tocante ao defensor, em virtude do princípio constitucional da ampla defesa. Não comparecendo o advogado constituído, devidamente intimado, sem justificativa aceitável, pode o juiz nomear defensor *ad hoc* (para o ato). Tratando-se de defensor dativo ausente, pode o magistrado nomear defensor *ad hoc* ao acusado, realizando-se o ato. Ao seu término, convém nomear outro defensor dativo ao réu. Na jurisprudência: TJRS: "1. *Devidamente intimado da realização da audiência, se o órgão acusatório falta ao ato processual, não lhe é dado, depois, alegar nulidade do procedimento por ofensa ao contraditório*. Admitir tal possibilidade seria permitir que a parte acusatória se beneficiasse da sua própria torpeza, alegando vício processual para o qual deu causa. No caso, o órgão acusatório tinha plena ciência da realização da audiência. Além disso, não pode alegar desconhecimento da lei, especificamente do artigo 403 do CPP, que determina que uma vez encerrada a audiência, e não havendo requerimento de diligências, serão oferecidas alegações finais orais pelas partes. As únicas hipóteses de conversão dos debates em memoriais escritos, a teor do disposto no parágrafo 3.º do mesmo dispositivo legal e no artigo 404, são: 1) a complexidade do caso; 2) o número [elevado] de acusados; e 3) pendência de diligência considerada imprescindível. Preliminar rejeitada" (Ap. Crim. 70071063580 – RS, 3.ª Câmara Criminal, rel. Sérgio Miguel Achutti Blattes, 19.10.2016, v.u., grifamos). Na jurisprudência, em outro sentido: TJAM: "Por conta do modelo da obrigatoriedade ou da legalidade da ação penal, eventual ausência do representante do Ministério Público à Audiência de Instrução e Julgamento, embora devidamente intimado, gera nulidade absoluta ao ato processual. 2. O Ministério Público, como titular da ação penal, é, acima de tudo, fiscal da ordem jurídica, sendo imprescindível para legitimar o exercício pretensão punitiva pelo Estado Juiz ou para a defesa da liberdade de locomoção do inocente. 3. Assim, a ausência do *Parquet* na AIJ fere os princípios do contraditório e da ampla defesa, pois se subtrai a possibilidade deste órgão influir na formação do livre convencimento motivado do magistrado. Além do mais, há grave violação ao princípio da paridade de armas, pois a homologação de desistência de testemunha da acusação e da vítima pela defesa que, a propósito, não tem legitimidade para tanto (art. 401, § 2.º, CPP), gera um desequilíbrio da relação processual em favor da defesa. 4. Desta forma, impende reconhecer a nulidade dos atos processuais desde a AIJ, uma vez que a consequência destes vícios foi a fragilização do lastro probatório acerca da materialidade e autoria delitivas, o que acabou por repercutir na absolvição do réu. 5. Apelação criminal conhecida e provida" (Ap. 0003791-33.2016.8.04.0000 – AM, 1.ª Câmara Criminal, rel. Carla Maria Santos dos Reis, 16.10.2016, v.u., grifamos).

67. Provas irrelevantes, impertinentes e protelatórias: não há que se deferir a realização de qualquer espécie de prova considerada irrelevante (desnecessária para a apuração da verdade relacionada à imputação), impertinente (desviada do foco principal da causa, embora possa ser importante para outros fins) ou protelatória (repetida ou já demonstrada por outras provas anteriormente produzidas). Na jurisprudência: STF: "3. Alegação de nulidade em razão do indeferimento de produção de prova. O direito à produção de provas não é absoluto, haja vista que a própria lei processual penal, em seu artigo 400, § 1.º, faculta ao julgador, desde que de forma fundamentada, indeferir as provas consideradas irrelevantes, impertinentes ou protelatórias" (HC 191.858 AgR, 2.ª T., rel. Gilmar Mendes, 30.11.2020, v.u.); "De acordo com o art. 400, § 1.º, do CPP, cabe ao magistrado condutor do processo indeferir as provas consideradas irrelevantes, impertinentes ou protelatórias, mormente em casos em que o requerimento de produção de provas é deduzido de forma extemporânea, como se deu na espécie. Precedentes. 4. Agravo regimental a que se nega provimento" (HC 142.994 AgR/MG, 1.ª T., rel. Alexandre de Moraes, 04.04.2018, m.v.). STJ: "II – O art. 400, § 1.º, do CPP faculta ao magistrado, fundamentadamente, no âmbito de sua discricionariedade regrada, indeferir as diligências que reputar irrelevantes, impertinentes ou protelatórias. Assim, o deferimento de diligências probatórias condiciona-se à demonstração da utilidade, da necessidade e da relevância da medida tendo em parâmetro o conjunto do acervo fático-probatório coligido nos autos e a imputação que o órgão acusatório tece contra o acusado" (AgRg no RHC 142.093/PR, 5.ª T., rel. Jesuíno Rissato, 14.09.2021, v.u.); "1. O art. 400, § 1.º, do CPP autoriza o Magistrado a indeferir as provas que considerar irrelevantes, impertinentes ou protelatórias, uma vez que é ele o destinatário da prova, de modo que o indeferimento fundamentado da prova requerida pela defesa, não revela cerceamento de defesa, quando justificada sua prescindibilidade para o deslinde da controvérsia, como *in casu* (EDcl no HC

Art. 400-A

411.833/SP, Rel. Ministro Nefi Cordeiro, Sexta Turma, *DJe* 06/06/2018)" (AgRg no AREsp 1.318.606/RS, 5.ª T., rel. Reynaldo Soares da Fonseca, 16.08.2018, v.u.).

68. Esclarecimentos dos peritos: dependem de requerimento prévio das partes, o que significa não ser parte obrigatória da instrução. Checar as notas ao art. 159, § 5.º, do CPP.

> **Art. 400-A.** Na audiência de instrução e julgamento, e, em especial, nas que apurem crimes contra a dignidade sexual, todas as partes e demais sujeitos processuais presentes no ato deverão zelar pela integridade física e psicológica da vítima,[68-A] sob pena de responsabilização civil, penal e administrativa,[68-B] cabendo ao juiz garantir o cumprimento do disposto neste artigo, vedadas:
>
> I – a manifestação sobre circunstâncias ou elementos alheios aos fatos objeto de apuração nos autos;[68-C]
>
> II – a utilização de linguagem, de informações ou de material que ofendam a dignidade da vítima ou de testemunhas.[68-D]

68-A. Zelo pela integridade física e psicológica da vítima: o projeto de lei número 5.096/2020 foi aprovado pelo Congresso Nacional e, após sanção do Presidente da República, transformou-se na Lei 14.245/2021. Foi inspirado pelo caso da influenciadora Mariana Ferrer, que teria sido vítima de estupro de vulnerável, por ter sido dopada e violentada durante uma festa em Santa Catarina, em 2018. Durante o julgamento, realizado por videoconferência, em cenas divulgadas pela Internet, a ofendida sofreu uma pressão intensa, por meio de perguntas realizadas pelo defensor do acusado, não bloqueadas pelo juiz. A inquirição invadiu a privacidade e a intimidade da vítima, questionando aspectos relativos à sua vida pessoal, inclusive se valendo de fotografias íntimas. O advogado do réu a teria ofendido, afirmando que fez poses "ginecológicas" nas fotos e que jamais teria uma filha "do nível da blogueira" (https://g1.globo.com/politica/noticia/2021/10/27/lei-mariana-ferrer-senado-aprova-projeto-que-pune-ofensa-a-vitima-durante-julgamento.ghtml, acesso em 28.10.2021; https://veja.abril.com.br/brasil/senado-aprova-lei-mariana-ferrer-para-proibir-humilhacoes-em-audiencias/, acesso em 28.10.2021). O magistrado, que presidia os trabalhos, não interveio em favor da vítima, impedindo o constrangimento ou as ofensivas perguntas. Ao final, o acusado foi absolvido e a sentença de primeiro grau, confirmada pelo Tribunal de Justiça de Santa Catarina. O ponto em questão não concerne à análise da inocência ou da culpa do réu e, portanto, se houve, realmente, um estupro. Em verdade, o que se debateu no Parlamento, ora transformado em lei, foi o respeito e o cuidado que se deve ter com toda e qualquer vítima de crimes sexuais, pois constituem delitos lesivos à dignidade da pessoa humana, de modo que a maneira pela qual a pessoa ofendida é tratada durante a investigação ou o processo criminal pode conduzi-la a uma segunda forma de vitimização, gerando maiores traumas. Pouco importa se o delito ocorreu ou não, se o acusado deve ser condenado ou absolvido, pois o tratamento dispensado à vítima do crime sexual precisa ser remodelado, no Brasil, como um método indispensável para evitar maior sofrimento. Aliás, essa conduta respeitosa precisa ser utilizada para todas as pessoas ofendidas por qualquer infração penal. Diante disso, busca-se coibir as inquirições feitas na fase policial ou na judicial, de modo ríspido e humilhante, pois esse procedimento termina por afastar, ainda mais, a vítima dos órgãos estatais de repressão ao crime; afinal, ela já sofreu a intimidação e o trauma causados pela infração penal, sendo inconcebível que enfrente, justamente diante de um tribunal, outra maneira de experimentar vexame e aviltamento. A introdução do mencionado artigo 400-A busca proteger qualquer vítima de crime, embora se faça expressa referência à particularidade da pessoa ofendida de crime contra a dignidade sexual, que se refere à instrução comum, quando as provas são colhidas para o julgamento de juiz singular. Afinal, os crimes sexuais são processados perante o juízo comum. As novas regras impõem o dever, para as partes e outros sujeitos processuais, de zelar pela integridade física e psicológica da vítima – em particular, por óbvio, da parte psicológica, pois em juízo não se tem notícia de agressão física à pessoa ofendida. Para tanto, atribui-se ao juiz, que preside a audiência ou o julgamento em plenário, a atribuição de assegurar o cumprimento dessa proteção, impedindo qualquer manifestação acerca de fatos não constantes dos autos, significando a devida *imunidade* quanto à vida privada e seu comportamento na intimidade, como regra. No entanto, há um conflito de direitos, que haverá de ser superado na prática: a dignidade da vítima, resguardando-se a sua intimidade, mormente no campo sexual, em confronto com a ampla defesa (e plenitude de defesa), cabível a todo acusado.

68-B. Responsabilidade civil, penal e administrativa: impõe-se em lei a responsabilidade civil, penal e administrativa para quem lesar a integridade física ou psicológica da vítima, naturalmente, em juízo, a parte psicológica. Quanto à responsabilidade civil, dependerá de ação proposta por quem se sentir ofendido, pleiteando, no juízo próprio, indenização por danos morais. No tocante à responsabilidade administrativa, cabe a cada entidade de classe apurar a conduta e punir o ofensor (advogado à OAB; MP à Corregedoria e ao Conselho Nacional do Ministério Público; magistrado à Corregedoria e ao Conselho Nacional de Justiça; defensor público à Corregedoria do órgão). Em relação à parte penal, referindo-se à parte (acusado) ou seu representante em juízo (advogado), bem como ao órgão acusatório (promotor ou advogado assistente da acusação) deve-se buscar o tipo penal adequado que, como regra, estará no cenário dos crimes contra a honra (calúnia, difamação ou injúria). Dificilmente, se poderá valer do crime de coação no curso do processo (art. 344, CP), pois o tipo concerne a quem utiliza violência (coação física) ou grave ameaça (coação moral), algo que não ocorre, como regra, em juízo. Quando esse delito ocorre, concretiza-se antes ou depois da inquirição. Entretanto, há uma particularidade no tocante ao magistrado, que preside a instrução, pois se criou a ele um dever de impedir o resultado, nos termos do art. 13, § 2.º, do Código Penal ("a omissão é penalmente relevante quando o omitente devia e podia agir para evitar o resultado. O dever de agir incumbe a quem: a) tenha por lei obrigação de cuidado, proteção ou vigilância"). Por lei, torna-se o juiz o garantidor da integridade física e psicológica da vítima (e, também, da testemunha, no caso do inciso II dos artigos 400-A e 474-A do CPP). Em consequência, não impedindo a atuação do acusador ou do defensor, quanto ao tratamento ofensivo destinado à vítima (ou testemunha), torna-se partícipe. Há um outro dispositivo legal a merecer análise, pois o art. 142, I, do Código Penal, considera uma hipótese de exclusão do crime (imunidade judiciária) a ofensa imputada em juízo, na discussão da causa, pela parte ou seu procurador (*in verbis*: "art. 142 – Não constituem injúria ou difamação punível: I – a ofensa irrogada em juízo, na discussão da causa, pela parte ou por seu procurador"). É fundamental destacar que essa imunidade envolve apenas a parte, não abrangendo a vítima ou a testemunha. Especificamente, quanto ao advogado, o art. 133 da Constituição Federal delineia a sua inviolabilidade por seus atos e manifestações no exercício da profissão, porém "nos limites da lei".

68-C. Manifestação sobre fatos não constantes dos autos: sempre nos pareceu que a avaliação do comportamento da vítima, antes dos fatos, pode interessar à linha defensiva, levando-se em conta o princípio constitucional da ampla defesa. Nos casos de apuração de crimes sexuais, muitos dos quais ocorrem "entre quatro paredes", longe das vistas de terceiros, em que se confere grande importância às palavras da pessoa ofendida, por vezes contra a palavra do acusado, conhecer todos os ângulos da vida individual tanto da vítima quanto do réu pode ser essencial. Não são poucos os processos criminais nos quais se pode constatar ter sido a condenação calcada, exclusivamente, na palavra da pessoa ofendida, contra a negativa

Art. 400-A

Código de Processo Penal Comentado · **Nucci**

absoluta do acusado. Portanto, se certos dados são ofertados pela defesa, a fim de comprovar alguma conduta *diversa* da narrada pela vítima, de modo a demonstrar determinada mentira, podendo desacreditá-la, não vemos obstáculo nisso. O ponto fulcral é a *forma* da pergunta ou o *modo* em que isto se dá. O desrespeito é a parte incorreta; perguntas simples e sérias não soam despropositadas. Suponha-se um estupro de prostituta, caso no qual se debate se houve realmente um crime sexual ou mera desinteligência quanto ao valor do programa – e não sobre o consenso na relação. Analisar a vida da vítima e seu habitual comportamento pode ser relevante para verificar a confiabilidade da versão dos envolvidos: acusado e ofendida. Não se trata de *discriminar* a mulher, nem de a julgar pela sua atividade laboral, porém, de averiguar se outros clientes, no passado, já foram acusados da mesma forma; avaliar se há contradições; enfim, ter cautela de checar o cenário todo. Reconhece-se a distorção de certos casos, em que se busca, por exemplo, desacreditar a vítima apenas porque ela teve outros parceiros sexuais antes do réu, em típica atitude machista e, nesta hipótese, discriminatória. De todo modo, a questão foi levada ao STF, que tomou uma decisão nesse campo, vedando qualquer "invocação" de fatores ligados à "vivência sexual pregressa da vítima ou ao seu modo de vida em audiência de instrução e julgamento de crimes contra a dignidade sexual e de violência contra a mulher". Parece-nos que o termo "invocação" não pode ser interpretado com o significado de "indagação", pois são termos diversos na essência. Enquanto a segunda diz respeito a *perguntar* algo, a primeira representa uma menção em seu benefício, uma demonstração de hostilidade ou repulsa, uma provocação, com o propósito de irritar ou perturbar alguém. Isto, sim, é ofensivo à dignidade humana e, logicamente, da vítima de crime sexual. No entanto, questionar sobre *fatos* constantes do processo, para checar contradições da pessoa ofendida não pode ser retirado da defesa do acusado, a menos que se pretenda anular a ampla defesa e lesar a presunção de inocência. O equilíbrio entre ampla defesa, com presunção de inocência, e valorização da vítima, sem discriminação, no sensível quadro dos crimes sexuais é um imperativo constitucional, a ser assegurado pelo Judiciário. Conferir a decisão do STF: "1. Ofende os princípios da igualdade e da dignidade da pessoa humana a perquirição da vítima, em processos apuratórios e julgamentos de crimes contra a dignidade sexual, quanto ao seu modo de vida e histórico de experiências sexuais. 2. A despeito da atuação dos Poderes da República, pela análise dos argumentos postos na presente arguição de descumprimento de preceito fundamental, é de se concluir necessário que este Supremo Tribunal, no exercício de sua competência constitucional, interprete os dispositivos impugnados pelo arguente conforme a Constituição da República, para conferir máxima efetividade aos direitos constitucionalmente postos e coibir a perpetuação de práticas que impliquem na revitimização de mulheres agredidas sexualmente. 3. Arguição julgada procedente para i) conferir interpretação conforme à Constituição à expressão 'elementos alheios aos fatos objeto de apuração' posta no art. 400-A do Código de Processo Penal, para excluir a possibilidade de invocação, pelas partes ou procuradores, de elementos referentes à vivência sexual pregressa da vítima ou ao seu modo de vida em audiência de instrução e julgamento de crimes contra a dignidade sexual e de violência contra a mulher, sob pena de nulidade do ato ou do julgamento, nos termos dos arts. 563 a 573 do Código de Processo Penal; ii) fica vedado o reconhecimento da nulidade referida no item anterior na hipótese de a defesa invocar o modo de vida da vítima ou a questionar quanto a vivência sexual pregressa com essa finalidade, considerando a impossibilidade do acusado se beneficiar da própria torpeza; iii) conferir interpretação conforme ao art. 59 do Código Penal, para assentar ser vedado ao magistrado, na fixação da pena em crimes sexuais, valorar a vida sexual pregressa da vítima ou seu modo de vida e iv) assentar ser dever do magistrado julgador atuar no sentido de impedir essa prática inconstitucional, sob pena de responsabilização civil, administrativa e penal" (ADPF 1107, Tribunal Pleno, rel. Cármen Lúcia, 23.05.2024, v.u.).

68-D. Utilização de linguagem, informações ou material ofensivo: outro ponto vedado refere-se à utilização de linguagem, informação ou material ofensivo à dignidade da vítima ou de testemunhas (ampliou-se, nesta hipótese, a proteção à testemunha). Muitas vezes, o que se torna ofensivo, invasivo e humilhante é a *forma* de se fazer uma pergunta e não o seu conteúdo. A par disso, outro aspecto ligado ao constrangimento de quem é ouvido em juízo concerne às inadequadas opiniões expostas pelas partes (acusação ou defesa) em relação à pessoa da vítima ou da testemunha. Pode-se agir de modo inconveniente e, portanto, ilegal, ao proferir ofensas, ao oferecer informes relativos ao indivíduo inquirido ou ao apresentar um material, que traga consigo, para confrontar quem é ouvido (ex.: apresentar uma revista, onde há fotos da vítima, em posições pornográficas).

Art. 401. Na instrução poderão ser inquiridas até 8 (oito) testemunhas arroladas pela acusação e 8 (oito) pela defesa.[69]

§ 1.º Nesse número não se compreendem as que não prestem compromisso e as referidas.[70]

§ 2.º A parte poderá desistir da inquirição de qualquer das testemunhas arroladas, ressalvado o disposto no art. 209 deste Código.[71]

---

69. Número legal e busca da verdade real: no procedimento comum ordinário, as partes podem arrolar, sem justificar ou motivar, até oito testemunhas cada uma. Entretanto, é evidente que as pessoas que nada sabem sobre os fatos e foram inseridas no rol podem ser dispensadas pelo juiz no momento da audiência, quando se tornar claro que o depoimento será irrelevante ao processo. Por outro lado, em casos complexos, podem as partes indicar ao magistrado outras testemunhas que tenham conhecimento sobre fatos importantes, embora, em tese, não possam ser incluídas no rol legal. Nessa situação, o juiz deve ouvi-las como testemunhas do juízo (art. 209, CPP). Por outro lado, quando se trata de questão complexa envolvendo a acusação, os tribunais têm aceitado a mesma interpretação realizada no processo civil, ou seja, é possível arrolar o número legal de testemunhas *para cada fato*. No contexto dos crimes apenados com reclusão, seriam oito para cada fato componente da peça acusatória, transferindo-se à defesa o mesmo direito. É necessário conferir uma interpretação precisa a respeito do *fato* em relação ao qual seria viável ouvir as testemunhas. Não se trata de acontecimentos secundários ou complementares, mas fatos essenciais à imputação feita na peça acusatória, como, por exemplo, a ocorrência de ter "A" desferido tiros em "B", compondo o tipo penal de homicídio. Eventualmente, pode-se ter outro fato, como a ocultação do cadáver de "B" feita por "C". Não se pode dividir o fato principal em diversos ângulos ou aspectos, de modo a torná-lo dissolvido em inúmeras ocorrências. No exemplo mencionado, não cabe arrolar oito testemunhas para demonstrar o motivo fútil, que impulsionou "A" a matar "B". Na jurisprudência: STJ: "2. O número máximo de testemunhas as quais poderão ser arroladas pela defesa deve, em regra, variar não só de acordo com o número de réus, mas também conforme o número de fatos supostamente delituosos imputados a cada réu. 3. No caso ora analisado, a recorrente foi denunciada, juntamente com outros 16 acusados, pela suposta prática dos crimes de corrupção passiva, na forma do art. 71 (crime continuado), e de associação criminosa, em concurso material, por fatos ocorridos entre 2007 a 2011. Assim, diante da complexidade da causa, com elevado números de réus e de prolongado período da atividade criminosa, entendo plausível a ampliação do número de testemunhas a serem indicadas pela defesa, fixando-o em 16 testemunhas, além da imputação de dois delitos narrados na denúncia. 4. Com amparo na faculdade expressamente conferida ao magistrado pelo art. 209, *caput*, do Código de Processo Penal, as demais testemunhas indicadas pela defesa

Art. 401

Código de Processo Penal Comentado · **Nucci**   812

poderão ser ouvidas na qualidade de testemunha do juízo, em observância ao princípio da busca da verdade real, se assim entender o Juiz. 5. Recurso parcialmente provido para que seja permitido à defesa da recorrente a apresentação de rol com 16 (dezesseis) testemunhas, podendo as demais ser ouvidas como testemunhas do juízo, se assim entender o magistrado" (RHC 92.874/SP, 5.ª T., rel. Ribeiro Dantas, j. 06.11.2018, v.u); "1. Estabelece o art. 401 do Código de Processo Penal que 'na instrução poderão ser inquiridas até 8 (oito) testemunhas arroladas pela acusação e 8 (oito) pela defesa'. 2. A jurisprudência deste Superior Tribunal de Justiça sedimentou-se no sentido de que se admite a indicação, para cada fato criminoso imputado na denúncia, de 8 (oito) testemunhas, tanto pela defesa quanto pela acusação, podendo o magistrado, respeitando os princípios da proporcionalidade e da razoabilidade limitar esse número (RHC 46.259/SP, Rel. Ministro Felix Fischer, Quinta Turma, julgado em 30/06/2015, *DJe* 07/08/2015). 3. No caso, a denúncia imputou ao recorrente a prática de 21 (vinte e um) fatos delituosos, contra vítimas diferentes, o que possibilitou a indicação de 27 (vinte e sete) testemunhas pela acusação. Ademais, a defesa não apontou em que consistiria o prejuízo a ampla defesa e ao contraditório a indicação do elevado número de testemunhas pelo Ministério Público. 4. Recurso ordinário em *habeas corpus* desprovido" (RHC 76.491/ PE, 5.ª T., rel. Reynaldo Soares da Fonseca, 28.03.2017, v.u.).

70. Declarantes e testemunhas referidas: as pessoas que não prestam compromisso não podem ser consideradas, na essência, *testemunhas*. Por isso, são meros declarantes. Logicamente, por não serem testemunhas não devem ser computadas no número legal (oito). Sob outro aspecto, as pessoas referidas em depoimentos de outras também podem ser ouvidas. Não serão consideradas no número legal, pois advêm de depoimentos não conhecidos pelas partes. Por constituírem uma *surpresa* para as partes e surgirem durante as declarações prestadas por alguma testemunha, serão indicadas para oitiva quando tal situação se tornar viável.

71. Desistência e busca da verdade real: a parte que arrolou a testemunha pode desistir do seu depoimento. Entretanto, tendo em vista que o magistrado pode ouvir quem bem quiser, a fim de formar o seu convencimento, é natural que possa manter a testemunha intimada para a audiência (ou determine a sua intimação), passando a ser testemunha do juízo. Por outro lado, se a parte que requereu a intimação da testemunha não desistir do seu depoimento, torna-se essencial indicar o seu paradeiro, quando não for localizada. Além disso, se houve a intimação e a pessoa não compareceu, é direito da parte solicitar uma nova data para ser ouvida, com a sua condução coercitiva. Não é lícito ao juiz dispensar a testemunha localizada, sem a concordância de quem a arrolou. Na jurisprudência: STJ: "Em grave prejuízo da ré, também não houve nenhuma insurgência contra a decisão que declarou preclusa a prova testemunhal da defesa, por não estar adequada ao art. 401 do CPP, não obstante haver razoabilidade na indicação tempestiva de 11 testemunhas – em contraposição às 12 nomeadas pelo Ministério Público – em processo que versa sobre centenas de crimes. Nenhuma testemunha indicada pela defesa foi ouvida em Juízo. Impõe-se o reconhecimento da nulidade do ato processual, pois o defensor substituto olvidou de cumprir, fielmente, sua função de assistir tecnicamente à imputada e o Ministério Público sobrelevou-se nos direitos e nas oportunidades de interferir na convicção do julgador. Recurso ordinário provido para anular a audiência de instrução por falta de defesa" (RHC 30.201/SP, 6.ª T., rel. Rogerio Schietti Cruz, 30.08.2016, v.u.). TJMG: "Se uma testemunha regularmente intimada deixa de comparecer em audiência, impõe-se nova realização de audiência, com condução coercitiva, se necessário, porquanto a desistência de inquirição de testemunha, cuja oitiva foi previamente deferida pelo Juiz, é faculdade da parte que a arrolou, nos termos do art. 401, § 2.º, do CPP. O esgotamento das possibilidades para a oitiva de testemunha arrolada no processo penal é medida imprescindível e que consagra o princípio da verdade real, não havendo que se falar em preclusão, uma vez que não houve o pedido expresso de desistência da oitiva da referida testemunha pelo Ministério público, bem como que caberia ao Juízo Deprecado determinar a condução coercitiva da testemunha (art. 218, do CPP). Correção Provida" (Correição Parcial 1.0000.19.135354-9/000, Conselho da Magistratura, rel. Estevão Lucchesi, 03.03.2020, v.u.). TJRS: "O Ministério Público desistiu da inquirição de uma *testemunha* que arrolara, por não ter logrado obter seu novo endereço, o que foi homologado pelo juízo *a quo*. Com a reforma do Código de Processo *Penal* – já vigente por ocasião daquela audiência –, não se faz mais necessária a concordância da parte contrária para a desistência da *testemunha*. De fato, não há necessidade da concordância da parte adversa, quando da desistência de uma *testemunha*. O artigo *401*, § 2.º, do Código de Processo *Penal*, dispõe que a parte poderá desistir da inquirição de qualquer das *testemunhas* arroladas, ressalvado o disposto no art. 209 do mesmo diploma legal" (Apelação Criminal 70083559286, 8.ª Câm. Criminal, rel. Isabel de Borba Lucas, 27.05.2020, v.u.).

> **Art. 402.** Produzidas as provas, ao final da audiência, o Ministério Público, o querelante e o assistente e, a seguir, o acusado poderão requerer diligências cuja necessidade se origine de circunstâncias ou fatos apurados na instrução.[72-75]

72. Produção final de prova remanescente: terminada a inquirição das testemunhas e a produção de provas, as partes tinham vista dos autos para manifestação (era o disposto no art. 499 do CPP, antes da reforma de 2008). Destinava-se ao requerimento, se fosse o caso, de diligências "cuja necessidade ou conveniência se origine de circunstâncias ou de fatos apurados na instrução". Suprimida a fase específica de requerimento de diligências, abriu-se um *momento* na audiência de instrução e julgamento para o mesmo fim. Se algo emergir da produção de provas, que possa gerar interesse para a busca da verdade real, é lógico supor queira a parte atingir a produção de potencial prova. Por isso, antes de se garantir a celeridade processual é mais indicado e razoável procurar a verdade dos fatos. Na jurisprudência: STF: "Igualmente, a legislação permite que, na fase do art. 402 do CPP, sejam produzidas diligências complementares, a partir de fatos e circunstâncias identificados no depoimento de testemunhas ou no interrogatório dos acusados. No entanto, cuida-se de instrumentos que devem ser utilizados com a devida parcimônia, sempre de maneira excepcional, até mesmo porque representam desvios do rito estabelecido na legislação processual penal" (RE 1310109-PR, 2.ª T., rel. Edson Fachin, 12.03.2024, v.u.). STJ: "2. Diligências do art. 402 do CPP só são cabíveis quando a sua 'necessidade se origine de circunstâncias ou fatos apurados na instrução' (art. 402, CPP). Não são um momento de reabertura da instrução probatória. 3. Não houve fundamentação suficiente quanto à imprescindibilidade da oitiva das testemunhas situadas no exterior. O mesmo vale para a perícia contábil e demais requerimentos. Não há nenhum ponto que essas diligências poderiam esclarecer e que já não tenha, em tese, sido esclarecido pelos documentos que constam dos autos. 4. A realização da prova técnica requerida apenas atrasaria o processo e viciaria o princípio da razoável duração do processo (art. 5º, LXXVIII, CF)" (AgRg no AgRg na APn n. 927, Corte Especial, rel. Maria Isabel Gallotti, 13.08.2024, v.u.); "1 – As diligências requeridas na fase do art. 402 do CPP devem guardar relação com eventual necessidade que tenha surgido de circunstâncias ou fatos apurados na instrução. 2 – Os áudios que a defesa pretende ver periciados fazem parte destes autos há mais de uma década. As diligências solicitadas não têm relação com necessidades surgidas durante a instrução, sendo mera repetição de pedidos feitos em outras ocasiões e já expressamente negados. 3 – Agravo a que se nega provimento, dando por encerrada a instrução e iniciando prazo para alegações finais" (AgRg nos EDcl na PET na APn 623/DF, Corte Especial, rel. Francisco

Art. 403

Código de Processo Penal Comentado · Nucci

Falcão, 20.09.2023, v.u.); "1. Os pedidos formulados pela defesa na fase do art. 402 do CPP foram indeferidos por não se tratar de diligências cuja necessidade se originou de circunstâncias apuradas na instrução. Ademais, considerou-se serem irrelevantes ou impertinentes os pedidos, em especial por já ter sido deferida a intimação da autoridade policial e em razão de eventuais vícios do inquérito não contaminarem a ação penal. Dessa forma, reafirmo que, 'nos termos da jurisprudência desta Corte Superior, não há que se falar em nulidade quando indeferido pedido de realização de diligência não requerida no momento oportuno, conforme art. 402 do CPP' (AgRg no AgRg no AREsp n. 1.653.190/GO, relator Ministro Jorge Mussi, Quinta Turma, *DJe* de 31/8/2020.). Ainda que assim não fosse, 'cabe às instâncias ordinárias a tarefa de decidir, motivadamente, sobre a necessidade de realização de diligências adicionais, na fase do art. 402 do CPP' (AgRg no AREsp n. 1.500.725/SC, relator Ministro Ribeiro Dantas, Quinta Turma, *DJe* de 28/6/2021). 2. O pedido defensivo, além de estar precluso, foi considerado desnecessário pelo Magistrado de origem, com respaldo em fundamentação concreta. Assim, a desconstituição das conclusões firmadas pelas instâncias de origem, para se chegar à conclusão de que os pedidos versam 'sobre circunstâncias desveladas durante a instrução processual', demandaria o indevido revolvimento de fatos e de provas, o que não é cabível na via eleita" (AgRg no HC 829.316/SC, 5.ª T., rel. Reynaldo Soares da Fonseca, 21.08.2023, v.u.).

72-A. Desnecessidade de intimação das partes: ao final da audiência de instrução pressupõe-se estarem todas as partes interessadas presentes ou devidamente representadas. Logo, não há cabimento em se determinar a intimação de qualquer delas para apresentar pedido de diligências. Esse pleito, se for o caso, deve ser realizado ao término dos trabalhos de colheita da prova.

72-B. Preclusão do pedido de diligências: o momento processual estabelecido em lei para pleitear alguma diligência complementar ou apontar alguma falha ocorrida durante a instrução se dá exatamente ao final da instrução, nos precisos termos do art. 402. Não o fazendo, descabe a arguição de eventual nulidade, por falha na produção de prova, em preliminar de apelação. Afinal, a questão precluiu. Na jurisprudência: STJ: "1. Hipótese em que a Defesa arrolou três testemunhas na defesa prévia. Posteriormente, aditou a peça e indicou outras três pessoas para serem ouvidas, substituição que foi acolhida pelo magistrado. O advogado acompanhou as audiências, os interrogatórios e o encerramento da instrução, sem qualquer insurgência. Na fase do art. 402 do Código de Processo Penal, nada requereu. Já na fase de alegações finais, peticionou alegando que as três primeiras testemunhas indicadas na defesa prévia haviam sido ignoradas. Trata-se de questão preclusa, haja vista a ausência de impugnação no momento oportuno. Ademais, não se indicou concretamente qual seria a relevância dessa oitiva ou qual seria o prejuízo sofrido, incidindo o princípio *pas de nullité sans grief*. 2. Tratando-se de prazo comum, dada a pluralidade de acusados, adequada a decisão do magistrado que indeferiu a retirada dos autos do cartório. Vê-se que se garantiu à Defesa a retirada do processo para cópia, o que evidencia a ausência de constrangimento ilegal. 3. Inexiste a apontada nulidade se a Defesa foi devidamente intimada para apresentar alegações finais, por mais de uma vez, e não o fez, tendo sido igualmente intimado pessoalmente o acusado acerca da omissão. Dada a inércia, intimou-se a Defensoria Pública para formular a peça processual. 4. Recurso ordinário a que se nega provimento" (RHC 78.546/PE, 6.ª T., rel. Maria Thereza de Assis Moura, 30.03.2017, v.u.).

> **Art. 403.** Não havendo requerimento de diligências, ou sendo indeferido,[73] serão oferecidas alegações finais orais por 20 (vinte) minutos, respectivamente, pela acusação e pela defesa, prorrogáveis por mais 10 (dez), proferindo o juiz, a seguir, sentença.[74-74-A]

§ 1.º Havendo mais de um acusado, o tempo previsto para a defesa de cada um será individual.

§ 2.º Ao assistente do Ministério Público, após a manifestação desse, serão concedidos 10 (dez) minutos, prorrogando-se por igual período o tempo de manifestação da defesa.

§ 3.º O juiz poderá, considerada a complexidade do caso ou o número de acusados, conceder às partes o prazo de 5 (cinco) dias sucessivamente para a apresentação de memoriais. Nesse caso, terá o prazo de 10 (dez) dias para proferir a sentença.[75-75-A]

73. Inexistência ou indeferimento do pedido de diligências: se as partes nada requererem, ultrapassa-se essa fase. Por outro lado, é possível que o magistrado entenda que as eventuais diligências solicitadas sejam irrelevantes, impertinentes ou protelatórias. Cabe-lhe indeferir o pleito, nos termos do art. 400, § 1.º, do CPP. Este também é o momento de se alegar eventuais nulidades ocorridas ao longo da instrução. Na jurisprudência: STF: "1. A nulidade decorrente da nomeação de um único defensor para diferentes corréus em audiência de inquirição de testemunhas de acusação deverá ser arguida em alegações finais orais ou memoriais (arts. 403 e 571, II, do CPP). 2. Essa nomeação, por si só, não gera nulidade se não houver colidência de defesas, por inexistência de prejuízo. 3. A formulação de reperguntas de mérito às testemunhas constitui mera faculdade processual, razão por que sua ausência não gera nulidade. Precedentes. 4. Ordem denegada" (HC 130111, 2.ª T., rel. Dias Toffoli, 30.06.2016, v.u.).

74. Alegações finais orais: em homenagem à celeridade processual e ao princípio da oralidade, que traz consigo a concentração e a identidade física do juiz, devem as alegações finais ser feitas oralmente. Anteriormente, as partes costumavam *ditar* essas alegações ao servidor na sala de audiências para que tudo fosse reduzido a termo. Atualmente, muitas Varas possuem gravação completa da audiência, motivo pelo qual as alegações ficam dessa maneira registradas. O ideal é a conclusão final por meio da prolação de sentença pelo magistrado.

74-A. Preliminares: continuam a ser alegações da parte no tocante a alguma falha processual, que possa gerar nulidade e merece ser refeita. Devem constar no início da alegação final, escrita ou oralmente produzida. O juiz deve conhecer, quando o caso, da preliminar (antes de avaliar o mérito), aceitando-a e determinando a correção da falha apontada ou rejeitando-a, partindo para a avaliação do mérito. Na jurisprudência: STF: "1. A nulidade decorrente da nomeação de um único defensor para diferentes corréus em audiência de inquirição de testemunhas de acusação deverá ser arguida em alegações finais orais ou memoriais (arts. 403 e 571, II, do CPP). 2. Essa nomeação, por si só, não gera nulidade se não houver colidência de defesas, por inexistência de prejuízo. 3. A formulação de reperguntas de mérito às testemunhas constitui mera faculdade processual, razão por que sua ausência não gera nulidade. Precedentes. 4. Ordem denegada" (HC 130.111/SP, 2.ª T., rel. Dias Toffoli, 14.06.2016, v.u.).

75. Complexidade do caso ou número de acusados: havendo intricada situação pela frente, com variadas provas a apreciar, pode ser inconveniente um mero debate oral destinado às partes, seguido de sentença. Por isso, faculta-se ao magistrado – esperando-se que não se torne regra, pois é exceção – a concessão de prazo para a apresentação de memoriais (por escrito) e, depois, a possibilidade de sentenciar (por escrito). Em outros termos, caso o magistrado sinta ser caso simples, não deve deferir memoriais e precisa, após as alegações finais orais, dar a sua decisão no termo da audiência. Ressalte-se, ainda, que o juiz também

Art. 404

Código de Processo Penal Comentado · Nucci

não pode deferir memoriais de praxe para sentenciar tudo o que se lhe é apresentado posteriormente. Cuida-se de infração à celeridade processual implantada pela reforma trazida pela Lei 11.719/2008. Todavia, inexiste recurso, no campo do processo, contra tal postura. Na jurisprudência: STF: "2. Não há falar em ilegalidade na decisão do magistrado de origem que determina a substituição dos debates orais pela apresentação de memoriais escritos quando o advogado do réu, embora devidamente intimado acerca de tal ato, não demonstra qualquer irresignação. Ainda, a decisão está lastreada no art. 403, § 3.º, do Código de Processo Penal, segundo o qual o juiz poderá, considerada a complexidade do caso ou o número de acusados, conceder às partes o prazo de 5 (cinco) dias sucessivamente para a apresentação de memoriais" (HC 176.058 AgR, 1.ª T., rel. Alexandre de Moraes, 21.02.2020, maioria). STJ: "1. Segundo o art. 403 do CPP, em regra, as alegações finais serão orais, exceto os feitos complexos ou com número elevado de acusados, nos quais o magistrado poderá conceder às partes o prazo de 5 dias para apresentação de memoriais escritos" (REsp 1.840.263/SP, 6.ª T., rel. Rogerio Schietti Cruz, 19.05.2020, v.u.).

75-A. Inversão da ordem de apresentação das alegações finais: se a defesa oferece as suas alegações em primeiro lugar, antes do órgão acusatório, assim agiu porque quis, não gerando nenhuma nulidade. Toma-se por base a alegação escrita, pois quando feita oralmente não há sentido na inversão. Ademais, a referida inversão, para provocar nulidade, precisa evidenciar prejuízo real, o que, na verdade, não ocorre na maior parte dos casos.

> **Art. 404.** Ordenado diligência considerada imprescindível, de ofício ou a requerimento da parte, a audiência será concluída sem as alegações finais.[76]
>
> **Parágrafo único.** Realizada, em seguida, a diligência determinada, as partes apresentarão, no prazo sucessivo de 5 (cinco) dias, suas alegações finais, por memorial, e, no prazo de 10 (dez) dias, o juiz proferirá a sentença.[77]

76. Diligências complementares e alegações finais: se as partes podem requerer diligências imprescindíveis e o juiz as deferir, é natural que a audiência não possa ser concluída. No mais, pode o magistrado determinar, de ofício, qualquer outra diligência que reputar necessária para formar o seu convencimento, sem infringir qualquer princípio ou regra processual penal. Na jurisprudência: STJ: "Estabelecem o parágrafo único do art. 404 do CPP e o art. 11 da Lei n. 8.038/90 que a manifestação final das partes é realizada após as diligências complementares deferidas pelo magistrado. 4. Na forma da disposição legal expressa e em respeito ao princípio constitucional do contraditório, não se mostra cabível a exigência de oferecimento de razões finais sem o término da instrução, notadamente se ainda estão sendo desenvolvidas provas admitidas como relevantes – tanto que deferidas. 5. *Habeas corpus* não conhecido, mas, de ofício, concedida a ordem para determinar que o prazo para a apresentação das alegações finais seja reiniciado após o efetivo cumprimento das diligências deferidas nos autos da ação penal" (HC 309.063/AM, 6.ª T., rel. Nefi Cordeiro, 23.08.2016, v.u.).

77. Prazos: como regra, esses prazos são impróprios, vale dizer, caso ultrapassados, não redundam em sanção para a parte. Pode-se aventar a preclusão, se qualquer das partes não ofertar as suas alegações finais no prazo. No entanto, ao menos quanto à defesa, envolvendo-se o princípio constitucional da ampla defesa, mesmo fora do prazo, há de acolher o memorial. Quanto ao juiz, inexiste preclusão. Eventualmente, caso os prazos para sentenciar seus processos não sejam observados, cuida-se de infração funcional.

Título I – Do Processo Comum

Art. 405

> **Art. 405.** Do ocorrido em audiência será lavrado termo em livro próprio, assinado pelo juiz e pelas partes, contendo breve resumo dos fatos relevantes nela ocorridos.[78]
>
> § 1.º Sempre que possível, o registro dos depoimentos do investigado, indiciado, ofendido e testemunhas será feito pelos meios ou recursos de gravação magnética, estenotipia, digital ou técnica similar, inclusive audiovisual, destinada a obter maior fidelidade das informações.[79-79-A]
>
> § 2.º No caso de registro por meio audiovisual, será encaminhado às partes cópia do registro original, sem necessidade de transcrição.[80]

78. Livro próprio: o legislador ainda não aprendeu que o Brasil é um país continental e, por isso, continua a ditar regras cartorárias para o processo penal. Se haverá livro próprio, arquivo de computador, folhas de papel levadas pelas partes ou qualquer *pen drive* fazendo as vezes do registro é, com certeza, desinteressante. A lei não pode descer a tais filigranas.

79. Avanço tecnológico: estabeleceu-se que os registros dos depoimentos do *investigado* (pessoa que nem foi apontada pela autoridade policial como suspeita) e do *indiciado* (pessoa apontada oficialmente como suspeita pelo cometimento do crime) serão registrados, *sempre que possível*, por meios modernos (gravação por meio audiovisual). O mesmo se dará quanto ao ofendido e às testemunhas, naturalmente, incluindo o réu, em seu interrogatório.

79-A. Desnecessidade da transcrição em papel: a reforma processual penal de 2008 teve a finalidade de promover a agilização do processo, enaltecendo o princípio constitucional da economia processual, sem ferir direitos e garantias individuais. Por isso, os registros dos depoimentos *devem ser feitos*, sempre que possível (onde houver instrumento para isso), utilizando meios ou recursos de gravação magnética, estenotipia, digital ou técnica similar, inclusive audiovisual, com o fim de obter maior *fidelidade* das informações. Não se menciona ser obrigatória a transcrição em papel de tudo o que foi colhido em audiência. Ao contrário, no § 2.º, referindo-se às partes, deixa-se clara a possibilidade de se entregar cópia dos registros a elas, pois os originais seguem ao Tribunal. As partes poderão manipular a prova colhida em audiovisual, *sem necessidade de transcrição*, que seria medida incompatível com o tipo de registro. Por outro lado, não haveria fidelidade das informações, por completo, se filmado o depoimento de uma testemunha, feita a degravação das palavras, somente o texto escrito chegasse ao tribunal. Em suma, após muitos debates (doutrina e jurisprudência), pacificou-se o entendimento de que as mídias, onde constam os registros das provas colhidas em audiência, não dependem de transcrição e seguem ao tribunal nesse formato. Desse modo, desembargadores e ministros podem assistir ao conteúdo e ter uma boa avaliação dos depoimentos de testemunhas, declarações de vítimas e interrogatórios de réus. O Conselho Nacional de Justiça editou a Resolução 105/2010, prevendo a dispensa da transcrição de depoimentos colhidos pelo meio audiovisual (art. 2º). Na jurisprudência: STJ: "1. Prevalece nesta Corte o entendimento de que a nova redação do art. 405, § 2.º, do CPP, que consagra o princípio da celeridade, simplificação e economia dos atos processuais, bem como o princípio da oralidade, é aplicável tanto ao registro audiovisual de prova oral, quanto ao de debates orais e de sentença prolatada em audiência. 2. É válida a condenação proferida de forma oral e a Terceira Seção, no julgamento do HC n. 462.253/SC, *DJe* 4/2/2019, assinalou que 'a ausência de degravação completa da sentença não prejudica ao contraditório ou à segurança do registro nos autos, do mesmo modo que igualmente ocorre com a prova oral'. Ademais, 'exigir que se faça a degravação ou separada sentença escrita é negar valor ao registro da voz e imagem do próprio juiz, é sobrelevar sua assinatura em folha impressa sobre o que ele diz e registra. Não

Art. 405

há sentido lógico ou de segurança, e é desserviço à celeridade". 3. Afasta-se a tese de nulidade processual se o édito condenatório foi armazenado fielmente em meio de gravação disponível à defesa, que interpôs apelação criminal, com a transcrição da dosimetria da pena e do seu dispositivo em ata de audiência. Era dispensável a reprodução integral do ato judicial, em folha de papel, pois não comprovada sua necessidade ou o prejuízo à parte. 4. Recurso em *habeas corpus* não provido." (RHC 114.111-SC, 6.ª T., rel. Rogerio Schietti Cruz, j. 18.08.2020, v.u.).

80. Encaminhamento às partes: a norma seria dispensável, pois a mídia gravada faz parte do processo, o que justifica a sua entrega (em cópia, por segurança) às partes. Porém, o relevante é confirmar a dispensabilidade de transcrição.

Capítulo II

DO PROCEDIMENTO RELATIVO
AOS PROCESSOS DA COMPETÊNCIA DO TRIBUNAL DO JÚRI[1-9]

1. Origem histórica do Tribunal do Júri: a instituição, na sua visão moderna, encontra sua origem na Magna Carta, da Inglaterra, de 1215. Sabe-se, por certo, que o mundo já conhecia o júri antes disso, como ocorreu, especialmente, na Grécia e em Roma, e, nas palavras de Carlos Maximiliano, "as origens do instituto, vagas e indefinidas, perdem-se na noite dos tempos" (*Comentários à Constituição brasileira*, p. 156). Entretanto, a propagação do Tribunal Popular pelo mundo ocidental teve início, perdurando até hoje, em 1215, com o seguinte preceito: "Ninguém poderá ser detido, preso ou despojado de seus bens, costumes e liberdades, senão em virtude de *julgamento de seus pares*, segundo as leis do país" (grifo nosso). Após a Revolução Francesa, de 1789, tendo por finalidade o combate às ideias e aos métodos esposados pelos magistrados do regime monárquico, estabeleceu-se o júri na França, daí espraiando-se, como ideal de liberdade e democracia, para os demais países da Europa. Lembremos que o Poder Judiciário não era independente, motivo pelo qual o julgamento do júri impunha-se como justo e imparcial, porque produzido pelo povo, sem a participação de magistrados corruptos e vinculados aos interesses do soberano. O que teria feito o júri vir para o Brasil? Santi Romano (*Princípios de direito constitucional geral*, p. 47-48) bem explica esse fenômeno de transmigração do direito, que, do seu país de origem, segue para outros, especialmente por conta da colonização, que impõe ao colonizado ideias e leis, bem como pela própria e inata "contagiosidade do direito", nas palavras de Emerico Amari. Assim, em 18 de junho de 1822, por decreto do Príncipe Regente, instalou-se o Tribunal do Júri no País, atendendo-se ao fenômeno de propagação da instituição corrente em toda a Europa. Era inicialmente um tribunal composto por 24 cidadãos "bons, honrados, inteligentes e patriotas", prontos a julgar os delitos de abuso da liberdade de imprensa, sendo suas decisões passíveis de revisão somente pelo Regente. Em 1824, a Constituição do Império colocou-o no capítulo pertinente ao Poder Judiciário (art. 151, do Capítulo Único, do Título 6.º). Os jurados, à época, poderiam julgar causas cíveis e criminais, conforme determinassem as leis, que, aliás, incluíram e excluíram delitos e causas do júri, várias vezes. Com a Proclamação da República, manteve-se o júri no Brasil, sendo criado, ainda, o júri federal, através do Decreto 848, de 1890. Sob influência da Constituição americana, por ocasião da inclusão do júri na Constituição Republicana, transferiu-se a instituição para o contexto dos direitos e garantias individuais (art. 72, § 31, da Seção II, do Título IV). Esse resultado foi obtido em face da intransigente defesa do Tribunal Popular feita por Rui Barbosa, seu admirador inconteste. A Constituição de 1934 voltou a inserir o júri no capítulo referente ao Poder Judiciário (art. 72), para, depois, ser totalmente retirado do texto constitucional, em 1937. Por conta disso, iniciaram-se os debates acerca da manutenção ou não da instituição no Brasil, até que o Decreto-lei 167, de

1938, confirmou a existência do júri, embora sem soberania (art. 96). A Constituição de 1946 ressuscitou o Tribunal Popular no seu texto (art. 141, § 28), reinserindo-o no capítulo dos direitos e garantias individuais, como se fosse uma autêntica bandeira na luta contra o autoritarismo, embora as razões desse retorno terem ocorrido, segundo narra Victor Nunes Leal, por conta do poder de pressão do coronelismo, interessado em garantir a subsistência de um órgão judiciário que pudesse absolver seus capangas (*Coronelismo, enxada e voto*, p. 231-236). Não se estudou com a merecida atenção a permanência ou a extinção do júri no Brasil, mas buscou-se somente reerguer as bases das Constituições anteriores (1890 e 1934), como ensina Marcelo Caetano (*Direito constitucional*, v. 1). A Constituição de 1967 manteve a instituição no capítulo dos direitos e garantias individuais (art. 150, § 18), fazendo o mesmo a Emenda Constitucional de 1969 (art. 153, § 18). Ocorre que, por esta última redação, mencionou-se somente que "é mantida a instituição do júri, que terá competência no julgamento dos crimes dolosos contra a vida". Não se falou em soberania, sigilo das votações ou plenitude de defesa, fixando-se, claramente, a sua competência somente para os crimes dolosos contra a vida. Em 1988, visualizando-se o retorno da democracia no cenário brasileiro, novamente previu-se o júri no capítulo dos direitos e garantias individuais, trazendo de volta os princípios da Carta de 1946: soberania dos veredictos, sigilo das votações e plenitude de defesa. A competência tornou-se mínima para os crimes dolosos contra a vida.

2. Princípios constitucionais que regem a instituição do júri: estão previstos no art. 5.º, XXXVIII, da Constituição Federal: a) plenitude de defesa, b) sigilo das votações, c) soberania dos veredictos, d) competência para o julgamento dos crimes dolosos contra a vida. Os princípios são analisados a seguir e no contexto das normas processuais pertinentes.

3. Plenitude de defesa: Trata-se de um princípio regente da instituição do Tribunal Popular, mas também uma garantia humana fundamental, que protege, particularmente, os réus nos processos em trâmite por Varas e Tribunais do Júri. Ao acusado em geral assegura-se a ampla defesa (art. 5.º, LV, CF), significando uma atuação do defensor de maneira vasta, extensa e abundante, porem, não necessariamente completa, integral, perfeita. Esta é a função da plenitude de defesa (art. 5.º, XXXVIII, *a*, CF). A dupla previsão formulada no art. 5.º não é inútil, nem se pode considerá-la uma mera superfetação. Os vocábulos são diversos e, também, o seu sentido. *Amplo* quer dizer vasto, largo, muito grande, rico, abundante, copioso; *pleno* significa repleto, completo, absoluto, cabal, perfeito. O segundo é, evidentemente, mais forte que o primeiro. Assim, no processo criminal, perante o juiz togado, tem o acusado assegurada a ampla defesa, isto é, vasta possibilidade de se defender, propondo provas, questionando dados, contestando alegações, enfim, oferecendo os dados técnicos suficientes para que o magistrado possa considerar equilibrada a demanda, estando de um lado o órgão acusador e de outro uma defesa eficiente. Por outro lado, no Tribunal do Júri, onde as decisões são tomadas pela íntima convicção dos jurados, pessoas leigas, sem qualquer fundamentação, onde prevalece a oralidade dos atos e a concentração da produção de provas, bem como a identidade física do juiz, torna-se indispensável que a defesa atue de modo completo e perfeito – logicamente dentro das limitações impostas pela natureza humana. A intenção do constituinte foi aplicar ao Tribunal Popular um método que privilegie a defesa, em caso de confronto incontornável com a acusação, homenageando a sua plenitude. São vários os efeitos extraídos dessa diferença, como veremos ao longo do capítulo. Nos tribunais: STJ: "O paciente foi procurado em endereço errado por oficial de justiça e, em razão de não ter sido encontrado, foi intimado por edital para comparecer ao julgamento perante o Tribunal do Júri, que foi realizado sem sua presença. Violação do princípio da plenitude de defesa (CF, art. 5.º, XXXVIII, 'a')" (HC 235.129/SP, 6.ª T., rel. Rogerio Schietti Cruz, j. 26.11.2013, *DJe* 04.08.2014); "O art. 5.º, XXXVIII, da Constituição Federal, assegura a plenitude de defesa nos julgamentos realizados pelo Tribunal do Júri. Na mesma linha, o art. 497, V, do Código de Processo Penal estatui que é atribuição do juiz presidente do Tribunal do Júri nomear defensor ao acusado, quando considerá-lo indefeso, podendo, neste caso, dissolver o Conselho e designar novo dia para o julgamento, com a nomeação ou a constituição de novo defensor" (HC 234758/SP, 6.ª T., rel. Sebastião Reis Júnior, 19.06.2012, v.u.).

4. Sigilo das votações: o disposto no art. 5.º, XXXVIII, *b*, assegurando o sigilo das votações, envolve tanto a preservação do voto secreto, colocado em urna indevassável, sem que se possa conhecer o teor da decisão tomada pelo jurado, como também se busca garantir que o processo de votação se desenvolva em sala especial, longe das vistas do público. Não é tradicional no Tribunal do Júri, mundo afora, que se proporcione aos jurados a votação em sala aberta, acompanhado diretamente pelo público. Rui Barbosa sempre considerou o sigilo da votação algo essencial à instituição do júri (*O júri sob todos os aspectos*, p. 103), o que é posição francamente majoritária atualmente. Por todos, leia-se Hermínio Alberto Marques Porto: "Tais cautelas da lei visam a assegurar aos jurados a livre formação de sua convicção e a livre manifestação de suas conclusões, afastando-se quaisquer circunstâncias que possam ser entendidas, pelos julgadores leigos, como fontes de constrangimento. Relevante é o interesse em resguardar a formação e a exteriorização da decisão" (*Júri*, p. 315).

5. Soberania dos veredictos: *soberano* é aquele de detém a autoridade máxima, sem qualquer contestação ou restrição. A opção política por conceder ao Tribunal do Júri o resguardo da *soberania* das suas decisões pode até não ter sido a mais acertada, uma vez que o Brasil possui leis escritas, que demandam conhecimento técnico, algo muito complexo para ser bem entendido e utilizado pelos jurados, pessoas leigas. No entanto, foi inserido o princípio constitucional da *soberania dos veredictos*, regente da instituição do Júri, merecendo prevalecer sobre a opinião dos tribunais togados. Nos casos de crimes contra a vida, entregou-se ao Tribunal Popular a *palavra final* em relação ao destino a ser dado ao réu. Jamais, sem ofensa ao disposto na Constituição Federal, poderá, quanto ao mérito, um tribunal qualquer substituir o veredicto popular por decisão sua, sob que prisma for. Sentenças condenatórias ou absolutórias, calcadas na vontade popular, precisam ser fielmente respeitadas. Em casos teratológicos, vale-se a parte, que se julgar prejudicada, da apelação. O Tribunal, para o qual foi remetido o recurso, deve analisar se, na realidade, o veredicto foi *totalmente* dissociado da prova constante dos autos. Não interessa avaliar, no caso concreto, a jurisprudência reinante na Câmara ou Turma, pois o Júri é leigo, não conhece e não precisa conhecer nem o direito posto tampouco a jurisprudência dominante. Assim ocorrendo (decisão contrária à prova dos autos), remete o caso a novo júri, mas não substitui a decisão do povo. Quando da realização do segundo júri, renovado o veredicto, deve-se respeitá-lo incondicionalmente. Se nenhuma prova *nova* surgir, dando motivação a uma revisão criminal, prevalece a condenação. Tratando-se de absolvição, contra a qual não cabe revisão criminal, a decisão é definitiva. Os Tribunais Superiores vêm, aos poucos, consolidando esse entendimento e dando o devido valor às decisões dos jurados. É tempo de findar com a supremacia da magistratura togada em relação ao julgamento popular, aquela agindo sempre sob a desculpa de buscar realizar a *melhor* justiça. Ora, a mais legítima decisão é a que contou com a participação popular e seguiu preceito constitucional. Vale ressaltar, desde logo, ser a soberania dos veredictos um preceito constitucional fundamental. Na jurisprudência: STF: "2. 'A soberania dos veredictos não é um princípio intangível que não admita relativização. A decisão do Conselho de Sentença quando manifestamente divorciada do contexto probatório dos autos resulta em arbitrariedade que deve ser sanada pelo juízo recursal, nos termos do art. 593, inciso III, alínea *d*, do Código de Processo Penal' (RHC n.º 118.197/ES, Primeira Turma, Rel. Min. Rosa Weber, *DJe* de 10/4/14)" (HC 213.521 AgR, 1.ª T., rel. Dias Toffoli, 30.05.2022, v.u.).

6. Competência para os crimes dolosos contra a vida: assegura o art. 5.º, XXXVIII, *d*, a competência do júri para o julgamento dos delitos dolosos contra a vida. É bem verdade que algumas posições existem sustentando ser essa competência fixa, não podendo ser ampliada, embora não haja nenhuma razão plausível para tal interpretação. Note-se que o texto constitucional menciona ser *assegurada* a competência para os delitos dolosos contra a vida e não *somente* para eles. O intuito do constituinte foi bastante claro, visto que, sem a fixação da competência mínima e deixando-se à lei ordinária a tarefa de estabelecê-la, seria bem provável que a instituição, na prática, desaparecesse do Brasil. Foi o que houve em outros países ao não cuidarem de fixar, na Constituição, a competência do Tribunal Popular (ver Portugal, art. 210.º, e Espanha, art. 125, onde a instituição do júri não vingou como se almejava). A cláusula pétrea no direito brasileiro, impossível de ser mudada pelo Poder Constituinte Reformador, não sofre nenhum abalo caso a competência do júri seja ampliada, pois sua missão é impedir justamente o seu esvaziamento. Sobre o tema, ver ainda a nota 6 feita ao art. 74, § 1.º. Houve época em que se debateu, vigorosamente, no Brasil, o alcance da competência do Tribunal do Júri, visando-se a incluir na sua pauta todos os crimes que envolvessem a vida humana. Não vingou tal entendimento, pois o conceito adotado pelo texto constitucional foi técnico, isto é, são os crimes previstos no Capítulo I (Dos crimes contra a vida), do Título I (Dos crimes contra a pessoa), da Parte Especial do Código Penal. Incluem-se na competência do Tribunal Popular, originariamente, os seguintes delitos: homicídio simples (art. 121, *caput*); privilegiado (art. 121, § 1.º), qualificado (art. 121, § 2.º), feminicídio (art. 121-A), induzimento, instigação e auxílio ao suicídio e à prática de automutilação (art. 122), infanticídio (art. 123) e as várias formas de aborto (arts. 124, 125, 126 e 127). Além deles, naturalmente, vinculam-se os delitos conexos, aqueles que, por força da atração exercida pelo júri (arts. 76, 77 e 78, I, CPP), devem ser julgados, também, pelo Tribunal Popular. Por fim, acrescentem-se as formas do genocídio, que equivalem a delitos dolosos contra a vida (art. 1.º, *a, c* e *d*, Lei 2.889/1956). Detalhando nossa posição, consultar a nota 3 ao art. 1.º da Lei 2.889/1956 em nosso *Leis penais e processuais penais comentadas – Vol. 1*. Quanto ao genocídio, no entanto, o Supremo Tribunal Federal decidiu de modo diverso, asseverando caber o julgamento ao juiz federal singular, salvo se houver conexão com delito de homicídio (puro), autonomamente cometido. A questão foi levantada no caso do chamado "massacre de Haximu", em que vários índios ianomâmis foram assassinados por garimpeiros. Os agentes foram julgados e condenados pelo juízo monocrático federal. Quanto à competência, é certo que se trata de delito da alçada federal (art. 109, XI, CF), mas não pelo juiz singular. Em nossa visão, caberia ao Tribunal do Júri, a ser estruturado na órbita federal, julgar os delitos comuns dolosos contra a vida. O genocídio, em muitas situações, não passa de um homicídio coletivo, realizado com intenção específica de dizimar uma determinada população ou grupo. O STF manteve a condenação pelo juízo federal singular (RE 351487/RR, Pleno, rel. Cezar Peluso, 03.08.2006, m.v., *Informativo* 434, embora antigo, mantido pela relevância do tema). Basileu Garcia e Esther de Figueiredo Ferraz opõem-se a esse entendimento, crendo que outras infrações penais dolosas, envolvendo a vida, mereceriam ser julgadas, igualmente, pelo júri, mas essa posição efetivamente não prevaleceu, nem na doutrina, nem na jurisprudência. Consulte-se, como exemplo, o disposto na Súmula 603 do STF: 'A competência para o processo e julgamento de latrocínio é do juiz singular e não do Tribunal do Júri'.

7. Tribunal do Júri e liberdade de imprensa: não é tarefa simples harmonizar a liberdade de imprensa – sempre indispensável para a construção do Estado Democrático de Direito – com o direito dos réus, em geral, à preservação da imagem e da intimidade, bem como para o asseguramento de um julgamento justo, realizado por um juízo imparcial. Além disso, é preciso considerar a enorme influência que a força da mídia exerce sobre o Poder Judiciário, especialmente em relação ao Tribunal do Júri. Neste último caso, os jurados são juízes leigos, muito mais influenciáveis pelos relatos feitos pela imprensa, antes do julgamento, do que os magistrados togados. Deveria haver um equilíbrio entre os dois valores em jogo – imparcialidade do júri e liberdade de informação –, ao menos vedando que a imprensa ingresse em detalhes acerca dos fatos e das provas, realizando um autêntico *julgamento* prévio. A mídia poderia informar a ocorrência da infração penal, sem divulgar o nome do suspeito antes de seu julgamento pelo Tribunal Popular. Uma solução legal seria a imposição de segredo de justiça nos casos que seguem ao júri, de modo que a imprensa pode noticiar o que houve, sem tantos detalhes, que possam prejudicar a imparcialidade dos jurados.

8. Tribunal do Júri como direito e garantia individuais: considerando-se direito individual o que declara situação inerente à personalidade humana (ex.: vida, liberdade, integridade física) e garantia individual aquela cuja finalidade é assegurar que o direito seja, com eficácia, fruído. Observa-se, majoritariamente, na doutrina ser o júri uma garantia (Rui Barbosa, Marcelo Caetano, Pontes de Miranda, José Afonso da Silva, Manoel Gonçalves Ferreira Filho, Hamilton Moraes e Barros, João Mendes Júnior, Julio Fabbrini Mirabete, Rogério Lauria Tucci, José Duarte, James Tubenchlak, Hélio Tornaghi, Pinto Ferreira, Aristides Milton, Rui Stoco, Hélio Costa, Nádia Araújo e Ricardo de Almeida). No sentido de ser um direito individual, os magistérios de Celso Bastos e Adriano Marrey Entendemos ser o Tribunal do Júri tanto uma garantia como um direito individual. Mas, pergunta-se: garantia a qual direito? Muitos têm sustentado, a nosso ver equivocadamente, ser uma garantia ao direito de liberdade. Fosse assim e teríamos que admitir ser o júri um escudo protetor do criminoso, que atenta contra a vida humana, o que não pode ser admissível. Além disso, é preciso destacar ser o direito à vida igualmente protegido na Constituição – tanto quanto o direito à liberdade –, de forma que o júri não poderia proteger uma pessoa, em prejuízo de outra. A vida da vítima foi eliminada pelo réu e o Tribunal Popular não tem por fim proteger ou garantir fique o acusado em liberdade. Trata-se de uma garantia ao devido processo legal, este sim, uma garantia ao direito de liberdade. Assim, temos a instituição do júri, no Brasil, para constituir o meio adequado de, em sendo o caso, retirar a liberdade do homicida. Nada impede a existência de *garantia* da *garantia*, o que é perfeitamente admissível, bastando ver, a título de exemplo, que o contraditório é também garantia do devido processo legal. Insista-se: não é garantia direta da liberdade do indivíduo acusado de crime doloso contra a vida, mas sim do devido processo legal. Logo, se o júri condenar ou absolver está cumprindo, igualmente, sua função. E mesmo assim, cuida-se de garantia formal, não material. O júri não é considerado nos documentos internacionais de direitos humanos um *direito autenticamente fundamental*, como se fizesse parte dos chamados direitos *supraestatais*, na expressão de Pontes de Miranda (*Comentários à Constituição de 1946*, p. 9). Os indivíduos têm direito a um julgamento justo feito por um tribunal imparcial, assegurada a ampla defesa, mas nada determina seja esse julgamento feito pelo povo, no júri. É o Tribunal Popular garantia fundamental formal, simplesmente por ter sido previsto na Constituição como tal, mas não o é no seu sentido material (a respeito, ver Jorge Miranda, *Manual de direito constitucional*, t. IV, p. 7). Por outro lado, não deixamos de relevar ser o júri, em segundo plano, mas não menos importante, um direito individual, consistente na possibilidade que o cidadão de bem possui de participar, diretamente, dos julgamentos do Poder Judiciário. Em síntese: o júri é uma garantia individual, precipuamente, mas também um direito individual. Constitui cláusula pétrea na Constituição Federal (art. 5.º, XXXVIII, e 60, § 4.º, IV).

9. Tribunal do Júri como órgão do Poder Judiciário: encontrando-se previsto dentre os direitos e garantias individuais (art. 5.º, XXXVIII, CF), gerou alguma controvérsia o fato de o Tribunal do Júri ser considerado órgão do Poder Judiciário. Alguns sustentam ser ele um órgão político, desligado do Judiciário, onde os jurados exercem o seu direito ao sufrágio, como cidadãos no exercício da cidadania (James Tubenchlak, *Tribunal do Júri – Contradições e soluções*, p. 9). Essa não é a melhor posição. Majoritariamente, entende-se ser o júri órgão do Judiciário, embora lhe seja reconhecida a especialidade. Não consta do rol do art. 92 da Constituição Federal, embora o sistema judiciário o acolha em outros dispositivos, tornando-o parte integrante do Poder Judiciário. São fundamentos disso: a) o Tribunal do Júri é composto de um Juiz Presidente (togado) e de vinte e cinco jurados, dos quais sete tomam assentos no Conselho de Sentença. O magistrado togado não poderia tomar parte em um órgão meramente político, sem qualquer vínculo com o Judiciário, o que é vedado não somente pela Constituição, mas também pela Lei Orgânica da Magistratura Nacional; b) o art. 78, I, do CPP determina que "no concurso entre a competência do júri e a de *outro* órgão da jurisdição comum, prevalecerá a competência do júri" (grifamos), vindo a demonstrar que se trata de órgão do Judiciário; c) o art. 593, III, *d*, do CPP, prevê a possibilidade de recurso contra as decisões proferidas pelo júri ao Tribunal de Justiça, não tendo qualquer cabimento considerar plausível que um "órgão político" pudesse ter suas decisões revistas, em grau de apelação, por um órgão judiciário; d) a inserção do júri no capítulo dos direitos e garantias individuais atende muito mais à vontade política do constituinte de considerá-lo cláusula pétrea do que a finalidade de excluí-lo do Poder Judiciário; e) a Constituição Estadual de São Paulo prevê, taxativamente, ser ele órgão do Judiciário (art. 54, III). Outras Constituições Estaduais possuem idêntica previsão. Enfim, trata-se de um órgão especial do Poder Judiciário.

Seção I
Da acusação e da instrução preliminar[10-11]

10. Procedimento do júri: embora inserido no Título I, do Livro II, do Código de Processo Penal, e considerado como *processo comum* (melhor seria dizer *procedimento comum*), o fato é que o desenvolvimento dos atos processuais não pode ser assim conceituado. Trata-se de procedimento especial, uma vez que a maior parte do desenvolvimento dos atos processuais, no contexto do júri, é regida por normas específicas. Note-se haver previsão própria para todo o procedimento judicial, desde o recebimento da denúncia até a derradeira sentença a ser proferida em plenário.

11. Procedimento trifásico: após a reforma do capítulo concernente ao júri, em 2008, torna-se clara a existência de três fases no procedimento. A primeira, denominada de *fase de formação da culpa* (*judicium accusationis*), estrutura-se do recebimento da denúncia ou da queixa até a pronúncia (ou outra decisão, proferida em seu lugar, como a absolvição sumária, a impronúncia ou a desclassificação). A segunda fase, denominada de *preparação do processo para julgamento em plenário*, tem início após o trânsito em julgado da decisão de pronúncia e segue até o momento de instalação da sessão em plenário do Tribunal do Júri. A terceira, denominada de *fase do juízo de mérito* (*judicium causae*), desenvolve-se em plenário, culminando com a sentença condenatória ou absolutória, proferida pelo juiz presidente com base no veredicto dado pelos jurados. Ainda assim, parte da doutrina continua sustentando o procedimento bifásico: da denúncia à pronúncia e julgamento em plenário.

Art. 406. O juiz, ao receber a denúncia ou a queixa,[12] ordenará a citação do acusado para responder a acusação, por escrito, no prazo de 10 (dez) dias.[13]

§ 1.º O prazo previsto no caput deste artigo será contado a partir do efetivo cumprimento do mandado ou do comparecimento, em juízo, do acusado ou de defensor constituído, no caso de citação inválida ou por edital.[14]

Art. 406

Código de Processo Penal Comentado · **Nucci**

824

> § 2.º A acusação deverá arrolar testemunhas, até o máximo de 8 (oito), na denúncia ou na queixa.[15]
>
> § 3.º Na resposta,[16] o acusado poderá arguir preliminares e alegar tudo que interesse a sua defesa, oferecer documentos e justificações, especificar as provas pretendidas e arrolar testemunhas, até o máximo de 8 (oito), qualificando-as e requerendo sua intimação, quando necessário.

12. Recebimento da denúncia ou queixa: as regras permanecem as mesmas do procedimento anterior, ou seja, inexiste fase preliminar de instrução e produção de provas, obrigando o magistrado a fundamentar o recebimento. Optou o legislador por inserir uma fase de instrução, que até foi denominada de *preliminar* (no título da Seção I), mas não se deve confundi-la com a produção de provas *antes* do ajuizamento da ação penal. Logo, pelas regras vigentes, o magistrado necessita avaliar a peça acusatória com base nas provas pré--constituídas que a acompanharem, como regra, o inquérito policial. Verificando haver justa causa para a ação penal (prova da materialidade e indícios suficientes de autoria), recebe a denúncia ou queixa. Presume-se que a motivação para o referido recebimento encontra respaldo no inquérito, que serve de base à peça da acusação.

13. Resposta do acusado por escrito: cita-se o réu com o intuito de lhe permitir a apresentação de defesa prévia, por meio de advogado, constituído, dativo ou defensor público, no prazo de dez dias. Parece-nos indispensável o oferecimento dessa defesa, garantindo-se a ampla defesa.

14. Cômputo do decêndio para a resposta do réu: há duas possibilidades: a) a partir do *efetivo* cumprimento do mandado, ou seja, da data em que o oficial de justiça realmente citar o acusado, lançando a sua certidão a respeito; b) a partir da data em que o acusado ou seu defensor comparecer em juízo, possivelmente para analisar os autos, quando a citação pessoal tiver sido infrutífera, mas dela se tomou conhecimento de maneira indireta. Em outros termos, o oficial pode ter procurado o réu em sua residência e não o encontrou, porém tal notícia chegou ao interessado, que se deslocou ao fórum para checar do que se tratava o caso. Pode ter ocorrido citação por edital (ficta) e, ainda assim, o interessado tomou conhecimento do processo, comparecendo ao fórum. A lei menciona somente o comparecimento de defensor constituído, pois se entende que a citação não foi pessoal e completa, razão pela qual só o acusado pode contratar advogado, sendo inviável que o juiz nomeie um defensor para esse fim. É lógico que, não apresentada a defesa, por qualquer motivo, haverá a nomeação de dativo (art. 408, *caput*, CPP). No entanto, a hipótese do art. 406, § 1.º, é diversa: a citação não foi pessoal e, por isso, pode ser suprida pelo comparecimento pessoal do acusado ou de defensor que ele mesmo contrate para esse objetivo. Se, porventura, a citação se der por edital, não ocorrendo o comparecimento do réu ou de seu defensor constituído, aplica-se a suspensão do processo, nos termos do art. 366 do CPP.

15. Conteúdo da peça acusatória: deve ser o evidenciado pelo art. 41 do CPP: a) a exposição do fato criminoso com todas as suas circunstâncias; b) a qualificação do acusado ou esclarecimentos pelos quais se possa identificá-lo; c) a classificação do crime; d) o rol das testemunhas. Nesse caso, estabelece-se o número máximo de oito testemunhas. Lembramos que a jurisprudência tem aceitado, para processos complexos, a apresentação de oito testemunhas para cada fato, tanto para a acusação quanto para a defesa.

16. Conteúdo da defesa prévia: cuida-se de uma peça defensiva apresentada após o recebimento da denúncia ou queixa, logo, não se confunde com a defesa preliminar, que seria oferecida anteriormente ao recebimento da peça acusatória. A defesa prévia deve conter todas as questões de natureza preliminar, vale dizer, aquelas que servem para apontar vícios e falhas existentes na investigação ou na peça acusatória. Além disso, é o momento adequado para a propositura de provas, juntada de documentos, se for o caso, bem como para apresentar o rol das testemunhas, até o máximo de oito, lembrando sempre de oferecer a sua qualificação e requerer a intimação, salvo se comparecerem independentemente disso. Menciona o § 3.º poder o acusado "alegar tudo o que interesse a sua defesa", o que é manifestamente óbvio. Insere-se, ainda, o direito do réu de oferecer *justificações*. Não se explica o sentido do termo. Contudo, deve-se interpretar como as denominadas justificativas, ou seja, as excludentes de ilicitude (legítima defesa, estado de necessidade etc.). Eventuais exceções (suspeição, impedimento, coisa julgada, litispendência) serão apresentadas, também, nessa fase. Pode-se alegar, ainda, qualquer outra matéria de interesse da defesa, como, por exemplo, a extinção da punibilidade, por qualquer causa. Na jurisprudência: STJ: "1. No processo penal da competência do Tribunal do Júri, o momento adequado para o acusado alegar tudo que interessa à defesa, com a indicação das provas que pretende produzir, a juntada de documentos e a apresentação do rol de testemunhas é a defesa prévia, nos termos do artigo 406, § 3.º do Código de Processo Penal. 2. Não há preclusão se a parte, no momento da apresentação da defesa prévia, formula pedido de indicação de rol de testemunhas *a posteriori*; tampouco há violação do contraditório se o magistrado defere o pedido em busca da verdade real e diante da impossibilidade do contato do defensor público com o acusado. 3. Recurso improvido" (REsp 1.443.533/RS, 6.ª T., rel. Maria Thereza de Assis Moura, 23.06.2015, m.v.).

> **Art. 407.** As exceções serão processadas em apartado, nos termos dos arts. 95 a 112 deste Código.[17]

17. Exceções: são as defesas indiretas oferecidas por qualquer das partes, com o fim de resolver questão processual relevante, prolongando o trâmite processual, ou com a finalidade de barrar, definitivamente, o seu curso, porque processualmente incabível se torna o prosseguimento da ação. A exceção de coisa julgada, por exemplo, tem caráter peremptório, pois o objetivo é finalizar o processo. A exceção de incompetência, ilustrando, tem caráter dilatório, visto que a sua meta é somente alterar o juízo. Conferir os arts. 95 a 112, do CPP.

> **Art. 408.** Não apresentada a resposta no prazo legal, o juiz nomeará defensor para oferecê-la em até 10 (dez) dias, concedendo-lhe vista dos autos.[18]

18. Indispensabilidade da defesa prévia: seguindo o preceito constitucional da ampla defesa, durante a fase de formação da culpa, é inaceitável que o réu, citado, deixe de apresentar a sua defesa prévia. Por se tratar de direito indisponível, caso ele possua defensor constituído, pode ser declarado réu indefeso e outro causídico será nomeado pelo juiz para o patrocínio da causa. No entanto, inexistindo defensor constituído, nomeia-se um dativo ou aguarda-se a intervenção da defensoria pública, intimada a tanto. O relevante é não permitir que o acusado fique privado da defesa prévia. A contar da intimação do defensor nomeado ou indicado pela defensoria pública, haverá dez dias para oferecer a peça de defesa.

> **Art. 409.** Apresentada a defesa, o juiz ouvirá o Ministério Público ou o querelante sobre preliminares e documentos, em 5 (cinco) dias.[19]

Art. 410

19. Consagração do contraditório: se a defesa prévia contiver preliminares (alegações de vícios ou falhas processuais) ou documentos novos, cabe ouvir a parte contrária, no caso o Ministério Público ou o querelante. Haverá o prazo de cinco dias para manifestação. O dispositivo é relevante, registrando-se que o mesmo não consta no procedimento comum, como se pode constatar nos arts. 396-A a 398.

> **Art. 410.** O juiz determinará a inquirição das testemunhas e a realização das diligências requeridas pelas partes, no prazo máximo de 10 (dez) dias.[20]

20. Providências judiciais: recebida a defesa prévia e, eventualmente, a manifestação do órgão acusatório acerca de preliminares que tenham sido levantadas ou documentos, juntados, deve o magistrado deliberar a respeito do encaminhamento a ser dado ao processo. O mais relevante é que o juiz se pronuncie, fundamentadamente, acerca das alegações defensivas, sob pena de ser inútil essa fase do processo. Pode acolher alguma preliminar e determinar o refazimento de qualquer prova já concluída na fase de investigação, é possível que determine o aditamento da peça acusatória, em face de vício apontado pela defesa, enfim, procurará sanar os erros detectados até então. Pode até mesmo, no procedimento comum, absolver sumariamente o acusado. Em seguida, determinará as diligências cabíveis (produção de prova pericial, reconstituição do crime, entre outros). O mais relevante será designar a audiência de instrução e julgamento, uma vez que as partes, quase sempre, arrolam testemunhas. O prazo máximo de dez dias, constante do art. 410, somente pode ser interpretado, de maneira lógica, como o tempo dado ao juiz para deliberar sobre todos os requerimentos que lhe foram formulados pelas partes. Não é crível que todas as diligências e a inquirição das testemunhas devam ser feitas em dez dias, pois seria impossível. Aliás, espelharia uma contradição, pois todo o procedimento de formação da culpa tem o prazo de 90 dias para ser finalizado (art. 412, CPP). Na jurisprudência: STJ: "1. A Lei n. 11.719/2008 introduziu reforma legislativa, impondo ao defensor que, em sua defesa, não apenas rejeite genericamente a imputação e apresente o rol de testemunhas do acusado. Passou a ser este o momento adequado para o defensor 'arguir preliminares e alegar tudo o que interesse à sua defesa, oferecer documentos e justificações, especificar as provas pretendidas e arrolar testemunhas, qualificando-as e requerendo sua intimação, quando necessário' (art. 396-A do Código de Processo Penal). 2. Razão não haveria para tal alteração na lei processual penal, se não fosse esperado do magistrado a apreciação, ainda que sucinta e superficial, das questões suscitadas pela defesa na resposta à acusação. 3. Caso em que o julgador proferiu despacho sem apreciar, ainda que sucintamente, as teses da defesa, ensejando inarredável nulidade. 4. Recurso provido, para anular a ação penal a partir da decisão que apreciou a resposta à acusação, para que o Juízo de origem a aprecie de forma fundamentada, aos ditames do art. 397 do Código de Processo Penal" (RHC 59.594/RJ, 6.ª T., rel. Antonio Saldanha Palheiro, 19.05.2016, v.u.).

> **Art. 411.** Na audiência de instrução,[21] proceder-se-á à tomada de declarações do ofendido,[22] se possível, à inquirição das testemunhas arroladas pela acusação e pela defesa, nesta ordem,[23] bem como aos esclarecimentos dos peritos,[24] às acareações[25] e ao reconhecimento de pessoas e coisas,[26] interrogando-se,[27] em seguida, o acusado e procedendo-se o debate.[27-A]
>
> § 1.º Os esclarecimentos dos peritos dependerão de prévio requerimento e de deferimento pelo juiz.[28]
>
> § 2.º As provas serão produzidas em uma só audiência, podendo o juiz indeferir as consideradas irrelevantes, impertinentes ou protelatórias.[29-29-A]

§ 3.º Encerrada a instrução probatória, observar-se-á, se for o caso, o disposto no art. 384 deste Código.[30]

§ 4.º As alegações serão orais, concedendo-se a palavra, respectivamente, à acusação e à defesa, pelo prazo de 20 (vinte) minutos, prorrogáveis por mais 10 (dez).[31-32-A]

§ 5.º Havendo mais de 1 (um) acusado, o tempo previsto para a acusação e a defesa de cada um deles será individual.[33]

§ 6.º Ao assistente do Ministério Público, após a manifestação deste, serão concedidos 10 (dez) minutos, prorrogando-se por igual período o tempo de manifestação da defesa.[34-35]

§ 7.º Nenhum ato será adiado, salvo quando imprescindível à prova faltante, determinando o juiz a condução coercitiva de quem deva comparecer.[36]

§ 8.º A testemunha que comparecer será inquirida, independentemente da suspensão da audiência, observada em qualquer caso a ordem estabelecida no *caput* deste artigo.[37]

§ 9.º Encerrados os debates, o juiz proferirá a sua decisão, ou o fará em 10 (dez) dias, ordenando que os autos para isso lhe sejam conclusos.[38]

21. Audiência de instrução e julgamento: não se trata, como transparece no art. 411, *caput*, do CPP, de uma mera audiência de instrução. Cuida-se, em verdade, de audiência de instrução e julgamento, bastando conferir o conteúdo do § 9.º do referido art. 411. Portanto, o ideal é que somente em caráter excepcional, deixará o juiz de proferir a decisão ao final dos trabalhos de coleta de provas. Por outro lado, a idealização de uma audiência única, para colher todos os elementos probatórios necessários de uma só vez pode não ser viável. Afinal, nessa data, o juiz deverá ouvir a vítima, todas as testemunhas de acusação, que podem atingir o total de oito, e todas as de defesa, outras oito, sem alterar a ordem (primeiro, as de acusação; depois, as de defesa). Após, ouvirá os esclarecimentos dos peritos, se houver, bem como providenciará as acareações requeridas e o reconhecimento de pessoas e coisas. Ao final, interrogará o réu. Colhida a prova, passa-se aos debates, que serão orais. Tudo concluído, pode o magistrado prolatar sua decisão. Esse único dia deve ser longo e cansativo, mas a instrução, se tudo correr absolutamente bem, terá sido concluída de maneira célere. Entretanto, muitos réus presos não são apresentados, vários acusados soltos não comparecem, pois não foram intimados, defensores têm outros compromissos previamente agendados e pedem o adiamento, promotores podem ter problemas de última hora, testemunhas não atendem as intimações feitas e faltam, peritos deixam de comparecer, enfim, uma infinidade de problemas e obstáculos pode surgir. Logo, se o magistrado reservou um dia inteiro em sua pauta para isso, não realizada a audiência marcada para determinado dia, nenhum ato processual será realizado e haverá de ser encontrada outra data para que essa audiência (extensa, por natureza) seja realizada. Enfim, nem sempre será possível produzir todas as provas em audiência única. Não há nenhuma nulidade se houver partição dos atos processuais, pois inexistente qualquer prejuízo às partes.

22. Inquirição do ofendido: desde que comentamos o disposto no art. 201 do CPP, temos defendido a obrigatoriedade de oitiva da vítima, quando possível. Portanto, ainda que as partes não a arrolem, deve o juiz determinar a sua intimação de ofício. A verdade real somente será atingida quando se puder ouvir o maior número de interessados no deslinde da causa e, nesse cenário, certamente, inclui-se a pessoa ofendida. O art. 411, *caput*, inseriu, expressamente, a obrigatoriedade de inquirição do ofendido. Outros detalhes podem ser encontrados nas notas elaboradas ao art. 201 do CPP.

23. Ordem de inquirição legalmente imposta: deve-se ouvir, primeiramente, as testemunhas de acusação; depois, as de defesa. Não é admissível a inversão, como regra. Porém, é preciso ressaltar que a imposição da ordem de inquirição atende a reclamos das próprias partes, motivo pelo qual, havendo a concordância da acusação e da defesa nada impede que ocorra a mencionada inversão. E mais, se o juiz ouvir, por determinação sua, alguma testemunha de defesa, antes de qualquer testemunha de acusação, por economia processual, há que se analisar se houve algum prejuízo, pois se trata de nulidade relativa. Imagine-se ouvir uma testemunha de defesa, narrando apenas fatores ligados à conduta social do réu, à frente de outra testemunha de acusação, que nada sabe diretamente sobre os fatos. Não haveria qualquer perda para acusação ou defesa. Na jurisprudência: STJ: "Embora o art. 411 do Código de Processo Penal haja estabelecido uma ordem de inquirição das testemunhas, 'a inversão da oitiva de testemunhas de acusação e defesa não configura nulidade quando a inquirição é feita por meio de carta precatória, cuja expedição não suspende a instrução criminal' (HC n. 160.794/RS, Rel. Ministro Jorge Mussi, 5.ª T., *DJe* 4/5/2011). Ainda que assim não fosse, a não observância dessa regra acarreta, no máximo, nulidade relativa, sendo necessária, também, a demonstração de efetivo prejuízo (*pas de nullité sans grief*), por se tratar de mera inversão" (HC 159.885/SP, 6.ª T., rel. Rogério Schietti Cruz, 21.06.2016, v.u.); "1. A inobservância da ordem estabelecida pelo art. 411 do Código de Processo Penal, notadamente a inversão na oitiva de testemunha, é causa de nulidade relativa e, portanto, depende da demonstração de efetivo prejuízo, o que não ocorreu na espécie dos autos. 2. Recurso em *habeas corpus* improvido" (RHC 50.243/GO, 6.ª T., rel. Sebastião Reis Júnior, 12.05.2015, v.u.).

24. Esclarecimentos dos peritos: parece-nos essencial a previsão de inquirição dos peritos em audiência, o que poderá atenuar, em grande parte, a pretérita realização do exame sem a participação dos interessados. Exames periciais, muitas vezes, são concretizados na fase policial, em face do seu caráter de urgência, porém ausente o contraditório. A viabilidade de inquirir os peritos para que esclareçam o conteúdo do laudo é a consagração do reequilíbrio na produção da prova, proporcionando a efetivação tanto do contraditório como da ampla defesa. Está em sintonia com a atual redação do art. 159, § 5.º, I e II, CPP.

25. Acareação: é o ato processual, presidido pelo magistrado, que provoca o confronto, face a face, entre depoentes, a fim de aclarar pontos contraditórios, permitindo emergir a verdade dos fatos. Encontra-se previsto nos arts. 229 e 230 do CPP.

26. Reconhecimento de pessoas e coisas: essa espécie de prova possui procedimento formal e expressamente previsto em lei (arts. 226 a 228, CPP). Entretanto, tem-se acompanhado, ao longo dos anos, em especial, quando realizado em audiência, a sua concretização por mecanismos informais, que servem para descaracterizar por completo a segurança da prova. Não se pode considerar *reconhecimento de pessoa*, por exemplo, a atitude do juiz que, indicando para a testemunha o réu, sentado ao final da mesa, na sala de audiências, pergunta se foi aquele o autor do roubo. A testemunha, olhando brevemente para o rosto do acusado, volta-se ao magistrado e responde afirmativamente. Basta comparar essa informal situação de reconhecimento com o procedimento estipulado pelo art. 226 do CPP. Portanto, a partir do momento em que se insere no texto legal (art. 411, *caput*, CPP) a menção à prova "reconhecimento de pessoas e coisas" espera-se seja ela realizada nos exatos termos previstos pela lei processual penal. Do contrário, pode ser considerada ilegítima, logo, inválida.

27. Interrogatório do acusado: após colher toda a prova oral, em audiência, ouve-se a declaração do réu, se ele quiser se manifestar quanto à imputação acusatória. O interrogatório será efetivado nos termos do art. 186 e ss. do CPP. Lembre-se que é instante adequado para a apresentação da autodefesa, de onde se pode extrair tese defensiva, passível de ser inserida, posteriormente, se for o caso, no questionário, no julgamento em plenário do júri.

27-A. Ausência das partes à audiência: conforme já exposto em nota anterior, se houve regular intimação, o não comparecimento do membro do MP, sem justificativa plausível, em nosso entendimento, permite a realização da audiência. Inexiste lei ou princípio a sustentar falha intransponível em virtude da ausência do órgão acusatório. Por óbvio, o mesmo não se permite no tocante ao defensor, em virtude do princípio constitucional da ampla defesa. Não comparecendo o advogado constituído, devidamente intimado, sem justificativa aceitável, pode o juiz nomear defensor *ad hoc* (para o ato). Tratando-se de defensor dativo ausente, pode o magistrado nomear defensor *ad hoc* ao acusado, realizando-se o ato. Ao seu término, convém nomear outro defensor dativo ao réu.

28. Prévio requerimento das partes em relação aos peritos: deve-se seguir o disposto no art. 159, § 5.º, I: "requerer a oitiva dos peritos para esclarecerem a prova ou para responderem a quesitos, desde que o mandado de intimação e os quesitos ou questões a serem esclarecidas sejam encaminhados com antecedência mínima de 10 (dez) dias, podendo apresentar as respostas em laudo complementar".

29. Audiência única e controle da produção de provas pelo juiz: cabe ao magistrado regular os trabalhos e filtrar as provas que devem ser produzidas em audiência. Não há que se deferir a realização de qualquer espécie de prova considerada irrelevante (desnecessária para a apuração da verdade relacionada à imputação), impertinente (desviada do foco principal da causa, embora possa ser importante para outros fins) ou protelatória (repetida ou já demonstrada por outras provas anteriormente produzidas). Na jurisprudência: TRF-3: "É entendimento assente na doutrina e na jurisprudência que o deferimento de diligências probatórias é ato que se inclui na discricionariedade regrada do juiz, cabendo a ele aferir, em cada caso, a real necessidade da medida para a formação de sua convicção, nos termos do art. 411, § 2.º, do Código de Processo Penal" (Ap. Crim. 73.288/SP, 5.ª T., rel. André Nekatschalow, 25.06.2018, v.u.).

29-A. Testemunhas de antecedentes: não podem ser consideradas provas irrelevantes, impertinentes ou protelatórias, de maneira preconcebida. Em primeiro lugar, a expressão correta, após a reforma penal de 1984, modificando o art. 59 do Código Penal, seria *testemunhas de conduta social*, pois os antecedentes criminais do acusado são demonstrados por certidões apenas. Por outro lado, cabe à parte – acusação ou defesa – demonstrar ao juiz a personalidade do réu e sua conduta social, requisitos fundamentais para a eventual aplicação da pena, nos exatos termos da individualização apregoada pelo referido art. 59. Por isso, ouvir os depoimentos de pessoas que conheçam verdadeiramente o acusado, narrando trechos da sua vida e mostrando seu perfil como pessoa, torna-se essencial para o processo de aplicação da pena, em caso de condenação. Não se desconhece, por certo, a irregular conduta de alguns causídicos, arrolando testemunhas que absolutamente nada sabem sobre o réu, aliás, nem mesmo o conhecem, não podendo prestar qualquer esclarecimento a seu respeito. Estas, sim, são provas testemunhais irrelevantes. Porém, o magistrado somente poderá detectar o conteúdo da prova ao ouvir a testemunha. Eis a razão pela qual não pode indeferir, de plano, a oitiva de testemunhas *de antecedentes*. Poderá, entretanto, fazê-lo, durante a audiência, caso fique demonstrada a má-fé da parte que arrolou pessoas totalmente ignorantes em relação à pessoa do acusado.

30. *Mutatio libelli*: ao final da instrução, pode-se constatar que os fatos narrados na denúncia ou queixa não coincidem com as provas colhidas. Portanto, pode ser necessário adaptar a peça acusatória ao contexto das provas produzidas. Evitando-se qualquer surpresa ao réu, segue-se o disposto no art. 384 do CPP, ao qual remetemos o leitor.

Art. 411

Código de Processo Penal Comentado · Nucci   830

31. Debates orais: em homenagem ao princípio da oralidade, buscando consagrar a celeridade processual, inserem-se, no contexto da fase de formação da culpa, os debates orais. Entretanto, é preciso que eles sejam realizados exatamente nos padrões legais, vale dizer, não sejam substituídos, como um padrão, por alegações escritas.

32. Juntada de memoriais: embora o ideal seja seguir o procedimento estabelecido em lei para prestigiar o princípio da oralidade, eventualmente, em casos complexos, por vezes com muitos réus, assim como previsto no art. 403, § 3º, pode-se deferir a juntada de memoriais.

32-A. Alegação final e estratégia da defesa: a finalização da fase instrutória de formação da culpa, cuja meta é apenas julgar admissível a acusação, para que seja submetida à apreciação do Tribunal do Júri, pode levar a defesa à estratégia de não apresentar o *mérito* das suas alegações quanto ao caso. Defensores tarimbados, acostumados ao júri, podem não achar interessante expor ao órgão acusatório qual a tese a ser sustentada em plenário, sabendo que a pronúncia será inevitável. Diante disso, nos debates orais ou em memoriais, limitam-se a requerer a pronúncia, argumentando que promoverão a efetiva defesa do réu em plenário. Não se trata, nesta hipótese, de acusado indefeso, pois há uma estratégia nessa atuação. Porém, tudo depende do caso concreto. Se, porventura, as alegações finais não forem apresentadas, sem qualquer justificativa plausível, o acusado pode ser considerado indefeso e gerar nulidade a fases processuais que venham a seguir. Se isso ocorrer, é preciso intimar o acusado a indicar outro defensor; se não o fizer, poderá ingressar no feito a Defensoria Pública, para apresentar alegações. Na jurisprudência: STF: "Esta Suprema Corte, inclusive, já assentou que, até mesmo o não oferecimento das alegações finais em procedimento da competência do Tribunal do Júri constitui adequada tática da acusação e da defesa de deixarem os argumentos de que dispõem para a apresentação em plenário, ocasião em que poderão surtir melhor efeito, por não serem previamente conhecidos pela parte adversária. Precedentes (HC 74.631 – SP, 2.ª T., rel. Ministro Maurício Corrêa, *DJ* 20.06.1997; HC 92.207 – AC, 1.ª T., rel. Min. Cármen Lúcia, *DJe* 26.10.2007)" (HC 108.951/RJ, 1.ª T., rel. Dias Toffoli, 08.05.2012, v.u.). STJ: "2. Na hipótese, todavia, em atenção ao princípio da plenitude de defesa, ainda que o causídico, então constituído, tenha sido intimado e não tenha apresentado a peça processual, incumbiria ao magistrado mandar intimar pessoalmente o acusado para constituir novo advogado ou, não tendo eficácia essa providência, encaminhar os autos à Defensoria Pública, de modo que passasse a patrocinar a causa, inclusive apresentando as derradeiras alegações antes da sentença de pronúncia ou despronúncia. 3. Essa providência ainda mais se impunha pelo fato de o acusado ter comparecido a Juízo para dizer que não disponha de condições financeiras para continuar com o patrocínio do defensor constituído, conforme certidão inserida nos autos. Nesse cenário, a falta de alegações finais, como um juízo crítico da prova produzida na primeira fase do procedimento do Júri, configura prejuízo ao acusado e, portanto, implica nulidade. 4. Provimento do agravo regimental. Anulação da sentença de pronúncia. Devolução dos autos à primeira instância para a restituição do prazo para a defesa apresentar alegações finais" (AgRg no HC 710.306/AM, 6.ª T., rel. Olindo Menezes (Desembargador convocado do TRF 1.ª Região), 27.09.2022, v.u.).

33. Tempos autônomos: havendo mais de um acusado, em lugar de aumentar o tempo total da defesa, para que fosse dividido entre os defensores, optou a lei por garantir a cada um dos réus, por meio de sua defesa técnica, a integral utilização dos 20 minutos (prorrogáveis, se for o caso, por mais 10).

34. Tempo destinado ao assistente de acusação: tem ele 10 minutos para sustentar, oralmente, a sua tese. Falará após o Ministério Público. Se tal ocorrer, a defesa passa a ter 10 minutos a mais, portanto, 30 minutos (e não somente 20) para rebater a tese acusatória como um todo.

35. Ministério Público como *custos legis*: se a ação for proposta pelo querelante (ação privada exclusiva ou subsidiária da pública), o Ministério Público atua como fiscal da lei. Logo, deve ter a palavra para se manifestar, também, nos debates finais. A lei não faz previsão de tempo, razão pela qual, por analogia, cremos que lhe cabe o espaço de 10 minutos (como ao assistente de acusação caberia), manifestando-se, após o querelante. De toda forma, por cautela, o tempo da defesa deve ser elevado, em 10 minutos, pois houve a manifestação de outro órgão, além do acusador particular.

36. Adiamento da audiência e imprescindibilidade da prova: em qualquer procedimento, não há cabimento em se adiar um ato processual, fundado em motivo irrelevante, impertinente ou descabido. Adia-se a produção de qualquer prova, quando não é possível a sua realização no momento, cuidando-se de algo indispensável para a busca e descoberta da verdade real. Logo, a audiência una, tal como prevista pelo art. 411 do CPP, deve realizar-se de uma só vez, sempre que possível. A condução coercitiva de quem não compareceu para depoimento pode ser determinada, porém tomando-se as cautelas legais. Somente é cabível se a pessoa foi intimada por mandado (ou, pelo menos, pelo correio, mas com recepção direta). Em todas as situações, deve ter constado, expressamente, a advertência de haver a condução coercitiva em caso de não comparecimento e, conforme o caso, o alerta de que pode haver processo por crime de desobediência e aplicação de multa.

37. Inquirição da testemunha, ainda que haja o adiamento: é mais que certo serem ouvidas as testemunhas que compareceram, desde que não se afete a ordem estabelecida (as de acusação seguidas das de defesa), pois não haveria sentido algum em dispensar a pessoa presente, a pretexto de se redesignar a audiência *una* para outra data, pois alguma testemunha faltou.

38. Decisão do juiz: como regra, deve o magistrado, finda a colheita da prova e os debates das partes, proferir a sua decisão. Consagra-se a celeridade e o intuito de se terminar tudo em um único dia. Porém, conforme o caso, tem a possibilidade de proferir a decisão em dez dias, esclarecendo-se que tal prazo é impróprio, ou seja, uma vez ultrapassado, não gera nenhuma nulidade processual.

> **Art. 412.** O procedimento será concluído no prazo máximo de 90 (noventa) dias.[39]

39. Prazo impróprio: estabelece-se que o procedimento de formação da culpa não deve ultrapassar o prazo máximo de 90 dias. Entretanto, se não for possível seguir o preceituado no art. 412, nenhuma consequência advirá. Aliás, conforme o caso, dependendo do número de processos em andamento na Comarca, pode ser que o prazo seja efetivamente rompido, vez que impossível cuidar de todos os feitos com a celeridade idealmente imposta por lei. Eventualmente, em caso de réu preso, é preciso justificativa razoável para mantê-lo segregado. Na jurisprudência: STJ: "2. É uníssona a jurisprudência desta Corte no sentido de que o constrangimento ilegal por excesso de prazo só pode ser reconhecido quando seja a demora injustificável, impondo-se adoção de critérios de razoabilidade no exame da ocorrência de constrangimento ilegal. 3. Efetivada a prisão em 21.10.2013, o réu que veio a ser pronunciado em 12.05.2016, após instrução processual complexa, com várias audiências, oitivas, pedidos de adiamento e instauração de incidência de insanidade mental, sendo ainda interpostos recurso em sentido estrito e especial, bem como a requisitadas várias diligências, na forma do art. 422 do CPP, apenas não vindo a ser realizado o júri em 11.12.2018 por ato atribuível à defesa, atualmente aguardando-se a realização da nova reunião do Conselho de sentença

Art. 413

Código de Processo Penal Comentado · **Nucci**

832

aprazada para 19.03.2019, de modo a não se verificar clara mora imputável aos órgãos estatais. 4. Não constitui constrangimento ilegal o excesso de prazo na instrução provocado pela defesa (Súmula 64/STJ). 5. Recurso em *habeas corpus* improvido" (RHC 104.117/RJ, 6.ª T., rel. Nefi Cordeiro, j. 12.03.2019, v.u.).

Seção II
Da pronúncia, da impronúncia e da absolvição sumária[40]

40. Fase de apreciação da admissibilidade da acusação: finda a instrução do processo relacionado ao Tribunal do Júri (*judicium accusationis*), cuidando de crimes dolosos contra a vida e infrações conexas, o magistrado possui quatro opções: a) pronunciar o réu, quando julga admissível a acusação, remetendo o caso para a apreciação do Tribunal Popular; b) impronunciá-lo, quando julga inadmissível a acusação, por insuficiência de provas; c) absolvê-lo sumariamente, quando considera comprovada a inexistência do fato, quando não estiver provada a autoria ou a participação em relação ao acusado, quando o fato não constituir infração penal ou quando ficar demonstrada uma causa de exclusão da ilicitude ou da culpabilidade; d) desclassificar a infração penal, quando se julga incompetente para cuidar do feito, assim como o Tribunal do Júri, remetendo a apreciação do caso a outro juízo. As hipóteses serão analisadas nas notas seguintes.

Art. 413. O juiz, fundamentadamente, pronunciará[41-41-A] o acusado, se convencido[41-B-41-D] da materialidade do fato[42] e da existência de indícios suficientes de autoria ou de participação.[42-A]

§ 1.º A fundamentação da pronúncia limitar-se-á[42-B-42-C] à indicação da materialidade do fato e da existência de indícios suficientes de autoria ou de participação, devendo o juiz declarar o dispositivo legal em que julgar incurso o acusado e especificar as circunstâncias qualificadoras e as causas de aumento de pena.[42-D]

§ 2.º Se o crime for afiançável, o juiz arbitrará o valor da fiança para a concessão ou manutenção da liberdade provisória.[42-E]

§ 3.º O juiz decidirá, motivadamente, no caso de manutenção, revogação ou substituição da prisão ou medida restritiva de liberdade anteriormente decretada e, tratando-se de acusado solto, sobre a necessidade da decretação da prisão ou imposição de quaisquer das medidas previstas no Título IX do Livro I deste Código.[42-F-42-H]

---

41. Pronúncia: é decisão interlocutória mista, que julga admissível a acusação, remetendo o caso à apreciação do Tribunal do Júri. Trata-se de decisão de natureza mista, pois encerra a fase de formação da culpa, inaugurando a fase de preparação do plenário, que levará ao julgamento de mérito. Não mais se denomina sentença de pronúncia, mas simples *decisão*. Entretanto, continua a possuir *formalmente* a estrutura de uma sentença, isto é, relatório, fundamentação e dispositivo. Na jurisprudência: STJ: "A sentença de pronúncia constitui juízo de admissibilidade da acusação, não exigindo a certeza necessária à condenação, de modo que havendo indícios de autoria e da materialidade do homicídio, deve-se submeter ao Tribunal do Júri a análise do elemento subjetivo da conduta, sob pena de usurpação de competência (...)" (AgRg no AREsp 1.390.818-RS, 5.ª T., rel. Joel Ilan Paciornik, 07.11.2019).

41-A. Excesso de linguagem nos debates: ver a nota 316-A ao art. 497.

41-B. O convencimento do juiz e a expressão *in dubio pro societate*: não é à toa que o procedimento do júri possui três fases, a primeira das quais se destina a *filtrar* a imputação, permitindo a remessa do caso à apreciação do Tribunal Popular se – e somente se – houver provas mínimas a gerar dúvida razoável no espírito do julgador, de modo que, analisando-se as provas, surjam duas ou mais vertentes para a decisão. Noutros termos, a decisão de pronúncia – juízo de admissibilidade da acusação – é momento sério e importante para o réu, devendo ser enfrentado pelo magistrado com a indispensável cautela. Jamais se pode enviar a júri um caso em que as provas, uníssonas, demandam absolvição por insuficiência de provas. Mesmo que o julgador não possa absolver sumariamente, é mais adequado optar pela impronúncia, quando perceber ser totalmente inviável uma condenação justa, no futuro. A expressão *in dubio pro societate* (na dúvida, em favor da sociedade) é mais didática do que legal. Não constitui um princípio do processo penal, ao contrário, o autêntico princípio calca-se na prevalência do interesse do acusado (*in dubio pro reo*). Mas tem o sentido eficiente de indicar ao juiz que a decisão de pronúncia não é juízo de mérito, porém de admissibilidade. Por isso, se houver dúvida *razoável*, em lugar de absolver, como faria em um feito comum, deve remeter o caso à apreciação do juiz natural constitucionalmente recomendado, ou seja, o Tribunal do Júri. Em suma, não devem seguir a júri os casos rasos em provas, fadados ao insucesso, merecedores de um fim, desde logo, antes que se possa lançar a injustiça nas mãos dos jurados; merecem ir a júri os feitos que contenham provas suficientes tanto para condenar como para absolver, dependendo da avaliação que se faça do conjunto probatório. Essa é a dúvida razoável. Exemplo: uma testemunha afirma que o réu matou a vítima; outra nega veementemente. Qual é a mais crível versão? Essa dúvida deve ser dirimida pelo Conselho de Sentença e não pelo magistrado togado. Entretanto, se as provas são fracas, não há testemunhas presenciais e somente existe uma confissão extrajudicial do réu, por evidente, consagra-se a carência absoluta para sustentar qualquer condenação, sendo o caso de impronúncia. Na jurisprudência: STF: "2. Estabelece o art. 413 do Código de Processo Penal que, para a decisão de pronúncia, basta, além da constatação de indícios de autoria, que esteja o julgador convencido da existência do crime. Não se exige, portanto, prova inconteste de sua autoria, sendo bastante que o magistrado se convença da materialidade da infração. 3. Agravo regimental ao qual se nega provimento" (HC 189.813 AgR, 1.ª T., rel. Dias Toffoli, 13.04.2021, maioria); "3. Pronúncia e *standard* probatório: a decisão de pronúncia requer uma preponderância de provas, produzidas em juízo, que sustentem a tese acusatória, nos termos do art. 414, CPP. 4. Inadmissibilidade *in dubio pro societate*: além de não possuir amparo normativo, tal preceito ocasiona equívocos e desfoca o critério sobre o *standard* probatório necessário para a pronúncia. 5. Valoração racional da prova: embora inexistam critérios de valoração rigidamente definidos na lei, o juízo sobre fatos deve ser orientado por critérios de lógica e racionalidade, pois a valoração racional da prova é imposta pelo direito à prova (art. 5.º, LV, CF) e pelo dever de motivação das decisões judiciais (art. 93, IX, CF). 5. Critérios de valoração utilizados no caso concreto: em lugar de testemunhas presenciais que foram ouvidas em juízo, deu-se maior valor a relato obtido somente na fase preliminar e a testemunha não presencial, que, não submetidos ao contraditório em juízo, não podem ser considerados elementos com força probatória suficiente para atestar a preponderância de provas incriminatórias. 7. Dúvida e impronúncia: diante de um estado de dúvida, em que há uma preponderância de provas no sentido da não participação dos acusados nas agressões e alguns elementos incriminatórios de menor força probatória, impõe-se a impronúncia dos imputados, o que não impede a reabertura do processo em caso de provas novas (art. 414, parágrafo único, CPP). Primazia da presunção de inocência (art. 5.º, LVII, CF e art. 8.2, CADH). 8. Função da pronúncia: a primeira fase do procedimento do Júri consolida um filtro processual, que busca impedir o envio de casos sem um lastro

Art. 413

Código de Processo Penal Comentado · **Nucci**

probatório mínimo da acusação, de modo a se limitar o poder punitivo estatal em respeito aos direitos fundamentais. 9. Inexistência de violação à soberania dos veredictos: ainda que a Carta Magna preveja a existência do Tribunal do Júri e busque assegurar a efetividade de suas decisões, por exemplo ao limitar a sua possibilidade de alteração em recurso, a lógica do sistema bifásico é inerente à estruturação de um procedimento de júri compatível com o respeito aos direitos fundamentais e a um processo penal adequado às premissas do Estado Democrático de Direito. 10. Negativa de seguimento ao Agravo em Recurso Extraordinário. *Habeas corpus* concedido de ofício para restabelecer a decisão de impronúncia proferida pelo juízo de primeiro grau, nos termos do voto do relator" (ARE 1.067.392-CE, 2.ª T., rel. Gilmar Mendes, 26.03.2019, v. u.).

41-C. Fonte do questionário e fronteira dos debates: antes do advento da Lei 11.689/2008, após o trânsito em julgado da pronúncia, julgando admissível a acusação, cabia ao Ministério Público oferecer o libelo-crime acusatório. Essa peça continha *artigos*, cada um dos quais apontava um fato jurídico relevante a ser provado em plenário. Depois, a defesa contrariava o libelo. Quando o feito chegava à fase do plenário, os debates eram construídos em torno do libelo e o questionário do juiz presidente, também. Com a extinção do libelo, pela lei supramencionada, passou a pronúncia a representar o limite da acusação em plenário (somente o que nela estiver constando pode ser apresentado aos jurados) e igualmente serve de fonte para o magistrado elaborar os quesitos.

41-D. Correlação entre acusação e pronúncia: da mesma forma que se busca preservar, em homenagem à ampla defesa, a harmonia entre a imputação feita na denúncia (ou queixa) e a sentença condenatória, para que inexista excesso de acusação, contra o qual não pôde o réu se defender a contento, faz-se o mesmo no cenário da pronúncia. Embora esta constitua um mero juízo de admissibilidade da acusação, instaura-se o devido processo legal do mesmo modo. Assim sendo, o acusado se defende dos fatos imputados na denúncia (ou queixa), visando à impronúncia, absolvição ou desclassificação. Se o juiz pronunciar o réu por fatos não constantes da peça inicial, ocorrerá nítido prejuízo à defesa, que se espelhará, depois, no julgamento pelo Tribunal do Júri. A denúncia (ou queixa) precisa conter todos os elementos do art. 41 do CPP, em particular a correta e detalhada descrição do fato principal (tipo básico) com todas as suas circunstâncias (qualificadoras e causas de aumento). Outro ponto importante é definir o elemento subjetivo do crime, se dolo ou culpa. Na jurisprudência: STJ: "1. O Juiz-Presidente, ao elaborar os quesitos, deve se ater aos termos da pronúncia, sendo imperiosa a estrita correlação entre estes, sob pena de nulidade absoluta do julgamento pelo júri, consoante exegese filológica e sistemática dos arts. 476, *caput*, e 482, parágrafo único, ambos do Código de Processo Penal, conjugada à redação do art. 566, segunda parte, do referido diploma. 2. Malgrado o entendimento consolidado no sentido de a apelação devolver ao órgão julgador apenas a matéria impugnada, nos limites reclamados pelo recurso (*tantum devolutum quantum appellatum*), tal regramento sofre mitigação pelo efeito translativo recursal. 3. Neste caso, a nulidade restou evidenciada diante da existência de indícios de que o acusado foi partícipe dos fatos descritos na denúncia, tendo a quesitação, por outro lado, conduzido o Conselho de Sentença a reconhecer a coautoria, configurando, assim, nulidade posterior à pronúncia, ensejando a decretação de nulidade da Sessão Plenária. 4. Agravo regimental desprovido" (AgRg no AREsp 955.249/RJ, 5.ª T., rel. Jorge Mussi, 25.09.2018, v.u.).

42. Materialidade do fato: é a prova de existência de fato penalmente relevante. Deve-se, pois, demonstrar que houve um fato típico (ex.: "A" matou "B"). Anteriormente, mencionava-se a prova de existência do crime. Tecnicamente, melhor está a atual nomenclatura, pois é viável ocorrer um *fato-homicídio* que, no entanto, não se constitua em *crime de homicídio* (ex.: praticado em estado de necessidade). Atinge-se essa certeza, no contexto dos delitos contra a vida, em regra, através do laudo pericial, demonstrando a ocorrência de morte (homicídio, aborto, infanticídio, participação em suicídio). Entretanto, é possível formar a materialidade também com o auxílio de outras provas, especialmente a testemunhal (art. 167, CPP). O que não se deve admitir, no cenário da pronúncia, é permitir que o juiz se limite a um convencimento íntimo a respeito da existência do fato típico, como, aparentemente, dá a entender a redação do art. 413, *caput*: "se *convencido* da materialidade do fato...". O erro já constava do antigo art. 408 do CPP e, lamentavelmente, foi mantido após a reforma introduzida pela Lei 11.689/2008. O mínimo que se espera, para haver pronúncia, é a *prova certa* de que o fato aconteceu, devendo o magistrado indicar a fonte de seu convencimento nos elementos colhidos na instrução e presentes nos autos.

42-A. Indícios suficientes de autoria: é fundamental que, no tocante à autoria, existam provas mínimas, mas seguras, indicando ter o réu cometido a infração penal. Autoriza-se, para a pronúncia, a colheita de prova indiciária (ver o art. 239, CPP), não havendo necessidade de certeza; essa certeza deverá ser alcançada para a condenação. Debate-se a possibilidade de se utilizar do conteúdo do inquérito policial para levar o acusado a julgamento pelo Tribunal do Júri, o que se nos afigura inaceitável. É preciso lembrar que, colocado diante do Conselho de Sentença, somente com provas captadas na fase extrajudicial, torna-se perfeitamente viável a sua condenação, pois os jurados são leigos, independentes, soberanos e não estão atrelados à lei. Cabe ao juiz togado pronunciar o acusado apenas quando os indícios forem *suficientes* para apontar a autoria, com provas judiciais. Entretanto, em sentido contrário: STJ: "Nesse sentido, a jurisprudência desta Corte Superior admite que os indícios de autoria imprescindíveis à pronúncia defluam dos elementos de prova colhidos durante a fase inquisitorial. No caso, registra o acórdão *a quo* que tanto a vítima quanto seu irmão afirmaram em sede policial que foram os recorrentes que efetuaram os disparos em sua direção, havendo a suspeita de que ambos somente se retrataram em juízo em virtude das ameaças que sofreram" (AgRg no REsp 1.309.425/MG, 5.ª T., rel. Jorge Mussi, 07.10.2014, v.u.).

42-B. Limitação à fundamentação e excesso de linguagem: o disposto no § 1.º do art. 413 pode ser considerado inconstitucional, se interpretado de maneira restritiva, vale dizer, o julgador faz uma referência breve e concentrada somente na prova da existência do delito e nos indícios suficientes de autoria, ignorando os argumentos da defesa, por exemplo, requerendo a absolvição sumária por qualquer dos incisos do art. 415. Além disso, quando a materialidade for controversa, questionando-se, *v.g.*, o nexo causal entre conduta e resultado, o magistrado precisará fundamentar de modo mais minucioso, sem que isso simbolize excesso de linguagem. No mesmo prisma, ao tratar da autoria, mormente quando há vários corréus, exige-se do juiz uma motivação convincente para remeter o caso ao júri. Essa conjuntura evidencia a indispensabilidade de uma fundamentação suficiente, embora não signifique ser excessiva ou exagerada. A preocupação com a motivação da decisão de pronúncia é evidente, tanto que o legislador, mesmo sem necessidade de explicitar, deixou bem claro no *caput*: "fundamentadamente". No mais, o respeito à Constituição Federal se impõe, pois todas as decisões do Judiciário devem ser fundamentadas (art. 93, IX). A decisão de remeter o caso à apreciação do Tribunal Popular precisa oferecer motivação *suficiente* para demonstrar às partes o convencimento judicial. Pretender limitá-la à materialidade e à autoria, de maneira simplista, é ignorar, por completo, o amplo quadro de alegações porventura trazido pelas partes. Imagine-se que o defensor alegue legítima defesa, indicando várias provas dos autos e peça a absolvição sumária do réu. O juiz não pode simplesmente desprezar o pleito, afirmando haver materialidade e indícios suficientes de autoria, remetendo o caso ao júri. A decisão padece de nulidade insanável, por carência de fundamentação. Portanto, se o julgador levar em conta as teses ofertadas pelas partes, refutando-as com equilíbrio e comedimento, mas indo além

Art. 413

da mera afirmação da existência do crime e dos indícios de autoria, terá agido com acerto. Por outro lado, exagerando nos termos, expondo teses de maneira contundente, afirmando a autoria de modo induvidoso, e atribuindo adjetivações negativas ao réu, enfim, excedendo-se na linguagem, o juiz invade competência do júri, cuja meta é apreciar o mérito. Exemplo disso seria afirmar "é evidente que o réu é autor do homicídio bárbaro e selvagem"; "o réu é um facínora, atuando com crueldade incomum"; "torna-se inequívoco inexistir legítima defesa neste caso", dentre outras expressões similares. A decisão, proferida nesses termos, não pode ser utilizada no Tribunal Popular e deve ser anulada pelo tribunal. Parecia-nos suficiente impedir que os jurados tomassem conhecimento de seu conteúdo; ocorre que, a qualquer momento da instrução e dos debates em plenário e na sala especial, o jurado interessado tem direito de consultar os autos do processo e, assim fazendo, pode ler a pronúncia. Não vemos sentido em manter essa decisão no processo, ao mesmo tempo em que se veda o acesso ao Conselho de Sentença. Se há vício na sua elaboração, o caminho ideal é anulá-la, determinando que outra seja proferida em linguagem comedida. Na jurisprudência: STF: "Assim, não há afronta à presunção de inocência, uma vez vedado juízo de certeza do magistrado na prolação de sentença de pronúncia, sob pena de excesso de linguagem, nos termos do art. 413, § 1.º, do Código de Processo Penal. Cito, no mesmo sentido, o HC 200.734 AgR, ministro André Mendonça, de cuja ementa se extrai: '1. Proferida sentença de pronúncia nos termos do art. 413, *caput*, e § 1.º, do CPP, com moderação e comedimento, abstendo-se o magistrado de veicular juízo de certeza, não haveria que se falar em situação de excesso de linguagem. Precedentes'. A decisão de pronúncia não encerra a atividade probatória, ausente formação de juízo de culpa dos acusados. Na fase posterior do rito escalonado do Júri, haverá nova produção de provas, cuja finalidade é preparar o processo para julgamento pelo Conselho de Sentença" (HC n. 230137, 2.ª T., rel. Nunes Marques, 12.09.2023, v.u.); "A jurisprudência pacífica desta Suprema Corte é no sentido de não haver excesso de linguagem quando o Juízo limita-se a demonstrar a existência de materialidade e de indícios de autoria necessários para submeter o paciente ao julgamento pelo tribunal do júri, nos termos do art. 413, § 1.º, do Código de Processo Penal" (HC 159143 AgR, 2.ª T., rel. Ricardo Lewandowski, j. 17.09.2018, v.u.). STJ: "2. Nos termos do que dispõe o art. 413, § 1.º, do Código de Processo Penal – CPP, o Magistrado, ao pronunciar o acusado, deve se limitar à indicação da materialidade do delito e dos indícios da autoria, baseando seu convencimento nas provas colhidas na instrução, sem, contudo, influir no ânimo do conselho de sentença. 3. Na espécie, não se vislumbra a existência de excesso de linguagem na decisão de pronúncia, pois foram apenas relatados os elementos de prova que justificaram o encaminhamento do acusado a julgamento pelo Tribunal do Júri, sem qualquer esboço de juízo de certeza acerca das provas. 'Não há excesso de linguagem na sentença de pronúncia quando o magistrado apresenta os elementos da instrução probatória para concluir pela existência de indícios suficientes de autoria, conforme ocorreu no presente feito' (AgRg no REsp n. 1.829.535/PR, relator Ministro Joel Ilan Paciornik, Quinta Turma, *DJe* de 22/6/2021)" (AgRg no AgRg no AREsp 2.341.569, 5.ª T., rel. Joel Ilan Paciornik, 20.02.2024, v.u.); "3. A afirmação, constante da sentença de pronúncia, dentro do contexto em que inseridas, de que analisando os depoimentos tomados e os documentos juntados aos Inquérito Policial, conclui-se que a materialidade é patente e existem indícios de autoria do acusado J. C. B. em relação ao crime definido no art. 121 do Código Penal, eis que as provas formam um conjunto de dados altamente significativos quanto à participação do réu no fato criminoso e que considerando a forma como a vítima desarmada teria sido surpreendida pela aparição repentina do acusado efetuando disparos de arma de fogo não evidenciam flagrante excesso de linguagem, não extrapolam os limites do art. 413, § 1.º do Código de Processo Penal, nem usurpam a competência constitucional do Tribunal do Júri. Isso porque, no caso concreto, o juiz sentenciante limitou-se a refutar as alegações da defesa referentes à ocorrência de absolvição sumária, indicando o acervo probatório produzido nos autos, sem denotar juízo de certeza acerca da autoria delitiva, bem como de expor os elementos factuais que dão suporte ao provimento judicial ora impugnado" (AgRg no AREsp 2.185.962/RN, 5.ª T., rel. Reynaldo Soares da Fonseca, 08.11.2022, v.u.).

42-C. Excesso de linguagem em acórdão: o juízo de admissibilidade da acusação envolve a materialidade e os indícios suficientes de autoria, devendo ser proferido, em primeiro lugar, pelo juiz em sede de pronúncia. No entanto, levando-se o caso ao Tribunal, emite-se um acórdão, confirmando a pronúncia ou pronunciando o réu (se tiver sido antes impronunciado). Essa decisão de segundo grau precisa ser, igualmente, fundamentada e comedida, dentro do indispensável equilíbrio de linguagem.

42-D. Manifestação sobre as qualificadoras e causas de aumento: as circunstâncias legais, vinculadas ao tipo penal incriminador, denominadas qualificadoras e causas de aumento são componentes da tipicidade derivada. Logo, constituem a materialidade do delito, envolvendo o fato básico e todas as suas circunstâncias. Quando presentes, devem ser mantidas na pronúncia para a devida apreciação pelo Tribunal do Júri. Entretanto, se as provas não as sustentarem, devem ser afastadas pelo magistrado. Na dúvida, o juiz mantém as referidas circunstâncias legais para a apreciação dos jurados; possuindo certeza de que não há amparo algum para sustentá-las, torna-se fundamental o seu afastamento. Por outro lado, é imperioso que o magistrado fundamente a mantença das qualificadoras, tanto quanto o faz no tocante à existência do crime e aos indícios suficientes de autoria. Na jurisprudência: STJ: "3. Há de se reconhecer que a decisão de pronúncia não especificou as qualificadoras em sua fundamentação, não atendendo os requisitos mínimos de fundamentação exigidos pelo § 1.º do artigo 413 do CPP. Além disso, a ausência de especificação da qualificadora prevista no art. 121, § 2.º, V, do Código Penal, viola o princípio da plenitude de defesa, na medida em que o acusado não sabe exatamente de que fato (delimitado na pronúncia) está se defendendo. Precedentes. 4. Ordem concedida de ofício" (HC n. 774730, 5.ª T., rel. Daniela Teixeira, 07.05.2024, v.u.); "5. De fato, a exclusão de qualificadoras de homicídio somente pode ocorrer quando manifestamente improcedentes e descabidas, o que, como explicitado, não ocorre na hipótese dos autos, sob pena de usurpação da competência do Tribunal do Júri, juiz natural para os crimes dolosos contra a vida" (AgRg no HC 641.694/SC, 5.ª T., rel. Ribeiro Dantas, 03.08.2021, v.u.).

42-E. Fixação da fiança: a hipótese é rara, mas possível. Deve-se conceber ter sido o réu preso em flagrante, por crime inafiançável (homicídio qualificado, por exemplo), sem mérito para receber o benefício da liberdade provisória, sem fiança. Entretanto, por ocasião da pronúncia, o juiz promove a desclassificação da infração penal para crime afiançável (instigação a suicídio, exemplificando), valendo a oportunidade para considerar o estabelecimento de um valor de fiança, tornando viável a liberdade provisória. Nota-se, pois, que a desclassificação não somente levou o crime a ser afiançável, mas também terminou por evidenciar a ruptura dos requisitos do art. 312, em virtude da própria natureza da infração penal restante.

42-F. Prisão por pronúncia: a nova medida para a decretação de prisão cautelar é o cenário da prisão preventiva, com os requisitos estampados no art. 312 do CPP. Não mais interessa a análise da primariedade ou da reincidência, nem dos bons ou dos maus antecedentes. Entretanto, *deve* o juiz, ao pronunciar o réu, manifestar-se, expressamente, motivando qual caminho adotará em relação à prisão ou à liberdade. Se o acusado estiver solto, a regra é assim permanecer, salvo se algum dos requisitos do art. 312 do CPP se fizer presente. Se estiver preso, pode assim permanecer, devendo o magistrado indicar o fundamento, calcado no referido art. 312. Pode, também, ser colocado em liberdade, desde que não mais existam requisitos autorizadores da prisão processual. Na jurisprudência: STJ: "7. Na hipótese, verifica-se que o

Art. 414

Código de Processo Penal Comentado · **Nucci**

Julgador ao proferir a decisão de pronúncia, atento ao disposto no art. 413, § 3.º, do Código de Processo Penal, manteve, fundamentadamente, a prisão cautelar do paciente decretada para assegurar a ordem pública, porque inalteradas as razões que a justificaram. 8. Da mesma forma, o Tribunal de Justiça do Estado do Rio Grande do Sul, apreciou fundamentadamente a questão, mantendo a custódia com base na necessidade de garantia da ordem pública, frisando que a anulação da condenação por si só não autoriza a revogação da prisão cautelar, mormente quando esta se deu por acolhimento de preliminar de nulidade relativa ao direito ao silêncio e a forma como se deu o interrogatório do acusado. 9. Ora, é cediço que a anulação de sentença condenatória, por si só, não implica a revogação da prisão, na medida em que há o restabelecimento da decisão anterior que decretou a custódia preventiva (HC 527.318, Rel. Ministro Sebastião Reis Júnior, data da publicação 19/8/2019). 10. *In casu*, verifica-se que persistem as razões que justificaram o encarceramento cautelar do paciente, principalmente, para assegurar a ordem pública, pois sua periculosidade está evidenciada no *modus operandi* do delito. Segundo consta, o paciente é acusado da prática de delitos gravíssimos, homicídio qualificado e ocultação de cadáver contra o próprio filho de 11 anos, ao qual foi ministrado via oral e intravenosa, quantidade letal da substância midazolan, tendo sido ocultado seu cadáver em uma cova vertical, na proximidade das margens de um riacho. (...)" (HC 741.498/RS, 5.ª T., rel. Ribeiro Dantas, 21.06.2022, v.u.).

42-G. Crimes conexos devem ser incluídos na decisão de pronúncia, sem qualquer avaliação de mérito por parte do juiz: quando se vislumbra a competência do Tribunal do Júri para o delito principal – crime doloso contra a vida – as infrações penais conexas devem ser analisadas, na integralidade, pelos jurados. Não cabe ao magistrado togado qualquer avaliação acerca da tipicidade, ilicitude ou culpabilidade no tocante aos conexos. Aliás, se foram admitidos na denúncia ou queixa é porque havia prova mínima da sua existência. A instrução realizada (juízo de formação da culpa) destina-se, apenas, à admissibilidade da acusação quanto ao delito doloso contra a vida, não se referindo aos conexos. Por isso, pronunciado o réu pela infração dolosa contra a vida, eventual crime conexo segue o mesmo destino.

42-H. Crimes conexos em grau de recurso: após o julgamento pelo Tribunal do Júri, se o crime conexo for considerado como condenação ou absolvição injusta, é preciso enviar o caso para novo julgamento pelo Tribunal Popular.

> **Art. 414.** Não se convencendo[43] da materialidade do fato[44] ou da existência de indícios suficientes de autoria[45] ou de participação, o juiz, fundamentadamente,[46] impronunciará[47] o acusado.[48-49]
>
> **Parágrafo único.** Enquanto não ocorrer a extinção da punibilidade, poderá ser formulada nova denúncia ou queixa[50] se houver prova nova.[51]

43. Impronúncia: é a decisão interlocutória mista de conteúdo terminativo, visto que encerra a primeira fase do processo (*judicium accusationis*), deixando de inaugurar a segunda, sem haver juízo de mérito. Assim, inexistindo prova da materialidade do fato ou não havendo indícios suficientes de autoria, deve o magistrado impronunciar o réu, que significa julgar improcedente a denúncia e não a pretensão punitiva do Estado. Desse modo, se, porventura, novas provas advierem, outro processo pode instalar-se. Na jurisprudência: STJ: "5. É ilegal a sentença de pronúncia baseada, unicamente, em testemunhos colhidos no inquérito policial, de acordo com o art. 155 do Código de Processo Penal – CPP e, indiretos – de ouvir dizer (*hearsay*) –, por não se constituírem em fundamentos idôneos para a submissão da acusação ao Plenário do Tribunal do Júri. 6. De se destacar que é incompatível com os postulados do

Estado Democrático de Direito admitir, no bojo do processo penal, a hipótese de que os jurados possam condenar alguém, com base em íntima convicção, em julgamento que sequer deveria ter sido admitido. Os julgamentos proferidos pelo Tribunal do Júri possuem peculiaridades em permanente discussão, até mesmo nos Tribunais Superiores, a respeito da possibilidade de revisão dos julgamentos de mérito, da extensão dessa revisão, o que torna, no meu entender, mais acertado exigir maior rigor na fase de pronúncia (HC n. 589.270/GO, de minha relatoria, Sexta Turma, DJe 22/3/2021). 7. No caso em apreço, os únicos elementos indiciários dos pacientes são a confissão extrajudicial, que, como restou delineado em linhas pretéritas, está eivada de nulidade e depoimentos de 'informantes', ou seja, pessoas que não prestaram o compromisso de dizerem a verdade, que, além de não presenciarem os fatos, desconheciam a vítima e não souberam afirmar a prévia existência de desentendimentos anteriores entre vítima e os corréus, tendo conhecimento apenas de boatos no sentido de que o crime havia sido cometido em razão de cobrança de dívida contraída por um dos pacientes na compra de drogas com a vítima" (HC 746.873/GO, 6.ª T., rel. Sebastião Reis Júnior, j. 27.09.2022, v.u.).

44. Materialidade do fato: é a prova da existência do fato, que serve de base à tipificação, necessitando ser certa e precisa. A existência do delito depende da demonstração precisa da conduta do agente e do resultado produzido. Julgará o Conselho de Sentença a autoria – esta sim, admitindo um juízo indiciário – e as circunstâncias que envolveram a infração penal, porém com a certeza, dada pelo juiz, da existência do fato-base. É lógico que os jurados podem negar a materialidade, em que pese tê-la afirmado o magistrado togado, pois são soberanos para decidir. Entretanto, se a própria existência for questionável, já na fase de admissibilidade da acusação, o melhor caminho a seguir é impronunciar o réu, ao invés de remeter o processo a julgamento pelo júri.

45. Indícios suficientes de autoria: como já expusemos em nota anterior, é imperiosa a verificação acerca da autoria ou participação. Logicamente, cuidando-se de um juízo de mera admissibilidade da imputação, não se demanda certeza, mas elementos suficientes para gerar dúvida razoável no espírito do julgador. Porém, ausente essa suficiência, o melhor caminho é a impronúncia, vedando-se a remessa do caso à apreciação do Tribunal do Júri.

46. Decisão fundamentada: como sói acontecer, o legislador insiste em repetir o óbvio. Se a Constituição Federal impõe que todas as decisões do Judiciário serão motivadas, é lógico que, desse cenário, não escapa a impronúncia. Aliás, por força da tradição, sempre foi assim.

47. Improcedência da denúncia ou queixa: a decisão de impronúncia representa, na essência, a improcedência da peça acusatória. Entretanto, não se afasta o direito de punir do Estado, julgando-se improcedente a ação. Por tal motivo, pode-se, futuramente, reinaugurar o processo, desde que existam provas novas, como dispõe o art. 414, parágrafo único, CPP. Pode não ser a melhor solução, vale dizer, manter uma situação pendente, sem o término efetivo do processo, mas foi a opção legislativa.

48. Despronúncia: é a decisão proferida pelo tribunal ao reformular a anterior sentença de pronúncia, transformando-a em impronúncia. O Tribunal de Justiça, ao julgar recurso da defesa, dando-lhe provimento, despronunciará o acusado. Discordando do uso do termo "despronúncia" está a posição de Tucci, que diz ser inconsistente a diferença entre despronúncia e impronúncia, sendo preferível referir-se sempre a este último (Habeas corpus, *ação e processo penal*, p. 203-204).

49. Cabimento de recurso do réu contra a decisão de impronúncia: pode o acusado manifestar interesse em recorrer contra a decisão de impronúncia, uma vez que esta não gera coisa julgada material. Assim, visando à absolvição sumária, que coloca definitivamente um fim ao processo, há interesse para o oferecimento de recurso de apelação por parte da defesa.

Art. 415

Código de Processo Penal Comentado · **Nucci**   840

50. Possibilidade de instauração de novo processo: o processo original, em que foi julgada improcedente a denúncia ou queixa, encerrou-se. Caso o Estado-acusação (ou o querelante) levante novas provas, poderá apresentar outra peça inicial, inaugurando-se novo processo, desde que a punibilidade do réu não esteja extinta, como ocorre, se houver, por exemplo, prescrição. O ideal, segundo nos parece, não é esse caminho. Na realidade, criou-se um *limbo* jurídico, situando-se o acusado em estado indefinido. Ora, já que não se conseguiu um quadro de provas suficientes para levá-lo a julgamento pelo Tribunal do Júri, o mais indicado seria a absolvição. Pode-se argumentar que tal medida iria subtrair do juiz natural a avaliação do mérito da causa. Em termos. Se existem provas duvidosas, encaminha-se para a pronúncia. Não havendo, poder-se-ia encerrar o feito, absolvendo-se o réu. Atualmente, somente se autoriza a absolvição, denominada *sumária* (longe do plenário do Júri), caso estejam demonstrados, cabalmente, os elementos necessários a afastar a culpa do acusado. Entretanto, a carência de provas é um dos mecanismos a demonstrar inocência, pois é exatamente o que ocorre no processo comum. Vale refletir sobre tal proposta, a ser adotada em futura reforma do procedimento.

51. Provas novas: há duas espécies de provas: a) *substancialmente novas*: são as provas não conhecidas anteriormente, nem passíveis de descobrimento pelo Estado-investigação, porque ocultas ou ainda inexistentes. Ex.: surge a arma do crime, até então desaparecida, contendo a impressão digital do acusado; b) *formalmente novas*: são as provas já conhecidas e até utilizadas pelo Estado-investigação ou pelo Estado-acusação, mas que ganham nova versão. Ex.: uma testemunha, já inquirida, altera a versão e incrimina o réu, sem dar fundamento razoável para a modificação de comportamento. Somente se admite a propositura de novo processo contra o réu no caso de surgirem provas *substancialmente* novas. É o mínimo de segurança exigido para a reabertura da persecução penal contra o acusado.

> **Art. 415.** O juiz, fundamentadamente, absolverá[52-53] desde logo o acusado, quando:
>
> I – provada a inexistência do fato;[54]
>
> II – provado não ser ele autor ou partícipe do fato;[55]
>
> III – o fato não constituir infração penal;[56]
>
> IV – demonstrada causa de isenção de pena ou de exclusão do crime.[57-58]
>
> **Parágrafo único.** Não se aplica o disposto no inciso IV do caput deste artigo ao caso de inimputabilidade prevista no caput do art. 26 do Decreto-lei 2.848, de 7 de dezembro de 1940 – Código Penal, salvo quando esta for a única tese defensiva.[59]

52. Absolvição sumária: é a decisão de mérito, que coloca fim ao processo, julgando improcedente a pretensão punitiva do Estado. A Lei 11.689/2008 introduziu outras causas determinantes dessa decisão. Pode-se absolver o réu nas seguintes hipóteses: a) não está provada a existência do fato; b) não está provado ser o acusado o autor ou partícipe do fato; c) prova-se que o fato não constitui infração penal. Além disso, permanecem as causas anteriores à reforma, ou seja, quando o magistrado reconhece excludente de ilicitude ou de culpabilidade (arts. 20, 21, 22, 23, 26, *caput*, e 28, § 1.º, do Código Penal). É preciso ressaltar que somente comporta absolvição sumária a situação envolta por qualquer das situações referidas quando *nitidamente* demonstradas pela prova colhida. Havendo dúvida razoável, torna-se mais indicada a pronúncia, pois o júri é o juízo competente para deliberar sobre o tema. Na jurisprudência: STJ: "Para a absolvição sumária, nas hipóteses do art. 415 do Código de Processo Penal, exige-se prova suficiente a fim de afastar qualquer dúvida acerca de possível excludente de ilicitude. No caso de dúvida, o Magistrado pronunciará o acusado, submetendo-o ao Tribunal do Júri" (AgRg no HC n. 898608, 5.ª T., rel. Reynaldo Soares da Fonseca, 16.04.2024, v.u.).

53. Constitucionalidade da absolvição sumária: cabe ao Tribunal do Júri o julgamento dos crimes dolosos contra a vida (art. 5.º, XXXVIII, *d*, CF), embora tenha o legislador ordinário estabelecido um correto e eficaz filtro para as acusações que não preenchem esse perfil. A possibilidade de o magistrado togado evitar que o processo seja julgado pelo Tribunal Popular está de acordo com o espírito da Constituição, visto ser a função dos jurados a análise de *crimes* contra a *vida*. Significa que a inexistência de delito faz cessar, incontinenti, a competência do júri. Estando o juiz convencido, com segurança, desde logo, da licitude da conduta do réu, da falta de culpabilidade ou da inexistência do fato ou de prova de autoria, não há razão para determinar que o julgamento seja realizado pelo Tribunal Popular. Não fosse assim e a instrução realizada em juízo seria totalmente despicienda. Se existe, é para ser aproveitada, cabendo, pois, ao magistrado togado aplicar o filtro que falta ao juiz leigo, remetendo ao júri apenas o que for, por dúvida intransponível, um *crime doloso* contra a *vida*.

54. Prova da inexistência do fato: esta é alternativa introduzida pela Lei 11.689/2008, condizente com o preceituado pelo art. 386, I, do CPP. Realmente, outra solução não poderia haver senão a absolvição sumária quando se comprova, sem sombra de dúvida, não ter ocorrido o fato, que serve de lastro à imputação. Inexistiria razão para a mera impronúncia, deixando o caso em aberto, uma vez que estaria demonstrada a não ocorrência da situação fática sobre a qual se estruturou a tipificação. Se a acusação alega que "A" matou "B", porém resta demonstrado que "B" está vivo e nada sofreu, inexiste qualquer razão para subsistir uma decisão terminativa como a impronúncia, sem fecho de mérito. Por tal motivo, absolve-se, encerrando-se em definitivo o processo.

55. Prova de não ser o acusado autor ou partícipe: é alternativa introduzida pela Lei 11.689/2008, que passa a ter correspondência com a nova hipótese do art. 386 do CPP. Neste dispositivo, o inciso IV menciona "estar provado que o réu não concorreu para a infração penal". A mais indicada solução, no procedimento do júri, é a absolvição sumária, colocando fim ao processo definitivamente.

56. Prova do fato não constituir infração penal: trata-se, ainda, de alternativa introduzida pela Lei 11.689/2008, com supedâneo no art. 386, III, do CPP. Com razão, provada não ser a imputação um relevante penal, por ausência de tipicidade, nada mais justo que ocorra a absolvição sumária, colocando fim, em definitivo, ao processo.

57. Excludente de crime ou isenção de pena: são os termos utilizados pela lei penal para indicar, inclusive didaticamente, quando se trata de uma excludente de ilicitude (exclusão de crime) ou de uma excludente de culpabilidade (isenção de pena), embora tal denominação não seja indicativa de ser a culpabilidade um mero pressuposto da pena, como afirma a corrente penal que adota a teoria bipartida (delito é um fato típico e antijurídico). Lembre-se que tanto o Código Penal quanto o Código de Processo Penal, ambos do início dos anos 40, têm inspiração nitidamente causalista – tanto que a Exposição de Motivos do Código Penal mencionava que a culpabilidade era composta por dolo e culpa – razão pela qual jamais se iria adotar uma teoria, à época, que excluísse do delito o elemento fundamental, que é a culpabilidade. Por outro lado, assim pensando, vemos que o erro de tipo, antigo art. 17 e atual art. 20 do CP, era considerado uma excludente de culpabilidade. O erro de proibição não existia como excludente de culpabilidade, mas como mera atenuante. Assim, a partir da Reforma Penal de

Art. 415

Código de Processo Penal Comentado · **NUCCI**

842

1984, inseriu-se o referido erro de proibição no contexto das excludentes de culpabilidade, podendo-se considerar um desdobramento do antigo art. 17. O art. 22 do CP (antigo art. 18) cuida da coação moral irresistível e da obediência hierárquica, excludentes de culpabilidade. O art. 23 do CP (antigo art. 19) trata das excludentes de ilicitude (estado de necessidade, legítima defesa, exercício regular de direito e estrito cumprimento do dever legal). O art. 26, *caput*, do CP (antigo art. 22) relaciona-se a excludente de culpabilidade pela inimputabilidade, decorrente de doença mental ou desenvolvimento mental incompleto ou retardado. O art. 28, § 1.º, do CP (antigo art. 24, § 1.º), cuida da embriaguez completa involuntária ou acidental, que também serve como excludente de culpabilidade. Maiores detalhes sobre as expressões "exclua o crime" e "isento de pena" podem ser encontrados no nosso *Código Penal comentado*, nota 24 ao art. 180. Aliás, deve-se frisar que o apego à forma não é a melhor maneira de se interpretar o sentido da lei, vale dizer, nem sempre o legislador empregou a expressão "não há crime" para designar uma excludente de ilicitude ou a expressão "é isento de pena" para tratar de excludente de culpabilidade. Na jurisprudência: TJMG: "I. O CPP é expresso ao estabelecer, em seu art. 563, que as nulidades no processo penal somente devem ser declaradas quando trouxerem prejuízo efetivo. II. A legítima defesa, como causa de exclusão de crime a ensejar a absolvição sumária (art. 415, IV, CPP), somente pode ser reconhecida se restar incontroverso, pelo conjunto probatório dos autos, que o agente praticou o fato, usando de meios moderados, para repelir injusta agressão, atual ou iminente, a direito seu ou de outrem. III. Presentes os requisitos autorizadores da prisão preventiva, deve ser negado, ao réu, o direito de recorrer em liberdade" (Rec. em Sentido Estrito 10476170002077001-MG, 5.ª C., rel. Júlio César Lorens, j. 21.06.2020, v.u.).

58. Semi-imputabilidade: não comporta absolvição sumária, tampouco impronúncia. Se o réu é considerado mentalmente perturbado (art. 26, parágrafo único, CP), deve ser pronunciado normalmente, havendo prova da materialidade e indícios suficientes de autoria. Tal se dá, uma vez que o réu é culpável, merecendo, apenas, se for condenado, uma diminuição da pena. Conferir: TJSC: "*In casu*, deve ser mantida a decisão de pronúncia, uma vez que existem nos autos provas da materialidade delitiva e indícios da autoria do réu, o qual, embora seja índio e alcoolista, foi considerado semi-imputável por laudo pericial" (RESE 2012.088118-4, 4.ª C., rel. Roberto Lucas Pacheco, 05.03.2014, v.u.).

59. Exceção possível no âmbito da inimputabilidade: antes do advento da Lei 11.689/2008, como regra, apurada a situação da inimputabilidade durante a fase de formação da culpa, o juiz proferia sentença de absolvição sumária, impondo, entretanto, medida de segurança ao acusado. Mas, havia hipóteses em que a defesa pretendia levar o caso a júri para buscar a absolvição do réu, calcada em outras teses, que não lhe permitissem o cumprimento de medida de segurança. Assim, atento ao princípio da ampla defesa, inclusive destinado aos inimputáveis, permitiu-se que essa possibilidade fosse levada a efeito. Caso o defensor argumente que o acusado, embora inimputável (prova advinda de exame pericial) agiu em legítima defesa, por exemplo, tem o direito de pleitear o encaminhamento do caso ao Tribunal do Júri, se o magistrado entender não ser o caso de absolvição sumária, sem aplicação da medida de segurança. Caberá ao Tribunal Popular decidir se o acusado, inimputável, agiu sob excludente de ilicitude. Assim ocorrendo, será absolvido sem a imposição de medida de segurança. Caso contrário, afastada a tese da legítima defesa, o réu será absolvido, com base no art. 26, *caput*, do CP, recebendo, então, a medida de segurança pertinente. Por outro lado, o juiz, na fase final da formação da culpa, poderá absolver sumariamente o réu, impondo-lhe medida de segurança, com fundamento no art. 26, *caput*, do CP, caso esta seja a única tese levantada pela defesa. Desnecessário, pois, o encaminhamento ao Tribunal do Júri.

> **Art. 416.** Contra a sentença de impronúncia ou de absolvição sumária caberá apelação.[60-61]

60. Apelação como recurso cabível: tornou-se passível de impugnação por apelação a impronúncia e a absolvição sumária, a partir da Lei 11.689/2008. A posição assumida pelo legislador é correta. Ambas as decisões são terminativas do processo, não se justificando, pois, a interposição de recurso em sentido estrito, que se assemelha ao agravo de instrumento, logo, voltado a decisões interlocutórias. Na jurisprudência: STJ: "Conforme previsão expressa do art. 416, do Código de Processo Penal, contra a decisão de impronúncia caberá recurso de apelação. 3. A interposição de recurso em sentido estrito contra a decisão de impronúncia configura erro grosseiro, não havendo que se falar em incidência do princípio da fungibilidade recursal. 4. *Habeas corpus* não conhecido, mas concedida a ordem, de ofício, para cassar o acórdão impugnado e restabelecer a decisão de impronúncia" (HC 367.761/SP, 6.ª T., rel. Nefi Cordeiro, 11.10.2016, v.u.).

61. Recurso de ofício: havia quem sustentasse não ter sido este recurso recepcionado pela Constituição Federal de 1988, significando que teria deixado de existir. O fundamento seria a impossibilidade de o magistrado *recorrer* de sua própria decisão, submetendo-a à reavaliação da Superior Instância, quando nenhuma das partes assim requereu. Se a titularidade da ação penal cabe ao Ministério Público, com exclusividade, e somente por exceção, ao particular, de qualquer modo o órgão do Poder Judiciário há de ser sempre inerte, sendo-lhe defeso provocar a revisão da sua própria decisão. Essa corrente, entretanto, não logrou êxito e os recursos de ofício continuaram vigorando normalmente, na maior parte dos Estados. O melhor, no entanto, era considerá-lo um *duplo grau de jurisdição obrigatório*, isto é, não seria o juiz que *recorre* de sua própria decisão, um autêntico contrassenso, tendo em vista que o sentido da palavra *recurso* se relaciona a inconformismo. Não era o caso. O que existia, na realidade, era a submissão de determinadas decisões, que a lei considerasse de suma importância, ao duplo grau de jurisdição, ou seja, à análise da Instância Superior, ainda que as partes nada tivessem requerido nesse sentido. Era perfeitamente adequado para o caso presente. O controle das decisões de absolvição sumária, proferidas pelo juiz singular, no processo do júri, seria relevante e encontraria respaldo constitucional. Registre-se que a competência para decidir acerca dos crimes dolosos contra a vida é do Tribunal do Júri (art. 5.º, XXXVIII, *d*, CF), soberano para dar qualquer destino ao caso (art. 5.º, XXXVIII, *c*, CF), de forma que o duplo grau de jurisdição somente fortaleceria a instituição do júri, não permitindo que sua competência fosse esvaziada infundadamente. Se o magistrado absolvesse sumariamente o réu, seria natural que este não apresentasse recurso, dependendo do representante do Ministério Público o questionamento da sentença. Se, porventura, o promotor não o fizesse, mas estando o juiz equivocado, deixaria o Tribunal Popular de emitir a sua soberana decisão sobre um delito doloso contra a vida. Assim, sustentávamos existente o "recurso de ofício" justamente para servir de anteparo aos princípios regentes da instituição do júri no Brasil. Entretanto, somos levados a admitir ter sido ele afastado do contexto da absolvição sumária no Tribunal Popular. Há duas fortes razões para tanto: a) o art. 411 do CPP, que o previa expressamente, teve sua redação alterada, transformando-se no atual art. 415, que nada mencionou a respeito; por outro lado, o art. 574, II, do CPP, fazendo referência ao recurso de ofício, apontava, como base, o art. 411 do CPP, que, como já mencionado, deixou de prever tal recurso; b) a utilização do recurso de ofício, conforme preceituado pelo art. 574, II, do CPP, abrangeria apenas as causas de exclusão de crime ou isenção de pena, mas não as novas alternativas criadas pela Lei 11.689/2008 (art. 415, I a III, CPP), o que significaria um desequilíbrio inaceitável no âmbito recursal. Denota-se, pois, a nítida intenção do legislador de afastar do contexto processual penal, ao menos na parte referente à absolvição sumária, o denominado recurso de ofício.

Art. 417

Art. 417. Se houver indícios de autoria ou de participação de outras pessoas não incluídas na acusação, o juiz, ao pronunciar ou impronunciar o acusado, determinará o retorno dos autos ao Ministério Público, por 15 (quinze) dias, aplicável, no que couber, o art. 80 deste Código.[62]

62. Aditamento da denúncia ou queixa para inclusão de corréus: havendo prova, colhida durante a instrução, de que outras pessoas estão envolvidas na infração penal pela qual está o juiz pronunciando o acusado, é preciso determinar a remessa dos autos ao Ministério Público para o necessário aditamento. Tal postura não impede a pronúncia, ao contrário, aconselha, não se atrasando a instrução. Trata-se de uma situação de separação dos processos, ainda que exista conexão (art. 80, CPP). O mesmo ocorrerá se houver impronúncia quanto a um réu, descobrindo-se a existência de coautores ou partícipes. Decorrido o prazo estabelecido de quinze dias para o Ministério Público se manifestar, sem qualquer requerimento, pode o ofendido habilitar-se para a propositura da ação privada subsidiária da pública. Caso o representante do Ministério Público requeira o arquivamento, recusando-se a promover o aditamento, autoriza-se a utilização do art. 28 do CPP, por analogia, enviando-se o feito à apreciação do Procurador-Geral de Justiça.

Art. 418. O juiz poderá dar ao fato definição jurídica diversa da constante da acusação, embora o acusado fique sujeito a pena mais grave.[63]

63. *Emendatio libelli*: é a aplicação do disposto, igualmente, no art. 383 do CPP. O juiz não está adstrito à classificação feita pelo órgão acusatório e o réu não se defende da definição jurídica do fato, mas, sim, dos fatos imputados. Logo, se, porventura, no momento de pronunciar, verificar o magistrado que não se trata de infanticídio, mas de homicídio, desde que todas as circunstâncias estejam bem descritas na denúncia, pode pronunciar, alterando a classificação, ainda que o réu fique sujeito a pena mais grave. Na jurisprudência: STJ: "1. O réu se defende dos fatos a ele atribuídos, de modo que não é vedado ao magistrado atribuir capitulação jurídica diversa daquela proposta pelo órgão de acusação à narrativa da denúncia, permissão expressa extraída da norma contida no art. 418 do Código de Processo Penal, segundo a qual 'o juiz poderá dar ao fato definição jurídica diversa da constante da acusação, embora o acusado fique sujeito a pena mais grave'. 2. Conforme consta do acórdão recorrido, verifica-se que, durante a sessão de julgamento realizada no dia 24/10/2019, o representante do Ministério Público requereu o aditamento da denúncia, para proceder à capitulação do crime de prevaricação e não mais o delito de corrupção passiva. Ao apreciar o pleito ministerial, o magistrado de piso deixou claro que o MP não promoveu qualquer alteração da narrativa fática descrita na denúncia. 3. Para que exista ofensa ao princípio da correlação, é necessário que a condenação ocorra por fato diverso do imputado na denúncia, o que não ocorreu no caso. A peça inicial continha, em sua narração, a descrição da forma como o crime foi cometido, o que possibilitou ao sentenciante dar enquadramento jurídico diverso aos fatos, inexistindo, portanto, qualquer ilegalidade ou teratologia a ser reparada" (AgRg no RHC n. 133681, 6.ª T., rel. Antonio Saldanha Palheiro, 26.02.2024, v.u.); "2. Não há se falar em violação ao princípio da correlação, porquanto, como é de conhecimento, referido princípio dispõe que o réu se defende dos fatos narrados na denúncia e não da capitulação legal nela inserida. Assim, devidamente identificadas 8 vítimas na inicial acusatória, tem-se que a indicação de apenas 7 revela mero erro material corrigível a qualquer momento, em atenção à disciplina do art. 418 do Código de Processo Penal" (AgRg no HC n. 872041, 5.ª T., rel. Reynaldo Soares da Fonseca, 04.03.2024, v.u.).

Art. 419. Quando o juiz se convencer, em discordância com a acusação, da existência de crime diverso dos referidos no § 1.º do art. 74 deste Código e não for competente para o julgamento, remeterá os autos ao juiz que o seja.[64-67]

Parágrafo único. Remetidos os autos do processo a outro juiz, à disposição deste ficará o acusado preso.[68]

64. Desclassificação: é a decisão interlocutória simples, modificadora da competência do juízo, não adentrando o mérito, tampouco fazendo cessar o processo. Ensina Tornaghi que *desclassificar* é "dar-lhe nova enquadração [*sic*] legal, se ocorrer mudança de fato, novos elementos de convicção ou melhor apreciação dos mesmos fatos e elementos de prova" (*Compêndio de processo penal*, t. I, p. 323). O juiz somente desclassificará a infração penal, cuja denúncia foi recebida como delito doloso contra a vida, em caso de cristalina certeza quanto à ocorrência de crime diverso daqueles previstos no art. 74, § 1.º, do CPP (homicídio doloso, simples ou qualificado; induzimento, instigação ou auxílio a suicídio; infanticídio ou aborto). Outra solução não pode haver, sob pena de se ferir dois princípios constitucionais: a soberania dos veredictos e a competência do júri para apreciar os delitos dolosos contra a vida. A partir do momento em que o juiz togado invadir seara alheia, ingressando no mérito do elemento subjetivo do agente, para afirmar ter ele agido com *animus necandi* (vontade de matar) ou não, necessitara ter lastro suficiente para não subtrair, indevidamente, do Tribunal Popular competência constitucional que lhe foi assegurada. É soberano, nessa matéria, o povo para julgar seu semelhante, razão pela qual o juízo de desclassificação merece sucumbir a qualquer sinal de dolo, direto ou eventual, voltado à extirpação da vida humana. Outra não é a posição doutrinária e jurisprudencial. Na jurisprudência: STF: "3. Em relação à alegação de ausência *animus necandi*, consoante reiterados pronunciamentos deste Tribunal de Uniformização Infraconstitucional, o deslinde da controvérsia sobre o elemento subjetivo do crime fica reservado ao Tribunal do Júri, juiz natural da causa, onde a defesa poderá exercer amplamente a tese contrária à imputação penal. 4. 'Embora o art. 419 do Código de Processo Penal autorize que o juiz se convença da existência de crime diverso e possa desclassificar a conduta para outro delito, tal decisão somente poderá ser adotada ante a certeza de que a conduta praticada configura outro delito. Caso contrário, havendo dúvidas quanto à tese defensiva, caberá ao Tribunal do Júri dirimi-la' (AgRg no REsp n. 1.128.806/SP, relator Ministro Rogerio Schietti Cruz, Sexta Turma, julgado em 16/6/2015, *DJe* 26/6/2015)" (HC 213.662/SP, rel. Ricardo Lewandowski, 30.03.2022). STJ: "4. O mesmo entendimento se aplica à tese da desclassificação do delito, prevista no art. 419 do Código de Processo Penal, ou seja, o juiz só desclassificará o delito diante da certeza da ausência de dolo na conduta imputada ao réu ou de provas inequívocas de que o recorrente desistiu voluntariamente de ceifar a vida da vítima. Em caso de dúvida, compete ao Tribunal do Júri decidir" (AgRg nos EDcl no AREsp 2.175.413/PB, 6.ª T., rel. Rogerio Schietti Cruz, 14.02.2023, v.u.).

64-A. Desclassificação seguida de julgamento de mérito: inviabilidade. A decisão de desclassificação é interlocutória simples, cuja finalidade é, apenas, modificar a competência do juízo. Diante disso, torna-se impróprio o avanço em relação ao mérito da causa. Há possibilidade de recurso contra a decisão; além disso, o processo deve seguir ao juiz competente e sempre deve haver manifestação das partes acerca de qual seria a mais adequada tipificação para o crime. Somente depois, o magistrado competente pode julgar o feito.

65. Desclassificação de um dos crimes conexos: é preciso cautela ao aplicar o disposto neste artigo, pois nem sempre a hipótese de desclassificação obrigará o juiz a remeter o processo a outra Vara. Ilustre-se com a acusação fundada em dois homicídios. Desclassificando um

Art. 419

Código de Processo Penal Comentado · **Nucci**

846

deles para lesões corporais, por exemplo, não cabe a separação dos processos, enviando-se o que foi desclassificado para o juízo competente e pronunciando o outro, que permaneceria na Vara do Júri. Tratando-se de infrações conexas e havendo entre elas um crime de homicídio, é natural que as lesões devam também ser julgadas pelo Tribunal Popular.

66. Possibilidade de suscitar conflito de competência: quando o juiz desclassifica a infração penal, por entendê-la outra que não da competência do Tribunal do Júri, remetendo o processo ao juízo que considera apto a julgá-la, propicia a interposição, por qualquer das partes, de recurso em sentido estrito (art. 581, II, CPP). Caso seja esse recurso julgado e deferido, o processo continuará seu percurso na Vara do Júri. Entretanto, se não for dado provimento ao recurso, o processo segue, de fato, a outro juízo. Imagine-se, no entanto, que o magistrado, ao receber o feito, nota que ele é, efetivamente, da competência do júri. Pode suscitar conflito ou está impedido de fazê-lo, tendo em vista que já houve decisão a respeito, da qual não mais cabe recurso? Há duas posições, bem apontadas por Jacques de Camargo Penteado: "Para a primeira corrente, o juiz singular não poderia suscitar conflito negativo de competência para sustentar que deva ser restabelecida a classificação originária e o caso ser julgado pelo Tribunal do Júri. Ferir-se-ia a coisa julgada e o acusado seria submetido à possibilidade de condenação por fato mais grave, em face de exclusiva dinâmica judicial. Se o acusador e a vítima, ou seu representante legal, conformaram-se com a desclassificação, ao julgador não é dado promover o restabelecimento da denúncia mais gravosa. A segunda corrente sustenta que o julgador pode declarar a sua incompetência em qualquer fase procedimental e a omissão recursal das partes não vincula o magistrado afirmado competente. Aduz que, acolhida a primeira orientação, extinguir-se-ia a possibilidade de conflito negativo, pois sempre haveria preclusão para o juiz que foi apontado como competente" (*Acusação, defesa e julgamento*, p. 339-340). Em um primeiro momento, críamos ser mais correta a primeira posição, embora atualmente faça mais sentido, para nós, a segunda. Note-se que a competência em razão da matéria é absoluta e não pode ser prorrogada, razão pela qual, a todo instante, pode o magistrado suscitá-la, tão logo dela tome conhecimento. Além disso, há a questão do juiz natural, que é o constitucional e legalmente previsto para deliberar acerca de uma causa, incluindo-se nesse contexto o tribunal competente para dirimir o conflito de competência. Em São Paulo, cabe à Câmara Especial do Tribunal de Justiça deliberar sobre os conflitos de competência entre magistrados estaduais, não sendo, pois, atribuição de qualquer das Câmaras do Tribunal essa apreciação. Quando se trata de conflito entre a magistratura federal e a estadual, cabe ao Superior Tribunal de Justiça decidir a respeito (art. 105, I, *d*, CF). Assim, imagine-se que um juiz estadual conclua ser incompetente para julgar um caso qualquer, remetendo o processo para a Justiça Federal. Havendo recurso (art. 581, II, CPP), o Tribunal de Justiça nega provimento. Sustentamos ser possível ao juiz federal suscitar o conflito, caso entenda não ser ele competente para julgar a infração penal, visto que a decisão do Tribunal de Justiça do Estado não o vincula. Caberá, nessa hipótese, ao Superior Tribunal de Justiça a análise final. Por tais razões, quando o juiz desclassificar, ainda que o Tribunal de Justiça, por uma de suas Câmaras, confirme a decisão, a última palavra, caso haja necessidade, será dada pela Câmara Especial da Corte, tratando-se de conflito entre juízes estaduais. Nesse sentido, a lição de Ada Pellegrini Grinover, Antonio Magalhães Gomes Filho e Antonio Scarance Fernandes (*Recursos no processo penal*, p. 175).

67. Reabertura de prazo para a manifestação das partes: diversamente do que dispunha a lei anterior (art. 410, *caput*, CPP), não mais se menciona no atual art. 419 do CPP qual o procedimento a ser adotado, quando o juiz receber o feito que lhe foi remetido pela Vara do Júri, após decisão de desclassificação. Portanto, o correto é abrir vista às partes para manifestação. Conforme o caso, cabe o aditamento da peça inicial, a ser empreendido pelo órgão acusatório, a fim de incluir determinada circunstância não constante anteriormente. Deve haver a possibilidade de produção de provas, bem como um novo interrogatório do acusado. Ilustremos com o seguinte caso: o juiz verifica que a acusação cuidava de um homicídio simples. No curso do processo, surgem provas de que, no fundo, a vítima foi morta pelo réu, porque, estando em cativeiro, não foi pago o resgate exigido. De homicídio simples passa-se a extorsão mediante sequestro com resultado morte, cuja pena mínima vai a 24 anos. Deve o Ministério Público aditar a denúncia, pois nenhuma das circunstâncias que envolvem o crime previsto no art. 159 do Código Penal foi descrita. Após, o réu se defende, é interrogado e pode produzir prova testemunhal. Essa é a melhor forma de se atender ao princípio da ampla defesa, deixando de haver dois tipos de réus: aqueles que se submetem ao disposto no art. 384 (*mutatio libelli*), com as garantias daí decorrentes, e outros, que, a despeito de se alterar a classificação do crime, para algo mais grave, não constante da denúncia, ficam privados desse procedimento. Como regra, baseado no princípio da economia processual, não se deve permitir a reinquirição, nos mesmos termos, de quem já foi ouvido no processo. Entretanto, essa não pode ser uma norma imutável. Em determinados casos, surgindo ao longo da instrução elementos que demonstrem ter o réu cometido um crime muito mais grave, pode haver um expresso interesse da defesa de ouvir novamente alguém, com dados fundamentais para esclarecer a nova figura típica emergente. Anteriormente, nada lhe fora indagado a respeito, por ignorância das partes e do próprio juiz. A partir da existência de nova acusação, é imperiosa a reinquirição de quem já foi ouvido, o que deve ser deferido pelo magistrado, pois a norma processual penal não tem o condão de afastar a aplicação do princípio constitucional da ampla defesa.

68. Possibilidade de manutenção da prisão do réu em caso de alteração da competência: o dispositivo em comento evidencia que a alteração de competência não tem força, por si só, de possibilitar a imediata soltura do réu, possivelmente pela alegação de excesso de prazo para a conclusão da instrução. A consequência prevista em lei indica que o melhor caminho é colocar o réu à disposição do juiz competente, que poderá rever ou não a prisão cautelar. Uma pessoa acusada de homicídio qualificado – presa preventivamente ou em flagrante – que passe a ser acusada de latrocínio, por exemplo, deve continuar presa, salvo se o magistrado competente decidir de modo diverso.

> **Art. 420.** A intimação da decisão de pronúncia será feita:
>
> I – pessoalmente ao acusado, ao defensor nomeado e ao Ministério Público;[69]
>
> II – ao defensor constituído, ao querelante e ao assistente do Ministério Público, na forma do disposto no § 1.º do art. 370 deste Código.[69-A]
>
> **Parágrafo único.** Será intimado por edital o acusado solto que não for encontrado.[69-B]

69. Intimação da decisão de pronúncia: a Lei 11.689/2008 simplificou e aprimorou o método de intimação do acusado da decisão de pronúncia. A meta básica é intimá-lo pessoalmente, esteja preso ou solto, como regra, assegurando-se a autodefesa, pois ele tem o direito de recorrer da decisão, assinando diretamente o termo de recurso. Posteriormente, o seu defensor apresenta as razões. Observa-se, pela redação do inciso I, que a intimação da pronúncia será feita, obrigatoriamente, ao acusado, por mandado, também ao seu defensor, quando for dativo ou público, além de ao Ministério Público. Por outro lado, se o réu tiver defensor constituído, embora o ideal seja intimá-lo pessoalmente, para lhe dar a oportunidade

Art. 420

Código de Processo Penal Comentado · **Nucci**

848

de ofertar recurso diretamente, a lei dispensa. Ver a próxima nota. Na jurisprudência: STJ: "1. O artigo 420, inciso I, do Código de Processo Penal preceitua que a intimação da decisão de pronúncia será feita pessoalmente ao acusado, exigência que não se estende ao acórdão proferido no julgamento do respectivo recurso. 2. A doutrina tem dispensado a intimação pessoal do réu que possui defensor constituído até mesmo quanto à decisão de pronúncia proferida em primeira instância, dada a relação de confiança existente entre eles, que demonstra a inequívoca ciência da submissão do réu a julgamento pelo Tribunal do Júri. 3. Na espécie, não obstante o paciente não tenha sido pessoalmente intimado do acórdão impugnado, verifica-se que o advogado por ele constituído foi devidamente notificado tanto da sessão de julgamento do recurso de apelação quanto do acórdão nele proferido por meio do Diário de Justiça Eletrônico, o que afasta a eiva articulada na impetração. Precedente" (HC 540.980/MA, 5.ª T., rel. Jorge Mussi, 20.02.2020, v.u.).

69-A. Intimação por meio do defensor constituído: se o acusado constitui defensor, torna-se mais nítida a relação de confiança existente entre ambos, motivo pelo qual se supõe que a intimação pode dar-se diretamente ao advogado. Este, por certo, avisará o pronunciado. O mesmo se dá no tocante ao querelante, por seu advogado, bem como ao assistente do Ministério Público, igualmente advogado, representando a vítima. Pode-se fazer pela imprensa, pois se considera o preparo de escritórios particulares para o recebimento dessa forma de intimação. Na jurisprudência: STJ: "1. O esgotamento dos meios para a localização do acusado, por meio de diligências em todos os endereços constantes dos autos, é pressuposto para a determinação da intimação por edital (arts. 361 e 363, § 1.º, do CPP). 2. No caso, as informações constantes dos autos dão conta de que antes de se determinar a realização de intimação do paciente por edital, foram realizadas diligências nos endereços informados nos autos, tendo sido consignada nova mudança de endereço, sem informação ao Juízo, por ocasião da diligência no novo endereço acostado aos autos pelo defensor. 3. O paciente possui defensor constituído nos autos, que, segundo consta, foi devidamente intimado da decisão de pronúncia. 4. Esta Corte Superior de Justiça já decidiu que, em se tratando de decisão de pronúncia e não tendo sido o acusado localizado para ser intimado da decisão, basta a intimação do defensor constituído" (HC 215.956/SC, 6.ª T., rel. Sebastião Reis Júnior, 02.10.2012, v.u.).

69-B. Intimação por edital: a terceira forma de intimação, considerada ficta, pode ser feita ao acusado, desde que esteja solto, não tendo sido localizado para a intimação pessoal. Antes da reforma introduzida pela Lei 11.689/2008, o pronunciado tinha que ser intimado pessoalmente a qualquer custo. Portanto, se estivesse solto e não fosse localizado, decretava-se a sua prisão cautelar; enquanto não fosse detido, para ser intimado, o feito ficava paralisado. Após, ele aguardava, segregado, o seu julgamento pelo Tribunal do Júri. O equívoco era evidente, pois réus primários, sem antecedentes, poderiam terminar provisoriamente presos, somente porque não foram localizados para intimação da pronúncia. Atualmente, quando o acusado solto não for encontrado, é intimado por edital. E, se tal método é viável para cientificar o acusado da decisão de admissibilidade da acusação, com maior razão, deve-se utilizar o mesmo veículo para intimar o acusado da sessão plenária, sem sobrestar o feito (art. 457, *caput*, CPP). Na jurisprudência: STF: "1. A lei processual possui aplicabilidade imediata, nos termos do artigo 2.º do CPP ('Art. 2.º A lei processual penal aplicar-se-á desde logo, sem prejuízo da validade dos atos realizados sob a vigência da lei anterior'). 2. A Lei 11.689/08 é aplicada aos processos futuros e também aos processos em curso, ainda que estes tenham como objeto fato criminoso anterior ao início da vigência da própria Lei 11.689/08 ou, ainda, da Lei n. 9.271/96, que, alterando artigo 366 do CPP, estabeleceu a suspensão do processo e do curso do prazo prescricional em relação ao réu que, citado por edital, não compareceu em juízo. A nova norma processual tem aplicação imediata, preservando-se os atos praticados ao tempo da lei anterior (*tempus regit actum*). Precedentes: HC 113.723, Primeira Turma, Relatora a Ministra Rosa Weber, *DJe* de 04.12.13 e RHC 108.070, Primeira Turma, Relatora a Ministra Rosa Weber, *DJe* de 05.10.12). 3. A possibilidade de o acusado que não for encontrado ser intimado por edital, independentemente do crime ser, ou não, afiançável, foi introduzida no ordenamento jurídico brasileiro com o advento da Lei 11.689, de 9 de junho de 2008. 4. *In casu*, o recorrente foi pronunciado, em 08.02.05, pela prática do crime de homicídio qualificado (art. 121, § 2.º, I e IV, do CP), e, estando em lugar incerto e não sabido, teve sua prisão preventiva decretada. O processo permaneceu suspenso até o advento da Lei 11.689/08. Em 13.09.09, foi realizada a citação por edital do recorrente, tendo o processo prosseguido à sua revelia. Posteriormente, sobreveio sentença nos autos da ação principal, tendo o recorrente sido condenado pelo Tribunal do Júri a 14 (quatorze) anos de reclusão, em regime fechado. A condenação transitou em julgado em 19.04.11. 5. Recurso ordinário em *habeas corpus* a que se nega provimento" (RHC 115.563, 1.ª T., rel. Luiz Fux, 11.03.2014, v.u.). STJ: "6. A prévia intimação do acusado para submissão ao Conselho de Sentença é indispensável, sob pena de nulidade, pois decorre das garantias constitucionais do contraditório e da ampla defesa. Nos termos do art. 420, parágrafo único, do CPP, o acusado solto que não for encontrado para intimação pessoal, deverá ser intimado por edital, o que, como verificado no caso concreto, não ocorreu" (AgRg nos EDcl no AREsp 2.466.616, 6.ª T., rel. Sebastião Reis Júnior, 14.05.2024, v.u.).

> **Art. 421.** Preclusa a decisão de pronúncia,[70-70-A] os autos serão encaminhados ao juiz presidente do Tribunal do Júri.[71]
>
> § 1.º Ainda que preclusa a decisão de pronúncia, havendo circunstância superveniente que altere a classificação do crime,[72] o juiz ordenará a remessa dos autos ao Ministério Público.[73]
>
> § 2.º Em seguida, os autos serão conclusos ao juiz para decisão.

70. Coisa julgada formal: a decisão de pronúncia, por não se tratar de sentença terminativa de mérito, não gera coisa julgada material, impossível de ser alterada. Gera, somente, coisa julgada formal, ou seja, preclusão para o juiz, que não poderá alterá-la, salvo por motivo superveniente, devidamente previsto em lei. Entretanto, deve-se aguardar o trânsito em julgado, sem mais possibilidade de ingresso de qualquer recurso, afinal, a pronúncia passa a ser o espelho fiel da acusação em plenário, eliminado que foi o libelo. Precisa estar concretizada em seus termos para o feito ter prosseguimento. Na jurisprudência: STF: "1. A preclusão a que se refere o art. 421 do CPP diz respeito apenas às decisões com recursos previstos para as instâncias ordinárias, razão pela qual a pendência de recursos de natureza extraordinária não impede a realização do júri. Precedentes. 2. *Habeas corpus* denegado. Cassada a liminar deferida nos autos" (HC 130.314/DF, 2.ª T., rel. Teori Zavascki, 26.10.2016, v.u.).

70-A. Juntada de documentos: podem ser anexados aos autos a qualquer tempo, desde que se garanta o contraditório e, no caso do réu, também a ampla defesa. É fundamental relembrar que o *trânsito em julgado* da decisão de pronúncia denomina-se (como se vê corretamente no artigo 421, *caput*) *preclusão*, ou seja, as partes, sem elementos novos, já não podem alterá-la. No entanto, inexiste *coisa julgada material* (fim do processo, com julgamento de mérito, inexistindo mais recurso a ser interposto). Além disso, como se registra no próximo art. 422 e seguintes, a instrução pode ser reaberta, mencionando-se, claramente, a *juntada de documentos*. Não há nenhum prejuízo para as partes. Na jurisprudência: STJ: "1. Nos termos do artigo 422 do Código de Processo Penal, após o trânsito em julgado provisório, 'ao receber os autos, o presidente do Tribunal do Júri determinará a intimação do órgão do

Art. 421

Código de Processo Penal Comentado · **Nucci**

Ministério Público ou do querelante, no caso de queixa, e do defensor, para, no prazo de 5 (cinco) dias, apresentarem rol de testemunhas que irão depor em plenário, até o máximo de 5 (cinco), oportunidade em que poderão juntar documentos e requerer diligência'. 2. Assim, é plenamente viável a juntada de documentos aos autos depois do encerramento da fase instrutória, não havendo que se falar em ofensa aos princípios do contraditório e da ampla defesa, mormente se é conferido às partes o direito de sobre elas se manifestar. Precedentes. 3. Embora o exame em local de morte tenha sido implementado aos 25.4.2014, e apesar do respectivo laudo haver sido enviado ao juízo aos 5.11.2014, antes, portanto, da remessa dos autos ao Tribunal de Justiça para o julgamento do recurso em sentido estrito interposto pela defesa, o que se deu aos 6.11.2014, não há nos autos qualquer evidência de que a documentação em questão não foi imediatamente anexada ao feito por desídia da autoridade policial ou do cartório judicial. 4. Por outro lado, assim que a referida peça aportou ao processo, a togada de origem abriu vista ao Ministério Público e à defesa, para que sobre ela pudessem se manifestar, o que afasta a alegação de que o réu teria sido prejudicado com a sua juntada tardia ao processo. 5. O advogado do recorrente não comprovou os danos por ele suportados em decorrência da juntada aos autos do laudo de exame em local de morte após o trânsito em julgado da decisão de pronúncia, sendo certo que durante o julgamento em plenário o referido documento poderá ser alvo de debate entre as partes, bem como de questionamentos aos peritos por ele responsáveis, motivo pelo qual é impossível o seu desentranhamento do processo, bem como a reabertura da instrução processual. Inteligência do artigo 563 da Lei Penal Adjetiva. Doutrina. Precedentes. 6. Recurso desprovido" (RHC 65.899/RS, 5.ª Turma, rel. Jorge Mussi, 10.12.2015, v.u.).

71. Encaminhamento dos autos ao juiz presidente: depende do que dispõe a lei de organização judiciária local. Há Comarcas que possuem Varas Privativas do Júri e o mesmo juiz conduz o processo do começo ao fim (recebimento da denúncia à sentença proferida em plenário). Nesse caso, preclusa a decisão de pronúncia, os autos continuam na mesma Vara e inaugura-se a fase de preparação do plenário. Outras Comarcas possuem Varas Criminais comuns, com competência para promover a fase de formação da culpa, até chegar à pronúncia. Assim ocorrendo, preclusa esta decisão, encaminham o feito ao Tribunal do Júri, onde há um juiz presidente responsável pela fase de preparação do plenário.

72. Circunstância superveniente modificadora da classificação: quando ocorre a pronúncia, o juiz indica o tipo penal no qual está incurso o réu (ex.: tentativa de homicídio, homicídio simples, homicídio qualificado). Há, no entanto, a possibilidade de alteração da classificação original, diante de circunstância superveniente à pronúncia, capaz de impelir à modificação da tipicidade. É o que acontece, muitas vezes, com a chegada, aos autos, de prova da morte da vítima, estando o réu pronunciado por tentativa de homicídio. Necessita-se fazer uma alteração na pronúncia, para transformar a acusação para homicídio consumado, na forma simples ou qualificada, conforme o caso. Outro exemplo é citado por Frederico Marques, no caso de haver a descoberta de causas conexas ou onde haja a continência, após a pronúncia: "Entendemos que, nessa hipótese, o presidente do júri deve avocar o processo, para a unificação ulterior, dando nova sentença de pronúncia, se se tratar de continência de causa ou indivisibilidade de infração" (*Da competência em matéria penal*, p. 381). É preciso deixar bem claro que a *circunstância superveniente*, apta a *alterar a classificação*, pode ser a introdução, nos autos, de qualquer documento, como a certidão de óbito da vítima, pouco importando o momento da morte. O único cuidado é apurar se a referida morte deu-se por conta da lesão provocada pelo acusado, logo, se há nexo causal. Fora disso, o trânsito em julgado da pronúncia – meramente formal – pode e deve ser revisto, com a alteração do âmbito da acusação para homicídio consumado.

No entanto, se a certidão de óbito for juntada *antes* da prolação da pronúncia e, mesmo assim, o julgador mantém a forma tentada, transitando em julgado, nada mais se pode fazer. Ocorre a preclusão para o juízo.

73. Procedimento para a correção da pronúncia: parece-nos essencial que, havendo a inserção de prova nova nos autos, justificando a alteração da pronúncia, deve o juiz abrir vista ao Ministério Público, para aditar a denúncia e, em seguida, à defesa para manifestar-se. A lei menciona, somente, a remessa dos autos ao órgão acusatório, sem passar pela defesa, o que é insatisfatório. Querendo, pode o réu suscitar a produção de prova, demonstrado o interesse em contrariar o que foi introduzido nos autos. Assim, caso tenha sido juntada a certidão de óbito da vítima, adita o promotor a denúncia para fazer constar tratar-se de um homicídio consumado – se assim entender, uma vez que nem sempre a convicção do Ministério Público desenvolver-se-á nesse sentido. Lembremos, aliás, que o nexo causal é fundamental para ligar o resultado morte à conduta do réu. É justamente isso que pode a defesa pretender fazer, ou seja, demonstrar ter a vítima falecido em virtude de outras causas, não originárias da conduta lesiva do acusado. Finda eventual produção de provas, o juiz poderá proferir nova pronúncia, fazendo incluir a imputação de homicídio consumado, ao invés de tentativa de homicídio.

Seção III

Da preparação do processo para julgamento em plenário[74]

74. Fase de preparação do processo para julgamento em plenário: defendíamos, em edições anteriores de nossas obras, cuidando do Tribunal do Júri, a existência de três fases no procedimento. Uma delas, a intermediária, seria justamente a *fase de preparação do plenário*, destacada da fase de formação da culpa e, também, da fase do juízo de mérito. A alteração introduzida pela Lei 11.689/2008 consagra esse entendimento, evidenciando na Seção III, com nitidez, essa etapa intermediária, consolidando o procedimento trifásico do Tribunal Popular. Sobre a existência de uma fase específica, a principiar do art. 422: STJ: "1. Constatando-se a regular tramitação do feito, já se encontrando o processo na fase do art. 422 do CPP, não se tem como configurada a alegada mora estatal. (...)" (RHC 47.360/RJ, 6.ª T., rel. Nefi Cordeiro, 12.02.2015, v.u.).

> **Art. 422.** Ao receber os autos, o presidente do Tribunal do Júri determinará a intimação do órgão do Ministério Público ou do querelante, no caso de queixa, e do defensor, para, no prazo de 5 (cinco) dias, apresentarem rol de testemunhas que irão depor em plenário, até o máximo de 5 (cinco), oportunidade em que poderão juntar documentos e requerer diligência.[75-77-D]

75. Eliminação do libelo e consequências: o libelo era a peça acusatória, cujo conteúdo se baseava pela decisão de pronúncia, expondo, na forma de artigos, a matéria que seria submetida a julgamento pelo Tribunal Popular. No procedimento do júri, enquanto a denúncia tem por fim expor o fato delituoso para provocar um juízo de admissibilidade da acusação (pronúncia), sem invasão do mérito da causa, o libelo crime-acusatório era justamente a peça formal da acusação, que visava à exposição do fato criminoso, filtrado pela pronúncia, ao Tribunal Popular, constituindo a pretensão punitiva do Estado e pretendendo um julgamento de mérito. Muito se dizia sobre a extinção desse articulado, considerado inútil por alguns e fonte de nulidades – porque várias vezes malfeito – por outros. Sabia-se que o questionário

Art. 422

Código de Processo Penal Comentado · Nucci

852

do juiz (quesitos) devia guardar correspondência com o libelo e este com a pronúncia. Por isso, havia posições doutrinárias sustentando a sua eliminação, baseando-se, então, o juiz presidente, ao elaborar os quesitos, diretamente na pronúncia e naquilo que foi alegado em plenário. Em nosso entendimento, a extinção do libelo somente poderia ser útil, caso o juiz fosse obrigado a tornar a pronúncia específica o suficiente para não gerar à defesa qualquer surpresa no plenário. Exemplo disso poderia ser a acusação genericamente feita na denúncia de que o réu participou do crime de homicídio, sem fornecer, exatamente, qual foi a sua conduta: se coautor ou simples partícipe. Caso o juiz, na pronúncia, deixasse de especificar como o acusado deveria ser considerado, o libelo – hoje não mais existente – teria essa função: tornar clara a acusação para que a defesa pudesse refutar a imputação a contento. Eliminando-se o libelo e sendo a pronúncia genérica, tanto quanto o foi a denúncia, como faria a defesa para organizar seus argumentos em plenário? Deveria preparar-se para ouvir do órgão acusatório qualquer das duas teses no dia do julgamento? Se assim fosse, não se estaria cerceando a atividade defensiva sem lhe fornecer, de antemão e com a exatidão aguardada, o conteúdo da imputação? Enfim, inexistente o libelo em nosso ordenamento jurídico, a partir do advento da Lei 11.689/2008, torna-se indispensável que a pronúncia lhe assuma as vezes, na missão de estabelecer a fiel fronteira para a imputação feita pelo órgão acusatório, sob pena de se violar o princípio constitucional da plenitude de defesa. Sobre o tema, pronuncia-se Rogério Lauria Tucci, nos seguintes termos: "A supressão do libelo não importa na simplificação do procedimento, no qual haverá lugar, em sequência ao decurso do prazo para interposição de recurso contra a sentença de pronúncia, para o requerimento de provas, a serem produzidas no plenário do júri, e de outras diligências prévias, tidas como pertinentes e relevantes. (...) sem o libelo definha-se a contrariedade, enfraquece-se a atuação defensiva, desorienta-se a realização da prova oral em plenário e, com isso, desvigora-se a quesitação – tudo a negar (isso, sim!) a tradição conservadora da instituição do júri" (*Tribunal do júri – Origem, evolução, características e perspectivas*, p. 87-88). Seguindo a mesma trilha, Pitombo considera "gravíssima" a eliminação do libelo-crime, pois terminaria com o controle efetivo do juiz sobre a acusação: "Irromperá muito dificultoso, no momento dos debates, o juiz-presidente verificar a fidelidade e a pontualidade da acusação oral", enfraquecendo a defesa (*Supressão do libelo*, p. 141-142). Na jurisprudência: STJ: "1. Assim como era o libelo, a preparação prevista no artigo 422 do Código de Processo Penal constitui ato que precede o julgamento, no qual as partes poderão arrolar as testemunhas que serão ouvidas em Plenário, bem como requerer as diligências que entendem necessárias para a defesa das respectivas teses. 2. Quando o tribunal dá provimento ao apelo das partes para determinar a realização de um novo julgamento, pelo fato do primeiro veredicto ter sido considerado manifestamente contrário à prova dos autos, não se pode admitir que haja inovação no conjunto probatório que será levado ao conhecimento do novo Conselho de Sentença, sob pena de se desvirtuar a regra recursal prevista no artigo 593, inciso III, alínea 'd', do Código de Processo Penal, mormente em razão da norma contida na parte final do § 3.º do referido dispositivo, que impede a segunda apelação motivada na alegação em análise. 3. Na espécie, inexiste qualquer ilegalidade no indeferimento de parte das provas requeridas pela defesa, pois tendo o Tribunal estadual, ao julgar a apelação ministerial, determinado que o recorrente fosse submetido a novo julgamento pelo Tribunal do Júri, não se permite que Juiz-Presidente, ainda que invocando as inovações trazidas pela Lei 11.689/2008, repita a fase de preparação para o julgamento, concedendo às partes o direito de se manifestarem nos termos do artigo 422 do Código de Processo Penal, pois, no âmbito do mesmo procedimento, o ato de indicação das provas a serem produzidas no Plenário foi praticada sob a égide da legislação então vigente, estando abarcada pelo instituto da preclusão. Precedente" (RHC 120.356/SP, 5.ª T., rel. Jorge Mussi, 10.03.2020, v.u.).

76. Correlação entre a pronúncia, a acusação em plenário e o questionário: eliminado o libelo, como exposto na nota anterior, torna-se necessário que a pronúncia seja detalhada o suficiente para delimitar o âmbito da acusação. Assim fazendo, o órgão acusatório não poderá extrapolar em suas teses, no plenário do Júri. Consequentemente, o questionário a ser proposto aos jurados terá correspondência com o julgamento de admissibilidade da acusação e a tese exposta em plenário. Portanto, se o réu "A" foi acusado de ser coautor e o réu "B", de ser partícipe, dessa forma reconhecido na pronúncia, deve a acusação sustentar nesse prisma o concurso de agentes diante dos jurados e o mesmo constará no questionário. Do contrário, haverá surpresa para a defesa, ofendendo-se a plenitude de defesa, garantia constitucional.

77. Manifestação das partes: aberta a fase de preparação do plenário, as partes serão intimadas a apresentar o rol das testemunhas que pretendam ouvir (cinco para cada uma), bem como podem formular requerimentos para a produção de provas, diligências ou juntada de documentos. Terão cinco dias, cada parte, para a manifestação. Não o fazendo, perde-se a possibilidade de ouvir testemunhas de seu interesse em plenário. De modo idêntico, não mais será viável requerer a produção de qualquer outra prova, a não ser em caso excepcional, quando se descobrir a prova inédita, depois desta fase; em especial, caso seja prova em benefício da defesa, em função do princípio constitucional da plenitude de defesa. Na jurisprudência: STJ: "2. O recurso foi decidido com a devida e clara fundamentação, ao concluir que, na fase do art. 422 do CPP, o embargante não ofereceu testemunhas, tendo o feito apenas *a posteriori*, sem nenhuma justificativa válida para tanto, do que o magistrado primevo indeferiu a oitiva e apresentou como fundamento a preclusão. 3. Entende esta Corte Superior que 'ouvir testemunha não é um direito das partes na hipótese de omissão em propor a prova nos momentos previstos no processo penal, que bem define situações de admissão, produção e avaliação da prova. Nesse caso, se a defesa deixa de exercer o seu direito de indicar a prova que deseja produzir no prazo que o Código estabelece, ela não mais tem direito a ouvir as testemunhas e passa a ter interesse em ouvir essas pessoas; mas essa avaliação é do juiz, baseada em sua conveniência, nos termos do art. 209, § 1.º, do Código de Processo Penal (AgRg no AREsp n. 1.477.936/DF, relator Ministro Rogerio Schietti Cruz, Sexta Turma, julgado em 18/4/2023, *DJe* de 5/5/2023)'" (EDclnc AgRg no AREsp 2.274.677, 6.ª T., rel Jesuíno Rissato, 20.02.2024, v.u.); "4. Nessa linha de intelecção, verifica-se que, além de preclusa a diligência requerida às vésperas do julgamento, a defesa não comprovou o efetivo prejuízo advindo da prova negada, visto que, embora não tenha sido permitida a reprodução do áudio aos jurados na sessão plenária, foi permitida a menção pela defesa à existência desse áudio durante os debates, conforme consignado pela Magistrada na ata de julgamento" (AgRg no HC n. 857527, 5ª T., rel. Reynaldo Soares da Fonseca, 19.10.2023, v.u.).

77-A. Caráter de imprescindibilidade: quando as partes apresentarem o seu rol de testemunhas, caso lhes seja fundamental a sua inquirição em plenário, devem fazer constar o *caráter de imprescindibilidade*, ou seja, arrolam-se as cinco testemunhas, declarando não prescindir dos depoimentos. Se silenciar, caso a testemunha não compareça na sessão de julgamento, a parte não poderá insistir na sua oitiva, ficando preclusa a produção da prova. Por outro lado, arrolando com o caráter imprescindível, se não comparecer, a testemunha pode ser conduzida coercitivamente e, conforme o caso, adia-se o julgamento para outra data. Outro fator é acompanhar o desenvolvimento do processo; havendo modificação, como o desaforamento, torna-se essencial pleitear a inquirição das testemunhas por precatória, pois elas não mais terão a obrigação de comparecer em plenário. Na jurisprudência: STJ: "A ausência de testemunhas não arroladas sob a cláusula de imprescindibilidade na sessão plenária não acarreta necessidade de adiamento da sessão de julgamento, nos termos do art. 461 do CPP.

Art. 422

Código de Processo Penal Comentado · **Nucci**

Não há que se falar em nulidade da sessão de julgamento do Júri por ausência de testemunhas cujo paradeiro é desconhecido, inclusive pela defesa. Não houve, no caso, demonstração de prejuízo que ensejasse a declaração de nulidade, porquanto as testemunhas faltantes foram reputadas como não essenciais pelas instâncias ordinárias, diante do fato de já haverem sido dispensadas pela defesa anteriormente. Ordem de *habeas corpus* não conhecida" (HC 131.509/DF, 6.ª T., rel. Rogerio Schietti Cruz, 21.06.2016, v.u.).

77-B. Testemunhas imprescindíveis, mas não localizadas: não se exige a paralisação dos trabalhos do júri quando as testemunhas, arroladas em caráter de imprescindibilidade, não tenham sido localizadas para intimação e a parte interessada não apresenta o paradeiro a tempo. Dá-se o mesmo quando a testemunha foi intimada e, na data designada para a sessão do júri, não comparece; a partir disso, o juiz determina a sua condução coercitiva. Há as seguintes possibilidades: a) ela é encontrada, conduzida coercitivamente e presta o seu depoimento; b) não é encontrada, mas o seu paradeiro *continua conhecido*; deve-se adiar o julgamento para outra data, providenciando-se outra condução coercitiva; c) não é localizada porque não se encontra mais no lugar apontado pela parte; pode-se realizar o julgamento, sem que se alegue qualquer nulidade. Na jurisprudência: STJ: "1. A ausência de testemunhas não arroladas sob a cláusula de imprescindibilidade na sessão plenária não acarreta necessidade de adiamento da sessão de julgamento, nos termos do art. 461 do CPP. 2. Não há que se falar em nulidade da sessão de julgamento do Júri por ausência de testemunhas cujo paradeiro é desconhecido, inclusive pela defesa. 3. Não houve, no caso, demonstração de prejuízo que ensejasse a declaração de nulidade, porquanto as testemunhas faltantes foram reputadas como não essenciais pelas instâncias ordinárias, diante do fato de já haverem sido dispensadas pela defesa anteriormente. 4. Ordem de *habeas corpus* não conhecida" (HC 131.509/DF, 6.ª T., rel. Rogerio Schietti Cruz, 21.06.2016, v.u.).

77-C. Critério judicial para deferimento das provas: as partes podem requerer a produção de provas, nessa fase, mas é fundamental que o juiz avalie o requerimento, deferindo as que tenham pertinência e objetividade, bem como indeferindo as que considerar meramente protelatórias ou impertinentes. O indeferimento abusivo proporciona o ingresso de correição parcial (inversão tumultuária do processo). Na situação do acusado, conforme a proximidade do julgamento pelo júri, cabe igualmente o uso do *habeas corpus*. Para a acusação, eventualmente, o mandado de segurança. Na jurisprudência: STJ: "1. Em que pese o rol apresentado pelo *Parquet* extrapolar o limite previsto no art. 422 do CPP, não houve ilegalidade, pois as excedentes serão ouvidas por prerrogativa do Juízo. 2. Sob uma ótica que busca a realização do processo justo e tendo em vista as peculiaridades do Tribunal do Júri, em que o juiz-presidente apenas prepara e regula a realização do julgamento pelos juízes populares, deve ser prestigiada a atividade probatória deflagrada pelo Juiz que determina, de ofício, a oitiva em plenário de testemunhas arroladas extemporaneamente na fase do art. 422 do CPP, mas já ouvidas em juízo na primeira fase do procedimento escalonado do Tribunal do Júri, de forma residual e em consonância com os arts. 209 e 497, XI, ambos do CPP, para a correta compreensão de importantes fatos relatados durante a produção da prova oral. 3. Ademais, caberia à parte arrolar, na fase do art. 422 do CPP, pessoas cujas oitivas reputa imprescindíveis à busca da verdade, que poderiam ser ouvidas como testemunhas do Juízo, o que não ocorreu na hipótese" (AgRg no RHC 61.231/SP, 6.ª T., rel. Rogerio Schietti Cruz, 27.09.2022, v.u.).

77-D. Reconstituição do crime: a formação desse meio de prova advém do art. 7.º do CPP, devendo ser realizada, como regra, na fase investigatória. Além disso, precisa contar com a expressa concordância do acusado, pois ele pode ser incriminado ao longo desse procedimento. Nada impede, por certo, a realização da reconstituição do delito durante a instrução em juízo. Nem mesmo na frente dos jurados, se isso for imprescindível à plenitude de defesa, buscando formar prova em favor do réu. No entanto, o simples pedido para a diligência, que é complexa por natureza, deve ser devidamente justificado. Eis por que a parte interessada há de demonstrar ao juízo a sua relevância; quando se tratar da acusação, depende-se ainda da concordância do acusado. Se este não quiser, não participa, embora possa ser efetivada por meio de outra pessoa representando o réu. Em suma, a época ideal para isso é a fase investigatória; superada esta, somente em caso excepcional será realizada.

> **Art. 423.** Deliberando sobre os requerimentos de provas a serem produzidas ou exibidas no plenário do júri, e adotadas as providências devidas, o juiz presidente:
>
> I – ordenará as diligências necessárias para sanar qualquer nulidade ou esclarecer fato que interesse ao julgamento da causa;[78-78-A]
>
> II – fará relatório sucinto do processo, determinando sua inclusão em pauta da reunião do Tribunal do Júri.[79]

78. Deferimento de diligências: formulados os requerimentos, deve o magistrado deferir aqueles que implicarem buscar novas provas, especialmente as que possam contribuir para a apuração da verdade real, bem como deve providenciar as diligências aptas a suprir falhas e vícios, evitando-se futuras declarações de nulidades. A fase de preparação do plenário, na nova feição dada pela Lei 11.689/2008, equivale à anterior *justificação* (procedimento incidental para a produção de provas). Não significa, porém, que jamais se poderá propor a justificação. Continua viável esse procedimento incidental, desde que a fase de diligências, preparando a sessão plenária, já se tenha esgotado. Consultar, também, a nota 77-B *supra*. Na jurisprudência: STJ: "1. O indeferimento de pedido de diligência, de acordo com o art. 422 do CPP, quando devidamente fundamentado, não configura cerceamento de defesa, por ser a discricionariedade motivada o critério norteador do juízo de necessidade" (RHC 104.117/RJ, 6.ª T., rel. Nefi Cordeiro, 12.03.2019, v.u.).

78-A. Inexistência de recurso: ordenando ou indeferindo as provas requeridas pelas partes, não cabe recurso específico previsto neste Código. Entretanto, se o indeferimento for abusivo, pode-se ingressar com correição parcial ou, da parte do acusado, cabe, ainda, *habeas corpus*, conforme exposto na nota 77-C ao art. 422. Outra opção seria alegar o cerceamento assim que iniciar a sessão em plenário do júri, inscrevendo-se em ata, para, depois, pleitear a nulidade do julgamento em grau de apelação.

79. Relatório do processo: passa a ser feito por escrito pelo juiz, na fase de preparação do plenário, de modo a ser entregue aos jurados, oportunamente. Parece-nos deva constar no relatório o seguinte: a) resumo do conteúdo da denúncia ou queixa; b) resumo do conteúdo da defesa prévia do réu, com suas alegações preliminares e/ou exceções; c) elenco das provas (basta enumerar e não detalhar uma por uma) colhidas ao longo do inquérito, em especial as periciais, que não são refeitas; d) elenco das provas (basta enumerar e não detalhar uma por uma) colhidas na fase de formação da culpa; e) resumo do conteúdo do interrogatório do réu, em especial, se levantou e qual foi a sua tese de autodefesa (se preferiu valer-se do direito ao silêncio, basta mencionar o fato, sem valoração alguma); f) resumo do conteúdo das alegações finais das partes; g) resumo do conteúdo da pronúncia, acolhendo e/ou rejeitando as teses das partes (se houve impronúncia, desclassificação ou absolvição sumária, expor o resumo do seu conteúdo, fazendo menção à reforma pelo Tribunal); h) exposição de pontos excepcionais, como, por exemplo, se houve decretação da prisão preventiva ou prisão em flagrante, concessão ou negativa de liberdade provisória, recurso contra a pronúncia e resultado do acórdão; i) se

Art. 424

Código de Processo Penal Comentado · **Nucci**

houve aditamento à denúncia e alteração da pronúncia, após a preclusão; j) quais as provas requeridas e, eventualmente, realizadas na fase de preparação do plenário.

> **Art. 424.** Quando a lei local de organização judiciária não atribuir ao presidente do Tribunal do Júri o preparo para julgamento, o juiz competente remeter-lhe-á os autos do processo preparado até 5 (cinco) dias antes do sorteio a que se refere o art. 433 deste Código.[80]
>
> **Parágrafo único.** Deverão ser remetidos, também, os processos preparados até o encerramento da reunião, para a realização de julgamento.

80. Competência para o preparo do processo: como já mencionamos em nota precedente, dependendo da lei de organização judiciária local, pode o juiz de Vara Privativa do Júri receber o processo, desde o oferecimento da denúncia ou queixa, acompanhando-o em todas as fases, até terminar com a prolação da sentença em plenário. Por outro lado, é possível, também, que a fase de formação da culpa fique sob a responsabilidade de um juiz de Vara Criminal comum, passando, após o trânsito em julgado da pronúncia, ao magistrado responsável pelo Tribunal do Júri. Outra hipótese, ainda, é a competência do juiz da Vara Criminal comum estender-se até o preparo do processo para o plenário e, somente depois, ocorrer a remessa ao juiz presidente do Tribunal Popular. Qualquer dessas soluções respeita o princípio do juiz natural, pois há prévia previsão legal.

Seção IV
Do alistamento dos jurados

> **Art. 425.** Anualmente, serão alistados pelo presidente do Tribunal do Júri de 800 (oitocentos) a 1.500 (um mil e quinhentos) jurados nas comarcas de mais de 1.000.000 (um milhão) de habitantes, de 300 (trezentos) a 700 (setecentos) nas comarcas de mais de 100.000 (cem mil) habitantes e de 80 (oitenta) a 400 (quatrocentos) nas comarcas de menor população.[81]
>
> § 1.º Nas comarcas onde for necessário, poderá ser aumentado o número de jurados e, ainda, organizada lista de suplentes, depositadas as cédulas em urna especial, com as cautelas mencionadas na parte final do § 3.º do art. 426 deste Código.[82]
>
> § 2.º O juiz presidente requisitará às autoridades locais, associações de classe e de bairro, entidades associativas e culturais, instituições de ensino em geral, universidades, sindicatos, repartições públicas e outros núcleos comunitários a indicação de pessoas que reúnam as condições para exercer a função de jurado.

81. Alistamento dos jurados: a colheita dos nomes de jurados para compor as listas do Tribunal do Júri se faz, na maioria das Comarcas brasileiras, de modo aleatório, sem conhecimento direto e pessoal do magistrado em relação a cada um dos indicados. Utiliza-se, há anos, como regra, a listagem dos cartórios eleitorais, que coletam vários nomes, enviando ao juiz presidente. Dificilmente cumpre-se o disposto no § 2.º deste artigo, perscrutando interessados em associações de classe e de bairro, entidades associativas e culturais, instituições de ensino, universidades etc. Em pequenas cidades, torna-se possível essa colheita de nomes. Nos grandes centros urbanos, entretanto, é praticamente impossível. O máximo que se faz, após

Título I – Do Processo Comum   **Art. 426**

o recebimento das listas formadas aleatoriamente nos cartórios eleitorais, é uma pesquisa de antecedentes criminais. Posteriormente, verifica-se a aptidão do jurado e sua idoneidade para a função na prática, quando já se encontra sorteado para as listas de sessões de julgamento.

82. Elevação do número de jurados: a proporção de jurados alistados já era insuficiente na anterior previsão feita pelo art. 439 do CPP. Após a reforma trazida pela Lei 11.689/2008, o art. 425, *caput*, continuou a prever um número insatisfatório para as grandes cidades. Pode atender, certamente, o maior número de Comarcas brasileiras, mas não as metrópoles. Entretanto, permitiu-se que esse número fosse aumentado, embora não se tenha mencionado o modo. Quer-se crer deva continuar a existir a participação do Poder Judiciário nessa empreitada, editando Resoluções de sua competência. Exemplificando, no Estado de São Paulo, regulando o alistamento de jurados na Comarca da Capital, o Provimento 744/2000, do Conselho Superior da Magistratura, levando em consideração haver um montante de mais de 25.000 processos e inquéritos em andamento (dados de 2000), nas cinco Varas do Júri de São Paulo, elevou para 38.000 o número de jurados alistados, assim divididos: 14.000, para o 1.º Tribunal do Júri; 6.000, para o 2.º Tribunal do Júri; 6.000, para o 3.º Tribunal do Júri; 6.000, para o 4.º Tribunal do Júri, e 6.000, para o 5.º Tribunal do Júri. Deve-se associar os dispositivos da Lei Complementar 35/1979 e do Regimento Interno do Tribunal para editar normais gerais e suplementares sobre organização judiciária. A possibilidade dessa disciplina em caráter complementar vem autorizada pela Constituição Federal (art. 125, § 1.º).

> **Art. 426.** A lista geral dos jurados, com indicação das respectivas profissões, será publicada pela imprensa até o dia 10 de outubro de cada ano e divulgada em editais afixados à porta do Tribunal do Júri.[83]
>
> § 1.º A lista poderá ser alterada, de ofício ou mediante reclamação de qualquer do povo ao juiz presidente até o dia 10 de novembro, data de sua publicação definitiva.
>
> § 2.º Juntamente com a lista, serão transcritos os arts. 436 a 446 deste Código.
>
> § 3.º Os nomes e endereços dos alistados, em cartões iguais, após serem verificados na presença do Ministério Público, de advogado indicado pela Seção local da Ordem dos Advogados do Brasil e de defensor indicado pelas Defensorias Públicas competentes, permanecerão guardados em urna fechada a chave, sob a responsabilidade do juiz presidente.[84]
>
> § 4.º O jurado que tiver integrado o Conselho de Sentença nos 12 (doze) meses que antecederem à publicação da lista geral fica dela excluído.[85]
>
> § 5.º Anualmente, a lista geral de jurados será, obrigatoriamente, completada.

83. Publicidade dos nomes alistados: divulga-se pela imprensa (normalmente o veículo é o Diário Oficial) e, também, por editais afixados à porta do Tribunal do Júri (ou do fórum), a listagem contendo os nomes e as profissões dos jurados. Qualquer pessoa do povo pode impugnar algum nome, alegando, por exemplo, inidoneidade, afinal, trata-se da escolha de um juiz. Do dia 10 de outubro ao dia 10 de novembro, torna-se viável a reclamação. Aceita a oposição, o jurado pode ser excluído pelo magistrado. Caberia recurso em sentido estrito, por parte do rejeitado, dirigido ao Presidente do Tribunal de Justiça (ou Tribunal Regional Federal, conforme o caso), nos termos do art. 581, XIV, CPP. Mantido o nome impugnado, o interessado também pode interpor recurso em sentido estrito, com o fim de revisão da decisão. Na jurisprudência: STJ: "2. Não há nulidade processual configurada se observadas, no

Art. 426

julgamento pelo Tribunal do Júri, as regras do art. 426 do Código de Processo Penal, que exigem apenas a publicação da lista geral dos jurados e suas respectivas profissões, dispensando-se a explicitação de qualquer outro dado de qualificação dos alistados" (AgRg no RMS 64.647/GO, 5.ª T., rel. Joel Ilan Paciornik, 01.06.2021, v.u.).

84. Fiscalização das partes interessadas: a modificação implementada pela Lei 11.689/2008 diz respeito ao número de pessoas que pode acompanhar o processo de lançamento dos cartões, com os nomes e endereços dos jurados alistados, na urna, a ser fechada e mantida em poder do juiz. Anteriormente (art. 440, CPP), previa-se a fiscalização apenas do Ministério Público. Atualmente, passa-se a demandar a presença do Ministério Público, de advogado indicado pela OAB local e de defensor indicado pela Defensoria Pública competente. É natural que, feitas as intimações para tais órgãos, se não enviarem seus representantes, pode o magistrado providenciar o fechamento da urna do mesmo modo.

85. Renovação obrigatória do corpo de jurados: na prática, muitos juízes prefeririam reeditar a lista dos jurados, ano após ano, terminando por estabelecer a figura do *jurado profissional*. Não era o ideal manter alguém muito tempo atuando no júri, sem renovação, uma vez que os vícios e prejulgamentos poderiam terminar prejudicando a ideal imparcialidade exigida do jurado. Por outro lado, a constante renovação também seria fator prejudicial, na medida em que os jurados, leigos que são, demoram a se acostumar com as teses e com o funcionamento do Tribunal Popular. O ideal seria mesclar, sempre, o Tribunal do Júri, renovando parcialmente o corpo de jurados todos os anos. A Lei 11.689/2008, diversamente do que estabelecia o anteprojeto, foi radical: o jurado que tiver integrado o Conselho de Sentença nos 12 meses que antecederem à publicação da lista geral será excluído, em definitivo. Poderia ter constado que tal afastamento se daria por certo período (um, dois, três anos, por exemplo), podendo haver o reingresso. Aliás, em Comarcas pequenas, não há tantas pessoas aptas a funcionar como juradas. Enfim, pela atual redação da lei, participando do Conselho de Sentença em determinado ano, não mais retornará ao Tribunal Popular. Na jurisprudência: TJCE: "Preliminares. *In casu*, não há violação ao art. 426, § 4.º, do CPP, na medida em que é perfeitamente lícito aos jurados do Conselho de Sentença atuarem também em outras sessões de julgamento do Júri durante a mesma Reunião de Julgamento. O dispositivo que se diz violado não veda a participação do jurado em mais de um Conselho, estabelecendo, tão só, que aquele que 'já tiver integrado o Conselho de Sentença nos últimos doze meses que antecederam a publicação da lista geral, dela ficará excluído'" (APL 00001746620008060066-CE, 2.ª C., rel. Antonio Padua Silva, j. 13.12.2019).

Seção V
Do desaforamento[86-87]

86. Desaforamento: é a decisão jurisdicional que altera a competência inicialmente fixada pelos critérios constantes do art. 69 do CPP, com aplicação estrita no procedimento do Tribunal do Júri, dentro dos requisitos legais previamente estabelecidos. A competência, para tal, é sempre da Instância Superior e nunca do juiz que conduz o feito. Entretanto, a provocação pode originar-se tanto do magistrado de primeiro grau quanto das partes, conforme o caso.

87. Desaforamento e juiz natural: não há ofensa ao princípio do juiz natural, porque é medida excepcional, prevista em lei, e válida, portanto, para todos os réus. Aliás, sendo o referido princípio uma garantia à existência do juiz imparcial, o desaforamento se presta justamente a sustentar essa imparcialidade, bem como a garantir outros importantes direitos constitucionais (como a integridade física do réu e a celeridade no julgamento).

Art. 427

Art. 427. Se o interesse da ordem pública[88] o reclamar ou houver dúvida sobre a imparcialidade do júri[89-90] ou a segurança pessoal do acusado,[91] o Tribunal,[92] a requerimento do Ministério Público, do assistente, do querelante ou do acusado ou mediante representação do juiz competente,[93] poderá determinar o desaforamento do julgamento para outra comarca da mesma região,[94] onde não existam aqueles motivos,[95] preferindo-se as mais próximas.[96-97]

§ 1.º O pedido de desaforamento será distribuído imediatamente e terá preferência de julgamento na Câmara ou Turma competente.[98-100]

§ 2.º Sendo relevantes os motivos alegados, o relator poderá determinar, fundamentadamente, a suspensão do julgamento pelo júri.[101]

§ 3.º Será ouvido o juiz presidente, quando a medida não tiver sido por ele solicitada.[102]

§ 4.º Na pendência de recurso contra a decisão de pronúncia ou quando efetivado o julgamento, não se admitirá o pedido de desaforamento, salvo, nesta última hipótese, quanto a fato ocorrido durante ou após a realização de julgamento anulado.[103]

88. Interesse da ordem pública: a *ordem pública* é a segurança existente na Comarca onde o júri deverá realizar-se. Assim, havendo motivos razoáveis e comprovados de que a ocorrência do julgamento provocará distúrbios, gerando intranquilidade na sociedade local, constituído está o fundamento para desaforar o caso. Não basta, para essa apuração, o sensacionalismo da imprensa do lugar, muitas vezes artificial e que não reflete o exato sentimento das pessoas. O juiz pode apurar tal fato ouvindo as autoridades locais (polícia civil, polícia militar, Ministério Público, entre outros). Na jurisprudência: TJSP: "Alegação de que o julgamento pelo Tribunal do Júri deve ser deslocado para outra Comarca, diante da reforma que se opera no Fórum local, e ainda ausência de outro local que, respeitado o isolamento social, forneça instalações adequadas e segurança necessária para o desenvolvimento dos trabalhos inerentes ao Tribunal do Júri. Não comprovação. Medida excepcional, que exige demonstração incontestável das hipóteses do artigo 427, do Código de Processo Penal. Julgamento que deve ser realizado no distrito da culpa, preservando-se o princípio do juiz natural. Pedido indeferido" (Desaforamento de Julgamento 0018612-54.2021.8.26.0000, 16.ª Câm. Criminal, rel. Camargo Aranha Filho, 08.10.2021, v.u.).

89. Dúvida sobre a imparcialidade do júri: é questão delicada apurar esse requisito, pois as provas normalmente são frágeis para apontar a parcialidade dos juízes leigos. Entretanto, é, dentre todos os motivos, em nosso entender, o principal, pois compromete, diretamente, o princípio constitucional do juiz natural. Não há possibilidade de haver um julgamento justo com um corpo de jurados parcial. Tal situação pode dar-se quando a cidade for muito pequena e o crime tenha sido gravíssimo, levando à comoção geral, de modo que o caso vem sendo discutido em todos os setores da sociedade muito antes do julgamento ocorrer. Dificilmente, nessa hipótese, haveria um Conselho de Sentença imparcial, seja para condenar, seja para absolver, visto que a tendência a uma postura ou outra já estará consolidada há muito tempo. No entanto, depende-se de provas concretas para alterar a competência do Tribunal Popular e não meras conjecturas. Confira-se: STF: "II – A questão do desaforamento é matéria de ordem pública inserida no capítulo da ampla defesa. A nossa Carta Magna, ao reconhecer a instituição do júri, em seu art. 5.º, XXXVIII, determina seja assegurada a plenitude de defesa. III – Ao contrário do que decidido pelo Tribunal local, a legislação penal e processual penal não exigem o acompanhamento de provas concretas ou 'a certeza da parcialidade que pode submeter os jurados, mas tão somente fundada dúvida quanto a tal ocorrência' (HC 109.023/

SP, Rel. Min. Dias Toffoli). IV – *In casu*, entendo suficientes as alegações que justificam a modificação da competência territorial, especialmente porque essa conclusão não traz qualquer dano à acusação, o que não se poderia afirmar na hipótese *a contrario sensu*. V – Agravo regimental a que se nega provimento" (HC 167960 AgR, 2.ª T., rel. Ricardo Lewandowski, 14.05.2019, v.u.). STJ: "4. Na hipótese, foram apresentados elementos concretos e relevantes aptos a configurar a dúvida fundada sobre a parcialidade dos jurados, mormente pelo juiz processante, pessoa mais habilitada para constatar a presença dos requisitos que autorizam o desaforamento. Certamente, a reação da comunidade local, a repercussão ainda atual do delito na mídia, o fato de os acusados e a vítima serem de família pioneira e conhecida na cidade de Rolândia/PR, que tem aproximadamente 70 mil habitantes, bem como a instituição da Lei Municipal n. 3.925/2019, de 4 de novembro de 2019, em homenagem à vítima, que criou o 'Dia Municipal do Amor e Proteção às Crianças', justificam o deslocamento do julgamento, a fim de se assegurar a observância da garantia constitucional da plenitude de defesa. 5. *Habeas corpus* não conhecido. Ordem concedida de ofício para determinar o desaforamento do julgamento dos Autos n. 0003684-89.2019.8.16.0148, devendo o Tribunal de Justiça do Estado do Paraná definir a Comarca para a qual o processo deverá ser desaforado" (HC 811.245/PR, 5.ª T., rel. Ribeiro Dantas, 27.06.2023, v.u.); "2. Na espécie, o Relator, examinando as provas colacionadas nos autos, afirmou expressamente que é público e notório o latente prejuízo no que se refere à permanência do julgamento na região, mormente por tratar-se de uma pequena cidade de interior, sendo indiscutível a sensação de medo e de insegurança, inclusive em relação aos policiais, a quem tinha o dever de proteção. Portanto, permitir o julgamento por órgão jurisdicional sobre cuja imparcialidade pairam severas dúvidas, como na espécie, colocaria em risco a segurança e a soberania do corpo de jurados, assim como representaria irreparável afronta à garantia constitucional da ampla defesa" (AgRg no HC 735.863/RO, 5.ª T., rel. Reynaldo Soares da Fonseca, 24.05.2022, v.u.).

90. Notoriedade da vítima ou do agressor: não é motivo suficiente para o desaforamento. Em muitos casos, homicídios ganham notoriedade porque a vítima ou o agressor – ou ambos – são pessoas conhecidas no local da infração, certamente provocando o debate prévio na comunidade a respeito do fato. Tal situação deve ser considerada normal, pois é impossível evitar que pessoas famosas ou muito conhecidas, quando sofrem ou praticam crimes, deixem de despertar a curiosidade geral em relação ao julgamento. Somente em casos excepcionais (vide nota *supra*) cabe o deslocamento da competência.

91. Segurança pessoal do réu: das hipóteses enumeradas neste artigo, parece-nos a mais frágil, uma vez que é dever do Estado zelar pela segurança de qualquer acusado. Havendo condenação e prisão, continuará ele à disposição do Estado e sob sua proteção. Caso seja colocado em liberdade, porque absolvido, cabe a ele detectar se há clima para a sua permanência no local do julgamento. Enfim, em casos anormais e excepcionais, de pequenas cidades, onde o efetivo da polícia é diminuto e não há possibilidade de reforço, por qualquer motivo, é razoável o desaforamento.

92. Decisão de caráter jurisdicional e não administrativo: precisa ser proferida a decisão de desaforamento por uma das Câmaras ou Turmas Criminais do Tribunal de Justiça (ou Tribunal Regional Federal) e não pelo Conselho Superior da Magistratura ou pela Presidência do Tribunal, que estariam agindo em sua competência administrativa e não jurisdicional, logo, incabível para a espécie.

93. Iniciativa do pedido de desaforamento: podem pleiteá-lo as partes, agora enumeradas pela Lei 11.689/2008 (Ministério Público, assistente, querelante ou acusado). Cessa a discussão a respeito da legitimidade do assistente de acusação, que, anteriormente, não estava,

Título I – Do Processo Comum — Art. 427

expressamente, autorizado a tanto. O acusado pode propor por intermédio de seu defensor, mas também diretamente, por petição sua, afinal, no processo penal, há a autodefesa. O juiz que preside a instrução pode representar pelo desaforamento, exceto quando houver excesso de prazo.

94. Comarca da mesma região: a regra inafastável é a escolha de Comarca próxima àquela onde o julgamento deveria ter-se realizado. Ao menos, o caso será julgado por jurados da região. A eleição de foro distante é inconstitucional, por ferir o princípio do juiz natural, se infundada. Há que se pensar, ainda, na comodidade de locomoção das próprias partes para a nova Comarca escolhida. Excepcionalmente, pode-se admitir lugar mais longínquo, desde que para assegurar a imparcialidade do julgamento, fundamento mais relevante. Na jurisprudência: STJ: "1. Segundo o art. 70 do Código de Processo Penal, o réu deve ser julgado, em regra, no local em que se consumar a infração e, nos crimes dolosos contra a vida, o julgamento incumbe ao Conselho de Sentença. 2. O mesmo diploma normativo admite, de forma excepcional, a alteração da competência territorial para realização da sessão plenária quando houver interesse da ordem pública ou dúvida fundada sobre a imparcialidade do júri ou sobre a segurança pessoal do réu. Nessas hipóteses, o art. 427 do CPP autoriza o desaforamento do julgamento para outra comarca da mesma região, onde não subsistam tais motivos, com preferência daquela mais próxima. 3. Na hipótese, a defesa não questiona o mérito da decisão que determinou a mudança de foro, mas sim o encaminhamento dos autos 'a um dos Tribunais do Júri da Comarca da Capital' (fl. 19), e não para outra comarca mais próxima da mesma região, sem a exteriorização de nenhuma motivação para tanto. 4. Depreende-se do ofício enviado pelo juízo de primeiro grau 'que a comarca de Queimados, onde tramitou o processo, pertence à 4ª Região Judiciária, composta também pelas comarcas de Duque de Caxias, Belford Roxo, Guapimirim, Japeri, Magé, Fórum Regional de Vila Inhomirim, Nilópolis, Nova Iguaçu e São João de Meriti'. 5. É dizer, o julgamento deve realizado em algum dos 9 locais que integram a 4ª Região Judiciária do Estado do Rio de Janeiro, de modo que incumbe ao Tribunal a quo perquirir a comarca mais próxima em que não subsistem os motivos que ensejaram o desaforamento, ao invés de apenas fixar a competência da Capital sem externar nenhuma fundamentação concreta. 6. Ordem concedida" (HC n. 895866, 6.ª T., rel. Rogério Schietti Cruz, 23.04.2024, v.u.).

95. Subsistência dos motivos do desaforamento na Comarca eleita em substituição: esvazia-se a modificação da competência, caso seja escolhida uma Comarca próxima, padecendo dos mesmos males da anterior. Imagine-se que houve o deferimento do pedido de desaforamento porque a Comarca não tem efetivo suficiente da polícia para garantir a segurança do réu; caso seja deslocado o julgamento para Comarca contígua, com a mesma deficiência, o problema não foi sanado.

96. Reiteração do pedido: pode ser formulada a qualquer tempo, desde que fatos novos ou provas inéditas surjam. Assim, ainda que o julgamento já tenha ocorrido, mas, por qualquer motivo, deva ser novamente realizado (anulação do julgamento, provimento de apelação da parte por decisão contrária à prova etc.), é possível reiterar o pedido, mas com algo inédito a exibir. Na jurisprudência: STF: "O indeferimento anterior do pedido de desaforamento, que antecedeu ao primeiro julgamento pelo júri, não obstaculiza o acolhimento de novo pedido formulado pelo Ministério Público, sendo perfeitamente possível, à vista da modificação das condições fáticas reinantes por ocasião do julgamento do pedido primitivo ou a ele posteriores" (HC 106287/RJ, 1.ª T., rel. Dias Toffoli, 03.04.2012, v.u.). STJ: "1. Nos termos do art. 427 do Código de Processo Penal, se o interesse da ordem pública o reclamar ou se houver dúvida sobre a imparcialidade do júri ou sobre a segurança pessoal do réu, o Tribunal poderá determinar o desaforamento do julgamento para outra comarca da mesma região, onde não subsistam tais motivos, com preferência daquela mais próxima. 2.

Art. 427

Código de Processo Penal Comentado · Nucci

O deslocamento da competência para comarca mais distante do distrito da culpa é possível, desde que, se transferida para comarca mais próxima, persistam os motivos que ensejaram a medida. 3. No caso, demonstrou-se a existência de fundada dúvida sobre a parcialidade dos jurados, notadamente em razão da acentuada influência política e econômica do acusado na comarca, a justificar o desaforamento do julgamento para Belo Horizonte – MG, onde tais iniciativas não têm reflexos relevantes no Corpo de Jurados. 4. Ordem não conhecida" (HC 225.773/MG, 6.ª T., rel. Rogerio Schietti Cruz, 20.08.2015, v.u.).

97. Reaforamento: é a hipótese de, cessado o motivo que autorizou o desaforamento, tornar o processo à Comarca original, de onde foi removido pelo Tribunal. Não é procedimento legalmente admitido. Se o processo for encaminhado para julgamento em Comarca diversa, não mais retornará à origem, visto não ter sido essa situação prevista pelo Código de Processo Penal. Aliás, se ocorrer novamente algum dos requisitos do art. 427 (ou do art. 428), na Comarca para onde foi enviado o feito, poderá haver novo desaforamento, mas para lugar diverso e não para a Comarca original.

98. Efeito suspensivo: inexiste, embora, em casos excepcionais, possa o relator, como preceituado pelo § 2.º deste artigo, determinar, fundamentadamente, a suspensão do julgamento pelo júri. Não teria cabimento, surgido um fato novo e grave, às vésperas do julgamento, que este ocorresse somente porque o desaforamento ainda não teve chance de ser apreciado. Aliás, o ideal é que o próprio juiz do feito interrompa o curso processual e adie a sessão, aguardando o deslinde do pedido formulado no Tribunal. Mas, se não o fizer, parece-nos cabível que a medida seja pleiteada diretamente ao relator. Este, por sua vez, se negar, possibilita a interposição de agravo regimental. Porém, se houver urgência, admite-se, até mesmo, o ajuizamento de *habeas corpus*, pleiteando-se liminar, a fim de se impedir a realização da sessão do júri.

99. Oitiva do Ministério Público em 2.º grau: a nova redação da seção relativa ao desaforamento omitiu a colheita do parecer do Procurador-Geral de Justiça (ou Procurador da República, conforme o caso). Pensamos que deva continuar a ser ouvido o Ministério Público, pois seu parecer liga-se, de qualquer modo, a todas as causas criminais que tramitam e, eventualmente, podem ter seus recursos interpostos em superior instância. É o caso do desaforamento, que não deixa de ser um recurso atípico.

100. Oitiva da parte contrária: quando o pedido for feito pelo juiz, pelo Ministério Público, pelo assistente ou pelo querelante, deve-se assinalar um prazo ao réu, para colher sua manifestação. É o que preveem os Regimentos Internos de vários Tribunais. Está correta a adoção dessa providência para assegurar não somente o contraditório, mas, sobretudo, a plenitude de defesa, a que tem direito o acusado. A despeito de não ter a lei previsto a possibilidade de se ouvir a defesa quanto ao pedido de desaforamento feito pelo órgão acusatório ou quando provocado pelo próprio magistrado, a inclinação da jurisprudência, em homenagem à ampla defesa, sempre foi nesse sentido. Atualmente, confira-se a edição da Súmula 712 do STF: "É nula a decisão que determina o desaforamento de processo da competência do Júri sem audiência da defesa". Essa nulidade, no entanto, deve ser considerada relativa, dependente, pois, da prova do prejuízo. Pode ser que, determinado o desaforamento sem a oitiva da defesa, esta concorde plenamente com o ocorrido. Não há motivo para a anulação, o que somente implicaria desatendimento ao princípio da economia processual. Porém, se o pedido for feito pela acusação ou defesa e o relator, excepcionalmente, determinar a realização de qualquer diligência para apurar o alegado, quanto ao resultado da referida diligência deve-se abrir vista às partes para ciência e eventual manifestação. Suprimir o direito de conhecimento da prova acrescida macula a ampla defesa, no caso do réu, e o contraditório, para ambas as partes, implicando nulidade.

101. Suspensão do julgamento pelo relator: cuida-se de inovação, introduzida pela Lei 11.689/2008, permitindo-se que seja determinada a suspensão do julgamento pelo júri até que o Tribunal possa apreciar o pedido de desaforamento. A medida é útil e temos sustentado, inclusive (vide a nota anterior), poder o próprio juiz do caso sustar o andamento do feito, aguardando-se a decisão em relação ao mencionado desaforamento. Entretanto, percebendo-se que o pleito de desaforamento é manifestamente infundado, proposto somente para provocar o adiamento da sessão, parece-nos que nem o juiz presidente, nem o relator, devem suspender o julgamento.

102. Informação do magistrado: é imprescindível ouvir o juiz que conduz o feito, antes de se deferir o desaforamento, logicamente se o pedido não tiver sido feito pelo próprio, a fim de se saber da conveniência e da veracidade da proposta formulada. Ninguém melhor que a autoridade judiciária encarregada de presidir o julgamento para informar a realidade da situação ao Tribunal, pois tanto a ordem pública, como a segurança do réu e até mesmo a imparcialidade dos jurados são do seu conhecimento direto. Na jurisprudência: STJ: "1. Esta Corte Superior firmou o entendimento de que o desaforamento do processo, com sua transferência para a comarca da Capital, não viola o art. 427 do Código de Processo Penal, uma vez que a escolha da nova localidade deve ser com lastro em fatos concretos, levando-se em conta o interesse da ordem pública, a imparcialidade do júri ou, ainda, eventual risco à segurança pessoal do acusado, não havendo obrigatoriedade de se remeter o feito à Comarca mais próxima. '2. Estando o juiz da causa mais próximo das partes e da própria comunidade julgadora, tem maior sensibilidade para aferir os detalhes e os problemas que envolvem o processo, motivo pelo qual em feitos deste jaez, suas informações alcançam enorme relevância para a apreciação do pedido em tela, podendo muito bem aferir o peso de possível parcialidade do Tribunal do Júri (HC 307.963/PI, Rel. Ministro Antonio Saldanha Palheiro, Sexta Turma, julgado em 27.06.2017, *DJe* 1.º.08.2017). 3. Agravo regimental improvido" (AgRg no HC 490.467/PE, 6.ª T., rel. Nefi Cordeiro, j. 28.03.2019, v.u.).

103. Inadmissibilidade do pedido de desaforamento: a regra foi introduzida pela Lei 11.689/2008. Considerando-se que o pleito de desaforamento somente é admissível entre a decisão de pronúncia, com trânsito em julgado, e a data de realização da sessão de julgamento em plenário, não há fundamento para ingressar com o pedido enquanto pende recurso contra a referida decisão de pronúncia. Afinal, pode esta ser rejeitada pelo Tribunal e o réu, impronunciado ou absolvido sumariamente. Por outro lado, ocorrida a sessão plenária, a única razão para se admitir o requerimento de desaforamento consistiria em fato novo advindo durante ou após a sessão que tenha sido anulada. Logo, outra será marcada, justificando-se a eventual alteração de competência.

Art. 428. O desaforamento também poderá ser determinado, em razão do comprovado excesso de serviço,[104] ouvidos o juiz presidente e a parte contrária,[105] se o julgamento não puder ser realizado no prazo de 6 (seis) meses, contado do trânsito em julgado da decisão de pronúncia.

§ 1.º Para a contagem do prazo referido neste artigo, não se computará o tempo de adiamentos, diligências ou incidentes de interesse da defesa.[106]

§ 2.º Não havendo excesso de serviço ou existência de processos aguardando julgamento em quantidade que ultrapasse a possibilidade de apreciação pelo Tribunal do Júri, nas reuniões periódicas previstas para o exercício, o acusado poderá requerer ao Tribunal que determine a imediata realização do julgamento.[107]

Art. 428

Código de Processo Penal Comentado · **Nucci**   864

104. Excesso de serviço: altera-se a justificativa e o mecanismo para o desaforamento viabilizar-se, quando se tratar de demora na realização do julgamento. Anteriormente, ultrapassado o prazo de um ano, contado do recebimento do libelo, hoje peça extinta, podia--se pleitear o desaforamento. Na regra atual, somente se poderá pleitear o desaforamento pela demora no julgamento, caso seja ultrapassado o período de seis meses, contado do trânsito em julgado da decisão de pronúncia, mas fundado em *excesso de serviço comprovado*. Logo, inexistente o serviço excessivo na Vara do Júri, não se concretiza a alteração de competência. Em lugar disso, o Tribunal determina a imediata realização do julgamento na mesma Vara (§ 2.º). Na jurisprudência: TJMG: "01. A norma insculpida no art. 428 do digesto processual penal, com redação dada pela Lei n.º 11.689/08, prevê o prazo de seis meses para a realização do julgamento popular, consagrando, inclusive, a possibilidade de desaforamento por comprovado excesso de serviço, exatamente quando extrapolado o prazo indicado nesse dispositivo legal. 02. Estando o acusado preso há mais de um ano – contados do trânsito em julgado da sentença de pronúncia – e não havendo nos autos notícia de que somente a defesa tenha dado causa ao excesso de prazo para a realização do Júri, tampouco designada data para a sessão plenária, o relaxamento da prisão é medida que se impõe" (*Habeas Corpus* Criminal 1.0000.21.074943-8/000, 3.ª Câm. Criminal, rel. Fortuna Grion, 18.05.2021, v.u.).

105. Oitiva do juiz e da parte contrária: ao fazer referência, apenas, à oitiva do juiz, novamente, a lei não permite ao magistrado que represente pelo desaforamento, se houver excesso de serviço e demora na realização do julgamento. Entretanto, já lembrava Hermínio Alberto Marques Porto, na redação anterior, que "não é encontrada justificativa para a não provocação, na hipótese, da motivação do Juiz, através da representação prevista no art. 424, *caput* [atual, art. 428, *caput*], pois ao Juiz compete velar pelo pronto e normal encerramento do procedimento e, para a satisfação de tal objetivo mostra, então somente em parte, a lei processual, preocupação ao apontar o marco inicial do prazo de um ano [atuais seis meses] (data do recebimento do libelo [atual, trânsito em julgado da pronúncia])" (*Júri*, p. 110). A probabilidade de não se ter concedido ao juiz essa oportunidade deve vincular-se a abusos porventura cometidos. Se o magistrado é o senhor da designação e do controle da pauta de julgamentos, poderia agendar processos mais complexos para datas distantes, justamente para, depois, provocar o desaforamento.

106. Demora na ocorrência do julgamento e atuação da defesa: constitui razão para o desaforamento a demora na realização do julgamento, em função do excesso de serviço, por período superior a seis meses, contado do trânsito em julgado da decisão de pronúncia, desde que o acusado ou seu defensor não tenham contribuído para a lentidão (adiamentos, diligências ou incidentes). A norma especifica que ao atraso não pode ter dado causa o réu ou a defesa, excluindo o órgão acusatório. Essa discriminação é injusta, uma vez que o promotor, em tese, também pode provocar o retardamento do feito, até mesmo para desencadear, depois, o desaforamento. Embora a lei não diga, cremos indispensável que essa hipótese somente seja deferida nos casos de réus presos, pois os soltos podem perfeitamente aguardar a ocorrência do julgamento por mais tempo. Entretanto, em situações excepcionais, como em caso de prescrição avizinhando-se ou réu necessitando livrar-se logo da pendência do julgamento, é possível que o promotor ou a defesa requeira o desaforamento. Outra questão a ser ponderada é o excesso de serviço e o número desmedido de processos em trâmite por várias Comarcas brasileiras. Há casos em que a designação de um julgamento com prazo superior a seis meses, após o trânsito em julgado da pronúncia, é a regra. Portanto, de nada adianta ocorrer o desaforamento, já que se estaria transmitindo o problema para a Comarca vizinha, onde também pode atrasar a decisão.

107. Inexistência de excesso de serviço: não se legitima o desaforamento. Nesse caso, o Tribunal, tomando conhecimento da situação, determina que o julgamento se realize, na mesma Comarca onde o processo se encontra. Estabelece a norma que deve o acusado provocar a Corte para haver a referida determinação. Pensamos que o Ministério Público também deveria estar autorizado a tanto.

Seção VI

Da organização da pauta

Art. 429. Salvo motivo relevante que autorize alteração na ordem dos julgamentos, terão preferência:[108-108-A]

I – os acusados presos;

II – dentre os acusados presos, aqueles que estiverem há mais tempo na prisão;

III – em igualdade de condições, os precedentemente pronunciados.

§ 1.º Antes do dia designado para o primeiro julgamento da reunião periódica, será afixada na porta do edifício do Tribunal do Júri a lista dos processos a serem julgados, obedecida a ordem prevista no caput deste artigo.[109]

§ 2.º O juiz presidente reservará datas na mesma reunião periódica para a inclusão de processo que tiver o julgamento adiado.[110]

108. Preferência na ordem de julgamentos: como regra, impõe a lei sejam primeiramente julgados os réus presos, em detrimento dos soltos, o que se afigura razoável, pois o direito à liberdade está sendo cerceado antes da decisão condenatória definitiva. Dentre os presos, devem ser julgados os mais antigos no cárcere, levando-se em consideração, obviamente, a prisão decretada no processo. Assim, se alguém está há muito tempo detido, embora seja por outro processo, isso não faz com que sua situação tenha preferência sobre outro preso. Finalmente, quando houver igualdade de condições, ou seja, todos soltos ou todos presos pelo processo do júri, serão primeiramente agendados os julgamentos daqueles que tiverem sido pronunciados há mais tempo. Deve-se ressaltar, entretanto, que a regra do art. 429 não é absoluta, além do que o próprio *caput* excepciona o mandamento em caso de *motivo relevante*. Réus soltos também devem ser julgados rapidamente e ter a sua situação definida. Portanto, embora os magistrados devam reservar, em suas pautas, vagas suficientes para os réus presos, atendendo ao disposto neste artigo, não podem evitar de marcar julgamentos de acusados soltos, sob pena de levar muitos casos à prescrição e além disso, gerar impunidade somente por conta da liberdade auferida. De outra sorte, há réus que desejam livrar-se o mais cedo possível da acusação que lhes é feita, não sendo razoável que, estando com o julgamento designado, um réu preso, pronunciado recentemente, passe à sua frente. Há Varas do Júri sobrecarregadas de serviço, com pautas lotadas, de modo que, designando julgamentos somente de acusados presos, é possível que os soltos jamais consigam o veredicto do Tribunal Popular. Logicamente, tal situação ocorre, em particular, nos grandes centros urbanos, onde a violência é mais intensa e a deficiência do Judiciário se mostra mais visível. É motivo relevante, logo, de interesse público que não ocorra prescrição e que réus soltos, contra os quais pesa imputação tão grave quanto a que é dirigida aos presos, sejam julgados com igual celeridade. O controle da pauta pelo juiz é fundamental, para que balanceie os julgamentos de presos e soltos, assegurando vagas para os primeiros, mas sem perder de vista os demais.

Art. 430

108-A. Desmembramento do processo: uma das alternativas para assegurar a celeridade do andamento do processo, em que há vários réus presos, é o desmembramento, expressamente previsto no art. 80 deste Código. Separam-se os feitos justamente para garantir o menor tempo de prisão provisória aos acusados segregados.

109. Desvios na elaboração da lista: caso haja infringência à ordem preferencial fixada no *caput* deste artigo, o que poderá ser constatado pela publicação dessa relação, caberá a impetração de *habeas corpus* pelo réu que se sentir preterido, uma vez que configurado estará o constrangimento ilegal.

110. Reserva de data na pauta: cuida-se de providência em nível ideal, mas não necessariamente real. Nem sempre o adiamento de um julgamento poderá ser realizado em breve tempo. Depende o juiz da pauta de sua Vara, motivo pelo qual, sem ter havido postergação injustificável, é possível que a redesignação alcance época muito superior ao ideal.

> **Art. 430.** O assistente somente será admitido se tiver requerido sua habilitação até 5 (cinco) dias antes da data da sessão na qual pretenda atuar.[111]

111. Intervenção do assistente de acusação: há um prazo mínimo para que ingresse nos autos, apresentando-se para o julgamento, a fim de se preparar corretamente à sessão. Caso já tenha sido admitido, durante a instrução, é evidente que o prazo de cinco dias é desnecessário. Na jurisprudência: STJ: "3. Como é cediço, a assistência é deferida ao ofendido, ao seu representante legal, ou, no caso de morte da vítima, ao seu cônjuge, ascendente, descendente ou irmão, na forma do na forma do art. 268, do CPP, não se confundindo a figura do assistente com a do seu advogado, embora este deva ser constituído para atuar no processo no interesse daquele. Na hipótese vertente, não há se falar na incidência do prazo previsto no art. 430, do CPP, visto que este se refere ao 'requerimento de habilitação' de assistente de acusação, e não à mera 'substituição do patrono' do assistente de acusação já habilitado no feito" (AgRg no REsp 1.814.988/PR, 5.ª T., rel. Reynaldo Soares da Fonseca, 17.12.2019, v.u.).

> **Art. 431.** Estando o processo em ordem, o juiz presidente mandará intimar as partes, o ofendido, se for possível, as testemunhas e os peritos, quando houver requerimento, para a sessão de instrução e julgamento, observando, no que couber, o disposto no art. 420 deste Código.[112]

112. Intimação da vítima: confirmando o preceituado pelo art. 411, a Lei 11.689/2008 introduziu, com razão, a obrigatoriedade de inquirição do ofendido (desde que possível, vale dizer, esteja vivo e em local conhecido). Portanto, ainda que as partes não o tenham arrolado, deve o magistrado determinar a sua intimação para prestar declarações em plenário.

Seção VII
Do sorteio e da convocação dos jurados

> **Art. 432.** Em seguida à organização da pauta, o juiz presidente determinará a intimação do Ministério Público, da Ordem dos Advogados do Brasil e da Defensoria Pública para acompanharem, em dia e hora designados, o sorteio dos jurados que atuarão na reunião periódica.[113]

113. Sorteio dos jurados: fazia-se, antes da Lei 11.689/2008, a portas abertas, por um menor de 18 anos (o que soava pueril), mas sem a obrigação de intimação dos maiores interessados em acompanhar os trabalhos. Exige-se, atualmente, a intimação do Ministério Público, da OAB (seção local) e da Defensoria Pública (estruturada em, praticamente, todo o País) para observar a lisura do sorteio. Lembremos que ao juiz cabe apenas determinar a intimação dos envolvidos. Porém, se não comparecerem, o sorteio dos jurados pode dar-se de todo modo, aliás, conforme estabelece, corretamente, o § 2.º do art. 433. Na jurisprudência: STJ: "1. O artigo 432 do Código de Processo Penal prevê a notificação do Ministério Público, da Ordem dos Advogados do Brasil e da Defensoria Pública para acompanharem o sorteio da lista de jurados, inexistindo qualquer previsão legal para a cientificação dos patronos dos acusados para tal ato. 2. Ainda que assim não fosse, de acordo com o inciso V do artigo 571 da Lei Processual Penal, as nulidades ocorridas após a pronúncia devem ser arguidas logo depois de anunciado o julgamento e apregoadas as partes, sendo que da ata da sessão de julgamento acostada aos autos não se verifica que a defesa tenha se insurgido quanto à falta de notificação pessoal sobre o sorteio dos jurados, pelo que se constata a preclusão do exame do tema" (AgRg no AREsp 1.260.812/MG, 5.ª T., rel. Jorge Mussi, j. 07.06.2018, v.u.).

> **Art. 433.** O sorteio, presidido pelo juiz, far-se-á a portas abertas, cabendo-lhe retirar as cédulas até completar o número de 25 (vinte e cinco) jurados, para a reunião periódica ou extraordinária.[113-A-113-C]
>
> § 1.º O sorteio será realizado entre o 15.º (décimo quinto) e o 10.º (décimo) dia útil antecedente à instalação da reunião.
>
> § 2.º A audiência de sorteio não será adiada pelo não comparecimento das partes.[113-D]
>
> § 3.º O jurado não sorteado poderá ter o seu nome novamente incluído para as reuniões futuras.

113-A. Ultrapassagem do número legal: trata-se de mera irregularidade, pois o objetivo é a formação de um grupo do qual se extrairá o número de sete jurados para o Conselho de Sentença. Assim, um número maior não compromete a lisura da escolha aleatória dos juízes leigos. Entretanto, há julgados entendendo cuidar-se de nulidade relativa. De todo modo, a parte interessada, ao aventar a referida nulidade, porque havia um número maior que 25 na formação do grupo, precisa demonstrar o prejuízo sofrido. Dificilmente, conseguirá fazê-lo, pois, conforme expusemos, o maior número somente favorece a aleatoriedade do procedimento. Convém destacar que muitos juízes sorteiam alguns jurados a mais, para julgamentos muito importantes, justamente para que o número mínimo (15 jurados, art. 463, CPP) de comparecimento (*quorum*) seja atingido com segurança. Ilustrando, o magistrado sorteia 30 jurados, em lugar de 25; a chance de comparecerem ao tribunal pelo menos 15 é muito maior.

113-B. Momento de impugnação ao jurado: depende do motivo e de quem o faz. Tratando-se de inidoneidade ou menoridade (abaixo dos 18 anos), conforme prevê o art. 436, *caput*, deste Código, qualquer pessoa do povo pode encaminhar a impugnação ao juiz presidente, até o dia 10 de novembro, pois a lista geral é publicada no átrio do fórum para conhecimento público (art. 435, CPP). Entretanto, cuidando-se de impedimentos e suspeições (arts. 448 e 449, CPP), o momento correto é o do sorteio dos jurados para a composição do Conselho de Sentença, pois é este colegiado que irá julgar o mérito da causa. Logo, não se impugna o jurado sorteado para compor a lista dos 25 de cada grupo por conta de suspeição ou impedimento. Há de ressaltar a possibilidade de qualquer das instituições referidas no

Art. 434

art. 432 (MP, OAB e Defensoria), por seus membros, impugnar o jurado em face do não preenchimento dos requisitos legais, tais como a inidoneidade ou a menoridade, pois essa reclamação não possui prazo legal definido para as mencionadas instituições. Sob outro aspecto, qualquer pessoa do povo pode fazê-lo até a data-limite de 10 de novembro de cada ano, visto ser a lista publicada em 10 de outubro. O MP, a OAB e a Defensoria não têm prazo específico para isso. Na jurisprudência: STF: "Realizado o sorteio dos jurados na forma e com a antecedência exigidas pela legislação, eventual arguição de suspeição ou impedimento deve ser feita em Plenário, sob pena de preclusão. Precedentes. As nulidades do julgamento devem ser arguidas em Plenário, logo depois que ocorrerem, sob pena de preclusão. Ordem denegada" (HC 120.746, 1.ª T., rel. Roberto Barroso, 19.08.2014, v.u.).

113-C. Obrigatória renovação do corpo de jurados: a reforma processual penal de 2008 impôs a renovação obrigatória e permanente do grupo de jurados de um Tribunal do Júri, com a finalidade de terminar com a figura do *jurado profissional*. Tratava-se do sujeito habituado ao Tribunal do Júri, que era constantemente convocado e participava das sessões de maneira contínua. Ver ainda a nota 85 ao art. 426. Na jurisprudência: STJ: "II – O alistamento de jurados, segundo o disposto no art. 425 e §§ do CPP, é realizado para que exerçam suas funções durante o curso do ano respectivo. Não pode o jurado que integrou o Conselho de Sentença participar na lista geral do ano seguinte, a fim de se evitar a figura do 'jurado profissional'. Inteligência do art. 426 do CPP. No caso, não ficou comprovada a presença, na lista geral do ano de 2016, de jurado que tenha integrado o Conselho de Sentença no ano de 2015" (AgRg no RHC 96.462/RJ, 5.ª T., rel. Felix Fischer, j. 16.08.2018, v.u.).

113-D. Audiência de sorteio: a referência feita neste parágrafo quanto ao *não comparecimento das partes* é um equívoco, porque o juiz não está obrigado a intimar as *partes* de cada um dos processos criminais que serão submetidos a julgamento. A idoneidade do sorteio pode ser verificada pelas instituições expressamente nominadas no art. 432 (MP, OAB, Defensoria Pública). Aqueles que irão atuar, efetivamente, no processo (promotor do caso, assistente de acusação, defensor constituído pelo réu ou nomeado, defensor público designado) não são intimados do referido sorteio. Então, a parte final desse dispositivo deve ser lida da seguinte forma: "não comparecimento *de representante de qualquer das instituições nomeadas no artigo 432*".

> **Art. 434.** Os jurados sorteados serão convocados pelo correio ou por qualquer outro meio hábil[114] para comparecer no dia e hora designados para a reunião, sob as penas da lei.[115]
>
> **Parágrafo único.** No mesmo expediente de convocação serão transcritos os arts. 436 a 446 deste Código.

114. Convocação dos jurados: a Lei 11.689/2008, diversamente do que ocorria com a anterior redação do Código de Processo Penal, passou a permitir a convocação dos jurados por variadas formas, mencionando o correio ou qualquer outro meio hábil. Há muito tempo, buscando agilizar o serviço forense, os cartórios passaram a expedir, autorizados por portarias dos juízes, cartas registradas pelo correio. Em alguns locais, até o telefone é utilizado para tanto. Com o advento da Lei 9.271/1996, deu-se nova redação ao § 2.º do art. 370 do CPP, resultando o seguinte: "Caso não haja órgão de publicação dos atos judiciais na comarca, a intimação far-se-á diretamente pelo escrivão, por mandado, *ou via postal com comprovante de recebimento*, ou por qualquer outro meio idôneo" (grifo nosso). Ademais, preceitua o Código de Processo Civil de 2015, cuja aplicação por analogia ao processo penal é expressamente autorizada pelo art. 3.º do CPP, que os advogados das partes podem ser intimados "por carta registrada, com aviso de recebimento, quando forem domiciliados fora do juízo" (art. 273, II, CPC/2015, cuidando de Comarca que não dispõe de órgão de publicação dos atos oficiais) e também que as "intimações serão feitas às partes, aos seus representantes legais, aos advogados e aos demais sujeitos do processo *pelo correio*", quando não dispuser a lei de outro modo (art. 274 do CPC/2015 – grifo nosso). Por oficial de justiça, realizar-se-á a intimação, se frustrada a realizada por meio eletrônico ou encaminhada pelo correio (art. 275 do CPC/2015). E mais: permite o art. 455, § 1.º, do CPC/2015 que a testemunha seja intimada por carta, com aviso de recebimento. Assim, se há algumas décadas, a regra, ao realizar intimações, era a forma pessoal, através de mandados, comprovando-se por certidão do oficial de justiça, é preciso considerar que a modernidade, o aumento incessante do número de processos em trâmite, bem como a complexidade dos procedimentos e a sempre presente carência de funcionários do Poder Judiciário, vêm impulsionando a tomada de novas posições, várias delas já consagradas pela lei, como é o caso da intimação por carta registrada. O processo civil adota o procedimento para as testemunhas e, em muitas Varas criminais, os magistrados, igualmente, determinaram fosse seguido o sistema de intimação das testemunhas por carta registrada, valendo-se da analogia. No caso dos jurados, passou-se a permitir igual procedimento.

115. Sob as penas da lei: impõe o art. 442, deste Código, uma multa de um a dez salários mínimos ao jurado faltoso, sem justificativa legítima. Essa é a penalidade. Não se pode impingir a possibilidade de instauração de processo por desobediência, uma vez que o crime previsto no art. 330 do CP somente se configura quando não houver outra sanção prevista para o descumprimento da ordem do funcionário competente ou no caso de haver expressa previsão legal para a cumulação de penalidades. Na situação do jurado faltoso, inexiste previsão para dupla punição, leia-se, aplicação de multa e processo por desobediência. O quadro é diferenciado quando se trata de testemunha, pois o art. 458, *caput*, do CPP prevê a dupla punição.

> **Art. 435.** Serão afixados na porta do edifício do Tribunal do Júri a relação dos jurados convocados, os nomes do acusado e dos procuradores das partes, além do dia, hora e local das sessões de instrução e julgamento.[116]

116. Publicidade: cumpre-se, com o preceito, o princípio da publicidade, previsto constitucionalmente (art. 5.º, LX, e art. 93, IX). Conferir: STJ: "3. Da leitura conjunta dos arts. 433 e 435 do CPP depreende-se que a publicação da lista de jurados é pública e realizada com antecedência – que autoriza a parte interessada a proceder ao levantamento de informações atinentes aos jurados, no sentido de se averiguar a idoneidade de cada um. Tal expediente permite a arguição, *opportuno tempore* – ou seja, em plenário de Júri –, de eventual impedimento ou suspeição, e sua inobservância atrai a incidência da preclusão. (...) Esta Corte já se pronunciou no sentido de que, nos processos de competência do Tribunal do Júri, eventuais nulidades ocorridas durante a instrução, e após a pronúncia, devem ser arguidas por ocasião das alegações finais, nos termos da previsão contida no art. 571, I, do Código de Processo Penal. A questão está prejudicada em razão da preclusão (RHC n. 57.035/PR, Ministro Ribeiro Dantas, Quinta Turma, *DJe* 17.04.2017). 4. Não é possível reconhecer a nulidade de julgamento do tribunal do júri sob a alegação de participação de jurados impedidos em Conselho de Sentença quando a defesa tinha meios de perquirir as condições subjetivas de cada jurado antes do julgamento, mas suscita tal nulidade apenas em momento posterior à realização do júri. Isso porque, nos termos do que determina o § 1.º do artigo 433 do CPP, o sorteio dos jurados que atuarão na reunião periódica do tribunal

Art. 436

Código de Processo Penal Comentado · **Nucci**

870

do júri é público e deve ser realizado entre o décimo quinto e o décimo dia útil antes da instalação da reunião, não se podendo admitir que a alegação da suposta irregularidade tenha sido conhecida apenas após o julgamento (AgRg no AREsp n. 276.977/ES, Ministra Maria Thereza de Assis Moura, Sexta Turma, *DJe* 07.08.2013)" (AgRg no REsp 1.779.876/MG, 6.ª T., rel. Sebastião Reis Júnior, 09.04.2019, v.u.).

Seção VIII
Da função do jurado

> **Art. 436.** O serviço do júri é obrigatório.[117] O alistamento compreenderá os cidadãos maiores de 18 (dezoito) anos[118-119] de notória idoneidade.[120-121]
>
> § 1.º Nenhum cidadão poderá ser excluído dos trabalhos do júri ou deixar de ser alistado em razão de cor ou etnia, raça, credo, sexo, profissão, classe social ou econômica, origem ou grau de instrução.[122-122-A]
>
> § 2.º A recusa injustificada ao serviço do júri acarretará multa no valor de 1 (um) a 10 (dez) salários mínimos, a critério do juiz, de acordo com a condição econômica do jurado.[123]

117. Obrigatoriedade do serviço: sendo considerado serviço público relevante (art. 439, CPP), além de essencial para a formação do devido processo legal daqueles que são acusados da prática de crimes dolosos contra a vida (art. 5.º, XXXVIII, *d*, CF), é natural que seja obrigatório, imposto a todos os brasileiros, com alguns requisitos. Sobre a recusa, ver as notas específicas aos arts. 436, § 2.º, e 438, *caput*.

118. Alistamento de maiores de 18 anos: a reforma trazida pela Lei 11.689/2008 reduziu a idade, para o cidadão atuar como jurado, de 21 para 18 anos. A pretexto de incentivar a participação do jovem nos julgamentos do Poder Judiciário, bem como em harmonia com a redução provocada pela maioridade civil, hoje, também, fixada em 18 anos, procedeu-se à referida alteração. Porém, não nos parece tenha sido decisão acertada. Afinal, encontra-se na contramão da seleção de magistrados para atuar nas mais variadas funções, após a Emenda Constitucional 45/2004. Exige-se a prática de três anos do bacharel para que possa prestar o concurso para a magistratura, o que elevou, na prática, a idade mínima para o patamar de cerca de 25 anos. Muito se debateu o ocorrido, chegando-se à conclusão que seria mais indicado privilegiar a maturidade em lugar do mero acúmulo de conhecimento. A idade mínima para atingir Tribunais Superiores também existe (35 anos, conforme art. 101, *caput*, CF). A função de jurado, ao contrário das demais posições de magistrado, não demanda conhecimento jurídico, o que redobra, em nosso entendimento, a responsabilidade, uma vez que a avaliação feita será concentrada em bom senso e tirocínio. Esses atributos advêm da maturidade, da indispensável experiência de vida, algo bastante raro de estar consolidado aos dezoito anos. Não importa que o jovem adulto possa responder criminalmente por seus atos ou realizar vários atos da vida civil. O que está em jogo é a vida de um semelhante, motivo pelo qual o julgamento precisaria ser realizado por alguém amadurecido, seguro e firme em suas convicções. Muitos jurados com mais de 18 anos podem até apresentar grau de experiência e segurança invejáveis, embora se saiba, por senso comum, constituir a minoria. Por tais razões, pensamos deva o juiz presidente ter cautela ao alistar jurados com apenas 18 anos. Lembremos que a seleção por idade, impedindo-se a participação de alguns, se não houver demonstração de maturidade, não está vedada por lei (art. 436, § 1.º, CPP).

119. Anulação do julgamento: cremos ser indispensável anular o julgamento quando menor de 18 anos tenha participado do Conselho de Sentença. A proibição é taxativa e tem por finalidade, dentre outras, impedir que pessoa imatura e despreparada para atuar no júri, possa servir como jurada. Ademais, o menor de 18 anos nem mesmo responderia criminalmente por seus atos, caso prevaricasse ou se corrompesse. Assim, caso um componente do Conselho de Sentença tenha menos de 18 anos, há uma presunção legal de que não teria capacidade para decidir. A nulidade é, pois, absoluta.

120. Jurado virtual: é a denominação que se confere a todo aquele que, preenchendo os requisitos legais, tem capacidade para o alistamento, servindo como jurado. Um menor de 18 anos, por exemplo, não é jurado virtual, pois não pode ser selecionado.

121. Requisitos para ser jurado virtual: além do constante neste artigo – ser maior de 18 anos de notória idoneidade – é fundamental que o jurado seja alfabetizado, gozando de perfeita saúde mental e física, esta desde que compatível com a função, estar no gozo dos seus direitos políticos e ser brasileiro. A notória idoneidade termina sendo apurada, na prática, pela ausência de antecedentes criminais, embora, em comunidades menores, o juiz tenha ciência de outros elementos, componentes da conduta social do indivíduo, que o magistrado de uma grande metrópole não sabe, pautando-se por isso. A alfabetização é elemento indispensável, para que o jurado possa ler os autos, sem quebrar a incomunicabilidade durante o julgamento. Gozar de saúde mental é parte natural do discernimento exigido do cidadão para julgar o semelhante, além de necessitar o jurado de saúde física compatível com a função, como audição, visão e voz, para ter liberdade de perceber, nos mínimos detalhes, o que se passa na sessão. Lembremos que o Tribunal do Júri é regido, primordialmente, pelo princípio da oralidade, além de estar inserido num contexto de percepção subjetiva e pessoal particularizado. Logo, o jurado precisa ver o réu, as testemunhas e as partes, para melhor analisar suas expressões, captando veracidade ou mendacidade; necessita ouvir o que se diz, não havendo estrutura para que um intérprete acompanhe todo o julgamento traduzindo o ocorrido; necessita falar para fazer livremente perguntas, de modo célere e sem o auxílio compulsório da escrita. Estar no gozo dos direitos políticos é fundamental, pois o jurado participa dos julgamentos do Poder Judiciário, exercendo função pública e relevante direito inerente à cidadania. Ser brasileiro é consequência natural da atividade jurisdicional, pois não se admite que estrangeiros tomem parte ativa no exercício de função pública e, especialmente, no Poder Judiciário.

122. Vedação à discriminação: a ideia lançada pela Lei 11.689/2008 é positiva, porém não se deveria estabelecer uma lista, afinal, sempre se pode olvidar algum elemento ou fator gerador de preconceito. No caso do § 1.º do art. 436, omitiu-se, por exemplo, a procedência nacional (art. 1.º, Lei 7.716/1989), a orientação sexual (art. 2.º, Lei 11.340/2006) e a pessoa portadora do vírus da imunodeficiência humana (HIV) e doentes de AIDS (Lei 12.984/2014). Seria mais indicado ter sido feita a menção genérica de ser vedada *qualquer forma* de discriminação. De todo modo, a prova de que houve a discriminação não é simples. Em caso de exclusão, pode a pessoa prejudicada, percebendo ter sido alguma forma de discriminação o motivo, ingressar com recurso em sentido estrito. Por outro lado, a não inclusão, em tese, também, admitiria o recurso em sentido estrito, mas, para tanto, seria preciso provocar a autoridade judiciária para que indefira o pedido de alistamento. Provada a atuação discriminatória do juiz, pode-se apurar o delito previsto no art. 3.º da Lei 7.716/1989.

122-A. Discriminação provocada pelo acusado: da mesma forma que não se pode discriminar pessoas para a composição do corpo de jurados, seria inconcebível que o réu pudesse sugerir ou escolher alguém, para formar o Conselho de Sentença do seu julgamento,

Art. 437

Código de Processo Penal Comentado · **Nucci**

pelos mesmos critérios discriminatórios. Na jurisprudência: STJ: "I – Não encontra amparo jurídico a pretensão formulada em prol do paciente consistente na tese de que em sendo ele negro, o Conselho de Sentença competente para o julgamento do homicídio por ele praticado deveria ser exclusivamente formado por pessoas da mesma raça. Tal discriminação, por ele proposta, mostra-se desarrazoada, conflitante com o princípio da isonomia. II – Como bem enfatizado pelo *Parquet*: a pretensão em que o réu seja julgado por quem pertença à sua cor ou raça, ou contrário de atender ao postulado da igualdade material, contraria o princípio da isonomia assegurado no artigo 5.º da CF, já que parte de uma premissa apriorística, a parcialidade do 'outro', fundada na raça ou cor; ademais, não se ajusta ao objetivo preconizado no art. 3.º, I, da CF, de se construir uma 'sociedade solidária'; finalmente, vai de encontro aos expressos termos do § 1.º do art. 436 do CPP (na redação dada pela Lei n.º 11.689/08): 'Nenhum cidadão poderá ser excluído dos trabalhos do júri ou deixar de ser alistado em razão de cor ou etnia, raça, credo, sexo, profissão, classe social ou econômica, origem ou grau de instrução'. III – Ademais, o crime praticado não possui qualquer conotação racial, capaz de sustentar a dúvida levantada, no sentido de que a decisão dos jurados teria sido tomada em decorrência de concepções preconceituosas em desfavor da raça negra. Trata-se, ao que parece, de crime passional comum. IV – Impende assinalar, ainda, não ter o impetrante demonstrado ser aberrante o veredicto popular, de forma a poder evidenciar que a decisão não encontrou qualquer respaldo no caderno processual. Ordem denegada" (HC 121.813/SC, 5.ª T., rel. Felix Fischer, 04.03.2010, v.u. – para ilustrar).

123. Recusa injustificada imotivada: o cidadão alistado, que se recusar a servir como jurado, sem oferecer motivo legítimo, sofrerá a aplicação de uma multa de um a dez salários mínimos, a critério do juiz, atendendo à condição econômica do jurado. A hipótese é rara, pois o cidadão, quando recrutado, somente perceberá o ocorrido, como regra, ao ser sorteado e convocado para a sessão. Não concordando, ele não comparece, mas, dificilmente, dará os motivos. A ausência injustificada também gera a aplicação da multa (art. 442, CPP). Por outro lado, quando se tratar de alguém com firmes convicções pessoais, poderá apresentar a sua recusa motivada por fundamentos religiosos, filosóficos ou políticos (art. 438, *caput*, CPP). Nesta hipótese, as consequências serão outras. Em suma, a recusa injustificada imotivada terá mínima aplicação.

Art. 437. Estão isentos do serviço do júri:[124]

I – o Presidente da República e os Ministros de Estado;

II – os Governadores e seus respectivos Secretários;

III – os membros do Congresso Nacional, das Assembleias Legislativas e das Câmaras Distrital e Municipais;

IV – os Prefeitos Municipais;

V – os Magistrados e membros do Ministério Público e da Defensoria Pública;

VI – os servidores do Poder Judiciário, do Ministério Público e da Defensoria Pública;

VII – as autoridades e os servidores da polícia e da segurança pública;

VIII – os militares em serviço ativo;

IX – os cidadãos maiores de 70 (setenta) anos que requeiram sua dispensa;[125]

X – aqueles que o requererem, demonstrando justo impedimento.[126]

124. Isenção do serviço do júri: estabeleceu-se uma lista de pessoas isentas do serviço do júri, o que é compatível com as funções ou profissões por elas exercidas. Não se trata de uma forma de privilégio, mas de garantia de funcionamento correto do serviço público em geral. Ao menos esse é o contexto dos incisos I a VIII do art. 437. Os demais (cidadãos maiores de 70 anos e os que demonstrarem justo impedimento) não estão conectados ao serviço público, mas podem oferecer motivo relevante para não contribuir com o Tribunal do Júri. Logo, ao menos a hipótese do inciso X seria exceção a ser analisada caso a caso pelo juiz presidente. Na jurisprudência: STJ: "Presente nulidade em júri onde o corpo de jurado foi integrado por dois servidores da polícia civil, isentos do serviço do júri nos termos do art. 437" (HC 236.475/SP, 6.ª T., rel. Sebastião Reis Júnior, 23.08.2016, v.u.).

125. Maiores de 70 anos: não se compreende a alteração havida nesse contexto. A isenção atingia os maiores de 60 anos, que são considerados idosos pela Lei 10.741/2003. Entretanto, ignorou-se esse novo *status* de proteção à idade de 60 anos e ampliou-se a participação obrigatória no júri até os 70 anos. Quem atingir esta idade *pode* permanecer, mas não é obrigado. Garantir a possibilidade de participação do idoso é correto, afinal, preceitua o art. 230, *caput*, da Constituição Federal que a "família, a sociedade e o Estado têm o dever de amparar as pessoas idosas, assegurando sua *participação na comunidade*, defendendo sua *dignidade* e bem-estar e garantindo-lhes o direito à vida" (grifamos). No mesmo prisma, o Estatuto da Pessoa Idosa (Lei 10.741/2003) preceitua ser "obrigação do Estado e da sociedade, assegurar à pessoa idosa a liberdade, o respeito e a dignidade, como pessoa humana e sujeito de direitos civis, políticos, individuais e sociais, garantidos na Constituição e nas leis" (art. 10). E, no § 1.º, VI, do mesmo artigo, estipula que o idoso tem direito à "participação na vida política, na forma da lei". Logo, permitir que o maior de 60 anos continue ligado aos interesses da sua comunidade, valendo-se da sua experiência de vida para julgar o semelhante, que não deixa de ser participação política na esfera do Poder Judiciário, é conduta positiva e desejável. No entanto, compelir o idoso a permanecer servindo no júri até atingir os 70 anos soa-nos incompreensível e destoante da maior proteção conferida pela Lei 10.741/2003.

126. Causa genérica de justo impedimento: em lugar de serem estipuladas determinadas situações específicas, optou-se por inserir uma causa genérica, a ser verificada, individualmente, pelo juiz presidente. Tal medida é correta. Anteriormente, gozava de isenção o médico, o ministro de confissão religiosa, o farmacêutico, a mulher do lar e até a parteira. Sem dúvida, muitos desses cidadãos teriam plenas condições de atuar como jurados, enquanto outros, não constantes da relação, estariam impedidos ou teriam imensa dificuldade. Por isso, o *justo impedimento* é genérico, podendo abranger qualquer pessoa (ex.: profissional liberal que não pode passar um dia todo dedicado ao júri, por perder grande soma de seus vencimentos).

> **Art. 438.** A recusa ao serviço do júri fundada em convicção religiosa, filosófica ou política importará no dever de prestar serviço alternativo, sob pena de suspensão dos direitos políticos, enquanto não prestar o serviço imposto.[127]
>
> § 1.º Entende-se por serviço alternativo o exercício de atividades de caráter administrativo, assistencial, filantrópico ou mesmo produtivo, no Poder Judiciário, na Defensoria Pública, no Ministério Público ou em entidade conveniada para esses fins.[128]
>
> § 2.º O juiz fixará o serviço alternativo atendendo aos princípios da proporcionalidade e da razoabilidade.[129]

Art. 439

Código de Processo Penal Comentado · **Nucci**

874

127. Recusa injustificada: preceitua a atual Constituição, no art. 5.º, VIII, que "ninguém será privado de direitos por motivo de crença religiosa ou de convicção filosófica ou política, salvo se as invocar para eximir-se de obrigação legal a todos imposta e recusar-se a cumprir prestação alternativa, fixada em lei". Por outro lado, no art. 15, IV, também da Constituição, consta que "é vedada a cassação de direitos políticos, cuja perda ou suspensão só se dará nos casos de: (...) IV – recusa de cumprir obrigação a todos imposta ou prestação alternativa, nos termos do art. 5.º, VIII". Assim, quando alguém se recusar a exercer a função de jurado, invocando motivos de ordem religiosa (ex.: proibição imposta pela religião de julgar o semelhante), de ordem filosófica (ex.: considerar que a instituição do júri não é o melhor mecanismo de apurar a verdade dos fatos) ou de ordem política (ex.: não desejar colaborar com qualquer órgão do Estado), poderá perder seus direitos políticos. A Constituição ressalva a possibilidade de se prestar serviço alternativo, *fixado em lei*. Atualmente, com o advento da Lei 11.689/2008, criaram-se as condições para a prestação do serviço alternativo. Refutado este, no entanto, o juiz deve instaurar procedimento para ouvir o jurado e colher as razões referentes às recusas, enviando ao Presidente do Tribunal, que o encaminhará ao Ministério da Justiça, para as providências cabíveis.

128. Serviço alternativo: entende-se seja o exercício de atividades de caráter administrativo, assistencial, filantrópico ou produtivo no Poder Judiciário, na Defensoria Pública, no Ministério Público ou em entidade conveniada para tais fins. A indicação dos locais para a prestação do serviço alternativo parece-nos correta, até pelo fato de serem correlacionados ao júri, pois são organismos ligados à Justiça. A crítica a ser formulada diz respeito à ausência de critérios e especificações para o cumprimento desse serviço. A disciplina prevista no § 2.º deste artigo é muito aberta e, com certeza, será palco de tensões: "o juiz fixará o serviço alternativo atendendo aos princípios da proporcionalidade e da razoabilidade". Não se diz absolutamente nada, o que irá gerar insegurança, sem dúvida. Entretanto, como a hipótese da *objeção de consciência* é muito rara, praticamente, inexistirá o serviço alternativo. Porém, se ocorrer, parece-nos que deva ser fixado em um dia de atividade, pois é o equivalente a uma sessão normal do Tribunal do Júri. Mais que isso seria abusivo. Menos, seria inócuo.

129. Critério para o serviço alternativo: vide a nota anterior.

> **Art. 439.** O exercício efetivo[130] da função de jurado constituirá serviço público relevante e estabelecerá presunção de idoneidade moral.[131-132]

130. Exercício efetivo: significa já ter servido, ao menos uma vez, como jurado componente do Conselho de Sentença.

131. Presunção de idoneidade moral: se um dos requisitos para ser jurado é justamente a *notória idoneidade* (art. 436, *caput*), torna-se evidente que, tendo servido, presume-se seja pessoa capaz e competente.

132. Direito à prisão especial: é o recolhimento, em lugar separado dos demais presos, juntamente com outros detidos em igualdade de condições, de pessoa com prisão processual decretada. Não se trata de cumprir pena em local isolado. A reforma introduzida pela Lei 12.403/2011 retirou deste artigo a seguinte parte: "e assegurará prisão especial, em caso de crime comum, até o julgamento definitivo". O objetivo era eliminar, de vez, a prisão especial, para todos os casos, no Brasil. Entretanto, o Parlamento terminou retrocedendo e manteve o art. 295 do CPP, que permite a prisão especial. Neste artigo, consta o jurado. Logo, a supressão da prisão especial do art. 439 não produziu efeito algum. Em suma, o jurado continua a ter direito à prisão especial, com base no art. 295, X, do CPP.

> **Art. 440.** Constitui também direito do jurado, na condição do art. 439 deste Código, preferência, em igualdade de condições, nas licitações públicas e no provimento, mediante concurso, de cargo ou função pública, bem como nos casos de promoção funcional ou remoção voluntária.[133]

133. Direito de preferência em licitações e concursos: embora a participação em licitações, por particulares, seja rara, é viável. Logo, o jurado, disputando em igualdade de condições com outras pessoas, terá preferência para a contratação. No campo dos concursos públicos, entretanto, a possibilidade é maior e esta é uma inovação inserida pela Lei 11.689/2008. Aquele que servir como jurado, participando de concursos públicos e até no cenário das promoções ou remoções na carreira, poderá usufruir a preferência, desde que em igualdade de condições.

> **Art. 441.** Nenhum desconto será feito nos vencimentos ou salário do jurado sorteado que comparecer à sessão do júri.[134-135]

134. Serviço público relevante: o exercício efetivo da função de jurado é considerado serviço público relevante, estabelecendo presunção de idoneidade e conferindo algumas vantagens, conforme preveem os arts. 439 e 440 do CPP. Dessa forma, seria irregular e ilógico descontar dos vencimentos do jurado o dia dedicado ao serviço público, o que decorre de imposição legal, não comportando nem mesmo recusa por convicção política, religiosa ou filosófica (art. 438). Aliás, se do particular não se pode proceder a nenhum desconto, o mesmo se dá quanto ao servidor público.

135. Remuneração do jurado: não há pagamento pelo exercício da função, embora devesse haver. É preciso que o Estado remunere a atividade exercida, uma vez que sempre há perda considerável de tempo, gastos com transporte (público ou particular), além de representar, para muitos autônomos e profissionais liberais, a perda do dia e dos rendimentos. A reforma introduzida pela Lei 11.689/2008 perdeu a oportunidade de corrigir essa lacuna.

> **Art. 442.** Ao jurado que, sem causa legítima, deixar de comparecer no dia marcado para a sessão ou retirar-se antes de ser dispensado pelo presidente será aplicada multa de 1 (um) a 10 (dez) salários mínimos, a critério do juiz, de acordo com a sua condição econômica.[136-137]

136. Multa atualizada ao jurado faltoso: era imperioso que houvesse a atualização, por força de lei, dos valores da multa a ser aplicada ao jurado que, sem motivo justificado, deixasse de atender à convocação judicial. Ou, ainda que tivesse comparecido, abandonasse o recinto antes de ser autorizado pelo juiz. Atualmente, com os valores fixados em salários mínimos, não há mais condições de se atingir valor irrisório. Deve, pois, o magistrado fixar, conforme a capacidade econômica do jurado, a ser verificada, no mínimo, pela profissão declinada em sua ficha, valor compatível, que lhe sirva de efetiva sanção. A dívida, se não for paga, será inscrita e cobrada pela Fazenda Pública.

137. Inviabilidade de processo criminal: havendo o ressurgimento da multa, sem qualquer outra ressalva legal, torna-se inviável o processo por crime de desobediência. Logo, o jurado deve ser intimado a comparecer, alertado, apenas, da possibilidade de ser multado, caso não o faça.

Art. 443

Código de Processo Penal Comentado · **Nucci**

876

> **Art. 443.** Somente será aceita escusa fundada em motivo relevante devidamente comprovado e apresentada, ressalvadas as hipóteses de força maior, até o momento da chamada dos jurados.[138]

138. Motivo relevante para a ausência: a imposição de multa não é automática, ficando condicionada à análise dos motivos apresentados pelo jurado para demonstrar a sua ausência. Entretanto, deve fazer chegar a justificativa ao magistrado até o momento de chamada dos jurados, pois é nesse instante que se poderá analisar se razoável ou não a falta constatada. Por isso, por qualquer meio válido (*fax, e-mail*, petição etc.), o jurado pode encaminhar ao juiz presidente o fundamento da sua futura ausência. Em caso de força maior, ou seja, evento inesperado (ex.: um acidente que atinge o jurado a caminho do fórum), pode-se demonstrá-lo posteriormente.

> **Art. 444.** O jurado somente será dispensado por decisão motivada do juiz presidente, consignada na ata dos trabalhos.[139]

139. Vinculação da dispensa: evitando-se qualquer tipo de proteção ou falta de justificativa razoável, impõe-se ao juiz que dispense o jurado, quando for o caso, declinando os motivos na ata. Qualquer parte, pois, saberá a razão pela qual não poderá contar com determinada pessoa.

> **Art. 445.** O jurado, no exercício da função ou a pretexto de exercê-la, será responsável criminalmente nos mesmos termos em que o são os juízes togados.[140]

140. Equiparação aos juízes togados: é mais um fator que demonstra pertencer o Tribunal do Júri ao Poder Judiciário, já que seus integrantes leigos, assim como os juízes de direito, respondem por crimes praticados por funcionário público contra a Administração em geral.

> **Art. 446.** Aos suplentes, quando convocados, serão aplicáveis os dispositivos referentes às dispensas, faltas e escusas e à equiparação de responsabilidade penal prevista no art. 445 deste Código.[141]

141. Equiparação dos suplentes: a norma nos parece excessiva, pois os convocados, sejam titulares ou suplentes, são, em última análise, jurados. Logo, submetem-se às mesmas regras, deveres e obrigações.

Seção IX

**Da composição do Tribunal do Júri
e da formação do Conselho de Sentença**

> **Art. 447.** O Tribunal do Júri é composto por 1 (um) juiz togado, seu presidente e por 25 (vinte e cinco) jurados[142] que serão sorteados dentre os alistados,[143] 7 (sete) dos quais constituirão o Conselho de Sentença em cada sessão de julgamento.

142. Composição do Tribunal do Júri: ao contrário do que pode parecer, o Tribunal Popular é composto pelo juiz togado, que o preside, e por 25 jurados sorteados para a sessão, e não unicamente pelo magistrado e pelo Conselho de Sentença (7 jurados escolhidos dentre os 25). Há, na realidade, 26 pessoas envolvidas no julgamento (um juiz de direito e 25 juízes leigos), dos quais, em uma segunda etapa, atinge-se o número de oito (um juiz presidente e sete jurados). Por outro lado, para validamente começar seus trabalhos, devem reunir-se, pelo menos, 16 pessoas (um juiz togado e 15 jurados). Portanto, pode-se dizer que há o Tribunal do Júri pleno (26 pessoas), o Tribunal do Júri mínimo (16 pessoas) e o Tribunal do Júri constituído para o julgamento (8 pessoas).

143. Jurados alistados: são todos os selecionados pelo juiz presidente, no decorrer de um ano, para servirem no seguinte, nos termos estipulados nos arts. 425 e 426 do Código de Processo Penal. Os alistados podem servir ou não, dependendo do sorteio realizado para a composição dos grupos das sessões. Não se constitui *efetivo exercício* da função o simples alistamento.

Art. 448. São impedidos de servir no mesmo Conselho:[143-A]

I – marido e mulher;[144]

II – ascendente e descendente;[145]

III – sogro e genro ou nora;

IV – irmãos[146] e cunhados, durante o cunhadio;

V – tio e sobrinho;

VI – padrasto, madrasta ou enteado.

§ 1.º O mesmo impedimento ocorrerá em relação às pessoas que mantenham união estável reconhecida como entidade familiar.[147]

§ 2.º Aplicar-se-á aos jurados o disposto sobre os impedimentos,[148] a suspeição[149] e as incompatibilidades[150] dos juízes togados.

143-A. Momento para impugnação: cabe à parte interessada (acusação ou defesa) apresentar a impugnação, por impedimento ou suspeição, no momento do sorteio do nome do jurado indicado para compor o Conselho de Sentença, nos termos do art. 468 deste Código. Na jurisprudência: STF "Realizado o sorteio dos jurados na forma e com a antecedência exigidas pela legislação, eventual arguição de suspeição ou impedimento deve ser feita em Plenário, sob pena de preclusão. Precedentes. As nulidades do julgamento devem ser arguidas em Plenário, logo depois que ocorrerem, sob pena de preclusão. Ordem denegada" (HC 120.746, 1.ª T., rel. Roberto Barroso, 19.08.2014, v.u.).

144. Marido e mulher: o intuito é evitar o artificialismo de idênticos pensamentos a respeito de um caso, como pode ocorrer com familiares que ocupem o Conselho de Sentença e já podem, inclusive, ter discutido antes o fato que irão julgar (o que não é raro, diante a publicidade alcançada por inúmeros processos, através da mídia). Haveria, certamente, prejuízo à imparcialidade e à isenção do júri. Logo, se marido e mulher não devem estar, juntos, no Conselho, é correto afastar-se, identicamente, companheiro e companheira. A reforma trazida pela Lei 11.689/2008 introduziu o disposto no § 1.º deste artigo, vedando a participação de integrantes de uma mesma união estável, reconhecida como entidade familiar.

145. Ascendentes e descendentes: é o parentesco biológico ou civil.

146. Irmãos: o vínculo pode ser biológico ou civil.

Art. 449

147. União estável: admite-se tanto a prova documental (ex.: sentença proferida em processo cível reconhecendo essa situação) quanto a prova testemunhal (pessoas podem ser chamadas para demonstrar essa situação diante do juiz presidente).

148. Impedimentos dos juízes estendidos aos jurados: a) ascendente, descendente, sogro, genro, nora, irmão, cunhado, durante o cunhadio, sobrinho, primo do juiz, do promotor, do advogado de defesa, do assistente de acusação, da autoridade policial, de auxiliar da justiça, de perito, do réu ou da vítima (art. 252, I, CPP); b) pessoa que tiver desempenhado qualquer função (ex.: defensor) ou servido como testemunha no processo (art. 252, II, CPP); c) quem tiver tomado parte, como jurado, em anterior julgamento do mesmo feito (art. 252, III, CPP), inclusive de corréu; d) quem tiver interesse no deslinde da causa ou possuir cônjuge ou parente, consanguíneo ou afim em linha reta ou colateral até o 3.º grau, que o tenha (art. 252, IV, CPP).

149. Suspeições dos juízes estendidas aos jurados: a) quem for amigo íntimo ou inimigo capital de qualquer das partes (art. 254, I, CPP); b) quem estiver respondendo a processo por fato análogo ou possua cônjuge, ascendente ou descendente que esteja (art. 254, II, CPP); c) quem, por si ou por seu cônjuge, ou parente consanguíneo, ou afim, até o 3.º grau, inclusive, sustentar demanda com o réu ou a vítima ou que responder a processo que será julgado por qualquer das partes (art. 254, III, CPP); d) quem tiver aconselhado réu ou vítima (art. 254, IV, CPP); e) quem for credor ou devedor, tutor ou curador, do réu ou da vítima (art. 254, V, CPP); f) quem for sócio, acionista ou administrador de sociedade interessada no processo (art. 254, VI, CPP). Na jurisprudência: TJMG: "Aos Jurados aplicam-se as hipóteses de impedimento, suspeição e incompatibilidades previstas para os Juízes Togados. Neste contexto, está impedido de participar do Conselho de Sentença o Jurado que desempenhou função auxiliar da justiça, a saber, estágio de Direito na respectiva Secretaria Criminal onde tramitou o processo, praticando atos supervisionados por serventuário da justiça. Inteligência dos artigos 448, § 2.º, c/c 252, incisos I e II, ambos do Código de Processo Penal. Ademais, os servidores do Poder Judiciário estão isentos do serviço obrigatório do Júri, conforme artigo 437, inciso VI, do Código de Processo Penal, tendo em vista que, em razão da função que exercem, a desejada imparcialidade do Jurado não está integralmente presente. Deste modo, havendo comprovação de que um dos Jurados era estagiário da Vara Criminal e atou como funcionário da Justiça, ainda que não investido no cargo mediante concurso público, conclui-se pela parcialidade de um dos membros do Conselho de Sentença. Como a presunção de parcialidade é absoluta neste caso, verifica-se hipótese de ato inexistente que não admite qualquer forma de convalidação" (Apelação Criminal 1.0016.19.000965-0/002, 8.ª Câm. Criminal, rel. Maurício Pinto Ferreira, 10.06.2021, v.u.).

150. Incompatibilidades: nada mais são do que as causas de suspeição, quando proclamadas de ofício pelo magistrado ou pelo jurado. Em suma, incompatível é o juiz ou jurado que se considera suspeito para o julgamento da causa.

> **Art. 449.** Não poderá servir o jurado que:[151]
>
> I – tiver funcionado em julgamento anterior do mesmo processo, independentemente da causa determinante do julgamento posterior;[152]
>
> II – no caso do concurso de pessoas, houver integrado o Conselho de Sentença que julgou o outro acusado;[153]
>
> III – tiver manifestado prévia disposição para condenar ou absolver o acusado.[154]

151. Impedimentos: são causas de impedimentos expressamente introduzidas pela Lei 11.689/2008. Não se trata de meras suspeições, uma vez que a norma é taxativa ao mencionar que "não poderá servir o jurado". Desse modo, havendo a violação da proibição estabelecida pelo art. 449 do CPP gera-se nulidade absoluta.

152. Imparcialidade em renovação de julgamento: o princípio do juiz imparcial é constitucional e vital para o Estado Democrático de Direito. Tanto assim que é motivo suficiente para o desaforamento, constituindo exceção ao juiz natural, se for detectada a parcialidade do júri (art. 427, *caput*, CPP). Nesse contexto, havendo necessidade de renovação do julgamento (ex.: o primeiro foi anulado pelo Tribunal), torna-se fundamental que todos os jurados sejam novos. Se algum deles tiver participado do julgamento anterior, é fora de dúvida já possuir pensamento próprio e, possivelmente, a convicção formada.

153. Imparcialidade em concurso de pessoas: como exposto na nota anterior, deve-se preservar a imparcialidade do jurado da melhor forma possível, até pelo fato de serem pessoas leigas e facilmente influenciáveis. O jurado que tomou parte em julgamento de co-autor ou partícipe do mesmo delito perde a visão imparcial, não mais conseguindo acolher os argumentos expostos pelas partes com a ideal isenção. Por isso, ainda que se cuidem de processos diferentes (ex.: houve o anterior desmembramento), exige-se um Conselho de Sentença completamente renovado para cada concorrente do crime.

154. Imparcialidade de opinião: das três situações expostas pelo art. 449, a mais difícil de ser demonstrada é a prevista no inciso III. Exige-se, por certo, que o jurado não tenha manifestado, por qualquer forma, a predisposição para condenar ou absolver o réu. Entretanto, sabe-se que, em muitos casos, mormente os amplamente divulgados pela imprensa em geral, permite-se à sociedade o debate e a formação de convicções pessoais. Logo, os jurados virtuais podem expressar suas opiniões a amigos ou conhecidos embora não tenham sido sorteados para o julgamento. Caso tal situação se concretize (sorteio para a sessão), dependendo do modo pelo qual (e, especialmente, o local) o jurado se pronunciou, torna-se mais adequado que decline e proclame a sua incompatibilidade (impedimento declarado de ofício). Se não o fizer, pode a parte interessada levantar a questão ao juiz presidente quando o jurado for sorteado. Porém, não se tratando de recusa imotivada, é fundamental expor a prova do alegado no momento em que o impedimento for arguido. A prova pode calcar-se em testemunhos, documentos e outras formas lícitas. Não nos parece, entretanto, seja fácil essa demonstração. Aliás, se a parte souber que determinado jurado manifestou a intenção de condenar ou absolver o acusado, torna-se mais segura a recusa imotivada (peremptória), que prescinde de prova e justificação.

> **Art. 450.** Dos impedidos entre si por parentesco ou relação de convivência, servirá o que houver sido sorteado em primeiro lugar.[155]

155. Precedência para o julgamento: faz-se de maneira aleatória, sem qualquer estabelecimento de critérios valorativos. Logo, o primeiro a ser sorteado provoca a natural exclusão do próximo membro da família que vier a ser escolhido.

> **Art. 451.** Os jurados excluídos por impedimento, suspeição ou incompatibilidade serão considerados para a constituição do número legal exigível para a realização da sessão.[156]

Art. 452

Código de Processo Penal Comentado · **Nucci**

156. *Quorum* mínimo para a instalação da sessão: devendo estar presente o número mínimo de quinze jurados para que o juiz instale a sessão, é possível que, em seguida à comunicação das causas de impedimentos e suspeições, algum jurado decline. Ou, se não o fizer, pode ser recusado pela parte interessada. Ainda assim, embora não possa participar do Conselho, sua presença é contada para o efeito de compor os quinze jurados indispensáveis para o início dos trabalhos. Nenhum prejuízo há, pois o jurado somente foi computado para a formação do *quorum* mínimo, inexistindo qualquer lesão à imparcialidade dos membros do Conselho de Sentença.

> **Art. 452.** O mesmo Conselho de Sentença poderá conhecer de mais de um processo, no mesmo dia, se as partes o aceitarem, hipótese em que seus integrantes deverão prestar novo compromisso.[157]

157. Utilização do mesmo Conselho de Sentença: é possível, desde que as partes concordem expressamente. Nesse caso, não se farão aceitações ou recusas, mas simplesmente submete-se o Conselho a novo compromisso (art. 472, CPP). Exemplo disso seria, no mesmo dia, pela manhã, o Conselho julgar um réu e, à tarde, voltar ao plenário para julgar outro.

Seção X

**Da reunião e das sessões
do Tribunal do Júri**

> **Art. 453.** O Tribunal do Júri reunir-se-á para as sessões de instrução e julgamento nos períodos e na forma estabelecida pela lei local de organização judiciária.[158]

158. Reuniões frequentes: não há mais sentido em se vedar ao Tribunal do Júri a realização de sessões periódicas e continuadamente, afinal, em inúmeras Comarcas, o número de crimes dolosos contra a vida tende a aumentar, logo, a celeridade dos julgamentos é imperiosa. Em grandes capitais, como ocorre com São Paulo, os Tribunais do Júri funcionam todos os dias, muitos deles com vários plenários ao mesmo tempo.

> **Art. 454.** Até o momento de abertura dos trabalhos da sessão, o juiz presidente decidirá os casos de isenção e dispensa de jurados[159] e o pedido de adiamento de julgamento,[160] mandando consignar em ata as deliberações.

159. Isenção e dispensa dos jurados: os casos de isenção estão enumerados no art. 437, implicando afastamento definitivo do serviço do júri. Portanto, é possível que alguém seja convocado, mas faça chegar ao magistrado o seu pedido de desligamento, por isenção (ex.: maior de setenta anos, que não deseja permanecer no júri). A dispensa é fruto de pedido momentâneo, válido para determinado dia, não provocando o afastamento definitivo. O jurado pode apresentar causa legítima para não participar em determinada data, não significando a sua exclusão do júri.

160. Pedido de adiamento: as partes podem solicitar o adiamento da sessão por mútuo consenso e o juiz deferir, desde que não resulte em prejuízo para o acusado.

> **Art. 455.** Se o Ministério Público não comparecer,[161] o juiz presidente adiará o julgamento para o primeiro dia desimpedido da mesma reunião,[162] cientificadas as partes e as testemunhas.
>
> **Parágrafo único.** Se a ausência não for justificada, o fato será imediatamente comunicado ao Procurador-Geral de Justiça com a data designada para a nova sessão.

161. Não comparecimento do órgão do Ministério Público: impossibilita a realização do julgamento. Entretanto, é preciso que o motivo da ausência seja originário de causa legítima e não simplesmente porque o promotor deseja adiar a sessão, baseado em interesses pessoais. Exemplos: por vezes, pode desejar que o réu seja antes julgado em outra Vara, para então exibir aos jurados a sua eventual condenação; pode almejar a realização de uma prova qualquer, indeferida pelo magistrado, razão pela qual pretende obter tempo para alcançá-la por si mesmo. Enfim, são motivos que não podem ser considerados como legítimos, de modo que, havendo a falta, o fato deve ser comunicado ao Procurador-Geral, nos termos do parágrafo único.

162. Designação para a mesma reunião: atualmente, já não se pode assegurar o cumprimento do disposto neste artigo, tendo em vista que inúmeras Varas do Júri estão sobrecarregadas, com a pauta ocupada por semanas ou meses. Assim, o juiz deve marcar o julgamento para o primeiro dia desimpedido, ainda que não seja na mesma reunião.

> **Art. 456.** Se a falta, sem escusa legítima, for do advogado do acusado, e se outro não for por este constituído, o fato será imediatamente comunicado ao presidente da seccional da Ordem dos Advogados do Brasil, com a data designada para a nova sessão.[163]
>
> § 1.º Não havendo escusa legítima, o julgamento será adiado somente uma vez, devendo o acusado ser julgado quando chamado novamente.
>
> § 2.º Na hipótese do § 1.º deste artigo, o juiz intimará a Defensoria Pública para o novo julgamento, que será adiado para o primeiro dia desimpedido, observado o prazo mínimo de 10 (dez) dias.

163. Ausência do defensor: em primeiro lugar, deve-se frisar que, havendo escusa legítima, adia-se a sessão de julgamento, sem qualquer outra providência. É preciso que a justificativa seja oferecida ao magistrado até a abertura da sessão em plenário. Se não houver motivo razoável, há de se ponderar quem é o defensor: a) constituído (contratado pelo acusado): o juiz comunica à OAB, seção local, marcando nova data para o julgamento. Nesta, o réu deverá ser, necessariamente, julgado (§ 1.º). Para tanto, pode o réu apresentar outro defensor constituído, logo após a determinação de adiamento. Não o fazendo, o magistrado intima a Defensoria Pública para que assuma o patrocínio da defesa, observado o prazo mínimo de dez dias; b) dativo (advogado nomeado pelo juiz): comunica-se a OAB, seção local, designando-se outra data para o julgamento. O magistrado deve nomear outro dativo ou, conforme a Comarca, encaminhar o caso à Defensoria Pública; c) defensor público: comunica-se a Defensoria Pública, solicitando-se outro defensor para comparecimento à nova sessão. Atua-se, nesta hipótese, nos mesmos termos em que se faz com o Ministério Público, uma vez que se trata de organismo estatal. Lembremos que, quando a Defensoria Pública for intimada para assumir o caso, advindo se advogado constituído, não deve fazer *triagem* para saber se o réu

Art. 457

é pobre ou rico. Não se cuida de busca de assistência judiciária em virtude de pobreza, mas de necessidade judicial de se obter um defensor para que o julgamento possa realizar-se. Cumpre-se preceito constitucional (e legal) de que réu algum pode ser julgado sem defensor. Logo, a Defensoria Pública precisa assumir o feito e, depois, sendo o caso, propor a ação cabível contra o acusado para cobrar os honorários devidos.

> **Art. 457.** O julgamento não será adiado pelo não comparecimento do acusado solto,[164-164-A] do assistente[165] ou do advogado do querelante,[166] que tiver sido regularmente intimado.[167]
>
> § 1.º Os pedidos de adiamento e as justificações de não comparecimento deverão ser, salvo comprovado motivo de força maior, previamente submetidos à apreciação do juiz presidente do Tribunal do Júri.[168]
>
> § 2.º Se o acusado preso não for conduzido, o julgamento será adiado para o primeiro dia desimpedido da mesma reunião, salvo se houver pedido de dispensa de comparecimento subscrito por ele e seu defensor.[169]

164. Ausência do acusado solto: a Lei 11.689/2008 eliminou a possibilidade de ser determinada a prisão do acusado em razão de sua ausência do processo, seja para a intimação da decisão de pronúncia, seja para a realização do julgamento em plenário. Portanto, consagrou-se o direito de audiência, ou seja, o réu deve ser intimado para comparecer em juízo e assistir a colheita da prova e, também, o seu julgamento de mérito, mas, se não o fizer, nenhuma medida coercitiva será tomada e ele arcará com a sua opção. No Tribunal do Júri, por exemplo, a ausência do réu não é a alternativa mais indicada, uma vez que os jurados, leigos que são, podem não compreender bem a sua intenção. De toda forma, a ausência do acusado solto não mais serve de motivo para o adiamento do julgamento. Logicamente, se o réu não puder comparecer, embora queira, e tiver um motivo legítimo, deve solicitar, por meio de seu defensor, o adiamento, que lhe deve ser deferido, evitando-se o cerceamento de defesa. Nesse sentido: STJ: "III – Na hipótese em foco, a Corte de origem afirmou que o paciente, após ter sido pessoalmente intimado da sentença de pronúncia, evadiu-se do sistema prisional, e, segundo a própria impetração continua foragido até o presente. Além disso, decorrido 9 (nove) anos da fuga, a Corte local atestou a realização de intimação por meio de edital da sessão do Tribunal do Júri, conforme previsto na Lei n. 11.689/2008. De mais a mais, o Tribunal de origem asseverou que o paciente 'acompanhava o andamento dos autos e tinha plena ciência da data designada para o seu julgamento, tanto que contratou advogado para pleitear o adiamento da sessão e defendê-lo em plenário'. Nessa senda, o Tribunal *a quo* assegurou que a intimação editalícia cumpriu a sua finalidade, conforme o art. 3º e 457 do Código de Processo Penal e 244 da Lei Adjetiva Civil. IV – Nesse contexto, não se vislumbra a existência de nulidade, uma vez que: a) o réu foi intimado pessoalmente da decisão de pronúncia; b) a intimação da sessão do Tribunal do Júri ocorreu por meio de edital, segundo a Lei n. 11.689/2008, que possui aplicação imediata aos processos em curso; c) o paciente detinha ciência inequívoca sobre a data da realização do julgamento pelo Conselho de Sentença. Precedentes" (AgRg no HC 562.733/SP, 5.ª T., rel. Felix Fischer, 28.04.2020, v.u.).

164-A. Inviabilidade da suspensão do processo: a alteração legislativa trazida pela Lei 11.689/2008 teve a dupla finalidade de *evitar a prisão* do réu solto não localizado para a intimação de seu julgamento em plenário do Tribunal do Júri e, ao mesmo tempo, *proporcionar que o julgamento ocorra*, sem qualquer impedimento, quando o acusado não for intimado pessoalmente ou simplesmente deixar de comparecer. Torna-se inadequada a utilização do disposto no art. 366 do CPP, pretendendo-se a suspensão do processo, quando o réu é citado por edital. Ora, em primeiro lugar, no referido art. 366, cuida-se de *citação*, o primeiro ato a dar ciência ao acusado da existência de ação penal contra ele instaurada. Essa medida já foi tomada na primeira fase do procedimento do júri. Logo, atingido o estágio do julgamento em plenário, significa que o acusado está bem ciente da ação penal e do seu trâmite em direção à decisão de mérito. Cabe-lhe não alterar seu endereço sem comunicar ao juízo. Ademais, quando se suspende o processo, nos termos do referido artigo, há expressa autorização para a suspensão da prescrição. A utilização, por analogia, do disposto no art. 366 na fase do art. 457 é indevida, pois o máximo que se poderia admitir seria a suspensão do processo, mas jamais a da prescrição, o que representaria analogia *in malam partem*, situação vedada em contexto penal. Suspender o processo na fase do art. 457, sem supedâneo legal algum, é promover a inversão tumultuária do feito, passível de impugnação pela via da correição parcial.

165. Não comparecimento do assistente de acusação: como regra, não se adia o julgamento, pois o titular da ação penal é o Ministério Público, de forma que a ausência do representante do ofendido em nada altera o polo ativo. Excepcionalmente, havendo um motivo justificável, que deve ser apresentado ao juiz presidente até a abertura da sessão, pode-se adiar o julgamento, nos termos do disposto no § 1.º.

166. Não comparecimento do advogado do querelante: somente não se adia o julgamento se o caso disser respeito a uma hipótese de conexão (ou continência). Exemplificando, há um homicídio e uma injúria, praticados no mesmo cenário; tramita a ação penal, possuindo no polo ativo o Ministério Público (atuando em razão do homicídio) e o querelante (em função da injúria). Se o advogado do querelante faltar, sem motivo justo, realiza-se o julgamento em relação ao homicídio, mas extingue-se a punibilidade em decorrência da ação privada (injúria), com base na ocorrência de perempção. No mais, se a sessão se destinar somente ao crime de injúria (imagine-se que o processo foi desmembrado, embora houvesse conexão com um homicídio), é óbvio que a ausência do advogado do querelante não permitirá a ocorrência do julgamento. Extingue-se a punibilidade, igualmente, por perempção. Caso o querelante tenha assumido o polo ativo em ação privada subsidiária da pública (art. 29, CPP), a ausência do seu advogado fará com que a demanda retorne à titularidade do Ministério Público. Porém, haverá o adiamento da sessão, pois demandará maior tempo de preparo do promotor para assumir por completo a acusação. Em todas as hipóteses, havendo motivo justo para a ausência, nos termos do § 1.º, pode-se obter o adiamento da sessão.

167. Intimação prévia de todos os interessados: somente se aplica o disposto no *caput* do art. 457 se a intimação tiver sido realizada a contento em relação aos envolvidos: acusado solto, assistente de acusação e advogado do querelante. No caso do réu solto, faz-se a intimação pessoalmente. Se não for localizado, utiliza-se o disposto no art. 420, parágrafo único, do CPP: intima-se por edital. Na jurisprudência: STJ: "O artigo 572, I, deve ser interpretado, sistematicamente, com o artigo 457 do Código de Processo Penal, no sentido de que, a despeito de ser possível a realização da sessão plenária do Júri sem a presença do pronunciado, imprescindível, para tanto, que este tenha sido previamente intimado. E, nos termos do artigo 420, parágrafo único, do CPP, não sendo o acusado solto encontrado para intimação pessoal, imprescindível sua intimação via edital, o que não ocorreu no caso dos autos. Ausência de preclusão do tema por ter o réu se manifestado um mês após o conhecimento da irregularidade. *Habeas Corpus* não conhecido. Ordem concedida de ofício para anular a sessão de julgamento realizada (...)" (HC 374.752/MT, 5.ª T., rel. Reynaldo Soares da Fonseca, 14.02.2017, v.u.)

168. Pedidos de adiamento e justificações: devem ser previamente oferecidos, isto é, até a abertura dos trabalhos. O pedido de adiamento pode ser apresentado pelo advogado

Art. 458

Código de Processo Penal Comentado · **Nucci**

884

do réu solto, pelo assistente de acusação ou pelo advogado do querelante, demonstrando justo motivo. A justificação é apenas a exposição da razão pela qual o comparecimento não ocorrerá (por exemplo, do réu solto). A menção ao *motivo de força maior* deve-se à possibilidade de ser apresentada após o julgamento, evitando-se as consequências da ausência. Ilustrando, o advogado do querelante não comparece, mas não consegue fazer chegar ao juiz, a tempo, a justificativa por motivo de força maior. Portanto, para que não seja declarada extinta a punibilidade do querelado, oferece-se a escusa posteriormente.

169. Não apresentação do réu preso: estando o acusado sob tutela estatal, naturalmente, a responsabilidade pelo seu não comparecimento deve-se a algum órgão do Estado. Por isso, deve-se adiar o julgamento para outra data desimpedida, como regra. Duas ponderações devem ser feitas: a) se o próprio acusado e seu defensor subscreverem um pedido de dispensa de comparecimento, não se adia o julgamento; b) se o réu estiver preso há muito tempo, a não apresentação, por desídia do Estado, pode dar margem à revogação da sua prisão cautelar.

> **Art. 458.** Se a testemunha, sem justa causa, deixar de comparecer, o juiz presidente, sem prejuízo da ação penal pela desobediência, aplicar-lhe-á a multa prevista no § 2.º do art. 436 deste Código.[170]

170. Ausência da testemunha: pressupondo-se tenha sido intimada pessoalmente (por carta ou por mandado), com a advertência de que pode responder pelo delito de desobediência caso falte sem justificativa plausível, a sua ausência pode acarretar a imposição da multa de um a dez salários mínimos, conforme a sua condição econômica. Além disso, está sujeita a processo por crime de desobediência, que será apurado à parte. Outra providência pode ser a condução coercitiva, como previsto no art. 461, § 1.º, CPP. Todas as medidas podem ser tomadas cumulativamente.

> **Art. 459.** Aplicar-se-á às testemunhas a serviço do Tribunal do Júri o disposto no art. 441 deste Código.[171]

171. Preservação dos vencimentos: a testemunha, como o jurado, presta um serviço público relevante ao ser convocada a depor em juízo, razão pela qual não pode sofrer nenhum desconto em seus salários ou vencimentos.

> **Art. 460.** Antes de constituído o Conselho de Sentença, as testemunhas serão recolhidas a lugar onde umas não possam ouvir os depoimentos das outras.[172-173]

172. Incomunicabilidade das testemunhas: assim que a sessão tem início, determina o juiz sejam as testemunhas colocadas em salas especiais, uma para as de acusação e outra para as de defesa – partindo-se do pressuposto que, estando em polos antagônicos, não devem permanecer juntas –, com o fito de evitar que ouçam os debates e a colheita da prova em plenário. A garantia de isenção do depoimento é fundamental para a busca da verdade real. É lógico que a testemunha pode ser preparada por alguém a mentir, antes da sessão, como pode também tomar conhecimento do que outra falou durante a fase de formação da culpa, antes da pronúncia, e, com isso, alterar a sua versão dos fatos. O propósito da lei, no entanto, é não permitir que, no desenvolvimento dos trabalhos, exatamente quando as teses começam a despontar e, diante dos jurados, os depoimentos principiam, alguma testemunha se deixe levar pelo que está acompanhando, alterando o conteúdo do que tinha para narrar. A imparcialidade das suas declarações pode ficar comprometida, caso ela note a mudança da narrativa anteriormente prestada, por qualquer outra testemunha. Enfim, uma não deve imiscuir-se no depoimento de outra, motivo pelo qual a separação é salutar. O ideal é que, desde o princípio do julgamento, permaneçam separadas.

173. Quebra da incomunicabilidade das testemunhas: constitui nulidade relativa, que somente se reconhece se provado o prejuízo para alguma das partes. Na jurisprudência: TJMG: "A não observância da regra prevista no art. 460 do CPP, de incomunicabilidade das testemunhas, constitui mera irregularidade, incapaz de macular todo o processo, mormente quando não restou demonstrada qualquer prejuízo às partes (...)" (APR 10071180030349001-MG, 3.ª C., rel. Antônio Carlos Cruvinel, j. 29.04.2020, m.v.).

> **Art. 461.** O julgamento não será adiado se a testemunha deixar de comparecer, salvo se uma das partes tiver requerido a sua intimação por mandado, na oportunidade de que trata o art. 422 deste Código, declarando não prescindir do depoimento[174] e indicando a sua localização.[175]
>
> § 1.º Se, intimada, a testemunha não comparecer, o juiz presidente suspenderá os trabalhos e mandará conduzi-la ou adiará o julgamento para o primeiro dia desimpedido, ordenando a sua condução.[176-177]
>
> § 2.º O julgamento será realizado mesmo na hipótese de a testemunha não ser encontrada no local indicado, se assim for certificado por oficial de justiça.[178]

174. Imprescindibilidade do depoimento: é fundamental que as partes, entendendo ser indispensável o depoimento de alguma testemunha, arrolem-na na fase de preparação do plenário, com o caráter de imprescindibilidade. Não o fazendo, deixa de haver a possibilidade de insistência na sua oitiva, caso alguma delas não compareça à sessão plenária. Na jurisprudência: STJ: "1. 'Em uma leitura *a contrario sensu* do art. 461 do CPP, a sessão plenária será adiada se a testemunha arrolada em caráter de imprescindibilidade não comparecer. O fato de a defesa haver sido informada, somente no dia do julgamento, que as testemunhas arroladas não foram encontradas viola o referido dispositivo legal' (AgRg no RHC n. 130.259/PR, relator Ministro Rogerio Schietti Cruz, Sexta Turma, julgado em 18/4/2023, *DJe* de 4/5/2023). 2. O art. 461 do Código de Processo Penal se refere a ambas as partes, dispondo pelo adiamento em todos os casos onde não tenha sido localizada a testemunha imprescindível. A indicação de testemunha deste porte pressupõe que sua oitiva é importante, notadamente em plenário, quando os elementos probatórios são construídos por um juiz leigo. Caso em que a supressão de informações essenciais ao corpo de jurados enseja grave violação do princípio da soberania dos veredictos. 3. Mister também é a notificação em tempo hábil do conteúdo das certidões negativas dos oficiais de justiça, de modo a oportunizar às partes a atualização do endereço da testemunha não localizada. 4. Assim, ao mitigar o exercício da atividade acusatória, houve ofensa ao princípio do contraditório e, por conseguinte, prejuízo ao *parquet*, ao qual se viu impedido do direito de tomar o depoimento de testemunha considerada imprescindível ao deslinde do feito, tendo sido cientificado da sua não localização somente em plenário, momento em que requereu adiamento do julgamento e prazo para diligenciar o endereço atualizado, o que lhe foi negado de modo desarrazoado. Nulidade acolhida pela instância ordinária e mantida nesta Corte" (AgRg no Resp 1.989.459, 5.ª T., rel. Joel Ilan Paciornik, 27.11.2023, v.u.).

175. Indicação do paradeiro com antecedência: o momento para arrolar testemunhas, no procedimento preparatório do plenário, é o previsto pelo art. 422 do CPP, após a

Art. 461

Código de Processo Penal Comentado · **Nucci**

intimação determinada pelo juiz. Logicamente, nessa oportunidade, bem antes do julgamento, as partes devem indicar o paradeiro das testemunhas. Entretanto, o art. 461, conforme a redação dada pela Lei 11.689/2008, não mais possui a referência à "antecedência necessária para a intimação". Na realidade, assim optou o legislador pelo fato de ter feito referência ao momento processual do art. 422, razão pela qual a *antecedência necessária* é natural. No entanto, se a testemunha não é localizada e, dando-se ciência disso à parte interessada, ela insiste no depoimento, devendo, então, indicar outro paradeiro, torna-se essencial que tal diligência seja feita *com antecedência* suficiente para que seja intimada. Por isso, depende da peculiaridade de cada Vara, do volume de processos, do número de funcionários, dentre outras circunstâncias, obter a intimação (ou a diligência infrutífera) da testemunha mais rapidamente ou não. Em alguns casos, indicando o paradeiro da pessoa que não foi localizada pelo oficial, na véspera do julgamento, ainda é possível intimar a testemunha; noutros, mesmo que seja fornecido o endereço uma semana antes, não há tempo hábil para o ato processual dar-se com sucesso. Assim, é preciso que o juiz profira um despacho, nos autos, para ser a intimação realizada brevemente e justificando qual o prazo razoável para que ela se efetive. Se a parte, agindo de má-fé, indicar o paradeiro da testemunha, não localizada anteriormente, na véspera do julgamento, em Vara que sabidamente não tem estrutura para proceder à intimação, não tem como insistir na sua oitiva, nem pode obter o adiamento da sessão.

176. Suspensão dos trabalhos para condução coercitiva ou adiamento da sessão: somente ocorre se a testemunha tiver sido arrolada com o caráter de imprescindibilidade e houver sido intimada. A opção entre determinar a condução coercitiva e adiar a sessão decorre de cada situação concreta. Em grandes cidades, torna-se praticamente impossível a condução coercitiva ser feita no mesmo dia, pois todos os envolvidos no julgamento do Tribunal do Júri deverão aguardar indefinidamente pelo deslinde da diligência. Assim ocorrendo, é possível que os trabalhos principiem muito tarde (se houver sucesso na condução coercitiva), conturbando a sessão já programada para o dia seguinte. O adiamento, então, será a melhor solução. Na jurisprudência: TJSP: "Testemunhas arroladas com caráter de imprescindibilidade ausentes. Pedido da defesa de adiamento do julgamento. Decisão judicial de indeferimento. Dentro da sistemática do Código de Processo Penal – a matéria acha-se regulada no artigo 461, a ausência de testemunha implica o adiamento do julgamento se presentes os seguintes requisitos: (a) que a parte tenha arrolado a testemunha, requerendo sua intimação por mandado; (b) que tenha declinado não prescindir do depoimento (a chamada cláusula de imprescindibilidade), indicando o local de sua localização – e que ela venha, efetivamente a ser encontrada; (c) que não seja possível a condução coercitiva; (d) que a parte não tenha desistido na oitiva. Preenchido este quadro, a parte tem o direito subjetivo processual de que o julgamento seja adiado, sob pena de violação ao devido processo legal. Ainda que não se trate de um direito absoluto, configurado o cerceamento de defesa no tocante a uma das testemunhas. Apelo provido em parte para anular o julgamento, devendo outro ser designado" (Apelação Criminal 0000337-41.2017.8.26.0083, 14.ª Câm. Criminal, rel. Laerte Marrone, 30.01.2020, v.u.).

177. Infrutífera condução coercitiva: é possível que, a despeito da tentativa, falhe a condução coercitiva, razão pela qual não se pode adiar eternamente a realização do julgamento. Assim, se a testemunha não for localizada para a condução ou tiver alterado o domicílio, instala-se a sessão.

178. Realização do julgamento, independentemente da inquirição de testemunha arrolada: caso a testemunha tenha sido arrolada sem o caráter de imprescindibilidade, não comparecendo, o julgamento realiza-se de qualquer modo, tendo sido ela intimada ou não; caso tenha sido arrolada com o caráter de imprescindibilidade, se for intimada e não comparecer, é cabível o adiamento, como regra, para que possa ser conduzida coercitivamente na sessão seguinte. Entretanto, arrolada com o caráter de imprescindibilidade, mas não localizada, tomando ciência a parte de que não foi intimada e não indicando o seu paradeiro, com prazo hábil para nova intimação ser feita, perde a oportunidade de insistir no depoimento. E mais: caso a parte, ao cientificar-se de que a testemunha não foi localizada no endereço antes fornecido, indicar novo paradeiro, porém, chegando o dia da sessão, o oficial certificar que também no outro endereço não foi ela encontrada, o julgamento deve realizar-se normalmente. Na jurisprudência: STJ: "6. Em uma leitura *a contrario sensu* do art. 461 do CPP, a sessão plenária será adiada se a testemunha arrolada em caráter de imprescindibilidade não comparecer. O fato de a defesa haver sido informada, somente no dia do julgamento, que as testemunhas arroladas não foram encontradas viola o referido dispositivo legal. Não há como adotar, na espécie, o entendimento do § 2.º do art. 461 do CPP ('O julgamento será realizado mesmo na hipótese de a testemunha não ser encontrada no local indicado, se assim for certificado por oficial de justiça'), uma vez que ele se refere aos casos em que a testemunha é intimada, não comparece, sua condução é determinada e ela não é encontrada no endereço declinado. É dizer, o § 2.º só é aplicado após a tentativa da providência prevista no § 1.º do art. 461" (AgRg no RHC 130.259/PR, 6.ª T., rel. Rogerio Schietti Cruz, 18.04.2023, v.u.); "1. Segundo o texto do art. 461 do CPP, o julgamento não será adiado se a testemunha deixar de comparecer, salvo se uma das partes tiver requerido a sua intimação por mandado, na oportunidade de que trata o art. 422 deste Código, declarando não prescindir do depoimento e indicando a sua localização. 2. No caso, entretanto, o juízo empreendeu esforços para localizar a testemunha, adiou várias sessões de julgamento, conseguindo, ao final, efetuar a intimação. Ocorre que, embora a parte tenha juntado posteriormente atestado médico justificando a ausência da testemunha, isso por si só não nulifica o julgamento do júri popular" (HC 468.805/PR, 5.ª T., rel. Reynaldo Soares da Fonseca, 12.03.2019, v.u.).

> **Art. 462.** Realizadas as diligências referidas nos arts. 454 a 461 deste Código,[179] o juiz presidente verificará se a urna contém as cédulas dos 25 (vinte e cinco) jurados sorteados, mandando que o escrivão proceda à chamada deles.[180]

179. Preparo para a composição do Conselho de Sentença: para que tal se dê, o juiz presidente deve checar se as partes estão presentes, assim como todas as testemunhas indispensáveis, convenientemente separadas e incomunicáveis. A essa altura, já deliberou acerca dos pedidos de dispensa dos jurados e sobre eventuais pleitos de adiamento da sessão. Ultrapassada essa fase, poderá voltar-se à formação do Conselho.

180. Novo número de jurados para a composição do Tribunal do Júri: a Lei 11.689/2008 elevou de 21 para 25 o número de jurados componentes do Tribunal Popular. São eles, então, chamados nominalmente para a verificação da presença.

> **Art. 463.** Comparecendo, pelo menos, 15 (quinze) jurados, o juiz presidente declarará instalados os trabalhos,[181-181-A] anunciando o processo que será submetido a julgamento.[182]
>
> § 1.º O oficial de justiça fará o pregão, certificando a diligência nos autos.
>
> § 2.º Os jurados excluídos por impedimento ou suspeição serão computados para a constituição do número legal.

Art. 464

Código de Processo Penal Comentado · **Nucci**

181. Abertura dos trabalhos: comparecendo ao menos 15 jurados, há *quorum* para a instalação da sessão, que será dada por aberta pelo juiz presidente. O próprio magistrado anuncia o processo a ser julgado (número do processo, nomes do autor e do réu, classificação do crime) e pede ao oficial que faça o pregão (anúncio na porta do plenário para que todos tomem ciência, vez que o julgamento é público). Na jurisprudência: STJ: "Instaurada a Sessão Plenária com o número de jurados legalmente exigido, é desinfluente a posterior dispensa de jurados em quantidade que não impediu o direito de recusa das partes e a correta formação do Conselho de Sentença" (HC 176.362/SE, 5.ª T., rel. Laurita Vaz, 27.11.2012, v.u. – para exemplificar).

181-A. Momento de arguição de eventual nulidade posterior à pronúncia: todas as falhas ocorridas após a prolação da decisão de pronúncia devem ser alegadas ao juiz presidente do Tribunal do Júri *até a instalação dos trabalhos* da sessão plenária, sob pena de preclusão. Naturalmente, essas são as nulidades relativas, pois as absolutas não precluem e podem ser aventadas em qualquer fase do processo – e mesmo após o trânsito em julgado da decisão condenatória.

182. Empréstimo de jurados de um plenário para outro: por vezes, em cidades grandes, quando vários plenários do júri funcionam ao mesmo tempo, torna-se possível que falte o número mínimo para a formação do Conselho de Sentença em um deles, enquanto em outro haja número excedente. Por isso, por vezes, há o *empréstimo* de jurados para compor o número mínimo. Há quem se insurja contra essa medida, pois a lista foi publicada anteriormente, na qual não constaram os nomes daqueles jurados *emprestados*. Poderia constituir uma surpresa, impossibilitando arguições de suspeição, por exemplo. Entretanto, parece-nos que essa medida, na prática, não prejudica a atuação das partes, pois na maioria das vezes inexiste interesse na recusa de um jurado específico. Desse modo, somente se houver prejuízo efetivo, o empréstimo pode gerar protesto da parte interessada e, com isso, obstado. Na jurisprudência: STJ: "1. A complementação, com membros de outro plenário do mesmo Tribunal do Júri, do número legal mínimo de quinze jurados para que sejam instalados os trabalhos da sessão do júri não enseja a nulidade do julgamento do acusado. 2. Declarada aberta a sessão plenária de julgamento, a defesa, em nenhum momento, se insurgiu contra a formação do Conselho de Sentença; pelo contrário, consta da referida ata que ambas as partes concordaram com o empréstimo de três jurados de outro plenário. 3. Em nenhum momento, a defesa do paciente impugnou a ata de julgamento ou questionou a maneira pela qual foi formado o Conselho de Sentença, de modo que não se mostra possível, agora, suscitar eventual nulidade ocorrida na sessão de julgamento. Também não consta da ata nenhum requerimento, protesto, impugnação ou reclamação não atendida. 4. A ausência de reclamação ou de protesto da defesa do paciente, em relação ao fato de três jurados terem vindo de outro plenário para compor o número legal, acarreta, de modo irrecusável, a preclusão da faculdade processual de arguir qualquer vício eventualmente verificado durante o julgamento. 5. *Habeas corpus* não conhecido" (HC 168.263/SP, 6.ª T., rel. Rogerio Schietti Cruz, 20.08.2015, vu).

> **Art. 464.** Não havendo o número referido no art. 463 deste Código, proceder-se-á ao sorteio de tantos suplentes quantos necessários, e designar-se-á nova data para a sessão do júri.[183]

183. Sorteio de suplentes: se o *quorum* de quinze jurados não foi atingido, é impossível instalar a sessão. Deve o magistrado providenciar o sorteio de suplentes e adiar o julgamento para a data seguinte desimpedida. A partir da edição da Lei 11.689/2008, somente se faz o sorteio dos suplentes, caso não se atinja o *quorum* mínimo (quinze) e não mais o número legal (vinte e cinco). Ou seja, se comparecerem dezoito jurados, instala-se a sessão, sem sorteio de suplentes. Se vierem apenas treze, adia-se a sessão e sorteiam-se suplentes até o número máximo (vinte e cinco). Por isso, não há mais sentido em se sortear suplentes *antes* da data designada para a sessão de julgamento, o que se fazia em algumas Varas, de modo a assegurar o *quorum* mínimo de quinze.

> **Art. 465.** Os nomes dos suplentes serão consignados em ata, remeten-do-se o expediente de convocação, com observância do disposto nos arts. 434 e 435 deste Código.[184]

184. Consignação em ata: o registro em ata torna oficial o sorteio dos suplentes para todos os fins, inclusive para assegurar a publicidade do ato.

> **Art. 466.** Antes do sorteio dos membros do Conselho de Sentença,[185] o juiz presidente esclarecerá sobre os impedimentos, a suspeição e as incompatibilidades constantes dos arts. 448 e 449 deste Código.
>
> § 1.º O juiz presidente também advertirá os jurados de que, uma vez sorteados, não poderão comunicar-se entre si e com outrem,[186] nem manifestar sua opinião sobre o processo,[187] sob pena de exclusão do Conselho e multa, na forma do § 2.º do art. 436 deste Código.[188]
>
> § 2.º A incomunicabilidade[189-190] será certificada nos autos pelo oficial de justiça.[191-192]

185. Reunião prévia do juiz com os jurados: somente pode realizar-se, a fim de que o magistrado forneça algumas instruções a respeito da forma e do procedimento do Tribunal do Júri, se as partes estiverem cientes e, desejando, possam estar presentes.

186. Incomunicabilidade dos jurados: significa que os jurados não podem conversar entre si, durante os trabalhos, nem nos intervalos, a respeito de qualquer aspecto da causa posta em julgamento, especialmente deixando transparecer a sua opinião. Logicamente, sobre fatos desvinculados do feito podem os jurados conversar, desde que não seja durante a sessão – e sim nos intervalos –, pois não se quer a mudez dos juízes leigos e sim a preservação da sua íntima convicção. A troca de ideias sobre os fatos relacionados ao processo poderia influenciar o julgamento, fazendo com que o jurado pendesse para um ou outro lado. Tal se dá em outros países, como nos Estados Unidos, mas, pela nossa legislação, é inadmitido o debate sobre a causa. Na jurisprudência: TJMG: "Se houve quebra da incomunicabilidade dos jurados, correta a decisão do Juízo monocrático ao declarar a nulidade da sessão de julgamento." (HC 10000191582402000-MG, 8.ª C., rel. Dirceu Walace Baroni, j. 23.01.2020, v.u.).

187. Manifestação da opinião acerca do processo: em razão da incomunicabilidade, deseja-se que o jurado decida livremente, sem qualquer tipo de influenciação, ainda que seja proveniente de outro jurado. Deve formar o seu convencimento sozinho, através da captação das provas apresentadas, valorando-as segundo o seu entendimento. Portanto, cabe ao juiz presidente impedir a manifestação de opinião do jurado sobre o processo, sob pena de nulidade da sessão de julgamento. Na jurisprudência: STJ: "1. É vedado aos jurados, segundo disposição processual penal, comunicarem-se entre si acerca do mérito do julgamento. 2. Na espécie, em plena fala da acusação, em plenário, uma jurada afirmou que havia crime. O juiz

Art. 467

togado limitou-se, segundo a ata do julgamento, a repreendê-la, seguindo o Júri até o final. 3. Segundo o art. 466, § 1.º, do Código de Processo Penal, acontecimento deste jaez seria motivo para dissolução do conselho de sentença que, se não realizada, mostra a existência de nulidade flagrante. 4. Ordem concedida, *ex officio*, para declarar nulo o Júri, determinando a imediata soltura do paciente que esteve em liberdade durante todo o processo" (HC 436.241/SP, 6.ª T., rel. Maria Thereza de Assis Moura, j. 19.06.2018, v.u.).

188. Penalidade pela quebra da incomunicabilidade: acarreta a exclusão do Conselho de Sentença e do corpo de jurados do Tribunal. Além disso, o jurado deverá pagar multa, fixada pelo juiz, de um a dez salários mínimos, conforme a sua condição econômica. Se houver má-fé, pode implicar prevaricação.

189. Controle da manifestação do jurado: cabe ao juiz presidente, com muito tato e prudência, controlar o que o jurado expressa, durante a sessão de julgamento. Não deve coibir os integrantes do Conselho de Sentença de buscar esclarecimentos, através de perguntas feitas a testemunhas, pedidos de exibição de documentos ou leituras de peças, bem como acesso aos autos, ou indagações formuladas diretamente ao magistrado, a respeito de qualquer assunto ligado ao processo (valor e legalidade de prova, procedimento etc.), mas necessita estar atento para que eles não manifestem, por intermédio de suas dúvidas, a opinião em formação quanto ao deslinde do processo. Vale explicar aos jurados, logo no início dos trabalhos, que eles podem agir com ampla liberdade para formar o seu convencimento, devendo, no entanto, evitar a todo custo a exposição do seu pensamento.

190. Fiscalização da incomunicabilidade durante o julgamento: é atribuição do juiz presidente, razão pela qual não pode ele afastar-se do plenário por muito tempo, o que coloca em risco a validade do julgamento. Se algum jurado desejar esclarecer alguma dúvida, a ausência do magistrado prejudica a formação do seu convencimento, além do que o juiz leigo pode fazer alguma observação inoportuna, gerando nulidade insanável.

191. Certidão do oficial de justiça: a principal autoridade a controlar a manifestação dos jurados é o juiz presidente. Entretanto, vale-se dos oficiais de justiça presentes para auxiliá--lo. Por exemplo, na sala especial, quando estiverem reunidos em intervalos, o juiz pode não estar presente, razão pela qual o oficial incumbe-se de fiscalizar a incomunicabilidade. Em suma, ao final do julgamento, cumpre ao oficial lançar certidão de que a incomunicabilidade foi preservada durante todos os momentos processuais.

192. Prorrogação da incomunicabilidade até o fim do julgamento: enquanto a sessão não terminar, ficam os jurados incomunicáveis, significando que não podem voltar para a casa, nem falar ao telefone ou mesmo ler mensagens em *pagers* ou aparelhos semelhantes. Qualquer contato com o mundo exterior, estranho às partes, aos funcionários da Vara e aos outros jurados, serve para quebrar a incomunicabilidade, uma vez que ninguém poderá garantir não ter havido qualquer tipo de pressão ou sugestão para o voto. Recados urgentes podem ser transmitidos por intermédio do oficial de justiça, que os receberá, passando ao jurado, bem como deste transmitirá ao destinatário. Quando recolhidos à sala secreta, haverá, sempre, com eles um oficial de justiça para garantir a incomunicabilidade. Podem conversar entre si, com as partes (promotor e defensor), com funcionários e com o juiz, desde que a respeito de fatos alheios ao processo.

Art. 467. Verificando que se encontram na urna as cédulas relativas aos jurados presentes, o juiz presidente sorteará 7 (sete) dentre eles para a formação do Conselho de Sentença.[193-193-A]

193. Formação do Conselho de Sentença: a turma julgadora no Tribunal do Júri é composta por sete jurados, escolhidos aleatoriamente, por sorteio, dentre os que compareceram (mínimo de quinze e máximo de vinte e cinco).

193-A. Conselho de Sentença formado por mulheres: cuida-se de absoluta normalidade, dentro do espectro nacional *contra* qualquer forma de discriminação. Fosse formado somente por homens dar-se-ia o mesmo. Alegações desse nível devem ser completamente afastadas, sob pena de violação de outros bens jurídicos preciosos, como a igualdade de todos perante a lei e a vedação ao racismo e à discriminação. Logo, nem é caso para se argumentar com preclusão (não ter alegado a tempo tal "nulidade"), pois inexiste qualquer vício ou falha no processo. Na jurisprudência: TJMT: "Não há vedação legal ou constitucional que impeça a formação do Conselho de Sentença somente por mulheres, desde que respeitadas as regras relativas à escolha e ao sorteio dos jurados no dia da Sessão Plenária. Possíveis nulidades ocorridas durante o julgamento na Sessão Plenária do Tribunal do Júri, dentre elas possível imparcialidade do Corpo de Jurados, devem ser imediatamente arguidas, sob pena de preclusão [CPP, art. 571, inciso VIII]. A formação do Conselho de Sentença exclusivamente por mulheres, por si só, não implica que tenha sido fator determinante para condenação, não se podendo falar em nulidade do ato se não evidenciado o prejuízo concreto, mas, apenas abstrato." (APR 00014604520188110087-MT, 1.ª C., rel. Orlando de Almeida Perri, 05.05.2020, v.u.). TJSC: "A composição do Conselho de Sentença, predominantemente, por mulheres, por si só, não implica em ofensa à imparcialidade. Uma vez que foram respeitadas as regras relativas à escolha dos jurados, inexistindo suspeição ou impedimento, não há falar-se em nulidade" (APR 00044739020138240014, Campos Novos, 4.ª C., rel. Sidney Eloy Dalabrida, 05.07.2018, v.u.).

> **Art. 468.** À medida que as cédulas forem sendo retiradas da urna, o juiz presidente as lerá, e a defesa e, depois dela, o Ministério Público poderão recusar os jurados sorteados, até 3 (três) cada parte, sem motivar a recusa.[194-194-A]
>
> **Parágrafo único.** O jurado recusado imotivadamente por qualquer das partes será excluído daquela sessão de instrução e julgamento, prosseguindo-se o sorteio para a composição do Conselho de Sentença com os jurados remanescentes.[195]

194. Recusas motivadas e imotivadas: para a formação do Conselho de Sentença, essas são as duas possibilidades de recusa do jurado, formuladas por qualquer das partes. A recusa motivada baseia-se em circunstâncias legais de impedimento ou suspeição (arts. 448 e 449, CPP). Logo, não pode ser jurado, por exemplo, aquele que for filho do réu, tampouco o seu inimigo capital. A recusa imotivada – também chamada *peremptória* – fundamenta-se em sentimentos de ordem pessoal do réu, de seu defensor ou do órgão da acusação. Na constituição do Conselho de Sentença, cada parte pode recusar até três jurados sem dar qualquer razão para o ato. Como regra, assim se procede por acreditar que determinado jurado pode julgar de forma equivocada, permitindo emergir seus preconceitos e sua visão pessoal a respeito dos fatos. Nada existe de científico comprovando que este ou aquele jurado, por sua profissão, qualidade de vida ou formação intelectual ou moral, possa dar veredicto incorreto, em desacordo com a prova dos autos. Entretanto, sustentamos ser viável a manutenção da recusa imotivada, porque, no Brasil, ao contrário de outros países, onde há a instituição do júri, não pode a parte dirigir qualquer tipo de pergunta ao jurado, *antes* da formação do Conselho Julgador, justamente para tentar saber se há ou não preconceito ou inclinação ao prejulgamento no caso concreto. Poder-se-ia aperfeiçoar a instituição, permitindo que acusador e defensor fizessem algumas perguntas não relacionadas ao processo aos jurados presentes,

Art. 468

Código de Processo Penal Comentado · **Nucci**   892

antes do sorteio. Exemplo disso poderia ser, num julgamento de aborto, a pergunta dirigida a extrair do jurado a sua posição a respeito do assunto, em tese. Se ele for contundentemente contra o aborto, poderá ser levado a condenar a ré que o praticou, independentemente das provas apresentadas. Por outro lado, se for francamente a favor, terá a inclinação de votar pela absolvição. Haverá sempre aquele que ficará no meio-termo, dizendo que prefere cumprir a lei ou que não tem posição firme sobre o assunto. É o jurado mais indicado para esse julgamento. Não existindo possibilidade de se questionar os membros do Tribunal do Júri antes do sorteio, melhor que se dê às partes a possibilidade da recusa imotivada, um mal menor, que permite o juízo de valor a respeito de pessoa leiga, sem as garantias e deveres do magistrado togado, por isso mesmo livre para tomar qualquer posição. Por vezes, a parte rejeita o jurado porque percebeu que, em outro julgamento, ele não teve comportamento adequado, *v.g.*, fazendo perguntas impertinentes ou deixando de prestar a devida atenção aos debates. Enfim, torna-se um instrumento de proteção dos interesses tanto da acusação, quanto da defesa. Na jurisprudência: STF: "1. A recusa peremptória de jurado (art. 468, CPP), em que as partes não precisam esclarecer os motivos dessa recusa, constitui típico exercício de poder discricionário, que prescinde da necessária justificação lógico-racional, razão por que é incontrastável judicialmente. 2. O legislador cometeu à defesa e ao Ministério Público o poder de declinar imotivadamente de um jurado, no pressuposto de que a escolha do juiz leigo que melhor se enquadre nas expectativas de êxito da parte constitui estratégia inerente à dinâmica do Tribunal do Júri. 3. Nesse contexto, é irrelevante que o Ministério Público tenha direcionado suas escolhas a que jurados do sexo feminino integrassem o conselho de sentença, razão por que não há falar-se em comportamento discriminatório de sua parte. 4. O fato de o Promotor de Justiça, finda a escolha do Conselho de Sentença, ter afirmado que 'Deus é bom' não conduz à nulidade do julgamento pelo Tribunal do Júri. 5. Não se vislumbra nessa frase nenhuma vulneração ao fato de ser vedado aos agentes estatais pautarem suas atividades por motivações de ordem confessional. 6. Trata-se de um simples comentário de ordem pessoal, enquadrável na liberdade de expressão assegurada às partes, que não repercutiu de nenhum modo na legalidade da condução dos trabalhos do Júri, tanto mais que a acusação não foi sustentada com base na convicção religiosa do Promotor de Justiça. 7. Como esse comentário não traduziu indevida permeação de interesses confessionais na condução das atividades laicas do *Parquet*, é insuscetível de glosa ou censura" (RHC 126.884/RJ, 2.ª T., rel. Dias Toffoli, 27.09.2016, v.u.).

194-A. Impugnação e preclusão: se a parte interessada não apresentar a sua impugnação ao jurado no momento em que o nome da pessoa é sorteado, a questão preclui, consolidando-se. Não poderá, posteriormente, alegar nulidade por conta disso. Entretanto, quanto aos indicativos de impedimento, se preenchidos, tal como ocorre com o juiz togado, há ocorrência de nulidade absoluta, que não preclui. Somente os casos de suspeição são aptos a precluir, pois geram nulidade relativa. Na jurisprudência: STF: "Realizado o sorteio dos jurados na forma e com a antecedência exigidas pela legislação, eventual arguição de suspeição ou impedimento deve ser feita em Plenário, sob pena de preclusão. Precedentes. As nulidades do julgamento devem ser arguidas em Plenário, logo depois que ocorrerem, sob pena de preclusão. Ordem denegada" (HC 120.746, 1.ª T., rel. Roberto Barroso, 19.08.2014, v.u.).

195. Recusa e automática exclusão: a nova sistemática, introduzida pela Lei 11.689/2008, impõe que, havida a recusa peremptória por qualquer das partes, o jurado está automaticamente excluído da formação do Conselho de Sentença. Anteriormente, seria preciso coincidir a recusa da defesa com a da acusação. Assim se fez para evitar a separação dos julgamentos, conforme se verá na nota própria ao art. 469, § 1.º. Na jurisprudência: STJ: "3. Nos moldes do art. 468, parágrafo único, do Código de Processo Penal, afirma que 'o jurado recusado imotivadamente por qualquer das partes será excluído daquela sessão de instrução e julgamento, prosseguindo-se o sorteio para a composição do Conselho de Sentença com os jurados remanescentes". Sendo assim, o jurado recusado será excluído apenas da sessão de julgamento em que ocorreu a recusa, e não das demais porventura designadas em razão da separação do julgamento dos réus" (AgRg no REsp 1.359.840/RS, 6.ª T., rel. Antonio Saldanha Palheiro, 15.03.2022, v.u.).

> **Art. 469.** Se forem 2 (dois) ou mais os acusados, as recusas poderão ser feitas por um só defensor.[196-197]
>
> § 1.º A separação dos julgamentos somente ocorrerá se, em razão das recusas, não for obtido o número mínimo de 7 (sete) jurados para compor o Conselho de Sentença.[198]
>
> § 2.º Determinada a separação dos julgamentos, será julgado em primeiro lugar o acusado a quem foi atribuída a autoria do fato ou, em caso de coautoria, aplicar-se-á o critério de preferência disposto no art. 429 deste Código.[199]

196. Mais de um réu, com um só defensor: não podem ser prejudicados os corréus somente porque constituíram, para patrocinar seus interesses, um só defensor. É direito de cada acusado aceitar ou recusar, por si só, o jurado sorteado, ou, se preferir, incumbir que as recusas sejam feitas em conjunto com outro. Assim, caso a defesa deseje manter o julgamento unido, sendo um só advogado, dirá ao juiz que fará as aceitações e recusas dos jurados por todos os réus de uma só vez. Nessa ótica, a lição de Adriano Marrey (*Teoria e prática do júri*, p. 286). Na jurisprudência: STJ: "1. O direito às três recusas imotivadas é garantido ao acusado, e não à defesa, ou seja, cada um dos réus terá direito às suas três recusas imotivadas, sob pena de violação da plenitude de defesa. 2. Recurso especial provido" (REsp 1.540.151/MT, 6.ª T., rel. Sebastião Reis Júnior, 08.09.2015, v.u.). TJMG: "Conforme entendimento do Superior Tribunal de Justiça, em processos de competência do Tribunal do Júri, 'o direito de a defesa recusar imotivadamente até 03 jurados (art. 468, *caput*, do CPP) é garantido em relação a cada um dos réus, ainda que as recusas tenham sido realizadas por um só defensor (art. 469 do CPP)' (Informativo n.º 0570, STJ) – Sendo indeferida a recusa de jurados ao defensor dos acusados, resta caracterizada violação ao direito constitucional da plenitude de defesa, o que enseja o reconhecimento da nulidade do julgamento realizado pelo Tribunal do Júri" (APR 10183170127900002-MG, 4.ª C. rel. Glauco Fernandes, j. 11.03.2020, v.u.).

197. Ordem de preferência das recusas no caso de mais de um defensor: consultados pelo magistrado, devem os defensores apontar quem fará a recusa em primeiro lugar. Além disso, é possível duas alternativas: a) cada qual faz as três recusas a que tem direito por seu defensor; b) todos os corréus incumbem o defensor de um deles para falar em nome de todos. Nesta hipótese, como as recusas se darão em conjunto, bastam três para todos os acusados.

198. Separação do julgamento: cuidando da nova sistemática para a separação dos julgamentos de corréus, bastante dificultada pela reforma introduzida pela Lei 11.689/2008, convém mencionar qual era a anterior redação do art. 461, *caput*, do CPP, sobre o tema: "se os réus forem dois ou mais, poderão incumbir das recusas um só defensor; não convindo nisto e se não coincidirem as recusas, dar-se-á a separação dos julgamentos, prosseguindo-se somente no do réu que houver aceito o jurado, salvo se este, recusado por um réu e aceito por outro, for também recusado pela acusação". Em razão disso, tinha a defesa a possibilidade de provocar a separação dos julgamentos, bastando que promovesse recusas e aceitações dos jurados de maneira não coincidente. Agora não mais. Conforme disposto no art. 468, parágrafo único, do CPP, quando o jurado for recusado imotivadamente (recusa peremptória) por qualquer das

Art. 469

Código de Processo Penal Comentado · **Nucci**

894

partes será excluído daquela sessão, prosseguindo-se o sorteio para a formação do Conselho de Sentença. Logo, a cada recusa de jurado, este não mais permanecerá, independentemente de haver também recusa por parte de outro defensor ou da acusação. Em ilustração, computando-se 25 jurados presentes, com dois corréus. Imaginemos que o primeiro defensor recuse os três primeiros jurados sorteados. Serão excluídos, com ou sem a recusa do segundo defensor e do promotor. Após, outros três jurados, sorteados na sequência, são recusados por parte do segundo defensor. Serão, também, excluídos, independentemente da manifestação do promotor. Ato contínuo, mais três jurados sorteados agora são recusados pelo órgão acusatório. Serão afastados. Ao todo, nove jurados foram rechaçados e os envolvidos (dois defensores e um promotor) já não podem exercer o direito de recusa imotivada (são três para cada parte). Logo, dos 16 jurados restantes, por sorteio, serão escolhidos obrigatoriamente 7 para compor o Conselho de Sentença. Não haverá cisão do julgamento. Caso estivessem presentes apenas 15 jurados, a exclusão de 9, recusados pelas partes presentes, faria com que restassem apenas 6 e ocorreria o denominado *estouro de urna*. Se tal fato ocorresse, haveria então a separação do julgamento. O juiz verifica qual é o autor do fato. Será ele julgado em primeiro lugar, como determina o art. 469, § 2.º, do CPP. Logicamente, podem ocorrer variações. A cada recusa de um defensor, deve o magistrado colher a manifestação dos outros envolvidos, a fim de saber se aceitam ou recusam o jurado. Com isso, as recusas podem até coincidir, mas o jurado não poderá permanecer de qualquer modo.

199. Preferência de julgamento em caso de separação: impõe-se que, em caso de separação, seja julgado em primeiro lugar o acusado a quem se atribuiu a autoria do fato, ou, em caso de coautoria, aplica-se o critério de preferência do art. 429 (presos em primeiro lugar; dentre os presos, os que estiverem há mais tempo na prisão; em igualdade de condições, os que estiverem há mais tempo pronunciados). Pensamos, entretanto, que há pontos obscuros a analisar. Em primeiro lugar, menospreza-se a soberania dos veredictos populares. Parece-nos pouco importar quem será julgado em primeiro lugar, pois todos os corréus estão, igualmente, pronunciados e devem ser levados a julgamento pelo Tribunal Popular, competente constitucionalmente para tanto. Logo, exemplificando, se o executor for absolvido, por qualquer razão, o mandante pode ser, em julgamento posterior, condenado. São dois Conselhos de Sentença diversos, com soberanias individualizadas. Ademais, impôs a lei o impedimento de que o jurado participante do julgamento de determinado corréu tome assento no Conselho que vá julgar o outro acusado (art. 449, II, CPP). São pessoas do povo diversas, podendo avaliar o caso como bem quiserem. Outro ponto problemático é a nomenclatura utilizada. O Código Penal não apontou, explicitamente, quem é autor (ou coautor, se houver mais de um) e quem é partícipe no caso de concurso de agentes. Cabe à doutrina essa tarefa. Portanto, ao mencionar que, em caso de separação dos julgamentos, deverá ser julgado em primeiro lugar o autor, pode-se concluir que o partícipe ficará para segundo plano. Ocorre que, o mandante do crime, pessoa que não praticou a conduta típica, é considerado partícipe, conforme doutrina dominante, motivo pelo qual ele deverá ser julgado depois do executor, seguindo-se o disposto neste parágrafo. Todavia, pensamos deva a soberania dos veredictos ficar acima dessa disposição. Pouco importa quem seja julgado em primeiro lugar e qual a solução dada, pois outro Conselho de Sentença deverá apreciar, livremente, o caso relativo ao corréu. Nessa ótica, para exemplificar: STF: "É perfeitamente possível que, no caso, existam provas contra o mandante, e não contra alguns dos corréus, a possibilitar, dessa forma, a condenação apenas do autor intelectual. O advérbio 'manifestamente', constante do art. 593, III, *d*, do CPP, autoriza os jurados a apoiarem-se em qualquer prova dos autos, não cabendo questionar-se se tal prova é a melhor ou se foi corretamente valorada. Basta que a decisão do júri se apoie em alguma prova existente nos autos, como se deu no caso" (EmbDecl na AO 1.047/RR, Pleno, rel. Joaquim Barbosa, 19.12.2008, v.u.).

> **Art. 470.** Desacolhida a arguição de impedimento, de suspeição ou de incompatibilidade contra o juiz presidente do Tribunal do Júri, órgão do Ministério Público, jurado ou qualquer funcionário, o julgamento não será suspenso, devendo, entretanto, constar da ata o seu fundamento e a decisão.[200]

200. Arguição de impedimento, suspeição ou incompatibilidade na abertura da sessão: tão logo sejam instalados os trabalhos, deve a parte interessada em levantar qualquer causa de impedimento ou de suspeição do juiz presidente, do promotor (no caso de ser a defesa que argui) ou de qualquer funcionário o fazer de imediato, apresentando as provas que possuir. Assim, cabe levar testemunhas, se for o caso, ou documentos para exibição em plenário. Aceita a suspeição, o julgamento será adiado para o primeiro dia desimpedido. Rejeitada, realiza-se o julgamento, embora todo o ocorrido – inclusive a inquirição das testemunhas – deva constar da ata. Futuramente, caberá ao Tribunal analisar se houve ou não a causa de impedimento ou de suspeição. Caso seja arguida contra o jurado, deve ser levantada tão logo seja ele sorteado, procedendo-se da mesma forma, isto é, com a apresentação imediata das provas. Por vezes, quando o impedimento ou a suspeição é arguida o próprio juiz, promotor, funcionário ou jurado pode reconhecê-la de pronto. Lembremos que incompatibilidade não passa de um impedimento ou suspeição reconhecido de ofício pelo juiz, promotor, jurado ou funcionário.

> **Art. 471.** Se, em consequência do impedimento, suspeição, incompatibilidade, dispensa ou recusa, não houver número para a formação do Conselho, o julgamento será adiado para o primeiro dia desimpedido, após sorteados os suplentes, com observância do disposto no art. 464 deste Código.[201]

201. Estouro de urna: outra hipótese de adiamento da sessão para outra data é a impossibilidade de formação do Conselho de Sentença por insuficiência do número de jurados presentes, com potencial para o sorteio. Se comparecerem, por exemplo, quinze jurados (*quorum* mínimo para a instalação dos trabalhos), mas houver a recusa motivada, calcada em causas de impedimento ou suspeição, de vários deles, é possível que o afastamento ocorra em número tal a ponto de inviabilizar o sorteio de sete jurados para compor o Conselho. Aliás, associadas às causas de impedimento e suspeição estão os motivos de dispensa, sob justificativa legítima.

> **Art. 472.** Formado o Conselho de Sentença, o presidente, levantando-se, e, com ele, todos os presentes, fará aos jurados a seguinte exortação:[202]
>
> Em nome da lei, concito-vos a examinar esta causa com imparcialidade e a proferir a vossa decisão de acordo com a vossa consciência e os ditames da justiça.[203]
>
> Os jurados, nominalmente chamados pelo presidente, responderão:
>
> Assim o prometo.
>
> **Parágrafo único.** O jurado, em seguida, receberá cópias da pronúncia ou, se for o caso, das decisões posteriores que julgaram admissível a acusação e do relatório do processo.[204]

202. Juramento solene: os jurados devem ser formalmente compromissados, o que faz parte não somente da solenidade demandada pelo Tribunal do Júri, diante do público que acompanha a sessão, como também para enaltecer, aos próprios jurados, a importância

Art. 473

Código de Processo Penal Comentado · **Nucci**

896

e a responsabilidade da função exercida. Não deve jamais o magistrado abrir mão desse ato. Juntamente com os jurados e todos os presentes, coloca-se em pé, evidenciando a grandeza do juramento a ser obtido. A ausência da formalidade, expressamente prevista em lei, inclusive com as palavras que compõem o juramento, é causa de nulidade relativa. É passível de anulação do julgamento, caso alguma das partes o requeira, especialmente demonstrando haver, dentre os jurados do Conselho, algum novato. Assim sendo, este poderia nunca ter sabido exatamente o grau do seu compromisso, nem o alcance da sua responsabilidade. Do contrário, se todos forem experientes, tendo assinado o termo de compromisso, cremos não haver razão para decretar a nulidade do julgamento.

203. Teor do juramento e seu alcance: note-se que o jurado deve examinar *com imparcialidade* a causa e decidir de acordo com a *consciência* e os ditames da *justiça*. Não se fala em decidir de acordo com os ditames legais, justamente porque os jurados são leigos e não têm qualquer obrigação de conhecer o ordenamento jurídico. Assim, o objetivo do Tribunal Popular é promover uma forma particular de justiça, aquela que brota da sensibilidade e da razão do homem comum, não letrado em Direito, disposto a respeitar o que sua consciência, com imparcialidade, lhe dita. Por isso, mais uma vez deve-se ressaltar, não há cabimento para anular-se o julgamento, quando os jurados tomam decisões de bom senso, embora discordantes da jurisprudência predominante. Não tendo que basear seus veredictos na lei, descabe ingressar no mérito de seus julgados, mormente quando não coincidem com a posição dominante da magistratura togada.

204. Recebimento de cópias do processo: esta é uma inovação trazida pela Lei 11.689/2008. Parece-nos ter sido alteração positiva. De posse de cópia da decisão de pronúncia (ou de decisões posteriores a essa, como o acórdão proferido pelo tribunal) e do relatório do processo, feito por escrito pelo juiz, os jurados se situarão, de modo mais eficiente, no cenário do caso a julgar e poderão dirigir perguntas às testemunhas e ao acusado. Aliás, se os jurados recebem a decisão de pronúncia, é mais um fator para que esta seja proferida em termos sóbrios e comedidos, sem excessos, mas abordando, com a necessária motivação, as teses levantadas pelas partes em suas alegações finais. Ademais, a acusação em plenário terá por fronteira os limites estabelecidos na pronúncia. Na jurisprudência: STJ: "Por força do parágrafo único do art. 472 do CPP, com a nova redação dada pela Lei n. 11.689/2008, somente devem ser apresentadas ao corpo de jurados 'cópias da pronúncia ou, se for o caso, das decisões posteriores que julgaram admissível a acusação e do relatório do processo'. 5. Na espécie, mostra-se suficiente e consentânea ao procedimento do Júri a vedação a que os depoimentos colhidos pelo *Parquet* sejam utilizados como prova por ocasião do julgamento em plenário, bem assim menção de seu conteúdo no relatório distribuído ao corpo de jurados, afastado, todavia, o pretendido expurgo de termos de declaração produzidos administrativamente e não confirmados em juízo" (HC 148.787/SP, 6.ª T., rel. Rogerio Schietti Cruz, 20.10.2016, v.u.).

Seção XI
Da instrução em Plenário

> **Art. 473.** Prestado o compromisso pelos jurados, será iniciada a instrução plenária[205] quando o juiz presidente, o Ministério Público, o assistente, o querelante e o defensor do acusado tomarão, sucessiva e diretamente, as declarações do ofendido, se possível, e inquirirão as testemunhas arroladas pela acusação.

Art. 473

§ 1.º Para a inquirição das testemunhas arroladas pela defesa, o defensor do acusado formulará as perguntas antes do Ministério Público e do assistente, mantidos no mais a ordem e os critérios estabelecidos neste artigo.

§ 2.º Os jurados poderão formular perguntas ao ofendido e às testemunhas, por intermédio do juiz presidente.[206]

§ 3.º As partes e os jurados poderão requerer acareações, reconhecimento de pessoas e coisas e esclarecimento dos peritos, bem como a leitura de peças[207] que se refiram, exclusivamente, às provas colhidas por carta precatória e às provas cautelares, antecipadas ou não repetíveis.

205. Instrução em plenário: inicia-se pela inquirição da vítima (se possível; leia-se, se ela tiver paradeiro conhecido), arrolada ou não pelas partes, podendo ser intimada pelo próprio juiz, e das testemunhas de acusação e de defesa, nessa ordem. Em primeiro lugar, ouve-se o ofendido. O juiz presidente dirige-lhe as perguntas que entender necessárias. Em seguida, passa a palavra ao representante do Ministério Público e ao assistente de acusação, se houver, ou ao querelante (se a ação for privada). Na sequência, poderá a defesa reperguntar. Ficou bem clara a opção pelo sistema de *perguntas diretas*, formuladas pela parte interessada. Portanto, o promotor dirige suas reperguntas à vítima; depois, o assistente; em sequência, o defensor. O magistrado fiscaliza o tom e o conteúdo das indagações, podendo intervir para impedir as que forem impertinentes e inconvenientes, desvinculadas do interesse da causa. Finda a oitiva da vítima, passa-se à inquirição das testemunhas de acusação. Primeiramente, o juiz faz as perguntas cabíveis. Em seguida, concede a palavra ao Ministério Público e ao assistente, se houver. Depois, à defesa. Após, ouvem-se as testemunhas de defesa. Inicialmente, as perguntas são formuladas pelo juiz. Na sequência, pela defesa. Em seguida, pelo Ministério Público e assistente. Na jurisprudência: TJRS: "A ausência de oitiva do ofendido em plenário não contamina o julgamento; ele não foi localizado para intimação do júri. O art. 473 do CPP traz uma faculdade, e não uma obrigatoriedade" (APR 70082587478-RS, 2.ª C., rel. Rosaura Marques Borba, 28.11.2019, v.u.).

206. Reperguntas dos jurados: naturalmente, podem os jurados dirigir reperguntas à vítima e às testemunhas de acusação e de defesa. Afinal, são os destinatários maiores das provas colhidas, pois julgarão o mérito da causa. Optou a lei pelo sistema presidencialista, obrigando os jurados a encaminhar suas reperguntas por intermédio do juiz presidente. Possivelmente, o fundamento dessa medida é evitar que o jurado, despreparado para a função, pudesse deixar transparecer seu convencimento no modo como formula a indagação ao ofendido ou a qualquer testemunha. O magistrado poderia *filtrar* a indagação, sem permitir um diálogo incontrolável entre jurado e testemunha ou vítima. De toda forma, sempre acreditamos que o jurado também teria condições de fazer suas reperguntas na forma direta, sob a fiscalização do juiz presidente. Aliás, se esse for o método adotado, não se pode falar em nulidade, mas em mera irregularidade.

207. Leitura de peças: finalmente, restringiu-se, legalmente, a leitura de peças em plenário, uma vez que a experiência demonstrou ter havido abuso nesse contexto, cansando em demasia os jurados, diante da leitura desmedida de peças, muitas delas completamente inúteis. A partir de agora, as peças a serem lidas devem guardar relação com as provas colhidas por carta precatória (ex.: depoimentos de testemunhas tomados em outra Comarca) ou com as provas cautelares, antecipadas ou não repetíveis, basicamente as que se constituem de exames periciais e outros documentos produzidos na fase de investigação policial. Se a parte desejar ler em voz alta o trecho de um depoimento de testemunha prestado em juízo, na fase

Art. 474

Código de Processo Penal Comentado · **Nucci**

de formação da culpa, *v.g.*, pode fazê-lo, porém, utilizará o seu tempo de manifestação para tanto. Na jurisprudência: TJRS: "O artigo 473 do CPP, em seu § 3.º, determina que 'As partes e os jurados poderão requerer acareações, reconhecimento de pessoas e coisas e esclarecimento dos peritos, bem como a leitura de peças que se refiram, exclusivamente, às provas colhidas por carta precatória e às provas cautelares, antecipadas ou não repetíveis.' Desse modo, se o Judiciário não tem o dever de fornecer cópias dos depoimentos degravados aos Jurados a não ser nos casos determinados no dispositivo mencionado (aliás, isso é mesmo vedado), obviamente não tem por que exigir-se que defira a degravação, quando aos depoimentos ambas as partes têm pleno acesso por meio audiovisual. Por outro lado, se a intenção não é disponibilizar as degravações aos jurados, mas tão somente ver facilitado seu trabalho em plenário (no sentido de que possa ter os documentos impressos para lê-los), a degravação pode ser providenciada pela própria parte e não deve sequer constar nos autos – ressalvando-se, obviamente, que nesse caso as degravações não serão lidas pelos, mas sim para os jurados" (Correição Parcial 70072759715/RS, 2.ª Câmara Criminal, rel. Luiz Mello Guimarães, 16.03.2017, v.u.).

> **Art. 474.** A seguir será o acusado interrogado, se estiver presente,[207-A] na forma estabelecida no Capítulo III do Título VII do Livro I deste Código, com as alterações introduzidas nesta Seção.[208]
>
> § 1.º O Ministério Público, o assistente, o querelante e o defensor, nessa ordem, poderão formular, diretamente, perguntas ao acusado.[209]
>
> § 2.º Os jurados formularão perguntas por intermédio do juiz presidente.[210]
>
> § 3.º Não se permitirá o uso de algemas no acusado durante o período em que permanecer no plenário do júri, salvo se absolutamente necessário à ordem dos trabalhos, à segurança das testemunhas ou à garantia da integridade física dos presentes.[211]

207-A. Presença do réu em plenário: antes do advento da Lei 11.689/2008, era indispensável; atualmente, trata-se de faculdade do acusado. Se ele for intimado, pessoalmente ou por edital, não comparecendo, o julgamento se realiza normalmente. Essa novel previsão legal está correta, pois o réu tem direito de audiência – e não dever. Na jurisprudência: STJ: "No caso sob exame, entretanto, não se está a falar apenas e tão somente da ausência de degravação, mas na ausência do próprio interrogatório da paciente, considerando a certidão relativa à impossibilidade de recuperação do ato, que não permaneceu gravado nos sistemas competentes, a impossibilitar o exame do seu conteúdo. V – Considerando a natureza jurídica do interrogatório como importante meio de defesa, a sua ausência nos autos configura evidente cerceamento desse direito. *Habeas corpus* não conhecido. Ordem concedida de ofício para reconhecer cerceamento de defesa, configurado pela ausência do interrogatório da paciente perante o Conselho de Sentença, devendo o ato ser novamente realizado, renovando-se todos os consecutivos" (HC 422.114/RS, 5.ª T., rel. Felix Fischer, j. 24.04.2018, v.u.).

208. Interrogatório do acusado: será feito ao final da colheita das provas em plenário, porém utilizando os mesmos critérios adotados para o interrogatório realizado em juízo, na fase da formação da culpa (arts. 186 e ss., e 411, *caput*, todos do CPP).

209. Perguntas diretas ao acusado: esta foi uma modificação infeliz, em nosso entendimento, trazida pela Lei 11.689/2008. A reforma da Lei 10.792/2003 trouxe a ideal situação para a participação das partes no interrogatório do réu, reformulando o art. 188 ("após proceder ao interrogatório, o juiz indagará das partes se restou algum fato para ser esclarecido, formulando as perguntas correspondentes se o entender pertinente e relevante").

Por isso, as partes podem colaborar com o juiz, sugerir perguntas, mas somente serão formuladas as pertinentes e relevantes. E todas serão realizadas por intermédio do magistrado. Ainda assim é posição arriscada, pois o juiz pode patrocinar perguntas indevidas, formuladas, por exemplo, pelo órgão acusatório. A par disso, o disposto no § 1.º do art. 474 do CPP é muito pior, pois o Ministério Público, o assistente e o querelante podem formular, *diretamente*, perguntas ao acusado. O risco de lesão à plenitude de defesa é enorme. Serão poucos os representantes da acusação que agirão com absoluta lisura, polidez e tranquilidade para promover indagações ao réu. Ao contrário, muitos tentarão formas para impelir o acusado à confissão involuntária ou a cair em contradição, de modo a prejudicar sua defesa. Porém, há solução para isso. Basta que o réu invoque o direito ao silêncio e não responda *nenhuma* pergunta formulada pela acusação. Ou, se preferir, selecione as que pretende responder, conforme o nível das mesmas e o tom com que forem colocadas. Parece-nos, entretanto, mais cauteloso que o acusado prefira calar-se diante de reperguntas do órgão acusatório. No máximo, responderá às questões propostas por seu defensor e àquelas formuladas pelos jurados, neste caso, por meio do juiz.

210. Perguntas dos jurados ao réu: podem ser feitas, por intermédio do juiz. Seria impossível evitar que os juízes naturais da causa (os jurados) fizessem reperguntas ao acusado, durante o interrogatório, pois são os destinatários maiores das provas colhidas. A cautela impôs que as reperguntas fossem formuladas por intermédio do juiz presidente. Entretanto, caso sejam feitas diretamente, não é caso de nulidade, mas somente de irregularidade.

211. Uso de algemas em plenário: temos defendido há muito tempo que o uso de algemas pelo réu em plenário do Tribunal do Júri é indevido e cerceia a liberdade de expressão e de defesa. A simbologia trazida pelas algemas ainda traduz, para muitos leigos (e os jurados o são), a figura da *culpa* ou da periculosidade, que sempre é um aspecto negativo. Não é crível que o Estado seja incapaz de assegurar a ordem e a segurança dentro do fórum, no plenário do júri. Por isso, a regra passa a ser que o acusado fique livre das algemas durante sua permanência em julgamento. Em especial, durante o interrogatório, quando ele gesticula e se expressa de forma mais próxima aos jurados, com maior razão. Por exceção e quando for *absolutamente necessário* (é preciso não banalizar tal exceção) à ordem dos trabalhos, à segurança das testemunhas ou à garantia da integridade física dos presentes poderá o réu permanecer algemado. A decisão deve ser tomada pelo juiz de maneira expressa, fundamentada e constar em ata. Se for abusiva, por não apresentar motivação razoável, pode ensejar a nulidade do julgamento, tendo em vista o cerceamento de defesa, em particular, da autodefesa. Aproveitando-se da nova redação dada ao art. 474, § 3.º, do CPP, pela Lei 11.689/2008, a Corte resolveu editar súmula vinculante a respeito, de modo a não mais gerar dúvida, quanto ao tema, na sua aplicação. A decisão do Plenário do STF espelha exatamente o que vimos defendendo acerca do uso indiscriminado de algemas no Brasil. Na jurisprudência: STJ: "1. Segundo o entendimento de ambas as Turmas que compõem a Terceira Seção desta Corte, 'o emprego de algemas durante o julgamento plenário não viola a Súmula vinculante n.º 11 do Supremo Tribunal Federal, quando necessário para garantir a segurança de todos os presentes, como demonstrado pelo Juiz Presidente do Tribunal do Júri no caso (HC n. 507.207/DF, Ministra Laurita Vaz, Sexta Turma, *DJe* 12/6/2020)' (AgRg no REsp n. 1.894.634/SP, relator Ministro Sebastião Reis Júnior, Sexta Turma, julgado em 24/8/2021, *DJe* de 31/8/2021.) 2. No caso em análise, o Magistrado presidente ponderou a respeito das declarações dos agentes policiais e penitenciários, concluindo pela adequação do uso de algemas durante a sessão de julgamento do Tribunal do Júri" (AgRg no AgRg no AREsp 2168380, 6.ª T., rel. Antonio Saldanha Palheiro, 17.10.2023, v.u.); "1. O STF, por meio da Súmula Vinculante n. 11, sintetizou seu posicionamento no sentido de que só é lícito o uso de algemas em casos de resistência e de fundado receio de fuga ou de

Art. 474-A

Código de Processo Penal Comentado · **Nucci**

perigo à integridade física própria ou alheia, por parte do preso ou de terceiros, justificada a excepcionalidade por escrito, sob pena de responsabilidade disciplinar, civil e penal do agente ou da autoridade e de nulidade da prisão ou do ato processual a que se refere, sem prejuízo da responsabilidade civil do Estado. 2. Tal entendimento foi reconhecido no artigo 474, § 3.º, do CPP, com redação dada pela Lei n.º 11.689/2008, que determina que não se permitirá o uso de algemas no acusado durante o período em que permanecer no plenário do Júri, salvo se absolutamente necessário à ordem dos trabalhos, à segurança das testemunhas ou à garantia da integridade física dos presentes. 3. No presente caso, verifica-se que a fundamentação apresentada pelas instâncias ordinárias para a utilização de algemas no acusado em plenário mostra-se suficiente, pois a medida restou decretada para garantir a segurança dos presentes, principalmente porque calcada na participação de testemunha protegida, que relatou ter sofrido ameaças realizadas por familiar do réu, bem como histórico anterior de necessidade de contenção desse acusado durante o ato processual; a diminuta dimensão da sala, que enseja uma proximidade física entre os réus e as demais pessoas e o reduzido número de agentes de segurança do qual dispunha o Fórum, não havendo qualquer ilegalidade na medida" (AgRg nos EDcl no REsp 1.966.633/SP, 5.ª T., rel. Reynaldo Soares da Fonseca, 05.04.2022, v.u.).

> **Art. 474-A.** Durante a instrução em plenário, todas as partes e demais sujeitos processuais presentes no ato deverão respeitar a dignidade da vítima, sob pena de responsabilização civil, penal e administrativa, cabendo ao juiz presidente garantir o cumprimento do disposto neste artigo, vedadas:
>
> I – a manifestação sobre circunstâncias ou elementos alheios aos fatos objeto de apuração nos autos;
>
> II – a utilização de linguagem, de informações ou de material que ofendam a dignidade da vítima ou de testemunhas.[211-A]

211-A. Proteção à vítima e à testemunha: sobre o tema, consultar as notas ao art. 400-A deste Código. A introdução dos mencionados artigos (400-A e 474-A) busca proteger qualquer vítima de crime, embora se faça expressa referência à particularidade da pessoa ofendida de crime contra a dignidade sexual (no art. 400-A). Como regra, os delitos sexuais são processados em juízo singular comum, mas podem ser conexos a delitos dolosos contra a vida, razão pela qual, também, podem ser apurados pelo Tribunal do Júri. Ademais, o art. 474-A não especifica a tutela particular à vítima de delito sexual, valendo a tutela para todas as pessoas ofendidas e testemunhas (no caso do inciso II). Por isso, a consulta ao referido art. 400-A e seus comentários é fundamental.

> **Art. 475.** O registro dos depoimentos e do interrogatório será feito pelos meios ou recursos de gravação magnética, eletrônica, estenotipia ou técnica similar, destinada a obter maior fidelidade e celeridade na colheita da prova.[212]
>
> **Parágrafo único.** A transcrição do registro, após feita a degravação, constará dos autos.[213]

212. Registro dos depoimentos e interrogatório: deve ser feito pelos meios mais eficientes possíveis, garantindo maior segurança, fidelidade e celeridade. Admite-se, pois, a gravação magnética, eletrônica, a estenotipia ou técnica similar. Se a Comarca não dispuser de recursos, deve-se registrar os depoimentos e interrogatório, pelo sistema da datilografia, embora de maneira resumida.

213. Transcrição do registro: essa medida somente será realizada se for absolutamente indispensável. Não é compatível com a celeridade e a fidelidade, exigidas pela própria lei, que se faça a degravação de uma fita de muitas horas, transcrevendo-se os depoimentos como se tivessem sido tomados por mero ditado. O sistema da estenotipia, colhido em códigos, deve ser transcrito para que se torne inteligível. Porém, as fitas magnéticas admitem a simples oitiva, de modo que prescindem de transcrição. Ademais, se o julgamento for registrado em vídeo, não há como fazer a degravação plena, visto envolver imagem e som. Até mesmo a visualização das reações das pessoas ouvidas se torna muito melhor para o magistrado aferir confiabilidade e segurança, algo essencial quando há contradição e dúvida quanto a fato relevante. No tocante ao cenário dos crimes sexuais, em que a palavra da vítima é fundamental, assistir à declaração dada ao juiz de primeiro grau é medida positiva e merece incentivo em vez de tolhimento pela via da degravação. De qualquer forma, o Conselho Nacional de Justiça editou a Resolução 105/2010, prevendo a dispensa da transcrição de depoimentos colhidos pelo meio audiovisual (art. 2.º). Na jurisprudência: STJ: "Conforme reiterada jurisprudência desta corte Superior, para ser afastada a incidência do art. 475 do CPP, deve haver a demonstração inequívoca do prejuízo sofrido pela parte, sob pena de convalidação. 3. É inexigível a transcrição dos depoimentos e do interrogatório colhidos na audiência de instrução, nos termos do art. 405, § 2.º, do CPP. 4. Não houve demonstração de prejuízo decorrente da ausência de transcrição do teor dos depoimentos, uma vez que, como bem salientado pela Corte de origem, 'o réu e seus defensores estiveram presentes em audiência, sendo conhecedores do teor das mídias juntadas aos autos'. 5. Embargos acolhidos, tão somente no efeito integrativo. Execução imediata da pena determinada" (EDcl no AgRg no AREsp 437.684/SP, 6.ª T., rel. Rogerio Schietti Cruz, 16.02.2017, v.u.).

Seção XII
Dos debates

> **Art. 476.** Encerrada a instrução, será concedida a palavra ao Ministério Público, que fará a acusação, nos limites da pronúncia[214] ou das decisões posteriores que julgaram admissível a acusação,[215] sustentando, se for o caso, a existência de circunstância agravante.[216-217]
>
> § 1.º O assistente falará depois do Ministério Público.[218]
>
> § 2.º Tratando-se de ação penal de iniciativa privada, falará em primeiro lugar o querelante e, em seguida, o Ministério Público, salvo se este houver retomado a titularidade da ação, na forma do art. 29 deste Código.[219-220]
>
> § 3.º Finda a acusação, terá a palavra a defesa.[221]
>
> § 4.º A acusação poderá replicar[222-223] e a defesa treplicar,[224] sendo admitida a reinquirição de testemunha já ouvida em plenário.[225-226]

214. Correlação entre acusação e pronúncia: anteriormente à Lei 11.689/2008, a acusação deveria cingir-se ao conteúdo do libelo (peça de acusação que trazia a imputação em formato de artigos). Sem dúvida, o libelo era delineado pela pronúncia, mas esta poderia até ser menos específica em seus termos, pois o órgão acusatório, ao oferecer o mencionado libelo, haveria de detalhar ao máximo o conteúdo da imputação. A importância desse quadro, exposto no libelo, trazia por consequência a futura redação dos quesitos, que se baseariam nos artigos constantes do libelo-crime acusatório. Extinto este, resta à pronúncia a responsabilidade

Art. 476

de bem fixar os termos da acusação, para que, em plenário, a defesa não seja surpreendida. Portanto, as qualificadoras de um homicídio, por exemplo, devem ser acolhidas pela pronúncia com detalhamento, vale dizer, não basta o magistrado citar que o *motivo fútil* encontra respaldo nas provas e será mantido na classificação do crime. É fundamental especificar em que consiste esse motivo, no campo fático. O mesmo se dá com as situações de coautoria e participação, de omissão penalmente relevante, de nexo causal, enfim, em todos os casos em que se possa ampliar, em demasia, o conteúdo da acusação diante dos jurados, se não houver freio imposto pela decisão judicial de pronúncia.

215. Decisões posteriores julgando admissível a acusação: podem ser incluídas várias hipóteses: a) o acórdão confirmatório da pronúncia; b) o acórdão que pronuncia o réu, em virtude de recurso interposto pela acusação; c) outra decisão de pronúncia, emanada do mesmo juízo, em razão de circunstância nova, surgida após a prolação da primeira decisão.

216. Exposição de agravante: é faculdade do órgão acusatório incluir, desde a denúncia, qualquer circunstância agravante que julgue admissível, conforme as provas coletadas no inquérito policial. Entretanto, se preferir fazê-lo diretamente em plenário, torna-se outra opção, uma vez que a agravante não constará, de qualquer modo, na decisão de pronúncia. Por outro lado, é viável que a agravante surja somente em razão da colheita de provas durante a formação da culpa, constituindo motivo justo para sua inserção em plenário. A circunstância agravante não faz parte do tipo penal incriminador, de sorte que o réu contra ela não precisa apresentar defesa. Naturalmente, seu defensor, em plenário, deve rebater a exposição feita pelo órgão acusatório, para que não seja acolhida a agravante sugerida.

217. Inclusão no questionário: tem sido posição pacífica na jurisprudência que deve prevalecer o disposto neste artigo e no art. 492, II, *b*, deste Código, no sentido de que as agravantes e atenuantes não precisam constar do questionário destinado aos jurados; constituem matéria a ser decidida e aplicada pelo juiz presidente, dependendo somente de alegação formulada pelos interessados durante o decorrer da sessão plenária do júri. Inicialmente, manifestamo-nos contrários a essa viabilidade, pois se estaria retirando importante matéria da apreciação do Conselho de Sentença, influindo diretamente no *quantum* da pena. Entretanto, houve uma tendência legislativa de restringir a atuação dos jurados para decidir algumas questões, dentre elas a aplicação da pena, além de simplificar bastante o questionário. Perquirindo o âmbito da tipicidade incriminadora, manteve-se nos quesitos as indagações sobre o tipo básico e todas as qualificadoras e causas de aumento, que compõem o tipo derivado. Portanto, a retirada das agravantes e atenuantes da apreciação dos juízes leigos não interfere na avaliação do crime em sua essência típica. Apenas em relação à defesa, quando levantada a tese do crime continuado ou de alguma atenuante específica, invocando o princípio constitucional da plenitude de defesa, parece-nos razoável que o juiz presidente inclua no questionário. Na jurisprudência: STJ: "Condição de reincidente do réu sustentada em plenário. Agravante da reincidência mantida. 1. Tendo as instâncias anteriores entendido que a condição de reincidente do réu foi, de forma suficiente e eficaz, debatida perante o Tribunal do Júri, não há que se falar no afastamento da agravante da reincidência. Precedentes" (AgRg no HC n. 854458, 6.ª T., rel. Antônio Saldanha Palheiro, 11.03.2024, v.u.).

218. Manifestação do assistente da acusação: dar-se-á após a fala do Ministério Público, titular da ação penal. O tempo da acusação deve ser dividido, de preferência, consensualmente, entre ambos. Se não houver acordo, cabe ao juiz presidente delimitar o tempo de cada um, devendo decidir, como regra, pela repartição igualitária. Vale destacar que o conteúdo da exposição do assistente é livre e não está atrelado a pedir a condenação ou a absolvição. Entretanto, por razões óbvias, se o ofendido contratou advogado para representar seus interesses na ação penal movida contra o réu é natural que o pedido seja de condenação. O Ministério Público pode até discordar e pedir a absolvição do acusado ou pena mais branda, mas não pode cercear a atividade do assistente. Parece-nos, entretanto, ao menos quando o pedido for comum (pela condenação), deva existir entre ambos sintonia na exposição acusatória aos jurados. Se as teses apresentadas diferirem sobremaneira, será quase impossível um resultado satisfatório, pois a acusação será assimilada pelos membros do Conselho de Sentença de maneira confusa.

219. Manifestação nicial do querelante: há duas possibilidades para que tal situação se dê: a) a ação é privada, em conexão com ação pública, mas houve desmembramento (ex.: dois crimes são cometidos no mesmo cenário, um deles é doloso contra a vida e o outro, de ação exclusivamente privada), ocorrendo o julgamento isolado do delito cujo titular da ação é o ofendido. Nesse caso, manifesta-se o querelante (por meio do advogado) e, na sequência, fala o Ministério Público, como *custos legis* (fiscal da lei). Entretanto, se o representante do Ministério Público manifestar-se-á como fiscal da lei não é justo que o faça dentro do tempo destinado à acusação, exercida pelo querelante. Afinal, o promotor não agirá como órgão de acusação. Parece-nos que deve o juiz reservar um tempo próprio para a fala do *custos legis*, independentemente do período reservado às partes. Esse tempo pode ser acertado de comum acordo pelas partes, mas não deve ultrapassar metade do que caberia à acusação ou à defesa. Portanto, como regra, 45 minutos; b) a ação é privada subsidiária da pública, nos termos do art. 29 do CPP. O querelante assumiu o polo ativo porque o Ministério Público não ofereceu denúncia no prazo legal. Portanto, quando o representante do Ministério Público se manifestar, embora o faça também como fiscal da lei, atua ao lado do querelante, já que é o titular primário da ação penal. Parece-nos que, nessa situação, a sua fala deve situar-se no campo da manifestação da acusação. Se não houver acordo entre querelante e MP, deve o juiz decidir o tempo de cada um. Lembremos que, a qualquer momento, ante a inércia do querelante, o Ministério Público retoma o polo ativo, promovendo a acusação que, originariamente, lhe pertence.

220. Não participação do Ministério Público: cuida-se de nulidade relativa, dependente da prova do prejuízo.

221. Direito aos apartes: anteriormente à Lei 11.689/2008, não havia a possibilidade legal expressa de concessão de apartes. Primeiramente, falaria a acusação e, somente depois, manifestar-se-ia a defesa. A norma não se referia aos apartes, embora, por força da tradição, estivesse esse direito incorporado ao júri. Devia a parte conceder apartes, quando solicitada pela contrária, sob pena de poder haver a intervenção do juiz presidente, concedendo o momento de interferência, para que se fizesse algum comentário importante, referente ao tema desenvolvido pelo que estava falando. O aparte é esclarecedor e ilustra o jurado, quando bem realizado e sem abuso. Defendendo, igualmente, o aparte, por força da tradição: Marcelo Fortes Barbosa (*A acusação no plenário do júri,* p. 154), Badaró (*Direito processual penal,* t. II, p. 56-57). Atualmente, encontra-se explicitamente previsto como direito (art. 497, XII, CPP). Entendemos que o aparte deve ser solicitado, primeiramente, à parte contrária, que se manifesta aos jurados. Havendo consenso e, sobretudo, bom senso, o direito à breve intervenção será concedido e superado em pouco tempo. Entretanto, em casos singulares, quando acusação e defesa não se entendem e o cenário do júri transforma-se em disputa de interesses pessoais, frutos da vaidade ou da ignorância, inexiste clima de cordialidade e respeito. Assim ocorrendo, o pedido de aparte será recusado – por vezes, com rudeza – gerando o conflito. À falta de outra opção, a parte que se sentir prejudicada pela recusa solicita a intervenção do juiz presidente. Este, por sua vez, entendendo pertinente o aparte, concederá até três minutos (como tempo máximo e não único) para a manifestação do interessado. Lembre-se que o aparte não é um

Art. 476

Código de Processo Penal Comentado · **Nucci**

904

discurso paralelo, tampouco pode estar deslocado do contexto da fala do adversário. A parte que estava com a palavra deve ceder à intervenção do magistrado, aguardando que o aparte se dê. O tempo lhe será devolvido ao final. O excesso no uso do aparte pode ser coibido tanto pela parte adversa, que não o concede espontaneamente, como pelo juiz presidente que, captando o abuso, pode indeferi-lo. No entanto, o indeferimento sistemático e imotivado pelo magistrado constitui cerceamento de um direito expressamente reconhecido a qualquer das partes, devendo ser inscrito o protesto em ata para posterior avaliação do tribunal. Conforme o caso, pode dar-se a anulação do julgamento. De toda forma, a negativa à concessão do aparte, se for realizada de modo continuado pelo juiz, pode gerar um clima de instabilidade e, consequentemente, a impossibilidade de continuação da sessão plenária. A acusação, a defesa e o juiz devem conscientizar-se que o aparte é um direito e, mais que isso, um fator de esclarecimento e elemento a conferir dinâmica aos debates. Bem utilizado, o aparte gera frutos positivos e não pode ser considerado como mera estratégia subversiva à ordem dos trabalhos. Aquele que não permite o aparte, a pretexto de lhe *cortar o raciocínio*, deve rever a sua vocação para o Tribunal do Júri. Debater, privilegiando o princípio da oralidade, é a essência do plenário no Tribunal Popular. O aparte, além da tradição do júri, conta com o apoio legal, merecendo ser respeitado e utilizado de maneira ética e cordata.

222. Réplica é direito exclusivo da acusação: se o promotor não utilizar o seu tempo para a réplica, não pode a defesa exigir que o faça e muito menos pode ir à tréplica. Assim, não é prudente que o defensor reserve importantes temas para o momento da tréplica, uma vez que esta não é certa. Por outro lado, se o juiz indagar ao promotor "se vai à réplica", deve este responder, caso não queira, simplesmente "não". Caso faça alguma observação, ingressando no mérito da causa, por menor que seja, justifica a abertura de prazo para a tréplica. Portanto, se o promotor disser, por exemplo, "não vou à réplica, porque já provei que o réu é culpado", está aberta a oportunidade para a defesa treplicar. No mais, discordamos da visão de quem procura interpretar os tempos da réplica e da tréplica como períodos autônomos e independentes, de sorte que, se o promotor não for à réplica, pode a defesa fazer uso da tréplica do mesmo jeito. Ora, o debate no júri obedece a uma lógica dialética: manifesta-se a acusação, após, rebatendo, fala a defesa. Se – e somente se – houver necessidade de esclarecimentos da acusação, *em relação ao que expressou* a defesa, vale-se, então, da réplica. Se esta for usada, o diálogo chama a tréplica. Porém, finda a manifestação defensiva, inexistente a réplica, com qual razão surge o direito à tréplica? Afinal, treplicar significa responder a uma réplica. Ausente esta, inexiste, por óbvio, o direito à contra-argumentação. Na jurisprudência: STJ: "A dispensa ao direito de réplica pela acusação que justifica sucintamente dizendo-se confiante não configura o uso do direito de réplica, porque prazo para réplica não lhe é aberto, nada é acrescentado de relevante, argumentos de defesa não são rechaçados nem se pode presumir que tenha sido suficiente para imbuir sentimento de condenação nos jurados" (AgInt no AREsp 971.119/SP, 5.ª T., rel. Joel Ilan Paciornik, 02.08.2018, v.u.).

223. Direito autônomo do assistente de promover a réplica: a réplica é direito do acusador, seja ele representante do Ministério Público, seja acusador particular, razão pela qual, existindo assistente, deve ele ser consultado sobre a sua utilização, mesmo que o promotor a tenha rejeitado.

224. Inovação da tese defensiva na tréplica: cremos perfeitamente possível o defensor, julgando cabível e eficiente, agindo no interesse do acusado, inovar a sua tese, ainda que o faça na tréplica. Costuma-se arguir que, assim fazendo, estaria havendo ofensa ao princípio do contraditório, pois não se possibilitaria ao órgão acusatório a manifestação após a fala da defesa. Por várias razões, não aquiescemos com tal ponto de vista. Em primeiro lugar, cumpre ressaltar que uma das partes há de falar por último, pois seria infindável o julgamento quando se buscasse ouvir, sempre, a cada nova interpretação do mesmo fato, a parte contrária. Por ser mais lógico e adequado à plenitude de defesa, é natural que o defensor seja o último a se manifestar. Em segundo lugar, o princípio do contraditório destina-se a garantir que a parte contrária se manifeste acerca de alguma prova nova apresentada ou sobre alguma alegação, expondo fato novo, passível de alterar o rumo da causa. Assim, se durante a instrução, junta-se um documento, ouve-se a respeito a parte contrária. Se alguém levanta um fato ainda não aventado, ouve-se o adversário. Mas, no tocante a teses jurídicas, isto é, na parte concernente à interpretação das provas e quanto ao direito a ser aplicado não há necessidade de se ouvir, sempre, a parte contrária. Note-se que no procedimento comum, ao término da instrução, manifesta-se a acusação em alegações finais, pedindo, por exemplo, a condenação do réu e sustentando a tese jurídica que lhe aprouver. Ouve-se, então, a defesa, que também se manifesta quanto às provas produzidas e levanta as teses pertinentes, requerendo a absolvição do réu. Não tornam os autos ao órgão acusatório para que se pronuncie a respeito do alegado pela defesa. Segue o processo ao juiz para decisão. O mesmo deve ocorrer no júri. As partes usam o tempo proporcionado pela lei para expor todas as teses possíveis, avaliando as provas existentes. Os jurados escolherão a que mais os convencer. Portanto, seria inconcebível que a defesa, despertando-lhe alguma tese interessante no momento em que o órgão da acusação está falando, na réplica, seja obrigada a calar-se na tréplica, prejudicando seriamente o interesse do réu. Em terceiro lugar, acrescente-se que, no Tribunal do Júri, como vimos sustentando, elegeu o constituinte, como princípio regente, a plenitude de defesa, razão pela qual, se algum interesse há de prevalecer sobre outro, é o do réu que merece sobrepor-se ao da acusação. Assim, havendo possibilidade real de se levantar uma tese inovadora – não fatos novos, nem prova nova – é de ser aceita a situação pelo juiz presidente, que providenciará a inclusão do quesito pertinente. Eventualmente, frise-se, a arguição de uma tese nova na tréplica, quando feita de má-fé, pode até prejudicar a defesa, pois demonstrará aos jurados a ausência de lógica e de nexo em sua atividade. Conforme a gravidade do que for feito pelo defensor, pode o juiz presidente considerar o réu indefeso (ex.: vem-se afirmando, desde o início, a legítima defesa; subitamente, na tréplica, o defensor, sem qualquer sustentação nas provas, passa a defender a negativa de autoria, tornando insustentável a possibilidade de êxito, merecendo a intervenção do magistrado). Sob outro aspecto, nada impede, também, que o defensor, inovando na tréplica, permita ao órgão acusatório o aparte necessário às observações pertinentes sobre a nova tese. Garante-se, com isso, a manifestação da acusação – que não há de ser extensa, uma vez que o tempo da própria tréplica é exíguo –, sem que se perca de vista o principal: garantir a plenitude de defesa. Em quarto lugar, cumpre mencionar que a atividade do órgão de acusação, mormente quando se trata do Promotor de Justiça, é empreender uma acusação imparcial, significando, pois, que não está atrelado o acusador a rebater cada argumento levantado pela defesa e, sim, a sustentar a imputação. Se o fizer com eficácia, expondo as provas aos jurados e pedindo a condenação, nada do que a defesa fale poderá afetar a visão do Conselho de Sentença a respeito do caso. Dessa forma, inócua será a inovação na tréplica. Posicionam-se contrários à inovação feita pela defesa, Hermínio Alberto Marques Porto, Adriano Marrey, Tourinho Filho e Dante Busana, sendo favoráveis os magistrados Dirceu de Mello, Celso Limongi e James Tubenchlak. Pronuncia-se a respeito Celso Limongi: "Não se pode dizer que a acusação fica prejudicada. Aliás, pelo contrário, conta o Dr. Promotor com várias vantagens sobre a defesa, uma das quais é poder não optar pela réplica, com o que a defesa poderá perder seus melhores e mais fortes argumentos, se, os deixar, como com frequência acontece, para a tréplica. De qualquer forma, não é a defesa que deve ser certa e determinada, mas, exatamente, a imputação, como, com propriedade, ensina José Frederico Marques (*Elementos de Direito Processual Penal*, vol. II, p. 153). A defesa pode sempre apresentar a tese que bem entenda, seja nos processos de júri, seja nos que correrem perante o juiz singular e tem o direito de falar em último lugar.

Art. 476

À acusação cabe prever os argumentos que o acusado pode apresentar, pois, afinal, se trata de questão técnica e não mero exercício de imaginação. Acresce que nenhum artigo existe no estatuto processual penal que proíba a apresentação de nova tese da defesa na tréplica, pelo que, com a vênia devida aos que entendem de outra forma, o MM. Juiz não poderia solicitar aos jurados que desconsiderassem a nova tese apresentada pelo Dr. Defensor, do que resulta a nulidade do processo". E, no mesmo acórdão, ensina Dirceu de Mello: "Entendo, com efeito, que falar por último (tréplica), com possibilidade, inclusive, de modificar linha de defesa até então seguida, é uma das poucas vantagens que se oferece ao réu nos julgamentos pelo júri (...) Assim, quantas vezes, ante a ausência de réplica do Promotor, fica o Defensor impedido de expor, aos jurados, argumentos que, pressuroso, teria reservado para a oportunidade da tréplica... Nesse quadro é que, de minha parte, sempre entendi possível, ao Defensor, alterar a linha da defesa na tréplica. E modo de evitar surpresa seria adiantar-se a acusação na réplica, alertando os jurados sobre o que, à undécima hora, representaria modificação de comportamento do patrono do réu. Afinal, por isso é que o julgamento pelo júri se desenvolve oralmente em sua fase decisiva, garantida às partes, amplamente, o direito de sustentar seus pontos de vista e, por antecipação ou não, rebater os contrários" (TJSP, Ap. 130.336-3/8, São Paulo, 5.ª C., rel. Celso Limongi, 09.12.1992, m.v., com declarações de vencedores, embora antigo, as lições doutrinárias extraídas são muito relevantes). Na jurisprudência: STJ: "1. A inovação de conteúdo na tréplica viola o princípio do contraditório, pois, embora seja assegurada ao defensor a palavra por último – como expressão inexorável da ampla e plena defesa –, tal faculdade, expressa no art. 477 do CPP, não pode implicar a possibilidade de inovação em momento que não mais permita ao titular da ação penal refutar seus argumentos. Tal entendimento, todavia, não se aplica à tese de clemência, uma vez que o quesito previsto no art. 483, III, do Código de Processo Penal é obrigatório, independentemente do sustentado em plenário, em razão da garantia constitucional da plenitude de defesa, cuja ausência de formulação acarreta nulidade absoluta" (REsp 1.451.538/DF, 6.ª T., rel. Rogerio Schietti Cruz, 08.11.2018, v.u.). TJMG: "01. No Tribunal do Júri, vige o princípio constitucional da plenitude de defesa, decorrendo daí a impossibilidade de se estabelecer qualquer restrição à sua atuação. 02. O Código de Processo Penal não veda a apresentação de nova tese da defesa por ocasião da tréplica, razão pela qual não pode o Juiz singular deixar de formular o respectivo quesito, sob pena de nulidade do julgamento" (APR 10134140133619004-MG, 6.ª C., rel. Rubens Gabriel Soares, 28.04.2020, v.u.).

225. Mantença das testemunhas até o final do julgamento: justamente porque, durante a réplica ou tréplica, bem como ao final dos debates – neste último caso, por vontade exclusiva dos jurados ou do juiz presidente – qualquer das testemunhas pode ser ouvida novamente, podem elas permanecer incomunicáveis durante todo o desenrolar dos trabalhos. Quando findar o depoimento de alguém, o juiz consulta as partes e os jurados se dispensam a testemunha. Caso o façam, ela pode ir embora. Do contrário, deve ficar incomunicável até o fim. O ideal é não haver abuso nesse contexto, impedindo-se a partida da testemunha somente porque ela deu um depoimento inconveniente a uma das partes.

226. Inclusão da reinquirição no tempo da parte: menciona a lei poder o acusador replicar e a defesa treplicar, sendo admissível a reinquirição de qualquer das testemunhas já ouvidas. Ora, parece lógico que elas sejam novamente ouvidas dentro do tempo da parte que requereu a sua reinquirição. Não fosse assim, a parte poderia abusar, aumentando consideravelmente o seu tempo de manifestação. Além de uma hora para a réplica, poderia o promotor, por exemplo, ouvir de novo a principal testemunha de acusação, o que iria relembrar aos jurados fatos relevantes. Poderia fazer o mesmo a defesa, no tocante à sua testemunha, e o julgamento seria estendido indevidamente. Assim, se a parte desejar reinquirir alguém, deve fazê-lo dentro do seu tempo para a réplica ou tréplica.

Art. 477. O tempo destinado à acusação e à defesa será de uma hora e meia para cada.[227-227-A] e de uma hora para a réplica[227-B] e outro tanto para a tréplica.[228]

§ 1.º Havendo mais de um acusador ou mais de um defensor,[229] combinarão entre si a distribuição do tempo, que, na falta de acordo, será dividido pelo juiz presidente, de forma a não exceder o determinado neste artigo.[230]

§ 2.º Havendo mais de 1 (um) acusado, o tempo para a acusação e a defesa será acrescido de 1 (uma) hora e elevado ao dobro o da réplica e da tréplica, observado o disposto no § 1.º deste artigo.[230-A]

227. Limite de tempo para as partes: a Lei 11.689/2008 alterou o tempo de manifestação reservado às partes. De duas horas para acusação e defesa, como tempo original, passou-se a uma hora e meia. Em relação à réplica e à tréplica modificou-se o tempo de trinta minutos para uma hora. Entretanto, trata-se, como regra, de tempo limitado, impossível de ser prorrogado pelo magistrado, pois decorrente de letra expressa da lei. Mas, é possível alguns contornos a esse limite, em nome de determinados princípios processuais e constitucionais. Uma primeira hipótese que pode ser levantada é a ocorrência de vigorosos debates, com constantes invasões e discursos paralelos feitos por uma parte em relação à manifestação da outra. Assim, pode o juiz descontar o tempo perdido por quem tinha o direito de falar, concedendo-lhe maior prazo para finalizar suas alegações. Outra hipótese é a referente ao respeito exigido pelo princípio da plenitude de defesa. Necessitando de maior tempo para terminar a exposição de suas ideias e teses, em processo complexo, pode o defensor solicitar uma dilação razoável, a ser concedida, conforme o critério do juiz, mas que implica a consagração de uma defesa plena e inatacável, algo que necessita ser assegurado no Tribunal do Júri. Na jurisprudência: TJMG: "I – O art. 477, § 2.º, CPP, tem previsão expressa sobre o aumento de tempo dos debates quando houver pluralidade de réus. O tempo que é concedido às defesas tem que ser exatamente idêntico ao tempo concedido à acusação, pois, se os advogados precisam dividir o tempo para defender diferentes réus, igualmente a acusação deve dividir o seu tempo para comprovar a acusação em relação ao mesmo número de réus. (...)" (Ap. Crim. 1.0707.10.002034-6/005/MG, 1.ª Câmara Criminal, rel. Alberto Deodato Neto, 01.11.2016, v.u.).

227-A. Exibição de mídia aos jurados: inclui-se no tempo reservado à leitura de peças, mas não ingressa no cenário do tempo de debate reservado à parte. Conferir: TJRJ: "Decisão deferindo pedido ministerial de exibição de mídias fora do tempo de sustentação oral na sessão plenária do Tribunal do Júri. A defesa argui violação ao disposto no artigo 477 do Código de Processo Penal (O tempo destinado à acusação e à defesa será de uma hora e meia para cada, e de uma hora para a réplica e outro tanto para a tréplica), segundo ela acarretando cerceamento por ofensa ao princípio da igualdade entre as partes. 1) Descabimento das alegações. Todos se manifestaram em diligências (artigo 422 do CPP) requerendo as provas necessárias em paridade de condições. Em tal contexto, possível ao Ministério Público, a exibição das mídias em plenário do Júri sem a redução no prazo reservado a sua argumentação. Não vislumbrada qualquer ofensa aos princípios mencionados. Precedentes Jurisprudenciais" (COR 0053995-69.2013.8.19.0000/RJ, 4.ª C., rel. José Roberto Lagranha Tavora, *DJ* 04.02.2014).

227-B. Direito à réplica: o órgão acusatório tem direito à réplica, mas não a obrigação de sustentá-la. Portanto, findos os debates principais, o juiz indaga ao promotor se pretende ir à réplica. Se ele negar, estão encerrados os debates entre as partes. Não tem a defesa o direito de ir à tréplica, pois esta é uma consequência natural e lógica da réplica, desenvolvendo-se

Art. 477

Código de Processo Penal Comentado · **Nucci**

o contraditório. Por outro lado, se o Ministério Público não tem a intenção de promover a réplica, pode fazê-lo, em seu lugar, o assistente de acusação, afinal, também integra o polo ativo. Na jurisprudência: STJ: "O assistente da acusação tem direito à réplica, ainda que o MP tenha anuído à tese de legítima defesa do réu e declinado do direito de replicar. Isso porque o CPP garante ao assistente da acusação esse direito. Efetivamente, de acordo com o art. 271 do CPP, ao assistente da acusação será permitido 'participar do debate oral', e, conforme o art. 473 do CPP, 'o acusador poderá replicar'" (REsp 1.343.402/SP, 5.ª T., rel. Min. Laurita Vaz, 21.08.2014, *Informativo* 546).

228. Tréplica como obrigação da defesa: há quem sustente que a utilização do tempo destinado à tréplica é faculdade do defensor e não uma obrigação. Com isso, no entanto, não podemos concordar, pois um dos princípios regentes da instituição do júri (art. 5.º, XXXVIII, *a*, CF) é a plenitude de defesa e o juiz presidente deve zelar pela sua aplicação (art. 497, V, CPP), razão pela qual o defensor *deve* sempre fazer uso da tréplica, quando o órgão acusatório se manifestar em réplica, sob pena de ser o réu considerado indefeso.

229. Existência de mais de um acusador ou mais de um defensor: a desvantagem de realizar um julgamento com mais de um réu – situação mais comum do que a existência de mais de um acusador – é justamente a necessidade de divisão do tempo de manifestação. Embora o tempo, nesse caso, conforme prevê o § 2.º, seja acrescido de uma hora para manifestação, atingindo duas horas e meia, e dobrando-se na réplica e na tréplica, atingindo duas horas, ainda assim, na prática, o tempo é reduzido. Havendo um só réu, o defensor pode falar uma hora e meia e treplicar em uma hora. Com mais de um réu, o prazo da defesa, dividido em dois, torna-se uma hora e quinze, para cada um, o que já é prejudicial, mormente em processos complexos. Por isso, muitos optavam pela separação dos julgamentos, hoje dificultada. Quando houver mais de um acusador, o tempo permanece o mesmo previsto no *caput*, devendo ser dividido pelos interessados – promotor e assistente ou promotor e acusador particular. Não havendo acordo, o juiz deve promover a divisão, segundo seu prudente critério.

230. Inviabilidade de separação do julgamento e tempo de manifestação: a reforma trazida pela Lei 11.689/2008 dificultou a cisão do julgamento de corréus, motivo pelo qual, em vários casos, é possível aplicar a divisão de tempo tal como estipulada pelo § 1.º do art. 477. Ocorre que, em função do princípio constitucional da plenitude de defesa, não pode o réu ser prejudicado por modificações legais, em nível de legislação ordinária. Se a separação do julgamento se tornou quase impossível, não se pode exigir que a defesa manifeste-se no prazo regulamentar, mormente em processos complexos, repletos de provas e questões a serem abordadas. Por isso, se houver o julgamento conjunto, por não ter sido possível o desmembramento, deve a parte (defesa), invocando a plenitude de defesa, pleitear dilação de tempo ao magistrado, que estará obrigado a conceder, independentemente do que estipula a norma processual penal.

230-A. Aumento do tempo de manifestação: se houver mais de um réu, torna-se importante registrar a viabilidade de elevação do tempo de manifestação das partes, acrescendo-se uma hora para a exposição principal e dobrando-se o tempo para a réplica e tréplica. O propósito é assegurar às partes a mais adequadas condições para expor aos jurados as teses aventadas. Na jurisprudência: TJSP: "De acordo com o artigo 477, § 2.º, do CPP, o legislador previu, nos casos de crimes dolosos contra a vida, no qual figure mais de um réu, um aumento no tempo para a acusação e defesa, inclusive um aumento no tempo para a réplica e para a tréplica, não havendo qualquer previsão de desmembramento do processo nestes casos. Ordem denegada" (*Habeas Corpus* Criminal 2154034-64.2021.8.26.0000, 12.ª Câm. Criminal, rel. Paulo Rossi, 16.08.2021, v.u.).

Art. 478. Durante os debates as partes não poderão, sob pena de nulidade, fazer referências:[231-231-B]

I – à decisão de pronúncia,[231-C] às decisões posteriores que julgaram admissível a acusação ou à determinação do uso de algemas como argumento de autoridade que beneficiem ou prejudiquem o acusado;[231-D]

II – ao silêncio do acusado ou à ausência de interrogatório por falta de requerimento, em seu prejuízo.[231-E]

231. Referências proibidas: introduziu-se uma vedação extravagante, passível de gerar nulidade ao processo. Proíbe-se qualquer menção ao silêncio do acusado, às algemas durante os debates, à sentença de pronúncia ou ao acórdão que a confirme, sob pena de nulidade, seja por qual motivo for. Entretanto, os jurados podem ter amplo acesso aos autos do processo (art. 480, § 3.º, CPP) e podem receber cópias da pronúncia, das decisões posteriores a ela e ao relatório do processo (art. 472, parágrafo único, CPP). Portanto, acesso às peças do processo os jurados podem ter; visualizar as algemas do réu é fato (salvo se forem retiradas); o silêncio ou à ausência do interrogatório faz parte do conteúdo dos autos. O que se pretende, portanto, com o preceituado pelo art. 478 é inibir as partes, nos debates, a fazer uso dessas situações, *como argumento de autoridade*, significando dizer aos juízes leigos que a magistratura togada entende culpado ou inocente o acusado (conforme as decisões anteriormente proferidas). Indica-se às partes, enfim, que não *explorem* garantias constitucionais (como o direito ao silêncio) como se fosse um atestado de culpa do acusado. Os excessos e abusos havidos, na prática forense, no Tribunal do Júri, impulsionaram o legislador a criar tal regra. Seria desnecessária a referida norma se qualquer das partes agisse sempre dentro da ética e dos parâmetros constitucionais, sem discursos sensacionalistas e, por vezes, envolvendo argumentos falaciosos. Tivemos a oportunidade de apresentar um entendimento oposto ao preceituado nesse artigo 478, considerando-o inconstitucional, por cercear os debates das partes em plenário. Porém, devemos ceder à realidade. Há abusos e tergiversações cometidos por operadores do Direito, buscando ludibriar os jurados, lamentavelmente. Portanto, há razões para que essas proibições tenham sido inseridas em lei. Entretanto, é preciso que a parte solicite ao juiz presidente a inscrição em ata exatamente a respeito do conteúdo da afirmativa realizada. Para que, no futuro, possa ser arguida a nulidade. De todo modo, cuida-se de nulidade relativa, dependente da prova de prejuízo. Além disso, por se tratar de um rol de temas que restringem os debates em plenário, é *taxativo* e não meramente exemplificativo. Na jurisprudência: STF: "Assim, o relatório produzido pela autoridade policial e a mera referência à existência de decisão judicial não estão previstos no art. 478, I, do CPP, de modo que não se vislumbra flagrante ilegalidade no presente caso. Extrai-se do julgado a compreensão de que as restrições argumentativas previstas no artigo 478 do CPP são taxativas, não sendo, portanto, passíveis de extensão por interpretação do órgão julgador. Nesse sentido, o posicionamento do Superior Tribunal de Justiça harmoniza-se com a jurisprudência desta Corte" (HC n. 238579, 2.ª T., rel. Gilmar Mendes, 11.06.2024, v.u.); "A leitura, pelo Ministério Público, da sentença condenatória de corréu proferida em julgamento anterior não gera nulidade de sessão de julgamento pelo conselho de sentença. Com base nesse entendimento, a 1.ª Turma negou provimento a recurso ordinário em *habeas corpus* em que discutida a nulidade da sentença condenatória proferida pelo tribunal do júri. Apontava o recorrente que o Ministério Público teria impingido aos jurados o argumento de autoridade, em afronta ao CPP ('Art. 478. Durante os debates as partes não poderão, sob pena de nulidade, fazer referências I – à decisão de pronúncia, às decisões posteriores que julgaram admissível a acusação ou à determinação do uso de algemas como argumento de autoridade que beneficiem ou prejudiquem o acusado;').

Art. 478

A Turma observou que, embora o STJ não tivesse conhecido do *habeas corpus*, analisara a questão de fundo e, por isso, não estaria caracterizada a supressão de instância. No mérito, asseverou que o art. 478, I, do CPP vedaria que, nos debates, as partes fizessem referência a decisões de pronúncia e às decisões posteriores que julgassem admissível a acusação como argumento de autoridade para prejudicar ou beneficiar o acusado. Apontou que a proibição legal não se estenderia a eventual sentença condenatória de corréu no mesmo processo. Destacou, ainda, a ausência de comprovação de que o documento, de fato, teria sido empregado como argumento de autoridade e do prejuízo insanável à defesa" (RHC 118.006/SP, 1.ª T., rel. Dias Toffoli, 10.02.2015, Informativo 774). STJ: "1. É entendimento pacífico deste Superior Tribunal que o rol constante no art. 478, inciso I, do Código de Processo Penal é taxativo, não comportando interpretações ampliativas, sendo vedada a leitura em plenário apenas da decisão de pronúncia ou das decisões posteriores que julgaram admissível a acusação e desde que essa referência seja feita com argumento de autoridade para beneficiar ou prejudicar o réu, não havendo quaisquer óbices, portanto, a que sejam feitas menções pelo *Parquet* em plenário a boletins de ocorrência, à folha de antecedentes ou a decisões proferidas em medidas protetivas contra o acusado" (AgRg no REsp 1.879.971/RS, 5.ª T., rel. Messod Azulay Neto, *DJe* 20.04.2023); "Não há ilegalidade na leitura do acórdão que julgou a apelação porque é permitida a leitura de documentos em Plenário pelas partes, desde que a menção de tais peças processuais não seja feita como argumento de autoridade, em prejuízo do acusado (REsp 1321276/SP, Rel. Ministro Moura Ribeiro, Quinta Turma, julgado em 05.08.2014, *DJe* 15.08.2014). 4. *Habeas corpus* não conhecido" (HC 468.805/PR, 5.ª T., rel. Reynaldo Soares da Fonseca, 12.03.2019, v.u.).

231-A. Referências doutrinárias: não fazem parte do contexto das provas e das peças constantes dos autos, razão pela qual podem ser citadas em plenário por qualquer das partes.

231-B. Antecedentes: a folha de antecedentes do acusado não consta da lista de vedações deste artigo, de modo que pode ser exibida pelo órgão acusatório (Ministério Público ou assistente de acusação). Ver a nota 233 *infra*. Na jurisprudência: STJ: "2. A folha de antecedentes do acusado é peça que compõe a instrução processual de qualquer feito criminal e não há nenhum constrangimento em juntar tal documento aos autos. Ademais, o próprio Código de Processo Penal impõe que seja perguntado ao acusado, em plenário, sobre seus antecedentes criminais, nos termos da previsão do art. 474 do diploma processual penal, ao dispor sobre a aplicabilidade das disposições do art. 187 da lei adjetiva ao interrogatório no júri" (AgRg no REsp 1.815.618/RS, 6.ª T., rel. Rogerio Schietti Cruz, 18.08.2020, v.u.); "I – Consignado expressamente no v. acórdão reprochado, 'diante do fato do réu ter afirmado perante o Conselho de Sentença que não responde a nenhum outro processo, e sabendo que tal não era verdade, o ilustre Promotor de Justiça, no uso de suas atribuições, sem mostrar qualquer tipo de documento aos jurados, apenas mencionou que o réu esta sim sendo processado pela prática de outro crime, no caso estupro de vulnerável' (fl. 2.142, grifei), motivo pelo qual não se caracterizou a ofensa ao art. 479 do CP" (AgRg no REsp 1.897.812/PR, 5.ª T., rel. Felix Fischer, 15.12.2020, v.u.); "Os antecedentes criminais do acusado não constam dos incisos I e II do artigo 478 da Lei Processual Penal, inexistindo óbice à sua menção por quaisquer das partes" (HC 241.971/MS, 5.ª T., rel. Jorge Mussi, 17.12.2013, v.u.). Em contrário: STJ: "1. No procedimento dos crimes dolosos contra a vida, a lei processual penal admite a juntada de documentos pelas partes, mesmo após a sentença de pronúncia, a teor do art. 422 do Código de Processo Penal (HC n. 373.991/SC, Relator Ministro Jorge Mussi, 5.ª Turma, *DJe* de 1.º.02.2017). 2. Assim, inexiste constrangimento ilegal na juntada, a tempo e modo, dos antecedentes policial e judicial do réu, inclusive as infrações socioeducativas. 3. No entanto, em se tratando do exame dos elementos de um crime, em especial daqueles dolosos contra a vida, o fato não se torna típico, antijurídico e culpável por uma circunstância referente ao autor ou aos seus antecedentes, mesmo porque, se assim o fosse, estaríamos perpetuando a aplicação do Direito Penal do Autor, e não o Direito Penal do Fato. Desse modo, para evitar argumento de autoridade pela acusação, veda-se que a vida pregressa do réu seja objeto de debates na sessão plenária do Tribunal do Júri. 4. Recurso ordinário em *habeas corpus* provido em parte, para que os documentos relacionados à vida pregressa do recorrente e que não guardam relação direta com o fato não sejam utilizados pela acusação na sessão plenária do Tribunal do Júri" (RHC 94.434/RS, 5.ª T., rel. Reynaldo Soares da Fonseca, 13.03.2018, v.u.).

231-C. Decisão de pronúncia: embora sejamos da opinião de que o disposto no art. 478 é inadequado aos padrões constitucionais de liberdade de expressão, mormente no Tribunal do Júri, que constitui tribuna livre, é interessante observar que os jurados terão acesso à pronúncia, conforme previsto no art. 480, § 3.º, deste Código. Por isso, a decisão de pronúncia precisa ser redigida de forma equilibrada pelo juiz, sem termos fortes, indicativos da culpa do réu. Na jurisprudência: STF: "I – Embora o presente *habeas corpus* tenha sido impetrado em substituição a recurso extraordinário, esta Segunda Turma não opõe óbice ao seu conhecimento. II – O art. 478, I, do CPP (com redação dada pela Lei 11.689/2008) não veda toda e qualquer referência à decisão de pronúncia, mas apenas a sua utilização como argumento de autoridade, o que não se dá na espécie. III – Ordem denegada" (HC 132.556/SP, 2.ª T., rel. Ricardo Lewandowski, 23.05.2017, v.u.); "A 2.ª Turma negou provimento a recurso ordinário em *habeas corpus* no qual se pleiteava a anulação de julgamento realizado por tribunal do júri, em razão da leitura em plenário, pelo membro do Ministério Público, de trecho da decisão proferida em recurso em sentido estrito interposto pelo réu contra a decisão de pronúncia, o que, segundo alegado, ofenderia o art. 478, I, do CPP, na redação dada pela Lei 11.689/2008 ('Art. 478. Durante os debates as partes não poderão, sob pena de nulidade, fazer referências: I – à decisão de pronúncia, às decisões posteriores que julgaram admissível a acusação ou à determinação do uso de algemas como argumento de autoridade que beneficiem ou prejudiquem o acusado'). O Colegiado asseverou, inicialmente, que a norma em comento vedaria a referência à decisão de pronúncia 'como argumento de autoridade', em benefício ou em desfavor do acusado. Por outro lado, a mesma lei que modificara a redação do referido dispositivo – Lei 11.689/2008 – estabelecera, no parágrafo único do art. 472, que cada jurado recebesse, imediatamente após prestar compromisso, cópia da pronúncia ou, se fosse o caso, das decisões posteriores que julgassem admissível a acusação. A distribuição de cópia da pronúncia seria explicável pelo fato de ser essa a peça que resumiria a causa a ser julgada pelos jurados. A redação original do CPP previa o oferecimento, pela acusação, do libelo acusatório, com a descrição do fato criminoso, como admitido na decisão de pronúncia (artigos 416 e 417). Assim, se a denúncia contivesse circunstância em relação à qual não fora admitida – uma qualificadora, por exemplo – o libelo narraria a acusação a ser submetida ao plenário já livre dessa circunstância. Na sistemática atual, no entanto, abolida essa peça intermediária, seria a própria decisão de pronúncia que resumiria a causa em julgamento. Isso explicaria porque a peça seria considerada de particular importância pela lei, a ponto de ser a única com previsão de entrega aos jurados. Além disso, muito embora recebessem apenas a cópia da decisão de pronúncia, os jurados teriam a prerrogativa de acessar a integralidade dos autos, mediante solicitação ao juiz presidente (CPP, art. 480, § 3.º). Assim, ao menos em tese, poderiam tomar conhecimento de qualquer peça neles entranhada. Dada a incoerência entre as normas que vedam a leitura da pronúncia e outras peças e, ao mesmo tempo, determinam o fornecimento de cópia da pronúncia e autorizam os jurados a consultar qualquer peça dos autos – incoerência essa apontada pela doutrina – seria cabível a redução teleológica. Em suma, a lei não vedaria toda e qualquer referência à pronúncia, mas apenas a sua utilização como forma de persuadir o júri a concluir que, se o juiz pronunciara o réu, logo este seria culpado.

Art. 479

Código de Processo Penal Comentado · **Nucci**

No caso sob análise, porém, nada indicaria que a peça lida fora usada como argumento de autoridade. Aparentemente, estar-se-ia diante de pura e simples leitura da peça, e, portanto, não haveria nulidade a ser declarada. O Ministro Celso de Mello acrescentou que o art. 478 do CPP, na redação conferida pela Lei 11.689/2008, ensejaria grave restrição à liberdade de palavra do representante do Ministério Público, o que ocasionaria um desequilíbrio naquela relação paritária de armas que deveria haver entre as partes, notadamente no plenário do júri" (RHC 120.598/MT, 2.ª T., rel. Gilmar Mendes, 24.3.2015, *Informativo* 779); "O artigo 478, I, do CPP, mercê de vedar, durante os debates, referências à decisão de pronúncia e às posteriores que julgaram admissível a acusação, não impede, na forma do artigo 480, § 3.º, do mesmo Código, que os jurados tenham acesso aos autos e, obviamente, ao conteúdo da pronúncia, caso solicitem ao juiz presidente, do que resulta a possibilidade de serem influenciados pelo excesso de linguagem que, *in casu*, ocorreu. 6. Recurso ordinário em *habeas corpus* ao qual se dá provimento para anular a decisão de pronúncia, a fim de que outra seja proferida" (RHC 109.068/DF, 1.ª T., rel. Luiz Fux, *DJ* 14.02.2012).

231-D. Registro na ata: já expusemos anteriormente (nota 231 *supra*) que, se nulidade for a utilização dos fatores elencados pelos incisos I e II do art. 478, deve ser relativa, ou seja, dependente de prova do prejuízo para qualquer das partes. Por outro lado, cuidando-se de nulidade relativa, há de se insurgir a parte prejudicada no exato momento em que ocorra, nos termos do art. 571, VIII, do CPP. Sem a inscrição em ata do evento, inexiste possibilidade para o tribunal conhecer e declarar a alegada nulidade.

231-E. Sobre a ausência do réu: as vedações constantes do art. 478 são taxativas e não devem ser ampliadas. Por isso, falar da ausência do acusado do plenário não deve ser causa de nulidade.

> **Art. 479.** Durante o julgamento não será permitida a leitura de documento[232-233-A] ou a exibição de objeto[234-235-A] que não tiver sido juntado aos autos com a antecedência mínima de 3 (três) dias úteis,[236] dando-se ciência à outra parte.[237-238]
>
> **Parágrafo único.** Compreende-se na proibição deste artigo a leitura de jornais ou qualquer outro escrito, bem como a exibição de vídeos, gravações, fotografias, laudos, quadros, croqui ou qualquer outro meio assemelhado, cujo conteúdo versar sobre a matéria de fato submetida à apreciação e julgamento dos jurados.[239]

232. Conceito de documento: ver nota 5 ao art. 232 deste Código.

232-A. Nulidade relativa: a apresentação de objeto ou a leitura de documento, sem a prévia juntada aos autos, se não for imediatamente coibida pelo juiz presidente, gera um vício, pois desatende ao preceituado no art. 479, *caput*. Porém, para que seja proclamada a nulidade, depende de prova do prejuízo pela parte interessada. Não se trata, pois, de nulidade absoluta. Na jurisprudência: STF: "Ao contrário de afrontar o princípio constitucional da soberania do veredicto do Tribunal do Júri, a exibição de documentos nitidamente capazes de influenciar no ânimo dos jurados, sobre os quais a acusação não teve a oportunidade de examinar no prazo legal previsto no art. 475 [atual 479] do Código de Processo Penal, justifica a necessidade de realização de um novo julgamento pelo Tribunal do Júri" (HC 102.442/MT, 1.ª T., rel. Cármen Lúcia, *DJ* 26.10.2010). STJ: "4. Em relação à violação do art. 479 do CPP, o aresto combatido afastou a ocorrência de nulidade 'em razão da juntada do laudo técnico durante o plenário do Júri, visto que tal requerimento foi deferido pelo Juiz Presidente após a concordância da defesa de B.' (fl. 52, grifei). Tal circunstância evidencia a ausência de prejuízo à defesa do ora paciente, elemento necessário para o reconhecimento da nulidade do ato, nos termos da jurisprudência desta Corte Superior. 5. Além disso, não é dado à defesa se comportar de forma contraditória, tampouco se valer de sua própria torpeza. A propósito: 'A violação ao art. 479 do Código de Processo Penal – CPP, conforme precedentes, acarreta nulidade relativa, devendo ser alegada oportunamente e demonstrado o efetivo prejuízo' (AgRg no AREsp n. 1.473.832/DF, Rel. Ministro Joel Ilan Paciornik, 5ª T., *DJe* 30/9/2020)" (AgRg no HC n. 643664, 6.ª T., rel. Rogério Schietti Cruz, 06.02.2024, v.u.).

233. Folha de antecedentes do réu ou da vítima: tornou-se costume, em muitos casos, a exibição aos jurados da folha de antecedentes do réu, quando contém registros, feita pela acusação, ou a folha de antecedentes da vítima, também quando desabonadora, feita pela defesa. É certo que as partes têm direito de explorar a personalidade das pessoas envolvidas na infração penal, mostrando o grau de agressividade tanto de um, como de outro, quando os antecedentes autorizem tal conclusão. Entretanto, é preciso destacar que as condenações fundamentadas exclusivamente na folha de antecedentes do réu, sem outras bases sólidas, ofendem o princípio da presunção de inocência, arranhando, ainda, a plenitude de defesa, motivo pelo qual pode o juiz presidente, no uso de suas atribuições legais, esclarecer os jurados, leigos que são, a respeito da existência dos referidos princípios e da necessidade da sua observância. Na jurisprudência: STJ: "1. A teor do art. 479 do Código de Processo Penal, 'durante o julgamento não será permitida a leitura de documentos ou a exibição de objeto que não tiver sido juntado aos autos com a antecedência mínima de 3 (três) dias úteis, dando-se ciência à outra parte'. Assim, inexiste constrangimento ilegal na juntada, a tempo e modo, de documentos, ainda que eles retratem a vida pregressa do réu. 2. Ademais, a finalidade do óbice previsto na norma inserta no art. 478, I, do Código de Processo Penal é evitar a leitura de certas peças como argumento de autoridade durante os debates na sessão plenária do Tribunal do Júri. 3. Na hipótese, não houve registro, na ata de julgamento – documento que retrata o ocorrido em plenário – de que a acusação haja feito menção a tais documentos ou mesmo aos antecedentes do réu ao longo dos debates, motivo pelo qual é impossível o reconhecimento da nulidade arguida pela defesa no Tribunal de origem. 4. Agravo regimental não provido" (AgRg no REsp 1.717.600/MS, 6.ª T., rel. Rogerio Scheitti Cruz, 07.08.2018, v.u.).

233-A. Peças do processo: por óbvio, qualquer documento extraído dos autos do processo, a que responde o acusado, não pode ser considerado documentos *novos*, merecedores de juntada no prazo do art. 479. Podem ser apresentados aos jurados livremente por qualquer das partes. Na jurisprudência: STJ: "Não houve prejuízo à isonomia entre as partes no ato de entregar aos jurados cópia de peças processuais, uma vez que foram distribuídas cópias de folhas que já constavam dos autos. No mais, não se tratando de documento novo, não incide *in casu* a regra do atual art. 479 e antigo art. 475 do Código de Processo Penal e, por isso, não existe óbice algum" (REsp 1.445.392/MG, 6.ª T., rel. Sebastião Reis Júnior, 14.06.2016, v.u.).

234. Exibição da arma do crime ou de outra qualquer: se ela se encontra apreendida e disso as partes têm ciência, é natural que possa ser exibida em plenário, pois é peça constante nos autos. Não precisa a parte comunicar a outra que vai exibir aos jurados a arma do delito. Por outro lado, desejando a parte exibir uma arma semelhante à arma do crime, não apreendida nos autos, pode fazê-lo, livre das amarras do art. 479, pois não é documento, nem objeto, relativo a fato do processo. Seria o mesmo que mostrar aos jurados uma reportagem de crime violento similar ao imputado ao réu, somente para reforçar algum tipo de argumento.

235. Exibição de outras peças sem ciência da parte contrária: é admissível que algum gráfico, croqui, desenho feito pela própria parte ou outras peças não reprodutoras de

Art. 479

Código de Processo Penal Comentado · **Nucci** 914

laudos constantes dos autos, nem relativas à cena do crime ou ao corpo da vítima, possam ser exibidas sem ciência prévia. Assim, desejando a defesa, por exemplo, demonstrar aos jurados que a casa do réu é distante da casa da vítima, pode apresentar um croqui do local, aliás de fácil obtenção em qualquer mapa da cidade, para sustentar o argumento. Conferir: STJ: "2. A disposição contida no artigo 479 do Código de Processo Penal visa a evitar que defesa ou acusação sejam surpreendidas por documento diretamente relacionado à situação fática tratada nos autos, de modo a influenciar a decisão tomada pelos Jurados. O que pode resultar em inegável prejuízo à linha de argumentação, com consequente violação do contraditório. 3. O Tribunal estadual ao declarar a nulidade apontada pelo Ministério Público, reconheceu o efetivo prejuízo resultante da juntada do laudo psicológico da filha do acusado sem devida intimação do *Parquet*, que teria tomado ciência do documento, pertinente aos fatos tratados nos autos, apenas na data do julgamento, em claro descompasso com o disposto no art. 479 do Código de Processo Penal" (AgRg no AREsp 2.320.392/MG, 5.ª T., rel. Reynaldo Soares da Fonseca, 30.05.2023, v.u.).

235-A. Utilização de aparelhos, instrumentos ou mecanismos para mostrar provas aos jurados: é perfeitamente viável, sem necessidade de se encaixar nas disposições deste artigo. A vedação prevista neste artigo diz respeito a documentos e objetos *constitutivos* de prova da materialidade ou da autoria do caso em julgamento. Exibir um manequim, em plenário, para demonstrar aos jurados a direção do tiro não configura *prova*; faz parte da argumentação de qualquer das partes. Levar um revólver calibre 38, somente para mostrar ao Conselho de Sentença como se dá o disparo, tal como o utilizado pelo réu para, em tese, atirar na vítima, igualmente, não é prova, mas base de argumentação. Diversamente, se a parte pretender mostrar aos jurados um laudo pericial de fonte particular, demonstrativo da eficiência da arma de fogo: trata-se de *meio de prova*; deve-se respeitar o tríduo previsto neste artigo. Na jurisprudência: STJ: "Tendo concluído o acórdão recorrido, a partir da análise de elementos de cunho fático-probatório, que a bola de cristal foi utilizada apenas para representar a vítima, desconstituir tal conclusão, na forma pretendida pelo agravante, entendendo que o objeto serviu para infundir crenças religiosas no sentido de que a alma da vítima estaria vagando no espaço, requer a incursão no conjunto probatório dos autos, revelando-se inadequada a análise da pretensão recursal, em função do óbice previsto na Súmula 7/STJ. Agravo regimental improvido" (AgRg no REsp 1.567.291/MG, 6.ª T., rel. Sebastião Reis Júnior, 08.03.2016, v.u.).

236. Prazo de três dias úteis: computa-se o dia do julgamento (art. 798, § 1.º, CPP). Assim, se este estiver designado para o dia 20, pode o documento ser apresentado, para ciência, à parte contrária até o dia 17. Logo, não são três dias inteiros (17, 18 e 19, devendo ser apresentado até o dia 16), mas sim a contagem normal de processo penal, partindo-se do dia do julgamento para trás, não se incluindo o primeiro, mas incluindo-se o último. Observe--se, entretanto, a necessidade de se abrir a contagem em dia útil e terminá-la, igualmente, em dia útil. Há posição reduzindo a contagem e determinando a inclusão do dia do julgamento como primeiro dia, ou seja, se o julgamento ocorrerá no dia 20, pode-se cientificar a parte contrária até o dia 18. Parece-nos, no entanto, indevido cerceamento.

237. Ciência à parte contrária: não se trata de mera juntada do documento aos autos, mas sim a efetiva ciência da parte contrária, no mínimo três dias úteis antes do julgamento.

238. Desatendimento ao tríduo e exibição do documento: se o juiz permitir a exibição, sem o protesto formal em ata, da parte prejudicada, ou se quem exibiu contou com a concordância expressa ou tácita da outra parte em plenário, não cabe impugnação posterior. É caso de nulidade relativa, que depende não somente da prova do prejuízo, mas também do protesto registrado.

239. Jornais, revistas, vídeos, fitas gravadas, entre outras, contendo reportagens sobre o caso em julgamento: podem ser exibidas em plenário, desde que respeitado o disposto neste artigo (prazo e ciência da parte contrária). Em que pese haver emotividade e parcialidade nessas reportagens, não há como impedir a sua exibição aos jurados, merecendo, no entanto, que o juiz presidente advirta o Conselho de Sentença da sua característica peculiar. Na jurisprudência: STJ: "A exibição e leitura em plenário de reportagens genéricas acerca da violência policial não contrariam o disposto no art. 479 do Código de Processo Penal, uma vez que, consoante dispõe seu parágrafo único, a antecedência mínima e a ciência à outra parte são exigidas apenas quanto aos elementos probatórios que possuam relação direta com os fatos submetidos ao Tribunal do Júri. 2. Não demonstrando a defesa que os documentos se relacionavam com os fatos *sub judice*, em observância ao princípio do *pas de nullite sans grief*, não há prejuízo a justificar a declaração de nulidade. 3. Desconstituir o acórdão recorrido para firmar entendimento em sentido contrário, reconhecendo que as reportagens se referiam diretamente aos fatos submetidos a julgamento, demandaria o revolvimento de matéria fático-probatória, o que esbarra no óbice da Súmula 7/STJ. 4. Agravo regimental improvido" (AgRg no REsp 1.654.684/SP, 6.ª T., rel. Nefi Cordeiro, j. 04.09.2018, v.u.).

> **Art. 480.** A acusação, a defesa e os jurados poderão, a qualquer momento e por intermédio do juiz presidente, pedir ao orador que indique a folha dos autos onde se encontra a peça por ele lida ou citada, facultando-se, ainda, aos jurados solicitar-lhe, pelo mesmo meio, o esclarecimento de fato por ele alegado.[240-241]
>
> § 1.º Concluídos os debates, o presidente indagará dos jurados se estão habilitados a julgar ou se necessitam de outros esclarecimentos.[242]
>
> § 2.º Se houver dúvida sobre questão de fato, o presidente prestará esclarecimentos à vista dos autos.[243-245]
>
> § 3.º Os jurados, nesta fase do procedimento, terão acesso aos autos e aos instrumentos do crime se solicitarem ao juiz presidente.[246]

240. Solicitação de esclarecimento feita pela parte ou por qualquer jurado ao orador: trata-se de providência perfeitamente viável, sem que implique em quebra da incomunicabilidade, tampouco antecipação de julgamento. O jurado tem o direito de se informar da melhor maneira possível, pois somente isso pode garantir a efetiva soberania da instituição do júri. Desse modo, quando alguma das partes narrar fato ou indicar prova que gere dúvida no espírito do jurado – mormente àquele que recebeu cópias do processo e está acompanhando as manifestações por meio delas –, é natural pedir esclarecimento, a fim de verificar se a narrativa feita corresponde ao que está, realmente, constando dos autos. A cautela obriga que o jurado peça a indicação da folha dos autos por intermédio do juiz presidente, a fim de evitar cenas constrangedoras de partes que, indagadas diretamente, de modo parcial, indicam dados errados ou mesmo começam um processo de convencimento incompatível com o esclarecimento puro e simples solicitado. Aliás, a dúvida de um jurado pode ser também de outros, de forma que a informação prestada poderá ser útil aos demais. A reforma introduziu o direito da acusação e da defesa fazerem o mesmo. Não significa um aparte, mas somente o pleito para que o orador esclareça determinado ponto, indicando a folha dos autos aos quais se refere. Na jurisprudência: STJ: "As referências nos debates do Tribunal do Júri não acarretam, necessariamente, a nulidade do julgamento, até porque as informações são de franco acesso aos jurados, nos termos do artigo 480 do Código de Processo Penal, somente

Art. 480

Código de Processo Penal Comentado • **Nucci**

eivando de nulidade o julgamento se expressamente vedadas na norma e forem feitas como argumento de autoridade que beneficiem ou prejudiquem o acusado" (REsp 1.596.509/SC, 6.ª T., rel. Maria Thereza de Assis Moura, 02.06.2016, v.u.).

241. Esclarecimentos de outras dúvidas: nada impede que o jurado deseje obter do juiz alguma informação relativa ao julgamento, não implicando juízo de valor, nem análise de prova, relativa a questão de direito. Imagine-se querer o jurado ler, diretamente, algum artigo de lei, citado pela parte. Cabe ao magistrado prestar o esclarecimento e, sendo o caso, encaminhar ao jurado o Código Penal ou outro texto legal pertinente. Na jurisprudência: TJRS: "Preliminar de quebra do sigilo da votação dos jurados. Inocorrência. Não ocasiona quebra do sigilo do voto o questionamento realizado pelo jurado, por escrito, e lido apenas pela Juíza Presidente, pela defesa e pelo Ministério Público, sobre como responder a um quesito. Artigo 480 do Código de Processo Penal permite a realização de questionamentos e pedidos de esclarecimento pelos jurados. Inexistência de nulidade" (Apelação 70074309790, 3.ª Câmara Criminal, rel. Diogenes Vicente Hassan Ribeiro, 03.04.2019, v.u.).

242. Indagação da aptidão para julgar: findos os debates, o juiz dirige-se ao Conselho de Sentença e pergunta aos jurados se estão prontos a proceder ao julgamento, podendo, se desejarem, obter mais algum esclarecimento. Nesse momento, os jurados podem alegar que estão preparados ou solicitar determinadas informações, a serem prestadas diretamente pelo juiz presidente. Caso seja inviável esse esclarecimento, porque dependente de alguma prova não constante dos autos, o magistrado informará ao jurado que não lhe pode elucidar. Cabe, então, ao juiz leigo manifestar-se, afirmando se, ainda assim, tem condições de julgar ou permanece num impasse insanável. Se esta última hipótese ocorrer, o juiz não tem alternativa a não ser dissolver o Conselho, designando outra data para o julgamento.

243. Esclarecimento de questão de fato: *questão de fato* é a que se refere à matéria probatória, debatida em plenário. Assim, pode o jurado desejar saber do juiz, por exemplo, se determinada testemunha realmente disse que o réu foi visto no lugar do crime com a arma na mão. A dúvida pode ter-se mantido na mente do juiz leigo, justamente porque uma das partes sustentou que sim, enquanto a outra defendeu que não. O magistrado, à vista dos autos, pode ler o trecho do depoimento da testemunha ao jurado ou mandar que o escrivão o faça. Entretanto, é preciso que o juiz esclareça o jurado, também, sendo o caso, a respeito de questões de direito. Se desejar saber a base legal para determinada tese ou quiser conhecer algum preceito da Constituição, invocado durante o julgamento, é cabível o esclarecimento através do presidente.

244. Intervenção das partes nos esclarecimentos: pode ocorrer, desde que o juiz presidente mantenha a ordem dos trabalhos, não permitindo a reabertura dos debates. Nada impede que o jurado deseje relembrar, por exemplo, qual foi a tese sustentada pela acusação ou pela defesa, bem como qual foi o sentido de determinada frase pronunciada pelo acusador ou pelo defensor. Nessa situação, o juiz convidará a parte a esclarecer, diretamente, ao jurado o que pretendeu dizer ou sustentar. Sendo um informe breve, mormente quando feito com a expressa concordância da parte contrária, enriquece os dados coletados pelo Conselho de Sentença para formar o seu convencimento.

245. Negativa de esclarecimento: pode ensejar nulidade, desde que fique evidenciado o prejuízo. Deve-se apurar se a questão proposta pelo jurado é pertinente e relevante para a formação do seu convencimento.

246. Manipulação dos autos e dos instrumentos do crime: deve ser garantida sempre que qualquer jurado desejar, durante o julgamento, bem como nos momentos em que estiver recolhido na sala secreta, durante os intervalos. Na jurisprudência: TJMG: "1. Conforme disposto no art. 480, § 3.º, do Código de Processo Penal, os jurados podem ter acesso aos autos, inclusive às provas produzidas na fase inquisitorial, motivo pelo qual não há óbice na leitura de tais peças em plenário" (Ap. Crim. 1.0672.13.003511-2/001/MG, 7.ª Câmara Criminal, rel. Paulo Calmon Nogueira da Gama, 16.06.2016, v.u.).

> **Art. 481.** Se a verificação de qualquer fato, reconhecida como essencial para o julgamento da causa, não puder ser realizada imediatamente, o juiz presidente dissolverá o Conselho, ordenando a realização das diligências entendidas necessárias.[247-247-A]
>
> **Parágrafo único.** Se a diligência consistir na produção de prova pericial, o juiz presidente, desde logo, nomeará perito e formulará quesitos, facultando às partes também formulá-los e indicar assistentes técnicos, no prazo de 5 (cinco) dias.[248]

247. Fato relevante para o julgamento: pode ser qualquer fato pertinente ao julgamento de mérito, não se incluindo nesse contexto questão de direito. Quanto a esta espécie de dúvida, cabe ao juiz presidente decidir (ex.: sobre a legalidade e admissibilidade de alguma prova, é problema do magistrado e não do Conselho de Sentença). Entretanto, se for alegada a inimputabilidade do réu, necessitando-se fazer exame de insanidade, o que é impossível de ser realizado no momento, cabe a dissolução do Conselho, com determinação de realização da diligência. Somente após, designará o juiz outro julgamento. Pode ocorrer, ainda, que, durante os debates, alguém mencione a existência de uma testemunha referida, não ouvida. Entendendo algum jurado ser essencial inquiri-la, não podendo a diligência ser empreendida de imediato, deve-se adiar a sessão, dissolvendo-se o Conselho. Toda vez que alguma prova for requerida pelas partes, cabe ao juiz decidir a respeito. Quando os jurados o fizerem, pode o magistrado esclarecer-lhes da viabilidade ou não da prova, da sua legalidade ou ilegalidade, bem como do seu efeito prático. Se, ainda, assim, houver insistência, o julgamento não se realiza, dissolvendo-se o Conselho de Sentença. Na jurisprudência: STJ: "1. O deferimento de diligências é ato que se inclui na esfera de discricionariedade regrada do Magistrado processante, que poderá indeferi-las de forma fundamentada, quando as julgar protelatórias ou desnecessárias e sem pertinência com a instrução do processo, não caracterizando, tal ato, cerceamento de defesa (precedentes do col. STF e do STJ) (RHC 64.595/SP, Rel. Ministro Felix Fischer, Quinta Turma, DJe 30.05.2016). 1.1. No caso concreto, a diligência que acarretou a dissolução do Conselho nos termos do art. 481 do CPP foi a necessidade de oitiva de determinada testemunha para esclarecimento de fato. Diante de tentativa frustrada de realização da diligência, o magistrado entendeu por sua prescindibilidade e autorizou nova sessão de julgamento, ante as demais provas sobre o fato e a alteração da composição do Conselho de Sentença que não estava impedido de suscitar novamente a aplicação do art. 481 do CPP" (STJ, AgRg no AREsp 1.193.160/MG, 5.ª T., rel. Joel Ilan Paciornik, 09.10.2018, v.u.).

247-A. Testemunhas faltantes: ver as notas 176 e 177 *supra*.

248. Realização de perícia: introduzida pela Lei 11.689/2008, a norma do parágrafo único do art. 481 tem por fim adiantar a realização de perícia, quando esta for a causa da dissolução do Conselho e designação de outra data para o julgamento. Desde logo, o juiz presidente nomeia perito e formula os quesitos. Propicia, como resultado de inovação legal recente, também, às partes a indicação de assistentes técnicos e a apresentação de quesitos, em cinco dias.

Art. 482

Código de Processo Penal Comentado · **Nucci**

Seção XIII
Do questionário[249] e sua votação

249. Conceito de questionário: é o conjunto dos quesitos elaborados pelo juiz presidente, que serão submetidos à votação pelo Conselho de Sentença, de modo a se extrair o veredicto final, considerando-se procedente, improcedente ou procedente em parte a imputação feita pelo órgão acusatório. Nas palavras de Hermínio Alberto Marques Porto, "o questionário é uma peça que contém um conjunto de perguntas – os quesitos – dirigidas aos sete jurados que integram o Conselho de Sentença (Código de Processo Penal, art. 457 [atual 467]), destinadas à coleta da decisão sobre a imputação, classificadamente posta pela decisão de pronúncia (art. 408, § 1.º [atual 413, § 1.º]) com consequente articulação pelo libelo (art. 417 [extinto]), e sobre teses em Plenário que tenham sido postuladas pela defesa técnica" (*Julgamento pelo Tribunal do Júri – Questionário*, p. 198).

> **Art. 482.** O Conselho de Sentença será questionado sobre matéria de fato[250] e se o acusado deve ser absolvido.[251]
>
> **Parágrafo único.** Os quesitos[252] serão redigidos em proposições[253] afirmativas, simples e distintas, de modo que cada um deles possa ser respondido com suficiente clareza e necessária precisão. Na sua elaboração,[254] o presidente levará em conta os termos da pronúncia ou das decisões posteriores que julgaram admissível a acusação, do interrogatório[255] e das alegações das partes.[256]

250. Matéria de fato: significa que as questões dirigidas aos jurados devem relacionar-se com fatos e não, diretamente, com direito. Em outros termos, não se indaga do Conselho de Sentença se o réu cometeu um homicídio, mas se alguém desferiu tiros em outrem, causando-lhe lesões, que o levaram à morte; o acusado teria concorrido para isso, atuando de determinada maneira. Nota-se, pois, que os fatos oferecidos à apreciação dos jurados são diversos de uma mera pergunta relativa ao *crime de homicídio* (matéria de direito).

251. Simplificação das teses defensivas: a proposta da reforma introduzida pela Lei 11.689/2008 é a de simplificar o questionário, em especial na parte condizente com as teses apresentadas pela defesa. Por isso, apesar de poderem ser levantadas aos jurados várias teses alternativas, visando à absolvição do acusado, a pergunta que as concentra será única. Veremos, com mais detalhes, no contexto próprio.

252. Conceito de quesito: trata-se de uma pergunta, que demanda, como resposta, a emissão de uma opinião ou um juízo. O legislador brasileiro seguiu o modelo francês de júri, embora a origem moderna da instituição tenha ocorrido na Inglaterra, como já visto, razão pela qual não se indaga dos jurados simplesmente se o réu é *culpado* ou *inocente*. Ao contrário, atribui-se ao Conselho de Sentença a tarefa de apreciar fatos e não matéria pura de direito. Por isso, considera-se o jurado um *juiz do fato*, enquanto o presidente da sessão de julgamento é o *juiz do direito*. É bem verdade existirem críticas razoáveis a essa posição, demonstrando Frederico Marques que todo juízo realizado pelos jurados não se desvincula jamais do direito, pois ao afirmar, por exemplo, que o réu, em determinado dia, local e hora, desferiu tiros na vítima, causando-lhe lesões corporais (normalmente o que consta nos primeiros quesitos dos questionários de homicídio), está o Conselho de Sentença, em última análise, procedendo a uma verificação de tipicidade (*A instituição do júri*, p. 11 e 33). Embora seja aceitável esse entendimento, a realidade é que os jurados não são indagados sobre teses e sim sobre fatos, terminando por espelhar, de modo indireto, consequências jurídicas. Portanto, afirmar que o réu desferiu tiros no ofendido é bem diferente de afirmar que ele *matou alguém*. Essa conclusão será extraída pelo conjunto das respostas dadas aos primeiros quesitos, isto é, exige-se seja afirmado ter havido tiros contra a vítima, causando-lhe lesões, que tais lesões causaram a morte e que o acusado concorreu para isso. Ambos os sistemas têm suas vantagens e desvantagens. Enquanto o sistema anglo-americano preceitua deverem os jurados, reunidos em sala secreta, deliberar se o réu é culpado ou inocente, deixando a aplicação da pena, quando for o caso, inteiramente ao critério do magistrado, o sistema brasileiro, originário do francês, torna o questionário uma verdadeira peregrinação em busca da solução jurídica para o caso oferecido a julgamento. Por vezes, o Conselho de Sentença votará inúmeros quesitos até chegar a uma solução. A vantagem do sistema anglo-americano é facilitar – e muito – o trabalho dos jurados para a busca do veredicto, tendo em vista não terem eles que responder a um questionário extenso, contendo perguntas, muitas vezes, ininteligíveis. Se as decisões são tomadas em absoluto sigilo e sem qualquer fundamentação, desnecessário seria transformar a aceitação ou recusa das teses das partes em questões destacadas e minuciosas. Por outro lado, a vantagem do sistema adotado no Brasil é permitir às partes envolvidas uma visão mais apurada do modo e das razões pelas quais o Conselho de Sentença resolveu condenar ou absolver o réu. Logicamente, torna-se mais fácil recorrer contra um veredicto que, em maiores detalhes, demonstra qual foi exatamente o ponto não aceito pelo júri, do que contra uma decisão que se limita a dizer unicamente ser o réu culpado ou inocente. De toda forma, parecia-nos que o sistema vigente em nosso país não deveria ser abolido, mas apenas corrigido, simplificando o questionário. Tal medida ocorreu em face da reforma trazida pela Lei 11.689/2008, como será analisado nos próximos comentários.

253. Forma de redação dos quesitos: devem ser redigidos em proposições afirmativas, simples e distintas; cada uma delas deve permitir aos jurados respostas claras e precisas. A primeira cautela, portanto, é a elaboração das perguntas na forma afirmativa, pois menos sujeita a dúvidas. Exemplificando, se o juiz indagar: "o réu não concorreu para o crime?". A resposta "sim" pode dar a entender que ele não concorreu para o crime (sim, não concorreu), mas também pode ter outro efeito, ou seja, que ele concorreu para o delito (sim, ele concorreu). Melhor, então, indagar: "o réu concorreu para o crime?". A resposta "sim" implica aceitar a concorrência; a resposta "não", negá-la. Outro aspecto importante é evitar questões muito extensas, pois não permitem aos jurados nem mesmo guardar o contexto global da indagação. A par disso, cada pergunta deve dizer respeito a um tema específico, não se podendo misturar dois fatos de relevo penal em uma só indagação. Exemplo de situação incorreta: a) o réu agiu por motivo fútil e empregou meio cruel na execução? O certo é colocar cada qualificadora em um quesito diferente. Na jurisprudência: STJ: "Da simples leitura do acórdão constata-se a ausência de ofensa ao art. 482, parágrafo único, do Código de Processo Penal. Os quesitos foram redigidos em proposições simples, de maneira clara, com menção aos fatos delineados na sentença de pronúncia e relativos à participação do acusado na empreitada criminosa (se concorreu para o crime prometendo recompensa para que terceira pessoa efetuasse disparo de arma de fogo contra a vítima). Entenderam as instâncias ordinárias que o executor percorreu todo o *iter criminis*, apontando a arma para a cabeça da vítima e a atingindo em região de alta letalidade (face), só não se consumando o crime por circunstâncias alheias à sua vontade. O exame do *iter criminis* percorrido pelo agente para o fim de se determinar a correção ou não do percentual de redução da pena pela tentativa, por implicar o reexame do acervo fático-probatório dos autos, é vedado no âmbito do recurso especial, por força da Súmula 7/STJ. Precedentes" (REsp 1.563.169/DF, 5.ª T., rel. Reynaldo Soares da Fonseca, 10.03.2016, v.u.).

254. Elementos para a elaboração dos quesitos: deve o juiz presidente levar em consideração os termos da pronúncia (note-se a necessidade de ser ela bem fundamentada),

Art. 483

Código de Processo Penal Comentado · **Nucci**   920

eventualmente das decisões posteriores à pronúncia (ex.: o acórdão do tribunal pode ter dado provimento a recurso da acusação para incluir uma qualificadora), o conteúdo do interrogatório do acusado (autodefesa) e as alegações das partes feitas em plenário. Não mais se leva em conta o libelo-crime acusatório, peça que foi extinta com a reforma do júri. Na realidade, a pronúncia passou a ser a fonte básica do questionário, pois é ela a peça judicial a fornecer os limites da acusação. Na jurisprudência: TJRS: "O parágrafo único do artigo 482 do CPP prevê que a quesitação deverá guardar congruência com o que consta da sentença de pronúncia, pois ela estabelece as diretrizes a serem usadas pelo Juiz Presidente do Júri, para a elaboração dos quesitos. Não há como acolher a tese defensiva de ausência de correlação entre a sentença de pronúncia e os quesitos formulados, muito menos de que houve inovação na acusação, uma vez que as condutas estão descritas nos autos e especificadas na quesitação" (Apelação 70079370409, 3.ª Câmara Criminal, rel. Rinez da Trindade, 23.05.2019).

255. Autodefesa e quesitos: finalmente, a Lei 11.689/2008 deixou clara a real necessidade de se levar em consideração o alegado pelo réu em seu interrogatório, como manifestação legítima e indispensável da sua autodefesa, parcela de um contexto maior, que é a plenitude de defesa. Havia discussão doutrinária e jurisprudencial se o magistrado deveria incluir no questionário a tese levantada pelo réu, mas não ratificada pelo defensor. Sempre defendemos que sim, pois a autodefesa é, também, parte do direito de defesa. Agora, não mais resta qualquer dúvida. Cabe ao defensor, se pretender sustentar tese diversa da que for apresentada pelo réu no interrogatório, agir com cautela e bom senso, para não entrar em choque com a pessoa que defende. Se o confronto entre ambos for contundente, é lógico estar o réu indefeso.

256. Alegações das partes: como fonte do questionário, as alegações das partes devem ser visualizadas da seguinte forma: a) a acusação deve pautar-se, em plenário, pelos limites estabelecidos pela pronúncia, ao menos no que toca à imputação principal; somente pode inovar em questões secundárias, como, por exemplo, apresentando uma agravante antes não aventada; b) a defesa possui inteira liberdade para sustentar a tese que bem entenda, pois não está limitada por decisão judicial alguma. Pode (e deve) levantar teses variadas, subsidiárias ou alternativas, em prol do acusado. Na jurisprudência: TJRS: "Sustentada, em plenário, tese desclassificatória pela defesa, imprescindível que, em homenagem à plenitude de defesa, seja formulado quesito sobre a tese defensiva, sob pena de nulidade. Inteligência dos artigos 482, parágrafo único, e 483, § 4.º, ambos do Código de Processo Penal. Hipótese dos autos em que foi indeferida a formulação de quesito referente à tese defensiva de desclassificação da conduta para o delito previsto no artigo 158, § 3.º, do Código Penal, embora tenha sido sustentada pela defesa nos debates. 2. A existência de nulidade, por violação à plenitude de defesa, induz à renovação do ato processual inválido, não sendo a eventual redução das penas mais benéfica do que a submissão dos réus a novo julgamento, com a possibilidade de acolhimento das teses defensivas. Prevalência do voto minoritário. Embargos infringentes acolhidos. Por maioria" (EI e de Nulidade 70069141869 – RS, 1.º Grupo de Câmaras Criminais, rel. Jayme Weingartner Neto, 03.06.2016, m.v.).

Art. 483. Os quesitos serão formulados na seguinte ordem, indagando sobre:[257]

I – a materialidade do fato;[258]

II – a autoria ou participação;[259-260-A]

III – se o acusado deve ser absolvido;[261-262]

IV – se existe causa de diminuição de pena alegada pela defesa;[263]

V – se existe circunstância qualificadora[264-265] ou causa de aumento de pena[266] reconhecidas na pronúncia ou em decisões posteriores que julgaram admissível a acusação.[267-270]

§ 1.º A resposta negativa, de mais de 3 (três) jurados, a qualquer dos quesitos referidos nos incisos I e II do caput deste artigo[271] encerra a votação e implica a absolvição do acusado.[272]

§ 2.º Respondidos afirmativamente[273] por mais de 3 (três) jurados os quesitos relativos aos incisos I e II do caput deste artigo será formulado quesito com a seguinte redação:[273-A-273-D]

O jurado absolve o acusado?

§ 3.º Decidindo os jurados pela condenação, o julgamento prossegue, devendo ser formulados quesitos sobre:[274]

I – causa de diminuição de pena alegada pela defesa;[275-277]

II – circunstância qualificadora ou causa de aumento de pena, reconhecidas na pronúncia ou em decisões posteriores que julgaram admissível a acusação.[278-27]

§ 4.º Sustentada a desclassificação da infração para outra de competência do juiz singular, será formulado quesito a respeito, para ser respondido após o 2.º (segundo) ou 3.º (terceiro) quesito, conforme o caso.[280-280-A]

§ 5.º Sustentada a tese de ocorrência do crime na sua forma tentada ou havendo divergência sobre a tipificação do delito, sendo este da competência do Tribunal do Júri, o juiz formulará quesito acerca destas questões, para ser respondido após o segundo quesito.[281]

§ 6.º Havendo mais de um crime ou mais de um acusado, os quesitos serão formulados em séries distintas.[282]

257. Deixar de inserir quesito obrigatório: acarreta a nulidade do julgamento, conforme Súmula 156 do Supremo Tribunal Federal ("É absoluta a nulidade do julgamento, pelo Júri, por falta de quesito obrigatório"). Gera nulidade, igualmente, inverter a ordem legal de quesitação. Na jurisprudência: STJ: "5. No presente caso, inafastável o reconhecimento de nulidade absoluta, a ensejar a superação da preclusão, haja vista que, depois de elaborar quesito acerca da materialidade do crime, ao questionar os jurados se o réu 'estrangulou a vítima', o Juízo primevo não só inverteu a ordem das indagações – pois perguntou, em segundo lugar, acerca da circunstância qualificadora descrita na denúncia – como deixou de formular quesito obrigatório, a saber o relativo à autoria, circunstância que atrai a Súmula n. 156 do STF" (AgRg no AREsp 973.130/MA, 6.ª T., rel. Rogerio Schietti Cruz, 04.05.2021, v.u.).

258. Materialidade do fato: a anterior redação do art. 484, I, do CPP, mencionava que o primeiro quesito deveria versar sobre o *fato principal*. Entendia-se, pois, que este haveria de englobar a materialidade (prova de existência do crime) e a autoria. Por vezes, para se atingir a materialidade, conforme a natureza do delito, como ocorria com o homicídio, era preciso subdividir a indagação principal em dois quesitos: a prática das lesões perpetrada pelo réu + conexão com o resultado morte (1.º quesito: Fulano desferiu golpes de faca em Beltrano, causando-lhe lesões? 2.º quesito: essas lesões deram causa à morte da vítima?). Com essa versão, afirmado o primeiro quesito, reconhecia-se que Fulano cometeu lesão corporal contra Beltrano. Somente no segundo atingia-se o homicídio. Assim, afirmado o primeiro e negado o segundo, acolhia-se a lesão corporal, rejeitando-se o homicídio e a competência se transferia ao juiz presidente para julgar o delito. Atualmente, embora esse sistema pudesse

Art. 483

Código de Processo Penal Comentado · NUCCI

922

ser adaptado, reconhecemos que a maioria dos magistrados tem elaborado o primeiro quesito, abrangendo a materialidade do crime de homicídio, sem envolver a autoria (1.º quesito: Beltrano recebeu golpes de faca, causando-lhe ferimento, que determinaram a sua morte?). Depois, passa-se à autoria (2.º quesito: Fulano concorreu para o crime?). Não se destaca um quesito específico para o nexo causal. Assim fazendo, impede-se que o Conselho de Sentença, de maneira direta e independente de requerimento da defesa, reconheça ter havido lesões na vítima, mas não terem sido elas a causa da morte. Depende-se, então, para a desclassificação de pedido expresso da parte interessada para constar após o segundo (tentativa) ou terceiro quesito (consumado). A votação negativa ao primeiro quesito (materialidade) ou ao segundo (autoria) resulta em absolvição.

259. Autoria ou participação: a Lei 11.689/2008 determinou, explicitamente, a separação da autoria ou participação do contexto referente à materialidade do fato. Por isso, somente se vincula o réu ao caso em julgamento no terceiro quesito (em hipótese de homicídio) ou no segundo (quando o crime não exigir a divisão entre lesão e nexo causal com o resultado). Ilustrando, após os quesitos referentes à materialidade do fato, insere-se o seguinte: "o acusado A concorreu para o crime, desferindo os golpes de faca na vítima P?" (forma referente à autoria). Ou ainda: "o acusado A concorreu para o crime, emprestando a faca utilizada por terceiro para golpear a vítima P?" (formato de participação). A afirmativa do quesito referente à autoria ou participação leva ao reconhecimento de que o acusado cometeu o fato descrito como crime. Restará saber se merece ser absolvido ou condenado.

260. Quesito sobre tentativa: conforme preceituado pelo art. 483, § 5.º, do CPP, a indagação sobre tentativa deve ser inserida *após o segundo quesito*. Quer-se crer, portanto, deva ser após a indagação acerca da autoria ou participação. É o mais lógico, na medida em que, mesmo no caso de crime doloso contra a vida, inexiste nexo causal, já que não houve morte. A composição deve ser a seguinte: a) "No dia X, às Y horas, na Rua L, na Comarca Z, foram disparados tiros de arma de fogo na vítima T, causando-lhe as lesões descritas no laudo de fls.?"; b) "O acusado C concorreu para o crime, desferindo os disparos que atingiram a vítima T, conforme descrito no quesito anterior?"; c) "Assim agindo, o acusado C deu início à execução de um crime de homicídio, que somente não se consumou por circunstâncias alheias à sua vontade, tendo em vista a pronta intervenção da polícia?". A resposta negativa ao primeiro quesito provoca a absolvição, pois inexiste o fato principal. A resposta positiva leva à votação do segundo. Afirmado, inclui-se o réu na prática de uma lesão corporal. Negado, está absolvido. Votando-se o terceiro e afirmado, conclui-se que a lesão corporal, na realidade, era uma tentativa de homicídio. Negado o terceiro, haverá a desclassificação e julgará o caso o juiz presidente.

260-A. Sobre o quesito da absolvição ser inserido antes do relativo à tentativa: ver a nota 261-A abaixo.

261. Quesito único e obrigatório sobre as teses defensivas: a principal inovação, introduzida pela Lei 11.689/2008, no contexto do questionário, diz respeito à concentração em uma única indagação, em relação às teses da defesa. Não mais é necessário que o juiz presidente colha das alegações expostas em plenário pelo defensor as várias teses levantadas, transformando-as em quesitos a serem submetidos aos jurados. O defensor continuará a expor suas variadas teses, muitas delas alternativas, outras subsidiárias, mas todas voltadas à absolvição do réu. Porém, essa exposição destina-se ao Conselho de Sentença, unicamente. O juiz presidente cuidará de indagar dos jurados apenas o seguinte: "o jurado absolve o acusado?" A resposta afirmativa leva à absolvição; a negativa, por óbvio, conduz à condenação por homicídio (ou pelo crime já reconhecido nos quesitos anteriores). Entretanto, a razão pela qual os jurados absolveram o réu, se for positiva a resposta, torna-se imponderável. É possível que tenham acolhido a tese principal da defesa (por exemplo, a legítima defesa), mas também se torna viável que tenham preferido a subsidiária (por exemplo, a legítima defesa putativa). Pode ocorrer, ainda, que o Conselho de Sentença tenha resolvido absolver o réu por pura clemência, sem apego a qualquer das teses defensivas. Em suma, da maneira como o quesito será encaminhado aos jurados, serão eles, realmente, soberanos para dar o veredicto, sem que os juízes e tribunais togados devam imiscuir-se no mérito da solução de absolvição. Aliás, se rejeitarem a absolvição, a única certeza que se pode ter é que não acolheram nenhuma das teses expostas pela defesa. Trata-se de indagação obrigatória (o jurado absolve o acusado?), desde que reconhecida a materialidade e a autoria em quesitos anteriores, pouco importando qual tenha sido a tese sustentada pela defesa. Somente para argumentar, se o defensor sustentou somente a negativa de autoria, ultrapassada essa questão, pelo reconhecimento da prática do fato pelo réu, deve o magistrado indagar se o jurado absolve o acusado. Aliás, é justamente por conta da obrigatoriedade de tal quesito, fruto da soberania dos veredictos, que temos sustentado a necessidade de se apresentar aos jurados, sempre, tese alternativa. Nunca se sabe como o Conselho de Sentença decidirá, motivo pelo qual o bom defensor terá invariavelmente teses alternativas a oferecer, incluindo a clemência. Essa controversa questão – se cabe ou não ingressar no debate do motivo pelo qual os jurados absolveram o acusado, para fins recursais – foi objeto de apreciação pelo Plenário do STF, que adotou uma posição intermediária. Não se afastou a viabilidade da absolvição por clemência, porém, permitiu-se apelação, nesse caso, por parte do órgão acusatório, desde que a defesa não tenha levantado essa tese e a conclusão do Conselho de Sentença seja manifestamente contrária à prova dos autos. In verbis: "1. É cabível recurso de apelação com base no artigo 593, III, *d*, do Código de Processo Penal, nas hipóteses em que a decisão do Tribunal do Júri, amparada em quesito genérico, for considerada pela acusação como manifestamente contrária à prova dos autos. 2. O Tribunal de Apelação não determinará novo Júri quando tiver ocorrido a apresentação, constante em Ata, de tese conducente à clemência ao acusado, e esta for acolhida pelos jurados, desde que seja compatível com a Constituição, os precedentes vinculantes do Supremo Tribunal Federal e com as circunstâncias fáticas apresentadas nos autos" (ARE 1225185-MG, Plenário, rel. Gilmar Mendes, red. acórdão Edson Fachin, 03.10.2024, m.v.).

261-A. Inserção do quesito genérico da absolvição antes do referente à tentativa: há precedente do Superior Tribunal de Justiça, afirmando que, sendo a tese principal da defesa a absolvição, por qualquer razão, como, por exemplo, a alegação de existência de uma excludente de ilicitude, havendo, como tese secundária, a desclassificação por ausência de *animus necandi* (dolo de matar), deve o quesito relativo ao jurado absolver o réu ser colocado antes do terceiro, que seria "assim agindo iniciou-se um crime de homicídio que somente não se consumou por circunstâncias alheias à vontade do agente?". Haveria a consagração da plenitude de defesa. Em edição anterior, havia defendido outra posição, sustentando que o quesito da absolvição deveria ser inserido depois do que se refere à tentativa, a fim de dar a oportunidade ao Conselho de Sentença de desclassificar o crime de tentativa de homicídio para lesões corporais. No entanto, tem-se acompanhado que a maioria dos juízes, sem questionamento das partes e nos tribunais, propõe, em homicídio consumado, no primeiro quesito a materialidade por completo (agressão e finalização: Fulano recebeu tiros, que o levaram a morte?). Depois, no segundo quesito, ingressa a autoria (Beltrano concorreu para o crime?). Desse modo, no homicídio consumado, o terceiro quesito é o genérico da absolvição. Se houver tese de desclassificação, pedida pela defesa, ingressa após o terceiro quesito (Assim agindo, Beltrano pretendia apenas lesionar a vítima?). Então, no caso da tentativa, parece-nos ter razão o STJ, determinando a inclusão do quesito de absolvição antes do que questiona sobre o dolo de homicídio, sendo a primeira tese da defesa a absolvição e a segunda, a desclassificação. O primeiro quesito diria respeito a lesões (Fulano recebeu tiros, causando-lhe ferimentos?). No segundo, a autoria (Beltrano desferiu os tiros?). No terceiro, ingressa a absolvição (O jurado absolve o réu?). No quarto, entra o quesito propício à desclassificação (Assim agindo, Beltrano iniciou a execução de um delito de homicídio que não se consumou por circunstâncias alheias à sua vontade?). Se no homicídio consumado a prática de redação dos quesitos retira a viabilidade de desclassificação por parte dos jurados, antes do quesito da absolvição, deve-se seguir a mesma regra na tentativa. No exemplo supra, se os jurados não absolverem o acusado, ainda podem negar o quarto quesito e, com isso, operar a desclassificação para lesões corporais. Vale ressaltar que, não alegada pela defesa, como teses subsequentes, primeiro a absolvição, depois, a desclassificação, o juiz pode organizar os quesitos colocando a pergunta quanto à tentativa antes do quesito genérico de absolvição. Na jurisprudência: STJ: "Teses defensivas: absolvição (primária) e desclassificação (subsidiária), sendo que a segunda antecedeu a primeira na ordem de quesitação. Resposta afirmativa do conselho de sentença a ambos os questionamentos. Acórdão impugnado que cassou a sentença absolutória por considerar que a resposta ao primeiro quesito (desclassificatório) teria afastado a competência do tribunal do júri. Absolvição que deve anteceder o quesito desclassificatório, quando figurar como tese primária da defesa. Precedente do STJ. Restabelecimento da ordem. Absolvição do recorrente nos termos da sentença" (REsp 1.736.439/AM, 2018.0092202-6, 6.ª T., rel. Sebastião Reis Júnior, 14.06.2018, decisão monocrática); "2.3. Quanto à ordem dos quesitos sobre o homicídio tentado, foi observado o regramento disposto no art. 483, § 5.º, do CPP, estando justificada a não apresentação do quesito absolutório diante dos jurados terem negado a ocorrência da tentativa de homicídio, o que acarretou a desclassificação e fez cessar a competência deles para continuar o julgamento da causa" (AREsp 1.883.314/DF, 5.ª T., rel. Joel Ilan Paciornik, 25.10.2022, *DJe* de 18.11.2022).

262. Excesso culposo: esta é uma questão não abordada expressamente pela reforma introduzida pela Lei 11.689/2008, porém importante. Todas as excludentes de ilicitude comportam a indagação acerca do excesso. Este pode dar-se em quatro cenários: doloso, culposo, exculpante e acidental. O primeiro, se configurado, implica condenação. Logo, quando for indagado se o jurado absolve o réu, basta responder "não". Teria havido, em tese, o excesso doloso. Se os jurados considerarem ter havido excesso, mas exculpante ou acidental, o correto é responder que o réu deve ser absolvido. Resta a questão referente ao excesso culposo. Os jurados negarão o quesito referente à absolvição ("o jurado absolve o acusado?") porque acreditam ter havido excesso. Porém, tendo em vista tratar-se de excesso culposo, torna-se fundamental existir quesito específico sobre o tema. Deve ser incluído após o quesito referente à absolvição. Negada esta, pergunta-se se o excesso foi culposo. Caso a resposta seja afirmativa, o réu será condenado por crime culposo. Negado, será condenado por excesso doloso. Na jurisprudência: STJ: "Suscitada a legítima defesa como única tese defensiva perante o Conselho de Sentença, caso mais de três jurados respondam afirmativamente ao terceiro quesito – "O jurado absolve o acusado?" –, o Juiz Presidente do Tribunal do Júri deve encerrar o julgamento e concluir pela absolvição do réu, não podendo submeter à votação quesito sobre eventual excesso doloso alegado pela acusação. Na atual sistemática do Tribunal do Júri, o CPP não prevê quesito específico sobre a legítima defesa. Após a Lei 11.689/2008, foram unificadas teses defensivas em um único quesito obrigatório (art. 483, inciso III, do CPP). Ao concentrar diversas teses absolutórias nesta questão – "O jurado absolve o acusado?" –, o legislador buscou impedir que os jurados fossem indagados sobre aspectos técnicos. Nessa perspectiva, declarada a absolvição pelo Conselho de Sentença, prosseguir no julgamento para verificar se houve excesso doloso constituiu constrangimento manifestamente ilegal ao direito ambulatorial do acusado. Caracteriza, ademais, ofensa à garantia da plenitude de defesa, pois o novo sistema permite justamente que o jurado possa absolver o réu baseado unicamente em sua livre convicção e de forma independente das teses defensivas" (HC 190.264/PB, 5.ª T., rel. Laurita Vaz, 26.08.2014, *Informativo* 545).

263. Causas de diminuição de pena: são circunstâncias legais, ligadas ao tipo penal, que provocam a diminuição obrigatória da pena, em cotas partes indicadas pelo legislador, a serem aplicadas pelo magistrado. Exemplo disso é o previsto no art. 121, § 1.º, do Código Penal, gerando uma diminuição de um sexto a um terço. O mesmo se faz no tocante à participação de menor importância (art. 29, § 1.º, CP). Os vários modelos de quesitos em relação a elas constam em nossa obra *Tribunal do Júri*.

264. Qualificadoras: são circunstâncias legais, vinculadas ao tipo penal, que geram a elevação dos patamares mínimo e máximo da pena, em abstrato. Ex.: as circunstâncias constantes do art. 121, § 2.º, do Código Penal, provocando o aumento da faixa de aplicação da pena de reclusão, de seis a vinte anos, para reclusão, de doze a trinta anos. Devem constar da denúncia ou queixa, permitindo a defesa do réu. Após, necessitam ser acolhidas pela pronúncia. Assim ocorrendo, o órgão acusatório pode sustentar a sua admissibilidade perante os jurados. Por isso, no questionário, as qualificadoras devem ser inseridas após as teses favoráveis à defesa (referentes à absolvição e à diminuição da pena).

265. Descrição fática das qualificadoras: não basta, simplesmente, por exemplo, inserir no quesito a indagação: "o acusado X agiu por motivo fútil?". É fundamental, para que os jurados compreendam – e votem corretamente – o alcance do cenário existente, a descrição dos fatos envolvidos na qualificação do homicídio. Portanto, é preciso descrever o *motivo fútil*. Em que consistiu? Como se deu? Enfim, em algum contexto deve ser lançado. O acusado agiu por motivo fútil, consistente em ter feito algo de determinada forma. Tal cenário merece descrição no quesito. Se, porventura, em hipóteses raras, mas possíveis, o contexto fático envolvendo a qualificadora for muito complexo, de forma a tornar ininteligível o quesito, parece-nos deva ser feita a seguinte inserção: "o réu X agiu por motivo fútil, conforme o alegado pelo Dr. Promotor em plenário?" (ou "conforme constou da decisão de pronúncia?"). Naturalmente, em ata, deverá constar qual foi a descrição feita pela acusação, em plenário, a fim de que o tribunal, se for o caso, possa avaliar a situação. Se for mencionada a descrição feita na pronúncia, não há necessidade de constar em ata, pois se cuida de peça constante dos autos, cuja cópia está em mãos dos jurados. O importante é que exista algum vínculo entre o alegado motivo fútil e a situação fática sustentada pela parte aos jurados. Não podem os membros do Conselho de Sentença, livremente, imaginar qualquer futilidade para compor o cenário da qualificadora. Em suma, na maioria dos casos, é perfeitamente possível descrever qual foi o contorno fático da qualificadora, sem necessidade de fazer qualquer referência à decisão de pronúncia ou à manifestação da acusação em plenário.

266. Causas de aumento de pena: são circunstâncias legais, ligadas ao tipo penal, que provocam o aumento da pena, por cotas determinadas pelo legislador, porém aplicadas pelo juiz no momento da individualização da pena. Devem constar da denúncia ou queixa, permitindo a defesa do réu. Necessitam, ainda, ser acolhidas pela pronúncia. Após, precisam de sustentação em plenário pelo órgão acusatório. Ex.: art. 121, § 4.º, parte final, CP.

267. Ausência das agravantes e atenuantes: a reforma introduzida pela Lei 11.689/2008 eliminou do questionário, destinado aos jurados, quaisquer quesitos referentes às agravantes e atenuantes, lançando-as para a apreciação exclusiva do juiz presidente. Tal medida fica clara ao dispor que o juiz dará a sentença, atentando para as circunstâncias agravantes ou atenuantes *alegadas nos debates* (art. 492, I, *b*, CPP). Não se fala em *reconhecidas pelo júri*, aliás, como vem mencionado em seguida no contexto dos aumentos e diminuições da pena (art. 492, I, *c*, CPP). Vislumbrávamos a irregularidade em relação à retirada dos quesitos acerca

Art. 483

Código de Processo Penal Comentado · **Nucci**   926

de agravantes e atenuantes, pois iria diminuir o âmbito de decisão dos jurados. No entanto, somos levados a concordar ter sido justamente essa a finalidade da reforma de 2008; afinal, a redução de todas as teses defensivas em um único quesito genérico demonstra o escopo de simplificar ao máximo a atuação do Conselho de Sentença. Nessa linha, transferiu-se ao juiz presidente a avaliação das causas legais gerais – agravantes e atenuantes –, não integrantes da tipicidade. Reservou-se aos jurados apenas o reconhecimento do fato-base e as circunstâncias típicas (qualificadoras, causas de aumento ou de diminuição). Caso sejam acolhidas várias qualificadoras, o juiz presidente deve utilizá-las para fixar a pena, mas o fará onde for mais adequado: como agravantes ou circunstâncias judiciais. Poderá compensar agravante com atenuante, pois é exatamente o que faz ao julgar outros delitos – fora da competência do júri. Considerando a desnecessidade de inclusão de agravantes na pronúncia, estarão ausentes do questionário e, nessa conjuntura, não cabe às partes pleitear a sua inclusão no rol dos quesitos. Enfim, despiu-se o Tribunal do Júri de matérias ou detalhes que eram da sua competência, mantendo-se o essencial, a análise do crime doloso contra a vida. Os tribunais não têm reconhecido a inclusão das agravantes e atenuantes no questionário; devem ser decididas pelo magistrado presidente, desde que sejam alegadas pelas partes nos debates em plenário. Finalmente, se o juiz incluir agravantes ou atenuantes no questionário, sem impugnação de qualquer das partes, uma vez decididas pelo Conselho de Sentença, devem ser aplicadas obrigatoriamente pelo magistrado na sentença.

267-A Destaque para atenuante como tese da defesa: embora o art. 492, I, *b*, deste Código demonstre que as agravantes e atenuantes não precisam constar do questionário, bastando a alegação das partes em plenário para o reconhecimento direto pelo juiz presidente, parece-nos que, em homenagem ao princípio constitucional da plenitude de defesa, pode-se seguir caminho diverso. Se o defensor entender relevante o reconhecimento de qualquer atenuante, pretendendo que o Conselho de Sentença a analise e acolha, não vemos óbice a que o juiz presidente a insira no questionário. Se os jurados a reconhecerem, obriga o magistrado a considerá-la em eventual sentença condenatória. Entretanto, em função da soberania dos veredictos, caso seja oferecida à apreciação do Conselho de Sentença, uma vez negada, impede que o juiz a aplique.

268. Quesito referente à continuidade delitiva: o crime continuado é uma das causas genéricas de aumento de pena (embora benéfica ao réu), previstas na Parte Geral do Código Penal (art. 71), implicando a consideração da existência de mais de uma ação ou omissão, gerando a prática de dois ou mais crimes da mesma espécie, cujas condições de tempo, lugar, maneira de execução e outras circunstâncias semelhantes, permitem concluir ser um deles a continuação do outro. Assim, aplica-se somente uma pena, com um *aumento* variável de um sexto a dois terços – ou, noutra hipótese, utilizando-se do disposto no parágrafo único do mesmo artigo, o juiz pode elevar a pena até o triplo. Essa causa de aumento, que, na realidade, atua em benefício do acusado, pois evita a soma das penas, como ocorreria aplicando-se o concurso material, pode ser tese de defesa, merecendo, pois, ser questionada pelo juiz presidente aos jurados. Não se concebe a teoria de que é pura matéria de aplicação da pena, devendo ficar inteiramente ao critério do magistrado, uma vez que, no Tribunal do Júri, impera a soberania dos veredictos, bem como a plenitude de defesa, e todas as teses admissíveis em direito podem ser invocadas pelas partes. Note-se que o crime continuado é um fato a merecer a avaliação dos jurados: houve ou não uma continuação na prática dos vários homicídios? Assim, em respeito à soberania dos veredictos e à plenitude de defesa, somos da opinião de que o juiz deve incluir o quesito pertinente à continuidade delitiva quando expressamente requerido por qualquer das partes. Entretanto, se ninguém requerer, não havendo deliberação do Conselho de Sentença sobre o assunto, fica o magistrado livre para considerá-lo existente ou não. É o que também defende Hermínio Alberto Marques Porto (*Júri*, p. 172). Contrário a esse entendimento ver Adriano Marrey (*Teoria e prática do júri*, p. 359), dizendo ser apenas matéria de aplicação da pena, da esfera exclusiva de deliberação do juiz.

269. Impossibilidade de aplicação de agravante, quando já definida como qualificadora: se determinada agravante for requerida em plenário, como o motivo fútil, por exemplo, já constando como qualificadora, é natural que o juiz presidente não deve levar em conta. O caminho é o reconhecimento da futilidade pelo Conselho de Sentença, como qualificadora; se não for acolhida, é inviável repetir-se o requerimento em plenário para que o juiz presidente a aplique na sentença condenatória. Se é qualificadora do crime, integrando a tipicidade, deve ser assim tratada. Não se pode tergiversar, usando a mesma circunstância, como qualificadora e agravante ao mesmo tempo. Ressalte-se, todavia, que algumas qualificadoras, *reconhecidas* pelos jurados como tais, podem ser usadas na decisão condenatória como se fossem agravantes. Essa possibilidade existe porque houve o acolhimento da circunstância pelo júri.

270. Impossibilidade de considerar agravante rejeitada, como qualificadora, em fase anterior: se determinada qualificadora, como o motivo torpe, *v.g.*, tiver sido afastada na pronúncia ou no recurso contra a pronúncia, é indevida a sua inclusão como agravante no plenário pela acusação e emprego, pelo juiz, na sentença. Seria uma maneira de contornar o julgamento já ocorrido pelas instâncias judiciais cabíveis; trata-se de matéria preclusa. Diversamente acontece com as agravantes genéricas, que não têm correspondência com a tipicidade (exemplo: reincidência): estas podem ser requeridas pelo órgão acusatório em plenário, ainda que não tenham sido objeto de debate prévio.

271. Quesitos relativos aos incisos I e II do art. 483: a resposta negativa a qualquer desses incisos termina por gerar a absolvição. No primeiro caso, nega-se a materialidade. No segundo, a autoria. Afirmados, ainda pode haver a absolvição, por meio do terceiro quesito genérico que será formulado. A desclassificação, antes denominada própria ou imprópria, foi deslocada para figurar após os de materialidade e autoria e, como regra, antes da indagação acerca da absolvição, a menos que a defesa requeira de modo diverso (nota 261-A supra).

272. Apuração dos votos e sigilo da votação: a reforma de 2008 privilegiou o princípio constitucional do sigilo da votação no Tribunal do Júri, uma vez que faz cessar a divulgação do *quorum* total obtido pelos votos dados pelo Conselho de Sentença. Na realidade, anteriormente, quando a decisão era unânime e, uma vez divulgada, não havia sigilo algum. Todos os jurados tinham conhecimento de que seus colegas de Conselho votaram em determinado sentido. Atualmente, o juiz presidente deve apurar os votos até chegar à maioria, ou seja, até atingir o quarto voto "sim" ou "não", válido para determinada questão. Indagando-se se a vítima sofreu lesões corporais, no primeiro quesito, ao escrutinar o quarto voto "sim", o magistrado dá por encerrada a apuração e proclama que o Conselho de Sentença reconheceu o primeiro quesito. Se houver negativa, ao atingir o quarto voto "não" dá-se o mesmo, ou seja, encerra-se a apuração, proclamando-se o desacolhimento do quesito. Embora a previsão de encerramento do escrutínio esteja mencionada em lei apenas no tocante aos quesitos referentes aos incisos I e II do *caput* do art. 483, é natural que se estenda a todos os demais, como uma nova forma de apurar os votos do Conselho de Sentença, inclusive pelo fato de estar em plena harmonia com a Constituição Federal. Na jurisprudência: STJ: "A descontinuação da apuração dos votos do júri, ao responder um quesito, não inflige qualquer pecha ao procedimento, ante o alcance lógico do resultado pela obtenção da maioria, nos termos das alterações procedidas pela norma ordinária de 2008 ao Código de Processo Penal" (HC 288.116/MG, 6.ª T., rel. Maria Thereza de Assis Moura, 17.11.2015, v.u.). Embora acolhendo a proposta de que a votação deve encerrar-se no quarto quesito, há julgados do STJ considerando uma mera irregularidade

Art. 483

Código de Processo Penal Comentado · **Nucci**

o prosseguimento da apuração: STJ: "Ademais, segundo julgado da Sexta Turma desta Corte Superior de Justiça 'conquanto a regra contida nos §§ 2.º e 3.º do art. 483 do CPP, com a redação determinada pela Lei n.º 11.689/2008, estabeleça o encerramento da votação com a resposta de mais de 3 (três) jurados, a circunstância de o magistrado haver prosseguido na abertura das respostas dos demais jurados não maculou o princípio do sigilo das votações, tratando-se de mera irregularidade' (HC 162.443/SP, Rel. Ministro Og Fernandes, Sexta Turma, julgado em 10/04/2012, *DJe* 09/05/2012). Agravo regimental improvido" (AgRg no REsp 1.454.610/SP, 5.ª T., rel. Reynaldo Soares da Fonseca, 17.05.2016, v.u.). Ver, ainda, a nota 292 ao art. 488.

273. Resposta majoritária afirmativa: se o Conselho de Sentença, por, pelo menos, quatro votos, reconhecer a materialidade do fato (inclui-se no cenário do crime doloso contra a vida) e a autoria ou participação do acusado, reconhece-se a prática do tipo incriminador, porém deve-se, ainda, indagar a respeito das possíveis excludentes de ilicitude ou culpabilidade, que serão lançadas em quesito único ("o jurado absolve o acusado?").

273-A. Literalidade da indagação prevista em lei: não se proclama nulidade sem prejuízo, como regra, no processo penal brasileiro. Portanto, embora a indagação acerca da absolvição do réu conste em lei, de modo expresso, não há vício grave se o juiz presidente utilizar forma similar (ex.: o réu deve ser absolvido?). Nesse sentido: STF: "A 2.ª Turma denegou 'habeas corpus' em que se postulava a anulação de julgamento de tribunal do júri em razão de suposto vício quanto à formulação de quesito apresentado ao conselho de sentença. No caso, questionava-se a validade do acréscimo da expressão 'pelo que ouviu em Plenário' ao quesito geral de absolvição – 'O jurado absolve o acusado?' –, previsto no art. 483, § 2.º, do CPP. A Turma, de início, consignou que qualquer oposição aos quesitos formulados deveria ser arguida imediatamente, na própria sessão de julgamento, sob pena de preclusão, nos termos do CPP ('Art. 571. As nulidades deverão ser arguidas: (...) VIII – as do julgamento em plenário, em audiência ou em sessão do tribunal, logo depois de ocorrerem'), o que não teria ocorrido na espécie. Asseverou, ademais, que, embora não tivesse sido empregada a redação prevista no referido dispositivo, não se detectaria a apontada nulidade, pois a redação do quesito em comento teria sido formulada com conteúdo similar ao mencionado no texto legal" (HC 123.307/AL, 2.ª T., rel. Min. Gilmar Mendes, 09.09.2014, *Informativo* 758). STJ: "4. Ademais, em atenção à sistemática adotada com o advento da Lei n. 11.689/2008, que instituiu o quesito genérico acerca da absolvição do acusado, a jurisprudência desta Corte firmou a compreensão no sentido de que não há que se falar em contradição no reconhecimento da materialidade e autoria, seguida da absolvição do acusado, ainda que a negativa de autoria seja a única tese defensiva, competindo ao órgão acusador, se assim o entender, manejar oportuno recurso visando a anulação do julgamento, caso o veredicto dos jurados possa ser considerado manifestamente contrário à prova dos autos" (AgRg no AREsp 568.650/DF, 5.ª T., rel. Jorge Mussi, 24.04.2018, v.u.).

273-B. Teses específicas de absolvição: não devem ser inseridas em quesitos destacados. O objetivo da reforma processual penal de 2008 foi justamente eliminar as diversas questões vinculadas a teses defensivas de absolvição, tais como legítima defesa, estado de necessidade, erro de tipo etc. O quesito genérico permite a abrangência de toda e qualquer razão para considerar o réu inocente. Na jurisprudência: STJ: "Na hipótese, inexiste flagrante ilegalidade pois, não obstante o reconhecimento de que a legítima defesa foi objeto de debate no plenário, inexiste a obrigatoriedade sobre quesito específico da tese defensiva, não se vislumbrando qualquer reparo na quesitação, cuja formulação atentou-se ao disposto na norma processual, com espeque no artigo 483, § 2.º, do Código de Processo Penal, findando, ainda, o magistrado por ler e explicar as perguntas aos jurados, não havendo, nesse proceder, qualquer manifestação desdouro das partes" (HC 194.170/SP 2011/0004645-0, 6.ª T., rel. Maria Thereza de Assis Moura, *DJ* 04.02.2014).

273-C. Absolvição e questionamento pelo órgão acusatório: em princípio, caso as teses expressamente levantadas pela defesa constem em ata, pode-se conferir o alegado em confronto com as provas dos autos; se a absolvição não tiver alicerce nessas provas e nas teses defensivas poderia o Tribunal determinar novo julgamento. No entanto, caso a defesa avente de maneira clara a hipótese de absolvição por clemência ou outro fundamento similar, não se pode considerar o veredicto absolutório contrário à evidência dos autos. Havia debate no STF a respeito da possibilidade de recurso, quando o Conselho de Sentença absolver o acusado, já que não há nenhuma necessidade de fundamentar o veredicto. Isto significaria que os jurados poderiam absolver o réu por *qualquer razão*, inclusive o reconhecimento da clemência. Consultar a nota 261 supra acerca da decisão tomada, permitindo recurso, a depender do caso concreto.

273-D. Legítima defesa da honra: no cenário do homicídio, por maior que seja a ofensa proferida, nada justifica uma retorsão da vítima consistente em agressão fatal. Por isso, é insustentável defender a honra à custa da vida. Não bastasse, muitos casos de absolvição, com esse fundamento, eram originários de traições amorosas ou conjugais, terminando por gerar um feminicídio. Por conta disso, o STF vedou a alegação dessa tese, considerando-a inconstitucional, em março de 2021, colocando em primeiro lugar o princípio mais relevante – dignidade da pessoa humana – e destacando toda a luta da sociedade e dos órgãos estatais para a diminuição e eliminação da violência contra a mulher. Eis a ementa do julgado: "Arguição de descumprimento de preceito fundamental. Interpretação conforme à Constituição. Artigos 23, inciso II, e 25, *caput* e parágrafo único, do Código Penal e art. 65 do Código de Processo Penal. 'Legítima defesa da honra'. Não incidência de causa excludente de ilicitude. Recurso argumentativo dissonante da dignidade da pessoa humana (art. 1.º, III, da CF), da proteção à vida e da igualdade de gênero (art. 5.º, *caput*, da CF). Medida cautelar parcialmente deferida referendada. 1. 'Legítima defesa da honra' não é, tecnicamente, legítima defesa. A traição se encontra inserida no contexto das relações amorosas. Seu desvalor reside no âmbito ético e moral, não havendo direito subjetivo de contra ela agir com violência. Quem pratica feminicídio ou usa de violência com a justificativa de reprimir um adultério não está a se defender, mas a atacar uma mulher de forma desproporcional, covarde e criminosa. O adultério não configura uma agressão injusta apta a excluir a antijuridicidade de um fato típico, pelo que qualquer ato violento perpetrado nesse contexto deve estar sujeito à repressão do direito penal. 2. A 'legítima defesa da honra' é recurso argumentativo/retórico odioso, desumano e cruel utilizado pelas defesas de acusados de feminicídio ou agressões contra a mulher para imputar às vítimas a causa de suas próprias mortes ou lesões. Constitui-se em ranço, na retórica de alguns operadores do direito, de institucionalização da desigualdade entre homens e mulheres e de tolerância e naturalização da violência doméstica, as quais não têm guarida na Constituição de 1988. 3. Tese violadora da dignidade da pessoa humana, dos direitos à vida e à igualdade entre homens e mulheres (art. 1.º, inciso III, e art. 5.º, *caput* e inciso I, da CF/88), pilares da ordem constitucional brasileira. A ofensa a esses direitos concretiza-se, sobretudo, no estímulo à perpetuação da violência contra a mulher e do feminicídio. O acolhimento da tese tem a potencialidade de estimular práticas violentas contra as mulheres ao exonerar seus perpetradores da devida sanção. 4. A 'legítima defesa da honra' não pode ser invocada como argumento inerente à plenitude de defesa própria do tribunal do júri, a qual não pode constituir instrumento de salvaguarda de práticas ilícitas. Assim, devem prevalecer a dignidade da pessoa humana, a vedação a todas as formas de discriminação, o direito à igualdade e o direito à vida, tendo em vista os riscos elevados e sistêmicos

Art. 483

Código de Processo Penal Comentado · **Nucci**   930

decorrentes da naturalização, da tolerância e do incentivo à cultura da violência doméstica e do feminicídio. 5. Na hipótese de a defesa lançar mão, direta ou indiretamente, da tese da 'legítima defesa da honra' (ou de qualquer argumento que a ela induza), seja na fase pré--processual, na fase processual ou no julgamento perante o tribunal do júri, caracterizada estará a nulidade da prova, do ato processual ou, caso não obstada pelo presidente do júri, dos debates por ocasião da sessão do júri, facultando-se ao titular da acusação recorrer de apelação na forma do art. 593, III, a, do Código de Processo Penal. 6. Medida cautelar parcialmente concedida para (i) firmar o entendimento de que a tese da legítima defesa da honra é inconstitucional, por contrariar os princípios constitucionais da dignidade da pessoa humana (art. 1.º, III, da CF), da proteção à vida e da igualdade de gênero (art. 5.º, *caput*, da CF); (ii) conferir interpretação conforme à Constituição aos arts. 23, inciso II, e 25, *caput* e parágrafo único, do Código Penal e ao art. 65 do Código de Processo Penal, de modo a excluir a legítima defesa da honra do âmbito do instituto da legítima defesa; e (iii) obstar à defesa, à acusação, à autoridade policial e ao juízo que utilizem, direta ou indiretamente, a tese de legítima defesa da honra (ou qualquer argumento que induza à tese) nas fases pré-processual ou processual penais, bem como durante o julgamento perante o tribunal do júri, sob pena de nulidade do ato e do julgamento. 7. Medida cautelar referendada" (ADPF 779 MC-REF/ DF, Plenário, rel. Dias Toffoli, 15.03.2021, v.u. Essa decisão foi ratificada em definitivo pelo STF em 2023). É nítida a preocupação do Supremo Tribunal Federal com a indevida teoria da legítima defesa da honra, que não pode dar abrigo a homicidas de mulheres, sob pretextos ilegais e até mesmo imorais, pois calcados em orgulho ferido, machismo e pretensa superioridade masculina, impondo regras de convívio e de relacionamento amoroso às suas parceiras. Por isso, mesmo prestigiando, como sempre fez o Pretório Excelso, os princípios norteadores da instituição do júri, consistentes na plenitude de defesa e na soberania dos veredictos, bem se sabe que nenhum princípio constitucional é absoluto, visto que todos precisam conviver harmonicamente, sob a regência do princípio maior da dignidade da pessoa humana. Por certo, havendo quesito genérico de absolvição, sem especificar qual caminho seguiu o Conselho de Sentença, a solução apontada pelo STF foi considerar *inconstitucional* a tese da legítima defesa da honra, que, a bem da verdade, sempre foi ilegal, pois não se encaixa com a devida adequação ao art. 25 do Código Penal e somente era acolhida no âmbito do Tribunal Popular, cuja visão é diversa da magistratura togada em muitos aspectos. Assim considerando, vedou-se a sua arguição em qualquer fase do processo, sob pena de nulidade do julgamento. Entretanto, há alguns pontos a destacar, pois certamente despertarão controvérsias e debates em torno do cenário do feminicídio em confronto com a plenitude de defesa do acusado, tudo isso contextualizado no Tribunal do Júri. São os seguintes: a) quando a decisão do STF indica seja vedado à defesa, à acusação, à autoridade policial e ao juízo que utilizem, *direta ou indiretamente*, a legítima defesa da honra (ou *qualquer argumento que induza à tese*), em qualquer fase da persecução penal, sob pena de nulidade do ato e do julgamento, pode-se apontar: a.1) na fase investigatória, em nenhuma hipótese, poderia a autoridade policial encaminhar a colheita da prova para o lado da legítima defesa da honra e, por via de consequência, não seria cabível um pedido de arquivamento do inquérito, por parte da acusação, reconhecendo uma excludente de ilicitude (cuida-se de mera hipótese, pois não há notícia ou registro conhecido de que isto tenha efetivamente ocorrido, embora não fosse situação impossível de acontecer em qualquer Comarca do imenso Brasil). Mas, para argumentar, se ocorresse, estar-se-ia apontando uma ilegalidade no procedimento da autoridade policial e/ou do Ministério Público. Não há como reconhecer *nulidade na investigação*, pois as falhas de procedimento ligam-se ao processo – assim tem sido a posição dominante nos tribunais e na doutrina. No entanto, tendo havido patente ilegalidade, cabe ao juiz invocar o art. 28 do CPP (ou, na nova redação dada pela Lei 13.964/2019, suspensa por liminar do STF, ser o arquivamento reavaliado por instância superior do MP em revisão direta da própria instituição), enviando os autos ao Procurador-Geral de Justiça, que certamente corrigiria tal situação, indicando outro promotor a oferecer denúncia. Quem invocou a tese inconstitucional e ilegal deve responder no âmbito funcional; a.2) havendo denúncia e, após a fase de formação da culpa, torna-se incabível a absolvição sumária, por decisão judicial, com fundamento na legítima defesa da honra (excludente de ilicitude). Se ocorrer, cabe recurso do Ministério Público e o juiz, também, deve responder funcionalmente por acolher tese rejeitada e vedada pelo STF expressamente. a.3) atingindo o feminicídio a fase de julgamento em plenário do Tribunal do Júri, segundo nos parece, caso seja invocada pela defesa, nos debates, deve o juiz presidente interferir, com ou sem pedido do órgão acusatório, para solicitar ao defensor que cesse imediatamente aquela sustentação, orientando os jurados a desconsiderá-la, mencionando, inclusive, a decisão do Supremo Tribunal Federal; se houver insistência, deve-se dissolver o Conselho de Sentença, considerar o réu indefeso e intimá-lo a constituir outro defensor e, caso não o faça, será defendido por dativo ou por defensor público. Não há nenhum motivo para se prosseguir no julgamento, permitindo que os jurados decidam sobre algo manifestamente ilegal. Portanto, a única possibilidade de isso acontecer precisaria contar com a cobertura do juiz presidente, que não obstaria o prosseguimento e permitiria o julgamento. Cabe ao Ministério Público pleitear o registro em ata e, com certeza, o processo será anulado em superior instância. Entretanto, cremos viável que o magistrado responda funcionalmente pelo desrespeito à decisão do STF. Note-se o registro extraído do voto do Ministro Gilmar Mendes: "vale destacar que eventual abuso das partes para ensejar *dolosamente* a anulação de um Júri a partir de tal motivo pode acarretar eventual sanção, a depender do caso concreto e da análise devidamente realizada pelo órgão competente". Essa antevisão do que pode ocorrer é realística. A parte que utilizar a tese (defesa) com a complacência, por exemplo, da outra (acusação) e, igualmente, do juiz, permite formar um quadro geral de desrespeito ao que foi expressamente vedado pelo STF, por unanimidade de seu Plenário. Logo, há uma infração funcional a ser apurada pelos órgãos da advocacia, do MP e/ou da magistratura. *Obstar* o julgamento é o caminho indicado, senão, poderia haver um plenário atrás de outro, com nulidades sucessivamente reconhecidas, sem chegar a um final, permitindo até mesmo a ocorrência da prescrição; b) em particular, quando em plenário, a defesa do acusado pode camuflar a tese e levantar aos jurados todos os fatores inerentes à "legítima defesa da honra", sem mencionar uma só vez essa designação. Para tanto, santifica o réu, demoniza a vítima, indica uma traição conjugal, menciona o amor do acusado pela ofendida e, com isso, cria todo o cenário para chegar à absolvição. Seria a forma indireta de levantar a vedada tese. Caberia o mesmo procedimento ao juiz presidente. Advertir o defensor para que não prossiga e, havendo insistência, proceder como indicado no item a.3 supra. Assim perceberam os Ministros Barroso e Fux. O primeiro insere no seu voto que o art. 483, § 2.º, do CPP, permite a absolvição por clemência. Assim, o argumento vedado pode ser levado aos jurados *sub-repticiamente* e por eles acolhido. O segundo destaca que nada impede que os jurados absolvam o réu acusado de feminicídio, por íntima convicção de que houve uma defesa da honra, mesmo não alegada expressamente pela defesa. Mas a matéria passa a um campo movediço, sem estabilidade, pois é muito comum em crimes passionais, envolvendo relacionamentos conjugais ou amorosos conturbados, *mesmo sem qualquer referência à honra*, que o defensor, valendo-se da plenitude de defesa, aprecie destacar todos os pontos positivos da personalidade e da conduta social do acusado, indicando ser a vítima uma pessoa repleta de defeitos graves e, com isso, espelhando que o réu "agiu bem" no caso concreto. Isto, também, estaria vedado? Seria uma forma de abordagem *indireta* da legítima defesa da honra? Assim não nos parece, pois não são somente nos casos passionais que a defesa do réu faz isso. Se o acusado honesto e bem-quisto em sociedade mata uma vítima, com antecedentes criminais e

Art. 483

Código de Processo Penal Comentado · **Nucci**

reincidente em grave crime doloso, essa situação será explorada no júri e não pode sequer se falar em honra. É preciso muita cautela para não asfixiar a defesa de réus somente porque foram acusados de feminicídio, pois isto seria uma grave lesão à plenitude de defesa e entraria em choque com julgados do próprio STF, que têm consagrado a intocabilidade da absolvição por clemência. De qualquer forma, uma absolvição nesse quadro pode levar à discussão sobre o caso concreto – se cabe falar em utilização indireta da tese vedada pelo Pretório Excelso; c) pode-se alegar, como linha defensiva, ter sido o réu injustamente provocado pela vítima, que pode ter cometido uma traição conjugal, descoberta por ele, com o feminicídio na sequência, afinal o acusado estaria sob domínio de violenta emoção (art. 121, § 1.º, do Código Penal). Se essa tese for acolhida, embora não haja absolvição, o réu pode ser condenado a quatro anos de reclusão, em regime aberto, por exemplo. Ficaria em liberdade (regime de prisão albergue domiciliar). Nenhum cenário de legítima defesa da honra foi alegado, nem mesmo indiretamente, pois não há pedido de absolvição (essa tese seria uma excludente de ilicitude). Estaria havendo uma ofensa à dignidade da pessoa humana? A pena branda para um feminicídio encaixar-se-ia no contexto de confronto ao combate à violência contra a mulher? Do mesmo modo, assim não cremos, pois o STF, conhecedor do homicídio privilegiado, no campo passional, não o mencionou em momento algum. A concentração do julgado do Pretório Excelso deu-se no cenário de uma absolvição por legítima defesa da honra. Então, é preciso cautela do juiz para não obstar teses semelhantes, mas não correlacionadas, direta ou indiretamente, à legítima defesa da honra; d) a legítima defesa da honra, embora tese incompatível com a excludente de ilicitude do art. 25 do Código Penal, por causa da nítida imoderação (não se mata uma pessoa para defesa da honra), pode ser utilizada em qualquer caso, que não tenha a mulher por vítima de um homem, afinal, este foi o cenário vedado pelo STF de maneira bem clara. Entretanto, o homicídio justificado pela defesa da honra, tendo por vítima um homem, também não seria situação apta a provocar lesão à dignidade da pessoa humana? Pode-se invocar o julgado do Pretório Excelso para justificar a reforma desse veredicto, determinando novo julgamento pelo júri? Pode o órgão acusatório pleitear a nulidade da decisão, porque ofensiva à dignidade humana, em atenção ao que foi deliberado pelo Plenário do STF (quando a vítima for mulher)? Será questão a ser avaliada no futuro no caso concreto. Segundo nos parece, abolindo a tese da legítima defesa da honra no campo do feminicídio, louvando-se a dignidade da pessoa humana, ela precisaria ser completamente eliminada dos julgamentos do júri, mesmo quando a vítima for homem; e) abrindo-se o debate em torno dos limites da plenitude de defesa, com a finalidade de evitar danos incontestes ao regente princípio da dignidade da pessoa humana, tornando inconstitucional a tese da legítima defesa da honra, no tocante a feminicídio, outras questões igualmente relevantes podem surgir. Imagine-se o homicídio de uma vítima, com base em elementos nitidamente discriminatórios (racismo, homofobia, dentre outros). Pode o júri, instado por argumentos de supremacia racial ou de gênero, absolver o réu? Legalmente, inexiste qualquer tese a acompanhar esse veredicto, a não ser a tal clemência, porque os jurados podem nutrir sentimentos racistas ou homofóbicos. Parece-nos indevida essa absolvição, consagrando valores deturpados e negativos em prol dos autênticos valores que a sociedade democrática procura defender, como o respeito à igualdade dos seres humanos e à diversidade em vários setores do comportamento humano. Mantida a decisão do júri, vedando-se qualquer recurso por parte da acusação, está-se transmitindo para a sociedade a *legitimidade* do homicídio, com fundamento em elementos visivelmente discriminatórios, em ferida aberta contra o princípio da dignidade da pessoa humana. Em conclusão, a decisão do Supremo Tribunal Federal apontando a evidente inconstitucionalidade da tese da legítima defesa da honra, em particular no contexto do feminicídio, deve ser elogiada, em nome do princípio maior da dignidade da pessoa humana. Entretanto, não encerra o debate em relação às absolvições proferidas pelo Tribunal do Júri, quando ingressarem em temática similar, também envolvendo a dignidade humana, em outros cenários, despertando a devida atenção para o entendimento de que o quesito genérico da absolvição não poderia ser impugnado pelo órgão acusatório, mesmo quando a tese de defesa tiver sido lançada em ata e o veredicto final, por conta disso, afrontar diretamente a prova dos autos. Segundo nos parece, até mesmo para conceder clemência o júri precisaria de uma base fática razoável, como indicada, por exemplo, pelo art. 66 do Código Penal (atenuante inominada): "a pena poderá ser ainda atenuada em razão de circunstância relevante, anterior ou posterior ao crime, embora não prevista expressamente em lei". Note-se ser possível avaliar se há, nos autos, prova indicativa de uma circunstância relevante, anterior ou posterior ao delito, mesmo não prevista expressamente na lei penal. Sob outro prisma para que a tão relevante decisão do STF tenha a devida amplitude e extensão torna-se cauteloso permitir que o órgão acusatório interponha apelação para questionar formatos alternativos de defesa, cujo propósito seja contornar a legítima defesa da honra, mas chegar ao mesmo resultado favorável para o feminicida. Ademais, como já expusemos, há hoje o predomínio de tese alternativa, que, também, avalia o quadro da honra masculina em confronto com a conduta sexual feminina, no cenário do feminicídio, consistente na figura da diminuição de pena do art. 121, § 1.º, do Código Penal (domínio de violenta emoção após injusta provocação da vítima). Tem sido a tese substituta da legítima defesa da honra quando alguns homens matam as mulheres, em crimes passionais. Pode-se discutir se isto não seria capaz de atingir a dignidade da pessoa humana, enfraquecendo a luta para a eliminação da violência do homem contra a mulher. Ademais, resta sempre a questão em aberto: *poderia o homem matar a mulher de hábitos sexuais devassos e ser absolvido pela clemência de um júri conservador e machista?* Sem que a defesa tenha invocado a legítima defesa da honra, mas, apenas, apontado que o réu é um verdadeiro *santo* e a vítima, *demonizada*, merecia morrer. Esta porta defensiva estaria, igualmente, fechada? Seria considerada uma forma indireta de se invocar a legítima defesa da honra? Se as respostas forem afirmativas, está-se dando uma amplitude maior que a essência do julgado do Pretório Excelso, que não abordou o homicídio *privilegiado* em ponto algum. Por outro lado, estar-se-ia restringindo, sobremaneira, o princípio constitucional da plenitude defesa. Enfim, parece-nos que muito debate advirá e a possibilidade do recurso para o órgão acusatório deveria permanecer viável para questionamentos ligados a decisões absolutórias completamente desvinculadas da prova constante dos autos e até mesmo desligadas da tese exposta pela defesa, inscrita em ata. Sempre defendemos a soberania do Tribunal do Júri e, na prática, quando há revisão criminal, temos sustentado que essa reavaliação se faça, igualmente, pelo Tribunal Popular – e não diretamente pelo tribunal togado. Porém, permitir que o júri profira *uma única decisão*, sendo ela absolutória, em caráter absoluto, vedando todo e qualquer recurso da acusação, deixando-se de prestigiar o também princípio constitucional do duplo grau de jurisdição, parece-nos muito rigoroso. Seria conceber absoluto prestígio à soberania não dos veredictos, mas *de um único veredicto*, como se os jurados nunca errassem. Adotar o meio--termo indicaria o mais adequado equilíbrio entre os princípios constitucionais, permitindo--se o recurso do órgão acusatório, quando envolvesse questionável e controversa absolvição, afinal, se provido o apelo, o acusado seria outra vez julgado pelo Tribunal Popular, dessa vez em caráter definitivo, havendo absolvição.

274. Prosseguimento da votação: apurada a prática do crime na sua forma básica, sem qualificadoras, privilégios, causas de aumento ou de diminuição da pena, deve o juiz presidente continuar a votação, em relação às circunstâncias do delito. Primeiramente, coloca em apreciação as causas benéficas à defesa; após, as solicitadas pela acusação. Quanto à votação das agravantes e atenuantes, ver a nota 267 *supra*.

Art. 483

275. Concurso de qualificadoras e causas de diminuição de pena (privilégios em sentido lato): entende-se, atualmente, que, como regra, são compatíveis as qualificadoras objetivas (incisos III e IV, do § 2.º, do art. 121) com as causas de diminuição do § 1.º, do mesmo artigo (todas subjetivas). Nada impede, em tese, que alguém, por relevante valor moral, use meio cruel para matar outrem. O juiz, então, reconhecidas ambas as circunstâncias, deve utilizar a faixa de fixação da pena prevista para o homicídio qualificado (12 a 30 anos) e proceder à diminuição da pena (1/6 a 1/3).

276. Reconhecimento de causa de diminuição de pena (privilégio) prejudica qualificadora subjetiva: tendo em vista serem as teses de defesa sempre votadas em primeiro lugar, havendo alegação de ter o réu cometido o delito movido por qualquer das circunstâncias previstas no art. 121, § 1.º, do Código Penal (relevante valor moral ou social e domínio de violenta emoção, em seguida à provocação da vítima), uma vez votado e reconhecido o *privilégio*, torna-se prejudicada a votação de qualquer qualificadora subjetiva que venha a seguir, como, por exemplo, o motivo fútil.

277. Tese de defesa incluída no questionário de ofício pelo juiz: impossibilidade. Não se admite possa o juiz presidente, por sua conta, sem que as partes ou o réu requeiram, incluir tese de defesa no questionário. A plenitude de defesa não comporta a parcialidade do magistrado, pois o princípio do juiz natural envolve, com perfeição, a sua conduta imparcial.

278. Homicídio simples hediondo: entendemos ser incabível essa situação, pois a hipótese prevista no art. 1.º, I, da Lei 8.072/1990 (matar em atividade típica de grupo de extermínio), na realidade, representa nítida motivação torpe (homicídio qualificado, portanto), como vem sendo reconhecido há anos pela jurisprudência pátria. Para quem assim não entenda, deve ser formulado quesito específico aos jurados, pois a hipótese não está prevista no art. 121 do Código Penal, e quem a criou foi a Lei dos Crimes Hediondos, isto é, o homicídio simples não tem motivação especial. Assim, a fonte idealizadora de tal finalidade foi o art. 1.º, I, da Lei 8.072/1990, devendo ser objeto de indagação aos jurados, sob pena de infringir o princípio da legalidade e a própria disposição deste artigo. Lembremos, ainda, tratar-se de circunstância desfavorável ao acusado.

279. Obrigatoriedade do quesito de falso testemunho: no procedimento do júri, torna-se indispensável a formulação de um quesito específico, autêntica condição de procedibilidade para a eventual ação penal futura, quando houver afirmativa, nos autos, de falso testemunho ou falsa perícia. Desde logo, convém mencionar existir divergência acerca de quem possui a iniciativa para a inclusão dessa indagação no questionário: a) o juiz pode fazê-lo de ofício, desde que note ter alguma testemunha mentido ao longo da instrução; b) somente o jurado poderá requerer a inclusão, no questionário, do mencionado quesito, tendo em vista que as provas ao Conselho de Sentença são destinadas (Hermínio Alberto Marques Porto, *Júri*, 10. ed., p. 132-133); c) somente as partes podem fazer tal requerimento ao juiz-presidente (Adriano Marrey, *Teoria e prática do júri*, p. 313). Pensamos ser esta última a mais adequada posição. A primeira opção não nos parece adequada, pois o magistrado, ao presidir a sessão, deve agir com total imparcialidade, até porque os jurados a ele se voltam em caso de dúvida. Ora, se o juiz determinar a inclusão do quesito do falso testemunho, em relação a qualquer pessoa ouvida, sinalizará para a sua aceitação, demonstrando que, na sua visão, embora em tese, alguém faltou com a verdade, o que poderá prejudicar a imparcialidade do Conselho de Sentença. Quanto à segunda opção, parece-nos extremamente delicada, pois o jurado que assim proceder não somente evidencia um pensamento seu, valorando o depoimento de alguém, como pode influenciar os demais, quebrando a incomunicabilidade, de maneira indireta. Logo, cabe às partes essa atribuição. Entendendo que uma testemunha mentiu, deve o promotor, o assistente da acusação ou o defensor requerer a inclusão do quesito. A importância de se fazer tal indagação ao Conselho de Sentença constitui parte inerente à peculiaridade do Tribunal Popular. As provas destinam-se, para o julgamento de mérito, aos jurados e não a magistrado togado. Assim, não se pode deduzir, especialmente de um órgão que decide secretamente e sem qualquer fundamentação, ter o Conselho de Sentença considerado o depoimento de "A" ou "B" mentiroso. Por vezes, justamente a pessoa que contrariou, nos autos, outras tantas, para os jurados falava a verdade. Isto quer dizer que, na visão de quem julgou, as outras testemunhas é que mentiram e não a única a contraditá-las. O juiz togado, se tomar medida de ofício contra a testemunha, cujo depoimento está isolado nos autos, provocando a extração de peças para que seja processada por falso testemunho, poderá dar margem à injustiça, até porque falsidade de depoimento é questão extremamente subjetiva e complexa. Pensamos, pois, deva sempre existir o quesito de falso, no questionário, autorizando o processo por falso testemunho contra quem o Conselho de Sentença, efetivamente, entender ter praticado crime, em tese. Sem essa cautela, impossível será discernir se o depoimento realmente influenciou os jurados e se estes, destinatários da prova, julgaram-no mentiroso. Crendo ser necessário o quesito específico: Hermínio Alberto Marques Porto (*Júri*, 10. ed., p. 132-133, embora salientando que, *de lege ferenda*, devesse a questão ficar a cargo do juiz-presidente).

280. Desclassificação: trata a lei, nesta hipótese, da desclassificação do delito para figura diversa da imputada, inicialmente, pelo órgão acusatório e reconhecida na pronúncia. Entendíamos que deveria haver a mantença do sistema anterior à Lei 11.689/2008, no sentido de se permitir que o Conselho de Sentença desclassificasse a infração penal, sem pedido expresso da defesa, negando o nexo causal – que seria previsto em quesito autônomo. Atualmente, estamos convencidos de que inexiste disposição expressa em lei para a inserção do nexo causal – sem pedido expresso das partes, em especial, da defesa – em quesito independente. Portanto, quando houver tentativa, após o segundo quesito (autoria), dispõe-se acerca do elemento subjetivo (dolo); negada a intenção de praticar um homicídio, entendem os jurados ter havido lesão corporal e a competência para o julgamento transfere-se ao juiz presidente. Havendo homicídio consumado, deve ser inserida a proposta de desclassificação para homicídio culposo (entendimento de não ter havido dolo, mas culpa) *após* o terceiro quesito (absolvição). Seja como for, não vemos fundamento para diferenciar a desclassificação da infração penal entre *própria* e *imprópria*. O ponto a analisar é o reconhecimento, pelos jurados, em qualquer situação, de se cuidar de crime *não doloso contra a vida*. Se isto ocorrer, cessa a competência do Tribunal Popular para julgar a causa, transferindo-se o caso, integralmente, à avaliação do juiz presidente. Observe-se que a negativa do dolo, em qualquer momento do julgamento, aponta para a soberana decisão do Conselho de Sentença ao se pronunciar: *não é crime da competência do júri*. Aliás, nem podem os jurados afirmar *ter havido crime*. Quem não tem competência para julgar, não pode indicar qual é o delito que eventualmente ocorreu. O juiz presidente deverá, livremente, avaliar se houve lesão corporal ou não; se configurado está o homicídio culposo ou não. A tese de desclassificação *imprópria* pretende indicar que a indicação de ter ocorrido homicídio culposo *vincula* o magistrado togado a condenar o réu. Inexiste fundamento constitucional para tanto. Seria o mesmo a dizer que o juiz, durante a fase de formação da culpa, atingindo o momento de decidir pela pronúncia do acusado, em lugar disso, afirmar que o caminho é a desclassificação, por entender, por exemplo, ter ocorrido latrocínio ou homicídio culposo, enviando os autos ao juiz singular de Vara Criminal. Este juízo não está obrigado a condenar o acusado; avalia o conjunto probatório como considerar mais adequado, podendo absolver o réu. A mesma situação precisa ocorrer no tocante à desclassificação pelo Conselho de Sentença e, qualquer indicativo de não se tratar de delito doloso contra a vida, faz cessar a sua competência, sem gerar qualquer vínculo ao juiz presidente. Caso este ficasse obrigado a condenar o réu por homicídio culposo,

Art. 483

chegar-se-ia à ilógica situação de jurados avaliando um delito culposo e proferindo decisão condenatória. Em suma, a atual sistemática não mais gera a diferença entre desclassificação própria e imprópria. Reitere-se que o pleito defensivo principal, consistindo em absolvição, e o secundário, em desclassificação, deve o juiz presidente proceder os quesitos nessa ordem. É a aplicação da plenitude de defesa. Na jurisprudência: STJ: "3. Se houver inversão da ordem dos quesitos, em dissonância com a orientação desta Corte Superior a respeito do art. 483, § 4º, do CPP, será necessário verificar se foi oportunizado aos jurados analisar as teses de absolvição e desclassificação, a fim de concluir pela ocorrência de prejuízo que justifique a anulação do julgamento. Não há nulidade se ambas as teses são, ao fim e ao cabo, apreciadas pelo Conselho de Sentença. 4. Em contrapartida, estará configurado o prejuízo para o réu se, em decorrência da inversão dos quesitos, o Conselho de Sentença acolher o pleito defensivo de desclassificação, sem que haja sido apreciada a tese principal, qual seja, a absolvição" (REsp 1.849.862/RS, 6.ª T., rel. Rogerio Schietti Cruz, 15.09.2020, v.u.).

280-A. Arrependimento posterior: é causa de diminuição da pena inaplicável no âmbito dos crimes contra a pessoa, pois seu universo concerne aos delitos de caráter patrimonial. Afinal, reparar o dano ou devolver a coisa, conforme se vê no art. 16 do Código Penal, relaciona-se a patrimônio. É desnecessário qualquer quesito a respeito. Na jurisprudência: STJ: "O Superior Tribunal de Justiça possui entendimento de que, para que seja possível aplicar a causa de diminuição de pena prevista no art. 16 do Código Penal, faz-se necessário que o crime praticado seja patrimonial ou possua efeitos patrimoniais. Apesar de os precedentes desta Corte tratarem do arrependimento posterior e, no caso, ser pleiteada pelo réu a aplicação da atenuante da reparação do dano, verifica-se que a razão de decidir é a mesma, ou seja, a impossibilidade material de haver reparação do dano nos crimes não patrimoniais ou que não possuam efeitos patrimoniais. Alegação de violação do art. 483, § 4.º, do Código de Processo Penal. O dispositivo apontado como violado não tem comando normativo capaz de dar suporte à tese trazida no recurso especial, acerca da não quesitação de teses defensivas" (REsp 1.352.418/RS, 6.ª T., rel. Sebastião Reis Júnior, 01.10.2015, v.u.).

281. Forma tentada e delito diverso: conferindo destaque a esse trecho, note-se que a tentativa indica o quesito da materialidade em primeiro lugar ("em determinado dia e hora, a vítima recebeu tiros de arma de fogo?"); depois, apura-se a autoria ("o réu Fulano desferiu tais tiros?"). O terceiro quesito faz a ligação com a intenção de matar ("assim agindo deu início a um crime de homicídio não consumado por razões alheias à sua vontade?"). Negado o primeiro, absolve-se o réu. Afirmado o primeiro e negado o segundo, absolve-se o acusado; afirmados os dois primeiros e negado o terceiro, desclassifica-se e cabe ao juiz presidente julgar o réu. É possível que a defesa sustente o corte do nexo causal, o que poderia gerar, também, a desclassificação. Essa tese será indagada, igualmente, após o segundo quesito. Reitere-se, ainda, ser possível que a defesa sustente ter havido culpa e não dolo do acusado quanto à morte da vítima. Elaborado o quesito e inserido após o que indaga sobre a absolvição, caso os jurados entendam ter ocorrido culpa, cessa a competência do Tribunal Popular, transferindo-se o julgamento ao juiz presidente, que decidirá como lhe aprouver. Enfim, todas essas hipóteses conduzem à cessação da competência do júri, interrompendo-se a votação. Na jurisprudência: STJ: "A ordem dos quesitos não se revela irregular, uma vez que o quesito relativo à tentativa deve ser formulado após o questionamento sobre a materialidade e a autoria, portanto antes de se questionar se o acusado deve ser absolvido. Nesse sentido, é expresso o § 5.º do art. 483 do Código de Processo Penal: 'Sustentada a tese de ocorrência do crime na sua forma tentada ou havendo divergência sobre a tipificação do delito, sendo este da competência do Tribunal do Júri, o juiz formulará quesito acerca destas questões, para ser respondido após o segundo quesito.' Uma vez reconhecidas autoria e materialidade, porém refutado o crime de tentativa de homicídio, tem-se como consequência legal a desclassificação do delito, o que retira a competência do Tribunal do Júri. Com a desclassificação, não é possível dar continuidade à quesitação, pois a competência não é mais do Tribunal do Júri, mas sim do Juiz Criminal, nos termos do art. 492, § 1.º, do Código de Processo Penal. Nesse contexto, prejudicado o quesito relativo à absolvição, bem como às demais teses da defesa relativas ao homicídio, razão pela qual não há se falar em nulidade" (HC 262.882/PB, 5.ª T., rel. Reynaldo Soares da Fonseca, 05.05.2016, v.u.).

282. Séries distintas: havendo mais de um réu ou mais de um crime para cada acusado, o juiz deve separar cada corréu em uma série e, dentro desta, outras séries (ou subséries) para cada um dos delitos. Logo, para um julgamento, basta um questionário. Anteriormente, havia um questionário para cada corréu e somente as várias infrações penais é que seriam divididas em séries.

> **Art. 484.** A seguir, o presidente lerá[283] os quesitos e indagará das partes se têm requerimento ou reclamação a fazer,[283-A] devendo qualquer deles, bem como a decisão, constar da ata.[283-B]
>
> **Parágrafo único.** Ainda em plenário, o juiz presidente explicará aos jurados o significado de cada quesito.[284]

283. Leitura e explicação dos quesitos: segundo a lei, deve ser feita em plenário, na presença do público. Não gera nulidade, no entanto, o juiz presidente convidar os jurados e as partes para o recolhimento à sala especial, onde serão os quesitos explicados. Inexiste qualquer tipo de prejuízo nesse procedimento. Cremos, no entanto, que o magistrado deve fazer a leitura dos quesitos em plenário, à vista do público, que ficará esclarecido sobre o método de julgamento, bem como porque alguma das partes pode ter reclamações a fazer, resolvidas, então, de plano, de modo que tudo seria acompanhado pelos presentes, prestigiando-se o princípio da publicidade. A explicação, quanto à significação jurídica de cada um, pode ser feita na sala especial, em virtude da maior liberdade dos jurados para fazer indagações. À vista do público, pode haver indevida inibição de algum juiz leigo, o que prejudica a formação de seu convencimento e da própria decisão a ser tomada, quando cada quesito for votado. Na jurisprudência: STJ: "1. Comprovado por outros meios que, na sessão do júri, a magistrada questionou as partes se tinham requerimentos ou reclamações a fazer, conforme dispõe o art. 484 do CPP, não há falar em nulidade do julgamento" (AgInt no HC 422.707/MT, 6.ª T., rel. Nefi Cordeiro, j. 26.02.2019, v.u.).

283-A. Impugnação e preclusão: as partes, após a leitura dos quesitos, devem apresentar as reclamações ou requerimentos que tiverem, sob pena de preclusão. Caso algum deles esteja mal redigido, demandando retificação, bem como espelhe tese diversa da efetivamente sustentada pelo interessado, deve-se impugnar o quesito de imediato. O silêncio das partes *consolida* a redação dada pelo magistrado e não mais pode haver questionamento posterior, em grau de recurso. Logicamente, foge à regra a elaboração de quesito completamente desvinculado do preceituado em lei, gerando nulidade absoluta. Nesta hipótese, a qualquer tempo, pode haver impugnação. Na jurisprudência: STF: "Vício de quesitação há de ser suscitado na leitura dos quesitos, sob pena de preclusão" (RHC 187.587, 1.ª T., rel. Marco Aurélio, 30.11.2020, v.u.); "Eventuais defeitos na elaboração dos quesitos, em regra, devem ser apontados logo após sua leitura pelo magistrado, sob pena de preclusão, que só pode ser superada nos casos em que os quesitos causem perplexidade aos jurados. Precedentes" (HC 101.799/MT, 1.ª T., rel. Dias Toffoli, 26.06.2012, v.u.). STJ: "Ora, compulsando os autos, especificamente a ata da sessão de julgamento (fls. 674/676), verifica-se que a defesa do agravante manifestou expressa

Art. 485

Código de Processo Penal Comentado · **Nucci**

938

aquiescência com a quesitação submetida ao Conselho de Sentença, razão pela qual a matéria suscitada foi fulminada pelo fenômeno da preclusão, circunstância que obsta o exame da nulidade aventada" (AgRg no AREsp 1.909.323, 6.ª T., rel. Sebastião Reis Júnior, 02.04.2024, v.u.). TJSP: "Recurso da defesa, alegando nulidade do julgamento pela não elaboração de quesito referente ao homicídio privilegiado. 1. A impugnação aos quesitos deve ser levada a efeito após a sua apresentação pelo juiz presidente (mais precisamente, quando de sua leitura, na dicção legal), sob pena de preclusão, na esteira do estabelecido nos artigos 571, VIII, e 584, ambos do Código Penal, excetuando-se aquelas situações teratológicas que causem perplexidade aos jurados ou completamente divorciadas do preceituado em lei, consoante entendimento jurisprudencial (STF, HC n.º 96.469, rel. Min. Carlos Britto; HC n.º 101.799, rel. Min. Dias Toffoli; HC n.º 85.295, rel. Min. Cezar Peluso; STJ, HC n.º 118.760, rel. Min. Jorge Mussi; REsp n.º 1.105.161, rel. Min. Arnaldo Esteves Lima, HC n.º 129.418, rel. Min. Felix Fischer) e doutrinário (Guilherme de Souza Nucci, Código de Processo Penal Comentado, RT, 9.ª edição, pág. 836). 2. Defesa que não apresentou impugnação quando da leitura dos quesitos em Plenário. E não se divisa um quadro de teratologia em razão da não formulação de um quesito específico sobre o homicídio privilegiado. 2. Nulidade não configurada" (APR 00110372220098260127-SP, 14.ª C., rel. Laerte Marrone, 14.09.2020, v.u.).

283-B. Registro em ata: torna-se fundamental que o requerimento ou reclamação oralmente realizado pela parte interessada seja reduzido a termo para constar em ata. O mesmo se demanda da decisão proferida pelo magistrado, rejeitando o pleito da parte, ou acolhendo e retificando a quesitação. O registro permite o questionamento posterior, em grau de recurso, ao Tribunal. Se, porventura, houver qualquer reclamo não constante em ata, dele não se tomará conhecimento no futuro.

284. Significação legal: não cabe ao magistrado presidente explicar aos jurados, minuciosamente, as teses expostas, as consequências da condenação ou da absolvição e a quantidade de penas a que fica sujeito o réu, pois tudo pode servir de influência na formação da convicção do juiz leigo. Exemplificando, se o magistrado disser que a votação afirmativa a determinado quesito levará o acusado a uma condenação de, pelo menos, 12 anos, pode terminar pressionando o Conselho de Sentença a negar a indagação. Às partes incumbe esclarecer aos jurados, com detalhes, o sentido da votação, as consequências, as penas etc. O juiz presidente fica encarregado de demonstrar aos jurados como se desenvolve o julgamento, quais quesitos representam a tese da acusação e quais deles dizem respeito à da defesa. Pode, portanto, a cada quesito que for votado, esclarecer que o voto "sim" condena e o "não" absolve, ou vice-versa. Na jurisprudência: STJ: "1. Segundo o art. 484, parágrafo único, do CPP, ainda em plenário, o juiz presidente explicará aos jurados o significado de cada quesito. No presente caso, a Juíza explicou aos jurados que, segundo entendimento do STJ, é preciso apenas a participação do menor para configurar o crime de corrupção de menores. Ora, não há que se falar em nulidade processual em razão do suposto excesso de atuação dos atos da magistrada que presidiu a sessão de julgamento, uma vez que esta apenas explicou o significado do quesito relacionado à materialidade do crime de corrupção de menores, posto em julgamento aos jurados, facilitando, com isso, a votação" (AgRg no AREsp 1.423.025/AL, 5.ª T., rel. Reynaldo Soares da Fonseca, 04.08.2020, v.u.).

> **Art. 485.** Não havendo dúvida a ser esclarecida, o juiz presidente, os jurados, o Ministério Público, o assistente, o querelante, o defensor do acusado, o escrivão e o oficial de justiça dirigir-se-ão à sala especial a fim de ser procedida a votação.[285]

> § 1.º Na falta de sala especial,[286] o juiz presidente determinará que o público se retire, permanecendo somente as pessoas mencionadas no *caput* deste artigo.
>
> § 2.º O juiz presidente advertirá[287] as partes de que não será permitida qualquer intervenção que possa perturbar a livre manifestação do Conselho e fará retirar da sala quem se portar inconvenientemente.

285. Presença das partes no julgamento: para assegurar a lisura do procedimento de votação, podem permanecer na sala secreta, além dos jurados, do juiz presidente e dos funcionários da Justiça, o órgão acusatório e a defesa (representando os interesses do réu). Entretanto, não podem circular livremente pela sala, pois acabariam constrangendo os jurados, em especial se permanecerem atrás de alguém que, no momento, da escolha do voto, pode sentir-se constrangido. Devem ficar nos seus lugares, lado a lado, à distância dos jurados, conforme estipulado pelo magistrado.

286. Sala especial: é a denominada *sala secreta*. Havia uma discussão, atualmente superada pela ampla maioria, tanto da doutrina, quanto da jurisprudência, a respeito da constitucionalidade da sala especial para votação. Alguns poucos sustentam que ela feriria o princípio constitucional da publicidade, previsto tanto no art. 5.º, LX quanto no art. 93, IX. Ocorre que o próprio texto constitucional – em ambos os dispositivos – menciona ser possível limitar a publicidade dos atos processuais quando a *defesa da intimidade* ou o *interesse social ou público* assim exigirem. Em primeiro lugar, deve-se salientar ser do mais alto interesse público que os jurados sejam livres e isentos para proferir seu veredicto. Não se pode imaginar um julgamento firme, longe de qualquer pressão, feito à vista do público, no plenário do júri. Note-se que as pessoas presentes costumam manifestar-se durante a sessão, ao menor sinal de um argumento mais incisivo feito pela acusação ou pela defesa. Ainda que o juiz exerça o poder de polícia na sala e possa determinar a retirada de alguém espalhafatoso de plenário, é certo que, durante a votação, essa interferência teria consequências desastrosas. Imagine-se um julgamento perdurando por vários dias, com todos os jurados exaustos e a votação final sendo realizada à vista do público em plenário. Se uma pessoa, não contente com o rumo tomado pela votação, levantar-se e ameaçar o Conselho de Sentença, poderá influir seriamente na imparcialidade do júri, ainda que seja retirada – e até presa – por ordem do juiz presidente. Anular-se-ia um julgamento tão custoso para todos, por conta dessa invasão no convencimento dos juízes leigos? Justamente porque os jurados não detêm as mesmas garantias – nem o mesmo preparo – da magistratura togada, pensou o legislador, com sapiência, na sala especial. Não é *secreto* o julgamento, pois acompanhado pelo promotor, pelo assistente de acusação, pelo defensor e pelos funcionários do Judiciário, além de ser comandado pelo juiz de direito. Argumentam alguns poucos que o julgamento na sala secreta poderia dar margem a acordos espúrios ou atos de corrupção, o que é ingênuo supor seja feito justamente no final da sessão. Se alguém tiver que ser corrompido já o será bem antes de tudo principiar ou durante o julgamento, mas não ao final, dentro da sala secreta, faltando pouco para a sentença ser lida. Por outro lado, haveria de ser uma corrupção histórica, envolvendo *todos* os presentes – e são muitos – para que ninguém possa denunciá-la. Enfim, as vantagens da sala secreta são tão evidentes, deixando os jurados à vontade para ouvir explicações do juiz, ler os autos do processo e votar sem qualquer tipo de pressão, que o interesse público está inequivocamente ao seu lado. Ademais, há na própria Constituição o disposto no art. 5.º, XXXVIII, *b*, assegurando o sigilo das votações. Não se fala em sigilo do *voto*, entendido como a cédula individual colocada pelo jurado, contendo "sim" ou "não", dentro da urna, mas sim em sigilo da *votação*, que é o ato de votar. Portanto, busca-se resguardar o momento do

Art. 486

jurado apor o voto na urna – que é *votar* –, razão pela qual a sala especial é o lugar ideal para tanto. Não se tem notícia de Tribunal do Júri no mundo que proporcione aos jurados a votação em sala aberta, à vista do público. Rui Barbosa sempre considerou o sigilo da votação algo essencial à instituição do júri (*O júri sob todos os aspectos*, p. 103), o que é posição francamente majoritária atualmente. Por todos, veja-se Hermínio Alberto Marques Porto: "Tais cautelas da lei visam a assegurar aos jurados a livre formação de sua convicção e a livre manifestação de suas conclusões, afastando-se quaisquer circunstâncias que possam ser entendidas, pelos julgadores leigos, como fontes de constrangimento. Relevante é o interesse em resguardar a formação e a exteriorização da decisão" (*Júri*, p. 315).

287. Garantia à livre manifestação do Conselho de Sentença: deve o juiz presidente exercer com firmeza, embora sem abusos, a condução do processo de votação. Nesse sentido, manifestações das partes, demonstrando aos jurados aquiescência ou discordância, conforme os votos forem proferidos, devem ser coibidas. Se, exortados a não mais interferir, seja com palavras, seja com gestos, o comando não for obedecido, pode o magistrado determinar que a parte seja retirada da sala para o prosseguimento do julgamento. Tudo será devidamente registrado em ata. Eventualmente, pode a parte pedir a palavra, pela ordem, para expressar algum protesto ou formular algum requerimento pertinente, o que não pode ser considerado, sempre, um ato de perturbação. O juiz deve ouvir e registrar o protesto, como, por exemplo, que o magistrado está dando explicações tendenciosas aos jurados, do mesmo modo que, havendo uma solicitação, deve apreciar e decidir de pronto.

> **Art. 486.** Antes de proceder-se à votação de cada quesito, o juiz presidente mandará distribuir aos jurados pequenas cédulas,[288] feitas de papel opaco e facilmente dobráveis, contendo 7 (sete) delas a palavra sim, 7 (sete) a palavra não.[289-290]

288. Cautela do juiz na distribuição: deve verificar (e pedir aos jurados que também o façam) se a distribuição das cédulas foi feita corretamente, pois, por vezes, pode um jurado receber dois votos "sim" ou dois votos "não". Cabe, ainda, a recomendação feita pelo magistrado para que os jurados mantenham sempre as cédulas escondidas, deixando para fechá-las abaixo da mesa de julgamento, onde ao redor estarão sentados, pois se o fizerem à vista de todos, é bem possível que se possa devassar o voto. O jurado desavisado abre as cédulas, vislumbra o "sim" (normalmente inscrito em vermelho) e o "não" (normalmente inscrito em preto), fecha-as e aguarda para colocar uma delas na urna. Se o fizer acima da mesa, pode deixar que outras pessoas vejam o voto dado. Na jurisprudência: STJ: "II – O rito previsto no artigo 486 do Código de Processo Penal e seguintes dispõe que, nos julgamentos do Tribunal do Júri, após as respostas dos jurados a cada um dos quesitos, haverá verificação dos votos e das cédulas não utilizadas, devendo o escrivão registrar em termo próprio o resultado da votação, do julgamento e da conferência das cédulas não utilizadas. III – Em razão da ausência de previsão legal da obrigatoriedade de apresentação das cédulas de votação dos jurados aos presentes à sessão, não há que se cogitar na nulidade do julgamento por tal razão" (HC 411.942/GO, 5.ª T., rel. Félix Fischer, j. 06.02.2018).

289. Preocupação com o sigilo da votação: além de estarem situados na sala secreta, bem como incomunicáveis ao longo de toda a sessão, os jurados recebem cédulas opacas, já contendo "sim" e "não", de modo que a votação continuará a preservar do conhecimento alheio o convencimento livre do Conselho de Sentença.

290. Modernização do sistema de votação: cremos que já é tempo para a modernização do antigo sistema de coleta de votos, com urnas de pano e votos de papel. Em julgamentos complexos, com muitos quesitos, vários réus e muitas séries, os jurados passam muitas horas em processo de votação. A tarefa torna-se extenuante e pode levar a erros involuntários. Pode-se adotar o sistema semelhante ao da votação em eleições gerais, vale dizer, com urnas eletrônicas. Cada jurado poderia ter um terminal à sua frente, todos conectados ao terminal do juiz. Ao proferirem o voto, automaticamente, o resultado é transferido ao terminal do magistrado e a apuração está realizada. O juiz, então, divulgaria, apenas o que decidiu a maioria, preservando o sigilo da votação.

> **Art. 487.** Para assegurar o sigilo do voto, o oficial de justiça recolherá em urnas separadas as cédulas correspondentes aos votos e as não utilizadas.[291]

291. Urna de carga e urna de descarga: a primeira urna que passa, no sentido anti-horário, começa a recolher os votos válidos, a partir do primeiro jurado (levando-se em conta o que foi sorteado e aceito em primeiro lugar e assim sucessivamente), passando, após, ao segundo, terceiro, quarto, quinto, sexto e sétimo. Quando termina e entrega a urna de carga ao juiz, determina este que outro oficial, no sentido horário, começando do sétimo jurado, até o primeiro, recolha os votos de descarga. Se houver somente um oficial presente, ele fará primeiro a recolha dos votos válidos e, após, a coleta dos votos inválidos. Porém, nessa situação, o processo de votação e apuração será ainda mais lento.

> **Art. 488.** Após a resposta, verificados os votos e as cédulas não utilizadas, o presidente determinará que o escrivão registre no termo a votação de cada quesito, bem como o resultado do julgamento.[292]
>
> **Parágrafo único.** Do termo também constará a conferência das cédulas não utilizadas.[293]

292. Registro da votação respeitado o sigilo: o disposto neste artigo não pode anular a importante conquista trazida pela Lei 11.689/2008, no sentido de não se divulgar o *quorum* da votação de cada quesito, uma vez que a unanimidade pode evidenciar exatamente como votou cada jurado. Por isso, o art. 483, § 1.º, do CPP, estipulou que, atingido mais de 3 votos, encerra-se a votação. No mesmo prisma, disciplina o § 2.º do mesmo artigo. Portanto, o juiz presidente deve verificar os votos, checar os válidos e os inválidos, mas somente lançar no termo qual o resultado majoritário do Conselho de Sentença. Exemplificando, se ao primeiro quesito todos os jurados votaram "sim", o magistrado determinará a anotação no termo da seguinte forma: "primeiro quesito: por maioria, *sim*". Dessa forma, não importa se a votação foi unânime ou com resultado apertado (4 x 3). Se for necessário fazer a conferência e evidenciar aos presentes o resultado, também não há obstáculo. Os quatro votos válidos pelo "sim" ou pelo "não" serão mostrados aos jurados e às partes presentes. Na jurisprudência: STF: "2. O veredicto do júri resta imune de vícios acaso não conste o número de votos no Termo de Julgamento no sentido afirmativo ou negativo, não só por força de *novatio legis*, mas também porque a nível metodologia preserva o sigilo e a soberania da deliberação popular. 3. O veredicto do júri obedecia ao disposto no art. 487 do Código de Processo Penal, que dispunha: 'Após a votação de cada quesito, o presidente, verificados os votos e as cédulas não utilizadas, mandará que o escrivão escreva o resultado em termo especial e que sejam declarados o número de votos afirmativos e o de negativos'. 4. A Lei n.º 11.689/2008 alterou a regra, passando a dispor, *verbis*: 'Art. 488. Após a resposta, verificados os votos e as cédulas não utilizadas, o presidente determinará que o escrivão registre no termo a votação de cada

Art. 488

Código de Processo Penal Comentado • Nucci

quesito, bem como o resultado do julgamento'. 5. *In casu*, a impetrante se limita a defender que '(...) o método de apuração dos votos usado pelo magistrado Presidente da sessão, bem como a deficiência do Termo de Votação consistente na falta de consignação dos votos afirmativos e negativos colhidos dos jurados acarreta nulidade absoluta por não permitir ao assistido saber qual foi o efetivo resultado do julgamento, afrontando, portanto, o princípio constitucional da ampla defesa. 6. É cediço na Corte que: a) no processo penal vigora o princípio geral de que somente se proclama a nulidade de um ato processual quando há a efetiva demonstração de prejuízo, nos termos do que dispõe o art. 563 do CPP, *verbis*: 'Nenhum ato será declarado nulo, se da nulidade não resultar prejuízo para a acusação ou para a defesa; b) nesse mesmo sentido é o conteúdo do Enunciado da Súmula n.º 523 do Supremo Tribunal Federal: 'No processo penal, a falta de defesa constitui nulidade absoluta, mas a sua deficiência só o anulará se houver prova de prejuízo para o réu.' 7. A doutrina do tema assenta, *verbis:* 'Constitui seguramente a viga mestra do sistema das nulidades e decorre da ideia geral de que as formas processuais representam tão somente um instrumento para correta aplicação do direito; sendo assim, a desobediência às formalidades estabelecidas pelo legislador só deve conduzir ao reconhecimento da invalidade do ato quando a própria finalidade pela qual a forma foi instituída estiver comprometida pelo vício" (in Grinover, Ada Pellegrini – *As nulidades no processo penal*, Revista dos Tribunais, 7.ª ed., 2001, p. 28). 8. É que o processo penal pátrio, no que tange à análise das nulidades, adota o Sistema da Instrumentalidade das Formas, em que o ato é válido se atingiu seu objetivo, ainda que realizado sem obediência à forma legal. Tal sistema de apreciação das nulidades está explicitado no item XVII da Exposição de Motivos do Código de Processo Penal, segundo o qual 'não será declarada a nulidade de nenhum ato processual, quando este não haja influído concretamente na decisão da causa ou na apuração da verdade substancial. Somente em casos excepcionais é declarada insanável a nulidade.' 9. Outrossim, é cediço na Corte que: (...) O princípio do *pas de nullité sans grief* – corolário da natureza instrumental do processo exige, sempre que possível, a demonstração de prejuízo concreto à parte que suscita o vício, ainda que a sanção prevista seja a de nulidade absoluta do ato' (HC 93868 – PE, Rel. Ministra Cármen Lúcia, Primeira Turma, *DJe* 16.12.2010). À guisa de exemplo, demais precedentes: HC 98403 – AC, Rel. Ministro Ayres Britto, Segunda Turma, *DJe* 07.10.2010; HC 94.817, Rel. Ministro Gilmar Mendes, Segunda Turma, *DJe* 02.09.2010; HC 98403 – AC, Rel. Ministro Ayres Britto, Segunda Turma, *DJe* 07.10.2010; HC 94.817, Rel. Ministro Gilmar Mendes, Segunda Turma, *DJe* 02.09.2010. 10. *In casu*, colhe-se que, não houve a efetiva demonstração de prejuízo para a defesa, e por isso não há que se falar em nulidade do julgamento pela ausência de consignação dos números de votos afirmativos e negativos do Conselho de Sentença. 11. A doutrina do tema assenta que: 'O sistema, que reputo aperfeiçoado em relação ao americano e ao inglês, encontra uma contradição: a decisão unânime dos jurados compromete a ideia de sigilo, pelo que merece seja repensada a ordem de que sejam declarados o número de votos afirmativos e o de negativos (art. 488, última parte, CPP). Parece-me correta a sugestão de que, alcançada a maioria de uma das opções (sim ou não), o magistrado encerre a verificação das respostas (...)' (in Nassif, Aramis – *O novo júri brasileiro*, Porto Alegre: Livraria do Advogado, 2009, p. 25). 12. Com efeito, o artigo 487 do CPP determinava que os votos emitidos pelo Conselho de Sentença deveriam ser registrados no Termo de Votação. Contudo há que se verificar que a ausência dessa consignação não gerava prejuízo ao réu. Aliás, esse raciocínio já vinha sendo adotado pela jurisprudência e doutrina, *verbis*: '(...) A providência, segundo entendemos, é desaconselhável, por várias razões. A primeira delas é que, sendo a votação resguardada pelo sigilo e não devendo o jurado dar satisfação de como votou, caso seja unânime, está devassada a posição dos jurados. Em segundo lugar, dá margem indevida a especulações de como desejou votar o Conselho de Sentença, fazendo com que surjam interpretações de que a votação, num sentido para determinado quesito, é incompatível com a votação, noutro sentido, para outro quesito. Ora, se o jurado quer mudar de ideia nada impede que isto se dê, motivo pelo qual é inviável esse procedimento. Em terceiro lugar, vê-se que muitas decisões dos tribunais, analisando a ocorrência ou não de nulidade, terminam se baseando na votação, alegando que, de acordo com a contagem, o voto deste ou daquele jurado não alterou o resultado. Enfim, o ideal seria apenas registrar o 'sim' ou 'não', sem a contagem explicitada. A lei, no entanto, necessita ser alterada para que isto seja implementado' (in Nucci, Guilherme de Souza – *Manual de Processo Penal e Execução Penal*, Revista dos Tribunais, 3.ª Edição, 2007, p. 758). 13. O artigo 487 do CPP foi revogado pela Lei n.º 11.689/2008, aprimorando assim o sistema de votação do júri, já que não se faz mais necessário constar quantos votos foram dados na forma afirmativa ou negativa, respeitando-se, portanto, o sigilo das votações e, consectariamente, a soberania dos veredictos. 14. Parecer do *parquet* pela denegação da ordem. 15. Ordem denegada" (HC 104.308/RN, 1.ª T., rel. Luiz Fux, *DJ* 31.05.2011).

293. Conferência dos votos inválidos: será feita somente pelo juiz presidente, acompanhado pelo serventuário que deverá promover o registro no termo. O referido registro não diz respeito a anotar o *quorum* dos votos não válidos, mas apenas que houve a conferência pelo presidente.

> **Art. 489.** As decisões do Tribunal do Júri serão tomadas por maioria de votos.[294]

294. Maioria de votos: esse é o *quorum* vencedor no Tribunal do Júri. Não se exige unanimidade, logo, com razão, inexiste fundamento para divulgar o resultado da apuração quando, verificada a maioria (quatro votos), chegou-se ao veredicto. Ver, ainda, as notas 272 ao art. 483 e 292 ao art. 488.

> **Art. 490.** Se a resposta a qualquer dos quesitos estiver em contradição com outra ou outras já dadas, o presidente, explicando aos jurados em que consiste a contradição, submeterá novamente à votação os quesitos a que se referirem tais respostas.[295]
>
> **Parágrafo único.** Se, pela resposta dada a um dos quesitos, o presidente verificar que ficam prejudicados os seguintes, assim o declarará, dando por finda a votação.[295]

295. Dificuldade de aplicação do preceito, como regra: embora esteja expressa a possibilidade de renovação da votação, quando houver "contradição nas respostas", somos da opinião que este artigo chega a ser inaplicável, fundamentalmente, por duas razões: a) cabe ao juiz presidente controlar as incompatibilidades na ordem de votação dos quesitos, impedindo que o Conselho de Sentença vote teses ilógicas. Exemplo: se os jurados reconheceram ter o réu cometido o crime por relevante valor moral, não permitirá o magistrado seja votado o quesito referente à qualificadora da futilidade, porque teses inconciliáveis. A afirmação de uma, exclui, naturalmente, a outra. Deve o magistrado considerar prejudicado o quesito da futilidade e assim ficará constando no termo. Se o juiz presidente permitir a votação de quesitos inconciliáveis, a contradição terá sido por ele mesmo plantada, não sendo da responsabilidade do Conselho de Sentença, logo, seria inaplicável, na essência, o preceituado no art. 490; b) em fiel seguimento ao princípio da soberania dos veredictos, considerando-se que os jurados são leigos e não estão, como já expusemos em outras notas, vinculados a decisões legais, valendo-se do seu senso de justiça e da sua consciência para decidir o caso, não vemos como obrigá-los a votar, novamente, determinadas proposições, somente porque aparentam ser contraditórias.

Art. 491

Porém, somos levados a admitir que, em caráter excepcional, descuidando-se o juiz presidente e permitindo a votação de quesitos contraditórios, de modo a evitar a nulidade do julgamento, o melhor a fazer é colocar novamente em votação, explicando em que consistiu a contradição que, no fundo, ele mesmo permitiu ocorresse. Na jurisprudência: STJ: "II – No presente caso, verifica-se que a Corte de origem invocou fundamentos para refutar a alegação de nulidade que estão em sintonia com o entendimento deste Tribunal cuja jurisprudência é firme no sentido de que, havendo contradição na respostas aos quesitos, é dever do magistrado explicar a contradição e submeter os quesitos a novo julgamento, não havendo que se falar em nulidade em virtude da estrita observância da norma insculpida no art. 490 do CPP, ainda mais porque sequer houve impugnação em tempo oportuno, qual seja, na própria sessão onde foi realizado nova votação, o que atrai a preclusão da tese. Precedentes" (HC 649.740/SP, 5.ª T., rel. Jesuíno Rissato (Desembargador convocado do TJDFT), 22.11.2022, v.u.); "O art. 490 do Código de Processo Penal autoriza ao Juiz Presidente a renovação da votação dos quesitos contraditórios, sem que isso revele afronta ao princípio da soberania dos veredictos. De fato, não se pode descurar que o Tribunal do Júri é composto por juízes leigos, razão pela qual é imperativa a necessidade de esclarecimentos quando houver dúvidas ou contradições, conforme se verificou ser o caso dos autos" (HC 269.764/SP, 5.ª T., rel. Reynaldo Soares da Fonseca, 05.04.2016, v.u.).

296. Prejudicialidade absoluta e prejudicialidade relativa: o artigo em comento menciona apenas a hipótese da prejudicialidade absoluta, ou seja, quando, em face da resposta dada pelos jurados a um quesito ou ao final de uma série deles, fica impossível continuar a votação, dando-a o juiz por encerrada. É o caso de negativa ao primeiro quesito (materialidade) ou quando o Conselho reconhece o quesito referente à tese defensiva. Mas, existe, ainda, a prejudicialidade relativa, que permite a continuidade da votação. Assim é o caso do Conselho de Sentença reconhecer o relevante valor moral e, em seguida, o juiz dar por prejudicado o quesito pertinente à qualificadora da futilidade. Continuará a votação para analisar outras qualificadoras, se porventura forem objetivas (e existentes), bem como irá votar os quesitos das agravantes e atenuantes, conforme o nosso entendimento.

> **Art. 491.** Encerrada a votação, será o termo a que se refere o art. 488 deste Código assinado pelo presidente, pelos jurados e pelas partes.[297]

297. Falta de juntada do termo aos autos: mera irregularidade. A única hipótese para a qual admitimos a ocorrência de nulidade do julgamento é se alguma das partes questionar especificamente o termo de votação, alegando que as respostas dadas pelos jurados não se coadunam com a sentença do juiz ou que a votação não ocorreu efetivamente. Enfim, necessitando o Tribunal verificar se é verdadeira a afirmação, na ausência do termo, alternativa não resta senão anular a sessão de julgamento, determinando que outra se realize. Entretanto, se na sentença o juiz faz menção aos quesitos e sobre isso nenhuma das partes manifestou-se na fase recursal ou mesmo se da falta do termo ninguém reclama, a matéria está preclusa, não mais devendo ser conhecida, nem anulado o julgado, posteriormente.

Seção XIV
Da sentença

> **Art. 492.** Em seguida, o presidente proferirá sentença[298] que:
> I – no caso de condenação:
> a) fixará a pena-base;[298-A]

b) considerará as circunstâncias agravantes ou atenuantes alegadas nos debates;[298-B-29-B2]

c) imporá os aumentos ou diminuições da pena, em atenção às causas admitidas pelo júri;

d) observará as demais disposições do art. 387 deste Código;

e) mandará o acusado recolher-se ou recomendá-lo-á à prisão em que se encontra, se presentes os requisitos da prisão preventiva, ou, no caso de condenação a uma pena igual ou superior a 15 (quinze) anos de reclusão, determinará a execução provisória das penas, com expedição do mandado de prisão, se for o caso, sem prejuízo do conhecimento de recursos que vierem a ser interpostos;[298-C-298-D]

f) estabelecerá os efeitos genéricos e específicos da condenação;[299]

II – no caso de absolvição:

a) mandará colocar em liberdade o acusado se por outro motivo não estiver preso;

b) revogará as medidas restritivas provisoriamente decretadas;

c) imporá, se for o caso, a medida de segurança cabível.[300]

§ 1.º Se houver desclassificação[301] da infração para outra, de competência do juiz singular, ao presidente do Tribunal do Júri caberá proferir sentença em seguida, aplicando-se, quando o delito resultante da nova tipificação for considerado pela lei como infração penal de menor potencial ofensivo, o disposto nos arts. 69 e seguintes da Lei 9.099, de 26 de setembro de 1995.[302-303]

§ 2.º Em caso de desclassificação, o crime conexo que não seja doloso contra a vida será julgado pelo juiz presidente do Tribunal do Júri, aplicando-se, no que couber, o disposto no § 1.º deste artigo.[304]

§ 3.º O presidente poderá, excepcionalmente, deixar de autorizar a execução provisória das penas de que trata a alínea *e* do inciso I do *caput* deste artigo, se houver questão substancial cuja resolução pelo tribunal ao qual competir o julgamento possa plausivelmente levar à revisão da condenação.[304-A]

§ 4.º A apelação interposta contra decisão condenatória do Tribunal do Júri a uma pena igual ou superior a 15 (quinze) anos de reclusão não terá efeito suspensivo.[304-B]

§ 5.º Excepcionalmente, poderá o tribunal atribuir efeito suspensivo à apelação de que trata o § 4.º deste artigo, quando verificado cumulativamente que o recurso:[304-C]

I – não tem propósito meramente protelatório; e

II – levanta questão substancial e que pode resultar em absolvição, anulação da sentença, novo julgamento ou redução da pena para patamar inferior a 15 (quinze) anos de reclusão.

§ 6.º O pedido de concessão de efeito suspensivo poderá ser feito incidentemente na apelação ou por meio de petição em separado dirigida diretamente ao relator, instruída com cópias da sentença condenatória, das razões da apelação e de prova da tempestividade, das contrarrazões e das demais peças necessárias à compreensão da controvérsia.[304-D]

298. Sentença no Tribunal do Júri: deve obedecer às regras de qualquer sentença condenatória criminal, com algumas alterações. Não há relatório nem fundamentação. Dedica-se o juiz presidente à fixação da pena em caso de condenação. Para tanto, utilizará o critério

Art. 492

Código de Processo Penal Comentado · **Nucci**

determinado pelo Código Penal. Inicialmente, estabelece a pena-base, com supedâneo no art. 59 do CP. Após, acrescenta as agravantes e atenuantes. Segundo a Lei 11.689/2008, devem elas advir dos debates das partes em plenário, sem passar pelos jurados. Logo, a aceitação ou recusa caberia exclusivamente ao juiz presidente. Reputávamos inconstitucional retirar do Conselho de Sentença a análise dessas circunstâncias legais, pois estreitaria a competência e a soberania do júri. Entretanto, o STF acolhe essa viabilidade, tendo em vista que a reforma de 2008 realmente pretendeu reduzir a complexidade do julgamento e dos quesitos, afastando questões ligadas à fixação da pena. Após, o magistrado insere as causas de aumento ou diminuição existentes (reconhecidas pelo júri). Deverá deliberar sobre a necessidade de prisão cautelar do réu, com base nos requisitos do art. 312 do CPP.

298-A. Fixação da pena-base: deve ser feita com base nos elementos do art. 59 do Código Penal, as denominadas circunstâncias judiciais. São de livre apreciação pelo juiz presidente, pois compõem o universo da individualização da pena, não ingressando no veredicto dos jurados, que são juízes do fato – e não do direito. Por certo, o magistrado deve ter a cautela de não valorar duas ou mais vezes a mesma circunstância em prejuízo do réu. Se o motivo fútil, por exemplo, já serviu para constituir a qualificadora, não mais será considerada na fase do art. 59, que também menciona os *motivos* do crime. Entretanto, pode haver mais de um motivo para o cometimento da infração penal; se assim ocorrer, nada impede que o juiz presidente leve em conta o motivo não aventado pelos jurados, nem como qualificadora, nem como agravante ou atenuante. Há, pois, liberdade de apreciação dos elementos do art. 59 do Código Penal pelo magistrado no Tribunal do Júri. Na jurisprudência: STF: "*Habeas corpus*. Tribunal do Júri. Dosimetria da pena. Circunstâncias judiciais. Ofensa à soberania dos veredictos do Tribunal do Júri. Inocorrência: Acolhimento da tese de crime privilegiado em razão de forte excitação do paciente logo após a agressão da vítima. Motivo que não se confunde com a discussão empreendida entre o paciente e a vítima, sopesada para fixar a pena-base acima do mínimo legal. 1. A dosimetria da pena é conferida exclusivamente ao Juiz Presidente do Tribunal do Júri, não cabendo, aprioristicamente, falar em afastamento das circunstâncias judiciais do artigo 59 pelo Conselho de Sentença (CPP, art. 492, inc. I, a e b). 2. O Juiz deve, contudo, no cálculo da pena-base, atentar para a possibilidade da ocorrência de *bis in idem* e de violação dos veredictos do Tribunal Júri, mercê de revalorização de circunstância judicial expressamente prevista em lei como qualificadora ou privilégio, agravante ou atenuante ou causa de aumento ou diminuição. 3. *In casu*, o Juiz Presidente do Tribunal do Júri valorou negativamente cinco das sete circunstâncias judiciais arroladas no artigo 59 do Código Penal, sendo certo que o Tribunal de Justiça de Goiás e o Superior Tribunal de Justiça decotaram (4) quatro dessas circunstâncias, reduzindo a pena inicial de 6 (seis) anos para 4 (quatro) anos e 4 (quatro) meses de reclusão, remanescendo apenas a circunstância relativa a um dos motivos do crime, *verbis*: 'Notando que a ação criminosa teve seus motivos, na realidade, pelo fato do acusado e vítima discutirem acerca da ocupação de um imóvel e a divisão do patrimônio. Fato que deve ser considerado para agravar a pena'. 4. A discussão a respeito da ocupação de um imóvel e a divisão do patrimônio dos envolvidos constituiu apenas um dos motivos do crime – valorado como circunstância judicial para a exacerbação da pena-base –, motivo que não se confunde com a causa específica de diminuição de pena do § 1.º do art. 121 do Código Penal (homicídio privilegiado), consistente em ter o paciente agido sob o domínio de violenta emoção logo em seguida à agressão da vítima. 5. 'Motivo é a razão de ser de alguma coisa, a causa ou o fundamento de sua existência, podendo ser utilizado ainda o termo com o sentido de finalidade e objetivo. No contexto do art. 59, segundo nos parece, vale-se a norma penal da palavra motivos (no plural) indicando, portanto um plexo de situações psíquicas, que faz alguém agir criminosamente. Esse contexto psíquico é rico de elementos harmônicos, podendo representar tanto a causa do delito como a finalidade a ser atingida pelo agente" (Nucci, Guilherme de Souza, *Individualização da Pena*, 2.ª ed. rev., ampl. e atual., São Paulo: Revista dos Tribunais, p. 198.) 6. O Conselho de Sentença acolheu a tese de homicídio privilegiado em razão (ou pelo motivo) de que o paciente agiu impelido de forte excitação ao ser agredido pela vítima, ou seja, por motivo diverso do utilizado para exasperar a pena-base. 7. Resulta legítima a fixação da pena-base acima do mínimo legal com fundamento em apenas uma das circunstâncias judiciais arroladas no art. 59 do Código Penal, *in casu* os motivos do crime (HC 76.196/GO, 2.ª T., rel. Maurício Corrêa, *DJ* 29.09.1998). 8. Ordem denegada" (HC 108.146/GO, 1.ª T., rel. Luiz Fux, 05.06.2012, v.u.).

298-B. Alegação das agravantes e atenuantes em debate: o juiz presidente não pode, de ofício, sem exposição das partes em plenário, reconhecer agravante ou atenuante em sua sentença. Cuida-se de uma novidade introduzida pela reforma de 2008. Antes, as agravantes e atenuantes deviam ser alegadas pelas partes, durante os debates em plenário, para que fossem perguntadas aos jurados se existentes ou não. Além disso, havia a obrigatoriedade do quesito referente às atenuantes, mesmo que não fosse requerida pela defesa. Após a modificação legislativa, em vez de transferir completamente ao juiz presidente a análise de agravantes e atenuantes, como ocorre no processo comum, introduziu um meio-termo. Pretende-se que o magistrado só considere essas causas legais, previstas nos arts. 61 a 66 do Código Penal, se as partes alegarem a sua existência, durante as suas manifestações ao longo dos debates. Por isso, não vemos lógica em retirá-las da apreciação dos jurados e não permitir que o juiz togado as reconheça, mesmo sem requerimento ou manifestação expressa das partes, na sentença condenatória. Na jurisprudência: STJ: "2. Consoante entendimento deste Superior Tribunal de Justiça, apesar de a Lei n. 11.689/2008 ter tornado desnecessária a quesitação das atenuantes e agravantes, em atendimento ao disposto no art. 492, I, 'b', do Código de Processo Penal, o Juiz Presidente do Tribunal do Júri fixará a pena do paciente considerando apenas as atenuantes e agravantes que tenham sido objeto de debate em plenário. 3. Ainda que seja permitida a valoração de título condenatório pretérito como maus antecedentes, não se pode admitir o seu emprego como vetorial desabonadora na dosagem da básica por não ter sido debatida a incidência da agravante da reincidência em plenário, sob pena de usurpação da competência funcional do conselho de sentença de decidir acerca da agravante, ainda que escamoteada como circunstância judicial negativa" (AgRg no HC 748.954/SP, 5.ª T., rel. Ribeiro Dantas, 28.11.2022, v.u.)**.** "5. Contudo, as circunstâncias agravantes ou atenuantes, dentre elas a confissão, somente poderão ser consideradas no Tribunal do Júri pelo Juiz presidente, na formulação da dosimetria penal, quando debatidas em Plenário, circunstância não constatada no caso em análise" (HC 664.312/RJ, 5.ª T., rel. Reynaldo Soares da Fonseca, 22.06.2021, v.u.).

298-B1. Agravante idêntica a qualificadora: no contexto do homicídio, há qualificadoras que são iguais a agravantes, como, por exemplo, motivo torpe ou fútil e meio de execução cruel, dentre outras. Não há possibilidade de se aceitar a inclusão da agravante de motivo fútil, por exemplo, mesmo levantada pela acusação em plenário, se ela não foi incluída na denúncia, como qualificadora – vez que esta faz parte da tipicidade derivada –, razão pela qual o réu tem o direito de se defender em relação a ela desde o início da ação penal. Seria uma forma de contornar a indispensável imputação integral de um tipo incriminador – tipo básico e tipo derivado – para que o acusado possa de defender de modo amplo. Na jurisprudência: STJ: "2. Cabe ao juiz (na sistemática do art. 492 do CPP) fixar a pena-base e ponderar as agravantes e atenuantes, sem necessidade de quesitação desses elementos aos jurados. Todavia, quando tais circunstâncias judiciais ou legais corresponderem a uma qualificadora do delito, a quesitação é necessária. Entendimento desta colenda Quinta Turma" (AgRg no AREsp 1.737.903/MS, 5.ª T., rel. Ribeiro Dantas, 22.06.2021, v.u.).

Art. 492

Código de Processo Penal Comentado · Nucci

298-B2. Circunstâncias legais advindas da autodefesa: o interrogatório do acusado é fonte da qual o juiz presidente deve extrair qualquer tese defensiva, que merece inclusão no questionário para decisão dos jurados. No entanto, agravantes e atenuantes não fazem parte do fato principal, razão pela qual o legislador, ao editar a Lei 11.689/2008, retirou-as da apreciação dos jurados e deliberou que só poderiam ser consideradas pelo magistrado, caso fossem alegadas pelas partes durante os debates. Enfim, não pode o juiz extrair do interrogatório qualquer agravante ou atenuante para incluir na decisão condenatória. Entretanto, cremos ser perfeitamente adequado acolher atenuante, mesmo tese de defesa proveniente do interrogatório, em função da plenitude de defesa – princípio constitucional do júri. Não cabe à lei ordinária cercear norma constitucional. Na jurisprudência: STJ: "2. No âmbito do Júri, o Juiz presidente somente poderá considerar, no momento da dosimetria da pena, as circunstâncias agravantes e atenuantes alegadas nos debates, conforme regra expressa constante do art. 492, inciso I, alínea b, do Código de Processo Penal. 3. Ao ressaltar que a questão foi debatida em plenário, o Tribunal de origem se limitou a afirmar que o Acusado, durante o seu interrogatório, afirmou que ostenta duas condenações criminais anteriores. Vê-se que a orientação exposta no acórdão impugnado diverge do entendimento desta Corte Superior, segundo o qual não se admite, 'para fins do reconhecimento da reincidência, que a acepção da expressão 'debate em plenário' esteja calcada tão somente na autodefesa realizada pelo próprio acusado no momento do interrogatório, sob pena de subverter o próprio princípio estampado no brocardo nemo tenetur se detegere' (AgRg no AgRg no HC n. 525.453/MS, relator Ministro Antonio Saldanha Palheiro, Sexta Turma, julgado em 23/6/2020, DJe de 1/7/2020)" (AgRg no HC n. 798685, 6.ª Turma, Rel. Teodoro Silva Santos, 11.03.2024, v.u.).

298-C. Prisão cautelar: quando o réu se encontra preso preventivamente, ao longo do procedimento do júri, tanto na fase de instrução para a pronúncia, quanto na fase entre esta e a decisão tomada em plenário do júri, por certo cabe ao juiz presidente *recomendá-lo à prisão onde se encontra*, o que significa comunicar o estabelecimento penal que ele foi condenado e continuará preso provisoriamente. Essa comunicação é de praxe forense. Além disso, em matéria de prisão cautelar, tem-se sustentado que, tendo ficado preso, com razão, durante a instrução do processo, seria inconsequente libertá-lo, logo quando foi condenado pelo júri.

298-D. Determinação da execução provisória da pena: com a edição da Lei 13.964/2019, incluiu-se que, havendo condenação a uma pena igual ou superior a 15 anos de reclusão, caberia ao juiz determinar a execução provisória da pena (provisória, porque ainda sujeita a recurso), expedindo-se mandado de prisão (pena nesse montante deve iniciar-se no regime fechado). Questionou-se a constitucionalidade desse dispositivo no Supremo Tribunal Federal, em face do princípio da presunção de inocência. Em julgamento proferido no dia 12 de setembro de 2024, o STF proferiu decisão, não só afirmando a constitucionalidade dessa norma, mas ampliando o seu alcance, com a seguinte tese: "A soberania dos veredictos do Tribunal do Júri autoriza a imediata execução de condenação imposta pelo corpo de jurados, independentemente do total da pena aplicada" (RE 1.235.340, Plenário, rel. Roberto Barroso, 12.9.2024, m.v.). Portanto, valorizou-se, sobremaneira, o princípio constitucional da soberania dos veredictos, pelo prisma da imediata execução da pena, seja ela qual for, independentemente do montante de pena estabelecido. Não apenas as sanções privativas de liberdade, com início no regime fechado, estão envolvidas nesse julgamento do Pretório Excelso; caso o juiz fixe uma pena de 5 anos de reclusão em regime inicial semiaberto deve determinar a expedição de mandado de prisão para início do cumprimento. Do mesmo modo se fará, caso se trate de pena a iniciar no regime aberto, bem como de outras resultantes do júri. Em nossas obras, defendemos a soberania dos veredictos, como princípio fundamental do Tribunal Popular, embora fosse viável a sua coexistência com outro princípio relevante, o duplo grau de jurisdição. Compondo-se os dois, seria possível aguardar o julgamento definitivo, com trânsito em julgado, para o início do cumprimento da pena. Por óbvio, a prisão cautelar não estaria descartada, caso fosse necessária, nos termos do art. 312 do CPP. Além disso, a soberania restaria preservada, pois o tribunal, dando provimento à apelação do reu, não substituiria o veredicto popular; determinaria o retorno dos autos para que se fizesse outro júri. Contudo, o STF optou pela prevalência da soberania dos veredictos, baseando-se, inclusive, nas poucas decisões condenatórias, proferidas no tribunal popular, reformadas; ao contrário, a ampla maioria é mantida em grau de apelação ou em posterior julgamento pelo júri.

299. Efeitos da condenação: estão previstos nos artigos 91 e 92 do Código Penal. Os efeitos do art. 91 são genéricos, automáticos e não dependem de fixação pelo juiz na sentença. Os do art. 92 dependem de expressa menção na decisão judicial. Entretanto, a Lei 14.994/2024, que inseriu o crime de feminicídio de forma independente no Código Penal (art. 121-A), também incluiu o § 2.º no art. 92, estabelecendo, como efeitos automáticos os previstos nos incisos I e II do art. 92, bem como o inciso II do referido § 2.º.

300. Medida de segurança: quando se cuidar da denominada *absolvição imprópria*, impõe-se a medida de segurança, cuidando-se de réu inimputável, assim reconhecido pelo Conselho de Sentença.

301. Desclassificação: *desclassificar* significa alterar a tipificação do crime e, no contexto do júri, modifica o tipo penal, passando de delito doloso contra a vida, que fixou a competência do Tribunal Popular, para outra infração penal, de competência de juiz singular, representa uma diferença substancial. Em primeiro lugar, cessa a possibilidade de os jurados continuarem a analisar o caso, transferindo-se a atribuição ao juiz togado. Em segundo, em muitas situações, cuida-se de tese defensiva, pois um homicídio doloso, por exemplo, pode transmudar-se para a sua forma culposa – com pena abstrata muito menor, ou mesmo para lesão corporal. Diante disso, reconhecida a incompetência do Tribunal do Júri, cabe ao juiz presidente decidir a questão, proferindo o veredicto que considerar apropriado.

302. Desclassificação e aplicação dos benefícios da suspensão condicional do processo: atento à linha desenvolvida na nota anterior, ou seja, de que havendo desclassificação da infração penal de competência do Tribunal do Júri, desloca-se a competência para o julgamento ao juiz presidente. Dessa forma, caso os jurados provoquem a desclassificação de homicídio doloso para culposo, é natural que, em face da pena a este reservada (detenção, de 1 a 3 anos), tenha o réu o direito de obter os benefícios da suspensão condicional do processo (Lei 9.099/1995, art. 89). Tal situação somente não lhe era aplicável porque se cuidava de um homicídio doloso, cuja pena foge ao âmbito do benefício. Entretanto, valendo-se da soberania dos veredictos, o Tribunal Popular decidiu tratar-se de homicídio culposo, desclassificando a infração, logo, cabível a suspensão condicional do processo, dependendo de proposta a ser formulada pelo Ministério Público.

303. Desclassificação para infração de menor potencial ofensivo: pode ocorrer a desclassificação do delito doloso contra a vida para infração atualmente considerada de menor potencial ofensivo, tal como sucede quando o júri reconhece a prática de lesão corporal simples (detenção, de 3 meses a 1 ano). Assim acontecendo, concordamos com a lição de Ada Pellegrini Grinover, Antonio Magalhães Gomes Filho, Antonio Scarance Fernandes e Luiz Flávio Gomes: "quando a desclassificação for para infração de menor potencial ofensivo (...) a competência passa a ser do Juizado Especial Criminal. Transitada em julgado a decisão desclassificatória, os autos serão remetidos ao Juizado competente, onde será designada a audiência prevista nos arts. 70-76 da lei. Não há outra solução, pois a competência dos Juizados para as infrações de menor potencial ofensivo, por ser de ordem material e ter base constitucional, é absoluta

Art. 492

Código de Processo Penal Comentado · **Nucci**

950

(...). Nos locais em que não há Juizado Especial, compete ao próprio juiz do Tribunal do Júri tomar as providências relacionadas com a Lei 9.099/95, designando a audiência dos arts. 70-76, atuando os institutos despenalizadores aplicáveis à situação concreta" (*Juizados Especiais Criminais*, 3. ed., p. 79). Entretanto, a Lei 11.313/2006 deu nova redação ao art. 60 da Lei 9.099/1995, indicando a possibilidade de prorrogação de competência em casos de conexão e continência de infrações de menor potencial ofensivo com outras, consideradas comuns. *In verbis*: "O Juizado Especial Criminal, provido por juízes togados ou togados e leigos, tem competência para a conciliação, o julgamento e a execução das infrações penais de menor potencial ofensivo, respeitadas as regras de conexão e continência. Parágrafo único. Na reunião de processos, perante o juízo comum ou o tribunal do júri, decorrentes da aplicação das regras de conexão e continência, observar-se-ão os institutos da transação penal e da composição dos danos civis". Portanto, em interpretação literal, quer-se dizer o seguinte: o JECRIM é competente para conhecer, julgar e executar todas as infrações de menor potencial ofensivo, exceto se houver conexão ou continência. Nessas duas hipóteses, a infração de menor potencial ofensivo seria julgada por Vara comum (*inclusive no tribunal do júri*), desde que o magistrado aplique a transação penal e a composição dos danos civis, quando cabíveis. Sustentamos a inconstitucionalidade dessa alteração legislativa em nosso *Leis penais e processuais penais comentadas – Vol. 2* (notas 16 e 17 ao art. 60 da Lei 9.099/1995). Afinal, não há sentido algum para tal modificação. A competência do JECRIM advém da Constituição Federal. Inexiste viabilidade jurídica para a legislação ordinária alterá-la. Assim, o crime doloso contra a vida ficaria circunscrito ao Júri; as infrações de menor potencial ofensivo a ele conexas deveriam seguir ao JECRIM. Havendo desclassificação, seria imposta a mesma solução: a remessa ao Juizado Especial Criminal, seu juiz natural. A Lei 11.689/2008 insistiu no mesmo parâmetro (art. 492, § 1.º, segunda parte), o que reputamos, igualmente, inconstitucional. No entanto, os tribunais têm permitido a referida conexão ou continência, legitimando o juiz presidente a decidir o caso, inclusive aplicando-se os benefícios da Lei 9.099/1995 (como, por exemplo, a transação). Cuida-se da aplicação do princípio da economia processual, priorizando a celeridade para o deslinde da causa.

304. Crimes conexos: devem ser julgados pelo juiz presidente, tendo havido a desclassificação do delito doloso contra vida. Entretanto, quando a infração conexa for considerada de menor potencial ofensivo, com base na mesma fundamentação exposta na nota anterior, reputamos que o juízo competente para a apreciar deveria ser o JECRIM. Mas essa não é a posição predominante; tem-se aceitado a competência do juiz presidente para qualquer infração penal vinculada ao crime inicialmente da competência do júri, afastando-se o caso do JECRIM.

304-A. Execução imediata: este dispositivo está em sintonia com o disposto pela alínea *e* do inciso I do art. 492. Entretanto, após o julgamento realizado pelo STF, em relação ao tema 1068, conforme mencionado na nota 298-D supra, *toda* sentença condenatória proferida pelo Tribunal do Júri *deve* ser imediatamente executada, ainda que provisoriamente, porque há possibilidade de haver recurso. Não importa o montante da pena, prevalecendo a soberania dos veredictos, para que se faça a execução provisória da pena. Ainda assim, parece-nos viável a aplicação do disposto pelo § 3.º, prevendo a *excepcionalidade* de uma situação na qual vislumbre *questão substancial* (matéria controversa relevante para o caso) a ser resolvida pelo tribunal competente para julgar a apelação interposta pelo acusado, desde que constate a plausibilidade (provável admissibilidade ou aceitação) de sucesso nesse recurso. Cuida-se de uma garantia de inexecução imediata da decisão condenatória, a ser implementada pelo próprio magistrado prolator dessa sentença. Nota-se constituir hipótese realmente excepcional, pois o juiz presidente profere a decisão, impõe a pena, que pode ser elevada, mas susta a execução imediata por vislumbrar, por exemplo, a ocorrência de uma falha grave durante a instrução em plenário ou uma decisão dos jurados que afronte cabalmente a prova dos autos. Não sendo admissível que ele mesmo anule o veredicto, deve encaminhar o recurso à superior instância, mas não determina a imediata execução da sentença. Ao fazê-lo, precisa fundamentar detalhadamente o motivo pelo qual suspende a referida execução provisória da pena. Tratando-se de réu solto, não determina a sua prisão. Cuidando-se de acusado preso, pode mantê-lo em segregação provisória, visto que o fundamento da prisão preventiva continua presente, não se vinculando à condenação, vale dizer, não se trata de execução provisória de pena, mas prisão cautelar. Essa decisão judicial não depende de expresso requerimento da defesa, podendo o magistrado agir de ofício. No entanto, por óbvio, não ingressando recurso defensivo, havendo o trânsito em julgado, determinará a execução, transferindo o caso à alçada do juízo da execução penal. É preciso destacar que inexiste, no CPP, recurso contra a decisão do juiz que suspende a execução imediata da pena. Porém, constituindo ser regra o pronto cumprimento da pena, conforme decisão do STF, e exceção, devidamente fundamentada, o não cumprimento, caso o magistrado não aponte elementos substanciais para obstar a execução imediata, parece-nos cabível a correição parcial pelo órgão acusatório, pois estaria havendo a inversão tumultuária do feito. Noutros termos, adotar a exceção, em lugar da regra, sem sólido fundamento, representa inadequação à lei, conforme interpretação do Pretório Excelso.

304-B. Efeito suspensivo: considerando a decisão do STF (tema 1068), toda sentença condenatória terá execução imediata, salvo a hipótese descrita na nota anterior. Portanto, amplia-se o disposto pelo § 4.º para se compreender que a apelação interposta contra qualquer decisão condenatória do Tribunal do Júri *não terá* efeito suspensivo. Isso significa que, determinada a execução provisória da pena, pelo juiz presidente, ingressando apelação, deve ser recebida somente no efeito devolutivo.

304-C. Atuação do tribunal quanto ao efeito suspensivo: os §§ 5.º e 6.º deste Código, após o julgamento proferido pelo STF (tema 1068), passam a ter particular relevância, tendo em vista que todas as sentenças condenatórias do júri comportam imediata execução. Em primeiro lugar, registre-se que o efeito suspensivo ao apelo interposto contra a decisão condenatória será excepcional e somente poderá ser concedido pelo tribunal (neste colegiado, pelo relator do recurso). Para tanto, há que se analisar os requisitos expostos nos incisos I e II do § 5.º, que são *cumulativos*: a) não ter esse recurso o intuito *meramente protelatório* (prorrogar propositadamente o trânsito em julgado para evitar o imediato cumprimento da pena, mesmo não tendo argumentos sólidos para reverter a decisão condenatória); b) apresentar, no apelo, uma *questão substancial* (extremamente adequada ao caso, passível de reversão do *decisum*), indicando a viabilidade de uma absolvição (considerando a soberania do júri, deve se concentrar na possibilidade de novo julgamento), anulação da sentença condenatória (existência de grave falha processual ocorrida na sessão plenária), alternativa viável a novo julgamento (viabilidade de ser determinado novo julgamento pelo júri não apenas visando à absolvição, mas a qualquer outro benefício para o acusado, como exclusão de qualificadoras ou aplicação de causa de diminuição da pena) ou acarretar a diminuição da pena para um montante abaixo de 15 anos de reclusão (esta última condição perde o efeito, pois o STF indicou a execução provisória para qualquer montante de pena). Avaliando-se o cenário, as teses jurídicas apontadas pelo inciso II terminam por levar ao tribunal uma análise preliminar acerca da eficiência do recurso para que seja concedido o efeito suspensivo à decisão condenatória. Em algumas situações, caso o relator indefira esse efeito, poderia haver agravo regimental e o colegiado iria dizer se há elementos suficientes e ponderáveis para a concessão do referido efeito suspensivo. De certa forma, constituirá uma análise preliminar acerca do conteúdo do recurso defensivo; negando, enfim, o efeito suspensivo, está-se avançando, ainda que de modo relativo, para o mérito do apelo. Observa-se, pela *cautela legislativa*, que a soberania do júri não

Art. 493

é tão sólida quanto se pode imaginar, pois o veredicto dado somente será de pronto cumprido *se* a defesa deixar de ofertar recurso ou se o seu apelo for evidentemente protelatório, sem qualquer fundamento mínimo de sustentabilidade jurídica. Nessa ótica, soa-nos essencial que o tribunal para o qual for encaminhada a apelação defensiva avalie com extremada cautela o pedido de efeito suspensivo, a fim de não gerar a antecipação do cumprimento de pena que, posteriormente, poderia ser afastada.

304-D. Procedimento para requerer o efeito suspensivo: incidentalmente, na apelação (constante em item específico no recurso), ou em petição separada dirigida diretamente ao relator, com cópias da sentença condenatória, das razões da apelação, com prova da tempestividade (interposta dentro do prazo legal), das contrarrazões e outras peças necessárias ao entendimento do caso. Parece-nos que a petição separada é o caminho mais eficiente e célere, pois apresenta-se, diretamente, ao relator, antes mesmo que a apelação seja por ele apreciada e, depois, encaminhada ao colegiado para julgamento. Negado o pedido pelo relator, cabe agravo regimental à turma. Negado o agravo, pode-se impetrar *habeas corpus* junto ao Superior Tribunal de Justiça e, negada a ordem, pode o interessado dirigir-se ao STF, por recurso ordinário constitucional ou impetrando outro *habeas corpus*.

> **Art. 493.** A sentença será lida em plenário pelo presidente antes de encerrada a sessão de instrução e julgamento.[305-306]

305. Leitura em público: com todos os presentes em pé, solenemente, o juiz presidente procede à leitura da sentença em plenário. Acompanharão o ato as partes e o réu. Este, no entanto, pode ser retirado de plenário caso se manifeste agressivamente ou resolva interromper o juiz para protestar. Por outro lado, se alguma das partes, chamada para o ato, não comparecer, lê o magistrado a sentença para os que estiverem em plenário, sem qualquer irregularidade. É direito da acusação ou da defesa estar presente, mas não uma obrigação.

306. Publicação formal da sentença: é desnecessária, justamente porque este artigo determina que ela seja lida em plenário, à vista do público. Considera-se, pois, publicada neste momento.

Seção XV
Da ata dos trabalhos

> **Art. 494.** De cada sessão de julgamento o escrivão lavrará ata,[307] assinada pelo presidente e pelas partes.[308]

307. Ata do julgamento: é o espelho fiel do desenvolvimento da sessão, contendo todas as principais ocorrências e protestos feitos pelas partes. Não deixa de ser motivo de grande polêmica a lavratura desse termo, uma vez que a lei determina seja o escrivão o responsável pelo empreendimento, embora se saiba que quem controla a ata, na prática, é o juiz presidente. Em uma Vara contando com vários plenários e julgamentos ocorrendo ao mesmo tempo, um só escrivão não tem condições de acompanhar todos eles. Por outro lado, ainda que se diga que um escrevente ficaria responsável por isso, é possível que nem mesmo o funcionário tenha condições de entender as teses expostas, para reduzi-las a termo ou os protestos realizados. Enfim, a lei deveria ter previsto expressamente que a confecção da ata é da responsabilidade do juiz presidente, como é a lavratura do termo de audiência e tudo o que nele consta. Na realidade, a assinatura das partes não vai modificar em nada o conteúdo da ata, que o juiz mandou lavrar. Cabe ao magistrado ser fiel às ocorrências, pedidos e protestos sucedidos ao longo da sessão. Se não for, a parte que se sentir prejudicada pode peticionar, demonstrando as incorreções. Havendo nítida má-fé, é caso de solução disciplinar, pois o juiz fez inserir informações falsas em termo do processo. Não nos convence, no entanto, deva a ata ser lavrada por escrivão – inviável em lugares com muitos plenários, contando, também, com a possibilidade real de não entendimento de questões jurídicas levantadas – tampouco que deva ser assinada pelo promotor e pelo defensor. Na jurisprudência: STJ: "Vale lembrar que a ata de julgamento, nos termos do artigo 494 do Código de Processo Penal, é documento que goza de fé pública, que não pode ser desconstituído por meras ilações do agravante, despidas de suporte probatório mínimo. Com efeito, não há dúvidas que o agravante deixou transcorrer *in albis* o prazo para a interposição de apelação criminal em face da sentença condenatória, pretendendo, por via oblíqua, a desconstituição do trânsito em julgado, a partir de narrativa incompatível com os fatos descritos na ata de audiência" (AgRg no RHC n. 184350, 5.ª T., rel. Messod Azulay Neto, 04.03.2024, v.u.).

308. Assinatura da ata: anteriormente, era assinada somente pelo juiz presidente e pelo Ministério Público. A partir da edição da Lei 11.689/2008, passou a ser assinada por todos os envolvidos (juiz, Ministério Público ou querelante, assistente, se houver, e defensor). Na verdade, a mudança não trará nenhum ganho prático efetivo. Se a ata for o espelho fiel do que houve na sessão plenária, todos a assinarão de bom grado. Aquele que não concordar, deixará de assiná-la, o que não significa a perda de sua validade para demonstrar o havido no julgamento. Em suma, *democratizou-se* a assinatura da ata, mas não se resolveu o problema de sua eventual imprecisão no relato dos acontecimentos. Os jurados não assinam a ata.

Art. 495 A ata descreverá fielmente todas as ocorrências, mencionando obrigatoriamente:[309-310]

I – a data e a hora da instalação dos trabalhos;

II – o magistrado que presidiu a sessão e os jurados presentes;

III – os jurados que deixaram de comparecer, com escusa ou sem ela, e as sanções aplicadas;

IV – o ofício ou requerimento de isenção ou dispensa;

V – o sorteio dos jurados suplentes;

VI – o adiamento da sessão, se houver ocorrido, com a indicação do motivo;

VII – a abertura da sessão e a presença do Ministério Público, do querelante e do assistente, se houver, e a do defensor do acusado;

VIII – o pregão e a sanção imposta, no caso de não comparecimento;

IX – as testemunhas dispensadas de depor;

X – o recolhimento das testemunhas a lugar de onde umas não pudessem ouvir o depoimento das outras;

XI – a verificação das cédulas pelo juiz presidente;

XII – a formação do Conselho de Sentença, com o registro dos nomes dos jurados sorteados e recusas;

XIII – o compromisso e o interrogatório, com simples referência ao termo;

XIV – os debates e as alegações das partes com os respectivos fundamentos;

XV – os incidentes;[311]

Art. 496 Código de Processo Penal Comentado · **Nucci** 954

> XVI – o julgamento da causa;
> XVII – a publicidade dos atos da instrução plenária, das diligências e da sentença.

309. Conteúdo da ata: o disposto nos incisos I a XIII, XVI e XVII, é pura formalidade, de modo que o escrivão – ou o funcionário que lhe fizer as vezes – pode compreender e fazer constar. Entretanto, os itens constantes nos incisos XIV e XV são complexos e dependem de conhecimento jurídico. Resumir o conteúdo dos debates orais, com as teses ofertadas, bem como registrar todos os incidentes, é tarefa do juiz presidente. Somente ele é capaz de dar contorno jurídico a um protesto, sem haver vagueza, indevida imprecisão ou qualquer tipo de falha. Na jurisprudência: STJ: "1. Nos termos do art. 495 do Código de Processo Penal, a Ata da Sessão de Julgamento deve conter a descrição dos acontecimentos sucedidos no decorrer da sessão, sendo, por isso, desnecessária a expedição de certidão para atestar os mesmos fatos/atos, tanto mais quando a parte interessada não chega a alegar que algum fato ocorrido durante a sessão do tribunal do júri tenha sido omitido na ata" (RMS 59.180/MA, 5.ª T., rel. Reynaldo Soares da Fonseca, 19.02.2019, v.u.).

310. Ata ideal: seria aquela que faria constar somente as questões formais. Os debates, as teses expostas, os conflitos surgidos, os protestos e os requerimentos, com a pronta decisão do juiz presidente, deveriam ser gravados. Seria a forma mais fidedigna de espelhar todo o ocorrido e o conteúdo das manifestações das partes e do magistrado.

311. Incidentes: são todas as ocorrências que interessam ao julgamento. Deve o juiz registrar os protestos feitos pelas partes, como também ocorrências anômalas, tais como a constatação de que um jurado dormiu durante os debates ou que atendeu a um telefone celular, entre outras. Na jurisprudência: STJ: "A ata do julgamento não faz qualquer referência ao fato de algum jurado ter dormido durante os debates. A procedência da alegação somente pode ser verificada mediante reexame de provas, o que é vedado pelo enunciado da Súmula n. 7/STJ" (AgRg no REsp 1.113.349/MS, 5.ª T., rel. Reynaldo Soares da Fonseca, 28.06.2016, v.u.).

> **Art. 496.** A falta da ata sujeitará o responsável a sanções administrativa e penal.[312]

312. Penalidades: a falta de ata é algo raro, pois, se ela não for feita no momento do julgamento, é natural que o funcionário encarregado o faça logo depois. Se, porventura, deixar de ser confeccionada, prevê-se a responsabilização do serventuário, de modo a demonstrar a sua importância para retratar fielmente todas as ocorrências do plenário.

Seção XVI
Das atribuições do presidente do Tribunal do Júri

> **Art. 497.** São atribuições do juiz presidente do Tribunal do Júri, além de outras expressamente referidas neste Código:
> I – regular a polícia das sessões e prender os desobedientes;[313]
> II – requisitar o auxílio da força pública, que ficará sob sua exclusiva autoridade;[314]

III – dirigir os debates,[315] intervindo em caso de abuso, excesso de linguagem[315-A] ou mediante requerimento de uma das partes;

IV – resolver as questões incidentes[316] que não dependam de pronunciamento do júri;

V – nomear defensor ao acusado,[317] quando considerá-lo indefeso,[318-320] podendo, neste caso, dissolver o Conselho e designar novo dia para o julgamento, com a nomeação ou a constituição de novo defensor;[321]

VI – mandar retirar da sala o acusado que dificultar a realização do julgamento, o qual prosseguirá sem a sua presença;[322]

VII – suspender a sessão pelo tempo indispensável à realização das diligências requeridas ou entendidas necessárias, mantida a incomunicabilidade dos jurados;[323]

VIII – interromper a sessão por tempo razoável, para proferir sentença e para repouso ou refeição dos jurados;[324]

IX – decidir, de ofício, ouvidos o Ministério Público e a defesa, ou a requerimento de qualquer destes, a arguição de extinção de punibilidade;[325]

X – resolver as questões de direito suscitadas no curso do julgamento;

XI – determinar, de ofício ou a requerimento das partes ou de qualquer jurado, as diligências destinadas a sanar nulidade ou a suprir falta que prejudique o esclarecimento da verdade;[326]

XII – regulamentar, durante os debates, a intervenção de uma das partes, quando a outra estiver com a palavra, podendo conceder até 3 (três) minutos para cada aparte requerido, que serão acrescidos ao tempo desta última.[327]

313. Polícia das sessões: como presidente que é do Tribunal do Júri, o magistrado é a única autoridade com poder de mando no plenário. Ainda assim, conflitos surgem e o desrespeito à sua figura por vezes impera. É bem verdade que há juízes inexperientes, inaptos ou mesmo abusivos no seu mister, mas devemos considerá-los exceções. Por isso, é importante ressaltar que a polícia da sessão cabe, exclusivamente, ao juiz presidente. Em caso de manifestação imprópria e desrespeitosa, pode o magistrado determinar a prisão daquele que se recusar a cessá-la.

314. Policiamento no plenário: os policiais, segundo o disposto nesta lei, ficam sob ordens exclusivas do juiz presidente, não devendo atender comandos de outra autoridade qualquer.

315. Direção dos debates: modificou-se a redação deste inciso, inserindo o termo *dirigir*, em lugar de *regular* os debates. Logo, a meta é afirmar a autoridade do juiz presidente, que deve *coordenar* os trabalhos, podendo intervir sempre que houver algum abuso, excesso de linguagem ou mediante requerimento da parte. A questão não deixa de ser difícil e complexa, pois as partes nem sempre respeitam a autoridade do juiz presidente, conturbando a sessão, através de trocas contínuas de ofensas ou invasões indevidas na fala alheia. Se as determinações judiciais não forem atendidas, torna-se possível a dissolução do Conselho e a redesignação do julgamento, oficiando-se ao órgão competente para demonstrar qual das partes prejudicou o término da sessão. Na jurisprudência: STJ: "1. 'No procedimento dos processos da competência do Tribunal do Júri, o magistrado presidente não é um mero espectador inerte do julgamento, possuindo, não apenas o direito, mas o dever de conduzi-lo de forma eficiente e isenta na busca da verdade real dos fatos, em atenção a eventual abuso de uma das partes durante os debates, nos termos do art. 497 do CPP. A atuação firme do magistrado na condução da sessão plenária

Art. 497

do Tribunal do Júri não deve ser confundida com eventual parcialidade do julgador e também não acarreta, necessariamente, a quebra da imparcialidade dos jurados' (HC n. 780.310/MG, relator Ministro Ribeiro Dantas, Quinta Turma, julgado em 14/2/2023, *DJe* de 22/2/2023)" (AgRg no HC 809.916/SC, 6.ª T., rel. Jesuíno Rissato (Desembargador convocado do TJDFT), 28.08.2023, v.u.); "3. Na hipótese, esta Corte Superior entendeu, no julgamento do acórdão embargado, que, de acordo com a fundamentação apresentada pela Corte local e conforme precedente do STJ no sentido de que a firmeza do magistrado presidente na condução dos debates não acarreta, necessariamente, a quebra da imparcialidade dos jurados, inexistindo, portanto, ilegalidade na postura do magistrado, o qual interveio tão somente para fazer cessar os excessos e abusos cometidos pela defesa durante a sessão plenária e esclarecer fatos não relacionados com a materialidade ou a autoria dos diversos crimes imputados ao paciente, de modo que desconstituir a conclusão alcançada pelo Tribunal *a quo*, a fim de concluir pela suposta nulidade, exigiria, a toda evidência, ampla e profunda valoração de fatos e provas, o que é sabidamente incompatível com a via eleita" (HC 694.450/SC, 5.ª T., rel. Reynaldo Soares da Fonseca, 06.10.2021, v.u.).

315-A. Excesso de linguagem: há dois particulares momentos, no procedimento do júri, em que o uso excessivo da linguagem pode prejudicar o processo: a) na decisão de pronúncia; b) durante os debates em plenário. Quanto à pronúncia, tratando-se de juízo de admissibilidade da acusação, sem ingresso no mérito da causa, há limitação para expor os motivos que fundamentam a decisão, como comentamos anteriormente. Durante os debates, o magistrado deve manter o debate entre as partes em tom ameno e cordial, sem permitir agressões levianas e palavras de baixo calão. O Tribunal do Júri, afinal, é uma Corte de Justiça, merecedora dos mesmos rigores de linguagem que os demais juízos. A intervenção do juiz é fundamental quando houver perda de controle ou abuso proveniente da acusação ou da defesa. Pode agir de ofício ou a requerimento das partes. Em última análise, se não for respeitado em sua autoridade de presidente da sessão, cabe dissolver o Conselho de Sentença, oficiando ao órgão de classe da parte, que perdeu o respeito e terminou causando a perda da oportunidade de julgamento, para que tome as medidas disciplinares cabíveis. Designa outra data para o julgamento e, conforme o caso, se o retardo tiver sido provocado pela acusação, havendo excesso de prazo, pode determinar a soltura do réu.

316. Questões incidentes: são as questões de direito, fora da competência do Conselho de Sentença, composto por juízes do fato. Não cabe ao magistrado presidente ouvir os jurados para cada decisão de matéria jurídica a ser resolvida, tal como a aceitação ou não de uma prova questionada como ilícita.

317. Controle jurisdicional da eficiência da defesa: impõe-se, realmente, o controle previsto no inciso V do art. 497, aliás, extensível a todos os outros procedimentos criminais, não se limitando ao Tribunal do Júri. O réu tem direito à ampla defesa, com os recursos a ela inerentes (art. 5.º, LV, CF) em feitos criminais comuns, possuindo, particularmente, direito à plenitude de defesa no Tribunal do Júri (art. 5.º, XXXVIII, *a*, CF). Assim, é indiscutível dever o magistrado zelar pela eficácia da defesa ao longo do processo e, com especial empenho, no plenário do Tribunal do Júri. Quando se trata de procedimento comum, cujo resultado será proferido por juiz togado, o controle exercido é menor, uma vez que o magistrado pode suprir as falhas da defesa, não somente determinando diligências indispensáveis à busca da verdade real, como também, caso entenda cabível, a despeito do pedido formulado pelo defensor, aplicar a lei penal da maneira mais favorável ao réu. Tal situação dificilmente se dá no júri, constituído de pessoas leigas. Se o defensor, por exemplo, pedir a condenação do acusado, é hipótese rara que o Conselho de Sentença o absolva. Por isso, o controle jurisdicional sobre a eficiência da defesa é fundamental. Denotando uma defesa ineficiente, deve o juiz declarar o réu indefeso, dissolvendo o Conselho de Sentença e marcando outro julgamento. Antes de nomear defensor dativo ao réu, deve conceder-lhe a possibilidade de indicar outro advogado para patrocinar seus interesses, não podendo ser novamente aquele que foi desconstituído por ato do juiz. Caso fique inerte, o magistrado nomeará defensor dativo ao acusado ou encaminhará o caso à defensoria pública. Na jurisprudência: STJ: "O art. 5.º, XXXVIII, da Constituição Federal, assegura a plenitude de defesa nos julgamentos realizados pelo Tribunal do Júri. Na mesma linha, o art. 497, V, do Código de Processo Penal estatui que é atribuição do juiz presidente do Tribunal do Júri nomear defensor ao acusado, quando considerá-lo indefeso, podendo, neste caso, dissolver o Conselho e designar novo dia para o julgamento, com a nomeação ou a constituição de novo defensor" (HC 234.758/SP, 6.ª T., rel. Sebastião Reis Júnior, 19.06.2012, v.u.).

318. Ineficiência da defesa: não há uma fórmula única, capaz de detectar e apontar todas as possibilidades de falhas na atuação da defesa, especialmente no que concerne ao Tribunal do Júri. É curial, pois, que o magistrado fique atento, avaliando, passo a passo, as teses oferecidas e os requerimentos formulados pelo defensor. Constitui-se ineficiência, como regra, deixar de requerer a produção de uma prova fundamental ao réu; aquiescer à tese condenatória formulada pela acusação, sem qualquer benefício para o acusado; permitir que o órgão acusatório apresente inverdades aos jurados sem manifestar-se de qualquer modo; utilizar minimamente o seu tempo para construir a tese defensiva (ex.: vale-se de alguns minutos para pedir a absolvição); sustentar aos jurados e requerer ao juiz a inclusão no questionário de teses conflitantes, sem a necessária explicação da sua sucessividade ou alternatividade, quando for possível; desmentir o réu em plenário, contrariando frontalmente e sem justificativa a tese por ele oferecida em seu interrogatório, que constitui a autodefesa, entre outros. Não se pretende, no entanto, sustentar que o advogado não possa pedir a condenação do réu, tampouco que deva sempre falar o tempo todo a que tem direito e muito menos que precise concordar com o réu no tocante à tese defensiva. O que se sustenta é dever o bom defensor saber contrariar o réu, sem ofendê-lo, nem o indispor diante dos jurados, bastando, para tanto, explicar que a autodefesa é diversa da defesa técnica, podendo ambas coexistir, respeitados os pontos de vista de quem as apresenta. Portanto, o réu pode negar a autoria, visto ser seu direito oferecer a visão que possui do caso, embora o advogado, sem desmerecê-lo, possa sustentar que, não aceitando tal afirmativa do acusado, os jurados devem considerar a legítima defesa, fundada nestas ou naquelas provas dos autos. O advogado pode falar pouco, mas fazer uma ampla e convincente defesa, embora para tudo haja um limite razoável. A defesa pode suscitar teses aparentemente conflitantes, desde que esclareça aos jurados serem elas votadas sucessivamente e seu papel é levantar todas as possibilidades para a avaliação do Conselho de Sentença. O defensor pode pedir a condenação, desde que essa seja a hipótese mais favorável ao réu, trazendo-lhe algum tipo de benefício concreto. Em suma, como se disse, não há fórmulas concretas, esgotando as possibilidades de controle da eficiência da defesa, devendo o juiz verificar, caso a caso, o que for mais vantajoso ao acusado.

319. Harmonia entre a autodefesa e a defesa técnica: como já mencionamos na nota anterior, não é possível que uma exclua, completamente, a outra. O defensor necessita ser hábil o suficiente para permitir ao réu sustentar o que bem entender em seu interrogatório, sem afrontá-lo, apesar de apresentar aos jurados tese alternativa. Logicamente, há advogados que estão em plena sintonia com os réus, razão pela qual estes terminam oferecendo, no interrogatório, exatamente a tese que será sustentada pelo seu defensor. Mas, é preciso considerar que nem sempre isso ocorre. Há acusados que possuem uma visão particular do que aconteceu e desejam sustentar, de qualquer modo, o seu entendimento. Podem supor que agiram em legítima defesa, quando, na realidade, houve inexigibilidade de conduta diversa ou apenas uma causa de diminuição da pena, como o relevante valor moral ou social. Entretanto, não podem ser privados da autodefesa, consagrada constitucionalmente, devendo ser incluída no

Art. 497

questionário, nem podem ficar alheios à defesa técnica. Por isso, a harmonia entre ambas é essencial. Se o réu sustentar algo que o advogado considere incompatível com um resultado positivo, deve respeitar o alegado, embora termine afirmando tese diversa. Afrontar o réu, desmenti-lo ou ofendê-lo diante dos jurados para que a defesa técnica predomine é conduta que pode levar à consideração de estar o acusado indefeso.

320. Teses defensivas conflitantes, porém sucessivas ou alternativas: não é motivo para considerar indefeso o réu. Trata-se de procedimento comum e conveniente à plenitude de defesa que o advogado, em plenário, levante todas as teses possíveis para garantir um bom resultado ao réu. Não deve, naturalmente, sustentar teses incompatíveis e esdrúxulas (ex.: negar a autoria *porque* houve legítima defesa), mas pode alegar teses sucessivas, *v.g.*: a) não foi o réu (negativa de autoria); b) se os jurados acreditarem ter o réu sido o autor, deve--se considerar ter havido legítima defesa; c) assim não desejando o Conselho, invoca-se a violenta emoção seguida de injusta provocação da vítima. Não está o defensor sustentando, ao mesmo tempo, que não foi o réu, mas ele agiu em legítima defesa. Ao contrário, crê não ter sido o réu, por isso a negativa de autoria. Mas, como o Conselho de Sentença é soberano, caso acredite ter sido o acusado, seria preciso considerar a hipótese de legítima defesa, pois "quem matou" (seja quem for) agiu sob o manto dessa excludente. Negada a tese absolutória, a defesa ainda buscará uma causa de diminuição da pena, demonstrando que "quem matou" (seja quem for), pelo menos agiu sob o domínio de violenta emoção, em seguida à injusta provocação do ofendido. Nenhuma contradição há, pois a sequência de ideias é lógica e será votada sucessivamente. Nessa hipótese, não há ineficiência da defesa.

321. Controle jurisdicional da eficiência da acusação: cremos possível haver, também, o controle da eficácia da acusação. Não se trata de controlar a atuação do órgão do Ministério Público, nem a qualidade do seu trabalho, mas garantir a efetiva aplicação e concretização do princípio constitucional da soberania dos veredictos. Somente pode ser *realmente* soberano o Conselho de Sentença bem informado, possuindo ampla noção das provas dos autos e tendo recebido do órgão acusatório os elementos indispensáveis à formação do seu convencimento. Era nitidamente irregular a conduta do Promotor de Justiça que deixava de sustentar o libelo-crime acusatório [hoje, peça extinta], pedindo a absolvição do acusado em pouquíssimos minutos, como se a sua opinião fosse a única a contar no processo. Não fornecendo aos jurados a explanação das provas, a visão que se encontra na pronúncia – afinal, houve admissibilidade da acusação –, enfim, deixando de apresentar o que os autos contêm sonegará informações valiosas e impedirá os jurados de agir soberanamente. Por outro lado, é possível ao Promotor, ainda que peça a condenação, fazê-lo de maneira inadequada, levantando teses conflitantes e incompatíveis, demonstrando nítida inabilidade na apresentação das provas ou valendo-se de pouquíssimos minutos para apresentar provas complexas, o que torna a sociedade indefesa e, consequentemente o Conselho de Sentença inapto e incapaz de julgar, deixando de ser efetivamente soberano. Não seria crível que o respeito à atuação do promotor fosse tão absoluto a ponto de ser permitir que alguém, agindo de má-fé e mancomunado com o réu, por exemplo, pedisse a absolvição, sem oferecer prova alguma aos jurados e sem que o juiz possa interferir nesse procedimento ilegal e antiético. Caso o órgão da acusação apresente devidamente as provas, é natural poder externar a sua opinião pessoal, mesmo sendo pela absolvição do réu, cumprindo postulado que lhe garante independência funcional e uma acusação justa. Em conclusão, cabe ao juiz exercer um efetivo controle, dentro de seu prudente arbítrio, sobre a acusação produzida em plenário, mormente porque dirigida a um Conselho formado por pessoas leigas, embora soberanas no seu decidir. Acresça-se a isso a previsão formulada pelo art. 564, III, *l*, do Código de Processo Penal, demonstrando ser nulo o processo quando houver falta de acusação ou de defesa, na sessão de julgamento.

Observe-se que a *extrema* deficiência da acusação, especialmente quando o Promotor deixa de realizá-la, a pretexto de estar pedindo a absolvição do réu, também configura nulidade que deve ser evitada pelo magistrado. É também a posição adotada por Adriano Marrey (*Teoria e prática do júri*, p. 333-334) e José Frederico Marques (*A instituição do júri*, p. 193-194). Na mesma linha, confira-se acórdão confirmando *decisão de 1.º grau que julgou indefesa a sociedade*, dissolvendo o Conselho, pois o *Promotor não quis produzir acusação*, deixando a solução do caso ao critério dos jurados, visto que seu requerimento de novas diligências foi indeferido pelo Presidente: TJSP: "Correição parcial – Plenário do Júri – *Error in procedendo* – *Inocorrência* – Diligências solicitadas pelo Promotor de Justiça e indeferidas pelo Juiz de Direito – Faculdade do Magistrado para deferir requerimentos das partes para a realização de provas no momento do julgamento em plenário – Pedido indeferido" (Correição Parcial 237.966-3/2, São Paulo, 6.ª C., rel. Djalma Lofrano, 18.09.1997, v.u., embora antiga, mantida pela sua peculiaridade).

322. Direito de acompanhar o julgamento: não é absoluto. O réu deve comportar-se com respeito e equilíbrio durante a sessão. Se demonstrar agressividade, proferir ameaças, fizer protestos seguidos e fora do padrão, tumultuando os trabalhos, pode ser retirado do plenário, aguardando o término do julgamento em sala especial. O juiz, por sua vez, deve compreender alguma manifestação desequilibrada do acusado, fruto da emotividade ou da impaciência. A atitude extrema de retirá-lo da sala deve ser tomada em último caso.

323. Suspensão dos trabalhos para diligências: é hipótese rara, atualmente, em especial nas grandes cidades. Qualquer diligência que fuja aos padrões pode provocar o adiamento da sessão, com dissolução do Conselho, porque impossível de ser realizada em breve tempo. Excepcionalmente, em comarcas menores, pode-se mandar produzir uma prova simples, sem prejuízo para os trabalhos.

324. Suspensão para descanso dos jurados: têm os integrantes do Conselho de Sentença direito ao descanso e ao momento reservado para as refeições, o que deve ser garantido pelo juiz presidente. Entretanto, não pode haver abuso, representado por largos intervalos, que tomam inutilmente o tempo não somente dos jurados, mas também das partes, como também por curtíssimas suspensões, sem conceder aos presentes o tempo natural de descanso.

325. Extinção da punibilidade: é matéria de interesse público, merecendo ser reconhecida a qualquer tempo. Pode ocorrer, por exemplo, a prescrição enquanto se aguarda o plenário. Assim, no dia do julgamento, qualquer das partes – e mesmo o magistrado tem a possibilidade de fazê-lo de ofício – pode requerer a palavra para pedir o reconhecimento da extinção da punibilidade, o que deve ser, no ato, decidido.

326. Determinar diligências imprescindíveis: o juiz tem possibilidade de ordenar, de ofício, qualquer diligência que entenda útil para impedir a ocorrência de nulidade, bem como seguir em busca da verdade real, como princípio fundamental adotado no processo penal brasileiro. Proceder a uma acareação, por exemplo, pode partir diretamente do juiz presidente. Se a diligência ordenada não mais puder ser realizada – por falta de condições materiais a tanto – deve ser dissolvido o Conselho e marcada outra data para a realização do julgamento.

327. Direito ao aparte: consagra-se, expressamente, em lei, o direito ao aparte. O juiz deve regular os debates, ou seja, enquanto houver ordem e consenso, as partes podem desenvolver as suas manifestações livremente, inclusive no momento dos apartes. Solicitada a intervenção da parte em relação ao orador, se este permitir e tudo transcorrer normalmente, não há intervenção alguma do magistrado. Entretanto, se não houver concordância, o juiz presidente deve interceder e conceder a palavra por até três minutos, acrescendo-se no tempo da outra.

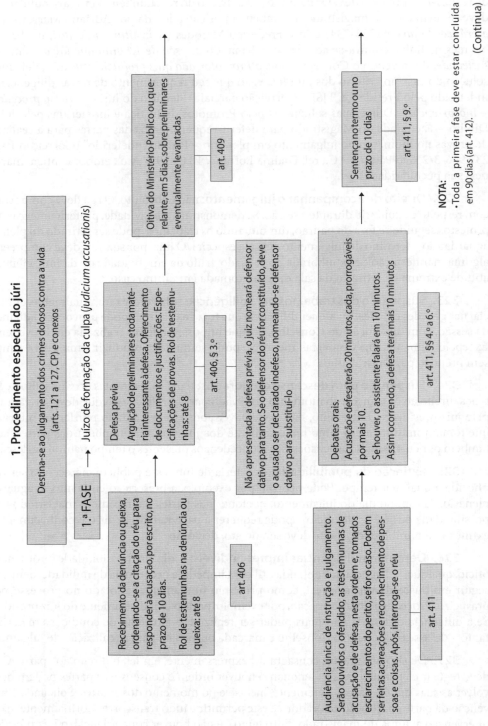

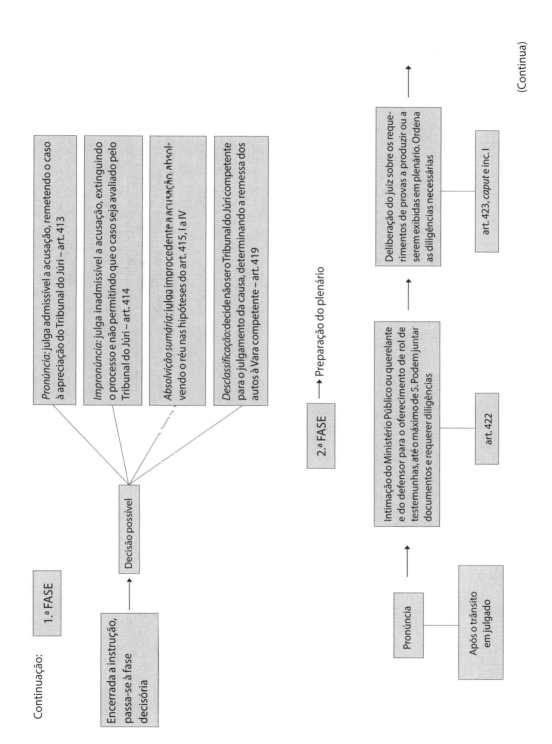

(Continua)

Continuação:

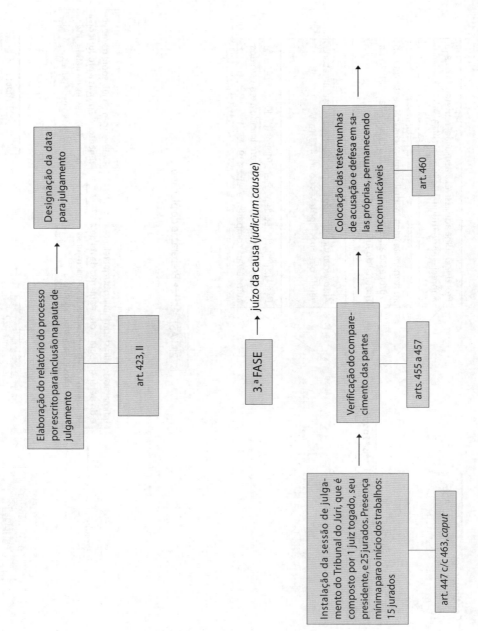

(Continua)

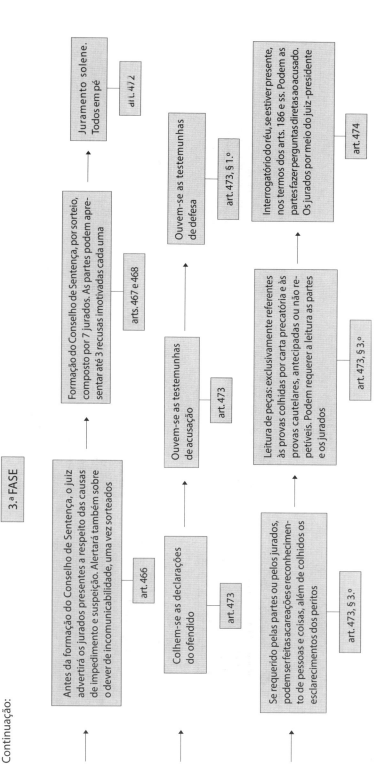

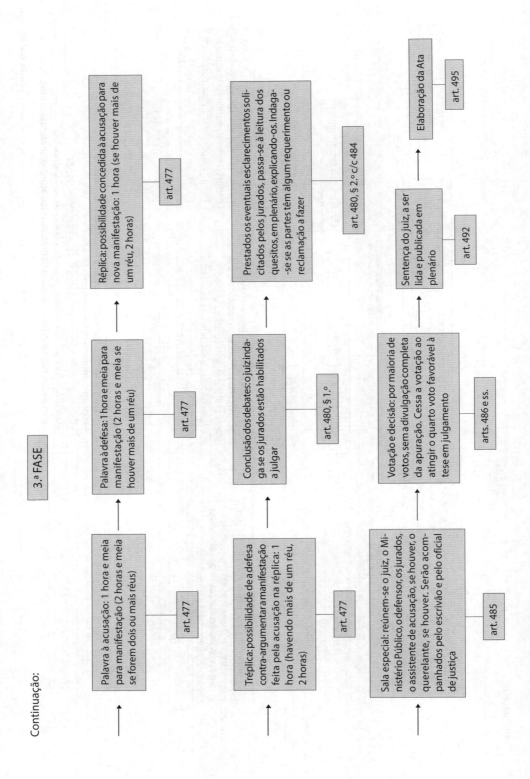

OBSERVAÇÕES ESPECIAIS

1) O réu não está mais obrigado a comparecer em plenário. Basta que seja intimado da sessão de julgamento. Se o acusado estiver preso, podem ele e seu defensor assinar pedido de dispensa de comparecimento – art. 457.

2) Empréstimo de jurados de um plenário a outro: questão controversa, nota 182, art. 463.

3) Jurados e testemunhas ausentes, sem justificativa razoável: podem ser multados (uma a dez salários mínimos).

4) Separação de julgamento de corréus: procedimento dificultado e complexo, nota 198, art. 469.

5) Relatório do processo e cópia da pronúncia em mãos dos jurados – art. 472, parágrafo único.

6) Conteúdo do relatório feito pelo juiz: nota 79, art. 423, II.

7) Partes podem fazer perguntas diretamente ao ofendido e às testemunhas. Os jurados, por meio do juiz – art. 473.

8) O réu será interrogado ao final da instrução em plenário. As partes podem fazer perguntas diretas a ele, o que nos parece situação delicada, ver nota 209, art. 474. Os jurados, por meio do juiz. Ver nota 210, art. 474, § 2.º.

9) Não se permitirá, como regra, o uso de algemas no réu em plenário – art. 474, § 3.º.

10) É vedada, sob pena de nulidade, a referência à decisão de pronúncia (e outras posteriores) e ao uso de algemas, como argumento de autoridade, beneficiando ou prejudicando o acusado, nem ao silêncio do réu ou à ausência de interrogatório em seu prejuízo – art. 478.

11) Poder de polícia do juiz e regulamentação dos apartes: art. 497.

12) Regras para a elaboração dos quesitos – art. 483.

2. Procedimento comum ordinário

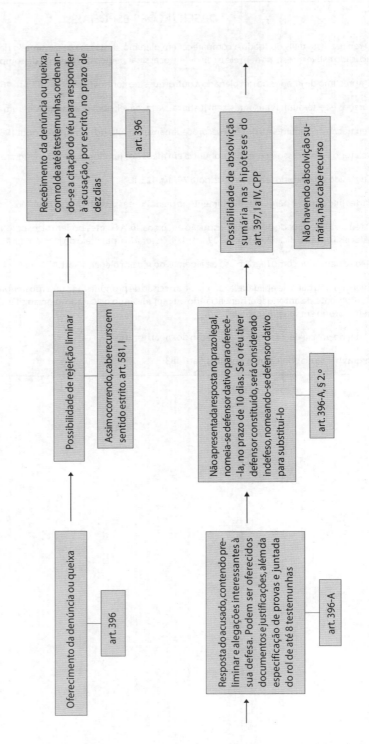

(Continua)

Continuação:

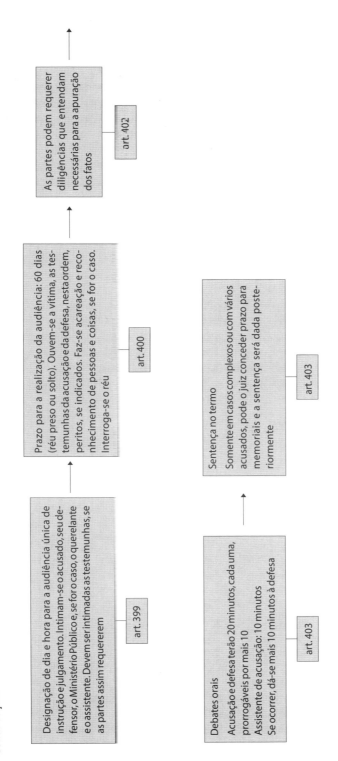

Art. 498

Capítulo III
DO PROCESSO E DO JULGAMENTO DOS CRIMES
DA COMPETÊNCIA DO JUIZ SINGULAR

Art. 498. (*Revogado pela Lei 11.719/2008.*)
Art. 499. (*Revogado pela Lei 11.719/2008.*)
Art. 500. (*Revogado pela Lei 11.719/2008.*)
Art. 501. (*Revogado pela Lei 11.719/2008.*)
Art. 502. (*Revogado pela Lei 11.719/2008.*)

Título II
Dos Processos Especiais

Capítulo I
DO PROCESSO E DO JULGAMENTO
DOS CRIMES DE FALÊNCIA[1-1-C]

1. Aplicação da Lei 9.099/1995 aos procedimentos especiais: após a edição da Lei 11.313/2006, modificando as redações dos arts. 60 e 61 da Lei 9.099/1995, é perfeitamente viável aplicar os benefícios previstos na Lei 9.099/1995 ao universo dos delitos, cujo procedimento é especial. Portanto, todos os procedimentos previstos neste Título, quando as infrações comportarem, devem adaptar-se à hipótese de concretização da transação e do rito sumaríssimo da Lei 9.099/1995. Entretanto, se não houver possibilidade, segue-se, para cada caso, o procedimento especial previsto neste Título II, conforme a circunstância, para, depois, passar-se ao rito comum do Código de Processo Penal. Registre-se que a adaptação para a aplicação da Lei 9.099/1995 (possibilidade de transação) aos ritos especiais do Código de Processo Penal deve ser feita com cuidado, a fim de não se suprimir qualquer particularidade benéfica ao imputado. Assim, quando se cuidar de procedimento de falência (antes da aplicação da Lei 11.101/2005), segundo nos parece, pela peculiaridade do caso, segue-se o disposto nos arts. 503 a 512, para, então, antes do recebimento da denúncia ou queixa, havendo a possibilidade de transação, se o crime comportar (como ocorre com o art. 190, Dec.-lei 7.661/1945 – v. comentários 1-B e 1-C), promover-se a sua aplicação. Não sendo viabilizada a transação, recebida a denúncia ou queixa, segue-se o rito da Lei 9.099/1995. Os demais crimes, que não são de menor potencial ofensivo (arts. 186 a 189 do mesmo Decreto-lei – v. comentários 1-B e 1-C) continuam com o procedimento especial inicial, seguido do ordinário. No caso de crimes de responsabilidade de funcionário público, deve-se igualmente separar aqueles que são de menor potencial ofensivo (ex.: violação de sigilo funcional – art. 325; abandono de função – art. 323, ambos do CP) dos demais, que são comuns (ex.: peculato – art. 312; corrupção passiva – art. 317, ambos do CP). No caso dos delitos de menor potencial ofensivo, primeiramente colhe o juiz a defesa preliminar, pois, se esta proceder, nada se faz contra o funcionário. Mas, se for o caso de não aceitação, antes do recebimento da denúncia, busca-se a transação. Conseguida, encerra-se com a homologação e aguarda-se o cumprimento. Não atingida, segue-se o rito da Lei 9.099/1995, após o recebimento da denúncia ou queixa. No caso de delito comum, continua-se, após o procedimento especial dos arts. 513 a 517, com o rito comum do Código de Processo Penal.

Em se tratando de delitos contra a honra (calúnia, difamação e injúria – arts. 138, 139 e 140, excetuando a injúria discriminatória do art. 140, § 3.º, CP), cabe a possibilidade de transação, mas depois de tentada a conciliação, prevista nos arts. 520 a 522 do CPP, pois esta é, sem dúvida, mais benéfica ao querelado. Não conseguida, busca-se a transação. Pode-se encerrar, caso haja sucesso, ou continuar, com o recebimento da queixa, seguindo-se o rito da Lei 9.099/1995, adaptado à possibilidade de oferecimento de exceção da verdade ou de notoriedade do fato (art. 523, CPP). Na hipótese de impossibilidade jurídica da oferta de transação, segue-se o rito comum do Código de Processo Penal após a fase da conciliação. No caso de crimes contra a propriedade imaterial, alguns são de menor potencial ofensivo (ex.: art. 184, *caput*, CP), outros não (ex.: art. 184, §§ 1.º, 2.º e 3.º, CP). Assim, quando de ação privada, para buscar-se a possibilidade de transação, é preciso, previamente, a formação da materialidade, seguindo-se o disposto nos arts. 525 a 529, CPP. Após, tenta-se a transação. Atingida, encerra-se com a homologação, aguardando-se o cumprimento. Não concretizada, com o recebimento da queixa, segue-se o rito da Lei 9.099/1995. Nos casos de ação pública, o procedimento preliminar de formação da materialidade vem previsto nos arts. 530-B a 530-E, CPP. Somente após, trabalha-se a hipótese da transação. Positivada, encerra-se. Caso não ocorra, segue-se o rito da Lei 9.099/1995. Quando o caso não for de crime de menor potencial ofensivo, seja de ação pública, seja de ação privada, naturalmente o procedimento é o previsto, conforme o caso, no Capítulo IV do Título II do Livro II (arts. 524 a 530 para ação privada e 530-B a 530-H para ação pública).

1-A. Adoção do procedimento previsto na Lei 9.099/1995 para os crimes contra idosos: preceitua o art. 94 da Lei 10.741/2003 (Estatuto da Pessoa Idosa) que "aos crimes previstos nesta Lei, cuja pena máxima privativa de liberdade não ultrapasse 4 (quatro) anos, aplica-se o procedimento previsto na Lei 9.099/95, de 26 de setembro de 1995, e, subsidiariamente, no que couber, as disposições do Código Penal e do Código de Processo Penal". Há duas interpretações possíveis para esse dispositivo: a) aos crimes previstos no Estatuto da Pessoa Idosa pode-se aplicar, integralmente, o disposto na Lei 9.099/1995, ou seja, cabe transação penal e suspensão condicional do processo, bem como, na impossibilidade destes benefícios, o procedimento célere lá previsto; b) aos crimes previstos no Estatuto da Pessoa Idosa aplica-se o procedimento célere da Lei 9.099/1995, mas não a transação ou a suspensão condicional do processo. Esses benefícios seriam válidos somente se as infrações não ultrapassassem os limites legais (dois anos de pena máxima para a transação; um ano de pena mínima para a suspensão condicional do processo). Adotar a primeira interpretação seria exterminar a principal meta da Lei 10.741/2003, que é a consagração da maior proteção à pessoa idosa. Assim, ao invés disso, estar-se-ia permitindo transação a infrações cujas penas atingissem até quatro anos de reclusão. E, se assim fosse, logo surgiriam as interpretações tendentes a considerar, genericamente, por uma questão de isonomia, todas as infrações punidas com pena de até quatro anos como de menor potencial ofensivo, o que representaria absurdo maior. Cremos, no entanto, que a intenção do legislador não foi essa. Pretendeu ele, para dar maior e mais efetiva proteção ao idoso, que o procedimento célere da Lei 9.099/1995 fosse utilizado para toda infração cuja vítima fosse idosa, desde que a infração tenha pena máxima não superior a quatro anos. Ainda assim, segundo cremos, há inconstitucionalidade. O procedimento célere da referida lei é reservado às infrações de *menor potencial ofensivo*, o que, definitivamente, não é o caso dos crimes cuja pena máxima atinge *quatro anos*. Se assim não acontece, um crime comum não deve ser apurado por meio de um procedimento encurtado e especial. Embora tenha o procedimento comum sido reformado em 2008, comportando maior celeridade, com a designação de audiência única, existem particularidades diversas, como, por

Título II – Dos Processos Especiais

Art. 503

exemplo, a apresentação de resposta do acusado em separado da audiência e a viabilidade de absolvição sumária, antes da instrução.

1-B. Crimes falimentares: estavam disciplinados nos arts. 186 a 190 do Dec.-lei 7.661/1945 (Lei de Falências). A Lei 11.101/2005 passa a reger o assunto e os crimes falimentares estão previstos nos arts. 168 a 178.

1-C. Lei de Falências: após a aprovação da Lei 11.101/2005, estão revogados os arts. 503 a 512 do Código de Processo Penal, razão pela qual este procedimento especial deixa de subsistir. Passam os crimes falimentares a ser regulados pelo procedimento específico da referida Lei 11.101/2005, portanto, transferem-se para o contexto da legislação especial, nos moldes da Lei de Drogas, dentre outras. A Lei 11.101/2005 não estabelece nenhum procedimento diverso do Código de Processo Penal. Logo, os crimes falimentares passam a ser investigados pela polícia, se necessário o inquérito para colher provas, contando, após, com o recebimento da denúncia, sem necessidade de fundamentação, seguindo-se o procedimento sumário (art. 185, Lei 11.101/2005). Entretanto, para os delitos disciplinados nos arts. 186 a 190 do Dec.-lei 7.661/1945 (Lei de Falências), continua aplicável o procedimento previsto nos arts. 503 a 512 do CPP. Ocorre que, em face do disposto no art. 192, *caput*, da nova Lei ("Esta Lei não se aplica aos processos de falência ou de concordata ajuizados anteriormente ao início de sua vigência, que serão concluídos nos termos do Decreto-lei 7.661, de 21 de junho de 1945"), continua valendo o procedimento do Código de Processo Penal aos delitos falimentares ocorridos antes da vigência da nova legislação, até pelo fato de ser esta mais rigorosa, razão pela qual não pode prejudicar o réu (leis penais somente retroagem para beneficiar o acusado, conforme prevê o art. 5.º, XL, CF). Manteremos os comentários abaixo formulados para que possam ser utilizados aos casos que se encontram em andamento. Quando as infrações penais falimentares disserem respeito exclusivamente às falências posteriores a 9 de junho de 2005 (início da vigência da Lei 11.101/2005), não mais se aplicará o disposto nos arts. 503 a 512 do CPP.

> **Art. 503.** Nos crimes de falência fraudulenta[2] ou culposa,[3-4] a ação penal[5] poderá ser intentada por denúncia do Ministério Público ou por queixa do liquidatário ou de qualquer credor habilitado por sentença passada em julgado.[7-10]

* Artigo revogado pela Lei 11.101/2005. *Vide* nota 1-C ao Capítulo I do Título II.

2. Falência fraudulenta: para o Dec.-lei 7.661/1945 são os crimes falimentares para os quais é prevista a pena de reclusão.

3. Falência culposa: para o Dec.-lei 7.661/1945 são os crimes falimentares para os quais é prevista a pena de detenção. Entretanto, todos os delitos do Dec.-lei 7.661/1945 são dolosos. Nessa ótica, conferir a lição de Luiz Carlos Betanho, cuidando do referido Dec.-lei 7.661/1945: "Não existe crime falimentar culposo. A antiga lei de falências (Lei 2.024, de 1908) é que dividia os crimes falimentares em dolosos e culposos (e a falência em fraudulenta, culposa ou casual). A lei atual (Dec.-lei 7.661, de 1945) só prevê modalidades dolosas. O sistema da legislação penal é de que todos os crimes são dolosos, salvo quando estiver expressa a forma culposa. Como a Lei de Falência [Dec.-lei 7.661/45] não descreve nenhum crime culposo, segue-se que só há crimes falimentares dolosos. O mínimo exigível, para fins punitivos, é o dolo eventual" (*Crimes falimentares*, p. 1.128). Contra, admitindo a figura culposa, conforme o caso, a posição de Magalhães Noronha: "Verifica-se que, ao

Art. 503

Código de Processo Penal Comentado · **Nucci**

reverso da lei anterior, ele não separou os crimes dolosos e culposos, mas os definiu apenas, competindo, então, ao juiz, no caso concreto, averiguar se o fato foi praticado com vontade livre e consciente, havendo ciência da antijuridicidade (dolo) ou se o foi por negligência, imprudência ou imperícia (culpa em sentido estrito)" (*Curso de direito processual penal*, p. 288). Na Lei 11.101/2005, todos os delitos são dolosos.

4. Unicidade dos crimes falimentares: é posição predominante na doutrina e na jurisprudência que não importa o número de figuras típicas incriminadoras preenchidas pelo falido, pois todas constituem a unicidade do crime falimentar, vale dizer, será o agente punido pelo crime mais grave cometido. Afinal, a ideia é que todos os fatos típicos praticados contribuíram para a quebra, logo, deve haver uma só punição.

5. Ação penal: é pública incondicionada, razão pela qual o Ministério Público é o titular do direito de agir. Em seu lugar, somente podem atuar o administrador judicial (antigo síndico) e o credor, quando houver inércia, invocando-se o art. 29 do Código de Processo Penal (ação penal privada subsidiária da pública).

6. Liquidatário: é o administrador judicial (antigo síndico). No seu caso, somente pode intentar ação penal, caso haja omissão do representante do Ministério Público, titular exclusivo da ação penal pública, agindo nos termos do disposto no art. 29 do Código de Processo Penal. É inaplicável, atualmente, diante do texto da Constituição Federal de 1988, que atribuiu exclusividade ao Ministério Público para a propositura de ação penal pública, o art. 108, parágrafo único, da Lei de Falências (Dec.-lei 7.661/1945) ("Se o representante do Ministério Público não oferecer denúncia, os autos permanecerão em cartório pelo prazo de 3 (três) dias, durante os quais o síndico ou qualquer credor poderão oferecer queixa"). Note-se que, no *caput* do art. 108, estão previstas duas possibilidades ao curador das massas falidas, quando finalizado o inquérito judicial: oferecer denúncia, caso existam provas suficientes, ou requerer o apensamento (leia-se, arquivamento), entendendo não haver justa causa para a ação penal. Por isso, seguindo orientação majoritária de que o arquivamento solicitado pelo promotor e deferido pelo juiz não autoriza o ingresso da ação penal pelo ofendido, tendo em vista que o Ministério Público atuou efetivamente, embora preferisse não denunciar, o mesmo se aplica ao caso do apensamento.

7. Credor habilitado por sentença passada em julgado: não há mais necessidade de ser o credor habilitado com decisão passada em julgado. Pode exercer o direito de queixa (sempre subsidiário ao Ministério Público), independentemente disso, bastando que tenha apresentado a sua declaração de crédito (art. 82 do Dec.-lei 7.661/1945).

8. Inquérito judicial: trata-se de uma exceção à regra, segundo a qual o inquérito é procedimento administrativo inquisitivo puro (vale o registro que, de acordo com a Lei 11.101/2005, não haverá mais inquérito judicial; quando for preciso apurar delito falimentar, utilizar-se-á o inquérito policial). Nesse caso, a lei prevê o inquérito tramitando em juízo e com a *possibilidade* de haver contraditório, com a participação efetiva do falido, defendendo-se, caso queira. Note-se que sua impugnação não é obrigatória. Não o fazendo, o juiz determina o prosseguimento do feito, sem qualquer nulidade. Aliás, o seu prazo para contestar corre em cartório, independentemente de intimação (art. 204, *caput*, da Lei de Falências – Dec.-lei 7.661/1945). Preceitua o art. 103, *caput*, da referida Lei, que "nas 24 (vinte e quatro) horas seguintes ao vencimento do dobro do prazo marcado pelo juiz para os credores declararem os seus créditos (art. 14, parágrafo único, V), o síndico apresentará em cartório, em 2 (duas) vias, exposição circunstanciada, na qual, considerando as causas da falência, o procedimento do devedor, antes e depois da sentença declaratória, e outros elementos ponderáveis, especificará, se houver, os atos que constituem crime falimentar, indicando os responsáveis e, em relação a cada um, os dispositivos penais aplicáveis". Logo, o primeiro indicativo da prática de crimes falimentares surge no relatório elaborado pelo síndico (administrador judicial, de acordo com a Lei 11.101/2005), acompanhado do "laudo do perito encarregado do exame da escrituração do falido (art. 63, V), e quaisquer documentos", que "concluirá se for o caso, pelo requerimento de inquérito, exames e diligências, destinados à apuração de fatos ou circunstâncias que possam servir de fundamento à ação penal (Código de Processo Penal, art. 509)" (art. 103, § 1.º, Dec.-lei 7.661/1945). E segue o § 2.º: "As primeiras vias da exposição e do laudo e os documentos formarão os autos do inquérito judicial e as segundas vias serão juntas aos autos da falência". Podem os credores, no prazo de cinco dias, após a exposição feita pelo síndico, requerer a instauração do inquérito, caso tal providência não tenha sido realizada, bem como solicitar outras diligências complementares (art. 104). Após, os autos seguem ao curador de massas falidas para que aprecie o relatado pelo síndico e por outros credores, bem como para se pronunciar a respeito dos pedidos formulados (art. 105). Pode, inclusive, requerer a abertura do inquérito, se já não tiver sido feito. Lembremos que o representante do Ministério Público não está atrelado ao relatório feito pelo síndico, tampouco às alegações dos credores, sendo livre para apreciar o contido nos autos. Ao falido, então, propicia-se a oportunidade de contestar as alegações contidas no inquérito judicial, requerendo diligências pertinentes (art. 106). Os autos irão, em seguida, à conclusão, para que o juiz defira as provas solicitadas, designando audiência, quando for o caso (art. 107). Não havendo provas a realizar, ou já efetivadas, o inquérito segue ao Ministério Público para que ofereça denúncia ou requeira o apensamento (arquivamento), no prazo de cinco dias (art. 108). Por exceção, o prazo cai para três dias, quando ocorrer a hipótese do art. 200, *caput*, ou seja, falência com passivo inferior a cem vezes o salário mínimo.

9. Utilização do art. 28 do CPP: o juiz, discordando do pedido de apensamento, formulado pelo representante do Ministério Público, pode remeter os autos ao Procurador--Geral de Justiça para que decida a respeito. O chefe da instituição pode designar outro curador para oferecer a denúncia ou insistir no pedido de arquivamento, o que obrigará o magistrado a acolher.

10. Não ocorrência de decadência: tratando-se de ação penal pública, não há que se falar em decadência. Assim, como estipula o art. 194 da Lei de Falências (Dec.-lei 7.661/1945), "a inobservância dos prazos estabelecidos no art. 108 e seu parágrafo único não acarreta decadência do direito de denúncia ou de queixa. O representante do Ministério Público, o síndico ou qualquer credor podem, após o despacho de que tratam o art. 109 e seu § 2.º, e na conformidade do que dispõem os arts. 24 e 62 do Código de Processo Penal, intentar ação penal por crime falimentar perante o juiz criminal da jurisdição onde tenha sido declarada a falência".

> **Art. 504.** A ação penal será intentada no juízo criminal,[11-12] devendo nela funcionar o órgão do Ministério Público que exercer, no processo da falência, a curadoria da massa falida.

* Artigo revogado pela Lei 11.101/2005. *Vide* nota 1-C ao Capítulo I do Título II.

11. Juízo atrativo da falência: registremos que todos os crimes vinculados aos delitos falimentares devem ser julgados no juízo da falência, quando houver concurso formal (continência). No caso de concurso material entre crime falimentar e delito comum, ligados

Art. 505

Código de Processo Penal Comentado · **Nucci**   974

pela conexão, o melhor é separar o processo, pois o rito do crime falimentar é especial e mais restrito. No mesmo prisma está o ensinamento de Frederico Marques (*Elementos de direito processual penal*, v. III, p. 303-304). Sem estabelecer qualquer diferença entre conexão e continência, nessa situação, acentua Tourinho Filho que "a ação penal somente poderá ser intentada no local onde for declarada a falência. Mesmo haja algumas infrações cometidas em outro, se interligadas por conexão ou continência, o *simultaneus processus* se dará no juízo universal da falência. Esta regra é pacífica" (*Código de Processo Penal comentado*, v. 2, p. 154).

12. Juízo cível: no Estado de São Paulo, está em vigor a Lei Estadual 3.947/1983, prevendo que a competência para processar e julgar o crime falimentar é do juízo cível em que foi decretada a falência. Defendíamos a ideia de que, embora o Supremo Tribunal Federal tenha considerado constitucional a mencionada lei, não se trataria de simples matéria de organização judiciária, mas de autêntico foco de competência (matéria processual), cuja previsão haveria de ser de lei federal, conforme dispõe o art. 22, I, da Constituição Federal. Melhor meditando sobre o tema, podemos constatar que o art. 74, *caput*, do Código de Processo Penal, autoriza que a competência *pela natureza da infração* seja regulada pelas leis de organização judiciária. Por isso, é possível a previsão do julgamento dos crimes falimentares pela vara cível. Mantemos, no entanto, nossa avaliação da inconveniência dessa opção, pois, com raras exceções, muitas são as decisões condenatórias proferidas no juízo cível, ao cuidar dos delitos falimentares, extremamente sucintas, sem apego ao devido processo legal e olvidando princípios fundamentais de direito penal. Logo, o mais indicado seria o processo falimentar transcorrer no juízo criminal, que é especializado. E a jurisprudência é tranquila, no sentido de reconhecer competência ao juízo cível para julgar os crimes falimentares, sem qualquer vício de constitucionalidade.

> **Art. 505.** A denúncia ou a queixa será sempre instruída com cópia do relatório do síndico e da ata da assembleia de credores, quando esta se tiver realizado.[13-15]

* Artigo revogado pela Lei 11.101/2005. *Vide* nota 1-C ao Capítulo I do Título II.

13. Número máximo de testemunhas: para qualquer delito falimentar, pode a acusação arrolar até oito testemunhas.

14. Suspensão condicional do processo: segundo o art. 89 da Lei 9.099/1995, é cabível a proposta de suspensão condicional do processo, formulada pelo representante do Ministério Público, nos crimes cuja pena mínima não ultrapasse um ano, havendo ou não procedimento especial previsto para a apuração do delito. Logo, cabe para os crimes falimentares. Oferecida a denúncia, deve o curador de massas falidas fazer a proposta. Se for aceita pelo acusado, o juiz recebe a peça acusatória e suspende o processo, conforme o prazo e as condições aventadas. Vale destacar o disposto na Súmula 723 do STF: "Não se admite a suspensão condicional do processo por crime continuado, se a soma da pena mínima da infração mais grave com o aumento mínimo de 1/6 (um sexto) for superior a 1 (um) ano".

15. Indispensabilidade do inquérito judicial: acompanhando a denúncia ou queixa deve estar, na realidade, o inquérito judicial, peça que irá conferir justa causa à ação penal. Logo, não são a cópia do relatório do síndico, nem a ata da assembleia de credores, os documentos únicos a instruir a peça acusatória.

Título II – Dos Processos Especiais

Art. 508

> **Art. 506.** O liquidatário ou os credores poderão intervir como assistentes em todos os termos da ação intentada por queixa ou denúncia.[16]

* Artigo revogado pela Lei 11.101/2005. *Vide* nota 1-C ao Capítulo I do Título II.

16. Assistente de acusação: pode o síndico ou qualquer credor intervir no processo como assistente de acusação, seguindo-se o preceituado no art. 271 do Código de Processo Penal. Cabe a assistência mesmo que a ação seja intentada pelo credor (privada subsidiária da pública) e o assistente seja, por exemplo, o síndico.

> **Art. 507.** A ação penal não poderá iniciar-se antes de declarada a falência e extinguir-se-á quando reformada a sentença que a tiver decretado.[17-18]

* Artigo revogado pela Lei 11.101/2005. *Vide* nota 1-C ao Capítulo I do Título II.

17. Sentença de falência: é, como regra, condição objetiva de punibilidade. Assim, ainda que preenchidos os tipos penais incriminadores da Lei de Falências, torna-se imprescindível, para que tenham relevância penal, o advento da condição objetiva de punibilidade, isto é, a sentença de quebra. É a posição majoritária da doutrina. Como exemplos: Noronha (*Curso de direito processual penal*, p. 287), Luiz Carlos Betanho (*Crimes falimentares*, p. 1.120-1.121), Manoel Pedro Pimentel, Nélson Hungria e Heleno Fragoso, em citação feita por Mirabete, que, por sua vez, considera a sentença de falência como condição objetiva de punibilidade, quando disser respeito a delitos antefalimentares, mas é pressuposto dos crimes pós-falimentares (*Processo penal*, p. 550). Nessa linha, concorda Tourinho Filho (*Código de Processo Penal comentado*, v. 2, p. 158). A propósito, nada impede que consideremos a condição objetiva de punibilidade, no caso a sentença de quebra, também como condição de procedibilidade. Em contrário, Greco Filho, salientando tratar-se de "elemento do tipo penal, ainda que implícito ou genérico", feito o reconhecimento de que, alheia à vontade do agente, pode ser considerada como um "resquício de responsabilidade objetiva" (*Manual de processo penal*, p. 381). No mesmo sentido: Frederico Marques (*Elementos de direito processual penal*, v. III, p. 300). Apenas para registro: a Lei 11.101/2005 prevê a sentença de quebra, recuperação judicial ou extrajudicial, expressamente como condição objetiva de punibilidade (art. 180).

18. Extinção da punibilidade: prevê o dispositivo em questão que, uma vez reformada a sentença de falência, deve-se extinguir a punibilidade do réu, afetando a pretensão punitiva do Estado, o que está correto, já que a condição objetiva para punir desapareceu.

> **Art. 508.** O prazo para denúncia começará a correr do dia em que o órgão do Ministério Público receber os papéis que devem instruí-la.[19] Não se computará, entretanto, naquele prazo o tempo consumido posteriormente em exames ou diligências requeridos pelo Ministério Público ou na obtenção de cópias ou documentos necessários para oferecer a denúncia.[20]

* Artigo revogado pela Lei 11.101/2005. *Vide* nota 1-C ao Capítulo I do Título II.

19. Prazo de oferecimento da denúncia ou queixa: é o previsto na Lei de Falências (Dec.-lei 7.661/1945), ou seja, cinco dias – exceto no caso de falências de pequena monta,

Art. 509

Código de Processo Penal Comentado · Nucci

cujo prazo cai para três dias. Saliente-se que os papéis aqui referidos nada mais são do que o inquérito judicial.

20. Cautela na aplicação da parte final do art. 508: não há mais necessidade de se permitir uma fase de diligências entre o recebimento dos "papéis" indispensáveis para instruir a denúncia e o oferecimento desta. Afinal, os papéis aqui referidos constituem justamente o inquérito judicial, que contou com a participação ativa do curador de massas falidas, propondo as provas que julgou pertinentes. Logo, finda a instrução do inquérito, é caso de oferecer ou não a denúncia. Excepcionalmente, faltando alguma diligência, pode o representante do Ministério Público requerê-la. Não pode ser, no entanto, ato meramente protelatório, pois isso autorizaria que o síndico ou qualquer credor ingressasse com a ação penal, acusando a inércia do curador de massas falidas.

> **Art. 509.** Antes de oferecida a denúncia ou a queixa, competirá ao juiz da falência, de ofício ou a requerimento do Ministério Público, do síndico, do liquidatário ou de qualquer dos credores, ordenar inquéritos, exames ou quaisquer outras diligências destinadas à apuração de fatos ou circunstâncias que possam servir de fundamento à ação penal.[21]

* Artigo revogado pela Lei 11.101/2005. *Vide* nota 1-C ao Capítulo I do Título II.

21. Fase do inquérito judicial: já comentamos na nota 8 ao art. 503 o procedimento para instruir e colher as provas necessárias a compor o inquérito judicial.

> **Art. 510.** O arquivamento dos papéis, a requerimento do Ministério Público, só se efetuará no juízo competente para o processo penal, o que não impedirá seja intentada ação por queixa do liquidatário ou de qualquer credor.[22]

* Artigo revogado pela Lei 11.101/2005. *Vide* nota 1-C ao Capítulo I do Título II.

22. Arquivamento: a Lei de Falências (Dec.-lei 7.661/1945) utilizava o termo apensamento do inquérito, o que significa a mesma coisa. Cuida-se, pois, do apensamento do inquérito judicial, no caso de não oferecimento de denúncia, por ausência de elementos convincentes. Como já ressaltado, atualmente não cabe mais falar em oferecimento de queixa por qualquer credor ou pelo síndico, no caso de ter o curador requerido o apensamento. Somente se pode propor a ação privada subsidiária da pública se tiver havido inércia do Ministério Público.

> **Art. 511.** No processo criminal não se conhecerá de arguição de nulidade da sentença declaratória da falência.[23]

* Artigo revogado pela Lei 11.101/2005. *Vide* nota 1-C ao Capítulo I do Título II.

23. Separação da jurisdição: consagra-se a tese de que, em determinadas matérias, não há possibilidade de o juiz criminal analisar aspectos concernentes ao juízo cível – é o que também está previsto no parágrafo único do art. 155 do Código de Processo Penal, ao impedir o conhecimento, pelo juiz criminal, de questões afeitas ao estado das pessoas.

Assim, questionamentos referentes à sentença de falência devem ser feitos na esfera cível. Se o processo criminal estiver tramitando no cível, como ocorre no Estado de São Paulo, ainda assim a proibição persiste. No seu transcurso, atua com competência criminal o magistrado que responde pela vara cível, não lhe sendo cabível questionar a sentença de quebra. Se for necessário, tal deve ser requerido em ação à parte.

> **Art. 512.** Recebida a queixa ou a denúncia,[24] prosseguir-se-á no processo, de acordo com o disposto nos Capítulos I e III, Título I, deste Livro.[25-27]

* Artigo revogado pela Lei 11.101/2005. *Vide* nota 1-C ao Capítulo I do Título II.

24. Recebimento da denúncia ou queixa: diferentemente da posição predominante para as demais ações penais, a decisão do juiz, nesse caso, necessita ser fundamentada, conforme o art. 109, § 2º, da Lei de Falências (Dec.-lei 7.661/1945): "Se receber a denúncia ou queixa, o juiz, em despacho fundamentado, determinará a remessa imediata dos autos ao juízo criminal competente para prosseguimento da ação nos termos da lei processual penal". A respeito, ver, ainda, a Súmula 564 do STF: "A ausência de fundamentação do despacho de recebimento de denúncia por crime falimentar enseja nulidade processual, salvo se já houver sentença condenatória". A despeito disso, inúmeros magistrados continuam insistindo em receber a denúncia ou queixa com termos vagos e genéricos, valendo-se de expressões como "tendo em vista o constante no relatório do síndico e no parecer do Ministério Público, recebo a denúncia" ou "levando-se em consideração as provas constantes do inquérito judicial, recebo a denúncia", entre outras. Trata-se de decisão nula, pois infringe expressa disposição legal. Entretanto, conforme afirmado pelo próprio Supremo Tribunal Federal, cuida-se de nulidade relativa, dependendo de arguição até a sentença condenatória.

25. Rejeição da denúncia ou queixa: cabe recurso em sentido estrito.

26. Recebimento da denúncia ou queixa: não cabe recurso, salvo o *habeas corpus*, se o falido entender inexistir justa causa para a ação penal.

27. Procedimento após o ajuizamento da ação: segue-se o comum (ver art. 394). Igualmente para registro o rito, após o recebimento da denúncia ou queixa, segundo a Lei 11.101/2005, passa a ser o sumário (ver art. 394).

3. Procedimentos especiais (Dec.-lei 7.661/45)

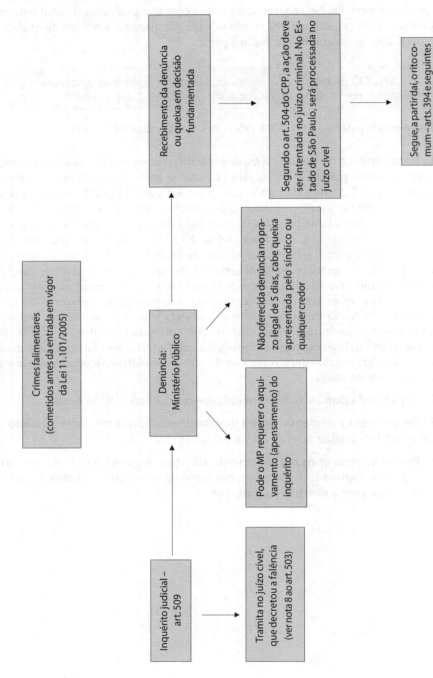

Capítulo II
DO PROCESSO E DO JULGAMENTO
DOS CRIMES DE RESPONSABILIDADE
DOS FUNCIONÁRIOS PÚBLICOS

> **Art. 513.** Nos crimes de responsabilidade[1-2] dos funcionários públicos, cujo processo e julgamento competirão aos juízes de direito,[3] a queixa ou a denúncia será instruída com documentos ou justificação que façam presumir a existência do delito ou com declaração fundamentada da impossibilidade de apresentação de qualquer dessas provas.[4]

1. Crimes de responsabilidade: trata-se de denominação inexata, não correspondente com o que o Código de Processo Penal, neste Capítulo, tem por fim regular. Os crimes de responsabilidade de funcionários públicos, quando autênticos, são infrações político-administrativas, normalmente julgadas por órgãos políticos, como o Senado Federal, a Assembleia do Estado ou mesmo a Câmara Municipal, determinando, como penalidade, a perda do cargo ou função pública, ou inabilitando o réu ao seu exercício por certo período. Não é o caso aqui previsto. Cuida-se apenas dos delitos cometidos por funcionários públicos, no exercício da sua função, logo, são crimes funcionais. Estão previstos nos arts. 312 a 326 do Código Penal.

2. Crimes funcionais próprios e impróprios: trata-se de denominação doutrinária dada aos delitos que somente o funcionário público pode praticar (próprios) e aos que outras pessoas podem cometer (impróprios), respondendo como incursas em outro tipo penal. Exemplos: somente o funcionário pode cometer concussão (funcional próprio), mas, na segunda hipótese, um particular pode cometer peculato-furto, que passa a ser considerado simples furto (funcional impróprio). Obviamente, se há concurso de pessoas, aplica-se a regra prevista no art. 30 do Código Penal, estendendo-se a condição de funcionário público ao sujeito que não a detém, por se tratar de elementar. Assim, caso duas pessoas subtraiam bens de determinada repartição pública, uma delas sendo funcionário público, com o conhecimento da outra, responderão por peculato-furto.

3. Referência expressa aos juízes de direito: serve para demonstrar que os crimes de responsabilidade autênticos (infrações político-administrativas) não são objeto de regulação por este Capítulo, mas somente os delitos funcionais punidos com penas privativas de liberdade ou multa.

4. Dispensabilidade do inquérito policial: justamente porque a denúncia pode ser oferecida, fazendo-se acompanhar apenas por documentos ou qualquer outro elemento que torne justificável a ação penal, é preciso garantir que, antes do recebimento da denúncia, possa o funcionário oferecer sua impugnação. Isso não significa, entretanto, que a prova pré-constituída, para dar justa causa à ação penal, seja afastada. Necessita-se interpretar com a devida cautela a dispensabilidade do inquérito policial nesse contexto. Aliás, o mais indicado é sempre promover a investigação policial antes de se ingressar com ação penal contra quem quer que seja, pois se consegue evitar grave situação de constrangimento ilegal, que seria a admissibilidade da ação sem prova preexistente.

> **Art. 514.** Nos crimes afiançáveis,[5] estando a denúncia ou queixa em devida forma, o juiz mandará autuá-la e ordenará a notificação[6] do acusado, para responder por escrito, dentro do prazo de 15 (quinze) dias.[7-10]

Art. 514

Código de Processo Penal Comentado · **Nucci**

980

> **Parágrafo único.** Se não for conhecida a residência do acusado, ou este se achar fora da jurisdição do juiz, ser-lhe-á nomeado defensor, a quem caberá apresentar a resposta preliminar.[11-12]

5. Crimes afiançáveis: somente estes serão objeto do procedimento especial previsto neste Capítulo. Abrange todos os delitos no contexto dos arts. 312 a 326, do CP. Consultar os arts. 323 e 324 do CPP. Na jurisprudência: STJ: "4. No que tange à questão amparada no art. 514 do CPP, o aresto impugnado afastou a referida preliminar, haja vista que o acusado não é servidor público e o procedimento especial previsto nos artigos 513 a 518 do Código de Processo Penal (Procedimento dos Crimes de Responsabilidade dos Funcionários Públicos) só se aplica aos crimes próprios, previstos entre os artigos 312 a 326 do Código Penal. Precedentes. (...)" (AgRg no AREsp 1.476.284/PE, 5.ª T., rel. Ribeiro Dantas, 25.06.2019, v.u.).

6. Dispensabilidade da notificação, quando houver inclusão de crimes comuns na denúncia: na hipótese de, juntamente com o delito funcional, estar o funcionário respondendo por outras infrações penais comuns, afasta-se o seu direito à notificação para manifestação prévia ao recebimento da denúncia. Explica-se essa posição pelo fato de que o crime comum não prescinde, como regra, do inquérito, de modo que, se todos estão unidos na mesma denúncia, é de se pressupor tenham sido investigados e apurados da mesma forma. Excepcionalmente, se o inquérito instrui a denúncia no tocante ao crime comum e outros documentos servem para sustentá-la em relação ao delito funcional, é preciso providenciar a defesa preliminar. Assim também a posição de Greco Filho (*Manual de processo penal*, p. 383). Na jurisprudência: (a) dispensa-se a defesa preliminar: STF: "1. Havendo imputação de crimes funcionais e não funcionais, não se aplica o procedimento previsto nos arts. 513 e seguintes do Código de Processo Penal, a tornar prescindível a fase de resposta preliminar nele prevista. Precedentes. 2. Em face da prescindibilidade desse ato, é irrelevante que, por ocasião da apresentação da resposta prevista no art. 514 do Código de Processo Penal, facultada pelo juízo de primeiro grau ao arrepio da jurisprudência do STF, ainda não constassem dos autos alguns dos documentos em que se lastreava a denúncia. 3. A finalidade da resposta preliminar prevista no art. 514 do Código de Processo Penal é 'permitir que o denunciado apresente argumentos capazes de induzir à conclusão de inviabilidade da ação penal' (HC n.º 89.517 – RJ, Segunda Turma, Relator o Ministro Cezar Peluso, *DJe* de 12.02.2010). 4. As mesmas teses defensivas que nela podem ser deduzidas também podem sê-lo na defesa preliminar prevista no art. 396 do Código de Processo Penal, na qual 'o acusado poderá arguir preliminares e alegar tudo o que interesse à sua defesa', a afastar a alegação de cerceamento de defesa. 5. É pacífica a jurisprudência do Supremo Tribunal Federal no sentido de que eventual nulidade decorrente da inobservância do procedimento do art. 514 do Código de Processo Penal não prescinde da efetiva demonstração do concreto prejuízo suportado. Precedentes. 6. A renovação do prazo da resposta prevista no art. 396 do Código de Processo Penal, após a juntada dos documentos faltantes, assegurou aos recorrentes a oportunidade de reapresentar as suas teses defensivas, a demonstrar a ausência de prejuízo concreto a sua defesa. 7. A superveniência da sentença condenatória torna prejudicada a pretensão de anulação da ação penal para renovação da resposta prevista no art. 514 do Código de Processo Penal. Precedentes. 8. Recurso não provido" (RHC 127.296/PR, 2.ª T., rel. Dias Toffoli, 02.06.2015, v.u.). STJ: "3. Quando a denúncia imputa aos acusados crimes funcionais e não funcionais, é dispensável a defesa prévia do art. 514 do CPP" (AgRg no REsp 1.840.917/TO, 5.ª T., rel. Ribeiro Dantas, 22.06.2021, v.u.); "2. É desnecessária a resposta preliminar de que trata o artigo 514 do Código de Processo Penal, na ação instruída por inquérito policial (Súmula 330 do STJ). (...) 4. A inobservância do procedimento previsto no artigo 514 do Código de Processo Penal gera, tão somente, nulidade relativa, que, além de dever ser arguida no momento oportuno, exige a demonstração do efetivo prejuízo daí decorrente (RHC 83.135/SE, Rel. Ministra Maria Thereza de Assis Moura, Sexta Turma, julgado em 15.08.2017, *DJe* 24.08.2017). Prejuízo não demonstrado no caso concreto" (HC 469.387/SP, 5.ª T., rel. Reynaldo Soares da Fonseca, 04.12.2018, v.u.).

7. Particular, coautor, não tem direito à resposta: a notificação do acusado para, previamente ao recebimento da denúncia, manifestar-se sobre o tema, apresentando sua defesa e evitando que seja a inicial recebida, é privativa do funcionário público, não se estendendo ao particular que seja coautor ou partícipe.

8. Dispensabilidade da defesa preliminar, quando houver inquérito ou outra investigação: como expusemos na nota 6 *supra*, a justificativa para haver a defesa preliminar, adotando-se este procedimento, é a ausência de inquérito policial, dando sustentação à denúncia, razão pela qual, quando o inquérito for feito, inexiste razão para seguir esse rito. Afinal, supre-se, em face da investigação preliminar, eventuais denúncias levianas contra servidores públicos. Atualmente, há, também, a possibilidade de haver o procedimento investigatório criminal (PIC), produzido diretamente pelo Ministério Público. O STF já chegou a decidir que, em crimes violentos, não se aplica o disposto pelo art. 514; depois, passou a sustentar ser devida a defesa preliminar aos servidores públicos, mas consagrou, igualmente, que sua falta representa um vício sanável, vale dizer, nulidade relativa, dependente da prova de prejuízo. Na jurisprudência: STF: "1. A jurisprudência do Supremo Tribunal Federal põe-se no sentido de não violar o princípio do contraditório e ampla defesa a não apresentação de defesa prévia (art. 514 do Código de Processo Penal) quando o crime praticado por servidor público é exercido com violência e grave ameaça, por ser inafiançável. 2. Não se comprovou afronta ao princípio da dignidade da pessoa humana na espécie. 3. *Habeas corpus* denegado" (HC 85.779-RJ, Pleno, rel. p/ acórdão Cármen Lúcia, 28.02.2007, m. v.). STJ: "1. Nos moldes da Súmula 330/STJ, quando a denúncia for precedida de inquérito policial, hipótese dos autos, mostra-se despicienda a observância do procedimento do art. 514 do CPP. Por certo, a inobservância do rito supracitado configura nulidade relativa, cuja arguição deve ser feita oportunamente, sob pena de preclusão, exigindo, ainda, a demonstração do prejuízo suportado pela parte, já que o art. 563 do Código de Processo Penal consagra o princípio *pas de nullité sans grief*" (AgRg no AREsp 2.279.369/SP, 5.ª T., rel. Ribeiro Dantas, 06.06.2023, v.u.); "2. A jurisprudência desta Corte é firme no sentido de que a notificação prévia não é necessária quando a ação penal for precedida do respectivo procedimento investigatório criminal, caso dos autos, aplicando-se, por analogia, o disposto na Súmula n. 330/STJ. 3. 'É firme a jurisprudência desta Corte no sentido da possibilidade de utilização do conteúdo de depoimento obtido em ação penal diversa como prova emprestada, desde que respeitado o contraditório e a ampla defesa, em homenagem aos princípios constitucionais da economia processual e da unidade da jurisdição' (AgRg no HC 407.500/AL, rel. Ministro Felix Fischer, Quinta Turma, j. 26/6/2018, *DJe* 2/8/2018), tal qual se deu no caso concreto" (AgRg no REsp 1.823.694/SP, 5.ª T., rel. Joel Ilan Paciornik, 28.04.2020, v.u.). Em vigor, ainda, a Súmula 330 do STJ: "É desnecessária a resposta preliminar de que trata o art. 514 do Código de Processo Penal, na ação penal instruída por inquérito policial". Em contrário, exigindo sempre a defesa preliminar: Tourinho Filho (*Código de Processo Penal comentado*, v. 2, p. 164). Em razão da existência de posição contrária, temos sugerido que o magistrado conceda essa oportunidade aos acusados por delitos funcionais. Isso evitará, com segurança, qualquer reconhecimento posterior de eventual nulidade.

Art. 514

Código de Processo Penal Comentado · **Nucci**

9. Não concessão do prazo para a defesa preliminar: há duas posições a esse respeito: a) *trata-se de nulidade relativa*: STJ: "A notificação do funcionário público, nos termos do art. 514 do Código de Processo Penal, não é necessária quando a ação penal for precedida de inquérito policial. Súmula n. 330 do STJ. O Supremo Tribunal Federal, muito embora tenha proferido julgados em sentido diverso, assentou o entendimento de que o vício de procedimento deve ser suscitado em momento oportuno e exige a demonstração de prejuízo concreto à parte, consoante a exegese do art. 563 do CPP, o que não ocorreu na espécie. Recurso ordinário não provido" (RHC 26.669/MS, 6.ª T, rel. Rogerio Schietti Cruz, 17.03.2016, v.u.). É a melhor posição. Não há cabimento algum em se considerar nulo o processo, se nenhum prejuízo adveio ao réu; b) *trata-se de nulidade absoluta*: essa posição, hoje, é minoritária, pois somente se anula um processo se realmente houver prejuízo para qualquer das partes, especialmente ao acusado. Tem sido o dominante entendimento das Cortes no Brasil.

9-A. Advento da sentença condenatória: nada mais a reclamar a parte que se sentiu prejudicada por não lhe ter sido concedido o prazo de resposta, previsto no art. 514, pois houve várias oportunidades de resposta à acusação até alcançar a sentença. Logo, a questão está preclusa. Na jurisprudência: STF: "A superveniência da sentença condenatória torna prejudicada a pretensão de anulação da ação penal para renovação da resposta prevista no art. 514 do Código de Processo Penal. Precedentes" (ARE 1.072.424 AgR/SC, 2.ª T., rel. Dias Toffoli, 07.05.2018, v.u.).

10. Não apresentação da notificação: irrelevância, desde que o prazo tenha sido regularmente concedido. Afinal, o funcionário não é obrigado a contestar o contido na denúncia, sendo faculdade fazê-lo.

11. Desconhecimento do paradeiro do réu ou residência em outra comarca: quanto à primeira hipótese, é razoável que seja nomeado ao acusado um defensor dativo, a fim de que apresente a defesa preliminar. Manifestamo-nos contrários à notificação por edital, pois esse meio de cientificação é inútil e deveria ser extirpado do processo penal. Assim, somente quando indispensável, por previsão legal, é que deve ser providenciado. Depois, recebida a denúncia, se for citado por edital e não contestar, o processo ficará suspenso (art. 366, CPP). Entretanto, é rara essa situação, pois o funcionário público deve ter posto certo de trabalho, com relativa facilidade para ser encontrado. Aliás, se for demitido, não mais se aplica o procedimento especial neste Capítulo previsto (ver nota 12 a seguir). Quanto à segunda hipótese, não cremos seja razoável. Se o funcionário reside em outra comarca, deve-se expedir precatória para notificá-lo do prazo de quinze dias para a apresentação da defesa preliminar. Nada justifica a nomeação direta de um defensor dativo, em prejuízo da ampla defesa. No mesmo prisma: Tourinho Filho (*Código de Processo Penal comentado*, v. 2, p. 165); Greco Filho (*Manual de processo penal*, p. 383). Ainda assim, há forte tendência dos tribunais em aceitar o disposto no parágrafo único deste artigo. E, também, na doutrina: Mirabete (*Processo penal*, p. 560); Noronha (*Curso de direito processual penal*, p. 294).

12. Funcionário que deixa a função: não mais se aplica o procedimento especial previsto neste Capítulo. Ainda que se invoque a proteção à imagem da administração pública, para que a defesa preliminar seja realizada, não vemos sentido nisso. Note-se que a tendência atual é restringir os procedimentos e foros especiais, justamente o que levou o Supremo Tribunal Federal a cancelar a Súmula 394, considerando haver foro privilegiado ao funcionário, ainda que deixasse o cargo, bastando o cometimento do delito no exercício da função. É o melhor a seguir. Nessa linha: Greco Filho (*Manual de processo penal*, p. 383). Em contrário, exigindo sempre a defesa, por conta da moralidade da administração pública: Tourinho Filho (*Código de Processo Penal comentado*, v. 2, p. 166); Mirabete (*Processo penal*, p. 559).

> **Art. 515** No caso previsto no artigo anterior, durante o prazo concedido para a resposta, os autos permanecerão em cartório, onde poderão ser examinados pelo acusado ou por seu defensor.[13]
>
> **Parágrafo único.** A resposta poderá ser instruída com documentos e justificações.

13. Permanência dos autos em cartório: trata-se de um cuidado especial para a garantia efetiva do direito ao contraditório e à ampla defesa. Nessa situação, já que se busca resguardar o direito de defesa, é possível a retirada dos autos de cartório pelo defensor para o oferecimento da contestação. Se houver corréus, cabe ao juiz disciplinar a saída dos autos, de modo a atender a todos eles.

> **Art. 516.** O juiz rejeitará a queixa ou denúncia, em despacho fundamentado,[14] se convencido, pela resposta do acusado ou do seu defensor, da inexistência do crime ou da improcedência da ação.[14-14-A]

14. Rejeição da denúncia ou da queixa: estipula a lei que o magistrado deve fundamentar a decisão de rejeição da denúncia ou da queixa, o que é, na verdade, inútil, uma vez que toda decisão de rejeição, em qualquer caso, deve ser convenientemente motivada. Assim, não se aplica a fundamentação unicamente neste procedimento, mas em todos os casos. Por outro lado, por cautela, tendo havido manifestação expressa do denunciado, *antes* do recebimento, convém motivar o referido recebimento da peça acusatória, por respeito à ampla defesa.

14-A. Inexistência do crime ou improcedência da ação: foram utilizados genericamente esses termos para que o juiz rejeite a queixa ou a denúncia. No entanto, de modo mais específico, deve-se compreender *inexistência do crime* como a falta de tipicidade, antijuridicidade ou culpabilidade, bem como *improcedência da ação* a clara falta de provas da materialidade ou da autoria.

> **Art. 517.** Recebida a denúncia[15] ou a queixa, será o acusado citado,[15-A] na forma estabelecida no Capítulo I do Título X do Livro I.[16-17]

15. Recebimento fundamentado: em todos os procedimentos onde se exigir a apresentação de defesa preliminar por parte do denunciado, *antes* do recebimento da denúncia, é mais que lógico dever o magistrado motivar o recebimento da peça acusatória. Não teria sentido, em função da ampla defesa, ignorar, sem qualquer fundamentação, o alegado pelo imputado em sua defesa preliminar.

15-A. Necessidade de citação: a notificação feita, preliminarmente, não supre a obrigatoriedade da citação, pois a primeira ciência feita ao funcionário volta-se a fase anterior ao ajuizamento da ação penal. Assim, caso seja recebida a denúncia ou queixa, a despeito da impugnação formulada pelo funcionário, é indispensável que ele tome ciência disso, podendo, agora, defender-se nos autos do processo-crime.

16. Procedimento após o ajuizamento da ação penal: é o rito comum. Consultar, ainda, a nota 1 ao Título II do Livro II.

17. Aditamento à denúncia para incluir crime funcional: se houver lastro no inquérito policial, dispensa-se a defesa preliminar, como já sustentamos em nota anterior. Caso

Art. 518

seja proposto o aditamento com base em elementos diversos, é preciso garantir o direito à defesa preliminar.

> **Art. 518.** Na instrução criminal e nos demais termos do processo, observar-se-á o disposto nos Capítulos I e III, Título I, deste Livro.[18]

18. Aproveitamento do procedimento comum: indica a lei que, ultrapassada essa fase inaugural de notificação e defesa preliminar, será adotado o procedimento comum, utilizando-se então os arts. 394 e seguintes. Ver crítica à separação feita entre os capítulos I e III do Título I do Livro II na nota 5 ao Título I.

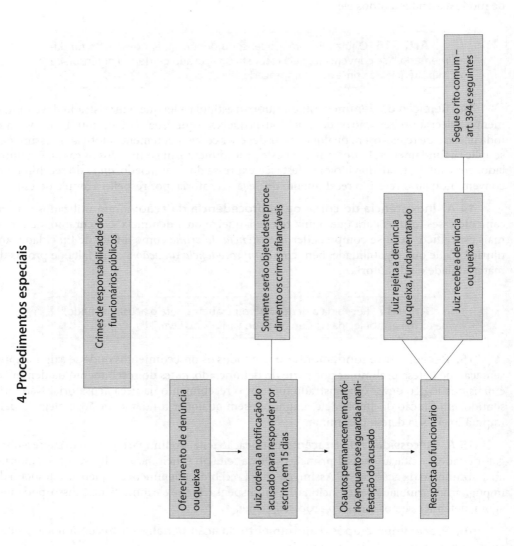

Capítulo III
DO PROCESSO E DO JULGAMENTO
DOS CRIMES DE CALÚNIA E INJÚRIA, DE COMPETÊNCIA
DO JUIZ SINGULAR

> **Art. 519.** No processo por crime de calúnia ou injúria,[1] para o qual não haja outra forma estabelecida em lei especial,[2] observar-se-á o disposto nos Capítulos I e II, Título I, deste Livro, com as modificações constantes dos artigos seguintes.[3-4]

1. Crimes contra a honra: este procedimento especial abrange todos os delitos contra a honra, inclusive a difamação, não citada neste dispositivo, pois, antes do Código Penal de 1940, não era considerada tipo penal autônomo.

2. Lei especial: excluem-se os crimes contra a honra previstos em leis especiais, como é o caso do Código Eleitoral.

3. Procedimento para a instrução do feito: é o comum. Assim, não realizada a conciliação, segue-se o procedimento ordinário. Consultar, ainda, a nota 1 ao Título II do Livro II.

4. Pedido de explicações: o procedimento previsto no art. 144 do Código Penal ("Se, de referências, alusões ou frases, se infere calúnia, difamação ou injúria, quem se julga ofendido pode pedir explicações em juízo. Aquele que se recusa a dá-las ou, a critério do juiz, não as dá satisfatórias, responde pela ofensa") não é obrigatório, embora seja prudente que a parte ofendida, quando em dúvida, peça explicações antes de ajuizar ação penal. Se realizado, deve respeitar o prazo decadencial para o ajuizamento da queixa pelo crime contra a honra. Sobre o tema, ver as notas ao art. 144 em nosso *Código Penal comentado*.

> **Art. 520.** Antes de receber a queixa,[5] o juiz oferecerá às partes oportunidade para se reconciliarem,[6] fazendo-as comparecer[7] em juízo e ouvindo-as, separadamente, sem a presença dos seus advogados, não se lavrando termo.[8]

5. Hipótese para os crimes de ação privada: o procedimento previsto neste Capítulo não se volta para as ações penais públicas, considerando-se que os interesses, nesses casos, são indisponíveis (quando funcionário público é vítima ou havendo injúria real). Assim, a aplicação da audiência de conciliação volta-se aos delitos de ação exclusivamente privada. Na jurisprudência: STJ: "1. O Superior Tribunal de Justiça já assentou que 'não existe violação ao art. 520 do Código de Processo Penal, nos casos em que o magistrado indefere liminarmente a queixa-crime, sem marcar audiência de tentativa de conciliação, quando entende ausente requisito necessário para o recebimento da exordial acusatória' (REsp 647.446/SP, Rel. Ministra Laurita Vaz, 5.ª T., *DJ* 08.11.2004)" (AgRg no AREsp 484.371/SP, 6.ª T., rel. Rogério Schietti, 30.03.2017, v.u.).

6. Audiência de conciliação: é obrigatória a sua designação, implicando nulidade caso não ocorra. No entanto, se o fato for manifestamente atípico ou desvinculado de qualquer prova pré-constituída, pode o juiz rejeitar a queixa desde logo, sem marcar audiência, pois seria inútil. Saliente-se, no entanto, que, uma vez designada, mas não efetivada porque uma das partes faltou, parece-nos preenchido o requisito fixado pelo procedimento especial deste Capítulo, subentendendo-se que a parte faltante não deseja a conciliação. Há posição

Art. 520

Código de Processo Penal Comentado · **Nucci**

que exige a presença do querelante, sob pena de perempção, com o que não aquiescemos. Inexiste razão para impor ao ofendido uma sanção tão severa, simplesmente porque deixou de comparecer a um ato conciliatório, anterior ao ajuizamento da ação penal. E mais: há quem sustente a possibilidade de condução coercitiva do querelado, a fim de que ouça os argumentos do juiz, com o que também não concordamos. Não há motivo em tomar medida tão drástica, quando o objetivo da lei processual penal é *conciliar* as partes e não acirrar os ânimos. É certo que, sem a imposição de sanção – ao querelante, a perempção; ao querelado, a condução coercitiva – a audiência de conciliação pode perder totalmente o seu sentido, embora creiamos que ela, de fato, é uma superfetação, buscando compor pessoas que não tiveram possibilidade ou bom senso de, anteriormente ao oferecimento de queixa, resolver amigavelmente suas rusgas. Ocorre que, segundo pensamos, não cabe ao juiz a tarefa de conciliador de infrações penais, razão pela qual é demasiada a preocupação nesse sentido. Salientamos, no entanto, que tem prevalecido, na doutrina, a ideia de que a audiência é essencial, implicando perempção (querelante) ou condução coercitiva (querelado): Noronha (*Curso de direito processual penal*, p. 302); Tourinho Filho (*Código de Processo Penal comentado*, v. 2, p. 173-174); Frederico Marques (*Elementos de direito processual penal*, v. III, p. 292); Mirabete (*Processo penal*, p. 564-565); Hildejalma Muccio (*Curso de processo penal*, v. 1, p. 654). Na jurisprudência: STJ: "4. O crime de calúnia é de ação penal privada e embora se possa, em teoria, cogitar constrangimento ilegal ao recorrente no ato do recebimento da queixa-crime sem antes permitir a realização da audiência de reconciliação, prevista no art. 520 do CPP, não restou evidenciado o prejuízo diante da não realização do procedimento. É assente no STJ que não se anulam atos pretensamente violadores de direitos sem a demonstração de prejuízo (*pás de nullité sans grief*)" (AgRg no AREsp 2.235.253/SP, 5.ª T., rel. Joel Ilan Paciornik, 16.05.2023, v.u.); "1. O Superior Tribunal de Justiça já assentou que 'não existe violação ao art. 520 do Código de Processo Penal, nos casos em que o magistrado indefere liminarmente a queixa-crime, sem marcar audiência de tentativa de conciliação, quando entende ausente requisito necessário para o recebimento da exordial acusatória' (REsp 647.446/SP, Rel. Ministra Laurita Vaz, 5.ª T., *DJ* 8/11/2004)" (AgRg no AREsp 484.371/SP, 6.ª T., rel. Rogerio Schietti Cruz, 30.03.2017, v.u.).

7. Análise da expressão fazendo-as comparecer: é o que demonstra deverem as partes comparecer em juízo, ainda que seja para não haver a reconciliação. Como explicamos na nota anterior, não vemos sentido nisso, ainda que reconheçamos seja opinião majoritária da doutrina.

8. Oitiva individual, sem os advogados: o juiz deve ouvir os envolvidos – agressor e ofendido – separadamente, tal como se faz na audiência de conciliação de casais, no caso de separação judicial, para que sirva de mediador dos conflitos alheios. Não nos parece ser esta a função do julgador, ainda que se diga que, nos crimes contra a honra, uma intervenção de terceiro pode solucionar uma ofensa ou uma frase agressiva proferida. Fosse assim, o ideal seria a função conciliatória em todos os crimes de ação penal exclusivamente privada. Afinal, há outros temas que envolvem conflitos de personalidade, fora do campo dos crimes contra a honra, podendo o juiz intervir como conciliador. Entretanto, assim fazendo, transforma--se o caráter da justiça penal, como se estivessem as partes no Juizado Especial Criminal, aguardando a transação. Pensamos que a providência ora prevista no art. 520 poderia ser realizada no curso da ação penal privada e, se houvesse conciliação, a punibilidade do agente estaria extinta, afetando-se a pretensão punitiva do Estado. Aliás, o que ocorre se o querelante perdoar o querelado.

Art. 521. Se depois de ouvir o querelante e o querelado, o juiz achar provável a reconciliação, promoverá entendimento entre eles, na sua presença.[9]

9. Promoção do entendimento na presença dos advogados: caso o juiz sinta que há possibilidade efetiva de reconciliação, deve promovê-la na presença dos advogados, estando as partes envolvidas frente a frente. É uma verdadeira hipótese de extinção da punibilidade não prevista no art. 107 do Código Penal. Aliás, como ressalta Frederico Marques, "a reconciliação situa-se entre a renúncia e o perdão e, desse modo, extingue a punibilidade. Certo que o Código Penal não a prevê no art. 107, nem lhe dá efeito de fato extintivo do *jus puniendi* o art. 522 do Código de Processo Penal. Mas se a renúncia faz desaparecer a punibilidade, *a fortiori* a desistência do direito de queixa. Desse modo, parece-nos que o arquivamento ordenado pelo art. 522 do Código de Processo Penal será consequência e efeito da decretação da extinção da punibilidade" (*Elementos de direito processual penal*, v. III, p. 292).

Art. 522. No caso de reconciliação, depois de assinado pelo querelante o termo da desistência, a queixa será arquivada.[10]

10. Arquivamento da queixa: cremos, segundo exposto na nota 9 ao art. 521, deva o juiz julgar extinta a punibilidade, pois a hipótese é um meio-termo entre a renúncia e o perdão.

Art. 523. Quando for oferecida a exceção da verdade ou da notoriedade do fato imputado,[11-14] o querelante[15] poderá contestar a exceção[16] no prazo de 2 (dois) dias, podendo ser inquiridas as testemunhas arroladas na queixa, ou outras indicadas naquele prazo, em substituição às primeiras, ou para completar o máximo legal.[17-19]

11. Exceção da verdade ou da notoriedade do fato: trata-se de questão prejudicial homogênea, isto é, aquela que, referindo-se ao direito material posto em discussão, necessita ser decidida antes do mérito da ação principal, fazendo com que seja sustado o andamento do processo, a fim de ser decidido o incidente gerado. A exceção da verdade diz respeito ao crime de calúnia (imputar a alguém, falsamente, fato definido como crime), enquanto a exceção da notoriedade (embora o Código Penal a denomine de *exceção da verdade*, conforme disposto no art. 139, parágrafo único) do fato refere-se ao delito de difamação de funcionário público, no exercício das suas funções (imputar a alguém fato ofensivo à sua reputação). Logo, se há ação penal em andamento, versando sobre calúnia ou difamação, é possível que o querelado/réu apresente, logo de início, a chamada exceção, que é meio de defesa indireto, visando a provar que o querelante (no caso de ação privada) ou o ofendido (no caso de ação pública) realmente praticou o delito que lhe foi imputado (quando se tratar de calúnia) ou que o fato difundido (quando se referir à difamação), realmente, ocorreu e é do conhecimento geral. Provada a exceção, falece direito ao órgão acusatório de alcançar a condenação, pois não há sentido em se tratar de calúnia quando há verdade na prática do crime, tampouco falar em difamação de funcionário público, quando o fato é evidente e interessa à Administração Pública a punição de quem assim se conduziu. Ressalte-se que, em ambas as hipóteses, a exceção tem finalidade prática e interesse social. Provando-se a prática do crime, deve o Estado agir para punir o agente; provando-se o fato desabonador cometido por funcionário público, no exercício da função, ele será providenciado na esfera administrativa. Veda-se a exceção, nos

Art. 523

Código de Processo Penal Comentado · **Nucci**   988

casos previstos no art. 138, § 3.º, do Código Penal: "Se, constituindo o fato imputado crime de ação privada, o ofendido não foi condenado por sentença irrecorrível", "se o fato é imputado a qualquer das pessoas indicadas no n. I do art. 141" (Presidente da República ou chefe de governo estrangeiro) e "se do crime imputado, embora de ação pública, o ofendido foi absolvido por sentença irrecorrível". Não se admite, ainda, a exceção da verdade ou da notoriedade no caso de injúria, uma vez que este delito atinge a honra subjetiva, que é o amor-próprio ou a autoestima do ofendido – e não a honra objetiva, que é sua imagem perante a sociedade – tornando incabível qualquer prova da verdade.

12. Oportunidade para ingressar com a exceção: deve ser apresentada no prazo previsto para a defesa prévia, que é a primeira oportunidade de manifestação, por meio da defesa técnica, do querelado. Há quem sustente poder a exceção ser apresentada em qualquer momento processual, tendo em vista que a lei não o especifica (cf. Mirabete, *Processo penal*, p. 566).

13. Desnecessidade de formação de autos apartados: a exceção da verdade, por dizer respeito a direito material, devendo ser resolvida antes da questão principal, pelo próprio juiz do feito, dispensa a formação de autos independentes – como ocorre com as demais exceções, que são de direito processual.

14. Conexão: se outro processo já tiver sido instaurado para verificar a ocorrência do crime objeto da exceção da verdade, concretiza-se a hipótese de conexão instrumental (art. 76, III, CPP), devendo haver a junção dos feitos para julgamento único, conforme lição de Frederico Marques (*Elementos de direito processual penal*, v. III, p. 294).

15. Querelante e Ministério Público: embora tenha a lei feito referência somente ao querelante (autor da ação penal privada), é possível que o titular da demanda seja o Ministério Público, quando se tratar de ação pública condicionada à representação da vítima – o que ocorre, por exemplo, nos casos de funcionários públicos caluniados ou difamados (art. 145, parágrafo único, CP).

16. Contestação à exceção: oferecida a exceção, o juiz, sendo ela admissível, nos termos da lei, suspende o curso do processo principal, intimando o querelante ou o Ministério Público a apresentar a contestação, no prazo de dois dias. Nessa oportunidade, o rol das testemunhas oferecido na queixa ou na denúncia pode ser mantido, para o momento da inquirição, ou alterado, respeitado o número máximo legal (oito), conforme as circunstâncias. Justifica-se a concessão de novo prazo para a modificação do rol das testemunhas, tendo em vista que, havendo exceção, o objeto das provas pode mudar, permitindo-se ao querelante ou ao Ministério Público melhor amplitude na defesa de seus argumentos.

17. Procedimento: após a contestação à exceção, o juiz determina o prosseguimento do feito, pelo rito comum, ouvindo-se as testemunhas de acusação e, depois, as de defesa, abrangendo a formação da prova tanto os fatos constantes da queixa ou da denúncia quanto os alegados na exceção, tendo em vista que a apreciação será feita em conjunto, ao final. Consultar, ainda, a nota 1 ao Título II do Livro II.

18. Decisão a respeito da exceção interposta: dá-se por ocasião da sentença final, após as alegações finais das partes. Se considerar que a exceção procede, absolverá o querelado, determinando providências para que o querelante (ação privada) ou o funcionário público (ação pública) seja processado penal ou administrativamente, conforme o caso.

19. Foro privilegiado: quando o querelante (ação privada) ou o funcionário público (ação pública) for beneficiário de foro privilegiado, a exceção contra ele oposta deve ser julgada pela instância superior competente. Ex.: se o querelante é juiz de direito, oposta a exceção, cabe ao Tribunal de Justiça deliberar a respeito (ver art. 96, III, CF). Note-se, no entanto, que é feito o juízo de admissibilidade da exceção em primeiro grau, para, em seguida ao oferecimento da contestação, ser o feito remetido ao Tribunal. Sorteado um relator, conforme o regimento interno, delibera-se sobre o processamento da exceção. Admitido, contra essa decisão cabe agravo regimental. Realiza-se a instrução, podendo o relator delegar competência a juiz local ou de outra comarca para ouvir as testemunhas. Tornam os autos ao tribunal, já com alegações finais, para o fim exclusivo de julgar a exceção. Caso esta seja considerada improcedente, tornam os autos à primeira instância para a decisão sobre o crime contra a honra. Se julgada procedente, os autos permanecerão no tribunal para a tomada de medidas cabíveis contra o querelante ou ofendido, possuidor do foro privilegiado, julgando-se improcedente a ação penal contra o querelado.

5. Procedimentos especiais

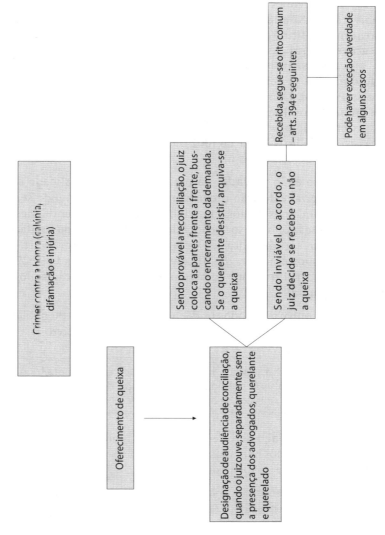

Art. 524

Código de Processo Penal Comentado · Nucci

Capítulo IV
DO PROCESSO E DO JULGAMENTO
DOS CRIMES CONTRA A PROPRIEDADE IMATERIAL

> **Art. 524.** No processo e julgamento dos crimes contra a propriedade imaterial,[1-2] observar-se-á o disposto nos Capítulos I e III do Título I deste Livro, com as modificações constantes dos artigos seguintes.[3]

1. Crimes contra a propriedade imaterial: são os crimes que protegem a atividade criadora das pessoas, fruto do seu intelecto, o que, indiscutivelmente, possui reflexo patrimonial. A proteção constitucional encontra-se prevista no art. 216. Na legislação ordinária, situam-se tanto no Código Penal (violação de direito autoral – arts. 184 e 186) quanto na Lei 9.279/1996 (crimes contra as patentes – arts. 183 a 186; crimes contra os desenhos industriais – arts. 187 e 188; crimes contra as marcas – arts. 189 e 190; crimes cometidos por meio de marca, título de estabelecimento e sinal de propaganda – art. 191; crimes contra indicações geográficas e demais indicações – arts. 192 a 194; crimes de concorrência desleal – art. 195). Na jurisprudência: TJMG: "3. A materialidade do crime de violação de direito autoral exige perícia técnica, sujeita aos ditames do art. 524 e seguintes do Código de Processo Penal. 4. Conforme Súmula n.º 574 do STJ, a materialidade do delito de violação de direito autoral se evidencia pela simples perícia realizada, por amostragem, nos aspectos externos do produto suspeito, independente da identificação do artista lesado, sujeito passivo do delito" (Apelação 10024112258280001, 7.ª Câmara Criminal, rel. Marcílio Eustáquio Santos, 20.03.2019, v.u.).

2. Crimes de ação privada, na maioria: a quase totalidade dos crimes contra a propriedade imaterial é de ação exclusivamente privada, devendo ser movida pela parte ofendida. Excetuam-se os delitos cometidos em prejuízo de entidades de direito público, autarquias, empresas públicas, sociedades de economia mista ou fundações instituídas pelo poder público e em alguns delitos de violação de direito autoral (art. 184, §§ 1.º, 2.º e 3.º, CP), conforme disposto no art. 186, III, do Código Penal. Na Lei 9.279/1996 há apenas o delito previsto no art. 191 (crime cometido por meio de marca, título de estabelecimento e sinal de propaganda).

3. Procedimento: para todos os delitos, de ação privada ou pública, reserva-se o procedimento comum. Consultar, ainda, a nota 1 ao Título II do Livro II.

> **Art. 525.** No caso de haver o crime deixado vestígio,[4] a queixa ou a denúncia[4-A] não será recebida se não for instruída com o exame pericial dos objetos que constituam o corpo de delito.[5]

4. Vestígio material: refere-se a norma a essa modalidade de vestígio, ou seja, aquele que é captado pelos sentidos humanos, após o crime ter se concluído (ex.: o material falsificado remanesce, após a prática do delito de falsificação).

4-A. Queixa ou denúncia: antes do advento da Lei 10.695/2003, seguia-se o procedimento uniforme previsto nos arts. 524 a 530 deste Capítulo para ações privadas (iniciadas por queixa) ou públicas (iniciadas por denúncia), passando-se agora, no caso das ações públicas, incondicionadas ou condicionadas, ao procedimento previsto nos arts. 530-B a 530-H.

5. Condição de procedibilidade: o exame de corpo de delito (exame pericial constatando a existência do crime) é condição de procedibilidade para o exercício da ação penal. Sem ele, nem mesmo o recebimento da denúncia ou queixa ocorrerá. Se a infração deixou vestígios materiais que, no entanto, desapareceram, é possível a realização do exame de corpo de delito indireto, que é efetivado por peritos, embora fundados em elementos fornecidos por outras fontes, que não o seu contato direto com o resquício deixado pela infração penal. Em nosso entender, não consideramos como *exame* de corpo de delito *indireto* a produção de prova testemunhal (art. 167, CPP). Esta compõe o *corpo de delito indireto*, que não é admissível neste caso, por se tratar de regra especial. Ver nota 2 ao art. 158.

> **Art. 526.** Sem a prova de direito à ação, não será recebida a queixa, nem ordenada qualquer diligência preliminarmente requerida pelo ofendido.[6]

6. Legitimidade e interesse para as diligências preliminares e para a ação penal: prevê a Lei 9.279/1996 que, para a propositura de ação penal baseada em crime contra a propriedade imaterial, determinadas provas sejam colhidas preliminarmente. Assim, cabe busca e apreensão do material contrafeito ou que possa representar violação da propriedade imaterial, devendo o juiz providenciá-la por meio de oficial de justiça, acompanhado de peritos (art. 201, da referida Lei). A verificação será imediatamente realizada e, sendo o caso, ocorrerá a apreensão das coisas encontradas em poder da pessoa investigada. Outras diligências preliminares podem ser realizadas, tais como a "apreensão de marca falsificada, alterada ou imitada onde for preparada ou onde quer que seja encontrada, antes de utilizada para fins criminosos", ou a "destruição de marca falsificada nos volumes ou produtos que a contiverem, antes de serem distribuídos, ainda que fiquem destruídos os envoltórios ou os próprios produtos" (art. 202). No caso de estabelecimentos industriais ou comerciais, as diligências preliminares devem limitar-se à vistoria e à apreensão dos produtos, não devendo ser paralisada sua atividade, desde que exercida licitamente (art. 203). Assim, é preciso que seja cumprido esse procedimento inicial para que a queixa possa ser regularmente recebida. Por outro lado, o artigo em comento estipula que, também para as diligências preliminares, é indispensável o requerente demonstrar o seu interesse e legitimidade para tanto. Afinal, a busca e apreensão é medida coercitiva séria, cujos prejuízos são evidentes para a parte investigada. A cautela é tanta que o art. 204 da Lei 9.279/1996 prevê que, "realizada a diligência de busca e apreensão, responderá por perdas e danos a parte que a tiver requerido de má-fé, por espírito de emulação, mero capricho ou erro grosseiro".

> **Art. 527.** A diligência de busca ou de apreensão será realizada por dois peritos nomeados pelo juiz, que verificarão a existência de fundamento para a apreensão, e quer esta se realize, quer não, o laudo pericial será apresentado dentro de 3 (três) dias após o encerramento da diligência.[7]
>
> **Parágrafo único.** O requerente da diligência poderá impugnar o laudo contrário à apreensão, e o juiz ordenará que esta se efetue, se reconhecer a improcedência das razões aduzidas pelos peritos.[8]

7. Diligência sem a participação da parte contrária: o pedido é formulado pelo ofendido, expondo suas razões, acompanhadas dos documentos que demonstrem sua legitimidade e interesse, contará com a participação do Ministério Público – salvo no

Art. 528

Código de Processo Penal Comentado · **Nucci**

caso de ação pública, quando o pedido será por ele formulado –, mas não contará com o acompanhamento prévio do pretenso agente da infração penal. Somente após a diligência de busca, havendo ou não apreensão, é que ele tomará ciência da investigação e poderá dela tomar parte. Havendo ou não apreensão, os peritos ficam obrigados a apresentar o seu laudo. Note-se que, num primeiro momento, cabe aos expertos deliberar a respeito da necessidade de se apreender o material verificado. Se decidirem que não é preciso, o requerente pode impugnar o laudo – onde tal conclusão será apresentada – solicitando uma revisão por parte do juiz. Na jurisprudência: TJSP: "Correição parcial. Crime contra a propriedade imaterial. Suposta violação de direito autoral e de marca contra a empresa DC Comics em razão da comercialização de um boneco com características semelhantes ao personagem 'Superman'. Pedido de realização de diligência de busca e apreensão para a comprovação da existência de corpo de delito. Condição de procedibilidade para o exercício da ação penal privada. Indeferimento pelo juízo 'a quo'. Cabimento de correição parcial. Comprovação de indícios de violação a direito autoral e de marca, levando em conta os documentos acostados aos autos. Possibilidade de deferimento parcial do pleito para busca e apreensão de apenas um exemplar do referido produto, nos termos do art. 527 do CPP, a fim de evitar qualquer prejuízo econômico e às atividades regulares da empresa. Inteligência do art. 203 da Lei n.º 9.279/96" (Correição Parcial Criminal 2000890-41.2019.8.26.0000, 16.ª C. Crim., rel. Guilherme de Souza Nucci, 26.11.2019, v.u.).

8. Impugnação contra o laudo contrário à apreensão: acolhendo as razões do requerente, determinará o juiz a apreensão. Nesse caso, caberá a interposição de mandado de segurança por parte do lesado, caso considere abusiva a medida. Não acolhendo, mantém-se o material onde se encontra e contra tal decisão não cabe recurso.

> **Art. 528.** Encerradas as diligências, os autos serão conclusos ao juiz para homologação do laudo.[9-10]

9. Homologação do laudo: não se trata de um julgamento definitivo sobre a materialidade do delito, podendo ser revisto em juízo, sob o crivo do contraditório, o conteúdo do laudo apresentado. Contra a homologação, no entanto, cabe apelação.

10. Defesa do réu no processo: pode consistir na nulidade da patente ou do registro da propriedade imaterial. Constitui em autêntica questão prejudicial, a merecer o correto deslinde na esfera cível, suspendendo-se o curso do processo penal até que isso ocorra. Ver notas ao art. 93.

> **Art. 529.** Nos crimes de ação privativa do ofendido, não será admitida queixa com fundamento em apreensão e em perícia, se decorrido o prazo de 30 (trinta) dias, após a homologação do laudo.[11-13]
>
> **Parágrafo único.** Será dada vista ao Ministério Público dos autos de busca e apreensão requeridas pelo ofendido, se o crime for de ação pública e não tiver sido oferecida queixa no prazo fixado neste artigo.[14]

11. Prazo decadencial: quando se cuidar de ação penal exclusivamente privada – maioria nesses casos – tem o interessado o prazo decadencial de 30 dias – não se conta um mês, mas exatos 30 dias – para propor a queixa-crime. Os autos, com a homologação do laudo, ficam em cartório à sua disposição para tanto. O prazo não se interrompe de modo algum e, caso vença em feriado, fim de semana ou outra data sem expediente forense, não se prorroga. Cremos, no entanto, deva ser o ofendido intimado da homologação do laudo, podendo sê-lo por meio de seu defensor constituído, pela imprensa. Saliente-se, ainda, que a ciência do ofendido da autoria de crime contra a propriedade imaterial faz desencadear o prazo decadencial de seis meses para a propositura da ação penal. Ocorre que, se tomar providências nesse prazo de seis meses, solicitando as diligências preliminares e o laudo for concluído, tem, a partir daí, 30 dias para agir. Neste prisma: Greco Filho (*Manual de processo penal*, p. 389); Tourinho Filho (*Código de Processo Penal comentado*, v. 2, p. 186); Espínola Filho (*Código de Processo Penal brasileiro anotado*, v. V, p. 218). É a adaptação da regra geral prevista no art. 38 com o disciplinado neste artigo. Na jurisprudência: STJ: "1. É possível e adequado conformar os prazos previstos nos arts. 38 e 529, ambos do CPP, de modo que, em se tratando de crimes contra a propriedade imaterial que deixem vestígio, a ciência da autoria do fato delituoso dá ensejo ao início do prazo decadencial de 6 meses, sendo tal prazo reduzido para 30 dias se homologado laudo pericial nesse ínterim. 2. A adoção de interpretação distinta, de modo a afastar o prazo previsto no art. 38 do CPP em prol daquele preconizado no art. 529 do CPP, afigura-se desarrazoada, pois implicaria sujeitar à vontade de querelante o início do prazo decadencial, vulnerando a própria natureza jurídica do instituto, cujo escopo é punir a inércia do querelante" (REsp 1.762.142/MG, 6.ª T., rel. Sebastião Reis Júnior, 13.04.2021, v.u.).

12. Crimes contra a propriedade imaterial sem vestígios materiais: não há necessidade do laudo, razão pela qual o prazo para o oferecimento de queixa-crime obedece à regra geral, ou seja, é de seis meses.

13. Manutenção dos autos da busca e apreensão em cartório: feitas as diligências preliminares, não são os autos entregues ao requerente, permanecendo em cartório. Afinal, se houver decadência, sem a apresentação de queixa, permite-se à parte lesada, que teve seus bens apreendidos, requerer o levantamento da medida constritiva.

14. Legitimidade concorrente: antes da modificação introduzida pela Lei 10.695/2003, a ação penal era, na grande maioria dos casos, privada, razão pela qual o ofendido, quando desejasse, deveria solicitar a atuação do juiz para a formação da materialidade do crime (arts. 525 a 528). Aliás, o mesmo procedimento adotava o Ministério Público, nos casos de ação pública. Entretanto, atualmente, quando se trata de delito de ação pública basta seguir o disposto no art. 530-B e seguintes, vislumbrando-se que a autoridade policial ficou encarregada de proceder à apreensão, providenciando a feitura do laudo pericial. Por isso, quando o ofendido, cuidando-se de crime de ação pública, desejar a atuação do Estado, basta acionar a autoridade policial, que fica obrigada a agir. Dificilmente, a hipótese prevista neste parágrafo único do art. 529 se dará, isto é, dos autos de busca e apreensão, formados a partir de iniciativa da parte ofendida, encontrando-se crime de ação pública, abre-se vista ao Ministério Público. Mas não é impossível. Pode ocorrer de, pensando a vítima que se trata de crime de ação privada, ingressar com pedido ao juiz para a busca e apreensão e realização do laudo pericial. Depois, constata que se cuida de delito de ação pública, motivo pelo qual não será ofertada queixa, mas aberta vista ao Ministério Público para sua atuação.

> **Art. 530.** Se ocorrer prisão em flagrante e o réu não for posto em liberdade, o prazo a que se refere o artigo anterior será de 8 (oito) dias.[15]

15. Prazo no caso de prisão em flagrante: havendo prisão em flagrante, sem que seja o indiciado colocado em liberdade, deve a parte interessada – Ministério Público (ação pública) ou ofendido (ação privada) – propor a ação em oito dias. Se não o fizer, o detido

Art. 530-A

será colocado em liberdade. Para o Ministério Público continua o direito de propor a ação penal, pois não se sujeita a prazo decadencial, mas, para o ofendido, considera-se ocorrida a decadência. Note-se que o prazo de 30 dias é *reduzido* a oito, quando houver prisão.

> **Art. 530-A.** O disposto nos arts. 524 a 530 será aplicável aos crimes em que se proceda mediante queixa.[16]

16. Diversidade de procedimento especial: continua especial o procedimento para apurar os crimes contra a propriedade imaterial, embora tenha havido dupla opção, uma, para os delitos de ação privada, outra, para os crimes de ação pública. Assim, quando se tratar, por exemplo, do crime de violação de direito autoral previsto no art. 184, *caput*, do Código Penal, deixando vestígio material, há necessidade de se instruir a queixa com o exame pericial dos objetos que constituam o corpo de delito, na forma determinada pelo art. 525 do Código de Processo Penal, seguindo-se, no mais, o procedimento dos arts. 526 e seguintes. Para os crimes de ação pública incondicionada, passa a valer o disposto nos arts. 530-B a 530-H, como determina o art. 530-I.

> **Art. 530-B.** Nos casos das infrações previstas nos §§ 1.º, 2.º e 3.º do art. 184 do Código Penal,[17] a autoridade policial procederá à apreensão dos bens ilicitamente produzidos ou reproduzidos,[18] em sua totalidade, juntamente com os equipamentos, suportes e materiais que possibilitaram a sua existência, desde que estes se destinem precipuamente à prática do ilícito.[19]

17. Objetivo da modificação legislativa: o procedimento previsto nos arts. 524 a 529, exigindo a participação do juiz e de peritos por ele nomeados, para a formação do corpo de delito, terminava por limitar, por parte da polícia, o controle das falsificações de produtos e reprodução não autorizada de obras artísticas em geral. A partir da modificação trazida pela Lei 10.695/2003, pode a autoridade policial, nos crimes de ação pública incondicionada, agir de ofício, apreendendo o ilicitamente produzido ou reproduzido, tomando as medidas necessárias para a cessação da atividade criminosa, valendo-se do perito oficial para a comprovação da materialidade, o que, aliás, já se faz em vários outros tipos de infração penal (ex.: no caso de homicídio, a autoridade policial providencia a realização do exame necroscópico, requisitando-o ao Instituto Médico Legal).

18. Bens produzidos ou reproduzidos: *produzidos* são os bens criados ou gerados a partir de um modelo protegido pelo direito autoral (ex.: fabricação de calças imitando modelo de grife); *reproduzidos* são os bens multiplicados ou copiados a partir de uma fonte original, sem autorização do autor (ex.: CDs e DVDs "pirateados", ou seja, tomando-se um original, busca-se multiplicá-lo em várias peças para a venda sem pagamento do direito autoral).

19. Equipamentos, suportes e materiais de destinação ilícita: para a produção ou reprodução de peças ou objetos, violando a propriedade imaterial, é natural que o agente do delito se sirva de um conjunto de petrechos para fazer nascer ou para multiplicar o bem almejado. Estipula este artigo que a autoridade policial deve providenciar a apreensão de tudo o que foi produzido ou reproduzido, sem autorização, mas somente deve apreender os equipamentos e demais materiais, que deram condições à referida produção ou reprodução se eles forem destinados essencialmente à prática de crime. Destarte, se alguém possui um aparelho de som caseiro, de onde extrai cópias de CDs, embora seja de uso de todos na família, não se deve apreendê-lo. Por outro lado, em se tratando de aparelho profissional de reprodução de CDs, cuja utilização é voltada à atividade delituosa, não há dúvida que deve ser retirado da esfera de disponibilidade do agente. Lembremos que tal medida se destina a garantir o confisco desses equipamentos, na forma prevista no art. 530-G.

> **Art. 530-C.** Na ocasião da apreensão será lavrado termo, assinado por 2 (duas) ou mais testemunhas, com a descrição de todos os bens apreendidos e informações sobre suas origens, o qual deverá integrar o inquérito policial ou o processo.[20]

20. Auto de apreensão: a formalização da apreensão determinada pela autoridade policial (art. 6.º, II, CPP) faz-se pelo auto de apreensão, neste caso assinado por duas testemunhas idôneas, que não devem pertencer aos quadros da polícia judiciária, justamente para, se preciso for, prestarem depoimento isento, posteriormente, para instruir não somente o processo principal – onde se apura o crime contra a propriedade imaterial – mas também eventual procedimento incidental de restituição de coisa apreendida (arts. 118 a 124, CPP). Na jurisprudência: STJ: "2. A jurisprudência desta Corte Superior posicionou-se no sentido de que a ausência das formalidades exigidas no art. 530-C do CPP, para o auto de apreensão de mercadoria apreendida, constitui apenas mera irregularidade, tendo em vista ser desarrazoada a interpretação de que meras exigências formais sejam capazes de invalidar a prova colhida. Nesse contexto, considerando que no caso dos autos houve a descrição do número de mídias apreendidas bem como conste no auto de apreensão a assinatura da autoridade policial e das próprias acusadas, que inclusive confirmaram a venda dos produtos, não há falar em nulidade do auto de apreensão, nem tampouco em ausência de prova da materialidade delitiva" (HC 355.527/RS, 5.ª T., rel. Joel Ilan Paciornik, 09.08.2016, v.u.).

> **Art. 530-D.** Subsequente à apreensão, será realizada, por perito oficial,[21] ou, na falta deste, por pessoa tecnicamente habilitada, perícia sobre todos os bens apreendidos e elaborado o laudo que deverá integrar o inquérito policial ou o processo.

21. Exceção aberta em relação à prova pericial: antes do advento da Lei 11.690/2008, havia necessidade de dois peritos para elaborar o laudo. Com a edição do art. 530-D, rompeu-se essa regra, permitindo-se um só perito oficial. Agora, generalizou-se o regramento para todo o processo penal. Basta um perito oficial, o que é compatível com a realidade brasileira.

> **Art. 530-E.** Os titulares de direito de autor e os que lhe são conexos serão os fiéis depositários de todos os bens apreendidos, devendo colocá-los à disposição do juiz quando do ajuizamento da ação.[22]

22. Depósito dos bens: em se tratando de ação pública, cujo titular é o Ministério Público, poderiam os bens ficar depositados, como ocorre em qualquer outro tipo de procedimento, em mãos do Estado. Entretanto, possivelmente pelo fato de que, nesta hipótese, a fim de garantir futura indenização do ofendido, os bens possam destinar-se ao lesado para reparação do dano, prevê-se o depósito em mãos do titular do direito de autor e os conexos. Registre-se o disposto no art. 91, II, do Código Penal: "São efeitos da condenação: a perda em favor da União, *ressalvado o direito do lesado ou de terceiro de boa-fé*" (grifamos) dos instrumentos do crime e dos produtos ou do proveito do delito.

Art. 530-F

Código de Processo Penal Comentado · **Nucci**

996

> **Art. 530-F.** Ressalvada a possibilidade de se preservar o corpo de delito, o juiz poderá determinar, a requerimento da vítima, a destruição da produção ou reprodução apreendida quando não houver impugnação quanto à sua ilicitude ou quando a ação penal não puder ser iniciada por falta de determinação de quem seja o autor do ilícito.[23]

23. Destruição dos bens: preservado o corpo de delito, isto é, a prova da existência do crime, devendo haver material suficiente em mãos do perito oficial para a produção do laudo, o restante dos bens apreendidos, já que a vítima tornar-se-á depositária, poderá não ser interessante para a reparação do dano, ao contrário, pode representar um estorvo. Assim, cabe ao ofendido pleitear ao juiz autorização para que seja destruído (é o que ocorre, a título de ilustração, com CDs "piratas", inúteis à vítima, porque produzidos ou reproduzidos sem a qualidade desejada, logo, sem valor de mercado lícito). A ressalva feita neste artigo – "quando não houver impugnação quanto à sua ilicitude ou quando a ação penal não puder ser iniciada por falta de determinação de quem seja o autor do ilícito" – tem por fim evitar que bens, cuja restituição seja pedida por alguém, podendo ser, inclusive, terceiro de boa-fé, sejam destruídos precocemente. Dessa forma, encaminha-se à eliminação o material não impugnado quanto à sua ilicitude ou quando houver arquivamento de inquérito por falta de prova da autoria.

> **Art. 530-G.** O juiz, ao prolatar a sentença condenatória, poderá determinar a destruição dos bens ilicitamente produzidos ou reproduzidos e o perdimento dos equipamentos apreendidos, desde que precipuamente destinados à produção e reprodução dos bens, em favor da Fazenda Nacional, que deverá destruí-los ou doá-los aos Estados, Municípios e Distrito Federal, a instituições públicas de ensino e pesquisa ou de assistência social, bem como incorporá-los, por economia ou interesse público, ao patrimônio da União, que não poderão retorná-los aos canais de comércio.[24]

24. Confisco, eliminação ou doação das coisas apreendidas: preceitua a norma em comento que o juiz *poderá* determinar, ao prolatar a sentença, a destruição dos bens ilicitamente produzidos ou reproduzidos *e* o perdimento dos equipamentos apreendidos em favor da Fazenda Nacional, embora, nesta última hipótese (equipamentos), a União pode optar entre destruí-los ou doá-los aos Estados, Municípios e Distrito Federal ou instituições públicas de ensino e pesquisa ou assistência social, bem como incorporá-los ao seu patrimônio. É lógico que não se pode pretender aplicar a mesma destinação dos bens ilicitamente produzidos ou reproduzidos ao que se faz com os equipamentos. Estes constituem, como regra, bens de natureza lícita, embora tenham sido confiscados porque foram usados precipuamente na prática de infração penal, ao passo que aqueles são de natureza ilícita. Logo, ou ficam com a vítima, para aproveitamento, se útil, garantindo a reparação do dano – e caso não esteja preenchido o disposto no art. 91, II, *a*, do Código Penal – ou *devem* ser destruídos. A facultatividade não tem sentido. Bens de origem ilícita *devem* ser destruídos, pois não podem ser doados a entidades públicas ou assistenciais, o que não teria sentido (ex.: seria, no mínimo, imoral que o Estado se apropriasse de milhares de CDs de música *piratas* para uso em entidades públicas de todo o país, o que afronta o direito de autor; pode, entretanto, usar licitamente o equipamento que permitiu a sua gravação, nada tendo a ver com o direito de autor). Os equipamentos que os produziram podem ser úteis, com finalidades lícitas, a essas entidades. Por isso, o juiz deve determinar a destruição dos bens produzidos ou reproduzidos de maneira ilícita, salvo quando o depositário (vítima) pleiteie a sua manutenção como reparação. A separação das duas situações é clara: menciona-se que o magistrado poderá determinar a *destruição* dos bens ilicitamente produzidos ou reproduzidos e, em segunda opção, quando existente, poderá determinar o perdimento dos equipamentos, conferindo neste caso as alternativas "destruição", "doação" ou "incorporação ao patrimônio". Na primeira, a única possibilidade viável é a destruição, quando não puder ser aproveitado pela parte ofendida; na segunda, além da destruição (quando desinteressante para a União), podem ser doados ou incorporados ao patrimônio do Estado.

> **Art. 530-H** As associações de titulares de direitos de autor e os que lhes são conexos poderão, em seu próprio nome, funcionar como assistente da acusação nos crimes previstos no art. 184 do Código Penal, quando praticado em detrimento e qualquer de seus associados.[25]

25. Legitimidade para a assistência: fugindo à regra do art. 268, que permite a assistência somente ao ofendido, seu representante legal ou seus sucessores, a norma amplia essa possibilidade a associações de defesa dos direitos de autor, certamente muito mais aparelhadas para exercer o controle sobre a *pirataria*. É norma positiva, que amplia ainda mais a participação da assistência de acusação, evidenciando, como vimos defendendo (vide nota 1, Título VII, Capítulo IV – Dos Assistentes), o interesse em realização de justiça e não meramente patrimonial da vítima, cooperando com a repressão ao crime.

> **Art. 530-I** Nos crimes em que caiba ação penal pública incondicionada ou condicionada observar-se-ão as normas constantes dos arts. 530-B, 530-C, 530-D, 530-E, 530-F, 530-G e 530-H.[26]

26. Procedimento comum: após o recebimento da denúncia (ou da queixa, quando se tratar de ação privada subsidiária da pública – art. 29, CPP), segue-se o rito comum, isto é, dos arts. 394 e seguintes do Código de Processo Penal. As modificações introduzidas pelos arts. 530-B a 530-H não afetaram o rito ordinário para o desenvolvimento do processo, mas tão somente trouxeram algumas peculiaridades a observar.

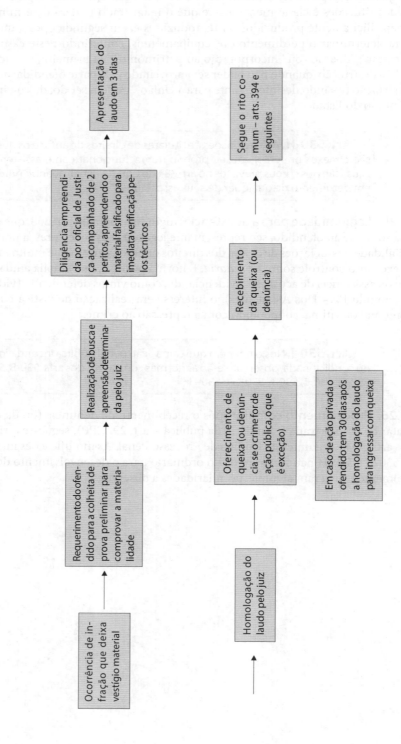

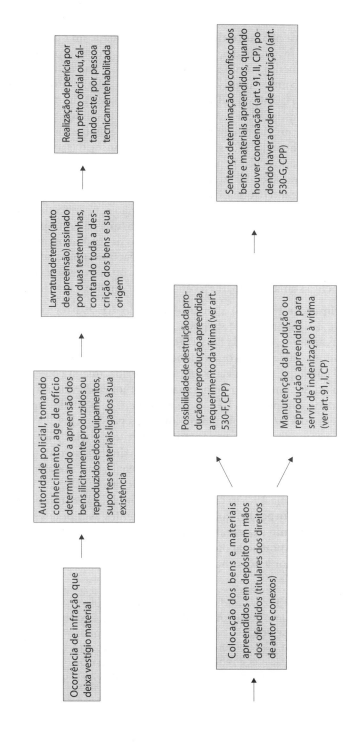

Art. 531

Código de Processo Penal Comentado · **Nucci**   1000

Capítulo V
DO PROCESSO SUMÁRIO[1-2]

1. Procedimento sumário: sumário é qualidade do que é resumido, feito de maneira simplificada, sem formalidades. O objetivo do procedimento sumário é simplificar a finalização do procedimento comum. Atualmente, resta a sua aplicação, como regra, apenas aos crimes apenados com pena privativa de liberdade inferior a quatro anos, como sanção máxima cominada (art. 394, § 1.º, II, CPP), que não constituírem infrações de menor potencial ofensivo. Nestes casos, a Lei 9.099/1995, também inspirada pela celeridade e simplificação do procedimento, previu e regulou a possibilidade de transação para as infrações consideradas de menor potencial ofensivo, em que estão inseridas as contravenções penais e todos os crimes sancionados com pena máxima não superior a dois anos, cumulada ou não com multa. Porém, não havendo possibilidade de ocorrer a referida transação, o procedimento segue rito especificado naquele diploma legal, deixando de ser aplicado este Código. Cumpre destacar, por derradeiro, que a Lei 9.099/1995 não será aplicada, para contravenções penais ou crimes apenados com detenção, cuja pena máxima não ultrapasse dois anos, utilizando-se o procedimento previsto neste Capítulo, feitas as devidas adaptações, para os casos previstos no art. 66, parágrafo único (não se encontrar o acusado para ser citado), e no art. 77, §§ 2.º e 3.º (hipóteses de constatação de complexidade ou circunstância especial incompatível com o procedimento sumaríssimo, merecendo maior análise e instrução probatória) daquela Lei.

2. Crimes de trânsito: a atual redação do art. 291 da Lei 9.503/1997, dada pela Lei 11.705/2008, é a seguinte: "§ 1.º Aplica-se aos crimes de trânsito de lesão corporal culposa o disposto nos arts. 74, 76 e 88 da Lei 9.099, de 26 de setembro de 1995, exceto se o agente estiver: I – sob a influência de álcool ou qualquer outra substância psicoativa que determine dependência; II – participando, em via pública, de corrida, disputa ou competição automobilística, de exibição ou demonstração de perícia em manobra de veículo automotor, não autorizada pela autoridade competente; III – transitando em velocidade superior à máxima permitida para a via em 50 km/h (cinquenta quilômetros por hora). § 2.º Nas hipóteses previstas no § 1.º deste artigo, deverá ser instaurado inquérito policial para a investigação da infração penal. § 4.º O juiz fixará a pena-base segundo as diretrizes previstas no art. 59 do Decreto-lei n.º 2.848, de 7 de dezembro de 1940 (Código Penal), dando especial atenção à culpabilidade do agente e às circunstâncias e consequências do crime". Logo, não há mais menção a outras infrações que não seja à lesão culposa. Desse modo, cabe transação e composição civil dos danos para lesões corporais, quando não incidentes as hipóteses dos incisos I, II e III do § 1.º do art. 291. Quanto às demais infrações de trânsito, passa-se a seguir as regras gerais das infrações de menor potencial ofensivo, vale dizer, verifica-se a pena máxima cominada, que não pode ser superior a dois anos.

> **Art. 531.** Na audiência de instrução e julgamento, a ser realizada no prazo máximo de 30 (trinta) dias,[3] proceder-se-á à tomada de declarações do ofendido, se possível, à inquirição das testemunhas arroladas pela acusação e pela defesa, nesta ordem, ressalvado o disposto no art. 222 deste Código, bem como aos esclarecimentos dos peritos, às acareações e ao reconhecimento de pessoas e coisas, interrogando-se, em seguida, o acusado e procedendo-se, finalmente, ao debate.[4]

3. Prazo impróprio: significa que, não cumprido o prazo, inexiste sanção específica. Almeja-se que, no sumário, tudo ocorra mais rapidamente. Se não se der dessa forma, nada há a fazer, diretamente contra o juiz, exceto se houver má-fé ou negligência. Na jurisprudência: TJSP: "3. Audiência de instrução, debates e julgamento que foi designada para data distante sem qualquer justificativa da autoridade judiciária. Indispensabilidade da observância do prazo estabelecido pelo art. 531 do Código de Processo Penal, aplicável em caráter subsidiário. 4. Denegação da ordem com relação ao pedido inicial e concessão de ofício para determinar a antecipação da audiência nos ternos do art. 531 do Código de Processo Penal" (*Habeas Corpus* 2054533-40.2021.8.26.0000, 16.ª C., Crim., rel. Marcos Alexandre Coelho Zilli, 15.04.2021, v.u.).

4. Desenvolvimento da audiência: consultar as notas ao art. 400 do CPP. Na jurisprudência: STJ: "2. De uma simples leitura do rito sumário no Código de Processo Penal, o qual se encontra disciplinado entre os arts. 531 a 538, e teve sua redação alterada em 2008, constata-se que não há previsão de diligências complementares, motivo pelo qual não há se falar em nulidade no indeferimento do pedido pelo Magistrado de origem" (AgRg no HC 658.197/SC, 5.ª T., rel. Reynaldo Soares da Fonseca, 20.04.2021, v.u.).

> **Art. 532.** Na instrução, poderão ser inquiridas até 5 (cinco) testemunhas arroladas pela acusação e 5 (cinco) pela defesa.
>
> **Art. 533.** Aplica-se ao procedimento sumário o disposto nos parágrafos do art. 400 deste Código.
>
> § 1.º (*Revogado pela Lei 11.719/2008.*)
>
> § 2.º (*Revogado pela Lei 11.719/2008.*)
>
> § 3.º (*Revogado pela Lei 11.719/2008.*)
>
> § 4.º (*Revogado pela Lei 11.719/2008.*)
>
> **Art. 534** As alegações finais serão orais, concedendo-se a palavra, respectivamente, à acusação e à defesa, pelo prazo de 20 (vinte) minutos, prorrogáveis por mais 10 (dez), proferindo o juiz, a seguir, sentença.[5]
>
> § 1.º Havendo mais de um acusado, o tempo previsto para a defesa de cada um será individual.
>
> § 2.º Ao assistente do Ministério Público, após a manifestação deste, serão concedidos 10 (dez) minutos, prorrogando-se por igual período o tempo de manifestação da defesa.

5. Princípio da oralidade: estabelece-se que as alegações das partes serão orais. É preciso findar, definitivamente, o procedimento *escrito*, ainda que seja representado pelo ditado oral, reduzido a escrito.

> **Art. 535.** Nenhum ato será adiado, salvo quando imprescindível a prova faltante, determinando o juiz a condução coercitiva de quem deva comparecer.[6]
>
> § 1.º (*Revogado pela Lei 11.719/2008.*)
>
> § 2.º (*Revogado pela Lei 11.719/2008.*)

6. Generalização: logicamente, a condução coercitiva somente será admissível se houver prévia intimação de quem quer que seja para tanto. Do contrário, constitui-se ato violento inaceitável.

Art. 536. A testemunha que comparecer será inquirida, independentemente da suspensão da audiência, observada em qualquer caso a ordem estabelecida no art. 531 deste Código.

Art. 537. (Revogado pela Lei 11.719/2008.)

Art. 538. Nas infrações penais de menor potencial ofensivo, quando o juizado especial criminal encaminhar ao juízo comum as peças existentes para a adoção de outro procedimento, observar-se-á o procedimento sumário previsto neste Capítulo.

§ 1.º (*Revogado pela Lei 11.719/2008.*)

§ 2.º (*Revogado pela Lei 11.719/2008.*)

§ 3.º (*Revogado pela Lei 11.719/2008.*)

§ 4.º (*Revogado pela Lei 11.719/2008.*)

Art. 539. (*Revogado pela Lei 11.719/2008.*)

Art. 540. (*Revogado pela Lei 11.719/2008.*)

8. Procedimento sumário

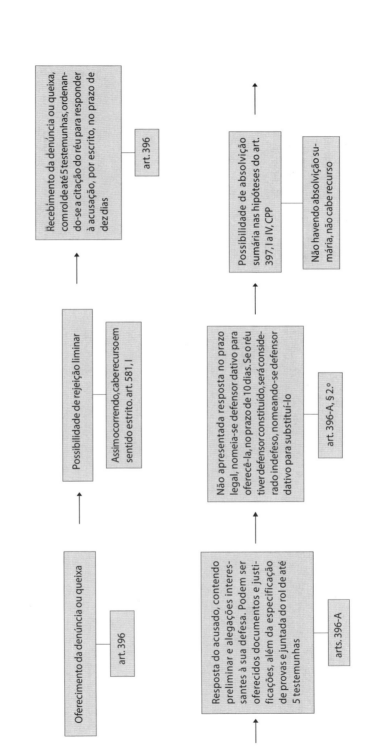

(Continua)

Continuação:

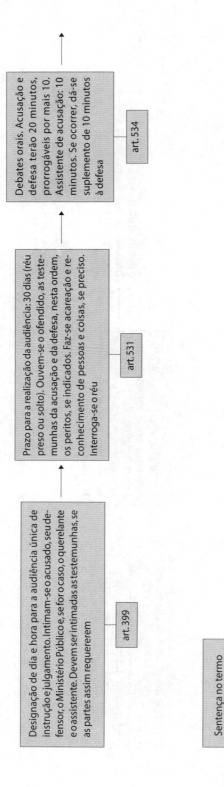

NOTAS:

a) Embora não se faça a previsão de que o juiz pode chamar o processo à conclusão para sentenciar em outra ocasião, tal medida é viável. O magistrado pode necessitar de momentos de reflexão antes de dar a sua decisão. Porém, a regra é a sentença ser prolatada em audiência.

b) O registro dos depoimentos e dos debates deve ser feito nos moldes do art. 405, § 1.º.

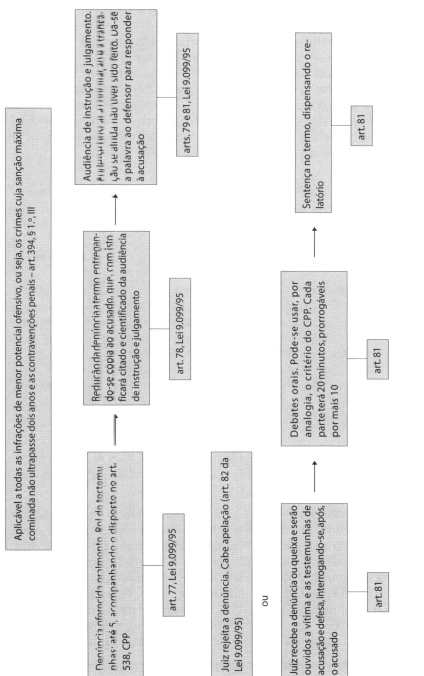

Art. 541

Código de Processo Penal Comentado · **Nucci**

1006

Capítulo VI
DO PROCESSO DE RESTAURAÇÃO
DE AUTOS EXTRAVIADOS OU DESTRUÍDOS[1]

1. Procedimento deslocado neste Livro: na realidade, o Livro II, deste Código, cuida dos procedimentos em espécie, tratando do procedimento comum no Título I e dos procedimentos especiais no Título II. São todas situações de desenvolvimento regular do processo, tendo por finalidade a prolação de uma decisão de mérito, aplicando-se a lei penal ao caso concreto. Portanto, o procedimento de restauração dos autos extraviados ou destruídos, que não tem tal finalidade, está deslocado desse contexto. Deveria ter sido colocado nas Disposições Gerais (Livro VI) ou, como recomenda Tourinho Filho, no cenário dos procedimentos incidentes (*Código de Processo Penal comentado*, v. 2, p. 207).

Art. 541. Os autos[2] originais de processo penal extraviados ou destruídos,[3] em primeira ou segunda instância, serão restaurados.[4]

§ 1.º Se existir e for exibida cópia autêntica ou certidão do processo, será uma ou outra considerada como original.[5]

§ 2.º Na falta de cópia autêntica ou certidão do processo,[6] o juiz mandará, de ofício, ou a requerimento de qualquer das partes, que:

a) o escrivão certifique o estado do processo, segundo a sua lembrança, e reproduza o que houver a respeito em seus protocolos e registros;[7]

b) sejam requisitadas cópias do que constar a respeito no Instituto Médico-Legal, no Instituto de Identificação e Estatística ou em estabelecimentos congêneres, repartições públicas, penitenciárias ou cadeias;[8]

c) as partes sejam citadas pessoalmente,[9] ou, se não forem encontradas, por edital, com o prazo de 10 (dez) dias, para o processo de restauração dos autos.

§ 3.º Proceder-se-á à restauração na primeira instância, ainda que os autos se tenham extraviado na segunda.[10]

---

2. Autos do processo: são os documentos e demais escritos (petições) que formam o volume a ser compulsado pelo juiz e pelas partes. Registrados, nos autos, estão os atos processuais. Logo, o que se restaura são os autos e não o processo.

3. Extravio ou destruição: *extravio* é a perda ou o desaparecimento, enquanto *destruição* é a ruína ou extinção. Portanto, para que sejam restaurados podem os autos simplesmente perder-se, sem que se saiba onde estão, embora ainda existam, como também podem extinguir-se de vez. Como bem salienta Espínola Filho, a restauração será determinada "quer provenha de má-fé, isto é, seja intencional, deliberada, quer de caso fortuito, sendo acidental, a perda dos autos originais, que se processam em juízo de primeira ou de segunda instância" (*Código de Processo Penal Brasileiro anotado*, v. V, p. 343). Independentemente da punição dos responsáveis pelo sumiço, é preciso que ocorra a restauração para o prosseguimento do processo, ou para que determinada sentença, solucionando a lide, tenha documentada a sua origem.

4. Restauração do inquérito policial: após o oferecimento da denúncia ou da queixa, o inquérito passa a integrar os autos do processo, razão pela qual também passa pelo procedimento de restauração, caso haja perda do feito. Nas delegacias, no entanto, haverá sempre cópia dos autos do inquérito, devidamente registrada no Livro Registro de Inquéritos Policiais, de manutenção obrigatória. Mais fácil, pois, a sua recuperação.

5. Cópias autenticadas ou certidões do processo: têm a força do original. No primeiro caso, porque expressamente as cópias autenticadas são equiparadas aos documentos originais (art. 232, parágrafo único, CPP). No segundo caso, porque a certidão extraída por funcionário público goza de presunção de veracidade (fé pública). Se as partes mantiverem, em seu poder, cópias autenticadas dos autos, a restauração torna-se muito mais fácil.

6. Ausência de cópias autenticadas: faz nascer um procedimento mais complexo, a ser determinado de ofício ou a pedido das partes, envolvendo a reprodução dos principais atos processuais, conforme a previsão feita nas alíneas deste artigo. Na jurisprudência: STF: "Recurso ordinário em *habeas corpus*. Processual penal. Restauração de autos. Existência de cópia autêntica do feito. Desnecessidade de observância do procedimento previsto no art. 541, § 2.º do Código de Processo Penal. Cópia autêntica que se considera como original (art. 541, § 1.º, CPP). Nulidade inexistente. Alegada ausência de cópia do verso do mandado de intimação da sentença, do qual constaria o desejo do recorrente de apelar da sentença. Questão relevante, diante do reconhecimento da intempestividade da apelação interposta pelo defensor. Matéria, todavia, não suscitada quando da restauração dos autos. Controvérsia a respeito da existência dessa manifestação de vontade. Questão insuscetível de resolução na via estreita do *habeas corpus*, por demandar dilação probatória. Recurso não provido. 1. A existência de cópia autêntica dos autos torna dispensável o procedimento de restauração previsto no art. 541, § 2.º, do Código de Processo Penal. 2. A jurisprudência do Supremo Tribunal Federal não admite, na via estreita do *habeas corpus*, questão controvertida que demande dilação probatória. Precedentes. 3. O caráter documental do processo de *habeas corpus* torna inviável o exame de fatos despojados da necessária liquidez (RHC n.º 106.398/SP, Segunda Turma, Relator o Ministro Celso de Mello, *DJe* de 3/4/12). 4. Diante da ausência, nos autos restaurados, de cópia do verso do mandado de intimação da sentença, do qual supostamente constaria o desejo do recorrente de apelar, a controvérsia a respeito da tempestiva interposição desse recurso pelo próprio réu é insuscetível de resolução em sede de *habeas corpus*. 5. Recurso não provido" (RHC 125241, 2.ª T., rel. Dias Toffoli, 06.10.2015, v.u.).

7. Certidão do estado do processo: preceitua a lei que o escrivão expedirá certidão, buscando reproduzir o estado em que se encontrava o processo, a partir do momento em que sumiu, *segundo sua lembrança*. Trata-se, pois, de um procedimento cuja segurança não é absoluta, pois depende da memória do escrivão – nada impedindo seja feito pelo escrevente responsável pelo processo, tendo em vista que os ofícios dividem os serviços, conforme o final numérico do feito entre os vários servidores, além de se valer dos registros que possuir (ex.: termo de fiança, inserido em Livro próprio, bem como da sentença, também colocada no Livro de Registro de Sentença, de manutenção obrigatória).

8. Requisições de cópias: os autos do processo formam-se a partir da juntada de vários documentos, muitos dos quais provêm de diversos órgãos públicos, que mantêm, em seus arquivos, cópias do que remeteram a juízo. É o que ocorre com o Instituto Médico Legal, no tocante aos laudos emitidos, bem como pelo Instituto de Criminalística, com relação aos seus laudos e perícias. Inexiste, no Estado de São Paulo, o Instituto de Identificação e Estatística (ver nota 41 ao art. 809), mas é possível conseguir vários dados diretamente da folha de antecedentes do réu, onde vários atos são registrados. A folha é conseguida no Instituto de Identificação, que não faz estatísticas. As cadeias e penitenciárias devem manter um prontuário do preso, onde constam as cópias das principais peças do processo, o que poderá ser utilizado nesse procedimento de restauração.

Art. 542

Código de Processo Penal Comentado · **Nucci**

1008

9. Intimação das partes: embora o Código faça referência à citação das partes, o ideal é falar em intimação, pois se trata de um chamamento para participar de um procedimento incidental e não na formação de uma nova relação processual, visando à condenação de alguém. A intimação por edital é possível unicamente para o réu e para o ofendido, quando este for parte, pois o Ministério Público é sempre localizado pessoalmente. Na jurisprudência: STJ: "1. A legislação processual, nos termos do art. 541 do CPP, exige a citação pessoal das partes para participarem da restauração de autos, o que regularmente se fez, não havendo se falar em ausência de intimação da defesa técnica, inexigível nesta hipótese. 2. O agravante foi regularmente citado para participar da restauração de autos e quedou-se inerte, tendo precluído seu direito a qualquer questionamento acerca da instrução do expediente, sendo inviável o reconhecimento de mácula processual anos depois de concluído o procedimento" (AgRg no HC n. 845899, 5.ª T., rel. Ribeiro Dantas, 18.12.2023, v.u.).

10. Restauração no juízo de competência originária: devem ser recuperados os escritos que documentam os atos processuais no juízo onde tramitou o feito em competência originária. Assim, caso desapareçam os autos, quando o processo está em grau de recurso, a restauração ocorrerá no juízo de primeira instância. Porém, em se tratando de crime de competência originária do tribunal, não tendo os autos tramitado em instância inferior, não teria sentido determinar-se que o juiz singular conduzisse a restauração. Logo, faz-se o procedimento de recuperação no próprio tribunal.

> **Art. 542.** No dia designado,[11] as partes serão ouvidas, mencionando-se em termo circunstanciado os pontos em que estiverem acordes e a exibição e a conferência das certidões e mais reproduções do processo apresentadas e conferidas.

11. Audiência de restauração: designa o juiz uma audiência para ouvir as partes, que, como o escrivão, poderão fornecer importantes elementos provenientes da lembrança dos atos processuais. Nas partes em que houver concordância, dá-se como certo o evento, de tudo lavrando-se um termo, que passará a integrar os autos restaurados. Além disso, cabe às partes, consultando os escritos já fornecidos pelo escrivão e por outros órgãos públicos, manifestar sua concordância ou discordância deles. Os documentos em poder das partes serão apresentados nessa audiência (como as cópias do processo que possam ter).

> **Art. 543.** O juiz determinará as diligências necessárias[12] para a restauração, observando-se o seguinte:
>
> I – caso ainda não tenha sido proferida a sentença, reinquirir-se-ão as testemunhas, podendo ser substituídas as que tiverem falecido ou se encontrarem em lugar não sabido;
>
> II – os exames periciais, quando possível, serão repetidos, e de preferência pelos mesmos peritos;
>
> III – a prova documental será reproduzida por meio de cópia autêntica ou, quando impossível, por meio de testemunhas;
>
> IV – poderão também ser inquiridas sobre os atos do processo, que deverá ser restaurado, as autoridades, os serventuários, os peritos e mais pessoas que tenham nele funcionado;
>
> V – o Ministério Público e as partes poderão oferecer testemunhas e produzir documentos, para provar o teor do processo extraviado ou destruído.

12. Diligências oo juízo: deve o magistrado providenciar, se ainda não houver sentença, a reinquirição das testemunhas, inclusive substituindo-se as que já faleceram ou não forem mais encontradas. Além disso, com ou sem sentença proferida, determina-se a realização dos exames periciais novamente, preferencialmente pelos mesmos peritos. Nesta hipótese, no entanto, é preciso considerar que, possuindo o Instituto Médico Legal ou o Instituto de Criminalística, cópia do que já foi feito, é dispensável refazer a perícia. Podem ser ouvidos, ainda, todos os funcionários da justiça e de outros órgãos que lidaram com o processo (ex.: oficial de justiça que fez a citação e outras intimações, autoridade policial que efetuou alguma diligência complementar não constante do inquérito, como busca e apreensão, entre outros). Apesar de todas essas providências, é possível ter havido discordância das partes numa série de pontos, quando realizado o processo de lembrança, previsto no artigo anterior, sendo-lhes facultada a juntada de róis de testemunhas, especialmente para provar o que no processo constava. Exemplo disso pode se arrolar os estagiários, atuantes no processo, para que reproduzam o que lembram do caso. Note-se que a prova deve ser conduzida para reproduzir os autos perdidos e não para refazer a instrução sob outros enfoques.

> **Art. 544.** Realizadas as diligências que, salvo motivo de força maior, deverão concluir-se dentro de 20 (vinte) dias, serão os autos conclusos para julgamento.[13]
>
> **Parágrafo único.** No curso do processo, e depois de subirem os autos conclusos para sentença, o juiz poderá, dentro em 5 (cinco) dias, requisitar de autoridades ou de repartições todos os esclarecimentos para a restauração.[14]

13. Prazo para a restauração: cuida-se de prazo impróprio, ou seja, pode ser prorrogado sem que haja qualquer sanção processual. Caso o atraso seja injustificável, o magistrado, responsável pelo andamento, pode responder funcionalmente.

14. Diligências complementares: depois de todo o processado, ainda permite a lei que, conclusos os autos para a sentença de restauração, possa o juiz requisitar maiores esclarecimentos, demonstrando a particular cautela que deve haver para recuperar aquilo que foi perdido. Aliás, tal providência poderia ser determinada pelo magistrado de qualquer modo, independentemente da previsão feita neste parágrafo único, pois faz parte do poder geral de produção de provas, para a formação do seu convencimento.

> **Art. 545.** Os selos e as taxas judiciárias, já pagos nos autos originais, não serão novamente cobrados.[15]

15. Recolhimento de custas: não será realizado novamente, o que é natural, pois o Estado já as recebeu.

> **Art. 546.** Os causadores de extravio de autos responderão pelas custas, em dobro, sem prejuízo da responsabilidade criminal.[16]

16. Apuração da responsabilidade pelo extravio: pode ocorrer que, durante o procedimento de restauração, fique demonstrada a responsabilidade pela perda dos autos. Nessa hipótese, tendo havido desleixo ou má-fé, responderá a parte causadora pelas custas em dobro,

Art. 547

quando houver, além de ser providenciada a apuração da responsabilidade criminal e, também, funcional, no caso de advogados, promotores e outros funcionários. Na jurisprudência: STJ: "1. A palavra do servidor da Justiça, que indica o paciente como a pessoa que retirou os autos em carga no dia do extravio da ação penal, tem presunção de legalidade e veracidade, ainda mais quando ausente qualquer elemento em sentido contrário. 2. Impossibilidade do paciente beneficiar-se de pretendida nulidade a que deu causa. 3. *Habeas corpus* denegado" (HC 203.226/PB, 6.ª T., rel. Nefi Cordeiro, 01.10.2015, v.u.).

> **Art. 547.** Julgada a restauração, os autos respectivos valerão pelos originais.[17]
>
> **Parágrafo único.** Se no curso da restauração aparecerem os autos originais, nestes continuará o processo, apensos a eles os autos da restauração.[18]

17. Sentença de restauração: proferida a decisão considerando restaurados os autos, passam os novos autos formados a valer como se fossem os originais perdidos. Dessa decisão, cabe apelação. Na jurisprudência: TJSP: "Incidente de restauração de autos. Formalmente reunidas as peças existentes, cabe julgar a procedência do incidente de restauração de autos, devendo as partes, se o caso, debater a ausência desse ou daquele meio de prova quando do julgamento da imputação ainda sob investigação processual penal" (Apelação Criminal 0004361-67.2014.8.26.0229, 2.ª C. Crim., rel. Sérgio Mazina Martins, 02.09.2020, v.u.).

18. Surgimento dos autos originais: embora a lei diga que os autos originais devem ser apensados aos autos da restauração, prosseguindo-se nestes, é preciso cautela para interpretar esse dispositivo. Se os originais surgirem no início da restauração, completamente íntegros, não há motivo para o prosseguimento do procedimento de restauração, pois há perda de objeto. Apresentando sinais de deterioração ou de falha de conteúdo, o procedimento prosseguirá.

> **Art. 548.** Até a decisão que julgue restaurados os autos, a sentença condenatória em execução continuará a produzir efeito,[19] desde que conste da respectiva guia arquivada na cadeia ou na penitenciária, onde o réu estiver cumprindo a pena, ou de registro que torne a sua existência inequívoca.

19. Continuidade da execução da pena: enquanto se faz a restauração dos autos extraviados ou destruídos, é possível que já exista condenação e o réu esteja por isso preso. Não se coloca o sentenciado em liberdade, desde que haja prova da condenação e dos seus efeitos, o que, em regra, é facilmente conseguido, pois os presídios mantêm prontuários dos detentos, onde se encontram as principais peças do processo. Além disso, o cartório arquiva a chamada guia de recolhimento – que pode ser provisória ou definitiva –, trazendo o conteúdo resumido de todo o processado. Assim, havendo certeza de que houve uma condenação, embora se necessite restaurar os autos, é natural que o acusado não seja colocado em liberdade, hipótese reservada, por exceção, à situação de não haver condições de provar que houve uma sentença condenatória. Devemos entender, para os fins deste artigo, como *sentença condenatória em execução*, também a decisão condenatória não permitindo ao réu recorrer em liberdade, acarretando a sua prisão cautelar. Assim, se os autos sumirem no tribunal antes do recurso de defesa ser julgado, embora não se possa dizer que o réu já está cumprindo sua pena, deve-se interpretar que há uma sentença condenatória, dando margem à sua prisão, motivo pelo qual ele deve continuar detido, até que haja a sentença de restauração.

Capítulo VII
DO PROCESSO DE APLICAÇÃO
DE MEDIDA DE SEGURANÇA POR FATO NÃO CRIMINOSO

- A reforma penal da Parte Geral do Código de 1984 não permite a aplicação de medida de segurança prevista neste Capítulo.

- V. arts. 96 a 99, CP.

Art. 549. Se a autoridade policial tiver conhecimento de fato que, embora não constituindo infração penal, possa determinar a aplicação de medida de segurança (Código Penal, arts. 14 e 27), deverá proceder a inquérito, a fim de apurá-lo e averiguar todos os elementos que possam interessar à verificação da periculosidade do agente.

Art. 550. O processo será promovido pelo Ministério Público, mediante requerimento que conterá a exposição sucinta do fato, as suas circunstâncias e todos os elementos em que se fundar o pedido.

Art. 551. O juiz, ao deferir o requerimento, ordenará a intimação do interessado para comparecer em juízo, a fim de ser interrogado.

Art. 552. Após o interrogatório ou dentro do prazo de 2 (dois) dias, o interessado ou seu defensor poderá oferecer alegações.

Parágrafo único. O juiz nomeará defensor ao interessado que não o tiver.

Art. 553. O Ministério Público, ao fazer o requerimento inicial, e a defesa, no prazo estabelecido no artigo anterior, poderão requerer exames, diligências e arrolar até três testemunhas.

Art. 554. Após o prazo de defesa ou a realização dos exames e diligências ordenados pelo juiz, de ofício ou a requerimento das partes, será marcada audiência, em que, inquiridas as testemunhas e produzidas alegações orais pelo órgão do Ministério Público e pelo defensor, dentro de 10 (dez) minutos para cada um, o juiz proferirá sentença.

Parágrafo único. Se o juiz não se julgar habilitado a proferir a decisão, designará, desde logo, outra audiência, que se realizará dentro de 5 (cinco) dias, para publicar a sentença.

Art. 555. Quando, instaurado processo por infração penal, o juiz, absolvendo ou impronunciando o réu, reconhecer a existência de qualquer dos fatos previstos no art. 14 ou no art. 27 do Código Penal, aplicar-lhe-á, se for caso, medida de segurança.

Título III
Dos Processos de Competência do Supremo Tribunal Federal e dos Tribunais de Apelação

- Este Título foi revogado pela Lei 8.658/1993 (Ações penais originárias nos Tribunais de Justiça e Tribunais Regionais Federais).

Capítulo I
DA INSTRUÇÃO

Art. 556. *Revogado pela Lei 8.658/1993.)*
Art. 557. *Revogado pela Lei 8.658/1993.)*
Art. 558. *Revogado pela Lei 8.658/1993.)*
Art. 559. *Revogado pela Lei 8.658/1993.)*
Art. 560. *Revogado pela Lei 8.658/1993.)*

Capítulo II
DO JULGAMENTO

Art. 561. *Revogado pela Lei 8.658/1993.)*
Art. 562. *Revogado pela Lei 8.658/1993.)*

Livro III
Das Nulidades e dos Recursos em Geral

Título I
Das Nulidades[1-2-A]

1. Conceito de nulidade: é o vício, que impregna determinado ato processual, praticado sem a observância da forma prevista em lei, podendo levar à sua inutilidade e consequente renovação. Na lição de Borges da Rosa, "nulidade é o defeito jurídico que torna sem valor ou pode invalidar o ato ou o processo, no todo ou em parte" (*Nulidades do processo,* p. 97). Dividem-se em: a) *nulidades absolutas,* aquelas que devem ser proclamadas pelo magistrado, de ofício ou a requerimento de qualquer das partes, porque produtoras de nítidas infrações ao interesse público na produção do *devido processo legal.* Ex.: não conceder o juiz ao réu *ampla defesa,* cerceando a atividade do seu advogado; b) *nulidades relativas,* aquelas que somente serão reconhecidas caso arguidas pela parte interessada, demonstrando o prejuízo sofrido pela inobservância da formalidade legal prevista para o ato realizado. Ex.: o defensor não foi intimado para comparecer à audiência de inquirição de uma última testemunha de defesa, cujos esclarecimentos referem-se apenas aos antecedentes do réu, tendo havido a nomeação de defensor *ad hoc* para acompanhar o ato. Nessa hipótese, inexistindo demonstração de prejuízo, mantém-se a validade do ato, que foi incapaz de gerar uma desconsideração e renovação do ato, vale dizer, embora irregular a colheita do depoimento, sem a presença do defensor constituído, disso nenhum mal resultou ao acusado, até pelo fato da testemunha ter pouco a esclarecer. Confira-se o critério fornecido por Borges da Rosa para diferenciá-las: "se o *espírito* da lei foi atingido pela violação, esta é *intolerável,* ocorre *nulidade,* porque ocorre *prejuízo,* porque o *fim* colimado pela lei não foi conseguido. Mas, se ao invés, somente o *texto* da lei foi violado, porém não o seu *espírito,* visto como o *fim* colimado foi conseguido, então a violação é *tolerável,* não há motivo, de ordem superior, que exija a decretação da *nulidade*" (*Nulidades do processo,* p. 77). Finalmente, vale destacar que a jurisprudência, após julgado do STF, vem aplicando às nulidades absolutas as mesmas regras atinentes às relativas, em especial o fato de se dever detectar real prejuízo para a parte. Portanto, sem prova do prejuízo, a falha (absoluta ou relativa) merece subsistir. Na jurisprudência: STF: "3. A jurisprudência desta Suprema Corte exige, como regra, a demonstração concreta de prejuízo tanto para as nulidades absolutas quanto para as nulidades relativas, marcadas que são pelo princípio do *pas de nullité san grief* previsto no artigo 563 do CPP. Precedentes. 4. A jurisprudência desta Suprema Corte orienta no sentido de que à decretação da nulidade, na hipótese em que participa do julgamento julgador eventualmente impedido, imprescindível seja decisiva a participação do magistrado no resultado do julgamento. Precedentes" (HC 214.906 AgR, 1.ª T., rel. Rosa Weber, 04.07.2022, v.u.); "Homicídio qualificado. Defensoria pública intimada da sessão do Tribunal do Júri. Requerimento de adiamento do ato protocolizado um dia antes da data da sessão de julgamento. Indeferimento. Designação de advogados *ad hoc* para

Art. 563

Código de Processo Penal Comentado • Nucci

acompanhar o ato. Reconhecimento de nulidade sem comprovação de prejuízo. Impossibilidade. Precedentes. Agravo regimental a que se nega provimento" (HC 209.621 AgR, 1.ª T., rel. Cármen Lúcia, 14.02.2022, v.u.).

2. Atos inexistentes e irregulares: à margem das nulidades, existem atos processuais que, por violarem tão grotescamente a lei, são considerados inexistentes. Nem mesmo de nulidade se trata, uma vez que estão distantes do mínimo aceitável para o preenchimento das formalidades legais. Não podem ser convalidados, nem necessitam de decisão judicial para invalidá-los. Ex.: audiência presidida por promotor de justiça ou por advogado. Como partes que são no processo, não possuindo poder jurisdicional, é ato considerado inexistente. Deve, logicamente, ser integralmente renovado. Atos irregulares, por sua vez, são *infrações superficiais*, não chegando a contaminar a forma legal a ponto de merecerem renovação. São convalidados pelo simples prosseguimento do processo, embora devam ser evitados. Exemplo de irregularidade: o juramento do Conselho de Sentença, no Tribunal do Júri, é colhido informalmente, ou seja, sem que todos os presentes e o juiz presidente se levantem. Embora seja ato imposto pelo art. 472 deste Código, é natural que se trate de uma situação não comprometedora da regular constituição da Turma Julgadora, uma vez que se cuida de solenidade apenas para enaltecer a importância e o relevo da instituição do júri. Ou, ainda, em outro exemplo, a ausência de assinatura do advogado no termo de audiência, onde esteve presente.

2-A. Provas obtidas por meios ilícitos: devem ser desentranhadas dos autos, nos termos do art. 157, *caput*, do Código de Processo Penal, não podendo auxiliar para a formação do convencimento do juiz. Logo, quando a prova for considerada ilícita, não se inclui no contexto das nulidades. Não há que se discutir se a prova gera nulidade absoluta ou relativa, pois ela é *ilícita*. *Deve* ser retirada dos autos e não se trata de entendimento do magistrado considerá-la absolutamente nula ou relativamente nula. A nulidade é reservada para as falhas procedimentais em geral, vale dizer, para vícios que não podem ser sanados (nulidades absolutas) e os que podem ser corrigidos (nulidades relativas). As provas ilícitas não são meras falhas ou vícios, mas atos ilegais, podendo até ser criminosos, conforme o caso. Logo, fogem às regras comuns das nulidades, vez que ganham parâmetro e *status* constitucionais (art. 5.º, LVI, CF).

> **Art. 563.** Nenhum ato será declarado nulo, se da nulidade não resultar prejuízo para a acusação ou para a defesa.[3-5-A]

3. Princípio geral: Princípio geral: no cenário das nulidades, atua o princípio geral de que, inexistindo prejuízo, não se proclama a nulidade do ato processual, embora produzido em desacordo com as formalidades legais (*pas de mullets sans grief*). Vale ressaltar que, de tanto se decretar nulidades, surgiu o brocardo "mais vale um mau acordo do que uma boa demanda". Anote-se o ensinamento de Borges da Rosa: "quando ditos litigantes conseguiam, afinal, ver vitoriosas as suas pretensões e reconhecidos os seus direitos, a vitória lhes tinha custado tão cara que as despesas, as delongas e os incômodos do processo anulavam as vantagens do ganho da causa. Em geral, tais despesas excessivas, delongas e incômodos provinham, principalmente, de frequentes decretações de nulidade de parte ou de todo o processo. Estas, mais do que outras causas de origem diversa, deram nascença ao conselho da sabedoria prática: 'mais vale um mau acordo do que uma boa demanda'. As frequentes decretações de nulidade, em consequência de não terem sido seguidas, ao pé da letra da lei, as formalidades, quer substanciais, quer secundárias, por elas prescritas, para a regularidade dos atos forenses, tornavam os processos morosos, complicados e caros. Compreendendo a extensão destes malefícios, surgiu já em 1667, com a ordenação de Tolosa, um primeiro protesto contra a decretação de nulidades (...) expresso na máxima: '*pas de nullité sans grief*', não há nulidade quando não há *prejuízo*" (*Nulidades do processo*, p. 128-129). A forma prevista em lei para a concretização de um ato processual não é um fim em si mesmo, motivo pelo qual se a finalidade para a qual se pratica o ato for atingida, inexiste razão para anular o que foi produzido. Logicamente, tal princípio deve ser aplicado com maior eficiência e amplitude no tocante às nulidades relativas, uma vez que o prejuízo, para o caso das nulidades absolutas, é presumido pela lei, inadmitindo prova em contrário. Assim, quando houver uma nulidade absoluta, deve ela ser reconhecida tão logo seja cabível, pois atentatória ao interesse público de se manter o *devido processo legal*. Entretanto, havendo uma nulidade relativa, somente será ela proclamada, caso requerida pela parte prejudicada, tendo esta o ônus de evidenciar o mal sofrido pelo não atendimento à formalidade legal. Contrário ao entendimento de que, nas nulidades absolutas, há um prejuízo *presumido*, mas tão somente *evidente*, porque a presunção inverte o ônus da prova, o que não ocorre nessas situações, está o magistério de Ada, Scarance e Magalhães (*As nulidades no processo penal*, p. 24). Na verdade, o que se vem alterando com o passar do tempo é a consideração de determinadas falhas processuais como sendo absolutas ou relativas. A tendência, hoje, é estreitar o campo das absolutas e alargar o campo das relativas. Embora na situação geradora de uma nulidade absoluta continue a ser presumido o prejuízo, sem admitir prova em contrário, o que se vem fazendo é transferir determinadas situações processuais, antes tidas como de prejuízo nítido, para o campo dos atos processuais cujo prejuízo é sujeito à comprovação. Assim, o conceito de nulidade absoluta fica inalterado. Muda-se, no entanto, a classificação do ato processual, transformando-o de absolutamente viciado em relativamente falho. Na jurisprudência: STF: "2. A jurisprudência desta Suprema Corte é farta e firme no sentido de que a 'demonstração de prejuízo, a teor do art. 563 do CPP, é essencial à alegação de nulidade, seja ela relativa ou absoluta, eis que, conforme já decidiu a Corte, o âmbito normativo do dogma fundamental da disciplina das nulidades – *pas de nullité sans grief* – compreende as nulidades absolutas' (HC 85.155, Relator(a): Min. Ellen Gracie, Segunda Turma, julgado em 22/03/2005). 3. No caso, não houve a demonstração de qualquer fato que teria causado efetivo, concreto e específico prejuízo, tampouco se articula alguma situação ocorrida que pudesse de alguma forma prejudicar o exercício de sua defesa ou a colheita da prova" (HC 213.905 AgR, 2.ª T., rel. Edson Fachin, 26.06.2023, v.u.); "2. A nulidade alegada pressupõe a comprovação do prejuízo, nos termos do artigo 563 do Código de Processo Penal, sendo descabida a sua presunção, no afã de se evitar um excessivo formalismo em prejuízo da adequada prestação jurisdicional" (HC 227.991 AgR, 1.ª T., rel. Luiz Fux, 19.06.2023, v.u.). STJ: "2. Em respeito à segurança jurídica e lealdade processual, a jurisprudência do Superior Tribunal de Justiça tem se orientado no sentido de que as nulidades, *ainda quando denominadas absolutas*, devem ser arguidas em momento oportuno, bem como qualquer outra falha ocorrida no julgamento, sujeitando-se à preclusão temporal" (AgRg no HC 751.735/SP, 5.ª T., rel. Joel Ilan Paciornik, 15.05.2023, v.u., grifamos); "IV – Nesse compasso, conforme jurisprudência do STJ, nos termos do art. 563 do Código de Processo Penal, não se declara a nulidade de ato processual sem que haja efetiva demonstração de prejuízo, em observância ao princípio *pas de nullité sans grief*. No mesmo sentido, estabelece a Súmula n. 523 do STF que, 'no processo penal, a falta de defesa constitui nulidade absoluta, mas a sua deficiência só o anulará se houver prova de prejuízo para o réu'" (AgRg no HC 822.120/SC, 5.ª T., rel. Messod Azulay Neto, 28.08.2023, v.u.).

3-A. Versão processual civil do princípio: dispõe o art. 277 do atual CPC: "quando a lei prescrever determinada forma, o juiz considerará válido o ato se, realizado de outro modo, lhe alcançar a finalidade". A ótica processual penal preceitua: "nenhum ato será declarado nulo, se da nulidade não resultar prejuízo para a acusação ou para a defesa".

Art. 563

3-B. Finalidade da lei e nulidades: o sistema da *finalidade da lei*, dentre os vários existentes para avaliar se determinada falha processual acarreta nulidade absoluta ou relativa, torna-se, atualmente, fundamental, em especial diante da excessiva morosidade com que atua o Poder Judiciário. Varas repletas de processos, tribunais sobrecarregados de recursos e um aparelho judiciário ainda antiquado transformam o princípio da economia processual, por vezes, em ficção jurídica. Uma das formas de se combater a lentidão exagerada em relação ao trâmite processual é evitar, sempre que possível, a decretação de nulidades, pois tal medida implicará o refazimento dos atos já praticados, acarretando, por óbvio, um atraso significativo na conclusão do feito. Por isso, quando o ato processual deixou de ser praticado conforme a fórmula legalmente prevista, porém, terminou por atingir a *finalidade da lei* (ou o *espírito da lei*), inexiste plausibilidade para ser anulado. Necessita-se mantê-lo, por uma questão de lógica e praticidade. Conforme ensina Borges da Rosa, "anular o ato que atingiu o *fim* colimado pela lei, só pelo motivo dele não ter obedecido o *texto* da mesma lei, e mandar que o seu autor pratique de novo o ato, de acordo com o dito texto, para novamente conseguir o *fim* que já tinha conseguido, é tão insensato e antieconômico, como mandar o oficial, que o inferior, seu subalterno, faça de novo, por via férrea, a viagem, que fizera de automóvel, para chegar novamente ao mesmo ponto que atingira pela estrada de rodagem e cumprir novamente a mesma missão que já tinha cumprido. (...) A *sanção de nulidade* só tem aplicação, quando, com a *violação do texto* da lei processual, se viola também o *espírito* do texto legal, isto é, quando ocorre *violação de fundo*, quando o *fim* colimado pelo texto legal não é conseguido, quando ocorre *prejuízo* para uma ou outra das partes, para o Direito, para a Justiça. A *sanção de nulidade* pode vir acompanhada também de *sanção disciplinar*" (*Nulidades do processo*, p. 143-150).

4. Desatendimento de normas constitucionais: provoca, como regra, nulidade absoluta, justamente porque o sistema processual ordinário não tem possibilidade de convalidar uma infração à Constituição Federal. Entretanto, em algumas hipóteses, outros princípios, igualmente constitucionais, podem ser utilizados para contrapor a inobservância de regra constitucional, havendo a harmonização das normas e dos princípios, sem que um seja considerado superior ao outro. Ex.: um tratamento privilegiado dado ao réu, no plenário do Tribunal do Júri, em cumprimento ao princípio da plenitude de defesa, pode contrapor-se ao princípio geral da igualdade das partes no processo. Trata-se da harmonização dos princípios, razão pela qual não se pode considerar nulo o ato processual. Na lição de Ada Pellegrini Grinover, Antonio Scarance Fernandes e Antonio Magalhães Gomes Filho, a inobservância do tipo imposto pela Constituição, chama-se "atipicidade constitucional" e sua invalidade deve ser buscada na própria Constituição ou no ordenamento infraconstitucional, sendo sempre absoluta ou até mesmo inexistente o ato. Os exemplos dados pelos autores: "Ao prever a obrigação de motivação das decisões judiciárias, o próprio art. 93, IX, da Constituição Federal comina a sanção de nulidade para a inobservância do preceito. Em outras hipóteses, como a da inadmissibilidade das provas obtidas por meios ilícitos, a Constituição não estabelece a sanção de ineficácia para as provas admitidas em desconformidade com o art. 5.º, LVI, da Constituição Federal. A sanção deverá ser buscada nos princípios gerais do ordenamento" (*As nulidades no processo penal*, p. 19).

5. Nulidade em inquérito policial, sindicância ou outro procedimento investigatório: inexiste. O inquérito é somente um procedimento administrativo, destinado, primordialmente, a formar a opinião do Ministério Público, a fim de saber se haverá ou não acusação contra alguém. A sindicância, no mesmo prisma, tem a finalidade de formar o convencimento de órgão de persecução administrativa. Logo, não há razão alguma para proclamar-se a nulidade de ato produzido durante a investigação. Se algum elemento de prova for produzido em

Art. 563

Título I – Das Nulidades

desacordo com o preceituado em lei, cabe ao magistrado, durante a instrução (ou quando o ato administrativo for questionado em juízo) – e mesmo antes, se for preciso –, determinar que seja refeito (ex.: um laudo juntado aos autos do inquérito foi produzido por um só perito. Deve ser novamente realizado, embora permaneça válido o inquérito). Na jurisprudência: "A jurisprudência do Supremo Tribunal Federal afirma inviável a anulação do processo penal em razão das irregularidades detectadas no inquérito, pois as nulidades processuais concernem, tão somente, aos defeitos de ordem jurídica que afetam os atos praticados Na ação penal condenatória. Precedentes. O princípio do *pas de nullité sans grief* exige sempre que possível, a demonstração de prejuízo concreto pela parte que suscita o vício. Precedentes. Prejuízo não demonstrado pela defesa" (RHC 134182, 2.ª T., rel. Cármen Lúcia, 28.06.2016, v.u.); "1. A jurisprudência do Supremo Tribunal Federal é de que a demonstração de prejuízo, nos termos 'do art. 563 do CPP, é essencial à alegação de nulidade, seja ela relativa ou absoluta, eis que […] o âmbito normativo do dogma fundamental da disciplina das nulidades – *pas de nullité sans grief* – compreende as nulidades absolutas'. Precedente. 2. A orientação desta Corte é no sentido de que 'eventuais vícios formais concernentes ao inquérito policial não têm o condão de infirmar a validade jurídica do subsequente processo penal condenatório. As nulidades processuais concernem, tão somente, aos defeitos de ordem jurídica que afetam os atos praticados ao longo da ação penal condenatória'. Precedente. 3. Por ausência de questão constitucional, o Supremo Tribunal Federal rejeitou preliminar de repercussão geral relativa à controvérsia sobre suposta violação aos princípios do contraditório, da ampla defesa, dos limites da coisa julgada e do devido processo legal (Tema 660 – ARE 748.371 – RG, Rel. Min. Gilmar Mendes). 4. A decisão está devidamente fundamentada, embora em sentido contrário aos interesses da parte agravante. 5. Agravo regimental a que se nega provimento" (ARE 868.516 AgR/DF, 1.ª T., rel. Roberto Barroso, 26.05.2015, v.u.). STJ: "Assim, não é possível reconhecer o vício pois, a teor do art. 563 do Código de Processo Penal, mesmo os vícios capazes de ensejar nulidade absoluta não dispensam a demonstração de efetivo prejuízo, em atenção ao princípio do *pas de nullité sans grief*" (AgRg no RHC 153.823/RS, 5.ª T., rel. Reynaldo Soares da Fonseca, 28.09.2021, v.u.); "O inquérito policial é peça meramente informativa, na qual não imperam os princípios do contraditório e da ampla defesa, motivo pelo qual eventuais vícios ou irregularidades ocorridos no seu curso não têm o condão de macular a ação penal. Precedente. 4. Recurso desprovido" (RHC 68.592 MG, 5.ª T., rel. Jorge Mussi, 19.04.2016, v.u.). "É cediço que o inquérito policial é peça meramente informativa, de modo que o exercício do contraditório e da ampla defesa, garantias que tornam devido o processo legal, não subsistem no âmbito do procedimento administrativo inquisitorial (RHC 57.812/PR, Rel. Ministro Felix Fischer, Quinta Turma, *DJe* 22.10.2015). Possíveis nulidades ocorridas no inquérito policial em princípio não são aptas a macular o processo criminal, por se tratar de expediente meramente informativo, prescindível, inclusive, para o oferecimento da denúncia. Precedentes" (EDcl no RHC 51.523/RJ, 6.ª T., rel. Nefi Cordeiro, 18.08.2016, v.u.). Em posição diversa, sustentando a possibilidade de haver vícios no inquérito capazes de contaminar o processo, conferir o magistério de Eneida Orbage de Britto Taquary e Arnaldo Siqueira de Lima: "Ressalte-se que o constituinte, ao não admitir provas ilícitas no processo, referiu-se a este de forma *lato sensu*, incluindo-se aí, portanto, o inquérito, apesar do sistema processual brasileiro ser acusatório, adotando como prova, *stricto sensu*, aquela produzida em juízo. Não podendo haver outro raciocínio, vez que o Código de Processo Penal, no seu art. 6.º, III, prevê que a autoridade policial deve colher de ofício todas as provas que servirem para o esclarecimento do fato e de suas circunstâncias. Finalmente, em consonância com a doutrina, com o preceito acima citado e em homenagem ao princípio da árvore envenenada, que é adotado pelo nosso ordenamento jurídico, as provas ilícitas, obtidas diretamente ou derivadas de outras, são fulminadas de nulidades independentemente do momento em que

Art. 564

Código de Processo Penal Comentado · Nucci

foram produzidas" (*Temas de direito penal e processual penal*, p. 109-110). Temos sustentado que o sistema processual brasileiro é misto (ver a nota 4 ao Livro I, Título II), vale dizer, inicia-se de maneira inquisitiva (inquérito policial, como regra) e finda no modelo acusatório (processo). Porém, independentemente disso, como já mencionamos, os vícios eventualmente ocorridos no inquérito policial não têm o condão de macular o processo, já que o magistrado possui o poder (dever) de determinar o refazimento da prova irregularmente produzida na fase policial ou mandar que seja desentranhada dos autos do processo a prova ilicitamente obtida. Tornamos, pois, a insistir: não existe nulidade a ser proclamada oficialmente pelo Judiciário em atos produzidos na fase do inquérito policial.

5-A. Inquirição de testemunhas: a ordem de oitiva das testemunhas de acusação ou defesa, segundo o art. 212 do CPP, comporta, pelo menos, duas maneiras de interpretação. A primeira diz respeito a não ter ocorrido nenhuma modificação, na redação do referido art. 212, com a reforma processual penal de 2008. O juiz faz as perguntas, as partes reperguntam e o magistrado pode ainda complementar o questionário (é a corrente que nos parece correta; ver o art. 212 e seus comentários). A segunda defende ter sido alterada a ordem de inquirição, ou seja, primeiro as partes e, somente depois, o juiz. A partir dessa discordância, temos defendido que, a despeito de ser acolhida a primeira ou a segunda corrente, o mais relevante é que, optando o julgador por uma delas, seria somente uma falha notoriamente relativa. Isso significa que a parte, *que se diz prejudicada*, há de provar o prejuízo. Não o fazendo, a inquirição permanece válida. Conferir outros esclarecimentos nas notas ao art. 212.

Art. 564. A nulidade ocorrerá nos seguintes casos:[6-7]

I – por incompetência,[8-9-A] suspeição[10] ou suborno[11] do juiz;

II – por ilegitimidade de parte;[12]

III – por falta das fórmulas ou dos termos seguintes:

a) a denúncia ou a queixa[13] e a representação[14] e, nos processos de contravenções penais, a portaria ou o auto de prisão em flagrante;[15]

b) o exame de corpo de delito nos crimes que deixam vestígios, ressalvado o disposto no art. 167;[16]

c) a nomeação de defensor ao réu presente, que o não tiver, ou ao ausente,[17-18-C] e de curador ao menor de 21 (vinte e um) anos;[19]

d) a intervenção do Ministério Público em todos os termos da ação por ele intentada e nos da intentada pela parte ofendida, quando se tratar de crime de ação pública;[20]

e) a citação do réu para ver-se processar,[21] o seu interrogatório,[22] quando presente, e os prazos concedidos à acusação e à defesa;[23-23-C]

f) a sentença de pronúncia,[24] o libelo[25] e a entrega da respectiva cópia,[26] com o rol de testemunhas, nos processos perante o Tribunal do Júri;

g) a intimação do réu para a sessão de julgamento, pelo Tribunal do Júri, quando a lei não permitir o julgamento à revelia;[27]

h) a intimação das testemunhas arroladas no libelo e na contrariedade, nos termos estabelecidos pela lei;[28-29]

i) a presença pelo menos de 15 (quinze) jurados para a constituição do júri;[30]

j) o sorteio dos jurados do conselho de sentença em número legal[31] e sua incomunicabilidade;[32]

k) os quesitos e as respectivas respostas;[33]

l) a acusação e a defesa, na sessão de julgamento;[34]

m) a sentença;[35-35-B]

n) o recurso de ofício, nos casos em que a lei o tenha estabelecido;[36]

o) a intimação, nas condições estabelecidas pela lei, para ciência de sentenças e despachos de que caiba recurso;[37]

p) no Supremo Tribunal Federal e nos Tribunais de Apelação,[38] o *quorum* legal para o julgamento;[39]

IV – por omissão de formalidade que constitua elemento essencial do ato;[40]

V – em decorrência de decisão carente de fundamentação.[40-A-40-B]

Parágrafo único. Ocorrerá ainda a nulidade, por deficiência dos quesitos ou das suas respostas, e contradição entre estas.[41]

6. Divisão entre nulidades absolutas e relativas: são consideradas *relativas* as seguintes: (a) falta de intervenção do Ministério Público em todos os termos da ação por ele intentada e nos da intentada pela parte ofendida, quando se tratar de crime de ação pública (inciso III, *d*, deste artigo); (b) não concessão dos prazos legais à acusação e à defesa, para manifestação ou produção de algum ato (inciso III, *e*, 2.ª parte, deste artigo); (c) falta de intimação do réu para a sessão de julgamento, pelo Tribunal do Júri, quando a lei não permitir o julgamento à revelia (inciso III, *g*, deste artigo). Não mais se exige a presença do acusado na sessão de julgamento (art. 457, *caput*), embora seja indispensável a sua intimação; (d) ausência de intimação das testemunhas arroladas no libelo e na contrariedade, conforme estabelecido em lei (inciso III, *h*, deste artigo). Foram eliminadas as peças *libelo* e *contrariedade ao libelo*, razão pela qual as testemunhas passaram a ser arroladas por simples petição das partes interessadas (art. 422). Devem as testemunhas, quando requerido, ser intimadas de toda forma; (e) omissão de formalidade que constitua elemento essencial do ato (inciso IV, deste artigo). As demais são *absolutas*, embora a jurisprudência dos Tribunais Superiores (STF e STJ) tenha considerado que ambas geram o mesmo cenário, ou seja, somente se acolhe uma nulidade caso ocorra a efetiva demonstração de prejuízo. Na jurisprudência: STJ: "2. Em respeito à segurança jurídica e lealdade processual, a jurisprudência do Superior Tribunal de Justiça tem se orientado no sentido de que as nulidades, *ainda quando denominadas absolutas*, devem ser arguidas em momento oportuno, bem como qualquer outra falha ocorrida no julgamento, sujeitando-se à preclusão temporal" (AgRg no HC 751.735/SP, 5.ª T., rel. Joel Ilan Paciornik, 15.05.2023, v.u., grifamos).

7. Rol exemplificativo: outras nulidades podem ser reconhecidas, advindas de princípios constitucionais e processuais, embora não expressamente constantes no rol deste artigo.

8. Incompetência: em cumprimento ao princípio do juiz natural, garantido constitucionalmente, ninguém será processado ou julgado senão pelo juiz indicado previamente pela lei ou pela própria Constituição. Assim, é fundamental que as regras de competência sejam observadas, sob pena de nulidade. Ocorre que a doutrina vem sustentando o seguinte: em se tratando de competência constitucional, a sua violação importa na inexistência do ato e não simplesmente na anulação (ex.: processar criminalmente um promotor de justiça em uma vara comum de primeira instância, em vez de fazê-lo no Tribunal de Justiça). No mais, não sendo competência prevista diretamente na Constituição, deve-se dividir a competência em absoluta (em razão da matéria e de foro privilegiado), que não admite prorrogação, logo, se infringida é de ser reconhecido o vício como nulidade absoluta, e relativa, aquela que admite prorrogação, pois referente apenas ao território. Não aventada pelas partes, nem proclamada

Art. 564

Código de Processo Penal Comentado · **Nucci**   1024

pelo juiz, é incabível a anulação dos atos praticados, uma vez que se considera prorrogada. A justificativa para essa postura é dada por Frederico Marques, ao mencionar que "na distribuição dos poderes jurisdicionais, *ratione loci*, as atribuições judiciárias se diversificam em virtude de fatores acidentais e de valor relativo. Tanto o juiz da comarca *B*, como o da comarca *A* estão investidos de poderes jurisdicionais para conhecer e julgar o delito, sendo iguais as esferas de atribuições de ambos. Circunstâncias decorrentes de melhor divisão do trabalho, e de natureza toda relativa, é que lhes discriminam a capacidade para conhecer dos casos concretos submetidos a processo e julgamento". Mas faz uma advertência, ainda com relação à incompetência territorial, tida como relativa: "É claro que, em se tratando de erro grosseiro, a incompetência é insanável. Suponha-se, por exemplo, que o crime tenha ocorrido na comarca *A* e que, sem nenhum motivo, por mínimo que fosse, o processo corresse na comarca *B*, muito distante daquela. Nessa hipótese, nem o silêncio e a aquiescência do réu sanariam a nulidade" (*Da competência em matéria penal*, p. 218-219). E assim deve mesmo ser, sob pena de se ferir, irreparavelmente, o princípio constitucional do juiz natural, que envolve, com certeza, além da competência em razão da matéria e da prerrogativa de foro, a competência territorial. Afinal, como regra, estabeleceu o legislador o foro do lugar da infração não por acaso, mas para que o criminoso seja julgado no local onde seu ato atingiu a maior repercussão, servindo, inclusive, em caso de condenação, a efetivar o caráter preventivo geral da pena. Na jurisprudência: STF: "É nula, por incompetência absoluta, a tramitação de ação penal perante o Tribunal do Júri quando a ação delitiva, na forma como descrita na denúncia, revela a suposta prática dos crimes de homicídio culposo e omissão de socorro circunstanciado pela morte. Decretada a nulidade do processo penal desde o recebimento da denúncia e verificada a prescrição da pretensão punitiva do Estado, impõe-se a concessão da ordem de ofício. *Writ* não conhecido, mas com concessão da ordem de ofício, para fins de assentar a nulidade do processo-crime originário, bem como, por consequência, declarar extinta a pretensão punitiva estatal pela prescrição prevista no artigo 107, IV, do Código Penal, no tocante ao paciente e ao corréu" (HC 116276, 1.ª T., rel. Edson Fachin, 16.02.2016, maioria). STJ: "1. A competência territorial, por ser relativa, deve ser arguida na primeira oportunidade que a parte possui para se manifestar nos autos, sob pena de preclusão. A não apresentação da declinatória no prazo implica sua aceitação, prorrogando-se a competência. 2. De acordo com as regras previstas nos arts. 71 e 83 do Código de Processo Penal, ao deferir as autorizações para a quebra do sigilo das comunicações telefônicas, o Juízo da 2.ª Vara Criminal da Comarca de Caarapó, por prevenção, tornou-se o competente para o julgamento das futuras ações penais dela decorrentes. 3. Agravo regimental improvido" (AgInt no HC 187.760/MS, 6.ª T., rel. Sebastião Reis Júnior, 19.05.2016, v.u.); "A incompetência territorial é nulidade de natureza relativa e deve ser arguida no momento oportuno, conforme a previsão do art. 108 do Código de Processo Penal (exceção de incompetência)" (HC 114.109/MS, 6.ª T., rel. Rogerio Schietti Cruz, 28.06.2016, v.u.).

8-A. Infringência à regra da prevenção: trata-se de nulidade relativa, pois a prevenção é vinculada à competência territorial que, como expusemos na nota 8 *supra*, provoca, quando violada, nulidade relativa. Nesses termos, conferir a Súmula 706 do STF: "É relativa a nulidade decorrente da inobservância da competência penal por prevenção". É natural que assim seja, pois a prevenção é somente o conhecimento antecipado de determinada questão jurisdicional por juiz que poderia apreciar o feito caso houvesse regular distribuição. Exemplo: em uma comarca, há três varas criminais com igual competência para os diversos feitos da área penal. Para a eleição do juiz natural, o caminho natural é a distribuição (art. 69, IV, CPP), embora possa ocorrer uma situação de urgência, como a necessidade de se obter uma prisão preventiva em plena investigação policial. Dessa forma, estando presente na comarca no final de semana o juiz da 1.ª Vara, a autoridade policial com ele despacha o pedido de prisão cautelar e obtém a medida constritiva. Está a 1.ª Vara preventa para o conhecimento de eventual ação penal a ser ajuizada. Pode ocorrer, no entanto, que não se obedeça a esse critério, distribuindo-se o feito, quando o inquérito for concluído, razão pela qual cai nas mãos do juiz da 2.ª Vara. Caso ninguém questione, nem provoque a exceção de incompetência, não é motivo de anulação do processo futuramente, a pretexto de ter havido nulidade absoluta. Repita-se: nesse caso, tratando-se de competência relativa, a violação causa, igualmente, nulidade relativa. Consultar também as notas 1 e 5 ao art. 83.

9. Coisa julgada e incompetência: normalmente, a coisa julgada convalida as eventuais nulidades do processo. E somente o réu, por meio da revisão criminal e do *habeas corpus,* pode rever o julgado, sob a alegação de ter havido nulidade absoluta (isso não ocorre quando se trata de nulidade relativa). Entretanto, a incompetência constitucional, que considera o praticado pelo juiz como atos inexistentes, em tese, não poderia ser sanada pela coisa julgada, justamente porque a sentença que colocou fim ao processo não existiu juridicamente. Assim ocorrendo, quando em favor do acusado, não há dúvida de que o processo deve ser renovado. Mas, e se a incompetência constitucional, se reconhecida, prejudicar o réu? Respondem Ada Pellegrini Grinover, Antonio Scarance Fernandes e Antonio Magalhães Gomes Filho que, nessa hipótese, há de se convalidar a sentença absolutória, sem haver a renovação dos atos processuais, embora inexistentes, em nome dos princípios maiores do *favor rei* e do *favor libertatis* (*As nulidades no processo penal,* p. 46). De fato, como os princípios constitucionais devem harmonizar-se, o fato de haver, na Constituição, a garantia do juiz natural, não significa que seja um princípio absoluto e imperativo. Em sintonia com os demais, não pode o réu ser prejudicado porque foi processado em vara incompetente, o que não foi alegado a tempo pela acusação. A coisa julgada, que confere segurança às relações jurídicas, especialmente quando houver absolvição, deve ser respeitada.

9-A. Incompetência da autoridade policial: não vicia o ato ou a diligência efetuada. Autoridades policiais não exercem poder jurisdicional, limitado pela competência. Logo, é incabível aplicar-se as regras de competência aos agentes do Estado-investigação, integrantes do Poder Executivo. Exceto se uma autoridade policial lavrar um auto de prisão em flagrante em área diversa da sua zona de atuação, pode-se considerá-lo válido.

10. Suspeição e impedimento: quando houver impedimento, por estar o magistrado proibido de exercer, no processo, a sua jurisdição (art. 252, CPP), trata-se de ato inexistente se o fizer. Em sentido contrário, crendo ser causa de nulidade absoluta, está a posição de Greco Filho: "É costume repetir-se que o impedimento retira do juiz a jurisdição. Essa assertiva, contudo, não é verdadeira. Jurisdição ele continua tendo, porque não está desinvestido. Ele somente está proibido de exercê-la naquele processo com o qual tem um dos vínculos relacionados no art. 252. A distinção é importante porque se o juiz não tivesse jurisdição (aliás, então, ele não seria juiz) seus atos seriam inexistentes, ao passo que, na realidade, o que ocorre é que seus atos são nulos, absolutamente nulos" (*Manual de processo penal,* p. 215). Entendemos, no entanto, que a lei veda o exercício jurisdicional ao magistrado em determinado processo, o que torna inexistente o ato por ele praticado justamente nesse feito. Não se trata de um mero vício, mas de uma grave infração à lei, equivalente ao magistrado de vara cível resolver despachar processos na vara criminal. Seus atos não são nulos, mas inexistentes naquele processo. Ainda que produza algum efeito, será fruto do erro de outras pessoas, envolvidas no processo, em cumpri-los. No sentido de serem inexistentes, como sustentamos: Mirabete (*Código de Processo Penal interpretado,* p. 699). Entretanto, tratando-se de suspeição, é motivo de nulidade, desde que a parte interessada assim reclame, por meio da exceção cabível. Se o juiz suspeito for aceito, deixa de existir razão para anulação dos atos por ele praticados. Na jurisprudência: STJ: "4. Em relação à violação do art. 564, I, do Código de Processo Penal, o

Art. 564

Código de Processo Penal Comentado · **Nucci**

1026

Tribunal de origem dispôs que o simples fato de haver rejeitado o laudo elaborado por assistente técnico e homologado (aceitado) o laudo do perito oficial não revela, por si só, quebra da imparcialidade do juiz, mesmo porque, segundo a redação do art. 182 do CPP, 'o juiz não ficará adstrito ao laudo, podendo aceitá-lo ou rejeitá-lo, no todo ou em parte'. [...] A uma, porque, como já registrado, a simples homologação de laudo oficial e rejeição de laudo de assistente não é, por si só, motivo para pôr em cheque a imparcialidade do juiz. [...] A duas, porque, na ocasião, a parte opôs exceção de suspeição, sendo que, posteriormente, requereu desistência daquele incidente, a qual foi devidamente homologada pela Câmara Criminal, o que demostra que o réu abriu mão de persistir no apontado questionamento a respeito da quebra da imparcialidade da juíza (fls. 2.963/2.964)" (AgRg no AREsp 2.486.964/PB, 6.ª T., rel. Sebastião Reis Júnior, 21.05.2024, v.u.).

11. Suborno do juiz: *subornar* é dar dinheiro ou alguma vantagem para obter favores indevidos. Insere-se, pois, no contexto da corrupção, razão pela qual não deixa de ser um motivo especial de suspeição. Assim, conhecido pela parte, a qualquer momento, pode ser invocado para anular o que foi praticado pelo magistrado subornado. Se o réu, no entanto, foi absolvido, com trânsito em julgado, inexistindo revisão em favor da sociedade, nada se pode fazer para reabrir o processo. Responde, apenas, o juiz criminal e administrativamente.

12. Ilegitimidade de parte: não distingue a lei se a ilegitimidade é para a causa (*ad causam*) ou para o processo (*ad processum*), razão pela qual ambas podem gerar nulidade. Entretanto, quando a ilegitimidade se referir à ação penal – como dar início à ação penal pública incondicionada não sendo membro do Ministério Público, nem a vítima, em caráter subsidiário, por exemplo –, não há como convalidar, motivo pelo qual é nulidade absoluta. Quando se cuidar de ilegitimidade para a relação processual – como uma representação irregular, por exemplo –, é possível corrigi-la, tratando-se de nulidade relativa.

13. Denúncia ou queixa: a falta de denúncia ou de queixa impossibilita o início da ação penal, razão pela qual este inciso, na realidade, refere-se à ausência das fórmulas legais previstas para essas peças processuais. Uma denúncia ou queixa formulada sem os requisitos indispensáveis (art. 41, CPP), certamente é nula. Entretanto, a nulidade pode ser absoluta – quando a peça é insuficiente para garantir a defesa do réu –, devendo ser refeita, ou relativa – quando a peça proporciona a defesa, embora precise de ajustes –, podendo ser convalidada.

14. Representação: a falta de representação pode gerar nulidade, pois termina provocando ilegitimidade para o órgão acusatório agir. Entretanto, é possível convalidá-la, se dentro do prazo decadencial. Quanto às fórmulas para sua elaboração, tem-se entendido que não se exige formalidades especiais, bastando ficar clara a vontade de agir da vítima.

15. Portarias ou flagrantes: não mais interessam sanar as irregularidades nessas peças, pois a portaria, em relação às contravenções penais, que dava início ao processo, não mais é admitida, uma vez que a titularidade da ação penal é, atualmente, exclusiva do Ministério Público. O auto de prisão em flagrante já não proporciona início à ação penal e, se falha houver nesse instrumento, a única consequência que pode provocar é o relaxamento da prisão, mas não a decretação da nulidade. Por isso, não se precisa corrigir eventuais omissões neles constantes.

16. Exame de corpo de delito: quando o crime deixa vestígios, é indispensável a realização do exame de corpo de delito, direto ou indireto, conforme preceitua o art. 158 deste Código. Assim, havendo um caso de homicídio, por exemplo, sem laudo necroscópico, nem outra forma válida de produzir a prova de existência da infração penal, deve ser decretada a nulidade do processo. Trata-se de nulidade absoluta. O inciso em comento, entretanto, ajustado ao disposto nos arts. 158 e 167 do Código de Processo Penal, estabelece a possibilidade de se formar o corpo de delito de modo indireto, ou seja, por meio de testemunhas. De um modo ou de outro, não pode faltar o corpo de delito. Outra possibilidade é a realização do exame sem o respeito às fórmulas legais, como a participação de dois peritos nomeados pelo juiz (art. 159, § 1.º). Pode ser causa de nulidade, neste caso, no entanto, relativa. Na jurisprudência: STJ: "2. *In casu*, foi realizado o exame de corpo de delito indireto, baseado em ficha médica confeccionada no dia dos fatos, em razão do ofendido haver efetivamente recebido atendimento hospitalar, circunstância que evidência ter sido atendido o requisito referente à indisponibilidade da produção do exame de corpo de delito. Ausência de violação do art. 158 do CPP. 3. Ausentes fatos novos ou teses jurídicas diversas que permitam a análise do caso sob outro enfoque, deve ser mantida a decisão agravada. 4. Agravo regimental não provido" (AgRg no AREsp 1.251.660-RS, 6.ª T., rel. Rogerio Schietti Cruz, 23.06.2020, v.u.).

17. Defesa ao réu: é imprescindível. Preceitua a Constituição Federal que "aos litigantes, em processo judicial ou administrativo, e aos acusados em geral são assegurados o contraditório e ampla defesa, com os meios e recursos a ela inerentes" (art. 5.º, LV). Nessa esteira, o Código de Processo Penal prevê que "nenhum acusado, ainda que ausente ou foragido, será processado ou julgado sem defensor" (art. 261). Assim, a falta de defesa é motivo de nulidade absoluta. Ver, a respeito a próxima nota.

17-A. Não nomeação de defensor *ad hoc*: nulidade absoluta. Se o defensor constituído ou dativo do acusado não comparecer na audiência de instrução, é fundamental que o magistrado nomeie defensor *ad hoc* (para o ato). Se o ato processual se realizar, ausente a defesa, constitui prejuízo presumido, logo, nulidade absoluta.

18. Ausência de defesa ou deficiência de defesa: há natural distinção entre as duas hipóteses. No primeiro caso, não tendo sido nomeado defensor ao réu, caso este não possua advogado constituído, gera-se nulidade absoluta, mesmo porque presumido é o prejuízo (vide art. 263, CPP, além do princípio constitucional da ampla defesa). Na segunda situação, a deficiência de defesa não é causa obrigatória de nulidade, relativa neste caso, devendo ser evidenciado o prejuízo sofrido pelo acusado. É o conteúdo da Súmula 523 do STF: "No processo penal, a falta de defesa constitui nulidade absoluta, mas a sua deficiência só o anulará se houver prova de prejuízo para o réu". Deve-se salientar, no entanto, que há casos de deficiência tão grosseira que podem equivaler à ausência de defesa, razão por que deve o juiz zelar pela amplitude de defesa, no processo penal, considerando o réu indefeso e nomeando-lhe outro defensor. Caso não o faça, constituída está uma nulidade absoluta, inclusive pelo fato de ter infringido preceito constitucional, natural consequência do devido processo legal (ampla defesa).

18-A. Ausência do réu durante a instrução: como regra, é um *direito* do réu participar das audiências e acompanhar a produção da prova. Não se trata de uma obrigação ou dever, até mesmo pelo fato de ter ele o direito ao silêncio, logo, de se manter calado e distante da colheita probatória (ao menos pessoalmente). Entretanto, deve o acusado ser intimado para as audiências (no mínimo para a primeira). Caso, entretanto, deixe de ser intimado, mas seu defensor compareça normalmente, cuida-se de nulidade relativa, dependente de alegação e demonstração de prejuízo, passível de preclusão caso nada se fale até as alegações finais.

18-B. Nulidade em caso de defesas antagônicas produzidas por advogado único de corréus: não é viável que dois ou mais acusados possuam o mesmo defensor, se as linhas de defesa de cada um forem antagônicas, pois o prejuízo à ampla defesa torna-se

Art. 564

Código de Processo Penal Comentado · **Nucci**   1028

evidente. Deve o juiz zelar por isso, impedindo que a escolha se mantenha e dando prazo para que os réus constituam defensores diversos. Não o fazendo, a deficiência provoca a nulidade do feito.

18-C. Defesa patrocinada por falso advogado: equivale à falta de defesa técnica, gerando, portanto, nulidade absoluta. Na jurisprudência: STF: "A defesa patrocinada por pessoa não inscrita na OAB é causa de nulidade do processo (Estatuto da OAB, art. 4.º: '*São nulos os atos privativos de advogado praticados por pessoa não inscrita na OAB (...)*'). Com base nesse entendimento, a Turma deu provimento a recurso ordinário em *habeas corpus* para anular o processo que resultara na condenação do recorrente pelo crime de tráfico ilícito de entorpecentes (Lei 6.368/76, arts. 12 e 14 [atual Lei 11.343/2006, arts. 33 e 35]), a partir do interrogatório, inclusive, e determinar a expedição de alvará de soltura. Considerou-se evidente a falta de defesa técnica, já que incontroverso o fato de a defesa ter sido realizada, até a apelação, por falso advogado. Asseverou-se a impossibilidade de ratificação dos atos processuais por aquele praticados (CPP, art. 568), haja vista se tratar de nulidade absoluta. Salientou-se o prejuízo ao recorrente, consubstanciado na sua condenação. Precedentes citados: HC 76526 – PR (*DJU* 15.12.2000); HC 71705 – SP (*DJU* 04.08.1995); HC 61889 – RJ (*DJU* 16.11.1984)" (RHC 83.800/RJ, 1.ª T., rel. Cezar Peluso, 05.04.2005, *Informativo* 382 – embora antigo, serve para ilustração).

19. Curador ao réu menor de 21 anos: cumpre destacar que, segundo entendemos, não há mais sentido em se nomear curador ao réu menor de 21 anos, diante da edição da Lei 10.406/2002 (Código Civil), que passou a considerar plenamente capaz, para todos os atos da vida civil, o maior de 18 anos. Logo, a proteção almejada a quem era considerado relativamente incapaz e imaturo desapareceu. Ver a nota 81-A ao art. 15.

20. Intervenção do Ministério Público: menciona o inciso que é causa de nulidade se o representante do Ministério Público não interferir nos feitos por ele intentados (ação pública), bem como naqueles que foram propostos pela vítima, em atividade substitutiva do Estado-acusação (ação privada subsidiária da pública). Entendemos, no entanto, que a intervenção do Ministério Público também é obrigatória, nos casos de ação exclusivamente privada, uma vez que a pretensão punitiva é somente do Estado (sujeito passivo formal de todas as infrações penais). Por isso, nas hipóteses em que é o titular da ação penal, a sua não intervenção causa nulidade absoluta, mas, naqueles feitos conduzidos pelo ofendido, trata-se de relativa, necessitando-se da prova do prejuízo. Sustentando que a não intervenção do Ministério Público em todos os termos da ação por ele intentada é nulidade absoluta, estão as posições de Tourinho Filho (*Código de Processo Penal comentado*, v. 2, p. 237) e Mirabete (*Código de Processo Penal interpretado*, p. 702). Na jurisprudência: STJ: "IV – Especificamente no que diz respeito às supostas eivas processuais decorrentes da inobservância das fórmulas legais atinentes à intervenção do Ministério Público em todos os termos da ação por ele intentada, o Codex é literal em afirmar que deverão ser alegadas oportunamente, sob pena de se reputarem sanadas, *ex vi* dos arts. 564, inciso III, 'd', e 572, inciso I, ambos do CPP. V – Previamente intimado da inclusão do processo em pauta de julgamento; presente à sessão designada e feito uso da palavra, nada alegou a Defesa quanto à ausência de contrarrazões ministeriais ao apelo interposto em favor do acusado. Sendo assim, não há como se conhecer do suposto vício processual, ante à evidente preclusão" (AgRg no REsp 1.786.891/PR, 5.ª T., rel. Felix Fischer, 15.09.2020, v.u.).

21. Ampla defesa e contraditório: essa causa de nulidade – ausência de citação – é corolário natural dos princípios constitucionais da ampla defesa e do contraditório. Naturalmente, sem ser citado ou se a citação for feita em desacordo com as normas processuais, prejudicando ou cerceando o réu, é motivo para anulação do feito a partir da ocorrência do vício. Trata-se de nulidade absoluta. Na jurisprudência: STJ: "3. Estabelece o art. 564, III, alínea 'e', do CPP que ocorrerá nulidade por ausência ou em desrespeito à forma de citação do réu para ver-se processar. 4. Segundo entendimento pacífico desta Corte Superior, a vigência no campo das nulidades do princípio *pas de nullité sans grief* impõe a manutenção do ato impugnado que, embora praticado em desacordo com a formalidade legal, atinge a sua finalidade, restando à parte demonstrar a ocorrência de efetivo prejuízo. 5. No caso em exame, as instâncias ordinárias não demonstraram o esgotamento das vias para citação pessoal do agravado, fazendo menção apenas à frustração dos mandados de prisão, de modo que demonstrado o prejuízo, tanto que suspenso o prazo prescricional. Assim, a finalidade do ato não restou atingida, pois inquinado de vício insanável o processo, devendo, portanto, ser reconhecida a sua nulidade" (AgRg no AREsp 353.116/MT, 5.ª T., rel. Ribeiro Dantas, 02.04.2019, v.u.).

22. Oportunidade para interrogatório: é causa de nulidade relativa se o magistrado, estando o réu presente, deixar de lhe propiciar a oportunidade para ser interrogado, o que não significa que ele deva comparecer ou mesmo responder às perguntas formuladas. Tem o acusado o direito ao silêncio, razão pela qual pode não querer ser interrogado. Apesar disso, deixar de designar data para a audiência onde o ato possa ser realizado provoca nulidade. Entretanto, segundo cremos e já afirmamos, é uma nulidade relativa. Atualmente, em função do direito de permanecer calado, pode a defesa manifestar que, a despeito de não ter sido designada data possibilitando a realização do interrogatório do acusado, não iria ele valer-se da oportunidade, desejando ficar em silêncio. Assim sendo, não houve prejuízo algum e não se necessita proclamar a nulidade. Aliás, o mesmo ocorre quando o réu, ausente, é encontrado durante a instrução. O juiz designa data para seu interrogatório, proporcionando-lhe a oportunidade, o que não significa seja ela aceita, pois o réu pode não desejar falar. Caso seja localizado ou mesmo preso depois da sentença condenatória de primeiro grau, deve o tribunal proporcionar-lhe a oportunidade de ser ouvido, expedindo carta de ordem ao juiz.

23. Concessão de prazos à acusação e à defesa: ao longo da instrução, vários prazos para manifestações e produção de provas são concedidos às partes. Deixar de fazê-lo pode implicar um cerceamento de acusação ou de defesa, resultando em nulidade relativa, ou seja, se houver prejuízo demonstrado.

23-A. Intimação do réu para constituir outro defensor antes do julgamento de recurso: como decorrência natural da aplicação da garantia constitucional da ampla defesa, sempre que o defensor constituído do acusado renunciar, é obrigatória a sua intimação para eleger outro de sua confiança, antes que o juiz possa nomear-lhe um dativo. Portanto, o mesmo deve ocorrer em grau de recurso, ou seja, caso a renúncia ocorra quando o processo está no tribunal, aguardando julgamento de apelação ou outro recurso, é fundamental que o relator providencie a intimação do acusado para constituir outro defensor assim que tomar conhecimento da renúncia do anterior. Não o fazendo – e havendo prejuízo – é nulo o julgamento da apelação. É o teor da Súmula 708 do STF: "É nulo o julgamento da apelação se, após a manifestação nos autos da renúncia do único defensor, o réu não foi previamente intimado para constituir outro". Parece-nos que a nulidade deve ser considerada relativa, até porque, embora a apelação seja julgada, pode levar a uma decisão de interesse do acusado, não merecendo, pois, ser desconsiderada.

23-B. Falta de audiência da defesa no procedimento do desaforamento: consultar a nota 100 ao art. 427.

23-C. Ausência de intimação do defensor da data do julgamento no tribunal: é causa de nulidade. Ver as notas ao Capítulo II do Título X, Livro I, cuidando das intimações.

Art. 564

24. Sentença de pronúncia: é o juízo de admissibilidade da acusação, que remete o caso para a apreciação do Tribunal do Júri. Após a edição da Lei 11.689/2008, passa a denominar-se *decisão* de pronúncia e não mais *sentença*. É o correto, pois se trata de mera decisão interlocutória. A sua existência no processo é fundamental, assim como é essencial que respeite a forma legal. Trata-se de nulidade absoluta o encaminhamento de um réu ao júri sem que tenha havido decisão de pronúncia ou quando esta estiver incompleta.

25. Libelo: era a exposição da acusação em formato articulado, baseado na pronúncia. O órgão acusatório valia-se do libelo para enumerar os pontos nos quais se basearia, em plenário, para acusar o réu, pedindo sua condenação. A peça foi eliminada pela reforma introduzida pela Lei 11.689/2008.

26. Entrega da cópia ao réu: não mais subsiste essa diligência, pois o libelo foi eliminado pela Lei 11.689/2008.

27. Ausência do réu e realização da sessão: tornou-se possível a realização do julgamento em plenário do Tribunal do Júri, mesmo estando o réu ausente (art. 457). Entretanto, é direito do acusado ter ciência de que se realizará a sessão, podendo exercer o seu direito de comparecimento. Logo, a falta de intimação pode gerar nulidade, porém relativa. Por outro lado, se o acusado, ainda que não intimado, comparecer para a sessão, supera-se a falta de intimação, pois a finalidade da norma processual foi atingida, que é permitir sua presença diante do júri.

28. Intimação das testemunhas do libelo e da contrariedade: inexistindo o libelo e a contrariedade, peças extintas pela Lei 11.689/2008, atualmente, por simples petição, as partes podem arrolar testemunhas (art. 422). Desse modo, não tendo havido a intimação solicitada pelas partes, o julgamento pelo júri está prejudicado. Nova sessão deve ser agendada, caso alguma das testemunhas falte. Entretanto, se todas comparecerem, mesmo que não intimadas, o julgamento pode realizar-se. Por outro lado, se, a despeito de não intimadas e sem terem comparecido, a sessão ocorrer, configura-se nulidade relativa, ou seja, anula-se desde que as partes reclamem, demonstrando prejuízo.

29. Intimação de testemunhas residentes fora da comarca do Tribunal do Júri: devem ser intimadas, para não configurar qualquer tipo de cerceamento – à acusação ou à defesa –, mas não estão obrigadas a comparecer. Aliás, por serem leigas, na maior parte das vezes, deve o juiz colocar esse alerta – não obrigatoriedade do comparecimento – na precatória que expedir para que sejam intimadas na outra comarca.

30. Instalação da sessão do júri: trata-se de norma cogente, implicando nulidade absoluta a instalação dos trabalhos, no Tribunal do Júri, com menos de quinze jurados. Não se trata de mera formalidade, mas de uma margem de segurança para que possam ocorrer as recusas imotivadas das partes – três para cada uma – permitindo, ainda, restar um número mínimo de jurados para configurar um sorteio. Imagine-se instalar a sessão com treze jurados e as partes recusarem seis. Não haverá sorteio e o Conselho de Sentença seria formado com todos os restantes, maculando a ideia de existir um processo aleatório para sua constituição. Poder-se-ia argumentar que, não havendo recusas, teria havido sorteio, dentre os treze que compareceram, porém o precedente permitiria a instalação em desrespeito à lei e deixaria ao acaso a nulidade ou não do julgamento, o que é incompatível com as formalidades exigidas em lei para o regular e seguro funcionamento do Tribunal Popular.

31. Sorteio do Conselho de Sentença em número legal: mais uma vez, demonstra o Código a preocupação com as formalidades existentes no Tribunal do Júri, para não haver qualquer tipo de burla ao espírito que norteia a instituição. Logo, não pode haver, em hipótese alguma, pois o prejuízo é presumido, um Conselho de Sentença formado com menos de sete jurados. Se houver, é nulidade absoluta.

32. Incomunicabilidade dos jurados: é causa de nulidade absoluta a comunicação dos jurados, entre si, sobre os fatos relacionados ao processo, ou com o mundo exterior – pessoas estranhas ao julgamento –, sobre qualquer assunto. O jurado pode, é certo, conversar com os outros sobre temas variados, quando recolhido na sala secreta ou outro local qualquer, mas jamais sobre fatos envolvendo o processo. Aliás, esse é o motivo fundamental para a proibição de atuação do jurado no Conselho de Sentença caso já tenha funcionado em julgamento anterior: não haveria incomunicabilidade, pois as provas foram apresentadas e ele pode comentá-las com outras pessoas. É o teor da Súmula 206 do STF: "É nulo o julgamento ulterior pelo júri com a participação de jurado que funcionou em julgamento anterior do mesmo processo".

33. Inexistência dos quesitos e suas respostas: caso o juiz presidente não elabore os quesitos obrigatórios para conduzir o julgamento na sala secreta, uma vez que os jurados decidem fatos e não matéria de direito, haverá nulidade absoluta. Conferir a Súmula 156 do STF: "É absoluta a nulidade do julgamento pelo júri, por falta de quesito obrigatório". A formalidade para chegar-se ao veredicto do Conselho de Sentença deve ser fielmente observada para não se desvirtuar o funcionamento do Tribunal do Júri, imposto por lei. Entretanto, a realização do questionário e a obtenção das respostas, embora não sejam juntados nos autos, cremos ser motivo de nulidade relativa, isto é, se houver prejuízo para alguma das partes, na apresentação de razões de apelo ou de outro recurso qualquer. Entretanto, se a não juntada do termo de votação não tiver representado prejuízo, visto que as partes aceitam o veredicto proferido e não o questionam, é superável a ocorrência.

34. Acusação e defesa no julgamento pelo Tribunal do Júri: é fundamental que acusação e defesa estejam presentes e participando ativamente da sessão de julgamento, visto que os jurados são leigos e necessitam de todos os esclarecimentos possíveis para bem julgar. Lembremos, ainda, que são soberanos nas suas decisões e somente se assegura soberania quando há informação. Logo, se faltar acusação ou for esta deficiente o suficiente para prejudicar seriamente o entendimento das provas pelos jurados, é motivo de dissolução do Conselho, antes que a nulidade se instaure de modo irreparável. Diga-se o mesmo com relação à ausência ou grave deficiência da defesa. Havendo, no entanto, ausência ou deficiência grave, é nulidade absoluta. Outras deficiências configuram nulidade relativa.

35. Ausência da sentença: não se concebe que exista um processo findo sem sentença. Logo, é um feito nulo. E mais: se a sentença não contiver os termos legais – relatório, fundamentação e dispositivo – também pode ser considerada nula. Trata-se de nulidade absoluta.

35-A. Falta das fórmulas legais que devem revestir a sentença: é causa de nulidade absoluta o desrespeito aos requisitos formais da sentença (arts. 381 e 387, CPP). Assim sendo, não há dúvida de que a insuficiente fundamentação, especialmente da decisão condenatória, bem como a incorreta individualização da pena, inclusive quando se vale de termos genéricos e vagos, sem apego à prova e demonstração concreta dos elementos previstos no art. 68 do Código Penal, ou a não utilização do sistema trifásico, servem para provocar esse efeito.

35-B. Não apreciação das teses expostas pela defesa: constitui causa de nulidade absoluta, por prejuízo presumido, a não apreciação, pelo juiz, na sentença, de todas as teses expostas pela defesa em alegações finais. A motivação das decisões judiciais é preceito constitucional, além do que analisar, ainda que seja para refutar, as teses defensivas, caracteriza corolário natural do princípio da ampla defesa.

Art. 564

Código de Processo Penal Comentado · **Nucci**

1032

36. Recurso de ofício: na verdade, cuida-se do duplo grau de jurisdição necessário. Em determinadas hipóteses, impôs a lei que a questão, julgada em primeiro grau, seja obrigatoriamente revista por órgão de segundo grau. A importância do tema faz com que haja dupla decisão a respeito. Ex.: a sentença concessiva de *habeas corpus* (art. 574, I). O desrespeito a esse dispositivo faz com que a sentença não transite em julgado, implicando nulidade absoluta dos atos que vierem a ser praticados após a decisão ter sido proferida. Caso a parte interessada apresente recurso voluntário, supre-se a falta do recurso de ofício. A respeito, ver Súmula 423 do STF: "Não transita em julgado a sentença por haver omitido o recurso *ex officio*, que se considera interposto *ex lege*".

37. Intimação para recurso: as partes têm o direito a recorrer de sentenças e despachos, quando a lei prevê a possibilidade, motivo pelo qual devem ter ciência do que foi decidido. Omitindo-se a intimação, o que ocorrer, a partir daí, é nulo, por evidente cerceamento de acusação ou de defesa, conforme o caso. Cuida-se de nulidade relativa. Convém verificar o disposto na Lei 11.419/2006, vale dizer, defensores constituídos podem ser intimados por meio eletrônico. Permanece a intimação pessoal ao representante do Ministério Público e ao defensor dativo ou público.

38. Supremo Tribunal Federal e outros tribunais do País: o disposto neste inciso abrange não somente o Supremo Tribunal Federal, mas todos os demais tribunais criados após a edição do Código de Processo Penal, que é de 1941. Aliás, não existe mais a denominação *Tribunal de Apelação*, substituída por outras: Tribunal de Justiça, Tribunal Regional Federal etc.

39. *Quorum* para decisão: conforme o regimento interno de cada tribunal, há sempre um número mínimo de ministros, desembargadores ou juízes para que a sessão de julgamento possa instalar-se validamente. Como na organização do Tribunal do Júri, onde se exige o mínimo de quinze jurados para ter início a sessão (ver a nota 30 *supra*), bem como sete para a formação do Conselho de Sentença, nos tribunais se dá o mesmo. Infringir o *quorum* é nulidade absoluta.

40. Atos processuais e sua formalidade: os atos processuais são realizados conforme a forma prevista em lei. Se algum ato for praticado, desrespeitada a forma legal, desde que seja a formalidade essencial à sua existência e validade, a nulidade deve ser reconhecida. Entretanto, trata-se de nulidade relativa, que somente se reconhece havendo prejuízo para alguma das partes. Exemplo: o mandado de citação deve ser expedido contendo o nome do juiz, o nome do querelante, quando for o caso, o nome do réu, a sua residência, o fim da citação, o juízo e o lugar em que deve comparecer para interrogatório, a subscrição do escrivão e a rubrica do juiz (art. 352). Faltando no mandado o juízo e o lugar em que deve o réu comparecer, é natural que a principal finalidade do ato processual não será atingida. O acusado deixará de comparecer ao seu interrogatório, cuja oportunidade de realização é inafastável, gerando nulidade. Entretanto, caso o réu compareça ao interrogatório, porque se informou com outras pessoas ou com seu defensor a respeito, sana-se o defeito. Por outro lado, a residência do réu não é da essência do ato processual, mormente se o oficial de justiça o encontrou. Faltando, não anula o ato.

40-A. Decisão carente de fundamentação: a inserção do inciso V, por meio da reforma da Lei 13.964/2019, tem um conteúdo significativo, visto que, no rol do art. 564, III, m, do CPP, já consta a sentença, logo, quer-se ampliar bastante o alcance, mencionando somente decisão, sem a fundamentação devida. Parece-nos importante abordar dois aspectos: a) quando tratamos do comentário à alínea m (sentença), na nota 35, já havíamos deixado claro que uma sentença sem fundamentação é nula (nulidade absoluta); b) além disso, há o art. 93, IX, da Constituição Federal afirmando que todas as decisões do Judiciário serão fundamentas. Após a vigência de dois textos bem claros, continua-se a detectar decisões importantes, como decretação de prisão cautelar ou sentença de mérito, sem a necessária justificação e fundamentação. Na prática, o que vem acontecendo em muitos locais, os tribunais, ao receberem recurso do réu ou *habeas corpus* (ou até revisão criminal), procuram "salvar" a decisão questionada, que realmente é carente de fundamentos consistentes, acrescentando no acórdão os motivos faltantes. Em alguns outros casos, costuma-se dizer que a sentença ou a decisão é, de fato, concisa, mas "fundamentada" de maneira simples. E se mantém o ato jurisdicional tomado em primeiro grau. Não somente isso. Há acórdãos insuficientemente fundamentados, mas ratificados pelos Tribunais Superiores. É preciso terminar de vez com essa postura. Por isso, o ingresso de outra norma no sistema processual penal, clamando por decisões justificadas e fundamentadas, precisa ser respeitado. Uma decisão ou é fundamentada ou não é. Inexiste o meio-termo. Se é carente de fundamentação, nada pode salvá-la. Trata-se de nulidade absoluta.

40-B. Embargos de declaração: o único meio de se "salvar" uma decisão ou sentença mal fundamentada é por meio de oferecimento de embargos de declaração, que devem ser aceitos pelo magistrado, corrigindo a falha de maneira exaustiva.

41. Quesitos deficientes: se o magistrado elabora quesitos de difícil compreensão ou que não contêm a tese exata esposada pela parte interessada, poderá gerar respostas absurdas dos jurados, possivelmente fruto da incompreensão do que lhes foi indagado. Há nulidade absoluta nesse caso. Não vemos, no entanto, como um quesito eficientemente redigido possa provocar respostas deficientes, como este parágrafo dá a entender que possa ocorrer. Seria invadir o mérito das decisões dos jurados checar a eficiência ou deficiência das respostas, o que não é plausível. Diga-se o mesmo em relação às contradições. Se o juiz está conduzindo bem o julgamento e elaborou quesitos completos e claros, não há razão para haver contradição entre respostas. Havendo, a responsabilidade é do próprio juiz presidente e o que gera nulidade não é a contradição entre respostas, mas a indevida condução da votação.

> **Art. 565.** Nenhuma das partes poderá arguir nulidade a que haja dado causa, ou para que tenha concorrido, ou referente a formalidade cuja observância só à parte contrária interesse.[42-42-A]

42. Interesse para o reconhecimento da nulidade: do mesmo modo que é exigido interesse para a prática de vários atos processuais, inclusive para o início da ação penal, exige-se tenha a parte prejudicada pela nulidade interesse no seu reconhecimento. Logo, não pode ser ela a geradora do defeito, plantado unicamente para servir a objetivos escusos. Por outro lado, ainda que não seja a causadora do vício processual, não cabe a uma parte invocar nulidade que somente beneficiaria a outra, mormente quando esta não se interessa em sua decretação (ex.: argui nulidade o promotor por não ter sido a defesa intimada da expedição de carta precatória para ouvir testemunhas em outra comarca, embora afirme o defensor que nenhum prejuízo sofreu a defesa do réu. Ainda que possa representar um ponto de cerceamento de defesa, somente a ela interessa levantá-la). Está correta a previsão legal, uma vez que dar causa à nulidade, pretendendo o seu reconhecimento, ou pedir que o juiz considere nulo determinado ato, quando não há interesse algum, seria a utilização dos mecanismos legais para conturbar o processo e não para garantir o devido processo legal. Logicamente, esse é o contexto das nulidades relativas, pois as absolutas devem ser reconhecidas a qualquer tempo, inclusive de ofício. Por derradeiro, destaque-se a lição de Borges da Rosa: "As nulidades, por

Art. 566

Código de Processo Penal Comentado · **Nucci**

1034

terem um caráter odioso, por constituírem uma sanção ou pena, devem ser alegadas e aplicadas *restritivamente*, só quando se destinem a reparar um *prejuízo* decorrente da violação da lei. Só pode, portanto, alegar nulidade quem sofreu esse *prejuízo*" (*Nulidades do processo*, p. 176). Na jurisprudência: STF: "1. Não há ilegalidade na citação por edital quando a defesa oferece endereço inexistente à autoridade policial, inviabilizando a citação pessoal. Nos termos do art. 565 do CPP, a parte não poderá arguir nulidade a que haja dado causa ou para qual te-nha concorrido" (HC 171.680 AgR, 2.ª T., rel. Edson Fachin, 20.11.2019, v.u.); "A defesa não sustentou, em nenhum momento, a tese de desclassificação do delito para homicídio culposo no Plenário do Tribunal do Júri. Quesitação lida em plenário sem contestação das partes. A regra do art. 565 do CPP determina que a defesa não pode se beneficiar de nulidade a que tenha dado causa" (HC 131.466 AgR/DF, 2.ª T., rel. Gilmar Mendes, 14.10.2016, v.u.). STJ: "1. No contexto do livramento condicional, a regra geral é que o apenado deve ser ouvido previamente para justificar qualquer descumprimento das obrigações impostas. No entanto, se houver tentativa de intimação pessoal e o liberado não for localizado devido à mudança de endereço sem comunicação ao juiz, justifica-se a revogação do benefício, com fundamento no art. 87 do CP. 2. No caso, o condenado está em local incerto e não sabido, na condição de foragido. Antes de revogar o livramento condicional, o Magistrado 'observou o devido processo legal ao realizar tentativa de intimação pessoal, não sendo exigível a intimação editalícia em relação ao réu que não foi declarado revel na fase de conhecimento' (AgRg no HC n. 549.629/SP, relator Ministro Jorge Mussi, Quinta Turma, julgado em 4/8/2020, *DJe* de 25/8/2020). 3. Admitir a continuidade do livramento condicional e a extinção da punibilidade pelo integral cumprimento da pena 'significaria permitir que ele [o apenado] se beneficiasse de conduta irregular própria, o que é vedado pelo art. 565 do Código de Processo Penal' (AgRg no AgRg no AREsp n. 2.079.875/PR, relatora Ministra Laurita Vaz, Sexta Turma, julgado em 2/8/2022, *DJe* de 12/8/2022)" (AgRg no HC n. 900.591/SP, 6.ª T., rel. Rogerio Schietti Cruz, 01.07.2024, v.u.); "2. A decretação da nulidade processual, ainda que absoluta, depende da demonstração do efetivo prejuízo à luz do art. 563 do Código de Processo Penal – CPP, *ex vi* do princípio *pas de nullité sans grief*, o que não ocorreu no caso em debate. 3. No caso, após o início da contagem do prazo recursal, cabia à defesa a obser-vância do prazo do processo do paciente para a interposição do recurso cabível. Diante da inércia do advogado, o acórdão da apelação transitou em julgado. E nos termos do art. 565 do Código de Processo Penal, 'nenhuma das partes poderá arguir nulidade a que haja dado causa, ou para que tenha concorrido, ou referente a formalidade cuja observância só à parte contrária interesse'. Tendo a defesa contribuído para a ocorrência da alegada nulidade, não lhe é lícito, agora, suscitar o vício, observada a vedação à proibição de atos contraditórios, consubstanciado no princípio do 'Venire Contra Factum Proprium'" (AgRg no HC 797.276/RO, 5.ª T., rel. Joel Ilan Paciornik, 14.08.2023, v.u.).

42-A. Processo civil: "Quando a lei prescrever determinada forma, sob pena de nuli-dade, a decretação desta não pode ser requerida pela parte que lhe deu causa". Vide art. 276 do CPC/2015.

> **Art. 566.** Não será declarada a nulidade de ato processual que não houver influído na apuração da verdade substancial ou na decisão da causa.[43]

43. Nulidade irrelevante: baseado no princípio geral, já comentado na nota 40 *supra*, de que, sem prejuízo, não há que se falar em nulidade, é possível haver um ato processual praticado sem as formalidades legais que, no entanto, foi irrelevante para chegar-se à verdade real no caso julgado. Assim, preserva-se o praticado e mantém-se a regularidade do processo.

1035 Título I – Das Nulidades **Art. 567**

Exemplo: a testemunha que se pronunciar em idioma estrangeiro deve ter intérprete (art. 223, *caput*). É a formalidade do ato. Se ela for ouvida sem o intérprete, mas seu depoimento foi considerado irrelevante pelo juiz e pelas partes, não se proclama a nulidade. Na jurisprudência: STF: "2. Na dicção do art. 566 do CPP, 'Não será declarada a nulidade de ato processual que não houver influído na apuração da verdade substancial ou na decisão da causa'. Suprimidos os termos assertivos especificados pela Corte Superior, o excesso de linguagem não influirá na formação do convencimento dos julgadores dos fatos, razão pela qual não há por que anular o processo" (HC 135.129 AgR, 1.ª T., rel. Rosa Weber, 12.12.2017, v.u.). STJ: "2. Inexiste constrangimento ilegal na decisão de magistrado que, de forma fundamentada e em respeito aos princípios da celeridade e economia processual, determinou a intimação do Ministério Público emendasse a inicial 'esclarecendo a quem imputa a prática dos delitos descritos no item 2 da peça inicial e individualizando a conduta dos respectivos acusados', antes de rejeitar aquele ponto específico da exordial acusatória. No referido aditamento, não foi acrescida qualquer imputação ou foi trazido qualquer dado que tivesse o condão de influir na apuração dos fatos em relação ao paciente. Essa circunstância que atrai a incidência do art. 566 do Código de Processo Penal – CPP, que determina que 'não será declarada a nulidade de ato processual que não houver influído na apuração da verdade substancial ou na decisão da causa'" (RHC 93.847/SC, 5.ª T., rel. Joel Ilan Paciornik, 06.06.2019, v.u.).

> **Art. 567.** A incompetência do juízo anula somente os atos decisórios,[44-44-A] devendo o processo, quando for declarada a nulidade, ser remetido ao juiz competente.

44. Anulação de atos decisórios: ensinam Grinover, Magalhães e Scarance que "agora, em face do texto expresso da Constituição de 1988, que erige em garantia do juiz natural a competência para *processar e julgar* (art. 5.º, LIII, CF), não há como aplicar-se a regra do art. 567 do Código de Processo Penal aos casos de incompetência constitucional: não poderá haver aproveitamento dos atos não decisórios, quando se tratar de competência de jurisdição, como também de competência funcional (hierárquica e recursal), ou de qualquer outra, estabelecida pela Lei Maior" (*As nulidades no processo penal*, p. 45-46). E, por conta disso, defende Scarance que "se um processo correu pela Justiça Militar castrense, sendo os autos remetidos à Justiça Comum, perante esta o processo deve ser reiniciado, não sendo possível o aproveitamento dos atos instrutórios" (*Processo penal constitucional*, p. 118). Parece-nos correta a visão adotada. Assim, somente em casos de competência relativa (territorial), podem-se aproveitar os atos instrutórios, que serão ratificados (art. 108, § 1.º, CPP), anulando-se os decisórios para que sejam renovados pelo juízo competente. Ver as notas 52 e 52-A ao art. 108. Na jurisprudência: STJ: "11. Mantida a decisão agravada no sentido de conceder a ordem impetrada, declarando a incompetência da 1.ª Vara Federal de Florianópolis-SC para o processo e julgamento da Ação Penal 5004378-58.2021.4.04.7200/SC (numeração da Justiça Federal), revogando todas as cautelares eventualmente impostas e determinando a remessa dos respectivos autos à Justiça Estadual de Santa Catarina. Consequentemente, mercê da disposição do art. 567 do CPP, declarada a nulidade dos atos decisórios proferidos pelo juízo incompetente, incluído o recebimento da denúncia, cabendo ao juízo competente, eventualmente, decidir sobre a convalidação dos atos instrutórios. 12. Nada impede que o Juízo do Estado de Santa Catarina declarado competente – caso entenda pelo recebimento da denúncia – delibere acerca da necessidade de medidas cautelares, decidindo como entender de direito, conforme seu livre convencimento motivado" (AgRg no AgRg no RHC 161.096/SC, 5.ª T., rel. Joel Ilan Paciornik, 04.10.2022, v.u.).

Art. 568

Código de Processo Penal Comentado · Nucci   1036

44-A. Desnecessidade de ratificação da denúncia quando houver alteração de foro: não implica nulidade, caso haja alteração de foro, em virtude de competência territorial, a continuidade do feito, sem ratificação da denúncia pelo membro do Ministério Público do foro dado por competente, pois a instituição é una e indivisível.

> **Art. 568.** A nulidade por ilegitimidade do representante da parte poderá ser a todo tempo sanada, mediante ratificação dos atos processuais.[45]

45. Convalidação de irregularidades: o ato irregular, embora não seja motivo de decretação de nulidade, precisa ser corrigido, tão logo seja possível. O Código de Processo Penal estabelece algumas regras específicas para que isso se dê, dentre as quais a deste artigo, que prevê a possibilidade de regularização dos atos processuais praticados, com a participação de representante ilegítimo na sua constituição (pressuposto processual) e não para a causa, mediante a simples ratificação do que foi realizado. Regulariza-se a representação e, em seguida, colhe-se a ratificação. Conferir exemplo nas notas 136 ao art. 44 e 47-A do art. 569. Na jurisprudência: STJ: "2. 'Preceitua o art. 568 do CPP que a nulidade por ilegitimidade do representante da parte poderá ser a todo tempo sanada, mediante ratificação dos atos processuais, respeitando-se, contudo, o prazo decadencial de 6 meses previsto no art. 38 do CPP' (AgRg no REsp n. 1544882/DF, relator Ministro Nefi Cordeiro, Sexta Turma, julgado em 28/6/2016, *DJe* 1.º.08.2016)" (EDcl no REsp 1.753.716/SP, 6.ª T., rel. Antonio Saldanha Palheiro, j. 06.12.2018, v.u.).

> **Art. 569.** As omissões da denúncia ou da queixa, da representação, ou, nos processos das contravenções penais, da portaria ou do auto de prisão em flagrante,[46] poderão ser supridas a todo o tempo, antes da sentença final.[47]

46. Portaria e auto de prisão em flagrante: ver nota 15 ao art. 564, III, *a*.

47. Outra hipótese de convalidação de irregularidades: eventuais omissões da denúncia, da queixa ou da representação podem ser, desde que configurem meras irregularidades, sanadas a qualquer tempo, antes da sentença final, entendida esta como a do juiz de primeiro grau, avaliando o mérito da causa. Se as omissões forem graves, a ponto de prejudicar a defesa, não há possibilidade de convalidação, merecendo ser reiniciado o processo, refazendo-se a peça inicial ou colhendo-se outra representação. Veda-se, ainda, o aditamento da denúncia ou queixa para incluir fatos já conhecidos nos autos, não constantes anteriormente da peça acusatória por critério discricionário de quem a elaborou. Na jurisprudência: STF: "Alegação de violação à ampla defesa e ao contraditório, por emenda da denúncia, posterior ao oferecimento da resposta. Inexistência de inovação no conteúdo da acusação. Supressão de omissão, causada por equívoco material na formulação do rol dos acusados. Art. 569 do CPP. Possibilidade" (HC 128.853/AP, 2.ª T., rel. Gilmar Mendes, 31.05.2016, v.u.). STJ: "1. A jurisprudência desta Corte tem entendido ser admissível o aditamento da denúncia, na forma do disposto no artigo 569 do Código de Processo Penal, em qualquer fase do processo, até o momento imediatamente anterior à prolação da sentença, desde que seja garantido, ao acusado, o exercício do devido processo legal, da ampla defesa e do contraditório. Precedentes" (AgRg no RHC 142.747/RS, 5.ª T., rel. Reynaldo Soares da Fonseca, 13.04.2021, v.u.); "2. O prazo previsto no art. 569 do Código de Processo Penal é impróprio e seu descumprimento não acarreta a rejeição da peça processual. 3. Ademais, a defesa foi intimada após o recebimento do aditamento da denúncia para ratificar ou apresentar nova resposta preliminar, circunstância que afasta a alegada violação ao princípio da ampla defesa" (RHC 62.997/RJ, 5.ª T., rel. Joel Ilan Paciornik, j. 02.10.2018, v.u.).

> **Art. 570.** A falta ou a nulidade da citação, da intimação ou notificação estará sanada, desde que o interessado compareça, antes de o ato consumar-se, embora declare que o faz para o único fim de argui-la.[48] O juiz ordenará, todavia, a suspensão ou o adiamento do ato, quando reconhecer que a irregularidade poderá prejudicar direito da parte.[49]

48. Regularização da falta ou nulidade da citação, intimação ou notificação: outra vez fundado no princípio de que não se declara nulidade quando inexistir prejuízo à parte, torna o Código de Processo Penal a permitir que eventuais defeitos possam ser sanados. É o que se dá neste caso, quando houver falta ou nulidade da citação ou das intimações de um modo geral. Se o réu, embora não citado, por exemplo, comparece no processo e, por seu advogado, apresenta a defesa prévia, inexiste razão para considerá-lo nulo. Por outro lado, se comparecer no processo, após ter sido oferecida a defesa prévia por defensor dativo, pode pleitear a reabertura do prazo, para que o defensor constituído se manifeste, anulando-se o ato anteriormente praticado, evitando-se qualquer cerceamento de defesa. Se a parte não foi intimada da sentença condenatória, em outro exemplo, mas, ainda na fluência do prazo recursal, apresenta o apelo, está sanada a falha. Caso o prazo já tenha decorrido, o juiz deve reabri-lo, anulando o que foi praticado depois disso. Conferir: STF: "1. A falta de citação não anula o interrogatório quando o réu, ao início do ato, é cientificado da acusação, entrevista-se, prévia e reservadamente, com a defensora pública nomeada para defendê-lo – que não postula o adiamento do ato –, e nega, ao ser interrogado, a imputação. Ausência, na espécie, de qualquer prejuízo à defesa" (HC 121.682, 1.ª T., rel. Dias Toffoli, 30.09.2014, v.u.). STJ: "4. No caso, o acórdão de origem apontou que, embora não realizada a citação pessoal, o querelado se manifestou nos autos por meio de defesa técnica, regularmente constituída, e compareceu à audiência conciliatória, o que denota sua ciência inequívoca dos termos da acusação e dos atos do processo. O acusado, ao constituir advogado, peticionar nos autos da queixa-crime e comparecer à audiência preliminar, demonstrou ter ciência da acusação. Assim, a não ocorrência da citação pessoal em nada prejudicou o exercício do direito de defesa" (AgRg no RHC n. 187.783/SP, 6.ª T., rel. Rogerio Schietti Cruz, 11.03.2024, v.u.); "2. Ainda que assim não fosse, a jurisprudência deste STJ firmou o entendimento no sentido de que eventual nulidade decorrente da ausência de citação pessoal é sanada quando do comparecimento do acusado, nos termos do que consta do art. 570 do CPP, o que ocorreu no caso sob exame" (AgRg no RHC 130.655/SP, 5.ª T., rel. Ribeiro Dantas, 14.09.2021, v.u.).

49. Suspensão ou adiamento do ato em função da irregularidade: pode ocorrer de a irregularidade havida, embora conhecida a tempo, prejudicar alguma das partes, motivo pelo qual o juiz deve adiar o ato processual, não permitindo a sua consolidação. Imagine-se que a parte não foi intimada da sessão de julgamento pelo Tribunal do Júri. Ainda que compareça à data da sessão, somente para alegar a falta de intimação, deve o magistrado adiar o julgamento, pois é crível que a parte não esteja preparada para proceder aos debates, uma vez que não teve tempo de examinar o processo.

> **Art. 571.** As nulidades deverão ser arguidas:
> I – as da instrução criminal dos processos da competência do júri, nos prazos a que se refere o art. 406;[50]

Art. 571

Código de Processo Penal Comentado · **Nucci**   1038

II – as da instrução criminal dos processos de competência do juiz singular e dos processos especiais, salvo os dos Capítulos V e VII do Título II do Livro II, nos prazos a que se refere o art. 500;[51]

III – as do processo sumário, no prazo a que se refere o art. 537, ou, se verificadas depois desse prazo, logo depois de aberta a audiência e apregoadas as partes;[52]

IV – as do processo regulado no Capítulo VII do Título II do Livro II, logo depois de aberta a audiência;[53]

V – as ocorridas posteriormente à pronúncia, logo depois de anunciado o julgamento e apregoadas as partes (art. 447);[54]

VI – as de instrução criminal dos processos de competência do Supremo Tribunal Federal e dos Tribunais de Apelação, nos prazos a que se refere o art. 500;[55]

VII – se verificadas após a decisão da primeira instância, nas razões de recurso ou logo depois de anunciado o julgamento do recurso e apregoadas as partes;[56-58]

VIII – as do julgamento em plenário, em audiência ou em sessão do tribunal, logo depois de ocorrerem.[59-59-A]

50. Preliminares em alegações finais: cabe à parte interessada no reconhecimento de alguma nulidade, levantar, como preliminar ao mérito, em suas alegações finais, ainda que sejam oralmente oferecidas, o vício ocorrido e o prejuízo havido (se for absoluta, o prejuízo é presumido), solicitando o seu reconhecimento. Portanto, o momento por excelência de avaliação da nulidade, é, para o juiz, a prolação da sentença. No caso deste inciso, refere-se a lei às alegações finais, que precedem à decisão de pronúncia – juízo de admissibilidade da acusação, nos crimes dolosos contra a vida, para o encaminhamento do feito ao Tribunal do Júri, devendo o magistrado, se resolver pronunciar, buscar sanar todos os vícios e defeitos do processo. A Lei 11.689/2008 tornou padrão a alegação oral, a ser apresentada após o encerramento da instrução, em audiência (art. 411, § 4.º). Logo, é o momento para levantar ao magistrado as falhas porventura encontradas. Na jurisprudência: STJ: "6. O artigo 571, I, do CPP, estabelece que as nulidades ocorridas na fase da instrução, nos processos de competência do Tribunal do Júri, devem ser suscitadas até as alegações finais, antes do fim da 1.ª etapa do procedimento, havendo preclusão quando a arguição acontece apenas após a chamada preclusão *pro judicato*, ou seja, depois da solução definitiva sobre a pronúncia" (RHC 133.694/RS, 5.ª T., rel. Ribeiro Dantas, 14.09.2021, v.u.).

51. Alegações finais no processo comum: argui-se a nulidade em preliminar, como já exposto na nota 50 ao inciso anterior. Lembremos, entretanto, que também no procedimento comum torna-se padrão a alegação oral, oferecida após o encerramento da instrução, em audiência (art. 403, *caput*, e 534, *caput*). Excepcionalmente, podem ser oferecidas por escrito (art. 404, parágrafo único). Na jurisprudência: STJ: "Nos termos do art. 571, II, do Código de Processo Penal, as nulidades ocorridas até o encerramento da instrução devem ser arguidas por ocasião das alegações finais, sob pena de convalidação. Precedentes. Na espécie, a tese de nulidade do feito por cerceamento de defesa foi suscitada apenas em sede de apelação, razão pela qual correta a conclusão do acórdão recorrido de que a nulidade suscitada foi alcançada pela preclusão" (AgRg no AREsp 693.151/SP, 6.ª T., rel. Sebastião Reis Júnior, 01.03.2016, v.u.).

52. Inaplicabilidade do dispositivo: não há mais o procedimento sumário, que se iniciava na polícia, para apurar a prática de contravenções penais. Assim, adapta-se o procedimento à realidade atual e as nulidades devem ser arguidas, quando for o caso, na fase de apresentação das alegações finais, oralmente, em audiência.

53. Inaplicabilidade do dispositivo: também não mais é cabível o disposto neste inciso, pois as medidas de segurança deixaram de ser aplicadas aos imputáveis, estando revogado o Capítulo VII, do Título II, do Livro II, deste Código.

54. Nulidades após a pronúncia: devem ser alegadas tão logo seja possível, embora o prazo máximo, para que não se considere preclusa a oportunidade – desde que não sejam absolutas –, seja o da abertura dos trabalhos no Tribunal do Júri. Desejando, a parte pede a palavra pela ordem e manifesta-se a respeito do que considerou viciado no procedimento preparatório da sessão de julgamento. É o que pode fazer o promotor ou o defensor, quando percebe que houve o cerceamento quanto à produção de qualquer prova, pleiteada após o trânsito em julgado da decisão de pronúncia.

55. Competência originária: quando o processo tramitar originariamente em qualquer dos Tribunais do País, argui-se a nulidade até o momento de apresentação das alegações finais. Utiliza-se a preliminar para isso.

56. Arguição das nulidades em razões de recurso: embora este inciso preveja a possibilidade de se levantar a ocorrência de nulidades, nas razões do recurso, quando ocorridas *depois* da decisão de primeira instância, é possível, também, que elas sejam renovadas, em preliminares do apelo ao tribunal, quando tenham sido rejeitadas pelo juízo de primeiro grau. Assim, pode-se invocar, em preliminar das razões de recurso, tanto as nulidades surgidas após a decisão de primeira instância, como aquelas que foram arguidas nas alegações finais, mas rejeitadas pelo magistrado na sentença.

57. Necessidade de recurso do Ministério Público: caso o órgão acusatório deseje o reconhecimento de qualquer nulidade, ainda que absoluta, contra interesse da defesa, deve apresentar recurso específico para tal finalidade. Do contrário, em favor do réu, pode-se invocar a Súmula 160 do Supremo Tribunal Federal: "É nula a decisão do tribunal que acolhe, contra o réu, nulidade não arguida no recurso da acusação, ressalvados os casos de recurso de ofício".

58. Decretação de nulidade absoluta de ofício pelo tribunal: pode ocorrer, desde que favoreça o acusado. Lembremos que a nulidade relativa, porque submetida à preclusão, se não for alegada pela parte interessada, no prazo oportuno, não cabe ao juiz ou tribunal reconhecê-la.

59. Julgamento em plenário, audiência ou sessão do tribunal: trata-se de forma dinâmica de realização do julgamento, não havendo tempo para a parte juntar petição e proclamar a nulidade posteriormente. Se a sessão do Tribunal do Júri, por exemplo, está em pleno desenvolvimento, é natural que eventual vício ocorrido – não sendo absoluta a nulidade, que pode ser reconhecida a qualquer tempo – deve ser levantado no momento de sua ocorrência, possibilitando ao juiz que resolva o caso de pronto, evitando a anulação futura do julgamento. Se nada for arguido, significa que a parte se conformou ou permitiu a ocorrência do vício para que, no futuro, dele se valesse para anular o feito, o que é inadmissível, a teor do art. 565 do CPP. Na jurisprudência: STF: "2. Quanto à alegada nulidade ocorrida na quesitação, o acórdão recorrido está alinhado com a jurisprudência do STF no sentido de que 'as partes anuíram à quesitação, conforme se depreende da ata de julgamento. Pelo que o caso é de preclusão da matéria, nos exatos termos do inciso VIII do art. 571 do Código de Processo Penal'. (HC 96.469, Rel. Min. Ayres Britto)" (RHC 183.097 AgR, 1.ª T., rel. Roberto Barroso, 29.05.2020, v.u.). STJ: "1. 'O entendimento do Tribunal *a quo* encontra-se em total convergência com a jurisprudência consolidada desta Corte Superior, no sentido de que eventuais nulidades

Art. 572

Código de Processo Penal Comentado · **Nucci**   1040

ocorridas no plenário de julgamento do Tribunal do Júri devem ser arguidas durante a sessão, sob pena de serem fulminadas pela preclusão, nos termos da previsão contida no art. 571, VIII, do Código de Processo Penal' (HC n. 468.080/MG, Ministro Ribeiro Dantas, Quinta Turma, *DJe* 18.12.2018). 2. Mostra-se irretocável o acórdão proferido pela Corte *a quo*, no qual se reconheceu a ocorrência da preclusão, fenômeno processual extintivo de faculdades legais. Deveria, a defesa, caso quisesse obstar a extinção de tal faculdade, fazer constar sua irresignação na ata de sessão de julgamento. 3. Agravo regimental desprovido" (AgRg no AREsp 1.413.436/RS, 6.ª T., rel. Antonio Saldanha Palheiro, 06.08.2019, v.u.).

59-A. Nulidade relativa ao conteúdo dos debates no Tribunal do Júri: criada pela Lei 11.689/2008, determina o art. 478 que, "durante os debates as partes não poderão, sob pena de nulidade, fazer referências: I – à decisão de pronúncia, às decisões posteriores que julgaram admissível a acusação ou à determinação do uso de algemas como argumento de autoridade, que beneficiem ou prejudiquem o acusado; II – ao silêncio do acusado ou à ausência de interrogatório por falta de requerimento, em seu prejuízo". Cuida-se de nulidade relativa, tendo em vista que é sempre dependente da prova do prejuízo e da sua arguição no momento certo. Esse instante de protesto deve dar-se assim que a parte contrária levantar o tema vedado pelo referido art. 478. Omitindo-se, convalida-se o ato processual, não cabendo alegação posterior. Não se pode presumir que a simples menção a qualquer dos tópicos retratados pelo art. 478 possa significar prejuízo efetivo, logo, nulidade absoluta. Tudo depende do contexto e da maneira como a parte tocou no assunto e o desenvolveu. Por outro lado, torna-se muito importante desconsiderar, como nulidade, a referência a qualquer assunto dos que foram vedados pelo art. 478, se a parte que os invocou, depois, pretenda ver anulado o julgamento por conta disso. Aplica-se o art. 565, ou seja, nenhuma das partes poderá arguir nulidade a que haja dado causa. Não teria sentido permitir-se que a parte se beneficiasse da própria torpeza. O difícil, no entanto, será a verificação concreta do grau de prejuízo a ser gerado em razão de mera manifestação no tocante a tais temas. Em suma, remetemos o leitor às notas ao art. 478.

> **Art. 572.** As nulidades previstas no art. 564, III, *d* e *e*, segunda parte, *g* e *h*, e IV, considerar-se-ão sanadas:[60-60-A]
>
> I – se não forem arguidas, em tempo oportuno, de acordo com o disposto no artigo anterior;[61-61-A]
>
> II – se, praticado por outra forma, o ato tiver atingido o seu fim;[62]
>
> III – se a parte, ainda que tacitamente, tiver aceito os seus efeitos.[63]

60. Convalidação das nulidades relativas: *convalidar* significa restabelecer a validade. Assim, quando houver algum vício – nulidade relativa – que possa ser sanado ou superado pela falta de pedido da parte interessada para o seu reconhecimento, dá-se por convalidada a nulidade. A preclusão – que é a falta de alegação no tempo oportuno – é motivo de validação do defeito contido em determinado ato processual. Estabelece o art. 571, *supra*, os momentos para a alegação das nulidades, após os quais, quando relativas, serão consideradas sanadas. O trânsito em julgado da sentença pode levar, ainda, à impossibilidade de reconhecimento das nulidades. Quando condenatória a decisão, não havendo revisão em favor da sociedade, o princípio é absoluto. Entretanto, no caso da defesa, há a possibilidade de ajuizamento de revisão criminal ou de *habeas corpus*, desde que se trate de nulidade absoluta. Além da preclusão, há possibilidade de se convalidar a nulidade, quando o ato processual viciado atingir a sua finalidade, como se pode ver no art. 570 *supra*.

60-A. Não utilização do benefício da suspensão condicional do processo: é nulidade relativa. Se o réu foi denunciado, o órgão acusatório não fez proposta de suspensão condicional do processo mesmo quando possível, em tese, e nada foi arguido durante a instrução, não se pode levantar tal falha em grau recursal. Reputa-se sanada.

61. Preclusão: no contexto das nulidades, é a perda do direito de reclamar qualquer vício, por ter permitido o decurso do prazo previsto em lei para sua arguição.

61-A. Processo civil: "A nulidade dos atos deve ser alegada na primeira oportunidade em que couber à parte falar nos autos, sob pena de preclusão. Parágrafo único. Não se aplica o disposto no *caput* às nulidades que o juiz deva decretar de ofício, nem prevalece a preclusão, provando a parte legítimo impedimento". Vide art. 278 do CPC/2015.

62. Finalidade do ato processual atingida: é possível que, ainda que irregular ou viciado, o ato processual tenha atingido a meta para o qual foi idealizado. Não se deve, nessa hipótese, considerar os meios apenas, mas sobretudo os fins. Assim, se o objetivo foi atingido, não se considera a irregularidade havida. Na jurisprudência: STJ: "4. A inobservância, em qualquer etapa do processo penal, das regras que realizam referidos valores, padece, invariavelmente, dos efeitos da nulidade, sendo cassados desde a sua origem ou refeitos pontualmente. 5. O sistema das nulidades estatuído no Código de Processo Penal no Livro III, Título I, orientado, basicamente, por dois princípios gerais: *pas de nullité sans grief* (art. 563 do CPP) e da instrumentalidade das formas (art. 572, II, do CPP). 6. No caso, ao contrário do alegado pela defesa, o integral conteúdo probatório elaborado a partir da interceptação telefônica esteve disponível às partes na secretaria do juízo, inexistindo, nos autos, qualquer comprovação de vedação de acesso. 7. Hipótese em que a disposição das provas e dos documentos produzidos ao longo do curso processual às partes afasta o alegado cerceamento de defesa e, por consequente, o reconhecimento da pretendida mácula processual, que não restou demonstrado concretamente pela defesa" (HC 470.776/PR, 5.ª T., rel. Ribeiro Dantas, 25.06.2019, v.u.).

63. Aceitação da parte: pode ocorrer do vício ter se instalado, mas a parte considerar que em nada influi no desenvolvimento do processo. Atos posteriores da parte, incompatíveis com o defeito gerado, demonstram ser ele irrelevante.

> **Art. 573.** Os atos, cuja nulidade não tiver sido sanada, na forma dos artigos anteriores, serão renovados ou retificados.[64]
>
> § 1.º A nulidade de um ato, uma vez declarada, causará a dos atos que dele diretamente dependam ou sejam consequência.[65-65-A]
>
> § 2.º O juiz que pronunciar a nulidade declarará os atos a que ela se estende.[66-66-A]

64. Renovação ou retificação do ato anulado: é consequência natural da decretação da nulidade. Se o vício não foi consertado na forma prevista nos artigos anteriores, é preciso que o juiz considere nulo o realizado e determine a sua renovação (quando se pratica novamente o ato) ou a sua retificação (quando se conserta o que estava errado). Na jurisprudência: STJ: "1. O Tribunal de Justiça, ao declarar a nulidade da sentença, em razão da utilização do depoimento de testemunha, ouvida ao arrepio do princípio do contraditório, determinou a renovação da prova oral, bem como do depoimento da ré, das diligências e das alegações finais, com fundamento no art. 573 do CPP. Ora, tal entendimento encontra-se no mesmo sentido da jurisprudência desta Corte Superior de que, reconhecida a nulidade do ato, com

Art. 573

Código de Processo Penal Comentado · **Nucci**   1042

sua cassação, a consequência é a repetição dos atos processuais atingidos pela referida decisão, não havendo qualquer ilegalidade em sua renovação. Precedentes" (AgRg no AREsp 1.678.101/SC, 5.ª T., rel. Reynaldo Soares da Fonseca, 09.06.2020, v.u.).

65. Princípio da causalidade: significa que a nulidade de um ato pode ocasionar a nulidade de outros que dele decorram, constituindo mostra da conexão natural dos atos realizados no processo, objetivando a sentença. É o que se denomina, também, de *nulidade originária* e *nulidade derivada*. A norma processual penal utiliza o termo "causará", demonstrando que a nulidade de um ato *deve* provocar a de outros, quando estes dele *dependam* diretamente ou sejam *consequência* natural do anulado. Assim, é preciso verificar, na cadeia de realização dos vários atos processuais, se o eivado de nulidade trouxe, como decorrência, outros atos, ou não. O interrogatório do réu é feito com base na denúncia. Se esta é anulada, naturalmente o interrogatório também precisa ser refeito. Entretanto, se uma testemunha é ouvida sem a presença do réu, não intimado, provocando a impossibilidade do reconhecimento, por exemplo, anula-se o ato, o que não prejudica outra audiência que se tenha seguido àquela, cujas partes compareceram regularmente. Ada, Scarance e Magalhães afirmam, com razão, que a nulidade de atos postulatórios (como a denúncia) propaga-se para os atos subsequentes, enquanto a nulidade dos atos instrutórios (como a produção de provas) nem sempre infecta os demais (*As nulidades no processo penal*, p. 26). Na jurisprudência: STF: "1. A sentença de pronúncia atende ao disposto no art. 413, *caput*, e § 1.º, do CPP, já que presentes indícios de autoria e a materialidade delitiva, a evidenciarem a participação ativa no crime de homicídio qualificado. 2. A decisão do Superior Tribunal de Justiça pela qual reconhecido vício parcial da sentença de pronúncia em razão de imputação alternativa do crime na modalidade omissiva, mantendo incólume a parte não viciada do pronunciamento, está de acordo com a ordem jurídica. 3. Segundo o princípio da conservação dos atos processuais (ou do confinamento da nulidade), norteador em matéria de nulidades, em uma de suas vertentes, a parte inválida de um ato decisório não prejudica as que não guardam mácula, acarretando apenas nulidade parcial" (HC 201.065 AgR, 2.ª T., rel. André Mendonça, 03.05.2023, v.u.).

65-A. Processo civil: "Anulado o ato, consideram-se de nenhum efeito todos os subsequentes que dele dependam, todavia, a nulidade de uma parte do ato não prejudicará as outras que dela sejam independentes" (art. 281 do CPC/2015).

66. Extensão da nulidade: cabe ao magistrado ou tribunal que reconhecer a nulidade ocorrida mencionar, expressamente, todos os atos que serão renovados ou retificados, ou seja, cabe-lhe proclamar a extensão da nulidade.

66-A. Processo civil: "Ao pronunciar a nulidade, o juiz declarará que atos são atingidos e ordenará as providências necessárias a fim de que sejam repetidos ou retificados" (art. 282, *caput*, CPC/2015).

NULIDADES

Falhas e vícios nos atos processuais

1 – Atos inexistentes: são violações gravíssimas à lei, que não podem nem mesmo ser considerados processualmente existentes. Ex.: ofensas às normas constitucionais que fixam prerrogativa de foro, como processar criminalmente um deputado federal em juízo de 1.º grau

2 – Atos absolutamente nulos: são vícios graves que podem ser reconhecidos de ofício pelo juiz, a qualquer tempo, sem possibilidade de validação, devendo haver renovação. Ex.: ausência de defesa técnica ao réu

3 – Atos relativamente nulos: são os que possuem falhas evidentes, mas que admitem validação, somente podendo ser apontados pelas partes interessadas, no prazo legal, sob pena de preclusão, mediante demonstração de prejuízo. Ex.: ausência de concessão de prazo para a parte manifestar-se nos autos

4 – Atos irregulares: são vícios superficiais que não chegam a invalidar o ato. Ex.: o juramento do Conselho de Sentença, no Tribunal do Júri, é colhido informalmente, ou seja, sem que todos os presentes e o juiz presidente se levantem

Nulidades absolutas (art. 564)

1 – incompetência, suspeição ou suborno do juiz (inciso I)

2 – ilegitimidade de parte (inciso II)

3 – ausência de denúncia ou queixa e representação nos crimes de ação pública condicionada (inciso III, a)

4 – ausência de exame de corpo de delito nos crimes que deixam vestígios materiais (inciso III, b)

5 – falta de nomeação de defensor ao réu presente, que não o possuir, ou ao ausente, bem como de curador ao menor de 21 anos (inciso III, c)

6 – falta de citação do réu para ver-se processar, do seu interrogatório, quando presente (inciso III, e, 1.ª parte)

7 – falta de decisão de pronúncia, no processo do Tribunal do Júri (inciso III, f)

8 – instalação da sessão do Júri sem a presença de pelo menos 15 jurados (inciso III, i)

9 – não realização do sorteio dos jurados do Conselho de Sentença em número legal e sua incomunicabilidade (inciso III, j)

10 – ausência dos quesitos e das respectivas respostas (inciso III, k)

11 – ausência da acusação e da defesa na sessão de julgamento (inciso III, l)

12 – falta da sentença (inciso III, m)

13 – não processamento do recurso de ofício, quando a lei o tenha estabelecido (inciso III, n)

14 – falta de intimação, nas condições legais, para ciência de sentenças e despachos de que caiba recurso (inciso III, o)

15 – falta de quorum legal para julgamentos nos tribunais (inciso III, p)

16 – decorrente de decisão carente de fundamentação (inciso V)

(Continua)

Continuação:

Nulidades relativas (art. 564)

1 – falta de intervenção do Ministério Público em todos os termos da ação por ele intentada e nos da intentada pela parte ofendida, quando se tratar de crime de ação pública (inciso III, *d*)

2 – não concessão dos prazos legais à acusação e defesa para manifestação ou produção de algum ato (inciso III, *e*, 2.ª parte)

3 – falta de intimação do réu para a sessão de julgamento, pelo Tribunal do Júri (inciso III, *g*)

4 – ausência de intimação das testemunhas arroladas pelas partes na fase de preparação do plenário (inciso III, *h*)

5 – omissão de formalidade que constitua elemento essencial do ato (inciso IV)

Título II
Dos Recursos em Geral[1-6]

1. Duplo grau de jurisdição: trata-se de garantia individual, prevista implicitamente na Constituição Federal, voltada a assegurar que as decisões proferidas pelos órgãos de primeiro grau do Poder Judiciário não sejam únicas, mas, sim, submetidas a um juízo de reavaliação por instância superior. Estipula o art. 5.º, § 2.º, que "os direitos e garantias expressos nesta Constituição não excluem outros decorrentes do regime e dos princípios por ela adotados, ou dos tratados internacionais em que a República Federativa do Brasil seja parte". A partir desse dispositivo, deve-se fazer a sua conjugação com o previsto no Capítulo III, do Título IV, da Constituição, que cuida da estrutura do Poder Judiciário, dividindo-o em órgãos hierarquizados e atribuindo a cada um deles a possibilidade de rever as decisões uns dos outros. Assim, estabelece o art. 102, II, competir ao Supremo Tribunal Federal "julgar, em recurso ordinário: a) o *habeas corpus*, o mandado de segurança, o *habeas data* e o mandado de injunção decididos em única instância pelos Tribunais Superiores, se denegatória a decisão; b) o crime político". Significa, pois, que havendo o julgamento de *habeas corpus*, denegada a ordem, no Superior Tribunal de Justiça, pode o interessado recorrer, ordinariamente – sem se submeter a pré-requisitos específicos –, ao Supremo Tribunal Federal. O mesmo se diga da decisão do juiz federal de primeiro grau, decidindo crime político, contra a qual cabe recurso ordinário diretamente ao Pretório Excelso. Enfim, são esses, existindo outros, exemplos a demonstrar a previsão constitucional do duplo grau de jurisdição, embora implícito. Não é demais lembrar, ainda, o disposto no art. 5.º, LV, da Constituição, no sentido de que "aos litigantes, em processo judicial ou administrativo, e aos acusados em geral são assegurados o contraditório e ampla defesa, *com os meios e recursos a ela inerentes*" (grifamos), o que evidencia a importância da existência de recursos para o livre e pleno exercício da defesa de réus em processos em geral, especialmente na órbita criminal. Acrescente-se a esses argumentos, a lição de Ada Pellegrini Grinover, Antonio Magalhães Gomes Filho e Antonio Scarance Fernandes, defendendo o *status* constitucional do duplo grau de jurisdição, por meio da ratificação, pelo Brasil, da Convenção Americana dos Direitos Humanos (Pacto de San José da Costa Rica), em 1992 (Decreto 678/1992), conforme previsão do art. 8.º, 2-h (*Recursos no processo penal*, p. 24). Em idêntico sentido, a lição de Maurício Zanoide de Moraes (*Interesse e legitimação para recorrer no processo penal brasileiro*, p. 30). Destaquemos, no entanto, que, como qualquer outro princípio ou garantia constitucional, pode comportar exceções. É exatamente o que acontece com os processos julgados em competência originária dos Tribunais Superiores. Assim, por exemplo, se um deputado federal for condenado criminalmente pelo Supremo Tribunal Federal, não há como recorrer dessa decisão, não se aplicando, assim, o duplo grau.

Código de Processo Penal Comentado · **Nucci**

2. Conceito de recurso: é o direito que possui a parte, na relação processual, de insurgir-se contra decisões judiciais, requerendo a sua revisão, total ou parcial, em instância superior. Segundo Borges da Rosa, o "recurso tem seu fundamento na contingência humana, na falibilidade da cultura, da inteligência, da razão e da memória do homem, por mais culto, perspicaz e experiente que seja". Destina-se, pois, a sanar "os defeitos graves ou substanciais da decisão", "a injustiça da decisão", "a má apreciação da prova", "a errônea interpretação e aplicação da Lei, ou da norma jurídica", "a errônea interpretação das pretensões das partes" e "a errônea apreciação dos fatos e das suas circunstâncias" (*Comentários ao Código de Processo Penal*, p. 693). Não nos parece adequado, pois, classificar como recurso o instrumento processual voltado ao mesmo órgão prolator da decisão, para que a reveja ou emende. Excepcionalmente, no entanto, surgem instrumentos com essa conformação, considerados por alguns processualistas como recursos, mas que, em verdade, são autênticos pedidos de reconsideração ou revisão dirigidos ao mesmo órgão prolator, como ocorre com os embargos de declaração. Entende-se que ganhem a denominação de recurso uma vez que possibilitam ao magistrado rever a decisão proferida, mesmo que seja somente para sanar algum erro (obscuridade, omissão, contradição, ambiguidade, entre outros), podendo, ao fazê-lo, alterar o rumo do que havia sido decidido. Dessa maneira, se o juiz, reconhecendo que deixou de apreciar uma alegação ou um pedido feito por uma das partes, fazendo-o então nos embargos de declaração, pode alterar o decidido, transmudando o dispositivo condenatório para absolutório (ou vice-versa).

3. Natureza jurídica do recurso: para Ada, Magalhães e Scarance, trata-se de "aspecto, elemento ou modalidade do próprio direito de ação e de defesa" (*Recursos no processo penal*, p. 32), acrescentando Frederico Marques que não se trata de uma espécie autônoma de ação, mas apenas o poder de rever decisões proferidas dentro do mesmo processo (*Elementos de direito processual penal*, v. 4, p. 181).

4. Características fundamentais dos recursos: devem ser: a) *voluntários*: a interposição depende, exclusivamente, do desejo da parte de contrariar a decisão proferida. Exceções existem, no contexto do processo penal, diante dos chamados *recursos de ofício* (ver nota 13 adiante) e da possibilidade de extensão dos efeitos do recurso ao corréu, desde que o beneficie, como prevê o art. 580, CPP; b) *tempestivos* (também é um pressuposto de admissibilidade): não é viável a interposição de recurso, após o prazo estabelecido, expressamente, em lei. Por isso, não se deve considerar recursos as ações autônomas – como o *habeas corpus,* o mandado de segurança e a revisão criminal –, que têm por finalidade apresentar inconformismo contra certas decisões. Nesta hipótese, as ações impugnativas podem voltar-se tanto contra decisões com trânsito em julgado – ou simplesmente precluídas a outro recurso –, bem como contra decisões suscetíveis de serem impugnadas por recurso específico; c) *taxativos*: o recurso deve estar expressamente previsto em lei, para que a parte interessada dele lance mão. Não fosse assim e inexistiria segurança jurídica, visto que toda e qualquer decisão, sob qualquer circunstância, desagradando uma das partes, permitiria ser questionada em instância superior. A ampla possibilidade recursal certamente terminaria por fomentar atitudes protelatórias, impedindo o equilibrado andamento do processo.

5. Efeitos dos recursos: o efeito *devolutivo* é a regra geral, permitindo que o tribunal superior reveja integralmente a matéria controversa, sobre a qual houve o inconformismo. Naturalmente, cabe à instância superior avaliar, ainda, matéria que lhe permite conhecimento de ofício, sem a impugnação expressa de qualquer das partes (ex.: nulidade absoluta, mormente quando há prejuízo para o réu). O efeito *suspensivo* é excepcional, impedindo que a decisão produza consequências desde logo. Há situações que comportam imediata eficácia, como a sentença absolutória, a provocar imediata soltura do réu; outras, no entanto, submetem-se à eficácia contida, como a sentença condenatória, impondo pena privativa de liberdade, que não se executa, senão após o trânsito em julgado (há hipóteses, também, excepcionais de recolhimento provisório ao cárcere, embora seja fruto de medida cautelar e não da sentença propriamente dita). Aliás, como bem lembram Ada, Magalhães e Scarance, não é o recurso que possui efeito suspensivo, pois a decisão sujeita a recurso não tem eficácia, até que a instância superior se manifeste. Ele é o instrumento para prorrogar a condição de ineficácia da decisão (*Recursos no processo penal*, p. 51). Pode-se mencionar, ainda, o efeito regressivo, que significa devolver ao mesmo órgão prolator da decisão a possibilidade de seu reexame, o que acontece com os embargos declaratórios e outros recursos (recurso em sentido estrito e agravo em execução).

5-A. Vedação da *reformatio in pejus*: não há possibilidade de haver, interposto recurso exclusivamente pelo réu, reforma da decisão para piorar sua situação. Tal possibilidade somente existe, caso o órgão acusatório ofereça recurso. Assim, se o acusado foi condenado, *v.g.*, a dois anos de reclusão por furto qualificado, concedido o benefício do *sursis*, uma vez que recorra, pleiteando a absolvição, não pode o Tribunal cassar a suspensão condicional da pena, alegando que o condenado é reincidente. Seria uma indevida *reformatio in pejus*. Ver, também, as notas 21 a 24-C ao art. 617.

5-B. Aplicação do princípio da ampla defesa em 2.º grau: é indispensável, sob pena de nulidade, consistente em cerceamento de defesa, a publicação prévia da pauta dos Tribunais, para que o julgamento possa ser acompanhado, tendo em vista ser feito à vista do público. Além disso, é direito do advogado sustentar oralmente suas razões. A única exceção, em razão da celeridade exigida, ficaria por conta do *habeas corpus*, mas já amenizada pelo STF (ver nota 82 ao art. 664). Se houver substabelecimento para advogado que exerce a atividade na sede do tribunal onde será realizado o julgamento, deve haver intimação a este, sob pena de nulidade (ex.: um recurso extraordinário, com origem na Comarca de Belo Horizonte, segue ao STF, em Brasília. Ocorre, então, o substabelecimento, mesmo com reserva de poderes, a um defensor cujo escritório situa-se na Capital Federal. Deve este causídico ser intimado, para, querendo, comparecer à sessão).

5-C. Sustentação oral e adiamento da sessão: o direito da parte interessada de sustentar oralmente perante a Câmara ou Turma faz parte do desdobramento da ampla defesa, mas não é irrestrito. Quando houver pleito de adiamento da sessão, há de existir fundamento para tanto, não se constituindo num singelo pedido, a ser deferido obrigatoriamente. Na jurisprudência: STF: "1. O Supremo Tribunal Federal fixou o entendimento de que, por possuir caráter facultativo, o indeferimento de pedido de adiamento de sessão de julgamento, pela impossibilidade de comparecimento do advogado da parte para oferecer sustentação oral, não gera nulidade. 2. Ademais, conforme já se manifestou a Suprema Corte 'a excepcionalidade do adiamento de uma sessão de julgamento, por alegada impossibilidade de comparecimento do Advogado do réu, impõe e justifica a exigência de necessária comprovação da causa impeditiva invocada. Esse ônus processual, que foi por ele descumprido, não pode ser, agora, invocado em benefício do impetrante, para o efeito de desconstituir decisão validamente proferida pelo Tribunal' (HC 61.714 – RJ, 1.ª T., Rel. Min. Celso de Mello, *DJ* 15.03.91)" (HC 107.054/SP, 1.ª T., rel. Dias Toffoli, *Informativo* 734).

5-D. Amplitude do efeito devolutivo em recurso da defesa: interposto recurso pela defesa, devolve-se à instância superior amplo conhecimento da matéria, sem qualquer cerceamento ou limitação, desde que o enfoque seja favorável ao acusado. Por isso, pode-se decidir além do que pleiteou a defesa, beneficiando-se o réu em linha de argumentação diversa da sustentada no recurso oferecido. A única exceção refere-se à apelação no contexto do Tribunal do Júri, que se deve ater, vinculadamente, a uma das alíneas do art. 593, III, do CPP (ver a

Art. 574

Código de Processo Penal Comentado · **NUCCI**

nota 12 ao art. 593). Na jurisprudência: STF: "A apelação da defesa, salvo limitação explícita no ato de sua interposição, devolve ao Tribunal todas as questões relevantes do processo, independentemente delas terem sido arguidas pelos Recorrentes nas razões de apelação ou, no caso, no pedido de aditamento" (RHC 94.350/SC, 1.ª T., rel. Cármen Lúcia, 14.10.2008, v.u.).

6. Classificações das decisões judiciais: ver nota 2 ao Título XII do Livro I.

Capítulo I
DISPOSIÇÕES GERAIS[7-11]

7. Sobre correição parcial, reclamação e agravo na execução criminal: ver notas 1-13 introdutórias ao Capítulo II, que cuida do recurso em sentido estrito.

8. Sobre recursos especial e extraordinário: ver notas 1-12 introdutórias ao Capítulo VIII, que trata do recurso extraordinário.

9. Sobre agravo contra denegação de recursos especial e extraordinário: ver a nota 10 introdutória ao Capítulo VIII, que cuida do recurso extraordinário.

10. Sobre agravo de decisões de integrantes de tribunais e agravo regimental: ver nota 1 introdutória ao Capítulo V, que trata do processo e do julgamento dos recursos em sentido estrito e das apelações nos tribunais.

11. Sobre mandado de segurança em matéria criminal: ver as notas 1 a 13-B ao Capítulo X, que cuida do *habeas corpus*, bem como a nota 30 ao art. 581, V.

> **Art. 574.** Os recursos serão voluntários,[12] excetuando-se os seguintes casos, em que deverão ser interpostos, de ofício,[13] pelo juiz:[14]
>
> I – da sentença que conceder *habeas corpus*;[15]
>
> II – da que absolver desde logo o réu com fundamento na existência de circunstância que exclua o crime ou isente o réu de pena, nos termos do art. 411.[16-16-A]

12. Voluntariedade dos recursos: trata-se de característica fundamental do recurso que seja ele interposto voluntariamente pela parte interessada na revisão da decisão. Caso haja conformismo, não se deve reavaliar o julgado. Ver, ainda, a nota 4 *supra*. Na jurisprudência: STF: "4. A falta de interposição dos recursos excepcionais pelo defensor não acarreta a nulidade do processo. Princípio da voluntariedade dos recursos (art. 574 do CPP). Precedentes: HC 104.166, Rel. Min. Gilmar Mendes; HC 114.107, Rel. Min. Ricardo Lewandowski; HC 82.053/PR, Rel. Min. Moreira Alves" (HC 105308, 1.ª T., rel. Roberto Barroso, 23.09.2014, v.u.). STJ: "3. Por fim, cumpre ressaltar que a inércia recursal do advogado constituído não caracteriza, por si só, vício ensejador do reconhecimento de nulidade processual, pois vige entre nós o princípio da voluntariedade recursal (art. 574 do Código de Processo Penal). Nesse viés, a ausência de interposição do recurso de apelação pelo advogado anteriormente constituído não enseja o reconhecimento de nulidade. Deve-se observar que, diante do caráter de voluntariedade do recurso, sua não interposição não implica ausência de defesa" (AgRg no HC n. 896.674/SP, 5.ª T., rel. Reynaldo Soares da Fonseca, 19.03.2024, v.u.); "1. Não se acolhe a alegação de ausência de defesa técnica motivada pela revogação do mandato dos advogados pelo próprio acusado durante prazo recursal para a interposição de recursos extraordinários, em patente comportamento contraditório. Nenhuma das partes poderá arguir nulidade a que

Título II – Dos Recursos em Geral **Art. 574**

haja dado causa. Precedentes. 2. 'Em obediência ao princípio da voluntariedade recursal, inexiste nulidade pelo simples fato de que o advogado que assistia o paciente à época não interpôs recursos contra o acórdão proferido em sede de Apelação Criminal' (HC 617.116/ ES, Rel. Ministro Reynaldo Soares da Fonseca, Quinta Turma, julgado em 13/10/2020, *DJe* 20/10/2020)" (AgRg no HC 782.323/SC, 5.ª T., rel. Ribeiro Dantas, 07.03.2023, v.u.).

13. Recurso de ofício: trata-se de terminologia equivocada do Código de Processo Penal, uma vez que recurso é demonstração de inconformismo, visando à reforma do julgado, motivo pelo qual não tem cabimento sustentar que o juiz, ao decidir qualquer questão, "recorre" de ofício de seu próprio julgado. Assim, o correto é visualizar nas hipóteses deste artigo o *duplo grau de jurisdição obrigatório*. Diante da relevância da matéria, impõe a lei que a decisão seja submetida a dupla análise. Havendo somente uma decisão, não se produz a coisa julgada, como preceitua a Súmula 423 do STF: "Não transita em julgado a sentença por haver omitido o recurso *ex officio*, que se considera interposto *ex lege*". Há posição minoritária na doutrina, considerando que o *recurso de ofício* está revogado pela Constituição Federal de 1988, particularmente pelo disposto no art. 129, I, que atribui, exclusivamente, ao Ministério Público a titularidade da ação penal. Assim, caso o juiz considerasse interposto um recurso, sem haver qualquer requerimento das partes, estaria agindo de ofício e movimentando a ação penal, valendo-se de ilegítima iniciativa. Não nos parece seja assim, pois o que o magistrado faz, ao determinar o processamento de um recurso de ofício nada mais é do que submeter a questão, avaliada importante pelo legislador, ao duplo grau de jurisdição obrigatório. Não está questionando sua própria decisão, mas apenas cumprindo a lei. Esta, em última análise, considera interposto o recurso. O juiz nada mais faz do que providenciar que os autos subam à instância superior.

14. Recurso de ofício em legislação especial: exige-se o duplo grau de jurisdição obrigatório, quando houver absolvição de acusados em processo por crime contra a economia popular ou contra a saúde pública – exceto entorpecentes, que é caso regido por lei específica –, bem como quando houver o arquivamento dos autos do inquérito policial (Lei 1.521/1951, art. 7.º).

15. Sentença concessiva de *habeas corpus* em primeiro grau: à época de edição do Código de Processo Penal, entendia-se não caber recurso do Ministério Público, caso houvesse concessão de *habeas corpus* pelo magistrado de primeiro grau. Assim, visando ao controle dessas decisões, em nome do interesse social, determinou a lei que houvesse o duplo grau de jurisdição obrigatório (Ada, Magalhães e Scarance, *Recursos no processo penal*, p. 381). E fornecendo a mesma explicação: Bento de Faria (*Código de Processo Penal*, v. 2, p. 313). Atualmente, há recurso possível para o Ministério Público (art. 581, X, CPP), razão pela qual desnecessário seria o recurso de ofício. Porém, há hipóteses nas quais o juiz de primeiro grau pode conceder *habeas corpus*, considerando-se atos abusivos de outras autoridades, como a policial.

16. Sentença de absolvição sumária: buscando resguardar a soberania dos veredictos e a competência do Tribunal Popular, impunha a lei que a decisão do juiz, absolvendo sumariamente o réu, nos processos do júri, fosse revista pelo órgão jurisdicional superior. Realmente, se o foro competente para deliberar sobre os crimes dolosos contra a vida é o Tribunal do Júri, somente em casos excepcionais poderia o juiz afastar o conhecimento do caso dos jurados. Por isso, havia duplo controle da admissibilidade da acusação. Entretanto, com a reforma introduzida pela Lei 11.689/2008, não há mais sentido em se utilizar o duplo grau obrigatório no caso de absolvição sumária. Há duas principais razões para tanto: a) o inciso II do artigo 574 faz expressa referência aos termos do art. 411. Neste dispositivo, anteriormente,

Art. 575

Código de Processo Penal Comentado · **Nucci**

1050

fazia-se menção ao recurso de ofício. Ora, o art. 415, que agora cuida da absolvição sumária, nenhuma alusão faz a essa modalidade de recurso. Ao contrário, no art. 416, especificou-se ser a apelação, recurso tipicamente voluntário, o adequado para impugnar a sentença de absolvição sumária; b) a previsão feita, anteriormente, para o processamento do recurso de ofício, dizia respeito às absolvições calcadas em excludentes de ilicitude ou de culpabilidade (eram as únicas possibilidades previstas pela antiga redação do art. 411). O atual art. 415 aumentou as hipóteses para a absolvição sumária do réu, sem falar em recurso de ofício. Portanto, seria ilógico e descompassado que o juiz absolvesse sumariamente o réu, com base no art. 415, I, por exemplo, mas não *recorresse de ofício*, embora se o fizesse com base no art. 415, IV, tivesse que determinar a subida do processo obrigatoriamente. Parece-nos, pois, finda a possibilidade de recurso de ofício em casos de absolvição sumária no procedimento do júri.

16-A. Outras hipóteses de recurso de ofício: registre-se, ainda, a existência de recurso de ofício quando o relator indefere liminarmente a revisão criminal (ver nota 36 ao art. 625), quando o presidente do Tribunal indeferir liminarmente *habeas corpus* (ver nota 80 ao art. 663) e por ocasião da decisão de concessão da reabilitação (ver art. 746).

> **Art. 575.** Não serão prejudicados os recursos que, por erro, falta ou omissão dos funcionários, não tiverem seguimento ou não forem apresentados dentro do prazo.[17]

17. Desvio da administração pública: não pode prejudicar a parte. Se, porventura, deixar algum recurso de ser processado no prazo legal ou tiver a sua forma desatendida, em decorrência de ato faltoso de servidor público – não apenas do Judiciário – é preciso garantir o seu seguimento à instância superior. Exemplo disso pode ser extraído da conduta do funcionário do protocolo, que deixa de enviar ao cartório, a tempo, recurso regularmente apresentado pela parte. Descoberta a falha, é natural que o recurso deva ser recebido e processado, verificando-se, administrativamente, a responsabilidade do servidor. Conferir a Súmula 320 do STF: "A apelação despachada pelo juiz, no prazo legal, não fica prejudicada pela demora da juntada, por culpa do cartório".

> **Art. 576.** O Ministério Público não poderá desistir de recurso que haja interposto.[18]

18. Impossibilidade de desistência do recurso do Ministério Público: no contexto da obrigatoriedade do ajuizamento da ação penal, que vige no processo penal, para os crimes de ação pública incondicionada, não pode o representante do Ministério Público, uma vez interposto o recurso, dele desistir. Logicamente, não é obrigatório o oferecimento do recurso, mas, feita a opção, desistência não haverá. É possível, no entanto, que um promotor apresente a petição de interposição do apelo, abrindo-se, depois, vista a outro representante do Ministério Público para oferecer as razões. Este último, não concordando com o recurso em andamento, dele não pode desistir, mas suas razões podem espelhar entendimento diverso do que seria compatível com o desejo de recorrer. Trata-se da independência funcional do membro do Ministério Público. Imagine-se que o réu tenha sido absolvido por falta de provas. O promotor toma ciência e apresenta apelação, sem as razões. Posteriormente, quando outro representante do Ministério Público recebe os autos para oferecer os fundamentos do apelo, aceita os argumentos do magistrado e, não podendo desistir, apresenta razões concordantes com os fundamentos da sentença. Na jurisprudência: TJMG: "O Ministério

Público não poderá desistir do recurso interposto, em conformidade com o art. 576 do Código de Processo Penal. Entretanto, pelo princípio da independência funcional que rege a instituição, nada impede que o Promotor de Justiça intimado da sentença interponha recurso de apelação, mas outro Promotor de Justiça, com entendimento diverso de seu colega de carreira, apresente razões de recurso pleiteando a manutenção integral da sentença então guerreada" (Apelação Criminal 1.0000.23.025140-7/001, 6.ª C. Crim., rel. Bruno Terra Dias, 27.06.2023, v.u.).

> **Art. 577.** O recurso poderá ser interposto pelo Ministério Público, ou pelo querelante, ou pelo réu, seu procurador ou seu defensor.[19-2]
>
> **Parágrafo único.** Não se admitirá, entretanto, recurso da parte que não tiver interesse na reforma ou modificação da decisão.[22-24-A]

19. Múltipla legitimidade para interposição: admite o processo penal que o recurso seja diretamente interposto pelo réu. Entretanto, possibilita, ainda, a apresentação por procurador com poderes específicos ou pelo defensor. No caso de divergência – o réu deseja recorrer, mas o defensor, não, por exemplo – deve prevalecer a vontade de quem quer sujeitar a decisão ao duplo grau de jurisdição. Conferir o teor da Súmula 705 do STF: "A renúncia do réu ao direito de apelação, manifestada sem a assistência do defensor, não impede o conhecimento da apelação por este interposta". É preciso destacar, no entanto, que a renúncia do acusado, contando com a assistência do defensor, *a contrario sensu*, produz o efeito de renúncia ao direito ao duplo grau de jurisdição, constituindo autêntico obstáculo ao processamento ou conhecimento do recurso (ver nota 35 ao art. 578). Em casos excepcionais, quando a interposição do recurso mais prejudicar do que auxiliar o acusado – razão pela qual a defesa não quis recorrer – pode o magistrado alertar o recorrente dos argumentos de seu defensor, enviando-lhe cópia da manifestação, mormente quando se trata de dativo, que possui contato dificultado com o patrocinado, renovando a possibilidade de que renuncie à interposição ou mantenha seu intento. Não vemos fundamento na simples rejeição do recurso do acusado, somente pelo fato de que a vontade da defesa técnica, pelo conhecimento que detém, deva prevalecer. Por outro lado, se o defensor quer recorrer, mas o réu não deseja, renunciando ao direito quando receber a intimação da sentença, deve-se dar prosseguimento ao recurso, salvo se houver prejuízo evidente para o acusado. Nessa hipótese, é possível que o juiz dê ciência ao interessado, que poderá, querendo, constituir outro defensor, a fim de desistir do recurso interposto, ou mesmo, sendo o caso de dativo, requerer ao magistrado a nomeação de outro. Sobre o tema, manifestam-se Ada, Magalhães e Scarance pela análise do binômio *interesse-utilidade*, sustentando que, no caso concreto, "seria a pedra de toque para dirimir o conflito entre a vontade de recorrer do acusado e a renúncia do defensor, ou vice-versa. Se houver, nas circunstâncias concretas, vantagem prática que se possa alcançar pelo recurso, prevalecerá a vontade de recorrer, tenha sido ela manifestada no exercício da autodefesa ou da defesa técnica, e seja esta desempenhada por advogado constituído ou nomeado. Mas se a vantagem concreta for duvidosa, ou houver valores contrastantes em jogo, prevalecerá a vontade do defensor técnico, salvo manifestação de renúncia do réu tomada por termo, na presença de seu defensor, que deverá esclarecê-lo sobre as consequências da renúncia e os benefícios do recurso" (*Recursos no processo penal*, p. 80).

20. Possibilidade de trâmite concomitante de dois recursos interpostos pelo réu, por meio dos defensores dativo e constituído: trata-se, naturalmente, de hipótese excepcional, mas, em homenagem ao princípio constitucional da ampla defesa, possível.

Art. 577

21. Legitimação excepcional: há, ainda, a possibilidade do ofendido e das pessoas que o sucederem na ação penal (cônjuge, ascendente, descendente ou irmão) oferecerem recurso, ainda que não estejam habilitados nos autos como assistentes de acusação, quando o juiz julgar extinta a punibilidade do réu, impronunciá-lo ou absolvê-lo, respeitadas as regras estabelecidas nos arts. 584, § 1.º, e 598 do Código de Processo Penal. Outras pessoas ou entes, previamente admitidos como assistentes de acusação, também podem apresentar recurso. Não se olvide, também, a excepcional participação do terceiro de boa-fé, cujo bem foi apreendido ou sequestrado, e, apesar de apresentado os embargos, teve sua pretensão rejeitada pelo juiz (art. 130, II, CPP). Pode ele apresentar apelação.

22. Interesse recursal: trata-se de um dos pressupostos subjetivos (ver nota 26 ao art. 578, CPP) para a admissibilidade dos recursos. É natural que a parte somente poderá provocar o reexame da matéria já decidida por determinado órgão, remetendo o feito à instância superior, quando eventual modificação da decisão lhe trouxer algum tipo de benefício. Recorrer por recorrer é algo inútil, constitutivo de obstáculo à economia processual, além do que o Judiciário é voltado à solução de conflitos e não simplesmente a proferir consultas ou esclarecer questões puramente acadêmicas. Na jurisprudência: TJMG: "Segundo o art. 577, parágrafo único, do CPP, somente tem legitimidade para recorrer a pessoa que tiver interesse na reforma ou modificação da decisão. Se o bem apreendido interessa ao processo e se há dúvida acerca da efetiva propriedade deste, incabível a restituição pleiteada, em atenção aos ditames do art. 118 do CPP" (Apelação 10054190006376001, 4.ª Câmara Criminal, rel. Doorgal Borges de Andrada, 07.08.2019, v.u.).

23. Interesse na modificação da fundamentação da sentença: como regra, não se reconhece interesse para a parte que deseje, apenas, alterar os fundamentos tomados pelo julgador para proferir determinada decisão. Nesse caso, seria completamente inútil reavaliar-se a questão, se o dispositivo da sentença permanecer inalterado. Entretanto, caso a fundamentação produza efeito consequencial concreto no direito da parte, é possível o recurso. É o que ocorre com a sentença absolutória por reconhecimento de legítima defesa, bem diversa de outra, também absolutória, que se sustenta na insuficiência de provas. Esta última não encerra a discussão, que pode estender-se à esfera cível, em ação autônoma de indenização. A outra, por sua vez, não permite mais que se debata a responsabilidade do réu.

24. Interesse recursal do Ministério Público: deve ser garantido, tanto no caso de parte acusatória, interessada na condenação, quanto na situação de *custos legis*, interessado no fiel cumprimento da lei. Assim, o promotor, ainda que tenha pedido a condenação e funcione no processo como órgão acusatório, pode apresentar recurso contra a decisão condenatória, caso entenda ter sido, por exemplo, exagerada a pena imposta ao acusado. Existindo recurso da defesa, tem este prioridade, naturalmente. Note-se, entretanto, que, no caso de ação privada, havendo absolvição e não tendo recorrido o querelante, não cabe recurso do Ministério Público para buscar a condenação, da qual abriu mão o maior interessado. Seria subverter o princípio da oportunidade, que rege a ação penal privada. Pode recorrer, como *custos legis*, tendo havido condenação, havendo ou não recurso do querelante, para contrariar a pena aplicada, por exemplo.

24-A. Interesse recursal e morte do réu: é natural que, falecendo o indiciado ou o réu, durante o trâmite do inquérito ou do processo, deve o magistrado julgar extinta a punibilidade, afetada a pretensão punitiva do Estado, arquivando-se o feito. Porém, se o réu morrer após ter sido condenado, durante o trâmite do seu recurso, embora possa haver interesse de parente ou cônjuge no prosseguimento do apelo, para obter eventual absolvição, cessada a pretensão punitiva do Estado, inexiste razão para o tribunal julgar o caso. Portanto, o caminho é julgar extinta a punibilidade, sem análise de mérito do recurso.

> **Art. 578.** O recurso será interposto[25-27] por petição ou por termo nos autos,[28] assinado pelo recorrente ou por seu representante.[29]
>
> § 1.º Não sabendo ou não podendo o réu assinar o nome, o termo será assinado por alguém, a seu rogo, na presença de duas testemunhas.[30]
>
> § 2.º A petição de interposição de recurso, com o despacho do juiz, será, até o dia seguinte ao último do prazo, entregue ao escrivão, que certificará no termo da juntada a data da entrega.[31-33]
>
> § 3.º Interposto por termo o recurso, o escrivão, sob pena de suspensão por 10 (dez) a 30 (trinta) dias, fará conclusos os autos ao juiz,[34] até o dia seguinte ao último do prazo.[35]

25. Admissibilidade do recurso: a verificação dos requisitos processuais de interposição do recurso, para que ele tenha seguimento e seja encaminhado à instância superior, deve ser feita, de regra, pelo órgão que proferiu a decisão. Excepcionalmente, a avaliação da recorribilidade é feita pelo mesmo órgão ao qual será destinado o recurso – tal ocorre não somente quando o órgão *a quo* deixa, indevidamente, de dar seguimento ao recurso e a parte reclama, pelos instrumentos próprios (também recursos) diretamente ao tribunal superior, mas também quando o órgão *ad quem* vai proceder ao julgamento de mérito. Diante do exposto, da mesma forma que o magistrado de primeiro grau pode *negar seguimento* ao recurso, o tribunal *ad quem* pode *não conhecer* o recurso interposto. Ambas as decisões são juízos de admissibilidade, cuidando de questões processuais. Anote-se que, determinado o processamento do recurso, não mais cabe ao juízo *a quo* obstar-lhe o seguimento, salvo quando expressamente autorizado em lei.

26. Pressupostos de admissibilidade: os recursos necessitam ser, para o recebimento e encaminhamento à instância superior: a) cabíveis (haver previsão legal para a sua interposição); b) adequados (deve-se respeitar o recurso exato indicado na lei para cada tipo de decisão impugnada); c) tempestivos (interpostos no prazo legal). Ver, ainda, a nota 4 *supra*. São os três pressupostos objetivos. Devem, ainda, ser: a) envoltos pelo interesse da parte (se for vencedora em todos os pontos sustentados, não havendo qualquer tipo de sucumbência, inexiste motivo para provocar outra instância a reavaliar a matéria); b) abarcados pela legitimidade (o recurso precisa ser oferecido por quem é parte na relação processual, estando capacitado a fazê-lo ou quando a lei expressamente autorize a interposição por terceiros, conforme preceituado no art. 598, que menciona as pessoas enumeradas no art. 31). Concordamos com Ada, Magalhães e Scarance, quando sustentam não ser a competência pressuposto de admissibilidade, pois é "mero requisito de conhecimento por parte de determinado juiz ou tribunal" (*Recursos no processo penal*, p. 91).

26-A. Falta de assinatura do advogado na peça recursal: trata-se de mera irregularidade, não impedindo o processamento do recurso. Consultar a nota 7-A ao Capítulo VIII, Título II, Livro III.

27. Mérito do recurso: ultrapassada a admissibilidade, o órgão competente para reavaliar a matéria julgada e impugnada pela via recursal deve analisar o mérito do recurso. Significa dar-lhe ou não provimento, isto é, considerar equivocada a decisão impugnada, reformando-a (ou anulando-a), ou crer acertada a decisão recorrida, negando provimento

Art. 578

Código de Processo Penal Comentado · **Nucci**

1054

ao recurso. Sustenta a doutrina que o acórdão, dando ou negando provimento ao recurso, sempre substitui a decisão recorrida, passando a ser a decisão a que se dará cumprimento, motivo pelo qual se vê, nos processos, após a prolação da decisão do tribunal a expressão "Cumpra-se o V. Acórdão". Embora seja correto esse entendimento, não vemos óbice na utilização da expressão "manutenção da decisão recorrida" pelo órgão *ad quem*, uma vez que se trata, unicamente, do aspecto de fundo do recurso. Quer-se dizer que a decisão está correta. A negativa de provimento, embora provoque o efeito substitutivo da decisão recorrida, na esfera processual, demonstra que, na parte atinente ao direito material, o acórdão nada alterou quanto à matéria submetida a julgamento.

28. Formalidade para a interposição: exige o Código de Processo Penal que os recursos sejam apresentados por petição ou por termo nos autos, não se aceitando, pois, a forma verbal. Entretanto, não se pode dar apego desmesurado às formalidades processuais. É possível que um réu manifeste seu desejo de recorrer, oralmente, assim que toma conhecimento, na audiência ou no plenário do júri, da sentença condenatória, merecendo seu apelo ser devidamente processado, ainda que não tenha havido a redução a termo. Outra situação comum é tomar ciência da decisão – seja o acusado, seu defensor e até mesmo o promotor – colocando a expressão "recorro", o que possibilita considerar interposto o apelo, aguardando-se a formalização. Quando oferecido em segundo grau, deve-se respeitar a forma legal, com petição e razões, sob pena de indeferimento, pois, como regra, submete-se a criterioso exame de admissibilidade. Na jurisprudência: STJ: "Mas ainda que se admita que o representante ministerial teve vista dos autos dias antes, fato é que também o recurso é tempestivo, eis que houve manifestação da parte 'por termo nos autos' (CPP, artigo 578) antes de esgotado o prazo para apelar. As razões foram apresentadas posteriormente" (HC 379.003/SP, 6.ª T., rel. Maria Thereza de Assis Moura, 21.09.2017, v.u.).

29. Fundamentação do recurso: pode ou não ser exigida, conforme o caso (no caso de protesto por novo júri, por exemplo, hoje extinto, não havia necessidade de fundamentar o pedido). Por outro lado, como lembram Ada, Magalhães e Scarance, existem os recursos de "fundamentação livre e de fundamentação vinculada". Os primeiros comportam qualquer tipo de alegação, demonstrando o inconformismo da parte com a decisão proferida, tal como ocorre com a apelação, na maioria dos casos. Os segundos devem ser apresentados contendo a descrição dos erros ou equívocos previamente descritos em lei, como ocorre com o recurso extraordinário (*Recursos no processo penal*, p. 33).

30. Dispensa da formalidade: tem sido dispensada a exigência de assinatura a rogo, com duas testemunhas, substituindo-se pela impressão digital do recorrente, mormente quando aposta na frente do oficial de justiça, que o intima da sentença condenatória. Aliás, sempre que houver dúvida quanto à apresentação do recurso, decide-se em favor do seu processamento.

31. Dúvida quanto à tempestividade: deve ser decidida, sempre, em favor do processamento do recurso, visando-se com isso assegurar o duplo grau de jurisdição e a ampla defesa, mormente quando o interesse em jogo é do acusado.

32. Início e curso da contagem do prazo: ver nota 15 ao art. 798.

33. Recurso interposto no processo eletrônico: com o advento da Lei 11.419/2006, a informatização do processo judicial se tornou uma realidade. Preceitua o art. 10 da referida lei o seguinte: "A distribuição da petição inicial e a juntada da contestação, *dos recursos* e das petições em geral, todos em formato digital, nos autos do processo eletrônico, podem ser feitas diretamente pelos advogados públicos e privados, sem necessidade da intervenção do cartório ou secretaria judicial, situação em que a autuação deverá se dar de forma automática, fornecendo-se recibo eletrônico de protocolo. § 1.º Quando o ato processual tiver que ser praticado em determinado prazo, por meio de petição eletrônica, serão considerados tempestivos os efetivados até as 24 (vinte e quatro) horas do último dia. § 2.º No caso do § 1.º deste artigo, se o Sistema do Poder Judiciário se tornar indisponível por motivo técnico, o prazo fica automaticamente prorrogado para o primeiro dia útil seguinte à resolução do problema. § 3.º Os órgãos do Poder Judiciário deverão manter equipamentos de digitalização e de acesso à rede mundial de computadores à disposição dos interessados para distribuição de peças processuais" (grifamos)

34. Importância da verificação da tempestividade: determina a lei que haja imediato encaminhamento do recurso interposto pelo escrivão ao juiz, sob pena de responsabilidade funcional. A despeito disso, a parte não deve ser prejudicada, caso o escrivão não cumpra o prazo estabelecido. Nesse prisma, conferir a Súmula 428 do Supremo Tribunal Federal: "Não fica prejudicada a apelação entregue em cartório no prazo legal, embora despachada tardiamente".

35. Impedimentos ao processamento ou conhecimento dos recursos: podem ocorrer fatos alheios aos pressupostos de admissibilidade, que terminam impedindo o processamento ou conhecimento dos recursos. São eles: a) desistência: quando o réu, acompanhado de seu defensor, não mais deseja persistir no inconformismo, solicitando que o recurso cesse seu trâmite. Tal situação não é autorizada ao representante do Ministério Público; b) renúncia: antes mesmo de ser apresentado, pode a parte sucumbida manifestar seu desejo de não recorrer da decisão. Também nesse caso não se ajusta a hipótese ao Ministério Público. O promotor não é obrigado a oferecer recurso, porém, não lhe cabe renunciar. Basta, querendo, deixar escoar o prazo legal para a interposição. Consultar ainda a nota 19 ao art. 577, que cuida da múltipla legitimidade recursal, uma vez que é possível ao réu renunciar ao direito de recorrer, mas não ocorrer o mesmo no tocante à sua defesa técnica – ou o contrário; c) deserção: quando deixa de pagar as custas devidas (art. 806, § 2.º, parte final, CPP) ou o traslado de peças dos autos (art. 601, § 1.º, CPP).

> **Art. 579.** Salvo a hipótese de má-fé, a parte não será prejudicada pela interposição de um recurso por outro.[36]
>
> **Parágrafo único.** Se o juiz, desde logo, reconhecer a impropriedade do recurso interposto pela parte, mandará processá-lo de acordo com o rito do recurso cabível.

36. Princípio da fungibilidade dos recursos: significa que a interposição de um recurso por outro, inexistindo má-fé ou erro grosseiro, não impedirá que seja ele processado e conhecido. Assim, caso a parte esteja em dúvida, por exemplo, se é caso de interposição de recurso em sentido estrito ou apelação, mesmo porque a matéria é inédita ou controversa na doutrina ou na jurisprudência, é plausível que a opção feita seja devidamente encaminhada para a instância superior merecendo ser devidamente avaliada. Erro grosseiro é aquele que evidencia completa e injustificável ignorância da parte, isto é, havendo nítida indicação na lei quanto ao recurso cabível e nenhuma divergência doutrinária e jurisprudencial, torna-se absurdo o equívoco, justificando-se a sua rejeição. A má-fé surge em variados aspectos, embora o mais saliente seja a utilização de um determinado recurso unicamente para contornar a perda do prazo do cabível. Na jurisprudência: STF: "Recurso extraordinário contra acórdão do superior tribunal de justiça em *habeas corpus*. Erro processual. Inaplicabilidade do princípio da fungibilidade recursal" (ARE 1.317.340 AgR, 2.ª T., rel. Cármen Lúcia, 12.05.2021, v.u.);

Art. 580

"2. A interposição de recurso ordinário em *habeas corpus* contra acórdão exarado em outro recurso ordinário em *habeas corpus* anteriormente manejado perante o Superior Tribunal de Justiça configura erro grosseiro que impede a aplicação do princípio da fungibilidade recursal. Precedentes" (RHC 201.671 AgR, 1.ª T., rel. Rosa Weber, 05.09.2021). STJ: "1. No julgamento dos EDcl no AgRg nos EAREsp n. 1.240.307/MT, a Terceira Seção desta Corte, ao acolher o voto do Ministro Joel Ilan Paciornik, estabeleceu as seguintes conclusões: 1) a ausência de má-fé, enquanto pressuposto para aplicação do princípio da fungibilidade, não é sinônimo de erro grosseiro, devendo ser adotado o critério estabelecido em lei sobre o que se considera litigância de má-fé (art. 80 do CPC, c/c o art. 3.º do CPP), de modo que é possível rechaçar a incidência do princípio da fungibilidade com base no erro grosseiro na escolha do recurso, desde que verificado o intuito manifestamente protelatório; 2) a tempestividade, considerando o prazo do recurso cabível, bem como o preenchimento dos demais pressupostos de admissibilidade do reclamo adequado, também consubstanciam requisitos para aplicação da fungibilidade, pois o parágrafo único do art. 579 do CPP traz requisito implícito para a aplicação do princípio da fungibilidade, qual seja, a possibilidade de processamento do recurso impróprio de acordo com o rito do recurso cabível, de modo que o princípio da fungibilidade não alcança as hipóteses em que a parte lança mão de recurso inapto para o fim que se almeja ou mesmo direciona-do a órgão incompetente para reformar a decisão atacada, tal como no caso de oposição de embargos de declaração ou interposição de agravo interno em face da decisão que inadmite o recurso especial na origem. 2. Em suma, em sede processual penal, caso verificado que o recurso interposto, embora flagrantemente inadequado (erro grosseiro), foi interposto dentro do prazo do recurso cabível e ostenta os requisitos de admissibilidade daquele reclamo, sendo possível processá-lo de acordo com o rito do recurso cabível, é possível receber tal reclamo no lugar daquele que seria o adequado por força do princípio da fungibilidade recursal, desde que não se verifique intuito manifestamente protelatório, condição apta a caracterizar a má-fé (art. 80 do CPC, c/c o art. 3.º do CPP) e a obstar a incidência da norma processual em comento (art. 579 do CPP). 3. Aplicando tal conclusão ao caso sob exame, deve ser acolhido o recurso ministerial, a fim de se admitir a aplicação do princípio da fungibilidade recursal na espécie, pois, da mera interposição de apelação em substituição ao recurso que seria cabível (recurso em sentido estrito) ou vice-versa, não se verifica intuito protelatório apto a caracterizar litigância de má-fé nem óbice ao processamento, já que é possível ao Tribunal a quo adotar o rito do recurso cabível. 4. Recurso especial provido, fixada a seguinte tese: é adequada a aplicação do princípio da fungibilidade recursal aos casos em que, embora cabível recurso em sentido estrito, a parte impugna a decisão mediante apelação ou vice-versa, desde que observados a tempestividade e os demais pressupostos de admissibilidade do recurso cabível, na forma do art. 579, caput e parágrafo único, do Código de Processo Penal" (REsp 2.082.481/MG, 3.ª Seção, rel. Sebastião Reis Júnior, 11.09.2024, v.u.).

> **Art. 580.** No caso de concurso de agentes (Código Penal, art. 25),[37] a decisão do recurso interposto por um dos réus, se fundado em motivos que não sejam de caráter exclusivamente pessoal, aproveitará aos outros.[38]

37. Alteração legislativa: atualmente, trata-se do art. 29 do Código Penal.

38. Recurso e concurso de agentes: adotada, no Brasil, a teoria unitária ou monística em relação ao concurso de pessoas, cabe observar que não importa o número de agentes colaborando para a prática da infração penal, pois haverá o reconhecimento de somente um delito. Assim, "quem, de qualquer modo, concorre para o crime incide nas penas a este cominadas, na medida de sua culpabilidade" (art. 29, *caput*, CP). Sobre o tema, consultar a nota 2

Art. 580

do Título IV da Parte Geral do nosso *Código Penal comentado*. Logicamente, se assim é, caso um dos coautores recorra e o Tribunal reconheça a atipicidade da conduta, por exemplo, não tem sentido manter a condenação dos demais – ou mesmo a prisão – somente porque eles não teriam interposto apelo. Nesse caso, está-se alterando elemento constitutivo e essencial da configuração do crime, relativo ao fato e não ao autor, razão pela qual deve aproveitar a todos o julgamento proferido. Trata-se da extensão subjetiva do efeito devolutivo do recurso. Por outro lado, excepciona o artigo a hipótese de benefícios de caráter pessoal. Assim, como exemplo, se um dos coautores é menor de 21 anos, a prescrição lhe será computada pela metade. Pode ocorrer, portanto, que sua punibilidade seja julgada extinta, enquanto a dos demais coautores permaneça íntegra. Na jurisprudência: STF: "4. O art. 580 do Código de Processo Penal estabelece que, no 'caso de concurso de agentes (Código Penal, art. 25), a decisão do recurso interposto por um dos réus, se fundado em motivos que não sejam de caráter exclusivamente pessoal, aproveitará aos outros'. No caso, contudo, tal como assentou o Superior Tribunal de Justiça, 'a prisão preventiva da corré foi revogada, mediante o cumprimento de condições, por ela ser mãe de menor de 12 anos de idade (...), não se evidenciando semelhança fático-processual, nos termos do art. 580 do CPP'" (HC 229.176 AgR. 1.ª T., rel. Roberto Barroso, 22.08.2023, v.u.). STJ: "1. Dispõe o art. 580 do Código de Processo Penal, 'no caso de concurso de agentes (Código Penal, art. 25), a decisão do recurso interposto por um dos réus, se fundado em motivos que não sejam de caráter exclusivamente pessoal, aproveitará aos outros'. 2. *In casu*, verifica-se que as corrés se encontram em circunstâncias fáticas diversas, o que impede a extensão dos efeitos desse acórdão que deferiu a prisão domiciliar a corréu I. C. O. Isso porque, a ora requerente exerce posição de liderança na associação criminosa voltada ao tráfico de drogas em grande escala, apontada como extensão da facção criminosa denominada PCC. Consta, ainda, que ela detinha informações privilegiadas sobre o funcionamento do grupo criminoso e era a responsável pelo comando de um ponto de tráfico de drogas na cidade de Guarulhos, em substituição às atividades anteriormente exercidas por seu companheiro falecido, que era um dos líderes do grupo criminoso. 5. Pedido de extensão indeferido" (PExt no HC 528.382-SP, 5.ª T., rel. Ribeiro Dantas, 05.05.2020, v.u.).

Capítulo II

DO RECURSO EM SENTIDO ESTRITO[1-13]

1. Conceito de recurso em sentido estrito: é o recurso cabível para impugnar as decisões interlocutórias do magistrado, expressamente previstas em lei. Embora essa seja a regra, o Código de Processo Penal terminou por criar exceções: a) decisão que concede ou nega *habeas corpus*, considerando-se este uma autêntica ação constitucional; b) decisão que julga extinta a punibilidade do agente, pertinente ao mérito, uma vez que afasta o direito de punir do Estado e faz terminar o processo. O ideal seria considerar o recurso em sentido estrito como agravo, valendo para todas as decisões interlocutórias – e não somente as enumeradas em lei – aplicando-se, ainda, a apelação para as decisões definitivas, especialmente as que envolverem o mérito.

2. Processamento: pode dar-se por instrumento, como se verá nas notas ao art. 587, bem como pode formar-se nos próprios autos do processo principal, como será analisado nos comentários ao art. 583.

3. Conceito de correição parcial: trata-se de recurso, à disposição das partes, voltado à correção dos erros de procedimento adotados pelo juiz de primeira instância, na condução do processo, quando provocam inversão tumultuária dos atos e fórmulas legais. É um recurso de natureza residual, somente sendo cabível utilizá-lo se não houver outro recurso especificamente previsto em lei (art. 6.º, I, Lei 5.010/1966).

4. Natureza jurídica da correição: entendemos tratar-se de autêntico recurso, embora com a possibilidade de se averiguar a conduta funcional do magistrado, determinando a turma julgadora sejam tomadas as medidas cabíveis para, no âmbito disciplinar próprio, ser analisado o caminho a seguir. Outros, no entanto, sustentam seu caráter puramente administrativo ou disciplinar. Em nossa visão, correta é a postura adotada pela Justiça Estadual de São Paulo, fazendo com que a correição parcial seja julgada, normalmente, pelas câmaras criminais. Não há participação do Conselho Superior da Magistratura ou outro órgão disciplinar similar. Fosse uma reclamação administrativa e poderia ser apresentada diretamente na Corregedoria-Geral da Justiça, para que fosse devidamente instruída (como se faz com qualquer representação contra magistrado), oferecendo o Corregedor-Geral da Justiça o seu relatório e voto junto ao Conselho Superior, do qual é membro. Não nos parece deva ser o caso, pois a Corregedoria tem função eminentemente administrativa e fiscalizadora, não lhe competindo proferir decisões jurisdicionais, que possuam reflexos no processo. Entretanto, ressalvamos que, na Justiça Federal, há entendimento diverso. O Regimento Interno do Conselho da Justiça Federal da 3.ª Região, no art. 1.º, explicita que "o Conselho da Justiça Federal da 3.ª Região é o órgão do Tribunal Regional Federal incumbido de presidir, nos territórios dos Estados de São Paulo e Mato Grosso do Sul, a *administração* da Justiça Federal de Primeira Instância" (grifamos). No art. 4.º, I, prevê ser da sua competência "decidir correição parcial, requerida pela parte ou pela Procuradoria da República, no prazo de cinco dias, contra ato ou despacho de juiz de que não caiba recurso, ou omissão que importe erro de ofício ou abuso de poder (Lei 5.010/1966, art. 6.º, *caput*, I). Mais adiante (art. 8.º, *caput*, III), o Regimento estipula ser da competência do Corregedor-Geral da Justiça Federal "relatar os processos de correição parcial (RI, art. 23, I), bem como os de representação e justificação da conduta de Magistrados". Parece-nos, no entanto, que a função administrativa do Conselho não poderia ampliar-se para abranger atos e decisões proferidas pelo magistrado no processo, de caráter nitidamente jurisdicional. Uma coisa é investigar e punir o juiz que comete abusos; outra, diversa, é consertar equívocos cometidos no trâmite processual. Esta última deveria sempre ser analisada por câmaras ou turmas comuns do Tribunal, mas não por órgão disciplinar. A correição parcial encontra respaldo, efetivamente, em duas leis, conforme aponta a doutrina: na Lei 1.533/1951 (art. 5.º, II), que cuida do mandado de segurança [a Lei 12.016/2009, tratando, agora, do mandado de segurança, não mais menciona a correição, mas ela já se consolidou por força da tradição], bem como na Lei 5.010/1966 (art. 6.º, I), que regula a Justiça Federal de primeira instância. É, em nosso entender, de acordo com posições já sustentadas nesse prisma, a única maneira de considerá-lo um recurso com respaldo constitucional. Há previsão para a sua existência, feita no Código Judiciário de São Paulo (Dec.-lei complementar 3/1969), nos arts. 93 a 96, mas é preciso ressaltar que somente a União pode legislar em matéria processual, que é de âmbito nacional e não estadual (art. 22, I, CF). Por outro lado, não é possível aplicar o disposto no art. 24, XI, da Constituição, prevendo a possibilidade do Estado legislar concorrentemente à União sobre "procedimentos em matéria processual", pois a criação de um recurso não pode ser singelamente considerada um *procedimento*. Dessa forma, pode-se acolher a existência da correição parcial, em face da previsão feita nas duas leis federais mencionadas. Há outra posição, sustentando a inconstitucionalidade da utilização da correição parcial. O principal argumento é de que as leis mencionadas (Lei 1.533/1951 [hoje, substituída pela Lei 12.016/2009] e Lei 5.010/1966) não criaram o recurso de correição parcial, limitando-se a mencionar a sua existência. Assim, como compete à União legislar sobre processo, não poderiam ser levadas em conta leis estaduais, nem regimentos de tribunais, para essa finalidade. Diz Maria Lúcia Medeiros: "Filiamo-nos à corrente que combate a medida por sua inconstitucionalidade e inadequação ao sistema processual atual, que prevê outros meios processuais legítimos e aptos a corrigir os vícios de procedimento que servem de objeto a reclamação. Trata-se de medida inconstitucional porque funciona, nas legislações estaduais em que é prevista, como verdadeiro sucedâneo recursal, não se limitando a punir ou instruir o magistrado *a quo* mas a cassar, reformar decisões de juízes de 1.ª instância que importem em erro de atividade, e os Estados, mesmo sob a égide da atual Constituição Federal, continuam sem competência normativa para legislar acerca de recursos, matéria eminentemente processual. É inconstitucional, ainda, no âmbito da Justiça Federal, quando se confere ao Conselho da Justiça Federal competência para julgar da reclamação: se esta se limitasse à instrução ou punição dos magistrados, a inconstitucionalidade não se daria; porém, não há que se admitir que um órgão eminentemente administrativo controle a atividade judicante dos juízes de 1.ª instância, reformando-lhe decisões" (Anotações sobre a correição parcial, p. 132, *Revista de Processo* 68, out.-dez. 1992). Assim também pensa Arruda Alvim (Correição parcial, *RT* 452/11-20).

5. Utilização do mandado de segurança em lugar de correição parcial: pode ser possível. A Lei 12.016/2009 estabelece: "Não se concederá mandado de segurança quando se tratar: (...) II – de decisão judicial da qual caiba recurso com efeito suspensivo". Ora, não possuindo a correição parcial efeito suspensivo, torna-se viável a utilização do mandado de segurança em seu lugar, para proteger direito líquido e certo.

6. Procedimento: O entendimento majoritário é de que o agravo siga o processamento do recurso em sentido estrito. A justificativa baseia-se no fato de a previsão feita para a existência da correição parcial contar com singelas menções na Lei 1.533/1951 (hoje, substituída pela Lei 12.016/2009) e na Lei 5.010/1966, sem qualquer especificação de rito a seguir. Dessa maneira, cabe ao Estado, autorizado pela Constituição Federal (art. 24, XI), legislar concorrentemente sobre procedimento em matéria processual. Ora, criado o recurso por lei federal, mas não disciplinado o seu processamento, coube à lei estadual fazê-lo. No Estado de São Paulo, o art. 94 do Dec.-lei complementar 3/1969 é explícito: "Observar-se-á, no processo de correição parcial, o rito do agravo de instrumento, ouvido o Ministério Público". Saliente-se que, a essa época, já existia o Código de Processo Penal, com a previsão do recurso em sentido estrito, razão pela qual a intenção da lei foi estabelecer o rito do agravo cível, sem qualquer ligação com o recurso similar do processo penal. Atualmente, deveria a correição parcial obedecer ao mesmo trâmite do agravo de instrumento do CPC de 2015, dirigindo-se a petição diretamente ao tribunal competente e podendo ser pedido ao relator o efeito suspensivo ativo à correição. Requisitar-se-ia informação ao juiz da causa, intimando-se a parte contrária para responder ao recurso, ouvindo-se o Ministério Público. Seria possível haver a retratação do magistrado e o relator também estaria autorizado a indeferir a correição liminarmente. Quanto a seguir o rito do agravo de instrumento, anote-se, foi claro o Regimento Interno do Tribunal de Justiça de São Paulo, conforme se vê do art. 212: "O procedimento da correição parcial será o do agravo de instrumento, como disciplinado na lei processual civil, ouvido o Procurador-Geral de Justiça". Atualmente, não é porque o rito do agravo foi alterado que, por conveniência, o rito da correição deveria transfigurar-se para o do recurso em sentido estrito. Reconhecemos, no entanto, que tem prevalecido o entendimento de dever a correição parcial seguir o rito do recurso em sentido estrito. Dentre os vários argumentos utilizados, estão os seguintes: a) há maior facilidade para o réu fazer valer a autodefesa, ingressando com a correição parcial diretamente ao juiz, que, naturalmente, o acusado já conhece, pois foi citado e interrogado. Haveria maior dificuldade de acesso ao tribunal; b) essa mesma facilidade seria estendida à defesa técnica, mormente do interior dos Estados, que ingressaria com o recurso na própria Comarca, sem necessidade de se dirigir à Capital, onde se encontra o tribunal; c) poderia

Código de Processo Penal Comentado · **Nucci**

haver uma sobrecarga de recursos no tribunal, na área criminal, já assoberbado pelo número expressivo de *habeas corpus*; d) o recurso em sentido estrito, na essência, é a figura correlata, em processo penal, ao agravo de instrumento, em processo civil. Logo, por tais motivos, a correição parcial segue o rito do recurso em sentido estrito.

7. Conceito de reclamação: trata-se de ação constitucional, com caráter utilitário de recurso, à disposição das partes, interposto contra decisões que deixem de cumprir os julgados dos tribunais, ofendendo a sua autoridade ou usurpando-lhe competência. Encontra-se previsto, expressamente, no art. 988 e seguintes do CPC/2015. Os Regimentos Internos dos Tribunais também a preveem e disciplinam a sua utilização. Embora tenha forte conotação disciplinar, assim como a correição, pois medidas administrativas podem ser tomadas contra o magistrado, após o seu julgamento, é um autêntico recurso. Afinal, nem sempre está a Corte obrigada a oficiar ao órgão competente para solicitar a punição do magistrado. Por vezes, o equívoco não representa intenção de desatender o julgado superior, sendo inútil tomar providências disciplinares. Além disso, representações contra juízes não comportam pareceres das partes interessadas, uma vez que o interesse é da Administração e não da parte no processo. Lembremos que, após a edição da Emenda 45/2004 (Reforma do Judiciário), instituindo a Súmula vinculante (atualmente regulamentada pela Lei 11.417/2006), estipulou o art. 103-A, § 3.º, que "do ato administrativo ou decisão judicial que contrariar a súmula aplicável ou que indevidamente a aplicar, caberá reclamação ao Supremo Tribunal Federal que, julgando-a procedente, anulará o ato administrativo ou cassará a decisão judicial reclamada, e determinará que outra seja proferida com ou sem a aplicação da súmula, conforme o caso".

7-A. Alguns enfoques sobre a súmula vinculante: cuida-se de uma realidade jurídica a sua existência. Anteriormente à Emenda Constitucional 45/2004, as súmulas editadas pelo Supremo Tribunal Federal não obrigavam os demais Tribunais e juízos singulares as acolherem em suas decisões. Eventualmente, poderia o julgado de um Tribunal Estadual, por exemplo, contrariar, na literalidade, o conteúdo da súmula do STF. O máximo a que se poderia chegar seria a parte interessada, por meio de recurso extraordinário (ou *habeas corpus*, em casos criminais), atingir o Pretório Excelso e provocar a revisão do julgado. Passa-se a uma nova situação. Por força constitucional, as súmulas denominadas *vinculantes* terão vigor de lei ou de decisão final do STF acerca de qualquer assunto relevante. Dispõe o art. 103-A da Constituição Federal: "O Supremo Tribunal Federal poderá, de ofício ou por provocação, mediante decisão de dois terços dos seus membros, após reiteradas decisões sobre matéria constitucional, aprovar súmula que, a partir de sua publicação na imprensa oficial, terá efeito vinculante em relação aos demais órgãos do Poder Judiciário e à administração pública direta e indireta, nas esferas federal, estadual e municipal, bem como proceder à sua revisão ou cancelamento, na forma estabelecida em lei. § 1.º A súmula terá por objetivo a validade, a interpretação e a eficácia de normas determinadas, acerca das quais haja controvérsia atual entre órgãos judiciários ou entre esses e a administração pública que acarrete grave insegurança jurídica e relevante multiplicação de processos sobre questão idêntica. § 2.º Sem prejuízo do que vier a ser estabelecido em lei, a aprovação, revisão ou cancelamento de súmula poderá ser provocada por aqueles que podem propor a ação direta de inconstitucionalidade. § 3.º Do ato administrativo ou decisão judicial que contrariar a súmula aplicável ou que indevidamente a aplicar, caberá reclamação ao Supremo Tribunal Federal que, julgando-a procedente, anulará o ato administrativo ou cassará a decisão judicial reclamada, e determinará que outra seja proferida com ou sem a aplicação da súmula, conforme o caso". Justamente pela força com que a súmula com efeito vinculante ingressará no mundo jurídico não poderá ser descumprida, sob pena de ajuizamento de *reclamação* junto ao STF, conforme já exposto na nota anterior. Não se pretende, em tese, *engessar* o Poder Judiciário. As súmulas dessa natureza somente deverão ser editadas em matérias extremamente polêmicas e de relevância notória. Com isso, almeja-se evitar o processamento de inúmeros recursos inúteis, discutindo, de maneira protelatória, matéria mais que pacificada pela Suprema Corte. Repita-se o teor do art. 103-A, § 1.º, da CF, bem como o art. 2.º, § 1.º, da Lei 11.417/2006, no tocante às bases para a edição de súmula com efeito vinculante: "grave insegurança jurídica e relevante multiplicação de processos sobre idêntica questão". A evolução da sociedade, a mudança de leis infraconstitucionais e alterações da própria Constituição Federal, por Emenda, podem provocar o cancelamento dessa espécie de súmula ou sua modificação. São legitimados a propor a edição, a revisão ou o cancelamento de enunciado de súmula vinculante: o Presidente da República, a Mesa do Senado Federal, a Mesa da Câmara dos Deputados, o Procurador-Geral da República, o Conselho Federal da Ordem dos Advogados do Brasil, o Defensor Público-Geral da União, qualquer partido político com representação no Congresso Nacional, qualquer confederação sindical ou entidade de classe de âmbito nacional, a Mesa de Assembleia Legislativa ou da Câmara Legislativa do Distrito Federal, o Governador de Estado ou do Distrito Federal, os Tribunais Superiores, os Tribunais de Justiça de Estados ou do Distrito Federal e Territórios, os Tribunais Regionais Federais, os Tribunais Regionais do Trabalho, os Tribunais Regionais Eleitorais e os Tribunais Militares (art. 3.º, *caput*, Lei 11.417/2006). Eventualmente, o Município, quando incidentalmente ao curso de processo em que seja parte (art. 3.º, § 1.º, Lei 11.417/2006). Naturalmente, não se pode olvidar a atuação do STF de ofício (art. 2.º, § 3.º, Lei 11.417/2006). Outro ponto relevante a destacar: "A Súmula com efeito vinculante tem eficácia imediata, mas o Supremo Tribunal Federal, por decisão de 2/3 (dois terços) dos seus membros, poderá restringir os efeitos vinculantes ou decidir que só tenha eficácia a partir de outro momento, tendo em vista razões de segurança jurídica ou de excepcional interesse público" (art. 4.º, Lei 11.417/2006). Essa cautela é fundamental. Há questões já decididas, com trânsito em julgado, não merecedoras de revisão, somente porque o STF editou súmula vinculante a respeito. Outras, sob temática diversa, podem dar ensejo à revisão, mormente na área criminal e em benefício do réu. A Lei 11.417/2006 não descartou a possibilidade de se utilizar, além da reclamação, outros recursos disponíveis para fazer valer o efeito vinculante da súmula (art. 7.º, *caput*). Devemos incluir, neste campo, desde logo, o *habeas corpus*, que pode ser impetrado pelo próprio réu ou sentenciado a qualquer tempo.

8. Fundamento constitucional: encontra-se prevista no art. 102, I, *l*, no tocante ao Supremo Tribunal Federal, e no art. 105, I, *f*, no que se refere ao Superior Tribunal de Justiça. Destaquemos o conteúdo da Súmula 734 do STF: "Não cabe reclamação quando já houver transitado em julgado o ato judicial que se alega tenha desrespeitado decisão do Supremo Tribunal Federal".

9. Processamento da reclamação: apresentado o pedido ao Presidente do Tribunal, será encaminhado, preferencialmente, ao relator da causa principal, que requisitará informações do juiz a quem foi imputada a prática do ato. Poderá o relator, caso necessário, suspender o curso do processo ou do ato. As informações devem seguir em dez dias. O Ministério Público, quando não for o autor do pedido, será sempre ouvido. Se julgada procedente, a decisão do magistrado será cassada, determinando-se que se tome a medida correta para preservar a autoridade do seu julgado. Competente para apreciá-la é o Órgão Especial, sendo o relator, se já não o integrar, aquele que participou do julgamento principal. Embora julgada pelo Órgão Especial, trata-se, como se disse, de um recurso, ainda que tenha forte conotação disciplinar, mas o fato é que diz respeito à autoridade do Tribunal, como um todo, motivando o interesse do Pleno em apreciá-la. Verifique-se para aplicação, por analogia, o disposto no art. 988 do

Código de Processo Penal Comentado • **Nucci**

CPC: "caberá reclamação da parte interessada ou do Ministério Público para: I – preservar a competência do tribunal; II – garantir a autoridade das decisões do tribunal; III – garantir a observância de enunciado de súmula vinculante e de decisão do Supremo Tribunal Federal em controle concentrado de constitucionalidade; IV – garantir a observância de acórdão proferido em julgamento de incidente de resolução de demandas repetitivas ou de incidente de assunção de competência. § 1.º A reclamação pode ser proposta perante qualquer tribunal, e seu julgamento compete ao órgão jurisdicional cuja competência se busca preservar ou cuja autoridade se pretenda garantir. § 2.º A reclamação deverá ser instruída com prova documental e dirigida ao presidente do tribunal. § 3.º Assim que recebida, a reclamação será autuada e distribuída ao relator do processo principal, sempre que possível. § 4.º As hipóteses dos incisos III e IV compreendem a aplicação indevida da tese jurídica e sua não aplicação aos casos que a ela correspondam. § 5.º É inadmissível a reclamação: I – proposta após o trânsito em julgado da decisão reclamada; II – proposta para garantir a observância de acórdão de recurso extraordinário com repercussão geral reconhecida ou de acórdão proferido em julgamento de recursos extraordinário ou especial repetitivos, quando não esgotadas as instâncias ordinárias. § 6.º A inadmissibilidade ou o julgamento do recurso interposto contra a decisão proferida pelo órgão reclamado não prejudica a reclamação".

10. Conceito de agravo em execução criminal: é o recurso utilizado para impugnar toda decisão proferida pelo juiz da execução criminal, que prejudique direito das partes principais envolvidas no processo. Encontra previsão legal no art. 197 da Lei 7.210/1984 (Lei de Execução Penal): "Das decisões proferidas pelo juiz caberá recurso de agravo, sem efeito suspensivo".

11. Rito do agravo: explicam Ada, Magalhães e Scarance a origem da denominação *agravo* para esse recurso: "É que, à época em que estava sendo objeto de exame o projeto da Lei de Execução Penal, estava também sendo discutido projeto de Código de Processo Penal, no qual estava previsto o agravo de instrumento. A exigência de uniformidade entre os futuros diplomas, que deveriam passar a vigorar juntos ou em datas próximas, fez com que o legislador incluísse o agravo no projeto da Lei de Execução Penal, não o recurso em sentido estrito do vigente Código. Corresponderia ao agravo de instrumento previsto no projeto do CPP. Não houve qualquer preocupação quanto ao rito, pois seria seguido o do agravo do Código em discussão" (*Recursos no processo penal*, p. 196). Ocorre que o Código de Processo Penal não foi modificado e, logo que a Lei de Execução Penal foi editada, iniciou-se a discussão a respeito de qual rito seria seguido para o agravo em execução criminal. Muitos, àquela época, posicionaram-se pela adoção do rito do agravo de instrumento, do Código de Processo Civil de 1973, somente porque a denominação do recurso era similar. Outros, por parecença com o recurso em sentido estrito ficaram com o rito para este previsto, até porque se trata de matéria criminal, bem como inúmeros pontos do art. 581 – antes da esfera de impugnação do recurso em sentido estrito – passaram a ser objeto de contestação por intermédio do agravo. A questão não era tão relevante, pois ambos – agravo de instrumento e recurso em sentido estrito – tinham ritos praticamente idênticos. Utilizou-se, é verdade, no passado, majoritariamente, o rito do agravo de instrumento do Código de Processo Civil de 1973. Entretanto, com as alterações produzidas pela Lei 9.139/1995, atingindo o agravo no processo civil, a jurisprudência imediatamente recuou no seu entendimento anterior, passando a adotar – o que predomina hoje – o rito do recurso em sentido estrito para regular o agravo em execução criminal. Não há dúvida de que foi a decisão acertada. Ressalte-se, em primeiro lugar, que a intenção do agravo era acompanhar o rito do recurso que iria substituir, no processo penal, o recurso em sentido estrito, ou seja, o agravo de instrumento. Não tendo ocorrido a mudança esperada, mais certo que o agravo fique circunscrito ao procedimento do recurso em sentido estrito. A matéria é criminal e, realmente, o agravo substituiu – e muito – o que antes era decidido no âmbito do recurso previsto no art. 581. Além disso, para o réu e para o membro do Ministério Público, é mais simplificado o procedimento do recurso em sentido estrito. Tanto é realidade que Ada, Magalhães e Scarance, embora sustentem que o rito deve ser o do novo agravo do processo civil, sugerem várias adaptações para facilitar o seu emprego (*Recursos no processo penal*, p. 200-203). A nós, parece mais adequado utilizar o rito do recurso em sentido estrito, sem necessidade de se fazer qualquer adaptação. Acrescente-se, ainda, que a lei federal, instituidora do agravo em execução, não deu a menor pista sobre o rito, apenas chamando de agravo o recurso. Logo, nada impede que se adote o processo da analogia com o recurso em sentido estrito para o seu trâmite. Deve-se utilizar, ainda, para sustentar essa posição o constante no art. 2.º, *caput*, da Lei de Execução Penal: STF: "A jurisdição penal dos juízes ou tribunais da justiça ordinária, em todo o território nacional, será exercida, no processo de execução, na conformidade desta Lei *e do Código de Processo Penal*" (grifamos). Assim é a posição maciça dos Tribunais pátrios.

12. Prazo de interposição do agravo em execução: é de cinco dias, a contar da ciência da decisão, conforme Sumula 700 do STF: "É de 5 (cinco) dias o prazo para interposição de agravo contra decisão do juiz da execução penal". Admite-se que o réu o faça diretamente, por termo, desde que, em seguida, o juiz determine a abertura de vista ao advogado, para a apresentação de razões, garantindo-se a ampla defesa. A legitimidade estende-se ao defensor e ao Ministério Público, primordialmente. Não é demais acrescer o representante legal do condenado, seu cônjuge, parente ou descendente, conforme legitimidade conferida, para dar início aos procedimentos da Lei de Execução Penal, a essas pessoas, pelo art. 195. Além disso, não se pode subtrair o interesse que tenham, ao atuar em defesa do condenado. Mas, deve haver bom senso na aplicação do dispositivo (art. 195). Não se incluem como legitimados a recorrer nem o Conselho Penitenciário, nem a autoridade administrativa (embora possam dar início ao procedimento, o que lhes foi outorgado apenas para agilizar a instauração dos incidentes e concessão de benefícios). Aliás, até mesmo o cônjuge, parente ou descendente do sentenciado só pode fazê-lo se for em seu favor. Imagine-se o cônjuge que, não desejando o retorno do condenado para casa, interpõe agravo contra decisão que lhe concedeu regime mais favorável ou livramento condicional. Naturalmente, não tendo sido esse o espírito da norma, ao legitimar tais pessoas, deve o juiz recusar o processamento do recurso. Aceitá-lo seria ofender a ampla defesa e, mais, o princípio de que o interesse para recorrer é, primordialmente, da parte principal, que, na execução penal, são duas: o Ministério Público e o condenado. Terceiros somente poderiam ingressar, se atuarem em benefício dele, o que se dá no caso dos parentes do sentenciado.

13. Efeito do recurso: é meramente devolutivo. Inexiste o efeito suspensivo, salvo em um caso: quando o juiz expedir ordem para desinternar ou liberar o indivíduo sujeito a medida de segurança (art. 179, LEP). No mais, em casos de soltura completamente equivocada, pode o Ministério Público valer-se do mandado de segurança ou medida cautelar inominada – como já sustentamos em outras situações semelhantes (consultar a nota 30 ao art. 581). Para o condenado, a via de solução mais rápida é a utilização do *habeas corpus*.

Art. 581. Caberá recurso, no sentido estrito, da decisão, despacho ou sentença:[14-15]

I – que não receber a denúncia ou a queixa;[16-20]

II – que concluir pela incompetência do juízo;[21-22]

III – que julgar procedentes as exceções, salvo a de suspeição;[23-24]

IV – que pronunciar o réu;[25-28]

V – que conceder, negar, arbitrar, cassar ou julgar inidônea a fiança, indeferir requerimento de prisão preventiva ou revogá-la, conceder liberdade provisória ou relaxar a prisão em flagrante;[29-32]

VI – (Revogado pela Lei 11.689/2008.)[33]

VII – que julgar quebrada a fiança ou perdido o seu valor;[34]

VIII – que decretar a prescrição ou julgar, por outro modo, extinta a punibilidade;[35-38]

IX – que indeferir o pedido de reconhecimento da prescrição ou de outra causa extintiva da punibilidade;[39]

X – que conceder ou negar a ordem de *habeas corpus*;[40-40-A]

XI – que conceder, negar ou revogar a suspensão condicional da pena;[41-41-A]

XII – que conceder, negar ou revogar livramento condicional;[42]

XIII – que anular o processo da instrução criminal, no todo ou em parte;[43]

XIV – que incluir jurado na lista geral ou desta o excluir;[44-45]

XV – que denegar a apelação ou a julgar deserta;[46-47]

XVI – que ordenar a suspensão do processo, em virtude de questão prejudicial;[48-49]

XVII – que decidir sobre a unificação de penas;[50-50-A]

XVIII – que decidir o incidente de falsidade;[51]

XIX – que decretar medida de segurança, depois de transitar a sentença em julgado;[52]

XX – que impuser medida de segurança por transgressão de outra;[53]

XXI – que mantiver ou substituir a medida de segurança, nos casos do art. 774;[54]

XXII – que revogar a medida de segurança;[55]

XXIII – que deixar de revogar a medida de segurança, nos casos em que a lei admita a revogação;[56]

XXIV – que converter a multa em detenção ou em prisão simples;[57]

XXV – que recusar homologação à proposta de acordo de não persecução penal, previsto no art. 28-A desta Lei.[57-A]

14. Decisão, despacho ou sentença: como já mencionado em nota anterior, o ideal seria reservar-se, exclusivamente, às decisões interlocutórias o uso do recurso em sentido estrito, que passaria a denominar-se agravo. Não sendo assim, termina-se utilizando o referido recurso para contrariar sentenças, quando o correto seria a apelação, bem como se faz referência incorreta ao termo *despacho*, que é decisão sem conteúdo decisório, visando apenas à movimentação do processo, incólume a recursos.

15. Rol taxativo: admissão da interpretação extensiva, mas não da analogia: nas palavras de Greco Filho "o rol legal é taxativo, não comportando ampliação por analogia, porque é exceptivo da regra da irrecorribilidade das interlocutórias. Todavia, como qualquer norma jurídica, podem as hipóteses receber a chamada interpretação extensiva. Esta não amplia o rol legal; apenas admite que determinada situação se enquadra no dispositivo interpretado, a despeito de sua linguagem mais restrita. A interpretação extensiva não amplia o conteúdo da norma; somente reconhece que determinada hipótese é por ela regida, ainda que a sua expressão verbal não seja perfeita" (*Manual de processo penal*, p. 320). Exemplo disso pode observar-se na rejeição do aditamento à denúncia, que equivale à decisão de não recebimento da denúncia, prevista no art. 581, I. Dá-se à rejeição do aditamento uma interpretação extensiva, pois não deixa de ser um afastamento do direito de agir do Estado-acusação, manifestado pela ação penal. Cabe, então, recurso em sentido estrito. Há corrente jurisprudencial que não admite qualquer modalidade de ampliação do rol previsto no art. 581, embora minoritária. Na jurisprudência: STJ: "1. Tendo em conta que o art. 3.º do Código de Processo Penal admite expressamente tanto a realização de interpretação extensiva quanto de aplicação analógica na seara processual penal, a jurisprudência tem entendido possível a utilização de interpretação extensiva para se admitir o manejo do Recurso em Sentido Estrito contra decisões interlocutórias de 1.º grau que, apesar de não constarem literalmente no rol taxativo do art. 581 do CPP, tratam de hipótese concreta que se assemelha àquelas previstas nos incisos do artigo. Exemplos disso se têm no cabimento de recurso em sentido estrito contra a decisão que não recebe o aditamento à denúncia ou à queixa (inciso I do art. 581 do CPP) e na decisão que delibera sobre o *sursis* processual (inciso XI do art. 581 do CPP). 2. 'Cabe a aplicação analógica do inciso XI do artigo 581 do Código de Processo Penal aos casos de suspensão condicional do processo, viabilizada, aliás, pela subsidiariedade que o artigo 92 da Lei n.º 9.099/95 lhe atribui' (REsp 601.924/PR, Rel. Ministro José Arnaldo da Fonseca, Quinta Turma, julgado em 28.09.2005, *DJ* 07.11.2005, p. 339; e REsp 263.544/CE, Rel. Ministro Hamilton Carvalhido, Sexta Turma, julgado em 12.03.2002, *DJ* 19.12.2002, p. 457). 3. Situação em que, não encontrado o réu, o processo penal foi suspenso, conforme determina a primeira parte do art. 366 do CPP, e o Ministério Público pugnou pela oitiva das testemunhas da acusação, ao argumento de que o decurso do tempo pode causar relevante prejuízo à lembrança que elas têm dos fatos, prejudicando o objetivo da persecução penal. 4. Cabível o manejo de recurso em sentido estrito contra decisão que ordenar a suspensão do processo, as providências de natureza cautelar advindas de tal decisão devem, como ela, ser impugnáveis pelo mesmo recurso. Por consequência, a decisão interlocutória de primeiro grau que indefere pedido de produção antecipada de provas, nos casos de *sursis* processual, também desafia recurso em sentido estrito. Precedentes: AgRg no REsp 1.539.695/GO, Rel. Ministro Felix Fischer, Quinta Turma, julgado em 01.06.2017, *DJe* 12.06.2017; EDcl no HC 283.119/SP, Rel. Ministro Antonio Saldanha Palheiro, Sexta Turma, julgado em 07.11.2017, *DJe* 14.11.2017; AgRg no REsp 1.618.545/RN, Rel. Ministro Antônio Saldanha Palheiro, Sexta Turma, *DJe* de 15.02.2017; REsp 1.630.598/RN, Rel. Ministro Ribeiro Dantas, Quinta Turma, *DJe* de 15.02.2017; REsp n. 1.633.337/SP, Rel. Ministro Reynaldo Soares da Fonseca, *DJe* de 24.11.2016; REsp 1.601.399/RN, Rel. Ministro Felix Fischer, Quinta Turma, *DJe* de 02.09.2016; REsp n. 1.604.709/RN, Rel. Ministra Maria Thereza de Assis Moura, *DJe* de 09.08.2016; REsp 1628262/RS, Rel. Ministro Sebastião Reis Júnior, Sexta Turma, julgado em 13.12.2016, *DJe* 19.12.2016; REsp n. 1.605.331/RN, Rel. Ministro Sebastião Reis Júnior, *DJe* de 22.06.2016; REsp n. 1.535.543/GO, Rel. Ministro Joel Ilan Paciornik, *DJe* de 08.06.2016; REsp 1179202/SP, Rel. Ministra Laurita Vaz, Quinta Turma, julgado em 06.09.2011, *DJe* 21.09.2011. 5. Embargos de divergência providos, para reformar o acórdão embargado e dar provimento ao agravo regimental do Ministério Público do Estado do Rio Grande do Norte, para reconhecer o cabimento do Recurso em Sentido Estrito para impugnar decisão que indefere produção antecipada de prova, nas hipóteses do art. 366 do CPP" (EREsp 1.630.121/RN, 3.ª Seção, rel. Reynaldo Soares da Fonseca, 28.11.2018, v.u.).

16. Natureza da decisão: quando o juiz recebe a denúncia ou queixa, está-se diante de decisão interlocutória, porém, quando a rejeita, temos uma decisão terminativa do processo, que deveria dar ensejo à apelação. Entretanto, o Código de Processo Penal usa fórmula diversa,

Art. 581

Código de Processo Penal Comentado · **Nucci**

1066

prevendo recurso em sentido estrito, quando o magistrado rejeita a denúncia ou queixa e deixando de prever recurso para o recebimento.

17. Recurso contra decisão que recebe denúncia: não há, como regra. Entretanto, pode-se usar o *habeas corpus* para fazer cessar o constrangimento ilegal gerado pelo recebimento de denúncia, sem haver a correspondente justa causa para a ação penal. A razão de ser do inquérito, além de formar a *opinio delicti* do promotor, é também instruir a denúncia, possibilitando que o magistrado faça uma avaliação preliminar da admissibilidade da acusação. Não existindo motivo suficiente para o Estado-acusação ingressar com a ação penal, pode o Judiciário trancá-la, caso tenha havido o recebimento da denúncia. Tal se dá por intermédio do *habeas corpus*. Embora seja boa solução prever recurso contra o recebimento da denúncia ou queixa, a melhor saída ainda é a utilização do *habeas corpus*, pois mais célere o seu processamento e conhecimento. Reitere-se que o ajuizamento de ação penal sem justa causa representa nítido constrangimento ilegal ao acusado, motivo pelo qual o seu eventual trancamento precisa ser logo avaliado.

17-A. Necessidade de intimação do acusado para contra-arrazoar recurso da acusação contra decisão de rejeição da denúncia ou queixa: ver a nota 70-A ao art. 589.

18. Recurso em sentido estrito contra decisão do TJ que recebe denúncia contra Prefeito: é incabível, atualmente. Nessa parte, não mais se aplica o disposto no Decreto-lei 201/1967, que previa duplo grau de jurisdição, motivo pelo qual existia o recurso em sentido estrito. Hoje, o Prefeito passa a ser julgado originalmente pelo Tribunal, logo, é incabível o referido recurso em sentido estrito. Se o recebimento se der sem justa causa, cabe a interposição de *habeas corpus* ao STJ.

19. Recebimento parcial da denúncia ou queixa: admitindo-se que, quanto aos fatos narrados, possa o juiz receber a denúncia ou queixa parcialmente, cabe recurso em sentido estrito em caso de afastamento de fatos, que tenham base no inquérito policial, portanto, justa causa. Não cabe, por parte do magistrado, a alteração da classificação feita pelo promotor, no momento de receber a denúncia, de forma que inexiste recurso para tanto. Excepcionalmente, caso o juiz modifique a classificação, é preciso considerar duas situações: a) se alterou a classificação por mero erro material do Ministério Público, problema algum há. Imagine-se que o promotor descreveu um homicídio qualificado, mas terminou classificando como simples (art. 121, *caput*, CP). Basta indicar que está recebendo com base no art. 121, § 2.º, inciso..., CP; b) caso o juiz altere a classificação, porque modifica, de ofício, os fatos narrados na denúncia, prejulgará, o que é inadmissível. Implica rejeição parcial da denúncia, proporcionando recurso em sentido estrito. É o que ocorre, muitas vezes, com a transformação feita pelo juiz de tráfico de entorpecentes para porte, sem que os fatos narrados permitam tal modificação.

19-A. Recebimento da denúncia ou queixa pelo Tribunal: não configura supressão de instância. Ao contrário, se o juiz de 1.ª Instância rejeitou a peça acusatória, por não aceitar o seu cabimento, o mais indicado é que o Tribunal, crendo viável, profira decisão recebendo-a. Nessa ótica: Súmula 709 do STF: "Salvo quando nula a decisão de primeiro grau, o acórdão que provê o recurso contra a rejeição da denúncia vale, desde logo, pelo recebimento dela".

20. Arquivamento de inquérito ou peças de informação: não há recurso cabível. Excepcionalmente, dispõe o art. 6.º, parágrafo único, da Lei 1.508/1951, que havendo arquivamento da representação formulada por qualquer do povo para provocar a iniciativa do Ministério Público, nos casos das contravenções penais de jogo do bicho e corrida de cavalos, cabe recurso em sentido estrito.

21. Incompetência do juízo: é decisão interlocutória, pois apenas altera o juízo competente para julgar a causa, sem colocar fim ao processo. O reconhecimento da incompetência, neste caso, é feito de ofício pelo magistrado. Quando houver a interposição de exceção de incompetência aplica-se a hipótese prevista no inciso III. No caso do juiz concluir pela competência do juízo, não há recurso, salvo se a decisão for de flagrante ilegalidade, podendo-se ingressar com *habeas corpus*, pois o réu não deve ser processado senão pelo juiz natural. Na jurisprudência: TJMG: "Não se conhece de Recurso em Sentido Estrito interposto contra decisão que julgou improcedente incidente de Exceção de Incompetência, por ausência de previsão no rol taxativo do art. 581 do Código de Processo Penal" (Rec. em Sentido Estrito 10111190014121001-MG, 3.ª C., rel. Octavio Augusto de Nigris Boccalini, j. 29.04.2020).

22. Desclassificação no procedimento do júri: ver nota 26 ao inciso IV, abaixo.

23. Procedência das exceções: a decisão do juiz que julgar procedente a exceção de coisa julgada, litispendência ou ilegitimidade de parte é terminativa, sem julgamento do mérito. Logo, deveria caber apelação, mas o Código fixa o recurso em sentido estrito. Rejeitando a exceção relativa a qualquer dessas matérias, não há recurso cabível, podendo a parte prejudicada valer-se de *habeas corpus*, em caso de flagrante ilegalidade, ou aguardar futura e eventual apelação, para reiterar a impugnação. Note-se que a procedência da exceção de incompetência não é terminativa, logo é autenticamente interlocutória, cabendo recurso em sentido estrito. Entretanto, se o magistrado rejeita a exceção, não cabe recurso, exceto em casos de situações teratológicas, evidenciando juízo nitidamente incompetente (ofensivo ao princípio do juiz natural, cabendo *habeas corpus* por parte do réu.

24. Exceção de suspeição: se for aceita a causa de suspeição levantada, segundo dispõe o art. 99, deverá o magistrado suspender o curso do processo e enviar os autos ao substituto. Há controle do Tribunal de Justiça, pois a designação de magistrado para substituir o suspeito é feita pela Presidência. Logo, o juiz não deve acolher exceção quando a suspeição não for autêntica, sob pena de responsabilidade funcional. Por outro lado, caso não reconheça a suspeição aventada, segue-se o disposto no art. 100 deste Código, determinando-se a remessa dos autos apartados à Instância Superior. Em qualquer caso, não cabe recurso em sentido estrito.

25. Pronúncia: a decisão de pronúncia é interlocutória, mesmo porque julga apenas a admissibilidade da acusação, encaminhando o feito à apreciação do Tribunal do Júri. Não ingressa no mérito, embora profira um julgamento mais apurado do que ocorre com o simples recebimento da denúncia ou queixa. No caso da impronúncia, ocorre uma decisão terminativa, que pode ou não apreciar o mérito. Se o fundamento da decisão concernir à insuficiência de provas para determinar a autoria ou sustentar a materialidade, trata-se de terminativa, sem apreciação do mérito. Justamente por isso, a Lei 11.689/2008 corrigiu o anterior equívoco e passou a prever a apelação para impugnar a decisão de impronúncia, retirando-a do âmbito do recurso em sentido estrito.

26. Desclassificação: uma das hipóteses que o juiz possui, terminada a instrução do processo do júri, é desclassificar a infração penal para outra, de competência de outro juízo que não o Tribunal do Júri. Assim pode o magistrado fazer, verificando, por exemplo, que não se tratou de homicídio seguido de furto, mas de autêntico latrocínio. Cuida-se de alteração de competência, impugnável por recurso em sentido estrito, com base no inciso II (concluir pela incompetência do juízo) do art. 581.

27. Recurso denominado pró e contra: trata-se da impugnação de decisão que sempre comporta recurso, pois, de qualquer modo que deliberar o juiz, uma das partes pode

Art. 581

Código de Processo Penal Comentado · **Nucci**   1068

insurgir-se. Ilustrando, o recurso em sentido estrito pode ser usado na ótica *pró* e *contra* no caso da decisão que concede fiança e, também, contra a que a cassa (inciso V). A acusação e a defesa valem-se do mesmo recurso, conforme a situação.

28. Recurso do assistente de acusação: habilitado ou não, nos autos, podia o ofendido recorrer contra a decisão de impronúncia, valendo-se do recurso em sentido estrito. Agora, essa decisão será atacada por apelação (art. 416, CPP).

29. Decisão que envolve a liberdade do acusado: trata-se de decisão interlocutória, pois diz respeito a uma questão incidental de crucial importância, até porque concernente à possibilidade do réu – ou indiciado, ainda – aguardar a decisão do feito em liberdade, situação que deve ser a regra geral. Pode o juiz decidir acerca da fiança, concedendo-a, negando-a, arbitrando valor muito baixo ou excessivo, cassando-a ou mesmo julgando-a não idônea (sobre o tema, ver notas ao Capítulo VI, do Título IX, do Livro I). Nessa parte, a lei prevê tanto situação favorável ao réu quanto desfavorável. Assim, concedida a fiança ou fixado um valor muito baixo, pode o Ministério Público recorrer. Negada, cassada ou considerada inidônea, cabe ao acusado apresentar seu inconformismo. Embora quando a decisão seja desfavorável ao réu possa este impetrar *habeas corpus*, pois se está diante de norma que envolve a liberdade de locomoção, previu o legislador a possibilidade de utilização do recurso em sentido estrito, o que não aconteceu nas hipóteses que se seguem. Em se tratando de prisão preventiva, pode o juiz indeferir o pedido formulado pelo promotor, não acolher a representação feita pelo delegado ou revogá-la, propiciando recurso por parte do Ministério Público. Não se tratou das situações envolvendo a decretação da preventiva ou indeferimento de sua revogação, o que provoca, como alternativa única para o interessado, a impetração de *habeas corpus*. Aliás, no caso de negativa de fiança, cassação ou consideração de sua inidoneidade, em regra, o réu vale-se da ação constitucional, que é muito mais célere. Por outro lado, quando o juiz conceder liberdade provisória, pode o Ministério Público recorrer, mas não cabe recurso em sentido estrito para o réu, que tem o seu pedido de liberdade provisória negado. Vale-se ele do *habeas corpus*. Finalmente, quando a prisão, por ser ilegal, mereça ser relaxada, caso o juiz o faça, proporciona ao Ministério Público a interposição de recurso em sentido estrito. Quando houver negativa ao relaxamento, somente por *habeas corpus* o interessado pode questionar a decisão.

30. Mandado de segurança ou medida cautelar inominada para dar efeito suspensivo ao recurso em sentido estrito: como este recurso não tem efeito suspensivo, como regra, quando o órgão acusatório apresenta mandado de segurança para impedir que uma decisão judicial possa produzir consequência imediata, em geral, não obtém sucesso. Afinal, busca-se obter efeito suspensivo, quando a lei não permite. Exemplo disso é a determinação de soltura de certo acusado, considerado pelo Ministério Público como perigoso. Na realidade, o mandado de segurança não pode ser acolhido nesse pedido, pois inexiste direito líquido e certo, até pelo fato de o CPP não prever o efeito almejado. Por outro lado, há tribunais que aceitam a medida cautelar inominada para conseguir o efeito suspensivo do recurso em sentido estrito, embora essa concessão represente uma decisão que consagra o poder geral de cautela do Judiciário no processo penal, tema de natureza controversa. Parece-nos o ideal a modificação legal para permitir efeito suspensivo em situações como essa. Outra viabilidade poderia ser a utilização do mandado de segurança ajuizado diretamente *contra* a decisão do juiz, quando ficar claro o direito líquido e certo para manter segregado provisoriamente o acusado. Como exposto na parte relativa ao mandado de segurança, esta ação de natureza constitucional pode ser usada pela acusação e pela defesa. Parece-nos, inclusive, com a edição da Lei 12.016/2009, ser realmente cabível o mandado de segurança contra *decisão judicial* da qual não caiba recurso, com efeito suspensivo, nos termos do art. 5.º, II. Porém, reitere-se, o mandado de segurança buscaria diretamente a reforma da decisão judicial, geradora de prejuízo à sociedade ou à vítima, mas não para conceder efeito suspensivo ao recurso em sentido estrito. De qualquer modo, na prática, quando a acusação ingressar com medida cautelar inominada, para impedir o efeito de uma decisão judicial, com nítido prejuízo à sociedade, parece-nos razoável acolhê-la, em lugar do mandado de segurança, para esse fim. Consultar as notas 7-B e 7-C ao Capítulo X do Título II.

31. Legitimidade do assistente de acusação: entendia-se que a vítima do crime não deveria ter reconhecido o direito de recorrer contra a soltura do réu. Aliás, a impossibilidade vinha retratada no art. 271 do Código de Processo Penal, que não a prevê. Seria interesse da sociedade – e não do ofendido – manter o acusado no cárcere, provisoriamente, ou permitir que aguardasse seu julgamento definitivo em liberdade. Defendíamos em sentido contrário, ou seja, o ideal seria suprimir as várias delimitações que o processo penal ainda coloca para a atuação do ofendido, como assistente de acusação, sob o fundamento de que é seu direito pleitear qualquer medida considerada necessária, desde a condenação do réu, passando pela viabilidade de requerer a prisão preventiva, até atingir a indenização pelo dano causado pelo delito. Atualmente, o art. 311 do CPP prevê, claramente, a possibilidade de o assistente de acusação requerer a prisão preventiva. Logo, é natural que possa recorrer do indeferimento e, também, das medidas de soltura do acusado.

32. Querelante: assumindo a posição de parte principal na demanda, é natural que possa recorrer das decisões concernentes à liberdade do réu, o que não ocorre se figurar como mero assistente de acusação.

33. Absolvição sumária: trata-se de autêntica sentença terminativa, com julgamento de mérito, por considerar que o réu não cometeu crime. Essa sentença era impugnada por recurso em sentido estrito. A Lei 11.689/2008 corrigiu a distorção, eliminando o inciso VI do art. 581 e introduzindo o disposto no art. 416 do CPP, prevendo como recurso cabível a apelação, como vínhamos sugerindo nas anteriores edições desta obra.

34. Quebramento e perda da fiança: são situações desfavoráveis ao réu, sendo-lhe permitido o recurso em sentido estrito, porque, realmente, são decisões interlocutórias, merecedoras do duplo grau de jurisdição. Entretanto, quando houver o quebramento, implicando a obrigação de se recolher à prisão (ou a imposição de outra medida cautelar), pode dar ensejo à impetração de *habeas corpus*. Caso o juiz negue o quebramento ou a perda, o Ministério Público somente pode insurgir-se contra a decisão em preliminar de futura apelação, se houver. Ver, ainda, as notas aos arts. 341 e 344.

35. Extinção da punibilidade: segundo nos parece, é decisão terminativa e de mérito, pois considera afastada a pretensão punitiva do Estado. Pode-se até discutir que não é verdadeiramente o mérito da imputação (fato típico, antijurídico e culpável), mas, ainda assim, o ideal seria a apelação. Além do mais, é incompreensível, como vem apontando a doutrina, a redação do inciso em questão. Fala-se da decisão que decretar a prescrição *ou* julgar extinta a punibilidade, por outra causa, sendo certo que a prescrição não deixa de ser uma das causas de extinção da punibilidade. Logo, há nítida redundância.

36. Recurso contra decretação da extinção da punibilidade pelo juiz: se o magistrado de 1.º grau julga extinta a punibilidade pela prescrição está avaliando o mérito, mas superficialmente, sem ingressar na questão que efetivamente deu origem à pretensão punitiva do Estado, ou seja, a prática da infração penal. Logo, o ideal é que o tribunal, dando provimento ao recurso, determine o retorno dos autos para julgamento de 1.º grau. Assim também o entendimento de Ada, Magalhães e Scarance: "para o processo penal, o mérito propriamente

Art. 581

Código de Processo Penal Comentado · **Nucci**

1070

dito jamais terá sido examinado em profundidade e, afastada a causa de extinção da punibilidade pelo tribunal, o processo deverá voltar ao primeiro grau para o julgamento do mérito da pretensão punitiva" (*Recursos no processo penal*, p. 54).

37. Extinção da punibilidade decretada durante o processo de execução da pena: cabe agravo (art. 197 da Lei 7.210/1984 – Lei de Execução Penal).

38. Recurso do assistente de acusação: habilitado ou não, pode o ofendido, nessa hipótese, apresentar recurso em sentido estrito (art. 584, § 1.º, CPP).

39. Indeferimento da decretação da extinção da punibilidade: cabe recurso em sentido estrito apresentado pela defesa. É a contraposição do inciso anterior, que autoriza o recurso em sentido estrito contra a decisão que julga extinta a punibilidade. No caso deste inciso (indefere a extinção da punibilidade), cremos correta a consideração da decisão como interlocutória, pois o processo prossegue normalmente. Bastaria, no entanto, ter feito menção ao indeferimento de causa extintiva da punibilidade, deixando de lado a prescrição, que já está inserida no contexto dos motivos de extinção da punibilidade do réu.

40. Decisão concessiva ou denegatória de *habeas corpus*: como já mencionamos anteriormente, a decisão proferida nesse tipo de ação constitucional é terminativa, julga o mérito da pretensão do impetrante e deveria ser impugnada por apelação. Na hipótese de decisão concessiva do *habeas corpus*, se não for interposto recurso voluntário, cabe o denominado recurso de ofício, obrigando o reexame da decisão por instância superior, conforme art. 574, I.

40-A. Decisão acerca de liminar em *habeas corpus*: é irrecorrível, dentro das normas processuais penais. Porém, pode-se encontrar previsão de agravo regimental, conforme previsão feita em Regimento Interno de Tribunal. Entretanto, até o processamento de eventual agravo ser levado à mesa e julgado, por óbvio, o célere procedimento do *habeas corpus* já o terá superado e será julgado, quanto ao mérito. Inútil, pois, qualquer recurso para o próprio Tribunal. No entanto, há também hipóteses nas quais o indeferimento da liminar leva o impetrante a interpor outro *habeas corpus* em Tribunal Superior para buscar a sua pretensão em favor do paciente. Mas esse procedimento também não é aceito, como regra. Eis o teor da Súmula 691 do STF: "Não compete ao Supremo Tribunal Federal conhecer de *habeas corpus* impetrado contra decisão do relator que, em *habeas corpus* requerido a tribunal superior, indefere a liminar".

41. Concessão, negativa ou revogação de *sursis*: a regra para a concessão da suspensão condicional da pena é que seja feita na sentença condenatória, conforme expressamente prevê o art. 157 da Lei de Execução Penal. Logo, é caso de apelação, caso seja indevidamente concedida ou mesmo se for negada. Excepcionalmente, quando o juiz da execução criminal alterar as condições do *sursis* (art. 158, § 2.º, LEP), considerá-lo sem efeito (art. 161, LEP), revogá-lo ou prorrogá-lo (art. 162, LEP), provocará a possibilidade de interposição de agravo (art. 197, LEP) e não de recurso em sentido estrito. Inexiste aplicação para este dispositivo, atualmente. Aparentemente, poderia haver uma hipótese remanescente: quando o réu não comparecer à audiência admonitória, preceitua a lei que o *sursis* fica sem efeito, devendo ser a pena imediatamente executada (art. 161, LEP). Assim, caso, injustificadamente, tenha sido a suspensão condicional da pena tornada sem efeito (por exemplo, se o réu não foi devidamente intimado para a referida audiência), não cabe recurso algum contra a decisão do juiz da condenação, que expedirá guia de recolhimento. O caminho correto para o condenado é reiterar ao juiz da execução a restauração do benefício, demonstrando-lhe a falha ocorrida. Assim sendo, se o juiz negar, caberá agravo. Caso acolha o pedido, restaurará o *sursis*. E mais, se a decisão do juiz da condenação implicar a prisão indevida do sentenciado, melhor resolver pela via do *habeas corpus*, mais rápida e eficaz.

41-A. *Sursis* processual e suspensão pelo art. 366 do CPP: utilização do recurso em sentido estrito por interpretação extensiva. Consultar a nota 15 *supra*.

42. Concessão, negativa ou revogação de livramento condicional: trata-se, atualmente, de matéria pertinente à execução penal, regulada pela Lei 7.210/1984 (Lei de Execução Penal – arts. 131 a 146), motivo pelo qual qualquer dessas decisões deve ser impugnada pela via do agravo (art. 197, LEP).

43. Nulidade do processo: reconhecida essa hipótese, que é típica decisão interlocutória, cabe à parte inconformada em ter que reiniciar a instrução ou reproduzir determinados atos, impugnar a decisão anulatória pelo recurso em sentido estrito. É preciso ressaltar, no entanto, que dificilmente o recurso será julgado antes da reprodução dos atos processuais, perdendo o sentido prático a sua interposição. Negando o magistrado a anulação do processo, requerida por qualquer das partes, não cabe recurso, salvo, em casos teratológicos, a impugnação por *habeas corpus* – por parte do réu, como regra – ou mesmo a reiteração da questão em preliminar de futura apelação, pela parte prejudicada.

44. Inclusão ou exclusão de jurado na lista: tendo em vista a imparcial formação da lista de jurados, o procedimento deve ser de conhecimento geral, publicando-se o resultado final na imprensa e afixando-se no fórum. Logo, é possível que qualquer pessoa questione a idoneidade de um jurado incluído na lista (ver art. 426, § 1.º, CPP). Nesse caso, pode o juiz, acolhendo petição da parte interessada, excluí-lo da lista, o que dá margem ao inconformismo daquele que foi extirpado. Por outro lado, a inclusão de alguém, impugnada e mantida pelo magistrado, dá lugar à interposição de recurso em sentido estrito. Nesse caso, em caráter excepcional, segue o recurso ao Presidente do Tribunal de Justiça.

45. Prazo para a interposição: é de vinte dias, contado da data da publicação da lista definitiva dos jurados (art. 586, parágrafo único).

46. Indeferir o processamento de apelação ou considerá-la deserta: é decisão interlocutória, passível de recurso em sentido estrito. Caso o juiz receba, indevidamente, apelação (apresentada fora do prazo, por exemplo), cabe à parte contrária levantar em preliminar, das contrarrazões, a impossibilidade de conhecimento, mas não se interpõe recurso à parte.

46-A. Conhecimento de carta testemunhável como recurso em sentido estrito: é possível conhecer e prover a carta testemunhável, como se fosse recurso em sentido estrito, quando o magistrado denegar seguimento à apelação. É a aplicação do princípio da fungibilidade dos recursos.

46-B. Julgar prejudicada a apelação: cabe recurso em sentido estrito, por interpretação extensiva do disposto no inciso XV (denegar ou julgar deserta a apelação). A hipótese, juridicamente inviável, seria o juiz considerar *prejudicada* a apelação, tendo em vista a apresentação das razões fora do prazo legal (ou quando estas não forem oferecidas). O correto é determinar o processamento do apelo, especialmente quando for interposto pelo réu, em homenagem à ampla defesa, cabendo ao tribunal decidir se dá ou não provimento.

47. Recurso do assistente de acusação: quando o ofendido apresentar apelação, caso seja indeferido o seu processamento, cabe recurso em sentido estrito, embora não haja expressa menção no art. 584, § 1.º, nem no art. 598. É consequência natural do seu direito de apelar. Sendo denegado, é preciso que a lei lhe garanta o socorro devido.

Art. 581

Código de Processo Penal Comentado · **Nucci**   1072

48. Suspensão do feito em virtude de questão prejudicial: sobre a incidência de questão prejudicial, ver notas aos arts. 92 e 93. Decidindo o juiz que a questão, a ser apreciada no juízo cível, constituindo matéria importante para o deslinde da causa criminal, deve ser decidida previamente, determinará a suspensão do trâmite do processo criminal. Sem dúvida, essa decisão implica quase sempre prejuízo, direto ou indireto, para alguma das partes, interessada no rápido desfecho do processo, por variadas razões (testemunhas que se esquecem do que viram ou ouviram, provas periciais que podem ficar prejudicadas etc.). Assim, a decisão pode ser impugnada pela via do recurso em sentido estrito.

49. Não cabimento de recurso em caso de denegação da suspensão: é faculdade do magistrado a suspensão do processo, em razão de questão prejudicial, porque deve ele efetuar o juízo de prelibação, isto é, buscar certificar-se, antecipadamente, da relevância da decisão do juiz civil, antes de deferir a suspensão, a fim de evitar o sobrestamento inconsistente da ação penal. Ver nota 7 ao art. 92.

50. Unificação de penas: trata-se de um autêntico incidente na execução da pena, cuja competência pertence ao juiz da execução, nos termos do disposto no art. 66, III, *a*, da Lei de Execução Penal. Utiliza-se a unificação das penas para transformar vários títulos (sentenças condenatórias diversas) em um único, seja para produzir a soma de penas (quando há várias condenações em concurso material, conforme art. 69, CP), seja para transformar várias penas em uma só, com uma causa de aumento (quando não foi anteriormente reconhecido o crime continuado – art. 71, CP – ou o concurso formal – art. 70, CP) ou, ainda, para fixar o teto de cumprimento da pena (quando a pena ultrapassar o montante de 40 anos, seguindo-se o disposto no art. 75, CP). Para impugnar a decisão que nega ou concede a unificação, cabe agravo (art. 197, LEP).

50-A. Unificação de penas e revisão criminal: não há possibilidade de substituição do incidente de unificação de penas pela revisão criminal, quando o condenado pretender rever a pena aplicada em sua condenação, resultante de crime continuado ou concurso formal. Deve dirigir seu pedido, primeiramente, à Vara das Execuções Criminais, pois não tem sentido utilizar a revisão criminal se existe mecanismo próprio para a correção do problema. Por outro lado, se a unificação de penas for indeferida e não houver a interposição de agravo, ocorrendo o trânsito em julgado, torna-se possível questionar a decisão por meio da revisão criminal. Ver, ainda, a nota 22 ao art. 622.

51. Julgamento do incidente de falsidade: é, de fato, decisão interlocutória, que verifica ser ou não falso determinado documento – material ou ideologicamente –, produzindo como efeito a manutenção do referido documento nos autos, caso o incidente seja improcedente, ou o seu desentranhamento, não mais sendo utilizado como prova, quando o incidente for procedente. Logicamente, a despeito da impugnação da decisão ser feita por recurso em sentido estrito, a qualquer momento, pode a questão ser reapreciada, dando-se ao documento o seu devido valor, caso ele ainda esteja entranhado nos autos. Assim sendo, somente na sentença é que o magistrado irá, realmente, verificar a validade do documento para a apuração da verdade real, sendo natural que torne a tratar do tema.

52. Decretação da medida de segurança, após o trânsito em julgado: trata-se de um incidente da execução criminal, previsto no art. 183 da Lei de Execução Penal, logo, é cabível a sua impugnação por agravo (art. 197, LEP).

53. Transformação da medida de segurança: é outro incidente da execução penal, previsto no art. 184 da Lei de Execução Penal. Cabe a impugnação da decisão pela via do agravo (art. 197, LEP).

54. Inaplicabilidade do dispositivo: o art. 774 mencionado refere-se a dispositivo do Código Penal já revogado. Logo, inaplicável esta hipótese.

55. Revogação da medida de segurança: entenda-se a hipótese de desinternação ou liberação do agente, nos termos do art. 179 da Lei de Execução Penal. Portanto, caso o juiz determine, indevidamente, a desinternação ou a liberação de alguém, cabe o recurso de agravo (art. 197, LEP), nesse caso com efeito suspensivo, por exceção.

56. Indeferimento da revogação da medida de segurança: entenda-se, nessa hipótese, o indeferimento do pedido de desinternação ou liberação do agente, quando as condições previstas em lei (arts. 175 a 179, LEP) são favoráveis. Cabe o recurso do agravo (art. 197, LEP), mas não o recurso em sentido estrito.

57. Inaplicabilidade do preceito: não há mais possibilidade legal de se converter a pena de multa em detenção ou prisão simples, tendo em vista o disposto na atual redação do art. 51 do Código Penal.

57-A. Homologação à proposta de não persecução penal: trata-se de novo benefício, introduzido pela reforma da Lei 13.964/2019. Segundo o art. 28-A deste Código, em situações abrangendo crimes não violentos, com pena mínima inferior a quatro anos, havendo admissão de culpa pelo investigado, o Ministério Público pode propor o acordo de não persecução penal. Isso, na prática, significa não oferecer denúncia e impor certas condições, que, uma vez cumpridas, levarão à extinção da punibilidade. Ocorre que a lei foi bem clara ao mencionar o dever do juiz de, em audiência, verificar a voluntariedade do acordo por parte do investigado, ouvindo-o, na presença de seu defensor. O magistrado deve controlar a *legalidade* do acordo. Se ele considerar abusivas, inadequadas ou insuficientes as cláusulas, poderá devolver os autos ao MP para adaptação ou recusar a homologação. Bem colocado neste artigo, caberá recurso em sentido estrito por parte do órgão acusatório. Lembremos que a homologação de um acordo ilegal enseja a propositura de *habeas corpus*. Não cabe recurso em sentido estrito, pois o inciso XXV é claro ao estipular que o cabimento do recurso se dá no caso de *recusa da homologação* apenas.

> **Art. 582.** Os recursos serão sempre para o Tribunal de Apelação,[58] salvo nos casos dos ns. V, X e XIV.[59]
>
> **Parágrafo único.** O recurso, no caso do n. XIV, será para o presidente do Tribunal de Apelação.

58. Tribunal de Apelação: é o tribunal competente para julgar a infração penal pela qual responde o acusado. Pode ser tanto o Tribunal de Justiça (crimes da competência estadual), quanto o Tribunal Regional Federal (delitos da esfera federal).

59. Exceções ao Tribunal Estadual ou Regional: não mais subsistem as previstas nos incisos V e X. São as impugnações nesses incisos previstas dirigidas a esses tribunais, normalmente. A exceção referente ao inciso XIV perdura, remetendo-se o recurso ao Presidente do Tribunal de Justiça, conforme dispõe o parágrafo único deste artigo.

> **Art. 583.** Subirão nos próprios autos os recursos:[60]
>
> I – quando interpostos de ofício;
>
> II – nos casos do art. 581, I, III, IV, VI, VIII e X;

Art. 584

Código de Processo Penal Comentado • NUCCI

III – quando o recurso não prejudicar o andamento do processo.

Parágrafo único. O recurso da pronúncia subirá em traslado, quando, havendo dois ou mais réus, qualquer deles se conformar com a decisão ou todos não tiverem sido ainda intimados da pronúncia.[61]

60. Subida dos próprios autos: como regra (vide art. 587), o recurso em sentido estrito, tendo por objeto decisão interlocutória, que não coloca fim ao processo, deve ser decidido à parte, isto é, sem a paralisação do processo principal, o que ocorreria se os autos deste último subissem ao Tribunal. Para garantir o prosseguimento do feito, deve-se formar um instrumento, exceto nos casos enumerados neste artigo. São eles: a) recursos de ofício, como ocorre na concessão de *habeas corpus*; b) não recebimento da denúncia ou queixa; c) procedência das exceções (salvo a de suspeição); d) pronúncia. Neste último caso, é incompreensível que o recurso contra a pronúncia suba nos próprios autos, o que prejudica o prosseguimento da instrução, ao mesmo tempo em que o art. 584, § 2.º, preceitua que "o recurso da pronúncia suspenderá tão somente o julgamento". Não se pode instruir o feito, deixando-o pronto para o plenário sem os autos principais; e) decretação da extinção da punibilidade; f) julgamento de *habeas corpus*; g) não havendo prejuízo para o prosseguimento da instrução. A maioria das situações descritas – extraída a pronúncia – provoca a paralisação do andamento do processo principal, motivo pelo qual não há empecilho para o recurso em sentido estrito ser processado nos autos, sem a formação do instrumento. Exemplo de recurso que não prejudica o andamento do processo é o interposto contra decisão que indefere o seguimento da apelação. Já que o recurso em sentido estrito tem efeito suspensivo (art. 584), não existe razão para formar-se um instrumento à parte.

61. Pluralidade de réus em caso de pronúncia: havendo mais de um pronunciado, é possível que alguns não recorram, transitando em julgado a decisão, valendo, para eles, o encaminhamento do caso à apreciação do Tribunal Popular. Para aquele que recorrer, impõe-se a formação de um traslado, isto é, autos apartados, a fim de que suba o recurso, sem prejuízo do andamento do processo principal. Por outro lado, estipula o artigo em comento que a falta de intimação de um deles faz com que o recurso interposto por outro provoque a formação do mencionado traslado. Tal medida era imperiosa, uma vez que o processo, no caso de delito afeto à competência do júri, não tinha prosseguimento sem que houvesse a intimação da pronúncia. Superada tal situação pela Lei 11.689/2008, ou seja, a intimação da pronúncia foi facilitada (art. 420), cuida-se de mera formalidade o disposto no art. 583, parágrafo único.

Art. 584. Os recursos terão efeito suspensivo nos casos de perda da fiança, de concessão de livramento condicional e dos ns. XV, XVII e XXIV do art. 581.[62]

§ 1.º Ao recurso interposto de sentença de impronúncia ou no caso do ns. VIII do art. 581, aplicar-se-á o disposto nos arts. 596 e 598.

§ 2.º O recurso da pronúncia suspenderá tão somente o julgamento.

§ 3.º O recurso do despacho[63] que julgar quebrada a fiança suspenderá unicamente o efeito de perda da metade do seu valor.

62. Efeito suspensivo: é a exceção, não a regra. O recurso em sentido estrito não deve suspender o curso do feito, exceto nos seguintes casos: a) perda da fiança; b) denegação ou julgamento de deserção da apelação. Não mais tem aplicação o disposto neste artigo à concessão do livramento condicional, unificação de penas, conversão de multa em prisão. Os dois primeiros passaram a ser disciplinados pela Lei de Execução Penal, passíveis de impugnação pela via do agravo, sem efeito suspensivo. O último caso foi extirpado pela modificação do art. 51 do Código Penal, inexistindo conversão de multa em prisão. Sobre a concessão de efeito suspensivo ao recurso em sentido estrito, consultar a nota 30 ao art. 581.

63. Impropriedade do termo: não se trata de despacho, mas de verdadeira decisão interlocutória, que lida com a liberdade de ir e vir do réu (ver nota 57 ao art. 341 e nota 65 ao art. 343, a respeito das consequências da quebra da fiança). É preciso salientar que, não havendo efeito suspensivo, mas sendo concreta a possibilidade de prisão (ou outra medida cautelar) cabe *habeas corpus* para combater a decisão proferida.

> **Art. 585.** O réu não poderá recorrer da pronúncia senão depois de preso, salvo se prestar fiança, nos casos em que a lei a admitir.[64]

64. Prisão por pronúncia: não é mais automática, devendo submeter-se ao disposto no art. 413, § 3.º, deste Código. Todas as prisões cautelares passam a ser analisadas sob o prisma dos requisitos do art. 312 do CPP, que cuida da prisão preventiva. Logo, somente se decreta a prisão por pronúncia se houver necessidade e estando presentes os referidos requisitos. Não mais se leva em conta, isoladamente, os fatores *primariedade* e *bons antecedentes* para analisar tal situação.

> **Art. 586.** O recurso voluntário poderá ser interposto no prazo de 5 (cinco) dias.[65-65-B]
>
> **Parágrafo único.** No caso do art. 581, XIV, o prazo será de 20 (vinte) dias, contado da data da publicação definitiva da lista de jurados.

65. Exceção à regra: quando o Ministério Público não apresenta recurso em sentido estrito, no caso de decretação da extinção da punibilidade do réu, pode fazê-lo, em separado, o ofendido ou seus sucessores, mesmo que não habilitados como assistentes. Nesse caso, aplicando-se o art. 598, parágrafo único, o prazo é de quinze dias, contados a partir da data em que findar o do Ministério Público.

65-A. Prazo do Ministério Público: conta-se a partir do momento em que se tem certeza de que os autos foram entregues ao setor competente pelo recebimento, conforme formalizado pela instituição.

65-B. Intempestividade: a verificação da tempestividade ou intempestividade do recurso em sentido estrito – como de qualquer outro – deve ser feita de ofício pelo órgão competente para apreciá-lo.

> **Art. 587.** Quando o recurso houver de subir por instrumento,[66] a parte indicará, no respectivo termo, ou em requerimento avulso, as peças dos autos de que pretenda traslado.
>
> **Parágrafo único.** O traslado será extraído, conferido e concertado no prazo de 5 (cinco) dias, e dele constarão sempre a decisão recorrida, a certidão de sua intimação, se por outra forma não for possível verificar-se a oportunidade do recurso, e o termo de interposição.[67]

Art. 588

Código de Processo Penal Comentado · **Nucci**   1076

66. Subida por instrumento: significa que os autos principais não seguirão ao Tribunal *ad quem*, pois isso prejudicaria o andamento da instrução e o julgamento do mérito da causa. Tratando-se de decisão interlocutória, objeto da impugnação, é natural que sejam formados autos à parte – instrumento –, remetidos à Instância Superior. Para tanto, a parte interessada precisa indicar as peças que pretende ver encartadas nos autos do recurso em sentido estrito. O mesmo procedimento pode ser adotado pelo recorrido que, ao se manifestar (art. 588), também pode indicar peças para compor o instrumento. Há exceções, conforme foi visto no art. 583 retro, não havendo necessidade de formação de autos à parte. Na jurisprudência: STJ: "2. O Ministério Público cumpriu o ônus legal previsto no art. 587 do Código de Processo Penal, de que 'Quando o recurso houver de subir por instrumento, a parte indicará, no respectivo termo, ou a requerimento avulso, as peças dos autos de que pretenda traslado', motivo pelo qual a Corte de origem não poderia haver deixado de julgar o mérito do recurso sem que, antes, providenciasse a juntada dos documentos indicados no termo do recurso. 3. Havendo sido devidamente indicadas pelo Ministério Público as peças que deveriam haver sido trasladadas para a correta instrução do agravo, não poderia a Corte estadual haver deixado de apreciar o mérito do recurso" (AgInt no REsp 1.629.499/MG, 6.ª T., rel. Rogerio Schietti Cruz, 18.04.2017, v.u.).

67. Peças obrigatórias: são indispensáveis para que o Tribunal Superior possa averiguar os requisitos de admissibilidade do recurso, tais como a tempestividade, o interesse, a adequação e a legitimidade.

> **Art. 588.** Dentro de 2 (dois) dias, contados da interposição do recurso, ou do dia em que o escrivão, extraído o traslado,[67-A] o fizer com vista ao recorrente, este oferecerá as razões[68] e, em seguida, será aberta vista ao recorrido por igual prazo.
>
> **Parágrafo único.** Se o recorrido for o réu, será intimado do prazo na pessoa do defensor.[69]

67-A. Traslado feito pelo escrivão: cabe à parte indicar as peças e ao serventuário extrair o traslado para que possa ser instruído com as razões das partes. Na jurisprudência: STJ: "1. O não atendimento ao prazo previsto no art. 588 do CPP encerra mera irregularidade, não ensejando o não conhecimento do recurso tempestivamente interposto, eis que apenas arrazoado a destempo" (RESE 1.0231.18.019883-1/001, 7.ª C. Crim., rel. Marcílio Eustáquio Santos, 06.11.2019, v.u.).

68. Oferecimento de razões: conta-se sempre da intimação da parte recorrente. A redação do artigo dá a entender que o prazo de dois dias corre da data da interposição do recurso, sem qualquer intimação, o que não corresponde à realidade, aplicando-se a regra geral do art. 798, § 5.º, *a*, do Código de Processo Penal. Justifica-se esse entendimento, pois o recorrente, ao apresentar seu recurso, deve aguardar o recebimento pelo juiz e seu regular processamento, para, então, poder apresentar suas razões. Normalmente, forma-se, antes, o instrumento, para que a vista seja aberta.

69. Intimação do defensor: pode ser feita pessoalmente – quando se cuidar de assistência judiciária – ou pela imprensa, no caso de defensor constituído.

> **Art. 589.** Com a resposta do recorrido ou sem ela,[70-70-A] será o recurso concluso ao juiz, que, dentro de 2 (dois) dias, reformará[71-73] ou sustentará o

Título II – Dos Recursos em Geral **Art. 589**

> seu despacho,[74] mandando instruir o recurso com os traslados que lhe parecerem necessários.[75]
>
> **Parágrafo único.** Se o juiz reformar o despacho recorrido, a parte contrária, por simples petição,[76] poderá recorrer da nova decisão, se couber recurso,[77] não sendo mais lícito ao juiz modificá-la.[78-78-A] Neste caso, independentemente de novos arrazoados, subirá o recurso nos próprios autos ou em traslado.

70. Ausência de razões: ver nota 60 ao art. 601.

70-A. Intimação do denunciado/querelado para oferecer contrarrazões: quando o magistrado rejeita a denúncia ou queixa possibilita ao órgão acusatório a interposição de recurso em sentido estrito (art. 581, I). Ainda não existe ação penal *ajuizada*, motivo pelo qual o eventual acusado não foi chamado a integrar a relação processual. Não deveria, em tese, portanto, responder ao recurso, pois nem faz parte do processo. Ocorre que, em homenagem à ampla defesa – aliás, o recebimento ou a rejeição da peça acusatória é de seu legítimo interesse –, sempre se possibilitou que tal situação fosse viabilizada. Posteriormente, surgiu o mesmo efeito na Lei 9.099/1995 (art. 82, § 2.º, embora cuidando de apelação), mantendo-se intacta a posição de intimar, no processo comum, o eventual acusado para manifestar-se quanto ao recurso em sentido estrito oposto contra a decisão de rejeição da denúncia ou queixa. Aliás, ainda que não houvesse o disposto no mencionado art. 82, § 2.º, da Lei 9.099/1995 para servir de referência, outra não poderia ser a solução a fim de dar cumprimento fiel à garantia constitucional da ampla defesa. Nessa ótica, conferir a lição de Tourinho Filho, *Código de Processo Penal comentado*, v. 2, p. 287. Recentemente, editou o Supremo Tribunal Federal a Súmula 707, nos seguintes termos: "Constitui nulidade a falta de intimação do denunciado para oferecer contrarrazões ao recurso interposto da rejeição da denúncia, não a suprindo a nomeação de defensor dativo". Vale ressaltar que a mesma regra ocorre no tocante à queixa-crime. Quanto à nulidade, segundo nos parece, é relativa, dependente, pois, da mostra de prejuízo. Pode ocorrer, por exemplo, de, não havendo a intimação, o Tribunal confirmar a rejeição. Logo, não se fala em nulidade, pois nenhum mal adveio ao denunciado.

71. Juízo de retratação: trata-se da possibilidade que o juiz possui de reavaliar a decisão interlocutória proferida. Não sendo juízo produzido quanto ao mérito propriamente dito, portanto, não definitivo, impedimento inexiste para que a lei preveja a faculdade do próprio órgão prolator da decisão de revê-la, antes de se enviar o feito à instância superior.

72. Agravo em execução: há juízo de retratação, pois segue o rito do recurso em sentido estrito.

73. Juiz que revê a progressão de regime concedida de ofício: impossibilidade. O juízo de retratação deve ocorrer somente nas hipóteses expressamente previstas em lei, como já se viu. Além disso, há de ser provocado pela parte interessada, não cabendo revisão de ofício.

74. Impropriedade do termo: não se trata de despacho, mas de autêntica decisão interlocutória e, conforme o caso, de sentença.

75. Indicação de peças de ofício: pode o magistrado indicar as peças que entender cabíveis para a formação do instrumento. Tal medida é correta, uma vez que a lei exige do juiz a sustentação – ou reforma – da decisão que proferiu (juízo de retratação), motivo pelo qual torna-se natural que ele possa, além de justificar o que fez, acrescer peças ao traslado, melhor informando o tribunal *ad quem*.

Art. 590

Código de Processo Penal Comentado · **Nucci**   1078

76. Inversão do recurso: quando houver reforma da decisão proferida, no juízo de retratação, intimando-se as partes, é possível que a outra, que não havia recorrido, agora deseje fazê-lo. Assim, como o instrumento já está formado, inclusive com razões e contrarrazões, basta uma simples petição para pedir a subida do recurso ao Tribunal Superior.

77. Cabimento do recurso: por vezes, quando o magistrado, no juízo de retratação, reformar a decisão, pode não caber recurso da parte contrária, que foi prejudicada pelo novo entendimento adotado. Assim, quando o juiz reconhece uma exceção (de ilegitimidade de parte, por exemplo), cabe recurso. Se houver retratação, voltando atrás o magistrado, não cabe recurso, de modo que a outra parte deve conformar-se ou reiterar a questão em preliminar de apelação.

78. Inaplicabilidade de uma segunda retratação: mantendo-se a seriedade e o equilíbrio no trâmite processual, somente se admite a retratação do juiz uma vez. Caso tenha decidido pela cassação da fiança, interposto recurso pela defesa, volta atrás e a mantém. Ainda que argumentos sólidos lhe sejam apresentados pelo promotor, não poderá o magistrado, outra vez, cassar a fiança. Deve mandar subir o recurso ao tribunal *ad quem*. Por outro lado, se tiver pronunciado o réu, interposto o recurso em sentido estrito pela defesa, caso volte atrás e o impronuncie, cabe ao órgão acusatório ingressar com apelação, não mais se admitindo que o magistrado se retrate.

78-A. Indeferimento do processamento do recurso em sentido estrito: cabe carta testemunhável (art. 639).

> **Art. 590.** Quando for impossível ao escrivão extrair o traslado no prazo da lei, poderá o juiz prorrogá-lo até o dobro.[79]

79. Prorrogação do prazo: trata-se de um prazo sem sanção específica, pois, com o atual estágio de sobrecarga de feitos em trâmite nas Varas Criminais, é possível não haver tempo para formar o instrumento em cinco dias – possivelmente, nem em dez, que é o dobro. Não havendo desídia ou má-fé do servidor, nenhuma medida coercitiva será tomada. O mesmo se diga do disposto nos arts. 591 e 592. Na jurisprudência: TJMG: "1. Compete ao Judiciário, na pessoa do Escrivão ou de quem por ele titulado, extrair o traslado que instruirá o Recurso em Sentido Estrito interposto pelo Ministério Público nos termos dos artigos 587 e 590 do Código de Processo Penal. 2. Recurso provido" (Correição Parcial 1.0000.18.027253-6/000, rel. Pedro Vergara, 05.02.2019, v.u.).

> **Art. 591.** Os recursos serão apresentados ao juiz ou tribunal ad quem, dentro de 5 (cinco) dias da publicação da resposta do juiz *a quo*, ou entregues ao Correio dentro do mesmo prazo.
>
> **Art. 592.** Publicada a decisão do juiz ou do tribunal ad quem, deverão os autos ser devolvidos, dentro de 5 (cinco) dias, ao juiz *a quo*.

Capítulo III
DA APELAÇÃO[1]

1. Conceito de apelação: trata-se de recurso contra decisões definitivas, que julgam extinto o processo, apreciando ou não o mérito, devolvendo ao Tribunal Superior amplo conhecimento da matéria. Essa seria, a nosso ver, a melhor maneira de conceituá-la, embora o Código de Processo Penal tenha preferido considerar *apelação* como o recurso contra as sentenças definitivas, de condenação ou absolvição, e contra as decisões definitivas ou com força de definitivas, não abrangidas pelo recurso em sentido estrito. Cuida-se de um recurso de aplicação ambígua, justamente porque, conforme o caso, dá margem à confusão com o recurso em sentido estrito, permitindo-se a interposição de apelação até mesmo contra decisões interlocutórias. O ideal seria reservar o termo *agravo* para as decisões interlocutórias, não terminativas, e a apelação para as decisões terminativas, com ou sem julgamento de mérito, como no processo civil. O disposto nos arts. 581 e 593 demonstra a falta de uniformidade na previsão de uso dos dois recursos. Tanto o recurso em sentido estrito é usado para contrariar decisões extintivas do processo (ex.: extintiva de punibilidade), como a apelação acaba sendo utilizada para impugnar decisões interlocutórias (ex.: homologatórias de laudo de insanidade mental ou que autorizam o levantamento do sequestro).

Art. 593. Caberá apelação no prazo de 5 (cinco) dias:[2-5]

I – das sentenças definitivas de condenação ou absolvição[6] proferidas por juiz singular;[7-8]

II – das decisões definitivas, ou com força de definitivas,[9] proferidas por juiz singular nos casos não previstos no Capítulo anterior;[10]

III – das decisões do Tribunal do Júri, quando:[11-12]

a) ocorrer nulidade posterior à pronúncia;[13]

b) for a sentença do juiz presidente contrária à lei expressa ou à decisão dos jurados;[14]

c) houver erro ou injustiça no tocante à aplicação da pena ou da medida de segurança;[15-18]

d) for a decisão dos jurados manifestamente contrária à prova dos autos.[19-20-D]

§ 1.º Se a sentença do juiz presidente for contrária à lei expressa ou divergir das respostas dos jurados aos quesitos, o tribunal ad quem fará a devida retificação.[21]

§ 2.º Interposta a apelação com fundamento no n. III, c, deste artigo, o tribunal *ad quem*, se lhe der provimento, retificará a aplicação da pena ou da medida de segurança.[22]

§ 3.º Se a apelação se fundar no n. III, d, deste artigo, e o tribunal *ad quem* se convencer de que a decisão dos jurados é manifestamente contrária à prova dos autos, dar-lhe-á provimento para sujeitar o réu a novo julgamento;[23] não se admite, porém, pelo mesmo motivo, segunda apelação.[24]

§ 4.º Quando cabível a apelação, não poderá ser usado o recurso em sentido estrito,[25] ainda que somente de parte da decisão se recorra.[26]

---

2. Legitimidade do Ministério Público para recorrer em favor do réu: existe essa possibilidade, pois o promotor não está vinculado estreitamente à acusação, podendo, respeitada a sua independência funcional, acreditar na inocência do acusado ou mesmo que a pena aplicada foi exagerada. Imagine-se a hipótese do representante do Ministério Público ter pedido a absolvição em plenário, mas o júri, em face da sua soberania, ter condenado o réu. Pode o promotor recorrer da decisão. O Ministério Público não é obrigado a fazê-lo, nem

Art. 593

Código de Processo Penal Comentado · **Nucci**

1080

quando o juiz julga improcedente a ação, tampouco quando a julga procedente, mas distante da pena almejada pelo acusador. Trata-se de uma faculdade, vinculada ao convencimento do representante da sociedade. Entretanto, se apresentar recurso, não mais poderá desistir, como consequência razoável da obrigatoriedade da ação penal e indisponibilidade do processo. Sobre a atuação do Ministério Público como parte imparcial, ver a nota 1 ao Capítulo II do Título VIII do Livro I.

2-A. Prazo do Ministério Público: conta-se a partir do momento em que se tem certeza de que os autos foram entregues ao setor competente pelo recebimento, conforme formalizado pela instituição.

2-B. Prazo da Defensoria Pública: deve ser computado em dobro.

3. Ilegitimidade do Ministério Público para recorrer da sentença absolutória em ação privada: é consequência lógica da titularidade da ação penal ter sido conferida ao particular e não ao Estado. Este detém o direito de punir, mas não a iniciativa da ação, por isso atua no processo apenas como *custos legis*. Havendo absolvição, o representante do Ministério Público, caso pudesse substituir o querelante, que não apelou, oferecendo recurso visando à condenação, estaria assumindo o polo ativo da demanda, o que seria injustificável. Naturalmente, pode apresentar recurso de apelação contra a decisão condenatória, que não aplicou corretamente a pena ou que, injustamente, sem provas suficientes, condenou o querelado.

4. Legitimidade do Ministério Público para recorrer em ação privada subsidiária da pública: nessa hipótese, há outro contexto, diverso do exposto na nota anterior, pois a titularidade da ação penal é do Estado e somente foi transferida ao ofendido, diante da inércia inicial do órgão acusatório. Assim, se o particular não desejar recorrer de decisão absolutória, nada impede que o promotor o faça, retomando o polo ativo, que originariamente é seu.

5. Recurso provido desclassificando a infração penal e suspensão condicional do processo: não cabimento, ainda assim, da suspensão condicional do processo. Este é um benefício para o réu ainda não julgado em primeiro grau. Quando o juiz profere a decisão condenatória e sobe recurso à instância superior, não mais cabe a utilização do *sursis* processual, ainda que o tribunal desclassifique a infração penal, possibilitando, em tese, a concessão da suspensão condicional do processo. A Súmula 337 do STJ permite que, no juízo de 1.º grau, de acordo com o disposto pelo art. 383, § 1.º ("se, em consequência de definição jurídica diversa, houver possibilidade de proposta de suspensão condicional do processo, o juiz procederá de acordo com o disposto na lei"), havendo desclassificação (ou procedência parcial da ação), aplique-se a suspensão condicional do processo. Em 2.º grau, é inviável a suspensão condicional do processo, pois já foi julgado o processo, há sentença condenatória e o Tribunal simplesmente desclassificou a infração para outro tipo penal. Certamente, pode-se aplicar a suspensão condicional da pena, o regime aberto, penas alternativas, multa, mas não retornar ao início, anulando tudo o que foi feito até o momento.

6. Sentenças definitivas de mérito: o principal objetivo do processo criminal é atingir um julgamento a respeito da pretensão punitiva do Estado – se existente ou não –, razão pela qual é preciso decidir se a imputação feita pela acusação é correta ou incorreta. Portanto, as típicas decisões terminativas de mérito são as que julgam procedente (condenatórias) ou improcedente (absolutórias) a ação penal, isto é, a pretensão de punir apresentada pelo Estado-acusação. Pode-se falar, é verdade, em sentido lato, que a decisão de extinção da punibilidade do réu também decide o mérito, pois nega a pretensão punitiva do Estado, embora, nesse caso, não se refira diretamente à correção ou incorreção da imputação. Em sentido estrito, portanto, somente as sentenças que condenam ou absolvem o réu são decisões de mérito.

Art. 593

Título II – Dos Recursos em Geral

7. Recurso do réu para alterar o fundamento da absolvição: cremos ser admissível, justamente pelos reflexos e consequências que a sentença provoca em outros campos do direito e, também, no contexto social. Se o juiz absolve o acusado, por insuficiência de provas, nada impede que a vítima ingresse com ação civil, pleiteando indenização pelo cometimento do pretenso crime e reinaugurando a fase probatória. Entretanto, se o juiz absolve o acusado por ter agido em legítima defesa, a vítima nada mais pode requerer na esfera civil. Por outro lado, para constar da sua folha de antecedentes – e lembremos que muitos juízes consideram como antecedentes decisões absolutórias, por falta de provas, ainda que não seja o ideal –, é efetivamente mais favorável que figure uma absolvição por exclusão da ilicitude do que uma absolvição por insuficiência probatória. A primeira afirma ser o réu autor de conduta lícita e correta, enquanto a segunda deixa em aberto a questão, não considerando o acusado culpado, mas também não aprovando, expressamente, o que fez. O reflexo social da decisão é diverso, o que torna justificável a pretensão daquele que deseja alterar o fundamento da decisão. Assim defendem, igualmente, Ada, Magalhães e Scarance (*Recursos no processo penal*, p. 128). Na jurisprudência: TJSP: "Recurso defensivo objetivando a alteração do fundamento da absolvição para o inciso I, do artigo 386, do mesmo Código. Irresignação acolhida. Interesse recursal. A absolvição com fulcro no inciso I, do artigo 386, do Código de Processo Penal produz efeitos nas esferas cível e administrativa. Defesa que no curso da instrução demonstrou a inexistência dos fatos imputados. Sentença parcialmente reformada" (Apelação Criminal 1500295-02.2019.8.26.0582, 16.ª C. Crim., rel. Camargo Aranha Filho, 27.07.2021, v.u.).

8. Apelação do réu, com questão preliminar relativa à prescrição: é posição majoritária na jurisprudência pátria que não se decide, nesse caso, estando comprovada a ocorrência da prescrição da pretensão punitiva, o mérito propriamente dito (se culpado ou inocente). Assim, caso o tribunal *ad quem* perceba que houve prescrição, não irá julgar a questão principal e decretará a extinção da punibilidade. Essa situação é justa, pois a perda da pretensão punitiva, por parte do Estado, gera total inconsistência da acusação, ou seja, não produz nenhum efeito negativo ao acusado. Na prática, tem o mesmo efeito que *apagar* a infração penal cometida.

9. Decisões definitivas ou com força de definitivas: são hipóteses que não julgam o mérito (pretensão punitiva do Estado), mas terminam colocando fim a uma controvérsia surgida no processo principal ou em processo incidental, podendo ou não o extinguir. São também chamadas de decisões interlocutórias mistas. Exemplos: a) decisão definitiva, que coloca fim ao processo: quando o juiz extingue, de ofício, o feito, por reconhecer a exceção da coisa julgada. Cabe apelação. Se reconhecer exceção interposta pela parte, o Código elegeu o recurso em sentido estrito; b) decisão definitiva, que coloca fim ao procedimento incidente: procedência ou improcedência da restituição de coisa apreendida (art. 120, § 1.º, CPP). Cabe apelação; c) decisão com força de definitiva, que põe fim a procedimento incidente: improcedência do sequestro (art. 127, CPP). Se ordenar o sequestro, cabe embargos por parte do interessado (art. 130, CPP); d) decisão com força de definitiva, colocando fim a procedimento incidente: homologação do laudo, no incidente de insanidade mental (art. 153). Outros exemplos que poderiam ser impugnados por apelação, mas a lei escolheu o recurso em sentido estrito: a) decisão com força de definitiva pondo fim a uma controvérsia, extinguindo o processo: procedência da exceção de legitimidade de parte; b) decisão que rejeita a denúncia, por algum vício de forma, provocando o fim do processo, o que lhe dá força de definitiva. Os termos "definitiva" e "com força de definitiva" são correlatos para o fim de interposição de apelação e torna-se, na prática, inútil buscar diferenciá-los. Aliás, com particular concisão, expõe Borges da Rosa que a verdadeira decisão definitiva é a sentença condenatória ou absolutória, portanto, hipótese prevista no inciso I deste artigo. É inadequada sua repetição no inciso II,

Art. 593

Código de Processo Penal Comentado · **Nucci**

com o que concordamos (*Comentários ao Código de Processo Penal*, p. 718). Existem, também, decisões definitivas ou com força de definitiva extraídas da legislação especial. Exemplo: cabe apelação da decisão do juiz, ao determinar a destruição do material coletado em interceptação telefônica (art. 9.º, parágrafo único, Lei 9.296/1996). Ver a nota 38 ao referido artigo em nosso *Leis penais e processuais penais comentadas*, volume 1. Na jurisprudência: STJ: "2. *In casu*, a decisão que indeferiu o pedido de restituição de bem apreendido desafia recurso próprio, qual seja, a apelação do art. 593, II, do CPP que, em regra, possui efeito suspensivo" (AgRg no RMS 67.776/MG, 6.ª T., rel. Antonio Saldanha Palheiro, 25.10.2022, v.u.).

10. Apelação como recurso residual: valeu-se o legislador da apelação como recurso residual, ou seja, quando não se tratar de despachos de mero expediente, que não admitem recurso algum, nem for o caso de interposição de recurso em sentido estrito, resta a aplicação da apelação, desde que importe em alguma decisão com força de definitiva, encerrando algum tipo de controvérsia.

11. Decisões do Tribunal do Júri: embora se possa argumentar que as decisões do Tribunal Popular poderiam estar inseridas no inciso I do artigo em comento (sentenças definitivas de condenação ou absolvição), preferiu a norma processual penal excepcionar o caso do júri, justamente para fazer com que a apelação, nessa hipótese, ficasse vinculada a uma motivação. Não se ataca, pois, decisão do Tribunal do Júri por qualquer razão ou inconformismo, mas somente nos casos enumerados nas alíneas deste inciso. Garante-se o duplo grau de jurisdição, ao mesmo tempo em que se busca preservar a soberania dos veredictos.

12. Vinculação dos fundamentos da apelação: quando a parte pretender recorrer de decisão proferida no Tribunal do Júri deve apresentar, logo na petição de interposição, qual o motivo que o leva a apelar, deixando expressa a alínea eleita do inciso III do art. 593 do Código de Processo Penal. Posteriormente, no momento de apresentação das razões, fica vinculado ao motivo declinado. A única possibilidade de alterar o fundamento da apelação ou ampliar o seu inconformismo, abrangendo outras hipóteses do inciso III, é fazê-lo ainda no prazo para apresentar a apelação, oferecendo outra petição nesse sentido. Assim sendo, o Tribunal somente pode julgar nos limites da interposição. Conferir: Súmula 713 do STF: "O efeito devolutivo da apelação contra decisões do júri é adstrito aos fundamentos da sua interposição". Na jurisprudência: STF: "1. Não há violação à Súmula 713 do STF quando as matérias analisadas no julgamento da apelação de sentença do Tribunal do Júri tenham sido expostas nas razões do recurso, ainda que não sejam manifestadas no momento da interposição. Precedentes" (RHC 167.018 AgR, 2.ª T., rel. Edson Fachin, 22.09.2020, v.u.).

13. Nulidade posterior à pronúncia: é possível que alguma nulidade surja em momento posterior à pronúncia (se surgir em momento anterior, é natural que seja conhecida por ocasião do julgamento da admissibilidade da acusação, isto é, na própria decisão de pronúncia), razão pela qual não há recurso cabível e específico para questioná-la diretamente ao Tribunal, a não ser quando houver a interposição de apelação, por conta da decisão de mérito proferida pelo Tribunal Popular. O ideal, no entanto, quando a nulidade for absoluta, é ser reconhecida pelo juiz antes mesmo da instalação da sessão plenária, garantindo-se a formação do devido processo legal e evitando-se a realização do julgamento, que, no futuro, não irá subsistir em virtude do vício existente. Não o fazendo, permite que a parte alegue, na apelação, esse motivo. Esta hipótese faz com que o Tribunal de Justiça anule o feito, a partir da implantação do vício, determinando a sua renovação. Na jurisprudência: STJ: "1. Quanto à primeira arguição de nulidade, utilização de assistência técnica sem o respeito aos trâmites do artigo 593, inciso III, alínea 'a', do CPP, ocorreu a preclusão, pois não arguida no momento oportuno, logo depois de anunciado o julgamento e apregoadas as partes. O entendimento do Tribunal *a quo* não confronta a jurisprudência desta Corte que também prevê o instituto da preclusão, nos processos de competência do Júri, se a nulidade ocorrida após a pronúncia não é apontada logo após anunciado o julgamento e apregoadas as partes" (AgRg no REsp 1.939.235/TO, 5.ª T., rel. Joel Ilan Paciornik, 12.12.2022, v.u.).

14. Contrariedade da sentença do juiz presidente à lei ou à decisão dos jurados: esta hipótese não cuida de nenhum tipo de afronta ao veredicto dos jurados, não atentando contra a soberania popular. Trata-se de um erro do juiz togado, que pode – e deve – ser corrigido diretamente pelo Tribunal. Assim, equívocos na aplicação da pena são passíveis de reforma, sem necessidade de se proceder a novo julgamento. Ex.: o juiz deixa de aplicar a causa de diminuição de pena prevista no § 1.º do art. 121 do Código Penal, embora tenha o Conselho de Sentença reconhecido a ocorrência do domínio de violenta emoção, logo após injusta provocação da vítima. O Tribunal, nesse caso, aplica diretamente a diminuição.

15. Erro ou injustiça na aplicação da pena ou da medida de segurança: é outra hipótese que diz respeito, exclusivamente, à atuação do juiz presidente, não importando em ofensa à soberania do veredicto popular. Logo, o Tribunal pode corrigir a distorção diretamente. A aplicação de penas muito acima do mínimo legal para réus primários, ou excessivamente brandas para reincidentes, por exemplo, sem ter havido fundamento razoável, ou medidas de segurança incompatíveis com a doença mental apresentada pelo réu podem ser alteradas pela Instância Superior.

16. Exclusão ou inclusão de qualificadoras, privilégios, causas de aumento ou diminuição da pena: não podem ser alteradas pelo Tribunal, uma vez que fazem parte da tipicidade derivada, integrante do crime doloso contra a vida, cuja competência para julgar pertence, com exclusividade, ao Tribunal do Júri. Se houver decisão equivocada do Conselho de Sentença, reconhecendo, por exemplo, qualificadora manifestamente improcedente e disso-ciada das provas, é preciso determinar a realização de novo julgamento, o que se faz com base na alínea *d* do inciso III do artigo em comento e não nesta alínea, não cabendo ao tribunal *ad quem* simplesmente afastá-la, diminuindo a pena. Na jurisprudência: STJ: "É assegurada, pela Constituição Federal, em seu artigo 5.º, inciso XXXVIII, alínea 'c', a soberania dos veredictos no Tribunal do Júri. 3. Não pode o Tribunal de Justiça, em sede de recurso de Apelação, mo-dificar a opção feita pelos jurados, retirando a qualificadora reconhecida e redimensionando a pena aplicada. 4. Caso se reconheça que a decisão foi manifestamente contrária à prova dos autos, deve o Tribunal dar provimento ao recurso, para submeter o réu a novo julgamento pelo Tribunal do Júri. Inteligência do artigo 593, § 3.º, do Código de Processo Penal. 5. *Habeas Corpus* não conhecido. Ordem concedida de ofício, para declarar nulo o acórdão impugnado, determinando que o paciente seja submetido a novo julgamento perante o Tribunal do Júri" (HC 176.225/SP, 5.ª T., rel. Ribeiro Dantas, 16.02.2017, v.u.).

17. Agravantes e atenuantes: são causas legais, previstas na Parte Geral do Código Penal, não vinculadas à tipicidade derivada, razão pela qual é possível que o juiz presidente as inclua ou não, gerando interesse recursal, pela via da apelação. Atualmente, entende-se que não haverá quesito aos jurados acerca delas. Se assim for, a decisão do juiz togado de inclui-las ou não na decisão condenatória pode ser reformada diretamente pelo Tribunal, sem necessidade de remeter a novo júri. A única hipótese seria, como tese defensiva, a inclusão do quesito de atenuantes no questionário. Se isso for feito, a decisão dos jurados deve ser respeitada e, havendo necessidade de reforma pelo Tribunal togado, restringe-se a enviar o caso a novo júri.

Art. 593

Código de Processo Penal Comentado · NUCCI

1084

18. Quesito obrigatório das atenuantes: não há mais a indispensabilidade de o juiz presidente colocar no questionário, dirigido aos jurados, o quesito relativo às atenuantes porventura aplicáveis ao acusado.

19. Recurso e soberania do Tribunal do Júri: não fere o princípio constitucional da soberania dos veredictos a submissão da decisão popular ao duplo grau de jurisdição. É este também um princípio constitucional, merecedor de ser harmonizado com a soberania. Além do mais, a Constituição menciona haver soberania *dos* veredictos, não querendo dizer que exista um só. Por outro lado, jurados, como seres humanos que são, podem errar e nada impede que o Tribunal reveja a decisão, impondo a necessidade de se fazer um novo julgamento. Isto não significa que o juiz togado substituirá o jurado na tarefa de dar a última palavra quanto ao crime doloso contra a vida que lhe for apresentado para julgamento. Por isso, dando provimento ao recurso, por ter o júri decidido contra a prova dos autos, cabe ao Tribunal Popular proferir outra decisão. Esta, sim, torna-se soberana. Nessa visão: STF: "A possibilidade de recurso de apelação, prevista no art. 593, I, 'd', do Código de Processo Penal, quando a decisão dos jurados for manifestamente contrária à prova dos autos, não é incompatível com a Constituição Federal, uma vez que a nova decisão também será dada pelo Tribunal do Júri. Precedentes. Agravo regimental a que se nega provimento" (ARE 1.093.983 AgR/SP, 1.ª T., rel. Alexandre de Moraes, 29.06.2018, v.u.).

19-A. Recurso na Justiça Militar e soberania do Tribunal do Júri: não há o mesmo critério, na Justiça Militar, para a reavaliação das decisões tomadas pelos Conselhos de 1.º grau, quando houver recurso ao Superior Tribunal Militar. Portanto, tratando-se de homicídio cometido por militar contra militar, dentro do quartel, sem o envolvimento de civil, cabe ao Conselho Especial ou Permanente de Justiça, conforme o caso, julgá-lo. Não é crime da alçada da Justiça comum, logo, não envolve o Tribunal do Júri. A decisão tomada pelo Conselho Militar está sujeita ao duplo grau de jurisdição e não se pode aplicar, por analogia, o disposto no art. 5.º, XXXVIII, c, da CF, que cuida da soberania dos veredictos, podendo haver reforma, quanto ao mérito, da sentença.

19-B. Nulidade e soberania do Tribunal do Júri: se ocorre algum vício durante o trâmite do procedimento pertinente ao júri, em particular, quando do julgamento em plenário, havendo alegação a tempo (no caso de nulidade relativa) ou a qualquer momento (quando nulidade absoluta), impõe-se a nulidade dos atos processuais, a partir da falha constatada. Não há nenhum relacionamento entre a declaração de nulidade e a soberania do júri, pois o Tribunal Superior, ao anular os atos viciados, não ingressa no mérito da causa; ao contrário, reconhece uma falha inaceitável e determina novo julgamento pelo mesmo Tribunal Popular. Na jurisprudência: STF: "A 1.ª Turma indeferiu *habeas corpus* em que pretendido o restabelecimento de decisão absolutória proferida pelo Tribunal do Júri em favor de denunciado pela suposta prática do crime de homicídio qualificado. No caso, o *parquet*, ao alegar nulidade decorrente de violação, por parte da defesa, ao disposto na antiga redação do art. 475 do CPP ('Durante o julgamento não será permitida a produção ou leitura de documento que não tiver sido comunicado à parte contrária, com antecedência, pelo menos, de três dias, compreendida nessa proibição a leitura de jornais ou qualquer escrito, cujo conteúdo versar sobre matéria de fato constante do processo') interpôs recurso perante o tribunal de justiça local, ao qual dado provimento, para determinar a realização de novo julgamento pelo júri popular. A defesa alegava que essa decisão teria violado o princípio constitucional da soberania dos veredictos. Reputou-se que, no julgamento absolutório, teria havido a leitura, por parte do patrono do acusado, de folhas de antecedentes criminais dos policiais que teriam atuado na fase inquisitória, sem que observada a referida regra instrumental. Salientou-se, ademais, que a proibição contida nesse dispositivo seria bilateral, ou seja, atingiria tanto o Estado-acusador quanto a defesa" (HC 102.442/MT, 1.ª T., rel. Cármen Lúcia, 26.10.2010, v.u.).

20. Decisão manifestamente contrária à prova dos autos: esta é a hipótese mais controversa e complexa de todas, pois, em muitos casos, constitui nítida afronta ao princípio constitucional da soberania dos veredictos. É certo, como afirmado na nota anterior, que o duplo grau de jurisdição merece conviver harmoniosamente com a soberania dos veredictos, mas nem sempre, na situação concreta, os tribunais togados respeitam o que os jurados decidiram e terminam determinando novo julgamento, quando o correto seria manter a decisão. O ideal é anular o julgamento, em juízo rescisório, determinando a realização de outro, quando efetivamente o Conselho de Sentença equivocou-se, adotando tese integralmente incompatível com as provas dos autos. Não cabe a anulação, quando os jurados optam por uma das correntes de interpretação da prova possíveis de surgir. Exemplo disso seria a anulação do julgamento porque o Conselho de Sentença considerou fútil o ciúme, motivo do crime. Ora, se existe prova de que o delito foi, realmente, praticado por tal motivo, escolheram os jurados essa qualificadora, por entenderem adequada ao caso concreto. Não é decisão *manifestamente* contrária à prova, mas situa-se no campo da interpretação da prova, o que é bem diferente. Consideramos que a cautela, na anulação das decisões do júri, deve ser redobrada, para não transformar o tribunal togado na real instância de julgamento dos crimes dolosos contra a vida. Na jurisprudência: STF: "2. Nos termos da jurisprudência desta Corte, seja qual for a tese escolhida, havendo um mínimo lastro probatório, ainda que haja divergência entre as provas, deve prevalecer o entendimento do júri, porquanto 'A decisão do júri somente comportará reforma, em sede recursal (CPP, art. 593, III, *d*), se não tiver suporte em base empírica produzida nos autos, pois, se o veredicto do Conselho de Sentença refletir a opção dos jurados por uma das versões constantes do processo, ainda que ela não pareça a mais acertada ao Tribunal 'ad quem', mesmo assim a instância superior terá que a respeitar' (HC 107.906/SP, Rel. Min. Celso de Mello, *DJe* 13.04.2015). Precedentes. 3. Como se observa da leitura dos fundamentos constantes no acórdão do Tribunal local, não se trata de demonstrar a mera implausibilidade da tese defensiva, mas a de atestar sua impertinência absoluta, tendo em vista que a valoração da força probante da versão defensiva é tema que integra o juízo próprio e exclusivo do Tribunal do Júri, não cabendo ao Tribunal de apelação se apropriar de competência constitucionalmente atribuída ao Conselho de Sentença, sob pena de violação à garantia da soberania de veredicto (art. 5.º, XXXVIII, c e c, CF/88)" (ARE 1.280.954 AgR-segundo, 2.ª T., rel. Edson Fachin, 23.11.2021, v.u.). STJ: "1. Quando a apelação defensiva contra a sentença condenatória é interposta com fundamento no art. 593, III, 'd', do CPP, o Tribunal tem o dever de analisar se pelo menos existem provas de cada um dos elementos essenciais do crime, ainda que não concorde com o peso que lhes deu o júri. 2. Caso falte no acórdão recorrido a indicação de prova de algum desses elementos, há duas situações possíveis: (I) ou o aresto é omisso, por deixar de enfrentar prova relevante, incorrendo em negativa de prestação jurisdicional; (II) ou o veredito deve ser cassado, porque nem mesmo a análise percuciente da Corte local identificou a existência de provas daquele específico elemento. (...)" (AREsp 1.803.562/CE, 5.ª T., rel. Ribeiro Dantas, 24.08.2021, v.u.).

20-A. Provimento do recurso para que novo julgamento seja realizado e reflexo na prisão: quando o Tribunal dá provimento ao apelo do Ministério Público para remeter o caso a novo julgamento pelo Tribunal do Júri, tendo em vista que a decisão foi manifestamente contrária à prova dos autos, não pode restaurar os efeitos de eventual prisão preventiva que fora decretada pelo juiz de 1.º grau, sem novos fundamentos. Na realidade, uma vez absolvido, o acusado foi colocado em liberdade, não tendo sentido o Tribunal, revendo a decisão do Júri, determinar a sua prisão, somente porque aguardara preso o seu julgamento pelo Tribunal Popular.

Art. 593

Código de Processo Penal Comentado · **Nucci**

1086

20-B. Possibilidade de recurso da acusação após a simplificação do quesito de defesa: a reforma introduzida pela Lei 11.689/2008 simplificou e unificou as teses de defesa, concentrando-as num único quesito: "o jurado absolve o acusado?". Portanto, ainda que o defensor alegue várias teses, compatíveis e subsidiárias, não se saberá, ao certo, qual delas foi acolhida pelo Conselho de Sentença, quando houver absolvição. Por isso, há argumentos no sentido de que o órgão acusatório não poderia valer-se da apelação, com base no art. 593, III, *d*, do CPP (decisão manifestamente contrária à prova dos autos), uma vez que não se saberia qual teria sido o conteúdo dessa decisão e se haveria o tal confronto com a prova dos autos. Entretanto, o duplo grau de jurisdição não pode ser retirado do órgão acusatório. Em primeiro lugar, quando a defesa promove a sua sustentação em plenário as teses são inscritas em ata. Por isso, o Tribunal poderá tomar conhecimento de todas e verificar se a absolvição assumida pelo Conselho de Sentença é ilógica ou guarda alguma harmonia com qualquer delas. Em segundo lugar, o Tribunal poderá avaliar as provas constantes dos autos e chegar à conclusão de que a absolvição não era cabível, qualquer que fosse a razão adotada pelos jurados. Remete-se o caso a novo julgamento e o Tribunal Popular novamente se reúne. Em nome da soberania, se decidir absolver, pela segunda vez, torna-se definitivo o veredicto.

20-C. Novo julgamento pelo júri, soberania dos veredictos e *reformatio in pejus*: ver a nota 24 ao art. 617.

20-D. Decisão absolutória: o quesito genérico apresentado ao jurado ("art. 483. (...) III – se o acusado deve ser absolvido") compromete a avaliação do recurso de apelação fundado em decisão manifestamente contrária à prova dos autos, pois jamais se saberá, ao certo, o motivo pelo qual houve a absolvição. Em princípio, pode-se até apontar a absolvição calcada em pura clemência, sob o manto protetor da soberania dos veredictos. No entanto, segundo nos parece, para haver o recurso do órgão acusatório, seria indispensável apontar qual foi a contrariedade ao conjunto probatório coletado nos autos e, para tanto, a única alternativa seria desconsiderar a absoluta soberania dos jurados, vale dizer, eles não poderiam absolver o réu simplesmente perdoando-o pelo que fez. Se esta última opção for considerada válida, encerra-se a viabilidade de recurso por parte da acusação em qualquer situação de absolvição. Não acolhida esta alternativa, pode-se submeter o acusado a outro julgamento quando o tribunal togado avaliar, por sua própria interpretação, o conjunto probatório, não encontrando razão para ter sido absolvido. Pode-se, ainda, buscar o confronto da tese ofertada pela defesa técnica em plenário para verificar que a absolvição não condiz com o que foi sustentado, desde que conste da ata da sessão. Segundo nos soa plausível, a opção legislativa de apresentar um quesito único e genérico aos jurados não se deveu a lhes conceder ampla oportunidade de absolvição, como, por exemplo, perdoando a prática de um homicídio, lastreando-se a conclusão na indisponibilidade da vida humana e na inadequação de qualquer tese de *justiçamento*. Se assim for acolhido, não tardarão os julgamentos das vítimas mortas em lugar dos homicidas, pelo fato de que a pessoa ofendida não tinha virtudes e, ao contrário, poderia ser considerada *perigosa* à sociedade. Note-se a cautela do STF ao vedar, por unanimidade, em julgamento ocorrido em plenário, a tese da *legítima defesa da honra* nos casos de feminicídio, invocando a dignidade da pessoa humana. Então, pode-se captar que o júri não é *tão soberano* assim, pois poderia absolver por *quase todos os motivos, menos alguns*. Além disso, o STF decidiu haver viabilidade para recorrer de veredicto absolutório no júri: "1. É cabível recurso de apelação com base no artigo 593, III, *d*, do Código de Processo Penal, nas hipóteses em que a decisão do Tribunal do Júri, amparada em quesito genérico, for considerada pela acusação como manifestamente contrária à prova dos autos. 2. O Tribunal de Apelação não determinará novo Júri quando tiver ocorrido a apresentação, constante em Ata, de tese conducente à clemência ao acusado, e esta for acolhida pelos jurados, desde que seja compatível com a Constituição, os precedentes vinculantes do Supremo Tribunal Federal e com as circunstâncias fáticas apresentadas nos autos" (ARE 1225385-MG, Plenário, rel. Gilmar Mendes, red. acórdão Edson Fachin, 03.10.2024, m.v.). Em suma, é possível o recurso de apelação contra decisão absolutória do júri, desde que se demonstre, pela análise da ata, ter havido absolvição, a despeito de a defesa não ter pedido essa solução baseada em clemência.

21. Correção feita diretamente pelo tribunal: como afirmado em nota anterior, tratando-se de erro do juiz togado, que preside o Tribunal do Júri, o Tribunal corrige, diretamente, o equívoco, sem necessidade de realização de novo julgamento. Não se referindo ao veredicto dos jurados, é natural que assim seja.

22. Correção da pena pelo tribunal: identicamente à hipótese anterior, havendo erro no tocante à aplicação da pena ou de medida de segurança, matéria concernente exclusivamente ao juiz presidente, cabe ao Tribunal reformar a decisão, corrigindo a distorção, sem necessidade de novo julgamento, pois não há relação com o veredicto popular.

23. Juízo rescisório: em atenção à soberania dos veredictos, mas mantendo-se fiel ao duplo grau de jurisdição, permite-se a apelação contra veredicto popular, desde que este se mostre em franca divergência com a prova colhida. Entretanto, não teria o menor cabimento que o Tribunal, composto de juízes togados, deliberasse a respeito da inocência ou da culpa do réu, pois não seria de sua competência julgar crimes contra a vida. Assim, a única solução viável é remeter o caso a novo julgamento, pelo juiz natural, que é o Tribunal do Júri.

24. Impossibilidade de segunda apelação pelo mesmo motivo: é razoável a proibição de haver recurso contra veredicto popular, por duas vezes, com base na mesma motivação, evitando-se a prorrogação infindável dos julgamentos. Ademais, se na primeira apelação, considerou o Tribunal que a decisão foi manifestamente contrária à prova dos autos, quando o júri condenou o réu sem prova suficiente, por exemplo, determinando novo julgamento, não tem o menor cabimento, quando o Conselho de Sentença, na segunda sessão, absolver o acusado, tornar a haver questionamento sobre o mérito. Afinal, se foi contrária à prova a condenação, não pode também ser contrária à prova a absolvição. Seria interminável a possibilidade de renovação dos veredictos. Por isso, o correto é permitir que uma única vez seja apresentada a apelação, com base nessa alínea, ainda que as teses se alterem nos dois julgamentos proferidos.

25. Princípio da unirrecorribilidade das decisões: como regra, para cada decisão existe um único recurso cabível, não sendo viável combater um julgado por variados mecanismos. Além de poder gerar decisões contraditórias, haveria insegurança e ausência de economia processual. Excepciona essa regra o fato de a decisão comportar mais de um fundamento, motivador de mais de um recurso. É possível que a parte interponha recursos extraordinário e especial, concomitantemente, contra acórdão, desde que a decisão contrarie, por um lado, a Constituição e, por outro, der a lei federal interpretação diversa da que lhe tenha dado outro tribunal.

26. Inconformismo parcial: em função da unirrecorribilidade das decisões, havendo previsão expressa para a interposição de apelação, não pode a parte optar pelo recurso em sentido estrito, a pretexto de também estar prevista a matéria no contexto do art. 581. É o que ocorre, por exemplo, com a não concessão do *sursis*. Prevê o art. 581, XI, do Código de Processo Penal, ser cabível recurso em sentido estrito contra decisão que nega o benefício. Entretanto, se o juiz da condenação for o responsável pela negativa, cabe apelação, pois está sendo questionada parte da sentença de mérito.

Art. 594

Código de Processo Penal Comentado · **Nucci**   1088

NOTA: Em virtude da revogação dos arts. 594 e 595, os comentários 27 a 37 foram excluídos.

> **Art. 594.** (*Revogado pela Lei 11.719/2008.*)
>
> **Art. 595.** (*Revogado pela Lei 12.403/2011.*)
>
> **Art. 596.** A apelação da sentença absolutória não impedirá[38] que o réu seja posto imediatamente em liberdade.[39]
>
> **Parágrafo único.** A apelação não suspenderá a execução da medida de segurança aplicada provisoriamente.[40]

38. Efeito meramente devolutivo da sentença absolutória: não há cabimento em dar efeito suspensivo à sentença absolutória, impedindo-se a soltura do réu preso cautelarmente. Fica naturalmente cessada a necessidade da prisão, quando o juiz de primeiro grau conclui ser inocente o acusado.

39. Mandado de segurança para dar efeito suspensivo à apelação do Ministério Público: segundo cremos, é inadmissível, pois a letra expressa da lei é no sentido de que, havendo sentença absolutória, deve o réu ser colocado imediatamente em liberdade. Além disso, não há direito líquido e certo do impetrante, nem mesmo em tese, pois a decisão do magistrado considerou o réu inocente e não culpado.

40. Medida de segurança provisória: não há mais essa medida, após a Reforma Penal de 1984. Logo, para se manter preso um réu inimputável, durante a instrução, cabe a decretação da preventiva. Se houver absolvição por inexistência de tipicidade ou de antijuridicidade (inexistência do injusto penal), deve ser ele colocado em liberdade imediatamente, salvo se for interditado civilmente. Por outro lado, quando se tratar da absolvição imprópria, ou seja, a absolvição fundada na ausência de imputabilidade (excludente de culpabilidade), com imposição de medida de segurança de internação, deve-se manter o réu detido, sob regime cautelar.

> **Art. 597.** A apelação de sentença condenatória terá efeito suspensivo,[41] salvo o disposto no art. 393,[42] a aplicação provisória de interdições de direitos e de medidas de segurança (arts. 374 e 378),[43] e o caso de suspensão condicional de pena.[44-45]

41. Efeito suspensivo e devolutivo da sentença condenatória: ao contrário da absolutória, cujo efeito é meramente devolutivo, a sentença condenatória deve ter efeito suspensivo, não sendo executada, até que haja o trânsito em julgado, a fim de não se ofender o princípio da presunção de inocência.

42. Exceções previstas no art. 393: não mais existem, pois o referido artigo foi revogado pela Lei 12.403/2011.

43. Aplicação provisória de interdição de direito e de medida de segurança: não há mais a aplicação dessas medidas provisórias, após a Reforma Penal de 1984.

44. Suspensão condicional da pena: também nessa parte o dispositivo está revogado, pois a Lei 7.210/1984 (Lei de Execução Penal) impõe a realização da audiência admonitória, após o trânsito em julgado da sentença condenatória (art. 160).

45. Efeito suspensivo da sentença condenatória e execução provisória da pena: embora a sentença condenatória tenha efeito suspensivo, justamente para não ferir o princípio da presunção de inocência, executando-se a pena prematuramente, antes da condenação tornar-se definitiva, é posição dominante – e correta – da jurisprudência pátria ter o sentenciado direito à execução provisória da pena. Esta medida é um benefício e uma necessidade, imposta pela excessiva lentidão no trâmite dos recursos, que podem levar anos para ser apreciados, razão pela qual o réu terminaria sua pena no regime fechado, sem qualquer vantagem. Dessa forma, admite-se possa ele pleitear ao juiz das execuções criminais a progressão de regime, embora ainda esteja recorrendo da decisão condenatória. Para esse fim, a sentença abrandaria o seu efeito suspensivo. Os Tribunais Superiores têm admitido, sistematicamente, havendo apenas uma controvérsia: alguns julgados exigem o trânsito em julgado da decisão condenatória para o Ministério Público (ou pelo menos que este não tenha interposto recurso contra a pena, pleiteando o seu aumento); outros, no entanto, permitem a execução provisória de qualquer modo, ainda que o Ministério Público tenha recorrido contra a pena. Parece-nos adequado dar início à execução provisória da pena, mesmo com recursos das partes pendentes, desde que o réu esteja preso; evita-se, com isso, que a lentidão no processamento dos recursos prejudique o acusado. Cumpre, ainda, ressaltar a edição das Súmulas 716 e 717 do STF, cuidando do tema: 716: "Admite-se a progressão de regime de cumprimento da pena ou a aplicação imediata de regime menos severo nela determinada, antes do trânsito em julgado da sentença condenatória"; 717: "Não impede a progressão de regime de execução da pena, fixada em sentença não transitada em julgado, o fato de o réu se encontrar em prisão especial". Confira-se, ainda, a nota *, a respeito da execução provisória de condenação proferida no júri.

> **Art. 598.** Nos crimes de competência do Tribunal do Júri, ou do juiz singular, se da sentença não for interposta apelação pelo Ministério Público[46-48-A] no prazo legal[49] o ofendido ou qualquer das pessoas enumeradas no art. 31, ainda que não se tenha habilitado como assistente, poderá interpor apelação, que não terá, porém, efeito suspensivo.[50]
>
> **Parágrafo único.** O prazo para interposição desse recurso será de 15 (quinze) dias e correrá do dia em que terminar o do Ministério Público.[51]

46. Apelação do Ministério Público: nos crimes de ação pública, a parte principal é o Ministério Público, razão pela qual tem ele a preferência para apresentar apelação, denominada principal, em caso de sucumbência nos processos do juiz singular ou do júri. A lei confere, no entanto, ao ofendido ou seus sucessores, habilitados ou não como assistentes de acusação, a interposição de apelação, denominada secundária ou supletiva, quando o órgão acusatório do Estado não o faz.

47. Apelação de corréu em lugar do Ministério Público: é inadmissível, até porque não poderá ele ser assistente do Ministério Público (art. 270, CPP). Em tese, pode até haver interesse, pois há infrações – como as lesões corporais recíprocas – em que dois indivíduos figuram, ao mesmo tempo, na ação penal como réus e vítimas. Assim, a absolvição de um poderia levar o outro a desejar recorrer contra a decisão, o que conflita com sua posição de parte na relação processual. Exceção será feita, caso um dos dois já tenha sido absolvido definitivamente ou excluído da ação penal, por qualquer razão. Perdendo a posição de réu, passa a figurar somente como vítima, podendo recorrer, se o Ministério Público não o fizer. Assim também a posição de Maurício Zanoide de Moraes, mencionando ser a corrente majoritária (*Interesse e legitimação para recorrer no processo penal brasileiro*, p. 350-351).

48. Amplitude da apelação do ofendido: cremos ser a maior possível, não se circunscrevendo apenas à condenação ou absolvição. Costuma-se dizer que a vítima somente

Art. 598

ingressa no processo penal, como assistente do Ministério Público, para buscar a condenação, que lhe servirá de título executivo na esfera cível, pouco importando qual será o montante da condenação. Não se deve mais enfocar a questão desse modo, pelo crescente desejo – legítimo – da pessoa ofendida de buscar justiça. Assim, cabe o recurso contra a aplicação da pena, por exemplo, embora não tenha qualquer relação com a questão a ser decidida no cível, em relação à indenização. Convém citar a argumentação de Maurício Zanoide de Moraes, em defesa dessa postura: a) inexiste dispositivo processual penal expresso vedando a atuação do ofendido para fins penais; b) se a intenção do legislador fosse restringir a participação da vítima no campo civil, deveria dar-lhe todos os instrumentos possíveis para provar tal direito, o que não fez; c) seria irracional conceder ao ofendido uma atuação marcante, quando propuser a ação privada subsidiária da pública, não permitindo o mesmo no caso da assistência; d) a restrita possibilidade de interpor recursos apenas demonstra que o assistente é auxiliar do Ministério Público e não órgão principal; e) se fosse unicamente por finalidades civis, caso já tivesse ele recebido a indenização, não poderia habilitar-se como assistente, o que não acontece (*Interesse e legitimação para recorrer no processo penal brasileiro*, p. 335). Com tal raciocínio, concordamos plenamente. Reconhecemos, no entanto, que há duas correntes, uma admitindo a apelação por qualquer motivo, enquanto outra somente a aceita se for para questionar a absolvição, mas não a pena aplicada em caso de condenação. Tem havido predomínio da primeira posição. Adotando esta (interesse recursal amplo): Mirabete (*Código de Processo Penal interpretado*, p. 765); Ada, Magalhães e Scarance (*Recursos no processo penal*, p. 88 e 132), dentre outros. Firmando a segunda (interesse recursal somente para garantir a condenação): Greco Filho (*Manual de processo penal*, p. 226); Tourinho Filho (*Código de Processo Penal comentado*, v. 2, p. 326), dentre outros. Na jurisprudência: "1. O Assistente de Acusação tem legitimidade para recorrer nos casos de absolvição, impronúncia e extinção da punibilidade (arts. 584, § 1.º, e 598 do Código de Processo Penal), em caráter supletivo, ou seja, somente quando o Ministério Público abstiver-se de fazê-lo, como no caso, ou, ainda, quando o seu recurso for parcial, não abrangendo a totalidade das questões discutidas" (HC 580.662/MG, 6.ª T., rel. Laurita Vaz, 22.03.2022, v.u.).

48-A. Ministério Público e pedido de absolvição: se o *Parquet* pediu a absolvição do réu, em plenário, ocorrendo então o acolhimento desse pedido pelos jurados, há quem defenda a ideia de que não teria havido inércia do MP. A instituição se manifestou pela absolvição e, por isso, não interpôs recurso. Logo, não poderia a vítima ou seus parentes valer-se do disposto no art. 598. Não comungamos desse entendimento, pois o art. 598 é bem claro, permitindo o recurso da parte ofendida desde que o órgão acusatório não apresentasse apelo. Em momento algum estipula-se uma condição para a legitimação do recurso, portanto, se o MP não recorrer – por qualquer motivo – cabe o apelo do ofendido ou seus sucessores.

49. Prazo legal para o recurso de apelação do ofendido: se estiver habilitado nos autos, uma vez intimado, deve respeitar o prazo regular de cinco dias. Inexiste razão para o prazo de quinze dias, previsto no parágrafo único do artigo em comento, pois a vítima já é parte no processo, tomando ciência mais facilmente das decisões nele proferidas. Sobre o tema, há a Súmula 448 do Supremo Tribunal Federal: "O prazo para o assistente recorrer, supletivamente, começa a correr imediatamente após o transcurso do prazo do Ministério Público". É preciso ressaltar, no entanto, que o entendimento atual do Pretório Excelso é no sentido de que o prazo corre, quando o assistente está habilitado nos autos, da data da intimação e tem ele o prazo de cinco dias para interpor o recurso. Vige a súmula na parte referente à consideração de ser o recurso do assistente sempre supletivo em relação ao do Ministério Público. Na linha que sustentamos, está a visão de Greco Filho (*Manual de processo penal*, p. 226); Mirabete (*Código* *de Processo Penal interpretado*, p. 766-767). Entretanto, caso não esteja habilitado, tem o ofendido o prazo de quinze dias para apelar. Há posição em sentido contrário, sustentando que o prazo para o ofendido recorrer é sempre de quinze dias, estando habilitando ou não. Nessa ótica: Ada, Magalhães e Scarance (*Recursos no processo penal*, p. 134, embora mencionando que o assunto é extremamente polêmico e o STF adotou, mais recentemente, o prazo de cinco dias, para o ofendido habilitado, enquanto o STJ preferiu os quinze dias).

50. Ressalva quanto à inexistência de efeito suspensivo: pressupõe-se, nesse caso, que o recurso apresentado pela vítima, ou seus sucessores ou representante legal, tem por fim atacar uma sentença absolutória, razão pela qual não poderia, de fato, ter efeito suspensivo. Ocorre que, atualmente, tem-se admitido apelação do ofendido ou seus sucessores para requerer, por exemplo, o aumento de pena. Se assim for, a vítima se insurgirá contra sentença condenatória, que pode ter, sim, efeito suspensivo, não sendo aplicável a parte final deste artigo, harmonizando-se com o disposto na primeira parte do art. 597.

51. Prazo especial: ao invés de cinco dias, tem o ofendido, não habilitado nos autos como assistente, um prazo mais extenso, justamente para que tenha tempo de tomar conhecimento da sentença contrária ao seu interesse. Na jurisprudência: STJ: "1. O termo inicial para assistente não habilitado nos autos é de 15 dias, após findado o prazo para o Ministério Público, de modo que, não interposto o recurso nesse ínterim, deve ser mantido o não conhecimento do apelo, consoante a Súmula 448/STF e art. 598, parágrafo único, do CPP" (AgRg no REsp 1.782.677/ES, 6.ª T., rel. Nefi Cordeiro, j. 18.06.2019, v.u.).

> **Art. 599.** As apelações poderão ser interpostas quer em relação a todo o julgado, quer em relação a parte dele.[52]

52. Apelação total ou parcial: permite, expressamente, a lei, o que é consequência e desdobramento natural do princípio do duplo grau de jurisdição, que a parte possa exercer o seu direito de recorrer justamente quanto à parte do julgado com a qual não concorda. O inconformismo pode ser *total*, discordando o réu, por exemplo, da condenação, da pena aplicada, do regime escolhido etc., como pode ser *parcial*, questionando somente a pena aplicada ou o regime eleito para o cumprimento. O mesmo se dá no tocante ao Ministério Público. Aliás, este artigo está em harmonia com o art. 593, § 4.º, que diz ser cabível apelação, ainda que somente de parte da decisão se recorra, evitando-se o recurso em sentido estrito. O exemplo dado na nota 26 ao art. 593, § 4.º, foi o da negativa de concessão de *sursis*, quando tal acontece na sentença condenatória. Assim, o réu, pretendendo questionar somente essa parte da sentença, deve interpor apelação e não recurso em sentido estrito.

> **Art. 600.** Assinado o termo de apelação,[53-54] o apelante e, depois dele, o apelado terão o prazo de 8 (oito) dias cada um para oferecer razões, salvo nos processos de contravenção, em que o prazo será de 3 (três) dias.
>
> § 1.º Se houver assistente, este arrazoará, no prazo de 3 (três) dias, após o Ministério Público.[55]
>
> § 2.º Se a ação penal for movida pela parte ofendida, o Ministério Público terá vista dos autos, no prazo do parágrafo anterior.[56]
>
> § 3.º Quando forem dois ou mais os apelantes ou apelados, os prazos serão comuns.[57]

Art. 600

Código de Processo Penal Comentado · **Nucci**

> § 4.º Se o apelante declarar, na petição ou no termo, ao interpor a apelação, que deseja arrazoar na superior instância[58] serão os autos remetidos ao tribunal ad quem onde será aberta vista às partes, observados os prazos legais, notificadas as partes pela publicação oficial.[59]

53. Termo de apelação: pode o réu recorrer da sentença condenatória assinando o termo que lhe é apresentado pelo Oficial de Justiça, por ocasião de sua intimação pessoal. Assim agindo, recebe o juiz o apelo e abre vista à defesa técnica, para, em oito dias, apresentar as razões, ou seja, os fundamentos jurídicos do seu inconformismo. Mas, não somente o termo dá ensejo a esse procedimento, como também a apresentação de simples petição do defensor, desprovida das razões, demonstrando o inconformismo e interpondo o recurso. Abre-se, em seguida, vista ao apelante para o oferecimento dos fundamentos.

53-A. Renúncia ao direito de apelação: consultar as notas 19 ao art. 577 e 35 ao art. 578.

54. Procedimento: após a intimação ou ciência da sentença, a parte contrariada possui cinco dias para recorrer. Deve apresentar, inicialmente, a petição de interposição da apelação, sem as razões. Recebida esta, novo prazo, agora de oito dias, será concedido para o oferecimento das razões. Encartadas estas nos autos, abre-se vista ou intima-se a parte contrária para oferecer as suas contrarrazões, também em oito dias. Cumpre salientar que o prazo de cinco dias para a interposição do recurso é fatal, mas o de oito dias, para as razões, não, podendo ser ultrapassado, até porque o recurso pode subir sem razões. A petição ou termo de apelação é dirigida ao juiz prolator da decisão impugnada, para que haja o recebimento do recurso. Em seguida, apresentam-se as razões, estas, sim, dirigidas ao Tribunal Superior. Na jurisprudência: STJ: "3. Ao conhecer do recurso ministerial, o Tribunal estadual decidiu em consonância com o entendimento do Superior Tribunal de Justiça, de que a apresentação das razões recursais do recurso de apelação fora do prazo a que se refere o art. 600 do CPP (8 dias) constitui mera irregularidade e não impede o seu conhecimento, a incidir, no ponto, o óbice do verbete sumular n. 83 do STJ" (AgRg no AREsp 2.307.761/MG, 6.ª T., rel. Rogerio Schietti Cruz, 27.02.2024, v.u.).

55. Arrazoado do assistente de acusação: deverá ser apresentado no prazo de três dias, após tê-lo feito o representante do Ministério Público. Saliente-se, no entanto, que é preciso juntar aos autos o alegado pelo Ministério Público, seja a título de razões, seja de contrarrazões, para, depois, intimar-se o assistente. Logo, o prazo começa a correr da intimação e não da juntada das alegações do Ministério Público.

56. Ação penal privada: em qualquer hipótese de ação movida pelo ofendido, deve o Ministério Público manifestar-se, em três dias, após a juntada das razões apresentadas pelo querelante. Note-se que essa hipótese igualmente se aplica no caso de a vítima ter apelado nos termos do art. 598 (quando, apesar de não habilitada, não concorda com a absolvição do réu).

57. Inviabilidade do prazo comum: embora seja um corolário do princípio da economia processual exigir que todos os apelantes e apelados manifestem-se no mesmo prazo, agilizando o trâmite do processo, poderia ser inviabilizada a ampla defesa ou mesmo restringido o duplo grau de jurisdição. Em processos complexos, as partes necessitam ter os autos em mãos para estudar o seu conteúdo, confrontar as provas e apresentar as razões, o que se torna impossível quando o prazo é comum e não se concede carga dos autos fora de cartório. Assim, torna-se viável o exercício do bom senso, permitindo o magistrado que os prazos sejam sucessivos, assim como o direito das partes de ter os autos em mãos, salvo se houver motivo de força maior.

58. Apresentação das razões na superior instância: trata-se de faculdade concedida somente à defesa, pois o promotor responsável pelo processo deve apresentar as razões em primeiro grau. Não haveria sentido que os autos do processo subissem ao Tribunal para que, então, fosse aberta vista à acusação, saindo o representante do Ministério Público de sua Comarca e dirigindo-se à Corte somente para protocolar as razões. Por outro lado, não seria viável que um Procurador de Justiça o fizesse, em seu lugar, uma vez que sua função não é arrazoar recursos do Ministério Público, mas sim oferecer um parecer imparcial sobre o tema. E, por fim, se o promotor da Comarca de origem invocasse o dispositivo e não ficasse responsável pela apresentação das razões, haveria o Procurador-Geral de Justiça de designar um outro promotor para essa tarefa, o que somente conturbaria a carreira. A defesa, por seu turno, pode pleitear nesse sentido, pois nada impede que exerça a advocacia em qualquer Comarca, motivo pelo qual torna-se até mais fácil, caso o escritório do defensor seja na Capital, onde está situado o Tribunal, que o oferecimento das razões seja feito na superior instância e não na Comarca do Interior, onde foi prolatada a sentença. Na jurisprudência: STJ: "2. O § 4.º do art. 600 do Código de Processo Penal prevê, expressamente, o direito do apelante apresentar as razões de apelação perante o Tribunal *ad quem*, caso requerido pela parte. 3. Havendo previsão legal assegurando à defesa a hipótese excepcional de apresentar as razões do apelo na instância superior, a sua inobservância implica cerceamento à ampla defesa e ao contraditório, não colidindo, *a priori*, com a duração razoável do processo (CF, art. 5.º, LXXXVIII), o que deverá ser equacionado no caso concreto. 4. *Writ* não conhecido. Ordem concedida de ofício" (HC 468.520/PE, 5.ª T., rel. Ribeiro Dantas, 21.05.2019, v.u.).

59. Falta de intimação das partes para arrazoar em segunda instância: provoca nulidade, por ter havido cerceamento e infringência ao contraditório. Nesse caso, tendo havido interesse em oferecer as razões em segundo grau, é indispensável que esse direito seja assegurado, intimando se as partes a fazê-lo.

> **Art. 601** Findos os prazos para razões, os autos serão remetidos à instância superior, com as razões ou sem elas,[60] no prazo de 5 (cinco) dias, salvo no caso do art. 603, segunda parte, em que o prazo será de 30 (trinta) dias.
>
> § 1.º Se houver mais de um réu, e não houverem todos sido julgados, ou não tiverem todos apelado, caberá ao apelante promover extração do traslado dos autos,[61] o qual deverá ser remetido à instância superior no prazo de 30 (trinta) dias, contado da data da entrega das últimas razões de apelação, ou do vencimento do prazo para a apresentação das do apelado.
>
> § 2.º As despesas do traslado correrão por conta de quem o solicitar, salvo se o pedido for de réu pobre ou do Ministério Público.

60. Ausência de razões: não acarreta nulidade, embora jamais possa deixar o juiz de intimar e assegurar às partes o direito de apresentação das razões. A disposição legal é expressa nesse sentido, além do que prejuízo algum, em tese, advém ao réu, uma vez que o Tribunal retomará o conhecimento pleno da questão. Ainda assim, deve o juiz buscar que o recurso seja convenientemente arrazoado pela defesa técnica constituída, especialmente quando é interposto pelo acusado diretamente. Não pode, no entanto, obrigar que o advogado o faça, se ele declina da oportunidade concedida. Porém, cuidando-se de defensor dativo, deve o juiz nomear outro, caso aquele não oferte as razões. Na jurisprudência: TJSP: "Embora o artigo 601 do Código de Processo Penal determine a remessa da apelação à instância superior com ou sem as razões recursais, é fato que o conhecimento do apelo na segunda hipótese, em virtude do efeito devolutivo amplo, somente pode ocorrer em favor do acusado, máxime em respeito ao princípio da ampla defesa, insculpido no artigo 5.º, inciso LV, da Constituição Federal, já que este não poderia ser prejudicado pela desídia de seu defensor, inclusive sob pena de nulidade" (Apelação Criminal 1005812-43.2023.8.26.0602, 15.ª C. Crim., rel. Erika Soares de Azevedo Mascarenhas, 12.07.2023, v.u.); "A princípio, a despeito das alegações ministeriais, conhece-se do recurso defensivo. A defesa manifestou seu desejo de recorrer quando pessoalmente intimada do teor da r. sentença condenatória (fls. 725) e, muito embora a apresentação das razões da apelação tenha se dado fora do prazo estipulado no artigo 600, do Código Penal, tal fato constitui mera irregularidade, por força do que dispõe o artigo 601 do mesmo diploma legal, não podendo o Tribunal deixar de conhecer o recurso, sob o argumento de intempestividade" (Apelação Criminal 0010183-23.2012.8.26.0224, 5.ª C., rel. Claudia Fonseca Fanucchi, 11.07.2023, v.u.). Em sentido contrário, sustentando que o dispositivo fere o princípio constitucional do contraditório e, também, a ampla defesa, a posição de Ada, Magalhães e Scarance (*Recursos no processo penal*, p. 41, 95 e 150).

61. Traslado dos autos: quando um réu deseja apelar, havendo outros ainda não julgados ou que não tiverem recorrido, deve haver o desmembramento do feito, providenciando o apelante o traslado das cópias necessárias para a formação do volume que será remetido ao Tribunal Superior. Se não o fizer, importa em deserção, com a ressalva feita no § 2.º deste artigo, isto é, no caso de réu pobre ou do Ministério Público.

> **Art. 602.** Os autos serão, dentro dos prazos do artigo anterior, apresentados ao tribunal *ad quem* ou entregues ao Correio, sob registro.
>
> **Art. 603.** A apelação subirá nos autos originais e, a não ser no Distrito Federal e nas comarcas que forem sede de Tribunal de Apelação, ficará em cartório traslado dos termos essenciais do processo referidos no art. 564, III.[62]

62. Manutenção de cópia do processo: não há mais necessidade, pois essa cautela era voltada às distantes Comarcas do interior, que tinham dificuldades de remeter os autos à sede do Tribunal, na Capital do Estado. Hoje, o serviço está devidamente organizado e dificilmente um processo se perde nesse trâmite. Na maior parte dos casos, há um serviço especial de transporte, organizado pelo próprio Judiciário, prescindindo até mesmo do Correio. Tanto é verdade que a própria lei faz a ressalva no sentido de não ser necessária a extração do traslado no caso de Comarcas que forem sede dos Tribunais Superiores. Por outro lado, atualmente a duplicação dos autos dos processos submetidos a recurso é custosa, não havendo nem espaço no cartório para serem guardados.

> **Art. 604.** (*Revogado pela Lei 263/1948.*)
>
> **Art. 605.** (*Revogado pela Lei 263/1948.*)
>
> **Art. 606.** (*Revogado pela Lei 263/1948.*)

Capítulo IV
DO PROTESTO POR NOVO JÚRI[1-2]

1. Conceito de protesto por novo júri: tratava-se de um recurso especial contra decisões tomadas pelo Tribunal do Júri, que terminavam por impor ao réu sanção elevada, permitindo, pois, uma nova oportunidade de julgamento, anulando-se o anterior. Era de uso privativo da defesa e, como explicava Bento de Faria, tratava-se de um "favor dispensado à liberdade" (*Código de Processo Penal*, v. 2, p. 328). Ensinava Rogério Lauria Tucci que este recurso foi "inspirado na legislação inglesa, em que, todavia, mais restritamente, dependia de um tribunal superior, instituiu-o em nosso País o Código de Processo Criminal de 1832, cujo art. 308 estava assim redigido: 'Se a pena imposta pelo Júri for de cinco anos de degredo, ou desterro, três de galés ou prisão, ou for de morte, o réu protestará pelo julgamento em novo júri, que será o da Capital da Província: e sendo a sentença proferida nesta, para o de maior população d'entre os mais vizinhos, designado pelo Juiz de Direito'" (*Tribunal do júri: origem, evolução, características e perspectivas*, p. 69). Mantemos os comentários para que o leitor conheça e estude o recurso que durou por longas décadas no sistema processual penal brasileiro.

2. Inconveniência da manutenção do recurso: embora encontremos alguns entusiastas da sua existência e manutenção, acreditávamos ser inviável a sua permanência no contexto dos recursos no processo penal brasileiro. Afinal, inexiste pena capital ou de caráter perpétuo, ou mesmo cruel, no Brasil, razão pela qual uma segunda chance, somente para o contexto da condenação produzida no Tribunal do Júri, onde as penas aplicadas não são as mais elevadas do Código Penal, seria exagerada. Por outro lado, deve-se ressaltar que, para a existência do protesto, não se levava em consideração uma possibilidade de erro do órgão colegiado que proferiu o veredicto, mas única e tão somente o *quantum* da pena, que devia ser igual ou superior a 20 anos. Note-se que a pena em si também não poderia ser o fator exclusivo para justificar a existência do protesto por novo júri, até porque o latrocínio (julgado em Vara comum) tem, como pena mínima, esse mesmo montante. Levava-se em consideração a associação de dois portos: *pena severa + decisão proferida por leigos*. A desconfiança estabelecida pelo legislador sobre o Tribunal do Júri era nítida e merecia ser extirpada, como ocorreu com o advento da Lei 11.689/2008. Explicava Borges da Rosa que o protesto por novo júri somente foi consagrado no Código "por não ter o legislador querido se libertar da tradição vinda do Império, do tempo das penas de morte e galés perpétuas, únicas que, por sua suma gravidade, pareciam justificar tão esquisita espécie de recurso, que atualmente representa uma complicação desnecessária" (*Comentários ao Código de Processo Penal*, p. 725). Pela sua extinção, encontra-se ainda, a posição de Rogério Lauria Tucci (*Tribunal do júri: origem, evolução, características e perspectivas*, p. 71).

> **Art. 607.** Revogado pela Lei 11.689/2008.)
> **Art. 608.** Revogado pela Lei 11.689/2008.)

Capítulo V
DO PROCESSO E DO JULGAMENTO
DOS RECURSOS EM SENTIDO ESTRITO E DAS APELAÇÕES,
NOS TRIBUNAIS DE APELAÇÃO[1]

1. Agravo de decisões de integrantes de tribunais e agravo regimental: o agravo é o recurso utilizado para impugnar decisão lesiva ao interesse da parte, tomada por membro de tribunal, quando proferida individualmente, dirigindo-se ao órgão colegiado. Encontra previsão na lei e, também, nos regimentos dos tribunais. Quando se trata da primeira hipótese, chama-se simplesmente *agravo*; no caso da segunda espécie, *agravo regimental*. A Lei

Art. 609

Código de Processo Penal Comentado · **Nucci**

8.038/1990, cuidando dos processos de competência originária em trâmite no Supremo Tribunal Federal e no Superior Tribunal de Justiça, no art. 39, prevê a possibilidade de hostilizar a decisão do Presidente do Tribunal, de Seção, de Turma ou de Relator, quando prejudicar a parte. Conforme o caso, será o recurso encaminhado para o Plenário, para a Seção ou para a Turma. O prazo de interposição é de cinco dias. E, a despeito das alterações havidas no Código de Processo Civil, continua a prevalecer o prazo de cinco dias previsto na lei especial, que é o art. 39 da Lei 8.038/1990. Assim está a Súmula 699 do STF: "O prazo para interposição de agravo, em processo penal, é de cinco dias, de acordo com a Lei 8.038/90, não se aplicando o disposto a respeito nas alterações da Lei 8.950/94 ao Código de Processo Civil". Ampliando a aplicação da Lei 8.038/1990 para os processos de competência originária em trâmite nos tribunais estaduais e regionais, a Lei 8.658/1993 deixou de prever, no seu texto, a mesma possibilidade de uso do agravo. Aplica-se, assim, por analogia o disposto no art. 39 da Lei 8.038/1990, contra as decisões de Presidente do Tribunal, de Seção, de Turma ou Relator dos Tribunais Estaduais e Regionais. Além disso, há previsão nos Regimentos Internos dessas Cortes do agravo regimental para todas as hipóteses já mencionadas. Em suma, quando a decisão for tomada pelo Presidente do Tribunal, de Seção, de Turma ou de Relator, a lei já regulou a matéria, denominando o recurso de agravo – embora nos tribunais continue sendo denominado de *agravo regimental*. Por outro lado, quando a decisão for tomada por outro membro da Corte, como pode ocorrer com o Vice-Presidente (embora possam, em alguns casos, ser considerados presidentes de Seção) ou do Corregedor-Geral da Justiça, na falta de previsão legal, cabe agravo regimental. O seu trâmite deve obedecer ao disposto no Regimento Interno de cada Tribunal.

> **Art. 609.** Os recursos, apelações e embargos serão julgados pelos Tribunais de Justiça, câmaras ou turmas criminais, de acordo com a competência estabelecida nas leis de organização judiciária.[2-2-B]
>
> **Parágrafo único.** Quando não for unânime a decisão de segunda instância, desfavorável ao réu, admitem-se embargos infringentes e de nulidade,[3-4] que poderão ser opostos dentro de 10 (dez) dias, a contar da publicação[5] do acórdão,[6-7] na forma do art. 613.[8] Se o desacordo for parcial,[9] os embargos serão restritos à matéria objeto de divergência.[10-10-A]

2. Normas disciplinadoras da competência recursal: na realidade, apurar, com precisão, a competência dos Tribunais demanda a análise da Constituição Federal, em primeiro plano, passando-se, em seguida, à Constituição Estadual, para, em terceiro plano, consultar-se a lei de organização judiciária estadual e os regimentos internos das cortes. Em matéria criminal, a Constituição Federal estabelece, com maior minúcia, a competência dos Tribunais Superiores e dos Tribunais Estaduais ou Regionais, quando cuida da prerrogativa de foro. A esse respeito, consultar a nota 6 ao art. 69, que discrimina essa competência originária. No mais, preceitua o art. 108, II, que compete ao Tribunal Regional Federal julgar, em grau de recurso, as causas decididas pelos juízes federais. Cabe a estes julgar os crimes políticos, as infrações penais praticadas em detrimento de bens, serviços ou interesse da União ou de suas entidades autárquicas ou empresas públicas – exceto contravenções penais e ressalvada a competência da Justiça Militar e da Justiça Eleitoral, bem como os crimes previstos em tratados ou convenções internacionais, quando tiverem início no Brasil e resultado no exterior, ou reciprocamente, os crimes contra a organização do trabalho – havendo interesse coletivo do trabalho –, os crimes contra o sistema financeiro e a ordem econômico-financeira – quando em detrimento da União ou de suas entidades autárquicas ou empresas públicas –, os *habeas corpus* e mandados de segurança em matéria criminal de sua competência ou quando o ato provier de autoridade sujeita à sua jurisdição, os crimes cometidos a bordo de navios – entendidos esses como os de grande porte apenas – e de aeronaves e os delitos de ingresso e permanência irregular de estrangeiro (art. 109, CF) Logo, cabe ao Tribunal Regional Federal julgar os recursos referentes a todas essas situações, salvo no caso dos crimes políticos, cujo órgão de 2.º grau, por imposição da própria Constituição Federal é o Supremo Tribunal Federal (art. 102, II, *b*, CF). Quanto ao Tribunal Regional Eleitoral, cabe-lhe o julgamento de recursos contra decisões proferidas nos processos por crimes eleitorais. Em relação aos Tribunais Estaduais, a sua competência será definida na Constituição Estadual e na Lei de Organização Judiciária Estadual (art. 125, § 1.º, CF). No Código Judiciário do Estado de São Paulo (Decreto-lei Complementar 3/1969), por exemplo, trata-se da competência dos órgãos internos do Tribunal de Justiça nos arts. 57 a 63 (câmaras, seções e grupos), 64 (Conselho Superior da Magistratura), 65 (Presidência), 66 (Vice-Presidente), 68 (Corregedor-Geral da Justiça) e 105 (Tribunal de Alçada Criminal [hoje incorporado ao TJ, por força da Emenda 45/2004]). O Regimento Interno do Tribunal de Justiça de São Paulo contém vários dispositivos dividindo a competência interna da Corte dentre seus órgãos (Presidência, Vice, Corregedoria, Conselho Superior da Magistratura, Órgão Especial, Câmaras, Seções, Grupos).

2-A. Intimação da defesa para a sessão de julgamento: indispensabilidade, exceto em *habeas corpus*. Nos termos da Súmula 431 do STF: "É nulo o julgamento de recurso criminal, na segunda instância, sem prévia intimação, ou publicação da pauta, salvo em *habeas corpus*". Devem ser intimadas as partes, dando-se ciência da pauta de julgamentos, basicamente, por dois motivos: a) em homenagem ao princípio da publicidade, levando-se em conta que as sessões colegiadas dos tribunais são públicas e podem ser acompanhadas por qualquer um, em especial, pelos envolvidos; b) há, sempre, a possibilidade de se realizar a sustentação oral, significativa de um complemento às argumentações das partes (razões e contrarrazões). Entretanto, no cenário do *habeas corpus*, prescinde-se da intimação dos interessados em razão da celeridade; privilegia-se a rapidez do julgamento em detrimento da formalidade da intimação. Aliás, no caso de *habeas corpus*, pode o relator colocar em pauta, para julgar, os feitos em seu poder, mesmo se não constar, previamente, na lista dos julgamentos do dia.

2-B. Prescrição como matéria preliminar ao mérito: detectada a ocorrência de prescrição, constituindo matéria de ordem pública, passível de conhecimento de ofício pelos juízos e tribunais, nenhum recurso será julgado, quanto ao mérito. Simplesmente, declara-se extinta a punibilidade do agente, pelo advento da prescrição. Essa é a posição pacífica da jurisprudência brasileira. Entretanto, não deixa de consistir em relativa injustiça, pois há casos em que o réu fora condenado indevidamente, em primeira instância, merecendo a proclamação de sua absolvição por tribunal superior. Mas, ainda assim, não se conhece do mérito.

3. Conceito de embargos infringentes e de nulidade: trata-se de recurso privativo da defesa, voltado a garantir uma segunda análise da matéria decidida pela turma julgadora, por ter havido maioria de votos e não unanimidade, ampliando-se o *quorum* do julgamento. Assim, o recurso obriga que a câmara seja chamada a decidir por completo e não apenas com os votos dos magistrados que compuseram a turma julgadora. No Tribunal de Justiça, por exemplo, a câmara é composta por cinco desembargadores, participando da turma julgadora apenas três deles. Dessa forma, caso a decisão proferida contra os interesses do réu constituir-se de maioria (dois a um) de votos, cabe a interposição de embargos infringentes, chamando-se o restante da câmara ao julgamento. Pode ocorrer a manutenção da decisão, embora seja possível inverter o *quorum*, passando de "dois a um" para "três a dois". A segunda chance conferida ao acusado é salutar, uma vez que se trata de interesse individual, ligado à ampla defesa, com todos os recursos a ela inerentes. Na jurisprudência: "Importante, à partida, delimitar o objeto

Art. 609

dos presentes embargos infringentes que, como se sabe, ficam adstritos apenas à divergência estabelecida quando do julgamento da apelação (artigo 609, par. único, do CPP). Que, no caso em tela, cinge-se ao regime inicial da pena privativa de liberdade estabelecido na condenação; o d. voto vencido fixou o regime intermediário, diferentemente da d. maioria, que optou pelo regime fechado. A manutenção da condenação, pelo crime de tráfico de drogas, e a quantidade da pena foram deliberações unânimes. Neste sentido, o recurso não deve ser conhecido no tocante ao pedido de reconhecimento da circunstância atenuante da confissão e compensação integral, na segunda fase da dosimetria da pena, com a reincidência. 4. Na parte cognoscível, acompanho a d. maioria formada quando do julgamento da apelação. (...)" (TJSP, Embargos Infringentes e de Nulidade 1502266-83.2021.8.26.0248, 2.ª C., rel. Laerte Marrone, 21.08.2023, por maioria).

4. Denominação do recurso: embora a aparência de se tratar de dois recursos – embargos *infringentes* e *de nulidade* – trata-se de somente um. A matéria em discussão pode ligar-se ao mérito propriamente dito, isto é, questão de direito material (infringentes), como pode estar vinculada a tema exclusivamente processual (de nulidade). Em outros termos, pode-se usar este recurso apenas para discutir matéria vinculada ao mérito (se culpado ou inocente o réu) ou somente em relação a eventual existência de nulidade ocorrida no processo. Porém, sempre quando houver voto vencido em favor do acusado.

5. Publicação e prazo: não se exige a intimação pessoal do réu e de seu defensor, salvo, no caso deste último, quando se tratar de Defensoria Pública. A intimação do Ministério Público também é pessoal. Por ocasião da interposição, deve o recurso ser devidamente instruído com as razões, pois não será aberta vista para essa finalidade.

6. Aplicabilidade do recurso: somente se dá em julgamento de apelação, recurso em sentido estrito e agravo em execução (este último, porque foi o recurso instituído pela Lei de Execução Penal em substituição ao recurso em sentido estrito, para as mesmas situações, sendo processado de idêntica maneira), admitindo-se de acórdãos proferidos pelo Tribunal e jamais por Turma Recursal – que tribunal não é. Observe-se, no entanto, que é controversa a possibilidade de utilização dos embargos infringentes no agravo em execução, existindo posição que os limita ao contexto da apelação e do recurso em sentido estrito. Na jurisprudência: STJ: "1. É cabível a oposição de embargos infringentes à decisão não unânime proferida em sede de agravo em execução – inteligência do art. 609 do Código de Processo Penal" (HC 509.869/SP, 6.ª T., rel. Nefi Cordeiro, 06.08.2019, v.u.). TJSP: "Embargos infringentes. Oposição contra decisão não unânime em revisão criminal. Descabimento. Recurso admissível apenas em apelação, recurso em sentido estrito e agravo em execução. Não cabimento em julgamentos não unânimes de ações de impugnação. Embargos não conhecidos" (Embargos Infringentes e de Nulidade 0027614-53.2018.8.26.0000, 8.º Grupo de Direito Criminal, rel. Guilherme de Souza Nucci, 03.08.2021, v.u.).

7. Voto favorável ao réu: é preciso haver ao menos um, sendo que a análise se cinge à sua conclusão e não à fundamentação. Por outro lado, ainda que exista condenação unânime, por parte da turma julgadora, mas um dos votos demonstra que, fosse ele acatado, a pena seria menor ou os benefícios penais mais extensos, cabe a interposição dos embargos.

8. Processamento: segue o procedimento do art. 613. Assim, não está prevista em lei a manifestação do embargado, embora certos Regimentos Internos de Tribunais contenham tal previsão, voltando-se particularmente ao assistente de acusação e ao querelante, pois o Ministério Público estaria representado pelo parecer da Procuradoria-Geral da Justiça.

9. Desacordo parcial e limitação ao conhecimento: o voto vencido, inspirador da decisão não unânime, pode ter divergido frontal e integralmente dos demais, propiciando amplo conhecimento pela câmara ou turma ampliada a respeito da matéria julgada, bem como pode divergir somente em alguns aspectos, limitando, então, o recurso do réu ao tema objeto da controvérsia.

10. Legitimidade de interposição: admitindo-se que o recurso é voltado, exclusivamente, ao interesse da defesa, pode ser interposto pelo réu, diretamente, pelo seu defensor e, também, pela Procuradoria da Justiça, desde que atuando em favor do acusado. Na jurisprudência: STJ: "V – Em reforço a esse entendimento, calha ressaltar que os Embargos Infringentes, nos termos em que disciplinado pelo parágrafo único do art. 609 do CPP, é via recursal cuja legitimidade se atribui exclusivamente à defesa" (AgInt no REsp 1.822.332/PR, 5.ª T., rel. Felix Fischer, 28.04.2020, v.u.).

10-A. Impossibilidade no caso de ação penal de competência originária: quando se tratar de ação penal de competência originária, em caso de recebimento de denúncia, ainda que por maioria de votos, não cabe embargos infringentes, pois é hipótese não prevista pelo Código de Processo Penal.

> **Art. 610** Nos recursos em sentido estrito, com exceção do de *habeas corpus*,[11] e nas apelações[11-A] interpostas das sentenças em processo de contravenção ou de crime a que a lei comine pena de detenção, os autos irão imediatamente com vista ao Procurador-Geral[11-B] pelo prazo de 5 (cinco) dias, e, em seguida passarão, por igual prazo,[12] ao relator, que pedirá designação de dia para o julgamento.[13]
>
> **Parágrafo único.** Anunciado o julgamento pelo Presidente, e apregoadas as partes, com a presença destas ou à sua revelia, o relator fará a exposição do feito e, em seguida, o presidente concederá, pelo prazo de 10 (dez) minutos, a palavra aos advogados ou às partes que a solicitarem e ao Procurador-Geral, quando o requerer, por igual prazo.

11. Rito do *habeas corpus*: tratando-se de ação constitucional, voltada a combater abusos e ofensas à liberdade de locomoção, segue um rito célere em tribunais. Disso resulta a viabilidade de apresentar o relator o *habeas corpus* em pauta de julgamento, mesmo sem prévia intimação da defesa, como regra, o impetrante.

11-A. Apelação especial: trata-se de um rito abreviado no processamento do apelo, em consonância ao procedimento mais célere adotado pelo magistrado de primeiro grau, quando conduziu o processo para apurar contravenção penal ou crime apenado com detenção. O ideal seria um só processamento, para qualquer situação, embora sempre célere. Ver, ainda, a nota 14 ao art. 513.

11-B. Parecer do Ministério Público, contraditório e ampla defesa: estabeleceu-se de forma praticamente unânime, na doutrina e na jurisprudência, que o Ministério Público, ao atuar em instância superior, quando não for o proponente da ação penal originária, participa do feito como *custos legis*. Por isso, o parecer emitido pelo Procurador de Justiça (ou Procurador da República, conforme o caso) é considerado uma manifestação imparcial, no sentido de *fiscalizar a correta aplicação da lei*. Nega-se, assim, à defesa o direito de refutar as alegações contidas em referido parecer, ainda que lhe sejam totalmente desfavoráveis – e, como regra, de fato são. Entretanto, merece reavaliação tal postura, pois é sabido que o

Art. 610

custos legis merece lugar onde litigam partes estranhas aos quadros do Ministério Público, instituição una e indivisível, atuante em defesa da sociedade. Tal situação ocorre na ação penal privada, quando querelante e querelado entram em conflito, tendo por base a aplicação da lei penal. Nada mais justo do que contar com o parecer do Ministério Público, fiscalizando a instrução. Entretanto, quando o Ministério Público atua como proponente da ação, já considerado *parte imparcial*, por ter condições de se manifestar, a qualquer tempo, em favor do réu, não se compreende a atuação dúplice da instituição, por meio de diversos integrantes. Se o promotor apresentou recurso ou ofereceu contrarrazões ao apelo da defesa, a manifestação do Ministério Público, em sua face indivisível, já foi colhida. Aliás, convém frisar que o órgão ministerial pode concordar com as razões do apelo defensivo, ao oferecer a sua manifestação em contrarrazões. Assim sendo, já existe a parcela imbuída da correta aplicação da lei, atuando não somente como proponente da demanda penal, mas, concomitantemente, como fiscal da lei. O parecer do Ministério Público, em instância superior, como regra, acompanha a manifestação do representante da instituição de primeiro grau. Por vezes, fornece novos argumentos para proporcionar a mantença de sentença condenatória (ou outra decisão negativa ao réu), depondo contra os interesses do acusado. É certo que defendemos não haver necessidade de contraditório sobre avaliação de fatos, vale dizer, sobre interpretação de provas, porém, parece-nos demasiado o órgão acusatório duplamente representado frente ao Judiciário. Decerto, o foco não está concentrado no contraditório, mas na desigualdade das partes no processo e, com especial zelo, no tocante à ampla defesa. A dúplice exposição das ideias do Ministério Público, em particular, quando coincidem em argumentos contra a defesa, expõe o desequilíbrio processual existente no Brasil. Deveria haver a oportunidade de contra-argumentação do defensor, quando lhe fosse conveniente, aos pontos defendidos pelo Ministério Público em seu parecer de 2.º grau (ou de instância superior). Somente assim estaria assegurada a defesa *ampla* e o real equilíbrio das partes no processo penal. Registremos, ainda, somente para argumentar, que, sendo o parecer favorável ao réu, pode a defesa simplesmente abster-se de manifestação. Entretanto, a posição benéfica ao acusado, pelo princípio da prevalência do interesse do réu, não macula o processo; o problema se encontra na dupla manifestação negativa em relação ao acusado. O mesmo procedimento se dá em sustentação oral. Soa-nos incompreensível que se manifeste, em primeiro lugar, a defesa; somente depois, o Procurador de Justiça (ou da República). Afinal, já houve apelo ou contrarrazões do Ministério Público de primeiro grau, seguindo-se o parecer da instituição em segundo grau. Sustentando oralmente a defesa, antes da Procuradoria de Justiça, será a *terceira* vez que o órgão acusatório – ainda que sob as vestes de *custos legis* – terá a oportunidade real e eficiente de expor argumentos contrários aos interesses da defesa. Em suma, quem *fecha* o ciclo do raciocínio é a acusação e não a defesa, numa estranha situação em que se sustenta a primazia da amplitude defensiva em relação ao âmbito acusatório. Pensamos ser momento de se analisar tal paradoxo. Considerando-se de extremada importância o parecer do Ministério Público em instância superior, *ad argumentandum*, no mínimo, dever-se--ia garantir à defesa a faculdade de intervir, oferecendo contra-argumentação, quando a manifestação lhe for desfavorável. E deveria a defesa ser a última a falar, oralmente, diante a Corte Superior, antes de proferido o veredicto do colegiado.

12. Prazos para parecer e voto: não são considerados fatais, podendo haver atraso, até por conta do excessivo volume de feitos em trâmite nos tribunais atualmente. Aliás, segundo o art. 614, deve haver justificação nos autos, que, na maior parte das vezes, é genérica, referindo-se ao "excesso de serviço".

13. Inexistência de revisor: em julgamento de recurso em sentido estrito e de apelação especial, não seguem os autos ao revisor, após terem passado pelo relator. Este encaminha, diretamente, à mesa para julgamento, tão logo tenha recebido o feito com parecer da Procuradoria-Geral da Justiça.

Art. 611 (*Revogado pelo Dec.-lei 552/1969.*)

Art. 612. Os recursos de *habeas corpus*, designado o relator, serão julgados na primeira sessão.

Art. 613. As apelações[14-14-A] interpostas das sentenças proferidas em processos po crime a que a lei comine pena de reclusão, deverão ser processadas e julgadas pela forma estabelecida no art. 610, com as seguintes modificações

I – exarado o relatório nos autos, passarão estes ao revisor, que terá igual prazo para o exame do processo e pedirá designação de dia para o julgamento;[15]

II – os prazos serão ampliados ao dobro;

III – o tempo para os debates será de 1/4 (um quarto) de hora.

---

14. Apelação comum: trata-se da hipótese de trâmite do recurso de apelação, respeitando um processamento mais lento, com maiores detalhes, até porque a matéria em julgamento já foi decidida pelo magistrado em procedimento igualmente mais extenso (reservado aos crimes apenados com reclusão).

14-A. Necessidade de intimação do réu para constituir outro defensor, quando há renúncia antes do julgamento da apelação: ver a nota 23-A ao art. 564.

15. Existência do revisor: é a única modificação efetiva entre o processamento da apelação comum e o da especial, pois, no tocante aos prazos, que não são fatais e podem ser prorrogados, e quanto ao tempo para os debates, cujo prazo também não é peremptório, termina-se, no mais das vezes, adotando-se o mesmo procedimento.

Art. 614. No caso de impossibilidade de observância de qualquer dos prazos marcados nos arts. 610 e 613, os motivos da demora serão declarados nos autos.[16]

Art. 615. O tribunal decidirá por maioria de votos.

§ 1º Em todos os julgamentos em matéria penal ou processual penal em órgãos colegiados, havendo empate, prevalecerá a decisão mais favorável ao indivíduo imputado, proclamando-se de imediato esse resultado, ainda que, nas hipóteses de vaga aberta a ser preenchida, de impedimento, de suspeição ou de ausência, tenha sido o julgamento tomado sem a totalidade dos integrantes do colegiado. [16-A]

§ 2.º O acórdão será apresentado à conferência na primeira sessão seguinte à do julgamento, ou no prazo de duas sessões, pelo juiz incumbido de lavrá-lo.

Art. 616. No julgamento das apelações poderá o tribunal, câmara ou turma proceder a novo interrogatório do acusado, reinquirir testemunhas ou determinar outras diligências.[16-B-17]

Art. 617

16. Lentidão do julgamento: tem sido considerado um prazo *impróprio*, ou seja, sem a aplicação de qualquer sanção se houver descumprimento. Diante disso, inexiste, na prática, qualquer explicação, proferida nos autos, a respeito de atraso e lentidão. Consolida-se a ideia de que os tribunais possuem excesso de serviço, motivo pelo qual esta norma não vem sendo observada.

16-A. Empate em colegiado: em tribunais, é possível ocorrer empate em votações relevantes, envolvendo interesse do acusado, razão pela qual a modificação introduzida neste parágrafo, pela Lei 14.836/2024, eliminou a polêmica relativa ao empate. Deve sempre beneficiar o indivíduo imputado (acusado ou investigado). Mencionava-se, antes da alteração, a votação nos *recursos*, o que poderia causar controvérsia no tocante às ações originárias, como acontece em revisões criminais, *habeas corpus* e nos casos de ação penal por prerrogativa de função (foro privilegiado).

16-B. Execução dos atos: pode ser feita diretamente pelo tribunal, normalmente pelo relator, mas também pode ser expedida carta de ordem para que o juiz de primeiro grau, do local onde estão réu e testemunhas, proceda à inquirição desejada. Houve caso, no entanto, que levou o Tribunal a anular a decisão condenatória, bem como os depoimentos que a instruíram, determinando o retorno dos autos ao 1.º grau, para o refazimento da prova. Na jurisprudência: STJ: "3. A regra prevista no art. 616 do Código de Processo Penal traduz uma mera faculdade discricionária do órgão julgador de segunda instância em determinar, a partir da análise dos autos, a realização de novo interrogatório do acusado, reinquirir testemunhas ou determinar outras diligências" (AgRg no AREsp 754.733/SP, 5.ª T., rel. Ribeiro Dantas, 24.08.2021, v.u.).

17. Natureza das diligências: devem ser meramente supletivas, voltadas ao esclarecimento de dúvidas dos julgadores de segunda instância, não podendo extrapolar o âmbito das provas já produzidas, alargando o campo da matéria em debate, pois isso configuraria nítida supressão de instância e causa de nulidade. É inadmissível o procedimento do tribunal de produzir novas provas, das quais não tem – e não teve por ocasião da sentença – ciência o juiz de primeiro grau, julgando o recurso com base nelas. Assim fazendo, não haverá duplo grau de jurisdição, mas uma única – e inédita – decisão, da qual não poderão as partes recorrer. Na jurisprudência: STF: "1. Não há constrangimento ilegal se o Tribunal de Justiça indefere, motivadamente, a conversão do julgamento de apelação em diligência requerida pela defesa. Precedentes" (HC 171.211 AgR, 2.ª T., rel. André Mendonça, 26.06.2023, v.u.). STJ: "2. No caso, ficaram evidenciadas, no acórdão ora embargado, as razões pelas quais conclui-se não haver ofensa ao art. 616 do Código de Processo Penal, destacando-se que a defesa não se desincumbiu do ônus de demonstrar efetivamente o prejuízo sofrido pelo embargante, pois não argumentou, com maior precisão, a imprescindibilidade da realização da prova pretendida. Nesse contexto, o julgado decidiu a controvérsia de modo fundamentado, abordando todos os tópicos suscitados, porém de forma contrária aos interesses da defesa, que não pode neste momento, sob o pretexto de contradição existente no julgado, rediscutir o mérito da questão, trazendo alegações que nem sequer foram deduzidas na inicial do *writ*" (EDcl no AgRg no HC 670.326/SC, 6.ª T., rel. Antonio Saldanha Palheiro, 15.02.2022, v.u.).

> **Art. 617.** O tribunal, câmara ou turma atenderá nas suas decisões ao disposto nos arts. 383,[18] 386[19] e 387,[20-20-A] no que for aplicável, não podendo, porém, ser agravada a pena, quando somente o réu houver apelado da sentença.[21-24-D]

18. Aplicação do art. 383: trata-se da hipótese de dar nova definição jurídica ao fato, desde que a imputação formulada na denúncia ou queixa comporte, bem como se encontre respaldo na prova dos autos. Assim, considerar determinado motivo, cujo fato se encontra explicitamente na peça inicial e sobre o qual pôde manifestar-se o réu, ao invés de fútil, torpe, é cabível. Não pode, no entanto, o tribunal aplicar pena mais grave, valendo-se do disposto no art. 383 do CPP, se somente o réu recorreu. E não pode fazer uso do art. 384 do CPP, que seria o caminho viável para, aditando a denúncia ou queixa, agravar a pena. Nessa linha, confira-se a Súmula 453 do STF: "Não se aplicam à segunda instância o art. 384 e parágrafo único [atuais §§ 1.º a 5.º] do Código de Processo Penal, que possibilitam dar nova definição jurídica ao fato delituoso, em virtude de circunstância elementar não contida, explícita ou implicitamente, na denúncia ou queixa".

19. Aplicação do art. 386: são as hipóteses de absolvição, que devem reger a sentença de primeiro grau do juiz: a) estar provada a inexistência do fato; b) não haver prova da existência do fato; c) não constituir o fato infração penal; d) estar provado que o acusado não concorreu para a infração penal; e) não existir prova de ter o réu concorrido para a infração penal; f) existir circunstância excludente de ilicitude ou de culpabilidade; g) não existir prova suficiente para a condenação. Deve o Tribunal valer-se do mesmo critério se entender que deve absolver o acusado, vale dizer, a absolvição, em processo penal, é *vinculada* a uma das causas enumeradas pelo art. 386, I a VI. Portanto, o acórdão deve indicar o motivo da absolvição e não simplesmente dar provimento ao recurso da defesa para julgar improcedente a ação.

20. Aplicação do art. 387: deve o tribunal, se resolver condenar o réu, no caso de recurso apresentado pelo Ministério Público, fixar a pena de acordo com o preceituado no art. 387, ou seja, com os mesmos parâmetros do juiz de primeiro grau. Necessita mencionar as circunstâncias agravantes e atenuantes existentes, as demais circunstâncias levadas em conta para a aplicação da pena, como estabelecido nos arts. 59 e 60, bem como as causas de aumento e diminuição. Fixará os benefícios cabíveis – como a suspensão condicional da pena ou a substituição da pena privativa de liberdade por restritivas de direitos ou multa – bem como determinará a publicação. Noutros termos, as cortes precisam seguir os parâmetros legais estabelecidos para a sentença no momento de condenar o réu em grau de recurso ou mesmo para analisar a decisão de primeiro grau. O processo de individualização da pena é exatamente o mesmo para juízos de primeira instância como para qualquer colegiado de instância superior. Por isso, avaliar se o recurso da acusação ou da defesa merece provimento em relação à fixação da pena necessita ser criteriosamente analisado nos termos do art. 387 do CPP, além das demais regras existentes no Código Penal.

20-A. Fundamentação do acórdão: todas as decisões do Poder Judiciário serão fundamentadas (art. 93, IX, CF), o que, por evidente, não inclui apenas as proferidas pelo juiz de primeiro grau. Os acórdãos, emanados dos tribunais, sob a responsabilidade de um relator, também precisam de motivação. Cuida-se de preceito constitucional essencial, com o fim de conferir legitimidade aos órgãos do Poder Judiciário, que não são diretamente eleitos pelo povo, mas cujas decisões devidamente fundamentadas devem espelhar a lei vigente. Não se há de admitir a reforma às decisões de primeira instância sem a indispensável motivação. Em qualquer prisma, há de ser constituído por fundamentos lógicos o acórdão. Nesse ponto, imaginando-se a reforma de sentença absolutória, para a fixação da pena, necessita-se percorrer o mesmo sistema imposto ao juiz, vale dizer, os três estágios previstos no art. 68 do Código Penal. De outra parte, se for o caso de reduzir a pena aplicada pelo magistrado, deve o acórdão trazer motivos suficientes para desacreditar a sanção anteriormente fixada, reduzindo-a sob termos e critérios legais. Não impera a discricionariedade no âmbito recursal superior. Os tribunais

Art. 617

Código de Processo Penal Comentado · Nucci

não são órgãos imunes à motivação das decisões e ao controle de seus atos e julgamentos, que se farão, como regra, publicamente. Por isso, em caso de carência de fundamentação, ocorre nulidade do acórdão, a ser reconhecida por tribunal superior, ou, sendo o caso, pelo mesmo tribunal, em embargos de declaração ou mesmo em ação revisional ou *habeas corpus*. Em face disso, não se há de aquiescer com o disposto pelo art. 252 do Regimento Interno do Tribunal de Justiça de S. Paulo, somente para utilizar uma ilustração: "Nos recursos em geral, o relator poderá limitar-se a ratificar os fundamentos da decisão recorrida, quando, suficientemente motivada, houver de mantê-la, apreciando, se houver, os demais argumentos recursais capazes de, em tese, infirmar a conclusão adotada no julgamento". Sabe-se que o acórdão substitui a sentença e será a peça a ser executada em caso de condenação. Por isso, não pode conter um trecho em branco, com mera referência à decisão de primeiro grau, pouco importando se é para confirmá-la ou não. Noutros termos, o acórdão será conhecido como peça autônoma, a partir do momento em que for publicado, devendo ser integralmente compreendido pelo seu próprio teor. Se o relator fizer referência à sentença de primeiro grau, limitando-se a ratificar os seus fundamentos, não se saberá ao certo o motivo correto da condenação ou da absolvição, quando mantida a decisão de instância inferior. No mínimo, se houver concordância com os argumentos utilizados pelo juiz de primeiro grau, devem eles ser reproduzidos totalmente no acórdão, prescindindo-se da sentença para a exata compreensão do decidido pelo órgão colegiado. Do contrário, haverá deficiência de motivação, gerando nulidade absoluta da peça do tribunal, pouco importando o que menciona o Regimento Interno, que não pode superar o disposto em lei, nem mesmo pela Constituição Federal. Ao menos no âmbito processual penal, em que se lida diretamente com direitos e garantias humanas fundamentais, é exigível a motivação de todas as decisões jurisdicionais.

21. Vedação à *reformatio in pejus*: parecia-nos razoável privilegiar, no cenário dos recursos, o princípio da voluntariedade (cabe à parte contrariar a decisão proferida), nos termos do art. 574, *caput*, primeira parte, deste Código, além de, levando-se em consideração constituir o recurso um desdobramento do direito de ação, tornar-se-ia sempre relevante haver interesse para impugnar o decidido (art. 577, parágrafo único, CPP). Em face disso, sustentávamos que, havendo recurso exclusivo do Ministério Público, para agravar a condenação imposta ao réu, sob qualquer aspecto, não poderia o tribunal acolher o recurso em amplo efeito devolutivo, podendo absolver ou atenuar a pena do acusado. Tal medida iria, em tese, contra a voluntariedade e o interesse recursal, visto que o réu não apelou da decisão condenatória, conformando-se com o seu conteúdo. Mas as reflexões teóricas sobre o tema, associadas à prática de nosso exercício da judicatura no tribunal, fazem-nos perceber um argumento muito relevante, exposto por Tourinho Filho: "a maior e mais expressiva corrente da doutrina brasileira admite poder o Tribunal, ante apelo exclusivo do Ministério Público visando à exasperação da pena, agravá-la, abrandá-la, mantê-la ou, até mesmo, absolver o réu, *em face do papel que o Ministério Público representa nas instituições políticas*. (...) Assim, por que motivo estaria impossibilitado, ante exclusiva apelação do Ministério Público, de abrandar mais ainda a situação processual do réu, e até mesmo absolvê-lo? Se o Tribunal, em sede de revisão, pode fazê-lo, que razão o impediria de agir da mesma maneira ao julgar uma apelação ministerial visando ao agravamento da pena?" (*Código de Processo Penal comentado*, v. 2, p. 364, grifamos). O ponto fulcral dessa linha de argumentação vincula-se ao papel exercido pelo Ministério Público, no âmbito processual penal, admitindo-se, sem qualquer reticência, que a instituição recorra *em favor do acusado*, até pleiteando a absolvição, se assim entender; pode pedir a absolvição diante dos jurados no Tribunal do Júri e, igualmente, em alegações finais, ao juiz togado. Atua como fiscal da lei na ação penal privada e exerce o mesmo papel quando órgão opinante em 2.º grau (ou em tribunal superior). Essa atividade, que faz muitos o considerarem como órgão imparcial, mesmo quando promover a acusação, faz-nos crer que o recurso ministerial deve *devolver* ao tribunal o amplo conhecimento da causa, podendo seguir o pleito do órgão acusatório para agravar a situação do acusado, mas, também, atenuar a pena ou absolver o réu, visto que a atuação do Ministério Público busca a justiça e esta é aplicada pelo Judiciário, na instância em que se encontrar o processo. Esse é o principal motivo de nossa reflexão, passando a defender a viabilidade de reforma em qualquer sentido, quando o recurso for interposto pelo Ministério Público. Sob outro aspecto, por óbvio, baseado no princípio da ampla defesa, com os recursos a ela inerentes, além de ser pacífico o entendimento de que, na órbita criminal, aplica-se o princípio da prevalência do interesse do réu, não pode haver *reformatio in pejus* (reforma do julgado em prejuízo do acusado), quando houver recurso somente da defesa. A parte final do art. 617 do CPP não é o argumento principal dessa situação jurídica recursal (veda-se a reforma em prejuízo do acusado, quando somente ele apelou da sentença), mas somente um elemento a mais. Assim sendo, quando o Ministério Público recorrer e o tribunal decidir favorecer o réu, considerando-se o amplo efeito devolutivo do recurso da acusação, não é preciso que o colegiado conceda *habeas corpus* de ofício para absolver ou atenuar a pena; igualmente, também não é cabível, em nossa visão, *negar provimento* ao recurso do MP e *dar provimento de ofício* para absolver o acusado (ou reduzir-lhe a pena). Basta acolher o recurso ministerial, que devolve amplamente o conhecimento da causa, para o fim de absolver o réu ou conceder-lhe qualquer outro benefício. Na jurisprudência: STJ: "1. O efeito devolutivo da apelação é amplo, permitindo a revisão da dosimetria da pena em recurso exclusivo da defesa, sem que haja violação do disposto no art. 617 do CPP, desde que o quantum da pena não ultrapasse aquele fixado na sentença" (AgRg no HC 661.765/MG, 5.ª T., rel. João Otávio de Noronha, 21.09.2021, v.u.); "2. Não há nenhuma vedação legal quanto à possibilidade de reenviar as condenações – originalmente utilizadas para negativar a conduta social e a personalidade do agente – para o vetor dos maus antecedentes. Isso porque, embora trate-se de recurso de apelação exclusivo da defesa, o efeito devolutivo da apelação permite ao julgador de substituir a fundamentação empregada pelo magistrado sentenciante e assim manter a quantidade de pena imposta, sem que isso configure violação ao princípio da *ne reformatio in pejus* (artigo 617 do CPP), desde que isso não implique em aumento da pena fixada pelo juízo sentenciante" (AgRg no AREsp 1.763.108/PR, 5.ª T., rel. Reynaldo Soares da Fonseca, 09.03.2021, v.u.).

22. Reformatio *in pejus* e nulidade absoluta: ainda que haja uma falha processual, caracterizando nulidade absoluta, sem recurso da acusação e existindo somente recurso do réu, em outro prisma, não se admite o seu reconhecimento. Noutros termos, o que se veda é o reconhecimento de nulidade – relativa ou absoluta – pelo tribunal, não pleiteada pelo acusado, porque a situação o beneficia de algum modo. Nesse sentido, está em vigor a Súmula 160 do Supremo Tribunal Federal: "É nula a decisão do Tribunal que acolhe, contra o réu, nulidade não arguida no recurso da acusação, ressalvados os casos de recurso de ofício".

23. *Reformatio in pejus* indireta: trata-se da anulação da sentença, por recurso exclusivo do réu, vindo outra a ser proferida, devendo respeitar os limites da primeira, sem poder agravar a situação do acusado. Assim, caso o réu seja condenado a 5 anos de reclusão, mas obtenha a defesa a anulação dessa decisão, quando o magistrado – ainda que seja outro – venha a proferir outra sentença, está adstrito a uma condenação máxima de 5 anos. Se pudesse elevar a pena, ao proferir nova decisão, estaria havendo uma autêntica reforma em prejuízo da parte que recorreu. Em tese, seria melhor ter mantido a sentença, ainda que padecendo de nulidade, pois a pena seria menor. Parece-nos justa, portanto, essa posição, que é dominante na jurisprudência atual

Art. 617

Código de Processo Penal Comentado • **Nucci**   1106

24. *Reformatio in pejus* e soberania do Tribunal do Júri: a anulação do primeiro julgamento realizado pelo Tribunal do Júri impediria que, no segundo julgamento, houvesse a *reformatio in pejus*? Embora muitos sustentem que, em homenagem ao princípio constitucional da soberania dos veredictos, não exista essa vinculação, pensamos que o caminho a trilhar é outro. Se o recurso for exclusivo da defesa, determinando a instância superior a anulação do primeiro julgamento, cremos que a pena, havendo condenação, não poderá ser fixada em quantidade superior à decisão anulada. É certo que os jurados são soberanos, mas não é menos certo afirmar que os princípios constitucionais devem harmonizar-se. Embora defendamos com veemência o respeito à soberania dos veredictos, é preciso considerar que a ampla defesa, com os recursos a ela inerentes, também é princípio constitucional. Retirar do acusado a segurança para recorrer, invocando a nulidade que entender conveniente, sem o temor de que nova decisão poderá piorar sua situação, não seria garantir efetiva ampla defesa. Por tal razão, cremos mais correta a posição daqueles que defendem a impossibilidade de *reformatio in pejus* também nesse caso. Assim sendo, proclamada a nulidade do primeiro julgamento do júri, onde houve a prolação de sentença condenatória, no segundo julgamento os jurados ficam livres para responder aos quesitos como quiserem, mesmo reconhecendo mais qualificadoras que no primeiro, porém fica o juiz presidente limitado à pena anteriormente estabelecida. O comando que veda a *reformatio in pejus* é destinado ao juiz togado. Na jurisprudência: STJ: "1. Em recurso exclusivo da defesa e a seu pedido, o primeiro julgamento pelo Tribunal do júri foi anulado, eis que houve contradição na resposta dos quesitos para o cometimento dos delitos de homicídio e aborto provocado por terceiro. É inconteste que a asfixia da grávida ocasionou seu óbito e o aborto, mas os jurados reconheceram a autoria apenas em relação ao homicídio, ficando o réu absolvido pelo aborto. 1.1. A única forma de sanar o vício da contradição na resposta dos jurados era submeter a ocorrência ou não do homicídio e do aborto para nova apreciação, motivo pelo qual não há que se falar em *reformatio in pejus* indireta. Diante desse quadro, em novo julgamento, o réu foi condenado por ambos os crimes com observância da soberania dos veredictos e a pena foi dosada pelo juiz presidente para cada um deles como consequência da condenação. 2. Em atenção ao disposto no art. 617 do CPP, o Tribunal de origem, de forma escorreita, limitou a soma das penas dosadas para ambos os delitos ao montante estipulado no primeiro julgamento para a condenação decorrente do homicídio. 3. Agravo regimental desprovido" (AgRg nos EDcl no AREsp 1.546.159-SC, 5.ª T., rel. Joel Ilan Paciornik, 06.10.2020, v.u.).

24-A. *Reformatio in pejus* e medida de segurança imposta em 2.º grau: defendemos em nosso *Código Penal comentado* (nota 21 ao art. 98) que a Súmula 525 do STF ("A medida de segurança não será aplicada em segunda instância, quando só o réu tenha recorrido") não teria mais sentido, pois foi elaborada na época em que vigia o sistema do duplo binário, isto é, a possibilidade de aplicação de pena e medida de segurança, concomitantemente. Dessa forma, caso o juiz tivesse aplicado ao réu somente pena, não poderia o Tribunal, em recurso exclusivo da defesa, acrescentar a medida de segurança. Seria autêntica *reformatio in pejus*. Ocorre que, estando em vigor hoje o sistema vicariante – aplicação de pena *ou* medida de segurança – bem como, entendendo-se que a medida de segurança é mais benéfica do que a pena, seria viável que o Tribunal substituísse a pena pela aplicação da medida de segurança, que pretende ser curativa, ainda que somente o réu tenha recorrido.

24-B. *Reformatio in pejus* e alteração de regime de cumprimento de pena: não pode o Tribunal modificar o regime de cumprimento de pena imposto ao réu, pela sentença, impondo um mais severo, caso inexista recurso expresso do Ministério Público a esse respeito, ainda que se refira a regime imposto por lei. É o que ocorre, por exemplo, quando o magistrado, em se tratando de crime, cuja pena atinge patamar superior a oito anos de reclusão, em lugar de impor o regime fechado inicial, aplica o regime semiaberto. Não cabe ao Tribunal alterar o regime, sem provocação do órgão acusatório, a pretexto de ter sido ferido o disposto no Código Penal (art. 33, § 2.º, *a*).

24-C. *Reformatio in pejus* e erro material: é inaceitável que o Tribunal, a pretexto de corrigir qualquer espécie de erro material constante do julgado inferior, prejudique o réu, mormente quando somente este recorreu da decisão. Quem deveria ter zelado pela perfeita correção da sentença é o Estado-acusação ou o querelante, mas jamais o órgão superior, em situação como a descrita anteriormente, ou seja, em recurso interposto somente pela defesa.

24-D. *Reformatio in pejus* e juízo incompetente: a decisão proferida por juiz incompetente, tratando-se de incompetência absoluta (matéria ou função), gera nulidade absoluta, passível de reconhecimento a qualquer tempo, mesmo após o trânsito em julgado. Porém, se a decisão for favorável ao réu, mormente cuidando-se de sentença absolutória, com trânsito em julgado, não se pode, posteriormente, reconhecer a nulidade, em prejuízo do acusado. Nenhum recurso ou ação de impugnação pode romper o trânsito em julgado de decisão favorável ao réu, ainda que proferida por magistrado absolutamente incompetente.

> **Art. 618.** Os regimentos dos Tribunais de Apelação estabelecerão as normas complementares para o processo e julgamento dos recursos e apelações.[25]

25. Acórdão proferido em competência originária: quando se tratar de processo de competência originária, isto é, para autoridades que possuem foro privilegiado, uma vez que serão julgadas pela mais alta instância constitucionalmente prevista para o caso (exemplos: para o Presidente da República, em caso de crime comum, é o Supremo Tribunal Federal; para o Governador do Estado, no mesmo caso, é o Superior Tribunal de Justiça; para o juiz de direito, na mesma hipótese, trata-se do Tribunal de Justiça), não há possibilidade de haver recurso ordinário. Inexiste, nesse caso, o duplo grau de jurisdição, entendido esse como a assunção obrigatória do apelo para uma segunda avaliação dos fatos e do mérito da causa. Em sentido contrário, registre-se a posição de Carolina Alves de Souza Lima: "esses entendimentos só se justificariam caso o Brasil não houvesse aderido ao Pacto Internacional sobre Direitos Civis e Políticos e ao Pacto de São José da Costa Rica, porquanto tais tratados estabelecem expressa e plenamente a Garantia do Duplo Grau de Jurisdição, no processo penal, sempre que for para beneficiar o acusado. Segundo os pactos, toda pessoa acusada de um delito tem o direito de recorrer da decisão ao juiz ou ao tribunal competente. Dessa forma, os processos de competência originária dos Tribunais por prerrogativa de função também devem estar sujeitos a essa garantia, a partir da ratificação do Pacto Internacional sobre Direitos Civis e Políticos e do Pacto de São José da Costa Rica, por força do disposto no § 2.º do art. 5.º da Lei Maior" (*O princípio constitucional do duplo grau de jurisdição*, p. 101). E para solucionar o impasse de, quando julgado um Deputado Federal, por exemplo, pelo Plenário do STF, não haver órgão ao qual se poderia interpor recurso, sugere a autora que a prerrogativa de função do Supremo Tribunal Federal possa ser transferida ao Superior Tribunal de Justiça ou, em segunda opção, possa o caso ser julgado por Turma do STF, permitindo, então, que haja recurso para o Pleno (*O princípio constitucional do duplo grau de jurisdição*, p. 146).

Art. 619
Código de Processo Penal Comentado · Nucci

Capítulo VI
DOS EMBARGOS[1-2]

1. Conceito de embargos de declaração: trata-se de recurso posto à disposição de qualquer das partes, voltado ao esclarecimento de dúvidas surgidas no acórdão, quando configurada ambiguidade, obscuridade, contradição ou omissão, permitindo, então, o efetivo conhecimento do teor do julgado, facilitando a sua aplicação e proporcionando, quando for o caso, a interposição de recurso especial ou extraordinário. O Código de Processo Penal, expressamente, somente prevê o recurso de embargos de declaração contra acórdão, mas é de se considerar existente o mesmo instrumento de esclarecimento de ambiguidade, contradição, obscuridade ou omissão voltado à sentença de primeiro grau. Afinal, é o que vem previsto no art. 382 do CPP. Segundo nos parece, trata-se de autêntico recurso de embargos de declaração, a despeito da lei não lhe ter dado denominação própria.

2. Extensão dos embargos a outras decisões: inadmissibilidade. Segundo nos parece, o sistema recursal não pode ser ampliado sem expressa autorização legal. Assim, verifica-se a impossibilidade de aplicação dos embargos de declaração a outras decisões que não configurem sentença (art. 382, CPP) ou acórdão (art. 619, CPP). Decisões interlocutórias, de qualquer espécie, não comportam embargos. Se na sua aplicação houver dúvida, prejudicial ao réu, gerando algum tipo de constrangimento, o caminho é impugná-la por *habeas corpus*. No mais, se a dúvida atingir a acusação, dependendo do caso concreto, pode caber correição parcial – se tumulto processual advier – ou mesmo recurso em sentido estrito – caso a decisão comporte. Não sendo assim, eventual prejuízo pode ser destacado em preliminar de eventual apelação. Em contrário, a posição de Ada, Magalhães e Scarance: "Apesar de o Código referir-se apenas aos acórdãos proferidos pelos tribunais de apelação (art. 619, CPP) e às sentenças de primeiro grau (art. 382, CPP), o certo é que os embargos de declaração podem ser interpostos contra *qualquer* decisão judicial. É inconcebível que fique sem remédio a obscuridade, a ambiguidade, a contradição ou a omissão existente no pronunciamento, que podem chegar até a comprometer a possibilidade prática de cumpri-lo" (*Recursos no processo penal*, p. 229).

> **Art. 619.** Aos acórdãos proferidos pelos Tribunais de Apelação, câmaras ou turmas, poderão ser opostos embargos de declaração, no prazo de 2 (dois) dias contado da sua publicação,[3-3-A] quando houver na sentença ambiguidade,[4] obscuridade,[5] contradição[6] ou omissão.[7-11-A]

3. Publicação: não há necessidade de intimação do réu ou do defensor, bastando a publicação do acórdão, ressalvado o direito da parte de receber intimação pessoal, como o Ministério Público e a defensoria pública.

3-A. Fundamentação: em caso de embargos de declaração, não é preciso que a Corte analise todas as alegações do recorrente, uma vez que muitas afirmações de ambiguidade, obscuridade, contradição ou omissão são infundadas e pretendem, em última análise, a modificação da decisão tomada por puro inconformismo. Por outro lado, mesmo que se indique uma hipótese de omissão, lastreada em vários argumentos, o julgado pode colher o mais relevante e pertinente para refutar e fundamentar, sendo desnecessário comentar um por um, pois o afastamento de um deles, por questão de lógica, pode atingir os demais. Na jurisprudência: STF: "De acordo com o estatuído no art. 619 do Código de Processo Penal, são cabíveis embargos de declaração nas hipóteses de ambiguidade, obscuridade, contradição ou omissão no julgado atacado. Da mesma forma, prevê o art. 337 do RISTF: 'Cabem embargos de declaração, quando houver no acórdão obscuridade, dúvida, contradição ou omissão que devam ser sanadas'. Haverá ambiguidade se o julgado revelar incerteza, dubiedade; omissão, quando não enfrentadas todas as questões postas ou esquecido algum dos pedidos dos litigantes; obscuridade, ao faltar clareza no *decisum*; contradição, sempre que se desvelarem incongruências entre a fundamentação e a conclusão ou forem registradas proposições inconciliáveis. Ainda se tem admitido, em hipóteses excepcionalíssimas, a atribuição de efeito infringente quando a consequência lógica do provimento dos embargos de declaração impuser a correção do caminho anteriormente adotado. No presente caso, não se constata a existência de nenhuma dessas deficiências. Nesse panorama, não merecem guarida os aclaratórios que, a pretexto de sanar omissões da decisão embargada, reproduzem mero inconformismo com o desfecho do julgamento (...) Ressalte-se, por oportuno, que 'O Órgão Julgador não está obrigado a rebater pormenorizadamente todos os argumentos apresentados pela parte, bastando que motive o julgado com as razões que entendeu suficientes à formação do seu convencimento' (...) Diante do exposto, rejeito os embargos de declaração" (RHC 230.513 AgR-ED, 1.ª T., rel. Alexandre de Moraes, 18.09.2023, v.u.). STJ: "2. Conforme entendimento pacífico desta Corte, o julgador não está obrigado a responder a todas as questões suscitadas pelas partes quando já encontrado motivo suficiente para proferir a decisão, não servindo os aclaratórios para rediscussão do julgado. No caso, não se vislumbra a alegada nulidade do acórdão dos embargos de declaração, porquanto a Corte local apresentou suficiente fundamentação acerca na inexistência das apontadas violações descritas nos artigos 619 e seguintes do Código de Processo Penal. (...)" (AgRg no RHC 179.078/SP, 5.ª T., rel. Reynaldo Soares da Fonseca, 22.08.2023, v.u.).

4. Ambiguidade: é o estado daquilo que possui duplo sentido, gerando equivocidade e incerteza, capaz de comprometer a segurança do afirmado. Assim, no julgado, significa a utilização, pelo magistrado, de termos com duplo sentido, que ora apresentam uma determinada orientação, ora seguem em caminho oposto, fazendo com que o leitor, seja ele leigo ou não, termine não entendendo qual o seu real conteúdo.

5. Obscuridade: é o estado daquilo que é difícil de entender, gerando confusão e ininteligência, no receptor da mensagem. No julgado, evidencia a utilização de frases e termos complexos e desconexos, impossibilitando ao leitor da decisão, leigo ou não, captar-lhe o sentido e o conteúdo.

6. Contradição: trata-se de uma incoerência entre uma afirmação anterior e outra posterior, referentes ao mesmo tema e no mesmo contexto, gerando a impossibilidade de compreensão do julgado. Logo, inexiste contradição, quando a decisão – sentença ou acórdão – está em desalinho com opiniões doutrinárias, outros acórdãos ou sentenças e mesmo com a prova dos autos. É preciso existir confronto entre afirmações interiores ao julgado.

7. Omissão: é a lacuna ou o esquecimento. No julgado, traduz-se pela falta de abordagem do magistrado acerca de alguma alegação ou requerimento formulado, expressamente, pela parte interessada, merecedor de apreciação.

8. Não caracterização da omissão: não se configura lacuna na decisão o fato de o juiz deixar de comentar argumento por argumento levantado pela parte, pois, no contexto geral do julgado, pode estar nítida a sua intenção de rechaçar todos eles.

9. Reavaliação das provas e dos fatos: impossibilidade. Os embargos de declaração não têm o caráter de reavaliação da valoração feita aos fatos, tampouco das provas. Trata-se de recurso exclusivo para situações excepcionais, quando há ambiguidade, obscuridade,

Art. 620

Código de Processo Penal Comentado · Nucci

1110

contradição ou omissão. Na jurisprudência: STF: "Não se revelam cabíveis os embargos de declaração quando a parte recorrente – a pretexto de esclarecer uma inexistente situação de obscuridade, omissão, contradição ou ambiguidade (CPP, art. 619, e RISTF, art. 337) – vem a utilizá-los com o objetivo de infringir o julgado e de, assim, viabilizar um indevido reexame da causa. Precedentes. Exercício abusivo do direito de recorrer. O abuso do direito de recorrer – por qualificar-se como prática incompatível com o postulado ético-jurídico da lealdade processual – constitui ato de litigância maliciosa repelido pelo ordenamento positivo, especialmente nos casos em que a parte interpõe recurso com intuito evidentemente protelatório" (ARE 1058426 AgR-ED-ED – DF, 2.ª T., rel. Celso de Mello, 07.08.2018, v.u.). STJ: "1. Os embargos de declaração são recurso com fundamentação vinculada, sendo imprescindível a demonstração de que a decisão embargada se mostrou ambígua, obscura, contraditória ou omissa, conforme disciplina o art. 619 do Código de Processo Penal. Podem ser admitidos, ainda, para correção de eventual erro material e, excepcionalmente, para alteração ou modificação do decisum embargado. (...) 3. O embargante pretende, na realidade, rediscutir matéria já decidida e que foi contrária à sua pretensão, sem demonstrar, todavia, ambiguidade, obscuridade, contradição ou omissão, nos termos do art. 619 do CPP" (EDcl no AgRg no HC n. 903.208/ES, 5.ª T., rel. Reynaldo Soares da Fonseca, 04.06.2024, v.u.).

10. Simples correção de erros materiais: não há necessidade da interposição dos embargos. Pode o relator determinar a modificação de meros equívocos materiais que podem ter constado no acórdão, por engano de datilografia ou de redação, sem a necessidade de procedimento recursal. O mesmo faz o juiz de primeiro grau, com relação à sentença. Se não for corrigido de ofício o erro material, uma simples petição da parte interessada é suficiente para provocar a atuação do relator (ou do juiz).

11. Validade para o prequestionamento: muitos embargos de declaração são interpostos com a finalidade exclusiva de prequestionar alguma matéria, não abordada pelo julgado, embora tenha sido levantada pela parte, durante a instrução ou na peça recursal, obrigando o tribunal a decidir expressamente sobre o assunto e, em consequência, possibilitar a interposição de recurso especial ou extraordinário. A respeito, confira-se a Súmula 356 do STF: "O ponto omisso da decisão, sobre o qual não foram opostos embargos declaratórios, não pode ser objeto de recurso extraordinário, por faltar o requisito do prequestionamento". Ver também a Súmula 211 do STJ: "Inadmissível recurso especial quanto à questão que, a despeito da oposição de embargos declaratórios, não foi apreciada pelo tribunal *a quo*". Entretanto, não cabem embargos de declaração, ainda que para o fim de prequestionamento, quando a matéria desejada não tiver sido anteriormente ventilada pela parte interessada.

11-A. Abuso de direito: a reiterada interposição de embargos de declaração, com o intuito meramente protelatório, constitui nítido abuso de direito. Por isso, não serve para interromper os prazos e ainda justifica a imposição de multa, valendo-se da analogia com o processo civil.

> **Art. 620.** Os embargos de declaração serão deduzidos em requerimento de que constem os pontos em que o acórdão é ambíguo, obscuro, contraditório ou omisso.[12-14]
>
> § 1.º O requerimento será apresentado pelo relator e julgado, independentemente de revisão, na primeira sessão.
>
> § 2.º Se não preenchidas as condições enumeradas neste artigo, o relator indeferirá desde logo[15] o requerimento.[16-18]

12. Legitimidade: qualquer das partes que possua legitimidade para recorrer está autorizada a ingressar com embargos de declaração, desde que o esclarecimento pleiteado do julgado possa trazer lhe algum benefício. Na jurisprudência: STJ: "1. Consoante dispõe o art. 620, do Código de Processo Penal, somente são cabíveis embargos de declaração quando configurada ambiguidade, obscuridade, contradição ou omissão, o que não se verifica no caso. 2. Os embargos de declaração não se prestam à manifestação de inconformismo ou à rediscussão do julgado" (EDcl nos EDcl no AgRg nos EDcl no AgRg nos EAREsp 548.879/RR, Corte Especial, rel. Paulo de Tarso Sanseverino, 22.06.2021, v.u.).

13. Manifestação da parte contrária: é dispensável, já que o propósito dos embargos de declaração é aclarar a matéria decidida e não inovar, modificando o julgado. Ressalva a doutrina a possibilidade do relator, verificando a viabilidade de modificação do conteúdo do decidido, quando a questão obscura, ambígua, contraditória ou omissa for sanada, determinar a intimação da parte contrária. Nesse caso, diz-se terem os embargos o caráter infringente, ou seja, com capacidade para violar o anteriormente julgado.

14. Efeito infringente: deve-se aceitar esse efeito, que é a modificação substancial do julgado, unicamente quando se cuidar de omissão ou contradição, pois os magistrados haverão de decidir sobre ponto que ainda não tinham abordado ou deverão sanar uma incoerência, situações capazes de alterar o rumo do decidido. Entretanto, a ambiguidade e a obscuridade representam a simples possibilidade de aclarar o que está implícito. Na jurisprudência: STJ: "I – Os embargos de declaração se prestam a sanar ambiguidade, obscuridade, contradição ou omissão da decisão embargada, nos termos dos artigos 619 e 620 do Código de Processo Penal, podendo, de forma excepcional, produzir efeitos infringentes nas hipóteses em que a adoção de premissa equivocada provocar alteração substancial do teor da decisão recorrida" (EDcl no REsp 1.642.433/PE, 5.ª T., rel. Messod Azulay Neto, 13.06.2023, v.u.); "3. O julgador não está obrigado a se manifestar sobre todas as nuances apresentadas pelas partes desde que apresente fundamentação suficiente para a manutenção do julgado" (EDcl no RHC 142.250/RS, rel. Sebastião Reis Junior, Sexta Turma, 14.10.2021, *DJe* 19.10.2021).

15. Indeferimento liminar dos embargos: comporta, conforme previsão feita na maioria dos Regimentos Internos dos Tribunais, agravo regimental. Entretanto, é admissível que o relator indefira os embargos de declaração liminarmente, quando de manifesta improcedência o alegado pela parte.

16. Condições exaustivas: não se trata de um rol meramente exemplificativo, mas que esgota as hipóteses de recebimento e processamento dos embargos de declaração. Assim, é preciso que haja ambiguidade, obscuridade, contrariedade ou omissão, pois, do contrário, não deve ele ser conhecido.

17. Interrupção do prazo para outros recursos: trata-se de decorrência natural da interposição dos embargos, afinal, se a busca é pelo esclarecimento do que é confuso ou lacunoso, inexiste razão para apresentar outro recurso qualquer, antes de ser consertado o equívoco gerado. Se for oferecido, deve ser sobrestado o seu prosseguimento. Note-se, por fim, que não se trata de mera suspensão do prazo que já vinha correndo para a interposição de outro recurso, mas da sua interrupção, possibilitando à parte interessada, após a prolação da decisão dos embargos, retomá-lo por inteiro.

18. Embargos dos embargos: trata-se de situação viável, pois nada impede que o acórdão proferido no julgamento dos embargos de declaração propostos também padeça de algum vício autorizador de novo pedido de esclarecimento. A doutrina chega a admitir, ainda, que os segundos embargos possam questionar vícios decorrentes da decisão que originou os primeiros, desde que o assunto não tenha, ainda, sido ventilado.

Capítulo VII
DA REVISÃO[1-5]

1. Conceito de revisão criminal e natureza jurídica: é uma ação penal de natureza constitutiva e *sui generis*, de competência originária dos tribunais, destinada a rever decisão condenatória, com trânsito em julgado, quando ocorreu erro judiciário. Trata-se de autêntica ação rescisória na esfera criminal, indevidamente colocada como recurso neste Título do Código de Processo Penal. Tem alcance maior do que o previsto na legislação ordinária, adquirindo, igualmente, o contorno de garantia fundamental do indivíduo, na forma de remédio constitucional contra injustas condenações. Eis porque é uma ação *sui generis*, onde não há parte contrária, mas somente o autor, questionando um erro judiciário que o vitimou. Extrai-se tal conclusão porque a Constituição Federal (art. 5.º, LXXV) preceitua que "o Estado indenizará o condenado por erro judiciário", além do que no § 2.º do mesmo art. 5.º, menciona-se que outros direitos e garantias podem ser admitidos, ainda que não estejam expressamente previstos no texto constitucional, desde que sejam compatíveis com os princípios nele adotados. Ora, é justamente essa a função da revisão criminal: sanar o erro judiciário, que é indesejado e expressamente repudiado pela Constituição Federal. Esse entendimento, elevando a revisão à categoria de garantia fundamental, é prestigiado por Frederico Marques, que argumenta estar previsto expressamente o direito a essa ação na Constituição, no contexto da competência do Supremo Tribunal Federal (art. 102, I, *j*). Assim, se os condenados pela Suprema Corte têm direito constitucional à utilização desse instrumento, é natural que os demais, sentenciados por instâncias inferiores, também o possuam, o que lhes garante a isonomia contra o erro judiciário (*Elementos de direito processual penal*, p. 308). Contrário, sustentando tratar-se de um recurso, embora de caráter misto e *sui generis,* está a posição de Magalhães Noronha (*Curso de direito processual penal*, p. 382). Entendendo cuidar-se de ação penal e não de mero recurso está a posição da maioria da doutrina e da jurisprudência. Sérgio de Oliveira Médici, no entanto, propõe outra conceituação, sem adotar o difundido caráter de ação, nem acolher ser a revisão criminal um mero recurso, merecendo registro: "Em nosso entendimento, a revisão constitui meio de impugnação do julgado que se aparta tanto dos recursos como das ações, pois a coisa julgada exclui a possibilidade de interposição de recurso, e, ao requerer a revista da sentença, o condenado não está propriamente *agindo*, mas *reagindo* contra o julgamento, com o argumento da configuração de erro judiciário. A ação penal anteriormente *vista* é então *revista* por meio da revisão que, entretanto, não implica inversão das partes (em sentido processual)" (*Revisão criminal*, p. 148). Na jurisprudência: STJ: "1. A revisão criminal não deve ser usada como um segundo recurso de apelação, pois o acolhimento da pretensão revisional reveste-se de excepcionalidade, cingindo-se às hipóteses em que a contradição à evidência dos autos seja manifesta, induvidosa, a dispensar a interpretação ou a análise subjetiva das provas produzidas" (AgRg no AREsp 2.211.036/RS, 6.ª T., rel. Rogerio Schietti Cruz, 06.08.2024, v.u.).

2. Polo ativo na revisão criminal: ver nota 24 ao art. 623.

3. Polo passivo na revisão criminal: embora se trate de ação, como defendemos na nota anterior, é uma modalidade *sui generis* de ação, pois traz consigo o caráter de garantia constitucional instrumentalizada, de modo que não possui parte passiva. A revisão criminal tem por fim sanar um erro judiciário, razão pela qual, ao menos em tese, não teria o Ministério Público de 2.º grau interesse em contrariar o pedido, como se fosse autêntica parte passiva. Há intensa divergência na análise da natureza jurídica da revisão criminal, motivo pelo qual as opiniões não coincidem. Defendem Ada, Magalhães e Scarance que "legitimado passivo na ação é o Estado, representado pelo Ministério Público, sendo certo que, no sistema brasileiro, não se prevê, na revisão, a assistência do ofendido" (*Recursos no processo penal*, p. 311). E criticam, inclusive, a exclusão da parte ofendida do polo passivo, pois a decisão na revisão pode afetar seus interesses. Preferimos, nesse campo, o entendimento sustentado por Sérgio de Oliveira Médici: "O Ministério Público, chamado a opinar na revisão criminal, não representa o Estado ou a União. Manifesta-se livremente, a favor ou contra o pedido, não intervindo na revisão como *parte contrária* ao condenado. Conforme dispõe o art. 625, § 5.º, do Código de Processo Penal, se o requerimento não for indeferido *in limine*, abrir-se-á vista dos autos ao Procurador-Geral, que dará *parecer* no prazo de dez dias. Esta regra indica, claramente, que a função ministerial será de *custos legis*, propiciando ao oficiante opinar a respeito do cabimento do pedido e, no mérito, pronunciar-se favorável ou contrariamente à rescisão do julgado. O substantivo *parecer* tem significado de 'opinião acerca de algum problema, juízo, modo de apreciar jurídico'; 'opinião que o advogado, consultor jurídico, procurador de órgão da administração pública, ou qualquer funcionário competente, dá sobre determinada matéria, de acordo com os seus conhecimentos profissionais ou funcionais sobre a mesma. Modo de ver expresso por órgão do Ministério Público, ou de qualquer pessoa com função judicial, sobre questão a respeito da qual deve ser ouvida. Opinião técnica sobre determinado assunto'; 'a opinião escrita, ou mesmo verbal, dada por uma pessoa acerca de determinado negócio, mostrando as razões justas ou injustas, que possam determinar sua realização, ou não. E, nesta acepção, o parecer, na maioria dos casos, culmina em ser tomado como um voto dado a favor ou contra o mesmo negócio. Parecer, pois, é a manifestação de uma opinião, ou modo de pensar, acerca de um fato ou negócio. E, segundo as circunstâncias, pode ser favorável ou contrário a ele'. Quisesse a lei situar o Ministério Público como *parte*, na revisão criminal, teria empregado a palavra adequada para expressar tal posicionamento, como *resposta*, *contrarrazões*, *oposição*. Jamais *parecer*, que, como ficou claro, significa opinião ou manifestação favorável ou contrária ao requerimento do condenado. Em suma, o procurador de justiça não advoga, não representa a parte, não busca o triunfo. Fala pelo atendimento da lei, ao opinar em revisão criminal" (*Revisão criminal*, p. 236-237). Além disso, acrescentamos, se parte fosse, poderia ser chamado a integrar o polo passivo o representante do Ministério Público de primeiro grau, aquele que lutou e conseguiu a condenação com trânsito em julgado. Muitas vezes, enquanto o promotor se debate pela condenação, está o procurador de justiça oficiando no sentido de ser o réu absolvido. Logo, o real interessado na condenação é quem a sustentou desde o início da relação processual. Se este não é chamado a compor a nova demanda, não se tem que *adaptar* o procurador de justiça – que nunca, até então, atuou como tal – como parte na ação penal. Por outro lado, parte realmente interessada a figurar no polo passivo da revisão criminal é a Fazenda Pública (União ou Estado, a depender do juízo da condenação). Afinal, reconhecido o erro judiciário e absolvido o réu, caberá indenização, nos termos do art. 5.º, LXXV, CF, bem como do art. 630 deste Código. Nesse sentido, conferir a lição de Denilson Feitoza: "Em revisão criminal, além do Ministério Público, também deve ser citado, como sujeito passivo, o Estado ou a União, conforme respectivamente a condenação tenha sido feita por Justiça Estadual ou da União, que atuarão por meio das respectivas Advocacias-Gerais do Estado (ou Procuradoria-Geral do Estado) ou da União. A Constituição Federal, no artigo 5.º, inciso LXXV, é expressa a respeito: o Estado indenizará o condenado por erro judiciário, assim como o que ficar preso além do tempo fixado na sentença. Trata-se de responsabilidade objetiva do Estado de indenizar, independendo, portanto, de demonstração de dolo ou culpa do julgador" (*Direito Processual Penal – teoria, crítica e práxis*, p. 1123). Consultar, ainda, a nota 48 ao art. 630.

4. Revisão criminal e soberania do Tribunal do Júri: trata-se de tema polêmico, repleto de questões de natureza constitucional. Salientamos, em primeiro lugar, que a revisão criminal, como mencionado na nota anterior, é uma garantia constitucional, exatamente como o Tribunal do Júri, este uma garantia ao devido processo legal dos acusados da prática de crimes dolosos contra a vida. Entretanto, por inexistir, no contexto constitucional, hierarquia de normas, mormente quando se trata de duas garantias fundamentais, é preciso harmonizá--las, evitando que uma prevaleça integralmente sobre a outra. Cabe, então, a questão: diante da *soberania dos veredictos* (art. 5.º, XXXVIII, *c*), haveria possibilidade jurídica de a revisão criminal absolver um réu condenado definitivamente pelo Tribunal do Júri? Reconhecemos que a posição majoritária, atualmente, na doutrina e na jurisprudência, responde afirmativamente à indagação, isto é, torna possível que, transitada em julgado a decisão condenatória, proferida pelo júri, possa o tribunal togado revê-la, absolvendo ou minorando a condenação, invocando-se, para tanto, o direito à liberdade, que prevaleceria sobre a soberania dos veredictos. Os argumentos favoráveis à revisão criminal contra a decisão final do júri são os seguintes: a) a revisão é uma garantia individual mais importante, podendo superar outra, que é a soberania dos veredictos do Tribunal Popular, porque preserva o direito à liberdade, b) a soberania não pode afrontar os direitos de defesa do réu, devendo prevalecer sempre a ampla defesa; c) a soberania do júri não pode sustentar-se na condenação de um inocente, pois o direito à liberdade, como se disse, é superior; d) a soberania dos veredictos cinge-se apenas ao processo, até que a relação jurídico-processual seja decidida em definitivo, e) a soberania dos veredictos e o júri constituem garantias do direito de liberdade do réu, razão pela qual a absolvição pela revisão criminal estaria de acordo com tais finalidades, f) existem possibilidades legais de revisão da decisão do júri, como a apelação. Todos esses fundamentos, no entanto, não se coadunam com os fins da instituição do Tribunal do Júri. Saliente-se que, da mesma forma que a revisão criminal é uma garantia individual, também o é o Tribunal do Júri, embora a primeira seja instrumento de proteção destinado aos condenados injustamente, enquanto o segundo é garantia do devido processo legal e não da liberdade do réu. Pode o júri condenar ou absolver, sem estar vinculado ao acusado, como vimos na nota 3 do Capítulo II, do Título I, do Livro II. Assim sendo, embora a revisão criminal seja uma proteção aos condenados vítimas de erro judiciário, é preciso que se preserve, igualmente, a instituição do júri, lapidada constitucionalmente para a condenação *ou* absolvição dos acusados da prática de crimes dolosos contra a vida. Caso, pois, entenda o réu ter sido indevidamente condenado, poderá ingressar com revisão criminal, mas apenas para que o tribunal togado proceda ao juízo rescindente, devolvendo ao júri o juízo rescisório. Cabe a este último a decisão de mérito, avaliando se houve ou não o mencionado erro judiciário. Levemos sempre em conta que a análise das provas do processo é relativa e ninguém pode garantir que o tribunal togado seja o único habilitado a procedê-la com sucesso. Diante disso, para compatibilizar a revisão criminal com a soberania dos veredictos, sem que uma garantia supere a outra, pois estabeleceria a indevida hierarquia entre normas constitucionais, é preciso encaminhar o julgamento ao Tribunal Popular. O argumento de que a soberania dos veredictos não pode afrontar a ampla defesa é frágil, pois o condenado terá direito a um novo julgamento, a ser feito por seus pares, como determina a Constituição. Logo, há ampla defesa. Quanto ao fundamento de que a soberania do júri não pode assentar-se sobre a condenação de um inocente também se pode contrapor que, havendo erro judiciário, leva-se o caso a novo julgamento pelo tribunal competente, isto é, o júri. Dessa forma, decidir se o sentenciado é, realmente, inocente cabe aos jurados e não ao magistrado togado. Dizer que a soberania acompanha o júri somente até o trânsito em julgado da sentença é negar vigência à Constituição Federal, pois nenhum preceito, em absoluto, assegura tal entendimento. Fosse assim e poder-se-ia dizer que também a ampla defesa acompanha o réu somente até a condenação com trânsito em julgado, afastando-se tal garantia durante a execução da pena, o que é ilógico. Finalmente, quanto ao argumento de que há apelação para questionar as decisões do júri, deve-se salientar que tal recurso remete o caso a novo julgamento pelo *próprio* Tribunal Popular, razão pela qual não existe subtração de competência e a soberania é assegurada. Enfim, a revisão criminal jamais poderia rever, no mérito, a decisão final do Tribunal do Júri, pois isso significa, em verdade, ofender o preceito constitucional da *soberania dos veredictos*. A harmonia dos dispositivos constitucionais é o melhor caminho e, como sustentamos, deve-se realizar o juízo rescindente, quando for o caso, pelo tribunal togado (revisão criminal) para, depois, encaminhar o feito ao juízo rescisório a ser feito pelo Tribunal do Júri (soberania dos veredictos). Convém, ainda, mencionar o alerta feito por Antonio Scarance Fernandes no sentido de que, apesar de firme a orientação na doutrina e na jurisprudência de que o Tribunal de Justiça pode, em sede de revisão criminal, absolver o réu condenado pelo Tribunal do Júri, sob a argumentação de que se trata a revisão de uma garantia implícita da Constituição em favor do réu, é difícil "afastar a ofensa à soberania, sobrepondo o Tribunal de Justiça a sua vontade àquela manifestada pelos jurados. Por outro lado, é possível garantir a soberania dos veredictos e a revisão criminal. Se há prova nova, ainda não apreciada pelos jurados e que pode, por meio de um juízo prévio de probabilidade, alterar o quadro condenatório, o correto seria cassar a decisão e encaminhar o réu a novo julgamento. O mesmo aconteceria se ficasse demonstrado que uma prova dos autos era falsa. Estaria respeitada a soberania dos jurados e não ficaria o réu impossibilitado de reverter a situação formada. Mas, de qualquer forma, a orientação prevalente é a que, no sistema do Código, de forma mais rápida garante o acusado e faz prevalecer a proteção à liberdade" (*Processo penal constitucional*, p. 166-167). Acolhendo, igualmente, a posição de que a revisão criminal pode ferir a soberania do Tribunal do Júri: Badaró, *Direito processual penal*, t. II, p. 21-22.

5. Revisão criminal e coisa julgada: o respeito à coisa julgada constitui garantia individual do ser humano, inserta, expressamente, no art. 5.º, XXXVI, da Constituição Federal. Como poderia, então, haver revisão criminal de julgados contra os quais não mais cabe qualquer recurso? A resposta é encontrada justamente na natureza, também, de garantia constitucional atribuída à revisão criminal, como visto na nota 4 anterior. E inexistindo hierarquia entre os direitos e garantias individuais, devendo reinar entre eles a harmonia e a flexibilidade, a fim de se alcançar o bem comum, é curial proporcionar, como regra, ao cidadão o fiel respeito à coisa julgada. Porém, em situações excepcionais, nada impede o uso da revisão criminal para sanar o erro judiciário, mal maior, que deve ser evitado a qualquer custo. Compõem-se, assim, dois institutos, sem que haja o predomínio, puro e simples, de um sobre o outro. Aliás, no sentido da harmonização que defendemos, como já exposto na nota 4 anterior, há a possibilidade de haver revisão criminal contra decisões soberanas tomadas pelo júri, mas não com o caráter de reavaliação do mérito do julgado, visto que isso conflita inteiramente com a *soberania dos veredictos*, mas unicamente com a possibilidade de se rescindir o julgado, determinando que outro seja realizado pelo Tribunal Popular.

Art. 621. A revisão dos processos findos[6] será admitida:[6-A-6-B]

I – quando a sentença condenatória[7] for contrária ao texto expresso da lei penal[8-8-A] ou à evidência dos autos;[9-10]

II – quando a sentença condenatória se fundar em depoimentos, exames ou documentos comprovadamente falsos;[11-12]

III – quando, após a sentença, se descobrirem novas provas de inocência[13-13-A] do condenado ou de circunstância que determine ou autorize diminuição especial da pena.[14-16]

---

6. Trânsito em julgado de sentença condenatória: é requisito indispensável e fundamental para o ajuizamento de revisão criminal. Pendendo qualquer recurso contra a decisão

Art. 621

condenatória, não cabe a admissão de revisão. Esse é o único sentido lógico que se deve dar à expressão "processo findo", não sendo possível considerar a decisão que julga extinto o processo, sem julgamento de mérito.

6-A. Rol taxativo: busca-se rever uma decisão abrigada pelo manto da coisa julgada (art. 5.º, XXXVI, CF), que é garantia constitucional de proteção ao indivíduo e aos conflitos já julgados e compostos pelo Poder Judiciário. Logo, o rol de possibilidades para o ajuizamento de revisão criminal deve ser considerado taxativo. Na jurisprudência: "1. A jurisprudência desta Suprema Corte já firmou o entendimento de que a revisão criminal, que não possui natureza recursal, é cabível somente nas hipóteses taxativamente previstas no ordenamento jurídico e que traduzam situações efetivamente graves que, em tese, possam autorizar a excepcional desconstituição da coisa julgada material. 2. Inocorrência de hipótese excepcional de superação do entendimento jurisprudencial para desconstituir a coisa julgada" (HC 226.708 ED-AgR, 2.ª T., rel. Edson Fachin, 19.06.2023, v.u.); "2. Para que se tenha a desconstituição da coisa julgada formada em desfavor do réu, o art. 621 do Código de Processo Penal prevê rol exaustivo das hipóteses de cabimento da revisão criminal" (RvC 5.487, Tribunal Pleno, rel. Nunes Marques, 03.05.2023, v.u.).

6-B. Prazo para julgamento da revisão criminal de réu preso e princípio da razoabilidade: conforme já expusemos em outra nota (22 ao art. 648), atualmente, em matéria de duração da prisão cautelar de acusado, impera o princípio da razoabilidade. Portanto, embora não exista um período exato para ser mantido detido o réu, em decorrência de prisão preventiva, por exemplo, é fundamental respeitar o bom senso e a lógica. Em Varas mais tranquilas, sem tantos processos, deve-se exigir o cumprimento dos prazos tal como previsto no Código de Processo Penal. Em outras, com excessivo número de feitos em trâmite, ao contrário, busca-se o limite do razoável, que é, logicamente, impreciso, mas depende da análise de cada caso concreto. No tocante à revisão criminal, trata-se de pessoa condenada, o que eliminaria o caráter cautelar da prisão, mas, se pensarmos em eventual inocente encarcerado, não deixaria de haver um constrangimento ilegal, caso a ação desconstitutiva do julgado deixe de ser apreciada em prazo razoável. Porventura, o sentenciado poderia cumprir integralmente sua pena e, após, ser inocentado.

7. Sentença condenatória: embora seja pressuposto essencial para a revisão criminal a existência de uma sentença condenatória definitiva, deve-se incluir nesse contexto a sentença absolutória imprópria, isto é, aquela que impõe ao inimputável, autor de um injusto penal, uma medida de segurança (art. 386, parágrafo único, III, CPP).

8. Contrariedade ao texto expresso de lei penal: a correta interpretação desta causa motivadora da revisão criminal é ampliar o sentido de lei penal para abranger não somente as referentes ao direito penal (incriminadoras, permissivas ou de qualquer outro tipo), mas também ao direito processual penal. Assim, a sentença proferida com infringência grave e frontal a norma prevista no Código de Processo Penal também pode dar ensejo à revisão criminal. Trata-se de situação facilmente detectável, pois basta comparar a decisão condenatória com o texto legal, vislumbrando-se se o magistrado utilizou ou não argumentos opostos ao preceituado em lei penal ou processual penal. Exemplo disso seria a aplicação de analogia *in malam partem*, criando-se figura típica, onde inexiste, ferindo frontalmente o disposto no art. 1.º do Código Penal ("não há crime sem lei anterior que o defina"). Outro exemplo seria a decisão do magistrado levando em conta a confissão do réu para formar a materialidade do crime que deixa vestígio, em oposição ao disposto no art. 158 do Código de Processo Penal. Quando se tratar de interpretação controversa do texto de lei, não cabe revisão criminal, para se buscar outra análise do mesmo preceito. A hipótese deste inciso é clara: afronta ao texto expresso de lei – e não do sentido que esta possa ter para uns e outros. É certo que, havendo a jurisprudência firmado entendimento de que a lei deve ser interpretada num determinado prisma – até porque sua redação é confusa, o que não é raro – cabe revisão criminal, com base na afronta à lei, quando o magistrado adotar posicionamento oposto ao majoritário. Nesse contexto, pois, é preciso cautela para receber e processar a revisão criminal, sob pena de haver choque com a Súmula 343 do Supremo Tribunal Federal: "Não cabe ação rescisória por ofensa a literal disposição de lei, quando a decisão rescindenda se tiver baseado em texto legal de interpretação controvertida nos tribunais". Conferir, ainda: TJGO: "A revisão criminal não se presta a modificar o apenamento imposto ao revisionando pela sentença condenatória transitada em julgado, quando fixado com justeza, reservada aos excepcionais casos de comprovado erro ou da inobservância de regra do processo dosimétrico, em flagrante prejuízo, constituindo julgamento contra o texto expresso da Lei Penal, art. 621, inciso I, do Código de Processo Penal." (Revisão Criminal 01166018020208090000, S. Crim., rel. Luiz Claudio Veiga Braga, j. 05.06.2020 v.u.).

8-A. Alteração na jurisprudência: como regra, não deve provocar a revisão criminal. O entendimento acerca de diversos temas, questões fáticas e jurídicas, pode mudar ao longo do tempo, não sendo causa válida para justificar a revisão da pena aplicada. Aliás, da mesma forma que a jurisprudência minoritária pode passar a ser majoritária, ninguém garante que o caso do sentenciado não seria julgado, novamente, por magistrados integrantes da mesma corrente orientadora da anterior condenação. Entretanto, há uma ressalva. Se o Plenário do Supremo Tribunal Federal alterar o entendimento em relação a uma questão qualquer, em particular, de direito, quando favorável ao réu, deve provocar a alteração de todas as decisões anteriores, dando margem, se for o caso, ao ajuizamento de revisão criminal. Afinal, trata-se da Suprema Corte, responsável pela declaração de constitucionalidade da legislação ordinária. Desse modo, a modificação na interpretação de um instituto, tomada pelo Plenário da Corte Excelsa, deve ser observada tal como se houvesse lei penal benéfica, operando retroativamente. Tanto assim que, havendo negativa de aplicação da novel interpretação do STF, por juízes e tribunais inferiores, ainda que por via do *habeas corpus*, a questão chegará à apreciação do Pretório Excelso, quando se fará valer a posição tomada pelo Plenário. Logo, seria perda de tempo precioso travar a aplicação da inédita interpretação do Supremo Tribunal Federal desde cedo. É o que sustentamos em nosso *Princípios constitucionais penais e processuais penais*.

9. Contrariedade à evidência dos autos: entenda-se por evidência dos autos o conjunto probatório colhido. Para ser admissível a revisão criminal, torna-se indispensável que a decisão condenatória proferida ofenda frontalmente as provas constantes dos autos. Como ensina Bento de Faria, a "evidência significa a clareza exclusiva de qualquer dúvida, por forma a demonstrar de modo incontestável a certeza do que emerge dos autos em favor do condenado" (*Código de Processo Penal*, v. 2, p. 345). Seria o equivalente a dizer que todas as testemunhas idôneas e imparciais ouvidas afirmaram não ter sido o réu o autor do crime, mas o juiz, somente porque o acusado confessou na fase policial, resolveu condená-lo. Não tendo havido recurso, transitou em julgado a decisão. É caso de revisão criminal. Mas, a hipótese é rara. Afinal, no mais das vezes, o réu não se contenta com a condenação proferida em primeiro grau, que, quando absurda, acaba sendo reformada em segunda instância. Torna-se muito difícil a hipótese de duas decisões proferidas por magistrados diversos, afrontarem a evidência dos autos. Por outro lado, convém salientar os abusos que muitas vezes ocorrem no contexto da revisão criminal, quando o pedido é fundado neste elemento. Há julgados que aceitam a revisão criminal para o fim de "reavaliar" toda a prova, embora a decisão condenatória com trânsito em julgado tenha analisado a matéria dentro de razoável interpretação da prova. O objetivo da revisão não é permitir uma "terceira instância" de julgamento, garantindo ao acusado

Art. 621

Código de Processo Penal Comentado · **Nucci**   1118

mais uma oportunidade de ser absolvido ou ter reduzida sua pena, mas, sim, assegurar-lhe a correção de um erro judiciário. Ora, este não ocorre quando um juiz dá a uma prova uma interpretação aceitável e ponderada. Pode não ser a melhor tese ou não estar de acordo com a turma julgadora da revisão, mas daí a aceitar a ação rescisória somente para que prevaleça peculiar interpretação é desvirtuar a natureza do instituto.

10. Hipótese excepcional: o acolhimento de pretensão revisional, na esfera criminal, há de ser excepcional, pois o que se pretende é alterar a coisa julgada. Assim, eventual contradição ao texto da lei e à evidência dos autos deve exsurgir cristalina nos autos, sem a necessidade de interpretação duvidosa ou análise puramente subjetiva das provas. Na jurisprudência: STJ: "É cediço que a revisão criminal não pode ser utilizada como nova apelação, no desiderato de se obter mero reexame de fatos e provas, quando ausente contrariedade ao texto expresso da lei penal ou à evidência dos autos, como *in casu*. Precedentes" (AgRg no AREsp 2.391.927/SP, 5.ª T., rel. Reynaldo Soares da Fonseca, 22.08.2023, v.u.).

11. Depoimentos, exames ou documentos falsos: a lei utiliza a qualificação *comprovadamente* para denominar o falso dessas peças constitutivas do conjunto probatório, determinante para a condenação. Portanto, não é qualquer suspeita de fraude, vício ou falsidade que levará à reavaliação da condenação com trânsito em julgado. Torna-se nítida a exigência de uma falsidade induvidosa. O ideal é apurar o falso testemunho, a falsa perícia ou a falsidade documental em procedimento à parte (produção antecipada de provas), trazendo para os autos da revisão a decisão formal e final. Tal se dá porque a reavaliação do erro judiciário necessita ser segura. Se procedente a revisão criminal, determina-se a apuração criminal da falsidade. Vide nota 34-A ao art. 625.

12. Pertinência do elemento falso para a condenação: é fundamental que o depoimento, o exame ou o documento comprovadamente falso tenha sido utilizado para a formação do convencimento do juiz da condenação. Caso se trate de prova inútil, irrelevante ou impertinente, tendo sido desprezada pelo magistrado para sustentar a decisão condenatória, é natural que não caiba a revisão criminal.

13. Novas provas da inocência: trata-se de mais uma situação, onde se buscam provas *substancialmente* novas (sobre esse conceito, ver nota 23 ao art. 622, parágrafo único), acerca da inocência do réu, abrangendo tanto autoria, quanto materialidade do crime. Se as provas inéditas, surgidas depois da sentença condenatória definitiva ter sido proferida, inocentarem o acusado, seja porque negam ser ele o autor, seja porque indicam não ter havido fato criminoso, é de se acolher a revisão criminal.

13-A. Absolvição posterior de corréu e aplicação do art. 580 do CPP: os tribunais vêm decidindo, com acerto, não ser motivo para a *automática* procedência da revisão criminal apresentada por um corréu com base na absolvição de outro coacusado em processo diverso. Por vezes, é possível que tenha havido desmembramento do feito em que se apura delito cometido por mais de um agente – exemplo disso seria um réu estar preso e o outro, solto e revel, demandando celeridade no primeiro julgamento – fazendo com que ocorram decisões separadas. Se um deles for condenado, não significa, necessariamente, que a absolvição do segundo seja motivo suficiente para a revisão criminal da primeira decisão. Sem dúvida, haverá decisão conflituosa ou contraditória, justamente o que se busca evitar por meio da utilização da junção dos processos pela ocorrência de conexão e continência, mas nem sempre é possível manter-se essa união. Diante disso, seria viável a procedência de uma revisão criminal, caso tenha sido introduzida uma prova nova no processo que resultou em absolvição de corréu. Nessa hipótese, o que justificaria a revisão criminal da condenação do primeiro seria a prova nova e não simplesmente a decisão absolutória. Por outro lado, por vezes, a condenação de um corréu está correta e a absolvição de outro corporifica um equívoco na avaliação das provas. Não se pode estabelecer um único padrão. Pode ser que haja corréus condenados e somente um deles ingressa com revisão criminal; sendo esta procedente, com base em motivo passível de extensão – como a atipicidade do fato – é viável abranger os outros, com base no art. 580 do CPP, não se tratando de motivos de caráter exclusivamente pessoal. Embora o referido art. 580 tenha sido criado para ser usado no contexto dos recursos, não é demais ressaltar que a revisão criminal, no CPP de 1941, foi incluída como recurso (embora a doutrina aponte a sua natureza jurídica como autêntica ação rescisória). Então, deve-se entender que, para facilitar a situação de corréus, a revisão criminal pode valer-se dos efeitos extensivos do art. 580 deste Código.

14. Circunstâncias que determinem ou autorizem diminuição da pena: na continuidade do primeiro elemento (provas da inocência), surge o segundo, também fundado em novas provas, porém voltadas a circunstância que permita a diminuição da pena. É possível que surjam provas inéditas, após a sentença condenatória, de que o réu, por exemplo, ressarciu completamente a vítima, em crime de furto, antes da denúncia, configurando a hipótese do arrependimento posterior (art. 16, CP). Merece, então, a revisão da sua pena, que fora firmada com base em furto simples ou qualificado, mas sem qualquer diminuição.

15. Revisão criminal para alterar a pena fixada: entendemos ser prática excepcional, somente justificável quando o órgão prolator da decisão contrariou o texto expresso da lei penal (ex.: reconhece reincidência, aumentando a pena, para quem não se encaixa na figura prevista no art. 63 do Código Penal) ou a evidência dos autos (ex.: reconhece péssima conduta social, aumentando a pena-base, fundado em presunções, não comprovadas pela prova colhida). Entretanto, simplesmente alterar o *quantum* da pena, porque a considerou exagerada, segundo entendimento particular e subjetivo, é de todo irregular. A revisão a isso não se presta. Quando o juiz decidir, fazendo valer sua atividade discricionária, justamente o processo que envolve a escolha da pena concreta ao réu, transitando em julgado a sentença – ou o acórdão – não há que se autorizar alteração, pois é uma ofensa à coisa julgada.

15-A. Revisão criminal para aplicar a lei penal mais favorável: procedimento inadequado, pois é pacífico o entendimento de que cabe ao juiz das execuções penais aplicar a lei penal mais favorável (Súmula 611, STF). Além do mais, quando o juiz de primeiro grau aplica a nova lei, permite-se recurso ao Tribunal, por meio do agravo em execução. Portanto, assumir essa decisão em revisão criminal pode significar o retardamento da apreciação de qual lei é mais favorável ao condenado, pois é mais célere acessar o juízo das execuções penais. Na jurisprudência: STJ: "1. A aplicação de lei penal mais benigna à condenação já transitada em julgado não constitui uma das hipóteses de cabimento da revisão criminal prevista no art. 621 do CPP. 2. Compete ao juízo das execuções a aplicação de lei penal mais benigna quando transitada em julgado a sentença condenatória, nos termos da Súmula n. 611 do STF e do artigo 66, I, da Lei de Execuções Penais. Precedentes: AgRg no AREsp 1.356.421/MG, Rel. Ministro Rogerio Schietti Cruz, Sexta Turma, julgado em 04.12.2018, *DJe* 14.12.2018; HC 292.155/MG, Rel. Ministro Felix Fischer, Quinta Turma, *DJe* 17.11.2014; EDcl no AgRg no HC 278.698/SP, Rel. Ministro Sebastião Reis Júnior, Sexta Turma, *DJe* 03.05.2016; AgRg no HC 391.901/MG, Rel. Ministro Reynaldo Soares da Fonseca, Quinta Turma, *DJe* 24.08.2018; RvC 5010/SP, Rel. Min. Francisco Rezek, Tribunal Pleno, *DJ* 14.12.2001. 3. É inviável o conhecimento da revisão criminal como *habeas corpus* ante a impossibilidade de concessão de *habeas corpus* de ofício por qualquer órgão julgador desta Corte contra atos dos próprios membros do STJ, diante da expressa previsão constitucional que atribui a competência, nesses casos, ao Supremo Tribunal Federal. Precedentes desta Corte. (...)" (AgRg na RvCr 4.969/DF, 3.ª Seção, rel. Reynaldo Soares da Fonseca, 26.06.2019, v.u.).

Art. 622

Código de Processo Penal Comentado · **Nucci**

1120

16. Busca da prova nova: pode ser ela introduzida diretamente nos autos da revisão criminal – quando se tratar de documento novo, por exemplo – como pode ser alcançada por meio do procedimento próprio, denominado justificação, que é uma medida cautelar, voltada à preparação de futura ação penal ou de julgamento. Desenvolve-se a produção antecipada de provas (justificação) perante o juiz da condenação, como preceituado pelo art. 381, § 5.º, do Código de Processo Civil de 2015.

> **Art. 622.** A revisão poderá ser requerida em qualquer tempo,[17] antes da extinção da pena ou após.[18-22]
>
> **Parágrafo único.** Não será admissível a reiteração do pedido, salvo se fundado em novas provas.[23]

17. Ônus da prova pertence ao condenado: havendo condenação com trânsito em julgado, já não vige o princípio geral do *in dubio pro reo*, devendo o autor da ação revisional apresentar novos fatos e provas substancialmente novas, para que seu pedido possa ser acolhido. É a consagração, para a hipótese, do princípio do *in dubio pro societate*. Em sentido contrário, amenizando esse ônus: "Outro importante reflexo de nosso entendimento recai sobre o chamado *ônus da prova*: como a revisão não consiste em nova ação, mas na reabertura da ação penal finda, inadequada a ampla exigência do encargo probatório por parte do condenado. Sem dúvida que, em alguns casos, o requerente deve juntar documentos ou atos de justificação (se a revisão se fundar, *e. g.*, em falsidade ou descoberta de novas provas), para propiciar o processamento da revisão. Assim, incumbe ao revisionando a prova das alegações que lançar (art. 156 do Código de Processo Penal), mas sem acarretar inversão de todo o ônus probatório, como sustentado por doutrinadores e julgadores" (Sérgio de Oliveira Médici, *Revisão criminal*, p. 242). Secundando a posição de que o ônus da prova é do condenado, porque ele é o autor da ação, estão as vozes de Ada, Magalhães e Scarance (*Recursos no processo penal*, p. 326-327), embora salientem que isso não significa dizer que vigora o princípio do *in dubio pro societate*, substituindo o *in dubio pro reo*.

18. Extinção da punibilidade: quando houver extinção da punibilidade no tocante à pretensão punitiva do Estado, ou seja, causas de extinção ocorrentes antes do trânsito em julgado da sentença condenatória, descabe o ajuizamento de revisão criminal. Isto se dá porque o Estado não tem o direito de punir, assim declarado em decisão judicial. Logo, não há motivo algum para o julgamento de uma revisão criminal, incidente sobre decisão que declara exatamente aquilo que o réu pretende obter: a ausência do *jus puniendi* estatal. Entretanto, quando a extinção da punibilidade atinge somente a pretensão executória do Estado, porque a causa de extinção da punibilidade ocorre depois do trânsito em julgado da sentença condenatória, cabe revisão criminal. Tal ocorre porque a decisão do juiz atinge somente os efeitos principais da decisão condenatória, afastando o cumprimento da pena, mas não elide a inscrição da condenação como mau antecedente, nem afeta a sua constituição como título executivo judicial, para a ação civil *ex delicto*, permitindo, ainda, a inscrição do nome do acusado no rol dos culpados. Há, assim, interesse para o ajuizamento da ação revisional.

19. Revisão criminal ajuizada após o cumprimento da pena: é admissível, tendo em vista o nítido interesse do condenado em obter um decreto absolutório, que pode livrá-lo de incômodo antecedente criminal. Ainda que tenha sido o sentenciado indultado ou beneficiário de graça, pode ingressar com ação revisional. Embora grande parte da doutrina afirme que cabe a revisão, a despeito de ter sido extinta a punibilidade pela anistia, somos levados a discordar. Tendo em vista que a anistia é a clemência ou o esquecimento do Estado de *fatos*

Título II – Dos Recursos em Geral   **Art. 622**

delituosos e não se volta a pessoas, funciona como se fosse autêntica *abolitio criminis*, sem deixar qualquer rastro. Desse modo, apagando-se qualquer antecedente do condenado, não teria ele interesse para obter pronunciamento favorável em ação de revisão. Entendendo-se cabível a revisão no caso de anistia, deveríamos admiti-la, também, quando houvesse *abolitio criminis*, o que não nos parece lógico.

20. Revisão criminal de sentença concessiva do perdão judicial: a natureza jurídica da sentença que concede o perdão judicial, julgando extinta a punibilidade é controversa. Alguns entendem ser de natureza condenatória, pois o raciocínio do magistrado é vislumbrar a culpa do réu para poder perdoá-lo. Não se concede clemência ao inocente, mas, sim, ao culpado, que não merece cumprir pena, por variadas razões. Porém, há quem sustente ser de natureza meramente declaratória da extinção da punibilidade, sem qualquer outro efeito. Nesse prisma, atualmente, encontra-se a jurisprudência majoritária, redundando na Súmula 18 do STJ. Adotando-se a primeira posição, é natural que caiba a revisão criminal, pois há efeitos secundários da decisão condenatória, merecedores de ser revistos (inclusão do nome do réu no rol dos culpados, antecedentes e obrigação de reparar o dano). Acolhendo-se a segunda, não há necessidade de haver a revisão, pois inexistem efeitos da decisão proferida. Na realidade, em mais apurada reflexão, entendemos correta a visão adotada pela Súmula 18 do STJ, de modo que não cabe revisão criminal para reformar decisão de extinção de punibilidade, reconhecendo o perdão, pois atinge diretamente a pretensão punitiva estatal. Mais detalhes, expomos na nota 30 ao art. 107 do nosso *Código Penal Comentado*.

21. Revisão criminal de decisão condenatória proferida no âmbito do Juizado Especial Criminal: admissibilidade. Nenhum dispositivo legal exclui essa possibilidade, o que, aliás, encontra abrigo constitucional, pois todo condenado tem direito de rever julgado que o prejudicou por erro judiciário. Sérgio de Oliveira Médici sustenta, ainda, o cabimento da revisão no caso de transação, pois afirma que não deixa de haver, nessa hipótese, a aplicação de uma sanção penal (*Revisão criminal*, p. 176), o que nos parece cabível. Quanto à competência para o processamento da revisão criminal, escrevem Ada, Magalhães, Scarance e Luiz Flávio que "deve prevalecer a regra geral de competência do art. 624, II, CPP, que determina o seu julgamento pelos Tribunais de Justiça ou de Alçada. A repartição de competência entre esses dois órgãos é matéria da legislação estadual. No Estado de São Paulo, vem regulada pelos arts. 74, VII, e 79, II e § 1.º, da Constituição Estadual" (*Juizados Especiais Criminais*, 5. ed., p. 203). Igualmente: Maria Lúcia Karam, *Juizados Especiais Criminais*, p. 208-209. Essa visão, em nosso entendimento, é equivocada. Primeiramente, apegar-se ao disposto no art. 624, II, CPP, significaria desprezar o fato de que sua redação advém de época anterior à Constituição de 1988, quando não havia infração de menor potencial ofensivo, nem foro especial para o seu julgamento (Juizado Especial Criminal e Turma Recursal). Por outro lado, lastrear o entendimento na Constituição Estadual também não é convincente. Tomando como exemplo a Constituição de São Paulo, o art. 74, VII, preceitua ser da competência do Tribunal de Justiça julgar "as revisões criminais nos processos de sua competência". Ora, as infrações de menor potencial ofensivo não são da competência do Tribunal de Justiça, uma vez que não constituem igualmente competência dos Juízes Criminais de 1.º grau. Nem comentaremos o disposto no art. 79, II, § 1.º, pois os Tribunais de Alçada foram extintos pela edição da Emenda Constitucional 45/2004. Aliás, a mesma Constituição, no art. 84, *caput*, disciplina que "as Turmas de Recursos são formadas por juízes de direito titulares da mais elevada entrância de Primeiro Grau, na Capital ou no Interior, observada a sua sede, nos termos da resolução do Tribunal de Justiça, que designará seus integrantes, os quais poderão ser dispensados, quando necessário, do serviço de suas varas". No § 1.º prevê-se que "as Turmas de Recurso constituem-se em *órgão de segunda instância, cuja competência é vinculada aos Juizados Especiais* e de Pequenas Causas"

Art. 623

(grifamos). É bem claro, portanto, que o julgado prolatado no Juizado Especial Criminal ou mesmo pela Turma Recursal, deve ser submetido à revisão criminal no âmbito da Turma Recursal. É o entendimento de Fernando da Costa Tourinho Neto: "Estou com o Tribunal de Justiça do Rio Grande do Sul. Cabe às Turmas Recursais proceder à revisão de suas decisões criminais e dos julgados dos Juizados Especiais. É a interpretação mais consentânea e lógica" (*Juizados Especiais Federais cíveis e criminais*, p. 701).

22. Revisão criminal e unificação de penas: cabe ao juiz da execução penal proferir decisão no caso de unificação de penas, que, ao invés de ser um mero incidente na execução, ganha o caráter de autêntica ação revisional, tendo por fim modificar o julgado, transformando vários crimes em um único, como ocorre no caso de reconhecimento de crime continuado, e alterando-se a pena. Deveria tal questão ter sido debatida e decidida no processo de conhecimento, mas tal não ocorreu por falta de informação suficiente dos juízes que julgaram diferentes ações, cujas condenações foram ajuntadas para efeito de execução. É natural, portanto, que se profira nova decisão, substituindo as primeiras. Logo, transitando em julgado essa decisão, ainda que formalmente, cabe revisão criminal, desde que tenha havido o preenchimento de um dos seus pressupostos. É a posição de Médici, citando ainda Pitombo (*Revisão criminal*, p. 182).

23. Novas provas que autorizam reiteração do pedido: certamente, quando uma ação é julgada, decidido o mérito, transitando em julgado, a regra é que o pedido não possa ser reiterado. Entretanto, como nesta hipótese cuida-se de ação revisional, fundada na ocorrência de erro judiciário, a qualquer tempo pode ser renovado o pleito, desde que baseado em *novas provas*. Entendam-se como tais as *substancialmente* novas e não as *formalmente* novas. As primeiras são as provas inéditas, desconhecidas até então do condenado e do Estado (ex.: o surgimento de um documento ao qual ninguém teve acesso anteriormente). As segundas são aquelas que ganham nova roupagem, nova versão, mas já eram conhecidas das partes (ex.: uma testemunha que altera seu depoimento, dizendo ter-se lembrado de algo mais, que não havia relatado antes).

> **Art. 623.** A revisão poderá ser pedida pelo próprio réu ou por procurador legalmente habilitado ou, no caso de morte do réu, pelo cônjuge, ascendente, descendente ou irmão.[24-27]

24. Legitimidade ativa: como demonstra este artigo, trata-se de ação privativa do réu condenado, podendo ele ser substituído por seu representante legal ou seus sucessores, em rol taxativo – cônjuge, ascendente, descendente ou irmão. Atualmente, parece-nos viável também ser incluído(a) no contexto do *cônjuge*, para a finalidade de ingresso de revisão criminal, o(a) companheiro(a), cuja união estável fique claramente demonstrada. Não nos afigura razoável, como entendem alguns (Médici, *Revisão criminal*, p. 155; Ada, Magalhães e Scarance, *Recursos no processo penal*, p. 311), que o Ministério Público possa constituir parte ativa nessa modalidade de ação. A lei não o autoriza a agir, diferentemente do que ocorre no processo, quando atua como parte, podendo recorrer, inclusive, em favor do acusado. Finda a relação processual, transitada em julgado a sentença, não há mais cabimento em se admitir ação proposta por representante do Ministério Público. Perdeu o interesse, visto inexistir *direito de punir* do Estado nessa ação. Pudesse ele "recorrer" (como sustentam alguns, somente porque a revisão está prevista no contexto dos recursos no Código de Processo Penal), então deveria também ser ouvido, quando a revisão criminal fosse proposta pelo condenado, o que não ocorre. Colhe-se o parecer da Procuradoria-Geral de Justiça, mas não se busca a contestação ao pedido, feita pelo promotor. Logo, inexiste razão para que este ingresse com ação desse porte. Aliás, para quem concebe que, no polo passivo está o Ministério Público, como admitir a mesma instituição ingressando com a ação? Estaria ela nos dois polos ao mesmo tempo, o que não nos afigura razoável. Em casos extremados, quando o condenado não quiser ingressar com a ação revisional, mas houver flagrante demonstração de erro judiciário, entendemos cabível a nomeação de defensor, pelo juiz, para tutelar os interesses do sentenciado, a quem caberá, então, a propositura da ação. Afinal, do mesmo modo que, durante o processo, é inócua a recusa do réu em receber defensor técnico, do mesmo modo, quando houver erro judiciário, cabe ao Estado providenciar o patrocínio de seus interesses, ainda que a contragosto. A despeito disso, estabelecem alguns Regimentos Internos de Tribunais não caber revisão criminal quando "requerida contra a vontade expressa do condenado, o que se nos afigura inconstitucional, pois o erro judiciário, quando evidente, deve ser verificado acima de qualquer outro interesse". Na jurisprudência: STJ: "2. Consolidado está o entendimento nesta Corte Superior no sentido de que a capacidade postulatória para ajuizar pleito de revisão criminal pode ser exercida pelo próprio réu nos termos do art. 623 do Código de Processo Penal. Precedentes. 3. No caso em exame, o ajuizamento da revisão criminal foi feito pelo próprio condenado. Ao saber da negativa de seguimento do pleito por total ausência de documentos a instruir a inicial, a Defensoria Pública resolveu, então, interpor recursos em favor do ora paciente, que não foram conhecidos. Vir em momento posterior, a Defensoria Pública habilitar-se nos autos, em uma atuação recursal, sem que provocada fosse, e buscando instruir, de forma intempestiva, o feito, se mostra como ato que visa burlar o art. 565 do Código de Processo Penal. 4. Nos termos da legislação processual pátria, não cabe à parte arguir nulidade a que haja dado causa, ou para que tenha concorrido (*ex vi*, art. 565 do CPP): 5. 'Vige no sistema processual penal o princípio da lealdade, da boa-fé objetiva e da cooperação entre os sujeitos processuais, não sendo lícito à parte arguir vício para o qual concorreu em sua produção, sob pena de se violar o princípio de que ninguém pode se beneficiar da própria torpeza – *nemo auditur propriam turpitudinem allegans*' (RHC 77.692/BA, Rel. Ministro Felix Fischer, Quinta Turma, *DJe* 18.10.2017). 6. *Habeas corpus* não conhecido" (HC 339.194/RS, 5.ª T., rel. Ribeiro Dantas, 10.04.2018, v.u.).

25. Patrocínio de defensor técnico: como a revisão criminal é uma ação especial, que deve ser devidamente instruída com documentos e provas pré-constituídas, sob pena de não ser acolhida, têm entendido os tribunais, com absoluta pertinência, merecer o condenado o patrocínio de um defensor habilitado – advogado dativo ou defensor público. Embora o art. 623 autorize o ingresso da ação revisional diretamente pelo réu, seu representante legal ou sucessor, é curial, para a garantia da ampla defesa, que o Estado, caso ele não tenha condições, nomeie defensor técnico para promover o pedido. É fundamental a apresentação de procuração, quando se trata de defensor constituído. Na jurisprudência: STJ: "O réu é parte legítima para a proposição da revisão criminal, dispensada, nesse caso, a demonstração da capacidade postulatória. Ademais, embora seja recomendável, em homenagem à garantia da ampla defesa, a nomeação de defesa técnica – defensor público ou advogado dativo –, tal garantia não constitui óbice ao conhecimento da ação revisional. Ordem parcialmente concedida, apenas para que o TJMG, dispensando a exigência de demonstração da capacidade postulatória, analise o pedido formulado pelo réu na Revisão Criminal n. 1.0000.13.081722-4/000, sendo aconselhável a nomeação de defesa técnica ao requerente" (HC 315.594/MG, 5.ª T., rel. Joel Ilan Paciornik, 25.10.2016, v.u.).

26. Recolhimento do sentenciado à prisão: é desnecessário, como já deixou claro o disposto na Súmula 393 do Supremo Tribunal Federal: "Para requerer revisão criminal o condenado não é obrigado a recolher-se à prisão".

27. Prazo-limite para ingresso de revisão criminal: não há, podendo ser ajuizada até mesmo após o cumprimento da pena.

Art. 624

Código de Processo Penal Comentado · **Nucci**   1124

> **Art. 624.** As revisões criminais serão processadas e julgadas:[28]
>
> I – pelo Supremo Tribunal Federal, quanto às condenações por ele proferidas;[29]
>
> II – pelo Tribunal Federal de Recursos,[30] Tribunais de Justiça ou de Alçada, nos demais casos.[30-A]
>
> § 1.º No Supremo Tribunal Federal e no Tribunal Federal de Recursos o processo e julgamento obedecerão ao que for estabelecido no respectivo regimento interno.[31]
>
> § 2.º Nos Tribunais de Justiça ou de Alçada, o julgamento será efetuado pelas câmaras ou turmas criminais, reunidas em sessão conjunta, quando houver mais de uma, e, no caso contrário, pelo tribunal pleno.[31-A]
>
> § 3.º Nos tribunais onde houver quatro ou mais câmaras ou turmas criminais, poderão ser constituídos dois ou mais grupos de câmaras ou turmas para o julgamento de revisão, obedecido o que for estabelecido no respectivo regimento interno.

28. Órgão competente para o julgamento da revisão criminal: é da competência originária dos tribunais, jamais sendo apreciada por juiz de primeira instância. Se a decisão condenatória definitiva provir de magistrado de primeiro grau, julgará a revisão criminal o tribunal que seria competente para conhecer do recurso ordinário. Caso a decisão provenha de câmara ou turma de tribunal de segundo grau, cabe ao próprio tribunal o julgamento da revisão, embora, nessa hipótese, não pela mesma câmara, mas pelo grupo reunido de câmaras criminais. Tratando-se de decisão proferida pelo Órgão Especial, cabe ao mesmo colegiado o julgamento da revisão. Quanto aos tribunais superiores, dá-se o mesmo. Ao Supremo Tribunal Federal compete o julgamento de revisão criminal de seus julgados e ao Superior Tribunal de Justiça, o julgamento dos seus. Ver nota 31 ao § 1.º deste artigo.

29. Competência do Supremo Tribunal Federal: cabe-lhe o julgamento da revisão criminal de seus julgados, em regra, os de competência originária. Mas, lembram Ada, Magalhães e Scarance que "a existência de julgamento de recurso extraordinário não traz a revisão à competência do STF, salvo se o fundamento da ação revisional coincidir com a questão discutida em sede de recurso extraordinário" (*Recursos no processo penal*, p. 324).

30. Alteração constitucional: atualmente, trata-se do Superior Tribunal de Justiça, que é o competente para julgar a revisão criminal contra seus julgados.

30-A. Competência da Turma Recursal no âmbito das infrações de menor potencial ofensivo: julga apelação de decisão tomada pelo Juizado Especial Criminal. Quanto às ações de impugnação, ver as notas 21 ao art. 622, 37-A ao art. 650 e 9-A ao Capítulo X, Título II, Livro III.

31. Regimento interno: no Regimento Interno do Supremo Tribunal Federal, disciplina-se a revisão criminal nos arts. 6.º, I, *b*, 23, II, 77, *caput* e 263 a 272. No Regimento Interno do Superior Tribunal de Justiça, a revisão criminal vem prevista nos arts. 35, III, 79, *caput*, e 239 a 243.

31-A. Tribunais de Justiça e Tribunais Regionais Federais: não há mais Tribunal de Alçada, extinto que foi pela edição da Emenda Constitucional 45/2004. Restam, para o julgamento das revisões criminais de sua competência, os Tribunais de Justiça dos Estados e os Tribunais Regionais Federais.

Art. 625. O requerimento será distribuído a um relator e a um revisor, devendo funcionar como relator um desembargador que não tenha pronunciado decisão em qualquer fase do processo.[32-32-A]

§ 1.º O requerimento será instruído com a certidão de haver passado em julgado a sentença condenatória e com as peças necessárias à comprovação dos fatos arguidos.[33]

§ 2.º O relator poderá determinar que se apensem os autos originais, se daí não advier dificuldade à execução normal da sentença.[34-35]

§ 3.º Se o relator julgar insuficientemente instruído o pedido e inconveniente ao interesse da justiça que se apensem os autos originais, indeferi-lo-á *in limine*,[36] dando recurso para as câmaras reunidas ou para o tribunal, conforme o caso (art. 624, parágrafo único).[37]

§ 4.º Interposto o recurso por petição e independentemente de termo, o relator apresentará o processo em mesa para o julgamento e o relatará, sem tomar parte na discussão.

§ 5.º Se o requerimento não for indeferido *in limine*, abrir-se-á vista dos autos ao procurador-geral, que dará parecer no prazo de 10 (dez) dias.[38] Em seguida, examinados os autos, sucessivamente, em igual prazo, pelo relator e revisor, julgar-se-á o pedido na sessão que o presidente designar.

32. Juiz imparcial: a revisão criminal, sendo uma ação rescisória de julgado anteriormente proferido, merece ser avaliada por um relator desvinculado, completamente, do primeiro julgamento. É a busca do magistrado imparcial, que possa analisar o caso sem qualquer vínculo com anterior interpretação que já tenha dado à prova colhida. Na jurisprudência: STJ: "1. Inexiste norma legal que vede a participação no julgamento da ação revisional de Desembargador que tenha atuado no julgamento da apelação, sendo vedado tão somente a designação de Relator que á tenha pronunciado anteriormente no processo, conforme previsão expressa do art. 625 do Código de Processo Penal, o que não ocorreu. 2. A jurisprudência desta Corte Superior já se pronunciou no sentido de inexistir nulidade na participação de Desembargadores no julgamento da apelação e da revisão criminal" (AgRg no HC 595.378/SC, 5.ª T., rel. Joel Ilan Pacornik, 03.08.2021, v.u.).

32-A. Revisões criminais propostas, separadamente, por corréus: podem ter o mesmo relator, porque são consideradas ações autônomas, sem qualquer vínculo a demandar a aplicação da vedação prevista no art. 625, *caput*.

33. Peças que acompanham a inicial: ao invés de requerimento – típica terminologia empregada para um recurso comum, que não é o caso da revisão criminal – fala-se em petição inicial. De qualquer forma, é preciso haver provas pré-constituídas, bem como a apresentação da certidão comprobatória do trânsito em julgado.

34. Apensamento dos autos originais à revisão criminal: como regra, não há dificuldade alguma para que isso se dê, pois a execução da sentença é feita em autos apartados daqueles que deram origem à condenação, possuindo todas as peças cabíveis para a análise dos pedidos formulados pelo sentenciado. Aliás, a guia de recolhimento já possui vários dados, acompanhados de cópias do processo principal, onde são encontrados os dados informativos elementares ao juízo da execução. O que pode suceder é ter a sentença transitado em julgado para um dos corréus, continuando o trâmite em relação a outro, ainda não julgado. Não é incomum tal situação ocorrer nos processos do júri, onde se aguarda muito tempo para

Art. 625

Código de Processo Penal Comentado · **Nucci**   1126

prender alguém, enquanto outro corréu já pode estar cumprindo sua pena. Assim, caso o relator requisite os autos principais, deverá ser feito o desmembramento.

34-A. Produção antecipada de provas para o ajuizamento da revisão criminal: trata-se de direito do condenado produzir, no juízo da condenação, a justificação necessária para instruir seu pedido de revisão criminal. Utiliza-se a produção antecipada de provas, nos termos dos arts. 381 a 383 do Código de Processo Civil (vide a nota 34-B *infra*). Pode pretender a inquirição de testemunhas, realização de prova pericial, colheita de documentos, entre outras diligências. Assim, com prova pré-constituída em mãos, poderá ingressar com o pedido revisional, onde não se deve, como regra, produzir prova – embora existam algumas decisões permitindo que assim seja feito. Na jurisprudência: TJRS: "A petição inicial da revisão criminal deve vir acompanhada de procuração outorgada ao advogado que a subscreve, de certidão ou qualquer outra evidência do trânsito em julgado da decisão condenatória e, principalmente, deve vir instruída com toda a prova dos fatos alegados, conforme art. 625 do CPP. Por outro lado, não é possível embasar o pedido, no caso de pretensa prova nova, em declaração particular, nem é cabível a realização de instrução neste tipo de processo" (RVCR 70084574060-RS, 4.º G. de C. Crim., rel. Isabel de Borba Lucas, 24.09.2020).

34-B. Produção antecipada de provas: não mais existente a *justificação* no Código de Processo Civil (Lei 13.105/2015), continua-se a usar, por analogia, o procedimento de captação antecipada da prova para dar início a outra ação; no caso penal, a denominada revisão criminal. Respalda-se a busca pela prova *nova* nos termos do art. 381 e seguintes do CPC. *In verbis*: "art. 381. A produção antecipada da prova será admitida nos casos em que: I – haja fundado receio de que venha a tornar-se impossível ou muito difícil a verificação de certos fatos na pendência da ação; II – a prova a ser produzida seja suscetível de viabilizar a autocomposição ou outro meio adequado de solução de conflito; III – o prévio conhecimento dos fatos possa justificar ou evitar o ajuizamento de ação".

35. Outras providências do relator: pode, ainda, nomear advogado ao condenado peticionário (quando há produção antecipada de provas perante o juiz de primeiro grau, cabe a este proceder à nomeação), solicitar informações ao juiz da execução e determinar a juntada de qualquer elemento probatório que entenda conveniente.

36. Indeferimento liminar e recurso de ofício: o artigo não apresenta boa redação, dando a entender que o relator pode indeferir a revisão criminal liminarmente, tanto no caso de não estar o pedido suficientemente instruído, quanto no caso de não ser conveniente para o interesse da justiça que ocorra o apensamento. Ora, na verdade, são duas situações distintas: a) pode o relator, certamente, indeferir liminarmente a revisão criminal, quando esta for apresentada sem qualquer prova do alegado, nem tiver sido pedida a realização de justificação. Se o condenado apresentar motivos verossímeis para ter o seu pedido conhecido, indicando onde buscar as provas, pode o relator determinar que isto se dê. Rejeitando, desde logo, o pedido ou a produção de provas indicadas pelo sentenciado, cabe agravo regimental ao grupo de câmaras (ou ao Órgão Especial, conforme o caso). Aliás, havendo indeferimento liminar, deve o relator recorrer de ofício para o órgão colegiado competente, ainda que a parte não apresente agravo regimental; b) pode o relator indeferir o pedido de apensamento dos autos originais, eventualmente feito pelo condenado, quando considerar inconveniente para o interesse da justiça, o que não significa indeferimento liminar da ação revisional. Dessa decisão, não cabe recurso.

37. Alteração legislativa: a menção ao parágrafo único equivale aos atuais três parágrafos constantes no art. 624.

38. Parecer do Ministério Público: caso a revisão criminal seja processada, determinará o relator que seja colhido o parecer da Procuradoria-Geral de Justiça, o que, mais uma vez, demonstra não ser o Ministério Público parte passiva na ação, nem estar vinculado à defesa da manutenção da decisão condenatória. Emitirá parecer imparcial, como sempre faz ao atuar em segundo grau. Em contrário, sustentando que esse parecer é autêntica resposta ao pedido revisional, pois o Procurador de Justiça figura no polo passivo da ação, estão as posições de Ada, Magalhães e Scarance (*Recursos no processo penal*, p. 326).

> **Art. 626.** Julgando procedente a revisão,[39] o tribunal poderá alterar a classificação da infração, absolver o réu, modificar a pena ou anular o processo.[40-41]
>
> **Parágrafo único.** De qualquer maneira, não poderá ser agravada a pena imposta pela decisão revista.[42-43-A]

39. Juízo rescindente e juízo rescisório: o primeiro é o juízo de desconstituição da decisão condenatória, enquanto o segundo cuida da sua substituição por outra decisão. Parece-nos que, quando o tribunal altera a classificação da infração ou absolve o réu está proferindo um juízo rescindente, sempre constitutivo, seguido de um juízo rescisório meramente declaratório. Entretanto, quando modifica a pena, está proferindo um juízo rescindente e um juízo rescisório constitutivos. A importância da alteração da pena, no sistema de individualização previsto no Código Penal e legitimado pela Constituição Federal, faz crer que outra sanção, ao ser aplicada, leva o tribunal a proceder a uma minuciosa revisão do procedimento de aplicação da pena, o que não pode ser considerado simplesmente declaratório. Declara-se a inocência do réu (absolvição), bem como a mudança da classificação penal, mas, fixando-se nova pena, está-se alterando completamente a sanção cabível ao réu. E, por fim, quando o tribunal anula a decisão, limita-se a proferir um juízo rescindente constitutivo, sem qualquer juízo rescisório.

40. Liminar e liberação provisória do condenado: não há previsão para pedido liminar, nem tampouco a liberação imediata de quem está preso. Como regra, não se deve deferir a soltura, tendo em vista a prevalência da coisa julgada. Porém, excepcionalmente, em casos teratológicos de erros judiciários, pode-se admitir, diante de prova evidente da inocência do réu, que o relator suspenda a execução da pena, determinando que aguarde em liberdade o condenado. Imagine-se, retrocedendo no tempo, o famoso caso dos irmãos Naves, condenados por um homicídio que, evidentemente, não ocorreu, pois o ofendido não havia morrido. Tão logo surgisse a pretensa vítima do homicídio, com prova clara disso, não haveria necessidade de se aguardar todo o trâmite da ação, para somente ao final serem libertados os inocentes.

41. Recurso contra a decisão proferida na revisão criminal: não existe recurso ordinário, pois a ação é sempre de competência originária. Logo, cabe apenas embargos de declaração, recurso especial ou recurso extraordinário, conforme o caso. Quando se tratar de decisão isolada do relator, cabe o agravo regimental.

42. Impossibilidade de *reformatio in pejus*: inexiste viabilidade para que o tribunal, julgando a revisão criminal, agrave, de qualquer modo, a situação do condenado. Portanto, o recurso é privativo do réu e somente pode ser acolhido para melhorar a pena ou até mesmo para absolvê-lo, corrigindo um erro judiciário em seu benefício. Se o tribunal agravar, de qualquer modo, a situação do sentenciado, cabe a interposição de *habeas corpus*, dirigido à instância superior. Exemplo: se o Tribunal de Justiça do Estado prejudicar o condenado, promovendo a indevida *reformatio in pejus*, o *habeas corpus* deve ser ajuizado no Superior Tribunal de Justiça.

43. *Reformatio in pejus* indireta: é igualmente vedada. Configurar-se-ia no caso do tribunal anular a decisão condenatória com trânsito em julgado, permitindo ao juiz proferir

Art. 627

outra, que seria, então, mais severa do que a primeira. Normalmente, tal situação ocorre (anulação), quando o tribunal percebe que a sentença condenatória padece de vícios processuais insanáveis. Mas, ainda que a decisão tenha sido anulada, chamando-se o juiz a proferir outra, não é cabível a fixação de pena mais grave ao condenado, pois o art. 626, parágrafo único, é expresso ao dizer que "de qualquer maneira" é inadmissível o agravamento da pena.

43-A. Empate na votação da revisão criminal: a questão não comporta singela solução, visto envolver dois polos relevantes para o processo penal. De um lado, encontra-se o interesse do condenado; de outro, o interesse estatal em preservar a coisa julgada. Em tese, em primeiro argumento, este último interesse seria o mais relevante, tendo em vista que o Tribunal, ao julgar a ação rescisória criminal, não encontrou elementos, em votação majoritária, para absolver ou reduzir a pena do sentenciado. O empate simbolizaria a prevalência da coisa julgada anterior e do devido processo legal, que foi respeitado para haver a condenação, sem vício que gerasse nulidade absoluta. No entanto, há que se aceitar a interpretação mais favorável ao réu, ou seja, o empate deve favorecer os interesses do condenado, sejam eles quais forem. A modificação introduzida pela Lei 14.836/2024 consolidou esse entendimento: "Em todos os julgamentos em matéria penal ou processual penal em órgãos colegiados, havendo empate, prevalecerá a decisão mais favorável ao indivíduo imputado, proclamando-se de imediato esse resultado, ainda que, nas hipóteses de vaga aberta a ser preenchida, de impedimento, de suspeição ou de ausência, tenha sido o julgamento tomado sem a totalidade dos integrantes do colegiado" (art. 615, § 1.º, CPP).

> **Art. 627.** A absolvição implicará o restabelecimento de todos os direitos perdidos[44] em virtude da condenação, devendo o tribunal, se for caso, impor a medida de segurança cabível.[45]

44. Direitos perdidos em face da condenação: além do efeito principal, que é a aplicação da pena, a sentença condenatória acarreta ao réu vários efeitos secundários, como o seu registro como mau antecedente, a possibilidade de gerar reincidência, o lançamento do nome do sentenciado no rol dos culpados, a obrigação de indenizar o dano, gerando título executivo no cível, o confisco de instrumentos, produto ou proveito do crime, a perda de cargo, função ou mandato, conforme o caso, a incapacidade para o exercício do poder familiar, tutela ou curatela, em certas situações, a inabilitação para dirigir veículo, além da suspensão dos direitos políticos, enquanto cumprir pena. Enfim, havendo procedência à ação revisional, todos esses efeitos são recuperados pelo condenado, quando se tiverem concretizado. Quanto à formação do título executivo, é de se entender que, procedente a revisão criminal, desconstitui-se o mesmo, impedindo o prosseguimento da ação no cível, salvo se for transformada em processo de conhecimento. Se a indenização já tiver sido paga, tem o interessado o direito de solicitar o ressarcimento pela via cabível.

45. Imposição de medida de segurança: a hipótese somente tem pertinência, quando o juiz, por alguma razão, condenou pessoa inimputável à época dos fatos, quando deveria tê-la absolvido. Corrigindo-se o equívoco, pode o tribunal julgar procedente a ação revisional, absolvendo o condenado, mas impondo-lhe, como determina a lei, a medida de segurança cabível – internação ou tratamento ambulatorial.

> **Art. 628.** Os regimentos internos dos Tribunais de Apelação estabelecerão as normas complementares para o processo e julgamento das revisões criminais.[46]

46. Regulação pelos regimentos internos: ver nota 31 ao art. 624.

> **Art. 629.** À vista da certidão do acórdão que cassar a sentença condenatória, o juiz mandará juntá-la imediatamente aos autos, para inteiro cumprimento da decisão.
>
> **Art. 630.** O tribunal, se o interessado o requerer, poderá reconhecer o direito a uma justa indenização pelos prejuízos sofridos.[47]
>
> § 1.º Por essa indenização, que será liquidada no juízo cível, responderá a União, se a condenação tiver sido proferida pela justiça do Distrito Federal ou de Território, ou o Estado, se o tiver sido pela respectiva justiça.[48]
>
> § 2.º A indenização não será devida:
>
> a) se o erro ou a injustiça da condenação proceder de ato ou falta imputável ao próprio impetrante, como a confissão[49] ou a ocultação de prova em seu poder;[50]
>
> b) se a acusação houver sido meramente privada.[51-51-A]

47. Natureza jurídica da decisão impositiva de indenização: é condenatória, não se tratando de mero efeito da procedência da ação revisional. Justamente por isso, precisa haver requerimento do autor para que seja reconhecido esse direito. Não existindo, o tribunal deixa de declarar o direito à justa indenização, mas não há impedimento para o ingresso, no juízo especial da Fazenda Pública, quando houver, ou outro juízo cível, de ação contra o Estado para a reparação do dano. Neste caso, porém, deve haver processo de conhecimento para a demonstração do erro judiciário e para o estabelecimento do montante da indenização. Logicamente, juntando o autor cópia do acórdão que deferiu a revisão criminal, a produção de provas fica facilitada.

48. Responsabilidade objetiva do Estado: não havendo parte passiva na ação revisional – nem a Fazenda Pública, nem o Ministério Público –, é natural que tenha a lei estabelecido uma responsabilidade objetiva do Estado frente ao erro judiciário. Aliás, de acordo com o disposto pelo art. 5.º, LXXV, da Constituição Federal: "o Estado indenizará o condenado por erro judiciário, assim como o que ficar preso além do tempo fixado na sentença". Entretanto, há outros princípios constitucionais, que merecem observância. O devido processo legal não prescinde do contraditório e da ampla defesa. Por isso, apesar de ser o Estado obrigado a indenizar o erro judiciário, reservando-se a discussão acerca do *quantum* ao juízo cível, é fundamental possa haver a intervenção estatal na ação de revisão criminal. Tal medida se explica pelo fato de ser uma ação de desconstituição da coisa julgada, podendo gerar o título executivo contra a Fazenda Pública. Nada mais justo que este órgão seja citado e possa apresentar suas razões, com o fim de manter a decisão condenatória, buscando demonstrar ao Judiciário não ter ocorrido erro algum. Se isto se der na revisão criminal, vale dizer, com a improcedência da ação, o título não se forma contra a Fazenda e inexistirá indenização a pagar. Do modo como, hoje, se apresenta a lei ordinária, impedindo que órgãos estatais intervenham no polo passivo da revisional, afronta-se o devido processo legal. Entenda-se, por fim, que, sendo considerada procedente a revisão criminal, gera-se uma responsabilidade objetiva de reparação do dano ao Estado, independentemente de se apurar a culpa de quem quer que tenha produzido tal erro. Na jurisprudência: TJMG: "3. Presente erro judiciário na aplicação da reprimenda, deve ser reconhecido o direito à justa indenização pelos prejuízos suportados, valor que deverá ser fixado perante o juízo cível (art. 630, *caput*, e § 1.º do CPP)" (Revisão Criminal 1.0000.21.014925-8/000, 2.º Grupo de Câmaras Criminais, rel. Júlio César Lorens, 12.08.2021, v.u.).

Art. 630

49. **Confissão como causa da condenação:** em atenção ao devido processo legal e à ampla defesa, não se admite que a confissão, no processo penal, constitua prova plena da culpa do réu. Fosse assim e, uma vez que admitisse, no interrogatório, serem verdadeiros os fatos alegados na denúncia, estaria encerrada a instrução, passando o juiz, diretamente, à fase da sentença. Não seria preciso nomear defensor ao acusado, nem se proceder à instrução. Logicamente, a confissão constitui uma prova direta, mas não se pode olvidar que não é absoluta. Foi-se o tempo em que era considerada a *rainha das provas*. Atualmente, deve-se provar, devidamente, o alegado na denúncia ou queixa. Portanto, se o erro judiciário se fundou em decisão que desprezou tais postulados e aceitou somente a confissão para a condenação, cremos que houve equívoco e o Estado é responsável. Caso a confissão judicial tenha sido *uma* das provas relevantes para a condenação, pode-se aceitar o argumento de que o réu contribuiu, sobremaneira, para o seu próprio prejuízo, de modo que não lhe cabe indenização.

50. **Ocultação de prova em seu poder:** se o réu esconder prova que o beneficie, propositadamente, é natural que foi condenado por conta de suas próprias atitudes. Não houve responsabilidade do Estado, nem mesmo objetiva, pois o juiz foi ludibriado, tendo prejudicado a pessoa que gerou o engano. Mas, se as provas poderiam ser conseguidas por inúmeras outras formas, tendo havido inépcia do Estado em buscá-las, certamente houve culpa concorrente e cabe a indenização.

51. **Acusação privada:** é preciso não perder de vista que o erro judiciário, seja a ação penal pública, seja privada, é julgada pelo Poder Judiciário, de modo que o equívoco é sempre do Estado e nunca do particular. O fato de a iniciativa da ação penal privada ter sido conferida ao ofendido não significa que ele é o titular do direito de punir. Ao contrário, este é sempre estatal. Por isso, parece-nos inaplicável este dispositivo. Anote-se a correta visão de Ada, Magalhães e Scarance: "Essa posição do Código, bastante esdrúxula – pois mesmo na queixa-crime é o Estado que a recebe e, condenando, comete o erro judiciário, pouco importando a titularidade da ação – não pode prevalecer perante as regras constitucionais sobre a responsabilidade objetiva do Estado, que é obrigado a indenizar por erro judiciário, independentemente da titularidade da ação penal" (*Recursos no processo penal*, p. 334).

51-A. **Previsão constitucional para a reparação do dano:** convém mencionar o disposto no art. 5.º, LXXV, da Constituição Federal, impondo ao Estado o dever de indenizar o dano causado por erro judiciário, bem como o prejuízo advindo de prisão excessiva, gerando tempo além do fixado na sentença. Merece especial atenção a norma constitucional, nítida garantia humana fundamental, pois abrange não apenas os erros judiciários reconhecidos em ações de revisão criminal, como se poderia, apressadamente, supor. O conceito de erro judiciário deve transcender as barreiras limitativas da sentença condenatória impositiva de pena privativa de liberdade, para envolver toda e qualquer decisão judicial errônea, que tenha provocado evidente prejuízo à liberdade individual ou mesmo à imagem e à honra do acusado. Assim, prisões cautelares indevidas, com posterior absolvição, reconhecendo-se a negativa de ocorrência do fato ou proclamando-se a certeza de que o réu não foi o autor, ou mesmo admitindo excludente de ilicitude ou culpabilidade, podem dar ensejo à reparação. Aliás, não se trata, nesse caso, somente de um *erro* judiciário, mas também de manter preso, por mais tempo que o devido (embora a Constituição refira-se somente a *sentença*) alguém que é considerado inocente, porém enfrentou longo período de custódia cautelar. É certo, devendo-se ressaltar, que as prisões cautelares podem ter origem unicamente nas atitudes agressivas do réu, que se volta contra as testemunhas ou busca destruir provas, por exemplo. Ora, nesse contexto, verifica-se que a prisão foi justa, pois o motivo que a originou não foi outro senão o comportamento indevido do acusado durante a instrução. Inexiste reparação do dano, uma vez que o Estado agiu com acerto. No entanto, outra causa determinativa da prisão cautelar, como a garantia da ordem pública, uma vez que o juiz considerou o crime grave, havendo absolvição, faz nascer o direito à reparação, desde que se tenha reconhecido a plena inocência do réu.

> **Art. 631.** Quando, no curso da revisão, falecer a pessoa, cuja condenação tiver de ser revista, o presidente do tribunal nomeará curador para a defesa.[52]

52. Nomeação de curador: havendo sucessores (cônjuge, ascendente ou descendente) que assumam o polo ativo, torna-se desnecessária a nomeação de curador. Pode, no entanto, ocorrer se o condenado não deixar sucessores capazes de assumir a condução da ação, motivo pelo qual o curador se incumbirá de fazê-lo.

Capítulo VIII
DO RECURSO EXTRAORDINÁRIO[1-12]

1. Recurso extraordinário: trata-se de recurso excepcional, voltado a garantir a harmonia da aplicação da legislação infraconstitucional em face da Constituição Federal, evitando-se que as normas constitucionais sejam desautorizadas por decisões proferidas nos casos concretos pelos tribunais do País. Tem cabimento o recurso extraordinário nas seguintes hipóteses: a) decisão que contraria dispositivo constitucional; b) decisão que declara a inconstitucionalidade de tratado ou de lei federal; c) decisão que julga válida lei ou ato de governo local contestado em face da Constituição; d) decisão que julga válida lei local contestada em face de lei federal (art. 102, III, CF). Não é preciso que a decisão proferida por Tribunal Estadual ou Regional seja relativa ao mérito, pois qualquer delas, inclusive as interlocutórias, pode ferir a Constituição Federal. Merece registro o fato de, após o advento da Lei 11.419/2006, cuidando da informatização do processo, o Supremo Tribunal Federal já ter recebido o primeiro recurso extraordinário (RE 564.821) inteiramente eletrônico. Todas as fases da sua tramitação deram-se em ambiente eletrônico, sem papel.

1-A. Situações que autorizam o recurso extraordinário: a) decisão que contraria dispositivo constitucional: é a mais lógica das possibilidades, uma vez que o Supremo Tribunal Federal, órgão máximo do Poder Judiciário, tem por finalidade precípua justamente fazer valer as normas constitucionais. Não se busca o reexame de questões fáticas, pois a Corte Suprema é guardiã da Constituição Federal e não um simples órgão de reavaliação do acerto ou desacerto dos diversos julgados das demais cortes brasileiras, quando analisam as provas constantes dos autos. A questão de direito é a sua meta, sempre que ela entrar em choque com norma constitucional. Ex.: avaliar o conteúdo de um depoimento e, portanto, se determinada testemunha falou a verdade, e em que grau, compete ao juiz de primeira instância e, posteriormente, ao tribunal de segundo grau. Porém, indeferir o depoimento da testemunha, arrolada pelo acusado, sem qualquer justificativa, mantida a decisão pelo tribunal, pode ensejar recurso extraordinário, pois fere a garantia constitucional da ampla defesa (ver a nota 1-B *infra*); b) decisão que declara a inconstitucionalidade de tratado ou lei federal: se o tribunal, analisando uma lei federal, deixa de aplicá-la por entender que é inconstitucional, está, em última análise, ingressando na seara do STF, guardião da Constituição Federal. Logo, cabe recurso extraordinário. Muito embora vários colegiados (Câmaras, Grupos e Turmas de Tribunais Estaduais ou Regionais) terminem considerando alguma lei federal ou tratado inconstitucional, durante o julgamento de um caso concreto, o ideal, segundo o art. 97 da Constituição, é que "somente pelo voto da maioria absoluta de seus membros ou dos

Código de Processo Penal Comentado · **Nucci**

membros do respectivo órgão especial poderão os tribunais declarar a inconstitucionalidade de lei ou ato normativo do Poder Público". Para tanto, o correto é seguir o disposto nos arts. 1.029 e seguintes do CPC. *In verbis*: "art. 1.029. O recurso extraordinário e o recurso especial, nos casos previstos na Constituição Federal, serão interpostos perante o presidente ou o vice-presidente do tribunal recorrido, em petições distintas que conterão: I – a exposição do fato e do direito; II – a demonstração do cabimento do recurso interposto; III – as razões do pedido de reforma ou de invalidação da decisão recorrida. § 1.º Quando o recurso fundar-se em dissídio jurisprudencial, o recorrente fará a prova da divergência com a certidão, cópia ou citação do repositório de jurisprudência, oficial ou credenciado, inclusive em mídia eletrônica, em que houver sido publicado o acórdão divergente, ou ainda com a reprodução de julgado disponível na rede mundial de computadores, com indicação da respectiva fonte, devendo-se, em qualquer caso, mencionar as circunstâncias que identifiquem ou assemelhem os casos confrontados. (...) § 3.º O Supremo Tribunal Federal ou o Superior Tribunal de Justiça poderá desconsiderar vício formal de recurso tempestivo ou determinar sua correção, desde que não o repute grave. § 4.º Quando, por ocasião do processamento do incidente de resolução de demandas repetitivas, o presidente do Supremo Tribunal Federal ou do Superior Tribunal de Justiça receber requerimento de suspensão de processos em que se discuta questão federal constitucional ou infraconstitucional, poderá, considerando razões de segurança jurídica ou de excepcional interesse social, estender a suspensão a todo o território nacional, até ulterior decisão do recurso extraordinário ou do recurso especial a ser interposto. § 5.º O pedido de concessão de efeito suspensivo a recurso extraordinário ou a recurso especial poderá ser formulado por requerimento dirigido: I – ao tribunal superior respectivo, no período compreendido entre a publicação da decisão de admissão do recurso e sua distribuição, ficando o relator designado para seu exame prevento para julgá-lo; II – ao relator, se já distribuído o recurso; III – ao presidente ou ao vice-presidente do tribunal recorrido, no período compreendido entre a interposição do recurso e a publicação da decisão de admissão do recurso, assim como no caso de o recurso ter sido sobrestado, nos termos do art. 1.037". Confira-se, ainda, o teor da Súmula 513 do STF: "A decisão que enseja a interposição de recurso ordinário ou extraordinário não é a do Plenário, que resolve o incidente de inconstitucionalidade, mas a do órgão (Câmaras, Grupos ou Turmas) que completa o julgamento do feito"; c) decisão que julga válida lei ou ato de governo local contestado em face da Constituição: quando uma lei municipal ou estadual, por exemplo, for contestada em face da Constituição, porém mantida e aplicada pela instância inferior, pode a parte interessada ingressar com recurso extraordinário. Note-se que, além de norma local, permite-se o recurso excepcional quando a instância inferior julgar válido ato de governo (em interpretação ampla, isto é, proveniente de qualquer órgão público, estadual ou municipal) local, considerado, naturalmente, inconstitucional; d) julgar válida lei local contestada em face de lei federal: essa era uma hipótese adstrita ao Superior Tribunal de Justiça, porém, ao longo dos anos, notou-se que, para validar uma lei estadual ou municipal em confronto com a lei federal, terminava-se invadindo a área de competência legislativa da União, que possui fundo nitidamente constitucional, abrindo-se a porta para o recurso extraordinário. Afinal, validando a lei local, considera-se, por via oblíqua, inconstitucional a lei federal (cf. Ada, Magalhães e Scarance, *Recursos no processo penal*, 4. ed., p. 279).

1-B. Repercussão geral da questão constitucional: estabelece o art. 102, § 3.º, da Constituição, que, no recurso extraordinário, deverá o recorrente demonstrar a *repercussão geral das questões constitucionais* discutidas no caso concreto, nos termos legais, para que o Tribunal possa examinar a admissão do recurso, somente podendo rejeitá-lo pela manifestação de dois terços de seus membros. Cuida-se da criação de um obstáculo ao processamento do recurso extraordinário, ainda que todos os requisitos estejam preenchidos. Em outros termos, entendeu-se, após a edição da Emenda 45/2004, que o STF poderia evitar o conhecimento de recurso extraordinário, cuja significação política para o Brasil seja irrelevante. Torna-se, pois, fundamental demonstrar à Corte – o que cabe à parte recorrente em sua petição – ter a questão constitucional debatida enorme importância, com tendência a se repetir, no futuro, em vários outros casos. No exemplo já mencionado linhas acima, se o magistrado indefere a produção de determinada prova testemunhal, requerida pela defesa, tempestivamente, mas o caso é julgado do mesmo modo, valendo-se o juiz e o tribunal de várias outras provas, muito embora se possa falar em ofensa à ampla defesa, o recurso extraordinário poderia ser recusado pela insignificância da questão constitucional levantada. Porém, se o juiz indefere toda a prova proposta pela defesa e pela acusação, encerrando a instrução após o interrogatório, onde obteve a confissão do réu, condenando-o, mantendo-se o julgado pelo tribunal, é natural que há repercussão da questão constitucional, no tocante à garantia da ampla defesa. Afinal, mantida essa decisão, poderá influenciar inúmeros outros julgados por todo o país, representando uma séria lesão à norma constitucional. À falta de dispositivos no CPP, supre-se, por analogia, a arguição da repercussão da questão constitucional com a legislação processual civil. *In verbis*: "Art. 1.035. O Supremo Tribunal Federal, em decisão irrecorrível, não conhecerá do recurso extraordinário quando a questão constitucional nele versada não tiver repercussão geral, nos termos deste artigo. § 1.º Para efeito de repercussão geral, será considerada a existência ou não de questões relevantes do ponto de vista econômico, político, social ou jurídico que ultrapassem os interesses subjetivos do processo. § 2.º O recorrente deverá demonstrar a existência de repercussão geral para apreciação exclusiva pelo Supremo Tribunal Federal. § 3.º Haverá repercussão geral sempre que o recurso impugnar acórdão que: I – contrarie súmula ou jurisprudência dominante do Supremo Tribunal Federal; II – (revogado pela Lei 13.256/2016); III – tenha reconhecido a inconstitucionalidade de tratado ou de lei federal, nos termos do art. 97 da Constituição Federal. § 4.º O relator poderá admitir, na análise da repercussão geral, a manifestação de terceiros, subscrita por procurador habilitado, nos termos do Regimento Interno do Supremo Tribunal Federal. § 5.º Reconhecida a repercussão geral, o relator no Supremo Tribunal Federal determinará a suspensão do processamento de todos os processos pendentes, individuais ou coletivos, que versem sobre a questão e tramitem no território nacional. § 6.º O interessado pode requerer, ao presidente ou ao vice-presidente do tribunal de origem, que exclua da decisão de sobrestamento e inadmita o recurso extraordinário que tenha sido interposto intempestivamente, tendo o recorrente o prazo de 5 (cinco) dias para manifestar-se sobre esse requerimento. § 7.º Da decisão que indeferir o requerimento referido no § 6.º ou que aplicar entendimento firmado em regime de repercussão geral ou em julgamento de recursos repetitivos caberá agravo interno (redação dada pela Lei 13.256/2016). § 8.º Negada a repercussão geral, o presidente ou o vice-presidente do tribunal de origem negará seguimento aos recursos extraordinários sobrestados na origem que versem sobre matéria idêntica. § 9.º O recurso que tiver a repercussão geral reconhecida deverá ser julgado no prazo de 1 (um) ano e terá preferência sobre os demais feitos, ressalvados os que envolvam réu preso e os pedidos de *habeas corpus*. § 10. (revogado pela Lei 13.256/2016). § 11. A súmula da decisão sobre a repercussão geral constará de ata, que será publicada no diário oficial e valerá como acórdão" Há necessidade de se levantar, em preliminar, para a análise da admissibilidade do recurso extraordinário pelos tribunais de origem, a repercussão geral da questão constitucional discutida no caso, seja de natureza cível, criminal, trabalhista ou eleitoral. Sem tal requisito formal, não se admitirá o processamento. Caberá ao Presidente ou Vice-Presidente da corte de origem (estadual ou federal), em decisão fundamentada, avaliar a referida admissibilidade, com expressa manifestação de haver ou não repercussão geral da questão constitucional. Porém, o tribunal de segundo grau não invadirá o mérito da arguição de repercussão geral, pois é prerrogativa exclusiva do STF. Segundo o disposto no art. 322, parágrafo único, do Regimento Interno do STF, "para efeito de repercussão geral, será considerada

Código de Processo Penal Comentado · **Nucci**

a existência, ou não, de questões que, relevantes do ponto de vista econômico, político, social ou jurídico, ultrapassem os interesses subjetivos das partes" (conforme alteração promovida pela Emenda Regimental de 26 de março de 2007). Na visão de Luiz Guilherme Marinoni e Daniel Mitidiero, a repercussão geral é formada por um binômio, consistente em "relevância + transcendência". A questão debatida "tem que contribuir, em outras palavras, para persecução da unidade do Direito no Estado Constitucional brasileiro, compatibilizando e/ou desenvolvendo soluções de problemas de ordem constitucional. Presente o binômio, caracterizada está a repercussão geral da controvérsia". E mais, "o fato de estarmos diante de um conceito jurídico indeterminado, que carece de valoração objetiva no seu preenchimento, e não de um conceito que implique poder discricionário para aquele que se encontra encarregado de julgar, pode permitir, ademais, um controle social, pelas partes e demais interessados, da atividade do Supremo Tribunal Federal mediante um cotejo de casos já decididos pela própria Corte. Com efeito, a partir de uma paulatina e natural formação de catálogo de casos pelos julgamentos do Supremo Tribunal Federal permite-se o controle em face da própria atividade jurisdicional da Corte, objetivando-se cada vez mais o manejo dos conceitos de relevância e transcendência ínsitos à ideia de repercussão geral" (*Repercussão geral no recurso extraordinário*, p. 33 e 35). Na jurisprudência: STF: "Os recursos extraordinários interpostos contra acórdãos publicados a partir de 03.05.2007 devem demonstrar, em preliminar formal devidamente fundamentada, a existência da repercussão geral das questões constitucionais discutidas no apelo extremo (QO no AI 664.567 – RS, Pleno, rel. Sepúlveda Pertence, *DJ* 06.09.2007). 2. A repercussão geral deverá ser demonstrada em tópico destacado da petição do recurso extraordinário, não havendo que se falar em repercussão geral implícita ou presumida" (AgRg no AgIn 807.142/MG, 1.ª T., rel. Dias Toffoli, 19.06.2012, v.u.).

1-C. Dosimetria da pena: como regra, não se sujeita a recurso extraordinário, pois depende de um procedimento complexo, previsto no Código Penal, do art. 59 ao art. 76. Desse modo, não se trata de matéria especificamente constitucional, mas também não se pode descartar o assunto. Afinal, prevê-se o princípio constitucional da individualização da pena, no art. 5.º, XLVI, primeira parte, da CF. Diante disso, decisões fixadoras da pena por juízes e tribunais inferiores podem ser revistas, em sede de recurso extraordinário e até mesmo em *habeas corpus*, quando afrontarem nitidamente tal princípio. Confira-se: STF: "A tese do recorrente de que, por se tratar de matéria pública, toda e qualquer questão relativa à dosimetria da pena poderia ser trazida diretamente ao conhecimento do Supremo Tribunal Federal contrasta com a jurisprudência pacífica da Corte, que, mesmo nos casos de dosimetria de pena, não admite supressão de instância. Precedentes" (RHC 124.192/PR, 1.ª T., Rel. Dias Toffoli, 10.02.2015, m.v.).

2. Recurso especial: trata-se de recurso excepcional, voltado a garantir a harmonia da aplicação da legislação infraconstitucional, tendo por foco comparativo o disposto em leis federais, evitando-se que estas sejam desautorizadas por decisões proferidas nos casos concretos pelos tribunais do País, além de se buscar evitar que interpretações divergentes, acerca de legislação federal, coloque em risco a unidade e a credibilidade do sistema federativo. Tem cabimento o recurso especial nas seguintes situações: a) decisão que contraria tratado ou lei federal, ou nega-lhes vigência; b) decisão que julga válido ato de governo local contestado em face de lei federal; c) decisão que dá à lei federal interpretação divergente da que lhe haja atribuído outro Tribunal (art. 105, III, CF). Não é preciso que a decisão proferida por Tribunal Estadual ou Regional seja relativa ao mérito, pois qualquer delas, inclusive as interlocutórias, pode ferir lei federal ou dar interpretação diversa de outra Corte.

2-A. Situações que autorizam o recurso especial: a) decisão que contraria tratado ou lei federal, ou nega-lhes vigência: o Superior Tribunal de Justiça é o guardião da legislação federal, razão pela qual se uma decisão, proferida por tribunal inferior, contraria tratado ou lei federal, ainda que seja negando-lhes vigência, cabe a sua interferência. Logicamente, a avaliação do que é uma decisão *contrária* à lei federal (ou tratado) é, por vezes, subjetiva. Ocorre que, para viabilizar a harmonia da aplicação das leis federais em todo o território nacional há, sempre, uma dose elevada de valoração, sem que se possa fixar critérios estritamente objetivos. Exemplo: a confissão do réu, para valer como atenuante, precisa ser espontânea (sincera, com espírito de colaboração) ou basta sua voluntariedade (ter sido produzida sem coação)? Há, no art. 65, III, *d*, do Código Penal, expressa menção à confissão *espontânea*, motivo pelo qual o Superior Tribunal de Justiça pode entender que, conceder a atenuante em face de confissão apenas voluntária, mas não espontânea, contraria o disposto em lei federal, autorizando, então, o processamento de recurso especial; b) decisão que julga válido ato de governo local contestado em face de lei federal: não mais se inclui na sua competência avaliar a decisão que julga válida lei local em face de lei federal (cabe ao STF). Porém, continua competente para analisar se um ato de governo (tomado em sentido amplo, praticado por qualquer órgão público estadual ou municipal), considerado válido por tribunal inferior, ofendeu o disposto em lei federal. Ex.: uma Resolução tomada por Secretário de Estado pode afrontar diretamente o disposto no Código Penal ou na Lei de Execução Penal mas o Tribunal de Justiça considera-a válida. Seria motivo para o processamento do recurso especial; c) decisão que dá à lei federal interpretação diversa da que lhe haja dado outro tribunal: esta é a hipótese mais próxima da finalidade de harmonização da aplicação da legislação federal no território nacional. Exemplo: se o Tribunal de um Estado considera a menoridade (menos de 21 anos à época do fato) do réu uma atenuante preponderante, enquanto outro, de outra Unidade Federativa, decide que se trata de atenuante comum, torna-se interessante a padronização da interpretação pelo Superior Tribunal de Justiça. Consultar o disposto na nota 8 *infra*.

2-B. Não cabimento do recurso especial por violação de súmula: inexiste essa hipótese no texto constitucional, cuja aplicação se dá de modo taxativo, motivo pelo qual o recurso especial não tem cabimento. Por óbvio, caso a alegada *violação de súmula* representar a transgressão de lei federal ou tratado, viabiliza-se o referido recurso.

3. Distinção fundamental na aplicação do recurso especial e do extraordinário: bem ressaltam Ada, Magalhães e Scarance que o "constituinte estabeleceu uma distinção, nesse ponto, entre o recurso extraordinário e o especial: para o primeiro, não é necessário que tenha sido a decisão proferida por um *tribunal*, ao passo que para o acesso ao STJ isso é indispensável" (*Recursos no processo penal*, p. 274). Essa é a razão pela qual das decisões do Juizado Especial Criminal cabe recurso extraordinário para o STF e também, no mesmo contexto, quando se trata de *habeas corpus*, deve ser impetrado no Pretório Excelso e não no STJ, uma vez que este somente decide *habeas corpus* de tribunal estadual ou regional. Nesse prisma, checar a Súmula 640 do STF: "É cabível recurso extraordinário contra decisão proferida por juiz de primeiro grau nas causas de alçada, ou por turma recursal de juizado especial cível e criminal"; Súmula 203 do STJ: "Não cabe recurso especial contra decisão proferida por órgão de segundo grau dos Juizados Especiais".

4. Reexame de matéria de fato: é inadmissível tanto no recurso extraordinário, quanto no recurso especial. Ambos devem cuidar de questões puramente de direito, a fim de não vulgarizar a sua utilização, tornando os Tribunais Superiores órgãos de reavaliação da prova, como já fazem os Tribunais Estaduais ou Regionais. A propósito, confira-se o disposto nas seguintes súmulas: a) Súmula 279, STF: "Para simples reexame de prova não cabe recurso extraordinário"; b) Súmula 7, STJ: "A pretensão de simples reexame de prova não enseja recurso especial".

Código de Processo Penal Comentado · **Nucci** 1136

5. Prazo e forma para a interposição dos recursos especial e extraordinário: é de quinze dias, contado da data da intimação do acórdão, devendo ser interpostos perante o Presidente do Tribunal Estadual ou Regional recorrido. Cada um deles deve estar em petição separada, contendo a exposição do fato e do direito, a demonstração do cabimento do recurso interposto e as razões do pedido de reforma da decisão recorrida. O mesmo prazo de quinze dias será concedido à parte contrária para contrarrazões. Conferir, ainda, os arts. 1.029 e seguintes do CPC (Lei 13.105/2015).

6. Prequestionamento: exige-se que a matéria objeto do recurso especial ou extra-ordinário tenha sido apreciada, de algum modo, na decisão recorrida. Não fosse assim e estaria sendo transferido o conhecimento do tema diretamente ao Tribunal Superior, o que é incompatível com a natureza excepcional dos recursos. Afinal, não se olvide, cuida-se de recurso, isto é, inconformismo com o conteúdo da decisão recorrida. Ora, se esta nada decidiu a respeito de certa matéria, é natural que não possa a parte insurgir-se contra isso, apresentando "recurso" ao Supremo Tribunal Federal ou ao Superior Tribunal de Justiça, conforme o caso. É o conteúdo da Súmula 282, do STF: "É inadmissível o recurso extraordinário, quando não ventilada, na decisão recorrida, a questão federal suscitada". E, ainda, da Súmula 356, também do STF: "O ponto omisso da decisão, sobre o qual não foram opostos embargos declaratórios, não pode ser objeto de recurso extraordinário, por faltar o requisito do prequestionamento". Observe-se, pela leitura da última Súmula, que os embargos de declaração podem ser utilizados justamente para provocar o prequestionamento, caso a matéria não tenha sido expressamente analisada pelo acórdão recorrido. Faça-se, no entanto, uma ressalva: se a omissão da decisão recorrida foi fruto da omissão da parte em solicitar a análise do tema, torna-se incabível a interposição dos embargos de declaração, uma vez que o tribunal não pode decidir acerca do que não foi solicitado a fazer. Logo, não se omitiu, sendo incabíveis os embargos de declaração. Vale destacar, ainda, a Súmula 211 do STJ: "Inadmissível recurso especial quanto à questão que, a despeito da oposição de embargos declaratórios, não foi apreciada pelo tribunal *a quo*". Acrescente-se, também, que o prequestionamento deve ser sempre explícito, não nos parecendo ter cabimento argui-lo de modo implícito. Entretanto, há decisões dos Tribunais Superiores nos dois sentidos, ora admitindo o prequestionamento implícito, ora rejeitando--o. Por derradeiro, convém mencionar o disposto na Súmula 320 do STJ: "A questão federal somente ventilada no voto vencido não atende ao requisito do prequestionamento".

6-A. Prequestionamento em *habeas corpus*: ver a nota 32-A ao art. 650.

7. Processamento dos recursos especial e extraordinário: admitido o processamento de ambos, primeiramente o processo segue ao Superior Tribunal de Justiça, para julgamento, e, em seguida, persistindo as razões que levaram à interposição do extraordinário, será remetido ao Supremo Tribunal Federal para apreciação (art. 1.031, CPC). Negado o processamento de recurso especial ou extraordinário, cabe agravo de instrumento (ver nota 10 abaixo). Lembremos o teor da Súmula 123 do STJ: "A decisão que admite, ou não, o recurso especial deve ser fundamentado, com o exame dos seus pressupostos gerais e constitucionais".

7-A. Falta de assinatura do advogado na petição do recurso extraordinário: cuida--se de mera irregularidade, desde que, assim que intimado, o causídico possa sanar o equívoco. Não é caso de considerar o recurso intempestivo.

7-B. Otimização do processamento do recurso especial com fundamento em idêntica questão de direito: objetivando a diminuição do volume de recursos especiais remetidos ao Superior Tribunal de Justiça, muitos dos quais contendo matéria de direito de idêntico teor, tornava-se imprescindível uma medida legislativa de otimização em relação ao processamento dos referidos recursos. Dispõe o art. 1.036 do novo CPC: "sempre que houver multiplicidade de recursos extraordinários ou especiais com fundamento em idêntica questão de direito, haverá afetação para julgamento de acordo com as disposições desta Subseção, observado o disposto no Regimento Interno do Supremo Tribunal Federal e no do Superior Tribunal de Justiça. § 1.º O presidente ou o vice-presidente de tribunal de justiça ou de tribunal regional federal selecionará 2 (dois) ou mais recursos representativos da controvérsia, que serão encaminhados ao Supremo Tribunal Federal ou ao Superior Tribunal de Justiça para fins de afetação, determinando a suspensão do trâmite de todos os processos pendentes, individuais ou coletivos, que tramitem no Estado ou na região, conforme o caso. § 2.º O interessado pode requerer, ao presidente ou ao vice-presidente, que exclua da decisão de sobrestamento e inadmita o recurso especial ou o recurso extraordinário que tenha sido interposto intempestivamente, tendo o recorrente o prazo de 5 (cinco) dias para manifestar-se sobre esse requerimento. § 3.º Da decisão que indeferir o requerimento referido no § 2.º caberá apenas agravo interno (redação dada pela Lei 13.256/2016). § 4.º A escolha feita pelo presidente ou vice-presidente do tribunal de justiça ou do tribunal regional federal não vinculará o relator no tribunal superior, que poderá selecionar outros recursos representativos da controvérsia. § 5.º O relator em tribunal superior também poderá selecionar 2 (dois) ou mais recursos representativos da controvérsia para julgamento da questão de direito independentemente da iniciativa do presidente ou do vice-presidente do tribunal de origem. § 6.º Somente podem ser selecionados recursos admissíveis que contenham abrangente argumentação e discussão a respeito da questão a ser decidida".

8. Hipótese de dissídio entre tribunais na interpretação de lei federal: é preciso juntar certidão ou indicação do número e da página do jornal oficial ou de repertório autorizado de jurisprudência da decisão recorrida e a da que houver dado causa ao dissídio, proferida por outro tribunal. Trata-se da hipótese de recurso especial, dirigido ao Superior Tribunal de Justiça, conforme previsto no art. 105, III, *c*, da Constituição.

9. Confronto entre os recursos ordinário e o especial/extraordinário: entende-se por ordinário o recurso que não está sujeito a regras especiais de admissibilidade, avaliando-se somente os requisitos gerais, como interesse, tempestividade, entre outros. Assim, o juiz deve, como regra, receber o recurso, determinando o seu encaminhamento à instância superior. Entende-se por especial e por extraordinário os recursos que, além dos requisitos gerais, possuem alguns específicos, sujeitando a sua admissibilidade a um exame mais aprofundado, além de se dirigir ao Superior Tribunal de Justiça, o primeiro, e ao Supremo Tribunal Federal, o segundo. Portanto, desejando o réu recorrer de uma sentença condenatória de primeiro grau, basta que apresente seu inconformismo no prazo legal e o juiz determinará a subida do feito para reavaliação. Entretanto, caso o tribunal, em 2.º grau, negue provimento ao recurso, somente poder-se-á interpor recurso especial – quando dirigido ao Superior Tribunal de Justiça – ou extraordinário – quando voltado ao Supremo Tribunal Federal. Nessas situações excepcionais, serão analisados requisitos específicos, constitucionalmente apontados (arts. 105, III, e 102, III, CF).

10. Agravo contra decisão denegatória de recursos especial e extraordinário: cabe agravo (art. 1.042, CPC) a ser interposto no prazo de quinze dias, contados da intimação da decisão denegatória da admissibilidade do recurso especial ou extraordinário. Sobe com o recurso especial ou extraordinário, possibilitando ao Tribunal (STJ ou STF) julgar o agravo e, também, o especial ou extraordinário (economia processual). Conferir os §§ 5.º a 8.º do art. 1.042 do CPC. Será dirigido ao STJ, quando se tratar de processamento indeferido de recurso especial e, para o STF, quando o indeferimento atingir recurso extraordinário. Ressaltemos o teor da Súmula 727 do STF: "Não pode o magistrado deixar de encaminhar ao Supremo Tribunal Federal o agravo de instrumento interposto da decisão que não admite recurso extraordinário, ainda que referente a causa instaurada no âmbito dos juizados especiais". No

Art. 632

Código de Processo Penal Comentado · **Nucci**   1138

entanto, no julgamento de questão de ordem nos autos da Reclamação 25.638/MG, o Pleno resolveu que todo agravo ligado a processo penal deve respeitar o prazo de *cinco dias* corridos, na forma como se conta o prazo no processo criminal.

11. Recurso ordinário constitucional: há hipóteses, constitucionalmente previstas, em que o processamento de recurso para o Superior Tribunal de Justiça e para o Supremo Tribunal Federal, contra determinadas decisões, dá-se automaticamente, isto é, sem o juízo específico de admissibilidade e conveniência, como ocorre nos casos de recursos especial e extraordinário. Funcionaria como se fosse uma "apelação". Manifestado o inconformismo no prazo legal, processa-se o recurso, encaminhando-o ao tribunal competente para julgá-lo. Para o Supremo Tribunal Federal, cabe recurso ordinário constitucional, na esfera criminal, nas seguintes hipóteses (art. 102, II, CF): a) contra decisões denegatórias de *habeas corpus* decididas por Tribunais Superiores (Superior Tribunal de Justiça, Tribunal Superior Eleitoral e Superior Tribunal Militar); b) contra decisões denegatórias de mandado de segurança decididas por Tribunais Superiores (Superior Tribunal de Justiça, Tribunal Superior Eleitoral e Superior Tribunal Militar); c) contra decisão condenatória ou absolutória proferida por juiz federal de primeira instância em caso de crime político. Para o Superior Tribunal de Justiça, cabe recurso ordinário constitucional, na esfera criminal, nas seguintes hipóteses (art. 105, II, CF): a) contra decisões denegatórias de *habeas corpus* decididas por Tribunais de Justiça e Tribunais Regionais Federais; b) contra decisões denegatórias de mandado de segurança decididas por Tribunais de Justiça e Tribunais Regionais Federais. Publicada a decisão, tem a parte interessada o prazo de cinco dias para apresentar a petição de interposição do recurso ordinário constitucional, em caso de *habeas corpus*, já acompanhado das razões (art. 30, Lei 8.038/1990). Quanto ao mandado de segurança, o prazo é de quinze dias (art. 33, Lei 8.038/1990). Após o recebimento, abre-se vista ao Ministério Público, que, em dois dias, oferecerá contrarrazões (ou cinco dias, em caso de mandado de segurança). Na sequência, o recurso é encaminhado ao STF ou STJ, conforme o caso, para julgamento.

11-A. Recurso ordinário contra decisão denegatória de *habeas corpus*: caso tenha sido denegada a ordem de *habeas corpus* por Tribunal Estadual ou Regional, cabe a interposição de recurso ordinário, dirigido ao Superior Tribunal de Justiça, devendo ser apresentado no prazo de cinco dias, contendo as razões do pedido de reforma, contando-se a partir da intimação do acórdão (art. 30, Lei 8.038/1990). Se a decisão denegatória for proferida por Tribunal Superior, caberá recurso ordinário constitucional para o STF, também a ser interposto no prazo de cinco dias (art. 310, RISTF), ouvindo-se o Procurador-Geral da República, em dois dias.

12. Indeferimento de recurso especial ou extraordinário: se houver agravo, após o juízo de admissibilidade em grau inferior, cabe ao Supremo Tribunal Federal (extraordinário) quanto ao Superior Tribunal de Justiça (especial) decidir o agravo e, se for o caso, também o recurso principal. Prestigia-se o princípio do colegiado.

Art. 632. *(Revogado pela Lei 3.396/1958.)*

Art. 633. *(Revogado pela Lei 3.396/1958.)*

Art. 634. *(Revogado pela Lei 3.396/1958.)*

Art. 635. *(Revogado pela Lei 3.396/1958.)*

Art. 636. *(Revogado pela Lei 3.396/1958.)*

Art. 637. O recurso extraordinário não tem efeito suspensivo, e uma vez arrazoados pelo recorrido os autos do traslado, os originais baixarão à primeira instância, para a execução da sentença.[13]

13. Efeito meramente devolutivo: os recursos especial e extraordinário não possuem efeito suspensivo, razão pela qual, decidida a questão no Tribunal – estadual ou regional –, impondo-se prisão ao acusado, deveria ele recolher-se para continuar recorrendo. Essa posição alterou-se em face da decisão do Plenário do Supremo Tribunal Federal, avaliando somente ser possível expedir o mandado de prisão quando esgotados todos os recursos oferecidos pelo acusado. Logo, tornou-se preciso aguardar o trânsito em julgado da decisão condenatória. Tal medida não eliminava a possibilidade de decretação de prisão cautelar, com base nos requisitos do art. 312 do CPP (HC 84.078/MG, pleno, rel. Eros Grau, 05.02.2009, m.v.). Consagrou-se o princípio constitucional da presunção de inocência. Diante disso, não mais se aplicava o disposto na Súmula 257 do Superior Tribunal de Justiça: "A interposição de recurso, sem efeito suspensivo, contra decisão condenatória não obsta a expedição de mandado de prisão". No dia 05.12.2016, o STF, pelo seu Plenário, em votação apertada de 6 x 5 (ADC n. 43 e 44), considerou viável manter-se o anterior entendimento do Pretório Excelso, no sentido de não seguir o efeito suspensivo no caso dos recursos especial e extraordinário, sendo cabível a execução imediata da pena, após o julgamento de 2.º grau. Em 2019, nas ADCs 43, 44 e 54, retornou ao entendimento de 2009, ou seja, somente se prende o acusado, para cumprir pena, após o trânsito em julgado da decisão condenatória. Em nosso entendimento, o correto é aguardar o trânsito em julgado da decisão condenatória para que se possa expedir mandado de prisão visando ao cumprimento da pena. Trata-se do exato cumprimento do princípio da presunção de inocência, claramente estampado no art. 5.º da Constituição Federal. Se recursos demoram, é preciso encontrar soluções para coibir essa lentidão; de nada adianta prender alguém quando inexiste decisão definitiva somente para provar que a Justiça pode ser rápida. A celeridade pode ser sinônimo de erro judiciário e, também, de mecanismo inadequado para sanar os obstáculos existentes para haver um julgamento definitivo na órbita criminal.

> **Art. 638.** O recurso extraordinário e o recurso especial serão processados e julgados no Supremo Tribunal Federal e no Superior Tribunal de Justiça na forma estabelecida por leis especiais, pela lei processual civil e pelos respectivos regimentos internos.[14-16-A]

14. Regimento Interno do Supremo Tribunal Federal: ver arts. 321 a 329.

14-A. Embargos de divergência: trata-se do recurso interposto contra a decisão de Turma do STF (em casos de recurso extraordinário ou agravo de instrumento) ou do STJ (em casos de recurso especial), que divergir do julgamento de outra, da Seção ou do Plenário. Exemplo: a 5.ª Turma do STJ concede determinado benefício ao réu; a 6.ª Turma nega, cada qual adotando fundamento jurídico diverso. Cabem embargos de divergência, a serem dirimidos, neste caso, pela Seção. Pode ocorrer, também, no STJ, divergência entre a Seção e o Pleno, cabendo a este dirimir a divergência, bem como entre Turma e Seção, cabendo ao Pleno o conhecimento do recurso. No STF, as divergências entre as Turmas serão sempre da competência do Plenário. Consultar os arts. 330 a 332 e 322 do Regimento Interno do STF e os arts. 266 e 267, e 255 § 1.º, do Regimento Interno do STJ. O prazo é de quinze dias para a interposição.

14-B. Sobre o cabimento dos embargos de divergência: preceitua o art. 330 do Regimento Interno do STF: "Cabem embargos de divergência à decisão de Turma que, em recurso extraordinário ou em agravo de instrumento, divergir de julgado de outra Turma ou do Plenário na interpretação do direito federal". Logo, é incabível nos casos de *habeas corpus* ou em recurso ordinário em *habeas corpus*. Checar as seguintes Súmulas: STF: 598 – Nos embargos de divergência não servem como padrão de discordância os mesmos paradigmas

Art. 638

Código de Processo Penal Comentado · Nucci   1140

invocados para demonstrá-la, mas repelidos como não dissidentes no julgamento do recurso extraordinário; STJ: *315* – Não cabem embargos de divergência no âmbito do agravo de instrumento que não admite recurso especial; *316* – Cabem embargos de divergência contra acórdão que, em agravo regimental, decide recurso especial.

15. Súmulas do STF, regulando a matéria: *Vinculantes*: *9* – O disposto no artigo 127 da Lei 7.210/1984 (Lei de Execução Penal) foi recebido pela ordem constitucional vigente, e não se lhe aplica o limite temporal previsto no *caput* do artigo 58 [o art. 127 da Lei 7.210/1984 possui nova redação, dada pela Lei 12.433/2011, razão pela qual não mais se necessita da Súmula 9 para reger o assunto]; *10* – Viola a cláusula de reserva de plenário (CF, artigo 97) a decisão de órgão fracionário de Tribunal que, embora não declare expressamente a inconstitucionalidade de lei ou ato normativo do poder público, afasta sua incidência, no todo ou em parte. *Sem força vinculante*: *210* – O assistente do Ministério Público pode recorrer, inclusive extraordinariamente, na ação penal, nos casos dos arts. 584, § 1.º, e 598 do CPP; *279* – Para simples reexame de prova não cabe recurso extraordinário; *280* – Por ofensa a direito local não cabe recurso extraordinário; *281* – É inadmissível o recurso extraordinário, quando couber, na Justiça de origem, recurso ordinário da decisão impugnada; *282* – É inadmissível o recurso extraordinário, quando não ventilada, na decisão recorrida, a questão federal suscitada; *283* – É inadmissível o recurso extraordinário quando a decisão recorrida assenta em mais de um fundamento suficiente e o recurso não abrange todos eles; *284* – É inadmissível o recurso extraordinário, quando a deficiência na sua fundamentação não permitir a exata compreensão da controvérsia; *285* – Não sendo razoável a arguição de inconstitucionalidade, não se conhece do recurso extraordinário fundado na letra *c* do art. 101, III, da Constituição Federal [atual art. 102, III, *c*]; *286* – Não se conhece do recurso extraordinário fundado em divergência jurisprudencial, quando a orientação do Plenário do STF já se firmou no mesmo sentido da decisão recorrida; *287* – Nega-se provimento ao agravo quando a deficiência na sua fundamentação, ou na do recurso extraordinário, não permitir a exata compreensão da controvérsia; *288* – Nega-se provimento a agravo para subida de recurso extraordinário, quando faltar no traslado o despacho agravado, a decisão recorrida, a petição de recurso extraordinário ou qualquer peça essencial à compreensão da controvérsia; *400* – Decisão que deu razoável interpretação à lei, ainda que não seja a melhor, não autoriza recurso extraordinário pela letra *a* do art. 101, III, da Constituição Federal [atual art. 102, III, *a*]; *456* – O Supremo Tribunal Federal, conhecendo do recurso extraordinário, julgará a causa, aplicando o direito à espécie; *528* – Se a decisão contiver partes autônomas, a admissão parcial, pelo presidente do tribunal *a quo*, de recurso extraordinário que sobre qualquer delas se manifestar, não limitará a apreciação de todas pelo STF, independentemente de interposição de agravo de instrumento; *634* – Não compete ao Supremo Tribunal Federal conceder medida cautelar para dar efeito suspensivo a recurso extraordinário que ainda não foi objeto de juízo de admissibilidade na origem; *635* – Cabe ao Presidente do Tribunal de origem decidir o pedido de medida cautelar em recurso extraordinário ainda pendente do seu juízo de admissibilidade; *636* – Não cabe recurso extraordinário por contrariedade ao princípio constitucional da legalidade, quando a sua verificação pressuponha rever a interpretação dada a normas infraconstitucionais pela decisão recorrida; *639* – Aplica-se a Súmula 288 quando não constarem do traslado do agravo de instrumento as cópias das peças necessárias à verificação da tempestividade do recurso extraordinário não admitido pela decisão agravada; *640* – É cabível recurso extraordinário contra decisão proferida por juiz de primeiro grau nas causas de alçada, ou por turma recursal de juizado especial cível e criminal; *727* – Não pode o magistrado deixar de encaminhar ao Supremo Tribunal Federal o agravo de instrumento interposto da decisão que não admite recurso extraordinário, ainda que referente a causa instaurada no âmbito dos juizados especiais; *735* – Não cabe recurso extraordinário contra acórdão que defere medida liminar.

Art. 638

Título II – Dos Recursos em Geral

1141

16. Súmulas do STJ, regulando a matéria, quanto ao recurso especial: *7* – A pretensão de simples reexame de prova não enseja recurso especial; *13* – A divergência entre julgados do mesmo Tribunal não enseja recurso especial; *83* – Não se conhece do recurso especial pela divergência, quando a orientação do Tribunal se firmou no mesmo sentido da decisão recorrida; *123* – A decisão que admite, ou não, o recurso especial deve ser fundamentada, com o exame dos seus pressupostos gerais e constitucionais; *126* – É inadmissível recurso especial, quando o acórdão recorrido assenta em fundamentos constitucional e infraconstitucional, qualquer deles suficiente, por si só, para mantê-lo, e a parte vencida não manifesta recurso extraordinário; *203* – Não cabe recurso especial contra decisão proferida por órgão de segundo grau dos Juizados Especiais; *207* – É inadmissível recurso especial quando cabíveis embargos infringentes contra o acórdão proferido no tribunal de origem; *211* – Inadmissível recurso especial quanto à questão que, a despeito da oposição de embargos declaratórios, não foi apreciada pelo tribunal *a quo*; *315* – Não cabem embargos de divergência no âmbito do agravo de instrumento que não admite recurso especial; *316* – Cabem embargos de divergência contra acórdão que, em agravo regimental, decide recurso especial; *320* – A questão federal somente ventilada no voto vencido não atende ao requisito do prequestionamento; *418* – É inadmissível o recurso especial interposto antes da publicação do acórdão dos embargos de declaração, sem posterior ratificação.

16-A. Nova redação: o art. 638 obteve nova redação para incluir o Superior Tribunal de Justiça – que não existia em 1941, quando esse artigo foi constituído –, além de deixar expresso que os recursos extraordinário e especial se regem por leis especiais, pela lei processual civil (já que a processual penal é nitidamente deficiente) e pelos regimentos internos de cada Corte.

Capítulo IX
DA CARTA TESTEMUNHÁVEL[1-2]

1. Conceito de carta testemunhável: trata-se de um recurso destinado a provocar o conhecimento ou o processamento de outro recurso para tribunal de instância superior, cujo trâmite foi indevidamente obstado pelo juiz. Utiliza-se a carta testemunhável quando não houver outro recurso para impugnar a decisão judicial, que impede o trâmite de algum recurso. Logo, como exemplo, pode-se citar o não recebimento de apelação, decisão contra a qual cabe recurso em sentido estrito (art. 581, XV, CPP), não sendo necessária a carta testemunhável. Na jurisprudência: STJ: "7. O juízo de admissão da carta testemunhável deve ser realizado pela instância superior àquele que proferira o juízo de não admissão do recurso em sentido estrito. A irregularidade na tramitação da carta testemunhável somente fora arguida quase um ano após a determinação do Magistrado no sentido de sua não admissão e apenas quando da submissão do acusado ao Júri Popular, ocasião em que proferida a sentença condenatória, sendo manifesta a preclusão temporal da alegação" (HC 397.963/PE, 5.ª T., rel. Reynaldo Soares da Fonseca, 07.12.2017, v.u.).

2. Natureza jurídica: como já afirmamos na nota anterior, trata-se de autêntico recurso, pois é dirigido ao tribunal *ad quem* para contestar decisão do juiz *a quo*, que indeferiu o processamento de recurso legalmente previsto. Há um juízo de reavaliação de decisão tomada, conforme provocação da parte interessada, por órgão jurisdicional superior, o que é típica característica do recurso. Como ensina Noronha, "é inegável que ela tem o fim de reparar um dano ou gravame sofrido pela parte, com a denegação do recurso interposto. Há, por certo, lesão de caráter *especial*, consistente na denegação de um recurso que ela objetiva

Art. 639

remediar e, consequentemente, é um *recurso*. O ter caráter subsidiário não lhe tira essa qualidade, pois é exato que tem lugar quando não é cabível outro recurso. Tal fato somente lhe dá natureza especial ou particular, se com isso infirmar que seja recurso" (*Curso de direito processual penal*, p. 402).

> **Art. 639.** Dar-se-á carta testemunhável:
>
> I – da decisão que denegar o recurso;[3]
>
> II – da que, admitindo embora o recurso, obstar à sua expedição e seguimento para o juízo *ad quem*.[4]

3. Decisão que denega o recurso: é a decisão que julga inadmissível a interposição de determinado recurso, por qualquer motivo. Tal situação pode ocorrer nas seguintes hipóteses: recurso em sentido estrito, agravo em execução e correição parcial. Não havendo recurso específico para impugnar esse julgado (como há para combater a denegação de apelação, que é o recurso em sentido estrito), resta à parte a interposição de carta testemunhável. Na jurisprudência: STJ: "1. Se o juízo condicionou o processamento de recurso em sentido estrito à prática de um determinado ato pelo recorrente – apresentação de tradução das peças em língua inglesa –, tal decisão deve ser atacada via carta testemunhável, por corresponder à hipótese prevista no art. 639, II, do CPP" (REsp 1.763.212/RJ, 6.ª T., rel. Sebastião Reis Júnior, 05.02.2019, v.u.).

4. Obstáculo ao seguimento ao tribunal *ad quem*: não basta que o juiz receba o recurso, sendo indispensável que determine o seu encaminhamento ao órgão superior, encarregado de julgá-lo. Assim, se num primeiro momento o magistrado recebe o recurso em sentido estrito, por exemplo, mas depois, crendo ter havido a apresentação das razões fora do prazo legal, obstar o seu seguimento ao tribunal, cabe a carta testemunhável.

> **Art. 640.** A carta testemunhável será requerida ao escrivão, ou ao secretário do tribunal,[5] conforme o caso, nas 48 (quarenta e oito) horas[6] seguintes ao despacho que denegar o recurso,[7] indicando o requerente as peças do processo que deverão ser trasladadas.[8]

5. Recurso dirigido ao escrivão ou secretário do tribunal: usualmente, apresenta-se a petição de interposição do recurso ao juiz, ainda que seja ele o autor da decisão contra a qual há a impugnação. Afinal, é seu dever receber e encaminhar o pleito ao Tribunal Superior. As razões, sim, são dirigidas diretamente à Corte *ad quem*. Ocorre que a carta testemunhável é um recurso anômalo, pois visa ao combate da decisão que não permite o recebimento ou o seguimento a outro recurso de uma das partes. Seria, pois, inócuo apresentar a carta diretamente à autoridade que negou a interposição do primeiro recurso. Poderia fazê-lo de novo, denegando-lhe seguimento, o que iria provocar uma interposição após outra, sem solução. Encaminha-se, então, ao escrivão ou secretário do tribunal, conforme o caso, para que este envie a carta ao tribunal competente a analisá-la, sob pena de responsabilidade funcional.

6. Prazo de interposição: embora mencione a lei que o prazo é de 48 horas, tem-se contado, para facilitar o entendimento e porque os prazos processuais podem ser interpretados extensivamente – afinal, garantir o direito ao duplo grau de jurisdição e à ampla defesa é fundamental –, como sendo de dois dias. Na jurisprudência: TJMG: "1. Não se conhece da carta testemunhável depois de transcorrido o prazo legal de 48 (quarenta e oito) horas, estatuído no artigo 640 do Código de Processo Penal, uma vez que intempestiva. 2. A despeito de não se verificar dos autos certidão de intimação pessoal do defensor dativo acerca da decisão que rejeitou o recurso por ele aviado, tem-se a ocorrência do instituto da preclusão lógica e temporal, já que houve a ciência inequívoca por ele daquele *decisum*, em razão de o referido defendente ter tido vista e feito carga dos autos após a prolação da decisão objurgada" (Carta Testemunhável 1.0414.11.C02818-3/001 – MG, 7.ª Câmara Criminal, rel. Paulo Calmon Nogueira da Gama, 09.06.2016). TJMS: "Não se conhece, por intempestividade, de recurso de Carta Testemunhável interposto fora do bíduo estipulado pelo art. 640 do Código de Processo Penal" (CT 1600332-32.2016.8.12.0000, 3.ª C. Crim., rel. Luiz Claudio Bonassini da Silva, j. 19.05.2016, v.u.).

7. Início do prazo: conta-se a partir da intimação da decisão que denegar seguimento ao recurso ou obstar o seu prosseguimento. Não se deve utilizar, como aparentemente está a demonstrar a redação deste artigo, a contagem do prazo corrida, a partir da data do despacho que denega o recurso. Fosse assim e seria uma séria restrição ao direito de recurso, pois a parte não pode adivinhar o momento em que o magistrado profere a decisão negando admissibilidade ou seguimento a determinado recurso.

8. Peças para o traslado: o recurso subirá por instrumento, razão pela qual necessita de autos apartados, formados a partir das peças indicadas pelas partes. Embora a lei mencione a indicação das peças somente pela parte testemunhante, é natural que a testemunhada também possa fazê-lo, até porque o art. 644 menciona que há possibilidade do tribunal *ad quem* julgar o mérito do recurso que foi obstado, diretamente, caso o instrumento esteja bem instruído.

> **Art. 641.** O escrivão, ou o secretário do tribunal, dará recibo da petição à parte[9] e, no prazo máximo de 5 (cinco) dias, no caso de recurso no sentido estrito,[10] ou de 60 (sessenta) dias, no caso de recurso extraordinário,[11] fará entrega da carta, devidamente conferida e concertada.

9. Recibo da petição: é a petição de interposição da carta testemunhável, para que a parte possa comprovar, se necessário for, que recorreu tempestivamente.

10. Menção ao recurso em sentido estrito: fez-se referência a esse recurso, pois costumeiramente era o que tinha o seu recebimento negado ou o prosseguimento obstado, nada impedindo, no entanto, que se use o mesmo prazo, quando outro for o recurso embaraçado.

11. Menção ao recurso extraordinário: normalmente, não mais se usa a carta testemunhável para obrigar ao recebimento e processamento de recurso extraordinário, uma vez que há o agravo, dirigido ao Tribunal Superior, que tem a mesma finalidade.

> **Art. 642.** O escrivão, ou o secretário do tribunal, que se negar a dar o recibo, ou deixar de entregar, sob qualquer pretexto, o instrumento, será suspenso por 30 (trinta) dias.[12] O juiz ou o presidente do Tribunal de Apelação, em face de representação do testemunhante, imporá a pena e mandará que seja extraído o instrumento, sob a mesma sanção, pelo substituto do escrivão ou do secretário do tribunal. Se o testemunhante não for atendido, poderá reclamar ao presidente do tribunal ad quem, que avocará os autos, para o efeito do julgamento do recurso e imposição da pena.[13]

Art. 643

Código de Processo Penal Comentado · **Nucci**   1144

12. Responsabilidade funcional do escrivão ou secretário: como já mencionamos, como a carta testemunhável é encaminhada, anomalamente, ao funcionário da Vara ou do tribunal, em vez de sê-lo ao juiz, é natural que deva o escrivão ou secretário encaminhar o recurso ao tribunal de qualquer modo. Não o fazendo, será administrativamente apenado. Essa sanção, embora pela letra da lei, possa parecer ser aplicável de plano, sem o devido processo legal, não é mais assim. Após a Constituição de 1988, é preciso considerar que toda sanção, mesmo de ordem administrativa, precisa respeitar o direito ao contraditório e à ampla defesa. Por isso, o escrivão ou secretário do tribunal deve ser processado administrativamente pelo seu superior hierárquico, sofrendo a sanção, caso não demonstre ter havido justo motivo para impedir a subida da carta ou a entrega do recibo.

13. Avocação: caso tenham sido tomadas todas as medidas para que a carta seja recebida e encaminhada ao tribunal e, ainda assim, isto não se der, cabe ao presidente do tribunal *ad quem* avocar (chamar a si) os autos, para que a carta testemunhável possa ser julgada, apurando-se as responsabilidades funcionais em processos administrativos à parte, com relação a quem obstou o prosseguimento.

> **Art. 643.** Extraído e autuado o instrumento, observar-se-á o disposto nos arts. 588 a 592,[14] no caso de recurso em sentido estrito, ou o processo estabelecido para o recurso extraordinário, se deste se tratar.

14. Procedimento da carta testemunhável: após a formação do instrumento, intima-se o testemunhante a apresentar suas razões, em dois dias. Na sequência, por igual prazo, intima-se o testemunhado a oferecer as contrarrazões. Com as razões e contrarrazões, deve o escrivão abrir conclusão ao juiz, que poderá manter ou reformar a decisão que obstou o seguimento ou a admissão do recurso. Se houver retratação, não há recurso da parte contrária, pois o recurso inicialmente embaraçado terá seu prosseguimento normal, o que não significa que será conhecido e provido pela Superior Instância. Caso mantenha sua decisão anterior, os autos da carta testemunhável serão encaminhados ao tribunal *ad quem*.

> **Art. 644.** O tribunal, câmara ou turma a que competir o julgamento da carta, se desta tomar conhecimento, mandará processar o recurso, ou, se estiver suficientemente instruída, decidirá logo, *de meritis*.[15]

15. Opções do tribunal ao julgar a carta testemunhável: há, na realidade, quatro alternativas ao tribunal *ad quem*: a) não conhecer a carta testemunhável, por não ser cabível, por intempestividade na sua interposição ou por ilegitimidade de parte; b) dela conhecer e dar-lhe provimento, determinando que o recurso obstado suba para seu conhecimento; c) dela conhecer e, ao invés de simplesmente dar-lhe provimento, julgar, desde logo, o mérito do recurso obstado, caso existam peças e argumentos suficientes, no instrumento, para essa avaliação; d) conhecer da carta testemunhável e negar-lhe provimento. Tal situação pode ocorrer caso o juiz tenha, corretamente, negado seguimento ao recurso contra o qual se interpôs a carta. Ex.: a parte interessada ingressa com carta testemunhável contra o não recebimento de recurso em sentido estrito intempestivo, promovido contra apelação igualmente intempestiva.

> **Art. 645.** O processo da carta testemunhável na instância superior seguirá o processo do recurso denegado.[16]

16. Procedimento da carta testemunhável na Superior Instância: é o mesmo do recurso cujo processamento foi obstado pelo juiz. Pode ser mais célere ou mais lento, conforme o Regimento Interno de cada Tribunal.

> **Art. 646** A carta testemunhável não terá efeito suspensivo.[17]

17. Efeito devolutivo: forma-se o instrumento, justamente porque a carta testemunhável não impedirá o prosseguimento do processo principal.

Capítulo X
DO *HABEAS CORPUS*[1-4] E SEU PROCESSO[5-13-B]

1. Conceito de *habeas corpus*: trata-se de ação de natureza constitucional, destinada a coibir qualquer ilegalidade ou abuso de poder voltado à constrição da liberdade de locomoção. Encontra-se previsto no art. 5.º, LXVIII, da Constituição, e regulado neste capítulo do Código de Processo Penal. Não se trata de recurso, como faz crer a sua inserção na lei processual penal, mas, sim de autêntica garantia humana fundamental, cuja utilização se dá por meio de ação autônoma, podendo, inclusive ser proposto contra decisão que já transitou em julgado. Sobre o tema, já tivemos oportunidade de anotar a existência de diferença entre direito e garantia fundamental. O primeiro é meramente declaratório – como o direito à liberdade – enquanto o segundo é assecuratório – como o devido processo legal. E dissemos: "Logicamente, a garantia não deixa de ser um direito. No exemplo já mencionado, o devido processo legal é uma garantia do direito à liberdade, mas também é um direito, garantido pela ampla defesa e pelo contraditório. Até mesmo o *habeas corpus*, que é uma garantia, pode ser visto como um direito: o direito de utilizar um instrumento constitucional. Entretanto, ainda assim, a diferença entre *direito* e *garantia* é sensível. Há direitos que não são garantias, como é o caso do direito à vida, embora todas as garantias sejam também direitos. Eis por que José Afonso da Silva chama as garantias fundamentais de *direitos-instrumentais*, já que destinados a tutelar um *direito principal*" (*Júri – Princípios constitucionais*, p. 25). O termo *habeas corpus*, etimologicamente, significa "toma o corpo", isto é, faz-se a apresentação de alguém, que esteja preso em juízo, para que a ordem de constrição à liberdade seja justificada, podendo o magistrado mantê-la ou revogá-la. Embora atualmente não mais se tenha que fazer a apresentação do preso ao juiz, como regra, continua este analisando a legalidade do ato ameaçador ou constringente à liberdade de ir e vir do indivíduo. Acrescente-se a lição de Antonio Magalhães Gomes Filho, demonstrando que *habeas corpus* vem do latim (*habeo, habere* = ter, exibir, tomar, trazer; *corpus, corporis* = corpo), significando simplesmente um meio de se obter o comparecimento físico de alguém perante uma corte. Dentre as espécies históricas, destacam-se os seguintes tipos: a) *habeas corpus ad respondendum*: destinava-se a assegurar a transferência do preso de um lugar a outro para responder a uma ação penal; b) *habeas corpus ad testificandum*: destinava-se a trazer uma pessoa sob custódia para prestar um testemunho; c) *habeas corpus ad satisfaciendum*: destinava-se à transferência de um preso já condenado a um tribunal superior, a fim de se executar a sentença; d) *habeas corpus ad subjiciendum*: voltado a assegurar plenamente a legalidade de qualquer restrição ao direito de liberdade, apresentando-se o preso à Corte e os motivos do encarceramento, para apreciação judicial (*O habeas corpus como instrumento de proteção do direito à liberdade de locomoção*, p. 60). Em igual prisma Pontes de Miranda, *História e prática do habeas corpus*, p. 43-44; Galdino Siqueira, *Curso de processo criminal*, p. 375.

1-A. Origem histórica do *habeas corpus***:** professa Pontes de Miranda que "os princípios essenciais do *habeas corpus* vêm, na Inglaterra, do ano 1215. Foi no capítulo 29 da *Magna Charta libertatum* que se calcaram, através das idades, as demais conquistas do povo inglês para a garantia *prática, imediata e utilitária* da liberdade física (*no free man shall be taken, or imprisoned, or disseized, or outlawed, or exiled, or any wise destroyed; nor will we go upon him, nor send upon him, but by the lawful judgment of his peers or by the law of the land. To none will we deny or delay, right or justice*)". Destaca ainda que, aos ingleses, cultivadores originários desse instrumento de proteção, sempre foi muito cara a liberdade física de ir e vir, porque matar um cidadão, injustificadamente, provocaria alarme social imediato, mas o encarceramento de uma pessoa "é arma menos pública. Ninguém a percebe, ou poucos poderão dela ter notícia. Oprime às escuras, nas prisões, no interior dos edifícios, nos recantos. É violência silenciosa, secreta, ignorada, invisível; portanto, mais grave e mais perigosa do que qualquer outra" (*História e prática do habeas corpus – Direito constitucional e processual comparado*, p. 9-11 e p. 28-29). Assim também a posição de Galdino Siqueira (*Curso de processo criminal*, p. 374). Afirma Thiago Bottino do Amaral que "a aristocracia inglesa, vitoriosa com a Magna Carta, mas em luta constante por sua afirmação, percebeu a necessidade de uma regulamentação que afirmasse a força do *habeas corpus*, enunciando, mais de quatrocentos anos depois, o *Habeas Corpus Act*, em 1679. (...) Com o Ato, a força do *habeas corpus* se revelou, então, com toda sua eficácia e energia ao se instituir um novo rito, mais célere, com previsão de multas e outras penalidades àqueles que o descumprissem, prazo para a apresentação do preso perante a Corte, proibição de transferência do preso de uma prisão para a outra sem consentimento da autoridade competente, além da proibição (hoje elementar) de que a pessoa que fosse posta em liberdade por meio de uma ordem de *habeas corpus* fosse presa novamente pelo mesmo motivo. (...) O *Habeas Corpus Act* de 1816 supriu a ausência para o sujeito que não estivesse sendo acusado da prática de um crime. Garantiu-se a liberdade de locomoção a qualquer um" (*Considerações sobre a origem e evolução da ação de habeas corpus*, p. 112).

1-B. Origem no Brasil: a Constituição do Império não o consagrou. Somente em 1832, o *habeas corpus* foi previsto no Código de Processo Criminal. Entretanto, no texto constitucional do Império, consignou-se que "ninguém poderá ser preso sem culpa formada, exceto nos casos declarados na lei; e nestes dentro de 24 horas contadas da entrada na prisão, sendo em cidades, vilas ou outras povoações próximas aos lugares da residência do juiz e nos lugares remotos dentro de um prazo razoável, que a lei marcará, atenta a extensão do território, o juiz por uma nota por ele assinada, fará constar ao réu o motivo da prisão, os nomes do seu acusador, e os das testemunhas, havendo-as" (art. 179, § 8.º, inciso VIII). O direito de evitar a prisão ilegal já se encontrava previsto, mas o remédio foi instituído em 1832. Foi estendido aos estrangeiros pela Lei 2.033, de 1871. Constou na Constituição Republicana de 1891 e em todas as demais a partir daí editadas. Está previsto, igualmente, em documentos internacionais de proteção aos direitos humanos, como, por exemplo, Declaração Universal dos Direitos Humanos (1948), art. 8.º; Convenção Europeia (1950), art. 5.º, inciso 4; Convenção Americana sobre Direitos Humanos, art. 7.º (Cf. Antonio Magalhães Gomes Filho, *O habeas corpus como instrumento de proteção do direito à liberdade de locomoção*, p. 62; Pontes de Miranda, *História e prática do habeas corpus – Direito constitucional e processual comparado*, p. 126-127; Galdino Siqueira, *Curso de processo criminal*, p. 381).

2. Ampliação do seu alcance: se, originalmente, o *habeas corpus* era utilizado para fazer cessar a prisão considerada ilegal – e mesmo no Brasil essa concepção perdurou por um largo período –, atualmente seu alcance tem sido estendido para abranger qualquer ato constritivo direta ou indiretamente à liberdade, ainda que se refira a decisões jurisdicionais não referentes à decretação da prisão. Note-se o que ocorre com a utilização do *habeas corpus* para trancar o inquérito policial ou a ação penal, quando inexista justa causa para o seu trâmite, bem como quando se utiliza esse instrumento constitucional para impedir o indiciamento injustificado, entre outras medidas. Nada mais lógico, pois são atos ou medidas proferidas em processos (ou procedimentos) criminais, que possuem clara repercussão na liberdade do indivíduo, mesmo que de modo indireto. Afinal, o ajuizamento de ação penal contra alguém provoca constrangimento natural, havendo registro em sua folha de antecedentes, bem como servindo de base para, a qualquer momento, o juiz decretar medida restritiva da liberdade, em caráter cautelar. Explica Florência de Abreu que a ampliação do alcance do *habeas corpus* deveu-se a "ausência, n nosso mecanismo processual, de outros remédios igualmente enérgicos e expeditos para o amparo de outros direitos primários do indivíduo" (*Comentários ao Código de Processo Penal*, v. V, p. 558). Na jurisprudência: STF: "Nessa perspectiva, esclareço que o objeto da tutela em *habeas corpus* é a liberdade de locomoção quando ameaçada por ilegalidade ou abuso de poder (CF, art. 5.º, LXVIII), não cabendo sua utilização para reexaminar pressupostos de admissibilidade de recursos ou, *mutatis mutandis*, ações da competência de outros tribunais. (... Cabe referir, ainda, que não cabe a rediscussão da matéria perante esta Corte e nesta via processual, porquanto o *habeas corpus* não é sucedâneo de recurso ou revisão criminal" (HC 225.793 AgR, 1.ª T., rel. Luiz Fux, 13.04.2023, v.u.).

3. Natureza jurídica: trata-se de ação de conhecimento. Aliás, note-se o disposto no art. 5.º, LXXVII, da Constituição, que a ela se refere expressamente como *ação* e não como recurso. Como bem esclarecem Ada, Magalhães e Scarance, pode objetivar um provimento meramente declaratório (extinção de punibilidade), constitutivo (anulação de ato jurisdicional) ou condenatório (condenação nas custas da autoridade que agiu de má-fé). Para nós, entretanto, inexiste o *habeas corpus* com finalidade condenatória, pois o art. 5.º, LXXVII, da Constituição, prevê a gratuidade desse tipo de ação. Logo, jamais há custas a pagar. Destacam os autores supramencionados, ainda, que possui o caráter mandamental, envolvendo a ordem dada pelo juiz para que a autoridade coatora cesse imediatamente a constrição, sob pena de responder por desobediência (*Recursos no processo penal*, p. 346). Considerando-o como autêntica ação e não recurso igualmente: Pontes de Miranda, *História e prática do habeas corpus – Direito constitucional e processual comparado*, p. 126-127; Antonio Magalhães Gomes Filho, *O habeas corpus como instrumento de proteção do direito à liberdade de locomoção*, p. 68; Rogério Lauria Tucci, *Habeas corpus, ação e processo penal*, p. 4-6; Marco Antonio de Barros, *Ministério Público e o habeas corpus: tendências atuais*, p. 119; Dante Busana, *Habeas corpus*, p. 106; Dante Busana e Laerte Sampaio, *O Ministério Público no processo de habeas corpus*, p. 316. Em sentido contrário, sustentando tratar-se de um *recurso especial*: Galdino Siqueira, *Curso de processo criminal*, p. 384.

4. Espécies de *habeas corpus*: pode ser liberatório, quando a ordem dada tem por finalidade a cessação de determinada ilegalidade já praticada, ou preventivo, quando a ordem concedida visa a assegurar que a ilegalidade ameaçada não chegue a se consumar.

5. Gratuidade assegurada: prevê o art. 5.º, LXXVII, da Constituição Federal, que "são gratuitas as ações de *habeas corpus* e *habeas data*, e, na forma da lei, os atos necessários ao exercício da cidadania". Aliás, o mesmo vem disposto no Regimento Interno do Supremo Tribunal Federal (art. 61, § 1.º, I).

6. Restrições constitucionais à sua utilização: expressamente, prevê o art. 142, § 2.º, da CF, que "não caberá *habeas corpus* em relação a punições disciplinares militares" (Forças Armadas e Polícia Militar) Ver notas 16 e 17 ao art. 647. Além disso, é preciso anotar que, durante o estado de defesa (art. 136, CF) e ao longo do estado de sítio (art. 137, CF), muitos direitos e garantias individuais são suspensos, razão pela qual várias ordens e medidas podem resultar em constrições à liberdade, que terminam por afastar, na prática, a utilização do *habeas corpus*, por serem consideradas, durante a vigência da época excepcional, legítimas.

6-A. *Habeas corpus* e soberania do Tribunal do Júri: há duas hipóteses previstas no art. 648 (incisos I e VI) autorizando a concessão de *habeas corpus*, ainda que haja sentença condenatória com trânsito em julgado. Se o Tribunal, tomando conhecimento da impetração, verificar que inexistia *justa causa* para a ação penal – exemplo disso seria a nítida ausência de prova do corpo de delito –, poderia conceder a ordem para, anulando todo o processo, determinar o trancamento da persecução criminal. Excepcionalmente, surgindo novas provas nesse caso e não tendo ocorrido a prescrição, poderia o Ministério Público propor novamente a ação penal, a ser julgada no Tribunal do Júri. Não se trata de decisão de mérito propriamente dito (verificação da veracidade ou não da imputação fática realizada pelo órgão acusatório), subtraindo a competência constitucional dos jurados, implicando o acolhimento ou na rejeição do pedido, mas condição para que subsista a ação penal, possibilitando, então, o julgamento da eventual culpa do acusado. Por outro lado, pode o Tribunal, em caso de impetração de *habeas corpus*, igualmente, constatar a manifesta nulidade do processo, porque inexistiu, por exemplo, o acompanhamento de defensor técnico, tendo o magistrado admitido apenas a presença de estagiário de Direito. Anula-se o feito, que já contava com decisão condenatória com trânsito em julgado, porém, oferecida nova denúncia, reparado o erro, haverá normal julgamento pelo Tribunal Popular. Essas medidas são válidas, uma vez que o *habeas corpus*, de *status* constitucional, tem por finalidade justamente impedir coações ilegais, de onde quer que elas partam. Logicamente, as hipóteses supra-aventadas são raras, pois, como regra, o réu teve oportunidade de recorrer da decisão condenatória e o Tribunal já avaliou exatamente a justa causa e se houve ou não a nulidade absoluta. Entretanto, se o acusado teve defensor dativo, apenas para ilustrar, que não se preocupou em evidenciar a falta de prova da materialidade do crime, tampouco recorreu da condenação produzida pelo Tribunal do Júri, parece-nos viável a anulação do processo por *habeas corpus*. Não se impede, naturalmente, que o sentenciado prefira o caminho da revisão criminal para, de forma idêntica, chegar ao resultado supraexposto.

7. Conceito de mandado de segurança: cuida-se de ação de impugnação, valendo-se de instrumento para coibir ilegalidade ou abuso de poder que atinja direito líquido e certo, não amparado por *habeas corpus* ou *habeas data*, desde que se trate de ato proveniente de autoridade pública ou agente de pessoa jurídica no exercício de atribuições do Poder Público (art. 5.º, LXIX, CF). É autêntica garantia humana fundamental, voltada a sustentar os direitos individuais contra abusos do Estado. Não se encontra previsto no Código de Processo Penal, mas na Lei 12.016/2009, que regula sua impetração.

7-A. Admissibilidade do mandado de segurança em matéria criminal: tem sido posição dominante dos tribunais pátrios admitir o emprego do mandado de segurança para assegurar direito líquido e certo da acusação ou da defesa, quando não é caso de impetração de *habeas corpus*. Explica Tucci que "podem surgir, no transcorrer da persecução penal, além daquelas concernentes à liberdade, propriamente, de indiciado numa *informatio delicti* ou de acusado numa ação em curso, questões referentes a direito material de outra natureza que não o de liberdade pessoal ou, até mesmo, ao respectivo processo ou ao procedimento em que este se exterioriza: ali, problemas de caráter substancial, relacionados com os interesses materiais conflitantes; aqui, outros, de distinta essência, e atinentes, por certo, às formas processuais, aos esquemas formais diversos assumidos pela *persecutio criminis*" (*Habeas corpus, ação e processo penal,* p. 33). Exemplos de utilização de mandado de segurança pelo acusado ou seu defensor, em lugar do *habeas corpus*: a) para impedir a injustificada quebra do sigilo fiscal, bancário ou de outros dados (impetração contra o magistrado que deu a ordem); b) para permitir o acesso do advogado aos autos, ainda que o inquérito ou processo tramite em segredo de justiça (impetração contra o juiz, se este deu a ordem, ou contra o delegado, se partiu deste a medida de exclusão do advogado); c) para garantir a presença do advogado durante a produção de alguma prova na fase policial (não significando que o defensor possa manifestar-se, mas somente estar presente), pois se discute prerrogativa do advogado (logo, não cabe *habeas corpus*). Quanto ao ofendido, pode este ingressar com mandado de segurança se o assistente de acusação for impedido de ingressar nos autos pelo juiz, sem qualquer motivo justificado.

7-B. Mandado de segurança contra decisão judicial: o órgão acusatório, que se manifesta em nome da sociedade, se tiver a finalidade de obter algo contrário ao interesse do réu, não pode ingressar com *habeas corpus*, cuja missão é proteger o indivíduo contra violência ou coação ilegal na sua liberdade de ir e vir ou situação correlata. Assim, quando o juiz determina a soltura do réu, agindo contra expressa disposição legal, cabe mandado de segurança, impetrado pela acusação. É o que pode acontecer, ilustrando, nos casos de crimes hediondos, se o magistrado estabelecer fiança, para a concessão de liberdade provisória, cuja proibição se encontra no art. 2.º, II, da Lei 8.072/1990 (redação dada pela Lei 11.464/2007), bem como nas situações dos réus que permaneceram presos ao longo de toda a instrução, com base no art. 312 do CPP, e são soltos pelo magistrado na sentença condenatória, sem que tenha havido qualquer modificação na situação processual. Há dois aspectos nesse cenário: em primeiro lugar, o mandado de segurança poderia ser diretamente concedido para segurar preso o réu que mereça, entendendo que a acusação possui direito líquido e certo de mantê-lo segregado; noutro sentido, pode-se impetrar o mandado de segurança para dar efeito suspensivo a recursos que não o possuam, logo, seria preciso que a parte interpusesse o recurso cabível – quando existente. Parece-nos mais adequada a primeira posição, pois vislumbramos cabível falar em direito líquido e certo à manutenção da prisão cautelar, em certos casos, mas não visualizamos o direito líquido e certo em conseguir efeito suspensivo onde a lei expressamente o nega. Deve ser ressaltada, também, a posição adotada por Ada, Magalhães e Scarance, em idêntica ótica: "Daí a conclusão de que não parece correta – embora amplamente majoritária, pelo menos em São Paulo – a corrente que subordina a impetração à tempestiva interposição do recurso cabível, nem a que limita a concessão apenas no sentido de atribuir efeito suspensivo ao recurso interposto. Até o princípio da economia processual justifica a impetração direta da segurança, sem a interposição deste, possibilitando o julgamento da questão no próprio *writ*" (*Recursos no processo penal*, p. 397). No mesmo sentido, defende Ada Pellegrini Grinover, em outro escrito de sua autoria, a autonomia do mandado de segurança para questionar ato jurisdicional, sem necessidade de interposição do recurso próprio, salientando, inclusive, que o próprio Supremo Tribunal Federal já possui precedente nessa ótica: Mandado de segurança contra ato jurisdicional penal, p. 16. Igualmente: Carlos Frederico Coelho Nogueira (*Mandado de segurança contra decisão que assegura à testemunha a ser ouvida em inquérito policial fazer-se acompanhar de advogado*, p. 147). Conforme a previsão feita pelo art. 5.º, II, da Lei 12.016/2009, parece-nos clara a viabilidade de interposição do mandado de segurança diretamente contra a decisão judicial, desde que inexista recurso *com efeito suspensivo*. Entretanto, na prática forense, verifica-se que nenhuma das posições expostas tem sido acolhida pela jurisprudência. O primeiro entendimento – impetrar o mandado de segurança para questionar diretamente a decisão judicial – não tem sido apreciado, porque o Ministério Público dele não se vale, como regra. O segundo entendimento – impetrar o mandado de segurança para dar efeito suspensivo a recurso que não possua, como o recurso em sentido estrito – foi utilizado inúmeras vezes, mas rejeitado pelos tribunais, cujo fundamento lastreava-se na inviabilidade de se reconhecer direito líquido e certo para dar *efeito suspensivo* a qualquer recurso que não preveja esse efeito em lei. Por isso, o STJ editou a Súmula 604: "O mandado de segurança não se presta para atribuir efeito suspensivo a recurso criminal interposto pelo Ministério Público".

7-C. Medida cautelar inominada: para aceitar essa medida, não prevista expressamente em lei, para conceder efeito suspensivo a recurso que não o possua, com o objetivo de impedir a soltura de um indiciado ou acusado, depende do acolhimento da tese de existir o *poder geral de cautela* do juízo criminal, para atuar contra os interesses do réu. Aceitá-lo, termina por assimilar um maior poder instrutório e ativo do magistrado no trâmite processual, o que não nos parece constitua situação incabível, embora se deva admiti-lo como exceção, em certos casos. De todo modo, segundo nos parece, o caminho deveria ser o emprego do mandado de segurança, como expusemos na nota anterior. Reconhecemos, contudo, que a jurisprudência dissente desse entendimento, razão pela qual, evitando-se prejudicar seriamente a atividade persecutória do Estado, que, em situações excepcionais, pode e deve agir para evitar a soltura de indiciado ou réu, somos levados a adequar o nosso entendimento, para apoiar o uso dessa medida, dependendo do caso concreto. Insistir no ajuizamento de mandado de segurança para atingir esse objetivo, indeferindo, sistematicamente, a medida cautelar inominada, não se presta às finalidades urgentes e indispensáveis do processo criminal. Uma vez que se admite a *fungibilidade* dos recursos, quando controverso qual o instrumento a ser utilizado, pode-se acolher a fungibilidade de ações, substituindo o mandado de segurança pela medida cautelar inominada, ainda que aquele pudesse impedir diretamente a soltura enquanto esta teria a meta de conceder efeito suspensivo ao recurso adequado. Em conclusão, defendemos o uso do mandado de segurança para questionar a decisão judicial, contra a qual não caiba recurso com efeito suspensivo; à sua falta, se ajuizada a medida cautelar inominada, pode-se acolhê-la, em situações excepcionais, para evitar um mal maior. Na jurisprudência: STF: "O STF, embora não tenha enfrentado diretamente a matéria, já decidiu que não houve ilegalidade ou teratologia no restabelecimento da prisão preventiva do paciente, operada por desembargadora do TJAM, após o deferimento de pedido liminar formulado em sede de medida cautelar, pelo MP, para suspender a decisão objeto de RESE (que determinava a soltura do réu), com menção à periculosidade do agente no caso concreto" (HC 240515/AM, rel. Ministra Cármen Lúcia, 29/4/2024). STJ: "1. Prevalece nesta Corte o entendimento de que 'é admissível o ajuizamento de ação cautelar inominada para atribuir efeito suspensivo a recurso em sentido estrito interposto pelo Ministério Público contra decisão que determinou a soltura do Acusado' (HC n. 572.583/SP, rel. Ministra Laurita Vaz, Sexta Turma, julgado em 4/8/2020, *DJe* 19/8/2020). 2. No caso, a segregação preventiva encontra-se devidamente motivada, sendo destacada a gravidade concreta da conduta e a periculosidade social do agravante, extraídas do modus operandi do delito, já que, em tese, teria ele praticado crimes de estupro de vulnerável contra múltiplas vítimas, desde o ano de 1996 até 2023, escolhendo vítimas que fazem parte do seu núcleo familiar, conseguindo a confiança dos infantes e de seus pais para com eles ficar sozinho e praticar os atos sexuais. Além disso, verificou-se que o acusado, para obter o silêncio das vítimas, dava-lhes presentes, viagens, passeios, lanches, brinquedos e celulares. 3. É cediço nesta Casa que 'a gravidade concreta da conduta, reveladora do potencial elevado grau de periculosidade do Agente e consubstanciada na alta reprovabilidade do modus operandi empregado na empreitada delitiva, é fundamento idôneo a lastrear a prisão preventiva, com o intuito de preservar a ordem pública' (AgRg no HC n. 687.840/MS, relatora Ministra Laurita Vaz, Sexta Turma, julgado em 13/12/2022, *DJe* de 19/12/2022)" (AgRg no HC n. 906.590/MG, 6ª. T., rel. Antonio Saldanha Palheiro, 9/9/2024, *DJe* de 12/9/2024).

8. Cabimento do mandado de segurança contra ato jurisdicional: a Súmula 267 do Supremo Tribunal Federal preceitua que "não cabe mandado de segurança contra ato judicial passível de recurso ou correição". Embora não revogada expressamente, já foi afastada por inúmeros julgados em todo o País, especialmente em casos teratológicos, isto é, quando aguardar a solução do recurso implicar perecimento de direito. Atualmente, conforme expusemos na nota anterior, parece-nos clara a viabilidade de ingressar com mandado de segurança contra decisão judicial da qual caiba recurso *sem efeito suspensivo* (art. 5.º, II, Lei 12.016/2009).

9. Cabimento do mandado de segurança contra decisão com trânsito em julgado: a Súmula 268 do Supremo Tribunal Federal estipula que "não cabe mandado de segurança contra decisão judicial com trânsito em julgado". Permanecia a divergência doutrinária e jurisprudencial a respeito. Parece-nos, no entanto, desnecessária a utilização do mandado de segurança nesse caso, pois o réu – e somente ele, visto não existir revisão em favor da sociedade – pode valer-se do *habeas corpus* ou de revisão criminal para fazer cessar algum constrangimento ilegal gerado por sentença com trânsito em julgado. De todo modo, o art. 5.º, III, da Lei 12.106/2009, confirma a Súmula 268 e veda a utilização do mandado de segurança contra decisão judicial transitada em julgado.

9-A. Competência para apreciar mandado de segurança no âmbito das infrações de menor potencial ofensivo: parece-nos que as eventuais ilegalidades, não amparadas por *habeas corpus*, cometidas por magistrado atuando no Juizado Especial Criminal, devem ser reparadas através de mandado de segurança impetrado perante a Turma (ou Colégio) Recursal, que é o órgão de 2.º grau. Nesse sentido, conferir o art. 14 da Lei Complementar 851/1998 (Estado de São Paulo), que dispõe sobre o Sistema de Juizados Especiais. Há posição diversa, sustentando que o mandado de segurança deve ser impetrado no Tribunal de Justiça ou Tribunal Regional Federal, uma vez que a Turma Recursal somente poderia conhecer apelação. Nesse sentido, editou-se a Súmula 376 do STJ: "Compete a turma recursal processar e julgar o mandado de segurança contra ato de juizado especial". Consultar, ainda, a nota 37-A ao art. 650, que diz respeito ao *habeas corpus*, outra ação constitucional com o mesmo perfil do mandado de segurança.

9-B. Mandado de segurança contra decisão tomada por Turma Recursal: consultar a nota 30 ao art. 650.

10. Admissibilidade de liminar: assim como no *habeas corpus*, também no mandado de segurança, como medida cautelar indispensável para certos casos, é cabível a concessão de liminar. Exige-se, para tanto, a constatação do *periculum in mora* (perigo na demora) e do *fumus boni juris* (fumaça do bom direito). Na realidade, para que o juiz ou tribunal conceda, liminarmente, uma ordem para coibir o ato impugnado pelo mandado de segurança, torna-se fundamental analisar se a espera pelo julgamento do mérito poderá ser fatal, isto é, não decidida a questão com a urgência merecida e vislumbrando-se, desde logo, a viabilidade jurídica do pedido, seria inútil o prosseguimento da demanda ou traria prejuízos irreparáveis. Exemplo: se o Ministério Público ingressa com mandado de segurança, buscando evitar que um perigoso traficante seja colocado em liberdade, requer, liminarmente, a suspensão da decisão judicial, afinal, se cumprida, poderá tornar inútil o propósito da ação. Ver, também, a nota 61 *infra*.

11. Sujeitos ativo e passivo no mandado de segurança: o sujeito ativo é a pessoa que sofre o constrangimento legal, não referente à liberdade de locomoção, podendo ser física ou jurídica. Deve estar representada por advogado, diversamente do que ocorre com o *habeas corpus*. Se o impetrante for o próprio advogado, em defesa de prerrogativa profissional, por exemplo, pode fazê-lo em causa própria. O sujeito passivo é o Estado, representado pela autoridade pública, não se admitindo seja impetrado contra particulares em geral, exceto quando estes exerçam atividade delegada do Poder Público, diante do expresso texto constitucional: "Conceder-se-á mandado de segurança para proteger direito líquido e certo, não amparado por *habeas corpus* ou *habeas data*, quando o responsável pela ilegalidade ou abuso de poder for autoridade pública ou agente de pessoa jurídica no exercício de atribuições do Poder Público" (art. 5.º, LXIX, CF). Portanto, o polo passivo, no mandado de segurança, é ocupado, como regra, por uma pessoa jurídica de direito público. Tanto é verdade que, ao despachar a inicial,

Código de Processo Penal Comentado · Nucci

o juiz ordenará "que se dê ciência do feito ao órgão de representação judicial da pessoa jurídica interessada, enviando-lhe cópia da inicial sem documentos, para que, querendo, ingresse no feito" (art. 7.º, II, Lei 12.016/2009). No caso, se o ato abusivo partir de um juiz, o sujeito passivo é, na realidade, o juízo. Deve haver, sempre, a citação da parte interessada, quando se trata de *writ* contra ato jurisdicional, para contrariar, querendo, o mandado de segurança impetrado, já que pode haver prejuízo a interesse seu, formando-se um litisconsórcio passivo entre o Estado e a parte. Nesse sentido, confira-se a Súmula 701 do STF: "No mandado de segurança impetrado pelo Ministério Público contra decisão proferida em processo penal, é obrigatória a citação do réu como litisconsorte passivo".

12. Natureza jurídica do mandado de segurança em matéria criminal: não se trata de recurso, mas de ação constitucional, outro dos remédios previstos na Constituição Federal como garantia individual fundamental, assim como o *habeas corpus*. Na maior parte dos casos de impetração, em questões criminais, tem por finalidade combater ato jurisdicional, cujo prejuízo à parte é evidente, justamente pela falta de recurso apto e célere ou porque este não possui efeito suspensivo, implicando perecimento de direito.

13. Aspectos importantes do processamento: *a) petição inicial:* recebida a inicial, acompanhada dos documentos necessários, sempre em duas vias, decidido o pedido de concessão de liminar (se existente), determina-se a colheita de informações da autoridade apontada como coatora (para quem se destina uma das vias da inicial e dos documentos). Esta, como representante da pessoa jurídica, prestará os informes necessários, justificando a medida que tomou. Ressalte-se que a notificação feita para a obtenção das informações vale como citação da pessoa jurídica de direito público, embora o art. 7.º, II, da Lei 12.016/2009, agora deixe claro ser necessário cientificar a pessoa jurídica interessada. Em matéria penal, não há valor da causa preciso; *b) direito líquido e certo:* impetra-se mandado de segurança para assegurar o respeito a direito líquido e certo, aquele que pode ser comprovado, de plano, pela apresentação de documentos, não comportando valoração subjetiva de provas. Aliás, é inadmissível a dilação probatória, ouvindo-se, por exemplo, testemunhas. Nada impede, no entanto, a requisição de algum documento importante ou a juntada, pelo próprio impetrante, após o oferecimento da inicial; *c) prazo para ajuizamento:* o prazo decadencial para a impetração, contado da data em que o interessado tomar conhecimento do ato abusivo, é de 120 dias. Em matéria penal, dada a urgência que o caso sempre requer, dificilmente a parte aguardaria tanto tempo para a propositura; *d) custas, despesas e honorários:* prevalece, ainda, o entendimento de que não há condenação em honorários advocatícios (Súmula 512 do STF), confirmada a posição pelo art. 25 da Lei 12.016/2009. Arcará com as custas e despesas processuais a parte perdedora; *e) efeitos da sentença sobre a liminar:* ao final, concedida a ordem, se anteriormente foi deferida a liminar, fica esta absorvida pela decisão de mérito. Caso seja denegada, por óbvio, a liminar perde o efeito (Súmula 405, STF); *f) participação do Ministério Público:* na esfera cível, o Ministério Público deve ser ouvido sempre, como *custos legis* (fiscal da lei), conforme dispõe o art. 12 da Lei 12.016/2009. Na área criminal, depende. Se o réu impetrar mandado de segurança contra ato do delegado, por exemplo, caberá o julgamento ao juiz e será ouvido, como litisconsorte necessário, o órgão acusatório. Sendo este o Ministério Público, não tem sentido ser ele ouvido, novamente, como *custos legis*. Se a acusação for promovida pelo ofendido, no entanto, ouve-se este, como litisconsorte necessário, e o representante do Ministério Público, como *custos legis*. Quando o réu ajuizar mandado de segurança no Tribunal, contra ato do juiz, será ouvida a Procuradoria-Geral de Justiça (ou Procuradoria-Geral da República, se na área federal), que atuará como *custos legis*. Não há necessidade de ser litisconsorte o representante do Ministério Público de primeiro grau. Se o autor do mandado de segurança for o promotor ou procurador da República, contra ato do juiz, dá-se o mesmo: será ouvida a Procuradoria, como *custos legis*; *g) recursos cabíveis:* denegado ou concedido o mandado de segurança pelo juiz (quando impetrado, por exemplo, contra delegado), cabe apelação da parte interessada. Denegado o mandado de segurança pelo Tribunal de Justiça ou pelo Tribunal Regional Federal, cabe o recurso ordinário constitucional para o STJ (art. 105, II, *b*, CF). Se a denegação couber ao Superior Tribunal de Justiça, ingressa-se com recurso ordinário constitucional dirigido ao Supremo Tribunal Federal (art. 102, II, *a*, CF). Concedida a ordem pelo Tribunal, não cabe recurso, exceto as hipóteses excepcionais do recurso especial ou extraordinário.

13-A. Utilização do mandado de segurança pelo indiciado ou acusado – quebra de sigilo fiscal, bancário e telefônico: como regra, tem ele à sua disposição, para combater vários tipos de coação ou constrangimento ilegal, o *habeas corpus*. Entretanto, este, como se sabe, deve ser impetrado para a defesa de direito ligado, direta ou indiretamente, à liberdade de ir e vir. Assim não sendo, melhor usar o mandado de segurança. É o que ocorre no caso de quebra indevida de sigilo fiscal, bancário ou telefônico. Trata-se, pois, de nítido caso para a utilização do princípio da fungibilidade dos recursos, ou seja, tanto faz a ação de impugnação utilizada pelo interessado para combater a indevida quebra do sigilo fiscal, bancário ou telefônico, pois o importante é o conhecimento pelo tribunal.

13-B. Validade da quebra dos sigilos bancário, fiscal e de dados telefônicos, por decisão de CPI: é jurisprudência pacífica no Supremo Tribunal Federal, em nosso entendimento com acerto, ser viável à Comissão Parlamentar de Inquérito, com poderes investigatórios típicos de autoridade judiciária (art. 58, § 3.º, CF), determinar a violação dos sigilos bancário, fiscal e de dados telefônicos de investigados. Deve fazê-lo, no entanto, de modo fundamentado. Não pode atuar a CPI, no entanto, no campo denominado de *reserva de jurisdição*, ou seja, quando a Constituição Federal expressamente atribui ao Judiciário a possibilidade de cercear algum direito individual, como, por exemplo, decretar a prisão de alguém ou a interceptação telefônica.

> **Art. 647.** Dar-se-á *habeas corpus* sempre que alguém sofrer ou se achar na iminência[1-14-A] de sofrer violência ou coação ilegal na sua liberdade de ir e vir,[14-B-14-F] salvo nos casos de punição[15-17] disciplinar.[18-20-B]

14. Iminência: o estado de *iminência* representa algo muito próximo, que está em vias de acontecer, não sendo termo condizente com o alargamento da utilização do *habeas corpus* para fazer cessar ilegalidades, que estão por ocorrer. Assim, deve-se estender o seu significado para envolver qualquer tipo de constrangimento ainda não praticado, mesmo que seja mais distante do que a *iminência* propriamente dita faz supor. Note-se que o art. 5.º, LXVIII, da Constituição não o utilizou para caracterizar a ameaça de sofrimento de violência ou coação à liberdade, de modo que não cabe à lei restringir o direito constitucionalmente assegurado.

14-A. Exigência de direito líquido e certo: embora nem a lei nem a Constituição prevejam expressamente que a utilização do *habeas corpus* demande a existência de direito líquido e certo, tal postura restou consagrada doutrinária e jurisprudencialmente, não admitida, como regra, qualquer dilação probatória (ver nota 72 ao art. 660). Conferir em Pontes de Miranda: "Direito líquido e certo é aquele que não desperta dúvidas, que está isento de obscuridades, que não precisa ser aclarado com o exame de provas em dilações, que é de si mesmo concludente e inconcusso" (*História e prática do habeas corpus – Direito constitucional e processual comparado*, p. 327). Exigindo igualmente a constatação de direito líquido e certo: Galdino Siqueira, *Curso de processo criminal*, p. 390. Ver, ainda, a nota 72 ao art. 660. Na jurisprudência: STJ: "4. O *habeas corpus*, ação constitucional de natureza mandamental destinada

Art. 647

a afastar eventual ameaça ao direito de ir e vir, exige, em razão de seu caráter urgente, prova pré-constituída das alegações, não comportando dilação probatória" (AgRg no HC 589.315-SP, 5.ª T., rel. João Otávio de Noronha, 06.10.2020, v.u.); "Ação constitucional de natureza mandamental, o *habeas corpus* tem como escopo precípuo afastar eventual ameaça ao direito de ir e vir, cuja natureza urgente exige prova pré-constituída das alegações, não comportando dilação probatória. É cogente ao impetrante apresentar elementos documentais suficientes para se permitir a aferição da alegada existência de constrangimento ilegal no ato atacado na impetração" (EDcl no RHC 119.920-RN, 6.ª T., rel. Rogerio Schietti Cruz, 26.11.2019, v.u.).

14-B. Liberdade de ir e vir: não se esgota o *habeas corpus* na proteção da liberdade de ir e vir, pois há também o direito de ficar e o de reunir-se pacificamente, não deixando de ser um desdobramento do direito de locomoção. É o conteúdo do art. 5.º da Constituição Federal: "Todos são iguais perante a lei, sem distinção de qualquer natureza, garantindo-se aos brasileiros e aos estrangeiros residentes no País a inviolabilidade do direito à vida, à liberdade, à igualdade, à segurança e à propriedade, nos termos seguintes: (...) XVI – todos podem reunir-se pacificamente, sem armas, em locais abertos ao público, independentemente de autorização, desde que não frustrem outra reunião anteriormente convocada para o mesmo local, sendo apenas exigido prévio aviso à autoridade competente". Vale citar o *habeas corpus* preventivo impetrado por Artur Pinto da Rocha em favor do Senador Rui Barbosa, candidato à Presidência da República, bem como o de correligionários ameaçados, por abuso de autoridades estaduais da Bahia, em função de seu direito de reunião e livre manifestação do pensamento. O *habeas corpus* teve por finalidade permitir que os pacientes pudessem se reunir nas ruas, praças, teatros ou recintos, em comício em prol da candidatura de Rui Barbosa. A ordem foi concedida, por unanimidade, pelo Supremo Tribunal Federal, reconhecendo o direito de qualquer indivíduo de "permanecer em qualquer lugar, à sua escolha, desde que seja franqueado ao público; o de ir de qualquer parte para esse lugar e também o de vir, para ele, também, de qualquer outro ponto" (STF, HC 4.781, rel. Edmundo Lins, 05.04.1919, v.u., *Revista Forense*, v. XXXI, p. 212-216).

14-C. *Habeas corpus* e exame de mérito: incompatibilidade. A ação de impugnação (*habeas corpus*) não se destina a analisar o mérito de uma condenação ou a empreender um exame acurado e minucioso das provas constantes dos autos. É medida urgente, para fazer cessar uma coação ou abuso à liberdade de ir, vir e ficar. Nesse sentido: STF: "É cediço que a via estreita do *habeas corpus* não comporta reexame de fatos e provas para alcançar a absolvição, consoante remansosa jurisprudência desta Corte: HC 105.022 – DF, rel. Cármen Lúcia, 1.ª T., *DJe* 09.05.2011; HC 102.926 – MS, rel. Luiz Fux, 1.ª T., *DJe* 10.05.2011; HC 101.588 – SP, rel. Dias Toffoli, 1.ª T., *DJe* 01.06.2010; HC 100.234 – SP, rel. Joaquim Barbosa, 2.ª T., *DJe* 01.02.2011; HC 90.922, rel. Cezar Peluso, 2.ª T., *DJe* 18.12.2009; e RHC 84.901, rel. Cezar Peluso, 2.ª T., *DJe* 07.08.2009" (HC 108.181/RS, 1.ª T., rel. Luiz Fux, 21.08.2012, v.u.).

14-D. *Habeas corpus* e dosimetria da pena: incompatibilidade, como regra. Em primeiro lugar, é preciso salientar que a aplicação da pena constitui parte do mérito da decisão condenatória. Assim sendo, se o *habeas corpus* não é o meio indicado para se discutir o mérito da demanda, avaliando provas e decidindo se o acusado é culpado ou inocente, também não deve analisar a fixação da pena. Entretanto, há casos de patente e visível ilegalidade, se o julgador extravasar os ditames legais para individualizar a pena. Na hipótese de a sentença, por conter ilegalidade patente no cenário da pena, prejudicar a liberdade de locomoção do réu, o *habeas corpus* é o meio correto para sanar o erro. Ilustrando, o magistrado aplica pena superior ao previsto em lei e, por conta disso, institui o regime fechado, impedindo o acusado de recorrer em liberdade. A solução é a impetração do *habeas corpus* para, no mínimo, permitir que o réu aguarde, livre, o julgamento de seu recurso. Dependendo do caso concreto,

Art. 647

Título II – Dos Recursos em Geral — 1155

pode-se, pela via do *writ*, conceder a ordem para anular a decisão, determinando que o juiz profira outra, mantendo o acusado em liberdade.

14-E. *Habeas corpus* e superveniência de sentença: a custódia cautelar, no processo penal, pode ser decretada em várias fases da persecução. Porém, a base é sempre a mesma: os requisitos da prisão preventiva, previstos no art. 312 do CPP. Assim sendo, se o réu está preso cautelarmente, desde o recebimento da denúncia, impetrando *habeas corpus* para questionar a referida segregação provisória, a ação deve ser conhecida e seu mérito apreciado até o trânsito em julgado da decisão condenatória. Portanto, o advento da sentença condenatória não *prejudica* o *habeas corpus*. Na jurisprudência: STF: "Não fica prejudicado *habeas corpus* impetrado contra decreto de prisão cautelar, se superveniente sentença condenatória que utiliza os mesmos fundamentos para manter a custódia do réu. Com base nessa orientação, a 2.ª Turma não conheceu da impetração – em virtude de a matéria de fundo não ter sido apreciada pelo STJ –, mas concedeu a ordem de ofício para determinar que o STJ prossiga no julgamento de *habeas corpus* lá impetrado. No caso, aquela Corte assentara o prejuízo do *writ*, haja vista a superveniência de sentença condenatória, a implicar a substituição do título prisional" (HC 119.396/ES, 2.ª T., rel. Cármen Lúcia, 04.02.2014).

14-F. *Habeas corpus* coletivo: vínhamos sustentando o não cabimento dessa espécie de ação constitucional, prevista no art. 5.º, LXVIII, da Constituição Federal ("conceder-se-á *habeas corpus* sempre que alguém sofrer ou se achar ameaçado de sofrer violência ou coação em sua liberdade de locomoção, por ilegalidade ou abuso de poder"), pois o seu principal fundamento é evitar qualquer constrangimento à liberdade de locomoção de uma pessoa, com origem em ilegalidade praticada por autoridade; por isso, demandaria condições específicas, apontando exatamente qual seria o prejuízo sofrido e qual o autor da coação. Seria muito complexo avaliar *coletivamente* uma situação de constrangimento ilegal à liberdade de locomoção. Por outro lado, não haveria expressa disposição legal a respeito, tal como existe para o mandado de segurança, neste caso, inclusive, diretamente na Constituição Federal (art. 5.º, LXIX e LXX, este último inciso cuida do mandado de segurança coletivo). Por derradeiro, cuidando-se de remédio para a correção de abusos, o seu caráter de celeridade exige a prova pré-constituída, a ser apresentada na inicial do pedido. Todos esses pontos dificultariam o entendimento de ser viável um *habeas corpus* coletivo. Porém, o STF, em 20 de fevereiro de 2018, mesmo reconhecendo esses obstáculos, em decisão inédita, houve por bem conceder a ordem coletiva para determinar a substituição da prisão preventiva pela domiciliar – em verdade, fazer com que a segregação cautelar fosse cumprida em domicílio, em lugar de um presídio – das mulheres presas, quando gestantes, puérperas ou mães de crianças e deficientes, abrangendo adolescentes sujeitas a medidas socioeducativas em idêntica situação. Foram excetuados os casos de crimes cometidos por elas mediante violência ou grave ameaça, bem como contra seus descendentes e, ainda, em *situações excepcionalíssimas*, sempre com a devida fundamentação feita pelos juízes ao negarem o benefício da prisão domiciliar. Possibilitou-se, também, a cumulação desta modalidade de prisão com as medidas cautelares previstas pelo art. 319 do CPP. Para cumprir a ordem coletiva, determinou-se a sua comunicação aos Presidentes dos Tribunais Estaduais e Federais, incluindo a Justiça Militar Estadual e Federal. Apontou-se que o objetivo da decisão era justamente alcançar todas as pessoas presas com dificuldade de acesso à justiça, o que não impediria, por certo, a provocação por meio de advogado. Indicou-se que o descumprimento da ordem coletiva deveria ser impugnado por meio de recurso e não de reclamação. Vislumbra-se o interesse dos Tribunais Superiores em resguardar a liberdade de locomoção dos mais vulneráveis, visto que muitos deles, quando estão presos, embora formalmente tenham acesso a advogado, ainda que dativo, ou mesmo à Defensoria, há nítida insuficiência de operadores do direito para atender ao volume de

Art. 647

Código de Processo Penal Comentado · **Nucci**

pessoas detidas. Por outro lado, observa-se, concretamente, o excessivo montante de processos em andamento diante de um número limitado de magistrados para apreciar, por via célere, todos os benefícios cabíveis aos presos. Portanto, guardar o *habeas corpus* para uso individual é desconhecer a realidade brasileira, razão pela qual foi preciso inovar para permitir mais eficiência da Justiça como um todo. Após essa decisão da 2.ª Turma do Supremo Tribunal Federal, outras foram proferidas. A 6.ª Turma do Superior Tribunal de Justiça, em 8 de setembro de 2020, concedeu *habeas corpus* coletivo para o fim de fixar o regime aberto a todos os presos condenados por tráfico privilegiado à pena de 1 ano e 8 meses em regime fechado, no Estado de São Paulo. Além disso, que a situação dos presos condenados por tráfico privilegiado a penas menores do que 4 anos sejam revistas pelos juízes das execuções penais, verificando a possibilidade de progressão ao regime aberto em face de eventual detração penal, advinda do período em que tiverem permanecido presos. Acrescentou-se medida preventiva aos que vierem a ser condenados por tráfico privilegiado, em situação idêntica – penas inferiores a 4 anos – que não recebam regime fechado (HC 596.603-SP, rel. Rogério Schietti Cruz, v.u.). A 3.ª Seção do Superior Tribunal de Justiça concedeu *habeas corpus* coletivo, em 14 de outubro de 2020, para o fim de determinar a soltura, independentemente do pagamento de fiança, em favor dos que estiverem presos porque não pagaram a fiança estabelecida, ao ser deferida liberdade provisória condicionada ao referido pagamento, no Estado do Espírito Santo, estendida a outros casos similares em todo território nacional (HC 568.693-ES, rel. Sebastião Reis Júnior, v.u.). A 2.ª Turma do Supremo Tribunal Federal, em 21 de outubro de 2020, concedeu ordem de *habeas corpus* coletivo para determinar a substituição da prisão preventiva de pais e responsáveis por crianças e pessoas deficientes por prisão domiciliar, quando ficar demonstrado que o preso é o único responsável pelos cuidados do menor de 12 anos ou pessoa com deficiência; pode-se conceder a outros presos, que não sejam a mãe ou o pai, desde que se demonstre ser imprescindível aos cuidados de pessoas menor de 6 anos ou com deficiência. Vedou-se a substituição nos casos de delitos praticados mediante violência ou grave ameaça ou contra os próprios filhos ou dependentes (HC 165.704-DF, 2.ª T., rel. Gilmar Mendes, v.u.). Diante desses quatro casos, tem início uma nova era na interpretação do *habeas corpus*, admitindo-se o coletivo. Parece-nos correta a postura adotada pelos Tribunais Superiores, em decorrência da realidade apresentada pelo caótico sistema carcerário existente no Brasil, sendo impossível a vários presos, considerados vulneráveis ou em situação de vulnerabilidade, acessarem, de maneira célere, o juízo da condenação ou da execução da pena. Sob outro prisma, certas decisões tomadas pelo STF ou pelo STJ, consolidando jurisprudência favorável ao acusado, não vêm sendo aplicadas por tribunais estaduais; desse modo, vários presos terminam não se beneficiando desse cenário porque não conseguem atingir os Tribunais Superiores, por carência de defensores aptos a isso. O quadro desses desvios somados terminou levando as cortes a adotar o instrumento do *habeas corpus* coletivo, valendo-se de analogia a outros institutos, tais como o mandado de segurança e o mandado de injunção coletivos. Na jurisprudência: STF: "I – Existência de relações sociais massificadas e burocratizadas, cujos problemas estão a exigir soluções a partir de remédios processuais coletivos, especialmente para coibir ou prevenir lesões a direitos de grupos vulneráveis. II – Conhecimento do writ coletivo homenageia nossa tradição jurídica de conferir a maior amplitude possível ao remédio heroico, conhecida como doutrina brasileira do *habeas corpus*. III – Entendimento que se amolda ao disposto no art. 654, § 2.º, do Código de Processo Penal – CPP, o qual outorga aos juízes e tribunais competência para expedir, de ofício, ordem de *habeas corpus*, quando no curso de processo, verificarem que alguém sofre ou está na iminência de sofrer coação ilegal. IV – Compreensão que se harmoniza também com o previsto no art. 580 do CPP, que faculta a extensão da ordem a todos que se encontram na mesma situação processual. V – Tramitação de mais de 100 milhões de processos no Poder

Judiciário, a cargo de pouco mais de 16 mil juízes, a qual exige que o STF prestigie remédios processuais de natureza coletiva para emprestar a máxima eficácia ao mandamento constitucional da razoável duração do processo e ao princípio universal da efetividade da prestação jurisdicional VI – A legitimidade ativa do *habeas corpus* coletivo, a princípio, deve ser reservada àqueles listados no art. 12 da Lei 13.300/2016, por analogia ao que dispõe a legislação referente ao mandado de injunção coletivo. VII – Comprovação nos autos de existência de situação estrutural em que mulheres grávidas e mães de crianças (entendido o vocábulo aqui em seu sentido legal, como a pessoa de até doze anos de idade incompletos, nos termos do art. 2.º do Estatuto da Criança e do Adolescente – ECA) estão, de fato, cumprindo prisão preventiva em situação degradante, privadas de cuidados médicos pré-natais e pós-parto, inexistindo, outrossim berçários e creches para seus filhos. VIII – 'Cultura do encarceramento' que se evidencia pela exagerada e irrazoável imposição de prisões provisórias a mulheres pobres e vulneráveis, em decorrência de excessos na interpretação e aplicação da lei penal, bem assim da processual penal, mesmo diante da existência de outras soluções, de caráter humanitário, abrigadas no ordenamento jurídico vigente. IX – Quadro fático especialmente inquietante que se revela pela incapacidade de o Estado brasileiro garantir cuidados mínimos relativos à maternidade até mesmo às mulheres que não estão em situação prisional, como comprova o 'caso Alyne Pimentel', julgado pelo Comitê para a Eliminação de todas as Formas de Discriminação contra a Mulher das Nações Unidas. X – Tanto o Objetivo de Desenvolvimento do Milênio n.º 5 (melhorar a saúde materna) quanto o Objetivo de Desenvolvimento Sustentável n.º 5 (alcançar a igualdade de gênero e empoderar todas as mulheres e meninas), ambos da Organização das Nações Unidas, ao tutelarem a saúde reprodutiva das pessoas do gênero feminino, corroboram o pleito formulado na impetração. X – Incidência de amplo regramento internacional relativo a Direitos Humanos, em especial das Regras de Bangkok, segundo as quais deve ser priorizada solução judicial que facilite a utilização de alternativas penais ao encarceramento, principalmente para as hipóteses em que ainda não haja decisão condenatória transitada em julgado. XI – Cuidados com a mulher presa que se direcionam não só a ela, mas igualmente aos seus filhos, os quais sofrem injustamente as consequências da prisão, em flagrante contrariedade ao art. 227 da Constituição, cujo teor determina que se dê prioridade absoluta à concretização dos direitos destes. XII – Quadro descrito nos autos que exige o estrito cumprimento do Estatuto da Primeira Infância, em especial da nova redação por ele conferida ao art. 318, IV e V, do Código de Processo Penal. XIII – Acolhimento do *writ* que se impõe de modo a superar tanto a arbitrariedade judicial quanto a sistemática exclusão de direitos de grupos hipossuficientes, típica de sistemas jurídicos que não dispõem de soluções coletivas para problemas estruturais. XIV – Ordem concedida para determinar a substituição da prisão preventiva pela domiciliar – sem prejuízo da aplicação concomitante das medidas alternativas previstas no art. 319 do CPP – de todas as mulheres presas, gestantes, puérperas ou mães de crianças e deficientes, nos termos do art. 2.º do ECA e da Convenção sobre Direitos das Pessoas com Deficiências (Decreto Legislativo 186/2008 e Lei 13.146/2015), relacionadas neste processo pelo DEPEN e outras autoridades estaduais, enquanto perdurar tal condição, excetuados os casos de crimes praticados por elas mediante violência ou grave ameaça, contra seus descendentes ou, ainda, em situações excepcionalíssimas, as quais deverão ser devidamente fundamentadas pelos juízes que denegarem o benefício. XV – Extensão da ordem de ofício a todas as demais mulheres presas, gestantes, puérperas ou mães de crianças e de pessoas com deficiência, bem assim às adolescentes sujeitas a medidas socioeducativas em idêntica situação no território nacional, observadas as restrições acima" (HC 143.641-SP, 2.ª T., rel. Ricardo Lewandowski, 20.02.2018, v.u.).

15. Punição disciplinar militar: não cabe *habeas corpus*, quando não envolver a liberdade de ir e vir (caso envolva, em algumas situações, torna-se viável, conforme exposto na

Art. 647

Código de Processo Penal Comentado · Nucci   1158

nota 16 *infra*). Há necessidade, primeiramente, de ser esgotada a instância administrativa. É o disposto no art. 142, § 2.º, da Constituição Federal. Depois disso, se deve ou não ser mantida a sanção aplicada, trata-se de matéria administrativa comum a ser julgada pelo órgão jurisdicional competente, que é a Justiça Militar (art. 125, §§ 4.º e 5.º, CF). Ver, complementando o tema, a nota 17 *infra*.

16. Prisão disciplinar militar: trata-se de uma das hipóteses de punição disciplinar. Logo, quando se tratar de punição não relacionada à prisão processual, é natural que o *habeas corpus* não seja meio adequado para impugná-la. Mas, ainda que haja restrição à liberdade de ir e vir, como regra, ele não deve ser o caminho indicado para a soltura do detido, devendo este ingressar na esfera administrativa com o recurso cabível. Entretanto, é de ser admitido o *habeas corpus*, em situações excepcionais. Sobre o tema, expressa-se Antonio Magalhães Gomes Filho: "Esse único caso de *impossibilidade* do pedido de *habeas corpus* é justificado pelos princípios de hierarquia e disciplina inseparáveis das organizações militares, evitando que as punições aplicadas pelos superiores possam ser objeto de impugnação e discussão pelos subordinados". Mas ressalta que a proibição não é absoluta, devendo ser admitido *habeas corpus* nos seguintes casos: incompetência da autoridade, falta de previsão legal para a punição, inobservância das formalidades legais ou excesso de prazo de duração da medida restritiva da liberdade. E argumenta ainda que não poderia haver proibição no capítulo reservado às Forças Armadas, pois seria uma limitação à proteção de um *direito fundamental* (liberdade de locomoção). Os direitos e garantias fundamentais têm hierarquia diferenciada, até porque tem a garantia da *eternidade* (art. 60, § 4.º, IV) (*O habeas corpus como instrumento de proteção do direito à liberdade de locomoção*, p. 66-67). Parece-nos correta essa visão, com a ressalva de que a utilização do *habeas corpus* contra a prisão disciplinar militar somente pode dar-se em casos teratológicos, como os apontados antes, jamais questionando-se a conveniência e oportunidade da medida constritiva à liberdade. Anote-se o mesmo posicionamento de Gilberto Nonaka, *Habeas corpus e Justiça Militar Estadual*, p. 251-252.

17. Revisão dos atos administrativos disciplinares contra militares: deve haver ação própria na Justiça Militar, Estadual ou Federal, conforme o caso (art. 125, §§ 4.º e 5.º, CF). Não há nenhuma ofensa a direito individual, quando se impõe o prévio esgotamento da via administrativa. Nessa ótica, editou-se a Súmula 694 do STF: "Não cabe *habeas corpus* contra a imposição da pena de exclusão de militar ou de perda de patente ou de função pública".

18. Prova ilícita, condenação e análise por *habeas corpus*: é via inadequada, pois há necessidade de uma ampla visão de conjunto, possível apenas quando há instrução e produção de várias provas.

18-A. *Habeas corpus* para discutir a concessão de *sursis*: não é meio adequado, pois a suspensão condicional da pena possui requisitos objetivos e subjetivos, que merecem análise detida feita pelo magistrado. Especialmente quanto aos aspectos subjetivos, não cabe a avaliação do seu cabimento em *habeas corpus*. Ademais, a concessão ou não do *sursis* sempre comporta recurso.

18-B. *Habeas corpus* para questionar a aplicação da pena de multa: tendo em vista que a multa passou a ser considerada dívida de valor, quando transitada em julgado a sentença condenatória, devendo ser executada como se fosse dívida ativa da Fazenda Pública (art. 51, CP), não mais pode haver sua conversão em privação de liberdade. Logo, o não pagamento da multa jamais pode significar a perda da liberdade e, via de consequência, não cabe *habeas corpus* para questionar a sua aplicação. É o teor da Súmula 693 do STF: "Não cabe *habeas corpus* contra decisão condenatória a pena de multa, ou relativo a processo em curso por infração penal a que a pena pecuniária seja a única cominada".

Art. 647

18-C. *Habeas corpus* para confrontar processo suspenso: não vemos qualquer incompatibilidade para o ingresso de *habeas corpus* contra processo suspenso em razão do benefício previsto no art. 89 da Lei 9.099/1995. O denunciado pode aceitar a suspensão condicional do processo, por reputar mais favorável naquele momento, mas resolver discutir fatores relevantes, como a materialidade do delito, em *habeas corpus*. Se este for concedido, *tranca-se* a ação, finalizando, de imediato, a suspensão condicional do processo, que não deixa de ser um gravame ao beneficiário, pois há regras a respeitar.

18-D. *Habeas corpus* para questionar a realização de audiência preliminar: na mesma ótica desenvolvida na nota anterior, não encontramos óbice para impedir o ingresso de *habeas corpus* contra a designação de audiência preliminar (art. 72, Lei 9.099/1995). Esta, certamente, pode implicar transação, logo, restrição a qualquer direito ou ao pagamento de multa. Porventura, pode tratar-se, ilustrando, de fato atípico. Assim, para não perder a oportunidade e por não pretender se submeter ao constrangimento de comparecer à audiência, onde se vai discutir a mencionada transação, a pessoa apontada como autora no termo circunstanciado tem o direito de, por meio de *habeas corpus*, apresentar suas razões para a não realização do ato processual. Lembremos, afinal, que, não obtida a transação, haverá, possivelmente, o prosseguimento da ação (art. 77, Lei 9.099/1995).

19. Interesse de agir: como em qualquer outra ação, é preciso que o impetrante evidencie, na petição inicial, o seu interesse de agir, beneficiando de alguma forma o paciente – que pode ser o próprio impetrante ou terceira pessoa. Assim, caso um processo já tenha sido anulado pelo próprio juiz, ao reconhecer a ocorrência de uma nulidade absoluta, estando em pleno refazimento da instrução, não cabe o julgamento de *habeas corpus* que tenha por finalidade justamente isso. Não há, na hipótese, interesse de agir. Ver, ainda, o disposto no art. 659 do CPP e as notas 50 e 51 ao art. 654.

20. Existência de recurso legal para impugnar a decisão considerada abusiva: não impede a utilização do *habeas corpus*, tendo em vista que este é, seguramente, meio mais ágil para fazer cessar qualquer constrição à liberdade de ir e vir. Não se admite, no entanto, o *habeas corpus*, quando envolver exame aprofundado das provas, como ocorre no caso de progressão de regime de réu condenado, por exigir a análise de laudos e colheita de vários pareceres. Nesta última hipótese, somente cabe a impetração e conhecimento do *writ*, quando a decisão de indeferimento do juiz é considerada teratológica, pois todos os exames foram feitos e todos os pareceres favoráveis já constam dos autos.

20-A. A decisão do juiz, o pedido de reconsideração e a impetração do *habeas corpus* no Tribunal: proferida qualquer decisão judicial, que implique prejuízo à liberdade de locomoção do indiciado ou acusado, direta ou indireta, torna-se perfeitamente admissível a impetração da ação de *habeas corpus* perante o tribunal competente. Não se exige que a parte apresente ao magistrado, autor da ordem geradora do constrangimento ilegal, qualquer pedido de reconsideração. O juiz se transforma, automaticamente, em autoridade coatora ao proferir decisão ou encampar decisão alheia de prisão do acusado. Exemplificando, ao receber o auto de prisão em flagrante, cabe ao magistrado quatro decisões viáveis: a) relaxar o flagrante, caso este seja considerado ilegal, soltando o indiciado sem a imposição de qualquer condição; b) converter a prisão em flagrante em preventiva, se estiverem presentes os requisitos do art. 312 do CPP; c) considerando legal o flagrante e não sendo o caso de preventiva, pode conceder liberdade provisória, arbitrando fiança; d) considerando legal o flagrante, mas se tratando de crime inafiançável (ou de preso pobre), pode conceder liberdade provisória sem fiança, impondo condições ou outras medidas cautelares. Imagine-se que o juiz optou por converter a prisão em flagrante em preventiva. Emitida tal decisão, o indiciado teve sua liberdade cerceada

Art. 647-A

Código de Processo Penal Comentado · **Nucci**

por *ordem judicial*, podendo, de pronto, impetrar *habeas corpus* em instância superior. Nenhuma lei lhe impõe, como pré-requisito para tanto, pedir ao magistrado de primeiro grau a reconsideração de sua decisão, com a revogação da preventiva. Aliás, se o juiz converteu o flagrante em preventiva, torna-se integralmente incabível um pleito de *liberdade provisória* ao juízo de primeira instância. Note-se que a liberdade provisória somente é admissível aos casos de flagrante *não transformados em preventiva*. Diante disso, a despeito de doutas opiniões em sentido contrário, inexiste supressão de instância, quando o indiciado ou acusado dirige-se diretamente ao Tribunal, ajuizando ação de *habeas corpus* contra decisão judicial de decretação da sua prisão cautelar, *mesmo que não peça a reconsideração* em primeiro grau. Exigir que o preso se dirija ao magistrado coator para pleitear a revogação do ato que ele acabou de decretar significa provocar dilação indevida da prisão cautelar. Assim sendo, se o Tribunal *não conhecer* do *habeas corpus*, afirmando que o prejudicado pela prisão deixou de pedir ao juiz de primeiro grau a sua soltura, torna-se o colegiado autoridade coatora, pois se recusa a analisar pedido legitimamente apresentado. Legitima-se, o acusado, a impetrar *habeas corpus* junto ao Superior Tribunal de Justiça. Outro ponto polêmico seria: pode o STJ conhecer do pedido quanto ao mérito da prisão ou determinar que o tribunal de segundo grau conheça e decida o pedido? Parece-nos que, nesta hipótese, porque o Tribunal de Justiça (ou Regional Federal) deixou de se pronunciar, deve o STJ determinar que o faça. No entanto, se esse atraso no julgamento estiver prejudicando sobremaneira o acusado, pensamos ser cabível a concessão de liminar pelo relator do HC no STJ, a fim de que o impetrante aguarde solto o julgamento de sua demanda.

20-B. Natureza jurídica da sentença concessiva de *habeas corpus*: é mandamental, como bem esclarece Pontes de Miranda: "A sentença concessiva de *habeas corpus*, preponderantemente, não declara, nem constitui, nem condena, nem executa – *manda*. Tivemos ensejo de mostrar-lhe partes que, por exemplo, declarem, ou condenem, ou constituem; porém essa não é a sua eficácia própria, a sua força. O que em verdade ela faz, mais do que as outras, é mandar: manda soltar, manda prestar fiança, manda que se expeça salvo-conduto, ou que se dê entrada em tal lugar etc." (*História e prática do habeas corpus – Direito constitucional e processual comparado*, p. 459).

> **Art. 647-A.** No âmbito de sua competência jurisdicional, qualquer autoridade judicial poderá expedir de ofício ordem de *habeas corpus*, individual ou coletivo, quando, no curso de qualquer processo judicial, verificar que, por violação ao ordenamento jurídico, alguém sofre ou se acha ameaçado de sofrer violência ou coação em sua liberdade de locomoção. [20-C]
>
> **Parágrafo único.** A ordem de *habeas corpus* poderá ser concedida de ofício pelo juiz ou pelo tribunal em processo de competência originária ou recursal, ainda que não conhecidos a ação ou o recurso em que veiculado o pedido de cessação de coação ilegal.

20-C. *Habeas corpus* de ofício: este artigo foi introduzido pela Lei 14.836/2024, consagrando entendimento que já vinha sendo adotado por Tribunais Superiores. A 1ª. Turma do STF e as Turmas Criminais do STJ, quando ajuizado habeas corpus contra decisão denegatória de HC prolatada em Tribunal de Justiça ou Regional Federal, em vez de ser utilizado o recurso ordinário constitucional, não têm conhecido a ação, embora verifiquem se há algum ponto relevante. Se for encontrada alguma ilegalidade patente, concede-se a ordem de ofício. Atualmente, cuida-se da hipótese do art. 647-A. Todavia, não se limita a esta situação, podendo envolver qualquer outro cenário, desde que um juiz ou tribunal tome conhecimento de ato abusivo, gerador de violência ou coação em sua liberdade de locomoção, em processos de sua competência. Ilustrando, caso o tribunal, tomando conhecimento de uma apelação, perceber uma prisão indevida do acusado, independentemente de apreciar o mérito da causa, sem qualquer pedido de defesa, pode conceder HC de ofício, determinando a sua soltura.

Art. 648. A coação considerar-se-á ilegal:

I – quando não houver justa causa;[21-21-C]

II – quando alguém estiver preso por mais tempo do que determina a lei;[22-22-D]

III – quando quem ordenar a coação não tiver competência para fazê-lo;[23]

IV – quando houver cessado o motivo que autorizou a coação;[24]

V – quando não for alguém admitido a prestar fiança, nos casos em que a lei a autoriza;[25]

VI – quando o processo for manifestamente nulo;[26-27]

VII – quando extinta a punibilidade.[28-28-E]

---

21. Ausência de justa causa: desdobra-se a questão em dois aspectos: a) justa causa para a ordem proferida, que resultou em coação contra alguém; b) justa causa para a existência de processo ou investigação contra alguém, sem que haja lastro probatório suficiente. Na primeira situação, a falta de justa causa baseia-se na inexistência de provas ou de requisitos legais para que alguém seja detido ou submetido a constrangimento (ex.: decreta-se a preventiva sem que os motivos do art. 312 do CPP estejam nitidamente demonstrados nos autos). Na segunda hipótese, a ausência de justa causa concentra-se na carência de provas a sustentar a existência e manutenção da investigação policial ou do processo criminal. Se a falta de justa causa envolver apenas uma decisão, contra esta será concedida a ordem de *habeas corpus*. Caso diga respeito à ação ou investigação em si, concede-se a ordem para o trancamento do processo ou procedimento investigatório que, normalmente, é o inquérito policial.

21-A. Excepcionalidade do trancamento: o deferimento de *habeas corpus* para trancar ação penal (ou investigação policial) é medida excepcional. Somente deve o juiz ou tribunal conceder a ordem quando manifestamente indevida a investigação ou o ajuizamento da ação. A falta de tipicidade, por exemplo, é fonte de trancamento. Ensina Toron que "embora seja dificílima a hipótese de se trancar o procedimento investigatório por meio do *habeas corpus*, pois o que se busca é a coleta de dados informativos a comprovar a existência do crime em toda a sua extensão (fato típico) e sua autoria, não é tão infrequente, ao contrário do que se imagina, apresentarem-se casos em que, de saída, torna-se possível verificar que falta tipicidade para o fato investigado" (*Habeas corpus*, p. 151). Verifique-se na jurisprudência: STF: "É firme a jurisprudência consagrada por esta Corte no sentido de que a concessão de *habeas corpus* com a finalidade de trancamento de ação penal em curso só é possível em situações excepcionais, quando estiverem comprovadas, de plano, atipicidade da conduta, causa extintiva da punibilidade ou ausência de indícios de autoria, o que não se vislumbra neste *writ*" (HC 102.262/RN, 1.ª T., rel. Dias Toffoli, 05.06.2012, v.u.). "O trancamento da ação penal, em *habeas corpus*, constitui medida excepcional que só deve ser aplicada quando evidente a ausência de justa causa, o que não ocorre se a denúncia descreve conduta que configura, em tese, crime de difamação" (HC 98.703/MG, 1.ª T., rel. Ricardo Lewandowski, 06.20.2009, m.v.). STJ: "1. Nos termos do entendimento consolidado desta Corte, o trancamento da ação penal ou procedimento investigativo por meio do *habeas corpus* é medida excepcional. Por

Art. 648

Código de Processo Penal Comentado · **Nucci**

isso, será cabível somente quando houver inequívoca comprovação da atipicidade da conduta, da incidência de causa de extinção da punibilidade ou da ausência de indícios de autoria ou de prova sobre a materialidade do delito" (AgRg no RHC 181.873/SC, 5.ª T., rel. Ribeiro Dantas, 11.09.2023, v.u.).

21-B. Trancamento em razão de prova ilícita: a consideração de ilicitude de determinada prova termina por determinar a sua exclusão do conjunto probatório. Assim ocorrendo, é preciso verificar se o restante autoriza a justa causa para a ação penal; do contrário, o ideal é o trancamento da demanda, evitando-se constrangimento ilegal para o réu.

21-C. Ausência ou deficiência de fundamentação da prisão cautelar: configura-se a falta de justa causa para sustentar a medida restritiva de liberdade. É dever do juiz motivar todas as suas decisões, em particular, as que restringem ou suprimem direitos fundamentais; por isso, a constatação de inexistência ou carência de motivos para a decretação da prisão cautelar implica constrangimento ilegal. Ver, também, a nota 28 ao art. 312.

22. Excesso de prazo na privação da liberdade: o investigado ou réu, quando preso, deve ter o procedimento acelerado, de modo que não fique detido por mais tempo do que o razoável. Há de se verificar tal hipótese no caso concreto. Assim, na fase policial, se uma prisão temporária é decretada por cinco dias, é esse o prazo para a conclusão da detenção, haja ou não a colheita das provas suficientes. O máximo que se admite é a prorrogação da temporária por outros cinco dias, ao final dos quais deve cessar a constrição. O prazo é fixado em lei (art. 2.º, *caput*, Lei 7.960/1989). Não ocorrendo a soltura, configura-se o constrangimento ilegal. Quanto à instrução dos processos criminais, inexistia prazo específico. Portanto, criou-se um período – obtido pela soma dos prazos previstos no Código de Processo Penal – de 81 dias, tempo considerado suficiente para o término da colheita das provas. Com o advento das Leis 11.689/2008 e 11.719/2008, fixou-se o prazo de 90 dias para a finalização da fase de formação da culpa, no procedimento do júri (art. 412, CPP), bem como o prazo de 60 dias para a finalização do procedimento comum ordinário (art. 400, *caput*, CPP) e 30 dias para o procedimento comum sumário (art. 531, CPP). Voltaria a discussão a respeito dos prazos rigorosamente cumpridos, ao menos em situações de réus presos, pois o legislador, mesmo sem conhecer a realidade forense, estabeleceu um período máximo fixo. Ocorre que a jurisprudência vinha amenizando essa discussão em torno de prazos, alegando que somente cada caso poderia ditar se haveria ou não excesso de prazo para a conclusão da instrução. Logo, já não se falava em 81 dias, mas num prazo *razoável*, sem culpa do juiz ou do órgão acusatório, para a conclusão da instrução. Na doutrina, parece-nos válida a referência de Aury Lopes Jr. e Gustavo Henrique Badaró: "A natureza do delito e pena a ela cominada, enquanto critérios da razoabilidade de duração do processo, representam, em essência, o critério da proporcionalidade. Processos que tenham por objeto delitos mais graves e, consequentemente, apenados mais severamente, poderão durar mais tempo do que outros feitos por delitos de pequena gravidade. Todavia, embora o critério da proporcionalidade seja fundamental, na ponderação da duração do processo em relação ao binômio 'natureza do delito – pena cominada', não poderá ser aceito, de forma isolada, como índice de razoabilidade. Levado ao extremo, delitos apenados com prisão perpétua teriam como razoável um processo que durasse toda a vida..." (*Direito ao processo penal no prazo razoável*, p. 56-57). Embora a lei tenha retornado ao passado, fixando prazos para o término da instrução, parece-nos correto manter o conteúdo da matéria decidida pelos tribunais pátrios, ou seja, deve-se obedecer a razoabilidade e a proporcionalidade (ver a nota 22-A abaixo) para findar a colheita de provas, sem períodos preestabelecidos de maneira rígida. Na jurisprudência: STF: "(...) Distribuído o aludido *habeas corpus* há menos de 03 (três) meses, reputo não caracterizado o excesso de prazo no julgamento do processo em questão. Ademais, 'está sedimentado, em ambas as Turmas da Suprema Corte, que a demora no julgamento do *writ* impetrado ao Superior Tribunal de Justiça, por si só, não pode ser interpretada como negativa de prestação jurisdicional, não se ajustando ao presente caso as situações fáticas excepcionais' (HC 132.610-AgR/MS, Rel. Min. Dias Toffoli, 2.ª Turma *DJe* 06.6.2016). Anoto, por fim, que a razoável duração do processo não pode ser considerada de maneira isolada e descontextualizada das peculiaridades do caso concreto. Na espécie, não configurado o alegado excesso de prazo, até porque a melhor compreensão do princípio constitucional aponta para processo sem dilações indevidas, em que a demora na tramitação do feito há de guardar proporcionalidade com a complexidade do delito nele veiculado e as diligências e os meios de prova indispensáveis ao seu deslinde." (HC 190.161-GO, rel. Rosa Weber, j. 25.09.2020, v.u.); "Por entender caracterizado excesso de prazo, a Turma deferiu *habeas corpus* impetrado em favor de acusado pela suposta prática dos crimes de quadrilha ou bando [associação criminosa], sequestro e homicídio qualificado, cuja prisão preventiva subsistia por quase sete anos. No caso, a custódia preventiva do paciente fora mantida, não obstante ele haver sido beneficiado, por extensão, com a anulação, pelo STJ, da sentença de pronúncia de corréu. Considerou-se não existir motivo plausível para que a prisão do paciente perdurasse aquele período. Asseverou-se que, antes da decisão do STJ, já se encontrava patenteado o excesso de prazo, apto a desconstituir qualquer fundamento do decreto preventivo. Além disso, tendo em conta a inércia do órgão judicante estadual, o Presidente da Turma, Min. Sepúlveda Pertence, deferiu requerimento do Subprocurador-Geral da República para encaminhamento de cópia integral dos autos à Presidente do Conselho Nacional de Justiça e ao Procurador-Geral da República, para que apurem eventuais desvios de comportamento que possam, em tese, configurar infrações penais ou disciplinares" (HC 87.913/PI, rel. Cármen Lúcia, 05.09.2006, *Informativo* 439). STJ: "1. O Paciente – preso em flagrante em 09/11/2017 –, foi condenado, por sentença publicada em 05/12/2018, à pena de 05 (cinco) anos e 10 (dez) meses de reclusão no regime fechado e ao pagamento de 583 (quinhentos e oitenta e três) dias-multa, pela prática do delito previsto no art. 33, *caput*, da Lei n. 11.343/2006, porque transportava em um veículo, junto com corréu, cinco quilos de maconha. 2. A demora na apreciação do apelo extrapola os limites da razoabilidade, pois o recurso foi distribuído na Corte de origem em junho de 2019 e, desde 28/11/2019, está concluso com o Relator após a apresentação de contrarrazões pelo Ministério Público, não tendo previsão de julgamento. 3. Ordem de *habeas corpus* concedida, reconhecendo excesso de prazo e expedindo alvará de soltura em favor do Paciente, salvo se por outro motivo estiver preso, observada a possibilidade de aplicação de medidas cautelares diversas da prisão" (HC 563.907-SP, 6.ª T., rel. Laurita Vaz, j. 01.09.2020, v.u.).

22-A. Razoabilidade e proporcionalidade: são os dois critérios para apurar a duração razoável da prisão cautelar. A razoabilidade congrega, basicamente, os seguintes elementos: a) complexidade do processo; b) número de réus; c) volume de processos da Vara ou Tribunal; d) atuação do juiz ou do relator; e) atuação das partes. Ilustrando, sob dois possíveis prismas: processo simples, com um réu, em Vara de volume compatível de feitos, possuindo juiz atuante e partes que não conturbam: o processo deve ser julgado no menor prazo possível, seguindo-se, literalmente, o rito fixado em lei; processo complexo, com vários corréus, em Vara de muitos feitos, com juiz de atuação firme e partes corretas: estende-se o prazo para suportar a instrução até quando seja necessário. A proporcionalidade estabelece-se nas seguintes bases: a) penas cominadas em abstrato para o crime; b) condições pessoais do réu; c) viabilidade da concessão de benefícios que mantenham o sentenciado fora do cárcere; d) potencial prazo para a progressão. Em ilustrações: imputação com base em furto simples, de réu primário, sem antecedentes, vislumbrando-se pena alternativa, calcada no mínimo legal de um ano: mesmo que haja o risco de fuga do acusado, é preciso cautela na manutenção da prisão cautelar, pois a segregação seria francamente desproporcional, se comparada à pena

Art. 648

Código de Processo Penal Comentado · Nucci

1164

aplicada; no entanto, tratando-se de delito grave, com réu reincidente, sem possíveis benefícios no futuro, com aplicação de regime fechado, por certo, a segregação cautelar torna-se proporcional. Não existe um panorama fixo para compor todos esses requisitos dos dois critérios, devendo o juízo ou tribunal utilizar, preponderantemente, o bom senso para aferir a duração razoável da prisão cautelar. Nos tribunais: STF: "A razoável duração do processo não pode ser considerada de maneira isolada e descontextualizada das peculiaridades do caso concreto. Elementos constantes dos autos indicativos da complexidade do feito: existência de organização criminosa bem estruturada, com atuação no tráfico internacional de drogas entre Bolívia e Brasil, e com ramificações para várias unidades federativas; trinta acusados, alguns presos em Estados diversos daquele do Juízo; acusados com advogados distintos; necessidade de expedição de várias cartas precatórias – fatores que justificam a demora no encerramento da instrução criminal. Excesso de prazo não caracterizado" (HC 108.514/MT, 1.ª T., rel. Rosa Weber, 15.05.2012, v.u.). "O Supremo Tribunal Federal entende que a aferição de eventual excesso de prazo é de se dar em cada caso concreto, atento o julgador às peculiaridades do processo em que estiver oficiando" (HC 110.365/SP, 1.ª T., rel. Dias Toffoli, 28.02.2012, v.u.).

22-B. Excesso de prazo no julgamento de apelação de réu preso: obedece-se aos princípios da razoabilidade e da proporcionalidade (ver a nota 22 ao art. 648).

22-C. Excesso de prazo no julgamento de revisão criminal de réu preso: ver a nota 6-B ao art. 621.

22-D. Excesso de prazo para julgar *habeas corpus* **no STJ:** dá margem a constrangimento ilegal. Conferir: STF: "É da jurisprudência da Corte o entendimento de que 'a comprovação de excessiva demora na realização do julgamento de mérito do *habeas corpus* impetrado no Superior Tribunal de Justiça configura constrangimento ilegal, por descumprimento da norma constitucional da razoável duração do processo (art. 5.º, inc. LXXVIII, da Constituição da República), viabilizando, excepcionalmente, a concessão de *habeas corpus*' (HC 101.896 – SP, 1.ª T., rel. Cármen Lúcia, *DJe* 21.05.2010)" (HC 110.367/DF, 1.ª T., rel. Dias Toffoli, 29.05.2012, v.u.).

23. Incompetência da autoridade coatora: quem ordena a constrição à liberdade, por certo, precisa ter competência a tanto. Do contrário, é nítido o constrangimento ilegal, cabendo a impetração de *habeas corpus*.

24. Cessação do motivo autorizador da coação: sendo a prisão uma exceção e a liberdade, a regra, deve-se considerar que, findo o motivo gerador da coação, deve esta ser revista e afastada. Exemplo disso seria a decretação da prisão preventiva por conveniência da instrução criminal, sob a alegação de estar o réu ameaçando determinada testemunha. Ouvida esta, pode não haver mais razão de manter a custódia cautelar. Tudo depende, naturalmente, do tipo de ameaça que foi feita e do réu que está em julgamento (ilustrando: acusado pertencente a associação criminosa, quando ameaça testemunha, deve continuar detido, mesmo que esta já tenha sido ouvida, pois possui contatos externos e, uma vez solto, pode valer-se de suas conexões para perseguir a pessoa que depôs, sem necessidade de contato direto com a mesma).

25. Vedação da fiança, quando expressamente admitida em lei: caso a lei autorize a obtenção de fiança pelo réu detido, não há razão para a autoridade competente deixar de fixar o valor e as condições para a obtenção do benefício. Logicamente, representa constrangimento ilegal manter no cárcere quem pode, prestando fiança, ver-se livre.

26. Processo manifestamente nulo: pode estar em andamento ou findo. Se o processo for evidentemente nulo, não pode produzir efeitos negativos ao réu ou condenado. Logicamente, somente se utiliza o *habeas corpus*, em lugar da revisão criminal, no caso de processo findo, quando houver prisão ou quando a situação for teratológica, passível de verificação nítida pelas provas apresentadas com a impetração. No caso do processo em andamento, somente se usa o *habeas corpus*, em lugar do recurso regularmente cabível, quando o prejuízo para o réu for irreparável. Tal pode dar-se pela lentidão no processamento do recurso interposto em se tratando de acusado preso.

27. *Habeas corpus* com natureza de revisão criminal: é inadmissível, se impetrado em favor da sociedade e não do réu. Exemplo disso é o caso de assaltante de agência da Caixa Econômica Federal, que deveria ter sido julgado por juízo federal, tendo em vista o nítido interesse da União, conforme art. 109, IV, da Constituição, mas terminou apenado pela Justiça Estadual, por decisão com trânsito em julgado. O *habeas corpus* impetrado pelo Ministério Público Federal não foi conhecido pelo Superior Tribunal de Justiça: "Em se cuidando de *habeas corpus* com natureza de revisão criminal, negada pelo nosso sistema de direito positivo à sociedade, faz-se manifesto o seu incabimento. Pelo exposto, não conheço do pedido" (HC 8.991/SP, 6.ª T., rel. Hamilton Carvalhido, 21.09.2000, v.u., *DJ* 25.09.2000, p. 138, com os últimos grifos nossos, embora antigo, é mantido para ilustrar o tema). Maiores detalhes, consultar nota 8, referente ao art. 69.

28. Extinção da punibilidade: não havendo, para o Estado, direito de punir ou de executar a pena, é incabível manter-se alguém detido. Logo, caso não seja reconhecida a extinção da punibilidade do réu ou do condenado, pelo juiz do processo de conhecimento ou da execução criminal, estando ele preso, cabe a impetração do *habeas corpus*.

28-A. Natureza do rol do art. 648: é meramente exemplificativo. Seria exagerado supor que a lei ordinária pudesse cercear a utilização do remédio constitucional, já que a Constituição estabelece a validade de uso do *habeas corpus* para combater *qualquer* ameaça de violência ou coação à liberdade de locomoção, por *ilegalidade* ou *abuso de poder* (art. 5.º, LXVIII). Esses são os elementos genéricos para a impetração, de modo que o rol deste artigo não pode ser considerado exaustivo. Nessa ótica, explicam Maria Thereza Rocha de Assis Moura e Cleunice A. Valentim Bastos Pitombo que o inciso I, por exemplo, é capaz de abranger inúmeras hipóteses merecedoras de análise em cada caso concreto (*Habeas corpus e advocacia criminal: ordem liminar e âmbito de cognição*, p. 135). Exemplo que se pode registrar, atualmente, é o disposto no art. 7.º da Lei 11.417/2006: "Da decisão judicial ou do ato administrativo que contrariar enunciado de súmula vinculante, negar-lhe vigência ou aplicá-lo indevidamente caberá reclamação ao Supremo Tribunal Federal, *sem prejuízo dos recursos ou outros meios admissíveis de impugnação*". Portanto, nada impede que um réu ou condenado, pessoalmente, dirija-se ao STF, por meio do *habeas corpus*, apontando o descumprimento de súmula vinculante em relação à sua situação concreta.

28-B. *Habeas corpus* e extinção da punibilidade: quando a punibilidade é declarada extinta, como regra, inexiste possibilidade de haver constrangimento ilegal, já que a pena foi cumprida ou existiu causa de impedimento da pretensão punitiva ou executória do Estado. Assim está a Súmula 695 do STF: "Não cabe *habeas corpus* quando já extinta a pena privativa de liberdade". Entretanto, é possível haver constrangimento ilegal, ainda que essa hipótese tenha ocorrido, como poderia acontecer com uma anistia ou *abolitio criminis*, mantendo-se na folha de antecedentes o registro da condenação não excluída como seria de se esperar. Assim, poderia o interessado impetrar *habeas corpus* para o fim de apagar o registro constante na folha de antecedentes que não deixa de ser um constrangimento ilegal. Pode-se ainda imaginar a impetração de *habeas corpus* para liberar pessoa que, embora com a punibilidade extinta, não tenha sido efetivamente liberada pelo Estado, continuando no cárcere. Enfim, a simples extinção da pena privativa de liberdade não afasta completamente a possibilidade de interposição de *habeas corpus*.

Art. 648

Código de Processo Penal Comentado · Nucci

1166

28-C. *Habeas corpus* **e suspensão condicional do processo:** compatibilidade. Se o réu aceitar a proposta do Ministério Público, permitindo a suspensão condicional do processo, ainda assim mantém intacto o seu direito de questionar a existência da ação penal contra si. Em outras palavras, o fato de ter aceitado a proposta, evitando o desgaste do prosseguimento da instrução, não lhe retira a possibilidade de impetrar *habeas corpus* para questionar a injustificada propositura da ação ou a falta de justa causa para o oferecimento da denúncia. Nessa ótica: STF: HC 89.179/RS, 1.ª T., rel. Gilmar Mendes, 29.09.2006, v.u., *DJ* 04.10.2006. Conferir, ainda: "É cabível pedido de *habeas corpus* em favor de beneficiado com a suspensão condicional do processo (Lei 9.099/1995, art. 89), porquanto tal medida, por se dar depois do recebimento da denúncia, não afasta a ameaça, ainda que potencial, de sua liberdade de locomoção. Com base nessa orientação, a Turma conheceu de *writ* impetrado em favor de presidente de agremiação de futebol, denunciado pela suposta prática de homicídio, na modalidade de dolo eventual (CP, art. 121 § 2.º, I), pela circunstância de, não obstante ciente da cardiopatia de atleta do clube, permitir que este jogasse, vindo a óbito durante a realização de uma partida. No caso, o STJ, de ofício, concedera *habeas* para assentar a incompetência do tribunal do júri para julgar o feito, ao fundamento de restar configurado não crime doloso contra a vida, mas, sim, descrita imputação culposa. Em decorrência disso, o *parquet* oferecera proposta de suspensão condicional do processo ao paciente, que a aceitara. Alegava-se, na espécie, falta de justa causa para o início da persecução penal. No mérito, indeferiu-se o *writ* ao entendimento de que o remédio constitucional do *habeas corpus* – via estreita de conhecimento que se presta a reparar hipóteses de manifesta ilegalidade ou de abuso de poder – não pode substituir o processo de conhecimento. Em consequência, afastou-se a pretendida exclusão do paciente da persecução penal por se considerar que, na hipótese, o exame das alegações ensejaria o revolvimento de fatos e provas" (HC 88.503/SP, rel. Ricardo Lewandowski, 06.03.2007, v.u., *Informativo* 458).

28-D. *Habeas corpus* **e quebra de sigilos bancário, fiscal e telefônico:** segundo nos parece, o instrumento adequado para impedir a violação da intimidade nessas situações é o mandado de segurança, afinal, não está envolvida a liberdade de ir e vir, mas o direito líquido e certo à preservação dos dados concernentes à vida privada. Porém, há entendimento em sentido contrário, advindo, inclusive, do STF (ver a nota 13-A ao Livro III, Título II, Capítulo X, *supra*), recomendando a utilização do *habeas corpus*. O mais importante é que a quebra do sigilo pode, sem dúvida, representar indevida intromissão estatal na esfera da intimidade de qualquer pessoa, inclusive dos suspeitos do cometimento de infrações penais. Portanto, *antes* de se determinar a violação, parece-nos fundamental haver prova da materialidade do delito e indícios suficientes de autoria. Os dados colhidos (bancário, fiscal ou gravações telefônicas) seriam somente um complemento às provas já existentes. Na jurisprudência: STF: "O Tribunal, por maioria, deu parcial provimento a agravo regimental interposto contra decisão do Min. Joaquim Barbosa, relator, proferida nos autos de inquérito instaurado para apurar a suposta prática dos crimes de quadrilha, peculato, lavagem de dinheiro, gestão fraudulenta, corrupção ativa e passiva e evasão de divisas, pela qual deferira a quebra de sigilo bancário de conta de não residente da agravante, utilizada por diversas pessoas físicas e jurídicas, determinando a remessa de informações ao STF unicamente no que concerne aos dados dos titulares dos recursos movimentados na referida conta. Entendeu-se que, em face do art. 5.º, X, da CF, que protege o direito à intimidade, à vida privada, à honra e à imagem das pessoas, a quebra do sigilo não poderia implicar devassa indiscriminada, devendo circunscrever-se aos nomes arrolados pelo Ministério Público como objeto de investigação no inquérito e estar devidamente justificada. Recurso parcialmente provido para que fique autorizada a remessa relativa a duas pessoas físicas e uma pessoa jurídica, deixando ao Ministério Público a via aberta para outros pedidos fundamentados. Vencidos os Ministros Joaquim Barbosa, relator, e Carlos Britto que negavam provimento ao recurso, por considerar que o sigilo bancário, apesar de constitucionalmente amparado, não se reveste de caráter absoluto e pode ser afastado por ordem judicial, desde que tal quebra seja concretamente necessária à apuração de fatos delituosos previamente investigados, como no caso, em que presentes fortes indícios da prática de ilícitos, ressaltando, ademais, inexistir devassa, haja vista que as informações cujo fornecimento a decisão agravada determina não incluem os valores movimentados" (Inq. 2.245 AgR/MG, Pleno, rel. Joaquim Barbosa, rel. p/ o acórdão Cármen Lúcia, 29.11.2006, m.v., *Informativo* 450).

28-E. *Habeas corpus* e cumprimento de pena do local do domicílio: não tem o condenado o *direito* de cumprir pena no local de seu domicílio ou onde esteja situada a sua família. O ideal, sem dúvida, até para se garantir a melhor ressocialização possível, é que tal situação ocorra. Porém, prevalece o interesse público sobre o individual. Atualmente, inclusive, presídios federais estão sendo criados para abrigar presos de alta periculosidade, normalmente ligados ao crime organizado, para que fiquem distantes de suas originais esferas de atuação. Ilustrando: se o líder de uma associação criminosa é preso e condenado, mormente pela prática de crime hediondo ou equiparado, em Salvador, pode cumprir pena no Estado do Paraná, em presídio federal, bem distante de onde se encontra sua família e, também, seus ex-comparsas. Conferir STF: "A Turma indeferiu *habeas corpus* impetrado contra acórdão do STJ que, ao dirimir conflito de competência, indicara o juízo do local do cumprimento da pena como órgão judiciário competente para tratar sobre a sua execução. Pleiteava-se, na espécie, a transferência do paciente para estabelecimento prisional localizado no Estado em que ele fora condenado, ao argumento de lá se encontrarem seus parentes e as pessoas de seu convívio social. Considerando a periculosidade do paciente, o fato de exercer liderança sobre organização criminosa ligada ao narcotráfico e a circunstância de comandar, de dentro da penitenciária, ações contrárias à paz e à ordem públicas, entendeu-se que a execução da pena deveria ocorrer em jurisdição diversa daquela em que condenado. Asseverou-se que, em face da supremacia do interesse público, o Estado em que se dera a condenação seria o lugar menos apropriado para o paciente cumprir sua pena. Declarou-se, também, o prejuízo da medida cautelar pleiteada e do agravo regimental interposto" (HC 88.508, MC-AgR – RJ, 2.ª T., rel. Celso de Mello, 05.09.2006, *Informativo* 439).

> **Art. 649.** O juiz ou o tribunal, dentro dos limites da sua jurisdição,[29] fará passar imediatamente a ordem impetrada, nos casos em que tenha cabimento, seja qual for a autoridade coatora.

29. Competência para conhecer do *habeas corpus*: preferimos a expressão *competência*, em lugar de *jurisdição*, pois esta todo magistrado possui, que é a possibilidade de aplicar o direito ao caso concreto. O limite para que isso se dê é fixado por regras constitucionais e legais, razão pela qual se configura a competência. Portanto, o primeiro critério a ser verificado é o territorial, buscando-se o lugar onde se dá a coação. Em seguida, analisa-se a qualidade da autoridade coatora, checando-se se possui foro privilegiado. Como exemplos: a) se alguém é detido para averiguação por delegado da Comarca X, deve ser impetrado *habeas corpus* ao magistrado da Vara Criminal competente da Comarca X. Havendo mais de um, distribui-se o pedido. Se já houver investigação ou processo em andamento, cabe a distribuição por prevenção ao juiz que fiscaliza o feito, competente para analisar o abuso ocorrido – até porque ele poderia conceder a ordem de ofício; b) se um indivíduo é detido por ordem de juiz da Comarca X, conforme o crime imputado ao paciente, elege-se o tribunal competente (Tribunal de Justiça ou Tribunal Regional Federal, conforme seja o delito da alçada estadual ou federal).

Art. 650

> **Art. 650.** Competirá conhecer, originariamente, do pedido de *habeas corpus*:
>
> I – ao Supremo Tribunal Federal, nos casos previstos no art. 101, I, *g*, da Constituição [refere-se à CF de 1946];[30-34]
>
> II – aos Tribunais de Apelação, sempre que os atos de violência ou coação forem atribuídos aos governadores ou interventores dos Estados ou Territórios e ao prefeito do Distrito Federal, ou a seus secretários, ou aos chefes de Polícia.[35-37-C]
>
> § 1.º A competência do juiz cessará sempre que a violência ou coação provier de autoridade judiciária de igual ou superior jurisdição.[38-40]
>
> § 2.º Não cabe o *habeas corpus* contra a prisão administrativa, atual ou iminente, dos responsáveis por dinheiro ou valor pertencente à Fazenda Pública, alcançados ou omissos em fazer o seu recolhimento nos prazos legais, salvo se o pedido for acompanhado de prova de quitação ou de depósito do alcance verificado, ou se a prisão exceder o prazo legal.[41]

30. Competência constitucional do Supremo Tribunal Federal: atualmente, cabe ao STF julgar, originariamente, o *habeas corpus*, sendo paciente o Presidente da República, o Vice-Presidente, os membros do Congresso Nacional, seus próprios Ministros, o Procurador-Geral da República, os Ministros de Estado, os Comandantes da Marinha, do Exército e da Aeronáutica, os membros de Tribunais Superiores, os do Tribunal de Contas da União e os chefes de missão diplomática de caráter permanente (art. 102, I, *d*, CF), bem como o *habeas corpus*, quando o coator for Tribunal Superior ou quando o coator ou o paciente for autoridade ou funcionário cujos atos estejam sujeitos diretamente à jurisdição do Supremo Tribunal Federal, ou se tratando de crime sujeito à mesma jurisdição em uma única instância (art. 102, I, *i*, CF). Por força de anterior interpretação dada pelo próprio Supremo Tribunal Federal, o *habeas corpus*, quando o órgão coator for Turma Recursal do Juizado Especial Criminal dos Estados, tendo em vista que não foi prevista tal hipótese no campo da competência do Superior Tribunal de Justiça, caberia, residualmente, ao Pretório Excelso o julgamento. Nesse prisma: STF: "Mesmo com a superveniência da EC 22/99, esse entendimento foi preservado pela Colenda Primeira Turma do Supremo Tribunal Federal, que, ao apreciar questão preliminar pertinente a esse tema, conheceu da ação de *habeas corpus* promovida contra Turma Recursal existente nos Juizados Especiais Criminais: '*Subsiste* ao advento da Emenda 22/99, que deu nova redação ao art. 102, I, *i*, da Constituição, a competência do Supremo Tribunal Federal para julgar e processar, originariamente, *habeas corpus* impetrado contra ato de Turma Recursal de Juizados Especiais estaduais (HC 78.317 – RJ, rel. Min. Octavio Gallotti, *DJU* 22.10.1999 – grifei). Nesse julgamento, o Supremo Tribunal Federal – para reconhecer-se originariamente competente para processar e julgar pedido de *habeas corpus* impetrado contra Turma Recursal – enfatizou que a preservação da diretriz jurisprudencial anteriormente fixada, além de atender à exigência de celeridade (permitindo-se, quando utilizado o remédio heroico, o acesso imediato a este Tribunal, com a supressão dos graus jurisdicionais intermediários, em plena consonância com os critérios consagrados no art. 2.º, da Lei 9.099/95), decorre, ainda, da circunstância de as decisões emanadas das Turmas Recursais existentes nos Juizados Especiais estarem sujeitas, unicamente, em sede recursal, ao controle da Suprema Corte, mediante interposição do pertinente recurso extraordinário" (HC 79.843/MG, decisão liminar de admissibilidade do Min. Celso de Mello, 17.12.1999, citando outros precedentes da Corte, *DO* 15.02.2000, p. 17). Posteriormente, a matéria foi registrada na Súmula 690 do STF: "Compete originariamente ao Supremo Tribunal Federal o julgamento de *habeas corpus*

Art. 650

Título II – Dos Recursos em Geral

contra decisão de turma recursal de juizados especiais criminais". Parece-nos correta essa interpretação, na medida em que, *residualmente*, seria o único órgão judiciário a receber a ação de impugnação contra medida abusiva tomada pela Turma Recursal. Não se encontra o julgamento de *habeas corpus*, nesses casos, na competência constitucional do STJ, nem se poderia atribuir ao Tribunal de Justiça do Estado (ou ao Tribunal Regional Federal) a apreciação da matéria, uma vez que se trata de órgão de segunda instância da esfera do Juizado Especial Criminal. Em outras palavras, o Tribunal de Justiça (ou o Tribunal Regional Federal) não é órgão revisor ou superior à Turma Recursal. Por isso, não poderia apreciar *habeas corpus* em virtude de ato abusivo praticado pela referida Turma Recursal. Caberia, por ausência de outra opção, ao STF. Entretanto, o Pleno do Pretório Excelso modificou seu entendimento e não mais conhece de *habeas corpus* impetrado contra Turma Recursal, entendendo cabível o julgamento pelo Tribunal de Justiça do Estado (ou Tribunal Regional Federal): HC 86.834/SP, rel. Marco Aurélio, 23.08.2006, m.v., *DJ* 09.03.2007. O argumento principal é que a Constituição é taxativa, também quanto à competência do STF. Portanto, restariam, residualmente, os Tribunais Estaduais ou Regionais Federais. Igualmente, transferindo o entendimento ao mandado de segurança. STF: "Não cabe ao STF o conhecimento de recurso ordinário interposto contra decisão denegatória de mandado de segurança emanada de turma recursal de juizado especial criminal. Com base nesse entendimento, a Turma negou provimento a agravo regimental em recurso ordinário em mandado de segurança em que se alegava o cabimento do recurso. Entendeu-se que a Constituição é taxativa (art. 102, II, *a*) quanto à interposição de recurso em mandado de segurança, o qual só cabe contra acórdão de tribunal superior, e que, apesar de as turmas recursais funcionarem como segunda instância recursal, enquadram-se como órgãos colegiados de primeiro grau. Ademais, afastou-se a pretensão de interpretação, por analogia, com o recurso em *habeas corpus* interposto contra órgão colegiado de 1.º grau, haja vista tratar-se de orientação superada em face do que decidido, pelo Plenário, no HC 86.834 – SP (j. 23.08.2006), no sentido de que compete aos tribunais de justiça processar e julgar *habeas corpus* impetrado contra ato de turma recursal de juizado especial criminal" (RMS 26.058 AgR/DF, rel. Sepúlveda Pertence, 02.03.2007, v.u., *Informativo* 457). Continua a nos soar melhor a interpretação anterior, ou seja, a Suprema Corte absorveria todos os casos não previstos na competência do STJ e, por uma questão de lógica, na competência dos Tribunais Estaduais ou Regionais Federais. Afinal, a Turma Recursal é, para todos os fins, órgão de segundo grau. Se pode o Tribunal do Estado ou da Região, a partir de agora, julgar *habeas corpus* contra decisão da Turma Recursal, por que o prejudicado não poderia ir, diretamente, ao Tribunal de Justiça ou Tribunal Regional Federal, contra a decisão tomada por juiz do JECRIM (estadual ou federal)? Cria-se, na realidade, uma instância intermediária. Temos, pois, com a decisão atual do STF, duas *segundas instâncias* no âmbito do JECRIM. Seria, apenas a título de argumentação, como se de decisão do extinto Tribunal de Alçada Criminal, em lugar de se impetrar *habeas corpus* ou mandado de segurança a Tribunal Superior, o prejudicado se socorresse do Tribunal de Justiça. Seriam duas *segundas instâncias*, o que nunca foi admitido. O réu pode, portanto, a partir de agora, percorrer *quatro* instâncias para discutir a mesma situação: Turma Recursal, Tribunal de Justiça ou Regional Federal, Superior Tribunal de Justiça e, finalmente, Supremo Tribunal Federal. A nós, não parece nem privilegiar a economia processual, tampouco a melhor exegese da Constituição Federal. Ademais, como outro exemplo, não há, expressamente, no âmbito de competência do STF, na Constituição Federal, o julgamento de conflito de atribuições entre o Ministério Público Federal e o Estadual, mas, residualmente, o Pretório Excelso acolheu essa competência (vide a nota 7 ao art. 113). Cabe-lhe, ainda, julgar em recurso ordinário, o *habeas corpus* decidido em única instância pelos Tribunais Superiores, se denegatória a decisão. Cremos razoável a interpretação que inclui o *habeas corpus* decidido em *última* instância pelos Tribunais Superiores.

Art. 650

Código de Processo Penal Comentado · Nucci

1170

Afinal, se caberia interpor diretamente *habeas corpus* no STF, quando o coator for Tribunal Superior, logicamente, cabe a interpretação extensiva do termo "única" instância. E mais: tal possibilidade vem prevista na competência do STJ, ao falar em "única ou última instância" (art. 105, II, *a*, CF). Cabe-lhe julgar, em recurso ordinário, o *habeas corpus* decidido em única ou última instância pelos Tribunais Regionais Federais ou pelos Tribunais dos Estados, do Distrito Federal e Territórios, quando a decisão for denegatória.

30-A. Incompetência do Supremo Tribunal Federal quando a autoridade coatora for Ministro-Relator de Tribunal Superior: a competência constitucional do STF é para julgar *habeas corpus* "quando o coator for Tribunal Superior" (art. 102, I, *i*, primeira parte), não incluindo, portanto, decisão monocrática de relator. Entretanto, é costume, quando o interessado impetra *habeas corpus* em Tribunal Superior (por exemplo, STJ), solicitar ao relator o deferimento de medida liminar. Negada esta, ao invés de aguardar o julgamento a ser feito pela Turma (órgão colegiado que representa o Tribunal), impetra diretamente *habeas corpus* no STF, apontando como autoridade coatora o relator. Ora, este não figura no referido art. 102, I, *i*, da Constituição Federal, logo, há incompetência. É o teor da Súmula 691: "Não compete ao Supremo Tribunal Federal conhecer de *habeas corpus* impetrado contra decisão do relator que, em *habeas corpus* requerido a tribunal superior, indefere a liminar". Entretanto, convém ressaltar que o Supremo Tribunal Federal, em julgamento realizado no dia 21 de outubro de 2005, rompeu a regra estabelecida pela mencionada Súmula e conheceu – bem como deferiu – *habeas corpus* impetrado contra decisão denegatória de liminar de Ministro do Superior Tribunal de Justiça, em favor de F. M. (estendida a P. M.). O relator do HC, Ministro Carlos Velloso, ressaltou que a Súmula 691 do STF deve ser abrandada. O dispositivo diz que não compete o julgamento de *habeas corpus* contra indeferimento de liminar de tribunal superior, caso contrário, haveria supressão de instância, já que ainda não houve julgamento de mérito do mesmo pedido no Superior Tribunal de Justiça (STJ). Porém, Velloso disse que há, no caso, flagrante ilegalidade na prisão do empresário" (HC 86.864/SP, Pleno, rel. Carlos Velloso, 21.10.2005, m.v.). Com a devida vênia, não cremos ser esta a solução mais indicada. Ou há uma Súmula da Suprema Corte a ser cumprida ou não há. Não nos parece ideal o fracionamento das interpretações sumulares, aplicando, conforme o caso concreto, segundo peculiaridades de cada situação, a orientação fixada pelo próprio Colendo Supremo Tribunal Federal. Se a Súmula é inviável, parece-nos melhor o caminho da sua revogação. Mantê-la e, ao mesmo tempo, descumpri-la, conforme cada caso individualmente considerado, significa não haver, na prática, questão sumulada. No entanto, firmou-se posição no STF quanto ao abrandamento, na prática e conforme o caso concreto, da referida Súmula 691. Sobre o tema, pronunciou-se o Ministro Gilmar Mendes caber a atenuação do disposto na Súmula 691 quando: "a) seja premente a necessidade de concessão do provimento cautelar para evitar flagrante constrangimento ilegal; b) a negativa de decisão concessiva de medida liminar pelo tribunal superior importe na caracterização ou na manutenção de situação que seja manifestamente contrária à jurisprudência do STF" (HC 89.178/SP, medida liminar, rel. Gilmar Mendes, 29.06.2006).

30-B. Omissão de relator em extradição: extradição é um instrumento de cooperação internacional na repressão à criminalidade por meio do qual um Estado entrega a outro pessoa acusada ou condenada, para que seja julgada ou submetida à execução da pena. É da competência do STF (art. 102, I, *g*, CF) julgar o pedido de extradição. Trata-se de uma ação de caráter constitutivo, visando à formação de um título jurídico que habilita o Poder Executivo a entregar um indivíduo a um país estrangeiro. A decisão da Suprema Corte, autorizando a extradição, não vincula o Poder Executivo, cujo ato passa a ser discricionário. Entretanto, se a decisão for negativa, não pode o Executivo extraditar o estrangeiro. O controle de legalidade do pedido extradicional não está sujeito à concordância do extraditando. Iniciado o processo de extradição, o extraditando deve ser preso e colocado à disposição da Corte. Não cabe, nesse caso, liberdade vigiada, prisão domiciliar, tampouco prisão-albergue domiciliar. O Supremo Tribunal Federal tem considerado essa prisão como *preventiva*, embora seja obrigatória. Há outra possibilidade de prisão preventiva, como será analisado a seguir. O processo de extradição, depois do *habeas corpus*, tem prioridade no Supremo Tribunal Federal. É sorteado um Ministro-relator para apreciar eventual pedido de prisão preventiva, que é diverso da prisão obrigatória mencionada acima. Pode ocorrer, em casos de urgência, a fim de evitar a fuga do extraditando, que o Estado estrangeiro, antes mesmo da formalização do pedido de extradição, resolva solicitar a medida cautelar. Após a sua concessão, o Estado estrangeiro tem 90 dias para formalizar o pedido, salvo se outro prazo estiver previsto no tratado de extradição mantido entre o Brasil e o Estado solicitante. É o caso do tratado Brasil-Argentina, que prevê o prazo de 45 dias, após a decretação da prisão preventiva, para a formalização do pedido. A defesa do extraditando é limitada e consiste, fundamentalmente, em três itens: erro quanto à identidade da pessoa reclamada, defeito de forma dos documentos apresentados pelo Estado estrangeiro e ilegalidade do pedido extradicional. Quando o relator profere seu voto, deve levar em consideração todos os elementos apresentados, nos autos, pelas partes interessadas (Estado estrangeiro-requerente e extraditando-requerido). Se um dos dois (especialmente o extraditando) omitiu fato ou direito essencial à decisão da causa, é natural que o relator não o tenha narrado aos demais ministros, influindo no veredicto, razão pela qual não cabe *habeas corpus*, sob a assertiva de ter havido constrangimento ilegal, com referência à decisão tomada. Nessa ótica está a Súmula 692 do STF: "Não se conhece de *habeas corpus* contra omissão de relator de extradição, se fundado em fato ou direito estrangeiro cuja prova não constava dos autos, nem foi ele provocado a respeito".

30-C. Prevenção de relator: quando há o julgamento de um determinado *habeas corpus*, relatado por um determinado Ministro, a interposição de outro, torna ao mesmo Ministro, por uma questão de prevenção. Portanto, mesmo que o relator seja vencido no primeiro julgamento, havendo uma segunda impetração, a ele será distribuída a ação de impugnação. Nesse sentido, decidiu o STF: "O Tribunal negou provimento a agravo regimental em *habeas corpus* interposto contra decisão da Presidência que não reconhecera a hipótese de prevenção suscitada pelos impetrantes e mantivera a relatoria do *writ* com o Min. Joaquim Barbosa. Na espécie, o *habeas corpus* fora distribuído ao Min. Joaquim Barbosa por prevenção em relação a outro, ao qual ele negara seguimento, ficando vencido, no julgamento de agravo regimental interposto contra essa decisão, em relação à preliminar de conhecimento do *writ* e à concessão do pedido liminar, tendo sido designado para redigir o acórdão, nessa ocasião, o Min. Eros Grau. Alegavam os ora agravantes a necessidade de redistribuição da presente impetração ao Min. Eros Grau, ao fundamento de que o provimento do agravo fora para o fim de conhecer do pedido, razão por que seria o conhecimento, e não a decisão de mérito, que firmaria a prevenção, nos termos do disposto no § 2.º do art. 69 do RISTF ("*Art. 69. O conhecimento do mandado de segurança, do habeas corpus e do recurso civil ou criminal torna preventa a competência do Relator, para todos os recursos posteriores, tanto na ação quanto na execução, referentes ao mesmo processo. (...) § 2° Vencido o Relator, a prevenção referir-se-á ao Ministro designado para lavrar o acórdão.* [redação anterior à Emenda Regimental 34/2009]"). Entendeu-se ter sido correta a distribuição do presente *writ*, haja vista que, conforme ressaltado na decisão que não reconhecera a hipótese de prevenção, a questão preliminar debatida em sede do agravo regimental no qual o Min. Eros Grau proferira o voto vencedor – não incidência do Enunciado da Súmula 691 do STF – resultara em mudança de relatoria apenas para a lavratura do respectivo acórdão, não implicando, por isso, o deslocamento da relatoria originária quanto ao julgamento de mérito, que permanecera com o Min. Joaquim Barbosa.

Art. 650

Código de Processo Penal Comentado • **Nucci**

1172

Precedente citado: HC 86.673 – RJ (*DJU* 01.10.2004)" (HC 89.306 AgR – SP, rel. Ellen Gracie, 08.03.2007, v.u., *Informativo* 458).

30-D. Não cabimento de *habeas corpus* para verificação de requisitos de recurso especial: cabe ao Superior Tribunal de Justiça analisar o cabimento de recurso especial, não havendo campo para a parte interessada ajuizar *habeas corpus* no Supremo Tribunal Federal, pretendendo seja suprida por Corte Superior esse juízo de admissibilidade. Conferir: STF: "É firme a jurisprudência desta Casa de Justiça no sentido de que é da competência do Superior Tribunal de Justiça a análise do preenchimento, ou não, dos pressupostos de admissibilidade do recurso especial. Pelo que não pode o Supremo Tribunal Federal reapreciar tais requisitos, salvo em caso de ilegalidade flagrante ou abuso de poder" (HC 112.130/MG, 2.ª T., rel. Ayres Britto, 27.03.2012, v.u.).

30-E. *Habeas corpus* originário em confronto com o recurso ordinário constitucional: o STF tem competência para julgar *habeas corpus* quando o coator for Tribunal Superior (art. 102, I, *i*, CF), mas também a possui para julgar *recurso ordinário* em *habeas corpus* denegado por Tribunal Superior (art. 102, II, *a*, CF). Há muito tempo, a parte interessada na impetração escolhe o meio de atingir o Pretório Excelso, quando, por exemplo, o STJ negue o *habeas corpus*, vale dizer, poderia impetrar um *habeas corpus* originário no STF, apontando o STJ como coator, bem como poderia interpor recurso ordinário para o STF, que seria regularmente processado. Em algumas decisões, a 1.ª Turma do STF passou a entender que o caminho correto à parte prejudicada pela denegação da ordem seria o uso do recurso ordinário constitucional. O mesmo entendimento foi acolhido pelo STJ, no tocante às decisões proferidas por tribunais regionais ou estaduais. Segundo nos parece, a Constituição Federal não faz clara opção por qualquer das vias, de modo que cabe à parte decidir se interpõe *HC* originário ou ingressa com *recurso ordinário*. Não se pode restringir, de modo algum, a utilização do *habeas corpus*, até porque ele é usado por muitos réus, que o redigem por si mesmos, não sendo obrigados a conhecer a estrutura recursal da Constituição ou mesmo do CPP. Ainda que prevalecesse a tese de que, denegado o HC em Tribunal Superior, deveria a parte interpor recurso ordinário constitucional ao STF, somos da opinião de que esse recurso deve comportar pedido de liminar, mormente em casos teratológicos, além de se permitir que a parte, sem o advogado, possa apresentá-lo. Assim fazendo, o recurso ordinário constitucional não retiraria do prejudicado pela negativa da ordem a alternativa da liminar, nem a viabilidade de interposição direta. Entretanto, o Supremo Tribunal Federal, em julgamento realizado pelo Plenário, considerou juridicamente viável a impetração de *habeas corpus*, mesmo substituindo o recurso ordinário constitucional, o que nos parece acertado. Conferir: "1. Por maioria de votos, o Tribunal Pleno assentou que é admissível, no âmbito desta Suprema Corte, impetração originária substitutiva de recurso ordinário constitucional. 2. O *habeas corpus* destina-se, por expressa injunção constitucional (art. 5.º, LXVIII), à tutela da liberdade de locomoção, desde que objeto de ameaça concreta, ou efetiva coação, fruto de ilegalidade ou abuso de poder. 3. Não se qualifica como ilegal ou abusivo o ato cujo conteúdo é compatível com a compreensão do Supremo Tribunal Federal, sobretudo quando se trata de jurisprudência dominante ao tempo em que proferida a decisão impugnada. (...)" (HC 152.752, Pleno, rel. Edson Fachin, 04.04.2018, maioria). Outro ponto relevante, para a corrente que não admite o *HC* como substituto do ROC, diz respeito ao não *conhecimento do caso apresentado no HC e, conforme o caso, o deferimento da ordem de ofício*. Ora, se o Tribunal não aceita o HC originário, como substitutivo do Recurso em *Habeas Corpus*, nem mesmo deveria conhecer do seu conteúdo. Mas não é o que tem ocorrido. O Tribunal Superior analisa as teses aventadas pelo impetrante e, se não for cabível, diz "não conhecer"; se entender cabível, expressa que a ordem será "concedida de ofício". Esta medida vem, hoje, prevista no art. 647-A deste Código.

31. Competência constitucional do Superior Tribunal de Justiça: cabe ao STJ julgar, originariamente o *habeas corpus*, quando o coator ou paciente for o Governador de Estado ou do Distrito Federal, os desembargadores dos Tribunais de Justiça dos Estados e do Distrito Federal, os membros dos Tribunais de Contas dos Estados e do Distrito Federal, os dos Tribunais Regionais Federais, dos Tribunais Regionais Eleitorais e do Trabalho, os membros dos Conselhos ou Tribunais de Contas dos Municípios e os do Ministério Público da União, que oficiem perante tribunais, bem como quando o coator for tribunal sujeito à sua jurisdição, Ministro de Estado ou Comandante da Marinha, do Exército ou da Aeronáutica, ressalvada a competência da Justiça Eleitoral (art. 105, I, *c*, CF). Lembremos que o Tribunal de Justiça Militar, componente da Justiça Estadual, especializado em julgar policiais militares e integrantes do Corpo de Bombeiros Militares, está sujeito à jurisdição do STJ e não do STM (Superior Tribunal Militar). Este é apenas o órgão de segundo grau da Justiça Militar Federal e não o órgão de cúpula de toda a Justiça Militar no Brasil. Na jurisprudência: STJ: "Diante disso, é defeso a esta Corte Superior de Justiça julgar *habeas corpus* contra ato próprio, porquanto, à luz do art 650, § 1.º, do Código de Processo Penal – CPP, a competência para conhecer originariamente de pedido de *habeas corpus* cessará sempre que a violência ou coação provier de autoridade judiciária de igual ou superior jurisdição. Nesse sentido: AgRg no HC n. 272.077/PE, de minha relatoria, Quinta Turma, *DJe* de 19/10/2018 e RHC n. 39.858/TO, relatora Ministra Maria Thereza de Assis Moura, Sexta Turma, *DJe* de 4/11/2014" (AgRg no HC 765.363/SP, 5.ª T., rel. Joel Ilan Paciornik, 28.08.2023, v.u.).

32. Impossibilidade de haver supressão de instância: não pode o Tribunal Superior, como regra, tomar conhecimento de um *habeas corpus* impetrado por réu ou condenado, tratando de questão não ventilada, expressamente, nem decidida no recurso julgado pelo Tribunal do Estado. Assim, o Superior Tribunal de Justiça não tem apreciado matéria não levantada pelo paciente anteriormente. Se o fizesse, estaria, em tese, suprimindo uma instância. Pode, no entanto, em caso de urgência e relevância, conceder, de ofício, ordem de *habeas corpus* para fazer cessar o constrangimento ilegal, bem como determinando que o Tribunal Estadual analise o ponto suscitado.

32-A. Prequestionamento em *habeas corpus*: pode ser dispensável, conforme o caso concreto, no cenário do *habeas corpus*, pois se trata de autêntica ação de impugnação e não de um mero recurso. Por isso, se uma determinada questão não foi *expressamente* ventilada pelo réu, por exemplo, em *habeas corpus* impetrado ao Tribunal Estadual, o fato de se poder tornar a ela em recurso de *habeas corpus* interposto junto ao Superior Tribunal de Justiça, merecendo conhecimento por parte desta Corte, não faz com que haja supressão de instância. Tal se dá, como já explicitado na nota anterior, quando a ilegalidade é patente, sujeita, inclusive, à concessão de *habeas corpus* de ofício. Em outras palavras, ainda que se ingresse com *recurso ordinário constitucional*, em caso de *habeas corpus*, apontando uma ilegalidade patente, não apreciada de ofício pelo Tribunal Estadual, é preciso que o Superior Tribunal de Justiça conheça e analise o ocorrido, até porque pode conceder *habeas corpus* de ofício, ao tomar ciência de ilegalidade ou coação abusiva. O mesmo se dá no contexto do Supremo Tribunal Federal.

33. Tribunal como órgão coator: transforma-se o tribunal em órgão coator, desde que julgue recurso do réu, negando provimento, quando deveria ter acolhido a pretensão, bem como quando julga recurso da acusação, concedendo ou negando provimento, mas deixando de apreciar matéria fundamental, que comportaria a concessão de *habeas corpus* de ofício, em favor do acusado, nos termos do art. 654, § 2.º, do CPP. O não conhecimento de apelação ou outro recurso do réu ou da acusação, não torna o tribunal autoridade coatora, salvo se a matéria comportasse a concessão, de ofício, de *habeas corpus*.

Art. 650

Código de Processo Penal Comentado · **Nucci**

34. *Habeas corpus* contra decisão proferida em revisão criminal: é incabível ao mesmo tribunal, de regra, tendo em vista o estreito campo de análise proporcionado pela revisão criminal. Assim, decidindo o tribunal especificamente a matéria deduzida pelo condenado, havendo qualquer outra questão nova, deve ser questionada em *habeas corpus* impetrado perante o mesmo tribunal. É lógico que a exceção fica por conta do tema decidido na revisão criminal ser exatamente o objeto de impugnação aventado no *habeas corpus*. Nessa situação, o órgão coator é o tribunal e deve o pedido ser dirigido a instância superior.

35. Competência constitucional do Tribunal Regional Federal: cabe-lhe julgar, originariamente, o *habeas corpus* quando a autoridade coatora for juiz federal (art. 108, I, *d*, CF). Aos juízes federais compete julgar o *habeas corpus* em matéria criminal de sua competência ou quando o constrangimento tiver origem em ato de autoridade não sujeita diretamente a outra jurisdição (art. 109, VII, CF).

36. Competência constitucional do Tribunal do Estado: estipula o art. 125, § 1.º, da Constituição Federal que "a competência dos tribunais será definida na Constituição do Estado, sendo a lei de organização judiciária de iniciativa do Tribunal de Justiça". Estabelece a Constituição Estadual de São Paulo que cabe ao Tribunal de Justiça julgar, originariamente, o *habeas corpus*, nos processos cujos recursos forem de sua competência ou quando o coator ou paciente for autoridade diretamente sujeita a sua jurisdição, ressalvada a competência da Justiça Militar (art. 74, IV). Assim, cabe-lhe julgar *habeas corpus* cujo coator ou paciente for o Vice-Governador, os Secretários de Estado, os Deputados Estaduais, o Procurador-Geral de Justiça, o Procurador-Geral do Estado, o Defensor Público Geral e os Prefeitos Municipais.

37. Promotor de Justiça como autoridade coatora: a competência originária é do Tribunal de Justiça. Tem sido a posição dominante nos tribunais, pois se o promotor houver cometido crime de abuso de autoridade, este pode ser reconhecido pelo foro competente para apreciar o futuro processo, porventura instaurado para a sua apuração.

37-A. Procurador da República e Promotor de Justiça do Distrito Federal: cabe o julgamento do *habeas corpus* contra seus atos ao Tribunal Regional Federal da região onde atuem. No caso do Promotor, tem-se entendido estar ele ligado ao Ministério Público Federal. Ilustrando: STF: "Compete ao TRF da 1.ª Região, com base no art. 108, I, *a*, da CF, processar e julgar, originariamente, os membros do Ministério Público do Distrito Federal e Territórios que atuem em primeira instância. Com base nesse entendimento, a Turma reformou acórdão do Tribunal de Justiça do Distrito Federal e Territórios que afirmara a sua competência para processar e julgar *habeas corpus* em que a coação fora atribuída a membro do Ministério Público daquela unidade da Federação. Inicialmente, salientou-se a orientação firmada pelo STF no sentido de que a competência para o julgamento de *habeas corpus* contra ato de autoridade, excetuado o Ministro de Estado, é do Tribunal a que couber a apreciação da ação penal contra essa mesma autoridade. Asseverou-se que o MPDFT está compreendido no MPU (CF, art. 128, I, *d*) e que a Constituição ressalva da competência do TRF somente os crimes atribuíveis à Justiça Eleitoral, não fazendo menção a determinado segmento do MPU, que pudesse afastar da regra específica de competência os membros do MPDFT. Rejeitou-se, portanto, a incidência da regra geral do inciso III do art. 96, da CF, com a consequente competência do Tribunal local para julgar o caso concreto. Ressaltando que, embora se reconheça a atuação dos Promotores de Justiça do DF perante a Justiça do mesmo ente federativo, em primeiro e segundo graus, similar à dos membros do MP perante os Estados-membros, concluiu-se que o MPDFT está vinculado ao MPU, a justificar, no ponto, tratamento diferenciado em relação aos membros do *parquet* estadual. RE provido para cassar o acórdão recorrido e determinar a remessa dos autos ao TRF da 1.ª Região. Precedentes citados: RE 141209 – SP (*DJU* 10.02.92);

HC 73801 – MG (*DJU* 27.06.97); RE 315010 – DF (*DJU* 31.05.2002); RE 352660 – DF (*DJU* 23.06.2003); RE 340038 – DF (*DJU* 01.07.2002)" (RE 418.852/DF, 1.ª T., rel. Carlos Britto, 06.12.2005, v.u., *Informativo* 412).

37-B. Competência da Turma Recursal: entendemos que o *habeas corpus,* contra decisão que gere constrangimento ilegal proferida por magistrado atuando no Juizado Especial Criminal, deve ser conhecido e julgado pela Turma Recursal. Afinal, é o órgão de 2.º grau no âmbito das infrações de menor potencial ofensivo. Assim dispõe o art. 14 da Lei Complementar 851/1998 (Estado de São Paulo). Embora opinem de maneira diversa – de que deveria ser julgado pelo Tribunal de Justiça ou Tribunal Regional Federal – reconhecem Ada, Magalhães, Scarance e Luiz Flávio ter vencido a posição que ora sustentamos: "No entanto, outra tem sido a orientação jurisprudencial e também a regulamentação das leis estaduais que disciplinaram os juizados: entende-se que a competência das *turmas recursais* inclui o *habeas corpus*, diante da letra do art. 82 da Lei 9.099/95. Essa interpretação, ainda que criticável pelos aspectos antes mencionados, possui o inegável mérito de evitar decisões conflitantes a respeito de alguma questão que possa a vir a ser suscitada em *habeas corpus* e, posteriormente, no julgamento de apelação" (*Juizados Especiais Criminais*, 5. ed., p. 202).

37-C. *Habeas corpus* contra decisão tomada pela Turma Recursal: ver a nota 30 ao art. 650.

38. Respeito à hierarquia e prerrogativa de foro: estabelece a Constituição Federal e a lei processual penal que determinados indivíduos, em função do cargo exercido, possuem prerrogativa de foro, devendo ser julgados em tribunais específicos. Note-se que o *habeas corpus* sempre envolve a alegação de uma coação ilegal, passível de punição, conforme o caso, na esfera criminal do abuso de autoridade. É o que ocorre com o juiz, cujo foro originário é sempre o tribunal ao qual está vinculado. Ou com o caso do desembargador, cujo foro competente é o Superior Tribunal de Justiça. Assim, pode ocorrer de uma ordem ser dada por um delegado de polícia, cerceando a liberdade de alguém. Distribui-se um *habeas corpus* ao juiz da Comarca. Este, quando pede informações, toma conhecimento de que a ordem dada pelo delegado foi ratificada por outro juiz, da mesma Comarca. Assim, cessa de imediato a competência para o magistrado, para quem foi distribuído o *habeas corpus* conhecer do *writ*, devendo este ser encaminhado ao tribunal competente.

39. Juiz ou promotor requisitando inquérito: torna-se autoridade coatora, tendo em vista que a autoridade policial deve, como regra, acolher o pedido. O *habeas corpus* será impetrado no tribunal.

40. Juiz que defere cota do promotor: torna-se autoridade coatora, se a decisão tomada provocar constrangimento ilegal para alguém. Não é crível que o magistrado possa passar ao largo dessa situação, na medida em que podia ter evitado a coação, indeferindo a cota – ao menos na sua alçada, o que obrigaria o promotor a requisitar diretamente da autoridade policial ou de outra autoridade qualquer –, mas não o fez. Dessa maneira, é natural que o *habeas corpus* deva ser impetrado no tribunal, apontado o juiz como órgão coator.

41. Cabimento de *habeas corpus* contra prisão administrativa: essa modalidade de prisão tem a finalidade de compelir alguém a fazer alguma coisa ou visa acautelar interesse administrativo, razão pela qual a lei buscou proibir a concessão de *habeas corpus*. Não há mais possibilidade de ser a prisão administrativa decretada por outra autoridade que não seja o juiz de direito. Embora exista essa previsão proibitiva no Código de Processo Penal, cremos poder ser impetrado o *habeas corpus*, caso haja alguma ilegalidade. Afinal, a Constituição Federal, que garante o uso do *habeas corpus*, só excepcionou o seu uso no caso de punição disciplinar militar (art. 142, § 2.º).

Art. 651

Código de Processo Penal Comentado · Nucci   1176

> **Art. 651.** A concessão do *habeas corpus* não obstará, nem porá termo ao processo, desde que este não esteja em conflito com os fundamentos daquela.[42-42-A]

42. Concorrência do *habeas corpus* com o processo criminal: a interposição do *habeas corpus* e a concessão da ordem para fazer cessar o constrangimento ilegal detectado não impede, naturalmente, o prosseguimento da ação penal. Pode-se conceder a ordem, por exemplo, para provocar a soltura de réu preso além do prazo razoável para a instrução findar, o que não afeta em nada o andamento processual. Porém, se o *habeas corpus* volta-se diretamente à falta de justa causa para a ação penal, uma vez concedida a ordem, tranca-se o processo, justamente porque há conflito entre um e outro. Aliás, sobre este artigo, manifesta-se Pontes de Miranda tachando-o de tautológico, uma vez que toda sentença somente tem como eficácia a sua (*História e prática do habeas corpus*, p. 469).

42-A. Concorrência do *habeas corpus* com a investigação criminal: é perfeitamente viável, caso concedida a ordem de *habeas corpus* para colocar fim a algum tipo de constrangimento, cometido durante a investigação policial, que esta possa prosseguir. Imagine-se um *habeas corpus* concedido exclusivamente para evitar o indiciamento de alguém; nada impede o prosseguimento do inquérito.

> **Art. 652.** Se o *habeas corpus* for concedido em virtude de nulidade do processo, este será renovado.[43]

43. Reconhecimento de nulidade do feito: a hipótese prevista no art. 648, VI, trata da existência de coação ilegal, quando o processo for manifestamente nulo. Pode, neste caso, tratar-se de feito em andamento ou de processo findo, neste último caso devendo ser a sentença condenatória. O reconhecimento da nulidade implica, por lógica, a sua renovação, suplantando-se o vício e restaurando-se o devido processo legal. Pode haver, no entanto, algum tipo de obstáculo para o recomeço da instrução, como, por exemplo, a ocorrência de prescrição.

> **Art. 653.** Ordenada a soltura do paciente em virtude de *habeas corpus*, será condenada nas custas a autoridade que, por má-fé ou evidente abuso de poder, tiver determinado a coação.[44]
>
> **Parágrafo único.** Neste caso, será remetida ao Ministério Público cópia das peças necessárias para ser promovida a responsabilidade da autoridade.

44. Condenação da autoridade nas custas: estipula o art. 5.º, LXXVII, da Constituição, ser gratuita a ação de *habeas corpus*, razão pela qual não há custas a pagar. Inexiste razão para condenar a autoridade coatora ao pagamento de quantia inexistente, embora se possa – e deva – em caso de má-fé ou evidente abuso de poder, determinar sejam tomadas as providências criminais cabíveis, aliás, o que está previsto no parágrafo único.

> **Art. 654.** O *habeas corpus* poderá ser impetrado por qualquer pessoa,[45-51] em seu favor ou de outrem, bem como pelo Ministério Público.[52-53-A]
>
> § 1.º A petição[54] de *habeas corpus* conterá:
>
> a) o nome da pessoa que sofre ou está ameaçada de sofrer violência ou coação e o de quem exercer a violência, coação ou ameaça;[55]

b) a declaração[55-A] da espécie de constrangimento ou, em caso de simples ameaça de coação, as razões em que funda o seu temor;[56]

c) a assinatura do impetrante, ou de alguém a seu rogo, quando não souber ou não puder escrever, e a designação das respectivas residências.[57]

§ 2.º Os juízes e os tribunais têm competência para expedir de ofício[58] ordem de *habeas corpus*, quando no curso de processo verificarem que alguém sofre ou está na iminência de sofrer coação ilegal.

45. Legitimidade ativa: qualquer pessoa, física ou jurídica, nacional ou estrangeira, pode impetrar *habeas corpus*, seja em seu próprio benefício, seja em favor de outrem, independentemente de possuir habilitação técnica para tanto (ressalvada a hipótese de ser impetrante e paciente a pessoa jurídica, conforme exposto na nota 45-B abaixo). Em sentido contrário, somente admitindo pessoa física como impetrante: Pontes de Miranda (*História e prática do habeas corpus*, p. 443). Denomina-se *impetrante* aquele que ajuíza a ação de *habeas corpus* e *paciente*, a pessoa em favor de quem a ordem é solicitada, nada impedindo que ambos se concentrem no mesmo indivíduo.

45-A. Dispensabilidade do advogado: para impetrar *habeas corpus*, não é necessário o patrocínio da causa por advogado. Aliás, o próprio Estatuto da Advocacia (Lei 8.906/1994), reconhecendo a importância desse remédio constitucional, estabelece que "não se inclui na atividade privativa de advocacia a impetração de *habeas corpus* em qualquer instância ou Tribunal" (art. 1.º, § 1.º). Sobre a importância do advogado como condutor da impetração, ver a nota 46.

45-B. Pessoa jurídica como paciente: a pessoa jurídica não pode ser paciente, pois o *habeas corpus* protege, direta ou indiretamente, a liberdade de locomoção, o que não lhe diz respeito. Assim também: Pontes de Miranda (*História e prática do habeas corpus*, p. 371). É bem verdade que, após a edição da Lei 9.605/1998, prevendo a possibilidade de ser a pessoa jurídica autora de crime ambiental no Brasil, pode surgir situação de constrangimento ilegal que a atinja, como ocorreria com o ajuizamento de ação penal sem justa causa. Pensamos, no entanto, que, à falta de recurso próprio contra o recebimento da denúncia nesse caso, pode a pessoa jurídica valer-se do mandado de segurança, que é instrumento constitucional para coibir ilegalidade ou abuso de poder não amparado por *habeas corpus* (art. 5.º, LXIX, CF). Assim, pode impetrar mandado de segurança visando ao trancamento da ação penal, caso fique evidente o direito líquido e certo de não ser processada.

46. Relevância da ampla defesa: sendo o *habeas corpus* um instrumento constitucional de defesa de direitos individuais fundamentais, em especial o direito à liberdade, indisponível por natureza, o ideal é que, como impetrante, atue sempre um advogado. Obviamente que a sua falta não prejudica o conhecimento do pedido, mas pode enfraquecê-lo, tornando mais débeis os argumentos. Justamente por isso é que os Regimentos Internos do Supremo Tribunal Federal (art. 191, I) e do Superior Tribunal de Justiça (art. 201, I) conferem ao relator a faculdade de nomear advogado para acompanhar e defender oralmente o *habeas corpus* impetrado por pessoa que não seja bacharel em Direito.

47. Paciente indeterminado: inadmissibilidade de utilização do *habeas corpus*, como regra. Salienta Bento de Faria que "não tem cabimento quando se tratar de pessoas indeterminadas, *v.g.*, os sócios de certa agremiação, os empregados de determinado estabelecimento, os moradores de alguma casa, os membros de indicada corporação, os componentes de uma classe etc., ainda quando referida uma das pessoas com o acréscimo de – *e outros*. Somente

Art. 654

Código de Processo Penal Comentado · **Nucci**

1178

em relação a essa será conhecido o pedido" (*Código de Processo Penal*, v. 2, p. 381). No mesmo prisma: Espínola Filho (*Código de Processo Penal brasileiro anotado*, v. VII, p. 216).

47-A. Sobre *habeas corpus* coletivo: ver a nota 14-F ao art. 647.

48. Paciente residente ou domiciliado no estrangeiro: há possibilidade de se impetrar *habeas corpus* em seu favor, até porque existe a ordem preventiva (salvo-conduto), destinado a prevenir a ocorrência de coação ilegal. Pensam assim: Bento de Faria (*Código de Processo Penal*, v. 2, p. 382), ressaltando que o pedido deve ter por objetivo assegurar a entrada do sujeito no país; Espínola Filho (*Código de Processo Penal brasileiro anotado*, v. VII, p. 216).

49. Legitimidade passiva: no polo passivo da ação de *habeas corpus* está a pessoa – autoridade ou não – apontada como coatora, que deve defender a legalidade do seu ato, quando prestar as informações. Pode, ainda, ser o corpo estatal, como ocorre com tribunais, Comissões Parlamentares de Inquérito e outros colegiados. Para Frederico Marques, no entanto, quando se tratar de autoridade, o verdadeiro sujeito passivo é o Estado (*Elementos de direito processual penal*, v. IV, p. 376). Parece-nos, no entanto, que no polo passivo, está mesmo a pessoa, ainda que seja autoridade, pois esta será condenada em custas, segundo o espírito do Código de Processo Penal, e responderá por abuso. Atualmente, ressalte-se, não há mais custas em *habeas corpus* (art. 5.º, LXXVII, CF), perdendo o efeito o disposto no art. 653. As informações gozam de presunção de veracidade, devendo ser acompanhadas das cópias pertinentes do processo ou inquérito, conforme o caso. Ressalte-se que, em muitos casos, tratando-se de autoridade, esta se limita a fazer um mero relatório do feito, deixando de sustentar a medida coercitiva empregada, o que nos soa irregular. Entretanto, se enviar cópia de decisão devidamente fundamentada, demonstrativa da legalidade da decisão tomada, supre-se a falha. Note-se que, deixando de evidenciar a correção do seu ato, pode ser condenada nas custas (ao menos na época de edição do CPP) e processada por abuso de poder (art. 653, CPP), conforme o caso, tornando saliente o seu interesse de que seja considerada legal a medida determinada. Sobre o tema, professa Pontes de Miranda que "se a autoridade coatora se esquiva a prestar esclarecimentos que lhe foram reiteradamente exigidos, deve ser interpretada tal omissão como tácita confirmação das alegações do impetrante. (...) A informação oficial é crida, salvo prova em contrário; e a autoridade informante responde pela sua veracidade, sob pena de responsabilidade" (*História e prática do habeas corpus*, p. 390). Comungando do mesmo entendimento, confira-se em Dante Busana: "Infelizmente, alguns magistrados consideram tarefa menor prestar informações em *habeas corpus* e a confiam ao escrivão, limitando-se a assinar peça por aquele redigida. Esquecem-se de que a impetração imputa-lhes ilegalidade ou abuso de poder e não tem sentido o juiz, cuja missão é cumprir e fazer cumprir a lei, transferir a terceiros a tarefa de dar contas dessa missão aos tribunais superiores" (*Habeas corpus*, p. 119).

49-A. Legitimidade passiva do particular: acrescente-se, ainda, que a Constituição Federal não distingue, no polo passivo, a autoridade do particular, de modo que é possível impetrar *habeas corpus* contra qualquer pessoa que constranja a liberdade de locomoção de outrem. É o meio indiscutivelmente mais seguro e rápido de solucionar o impasse. Imagine-se a prostituta presa em algum lugar pelo rufião. Mais célere pode ser a impetração do *habeas corpus* do que ser a polícia acionada para agir, libertando a vítima. O mesmo se diga dos inúmeros casos de internação irregular em hospitais psiquiátricos ou mesmo da vedação de saída a determinados pacientes que não liquidam seus débitos no nosocômio. E não é demais lembrar a lição de Dante Busana nesse contexto: "A polícia pode não querer (ou não julgar prudente) intervir, como, por exemplo, nas hipóteses de internação indevida em manicômio ou outro estabelecimento destinado ao tratamento de moléstias mentais e razão não há para negar à pessoa internada sem motivo legal a proteção do remédio constitucional" (*Habeas corpus*, p. 110). Nessa ótica, Ada, Magalhães e Scarance (*Recursos no processo penal*, p. 357), Tourinho Filho (*Código de Processo Penal comentado*, v. 2, p. 465-466); Mirabete (*Código de Processo Penal interpretado*, p. 856-857); Demercian e Maluly (*Curso de processo penal*, p. 445); Magalhães Noronha (*Curso de processo penal*, p. 412), Greco Filho (*Manual de processo penal*, p. 392), questionando tecnicamente esse entendimento, mas acatando em nome da celeridade; Frederico Marques (*Elementos de direito processual penal*, v. IV, p. 376); Marco Antonio de Barros (*Ministério Público e o habeas corpus: tendências atuais*, p. 119); Dante Busana e Laerte Sampaio (*O Ministério Público no processo de habeas corpus*, p. 320). Em contrário: Hélio Tornaghi, sustentando que "a coação exercida por um particular configurará o crime de cárcere privado (CP, art. 148), ou de constrangimento ilegal (CP, art. 146), ou o de ameaça (CP, art. 147), e as providências contra o coator devem ser pedidas à Polícia" (*Curso de processo penal*, v. 2, p. 408). E também: Bento de Faria (*Código de Processo Penal*, v. 2, p. 381); Pontes de Miranda (*História e prática do habeas corpus*, p. 444); Florêncio de Abreu (*Comentários ao Código de Processo Penal*, v. V, p. 561).

50. Possibilidade jurídica do pedido e interesse de agir: como ação que é, deve-se buscar na impetração a possibilidade jurídica do pedido, referindo-se à existência de um constrangimento qualquer à liberdade de locomoção, direta ou indiretamente, pois o pleito formulado há de ser a concessão de ordem para fazer cessar a coação ou a violência, ou para que ela não se consume. Por outro lado, o interesse de agir é fundamental, como já mencionado na nota 19 ao art. 647, visto que o *habeas corpus* não pode ser ajuizado unicamente para conseguir um provimento jurisdicional inútil ou meramente consultivo. Se o constrangimento existe ou está em vias de se concretizar, há interesse. Do contrário, não se conhece a impetração (ver a nota 66 ao art. 659).

51. Dúvida quanto ao interesse de agir: pode haver a impetração de *habeas corpus* em favor de determinado paciente, por pessoa estranha, inspirado por variados interesses, até o de se fazer notar pela imprensa. Assim, no caso de réu conhecido, cuja prisão seja decretada ou tenha contra si qualquer outro tipo de constrangimento – como o ajuizamento de ação penal – é possível que alguém resolva ingressar com *habeas corpus*. Nesse caso, possuindo o paciente defensor constituído, é preciso que tenha conhecimento da impetração, manifestando-se a respeito, podendo optar pelo não conhecimento da ordem, porque o julgamento do *habeas corpus* lhe pode ser desinteressante. Imagine-se uma ação penal instaurada contra certa personalidade, contra a qual ingresse o *habeas corpus* visando ao seu trancamento. Se o paciente, que não deseja um pronunciamento precoce do Tribunal, não puder ser consultado, é possível que seus interesses terminem sendo prejudicados por um terceiro estranho, que pode até não pretender o seu benefício, mas justamente provocar a decisão de órgão jurisdicional superior, determinando o prosseguimento da demanda. Os Regimentos Internos do Supremo Tribunal Federal (art. 192, § 3.º) e do Superior Tribunal de Justiça (art. 202, § 1.º) dispõem no sentido de não ser conhecido o pedido, quando houver oposição do paciente.

52. Legitimidade do Ministério Público: o promotor, que funcione em primeiro grau, acompanhando o desenrolar da investigação criminal ou do processo, tem legitimidade para impetrar *habeas corpus* em favor do indiciado ou acusado. É preciso, no entanto, que ele demonstre efetivo interesse em *beneficiar* o réu e não simplesmente em prejudicá-lo por via indireta. Do mesmo modo que se sustentou anteriormente, caso haja defesa constituída, é preciso consultá-la, a fim de saber se é interessante ao paciente o julgamento do *habeas corpus*. Naturalmente, na qualidade de qualquer do povo, pode impetrar *habeas corpus* em favor de quem queira sem qualquer limitação territorial. No mesmo sentido, Celso Delmanto, *Da impetração de habeas corpus por juízes, promotores e delegados*, p. 287.

Art. 654

53. Legitimidade do juiz como cidadão e não como condutor da causa: não pode o magistrado que fiscaliza o inquérito ou que preside a instrução impetrar *habeas corpus* em favor do indiciado ou réu. Seria esdrúxula tal opção, uma vez que ele tem poder para fazer cessar qualquer tipo de constrangimento ocorrido contra o indivíduo, processado ou investigado. Não agindo assim, torna-se a autoridade coatora. Certamente, o juiz, como cidadão, em procedimento alheio à sua jurisdição, pode impetrar *habeas corpus* em favor de terceiro. No mesmo sentido, Celso Delmanto, *Da impetração de habeas corpus por juízes, promotores e delegados*, p. 287.

53-A. Legitimidade do delegado como cidadão e não como presidente do inquérito: não há sentido algum em se permitir ao delegado, quando atuando como condutor de investigação criminal, impetrar *habeas corpus* em favor da pessoa que ele mesmo indiciou ou mesmo em favor do réu, cujo inquérito que ele presidiu deu margem à instauração da ação penal. Mas, como cidadão, desvinculado do caso, é natural que possa exercer seu direito constitucional de impetrar *habeas corpus*. Nessa ótica: "A legitimidade ativa no *habeas corpus* vai além dos advogados, vai além da cidadania, vai além de qualquer do povo, porque é direito das gentes, pelo que não pode ser negado ao Delegado de Polícia, como gente" (Maurício Henrique Guimarães Pereira, *Habeas corpus e polícia judiciária*, p. 242). No mesmo sentido, Celso Delmanto, *Da impetração de habeas corpus por juízes, promotores e delegados*, p. 287.

54. Requisitos da petição: são os estabelecidos neste artigo, ressaltando-se que a peça deve ser feita em português, embora o *habeas corpus* possa ser impetrado por estrangeiro.

55. Paciente e autoridade coatora: é fundamental que a pessoa a ser beneficiada pela ordem seja apontada (paciente), podendo-se aceitar a identificação por qualquer meio, ainda que não se disponha do nome do coato. Deve ser indicada, ainda, a autoridade coatora, que exerce a violência, coação ou ameaça, ou dá a ordem para que isso seja feito. Quando não possuir o impetrante o seu nome, indica-se somente o cargo que exerce, o que é suficiente para ser buscada a sua identificação. Na jurisprudência: TJSP: "Ausência de indicação da Autoridade Coatora (não preenchimento de requisito de admissibilidade. Art. 654, § 1.º, "a", do CPP). Ordem indeferida 'in limine'" (*Habeas Corpus* 0034717-09.2021.8.26.0000, 9.ª C. Crim., rel. Alcides Malossi Junior, 28.09.2021).

55-A. Declaração da espécie de constrangimento: esclarece Pontes de Miranda que o termo adequado, em lugar de declaração, seria *comunicação*. "As nossas leis ainda se ressentem de terminologia defeituosa, em que se confundem *comunicação de fato, comunicação de vontade e declaração de vontade*; também se *declaram* algumas daquelas. No texto citado faz-se *clara*, declara-se, a comunicação de conhecimento daqueles fatos" (*História e prática do habeas corpus*, p. 375).

56. Fundamento do *habeas corpus*: é o corpo da petição, uma vez que expõe ao órgão julgador as razões pelas quais teria havido – ou estaria para ocorrer – um abuso, consistente em coação à liberdade de locomoção de alguém.

57. Identificação do impetrante: exige-se não somente a sua assinatura, mas também a indicação de sua residência, para quem não é advogado, que pode simplesmente apontar o seu número de inscrição na OAB e o endereço do escritório. Não se aceita impetração anônima, devendo ser indeferida *in limine*. Nada impede, no entanto, conforme a gravidade do relato que a petição contiver, que o magistrado ou tribunal verifique de ofício se o constrangimento, realmente, está ocorrendo. Afinal, não se pode olvidar que o órgão jurisdicional pode conceder *habeas corpus* de ofício (ver o § 2.º deste artigo).

58. *Habeas corpus* de ofício: é admissível que, tomando conhecimento da existência de uma coação à liberdade de ir e vir de alguém, o juiz ou o tribunal determine a expedição de ordem de *habeas corpus* em favor do coato. Trata-se de providência harmoniosa com o princípio da indisponibilidade da liberdade, sendo dever do magistrado zelar pela sua manutenção. Ex.: pode chegar ao conhecimento do magistrado que uma testemunha de processo seu foi irregularmente detida pela autoridade policial, para complementar suas declarações a respeito do caso. Pode expedir, de ofício, ordem de *habeas corpus* para liberar o sujeito. Dessa decisão, recorrerá de ofício (art. 574, I, CPP). Sobre o tema, consulta a nota 15 ao art. 574. Quanto ao tribunal, pode, também, conceder a ordem sem qualquer provocação, não havendo necessidade, por ausência de previsão legal, de recorrer a órgão jurisdicional superior. Na jurisprudência: STJ: "1. O Tribunal de origem não se manifestou sobre a questão referente à nulidade atinente à violação domiciliar 2. Percebe-se, sob pena de indevida supressão de instância, a incompetência desta Corte para o processamento e julgamento do *writ*, já que inexiste ato a ser imputado à autoridade coatora, nos termos do art. 105, I, *c*, da Constituição Federal, bem como do art. 13, I, *b*, do Regimento Interno do Superior Tribunal de Justiça. 3. Na linha dos precedentes desta Corte, 'a parte não pode forçar o órgão jurisdicional a se manifestar sobre o art. 654, § 2.º, do CPP para, por vias transversas, alcançar a análise de suas teses. O '*habeas corpus* de ofício é deferido por iniciativa dos Tribunais quando detectarem ilegalidade flagrante. Não se presta como meio para que a defesa obtenha pronunciamento judicial acerca do mérito de recurso que não ultrapassou os requisitos de admissibilidade' (EDcl nos EDcl no AgRg no AREsp n. 1.777.820/MG, Rel. Ministra Laurita Vaz, 6.ª T., *DJe* 15/4/2021)' (AgRg no AREsp n. 1.450.671/MG, relator Ministro Rogerio Schietti Cruz, Sexta Turma, julgado em 4/5/2021, *DJe* 14/5/2021)" (AgRg no HC 788.401/GO, 6.ª T., rel. Antonio Saldanha Palheiro, 14.03.2023, v.u.).

> **Art. 655.** O carcereiro ou o diretor da prisão, o escrivão, o oficial de justiça ou a autoridade judiciária ou policial que embaraçar ou procrastinar a expedição de ordem de *habeas corpus*, as informações sobre a causa da prisão, a condução e apresentação do paciente, ou a sua soltura, será multado na quantia de duzentos mil-réis a um conto de réis,[59] sem prejuízo das penas em que incorrer.[60] As multas serão impostas pelo juiz do tribunal que julgar o *habeas corpus*, salvo quando se tratar de autoridade judiciária, caso em que caberá ao Supremo Tribunal Federal ou ao Tribunal de Apelação impor as multas.

59. Multa inexistente: o valor previsto neste artigo não foi atualizado, por lei, razão pela qual é inaplicável.

60. Penalidades ao sujeito que procrastinar o curso do *habeas corpus*: prevê o dispositivo em comento que o carcereiro ou o diretor do presídio (pessoas diretamente vinculadas à prisão do paciente), o escrivão, o oficial de justiça ou a autoridade judiciária (pessoas vinculadas ao processo-crime em andamento) ou a autoridade policial (pessoa ligada, também, à prisão do paciente ou à investigação em desenvolvimento) devem cuidar do célere andamento do *habeas corpus*, cada qual fazendo a sua parte. Assim, deixando de apresentar o paciente, quando requisitado ou de soltá-lo, no caso do carcereiro ou diretor da prisão; deixando de providenciar, imediatamente, as informações, em se tratando do juiz; omitindo-se ou retardando o encaminhamento dessas informações, nos casos do escrivão e do oficial de justiça; bem como agindo de uma dessas formas a autoridade policial, caberia a aplicação da multa. Não sendo esta viável, somente as providências criminais pertinentes serão aplicáveis.

Art. 656

Art. 656. Recebida a petição de *habeas corpus*, o juiz, se julgar necessário, e estiver preso o paciente, mandará que este lhe seja imediatamente apresentado em dia e hora que designar.[61-62]

Parágrafo único. Em caso de desobediência, será expedido mandado de prisão contra o detentor, que será processado na forma da lei, e o juiz providenciará para que o paciente seja tirado da prisão e apresentado em juízo.[63-63-A]

61. Liminar em *habeas corpus*: é admissível que o juiz ou tribunal – no caso deste, incumbe a análise à autoridade indicada no Regimento Interno – conceda, se entender necessário, liminar para fazer cessar de imediato a coação. Não é hipótese expressamente prevista em lei, mas admitida com tranquilidade pela jurisprudência. A primeira liminar ocorreu no *Habeas Corpus* 27.200, impetrado no Superior Tribunal Militar por Arnoldo Wald em favor de Evandro Moniz Corrêa de Menezes, dada pelo Ministro Almirante de Esquadra José Espíndola, em 31 de agosto de 1964; logo, em pleno regime militar. Seus termos foram os seguintes: "Como preliminar, determino que o Sr. Encarregado do Inquérito se abstenha de praticar qualquer ato contra o paciente, até definitivo pronunciamento deste E. Tribunal, telegrafando-se ao mesmo, com urgência, para o referido fim". Tratava-se de *habeas corpus* voltado a impedir que o paciente fosse investigado por fato ocorrido em repartição sem qualquer relação com a administração militar. Posteriormente, no Supremo Tribunal Federal, no HC 41.296, impetrado por Sobral Pinto em favor do Governador de Goiás Mauro Borges, foi concedida liminar pelo Ministro Gonçalves de Oliveira, em 14 de novembro de 1964, para que não fosse processado o paciente sem autorização prévia da Assembleia Legislativa do Estado. Argumentou o prolator da decisão: "O *habeas corpus*, do ponto de vista da sua eficácia, é irmão gêmeo do mandado de segurança. (...) Se o processo é o mesmo, e se no mandado de segurança *pode o relator conceder a liminar* até em casos de interesses patrimoniais, não se compreenderia que, em casos em que está em jogo a liberdade individual ou as liberdades públicas, a liminar, no *habeas corpus preventivo não pudesse ser concedida, principalmente, quando o fato ocorre* em dia de sábado, feriado forense, em que o Tribunal, nem no dia seguinte, abre as suas portas" (Arnoldo Wald, *As origens da liminar em habeas corpus no direito brasileiro,* p. 804). E mais, acresce Alberto Silva Franco poder o juiz ou tribunal conceder a tutela cautelar de ofício: "A tutela cautelar mostra-se, nesse caso, de cogente incidência, sendo aplicável até mesmo de ofício. Não se argumente no sentido de que o exercício dessa tutela possa redundar num abuso judicial. As atitudes abusivas, se ocorrentes, serão sempre extraordinárias e não poderão, por isso, representar a contenção do uso normal e regular do poder de cautela" (*Medida liminar em habeas corpus,* p. 72).

62. Apresentação imediata do paciente ao juiz: trata-se de providência possível, mas totalmente inviável e em desuso. Quando a coação ilegal for evidente, basta ao magistrado, de que grau for, conceder medida liminar para a cessão do constrangimento. No caso de ser incabível a liminar, requisita-se as informações. Determinar a apresentação do preso acarreta enorme movimentação da máquina judiciária e traz pouquíssimos benefícios.

63. Não apresentação do paciente requisitado: na hipótese do magistrado determinar a sua apresentação, não o fazendo o encarregado dessa tarefa, desde que haja dolo, é possível a sua prisão em flagrante pelo delito de desobediência, providenciando-se outros meios de fazer o paciente chegar ao lugar designado pela autoridade judiciária.

63-A. Impropriedade do termo mandado de prisão: na realidade, o disposto no parágrafo único tem sentido diverso do que aparenta. O juiz expedirá *mandado de apresentação* (ordem, portanto) do paciente. Se o detentor desobedecer a esta ordem, deverá ser, como já exposto na nota anterior, preso em flagrante de desobediência e processado na forma da lei. Não tem o menor sentido expedir mandado de apresentação e, caso não cumprido, expedir mandado de prisão. Seria um anômalo "mandado de prisão em flagrante". Nessa ótica: Pontes de Miranda (*História e prática do habeas corpus*, p. 457).

> **Art. 657.** Se o paciente estiver preso, nenhum motivo escusará a sua apresentação, salvo:[64]
>
> I – grave enfermidade do paciente;
>
> II – não estar ele sob a guarda da pessoa a quem se atribui a detenção;
>
> III – se o comparecimento não tiver sido determinado pelo juiz ou pelo tribunal.
>
> **Parágrafo único.** O juiz poderá ir ao local em que o paciente se encontrar, se este não puder ser apresentado por motivo de doença.

64. Paciente preso, não apresentado: havendo a requisição para a apresentação do preso em dia e hora previamente designados pelo juiz, escusam o cumprimento da ordem as hipóteses previstas neste artigo: enfermidade grave do paciente, equívoco no encaminhamento da ordem ou determinação do comparecimento feito por autoridade incompetente.

> **Art. 658.** O detentor[65] declarará à ordem de quem o paciente estiver preso.

65. Detentor: é a pessoa que mantiver preso, sob sua custódia, o paciente. Assim, o coator pode ser o juiz, que determinou a prisão, enquanto o detentor será o delegado que estiver com o preso no distrito, ou mesmo o diretor do presídio, onde está o paciente recolhido. Eventualmente, o coator é também o detentor. Tal pode se dar quando o delegado, sem mandado judicial, prende alguém para averiguação, mantendo-o no distrito policial. Nas palavras de Pontes de Miranda, "pode ser qualquer indivíduo, brasileiro ou estrangeiro, autoridade ou simples particular, recrutador ou comandante de fortaleza, agente de força pública, ou quem quer que seja, uma vez que detenha outrem em cárcere público ou privado; ou que esteja de vigia do paciente; ou lhe impeça o caminho; ou o proíba de andar, de mover-se, ou de qualquer modo contrarie a alguém, pessoa física, o direito de ir, ficar e vir. Algumas vezes acórdãos sugerem que só a autoridade possa ser detentor; mas esse não é o conceito histórico e vigente, a respeito de *habeas corpus*" (*História e prática do habeas corpus*, p. 374).

> **Art. 659.** Se o juiz ou o tribunal verificar que já cessou a violência ou coação ilegal, julgará prejudicado o pedido.[66-67]

66. Cessação do interesse de agir: em se tratando de ação, é preciso que exista interesse do impetrante em conseguir o provimento jurisdicional para fazer cessar o constrangimento ilegal, já consumado ou em vias de ocorrer. Por isso, caso não mais subsista a violência ou coação, é natural que uma das condições da ação tenha desaparecido, dando ensejo ao não conhecimento do *habeas corpus*. Ex.: reclama o impetrante contra a prisão ilegal de um paciente, por excesso de prazo na conclusão da instrução. Enviando as informações, o magistrado demonstra que não somente findou a colheita da prova, como também já foi proferida decisão condenatória, contra a qual o réu interpôs apelação. Logo, inexiste interesse para o julgamento do *writ*.

Art. 660

Código de Processo Penal Comentado · **Nucci**

1184

67. Cautela específica quando o pedido não for conhecido: deve o tribunal avaliar se, a despeito de cessada a coação, houve ilegalidade ou abuso de poder, determinando que sejam tomadas as providências cabíveis. Tal medida encontra-se prevista nos Regimentos Internos do Supremo Tribunal Federal (art. 199) e do Superior Tribunal de Justiça (art. 209).

> **Art. 660.** Efetuadas as diligências, e interrogado o paciente, o juiz decidirá, fundamentadamente, dentro de 24 (vinte e quatro) horas.[68-70]
>
> § 1.º Se a decisão for favorável ao paciente, será logo posto em liberdade, salvo se por outro motivo dever ser mantido na prisão.[71]
>
> § 2.º Se os documentos que instruírem a petição evidenciarem a ilegalidade da coação, o juiz ou o tribunal ordenará que cesse imediatamente o constrangimento.[72-72-A]
>
> § 3.º Se a ilegalidade decorrer do fato de não ter sido o paciente admitido a prestar fiança, o juiz arbitrará o valor desta, que poderá ser prestada perante ele, remetendo, neste caso, à autoridade os respectivos autos, para serem anexados aos do inquérito policial ou aos do processo judicial.[73]
>
> § 4.º Se a ordem de *habeas corpus* for concedida para evitar ameaça de violência ou coação ilegal, dar-se-á ao paciente salvo-conduto assinado pelo juiz.[74]
>
> § 5.º Será incontinenti enviada cópia da decisão à autoridade que tiver ordenado a prisão ou tiver o paciente à sua disposição, a fim de juntar-se aos autos do processo.[75]
>
> § 6.º Quando o paciente estiver preso em lugar que não seja o da sede do juízo ou do tribunal que conceder a ordem, o alvará de soltura será expedido pelo telégrafo, se houver, observadas as formalidades estabelecidas no art. 289, parágrafo único, *in fine*, ou por via postal.[76]

68. Rápida solução para o *habeas corpus* e oitiva do Ministério Público de primeiro grau: impõe-se celeridade no trâmite processual do *habeas corpus*, devendo o magistrado proferir sua decisão, em 24 horas, tão logo receba as informações da autoridade apontada como coatora. Note-se que a lei fala em interrogatório do paciente, o que somente ocorreria caso o juiz tivesse determinado a apresentação, algo que não mais tem havido. Por outro lado, não se ouve o Ministério Público de primeiro grau, quando o *habeas corpus* é impetrado ao juiz de direito, por falta de previsão legal. Da decisão tomada pelo magistrado deve ser o órgão ministerial cientificado, pois é parte legítima para apresentar recurso ou mesmo impetrar *habeas corpus* contra decisão denegatória do juiz. Além disso, cabe-lhe providenciar a apuração da responsabilidade da autoridade coatora, quando a ordem for concedida e tiver havido abuso de autoridade. Em defesa da oitiva do representante do Ministério Público em qualquer hipótese está a posição de Hugo Nigro Mazzilli: "Se o Ministério Público não for impetrante nem coator, deve, como fiscal da lei, sempre ser ouvido no *habeas corpus*, antes de qualquer decisão ou sentença, e em qualquer grau de jurisdição, ante a essencialidade de sua função para a prestação jurisdicional em matéria de interesses indisponíveis da coletividade" (O Ministério Público e o *habeas corpus*, p. 415).

69. Assistente de acusação: não toma parte no *habeas corpus*, pois nenhum interesse pode ter a vítima nessa ação constitucional, voltada a fustigar ato constritivo à liberdade de outrem.

70. Querelante: não deve ser ouvido, como regra, no *habeas corpus* impetrado pelo querelado, mas é preciso dar-lhe ciência da decisão, concessiva ou denegatória. Conforme o pedido formulado, no entanto, deve ser chamado a intervir, antes do julgamento do *writ*, pois a decisão pode influir, diretamente, no seu direito de ação – como aconteceria no caso de pedido de trancamento da ação penal feito pelo querelado-paciente.

71. Alvará de soltura clausulado: expede-se a ordem de soltura, em caso de concessão da ordem de *habeas corpus*, condicionada à não existência de outras causas que possam, legalmente, manter o paciente no cárcere. Aliás, toda vez que um juiz determinar a libertação de um indiciado ou réu, o alvará será clausulado.

72. Restrição à produção de prova no *habeas corpus* e ônus da prova: não se produz prova, como regra, no procedimento do *habeas corpus*, devendo o impetrante apresentar, com a inicial, toda a documentação necessária para instruir o pedido. Pode, porventura, o magistrado ou o tribunal, conforme o caso, requisitar da autoridade coatora, além das informações, outros documentos imprescindíveis à formação do seu convencimento, cabendo, também, à autoridade coatora, de ofício, enviar as peças que entender pertinentes para sustentar sua decisão. Entretanto, nada deve ultrapassar esse procedimento, sendo incabível qualquer colheita de prova testemunhal ou pericial, desde que a questão demande urgência, como ocorre no *habeas corpus* libertório. Ampliando esse entendimento, no entanto, estão as posições de Ada, Magalhães e Scarance: "Também não está excluída, por completo, a possibilidade de produção de outras provas, a testemunhal por exemplo, especialmente quando se trata de pedido visando à expedição da ordem em caráter preventivo, pois nessa situação é preferível dilatar-se o procedimento, para melhor esclarecimento dos fatos, ao invés de não conhecer do *writ* por falta de prova cabal da ameaça" (*Recursos no processo penal*, p. 374). Parece-nos razoável esse entendimento, desde que efetivamente se trate de *habeas corpus* preventivo. Se a pessoa já está presa, deve ser suficiente a documentação existente no procedimento ou no processo para fundamentar essa medida coercitiva, sem necessidade de outras colheitas. Convém, ainda, mencionar o ensinamento de Hermínio Alberto Marques Porto, destacando que não se deve confundir falta de direito líquido e certo com questão complexa, merecedora de exame mais acurado: "O exame das provas, nos limites permissíveis para uma decisão sobre pedido em ordem de *habeas corpus*, certo que não pode ser aprofundado, com análises minudentes e valorativas de fontes informativas colocadas em analítico confronto. Mas, para o necessário exame de coação ilegal, tida na impetração como presente, indispensável sejam as provas – e todas elas – examinadas, ou então restaria a proteção, de fonte constitucional, restrita, com sérios gravames à liberdade individual, às hipóteses nas quais a violência ou a coação ilegal, por ilegitimidade ou abuso de poder, sejam prontamente, à primeira vista, em rápida apreciação superficial do articulado na impetração, identificáveis como ocorrendo ou com a suspeita de possível ocorrência. Não pode ser confundida a 'inexistência de direito líquido e certo com a complexidade do pleito', por isso não constituindo obstáculo a uma decisão jurisdicional de proteção reclamada, a necessidade de estudo de provas, ainda que mais profundo, para a verificação da notícia de direito denunciado como ameaçado ou violado" (*Procedimento do júri e habeas corpus*, p. 103). Igualmente as posições de Maria Thereza Rocha de Assis Moura e Cleunice A. Valentim Bastos Pitombo: "Impossível e inviável, de igual modo, no âmbito de cognição do *habeas corpus*, estabelecer-se o contraditório ou admitir-se dilação probatória. Esta deve vir pré-constituída e, sempre, documental. Mesmo porque, na maior parte das vezes, a coação ou o constrangimento ilegal está, intimamente, relacionado com questões, exclusivamente, de direito. Tal não significa, contudo, que o Poder Judiciário esteja impedido de examinar prova em *habeas corpus*, em determinadas situações" (*Habeas corpus e advocacia criminal: ordem liminar e âmbito de cognição*, p. 157).

72-A. *Habeas corpus* e progressão de regime – impropriedade: Para a progressão de regime prisional (fechado ao semiaberto; semiaberto ao aberto), há necessidade de acurado

Art. 661

Código de Processo Penal Comentado · **Nucci**   1186

exame de provas, incompatível com o *habeas corpus*. Porém, cuidando-se de decisão judicial teratológica, pode-se impetrar *habeas corpus*. Exemplo: todos os requisitos estão preenchidos para a progressão e o magistrado (ou tribunal) assim admite, porém o benefício é negado por fator estranho à lei. Nesse caso, é cabível a reparação por meio do *habeas corpus*. Mas esta é a exceção e não a regra.

73. Falta de fixação da fiança: sendo a infração afiançável e não tendo a autoridade policial, após a lavratura do flagrante, fixado o seu valor, permitindo que o indiciado seja solto, evidencia-se um constrangimento ilegal. Entretanto, desnecessário, nesse caso, o *habeas corpus*, bastando uma petição, dirigida ao juiz competente, solicitando o estabelecimento da fiança. Trata-se de procedimento mais célere ainda, pois prescinde da requisição de informações. Impetrando-se o *habeas corpus*, cabe a fixação da fiança pelo magistrado, remetendo os autos do *habeas corpus* à autoridade policial, após a soltura do paciente, para que seja apensado ao inquérito.

74. *Habeas corpus* preventivo e salvo-conduto: no caso da coação estar em vias de se consumar, cabe *habeas corpus* preventivo, solicitando-se ao juiz uma ordem denominada salvo-conduto, consistente em uma garantia para que o paciente não seja vitimado pela iminente violência à sua liberdade de locomoção. A título de exemplo, pode-se mencionar ordem preventiva concedida à prostituta, que não mais aceita a prisão para averiguação, imposta periodicamente por determinada autoridade policial, tendo em vista que sua atividade de comércio do próprio corpo não constitui infração penal. Passa a carregar consigo um salvo-conduto, não mais podendo ser molestada pela polícia.

75. Comunicação à autoridade coatora: a concessão de ordem de *habeas corpus* deve ser, sempre, comunicada à autoridade coatora, para que conste no processo ou no inquérito. Constitui verdadeira garantia de que a situação considerada ilegal, contra a qual foi concedida a ordem, não tornará a ocorrer.

76. Ordem enviada com urgência: admite-se, atualmente, a emissão por qualquer forma, eletrônica ou não, desde que confiável, atestando-se a sua origem.

> **Art. 661.** Em caso de competência originária do Tribunal de Apelação, a petição de *habeas corpus* será apresentada ao secretário, que a enviará imediatamente ao presidente do tribunal, ou da câmara criminal, ou da turma, que estiver reunida, ou primeiro tiver de reunir-se.[77]

77. Liminar em *habeas corpus*: ver nota 61 ao art. 656.

> **Art. 662.** Se a petição contiver os requisitos do art. 654, § 1.º, o presidente,[78] se necessário, requisitará da autoridade indicada como coatora informações por escrito. Faltando, porém, qualquer daqueles requisitos, o presidente mandará preenchê-lo, logo que lhe for apresentada a petição.

78. Regras regimentais e requisição de informações: cada tribunal deve prever, no seu Regimento Interno, a autoridade judiciária competente para despachar a inicial, analisar eventual pedido de liminar, bem como requisitar informações à autoridade coatora. Lembre-se, ainda, que a requisição de informações à autoridade apontada como coatora não é obrigatória. Por vezes, a ilegalidade é tão nítida que independe de mais informes, sendo possível o julgamento imediato do HC. Na jurisprudência: STJ: "3. As normas que preveem a abertura de vista ao Parquet não obstam que o relator, em observância ao princípio da celeridade processual julgue liminarmente a pretensão posta no writ quando o acórdão impugnado for manifestamente contrário à jurisprudência dominante do Superior Tribunal de Justiça, bem como o pedido de informações é mera faculdade do relator do *habeas corpus*, conforme o disposto no art. 662 do CPP" (AgRg no HC n. 826.815/SP, 6.ª T., rel. Jesuíno Rissato, 13.05.2024, v. u.); "1. Nos termos dos arts. 662 e 664 do Código de Processo Penal, a solicitação de informações à autoridade impetrada em *habeas corpus* é mera faculdade do julgador, que poderá dispensá-las, caso entenda haver elementos suficientes para julgar de imediato a pretensão apresentada" (AgRg no HC 673.742/MG, 6.ª T., rel. Laurita Vaz, 03.08.2021, v.u.).

> **Art. 663.** As diligências do artigo anterior não serão ordenadas, se o presidente entender que o *habeas corpus* deva ser indeferido *in limine*.[79] Nesse caso, levará a petição ao tribunal, câmara ou turma, para que delibere a respeito.[80]

79. Indeferimento liminar: é cabível, desde que não estejam preenchidas as condições da ação: possibilidade jurídica do pedido, interesse de agir ou legitimidade de parte. Pode haver, ainda, equívocos formais na petição inicial, tornando incompreensível o pedido. Na jurisprudência: TJMG: "2. Conforme disposto no art. 663 do CPP, pode o Relator dispensar a requisição de informações à autoridade apontada coatora, se entender que o *habeas corpus* deve ser indeferido liminarmente, submetendo sua decisão à apreciação da Turma Julgadora. Consoante doutrina e jurisprudência, a ação autônoma de impugnação, denominada *habeas corpus*, não se restringe, tão somente, aos casos que envolvam prisão, representando, também, uma via alternativa de ataque aos atos judiciais, com a possibilidade, inclusive, de desfazer a coisa julgada" (Apelação 10000190910448000, rel. Eduardo Macho, 06.08.2019, v.u.).

80. Deliberação final do colegiado e recurso de ofício: como afirmado em nota anterior, depende do Regimento Interno de cada Tribunal. Pode ser o relator ou o presidente da Seção Criminal, em lugar do presidente da Corte, a apreciar a liminar. A decisão final, entretanto, deve ser sempre de órgão colegiado.

> **Art. 664.** Recebidas as informações, ou dispensadas,[81] o *habeas corpus* será julgado na primeira sessão,[82] podendo, entretanto, adiar-se o julgamento para a sessão seguinte.
>
> **Parágrafo único.** A decisão será tomada por maioria de votos. Havendo empate, se o presidente não tiver tomado parte na votação, proferirá voto de desempate; no caso contrário, prevalecerá a decisão mais favorável ao paciente.[83]

81. Parecer do Ministério Público: é necessário ouvir o órgão de segundo grau do Ministério Público – Procuradoria-Geral da Justiça ou da República, conforme o caso –, embora não esteja previsto neste dispositivo, por se tratar de redação de 1941. Posteriormente, houve a previsão legal para tanto, por meio do Dec.-lei 552/1969: "Ao Ministério Público será sempre concedida, nos tribunais federais ou estaduais, vista dos autos relativos a processos de *habeas corpus*, originários ou em grau de recurso pelo prazo de 2 (dois) dias. § 1.º Findo esse prazo, os autos, com ou sem parecer, serão conclusos ao relator para julgamento, independentemente de pauta. § 2.º A vista ao Ministério Público será concedida após a prestação das informações

Art. 665

Código de Processo Penal Comentado · **Nucci**

1188

pela autoridade coatora, salvo se o relator entender desnecessário solicitá-las, ou se, solicitadas, não tiverem sido prestadas. § 3.º No julgamento dos processos a que se refere este artigo será assegurada a intervenção oral do representante do Ministério Público" (art. 1.º).

82. Julgamento célere: impõe-se rapidez no julgamento dos pedidos de *habeas corpus*, podendo o tribunal incluir o feito na pauta, independentemente de prévia publicação, com ciência ao impetrante. A urgência se sobrepõe, nesse caso, à publicidade do ato, pois o defensor pode não ficar ciente. Conferir a Súmula 431 do Supremo Tribunal Federal: "É nulo o julgamento de recurso criminal, na segunda instância, sem prévia intimação, ou publicação da pauta, salvo em *habeas corpus*". Entretanto, o STF apresentou entendimento mais abrangente, em consonância com o princípio da ampla defesa, determinando ao STJ que divulgasse, por meio de sua página na internet, com 48 horas de antecedência, a data do julgamento do *habeas corpus*, de modo a viabilizar a sustentação oral pretendida pelo advogado do impetrante (HC 92.253, 1.ª T., rel. Carlos Ayres Britto, 27.11.2007, v.u. – para ilustração).

83. Competência originária de Tribunal Superior: aplica-se a mesma regra. Dispõe a Lei 8.038/1990 que "a decisão de Turma, no Superior Tribunal de Justiça, será tomada pelo voto da maioria absoluta de seus membros" (art. 41-A). E, no parágrafo único, que "em *habeas corpus* originário ou recursal, havendo empate, prevalecerá a decisão mais favorável ao paciente".

> **Art. 665.** O secretário do tribunal lavrará a ordem que, assinada pelo presidente do tribunal, câmara ou turma, será dirigida, por ofício ou telegrama, ao detentor, ao carcereiro ou autoridade que exercer ou ameaçar exercer o constrangimento.
>
> **Parágrafo único.** A ordem transmitida por telegrama obedecerá ao disposto no art. 289, parágrafo único, *in fine* [a redação do art. 289 foi alterada pela Lei 12.403/2011].
>
> **Art. 666.** Os regimentos dos Tribunais de Apelação[84] estabelecerão as normas complementares para o processo e julgamento do pedido de *habeas corpus* de sua competência originária.

84. Tribunais de Apelação: não há mais essa denominação para os tribunais de segundo grau no País, devendo ser corrigida para adaptação, conforme o caso: Tribunal de Justiça, Tribunal Regional Federal, Tribunal de Justiça Militar, entre outros.

> **Art. 667.** No processo e julgamento do *habeas corpus* de competência originária do Supremo Tribunal Federal, bem como nos de recurso das decisões de última ou única instância, denegatórias de *habeas corpus*, observar-se-á, no que lhes for aplicável, o disposto nos artigos anteriores, devendo o regimento interno do tribunal estabelecer as regras complementares.[85-86-A]

85. Regimento Interno do Supremo Tribunal Federal: os dispositivos que cuidam, especificamente, do *habeas corpus* são os seguintes: 6.º, I, *a*, II, *c* e III, *b*, 9.º, I, *a* e II, *a*, 21, XI, 52, VIII, 55, XIII, 56, I, 61, § 1.º, I, 68, *caput*, 77, parágrafo único, 83, § 1.º, III, 145, I, 146, parágrafo único, 149, I, 150, § 3.º, 188 a 199, 310 a 312.

86. Regimento Interno do Superior Tribunal de Justiça: os dispositivos que cuidam, especificamente, do *habeas corpus* são os seguintes: 11, II, 12, I, 13, I, *a* e *b*, e II, *a*, 34, XX, 64, III, 67, XI, 83, § 1.º, 91, I, 177, II, 180, II, 181, § 4.º, 201 a 210, 215, 244 a 246.

86-A. Reiteração do *habeas corpus*: não há impedimento algum em ingressar com nova impetração, ainda que baseada nos mesmos fatos, uma vez que a decisão proferida, considerando-se em especial a denegatória, motivadora de outro pedido, não produz coisa julgada material. É lógico que o Tribunal, já tendo decidido exatamente a mesma questão, poderá não conhecer do pedido, aguardando, por exemplo, que o indiciado, réu ou condenado cerque-se de novas provas para ingressar com o *habeas corpus*. Eventualmente, no entanto, alterada a composição da Câmara, é possível que o pedido seja concedido. Diz Pontes de Miranda que "o pedido pode ser renovado tantas vezes quantas forem as denegações, ainda que pelos mesmos fundamentos, recorrendo-se, ou não, para a instância superior, quando a houver, ou renovando-se o pedido, quando se originar dessa a denegação. (...) Não vale, portanto, o *ne bis in idem*, se denegatória a decisão. A concessão pode fazer coisa julgada *material*" (Pontes de Miranda, *História e prática do habeas corpus – Direito constitucional e processual comparado*, p. 377-378). Exemplo de formação de coisa julgada material seria a decisão que anula o processo criminal, findo ou em andamento, por falta de justa causa para a ação penal, fundada na impossibilidade jurídica do pedido. Mas, como regra, a decisão concessiva ou denegatória de *habeas corpus* produz apenas coisa julgada formal. Exemplo disso seria a concessão da ordem para a soltura de réu preso por mais tempo do que determina a lei. Pode haver nova prisão, por outra causa qualquer, cabendo, então, a reiteração do pedido de *habeas corpus*. Quando houver denegação da ordem, é possível que, existindo fato ou prova nova, o pedido seja reiterado ao juiz ou tribunal. Logicamente, sem o requisito inédito (fato ou prova), não será conhecido o pedido.

Recursos e ações de impugnação no processo penal

Recursos

1 – Recurso em sentido estrito: arts. 581 a 592
2 – Apelação: arts. 593 a 603
3 – Embargos de declaração: arts. 619 e 620
4 – Embargos infringentes e de nulidade: art. 609, parágrafo único
5 – Carta testemunhável: arts. 639 a 646
6 – Correição parcial: art. 6.º, I, Lei 5.010/66; arts. 93 a 96 do Dec.-lei complementar estadual de São Paulo 3/69
7 – Reclamação: arts. 988 a 993 do CPC/2015
8 – Agravo em execução: art. 197, Lei de Execução Penal
9 – Agravo regimental: art. 39, Lei 8.038/90 e Regimento Interno dos Tribunais
10 – Recurso extraordinário: art. 102, III, CF
11 – Recurso especial: art. 105, III, CF
12 – Recurso ordinário constitucional – ver arts. 102, II, e 105, II, CF
13 – Embargos de divergência – ver arts. 330 a 332, RISTF: arts. 266 e 267, RISTJ

Ações de impugnação

1 – Revisão criminal: arts. 621 a 631
2 – *Habeas corpus*: arts. 647 a 667 e art. 5.º, LXVIII, CF
3 – Mandado de segurança: Lei 12.016/2009 e art. 5.º, LXIX, CF
4 – Unificação de penas: art. 66, III, *a*, Lei de Execução Penal

LIVRO IV
DA EXECUÇÃO

- Embora não tenha havido revogação expressa do Livro IV do CPP, a Lei 7.210/1984 (Lei de Execução Penal) regulou toda a matéria. Mantivemos os arts. 668 a 779, com a redação consolidada pela Lei 6.416/1977.

- O Capítulo II, referente à Reabilitação, no entanto, não foi afetado, pois a Lei de Execução Penal nada disciplinou a seu respeito. Continua em vigor, apenas com as alterações introduzidas pelo disposto nos arts. 93 a 95 do Código Penal.

Título I
Disposições Gerais

Art. 668. A execução, onde não houver juiz especial, incumbirá ao juiz da sentença, ou, se a decisão for do Tribunal do Júri, ao seu presidente.

Parágrafo único. Se a decisão for de tribunal superior, nos casos de sua competência originária, caberá ao respectivo presidente prover-lhe a execução.

Art. 669. Só depois de passar em julgado, será exequível a sentença, salvo:

I – quando condenatória, para o efeito de sujeitar o réu a prisão, ainda no caso de crime afiançável, enquanto não for prestada a fiança;

II – quando absolutória, para o fim de imediata soltura do réu, desde que não proferida em processo por crime a que a lei comine pena de reclusão, no máximo, por tempo igual ou superior a 8 (oito) anos.

Art. 670. No caso de decisão absolutória confirmada ou proferida em grau de apelação incumbirá ao relator fazer expedir o alvará de soltura, de que dará imediatamente conhecimento ao juiz de primeira instância.

Art. 671. Os incidentes da execução serão resolvidos pelo respectivo juiz.

Art. 672. Computar-se-á na pena privativa da liberdade o tempo:

I – de prisão preventiva no Brasil ou no estrangeiro;

II – de prisão provisória no Brasil ou no estrangeiro;

III – de internação em hospital ou manicômio.

Art. 673. Verificado que o réu, pendente a apelação por ele interposta, já sofreu prisão por tempo igual ao da pena a que foi condenado, o relator do feito mandará pô-lo imediatamente em liberdade, sem prejuízo do julgamento do recurso, salvo se, no caso de crime a que a lei comine pena de reclusão, no máximo, por tempo igual ou superior a 8 (oito) anos, o querelante ou o Ministério Público também houver apelado da sentença condenatória.[1]

1. Acórdão de competência originária: como já visto na nota 25 ao art. 618, quando se tratar de processo de competência originária, isto é, para autoridades que possuem foro privilegiado, uma vez que serão julgadas pela mais alta instância constitucionalmente prevista para o caso (exemplos: para o Presidente da República, em caso de crime comum, é o Supremo Tribunal Federal; para o Governador do Estado, no mesmo caso, é o Superior Tribunal de Justiça; para o juiz de direito, na mesma hipótese, trata-se do Tribunal de Justiça), não há possibilidade de haver recurso ordinário. Inexiste, nesse caso, o duplo grau de jurisdição, entendido esse como a assunção obrigatória do apelo para uma segunda avaliação dos fatos e do mérito da causa. Entretanto, se o julgamento se der em 2.º grau, havendo interposição de recurso especial ou extraordinário, não se pode aplicar a pena, seja ela qual for, pois não houve trânsito em julgado, prevalecendo a presunção de inocência. O mesmo se dá, caso o julgamento ocorra no Superior Tribunal de Justiça e houver a interposição de recurso extraordinário.

Título II
Da Execução das Penas em Espécie

Capítulo I
DAS PENAS PRIVATIVAS
DE LIBERDADE

Art. 674. Transitando em julgado a sentença que impuser pena privativa de liberdade, se o réu já estiver preso, ou vier a ser preso, o juiz ordenará a expedição de carta de guia para o cumprimento da pena.

Parágrafo único. Na hipótese do art. 82, última parte, a expedição da carta de guia será ordenada pelo juiz competente para a soma ou unificação das penas.

Art. 675. No caso de ainda não ter sido expedido mandado de prisão, por tratar-se de infração penal em que o réu se livra solto ou por estar afiançado, o juiz, ou o presidente da câmara ou tribunal, se tiver havido recurso, fará expedir o mandado de prisão, logo que transite em julgado a sentença condenatória.

§ 1.º No caso de reformada pela superior instância, em grau de recurso, a sentença absolutória, estando o réu solto, o presidente da câmara ou do tribunal fará, logo após a sessão de julgamento, remeter ao chefe de polícia o mandado de prisão do condenado.

§ 2.º Se o réu estiver em prisão especial, deverá, ressalvado o disposto na legislação relativa aos militares, ser expedida ordem para sua imediata remoção para prisão comum, até que se verifique a expedição de carta de guia para o cumprimento da pena.

Art. 676. A carta de guia, extraída pelo escrivão e assinada pelo juiz, que a rubricará em todas as folhas, será remetida ao diretor do estabelecimento em que tenha de ser cumprida a sentença condenatória, e conterá:

I – o nome do réu e a alcunha por que for conhecido;

II – a sua qualificação civil (naturalidade, filiação, idade, estado, profissão), instrução e, se constar, número do registro geral do Instituto de Identificação e Estatística ou de repartição congênere;

III – o teor integral da sentença condenatória e a data da terminação da pena.

Art. 677

Código de Processo Penal Comentado · Nucci

1196

Parágrafo único. Expedida carta de guia para cumprimento de uma pena, se o réu estiver cumprindo outra, só depois de terminada a execução desta será aquela executada. Retificar-se-á a carta de guia sempre que sobrevenha modificação quanto ao início da execução ou ao tempo de duração da pena.

Art. 677. Da carta de guia e seus aditamentos se remeterá cópia ao Conselho Penitenciário.

Art. 678. O diretor do estabelecimento, em que o réu tiver de cumprir a pena, passará recibo da carta de guia para juntar-se aos autos do processo.

Art. 679. As cartas de guia serão registradas em livro especial, segundo a ordem cronológica do recebimento, fazendo-se no curso da execução as anotações necessárias.

Art. 680. Computar-se-á no tempo da pena o período em que o condenado, por sentença irrecorrível, permanecer preso em estabelecimento diverso do destinado ao cumprimento dela.

Art. 681. Se impostas cumulativamente penas privativas da liberdade, será executada primeiro a de reclusão, depois a de detenção e por último a de prisão simples.

Art. 682. O sentenciado a que sobrevier doença mental, verificada por perícia médica, será internado em manicômio judiciário, ou, à falta, em outro estabelecimento adequado, onde lhe seja assegurada a custódia.

§ 1.º Em caso de urgência, o diretor do estabelecimento penal poderá determinar a remoção do sentenciado, comunicando imediatamente a providência ao juiz, que, em face da perícia médica, ratificará ou revogará a medida.

§ 2.º Se a internação se prolongar até o término do prazo restante da pena e não houver sido imposta medida de segurança detentiva, o indivíduo terá o destino aconselhado pela sua enfermidade, feita a devida comunicação ao juiz de incapazes.

Art. 683. O diretor da prisão a que o réu tiver sido recolhido provisoriamente ou em cumprimento de pena comunicará imediatamente ao juiz o óbito, a fuga ou a soltura do detido ou sentenciado para que fique constando dos autos.

Parágrafo único. A certidão de óbito acompanhará a comunicação.

Art. 684. A recaptura do réu evadido não depende de prévia ordem judicial e poderá ser efetuada por qualquer pessoa.

Art. 685. Cumprida ou extinta a pena, o condenado será posto, imediatamente, em liberdade, mediante alvará do juiz, no qual se ressalvará a hipótese de dever o condenado continuar na prisão por outro motivo legal.

Parágrafo único. Se tiver sido imposta medida de segurança detentiva, o condenado será removido para estabelecimento adequado (art. 762).

Capítulo II

DAS PENAS PECUNIÁRIAS

Art. 686. A pena de multa será paga dentro em 10 (dez) dias após haver transitado em julgado a sentença que a impuser.

Parágrafo único. Se interposto recurso da sentença, esse prazo será contado do dia em que o juiz ordenar o cumprimento da decisão da superior instância.

Art. 687 O juiz poderá, desde que o condenado o requeira:

I – prorrogar o prazo do pagamento da multa até 3 (três) meses, se as circunstâncias justificarem essa prorrogação;

II – permitir, nas mesmas circunstâncias, que o pagamento se faça em parcelas mensais, no prazo que fixar, mediante caução real ou fidejussória, quando necessário.

§ 1.º O requerimento, tanto no caso do n. I, como no do n. II, será feito dentro do decêndio concedido para o pagamento da multa.

§ 2.º A permissão para o pagamento em parcelas será revogada, se o juiz verificar que o condenado dela se vale para fraudar a execução da pena. Nesse caso, a caução resolver-se-á em valor monetário, devolvendo-se ao condenado o que exceder à satisfação da multa e das custas processuais.

Art. 688. Findo o decêndio ou a prorrogação sem que o condenado efetue o pagamento, ou ocorrendo a hipótese prevista no § 2.º do artigo anterior, observar-se-á o seguinte:

I – possuindo o condenado bens sobre os quais possa recair a execução, será extraída certidão da sentença condenatória, a fim de que o Ministério Público proceda à cobrança judicial;

II – sendo o condenado insolvente, far-se-á a cobrança:

a) mediante desconto de quarta parte de sua remuneração (arts. 29, § 1.º, e 37 do Código Penal), quando cumprir pena privativa da liberdade, cumulativamente imposta com a de multa;

b) mediante desconto em seu vencimento ou salário, se, cumprida a pena privativa da liberdade, ou concedido o livramento condicional, a multa não houver sido resgatada;

c) mediante esse desconto, se a multa for a única pena imposta ou no caso de suspensão condicional da pena.

§ 1.º O desconto, nos casos das letras b e c, será feito mediante ordem ao empregador, à repartição competente ou à administração da entidade paraestatal, e, antes de fixá-lo, o juiz requisitará informações e ordenará diligências, inclusive arbitramento, quando necessário, para observância do art. 37, § 3.º, do Código Penal.

§ 2.º Sob pena de desobediência e sem prejuízo da execução a que ficará sujeito, o empregador será intimado a recolher mensalmente, até o dia fixado pelo juiz, a importância correspondente ao desconto, em selo penitenciário, que será inutilizado nos autos pelo juiz.

§ 3.º Se o condenado for funcionário estadual ou municipal ou empregado de entidade paraestatal, a importância do desconto será, semestralmente, recolhida ao Tesouro Nacional, delegacia fiscal ou coletoria federal, como receita do selo penitenciário.

§ 4.º As quantias descontadas em folha de pagamento de funcionário federal constituirão renda do selo penitenciário.

Art. 689. A multa será convertida, à razão de dez mil-réis por dia, em detenção ou prisão simples, no caso de crime ou de contravenção:

I – se o condenado solvente frustrar o pagamento da multa;

II – se não forem pagas pelo condenado solvente as parcelas mensais autorizadas sem garantia.

Art. 690

§ 1.º Se o juiz reconhecer desde logo a existência de causa para a conversão, a ela procederá de ofício ou a requerimento do Ministério Público, independentemente de audiência do condenado; caso contrário, depois de ouvir o condenado, se encontrado no lugar da sede do juízo, poderá admitir a apresentação de prova pelas partes, inclusive testemunhal, no prazo de 3 (três) dias.

§ 2.º O juiz, desde que transite em julgado a decisão, ordenará a expedição de mandado de prisão ou aditamento à carta de guia, conforme esteja o condenado solto ou em cumprimento de pena privativa da liberdade.

§ 3.º Na hipótese do inciso II deste artigo, a conversão será feita pelo valor das parcelas não pagas.

Art. 690. O juiz tornará sem efeito a conversão, expedindo alvará de soltura ou cassando a ordem de prisão, se o condenado, em qualquer tempo:

I – pagar a multa;

II – prestar caução real ou fidejussória que lhe assegure o pagamento.

Parágrafo único. No caso do n. II, antes de homologada a caução, será ouvido o Ministério Público dentro do prazo de 2 (dois) dias.

Capítulo III
DAS PENAS ACESSÓRIAS

Art. 691. O juiz dará à autoridade administrativa competente conhecimento da sentença transitada em julgado, que impuser ou de que resultar a perda da função pública ou a incapacidade temporária para investidura em função pública ou para exercício de profissão ou atividade.

Art. 692. No caso de incapacidade temporária ou permanente para o exercício do pátrio poder, da tutela ou da curatela, o juiz providenciará para que sejam acautelados, no juízo competente, a pessoa e os bens do menor ou do interdito.

Art. 693. A incapacidade permanente ou temporária para o exercício da autoridade marital ou do pátrio poder será averbada no registro civil.

Art. 694. As penas acessórias consistentes em interdições de direitos serão comunicadas ao Instituto de Identificação e Estatística ou estabelecimento congênere, figurarão na folha de antecedentes do condenado e serão mencionadas no rol de culpados.

Art. 695. Iniciada a execução das interdições temporárias (art. 72, a e b, do Código Penal), o juiz, de ofício, a requerimento do Ministério Público ou do condenado, fixará o seu termo final, completando as providências determinadas nos artigos anteriores.

Título III
Dos Incidentes da Execução

Capítulo I
DA SUSPENSÃO CONDICIONAL DA PENA

Art. 696. O juiz poderá suspender, por tempo não inferior a 2 (dois) nem superior a 6 (seis) anos, a execução das penas de reclusão e de detenção que não excedam a 2 (dois) anos, ou, por tempo não inferior a 1 (um) nem superior a 3 (três) anos, a execução da pena de prisão simples, desde que o sentenciado:

I – não haja sofrido, no País ou no estrangeiro, condenação irrecorrível por outro crime a pena privativa da liberdade, salvo o disposto no parágrafo único do art. 46 do Código Penal;

II – os antecedentes e a personalidade do sentenciado, os motivos e as circunstâncias do crime autorizem a presunção de que não tornará a delinquir.

Parágrafo único. Processado o beneficiário por outro crime ou contravenção, considerar-se-á prorrogado o prazo da suspensão da pena até o julgamento definitivo.

Art. 697. O juiz ou tribunal, na decisão que aplicar pena privativa da liberdade não superior a 2 (dois) anos, deverá pronunciar-se, motivadamente, sobre a suspensão condicional, quer a conceda quer a denegue.

Art. 698. Concedida a suspensão, o juiz especificará as condições a que fica sujeito o condenado, pelo prazo previsto, começando este a correr da audiência em que se der conhecimento da sentença ao beneficiário e lhe for entregue documento similar ao descrito no art. 724.

§ 1.º As condições serão adequadas ao delito e à personalidade do condenado.

§ 2.º Podeão ser impostas, além das estabelecidas no art. 767, como normas de conduta e obrigações, as seguintes condições:

I – frequentar curso de habilitação profissional ou de instrução escolar;

II – prestar serviços em favor da comunidade;

III – atender aos encargos de família;

IV – submeter-se a tratamento de desintoxicação.

§ 3.º O juiz poderá fixar, a qualquer tempo, de ofício ou a requerimento do Ministério Público, outras condições além das especificadas na sentença e das referidas no parágrafo anterior, desde que as circunstâncias o aconselhem.

§ 4.º A fiscalização do cumprimento das condições deverá ser regulada, nos Estados, Territórios e Distrito Federal, por normas supletivas e atribuída a serviço social penitenciário, patronato, conselho de comunidade ou entidades similares, inspecionadas pelo Conselho Penitenciário, pelo Ministério Público ou ambos, devendo o juiz da execução na comarca suprir, por ato, a falta das normas supletivas.

§ 5.º O beneficiário deverá comparecer periodicamente à entidade fiscalizadora, para comprovar a observância das condições a que está sujeito, comunicando, também, a sua ocupação, os salários ou proventos de que vive, as economias que conseguiu realizar e as dificuldades materiais ou sociais que enfrenta.

§ 6.º A entidade fiscalizadora deverá comunicar imediatamente ao órgão de inspeção, para os fins legais (arts. 730 e 731), qualquer fato capaz de acarretar a revogação do benefício, a prorrogação do prazo ou a modificação das condições.

§ 7.º Se for permitido ao beneficiário mudar-se, será feita comunicação ao juiz e à entidade fiscalizadora do local da nova residência, aos quais deverá apresentar-se imediatamente.

Art. 699. No caso de condenação pelo Tribunal do Júri, a suspensão condicional da pena competirá ao seu presidente.

Art. 700. A suspensão não compreende a multa, as penas acessórias, os efeitos da condenação nem as custas.

Art. 701. O juiz, ao conceder a suspensão, fixará, tendo em conta as condições econômicas ou profissionais do réu, o prazo para o pagamento, integral ou em prestações, das custas do processo e taxa penitenciária.

Art. 702. Em caso de coautoria, a suspensão poderá ser concedida a uns e negada a outros réus.

Art. 703. O juiz que conceder a suspensão lerá ao réu, em audiência, a sentença respectiva, e o advertirá das consequências de nova infração penal e da transgressão das obrigações impostas.

Art. 704. Quando for concedida a suspensão pela superior instância, a esta caberá estabelecer-lhe as condições, podendo a audiência ser presidida por qualquer membro do tribunal ou câmara, pelo juiz do processo ou por outro designado pelo presidente do tribunal ou câmara.

Art. 705. Se, intimado pessoalmente ou por edital com prazo de 20 (vinte) dias, o réu não comparecer à audiência a que se refere o art. 703, a suspensão ficará sem efeito e será executada imediatamente a pena, salvo prova de justo impedimento, caso em que será marcada nova audiência.

Art. 706. A suspensão também ficará sem efeito se, em virtude de recurso, for aumentada a pena de modo que exclua a concessão do benefício.

Art. 707. A suspensão será revogada se o beneficiário:

I – é condenado, por sentença irrecorrível, a pena privativa da liberdade;

II – frustra, embora solvente, o pagamento da multa, ou não efetua, sem motivo justificado, a reparação do dano.

Parágrafo único. O juiz poderá revogar a suspensão, se o beneficiário deixa de cumprir qualquer das obrigações constantes da sentença, de observar proibições inerentes à pena acessória, ou é irrecorrivelmente condenado a pena que não seja privativa da liberdade; se não a revogar, deverá advertir o beneficiário ou exacerbar as condições ou, ainda, prorrogar o período da suspensão ate o máximo, se esse limite não foi o fixado.

Art. 708. Expirado o prazo de suspensão ou a prorrogação, sem que tenha ocorrido motivo de revogação, a pena privativa de liberdade será declarada extirta.

Parágrafo único. O juiz, quando julgar necessário, requisitará, antes do julgamento, nova folha de antecedentes do beneficiário.

Art. 709. A condenação será inscrita, com a nota de suspensão, em livros especiais do Instituto de Identificação e Estatística, ou repartição congênere, averbando-se mediante comunicação do juiz ou do tribunal, a revogação da suspensão ou a extinção da pena. Em caso de revogação, será feita a averbação definitiva no registro geral.

§ 1.º Nos lugares onde não houver Instituto de Identificação e Estatística ou repartição congênere, o registro e a averbação serão feitos em livro próprio no juízo ou no tribunal.

§ 2.º O registro será secreto, salvo para efeito de informações requisitadas por autoridade judiciária, no caso de novo processo.

§ 3.º Não se aplicará o disposto no § 2.º, quando houver sido imposta ou resultar de condenação pena acessória consistente em interdição de direitos.

Capítulo II

DO LIVRAMENTO CONDICIONAL

Art. 710. O livramento condicional poderá ser concedido ao condenado a pena privativa da liberdade igual ou superior a 2 (dois) anos, desde que se verifiquem as condições seguintes:

I – cumprimento de mais da metade da pena, ou mais de 3/4 (três quartos), se reincidente o sentenciado;

II – ausência ou cessação de periculosidade;

III – bom comportamento durante a vida carcerária;

IV – aptidão para prover à própria subsistência mediante trabalho honesto;

V – reparação do dano causado pela infração, salvo impossibilidade de fazê-lo.

Art. 711. As penas que correspondem a infrações diversas podem somar-se, para efeito do livramento.

Art. 712. O livramento condicional poderá ser concedido mediante requerimento do sentenciado, de seu cônjuge ou de parente em linha reta, ou por proposta do diretor do estabelecimento penal, ou por iniciativa do Conselho Penitenciário.

Parágrafo único. No caso do artigo anterior, a concessão do livramento competirá ao juiz da execução da pena que o condenado estiver cumprindo.

Art. 713

Art. 713. As condições de admissibilidade, conveniência e oportunidade da concessão do livramento serão verificadas pelo Conselho Penitenciário, a cujo parecer não ficará, entretanto, adstrito o juiz.

Art. 714. O diretor do estabelecimento penal remeterá ao Conselho Penitenciário minucioso relatório sobre:

I – o caráter do sentenciado, revelado pelos seus antecedentes e conduta na prisão;

II – o procedimento do liberando na prisão, sua aplicação ao trabalho e seu trato com os companheiros e funcionários do estabelecimento;

III – suas relações, quer com a família, quer com estranhos;

IV – seu grau de instrução e aptidão profissional, com a indicação dos serviços em que haja sido empregado e da especialização anterior ou adquirida na prisão;

V – sua situação financeira, e seus propósitos quanto ao seu futuro meio de vida, juntando o diretor, quando dada por pessoa idônea, promessa escrita de colocação do liberando, com indicação do serviço e do salário.

Parágrafo único. O relatório será, dentro do prazo de 15 (quinze) dias, remetido ao Conselho, com o prontuário do sentenciado, e, na falta, o Conselho opinará livremente, comunicando à autoridade competente a omissão do diretor da prisão.

Art. 715. Se tiver sido imposta medida de segurança detentiva, o livramento não poderá ser concedido sem que se verifique, mediante exame das condições do sentenciado, a cessação da periculosidade.

Parágrafo único. Consistindo a medida de segurança em internação em casa de custódia e tratamento, proceder-se-á a exame mental do sentenciado.

Art. 716. A petição ou a proposta de livramento será remetida ao juiz ou ao tribunal por ofício do presidente do Conselho Penitenciário, com a cópia do respectivo parecer e do relatório do diretor da prisão.

§ 1.º Para emitir parecer, o Conselho poderá determinar diligências e requisitar os autos do processo.

§ 2.º O juiz ou o tribunal mandará juntar a petição ou a proposta, com o ofício ou documento que a acompanhar, aos autos do processo, e proferirá sua decisão, previamente ouvido o Ministério Público.

Art. 717. Na ausência da condição prevista no art. 710, I, o requerimento será liminarmente indeferido.

Art. 718. Deferido o pedido, o juiz, ao especificar as condições a que ficará subordinado o livramento, atenderá ao disposto no art. 698, §§ 1.º, 2.º e 5.º.

§ 1.º Se for permitido ao liberado residir fora da jurisdição do juiz da execução, remeter-se-á cópia da sentença do livramento à autoridade judiciária do lugar para onde ele se houver transferido, e à entidade de observação cautelar e proteção.

§ 2.º O liberado será advertido da obrigação de apresentar-se imediatamente à autoridade judiciária e à entidade de observação cautelar e proteção.

Art. 719. O livramento ficará também subordinado à obrigação de pagamento das custas do processo e da taxa penitenciária, salvo caso de insolvência comprovada.

Parágrafo único. O juiz poderá fixar o prazo para o pagamento integral ou em prestações, tendo em consideração as condições econômicas ou profissionais do liberado.

Art. 720. A forma de pagamento da multa, ainda não paga pelo liberando, será determinada de acordo com o disposto no art. 688.

Art. 721. Reformada a sentença denegatória do livramento, os autos baixarão ao juiz da primeira instância, a fim de que determine as condições que devam ser impostas ao liberando.

Art. 722. Concedido o livramento, será expedida carta de guia, com a cópia integral da sentença em duas vias, remetendo-se uma ao diretor do estabelecimento penal e outra ao presidente do Conselho Penitenciário.

Art. 723. A cerimônia do livramento condicional será realizada solenemente, em dia marcado pela autoridade que deva presidi-la, observando-se o seguinte:

I – a sentença será lida ao liberando, na presença dos demais presos, salvo motivo relevante, pelo presidente do Conselho Penitenciário, ou pelo seu representante junto ao estabelecimento penal, ou, na falta, pela autoridade judiciária local;

II – o diretor do estabelecimento penal chamará a atenção do liberando para as condições impostas na sentença de livramento;

III – o preso declarará se aceita as condições.

§ 1.º De tudo, em livro próprio, se lavrará termo, subscrito por quem presidir a cerimônia, e pelo liberando, ou alguém a seu rogo, se não souber ou não puder escrever.

§ 2.º Desse termo, se remeterá cópia ao juiz do processo.

Art. 724. Ao sair da prisão o liberado, ser-lhe-á entregue, além do saldo do seu pecúlio e do que lhe pertencer, uma caderneta que exibirá à autoridade judiciária ou administrativa sempre que lhe for exigido. Essa caderneta conterá:

I – a reprodução da ficha de identidade, ou o retrato do liberado, sua qualificação e sinais característicos;

II – o texto impresso dos artigos do presente Capítulo;

III – as condições impostas ao liberado;

IV – a pena acessória a que esteja sujeito.

§ 1.º Na falta de caderneta, será entregue ao liberado um salvo-conduto, em que constem as condições do livramento e a pena acessória, podendo substituir-se a ficha de identidade ou o retrato do liberado pela descrição dos sinais que possam identificá-lo.

§ 2.º Na caderneta e no salvo-conduto deve haver espaço para consignar o cumprimento das condições referidas no art. 718.

Art. 725. A observação cautelar e proteção realizadas por serviço social penitenciário, patronato, conselho de comunidade ou entidades similares, terá a finalidade de:

I – fazer observar o cumprimento da pena acessória, bem como das condições especificadas na sentença concessiva do benefício;

II – proteger o beneficiário, orientando-o na execução de suas obrigações e auxiliando-o na obtenção de atividade laborativa.

Art. 726

Parágrafo único. As entidades encarregadas de observação cautelar e proteção do liberado apresentarão relatório ao Conselho Penitenciário, para efeito da representação prevista nos arts. 730 e 731.

Art. 726. Revogar-se-á o livramento condicional, se o liberado vier, por crime ou contravenção, a ser condenado por sentença irrecorrível a pena privativa de liberdade.

Art. 727. O juiz pode, também, revogar o livramento, se o liberado deixar de cumprir qualquer das obrigações constantes da sentença, de observar proibições inerentes à pena acessória ou for irrecorrivelmente condenado, por crime, à pena que não seja privativa da liberdade.

Parágrafo único. Se o juiz não revogar o livramento, deverá advertir o liberado ou exacerbar as condições.

Art. 728. Se a revogação for motivada por infração penal anterior à vigência do livramento, computar-se-á no tempo da pena o período em que esteve solto o liberado, sendo permitida, para a concessão de novo livramento, a soma do tempo das duas penas.

Art. 729. No caso de revogação por outro motivo, não se computará na pena o tempo em que esteve solto o liberado, e tampouco se concederá, em relação à mesma pena, novo livramento.

Art. 730. A revogação do livramento será decretada mediante representação do Conselho Penitenciário, ou a requerimento do Ministério Público, ou de ofício, pelo juiz, que, antes, ouvirá o liberado, podendo ordenar diligências e permitir a produção de prova, no prazo de 5 (cinco) dias.

Art. 731. O juiz, de ofício, a requerimento do Ministério Público, ou mediante representação do Conselho Penitenciário, poderá modificar as condições ou normas de conduta especificadas na sentença, devendo a respectiva decisão ser lida ao liberado por uma das autoridades ou por um dos funcionários indicados no inciso I do art. 723, observado o disposto nos incisos II e III, e §§ 1.º e 2.º do mesmo artigo.

Art. 732. Praticada pelo liberado nova infração, o juiz ou o tribunal poderá ordenar a sua prisão, ouvido o Conselho Penitenciário, suspendendo o curso do livramento condicional, cuja revogação ficará, entretanto, dependendo da decisão final no novo processo.

Art. 733. O juiz, de ofício, ou a requerimento do interessado, do Ministério Público, ou do Conselho Penitenciário, julgará extinta a pena privativa de liberdade, se expirar o prazo do livramento sem revogação, ou na hipótese do artigo anterior, for o liberado absolvido por sentença irrecorrível.

Título IV
Da Graça, do Indulto, da Anistia e da Reabilitação

Capítulo I
DA GRAÇA, DO INDULTO E DA ANISTIA

Art. 734. A graça poderá ser provocada por petição do condenado, de qualquer pessoa do povo, do Conselho Penitenciário, ou do Ministério Público, ressalvada, entretanto, ao Presidente da República, a faculdade de concedê-la espontaneamente.

Art. 735. A petição de graça, acompanhada dos documentos com que o impetrante a instruir, será remetida ao Ministro da Justiça por intermédio do Conselho Penitenciário.

Art. 736. O Conselho Penitenciário, à vista dos autos do processo, e depois de ouvir o diretor do estabelecimento penal a que estiver recolhido o condenado, fará, em relatório, a narração do fato criminoso, examinará as provas, mencionará qualquer formalidade ou circunstância omitida na petição e exporá os antecedentes do condenado e seu procedimento depois de preso, opinando sobre o mérito do pedido.

Art. 737. Processada no Ministério da Justiça, com os documentos e o relatório do Conselho Penitenciário, a petição subirá a despacho do Presidente da República, a quem serão presentes os autos do processo ou a certidão de qualquer de suas peças, se ele o determinar.

Art. 738. Concedida a graça e junta aos autos cópia do decreto, o juiz declarará extinta a pena ou penas, ou ajustará a execução aos termos do decreto, no caso de redução ou comutação de pena.

Art. 739. O condenado poderá recusar a comutação da pena.

Art. 740. Os autos da petição de graça serão arquivados no Ministério da Justiça.

Art. 741. Se o réu for beneficiado por indulto, o juiz, de ofício ou a requerimento do interessado, do Ministério Público ou por iniciativa do Conselho Penitenciário, providenciará de acordo com o disposto no art. 738.

Art. 742

Código de Processo Penal Comentado · **Nucci**   1206

> **Art. 742.** Concedida a anistia após transitar em julgado a sentença condenatória, o juiz, de ofício ou a requerimento do interessado, do Ministério Público ou por iniciativa do Conselho Penitenciário, declarará extinta a pena.

Capítulo II
DA REABILITAÇÃO[1-2]

1. Conceito de reabilitação: é a declaração judicial de reinserção do sentenciado ao gozo de determinados direitos, que foram atingidos pela condenação. Cuidava-se, antes da Reforma Penal de 1984, de causa extintiva da punibilidade. Hoje, é instituto autônomo, regulado nos arts. 93 a 95 do Código Penal.

2. Utilidade do instituto: é mínima, pois o único efeito da condenação passível de recuperação, através da reabilitação, é o previsto no art. 92, III, do Código Penal (inabilitação para dirigir veículo, quando for utilizado como meio para a prática de crime doloso). Não há outro. A esse respeito, confira-se a crítica que fizemos em nosso *Código Penal comentado*, nota 2 ao art. 93.

> **Art. 743.** A reabilitação será requerida ao juiz da condenação,[3] após o decurso de 4 (quatro) ou 8 (oito) anos,[4] pelo menos, conforme se trate de condenado ou reincidente,[5] contados do dia em que houver terminado a execução[6] da pena principal ou da medida de segurança detentiva,[7] devendo o requerente indicar as comarcas em que haja residido durante aquele tempo.[8]

3. Juízo competente para processá-la: é o juiz da condenação e não o da execução penal, tendo em vista que não se cuida de matéria de cumprimento de pena.

4. Prazo para requerer a reabilitação: foi revisto pela Reforma Penal de 1984, prevalecendo, agora, o estipulado no Código Penal. Assim, para qualquer caso, o prazo para ser requerida é de dois anos, contados do dia em que for extinta, de qualquer modo, a pena ou findar a sua execução, computando-se, nesse prazo, o período de prova do *sursis* e do livramento condicional, não revogados (art. 94, CP).

5. Erro legislativo: aponta a doutrina ter havido erro de redação neste dispositivo, pois o correto seria falar em "condenado *primário* ou reincidente", embora o artigo tenha omitido a palavra "primário", tornando-o sem sentido.

6. Término da execução da pena: acrescente-se, ainda, a extinção da pena por qualquer modo (art. 94, CP) e não somente pela sua execução. Imagine-se a ocorrência da prescrição da pretensão executória: seria a extinção da punibilidade, embora sem o cumprimento da sanção penal fixada.

7. Medida de segurança detentiva: não mais existe, pois somente se aplica medida de segurança, após a Reforma Penal de 1984, aos inimputáveis e semi-imputáveis. A hipótese prevista neste artigo dizia respeito ao antigo sistema do duplo binário, ou seja, era possível ao juiz aplicar pena e medida de segurança, em caso de condenação de réu considerado perigoso.

8. Indicação das comarcas onde houver residido: para instruir o seu pedido de reabilitação, deve o interessado indicar os locais de sua residência, a fim de serem verificadas as condições previstas no art. 744 do CPP.

> **Art. 744.** O requerimento será instruído com:[9]
>
> I – certidões comprobatórias de não ter o requerente respondido, nem estar respondendo a processo penal, em qualquer das comarcas em que houver residido durante o prazo a que se refere o artigo anterior;
>
> II – atestados de autoridades policiais ou outros documentos que comprovem ter residido nas comarcas indicadas e mantido, efetivamente, bom comportamento;
>
> III – atestados de bom comportamento fornecidos por pessoas a cujo serviço tenha estado;
>
> IV – quaisquer outros documentos que sirvam como prova de sua regeneração;
>
> V – prova de haver ressarcido o dano causado pelo crime ou persistir a impossibilidade de fazê-lo.

9. Manutenção do dispositivo: embora o art. 94 do Código Penal faça referências a outros requisitos (ter domicílio no País durante os dois anos após a extinção da pena; ter dado, nesse prazo, mostra de bom comportamento público e privado; ter ressarcido o dano causado pelo crime ou demonstrado não ter condições de fazê-lo), aparentemente diferentes dos constantes neste artigo, continua em vigor o disciplinado no art. 744, pois, na essência, os documentos exigidos na lei processual penal apenas confirmam o disposto no Código Penal. Enfim, deve o condenado dar efetiva demonstração de bom comportamento público e privado, o que será comprovado pela juntada das certidões e atestados previstos no art. 744.

> **Art. 745.** O juiz poderá ordenar as diligências necessárias para apreciação do pedido, cercando-as do sigilo possível e, antes da decisão final, ouvirá o Ministério Público.[10]

10. Diligências judiciais sigilosas: certamente pode o magistrado colher todos os elementos indispensáveis para a formação do seu convencimento, no sentido de constatar o bom comportamento do interessado na reabilitação. Fixa a lei dever fazê-lo de modo sigiloso, o que é lógico, pois a finalidade do condenado é justamente conseguir a reinserção social, após ter cumprido pena, o que recomenda seja o procedimento reservado. Se houver publicidade, ainda que concedida a reabilitação, de nada adiantaria, pois todo o círculo de relacionamento do condenado já terá tido conhecimento do fato que se procura ocultar.

> **Art. 746.** Da decisão que conceder a reabilitação haverá recurso de ofício.[11]

11. Recurso de ofício: não tendo sido tratado no Código Penal – até porque é matéria atinente ao processo penal – continua em vigor. Assim, proferida a decisão concessiva da reabilitação, deve o magistrado submetê-la ao duplo grau de jurisdição obrigatório. Além

Art. 747

Código de Processo Penal Comentado · **Nucci**

1208

do recurso oficial, pode a parte interessada interpor apelação (o Ministério Público, se for concedida, por exemplo; negada, cabe a irresignação por parte do requerente). No mesmo sentido, está a lição de Carlos Frederico Coelho Nogueira (*Efeitos da condenação, reabilitação e medidas de segurança*, p. 139).

> **Art. 747.** A reabilitação, depois de sentença irrecorrível, será comunicada ao Instituto de Identificação e Estatística ou repartição congênere.[12]
>
> **Art. 748.** A condenação ou condenações anteriores não serão mencionadas na folha de antecedentes do reabilitado, nem em certidão extraída dos livros do juízo, salvo quando requisitadas por juiz criminal.[12-A-12-B]

12. Comunicação ao Instituto de Identificação: o órgão que congrega os dados referentes à vida pregressa criminal das pessoas deve ser cientificado das decisões tomadas pelo Poder Judiciário, justamente para inserir na folha de antecedentes. Assim, toda vez que a pena é cumprida e julgada extinta, o cartório das execuções criminais faz a comunicação. Da mesma forma, se houver reabilitação, é preciso constar da folha de antecedentes, especialmente para que fique demonstrado, quando dela se tiver notícia, ter o condenado conseguido uma decisão jurisdicional, declarando-o reinserido à sociedade, por bom comportamento. Garante-se o sigilo ao público em geral e fornece-se aos juízes e outros órgãos que a requisitarem nova informação, positiva, a respeito do sujeito.

12-A. Inutilidade da reabilitação para o sigilo da folha de antecedentes: conforme já tivemos oportunidade de expor em nosso *Código Penal comentado* (nota 2 ao art. 93), não há razão para ingressar com pedido de reabilitação se a finalidade for garantir o sigilo da folha de antecedentes para fins civis, pois o art. 202 da Lei 7.210/1984 (Lei de Execução Penal) cuida disso: "Cumprida ou extinta a pena, não constarão da folha corrida, atestados ou certidões fornecidas por autoridade policial ou por auxiliares da Justiça, qualquer notícia ou referência à condenação, salvo para instruir processo pela prática de nova infração penal ou outros casos expressos em lei". Trata-se de medida automática assim que julgada extinta a pena, pelo cumprimento ou outra causa qualquer, prescindindo inclusive de requerimento do condenado. Por outro lado, isso se faz, isto é, comunica-se ao Instituto de Identificação, quando há absolvição ou extinção da punibilidade. Não pode o juiz do feito negar-se a proceder a tal comunicação, que consta nas Normas de Serviço da Corregedoria-Geral da Justiça, sob pena de gerar constrangimento ilegal, sanável por mandado de segurança.

12-B. Requisição por juiz criminal: tratando-se de dados contidos em banco de dados públicos, tem-se permitido a requisição direta do Ministério Público à folha de antecedentes de alguém.

> **Art. 749.** Indeferida a reabilitação, o condenado não poderá renovar o pedido senão após o decurso de 2 (dois) anos, salvo se o indeferimento tiver resultado de falta ou insuficiência de documentos.[13]

13. Renovação do artigo: não tendo o Código Penal disciplinado prazo mínimo para reingressar com o pedido (art. 94, parágrafo único), estabelecendo somente que o prazo de dois anos deve ser respeitado para a apresentação do pedido de reabilitação, segundo nos parece, está revogado este dispositivo. O condenado pode reapresentar o seu pedido assim que entender conveniente.

Título IV – Da Graça, do Indulto, da Anistia e da Reabilitação   **Art. 750**

> **Art. 750.** A revogação de reabilitação (Código Penal, art. 120[14]) será decretada pelo juiz, de ofício ou a requerimento do Ministério Público.[15]

14. Modificação legislativa: trata-se do atual art. 95 do Código Penal.

15. Revogação de reabilitação: pode ser feita de ofício pelo juiz, ouvindo certamente as partes, ou a requerimento do Ministério Público, ouvindo-se o condenado reabilitado. Dispõe o art. 95 que somente ocorrerá a revogação caso o reabilitado seja novamente condenado, como reincidente, por decisão definitiva, à pena que não seja de multa. A consequência, a nosso ver, somente pode ser a restauração da proibição de dirigir veículo, quando este tenha sido usado para a prática de crime doloso.

Título V
Da Execução das Medidas de Segurança

Art. 751. Durante a execução da pena ou durante o tempo em que a ela se furtar o condenado, poderá ser imposta medida de segurança, se:

I – o juiz ou o tribunal, na sentença:

a) omitir sua decretação, nos casos de periculosidade presumida;

b) deixar de aplicá-la ou de excluí-la expressamente;

c) declarar os elementos constantes do processo insuficientes para a imposição ou exclusão da medida e ordenar indagações para a verificação da periculosidade do condenado;

II – tendo sido, expressamente, excluída na sentença a periculosidade do condenado, novos fatos demonstrarem ser ele perigoso.

Art. 752. Poderá ser imposta medida de segurança, depois de transitar em julgado a sentença, ainda quando não iniciada a execução da pena, por motivo diverso de fuga ou ocultação do condenado:

I – no caso da letra a do n. I do artigo anterior, bem como no da letra b, se tiver sido alegada a periculosidade;

II – no caso da letra c do n. I do mesmo artigo.

Art. 753. Ainda depois de transitar em julgado a sentença absolutória, poderá ser imposta a medida de segurança, enquanto não decorrido tempo equivalente ao da sua duração mínima, a indivíduo que a lei presuma perigoso.

Art. 754. A aplicação da medida de segurança, nos casos previstos nos arts. 751 e 752, competirá ao juiz da execução da pena, e, no caso do art. 753, ao juiz da sentença.

Art. 755. A imposição da medida de segurança, nos casos dos arts. 751 a 753, poderá ser decretada de ofício ou a requerimento do Ministério Público.

Parágrafo único. O diretor do estabelecimento penal, que tiver conhecimento de fatos indicativos da periculosidade do condenado a quem não tenha sido imposta medida de segurança, deverá logo comunicá-los ao juiz.

Art. 756. Nos casos do n. I, *a* e *b*, do art. 751, e n. I do art. 752, poderá ser dispensada nova audiência do condenado.

Art. 757. Nos casos do n. I, *c*, e n. II do art. 751 e n. II do art. 752, o juiz, depois de proceder às diligências que julgar convenientes, ouvirá o Ministério Público e concederá ao condenado o prazo de 3 (três) dias para alegações, devendo a prova requerida ou reputada necessária pelo juiz ser produzida dentro em 10 (dez) dias.

§ 1.º O juiz nomeará defensor ao condenado que o requerer.

§ 2.º Se o réu estiver foragido, o juiz procederá às diligências que julgar convenientes, concedendo o prazo de provas, quando requerido pelo Ministério Público.

§ 3.º Findo o prazo de provas, o juiz proferirá a sentença dentro de 3 (três) dias.

Art. 758. A execução da medida de segurança incumbirá ao juiz da execução da sentença.

Art. 759. No caso do art. 753, o juiz ouvirá o curador já nomeado ou que então nomear, podendo mandar submeter o condenado a exame mental, internando-o, desde logo, em estabelecimento adequado.

Art. 760. Para a verificação da periculosidade, no caso do § 3.º do art. 78 do Código Penal, observar-se-á o disposto no art. 757, no que for aplicável.

Art. 761. Para a providência determinada no art. 84, § 2.º, do Código Penal, se as sentenças forem proferidas por juízes diferentes, será competente o juiz que tiver sentenciado por último ou a autoridade de jurisdição prevalente no caso do art. 82.

Art. 762. A ordem de internação, expedida para executar-se medida de segurança detentiva, conterá:

I – a qualificação do internando;

II – o teor da decisão que tiver imposto a medida de segurança;

III – a data em que terminará o prazo mínimo da internação.

Art. 763. Se estiver solto o internando, expedir-se-á mandado de captura, que será cumprido por oficial de justiça ou por autoridade policial.

Art. 764. O trabalho nos estabelecimentos referidos no art. 88, § 1.º, n. III, do Código Penal, será educativo e remunerado, de modo que assegure ao internado meios de subsistência, quando cessar a internação.

§ 1.º O trabalho poderá ser praticado ao ar livre.

§ 2.º Nos outros estabelecimentos, o trabalho dependerá das condições pessoais do internado.

Art. 765. A quarta parte do salário caberá ao Estado ou, no Distrito Federal e nos Territórios, à União, e o restante será depositado em nome do internado ou, se este preferir, entregue à sua família.

Art. 766. A internação das mulheres será feita em estabelecimento próprio ou em seção especial.

Art. 767. O juiz fixará as normas de conduta que serão observadas durante a liberdade vigiada.

§ 1.º Serão normas obrigatórias, impostas ao indivíduo sujeito à liberdade vigiada:

a) tomar ocupação, dentro de prazo razoável, se for apto para o trabalho;

b) não mudar do território da jurisdição do juiz, sem prévia autorização deste.

Título V – Da Execução das Medidas de Segurança — Art. 775

§ 2.º Poderão ser impostas ao indivíduo sujeito à liberdade vigiada, entre outras obrigações, as seguintes:

a) não mudar de habitação sem aviso prévio ao juiz, ou à autoridade incumbida da vigilância;

b) recolher-se cedo à habitação;

c) não trazer consigo armas ofensivas ou instrumentos capazes de ofender;

d) não frequentar casas de bebidas ou de tavolagem, nem certas reuniões, espetáculos ou diversões públicas.

§ 3.º Será entregue ao indivíduo sujeito à liberdade vigiada uma caderneta, de que constarão as obrigações impostas.

Art. 768 As obrigações estabelecidas na sentença serão comunicadas à autoridade policial.

Art. 769 A vigilância será exercida discretamente, de modo que não prejudique o indivíduo a ela sujeito.

Art. 770. Mediante representação da autoridade incumbida da vigilância, a requerimento do Ministério Público ou de ofício, poderá o juiz modificar as normas fixadas ou estabelecer outras.

Art. 771. Para execução do exílio local, o juiz comunicará sua decisão à autoridade policial do lugar ou dos lugares onde o exilado está proibido de permanecer ou de residir.

§ 1.º O infrator da medida será conduzido à presença do juiz que poderá mantê-lo detido até proferir decisão.

§ 2.º Se for reconhecida a transgressão e imposta, consequentemente, a liberdade vigiada, determinará o juiz que a autoridade policial providencie a fim de que o infrator siga imediatamente para o lugar de residência por ele escolhido, e oficiará à autoridade policial desse lugar, observando-se o disposto no art. 768.

Art. 772. A proibição de frequentar determinados lugares será comunicada pelo juiz à autoridade policial, que lhe dará conhecimento de qualquer transgressão.

Art. 773. A medida de fechamento de estabelecimento ou de interdição de associação será comunicada pelo juiz à autoridade policial, para que a execute.

Art. 774. Nos casos do parágrafo único do art. 83 do Código Penal, ou quando a transgressão de uma medida de segurança importar a imposição de outra, observar-se-á o disposto no art. 757, no que for aplicável.

Art. 775. A cessação ou não da periculosidade se verificará ao fim do prazo mínimo de duração da medida de segurança pelo exame das condições da pessoa a que tiver sido imposta, observando-se o seguinte:

I – o diretor do estabelecimento de internação ou a autoridade policial incumbida da vigilância, até 1 (um) mês antes de expirado o prazo de duração mínima da medida, se não for inferior a 1 (um) ano, ou até 15 (quinze) dias nos outros casos, remeterá ao juiz da execução minucioso relatório, que o habilite a resolver sobre a cessação ou permanência da medida;

II – se o indivíduo estiver internado em manicômio judiciário ou em casa de custódia e tratamento, o relatório será acompanhado do laudo de exame pericial feito por 2 (dois) médicos designados pelo diretor do estabelecimento;

III – o diretor do estabelecimento de internação ou a autoridade policial deverá, no relatório, concluir pela conveniência da revogação, ou não, da medida de segurança;

IV – se a medida de segurança for o exílio local ou a proibição de frequentar determinados lugares, o juiz, até 1 (um) mês ou 15 (quinze) dias antes de expirado o prazo mínimo de duração, ordenará as diligências necessárias, para verificar se desapareceram as causas da aplicação da medida;

V – junto aos autos o relatório, ou realizadas as diligências, serão ouvidos sucessivamente o Ministério Público e o curador ou o defensor, no prazo de 3 (três) dias para cada um;

VI – o juiz nomeará curador ou defensor ao interessado que o não tiver;

VII – o juiz, de ofício, ou a requerimento de qualquer das partes, poderá determinar novas diligências, ainda que já expirado o prazo de duração mínima da medida de segurança;

VIII – ouvidas as partes ou realizadas as diligências a que se refere o número anterior o juiz proferirá a sua decisão, no prazo de 3 (três) dias.

Art. 776. Nos exames sucessivos a que se referem o § 1.º, II, e § 2.º do art. 81 do Código Penal, observar-se-á, no que lhes for aplicável, o disposto no artigo anterior.

Art. 777. Em qualquer tempo, ainda durante o prazo mínimo de duração da medida de segurança, poderá o tribunal, câmara ou turma, a requerimento do Ministério Público ou do interessado, seu defensor ou curador, ordenar o exame, para a verificação da cessação da periculosidade.

§ 1.º Designado o relator e ouvido o procurador-geral, se a medida não tiver sido por ele requerida, o pedido será julgado na primeira sessão.

§ 2.º Deferido o pedido, a decisão será imediatamente comunicada ao juiz, que requisitará, marcando prazo, o relatório e o exame a que se referem os ns. I e II do art. 775 ou ordenará as diligências mencionadas no n. IV do mesmo artigo, prosseguindo de acordo com o disposto nos outros incisos do citado artigo.

Art. 778. Transitando em julgado a sentença de revogação, o juiz expedirá ordem para a desinternação, quando se tratar de medida detentiva, ou para que cesse a vigilância ou a proibição, nos outros casos.

Art. 779. O confisco dos instrumentos e produtos do crime, no caso previsto no art. 100 do Código Penal, será decretado no despacho de arquivamento do inquérito, na sentença de impronúncia ou na sentença absolutória.

LIVRO V
DAS RELAÇÕES JURISDICIONAIS COM AUTORIDADE ESTRANGEIRA

Título Único

Capítulo I
DISPOSIÇÕES GERAIS[1-2]

1. Fundamento constitucional: estabelece a Constituição Federal que compete ao Superior Tribunal de Justiça processar e julgar originariamente "a homologação de sentenças estrangeiras e a concessão do *exequatur* às cartas rogatórias" (art. 105, I, *i*). O Regimento Interno do STF, por sua vez, quando era sua a competência, estipulava que a homologação de sentença estrangeira (art. 215) e o *exequatur* para a carta rogatória (art. 225) seriam da competência do Presidente do Pretório Excelso, cabendo sempre, da decisão que concedesse ou negasse a homologação ou o *exequatur* agravo regimental (arts. 222, parágrafo único, e 227, parágrafo único). Após a edição da Emenda Constitucional 45/2004 (Reforma do Judiciário), que alterou a competência para a homologação de sentença estrangeira e de *exequatur* para carta rogatória, passa a competência ao Presidente do Superior Tribunal de Justiça.

2. Competência para cumprimento após decisão do Superior Tribunal de Justiça: é da Justiça Federal de primeiro grau do lugar onde a diligência deva efetuar-se (arts. 784, § 1.º, e 789, § 7.º, CPP), conforme determina o art. 109, X, da Constituição.

> **Art. 780** Sem prejuízo de convenções ou tratados,[3] aplicar-se-á o disposto neste Título à homologação de sentenças penais estrangeiras[4] e à expedição e ao cumprimento de cartas rogatórias[5] para citações, inquirições[6] e outras diligências[7] necessárias à instrução de processo penal.

3. Regras especiais internacionais: em regra, quando se aplica a lei brasileira a crimes ocorridos no exterior ou a infrações ocorridas no território nacional, mas que dependam da cooperação de autoridades estrangeiras (art. 1.º, I, CPP; art. 5.º, *caput*, CP), devem prevalecer as convenções e tratados assinados pelo Brasil. São, nesse aspecto, considerados normas especiais em relação à lei penal ou processual penal. É evidente, no entanto, que eventual mudança da lei federal, disciplinando exatamente a mesma matéria prevista no tratado ou na convenção, faz cessar a sua eficácia no território nacional, isto é, lei federal mais recente deve prevalecer sobre tratado ou convenção, caso regule exatamente o mesmo assunto. Normalmente, o disposto nos tratados e convenções assinados pelo Brasil com outros países tem por fim apenas disciplinar lacunas e regular situações específicas não previstas pela lei penal ou processual

Art. 780

Código de Processo Penal Comentado · **Nucci**

1218

penal, razão pela qual convivem, harmoniosamente, o tratado/convenção com o determinado pela lei interna. Excepcionalmente, entretanto, caso haja conflito, deve prevalecer a lei federal, se for mais recente e cuidar da mesma matéria. Exemplo da harmonia supramencionada é a previsão feita pelo tratado entre o Brasil e a Itália em matéria penal (aprovado pelo Decreto 862/1993), estipulando que, no cumprimento de carta rogatória, aplicar-se-á a lei da Parte requerida, ou seja, do país que irá cumprir a rogatória (art. 8, 1). Note-se, pois, ser a regra seguir o disposto na lei do lugar onde o ato deve ser cumprido, em razão da soberania nacional. Por outro lado, havendo lacuna na lei processual penal sobre o tema, diz o tratado que este passa a regular o tema, o que efetivamente ocorre no tocante ao não cumprimento de rogatória que tenha por fim, *v.g.*, a produção de qualquer ato em processo que a parte requerida considere crime exclusivamente militar ou político. Quanto aos tratados e convenções relativos a direitos humanos, em conflito com norma infraconstitucional, ver a nota 9 ao art. 1.º.

4. Homologação de sentença estrangeira para efeitos penais: admite-se para os seguintes fins: a) obrigar o condenado a reparar o dano causado à vítima (art. 9.º, I, CP); b) sujeitar o inimputável a medida de segurança (art. 9.º, II, CP); c) propiciar a divisão dos bens sequestrados no território nacional entre o Brasil e o Estado requerente (art. 8.º, § 2.º, Lei 9.613/1998). Atualmente, homologa-se a sentença estrangeira para o fim de cumprimento de pena imposta a brasileiro ou estrangeiro no exterior, que venha a residir em território nacional. Cabe relembrar ser inviável a extradição de brasileiro a requerimento de juízo estrangeiro para que ele possa ser processado ou cumpra pena por delito cometido no exterior. Diante disso, em princípio, caso um brasileiro cometa infração penal em território estrangeiro, deve ser processado no Brasil (as autoridades estrangeiras enviam as provas colhidas ao juízo brasileiro). Entretanto, pode haver o caso de ser o nacional processado e condenado por juízo alienígena, vindo a se refugiar em território brasileiro. A partir da edição da Lei 13.445/2017 (Lei da Migração), tem o Superior Tribunal de Justiça entendido ser possível a homologação de sentença estrangeira para essa finalidade, com fundamento no art. 100 da mencionada lei. Na realidade, o disposto pelos arts. 100 a 105 da Lei da Migração refere-se, basicamente, aos tratados celebrados pelo Brasil com Estados estrangeiros para a troca de condenados, vale dizer, o preso estrangeiro condenado no Brasil poderia optar por cumprir a sua pena em seu país de origem, assim como o brasileiro condenado no estrangeiro poderia optar por cumprir a sua pena em território nacional. Entretanto, a redação dos arts. 100 a 102 da Lei 13.445/2017 pode ser interpretada, em sentido lato, como a viabilidade jurídica de se obrigar um brasileiro, que se encontra em território nacional, a cumprir sentença condenatória estrangeira no Brasil, desde que homologada pelo STJ. Tem-se considerado, neste caso, o surgimento de outra hipótese de homologação de sentença estrangeira, além das previstas pelo art. 9.º do Código Penal. *In verbis*, dispõe o art. 100 da Lei da Migração: "Nas hipóteses em que couber solicitação de *extradição executória*, a autoridade competente poderá solicitar ou autorizar a *transferência de execução* da pena, desde que observado o princípio do *non bis in idem*" (grifamos). Esses seriam os requisitos impostos pelo parágrafo único do referido artigo: "sem prejuízo do disposto no Decreto-Lei n.º 2.848, de 7 de dezembro de 1940 (Código Penal), a transferência de execução da pena será possível quando preenchidos os seguintes requisitos: I – o condenado em território estrangeiro for nacional ou tiver residência habitual ou vínculo pessoal no Brasil; II – a sentença tiver transitado em julgado; III – a duração da condenação a cumprir ou que restar para cumprir for de, pelo menos, 1 (um) ano, na data de apresentação do pedido ao Estado da condenação; IV – o fato que originou a condenação constituir infração penal perante a lei de ambas as partes; e V – houver tratado ou promessa de reciprocidade". Para consulta de julgados do STJ homologando sentença estrangeira para pessoa cumprir pena no Brasil: Carta Rogatória 15.889-EX (2020/0300292-2), Humberto Martins (presidente), 19.04.2021; HDE 7.986/EX, Corte Especial, rel. Francisco Falcão, 20/03/2024, m.v.). Destaque-se ter sido questionada no STF esta última decisão, mas o Pretório Excelso a manteve e o condenado se encontra cumprindo pena no Brasil.

5. Sobre a utilização de carta rogatória: ver nota 41 ao art. 368.

6. Inquirições de testemunhas e vítimas: deve ser especificado exatamente o alcance e a forma da inquirição, pois isso varia de um país para outro. Os Estados Unidos, por exemplo, somente aceitam cumprir rogatórias para a inquirição de pessoas, caso o juiz brasileiro especifique nitidamente a finalidade do depoimento, enviando todas as perguntas que desejar. Afinal, pelas normas americanas, é possível fazer a testemunha responder por escrito a perguntas escritas, é cabível tomar-se uma declaração informal (*non-verbatim*), assinada ou não, é plausível resumir o depoimento da testemunha; enfim, há várias formas de ouvi-la, de modo que a autoridade rogante deve especificar o que pretende.

7. Outras diligências: além da citação e da inquirição, admite-se a existência de outras diligências a praticar no país rogado, tais como a intimação para o comparecimento em audiência designada no Brasil ou para a obtenção de algum documento. É preciso ressaltar que muitas medidas coercitivas não são cumpridas, por haver o entendimento de que ferem a soberania nacional, *v.g.* busca e apreensão, prisão cautelar, apreensão de documentos resguardados pelo sigilo, entre outros. A alternativa é sempre consultar as regras do tratado existente entre o Brasil e o país requerido. Do contrário, para fazer valer, no exterior, uma prisão – ou outra medida de coerção – decretada por juiz brasileiro, somente pela via da extradição ou então da homologação de sentença estrangeira, caso o direito do país solicitado assim permita.

> **Art. 781** As sentenças estrangeiras não serão homologadas, nem as cartas rogatórias cumpridas, se contrárias à ordem pública e aos bons costumes.[8]

8. Contrariedade à ordem pública e aos bons costumes: é da tradição do direito brasileiro evitar o cumprimento de atos jurisdicionais estrangeiros provocadores de alguma mácula à ordem pública ou aos bons costumes. Note-se que até mesmo na interpretação das leis internas deve o magistrado observar sempre o fiel respeito à ordem e aos bons costumes, devendo seguir o mesmo parâmetro o legislador ao elaborar o ordenamento jurídico. A Lei de Introdução às normas do Direito Brasileiro (Dec.-lei 4.657/1942) é clara ao preceituar: "As leis, atos e sentenças de outro país, bem como quaisquer declarações de vontade, não terão eficácia no Brasil, quando ofenderem a soberania nacional, a ordem pública e os bons costumes" (art. 17). A isso, acrescente-se o disposto no Regimento Interno do Supremo Tribunal Federal, impedindo a homologação de sentença estrangeira e a concessão de *exequatur* para cartas rogatórias, quando o ato puder ofender também a *soberania nacional*, além, obviamente, da ordem pública e dos bons costumes (arts. 216 e 226, § 2.º).

> **Art. 782** O trânsito, por via diplomática, dos documentos apresentados constituirá prova bastante de sua autenticidade.[9]

9. Autenticidade firmada pelas fontes diplomáticas: o disposto neste artigo tem por fim eliminar entraves burocráticos inúteis, como a exigência de documentação autenticada por órgão diverso do diplomático. De nada adiantaria que um documento brasileiro fosse autenticado por notário no Brasil, uma vez ser esse efeito previsto, especificamente, pela lei interna. Logo, a melhor forma de autenticação é a realizada pela via diplomática, por meio dos órgãos governamentais que podem constatar a fidelidade da documentação apresentada,

Art. 783

Código de Processo Penal Comentado · **Nucci**

inclusive a tradução/versão realizada, sendo plausível que o país requerido confie nos diplomatas representando reciprocamente as nações envolvidas. Alguns Estados estrangeiros exigem que a documentação seja autenticada pelo seu consulado no país rogante, enquanto outros dispensam até mesmo esse procedimento, como é o caso dos Estados Unidos. O importante é que os documentos ofertados podem ser considerados autênticos pelos funcionários do corpo diplomático envolvidos na remessa e no recebimento. É bem verdade que o Ministério da Justiça fez publicar portaria (26/1990) disciplinando a forma e o número de documentos a serem apresentados para a expedição de cartas rogatórias, exigindo, por exemplo, que a autoridade rogante envie original e cópia, em português, da carta rogatória e dos documentos julgados indispensáveis pelo juízo rogante, bem como original e uma cópia da denúncia, em português, além do mesmo no vernáculo do país destinatário. Observa-se, pois, ficar a conferência do original e sua autenticidade a cargo do órgão diplomático brasileiro, que o remeterá ao país solicitado. O mesmo se dará quando o Brasil receber documentação vinda de fora. O Supremo Tribunal Federal tem exigido que os documentos ofertados sejam autenticados pela autoridade consular brasileira no país rogante (*Manual de instruções para cumprimento de cartas rogatórias*, p. 321). O Superior Tribunal de Justiça deve manter o mesmo posicionamento.

Capítulo II
DAS CARTAS ROGATÓRIAS[1]

1. Conceito de carta rogatória: trata-se de solicitação feita de um juízo nacional a um juízo estrangeiro, ou vice-versa, para que seja realizada alguma diligência imprescindível para a instrução do processo, podendo cuidar-se de citação, intimação, inquirição de alguma testemunha, entre outros atos, desde que seja compatível com a legislação do juízo rogado. Ver, ainda, a nota 41 ao art. 368. Esclareça-se que o Brasil é signatário da Convenção Interamericana sobre Cartas Rogatórias, assinada no Panamá, em 30 de janeiro de 1975, promulgada pelo Decreto 1.899, de 9 de maio de 1996. Portanto, os países membros da Organização dos Estados Americanos, subscritores da mencionada Convenção, devem cumprir cartas rogatórias uns dos outros da forma prevista no Tratado. É certo que o art. 2.º estipula que "esta Convenção aplicar-se-á às cartas rogatórias expedidas em processos relativos a matéria civil ou comercial pelas autoridades judiciárias de um dos Estados partes nesta Convenção", mas há a previsão feita no art. 16 de que "os Estados partes nesta Convenção poderão declarar que estendem as normas da mesma à tramitação de cartas rogatórias que se refiram a matéria criminal, trabalhista, contencioso-administrativa, juízos arbitrais ou outras matérias objeto de jurisdição especial. Tais declarações serão comunicadas à Secretaria-Geral da Organização dos Estados Americanos". O Brasil não fez, oficialmente, referida comunicação, mas, na prática, tem remetido cartas rogatórias e recebido outras de países membros da OEA para cumprimento.

> **Art. 783.** As cartas rogatórias serão, pelo respectivo juiz, remetidas ao Ministro da Justiça,[2] a fim de ser pedido o seu cumprimento, por via diplomática, às autoridades estrangeiras competentes.

2. Ministério da Justiça como órgão receptor: embora seja o Ministério das Relações Exteriores o órgão responsável pelo encaminhamento da carta rogatória ao exterior, na maioria dos casos, o pedido deve ser encaminhado diretamente ao Ministério da Justiça, que fará uma triagem do que será efetivamente remetido ao órgão diplomático. O procedimento está previsto, inclusive, na Portaria 26, de 14 de agosto de 1990, do Ministério da Justiça. É possível que esse Ministério, por meio da sua Divisão de Justiça, encaminhe a carta rogatória, quando preencha os requisitos legais, diretamente à Autoridade Central do juízo rogado, desde que exista tratado internacional permitindo tal procedimento. Do contrário, inexistindo essa permissão, segue pela via diplomática. No retorno, a rogatória chega ao Brasil pelo Ministério das Relações Exteriores, que, então, encaminha-a ao Ministério da Justiça para remessa ao juízo rogante.

> **Art. 784.** As cartas rogatórias emanadas de autoridades estrangeiras[3] competentes não dependem de homologação e serão atendidas se encaminhadas por via diplomática e desde que o crime, segundo a lei brasileira, não exclua a extradição.[5]
>
> § 1.º As rogatórias, acompanhadas de tradução em língua nacional, feita por tradutor oficial ou juramentado, serão, após *exequatur*[6] do presidente do Supremo Tribunal Federal, cumpridas pelo juiz criminal do lugar onde as diligências enham de efetuar-se, observadas as formalidades prescritas neste Código.[7-B]
>
> § 2.º A carta rogatória será pelo presidente do Supremo Tribunal Federal remetida ao presidente do Tribunal de Apelação[8] do Estado, do Distrito Federal, ou do Território a fim de ser encaminhada ao juiz competente.
>
> § 3.º Versando sobre crime de ação privada, segundo a lei brasileira, o andamento, após o *exequatur*, dependerá do interessado, a quem incumbirá o pagamento das despesas.
>
> § 4.º Ficará sempre na secretaria do Supremo Tribunal Federal cópia da carta rogatória.[9-A]

3. Carta rogatória vinda do exterior: segue para o Ministério das Relações Exteriores, que a encaminha diretamente ao Presidente do Superior Tribunal de Justiça, a fim de obter a concessão do *exequatur*. Não passa, pois, pelo Ministério da Justiça.

4. Competência da autoridade estrangeira: a competência deve ser analisada segundo a lei do país rogante e não do país requerido. Valemo-nos, para tanto, da mesma interpretação utilizada pelo Supremo Tribunal Federal para autorizar a extradição de pessoa, cuja prisão foi decretada no exterior por outra autoridade que não a judiciária, desde que a lei estrangeira assim permita. Assim, embora no Brasil somente juízes possam decretar a prisão de alguém (art. 5.º, LXI, CF), deve-se respeitar o sistema judiciário de outros lugares. Há países, no entanto, que, respeitando a sua lei interna, somente cumprem rogatória brasileira se for expedida por órgão do Poder Judiciário. Exemplo disso é o que ocorre com os Estados Unidos.

5. Crimes que não admitem extradição: a Constituição Federal veda a extradição fundada em crimes políticos e de opinião (art. 5.º, LII). Além disso, a Lei de Migração exclui a possibilidade de haver extradição com relação a contravenções penais e, também, por crimes cuja pena máxima não ultrapasse dois anos (art. 82, IV). Logo, para todas essas hipóteses, não se cumpre carta rogatória proveniente do estrangeiro.

6. Conceito de *exequatur*: trata-se de palavra latina, significando uma ordem de execução ou cumprimento. Seria o equivalente ao "cumpra-se" aposto pelo magistrado em algum ato da sua competência.

7. Procedimento para o cumprimento: quando a competência era do Supremo Tribunal Federal, preceituava o art. 226, *caput*, do seu Regimento Interno que, "recebida a rogatória, o interessado residente no país será intimado, podendo, no prazo de cinco dias,

Art. 785

Código de Processo Penal Comentado · **Nucci**   1222

impugná-la". Em seguida, abre-se vista ao Procurador-Geral da República, para eventual impugnação ao pedido. As razões para a contrariedade no seu cumprimento devem cingir-se a ofensa à soberania nacional ou à ordem pública, bem como quando lhe faltar autenticidade.

7-A. Contraditório e *exequatur*: por vezes, não é possível o exercício do contraditório imediato, pois a diligência pode frustrar-se. Se a finalidade é buscar bens do acusado, tornando-os indisponíveis, a abertura de vista ao interessado pode levar ao *sumiço* dos referidos bens. Logo, a diligência seria infrutífera.

7-B. Indispensabilidade do *exequatur*: a legitimação das diligências realizadas no Brasil, a pedido de autoridades estrangeiras, passa, necessariamente, pela avaliação de Corte nacional, no caso o Superior Tribunal de Justiça. Em homenagem à soberania brasileira, não se pode tolerar que haja qualquer tipo de produção de provas, mormente em matéria penal, sem o *exequatur* exigido pelas normas nacionais.

8. Modificação legislativa: a competência para o cumprimento das cartas rogatórias, como já mencionado, é da Justiça Federal de primeiro grau, do lugar onde deva ser efetuada a diligência, razão pela qual se deve entender por "Tribunal de Apelação" o Tribunal Regional Federal respectivo.

8-A. Competência do STJ para conceder o *exequatur*: o trâmite e documentação do *exequatur* dar-se-á no Superior Tribunal de Justiça (art. 105, I, *i*, CF).

> **Art. 785.** Concluídas as diligências, a carta rogatória será devolvida ao presidente do Supremo Tribunal Federal, por intermédio do presidente do Tribunal de Apelação,[9] o qual, antes de devolvê-la, mandará completar qualquer diligência ou sanar qualquer nulidade.
>
> **Art. 786.** O despacho que conceder o *exequatur* marcará, para o cumprimento da diligência, prazo razoável, que poderá ser excedido, havendo justa causa, ficando esta consignada em ofício dirigido ao presidente do Supremo Tribunal Federal, juntamente com a carta rogatória.

9. Modificação legislativa: trata-se do atual Tribunal Regional Federal.

Capítulo III
DA HOMOLOGAÇÃO
DAS SENTENÇAS ESTRANGEIRAS[1]

1. Necessidade de homologação de sentença estrangeira para fins penais: são poucos os casos exigindo a homologação da sentença estrangeira, destinada a ser cumprida no Brasil. Complementando os comentários feitos na nota 4 ao art. 780, salientamos que, em homenagem à soberania das nações, como regra, não cumpre o Judiciário local as sentenças proferidas por órgão jurisdicional de outro país. A razão dessa reserva consiste no fato de que as sentenças estrangeiras são fundadas em leis criadas pelo povo alienígena, motivo pelo qual integra a soberania da nação estrangeira. Se, eventualmente, cumprisse o juiz nacional a sentença proferida pelo Judiciário de outro país, estaria, em última análise, seguindo a legislação igualmente estrangeira, o que não se afigura razoável, nem compatível com a soberania brasileira. Entretanto, em caráter excepcional, nos casos apontados no art. 9.º do Código Penal, pode-se homologar a sentença estrangeira, o que equivale a dizer ser ela *nacionalizada*, a partir de ato do presidente do Superior Tribunal de Justiça. Assim fazendo, quando o magistrado cumprir a sentença estrangeira, na realidade, estará seguindo a decisão homologatória de tribunal brasileiro, que a substituiu.

> **Art. 787.** As sentenças estrangeiras deverão ser previamente homologadas pelo Supremo Tribunal Federal[2] para que produzam os efeitos do art. 7.º do Código Penal.[3-4]

2. Competência para a homologação: cabe ao Superior Tribunal de Justiça (art. 105, I, *i*, CF), por seu Presidente, sem contestação, ou pelo Plenário, com impugnação.

3. Modificação legislativa: é o atual art. 9.º do Código Penal.

4. Casos que prescindem de homologação: quando a sentença penal condenatória não for executada no Brasil, inexiste necessidade de homologação pelo Superior Tribunal de Justiça. Há situações em que se considera a sentença estrangeira como fato jurídico, reconhecendo a sua existência, mas sem que juiz brasileiro seja levado a seguir os comandos nela inseridos. Assim ocorre para o reconhecimento da reincidência do réu (art. 63, CP) ou de maus antecedentes e, consequentemente, para negar o *sursis* ao condenado, bem como para o efeito de dilatar o prazo do livramento condicional.

> **Art. 788.** A sentença penal estrangeira será homologada, quando a aplicação da lei brasileira produzir na espécie as mesmas consequências e concorrem os seguintes requisitos:
> I – estar revestida das formalidades externas necessárias, segundo a legislação do país de origem;
> II – haver sido proferida por juiz competente, mediante citação regular, segundo a mesma legislação;[5]
> III – ter passado em julgado;
> IV – estar devidamente autenticada por cônsul brasileiro;
> V – estar acompanhada de tradução, feita por tradutor público.[6]

5. Devido processo legal: exige-se que todas as normas penais e processuais penais do país de origem tenham sido respeitadas para a prolação da sentença condenatória ou de imposição da medida de segurança. Assim, as formalidades exigidas, bem como a garantia do juiz natural (competente para a decisão), e a correta citação (contraditório e ampla defesa) devem ter sido realizadas. Com isso, permite-se a homologação da decisão para os efeitos previstos em lei.

6. Tradução feita da diplomática: é aceitável. Ver nota 9 ao art. 782.

> **Art. 789.** O procurador-geral da República, sempre que tiver conhecimento da existência de sentença penal estrangeira, emanada de Estado que tenha com o Brasil tratado de extradição e que haja imposto medida de segurança pessoal ou pena acessória que deva ser cumprida no Brasil, pedirá ao Ministro da Justiça providências para a obtenção de elementos que o habilitem a requerer a homologação da sentença.[7]

Art. 789

§ 1.º A homologação de sentença emanada de autoridade judiciária de Estado, que não tiver tratado de extradição com o Brasil, dependerá de requisição do Ministro da Justiça.

§ 2.º Distribuído o requerimento de homologação, o relator[8-8-A] mandará citar o interessado para deduzir embargos, dentro de 10 (dez) dias, se residir no Distrito Federal, ou 30 (trinta) dias, no caso contrário.[9]

§ 3.º Se nesse prazo o interessado não deduzir os embargos, ser-lhe-á pelo relator nomeado defensor, o qual dentro de 10 (dez) dias produzirá a defesa.[10]

§ 4.º Os embargos somente poderão fundar-se em dúvida sobre a autenticidade do documento, sobre a inteligência da sentença, ou sobre a falta de qualquer dos requisitos enumerados nos arts. 781 e 788.[11]

§ 5.º Contestados os embargos dentro de 10 (dez) dias, pelo procurador-geral,[12] irá o processo ao relator e ao revisor,[13] observando-se no seu julgamento o Regimento Interno do Supremo Tribunal Federal.

§ 6.º Homologada a sentença, a respectiva carta será remetida ao presidente do Tribunal de Apelação[14] do Distrito Federal, do Estado, ou do Território.

§ 7.º Recebida a carta de sentença, o presidente do Tribunal de Apelação a remeterá ao juiz[15] do lugar de residência do condenado, para a aplicação da medida de segurança ou da pena acessória,[16] observadas as disposições do Título II, Capítulo III, e Título V do Livro IV deste Código.

7. Legitimidade para requerer a homologação da sentença estrangeira: no caso de medida de segurança, cabe ao procurador-geral da República, desde que exista tratado de extradição vigente entre o Brasil e o país de onde emanou a sentença. Se não houver tratado, requer-se ao Ministro da Justiça que faça a requisição. Feita esta, o Ministério Público pode requerer a homologação, na conformidade com o disposto no art. 9.º, parágrafo único, *b*, do Código Penal. Não existe mais a possibilidade de homologação de decisão estrangeira para a imposição de pena acessória, extirpada do direito brasileiro. Note-se que as "providências para a obtenção de elementos que o habilitem a requerer a homologação", previstas na parte final do *caput* deste artigo só diz respeito à requisição para o fim de suprir a falta de tratado. Saliente-se, ainda, que o Ministério Público não tem legitimidade de propor a homologação de sentença estrangeira, quando a finalidade disser respeito à reparação do dano. Para esta situação, somente a vítima é parte legítima (art. 9.º, parágrafo único, *a*, do Código Penal).

8. Atribuição do presidente do Superior Tribunal de Justiça: segundo o disposto no Regimento Interno do Supremo Tribunal Federal, conduzia o procedimento de homologação de sentença estrangeira o presidente da Corte, que, inclusive, fará o juízo de admissibilidade, checando se estão devidamente preenchidos os requisitos da petição inicial, bem como os documentos que devem acompanhá-la. Caso não estejam presentes, o presidente mandará que o requerente a emende ou complete, no prazo de dez dias, sob pena de indeferimento liminar. A partir da Emenda 45/2004 (Reforma do Judiciário), a competência passou ao STJ, continuando a ser do Presidente.

8-A. Admissibilidade de recurso extraordinário: tendo em vista que a competência para a homologação de sentença estrangeira transferiu-se ao STJ, já há precedente do Supremo Tribunal Federal admitindo o processamento de recurso extraordinário contra decisão de indeferimento do pedido de homologação na amplitude pleiteada àquela Corte (AI 718.391, rel. Marco Aurélio, 22.10.2008).

9. Prazo para a defesa: em contraste com o estabelecido neste artigo, o Regimento Interno do Supremo Tribunal Federal fixava em quinze dias o prazo para a contestação – não utilizava o termo *embargos*.

10. Curador ao revel ou incapaz: em lugar de defensor, o Regimento Interno do STF previa a nomeação de curador para o revel ou para o incapaz, devendo ele ser notificado pessoalmente. Após a apresentação da defesa, teria o requerente o direito de replicar. Deve ser sempre ouvido o Ministério Público, quando não for ele o autor do pedido. O Regimento Interno do STJ deverá fixar as novas regras para a homologação.

11. Limite para a contestação: são estreitas as fronteiras para a impugnação, cingindo--se à autenticidade dos documentos apresentados, a inteligência da sentença e as demais formalidades já mencionadas (respeito ao devido processo legal).

12. Direito à réplica: não se fala mais em contestação aos embargos, mas sim em réplica à contestação. E mais: somente tem sentido falar em réplica feita pelo procurador-geral da República, quando o pedido for formulado pelo ofendido, interessado na reparação do dano.

13. Inexistência de relator e revisor: quando a competência era do STF, não havia relator e revisor, se contra o pedido não houvesse impugnação, cabendo ao presidente homologar a sentença estrangeira (art. 222, RISTF). Havendo contestação, sorteava-se um relator e o julgamento seria feito pelo Plenário (art. 223, RISTF).

14. Modificação legislativa: trata-se, neste caso, do Tribunal Regional Federal da região onde a decisão deva ser cumprida.

15. Juiz competente: trata-se do juiz federal do lugar da residência do condenado (art. 109, X, CF).

16. Inexistência de pena acessória: como já frisamos, não há mais pena acessória. Homologa-se a sentença para a aplicação de medida de segurança ou para a obrigação de reparar o dano.

> **Art. 790.** O interessado na execução de sentença penal estrangeira, para a reparação do dano, restituição e outros efeitos civis, poderá requerer ao Supremo Tribunal Federal a sua homologação, observando-se o que a respeito prescreve o Código de Processo Civil.[17]

17. Homologação para fins de reparação do dano: seguia-se o mesmo rito mencionado nas notas anteriores, conforme previa o Regimento Interno do Supremo Tribunal Federal, atualmente da competência do Superior Tribunal de Justiça. Após a homologação é que a execução será promovida nos termos do Código de Processo Civil, no juízo federal de primeira instância.

LIVRO VI
DISPOSIÇÕES GERAIS

> **Art. 791.** Em todos os juízos e tribunais do crime, além das audiências e sessões ordinárias, haverá as extraordinárias, de acordo com as necessidades do rápido andamento dos feitos.[1]

1. Audiências dos juízos (ou varas) e sessões dos tribunais: não se fala mais em audiências ordinárias e extraordinárias, porque todas elas, como momentos processuais componentes da instrução do processo, para a colheita de provas, basicamente, obedecem à ordem fixada pelo procedimento comum ou especial que o caso demanda. Logo, todas as audiências marcadas pelo juiz, durante o trâmite processual, são previamente comunicadas às partes, não necessitando a nomenclatura de *ordinárias* ou *extraordinárias*. Entretanto, podemos considerar *ordinárias* as audiências previstas no procedimento legal, bem como *extraordinárias* as que o juiz designar, fora da previsão normal, para a produção de alguma prova complementar (ex.: audiência especialmente designada para promover uma acareação). Quanto às sessões do tribunal, igualmente, são elas, como regra, previamente designadas – estas, sim, são as ordinárias. Excepcionalmente, havendo necessidade, a câmara, turma ou plenário pode designar sessão extraordinária, fora da periodicidade normal do tribunal.

> **Art. 792.** As audiências, sessões e os atos processuais serão, em regra, públicos e se realizarão nas sedes dos juízos e tribunais, com assistência dos escrivães, do secretário, do oficial de justiça que servir de porteiro, em dia e hora certos, ou previamente designados.[2-2-A]
>
> § 1.º Se da publicidade da audiência, da sessão ou do ato processual, puder resultar escândalo, inconveniente grave ou perigo de perturbação da ordem, o juiz, ou o tribunal, câmara, ou turma, poderá, de ofício ou a requerimento da parte ou do Ministério Público, determinar que o ato seja realizado a portas fechadas, limitando o número de pessoas que possam estar presentes.[3]

Art. 793

Código de Processo Penal Comentado · Nucci

1228

> § 2.º As audiências, as sessões e os atos processuais, em caso de necessidade, poderão realizar-se na residência do juiz, ou em outra casa por ele especialmente designada.[4]

2. Publicidade dos atos processuais em geral: estabelece a Constituição Federal, como regra, o princípio da publicidade: "a lei só poderá restringir a publicidade dos atos processuais quando a defesa da intimidade ou o interesse social o exigirem" (art. 5.º, LX) e "todos os julgamentos dos órgãos do Poder Judiciário serão públicos (...), podendo a lei, limitar a presença em determinados atos, às próprias partes e a seus advogados, ou somente a estes, em casos nos quais a preservação do direito à intimidade do interessado no sigilo não prejudique o interesse público à informação" (art. 93, IX). Nota-se, pois, que a publicidade geral – acompanhamento das audiências, sessões e atos processuais por qualquer do povo – pode ser limitada, caso haja interesse público – nele compreendidos a intimidade e o interesse social, o mesmo não ocorrendo com a denominada publicidade específica – acompanhamento das audiências, sessões e atos processuais pelo Ministério Público ou pelos advogados das partes. Assim, é plenamente legítimo o disposto no art. 792, § 1.º, do Código de Processo Penal.

2-A. Reunião do juiz com os jurados: somente pode ocorrer na hipótese legal, que é na Sala Especial, quando a votação tiver início, ainda assim fiscalizado o encontro pelas partes. Por outro lado, caso o magistrado resolva dar alguma orientação para um corpo de jurados novatos a respeito do funcionamento do Tribunal do Júri, precisa fazê-lo publicamente.

3. Restrição à publicidade extensiva ao processo: não somente as audiências e sessões dos tribunais – incluídas nesse contexto as sessões plenárias do Tribunal do Júri – podem realizar-se a portas fechadas, para evitar escândalo (preservação do direito à intimidade dos envolvidos), grave inconveniente (qualquer outra situação prejudicial à colheita da prova) ou perigo de perturbação da ordem (distúrbios que coloquem em risco o juiz, os funcionários ou as partes), mas também pode o juiz ou tribunal decretar o sigilo no processo, restringindo o seu acesso somente às partes. Aliás, não teria cabimento realizar a audiência a portas fechadas, para preservar, por exemplo, a intimidade da vítima de um crime, para, depois, liberar-se o acesso indiscriminado aos autos, onde constam todos os depoimentos produzidos.

4. Local diverso do recinto forense: as audiências do juízo e as sessões do tribunal devem realizar-se, como regra, nas dependências forenses, não somente para garantir o fácil acesso do público – que conhece a localização dos fóruns e tribunais –, podendo acompanhar os atos, mas também porque nesses lugares estão as autoridades envolvidas no processo. Entretanto, o Código de Processo Penal autoriza a realização das audiências, das sessões e dos diversos atos processuais em outros lugares – sendo fora de propósito imaginar-se a residência do juiz como local adequado, hoje em dia –, tornando-se particularmente importante a designação de sítios variados, como a casa da vítima – impossibilitada de sair, por qualquer motivo grave –, o presídio ou a cadeia – de onde não pode sair o preso, por qualquer motivo excepcional – o auditório de um teatro ou da prefeitura, para a realização da sessão plenária do júri – quando o salão do fórum não esteja em condições de abrigar o evento, bem como outros pontos particularmente importantes.

> **Art. 793.** Nas audiências e nas sessões, os advogados, as partes, os escrivães e os espectadores poderão estar sentados. Todos, porém, se levantarão quando se dirigirem aos juízes ou quando estes se levantarem para qualquer ato do processo.[5]

> **Parágrafo único.** Nos atos da instrução criminal, perante os juízes singulares, os advogados poderão requerer sentados.[6]

5. Disposição inaplicável: atualmente, não há mais sentido nas formalidades previstas neste artigo. As pessoas presentes em audiências e sessões podem ficar sentadas, sendo desnecessário, ao se dirigir ao juiz, para fazer algum requerimento, levantar-se. No Tribunal do Júri, no entanto, permanecem as formalidades, até para manter a sobriedade do ambiente, onde o juiz e as partes ainda usam traje especial (toga e becas). Por isso, para o compromisso dos jurados, todos ficam em pé, inclusive o juiz presidente (art. 472, CPP), o mesmo se fazendo por ocasião da leitura da sentença, por tradição.

6. Autorização legal: é o previsto no art. 7.º, XII, do Estatuto da Advocacia.

> **Art. 794.** A polícia das audiências e das sessões compete aos respectivos juízes ou ao presidente do tribunal, câmara, ou turma, que poderão determinar o que for conveniente à manutenção da ordem. Para tal fim, requisitarão força pública, que ficará exclusivamente à sua disposição.[7]

7. Poder de polícia: é atribuição exclusiva do presidente da audiência (juiz) ou da sessão de julgamento no tribunal (presidente da câmara, turma ou plenário) exercer a polícia dos trabalhos, visando à garantia da ordem e da regularidade das atividades. Sem tranquilidade, não há condições de se promover a concretização dos atos processuais devidamente. Assim, os policiais e demais agentes de segurança designados para guardar o local ficam à disposição exclusiva do magistrado, não devendo receber ordens de outras pessoas ou autoridades.

> **Art. 795.** Os espectadores das audiências ou das sessões não poderão manifestar-se.[8]
> **Parágrafo único.** O juiz ou o presidente fará retirar da sala os desobedientes, que, em caso de resistência, serão presos e autuados.

8. Impossibilidade de manifestação: o princípio da publicidade tem por escopo garantir a escorreita produção da prova ou a imparcial realização do ato processual, permitindo ao público em geral acompanhar o que se passa na sala de audiências ou no recinto do tribunal. Ocorre que abusos não devem ser admitidos, como a manifestação dos presentes, seja para apoiar decisões seja para reprová-las. O público não é parte no processo – aliás, até mesmo as partes devem manter a compostura, promovendo suas manifestações no momento propício e com respeito à Justiça – razão pela qual não há motivo para qualquer exposição de pensamento.

> **Art. 796.** Os atos de instrução ou julgamento prosseguirão com a assistência do defensor, se o réu se portar inconvenientemente.[9]

9. Retirada do réu da sala de audiência ou da sessão do tribunal: admite-se até mesmo a retirada do acusado do recinto onde ocorre o ato processual, caso comporte-se de maneira inconveniente (ex.: manifeste-se em altos brados, apresente-se vestido de modo irreverente, promova ameaças, inclusive por gestos etc.). Aliás, também não permanecerá no

Art. 797

Código de Processo Penal Comentado · **Nucci**

1230

local, caso sua presença provoque humilhação, temor, ou sério constrangimento à testemunha ou ao ofendido (art. 217, CPP). Permanece seu representante legal (advogado), que jamais será retirado da sala, sob pena de nulidade do ato. Caso o defensor se conduza de modo inconveniente, o ato deve ser adiado e as medidas legais e administrativas contra ele tomadas. Consultar, ainda, as notas ao art. 217.

> **Art. 797.** Excetuadas as sessões de julgamento, que não serão marcadas para domingo ou dia feriado, os demais atos do processo poderão ser praticados em período de férias, em domingos e dias feriados. Todavia, os julgamentos iniciados em dia útil não se interromperão pela superveniência de feriado ou domingo.[10]

10. Realização dos atos processuais: a regra é que ocorram nos dias úteis, não somente porque pode haver melhor acompanhamento do público – que não espera realizem-se audiências em períodos de descanso – mas também porque os funcionários da Justiça necessitam de repouso. Excepcionalmente, o juiz pode determinar uma audiência para o fim de semana ou para o feriado (ex.: uma testemunha à beira da morte pode ser ouvida no domingo, diretamente no hospital, intimando-se, certamente, as partes de antemão). Ocorre tal situação, ainda, nos julgamentos do Tribunal do Júri, que são contínuos e não se suspendem, salvo para repouso dos jurados e das partes. No mais, podemos entender como atos processuais as citações e intimações, passíveis de realização em qualquer dia da semana. Quanto ao recesso forense, há previsão expressa para o curso dos processos de réus presos, nesse caso havendo não somente audiências, como sessões do tribunal, consideradas extraordinárias. Aliás, o interesse público é maior do que qualquer tipo de descanso gozado nos feriados e domingos.

> **Art. 798.** Todos os prazos[11] correrão em cartório e serão contínuos e peremptórios,[12] não se interrompendo por férias, domingo ou dia feriado.[13-14]
>
> § 1.º Não se computará no prazo o dia do começo, incluindo-se, porém, o do vencimento.[15-19]
>
> § 2.º A terminação dos prazos será certificada nos autos pelo escrivão; será, porém, considerado findo o prazo, ainda que omitida aquela formalidade, se feita a prova do dia em que começou a correr.[20]
>
> § 3.º O prazo que terminar em domingo ou dia feriado considerar-se-á prorrogado até o dia útil imediato.[21]
>
> § 4.º Não correrão os prazos, se houver impedimento[22] do juiz, força maior, ou obstáculo judicial oposto pela parte contrária.[23]
>
> § 5.º Salvo os casos expressos, os prazos correrão:[24-25]
>
> a) da intimação;
>
> b) da audiência ou sessão em que for proferida a decisão, se a ela estiver presente a parte;
>
> c) do dia em que a parte manifestar nos autos ciência inequívoca da sentença ou despacho.

11. Conceito de prazo: é um espaço de tempo determinado, durante o qual deve realizar-se algum ato processual. Os prazos são estabelecidos em lei para que o juiz, por meio do impulso oficial, conduza o processo ao seu termo, que é a prolação da sentença, decidindo o mérito. Na jurisprudência: STF: "1. O Supremo Tribunal Federal firmou entendimento no sentido de que a contagem do prazo processual penal é disciplinada por norma específica que dispõe sobre a matéria, no caso o artigo 798 do Código de Processo Penal, o que afasta a incidência do artigo 219 do Código de Processo Civil. Recurso extraordinário interposto fora do prazo legal" (ARE 1.094.746 AgR/MG, 1.ª T., rel. Alexandre de Moraes, 29.06.2018, m.v.).

12. Contínuos e peremptórios: significa que correm sem qualquer interrupção (contínuos) e não possuem a possibilidade de dilatação (peremptórios). Atualmente, no entanto, somente alguns prazos mantêm-se fiéis a essa previsão (ex.: prazo para apresentar recurso; prazo para o oferecimento de queixa-crime). Muitos outros, embora expressamente fixados em lei, têm sido dilatados ou, se ultrapassados, não acarretam sanção a quem deixou de cumpri-los (ex.: prazo para o juiz sentenciar; prazo para o oferecimento da denúncia). Na jurisprudência: STJ: "1. Diferentemente do CPC/73, o novo CPC exige, de forma expressa, que a comprovação da ocorrência de feriado local seja feita no ato da interposição do recurso, a teor do disposto no art. 1.003, § 6.º (AgRg no AREsp 957.821/MS, Rel. para o acórdão a Ministra Nancy Andrighi, j. em 20/11/2017, *DJe* 19/12/2017). 2. No caso, o acórdão recorrido foi publicado em 17/5/2017. O prazo para interposição do recurso especial teve início em 18/5/2017 (quinta--feira) e expirou no dia 1.º/6/2017 (quinta-feira). Entretanto, o recurso especial foi interposto somente em 14/8/2017, sem a comprovação da ocorrência da suspensão do prazo processual no ato da interposição. Nesse contexto, é inegável a intempestividade do recurso especial, visto que foi protocolado após o prazo de 15 (quinze) dias corridos, nos termos do art. 994, VI, c/c os arts. 1.003, § 5.º, do Código de Processo Civil – Lei n. 13.105/2015 –, e o art. 798 do Código de Processo Penal. 3. A contagem de prazo em dias úteis, prevista no art. 219 do novo CPC, não se aplica ao recurso especial, que versa sobre matéria penal, haja vista a existência de legislação própria e específica regulamentando o assunto. 4. O Código de Processo Penal, em seu art. 798, *caput*, estabelece que os prazos 'serão contínuos e peremptórios, não se interrompendo por férias, domingo ou dia feriado', ou seja, nesse caso a contagem do prazo para a interposição do recurso será feita em dias corridos. 5. Agravo regimental não provido" (AgRg no AREsp 1.287.963/SP, 5.ª T., rel. Ribeiro Dantas, 16.08.2018, v.u.).

13. Prazos do defensor público ou dativo: são computados em dobro (art. 5.º, § 5.º, da Lei 1.060/1950), devendo haver intimação pessoal para o início do seu transcurso.

14. Interrupção nas férias forenses: a Emenda Constitucional 45/2004 (Reforma do Judiciário) colocou fim às *férias forenses*, de modo que não mais deveria haver a interrupção de prazo em qualquer processo. Nesses termos, preceitua o art. 93, XII, da Constituição, que "a atividade jurisdicional será ininterrupta, sendo vedado férias coletivas nos juízos e tribunais de 2.º grau, funcionando, nos dias em que não houver expediente forense normal, juízes em plantão permanente". Porém, o próprio Supremo Tribunal Federal interpretou restritivamente tal dispositivo, entendendo que a atividade da Corte seria ininterrupta, mas os prazos poderiam ser suspensos. Após a introdução do art. 798-A, tem havido suspensão de prazos, denominando-se o período de *feriado forense*.

15. Método de contagem do prazo processual: diversamente do prazo penal (art. 10, CP), o prazo processual é contado com maior elasticidade, pela sua própria natureza, que é garantir às partes possibilidade de manifestação e exercício do contraditório e da ampla defesa, componentes indispensáveis do devido processo legal. Assim, não se inclui o dia do começo, computando-se, no entanto, o dia do vencimento. Na prática, isto quer dizer que a parte, intimada no dia 10, uma segunda-feira, para a prática de algum ato processual, dentro de três dias, terá até o dia 13 para fazê-lo, acompanhando o final do expediente forense. O dia da intimação (10) não é considerado, começando-se a contagem no dia 11. Fosse um prazo penal e o primeiro dia (10), já seria computado, fenecendo o prazo no dia

Art. 798

Código de Processo Penal Comentado · **Nucci**   1232

12, e não no dia 13. Como o prazo é processual, a maior elasticidade possível é concedida. E, da mesma forma que o prazo não vence em um dia sem expediente forense (vide § 3.º deste artigo), também não se inicia nessa situação. Portanto, aquele que for intimado no dia 14, sexta-feira, para cumprir um ato processual em três dias, terá até o dia 19 (quarta-feira) para tanto. Não se inicia o prazo no sábado, quando não há expediente e sim na segunda--feira. Mais uma mostra da flexibilidade do prazo processual. Registremos, no entanto, o disposto no art. 10, § 1.º, da Lei 11.419/2006, quando for possível a aplicação no processo penal, conforme a situação concreta: "Quando o ato processual tiver que ser praticado em determinado prazo, por meio de petição eletrônica, serão considerados tempestivos os efetivados até as 24 (vinte e quatro) horas do último dia".

16. Prazos próprios e impróprios: denominam-se próprios os prazos sujeitos à preclusão, isto é, uma vez decorrido o tempo para a sua prática, não mais se autoriza a realização do ato processual; impróprios são os fixados, como regra, ao juiz, ao promotor e aos funcionários da justiça, e, uma vez não cumprido, fixam sanções de caráter administrativo, embora possa ser o ato processual realizado a destempo.

17. Prazos legais e judiciais: os primeiros são estabelecidos em lei; os segundos são fixados pelo juiz, dentro do seu prudente critério.

18. Prazos comuns e individuais: são comuns os prazos que correm, ao mesmo tempo, para as partes envolvidas no processo; são individuais (ou particulares) aqueles que correm para uma parte, especificamente. O prazo pode ser individual e sucessivo, ou seja, corre para uma parte e, em seguida, para a outra.

19. Início do prazo recursal quando a sessão do Tribunal do Júri finda durante a madrugada: caso o julgamento ocorra durante a madrugada, o prazo somente começa a correr no dia seguinte. Não tem cabimento principiar-se ao alvorecer, pois o prazo processual jamais inclui o primeiro dia, incluindo-se o do vencimento.

20. Controle dos prazos: cabe ao escrivão controlá-los, o que normalmente faz com o auxílio dos demais funcionários do cartório. Embora seja da sua atribuição certificar que o prazo findou, não é este ato o determinante para a verificação do seu devido cumprimento. Assim, o trânsito em julgado de uma sentença condenatória não depende dessa certidão para ocorrer, bastando que seja calculado o dia em que as partes foram intimadas para, computando--se o prazo para recorrer de cada uma, concluir-se pelo vencimento ou não dos prazos.

21. Prorrogação dos prazos processuais: a norma em comento prevê a possibilidade de dilação do prazo vencido em domingo ou feriado, nada falando a respeito do sábado, nem tampouco do seu início. Utiliza-se, pois, a Lei 1.408/1951, para complementar o disposto neste artigo, ampliando a dilação do prazo, quando ele terminar no sábado (art. 3.º). À época, os fóruns podiam funcionar até o meio-dia, por isso não se previu, no Código de Processo Penal, a prorrogação do prazo que vencesse no sábado. Aliás, o referido art. 3.º também cuida do início da contagem, mencionando que, se houver de iniciar no sábado, o prazo será prorrogado para o primeiro dia útil seguinte. Ora, aplica-se, analogamente, ao prazo que se inicie nos feriados.

22. Impedimento para a contagem do prazo: dispõe a Lei 1.408/1951 (art. 1.º) que "sempre que, por motivo de ordem pública, se fizer necessário o fechamento do Foro, de edifícios anexos ou de quaisquer dependências do serviço judiciário ou o respectivo expediente tiver de ser encerrado antes da hora legal, observar-se-á o seguinte: *a)* os prazos serão restituídos aos interessados na medida em que houverem sido atingidos pela providência tomada; *b)* as audiências, que ficarem prejudicadas, serão realizadas em outro dia mediante designação da autoridade competente". Por isso, em caso de greve do funcionalismo, dedetização do prédio do fórum, acidentes de um modo geral, enfim, ocorrência de algum motivo de força maior, deve-se restituir às partes os prazos porventura perdidos ou quando prejudicada a sua contagem. Para ilustrar, confira-se o teor do Comunicado 499/2007 do Tribunal de Justiça de São Paulo: "A Presidência do Tribunal de Justiça, *ad referendum* do Conselho Superior da Magistratura comunica que, no dia 06 de dezembro de 2007, o expediente no Fórum João Mendes Júnior, no Palácio da Justiça, no Fórum Hely Lopes Meirelles e no prédio localizado na Rua Conde do Pinhal, 78, todos da Comarca da Capital, foi encerrado antes da hora normal, em virtude de falta de energia elétrica, ficando automaticamente prorrogados para o primeiro dia útil subsequente os prazos vencidos no referido dia" (*DJ* 07.12.2007, Caderno Administrativo, p. 7).

23. Crise da instância: é a denominação dada à suspensão temporária do curso procedimental, sem que a instância cesse. Um dos casos é justamente o retratado neste parágrafo (Frederico Marques, *Elementos de direito processual penal*, v. II, p. 219).

24. Início da contagem dos prazos: a regra geral é que os prazos tenham início a partir da intimação feita à parte. Nada impede, como o próprio artigo indica, que principiem a partir da audiência ou sessão do tribunal onde foi proferida a decisão, estando presente, no ato, a parte interessada. Logo, quando o juiz prolata a sentença no termo da audiência ou no Plenário do Tribunal do Júri, cientes as partes desde logo, seria uma indevida superfetação determinar a intimação das mesmas para apresentar recurso. Por outro lado, é possível que o defensor, por exemplo, consulte os autos e tome ciência da sentença, antes mesmo de sair o mandado de intimação, tornando válido o início do prazo para recorrer de imediato. Na jurisprudência: STF: "2. Nos julgamentos submetidos ao rito do Tribunal do Júri, estando presentes o réu e seu patrono, o prazo para interposição de recurso começa a contar da data da sessão de julgamento, uma vez lida e publicada a sentença – art. 798, § 5.º, 'b', do Código de Processo Penal" (RHC 198.259 AgR, 2.ª T., rel. Nunes Marques, 09.03.2022, m.v.).

25. Prazo de intimação feita por mandado ou precatória: as dificuldades de acesso ao processo, justamente porque a parte encontra-se em outra comarca, permitiriam acolher a data da juntada, aos autos, do mandado ou da precatória, para o início da contagem do prazo. Parece-nos o ideal, mas há duas posições: a) aplica-se estritamente o disposto neste parágrafo, alínea *a*, ou seja, computa-se o prazo a partir da intimação e não da juntada do mandado ou da precatória; b) utiliza-se, por analogia, o disposto no processo civil, contando-se o prazo a partir da juntada do mandado ou da precatória. A posição do Supremo Tribunal Federal consolidou-se na edição da Súmula 710: "No processo penal, contam-se os prazos da data da intimação, e não da juntada aos autos do mandado ou da carta precatória ou de ordem".

Art. 798-A. Suspende-se o curso do prazo processual nos dias compreendidos entre 20 de dezembro e 20 de janeiro, inclusive, salvo nos seguintes casos:[25-A]

I – que envolvam réus presos, nos processos vinculados a essas prisões;

II – nos procedimentos regidos pela Lei n.º 11.340, de 7 de agosto de 2006 (Lei Maria da Penha);

III – nas medidas consideradas urgentes, mediante despacho fundamentado do juízo competente.

Parágrafo único. Durante o período a que se refere o *caput* deste artigo, fica vedada a realização de audiências e de sessões de julgamento, salvo nas hipóteses dos incisos I, II e III do *caput* deste artigo.

Art. 799

Código de Processo Penal Comentado • **Nucci**

25-A. Feriados forenses: a inclusão deste artigo reflete uma situação já ocorrida durante vários anos, por força de deliberações dos tribunais, vindo, portanto, a consumar o que já se praticava. É importante constar em lei, padronizando-se para todo o País, nas variadas instâncias. Os advogados podem se programar para o período e todos os operadores do Direito têm conhecimento das demandas paralisadas e das que devem manter o andamento, como os casos de réus presos, situação sempre atendida em diversas ocasiões de paralisação forense. Idêntico destino revela-se importante para os casos de violência doméstica. De maneira mais ampla, sem especificar, incluem-se todas as hipóteses de urgência, como um processo cuja prescrição esteja próxima ou que demande a instrução porque testemunhas são muito idosas ou pretendem alterar o domicílio para o estrangeiro.

> **Art. 799.** O escrivão, sob pena de multa de cinquenta a quinhentos mil-réis e, na reincidência, suspensão até 30 (trinta) dias, executará dentro do prazo de 2 (dois) dias os atos determinados em lei ou ordenados pelo juiz.[26]

26. Prazo impróprio: como regra, tem o escrivão o prazo de dois dias para realizar os atos determinados em lei ou pelo juiz, sob pena de multa – hoje inexequível, por falta de atualização – e responsabilidade administrativa. Entretanto, em face do volume cada vez maior de serviço, associado à carência nítida de funcionários, tal prazo dificilmente é cumprido, o que é assimilado pela praxe forense, deixando de haver punições para o que não pode ser realizado a contento, por absoluta falta de condições.

> **Art. 800.** Os juízes singulares darão seus despachos e decisões dentro dos prazos seguintes, quando outros não estiverem estabelecidos:[27]
>
> I – de 10 (dez) dias, se a decisão for definitiva, ou interlocutória mista;
>
> II – de 5 (cinco) dias, se for interlocutória simples;
>
> III – de 1 (um) dia, se se tratar de despacho de expediente.
>
> § 1.º Os prazos para o juiz contar-se-ão do termo de conclusão.[28]
>
> § 2.º Os prazos do Ministério Público contar-se-ão do termo de vista, salvo para a interposição do recurso (art. 798, § 5.º).[29]
>
> § 3.º Em qualquer instância, declarando motivo justo, poderá o juiz exceder por igual tempo os prazos a ele fixados neste Código.
>
> § 4.º O escrivão que não enviar os autos ao juiz ou ao órgão do Ministério Público no dia em que assinar termo de conclusão ou de vista estará sujeito à sanção estabelecida no art. 799.

27. Prazos impróprios: nas situações retratadas neste artigo, têm os juízes os prazos de dez dias para proferir sentenças ou decisões interlocutórias mistas, de cinco dias para as interlocutórias simples, bem como de um dia para os despachos de mero expediente. São prazos impróprios, porque, mesmo que forem ultrapassados, autorizam a prática do ato processual, embora possa o magistrado responder, funcionalmente, pelos seus atrasos injustificados. É dever do juiz cumprir rigorosamente os prazos, salvo motivo fundamentado (art. 35, II, da Lei Complementar 35/1979).

28. Início da contagem do prazo para o juiz: menciona a lei ter o prazo início a partir do termo de conclusão, aberto pelo cartório. Entretanto, deve-se harmonizar o disposto neste artigo à realidade do cotidiano forense. Pode ocorrer do termo de conclusão ser aberto em determinado dia e, posteriormente, porque houve atraso, o juiz substituí-lo por outro, com data mais recente. Logo, para apurar se o magistrado, verdadeiramente, atrasou o seu expediente, deve-se conferir no livro de carga de autos, que é de uso obrigatório no cartório, sob pena de responsabilidade funcional do escrivão, em qual a data recebeu o processo para a decisão ser proferida. O termo de conclusão não é determinante, mas, sim, o dia em que a carga foi feita ao juiz.

29. Prazo impróprio do Ministério Público: quando o cartório abre vista ao representante do Ministério Público, como regra, está concedendo a ele a oportunidade de se manifestar em um prazo impróprio, ou seja, aquele que, ultrapassado, não acarreta a impossibilidade de realização do ato processual, mas pode resultar em sanções funcionais. Quando o prazo é fatal – próprio, portanto –, como é o caso da interposição de recursos, não se fala em contar o prazo a partir do termo de vista e sim da data em que houve efetiva ciência da decisão, como estipula o art. 798, § 5.º, *c*, do CPP. Não fosse assim, estar-se-ia dando tratamento diverso às partes – maior prazo para o Ministério Público e menor, à defesa. Quando houver dúvida, no entanto, para a contagem do prazo aberto para o promotor, leva-se, também, em conta a data do livro-carga, pois é mais precisa do que a constante do termo de vista.

> **Art. 801.** Findos os respectivos prazos, os juízes e os órgãos do Ministério Público, responsáveis pelo retardamento, perderão tantos dias de vencimentos quantos forem os excedidos. Na contagem do tempo de serviço, para o efeito de promoção e aposentadoria, a perda será do dobro dos dias excedidos.[30]

30. Sanção prevista para o descumprimento dos prazos: estipula este artigo uma forma severa de sancionar o juiz e o representante do Ministério Público, quando atuarem de maneira relapsa na condução do processo e de seus deveres funcionais, que é a redução dos vencimentos ou o prejuízo na promoção ou aposentadoria. Entretanto, na prática, tal dispositivo não é aplicado. Em primeiro lugar, porque a Constituição assegura ao magistrado e ao promotor irredutibilidade de vencimentos, o que tornou este artigo, sob esse prisma, não recepcionado pela vigente ordem constitucional. Por outro lado, quanto às regras de promoção e aposentadoria, as Leis Orgânicas regentes de ambas as carreiras preveem outros tipos de sanções para a desídia dos profissionais, de modo que também não se deve aplicar o art. 801 do CPP. E, finalmente, porque, na maioria dos casos, os prazos não são cumpridos pelo excesso de serviço, ao qual não deram causa. Mas, após a edição da Emenda Constitucional 45/2004 (Reforma do Judiciário), incluiu-se a alínea *e* ao inciso II do art. 93, estipulando que "não será promovido o juiz que, injustificadamente, reter autos em seu poder além do prazo legal, não podendo devolvê-los ao cartório sem o devido despacho ou decisão". Além disso, é preciso considerar o disposto pelo art. 143 do atual CPC, aplicável por analogia: "o juiz responderá, civil e regressivamente, por perdas e danos quando: I – no exercício de suas funções, proceder com dolo ou fraude; II – recusar, omitir ou retardar, sem justo motivo, providência que deva ordenar de ofício ou a requerimento da parte. Parágrafo único. As hipóteses previstas no inciso II somente serão verificadas depois que a parte requerer ao juiz que determine a providência e o requerimento não for apreciado no prazo de 10 (dez) dias". Lembre-se do número expressivo de processos criminais, relativos a réus presos, que descansam nas prateleiras do cartório, sem providência judicial para acelerá-lo. Essa omissão, sem justo motivo, pode dar margem ao direito à indenização pelo prejudicado.

Art. 802

Art. 802. O desconto referido no artigo antecedente far-se-á à vista da certidão do escrivão do processo ou do secretário do tribunal, que deverão, de ofício, ou a requerimento de qualquer interessado, remetê-la às repartições encarregadas do pagamento e da contagem do tempo de serviço, sob pena de incorrerem, de pleno direito, na multa de quinhentos mil-réis, imposta por autoridade fiscal.[31]

31. Inexequibilidade do dispositivo: não mais se aplica o previsto neste artigo pelas razões expostas na nota 30 ao artigo anterior.

Art. 803. Salvo nos casos expressos em lei, é proibida a retirada de autos do cartório, ainda que em confiança, sob pena de responsabilidade do escrivão.[32]

32. Retirada dos autos de cartório: a regra é que a retirada seja oportuna e controlada, valendo dizer, é preciso possuir, a parte interessada em levar os autos, vista aberta para manifestar-se ou estar correndo prazo para que tal se dê, bem como seja registrada a carga no livro próprio, para controle do cartório. Não há autorização legal para a retirada dos autos por mera confiança, deixando a carteira funcional em garantia ou qualquer outro documento. E mais: durante o trâmite processual a retirada dos autos deve obedecer sempre ao direito da parte contrária de ter acesso ao processo, além de dever ser feito por quem representa a parte na relação processual. A cautela é voltada ao interesse público de preservação dos autos, evitando-se o seu desaparecimento ou a supressão de documentos neles contidos.

Art. 804. A sentença ou o acórdão, que julgar a ação, qualquer incidente ou recurso, condenará nas custas o vencido.[33-34]

33. Custas nos processos criminais: não existem em relação ao Ministério Público, ainda que seja ele vencido, pois a acusação é promovida por órgão do Estado e não teria sentido cobrar custas de quem tem o dever de prover à regularidade de formação e conclusão do processo, que é o próprio Estado. O mesmo não se aplica quando o MP requerer perícia (vide a próxima nota). Quando, no entanto, vencido for o réu, a regra é que as custas são devidas, bem como outras despesas processuais (ex.: salários de peritos, diligência de oficial de justiça etc.). Continua a prevalecer, no entanto, a possibilidade de concessão de assistência judiciária a quem necessitar, não se cobrando custas e outras despesas. Cuida-se de assunto a ser tratado em fase de execução e não pelo juiz da condenação. Na jurisprudência: STJ: "4. O momento de se aferir a miserabilidade do condenado para eventual suspensão da exigibilidade do pagamento das custas processuais é a fase de execução e, por tal razão, 'nos termos do art. 804 do Código de Processo Penal, mesmo que beneficiário da justiça gratuita, o vencido deverá ser condenado nas custas processuais' (AgRg no AREsp n. 394.701/MG, Rel. Ministro Rogerio Schietti, Sexta Turma, *DJe* 4/9/2014)" (AgRg no REsp 2.083.974/MG, 5.ª T., rel. Ribeiro Dantas, 04.03.2024, v.u.).

33-A. Pagamento da perícia: os peritos oficiais recebem a sua remuneração mensal, pelo cargo ou função ocupada, diretamente do Estado. Porém, quando o juiz nomeia dois peritos não oficiais, nos termos do art. 159 deste Código, é preciso que o Estado arque com seus honorários. Ver, para tanto, a nota 12-H ao art. 159. De qualquer forma, também os assistentes técnicos, quando intervierem a pedido de uma ou das duas partes, devem ser remunerados. No processo penal, como a execução é da competência de juízo distinto do julgador, desloca-se para esta fase a cobrança das despesas, como os honorários periciais. Tratando-se do acusado, é o momento de se requerer os benefícios da justiça gratuita. Sobre a duração dos referidos benefícios, dispõe o art. 98, § 3.º, do novo CPC: "vencido o beneficiário, as obrigações decorrentes de sua sucumbência ficarão sob condição suspensiva de exigibilidade e somente poderão ser executadas se, nos 5 (cinco) anos subsequentes ao trânsito em julgado da decisão que as certificou, o credor demonstrar que deixou de existir a situação de insuficiência de recursos que justificou a concessão de gratuidade, extinguindo-se, passado esse prazo, tais obrigações do beneficiário".

34. Sucumbência no processo penal, quanto à verba honorária: há duas posições a respeito: a) é cabível, na ação penal privada, utilizando-se analogia com o Código de Processo Civil; b) não é cabível em hipótese alguma. Cremos mais acertada a segunda posição, não sendo o caso de analogia, uma vez que a ausência de previsão de pagamento de verba honorária, no Código de Processo Penal, é compatível com a finalidade e o interesse público do processo penal. Não se lida com questões privadas, de fundo patrimonial, razão pela qual nem mesmo existe um valor dado à causa. A parte deve arcar com os honorários de seu advogado e, quando não puder fazê-lo, o Estado assume o dever de prestar assistência a quem dela necessitar.

> **Art. 805.** As custas serão contadas e cobradas de acordo com os regulamentos expedidos pela União e pelos Estados.[35]

35. Regimento interno dos tribunais e leis específicas: atualmente, há leis especialmente editadas para regular o pagamento das custas, mas, também, os Regimentos dos Tribunais são fontes de previsão de custas. Dificilmente, entretanto, fixado o dever de pagar custas ao vencido, são elas cobradas com eficiência pela União ou pelo Estado.

> **Art. 806.** Salvo o caso do art. 32,[36] nas ações intentadas mediante queixa, nenhum ato ou diligência se realizará, sem que seja depositada em cartório a importância das custas.[37]
>
> § 1.º Igualmente, nenhum ato requerido no interesse da defesa será realizado, sem o prévio pagamento das custas, salvo se o acusado for pobre.
>
> § 2.º A falta do pagamento das custas, nos prazos fixados em lei, ou marcados pelo juiz, importará renúncia à diligência requerida ou deserção do recurso interposto.[38]
>
> § 3.º A falta de qualquer prova ou diligência que deixe de realizar-se em virtude do não pagamento de custas não implicará a nulidade do processo, se a prova de pobreza do acusado só posteriormente foi feita.

36. Pagamento de custas na ação penal privada: excetua a lei a parte que for pobre (referência ao art. 32 do CPP), mas, como regra, as diligências e despesas em geral empreendidas durante o processo-crime, dependentes do recolhimento de algum montante, somente se realizarão após feito o depósito pela parte responsável.

37. Ação penal privada subsidiária da pública: nesse caso, está o particular atuando em lugar do Ministério Público, que foi desidioso. Logo, não está submetido ao pagamento de custas ou despesas processuais, uma vez que o interesse por ele defendido é público. No mesmo prisma: Tourinho Filho (*Código de Processo Penal comentado*, v. 2, p. 540).

Art. 807

Código de Processo Penal Comentado · **Nucci**   1238

38. Renúncia à diligência ou deserção e ampla defesa: há entendimentos de que o disposto neste artigo somente poderia ser aplicado ao querelante, pois o querelado seria beneficiário da regra constitucional da ampla defesa. Nada lhe poderia obstar a realização de diligência para provar sua inocência ou mesmo para garantir o seu direito ao recurso. Entretanto, assim não pensamos. Se o querelado é pessoa bem aquinhoada financeiramente, não há sentido em poupá-lo das despesas processuais, até porque ele mesmo está custeando o seu defensor. Quando pobre, naturalmente deve o Estado patrocinar-lhe não somente a defesa, mas também isentá-lo do pagamento de qualquer tipo de despesa durante a instrução. Fora disso, a regra deve ser o recolhimento do devido, sob pena de privar-se da diligência almejada ou mesmo do recurso.

> **Art. 807.** O disposto no artigo anterior não obstará à faculdade atribuída ao juiz de determinar de ofício inquirição de testemunhas ou outras diligências.[39]

39. Poder instrutório do juiz: como já deixamos consignado em inúmeras outras passagens, o magistrado, no processo penal, busca as provas, para a formação do seu convencimento e descoberta da verdade real, tanto quanto as partes interessadas. Logo, não seria a fixação do dever da parte de recolher as custas ou despesas para a realização de determinada diligência que iria obstar esse seu poder-dever. Acima do recolhimento de despesas aos cofres públicos estão a aplicação correta da lei e a distribuição de justiça, o que será mais adequadamente garantido se o magistrado formar, com a amplitude necessária, a sua convicção.

> **Art. 808.** Na falta ou impedimento do escrivão e seu substituto, servirá pessoa idônea, nomeada pela autoridade, perante quem prestará compromisso, lavrando o respectivo termo.[40]

40. Escrivão *ad hoc*: possibilita-se ao juiz a nomeação de pessoas idôneas para funcionar como escrivão, escrevente ou oficial de justiça, quando necessário, após o devido compromisso e lavrando-se o termo. Assim, o ato processual não deixará de ser realizado somente porque o funcionário da justiça ausentou-se do seu posto, motivada ou imotivadamente.

> **Art. 809.** A estatística judiciária criminal, a cargo do Instituto de Identificação e Estatística ou repartições congêneres,[41] terá por base o boletim individual, que é parte integrante dos processos e versará sobre:
>
> I – os crimes e as contravenções praticados durante o trimestre, com especificação da natureza de cada um, meios utilizados e circunstâncias de tempo e lugar;
>
> II – as armas proibidas que tenham sido apreendidas;
>
> III – o número de delinquentes, mencionadas as infrações que praticaram, sua nacionalidade, sexo, idade, filiação, estado civil, prole, residência, meios de vida e condições econômicas, grau de instrução, religião, e condições de saúde física e psíquica;
>
> IV – o número dos casos de codelinquência;
>
> V – a reincidência e os antecedentes judiciários;
>
> VI – as sentenças condenatórias ou absolutórias, bem como as de pronúncia ou de impronúncia;
>
> VII – a natureza das penas impostas;

VIII – a natureza das medidas de segurança aplicadas;

IX – a suspensão condicional da execução da pena, quando concedida;

X – as concessões ou denegações de *habeas corpus*.

§ 1.º Os dados acima enumerados constituem o mínimo exigível, podendo ser acrescidos de outros elementos úteis ao serviço da estatística criminal.

§ 2.º Esses dados serão lançados semestralmente em mapa e remetidos ao Serviço de Estatística Demográfica, Moral e Política do Ministério da Justiça.

§ 3.º O boletim individual a que se refere este artigo é dividido em três partes destacáveis, conforme modelo anexo a este Código, e será adotado nos Estados, no Distrito Federal e nos Territórios. A primeira parte ficará arquivada no cartório policial; a segunda será remetida ao Instituto de Identificação e Estatística, ou repartição congênere; e a terceira acompanhará o processo, e, depois de passar em julgado a sentença definitiva, lançados os dados finais, será enviada ao referido Instituto ou repartição congênere.

41. Órgão competente para a produção da estatística judiciária criminal: ilustrando, no Estado de São Paulo, a concentração dos dados estatísticos criminais cabe à Fundação Sistema Estadual de Análise de Dados – SEADE, que descende da antiga Repartição de Estatística e Arquivo do Estado, criada em março de 1892. Originariamente, esse órgão era responsável por manter os originais da documentação administrativa e de interesse público do Estado de São Paulo, bem como pelos serviços de estatística e cartografia oficiais e recebidos de particulares. Após, em 1938, a repartição converteu-se no Departamento de Estatística do Estado de São Paulo, absorvido, em 1976, pela Coordenadoria de Análise de Dados. Finalmente, surgiu a Fundação SEADE, concentrando todo o acervo de informações pertinentes aos boletins individuais. O Decreto-lei 3.992/1941 criou o modelo de boletim individual, que deveria ser remetido pela polícia e pelos cartórios judiciais ao Instituto de Identificação e Estatística. Entretanto, referido instituto nunca foi oficialmente criado, de modo que o banco de dados contendo estatística criminal, em São Paulo, terminou dividindo-se em vários órgãos, que compõem o Sistema Integrado de Informações Criminais, gerenciado atualmente pela PRODESP – empresa de processamento de dados – envolvendo os dados alimentados pelo Instituto de Identificação Ricardo Gumbleton Daunt (IIRGD), Divisão de Capturas (DVC), Coordenadoria dos Estabelecimentos Penitenciários do Estado (COESPE) e Departamento de Apoio ao Serviço das Execuções Criminais (DECRIM). A Corregedoria Geral da Justiça, a pedido da Fundação SEADE, que contava, em seu acervo, com mais de 2.500.000 boletins individuais sem a devida organização, por falta de estrutura e pessoal, determinou a cessação da remessa dos boletins à referida Fundação, substituindo-os pelo acesso direto e informatizado ao banco de dados que compõe o Sistema Integrado de Informações Criminais (Provimento 35/2000, *DOE* 16.11.2000, p. 3). Dessa forma, atende-se à exigência legal de formação da estatística judiciária criminal, fazendo-o, no entanto, por intermédio da informatização, que é meio mais completo e seguro de composição de dados, contendo todas as informações pertinentes aos boletins individuais.

Art. 810. Este Código entrará em vigor no dia 1.º de janeiro de 1942.

Art. 811. Revogam-se as disposições em contrário.

Rio de Janeiro, em 3 de outubro de 1941; 120.º da Independência e 53.º da República.

Getúlio Vargas

Francisco Campos

Bibliografia

ABRAHAM, Henry J. *The judicial process*. 6. ed. New York: Oxford University Press, 1993.

AGESTA, Luis Sanchez. *Curso de derecho constitucional comparado*. 2. ed. Madrid: Nacional, 1965.

ALDERSON, John. Human rights and criminal procedure: a police view. In: ANDREWS, J. A. *Human right in criminal procedure – A comparative study*. The Hague, Boston, London: Martinus Nijhoff Publishers, 1982.

ALENCAR, Rosmar Rodrigues; TÁVORA, Nestor. *Curso de direito processual penal*. 9. ed. Salvador: Juspodivm, 2014.

ALMEIDA, Dario Martins de. *O livro do jurado*. Coimbra: Almedina, 1977.

ALMEIDA, Joaquim Canuto Mendes de. *Princípios fundamentais do processo penal*. São Paulo: RT, 1973.

ALMEIDA, Joaquim Canuto Mendes de. *Processo penal, ação e jurisdição*. São Paulo: RT, 1975.

ALMEIDA, José Raul Gavião de; MORAES, Maurício Zanoide de; FERNANDES, Antonio Scarance (coord). *Sigilo no processo penal – eficiência e garantismo*. São Paulo: RT, 2008.

ALMEIDA JÚNIOR, A. COSTA JÚNIOR, J. B. *Lições de medicina legal*. 9. ed. São Paulo: Companhia Editora Nacional, 1971.

ALMEIDA JÚNIOR, João Mendes. *Noções ontológicas de Estado, soberania, autonomia, federação, fundação*. São Paulo: Saraiva, 1960.

ALMEIDA JÚNIOR, João Mendes. *O processo criminal brasileiro*. 4. ed. Rio de Janeiro-São Paulo: Freitas Bastos, 1959. v. 1 e 2.

ALTAVILLA, Enrico. *Psicologia judiciária*. 3. ed. Trad. Fernando de Miranda. Coimbra: Arménio Amado, 1981. v. 1 e 2.

ALVES, Roque de Brito *Crimes contra a vida e o questionário do júri*. Recife: Luci Artes Gráficas, 2006.

ANDRADE, Manuel da Costa. *Sobre as proibições de prova em processo penal*. Coimbra: Coimbra Editora, 1992.

ANDREWS, J. A. (Org.) *Human rights in criminal procedure – A comparative study*. The Hague, Boston, London: Martinus Nijhoff Publishers, 1982.

APPIO, Eduardo. *Mandado de segurança criminal*. Porto Alegre: Livraria do Advogado, 1995.

AQUINO, José Carlos G. Xavier de. *A prova testemunhal no processo penal*. 2. ed. São Paulo: Saraiva, 1994.

AQUINO, José Carlos G. Xavier de; NALINI, José Renato. *Manual de processo penal*. São Paulo: Saraiva, 1997.

ARANHA, Adalberto José Queiroz Teles de Camargo. *Da prova no processo penal*. 3. ed. São Paulo: Saraiva, 1994.

ARAUJO, Luiz Alberto David. *A proteção constitucional da própria imagem (pessoa física, pessoa jurídica e produto)*. Belo Horizonte: Del Rey, 1996.

ARAUJO, Luiz Alberto David; NUNES JÚNIOR, Vidal Serrano. *Curso de direito constitucional*. 3. ed. São Paulo: Saraiva, 1999.

ARAÚJO, Nádia de; ALMEIDA, Ricardo R. O Tribunal do Júri nos Estados Unidos – Sua evolução histórica e algumas reflexões sobre seu estado atual. *Revista Brasileira de Ciências Criminais*, v. 15, 1996.

ARRUDA, Geraldo Amaral. Da função correicional do juiz de direito como atividade independente do poder hierárquico ou disciplinar. *RJTJSP* 89/32, jul.-ago. 1984.

ARRUDA ALVIM. Correição parcial, *RT* 452/11-20.

AVOLIO, Luiz Francisco Torquato. *Provas ilícitas – Interceptações telefônicas, ambientais e gravações clandestinas*. 3. ed. São Paulo: RT, 2003.

AZAMBUJA, Darcy. *Teoria geral do Estado*. 4. ed. Porto Alegre: Globo, 1955.

AZEVEDO, David Teixeira de. *Atualidades no direito e processo penal*. São Paulo: Método, 2001.

AZEVEDO, David Teixeira de. O interrogatório do réu e o direito ao silêncio. *RT* 682/285.

AZEVEDO, Vicente de Paula Vicente de. *Curso de direito judiciário penal*. São Paulo: Saraiva, 1985. v. 1 e 2.

BADARÓ, Gustavo Henrique Righi Ivahy. *Correlação entre acusação e sentença*. São Paulo: RT, 2000 (Coleção de Estudos de Processo Penal Prof. Joaquim Canuto Mendes de Almeida, v. 3).

BADARÓ, Gustavo Henrique Righi Ivahy. *Direito processual penal*. Rio de Janeiro: Elsevier, 2008. t. I e II.

BADARÓ, Gustavo Henrique Righi Ivahy. Limites aos poderes investigatórios das Comissões Parlamentares de Inquérito. *Boletim do IBCCRIM*, n. 83, out. 1999.

BADARÓ, Gustavo Henrique Righi Ivahy. *Ônus da prova no processo penal*. São Paulo: RT, 2003.

BADARÓ, Gustavo Henrique Righi Ivahy. *Processo penal*. 4. ed. São Paulo: RT, 2016.

BADARÓ, Gustavo Henrique Righi Ivahy; LOPES JR., Aury. *Direito ao processo penal no prazo razoável*. Rio de Janeiro: Lumen Juris, 2006.

BADARÓ, Gustavo Henrique Righi Ivahy; TORON, Alberto Zacharias;. GOMES FILHO, Antonio Magalhães (coord.). Código de Processo Penal comentado (coord.). São Paulo: RT, 2018.

BARBOSA, Marcelo Fortes. A acusação no plenário do júri. *Tribunal do júri – Estudo sobre a mais democrática instituição jurídica brasileira*. São Paulo: RT, 1999.

BARBOSA, Rui. *Comentários à Constituição Federal brasileira*. Org. Homero Pires. São Paulo: Saraiva, 1934. v. 6.

BARBOSA, Rui. *O júri sob todos os aspectos*. Org. Roberto Lyra Filho e Mário César da Silva. Rio de Janeiro: Editora Nacional de Direito, 1950.

BARROS, Hamilton Moraes. Notas sobre o júri. *Revista de Jurisprudência do Tribunal de Justiça do Estado da Guanabara*, n. 25, 1971.

BARROS, Marco Antonio de. *A busca da verdade no processo penal*. São Paulo: RT, 2002.

BARROS, Marco Antonio de. Ministério Público e o *habeas corpus*: tendências atuais. *Tortura, crime militar*, habeas corpus. *Justiça penal – Críticas e sugestões*, v. 5. Coord. Jaques de Camargo Penteado. São Paulo: RT, 1997.

BARROSO, Luís Roberto. Comissões Parlamentares de Inquérito e suas competências: política, direito e devido processo legal. *Revista Forense*, v. 350, abr.-jun. 2000.

BARROSO, Luís Roberto. Comissões Parlamentares de Inquérito – Limite de sua competência – Sentido da expressão constitucional "poderes de investigação próprios das autoridades judiciais" – Inadmissibilidade de busca e apreensão sem mandado judicial. *Revista Forense*, v. 335, jul.-set. 1996.

BARROSO, Luís Roberto *Interpretação e aplicação da Constituição*. São Paulo: Saraiva, 1996.

BASTOS, Celso Ribeiro. *Curso de direito constitucional*. 18. ed. São Paulo: Saraiva, 1997.

BARROSO, Luís Roberto; MARTINS, Ives Gandra. *Comentários à Constituição do Brasil*. São Paulo: Saraiva, 1989. v. 2.

BASTOS, José Tavares. *O júri na República*. Rio de Janeiro-Paris: Garnier Livreiro, 1909. t. I.

BASTOS, Márcio Thomaz. Júri e mídia. *Tribunal do júri – Estudo sobre a mais democrática instituição jurídica brasileira*. São Paulo: RT, 1999.

BAZ, Marco Antonio Garcia; ROCHA, Luiz Otavio de Oliveira. *Fiança criminal e liberdade provisória*. São Paulo: RT, 1999.

BELING, Ernst. *Derecho procesal penal*. Trad. Roberto Goldschmidt e Ricardo C. Nuñez. Córdoba: Impressão da Universidade Nacional de Córdoba, 1943.

BELLAVISTA, Girolamo. *Studi sul processo penale*. Milão: Dott. A. Giuffrè, 1966. v. III.

BERISTAIN, Antonio. *Victimología – Nueve palabras clave*. Valencia: Tirant lo Blanch, 2000.

BERLINS, Marcel; DYER, Clare. *The law machine*. 4. ed. London: Penguin Books, 1994.

BERMÚDEZ, Víctor Hugo. La participación del damnificado (víctima) en el proceso penal uruguayo. *La víctima en el proceso penal – Su régimen legal en Argentina, Bolivia, Brasil, Chile, Paraguay, Uruguay*. Buenos Aires: Depalma, 1997.

BERTOLINO, Pedro J. La situación de la víctima del delito en el proceso penal de la Argentina. *La víctima en el proceso penal – Su régimen legal en Argentina, Bolivia, Brasil, Chile, Paraguay, Uruguay* Buenos Aires: Depalma, 1997.

BETANHO, Luiz Carlos. Crimes falimentares. *Leis penais especiais e sua interpretação jurisprudencial*. 7. ed. Coord. Alberto Silva Franco e Rui Stoco. São Paulo: RT, 2001.

BETTIOL, Giuseppe; BETTIOL, Rodolfo. *Istituzioni di diritto e procedura penale*. 5. ed. Padova: Cedam, 1993.

BICA, António. O poder de julgar em Portugal, Estado de Direito Democrático. *Cadernos Vega Universidade, Direito e Ciência Jurídica*.

BITTENCOURT, Edgard de Moura. *A instituição do júri*. São Paulo: Saraiva, 1939.

BLACKBURN, Robert. *A written Constitution for the United Kingdom*. London: Mansell, 1995.

BONAVIDES, Paulo. *Ciência política*. 4. ed. Rio de Janeiro: Forense, 1978.

BONAVIDES, Paulo. *Curso de direito constitucional*. 7. ed. São Paulo: Malheiros, 1997.

BOSCHI, José Antonio Paganella. *Ação penal – Denúncia, queixa e aditamento*. Rio de Janeiro: Aide, 1993.

BÓSON, Gerson de Britto Mello. Conceituação jurídica da soberania do Estado. *Revista de Direito Público*, v. 21, 1972.

BÓSON, Gerson de Britto Mello. *Direito internacional público – O Estado em direito das gentes*. Belo Horizonte: Del Rey, 1994.

BOYLE, Kevin. Human rights and the Northern Ireland emergency. In: ANDREWS, J. A. *Human rights in criminal procedure – A comparative study*. The Hague, Boston, London: Martinus Nijhoff Publishers, 1982.

BRANCO, Fernando Castelo. *A pessoa jurídica no processo penal*. São Paulo: Saraiva, 2001.

BRANCO, Tales Castelo. *Da prisão em flagrante*. 5. ed. São Paulo: Saraiva, 2001.

BREWER, Albert P. et al. *Alabama constitucional law*. Birmingham: Samford University, 1992.

BROWN, David; FARRIER, David; WEISBROT, David. *Criminal laws*. 2. ed. Sidney: The Federation Press, 1996. v. 1 e 2.

BUENO, José Antônio Pimenta. *Apontamentos sobre o processo criminal brasileiro* (com anotações de José Frederico Marques). São Paulo: Saraiva, 1959.

BUONO, Carlos Eduardo de Athayde et al. *A reforma processual penal italiana – Reflexos no Brasil*. São Paulo: RT, 1991.

BUSANA, Dante. *O habeas* corpus *no Brasil*. São Paulo: Atlas, 2009.

BUSANA, Dante; SAMPAIO, Laerte J. Castro. O Ministério Público no processo de *habeas corpus*. RT 438/315, abr. 1972.

BUZZELLI, Silvia. Il contributo dell'imputato alla ricostruzione del fatto. In: UBERTIS, Giulio (Org.). *La conoscenza del fatto nel processo penale*. Milão: Giuffrè, 1992.

CABRAL NETTO, Joaquim. *Instituições de processo penal*. Belo Horizonte: Del Rey, 1997.

CAETANO, Marcelo. *Direito constitucional*. Rio de Janeiro: Forense, 1977. v. 1.

CAETANO, Marcelo. *Direito constitucional*. Rio de Janeiro: Forense, 1978. v. 2.

CAETANO, Marcelo. *Manual de ciência política e direito constitucional*. 6. ed. rev. e ampl. por Miguel Galvão Teles. Coimbra: Almedina, 1996. t. I.

CALMON, Pedro. *Curso de direito constitucional brasileiro*. 4. ed. Rio de Janeiro-São Paulo: Freitas Bastos, 1956.

CÂNDIDO, Joel José. *Direito eleitoral brasileiro*. 4. ed. Bauru: Edipro, 1994.

CANOTILHO, José Joaquim Gomes. *Direito constitucional*. 6. ed. Coimbra: Almedina, 1995.

CAPEZ, Rodrigo. Prisão e medidas cautelares diversas. A individualização da medida cautelar no processo penal. São Paulo: Quartier Latin, 2017.

CARD, Richard. Human rights and substantive criminal law. In: ANDREWS, J. A. *Human rights in criminal procedure – A comparative study*. The Hague, Boston, London: Martinus Nijhoff Publishers, 1982.

CARNEIRO, Athos Gusmão. *Jurisdição e competência*. 2. ed. São Paulo: Saraiva, 1983.

CARNELUTTI, Francesco. *Lecciones sobre el proceso penal*. Trad. Santiago Sentís Melendo. Buenos Aires: Bosch Y Cía. Editores, 1950. v. 1 e 2.

CARR, A. P. *Criminal procedure in magistrates' courts*. London: Butterworths, 1983.

CARRARA, Francesco. *Programa del curso de derecho criminal dictado en la Real Universidad de Pisa*. Trad. Sebastian Soler. Buenos Aires: Depalma, 1944. v. 2.

CARVALHO, Jefferson Moreira de. *Curso básico de processo penal*. São Paulo: Juarez de Oliveira, 1999. v. I.

CARVALHO, Luís Gustavo Grandinetti Castanho de. *O processo penal em face da Constituição*. Rio de Janeiro: Forense, 1992.

CARVALHO, Márcia Dometila Lima de. *Fundamentação constitucional do direito penal*. Porto Alegre: Fabris, 1992.

CARVALHO, Roldão Oliveira de; CARVALHO NETO, Algomiro. *Comentários à Lei 9.099, de 26 de setembro de 1995*. Leme: LED, 1997.

CARVALHO, Virgílio I. Miranda de. *Constituição da República portuguesa, direitos humanos, Estatuto do Tribunal Constitucional, 3.ª revisão constitucional*. 2. ed. Coimbra: Ediliber.

CARVALHO NETO, Algomiro; CARVALHO, Roldão Oliveira de. *Comentários à Lei 9.099, de 26 de setembro de 1995*. Leme: LED, 1997.

CASTILLO, Niceto Alcalá-Zamora Y et al. *Derecho procesal penal* (em conjunto com Ricardo Levene Hijo). Buenos Aires: Guillermo Kraft, 1945. t. I, II e III.

CASTRO, Araujo. *A nova Constituição brasileira*. 2. ed. Rio de Janeiro-São Paulo: Freitas Bastos, 1936.

CAVALCANTI, Themistocles Brandão. *A Constituição Federal comentada*. 3. ed. Rio de Janeiro: José Konfino, 1958. v. 3.

CERVINI, Raúl; GOMES, Luiz Flávio. *Interceptação telefônica*. São Paulo: RT, 1997.

CESÁRIO, Ana Cleide Chiarotti. Hobbes e Rousseau: o problema da soberania. *Cadernos de Direito Constitucional e Ciência Política*, v. 6, São Paulo, RT, 1994.

CHÂTEL, Marc. Human rights and Belgian criminal procedure at pre-trial and trial level. In: ANDREWS, J. A. *Human rights in criminal procedure – A comparative study*. The Hague, Boston, London: Martinus Nijhoff Publishers, 1982.

CHIOVENDA, Giuseppe. *Instituições de direito processual civil*. 2. ed. Trad. J. Guimarães Menegale. São Paulo: Saraiva, 1965. t. I, II e III.

CINTRA, Antonio Carlos de Araújo; GRINOVER, Ada Pellegrini; DINAMARCO, Cândido Rangel. *Teoria geral do processo*. 25. ed. São Paulo: Malheiros, 2009.

COELHO, Fábio Ulhôa. *Lógica jurídica – Uma introdução*. São Paulo: Educ, 1995.

COLLIER, Christopher; COLLIER, James Lincoln. *Decision in Philadelphia – The constitutional convention of 1787*. 4. ed. New York: Ballantine Books, 1993.

COMPARATO, Fábio Konder. Por que não a soberania dos pobres? *Constituinte e democracia no Brasil hoje*. 4. ed. São Paulo: Brasiliense, 1986.

CORDERO, Franco. La confessione nel quadro decisório. In: NEUBURGER, Luisella de Cataldo (Org.). *La giustizia penale e la fluidità del sapere: ragionamento sul método*. Padova: Cedam, 1988.

CORWIN, Edward S. *A Constituição norte-americana e seu significado atual*. Trad. Lêda Boechat Rodrigues. Rio de Janeiro: Zahar, 1986.

COSSIO, Carlos. *Teoria de la verdad jurídica*. Buenos Aires: Losada, 1954.

COSTA, Hélio. Júri – Controle da magistratura togada. *Revista Forense*, v. 208, 1964.

COSTELLO, Declan. Rights of accused persons and the Irish Constitution of 1937. In: ANDREWS, J. A. *Human rights in criminal procedure – A comparative study*. The Hague, Boston, London: Martinus Nijhoff Publishers, 1982.

COUCEIRO, João Claudio. *A garantia constitucional do direito ao silêncio*. São Paulo: RT, 2004.

COUTURE, Eduardo J. *Fundamentos do direito processual civil*. Trad. Rubens Gomes de Sousa. São Paulo: Saraiva, 1946.

CRACKNELL, D. G. *Evidence*. Kent: Old Bailey, 1994.

CRAWFORD, James. *Australian courts of law*. 3. ed. Melbourne: Oxford University Press.

CRISTIANI, Antonio. Aspetti problematici del contraddittorio nel riesame dei provvedimenti restrittivi della libertà personale. *Studi in memoria di Giacomo Delitala*. Milão: Giuffrè, 1984. v. 1.

CRUZ, Rogerio Schietti. Prisão cautelar. Dramas, princípios e alternativas. 3. ed. Salvador: JusPodivm, 2017.

CURZON, L. B. *Dictionary of law*. 4. ed. London: Pitman, 1995.

DALLARI, Dalmo de Abreu. *Constituição e constituinte*. 3. ed. São Paulo: Saraiva, 1986.

DALLARI, Dalmo de Abreu. Constituição para o Brasil novo. *Constituinte e democracia no Brasil hoje*. 4. ed. São Paulo: Brasiliense, 1986.

DALLARI, Dalmo de Abreu. *Elementos de teoria geral do Estado*. 6. ed. São Paulo: Saraiva, 1979.

DALLARI, Pedro B. A. *Constituição e tratados internacionais*. São Paulo: Saraiva, 2003.

DARBYSHIRE, Penny. *Eddey on the English legal system*. 6. ed. London: Sweet & Maxwell, 1996.

DAVID, Marcel. Jury populaire et souveraineté. *Revue internationale de theorie du droit et de sociologie juridique*, v. 36/37, Paris, LGDJ, 1997.

DAVIES, Malcolm; CROALL, Hazel; TYRER, Jane. *Criminal Justice: an introduction to the criminal justice system in England and Wales*. London & New York: Longman, 1995.

DAVIS, Francis Selwyn. Contradição entre as respostas e soberania do júri. *Revista Brasileira de Ciências Criminais*, n. 10, abr.-jun. 1995.

DEL RE, Michele C. Modellamento psichico e diritto penale: la tutela penale dell'integrità psichica. *Studi in memoria di Giacomo Delitala*. Milão: Dott. A. Giuffrè, 1984. v. 1.

DEL VECCHIO, Giorgio. *Teoria do Estado*. Trad. portuguesa de António Pinto de Carvalho. São Paulo: Saraiva, 1957.

DÉLBIS, Tibúrcio. *Homicídio sem cadáver – O caso Denise Lafetá*. Belo Horizonte: Inédita, 1999.

DELMANTO JÚNIOR, Roberto. *Inatividade no processo penal brasileiro*. São Paulo: RT, 2004 (Coleção Estudos de Processo Penal Prof. Joaquim Canuto Mendes de Almeida, v. 7).

DELMANTO JÚNIOR, Roberto. *As modalidades de prisão provisória e seu prazo de duração*. 2. ed. Rio de Janeiro-São Paulo: Renovar, 2001.

DEMERCIAN, Pedro Henrique. *A oralidade no processo penal brasileiro*. São Paulo: Atlas, 1999.

DEMERCIAN, Pedro Henrique. *Regime jurídico do Ministério Público no processo penal*. São Paulo: Verbatim, 2009.

DEMERCIAN, Pedro Henrique; MALULY, Jorge Assaf. *Curso de processo penal*. São Paulo: Atlas, 1999.

DESQUIRON, G. C. *Trattato della prova testimoniale in materia criminale*. Palermo: Eredi Abbate, 1824.

DEZEM, Guilherme Madeira. *Curso de processo penal*. 2. ed. São Paulo: RT, 2016.

DEZEM, Guilherme Madeira; SOUZA, Luciano Anderson de. *Comentários ao pacote anticrime*. São Paulo: RT, 2020.

DINAMARCO, Cândido Rangel; CINTRA, Antonio Carlos de Araújo; GRINOVER, Ada Pellegrini. *Teoria geral do processo*. 25. ed. São Paulo: Malheiros, 2009.

DINIZ, Maria Helena. *Norma constitucional e seus efeitos*. 3. ed. São Paulo: Saraiva, 1997.

DÓRIA, Sampaio. *Comentários à Constituição de 1946*. São Paulo: Max Limonad, 1960. v. 4.

DÓRIA, Sampaio. *Direito constitucional (curso e comentário à Constituição)*. 3. ed. São Paulo: Editora Nacional, 1953. t. I e II.

DOTTI, René Ariel. *Anteprojeto do Júri*. *Revista Forense*, v. 326.

DOTTI, René Ariel. *Bases e alternativas para o sistema de penas*. São Paulo: RT, 1998.

DOTTI, René Ariel. *Esboço para a reforma do júri*. *Revista Forense*, v. 322, 1993.

DOTTI, René Ariel. *A publicidade dos julgamentos e a "sala secreta" do júri*. *Revista Jurídica*, n. 186, 1993.

DOTTI, René Ariel. *Reforma do procedimento do júri*. *Revista Forense*, v. 334, 1995.

DRESSLER, Joshua. *Cases and materials on criminal law*. St. Paul: West Publishing Co., 1994.

DUARTE, José. *A Constituição brasileira de 1946*. Rio de Janeiro: Imprensa Nacional, 1947. v. 3.

DUTRA, Mário Hoepener. A evolução do direito penal e o júri. *Revista Forense*, v. 249, 1975.

EDWARDS, Carlos Enrique. *Garantías constitucionales en materia penal*. Buenos Aires: Astrea, 1996.

ELLIOTT, Catherine; QUINN, Frances. *English legal system*. London-New York: Longman, 1996.

ELLIS, Elizabeth; GOLDRING, John; DIEKMAN, Chris. *Society, law and justice*. 2. ed. Melbourne: Oxford University Press, 1996. v. 1.

ESCAMILLA, Margarita Martinez. *La suspensión e intervención de las comunicaciones del preso*. Madrid: Tecnos, 2000.

ESPÍNOLA FILHO, Eduardo. *Código de Processo Penal brasileiro anotado*. 3. ed. Rio de Janeiro: Borsoi, 1955. v. 1 a 8.

EYMERICH, Nicolau *Manual dos inquisidores*. Brasília: Rosa dos Tempos, 1993.

FARBER, Daniel A.; ESKRIDGE JR., William N.; FRICKEY, Philip. *Cases and materials on Constitutional Law – Themes for the Constitution's Third Century*. St. Paul: West Publishing Co., 1993.

FARIA, Bento de. *Código de Processo Penal*. 2. ed. Rio de Janeiro: Record, 1960. v. 1 a 3.

FARIA, José Eduardo. Um poder à beira de um ataque de nervos. *O Estado de S. Paulo*, Caderno Espaço Aberto, 4 set. 1997.

FARIA, José Eduardo. *Poder e legitimidade*. São Paulo: Perspectiva, 1978.

FAWCETT, J. E. S. *Criminal procedure and the European Convention on Human Rights*. In: ANDREWS, J. A. *Human rights in criminal procedure – A comparative study*. The Hague, Boston, London: Martinus Nijhoff Publishers, 1982.

FEDELI, Mario. *Temperamento, caráter, personalidade – Ponto de vista médico e psicológico*. Trad. José Maria de Almeida. São Paulo: Paulus, 1997.

FEITOZA, Denilson. *Direito Processual Penal – teoria, critica e práxis*. 5. ed. Niterói: Impetus, 2008.

FERNANDES, António José. *Os sistemas político-constitucionais português e espanhol (análise comparativa)*. Lisboa: Europa Editora.

FERNANDES, Antonio Scarance. *Processo penal constitucional*. São Paulo: RT, 1999; 4. ed., 2005.

FERNANDES, Antonio Scarance. *Teoria geral do procedimento e o procedimento no processo penal*. São Paulo: RT, 2005.

FERNANDES, Antonio Scarance. A vítima no processo penal brasileiro. *La víctima en el proceso penal – Su régimen legal en Argentina, Bolivia, Brasil, Chile, Paraguay, Uruguay*. Buenos Aires: Depalma, 1997.

FERNANDES, Antonio Scarance; GRINOVER, Ada Pellegrini; GOMES FILHO, Antonio Magalhães. *Recursos no processo penal*. São Paulo: RT, 1996.

FERNANDES, Antonio Scarance; GRINOVER, Ada Pellegrini; GOMES FILHO, Antonio Magalhães. *As nulidades no processo penal*. 3. ed., 2. tir. São Paulo: Malheiros, 1994.

FERNANDES, Antonio Scarance; GRINOVER, Ada Pellegrini; GOMES FILHO, Antonio Magalhães. *Juizados Especiais Criminais – Comentários à Lei 9.099, de 26.09.1995*. 3. ed., 2. tir. São Paulo: RT, 1999; 5. ed., 2005.

FERNANDES, Antonio Scarance; ALMEIDA, José Raul Gavião de; MORAES, Maurício Zanoide de (coord.). *Sigilo no processo penal – eficiência e garantismo*. São Paulo: RT, 2008.

FERRARI, Eduardo Reale. *Código de Processo Penal – Comentários aos projetos de reforma legislativa*. Campinas: Millenium, 2003.

FERRAZ, Esther de Figueiredo. *Os delitos qualificados pelo resultado no regime do Código Penal de 1940*. Dissertação de livre docência. São Paulo: USP, 1948.

FERREIRA, Manuel Cavaleiro de. *A pronúncia*. Lisboa: Cruz-Braga, 1984.

FERREIRA FILHO, Manoel Gonçalves. *Comentários à Constituição brasileira de 1988*. 2. ed. São Paulo: Saraiva, 1997.

FERREIRA FILHO, Manoel Gonçalves. *Curso de direito constitucional*. 11. ed. São Paulo: Saraiva, 1982.

FERREIRA FILHO, Manoel Gonçalves. *O poder constituinte*. 2. ed. São Paulo: Saraiva, 1985.

FIGUEIRA JÚNIOR, Joel Dias; TOURINHO NETO, Fernando da Costa. *Juizados especiais cíveis e criminais*. São Paulo: RT, 2002.

FIORAVANTI, Maurizio. *Los derechos fundamentales*. Madrid: Editorial Trotta, 1996.

FIUZA, Ricardo Arnaldo Malheiros. *Direito constitucional comparado*. 3. ed. Belo Horizonte: Del Rey, 1997.

FLORIAN, Eugenio. *Delle prove penali*. Milão: Dottor Francesco Vallardi, 1924. v. 1.

FOUCAULT, Michel. *Vigiar e punir. Nascimento da prisão*. 25. ed. Trad. Raquel Ramalhete. Petrópolis: Vozes, 2002.

FRAGOSO, Heleno Cláudio. A questão do júri. *Revista Forense*, v. 193, 1961.

FRANCESCHINI, José Luiz Vicente de Azevedo. Da atuação dos juízes penais, de ambas as instâncias, na pesquisa da verdade real. *RT* 409/23.

FRANCO, Afonso Arinos de Melo. *Estudos de direito constitucional*. Rio de Janeiro: Forense, 1957.

FRANCO, Alberto Silva. Medida liminar em *habeas corpus*. *Revista Brasileira de Ciências Criminais*, número especial de lançamento, p. 70-74.

FRANCO, Alberto Silva; STOCO, Rui (Coord.). *Código de Processo Penal e sua interpretação jurisprudencial*. São Paulo: RT, 1999. v. 1 e 2.

FRANCO, Ary Azevedo. *O júri e a Constituição Federal de 1946*. 2. ed. Rio de Janeiro: Forense, 1956.

FREITAS, Gilberto Passos de; FREITAS, Vladimir Passos de. *Abuso de autoridade*. 5. ed. São Paulo: RT, 1993.

GALL, Gerald L. *The Canadian legal system*. 4. ed. Toronto: Carswell, 1995.

GARCIA, Maria. *Desobediência civil (direito fundamental)*. São Paulo: RT, 1994.

GEMIGNANI, Daniel; NUCCI, Guilherme de Souza; Marques, Ivan Luís; MONTEIRO, André Vinícius; SILVA, Raphael Zanon da. Ação civil *ex delicto*: problemática e procedimento após a Lei 11.719/2008. *RT*, v. 888, p. 395, out. 2009.

GENOFRE, Roberto Maurício. O papel do juiz criminal na investigação criminal. *Boletim da Associação dos Juízes para a Democracia*, n. 23, jan.-mar. 2001.

GERSÃO, Eliana. Jurados nos tribunais – Alguns dados da experiência portuguesa. *Cadernos da Revista do Ministério Público*, n. 5, Lisboa, 1991.

GERSÃO, Eliana. Júri e participação dos cidadãos na justiça. *Cadernos da Revista do Ministério Público*, n. 41, Lisboa.

GOITÍA, Carlos Alberto. La situación de la víctima del delito en el proceso penal boliviano. *La víctima en el proceso penal – Su régimen legal en Argentina, Bolivia, Brasil, Chile, Paraguay, Uruguay*. Buenos Aires: Depalma, 1997.

GOMES, Luiz Flávio; CERVINI, Raúl. *Interceptação telefônica*. São Paulo: RT, 1997.

GOMES, Luiz Flávio; GRINOVER, Ada Pellegrini; GOMES FILHO, Antonio Magalhães Gomes; FERNANDES, Antonio Scarance. *Juizados Especiais Criminais – Comentários à Lei 9.099, de 26.09.1995*. 3. ed., 2. tir. São Paulo: RT, 1999; 5. ed., 2005.

GOMES FILHO, Antonio Magalhães. *Direito à prova no processo penal*. São Paulo: RT, 1997.

GOMES FILHO, Antonio Magalhães. O *habeas corpus* como instrumento de proteção do direito à liberdade de locomoção. *Tortura, crime militar*, habeas corpus. *Justiça penal – Críticas e sugestões*, v. 5. Coord. Jaques de Camargo Penteado. São Paulo: RT, 1997.

GOMES FILHO, Antonio Magalhães. *A motivação das decisões penais*. São Paulo: RT, 2001.

GOMES FILHO, Antonio Magalhães. *Presunção de inocência e prisão cautelar*. São Paulo: Saraiva, 1991.

GOMES FILHO, Antonio Magalhães; GRINOVER, Ada Pellegrini; FERNANDES, Antonio Scarance. *As nulidades no processo penal*. 3. ed. rev. amp., 2. tir. São Paulo: Malheiros, 1994.

GOMES FILHO, Antonio Magalhães; GRINOVER, Ada Pellegrini; FERNANDES, Antonio Scarance. *Recursos no processo penal*. São Paulo: RT, 1996.

GOMES FILHO, Antonio Magalhães; GRINOVER, Ada Pellegrini; FERNANDES, Antonio Scarance; GOMES, Luiz Flávio. *Juizados Especiais Criminais – Comentários à Lei 9.099, de 26.09.1995*. 3. ed., 2. tir. São Paulo: RT, 1999; 5. ed., 2005.

GOMES FILHO, Antonio Magalhães; TORON, Alberto Zacharias; BADARÓ, Gustavo Henrique (coord.). *Código de Processo Penal comentado*. São Paulo: RT, 2018.

GONÇALVES, Luiz Carlos dos Santos. *O Estatuto do Idoso e os Juizados Especiais Criminais*. Disponível em: <http://www.cpc.adv.br/doutrina>.

GONÇALVES, Manuel Lopes Maia. *Código de processo penal anotado*. 8. ed. rev. atual. Coimbra: Almedina, 1997.

GONÇALVES, Victor Eduardo Rios e REIS, Alexandre Cebrian Araújo. *Direito processual penal esquematizado*. São Paulo: Saraiva, 2012.

GONZALEZ, Fernando Gomez de Liaño. *El processo penal*. Oviedo, 1987.

GORPHE, François. *LLappréciation des preuves en justice*. Paris: Recueil Sirey, 1947.

GRAVEN, Jean. Évolution, déclin et transformation du jury. *Le jury face au droit pénal moderne*. Journée d'études juridiques Jean Dabin. Bruxelles: Émile Bruylant, 1967.

GRECO FILHO, Vicente. *Interceptação telefônica (considerações sobre a Lei 9.296/96, de 24 de julho de 1996)*. São Paulo: Saraiva, 1996.

GRECO FILHO, Vicente. *Manual de processo penal*. São Paulo: Saraiva, 1991.

GRECO FILHO, Vicente. Questões polêmicas sobre a pronúncia. *Tribunal do júri – Estudo sobre a mais democrática instituição jurídica brasileira*. São Paulo: RT, 1999.

GRECO FILHO, Vicente. *Tutela constitucional das liberdades*. São Paulo: Saraiva, 1989.

GREEN, Eric C.; NESSON, Charles R. *Federal rules of evidence*. Boston-New York-Toronto-London: Little, Brown & Company, 1994.

GRINOVER, Ada Pellegrini. A democratização dos tribunais penais: participação popular. *Revista de Processo*, n. 52, 1988.

GRINOVER, Ada Pellegrini. *Liberdades públicas e processo penal*. 2. ed. São Paulo: RT, 1982.

GRINOVER, Ada Pellegrini. Mandado de segurança contra ato jurisdicional penal. *Mandado de segurança*. Coord. Aroldo Plínio Gonçalves. Belo Horizonte: Del Rey, 1996.

GRINOVER, Ada Pellegrini. *O processo em sua unidade – II*. Rio de Janeiro: Forense, 1984.

GRINOVER, Ada Pellegrini. O regime brasileiro das interceptações telefônicas. *Revista Brasileira de Ciências Criminais*, n. 17, jan.-mar. 1997.

GRINOVER, Ada Pellegrini; GOMES FILHO, Antonio Magalhães; FERNANDES, Antonio Scarance. *As nulidades no processo penal*. 3. ed. rev. amp., 2. tir. São Paulo: Malheiros, 1994.

GRINOVER, Ada Pellegrini; GOMES FILHO, Antonio Magalhães; FERNANDES, Antonio Scarance. *Recursos no processo penal*. São Paulo: RT, 1996.

GRINOVER, Ada Pellegrini; GOMES FILHO, Antonio Magalhães; FERNANDES, Antonio Scarance; GOMES, Luiz Flávio. *Juizados Especiais Criminais – Comentários à Lei 9.099, de 26.09.1995*. 3. ed., 2. tir. São Paulo: RT, 1999; 5. ed., 2005.

GRINOVER, Ada Pellegrini; DINAMARCO, Cândido Rangel. CINTRA, Antonio Carlos de Araújo. *Teoria geral do processo*. 25. ed. São Paulo: Malheiros, 2009.

HADDAD, Carlos Henrique Borlido. *O interrogatório no processo penal*. Belo Horizonte: Del Rey, 2000.

INGMAN, Terence. *The english legal process*. 6. ed. London: Blackstone, 1996.

JACKSON, John; DOLAN, Sean. *Judge without jury*. Oxford: Clarendon Press, 1995.

JACQUES, Paulino. *Curso de direito constitucional*. 3. ed. Rio de Janeiro: Forense, 1962.

JARDIM, Afrânio Silva. *Ação penal pública – Princípio da obrigatoriedade*. 2. ed. Rio de Janeiro: Forense, 1994.

JARDIM, Afrânio Silva. *Direito processual penal*. 11. ed. Rio de Janeiro: Forense, 2003.

JELLINEK, Georg. *Teoria general del Estado*. 2. ed. Trad. Fernando de Los Ríos Urruti. México: Compañia Editorial Continental, 1956.

JESUS, Damásio E. *Código de Processo Penal anotado*. 16. ed. São Paulo: Saraiva, 1999.

JIMÉNEZ, Hernando Londoño. *Derecho procesal penal*. Bogotá: Temis, 1982.

JOBSON, Keith B. *Human rights in criminal procedure in Canada*. In: ANDREWS, J. A. *Human rights in criminal procedure – A comparative study*. The Hague, Boston, London: Martinus Nijhoff Publishers, 1982.

JUNQUEIRA, Roberto de Rezende. Do livre convencimento do juiz e de seus poderes na instrução criminal e na aplicação das penas. *Justitia*, v. 88.

KARAM, Maria Lúcia. *Competência no processo penal*. 3. ed. São Paulo: RT, 2002.

KARAM, Maria Lúcia. *Juizados Especiais Criminais – A concretização antecipada do poder de punir*. São Paulo: RT, 2004.

KELSEN, Hans. *Teoria pura do direito*. 4. ed. Trad. João Baptista Machado. Coimbra: Arménio Amado, 1979.

KNITTEL, Eberhard; SEILER, Dietmar. The merits of trial by jury. *Cambridge Law Journal*, v. 30, 1972.

KRONAWETTER, Alfredo Enrique. La emergência de un "nuevo" sujeto: la víctima y el imperativo constitucional de su participación en el proceso penal paraguayo. *La víctima en el proceso penal – Su régimen legal en Argentina, Bolivia, Brasil, Chile, Paraguay, Uruguay*. Buenos Aires: Depalma, 1997.

LAFAVE, Wayne R.; ISRAEL, Jerold H. *Criminal procedure*. 2. ed. St. Paul: West Publishing Co., 1992.

LARSON, Arthur; JENKS, C. Wilfred. *Sovereignty within the law*. New York-London: Oceana, Stevens & Sons, 1965.

LEAL, Victor Nunes. *Coronelismo, enxada e voto*. 3. ed., 1. reimp. Rio de Janeiro: Nova Fronteira, 1997.

LEIGH, Leonard H. The protection of the rights of the accused in pre-trial procedure: England and Wales. In: ANDREWS, J. A. *Human rights in criminal procedure – A comparative study*. The Hague, Boston, London: Martinus Nijhoff Publishers, 1982.

LIGERTWOOD, Andrew. *Australian evidence*. 2. ed. Sidney: Butterworths, 1994.

LILLY, Graham C. *An introduction to the law of evidence*. 2. ed. St. Paul: West Publishing Co., 1992.

LIMA, Alcides de Mendonça. Júri – Instituição nociva e arcaica. *Revista Forense*, v. 196, 1961.

LIMA, Arnaldo Siqueira de; TAQUARY, Eneida Orbage de Britto. *Temas de direito penal e direito processual penal*. 3. ed. Brasília: Brasília Jurídica, 2005.

LIMA, Carolina Alves de Souza. *O princípio constitucional do duplo grau de jurisdição*. São Paulo: Manole, 2006.

LIMA, Renato Brasileiro de. *Código de Processo Penal comentado*. Salvador: JusPodivm, 2016.

LLOYD, Dennis. *A idéia de lei*. Trad. Álvaro Cabral. São Paulo: Martins Fontes, 1985.

LOEWENSTEIN, Karl. *Teoría de la Constitución*. Trad. Alfredo Gallego Anabitarte. Barcelona: Ariel, 1965.

LOPES, João Batista; Morais, Paulo Heber de. *Da prova penal*. 2. ed. São Paulo: Copola, 1994.

LOPES JR., Aury. *Direito processual penal*. 9. ed. São Paulo: Saraiva, 2012.

LOPES JR., Aury. *Direito processual penal*. 10. ed. São Paulo: Saraiva, 2013.

LOPES JR., Aury; BADARÓ, Gustavo Henrique. *Direito ao processo penal no prazo razoável*. Rio de Janeiro: Lumen Juris, 2006.

LUZ, Nelson Ferreira. Os critérios da soberania. *RT*, v. 315, 1962.

LYRA, Roberto. *Teoria e prática da promotoria pública*. 2. ed. Porto Alegre: Fabris e Escola Superior do Ministério Público do Rio Grande do Sul, 1989.

MACIEIRA, António. *Do júri criminal*. Lisboa: Imprensa Nacional, 1914.

MACIEL, Adhemar Ferreira. O devido processo legal e a Constituição brasileira de 1988 – Doutrina e jurisprudência. *Revista da Associação dos Magistrados Brasileiros*, v. 2, 1997.

MADLENER, Kurt. The protection of human rights in the criminal procedure of the Federal Republic of Germany. In: ANDREWS, J. A. *Human rights in criminal procedure – A comparative study*. The Hague, Boston, London: Martinus Nijhoff Publishers, 1982.

MALAN, Diogo; PRADO, Geraldo (coord.). *Processo penal e democracia – estudos em homenagem aos 20 anos da Constituição da República de 1988*. Rio de Janeiro: Lumen Juris, 2009.

MALATESTA, Nicola Framarino dei. *A lógica das provas em matéria criminal*. Trad. Alexandre Augusto Correia. São Paulo: Saraiva, 1960. v. I e II.

MALULY, Jorge Assaf; DEMERCIAN, Pedro Henrique. *Curso de processo penal*. São Paulo: Atlas, 1999.

MANSCHRECK, C. L. *A history of christianity*: from persecution to uncertainty. New Jersey: Englewood Cliffs, 1974.

MANZINI, Vincenzo. *Istituzioni di diritto processuale penale*. 10. ed. Padova: Cedam, 1950.

MANZINI, Vincenzo. *Trattato di diritto processuale penale italiano*. 4. ed. Torino: Unione Tipografico-Editrice Torinese, 1952. v. 1, 2 e 3.

MARCÃO, Renato. *Curso de execução penal*. 12. ed. São Paulo: Saraiva, 2014.

MARCÃO, Renato. *Curso de processo penal*. São Paulo: Saraiva, 2014.

MARCÃO, Renato. *Curso de processo penal*. 2. ed. São Paulo: Saraiva, 2015.

MARINONI, Luiz Guilherme; MITIDIERO, Daniel. *Repercussão geral no recurso extraordinário*. São Paulo: RT, 2007.

MARITAIN, Jacques. A ordem dos conceitos – Lógica menor. *Elementos de Filosofia 2*. 13. ed. Rio de Janeiro: Agir.

MARQUES, Ivan Luís. *Reforma Processual Penal de 2008*. São Paulo: RT, 2008.

MARQUES, Ivan Luís; MONTEIRO, André Vinícius; GEMIGNANI, Daniel; NUCCI, Guilherme de Souza; Silva, Raphael Zanon da. Ação civil *ex delicto*: problemática e procedimento após a Lei 11.719/2008. *RT*, v. 888, p. 395, out. 2009.

MARQUES, José Frederico. *Da competência em matéria penal*. Atual. José Renato Nalini e Ricardo Dip. Campinas: Millenium, 2000.

MARQUES, José Frederico. *Elementos de direito processual penal*. Atual. Victor Hugo Machado da Silveira. Campinas: Bookseller, 1997. v. 1.

MARQUES, José Frederico. Encerramento da formação da culpa no processo penal do júri. *Estudos de direito e processo penal em homenagem a Nélson Hungria*. Rio de Janeiro-São Paulo: Forense, 1962.

MARQUES, José Frederico. *A instituição do júri*. Atual. Hermínio Alberto Marques Porto, José Gonçalves Canosa Neto e Marco Antonio Marques da Silva. Campinas: Bookseller, 1997.

MARQUES, José Frederico. *O júri e sua nova regulamentação legal*. São Paulo: Saraiva, 1948.

MARQUES, José Frederico. *O júri no direito brasileiro*. 2. ed. São Paulo: Saraiva, 1955.

MARQUES, José Frederico. Notas e apontamentos sobre o júri. *RJTJSP*, v. IX, 1969.

MARQUES, José Frederico. *Tratado de direito processual penal*. São Paulo: Saraiva, 1980. v. 1.

MARQUES, Paulo Edson O promotor e a reforma da instituição do júri. *Justitia*, v. 43, 1981.

MARREY, Adriano. A publicidade dos julgamentos e a "sala secreta" no júri. *Revista Jurídica*, v. 188, jun. 1993.

MARREY, Adriano; FRANCO, Alberto Silva; STOCO, Rui. *Teoria e prática do júri*. 6. ed. São Paulo: RT, 1997; 7. ed., 2000.

MARTINAGE, Renée. L'évolution du jury en France et en Europe depuis la Révolution de 1789. *Revue internationale de droit penal – La phase décisoire du procès pénal en droit comparé*. Paris: Erès, 1986.

MAUET, Thomas A. *Pretrial*. 3. ed. Boston: Little, Brown and Company, 1995.

MAXIMILIANO, Carlos. *Comentários à Constituição brasileira*. 5. ed. Rio de Janeiro-São Paulo: Freitas Bastos, 1954. v. 1-3.

MAXIMILIANO, Carlos. *Hermenêutica e aplicação do direito*. 19. ed. Rio de Janeiro: Forense, 2002.

MAZZILLI, Hugo Nigro. O foro por prerrogativa de função e a Lei 10.628/2002. São Paulo, Complexo Jurídico Damásio de Jesus, jan. 2003. Disponível em: <www.damasio.com.br/novo/html/frame_artigos.htm>.

MAZZILLI, Hugo Nigro. O Ministério Público e o *habeas corpus*. *RT* 618/412, abr. 1987.

MAZZILLI, Hugo Nigro. *Regime jurídico do Ministério Público*. 2. ed. São Paulo: Saraiva, 1995.

MCKENZIE, Susan; KUNALEN, S. *English legal system*. London: Blackstone, 1996.

MEDEIROS, Maria Lúcia. Anotações sobre a correição parcial. *Revista de Processo*, n. 68/132, out.-dez. 1992.

MÉDICI, Sérgio de Oliveira. *Revisão criminal*. São Paulo: RT, 1998 (Coleção de Estudos de Processo Penal Prof. Joaquim Canuto Mendes de Almeida, v. 1).

MELLO, Celso D. de Albuquerque. *Curso de direito internacional público*. 7. ed. Rio de Janeiro: Freitas Bastos, 1982. v. 1.

MELLO, Dirceu de. Ação penal privada subsidiária: origem, evolução e efeitos de sua extinção, em perspectiva, no campo da desídia funcional do Ministério Público no direito brasileiro. *Revista de Processo*, n. 2, p. 207-213.

MELLO, Dirceu de. Revisão criminal – Prova [parecer]. *Justitia*, v. 98, 1977.

MELLO, Marco Aurélio de. O *habeas corpus* e a competência originária do STF. *Revista Brasileira de Ciências Criminais*, n. 9, jan.-mar. 1995.

MELLO FILHO, José Celso. *Constituição Federal anotada*. 2. ed. amp. São Paulo: Saraiva, 1986.

MÉNDEZ, Francisco Ramos. *El processo penal – Tercera lectura constitucional*. Barcelona: Bosch, 1993.

MILTON, Aristides A. *A Constituição do Brazil – Notícia historica, texto e commentario*. 2. ed. Rio de Janeiro: Imprensa Nacional, 1898.

MIRABETE, Julio Fabbrini. *Código de Processo Penal interpretado*. 5. ed. São Paulo: Atlas, 1997.

MIRABETE, Julio Fabbrini. A competência dos Juizados Especiais Criminais. *RJ* 222/144, abr. 1996.

MIRABETE, Julio Fabbrini. *Processo penal*. 8. ed. rev. e atual. São Paulo: Atlas, 1998.

MIRANDA, Gilson Delgado. *Procedimento sumário*. São Paulo: RT, 2000.

MIRANDA, Jorge. *Constituições de diversos países*. 3. ed. Lisboa: Imprensa Nacional Casa da Moeda, 1986. v. 1.

MIRANDA, Jorge. *Constituições de diversos países*. 3. ed. Lisboa: Imprensa Nacional Casa da Moeda, 1987. v. 2.

MIRANDA, Jorge. *Manual de direito constitucional*. 3. ed. Coimbra: Coimbra Editora, 1987. t. I.

MIRANDA, Jorge. *Manual de direito constitucional*. 2. ed. Coimbra: Coimbra Editora, 1988. t. II.

MIRANDA, Jorge. *Manual de direito constitucional*. 2. ed. Coimbra: Coimbra Editora, 1987. t. III.

MIRANDA, Jorge. *Manual de direito constitucional*. Coimbra: Coimbra Editora, 1988. t. IV.

MITIDIERO, Daniel; MARINONI, Luiz Guilherme. *Repercussão geral no recurso extraordinário*. São Paulo: RT, 2007.

MITTERMAIER, C. J. A. *Tratado da prova em matéria criminal*. 2. ed. Rio de Janeiro: Eduardo & Henrique Laemmert, 1879.

MOMMSEN, Teodoro. *Derecho penal romano*. Bogotá: Temis, 1991.

MONTEIRO, André Vinícius; GEMIGNANI, Daniel; NUCCI, Guilherme de Souza; MARQUES, Ivan Luís; SILVA, Raphael Zanon da. Ação civil *ex delicto*: problemática e procedimento após a Lei 11.719/2008. *RT*, v. 888, p. 395, out. 2009.

MONTESQUIEU. *O espírito das leis*. Trad. Pedro Vieira Mota. 4. ed. São Paulo: Saraiva, 1996.

MORAES, Alexandre de. *Direito constitucional*. 7. ed. São Paulo: Atlas, 2000.

MORAES, Alexandre de. *Direitos humanos fundamentais – Teoria geral, comentários aos arts. 1.º a 5.º da Constituição da República Federativa do Brasil – Doutrina e jurisprudência*. 2. ed. São Paulo: Atlas, 1998 (Coleção Temas Jurídicos, v. 3).

MORAES, Alexandre de. Provas ilícitas e proteção aos direitos humanos fundamentais. *Boletim IBCCRIM*, n. 63, fev. 1998.

MORAES, Alexandre de; PAZZAGLINI FILHO, Marino; SMANIO, Gianpaolo Poggio; VAGGIONE, Luiz Fernando. *Juizado Especial Criminal – Aspectos práticos da Lei 9.099/95, com jurisprudência atualizada*. 2. ed. São Paulo: Atlas, 1997.

MORAES, Maurício Zanoide. *Interesse e legitimação para recorrer no processo penal brasileiro*. São Paulo: RT, 2000 (Coleção de Estudos de Processo Penal Prof. Joaquim Canuto Mendes de Almeida, v. 4).

MORAES, Maurício Zanoide. *Leis penais especiais e sua interpretação jurisprudencial*. 7. ed. Coord. Alberto Silva Franco e Rui Stoco. São Paulo: RT, 2001.

MORAES, Maurício Zanoide; ALMEIDA, José Raul Gavião de; FERNANDES, Antonio Scarance (coord.). *Sigilo no processo penal – eficiência e garantismo*. São Paulo: RT, 2008.

MORAIS, Paulo Heber de; LOPES, João Batista. *Da prova penal*. 2. ed. São Paulo: Copola, 1994.

MORGAN, David et al. *Suspicion & Silence – The right to silence in criminal investigations*. Londres: Blackstone Press Limited, 1994.

MOURA, Maria Thereza Rocha de Assis. *Justa causa para a ação penal – Doutrina e jurisprudência*. São Paulo: RT, 2001 (Coleção de Estudos de Processo Penal Prof. Joaquim Canuto Mendes de Almeida, v. 5).

MOURA, Maria Thereza Rocha de Assis; PITOMBO, Cleunice A. Valentim Bastos. *Habeas corpus* e advocacia criminal: ordem liminar e âmbito de cognição. *Tortura, crime militar, habeas corpus. Justiça penal – Críticas e sugestões*, v. 5. Coord. Jaques de Camargo Penteado. São Paulo: RT, 1997.

MOURA, Mario de Assis. *Reforma da Instituição do Jury (no Estado de São Paulo)*. São Paulo: Saraiva, 1930.

MUCCIO, Hidejalma. *Curso de processo penal*. São Paulo: Edipro, 2000. v. 1.

MURPHY, Peter. *Evidence & advocacy*. 4. ed. Londres: Blackstone Press Limited, 1990.

NASSIF, Aramis. *Júri - Instrumento da soberania popular*. Porto Alegre: Livraria do Advogado, 1996.

NASSIF, Aramis. *Sentença penal – o desvendar de Themis*. Rio: Lumen Juris, 2005.

NERY JR., Nelson. *Princípios do processo civil na Constituição Federal*. São Paulo: RT, 1992.

NICOLITT, André. *Manual de processo penal*. 5. ed. São Paulo: RT, 2014.

NOGUEIRA, Carlos Frederico Coelho. *Comentários ao Código de Processo Penal*. São Paulo: Edipro, 2002. v. 1.

NOGUEIRA, Carlos Frederico Coelho. Efeitos da condenação, reabilitação e medidas de segurança. *Curso sobre a reforma penal*. Coord. Damásio E. de Jesus. São Paulo: Saraiva, 1985.

NOGUEIRA, Carlos Frederico Coelho. Mandado de segurança contra decisão judicial que assegura à testemunha a ser ouvida em inquérito policial fazer-se acompanhar de advogado (parecer). *Justitia*, v. 134, p. 147, 1986.

NOGUEIRA, Carlos Frederico Coelho; ELUF, Luiza Nagib. *Quem tem medo da investigação do Ministério Público?* O Estado de S. Paulo, Espaço Aberto, A2, 25.08.2004.

NOGUEIRA, Paulo Lúcio. *Curso completo de processo penal*. 10. ed. São Paulo: Saraiva, 1996.

NONAKA, Gilberto. *Habeas corpus* e Justiça Militar Estadual. *Tortura, crime militar,* habeas corpus. *Justiça Penal – Críticas e sugestões*, v. 5. Coord. Jaques de Camargo Penteado. São Paulo: RT, 1997.

NORONHA, E. Magalhães. *Curso de direito processual penal*. 17. ed. São Paulo: Saraiva, 1986.

NUCCI, Guilherme de Souza. *Código Penal comentado*. 24. ed. Rio de Janeiro: Forense, 2024.

NUCCI, Guilherme de Souza. *Leis penais e processuais penais comentadas*. 15. ed. Rio de Janeiro: Forense, 2023. vol. 1 e 2.

NUCCI, Guilherme de Souza. *Manual de direito penal*. 20. ed. Rio de Janeiro: Forense, 2024.

NUCCI, Guilherme de Souza. *Manual de processo penal*. 5. ed. Rio de Janeiro: Forense, 2024.

NUCCI, Guilherme de Souza. *Prática forense penal*. 15. ed. Rio de Janeiro: Forense, 2024.

NUCCI, Guilherme de Souza. *Tribunal do Júri*. 10. ed. Rio de Janeiro: Forense, 2024.

NUCCI, Guilherme de Souza. *Habeas corpus*. 4. ed. Rio de Janeiro: Forense, 2022.

NUCCI, Guilherme de Souza. *Individualização da pena*. 8. ed. Rio de Janeiro: Forense, 2022.

NUCCI, Guilherme de Souza. *Princípios constitucionais penais e processuais penais*. 4. ed. Rio de Janeiro: Forense, 2015.

NUCCI, Guilherme de Souza. *Provas no processo penal*. 5. ed. Rio de Janeiro: Forense, 2022.

NUCCI, Guilherme de Souza. A investigação criminal e a atuação do Ministério Público. *Revista CEJAP – Centro de Estudos Jurídicos para Assuntos Policiais*, ano 5, n. 7, maio 2004.

NUCCI, Guilherme de Souza; GEMIGNANI, Daniel; MARQUES, Ivan Luís; MONTEIRO, André Vinícius; SILVA, Raphael Zanon da. Ação civil *ex delicto*: problemática e procedimento após a Lei 11.719/2008. *RT*, v. 888, p. 395, out. 2009.

O'CONNELL, Michael. *Truth, the first casualty*. Eire: Riverstone, 1993.

OLIVEIRA, Eugênio Pacelli de. *Processo e hermenêutica na tutela penal dos direitos fundamentais*. Belo Horizonte: Del Rey, 2004.

OLIVEIRA, Eugênio Pacelli de. *Regimes constitucionais da liberdade provisória*. Rio de Janeiro: Lumen Juris, 2007.

OLIVEIRA, Eugênio Pacelli de. *Curso de processo penal*. 10. ed. Rio de Janeiro: Lumen Juris, 2008.

OLIVEIRA, Eugênio Pacelli de. *Curso de processo penal*. 20. ed. São Paulo: Atlas, 2016.

OLIVEROS, Raúl Tavolari. La situación de la víctima del delito en el proceso penal chileno. *La víctima en el proceso penal – Su régimen legal en Argentina, Bolivia, Brasil, Chile, Paraguay, Uruguay*. Buenos Aires: Depalma, 1997.

OLMEDO, Jorge A. Clariá. *Tratado de derecho procesal penal*. Buenos Aires: Ediar, 1960. v. 1 e 2.

OSAKWE, Christopher. The Bill of Rights for the criminal defendant in american law. In: ANDREWS, J. A. *Human rights in criminal procedure – A comparative study*. The Hague, Boston, London: Martinus Nijhoff Publishers, 1982.

PACELLI, Eugênio. Curso de processo penal., 20.ª ed. São Paulo: Atlas, 2016.

PARADA NETO, José. A defesa no plenário do júri. *Tribunal do júri – Estudo sobre a mais democrática instituição jurídica brasileira*. São Paulo: RT, 1999.

PALAZZO, Francesco. *Valores constitucionais e direito penal*. Trad. Gérson Pereira dos Santos. Porto Alegre: Fabris Editor, 1989.

PALMIERI, Germano. *Dizionario dei termini giuridici*. Milão: Biblioteca Universale Rizzoli, 1993.

PAUPÉRIO, Artur Machado. *O conceito polêmico de soberania*. 2. ed. Rio de Janeiro: Forense, 1958.

PAUPÉRIO, Artur Machado. *Teoria geral do Estado (direito político)*. 8. ed. Rio de Janeiro: Forense, 1983.

PAZZAGLINI FILHO, Marino; MORAES, Alexandre; SMANIO, Gianpaolo Poggio; VAGGIONE, Luiz Fernando. *Juizado Especial Criminal – Aspectos práticos da Lei 9.099/95, com jurisprudência atualizada*. 2. ed. São Paulo: Atlas, 1997.

PEDROSO, Fernando de Almeida. *Processo penal, o direito de defesa: repercussão, amplitude e limites*. 2. ed. São Paulo: RT, 1994.

PEÑA, Manuel S. *Practical criminal investigation*. 3. ed. Placerville: Copperhouse Publishing, 1993.

PENALVA, Ernesto Pedraz. *Derecho procesal penal – Princípios de derecho procesal penal*. Madrid: Colex, 2000. t. I.

PENTEADO, Jacques de Camargo. *Acusação, defesa e julgamento*. Campinas: Millennium, 2001.

PENTEADO, Jacques de Camargo. *Duplo grau de jurisdição no processo penal – Garantismo e efetividade*. São Paulo: RT, 2006.

PENTEADO, Jacques de Camargo. Revisão criminal. *RT*, v. 720, 1995.

PEREIRA, Maurício Henrique Guimarães. *Habeas corpus e polícia judiciária. Tortura, crime militar, habeas corpus. Justiça penal – Críticas e sugestões*, v. 5. Coord. Jaques de Camargo Penteado. São Paulo: RT, 1997.

PIERANGELI, José Henrique. *Códigos penais do Brasil (evolução histórica)*. Bauru: Jalovi, 1980.

PIERANGELI, José Henrique. *Processo penal (evolução histórica e fontes legislativas)*. Bauru: Jalovi, 1983.

PIMENTEL, Manoel Pedro. A oratória perante o júri. *RT*, v. 628, 1988.

PIMENTEL, Manoel Pedro. Vida e morte do Tribunal do Júri de economia popular. *RT*, v. 434, 1971.

PINTO FERREIRA. *Comentários à Constituição brasileira*. São Paulo: Saraiva, 1989. v. 1.

PINTO FERREIRA. *Princípios gerais do direito constitucional moderno*. 6. ed. São Paulo: Saraiva, 1983. v. 1 e 2.

PINTO FERREIRA. *Teoria geral do Estado*. 3. ed. São Paulo: Saraiva, 1975. v. 1 e 2.

PIOVESAN, Flávia. *Direitos humanos e direito constitucional internacional*. São Paulo: Max Limonad, 1996.

PISANI, Mario. *La tutela penale delle prove formate nel processo*. Milão: Dott. A. Giuffrè, 1959.

PITOMBO, Cleunice A. Valentim Bastos. *Da busca e da apreensão no processo penal*. São Paulo: RT, 1999 (Coleção de Estudos de Processo Penal Prof. Joaquim Canuto Mendes de Almeida, v. 2).

PITOMBO, Cleunice A. Valentim Bastos. Comissão Parlamentar de Inquérito e os institutos da busca e da apreensão. *Justiça penal – Críticas e sugestões*, v. 7. Coord. Jaques de Camargo Penteado. São Paulo: RT, 2000.

PITOMBO, Cleunice A. Valentim Bastos; MOURA, Maria Thereza Rocha de Assis. *Habeas corpus e advocacia criminal: ordem liminar e âmbito de cognição. Tortura, crime militar, habeas corpus. Justiça penal – Críticas e sugestões*, v. 5. Coord. Jaques de Camargo Penteado. São Paulo: RT, 1997.

PITOMBO, Sérgio Marcos de Moraes. A identificação processual penal e a Constituição de 1988. *RT*, v. 635, 1988.

PITOMBO, Sérgio Marcos de Moraes. O juiz penal e a pesquisa da verdade material. *Processo penal e Constituição Federal*. Org. Hermínio Alberto Marques Porto. São Paulo: Acadêmica, 1993.

PITOMBO, Sérgio Marcos de Moraes. Procedimento administrativo criminal, realizado pelo Ministério Público. *Boletim do Instituto Manoel Pedro Pimentel*, n. 22, jun.-ago. 2003.

PITOMBO, Sérgio Marcos de Moraes. Pronúncia e o *in dubio pro societate*. *Boletim do Instituto Manoel Pedro Pimentel*, n. 17, jul.-set. 2001.

PITOMBO, Sérgio Marcos de Moraes. *Do sequestro no processo penal brasileiro*. São Paulo: Bushatsky, 1978.

PITOMBO, Sérgio Marcos de Moraes. Supressão do libelo. *Tribunal do júri – Estudo sobre a mais democrática instituição jurídica brasileira*. São Paulo: RT, 1999.

PITOMBO, Sérgio Marcos de Moraes; TUCCI, Rogério Lauria. *Princípios e regras orientadoras do novo processo penal brasileiro*. Rio de Janeiro: Forense, 1986.

PONTE, Antonio Carlos da. *Inimputabilidade e processo penal*. São Paulo: Atlas, 2002.

PONTES DE MIRANDA, Francisco Cavalcanti. *Comentários à Constituição de 1946*. 3. ed. rev. e aum. Rio de Janeiro: Borsoi, 1960. t. V e VI.

PONTES DE MIRANDA, Francisco Cavalcanti. *Comentários à Constituição de 1967*. São Paulo: RT. t. V.

PONTES DE MIRANDA, Francisco Cavalcanti. *História e prática do* habeas corpus *(Direito constitucional e processual comparado)*. 3. ed. Rio de Janeiro: José Konfino, 1955.

PORTO, Hermínio Alberto Marques. Julgamento pelo Tribunal do Júri: questionário. *Tribunal do júri – Estudo sobre a mais democrática instituição jurídica brasileira*. São Paulo: RT, 1999.

PORTO, Hermínio Alberto Marques. Júri – Excepcionalidade da reforma da decisão dos jurados. *Justitia*, v. 96, 1977.

PORTO, Hermínio Alberto Marques. *Júri (Procedimento e aspectos do julgamento – Questionários)*. 7. ed. São Paulo: Malheiros, 1993.

PORTO, Hermínio Alberto Marques. *Júri (Procedimento e aspectos do julgamento – Questionários)*. 10. ed. São Paulo: Saraiva, 2001.

PORTO, Hermínio Alberto Marques. Júri – Segunda apelação pelo mérito. *Justitia*, v. 90, 1975.

PORTO, Hermínio Alberto Marques. Procedimento do júri e *habeas corpus. Tortura, crime militar,* habeas corpus. *Justiça penal – Críticas e sugestões*, v. 5. Coord. Jaques de Camargo Penteado. São Paulo: RT, 1997.

POZZER, Benedito Roberto Garcia. *Correlação entre acusação e sentença no processo penal brasileiro*. São Paulo: IBCCRIM, 2001.

PRADO, Geraldo. *Sistema acusatório. A conformidade constitucional das leis processuais penais*. 3. ed. Rio de Janeiro: Lumen Juris, 2005.

PRADO, Geraldo; MALAN, Diogo (coord.). *Processo penal e democracia – estudos em homenagem aos 20 anos da Constituição da República de 1988*. Rio de Janeiro: Lumen Juris, 2009.

QUEIJO, Maria Elizabeth. *O direito de não produzir prova contra si mesmo – o princípio* nemo tenetur se detegere *e suas decorrências no processo penal*. São Paulo: Saraiva, 2012.

RAMOS, João Gualberto Garcez. O júri como instrumento de efetividade da reforma penal. *RT*, v. 699, 1994.

RAMOS, Saulo. Inquérito policial sem polícia. *Folha de S. Paulo*, Tendências e Debates, p. A3, 09.07.2004.

RANGEL, Paulo. *Direito processual penal*. 12. ed. Rio de Janeiro: Lumen Juris, 2007.

RANGEL, Paulo. *Direito processual penal*. 24. ed. São Paulo: Atlas, 2016.

REALE, Miguel. *Filosofia do direito*. São Paulo: Saraiva, 1983.

REALE, Miguel. *Liberdade e democracia*. São Paulo: Saraiva, 1987.

REIS, Alexandre Cebrian Araújo e GONÇALVES, Victor Eduardo Rios. *Direito processual penal esquematizado*. São Paulo: Saraiva, 2012.

REZEK, J. F. *Direito internacional público – Curso elementar*. 6. ed. São Paulo: Saraiva, 1996.

RIBEIRO, Antônio de Pádua. Salvem o Judiciário. *Folha de S. Paulo*, Caderno Tendências e Debates, 05.10.1997

ROBERTSHAW, Paul. *Jury and judge – The Crown Court in action*. Aldershot, Brookfield, Singapore & Sidney: Dartmouth, 1995.

ROCHA, Francisco de Assis do Rêgo Monteiro. *Curso de direito processual penal*. Rio de Janeiro: Forense, 1999.

ROCHA, Luiz Otavio de Oliveira; BAZ, Marco Antonio Garcia. *Fiança criminal e liberdade provisória*. São Paulo: RT, 1999.

ROGEIRO, Nuno. *Constituição dos EUA – Estudo sobre o sistema constitucional dos Estados Unidos*. Lisboa: Graciva, 1993.

ROGEIRO, Nuno. *A lei fundamental da República Federal da Alemanha*. Coimbra: Coimbra Editora, 1996.

ROMANO, Santi. *Princípios de direito constitucional geral*. Trad. Maria Helena Diniz. São Paulo: RT, 1977.

ROMEIRO, Jorge Alberto. *Elementos de direito penal e processo penal*. São Paulo: Saraiva, 1978.

ROSA, Inocêncio Borges da. *Comentários ao Código de Processo Penal*. 3. ed. Atual. Angelito A. Aiquel. São Paulo: RT, 1982.

ROSA, Inocêncio Borges da. *Nulidades do processo*. Porto Alegre: Globo, 1935.

ROXIN, Claus. *La evolución de la política criminal, el derecho penal y el proceso penal*. Valencia: Tirant lo Blanch, 2000.

SAAD, Marta. *O direito de defesa no inquérito policial*. São Paulo: RT, 2004.

SABATINI, Guglielmo. *Istituzioni di diritto processuale penale*. Nápoles: Alberto Morano, 1933.

SALES, José Luis. O júri na Constituição Federal. *Revista Forense*, v. 114, 1947.

SAMPAIO, Laerte J. Castro; BUSANA, Dante. O Ministério Público no processo de *habeas corpus*. RT 438/315, abr. 1972.

SAMPAIO, Rogério Marrone de Castro. *Responsabilidade civil*. São Paulo: Atlas, 2000.

SAMUELS, Alec. The argument for a Bill of Rights in the United Kingdom. In: ANDREWS, J. A. *Human rights in criminal procedure – A comparative study*. The Hague, Boston, London: Martinus Nihoff Publishers, 1982.

SANTORO FILHO, Antonio Carlos. Os poderes investigatórios do juiz corregedor da polícia judiciária. *Cadernos Jurídicos*, São Paulo, Escola Paulista da Magistratura, n. 27, maio-ago. 2006.

SANTOS, Cleopas Isaías; ZANOTTI, Bruno Taufner. *Delegados de polícia em ação. Teoria e prática no Estado Democrático de Direito*. 2. ed. Salvador: Juspodivm, 2014.

SANTOS, José Carlos Daumas. *Princípio da legalidade na execução penal.* São Paulo: Manole-EPM, 2005.

SANTOS, Marcus Renan Palácio de M. C. dos. *Da denúncia à sentença no procedimento ordinário – Doutrina e jurisprudência.* 3. ed. Rio de Janeiro: Freitas Bastos, 2005.

SANTOS, Moacyr Amaral. *Primeiras linhas de direito processual civil.* 17. ed. São Paulo: Saraiva, 1995. v. 2.

SANTOS, Moacyr Amaral. *Prova judiciária no cível e comercial.* 5. ed. São Paulo: Saraiva, 1983. v. 1 e 2.

SANTOS JÚNIOR, Carlos Rafael dos. A extinção da sala secreta nos tribunais do júri. *Revista da Associação dos Juízes do Rio Grande do Sul*, v. 58, 1993.

SCHMIDT, Eberhard. *Los fundamentos teoricos y constitucionales del derecho procesal penal.* Trad. Jose Manuel Núñez. Buenos Aires: Editorial Bibliográfica Argentina, 1957.

SEABROOKE, Stephen et al. *Criminal evidence and procedure*: the statutory framework. Londres: Blackstone Press Limited, 1996.

SEDLEY, Stephen; Rt Hon Lord Nolan of Brasted. *The making and remaking of the British Constitution.* London: Blackstone, 1997.

SEMER, Marcelo. A síndrome dos desiguais. *Boletim da Associação dos Juízes para a Democracia*, ano 6, n. 29, jul.-set. 2002.

SÉRGIO SOBRINHO, Mário. *A identificação criminal.* São Paulo: RT, 2003.

SIEYÈS, Emmanuel Joseph. *Qu'est-ce que le Tiers État? (A Constituinte Burguesa).* Org. Aurélio Wander Bastos. Rio de Janeiro: Liber Juris, 1986.

SILVA, Aluísio J. T. Gavazzoni. *Revisão criminal – Teoria e prática.* Rio de Janeiro-São Paulo: Freitas Bastos.

SILVA, César Dario Mariano da. *Das provas obtidas por meios ilícitos e seus reflexos no âmbito do direito processual penal.* São Paulo: Leud, 1999.

SILVA, José Afonso da. *Curso de direito constitucional positivo.* 9. ed. São Paulo: Malheiros, 1992.

SILVA, Raphael Zanon da; MONTEIRO, André Vinícius; GEMIGNANI, Daniel; NUCCI, Guilherme de Souza; MARQUES, Ivan Luís; Ação civil *ex delicto*: problemática e procedimento após a Lei 11.719/2008. *RT*, v. 888, p. 395, out. 2009.

SILVA JÚNIOR, Euclides Ferreira da. *Curso de direito processual penal em linguagem prática.* São Paulo: Juarez de Oliveira, 1997.

SILVÉRIO JÚNIOR, João Porto. *Opinio delicti* (o direito de acusar no direito comparado, princípios constitucionais, controle processual, inovações nas Leis 9.099/95 e 10.409/2002). Curitiba: Juruá, 2005.

SIQUEIRA, Galdino. *Curso de processo criminal.* 2. ed. São Paulo: Livraria e Officinas Magalhães, 1917.

SIRINO, Sérgio Inácio; TAGGESELL, Hildegard. *Inquérito policial federal.* Curitiba: Juruá, 2001.

SMANIO, Gianpaolo Poggio; MORAES, Alexandre; PAZZAGLINI FILHO, Marino; VAGGIONE, Luiz Fernando. *Juizado Especial Criminal – Aspectos práticos da Lei 9.099/95, com jurisprudência atualizada.* 2. ed. São Paulo: Atlas, 1997.

SMITH, John. *Criminal evidence.* Londres: Sweet & Maxwell, 1995.

SOLON, Ari Marcelo. *Teoria da soberania como problema da norma jurídica e da decisão.* Porto Alegre: Fabris, 1997.

SOTELO, Jose Luis Vazquez. *Presuncion de inocencia del imputado e intima conviccion del tribunal.* Barcelona: Bosch.

SOUZA, Luciano Anderson de; DEZEM, Guilherme Madeira. *Comentários ao pacote anticrime.* São Paulo: RT, 2020.

SPIELMANN, Alphonse. De l'abolition du jury a la suppression de la Cour d'Assises (au Grand-Duché de Luxembourg). *Revue de droit penal et de criminologie,* n. 8, 9 e 10. Bruxeles: Ministère de la Justice, 1987.

SPRACK, John. *Criminal procedure.* 5. ed. London: Blackstone, 1992.

STEINER, Sylvia Helena de Figueiredo. *A convenção americana sobre direitos humanos e sua integração ao processo penal brasileiro.* São Paulo: RT, 2000.

STOCO, Rui. Crise existencial do júri no direito brasileiro. *RT,* v. 664, 1991.

STOCO, Rui. *Procedimento administrativo disciplinar no Poder Judiciário.* São Paulo: RT, 1995.

STODDART, Charles N. Human rights in criminal procedure: the Scottish experience. In: ANDREWS, J. A. *Human rights in criminal procedure – A comparative study.* The Hague, Boston, London: Martinus Nijhoff Publishers, 1982.

STRECK, Lenio Luiz. *Tribunal do júri – Símbolos & rituais.* 2. ed. Porto Alegre: Livraria do Advogado, 1994.

STRONG, John W. (Org.). *McCormick on evidence.* 4. ed. St. Paul: West Publishing Co., 1992.

SUANNES, Adauto et al. *Escritos em homenagem a Alberto Silva Franco.* São Paulo: RT, 2003.

TAGGESELL, Hildegard; SIRINO, Sérgio Inácio. *Inquérito policial federal.* Curitiba: Juruá, 2001.

TAPPER, Colin. *Cross and tapper on evidence.* 8. ed. Londres: Butterworths, 1995.

TAQUARY, Eneida Orbage de Britto; LIMA, Arnaldo Siqueira de. *Temas de direito penal e direito processual penal.* 3. ed. Brasília: Brasília Jurídica, 2005.

TASSE, Adel El. *Tribunal do Júri. Fundamentos – Procedimento – Interpretação em acordo aos princípios constitucionais – Propostas para sua modernização.* 1. ed., 3. tir. Curitiba: Juruá, 2006.

TÁVORA, Nestor; ALENCAR, Rosmar Rodrigues. *Curso de direito processual penal.* 9. ed. Salvador: Juspodivm, 2014.

TEIXEIRA, Meirelles. *Curso de direito constitucional.* Org. Maria Garcia. Rio de Janeiro: Forense Universitária, 1991.

TELLES Júnior, Goffredo. Preleção sobre o justo. *Justitia,* v. 50.

THORNTON, Peter et al. Justice on trial. *Report of the Independent Civil Liberty Panel on Criminal Justice.* Londres: Edward Bear Associates & Crowes of Norwich, 1993.

TJADER, Ricardo Luiz da Costa. O júri segundo as normas da Constituição Federal de 1988. *Revista da Associação dos Juízes do Rio Grande do Sul,* v. 58, 1993.

TOCQUEVILLE, Alexis de. *Democracy in America.* Edited by Richard D. Heffner. New York: Penguin Books, 1984.

TORNAGHI, Hélio. *Compêndio de processo penal.* Rio de Janeiro: José Konfino, 1967. t. I, II, III e IV.

TORNAGHI, Hélio. *Curso de processo penal.* 4. ed. São Paulo: Saraiva, 1987. v. 1 e 2.

TORNAGHI, Hélio. *Instituições de processo penal*. Rio de Janeiro: Forense, 1959. v. 2.

TORNAGHI, Hélio. *A relação processual penal*. 2. ed. São Paulo: Saraiva, 1987.

TORON, Alberto Zacharias. Habeas corpus. Controle do devido processo legal. Questões controvertidas e processamento do *writ*. São Paulo: RT, 2017.

TORON, Alberto Zacharias; GOMES FILHO, Antonio Magalhães; BADARÓ, Gustavo Henrique (coord.). *Código de Processo Penal comentado*. São Paulo: RT, 2018.

TORRES, José Henrique Rodrigues. Quesitação: a importância da narrativa do fato na imputação inicial, na pronúncia, no libelo e nos quesitos. *Tribunal do júri – Estudo sobre a mais democrática instituição jurídica brasileira*. São Paulo: RT, 1999.

TOURINHO FILHO, Fernando da Costa. *Código de Processo Penal comentado*. 4. ed. São Paulo: Saraiva, 1999. v. 1 e 2.

TOURINHO FILHO, Fernando da Costa. *Processo penal*. 18. ed. São Paulo: Saraiva, 1997. v. 1, 2 e 3.

TOURINHO FILHO, Fernando da Costa. *Processo penal*. 17. ed. São Paulo: Saraiva, 1995. v. 4.

TSOURELI, Lefki. Human rights in pretrial and trial procedures in Greece. In: ANDREWS, J. A. *Human rights in criminal procedure – A comparative study*. The Hague, Boston, London: Martinus Nijhoff Publishers, 1982.

TUBENCHLAK, James. *Tribunal do júri – Contradições e soluções*. 4. ed. São Paulo: Saraiva, 1994.

TUCCI, Rogério Lauria. *Do corpo de delito no direito processual penal brasileiro*. São Paulo: Saraiva, 1978.

TUCCI, Rogério Lauria. *Direitos e garantias individuais no processo penal brasileiro*. São Paulo: Saraiva, 1993.

TUCCI, Rogério Lauria. Habeas corpus, *ação e processo penal*. São Paulo: Saraiva, 1978.

TUCCI, Rogério Lauria. *Ministério Público e investigação criminal*. São Paulo: RT, 2004.

TUCCI, Rogério Lauria. *Teoria do direito processual penal*. São Paulo: RT, 2002.

TUCCI, Rogério Lauria. Tribunal do Júri: origem, evolução, características e perspectivas. *Tribunal do júri – Estudo sobre a mais democrática instituição jurídica brasileira* (Coord.). São Paulo: RT, 1999.

TUCCI, Rogério Lauria; PITOMBO, Sérgio Marcos de Moraes. *Princípios e regras orientadoras do novo processo penal brasileiro*. Rio de Janeiro: Forense, 1986.

VAGGIONE, Luiz Fernando; MORAES, Alexandre; PAZZAGLINI FILHO, Marino; SMANIO, Gianpaolo Poggio. *Juizado Especial Criminal – Aspectos práticos da Lei 9.099/95, com jurisprudência atualizada*. 2. ed. São Paulo: Atlas, 1997.

VAINSENCHER, Semira Adler; FARIAS, Ângela Simões. *Condenar ou absolver*: a tendência do júri popular. Rio de Janeiro: Forense, 1997.

VANNINI, Ottorino. *Manuale di diritto processuale penale italiano*. 5. ed. Milão: Giuffrè, 1965.

VASCONCELOS, José Barros. O júri em face da nova Constituição Federal. *Revista Forense*, v. 113, 1947.

VIDAL, Hélvio Simões. *Curso avançado de processo penal*. Belo Horizonte: Arraes, 2011.

VISCONTI, Antônio. Júri – Defesa deficiente. *Justitia*, v. 154, 1991.

WALD, Arnoldo. As origens da liminar em *habeas corpus* no direito brasileiro. *RT* 747/ 803-807, jan. 1998.

WHITAKER, Firmino. *Jury (Estado de S. Paulo)*. 6. ed. São Paulo: Saraiva, 1930.

WILSON, Stephen R. *English legal system*. 3. ed. London: Blackstone, 1996.

WOHLERS, Geraldo Luís Revisão criminal e soberania. *Revista do I Congresso Nacional dos Promotores do Júri*. São Paulo: APMP, 1997.

YANT, Martin. *Presumed guilty – When innocent people are wrongly convicted*. New York: Prometheus Books, 1991.

ZAFFARONI, Eugenio Raúl. *Poder Judiciário – Crise, acertos e desacertos*. Trad. Juarez Tavares. São Paulo: RT, 1995.

ZANDER, Michael. *A Bill of Rights?* 4. ed. London: Sweet & Maxwell, 1997.

ZANOTTI, Bruno Taufner; SANTOS, Cleopas Isaías. *Delegados de polícia em ação. Teoria e prática no Estado Democrático de Direito*. 2. ed. Salvador: Juspodivm, 2014.

ZELLICK, Graham. Human rights and the treatment of offenders. In: ANDREWS, J. A. *Human rights in criminal procedure – A comparative study*. The Hague, Boston, London: Martinus Nijhoff Publishers, 1982.

ZILLI, Marcos Alexandre Coelho. *A iniciativa instrutória do juiz no processo penal*. São Paulo: RT, 2003.

Revistas, periódicos e jornais

Amnesty International. Report 1997. London: Amnesty International Publications, 1997.

Bench Book for United States District Court Judges. 3. ed. Federal Judicial Center, 1986.

Cartas rogatórias: manual de instruções para cumprimento. Brasília: Ministério da Justiça – Secretaria da Justiça, 1995.

Revista Brasileira de Ciências Criminais.

Revista da Associação dos Juízes do Rio Grande do Sul.

Revista da Associação dos Magistrados Brasileiros.

Revista de Direito Público.

Revista de Jurisprudência do Tribunal de Justiça do Estado da Guanabara.

Revista de Processo.

Revista do I Congresso Nacional dos Promotores do Júri de São Paulo.

Revista do Ministério Público do Estado do Rio de Janeiro.

RT.

Revista Forense.

Revista Jurídica.

Jornal O Estado de S. Paulo.

Jornal Folha de S.Paulo.

Jornal da Tarde.

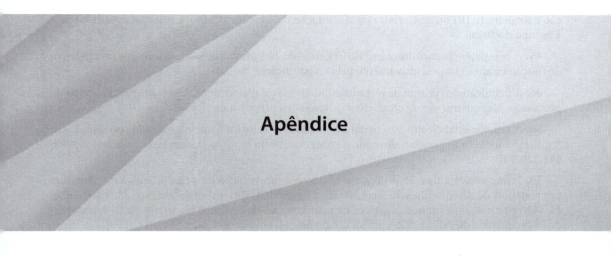

Apêndice

SÚMULAS VINCULANTES EM MATÉRIA PROCESSUAL PENAL

9. O disposto no artigo 127 da Lei 7.210/1984 (Lei de Execução Penal) foi recebido pela ordem constitucional vigente, e não se lhe aplica o limite temporal previsto no caput do artigo 58.

10. Viola a cláusula de reserva de plenário (CF, artigo 97) a decisão de órgão fracionário de Tribunal que, embora não declare expressamente a inconstitucionalidade de lei ou ato normativo do poder público, afasta sua incidência, no todo ou em parte.

11. Só é lícito o uso de algemas em casos de resistência e de fundado receio de fuga ou de perigo à integridade física própria ou alheia, por parte do preso ou de terceiros, justificada a excepcionalidade por escrito, sob pena de responsabilidade disciplinar, civil e penal do agente ou da autoridade e de nulidade da prisão ou do ato processual a que se refere, sem prejuízo da responsabilidade civil do Estado.

14. É direito do defensor, no interesse do representado, ter acesso amplo aos elementos de prova que, já documentados em procedimento investigatório realizado por órgão com competência de polícia judiciária, digam respeito ao exercício do direito de defesa.

24. Não se tipifica crime material contra a ordem tributária, previsto no art. 1.º, incisos I a IV, da Lei 8.137/1990, antes do lançamento definitivo do tributo.

26. Para efeito de progressão de regime no cumprimento de pena por crime hediondo, ou equiparado, o juízo da execução observará a inconstitucionalidade do art. 2.º da Lei 8.072, de 25 de julho de 1990, sem prejuízo de avaliar se o condenado preenche, ou não, os requisitos objetivos e subjetivos do benefício, podendo determinar, para tal fim, de modo fundamentado, a realização de exame criminológico.

35. A homologação da transação penal prevista no artigo 76 da Lei 9.099/1995 não faz coisa julgada material e, descumpridas suas cláusulas, retoma-se a situação anterior, possibilitando-se ao Ministério Público a continuidade da persecução penal mediante oferecimento de denúncia ou requisição de inquérito policial.

36. Compete à Justiça Federal comum processar e julgar civil denunciado pelos crimes de falsificação e de uso de documento falso quando se tratar de falsificação da Caderneta de Inscrição e Registro (CIR) ou de Carteira de Habilitação de Amador (CHA), ainda que expedidas pela Marinha do Brasil.

45. A competência constitucional do Tribunal do Júri prevalece sobre o foro por prerrogativa de função estabelecido exclusivamente pela constituição estadual.

46. A definição dos crimes de responsabilidade e o estabelecimento das respectivas normas de processo e julgamento são da competência legislativa privativa da União.

56. A falta de estabelecimento penal adequado não autoriza a manutenção do condenado em regime prisional mais gravoso, devendo-se observar, nessa hipótese, os parâmetros fixados no RE 641.320/RS.

59. É impositiva a fixação do regime aberto e a substituição da pena privativa de liberdade por restritiva de direitos quando reconhecida a figura do tráfico privilegiado (art. 33, § 4.º, da Lei 11.343/06) e ausentes vetores negativos na primeira fase da dosimetria (art. 59 do CP), observados os requisitos do art. 33, § 2.º, alínea *c*, e do art. 44, ambos do Código Penal.

SÚMULAS DO SUPREMO TRIBUNAL FEDERAL EM MATÉRIA PROCESSUAL PENAL

145. Não há crime quando a preparação do flagrante pela polícia torna impossível a sua consumação.

* Consultar a nota 14 ao art. 302.

155. É relativa a nulidade do processo criminal por falta de intimação da expedição de precatória para inquirição de testemunha.

* Consultar a nota 106 ao art. 222.

156. É absoluta a nulidade do julgamento pelo júri, por falta de quesito obrigatório.

* Consultar as notas 33 ao art. 564.

160. É nula a decisão do tribunal que acolhe, contra o réu, nulidade não arguida no recurso da acusação, ressalvados os casos de recurso de ofício.

* Consultar a nota 22 ao art. 617.

162. É absoluta a nulidade do julgamento pelo júri, quando os quesitos da defesa não precedem aos das circunstâncias agravantes.

206. É nulo o julgamento ulterior pelo júri com a participação de jurado que funcionou em julgamento anterior do mesmo processo.

* Consultar a nota 32 ao art. 564.

208. O assistente do Ministério Público não pode recorrer extraordinariamente de decisão concessiva de *habeas corpus*.

* Consultar a nota 15 ao art. 271.

210. O assistente do Ministério Público pode recorrer, inclusive extraordinariamente, na ação penal, nos casos dos artigos 584, § 1.º, e 598 do Código de Processo Penal.

* Consultar a nota 15 ao art. 271.

279. Para simples reexame de prova não cabe recurso extraordinário.

* Consultar a nota 4 ao Cap. VIII do Tít. II do Livro III.

281. É inadmissível o recurso extraordinário quando couber, na Justiça de origem, recurso ordinário da decisão impugnada.

282. É inadmissível o recurso extraordinário quando não ventilada, na decisão recorrida, a questão federal suscitada.

* Consultar a nota 6 ao Cap. VIII do Tít. II do Livro III.

283. É inadmissível o recurso extraordinário quando a decisão recorrida assenta em mais de um fundamento suficiente e o recurso não abrange todos eles.

284. É inadmissível o recurso extraordinário, quando a deficiência na sua fundamentação não permitir a exata compreensão da controvérsia.

285. Não sendo razoável a arguição de inconstitucionalidade, não se conhece do recurso extraordinário fundado na letra *c* do art. 101, III, da Constituição.

* Texto referente à Constituição anterior. Atualmente, trata-se do art. 102, III, *c*.

286. Não se conhece do recurso extraordinário fundado em divergência jurisprudencial, quando a orientação do Plenário do Supremo Tribunal Federal já se firmou no mesmo sentido da decisão recorrida.

287. Nega-se provimento ao agravo quando a deficiência na sua fundamentação, ou na do recurso extraordinário, não permitir exata compreensão da controvérsia.

288. Nega-se provimento a agravo para subida de recurso extraordinário, quando faltar no traslado o despacho agravado, a decisão recorrida, a petição de recurso extraordinário ou qualquer peça essencial à compreensão da controvérsia.

289. O provimento do agravo por uma das turmas do STF, ainda que sem ressalva, não prejudica a questão do cabimento do recurso extraordinário.

291. No recurso extraordinário pela letra *d* do art. 101, III, da Constituição, a prova do dissídio jurisprudencial far-se-á por certidão, ou mediante indicação do *Diário da Justiça* ou de repertório de jurisprudência autorizado, com a transcrição do trecho que configure a divergência, mencionadas as circunstâncias que identifiquem ou assemelhem os casos confrontados.

* Texto referente à Constituição anterior. Cuida-se hoje do art. 105, III, *c*, competindo o julgamento de recurso especial ao STJ.

292. Interposto o recurso extraordinário por mais de um dos fundamentos indicados no art. 101, III, da Constituição, a admissão apenas por um deles não prejudica o seu conhecimento por qualquer dos outros.

* Texto referente à Constituição anterior. Trata-se atualmente do art. 102.

298. O legislador ordinário só pode sujeitar civis à Justiça Militar, em tempo de paz, nos crimes contra a segurança externa do País ou as instituições militares.

* Consultar a nota 31 ao art. 79.

299. O recurso ordinário e o extraordinário interpostos no mesmo processo de mandado de segurança, ou de *habeas corpus*, serão julgados conjuntamente pelo Tribunal Pleno.

Código de Processo Penal Comentado · Nucci

310. Quando a intimação tiver lugar na sexta-feira, ou a publicação com efeito de intimação for feita nesse dia, o prazo judicial terá início na segunda-feira imediata, salvo se não houver expediente, caso em que começará no primeiro dia útil que se seguir.

319. O prazo do recurso ordinário para o STF, em *habeas corpus* ou mandado de segurança, é de 5 (cinco) dias.

320. A apelação despachada pelo juiz no prazo legal, não fica prejudicada pela demora da juntada por culpa do cartório.

* Consultar a nota 17 ao art. 575.

322. Não terá seguimento pedido ou recurso dirigido ao Supremo Tribunal Federal, quando manifestamente incabível, ou apresentado fora do prazo, ou quando for evidente a incompetência do Tribunal.

344. Sentença de primeira instância, concessiva de *habeas corpus* em caso de crime praticado em detrimento de bens, serviços ou interesses da União, está sujeita a recurso *ex officio*.

* Consultar a nota 15 ao art. 574.

351. É nula a citação por edital de réu preso na mesma unidade da Federação em que o juiz exerce a sua jurisdição.

* Consultar a nota 23 ao art. 361.

352. Não é nulo o processo penal por falta de nomeação de curador ao réu menor que teve a assistência de defensor dativo.

* Consultar a nota 9 ao art. 262.

356. O ponto omisso da decisão, sobre o qual não foram opostos embargos declaratórios, não pode ser objeto de recurso extraordinário, por faltar o requisito do prequestionamento.

* Consultar a nota 11 ao art. 619.

361. No processo penal, é nulo o exame realizado por um só perito, considerando-se impedido o que tiver funcionado anteriormente na diligência de apreensão.

* A Súmula perde a eficácia em razão do disposto pelo art. 159, *caput*, do CPP, com a redação dada pela Lei 11.690/2008. Continua a valer, no entanto, no contexto dos peritos nomeados (art. 159, § 1.º, CPP).

366. Não é nula a citação por edital que indica o dispositivo da lei penal, embora não transcreva a denúncia ou queixa, ou não resuma os fatos em que se baseia.

* Consultar a nota 29 ao art. 365.

369. Julgados do mesmo tribunal não servem para fundamentar o recurso extraordinário por divergência jurisprudencial.

393. Para requerer revisão criminal o condenado não é obrigado a recolher-se à prisão.

* Consultar a nota 26 ao art. 623.

395. Não se conhece do recurso de *habeas corpus* cujo objeto seja resolver sobre o ônus das custas, por não estar mais em causa a liberdade de locomoção.

396. Para a ação penal por ofensa à honra, sendo admissível a exceção da verdade quanto ao desempenho de função pública, prevalece a competência especial por prerrogativa de função, ainda que já tenha cessado o exercício funcional do ofendido.

397. O poder de polícia da Câmara dos Deputados e do Senado Federal, em caso de crime cometido nas suas dependências, compreende, consoante o regimento, a prisão em flagrante do acusado e a realização do inquérito.

* Consultar a nota 10 ao art. 4.º.

399. Não cabe recurso extraordinário por violação de lei federal, quando a ofensa alegada for a regimento de Tribunal.

400. Decisão que deu razoável interpretação à lei, ainda que não seja a melhor, não autoriza recurso extraordinário pela letra a do art. 101, III, da Constituição Federal.

* Texto referente à Constituição anterior. Trata-se do art. 102, III, *a*.

422. A absolvição criminal não prejudica a medida de segurança, quando couber, ainda que importe privação da liberdade.

* Consultar a nota 51 ao art. 386.

423. Não transita em julgado a sentença por haver omitido o recurso *ex officio*, que se considera interposto *ex lege*.

* Consultar a nota 13 ao art. 574 e a nota 36 ao art. 564.

428. Não fica prejudicada a apelação entregue em cartório no prazo legal, embora despachada tardiamente.

* Consultar a nota 34 ao art. 578.

431. É nulo o julgamento de recurso criminal na segunda instância sem prévia intimação ou publicação da pauta, salvo em *habeas corpus*.

448. O prazo para o assistente recorrer supletivamente começa a correr imediatamente após o transcurso do prazo do Ministério Público.

* Consultar a nota 49 ao art. 598.

451. A competência especial por prerrogativa de função não se estende ao crime cometido após a cessação definitiva do exercício funcional.

453. Não se aplicam à segunda instância o art. 384 e parágrafo único do Código de Processo Penal, que possibilitam dar nova definição jurídica ao fato delituoso, em virtude de circunstância elementar não contida explícita ou implicitamente na denúncia ou queixa.

* Consultar a nota 18 ao art. 617.

456. O Supremo Tribunal Federal, conhecendo do recurso extraordinário, julgará a causa aplicando o direito à espécie.

498. Compete à Justiça dos Estados, em ambas as instâncias, o processo e o julgamento dos crimes contra a economia popular.

521. O foro competente para o processo e julgamento dos crimes de estelionato, sob a modalidade da emissão dolosa de cheque sem provisão de fundos, é o do local onde se deu a recusa do pagamento pelo sacado.

* Consultar a nota 26 ao art. 70.

522. Salvo ocorrência de tráfico para o exterior, quando então a competência será da Justiça Federal, compete à Justiça dos Estados o processo e julgamento dos crimes relativos a entorpecentes.

* Consultar a nota 6 ao art. 69.

523. No processo penal, a falta de defesa constitui nulidade absoluta, mas a sua deficiência só o anulará se houver prova de prejuízo para o réu.

* Consultar a nota 18 ao art. 564.

524. Arquivado o inquérito policial por despacho do juiz, a requerimento do promotor de justiça, não pode a ação penal ser iniciada sem novas provas.

* Consultar a nota 90 ao art. 18.

525. A medida de segurança não será aplicada em segunda instância, quando só o réu tenha recorrido.

* Consultar a nota 25-A ao art. 617.

528. Se a decisão contiver partes autônomas, a admissão parcial, pelo presidente do tribunal *a quo*, de recurso extraordinário que sobre qualquer delas se manifestar, não limitará a apreciação de todas pelo STF, independentemente de interposição de agravo de instrumento.

554. O pagamento de cheque emitido sem provisão de fundos, após o recebimento da denúncia, não obsta ao prosseguimento da ação penal.

564. A ausência de fundamentação do despacho de recebimento de denúncia por crime falimentar enseja nulidade processual, salvo se já houver sentença condenatória.

* Consultar as notas 8 e 9 ao art. 24.

568. A identificação criminal não constitui constrangimento ilegal, ainda que o indiciado já tenha sido identificado civilmente.

* Consultar a nota 46 ao art. 6.º.

594. Os direitos de queixa e de representação podem ser exercidos, independentemente, pelo ofendido ou por seu representante legal.

* Não mais se aplica em face da Lei 10.406/2002. Consultar a nota 59 ao art. 35.

602. Nas causas criminais, o prazo de interposição de recurso extraordinário é de 10 (dez) dias.

* Não mais se aplica em face do disposto no art. 26 da Lei 8.038/90 (o prazo é de 15 dias).

603. A competência para o processo e julgamento de latrocínio é do juiz singular e não do Tribunal do Júri.

* Consultar a nota 6 ao Capítulo II do Título I do Livro II.

606. Não cabe *habeas corpus* originário para o Tribunal Pleno de decisão de Turma, ou do Plenário, proferida em *habeas corpus* ou no respectivo recurso.

608. No crime de estupro, praticado mediante violência real, a ação penal é pública incondicionada.

* Em nosso entendimento, após a edição da Lei 12.015/2009, dando nova redação ao art. 225 do Código Penal, não mais subsiste a Súmula 608. Afinal, a ação penal, por crime sexual, passou a ser pública condicionada ou incondicionada, independentemente da ocorrência de violência real.

609. É pública incondicionada a ação penal por crime de sonegação fiscal.

* Consultar a nota 17 ao art. 24.

611. Transitada em julgado a sentença condenatória, compete ao juízo das execuções a aplicação de lei mais benigna.

* Consultar a nota 9-B ao art. 69.

634. Não compete ao Supremo Tribunal Federal conceder medida cautelar para dar efeito suspensivo a recurso extraordinário que ainda não foi objeto de juízo de admissibilidade na origem.

635. Cabe ao Presidente do Tribunal de origem decidir o pedido de medida cautelar em recurso extraordinário ainda pendente do seu juízo de admissibilidade.

636. Não cabe recurso extraordinário por contrariedade ao princípio constitucional da legalidade, quando a sua verificação pressuponha rever a interpretação dada a normas infraconstitucionais pela decisão recorrida.

640. É cabível recurso extraordinário contra decisão proferida por juiz de primeiro grau nas causas de alçada, ou por turma recursal de juizado especial cível e criminal.

690. Compete originariamente ao Supremo Tribunal Federal o julgamento de *habeas corpus* contra decisão de turma recursal de juizados especiais criminais.

* Consultar a nota 30 ao art. 650.

691. Não compete ao Supremo Tribunal Federal conhecer de *habeas corpus* impetrado contra decisão do relator que, em *habeas corpus* requerido a tribunal superior, indefere a liminar.

* Consultar a nota 30-C ao art. 650.

692. Não se conhece de *habeas corpus* contra omissão de relator de extradição, se fundado em fato ou direito estrangeiro cuja prova não constava dos autos, nem foi ele provocado a respeito.

* Consultar a nota 30-B ao art. 650.

693. Não cabe *habeas corpus* contra decisão condenatória a pena de multa, ou relativo a processo em curso por infração penal a que a pena pecuniária seja a única cominada.

* Consultar a nota 18-B ao art. 647.

694. Não cabe *habeas corpus* contra a imposição da pena de exclusão de militar ou de perda de patente ou de função pública.

* Consultar a nota 17 ao art. 647.

695. Não cabe *habeas corpus* quando já extinta a pena privativa de liberdade.

* Consultar a nota 28-A ao art. 648.

696. Reunidos os pressupostos legais permissivos da suspensão condicional do processo, mas se recusando o Promotor de Justiça a propô-la, o juiz, dissentindo, remeterá a questão ao Procurador-Geral, aplicando-se por analogia o art. 28 do Código de Processo Penal.

* Consultar a nota 25-A ao art. 28.

697. A proibição de liberdade provisória nos processos por crimes hediondos não veda o relaxamento da prisão processual por excesso de prazo.

* Consultar as notas 56-A ao art. 310 e 22 ao art. 648.

699. O prazo para interposição de agravo, em processo penal, é de cinco dias, de acordo com a Lei 8.038/90, não se aplicando o disposto a respeito nas alterações da Lei 8.950/94 ao Código de Processo Civil.

* Consultar a nota 1 ao Capítulo V do Título II do Livro III.

Código de Processo Penal Comentado · **Nucci**

700. É de cinco dias o prazo para interposição de agravo contra decisão do juiz da execução penal.

* Consultar a nota 11 ao Capítulo II do Título II do Livro III.

701. No mandado de segurança impetrado pelo Ministério Público contra decisão proferida em processo penal, é obrigatória a citação do réu como litisconsorte passivo.

* Consultar a nota 11 ao Capítulo X do Título II do Livro III.

702. A competência do Tribunal de Justiça para julgar prefeitos restringe-se aos crimes de competência da Justiça Comum Estadual; nos demais casos, a competência originária caberá ao respectivo tribunal de segundo grau.

* Consultar as notas 6-A ao art. 69 e 4 ao art. 84.

703. A extinção do mandato do prefeito não impede a instauração de processo pela prática dos crimes previstos no art. 1.º do Dec.-lei 201/67.

* Consultar a nota 6-A ao art. 69.

704. Não viola as garantias do juiz natural, da ampla defesa e do devido processo legal a atração por continência ou conexão do processo do corréu ao foro por prerrogativa de função de um dos denunciados.

* Consultar a nota 24 ao art. 78.

705. A renúncia do réu ao direito de apelação, manifestada sem a assistência do defensor, não impede o conhecimento da apelação por este interposta.

* Consultar a nota 19 ao art. 577.

706. É relativa a nulidade decorrente da inobservância da competência penal por prevenção.

* Consultar as notas 8-A ao art. 564 e 5-A ao art. 83.

707. Constitui nulidade a falta de intimação do denunciado para oferecer contrarrazões ao recurso interposto da rejeição da denúncia, não a suprindo a nomeação de defensor dativo.

* Consultar a nota 70-A ao art. 589.

708. É nulo o julgamento da apelação se, após a manifestação nos autos da renúncia do único defensor, o réu não foi previamente intimado para constituir outro.

* Consultar a nota 23-A ao art. 564.

709. Salvo quando nula a decisão de primeiro grau, o acórdão que provê o recurso contra a rejeição da denúncia vale, desde logo, pelo recebimento dela.

* Consultar a nota 19-A ao art. 581.

710. No processo penal, contam-se os prazos da data da intimação, e não da juntada aos autos do mandado ou da carta precatória ou de ordem.

* Consultar a nota 25 ao art. 798.

712. É nula a decisão que determina o desaforamento de processo da competência do Júri sem audiência da defesa.

713. O efeito devolutivo da apelação contra decisões do Júri é adstrito aos fundamentos da sua interposição.

* Consultar a nota 12 ao art. 593.

714. É concorrente a legitimidade do ofendido, mediante queixa, e do Ministério Público, condicionada à representação do ofendido, para a ação penal por crime contra a honra de servidor público em razão do exercício de suas funções.

* Consultar a nota 4-F ao Título III do Livro I.

716. Admite-se a progressão de regime de cumprimento da pena ou a aplicação imediata de regime menos severo nela determinada, antes do trânsito em julgado da sentença condenatória.

* Consultar a nota 45 ao art. 598.

717. Não impede a progressão de regime de execução da pena, fixada em sentença não transitada em julgado, o fato de o réu se encontrar em prisão especial.

* Consultar as notas 4E ao art. 598 e 65 ao art. 295.

721. A competência constitucional do Tribunal do Júri prevalece sobre o foro por prerrogativa de função estabelecido exclusivamente pela Constituição Estadual.

* Consultar a nota 5-A ao art. 84.

722. São da competência legislativa da União a definição dos crimes de responsabilidade e o estabelecimento das respectivas normas de processo e julgamento.

* Consultar a nota 3 ao art. 84.

723. Não se admite a suspensão condicional do processo por crime continuado, se a soma da pena mínima da infração mais grave com o aumento mínimo de um sexto for superior a um ano.

* Consultar a nota 14 ao art. 505.

727. Não pode o magistrado deixar de encaminhar ao Supremo Tribunal Federal o agravo de instrumento interposto da decisão que não admite recurso extraordinário, ainda que referente a causa instaurada no âmbito dos juizados especiais.

* Consultar a nota 10 ao Capítulo VIII do Título II do Livro III.

734. Não cabe reclamação quando já houver transitado em julgado o ato judicial que se alega tenha desrespeitado decisão do Supremo Tribunal Federal.

* Consultar as notas 7 e 9 do Capítulo II, do Título II, do Livro III.

735. Não cabe recurso extraordinário contra acórdão que defere medida liminar.

* Consultar a nota 15 ao art. 638.

SÚMULAS DO SUPERIOR TRIBUNAL DE JUSTIÇA EM MATÉRIA PROCESSUAL PENAL

6. Compete à Justiça Comum Estadual processar e julgar delito decorrente de acidente de trânsito envolvendo viatura de Polícia Militar, salvo se autor e vítima forem policiais militares em situação de atividade.

* Consultar a nota 31 ao art. 79.

Código de Processo Penal Comentado · **Nucci**

7. A pretensão de simples reexame de prova não enseja recurso especial.

* Consultar a nota 4 ao Cap. VIII do Tít. II do Livro III.

9. A exigência da prisão provisória, para apelar, não ofende a garantia constitucional da presunção de inocência.

18. A sentença concessiva do perdão judicial é declaratória da extinção da punibilidade, não subsistindo qualquer efeito condenatório.

* Consultar a nota 5 ao art. 63.

21. Pronunciado o réu, fica superada a alegação do constrangimento ilegal da prisão por excesso de prazo na instrução.

22. Não há conflito de competência entre o Tribunal de Justiça e Tribunal de Alçada do mesmo Estado-membro.

* Consultar a nota 20 ao art. 116.

38. Compete à Justiça Estadual Comum, na vigência da Constituição de 1988, o processo por contravenção penal, ainda que praticada em detrimento de bens, serviços ou interesse da União ou de suas entidades.

* Consultar as notas 6 ao art. 69 e 28 ao art. 78.

48. Compete ao juízo do local da obtenção da vantagem ilícita processar e julgar crime de estelionato cometido mediante falsificação de cheque.

* Consultar a nota 26 ao art. 70.

52. Encerrada a instrução criminal, fica superada a alegação de constrangimento por excesso de prazo.

53. Compete à Justiça Comum Estadual processar e julgar civil acusado de prática de crime contra instituições militares estaduais.

* Consultar a nota 31 ao art. 79.

62. Compete à Justiça Estadual processar e julgar o crime de falsa anotação na Carteira de Trabalho e Previdência Social, atribuído à empresa privada.

64. Não constitui constrangimento ilegal o excesso de prazo na instrução, provocado pela defesa.

* Consultar a nota 8-A ao art. 261.

73. A utilização de papel moeda grosseiramente falsificado configura, em tese, o crime de estelionato, da competência da Justiça Estadual.

74. Para efeitos penais, o reconhecimento da menoridade do réu requer prova por documento hábil.

75. Compete à Justiça Comum Estadual processar e julgar o policial militar por crime de promover ou facilitar a fuga de preso de estabelecimento penal.

* Consultar a nota 31 ao art. 79.

78. Compete à Justiça Militar processar e julgar policial de Corporação estadual, ainda que o delito tenha sido praticado em outra Unidade Federativa.

* Consultar a nota 31 ao art. 79.

81. Não se concede fiança quando, em concurso material, a soma das penas mínimas cominadas for superior a dois anos de reclusão.

* Não mais subsiste essa Súmula, pois os critérios para a concessão de fiança alteraram-se, conforme Lei 12.403/2011, deixando de levar em conta a pena mínima do delito.

83. Não se conhece do recurso especial pela divergência, quando a orientação do Tribunal se firmou no mesmo sentido da decisão recorrida.

86. Cabe recurso especial contra acórdão proferido no julgamento de agravo de instrumento.

90. Compete à Justiça Estadual Militar processar e julgar o policial militar pela prática do crime militar, e à Comum pela prática do crime comum simultâneo àquele.

* Consultar a nota 31 ao art. 79.

122. Compete à Justiça Federal o processo e julgamento unificado dos crimes conexos de competência federal e estadual, não se aplicando a regra do art. 78, II, *a*, do Código de Processo Penal.

* Consultar a nota 27 ao art. 78.

123. A decisão que admite, ou não, o recurso especial deve ser fundamentada, com o exame dos seus pressupostos gerais e constitucionais.

* Consultar a nota 7 ao Capítulo VIII do Título II do Livro III.

126. É inadmissível recurso especial, quando o acórdão recorrido assenta em fundamentos constitucional e infraconstitucional, qualquer deles suficiente, por si só, para mantê-lo, e a parte vencida não manifesta recurso extraordinário.

140. Compete à Justiça Comum Estadual processar e julgar crime em que o indígena figure como autor ou vítima.

* Consultar a nota 9 ao art. 74.

147. Compete à Justiça Federal processar e julgar os crimes praticados contra funcionário público federal, quando relacionados com o exercício da função.

* Consultar a nota 6 ao art. 69.

151. A competência para o processo e julgamento por crime de contrabando ou descaminho define-se pela prevenção do Juízo Federal do lugar da apreensão dos bens.

164. O prefeito municipal, após a extinção do mandato, continua sujeito a processo por crime previsto no art. 1.º do Decreto-lei 201, de 27.02.1967.

165. Compete à Justiça Federal processar e julgar crime de falso testemunho cometido no processo trabalhista.

172. Compete à Justiça Comum processar e julgar militar por crime de abuso de autoridade, ainda que praticado em serviço.

192. Compete ao Juízo das Execuções Penais do Estado a execução das penas impostas a sentenciados pela Justiça Federal, Militar ou Eleitoral, quando recolhidos a estabelecimentos sujeitos à administração estadual.

200. O juízo federal competente para processar e julgar acusado de crime de uso de passaporte falso é o do lugar onde o delito se consumou.

203. Não cabe recurso especial contra decisão proferida por órgão de segundo grau dos Juizados Especiais.

Código de Processo Penal Comentado · Nucci

206. A existência de vara privativa, instituída por lei estadual, não altera a competência territorial resultante das leis de processo.

207. É inadmissível recurso especial quando cabíveis embargos infringentes contra o acórdão proferido no tribunal de origem.

208. Compete à Justiça Federal processar e julgar prefeito municipal por desvio de verba sujeita a prestação de contas perante órgão federal.

209. Compete à Justiça Estadual processar e julgar prefeito por desvio de verba transferida e incorporada ao patrimônio municipal.

211. Inadmissível recurso especial quanto à questão que, a despeito da oposição de embargos declaratórios, não foi apreciada pelo tribunal *a quo*.

* Consultar a nota 11 ao art. 619.
* Consultar a nota 6 ao Capítulo VIII do Título II do Livro III.

216. A tempestividade de recurso interposto no Superior Tribunal de Justiça é aferida pelo registro no protocolo da Secretaria e não pela data da entrega na agência do correio.

223. A certidão de intimação do acórdão recorrido constitui peça obrigatória do instrumento de agravo.

224. Excluído do feito o ente federal, cuja presença levara o juiz estadual a declinar da competência, deve o juiz federal restituir os autos e não suscitar conflito.

234. A participação de membro do Ministério Público na fase investigatória criminal não acarreta o seu impedimento ou suspeição para o oferecimento da denúncia.

* Consultar a nota 6 ao art. 258.

235. A conexão não determina a reunião dos processos, se um deles já foi julgado.

* Consultar a nota 5 ao art. 76.

244. Compete ao foro do local da recusa processar e julgar o crime de estelionato mediante cheque sem provisão de fundos.

* Consultar a nota 26 ao art. 70.

267. A interposição de recurso, sem efeito suspensivo, contra decisão condenatória não obsta a expedição de mandado de prisão.

273. Intimada a defesa da expedição da carta precatória, torna-se desnecessária intimação da data da audiência no juízo deprecado.

* Consultar a nota 106 ao art. 222.

315. Não cabem embargos de divergência no âmbito do agravo de instrumento que não admite recurso especial.

* Consultar as notas 14-A e 14-B ao art. 638.

316. Cabem embargos de divergência contra acórdão que, em agravo regimental, decide recurso especial.

* Consultar as notas 14-A e 14-B ao art. 638.

320. A questão federal somente ventilada no voto vencido não atende ao requisito do prequestionamento.

* Consultar a nota 6 ao Capítulo VIII, Título II, Livro III.

330. É desnecessária a resposta preliminar de que trata o artigo 514 do Código de Processo Penal na ação penal instruída por inquérito policial.

* Consultar a nota 8 ao art. 514.

337. É cabível a suspensão condicional do processo na desclassificação do crime e na procedência parcial da pretensão punitiva.

* Consultar a nota 5 ao Título XII.

347. O conhecimento de recurso de apelação do réu independe de sua prisão.

* Consultar a nota 37 ao art. 595.

376. Compete à turma recursal processar e julgar o mandado de segurança contra ato de juizado especial.

* Consultar a nota 9-A ao art. 646.

390. Nas decisões por maioria, em reexame necessário, não se admitem embargos infringentes.

428. Compete ao Tribunal Regional Federal decidir os conflitos de competência entre juizado especial federal e juízo federal da mesma seção judiciária.

* Consultar a nota 20-A ao art. 116.

455. A decisão que determina a produção antecipada de provas com base no art. 366 do CPP deve ser concretamente fundamentada, não a justificando unicamente o mero decurso do tempo.

* Consultar a nota 34 ao art. 366.

471. Os condenados por crimes hediondos ou assemelhados cometidos antes da vigência da Lei n. 11.464/2007 sujeitam-se ao disposto no art. 112 da Lei n. 7.210/1984 (Lei de Execução Penal) para a progressão de regime prisional.

491. É inadmissível a chamada progressão *per saltum* de regime prisional.

493. É inadmissível a fixação de pena substitutiva (art. 44 do CP) como condição especial ao regime aberto.

500. A configuração do crime do art. 244-B do ECA independe da prova da efetiva corrupção do menor, por se tratar de delito formal.

501. É cabível a aplicação retroativa da Lei n. 11.343/2006, desde que o resultado da incidência das suas disposições, na íntegra, seja mais favorável ao réu do que o advindo da aplicação da Lei n. 6.368/1976, sendo vedada a combinação de leis.

502. Presentes a materialidade e a autoria, afigura-se típica, em relação ao crime previsto no art. 184, § 2.º, do CP, a conduta de expor à venda CDs e DVDs piratas

511. É possível o reconhecimento do privilégio previsto no § 2.º do art. 155 do CP nos casos de crime de furto qualificado, se estiverem presentes a primariedade do agente, o pequeno valor da coisa e a qualificadora for de ordem objetiva.

513. A "abolitio criminis" temporária prevista na Lei n. 10.826/2003 aplica-se ao crime de posse de arma de fogo de uso permitido com numeração, marca ou qualquer outro sinal de identificação raspado, suprimido ou adulterado, praticado somente até 23/10/2005.

518. Para fins do art. 105, III, *a*, da Constituição Federal, não é cabível recurso especial fundado em alegada violação de enunciado de súmula.

520. O benefício de saída temporária no âmbito da execução penal é ato jurisdicional insuscetível de delegação à autoridade administrativa do estabelecimento prisional.

526. O reconhecimento de falta grave decorrente do cometimento de fato definido como crime doloso no cumprimento da pena prescinde do trânsito em julgado de sentença penal condenatória no processo penal instaurado para apuração do fato.

527. O tempo de duração da medida de segurança não deve ultrapassar o limite máximo da pena abstratamente cominada ao delito praticado.

533. Para o reconhecimento da prática de falta disciplinar no âmbito da execução penal, é imprescindível a instauração de procedimento administrativo pelo diretor do estabelecimento prisional, assegurado o direito de defesa, a ser realizado por advogado constituído ou defensor público nomeado.

534. A prática de falta grave interrompe a contagem do prazo para a progressão de regime de cumprimento de pena, o qual se reinicia a partir do cometimento dessa infração.

535. A prática de falta grave não interrompe o prazo para fim de comutação de pena ou indulto.

536. A suspensão condicional do processo e a transação penal não se aplicam na hipótese de delitos sujeitos ao rito da Lei Maria da Penha.

542. A ação penal relativa ao crime de lesão corporal resultante de violência doméstica contra a mulher é pública incondicionada.

545. Quando a confissão for utilizada para a formação do convencimento do julgador, o réu fará jus à atenuante prevista no art. 65, III, *d*, do Código Penal.

546. A competência para processar e julgar o crime de uso de documento falso é firmada em razão da entidade ou órgão ao qual foi apresentado o documento público, não importando a qualificação do órgão expedidor.

562. É possível a remição de parte do tempo de execução da pena quando o condenado, em regime fechado ou semiaberto, desempenha atividade laborativa, ainda que extramuros.

568. O relator, monocraticamente e no Superior Tribunal de Justiça, poderá dar ou negar provimento ao recurso quando houver entendimento dominante acerca do tema.

579. Não é necessário ratificar o recurso especial interposto na pendência do julgamento dos embargos de declaração, quando inalterado o resultado anterior.

604. O mandado de segurança não se presta para atribuir efeito suspensivo a recurso criminal interposto pelo Ministério Público.

606. Não se aplica o princípio da insignificância a casos de transmissão clandestina de sinal de internet via radiofrequência, que caracteriza o fato típico previsto no art. 183 da Lei 9.472/1997.

607. A majorante do tráfico transnacional de drogas (art. 40, I, da Lei 11.343/2006) configura-se com a prova da destinação internacional das drogas, ainda que não consumada a transposição de fronteiras.

617. A ausência de suspensão ou revogação do livramento condicional antes do término do período de prova enseja a extinção da punibilidade pelo integral cumprimento da pena.

618. A inversão do ônus da prova aplica-se às ações de degradação ambiental.

630. A incidência da atenuante da confissão espontânea no crime de tráfico ilícito de entorpecentes exige o reconhecimento da traficância pelo acusado, não bastando a mera admissão da posse ou propriedade para uso próprio.

631. O indulto extingue os efeitos primários da condenação (pretensão executória), mas não atinge os efeitos secundários, penais ou extrapenais.

636. A folha de antecedentes criminais é documento suficiente a comprovar os maus antecedentes e a reincidência.

639. Não fere o contraditório e o devido processo decisão que, sem ouvida prévia da defesa, determine transferência ou permanência de custodiado em estabelecimento penitenciário federal.

643. A execução da pena restritiva de direitos depende do trânsito em julgado da condenação.

644. O núcleo de prática jurídica deve apresentar o instrumento de mandato quando constituído pelo réu hipossuficiente, salvo nas hipóteses em que é nomeado pelo juízo.

645. O crime de fraude à licitação é formal, e sua consumação prescinde da comprovação do prejuízo ou da obtenção de vantagem.

648. A superveniência da sentença condenatória prejudica o pedido de trancamento da ação penal por falta de justa causa feito em *habeas corpus*.

663. Eventual aceitação de proposta de suspensão condicional do processo não prejudica a análise do pedido de trancamento de ação penal.

670. Nos crimes sexuais cometidos contra a vítima em situação de vulnerabilidade temporária, em que ela recupera suas capacidades físicas e mentais e o pleno discernimento para decidir acerca da persecução penal de seu ofensor, a ação penal é pública condicionada à representação se o fato houver sido praticado na vigência da redação conferida ao art. 225 do Código Penal pela Lei n. 12.015, de 2009.

676. Em razão da Lei n. 13.964/2019, não é mais possível ao juiz, de ofício, decretar ou converter prisão em flagrante em prisão preventiva.

Índice Alfabético-Remissivo

A

ABSOLVIÇÃO

apelação: arts. 416 e 593, I

crimes de ação pública; sentença condenatória; Ministério Público que opina favoravelmente pela: art. 385

efeito; cancelamento de hipoteca: art. 141

em grau de revisão; efeitos: art. 621

interdição provisória de direitos; cessação pela: art. 376

levantamento do sequestro; sentença transitada em julgado; extinção da punibilidade quando houver a: arts. 131, II, e 141

medida de segurança; aplicação: art. 555

recurso *ex officio*: nota 1 ao art. 574

requisitos: art. 386

revisão; restabelecimento de todos os direitos perdidos em virtude da condenação: art. 627

revisão procedente; Tribunal que poderá reconhecer a: art. 626, *caput*

sentença absolutória; conteúdo: art. 386, parágrafo único

sentença definitiva proferida por juiz singular; apelação: art. 593, I

sumária: art. 397

sumária; júri: arts. 415 e 492, II

ABUSO DE PODER

coação; condenação nas custas: art. 653

AÇÃO CIVIL

arts. 63 a 68

fixação do valor mínimo a ser indenizado pelo juiz criminal: art. 63, parágrafo único

Ministério Público; propositura ou prosseguimento, em caso de controvérsia sobre o estado civil das pessoas: art. 92, parágrafo único

Ministério Público; reparação do dano: art. 68

propositura; hipóteses de não impedimento: art. 67

propositura; inobstante sentença absolutória no juízo criminal: art. 66

propositura pelos interessados ou pelo Ministério Público, contra o responsável civil; casos: art. 144

questões prejudiciais; prazo de suspensão do processo penal: art. 93, § 1.º

reparação de dano; legitimidade ativa: art. 63

reparação de dano; sentença condenatória; execução promovida no juízo cível: art. 63

ressarcimento do dano; legitimidade passiva: art. 64

sentença penal condenatória; coisa julgada no cível: art. 65

suspensão; julgamento definitivo da ação penal: art. 64, parágrafo único

AÇÃO PENAL

arts. 24 a 62

ação civil; suspensão: art. 64, parágrafo único

adiamento para prosseguimento da instrução criminal: art. 372

condição exigida pela lei; falta de: art. 395, II

contravenções; instauração: art. 26

contravenções; rito: art. 394, III

crimes contra a propriedade imaterial; destruição dos bens apreendidos requisitada pela vítima quando inexistente a impugnação quanto a sua ilicitude: art. 530-F

crimes contra a propriedade imaterial; destruição dos bens apreendidos; requerimento pela vítima; impossibilidade de ser iniciada quando for indeterminado o autor do ilícito: art. 530-F

crimes de ação pública: art. 24

crimes falimentares; extinção: art. 507

crimes falimentares; propositura: arts. 504 e 507

crimes falimentares; propositura; arquivamento de papéis; legitimidade do liquidatário credor: art. 510

curador; insanidade mental do acusado ao tempo da infração: art. 151

justa causa; falta de: art. 395, III

Ministério Público; desistência; inadmissibilidade: art. 42

Ministério Público; iniciativa: art. 27

perempção: art. 60

prazo; inobservância; levantamento do sequestro: art. 131, I

provocação por qualquer pessoa: art. 27

representação; fundações, associações e sociedades: art. 37

representação; transferência do direito: art. 24, § 1.º

suspensão; doença mental do acusado: art. 152

trancamento: nota 7-A ao art. 24; nota 21-A ao art. 648

AÇÃO PENAL PRIVADA

ação pública; admissibilidade; atribuições do Ministério Público: art. 29

aditamento da queixa pelo Ministério Público: art. 45

inquérito policial; remessa a juízo: art. 19

inquérito policial; requisitos: art. 5.º, § 5.º

legitimidade: art. 30

pobreza do ofendido; nomeação do advogado: art. 32

AÇÃO PENAL PÚBLICA

ação penal privada subsidiária: art. 29

ação penal pública condicionada; crimes contra a propriedade imaterial: art. 530-I

ação penal pública incondicionada; crimes contra a propriedade imaterial: art. 530-I

aditamento; denúncia ou queixa; possibilidade de nova definição jurídica: art. 384, *caput*

assistente do Ministério Público; intervenção: art. 268

denúncia do Ministério Público; ressalva: art. 24

inquérito policial: art. 5.º

ACAREAÇÃO

arts. 229 a 230

cabimento: art. 229, *in fine*

julgamento pelo júri: art. 473, § 3.º

pessoas que dela participarão: art. 229

precatória; testemunha ausente: art. 230

processo sumário: art. 531

reperguntas: art. 229, parágrafo único

ACORDO DE NÃO PERSECUÇÃO PENAL

art. 28-A

atividade judicial e atribuições ministeriais: art. 28-A, §§ 5.º e 14

condições: art. 28-A, I a V

formalidades: art. 28-A, §§ 3.º e 4.º

regras gerais: art. 28-A, §§ 1.º e § 2.º, IV

requisitos: art. 28-A, *caput*

ACUSAÇÃO

ausência; nulidade: art. 564, III, *l*

crime praticado em detrimento de qualquer membro de associação de titulares de direito de autor; entidade que pode funcionar como assistente da: art. 530-H

ACUSADO

vide também RÉU

advogado; indispensabilidade: art. 261

analfabeto; interrogatório; falta de assinatura no termo: art. 195

ausência durante a instrução: nota 18-A, art. 564

citação por carta precatória quando fora do território do juiz processante: art. 353

citação; mandado: art. 351

comportamento inconveniente; audiência: art. 796

condução coercitiva: art. 260

confissão presumida; silêncio; impossibilidade: art. 198

constituição de novo defensor; abandono do processo; intimação: art. 265, § 3º

defensor; assistência obrigatória: art. 261

defensor dativo: art. 263, *caput*

defensor dativo; honorários: art. 263, parágrafo único

estrangeiro; intérprete art. 193

fiança; perda: art. 345

fiança; quebra; hipóteses: art. 327

funcionário público; notificação ao chefe da repartição: art. 359

funcionário público; notificação em crimes afiançáveis: art. 514

identificação; impossibilidade: art. 259

interrogatório: arts. 185 a 196

interrogatório; intervenção do advogado: art. 187

interrogatório; redução a termo: art. 195, *caput*

interrogatório; renovação: art. 196

intimações; normas: art. 370

liberdade provisória sem fiança: art. 350

menor; curador: art. 262

menor; interrogatório; curador: art. 194, notas 49 a 52

mudo, surdo ou surdo-mudo; interrogatório: art. 192

processo e julgamento; defesa: art. 261

qualificação: art. 185

resposta do acusado: art. 396 e 396-A

revelia: art. 365

ACUSADOR(ES)

júri; não intervenção na votação do conselho de sentença: art. 485, § 2.º

ADIAMENTO

ato do processo; falta de defensor: art. 265, §§ 1.º e 2.º

habeas corpus; julgamento: art. 664

instrução criminal: art. 372

júri; falta de testemunha: art. 458

júri; não comparecimento do defensor do réu: art. 456

júri; não comparecimento do representante do Ministério Público: art. 455

júri; número insuficiente de membros do conselho de sentença: art. 471

júri; réu sem defensor: art. 456

júri; sessão do julgamento; recusa de jurados: art. 468

ADITAMENTO

denúncia ou queixa; nova definição jurídica: art. 384, *caput*

denúncia; retorno dos autos ao Ministério Público: art. 417

queixa, em ação penal privativa do ofendido: art. 45

queixa, em caso de ação pública não intentada no prazo legal: art. 29

queixa; prazo e contagem respectiva: art. 46, § 2.º

ADVERTÊNCIA

jurado; impedimentos e suspeição: art. 448

réu; suspensão condicional da pena: art. 703

ADVOGADO

vide também DEFENSOR

dativo; abandono do processo; art. 265, *caput*

dativo; falta de comparecimento; nomeação de substituto: art. 265, § 2.º

dativo; honorários: art. 263, parágrafo único

dativo; execução de medida de segurança; nomeação a requerimento do condenado: art. 757, § 1.º

dativo; nomeação em caso de pobreza da parte: art. 32

dativo; nomeação; abandono do processo pelo defensor: art. 265, § 3º

dativo; prazo para resposta se o acusado não constitui defensor: art. 396-A, § 2.º

defesa oral; apelações: art. 613, III

defesa oral; júri: art. 476

disposições gerais: arts. 261 a 267

falta de sua nomeação: art. 564, III, *c*

indicação pelo réu, no interrogatório: art. 266

instrução criminal; prazo para manifestação: art. 373, § 1.º

intervenção ou influência no interrogatório; inadmissibilidade: art. 187

intimação da sentença: arts. 391 e 392, II e III

júri; inquirição de testemunhas em plenário: art. 473

júri; prazo para manifestação: art. 477

júri; tréplica: art. 477

jurisdição: art. 514, parágrafo único

parentes do juiz; efeitos: arts. 252, I, e 267

parentes do juiz; impedimento: art. 267

patrocínio gratuito: art. 264

perdão; aceitação: arts. 55 e 59

pobreza da parte; nomeação pelo juiz em crimes de ação privada: art. 32

poderes especiais para apresentação de queixa: art. 44

poderes especiais para recusa de juiz: art. 98

prisão cautelar; recurso: art. 295

prisão especial ou recolhimento a quartéis, antes da condenação definitiva: art. 295, VII

procuração; arguição de falsidade documental: art. 146

recurso em sentido estrito e apelação; prazo para manifestação: art. 610, parágrafo único

renúncia do direito de queixa; poderes especiais: art. 50

resposta do réu: art. 396, *caput*, e nota 42

AERONAVE

crimes; competência: arts. 89 a 91

AFIANÇADO

arts. 327 e 328

deveres: arts. 327 e 328

AGRAVANTES

quesitos; formulação: art. 483

reconhecimento pelo juiz, em crimes de ação pública: art. 385

sentença condenatória: art. 387, I

AGRAVO EM EXECUÇÃO

conceito: nota 10 ao Capítulo II, Título II, Livro III

rito: nota 11 ao Capítulo II, Título II, Livro III

ÁGUAS TERRITORIAIS

prática de crime em embarcação: arts. 89 e 91

ALEGAÇÕES

orais: arts. 403 e 534

execução de medida de segurança; prazo para oferecimento: art. 757

incidente na verificação de periculosidade, para oferecimento das mesmas: art. 750

interessado ou seu defensor, no processo de aplicação de medida de segurança por fato não criminoso: art. 552

prazos do apelante e do apelado: art. 600

recurso em sentido estrito; prazo: art. 588

ALGEMAS

regulamentação do uso: art. 284

uso por ocasião da prisão: nota 29, art. 284

utilização em plenário do Tribunal do Júri: art. 474, § 3.º

ALISTAMENTO DE JURADOS

alteração da lista geral: art. 426, § 1.º

idade mínima: art. 436

lista geral; publicação: art. 425

número máximo e mínimo: art. 425

obrigatoriedade do serviço do júri: art. 436

será anual: art. 425

ALTO-MAR

prática de crime em: art. 89

ALVARÁ DE SOLTURA

casos de expedição: art. 690

cumprimento da pena ou extinção; expedição: art. 685

decisão absolutória; apelação; expedição; competência: art. 670

expedição por telégrafo: art. 660, § 6.º

ANALFABETO

impedimento: art. 279, III

interrogatório: art. 195

livramento condicional; art. 723, § 1.º

mandado de prisão: art. 286

nota de culpa: art. 306, nota 41

recurso: art. 578, § 1.º

ANALOGIA

no processo penal: art. 3.º

ANISTIA

extinção da pena: art. 742

APELAÇÃO(ÕES)

assistente; oferecimento de razões; prazo: art. 600, § 1.º

cabimento: art. 593

crime ou contravenção punido com detenção; debates orais: art. 610, parágrafo único

crime punido com reclusão; forma do processo e julgamento: art. 613

denegação; recurso cabível: art. 581, XV

deserção; recurso cabível: art. 581, XV

despesas de traslado; correção por conta de quem solicitá-lo; ressalva: art. 601, § 2.º

diligências: art. 616

do despacho que a denegar ou julgar deserta: art. 581, XV

interrogatório do acusado: art. 616

legitimidade; omissão do Ministério Público: art. 598

medida de segurança: art. 596, parágrafo único

parcial ou total: art. 599

prazo: art. 392, § 2.º

prazos; apresentação ao tribunal *ad quem* ou entrega ao correio: art. 602

prazos; razões, após a assinatura do termo de apelação: art. 600 e parágrafos

razões em segunda instância: art. 600, § 4.º

recolhimento à prisão: art. 387, § 1º

recolhimento à prisão por determinação do Tribunal quando provida a apelação que determina novo julgamento pelo júri: art. 593, nota 20-A

recurso em sentido estrito do despacho que a denegar ou julgar deserta: art. 581, XV

recurso em sentido estrito; exclusão: art. 593, § 4.º

remessa dos autos à instância superior; prazos: art. 601 e parágrafos

sentença absolutória; efeito suspensivo; apresentação espontânea à prisão: art. 318

sentença absolutória; efeito suspensivo; impossibilidade: art. 596, parágrafo único

sentença absolutória; réu em liberdade; ressalva: art. 596

sentença condenatória; efeito suspensivo; ressalva: art. 597

testemunhas; reinquirição por ocasião do julgamento: art. 616

traslado em cartório: art. 603

APENSAMENTO

auto de incidente de insanidade mental: art. 153

APLICAÇÃO

analógica; admissibilidade: art. 3.º

medida de segurança; competência: art. 754

provisória de interdição de direitos: art. 373

APONTAMENTOS

consulta pela testemunha durante o depoimento: art. 204, parágrafo único

APREENSÃO

vide também BUSCA, BUSCA E APREENSÃO e RESTITUIÇÃO DE COISAS APREENDIDAS

armas e munições, instrumentos utilizados na prática de crime ou destinados a fim delituoso: art. 240, § 1.º, *d*

busca domiciliar: art. 240, § 1.º, *b*

cartas: art. 240, § 1.º, *f*

coisa adquirida com os proventos da infração: art. 121

crimes contra a propriedade imaterial; inquérito policial; termo lavrado e assinado por duas ou mais testemunhas: art. 530-C

documentos em poder do defensor do acusado; inadmissibilidade: art. 243, § 2.º

inquérito policial; termo lavrado e assinado; descrição de todos os bens apreendidos provenientes de crimes contra propriedade imaterial: art. 530-C

instrumentos de falsificação ou de contrafação e objetos falsificados ou contrafeitos: art. 240, § 1.º, *c*

pessoa ou coisa; custódia da autoridade ou de seus agentes: art. 245, § 6.º

pessoa ou coisa, efetuada em território de jurisdição alheia: art. 250

pessoas vítimas de crime: art. 240, § 1.º, *g*

ARQUIVAMENTO

autos de petição de graça: art. 740

despacho; não impedirá a propositura de ação civil: art. 67, I

inquérito falimentar: art. 510

inquérito policial: art. 18

inquérito por autoridade policial; inadmissibilidade: art. 17

queixa-crime; reconciliação nos crimes de calúnia e injúria: art. 522

remessa dos autos ao procurador-geral: art. 28

ARRESTO

bens imóveis; decretação e revogação: art. 136

bens móveis: art. 137

levantamento ou cancelamento da hipoteca; absolvição do réu ou extinção da punibilidade: art. 141

remessa dos autos da hipoteca ou arresto ao juiz do cível; oportunidade: art. 143

ARROMBAMENTO DE PORTA

busca domiciliar; auto circunstanciado: art. 245, § 7.º

busca domiciliar; desobediência: art. 245, §§ 2.º e 4.º

período diurno; prisão do réu: art. 293

ASCENDENTE

direito de representação no caso de morte: art. 24, § 1.º

exercício do direito de queixa: art. 31

ASSISTÊNCIA JUDICIÁRIA

vide também ADVOGADO

concessão a réu pobre, em crime de ação privada: arts. 32 e 806

ASSISTENTE DA ACUSAÇÃO

associação de titulares de direitos de autor; violação de direito autoral; crimes praticados em detrimento de qualquer de seus associados: art. 530-H

ASSISTENTE DO MINISTÉRIO PÚBLICO

arts. 268 a 273

admissibilidade: art. 269

admissibilidade; audiência prévia do Ministério Público: art. 272

despacho que o admita ou não: art. 273

direitos: art. 271

inadmissibilidade: art. 270

intimação da sentença: art. 391

julgamento pelo júri; manifestação: art. 473

júri; intervenção no plenário de julgamento: art. 473

legitimidade: art. 268

prazo; oferecimento de razões na apelação após assinatura do termo: art. 600, § 1.º

prosseguimento do processo independentemente de nova intimação: art. 271, § 2.º

provas requeridas: art. 271, § 1.º

ASSOCIAÇÕES

interdição: art. 773

representação; ação penal: art. 37

ATA

assembleia de credores em crimes falimentares: art. 505

julgamento pelo júri; dela constará requerimento ou reclamação de jurado, não atendida: art. 495

júri; falta da ata; multa: art. 496

sessão do júri; unicidade: arts. 494 e 495

ATENUANTES

júri; formulação de quesitos: art. 483

sentença condenatória: art. 387, I

ATESTADO DE POBREZA

conceito de pessoa pobre: art. 32, § 1.º

prova suficiente da pobreza da parte: art. 32, § 2.º

ATOS PROCESSUAIS

deslocamento da competência; atos anteriores: art. 84, § 2.º

execução por escrivães; prazos e penalidades: art. 799

instrução ou julgamento: art. 796

momento: art. 797

nulidade não sanada: art. 573

prazos para cumprimento por juízes singulares: art. 800

publicidade: art. 792

AUDIÊNCIA(S)

adiamento; ausência do defensor: art. 265, § 1.º

de custódia; infração inafiançável; falta de exibição do mandado não obstará a prisão: art. 287

de instrução e julgamento; crimes contra a dignidade sexual: art. 400-A

espectadores; manifestação; vedação: art. 795 e parágrafo único

manutenção da ordem: art. 794

processo sumário: art. 531

processo sumário; julgamento: art. 534

proteção à vítima e à testemunha; delitos sexuais; art. 474-A e nota 211-A

publicidade: art. 792

realização na residência do juiz: art. 792, § 2.º

réu; comportamento inconveniente: art. 796

segredo de justiça: art. 792, § 1.º

suspensão condicional da pena; início: art. 698

suspensão condicional da pena; leitura da sentença: art. 703

utilização de linguagem, informações ou material ofensivo: art. 400-A, II

AUDIOVISUAL

colheita de depoimentos em audiência: art. 405

desnecessidade de degravação: nota 79-A ao art. 405

AUSÊNCIA

ofendido; declaração judicial; transmissão do direito de queixa: art. 37

ofendido; declaração judicial; transmissão do direito de representação: art. 24, § 1.º

réu; falta de nomeação de defensor; nulidade do ato: art. 564, III, c

AUTO(S)

busca domiciliar: art. 245, § 7.º

busca e apreensão; vista ao Ministério Público: art. 529, parágrafo único

consulta pelo jurado: art. 480, § 3.º

crimes de responsabilidade dos funcionários públicos; exame em cartório: art. 515

de reconhecimento e de identidade de cadáver exumado: art. 166

exame de corpo de delito; falta de peritos oficiais; lavratura e assinatura do mesmo: art. 179

extravio; responsabilidade: art. 546

incidentes de falsidade: art. 145

incidentes de insanidade mental: art. 153

inquérito policial; devolução pelo juiz à autoridade policial: art. 10, § 3.º

petição de graça; arquivamento do Ministério da Justiça: art. 740

processo; entrega aos jurados: art. 480, § 3.º

restauração: arts. 541 a 548

restauração; aparecimento dos originais: art. 547, parágrafo único

restaurados; validade: art. 547

retirada do cartório; proibição: art. 803

AUTO DE PRISÃO EM FLAGRANTE

audiência de custódia: nota 46-A ao art. 310

audiência de custódia por videoconferência: nota 46-B ao art. 310

conteúdo: arts. 304 e 307

lavratura; competência: art. 305

testemunhas da infração; falta: art. 304, § 2.º

AUTÓPSIA

será feita pelo menos seis horas depois do óbito; ressalva: art. 162

AUTORIA

vide também ACUSADO

confissão pelo réu no interrogatório: art. 190

AUTORIDADE(S)

vide também AUTORIDADES ADMINISTRA-TIVAS, AUTORIDADES JUDICIÁRIAS e AUTORIDADES POLICIAIS

chefe de Polícia; recurso; despacho que indeferir requerimento de abertura de inquérito: art. 5.º, § 2.º

chefe de Polícia; recurso do despacho que indeferir requerimento de abertura de inquérito: art. 5.º, § 2.º

estrangeiras; cartas rogatórias; homologação: art. 784

estrangeiras; relações jurisdicionais: arts. 780 a 790

exame pericial complementar de lesões corporais: art. 168

má-fé ou abuso de poder: art. 653

marital; incapacidade para exercê-la: art. 693

restituição de coisas apreendidas: art. 120

restituição de coisas apreendidas; competência: art. 120

sigilo; inquérito policial: art. 20

AUTORIDADES ADMINISTRATIVAS

vide também AUTORIDADE(S), AUTORIDADES JUDICIÁRIAS e AUTORIDADES POLICIAIS

competência: art. 4.º, parágrafo único

perda de função pública; conhecimento de sentença transitada em julgado: art. 691

AUTORIDADES JUDICIÁRIAS

vide também AUTORIDADE(S), AUTORIDADES ADMINISTRATIVAS e AUTORIDADES POLICIAIS

conflito de jurisdição: art. 114

despacho de incomunicabilidade do indiciado: art. 21, parágrafo único

expedição de portaria; ação penal de contravenção: art. 26

isenção do serviço do júri: art. 437, V

multa; embaraço ou procrastinação de expedição de *habeas corpus*: art. 655

ordem de sequestro: art. 127

prisão em flagrante ou prisão por mandado; competência; concessão de fiança: art. 332

prisão especial: art. 295, VI

requisição do inquérito policial em crimes de ação pública: art. 5.º, II

AUTORIDADES POLICIAIS

vide também AUTORIDADE(S), AUTORIDADES ADMINISTRATIVAS e AUTORIDADES JUDICIÁRIAS

agentes; apreensão de pessoa ou coisa em território de jurisdição diversa: art. 250

agentes; prisão em flagrante: art. 301

âmbito de atuação e finalidade: art. 4.º

arquivamento de autos de inquérito; inadmissibilidade: art. 17

atestado de pobreza; fornecimento: art. 32, § 2.º

busca e apreensão: art. 240

competência: arts. 4.º e 13

competência; concessão de fiança; prisão em flagrante: art. 332

cumprimento de mandado de captura: art. 763

cumprimento de mandado; expedição de cópias: art. 297

diligências em circunscrição diversa: art. 22

efetuação de busca e apreensão: art. 240

inquérito; aplicação de medida de segurança: art. 549

inquérito em crimes de ação privada: art. 5.º, § 5.º

instauração de inquérito contra testemunha: art. 211

interrogatório do acusado, preso em flagrante: art. 304

investigação produzida pela polícia militar: art. 4.º

nomeação de curador para indiciado menor: art. 15

nota de culpa; prazo: art. 306

obrigações estabelecidas na sentença; comunicação: art. 768

ofício ao instituto de identificação; dados referentes ao juízo, à infração e ao indiciado: art. 23

procedimento; conhecimento de prática de infração penal: art. 6.º

providências; exame do local onde houver sido praticada infração penal: art. 169

recusa ou demora na concessão da fiança: art. 335

relatório sobre a cessação ou não de periculosidade; prazo: art. 775, I

remessa da representação; inquérito: art. 39, § 4.º

representação; exame de sanidade mental do acusado: art. 149, § 1.º

reprodução simulada dos fatos; condições: art. 7.º

sigilo; inquérito: art. 20

suspeição: art. 107

AVALIAÇÃO

coisas destruídas, deterioradas ou que constituam produto do crime: art. 172

AVOCATÓRIA

restabelecimento de jurisdição do STF: art. 117

B

BENS

avaliação e venda em leilão público: art. 133

BENS IMÓVEIS DO INDICIADO

hipoteca legal: art. 135

hipoteca legal; requerimento: art. 134

sequestro: art. 125

BENS SEQUESTRADOS

autuação: art. 129

bens móveis suscetíveis de penhora; se o responsável não possui imóveis: art. 137

decretação de início e revogação: art. 136

decretação de sequestro; requisitos: art. 126

depósito e administração: art. 139

embargo: art. 130

embargos de terceiros: art. 129

inscrição no Registro de Imóveis: art. 128

levantamento: art. 131

levantamento ou cancelamento; punibilidade; extinção: art. 141

móveis: art. 132

ordem; momento: art. 127

processo de especialização: art. 138

BOLETIM INDIVIDUAL

estatística judiciária criminal: art. 809

BUSCA

casa habitada; cuidados: art. 248

determinação de ofício ou a requerimento de parte: art. 242

escritório de advocacia: nota 7-A ao art. 240; nota 60 ao art. 246

estabelecimento comercial: nota 61-A ao art. 246

mandado: art. 243

ordem de prisão; mandado: art. 243, § 1.º

pessoal: art. 240, § 2.º

pessoal; independentemente de mandado: art. 244

repartição pública: nota 61 ao art. 246

BUSCA DOMICILIAR

art. 240 e § 1.º

domiciliar; auto circunstanciado: art. 245, § 7.º

domiciliar; desobediência do morador; arrombamento da porta: art. 245, § 2.º

domiciliar; expedição do mandado: art. 241

domiciliar; será diurna; ressalva: arts. 245 e 246

BUSCA E APREENSÃO

arts. 240 a 250

crimes contra a propriedade imaterial: arts. 527 e 530-B a 530-D

documento em poder do defensor do acusado: art. 243, § 2.º

mandado: art. 243

pessoa ou coisa; jurisdição alheia: art. 250

C

CADÁVER(ES)

arrecadação e autenticação de objetos úteis ao seu reconhecimento: art. 166, parágrafo único

autópsia: art. 162

dúvida sobre sua identidade; providências: art. 166

exame externo; morte violenta: art. 162, parágrafo único

exumação; lavratura de auto circunstanciado: art. 163

fotografias; requisito: art. 164

CADEIA DE CUSTÓDIA

central de custódia destinada à guarda e controle dos vestígios; após realização da perícia: arts. 158-E e 158-F

coleta e recipiente para acondicionamento dos vestígios; procedimento: arts. 158-C e 158-D

conceito: art. 158-A

rastreamento do vestígio; etapas: art. 158-B

CALÚNIA

processo e julgamento: arts. 519 a 523

CANCELAMENTO DE HIPOTECA

vide também HIPOTECA LEGAL

caso de absolvição ou extinção da punibilidade: art. 141

CAPTURA

internando; mandado: art. 763

requisição por qualquer meio: art. 299

CARCEREIRO

embaraço ou procrastinação de expedição de ordem de *habeas corpus*; multa: art. 655

recibo de entrega do preso: art. 288, *in fine,* e parágrafo único

CARTA(S)

exibição em juízo, pelo destinatário; desnecessidade de consentimento do signatário: art. 233, parágrafo único

particulares; interceptação ou obtenção por meios criminosos; inadmissibilidade em juízo: art. 233

CARTA DE GUIA

vide também CARTA(S), CARTA PRECATÓRIA, CARTA ROGATÓRIA e CARTA TESTEMUNHÁVEL

aditamento; condenado solto ou em cumprimento de pena privativa de liberdade: art. 689, § 2.º

competência para expedição; unificação de penas: art. 674, parágrafo único

cumprimento da pena: art. 674

livramento condicional: art. 722

recibo: art. 678

registro em livro especial: art. 679

remessa de cópia ao Conselho Penitenciário: art. 677

remessa e conteúdo: art. 676

remoção do réu para prisão comum: art. 675, § 2.º

CARTA DE ORDEM

definição, nota 104, art. 222

outra alternativa: convocação de magistrados, nota 104-C, art. 222

CARTA PRECATÓRIA

vide também CARTA(S), CARTA DE GUIA, CARTA ROGATÓRIA e CARTA TESTEMUNHÁVEL citação do réu que estiver fora da jurisdição do juiz processante: arts. 353 a 356

falso testemunho; foro competente: art. 70, nota 24; art. 222, nota 104-A

inquirição de testemunha residente fora da jurisdição do juiz: art. 222

inquirição de testemunha; instrução criminal: art. 222, § 1.º

CARTA ROGATÓRIA

vide também CARTA(S), CARTA DE GUIA, CARTA PRECATÓRIA e CARTA TESTEMUNHÁVEL

autoridades estrangeiras competentes; independente de homologação: art. 784

contrária à ordem pública e aos bons costumes: art. 781

cumprimento: art. 783

custos, art. 222-A

demonstração de imprescindibilidade, art. 222-A

diligências; devolução posterior: art. 785

tradução em língua nacional; *exequatur* e cumprimento: art. 784, § 1.º

CARTA TESTEMUNHÁVEL

vide também CARTA(S), CARTA DE GUIA, CARTA PRECATÓRIA e CARTA ROGATÓRIA

arts. 639 a 646

casos em que será dada: art. 639

destinatário: art. 640

efeito suspensivo: art. 646

prazo de entrega pelo escrivão: art. 641

processo e julgamento: art. 643

CASA

captura de réu nela escondido: art. 293

recusa do morador de entregar réu: art. 293, parágrafo único

CAUÇÃO

hipoteca legal: art. 135, § 6.º

pagamento parcelado de multa: art. 687, II

prestação por terceiro; levantamento do sequestro: art. 131, II

real ou fidejussória; prestação para evitar conversão de multa em detenção ou prisão simples: art. 690, II

CERTIDÕES

reabilitação; instrução do requerimento: art. 744, I

restauração de autos; consideração como original: art. 541, § 1.º

CITAÇÃO(ÕES)

arts. 351 a 369

embargos ao requerimento de homologação de sentença estrangeira: art. 789, § 2.º

inicial; mandado: art. 351

mandado; conteúdo: art. 352

mandado; requisitos: art. 357

militar: art. 358

precatória; conteúdo: art. 354

precatória; devolução: art. 355, *caput*

precatória; devolução por ocultação do réu: art. 355, § 2.º

precatória; expedição por via telegráfica em caso de urgência: art. 356

precatória; réu fora do território da jurisdição do juiz processante: art. 353

réu; mudança de residência ou ausência desta; obrigação de informar: art. 367

réu que se oculta; citação por hora certa: art. 362

revelia; hipótese: art. 367

CITAÇÃO POR EDITAL

arts. 361, 363 a 366

comparecimento do acusado: art. 363, § 4.º

edital; conteúdo: art. 365

réu não encontrado; prazo: art. 361

CITAÇÃO POR HORA CERTA

art. 362

formalidades: art. 362, nota 24-A

nomeação de defensor dativo: art. 362, parágrafo único

precatória, hipótese: art. 355, § 2.º, nota 11

CLAMOR PÚBLICO

motivo para prisão preventiva: art. 312, nota 11-A

COAÇÃO

ilegal na liberdade de ir e vir; *habeas corpus*: art. 647

irresistível; absolvição do réu: art. 386, VI

irresistível; reconhecimento no júri, absolvição: art. 415

legal: art. 648

má-fé ou abuso de poder pela autoridade; condenação nas custas: art. 553

COAUTORIA

recurso interposto por um dos réus; aproveitamento: art. 580

suspensão condicional de pena: art. 702

CÓDIGO DE PROCESSO PENAL

inaplicabilidade; ressalva: art. 1.º

interpretação extensiva e aplicação analógica; admissibilidade: art. 3.º

suplemento dos princípios gerais de direito: art. 3.º

vigência; início: art. 810

COISA(S)

adquirida com provento da infração; destino: art. 121

apreendidas; dúvida sobre identidade do dono; procedimento do juiz: art. 120, § 4.º

apreendidas; perda em favor da União, venda em leilão; recolhimento ao Tesouro Nacional: art. 122

apreendidas; restituição: arts. 118 a 124

apreendidas; restituição antes do trânsito em julgado da sentença: art. 118

apreendidas; instrumento e produto do crime; restituição: art. 119

COISA JULGADA

cível; sentença penal: art. 65

conceito: nota 63 ao art. 110

conflito aparente de normas (e): nota 74 ao art. 110

crime continuado (e): nota 75 ao art. 110

crime habitual (e): nota 77 ao art. 110

crime permanente (e): nota 76 ao art. 110

diferença com preclusão: nota 66 ao art. 110

exceção; admissibilidade: art. 95, V

exceção; aplicação do disposto sobre exceção de incompetência do juízo: art. 110

exceção; oposição em relação ao fato principal: art. 110, § 2.º

flexibilidade: nota 63-B ao art. 110

fundamento: nota 65 ao art. 110

limites objetivos: nota 73 ao art. 110

limites subjetivos: nota 67 ao art. 110

COMPETÊNCIA

conceito: nota 4 ao Título V do Livro I

conexão ou continência; determinação: arts. 76 a 82

conflito aparente com o art. 4.º do Código Penal: nota 23 ao art. 70

conflito aparente com o art. 6.º do Código Penal: nota 22 ao art. 70

conflito de jurisdição: art. 114

conflito negativo: art. 114

crime cometido pelo *Facebook* previsto em tratado ou convenção internacional: nota 6-C2 ao art. 69

crime cometido por índio: nota 6-B ao art. 69

crime continuado: nota 38 ao art. 70

crime de estelionato: nota 37-A ao art. 70, § 4.º

crime pela internet: nota 6-C ao art. 69

crime permanente: nota 39 ao art. 70

crimes plurilocais: nota 24 ao art. 70

crimes praticados a bordo de aeronave nacional ou estrangeira dentro do espaço aéreo brasileiro: art. 90

crimes qualificados pelo resultado: nota 25 ao art. 70

desclassificação do crime; prorrogação: art. 74, § 2.º

desclassificação do crime; remessa do processo ao juiz competente: arts. 74, § 3.º, e 419

deslocamento; validade dos atos anteriores: art. 84, § 2.º

determinação: art. 69, nota 6

disposições especiais: arts. 88 a 91

distribuição: art. 75

divisão judiciária em matéria penal: nota 6 ao art. 69

domicílio ou residência do réu: arts. 72 e 73

execução penal: art. 69, notas 9 a 11

falsificação de arrais: nota 6-E ao art. 69

falsificação de documento de autarquia federal: nota 6-D ao art. 69

juizado especial criminal: nota 30 ao art. 70

júri e justiças especiais: art. 74, notas 4 a 11

jurisdicional; elementos que a determinarão: art. 69

justiça do trabalho: nota 6-F ao art. 69

justiça federal: art. 78, notas 28, 29, 29-A

justiça militar: art. 69, notas 7 a 7-B

lugar da infração: arts. 70 e 71

natureza da infração: art. 74 e parágrafos originária; Tribunais de Apelação: art. 87

prerrogativa de função: arts. 84 a 87

prerrogativa de função; processos por crime contra a honra: art. 85

prerrogativa de função; STF e Tribunal de Apelação; crimes comuns ou de responsabilidade: art. 84

prerrogativa de função: júri, JECRIM e conexão ou continência: art. 78, notas 19 e 19-A

prevenção: arts. 83 e 91

privativa do Tribunal do Júri: art. 74

privativa do STF, para processo e julgamento: art. 86

processo e julgamento de crimes cometidos em embarcação: art. 89

processo e julgamento de crimes praticados a bordo de aeronave nacional ou estrangeira: art. 90

processo por crimes praticados fora do território brasileiro: art. 88

quadro geral: nota 19 ao art. 69

regulamentação: art. 74

tentativa: nota 28 ao art. 70

tráfico de drogas; foro competente: art. 70

COMPROMISSO

peritos não oficiais: art. 159, § 2.º

testemunha: arts. 203 e 208

testemunha; casos de indeferimento: art. 208

COMUTAÇÃO DA PENA

recusa pelo condenado: art. 739

CONCURSO

competência do júri e de outro órgão da jurisdição comum: art. 78, I

efeito da decisão do recurso interposto por um dos réus: art. 580

formal e material; determinação da competência: art. 77, II

jurisdição comum e a especial: art. 78, IV

jurisdição entre autoridades policiais: art. 22

jurisdições de diversas categorias: art. 78, III

jurisdições de igual categoria: art. 78, II

CONDENAÇÃO

imposição em 2.º grau: possibilidade de execução imediata da pena: art. 618, notas 25 e 25-A

CONDENADO

graça; provocação por petição do: art. 734

mudança de residência; suspensão condicional da pena: art. 698, § 7.º

suspensão condicional da pena; condições; especificação: art. 698

CONDIÇÕES DA AÇÃO

conceito: art. 395, nota 22

CONDUÇÃO COERCITIVA

acusado intimado para interrogatório: art. 260

ofendido: art. 201, § 1.º

perito: art. 278

réu preso em flagrante delito; oitiva do condutor e testemunhas; lavratura de auto: art. 304

testemunha intimada a depor: art. 218

CONDUTOR

flagrante delito; oitiva: art. 304

CONEXÃO

vide também COMPETÊNCIA e CONTINÊNCIA

arts. 76 a 82

instauração de processos diferentes; procedimento da autoridade de jurisdição prevalente: art. 82

júri; desclassificação da infração, impronúncia ou absolvição do acusado; remessa do processo ao juízo competente: arts. 81, parágrafo único, e 492, § 2.º

regras gerais de competência: art. 78

reunião dos processos; sentença de absolvição ou de desclassificação da infração; incompetência; efeitos: art. 81

separação facultativa dos processos: art. 80

unidade de processo e julgamento; ressalva: art. 79

CONFISCO

instrumentos e produtos do crime: art. 779

CONFISSÃO

arts. 197 a 200

acusado; exame de corpo de delito: art. 158

crime de autoria ignorada ou imputada a outrem; efeitos: art. 318

divisibilidade: art. 200

retratabilidade: art. 200

silêncio do acusado: art. 198

tomada por termo nos autos: art. 199

valor; aferição: art. 197

CONFLITO DE ATRIBUIÇÕES

autoridade policial e juiz de direito: nota 4 ao art. 113

falso conflito entre membros do Ministério Público: nota 5 ao art. 113

promotor e procurador da república: nota 7 ao art. 113

promotores de justiça: nota 6 ao art. 113

CONFLITO DE COMPETÊNCIA

conflito negativo: art. 115, I

desaparecimento do conf. tc entes do julgamento pelo Tribunal: nota 23 ao art. 116

juiz criminal e juiz corregedor do distribuidor: nota 10 ao art. 114

juiz de direito e juiz auditor: nota 22 ao art. 116

órgãos colegiados do Tribunal: nota 21 ao art. 116

Tribunal de Justiça e Colégio Recursal: nota 20 ao art. 116

júri estadual e júri federal: nota 8 ao art. 74

júri e crime contra índice: nota 9 ao art. 74

júri e crime envolvendo interesses indígenas: nota 9-A ao art. 74

júri e justiça eleitoral: nota 10 ao art. 74

júri e justiça militar: nota 11 ao art. 74

CONFLITO DE JURISDIÇÃO

arts. 113 a 117

condições: art. 114

decisão na primeira sessão; ressalva: art. 116, § 5.º

decisão proferida; envio de cópias às autoridades suscitadas ou suscitantes: art. 116, § 6.º

jurisdição do STF; restabelecimento mediante avocatória: art. 117

legitimidade: art. 115

negativo; suscitado nos próprios autos do processo: art. 116, § 1.º

positivo; distribuição do feito; suspensão imediata do andamento do processo: art. 116, § 2.º

positivo ou negativo; resolução de questões atinentes à competência: art. 113

representação de juízes e tribunais e requerimento da parte interessada: art. 116

CONSELHO DE SENTENÇA

vide também QUESITOS e VOTAÇÃO

advertência aos jurados quanto a impedimentos, suspeição e incompatibilidades: art. 466, *caput*

compromisso em forma de exortação; fórmula: art. 472

dissolução, em caso de nomeação de defensor a réu considerado indefeso: art. 497, V

dissolução; hipóteses: art. 481

formação: art. 472

formado por mulheres: art. 467

impedimentos: art. 448

impugnação; momento: art. 448

livre manifestação; proibição de qualquer intervenção: art. 485, § 2.º

votação de quesitos: art. 485

CONSELHO PENITENCIÁRIO

carta de guia e aditamentos respectivos; remessa de cópia: art. 677

concessão de livramento condicional; expedição da carta de guia: art. 722

concessão de livramento condicional; iniciativa: art. 712

extinção da pena por anistia; iniciativa: art. 742

extinção, redução ou comutação da pena; iniciativa; indulto: art. 741

graça; provocação por petição: art. 734

relatório sobre o sentenciado; remessa: art. 714

revogação de livramento condicional; representação: art. 730

CONTESTAÇÃO

embargos à homologação de sentença estrangeira: art. 789, § 5.º

exceção da verdade ou da notoriedade do fato imputado; prazo: art. 523

CONTINÊNCIA

vide também CONEXÃO

arts. 76 a 82

determinação de competência: art. 77

instauração de processos diferentes; procedimento da autoridade de jurisdição prevalente: art. 82

júri; desclassificação da infração, impronúncia ou absolvição do acusado; remessa do processo ao juízo competente: art. 81, parágrafo único

regras gerais de competência: art. 78

reunião dos processos; sentença de absolvição ou de desclassificação da infração; incompetência; efeitos: art. 81

separação facultativa dos processos: art. 80

unidade de processo e julgamento; ressalva: art. 79

CONTRADIÇÃO

jurados; respostas aos quesitos: art. 490

CONTRADITA

testemunha; oportunidade; procedimento do juiz: art. 214

CONTRAFÉ

réu; requisito da citação por mandado: art. 357, I

CONTRAVENÇÕES

vide também CRIME(S) e DELITO

ação penal: art. 26

conversão de multa em detenção ou prisão simples: art. 689

procedimento sumaríssimo: art. 394, III

processo respectivo; prazo para oferecimento de razões: art. 600

remessa dos autos ao juiz competente; prazo: art. 535, *in fine*

CONVENÇÕES INTERNACIONAIS

inaplicabilidade do Código de Processo Penal: art. 1.º, I

CONVERSÃO

multa em detenção ou prisão simples: art. 689

multa em detenção ou prisão simples; quando tornado sem efeito: art. 690

multa em detenção ou prisão simples; recurso: art. 581, XXIV

CORRÉU

assistente do Ministério Público; intervenção: art. 270

CORPO DE DELITO

crimes contra a propriedade imaterial; se houver vestígio; exame obrigatório: art. 525

exame; obrigatoriedade; infração que deixa vestígios: art. 158

indireto; suprimento do exame pela prova testemunhal: art. 167

nulidade; ausência do exame: art. 564, III, *b*

possibilidade de exame em qualquer dia e hora: art. 161

prioridades na realização do exame: art. 158, parágrafo único

CORREIÇÃO PARCIAL

conceito: nota 3 ao Capítulo II, Título II, Livro III

natureza jurídica: nota 4 ao Capítulo II, Título II, Livro III

procedimento: nota 6 ao Capítulo II, Título II, Livro III

CORRUPÇÃO

jurados: art. 445

CREDOR

habilitado por sentença passada em julgado; queixa, em crimes de falência fraudulenta ou culposa: art. 503

CRIME(S)

vide também CONTRAVENÇÕES e DELITO

ação penal pública; verificação em autos ou papéis por juízes ou tribunais; remessa de cópias e documentos ao Ministério Público; denúncia: art. 40

aeronave: arts. 90 e 91

calúnia e injúria, de competência do juiz singular; processo e julgamento: arts. 519 a 523

classificação, na denúncia ou queixa: art. 41

competência do júri; processo: arts. 406 a 497

concussão, corrupção ou prevaricação; responsabilidade criminal dos jurados: art. 445

contra a honra; querelantes sujeitos à jurisdição do STF e Tribunais de Apelação; competência: art. 85

contra a propriedade imaterial; processo e julgamento: arts. 524 a 530-I

contra direito de autor; associação que pode funcionar como assistente de acusação; violação cometida em detrimento de qualquer de seus associados: art. 530-H

de responsabilidade; afiançáveis; autuação da denúncia ou queixa e notificação do acusado; prazo para resposta: art. 514

embarcações; crimes praticados em águas territoriais da República, rios e lagos fronteiriços, ou em alto-mar; competência para processo e julgamento: arts. 89 e 91

imprensa; lei especial: art. 1.º, V

reconstituição: art. 422

responsabilidade dos funcionários públicos; processo e julgamento: arts. 513 a 518

CUMPRIMENTO DO DEVER LEGAL
vide ESTRITO CUMPRIMENTO DO DEVER LEGAL

CURADOR
defesa; falecimento de pessoa cuja condenação tenha de ser revista: art. 631

especial; nomeação para o exercício do direito de queixa: art. 33

exame de sanidade mental do acusado; nomeação: art. 149, § 2.º

indiciado menor; inquéritos policiais: art. 15

interrogatório do menor; presença: art. 194, notas 49 a 52

medida de segurança ao condenado; oitiva: art. 759

menor de 21 anos; falta de nomeação; nulidade: art. 564, III, *c*

o acusado menor: art. 262

presença no processo; irresponsabilidade do acusado ao tempo da infração: art. 151

querelado mentalmente enfermo ou retardado mental; aceitação de perdão: art. 53

CURATELA
incapacidade para seu exercício; providências judiciais: art. 692

CUSTAS
autoridade coatora por má-fé ou abuso de poder; condenação: art. 653

contagem e cobrança: art. 805

depósito em cartório necessidade ações intentadas mediante queixa; ressalva: art. 806

dinheiro ou objetos dados em fiança; pagamento das custas condenação do réu: art. 336

falta de pagamento; efeitos: art. 806, § 2.º

livramento condicional custas e taxa penitenciária; subordinação ao pagamento; ressalva: art. 719

sentença ou acórdão; condenação do vencido: art. 804

suspeição procedente; pagamento pelo juiz, em caso de erro inescusável art. 101

valor em dobro; responsabilidade de quem causar extravio de autos art. 546

CUSTÓDIA DO RÉU
dúvida sobre a legitimidade da pessoa do executor ou sobre a legalidade do mandado respectivo: art. 290, § 2.º

D

DEBATES
júri; tempo destinado às partes nos: art. 477

júri; sessão de julgamento: art. 476

processo sumário; tempo destinado às partes; ordem em que será dada a palavra: art. 534

DECADÊNCIA
direito de queixa ou representação; prazo: art. 38

DECISÕES
vide também SENTENÇA, SENTENÇA ABSOLUTÓRIA e SENTENÇA CONDENATÓRIA

absolutória; proferida ou confirmada em apelação; alvará de soltura: art. 670

juiz singular; prazo: art. 800

júri; maioria de votos: art. 489

recurso em sentido estrito; cabimento: art. 581

recurso em sentido estrito e apelação; maioria de votos: art. 615

suspensão condicional da pena; fundamentação: art. 697

DECLINAÇÃO DO FORO
vide EXCEÇÕES

DEFENSOR
vide também ADVOGADO

arts. 261 a 267

dativo; honorários; arbitramento: art. 263, parágrafo único

dativo ou defensor público; nomeação; abandono do processo pelo defensor: art. 265, § 3º

nomeação; apresentação de resposta preliminar: art. 514, parágrafo único

nomeação de substituto; falta sem escusa legítima ao julgamento pelo júri: art. 456

DEFESA
exceção de incompetência do juízo; prazo: art. 108

inquirição de testemunhas: art. 400

interdições de direitos; aplicação provisória posterior à apresentação: art. 373, I intimação para acompanhar recurso no tribunal; necessidade: nota 2-A ao art. 609.

julgamento pelo júri; tempo destinado: art. 477

nova definição jurídica; prazo: art. 384, § 2.º

nulidade; falta na sessão de julgamento: art. 564, III, *l*

pagamento prévio das custas; ressalva: art. 806, § 1.º

prévia, em crimes de responsabilidade de funcionários públicos: art. 514 e parágrafo único

prévia, em processo de aplicação de medida de segurança por fato não criminoso: art. 552

resposta do réu; no processo sumário: art. 396-A

reconhecimento de possibilidade de nova definição jurídica do fato, pelo juiz; prazo: art. 384

DEFINIÇÃO JURÍDICA DO FATO

alteração pelo juiz; denúncia ou queixa: art. 383

nova; possibilidade; prova de elemento ou circunstância da infração penal não contida na denúncia ou queixa; efeitos: art. 384

DELEGADO DE POLÍCIA

vide AUTORIDADE(S)

DELITO

flagrante; configuração: arts. 302 e 303

vestígios; desaparecimento; suprimento por prova testemunhal: art. 167

DENÚNCIA

aditamento; possibilidade de nova definição jurídica: art. 384, *caput*

anônima: nota 3-A, Título VII, Livro I

crimes contra a propriedade imaterial; instrução exame pericial: art. 525

crimes de ação pública: art. 24

crimes de responsabilidade dos funcionários públicos; instrução: art. 513

crimes falimentares; documentos: art. 505

crimes falimentares; prazo; início: art. 508

elementos: art. 41

falsa denúncia alternativa: art. 41

inquérito policial; acompanhamento: art. 12

irretratabilidade da representação: art. 25

nulidade: art. 564, III, *a*

omissões; suprimento antes da sentença final: art. 569

prazo; dispensa do inquérito: art. 39, § 5.º

prazo; réu preso, solto ou afiançado: art. 46

recebimento pelo juiz: art. 396, *caput*

recurso em sentido estrito da decisão, despacho ou sentença que não recebê-la: art. 581, I

rejeição: art. 395

DENÚNCIA ANÔNIMA

alcance e utilidade: ver nota 29 ao art. 5.º

DEPOIMENTO DE TESTEMUNHAS

divergência; como se procederá: art. 473, § 3.º

oral: art. 204

redução a termo; assinatura a rogo: art. 216

registro: art. 475

reprodução fiel na redação: art. 215

DEPOIMENTO ESCRITO

opção por autoridades: art. 221, § 1.º

DEPOSITÁRIO

coisas apreendidas; dúvida sobre quem seja o verdadeiro dono: art. 120, § 4.º

público; entrega ao mesmo do valor em que consistir a fiança: art. 331 e parágrafo único

titulares de direito de autor; bens apreendidos e colocados à disposição do juiz quando do ajuizamento da ação: art. 530-E

DESAFORAMENTO DE JULGAMENTO

para comarca ou termo próximo; casos: art. 427

por excesso de serviço: art. 428

DESCENDENTE

direito de representação: morte ou ausência do ofendido: art. 24, § 1.º

DESCLASSIFICAÇÃO DA INFRAÇÃO

envio do processo para o juízo competente: art. 74, § 2.º

juiz da pronúncia; juízo singular; remessa do processo: arts. 74, § 3.º, e 419

tribunal do júri; juízo singular; sentença: arts. 74, § 3.º, e 492, § 2.º

DESEMBARGADOR(ES)

inquirição em local, dia e hora previamente ajustados: art. 221

perda de prerrogativa: art. 221

processo e julgamento; competência: art. 86, III

relator; suspeição: art. 103

revisor; suspeição: art. 103

suspeição; declaração nos autos: art. 103

DESERÇÃO

recurso interposto, em caso de falta de pagamento das custas: art. 306, § 2.º

DESISTÊNCIA

depoimento de testemunha: art. 401, § 2.º

inadmissibilidade; ação penal pelo Ministério Público: art. 42

irretratabilidade da representação; oferecimento da denúncia: art. 25

DESOBEDIÊNCIA

busca domiciliar; arrombamento da porta: art. 245, § 2.º

ordem judicial de apresentação do detido; efeitos: art. 656, parágrafo único

retirada da sala de audiências ou sessões, dos espectadores desobedientes: art. 795, parágrafo único

sessão de julgamento pelo júri; prisão; competência: art. 497, I

testemunha faltosa; processo penal pelo crime: art. 219

DESTINATÁRIO

exibição de cartas em juízo: art. 233, parágrafo único

DETENÇÃO

conversão da multa; hipótese; crime ou contravenção: art. 689

DETENTOR

habeas corpus; declaração; prisão do paciente: art. 658

ordem de soltura, por ofício ou telegrama: art. 665

prisão e processo, pela não apresentação de paciente em *habeas corpus*: art. 656, parágrafo único

DEVER LEGAL

vide ESTRITO CUMPRIMENTO DO DEVER LEGAL

DILIGÊNCIA(S)

crimes contra a propriedade imaterial: art. 526

determinação de ofício pelo juiz; faculdade: art. 807

imprescindíveis; devolução do inquérito à autoridade policial: art. 16

inquérito policial; requerimento: art. 14

júri; determinação; atribuição do presidente: art. 497, XI

júri; fato essencial para a decisão; dissolução do conselho; quesitos: art. 481

júri; suspensão da sessão de julgamento: art. 497, VII

livramento condicional; Conselho Penitenciário; parecer: art. 716, § 1.º

medida de segurança; imposição: art. 757

medida de segurança; revogação; determinação de ofício ou a requerimento das partes: art. 775, VII

reabilitação; determinação: art. 745

requerimento pelo Ministério Público, pelo querelante ou pela defesa; prazos: art. 402

requerimento pelo ofendido ou seu representante legal, ou pelo indiciado: art. 14

requisição pelo juiz ou pelo Ministério Público: art. 13, II

requisição pelo Ministério Público: art. 47

restauração de autos; prazo: art. 544

restauração de autos; procedimento: art. 543

DIREITO INTERNACIONAL PRIVADO

citações: art. 368

sentença penal estrangeira; homologação; requerimento: art. 790

tratados, convenções e regras de direito internacional; disciplina jurídica: art. 1.º, I

DIREITOS POLÍTICOS

perda; recusa do serviço do júri: art. 438

DIRETOR DE ESTABELECIMENTO PENAL

livramento condicional; proposição: art. 712

prisão; formalidades para recolhimento de qualquer pessoa: art. 288

DISTRIBUIÇÃO

competência: art. 75

DOCUMENTO(S)

arts. 231 a 238

apresentação; ressalva: art. 231

cartas; exibição em juízo pelo destinatário: art. 233, parágrafo único

cartas particulares interceptadas ou obtidas por meios criminosos; inadmissibilidade em juízo: art. 233

desentranhamento de documento reconhecido como falso; requisito: art. 145, IV exame pericial de letra e firma: art. 235

falsidade; desentranhamento: art. 145, IV

fotografia autenticada; valor: art. 232, parágrafo único

língua estrangeira; tradução: art. 236

processo; equiparação a documento: art. 232

públicas-formas; requisito para validade: art. 237

relevante; juntada *ex officio* aos autos: art. 234

requisito para ser apresentado durante o julgamento pelo júri: art. 479

traslado nos autos; originais juntos a processo findo; entrega à parte: art. 238

DOENÇA MENTAL

acusado, superveniente à infração; suspensão do processo: art. 152

sentenciado; superveniência; internação em manicômio ou estabelecimento adequado: art. 682

DOMICÍLIO

inviolabilidade: art. 283, § 2.º

DOMINGOS E FERIADOS

atos processuais: art. 797

exame de corpo de delito: art. 161

julgamentos iniciados em dia útil: art. 797

prazos; ininterrupção em: art. 798

prisão; efetuação: art. 283

prorrogação de prazo terminado: art. 798, § 3.º

E

EDITAL

vide também CITAÇÃO(ÕES)

citação; paradeiro desconhecido do réu; prazo: art. 361

citação; querelante, assistente ou advogado; prazo: art. 391

convocação do júri: art. 434

convocação do júri; afixação à porta do tribunal e publicação: art. 435

intimação da sentença; prazo para apelação; contagem: art. 392, § 2.º

intimação do réu; audiência de leitura de suspensão condicional da pena; prazo: art. 705

intimação do réu; pena privativa de liberdade por tempo igual ou superior a um ano: art. 392, § 1.º

publicação da lista de jurados: art. 426

EFEITOS

suspensão condicional da pena; na condenação: art. 700

suspensivo; apelação de sentença condenatória; ressalva: art. 597

suspensivo; apresentação espontânea à prisão: art. 318

suspensivo; carta testemunhável: art. 646

suspensivo; recurso em sentido estrito: art. 584

suspensivo; recurso extraordinário: art. 637

EMBARGOS

homologação de sentença estrangeira: art. 789, §§ 2.º a 5.º

julgamento pelos Tribunais de Justiça, câmaras ou turmas criminais: art. 609

sequestro de bens imóveis: art. 130

EMBARGOS DE DECLARAÇÃO

acórdão; indeferimento: art. 620, § 2.º

acórdão; requerimento; conteúdo: art. 620

acórdão; requisitos; prazo: art. 619

sentença; prazo; requisitos: art. 382

EMBARGOS DE DIVERGÊNCIA

nota 14-A, Capítulo VIII, Título II, Livro III

EMBARGOS DE TERCEIROS

sequestro de bens imóveis: art. 129

EMBARGOS INFRINGENTES E DE NULIDADE

cabimento e prazo: art. 609, parágrafo único

EMBRIAGUEZ

isenção de pena: arts. 386, VI, e 415

ERRO

determinação da competência pela continência: art. 77, II

isenção de pena: arts. 386, VI, e 415

ESCALADA

crimes praticados por meio da mesma; fornecimento de dados pelos peritos: art. 171

ESCLARECIMENTOS

júri; solicitação pelos jurados sobre questão de fato; momentos: art. 480, § 1.º

laudo; prestados pelos peritos que o subscreveram: art. 181

restauração de autos; prazo: art. 544, parágrafo único

ESCRIVÃO(ÃES)

assistência às audiências, sessões e atos processuais: art. 792

carta testemunhável; requerimento: art. 640

certidão; afixação de edital à porta do edifício onde funciona o júri: art. 365, parágrafo único

envio dos autos ao juiz ou ao órgão do Ministério Público: art. 800, § 4.º

esclarecimentos aos jurados sobre questões de fato: art. 480, § 1.º

extração da carta de guia: art. 676

falta ou impedimento; nomeação de substituto: art. 808

júri; isenção do serviço: art. 437, VI

lavratura de ata de sessão de julgamento: art. 494

lavratura de auto de prisão em flagrante: art. 305

multa e penas em que incorrerá, se embaraçar ou procrastinar expedição de ordem de *habeas corpus*: art. 655

notificação de obrigações e sanções; fiança; réu; art. 329, parágrafo único

prazo; conclusão dos autos ao juiz; interposição de recurso: art. 578, § 3.º

prazo; conhecimento da sentença ao órgão do Ministério Público: art. 390

prazo; entrega de carta testemunhável: art. 641

prazo; execução de atos determinados em lei ou ordenados pelo juiz: art. 799

prazo; prorrogação; extração de traslado: art. 590

prazo; recurso; certidão: art. 798, § 2.º

publicação de edital; prova mediante certidão fornecida pelo mesmo: art. 365, parágrafo único

registro de sentença pelo mesmo: art. 389, *in fine*

retirada de autos de cartório; responsabilidade: art. 803

sanções administrativa e penal; ata do julgamento pelo júri: art. 496

sentença; publicação; lavratura de termo nos autos: art. 389

suspensão; conclusão dos autos ao juiz; omissão: art. 578, § 3.º

suspensão; conhecimento da sentença ao órgão do Ministério Público; omissão: art. 390

suspensão; entrega de carta testemunhável; omissão: art. 642

suspensão; inexecução de atos: art. 799

termo especial para o resultado da votação dos jurados: art. 491

valor da fiança; pagamento: art. 331, parágrafo único

ESCUTA TELEFÔNICA E AMBIENTAL

nota 41, Livro I, Título VII, Capítulo I

ESPECTADORES

manifestação proibida: art. 795

posição em audiência: art. 793

ESTADO CIVIL

controvérsia; suspensão da ação penal: art. 92

ESTADO DE NECESSIDADE

coisa julgada no cível: art. 65

liberdade provisória: art. 310, § 1.º

prisão preventiva; decretação: art. 314

sentença absolutória; fundamentação: art. 386, VI

ESTATÍSTICA JUDICIÁRIA CRIMINAL

vide também INSTITUTO DE IDENTIFICAÇÃO E ESTATÍSTICA

atribuição do Instituto de Identificação e Estatística: art. 809

ESTRITO CUMPRIMENTO DO DEVER LEGAL

absolvição; fundamento: art. 386, VI

coisa julgada no cível: art. 65

concessão de liberdade provisória: art. 310, § 1.º

prisão preventiva: art. 314

EXAME DE CORPO DE DELITO

arts. 158 a 184

compromisso de peritos não oficiais: arts. 159, § 2.º, e 179

direto ou indireto; necessidade: art. 158

impossibilidade de negação de: art. 184

inobservância de formalidade, omissões, obscuridades ou contradições: art. 181

lesões encontradas no cadáver: art. 165

não poderá ser negado: art. 184

nulidade; falta de: art. 564, III, *b*

perito desempatador: art. 180

perito oficial: art. 159

prazo e prorrogação para relatório dos peritos: art. 160, parágrafo único

prazo; formulação de quesitos: art. 176

prioridades: art. 158, parágrafo único

realização: art. 161

resposta a quesitos, pelos peritos: art. 160

suprimento por prova testemunhal: art. 167

EXAME MÉDICO-LEGAL

curador: art. 149, § 2.º

duração: art. 150, § 1.º

entrega de autos aos peritos: art. 150, § 2.º

insanidade mental do acusado; requerimento: art. 149, *caput*

procedimento: art. 150, *caput*

suspensão do processo: art. 149, § 2.º

EXAME(S)

vide também PERÍCIA(S)

autópsia; realização: art. 162

cadavérico; exumação; auto circunstanciado da diligência: art. 163

complementar; lesões corporais: art. 168

complementar; lesões corporais; suprimento pela prova testemunhal: art. 168, § 3.º

externo do cadáver: art. 162, parágrafo único

insanidade mental; faculdade do magistrado: art. 149

instrumentos empregados na prática da infração: art. 175

local da prática da infração; providências: art. 169

periciais na restauração de autos; repetição: art. 543, II

pericial de indivíduo internado em manicômio judiciário ou casa de custódia e tratamento; relatório ao juiz da execução: art. 775, II

pericial de letra e firma de documentos particulares: art. 235

precatória; nomeação dos peritos: art. 177

precatória; transcrição de quesitos: art. 177, parágrafo único

reconhecimento de escritos: art. 174

verificação da cessação da periculosidade: art. 777

EXCEÇÃO(ÕES)

vide também COISA JULGADA, INCOMPETÊNCIA DO JUÍZO e LITISPENDÊNCIA

arts. 95 a 111

andamento da ação penal; suspensão: art. 111

arguição de suspeição; precedência; ressalva: art. 96

autos apartados: art. 111

coisa julgada; disposições aplicáveis: art. 110

coisa julgada; requisito para ser oposta: art. 110, § 2.º

declaração de incompetência pelo juiz: art. 109

declinatória do foro aceita com audiência do Ministério Público; envio do feito ao juízo competente: art. 108, § 1.º

ilegitimidade de parte; disposições aplicáveis: art. 110

incidente da suspeição; julgamento; sustação do processo principal a requerimento da parte contrária: art. 102

incompetência do juízo; disposições aplicáveis às de litispendência, ilegitimidade de parte e coisa julgada: art. 110

incompetência do juízo; forma e prazo: art. 108

incompetência do juízo; recurso em sentido estrito: art. 581, II

litispendência; disposições aplicáveis: art. 110

oposições; numa só petição ou articulado: art. 110, § 1.º

possibilidades: art. 95

recurso cabível; procedência; ressalva: art. 581, III

suspeição às autoridades policiais nos atos do inquérito; inadmissibilidade; ressalva: art. 107

verdade; crimes contra a honra; competência: art. 85

verdade ou notoriedade do fato imputado; contestação; prazo: art. 523

EXCEÇÃO(ÕES) DE SUSPEIÇÃO

afirmação espontânea pelo juiz: art. 97

arguição pela parte; disposições aplicáveis: art. 103, § 3.º

declaração na sessão de julgamento; registro em ata: art. 103, § 1.º

julgamento pelo tribunal pleno; não reconhecida: art. 103, § 4.º

jurados; arguição oral e decisão: art. 106

manifestamente improcedente: art. 100, § 2.º

órgão do Ministério Público; arguição; decisão pelo juiz: art. 104

peritos; intérpretes, serventuários ou funcionários de justiça; arguição pelas partes; decisão do juiz: art. 105

presidente do tribunal; presidência do julgamento por substituto: art. 103, § 2.º

procedência; efeitos: art. 101

procedimento quando não aceita pelo juiz: art. 100

reconhecimento pelo juiz: art. 99

recurso em sentido estrito; ressalva: art. 581, III

EXCESSO DE PRAZO

cabimento de *habeas corpus*: nota 22 ao art. 648

cômputo e princípio da razoabilidade: nota 22 ao art. 648

EXCLUSÃO DE CRIME

absolvição do réu; reconhecimento: art. 386, VI

EXECUÇÃO

arts. 668 a 779

EXEQUATUR

cartas rogatórias: arts. 784, §§ 1.º e 3.º, e 786

EXERCÍCIO REGULAR DE DIREITO

coisa julgada no cível: art. 65

liberdade provisória: ar. 310, § 1.º

menção na sentença absolutória: art. 386, VI

prisão preventiva; inadmissibilidade: art. 314

EXÍLIO LOCAL

execução de medida de segurança: art. 771

sentença de revogação: art. 778

EXTINÇÃO DA PUNIBILIDADE

ação civil; propositura, em caso de: art. 67, II

cancelamento da hipoteca: art. 141

concessão de anistia: art. 742

concessão de graça: art. 738

concessão de *habeas corpus*: art. 648, VII

concessão de indulto: art. 741

declaração no livramento condicional: art. 733

levantamento do sequestro: arts. 131, III, e 141

morte do acusado; requisito para: art. 62

perdão; aceitação; reconhecimento: art. 58

reconhecimento; declaração de ofício: art. 61

recurso cabível da decisão que a julgar: art. 581, VIII

recurso cabível; decisão que indeferir pedido de reconhecimento: art. 581, IX

EXUMAÇÃO

auto circunstanciado da diligência: art. 163

cadáveres; forma de fotografá-los: art. 164

dúvida quanto à identidade do cadáver: art. 166

F

FALECIMENTO

vide também MORTE e ÓBITO

querelante; perempção da ação penal: art. 60, II

FALÊNCIA

ação penal; declaração; condição: art. 507

ação penal; início e extinção: art. 507

arguição de nulidade da sentença declaratória; não conhecimento no processo criminal: art. 511

arquivamento de papéis a requerimento do Ministério Público: art. 510

competência para ordenar inquérito, exames ou diligências, antes de oferecida a denúncia ou queixa: art. 509

fraudulenta ou culposa; denúncia do Ministério Público ou queixa de credor habilitado: art. 503

prazo para denúncia: art. 508

processo e julgamento dos crimes: arts. 503 a 512

FALSIDADE

arguição; poderes especiais: art. 146

documento constante dos autos; arguição escrita; procedimento: art. 145

incidente: arts. 145 a 148

incidente; cabimento de recurso de decisão a respeito: art. 581, XVIII

remessa de documento ao Ministério Público: art. 145, IV

testemunhas; advertência pelo juiz, quanto às penas: art. 210, *caput*

verificação de ofício: art. 147

FALSO TESTEMUNHO

advertência pelo juiz: art. 210, *caput*

cometimento em carta precatória: nota 24 ao art. 70, e nota 104-A ao art. 222

cometimento por videoconferência: nota 104-B ao art. 222

pronúncia de sentença final; apresentação da testemunha à autoridade policial para instauração de inquérito: art. 211, parágrafo único reconhecimento pelo juiz; instauração de inquérito: art. 211

revisão criminal: art. 621, II

FÉRIAS FORENSES

atos processuais que nelas poderão ser praticados: art. 797

ininterrupção dos prazos: art. 798

FIANÇA

arbitramento de seu valor por *habeas corpus*: art. 660, § 3.º

arbitramento em caso de crime afiançável: art. 413, § 2.º

arbitramento; recurso em sentido estrito: art. 581, V

cassação: arts. 338 e 339

cassação; recurso em sentido estrito: art. 581, V

concessão pela autoridade policial; casos que a autorizarão: art. 322, *caput*

concessão; recurso em sentido estrito: art. 581, V

crimes em que não será concedida: arts. 323 e 324

declaração do valor; mandado de prisão: art. 285, parágrafo único, *d*

demora ou recusa na concessão pela autoridade policial: art. 335

distribuição para o efeito de sua concessão; prevenção: art. 75, parágrafo único

formas de recolhimento: arts. 330 e 331

habeas corpus: art. 648, V

julgada inidônea; recurso em sentido estrito: art. 581, V

lavratura de termo: art. 329

limites de fixação: art. 325

não concessão; recurso em sentido estrito: art. 581, V

perda; circunstância: art. 344

perda; entrega do saldo ao Tesouro: art. 345

perda; recursos com efeito suspensivo: art. 584

quebramento; consequências: art. 343

quebramento daquela anteriormente concedida; efeitos: art. 324, I

quebramento; mudança de residência ou ausência sem prévia autorização: art. 328

quebramento; não atendimento de intimação: arts. 327 e 341

quebramento; prática de outra infração penal: art. 341

quebramento; reforma de julgamento; efeitos: art. 342

recurso cabível da decisão, despacho ou sentença que a julgar quebrada ou perdido seu valor: art. 581, VII

recurso em sentido estrito; hipóteses: art. 581, V

recusa ou demora na concessão pela autoridade policial: art. 335

reforço; condições: art. 340

requerimento ao juiz para sua concessão: art. 322, parágrafo único

saldo; entrega ao prestador: art. 347

FLAGRANTE DELITO

vide PRISÃO EM FLAGRANTE

configuração: arts. 302 e 303

FOLHA DE ANTECEDENTES

vide INSTITUTO DE IDENTIFICAÇÃO E ESTATÍSTICA

conceito: nota 48 ao art. 6.º

vedação nos debates: art. 478

FORAGIDO

vide também FUGA

não será processado ou julgado sem defensor: art. 261

FORÇA MAIOR

assistente; não comparecimento a ato do processo: art. 271, § 2.º

citação por edital, quando inacessível o lugar onde se encontre o réu: art. 361

júri; não comparecimento do Ministério Público: art. 455

FORÇAS ARMADAS

recolhimento a prisão especial ou quartéis: art. 295, V

FORMAÇÃO DA CULPA

vide INSTRUÇÃO CRIMINAL

FORO ESPECIAL

vide também COMPETÊNCIA

crimes de responsabilidade do Presidente da República, dos Ministros de Estado e do STF: art. 1.º, II

FOTOGRAFIA(S)

cadáveres: art. 164

documento autenticação: art. 232, parágrafo único

ilustração de laudos nas perícias: art. 170

lesões encontradas no cadáver: art. 165

local da infração: art. 169

FUGA

réu; captura independente de ordem judicial: art. 684

réu; unidade do processo não implica a do julgamento art. 79, § 2.º

sentenciado; comunicação ao juiz pelo diretor da prisão: art. 683

FUNÇÃO PÚBLICA

perda; comunicação da sentença à autoridade administrativa: art. 691

FUNCIONÁRIOS DA JUSTIÇA

vide também SERVENTUÁRIO DA JUSTIÇA

erro, falta ou omissão quanto a recursos; efeitos: art. 575

isenção do serviço do júri: art. 437, VI

suspeição: art. 274

FUNCIONÁRIOS PÚBLICOS

comparecimento em juízo; notificação ao chefe da repartição: art. 359

condenação, em pena acessória: art. 691

depoimento como testemunha; comunicação do mandado ao chefe da repartição: art. 221, § 3.º

estaduais ou municipais; recolhimento de multa: art. 688, § 3.º

federais; recolhimento de multa: art. 688, § 4.º

federais: quanto autores e quando vítimas de crimes: nota 6, art. 69

processo e julgamento dos crimes de sua responsabilidade: arts. 513 a 518

FUNDAÇÕES

ação penal; representação: art. 37

G

GOVERNADOR(ES)

inquirição em local, dia e hora ajustados com o juiz: art. 221

julgamento; competência originária: art. 87

prisão especial: art. 295, II

GRAÇA

arts. 734 a 740

arquivamento nos autos da petição no Ministério da Justiça: art. 740

comutação da pena; recusa pelo condenado: art. 739

concessão; efeitos: art. 738

mérito do pedido; relatório do Conselho Penitenciário: art. 736

petição; remessa ao Ministro da Justiça: art. 735

provocação: art. 734

GRAFOSCOPIA

documentos de autenticidade contestada: art. 235

exame para reconhecimento de escritos, por comparação de letra: art. 174

laudo; aceitação ou não pelo juiz: art. 182

GRAVAÇÃO DE ATOS PROCESSUAIS

arts. 405, § 1.º; 475

GRAVAÇÃO TELEFÔNICA E AMBIENTAL

nota 41, art. 157

H

HABEAS CORPUS

alvará de soltura; expedição pelo telégrafo; ocorrência: art. 660, § 6.º

aplicação de pena de multa: nota 18-B ao art. 647

apresentação de paciente preso; ressalva: art. 657 e parágrafo único

apresentação imediata do paciente ao juiz: art. 656

audiência preliminar: nota 18-D ao art. 647

ausência de justa causa: nota 21 ao art. 648

cabimento; ressalva: art. 647

cessação da violência ou coação ilegal; pedido prejudicado: art. 659

cessação de coação ilegal: art. 647-A, parágrafo único

coação; ilegalidade: art. 648

competência da Turma Recursal: nota 37-B ao art. 650

competência originária do Tribunal de Apelação: art. 661

competência originária para conhecimento do pedido: art. 650

conceito: nota 1 ao Capítulo X do Título II do Livro III

concessão; efeito no processo; ressalva: art. 651

concessão de ofício: nota 58 ao art. 654, art. 650

concessão de *sursis*: nota 18-A ao art. 647

concorrência com a investigação criminal: nota 42-A ao art. 651

concorrência com o processo criminal: nota 42 ao art. 651

cumprimento de pena no local do domicílio: nota 28-E ao art. 648

decisão do juiz; prazo e fundamentação: art. 660

desobediência do detentor quanto à apresentação do paciente que se ache preso; mandado de prisão: art. 656, parágrafo único

detentor; informação: art. 658

dosimetria de pena: art. 647

exame de mérito: nota 14-C ao art. 647

excesso de prazo na privação da liberdade: nota 22 ao art. 648

exigência de direito líquido e certo: nota 14-A ao art. 647

expedição de ofício; qualquer autoridade judicial: art. 647-A

extinção da punibilidade: nota 28-B ao art. 648

gratuidade: nota 5 ao Capítulo X do Título II do Livro III

habeas corpus coletivo: nota 14-F ao art. 647

informações da autoridade coatora; requisitos: arts. 662 e 663

interesse de agir: nota 19 ao art. 647

legitimidade: art. 654

liminar: nota 61 ao art. 656

má-fé ou abuso de poder; condenação nas custas da autoridade: art. 653

multa imposta aos responsáveis pelo embaraço ou procrastinação da expedição da ordem: art. 655

não conhecimento: art. 650

natureza jurídica da decisão concessiva: nota 20-A ao art. 647

natureza jurídica: nota 3 ao Capítulo X do Título II do Livro III

nulidade do processo; concessão; renovação: art. 652

ordem; cessação de coação ilegal: art. 647-A, parágrafo único

ordem impetrada; será imediatamente passada pelo juiz ou tribunal: art. 649

ordem transmitida por telegrama; o que será observado: art. 665, parágrafo único

origem histórica e, em especial, no Brasil: notas 1-A e 1-B ao Capítulo X do Título II do Livro III

parecer do Ministério Público: nota 81 ao art. 664

petição; conteúdo: art. 654, § 1.º

prequestionamento: nota 32-A ao art. 650

prisão administrativa de responsáveis por dinheiro ou valor pertencente à Fazenda Pública; descabimento; ressalva: art. 650, § 2.º

prisão disciplinar militar: nota 16 ao art. 647

processo: arts. 647 a 667

processo e julgamento de competência originária do STF: art. 667

processo e julgamento de recurso das decisões de última ou única instância, denegatórias: art. 667

processo suspenso: nota 18-C ao art. 647

produção de provas, restrição: nota 72 ao art. 660

promotor de justiça como coator: nota 37 ao art. 650

punição disciplinar militar: nota 15 ao art. 647

quebra de sigilo bancário, fiscal ou telefônico: nota 28-D ao art. 648

recurso cabível da decisão, despacho ou sentença que conceder ou negar a ordem de: art. 581, X

reiteração do pedido: nota 86-A ao art. 667

revisão criminal: nota 34 ao art. 650

revisão de atos administrativos disciplinares contra militares: nota 17 ao art. 647

rito: art. 610

sentença concessiva; recursos de ofício: art. 574, I

soberania do Tribunal do Júri, e: nota 6-A ao Capítulo X do Título II do Livro III

superveniência de sentença: art. 647

suspensão condicional do processo: nota 28-C ao art. 648

trancamento de ação/investigação: nota 21-A ao art. 648

HIPOTECA LEGAL

avaliação de imóvel ou imóveis determinada pelo juiz: art. 135, *caput*, *in fine*

cancelamento em caso de absolvição do réu ou extinção da punibilidade: art. 141

designação e estimação de imóvel ou imóveis pela parte: art. 135

fiança; execução pelo órgão do Ministério Público, no juízo cível: art. 348

imóveis do indiciado; requisição pelo ofendido: art. 134

inscrição: arts. 135, §§ 5.º e 6.º, e 136

inscrita em primeiro lugar, para efeito de fiança: art. 330

processo de especialização; autos apartados: art. 138

remessa de autos ao juiz, passando em julgado a sentença condenatória: art. 143

HOMOLOGAÇÃO

cartas rogatórias; autoridades estrangeiras: art. 784

contestação de embargos pelo Procurador-Geral da República; prazo: art. 789, § 5.º

embargos; fundamentação: art. 789, § 4.º

prazo para deduzir embargos: art. 789, §§ 2.º e 3.º

sentença estrangeira emanada de autoridade judiciária de Estado que não tenha tratado de extradição com o Brasil; requisito: art. 789, § 1.º

sentença penal estrangeira; procedimento do Procurador-Geral da República: art. 789

sentença penal estrangeira; reparação de dano, restituição e outros efeitos civis: art. 790

sentenças estrangeiras: arts. 787 a 790

sentenças estrangeiras e cumprimento de cartas rogatórias contrárias à ordem pública e aos bons costumes; inadmissibilidade: art. 781

I

IDADE

mínima para o serviço do júri: art. 436, *caput*

IDENTIFICAÇÃO CRIMINAL

vide também INSTITUTO DE IDENTIFICAÇÃO E ESTATÍSTICA

acusado; impossibilidade; não retardará a ação penal: art. 259

cadáver exumado; como se procederá, em caso de dúvida: art. 166

conceito: nota 46 ao art. 6.º

denúncia ou queixa: art. 41

diferença com qualificação: nota 46-A ao art. 6.º

indiciado por processo datiloscópico: art. 6.º, VIII

IDONEIDADE MORAL

presunção; pelo exercício efetivo da função de jurado: art. 439

ILEGITIMIDADE DE PARTE

conceito: nota 32, art. 395

IMÓVEIS

vide BENS IMÓVEIS DO INDICIADO

IMPEDIMENTO(S)

advertência aos jurados pelo juiz: art. 466

decorrente de parentesco por afinidade; cessação: art. 255

juiz; ocorrência: art. 252

juízes parentes entre si; juízos coletivos: art. 253

legal do juiz, órgão do Ministério Público, serventuários ou funcionários de justiça, peritos e intérpretes; abstenção declarada nos autos: art. 112

legal do juiz, órgão do Ministério Público, serventuários ou funcionários de justiça, peritos e intérpretes; inocorrência de abstenção; arguição pelas partes: art. 112

órgãos do Ministério Público: art. 258

possibilidade de arguição pelas partes, seguindo o processo estabelecido para a exceção de suspeição; inocorrência de abstenção: art. 112

pessoas proibidas de depor; ressalva: art. 207

IMPOSSIBILIDADE JURÍDICA DO PEDIDO

conceito: art. 395, nota 22

IMPRENSA

processo especial nos crimes: art. 1.º, V

publicação de edital: art. 365, parágrafo único

publicação de sentença condenatória: art. 387, VI

IMPRONÚNCIA

vide também PRONÚNCIA

apelação: art. 416

aplicação de medida de segurança: art. 555

improcedência da denúncia ou queixa: art. 414

interdição provisória de direitos; cessação pela: art. 376

novas provas contra o réu; instauração de processo: art. 414, parágrafo único

INAFIANÇABILIDADE

crimes ou contravenções: art. 323

INCÊNDIO

exame; atuação dos peritos: art. 173

INCIDENTE(S)

execução: arts. 696 a 733

falsidade: arts. 145 a 148

INCOMPETÊNCIA DO JUÍZO

vide também EXCEÇÃO(ÕES)

anulará somente atos decisórios: art. 567

declaração nos autos pelo juiz: art. 109

disposições aplicáveis às exceções de litispendência, ilegitimidade de parte e coisa julgada: art. 110

exceção: art. 95, II

exceção; forma e prazo: art. 108

recurso no sentido estrito da decisão, despacho ou sentença que concluir pela mesma: art. 581, II

INCOMUNICABILIDADE

indiciado; prazo: art. 21

jurados; falta; nulidade: art. 564, III, *j*

jurados; manutenção em caso de suspensão da sessão: art. 497, VII, *in fine*

testemunhas; julgamento pelo júri: art. 460

INDENIZAÇÃO

vide também AÇÃO CIVIL

revisão: art. 630

INDICIADO

hipoteca legal sobre seus imóveis: art. 134

incomunicabilidade: art. 21

menor; nomeação de curador: art. 15

objeto da investigação: nota 41 ao art. 6.º

prazo para terminação do inquérito: art. 10

requerimento de diligência: art. 14

INDICIAMENTO

conceito: nota 40 ao art. 6.º

motivação: nota 40-B ao art. 6.º

requisição: nota 40-A ao art. 6.º

INDÍCIOS

art. 239

INDIVISIBILIDADE DE PROCESSO

Ministério Público: art. 48

INDULTO

providências em benefício do réu: art. 741

INFRAÇÕES

apreensão dos bens ilicitamente produzidos ou reproduzidos: art. 530-B

circunstâncias, autoria e provas; perguntas ao ofendido; termo: art. 201

permanentes; estado de flagrância: art. 303

providências preliminares; autoridade policial: art. 6.º

INJÚRIA(S)

processo e julgamento dos crimes: arts. 519 a 523

INQUÉRITO POLICIAL

arts. 4.º a 23

acompanhamento da denúncia ou queixa: art. 12

arquivamento dos autos pela autoridade policial; inadmissibilidade: art. 17

arquivamento ordenado pela autoridade judiciária; novas provas: art. 18

crimes contra a propriedade imaterial; apreensão de bens; termo lavrado, assinado por duas ou mais testemunhas: art. 530-C

crimes contra a propriedade imaterial; descrição de todos os bens apreendidos e informações sobre suas origens: art. 530-C

crimes de ação pública; início: art. 5.º

crimes de ação pública; início; de ofício ou mediante requerimento: art. 5.º, I e II

crimes em que não caiba ação pública; remessa dos autos ao juízo competente; iniciativa do ofendido ou seu representante legal; entrega ao requerente mediante traslado: art. 19

despacho de arquivamento; efeitos quanto à ação civil: art. 67, I

devolução à autoridade policial, a requerimento do Ministério Público; inadmissibilidade; ressalva: art. 16

devolução dos autos requerida pela autoridade, quando o fato for de difícil elucidação e o indiciado estiver solto; realização de diligências: art. 10, § 3.º

dispensa pelo órgão do Ministério Público; prazo para oferecimento da denúncia: art. 39, § 5.º

exame médico-legal para verificação de insanidade mental do acusado; representação da autoridade policial ao juiz competente: art. 149, § 1.º

incomunicabilidade do indiciado: art. 21

incumbências da autoridade policial: art. 13

indiciado menor; nomeação de curador pela autoridade policial: art. 15

infração penal; procedimento da autoridade policial: art. 6.º

Instituto de Identificação e Estatística; ofício da autoridade policial com dados sobre a infração penal e pessoa do indiciado: art. 23

instrumentos do crime e objetos que interessem à prova: art. 11

medida de segurança; aplicação: art. 549

nulidade: art. 4.º

polícia judiciária; competência: art. 4.º

polícia militar, investigação: art. 4.º

prazos para conclusão: art. 10

prisão em flagrante: art. 8.º

prisão preventiva em qualquer fase: art. 311

prorrogação da competência da autoridade policial: art. 22

redução a escrito; rubrica da autoridade, se datilografadas: art. 9.º

relatório da autoridade; indicação de testemunhas: art. 10, § 2.º

relatório do apurado pela autoridade; envio dos autos ao juiz competente: art. 10, § 1.º

reprodução simulada dos fatos; requisito: art. 7.º

requerimento de diligências pelo ofendido ou seu representante legal: art. 14

sigilo necessário: art. 20

suspeição de autoridades policiais; inadmissibilidade; ressalva: art. 107

uso da força letal no exercício profissional; servidor indiciado; possibilidade de constituir defensor: art. 14-A

INQUIRIÇÃO DE TESTEMUNHAS

vide TESTEMUNHA(S)

INSANIDADE MENTAL DO ACUSADO

exame médico-legal: arts. 149 a 152

faculdade do magistrado: art. 149

incidente; auto apartado: art. 153

superveniência no curso da execução da pena: art. 154

INSCRIÇÃO

condenação; Instituto de Identificação e Estatística: art. 709

hipoteca de imóvel; garantia da responsabilidade: art. 135, § 4.º

hipoteca; prestação de fiança: art. 330

sequestro; imóveis; origem ilícita: art. 128

INSTITUTO DE IDENTIFICAÇÃO E ESTATÍSTICA

autoridade policial; remessa de dados sobre a infração penal: art. 23

condenação; inscrição em livros especiais; averbações: art. 709

estatística judiciária criminal: art. 809

penas acessórias; interdições de direitos; comunicação: art. 694

reabilitação; comunicação: art. 747

reconhecimento de cadáver exumado; lavratura do auto: art. 166

suspensão condicional da pena; revogação: art. 709, § 2.º

INSTRUÇÃO CRIMINAL

adiamento; redesignação; termo nos autos: art. 372

aplicação provisória de interdições de direitos: art. 373, I

crimes contra a propriedade imaterial: art. 524

crimes de responsabilidade dos funcionários públicos: art. 518

crimes falimentares: art. 512

desistência do depoimento de testemunhas: art. 401, § 2.º

diligência; requerimento das partes: art. 402

expedição de precatória; suspensão: art. 222, § 1.º

inquirição de testemunhas: art. 400

inquirição de testemunha; prazo: art. 400

interrogatório: art. 400, *caput*

reabertura; cabimento; novas provas: art. 414, parágrafo único

reconhecimento de pessoa: art. 226

revelia; defensor nomeado: art. 396-A, § 2.º

testemunhas; número máximo: art. 401

INSTRUMENTOS DO CRIME

exame para apuração de natureza e eficiência: art. 175

inquérito policial: art. 11

inutilização ou recolhimento a museu criminal: art. 124

INTERCEPTAÇÃO TELEFÔNICA

notas 41 a 45, art. 157

INTERDIÇÃO(ÕES)

associação; execução pela autoridade policial mediante comunicação judicial: art. 773

direitos; aplicação provisória; não cabimento de recurso; do despacho ou da parte da sentença que a decretar ou denegar; ressalva: art. 374

direitos; cessação: art. 376

direitos: art. 692

direitos; despacho fundamentado na substituição ou revogação: art. 375

direitos; execução da sentença condenatória: art. 377

direitos e medidas de segurança; aplicação provisória: arts. 373 a 380 e 387, V

temporárias; fixação do termo final: art. 695

INTERESSE DE AGIR

conceito: nota 27, art. 395

INTERNAÇÃO

ordem; conteúdo: art. 762

INTERPRETAÇÃO

analógica; admissibilidade na lei processual penal: art. 3.º

extensiva; admissibilidade na lei processual penal: art. 3.º

INTÉRPRETE(S)

arts. 275 a 281

equiparação aos peritos: art. 281

interrogatório de acusado que não fale a língua nacional: art. 193

INTERROGATÓRIO

acusado: arts. 185 a 196

acusado; não atendimento da intimação; condução coercitiva: art. 260

analfabeto; consignação no termo: art. 195

corréus; realização em separado: art. 189

confissão: art. 190

defensor do acusado; intervenção do acusado: art. 188

defensor; indicação pelo acusado: art. 266

filhos; informação sobre a existência: arts. 6.º, 185, 304 e 308

juiz; possibilidade de realização de novo: art. 196

linguagem, informação ou material ofensivo à vítima; vedação: arts. 400-A e 474-A

manifestação; circunstâncias ou elementos alheios ao objeto; vedação: arts. 400-A e 474-A

menor: art. 194, notas 49 a 52

momento de realização: art. 400, *caput*

mudo, surdo ou surdo-mudo: art. 192

nulidade: art. 564, III, *e*

paciente, em caso de *habeas corpus*: art. 660

perguntas indispensáveis: art. 187

preso em flagrante delito: art. 304

prisão em flagrante; lavratura do auto: art. 304

processo de aplicação de medida de segurança por fato não criminoso; intimação do interessado: art. 551

processo sumário: art. 531

renovação; oportunidade: art. 196

respeito à dignidade da vítima ou de testemunhas; delitos sexuais: arts. 400-A e 474-A

réu; julgamento pelo júri: art. 474

silêncio do réu; efeitos: art. 186

videoconferência: arts. 185, §§ 2.º a 9.º; 217; 222, § 3.º

INTERVENTORES

julgamento; competência originária: art. 87

INTIMAÇÃO

arts. 370 a 372

defesa para acompanhar recurso: nota 2-A ao art. 609

disposições aplicáveis: art. 370

edital; prazos: art. 392, IV, V e VI e § 1.º

instrução criminal; adiamento; designação de dia e hora pelo juiz: art. 372

nulidade: art. 564, III, *o*

nulidade; saneamento: art. 570

por despacho na petição em que for requerida: art. 371

publicação em órgão oficial: art. 370, § 1.º

querelado; manifestação sobre perdão: art. 58

sentença; ao réu ou defensor: art. 392

sentença; Ministério Público: art. 390

sentença; querelante ou assistente: art. 391

sentença; querelante ou assistente; edital: art. 391, *in fine*

sentença; réu ou defensor; crimes afiançáveis: art. 392, II

sentença; réu preso: art. 392, I

IRRETRATABILIDADE

representação; oferecimento da denúncia: art. 25

ISENÇÃO

pena; reconhecimento na absolvição do réu: art. 386, VI

serviço do júri: art. 437

J

JUIZ

vide também AUTORIDADES JUDICIÁRIAS, JUÍZO e JURISDIÇÃO

aplicação de medida de segurança por fato não criminoso: art. 555

aplicação provisória de interdições de direitos: art. 373

aplicação provisória de medida de segurança: art. 378, I

atribuições: art. 251

carta de guia; expedição: art. 674

classificação do crime; não vinculação: art. 418

competência para a execução; especial: art. 668

comunicação de óbito, fuga ou soltura de detido ou sentenciado; finalidade: art. 683

conflito de jurisdição; representação circunstanciada: art. 116

crimes de responsabilidade dos funcionários públicos; competência: art. 513

decisão do Tribunal do Júri; competência para a execução: art. 668, *in fine*

definição jurídica dada ao fato diversa da que constar da queixa ou denúncia: art. 383

despacho; reforma ou sustentação no recurso em sentido estrito: art. 589

documento relevante para a acusação ou defesa; juntada aos autos: ar . 234

extinção da punibilidade; reconhecimento; declaração de ofício: art. 61

impedimento ou suspeição: arts. 252 a 256

incompatibilidade ou impedimento legal; impossibilidade de servir no processo; abstenção: art. 112

inscrição de hipoteca de imóveis; autorização: art. 135, § 4.º

instrução criminal; adiamento; designação de dia e hora para seu prosseguimento: art. 372

liberdade provisória; pobreza do réu; concessão: art. 350

liberdade provisória; prisão em flagrante; causa de exclusão de ilicitude: art. 310

livramento condicional; competência: art. 712, parágrafo único

livramento condicional; revogação: art. 730

medida de segurança; execução; competência: art. 758

multa; conversão em detenção ou prisão simples: art. 689, § 1.º

multa; pagamento em cotas mensais; autorização: art. 687, II

ordem de *habeas corpus*; competência: art. 654, § 2.º

parentesco; impedimento: art. 253

presidente do Tribunal do Júri; atribuições: art. 497

prisão preventiva; decretação e cabimento: art. 311

reabilitação; revogação: art. 750

recusa pela parte; poderes especiais: art. 98

recusa pelas partes: art. 254

remessa do inquérito policial ou peças de informação ao Ministério Público; indeferimento de pedido de arquivamento: art. 28

sentença que imponha ou de que resulte perda de função pública ou incapacidade temporária para investidura em função pública ou exercício de profissão ou atividade; conhecimento da sentença à autoridade administrativa competente, pelo: art. 691

singulares; prazo para despachos e decisões: art. 800

suborno; nulidade: art. 564, I

suspeição do órgão do Ministério Público; decisão: art. 104

suspeição espontaneamente afirmada; forma: arts. 97 e 254

suspeição; impossibilidade de declaração: art. 256

suspeição; reconhecimento; sustação do processo: art. 99

suspensão condicional da pena: art. 696

suspensão condicional da pena; decisão motivada: art. 697

JUIZ DAS GARANTIAS

conceito; estrutura acusatória; competência: arts. 3.º-A a 3.º-C cumprimento das regras para o tratamento dos presos, sob pena de responsabilidade civil, administrativa e penal: art. 3.º-F

designação: art. 3.º-E

impedimento para funcionar no processo: art. 3.º-D

JUÍZO

cível; ação para ressarcimento de dano: art. 64

concurso com a jurisdição comum e de menores: art. 79, II

JULGAMENTO

apelações; competência: art. 609

apelações interpostas das sentenças proferidas em processos por crime a que a lei comine pena de reclusão; forma: art. 613

audiência; processo sumário: art. 531

comportamento inconveniente do réu; prosseguimento dos atos com assistência do defensor: art. 796

crimes contra a propriedade imaterial: arts. 524 a 530-I

crimes contra a propriedade imaterial; normas a observar: art. 524

crimes de calúnia e injúria, de competência de juiz singular: arts. 519 a 523

crimes de falência: arts. 503 a 512

crimes de responsabilidade dos funcionários públicos: arts. 513 a 518

crimes de responsabilidade dos funcionários públicos; autuação da denúncia ou queixa e notificação do acusado: art. 514

crimes de responsabilidade dos funcionários públicos; competência: art. 513

defensor; ausência: art. 265, §§ 1.º e 2.º

designação de data; Tribunal do Júri: art. 423

embargos; competência: art. 609

lentidão: art. 616

processo sumário; debates; prazo: art. 534

recursos, apelações e embargos; competência: art. 609

recursos de *habeas corpus*: art. 612

JULGAMENTO PELO JÚRI

arts. 453 a 497

acusador particular; não comparecimento: art. 457

adiamento; não comparecimento; justa causa; réu ou acusador particular: arts. 456 e 457

advertência aos jurados quanto a impedimentos e incompatibilidades: art. 466

advogado do acusado; não comparecimento; efeito: art. 456

ata; lavratura: art. 494

conselho de sentença; número de jurados: art. 447

conteúdo da ata: art. 495

decisões; forma; *quorum*: art. 489

defensor; falta; momento: art. 456

efeito suspensivo: nota 304-A ao art. 492, § 4.º

exortação aos jurados: art. 472

formulação de quesitos; procedimento: art. 483

interrogatório do réu: art. 474

jurado; não comparecimento; multa: art. 436, § 2.º

leitura do documento: art. 479

Ministério Público; não comparecimento; efeitos: art. 455

negativa à execução provisória: nota 304-A ao art. 492, § 3.º

ordem; preferência: art. 429

pessoas impedidas de servir no mesmo conselho de sentença: art. 448

prisão cautelar: nota 298-C ao art. 492, *e*

réplica e tréplica: art. 477

sentença; fundamentação: art. 492

sentença; lavratura; procedimento: art. 492

sorteio de jurados suplentes: art. 471

tempo destinado à acusação e à defesa: art. 477

testemunha; ausência; efeito: art. 461

testemunhas; isolamento: art. 460

testemunhas; não comparecimento; sem justa causa; multa: art. 458

utilização de aparelhos, instrumentos ou mecanismos para mostrar provas: art. 479

vedação nos debates: art. 478

vedação nos debates; antecedentes: art. 478

votação de quesitos pelo Conselho de Sentença: art. 482

JURADO

vide LISTA GERAL DE JURADOS

JÚRI

vide TRIBUNAL DO JÚRI

JURISDIÇÃO

cível; prisão decretada; competência para execução: art. 320

competência por conexão ou continência; determinação; regras a observar: art. 78

conceito: nota 1 ao Título V do Livro I

conexão e continência; unidade de processo e julgamento: art. 79

exercício; impedimento: art. 252

indelegabilidade: nota 3 ao Título V do Livro I

invasão; apreensão de pessoa ou coisa: art. 250

perpetuação: nota 37 ao art. 70

princípios: nota 2 ao Título V do Livro I

voluntária: nota 3-A ao Título V do Livro I

JUSTIÇA

especial; concurso com a jurisdição comum: art. 78, IV

funcionários; suspeição: art. 274

militar; inaplicabilidade do Código de Processo Penal: art. 1.º, III

restaurativa: nota 4-A, art. 3.º

retributiva: nota 4-A, art. 3.º

JUSTIFICAÇÕES

nos crimes de responsabilidade dos funcionários públicos: art. 513

na revisão criminal: ver nota 34-A ao art. 625

L

LAUDO

aceitação ou rejeição: art. 182

divergência; peritos: art. 180

instrução; fotografias, desenhos ou esquemas elucidativos; exame do local da prática da infração: art. 169

instrução; perícias de laboratório: art. 170

juntada ao processo; assinatura pelos peritos; exame de corpo de delito: art. 178

omissões, obscuridades ou contradições; complementação ou esclarecimento: art. 181

subscrito e rubricado pelos peritos; prazo para estes decidirem; prorrogação: art. 179, parágrafo único

LEGÍTIMA DEFESA

absolvição; processo da competência do júri: art. 415

coisa julgada no cível: art. 65

liberdade provisória: art. 310, § 1.º

prisão preventiva; descabimento: art. 314

LEILÃO

coisas facilmente deterioráveis; procedimentos: arts. 120, § 5.º, e 137, § 1.º

trânsito em julgado da sentença condenatória; avaliação; venda dos bens: art. 133

venda de coisas apreendidas; perda em favor da União: art. 122

venda de pedras, objetos ou metais preciosos por; leiloeiro ou corretor: art. 349

venda; objetos não reclamados ou não pertencentes ao réu: art. 123

LEI PROCESSUAL PENAL

aplicação no tempo: art. 2.º

interpretação extensiva, aplicação analógica e dos princípios gerais de direito: art. 3.º

LESÕES

corporais; exame de corpo de delito; nulidade; não realização: art. 564, III, *b*

corporais; exame pericial complementar: art. 168

encontradas no cadáver; representação: art. 165

LIBERADO

liberdade vigiada; medida de segurança; normas de conduta: arts. 767

livramento condicional; caderneta: art. 724

livramento condicional; condições: art. 718

pagamento de custas e taxa penitenciária: art. 719

pena privativa de liberdade; extinção: art. 733

prática de nova infração: art. 732

revogação do livramento: arts. 726 e 727

vigilância de patronato oficial ou particular: art. 725

LIBERDADE PROVISÓRIA

vide também FIANÇA

dedução dos encargos do réu; entrega do saldo da fiança: art. 347

delito inafiançável; cassação da fiança: art. 339

dinheiro ou objetos dados como fiança; pagamento das custas, da indenização do dano e da multa, em caso de condenação: art. 336

fiança: arts. 321 a 350

fiança; cassação: arts. 338 e 339

fiança; caução de títulos da dívida pública; determinação do valor pela cotação em Bolsa: art. 330, § 2.º fiança; concessão; recusa ou demora: art. 335

fiança; fixação do valor; circunstâncias: art. 326

fiança; fixação do valor; limites: art. 325

fiança; forma e procedimento: art. 330

fiança; impossibilidade: arts. 323 e 324

fiança; impossibilidade de prestação; (pobreza); liberdade provisória; obrigações do réu: art. 350

fiança; notificação ao réu; obrigações e sanção: art. 329, parágrafo único

fiança; pedras, objetos ou metais preciosos; venda por leiloeiro ou corretor: art. 349

fiança; prestação; hipótese: art. 334

fiança; restituição do seu valor sem desconto; ressalva: art. 337

fiança tomada por termo; obrigações do afiançado: art. 327

perda da fiança; recolhimento do saldo ao Tesouro Nacional: arts. 345 a 347

perda do valor total da fiança: art. 344

prestação de fiança; efeitos: art. 322

prestação de fiança por meio de hipoteca; execução pelo órgão do Ministério Público, no juízo cível: art. 348

prisão em flagrante ou por mandado; competência para concessão de fiança: art. 332

proibições ao réu afiançado: art. 328

quebramento da fiança; casos: arts. 327, *in fine*, 341 a 343, e 346

recolhimento do valor da fiança a repartição arrecadadora ou entrega a depositário público: art. 331

recusa ou demora da autoridade policial em conceder a fiança: art. 335

reforço da fiança: art. 340

vista do processo ao Ministério Público: art. 333

LIBERDADE VIGIADA

exercício discreto da vigilância: art. 769

exílio local: art. 771, § 2.º

fixação de normas pelo juiz da execução da medida de segurança: art. 767

trânsito em julgado da sentença da revogação; desinternação, cessação de vigilância ou proibição: art. 778

LÍNGUA NACIONAL

interrogatório; intérprete: art. 193

nomeação de intérprete: art. 193

LIQUIDATÁRIO

queixa na propositura de ação penal em crimes de falência fraudulenta ou culposa: art. 503

LISTA GERAL DE JURADOS

alteração: art. 426

impugnação; momento: art. 433

inclusão ou exclusão; recurso; a quem será dirigido: art. 582, parágrafo único

inclusão ou exclusão; recurso cabível: art. 581, XIV

número de pessoas escolhidas para integrá-la: art. 425

prazo para recurso em caso de inclusão ou exclusão: art. 586, parágrafo único

publicação pela imprensa ou editais: art. 426

renovação; obrigatoriedade: art. 433

ultrapassagem do número legal: art. 433

LITISCONSÓRCIO

queixa contra qualquer dos autores do crime; processo de todos; indivisibilidade a cargo do Ministério Público: art. 48

LITISPENDÊNCIA

exceção: art. 95, III

exceção; disposições aplicáveis: art. 110

exceção; processamento em autos apartados; efeitos quanto ao andamento da ação penal: art. 111

recurso cabível na procedência da exceção: art. 581, III

LIVRO(S)

especiais para inscrição de condenação, no Instituto de Identificação e Estatística: art. 709

especial para registro de cartas de guia; ordem cronológica do recebimento; anotações no curso da execução: art. 679

lavratura de termo da cerimônia do livramento condicional: art. 723, § 1.º

registro de sentença: art. 389

termos de fiança; numeração e rubrica de suas folhas: art. 329

LOCAL DO CRIME

exame por peritos: art. 169

providências que tomará a autoridade policial para que não se alterem o estado e conservação das coisas: art. 6.º, I

M

MÁ-FÉ

autoridade coatora, em *habeas corpus*; condenação nas custas: art. 653

MAGISTRADO

vide também JUIZ

inquirição em local, d a e hora previamente ajustados: art. 221

isenção do serviço do júri: art. 437, V

prisão especial: art. 295, VI

MANDADO

busca e apreensão; conteúdo: art. 243

citação de funcionário público: art. 359

citação, de militar: art. 358

citação; indicações: art. 352

citação por precatória: art. 353

citação; requisitos: art. 357

condução do acusado à presença da autoridade: art. 260

falta de exibição em infração inafiançável; não constituição de óbice à prisão; apresentação imediata ao juiz: art. 287

prisão; apresentação ao réu; efeitos: art. 291

prisão; conteúdo e a quem será dirigido: art. 285, parágrafo único

prisão; entrega de um exemplar a preso analfabeto; assinatura a rogo: art. 286, *in fine*

prisão; expedição de vários, com reprodução fiel do original: art. 287

prisão; expedição pela autoridade que ordená-lo: art. 285

prisão expedida por autoridade judiciária; cumprimento pela autoridade policial: art. 13, III

prisão; infração penal em que o réu se livra solto ou esteja afiançado: art. 675

prisão; necessidade da exibição do mesmo ao diretor ou carcereiro: art. 288

prisão; passado em duplicata: art. 286

prisão; recibo de entrega do preso passado no mesmo: art. 288, parágrafo único

prisão; resistência; lavratura de auto: art. 292

MANDADO DE SEGURANÇA

admissibilidade em matéria criminal: nota 7-A ao Capítulo X do Título II do Livro III

conceito: nota 7 ao Capítulo X do Título II do Livro III

exigência de direito líquido e certo: nota 13 ao Capítulo X do Título II do Livro III

natureza jurídica: nota 12 ao Capítulo X do Título II do Livro III

processamento: nota 13 ao Capítulo X do Título II do Livro III

sujeitos ativo e passivo: nota 11 ao Capítulo X do Título II do Livro III

MANDATO

vide também ADVOGADO e PROCURAÇÃO

constituição de defensor no interrogatório: art. 266

MANICÔMIO JUDICIÁRIO

exame médico-legal para verificação de insanidade mental do acusado; internação: art. 150 e parágrafos

suspensão do processo em caso de doença mental superveniente à infração; internação do acusado: art. 152, § 1.º

MEDIDA(S) DE SEGURANÇA

absolvição ou impronúncia do réu, em caso de crime impossível ou impunibilidade: art. 555

aplicação a fato que não constitua infração penal; inquérito policial; verificação da periculosidade do agente: art. 549

aplicação, em caso de absolvição no julgamento pelo júri: art. 492, II, *c*

aplicação em sentença absolutória: art. 386, parágrafo único, III

aplicação provisória: arts. 373 a 380

aplicação provisória; obstará concessão de fiança: art. 380

aplicada provisoriamente; sua execução não será suspensa pela apelação: art. 596, parágrafo único

processo de aplicação, por fato não criminoso: arts. 549 a 555

recurso cabível de sua decretação, após trânsito em julgado da sentença: art. 581, XIX

recurso cabível de sua imposição, por transgressão de outra: art. 581, XX

recurso cabível de sua não revogação: art. 581, XXIII

recurso cabível de sua revogação: art. 581, XXII

recurso cabível na sua manutenção ou substituição: art. 581, XXI

revisão de sentença; absolvição; restabelecimento de direitos; imposição: art. 627

MEDIDAS ASSECURATÓRIAS

arts. 125 a 144

absolvição ou extinção da punibilidade; levantamento do sequestro ou cancelamento da hipoteca: art. 141

avaliação e venda de bens em leilão público; recolhimento aos cofres públicos; recolhimento ao Fundo Penitenciário Nacional: art. 133, §§ 1.º e 2.º

competência do Ministério Público para promovê-las; interesse da Fazenda Pública ou pobreza do ofendido requerente: art. 142

depósito e administração dos bens sequestrados; regime do processo civil: art. 139

especialização de hipoteca legal: art. 135

especialização de hipoteca legal e arresto; processo em auto apartado: art. 138

garantias do ressarcimento do dano; despesas processuais e penas pecuniárias: art. 140

hipoteca legal sobre os imóveis do indiciado; requerimento pelo ofendido em qualquer fase do processo; requisito: art. 134

requeridas no cível contra o responsável civil, pelos interessados ou pelo Ministério Público: art. 144

sequestro de bens imóveis; autuação em apartado; embargos de terceiro: art. 129

sequestro de bens imóveis; casos de embargos: art. 130

sequestro de bens imóveis; decretação de início; revogação: art. 136

sequestro de bens imóveis; iniciativa do mesmo; quando poderá ser ordenado: art. 127

sequestro de bens imóveis; inscrição no Registro de Imóveis: art. 128

sequestro de bens imóveis; levantamento: art. 131

sequestro de bens imóveis; o que bastará para o mesmo: art. 126

sequestro de bens móveis: art. 132

sequestro de bens móveis, na falta ou insuficiência de bens imóveis: art. 137 e parágrafos

sequestro de bens imóveis adquiridos com os proventos da infração: art. 125

utilização de bem sequestrado, apreendido ou sujeito a qualquer medida assecuratória pelos órgãos de segurança pública: art. 133-A

MEDIDAS CAUTELARES ALTERNATIVAS À PRISÃO

espécies: art. 319

flagrante delito: art. 310, II

requisitos para a decretação: art. 282

MENDICÂNCIA

contravenção inafiançável: art. 323, II

MENOR

vide também CURADOR

acusado; curador ao mesmo: art. 262

denúncia; menção do nome: art. 41

exercício do direito de perdão: art. 52

exercício do direito de queixa: art. 34

exercício do direito de queixa por curador especial; casos: art. 33

indiciado; nomeação de curador: art. 15

nomeação de curador; falta; nulidade: art. 564, III, *c*

pátrio poder, tutela ou curatela; incapacidade para seu exercício; providências judiciais: art. 692

perito; impossibilidade de exercício: art. 279, III

renúncia do representante legal; direito de queixa: art. 50, parágrafo único

MILITAR(ES)

citação: art. 358

inferiores e praças de pré; recolhimento à prisão: art. 296

inquirição; requisição à autoridade superior: art. 221, § 2.º

isenção do serviço do júri: art. 437, VIII

jurisdição; concurso com a jurisdição comum: art. 79, I

recolhimento a quartéis ou a prisão especial, antes de condenação definitiva: art. 295, V

MINISTÉRIO PÚBLICO

arts. 257 e 258

ação civil; crimes de ação pública; interesse de agir: art. 92, parágrafo único

ação civil ou execução da sentença condenatória; pobreza do titular do direito à reparação do dano: art. 68

ação penal privativa do ofendido; aditamento da queixa pelo: art. 45

ação penal pública; sentença condenatória mesmo que haja manifestação de absolvição pelo: art. 385

ação pública; intervenção como assistente do: art. 268

ação pública; nulidade inexistência da intervenção do: art. 564, II, *d*

ação pública; qualquer pessoa do povo poderá provocar a iniciativa do: art. 27

aditamento da denúncia ou queixa: art. 384, *caput*

aditamento da queixa e outras medidas; ação penal privada subsidiária da pública: art. 29

admissão de assistente necessidade de ouvir previamente: art. 272

busca e apreensão; vista dos autos: art. 529, parágrafo único

conflito de jurisdição suscitado pelo órgão do: art. 115, II

crimes de ação pública; denúncia pelo: art. 24

crimes de ação pública denúncia; requisição do Ministro da Justiça, ou de representação do ofendido, quando a lei o exigir: art. 24

crimes de ação pública; suspensão do processo; intervenção em causa cível para promover o rápido andamento: art. 93, § 3.º

culpabilidade de indivíduos não compreendidos na queixa ou denúncia; aditamento da peça inicial do processo: art. 417

desistência da ação penal; inadmissibilidade: art. 42

desistência de recurso interposto pelo; inadmissibilidade: art. 576

devolução do inquérito à autoridade policial; requerimento; inadmissibilidade senão para novas diligências: art. 16

dispensa do inquérito; representação que oferece elementos para habilitar a ação penal: art. 39, § 5.º

execução da lei; fiscalização pelo: art. 257, II

execução no juízo cível; fiança prestada por meio de hipoteca: art. 348

habeas corpus; impetração: art. 654

habeas corpus; responsabilidade da autoridade coatora: art. 653, parágrafo único

incompatibilidade ou impedimento legal; impossibilidade de servir no processo; abstenção: art. 112

inquérito policial; crimes de ação pública; início mediante requisição do: art. 5.º, II

isenção do serviço do júri: art. 437, V

julgamento de seus órgãos; competência originária: art. 87

júri; adiamento do julgamento por não comparecimento do: art. 455

medida de segurança; imposição decretada de ofício ou a requerimento do: art. 755

medidas assecuratórias; propositura se houver interesse da Fazenda Pública ou se o ofendido for pobre e requerer: art. 142

medidas assecuratórias requeridas contra o responsável civil: art. 144

prazo esgotado para aditamento da queixa; prosseguimento do processo, mesmo que haja pronunciamento do: art. 46, § 2.º

prazo para apelação: art. 593

prazo para oferecimento da denúncia; dispensa do inquérito: art. 39, § 5.º, *in fine*

prazos; contagem a partir do termo de vista: art. 800, § 2.º

prestação de fiança; vista do processo ao: art. 333

reabilitação; diligências necessárias para a apreciação do pedido; antes da decisão final será ouvido o: art. 745

réplica do; tréplica da defesa; admissão da reinquirição de qualquer das testemunhas: art. 476, § 4.º

requisição de maiores esclarecimentos e documentos complementares ou novos elementos de convicção: art. 47

restituição de coisas apreendidas; manifestação do: art. 120, § 3.º

retardamento do processo quando responsáveis os juízes e os órgãos do: art. 801

revogação de livramento condicional; requerimento do: art. 730

sentença; prazo para o escrivão dar ciência desta ao órgão do: art. 390

suspeição e impedimentos do: art. 258

tempo destinado à acusação: art. 477

MINISTRO DA JUSTIÇA

requerimento de providências para obtenção de elementos que habilitem o procurador-geral da República para homologação de sentença estrangeira: art. 789

requisição; promoção de ação penal pública: art. 24

MINISTROS DE CONFISSÃO RELIGIOSA

recusa do serviço do júri fundada em convicção religiosa: art. 438

recolhimento a quartel ou prisão especial, antes de condenação definitiva: art. 295, VIII

MINISTROS DE ESTADO

competência para processo e julgamento; ressalva: art. 86, II

isenção do serviço do júri: art. 437, I

prerrogativas constitucionais; crimes conexos com os do Presidente da República; ressalva; Código de Processo Penal: art. 1.º, II

recolhimento a quartéis ou prisão especial; antes de condenação definitiva: art. 295, I

MINISTROS DO SUPERIOR TRIBUNAL MARÍTIMO

inquirição em local, dia e hora previamente ajustados: art. 221

MINISTROS DO SUPREMO TRIBUNAL FEDERAL

crimes comuns; competência para processo e julgamento: art. 86, I

crimes de responsabilidade; inaplicabilidade do Código de Processo Penal: art. 1.º, II, *in fine*

suspeição: art. 103

MINISTROS DO TRIBUNAL DE CONTAS

inquirição em local, dia e hora previamente ajustados: art. 221

recolhimento a quartéis ou prisão especial antes de condenação definitiva: art. 295, IX

MORTE

acusado; declaração da extinção de punibilidade; certidão de óbito: art. 62

autópsia: art. 162

condenado; revisão de sentença; curador para a defesa: art. 631

detido ou sentenciado; comunicação imediata ao juiz: art. 683, parágrafo único

ofendido; transferência do direito de queixa ou de prosseguimento na ação: art. 31

ofendido; transferência do direito de representação: art. 24, § 1.º

querelante; perempção da ação penal: art. 60, II

MÓVEIS

vide BENS SEQUESTRADOS

MUDO

vide também SURDO e SURDO-MUDO

depoimento: art. 223, parágrafo único

interrogatório: art. 192, II e III e parágrafo único

MULHER(ES)

busca pessoal: art. 249

conselho de sentença formado por mulheres: art. 467

gestante; prisão domiciliar: art. 318

internação em estabelecimento próprio ou seção especial: art. 766

prisão domiciliar; filho com até 12 anos de idade: art. 318

processo; violência; prioridade de tramitação: art. 394-A

MULTA(S)

conversão em detenção ou prisão simples: art. 689

imposta a advogados e solicitadores que negarem seu patrocínio quando nomeados: art. 264

imposta ao escrivão, pela não execução de atos determinados em lei ou ordenados pelo juiz: arts. 799 e 800, § 4.º

imposta ao excipiente que agir com malícia: art. 101

imposta ao jurado que não comparecer à reunião do júri: art. 436, § 2.º

imposta ao perito nomeado pela autoridade; recusa de encargo: art. 277

imposta aos jurados sorteados, em caso de comunicação com outrem e manifestação de sua opinião sobre o processo: art. 466, § 1.º

imposta às testemunhas que não comparecerem ao julgamento pelo júri: art. 458

impostas a jurados faltosos; requisição para que o presidente as releve: art. 436, § 2.º

impostas a quem embaraçar ou procrastinar expedição de ordem de *habeas corpus*: art. 655

livramento condicional; forma de pagamento da mesma: art. 720

pagamento em parcelas mensais; caução real ou fidejussória: art. 687, II

penas pecuniárias: arts. 686 a 690

prazo para seu pagamento: art. 686

prorrogação do prazo para pagamento: arts. 687, I e § 1.º, e 688

recurso cabível da sua conversão em detenção ou prisão simples: art. 581, XXIV revogação do pagamento parcelado: art. 687, § 2.º

suspensão condicional da pena: art. 700

testemunha faltosa: art. 219

MUSEU CRIMINAL

recolhimento de instrumento do crime e coisas confiscadas: art. 124

N

NAVEGAÇÃO

processo e julgamento de crimes cometidos a bordo de embarcação ou aeronave; competência: arts. 89 e 90

NECROPSIA

vide AUTÓPSIA

NOITE

busca domiciliar: art. 245

mandado de prisão; execução: art. 293

NOTA DE CULPA

preso em flagrante; recebimento: art. 306, § 2.º

preso; recebimento de exemplar: art. 286

recebimento por analfabeto e assinatura por testemunha: art. 286 *in fine*

NOTIFICAÇÃO

falta/nulidade; prejuízo à parte; suspensão/adiamento do ato: art. 570, *in fine*

falta/nulidade; sanação: art. 570

NULIDADE

arts. 563 a 573

arguição: art. 571

arguição pela parte que lhe der causa; inadmissibilidade: art. 565

arguição por meio de *habeas corpus*: art. 648, VI

casos: art. 564

citação, intimação e notificação; consequência: art. 570

concessão de *habeas corpus*; renovação do processo: art. 652

decisão carente de fundamentação: nota 40-A ao art. 564, V

embargos de declaração nota 40-B ao art. 564

incompetência do juízo e anulação dos atos decisórios: art. 567

inquirição de testemunhas: art. 563

não declaração, se não houve prejuízo: art. 563

omissão verificada no processo; suprimento: art. 569

procedência da suspeição; nulidade dos atos do processo principal: art. 101

O

OBEDIÊNCIA HIERÁRQUICA

absolvição do réu; exclusão do crime ou isenção da pena: art. 415, IV

absolvição do réu; menção da causa: art. 386

ÓBITO

acusado; extinção da punibilidade: art. 62

autópsia: art. 162

sentenciado; comunicação ao juiz: art. 683

OBJETOS

interesse à prova; autos do inquérito: art. 11

OBJETOS APREENDIDOS

venda em leilão: art. 123

OCULTAÇÃO DO RÉU

devolução da precatória: art. 355, § 2.º

OFENDIDO

abertura de inquérito; requerimento: art. 5.º, II e § 1.º

ação privada; legitimação: art. 30

diligência a seu requerimento: art. 14

procedimento de intimação não atendida: art. 201, § 1.º

qualificação e declarações: art. 201

OFICIAL DE JUSTIÇA

certificação de edital de citação afixado: art. 365, parágrafo único

citação por mandado; conservação dos requisitos pelo: art. 357, I e II

condições de intimação por despacho na petição em que for requerida: art. 371

consequências do embaraço ou procrastinação da ordem de *habeas corpus*: art. 655

julgamento pelo júri; presença à votação de quesitos: art. 485

jurado; intimação pelo: art. 434

mandado de captura; cumprimento: art. 763

ocultação de réu para não ser citado; declaração pelo: art. 355, § 2.º

testemunha faltosa; condução: art. 218

votação de quesitos; recolhimento das cédulas dos jurados: art. 487

OMISSÕES

suprimento na denúncia, queixa, representação, portaria ou auto de prisão em flagrante: art. 569

ONUS PROBANDI

legitimidade: art. 156

ORALIDADE NO JULGAMENTO

apelações: art. 613, III

medida de segurança; fato não criminoso: art. 554

recurso em sentido estrito: art. 610, parágrafo único

ORDEM DOS ADVOGADOS

intimação para o sorteio: art. 432

ORDEM PÚBLICA

cartas rogatórias; não cumprimento: art. 781

desaforamento do julgamento no interesse da mesma: art. 427

prisão preventiva como garantia da mesma: art. 312

sentenças estrangeiras; não serão homologadas: art. 781

ORGANIZAÇÃO JUDICIÁRIA

competência das Câmaras Criminais dos Tribunais de Apelação: art. 609

competência pela natureza da infração: art. 74

júri; crime de sua competência; remessa de processo instruído ao juiz competente: art. 419

júri; preparo dos processos; competência: art. 424

Tribunal do Júri; competência: art. 74, § 1.º

P

PAGAMENTO

custas por ato requerido: art. 806, § 1.º

PARENTES

impedimento para servirem de jurados: art. 448

juiz; não poderão ser nomeados defensores: art. 267

PARQUET

devolução do inquérito à autoridade policial; requerimento; inadmissibilidade senão para novas diligências: art. 16

dispensa do inquérito; representação que oferece elementos para habilitar a ação penal: art. 39, § 5.º

execução da lei; fiscalização pelo: art. 257, II

execução no juízo cível; fiança prestada por meio de hipoteca: art. 348

graça; provocação por petição do: art. 734

graça; Presidente da República que pode concedê-la espontaneamente: art. 734

habeas corpus; impetração: art. 654

habeas corpus; responsabilidade da autoridade coatora: art. 653, parágrafo único

incompatibilidade ou impedimento legal; impossibilidade de servir no processo; abstenção: art. 112

inquérito policial; crimes de ação pública; início mediante requisição do: art. 5.º, II

isenção do serviço do júri: art. 437, V

julgamento de seus órgãos; competência originária: art. 87

júri; adiamento do julgamento por não comparecimento do: art. 455

medida de segurança; imposição decretada de ofício ou a requerimento do: art. 755

medidas assecuratórias; propositura se houver interesse da Fazenda Pública ou se o ofendido for pobre e requerer: art. 142

medidas assecuratórias requeridas contra o responsável civil: art. 144

prazo esgotado para aditamento da queixa; prosseguimento do processo, mesmo que haja pronunciamento do: art. 46, § 2.º

prazo para apelação: art. 593

prazo para oferecimento da denúncia; dispensa do inquérito: art. 39, § 5.º, *in fine*

prazos; contagem a partir do termo de vista: art. 800, § 2.º

prestação de fiança; vista do processo ao: art. 333

processo de execução; pagamento de multa: art. 688, I

processo promovido pelo ofendido; promotor que se manifesta depois do acusador particular: art. 476, § 2.º reabilitação; diligências necessárias para a apreciação do pedido; antes da decisão final será ouvido o: art. 745

réplica do; tréplica da defesa; admissão da reinquirição de qualquer das testemunhas: art. 476, § 4.º

requisição de maiores esclarecimentos e documentos complementares ou novos elementos de convicção: art. 47

restituição de coisas apreendidas; manifestação do: art. 120, § 3.º

retardamento do processo quando responsáveis os juízes e os órgãos do: art. 801

revogação de livramento condicional; requerimento do: art. 730

sentença; prazo para o escrivão dar ciência desta ao órgão do: art. 390

suspeição e impedimentos do: art. 258

tempo destinado à acusação: art. 477

PARTES

apresentação de documentos: art. 231

depoimento de testemunhas; desistência: art. 401, § 2.º

exceção de ilegitimidade: arts. 95, IV, e 110

ilegitimidade manifesta; rejeição da denúncia ou queixa: art. 395, II

ilegitimidade; nulidade: art. 564, II

nomeação de peritos; não intervenção: art. 276

representante; ilegitimidade; sanação: art. 568

PÁTRIO PODER

incapacidade para seu exercício: arts. 692 e 693

PATRONATO

liberado; vigilância: art. 725

mudança de normas de conduta impostas ao liberado; representação: art. 731

revogação de livramento condicional; representação: art. 725

PENA(S)

acessória; execução: art. 691

agravação; apelação exclusiva do réu; impossibilidade art. 617

agravação; revisão criminal; impossibilidade: art. 626, parágrafo único

aplicação pelo juiz: art. 383

diminuição; julgamento pelo júri; faculdade do juiz: art. 492, I

incidente na execução; concessão de livramento condicional: art. 710

medida de segurança; imposição: art. 751

multa; pagamento: art. 686

pecuniárias; conversão da multa em detenção ou prisão simples: arts. 689 e 690

pecuniárias; efeitos do não pagamento no prazo: art. 688

pecuniárias; prazo para pagamento: art. 686

sentença de júri; graduação: art. 492

suspensão condicional; condenação pelo Tribunal do Júri: art. 699

suspensão condicional; não comparecimento do réu à audiência: art. 705

suspensão condicional; pagamento das custas e taxa penitenciária; prazo: art. 701

unificação; recurso: art. 581, XVII

PENAS PRIVATIVAS DE LIBERDADE

cartas de guia; registro em livro oficial: art. 679

concessão ou denegação de suspensão condicional: art. 697

cópia da carta de guia e aditamentos; remessa ao Conselho Penitenciário: art. 677

execução: art. 674

extração e conteúdo da carta de guia: art. 676

imposição cumulativa; execução: art. 681

juntada aos autos do recibo da carta de guia passado pelo diretor do estabelecimento: art. 678

mandado de prisão; expedição: art. 675

recaptura de réu: art. 684

remoção para estabelecimento como medida de segurança detentiva: art. 685, parágrafo único

PERDÃO

aceitação do querelado; declaração: art. 58

aceitação fora do processo; declaração assinada pelo querelado, seu representante legal ou procurador: art. 59

aceitação; quando menor de 21 anos: art. 54

aceitação; silêncio do querelado: art. 58, *caput*, *in fine*

concessão a um dos querelados: art. 51

exercício do direito; quando menor de 21 e maior de 18 anos: art. 52

extinção da punibilidade pela aceitação: art. 58, parágrafo único

extraprocessual expresso: art. 56

procurador com poderes especiais; aceitação: art. 55

querelado mentalmente enfermo ou retardado mental; aceitação pelo curador: art. 53

tácito; admissão de todos os meios de prova: art. 57

PEREMPÇÃO

ação penal privada: art. 60

PERÍCIA(S)

controle da demora na realização da perícia: art. 149, § 2.º

crimes contra a propriedade imaterial; bens apreendidos; laudo que deverá integrar o inquérito policial ou o processo: art. 530-D

crimes contra a propriedade imaterial; laudo elaborado sobre todos os bens apreendidos: art. 530-D

geral: arts. 158 a 184

indeferimento pelo juiz ou autoridade policial: art. 184

quesitos; apresentação: art. 176

PERICULOSIDADE

cessação; decisão; prazo: art. 775, VIII

efeitos da sentença de revogação da medida de segurança: art. 778

verificação de sua cessação; exame: art. 777

verificação de sua cessação na medida de segurança: art. 775

PERITO(S)

arts. 275 a 281

avaliação de bens que garantirão a fiança: art. 330, § 1.º

busca e apreensão em crime contra a propriedade imaterial; apresentação do laudo; prazo: art. 527

condução, em caso de não comparecimento: art. 278

crimes cometidos com destruição, rompimento ou escalada; descrição: art. 171

crimes contra a propriedade imaterial; perícia; laudo elaborado sobre todos os bens apreendidos: art. 530-D

descrição do exame feito; quesitos formulados; respostas: arts. 160 a 176

disciplina judiciária; sujeição: art. 275

divergência: art. 180

efeitos das divergências: art. 180

encargos; aceitação, sob pena de multa: art. 277

incêndio; procedimento: art. 173

incompatibilidade ou impedimento legal; impossibilidade de servir no processo; abstenção: art. 112

intérpretes; equiparação: art. 281

laudo; datilografia: art. 179, parágrafo único

laudo; não vinculação do juiz: art. 182

laudos; instrução com fotografias, desenhos ou esquemas: art. 169

lesões encontradas em cadáver; anexação ao laudo, para representação: art. 165

material suficiente para nova perícia: art. 170

nomeação; exame por precatória: art. 177

nomeação sem intervenção das partes: art. 276

oficial; exame de corpo de delito: art. 159

prestação de compromisso pelos não oficiais: art. 159, § 2.º

quesitos formulados; recebimento até o ato da diligência: art. 176

requisitos; impedimentos: art. 279

suspeição; arguição; decisão de plano e sem recurso: art. 105

suspeição de juízes; extensão: art. 280

PERSEGUIÇÃO DO RÉU

entendimento da expressão: art. 290, § 1.º

flagrante delito: art. 302, III

prisão em outro território, município ou comarca: art. 290

PESSOA

incerta; citação por edital: art. 361

jurídica; exercício da ação penal: art. 37

jurídica querelante; extinção sem sucessor; perempção da ação penal: art. 60, IV

reconhecimento: arts. 226 a 228

PETIÇÃO

graça; instrução com documentos; encaminhamento ao Ministro da Justiça: art. 735

graça; provocação por: art. 734

habeas corpus; conteúdo: art. 654, § 1.º

habeas corpus; encaminhamento; caso de competência originária do Tribunal de Apelação: art. 661

habeas corpus; interpretação: art. 654

POBREZA

assistência judiciária; condições para merecê-la: art. 32, § 1.º

atestado comprobatório por autoridade policial: art. 32, § 2.º

comprovação; defesa sem pagamento de custas: art. 806, § 1.º

comprovação; promoção da ação penal por advogado nomeado: art. 32

concessão de liberdade provisória; impossibilidade de fiança pelo réu: art. 350

despesas de translado na apelação; isenção: art. 601, § 2.º

execução da sentença ou ação civil pelo Ministério Público: art. 68

POLÍCIA

audiências e sessões; atribuição: art. 794

chefe de polícia; isenção do serviço do júri: art. 437, VII

chefe de polícia; julgamento; competência: art. 87

chefe de polícia; prisão especial: art. 295, II

chefe de polícia; recurso em caso de indeferimento de abertura de inquérito: art. 5.º, § 2.º

chefe de polícia; remessa a ele do mandado de prisão do condenado cuja sentença absolutória tenha sido reformada: art. 675, § 1.º

condução de testemunha; requisição de força pública: art. 218

espectadores; desobediência à proibição de manifestar-se nas audiências ou sessões; retirada da sala: art. 795, parágrafo único

judiciária; competência cumulativa: art. 4.º, parágrafo único

judiciária; exercício por autoridades policiais: art. 4.º

sessões do júri; atribuição do presidente do tribunal: art. 497, I

sessões do júri; requisição de força pública: art. 497, II

POVO

graça; provocação por petição de qualquer pessoa do: art. 734

impetração de *habeas corpus*: art. 654

provocação da iniciativa do Ministério Público, em casos de ação pública: art. 27

PRAZO(S)

aceitação de perdão pelo querelado: art. 58

aditamento da queixa pelo Ministério Público: art. 46, § 2.º

alegações das partes na arguição de falsidade: art. 145, II

alegações do condenado na execução de medida de segurança: art. 757

alegações do Ministério Público e do defensor do réu nos processos da competência do júri: art. 411, § 4.º

alegações nos processos perante o juiz singular: art. 403

apelação: art. 593

apelação; razões: art. 600

apresentação da resposta do acusado: art. 396

apresentação do laudo pericial em diligência de busca ou apreensão: art. 527

audiência das testemunhas de acusação: art. 400

audiência do Ministério Público; curador ou defensor; verificação de cessação da periculosidade: art. 775, V

audiência do Ministério Público no oferecimento de caução para garantia de multa: art. 690, parágrafo único

autópsia: art. 162

citação por edital: art. 361

citação por edital; contagem do: art. 365, V

comparecimento do réu à audiência de concessão de *sursis:* art. 705

conclusão de autos de recurso: art. 578, § 3.º

conhecimento da sentença por intimação do escrivão, ao Ministério Público: art. 390

contestação da exceção da verdade; crime de calúnia ou injúria: art. 523

contestação de embargos à homologação de sentença estrangeira: art. 789, § 5.º

correrão em cartório e serão contínuos e peremptórios: art. 798

decisão definitiva ou interlocutória mista: art. 800, I

decisão do juiz; pedido de concessão de fiança: art. 322, parágrafo único

decisão do juiz; verificação de cessação da periculosidade: art. 775, VIII

decisão interlocutória simples: art. 800, II

defensor nomeado pelo juiz para proceder à defesa: art. 396-A, § 2.º defesa; aditamento da denúncia ou queixa pelo Ministério Público: art. 384, § 2.º

defesa; exceção de incompetência do juízo: art. 108

defesa preliminar; crime de responsabilidade dos funcionários públicos: art. 514

despacho de expediente proferido por juiz singular: art. 800, III

despachos e decisões dos juízes singulares: art. 800

destino do valor da fiança entregue a escrivão: art. 331, parágrafo único

devolução dos autos ao juiz *a quo;* recurso em sentido estrito: art. 592

diligências após a inquirição das testemunhas: art. 402

diligências de restauração de autos extraviados ou destruídos: art. 544

domingo ou feriado; prorrogação: art. 798, § 3.º

duração da prisão dos desertores de navios: art. 319, § 2.º

embargos à homologação de sentença estrangeira; interessado com residência no Distrito Federal: art. 789, § 2.º

embargos à homologação de sentença estrangeira; interessado não residente no Distrito Federal: art. 789, § 2.º

entrega da nota de culpa, após a prisão em flagrante: art. 306

entrega de carta testemunhável; recurso em sentido estrito: art. 641

entrega de carta testemunhável; recurso extraordinário: art. 641

entrega de relatório do exame do corpo de delito: art. 160, parágrafo único

envio dos autos ao presidente do Tribunal do Júri: art. 421

exame complementar para classificação do delito; lesão corporal grave: art. 168, § 2.º

exame mental do acusado internado em manicômio judiciário: art. 150, § 1.º

excesso na conclusão da instrução: nota 22 ao art. 648

execução de atos determinados em lei ou ordenados pelo juiz: art. 799

exercício do direito de queixa ou representação: art. 38

extração de traslado pelo escrivão; recurso em sentido estrito: art. 587

impedimento do juiz, força maior, ou obstáculo judicial oposto pela parte contrária; efeitos: art. 798, § 4.º

incomunicabilidade do indiciado: art. 21, parágrafo único

inscrição de hipoteca legal; promoção; sob pena de revogação do arresto: art. 136

intempestividade de recurso: art. 585

interposição de apelação: arts. 593 e 598, parágrafo único

interposição de recurso em sentido estrito: art. 586

intimação da sentença ao querelante ou assistência: art. 391

intimação da sentença de pronúncia mediante defensor constituído: art. 420

intimação da sentença de pronúncia mediante edital: art. 420, parágrafo único

intimação de sentença mediante edital: art. 392, § 1.º

levantamento do sequestro face a não propositura da ação penal: art. 131, I

mínimo de duração da medida de segurança; verificação da cessação de periculosidade: art. 775, IV

não computação do dia do começo e inclusão do vencimento: art. 798, § 1.º

nomeação de peritos em exame: art. 177

nulidade por sua falta à acusação ou à defesa: art. 564, III, *e*

ocultação do réu; citação por hora certa: art. 362

oferecimento de alegações nos processos de medida de segurança: art. 552

oferecimento de denúncia contra réu preso: art. 46

oferecimento de denúncia contra réu solto ou afiançado: art. 46

oferecimento de denúncia pelo Ministério Público; dispensa do inquérito: art. 39, § 5.º

oferecimento de razões de apelação: art. 600

oferecimento de razões pelo recorrente e recorrido; recurso em sentido estrito: art. 588

oposição de embargos de declaração: art. 619

pagamento de multa: art. 686

paralisação do processo pelo querelante; perempção da ação penal: art. 60, I

parecer do procurador-geral em revisão: art. 625, § 5.º

pedido de reabilitação: art. 743

pedido de reabilitação; renovação: art. 749

perda em favor da União das coisas apreendidas: art. 122

perempção da ação penal: art. 60

produção de prova pela defesa; *mutatio libelli*: art. 384

promoção da ação, se houver prisão em flagrante; crimes contra a propriedade imaterial: art. 530

prova de extinção da punibilidade: art. 61, parágrafo único

queixa com fundamento em apreensão e perícia; crimes contra a propriedade imaterial: art. 529

razões de apelação; contravenção penal: art. 600

razões de apelação, assistente: art. 600, § 1.º

razões de apelação; Ministério Público: art. 600, § 2.º

reclamação dos objetos apreendidos: art. 123

recurso em sentido estrito; interposição: art. 586

recurso em sentido estrito; manutenção ou reforma do despacho por juiz: art. 589

réplica e tréplica no júri: art. 476

requisição judicial de esclarecimentos para a restauração de autos: art. 544, parágrafo único

resposta da parte contrária à arguição de falsidade de documento constante dos autos: art. 145, I

resposta do juiz; exceção de suspeição: art. 100

restituição de coisa apreendida; prova do direito do requerente: art. 120, § 1.º

revisão criminal: art. 622

suspensão de escrivão; não dar conhecimento da sentença ao Ministério Público: art. 390

suspensão de escrivão; não fizer conclusão de autos de recurso interposto por termo: art. 578, § 3.º

suspensão de escrivão ou secretário do tribunal; negativa em dar recibo ou entregar carta testemunhável: art. 642

suspensão de escrivão reincidente; não execução de atos determinados em lei ou ordenados pelo juiz: art. 799

suspensão de processo criminal para decisão de questão prejudicial: art. 93, § 1.º

suspensão do processo em 20 de dezembro a 20 de janeiro (recesso forense): art. 798-A

término; certificação nos autos pelo escrivão: art. 798, § 2.º

término do inquérito policial; indiciado preso: art. 10

término do inquérito policial; indiciado solto: art. 10

PRECATÓRIA

acareação; testemunha ausente; declarações divergentes; discordância que permanece, expedição da: art. 230

caso de urgência; possibilidade de expedição por via telegráfica: art. 356

conteúdo: art. 354

devolução ao juiz deprecante; independente de traslado: art. 355

devolução imediata; réu que se oculta para não ser citado: art. 355, § 2.º

escritos de pessoa ausente; diligência que poderá ser feita por: art. 174, IV

exame; nomeação dos peritos pelo juiz deprecante quando houver acordo das partes; ação privada: art. 177, *in fine*

exame; nomeação dos peritos por: art. 177

exame; transcrição dos quesitos do juiz e das partes: art. 177, parágrafo único

expedição da; fato que não suspende a instrução criminal: art. 222, § 1.º

prisão por mandado; concessão de fiança: art. 332

réu em outra jurisdição; prisão realizada através de: art. 289

réu fora do território da jurisdição do juiz processante; citação mediante: art. 353

testemunha residente fora da jurisdição do juiz; inquirição pelo juiz deprecado: art. 222

PRECLUSÃO

nota 66, art. 110

PRESCRIÇÃO

objetos e dinheiro dados como fiança; custas e indenizações por réu condenado: art. 336 e parágrafo único

matéria preliminar ao mérito de recurso: nota 2-B ao art. 609

punibilidade; extinção; competência: art. 497, IX

punibilidade não extinta; instauração de processo: art. 414, parágrafo único

PRESIDENTE DA REPÚBLICA

opção por depoimento escrito: art. 221, § 1.º

PRESO

decisão de pronúncia: art. 420

fiança; prestação mediante petição: art. 335

filhos; informação sobre a existência: arts. 6.º, 185, 304 e 308

internação em manicômios judiciários: art. 682

intimação da sentença: art. 392, I

intimação para a sessão de julgamento pelo Tribunal do Júri; nulidade: art. 564, III, g

mandado de prisão; recebimento de exemplar: art. 286

não afiançado: art. 324

presença em juízo; requisição: art. 360

PRESUNÇÃO

convicção do juiz pela apreciação da prova: arts. 155, *caput*, e 198

flagrante delito: art. 302, IV

PREVENÇÃO

distribuição para concessão de fiança, decretação de prisão preventiva ou qualquer diligência anterior à denúncia ou queixa: art. 75, parágrafo único

prática de infrações continuadas em diversos territórios: art. 71

verificação da competência: art. 83

PRIMÁRIO

obtenção de *sursis* pelo sentenciado: art. 696, I

PRINCÍPIOS CONSTITUCIONAIS DO PROCESSO PENAL

nota 1 do Livro I

PRINCÍPIOS GERAIS DE DIREITO

art. 3.º

PRISÃO

arts. 282 a 350

autoridade policial; cumprimento de mandados: art. 13, III

banco de dados: art. 289-A

casa particular; entrega do réu pelo morador; arrombamento de portas, em caso de recusa: art. 293

cautelar do advogado; recurso: art. 295

comum; ressalva quanto a militares: art. 675, § 2.º

diretor; embaraço ou procrastinação da expedição de *habeas corpus*: art. 655

disciplinar; impossibilidade de fiança: art. 324, II

disposições gerais: arts. 282 a 300

domiciliar: arts. 318 e 318

efetivação; em virtude de pronúncia: art. 282

efetuação: art. 283, § 2.º

especial ou recolhimento a quartel: art. 295 e §§ 1.º a 5.º

executor do mandado, em outro município ou comarca: art. 290

gestante; prisão domiciliar: art. 318

homem responsável por filho menor de 12 anos de idade: art. 318

infração inafiançável: art. 287

mandado; cumprimento; expedição: art. 297

mandado; quando se entenderá feita: art. 291

mandado; requisitos: art. 285, parágrafo único

militar; fiança: art. 324, II

mulher com filho de até 12 anos de idade: art. 318

ordem escrita de autoridade competente; dependência para efetivação: art. 283

perseguição do réu: art. 290, § 1.º

praças de pré: art. 296

precatória: art. 289

preso; entrega de um exemplar do mandado: art. 286

provisória; medidas que visem não prolongá-la: art. 80

provisória; separação dos condenados: art. 300

recolhimento de preso; exibição do mandado ao diretor ou carcereiro: art. 288

recolhimento de réu; apelação: art. 387, § 1.º

requisição: art. 289

resistência: art. 292

resistência ou tentativa de fuga do preso; emprego de força: art. 284

testemunha faltosa: arts. 219 e 458

trânsito em julgado e prisão: art. 283

última alternativa: nota 16-A ao art. 282, § 4.º

PRISÃO EM FLAGRANTE

arts. 301 a 310

acusado; apresentação e interrogatório: art. 304

autoridades policiais e agentes; dever: art. 301

casa particular; recusa do morador; arrombamento de portas: art. 294

caso de falta de autoridade no lugar; a quem será apresentado o preso em: art. 308

comunicação da prisão em flagrante à defensoria pública: art. 306, § 1.º efetuação: art. 301

efetuação por qualquer do povo: art. 301

falta de testemunhas; não impedimento do auto respectivo: art. 304, § 2.º

falta ou impedimento do escrivão; lavratura do auto: art. 305

fiança; competência para concessão: art. 332

guarda municipal: art. 301

guarda municipal e invasão de domicílio em atividade investigatória: nota 3-B ao art. 301

infrações permanentes: art. 303

início da ação penal, nas contravenções, com o auto respectivo: art. 26

lavratura do auto: art. 304

liberdade do réu, após lavratura do auto, em caso de o mesmo se livrar solto: art. 309

liberdade provisória do réu; concessão: art. 310

normas a observar: art. 8.º

nulidade, na falta do auto respectivo: art. 564, III, *a*

prática de delito em presença da autoridade; consignação no auto: art. 307

recebimento de nota de culpa pelo preso: art. 306

relaxamento; recurso em sentido estrito: art. 581, V, *in fine*

requisitos: arts. 302 e 303

resistência a sua efetuação: art. 292

PRISÃO ESPECIAL

art. 295

PRISÃO PREVENTIVA

arts. 311 a 316

ameaça a testemunhas: nota 19 ao art. 312

asseguração da aplicação da lei penal: nota 23 ao art. 312

atos infracionais como antecedentes para a prisão preventiva: nota 12-C ao art. 312

autoridades e agentes policiais como autores do crime: nota 20 ao art. 312

cabimento; fases: arts. 311 e 312

cessação dos motivos da prisão preventiva: nota 22 ao art. 312

conceitos jurídicos indeterminados, sem justificativa: nota 40-D ao art. 315

clamor público: nota 11-A ao art. 312

computação na pena privativa de liberdade do tempo da mesma: art. 672, I

conveniência da instrução criminal: nota 18 ao art. 312

converter a prisão em flagrante: art. 310, II

crimes dolosos: art. 313, I e II

crimes hediondos e equiparados: nota 15 ao art. 312

decisão que a denegue ou decrete; fundamentação: art. 315

decisão que decretar, substituir ou denegar deverá ser motivada e fundamentada: art. 315

decretação com a finalidade de antecipação de cumprimento de pena; não admitida: art. 313, § 2.º

distribuição objetivando decretá-la: art. 75, parágrafo único

duração: nota 7-A, art. 311

fatos novos ou contemporâneos: nota 31-E ao art. 312

fuga do agente após o fato: nota 24 ao art. 312

fuga justificada: nota 24-A ao art. 312

fundamentação da prisão preventiva: nota 28 ao art. 312

garantia da ordem econômica: nota 17 ao art. 312

garantia da ordem pública: nota 11 ao art. 312

gravidade do delito: nota 13 ao art. 312

indeferimento de requerimento; recurso em sentido estrito: art. 581, V

indício suficiente de autoria: nota 26 ao art. 312

inexistência de crime; não decretação: art. 314

jurisprudência genérica: nota 40-G ao art. 315

limitação à indicação, reprodução ou paráfrase de ato normativo, sem justificativa: nota 40-C ao art. 315

materialidade do crime: nota 25 ao art. 312

motivação de decisões judiciais, cautelas legais: nota 40-B ao art. 315

motivação e fundamentação: nota 31-D ao art. 312, § 2.º

motivos genéricos: nota 40-A ao art. 315

não enfrentamento dos argumentos levantados no processo: nota 40-F ao art. 315

não seguir súmula ou jurisprudência alegada pela parte sem razão plausível: nota 40-H ao art. 315

organização criminosa: nota 13-A ao art. 312

periculosidade do réu: notas 12 e 12-A ao art. 312

proteção ao réu/indiciado: nota 14 ao art. 312

representação pela autoridade policial: arts. 13, IV, e 311

revisão da necessidade da prisão: nota 42 ao art. 316, parágrafo único

revogação: art. 316

PROCESSO(S)

abandono pelo defensor; justo motivo: art. 265

aplicação de medida de segurança por fato não criminoso: arts. 549 a 555

audiências, sessões e atos processuais; publicidade: art. 792

ausência de defensor; substituição: art. 265, § 2.º

comum: arts. 394 a 497

concessão de *habeas corpus*: art. 651

crimes contra a propriedade imaterial: arts. 524 a 530-I

crimes contra a propriedade imaterial; apreensão; termo lavrado e assinado por duas ou mais testemunhas: art. 530-C

crimes contra a propriedade imaterial; perícia; laudo elaborado sobre todos os bens apreendidos: art. 530-D

crimes de calúnia e injúria de competência do juiz singular: arts. 519 a 523

crimes de competência do júri: arts. 406 a 497

crimes de falência: arts. 503 a 512

crimes de responsabilidade dos funcionários públicos: arts. 513 a 518

crimes hediondos; tramitação; prioridade: art. 394-A

disposições preliminares: arts. 1.º a 3.º

especiais: arts. 503 a 555

exceção de suspeição; autos apartados: art. 111

exceção de suspeição; improcedência manifesta; rejeição: art. 100, § 2.º

exceção de suspeição; não aceitação; remessa dos autos ao juiz ou tribunal competente: art. 100

exceção de suspeição; relevância da arguição; julgamento: art. 100, § 1.º

fato não criminoso; aplicação de medida de segurança: arts. 549 a 555

geral: arts. 1.º a 392

habeas corpus: arts. 647 a 667

nulidade do processo e concessão de *habeas corpus*; renovação do: art. 652

peças: art. 479

punibilidade não extinta; novas provas contra o réu; efeitos: art. 414

recursos em sentido estrito e das apelações nos Tribunais de Apelação: arts. 609 a 618

restauração de autos extraviados ou destruídos: arts. 541 a 548

revelia do acusado: art. 366

sustação; suspeição reconhecida: art. 99

tramitação; prioridade: art. 394-A

PROCESSO PENAL

regência; ressalva: art. 1.º

PROCESSO SUMÁRIO

arts. 531 a 538

PROCURAÇÃO

indicação de defensor por ocasião do interrogatório; efeitos: art. 266

poderes especiais; aceitação de perdão: arts. 55 a 59

poderes especiais; arguição de falsidade: art. 146

poderes especiais; exercício do direito de representação: art. 39

poderes especiais; queixas: art. 44

poderes especiais; recusa de juiz: art. 98

poderes especiais; renúncia ao exercício do direito de queixa: art. 50

PROCURADOR

vide PROCURAÇÃO

PROCURADOR-GERAL DA REPÚBLICA

contestação de embargos na homologação; sentença estrangeira: art. 789, § 5.º

crimes comuns e de responsabilidade; processo e julgamento pelo STF: art. 86, II

pedido de providências para homologação; sentença estrangeira: art. 789

prazo; revisão: art. 625, § 5.º

PROCURADOR-GERAL DE JUSTIÇA

competência do Tribunal de Apelação para julgamento: art. 87

falta do promotor; comunicação: art. 455, parágrafo único

oferecimento da denúncia ou arquivamento do inquérito policial: art. 28

pedido de verificação e cessação da periculosidade: art. 777, § 1.º

prazo; audiência nos recursos em sentido estrito e apelações: art. 610

prazo; parecer em apelações: art. 613, II

prazo; parecer em revisão: art. 625, § 5.º

recursos de *habeas corpus*: art. 612

PRODUÇÃO ANTECIPADA DE PROVAS

art. 156, I

PRONÚNCIA

acusação, correlação: art. 413

culpabilidade de outros indivíduos; aditamento da peça inicial pelo Ministério Público; processo da competência do júri: art. 417

fundamentação: art. 413, § 1.º

indícios de autoria: art. 413

intimação da sentença: art. 420

prisão: art. 413, § 3.º

processos da competência do juiz; nulidade pela falta de sentença: art. 564, III, f

recurso; subida em traslado: art. 583, parágrafo único

recursos da decisão: art. 581, IV

suspensão tão somente do julgamento pelo recurso de: art. 584, § 2.º

PROPRIEDADE IMATERIAL

busca ou apreensão: art. 527

crimes; ação penal pública: art. 530-I

crimes; processo e julgamento: arts. 524 a 530-I

crimes; queixa: art. 530-I

crimes; titulares do direito de autor; fiéis depositários de todos os bens apreendidos: art. 530-E

PRORROGAÇÃO DE COMPETÊNCIA

autoridade policial: art. 22

desclassificação de crime pelo júri: art. 492, § 1.º

PROTESTO POR NOVO JÚRI

Cap. IV, Título II, Livro III

PROVA

arts. 155 a 250

absolvição do réu: art. 386, IV e V

alegação; legitimidade: art. 156

convicção do juiz; formação pela livre apreciação: art. 155

deferimento; critério judicial: art. 422

disposições gerais: arts. 155 a 157

documental; reprodução: art. 543, III

encontro fortuito: art. 155

ilícita: art. 157, *caput*

ilícita por derivação: art. 157, § 1.º

inadmissível; impossibilidade do juiz que conhecer do conteúdo da prova proferir a sentença ou acórdão: art. 157, § 5.º

juiz; não ficará adstrito ao laudo pericial: art. 182

juízo penal; restrições: art. 155, parágrafo único

peritos não oficiais; exames de corpo de delito e outras perícias: art. 159, § 2.º

peritos oficiais; exames de corpo de delito e outras perícias: art. 159

produção antecipada: art. 156, I

realização da prova; determinação: art. 155

testemunhal; caso em que suprirá o exame do corpo de delito: art. 167

testemunhal; suprimento da falta de exame complementar: art. 168, § 3.º

PROVA NOVA

no inquérito policial: art. 18

no júri: art. 414, parágrafo único

na revisão criminal: art. 621, III

PSICOPATA

autos; entrega aos peritos para exame de insanidade mental: art. 150, § 2.º

curador para aceitação de perdão: art. 53

depoimento sem compromisso: art. 208

direito de queixa por curador especial: art. 33

doença mental superveniente à infração, em relação a corréu; cessação da unidade do processo: art. 79, § 1.º

exame de sua integridade mental; nomeação de curador: art. 149, § 2.º

exame médico-legal; promoção no inquérito: art. 149, § 1.º

exame médico-legal quando duvidosa a integridade mental do acusado: art. 149

incidente de insanidade mental; processo em auto apartado: art. 153

internação do acusado; exame de insanidade mental: art. 150

internação do acusado; superveniência de doença mental: arts. 152, § 1.º, e 682

suspensão do processo; doença mental posterior à infração: art. 152

PUBLICAÇÃO

lista geral dos jurados: art. 426

pauta dos julgamentos ocorridos nos tribunais; necessidade, sob pena de nulidade; nota 5-B, Livro III, Título II; nota 82, art. 665

sentença; conhecimento ao Ministério Público: art. 390

sentença; jornal e data: art. 387, VI

sentença; termo e registro em livro especial: art. 389

PÚBLICAS-FORMAS
validade: art. 237

PUNIBILIDADE
aceitação de perdão e extinção: art. 58, parágrafo único

levantamento de arresto ou cancelamento de hipoteca, julgada extinta: art. 141

QUALIFICAÇÃO
acusado; comparecimento perante a autoridade judiciária: art. 185

acusado; denúncia ou queixa; requisitos: art. 41

liberado; caderneta: art. 724, I

testemunha: art. 203

QUALQUER DO POVO
comunicação de crimes de ação penal pública à autoridade policial: art. 5.º, § 3.º

habeas corpus; impetração: art. 654

lista geral dos jurados: art. 426

prisão de pessoa encontrada em flagrante delito: art. 301

provocação da iniciativa do Ministério Público nos crimes de ação penal pública: art. 27

reclamação; lista geral dos jurados: art. 426, § 1.º

QUEIXA
aditamento ou repúdio pelo Ministério Público: arts. 29, 45 e 384, *caput* e § 1.º

contra qualquer dos autores do crime; indivisibilidade: art. 48

processo e julgamento dos crimes contra a propriedade imaterial; aplicabilidade: art. 530-A

curador especial para o exercício do direito de: art. 33

depósito das custas; ressalva: art. 806

elementos: art. 41

inquérito policial: art. 12

nulidade; em sua falta: art. 564, III, *a*

omissões; suprimento: art. 569

perempção da ação penal: art. 60

realização de ato ou diligência; depósito em cartório da importância das custas: art. 806

rejeição: art. 395

remessa do processo ao juízo competente por discordância do juiz quanto a: art. 419

QUERELANTE
crimes de calúnia e injúria; reconciliação: art. 521

intimação da sentença: art. 391

QUESITOS
arrependimento posterior: art. 483

divergência entre peritos: art. 180

julgamento pelo Tribunal do Júri; leitura: art. 484

nova votação em caso de resposta contraditória: art. 490

nulidade, na sua falta: art. 564, III, *k*

prazo para formulação: art. 176

prejudicados em julgamento pelo júri; votação finda: art. 490, parágrafo único

regras para formulação: art. 483

transcrição na precatória: art. 177, parágrafo único

votação pelo Conselho de Sentença; júri: arts. 482 e 488

QUESTÕES PREJUDICIAIS
arts. 92 a 94

ação cível; promoção pelo Ministério Público: art. 92, parágrafo único

cabimento de recurso; despacho que ordena suspensão do processo: art. 581, XVI

decretação da suspensão do processo pelo juiz: art. 94

intervenção do Ministério Público na causa cível, para o rápido andamento da mesma, em caso de suspensão do processo: art. 93, § 3.º

recurso; não cabimento em relação a despacho que denegar a suspensão do processo: art. 93, § 2.º

sentença penal; coisa julgada no cível: art. 65

suspensão da ação penal; controvérsia sobre o estado civil das pessoas: art. 92

suspensão da ação penal; prorrogação e prosseguimento do processo; prazo: art. 93, § 1.º

suspensão do processo-crime; questão cível: art. 93

R

RAZOABILIDADE

princípio da; excesso de prazo: nota 22 ao art. 648

REABILITAÇÃO

arts. 743 a 750

audiência do Ministério Público: art. 745, *in fine*

comunicação ao Institutc de Identificação e Estatística: art. 747

folha de antecedentes; não constará condenação anterior: art. 748

pedida pelo representante do morto: arts. 623 e 631

recurso de ofício da decisão que a conceder: art. 746

renovação do pedido: art. 749

requisitos do requerimento: art. 743

revisão criminal: art. 621

revogação: art. 750

RECAPTURA

réu evadido; efetuação por qualquer pessoa: art. 684

RECESSO FORENSE

art. 798-A, *caput*

audiências e sessões de julgamento: art. 798-A, parágrafo único

não cabimento, hipóteses: art. 798-A, I a III

RECLAMAÇÃO

notas 7 a 9 do Livro III, Título II, Capítulo II

RECONCILIAÇÃO

assinatura do termo de desistência e arquivamento da queixa: art. 522

crimes de calúnia e injúria: art. 520

RECONHECIMENTO

imagem: nota 3-A, Cap. VII, Tít. VII

objeto; procedimento: art. 227

objeto ou pessoa; prova em separado: art. 228

pessoa; lavratura de auto pormenorizado do ato: art. 226, IV

pessoa; procedimento: art. 226

pessoa na instrução criminal ou no plenário de julgamento: art. 226, parágrafo único

voz: nota 3-A, Cap. VII, Tít. VII, Livro I

RECURSO(S)

arts. 581 a 592

arguição de suspeição de peritos, intérpretes, serventuários ou funcionários de justiça; não cabimento: art. 105

decisão que reconhecer falsidade de documento; não caberá: art. 145, IV

despacho ou sentença que decretar ou denegar interdições de direitos ou medida de segurança; não cabimento de: arts. 374 e 378

despacho que admita ou não intervenção de assistente; não cabimento de: art. 273

despacho que decida arguição de suspeição contra órgão do Ministério Público; não cabimento: art. 104

despacho que denegar suspensão do processo; não cabimento de: art. 93, § 2.º

empate; julgamento de recursos: art. 615, § 1.º

especial: nota 2, Capítulo VIII, Título II, Livro III e nota 16-A ao art. 638

extraordinário: arts. 637, 638 e nota 16-A ao art. 638

fungibilidade: art. 579

geral: arts. 574 a 667

habeas corpus contra prisão administrativa; não cabimento: art. 650, § 2.º

impronúncia: art. 416

interposição: art. 577

interposição pelo Ministério Público; desistência inadmissível: art. 576

interposição por petição ou termo nos autos: art. 578

intimação da defesa para acompanhar o recurso: nota 2-A ao art. 609

ofício; casos: art. 574

ofício; nulidade, se faltar: art. 564, III, *n*

ofício; subida nos próprios autos: art. 583, I

ofício da sentença que conceder *habeas corpus*: art. 574, I

ofício da sentença que conceder reabilitação: art. 746

ordinário constitucional: nota 11, Capítulo VIII, Título II, Livro III

parte que não tenha interesse na reforma ou modificação da decisão; não cabimento de: art. 577, parágrafo único

petição de interposição; prazo para entrega ao escrivão: art. 578, § 2.º

pronúncia; cabimento: art. 581, IV

pronúncia; quando subirá em traslado: art. 583, parágrafo único

pronúncia; suspensão do julgamento: art. 584, § 2.º

reformatio in pejus: impossibilidade; nota 5-A, Livro III, Título II; notas 21 a 24-B, art. 617

sentença definitiva: art. 593, I

RECURSO EM SENTIDO ESTRITO

cabimento: art. 581

sentido estrito; fiança: art. 581, V

efeito suspensivo; casos: art. 584

fiança: art. 581, V

homologação à proposta de não persecução penal: nota 57-A ao art. 581, XXV

prazo para extração de traslado pelo escrivão: art. 587, parágrafo único

prazo para interposição: art. 586

prazo para oferecimento de razões pelo recorrente e recorrido: art. 588

prazo para reforma ou sustentação de despacho por juiz: art. 589

pronúncia; exigência da prisão do réu ou prestação da fiança: art. 585

reforma do despacho recorrido; efeitos: art. 589, parágrafo único

subida nos próprios autos: art. 583

RECUSA

comutação da pena: art. 739

jurados sorteados; direito: art. 468

serviço do júri: art. 438

REFORMATIO IN PEJUS

notas 21 a 24-D ao art. 617

REGIMENTO INTERNO

julgamento da homologação de sentença estrangeira pelo STJ: art. 789, § 5.º

normas complementares para *habeas corpus*; competência do STF: art. 667

normas complementares para *habeas corpus*; estabelecimento pelos Tribunais de Apelação: art. 666

normas complementares para recursos; Tribunais de Apelação: art. 618

normas complementares para revisões criminais; estabelecimento pelos Tribunais de Apelação: art. 628

processo e julgamento do recurso extraordinário; competência do STF: art. 638

REGISTRO CIVIL

averbação da incapacidade para exercer autoridade marital ou pátrio poder: art. 693

REGISTRO POLICIAL

anotação de caráter permanente: nota 102-A ao art. 23

REINCIDÊNCIA

crimes afiançáveis; prisão preventiva: art. 313, III

fiança; casos de inadmissibilidade: art. 323, III

REINQUIRIÇÃO DE TESTEMUNHAS

plenário do júri: art. 476, § 4.º

restabelecimento do acusado insano mental: art. 152, § 2.º

segunda instância: art. 616

RELAÇÕES JURISDICIONAIS

autoridade estrangeira: arts. 780 a 790

RELATOR

citação do interessado na homologação de sentença estrangeira: art. 789, § 2.º

expedição de alvará de soltura, em caso de decisão absolutória confirmada ou proferida em grau de apelação: art. 670

recursos em sentido estrito; exposição do feito: art. 610, parágrafo único

recursos em sentido estrito; vista dos autos; prazo: art. 610

revisão criminal: art. 625

revisão criminal; apresentação do processo: art. 625, § 4.º

revisão criminal; exame dos autos: art. 625, § 5.º

RELATÓRIO

elaboração e remessa do inquérito ao juiz: art. 10, § 1.º

processo e exposição do fato: art. 423, II

testemunhas não inquiridas; indicação pela autoridade policial: art. 10, § 2.º

RENÚNCIA

exercício do direito de queixa; declaração: art. 50

exercício do direito de queixa em relação a um dos autores do crime; extensão: art. 49

representante de menor; efeitos: art. 50, parágrafo único

tácita; meios de prova: art. 57

REPARAÇÃO CIVIL DOS DANOS

arts. 63, parágrafo único; 387, IV

RÉPLICA

julgamento pelo júri: art. 476

REPRESENTAÇÃO

crimes; início do inquérito: art. 5.º, § 4.º

declaração do exercício do direito: art. 39

dispensa do inquérito pelo Ministério Público, em caso de oferecimento de elementos à promoção da ação penal: art. 39, § 5.º

irretratabilidade: art. 25

nulidade, se faltar: art. 564, III, *a*

ofendido; crimes de ação pública: art. 24

oferecida ou reduzida a termo; inquérito: art. 39, § 3.º

redução a termo: art. 39, § 1.º

remessa à autoridade policial para inquérito; oportunidade: art. 39, § 4.º

REQUISIÇÃO

Conselho Penitenciário; autos; parecer sobre livramento condicional: art. 716, § 1.º

força pública; manutenção da ordem nas audiências: art. 794

inquérito policial; autoridade policial ou Ministério Público: art. 5.º, II

Ministro da Justiça; ação pública; quando a lei exigir: art. 24

réu preso; apresentação em juízo: art. 360

réu preso; acompanhamento da audiência de instrução: art. 399, § 1.º

testemunha; apresentação em juízo: art. 218

RESIDÊNCIA DO RÉU

afiançado; mudança ou ausência; comunicação à autoridade: art. 328

competência; preferência do querelante: art. 73

competência; quando determina: art. 72, *caput*

competência pela prevenção: art. 72, § 1.º

incerta ou ignorada; juízo competente: art. 72, § 2.º

RESISTÊNCIA À PRISÃO

emprego de força: art. 284

terceiros: art. 292

RESPONSABILIDADE

civil; ressarcimento de dano: art. 64

civil; penal; administrativa; integridade física ou psicológica da vítima; audiência de instrução e julgamento: nota 68-B ao art. 400-A

habeas corpus; autoridade coatora; má-fé ou abuso de poder: art. 653

juiz e órgão do Ministério Público; retardamento: art. 801

presidente; tribunal do júri; multas a jurados faltosos: art. 442

RESPOSTA DO ACUSADO

arts. 396-A; 406, § 3.º

RESSARCIMENTO DE DANO

garantias; alcance: art. 140

medidas assecuratórias; competência do Ministério Público para promoção: arts. 142 e 144

responsabilidade civil: art. 64

RESTAURAÇÃO DE AUTOS

diligências necessárias; determinação: art. 543

exibição e conferência de certidões; audiência: art. 542

extraviados na segunda instância: art. 541, § 3.º

extraviados ou destruídos: arts. 541 a 548

requisição de cópias: art. 541, § 2.º, *b*

valor dos originais: art. 547

RESTITUIÇÃO DE COISAS APREENDIDAS

arts. 118 a 124

alienação: art. 122

apreensão de coisa adquirida com os proventos da infração: art. 121

competência para determiná-la: art. 120 e parágrafos

destinação dos bens a museus públicos: art. 124-A

dúvida quanto ao direito do reclamante; autuação em apartado do pedido: art. 120, § 1.º

instrumentos do crime e coisas confiscadas; inutilização ou recolhimento a museu criminal: art. 124

objetos apreendidos não reclamados ou não pertencentes ao réu; venda em leilão e depósito do saldo: art. 123

recurso cabível no incidente: nota 10-A ao art. 120

RÉU

afiançado; exigências para mudança ou afastamento de residência: art. 328

citação; legações estrangeiras; carta rogatória: art. 369

citação por edital: arts. 361 e 364

liberdade provisória: art. 321

novo interrogatório, a qualquer tempo: art. 196

pobreza; liberdade provisória: art. 350

presença em plenário: art. 474

prisão em outro município ou comarca: art. 290

prosseguimento do processo, em caso de revelia: art. 366

resposta à denúncia e arrolamento de testemunhas: art. 396 e 396-A

REVELIA

ausência do acusado: art. 366

mudança ou ausência da residência, por parte do réu; prosseguimento do processo: art. 367

REVISÃO

arts. 621 a 631

confronto com unificação de penas: nota 50-A ao art. 581

falecimento do réu no curso do processo; nomeação de curador: art. 631

indenização por prejuízos: art. 630

legitimidade: art. 623

morte do réu; formulação do pedido: art. 623

processo e julgamento: art. 624

processos findos; admissibilidade: art. 621

reformatio in pejus; inadmissibilidade: art. 626, parágrafo único

restabelecimento dos direitos perdidos: art. 627

ROL DE TESTEMUNHAS

apresentação das partes: arts. 41, 396-A e 422

ROL DOS CULPADOS

menção de penas acessórias: art. 694

S

SALA SECRETA

recolhimento dos jurados; presença do juiz: art. 485

SALVO-CONDUTO

liberado; conteúdo: art. 724, §§ 1.º e 2.º

processo de *habeas corpus* preventivo; entrega a paciente: art. 660, § 4.º

SECRETÁRIO DE ESTADO

inquirição: art. 221

prisão especial: art. 295, II

SECRETÁRIO DE TRIBUNAL

assistência a atos processuais: art. 792

habeas corpus; envio imediato da petição ao presidente do tribunal, da câmara criminal ou de turma, em caso de competência originária do Tribunal: art. 661

ordem de *habeas corpus:* art. 665

prazos para entrega de carta testemunhável: art. 641

suspensão pela não entrega de carta testemunhável: art. 642

SEGREDO

audiências, sessões e atos processuais: art. 792, § 1.º

profissional; limitação na formação do corpo de delito: nota 47-A ao art. 207

profissional; proibição de depor; ressalva: art. 207

reabilitação; diligências: art. 745

Tribunal do Júri; votação: art. 486 e 487

SENTENÇA

vide também DECISÕES, SENTENÇA ABSOLUTÓRIA e SENTENÇA CONDENATÓRIA arts. 381 a 392

absolvição sumária; reconhecimento de circunstância que exclua ou isente o réu de pena: art. 415

aditamento; pronúncia; culpabilidade de outros indivíduos: art. 417

ausência de fundamentação: nota 9-B ao art. 381

datilografada; rubrica do juiz: art. 388

elementos: art. 381

embargos de declaração: art. 382

estrangeira; carta rogatória; atendimento: art. 784

estrangeira; homologação: arts. 787 a 790

exequibilidade: art. 669

final; instauração de inquérito por reconhecimento de falso testemunho: art. 211

fundamentada; julgamento pelo júri: art. 492

fundamentada; requisitos: arts. 381, 386 e 387

fundamentada; substituição ou revogação de interdição de direito ou de medida de segurança: arts. 375 e 378 intimação: art. 392, I a VI

intimação pessoal ao réu ou defensor nos crimes afiançáveis: art. 392, II

intimação pessoal ao réu preso: art. 392, I

julgamento em diligência; conversão: art. 384

júri; absolvição: art. 492, II

júri; condenação: art. 492, I

júri; desclassificação da infração; proferimento por seu presidente: arts. 74, § 3.º, e 492, § 1.º

júri; fundamentação: art. 492

júri; lavratura pelo juiz: art. 492

júri; quesitos prejudicados; término da votação: art. 490

júri; tomada por maioria de votos: art. 489

motivação: art. 381, III

nulidade: art. 564, III

possibilidade de nova definição jurídica do fato; efeitos: art. 384

processo sumário: art. 534

proferimento; prazo: art. 800

pronúncia; competência: art. 413

pronúncia; interdições de direitos; aplicação provisória: art. 373, II

pronúncia; medida de segurança; aplicação provisória: art. 378

pronúncia; nulidade: art. 564, III, f

publicação: art. 389

publicação em mão do escrivão: art. 389

registro em livro especial: art. 389

trânsito em julgado; encaminhamento do réu; expedição de carta de guia: art. 674

SENTENÇA ABSOLUTÓRIA

vide também DECISÕES, SENTENÇA e SENTENÇA CONDENATÓRIA

apelação; casos em que não terá efeito suspensivo: arts. 318 e 596, parágrafo único

aplicação provisória de interdição de direito e medida de segurança: arts. 376 e 378

circunstância que exclua o crime ou isente o réu de pena; reconhecimento: art. 415

execução: art. 569

julgamento pelo júri; efeitos: art. 492, I

medida de segurança: arts. 386, parágrafo único, III, 492, II, c, e 753

não impedimento da propositura de ação civil: art. 67, III

reforma pela superior instância: art. 675, § 1.º

requisitos: art. 386

trânsito em julgado; aplicação de medida de segurança: art. 753

SENTENÇA CONDENATÓRIA

vide também DECISÕES, SENTENÇA e SENTENÇA ABSOLUTÓRIA

absolvição opinada pelo Ministério Público: art. 385

apelação; efeitos: art. 597

aplicação das penas; critério a ser adotado pelo juiz: art. 387, III

crimes contra a propriedade imaterial; destruição dos bens ilicitamente produzidos ou reproduzidos: art. 530-G

crimes contra a propriedade imaterial; perdimento dos equipamentos apreendidos; destruição ou doação; incorporação ao patrimônio da União: art. 530-G

cumprimento da pena; apelação: art. 673

efeitos: arts. 548 e 669, I

elementos: art. 381

execução: art. 669

fiança no processo; cabimento: art. 334

garantia das custas: art. 336, parágrafo único

irrecorrível; interdições de direitos; aplicação provisória: art. 374

irrecorrível; medida de segurança; aplicação provisória: art. 378

julgamento pelo júri: art. 492, I

pobreza do titular do direito; promoção da execução pelo Ministério Público: art. 68

processo de restauração de autos extraviados ou destruídos; efeitos: art. 548

publicação: art. 387, VI

publicação em mão de escrivão; termo e registro em livro especial: art. 389

recorrível; interdições de direitos; aplicação provisória: art. 373, IV

reparação civil; *quantum*: art. 63

reparação civil dos danos: art. 387, IV

requisitos: art. 387

trânsito em julgado; autos de hipoteca e sequestro; remessa ao juízo cível: art. 143

trânsito em julgado; avaliação e venda de bens sequestrados: art. 133

trânsito em julgado; expedição de mandado de prisão por crime em que o réu se livra solto: art. 675

trânsito em julgado; reparação do dano; promoção da execução: art. 63

SENTENCIADO

comunicação de seu óbito, fuga ou soltura ao juiz, pelo diretor da prisão: art. 683

internação em manicômio judiciário por superveniência de doença mental: art. 682

livramento condicional; concessão: art. 710

multa; pagamento: art. 688, II, *a*

SEQUESTRO

autuação em apartado: arts. 129

bens; avaliação e venda em leilão público: art. 133

bens imóveis; inscrição no Registro de Imóveis: art. 128

bens imóveis; transferência a terceiro: art. 125

bens móveis; proveniência ilícita; indícios veementes: art. 132

decretação; elementos: art. 126

embargo pelo acusado ou terceiro: art. 130

embargos de terceiro; admissão: art. 129

levantamento; casos: art. 131

poderá ser ordenado em qualquer fase do processo: art. 127

venda de bens em leilão: art. 133, parágrafo único

SERVENTUÁRIO DA JUSTIÇA

vide também ESCRIVÃO(ÃES)

incompatibilidade ou impedimento legal; impossibilidade de servir no processo; abstenção: art. 112

suspeição; extensão das regras aplicáveis aos juízes: art. 274

suspeição arguida: art. 105

SIGILO

vide SEGREDO

SIGNATÁRIO

exibição de cartas em juízo sem o seu consentimento: art. 233, parágrafo único

SILÊNCIO

querelado; aceitação do perdão: art. 58

réu, no interrogatório; prejuízo da defesa: art. 186

SOBERANIA DOS VEREDICTOS

vide TRIBUNAL DO JÚRI

SOBRESTAMENTO

ação penal, para decisão de ação cível; prazo: art. 93, § 1.º

SOCIEDADES

exercício da ação penal: art. 37

SOLICITADOR

vide também ADVOGADO

nomeação de defensor: art. 264

SOLTURA

absolvição em segunda instância; expedição de alvará: art. 670

habeas corpus: art. 653

imediata; apelação de sentença absolutória: art. 596

ordem transmitida por telegrama; concessão de *habeas corpus*: arts. 660, § 6.º, e 665

sentenciado; comunicação ao juiz: art. 683

SORTEIO DE JURADOS

conselho de sentença; formação: art. 467

impugnação: art. 468

suplentes: art. 471

SÚMULA VINCULANTE

reclamação para o STF: *vide* nota 7-A ao Capítulo II, Título II do Livro III

SUPERIOR TRIBUNAL DE JUSTIÇA

exequatur; carta rogatória; cumprimento de diligências; prazo: art. 786

sentença estrangeira; homologação: art. 787

sentença estrangeira; processo de homologação: art. 789

SUPLENTES

lista de jurados; organização em comarcas ou termos onde seja necessário: art. 425, § 1.º

sorteio: art. 471

SUPREMO TRIBUNAL FEDERAL

competência privativa: art. 86

habeas corpus; processo e julgamento: arts. 650, I, e 667

jurisdição; restabelecimento mediante avocatória: art. 117

nulidade de julgamento por falta de *quorum*: art. 564, III, *p* processos por crime contra a honra; exceção da verdade, admissibilidade; competência para julgamento: art. 35

revisões criminais; processo e julgamento: art. 624, I

suspeição; declaração: art. 103

SURDO

vide também MUDO e SURDO-MUDO

depoimento: art. 223, parágrafo único

interrogatório: art. 192, L e parágrafo único

SURDO-MUDO

vide também MUDO e SURDO

depoimento: art. 223, parágrafo único

interrogatório: art. 192, III, e parágrafo único

SURSIS

vide SUSPENSÃO CONDICIONAL DA PENA

SUSPEIÇÃO

afirmação espontânea pelo juiz: arts. 97 e 254

arguição da mesma; precederá a qualquer outra; ressalva: art. 96

autoridades policiais: art. 107

autuação em apartado da petição; não aceitação pelo juiz da arguição: art. 100

declarada; membro do STF e do Tribunal de Apelação: art. 103

decorrente de parentesco por afinidade; cessação: art. 255

exceção: art. 95, I

incompatibilidade ou impedimento; arguição pelas partes quando inocorrente a abstenção; exceção de: art. 112

juiz; nulidade: art. 564, I

jurados; arguição oral: art. 106

jurados; parentesco: art. 448

Ministério Público: art. 104

Ministério Público; não intervenção: art. 258

não reconhecimento: art. 256

parentesco de advogado com juiz: art. 267

peritos, intérpretes e serventuários ou funcionários da justiça: arts. 105, 274, 280 e 281

procedência; nulidade dos atos do processo principal: art. 101

procedência da arguição reconhecida; sustação do processo principal: art. 102

procedente; responsabilidade do juiz pelas custas: art. 101

reconhecimento pelo juiz; sustação do processo: art. 99

recusado juiz pela parte; procedimento: arts. 98 e 254

testemunha; arguição anterior ao depoimento: art. 214

SUSPENSÃO DE AÇÃO

civil; até julgamento definitivo da ação penal: art. 64, parágrafo único

penal; decisão da ação civil; prazo: art. 93, § 1.º

penal; decretação de ofício ou a requerimento das partes: art. 94

penal; intervenção do Ministério Público na causa cível: art. 93, § 3.º

penal; não cabimento de recurso do despacho que denegá-la: art. 93, § 2.º

SUSPENSÃO DE PROCESSO

citação, intimação ou notificação; falta ou nulidade: art. 570

despacho; recurso: art. 581, XVI

principal, pela procedência da arguição de suspeição: art. 102

recesso forense, 20 de dezembro a 20 de janeiro: art. 798-A

superveniência de doença mental do acusado: art. 152

SUSTENTAÇÃO ORAL

direito da parte, sob pena de nulidade: nota 5-B, Livro III, Título II; nota 82, art. 665

recursos em geral: Livro III, Título II

T

TELEFONE

requisição de captura: art. 299

TELEGRAMA

precatória; expedição em caso de urgência: art. 356

requisição de prisão: art. 289, § 1.º.

transmissão de ordem de soltura; concessão de *habeas corpus*: art. 665, parágrafo único

TENTATIVA DE FUGA

emprego de força: art. 284

TERCEIRO

embargante; admissibilidade de intervenção no sequestro: arts. 129 e 130, II

embargante; levantamento do sequestro mediante caução: art. 131, II

perito; caso de nomeação: art. 180

recorrente; interesse na reforma da decisão: art. 577, parágrafo único

sequestro de bens imóveis ao mesmo transferidos: art. 125

TERMO

adiamento da instrução criminal: art. 372

apreensão; crimes contra a propriedade imaterial; assinatura por duas ou mais testemunhas: art. 530-C

apreensão; crimes contra a propriedade imaterial; descrição dos bens e informações sobre suas origens: art. 530-C

cerimônia de livramento condicional; lavratura em livro próprio: art. 723

crimes contra a propriedade imaterial; apreensão; inquérito policial: art. 530-C

fiança; requisitos: art. 329

restauração de autos; oitiva das partes; conteúdo: art. 542

votação; julgamento pelo júri; quesitos: art. 488

TERRITORIALIDADE

regência do processo penal: art. 1.º

TERRORISMO

Prisão temporária: nota 3, Cap. III, Título IX, Livro I

TESOURO NACIONAL (FUNDO PENITENCIÁRIO)

fiança perdida pelo réu; recolhimento do saldo: art. 345

fiança quebrada pelo réu; recolhimento do saldo: art. 346

indenização reconhecida em recurso de revisão: art. 630, § 1.º

TESTEMUNHA(S)

arts. 202 a 225

adiantamento de julgamento pelo júri, em caso de falta de; inadmissibilidade; ressalva: art. 461

apreciações pessoais; impedimento de manifestação: art. 213

arrolada; nulidade, pela falta de intimação: art. 564, III, *h*

capacidade: art. 202

caráter de imprescindibilidade: art. 422

comparecimento impossível; inquirição: art. 220

compromisso; a quem não será deferido: art. 208

condução coercitiva sem prévia designação de audiência: art. 201

contradita, antes de iniciado o processo: art. 214

convocação para assistir a arrombamento de porta, em caso de desobediência à entrega de réu: art. 293

da acusação; prazo para serem ouvidas: art. 400

depoimento antecipado: art. 225

depoimento colhido pelo representante do Ministério Público: nota 52-A, art. 209

depoimento de mudo, surdo ou surdo-mudo: art. 223, parágrafo único

depoimento obrigatório: art. 206

depoimento oral: art. 204

desistência de seu depoimento: art. 401, § 2.º

falso testemunho; advertência: art. 210, *caput*

falso testemunho; cometimento em carta precatória: nota 24 ao art. 70, e nota 104-A ao art. 222

flagrante delito; oitiva; auto: art. 304

funcionário público: art. 221, § 3.º

identidade duvidosa: art. 205

imprescindível e não localizada: art. 422

incomunicabilidade: art. 210

influência em seu depoimento pela presença do réu: art. 217

inquirição; comprovação do prejuízo: art. 563

inquirição em caso de exceção de suspeição: art. 100, § 1.º

inquirição *ex officio*: arts. 156, II, 209 e 807

inquirição na instrução criminal: arts. 400 e 401

inquirição no processo sumário, testemunha da defesa: art. 531

inquirição pelo juiz; ordem: art. 473

inquirição por precatória: art. 222

inquirição; presença das partes: art. 202

instauração de inquérito por falsidade: art. 211

instrução do processo; número máximo: art. 401

intérprete, no caso de desconhecimento da língua nacional: art. 223

intimação e não comparecimento; condução coercitiva: art. 201

juiz; ouvida a seu critério: art. 209

júri; vencimentos; desconto; vedação: art. 459

militar: art. 221, § 2.º

mudança de residência; comunicação ao juiz: art. 224

número máximo para a apresentação do réu no processo sumário: art. 532

número que deporá em plenário: art. 422

oferecimento por juiz que não aceitar a suspeição: art. 100

ordem de inquirição: art. 222

perguntas das partes; diretamente às testemunhas: art. 212, *caput*

perguntas das partes; complementação pelo juiz: art. 212, parágrafo único

pessoas não computadas como tal: art. 209, § 2.º

processo sumário; número máximo: art. 532

proibição de depor: art. 207

promessa de dizer a verdade: art. 203

que poderão ajustar com o juiz dia, hora e local: art. 221

recusa de depoimento justificada: art. 206

redução a termo do depoimento; assinatura: art. 216

reinquirição em outra instância: art. 616

reprodução de seu depoimento: art. 215

separadas as da acusação e da defesa e recolhidas onde não possam ouvir os debates, no julgamento pelo júri: art. 460

valoração das declarações: art. 208

TRADUÇÃO

documentos em língua estrangeira: art. 236

TRANCAMENTO DE AÇÃO OU INVESTIGAÇÃO PENAL

nota 7-A ao art. 24

nota 21-A ao art. 648

TRASLADO

autos; extração promovida pelo apelante; prazo para remessa à instância superior: art. 601, §§ 1.º e 2.º

despesas: art. 601, § 2.º

extração de peças para instrução do recurso: art. 589

peças que deverão formar o instrumento; indicação: art. 587

recurso da pronúncia: art. 583 parágrafo único

recurso em sentido estrito; extração, conferência e concerto: art. 587, parágrafo único

recurso em sentido estrito; extração; prorrogação de prazo: art. 590

termos essenciais da apelação: art. 603

TRATADOS

homologação de sentenças penais estrangeiras: art. 780

inaplicabilidade do Código de Processo Penal: art. 1.º, I

TRÉPLICA

art. 476, § 4.º

TRIBUNAIS DE APELAÇÃO

câmaras criminais; competência: art. 609

competência para processo e julgamento de seus membros: art. 86, I

decisão por maioria de votos: art. 615

desaforamento do julgamento para comarca ou termo próximo: art. 427 e 428

execução da sentença; competência: art. 668, parágrafo único

habeas corpus de sua competência originária; processo e julgamento: arts. 650, II, 661 e 666

julgamento; competência originária: art. 87

novo interrogatório do acusado e reinquirição de testemunhas no julgamento de apelações: art. 616

nulidade de julgamento pela falta de *quorum* legal: art. 564, III, *p*

processos e julgamento de seus membros; competência do STF; crimes comuns e de responsabilidade: art. 86, III

recursos e apelações; julgamento: art. 609

recursos em sentido estrito e apelações; processo e julgamento: arts. 609 a 618

revisões criminais; processo e julgamento: art. 624, II

suspeição de seus membros; declaração: art. 103

TRIBUNAL DO JÚRI

absolvição sumária: art. 415

afixação, na porta do edifício do tribunal: art. 426

alistamento de jurados: arts. 425 e 426

competência: art. 74, § 1.º e nota 6 ao Capítulo II do Título I do Livro II

competência por conexão ou continência; remessa do processo ao juízo competente: art. 81, parágrafo único
composição: art. 447
concurso de competência; prevalência: art. 78, I
desclassificação: art. 419
execução de sentença; competência de sua presidência: art. 668
falso testemunho; apresentação imediata á autoridade policial: art. 211, parágrafo único
fórmulas e termos de processos perante o mesmo; nulidade: art. 564, III, *f*
função dos jurados: art. 439
impronúncia: art. 414
infração desclassificada pelo tribunal: arts. 74, § 3.º, e 492, § 2.º
instrução em plenário: art. 473 e ss.
interposição de apelação de suas decisões; cabimento: art. 593, III
jurado; função obrigatória: art. 436
jurados; exibição de mídia: art. 477
liberdade de imprensa (e): nota 7 ao Capítulo II do Título I do Livro II
nomeação de substituto para defensor ausente: art. 265, § 2.º
órgão do Poder Judiciário: nota 9 ao Capítulo II do Título I do Livro II
origem histórica: nota 1 ao Capítulo II do Título I do Livro II
plenitude de defesa: nota 3 ao Capítulo II do Título I do Livro II
preparação do processo para plenário: art. 422 e ss.
presidente; atribuições: art. 497
procedimento: art. 406 e ss.
procedimento trifásico: nota 11 ao Capítulo II do Título I do Livro II
pronúncia: art. 413
questionário: art. 482 e ss.
reconhecimento de pessoa no plenário de julgamento: art. 226, parágrafo único
sentença em plenário: art. 492
sigilo das votações: nota 4 ao Capítulo II do Título I do Livro II
soberania dos veredictos: nota 5 ao Capítulo II do Título I do Livro II
soberania dos veredictos e apelação: nota 19 ao art. 593

soberania dos veredictos e nulidade: nota 19-B ao art. 593

TUTELA
incapacidade para o seu exercício: art. 692

ULTRA PETITA
definição jurídica diversa daquela constante da queixa ou denúncia; aplicação de pena mais grave: art. 383
nova definição jurídica; aditamento de denúncia ou queixa pelo Ministério Público: art. 384

UNIFICAÇÃO DE PENAS
definição e utilidade: nota 50 ao art. 581

VIDEOCONFERÊNCIA
arts. 185, §§ 2.º a 9.º; 217; 222, § 3.º
falso testemunho: nota 104-B ao art. 222

VISTA DOS AUTOS
fora do cartório; responsabilidade do escrivão: art. 803
Ministério Público; busca e apreensão: art. 529, parágrafo único

VOTAÇÃO
cédulas; conteúdo; distribuição aos jurados: art. 486
habeas corpus; empate: art. 664, parágrafo único
habeas corpus; maioria: art. 664, parágrafo único, 1.ª parte
lavratura de sentença, após a mesma, no julgamento pelo júri: art. 492
nova votação; resposta contraditória; júri: art. 490
quesitos em julgamento pelo júri: arts. 482 e 483

VOZ DE PRISÃO
juiz; poder de polícia; desobediência: art. 795, parágrafo único
presidente do Tribunal do Júri; poder de polícia; desobediência: art. 497, I
prisão em flagrante: art. 307

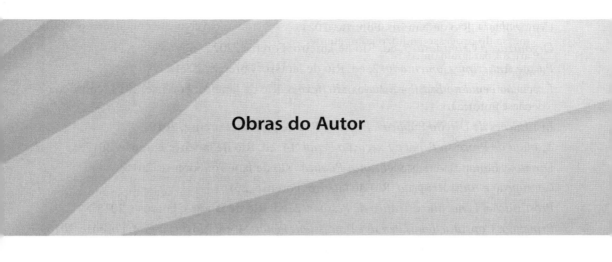

Obras do Autor

Código de Processo Penal comentado. 24. ed. Rio de Janeiro: Forense, 2025.
Código Penal comentado. 25. ed. Rio de Janeiro: Forense, 2025.
Curso de Direito Penal. Parte geral. 9. ed. Rio de Janeiro: Forense, 2025. vol. 1.
Curso de Direito Penal. Parte especial. 9. ed. Rio de Janeiro: Forense, 2025. vol. 2.
Curso de Direito Penal. Parte especial. 9. ed. Rio de Janeiro: Forense, 2025. vol. 3.
Curso de Direito Processual Penal. 22. ed. Rio de Janeiro: Forense, 2025.
Drogas – De acordo com a Lei 11.343/2006. Rio de Janeiro: Forense, 2025.
Estatuto da Criança e do Adolescente Comentado. 6. ed. Rio de Janeiro: Forense, 2025.
Manual de Direito Penal. 21. ed. Rio de Janeiro: Forense, 2025.
Manual de Processo Penal. 5. ed. Rio de Janeiro: Forense, 2025.
Código Penal Militar Comentado. 5. ed. Rio de Janeiro: Forense, 2024.
Curso de Execução Penal. 7. ed. Rio de Janeiro: Forense, 2024.
Direito Penal. Partes geral e especial. 9. ed. São Paulo: Método, 2024. Esquemas & Sistemas.
Prática Forense Penal. 15. ed. Rio de Janeiro: Forense, 2024.
Processo Penal e Execução Penal. 8. ed. São Paulo: Método, 2024. Esquemas & Sistemas.
Tribunal do Júri. 10. ed. Rio de Janeiro: Forense, 2024.
Leis Penais e Processuais Penais Comentadas. 15. ed. Rio de Janeiro: Forense, 2023. vol. 1 e 2.
Habeas Corpus. 4. ed. Rio de Janeiro: Forense, 2022.
Individualização da pena. 8. ed. Rio de Janeiro: Forense, 2022.
Provas no Processo Penal. 5. ed. Rio de Janeiro: Forense, 2022.
Prisão, medidas cautelares e liberdade. 7. ed. Rio de Janeiro: Forense, 2022.
Tratado de Crimes Sexuais. Rio de Janeiro: Forense, 2022.
Código de Processo Penal Militar comentado. 4. ed. Rio de Janeiro: Forense, 2021.

Criminologia. Rio de Janeiro: Forense, 2021.

Organização Criminosa. 5. ed. Rio de Janeiro: Forense, 2021.

Pacote Anticrime Comentado. 2. ed. Rio de Janeiro: Forense, 2021.

Execução Penal no Brasil – Estudos e Reflexões. Rio de Janeiro: Forense, 2019 (coordenação e autoria).

Instituições de Direito Público e Privado. Rio de Janeiro: Forense, 2019.

Manual de Processo Penal e Execução Penal. 14. ed. Rio de Janeiro: Forense, 2017.

Direitos Humanos versus *Segurança Pública.* Rio de Janeiro: Forense, 2016.

Corrupção e Anticorrupção. Rio de Janeiro: Forense, 2015.

Prostituição, Lenocínio e Tráfico de Pessoas. 2. ed. Rio de Janeiro: Forense, 2015.

Princípios Constitucionais Penais e Processuais Penais. 4. ed. Rio de Janeiro: Forense, 2015.

Crimes contra a Dignidade Sexual. 5. ed. Rio de Janeiro: Forense, 2015.

Dicionário Jurídico. São Paulo: Ed. RT, 2013.

Código Penal Comentado – versão compacta. 2. ed. São Paulo: Ed. RT, 2013.

Tratado Jurisprudencial e Doutrinário. Direito Penal. 2. ed. São Paulo: Ed. RT, 2012. vol. I e II.

Tratado Jurisprudencial e Doutrinário. Direito Processual Penal. São Paulo: Ed. RT, 2012. vol. I e II.

Doutrinas Essenciais. Direito Processual Penal. Organizador, em conjunto com Maria Thereza Rocha de Assis Moura. São Paulo: Ed. RT, 2012. vol. I a VI.

Doutrinas Essenciais. Direito Penal. Organizador, em conjunto com Alberto Silva Franco. São Paulo: Ed. RT, 2011. vol. I a IX.

Crimes de Trânsito. São Paulo: Juarez de Oliveira, 1999.

Júri – Princípios Constitucionais. São Paulo: Juarez de Oliveira, 1999.

O Valor da Confissão como Meio de Prova no Processo Penal. Com comentários à Lei da Tortura. 2. ed. São Paulo: Ed. RT, 1999.

Tratado de Direito Penal. Frederico Marques. Atualizador, em conjunto com outros autores. Campinas: Millenium, 1999. vol. 3.

Tratado de Direito Penal. Frederico Marques. Atualizador, em conjunto com outros autores. Campinas: Millenium, 1999. vol. 4.

Tratado de Direito Penal. Frederico Marques. Atualizador, em conjunto com outros autores. Campinas: Bookseller, 1997. vol. 1.

Tratado de Direito Penal. Frederico Marques. Atualizador, em conjunto com outros autores. Campinas: Bookseller, 1997. vol. 2.

Roteiro Prático do Júri. São Paulo: Oliveira Mendes e Del Rey, 1997.